Herders Lexikon der Psychologie

Wilhelm Arnold, Hans Jürgen Eysenck, Richard Meili

Herders Lexikon der Psychologie

Band 1 A–Gyrus

HOHE

Patente, Gebrauchsmuster oder Warenzeichen sind in diesem Lexikon nicht als solche gekennzeichnet; dies betrifft insbesondere Produkte der pharmazeutischen Industrie. Aus dem Fehlen eines Hinweises folgt nicht, daß die betreffende Substanz oder Ware frei ist. Nennung einzelner Hersteller, ihrer Erzeugnisse, Verfahren oder ähnlicher Leistungen erfolgt stets nur beispielshalber. Die Lektüre dieses Werkes kann keinesfalls eine psychologische Beratung ersetzen.

Wilhelm Arnold, Hans Jürgen Eysenck, Richard Meili (Hrsg.):
Herders Lexikon der Psychologie
Titel der Originalausgabe: Lexikon der Psychologie

Lizenzausgabe für Verlag HOHE GmbH, Erftstadt

Die Verlag HOHE GmbH ist ein Gemeinschaftsunternehmen der Herder GmbH & Co. KG, Freiburg, und BMH Buch Medien Handel GmbH, Erftstadt.

Einbandgestaltung: sowiesodesign.de
Redigitalisierung: Bernhard Heun, Rüssingen

Gesamtherstellung: Verlag HOHE GmbH, Erftstadt
Printed in Czech Republic 2007

ISBN 978-3-86756-037-5

AUS DEM VORWORT DER 1. AUFLAGE

Die Sachplanung [für dieses Lexikon] ging aus von der Gliederung international anerkannter Lehr- und Handbücher, dem Aufbau der Psychological Abstracts sowie von den Stoffgebieten in den Prüfungsordnungen verschiedener Länder. So wurden 33 Sach-Hauptgebiete für die stofflichen Inhalte festgelegt. Aus diesen Hauptgebieten wurden zunächst die zentralen Stichwörter ausgewählt, die als *Rahmenartikel* umfänglicher zu disponieren waren. Eine weitere Gruppe sollten die Stichwörter bilden, die ihrer Bedeutung wegen eine ausführlichere Darstellung erfahren sollten. Die in diesen Hauptstichwörtern enthaltenen Einzelinformationen, aber auch die Begriffe aus kleineren Sachgebieten und die zahlreichen Spezialthemen sollten in kürzerer, teils stichwortartiger Form als *Informationsartikel* abgehandelt werden. So entstand eine umfangreiche Nomenklatur, die alle Sachbereiche der Psychologie umfaßt; denn die Psychologie als junge Wissenschaft ist noch Feld von Auseinandersetzungen, auf dem Schulmeinungen und Systemrichtungen sich konfrontieren.

Ein wesentliches Instrument für eine möglichst sachbezogene und umfassende Information sind die Verweise. Zahlreiche Sachverhalte, die in einem größeren Beitrag im Zusammenhang behandelt werden, erscheinen unter einem eigenen Stichwort, wobei in dem Beitrag auf dieses Stichwort verwiesen wird. Umgekehrt stellen Verweise bei Informationsartikeln den Zusammenhang mit größeren Sachgruppen her.

Die für Lexika übliche alphabetische Reihenfolge wurde sowohl für Rahmen- wie auch für Informationsartikel eingehalten. Dies hat den Vorteil, daß (mit Hilfe des erwähnten Verweissystems) Stichwörter sowohl im Zusammenhang mit den zugehörigen Rahmenartikeln wie auch als Einzelauskunft für sich leicht gefunden werden können.

Bei der Erstellung der Rahmenlisten wie der der Stichwörter wurden Anregungen, welche die Verfasser von Großbeiträgen für die Spezialartikel erteilten, berücksichtigt. Auf diese Weise konnte gewährleistet werden, daß zu jedem einschlägigen Hauptthema die entscheidenden Spezialprobleme im genügenden Umfang und in der notwendigen Qualität dargeboten wurden. Sowohl für diese Leistungen als auch für einzelne Sachfragen stellten die beiden Mitherausgeber von allem Anfang an ihre Erfahrung und ihren Rat zur Verfügung.

In Anbetracht der geplanten Internationalität des Lexikons war es angezeigt, die Herausgeberschaft auf mehrere Schultern zu verteilen und Vertreter verschiedener

Nationen herbeizuziehen. Professor Hans Jürgen Eysenck, London, übernahm die Treuhänderschaft für den anglo-amerikanischen Sprachbereich, und Professor Dr. Richard Meili, Bern, betreute die Verbindung zu den Ländern romanischer Sprache. Zahlreiche Korrespondenzen und etliche persönliche Gespräche unter den Herausgebern sicherten die von Anfang an gefaßte Intention, daß in diesem internationalen Lexikon alle wissenschaftlichen Systemrichtungen, alle Schulmeinungen von Bedeutung und alle Probleme von grundsätzlicher und spezieller Wichtigkeit berücksichtigt werden. Bei aller kritischen Auslese der Beiträge wurde größte Toleranz in wissenschaftlicher Hinsicht geübt...

Weil nicht weniger als 300 Gelehrte aus 22 Nationen aus der ganzen Welt zusammenarbeiteten, gelang es, im Wissenschaftsbereich der Psychologie, in den auch Grenzgebiete wie Psychiatrie, Biologie, Informatik, Physiologie, Neurologie und dergleichen einzubeziehen waren, ein weltweites Teamwork vorzulegen.

Von Vorteil für die deutsche Ausgabe ist es, daß nicht weniger als 52% aller Hauptbeiträge original von anerkannten nichtdeutschen Psychologen, insbesondere aus dem englischen Sprachbereich, verfaßt wurden.

Allen treuen Mitarbeitern, die zum raschen Gelingen dieses Werkes beigetragen haben, darf ich auch im Namen der Mitherausgeber den Dank aussprechen. Sicherlich hat damit der Verlag Herder einen wichtigen Beitrag für moderne wissenschaftliche Kooperation im internationalen Bereich geleistet.

Den Mitherausgebern, meinen verehrten Kollegen Professor Dr. Eysenck und Professor Dr. Meili, möchte ich für die sachliche Zusammenarbeit, die durch ein hohes Maß an Toleranz gekennzeichnet ist, den besonderen Dank abstatten.

Würzburg, den 5. Januar 1971 *Wilhelm Arnold*

VORWORT ZUR NEUAUSGABE

Eine neue Ausgabe des Lexikons der Psychologie ist erforderlich geworden, weil seit 1971, dem Erscheinungsbeginn der 1. Auflage, in der psychologischen Wissenschaft – und zwar in fast allen Teildisziplinen – stürmische Fortschritte erzielt wurden. Diese brachten nicht nur neue Einsichten, sondern bedingten auch eine Vielzahl von Veränderungen. Beides wurde bei der Neuausgabe dieses Lexikons berücksichtigt. Eine wichtige Hilfe boten auch die Lizenzausgaben des Lexikons in englischer, italienischer und spanischer Sprache.

Im einzelnen ist zur Beurteilung der Neuausgabe folgendes festzuhalten:

1. Die Autoren der Artikel, soweit deren Anschriften verfügbar waren, wurden angeschrieben und gebeten, Änderungen, falls notwendig, mitzuteilen. Besonderer Wert wurde auf Ergänzung und Korrektur der Literatur gelegt. Es wurden über 1000 Stichworte auf den neuesten Stand gebracht.
2. Besonderes Augenmerk wurde auf den weiteren Ausbau und die Erarbeitung eines detaillierten und zuverlässigen Verweissystems gelegt. Dadurch wird das im Lexikon vorhandene Material dem suchenden Leser in breiterem Umfang erschlossen.
3. Die Fortschritte in der psychologischen Wissenschaft wurden besonders auf folgenden Gebieten deutlich gemacht:

   a) Es wurden viele Begriffe aus dem persönlichkeits-psychologischen Bereich aufgenommen. Der Ausbau der charakterologischen Beiträge hat sich nicht nur als dringend notwendig erwiesen, sondern auch als schwierig. Deshalb wurde je nach Stand der Forschung zum überwiegenden Teil die rein deskriptive Methode verwendet, zum anderen Teil die operational gestützten Begriffsbestimmungsmethoden (vgl. W. Arnold, Person, Charakter, Persönlichkeit [4]1975, S. 207). Jeder der beiden Wege kann den psychologischen Bemühungen sowohl in Theorie wie in Praxis behilflich sein: d. h., die charakterologischen Phänomene können voneinander unterschieden werden und dann für Beurteilungs- wie Gutachtenzwecke verwendet werden. Dabei ging es darum, zusammenliegende (affine) Eigenschaften, d. h. inhaltlich gleiche oder ähnliche, zu lokalisieren. Gleichzeitig mußte versucht werden, auch solche Eigenschaftsbegriffe, die von dem Zentralbegriff wegstreben, also diffug und different sind, in das Begriffsnetz mit einzubeziehen. Verweise (↗) weiten die Definitionen (Abgrenzungen) sachlich aus; teilweise wurden bibliothekarische Möglichkeiten (z.B. Dimidet) verwendet. Eine rosettenartige Darstellung (vgl. Arnold a.a.O. [4]1975, S. 208ff) affiner und diffuger Eigenschaften konnte aus Raumgründen nicht gewählt werden.

b) Es wurden nicht nur solche Begriffe aufgenommen, die in der Psychologie auftreten, sondern auch solche, die in den angrenzenden Wissenschaftsgebieten sowie im gesellschaftlichen Leben in jüngster Zeit besonders zur Geltung kamen, etwa durch die Humanisierungstendenzen mit ihren neuen Wertorientierungen (z.B. im gesamten Bildungs- einschließlich Ausbildungswesen sowie im Bereich von Arbeit und Beruf).

c) Stark erweitert wurde der Bereich jener Stichwörter, die sich mit der Beschreibung von wichtig erscheinenden psychologischen Testverfahren im deutschen Sprachgebiet befassen. Die Auswahl dieser Verfahren erfolgte unter dem Gesichtspunkt, daß sie den üblichen Testkriterien genügen.

d) Besonders hilfreich in der Komplettierung der Stichwörter waren jene, die in der englischen und italienischen Ausgabe des Lexikons der Psychologie neu aufgenommen worden waren und die jetzt in die neue deutsche Ausgabe übernommen wurden.

4. Alle Bemühungen um die Nomenklatur standen unter dem Eindruck vieler wohlwollender Rezensionen und Reaktionen aus dem Benutzerkreis; dankbar wurden diese Anregungen aufgegriffen. Die für die Neuausgabe getroffene Auswahl neuer Begriffe erfolgte unter ständiger Berücksichtigung der Anregungen aus neuen psychologischen Werken, aus den gewonnenen Einsichten und Ansichten in der Psychologie, Biologie, Philosophie und Soziologie, soweit sie psychologiebezogen sind. Dabei wurden Vertreter dieser Disziplinen persönlich konsultiert.
5. Von den rund 4300 Stichwörtern der Erstausgabe wurden etwa 370 Stichwörter gestrichen, über 1000 wurden durch Ergänzungen und durch Streichungen im Grundtext und rund 700 in den Literaturangaben verändert. Dazu kamen über 650 neue Stichwörter neben über 500 neuen Verweisstichwörtern. Daraus folgt eine Vermehrung der Stichwortzahlen um fast 20%.

Allen Autoren, besonders den neu hinzugekommenen (insgesamt waren es diesmal weit mehr als 300), möchte ich für ihre Mitarbeit danken; besonders aber für ihr Verständnis und ihr Entgegenkommen dafür, daß sie auf die vom Herausgeber und der Redaktion vorgebrachten Sorgen und besonderen Wünsche eingegangen sind.

Ich danke auch allen Mitarbeitern, insbesondere für die redaktionelle Mitarbeit, den Diplom-Psychologen Dr. Margrit Günther, Bernhard Wallkamp, Cornelia Schlichting und Marion Schwarz-Müller, die jeweils teilweise und zeitweilig beteiligt waren.

Auch bei dieser Neuausgabe stellten sich die Mitherausgeber, meine verehrten Kollegen Eysenck, London, und Meili, Bern, wieder mit Rat und Hilfe zur Verfügung.

Würzburg, April 1980 *Wilhelm Arnold*

GESAMTVERZEICHNIS DER AUTOREN

Abraham, Prof. Dr. Werner (Groningen/Niederlande)
Adler, Prof. Dr. Meinhard (Kisselbach/BRD)
Aebi, Hans-Jürg (Bern/Schweiz)
Alberti, Dr. Luciano (Bern/Schweiz)
Amelang, Prof. Dr. Manfred (Heidelberg/BRD)
Anastasi, Prof. Dr. Anne (New York/USA)
Ancona, Prof. Dr. Leonardo (Rom/Italien)
Appelt, Dr. Hertha (Hamburg/BRD)
Arnold, Prof. Dr. Gottfried (Düsseldorf/BRD)
Arnold, Prof. Dr. Wilhelm (Würzburg/BRD)
Autrum, Prof. Dr. Hansjochem (München/BRD)

Bachmair, Dr. Gerd (Augsburg/BRD)
Baeyer-Katte, Dr. Wanda v. (Heidelberg/BRD)
Bandura, Prof. Dr. Albert (Stanford/USA)
Bar-Hillel, Prof. Dr. Yehoshua (Jerusalem/Israel)
Bartl, Dipl.-Psych. Manfred (Augsburg/BRD)
Bartram, Dipl.-Psych. Mathias (Osnabrück/BRD)
Bartussek, Prof. Dr. Dieter (Trier/BRD)
Bauer, PD Dr. Manfred (Hannover/BRD)
Baumgärtel, Dr. Frank (Hamburg/BRD)
Bäumler, Dr. Günther (München/BRD)
Bellebaum, Prof. Dr. Alfred (Vallendar/BRD)
Beloff, Dr. John (Edinburgh/Großbritannien)
Berg, Vibeke (Århus C./Dänemark)
Bergin, Prof. Dr. Allen E. (New York/USA)
Berkowitz, Prof. Dr. Leonard (Madison/USA)
Berlyne, Prof. Dr. Daniel Ellis (Toronto/Kanada)
Bilodeau, Prof. Dr. Ina McD. (New Orleans/USA)
Birren, Prof. Dr. James E. (Los Angeles/USA)
Blackwell, Prof. Dr. H. Richard (Columbus/USA)
Blasche, Dr. Siegfried (Erlangen/BRD)
Blöschl, Prof. Dr. Lilian (Graz/Österreich)
Blumenberg, Dipl.-Psych. Franz-Jürgen (Freiburg/BRD)
Bock, Dr. Michael (Bochum/BRD)
Böhm, Prof. Dr. Winfried (Würzburg/BRD)
Bolles, Dr. Robert C. (Seattle/USA)
Bomio, Flavio (Neuchâtel/Schweiz)
Böning, PD Dr. Jobst (Würzburg/BRD)
Borel, Ass. Marie-Jeanne (Neuchâtel/Schweiz)
Bornemann, Prof. Dr. Ernest (Scharten/Österreich)
Bortz, Prof. Dr. Jürgen (Berlin/BRD)
Bosbach, Hansrainer (Tübingen/BRD)
Bosque, Prof. Dr. Pedro Gomez (Valladolid/Spanien)
Boss, Prof. Dr. Medard (Zollikon/Schweiz)
Bossle, Prof. Dr. Lothar (Würzburg/BRD)
Boucsein, Prof. Dr. Wolfram (Ratingen/BRD)
Bradshaw, P. (Liverpool/England)
Brambring, Dipl.-Psych. Michael (Marburg/BRD)
Braun, Dipl.-Psych. Peter (Würzburg/BRD)
Breuninger, Prof. Dr. Helmut (Tübingen/BRD)
Brickenkamp, Prof. Dr. Rolf (Erftstadt/BRD)
Brinkmann, Dipl.-Soziol. Christian (Erlangen/BRD)
Broadhurst, Dr. Anne (Birmingham/England)
Broadhurst, Prof. Dr. Peter Lovell (Birmingham/England)
Brooker, Dr. B. (Liverpool/England)
Brown, Dr. Stuart (Milton Keynes/England)
Brožek, Prof. Dr. Josef M. (Bethlehem/USA)
Buchta, Dipl.-Psych. Herbert (Würzburg/BRD)
Buggle, Prof. Dr. Franz (Freiburg/BRD)
Bühler, Prof. Dr. Charlotte (Los Angeles/USA)
Bühler, Dr. K. E. (Würzburg/BRD)
Butcher, Prof. Dr. H. John (Brighton/England)
Butollo, Prof. Dr. Willi H. (München/BRD)

Cardno, Prof. Dr. James Alexander (Hobart/Australien)
Cattell, Prof. Dr. Raymond B. (Champaign/USA)
Cherry, Prof. Dr. Colin (London/England)
Chocholle, Prof. Dr. René (Paris/Frankreich)
Church, Prof. Dr. Russell M. (Providence/USA)
Clarke, Prof. Dr. Alan D. B. (Hull/England)

Cohen, Dr. Amos (Zürich/Schweiz)
Conrad, Dr. Wolfgang (Mannheim/BRD)
Cooper, Prof. John E. (Nottingham/England)
Cumming, John (London/England)

David, Dr. Eduard (Erlangen/BRD)
Debus, Dr. Günther (Düsseldorf/BRD)
Deusinger, Prof. Dr. Ingrid (Frankfurt/BRD)
Deuster, Dr. Christian von (Würzburg/BRD)
Dietsch, Dr. Peter (Gießen/BRD)
Dittrich, Dr. Adolf (Zürich/Schweiz)
Dreier, Prof. Dr. Dr. Wilhelm (Würzburg/BRD)
Drösler, Prof. Dr. Jan (Regensburg/BRD)
Droz, Prof. Dr. Rémy (Lausanne/Schweiz)
Drüe, Prof. Dr. Hermann (Brühl/BRD)
Dumoulin, Prof. Dr. Heinrich (Tokio/Japan)
d'Ydewalle, Dr. G. (Leuven/Belgien)

Eaves, Dr. Derek (Liverpool/England)
Eberle, Gerhard (Heidelberg/BRD)
Eckart, Dr. H. H. (Nürnberg/BRD)
Eggert, Prof. Dr. Dietrich (Hannover/BRD)
Ehrhardt, Prof. Dr. Dr. Helmut E. (Marburg/BRD)
Eliot, Prof. John (Maryland/USA)
Emminghaus, Dipl.-Psych. W. B. (Saarbrücken/BRD)
Engelkamp, Prof. Dr. Johannes (Saarbrücken/BRD)
Engels, Dr. Dr. Hanns Joachim (Aachen/BRD)
Erdmann, Dipl.-Psych. Gisela (Gießen/BRD)
Eyferth, Prof. Dr. Klaus (Berlin/BRD)
Eysenck, Prof. Dr. Hans J. (London/England)

Fahrenberg, Prof. Dr. Jochen (Freiburg/BRD)
Faverge, Prof. Dr. Jean-Marie (Brüssel/Belgien)
Fiedler, Prof. Dr. Kurt (Frankfurt/BRD)
Flammer, Prof. Dr. August (Fribourg/Schweiz)
Fliegel, Dr. Steffen (Bochum/BRD)
Foppa, Prof. Dr. Klaus (Bern/Schweiz)
Frank, Prof. Dr. Helmar (Paderborn/BRD)
Franks, Prof. Dr. Cyril M. (New Brunswick/USA)
Friedemann, Prof. Dr. Adolf (Biel/Schweiz)
Friedrichs, Dr. Jürgen (Hamburg/BRD)
Frith, Dr. Christopher Donald (London/England)
Fröhlich, Prof. Dr. Werner D. (Mainz/BRD)
Furch-Krafft, Dr. Elisabeth (Freiburg/BRD)
Furneaux, Prof. Dr. W. (Uxbridge/England)

Genius, Dr. Hanns-Norbert (Mayen/BRD)
Giesen, Dr. Heinz (Marburg/BRD)
Glaser, Prof. Dr. Robert (Pittsburgh/USA)
Glatzel, Prof. Dr. Johann (Mainz/BRD)
Görlitz, Dr. Dietmar (Berlin/BRD)
Gösslbauer, Dr. Jakob (Würzburg/BRD)
Gößwald, Prof. Dr. Karl (Würzburg/BRD)
Graf, Prof. Dr. Klaus-Dieter (Berlin/BRD)
Graw, Dr. Peter (Basel/Schweiz)
Grize, Prof. Dr. Jean-Blaise (Neuchâtel/Schweiz)
Groner, PD Dr. Rudolf (Bern/Schweiz)
Großmann, Prof. Dr. Klaus E. (Regensburg/BRD)
Grünig-Keller, Franziska (Bern/Schweiz)
Gubser, Dr. Antoine (Zürich/Schweiz)
Günther, M. A. Peter K. G. (Bonn/BRD)
Guttmann, Prof. Dr. Giselher (Wien/Österreich)

Haas, Prof. Dr. Hans (Mannheim/BRD)
Haase, Prof. Dr. Henning (Frankfurt/BRD)
Haeberlin, Prof. Dr. Friedrich (Hamburg/BRD)
Haider, Prof. Dr. Dr. Manfred (Wien/Österreich)
Hajos, Prof. Dr. Anton (Gießen/BRD)
Hamilton, Prof. Dr. Max (Leeds/England)
Hänni, Rolf Max (Bern/Schweiz)
Hare, Prof. Dr. Robert D. (Vancouver/Kanada)
Hartley, Prof. Dr. Eugene L. (Green Bay/USA)
Hasenfuß, Prof. Dr. Josef (Würzburg/BRD)
Hector, Dr. Heinz (Coburg/BRD)
Hediger, Prof. Dr. Heini Karl P. (Zürich/Schweiz)
Heineken, Dr. Edgar (Frankfurt/BRD)
Heinrich, Ass. Paul-Bernd (Wiesbaden/BRD)
Heinze, Prof. Dr. Burger (Hamburg/BRD)
Heinze, Dipl.-Psych. Norbert (Berlin/BRD)
Helle, Prof. Dr. Horst Jürgen (München/BRD)
Henke, Dipl.-Psych. Margarete (Würzburg/BRD)
Henrich, Dr. Franz (München/BRD)
Hensle, Ullrich (Würzburg/BRD)
Hetherington, Dr. Ralph R. (Liverpool/England)
Hicklin, Dr. Alois (Zürich/Schweiz)
Hilgard, Prof. Dr. Ernest R. (Stanford/USA)
Hofer, Prof. Dr. Manfred (Braunschweig/BRD)
Hofstätter, Prof. Dr. Peter R. (Hamburg/BRD)
Hole, Prof. Dr. Günther (Ulm/BRD)
Holland, Dr. Harry Clifford (Beckenham/England)
Hollenbach, Dr. Gerhard (Paderborn/BRD)
Holtz, Prof. Dr. Karl-Ludwig (Heidelberg/BRD)
Horn, Prof. Dr. John L. (Denver/USA)
Horváth, Tibor (Toronto/Kanada)
Hoyos, Prof. Dr. Carl Graf (Regensburg/BRD)
Huber, Ass. Günter L. (Augsburg/BRD)
Hundleby, Prof. Dr. John Dennis (Guelph/Kanada)
Husén, Prof. Dr. Torsten (Stockholm/Schweden)

Illner, Dipl.-Psych. Helga (Berlin/BRD)
Illyés, Prof. Dr. Flora (Budapest/Ungarn)
Insam, Dr. Bernd-Dieter (Unterwössen/BRD)
Irion, Prof. Dr. Arthur L. (St. Louis/USA)
Issing, Dr. Ludwig J. (Würzburg/BRD)

Jäckel, Lieselotte (Würzburg/BRD)
Jain, Dr. Virendra Kumar (Liverpool/England)
Janke, Prof. Dr. Wilhelm (Düsseldorf/BRD)
Jankowski, Dipl.-Psych. Peter (Würzburg/BRD)
Jodelet, Prof. Dr. François (Nancy/Frankreich)
Jones, Prof. Dr. H. Gwynne (Leeds/England)
Jorswieck, Prof. Dr. Eduard (Berlin/BRD)
Joss, Christine (Münsingen/Schweiz)

Kaminski, Prof. Dr. Gerhard (Tübingen/BRD)
Kanizsa, Prof. Dr. Gaetano (Triest/Italien)
Karsten, Prof. Dr. Anitra (Frankfurt/BRD)
Käsermann, Dr. Marie-Louise (Nijmegen/Niederlande)
Kaulfush, Dipl.-Psych. Gisela (Hamburg/BRD)
Keil, Dr. Herbert Hans Jürgen (Hobart/Australien)
Keilbach, Prof. Dr. Dr. Wilhelm (München/BRD)
Keller, Dr. Josef (Würzburg/BRD)
Kiener, Prof. Dr. Franz (Berlin/BRD)
Kirchhoff, Prof. Dr. Robert (Bergisch Gladbach/BRD)
Klapp, Ass. Wolfgang (Regensburg/BRD)
Klix, Prof. Dr. Friedhart (Berlin/DDR)
Knauer, Dr. Hans (Darmstadt/BRD)
Koch, Prof. Dr. Dr. Uwe (Hamburg/BRD)
Kogan, Prof. Dr. Nathan (Princeton/USA)
Kormann, Dr. Adam (Regensburg/BRD)
Kornadt, Prof. Dr. Hans-Joachim (Saarbrücken/BRD)
Kraiker, Dr. Christoph (München/BRD)
Krebs, René (Bern/Schweiz)
Kreitler, Prof. Dr. Hans (Tel Aviv/Israel)
Kreitler, Dr. Shulamith (Tel Aviv/Israel)
Kretschmer, Prof. Dr. Wolfgang (Tübingen/BRD)
Kreutzer, Dipl.-Psych. Susanne (Würzburg/BRD)
Kristofferson, Prof. Dr. Alfred B. (Hamilton/Kanada)
Kruse, PD Dr. Lenelis (Heidelberg/BRD)
Kubinger, Dr. Klaus (Wien/Österreich)
Küchenhoff, Prof. Dr. Günther (Würzburg/BRD)
Kussmann, Dr. Thomas (Köln/BRD)

Lang, Prof. Dr. Alfred (Bern/Schweiz)
Langhainzl, Dipl.-Psych., Ferdinand (Würzburg/BRD)
Lányi, Dr. Agnes E. (Budapest/Ungarn)
Laucken, Prof. Dr. Uwe (Oldenburg/BRD)
Laukhuff, Dipl.-Psych. Werner (Frankfurt/BRD)
Lauterbach, Dipl.-Psych. Wolf (London/England)
Lehmann, Dipl.-Psych. Erlo (Düsseldorf/BRD)
Leontiev, Prof. Dr. Alexei N. (Moskau/UdSSR)
Leplat, Jacques (Paris/Frankreich)
Leslie, Dr. J. C. (Ulster/Irland)
Ley, Dr. Philip (Liverpool/England)
Leyhausen, Prof. Dr. Paul (Wuppertal/BRD)
Liebel, Prof. Dr. Hermann (Bamberg/BRD)
Lienert, Prof. Dr. Gustav A. (Nürnberg/BRD)
Lindner, Dipl.-Psych. Inge (Frankfurt/BRD)
Lippert, Prof. Dr. Dr. Herbert (Hannover/BRD)
Lischke, Prof. Dr. Gottfried (Berlin/BRD)
Lobkowicz, Prof. Dr. Nikolaus (München/BRD)
Loewer, Dr. Hans Dietrich (Münster/BRD)
Lohr, Dr. Winfried (Würzburg/BRD)
López Ibor, Prof. Dr. Juan J. (Madrid/Spanien)
Lorr, Prof. Dr. Maurice (Washington/USA)
Lotz, Prof. Dr. Dr. Johannes B. (München/BRD)
Louis, Prof. Brigitte (München/BRD)
Lundin, Prof. Dr. Robert W. (Sewanee/USA)
Luria, Prof. Dr. Alexander R. † (Moskau/UdSSR)
Lynn, Prof. Dr. R. (Ulster/Irland)

Madsen, Prof. Dr. K. B. (Kopenhagen/Dänemark)
Maisch, Dr. Herbert (Hamburg/BRD)
Maletzke, Dr. Gerhard (Stuttgart/BRD)
Malrieu, Prof. Dr. Philippe (Toulouse/Frankreich)
Mandl, Prof. Dr. Heinz (Rottenburg/BRD)
Marschner, Dr. Günther R. W. (Bardenberg/BRD)
Martin, Dr. Irene (London/England)
Martinu, Dipl.-Ing. Viktor (Bern/Schweiz)
Mattejat, Fritz (Würzburg/BRD)
Maxwell, Prof. Dr. Albert Ernest (London/England)
McKellar, Prof. Dr. Peter (Dunedin/Neuseeland)
Meili, Prof. Dr. Richard (Bern/Schweiz)
Meister, Prof. Dr. Hans (Saarbrücken/BRD)
Menschik, Dr. Jutta (Berlin/BRD)
Merz, Prof. Dr. Ferdinand (Marburg/BRD)
Metzger, Prof. Dr. Wolfgang (Tübingen/BRD)
Mialaret, Prof. Dr. Gaston Georges (Quebec/Kanada)
Michel, Prof. Dr. Lothar (Mannheim/BRD)
Mields, Dr. Jürgen (Berlin/BRD)
Mierke, Prof. Dr. Karl † (Kiel/BRD)
Mikula, Dr. Gerold (Graz/Österreich)
Miles, Prof. Dr. Thomas Richard (Bangor/Großbritannien)
Mittenecker, Prof. Dr. Erich (Graz/Österreich)
Mitze, Dr. Wilhelm (Bonn/BRD)
Mizushima, Prof. Dr. Keiichi (Tokio/Japan)
Moeller, Prof. Dr. Michael Lukas (Gießen/BRD)
Molsen, Dipl.-Psych. Meliane (Tübingen/BRD)
Money, Prof. John (Baltimore/USA)
Monjé, Prof. Dr. Dr. Manfred (Kiel/BRD)
Morley, Dr. Stephen (London/England)
Müller, Prof. Dr. Heinz A. (Würzburg/BRD)
Muller, Prof. Dr. Philippe (Neuchâtel/Schweiz)

Müller-Luckmann, Prof. Dr. Elisabeth (Braunschweig/BRD)
Münkel, Dipl.-Psych. Cordula (Saarbrücken/BRD)
Murray, Prof. Dr. Henry A. (Cambridge/USA)

Nahoum, Prof. Dr. Charles (Paris/Frankreich)
Naumann, Gabriele (Freiburg/BRD)
Neubauer, Prof. Dr. Walter F. (Meckenheim/BRD)
Nissen, Dr. Kai Dieter (Stuttgart/BRD)
Nitsch, Prof. Dr. Jürgen (Köln/BRD)
Noelle-Neumann, Prof. Dr. Elisabeth (Allensbach/BRD)
Novak, Dipl.-Psych. Felix (Würzburg/BRD)
Nuttin, Prof. Dr. Joseph R. (Louvain/Belgien)

Oeckl, Dr. Albert (Ludwigshafen/BRD)
Oerter, Prof. Dr. Rolf (Augsburg/BRD)
Olbrich, Prof. Dr. Erhard (Gießen/BRD)
Olbrich, Dr. Christiane (Konstanz/BRD)
Osterland, Dipl.-Psych. Jürgen (Würzburg/BRD)
Oswald, Prof. Dr. Ian (Edinburgh/Großbritannien)
Oyama, Prof. Dr. Tadasu (Chiba/Japan)

Pawlik, Prof. Dr. Kurt (Hamburg/BRD)
Pelzer, Dipl.-Psych. Karl Eberhard (Würzburg/BRD)
Perret, Dr. Etienne (Zürich/Schweiz)
Pfau, Dipl.-Psych. Dieter (Würzburg/BRD)
Pick, Prof. Dr. Herbert L. jr. (Minnesota/USA)
Pieper, Dipl.-Psych. Wolfgang (Gießen/BRD)
Pilz, Dipl.-Psych. Wiltraud (Jügesheim/BRD)
Plattig, PD Dr. Karl-Heinz (Erlangen/BRD)
Plaum, Dr. Ernst (Konstanz/BRD)
Pöggeler, Prof. Dr. Franz (Aachen/BRD)
Pokorny, Dr. Dr. Richard R. (Tel Aviv/Israel)
Pongratz, Prof. Dr. Ludwig J. (Würzburg/BRD)
Powell, Dr. Graham E. (London/England)
Preuss, Dipl.-Biol. Volker (Tübingen/BRD)
Price, Dr. John (Liverpool/England)
Prystav, Dr. Günther (Freiburg/BRD)

Rachman, Dr. Stanley (London/England)
Ramsay, Dr. R. W. (Amsterdam/Niederlande)
Rausch, Prof. Dr. Edwin (Oberursel/BRD)
Rausche, Dipl.-Math. Armin (Würzburg/BRD)
Reinhardt, Marc (Neuchâtel/Schweiz)
Richter, Dr. Rainer (Hamburg/BRD)
Riedel, Doz. Dr. Harald (Berlin/BRD)
Rimland, Dr. Bernard (San Diego/USA)
Rippere, Dr. Vicky (London/England)
Rix, Dr. Dr. Rainer (Erlangen/BRD)
Rocheblave-Spenlé, Dr. Anne-Marie (Paris/Frankreich)
Rohracher, Prof. Dr. Hubert (Wien/Österreich)
Rollett, Prof. Dr. Brigitte (Osnabrück/BRD)
Rombach, Prof. Dr. Heinrich (Würzburg/BRD)
Röper, Dr. Gisela (München/BRD)
Rost, Jürgen (Kiel/BRD)
Roth, Dipl.-Psych. Henrik (Würzburg/BRD)
Royce, Prof. J. R. (Edmonton/Kanada)
Rudert, Prof. Dr. Johannes (Heidelberg/BRD)
Rüdiger, Prof. Dr. Dietrich (Regensburg/BRD)

Sachs, Dipl.-Psych. Monika (Würzburg/BRD)
Sapon, Prof. Dr. Stanley (Rochester/USA)
Sarris, Prof. Dr. Viktor (Düsseldorf/BRD)
Sattes, Prof. Dr. Hans (Frankfurt/BRD)
Schaefer, Joachim (Nürnberg/BRD)
Scharf, Martina (Bern/Schweiz)
Scharfetter, Prof. Dr. Christian (Zürich/Schweiz)
Scheilke, Dr. Christoph Th. (Tübingen/BRD)
Schenk, Dipl.-Psych. Josef (Würzburg/BRD)
Scherer, Prof. Dr. Klaus (Gießen/BRD)
Schilling, Dr. Guido (Magglingen/Schweiz)
Schindler, Dipl.-Psych. Ulf-Hinrich (Freiburg/BRD)
Schmalfuß, Dipl.-Biol. Helmut (Tübingen/BRD)
Schmidbauer, Dr. Wolfgang (München/BRD)
Schmidt, Dipl.-Psych. Burkhard (Würzburg/BRD)
Schmidt, Prof. Dr. Hans Dieter (Münster/BRD)
Schmidt, Dipl.-Psych. Peter (Berlin/BRD)
Schmidt-Mummendey, Dr. Amelie (Mainz/BRD)
Schmidt-Relenberg, Prof. Dr. Norbert (Gießen/BRD)
Schneider, Prof. Dr. Hans Joachim (Münster/BRD)
Schönpflug, Prof. Dr. Wolfgang (Berlin/BRD)
Schraml, Prof. Dr. Dr. Walter J. † (Freiburg/BRD)
Schrappe, Prof. Dr. Otto (Würzburg/BRD)
Schröder, Prof. Dr. Hartwig (Würzburg/BRD)
Schubert, Dr. Franz-Christian (Mönchengladbach/BRD)
Schulthess, Daniel (Neuchâtel, Schweiz)
Schumer, Dr. Florence (New York/USA)
Schwarz, Dipl.-Hdl. B. (Freiburg/BRD)
Schwemmer, Dr. Oswald (Erlangen/BRD)
Sedlmayr, Dr. Elisabeth (München/BRD)
Seibt, Dr. Friedrich (München/BRD)
Seifert, Prof. Dr. Josef (Irving/USA)
Seitz, Prof. Dr. Willi (Wiesbaden/BRD)
Selg, Prof. Dr. Herbert (Bamberg/BRD)
Shaw, Lynette (Johannesburg/Südafrika)

Sigusch, Prof. Dr. Volkmar (Frankfurt/BRD)
Simon, Dr. Gerd (Tübingen/BRD)
Simon, Dipl.-Psych. Renate (Berlin/BRD)
Simonis, Prof. Dr. Wilhelm (Würzburg/BRD)
Six, Dr. Bernd (Bonn/BRD)
Sokolov, Prof. Dr. Aleksandr Nikolaevic (Moskau/UdSSR)
Sokolov, Prof. Dr. Eugene N. (Moskau/UdSSR)
Sorgatz, Dr. Hardo (Bochum/BRD)
Spiegel, Prof. Dr. Bernt (Mannheim/BRD)
Spinks, Dr. G. Stephens (London/England)
Spreng, Prof. Dr. Manfred (Erlangen/BRD)
Stamm, Prof. Dr. Roger Alfred (Lüneburg/BRD)
Steck, Dipl.-Psych. Peter (Würzburg/BRD)
Steingrüber, Dr. Hans-Joachim (Düsseldorf/BRD)
Stephan, Prof. Dr. Egon (Trier/BRD)
Sternbach, Prof. Dr. Richard A. (La Jolla/USA)
Stevens, Prof. Dr. S. (Cambridge/USA)
Stöcker, Dipl.-Psych. Gerhard (Würzburg/BRD)
Stoll, Dr. Klaus-Dieter (Darmstadt/BRD)
Stollberg, Prof. Dr. Dietrich (Bethel/BRD)
Stürup, Dr. Georg K. (Albertslund/Dänemark)
Süllwold, Prof. Dr. Fritz (Frankfurt/BRD)
Swinson, Dr. Richard P. (Liverpool/England)

Tack, Prof. Dr. Werner (Saarbrücken/BRD)
Tajfel, Prof. Dr. Henri (Bristol/England)
Takuma, Prof. Dr. Taketoshi (Tokio/Japan)
Tanda, Albert (Neuchâtel/Schweiz)
Teasdale, Dr. John Douglas (Cardiff/Großbritannien)
Tenbruck, Prof. Dr. Friedrich H. (Tübingen/BRD)
Tholey, Dipl.-Psych. Paul (Frankfurt/BRD)
Thomas, Prof. Dr. Alexander (Berlin/BRD)
Thomas, Dr. Dr. Klaus (Berlin/BRD)
Tisch, Dr. Walter (Gerbrunn/BRD)
Toman, Prof. Dr. Walter (Erlangen/BRD)
Topič, Dr. Otakar (Sadová/ČSSR)
Trasler, Prof. Dr. Gordon Blair (Southampton/England)
Traxel, Prof. Dr. Werner (Bayreuth/BRD)
Trolldenier, Dipl.-Psych. Hans-Peter (Würzburg/BRD)
Tschanz, Prof. Dr. Beat (Diemerswil/Schweiz)

Ullmann, Ass. Ingeborg Maria (Würzburg/BRD)
Ullmann, Prof. Dr. Johannes Franz † (Regensburg/BRD)
Ullrich, Dr. Elmar (Gerbrunn/BRD)
Underwood, Prof. Dr. Benton J. (Evanston/USA)
Undeutsch, Prof. Dr. Udo (Köln/BRD)

Vaitl, Prof. Dr. Dieter (Gießen/BRD)
Vergote, Prof. Dr. Antoine (Louvain/Belgien)
Vernon, Prof. Dr. Philip (Calgary/Kanada)
Victoroff, Prof. Dr. David (Paris/Frankreich)
Vormfelde, Dipl.-Psych. Dietrich (Göttingen/BRD)
Vukovich, Prof. Dr. Adolf (Regensburg/BRD)

Wagenknecht, Dipl.-Psych. Heide (Würzburg/BRD)
Wallkamp, Dipl.-Psych. Bernd (Würzburg/BRD)
Wason, Dr. Peter C. (London/England)
Wehner, Prof. Dr. Ernst (Würzburg/BRD)
Weill-Fassina, Dr. Annie (Paris/Frankreich)
Wellek, Prof. Dr. Albert (Mainz/BRD)
Weltner, Prof. Dr. Klaus (Frankfurt/BRD)
Wendt, Prof. Dr. Hans Werner (St. Paul/USA)
Wesley, Prof. Dr. Frank (Portland/USA)
Wheldall, Dr. Kevin (Birmingham/England)
White, Dr. Owen (London/England)
Wieczorek, Dipl.-Psych. Monika (Würzburg/BRD)
Wilson, Dr. Glenn D. (London/England)
Witte, Prof. Dr. Erich (Hamburg/BRD)
Wittkowski, Dr. Joachim (Würzburg/BRD)
Wittlich, Dr. Bernhard (Kiel/BRD)
Wittling, Dipl.-Psych. Werner (Mannheim/BRD)
Wolpe, Prof. Dr. Joseph (Philadelphia/USA)

Yates, Prof. Dr. Aubrey (Nedlands/Australien)
Yela, Prof. Dr. Mariano (Madrid/Spanien)
Yule, William (London/England)

Zazzo, Prof. Dr. René (Paris/Frankreich)
Zeier, PD Dr. Hans (Zürich/Schweiz)
Zemanek, Prof. Dr. Heinz (Wien/Österreich)
Zimmermann, Dr. Peter (Freiburg/BRD)
Zoltobrocki, Prof. Dr. Josefa (Frankfurt/BRD)
Zubin, Prof. Dr. Joseph (New York/USA)
Zumkley, Dipl.-Psych. Horst (Saarbrücken/BRD)

LISTE DER HAUPTSTICHWÖRTER

VERZEICHNIS DER ABKÜRZUNGEN

AAM = angeborener auslösender Mechanismus
Abk. = Abkürzung
allg. = allgemein
amerik. = amerikanisch
anat. = anatomisch
ANS = autonomes Nervensystem
anthropol. = anthropologisch
APA = American Psychological Association
Bd. = Band
bes. = besonders
biol. = biologisch
chem. = chemisch
DNS (engl. DNA) = Desoxyribonucleinsäure
dt. = deutsch
EA = Entwicklungsalter
Ed., Eds. = Editor(es)
EEG = Elektroenzephalogramm
EKG = Elektrokardiogramm
engl. = englisch
EQ = Entwicklungsquotient
Erg.Bd. = Ergänzungsband
et al. = et alii
Exp. = Experiment
expt. = experimentell
f., ff. = folgende(r)
frz. = französisch
Ggs. = Gegensatz
GHR = Galvanische Hautreaktion
gr. = griechisch
Hdb. = Handbuch
HGR = Hautgalvanische Reaktion
hrsg. = herausgegeben
Hrsg. = Herausgeber
HVL = Hypophysenvorderlappen
IA = Intelligenzalter
i.e.S. = im engeren Sinne
IQ = Intelligenzquotient
it. = italienisch
i.w.S. = im weiteren Sinne
Jh. = Jahrhundert
lat. = lateinisch
Lit. = Literatur
math. = mathematisch
med. = medizinisch
meth. = methodisch
metaph. = metaphysisch
min. = Minute
mot. = motorisch
neurol. = neurologisch
NS = Nervensystem
obj. = objektiv
organ. = organisch
päd. = pädagogisch
Päd. = Pädagogik
Pb(n) = Proband(en)
PGR = Psychogalvanischer Reflex
phys. = physikalisch
physiol. = physiologisch
PL = programmiertes Lernen
psychol. = psychologisch
Psychol. = Psychologie
RNS (engl. RNA) = Ribonucleinsäure
Schr. = Schrifttum
sec. = Sekunde
stat. = statistisch
subj. = subjektiv
syn. = synonym
Vl = Versuchsleiter
VNS = vegetatives Nervensystem
Vp(n) = Versuchsperson(en)
vs. = versus
Vt(e) = Versuchstier(e)
WHO = World Health Organization
wiss. = wissenschaftlich
zit. = zitiert
Zit. = Zitat
ZNS = Zentralnervensystem

A

AA, Abk. für ↗Anonyme Alkoholiker.

AAM, Abk. für *Angeborener auslösender Mechanismus,* die angeborene Bereitschaft eines Tieres, auf einen bestimmten Reiz (↗Schlüsselreiz) mit einer bestimmten Reaktion zu antworten (z. B.: das Sperren der Jungvögel löst bei den Eltern Fütterverhalten aus). Der AAM wirkt als „Reizfilter", er verhindert den Ablauf der Reaktion in inadäquaten Situationen. ↗Instinkt; ↗Tierpsychologie. *I. Lindner*

Abasie (Gehunfähigkeit) ist nicht auf irgendwelche Nervenläsionen oder Erkrankungen des Muskelapparates zurückzuführen. Die A. steht im Zusammenhang mit einer seelischen Konfliktsituation, welche den betreffenden Menschen nicht mehr „weiterschreiten" läßt. Vor allem im Rahmen neurotischer Erkrankungen, vorzugsweise als hysterisches Symptom auftretend. *A. Hicklin*

Abbau ↗Gerontologie.

Abbauquotient, von Wechsler im Zusammenhang mit seinem ↗Wechsler-Bellevue-Test eingeführtes empirisches Maß für den Intelligenzabbau. Der Abbau gilt als pathologisch, wenn der Quotient aus 4 beständigen und 4 unbeständigen Untertests <80 ist. Neuere Untersuchungen haben die Brauchbarkeit stark in Frage gestellt.

Lit.: Hennig, W.: Zur Errechnung des Abbauquotienten nach Wechsler. Ber. 28. Kongr. DGfPs. Göttingen, 1967; **Dahl, G.:** Übereinstimmungsvalidität des HAWIE und Entwicklung einer reduzierten Testform. Meisenheim, 1968. *R. Krebs*

Aberglaube, Glaube an die Existenz und Wirksamkeit von Phänomenen, Kräften und Zusammenhängen, der sich weder aus bekannten Naturgesetzen begründen läßt noch durch die Lehren der Religion gestützt wird.

Das *abergläubische Denken* bedient sich bes. der Bildung von Analogien, um kausale Beziehungen zu konstruieren, aus deren Kenntnis meist praktischer Nutzen gezogen werden soll (aus der nierenförmigen Gestalt der Blätter einer Pflanze wird auf deren Heilkraft gegen Nierenkrankheiten geschlossen). Ein rein zufälliges Zusammentreffen oder Aufeinanderfolgen von Ereignissen wird dann als „Beweis" für deren vermutete Abhängigkeit gewertet.

Abergläubisches Handeln läßt sich verstehen als ein Versuch, etwas mit durchschaubaren Mitteln nicht direkt Erreichbares auf einem undurchschaubaren Weg zu erreichen (z.B. durch Zerstören des Abbildes eines Feindes, wenn dieser selbst getroffen werden soll).

Abergläubisches Verhalten wird (nicht anders als rationales Handeln) durch immerwährende, oft sogar besonders starke, Bedürfnisse des Menschen (z.B. nach Schutz, Liebe, Gesundheit, Entlastung von Verantwortung) motiviert. Daher läßt sich A. nicht ausrotten. Sein Fortbestand wird erleichtert durch seine fast unbegrenzte Wandlungs- und Anpassungsfähigkeit. In sogenannten aufgeklärten Zeiten kann A. in völlig nüchterner, vermeintlich rationaler, selbst wissenschaftlicher Gestalt (↗Wissenschaftsaberglaube) auftreten und erscheint dann keineswegs geheimnisvoll oder okkult. Der

A. wird weiterhin durch den Umstand begünstigt, daß er nicht direkt widerlegt werden kann, sondern allenfalls als „unglaubwürdig" zu erkennen ist (Beispiel: schwarze Katze als Unglücksbote).

Lit.: Prokop, O. & W. Wimmer: Der moderne Okkultismus. Magie und Wissenschaft im 20. Jahrhundert. Stuttgart, 1976; **Schmidt, Ph.:** Dunkle Mächte. Ein Buch vom Aberglauben einst und heute. Frankfurt, [2]1958.

W. Traxel

Aberration. 1) ↗Chromatische Aberration. **2)** *Sphärische A.:* An Linsen werden Randstrahlen stärker gebrochen als die Mittelstrahlen, d. h., es entstehen verschiedene Brennpunkte auf der optischen Achse.

R. Rix

Abhängige Stichproben. Im Gegensatz zu unabhängigen S. werden abhängige (korrelierende) S. entweder durch ↗Parallelisieren nach Kontrollmerkmalen oder durch Wiederholung von Messungen an denselben Objekten erstellt. Im Falle der ↗Parallelstichproben wird mit dem Ansteigen der ↗Kovarianz zwischen der Vortestvariablen und der zu untersuchenden abhängigen Variablen der ↗Stichprobenfehler sinken. Im Falle der Meßwiederholungen – an den Vpn werden je nach experimenteller Bedingung mehrere Messungen vorgenommen – wird der Stichprobenfehler ebenfalls kleiner sein als bei Zufallsstichproben, und zwar der Höhe der Korrelation zwischen den Meßwiederholungen entsprechend. ↗Korrelationskoeffizient; ↗Mathematische Psychologie; ↗Statistik.

W. H. Butollo

Abhängige Variablen. Im Zusammenhang mit Dependenzanalysen (↗Regressionsanalysen) versteht man darunter die zu messende ↗Variable. A. V. werden dahingehend untersucht, ob, wie und in welchem Ausmaß sie mit der systematisch veränderten, unabhängigen Variablen mitvariieren. – Ganz allgemein aber spricht man von abhängigen Zufallsvariablen X und Y, wenn in einer zweidimensionalen Verteilung

$$F(x, y) = F_1(x) \cdot F_2(y)$$

ist. F_1 und F_2 sind die Randverteilungen von X und Y. ↗Mathematische Psychologie; ↗Statistik.

W. H. Butollo

Abhängige Verteilung. Wenn die relative Häufigkeit des gleichzeitigen Auftretens der Ereignisse X und Y ungleich der nach $F(x) \cdot F(y)$ errechneten ist, spricht man von abhängigen Zufallsvariablen. Die Verteilung dieser Variablen nennt man „a. V." Der Grad der ↗Abhängigkeit kann z. B. in Form eines ↗Korrelationskoeffizienten angegeben werden. ↗Mathematische Psychologie; ↗Statistik.

W. H. Butollo

Abhängigkeit. In der Wahrscheinlichkeitsrechnung bedeutet A. von ↗Ereignissen, daß die Wahrscheinlichkeit des Eintreffens dieser Ereignisse vom Eintreffen bzw. Nichteintreffen anderer Ereignisse beeinflußt wird:

$$P(A) \neq P(A|B) \text{ und } P(B) = P(B|A).$$

Daraus folgt, daß die Wahrscheinlichkeit für das gemeinsame Auftreten der Ereignisse A und B im Falle stochastischer A. $P(AB) \neq P(A)\,P(B)$ ist. ↗Mathematische Psychologie; ↗Statistik; ↗Wahrscheinlichkeitstheorie.

W. H. Butollo

Abhängigkeit, soziale, Zustand des Individuums, in dem es sich in ökonomischer, emotionaler oder sonstiger A. von anderen Individuen befindet; im engeren Sinne bezogen auf das Verhältnis des hilflosen Kindes zu seinen Pflege- oder Bezugspersonen.

Im Prozeß der ↗Sozialisierung ist A. des Kindes von einer Bezugsperson (Mutter oder Eltern usw.) die notwendige Voraussetzung für die soziale ↗Nachahmung verschiedener Verhaltensmuster und für die Internalisation sozialer Normen und Werte.

Bedingung für die Entwicklung der A. oder des Vertrauens des Kindes den Eltern gegenüber ist die Anwesenheit einer entsprechenden Bezugsperson. Ist diese nicht vorhanden, so kann es zu zum Teil irreversiblen Schädigungen in allen Bereichen der kindlichen Entwicklung (z. B. ↗Hospitalismus) kommen (hierzu Spitz, 1945).

Eine Erklärungsmöglichkeit für die Entstehung des A.verhaltens des Kindes bietet das Prinzip der *sekundären Verstärkung* (Mowrer, 1950). Das Verhalten von Bezugspersonen erhält Belohnungsqualitäten für das Kind durch wiederholte Verknüpfung mit der Befriedigung von primären oder körperlichen Bedürfnissen durch diese Bezugspersonen. Der Belohnungswert wird auf alle Bereiche des Verhaltens der Bezugsperson übertragen; das Kind lernt, deren Anwesenheit und Zuwendung positiv zu bewerten oder zu empfinden. Weiterhin wird A. intensiviert durch eine an emotionaler Wärme und Liebe orientierte Erziehung (hierzu R. R. Sears, E. E. Maccoby & H. Levin, 1957).

Für die Abhängigkeit der Entwicklung der A. von den Erziehungspraktiken unterschiedlicher sozialer Klassen, von Geschlechtsunterschieden der Kinder oder von der Familienstruktur siehe u. a. Bronfenbrenner (1961).

Lit.: Bronfenbrenner, U.: The changing American child: A speculative Analysis. J. soc. Issues, 1961, *17*, 6–18; **Mowrer, O. H.:** Learning theory and personality dynamics. New York, 1950; **Sears, R. R., Maccoby, E. E. & H. Levin:** Patterns of child rearing. New York, 1957; **Spitz, R.:** Hospitalism: An inquiry into genesis of psychiatric conditions in early childhood. The psychoanalytic Study of the child, 1945, *1*, 53–74.

A. Schmidt-Mummendey

Ability ↗Fähigkeiten.

Ablation. 1) Operative Entfernung eines Organs oder Körperteils *(Amputation).* – 2) (Krankhafte) Ablösung, Loslösung eines Organs vom anderen. – 3) Ablösung, Aufhebung oder Lockerung einer seelischen Bindung oder Abhängigkeit (z. B. der Kinder von den Eltern) im Zuge der psychischen Reifung, besonders der Übertragung im Sinne der ↗Psychoanalyse.

A.experimente. Bezeichnung für Tierversuche, bei denen – nachdem eine bestimmte Verhaltensweise gelernt worden war – schrittweise Gehirnsubstanzen abgetragen werden. Beobachtet wird dabei die Beziehung zwischen dem Umfang der Abtragung (↗Exstirpation) und deren Lokalisation (neurale Zentren und Bahnen) einerseits und dem Leistungsabfall andererseits. Bedeutend waren die Experimente von ↗Lashley (um 1929): Ratten, die gelernt hatten, ein Labyrinth zu durchlaufen, verloren auch nach Exstirpation aller Sinneszentren und Durchschneidung der Leitungsbahnen nicht ihre Orientierung im Labyrinth.

Lit.: Lashley, K. S.: Nervous mechanisms in learning. In: **C. Murchison** (Ed.): The foundation of experimental psychology. Worcester, 1929; **ders.:** Brain mechanisms and intelligence, Chicago, 1929.

F.-C. Schubert

Ablehnung, soziale (rejectance), auch *Zurückweisung,* in der Sozialpsychol. und Persönlichkeitsforschung meist undefiniert bleibende Bezeichnung für den negativen Pol eines Kontinuums zwischen A. und Akzeptieren (acceptance). In der Erforschung des Dogmatismus nach M. Rokeach ist die Bereitschaft zur A. von Erfahrungen, Gegenständen, einzelnen Mitmenschen oder Gruppen (z. B. ethnischen Minderheiten) ein Indikator für ein als geschlossenes System gedachtes Bewußtsein (closed mind; closedness), dem ein offenes (open mind; openness) als anderer Beschreibungspol gegenübergestellt wird. Dieser ist gleichbedeutend mit der akzeptierenden Einstellung. Der Begriff dient auch der Beschreibung sozialer Beziehungen (E. H. Erikson) zwischen Familienmitgliedern (z. B. Eltern-Kind-Beziehung) sowie der Einstellung eines Menschen sich selbst gegenüber (A. H. Maslow). Als Erklärungsgrundlage wird häufig die ↗Verdrängung genannt. *W. D. Fröhlich*

Ablösung. Aufhebung bzw. Lockerung einer seelischen Bindung, d. h. einer seelischen Abhängigkeitsbeziehung zwischen zwei Menschen (z. B. A. des Kindes von den Eltern im Verlauf der psychischen Reifung, besonders zur Zeit der Pubertät).

Psychoanalytisch (S. Freud): Auflösung der während einer analytischen ↗Psychotherapie entstandenen seelischen Bindung (↗Übertragung) des ↗Analysanden an den Analytiker; die A. vom Therapeuten soll unbedingt vor Beendigung der Behandlung erfolgt sein. *H. N. Genius*

Abnormal Psychology befaßt sich mit der Untersuchung abnormen ↗Verhaltens bzw. der abnormen ↗Persönlichkeit. Unter diesen Begriffen lassen sich die folgenden psychopathologischen (↗Psychopathologie) Phänomene subsumieren:

Anomalie der ↗Wahrnehmung, Anomalie psychomotorischer Funktionen, Störungen ↗kognitiver, motivationaler (↗Motivation) oder anderer psychol. Funktionen, Störungen der Persönlichkeit, wie ↗Psychosen, ↗Neurosen und psychosomatische Erkrankungen, Charakteropathie und geistige Defekte; abnormes Sozialverhalten, wie kriminelle Vergehen, ↗Drogenabhängigkeit usw.

Konzept der Anomalie. Das Wort „anomal" wird in mehreren Bedeutungen und auch in verschiedenen Bedeutungskombinationen verwandt. Wesentliche Dimensionen dieser Differenzierung sind: 1) Anomalie wird definiert als Abweichung von einer ideellen oder einer statistischen ↗Norm, 2) als Abweichung von der durch intra- oder interkulturellen Vergleich gewonnenen Norm und Beschreibung nach objektiven oder subjektiven Verhaltensmerkmalen, die auffällig sind oder soziale Sanktionen herausfordern. Mit der Definitionsfrage eng verknüpft sind die Probleme der Persönlichkeitsentwicklung (↗Entwicklung) und der ↗Psychohygiene wie auch die Frage der kulturellen Norm und der Reaktion des einzelnen sowie der Gesellschaft auf das abnorme Verhalten.

Geisteskrankheiten, Versuch einer allgemeinen und klassifizierenden Darstellung. Der Versuch wissenschaftlicher Auseinandersetzung mit dem Problem der Geisteskrankheit entwickelte sich gegen Ende des 18. Jh., verbunden mit den Namen P. Pinel, F. A. Mesmer, J. E. Esquirol, H. Bernheim, J.-M. Charcot und anderen. P. Janet (1895–1947) unterschied zwei Haupttypen von neurotischen Prozessen: ↗Psychasthenie und ↗Hysterie, solche Abläufe betrachtete er unter dem Aspekt der Reduktion eines Energieniveaus. E. Kraepelin (1856–1926) beobachtete die Tendenz bestimmter ↗Symptome, gemeinsam aufzutreten, und betrachtete diese Korrelation als Manifestation spezifischer Typen von Geisteskrankheit. Sein Beitrag zur Beschreibung der dementia praecox (später als ↗Schizophrenie von E. Bleuler weiterbearbeitet) und des ↗manisch-depressiven Irreseins war von epochaler Bedeutung für die ↗Psychiatrie. Die von K. Schneider und anderen begonnene Beschreibung der Charakteranomalie regte weitere bio-psychologische Untersuchungen der Kriminellen und anderer ↗Soziopathen an. Aus neuerer Zeit datieren Klassifikationsversuche mit Hilfe mathematisch-statistischer Methoden. So fanden Jenkins und Mitarbeiter drei wesentliche Syndrome kindlicher Verhaltensstörung: übermäßig gehemmt, aggressiv bei mangelnder Sozialisierung und sozialisiert, aber straffällig. H. J. Eysenck erarbeitete unter Verwendung faktorenanalytischer Methoden (↗Faktorenanalyse) drei voneinander unabhängige ↗Variable: Introversion – Extraversion, Neurotizismus und Psychotizismus.

Klassifikation und Beschreibung werden von der theoretischen Position des jeweiligen Forschers bezüglich Ursache und Behandlung von Anomalitäten beeinflußt. Der Beachtung unterliegen biologische, behavioristische, psycho- wie soziodynamische Gesichtspunkte u. a. mehr. Als Eklektiker untersuchte Meyer die Bedeutung der ererbten Strukturen und Tendenzen, der Lebenserfahrung im weiteren Sinne und des Umweltdrucks (↗Stress). Die American Psychiatric Association unterscheidet heute zwei Klassen: Störungen im Zusammenhang mit ↗Hirnläsionen („disorders caused by or associated with impairment of brain tissue function") und psychogene oder nicht hirnphysiologisch erklärbare Störungen („disorders of psychogenic origin or without clearly defined physical cause of structural change in brain"). Letzteres schließt ein: psychotische Störungen, psychophysiologische Störungen (↗Psychophysiologie) und solche des ↗autonomen sowie des viszeralen Nervensystems, psychoneurotische Störungen und Persönlichkeitsveränderungen, auch situationsgebundene. Diese Störungen werden durch folgende Fachtermini bezeichnet: Psychose, Psychoneurose, Geisteskrankheit, Psychopathie, Sucht und Verbrechertum.

BIOLOGISCHE ANSÄTZE. Die Erblichkeit anomaler Tendenzen wurde mit Familienforschung (↗Zwillingsforschung) und anspruchsvollen Methoden untersucht. Beobachtungen eineiiger Zwillinge, besonders im Vergleich zu zweieiigen, werden berichtet bei Psychosen, Neurosen und Soziopathien (J. Lange, A. J. Rosanoff, F. J. Kallmann, A. Salter, Yoshimasu, Inoue). Ebenso wurden einige psychologische ↗Faktoren wie ↗Intelligenz, motorische Geschicklichkeit (motorische ↗Koordination) und neurotische Tendenzen aus genetischer Sicht untersucht (↗Genetik). E. Kretschmer hat aus konstitutionspsychologischer Sicht ↗Konstitutionstypen beschrieben, die mit psychotischen Störungen und deren prämorbiden Persönlichkeitsbildern korrelieren. Neuere Konstitutionstypologien basieren auf W. H. Sheldons System der Somatotonie, Lindegards Methode, faktorenanalytischen und anderen neuen Verfahren.

EXPERIMENTELLE ANSÄTZE. J. H. Jacksons hierarchisches Modell funktionalen Zerfalls hat die frühen experimentellen Studien angeregt. Von großem Einfluß waren J. P. Pavlovs Konditionierungsexperimente (↗Konditionieren) und seine Versuche zur experimentellen Neurose (↗Neurose, experimentelle). Dieser Autor betrachtete den Konflikt zwischen neuraler Exzitation und Inhibition als Auslöser der Neurose. Es gibt viele Studien über ↗Aggression, ↗Fixierung und andere schlecht angepaßte Verhaltensweisen bei Tieren (K. S. Lashley, A. S. Liddel, N. R. F. Maier, J. H. Masserman). Auch die Auswirkungen frühester Erfahrungen (↗Prägung) wurden an Tieren untersucht (V. H. Denenberg, J. Levine, W. R. Thompson, H. F. Harlow). Einige Untersuchungen befaßten sich mit menschlichen Verhaltensanomalien unter experimentellen Bedingungen wie Sensory deprivation. So wurden Labortechniken für die Behandlung psychiatrischer Patienten entwickelt (A. R. Luria, R. B. Malmo, H. J. Eysenck).

Diese Verfahren finden auch als objektive ↗Tests in der Klinik Verwendung. Auf experimentellen Befunden und den ↗Lerntheorien basierend, entwickelten H. J. Eysenck, J. Wolpe und andere die ↗Verhaltenstherapie. Drogeneinflüsse wurden experimentell und klinisch geprüft. Neurologische (↗Neurologie) Untersuchungen über Hirnläsionen wurden durch direkte Beobachtung oder mittels neurophysiologischer (↗Neurophysiologie) Methoden wie der Elektro-↗Encephalographie entwickelt. Biochemische Studien bemühten sich, die chemischen Ursachen von Geistesstörungen zu bestimmen bzw. die chemischen Prozesse bei gestörtem Geisteszustand zu erhellen.

PSYCHODYNAMISCHE ANSÄTZE. Seit Freud erschien eine Reihe psychoanalytischer und anderer psychodynamischer Studien, die auf der klassischen Lehre von ↗Freud, ↗Jung oder ↗Adler, auf neoanalytischen (↗Neopsychoanalyse) oder anderen eklektischen Theorien basieren. Auf dem Gebiet der ↗Kinderpsychiatrie bzw. klinisch-pädagogischen Psychol. hat der psychodynamische Ansatz seit Healy und anderen besonders breiten Raum eingenommen, sowohl in der diagnostischen wie auch in der therapeutischen Praxis (↗Psychodiagnostik, ↗Psychotherapie). Aus diesem Gebiet stammen viele Beobachtungen von Kindern unter speziellen Umweltbedingungen, besonders in gestörten Familien (J. Bowlby, W. Goldfarb, R. Spitz). Versuche zur Beobachtung der Persönlichkeitsdynamik wurden mittels Traumstudien und der Betrachtung symbolischer Vorstellungen unternommen. Lern- und andere Theorien, die auf experimentellen Ansätzen basieren, wurden mit psychodynamischen Konzepten zusammengefaßt (O. H. Mowrer & C. L. Kluckhohn, J. Dollard & N. E. Miller, N. R. F. Maier). Entgegen aller Kritik wegen mangelnder ↗Objektivität (H. J. Eysenck) dominieren psychodynamische Ansätze in der projektiven Diagnostik und der klinischen Psychotherapie.

SOZIOKULTURELLE ANSÄTZE. In Verbindung mit den soziopsychologischen Ansätzen der ↗Psychoanalyse sind viele anthropologische Untersuchungen zur A. P. primitiver Gesellschaften durchgeführt worden (J. C. Fortune, R. Benedict, M. Mead, B. Malinowski). Es gibt vergleichende Untersuchungen von Persönlichkeits- und Verhaltensstörungen sowohl für verschiedene moderne Länder als auch für verschiedene ethnische und soziale Gruppen. Geisteskrankheit (A. B. Hollingshead, F. C. Redlich u. a.), Verbrechen und Straffälligkeit (R. F. Shaw, H. E. McKay u. a.) sowie andere Verhaltensstörungen sind vielfach aus ökologischer (oder epidemiologischer) Sicht untersucht worden. Abweichende ↗Sozialisierung bzw. Gruppenbeziehungen werden selbst in der individuellen klinischen Praxis besonders beachtet, speziell in bezug auf Verbrechen und Straffälligkeit (R. L. Jenkins, K. Mizushima). ↗Gruppendynamik und andere sozialpsychologische Theorien (↗Sozialpsychologie) wurden in die Sozialtherapie übernommen. Soziokulturelle Ansätze haben großen Einfluß genommen auf die jüngste Entwicklung der Sozialpsychiatrie und -psychologie, der ↗Sozialarbeit und anderer verwandter Gebiete. Dennoch gibt es bisher kaum Studien über die historische Soziodynamik anomalen Verhaltens und der sozialen Reaktion auf dieses.

Ontologische Ansätze. Auf die Tradition der europäischen Psychiatrie hat K. Jaspers verstehende Methode großen Einfluß gehabt. In neuerer Zeit haben L. Binswanger, V.-E. v. Gebsattel, M. Minkowski, M. Boss u. a. die auf der Existenzphilosophie basierende ↗Daseinsanalyse entwickelt. Im Gegensatz zur objektiven Orientierung der Psychodynamik besteht hier der Weg zum Verständnis des Patienten darin, ihn im Zusammenhang mit seiner subjektiven Welt und ihrer Bedeutung zu verstehen. Hiermit verbunden sind verschiedene neue Ansätze wie V. E. Frankls ↗Logotherapie oder klinische Anwendungen fernöstlicher Konzepte wie ↗Yoga und ↗Zen. C. A. Rogers ↗Selbstkonzept, Gestalttheorien (↗Ganzheit – Gestalt – Struktur) und einige organismische Theorien verbinden sich verschiedentlich in dieser Strömung bezüglich ihrer Betonung der Erscheinungswelt, der Totalität und Einzigartigkeit einer Person.

Zusammenfassung. Als objektive Wissenschaft unternimmt die A. P. biologische, physiologische, verhaltensorientierte, psychodynamische, soziokulturelle und andere experimentelle oder beobachtende Ansätze zum Verständnis statistisch abweichenden Verhaltens. Die A. P. ist verbunden mit den diagnostischen und therapeutischen Verfahren der Psychiatrie, der klinischen Psychol. und der allg. psychohygienischen Wissenschaft, die auch subjektive oder künstlerische Ansätze einschließt bzw. integriert.

Lit.: Arieti, S. (Ed.): American handbook of psychiatry. New York, 1959; **Binswanger, L.:** Schizophrenie. Pfullingen, 1957; **Eysenck, H. J.** (Ed.): Behaviour therapy and the neurosis. London, 1959; **ders.** (Ed.): Handbook of abnormal psychology. New York, 1961; **Fenichel, O.:** The psychoanalytic theory of neurosis. London, [5]1966; **Hoch, P. H. & J. Zubin:** Experimental Psychopathology. New York, 1957; **Hunt, J. McV.** (Ed.): Personality and the behavior disorders. New York, 1944; **Jaspers, K.:** Allgemeine Psychopathologie. Berlin, [9]1973; **Kraepelin, E.:** Lehrbuch der Psychiatrie. Leipzig 1883–1927; **Kanner, L.:** Child psychiatry. Springfield (Ill.), 1935; **Lemert, E. M.:** Social pathology. New York, 1951; **Pawlow, I. P.:** Selected works. Moskau, 1955; **Ullmann, L. P. & L. Krassner:** A psychological approach to abnormal behavior. Englewood Cliffs (N. J.), 1969.

K. Mizushima

Abort, *Fehlgeburt,* Abstoßung eines nicht 35 cm langen, toten Fetus innerhalb der ersten sieben Schwangerschaftsmonate. Lebend geborene Früchte – Kriterium ist die Atmung – entstammen nie einer Fehlgeburt und sind so dem Standesamt anzuzeigen. A.us arteficialis: künstliche Schwangerschaftsunterbrechung (Abtreibung), in der BRD bis 1976 nur legal bei medizinischer Notwendigkeit. Seit 1976 gelten nach §§ 218ff StGB folgende Indikationen für den legalen Schwangerschaftsabbruch: auf die ersten 12 Wochen nach der Empfängnis beschränkt die „kriminologische Indikation", z. B. Empfängnis bei Vergewaltigung, sowie eine „Notlagen-Indikation", z. B. soziale Schwäche der Familie relativ zur Zahl bereits vorhandener Kinder; bis zur 22. Woche die „Kindliche Indikation", z. B. bei dringendem Verdacht einer Mißbildung. Auch nach der

22. Woche ist die medizinische Indikation zulässig (nach § 218a Abs. 1 Nr. 2).

Alle Indikationen sind allerdings durch die subjektive Unzumutbarkeit für die Schwangere bestimmt: es muß eine als ausweglos empfundene Konfliktlage gegeben sein, aufgrund derer ein Austragen der Frucht unter Strafandrohung nicht zumutbar ist. Das Vorliegen solcher Umstände muß gutachtlich festgestellt werden. Bis heute hat sich eine einheitliche Anwendungspraxis dieser Regelung innerhalb der BRD nicht eingestellt.

Fieberhafter A., stets mit gynäkologischen Komplikationen, wird in der Regel als Indiz für einen Versuch illegaler Schwangerschaftsunterbrechung betrachtet.

U. H. Schindler

Abreaktion. Der Begriff wird in der Psychiatrie, besonders in der Psychoanalyse, verwendet zur Bezeichnung der mehr oder weniger raschen Entladung länger aufgestauter Affekte. Der Vorgang ist unbewußt und steht im Gegensatz etwa zu der Verarbeitung von aktualisierten verdrängten Inhalten. Der Begriff wird heute auch umgangssprachlich verwendet und hat dadurch an fachlicher Bedeutung verloren. *R. Hänni*

Absence, Anfallsform aus dem Kreis der ↗Petit-mal-Epilepsie des Kindesalters. Kurzdauernde (5–15 sec) Bewußtseinsminderung(-trübung) ohne oder mit nur ganz geringen motorischen Erscheinungen (z. B. leichte Augenbewegungen). Im EEG entspricht dieser Anfallsform ein typisches Bild: 3/sec spikes and waves. Die A. kann so kurz sein, daß sie vom Kind selbst nicht bemerkt wird, so daß es anschließend in der begonnenen Bewegung oder im Gespräch fortfährt. – Diese A.n sind zu unterscheiden von den psychomotorischen Anfällen bei Temporallappenepilepsie (Dämmerattacken, „Pseudoabsencen"). *C. Scharfetter*

Absoluter Wert. Unter einem a. W. (Absolutbetrag) $|-X|$ versteht man einen numerischen Wert, dessen Vorzeichen – falls negativ – positiv wird. *W. H. Butollo*

Abstinenz (oder früher „Keuschheit") heißt Enthaltsamkeit von sexuellen Handlungen aller Art, z. B. ↗Onanie, ↗Petting, ↗Koitus. Die Forderung nach sexueller A. ist zumeist verbunden mit einer reproduktiven Sexualmoral, d. h. allein auf Fortpflanzung gerichteten Sexualität, die sexuelle Beziehungen nur innerhalb der Ehe zuläßt und legalisiert (z. B. Christentum, Islam). Unter A. in einem engeren Sinne wird heute häufig nur die Enthaltsamkeit von Koitus verstanden. – ↗Standards, sexuelle. *J. Friedrichs*

Abstinenzerscheinungen, Entzugserscheinungen körperlicher oder seelischer Art, die nach Absetzen gewisser Suchtmittel auftreten können. Zu den Suchtmitteln, welche A. hervorrufen können, gehören z. B. Schlafmittel und gewisse Rauschgifte wie die Opiate. Solche Entzugserscheinungen können sein: heftigste Schmerzen, Schwindel, Schwächegefühl, Brechreiz, Durchfälle, Zittern, aber auch Angst- und Spannungszustände. *A. Hicklin*

Abstraktion, ein zur Begriffsbildung führender Prozeß. Man unterscheidet zwischen a) *generalisierender A.*, bei der die unter einem Aspekt als wesentlich erscheinenden Merkmale der Dinge, der Klassen und ihrer Relationen hervorgehoben und die unwesentlichen unterdrückt werden; b) *isolierender A.*, bei welcher den abstrahierten Eigenschaften, Relationen usw. Selbständigkeit verliehen wird, und c) *idealisierender A.*, die die idealen Modelle konstruiert.

A.fähigkeit ist nur dem Menschen eigen und setzt das Erreichen einer Entwicklungsstufe und Normalität voraus.

Lit.: **Goldstein, M. J. & M. Scheerer:** Abstraktes und konkretes Verhalten. In: **C. F. Graumann** (Hrsg.): Denken. Köln – Berlin, [4]1969; **Piaget, J.:** Psychologie der Intelligenz. Olten – Freiburg i. Br., o. J. *V. Martinu*

Abstumpfung, metaphorische Bezeichnung für die Verminderung affektiver, emotionaler Reaktionen. A. kann bei ↗Adaptation, ↗Ermüdung, Überbelastung vorkommen, ist aber auch typisches Element einer Wesensveränderung bei manchen psychischen Erkrankungen. *R. Hänni*

Abtreibung ↗Abort.

Abulie bezeichnet eine Anomalie der Willenskraft, charakterisiert durch extreme Apathie und Unentschlossenheit. Subjektiv wird dieser Zustand oft als völlige Abwesenheit von Willens- und Antriebskraft geschildert, wobei die Empfindung automatisierter Handlungen mit einhergeht, bei denen das Individuum sich nur als „auf die Umwelt reagierend", weniger als „auf die Umwelt einwirkend" empfindet. Der Patient fühlt sich unfähig, seine Gedanken oder Handlungen zu lenken. *P. W. Bradshaw*

Abusus, mißbräuchliche, nicht ärztlich indizierte Einnahme von Medikamenten, Genuß- und Rauschmitteln. ↗Sucht.

Abwehr im tiefenpsychol. Sinne ist innere A., d. h. die automatisch gewordene Hemmung einer Motivbefriedigung, die früher für die Person möglich war, aber von einem Zeitpunkt der Entwicklung an durch Personen der Umgebung verhindert oder mit „Strafe" bedroht wurde. A. hat Verzicht zum Ziel.

↗A.mechanismen, typische und voneinander unterscheidbare A.verfahren. Zu ihnen zählen ↗Verdrängung, ↗Projektion, ↗Introjektion oder ↗Identifikation, ↗Reaktionsbildung, ↗Sublimierung, ↗Regression; ferner Isolierung, ↗Leugnung der Realität, Identifikation mit dem Aggressor, ↗Rationalisierung, Verkehrung ins Gegenteil (↗Reversion); schließlich die spezifisch neurotischen A.verfahren, die in den A.psychoneurosen eine Rolle spielen.

A.psychoneurosen, z. B. ↗Phobien, Konversionen, Zwangshandlungen, Zwangsgedanken, Tics, Stottern. A.psychoneurosen sind psychische Erkrankungen, bei denen für die Erkrankten die üblichen A.verfahren nicht ausreichten und zusätzliche neurotische A.en neurotische Symptome und Symptomhandlungen zur Erzielung des Verzichtes aufgeboten werden müssen. – Vgl. auch ↗Regression; ↗Objektbesetzung; psychoanalytisches Schema der ↗Psychopathologie.

Lit.: Freud, A.: Das Ich und die A.mechanismen. Wien, 1936; **Freud, S.:** Vorlesungen zur Einführung in die Psychoanalyse (1916/17). Ges. Werke, Bd. 11. London, 1940–52; **ders.:** Das Ich und das Es (1923). Ges. Werke, Bd. 13; **ders.:** Hemmung, Symptom und Angst (1926). Ges. Werke, Bd. 14; **Toman, W.:** Motivation, Persönlichkeit, Umwelt. Göttingen, 1968. *W. Toman*

Abwehrmechanismen. Der Begriff stammt aus der ↗Psychoanalyse. A. sind Methoden des ↗Ich, den Ansprüchen des ↗Es (hemmungsfreie Triebbefriedigung) entgegenzutreten, so daß keine Konflikte mit dem ↗Über-Ich und der Realität zustande kommen können. Die wichtigsten A. sind: ↗Verdrängung, ↗Regression, Reaktionsbildung, Isolierung, Ungeschehenmachen, ↗Projektion, ↗Introjektion, Wendung gegen die eigene Person, Verkehrung ins Gegenteil, Verschiebung des Triebziels (↗Sublimierung).

Lit.: Freud, A.: Das Ich und die Abwehrmechanismen, Wien, 1936. *R. Hänni*

Abwehrpsychoneurosen ↗Abwehr.

Abweichung. Die durchschnittliche A. ist ein altes Streuungsmaß, auch mittlere Variation mV genannt. Sie ist der Durchschnittswert der absoluten Abweichungen der Maßzahlen vom arithmetischen Mittel,

$$mV = \frac{\Sigma |X - \overline{X}|}{N}.$$

Dieses Maß kommt selten vor, da die Verwendung von Absolutbeträgen in vielen Fällen unvorteilhaft ist. – Die *mittlere* A., $\frac{\Sigma x_i}{N}$, ist ein Maß für die Zentraltendenz der Abweichungen $x_i = X_i - B$, wobei B ein beliebiger Wert sein kann. Wird bei jeder Einzelbeobachtung ein systematischer Fehler k gemacht, so wird die mittlere A k sein. Ist B mit dem ↗arithmetischen Mittel identisch, wird die mittlere A. Null. ↗Mathematische Psychologie; ↗Statistik.

H. W. Butollo

Acetylcholin (Abk. ACH), Neurohormon bzw. Gewebshormon, das nach klassischer Auffassung die ↗Transmittersubstanz im parasympathischen System ist und auf dieses erregend wirkt und deshalb von O. Löwi als Vagusstoff bezeichnet wurde. ↗Hormone, ↗Pharmakopsychologie. *W. Janke*

Achievement-Tests. Allgemein werden als A.-T. Verfahren bezeichnet, die den Effekt eines speziellen Trainings messen. Schulleistungstests sind die am weitesten verbreitete Kategorie von Achievement-Tests. Daneben gibt es aber, vor allem in den USA, auch Berufsleistungstests, z. B. für Stenotypistinnen, Buchhalter, Maurer usw. Solche Tests werden sowohl zur Kontrolle des Trainingserfolges als auch (z. T. neben Fähigkeitstests) zur Selektion verwendet. *R. Meili*

Achromasie *(Achromatopsie)*, Farbenblindheit, d. h., es werden keinerlei Farben gesehen, sondern nur Helligkeiten unterschieden. Bei einer partiellen Farbenblindheit spricht man von *Farbanomalie.* Am häufigsten findet sich eine verminderte Rot-Grün-Empfindlichkeit. – ↗Farbenfehlsichtigkeit. *R. Rix*

Achromatopsie ↗Achromasie.

Achtung meint zunächst das Erkennen und Bejahen der Personwerte und -würde (sowohl der eigenen als auch der von Mitmenschen), also ein Be-achten. Insofern beruht A. auf Sensibilisierung des Wertfühlens. Sodann ist A. die Schätzung und Anerkennung menschlichen Personseins (Hochachtung). Die Skala der A. reicht vom distanzierten Respekt und der Anerkennung von Autorität (Leistung, Können, Geltung) bis zum emotional getönten Erweis von Liebe und Ehre, von der unverzichtbaren Selbst-A. des sich seiner Person-Würde bewußten Individuums bis zur Anerkennung eines anderen als eines Vorbildes. In der Erziehung erweist sich die A. vor der Personalität des Kindes als Kriterium erzieherischer Einsicht, die A. vor dem Erzieher als Anerkenntnis von Reife und Mündigkeit.

Lit.: Haider, F.: Die Ehre als menschliches Problem. Paderborn, 1973; **Korczak, J.:** Das Recht des Kindes auf A. Göttingen, [2]1976.

F. Pöggeler

Ach-Vygotsky-Methode, von Ach (1921) zur Begriffsbildung verwendete Methode: stereometrische Körper verschiedener Größe und verschiedenen Gewichts wurden mit ↗sinnlosen Silben benannt, z. B. die großen schweren mit „Gazun". Nach kurzem Umgang mit diesen Blöcken wurden die ursprünglich sinnlosen Silben für die Vpn sinnvoll („Gazun" bezeichnete „groß und schwer" usw.). Die Vpn hatten den Begriff „Gazun" gebildet, den sie in der Folge allgemein zur Bezeichnung von großen schweren Körpern verwendeten (in der Untersuchung z. B. in einem Warenhaus). Diese Methode wurde von L. S. Vygotsky modifiziert. (Vgl. hierzu auch die *Sachdenkprobe* von E. Zilian sowie den *Auffassungs- und Kombinationstest* von W. Arnold.)

Lit.: Ach, N.: Über die Begriffsbildung. Bamberg, 1921; **Pauli, R. & W. Arnold:** Psychol. Praktikum. Stuttgart, [7]1972; **Vygotsky, L. S.:** Thought and language. New York – London, 1962 (russ. Orig. 1934).

H. J. Aebi

Acquiescence ↗Response-Set.

ACTH, Abk. für *adrenocorticotropes Hormon* (Cortikotropin, Cortikotrophin), ↗glandotropes Hormon des Hypophysenvorderlappens, das in der Nebennierenrinde die Ausschüttung von ↗Kortikoiden anregt. *W. Janke*

Adaptation. Die ↗Anpassung der Erregung einer Sinneszelle an eine länger vorliegende Reizstärke durch Einstellung eines Fließgleichgewichts aufgrund von gegenläufigen Stoffwechselprozessen (z. B. Zerfall von ↗Rhodopsin und Resynthese bei den Rezeptoren der ↗Retina) wird als A. bezeichnet. Schnelle Reizänderungen bewirken durch kurzzeitiges Überwiegen nur eines Prozesses überproportionale Erregungssprünge (initiales Überschießen bzw. Unterschießen: Differentialempfindlichkeit), bevor mit einer bestimmten Zeitkonstante ein der neuen

Reizstärke proportionaler A.zustand (Erregungs-Gleichgewichtswert) erreicht ist. Allgemein bedeutet die A. für die ↗Sinnesorgane eine Verschiebung der Intensitätsschwelle und damit eine optimale Bereichseinstellung derart, daß die Unterschiedsschwelle in einem weiten Bereich maximal bleibt.

Lit.: Ranke, O. F.: Allgemeine Physiologie der Sinnesorgane. In: **G. Lehmann** (Hrsg.): Hdb. d. ges. Arbeitsmedizin: Arbeitsphysiologie. Berlin – Göttingen – Heidelberg, 1960–61. *M. Spreng*

Adaptationsniveau. Nach H. Helson ist das A. das Bezugsschema, das die gesehenen Farben entsprechend den verschiedenen Lichtreizen bestimmt. Bei stark farbiger Beleuchtung haben die Gegenstände mit höherer ↗Albedo als das A. die Neigung, im Farbton des Lichts zu erscheinen, diejenigen mit niedrigerer Albedo die Neigung, den Komplementärfarbton zum Farbton des Lichts anzunehmen, und die Gegenstände mit etwa gleicher Albedo wie der des A. erscheinen grau.

Lit.: Helson, H.: Adaptation level theory. In: **S. Koch** (Ed.): Psychology. A study of a science, Bd. 1. New York, 1959. *G. Kanizsa*

Adaptationssyndrom ↗Stress.

Adaptives System. Die Menge der möglichen Abläufe (das Verhalten) eines a. S. verändert sich unter Einflüssen der Systemumgebung, so daß die ihm eigene Funktion aufrechterhalten bleibt. Im einfachsten Fall handelt es sich um einen ↗Regelkreis, der auf einem starr programmierten Zusammenhang zwischen Systemausgängen und -eingängen beruht: in komplexen Fällen erfolgt die Adaptation durch Änderung des Systems selbst. Beispiele: Veränderung der Netzhaut bei Dunkeladaptation. Veränderung menschlichen Verhaltens durch Lernen.

K.-D. Graf

Additionstheorem. 1) Das A. der Wahrscheinlichkeit: Sind $A_1, A_2, \ldots, A_n$ einander ausschließende ↗Ereignisse eines Zufallsexperimentes, so gilt bei diesem ↗Experiment $P(A_1 + A_2 + \ldots A_n) = P(A_1) + P(A_2) + \ldots P(A_n)$. $P(A_1 + A_2 + \ldots A_n)$ steht für die Wahrscheinlichkeit, daß entweder A_1 oder A_2 oder ... A_n eintrifft. – Sind A und B beliebige, also u. U. vereinbare Ereignisse mit der Wahrscheinlichkeit P(A) bzw. P(B), so hat das Ereignis A + B in einem Zufallsexperiment die Wahrscheinlichkeit $P(A + B) = P(A) + P(B) - P(AB)$. Dabei trifft das Ereignis A + B dann ein, wenn A und B gleichzeitig, nur A oder nur B eintrifft.

2) Das A. für ↗Mittelwerte: Das ↗arithmetische Mittel einer Summe von Zufallsvariablen, deren Mittelwerte existieren, ist gleich der Summe dieser Mittelwerte, $E(X_1 + X_2 + \ldots + X_n) = E(X_1) + E(X_2) + \ldots E(X_n)$. Hier steht $E(X_i)$ für den ↗Erwartungswert der Zufallsvariablen X_i.

3) Das A. für Verteilungen (↗Häufigkeitsverteilungen): Die Summe von einer bestimmten Verteilung folgenden Größen verhält sich ebenfalls entsprechend dieser Verteilung. ↗Abweichung. *W. H. Butollo*

Adiadochokinese, bei akuten Erkrankungen des Kleinhirns auftretende Erscheinung, die sich in der Unfähigkeit äußert, antagonistische Bewegungsfolgen, z. B. abwechselndes Strecken und Beugen der Finger, durchzuführen. Mit anderen Koordinationsstörungen, wie Intensionstremor und Augenzittern, wird die A. zum Symptomenkomplex der zerebellaren Asynergien zusammengefaßt und ist oft mit Muskelschwäche gekoppelt. Sie fehlt beim chronischen Kleinhirnausfall, da Teile des Großhirns seine Funktion übernehmen. Durch optische Kontrolle und Übung kann sie gebessert werden.

E. David

Adler, *Alfred.* Leben und Werke. * 7. 2. 1870 in Wien; † 28. 5. 1937 in Aberdeen. 1895 Dr. med. in Wien; 1897 Niederlassung in Wien, zunächst als Augenarzt, später als Arzt für innere Medizin; 1899/1900 erste Begegnung mit S. ↗Freud; A. verteidigt Freud im Wiener Ärzteverein; seit 1902

Teilnahme an den Diskussionen über Neurosenpsychol. in Freuds Wohnung; verfaßte 1904 „Der Arzt als Erzieher"; erster, auf Bitten Freuds zurückgenommener Entschluß, sich aus dem Freudschen Kreis zurückzuziehen; gab 1907 die „Studie über die Minderwertigkeit von Organen" heraus; 1908 Vortrag „Über den Aggressionstrieb" in Salzburg; 1910 Vorsitz der Wiener Gruppe der Psychoanalytischen Vereinigung: mit Freud und W. Stekel Herausgeber des „Zentralblatts für Psychoanalyse"; hielt Januar 1911 vier Vorträge „Zur Kritik der Freudschen Sexualtheorie des Seelenlebens"; im Anschluß an den 4. Vortrag macht die Mehrheit der Anwesenden in Gegenwart Freuds die „Berechtigung, weiterhin ein Mitglied unseres Kreises zu sein" – gegen den Einspruch Stekels –, von einem Bekenntnis zur Freudschen Sexualtheorie abhängig. A. und sieben weitere Ärzte verlassen die Sitzung. Im August 1911 erklärt A. in Bd. 1, Heft 10/11 des „Zentralblatts für Psychoanalyse", daß er aus der Redaktion ausscheide. Verfaßte 1912 „Über den nervösen Charakter". Mit diesem Werk ist für A. selbst die „Individualpsychologie", d. h. die Lehre von dem unteilbaren, freien, zielgerichteten, für sein Tun verantwortlichen „Individuum", als Grundlage einer neuen Form der ↗Psychotherapie gegründet. Weitere Werke: 1914 (mit Carl Furtmüller und Erwin Wexberg): „Heilen und Bilden"; 1920: „Praxis und Theorie der Individualpsychologie"; 1921: „Menschenkenntnis"; 1928–30: „Die Technik der Individualpsychologie", 2 Bde.; 1929: „Individualpsychologie in der Schule"; 1932: „Der Sinn des Lebens". – 1927 wurde A. Lecturer an der Columbia University New York; seit 1931 Professor für Medizinische Psychol. am Long Island Medical College in New York.

Die Lehre A.s von der Neurose ist einem verbreiteten Mißverständnis zufolge die Adlersche Psychologie des normalen Menschen. Tatsächlich beschreibt er damit die unübersehbare Menge der *sozialen Fehlanpassungen*, deren gemeinsames Merkmal die *Ich-Zentrierung* („Ichhaftigkeit") des gesamten Erlebens und Verhaltens ist. Ihnen stellt er als echten Normalzustand gegenüber: die Zentrierung auf die *Gruppe* – im „Gemeinschaftsgefühl", dem „sozialen Interesse", der „Wirhaftigkeit" (F. Künkel) – und die Zentrierung auf die jeweils gegebene Aufgabe – das „Vollkommenheitsstreben" nach A., die „Sachlichkeit" nach Künkel –, also die gelebte Erkenntnis, daß persönliches Glück nie auf Kosten der anderen bzw. der Aufgaben, sondern nur gemeinsam mit ihnen erreichbar ist und am ehesten sich demjenigen erschließt, der nicht danach jagt und für sich keine Sonderansprüche stellt. Dem Neurotiker diesen Zustand erstrebenswert werden zu lassen und ihm zur Entdeckung seiner Schliche zur Selbsterhöhung zu verhelfen, ist der Sinn der individualpsychologischen Psychotherapie. – Zur Lehre A.s vgl.: ↗Individualpsychologie; ↗ Neurose.

Lit.: Bleidick, U.: Die Individual-Psychol. und Pädagogik A.s und seiner Schule. München – Basel, 1961; **Orgler, H.:** A. A. – Der Mann und sein Werk. Wien – Innsbruck, 1956; **Rom, P.:** A. A. und die wissenschaftliche Menschenkenntnis. Frankfurt a. M., 1966; **Sperber, M.:** A. A. oder das Elend der Psychologie. Wien – München – Zürich, 1970.

W. Metzger

Adoleszenz, Periode der Nachpubertät, in der sich die personale Selbstverantwortung zu festigen beginnt. Körperliche Reifemerkmale sind bereits vorhanden. In psychischer Hinsicht werden die Erscheinungen der ↗Pubertät allmählich im Sinne einer Persönlichkeitsfestigung abgebaut. Symptomatisch für diese Phase der ↗Entwicklung ist das Streben nach Freiheit, verbunden mit zunehmendem Selbstbewußtsein und Selbstvertrauen. In der amerikanischen Literatur wird der Beginn der „adolescence" meist mit dem Beginn der Pubertät gleichgesetzt.

Lit.: Blos, P.: A. Eine psychoanalytische Interpretation. Stuttgart, 1973; **Bühler, C.:** Das Seelenleben des Jugendlichen. Stuttgart, [6]1967; **Hall, S.:** Adolescence, 2 Bde. New York, 1904–09; **Remplein, H.:** Die seelische Entwicklung des Menschen im Kindes- und Jugendalter. München, [17]1971; **Spranger, E.:** Psychologie des Jugendalters. Heidelberg, [28]1966.

K. E. Pelzer

Adoption bedeutet juristisch „Annahme als Kind" (§ 1749 BGB). In den letzten Jahrzehnten hat sich der Gesichtspunkt, unter dem A. betrachtet wird, verlagert. Ursprünglich sollte einem kinderlosen Annehmenden die Möglichkeit gegeben werden, seinem Namen den Fortbestand im Laufe der Generationen zu sichern, und die Möglichkeit, sein Vermögen an ihm verwandtschaftlich verbundene Personen zu vererben. Heute ist A. hauptsächlich zu einer fürsorgerischen Maßnahme für elternlose oder nichteheliche Kinder geworden. Es geht in erster Linie darum, solchen Kindern die Einweisung in ein Heim zu ersparen, da man häufige, teilweise gravierende negative Einflüsse auf die gesamte Persönlichkeitsentwicklung des Kindes festgestellt hat.

Außer bei nichtehelichen und elternlosen Kindern ist A. bei Kindern aus geschiedenen Ehen möglich, wenn ein neuer Ehepartner sein nicht-leibliches Kind als eigenes annimmt. So kann dem Kind eine neuerliche Familienatmosphäre gegeben werden. Das Wohl des Kindes soll bei Entscheidungen über die A. eines Kindes im Vordergrund stehen. Gesetzlich sind Bedingungen festgelegt, die der Annehmende erfüllen muß; ebenfalls ist festgelegt, welche Ämter und Stellen als Adoptionsvermittlungsstellen staatlich anerkannt sind.

Lit.: Gastiger, S. & G. Oswald: Familienrecht. Stuttgart, 1978; **Link, H.:** Ehe- u. Familienrecht. Beck-Rechtslexika. München, [5]1977.

M. Wieczorek

Adrenalin *(Suprarenin)*, Hormon des Nebennierenmarkes und ein Derivat des Brenzkatechins. In seiner Wirkung entspricht es der Erregung des sympathischen Nervensystems, dem es selbst als Überträgersubstanz dient. Insbesondere wird durch Abbau von Leber- und Muskelglykogen, antagonistisch zum Insulin, der Blutzuckerspiegel erhöht und damit Stoffwechsel, körperliche und geistige Leistungsfähigkeit sowie der Leistungswille gefördert. Da A. bei Erregung, Angst und Schrecken vermehrt gebildet und damit das psychische Verhalten verändert wird, wird es zu den psychogenen ↗Hormonen gezählt. *E. David*

Adrenerg. a) Wirkungsart von chemischen Stoffen, die die Wirkung von ↗Adrenalin nachahmen. – b) Nervenfasern oder nervöse Systeme, in denen Noradrenalin oder Adrenalin als ↗Transmittersubstanzen fungieren.

W. Janke

Adrenocorticotropes Hormon ↗ACTH.

Adressat im Sinne der ↗Programmierten Instruktion ein Mensch, der nach einem Lehrprogramm lernt oder lernen soll, das für ihn bzw. mit ihm vergleichbare Lerner aus didaktischer Sicht als geeignet erscheint.

H. Frank

Adultomorphismus, der Versuch, kindliche Verhaltensweisen in Begriffen aus der Sprachwelt der Erwachsenen auszudrücken. (Synonym: *Enelicomorphismus;* Gegensatz: Pädomorphismus.) *K. E. Pelzer*

Affekt. Der Begriff A. wird nicht ganz einheitlich definiert. Meistens versteht man darunter einen Gefühlszustand von besonderer Intensität. In der Umgangssprache gebraucht man dafür den Ausdruck Erregung. In Handlungen, die im Affekt ausgeführt werden, geht die willentliche, durch sachliche und moralische Gesichtspunkte bestimmte Kontrolle weitgehend verloren. Vgl. Gefühl, Tiefenpsychologie, Forensische Psychologie. *R. Meili*

Affekthandlung, in hoher Erregung begangene Handlung, die ohne bzw. mit wenig bewußter Steuerung abläuft. A.en werden bei gerichtlichen Urteilen meist besonders bewertet. *R. Hänni*

Affektion, Beeinflussung, Veränderung des psychischen Zustandes durch die Umwelt (Sinnes-A., Gemüts-A.). *R. Hänni*

Affektive Hemmung ↗Gedächtnishemmungen.

Affektivität, die Gesamtheit des emotionalen Geschehens. Die A. ist ein wichtiger Aspekt der Persönlichkeitsforschung und -diagnostik. – *Affektiv,* den Affekt betreffend. Ein Verhalten wird affektiv genannt, wenn es durch starke Emotionen ausgelöst wird (Freudentanz, Wutschrei). *R. Hänni*

Affektkrämpfe. In starken Affektsituationen können Affektausdruckserscheinungen in krampfähnlicher Übersteigerung auftreten (Weinkrampf). *R. Hänni*

Affektmodell, Darstellung und Erklärung der Komponenten, die einen Affekt bewirken. S. Freud unterscheidet: a) *Primäres A.:* ein Trieb erreicht Schwellenwert – Abwesenheit des Triebobjektes – Notentladung durch Affektabfuhrwege. – b) *Sekundäres A.:* Trieb oder Triebabkömmling erreicht Schwellenwert – strukturierter Aufschub – Affektsignal wird durch das Ich aus strukturell abgesonderten Affektladungen ausgelöst.

Lit.: Freud, S.: Gesammelte Werke, Bde. 2, 3, 14. London, 1940–52; **Rapaport, D.:** Die Struktur der psychoanalytischen Theorie. Stuttgart, [3]1973.

R. Hänni

Affektprojektion, die Wahrnehmung eigener Affektzustände an anderen Personen oder Personengruppen, die (nach dem Urteil neutraler Beobachter) keine solchen Affektzustände aufweisen (↗Projektion). Die eigenen Affektzustände sind verdrängt oder laufen in Isolierung ab. Sie werden nicht bewußt bzw. nicht als einem selbst zugehörig erlebt. *W. Toman*

Affektpsychosen. Es handelt sich hierbei um ↗Psychosen, deren Hauptmerkmal eine Veränderung der Stimmungslage ist; die daraus resultierenden Veränderungen der Gedanken und des Verhaltens sind sekundäre Prozesse. Zu diesen Störungen sind involutive Melancholie und manisch-depressives Irresein zu zählen. Ihre Entstehung schreibt man funktionellen Ursachen zu, obwohl auch biochemische und genetische Faktoren eine Rolle spielen.

Affektive Störungen, deren Ursachen in Umweltfaktoren zu suchen sind, sind gewöhnlich nicht so stark ausgeprägt und erreichen nicht die Intensität einer Psychose.

Lit.: Bleuler, E.: Lehrbuch der Psychiatrie. Berlin, [13]1975; **Hoff, H. et al.:** Lehrbuch der Psychiatrie. Basel, 1956.

D. Eaves

Affektsperre, die akute Unfähigkeit, Affekte zu äußern. Meist tritt sie als Folge von zwei einander widersprechenden Affekten (Zorn, Freude), Motiven oder Verhaltenstendenzen auf. Eine Variante der Affektsperre ist der Stupor (vgl. ↗Ambivalenz). *W. Toman*

Affektverschiebung, der Wechsel des Objektes eines Affektes während der Dauer des Affektes oder bei Wiederauftreten desselben. Ein Junge kann seinen akuten Zorn gegen seinen Vater in Attacken gegen seinen Hund ausdrücken, ein Mädchen seine Furcht vor dem Vater in der Furcht vor einem Lehrer äußern. *W. Toman*

Afferente Nerven, Neuriten (lange Nervenzellfortsätze), die Information in Form von nervöser Erregung aus der Peripherie, z. B. den Sinneszellen des Auges, Ohres, Vestibularapparates, der Nase, Zunge und Haut oder anderen Rezeptoren auch zum ↗Rückenmark und ↗Gehirn weiterleiten. Diese Bezeichnung gilt sowohl für animalische Nervenfasern, deren Erregung bewußt wird, als auch für vegetative Fasern mit unbewußt ablaufender Erregung.

Lit.: Keidel, W. D. (Hrsg.): Kurzgefaßtes Lehrbuch der Physiologie. Stuttgart, [4]1975.

E. David

Afferenz. Der Sammelbegriff A. beinhaltet ↗Afferente Nerven oder Ruhe- und ↗Aktionspotentiale in Axonen mit Richtung zu einem Bezugsort. Oft handelt es sich um die Richtung von peripher nach zentral.

Lit.: Benninghoff, A. & K. Goertler: Lehrbuch der Anatomie des Menschen, Bd. 3. München – Berlin, [10]1977; **Locke, S.:** Modern neurology. Boston, 1969.

G. Arnold

Affiliation, Aufnahme sozialer Kontakte. Angeregt durch M. Schachter, wurde vor allem das Bedürfnis zur Selbstbewertung (self-evaluation) durch sozialen Vergleich als Motiv für A. exp. untersucht: Unsicherheit über die Angemessenheit emotionaler Reaktionen, über die Richtigkeit von Meinungen oder über eigene Fähigkeiten führen zur A. mit Personen, die als ähnlich erlebt werden. In der faktorenanalytischen Persönlichkeitsforschung wurden ↗Faktoren, die Unterschiede in der Bereitschaft zur A. beschreiben, „Gregariousness" (Herdentrieb) oder „Sociability" (↗Geselligkeit) genannt.

Lit.: **Radloff, R.**: A. and social comparison. In: **E. F. Borgatta & W. W. Lambert:** Hdb. of personality theory and research. Chicago, 1960. *D. Bartussek*

AFS ↗Angstfragebogen für Schüler.

Agent ↗Medium; ↗Parapsychologie.

Aggravation, a) objektive Verschlimmerung einer Krankheit; b) meistens jedoch absichtliche Übertreibung von tatsächlich vorhandenen Krankheitserscheinungen bzw. subjektiven Krankheitsempfindungen sowie zweckgerichtete Verstärkung von Krankheitszeichen (↗Rentenneurose). *H. J. Engels*

Aggregat, soziales *(social aggregate),* aus der Soziologie V. Paretos stammende (von T. Parsons übernommene) Bezeichnung für jede Art mehr oder weniger überdauernder sozialer Gebilde im Sinne von Kollektiven. In der Sozialpsychol. wird dieser Begriff von dem der Gruppe unterschieden. Dort bezeichnet A. eine durch äußere Bedingungen (z. B. geographisch definierte Nachbarschaft) zustande gekommene oder aber durch Einführen bestimmter Kategorien oder Klassen (z. B. sozio-ökonomischer Status) im Rahmen einer Untersuchung gebildete Menge von Individuen. Die Beziehungen zwischen den in einem A. subsumierten Individuen sind, wenn überhaupt erkennbar, in Art und Form episodenhaft und akzidentell; es lassen sich keine relativ überdauernden Beziehungsformen und/oder Verhaltensziele erkennen. *W. D. Fröhlich*

Aggression. Die Diskussion um die menschliche Aggressivität wird von Kontroversen beherrscht. (Aggressivität wird in diesem Artikel definiert als Verhalten, dessen Ziel eine Beschädigung oder Verletzung ist.)

Bezüglich der grundlegenden Natur des Menschen, der Rolle des Lernens und der Erfahrung bei der Entwicklung aggressiver Tendenzen, der bestmöglichen Kontrolle der Aggressivität, der Beziehung zwischen dem Antrieb zur A. und anderen Arten der Motivation, zu all diesen Fragen gab es stets kontroverse Meinungen von den verschiedensten Positionen aus. Sogar über die Relevanz von Befunden und Evidenzen für die theoretischen Annahmen herrschen verschiedene Meinungen. In diesem Artikel werden einige der bekanntesten Standpunkte abgehandelt.

Die Ursprünge der Aggression. Derjenige, der sich mit diesem Thema nicht wissenschaftlich auseinandersetzt, wird einen großen Teil der Kontroverse als Auseinandersetzung betrachten zwischen biologisch orientierten Wissenschaftlern, die die Aggressivität als angeboren ansehen (hier wird man wohl an die orthodoxe Psychoanalyse und an die europäische Ethologie denken), und denen, die die Rolle des Lernens und der Erfahrung bei der Entwicklung aggressiver Tendenzen betonen (wie es z. B. die amerikanischen Psychologen und Sozialwissenschaftler tun). Das eigentliche Problem ist also die Frage nach exogener versus endogener Verursachung. Forscher wie Freud (1940), Storr (1968) und Lorenz (1963) schreiben den Menschen einen angeborenen A.trieb zu, der sie zwingt, andere Menschen anzugreifen und sie zu vernichten. Sie glauben, daß dieser Trieb sich entladen muß entweder in direkter A., durch Betrachten von Gewalttätigkeiten z. B. in Filmen, durch Zerstörung unbelebter Gegenstände, Teilnahme an Wettkämpfen oder dem Streben nach Machtpositionen. Falls die A. nicht in dieser Weise ausgelebt wird, kann es zu unkontrollierten Gewaltausbrüchen und sogar zu Selbstmord kommen. Einige Kritiker dieser Theorien sind auch in hohem Maße an biologischen Denk- und Arbeitsmethoden orientiert und lehnen dennoch die Idee eines organismisch determinierten A.triebes ab. Der Zoologe Scott (1958) z. B. behauptet, daß Kampfverhalten durch eine Vielzahl genetischer und Umwelteinflüsse entsteht, sagt aber, daß die Erbdeterminanten mehr die Neigung zu aggressivem Verhalten bewirken und weniger spontan aggressives Verhalten verursachen. Scott meint, daß Tiere und Menschen sehr lange friedlich leben können, wenn die Umweltbedingungen nicht aggressives Verhalten herausfordern. Vertreter einer Triebtheorie der A. haben den Umwelttheoretikern vorgeworfen, sie seien in bezug auf die menschliche Natur „naiv optimistisch", haben aber für ihre Position immer noch keine ausreichenden Beweise. Sehr zweifelhaft ist auch die Konzeption von Freud und Lorenz, die mit einem einheitlichen A.trieb arbeitet, der eine große Zahl aggressiver und nichtaggressiver Verhaltensweisen mit „Energie" versorgt. In Übereinstimmung mit vielen anderen Tierpsychologen besteht Scott darauf, daß es keine einheitlichen Auslösemechanismen aggressiven Verhaltens gibt. Kampfverhalten hat verschiedenste Funktionen und Ursachen. Moyer (1968) stellte eine Liste verschiedener A.arten auf: Beuteverhalten, Kämpfe zwischen Männchen, durch Furcht und allgemeine Reizbarkeit ausgelöstes Aggressionsverhalten, Verteidigung des Territoriums und der Jungen und schließlich sogenanntes instrumentales A.verhalten, bei dem die A. in irgendeiner Weise belohnt wird und sich dadurch zur Gewohnheit verfestigt. Moyer nimmt an, daß jede A.form in Hinsicht auf ihre physiologischen Grundlagen und auslösenden Reize verschieden ist. Berkowitz (1962, 1970 [c]) glaubt, daß bei der menschlichen A. zwei Formen unterschieden werden müssen: die instrumentelle A., die durch erhoffte Belohnung gesteuert wird, und die spontane A., die ähnlich wie eine konditionierte Reaktion von Schlüsselreizen ausgelöst wird. Hinde (1959) hat in seinem Bericht über monothematische Triebtheorien betont, daß die Annahme eines einheitlichen A.triebes höchst zweifelhaft ist. Sie scheint ihm aber auch nicht nur sachlich falsch zu sein, sondern darüber hinaus auch ein Hindernis für problemadäquatere Ansätze darzustellen, indem sie die Wissenschaftler dazu verführt, die dynamische Interaktion vieler verschiedener Kausalfaktoren zu vernachlässigen. Die Theorie eines einheitlichen A.triebes ist so bestechend, daß sie dazu verleitet, die Vielfalt möglicher Ursachen des Verhaltens lebender Organismen einfach abzuleugnen. Die Triebtheoretiker der A. stützen ihre Ansicht durch zweifelhafte Analogien, durch eine extrem spekulative, von den Regeln induktiver Beweisführung abweichende Argumentation und eine Dokumentation, die nur die mit ihrer Theorie übereinstimmenden Daten berücksichtigt (vgl. Montagu, 1960; Berkowitz, 1969 [a]). Insbesondere betonen sie oft die Bedeutung von Hinweisen, die für einen appetitiven Charakter der A. sprechen, d. h., daß z. B. siamesische Kampffische komplizierte Labyrinthe lernen, um am Ausgang des Labyrinths einen männlichen Artgenossen bekämpfen zu können. In einer Reihe von Experimenten (z. B. Azrin et al., 1965; Lagerspetz, 1964; Ulrich, 1966) zeigte es sich tatsächlich, daß Tiere zeitweise eine eindeutige Vorliebe für aggressives Verhalten zeigen. Anstatt diese Vorlieben als Ausdruck eines spontanen Triebes zu werten, ist es dem Problem angemessener, die Gelegenheit zur A. als einen Bekräftiger aufzufassen und die Belohnungsqualität der A. in Abhängigkeit von und begrenzt durch bestimmte Bedingungen zu sehen und anzunehmen, daß sich auch in diesem Fall die speziellen Bekräftigungsmechanismen nicht grundsätzlich von anderen unterscheiden. Die scheinbare Häufigkeit aggressiven Verhaltens stützt aber nicht die monothematische Triebtheorie der Aggression. Ein feindseliger Mensch kann auch gewisse andere Wesenszüge aufweisen. Die Korrelation zwischen Feindseligkeit und diesen anderen Wesenszügen ist kein Beweis, daß das eine vom anderen verursacht wurde. Weiterhin muß die Theorie, daß sich „Energie" von einem Verhaltenstypus auf den anderen übertragen kann, klar abgegrenzt werden gegen das Konzept der Reaktionsgeneralisation, das von Experimentalpsychologen entwickelt wurde und wesentlich exakter ist. Verschiedene Untersuchungen haben gezeigt, daß Bekräftigung bestimmter Reaktionen andere, ähnliche Reaktionen mitverstärkt. Die Belohnung einer bestimmten Art aggressiven Verhaltens, wie z. B. Feindseligkeit, kann die Wahrscheinlichkeit erhöhen, daß andere aggressive Verhaltensweisen ebenfalls auftreten. Der bekräftigende Einfluß wird von einer Handlung auf die andere generalisiert, da sie alle eine gewisse Gemeinsamkeit haben. In subjektivistischen Termini kann dieser Sachverhalt so ausgedrückt werden, daß der Aggressor alle diese Handlungen als verletzend empfindet und meint, nicht für das Aussprechen abfälliger Bemerkungen, sondern für die Intention des Verletzten belohnt worden zu sein. Was auch immer sich hinter aggressiven Handlungen verbergen mag, theoretisch steht die Annahme einer „Energieübertragung" von einem Verhaltensbereich in den anderen als Erklärung der Reaktionsgeneralisation im Widerspruch zur bewährten Regel, „sparsam" bei wissenschaftlichen Fragestellungen zu argumentieren (J. S. Mill). Oft wird in der Frustrations-Aggressions-Hypothese der Yale-Gruppe die wesentliche Alternative zur Konzeption von Freud und Lorenz gesehen. So wie sie von einigen ihrer Befürworter dargestellt wird, scheint es aber, als ob auch sie eine Triebkomponente der A. annehme. Dollard, Doob, Miller, Mowrer & Sears (1939) hatten zwar dargelegt, daß sie in diesem Punkt keine bestimmte Anschauung vertreten, aber viele Leser ihres Buches kamen zu der Auffassung, daß die klassische Darstellung der Frustrations-Aggressions-Theorie eine angeborene Verbindung zwischen einer antezedenten Stimulusvariablen und der darauffolgenden A. implizierte. Die Yale-Gruppe hatte immer wieder behauptet, daß eine Frustration stets einen Anreiz zur A. schaffen würde. Frustration hatten sie definiert als „die Verhinderung einer angezielten Reaktion zum richtigen Zeitpunkt innerhalb einer Verhaltenssequenz". Manche amerikanischen Psychologen haben die Gültigkeit dieses Ansatzes mit der Behauptung angezweifelt, daß es erlernte Modifikationen der Frustrationsreaktionen gäbe und so die ↗Frustrations-Aggressions-Hypothese in ihrer Allgemeingültigkeit widerlegt sei (z. B. Bandura & Walters, 1963). Andererseits kann aus dem Nachweis von Lernvorgängen nicht geschlossen werden, daß es keine angeborene Verhaltensdeterminanten geben könne. Solche durch zentralnervöse Strukturen vorprogrammierte Verhaltensmuster mögen eine gewisse Plastizität gegenüber Umweltvariablen besitzen und dennoch eine zentrale Rolle im Motivationsgeschehen spielen. Aspekte der Frustrations-Aggressions-Sequenz mögen erlernbar sein, ohne daß doch das Phänomen als Ganzes durch Lernvorgänge erklärbar wäre. Experimente mit Tieren (z. B. Ulrich, 1966) haben gezeigt, daß Bedrohungen zu A. führen, selbst dann, wenn ein vorheriges Lernen der A. ausgeschlossen wurde. Annahmen, die sich bei anderen Tierarten als richtig erwiesen haben, werden mit hoher Wahrscheinlichkeit auch für den Menschen gelten.

Einige andere kritische Einwände gegen diese traditionsreiche sozialwissenschaftliche These (die Frustrations-Aggressions-Theorie) können ebenso mit Leichtigkeit widerlegt werden (vgl. Berkowitz 1962 und 1969 [b]). Es ist in diesem Zusammenhang besonders wichtig, zwischen Frustrationen und bloßen Deprivationen zu unterscheiden. In der Formulierung von Dollard et al. heißt es ganz deutlich, daß das Individuum antizipatorische Zielreaktionen (d. h., es muß die Befriedigung durch die Erreichung des Zieles antizipieren) ausführen muß und dann am Erreichen des Zieles gehindert werden muß, wenn man es als frustriert betrachten soll. Dieses Anstoßen an eine unüberwindliche Barriere vor dem Ziel kann eine Vielzahl von Konsequenzen haben, was schon Dollard und seine Mitarbeiter erkannt hatten. Manche dieser Konsequenzen mag stärker als der Anreiz zur A. sein, aber wenn die Frustration – im eben dargelegten, streng definierten Sinn – anhält, wird sich die Wahrscheinlichkeit aggressiven Verhaltens erhöhen. Kurz zusammengefaßt hat Berkowitz (1962 und 1969 [b]) zwei Modifikationen der Frustrations-Aggressions-Hypothese vorgeschlagen, die aber ihre grundlegende Bedeutung unangetastet lassen sollen: a) Im Gegensatz zu den Formulierungen von 1939 wird nicht mehr behauptet, daß jede A. die Folge einer vorhergehenden Frustration ist. Aggressives Verhalten kann auch wie jedes andere Verhalten gelernt werden. b) Die Verbindung zwischen Frustration und A. kann schwächer sein, als es die Yale-Gruppe ursprünglich angenommen hatte. Die A. braucht sich nicht im offenen Verhalten zu zeigen, wenn die Umweltbedingungen dies nicht zulassen. Eine für das Auftauchen aggressiven Verhaltens positive Bedingung stellen Umweltreize dar, die mit A. assoziiert sind.

In Übereinstimmung mit anderen Forschern (z. B. Ulrich, 1966) hat Berkowitz vorgeschlagen, die Frustrations-Aggressions-Sequenz als einen Spezialfall einer Verbindung zwischen aversiven Stimuli und A.en zu betrachten. Bedrohungen kommen direkten Schädigungen in vieler Hinsicht gleich, und Schmerz löst mit hoher Wahrscheinlichkeit Kampfverhalten aus (Ulrich, 1966). Scott glaubt in diesem Zusammenhang, daß die Rangplatzkämpfe sich aus Defensivreaktionen auf Schmerz herausgebildet haben. Wir müssen dabei aber auch bedenken, daß ein aversiver Stimulus eine erhöhte Erregbarkeit bewirkt, die ihrerseits eine Verstärkung der Reagibilität auf aggressive Umweltreize zur Folge hat.

Das Problem der Aggressionsbewältigung. Anhänger der Freud-Lorenzschen Triebtheorie der A. empfehlen im allgemeinen ein „Ausleben" der vermeintlich aufgestauten A.energien durch aggressive oder auch nicht direkt aggressive Aktivitäten. So einfach dieses Rezept auch zu sein scheint, es funktioniert nicht, und die wissenschaftlichen Befunde ergeben ein viel komplexeres Bild, als man aufgrund dieser simplifizierenden Behauptungen zu erwarten geglaubt hätte. Bessere Erklärungen liefern die standardisierten Analysenkonzepte der Experimentalpsychologie (Berkowitz, 1970 [a, b]).

Aggressives Verhalten oder auch das bloße Zuschauen bei aggressiven Akten erhöht die Auftretenswahrscheinlichkeit weiteren A.verhaltens. Jüngste Forschungsergebnisse zeigten, daß zornige Vpn sich besser fühlen und sogar eine zeitweilige Reduktion ihres Dranges, ihre Quäler zu attackieren, verspüren, wenn sie erfahren, daß diese verletzt wurden. Ihr aggressives Ziel wurde erreicht, und sie sind zufrieden. Auf lange Sicht gesehen aber mögen die Konsequenzen ganz andere sein. Die Information über die Verletzung des Quälers stellt eine Bekräftigung dar, und als solche kann sie die Auftretenswahrscheinlichkeit aggressiven Verhaltens in der Zukunft erhöhen (Patterson, Littman & Bricker, 1967). Überdies zeigte sich, daß Vpn, die glaubten, daß ihre A.en nicht voll berechtigt waren, später Begründungen erfinden, die erklären sollen, daß ihr aggressives Verhalten angemessen und richtig war (Brock & Pallak, 1969). Diese Rationalisierungen können als solche die Auftretenswahrscheinlichkeit späteren A.verhaltens erhöhen. Dann kann es sein, daß die verletzte Partei zurückschlägt und damit einen erneuten Angriff provoziert. Aus vielen Gründen ist die Folge einer aggressiven Handlung stets eine Reihe neuer Aggressionen.

Diese Ausführungen haben nicht den Zweck, alle Gewalttätigkeiten zu entschuldigen. Auch sollen sie keine Grundlagen bilden für die Behauptung, man müsse alle Frustrationen vermeiden. Eine extreme Nachgiebigkeit kann auch die Auftretenswahrscheinlichkeit aggressiven Verhaltens erhöhen. Die Menschen sollten lernen, konstruktiv und nicht aggressiv auf die Bedrohungen zu reagieren, denen sie unweigerlich im Laufe ihres Lebens ausgesetzt sein werden. Es ist die Frage, ob man die A.en mit Bestrafung verhindern kann. Einige Befunde sprechen dafür, daß die Bestrafung ein wirksames Mittel ist, wenn sie ganz kurz nach Auftreten des unerwünschten Verhaltens angewendet wird, wenn sie konsequent und mit Vernunft erfolgt. Weiter ist wichtig, daß dem Individuum attraktive Alternativen geboten werden. Man darf aber nicht vergessen, daß eine Strafe schmerzhaft ist und somit zur Ursache aggressiver Handlungen werden kann, insbesondere dann, wenn andere Menschen sich in der Nähe aufhalten, die sich als Objekte der A. eignen.

Eine wirksame Kontrolle der A. erfordert, daß wir jede Belohnung für dieses Verhalten vermeiden. Auf der anderen Seite kann extreme Nachgiebigkeit auch unzweckmäßig sein, denn der Aggressor kann dann annehmen, daß andere Leute sein Verhalten stillschweigend gutheißen, wenn sie es nicht ausdrücklich verdammen. Bei Kindern ist es besser, sie vorübergehend, aber schnell aus einer A.en provozierenden Situation zu entfernen, wenn sie gewalttätig werden, als ihr feindseliges Verhalten einfach zu ignorieren. Wenn sie sich beruhigt haben, kann man ihnen erlauben, an dem Geschehen wieder teilzunehmen. Dieses Verfahren kann mit Erklärungen kombiniert werden, die erläutern, warum das mißbilligte Verhalten falsch ist. Die A. kann auch dadurch vermindert werden, daß man die Anzahl der aggressionsauslösenden Reize in der Umgebung herabsetzt und indem man die Menschen lehrt, in einer Art auf Anreize zur Gewalt zu reagieren, die inkompatibel mit A. ist. Man sollte niemanden ermuntern, irgend jemanden oder irgend etwas anzugreifen, um ein hypothetisches „Energiereservoir" zu entleeren. Die *Katharsishypothese* wurde in ihrer traditionellen Form widerlegt. Sie stellt ein theoretisches Konzept dar, das nicht nur jeder empirischen Grundlage entbehrt, sondern das auch potentiell gefährliche soziale Implikationen hat. Jede A. erzeugt mit Notwendigkeit weitere Aggressionen.

Lit.: Azrin, N. H., Hutchinson, R. R. & R. McLaughlin: The opportunity for aggression as an operant reinforcer during aversive stimulation. J. of Exp., Analysis of Behavior, 1965, *8*, 171–180; **Bandura, A.:** Aggression. Stuttgart, 1979; **Bandura, A. & R. H. Walters:** Social learning and personality development. New York, 1963; **Berkowitz, L.:** Aggression. New York, 1962; **ders.:** Simple views of a. Am. Scientist, 1969, *57*, 372–383 (a); **ders.:** The frustration-aggression hypothesis revisited. In: **L. Berkowitz** (Ed.): Roots of aggression. A re-examination of the frustration-aggression hypothesis. New York, 1969 (b); **ders.:** Experimental investigations of hostility catharsis. J. consult. clin. Psychol., 1970 (a); **ders.:** The control of aggression. In: **B. Caldwell & H. Ricciuti** (Eds.): Review of child development research, Bd. 3. New York, 1970 (b); **ders.:** The contagion of violence. In: **M. Page** (Ed.): Nebraska symposium on motivation. Lincoln (Nebr.), 1970 (c); **Brock, T. C. & M. S. Pallak:** The consequences of choosing to be aggressive. In: **P. G. Zimbardo** (Ed.): The cognitive control of motivation. Glenview (Ill.), 1969, S. 185–202; **Dollard, J., Doob, L., Miller, N., Mowrer, O. & R. Sears:** Frustration and aggression. New Haven, 1939 (dt.: Frustration und Aggression. Weinheim – Berlin – Basel, [5]1973); **Freud, S.:** Jenseits des Lustprinzips. London, 1940; **Hinde, R. A.:** Unitary drives. Animal Behavior, 1959, *7*, 130–141; **Lagerspetz, K.:** Studies on the aggressive behavior of mice. Helsinki, 1964; **Lischke, G.:** A. und A.bewältigung. Freiburg/Br., [3]1975; **Lorenz, K.:** Das sogenannte Böse. Wien, 1963; **Merz, F.:** Aggression und Aggressionstrieb. In: Hdb. d. Psychol., Bd. 1. Göttingen, 1965; **Montagu, M. F. A.** (Hrsg.): Mensch und Aggression. Weinheim, 1974; **Moyer, K. E.:** Kinds of aggression and their physiological basis. Communications in Behavioral Biology, 1968, *2*, 65–87; **Patterson, G. R., Littmann, R. A. & W. Bricker:** Assertive behavior in children. A step toward a theory of aggression. Monographs of Society for Research in Child Development, 1967, *32*, 1–43; **Schmidt-Mummendey, A.:** Aggressives Verhalten. München, [3]1975; **Scott, J. P.:** Aggression. Chicago, 1958; **Storr, A.:** Human aggression. New York, 1968; **Ulrich, R.:** Pain as a cause of aggression. American Zoologist, 1966, *6*, 643–662; **Weingarten, A. & S. Willms:** Umgang mit aggressiven Verhaltensweisen. Stuttgart, 1978.

L. Berkowitz

Aggressivität, 1) ↗Aggression. **2)** charakteristisches Merkmal des Dominanzstrebens oder auch des Leistungsstrebens.

Agieren, der Versuch des Patienten in der Psychotherapie oder Psychoanalyse, seine unbewußten Konflikte aus Angst vor ihnen nicht bewußt werden zu lassen, sondern rasche Scheinlösungen für sie in der Wirklichkeit zu suchen. Ein Mädchen, das z. B. aufgrund traumatischer Erfahrung in ihrer Familie Angst vor Männern hat, das Ausmaß der traumatischen Erfahrung aber wegen der steigenden Angst davor im Laufe der Psychotherapie nicht erfahren will, beginnt hastig mit mehreren Männern zu flirten. Damit „beweist" sie sich und dem Therapeuten, daß sie vor Männern keine Angst hat und daher auch keine Ursachen ihrer Angst kennenzulernen braucht. Im Gegensatz dazu ist das Testen der Realität der Versuch echter Lösungen für die bewußt gemachten Konflikte. Testen der Realität geschieht meist erst gegen Ende und nach Beendigung der Psychotherapie, A. mitten in ihr.

Lit.: **Toman, W.,** An introduction to psychoanalytic theory of motivation. London-New York, 1960.

W. Toman

Agnosie, Störung des Erkennens trotz intakter Funktion der ↗Sinnesorgane, der ↗Intelligenz und des ↗Bewußtseins. Ein wahrgenommener Gegenstand wird nicht wiedererkannt, d. h. mit Erinnerungsgut in Beziehung gebracht.

a) *Optische A. (Seelenblindheit):* Sie kann die optisch-räumliche Orientierung und Vorstellung, das physiognomische Erkennen einzelner Objekte betreffen (Läsion in der oberen parieto-occipitalen Region), das Wiedererkennen von Merkmalen von Gegenständen oder Personen (Schädigung der Sehrinde des Occipitallappens) oder das Wissen um die (erlernte) Bedeutung von Farben (Schädigung parieto-occipital). – b) *Akustische A. (Seelentaubheit):* Sie ist gleichsam eine auf den ganzen akustischen Bereich erweiterte sensorische ↗Aphasie und besteht in einer Störung des Erkennens von Geräuschen, Melodien (sensorische Amusie) u. ä. Lokalisation der Läsion: Temporallappen der dominanten Hemisphäre. – c) *Taktile A.* (Syn.: *Stereoagnosie, Astereognosis*): Unfähigkeit, durch Abtasten und Angreifen einen Gegenstand zu erkennen, trotz erhaltener Sensibilität. Die taktile A. wurde früher als Hinweis auf eine parietale Liäson angesehen, während heute das Vorkommen einer isolierten taktilen A. bezweifelt wird. *C. Scharfetter*

Agonistisches Verhalten, Sammelbezeichnung für das Verhalten bei sozialen Auseinandersetzungen, umfaßt Angreifen (offensiv und defensiv), Drohen, Kämpfen, Ausweichen, Unterwerfung, Beschwichtigung, Fliehen. Dieser Verhaltensblock bildet insbesondere für die Tendenzenstreittheorie eine Einheit, die die aggressiven Verhaltenskomments aus dem Konflikt von Angriffs- und Fluchttendenz zu erklären sucht. Neurophysiologische Befunde unterstützen diese Hypothese. Bei elektrischer Reizung im ↗Diencephalon finden sich Übergänge zwischen Angreifen, Drohen und Fliehen.

Lit.: **v. Holst, E. & U. v. St. Paul:** Vom Wirkungsgefüge der Triebe. Naturwiss., 1960, *47*, 464–476; **Hunsperger, R. W.:** Affektreaktion auf elektrische Reizung im Hirnstamm der Katze. Helvet. physiol. acta, 1956, *14*, 70–92.

R. A. Stamm

Agoraphobie, übertriebene oder abnorme Angst, offene Plätze zu überqueren oder sich dort aufzuhalten.

Agrammatismus, eine Sprache, die sich grammatischen Regeln nicht fügt. Jedes Wort wird korrekt gebildet und ausgesprochen, aber die Reihenfolge oder die Konjugation der Verben, die Deklination der Substantive, die Steigerung der Adjektive und Adverbien ist falsch. Teile des Satzes, z. B. Verben oder Präpositionen, können ausgelassen werden. Wenn eine Mitteilung nur kleineren Umfang hat, ist es vielleicht noch möglich, sie zu entziffern. In schwereren Fällen von A. sind die Sätze nicht mehr verständlich. Oftmals ist dieser Zustand von ↗Perseveration und Stereotypie (↗Stereotyp) begleitet. Syn.: bei exogenen Krankheitszuständen spricht man von syntaktischer ↗Aphasie; bei funktionellen von Gedankenflucht. *B. Brooker*

Agraphie, durch Störung in einem bestimmten Großhirnzentrum verursachte Unfähigkeit zu schreiben. Bei Schädigung im Bereiche des (beim Rechtshänder linken) Scheitellappens kommt es im Rahmen einer ↗Apraxie zu der sog. apraktischen oder ideokinetischen Agraphie. – Von ihr ist topisch-diagnostisch durch den Sitz der Läsion in der ↗Brocaschen Windung die die ↗Aphasie begleitende „aphasische" A. zu trennen. *C. Scharfetter*

Aha-Erlebnis, das Erlebnis des unmittelbaren Verstehens, das den plötzlichen Einfall einer – oft nur vermeintlichen – Lösung in einem Denkprozeß ankündigt oder begleitet. Von K. ↗Bühler beschrieben und untersucht.

Lit.: Bühler, K.: Tatsachen und Probleme zu einer Psychol. der Denkvorgänge. II. Über Gedankenzusammenhänge. III. Über Gedankenerinnerungen. Arch. ges. Psychol. *12,* 1908.

H.-J. Aebi

Ähnlichkeitshemmung oder *Ranschburgsche Hemmung:* die störenden Interferenzen zwischen zwei Lernprozessen sind besonders stark, wenn die Lernstoffe einander ähnlich sind. ↗Gedächtnishemmungen. *Red.*

Aichmophobie, Angst vor spitzen und/oder scharfen Gegenständen aus Sorge, sich und andere damit zu verletzen oder zu töten.

AIDA-Modell, ein um die Jahrhundertwende formuliertes, elementares ‚Modell' der Werbewirkung (Lewis, 1898); der Wirkungsverlauf führt über die Stufen ‚*a*ttention' (Aufmerksamkeit), ‚*i*nterest' (Interesse), ‚*d*esire' (Wunsch) zur ‚*a*ction' (Handlung); als *Aida-Regel* häufig auch präskriptiv zur Gestaltung von Werbung interpretiert.

H. Haase

Akalkulie, Unfähigkeit zu rechnen infolge des Verlustes des Zahlenvorstellungsvermögens (Schädigung der linken Parietalregion beim Rechtshänder) oder als Begleiterscheinungen einer ↗Aphasie. *C. Scharfetter*

Akataphasie, unbeabsichtigte Entgleisung der sprachlichen Gedankenprägung in ähnlich klingende Redewendungen oder Abgleiten in eine ganz andere Thematik. Als Symptom bei Schizophrenie oder sensorischer und motorischer Aphasie zu beobachten.

H. J. Engels

Akinese, Fehlen, Verlust oder Störung der Willkürmotorik ohne wirkliche Lähmung des betroffenen Körperteils; meist als Folge von Erkrankungen oder Verletzungen der Basal-Ganglien, die die Aktivität der Alpha- und Gamma-Motoneuronen kontrollieren.

G. Powell

Akkommodation, Anpassung: das Auge wird durch die Linse auf verschiedene Gegenstandsweiten eingestellt. Dabei variiert die ↗Linse ihre Brechkraft durch Änderung des Krümmungsradius. Die Krümmung der Vorderfläche der Linse wird hierbei stärker geändert als die Krümmung der Hinterfläche. *Akkommodationsbreite,* ein Maß für den Entfernungsbereich, den das Auge scharf sehen kann. Sie wird begrenzt durch den ↗Nahpunkt und den Fernpunkt und ist definiert durch die Änderung der Brechkraft der Linse. Da die Linse mit zunehmendem Alter an Elastizität verliert, verringert sich die A. von 14 ↗Dioptrien in der Jugend auf 2 Dioptrien im Alter. *R. Rix*

Akkommodation, informationelle, bezeichnet die allmähliche Angleichung der subjektiven ↗Information von Zeichen oder Ereignissen für einen Empfänger bis zur Übereinstimmung mit der objektiven Information, wodurch die notwendigen ↗Apperzeptions- und ↗Reaktions-Zeiten minimalisiert werden. Die i. A. verläuft unbewußt, kann aber durch Bewußtseinsprozesse beeinflußt werden. Die durchschnittliche Geschwindigkeit der i. A. nimmt bis etwa zum 20. Lebensjahr zu und verringert sich dann wieder.

Lit.: Riedel, H.: Psychostruktur. Quickborn, 1967.

H. Riedel

Akkord, Lohngestaltung, bei der der Lohn nach der Arbeitsleistung bezahlt wird. Dabei wird für die Arbeit eine Zeit vorgegeben, die als angemessen zur Erledigung gilt und die durch die ↗Zeitstudie ermittelt wird. A.-arbeit spornt den Leistungswillen an, bewirkt Produktionssteigerung, sorgt für gerechte Leistungsbezahlung, macht Aufsichtspersonal weitgehend entbehrlich und ermöglicht eine Vorkalkulation der Produktionsmenge. A.arbeit kann zur Überanstrengung führen, wenn der Arbeitende seine Leistungsgrenze nicht beachtet. Die Leistungshöhe pegelt sich jedoch so ein, daß sie unter der besten und über der schlechtesten liegt (↗Nivellierungsgesetz von W. Hellpach). *W. Sperber*

Akkulturation, aus der amerikanischen ↗Ethnologie stammender, umfassender und inhaltlich nicht näher fixierbarer Titel für

Prozesse des Kulturwandels, die durch intensiven und kontinuierlichen Kontakt bzw. Einfluß zweier oder mehrerer, kulturell unterscheidbarer Gruppen untereinander zustande kommen. Dabei werden die kulturellen bzw. zivilisatorischen Eigenheiten der jeweils anderen Gruppe verarbeitet und in identischer oder mehr oder minder gewandelter Form einseitig oder gegenseitig übernommen bzw. differenzierend abgelehnt. Im Falle der gegenseitigen Übernahme kann das Ergebnis der A. eine neuartige, umgreifende Kultur- oder Zivilisationsform sein, die dann für alle Gruppen verbindlich erscheint. Der ursprüngliche Gebrauch enthält Hinweise auf einseitige Einflußnahmen, die „Eingeborene" in ihren Traditionen so beeinflussen sollten, daß sie die Eigenarten der „zivilisierten Mehrheit" übernehmen. ↗Assimilation. *W. D. Fröhlich*

Akromegalie, charakterisiert durch ungewöhnliches Wachstum gipfelnder („akraler") Teile des Gesichts, wie Nase, Ohren und Backenknochen, sowie Finger und Zehen. Diese Erkrankung wird durch vermehrte Bildung des Wachstumshormons Somatotropin im HVL (↗Hypophyse) verursacht und ist meist Zeichen eines Hypophysenadenoms, das häufig von Störungen anderer ↗Drüsen, z.B. der ↗Schilddrüse und Sexualdrüsen, begleitet ist. Durch mechanischen Druck dieses Adenoms auf umliegende ↗Nerven und Hirnteile kann es zu Sehstörungen und psychischen Veränderungen kommen. Beim Jugendlichen führt diese Krankheit zum Riesenwuchs. *E. David*

Akrophobie, mit Schwindelgefühlen verbundene Angst vor großen Höhenunterschieden, z.B. auf Bergen, Türmen, etc.

Aktionskatalog. Am Beginn jeder Verhaltensanalyse steht die qualitative Bestandsaufnahme des Verhaltensinventars. Nur die Kenntnis des Gesamtverhaltens einer Art schützt vor Fehlinterpretationen. Man vermeide suggestive Bezeichnungen, da erst die Motivationsanalyse die beteiligten Tendenzen aufdeckt. Identische Handlungen nahverwandter Arten sind homolog und verdienen dieselben Namen.

Lit.: Baerends, G. P.: Aufbau des tierischen Verhaltens. Hdb. Zool., 1956, *8* (7), *10* (3), 1–32. *K. Fiedler*

Aktionspotential. Allgemein wird jede fortgeleitete elektr. Potentialänderung bei überschwelliger Reizung erregbarer Funktionseinheiten in Organismen als A. bezeichnet.

Durch Reizung werden erregbare Funktionseinheiten, wie z. B. Nervenzellen, in der Weise beeinflußt, daß die die Zelle umgebende funktionelle Membran örtlich depolarisiert und das infolge der unterschiedlichen Permeabilität der Membran gegenüber Natrium- und Kaliumionen bestehende Ruhepotential abgesenkt wird (reizstärkeproportionale lokale Potentialänderung). Überschreitet der Reiz eine bestimmte Schwelle, dann setzt die spontane Erregung der gesamten Zelle mit einer völligen Depolarisation der Membran ein, und das sehr viel größere A. setzt sich auf die örtliche Potentialänderung auf. ↗Nervensystem.

Lit.: Muralt, A. v.: Neue Ergebnisse der Nervenphysiologie. Berlin – Göttingen – Heidelberg, 1958.
M. Spreng

Aktionsquotient, von Busemann entwickelt, um den alterstypischen Stilcharakter der ↗Sprache und seine Wandlungen formal zu erfassen. Es wird das Verhältnis zwischen der Anzahl der verwendeten Verben und der Anzahl der Adjektive ermittelt (= A.). Der A. ist in verschiedenen Altersstufen unterschiedlich hoch; Busemann fand im Gesamtleben einen rhythmischen Wechsel zwischen aktionalen (hoher A.) und Qualitätsphasen (niedriger A.). Ein hoher A. deutet dabei auf emotionale Labilität und ein relativ niedriges Leistungsniveau in der betreffenden Altersstufe hin.

Lit.: Busemann, A.: Die Sprache der Jugend als Ausdruck der Entwicklungsrhythmik: Sprachstatistische Untersuchungen. Jena, 1925. *S. Kreutzer*

Aktionsspezifische Energie. Eine hervorstechende Eigenschaft von Instinkthandlungen ist ihre überwiegende Abhängigkeit von Innenfaktoren. Nach K. Lorenz kommt es zu einem Aufstau a. E., wenn eine Handlung längere Zeit nicht ausgelöst worden ist (Hydraulisches Modell). Bei sehr starker Schwellerniedrigung genügen minimale unspezifische Reize, im äußersten Fall kommt es zur ↗Leerlaufreaktion. G. P. Baerends spricht im gleichen Zusammenhang vom aktionsspezifischen Potential. *K. Fiedler*

Aktionsspezifisches Potential (Abk.: ASP). Bezeichnet – vor allem in der ↗Verhaltensforschung – das Potential, das erreicht werden muß, damit es zum Ablauf einer bestimmten Handlung kommt. Das ASP unterscheidet sich im wesentlichen von all denjenigen Faktoren, welche in unspezifischer Weise wirken, für die Auslösung einer Handlung jedoch ebenso notwendig sind. *R. Hänni*

Aktionszeit ↗Reaktionszeit.

Aktivation. Zur Physiologie der Aktivation. In seiner engsten Bedeutung bezieht sich der Begriff A. auf die Steigerung der Frequenz und die Abnahme der Amplitude der EEG-Rhythmen (Desynchronisation) als Folge einer Reizung. Dies wird als Zunahme des A.grades eines Lebewesens bezeichnet. Die Reizung kann eine Vielzahl von Formen annehmen. Jeder neuartige oder intensive äußere Reiz wird eine Steigerung der A. hervorrufen. Mit der Anzahl der Wiederholungen des Reizes aber nimmt die Wirkung ständig ab, bis sie zuletzt ganz schwindet (↗Adaptation). Bestimmte innere Reize können ebenfalls den A.grad erhöhen. In einem klassischen Experiment zeigten Moruzzi & Magoun (1949), daß die A. zunimmt als Folge einer Reizung des Retikularsystems des Hirnstammes durch einen elektrischen Strom, der über implantierte Elektroden in dieses Gebiet geleitet wird. In solchen Fällen werden neurale Impulse vom Hirnstamm zur Hirnrinde übertragen, und dadurch wird die EEG-Desynchronisation bewirkt. Es wird jetzt allgemein angenommen, daß das Retikularsystem des Hirnstammes eine wesentliche Rolle in der Aufrechterhaltung des A.grades spielt.

Das andere Gebiet des Gehirns, das hauptsächlich an der Erhaltung des A.grades beteiligt ist, ist das Retikularsystem des Thalamus. Der Hirnstamm und Teile des thalamischen Retikularsystems wirken auf verschiedene Weise. Die Reizung des Retikularsystems des Hirnstammes führt zum Erwachen der Vp oder des Versuchstieres aus dem ↗Schlaf und bewirkt eine relativ lang andauernde Zunahme an A., die sich möglicherweise auf mehrere Stunden erstreckt. Dies ist als generalisierte Weckreaktion bekannt. Sie bewirkt eine A., die sich über die ganze Hirnrinde ausbreitet. ↗Adaptation tritt erst nach einer relativ großen Zahl von Versuchen ein. Im Gegensatz dazu ruft die Reizung des Retikularsystems des Thalamus eine „lokalisierte Reaktion" hervor, die kürzere Zeit andauert und auf das Gebiet der Hirnrinde beschränkt bleibt, das dem betreffenden Kern des Thalamus zugeordnet ist. Verhältnismäßig schnell, nach etwa zehn Versuchen, erfolgt die Adaptation.

Die EEG-Desynchronisation ist nicht die einzige physiologische Manifestation einer Steigerung der Aktivation. Andere Wirkungen bestehen in einer zunehmenden Sympathikotonie mit Beschleunigung der Herz- und Atmungstätigkeit, der Zunahme der elektrischen Hautleitfähigkeit und der Pupillenerweiterung. Ferner tritt eine Erhöhung der Sensitivität der ↗Sinnesorgane und eine Verkürzung der Reaktionszeiten ein. Diese Gruppe von Reaktionen wurde von I. P. Pawlow *Orientierungsreaktion* genannt, was gleichbedeutend mit A.reaktion gebraucht wird.

Zur Psychologie der Aktivation. Der Begriff der A. hat die Psychologen aus fünf Hauptgründen interessiert. Erstens scheint er die physiologische Basis zu schaffen für das Konzept eines allgemeinen A.triebes, den viele als selbstverständlich angenommen haben, ohne den damit verbundenen physiologischen Mechanismus zu verstehen. Ein solches Konzept ist unter verschiedenen Begriffen angenommen worden, z. B. „Erregung"

(E. Duffy), „allgemeiner emotionaler Zustand" (W. B. Cannon) und allgemeiner „Trieb" (C. L. Hull). Mit der Entdeckung der Physiologie der A. scheint die Annahme dieser Triebzustände bestätigt zu sein.

Zweitens scheint die A. die physiologische Basis für bestimmte Persönlichkeitsunterschiede zu schaffen. Es gibt verschiedene Ähnlichkeiten zwischen den Konstrukten „Aktivation" und ↗„Angst"; so ist z. B. für beide ein abnorm hoher Grad sympathischer Reaktivität charakteristisch. Eysenck (1967) hat behauptet, daß seine beiden Persönlichkeitsdimensionen „Neurotizismus" und „Introversion-Extraversion" Funktionen der Ausprägung der beiden Teile der aktivierenden Systeme von Thalamus und Hirnstamm sind. So verhalten sich Introvertierte in vieler Hinsicht so, als ob sie ständig „erregt" seien. Sie zeigen z. B. stärkere Schmerzreaktionen und eine geringere Habituationsneigung und haben schnellere EEG-Rhythmen.

Drittens sind vielleicht einige der verwikkeltsten Probleme der ↗Psychopathologie mit Hilfe von Fehlfunktionen des A.systems erklärbar. Es gibt viele Beweise, daß Neurotiker durch ein leicht erregbares A.system charakterisiert sind. Bei der ↗Psychose sind die Zusammenhänge nicht so eindeutig, aber verschiedene Untersuchungen zeigen, daß die Mehrheit der chronischen Anstaltskranken wenig „erregbar" ist. Wahrscheinlich gibt es auch eine kleinere Gruppe von akuten Psychotikern, die „übererregbar" ist (Gellhorn, 1957; Lynn, 1966).

Viertens ist von Berlyne (1960) behauptet worden, daß viele menschliche Tätigkeiten als ein Suchen nach Steigerung der A. verstanden werden können. Dafür hat er den Ausdruck „A.zacken" geprägt. Solche populären menschlichen Tätigkeiten sind Spiele, sportliche Wettkämpfe und Abenteuer, an denen man sich entweder in der Realität oder „stellvertretend" durch Romane oder Fernsehen erfreut. Aber auch das Einnehmen von Drogen (↗Pharmakopsychologie) und ästhetische Erfahrungen schließen häufig eine Steigerung der A. ein. Diese Theorie muß jedoch noch die Wirkung auf die Psychologen erringen, die sie zu verdienen scheint.

Fünftens hat sich die A. als nützlicher Begriff für jene erwiesen, die sich mit den psychol. Auswirkungen von Arzneimitteln beschäftigen. Medikamente können grob eingeteilt werden in solche, die die A. steigern, und andere, die sie vermindern. Die ↗Stimulantien, Amphetamine und Halluzinogene, scheinen die A. zu steigern, während die Beruhigungsmittel, so die ↗Sedativa älteren Typs und die modernen ↗Tranquilizer, sie herabsetzen. Diese Formulierung gibt dem Untersuchenden einen Rahmen, um die Einzelheiten über Angriffspunkt und Art der Wirkung eines bestimmten Medikamentes zu erwägen.

Die A. wird jetzt allg. als skalierbar (↗Skalierung) betrachtet. Auf der tiefsten Stufe haben wir den Zustand des Komas, dann folgen Tiefschlaf, leichter Schlaf und Schläfrigkeit. Von der Mitte der Skala an aufwärts folgen die Zustände der Entspannung, Munterkeit, Aufregung, Angst und schließlich des Schreckens. Viele Reizsituationen versetzen das Individuum von einem dieser Zustände in einen anderen, der Intensität des Reizes entsprechend. Zum Beispiel kann das langsame Gefahrenwerden in einem Auto Schläfrigkeit hervorrufen, wenn aber die Geschwindigkeit zunimmt, kann man durch alle Phasen der Skala bis hinauf zum Schrecken gebracht werden. Dieser Skala der Bewußtseinszustände scheint eine tieferliegende physiologische Skala der neuralen Aktivität im Retikularsystem zu entsprechen. So findet man auf diesem Gebiet einen bemerkenswerten Grad an Übereinstimmung zwischen psychol. und physiologischen Zuständen.

Lit: **Berlyne, D. E.:** Konflikt, Aktivierung und Neugierde. Stuttgart, 1974; **Duffy, E.:** Activation and behavior. London, 1962; **Eysenck, H. J.:** The biological basis of personality. Springfield (Ill.), 1967; **Gellhorn, E.:** Autonomic imbalance and the hypothalamus. Minneapolis (Minn.), 1957; **Haider, M.:** Ermüdung, Beanspruchung und Leistung. Wien, 1962; **Hebb, D. O.:** Organization of behavior. New York, 1949; **Heckhausen, H.:** Aktivierung und Leistung. Ber. 25. Kongr. DGP. Münster, 1966; **Lynn, R.:** Attention, arousal, and the orientation reaction. Oxford, 1966; **Moruzzi, G. & H. W. Magoun:** Brain stem reticular formation and activation of the EEG. EEG Clin. Neurophysiol., 1949, *1*, 455–473; **Schönpflug, W.:** Aktivierung, Leistung und zielgerichtetes Verhalten. Ber. 25. Kongr. DGP. Münster, 1966.

R. Lynn

Aktive Therapie, therapeutisches Vorgehen, in dessen Verlauf das Gewicht auf aktiver Intervention liegt, statt bei passiver Informationsaufnahme und -interpretation. Hier ist das Bemühen üblich, eine neurotische Haltung zu durchbrechen, indem man den Patienten nachdrücklich dazu anhält, gegen sein Symptom zu agieren. So soll der Süchtige den Entzug durchstehen oder der Phobiker sich der angstbesetzten Situation konfrontieren, in der Hoffnung, er werde sich daran gewöhnen und sie bewältigen. In der Psychoanalyse findet a. T. meist Verwendung bei der Überwindung eines Widerstandes.

G. D. Wilson

Aktivhypnose, gestufte, psychotherapeutisches Übungsverfahren als Teil der „zweigleisigen Standardmethode“ (E. Kretschmer). Nach Einüben des Schwere- und Wärmeerlebnisses im ↗Autogenen Training als sog. Grundübungen wird durch aktive Fixierungen mit den Augen der autohypnoide Zustand eingeleitet und deutlich vertieft. In der Praxis ist die g. A. immer mit einer parallel laufenden analytischen Arbeit gekoppelt, die außer einer Aufarbeitung aktueller Konflikte mit ihren reaktiven und charakterogenen Verzahnungen auch eine Charakteranalyse sowie eine psychagogische Führung beinhaltet. Nachfolgend werden in das Übungsverfahren „wandspruchartige Leitsätze“, die gezielt auf die Konfliktsituation des Patienten abgestimmt werden, systematisch entwickelt und suggestiv eingesetzt.

In der grundsätzlich möglichen Kombination beider psychotherapeutischer Ansätze – der stützenden und der aufdeckenden Verfahren – zeigt sich, daß die bisher gestellte Frage, ob Analyse oder umübende, trainierende Therapie, als überwunden angesehen werden kann.

Lit.: Kretschmer, E.: Über g. A.übungen und den Umbau der Hypnosetechnik. Dtsch. med. Wschr., 1946, *71*, 281–283; **Langen, D.:** Die g. A. Eine Anleitung zur Methodik und Klinik. Stuttgart, [4]1972.

H. N. Genius

Aktivierung. ↗Aktivation.

Aktivität. In der Psychologie bezeichnet A. eine unmittelbar durch innere Bedingungen ausgelöste Tätigkeit eines Organismus bzw. einer Person, auch die Bereitschaft oder das Vermögen zu solchei Tätigkeit. Der Begriff wird sowohl auf psychologische wie auch auf physiologische Sachverhalte angewendet. Er besagt nicht, daß das betreffende Geschehen keinen äußeren Anlaß hätte, sondern nur, daß dieses auf eine dem Individuum eigene Energie zurückzuführen ist. In diesem Sinn ist auch eine Reaktion auf einen Umweltreiz als ein aktiver Vorgang zu betrachten, indem nämlich der Reiz Energie freisetzt, die in eine bestimmte, spezifische Antwort des Organismus eingeht.

Das Konzept der A. ist in der Psychologie seit alters her heimisch, insofern als man sich die ↗Seele nicht nur mit ↗Fähigkeiten des Erkennens, sondern auch mit solchen des Strebens und Begehrens ausgestattet dachte. Lediglich die reine ↗Assoziationspsychologie kann als eine Richtung gelten, die den Aktivitätsaspekt völlig vernachlässigte. Dagegen haben andere Auffassungen diesem Aspekt stets mehr oder weniger Rechnung getragen (im 19. Jahrhundert z. B. die Lehren Herbarts, Fechners, Brentanos und Wundts); grundlegend wurde er für sämtliche Schulen der ↗Dynamischen Psychologie.

In neuer Zeit haben sich die Vorstellungen über A. im Begriff der ↗Aktivation bzw. Aktivierung (auch „Aktiviertheit“) konkretisiert. Besonders seit den Ausführungen von *Woodworth & Schlosberg* (1954) versteht man hierunter eine psychophysische Variable, die sich einerseits in bestimmten körperlichen Symptomen als Grad der Bereitschaft des Organismus oder einzelner Funktionssysteme zum Handeln bzw. zum Energieeinsatz ausdrückt, andererseits im Erleben als Gespanntheit oder Erregung zur Geltung kommen kann. Man sieht daher im Aktivationsgrad auch eine Dimension des emotionalen bzw. motivationalen Geschehens.

Lit.: Boring, E. G.: A history of experimental psychology. New York, [2]1950; **Traxel, W.:** On the scaling of activation. Ber. 16. Int. Kongr. f. Psychol. in Bonn 1960. Amsterdam, 1962; **ders.:** Gefühl und Gefühlsausdruck. In: **R. Meili & H. Rohracher** (Hrsg.): Lehrb. der exp. Psychologie. Bern – Stuttgart, [3]1972; **Woodworth. R. S. & H. Schlosberg:** Experimental psychology. New York – London, [2]1954.

W. Traxel

Aktpsychologie, jedes Verständnis des Seelischen, das von bewußtseinsgesteuerten, gegenstandsgerichteten, voneinander abgesetzten Prozeßeinheiten ausgeht. – Als psychologische Schule geht die A. auf *Franz Brentano* zurück, insbesondere auf seine Unterscheidung der physischen und der psychischen Phänomene: „Die gesamte Welt unserer Erscheinung zerfällt in zwei große Klassen, in die Klasse der physischen und in die der psychischen Phänomene." Die psychischen Phänomene bedeuten für Brentano dasselbe wie „Bewußtsein" oder „psychische Akte". Die Psychologie ist die Lehre von den psychischen Phänomenen. Ihr Gattungsmerkmal ist die intentionale Inexistenz der Gegenstände: „Jedes psychische Phänomen ist durch das charakterisiert, was... wir die Beziehung auf einen Inhalt, die Richtung auf ein Objekt nennen würden." Diese Eigentümlichkeit kommt ausschließlich den psychischen Phänomenen zu. Aufgrund ihrer intentionalen Gerichtetheit sind sie somit von den psychischen Inhalten, d. h. den Gegenständen unseres Bewußtseins, absolut unterschieden. Die psychischen Phänomene gliedern sich in drei Klassen: in a) Vorstellungen, b) Urteile, c) Gemütsbewegungen (Lieben und Hassen). In den Vorstellungen erscheint etwas, in den Urteilen wird etwas als wahr angenommen oder als falsch verworfen, in den Gemütsbewegungen wird etwas geliebt oder gehaßt.

Alle psychologischen Ansätze des 19. und 20. Jahrhunderts, die vom Primat des Bewußtseins ausgehen und das Psychische durch den Bezug von Akten auf ihre Gegenstände als hinreichend gekennzeichnet ansehen, können als A. verstanden werden. Im Anschluß an Brentano nennt *Carl Stumpf* die psychischen Vorgänge *Funktionen*, ihre Bezugspole *Erscheinungen*. Bedeutende Aktpsychologen sind ferner Alexius Meinong, Alois Höfler, Stephan Witasek, Melchior Palágyi und Josef Klemens Kreibig. Auch die Frühphase der Phänomenologie kann der A. zugerechnet werden. In den „Logischen Untersuchungen" *Edmund Husserls* ist die deskriptive Psychologie der intentionalen Akte eine wichtige Methode. Vermittels der Akte erhalten die physischen Phänomene ihre Bedeutung; die Noemata werden in Noesen konstituiert – so lautet die spätere Formel der transzendentalen Phänomenologie. Die A. ist jedoch nicht nur auf Wahrnehmungs- und Erkenntnispsychologie beschränkt; als A. können auch die Richtungen bezeichnet werden, die in den geistigen Vorgängen gegliederte und autonome Setzungen als Quelle des Wertens und Normierens sehen und sie von passiven seelischen Vorgängen und Zuständen sowie von den vitalen Prozessen deutlich sondern. Als Vertreter dieses Ansatzes gilt insbesondere *Oskar von der Pfordten.* In einer weiteren Ausgestaltung bei *William Stern* werden die Akte (Taten) als zweite psychische Schicht über den Erlebnissen (Phänomenen) gedeutet; bei *Eduard Spranger* werden unter geistigen Akten die aus verschiedenen seelischen Funktionen vereinigten Tätigkeiten des Ich verstanden. Bei Stern und Spranger sind Akte der Boden, auf dem wertstiftende, sinngebende Lebensvollzüge ermöglicht werden bzw. geistige Leistungen mit überindividuellem Sinn entstehen. – Die Aufgabe der Leitbegriffe der A., also des Bewußtseins, der Intentionalität und der selbständigen Akte, führt in unmittelbar behavioristische Denkweisen.

Lit.: Brentano, F.: Psychologie vom empirischen Standpunkt (Bd. 1: 1874, Bd. 2: 1911, Bd. 3: 1928). Nachdruck: Hamburg, 1968–73; **Husserl, E.:** Logische Untersuchungen. 2 Bde., Halle, 1900f; **von der Pfordten, O.:** Psychologie des Geistes. Heidelberg, 1912; **Spranger, E.:** Lebensformen (1914). Tübingen, [9]1966; **Stern, W.:** Person und Sache. 3 Bde. Leipzig, 1906–24; **Stumpf, C.:** Erscheinungen und psychische Funktionen. Abh. kgl.-preuß. Akad. Wiss. Berlin, 1906.

H. Drüe

Aktualangst, nach S. ↗Freud jene ↗Angst, die als Folge von Unterbrechungen sexueller Befriedigungen oder von inadäquaten Befriedigungen entsteht.

Aktualneurosen sind nach Freud ↗Neurosen, deren Symptome sich im Gegensatz zu den ↗Übertragungsneurosen aus inadäquaten Befriedigungspraktiken, insbesondere im sexuellen Bereich, ableiten.

Lit.: Freud, S.: Vorlesungen zur Einführung in die Psychoanalyse (1916/17). Ges. Werke, Bd. 11. London, 1940. *W. Toman*

Aktualgenese, gestaltpsychologischer Begriff (F. Sander). Eine zuerst diffuse, undifferenzierte Vorgestalt kann sich unter günstigen Umständen zu einer Gestalt entwikkeln. Das Subjekt kann diese Umstände aktiv begünstigen, in dem es das betrachtete Ding näherbringt, genauer beobachtet u. ä. Auch: typische Vorgänge beim ↗Produktiven Denken, bei welchem sich aus einer unklaren Vorstellung eine „Gestalt" entwickelt. – Vgl. ↗Ganzheit – Gestalt – Struktur.

Lit.: Metzger, W. (Hrsg.): Hdb. d. Psychol., Bd. 1/1. Göttingen, [2]1974 (Register s. v.). *V. Martinu*

Aktualisieren. Unter A. versteht man jenen Vorgang, durch den Gedächtnisinhalte bewußt und gegenwärtig werden. Es ist zu unterscheiden zwischen dem aktiven Suchen nach Gedächtnisinhalten und dem plötzlichen Einfall derselben (ohne aktive Beteiligung des Individuums). Diese Aktualisierung erfolgt vielfach durch das Auftreten von bewußt oder unbewußt damit assoziierten Gegebenheiten oder Teilinhalten. – In der Denktheorie O. Selz' sind Wissens- und Mittelaktualisierung wesentliche Prozesse des ↗Problemlösens.

Lit.: Selz, O.: Zur Psychol. des produktiven Denkens und des Irrtums. Bonn 1922. *H.-J. Aebi*

Aktualität der Gefühle. Der Begriff wurde von O. ↗Külpe verwendet und bezeichnet das Phänomen, daß ↗Gefühle nicht erinnert oder vorgestellt werden können, ohne daß alle Begleiterscheinungen auch wieder auftreten. Es ist also kein „Bild" eines Gefühls möglich, vielmehr tritt es selbst wieder auf, wird aktuell.

Lit.: Külpe, O.: Vorlesungen über Psychologie. Leipzig, 1922. *R. Hänni*

Aktualneurose ↗Aktualangst.

Akumeter ↗Audiometer.

Akupunktur, Verfahren der ostasiatischen Medizin. An festgelegten Hautpunkten – den gleichen wie bei der *Moxibustion* (Brennbehandlung) – werden Einstiche mit Nadeln vorgenommen. Zugrunde liegt die Lehre vom „Passagegeflecht" (den Meridianen), das innere Organe und Körperoberfläche verbinden soll. – Eine neuere Entwicklung stellt die *A.-Analgesie* dar. Bei ihr wird durch Einstechen und Drehen der Nadeln die Schmerzschwelle heraufgesetzt und damit – in Verbindung mit einer Prämedikation – operatives Vorgehen ohne Vollnarkose möglich. Die Wirksamkeit ist nicht unumstritten. Drei Erklärungsmodelle stehen zur Verfügung: 1) die Lehre vom Passagegeflecht; 2) Melzacks gate-control-theory der Schmerzempfindung: die von den Nadeln ausgehenden Stimuli aktivieren das Stammhirn und blockieren als konkurrierende Stimulation die Aufnahme von Schmerzsignalen; 3) der Placeboeffekt: Arzt-Patient-Verhältnis, Suggestion und Erwartung stellen starke Wirkungskomponenten der A. dar.

Lit.: Bischko J., Einführung in die A. Heidelberg, 1970; **Melzack R.,** Wie wirkt A. Psych. heute 9/1976, 63–68; **ders.:** The puzzle of pain. Harmondsworth, 1973; **Zhen Jiu,** A. und Moxibustion. München, 1974. *U. Hensle*

Akustik, Teilgebiet der Psychol., das sich mit dem Ton und seiner Verarbeitung befaßt. Sie umfaßt: Physik des Tones oder Schalles, Physiologie des Ohres und Psychol. des Hörens. – ↗Gehörswahrnehmung.

V. Martinu

Akustischer Typus, Typ, der besonders akustisch wahrnimmt und erinnert. Gehört zu den Sinnestypen (↗Vorstellungstypen).

Akzeleration, Beschleunigung des Entwicklungsprozesses. Körperliche Wachstums- und Reifeentwicklung sind zeitlich vorverlegt. A. äußert sich in erster Linie in einer Zunahme von Körpergröße und -gewicht; daneben sind früheres Wachstum der Milchzähne und der bleibenden Zähne sowie früherer Pubertätsbeginn (besonders deutlich bei Mädchen) für die A. symptomatisch. Die A. läßt sich bei allen Kulturvölkern seit der ersten Hälfte des vergangenen Jahrhunderts nachweisen; die Häufigkeit dieses Phänomens nahm in den letzten Jahrzehnten noch zu. Man versucht, die A. durch veränderte Umwelteinflüsse zu erklären, die zu einer vermehrten Hormonproduktion der Hypophyse anregen (veränderte Ernährungsbedingungen, Reizüberflutung, zunehmender Streß durch die Lebensbedingungen in der Großstadt, allgemein veränderte Lebens- und Arbeitsbedingungen). Untersuchungen, nach denen die Zahl der Akzelerierten in der Stadt wesentlich höher ist als auf dem Land, bestätigen das Beziehungsverhältnis zwischen Umwelteinflüssen und Akzeleration. Die psychol. Würdigung der A. findet sich unter ↗Retardation; ↗Frühreife.

Lit.: Coerper, C., Hagen, W. & H. Thomae (Hrsg.): Deutsche Nachkriegskinder, 1954; **Günther, H.:** Säkulare umweltbedingte Variationen der Körpergestalt des Menschen. Endokr., 1951, *28;* **ders.:** Die säkulare Progression der Körpergröße des Menschen. Münchner Med. Wschr., 1954, *96;* **Koch, W.:** Über die Veränderung des menschlichen Wachstums im ersten Drittel des 20. Jh., 1935; **Korn, W.:** Änderungen der biologischen Entwicklung im Jugendalter. 1953; **Lenz, W.:** Über die Wandlungen des menschlichen Wachstums in der Gegenwart. Z. menschl. Vererbungs- und Krankheitslehre, 1943/44, *27;* **Schwabenauer, E.:** Die vorverlegte und beschleunigte Jugendentwicklung. Z. f. angew. Psychologie, 1943; **Strickmann, R.:** Untersuchungen zur Frage der Beziehung von somatischer und psychischer Entwicklung, ein Beitrag zum Accelerationsproblem, 1957; **Thomae, H.:** Längsschnittuntersuchungen zum Problem der Beziehungen zwischen körperlicher und seelischer Entwicklung. Z. exp. angew. Psychologie, 1957, *4;* **Undeutsch, U.:** Somatische A. und psychische Entwicklung der Jugend der Gegenwart. Stud. gen., 1952, *5;* **ders.:** Das Verhältnis von körperlicher und seelischer Entwicklung. In: Hdb. der Psychol., Bd. 3. Göttingen, [2]1972.

G. Stöcker

Alalie bezeichnet die Unfähigkeit zu sprechen. Dieser Begriff ist heute nicht mehr sehr gebräuchlich und wird meist durch ↗Aphasie ersetzt, die sich in mehrere Unterkategorien aufsplittern läßt, die wiederum in kein allg. anerkanntes Klassifikationssystem einzuordnen sind. Der Begriff müßte beschränkt werden auf die stummen (mutistischen) Patienten, die keine Störung der peripheren Sprachorgane haben und daher fähig zu sein scheinen, Ideen formulieren und sie auf andere Weise mitteilen zu können, z. B. schriftlich. Diese Störung wird gegenwärtig jedoch als motorische Aphasie bezeichnet oder, wenn sie in etwas schwächerem Ausmaß auftritt, als verbale Aphasie.

B. Brooker

Alarmfunktion ↗ARAS.

Alarmreaktion ↗Streß.

Albedo *(Reflexionsgrad).* Die A. einer Oberfläche ist das Verhältnis zwischen zurückgestrahltem und einfallendem Licht, d.h. der Anteil des Lichts, der von der Oberfläche nicht absorbiert wird. *G. Kanizsa*

Aldosteron. Von der Nebennierenrinde (↗Kortikoide) ausgeschüttetes ↗Hormon.

Alexie, durch Läsion in einem bestimmten Großhirnzentrum (Gyrus angularis des linken Scheitellappens beim Rechtshänder) verursachte Unfähigkeit zu lesen, die darauf beruht, daß das Verständnis für die Schriftzeichen verlorengegangen ist (Wortblindheit = sensorische A.). Hingegen beruht die „aphasische Alexie" auf einen Verlust der expressiven Sprache (↗Aphasie).

C. Scharfetter

Algesie. Das Schmerzempfindungsvermögen ist infolge des ausgeprägt protopathischen Charakters bei Schmerzsensationen starken Schwankungen unterworfen (subjektive Einstellung, frühere Erfahrungen usw.). Durch bestimmte Erkrankungen und auch operative Reduktion von Nervenfasern kann eine Schmerzschwellenerhöhung oder -erniedrigung vorliegen (↗Hypalgesie; ↗Hyperalgesie; ↗Schmerz). *M. Spreng*

Algesimeter, Instrument zur Prüfung der Schmerzempfindlichkeit durch definierte Schmerzreize mechanischer (Kneifen mit definierten Drücken, Federbolzen), thermischer (Wärmestrahlung) oder auch elektrischer Natur. *M. Spreng*

Alghedonisch, die Dimension Lust-Unlust betreffend. Die a. Dimension ist eine der drei Dimensionen, durch die nach W. ↗Wundt die Gefühle charakterisiert sind. *R. Hänni*

Algolagnie, Neigung, durch Schmerzzufügung oder -erduldung in sexuelle Erregung zu geraten. Übergeordneter Begriff für ↗Sadismus und ↗Masochismus. *G. Lischke*

Algometer ↗Algesimeter.

Algophobie, übersteigerte Angst vor Schmerzen.

Algopareunie ↗Dyspareunie.

Algorithmisches Lehralgorithmieren, die Erzeugung von ↗Lehralgorithmen nach einem ↗Algorithmus. Die „unabhängigen didaktischen Variablen" Lehrstoff (knapp formuliert in einem ↗Basaltext), Medium, Psychostruktur des ↗Adressaten, Soziostruktur und Lehrziel sind vorgegeben und bei objektivierten ↗Formaldidaktiken in einen Rechner einzugeben.

Lit.: Frank, H.: Ansätze zum a. L. In: **H. Frank** (Hrsg.): Lehrmaschinen in kybernetischer und pädagogischer Sicht. 4. Symposium über Lehrmaschinen. Stuttgart – München, 1966. *H. Frank*

Algorithmus, ein eindeutig bestimmtes System von Operationen zur schematischen Lösung einer Klasse von Aufgaben, z. B. durch einen Rechner. *H. Riedel*

Alkoholismus. Bisher hat noch keine wissenschaftliche Disziplin eine überzeugende Erklärung für die Entstehung des A. gefunden. Physiologisch, psychiatrisch, psychoanalytisch und sozio-kulturell orientierte Untersuchungen kommen zu sehr unterschiedlichen Ergebnissen (Yates, 1970). Einige zusätzliche Faktoren tragen zu dieser Unsicherheit bei: die Vielzahl der Disziplinen, von denen jede den Gegenstand aus der ihr eigenen Sicht betrachtet; der fehlgeschlagene Versuch, irgendeine allgemeine, dem A. zugrunde liegende Persönlichkeitsstruktur zu finden; der Mangel an Übereinstimmung in bezug auf therapeutische Ziele und Erarbeitung ihrer Erfolgskriterien; Unklarheit darüber, ob A. eine Krankheit als solche ist, Ausdruck einer Krankheit oder Ergebnis einer sozialpsychol. Außenseiterstellung; und verschiedene Angaben über seine Häufigkeit, die mit den unterschiedlichen Definitionen zusammenhängen.

Viele nicht-behavioristische Wissenschaftler sind der Ansicht, daß eine physiologische Mangelerscheinung oder Prädisposition Voraussetzung dafür ist, daß jemand Alkoholiker wird. Diese Behauptung impliziert natürlich, daß A. eine Krankheit ist, die ein Mensch so lange hat, bis er geheilt ist. Für diese Annahme gibt es aber bis jetzt noch keine Beweise. Andere Wissenschaftler lehnen die Denknotwendigkeit einer physiologischen Grundlage ab, halten aber dennoch an der Definition des A. als einer Krankheit fest. Sie sehen den A. unter dem Aspekt sozialpsychol. Determinanten. Einige Lerntheoretiker (z. B. Ullmann & Krasner, 1969, S. 498ff.) lehnen die Behauptung, daß A. eine Krankheit sei, völlig ab und versuchen eine Erklärung ausschließlich in Begriffen der ↗Lerntheorie. Für psychoanalytisch orientierte Wissenschaftler ist A. oft Ausdruck einer frühkindlichen Fixierung, die nur durch Berücksichtigung psychodynamischer Aspekte behandelt werden kann (↗Psychoanalyse). Manchmal wird so argumentiert, daß der A. zwar ein Symptom ist, dem aber seinerseits Krankheitswert zukommt. Manche Forscher versuchen, alle diese verschiedenen Erklärungen zusammenzufassen in einem multivariaten Ansatz. Aber bis heute hat man keine allg. Faktoren gefunden, in die die psychol., verhaltensbedingten, sozialen, genetischen und physiologischen Aspekte des Syndroms „Alkoholismus" eingehen. Es mag allerdings sein, daß das Konzept des A. nicht mehr ist als eine zwar übliche, aber irreführende Reifikation.

Unter den oben genannten Aspekten bietet sich folgende Definition an: „A. ist eine überdauernde Verhaltensstörung, die sich darin äußert, daß alkoholische Getränke im Exzeß konsumiert werden, in einem Ausmaß, das den Gewohnheiten der Gesellschaft, der eigenen Gesundheit und den eigenen sozialen und ökonomischen Aufgaben in der Gesellschaft zuwiderläuft“ (Keller, 1958). Diese Definition ist aber nicht allgemein anerkannt. Viele Wissenschaftler sind nicht einverstanden mit der allzu großen Betonung, die auf Beschreibung und Symptomatologie gelegt wird, anstatt die Entstehungsgeschichte mehr zu berücksichtigen (z. B. Zwerling & Rosenbaum).

Von den verschiedenen Standpunkten ganz abgesehen, ist es nötig, mehr über die physiologischen, soziologischen und psychol. Auswirkungen des Alkohols zu wissen. Ältere Untersuchungen auf diesem Gebiet sind eher von Naivität als von wissenschaftlicher Strenge gekennzeichnet (siehe Übersichten von Carpenter, 1962; Lester, 1966). Neuere Untersuchungen (Franks, 1970) stellen viele, bisher allgemein anerkannte Ansichten in Frage, so z. B. die von Jellinek & MacFarland (1940), daß Alkohol stets eine Verschlechterung der intellektuellen Leistungsfähigkeit mit sich bringe und daß die Wirkungen des Alkohols in linearer Weise von der aufgenommenen Menge abhängen. Fast alle Experimente zeigen methodische Mängel in der Hinsicht, daß mit einer einmaligen Alkoholgabe gearbeitet wird, statt die Wirkungen langdauernden Alkoholgenusses zu untersuchen. Bezüglich ihrer Empfindlichkeit des Gehirngewebes gegenüber Alkohol unterscheiden sich Individuen nur geringfügig; es gibt aber große Unterschiede in bezug auf subjektive und manifeste Reaktionen, die aber bis heute theoretisch noch nicht genügend erklärt werden können, wenn es auch mehrere Versuche in dieser Richtung gibt (Eysenck, 1957; Franks, 1967).

Trotz einer großen Anzahl neuer Ansätze haben wir heute kaum mehr Grund für einen therapeutischen Optimismus als in den vierziger Jahren. Man bemüht sich heute, umfassendere und genauere Modelle möglicher Behandlungsweisen zu entwerfen und die Behandlung exakter durchzuführen. Die Wichtigkeit interdisziplinärer Forschungsprogramme wird immer mehr gesehen, um die verschiedenen Patientengruppen adäquat erfassen zu können (Pattison, 1966; Blum & Blum, 1967). Aber angemessene wissenschaftliche Kriterien zur Beurteilung und zum Vergleich von Behandlungsprogrammen fehlen immer noch.

Die ↗Verhaltenstherapie sieht im A. zumindest teilweise eine erlernte Reaktionsweise, d. h., daß das unerwünschte Trinkverhalten durch dieselben Lernmechanismen entstanden ist wie jedes andere Verhalten auch. Diese Ansicht rührt von den naiven und heute überholten klinischen Anschauungen her, die in den vierziger Jahren in der ↗Aversionstherapie ein wirksames Instrument gefunden zu haben glaubten, um den A. zu heilen. Später wurde das Feld von Experimentalpsychologen beherrscht, die ein wissenschaftlich exaktes, aber klinisch nicht sehr erfolgreiches ↗SR-Modell vertraten, das hauptsächlich auf das Trinken als solches zentriert war. Allmählich entwickelte sich ein Ansatz, der verschiedene Aspekte einschloß, so überdauernde Muster im gesamten Lebensstil des Patienten, seine Verhaltensweisen und Einflüsse des Erbgutes, der Entwicklung und der Umwelt (Lazarus, 1965).

Wenn man annimmt, daß der spannungsreduzierende Effekt des Trinkverhaltens dieses dauernd bekräftigt, dann ist es wichtig, andere und weniger schädliche Mittel zur Spannungsreduktion zu entwickeln. Hier handelt es sich hauptsächlich um direkte Eingriffe in die Umwelt des Patienten. Die so wichtige Erforschung des Trinkverhaltens der Alkoholiker und des belohnenden Effektes des Alkohols unter einer Vielzahl von Bedingungen wurde von verschiedenen Seiten aus in Angriff genommen (z. B. Mello, McNamee & Mendelson, 1968; Nathan et al., 1970; Vogel-Sprott, 1970).

Jedes Verhalten ist veränderbar. In diesem Sinne wurde manchmal argumentiert, es müsse möglich sein, ausgewählte Exalkoholiker so zu trainieren, daß sie kleine Mengen Alkohol in Gesellschaft zu sich nehmen können, ohne daß sie wieder in ihren A. zurückfallen. Die Möglichkeit, daß dieses Vorhaben gelingen könnte, ist relativ gering. Ihre Annahme widerspricht der allgemein akzeptierten klinischen Anschauung und ist noch nicht genügend bestätigt. Vielleicht ist die Prophylaxe aber das wichtigste. Sie kann auf verschiedenen Ebenen ansetzen: bei der direkten Behandlung der Alkoholiker und der Änderung jener Lebensumstände, die vermutlich zum A. führen werden. Am wichtigsten ist eine allgemeine Reduktion jener persönlichen und sozialen Spannungen, die in einer komplexen Gesellschaft wie der unseren auftreten und zu einer Vielfalt von seelischen Störungen führen, von denen der A. nur eine ist.

Bis heute weiß man nur wenig, welche Arten des A. auf eine bestimmte Art der Therapie besonders gut ansprechen. In der Zukunft wird man vor allem Verfahren zu entwerfen haben, die die Motivation, nicht zu trinken, beim erfolgreich behandelten Alkoholiker aufrechterhalten; man wird spezielle Ausbildungsprogramme für Therapeuten, die Alkoholiker behandeln, entwickeln müssen. Wichtig sind ferner ↗Längsschnittuntersuchungen, die mit Hilfe automatischer Rechenanlagen umfangreiche Populationen potentieller Alkoholiker während gesunder und kranker Phasen erfassen.

Die Erforschung aller Aspekte des A. wird heute durch die Existenz einer Dokumentation erleichtert, die andauernd auf den neuesten Stand gebracht wird und in der ganzen Welt verfügbar ist (Keller, 1964).

Lit.: Antons, K. & W. Schulz: Normales Trinken und Suchtentwicklung. 2 Bde. Göttingen, 1976f.; **Blum, E. M. & R. H. Blum:** Alcoholism: Modern psychological approaches to treatment. San Francisco, 1967; **Carpenter, J. A.:** Effects of alcohol on some psychological processes: A critical review with special reference to automobile driving skill. Quart. J. Stud. Alc., 1962, *23*, 274–314; **Eysenck, H. J.:** Drugs and personality. 1: Theory and methodology. J. Ment. Sci., 1957, *103*, 119–131; **Feuerlein, W.:** A.-Mißbrauch und Abhängigkeit. Stuttgart, 1975; **Feuerlein, W., Ringer, Ch., Küfner, H. & K. Antons:** Münchner Alkoholismus-Test. Weinheim, 1979; **Franks, C. M.:** The use of alcohol in the investigation of drug personality postulates. In: **R. Fox** (Ed.): Alcoholism – Behaviorial research, therapeutic approaches. New York, 1967, S. 55–79; **ders.:** 1970 Alcoholism. In: **C. G. Costello** (Ed.): Symptome of psychopathology: a handbook. New York, 1970, S. 448–480; **Harsch, H.:** Hilfe für Alkoholiker und andere Drogenabhängige. München, 1977; **Jellinek, E. M. & R. A. MacFarland:** Analysis of psychological experiments on the effects of alcohol. Quart. J. Stud. Alc., 1940, *1*, 272–371; **Keller, M.:** Alcoholism: Nature and extent of the problem. Ann. Amer. Acad. Polit. Soc. Sci., 1958, *315*, 1–11; **ders.:** Documentation of the alcohol literature. Quart. J. Stud. Alc., 1964, *25*, 725–741; **Lazarus, A. A.:** Towards the understanding and effective treatment of alcoholism. S. Afr. Med. J., 1965, *39*, 736–741; **Lester, D.:** Self-selection of alcohol by animals, human variation, and the etiology of alcoholism: A critical review. Quart. J. Stud. Alc., 1966, *27*, 394–438; **Mantek, M.:** Frauenalkoholismus. München – Basel, 1979; **Mello, N. K., McNamee, H. B. & H. J. Mendelson:** Drinking patterns of chronic alcoholics: gambling and motivation for alcohol. Psychiatric research report Nr. 24, American Psychiatric Association, March 1968, S. 83–188; **Nathan, P. E., Title, N. A., Lowenstein, L. D., Soloman, P. & M. Rossi:** Behaviorial analysis of chronic alcoholism: Interaction of alcohol and human contact. Arch. Cen. Psychiatr. (in Vorbereitung); **Pattison, E. M.:** A critique of alcoholism treatment concepts with special reference to abstinence. Quart. J. Stud. Alc., 1966, *27*, 49–71; **Ullmann, L. P. & L. Krasner:** Psychological approach to abnormal behavior. Englewood Cliffs (N. J.), 1969; **Vogel-Sprott, M.:** Alcoholism and learning. In: Biology and alcoholism, 1970, Kap. 10; **Wexberg, L. E.:** Trinkerfürsorge. In: **V. E. Frankl** (Hrsg.): Hdb. d. Neurosenlehre und Psychotherapie, Bd. 4. München – Berlin, 1959; **Yates, A. J.:** Behavior therapy. New York, 1970; **Zwerling, I. & M. Rosenbaum:** Alcohol addiction and personality (non-psychotic conditions). In: **S. Arietti** (Ed.): American Handbook of Psychiatry, Bd. 1. New York, 1959, S. 623–644.

C. M. Franks

Alkoholpsychosen ↗Psychosen.

Allele, zwei ↗Gene, die an derselben Stelle des ↗Chromosoms lokalisiert sind und eine verschiedene Ausprägung desselben Merkmals bewirken. Bei ↗diploiden Organismen können sich beide A. in derselben Zelle finden; sie sitzen dann an sich entsprechender Stelle auf den homologen Chromosomen. Bei der Merkmalsausprägung kann das eine Allel dominieren (dominant-rezessiver Erbgang, z. B. dominiert beim Menschen braune Augenfarbe über blaue), oder das Merkmal wird intermediär ausgebildet (intermediärer Erbgang, z. B. rosa Blütenfarbe bei Erbsen bei A.n für Weiß und Rot). Von *Multipler Allelie* spricht man, wenn mehr als zwei verschiedene Gene für dasselbe Merkmal vorliegen (z. B. Blutgruppen beim Menschen).

H. Schmalfuß

Allergie. Auf einer Antigen-Antikörper-Reaktion beruhende spezifische Gewebereaktionen des Organismus (z. B. bei Urtikaria, Asthma bronchiale) auf bestimmte Reizstoffe. Meist werden subjektiv mit der Reizsituation verbundene äußere und innere Momente zu weiteren Auslösern. Daher wird die allergische Reaktionsbereitschaft psychosomatisch interpretiert. Psychoanalytisch: z. B. Äußerung eines Ambivalenzkonflikts auf der Haut als Kontaktorgan. Verhaltenstherapeutisch: konditionierte Reaktion unter Mitwirkung emotionaler und kognitiver Faktoren.

Lit.: De Boor, C.: Zur Psychosomatik der Allergie, insbesondere des Asthma bronchiale. Bern – Stuttgart, 1965; **Lachman, S. J.:** Psychosomatic disorders. New York, 1972.

F. Seibt

Alles-oder-Nichts-Gesetz. Eine dem A. unterworfene erregbare Funktionseinheit innerhalb des Organismus beantwortet jeden überschwelligen Reiz mit einer reizstärkeunabhängigen Erregung: Identität von Schwellen- und Maximalreiz. Die Erklärung für die Gültigkeit des A. bei erregbaren Funktionseinheiten des Organismus ist durch die elektrischen Vorgänge bei der Erregung gegeben. Die jede erregbare Zelle umgebende funktionelle Membran wird durch jeden nicht in die Refraktärzeit fallenden Reiz zunächst örtlich depolarisiert. Diese örtliche Depolarisation bzw. Verminderung des Ruhepotentials wird bei unterschwelliger Reizung durch Stoffwechselprozesse (K-Na-Pumpe) rückgängig gemacht, sie führt jedoch bei überschwelliger Reizung zu einer starken, dann reizstärkeunabhängigen Erhöhung der Membranpermeabilität, damit zu einer weiteren örtlich nicht beschränkten Depolarisation, die sehr schnell lawinenartig bis zum vollständigen reversiblen Zusammenbruch des Membranpotentials führt (↗Aktionspotential). Beispiele für die Gültigkeit des A. sind die Herzmuskelkontraktion und die Kodierung der Reizstärke in pulsfrequenzmodulierte Aktionspotentialfolgen stets gleicher Amplitude auf sensorischen Nerven.

M. Spreng

Allgemeine Psychologie. I. Die A. P. beschäftigt sich mit den allgemeinen Gesetzmäßigkeiten des Verhaltens im Gegensatz zur Differentiellen Psychologie (sie beschäftigt sich mit individuellen Unterschieden), zur Vergleichenden Psychologie (ihr Gegenstand ist der Unterschied im Verhalten der verschiedenen Tierarten, und insofern ist sie oft gleichbedeutend mit Tierpsychologie) und zur Sozialpsychologie (ihr Anliegen sind sozio-kulturelle Determinanten des Verhaltens). Der Begriff A. P. wurde in bezug auf Prinzipien gebraucht, die Prozessen wie Denken, Erinnern, Lernen zugrunde liegen; andererseits faßt man darunter Vorgänge wie Aufmerksamkeit und das Entstehen von Gefühlen, Motiven usw. Schon J. S. Mill (1843) forderte die Vervollständigung der Psychologie durch eine andere Disziplin, die sich speziell mit dem Studium des Individuums befaßt. W. Stern griff das gleiche Problem wieder auf; er schrieb, daß die Probleme, die sich der A. P. und der Persönlichkeitspsychologie stellten, sehr verschieden seien. Allport (1938) setzte sich ebenfalls für die Entwicklung einer besonderen Disziplin, der Persönlichkeitspsychologie, ein. Der A. P. gegenüber hatte er eine sehr kritische Einstellung: „Den allgemeinen menschlichen Geist von einer Population aktiver, anziehender und kräftig gebauter Individuen abstrahieren zu wollen ist wohl ein Unterfangen von fraglichem Wert. Dieser generalisierte menschliche Geist ist ein Mythos, ihm fehlen die wesentlichsten Charakteristika, Ort, organische Eigenschaften, Beziehung der einzelnen Teile untereinander und Selbstbewußtsein." Dieses Interesse am Individuum im Gegensatz zu allgemeinen Gesetzmäßigkeiten begann schon sehr früh; bereits Plato und Empedokles beschäftigten sich mit diesen Problemen.

Der Begriff „general psychology" (A. P.) ist im anglo-amerikanischen Sprachgebrauch zweideutig. Die zweite Bedeutung wird von Chaplin (1968) so formuliert: „Die umfassende Synthese aller Ergebnisse und Theorien auf dem Gebiet der Psychologie, z. B. in der Art eines einführenden Lehrbuchs." In dieser Bedeutung wird der Begriff „general psychology" in vielen Vorlesungen und Lehrbüchern der verschiedensten Epochen verwendet (z. B. „General psychology" von G. Murphy, 1933; „Experimental foundations of general psychology" von W. L. Valentine, 1941; „General and social psychology" von R. S. Thouless, 1937; „Principles of general psychology" von G. A. Kimble, 1956; „General psychology" von H. E. Garrett, 1960). Diese und andere derartige Lehrbücher unterscheiden sich im Inhalt und schließen nicht unbedingt Differentielle, Sozial- und Vergleichende Psychologie aus.

Aber auch verschiedene englischsprachige Lexika unterscheiden zwischen „General" und „Differential" psychology. Warren (in der Ausgabe von 1958) definiert A. P. wie folgt: „Die Allgemeine Psychologie als Teil der Psychologie versucht Gesetzmäßigkeiten zu finden, die für alle Individuen gelten." Als Kriterium für die Zuordnung des Forschungsgegenstandes dienen Warren die Ziele und Absichten des jeweiligen Autors. In gleicher Weise unterscheiden English & English (1958) „Allgemeine" und „Differentielle" Psychologie. Außerdem verwenden sie die Begriffe nomothetisch (Aussagen, die sich mit Gesetzmäßigkeiten beschäftigen) und ideographisch (Beschreibung einzelner Ereignisse oder Individuen). J. Drever (1952) definiert die A. P. in ähnlicher Weise als die Wissenschaft von den allgemeinen Gesetzmäßigkeiten des Seelenlebens, die sich von den Besonderheiten, die für die je individuelle Persönlichkeit charakteristisch sind, abheben. Chaplin (1968) unterscheidet in ähnlicher Weise Allgemeine und Differentielle Psychologie.

Zur Illustration sollen einige Beispiele aus den wichtigsten Forschungsgebieten dienen, um die Art des Vorgehens der A. P. aufzuzeigen und von anderen möglichen Ansätzen abzugrenzen. Um 1930 und 1940 gab es eine Anzahl gegensätzlicher Lerntheorien, z. B. die von E. R. Guthrie, C. L. Hull und B. F. Skinner (E. R. Hilgard, 1948). Diese wurden in bedeutenden Werken dargestellt, wie z. B. in „Principles of behavior" von Hull (1943); „The behavior of Organisms" und „Organisation of behavior" (1949) von D. O. Hebb, und verdeutlichen die Arbeitsweise der Allgemeinen Psychologie. Von den Schlüssen, die aus einer dieser Theorien gezogen werden können, nämlich der von Hull, ging H. J. Eysenck aus. Ihn interessierten aber nicht die allgemeinen Gesetzmäßigkeiten, sondern er versuchte, verschiedene Individuen zu klassifizieren, indem er, unter Verwendung der Hullschen Begriffe und Ergebnisse, je individualtypische Lernverläufe und Wahrnehmungsstrukturen beschrieb. Auf dem Gebiet der Wahrnehmung werden häufig die Gestaltpsychologen angegriffen, da ihr Bestreben scheinbar ausschließlich darin besteht, allgemeine Gesetzmäßigkeiten und keine individuellen Unterschiede zu finden. Der Titel einer solchen kritischen Schrift „Where is the perceiver in perception theory?" (Klein & Schlesinger, 1949) macht die Richtung der Kritik deutlich.

Für die Zuordnung zu den Gebieten „Allgemeine" und „Differentielle" Psychologie ist es belanglos, mit wieviel Vpn experimentiert wird. H. Ebbinghaus (1885) hatte nur eine Vp, sich selbst, und lieferte doch einen wesentlichen Beitrag zur A. P. des Gedächtnisses. In prinzipiell ähnlicher Weise versuchte Koffka (1935) die allgemeinen Gestaltgesetze zur Erklärung der Gedächtnisphänomene ganz generell heranzuziehen. Die Tradition des Assoziationismus (z. B. A. Bain, 1863) kann als Beispiel eines allgemein-psychologischen Ansatzes auf dem Gebiet der Denkpsychologie gelten. Im Gegensatz dazu steht die Verwendung ganz ähnlicher Assoziationstechniken, wie sie z. B. F. Galton (1883) zur Untersuchung individueller Differenzen gebraucht. Von den Beiträgen russischer Wissenschaftler ist die Pawlowsche Reflexologie zu erwähnen, die einen großen Einfluß auf die Lernpsychologie ausübte. Auch hier kann neben den allgemeinen Aspekt der differentielle gesetzt werden. I. P. Pawlow selbst versuchte, eine Typologie aufzubauen. Seine Methoden und Ergebnisse dienten dann dem weiteren Ausbau einer Differentiellen Psychologie durch B. M. Teplow und dessen Arbeitskreis.

Historisch gesehen, war die A. P. eng mit der experimentellen Methode verbunden, d. h. der systematischen Manipulation experimenteller Variablen. Im Gegensatz dazu hatte die Differentielle Psychologie mehr Bezug zu den psychometrischen Methoden und die Sozialpsychologie zu mehr oder weniger gut standardisierten Beobachtungsmethoden. Diese Verbindungen sind mehr historischer Natur und nicht logisch notwendig für die einzelnen Teilgebiete. In der modernen Psychologie sind diese Beziehungen auch nicht mehr so offensichtlich. Die eigentlichen Begründer der wissenschaftlichen Psychologie, W. Wundt, E. B. Titchener u. a., verwendeten hauptsächlich den introspektiven Bericht als Methode der Allgemeinen Psychologie. Die klassischen Untersuchungen von Sherif zum autokinetischen Phänomen haben der experimentellen Methode in den Sozialwissenschaften den Weg gebahnt. In der Persönlichkeits- und Klinischen Psychologie wurden experimentelle Methoden ebenfalls schon früh verwendet. Ein Beispiel dafür ist die Abhandlung von M. C. Jones „How a fear may be removed under laboratory conditions“ (1924). Weitere Arbeiten in dieser Richtung, unter Anwendung der experimentellen Methode auf den Einzelfall, sind z. B. bei Shapiro & Nelson (1924) zu finden. Wegen dieser Entwicklungslinien, von denen viele schon eine lange Geschichte haben, ist es fragwürdig und irreführend, die Bezeichnung „wissenschaftliche“ Psychologie entweder mit „experimenteller“ oder „allgemeiner“ Psychologie gleichzusetzen.

In bezug auf ein bestimmtes Problem der A. P. muß, um Mißverständnisse auszuschließen, noch einmal auf die Dichotomie nomothetisch-ideographisch zurückgegriffen werden (in bezug auf die A. P. als eine Wissenschaft, deren Ziel es ist, generelle Gesetzmäßigkeiten zu finden). Die Unterscheidung von nomothetischen und ideographischen Ansätzen darf sich nicht am Umfang der untersuchten Stichprobe orientieren. Dies wird besonders deutlich bei Experimenten mit N = 1. So versuchte H. Ebbinghaus, allgemeine Prinzipien des Erinnerns und Vergessens zu formulieren. Seine Hypothesen aber überprüfte er an einer einzigen Vp. In ähnlicher Weise versuchte S. Freud, eine allgemeingültige Traumtheorie aufzustellen, wobei er fast ausschließlich von seinen eigenen Träumen ausging. Im Gegensatz dazu stehen vorwiegend ideographisch ausgerichtete Untersuchungen eines einzigen Individuums. Als ein frühes Beispiel mag die Beschreibung der gespaltenen Persönlichkeit der Christine Beauchamp durch M. Prince (1909) dienen. Aus neuester Zeit stammt eine Veröffentlichung von Luria (1969), der dreißig Jahre lang ein einzelnes Individuum untersucht hatte. Diese Vp zeigte ein ungewöhnlich gutes Gedächtnis, verschiedenartigste Synästhesien und eine stark eingeschränkte Fähigkeit, etwas zu vergessen.

Untersuchungen solcher Art lohnen sich z. B. bei Individuen, die „Schmerzblindheit“ zeigen. In diesen Fällen wird man auch Informationen sammeln können, die für die A. P. wichtig sind, z. B. über die Art und Weise, wie das Fehlen der Schmerzempfindung Lernprozesse beeinflußt (Mowrer, 1950). In ähnlicher Weise können Lurias Untersuchungen, wenngleich sie vorwiegend ideographisch sind, wichtige Beiträge zum Verständnis der A. P. des Gedächtnisses liefern. Die Annahme allgemeiner vollständig oder annäherungsweise universeller Prinzipien und Gesetze der Psychologie ist heute weit weniger verbreitet als früher. Individuelle Unterschiede, Entwicklungsstadien, größere oder kleinere Abweichungen von der Norm, Art- und soziale Unterschiede – alle diese Aspekte der Psychologie werden heute intensiv und methodisch exakt erforscht.

Wundt benutzte hauptsächlich die introspektiven Beobachtungen seiner normalen erwachsenen Vpn als Forschungsgrundlage. Diese Arbeitsweise wurde unter dem Einfluß verschiedener neuerer Richtungen der Psychologie, besonders des Behaviorismus von J. B. Watson, aufgegeben. Dieser methodische Wandel begünstigte die Entwicklungs- und Vergleichende Psychologie. Das einflußreiche Buch von Allport (1938) verschaffte der am Einzelfall orientierten Psychologie einen festen Platz im Rahmen der psychologischen Wissenschaften. Während McDougall (1908) sich mit Instinkten oder Triebfedern als allgemein nachzuweisenden motivationalen Variablen beschäftigte, näherten sich H. A. Murray u. a. den gleichen Problemen aus der Sicht eines individuumzentrierten Ansatzes. Die Arbeitsrichtung von J. S. Bruner, die die Wahrnehmung als Funktion im Wirkungsgefüge von Motiven untersucht, führte zu einer Erweiterung des als zu eng betrachteten allgemeinpsychol. Ansatzes und entwickelte eine differentielle Psychol., die es bisher in diesem Forschungsbereich noch nicht gegeben hatte. Führende Lerntheoretiker, wie z. B. Mowrer (1950) und Skinner (1968), beschäftigen sich neuerdings einerseits mit der Erforschung von individuellen Unterschieden in bezug auf die Lernfähigkeit und andererseits mit praktischen Problemen des Lernens und Lehrens. Obwohl das Konzept der A. P. heute fragwürdig geworden ist, liefert es vielleicht doch einen Bezugspunkt, von dem aus man historische und moderne Entwicklungen betrachten kann.

Lit.: Allport, G. W.: Personality. A psychological interpretation. London, 1938; **Chaplin, J. P.:** Dictionary of psychology. New York, 1968; **English, H. B. & A. C. English:** A comprehensive dictionary of psychological and psychoanalytical terms. London, 1958; **Klein, G. S. & H. Schlesinger:** Where is the perceiver in the perception theory. J. Pers., 1949; **Koffka, K.:** Principles of Gestalt psychology. London, 1935; **Luria, A. R.:** The mind of a mnemonist. London, 1969; **McDougall, W.:** An introduction to social psychology. London, 1908; **Mowrer, O. H.:** Learning theory and personality dynamics. New York, 1950; **Shapiro, M. B. & E. H. Nelson:** An investigation of an abnormality of cognitive function in a cooperative young psychotic. An example of the application of the experimental method to the single case. J. clinical Psychol., 1955, *11;* **Sherif, M.:** The psychology of social norms. New York, 1936; **Skinner, B. F.:** The technique of teaching. New York, 1968; **Warren, H. C.:** Dictionary of psychology. Houghton, 1934; **Hebb, D. O.:** Einführung in die moderne Psychologie. Weinheim – Berlin, [8]1975; **Hiebsch, H.:** Ergebnisse der sowjetischen Psychologie. Berlin, 1967; **Hofstätter, P. R.:** Psychologie. Frankfurt, 1974; **Krech, D. & R. S. Crutchfield:** Grundlagen der Psychologie, Bd. 1. Weinheim – Berlin, [5]1973; **Popp, M.:** Einführung in die Grundbegriffe der Allgemeinen Psychologie. Stuttgart, 1975; **Seiss, R.:** Allgemeine Psychologie. Bad Heilbrunn, [2]1974; **Thomae, H. & H. Feger:** Einführung in die Psychologie. Frankfurt, [2]1972; **Toman, W.:** Einführung in die allgemeine Psychologie. 2 Bde. Freiburg/Br., 1973.

T. P. H. McKellar

II. Interdisziplinärer Standpunkt. Die Psychol. hat einige Mühe gehabt, aus der abendländischen philosophischen Tradition als eigenständige Disziplin hervorzutreten. Sie entdeckt heute, daß ihre Probleme sich schon in den Mythen abzeichneten (in dem Maß, in dem diese immer die Bedeutung des Menschen inmitten dieser Welt betreffen), daß sie in den ersten philosophischen Formulierungen zum Vorschein kommen und sich in den großen traditionellen Systemen präzisieren. So ist es zu verstehen, daß die Abteilung „Psychologie" der „Histoire de la philosophie" von P. Janet & G. Seailles (Erstausgabe 1886) die folgenden Kapitel aufweist: Das tierische Leben; Empfindungen und extreme Wahrnehmungen; Bewußtsein; Theorie der Vernunft; Gedächtnis; die Assoziation der Ideen; Sprache; Sensibilität; Probleme der Freiheit; Gewohnheit. In jedem dieser Kapitel verfolgt man über Jhh. die Entwicklung der Probleme, die die experimentelle Psychol. seit 1860 mit den Labortechniken und der Sorge um strenge Nachprüfung verbindet.

Gewiß, die Situation ist bei anderen Wissenschaften ähnlich. Wenn jedoch die Einführung der experimentellen hypothetisch-deduktiven Methode in der Physik die Verbindung gelöst hat, die diese Wissenschaft mit der Philosophie hatte (zumindest im Prinzip, wenn auch nicht im Geiste aller Physiker), so hat sich in der Psychol. trotz immer neuer Anstrengungen vieler Gelehrter nichts Ähnliches zugetragen. Gegen die erste wissenschaftliche Psychol. der Pioniere (1860–1912) erhebt sich der Protest von H. Bergson, W. Dilthey, F. Brentano und E. Husserl und schließlich der von P. Natorp. Im Zeitabschnitt der Konfusion (1912–1930) berufen sich mehrere Psychologen ausdrücklich auf philosophische Methoden („Phänomenologische Psychologie" von M. Scheler, A. Pfänder, später in Frankreich weitergeführt von J.-P. Sartre und M. Merleau-Ponty). Selbst im schon mehr vereinheitlichten Zeitabschnitt der Psychol. als „Wissenschaft des Verhaltens", die sich seit 1930 durchsetzt, wird eine rege Diskussion über die Möglichkeit einer „objektiven" Wissenschaft des menschlichen Verhaltens durch tieferes Nachdenken über die Psychol. aufrechterhalten.

Das philosophische Vorgehen, ausgerichtet auf das ↗Bewußtsein – als Zusammenhang von beschreibenden und verstehenden Begriffen –, ist notwendigerweise *reflexiv:* in diesem Sinne begegnet es der ↗objektiven Psychol. als einer rivalisierenden Perspektive, da ja diese eine Erkenntnistheorie beinhaltet, d. h. über die Bedingungen der Erkenntnis reflektiert, die sie im übrigen selbst sein will. Ist es möglich, mit objektivierenden Begriffen – von der wissenschaftlichen Voraussage her auferlegt – einen Gegenstand zu konstruieren, der es erlaubt, die in Frage stehende objektive Erkenntnis zu entwikkeln? Kann sich die „instrumentale" Vernunft mit technischer Bestimmung (M. Pradines) ihrer selbst bewußt werden? Kann die „instrumentale" Vernunft der dialektischen Vernunft ausweichen?

Die a. P. soll aber, über diese wiederholte In-Frage-Stellung der eigentlichen Bedingungen für die Möglichkeit einer Psychol. (die kritische Frage par excellence) hinaus, Rechenschaft ablegen über das Wesen ihrer drei privilegierten Gegenstände: Verhalten, Erfahrung und Mitmensch (als persönliches Zentrum von Handlungen). Diese vorausgehenden Probleme werden von der experimentellen Psychol. dauernd als gelöst postuliert; es ist nun aber so, daß sich gerade auf ihrer Ebene der Graben zwischen den Naturwissenschaften und den verschiedenen Geisteswissenschaften öffnet.

Auf einer weniger grundlegenden Ebene wird die a. P. über die sozialen Bedingungen Bericht erstatten, die zur Entstehung der Psychol. erforderlich sind, sowie über die erkenntnistheoretischen Horizonte, die durch die drei Arten der Psychol. (die experimentelle Psychol. in dritter Person, die klinische Psychol. in zweiter Person und die phänomenologische Psychol. in erster Person) bestimmt werden, und über die existentiellen Bedingungen, die ihr durch die Übernahme der Existenz durch sie selbst anhaften. In dieser Perspektive, und nur, indem sie sich auf das Niveau einer „Metapsychologie" hinaufhebt, wird die wissenschaftliche Psychol. ihre innere Kohärenz erreichen.

Lit.: Binswanger, L.: Einführung in die Probleme der allgemeinen Psychologie. Berlin, 1922; **ders.:** Grundformen und Erkenntnis menschlichen Daseins. Zürich, [2]1953; **Guillaumin, J.:** La dynamique de l'entretien psychologique. Paris, 1965; **Merleau-Ponty, M.:** Phänomenologie der Wahrnehmung. Berlin, 1966; **Metzger, W.:** Psychologie. Darmstadt, [4]1968; **Muller, P.:** De la psychologie à l'anthropologie. Neuchâtel, 1946; **ders.:** La psychologie dans le monde moderne. Brüssel, 1966; **Piaget, J.** (Ed.): Logique et connaissance scientifique. Encyclopédie de la Pléiade. Paris, 1968; **Pongratz, L. J.:** Problemgeschichte der Psychologie. Bern – München, 1967; **Pradines, M.:** Traité de psychologie générale, 3 Bde. Paris, 1943; **Rubinstein, S. L.:** Prinzipien und Wege der Entwicklung der Psychologie. Berlin, [2]1969; **Strasser, S.:** Phénoménologie et sciences de l'homme. Löwen – Paris, 1967.

P. Muller

Allgemeinvorstellung, eine noch unvollkommene und unbestimmte Klassenbildung auf Grund relevanter und irrelevanter Merkmale. Die A. ist eine Vorstufe des ↗Begriffs. Im Unterschied zu diesem aber verschwommen und vage und ohne interindividuelle Übereinstimmung. – ↗Vorstellung.

H.-J. Aebi

Allochthone Dynamik. In einem Aktualisierungsvorgang muß nach Gutjahr (1959) zwischen Motivations- (nach R. Bergius: allochthoner) und autochthoner (eigengesetzlicher) Dynamik unterschieden werden. Die a. D. bezeichnet dabei diejenigen Kräfte, die durch das aktive Suchen des Individuums entstehen. Die autochthone Dynamik besteht nach Bergius (Hdb. d. Psychol., Bd. 1/2, S. 209) „aus den durch die funktionalen Beziehungen der Glieder untereinander auftretenden Kräften". Die autochthone Dynamik kann sich dabei nach Gutjahr „nur in einem durch eine bestimmte Motivation in Gang gesetzten Handlungsgeschehen zeigen". Die autochthone Dynamik ist dem eigentlichen Handlungsgeschehen untergeordnet. Autochthon aktualisiert sind z. B. all jene Gedächtnisinhalte, die einem plötzlich „einfach so einfallen", ohne daß man danach gesucht hätte.

Lit.: Gutjahr, W.: Zur Psychol. des sprachlichen Gedächtnisses. II. Über Aktualisierungsdynamik. Z. Psychol., 1959, *163*, 1–108. *H.-J. Aebi*

Allolalie, bezeichnet ungewöhnliches oder nicht normales Sprachverhalten. Heute werden aber genauere Begriffe vorgezogen, um die verschiedenartigen Sprachstörungen zu bezeichnen. *B. Brooker*

Allomnesie ↗Gedächtnisstörungen.

Allport, *Gordon Willard,* * 11. 11. 1897 Montezuma (Indiana), † 7. 10. 1967 Cambridge (Mass.). Amerikanischer Persönlichkeitspsychologe, der 1924–1930 Sozialethik und 1930–1966 Psychol. an der Harvard-Universität lehrte. Neben der Persönlichkeitspsychol. beschäftigte sich A. mit Fragen der Diagnostik und mit der Psychol. des *Vorurteils,* die er in „The Nature of Prejudice" (1954) beschrieb. In seinen Hauptwerken „Personality" (1937) und „Becoming" (1955) stellte er die Eigenart, Eigenwelt und Einmaligkeit der Persönlichkeit heraus und befürwortete ein Menschenbild, das weder vom Lust-Unlust-Prinzip noch vom Reiz-Reaktions-Schema beherrscht wird. In seiner Theorie der „funktionalen Autonomie der Motive" läßt er die Entwicklung der Motive aus infantilen Trieben gelten, betont aber ihre Eigenständigkeit und Unabhängigkeit von diesen beim Erwachsenen.

Schr.: Personality. New York, 1937; dt.: Persönlichkeit. Stuttgart, 1949; The nature of personality. Cambridge (Mass.), 1950; The nature of prejudice, Cambridge (Mass.), 1954; dt.: Die Natur des Vorurteils. Köln, 1971; Becoming. New Haven, 1955; dt.: Werden der Persönlichkeit. München, 1974; Pattern and growth in personality. New York, 1961; dt.: Gestalt und Wachstum in der Persönlichkeit. Meisenheim 1970. *G. Stöcker*

Alogie, Unvermögen, sinnvolle Sätze zu bilden; vor allem bei Schwachsinn und bei schweren Geisteskrankheiten festzustellen. *H. J. Engels*

Alp, *Alptraum* ↗Incubus.

Alpha-Bewegung, so von M. Wertheimer benannte ↗Bewegungstäuschung, die sich durch die Wahrnehmung der Größenveränderung auszeichnet. Läßt man z.B. bei einer Müller-Lyer-Figur (↗Müller-Lyersche-Täuschung) die nach innen und die nach außen gerichteten Ansatzstrecken geeignet schnell einander ablösen, so entsteht der Eindruck, daß die Mittelstrecke wächst bzw. zusammenschrumpft.

Lit.: Metzger, W. (Hrsg.): Hdb. d. Psychol., Bd. 1/1. Göttingen, [2]1974. *V. Martinu*

Alpha-Fehler ↗Fehler erster Art.

Alpha-Tests ↗Army-Alpha-Test.

Alpha-Wellen. Langsame Potentialschwankungen (0,1–40 Hz), die kontinuierlich in Wellenform ablaufen und von der Hirnrinde bzw. auch von der Kopfhaut mit großflächigen Elektroden abgegriffen werden können (↗Encephalographie: EEG), stellen das zeitlich-räumliche Integral langsamer postsynaptischer Potentiale der Zellen der Hirnrinde dar. EEG-Wellen im Frequenzbereich 8 bis 12 Hz werden als A. bezeichnet. Im inaktiven Wachzustand treten diese Wellen beim Erwachsenen vorwiegend an okzipitalen Ableitestellen auf. Die A. werden durch Sinnesreize und geistige Betätigung blockiert und durch höherfrequente ↗Beta-Wellen kleinerer Amplitude ersetzt. Bei Absenkung des cerebralen Erregungsniveaus (Schlaf) sinkt die Frequenz der EEG-Wellen. *M. Spreng*

Alternativmerkmale. Von A.n *(Alternativereignissen)* spricht man, wenn die Merkmalsausprägungen unvereinbar und die der Beobachtung zugrunde liegenden Variablen keine kontinuierlichen sind. – Zu trennen ist dieser Begriff von dem der *Alternativhypothese,* häufig auch kurz *Alternative* genannt. Damit ist in der Theorie der statistischen Hypothesenprüfung (↗Signifikanz-Prüfung) eine Hypothese gemeint, die gegenüber der zu prüfenden H_0 eine Alternative darstellt. ↗Mathematische Psychologie; ↗Statistik.

W. H. Butollo

Alternierender Unterricht, der Wechsel von Methoden der ↗Programmierten Instruktion zu konventionellen Unterrichtsmethoden und umgekehrt.

Lit.: Witte, A.: Der alternierende Unterricht – ein Beitrag zur Frage der Integrierbarkeit des programmierten Lernens und der klassenpädagogischen Situation. In: Lehrmaschinen in kybernetischer und pädagogischer Sicht. Bd. 4, Stuttgart, 1966, S. 203–217.

H. Illner

Altersforschung ↗Gerontologie.

Alterspsychologie ↗Gerontologie; ↗Psychologie des Alterns.

Altersschwäche ↗Psychologie des Alterns.

Alterssexualität. Bei der alternden Frau sind durch die Änderungen des Hormonhaushaltes während und nach der Menopause physiologische Veränderungen der Geschlechtsorgane und im sexuellen Reaktionszyklus zu beobachten. Die Einflüsse von Hormonmangel und kulturellen Schemata auf die Sexualität älterer Frauen sind heute nicht zu trennen; die hormonal bedingten anatomischen und physiologischen Veränderungen allein genügen nicht, eine Einschränkung der sexuellen Kapazität zu begründen. Die Verminderung der Koitusfrequenz mit zunehmendem Alter dürfte – induziert durch die angeführten Faktoren – verstärkt werden von mangelnder Übung.

Der Alterungsprozeß verändert auch den Reaktionszyklus des Mannes, die einzelnen Stadien verlängern sich deutlich, während die Ejakulationsphasen und die Rückbildungsphasen der Erektion jeweils oft ineinander übergehen. Die Refraktärperiode ist meist verlängert, sekundäre Refraktärperioden nach Erektionsverlust ohne Ejakulation wurden beobachtet. Erreichte Erektionen können oft lange ohne Eintritt des Orgasmus aufrechterhalten werden. Die Impotenz des älteren Mannes scheint meist sekundärer Natur und sehr häufig reversibel. Die Koitusfrequenz ist wahrscheinlich abhängig von dem jeweiligen Sexualverhalten während der Anamnese. Eine physiologische Altersgrenze für volle sexuelle Betätigung erscheint nicht gegeben. ↗Sexualität.

U. H. Schindler

Altruismus, Uneigennützigkeit. Sammelbegriff für willentliche, anderen zum Vorteil gereichende und nicht auf eigenen Gewinn zielende Verhaltensweisen. Bedingungen der Entstehung und des Erlernens von A. werden in jüngster Zeit exp. untersucht. Positive Korrelationen zwischen verschiedenen Tests für Uneigennützigkeit deuten auf die Existenz eines allg. einschlägigen Persönlichkeitsmerkmals.

Lit.: Hartshorne, H. et al.: Studies in the nature of character. II Studies in service and self control. New York, 1929; **Krebs, D. L.:** A. – an examination of the concept and a review of the literature. Psychol. Bull., 1970, *73,* 258–302.

D. Bartussek

Alzheimersche Krankheit, eine bereits im 5. und 6. Lebensjahrzehnt auftretende, rasch verlaufende Form der senilen ↗Demenz, die innerhalb weniger Jahre zum Tode führt. Während morphologisch der diffuse Hirnschwund im Vordergrund steht, ist das klinische Bild neben der hochgradigen Merkschwäche und den zeitlichen und räumlichen Orientierungsstörungen durch den Sprachzerfall, verbunden mit ↗Apraxie und ↗Agnosie gekennzeichnet. *B. Wallkamp*

Amaurotische Idiotie, auch bekannt unter dem Begriff *„Tay-Sachsche Krankheit"*. Dies ist eine seltene Störung, von der man glaubte, daß sie nur in jüdischen Familien auftritt. A. I. ist eine degenerative Krankheit des Zentralnervensystems, die auf ein rezessives Gen zurückgeführt werden kann. Das Kind ist bei der Geburt normal, und seine Entwicklung verläuft bis zum Beginn der Krankheit ohne Störungen. Symptome sind: stagnierende intellektuelle Entwicklung, Muskelschwäche und rapide fortschreitende Erblindung. Die Patienten sterben innerhalb von zwei Jahren nach Beginn der Krankheit.

V. K. Jain

Ambidextrie, Fähigkeit, mit beiden Händen gleich geschickt umgehen zu können. Vollständige A. kommt selten vor, man bezeichnet aber auch solche Menschen als ambidexter, die aus kulturellen Gründen gewisse Tätigkeiten mit der ungeschickteren Hand ausführen müssen (z. B. das Schreiben). Es bestehen Beziehungen zwischen A. und ↗Sprachstörungen. *R. Hänni*

Ambivalentes Verhalten ↗Konfliktverhalten.

Ambivalenz, Doppelwertigkeit, Doppelgerichtetheit. Der Begriff wurde von E. Bleuler in die Psychologie eingeführt und bezeichnet das gleichzeitige Auftreten zweier antagonistischer ↗Gefühle (z. B. gleichzeitige Zu- und Abneigung, sog. Haßliebe). Bei ↗Schizophrenie ist die affektive A. als allgemeines Merkmal des Erlebens am deutlichsten zu sehen. *R. Hänni*

Ambivalenzkonflikt auch *Annäherungs-Vermeidungs-Konflikt;* nach Lewin eine Situation, in der eine Person einem Zielobjekt mit sowohl positiver als auch negativer Valenz annähernd gleicher Stärke gegenübersteht, z. B. Wunsch zu heiraten und gleichzeitige Angst davor. Bei einem doppelten Ambivalenzkonflikt beinhaltet ein Zielobjekt für eine Person gleich in zweifacher Hinsicht Positives u. Negatives.

Lit.: Lewin, K.: A dynamic theory of personality. New York, 1959; **Miller, N. E.:** Experimental studies of conflict. In: **Hunt, J. McV.** (Ed.): Personality and the behavior disorders. Vol. I. New York, 1944, 431–465.

J. A. Keller

Amblyopie, funktionelle Sehschwäche des Auges ohne organische Störung. Sie tritt z. B. auf bei ↗Schielen (Strabismus). Zur Ausschaltung von Doppelbildern wird das Bild des einen Auges unterdrückt. Dabei kann es zu einer Verschlechterung des Sehvermögens des unterdrückten Auges kommen, ein Vorgang, der bei langem Bestehen irreversibel sein kann. *R. Rix*

Amelie, vollständiges Fehlen von Gliedmaßen, im Unterschied zur Pero-, Phoko- und Ektromelie, wo Stümpfe bzw. Finger vorhanden sind. Trat im Rahmen des ↗Dysmelie-Syndroms in den Geburtsjahrgängen 1960 bis 1962 gehäuft auf (BRD: insgesamt ca. 3000 betroffene Kinder); Ursache war eine Thalidomid-Embryopathie nach Contergan-Einnahme. *U. Hensle*

Amenorrhoe, Ausbleiben der Monatsblutung der Frau. Man unterscheidet die primäre A. von der sekundären Amenorrhoe. Im ersten Fall fehlt die Monatsblutung von Beginn der Geschlechtsreife an, z. B. durch Unterfunktion der Gonaden oder der Schilddrüse, im zweiten Fall setzt das Ausbleiben der Monatsblutung erst später ein. Dies geschieht normalerweise während der Schwangerschaft infolge der Hormonproduktion der Placenta und der Veränderungen am Uterus, ist aber auch die Folge einer bestimmten Methode zur Geburtenregelung, bei der langsam resorbierbare und langwirkende Sexualhormone eingespritzt werden. A. tritt auch nach Aufhören der Eierstockfunktionen in den Wechseljahren auf. In allen drei Fällen ist die sekundäre A. physiologisch, also kein Anzeichen eines Krankheitsprozesses. Als pathologisch ist die sekundäre A. zu werten, wenn Schädigungen der Hypophyse, der Schilddrüse oder der Gonaden die Ursache sind. Zu einer Störung der Ausscheidung der Gonadotropine, die für die Monatsblutung wesentlich sind, durch den Hypophysenvorderlappen kann es auch aufgrund psychischer Störungen kommen. Man beobachtet eine A. oft bei ↗Depressionen, ↗Schizophrenie, bei extremem psychol. ↗Stress und als Folge von Sexualneurosen und sexueller ↗Abstinenz. *G. Lischke*

Amentia, Synonym zu ↗Oligophrenie und ↗Geistige Behinderung. Tredgold bezeichnete A. als einen Zustand, bei dem der Verstand sich nicht ausreichend oder normal entwickelt hat. In diesem Sinn wird A. heute nicht mehr verwendet. Im Deutschen wird der Begriff noch manchmal benutzt, um subakute delirante Zustände zu bezeichnen. *V. K. Jain*

Ametropie, Fehlsichtigkeit; sie tritt auf durch pathologische Veränderung der brechenden Medien oder durch eine unphysiologische Abstandsweite der Netzhaut von der Linse (↗Myopie; ↗Hypermetropie, ↗Astigmatismus). Nicht zu verwechseln mit ↗Presbyopie. *R. Rix*

Amimie, völliger Ausfall der physiologischen und der ausdrucksbedingten Mimik infolge Erkrankung der motorischen Zentren *(Amimia motorica, Amimia atactica)*, bei Nichtverstehen des eigenen *(Amimia amnestica)* oder des Ausdrucks der Mitwelt *(Amimia sensorica);* wird auch als „Masken-Gesicht" beschrieben und tritt als pathognomonisches Symptom bei über 30 Krankheitssyndromen auf. *H. J. Engels*

Amnesie, genaugenommen bezieht sich der Begriff auf einen völligen Gedächtnisverlust für vergangene Ereignisse. Tatsächlich wird er aber verwendet zur Bezeichnung einer allgemeinen Beeinträchtigung der Fähigkeit, sich an Vergangenes zu erinnern, verursacht durch zeitweilige oder andauernde pathologische Prozesse, die organischer oder funktioneller Natur sein können. Der Begriff wird nicht für das Vergessen von Gedächtnisinhalten verwendet, die normalerweise mit der Zeit verblaßt sind. *R. Hetherington*

Amnestisches Syndrom ↗Korsakowsches Syndrom.

Amodal. Im Gegensatz zur modalen Ergänzung definiert A. E. Michotte a. Ergänzung als solche, der keine sensorische Gleichheit zwischen der zu ergänzenden Gestalt und dem ergänzenden Teil zugrunde liegt. So wird z. B. die wahrgenommene Hälfte einer Kugel zur ganzen Kugel ergänzt. Ohne die a. Ergänzung könnten wir uns in der Umwelt bei unserer beschränkten Wahrnehmungskapazität nicht zurechtfinden.

Lit.: Metzger, W. (Hrsg.): Hdb. d. Psychol., Bd. 1/1. Göttingen, ²1974.
V. Martinu

Amok, man versteht darunter eine selten auftretende Geistesstörung, die in erster Linie bei Malaien auftritt, obwohl auch in anderen Kulturen ähnliche Erscheinungen zu beobachten sind. Die Patienten werden wild und beginnen Menschen anzugreifen. Der hyperaktive Zustand dauert bis zur totalen Erschöpfung an. Diese Anfälle können eine epileptische Grundlage haben. *D. Eaves*

Amorpher Typus, nicht emotioneller, inaktiver, nicht profilierter Charakter.

Amphetamine, zu den ↗Stimulantien zu rechnende und therapeutisch bei Antriebsarmut und früher auch bei Depressionen verwendete Substanzen (chemisch: Benzolring mit Kette), wie Amphetaminsulfat, Metamphetamin und das sehr oft in pharmakopsychol. Untersuchungen verwendete Dextroamphetamin (auch Dex.-A. oder d.-A.). Die A. zeigen peripher sympathikomimetische (z. B. Puls- und Blutdrucksteigerung) und zentrale Effekte im Sinne erhöhten Arousals der ↗Formatio reticularis. Psychische Wirkungen: Gefühl der subjektiven Aktivierung (meist vor objektiven Leistungsänderungen), meist positiver Einfluß auf die Stimmung, Steigerung der ↗Vigilanz, oft Verkürzung der Reaktionszeiten, Leistungssteigerungen in Clerical-Tests und bei einfachen und komplexen feinmotorischen Tests (z. B. ↗pursuitrotor). Einflüsse auf grobmotorische Ausdauerleistungen wurden bei Soldaten und Sportlern (Dopingmittel) aufgezeigt. Die Wirkung ist abhängig von der Ausgangslage. Die günstigsten Effekte werden nach Schlafentzug und längeren psychischen Beanspruchungen berichtet. An Nebenwirkungen wurden Tremor, Gereiztheit, Appetitlosigkeit und Schlafstörungen beobachtet. Nach chronischer Einnahme hoher Dosierungen können Gewöhnung, Abhängigkeit, ↗Sucht und psychotische Zustände auftreten.

Lit.: **Cole, S.:** Experimental effects of amphetamine. Psychol. Bull., 1967, *68*, 81–90. *K.-D. Stoll*

Ampliation. A. E. Michotte hat Versuche durchgeführt, die zur Erklärung der Kausalitätswahrnehmung beitragen: auf den Anstoß durch ein sich bewegendes Objekt A hin wird ein bisher passives Objekt B in Bewegung gesetzt, so daß die beiden Bewegungen als identisch wahrgenommen werden. Die Vpn vermuten dann, daß die Bewegung von B durch A verursacht worden ist, obwohl in der Tat kein kausaler Zusammenhang besteht. Michotte nennt dieses anschauliche Übergreifen A. und meint, daß der Kausalitätswahrnehmung eine Wahrnehmungsstruktur, *A.struktur,* zugrunde liegt.

Lit.: **Metzger, W.** (Hrsg.): Hdb. d. Psychol., Bd. 1/1. Göttingen, [2]1974. *V. Martinu*

Amplifikation, psychotherapeutische Methode (C. G. ↗Jung), die – im Gegensatz zur Freudschen Methode der „reductio in primam figuram" durch freies Assoziierenlassen – in der analytischen und in der Deutungsarbeit durch gerichtete Assoziationen wie auch durch Vergleich der einzelnen Traummotive mit analogem, sinnverwandtem Material von Bildern, Symbolen, Sagen, Mythen usw. die Erweiterung und Bereicherung der als Kontext erhobenen Trauminhalte sucht. Dadurch werden diese in allen Nuancen ihrer Sinnmöglichkeiten, ihrer verschiedenen Aspekte aufgezeigt.

H. N. Genius

Amputationstäuschung. 1) Meist Phantomempfindungen (↗Phantomglied), bei denen amputierte Körperteile als noch vorhanden erlebt werden. – **2)** Amputationsempfindung, bei der bestimmte Körperteile als vom Körper abgetrennt empfunden werden.

K. E. Pelzer

Amusie, Verlust der Fähigkeit, sich musikalisch zu äußern (expressive A.) oder auch Melodien aufzufassen, zu erinnern und wiederzuerkennen (rezeptive A.). Folge einer Läsion in den für diese Funktion bestimmten Großhirnzentren (meist linker Parietallappen beim Rechtshänder). *C. Scharfetter*

Anabolismus ↗Metabolismus.

Anagog. Im Rahmen der psychoanalytisch orientierten Psychiatrie bezeichnet dieser Ausdruck moralische Ideale oder die spirituelle bzw. unterbewußte Bedeutung von Träumen, Gedanken und weiterem Verhalten. Spezieller gebraucht C. G. Jung diesen Begriff für moralisch positive Tendenzen des Unbewußten (im Gegensatz zum Es-Konzept S. Freuds). *D. Wilson*

Anaklitische Depression ↗Hospitalismus.

Anakoluthie, Wort- und Silbenauslassungen bzw. grammatikalisch falsche Satzbildungen (Satzbruch), die, abgesehen von Oberflächlichkeiten in der Umgangssprache, offensichtlichen Fehlern im Satzbau oder gar rhetorischen Stilmitteln Ausdruck seelisch-geistiger Erkrankungen sein können.

H. J. Engels

Anale Phase ist nach Freud jene Entwicklungsphase des Kindes, in der die Ausscheidungsfunktionen und die Manipulation des gesamten eigenen Körpers im Vordergrund des Interesses stehen. Die a. P. erstreckt sich durchschnittlich über das zweite und dritte Lebensjahr des Kindes. In der frühen a. P. kommt zusätzlich zu den Interessen der ↗oralen Phase das Interesse an der Lokomotion, der körperlichen und der manuellen Betätigung hinzu. Zur körperlichen Betätigung gehört die Ausscheidungsfunktion, die das Kind zunächst relativ unkontrolliert und impulsiv ausübt. In den sozialen Beziehungen beginnen die Machtaspekte der Eltern und seine eigene Macht in Alles-oder-nichts-Form wahrgenommen und ausgeübt zu werden. In der späten a. P. verfeinern sich Lokomotion, Körper- und Handbewegungen. Die

Ausscheidungsfunktionen kommen unter die Kontrolle des Kindes selbst und der Eltern. Das Kind kann mit den Eltern darüber verhandeln. Die Ausübung von ↗Macht gegenüber den Eltern und die Wahrnehmung ihrer Macht wird differenzierter. In dieser Phase lernt das Kind zu arbeiten, zu kooperieren, zu wetteifern und zu kämpfen. – ↗Fixierung und spätere ↗Regression auf die frühe a. P. kann nach S. Freud, K. Abraham, O. Fenichel zur Paranoia, zu masochistischen ↗Perversionen und prägenitalen Konversionsneurosen, Fixierung und spätere Regression auf die späte a. P. zu Zwangsneurosen, sadistischen Perversionen und milderen Formen prägenitaler Konversionsneurosen führen. Statt spezifischer neurotischer Symptomatik kann es auch zu einer bestimmten Deformation der Persönlichkeit, zum Analcharakter, kommen. Nach Freud zählen Pedanterie, Geiz und Sparsamkeit zu den Merkmalen einer solchen gestörten Persönlichkeit.

Lit.: **Fenichel, O.**: The psychoanalytic theory of neurosis. New York, 1945; **Freud, S.**: Drei Abhandlungen zur Sexualtheorie (1905). Ges. Werke, Bd. 11. London, 1940–52; **ders.**: Vorlesungen zur Einführung in die Psychoanalyse (1916/17). Ges. Werke, Bd. 11. London, 1940–52; **Toman, W.**: An introduction to psychoanalytic theory of motivation. London – New York, 1960.

W. Toman

Analeptika, Substanzen die auf zentrale Regulationszentren (Atemzentrum, Gefäß- und Kreislaufzentrum) des VNS oder auf das ZNS anregend oder erregend (Krampfauslösung) wirken. Sofern die psychischen Wirkungen im Vordergrund stehen, wird meist von Psychoanaleptika oder ↗Stimulantien gesprochen. *W. Janke*

Analerotik ist die sinnliche Präokkupation mit Ausscheidungen, den Ausscheidungen ähnlichen Stoffen und Materialien, die lustvolle Manipulation solcher Stoffe und Materialien. Auch sadistische Betätigungen, Manipulationen mit destruktiven Folgen für andere Personen, können darunterfallen.

Lit.: ↗Anale Phase. *W. Toman*

Analgesie, Schmerzunempfindlichkeit ohne Fehlen der übrigen Sinnesempfindungen. Sie ist auch immer bei bestehender ↗Anästhesie vorhanden. A. tritt lokalisiert bei mechanischer oder pharmakologischer Ausschaltung entsprechender Schmerznerven oder generalisiert nach Gabe von schmerzstillenden Mitteln (↗Analgetica) auf. Teilweise A. kann durch Ablenkung oder Überdeckung mittels andersartiger starker Sinnesreize, wie Licht und Schall, oder durch Ausschaltung bestimmter Hirnzentren erzeugt werden. A. ist häufig das Ziel unspezifischer Schmerztherapie. Jedoch ist A. Krankheitssymptom, wenn sie durch organisch faßbare nervöse oder durch psychische Veränderungen verursacht wird. *E. David*

Analgesiemeter, Meßgerät für Schmerzempfindlichkeitsmessungen. Geschwärzte Stirnregionen werden von einem Wärmestrahl kurzfristig bestrahlt, so daß eine Schmerzempfindung entsteht. Von den Messungen der Schmerzschwellen konnte Wolf eine Schmerzskala ableiten, deren Einheit „Dol" heißt. Diese Messungen werden zur Feststellung der Wirkung analgetischer Mittel verwendet. – ↗Schmerz. *V. Martinu*

Analgetika, ↗psychotrope Substanzen, die therapeutisch zur Schmerzminderung oder -beseitigung verwendet werden. Nicht zu den A. gehören Narkotika und Lokalanästhetika. Funktionelle Gliederungen der A. etwa in zentral (Hypothalamus, Thalamus) und peripher (Entstehung und Leitung der Schmerzafferenzen) angreifende A. sind nur sehr bedingt möglich wegen der bislang wenig aufgeklärten Ätiologie des ↗Schmerzes und der Interaktionen zwischen peripheren und zentralen Strukturen. Zu den zentral wirksamen A. zählen die sog. narkotischen A., die ↗Sucht bzw. ↗Drogenabhängigkeit erzeugen können: Opiumalkaloide wie ↗Morphin und seine natürlichen Derivate Methylmorphin (↗Codein), Dihydrocodein, Diamorphin (↗Heroin), Thebacodon, Hydromorphon u. a. sowie die synthetischen Opiate Pethidin, Methadon, Propoxyphen, Levorphanol u. a. Die Morphin-Antagonisten Nalorphin und Pentazocin sind A., erzeugen aber keine Sucht. Den sog. peripheren A. gehören die nicht suchterzeugenden, zusätzlich antipyretisch und antirheumatisch wirkenden Pyrazolderivate (Amidopyrin, Phenylbutazon), die Salicylate (Salicylsäure, Acetylsalicylsäure) und das Anilinderivat Phenacetin an. – Neben überhöhter Reizung der Rezeptoren sind beim Zustandekommen des Schmerzerlebens auch psychische Faktoren (Erwartungshaltungen, Affekte, Kognitionen) beteiligt. Der Wirkungsmechanismus vieler A. besteht sowohl in der Veränderung sensorischer als auch psychischer Schmerzkomponenten. Bei Verwendung von ↗Tranquilizern u. ↗Neuroleptika als A. werden wahrscheinlich vorwiegend psychische Komponenten betroffen. – Die Prüfung von A. bei Tieren geht sowohl von Schwellenbestimmungen als auch von Messungen der Latenz und Dauer von Reaktionen aus, wobei Fluchtreflexe (spinale), Vokalisation während (medulläre) und nach der Reizung (thalamische Reflexe) als Schmerzindikatoren dienen. Verwendet werden vor allem elektrische und thermische Reize. Bei der A.prüfung am Menschen werden neben postoperativen vorwiegend experimentell induzierte Schmerzzustände benutzt, z. B. mechanische Reize (Staumanschette), Hitzestrahlung, elektrische Reizung der Epidermis oder Zahnpulpa u. chemische Reizung (z. B. Bradykinin-Injektion). Als Vergleichssubstanzen dienen meist ↗Morphin oder Acetylsalicylsäure. Neben Schmerzschwellenbestimmungen werden physiologische (z. B. Atem- und Herzfrequenz) und psychol. Variablen (z. B. Symptom- und Eigenschaftswörterlisten, Reaktionszeit) zur Wirkungsprüfung verwandt. Die meisten A. haben müde machende Effekte.

Lit.: **Desstevens, G.** (Ed.): Analgetics. New York, 1965; **Mellett, L. B. & L. A. Woods:** Analgesia and addiction. In: **E. Jucker** (Ed.): Fortschritte der Arzneimittelforschung, Bd. 5. Basel, 1963; **Soulairac, A., Cahn, J. & J. Charpentier** (Ed.): Pain. New York, 1968. – Weitere Lit. ↗Morphin.

W. Boucsein

Analoge Kommunikation und digitale Kommunikation. Der Ausdruck stammt aus der EDV, bei der eine Ja-nein-Verschlüsselung von Informationen als digital, eine beliebige Abstufbarkeit entlang eines Kontinuums als analog bezeichnet wird. In der Kommunikationstheorie Watzlawiks sind a. K. und d. K. zwei Formen menschlichen Verhaltens, wobei ständig zwischen beiden übersetzt und rückübersetzt werden muß: a. K. (Gestik, Mimik, Körpersprache) steht mehr für den Beziehungsaspekt, hebt konnotative Mitbedeutungen von Begriffen und den Ausdrucksgehalt von Wörtern hervor, erlaubt feinere Abstufungen und ist oft mehrdeutig; Negation (‚nicht') kann nicht ausgedrückt werden. D. K. (Wort, Sätze) dagegen ist geeignet für denotative Kommunikation auf der Inhaltsebene, erlaubt präzise und eindeutige Aussagen. Menschliche Errungenschaften sind ohne d. K., Beziehungen zwischen Menschen ohne a. K. undenkbar. A. K. besitzt daher große Bedeutung für die Psychotherapie-Formen der Humanistischen Psychologie.

Lit.: **Watzlawik, P., Beavin, J. H. & D. D. Jackson:** Menschliche Kommunikation. Bern, [4]1974.

H. Buchta

Analogie. Analoges Verhalten ist funktionell gleichartig, aber genetisch verschieden. Morphologische und Verhaltensstrukturen sind wahrscheinlich dann analog, wenn sie bei Arten vom gleichen Lebensformtyp vorkommen. Sturzbachbewohner haben ähnliche Hafteinrichtungen und Bewegungskoordinationen „erfunden", die sie in der Strömung halten. Die Maulbrutpflege wurde in wenigstens fünf Fischfamilien unabhängig entwickelt. Sehr ähnliche Verhaltensmuster naher Verwandter sind homolog (↗Homologie).

Lit.: **Wickler, W.:** Ökologie und Stammesgeschichte von Verhaltensweisen. Fortschr. Zool., 1961, *13*, 303–365.

K. Fiedler

Analogiebildung, -schluß ↗Problemlösungsverhalten; ↗Eindruck.

Analogie-Tests, eine vor allem in Intelligenzprüfungen sehr viel verwendete Testform; z. B. Vogel – Luft: Fisch – . . .; das fehlende Wort des zweiten Paares muß gefunden oder aus einer Zahl von Wahlantworten herausgesucht werden, um die Analogie zwischen den beiden Paaren herzustellen. Auch mit Bildern, geometrischen Figuren und Zahlen können Analogieaufgaben gebildet werden. Im deutschen Sprachgebiet vereinigt der Frankfurter A. (Abk.: FAT) die verschiedenen Arten von Analogien. Faktoriell sind diese Aufgaben hauptsächlich mit R (L. L. ↗Thurstone), CMR, CFR oder NNR, NFR (J. P. Guilford) oder Komplexität und Plastizität (R. Meili) gesättigt. – Vgl. ↗Faktoren. *R. Meili*

Analsadistische Phase ist gleichbedeutend mit ↗Analer Phase. Sadistisch bezieht sich auf die destruktiven Möglichkeiten, die dem Kinde mit der Verfeinerung seiner Motorik und seines Verständnisses der Machtverhältnisse in der Umgebung in zunehmendem Maße zur Verfügung stehen, aber im Normalfall von ihm auch zunehmend weniger gebraucht werden.

Lit.: ↗Anale Phase. *W. Toman*

Analverkehr. Anale Stimulierung kann eine stark erotisierende Wirkung ausüben, die mitunter bis zum Orgasmus führt. Die beteiligten physiologischen und psychol. Mechanismen ähneln denen anderer erotischer Reaktionen. Neuartige Registriermethoden führten zur Entdeckung unbewußter rhythmischer Kontraktionen des äußeren analen Sphinkters während sexueller Stimulation (Masters & Johnson). Individuelle Differenzen in der analen Reizbarkeit ergeben sich durch unterschiedliche Nervenversorgung und psychol. Prägung. Anale Techniken werden angewandt bei heterosexuellem Verkehr, in kindlichen Sexualspielen, beim Verkehr zwischen männlichen Homosexuellen, als Masturbationstechnik oder als zusätzliche Stimulierung während des normalen Vaginaverkehrs.

Lit.: Masters, W. H. & V. E. Johnson: Die sexuelle Reaktion. Frankfurt, 1967. *G. Lischke*

Analysand, eine Person, die psychol. analysiert wird, die sich einer psychoanalytischen Behandlung unterzieht. ↗Psychoanalyse.

Analytische Psychologie. Allg. ein Ansatz zur Reduktion der Psychol. auf ihre Elemente. Speziell, und üblicher, die Schule C. G. Jungs im Gegensatz zu der S. Freuds. Jungs Persönlichkeitstheorie ist weniger deterministisch als die Freudsche, mystischer und gelegentlich sogar religiös, der Rolle von ↗Sexualität und ↗Aggressivität wird bedeutend weniger Gewicht beigemessen. Zusätzlich zum persönlichen Unbewußten nimmt Jung ein kollektives ↗Unbewußtes an; dies beinhaltet latent ererbte Erinnerungen aus der Vergangenheit menschlicher Entwicklung und manifestiert sich in universellen Symbolen und Mythen, die Jung ↗Archetypen nennt. So ist das Ziel der Psychoanalyse und Traumdeutung nach Jung nicht nur die Bewußtmachung von Erinnerungen aus der persönlichen Erfahrung, sondern vornehmlich das Wecken der schöpferischen Möglichkeiten des kollektiven Unbewußten.

Lit.: Jacobi, J.: Die Psychologie von C. G. Jung. Zürich, 1949; **Jung, C. G.:** Über Grundlagen der Analytischen Psychologie. Zürich – Stuttgart, 1969; **ders.:** Zwei Schriften über Analytische Psychologie. Zürich, 1964; **Wyss, D.:** Die tiefenpsychologischen Schulen von den Anfängen bis zur Gegenwart. Göttingen, [4]1972.

G. D. Wilson

Analytischer Intelligenztest (Abk.: AIT), Gruppe von 6 vorwiegend nicht-verbalen Tests. Einer der ersten ↗Gruppentests, um das Intelligenzprofil zum Zweck der ↗Berufs- und Schulberatung zu bestimmen. Zwei Formen von 12 und 15 Jahren ab.

Lit.: Meili, R.: Der analytische Intelligenztest. Bern, [2]1971. *R. Meili*

Analytische Situation, Bezeichnung für die durch die psychoanalytische Behandlungstechnik geprägte Soziodynamik zwischen Analytiker (Therapeut) und Analysand (Patient). Sie basiert auf folgenden vier Faktoren: a) Die analytische Grundregel oder der analytische Vertrag verpflichtet den Patienten, alles, was ihm während der Behandlungsstunde einfällt, zu sagen (freie ↗Assoziation), gleichgültig, ob es ihm nicht hergehörig, unsinnig, peinlich oder unhöflich erscheint; der Analytiker garantiert hierfür absolute Diskretion und fachkundige Hilfe. Dadurch ist eine Asymmetrie der verbalen Kommunikation geschaffen. b) Das Inkognito des Analytikers, d. h. die möglichste Eliminierung aller auf die Privatsphäre des Analytikers hinweisenden Elemente aus der Behandlung, ermöglicht dem Patienten die Übertragung seiner früheren Gefühlsbeziehungen zu und Erwartungen von Beziehungspersonen auf den Analytiker (Freudsches Spiegelgleichnis). Dabei ist verständlicherweise die Freiheit des Analytikers von „Eigenwert" nur annäherungsweise möglich. c) Die sog. Abstinenzregel (S. Freud, Bd. 16) besagt, daß der Analysand durch den Analytiker weder seine realen Wünsche (z. B. auch Medikamente) noch die Übertragungswünsche, d. h. die auf den Analytiker gerichteten, aus der frühen Kindheitskonstellation erwachsenen Wünsche gewährt bekommt. Dabei kann und soll vom Analytiker kein Einfluß auf die realen Gegebenheiten (z. B. in Ehe und Beruf) ausgeübt werden. Die Abstinenz, die mangelnde Gewährung von Wünschen durch den Analytiker, erhöht den affektiven Druck und damit das therapeutische Potential in der Analyse. d) Das „Liegen auf der Couch" ermöglicht es dem Analytiker, jedes Abweichen von der verabredeten Haltung und damit von der verbalen Kommunikation als besonderes Verhalten, als Agieren (S. Freud, Bd. 5) festzustellen. Des weiteren fördert das Liegen die für die Analyse notwendige ↗Regression (psychisch-erlebnismäßiges Zurückschreiten in die Kindheit). Historisch leitet sich das Liegen aus der kathartisch, die Hypnose benutzenden Phase der Analyse ab. – Moderne, durch die Art der Patienten oder die besondere soziale Situation der Analyse bedingte technische Modifikationen (Parameter) weichen von der klassischen a. S. ab (Kinder-, Jugendlichen-, Delinquenten- und Psychotikeranalyse; analytische Kurz- und Gruppentherapie). – ↗Psychoanalyse.

Lit.: Becker, A. M.: Die Behandlungstechnik der Psychoanalyse. In: **W. J. Schraml** (Hrsg.): Klinische Psychologie. Bern – Stuttgart, 1970; **Freud, S.:** Ges. Werke, Bde. 1, 5, 16, 17. London – Frankfurt a. M., 1940–52; **Glover, E.:** The technique of psychoanalysis. London, 1955; **Greenson, R.:** Technik und Praxis der Psychoanalyse. Stuttgart, 1972; **Kubie, L.:** Psychoanalyse ohne Geheimnis. Hamburg, 1956.

W. J. Schraml

Anamnese, Gesamtheit der Informationen, die durch Befragung der Person oder auf andere Weise über ihren Lebenslauf gesammelt werden. Die A. wird von Psychologen oft vernachlässigt. Von der Entwicklungspsychol. her ist es aber klar, daß Testresultate erst von der A. her richtig interpretiert werden können. ↗Psychotherapie. *R. Meili*

Anankasmus, ein zwanghaftes, wiederholtes Verhaltensmuster. ↗Zwangsneurose.

Anankastischer Reaktionstypus (auch zwanghafter oder obsessiver Charakter), verschiedentlich als normale, kompensierte Extremvariante beschrieben und dem ↗hysterischen Reaktionstypus entgegengesetzt. Eventuell Vorstufe der ↗Zwangsneurose. Skrupulosität, kleinliche, pedantische Selbst- und Fremdkontrolle, Beschmutzungsfurcht, Verlustfurcht, Krankheitsfurcht, Andrängen peinlicher Vorstellungen im unpassenden Augenblick. Starre Reaktionsform. Nach E. Kretschmer starke „Verhaltung" bzw. „Leitungsdefekte" gegenüber der psychischen Energie.

Lit.: Kretschmer, E.: Der sensitive Beziehungswahn. Berlin, [4]1966; **ders. & W. Kretschmer:** Medizinische Psychologie. Stuttgart, [14]1975; **Schmidt, L. R. & B. H. Keßler:** Anamnese. Weinheim, 1976; **Schultz-Hencke, H.:** Lehrbuch der analytischen Psychotherapie. Stuttgart [2]1970.

W. Kretschmer

Anarthrie, die Unfähigkeit, Laute, Silben oder Wörter richtig zu bilden; A. tritt auf infolge Erkrankung der Sprachzentren oder der motorischen Nervenbahnen bei normalen und gesunden Sprechwerkzeugen. Schwerste Ausprägung: ↗Bulbärsprache.

H. J. Engels

Anästhesie, Unempfindlichkeit gegenüber allen Sinnesreizungen einschließlich der

Schmerz- und Hautsinne. Während sie in der ↗Narkose generalisiert auftritt und meist mit dem Verlust des ↗Bewußtseins verbunden ist, erscheint sie je nach ärztlichem Vorgehen bei Ausschaltung umschriebener Hautareale durch Novokain oder Kälte streng lokalisiert als *Lokal*-A. oder bei Unterbrechung nervöser Leitungsbahnen, ebenfalls streng lokalisiert, als *Leistungs*-A. Als medizinisches Fachgebiet hat die A. die moderne Chirurgie überhaupt erst ermöglicht und wird von eigens dazu ausgebildeten Fachärzten betreut. *E. David.*

Anästhetischer Typus, *Anästhetiker;* gefühlsarmer Pol des schizoiden Randtemperaments nach E. Kretschmer. „Kalte, kalt Nervöse", manche „verschrobene Sonderlinge", „kalt despotisch", „jähzornig", „fanatisch", kalt rechnend, egozentrisch. „Indolente, affektlahme, stumpfe Bummler"; „Verlust der Unmittelbarkeit zwischen gemütlichem Reiz und motorischer Reaktion". Im Einzelfall stellt sich die Frage, ob Mitgefühl dauernd fehlt oder nur verdeckt und motivabhängig ist.

Lit.: Kretschmer, E.: Körperbau und Charakter. Berlin, [26]1977; **ders. & W. Kretschmer:** Medizinische Psychologie. Stuttgart, [14]1975. *W. Kretschmer*

Androgene, männliche Sexualhormone, gebildet zum größten Teil in den Testes (↗Keimdrüsenhormone), zum kleineren, mit nicht geklärter biologischer Bedeutung, in der Nebennierenrinde (↗Kortikoide). ↗Hormone. *W. Janke*

Androgynie, Zwittertum, ideengeschichtlich bedingte Vorstellung von der körperlich-seelischen Mischung männlicher und weiblicher Wesenszüge. Mann und Frau zeigen in körperlicher und seelischer Hinsicht Eigenschaften und Sexualempfindungen des anderen Geschlechts. A. ist zu unterscheiden von ↗*Hermaphrodismus,* der eine somatische Doppelgeschlechtlichkeit darstellt, ebenso von *Pseudohermaphrodismus,* der durch abnorme Entwicklung der äußeren Geschlechtsteile gekennzeichnet ist. Die Keimdrüsen sind hier geschlechtsspezifisch ausgebildet. *D. Vaitl*

Andromanie (synonym: *Nymphomanie*), Mannstollheit, pathologisch gesteigertes sexuelles Verlangen der Frau mit gelegentlicher Bewußtseinseinengung (M. Bleuler). *D. Vaitl*

Andropause, Aufhören der sexuellen Aktivität des Mannes etwa nach dem 60. Lebensjahr. Seit den Untersuchungen von Kinsey et al. ist aber bekannt, daß obige Annahme in dieser Einfachheit sicher nicht zutreffend ist. Die Sexualität des Mannes nimmt vielmehr nur graduell ab (und dies schon nach der Kulmination etwa im 16. Lebensjahr), wandelt sich in ihren Erscheinungsformen und wird mehr stimulusabhängig. Außerdem nimmt die interindividuelle Variabilität der Häufigkeit sexueller Verhaltensweisen beträchtlich zu. Das Problem der A. bildet einen Teilbereich der ↗Psychologie des Alterns.

Lit.: Kinsey, A. C., Pomeroy, W. B. & C. E. Martin: Das sexuelle Verhalten des Mannes. Berlin, 1955. *G. Lischke*

Anenzephalie. Bei der A. ist das Schädeldach ungenügend ausgebildet, und es fehlt praktisch das ganze Gehirn, mit Ausnahme von Nervengewebe auf dem Grund der hinteren Schädelgrube. Zu den möglichen Erklärungen zählen die, daß der Fötus schädigenden Strahlen ausgesetzt war oder daß die Mutter falsche Ernährung zu sich genommen hat. Diese Erscheinung ist mit „Leben" im engeren Sinne unvereinbar. *V. K. Jain*

Anfall, vieldeutiger Beschreibungsversuch eines plötzlich und unerwartet eintretenden, meist kurz dauernden, rückbildungsfähigen, den normalen Zustand unterbrechenden und wiederholungsfähigen Geschehensablaufes. Der Begriff wird überwiegend krankheitsbezogen im somatischen, seelischen und geistigen Bereich verwendet (krankheitssymptomatisch), wobei er in engster Wortbedeutung besonders mit cerebralen Anfallsleiden

(Epilepsien) verbunden ist. Mit Anfall kann auch ein charakterologischer Bezug (Anfall von Güte, Selbstlosigkeit, Freude im Sinne von Anwandlung) gemeint sein. *G. Powell*

Anfall, epileptischer, Sammelbezeichnung für erscheinungsbildlich und ursächlich unterschiedliche Typen von anfallsartig auftretenden Störungen des ZNS, welche auf eine gemeinsame Grundlage gestörter neuronaler Erregungstätigkeit zurückzuführen sind. Je nach Lokalisationsschwerpunkt im Gehirn und bioelektrischem Erregungsniveau kann es klinisch – allein oder kombiniert – zu motorischen, sensiblen, vegetativen, sensorischen oder psychischen Erscheinungen kommen. Nach klinischen Gesichtspunkten unterscheidet man z.B. große *(Grand-mal)*, fokale, diencephale und psychomotorische Anfälle sowie die altersgebundenen kleinen *(Petit-mal)* Anfallsformen, wobei im Elektroencephalogramm (EEG) oft typenspezifische Krampfstrompotentiale zu registrieren sind. Auch epileptische Verstimmungs- und Dämmerzustände müssen als psychopathologische Äquivalente einem epileptischen Anfallsgeschehen zugeordnet werden. Häufigster und bekanntester Typ eines epileptischen Anfalls ist der generalisierte „große epileptische Krampfanfall“ (Grand mal).

Lit.: Janz, D.: Die Epilepsien. Stuttgart, 1969.

G. Powell

Angeboren, 1) das, was bei der Geburt vorhanden ist. **2)** Unterschied zwischen Individuen, der nicht Milieueinflüssen zugeschrieben wird. Siehe ↗Differentielle Psychologie; ↗Trieb; ↗Instinkt; ↗Eigenschaften.

Angeborener auslösender Mechanismus ↗AAM.

Angewandte Psychologie. Die A. P. beschäftigt sich mit den aus den Bedürfnissen des Lebens herauswachsenden Aufgaben für die Psychologie. Somit sind die Grundlagen der A. P. die ↗Allgemeine Psychologie und die Charakterologie als spezielle Verhaltenslehre. Dort, wo Psychol. mit den Mitteln der Wissenschaft für die Praxis fruchtbar gemacht wird, sprechen wir von Angewandter Psychologie. Dort, wo gewisse empirische Grundlagen der allg. vorwissenschaftlichen Menschenkunde benutzt werden, um eine Lebensorientierung zu erreichen und um Lebenshilfe zu ermöglichen, spricht man von *praktischer Psychologie.* Das wissenschaftlich-psychol. Erkennen wendet bewußt Methoden an, ist um Ordnungssysteme bemüht und muß zur Verifikation fähig sein. Für die vorwissenschaftliche Psychol. ist die Wesensschau, die ↗Intuition, von immanenter und exklusiver Bedeutung.

Voraussetzungen für den Psychologenberuf. Der ↗Psychologe, der seine Wissenschaft im Leben und Beruf anzuwenden hat, muß wissenschaftliche Grundhaltung, nämlich das Erkenntnisstreben, mit der sozialen Lebensform, dem Helfenwollen aus menschlicher Liebe heraus, verbinden können. Es geht dabei nicht nur um die Anwendung wissenschaftlich gesicherten Wissens, sondern auch um die Möglichkeit, im Hinblick auf den Einzelfall neue Methoden finden zu können. Zu den unerläßlichen Voraussetzungen für die psychol. Tätigkeit zählen wie bei jedem anderen akademischen Beruf gute intellektuelle Anlagen, dazu reifes Urteilsvermögen, das widersprechende Meinungen klar auseinanderhalten und den Wert verschiedenartiger Ansichten abwägen kann. Wesentlich ist auch die willentliche Veranlagung des Psychologen. Labile Naturen, die heute anders denken und handeln als morgen, sind unbrauchbar für die Angewandte Psychologie.

Grundprinzipien der Angewandten Psychologie. Mehr als in jedem anderen Beruf sind in der A. P. *berufsethische Momente* zu beachten. Die Berufsgefahren für den Psychologen sind vor allem seelischer Art. Diese bestehen in Störungen des seelischen Gleichgewichts und im Überhandnehmen starker Affekte, die das Denken und das moralische Empfinden trüben und Lebens- und Arbeitslust herabsetzen. Dazu kommt, daß die menschlichen Beziehungen erheblich gestört werden können.

Nicht der Nutzeffekt, der Profit, darf das Entscheidende in der Berufsausübung sein. Auch Positionsmacht, Herrschsucht und Konkurrenzstreben müssen weitgehend ausgeschaltet werden. Die situative Auslösung der ichverhafteten Strebungen (übertriebener Egoismus, Geltungsstreben, Neid) droht dem Betroffenen selbst und dem Mitmenschen, mit dem er zu tun hat. Gefährlich sind vor allem die in verschiedenen Spielarten wirksamen Aggressionstendenzen, die das gegenseitige Vertrauen vernichten und den durch sie Bedrohten zu einer dauernden Abwehrleistung zwingen.

Wie der Arzt durch den hippokratischen Eid gebunden ist, so ist auch der Psychologe verpflichtet, dem bei ihm Rat und Hilfe suchenden Menschen zu dienen. Vorschläge für prinzipielle Regeln eines internationalen ethischen Kodex für Psychologen erarbeitete F. Baumgarten (Revue international d'éthique professionnelle, 1953, und Psychologie und Praxis, 1961). Auch die „Deutsche Gesellschaft für Psychologie" hat diesbezügliche Vorschläge empfohlen (G. Kaminsky, 1965). Die entscheidende Publikation über Fragen der Berufsethik wurde durch die „American Psychological Association" 1968 herausgegeben (Casebook on Ethical Standards of Psychologists). Infolge der Entwicklung der Methodik entstand die Problematik des Experiments am Menschen, sowohl in der Diagnose als auch in der Therapie. Versuche mit sog. geringerwertigen Menschen, geistig Behinderten oder Strafgefangenen, sind menschenunwürdige Maßnahmen. Die Anwendung der Psychol. hat also ihre Grenzen dort, wo der Mitmensch geschädigt wird.

Zum Beispiel sind Empfehlungen von Psychologen oder Psychiatern, seelische Unstimmigkeiten mit Hilfe von Drogen und Medikamenten zu beheben (↗Pharmakotherapie), mit der Problematik gefährlicher Folgen verbunden (↗Sucht). Methoden, durch welche der geistige Bereich des anderen berührt wird (z. B. ↗Narko-Analyse oder ↗Lügendetektor), sind problematisch. Auch im Bereich der Werbepsychol. sind solche Gefahrenmomente mit enthalten, wenn durch unterschwellige Reizdarbietung unbewußte Reaktionen verursacht werden. Tonbandaufnahmen, Filmaufnahmen, Fernsehübertragungen, One-way-screen-Beobachtungen setzen das Einverständnis des verantwortlichen Pb voraus. Alles Diagnostizieren, Beraten und Behandeln hat mit individuellen Personen zu tun, deren *Würde* respektiert werden muß. Außerdem muß der Psychologe sich von *Sachgerechtigkeit* und nicht von subjektiven Faktoren wie Sympathie oder Antipathie leiten lassen.

Wo in der psychol. Tätigkeit Konfliktsituationen zu erwarten sind (Erziehungs- oder Berufsberatung z. B.), muß von vornherein die *Verschwiegenheitspflicht* betont werden, die das Verhältnis des Psychologen zu Untersuchtem oder Beratenem betrifft. Auch die Möglichkeit des Rücktritts aus einem Klientenverhältnis muß gesichert sein, besonders wenn die Möglichkeit einer Komplexübertragung besteht. Klientenbeziehungen innerhalb der eigenen Familie, des eigenen Freundes- und Bekanntenkreises sollten vermieden werden. Die Berufspflicht der Diskretion umfaßt auch die *Unterscheidungsfähigkeit:* Die Verschwiegenheitspflicht des Psychologen findet dort ihr Ende, wo eine Gefahr für den Betroffenen heraufkommt.

Der Psychologe ist zu einer *höchstmöglichen Qualität seiner Fachleistung* verpflichtet; deshalb hat er Fachleistungen zu unterlassen, aus denen ein human nicht vertretbarer Effekt resultiert. Dazu kommt beim frei tätigen Psychologen, der für ein Unternehmen arbeitet, auch die Verpflichtung, seine Fachleistung im Sinne der Intention des Auftraggebers zu erbringen. Gerät der Psychologe dadurch in Interessenkonflikte, gilt auch hier die allgemeine Regel, daß das Interesse der betroffenen Person den Vorrang hat und nicht das Interesse des Industriekonzerns oder einer Behörde.

Zur Methodik der Angewandten Psychologie. Bei Beurteilungen gilt es, Symptome zu sammeln (Testleistungen, Verhaltensweisen), sie logisch, psychol. zusammenzuordnen zu Symptomgruppen (Syndrome), Feststellungen danach zu treffen und

Angewandte Psychologie

Befunde niederzulegen. Dort, wo es um die ↗Beobachtung oder Beurteilung eines Menschen in seiner Ganzheit (Leistungs- und Charaktereigenschaften) geht, können Testmethoden, ↗Fragebogen, ↗Interviews nur ein Weg unter anderen Wegen sein. Der Psychologe muß daneben die Kunst der persönlichen Begegnung, der persönlichen Aussprache einschließlich der ↗Exploration, dazu die Kunst der Verhaltensbeobachtung, der Analyse von Ausdrucksphänomenen (Mimik, Pantomimik, Sprechweise und Schrift) je nach Lage des Einzelfalles als Korrektur oder Ergänzung beherrschen. Unter einer Vielzahl von Fragestellungen sind besonders die *sozialen Verhältnisse* zu bedenken. (Beispiel: Eltern oder Lehrer sehen Kinder oft nur von einer einseitigen Erlebnissituation aus.)

Die Verifizierung der Aussagen kann einen mehr oder weniger großen Wahrscheinlichkeitsgrad erreichen, denn die Psychologen müssen Aussagen machen über den ganzen Menschen in allen Lebenssituationen, durch alle Phasen des Lebens hindurch; sie müssen sich der Grenzen der zeitlichen Gebundenheit ihrer Aussagen bewußt sein.

Da Psychol. Dienst an der individuellen Person bedeutet, ist eine psychol. Diagnose, die mit einem Gutachten verbunden ist, niemals als Ferndiagnose möglich. Allerdings gibt es derartige Verfahrensweisen, wie z. B. Schriftanalysen, die beachtliche diagnostische Hilfe zu leisten imstande sind, aber nie als alleinige Methode benutzt werden dürfen. Beim konkreten Einzelfall können *typologische Systeme* nur eine Hilfestellung leisten. Die ↗Typologie muß erweitert werden in Richtung einer Individualdiagnose im Sinne der sog. ↗Differentiellen Psychologie, die ihre Aufgabe darin sieht, eine Person in ihren individuellen Eigenarten sub specie der interindividuellen und intraindividuellen Differenzen zu beobachten und zu beschreiben. Häufig bedarf der Psychologe der Mithilfe anderer Fachleute. Daraus ergibt sich die Notwendigkeit der *Teamarbeit* (↗Team) und des sog. *Ratingsystems,* das besagt, daß überall dort, wo während der psychol. Arbeit die subjektive Interpretation überwiegt, die Aussagen durch mehrere „rater" kontrolliert werden müssen. Der Psychologe muß die inneren und die äußeren Bedingungen bei der Durchführung der psychol. Arbeit besonders in ihrem Einfluß auf den innerlich erlebenden Menschen (Partner) beachten. Das betrifft auch den Einfluß seiner eigenen Beteiligtheit und seiner Bewertungsweise. Auch äußere Bedingungen (psychol. Untersuchung in einem ruhigen Raum oder am offenen Fenster an einer verkehrsreichen Straße usw.) beeinträchtigen im positiven und im negativen Sinn das Untersuchungsergebnis. Schließlich muß in der Methodik unterstrichen werden, daß nur durch Verwendung verschiedenster Vorgehensweisen sich eine adäquate Beschreibung und Beurteilung menschlicher Persönlichkeiten ermöglichen lassen (Grundsatz des *Peilverfahrens*).

Die charakterologische Analyse ist eine Konstruktanalyse, d. h., die Deutung einer bestimmten charakterologischen Eigenschaft, z. B. Aggressivität, ist abhängig von dem nomologischen Netz der Beziehungen, in denen dieser Begriff steht. Am Beginn jeder charakterologischen Analyse stellt das vorwissenschaftliche Verständnis eine Hypothese auf. Setzt sich der wissenschaftlich arbeitende Psychologe mit dieser Problematik auseinander, müssen zu diesem phänomenologisch intuitiven Akt operational-statistische Kriterien zur Verifikation herangezogen werden. Ein möglichst dichtes Netz möglichst präzise bestimmter Beziehungen bietet die Grundlage für Festlegung und Beschreibung der strukturellen Leistungs- und Charaktereigenschaften der Person. Aus der Konvergenz der Beziehungen läßt sich der Begriffsort anpeilen, d. h., die Eigenschaft wird bestimmt durch ihre Beziehungslage zu anderen ↗Eigenschaften.

Befund und Gutachten. Der Befund als Darstellung und Bild der Persönlichkeit und das ↗Gutachten als Rat und Urteil sollen als erstes die Fragestellung des Auftraggebers erwähnen, danach die durchgeführten psychol. Untersuchungsverfahren nennen und gegebenenfalls kurz beschreiben. In jeden psychol. Befund gehört die Beschreibung von Leistungseigenschaften, intellektueller Ausstattung, speziellen Fähigkeiten, Wesenseigenschaften, Motiven, ihre Konsistenz und Wandelbarkeit, Emotionen, Affekten, Art des sozialen Kontaktes. Im Gutachten müssen die Sachverhalte lt. Akten, soweit für die Gutachtenerstellung von Belang, ferner die Entwicklungsumstände, die beruflichen und sozialen Verhältnisse sowie die Stellungnahme des Betroffenen zu sich selbst, insbesondere zu dem entstehenden Gutachtenproblem, enthalten sein.

Bereits vorhandene Aussagen, z. B. von Ärzten oder Lehrern, sind als Grundlagen und Ausgangsmaterial für eigenständige psychol. Erhebungen zu nehmen und nicht interpretierend zu bewerten.

Bei der Gutachtenerstellung sind verschiedene Ausgangs- und Durchführungsweisen denkbar: a) Das Gutachten enthält eine *Zustandsbeschreibung* von festen Eigenschaften (statisches Persönlichkeitsmodell). – b) Das Gutachten geht von den *Bedingungen* des Verhaltens aus. Das Verhalten erscheint als eine Regelfunktion, welche unter spezifischen Bedingungen steht. – c) Eine kausale Analyse führt zu den *Gründen, Ursachen und Motiven* des Verhaltens (dynamisches Modell). – d) Das Verhalten einer Persönlichkeit erscheint unter dem Brennpunkt ihrer ↗*Entwicklung*. – e) Auch *Sinn und Zweck*, auf die ein bestimmtes Verhalten angelegt ist, müssen berücksichtigt werden.

AUFGABEN UND ANWENDUNGSGEBIETE. Die Aufgaben der A. P. erstrecken sich im allg. auf die Feststellung von Charakter-(Persönlichkeits-)Eigenschaften. Sehr häufig besteht der Auftrag, Begabung und Eignung eines Menschen zu ermitteln, um einen entsprechenden Rat erteilen zu können (Schullaufbahn- und ↗Berufsberatung, die Beratung in therapeutischer Hinsicht, z. B. bei Erziehungsschwierigkeiten; Mitwirkung des Psychologen bei Rehabilitation und Resozialisierung). Ermittelte Untersuchungsergebnisse hat der Psychologe in einem Befund niederzulegen, aus dem gegebenenfalls ein Gutachten erstellt werden kann.

Zu den vordringlichsten Anwendungsgebieten zählt der Bereich von *Arbeit und Beruf*. Während die psycho-technisch orientierte ↗Arbeitspsychologie sich vornehmlich mit der menschlichen Tätigkeit während der Arbeit befaßt und dabei die günstigsten Arbeitsbedingungen zu ermitteln versucht (Arbeitsplatzverhältnisse: Licht, Farbe, Temperatur, Lärm, „human engineering" u. a.), konfrontiert das Berufsleben darüber hinaus den Psychologen mit Problemen der Eignung und Neigung, arbeitsmarktpolitischen Rücksichten und sozialpsychol. Motiven. Die Bemühungen um ein gutes Betriebsklima und um Rationalisierung, die das Arbeitsleben humaner gestalten sollen, gehören zu dem Aufgabenbereich des Arbeitspsychologen.

Bei der ↗*Erziehungsberatung* werden seelisch-geistige Behinderungen und Mängel des jungen Menschen, wie Legasthenie, Stottern, Konzentrationsmängel, Sexualprobleme, Verwahrlosung, in ihren Ursachen aufgedeckt. Beratung, heilpädagogische Maßnahmen, gegebenenfalls auch Behandlungsmethoden der ↗*Klinischen Psychologie*, eines Grenzgebietes der A. P., werden zur Hilfeleistung angesetzt. Der ↗*Schulpsychologe* ermittelt Anlagen, Fähigkeiten und Reifezustand der Kinder bei Einschulung und zur Schullaufbahnberatung und entwickelt neue didaktische Möglichkeiten (z. B. im Bereich der ↗Programmierten Instruktion).

Die ↗*Forensische Psychologie* ist ein Hilfsmittel der Rechtspflege. Aussagen von Zeugen und Beschuldigten, die Glaubwürdigkeit und Zeugentüchtigkeit von Kindern und Jugendlichen, die Strafmündigkeit von Heranwachsenden werden psychol. begutachtet. Häufig werden graphologische Gutachten vom Psychologen gefordert (Identität und Echtheit von Schriften u. a.). Auch die Feststellung psychol. relevanter ↗Bewußtseinsstörungen, die die Verantwortlichkeit und ↗Schuldfähigkeit beeinträchtigen, bedarf der Mithilfe des Psychologen. Im Justizvollzug sind Psychologen tätig in der Diagnose, in der psychol. Beratung des Anstaltspersonals und zur Betreuung der Gefangenen, besonders in Jugendstrafanstalten.

Die ↗*Pharmakopsychologie* befaßt sich mit der Wirkung chemischer Substanzen (z. B. Rauschgifte, Stimulantia, Sedativa) auf Triebe und Strebungen, Gefühle und Stimmungen, auf Wahrnehmen und Vorstellen, Denken und Wollen, Handeln, Ausdruck, Bewußtsein, Charakter, Entwicklung und Kultur des Menschen. In jüngster Zeit sind Massenwirkungen halluzinogener Drogen und Medikamentensucht aktuell geworden. Die Anwendung von Psychopharmaka bei geistigen Störungen muß dem medizinisch ausgebildeten Psychotherapeuten oder dem Psychiater vorbehalten bleiben. Psychologische Fragen sind die persönlichkeitsabhängigen Reaktionen und Gefahren, z. B. im Verkehrsverhalten (Autofahren unter Alkoholeinfluß) oder beim Sport (Doping) sowie die mißbräuchliche ↗Manipulation des Menschen.

Die ↗*Verkehrspsychologie* umfaßt sowohl anthropologische als auch objektpsychol. Aufgaben. Verkehrsverhalten, Fahrtüchtigkeit und die Unfallneigung sind charakterlich fundiert. Auch sozio-kulturelle und tiefenpsychol. Momente müssen beachtet werden. Die technischen Möglichkeiten in der Verkehrspsychologie (z. B. Simulatoren) bedürfen noch einer psychol. Aufhellung.

In der ↗*Wirtschaftspsychologie* stehen als Hauptprobleme an: Menschenkunde und Menschenführung, Risiko und Sicherung, Verwaltungsaufgaben und Ausbildungshilfe für die Führungspositionen (Manager, Unternehmer), Bewältigung von Teamarbeit. ↗*Werbung, Markt- und* ↗*Meinungsforschung* bedienen sich der Psychol., um eine entsprechende Beeinflussung breiter Massen zu erreichen (↗Marktpsychologie).

Die ↗*Wehrpsychologie* geht auf Erfahrungen amerikanischer Psychologen im Ersten Weltkrieg zurück. Nach einer anfänglich psychotechnisch orientierten Entwicklung wurden vor allem in Deutschland später charakterologische und ausdruckspsychol. Verfahren besonders gepflegt in der Auslese von Offiziersanwärtern, Flugzeugführern und Personal in anderen Spezialwaffengattungen. Moderne wehrpsychol. Probleme werden mit dem Begriff „Innere Führung" abgesteckt.

Zu den Anwendungsgebieten, die heute in der Entwicklung sind, gehört die ↗*Politische Psychologie.* Staats- und sozialrechtliche Verfassungsfragen, Friedensforschung, Ursachenfindung von Autoritarismus und ↗Vorurteilen, Flüchtlingsfragen, Abhängigkeitsverhältnisse von Entwicklungsvölkern haben ihre psychol. Hintergründe.

Die ↗*Religionspsychologie* geht den Grundlagen des religiösen Erlebens nach. – Die ↗*Sportpsychologie* bietet Hilfe im Training, bei Lernprozessen und bei der Auslese für bestimmte sporttechnische Disziplinen. Die Bedingungen von Leistungsbereitschaft, Stimmungslage in Abhängigkeit von Erfolg und Mißerfolg, persönliche Erlebnisse, die zu Depression oder Hochstimmung führen, sind psychol. Fragen, die für den Sportler ebenso bedeutsam sind wie die technische Beherrschung der jeweiligen Sportart. – Angesichts der Unruhebewegung an den Universitäten ist die Mitwirkung des Psychologen an der *Studienberatung* unerläßlich. Hier hat sich der Psychologe ebenso mit dem Leistungsproblem auseinanderzusetzen wie mit Neurose- oder Suizidproblemen. Auch in Fragen, die die Lebensplanung betreffen (Ehe, Beruf), muß der Psychologe sachkundige Beratung geben können.

Lit.: Anastasi, A.: Fields of applied psychology. New York, 1964; **Arnold, W.:** Person und Schuldfähigkeit. Würzburg, 1965; **ders.:** Angewandte Psychologie. Stuttgart, [2]1974; **Bäisch, H.:** Angewandte Psychologie als Lebensaufgabe. Bern, 1977; **Brandt, G. A.:** Probleme und Erfolge der Erziehungsberatung. Weinheim, 1967; **Dorsch, F.:** Geschichte und Probleme der angewandten Psychologie. Bern, 1963; **Dudycha, G. J.:** Applied psychology. New York, 1963; **Eysenck, H. J.:** Die Experimentiergesellschaft. Hamburg, 1973; **Fraser, J. M.:** Industrial psychology. New York, 1962; **Haller-Gilmer, B. v.:** Hdb. der modernen Betriebspsychologie, München, 1969; **Hoyos, C.** (Hrsg.): Psychologie des Straßenverkehrs. Bern, 1965; **Kroeber-Kenneth, L.:** Menschenführung – Menschenkunde. Düsseldorf, [5]1964; **Lau, G. & E. Müller-Luckmann:** Gerichtliche Psychologie. Neuwied, 1962; **Lippert, H.:** Einführung in die Pharmakopsychologie. Bern, 1959; **Salcher, E. F.:** Psychol. Marktforschung. Berlin, 1978; **Schoenau, K. v.:** Kleine Truppenpsychologie. München, 1964; **Schraml, W. J.:** Abriß der klinischen Psychologie. Stuttgart, 1969; **Webb, W. B.:** The profession of psychology. New York, 1962.

W. Arnold

Angiotensin ↗Hormone.

Angst. Quellen des Begriffes. Die allgemeine Konnotation des Wortes A. ist dieselbe wie die seines lateinischen Ursprungs anxietas, ein Erleben sich verändernder Mischungen von Ungewißheit, Erregung und Furcht. Die lateinische Anwendung schloß eine Vorstellung von Strangulation ein; dies ist in der modernen Konnotation manchmal auch enthalten. Der Ausdruck wurde in die Psychol. eingeführt, als S. ↗Freud (1894) die A.neurose als ein Syndrom beschrieb, das von der ↗Neurasthenie zu unterscheiden sei. Der Begriff wurde aber innerhalb der Psychol. erst 40 Jahre später allgemein üblich. R. May (1950) stellte fest, daß die A. – sieht man von Publikationen psychoanalytischer Autoren ab – sogar im Index psychol. Bücher der späten dreißiger Jahre nicht aufgeführt war.

In seinen frühesten Formulierungen betrachtete Freud die A. als eine Folge unterdrückter somatischer, sexueller Spannungen (↗Libido). Er glaubte, daß libidinöse Vorstellungen, die als gefährlich wahrgenommen wurden, unterdrückt würden und daß die Libidoenergie von ihrem normalen Ausdruck abgeschnitten und zu A. umgeformt würde. Später ersetzte er diese Auffassung durch die viel breitere Konzeption, daß A. ein Signal für Gefahr sei, und unterschied nun zwischen objektiver A. (Furcht) und neurotischer A., abhängig davon, ob die Gefahr aus der Außenwelt kam oder von inneren Impulsen herrührte (Freud, 1936). Freuds Nachfolger schlugen im Laufe der Jahre viele Modifikationen seiner Ansichten vor. Zum Beispiel charakterisierte May (1950) A. als „die Vorstellung, daß durch eine Bedrohung bis zu einem gewissen Grad die ‚Stützen' des Individuums beseitigt wurden, die wesentlich für seine Existenz als Persönlichkeit sind". H. S. Sullivan (1953) nannte die A. einen Spannungszustand, der durch das Erfahren von Mißbilligung in zwischenmenschlichen Beziehungen entsteht.

Eine operationale Definition. Alle obigen Formulierungen und viele andere gleichermaßen scheinen Versuche zu sein, das Wesentliche einer angenommenen „Wesenheit", genannt A., zu erfassen. Aber es ist kein Maßstab verfügbar, der anzeigt, ob irgendeine davon „richtig" ist. Es ist sowieso keine genau genug, um bei wissenschaftlichen Untersuchungen von Nutzen zu sein. Nur durch eine operationale Definition können solche Einwände entkräftet werden. Nach einer ziemlich weitverbreiteten Definition ist A. das autonome Reaktionsmuster – das für jeden individuellen Organismus charakteristisch ist – auf Reizung durch ein schädigendes Agens (J. Wolpe, 1952). Das Muster verändert sich von einem Individuum zum anderen. Ein schädigendes Agens ist eine äußere Kraft (z. B. ein elektrischer Strom), die eine lokale Störung im Gewebe erzeugt, die das Ich als Schmerz empfinden kann und die, wenn sie stark genug ist, einen Schaden am Gewebe verursachen kann. Die unbedingte Reaktion auf schädigende Reize hat im allgemeinen sowohl motorische als auch autonome Komponenten. Unbedingte, autonome Reaktionen, die denen durch schädigende Reize erzeugten ähnlich sind, können auch durch andere Kräfte hervorgerufen werden, z. B. durch sehr intensive auditive Stimuli und durch ambivalente Reizsituationen. Dies sind Situationen, in denen starke und unvereinbare Aktionstendenzen gleichzeitig erregt werden. E. Fonberg (1956) hat die wesentliche Ähnlichkeit zwischen den Wirkungen ambivalenter Stimuli und schädigender Reize eindrucksvoll demonstriert.

Wenn unkonditionierte A.reaktionen auftreten, können sie mit „neutralen" Reizen verbunden werden, die auf den Organismus etwa zur selben Zeit einwirken. Die dadurch entstandene konditionierte A.reaktion ähnelt im allgemeinen der unkonditionierten, obwohl Ausnahmen beobachtet wurden (P. L. Hein, 1969). Die durch konditionierte Reize hervorgerufene Angst ist wiederum auf andere Reize konditionierbar (Konditionierungsprozesse höherer Ordnung). Wegen fortlaufender Konditionierung ist bei den meisten Organismen und sicherlich bei den meisten Menschen mit „normaler" Lebensgeschichte durch sehr viele konditionierte Reize A. hervorzurufen, bevor sie das Erwachsenenalter erreichen. Jedoch wird das Ausmaß solcher Konditionierung durch verschiedene angeborene Faktoren kontrolliert (H. J. Eysenck, 1957). Die operationale Definition verlangt in jedem Fall eine Spezifizierung der auslösenden Stimuli der emotionalen Reaktion. Wenn dies geschehen ist, wird deutlich, daß die von Freud (s. o.) vorgeschlagene Unterscheidung zwischen Furcht und A. wenig sinnvoll ist, besonders da die Entscheidung, ob die kontrollierenden Reize von innen oder von außen kommen, oft dem Subjekt überlassen bleiben muß. Eine Änderung des Begriffes für ein bestimmtes Verhalten je nach den auslösenden Stimuli für dieses Verhalten kann nur zu Verwirrung führen. Eine andere Unterscheidung zwischen Furcht und A., die gewöhnlich verbreitet wird, besteht darin, daß die erstere episodisch und die letztere chronisch sei. Um dies operational zu fassen, müßte eine zeitliche Trennungslinie definiert werden. Die unvermeidliche Willkür dabei würde ihre Nützlichkeit ernstlich einschränken.

Die Topographie der A.reaktionen. Die autonomen Reaktionsmuster des A.verhaltens sind vorherrschend Funktionen des Sympathikus. Allgemeine Erscheinungen der sympathischen Reaktion sind eine erhöhte Atem- und Pulsfrequenz und steigender Blutdruck, Schwitzen der Handflächen, Erweiterung der Pupillen und Trockenheit des Mundes. Einige parasympathische Reaktionen können ebenfalls an der A.reaktion beteiligt sein. Die üblichen sind hier Durchfall, Übelkeit, Erbrechen und die erhöhte Häufigkeit des Harnlassens. Untersuchungen von W. R. Hess (1947) zeigen auch das Auftreten von diffusen autonomen Reaktionen, die eine gesteigerte allgemeine Reizbarkeit bedingen. Hierher gehört auch ein allgemeines Ansteigen des Muskeltonus, was gewöhnlich eine konstante Begleiterscheinung der A. ist (E. Jacobson, 1938). Während die autonomen Reaktionsverläufe, die durch die A.reaktion ausgelöst werden, interindividuell stark variieren, bilden sie für das einzelne Individuum ein unveränderliches, typisches Muster. Durch differentielles Konditionieren kann sich aber auch das Reaktionsmuster eines Individuums ändern. Ähnliche Änderungseffekte wurden durch selektives operantes Konditionieren erzielt (N. E. Miller & A. Banuazzi, 1968). In diesen Fällen wird das Gleichgewicht der schon vorhandenen Reaktionselemente verändert. Wenigstens einige autonome Reaktionen sind durch operantes Konditionieren veränderbar, d. h., sie können dadurch bekräftigt werden, daß ihnen Belohnungen folgen; Extinktion kann durch Entziehung früherer „Belohnungen" erfolgen. In einer Reihe von Experimenten (L. V. Di Cara & N. E. Miller, 1968) wurde bei einer Tiergruppe eine Beschleunigung und bei einer anderen eine Verlangsamung (Senkung) der Pulsfrequenz durch Verknüpfung der gegebenen Reaktion mit der „Belohnung", die durch Flucht oder durch das Vermeiden von elektrischen Schocks erfolgt, konditioniert.

Die für die A. charakteristischen Reaktionen sind in den letzten Jahren der Gegenstand eines ständig steigenden wissenschaftlichen Interesses gewesen. Neben reinen Forschungsintentionen wurde die Tatsache wichtig, daß A. bei den meisten Neurosen eine zentrale Rolle spielt. Es ist an Tieren und an menschlichen Vpn gezeigt worden, daß A.reaktionen spezifisch auf ausgewählte Reize konditioniert und auch dekonditioniert werden können. Die Dekonditionierung wird gewöhnlich durch eine „Gegenkonditionierung" erreicht, welche von einer Hemmung der A. durch eine mit ihr unvereinbare Reaktion abhängt (↗Neurose).

Unangepasste („pathologische") Angstreaktionen. Auf Reizsituationen konditionierte A.reaktionen, die objektiv mit Gefahr verbunden sind, werden als angepaßt bezeichnet. A.reaktionen auf Reize ohne Beziehung zu Gefahr sind unangepaßt. Beständige, unangepaßte konditionierte Gewohnheiten werden als *neurotisch* bezeichnet. Ein niedriger Grad von A. kann vielleicht unter bestimmten Umständen Tätigkeiten, wie z. B. Theaterspielen, verbessern (das Yerkes-Dodson-Gesetz), wenn aber die A. eine beträchtliche Höhe erreicht, wirkt sie störend auf die tatsächliche Leistung vieler Verhaltensformen, die generalisierte Erhöhung der Muskelspannung beeinträchtigt die Koordination der Bewegung. Die geistige Konzentration, der leichte Fluß der Assoziationen und die Registrierung von Eindrücken können vermindert sein. Es kann eine reduzierte Effizienz vorliegen, beeinträchtigtes soziales Funktionieren oder unangemessenes sexuelles Verhalten, das sich als Impotenz bei Männern und als Frigidität bei Frauen äußert.

Unangepaßte A. kann sich auch aus physiologisch-pathologischen Gründen ergeben. Generalisierte A. ist ein Kennzeichen ernsterer Fälle von Vitamin B_1-Mangel (Beriberi), der offenbar durch eine weitverbreitete Senkung der Schwellen der sympathischen Synapsen verursacht wird. A. ohne bestimmbare auslösende Reize und vermutlich organischen Ursprungs wird häufig in Fällen von Schizophrenie beobachtet. Andere organische Ursachen der A. sind das hypoglykämische Syndrom, die Thyreotoxikose, Tumoren des Nebennierenmarks (Pheochromocytom) und Verletzungen im limbischen System. – ↗Realangst.

Lit.: **Birbaumer, N.** (Hrsg.): Neurophysiologie der A. München, 1973; **Butollo, W.:** Chronische A. Theorie u. Praxis der Konfrontationstherapie. München, 1979; **DiCara, L. V. & N. E. Miller:** Long term retention of instrumentally learned heart-rate changes in the curarized rat. Comm. behav. biol., 1968, *2*, 19–23; **Eysenck, H. J.:** The dynamics of anxiety and hysteria. London, 1957; **Fonberg, E.:** On the manifestation of conditioned defensive reactions in stress. Bull. soc. sci. lettr. lodz. class III. Sci. math. natur., 1956, 7, 1–10; **Freud, S.:** Hemmung, Symptom und Angst. Ges. Werke, Bd. 14; **Gebsattel, V. E.:** Die phobische Fehlhaltung. In: **V. E. Frankl** (Hrsg.): Hdb. d. Neurosenlehre und Psychotherapie, Bd. 2. München – Berlin, 1959; **Jones, E.:** The problem of anxiety. New York, 1936; **Hein, P. L.:** Heart rate conditioning in the cat and its relationship to other physiological responses. Psychophysiol., 1969, *5*, 455–464; **Hess, W. R.:** Vegetative Funktionen und Zwischenhirn. Basel, 1947; **Jacobson, E.:** Progressive relaxation. Chicago, 1938; **Krohne, H. W.:** A. u. A.verarbeitung. Stuttgart, 1975; **ders.:** Theorien zur A. Stuttgart, 1976; **Lazarus-Mainka, G.:** Psychol. Aspekte der A. Stuttgart, 1976; **May, R.:** The meaning of anxiety. New York, 1950; **Miller, N. E. & A. Banuazizi:** Instrumental learning by curarized rats of a specific visceral response, intestinal or cardiac. J. comp. physiol. psychol., 1968, *65*, 1–7; **Rachman, S. J.:** Fear and Courage. Oxford, 1978; **Riemann, F.:** Grundformen der Angst. München – Basel, [9]1975; **Sarason, S. B. u. a.:** A. bei Schulkindern. Stuttgart, 1971; **Sullivan, H. S.:** The interpersonal theory of psychiatry. New York, 1953; **Wolpe, J.:** Experimental neuroses as learned behavior. Brit. J. psychol., 1952, *43*, 243–268; **Yerkes, R. M. & J. D. Dodson:** The relation of strength of stimulus to rapidity of habit formation. J. comp. neurol. psychol., 1908, *18*, 459–482.

J. Wolpe

Angstfragebogen für Schüler (AFS), ein psychodiagnostisches Testverfahren, das zur Gruppe der Persönlichkeitsfragebogen (↗Fragebogen) zählt. Er ist zur Anwendung bei deutschen Schülern zwischen 9 und 17 Jahren bearbeitet und prüft folgende Schüler-Merkmale: 1) Prüfungsangst, 2) allgemeine (manifeste) Angst, 3) Schulunlust, 4) Soziale Erwünschtheit. Die Anwendungsgebiete liegen in der Schul- und Erziehungsberatung. Es liegen Ergebnisse vor über die Beziehung der mit dem AFS erfaßten Merkmale zu Schulzensuren, Einschätzungen durch die Lehrer, Einstellungen zu den Lehrern u.a.

Lit.: **Wieczerkowski, W. et al.:** Angstfragebogen für Schüler (AFS). Braunschweig, 1974.

W. Seitz

Anhedonie, Freud-, Lustlosigkeit, meist verbunden mit Schwunglosigkeit (Antriebsverarmung), dann auch als „anhedonisch-apathisches Syndrom" zusammengefaßt. Kommt bei ↗Depressionen verschiedenster Ursache vor.

C. Scharfetter

Anima, Animus, in der Analytischen Psychol. (C. G. ↗Jung) die personifiziert gedachten gegengeschlechtlichen Züge und Tendenzen, die jeder in sich trägt, die aber aus dem Selbstbild weitgehend verdrängt und durch (männliche oder weibliche) Geschlechterstereotype überdeckt sind. Dieses zu den ↗Archetypen gehörende überindividuelle Seelenbild der Frau im Unbewußten des Mannes bzw. dessen Seelenbild im Unbewußten der

Frau entsteht nach C. G. Jung, von Urzeiten herkommend, als Niederschlag aller Erfahrungen und Eindrücke ungezählter Ahnenreihen. Es erscheint in Phantasien oder im ↗Traum ebenso wie als phantasie- oder emotionsbesetzte Wirklichkeit und wird im Prozeß der ↗Individuation für den einzelnen wieder deutlich. Unbewußte Projektion der anima (des animus) auf den weiblichen (männlichen) Partner kann die Beziehung zwischen Mann und Frau verstellen, da diese die Auseinandersetzung mit der eigentlichen Persönlichkeit des anderen hindert.

H. N. Genius

Animales Nervensystem. Es umfaßt alle peripheren, also außerhalb von ↗Gehirn und ↗Rückenmark gelegenen Nervenfasern, die nicht dem vegetativen oder ↗autonomen Nervensystem angehören. Alle Verbindungen des Individuums zur Umwelt werden von seinen Fasern hergestellt. Ihm gehören alle sensiblen Fasern an, die von den ↗Sinnesorganen zum ↗Zentralnervensystem laufen, sowie die zur Skelettmuskulatur ziehenden motorischen Nerven, deren Leitungsgeschwindigkeiten Werte bis zu 120 m/sec erreichen. Seine Funktion läuft bewußt ab und ist dem Willen untergeordnet. *E. David*

Animismus bezeichnet die Neigung, Gegenständen und natürlichen Erscheinungen anthropomorphes Verhalten (↗Anthropomorphismus) zuzuschreiben, indem auf Lebloses projiziert wird, was menschliches Handeln verursacht: Leben, Denken, freier Entscheid. J. Piaget hat die Existenz einer animistischen Periode in der Intelligenzentwicklung nachgewiesen. Im Rahmen der religionsethnologischen Studien E. B. Taylors entspricht der A. in den sogenannten primitiven Gesellschaften einer Art „Verstehen des Übernatürlichen", die allerdings am Rande der großen religiösen Strömungen (Christentum, Islam usw.) liegt. – ↗Völkerpsychologie. *A. Tanda*

Animosität, offene oder verdeckte starke Abneigung, Feindseligkeit oder Abscheu.

G. Wilson

Anisometropie, ungleiche Sehkraft beider Augen durch unterschiedliche Brechungsverhältnisse. *R. Rix*

Anisotropie, Ungleichwertigkeit. Wir nehmen den Raum anders wahr, als ihn die Geometer beschrieben haben (sog. euklidischer Raum). So wird z. B. häufig eine Senkrechte gegenüber einer objektiv gleich großen Horizontalen überschätzt. – ↗Raumwahrnehmung. *V. Martinu*

Ankerreiz, in Experimenten der Psychophysik ein Reiz, der zu einer Reihe bereits beurteilter Reize in einem weiteren Versuch zusätzlich dargeboten wird, um festzustellen, wie dies die Beurteilung der übrigen Reize beeinflußt. (Beispiel: zu einem Satz von Gewichten wird ein schwereres hinzugefügt.) Der Begriffsgebrauch ist nicht einheitlich: Zuweilen wird auch jeder einzelne Reiz in einer Reihe als A. betrachtet, da er die Beurteilung der übrigen mitbestimmt. Ferner werden überhaupt Bezugsreize der Urteilsbildung (auch solche, die ausdrücklich als Bezugspunkte vorgegeben werden) als A. bezeichnet. Von methodischer und praktischer Bedeutung ist, daß Schätzurteile jeder Art durch Ankereffekte „verzerrt" werden können. ↗Bezugssystem, ↗Niveau.

Lit.: Pauli, R. & W. Arnold: Psychol. Praktikum Bd. I, Stuttgart, [7]1972. **Heller, O. & H.-P. Krüger:** Experimentelle Psychol. Ein programmiertes Lehrsystem mit Selbstversuchen. Bern, 1976. *W. Traxel*

Anknüpfungstatsachen, juristischer Begriff: Tatsachen, auf denen das Sachverständigengutachten (↗Forensische Psychologie) aufbaut, deren Ermittlung in der Regel nicht dem Sachverständigen selbst, sondern den Parteien oder Ermittlungsbehörden obliegt. Sie enthalten oft Sachverhalte oder Befunde, die nur der Sachverständige aufgrund seiner Sachkunde erkennen kann (Befundtatsachen), aber auch Tatsachen, die das Gericht selbst ohne spezielle Fachkenntnisse feststellen kann (Zusatztatsachen). *H. Maisch*

Anlagen, erste, erkennbare Ansätze einer morphologischen oder funktionellen Differenzierung zu einem spezifischen Organ bzw.

einer spezifischen Leistung an einem sich entwickelnden Organismus. In diesem Sinne spricht man von der Anlage des Augenbläschens, der Gliedmaßen usw., aber auch zur Vagotonie, zur Musikalität, zu betont emotionalem oder rationalem Verhalten und Erleben. Bei allen sich entwickelnden Individuen einer Art treten – von besonderen Entwicklungsstörungen abgesehen – die gleichen A. in stets gleicher, räumlich und zeitlich geordneter Folge auf. Dieser *Anlagenplan* und die raum-zeitliche Ordnung der weiteren A.differenzierung und -entfaltung zu Organen, Organsystemen, Leistungen und Leistungssystemen, Zeitpunkt, Art und Umfang der wechselseitigen Beeinflussung der sich entwickelnden Systeme ebenso wie Zeitpunkt, Art und Umfang des Einflusses von Außenfaktoren auf die Entwicklung und ihr Ergebnis werden über stoffliche Informationsträger von Generation zu Generation weitergegeben.

Die Träger der Einzelinformation nennt man *Erbanlagen* oder ↗*Gene*, ihre für jede Art von Lebewesen je typische Gesamtheit das ↗*Genom* der Art (↗*Genotyp*). Die Gesamtheit der Strukturen und Funktionen, welche die Wechselwirkung zwischen Genom, Cytoplasma und Umwelt hervorbringt, heißt ↗*Phänotyp*. Die Untersuchung der Reaktionsketten vom Gen bis zum fertig ausgebildeten Merkmal *(Phän)* ist Gegenstand der *Phänogenetik*. Die Strukturen innerhalb der lebenden Zelle, welche Träger und Überträger der Erbinformation sind, und ihre möglichen Veränderungen untersucht die *Cytogenetik*. Phänogenetik und Cytogenetik münden heute beide ein in die *molekulare Genetik*. Gene „mutieren" innerhalb einer Population von Individuen gleicher Art in einem Verhältnis *(Mutationsrate)*, das feststeht, solange sich die Lebensbedingungen nicht wesentlich ändern. Daher sind in jeder Population mutierte Gene *(↗Allele)* in jeweils bestimmter Anzahl verteilt: ein Ergebnis natürlicher Selektion. Bei Veränderung der Umwelt finden daher die neuen Selektionsdrücke bereits das zur entsprechenden, harmonischen Gesamtänderung des betroffenen Organismus notwendige Allelmaterial in der Population vor. Mit Fragen der A.verteilung in natürlichen Populationen und ihrer Bedeutung für die Fortentwicklung der Art und die Artneubildung befaßt sich die *Populationsgenetik*.

Die Frage nach *angeborenen und erworbenen Merkmalen* (auch des Verhaltens und Erlebens) trifft nicht unmittelbar den A.bestand, sondern die aus seinem Zusammenwirken mit der Umwelt entwickelten Phäne (Erbe-Umwelt-Problem). Die in der Stammesgeschichte *(↗Phylogenese)* herrschenden Selektionsdrücke bestimmen, ob ein Phän sich ontogenetisch umweltstabil oder umweltlabil verhält. Da die ↗*Selektion* nur am Phän und nicht unmittelbar am Gen angreifen kann, ist der Grad der Umweltstabilität eines Phäns unabhängig davon, wie komplex oder relativ einfach seine genetische Basis ist.

Lit.: Bresch, C.: Klassische und molekulare Genetik. Berlin – Göttingen – Heidelberg, [3]1972; **Dobzhansky, T.:** Die genetischen Grundlagen der Artbildung. Jena, 1939; **Kühn, A.:** Vorlesungen über Entwicklungsphysiologie. Berlin – Heidelberg – New York, [2]1965.

P. Leyhausen

Anmutungsqualität, Eigenschaft, die Wahrnehmungsobjekten zugeschrieben wird und die für die Auslösung bestimmter Emotionen oder emotionell gefärbter Handlungen verantwortlich sein soll. – Beim Wartegg-Zeichentest z.B. haben die vorgegebenen Zeichen eine bestimmte A., auf die der Pb reagiert. Aufgrund dieser Reaktion (A. eines Zeichens gut oder schlecht „erfühlt") sollen persönlichkeitsdiagnostische Aussagen möglich sein. *R. Hänni*

Annäherungsgradient ↗Konflikt.

Annäherungskonflikt ↗Konflikt.

Annäherungs-Vermeidungs-Konflikt ↗Ambivalenzkonflikt.

Anomaloskop, zum erstenmal von W. Nagel (1907) angegebenes Gerät; es stellt mittels einer Trommel, deren Skala in 73 Teile geteilt ist, Mischfarben her. Diese werden mit der Testfarbe Natriumgelb, deren Intensität ebenfalls eingestellt werden kann, in zwei nebeneinanderliegenden Feldern verglichen. Mischt man nach Rayleigh 40 Skalenteile Lithiumrot mit 33 Skalenteilen Quecksilbergrün im einen Feld und stellt diese Mischung 14 Skalenteilen Natriumgelb im anderen Feld gegenüber, so empfindet der Normalsichtige keinen Unterschied in Farbe und Intensität. Der Quotient aus dem Verhältnis Skalenteile Grün zu Rot des Probanden dividiert durch das Verhältnis Skalenteile Grün zu Rot des Normalsichtigen (33/40) ist als Anomalquotient definiert.

Lit.: Monjé, R.: Anleitung zur Untersuchung des Farbensinns mit dem Anomaloskop. Klin. Mbl. Augenheilkunde, 1957, *130*, 701–705.

R. Rix

Anomie. In der Soziologie abweichenden Verhaltens wird unter A. eine Art „Zusammenbruch der kulturellen Struktur" (Merton) verstanden, dessen Eintritt besonders wahrscheinlich ist, wenn einzelne Angehörige einer definierten Gruppe nicht mehr in der Lage sind, die für die Gruppe verbindlichen, auch von ihnen übernommenen Ziele mit Hilfe konformer Verhaltensweisen zu verfolgen. *M. Amelang*

Anonyme Alkoholiker, Abk. *AA*, 1935 in den USA von zwei Alkoholikern gegründete Selbsthilfeorganisation. Einzige Voraussetzung für die Zugehörigkeit ist der Wunsch, mit dem Trinken aufzuhören. Die regelmäßigen Meetings stehen jedem, der ein Alkoholproblem hat, offen. Die Teilnehmer berichten einander, welche Auswirkungen der Alkohol auf ihr Leben hatte und wie sie mit dem Trinken aufhören konnten. Nach Beruf und Herkunft wird wegen Wahrung der Anonymität nicht gefragt. Die AA geben zu, daß sie dem Alkohol gegenüber machtlos sind (surrender). Es kommt ihnen darauf an, immer das erste Glas wegzulassen und jeweils nur für diesen Tag nüchtern zu bleiben. Die Gemeinschaft AA kann in Notfällen jederzeit zu Hilfe gerufen werden. AA gibt es in fast allen Ländern der Welt.

Lit.: Robinson, D.: Talking out of Alcoholism. The Self-help process of Alcoholics Anonymous. London, 1979.

G. Röper

Anopsie *(Anopie)*, Blindheit bei intakter Netzhaut durch Schädigung im Verlauf der ↗Sehbahn. Schädigung des Fasciculus opticus (zwischen Netzhaut und Chiasma) führt zur einseitigen A., Schädigung des Tractus opticus (zwischen ↗Chiasma opticum und Sehrinde) führt zu ↗Hemianopsie (Ausfall des halben Gesichtsfeldes). *R. Rix*

Anorexia nervosa *(A. mentalis, endogene Magersucht, psychogene A., Pubertätsmagersucht)*, starke Verminderung oder Verlust von Appetit und Hungergefühl. Neurotisches oder psychosomatisches Symptom, vorwiegend bei Mädchen in der Pubertät, auch reaktiv bei schlecht essenden Kindern. Kein primärer Organbefund, häufig sekundäre Erkrankung innersekretorischer Organe.

F.-C. Schubert

Anorgasmie. Ausfall der Orgasmusphase im sexuellen Reaktionszyklus. *Primäre A.* liegt vor bei jeglicher Form konkreter sexueller Stimulation einschließlich Masturbation und ↗Analverkehr, sowohl bei hetero- als auch bei homosexueller Betätigung. Orgasmen während des Träumens sowie ausschließlich phantasieinduzierte beeinträchtigen diese Kategorisierung nicht. *Situationale A.* wird unterteilt in spezifische situationale A. und unsystematische situationale A. Bei ersterer fällt der ↗Orgasmus bei bestimmten sexuellen Vollzügen aus, bei letzterer tritt er selten, doch nicht gebunden an bestimmte sexuelle Praktiken auf. Primäre A. soll erfahrungsgemäß bei Männern praktisch nicht, bei Frauen recht häufig auftreten. Bei nicht einschlägiger anatomischer und neurophysiologischer Diagnose werden Inkompatibilität sexueller Wertsysteme der Partner und/oder durch ↗Prägung und/oder ↗Lernen im soziokulturellen Feld erworbene Fehlhaltungen als ursächlich für A. angesehen.

Schmerzhafte physiologische Begleit-

erscheinungen der A., auch nach ↗coitus interruptus oder bei der Frau nach ejaculatio praecox des Partners, werden berichtet.
G. Lischke

Anosmie, Aufhebung des Geruchsvermögens nach traumatischer Hirnschädigung, bei Tumoren des Stirnhirns, der Olfactoriusrinne und der Sellagegend, auch nach Erkrankung des peripheren Riechapparates. *R. Rix*

Anosognosie, Nichterkennen eines krankhaften Zustandes am eigenen Körper (z. B.: ein Kranker bemerkt nicht, daß er auf einer Seite gelähmt ist). Die Störung kommt bei der Kombination eines beliebig lokalisierten Hirnherdes mit einer diffusen Hirnschädigung vor und ist topisch-diagnostisch unspezifisch. Die A. wird vielfach psychodynamisch als Abwehrvorgang (= Nichtwahrhabenwollen) gedeutet. *C. Scharfetter*

Anpassung. 1) Zustand, in welchem die Bedürfnisse des Individuums auf der einen Seite und die Ansprüche der Umwelt auf der andern Seite voll befriedigt sind. – **2)** Prozeß, diesen Zustand zu erreichen. Es handelt sich dabei um einen nur theoretisch möglichen Zustand. Praktisch wird nur eine relative A. erreicht, die bei größtmöglicher Befriedigung der eigenen Triebe noch ein reibungsloses Verhältnis zur Umwelt erlaubt.

Die A. erfolgt einerseits durch Veränderung der Umgebung, andererseits durch Lernen situationsgerechten Handelns und Verhaltens, aber auch durch biologische Veränderungen des Organismus (↗Phylogenese). – ↗Adaptation. *R. Hänni*

Anpassung, soziale *(social adaption, social adjustment),* mehrdeutige Bezeichnung für den Vorgang oder den nachher erreichten Zustand (Angepaßtheit), der durch körperliche Veränderungen, Veränderungen in einem sozialen Gebilde (System), der Organisationsart und -form, der Gruppeneigentümlichkeiten bzw. -beziehungen oder einer umschriebenen Kultur gekennzeichnet ist. In funktionalistischer Sicht wird der Sinn und Zweck eines solchen Prozesses auf die Verbesserung der Überlebenschancen von Individuen oder Gruppen oder auf ein günstigeres Erreichen irgendwelcher bedeutsamen Ziele bezogen. Die biologische Grundbedeutung verweist auf die hinter dem Begriff stehende Theorie der ↗*Evolution.* Der adaptive Charakter des durch Lernen modifizierten Verhaltens wurde besonders von H. Spencer in die Diskussion eingeführt. Im Sinne von „adjustment" gebraucht, bezeichnet A. einen jeden Vorgang, in dessen Verlauf ein Individuum (oder eine Gruppe) mit seiner Umgebung, insbesondere der sozialen, in einen Gleichgewichtszustand der Konfliktlosigkeit (Gegenteil: Unangepaßtheit, maladjustment) gerät. *W. D. Fröhlich*

Anpassungsniveau ↗Bezugssystem; ↗Niveau.

Anreiz, bezeichnet in der Lerntheorie den motivationalen Effekt, den die Antizipation zukünftiger (verstärkender) Ereignisse auf das Verhalten ausübt. Dabei umfaßt A. alle motivational relevanten Aspekte des Zielobjekts (wie etwa Menge, Art, Aussehen, Geruch, Geschmack u.a. des Futters in der Zielbox). Neben dem innerorganismischen Antrieb *(drive)* stellt damit der Anreiz die zweite große Komponente im Motivationsprozeß dar. Ein Einfluß des A. auf das (vorhergehende) Verhalten ergibt sich aus der Wirkung von im einzelnen noch wenig bekannten (kognitiven) antizipatorischen Prozessen (bei Hull u.a. z.B. der sogenannte r_g-s_g-Mechanismus).

Lit.: Hull, C. L.: A behavior system: An introduction to behavior theory concerning the individual organism. New Haven, 1952; **Logan, F. A.:** Incentive. New Haven, 1960.
J. A. Keller

ANS ↗Autonomes Nervensystem.

Anschauung, eine unmittelbare, durch das Denken unbeeinflußte ↗Gesichtswahrnehmung. *A.bilder* (auch *eidetische Bilder,* ↗Eidetik) sind Erinnerungen von einer Klarheit und Deutlichkeit, wie sie sonst nur für die direkte Wahrnehmung charakteristisch sind.

Über die Fähigkeit, A.bilder zu sehen, verfügen vor allem Kinder. – A. im Sinne Husserls: ↗Phänomenologie.

Lit.: **Jaensch, E. R.:** Die Eidetik und die typologische Forschungsmethode. Leipzig, 1933. *V. Martinu*

Anschauungstypen. Nach der Art, wie insbesonders visuell ein gegenständliches Ganzes erfaßt wird, lassen sich verschiedene A. unterscheiden: ganzheitliche oder einzelheitliche Erfassung; Anschauungsbild flüchtig oder lange klebend, affektiv getönt, beweglich oder unbeweglich. Besonders E. Jaensch baute die A. in seine Typologie ein und differenzierte daraus seine Integrationstypen. – ↗Eidetik.

Lit.: **Remplein, H.:** Psychologie der Persönlichkeit. München, [6]1967; **Spieth, N. R.:** Der Mensch als Typus. Stuttgart, 1949. *W. Kretschmer*

Anschauungsunterricht, wegen der Unschärfe des Bestimmungsworts problematischer Terminus. Bezeichnet a) Unterricht, dessen Vollzug getragen ist von der Anwesenheit eines wahrnehmbaren Gegenstands; vom Rückgriff auf bildhafte Repräsentation der Wirklichkeit in der Vorstellung; vom Verstehen seelischer Erscheinungen; b) Unterricht, zu dessen Zielen Wertung der Wirklichkeit und Aufbau entsprechender Einstellungen gehören; c) den ungefächerten Sachunterricht der Grundschule.

Lit.: **Schiefele, H.:** Das Problem der Anschauung. Vierteljahresschr. f. wiss. Päd. 1962, *38*, 103–120; **Skowronek, H.:** Psychol. Grundlagen einer Didaktik der Denkerziehung. Hannover – Berlin – Darmstadt – Dortmund, [2]1970. *G. Huber*

Anschütz-Diagramm. Ein A. *(m-i-Diagramm)* für ein lineares ↗Lehrprogramm ist die Eintragung der Wertepaare *(m, i)* für dieses Lehrprogramm in ein rechtwinkliges, cartesisches Koordinatensystem, wobei i die laufende Nummer des Lehrschritts, m die Nummer eines darin auftretenden Lehrbegriffs oder Basalwortes ist; die Numerierung der letzteren erfolgt in der Reihenfolge ihres Auftretens in der Lehrschrittfolge.

Lit.: **Frank, H.:** Kybernetische Grundlagen der Päd. Baden-Baden, [2]1969. *H. Frank*

Anspannung, psychische ↗Anstrengung, psychische.

Ansporn ↗Anreiz.

Anspruchsniveau. Unter dem Begriff A. wird die Höhe der Ansprüche verstanden, die jemand an eine Leistung stellt. Die persönliche Leistung wird von Hoppe (1930, S. 10) auf das Erleben von Erfolg und Mißerfolg zurückgeführt; dabei wird ein bestimmter Handlungseffekt erst dadurch zum Erfolg oder Mißerfolg, daß eine Beziehung zu einem angestrebten Ziel oder einer Norm besteht, die als Maß für den Handlungseffekt in seiner Bedeutung als Leistung gelten kann. In Experimenten mit verschiedenen Aufgaben (Plastilinkneten, Scheibenschießen u. a. m.) beobachtete Hoppe nach mehrfachem Gelingen derselben Leistung eine Erhöhung des A., nach mehrfachem Mißlingen eine Senkung des A., die er als typische Verschiebungen des A. bezeichnete. Als eine atypische Verschiebung wird eine Heraufsetzung nach Mißerfolg und eine Herabsetzung nach Erfolg bezeichnet. Für das Bestreben, das Selbstbewußtsein durch einen hohen Leistungsstandard möglichst hoch zu halten, führte Hoppe den Begriff *Ich-Niveau* ein. Jucknat hat in Experimenten mit Kindern (10–15 Jahre) und Erwachsenen eine Versuchsanordnung mit zwei Aufgabenserien benutzt, eine Erfolgsserie (10 Karten mit lösbaren Labyrinthaufgaben und ansteigender Schwierigkeitsskala) und eine Mißerfolgsserie (10 ähnliche, aber unlösbare Aufgaben). Die Messung der Wahlzeit der Aufgabe in einem Entscheidungskonflikt, d. h. der Zeitspanne vom Beginn des Aussuchens bis zur Entscheidung, ergab folgendes: eine endgültige Entscheidung für eine bestimmte, leichte oder schwere Aufgabe kam erst nach einer mehr oder weniger langen Zeit des Überlegens und des Probierens mehrerer Aufgaben zustande. Nach erfolgreicher Lösung einer Aufgabe verkürzt sich die Wahlzeit für die neue Aufgabe im Durchschnitt stetig. Nach Erfolg zeigt sich die Ermutigung nicht nur in der Erhöhung des A., sondern auch in der Schnelligkeit der Wahl und in der sofortigen Zuwendung zu schwereren Aufgaben. Nach Mißerfolg bleibt die durchschnittliche Wahlzeit entweder annähernd gleich, oder sie wächst sogar. Das Sinken des Selbstvertrauens drückt sich nicht nur in der Herabsetzung des A. aus, sondern in einem starken Schwanken oder einer langsamen, zögernden Wahl.

ANSPRUCHSNIVEAU UND LEISTUNGSMOTIVATION. Die Auseinandersetzung mit einem Gütemaßstab ist ein zentrales Thema der ↗Leistungsmotivation (D. D. McClelland, J. W. Atkinson, H. Heckhausen u. a.). Die persönlichkeitsspezifische Ausprägung der Leistungsmotivation beeinflußt entscheidend das individuell bevorzugte Anspruchsniveau. Bei der Leistungsmotivation spielt nicht nur ihre Stärke, sondern vor allem ihre Gerichtetheit eine Rolle, ob eine Hoffnung auf Erfolg oder eine Furcht vor Mißerfolg überwiegt (Heckhausen, 1963). Die Ausbildung eines A. führen Jucknat u. a. zurück auf das Zusammenwirken von momentaner Leistung, historischer Leistungssicherheit, momentanem Leistungsimpuls, Ernstcharakter der Situation und Typus der Vp. Heckhausen weist darauf hin, daß auch soziale Situationen Einflüsse auf das A. haben, etwa die Anwesenheit, das Prestige und das Verhalten von Zuschauern. Die Zieldiskrepanz der Vp, d. h., die Differenz zwischen dem A. und dem vorher erreichten Leistungsniveau wird als ein Indikator der individuellen Leistungsmotivation angesehen. Es ist immer wieder beobachtet worden, daß erfolgszuversichtliche Vpn ein A. bevorzugen, das mäßig über dem erzielten Leistungsstand liegt, während mißerfolgsbesorgte Vpn ein A. bevorzugen, das weit über oder weit unter ihrer aktuellen Leistungsfähigkeit liegt. Sears fand, daß die mittlere positive Diskrepanz bei Kindern nach Mißerfolg größer ist als nach Erfolg. Das deutet darauf hin, daß der Grad des Realismus der Einschätzung der Leistungsfähigkeit nach Erfolg größer ist als nach Mißerfolg. Erfolgssichere, realistisch eingestellte Kinder verhalten sich gegenüber dem A. einsichtsbestimmt. Leistungsgestörte, sozial fehl angepaßte Kinder werden vor allem durch ihre affektiven Wünsche hinsichtlich des A. bestimmt. Nuttin hat nach langdauernden Erfolgs- und Mißerfolgsversuchen mit Schülern und College-Studenten Wirkungen auf Wahrnehmung, Lernen und Gedächtnis festgestellt. Bei Vergleichen von normalen und manisch-depressiven Vpn hinterlassen gehäufte Einflüsse von Erfolg und Mißerfolg oft zerstörende, starke Deformationen und traumatische Wirkungen des Urteilens. Sowohl Erfolge als auch Mißerfolge werden von sprachgestörten Kindern als Streß-Situationen empfunden.

ANSPRUCHSNIVEAU UND GRUPPENLEISTUNG. Wenn eine Gruppe von Menschen vor die Aufgabe gestellt wird, sich zwischen Zielen von verschiedenen Schwierigkeitsgraden zu entscheiden, entsteht die Frage, wie aus den Einzelzielen ein gemeinsames Gruppenziel entsteht. Es konnte nachgewiesen werden, daß Gruppenmitglieder mit einem hohen A. für die Gruppe (= dgAch = desire for group achievement) eine mittelschwere, Mitglieder mit einem niedrigen Gruppen-A. entweder sehr schwere oder sehr leichte Aufgaben wählten (Zander, Medow u. a.). Unterschiede in der Beurteilung der eigenen, individuellen Leistung fanden Zander & Medow bei Mitgliedern in einer zentralen bzw. peripheren Stellung in der Gruppe. Mitglieder einer zentralen Stellung werteten ihre eigene Leistung nach einem Mißerfolg niedriger, als die Mitglieder einer peripheren Stellung ihre Leistung einschätzten, aber nach einem Erfolg unterschieden sich die Eigenbewertungen kaum voneinander. Die Gruppenmitglieder beurteilten beim Mißerfolg das Gruppenergebnis niedriger als ihre persönliche Leistung ($\overline{X}$ = 3,21 bzw. 4,67). Beim Erfolg dagegen schätzten sie ihre persönliche und die Gruppenleistung ungefähr gleich hoch ein ($\overline{X}$ = 5,09). Die Gruppenleistung wird allgemein von den Mitgliedern einer zentralen Stellung in der Gruppe beim Erfolg und Mißerfolg günstiger beurteilt als von denen einer peripheren Stellung. Positive Wirkungen des Erfolgs hat E. Mayo für das Betriebsklima (↗Industriepsychologie) nachgewiesen. Gutes Einvernehmen, das Gefühl der Verantwortung, die Wichtigkeit der eigenen Persönlichkeit zeichnen die Erfolgsgruppe aus. Auch Mißerfolg kann den Arbeitseifer anspornen, aber einen oft verbissenen, selten freudigen Arbeitseifer.

Die Erforschung der Beziehungen zwischen Leistung und A. sowie der dynamischen Vorgänge bei Erfolg und Mißerfolg hat vor allem nach der klassischen Untersuchung von Hoppe immer mehr an Bedeutung gewonnen und wird auf den verschiedensten Gebieten durchgeführt: in Psychologie, Erziehung, Soziologie, Wirtschaft und Politik.

Lit.: Atkinson, J. W.: Motivational determinants of risk-taking behavior. Psychol. Rev., 1957, *64,* 359–372; **ders. & N. T. Feather:** A Theory of achievement motivation. New York, 1966; **Heckhausen, H.:** Hoffnung und Furcht in der Leistungsmotivation. Meisenheim/Glan, 1963; **ders.:** Allgemeine Psychologie in Experimenten. Göttingen, 1969; **Hoppe, F.:** Erfolg und Mißerfolg. Psychol. Forsch., 1930, *14,* 1–62; **Jucknat, M.:** Leistung, A. und Selbstbewußtsein. Psychol. Forsch., 1937, *22,* 89–179; **Lewin, K.:** Feldtheorie in den Sozialwissenschaften. Bern, 1963; **Lewin, K., Dembo, T., Festinger, L. & P. Sears:** Level of aspiration. In: **J. McV. Hunt** (Ed.): Personality and the behavior disorders, Bd. 1. New York, 1944, S. 333–378; **Medow, H. & A. Zander:** Aspirations for the group chosen by central and peripheral members. J. Pers. soc. Psychol., 1965, *1,* 224–228; **Nuttin, J.:** Tâche, réussite et échec. Théorie de la conduite humaine. Löwen, 1953; **Zander, A. & H. Medow:** Individual and group levels of aspiration. Human Relations, 1963, *16,* 89–105.

A. Karsten

Anständigkeit besagt zunächst alles äußere, durch ungeschriebene Gesetze der verschiedenen gesellschaftlichen Beziehungen und Umgangsformen geregelte Wohlverhalten sich selbst und dem Nächsten gegenüber, und zwar als Ausdruck der wahren Herzensbildung, des guten Tons, der Höflichkeit. A. gehört zu dem für Erziehung und Bildung so wichtigen Vorfeld der Sittlichkeit und Nächstenliebe. Gegensätze sind schmeichlerisches, sowie grobschlächtiges Wesen.

Lit.: Egenter, R.: Das Edle und der Christ. Westheim, [2]1949.

J. Hasenfuß

Ansteckung, psychische, ein Prozeß, der bestimmtes Verhalten (z. B. rhythmische Bewegungen) unverzögert von Individuum zu Individuum überspringen läßt und so ganze Gruppen erfassen kann. Verwandt dem ↗ideomotorischen Gesetz nach W. Hellpach (Carpenter-Effekt) und – wie diese Hypothese – letztlich angewiesen auf präzise Vertiefung unseres Wissens von der mutuellen Abhängigkeit psychischer und physischer Phänomene. *J. Cumming*

Anstrengung, psychische, ein Prozeß, der auf psychischer Anspannung beruht, welcher Art diese auch sei. Zum Beispiel kann bei einer Tätigkeit die A. durch Sorgen oder zwischenmenschliche Spannungen größer sein als die A. durch die Arbeit an sich. P. A. führt gemäß Intensität, Dauer und Verlauf der Anspannung zu verschiedenen Graden von ↗Ermüdung, unter Berücksichtigung der individuellen Konstitution und Motivation.

Lit.: Bartenwerfer, H. G.: Beiträge zum Problem der psychischen Beanspruchung, 2 Teile. Köln – Opladen, 1960–63.

A. Gubser

Antabus, Warenname für ↗Disulfiram.

Antagonisten, Gegenspieler, meist von Muskeln. Jede Körperbewegung stellt ein ausgewogenes Spiel von Agonisten und A. dar, deren Zusammenwirken vom ↗Extrapyramidalen System gesteuert wird. Es ist dabei der Antagonist eines Streckers der Beuger am gleichen Gelenk und umgekehrt oder der Strecker an der anderen Extremität.

E. David

Anterograd. Eigenschaftswort, das einen folgenden Zeitraum bezeichnet, z. B. bei *anterograder Amnesie* die Gedächtnislücke für einen Zeitraum nach dem schädigenden Ereignis (↗Commotio cerebri). Gegensatz: retrograd. *H. J. Engels*

Anthropoidenversuche, Experimente mit Menschenaffen (Anthropoiden). Am bekanntesten sind die Intelligenzprüfungen an Anthropoiden, die W. ↗Köhler während des Ersten Weltkriegs auf Teneriffa durchführte.

Lit.: Köhler, W.: Intelligenzprüfungen an Menschenaffen. Berlin – Göttingen – Heidelberg, [3]1973.

H.-J. Aebi

Anthropologie. Die A. widmet sich der Erforschung des Menschen als eines lebendigen und sozialen Wesens, das ↗Gewohnheiten hat, in ein Netz zwischenmenschlicher Beziehungen eingefügt ist, Werkzeuge, Institutionen und Gesetze erfindet, Werte und Glauben schafft, das sich um seine kulturelle Identität bemüht und Mächten (↗Macht) ausgesetzt ist, die es nicht zu meistern vermag. Um wissenschaftlich zu sein (d. h. um ihren Gegenstand systematisch zu erfassen und mittels angepaßter Begriffssysteme zu beschreiben und zu erklären), muß die A. das Anwendungsgebiet ihrer Methoden und die möglichen Bezugssysteme genau klären; sie umfaßt denn auch recht verschiedenartige Forschungsgebiete, die aber (mit Ausnahme der morphologischen A.) eine Gemeinsamkeit haben: der Mensch wird möglichst umfassend und direkt in seiner komplexen und konkreten Wirklichkeit beobachtet, wobei sich dieses Bemühen mehr auf Unterschiede und Variationen als auf die eigentliche Identität des Menschen konzentriert.

Die A. hat zwar eine ebensolange Geschichte wie die ↗Philosophie, doch bedient sie sich erst seit dem 19. Jh. wissenschaftlicher Methoden, und ihre jetzt bestehenden Einzeldisziplinen differenzieren sich erst seit dem Beginn des 20. Jahrhunderts. Doch bleibt – dank der Suche nach Objektivität und nach klarerem Verständnis der menschlichen Wesenheit als ↗Ganzheit, wo jeder Teil im Zusammenhang mit allen anderen und nicht als einfache Summe von Elementen funktioniert – ein Zusammenhang zwischen den Einzeldisziplinen bestehen.

Während des 19. Jh. dominierte der Evolutionismus, der jeder menschlichen Gemeinschaft eine einheitliche Entwicklung nach abendländischem Modell zuschrieb: eine Vereinfachung zweifelhafter Art, der aber das Bemühen um Erklärungen wissenschaftlichen Wert verleiht (H. Spencer; E. B.Taylor). Ähnliches gilt für die diffusionistischen Ansätze, deren übertriebener Atomismus allerdings durch äußerst sorgfältige Beobachtungen kompensiert wird (H. Graebner; W. Schmidt). Eine erste Differenzierung fand schon früh zwischen der naturwissenschaftlichen oder morphologischen A. und der Sozial- und ↗Kultur-A. statt; sie wurde durch die Verschiedenheit der möglichen Perspektiven (der Mensch als biologisches „Lebewesen" im Unterschied zum Menschen als „Sozialwesen") und der verwendeten Methoden (komparativ/differentiell; extensiv/intensiv) hervorgerufen.

Die *naturwissenschaftliche A.* untersucht den Ursprung des Menschen, Ursache und Mechanismen seiner biologischen Entwicklung, seine Spezifität; sie versucht – mittels morphologischer, genetischer und umweltbedingter Kriterien – den Begriff der ↗„Rasse", geographisch bedingte Variationen usw. zu erfassen.

Die *Sozial-* und *Kultur-A.* (auch Ethnologie) des 20. Jh. ist eine theoretische Disziplin, die Materialien der Ethnographie (monographische und empirische Darstellung der Spezifität einzelner, insbesondere archaischer Gesellschaftsformen), der Paläontologie, Archäologie und Geschichte verarbeitet, wobei allerdings Vergleiche zwischen den gewonnenen Informationen nicht immer leicht anzustellen sind. In ihrer Bemühung um methodologische Klarheit neigt die Ethnologie heute dazu, Struktur und Funktion von Gesellschaftssystemen zu untersuchen und in ↗Modellen darzustellen. Es lassen sich dabei zwei Hauptrichtungen unterscheiden: a) die von der *Soziologie* bestimmte Richtung (Sozial-A.): sie untersucht zwischenmenschliche Beziehungen, wie sie in sozialen Einrichtungen eingebettet sind (funktionalistische und strukturalistische Tendenzen: E. Evans-Pritchard; A. R. Radcliffe-Brown; B. Malinowsky: E. Durkheim; M. Mauss; C. Lévi-Strauss); b) die von der *Psychologie* bestimmte Richtung (Kultur-A.): sie untersucht in den verschiedenen Äußerungen der Kultur die Beziehung zwischen Individuum und kulturellen Schemata (R. Benedict; M. Mead; A. Kardiner). Sie unterscheidet zwischen „Kultur" (als Menge kollektiver und vereinheitlichter Verhaltens- und Glaubensschemata) und „Gesellschaft" (als eine spezielle Form kultureller Schemati-

Anthropologie, psychologische

sation), indem sie ihren Gegenstand in seiner dynamischen Entwicklung beobachtet (Kulturvariationen, Akkulturationen: H. Linton; M. Herskovits; E. Lebach; G. Balandier).

Lit.: Benedict, R.: Patterns of culture. New York, 1938; **Comas, J.:** Manual of physical anthropology. Springfield, 1960; **Kardiner, A.:** The individual and his society. New York, 1939; **Leach, E. R.:** Rethinking anthropology. London, 1961; **Lévi-Strauss, C.:** Strukturale Anthropologie. 2 Bde. Frankfurt, 1974–75; **Lowie, R. H.:** An introduction to cultural anthropology. New York, 1940; **Mauss, M.:** Manuel d'ethnologie. Paris, 1947; **Radcliffe-Brown, A. R.:** Structure and function in primitive society. London, 1952.
M.-J. Borel

Anthropologie, psychologische. Die Anthropologie will das Studium der verschiedenen Aspekte der menschlichen Realität zusammenfassen, sowohl *synchronisch* in einem gegebenen Augenblick als auch *diachronisch* in ihrem Werden. Die Probleme können einmal von einem *positiven* Gesichtspunkt aus betrachtet werden, der die physischen, biologischen, psychologischen, sozialen und kulturellen Charakteristika des Menschen berücksichtigt. Auch eine *philosophische* Betrachtungsweise ist möglich, sie nimmt nach Scheler eine Mittelstellung zwischen den Naturwissenschaften und der Metaphysik ein und untersucht das Wesen und den Sinn des Menschen und der Kultur.

Die physische, soziale, kulturelle und philosophische Anthropologie wurde im letzten Jahrzehnt durch die p. A. ergänzt, die sich aus dem stürmischen Wachstum und der gegenseitigen Beeinflussung und Durchdringung von allgemeiner Psychol., ↗Sozialpsychologie, Soziologie, ↗Kulturanthropologie sowie der ↗Sozialanthropologie gebildet hat.

Ihr Arbeitsgebiet sind die *Beziehungen zwischen Persönlichkeit und Kultur,* die Gegenstand vielfältiger Untersuchungen sind. Diese beziehen sich auf die Interdependenzen zwischen einerseits den Unterschieden in den Bereichen von Wahrnehmung, Gefühl, Motivation, Intellekt und vor allem solchen psycholinguistischen und bildungsmäßigen Charakters, in der Entwicklung von Einstellungen, Wesenszügen und Strukturen des Temperaments, Charakter und Persönlichkeit, und andererseits den verschiedenen Kulturen, Gesellschaften und Institutionen, besonders was Sprache, Mythen, Stereotypen, Glaubensinhalte, das Sexualleben, die Sozial- und Familienstruktur betrifft, und auch der Art und Weise, wie man die Kinder behandelt. Zahlreiche Beispiele finden sich bei Hsu, welcher erstmalig den Titel „Anthropologische Psychologie" gebraucht (1961), wie auch in weiteren Arbeiten (siehe Lit.).

In der ↗Sozial- und ↗Kulturanthropologie hat schon von jeher Interesse für psychol. Themen bestanden, wie z. B. aus den Arbeiten hervorgeht, die die Expedition zu den Inseln der Torres-Straße (1898) geliefert hat. Auch spätere Untersuchungen (B. Malinowski, F. Boas, M. Mead, E. Sapir u. a.) zeigen dies deutlich. Gut bekannt sind die Versuche, vor allem solche psychoanalytischer Art, den psychol. Prozessen der Entwicklung des ↗Ich und der unbewußten Komponenten der Persönlichkeit eine Theorie des Menschen zugrunde zu legen oder zumindest dem Ursprung der verschiedenen Glaubensinhalte, Riten, Bräuche und Institutionen eine psychol. Basis zu geben. Ein anderer Versuch in diesem Sinne ist der von R. Benedict, nach dem die Persönlichkeitszüge eines Volkes die Besonderheiten seiner Kultur determinieren.

Häufiger findet man die umgekehrte Einstellung, welche den formenden Einfluß der Kultur eines Volkes auf die Persönlichkeit seiner Individuen betont. Da ist besonders die These von R. Linton und A. Kardiner zu erwähnen: Jede Kultur determiniert eine *basische* oder *modale* Persönlichkeit, die dann Operationsfeld der weiteren individuellen Unterschiede ist. Der entscheidende Einfluß der Kulturmuster in den Entwicklungsstadien, in denen sich die Persönlichkeit konstituiert, ist das zentrale Thema der modernen p. A., besonders in ihren psychoanalytischen und strukturalistischen Richtungen (wenn auch von verschiedenen Gesichtspunkten ausgegangen wird).

Die strengste Richtung der p. A. ist bestrebt, auf empirische und möglichst experimentelle Art die Interdependenzen zwischen den psychol. und anthropologischen Variablen zu untersuchen. Dies vollzieht sich auf zwei Hauptwegen: a) interkulturelle Überprüfung der psychol. Hypothesen; b) Entwicklung von Theorien über das menschliche Verhalten, die in *empirisch nachprüfbarer* Weise die Aspekte psychol., soziologischer und historischer Art des Menschen als Sozialwesen innerhalb einer Gemeinschaft integrieren.

Schließlich muß hier auch die anthropologische Perspektive der Psychol. selbst erwähnt werden. Schon im ersten Buch der Psychologie, dem Περὶ ψυχῆς des Aristoteles, wird das Psychische als λόγος ἔνυλος = psychosomatisches Verhalten des *gesamten Menschen* (403 a) definiert. Einer der ersten Texte, in dem das Wort *Psychologie* auftritt, trägt kurioserweise den Titel „Anthropologische Psychologie" (O. Casmann, Hanau, 1594). Diese Tendenz wird heute betont. Nach der Spaltung zwischen Physischem und Psychischem (R. Descartes), die noch im theoretischen Parallelismus und dem methodologischen Introspektionismus der ersten Experimentalpsychol. aufrechterhalten wird, fehlt dennoch keinesfalls das anthropologische Interesse (vgl. die Völkerpsychol. W. Wundts). Die heutige Psychol. ist dahin zurückgekehrt, die *Aktion* des Menschen als ihr Objekt zu betrachten.

Lit.: Benedict, R.: Patterns of culture. New York, 1934; **Hsu, L. K.:** Psychological anthropology. Homewood (Ill.), 1961; **Hunt, R.:** Personalities and cultures readings in psychological anthropology. New York, 1967; **Kardiner, A.** et al.: The psychological frontiers of society. New York, 1945; **Kluckhohn, C., Murray, H. A. & D. Schneider:** Personality in nature, society and culture. New York, 1953; **Kroeber, A. L.:** Anthropology today. New York, 1965; **Lindzey, G. & E. Aronson:** The handbook of social psychology. Reading (Mass.), 1954 (²1968, 5 vol.); **Tyler, S. A.:** Cognitive anthropology. New York, 1969; **Berger, F.:** Vom menschlichen Selbst. Stuttgart, 1965; **Bollinger, H.:** Das Werden der Person. München – Basel, 1967; **Bökmann, J.:** Aufgaben und Methoden der Moralpsychologie. Köln, 1964; **Ehrenstein, W.:** Probleme des höheren Seelenlebens. München – Basel, 1965; **Ewald, G.:** Der biologisch anthropologische (existentielle) Aufbau der Persönlichkeit. Stuttgart, 1959. **Gehlen, A.:** Der Mensch. Frankfurt, ⁸1966; **Kunz, H.:** Grundfragen der psychoanalytischen Anthropologie. Göttingen, 1973; **Marcuse, H.:** Triebstruktur und Gesellschaft. Frankfurt, 1968; **Straus, E.:** Psychologie der menschlichen Welt. Berlin – Göttingen, 1960.

M. Yela

Anthropometrie, Meßmethoden zur vergleichenden Untersuchung von äußeren und inneren (Kraniometrie) Schädeldimensionen sowie einzelner Knochen (Osteometrie) und auch sonstiger Struktureigenschaften des Menschen. *M. Spreng*

Anthropomorphismus, Neigung, die Äußerungen der belebten und auch unbelebten Umwelt in Analogie zu menschlichem Verhalten und Erleben zu interpretieren. Es handelt sich um einen auch dem mythischen Denken (↗Mythos) geläufigen Zug, der wissenschaftsgeschichtlich vor allem in der ↗Tierpsychologie eine Rolle spielte und erst durch die strenge Methodik der vergleichenden ↗Verhaltensforschung und des ↗Behaviorismus überwunden wurde. ↗Entwicklung. Anthropomorphistische Sichtweise der Umwelt wird generell im Kleinkindalter beobachtet (↗Magisches Denken).

W. Schmidbauer

Anthropophobie, neurotische Angst vor Menschen allgemein.

Anthropozentrismus, Doktrin, die den Menschen zum Zentrum der Welt erhebt und das Wohlergehen der Menschheit als letztlichen Zweck der Dinge ansieht. Diese Auffassung steht in Beziehung zur geozentrischen Betrachtung des Universums, wie etwa bei Ptolemäus, den Kirchenvätern und in der Scholastik. Seit der Renaissance hat sich jedoch das Denken mehr auf den Menschen selbst konzentriert als auf dessen Beziehung zum Überirdischen. *M. Reinhardt*

Antidepressiva, Psychopharmaka, die zur Therapie von ↗Depressionen verschiedener Ätiologie verwendet werden. Chemisch gliedern sich A. vor allem in die tricyclischen Verbindungen der Iminodibenzyle (z. B. ↗Imipramin, Desipramin, Trimipramin) und der Dibenzocycloheptene (z. B. Amitriptylin, Nortriptylin), die Dibenzodiazepinderivate (z. B. Dibenzazepin), zusammengefaßt als Thymoleptika in engerem Sinne in Abhebung von den Thymeretika, deren Hauptvertreter die Monoaminooxydasehemmer (MAO-Hemmer, z. B. Iproniazid, Nialamid, Isocarboxazid) sind. Zur Prophylaxe der phasisch auftretenden endogenen Depressionen wird auch Lithium eingesetzt. – Die therapeutischen Wirkungen von A. werden in Stimmungsaufhellung, Antriebssteigerung und Angstlösung oder Dämpfung von Agitation gegliedert. Angstlösende und antriebssteigernde Wirkung schließen sich weitgehend bei einem Präparat aus (Pöldinger), während Stimmungsaufhellung in Kombination mit beiden anderen Zielen erreicht werden kann (thymoleptische bzw. thymeretische Wirkung). – Der Wirkungsmechanismus zur Erreichung dieser Kombinationen von therapeutischen Veränderungen ist nicht hinlänglich geklärt. Im Tierversuch ergeben sich bei den klinisch besonders relevanten tricyclischen A. Symptome zentraler Dämpfung wie zentraler Erregung (Sigg). Biochemisch sind gleichzeitig bei dieser Gruppe anticholinergische und Noradrenalin potenzierende Wirkungen zu beobachten. MAO-Hemmer erhöhen die Konzentration der intraneuronalen ↗Biogenen Amine. Substanzen, die nur anticholinerge oder Noradrenalin potenzierende Wirkungen haben, erwiesen sich nicht als geeignet, depressive Erlebnisinhalte zu reduzieren (Davis et al.). Auch Lithium greift in den Noradrenalin-Haushalt ein, jedoch auf einer anderen Ebene, da gleichzeitig Manien gedämpft werden und phasischen Depressionen vorgebeugt werden kann (Schou). Die Differenzierung der biochemischen Wirkung und die Indikation der verschiedenen Typen von Präparaten erlauben Schlüsse auf die biochemische Basis und die ätiologische Differenzierung von Depressionen (Davis et al.). – Prüfungen der spezifisch antidepressiven Wirkung von A. an gesunden Personen sind erschwert, weil die notwendigen emotionalen Ausgangsbedingungen nicht in solcher Ausprägung vorhanden oder induzierbar sind. Wirkungsunterschiede in Abhängigkeit von habituellen Neigungen zur Deprimiertheit (aufgrund von Fragebögen erfaßt) scheinen jedoch nachweisbar zu sein. Angaben über Wirkungen bei gesunden Personen aus kontrollierten Versuchen liegen nur für ↗Imipramin vor. – Durch Überdosierung der tricyclischen A. kann ein deliranter Zustand (↗Delirium) verursacht werden.

Lit.: Davis, J. M., Klerman, G. L. & J. J. Schildkraut: Drugs used in the treatment of depression. In: **D. H. Efron** (Ed.): Psychopharmacology 1957–1967. Washington, 1968; **Linden, M. & M. Manns:** Psychopharmakologie für Psychologen. Salzburg, 1977; **Pöldinger, W.:** Vergleichende Untersuchungen antidepressiv wirkender Psychopharmaka an gesunden Vpn. In: **Bente, D. & P. B. Bradley** (Eds.): Neuro-Psychopharmacology. Amsterdam 1965; **Schou, M.:** Lithium in psychiatry – a review. In: **D. H. Efron** (Ed.): Psychopharmacology 1957–1967. Washington, 1968; **Sigg, E. B.:** Tricyclic thymoleptic agents and some newer antidepressants. In: **D. H. Efron** (Ed.): Psychopharmacology 1957–1967. Washington, 1968.

P. Dietsch

Antiemetika, Pharmaka, die bei Brechneigung (Hyperemesis), bei Reise- und Seekrankheiten (Nausea) therapeutisch angewendet werden. *W. Janke*

Antihypertonika (synonym: *Antihypertensiva*), Substanzen, die eine blutdruckvermindernde Wirkung ausüben. *W. Janke*

Antikonvulsiva, krampflösende oder -verhindernde Mittel. Hypnotica und Tranquilizer wirken chemischen Konvulsiva entgegen. – In hoher Dosierung unterdrücken sie tetanische Krämpfe und die des Status epilepticus.

Lit.: Irwin, S.: Anti-neurotics: practical pharmacology of the sedativ-hypnotics and minor tranquilizer. In: **D. H. Efron** (Ed.): Psychopharmacology 1957–1967. Washington, 1968.

E. Lehmann

Antikonzeption, *Empfängnisverhütung,* als Maßnahme im Rahmen der Familienplanung Gegenstand verbreiteter weltanschaulicher Auseinandersetzungen. Verschiedene kontrazeptive Maßnahmen sind: Coitus interruptus, Methoden zur Feststellung empfängnisfreier Zeiten im Zyklus der Frau, mechanische Mittel wie Kondome oder

Intrauterinpessare (IUP, IUCD), ebenso sollen verschiedene Gelees oder Cremes das Sperma unwirksam machen. Mittel zur Herabsetzung der Spermiogenese rufen Potenzstörungen hervor. Heute ist die Verwendung hormonaler Kontrazeptiva, die regelmäßig von der Frau eingenommen werden, eine sehr ökonomische A.methode. Hier werden zwei Verfahrensweisen unterschieden: 1) kombinierte Gabe von Östrogenen und Gestagenen, bewirkt durch Eingriff in die Regulation zwischen Hypothalamus und Hypophysenvorderlappen eine Ovulationshemmung (zusätzliche Ovulationshemmung durch Beeinflussung der ovarialen Enzymreaktionen wird diskutiert), zudem Erschwerung einer eventuellen Einidation durch Veränderung der Gebärmutterschleimhaut und Behinderung der Spermienmobilität durch Änderung der Zervixschleimzusammensetzung; 2) sequentielle Gabe von Östrogen und Gestagen, hier wirkt nur die Ovulationshemmung durch das Östrogen, die Gestagengabe sichert allein die Einhaltung der Menses.

Lit.: Hanke, W.: Hormone. Berlin, 1969; **Pschyrembel, W.:** Praktische Gynäkologie. Berlin, 1968.

U. H. Schindler

Antisemitismus. Abneigung gegen Juden, gemessen durch (unter anderen Bewertungstechniken) die Antisemitismus-Skala, erstellt von Adorno u. a. (↗Autoritäre Persönlichkeit). A. ist eng verwandt mit anderen Formen rassistischer Vorurteile (z. B. Vorurteile gegenüber Negern oder Asiaten und sogar Vorurteile von Männern gegenüber Frauen.) Historisch gesehen wurde der A. unterstützt durch die Art der Juden, sich zur Schau zu tragen durch andersartige Kleidung, Gebräuche, etc. und durch die religiöse Doktrin, die ihnen die Verantwortung für den Tod Christi zur Last legt. Für die *Xenophobie* (Fremdenfeindlichkeit) wurden biologische Ursprünge angenommen insofern als viele Tiere feindliches Verhalten gegenüber Außenseitern zeigen, jedoch in moralischer, ethischer und religiöser Hinsicht wurde sie allgemein verurteilt. Zugrundeliegende Trends der antisemitischen Ideologie scheinen zu sein: Stereotypie (↗Stereotyp); strenges Festhalten an Mittelklasse-Werten; hohe moralische Einschätzung der eigenen Gruppe; Wunsch nach Macht und Vorherrschaft der eigenen Gruppe; Furcht vor Sinnlichkeit und Unmoral, vor Untergang und Aufopferung; der Wunsch, gruppenunterscheidende Merkmale zu stärken. Die Verbindung zwischen (antisemitischem) ↗Vorurteil und emotionaler Instabilität ist bestätigt worden.

H. J. Eysenck & J. Griffiths

Antitestbewegung, erstmals Anfang der sechziger Jahre in den USA massiert vorgebrachte Kritik an der breiten Anwendung psychol. ↗Tests und später an der psychol. Diagnostik allgemein. Sie richtet sich vor allem gegen die Verletzung der Privatsphäre und den Datenmißbrauch, gegen mangelnde ↗Validität und unkritische Interpretationen sowie gegen tatsächliche oder vermeintliche Ungerechtigkeiten bei Ausleseentscheidungen aufgrund von Testdaten. Die A. ist in der Bundesrepublik Deutschland vor allem im Zusammenhang mit den ↗Hochschuleingangstests aktuell geworden.

Lit.: Pulver, U. et al. (Hrsg.): Ist Psychodiagnostik verantwortbar? Bern, 1978.

J. P. Gösslbauer

Antizipation, gedankliche Vorwegnahme. ↗Erwartung.

Antizipationsfehler, ein Begriff von Hull. Die Vpn haben beim seriellen Lernen eine Reihe sinnloser Silben gelernt. Daß sie bei der Wiedergabe manche Silben vorzeitig, d. h. vor den nun der Reihenfolge nach richtigen Silben, nennen, schreibt Hull der Antizipation der späteren Silben zu. Allgemein: Kommt eine Reaktion im seriellen Lernen früher, als sie sollte, ist das ein A., der die Existenz der Antizipationsreaktion bezeugt.

Lit.: Hull, C. L.: Essentials of Behavior. New Haven, 1951.

V. Martinu

Antrieb. Der Begriff wird uneinheitlich verwendet und hat selten eine klar umrissene

Bedeutung. Allgemein wird A. als quantitatives Maß für die seelische Dynamik (Tempo, Intensität) verstanden.

A.losigkeit ist ein Merkmal vieler Geisteskrankheiten. Emotionen, Wahrnehmungen und Vorstellungen haben für die Antriebslosen wenig ↗Aufforderungscharakter, bewegen sie nicht zu Handlungen und Entschlüssen.

A.störung, Abweichung vom normalen A.verlauf sowohl in Richtung von zuviel als auch von zuwenig Antrieb. A.störungen finden sich häufig bei Psychopathen und Hirnorganikern und können bis zu eigentlichen Charakterveränderungen führen.

A.überschuß, A.störung, die vor allem bei Manikern (↗Manie) zu beobachten ist. Der A.überschuß zeigt sich in der überaus großen Geschäftigkeit der Kranken, die im großen und ganzen ohne viele Resultate bleibt. Es werden eine Unzahl von Handlungen begonnen, jedoch nur wenige davon zu Ende geführt. *R. Hänni*

Antriebsschwäche ↗Abulie.

Antworttendenz ↗Response set.

Anwärm-Effekt ↗Warming up.

Anxiety-Tests, Fragebogen zur Messung der spezifischen Reaktionseinstellung „Ängstlichkeit" (z.B. Taylor, Janet A.: Manifest-Anxiety-Scale, MAS, 1953; Form für Kinder [CMAS]; Deutsche Ausgabe von Thurner und Tewes, Göttingen 1969; IPAT Anxiety Scale Questionnaire, 1957–63; Test-Anxiety-Scale von Sarason für Kinder und Studierende). *F. Keller*

Anxiolytika, Synonym für ↗Tranquilizer.

Apathischer Typus, nicht emotioneller, nicht aktiver, nicht zugewendeter-indirekter Charakter.

Aphasie ist eine ↗Sprachstörung, die als Folge von Herdschädigungen des Gehirns, vor allem der sog. Sprachfelder der bestimmenden (beim Rechtshänder der linken) Großhirnhemisphäre, auftritt.

Aphasische Sprachstörungen unterscheiden sich von anderen, elementareren Formen von Sprachstörungen dadurch, daß bei ihnen die Sprache als komplexe Form symbolischer Tätigkeit gestört ist, während bei den elementareren Formen von Sprachstörungen nur die motorischen Komponenten der Sprache (Dysarthrie), die Phonationsprozesse (Dysphonie) oder die flüssige Innervation des Sprechaktes (↗Stottern) gestört sind.

Die A. kann verschiedene Formen annehmen, abhängig von der Lokalisation der Schädigung der Hirnrinde. Schon P. Broca (1861) hat nachgewiesen, daß eine Schädigung des hinteren Teils der dritten Stirnhirnwindung der linken Hemisphäre (↗Brocasche Windung), die keinerlei Funktionsstörung der Lippen- oder Zungenbewegung hervorruft, zu einer Störung der „motorischen Wortvorstellungen" führen kann und damit zur Unmöglichkeit aktiven, expressiven Sprechens *(motorische A.),* obwohl das Verständnis von Gesprochenem relativ bewahrt bleibt. C. Wernicke (1873) stellte fest, daß eine Schädigung des hinteren Drittels der oberen Schläfenwindung der linken Hemisphäre zum umgekehrten Krankheitsbild führen kann; zu einer Störung der „sensorischen Wortvorstellungen", die zu einer Beeinträchtigung des Verständnisses von Gesprochenem führt, wenn auch die akustische Wahrnehmung von nichtgesprochenen Lauten bewahrt bleibt; diese Form von Sprachstörungen, die *sensorische A.* genannt wird, ist nicht von einer Beeinträchtigung des artikulierten Sprechens begleitet, wenn auch das aktive Sprechen des Kranken unrichtig und agrammatisch sein kann. Außer diesen zwei grundlegenden Formen der A. entdeckte man bald noch die sog. *amnestische A.,* bei welcher sowohl das Verständnis von Gesprochenem als auch die Fähigkeit zu artikuliertem Sprechen erhalten bleiben, dagegen aber die Bezeichnungen von Gegenständen vergessen werden. Die Lokalisierung jener Gehirnschäden, die zu dieser Form von Sprachstörungen führen, ist noch nicht gelungen, wenn auch viele Autoren vermutet haben, diese Art von A. trete auf bei einer Schädigung der unteren Scheitelhirnregion der linken Hemisphäre, die man seinerzeit als die für die Bildung von Begriffen verantwortliche kortikale Region betrachtete.

Die Versuche, die verschiedenen Formen der A. auf eine Schädigung begrenzter Regionen der Hirnrinde zurückzuführen, erlaubten es jedoch nicht, eine wissenschaftliche Erklärung für die Störungen der Sprache als komplizierter Formen symbolischer Tätigkeit zu geben. Daher hat eine Reihe von Autoren die These aufgestellt, daß Hirnschäden zu einer Störung des komplizierten „abstrakten" oder „kategorialen" Verhaltens führten und daß jede Schädigung der kompliziertesten Teile der Hirnrinde eine Störung der komplizierten „symbolischen" Formen der auf ganzheitlichen Arbeitsformen des gesamten Hirns beruhenden Tätigkeit nach sich ziehe (K. Goldstein u. a.). Die Mechanismen der kompliziertesten Formen symbolischer Tätigkeit jedoch blieben ungeklärt, und man begann die A. als Störung der höchsten psychischen Prozesse zu behandeln, deren anatomisch-physiologische Grundlage weiterhin unbekannt blieb. Es entstand ein Konflikt zwischen mechanistischen Versuchen, die Sprachstörungen auf genau lokalisierte Hirnschäden zurückzuführen, und holistischen Tendenzen die Sprache als ganzheitliche symbolische Tätigkeit zu betrachten, deren Untersuchung vom Gehirnsubstrat losgelöst erfolgte.

Die Erfolge der modernen Neuroanatomie, ↗Neurophysiologie und ↗Neuropsychologie erlaubten eine sehr viel sorgfältigere Analyse der Sprachstörungen sowie eine adäquatere Erklärung der Erscheinungen der Aphasie.

Es zeigte sich, daß die Schädigung jeder der obengenannten Regionen der Hirnrinde einen der Faktoren ausschaltet, die für die Sprachtätigkeit notwendig sind, und daß sie zu partiellen Formen von aphasischen Sprachstörungen führt.

Eine Schädigung der hinteren Abschnitte des oberen Schläfenbereichs der linken Hemisphäre (der Sekundärbereiche der Hörrinde) führt zu einer Beeinträchtigung der komplizierten Formen der Analyse von Lauten, macht eine Differenzierung von ähnlichen Phonemen (Lautelementen der Sprache) unmöglich und führt zur akustischen (sensorischen) A., die sich darin zeigt, daß das Verständnis von Worten (die ohne genügende Genauigkeit wahrgenommen werden) unmöglich ist, ebenso zur Erschwerung einer Wiederholung von Wörtern mit Vertauschen von Lauten in den Wörtern (literale oder Buchstabenparaphasien) und einzelnen Silben (verbale Paraphasien), weiterhin zu einer Störung der adäquaten sprachlichen Bezeichnung von Gegenständen und zu groben Störungen der Analysierung des lautlichen Bestandes von Wörtern, was zum Schreiben notwendig ist.

Eine Schädigung der Sekundärrinde des sensomotorischen Gebietes der bestimmenden Hemisphäre (insbesondere der unteren Abschnitte des postzentralen und prämotorischen Feldes) beeinträchtigt nicht direkt die Höranalyse von gesprochenen Lauten, kann aber zu einer bedeutenden Störung des expressiven (artikulierten) Sprechens führen.

Eine Schädigung der sekundären Abschnitte des unteren Teils des postzentralen Feldes (Rolando-Furche) führt zu einer Störung der kinästhetischen Afferenz der Sprachbewegungen, wodurch die sprachlichen Artikulationen ihre Genauigkeit einbüßen und ähnliche Artikuleme (zum Beispiel die Lippenlaute b – m, die Gaumen-Zungen-Laute d – l – n) verwechselt werden. In den schwersten Fällen macht dies ein klargegliedertes (artikuliertes) Sprechen unmöglich und führt zu („afferenter" oder „kinästhetischer") motorischer A., die sich sowohl im mündlichen Sprechen wie auch in einer eigenartigen Störung der geschriebenen Sprache zeigt.

Eine Schädigung der unteren Abschnitte der *prämotorischen Region* der linken Hemisphäre ruft eine merkliche Erschwerung der Denervation der entstandenen Artikulationen sowie eine Beeinträchtigung der

„kinetischen Melodien“ hervor und führt zum Entstehen einer „efferenten“ (oder kinetischen) A., die sich in einer groben Störung des Redeflusses und in pathologischem Verharren von einmal entstandenen Sprachstereotypen zeigt, welches in der gesprochenen wie auch in der geschriebenen Sprache auftritt.

Die beschriebenen Formen von Sprachstörungen sind teilweise (partielle) Störungen der Sprachtätigkeit, die dadurch entstehen, daß die Schädigung bestimmter Abschnitte der Hirnrinde wesentliche, für den Sprachakt unerläßliche Faktoren ausschaltet.

Eine Schädigung einzelner Abschnitte der Hirnrinde allein reicht nicht aus, um die Störungen der komplizierten Sprachtätigkeit zu erklären; eine wesentliche Rolle für deren Erklärung spielt auch die Analyse jener *pathophysiologischen Veränderungen*, die bei der Tätigkeit der geschädigten Regionen der Hirnrinde auftreten.

Eine Schädigung der hinteren Teile der Rinde der linken (bestimmenden) Hemisphäre führt unausweichlich zu einem pathologischen Zustand dieser Rindenabschnitte, der sich insbesondere in einer Störung der normalen Konzentration der neuralen Prozesse und in eigenartigen „Phasischen“ Hemmungszuständen der Rinde zeigt, in deren Verlauf Reize, die Spuren verschiedener Systeme hervorrufen, in der Stärke einander angeglichen werden und so ihre Selektivität (↗Trennschärfe) verlieren und leicht miteinander verwechselt werden können. Das führt dazu, daß Versuche, das passende Wort zu finden, ein unkontrolliertes Auftauchen ganzer Bündel von gleich wahrscheinlichen Assoziationen hervorrufen und daß der normale Prozeß beim Finden der benötigten sprachlichen Bezeichnungen gestört wird. Ein solcher pathophysiologischer Mechanismus ruft Erscheinungen der „amnestischen“ A. oder ↗„Paraphrasien“ (Vertauschen von Worten) hervor.

Andererseits können Schädigungen bestimmter Regionen der Hirnrinde der linken (bestimmenden) Hemisphäre zu einer bedeutenden Beeinträchtigung der Plastizität neuraler Prozesse führen, wodurch einmal entstandene nervliche Stereotype pathologisch stabil werden. Das führt leicht dazu, daß die Bildung neuer und beweglicher Beziehungssysteme und das ständige Umschalten von den einen Sprachbeziehungen auf andere, d. h. die Grundvoraussetzung jeder Sprachtätigkeit, gestört werden und aktives, detailliertes Sprechen unmöglich wird. Ein solcher pathologischer Zustand der Hirnrinde (und vor allem der Rinde der vorderen Abschnitte der „Sprachregion“) ist oft die Ursache jener Formen von Sprachstörungen, die sich in Störungen des spontanen Sprechens zeigen.

Lit.: **Brain, W. R.:** Speech disorders. London, 1961; **Goldstein, K.:** Language and language disorders. New York, 1948; **Head, H.:** Aphasia and kindzed disorders of speech I–II. Cambridge, 1926; **Luria, A. R.:** Die höheren kortikalen Funktionen des Menschen und ihre Störungen bei örtlichen Hirnschädigungen. Berlin, 1970; **ders.:** Traumatic aphasia. Den Haag, 1970; **Peuser, G.:** Aphasie. München, 1978.

A. R. Luria

Aphemästhesie, Unfähigkeit, Sprache zu verstehen.

Aphemie, Verlust der Fähigkeit sich auszudrücken; allg. gebraucht im Sinne nur des Verlusts der Fähigkeit, vom Gedanken zum verbalen Ausdruck zu gelangen. ↗Aphasie.

Aphonie, schwere Störungen der Tonbildung bzw. Stimmlosigkeit (tonlose Sprache) bei organisch bedingter Funktionsbeeinträchtigung der Stimmbänder. Es gibt auch eine *psychogene Aphonie* (funktioneller Stimmverlust) ohne organische Grundlage. Hierfür zeichnet eine emotionale Ursache (z.B. bei Angst, Schreck und heftigen Gemütsbewegungen als Primitivreaktion) oder eine neurotische Konfliktverarbeitung (mit konversions-hysterischer Symptombildung) verantwortlich.

G. Powell

Aphrasie, Unfähigkeit, Sätze zu bilden (expressive A.), oder Unfähigkeit, Sätze zu verstehen (sensorische A.). Einzelne Wörter können verstanden bzw. korrekt angewendet werden. Diese Erscheinung gehört zu der

Gruppe der ↗Aphasien, von denen keine von der anderen scharf abzugrenzen ist. Ob ein Patient eine Wortfolge versteht, hängt sowohl von seiner emotionalen Verfassung ab, von der Länge des Satzes als auch von seinem emotionalen Gehalt, von seiner Konstruktion und der Schwierigkeit des Inhalts. In dieser weiteren Bedeutung wird der Begriff „Aphrasie" für organische und funktionale Störungen gebraucht. *B. Brooker*

Aphrodisiaca, Pharmaka zur Steigerung der sexuellen Reagibilität, Sexualhormone und volkstümliche Hausmittel, sämtlich in der Wirksamkeit umstritten. Manche dienen der Hinauszögerung des ↗Orgasmus (z. B. Yohimbin) im sexuellen Vollzug durch Hemmung des Nervus sympathicus (↗Autonomes Nervensystem). Gelegentlich werden unzuträgliche Nachwirkungen berichtet (↗Anorgasmie). *G. Lischke*

Aphtenexie, Unvermögen, artikulierte Laute zu produzieren.

Apht(h)ongie, Sprach- und Sprechstörungen aufgrund funktioneller Ausfälle der Sprechmuskulatur.

Apollinischer Typus. Nach der mythologischen Vorstellung vom griechischen Gott Apollo repräsentiert der a. T. das Streben nach Ordnung, Maß, Besonnenheit und Form. Gegensatz ist der dionysische Typ, nach dem griechischen Gott Dionysos der Inbegriff des Rauschhaft-Schöpferischen. Schelling prägte dieses Begriffspaar und stellte die Kombination von beidem als ideal hin: „Im selben Augenblick zugleich trunken und nüchtern zu sein, das ist das Geheimnis der wahren Poesie" (Bd. II, 4, 25, Stuttgart, 1856–61). Von Nietzsche übernommen.

Lit.: **Klein, O.:** Das Apollinische und Dionysische bei Nietzsche und Schelling, 1935; **Nietzsche, F.:** Die Geburt der Tragödie aus dem Geiste der Musik. Stuttgart, 1955.
W. Kretschmer

Apperzeption. Nach Wundt ist A. ein Vorgang, durch den ein psychischer Inhalt zu klarer ↗Auffassung gebracht wird. Bei der ↗Wahrnehmung sind für A. gewisse Merkmale charakteristisch: physikalische Reize nehmen wir nicht isoliert wahr, sondern wir gliedern sie in eine erfahrungsmäßige A.masse ein (darum „sehen" wir, daß ein Hut weich ist) und wählen dabei die Inhalte, die für uns sinnvoll sind.

Lit.: **Wundt, W.:** Grundriß der Psychologie. Leipzig, 1896; Stuttgart, 1922.
V. Martinu

Apperzeptionskategorien. Stern unterscheidet folgende Stadien der ↗Apperzeption, die das Kind in seiner seelischen Entwicklung normalerweise durchläuft: 1. Substanzstadium (bis zum 8. Lebensjahr), 2. Aktionsstadium (9.–10. Lebensjahr), 3. Relationsstadium (11.–13. Lebensjahr), 4. Qualitätsstadium (ab 14. Lebensjahr). Erst im 4. Stadium gleicht sich allmählich die Bevorzugung der verschiedenen Bereiche in der Apperzeption des Kindes aus.

Lit.: **Stern, W.:** Allgemeine Psychol. auf personalistischer Grundlage. Haag, [2]1950.
K. E. Pelzer

Appetenz-Aversions-Konflikt ↗Konflikt, ↗Ambivalenzkonflikt.

Appetenz, sexuelle, Bezeichnung für das sexuelle ↗Bedürfnis. Im Sinne der Motivationspsychol. handelt es sich um einen primären, angeborenen Trieb. Durch die s. A. wird ein Suchverhalten in Gang gesetzt, das dann durch richtende und auslösende Reize in eine Sequenz von sexuellen Verhaltensweisen übergeführt wird. Als erster hat N. Tinbergen beim dreistachligen Stichling eine solche Abfolge beschrieben. Das Ausmaß der s. A. hängt bei vielen Tierarten (nicht aber beim Menschen und bei den Affen) von der Jahreszeit ab (↗Brunst). Es kann allerdings durch Veränderung von Umweltvariablen (z. B. Wärme) und durch Gabe von Sexualhormonen verändert werden. Ob die s. A. in mehrere primäre Triebe aufgegliedert (z. B. in einen Berührungs- und einen Immissionstrieb bei männlichen Ratten) und ob ihre Stärke auch von der Lerngeschichte des Individuums bestimmt wird, ist umstritten. Die experimentelle Klärung dieser Fragen wird vor allem von F. A. Beach vorangetrieben.

Lit.: **Beach, F. A.:** Sexual behavior in animals and men. Harvey Society Lectures 1947/1948. Series 43, S. 254–280.

G. Lischke

Appetenzverhalten. Erblich angelegte und in ihrem Ablauf meist ebenfalls erblich fixierte Verhaltensweisen, die auch ohne einen vorhandenen Auslöser ablaufen müssen, wenn das psycho-physiologische Gleichgewicht aufrechterhalten werden soll. Es handelt sich hier also um ↗Instinkte, deren Antrieb endogen und ohne Auslöser produziert wird und die, wenn sie nicht laufend abreagiert werden, sich aufstauen und dann aus nichtigen oder gar keinen Anlässen durchbrechen können (Aggression, Sexualverhalten usw.).

H. Schmalfuß

Approach-approach-conflict ↗Konflikt.

Approach-avoidance-conflict ↗Konflikt.

Approximatives Bewußtsein. Aus der Jungschen Psychol. bei herabgesetzter Ich-Aktivität kann ein Zwischenstatus von Bewußtsein und Unterbewußtsein entstehen; die Gehalte dieses hypostasierten hochkomplexen Zustandes sollen gelegentlich fast begreifbar durch Trauminhalte hindurchschimmern.

J. Cumming

Apraxie (Synonym: *Dyspraxie*), Beeinträchtigung im Ausführen von erlernten Zweckbewegungen, die nicht durch Lähmung, Störung der Koordination, der Sensibilität, des Sprachverständnisses oder der Auffassung (Intelligenz, Bewußtsein) erklärbar ist. 1) *Ideatorische A.:* der Ideenentwurf für die auszuführenden Handlungen ist gestört, der Willensimpuls unrichtig (Beispiel: ein Kranker steckt ein Zündholz neben der Zigarette in den Mund). Vorkommen bei diffusen Hirnschäden, die gleichzeitig eine Demenz verursachen. – 2) *Motorische A.:* grobe Ungeschicklichkeiten in der Ausführung bestimmter Bewegungen infolge einer Schädigung des zuständigen Gliedmaßenzentrums, die nicht zu deren Lähmung, wohl aber zur Störung deren kinästhetischer Erinnerungsbilder führt. – 3) *Ideomotorische A.* (= ideokinetische): Störung der Ausführung einer Handlung infolge einer Unterbrechung der Verbindung zwischen den Ideationszentren und den Gliedmaßenzentren (Beispiel: der Kranke winkt, wenn man ihn auffordert, mit der Faust zu drohen). Einfachste kurze Bewegungen gelingen meist, da sie vom Gliedmaßenzentrum aus allein gesteuert werden können.

C. Scharfetter

Aptitude-Tests ↗Eignungstests.

Äquivalente Reize. Die Methode der ä. R. wurde von Kluever entwickelt und besteht darin, daß den Versuchsobjekten (z. B. Tieren), die auf einen bestimmten Reiz hin zu handeln gelernt haben, andere Reize dargeboten werden. Danach, ob es nun zu der angelernten Reaktion kommt oder nicht, kann man feststellen, welche Merkmale und in welchem Maße sie für die Äquivalenz der Reize entscheidend sind.

Lit.: **Kluever, H.:** The equivalence of stimuli in the behavior of monkeys. J. genet. Psychol., 1931, *39*.

V. Martinu

Äquivalenzprinzip. Dem Gesichtswahrnehmungssystem stehen unter anderem Signale über die Bewegung eines Gegenstandes auf der Netzhaut und Signale über die Lage des Auges zur Verfügung. Das System macht sich das zweite Signal zunutze, um die bei der Auswertung störende Wirkung der eigenen Augenbewegung zu eliminieren. Dieses Beispiel illustriert die folgende Definition des Ä.: Als Ä. bezeichnet man allgemein die Tatsache, daß das Wahrnehmungssystem zur Elimination eines störenden Signals ein äquivalentes Signal benützt.

Lit.: **Metzger, W.:** Psychologie. Darmstadt, [4]1968.

V. Martinu

Äquivalenztheorie, Lehre, daß beim Kunstgenuß das Kunstwerk zwar nicht für wirklich gehalten, wohl aber als Wirklichkeitsersatz erlebt wird.

Lit.: **Neumann, G.**: Vorlesungen zur Einführung in die experimentelle Pädagogik. Leipzig, 1911–14.

V. Martinu

ARAS, Abk. für *Aufsteigendes retikuläres Aktivierungssystem,* in der ↗Formatio reticularis lokalisiertes unspezifisches sensorisches System. Das ARAS wird sowohl von primären afferenten als auch von kortikoretikulären Fasern gespeist. Die Erregung des ARAS bewirkt eine allgemeine ↗Aktivierung des Organismus. Damit scheint es verantwortlich zu sein für den Übergang vom wachen Ruhezustand in den einer allgemeinen Aufmerksamkeit. – ↗Alarmfunktion.

R. Hänni

Arbeitsanalyse, die Gesamtheit der Methoden (↗Beobachtung, ↗Experiment) und der Verfahren (↗Arbeitsstudie, Eignungsuntersuchung, Umfrage, Untersuchung der Kommunikationsprozesse) zur Untersuchung des menschlichen Verhaltens und seiner Veränderungen im Laufe der Arbeit. Sie erlaubt die Beschreibung der Arbeitsabschnitte und die Vorgänge der Informationsverarbeitung durch den Beschäftigten, um den Anforderungen und Veränderungen der technischen Bedingungen und der Gesamtheit der Hinweise und Signale seiner Arbeit nachzukommen. An sie schließt die Beurteilung des Zustandes des betreffenden ↗Mensch-Maschine-Systems an, und sie bereitet die praktischen Eingriffe vor (Arbeitsgestaltung, Ausbildung, Auslese).

Lit.: **Bürgi, A.**: Die Analyse von Berufen und Berufsanforderungen. Stuttgart, 1976.

A. Weill-Fassina

Arbeitsbedingungen, Faktoren und Merkmale des technischen Umfeldes (Anlage, Ausdehnung und Gestaltung des ↗Arbeitsplatzes), des physischen Umfeldes (Beleuchtung, Temperatur, Feuchtigkeit, Strahlung, Lärm, Vibration), des psychosoziologischen Umfeldes (Aufbau der Arbeitsgruppe, des Betriebs) und des wirtschaftlichen Umfeldes (Lohn, Ertrag, Produktivität), die möglicherweise einzeln oder in Zusammenwirkung die Leistung des Menschen bei der Arbeit beeinflussen.

A. Weill-Fassina

Arbeitsbelastung, Menge der muskulären oder geistigen Arbeit in einem gegebenen Zeitraum, beurteilt nach dem objektiven Maß der besonderen Merkmale der Aufgabe (bewegtes Gewicht, Menge an übermittelter Information usw.) und/oder nach dem Maß des mittleren Aufwandes für den Arbeitenden (Energieverbrauch, Anteil der bei der Arbeit eingesetzten Leistungsfähigkeit usw.). Bei „objektiv“ gleicher Belastung variiert der durchschnittliche Arbeitsaufwand mit den ↗Arbeitsbedingungen, den Arbeitenden und den Arbeitsweisen.

A. Weill-Fassina

Arbeitsbewertung, Verfahren, das die leistungsmäßige Einordnung der Aufgaben in einer Berufsgruppe zum Ziel hat, wobei diese Einordnung zur Grundlage für eine ausgeglichene Lohnstruktur für den Betrieb oder den betreffenden Berufszweig dienen kann.

Die A. besteht in einer Analyse und Beurteilung, die es erlauben, jede Aufgabe entsprechend zu gewichten: durch Reihung, Klassifikation, Benotung und Faktorenvergleich.

A. Weill-Fassina

Arbeitshygiene, Kontrolle des Schädlichkeitsgrades der äußeren Bedingungen einer Arbeit mit dem Ziel, Berufskrankheiten und Unfällen vorzubeugen.

A. Weill-Fassina

Arbeitshypothese, eine Hypothese, die noch nicht als theoretische Erklärung angesehen wird, die aber der Forschung als Grundlage und Leitlinie dienen kann, indem sie bestimmte, empirisch zu prüfende Fragestellungen nahelegt.

W. Traxel

Arbeitskurve. Bei fortlaufender gleichartiger Arbeit werden Teilzeiten oder Teilleistungen gemessen und in einer Kurve graphisch dargestellt. Sie zeigt den Leistungsverlauf, der durch ↗Übung und physiologisch oder psychol. bedingte Veränderungen des Aktivatsniveaus (↗Aktivation) bestimmt ist. – Die A. wurde vom Psychiater E. ↗Kraepelin mit fortlaufendem Addieren entwickelt zur Prüfung der ↗Ermüdung. W. Arnold und R. Pauli schlugen eine charakterologische Interpretation der A. vor.

Lit.: Arnold, W. & R. Pauli: Der Pauli-Test. München, [4]1970.

R. Meili

Arbeitsperiode, Dauer eines Arbeitszyklus bei einer sich wiederholenden Arbeit. Diese Periode ist einerseits von Zahl und Art der Verrichtungen abhängig, aus denen sich ein Arbeitszyklus zusammensetzt, und andererseits von den Arbeitsweisen und -bedingungen (z. B. freier oder aufgezwungener Arbeitsrhythmus). *A. Weill-Fassina*

Arbeitsphysiologie, Untersuchung der Leistungen des menschlichen Organismus und deren Veränderungen im Laufe der Arbeit und im besonderen in Abhängigkeit von der Art der Arbeit, deren zeitlicher Ablauf, der Arbeitsbelastung, den äußeren ↗Arbeitsbedingungen und der Arbeitszeit. Ihr Ziel ist es, die optimalen Arbeitsbedingungen festzustellen, um die physische Belastung zu verringern, das Wohlbefinden und die Sicherheit zu steigern. Ihre Ergebnisse werden in der ↗Arbeitshygiene und bei der Arbeitsgestaltung verwandt. – ↗Arbeitspsychologie.

A. Weill-Fassina

Arbeitsplatz, Arbeitseinheit, die durch einen Beschäftigten versehen wird und die alles umfaßt, was zur Ausführung einer genau umschriebenen Aufgabe erforderlich ist. Die Aufteilung eines A., seine Anlage, seine Ausdehnung, seine Signal-, Kontroll- und Befehlseinrichtungen, das Arbeitsmaterial und das erforderliche Werkzeug bestimmen die physischen und technischen Bedingungen einer Arbeit. Der A. ist im allgemeinen ein Teil innerhalb eines umfangreicheren Systems. Die Merkmale eines A. werden im Laufe einer ↗Arbeitsanalyse untersucht, und diese können im Hinblick auf die Anpassung von Maschinen und des Arbeitsvorgangs an den Menschen zum Gegenstand von Verbesserungen werden. Wenn diese Verbesserungen unzureichend sind, bezieht die Untersuchung eines A. auch die Analyse seiner Stellung im Gesamtbetrieb und sein Verhältnis zu den anderen A.en mit ein.

A. Weill-Fassina

Arbeitspsychologie. Wenn man die Arbeit als eine Klasse von Verhaltensweisen auffaßt, so hat die A. die Untersuchung dieser Verhaltensweisen zum Gegenstand. Zu diesem Zweck setzt sie die klassischen Methoden der exp., klinischen und vergleichenden Psychol. und der Statistik ein. Die Untersuchung dieser Verhaltensweisen wird in den verschiedenen Richtungen der Psychol. betrieben: der Allgemeinen, Differentiellen und Sozialpsychologie. Die Einheit der A. ist also hauptsächlich durch ihren Gegenstand definiert.

Anhand der Kenntnisse über das Arbeitsverhalten lassen sich Kriterien entwickeln, die es zu optimalisieren gilt (Verminderung der ↗Ermüdung, Erhöhung der Sicherheit, Steigerung der Zufriedenheit). Zur Verwirklichung dieser Ziele ist die A. oft auf die Zusammenarbeit mit anderen Disziplinen angewiesen, die sich ihrerseits mit der Arbeit befassen: Physiologie, Soziologie, Ingenieurwissenschaft usw.

Die A. stellt also gleichzeitig eine *reine* und eine *angewandte* Wissenschaft dar. Es ist zwar nützlich, diese beiden Richtungen zu unterscheiden, doch sollten sie nicht als Gegensätze gesehen werden: sie können sich ergänzen und gegenseitig bereichern. Gute theoretische Kenntnisse begründen die praktischen, und die konkreten Probleme der Arbeit regen eine Vertiefung und Erweiterung der psychol. Kenntnisse an.

DIE WICHTIGSTEN ANWENDUNGSGEBIETE DER ARBEITSPSYCHOLOGIE: Eine Analyse des Begriffs „Arbeit“ läßt verschiedene Zugänge für die Psychol. erkennen.

Die Arbeit ist eine durch Lernen erworbene Verhaltensweise, was ganz besonders innerhalb der modernen Gesellschaft gilt, wo die Ausbildung schließlich kontinuierlich wird.

Die Arbeit ist bestimmten Forderungen unterworfen: technischen (z. B. Präzisionsforderungen, Zuverlässigkeit), wirtschaftlichen (Ertrag, Schnelligkeit), sozialen (hierarchischem Aufbau, Arbeitszeit usw.).

Die Arbeit ordnet den Menschen in soziale Gruppen und Organisationen ein, sowohl innerhalb eines Betriebs wie außerhalb. Daher kann die Arbeit nicht ohne weiteres aus den sozialen und technischen Zusammenhängen herausgenommen werden, in denen sie eingebettet ist.

Sie stellt eine Mikro-Ordnung in dem Sinn dar, als der Begriff der Arbeit schon den der Interaktion impliziert, die Interaktion von Mensch und Umwelt im weiteren Sinn: Gegenstände, Werkzeuge, Maschinen, Arbeitsmilieu.

Es läßt sich somit erkennen, daß Arbeit in mehreren ↗Bezugssystemen betrachtet werden kann. Zwei wesentliche lassen sich dabei unterscheiden.

Im ersten wird der Arbeitende als Glied in einem *technischen System* aufgefaßt: ein einfaches (↗Arbeitsplatz) oder ein komplexes (↗Mensch-Maschine-System). Innerhalb dieses Systems hat er bestimmte Aufgaben zu erfüllen, und der Psychologe kann die Funktionen analysieren, die der Arbeitende einsetzt: Identifikation und Interpretation von Informationen, Entscheidungen, sensomotorische Aktivitäten. Diese Erkenntnisse dienen wieder der Gestaltung der Maschinen und Einrichtungen, wofür die Ergonomie eine Vielzahl von Beispielen bietet (Gestaltung von Kontrollpulten, Steuerkanzeln, Qualitätskontrollstellen usw.).

Das zweite Bezugssystem, welches mehr auf den Arbeitenden als Individuum ausgerichtet ist, betrifft zunächst das *Personal* und die *Beschäftigung*. Lange hat sich die A. ausschließlich mit Fragen aus diesem Bereich beschäftigt.

Das kennzeichnendste Beispiel hierfür ist die Untersuchung individueller Unterschiede von Arbeitern; die Ergebnisse wurden dazu verwandt, die Verfahren der Auslese und der Berufsorientierung zu verbessern. Dieser Zweig dehnte sich auf *Führungsprobleme* aus, und die A. lieferte einen bedeutenden Beitrag bei der Untersuchung von Fragen der beruflichen Ausbildung, des beruflichen ↗Aufstiegs, der Leistungsbewertung. Daneben beschäftigt sie sich mit Fragestellungen des Berufslebens, den beruflichen Laufbahnen, dem Wandel von Berufszweigen (↗Berufsforschung). Der Arbeitende kann auch als Angehöriger einer Organisation betrachtet werden, die der Betrieb und die verschiedenen Gruppen, die diesen bilden, darstellen, aber auch als Angehöriger einer sozialen Gruppe, der er durch seine Arbeit angehört (Gewerkschaft, Berufsverbände usw.). Die Untersuchung der Bedeutsamkeit der Charakteristika einer Organisation für den Arbeitenden und die Interventionsmöglichkeiten, die sich daraus ergeben, stellen einen weiteren Aufgabenbereich für die A. dar.

DIE ENTWICKLUNG DER ARBEITSPSYCHOLOGIE. Die A. scheint zunächst die Untersuchung der Ermüdung zum Gegenstand gehabt zu haben, um diese zu messen und ihr vorzubeugen. Man setzte hierbei vor allem die exp. Methoden ein (E. Kraepelin, 1905; Lahy, 1910). Es zeigte sich jedoch sehr schnell, daß der Aufgabenbereich dieser neuen Disziplin wesentlich weiter war.

H. Münsterberg (1863–1916), der oft als der Begründer der A. angesehen wird, „zeichnete die großen Linien dieser neuen Wissenschaft (die er Psychotechnik nannte) zwischen der experimentellen Psychol. und den Problemen der Wirtschaftspolitik vor".

In der Folge und für eine lange Zeit richtete die Psychotechnik ihr Bemühen auf Probleme der ↗Differentiellen Psychologie. Die Untersuchungen wurden vor allem im Hinblick auf die Auslese und die ↗Berufsberatung angelegt. Die Verbesserung der Testmethoden scheint der hauptsächlichste Gegenstand der Psychologen dieser Epoche gewesen zu sein, wie sich in den Lehrbüchern von 1920 bis 1950 zeigt. Zunächst eng auf die ↗Arbeitsanalyse ausgerichtet, haben die Tests mit dieser schließlich nur noch den empirischen Bezug gemeinsam, zumindest bei einigen Autoren. Schließlich ließen die Testverfahren die allgemeineren Zielsetzungen der A. etwas in Vergessenheit geraten. Doch die Grenzen, die der Brauchbarkeit von Testverfahren gesetzt sind, sowie die Dringlichkeit anderer Fragen im industriellen und insbesondere militärischen Bereich zwangen die Psychol., sich mit neuen Problemen zu beschäftigen: Ausbildung, Leistungsbewertung, Gestaltung der Geräte, Fragen der Organisation usw.

In dieser Zeit wird die A. weitgehend mit der ↗*Industriepsychologie* gleichgesetzt. Diese letztere Bezeichnung ist noch weit verbreitet, obwohl sie weit enger ist als die erste, da sich diese nur auf eine Form von Arbeit bezieht.

Seit den fünfziger Jahren setzt sich eine Differenzierung im Bereich der A. durch. Einige Zweige entwickeln sich, ohne sich jedoch aus dem allg. Bereich zu lösen, und versuchen, diesen neu zu strukturieren.

So räumt die ergonomische Psychol. (*Engineering Psychology;* ↗Ergonomie), die sich zunächst mit den psychol. Aspekten der Systeme befaßt, nicht alleine einen weiten Platz der Gestaltung der Geräte ein, sondern führt im Hinblick auf die Systeme die Fragen der Auslese, der Ausbildung und der Bewertung ein, wobei sich oft neue Ansätze ergeben.

Ebenso greift die *Psychol. der Organisationssysteme,* die sich seit dem Beginn der sechziger Jahre stark entwickelt und die die Untersuchung der Interaktion von Mensch und Organisationen zum Gegenstand hat, die klassischen Fragen der A. unter einem neuen Gesichtswinkel wieder auf.

Die Fragen werden nicht mehr in eng umschriebenen Bereichen untersucht, sondern in bezug zu den anderen aufgegriffen: so widmet man sich weniger der Untersuchung eines einzelnen Tests als vielmehr der Methoden der Arbeitsplazierung, weniger der Schulung für einen bestimmten Arbeitsplatz als vielmehr den Schulungsmethoden für bestimmte Aufgabenbereiche.

Dieses Kennzeichen der aktuellen Entwicklung verschleiert die möglichen Nachteile einer allzu starken Spezialisierung. Sie unterstreicht die Notwendigkeit der ↗*Arbeitsstudie* und der Diagnose des Problems vor jedem Eingreifen, um diese durchführen und daraus Validitätskriterien ableiten zu können. Diese Entwicklung zeigt immer deutlicher die vielfältigen Bedingtheiten der Arbeit, welche dazu zwingt, die aufgeworfenen Fragen interdisziplinär zu behandeln. In einem Betrieb ist der Arbeitspsychologe immer mehr zur Zusammenarbeit mit anderen Spezialisten aufgerufen, um die notwendigen Schritte für die Arbeitsgestaltung sowie für die Personalführung einleiten zu können.

Lit.: **Arnold, W.:** Angewandte Psychologie. Stuttgart, [2]1974; **Biäsch, H.:** Arbeitspsychologie. Bemerkungen zur Methodologie. Zürich, 1954; **Bornemann, E.:** Ergebnisse und Probleme der Arbeitspsychologie. Studium Generale, 1961; **Hacker, W.:** Allgemeine Arbeits- und Ingenieurspsychologie. Bern, [2]1978; **Hackstein, R.:** Arbeitswissenschaft im Umriß. Essen, 1977; **Hoyos, C.:** Arbeitspsychologie. Stuttgart, 1974; **Katzell, R. A.:** Psychologists in industry. In: **W. B. Webb** (Ed.): The profession of psychology. New York, 1962, S. 180–211; **Leontiev, A. N.:** Some prospective problems of soviet psychology. Soviet Psychology, 1968, *6*, H. 3–4, 112–125; **Leplat, J.:** La psychologie du travail dans le monde. In: **M. Reuchlin** (Ed.): Traité de psychologie appliquée, Bd. 1. Paris (im Erscheinen); **Lockman, R. F.:** An empirical description of the subfields of psychology. Amer. Psychologist, 1964, *19*, 645–653; **Münsterberg, H.:** Psychology and industrial efficiency. Cambridge, 1913 (Reprint 1973); **Pieron, H.:** Traité de psychologie appliquée. Paris, 1959; **Rüssel, A.:** Arbeitspsychologie. Bern, 1961; **Tryon, R. C.:** Psychology in flux: the academic-professional bipolarity. Amer. Psychologist, 1963, *18*, 134–144; **Wallon, H.:** Principes de psychologie appliquée. Paris, 1946, S. 224; **Walther, L.:** Arbeitspsychologie. Luzern, 1950.

J. Leplat

Arbeitsrationalisierung hat zum wesentlichsten Ziel, die Produktion und den Gewinn zu steigern und die Ausführungszeiten zu verringern. Der gesunde Menschenverstand und die täglichen Erfahrungen reichen meist aus, um die Regeln der Arbeitsvereinfachung zu bestimmen, die im Anschluß an die ↗Arbeitsstudie angewendet werden müssen, um auf die Arbeitsmethoden des Ausführenden, die Arbeitsplatzbedingungen (Ausdehnung, Anordnung usw.) oder auf die Organisation des Betriebs (Eingliederung der Werkstätten, Umlauf des Materials und der Informationen) Einfluß zu nehmen.

A. Weill-Fassina

Arbeitsstudie. a) Teil der ↗Arbeitsanalyse: Zerlegung des Arbeitsvorganges in elementare Arbeitshandlungen auf der Ebene der Reaktionen eines Individuums, das eine bestimmte Aufgabe ausführt; sie hat im allgemeinen die Arbeitsrationalisierung zum Ziel und verwendet eher die Methoden der kontrollierten Beobachtung als exp. Methoden (z. B. Zeit- und Bewegungsstudien); sie läßt sich vorwiegend für manuelle und Büroarbeiten einsetzen. – b) Studie der Arbeitsbedingungen. *A. Weill-Fassina*

Arbeitsteilung ↗Arbeitspsychologie; ↗Industriepsychologie; ↗REFA-System; ↗Taylor-System.

Arbeitstherapie, vor allem von H. Simon vor ca. 40 Jahren für psychiatrische Kliniken eingeführt, aus der Erkenntnis heraus, daß untätiges Herumsitzen oder In-den-Betten-Liegen für psychisch Kranke in den meisten Fällen ungünstige Folgen hat. Es gibt heute keine gutorganisierte Klinik mehr, die auf arbeitstherapeutische Maßnahmen nicht großes Gewicht legt. Diese reichen von einfachen Handarbeiten, Mitarbeit in der Wäscherei, Glätterei und auf dem Felde bis zu einfacher industrieller Fertigung von Gebrauchsartikeln und künstlerischer Betätigung (Zeichnen, Malen, Modellieren, Basteln usw.). *A. Hicklin*

Arbeitszeit, Verteilung der Arbeitsstunden. Arbeitsbeginn und -schluß der Beschäftigten eines Betriebs; Zeitpunkt der beruflichen Tätigkeit (Halbtagsbeschäftigung, Tag- oder Nachtarbeit); Arbeitsdauer pro Tag oder pro Woche (variiert nach Ländern und Berufen). Sie kennzeichnet für einen Betrieb den Arbeitsrhythmus, z. B. in 1 × 8, 2 × 8, 3 × 8 Stunden, d.h. mit einer, zwei oder drei Schichten von je 8 Stunden. *A. Weill-Fassina*

Arbeitszufriedenheit. Herzberg begründete die sog. „2-Faktoren-Theorie der Arbeitszufriedenheit", nach der zwischen zwei voneinander unabhängigen Dimensionen der Zufriedenheit unterschieden werden muß. „Motivatoren" und „Hygienefaktoren" wirken dabei auf verschiedenen Dimensionen. Ungünstige, ermüdende, gesundheitsgefährdende und schlecht bezahlte Arbeitsbedingungen führen zu Arbeitsunzufriedenheit, die als eine negative kognitiv-evaluative Einstellung zu Aspekten der Arbeitssituation definiert wird.

Lit.: Bruggemann, A., Groskurth, P. & E. Ulich: Arbeitszufriedenheit. Bern, 1975; **Neuberger, O.:** Theorien der Arbeitszufriedenheit. Stuttgart, 1974. *W. Tisch*

Archetypen, Urbilder, Urvorstellungen, die seit Urzeiten genetisch überkommen und allen Menschen gemeinsam sind (C. G. ↗Jung). Sie sind Inhalte des „kollektiven Unbewußten" (die Inhalte des persönlichen Unbewußten dagegen sind die gefühlsbetonten Komplexe). Diese urtümlichen, allg. Bilder von bestimmten Bedeutungsgehalten offenbaren Symbole, wie sie zu allen Zeiten und Völkern lebendig waren; sie finden besonders in Märchen, Mythen, Religion und Kunst ihren vielfältigen Ausdruck. In der Sprache des Unbewußten, die eine Bildersprache ist, erscheinen die A. in personifizierter oder symbolischer Bildform. – Vgl. z. B. ↗Mandala; ↗Uroboros.

H. N. Genius

Arecolin ↗Betel.

Areflexie ↗Reflexlosigkeit.

Argyll-Robertsonsches Phänomen, reflektorische Pupillenstarre, bei der die Pupillen auf Licht nicht oder außerordentlich träge reagieren, während die ↗Akkommodation erhalten ist. Bei luetischen Erkrankungen des Zentralnervensystems. *A. Hicklin*

Arithmetisches Mittel. Das a. M. *(arithmetischer Mittelwert)*, kurz ↗Mittelwert genannt, ist die statistische Kennziffer zur Beschreibung der Zentraltendenz einer Verteilung,

$$\overline{X} = \frac{\Sigma X_i}{N}.$$

Der Mittelwert ist durch $\Sigma(X_i - \overline{X}) = 0$ definiert. Den übrigen Maßen der Zentraltendenz ist X im Falle annähernd symmetrischer Verteilungen (↗Häufigkeitsverteilungen), gleicher Intervallbreiten der Maßzahlklassen und/oder bei inferenzstatistischer Weiterverarbeitung (↗Inferenz) vorzuziehen. ↗Mathematische Psychologie; ↗Statistik. *W. H. Butollo*

Arithmomanie, zwanghaftes Zählen.

Arm-chair-psychology, Begriff von E. W. Scripture (dt.: *Schreibtischpsychologie*). Etwas abschätzige Bezeichnung für jene Psychologen, die Psychol. vom „Schreibtisch aus" betreiben, ohne experimentell vorzugehen. *H.-J. Aebi*

Army-Alpha-Test, beim Eintritt der USA in den 1. Weltkrieg von einer Gruppe der bedeutendsten Psychologen jener Zeit zur gruppenweisen Prüfung der ↗Intelligenz ausgearbeitet. Er war zusammengesetzt aus verschiedenen Aufgabenserien wie: Folgen von Anweisungen, Kenntnisse, Zahlenreihen, Rechenaufgaben, Begriffsverständnis, Wörter zu Satz ordnen, Wortanalogien (↗Analogie-Test). Er hat der Verwendung von Tests vor allem in den Schulen in den USA großen Auftrieb gegeben und als Vorbild für viele andere Tests gedient. *R. Meili*

Army-Beta-Test, ein zur gleichen Zeit wie der ↗Army-Alpha-Test konstruierter Test für Analphabeten und Personen, die der englischen Sprache nicht mächtig sind. Die Tests sind also alle nicht-verbal, und die Instruktionen mußten unter Ausschluß der Sprache gegeben werden können. *R. Meili*

Army General Classification Test (Abk.: AGCT). Der Test wurde für die US-Armee im 2. Weltkrieg konstruiert und auf über 10 Millionen Personen angewendet und ist nach dem Krieg für den zivilen Gebrauch freigegeben worden. Er enthält eine gleiche Zahl von Aufgaben der Wortkenntnis, des numerischen Denkens und des Zählens von Blockhaufen. Diese Testserie wurde später ersetzt durch den Army Qualification Test (Abk.: AFQT). *R. Meili*

Arousal Reaction. Neurophysiologischer Begriff, durch Moruzzi und Magoun 1949 eingeführt. Als sie die Formatio reticularis eines schlafenden Versuchstieres im Bereich des Rhombenhirns elektrisch reizten, erfolgte ein rasches Erwachen, wobei charakteristische Veränderungen im Hirnstrombild auftraten (Desynchronisation). Diese werden seitdem als „arousal reaction" bezeichnet. Diese Experimente mit hochfrequenten Strömen wurden an verschiedenen Stellen der Formatio reticularis (Mesencephalon, Pons und Medulla) vorgenommen. Sie führten zur Identifizierung des Wachzentrums mit der Formatio reticularis.

Lit.: **Baust, W. u. a.** (Hrsg.): Ermüdung, Schlaf und Traum. Frankfurt, 1971; **Moruzzi, G. H. & Magoun, W.:** Brain stem reticular formation and activation of the EEG. EEG clin. Neurophysiol. 1949, *1*, 455–473.

E. Ulrich

Arrangement, ein Ausdruck, den A. Adler für ein unbewußtes Zusammenspiel von Einstellungen, Symptomen, Verhaltensweisen usw. gebraucht; das A. vermittelt zwischen dem Machtstreben und seinen durch die Realität erfahrenen Grenzen, es determiniert so den ↗Lebensplan. Allgemeiner steht A. für gedankliche Konstruktionen, die ein Patient entwickelt, um seinem neurotischen Verhalten Rechnung zu tragen bzw. es zu rechtfertigen. Vgl. den Abwehrmechanismus der ↗Rationalisierung. *G. D. Wilson*

Art. Im biologischen Sinne wird heute die A. definiert als eine Gruppe von Populationen, zwischen denen ein Genfluß stattfindet, d. h. deren Mitglieder sich unter natürlichen Umständen mit Mitgliedern der anderen Populationen kreuzen und mit diesen fruchtbare Nachkommen erzeugen. Es kann also z. B. eine in einer bestimmten Population entstandene Mutation im Laufe von einigen Generationen in sämtliche übrigen Populationen derselben A. durch diesen Genfluß übertragen werden. Bei dem früher gebräuchlichen typologisch-morphologischen Artbegriff faßte man alle Individuen zu einer A. zusammen, die in allen „wesentlichen" Merkmalen übereinstimmten. Der Nachteil war jedoch, daß in dieser Definition durch das „wesentlich" ein zu großes subjektives Moment steckte. – *Arterhaltungstrieb:* ein oft mystifizierter Begriff, der im Grunde nichts anderes bedeutet, als daß jede Tier- und Pflanzenart irgendwelche Eigenschaften oder Verhaltensweisen entwickelt haben muß, durch die garantiert wird, daß eine Fortpflanzung stattfindet; fehlt dieser Trieb, so stirbt die A. aus.

H. Schmalfuß

Artefakt, statistisches. Damit können ↗Fehler gemeint sein, die man a) durch die Schätzung von ↗Parametern aus nicht repräsentativen Stichprobenwerten oder b) durch die Anwendung falscher ↗Methoden bzw. durch die falsche Anwendung von Methoden macht. *W. H. Butollo*

Arteriosklerotische Demenz ↗Demenz, arteriosklerotische.

Arthur-Handlungsskala (engl. *Performance scale*), eine aus den besten Handlungstests zusammengesetzte Testbatterie (1930): Würfel von H. A. Knox, drei Formlegetests, zwei Bilderlückentests, Labyrinth von S. D. Porteus und Mosaik von S. C. Kohs. Alter von 5–15. Seit 1947 besteht eine zweite, leicht veränderte Form. *R. Meili*

Artikulation bezeichnet einmal – abweichend vom Wortursprung – stimmphysiologisch (organogenetisch) die Bewegungen, besonders von Teilen des Ansatzrohres, die funktionell lauterzeugend und lautmodifizierend wirksam werden; als Sprechlautbildung stellt die A. (in der physiologischen Phonetik) eine Möglichkeit zur Deskription und Klassifikation von Lauten dar (eingeschränkt teilweise auf die Bildung von Konsonanten). Zum anderen bezeichnet A. das erzeugte Sprechlautgebilde hinsichtlich seiner Klarheit und Deutlichkeit in der Ausprägung sprachgemeinschaftlich gültiger phonematischer Normen oder ohne spezielle Attribuierung das Gesprochene (Verlautbarte) überhaupt, bezogen auf die Sprechzeit.

Lit.: **Görlitz, D.:** Ergebnisse und Probleme der ausdruckspsychologischen Sprechstimmforschung. Diss. Tech. Univ. Berlin, 1970.

D. Görlitz

Artung ↗Charakter.

Ascendance-Submission-Skala. Dieser Test der Dominanz bzw. Unterwürfigkeit von G. W. ↗Allport ist eine der ersten Selbstbewertungsskalen, in der der Pb unter zwei Verhaltensweisen in einer Situation die für ihn zutreffende angeben muß. *R. Meili*

Asemie, Unvermögen, sich mittels Zeichen mit anderen auseinanderzusetzen und zu verständigen.

Asexuell, Bezeichnung für ein Individuum, dem die sekundären Geschlechtsmerkmale völlig fehlen und bei dem die Geschlechtsorgane nur in rudimentärer Form vorhanden sind. Man spricht auch von einem vollständigen Infantilismus. Dieser tritt z. B. bei Kretinismus auf. *G. Lischke*

Askese, der freiwillige Verzicht auf alle sinnliche Befriedigung, auch in dem Bemühen, Enthaltsamkeit zu trainieren. Gewöhnlich in Verbindung mit der Erfüllung einer idealen Lebensweise, wie sie von verschiedenen religiösen und auch politischen Systemen gefordert wird. *J. Cumming*

Asomnie, Schlaflosigkeit, wurde erstmals von K. v. Economo (1917) nach einer durch Virusinfektion während des 1. Weltkriegs in Europa verbreiteten Encephalitis epidemica, bei der es zu einer Umkehrung des normalen Schlaf-Wach-Rhythmus kommt, untersucht. Diese Kranken sind nachts wach und schlafen tagsüber. A. ist von Einschlaf- und Durchschlafstörungen zu unterscheiden. A. wird neurophysiologisch durch eine Hyperaktivierung von Neuronenverbänden bewirkt, die in der ↗Formatio reticularis des Hirnstamms lokalisiert sind.

A. ist ein bei Gesunden häufig anzutreffender Zustand, dessen Ursachen mannigfach sein können (psychische Erregung, Belästigung durch optische und akustische Reize, Coffeinwirkung). Psychiatrische Krankheitsbilder werden oft von A. begleitet: Depressive zeigen vermehrte Schlaflosigkeit; schizophrene Schübe werden meist von A. eingeleitet. Im Bereich innerer Erkrankungen kann A. bei Herzinsuffizienz, Angina pectoris, Überfunktion der Schilddrüse, Bluthochdruck u. a. m. auftreten. Im Alter wird der Schlaf-Wach-Rhythmus unregelmäßig: nach dem 50. Lebensjahr bewirken arteriosklerotische Veränderungen bei ca. 50% der Menschen Asomnie. – ↗Schlaf.

Lit.: Baust, W. (Hrsg.): Ermüdung, Schlaf u. Traum. Stuttgart, 1970.

D. Vaitl

Asozialität, Verhalten, das sich nicht an gesellschaftlichen Normen orientiert (z.B. Diebstahl, Landstreicherei). Der Asoziale verweigert passiv die gesellschaftlichen Normen und Werte. Asoziale Gruppen entwikkeln häufig ihre eigenen Normen und Werte (Subkultur). Ursachen der A. sind z.B. ungünstige Entwicklungsbedingungen, gelegentlich auch organische Defekte. Auch bei primär organisch bedingter A. sind soziale Einflüsse von Bedeutung, d.h., auch bei schweren hirnorganischen oder endokrinen Störungen muß bei günstigen sozialen Bedingungen keine Asozialität resultieren. Eine schwächere Ausprägung der A. wird als *Dissozialität* bezeichnet.

Lit.: Göppinger, H.: Kriminologie. München, 1976.

E. Stephan

Asphyxie, Atemstillstand mit drohender Erstickung bei Atembehinderung. Der für die Atemregelung verantwortliche Gehalt des Blutes an CO_2 steigt dabei über einen Partialdruck von 56 mm Hg an und vergiftet das Atemzentrum; daher ist künstliche Beatmung nötig. A. kommt bei Neugeborenen während der Geburt als blaue, ungefährliche oder weiße, gefährliche Form vor. Sie ist die Folge von Blockierung der Atemwege oder geburtstraumatischen Hirnschäden. Ebenfalls mit A. werden Durchblutungsstörungen einzelner Extremitäten bezeichnet.

E. David

Aspiration ↗Anspruchsniveau.

Aspontaneität, Unfähigkeit, rasch aus eigenem Antrieb zu reagieren. Bei A. fehlt die Unmittelbarkeit der Handlungsauslösung.

Assimilation, allgemein ein Prozeß der Aufnahme gewisser Umgebungsaspekte in das Selbst. Eine der vielfältigen Verwendungen in der Psychol. ist die für Veränderungen neuer Fakten und Stimuli zur Angleichung an erfahrungsbestimmte Erwartungen. So werden Details eines Gerüchts gemäß dem eigenen Vorurteil modifiziert, bevor man es weitergibt. In der Wahrnehmungspsychol. stehen A.phänomene (Akzentuierung von Stimulusähnlichkeiten) neben Kontrastphänomenen (Akzentuierung von Stimulusdifferenzen). Kulturelle A., auch als ↗Akkulturation bezeichnet, beschreibt den Prozeß der individuellen Angleichung an die soziale Umgebung, z. B. das Annehmen der vorherrschenden Einstellungen dieser Gesellschaft.

G. D. Wilson

Im *biologischen Sinne* versteht man darunter die von lebenden Organismen mit Hilfe des Sonnenlichts und des Chlorophylls bewirkte Umwandlung von einfachen energiearmen chemischen Stoffen in kompliziertere energiereichere Verbindungen. In der Mehrzahl der Fälle (z. B. bei allen höheren Pflanzen) wird dabei aus Kohlendioxyd und Wasser Glukose aufgebaut. *H. Schmalfuß*

Im *physiologischen Sinne:* Aufbau körpereigener Substanzen aus chemischen Grundstoffen, die letztlich aus der Nahrung, unmittelbar aus dem Intermediärstoffwechsel stammen. E. Hering verwendete bei seiner Theorie der ↗Gegenfarben den Begriff der A. und ↗Dissimilation. In der ↗Retina befinden sich drei farbempfindliche Substanzen, die den Gegenfarbenpaaren Grün-Rot, Blau-Gelb und Schwarz-Weiß entsprechen. Unter Lichteinwirkung wird jede der Substanzen auf- bzw. abgebaut (assimiliert bzw. dissimiliert). A. ruft die Empfindung der einen Farbe, Dissimilation die Empfindung der anderen Farbe des Gegenfarbenpaares hervor. Beide Reaktionen finden zur gleichen Zeit in unterschiedlichem Ausmaß statt. Die resultierende Farbempfindung hängt davon ab, welcher Vorgang überwiegt.

R. Rix

Assimilations-Kontrast-Theorie, Theorie der Informationsverarbeitung (Yale-Gruppe); sie besagt: Informationen, die in den Toleranzbereich der eigenen Meinung fallen, werden akzeptiert und durch „Assimilation, d. h. durch gegenseitige Annäherung divergierender Standpunkte verarbeitet". Von der eigenen Ansicht abweichende Informationen werden verworfen; es kommt zu keiner Angleichung. Es kann sogar in Extremfällen ein gegenteiliger Effekt eintreten, in der Richtung, daß der Informationsempfänger seinen Standpunkt noch radikaler vertritt, seine Einstellung „in entgegengesetzter Richtung, in Kontrast zur wahrgenommenen Stellungnahme" verschiebt (Bumerang-Effekt).

Lit.: Meili, R. & H. Rohracher (Hrsg.): Lehrbuch der experimentellen Psychologie. Bern – Stuttgart – Wien, ³1972, S. 416.

H.-J. Aebi

Assoziation. Donner ist schon immer mit Blitz verbunden gewesen, und solche A.en gehen wahrscheinlich auf den Beginn menschlichen Denkens zurück. Verschiedene Typen und Stärken der A. sind immer dann postuliert worden, wenn der Mensch begann, systematischer über die Natur und den Ursprung seines Wissens, seiner Gedanken, Vorstellungen und Ideen nachzudenken. Die „Psychological Abstracts" bringen „Lernen" und A. in einer Kategorie zusammen und verzeichnen darin Arbeiten über Konditionierung, Lernen verbaler Inhalte, Empfindung, Gedächtnis, Wiedererinnern usw.

Geschichte der Assoziationstheorie. Das Konzept der A. erscheint zuerst in Platos „Phaidon", wo darauf hingewiesen wird, daß der bloße Anblick der Lyra des Geliebten oder seines Gewandes Gedanken und Gefühle hervorbringen wird, welche denen ähnlich sind, die durch den Geliebten selbst verursacht werden. Aristoteles stellte in seinem Werk „Über das Gedächtnis und die Erinnerung" verschiedene A.gesetze auf, die die spätere Psychol. stark beeinflußten. Er glaubte, daß wir uns an ein Objekt erinnern, weil es entweder dem Objekt unseres gegenwärtigen Denkens ähnlich oder unähnlich ist oder weil die beiden Objekte von uns ursprünglich in Zeit und Raum dicht beieinander wahrgenommen wurden. Diese aristotelischen Prinzipien der A. wurden als die Gesetze der Ähnlichkeit, des ↗Kontrastes und der ↗Kontiguität bekannt. Aristoteles glaubte, daß Wiederholung, Gefühl und Aufmerksamkeit sowie bestimmte Formen und Gestalten der Objekte ebenfalls die Bildung von A.en beeinflussen.

Bei Aristoteles bedeutete A., daß Gedanken durch die Umwelt bestimmt werden und nicht „gottgegeben" sind. Dies war für die Scholastiker nicht annehmbar, und die Spekulationen über die A. hörten für etwa 2000 Jahre auf, bis sie als A.theorie von den britischen Empirikern T. Hobbes, J. Locke, D. Hume, D. Hartley, A. Bain u. a. wiederbelebt wurden. Wie von Esper (1964) zusammengefaßt wurde, folgten diese Autoren den A.-gesetzen des Aristoteles, indem sie voraussetzten, daß alles geistige Leben von sensorischer Stimulation herrührt und daß ähnliche Erfahrungen später als Ideen oder geistige Elemente ohne die ursprüngliche Stimulation vorkommen können. Hartley dehnte die A.gesetze aus, um Muskelbewegungen einzubeziehen, und stellte bestimmte neurophysiologische Regeln als Grundlage der ↗A.psychologie auf. Bain schlug als Ergänzung die Prinzipien Freude und Schmerz vor und führte aus, daß die A.en, die zu Lustgefühlen führen, wiederholt werden und jene, die Schmerz hervorrufen, nicht.

Die exp. Basis der A.theorie wurde hauptsächlich von Sechenov geschaffen. In seinem Werk „Gehirnreflexe" (1863) erklärte er bestimmte geistige und zweckbestimmte Handlungen durch neurologische Mechanismen, die im Laboratorium demonstriert worden waren.

Sechenovs Arbeit ebnete den Weg für Pawlow, der viele Jahre der Untersuchung der Umstände widmete, in denen Tiere und

Menschen lernen oder A.en zwischen neuen und vorher bekannten Reizen und Reaktionen bilden. Pawlow (1934) behauptete, daß es keinen Unterschied gäbe zwischen dem Psychologen-Fachausdruck „Assoziation" und den Psychologen-Fachausdrücken „Konditionierung" oder „zeitweilige nervöse Verbindung". Pawlows Werk hat die gegenwärtige Psychol. stark beeinflußt, ihre Theorie und auch ihre Praxis.

MODERNE ASSOZIATIONSTHEORIEN. Die moderne Psychol. umfaßt viele Gebiete, und die A.prinzipien spielen in verschiedenen dieser Gebiete eine bedeutende Rolle. Die Entwicklungspsychol. ist stark von Watsons Behaviorismus (1919) beeinflußt worden. Watson demonstrierte, daß sich Pawlows Ergebnisse auch gut auf menschliche Kleinkinder anwenden lassen, da viele ihrer Ängste und Wünsche durch direkte oder indirekte A.en mit physischem Schmerz oder Lust konditioniert sein können. Watsons klassische Konditionierungsverfahren sind um Skinners (1953) operante Konditionierungsmethoden vermehrt worden. Diese Methoden benutzen die natürlich vorkommenden Verhaltensfluktuationen und belohnen jene Verhaltensweisen, die dem „gewünschten" Verhalten nahekommen, und vernachlässigen die anderen.

Die Psychol. des ↗Lernens lehnt sich sehr stark an die A.theorie an. Robinson (1932) führte die folgenden A.gesetze als wichtig für Lerntheoretiker auf: Kontiguität, Assimilation, Häufigkeit, Intensität, Dauer, Zusammenhang, Bekanntheitsgrad usw. Mehrere Theoretiker untersuchten und betonten jedoch verschiedene Aspekte, die für das Auftreten von A.en nötig sind. Wie von Hilgard und Bower (1956) aufgezeigt wurde, betonte E. R. Guthrie die reine zeitliche Kontiguität, C. L. Hull die Reduktion physiologischer Bedürfnisse und E. C. Tolman die Bildung von „mental patterns". Den gegenwärtigen Spezialisierungstendenzen entsprechend hat die Erforschung des Lernens speziellere Probleme der A. geprüft. Wie häufig in dem „Journal of Verbal Learning and Verbal Behavior" berichtet wird, suchen die Forscher den Mechanismus des Lernens durch Prüfung besonderer Probleme, wie ganzheitliches versus analytisches Lernen, massierte oder verteilte Übung, Gedächtnisinterferenz, Wahrnehmungsgeneralisierung, Verlernen, Hemmungen usw., zu verstehen.

Die sozialen Implikationen der modernen A.theorien sind vielleicht am deutlichsten auf den Gebieten der Erziehung, der Beratung und der klinischen Psychol., wo sie viel praktische Anwendung gefunden haben. Eysenck (1968) bahnte mit seinen Untersuchungen zum Problem der Dekonditionierung und Desensibilierung sozial unerwünschten Verhaltens neuen therapeutischen Verfahren einen Weg (↗Verhaltenstherapie). Die spezifischen sexuellen Verhaltenstendenzen eines Homosexuellen z. B. kann man durch elektrische Schläge während des Betrachtens von Abbildungen von Männern dekonditionieren. Bei einem Alkoholiker kann eine Entkopplung der Verbindung des Reizes „alkoholisches Getränk" und der Reaktion „Trinken" durch ein Medikament erreicht werden, das kurz nach der Alkoholaufnahme zu Brechreiz führt. Techniken der Verhaltensmodifikation, die auf Skinners operanter Konditionierung basieren, breiten sich jetzt auch schnell auf die Bereiche der Erziehung, der Behandlung jugendlicher Krimineller, der Psychopathologie und auf andere Gebiete aus, bei denen „Umschulung" eine Kernfrage ist.

Pongratz (1967) hat darauf hingewiesen, daß die A.theorie durch die Gestaltpsychol. und andere phänomenologische Richtungen kritisiert worden ist. Die Psychoanalyse hat sich ebenfalls den Erkenntnissen der A.psychologie widersetzt, weil sie glaubt, daß menschliches Denken und Verhalten nicht in Elemente zerlegt und durch A.gesetze erklärt werden können. Trotz dieser verschiedenen Gegenströmungen hat die A.psychologie weite Bereiche der psychol. Theorie und Praxis nachhaltig beeinflußt und wird wahrscheinlich noch viele Beiträge zum Verständnis menschlichen Verhaltens liefern.

Lit.: Claparède, E.: L'Association des Idées. Paris, 1903; **Esper, E. A.:** A history of psychology. Philadelphia –

London, 1964; **Eysenck, H. J.:** Fact and fiction in psychology. Baltimore, 1968; **Hilgard, E. R. & G. H. Bower:** Theories of learning. New York, ³1956 (dt.: Theorie des Lernens. Bd. 1 ³1973, Bd. 2 ²1973); **Jowett, B.:** The republic of Plato. Oxford, ³1908. **Pawlow, I. P.:** Selected Works. Moskau, 1955 (Orig. 1934); **Pongratz, L. J.:** Problemgeschichte der Psychologie. Bern – München, 1967; **Robinson, E. S.:** Association theory to-day. New York, 1932; **Ross, W. D.** (Ed.): The works of Aristotle. Oxford, 1908–31; **Sechenov, I.:** Reflexes of the brain. Cambridge (Mass.), 1965 (Orig. 1863); **Skinner, B. F.:** Science of human behavior. New York, 1953 (dt.: Wissenschaft und menschliches Verhalten. München, 1973); **Watson, J. B.:** Psychology from the standpoint of a behaviorist. Philadelphia, 1919.

F. Wesley

Assoziation, freie, ist der nicht mit Absicht gelenkte Ablauf der Gedanken, Vorstellungen und Erinnerungen, wie er im ↗Traum, in Tagträumen und freien Phantasien, in der ↗Psychotherapie und in der Psychoanalyse vorkommt. Aus den f. A.en kann der Betreffende oder der Beobachter (der Psychotherapeut) die Motive und Wünsche erkennen, die diese Assoziationen ohne sein Zutun und seine Absicht steuern.

Lit.: **Jung, C. G.:** Diagnostische Assoziationsstudien. Leipzig, 1906.

W. Toman

Assoziation, gerichtete, die unter bestimmten Leitvorstellungen, Zielen oder Endmotiven ablaufenden Gedanken, Vorstellungen oder Erinnerungen. Im Alltag treten g. A.en etwa als Suchen eines Namens, eines Verfahrens zur Lösung einer bestimmten Aufgabe, in der Psychol. als divergentes Denken (unter einem Oberthema), in der Psychotherapie als das Durcharbeiten eines Themas, einer Beziehung zu einer bestimmten Person oder eines traumatischen Ereignisses auf. Dabei werden die Einfälle, die unter solchen Leitvorstellungen stehen, ihrerseits nach Motiven und Wünschen untersucht, die sich in den Einfällen äußern könnten.

Lit.: **Jung, C. G.:** Diagnostische Assoziationsstudien. Leipzig, 1906.

W. Toman

Assoziationsbahnen. Wir unterscheiden in der Hirnrinde liegende, intracorticale A. und subcortical (weitgehend unter der Hirnrinde) verlaufende A. (Tractus nervosi associationis). Jene stellen hauptsächlich tangentiale Verbindungen benachbarter ↗Nervenzellen (Ganglien-Zellen) dar, diese verknüpfen in Form von Ruhe- und ↗Aktionspotentiale leitenden Nervenfasern (Neuriten) Hirnrindenbezirke derselben Hemisphäre oder Gebiete jeweils einer Rückenmarkshälfte. Die Fibrae arcuatae cerebri (bogenförmig verlaufende Nervenfasern) verbinden die Hirnrinde benachbarter Hirnwindungen (↗Gyrus). Der Fasciculus longitudinalis superior (oberes Längsbündel) spannt sich aus zwischen Stirn- und Hinterhauptslappen des Großhirns. Die Fasciculi intersegmentales (Zwischensegmentbündel) verbinden Nervenzellen derselben Seite verschiedener Rückenmarkssegmente.

Lit.: **Braus, H. & C. Elze:** Anatomie des Menschen. Berlin – Göttingen – Heidelberg, 1960.

G. Arnold

Assoziationsexperiment ↗Assoziationsversuch.

Assoziationsflüssigkeit, Faktor aus dem Bereich des divergenten Denkens, markiert durch Tests, in denen etwa zu einem vorgegebenen Wort möglichst viele Synonyme genannt, Gegenstände mit bestimmten Eigenschaften aufgezählt oder Sätze durch Einfügen von Adjektiven vervollständigt werden müssen.

M. Amelang

Assoziationsgesetze, seit Aristoteles die folgenden vier Gesetze: a) Gesetz der Ähnlichkeit: zwei einander ähnliche Gedächtnisinhalte werden miteinander verknüpft; b) Gesetz des Kontrastes: zwei einander entgegengesetzte Elemente werden miteinander verknüpft; c) Gesetz der räumlichen und d) zeitlichen Nähe (Kontiguität): zwei gleichzeitig oder kurz nacheinander auftretende Elemente werden miteinander verknüpft. – ↗Assoziation.

H.-J. Aebi

Assoziationskoeffizient, heißen alle diejenigen Maße, die den Grad des Zusammenhanges von zwei Alternativmerkmalen innerhalb einer Vierfeldertafel beschreiben. Ein häufig verwendeter A. ist der ↗Punkt-Vierfelder-

Korrelationskoeffizient. – ↗Mathematische Psychologie; ↗Statistik. *H.-J. Steingrüber*

Assoziationspsychologie, Richtung der Psychol., die alle seelischen Vorgänge mit Hilfe von ↗Assoziationen erklärt. Begründer: Hobbes, Hume und Mill. Der Begriff wird oft eingeschränkt gebraucht zur Bezeichnung der bis in die zweite Hälfte des 19. Jh. führenden Richtungen der Psychologie. Die A. spielt vor allem auf dem Gebiet des ↗Lernens auch heute noch eine nicht zu unterschätzende Rolle. *H.-J. Aebi*

Assoziationsversuch, die älteste, nach dem Vorgang von F. Galton, W. Wundt, E. Kraepelin, M. Wertheimer, E. Bleuler besonders von C. G. Jung (1906–15) und später von G. H. Kent & A. J. Rosanoff, D. Rapaport u. a. standardisierte projektive Methode der Tatbestands- und Persönlichkeitsdiagnostik. Auf zugerufene Reizwörter soll Pb möglichst rasch mit dem ersten Wort antworten, das ihm in den Sinn kommt. Aus verlängerten Reaktionszeiten, Versagern, ↗Verhaltensbeobachtungen, Bedeutungen der Antwort im Verhältnis zum Reizwort und ähnlichen Anzeichen werden – häufig in psychoanalytischen Begriffen – konfliktgeladene Lebensbereiche erschlossen. *A. Lang*

Assoziative Hemmung ↗Gedächtnishemmungen.

Assoziatives Äquivalent. Wird trotz anderslautender Aufgabenstellung auf ein Reizwort mit der geläufigen Assoziation reagiert, so ist nach Ach die Assoziationsstärke zwischen den beteiligten Elementen größer als die durch die Aufgabenstellung hervorgerufene Willensanspannung. Diejenige Assoziationsstärke, die der Stärke der Willensanspannung entspricht, bezeichnete er als „assoziatives Äquivalent". Damit glaubte Ach die Willensstärke messen zu können.

Lit.: Ach, N.: Analyse des Willens. Berlin – Wien, 1935.
H.-J. Aebi

Astasie, Unfähigkeit, aufrecht zu stehen infolge Störung der Bewegungskoordination, Lähmungen oder Simulation. Bisher bei sieben Syndromen als Symptom der Schädigung des Hirns bzw. der peripheren Nerven beschrieben. *H. J. Engels*

Asthenischer Typus, *Astheniker,* nach E. Kretschmer extrem zarte, magere und damit dysplastische Ausprägung des ↗leptosomen Körperbautyps. Affinität zu psychischen Störungen wie bei diesem. Nach K. Conrad hypoplastischer Pol der körperbaulichen „Sekundärvarianten". Charaktertyp nach E. Kretschmer, der unter Belastung ohne besondere Abwehrreaktionen einfach nachgibt: „überaus gemütsweiche, willensschwache, schalenlose Naturen, die unter dem Leben leiden, ohne sich dagegen wehren zu können, die weder hassen noch sich ärgern".

Lit.: Conrad, K.: Der Konstitutionstyp. Berlin, [2]1963; **Kretschmer, E.:** Der sensitive Beziehungswahn. Berlin, [4]1966; **ders.:** Körperbau und Charakter. Berlin, [26]1977.
W. Kretschmer

Ästhesiometer, ein Tastzirkel mit Spitzen. Diese können in verschiedenen Entfernungen auf verschiedene Hautbezirke gelegt werden. Auf diese Weise wird die zur Wahrnehmung der Verschiedenheit zweier Reize benötigte Distanz gemessen. *V. Martinu*

Ästhetik, psychologische ↗Experimentelle Ästhetik.

Ästhetischer Typus ↗Lebensformen.

Astigmatismus. Durch ein reales optisches System wird ein Punkt nicht als Punkt, sondern als Strich abgebildet. Astigmatismus des Auges: Die brechenden Flächen des Auges, Hornhaut und Linse, haben in verschiedenen Ebenen (Meridianen) verschiedene Krümmungsradien. Der Unterschied kann physiologisch bis zu 0,5 ↗Dioptrien betragen. Stärkere Krümmungsunterschiede werden störend empfunden und als A. bezeichnet. Die Korrektur kann durch das Vorsetzen von Zylinderlinsen erfolgen. Meistens überwiegt der Hornhautastigmatismus.
R. Rix

Astigmometer *(Ophthalmometer)*, Gerät zur Messung der Krümmungsradien der Oberflächen der brechenden Medien des Auges in verschiedenen Ebenen. Zum ersten Mal beschrieben von H. L. F. v. Helmholtz (1855); verschiedene Modifikationen im Laufe der Jahre z. B. von E. Javal – H. Schiötz. *R. Rix*

Astraphobie, neurotische Angst vor Gewittern.

ASW ↗Außersinnliche Wahrnehmung.

Asyllabie ↗Sprachstörungen.

Asymbolie ↗Agnosie.

Asymmetrie. Mit A. – das Gegenteil von Symmetrie – wird im Zusammenhang mit Verteilungen die ↗Schiefe einer Verteilung bezeichnet. Eine asymmetrische ↗Häufigkeitsverteilung liegt z. B. vor, wenn kein ↗Mittelwert $\overline{X}$ existiert, für den $f(X - \overline{X}) = f(\overline{X} - X)$ gilt. – In Mathematik und Logik bedeutet A., daß eine Relation R, die für xRy gilt, für yRx nicht gilt. *W. H. Butollo*

Ataraktika, Bez. für ↗Tranquilizer.

Atavistische Regression, Rückfall oder Rückkehr zu einer primitiveren aus der Phylogenese ererbten Organisationsform. ↗Regression. *G. D. Wilson*

Ataxiameter, Apparat, der alle unwillkürlichen Bewegungen einer Person registriert und mißt, die möglichst bewegungslos und aufrecht, mit geschlossenen Augen steht. Das A. wird oft in experimentellen Untersuchungen der ↗Suggestibilität benutzt. *F.-C. Schubert*

Ataxie, Koordinationsverlust der für die Bewegung verantwortlichen Muskelgruppen, so daß sowohl Zielbewegungen (z. B. Greifen nach einem Gegenstand), Bewegungsabfolgen (z. B. Gehen oder Sprechen; literale A. nach A. Kußmaul = Silbenstolpern) als auch das Ausbalancieren des Rumpfes und der Gliedmaßen in einer bestimmten Stellung gestört sind. Die ataktischen Bewegungen sind ausfahrend, ruckartig und über das Ziel hinausschießend.

Die Ursachen der A. liegen nicht in den betreffenden Muskelgruppen, sondern in den spinalen und cerebralen Zentren der Bewegungssteuerung. Man unterscheidet:

a) *Spinale A.:* bei Erkrankungen der für die Tiefensensibilität verantwortlichen Leitungsbahnen (z. B. bei Polyneuritis) oder der Hinterwurzeln oder -stränge des Rückenmarks (z. B. bei Tabes, luischer Meningitis). Diese Kranken schwanken und fallen meist um, wenn sie mit geschlossenen Augen stehen (↗Rombergsches Phänomen). – b) *Cerebellare A.:* Bei Ausfall bestimmter Bereiche des Kleinhirns (Archicerebellum) infolge von Tumoren, ↗Atrophie u. a. m. kann der Erkrankte auch bei offenen Augen nicht ohne Schwanken stehen (Astasie) oder gehen (↗Abasie), wobei es zu heftigem ↗Drehschwindel kommen kann. – c) *Cerebrale A.:* Sie ist bei Schädigungen des Stirn-, Schläfen- und Scheitellappens, des Thalamus und der Vierhügelregion anzutreffen; der Koordinationsverlust ist jedoch nicht so ausgeprägt wie bei cerebellarer Ataxie. Analog dazu spricht man zur Kennzeichnung schizophrener Verläufe von einer intrapsychischen A. (E. Stransky), wenn die Koordination psychischer Funktionsbereiche (↗Denken, ↗Affektivität) gestört ist. *D. Vaitl*

A-Test, ein exaktes inferenzstatisches Kurzverfahren zur ↗Signifikanz-Prüfung von Mittelwertsunterschieden im Falle zweier ↗abhängiger Stichproben. Anstelle des üblichen t-Wertes (↗T-Test) wird

$$A = \frac{\Sigma D^2}{(\Sigma D)^2},$$

dessen Zufallsverteilung für variables N bekannt und meist tabelliert ist, berechnet. ↗Mathematische Psychologie; ↗Statistik.

Lit.: Mittenecker, E.: Planung und statistische Auswertung von Experimenten. Wien. 1970. *W. H. Butollo*

Athetose. Es handelt sich um kein einheitliches Krankheitsbild, sondern um ein Syndrom, das bei verschiedenen Erkrankungen des Nervensystems vorkommt. An den Armen und Beinen, insbesondere an den Händen und Fingern, aber auch im Gesicht und am Hals, sind träge, unwillkürlich ablaufende Bewegungen zu beobachten. Es kommt zu krampfhaften Verdrehungen der Gelenke mit langsamen und bizarr aussehenden Bewegungen. Die Gelenke werden oft übermäßig gestreckt oder gebeugt, hauptsächlich distal an den Extremitäten. Eine starke Antagonistenspannung (Anspannung des Muskelgegenspielers) ist zu beobachten. Der Athetose liegen Erkrankungen des extrapyramidal-motorischen Systems zugrunde.

G. Arnold

Athletischer Typus, *Athletiker,* Körperbautyp mit kräftig-derbem Wuchs, massiv oder schlank. Der Bewegungsapparat (Skelett, Vorsprünge des Schädels, Muskelrelief) ist betont; derber Hochkopf, Haut und Haar grob. Affinität zu barykinetischem Temperament, Schizophrenie, Epilepsie.

Lit.: Kretschmer, E.: Körperbau und Charakter. Berlin, [26]1977; **ders. & W. Kretschmer:** Medizinische Psychologie. Stuttgart, [14]1975.

W. Kretschmer

Athymie, schwermütige Grundstimmung mit starker Antriebsreduzierung; Gemütslosigkeit; häufig bei Gewohnheitsverbrechern.

Ätiologie, Lehre von den verursachenden Faktoren der Krankheitsbildung.

Atmosphäre-Effekt. Woodworth & Sells haben 1935 beobachtet, daß in einem Syllogismus affirmative Prämissen die Tendenz haben, eine positive Formulierung des Schlußsatzes zu bewirken, auch wenn dieser Schluß logisch falsch ist. Umgekehrt bewirkten negative Vordersätze negative Schlußsätze. Diese – suggestive – Wirkung, die von der in den Prämissen geschaffenen „Atmosphäre“ auf den Schlußsatz ausgeübt wird, bezeichneten sie als Atmosphäre-Effekt. Der A. dürfte weitgehend ein Einstellungseffekt sein.

Lit.: Woodworth, R. S. & S. B. Sells: J. exp. Psychol. 1935, *18,* 451–460.

H.-J. Aebi

Atomismus ↗Atomistische Psychologie.

Atomistische Psychologie. Die a. P. versucht, Einsicht in die psychischen Vorgänge zu gewinnen, indem sie sie in ihre Elemente zerlegt und diese losgelöst von ihrem Zusammenhang erforscht. Sie steht damit im krassen Gegensatz zu den Ansichten der Gestalt- oder Ganzheitspsychol. (↗Ganzheit, Gestalt, Struktur), die den Begriff des Atomismus auch prägten. Zum Atomismus werden (z. T. ungerechtfertigt) die ↗Assoziationspsychologie, der ↗Sensualismus und extreme Formen des ↗Neo-Behaviorismus gezählt.

H.-J. Aebi

Atonie ist das Fehlen jeder Muskelspannung bei vollständiger Muskelerschlaffung.

E. David

Atrophie, Volumenabnahme mit Funktionsverlust von Organen oder Organteilen, meist als Folge von Inaktivität oder Mangelversorgung mit Sauerstoff und Nährstoffen.

E. David

Atropin (chemische Kurzbezeichnung: *Hyoscyamin),* parasympathikushemmende Substanz, die neben Hyoscin in Nachtschattengewächsen (z. B. Tollkirsche, Stechapfel, Bilsenkraut) vorkommt.

W. Janke

Attitude, englische und französische Bezeichnung für ↗Einstellung.

Attrappe, Modell zur Analyse von Schlüsselreizen (↗AAM). Man beginnt meist mit täuschend ähnlichen Nachahmungen und baut sie ab oder betreibt umgekehrt „Attrappenaufbau“. Bei der Sukzessivmethode ist doppelte Quantitierung nötig: A.–Kontrolle–A., um Schwankungen der Reaktionsbereitschaft zu erfassen. Störend wirken afferente Drosselung, Gewöhnung und Abdressur; sie lassen sich durch die Simultanmethode vermeiden.

Lit.: **Franck, D.:** Möglichkeiten zur vergleichenden Analyse auslösender und richtender Reize mit Hilfe des Attrappenversuches, ein Vergleich der Successiv- und Simultanmethode. Behav., 1966, *27*, 150–159. *K. Fiedler*

Attribuierung, Attribution, der im Alltag gängige Vorgang des (naiv-psychologischen) Erklärens eigenen u. fremden Verhaltens. A. ist eine allen Menschen gemeinsame Tendenz, sämtliche beobachtbaren Ereignisse auf irgendwelche zugrundeliegenden Ursachen (Motive, Umwelteinflüsse u.a.) zurückzuführen. Der A. kommt damit eine über die bloße Registrierung von Ereignissen des täglichen Lebens hinausgehende Ordnungs- und Strukturierungsfunktion zu, die den Geschehnissen Bedeutung verleiht und hilft, sie zu erklären, zu kontrollieren und vorherzusagen. Differentialpsychologisch bedeutsam sind individuelle Attribuierungstendenzen (internale vs. externale Attribuierung).

Lit.: **Jones, E. E., Kanouse, D. E., Kelley, H. H., Nisbett, R. E., Valins, S. & B. Weiner:** Attribution. Perceiving the causes of behavior. Morristown, 1972; **Meyer, W.-U. & H.-D. Schmalt:** Die Attributionstheorie. In: **Frey, D.** (Hrsg.): Kognitive Theorien der Sozialpsychologie. Bern, 1978. *J. A. Keller*

Atypisch, eine Abweichung vom Typischen, z.B. bei einem Individuum, das sich von der sozialen oder Gruppen-Norm unterscheidet, oder in einem Test-Ergebnis.

Aubert-Försterscher Satz. Bei gleichem Gesichtswinkel werden näherliegende Objekte (z. B. Buchstaben) besser erkannt als diejenigen in größerer Entfernung. Begründung: Die näheren Gegenstände nehmen einen größeren Teil der Netzhaut ein.

Lit.: **Jaensch, E.:** Über den Aufbau der Wahrnehmungswelt und die Grundlagen der menschlichen Erkenntnis. Leipzig, 1927–31. *V. Martinu*

Aubertsches Phänomen. Nachdem eine leuchtende senkrechte Linie im dunklen Raum längere Zeit fixiert worden ist, entsteht bei der Kopfneigung zur Seite der Eindruck, daß sie sich in entgegengesetzter Richtung dreht. Das Gleichgewichtszentrum allein reicht also nicht für eine vollkommene Orientierung im Raum aus. *V. Martinu*

Audiogramm. Das Ergebnis einer audiometrischen Untersuchung (↗Audiometrie) stellt den Hörverlust als Funktion der Schwingungsweite (Amplitude) eines eben noch wahrnehmbaren Tones dar. Die Maßeinheit wird in dB angegeben, wobei der Hörverlust nach unten relativ zur Hörschwellenkurve Normalhöriger angegeben wird (relative dB-Skala). Zu einem A. in einfachster Form gehört die sogenannte Luft- und Knochenkurve, getrennt für linkes und rechtes Ohr, zur Diagnose von Außenohr-, Schalleitungs- (Hörverlust bei der Luftleitungskurve), Innenohr-, Schallempfindungs- (Hörverlust bei der Knochenleitungskurve) und kombinierten Störungen (Hörverlust bei Luft- und Knochenleitungskurve).

Lit.: **Niemeyer, W.:** Kleines Praktikum der Audiometrie. Stuttgart, [2]1972; **Plath, P.:** Das Hörorgan und seine Funktion. Berlin, 1969. *M. Brambring*

Audiologie, die Lehre von den Hörprüfungen zum Zweck der Diagnose und Therapie von Hörstörungen. Wichtigstes medizinisches Untersuchungsverfahren ist die ↗Audiometrie. Andere – heute von geringerer praktischer Bedeutung und nur für eine Grobdiagnose geeignet – sind Hörprüfungen mittels Flüstersprache, Umgangssprache, Politzer-Akumeter, Stimmgabelversuch usw.

Lit.: **Berendes, J.:** Anleitung zur Funktionsprüfung des Ohres. Stuttgart, 1957. *M. Brambring*

Audiometer *(Akumeter),* Gerät zur Bestimmung des Hörvermögens eines Menschen. – *Akumeter* (nach Politzer): ein kleiner Stahlhammer, der aus gleichbleibender Entfernung auf einen Stahlzylinder fallen gelassen wird, kann ein – in der Intensität konstantes – Geräusch erzeugen. Die Entfernung, von der das Geräusch eben noch wahrgenommen werden kann, wird als Hörschwelle bestimmt. – Das *Grund-A.* ist ein Tongenerator, der Töne verschiedener Frequenz (diskret oder kontinuierlich) erzeugen kann; gleichzeitig mit einem Verstärker, durch den die erzeugten Töne in ihrer Intensität (diskret in 5 dB-Stufen oder kontinuierlich) verändert werden können. Der Verstärker ist in dB geeicht, hat Kopfhörer, meist auch Lautsprecher. – Zusatzmöglichkeiten für die Herstellung von Geräuschen (Rauschgenerator), für überschwellige Audiometrie, für Sprachaudiometrie sind oft vorhanden.

Lit.: Niemeyer, W.: Kleines Praktikum der Audiometrie. Stuttgart, [2]1972.

M. Brambring

Audiometrie, die Messung des Hörvermögens eines Menschen mittels elektroakustischer Tonerzeuger (↗Audiometer). Das Ergebnis einer audiometrischen Untersuchung wird im ↗Audiogramm dargestellt. Neben der *Grund-A.* (Diagnose von Außen-, Innenohr- und kombinierten Störungen) befaßt sich die A. mit *überschwelliger A.* (Differentialdiagnose von Innenohrschwerhörigkeit: Recruitment-, Ermüdungs-Test usw.), *Sprach-A.* (Anpassung von Hörgeräten: Zahlentest, Wörtertest usw.), *A. von Simulanten* (Lombart-Test, Lee-Test, Überhörversuch usw.), *A. von Kindern* (Moro-Reflex, Spiel-A. usw. und *objektiver A.* (psychogalvanische Hautreaktion, Schlafbeschallung usw.).

Lit.: Berendes, J.: Anleitung zur Funktionsprüfung des Ohres. Stuttgart, 1957; **Plath, P.:** Das Hörorgan und seine Funktion. Berlin, 1969.

M. Brambring

Audiovisuelle Hilfsmittel, die im Unterricht eingesetzten Darbietungsmittel, die an die Sinnesorgane Auge und Ohr gerichtet sind. Dazu gehören sowohl Wandtafel und Landkarte als auch die moderneren Medien, wie Dias, Film, Schallplatte, Tonband, Hörfunk, Fernsehen. Ziel ihres Einsatzes ist es, durch Veranschaulichung und Konkretisierung den Lehrstoff klarer und einprägsamer darzustellen und die Aufmerksamkeit und Motivation des Schülers zu steigern. Im Programmierten Unterricht, insbesondere dem Unterricht mit ↗Lehrmaschinen, sind a.H. nicht mehr Hilfsmittel, sondern integraler Bestandteil; man spricht auch von audiovisuellen Methoden und audiovisuellem Unterricht.

Lit.: Erickson, C.: Fundamentals of teaching with audiovisual technology. New York, 1965; **Klotz, G.:** Programmierter Unterricht – ein Verfahren für morgen. München, 1969; **Lumsdaine, A. A. & R. Glaser:** Teaching machines and programmed learning, Bd. 1. Washington, 1962.

H. Illner

Audition colorée, eine Art der ↗Synästhesie. Bei manchen Menschen können wahrgenommene Töne auch Farbempfindungen hervorrufen.

Auditiver Typus, Typus, dessen Vorstellungen vom akustischen Reiz, vom Zeitverlauf und von Bewegungen her geprägt sind. Insbesondere T. Kiefer unterscheidet zwischen dem visuellen und akustischen Vorstellungstyp.

Lit.: Kiefer, T.: Der visuelle Mensch, München – Basel, 1956.

W. Kretschmer

Auffälligkeitswert. Falls Nachrichten, denen ein relativ hoher ↗Überraschungswert zukommt, genügend oft auftreten, wirken sie auffällig. Dementsprechend wird der A. als Produkt aus der relativen Häufigkeit der Nachricht und ihrem Überraschungswert berechnet.

Lit.: Frank, H.: Kybernetische Analysen subjektiver Sachverhalte. Quickborn, 1964; **Meder, B.S. & W.F. Schmid** (Hrsg.): Kybernetische Päd. Stuttgart, 1974.

H. Riedel

Auffassung. Meist im Sinne von ↗Apperzeption gebraucht. Bewußte zentrale Verarbeitung von neu aufgenommenen Wahrnehmungsinhalten und Vorstellungsgegebenheiten auf der Grundlage der bestehenden Erfahrungsmatrix. In der Entwicklungspsychol. spielt der Übergang von der ganzheitlichen zur analytischen A. eine wichtige Rolle (7. und 8. Lebensjahr). Der Begriff kann auch synonym zu Einstellung, Meinung, Anschauung verwendet werden. ↗Wahrnehmung; ↗Aufmerksamkeit.

Lit.: Miller, G. A.: The magical number seven plus or minus sero. Psychol. Rev., 1956, *63*, 81–97; **Selinka, R.:** Der Übergang von der ganzheitlichen zur analytischen Auffassung im Kindesalter. Z. päd. Psychol., 1939, *40* und *41*, 1940; **Wundt, W.:** Grundriß der Psychol. Stuttgart, [15]1922.

K. E. Pelzer

Auffassungstypen ↗Vorstellungstypen.

Aufforderungscharakter. Der Begriff A., gelegentlich mit *Valenz* aus dem Englischen wieder rückübersetzt, wurde von K. ↗Lewin in die Handlungs- und Affektpsychol. eingeführt und hat große Bedeutung, heute vor allem auch in der ↗Marktpsychol., erlangt.

A. ist die Eigenschaft eines Zieles, in Richtung einer Handlungsauslösung wirksam zu werden. Es muß dabei weder bis zur Auslösung einer Handlung kommen (Beispiel: Widerstehen einer Verlockung), noch muß der A. positiv sein (Beispiel: Auslösung einer Flucht). A. wird nicht vom Individuum dem Ziel *zugeschrieben,* das Ziel *hat* den A., aber auch nicht autonom und unabhängig von der Feldsituation, in die auch die Befindlichkeit des Individuums mit eingeht. Lewin faßt diese Wechselwirkung mit dem Begriff *Gespanntes System.* – Spiegel (1960) gelangt durch die Einbeziehung der räumlichen, zeitlichen oder semantischen Distanz zu einem Aufforderungs*gradienten,* womit z. B. bei konkurrierenden Zielen Aussagen über die Aufteilung sozialer Felder möglich werden (↗Nischentheorie).

Lit.: Lewin, K.: Vorsatz, Wille und Bedürfnis. Psychol. Forsch. 1926, 7, 294–385; **ders.:** Principles of topological psychology. New York – London 1936; **Spiegel, B.:** Gradientenmodelle in der Sozialpsychologie. Z. Soziol. Soz.-Psychol., Köln, 1962, *1,* 19-38.

B. Spiegel & F. Haeberlin

Aufgabenanalyse ↗Itemanalyse.

Aufgaben zum Nachdenken (AzN 4+). Der Test AzN 4+ soll die intellektuelle Begabung prüfen und als Hilfsmittel zur Übergangsauslese auf weiterführende Schulen dienen. Er besteht aus 5 Untertests, die logisches und abstraktes Denken, Lernfähigkeit und den Umgang mit numerischem und sprachlichem Material zum Inhalt haben. Er ist für Schüler der 4. Klasse konstruiert worden und liegt in 2 Parallelformen vor, die als Gruppentest verwendbar sind. Die Durchführung des Gesamttests nimmt etwa 110 Minuten in Anspruch. Objektivität und Reliabilität können als gesichert gelten. Validierungsansätze sind vorhanden. Normwerte basieren auf einer Standardisierungsstichprobe von N = 2500.

Lit.: Hylla, E. & B. Kraak: Aufgaben zum Nachdenken. Neubearbeitet von **H. Horn et. al.** Weinheim, 1965.

Rolf Brickenkamp

Aufgeschobene Handlung. Um die Erinnerungsfähigkeit zu prüfen, ließ Hunter ein Vt in einer Wahlapparatur erst einige Zeit nach Ende der Reizdarbietung handeln (↗Delayed reaction). Der maximale Handlungsaufschub diente als Gradmesser der Merkfähigkeit. *K. Fiedler*

Aufklärung, sexuelle, zunächst Information über Physiologie der Geschlechtsorgane, sexuelle Praktiken (↗Onanie, ↗Petting, ↗Koitus, ↗Homosexualität), Schwangerschaft, Geburt und Verhütungsmittel. Adressaten der s. A. sind vornehmlich Kinder und Jugendliche.

Mit zunehmender Institutionalisierung der s. A., z. B. innerhalb des Schulunterrichts als eigenem Fach, und stärkerer Reflexion der einer Aufklärung zugrunde liegenden ethischen Maßstäbe wurde s. A. zur Sexualerziehung oder Sexualpädagogik (↗Geschlechtserziehung). Damit erweiterten sich ihre Inhalte um Probleme wie Geschlechterrollen, Phasen sexueller Entwicklung, gesellschaftspolitische Determinanten der Sexualität. Als Ziele der Sexualpädagogik definiert z. B. Brocher (1968, S. 14): „Information über die Bedeutung der ↗Sexualität, ihre Funktionsweise und ihre sozialen, ökonomischen und personalen Zusammenhänge mit der psycho-sexuellen individuellen Entwicklung sollen die Fähigkeit vermitteln, sich mit dem Faktum des eigenen Geschlechts, der eigenen Sexualität und ihrer Manifestationen in der Beziehung zum anderen Geschlecht im Vorausentwurf zu identifizieren . . ." – ↗Emanzipation, sexuelle.

Lit.: Brocher, T.: Kritische Überlegungen zu den Problemen der Sexualerziehung. In: Erziehung und Sexualität. Frankfurt – Berlin – Bonn – München, 1968; **Kent-**

ler, H. u. a.: Für eine Revision der Sexualpädagogik. München, 1969; **Scarbath, H.:** Geschlechtserziehung. Motive, Aufgaben und Wege. Heidelberg, 1967.

J. Friedrichs

Aufmerksamkeit. Der Begriff „Aufmerksamkeit" wird heute in verschiedenen Gebieten der Psychol. behandelt. Erkenntnisse über die A. werden vor allen Dingen in der Denk- und Wahrnehmungspsychol., in der Physiologischen Psychol., in der Psychophysik und der Theorie des Verhaltens gewonnen. Diese Forschungen werden unabhängig voneinander betrieben, und es gibt sowohl in den verschiedenen Disziplinen als auch innerhalb jeder einzelnen Disziplin verschiedenartigste Bedeutungen dieses Begriffs. In den meisten Fällen ist es möglich, Verbindungslinien zu historischen Bedeutungen des Begriffs „Aufmerksamkeit" zu ziehen.

In der älteren Literatur wurde A. als *Wachheit des Bewußtseins* definiert und nahm einen ganz entscheidenden Platz in den verschiedenen großen Theorien des ↗Bewußtseins ein. Strukturalisten und Funktionalisten (↗Funktionalismus) benutzten beide diesen Begriff und ließen zwei völlig verschiedene Auffassungen entstehen.

Die Strukturalistische Psychol. verband „Aufmerksamkeit" mit der Klarheit der Bewußtseinselemente. W. ↗Wundt stellte sich das Bewußtsein vor als bestehend aus einem Brennpunkt mit etwas verschwommener Peripherie, und er hielt die A. für den Vorgang, durch den Elemente der Peripherie in den Brennpunkt des Bewußtseins gerückt werden. A. verwandelt ↗Perzeption in ↗Apperzeption (E. G. Boring, 1929). E. B. Titchener ging noch weiter, indem er ein Kontinuum der Bewußtseinsklarheit annahm, das durch die A. entsteht. Für Titchener war diese Bewußtseinsklarheit eine Dimension der ↗Wahrnehmung, die er als „attensity" bezeichnete (zu übersetzen etwa als „Zuwendung"). „attensity" zusammen mit Intensität, Ausdauer und anderen Begriffen wurde eine grundlegende Dimension der Bewußtseinsstruktur (Boring, 1929).

W. ↗James (1890), ein Vertreter des Funktionalismus, wies der A. nicht einen Platz *im* Bewußtsein zu, wie es die Theorie der Strukturalisten impliziert, sondern er setzte sie sozusagen vor das Bewußtsein, und er verstand die A. als einen Selektionsprozeß von Elementen, die noch nicht im Bewußtsein sind, d. h., einige Elemente *dürfen* in das Bewußtsein aufsteigen, andere nicht. James war der Meinung, die A. sei eine notwendige Bedingung für die Klarheit des Bewußtseins, jedoch keine hinreichende. Zusätzlich sind kognitive Prozesse erforderlich. James betonte die Bedeutung der A. bei der Wechselbeziehung zwischen Organismus und Umwelt. Durch die selektive Funktion der A. wird eine psychol. Umwelt aus der physischen Umwelt herausgelöst, und somit dient die A. der Anpassung. Aber James sah in dieser Selektion nicht die einzige Aufgabe der Aufmerksamkeit. Er unterschied sowohl intellektuelle als auch sensorische A., willensbedingte als auch passive Aufmerksamkeit.

Die Gestaltpsychologen, Behavioristen und Psychoanalytiker schenkten dem Begriff „Aufmerksamkeit" nur wenig Beachtung, und Jahre hindurch wurde das Konzept überhaupt ignoriert. Ein einflußreiches Buch von D. O. Hebb (1949) erweckte neues Interesse für diesen Gegenstand. Er berichtet von spontanen neuralen Aktivitäten und bezeichnet A. als einen autonomen zentralen Prozeß, der als Verstärkung auf sensorische Vorgänge wirkt und der sehr stark vom Lernen beeinflußt wird. Die A. beeinflußt die Organisation der Wahrnehmung und die Reaktion auf bestimmte sensorische Stimuli. Hebb betont mehr den Selektionsvorgang bei Reaktionen als bei Stimuli; die Ähnlichkeit zwischen A. und ↗Einstellung ist in diesem Fall offenbar. D. E. Broadbent (1958) schlug eine neue Theorie vor, die sich der Terminologie der ↗Informationstheorie bedient und sich auf Stimulusselektion gründet. Dies ist der Ansatz der modernen Theorie der A. in der Denk- und Wahrnehmungspsychologie. Broadbents Theorie beruft sich auf die Ergebnisse seiner ausführlichen Experimente. Er führte zwei verschiedenartige Versuche durch: einmal das „Hören und Antworten" und zum andern „die geteilte Gedächtnisspanne". Beim ersten Experiment werden der Vp verschiedene Informationen zur gleichen Zeit übermittelt, die sie dann wiedergeben soll. Broadbent zeigte hier, wie begrenzt die Fähigkeit ist, eine solche Aufgabe zu erfüllen, und er arbeitete einige Faktoren heraus, die an diesem Prozeß beteiligt sind. Beim Experiment mit der „geteilten Gedächtnisspanne" wurde das Kurzzeitgedächtnis mit Zahlenpaaren geprüft, die „dichotisch" vorgegeben wurden, d. h., die eine Zahl des Paares wurde dem rechten und die andere dem linken Ohr dargeboten. Wichtigstes Ergebnis dieser Untersuchungen: die Vpn reagieren mehr mit Bezug auf das jeweilige Ohr als auf die Reihenfolge der Darbietung, wenn die Anzahl der Zahlenpaare klein ist und die Darbietung sehr schnell aufeinanderfolgt. Broadbents Theorie ähnelt der von W. James sehr. Die A. soll die informationsverarbeitende Fähigkeit des Individuums vor Überlastung schützen. Die kognitive Struktur (P-System in der Terminologie von Broadbent) hat die Fähigkeit, Informationen weiterzuleiten, aber nur einem sehr geringen Teil von denen, die den Organismus über sensorische Bahnen tatsächlich erreichen. So hat die A. sozusagen die Funktionen eines Tores, durch das manche Informationen passieren dürfen, andere nicht. A. ist ein zwischen den sensorischen Input und das P-System geschalteter Filter. Dieser Filter funktioniert nach dem Alles-oder-nichts-Gesetz. Er läßt die Eingaben aus einem Kanal ein und versperrt zugleich alle anderen.

Diese „Filtertheorie" der selektiven A. eignete sich äußerst gut dazu, weitere Forschungen anzuregen. Es wurden viele Experimente durchgeführt, deren Ergebnisse diese Theorie verschiedentlich modifizierten. Eine Zusammenfassung dieser Ergebnisse findet sich bei J. A. Swets, A. B. Kristofferson (1970) und N. Moray (1969). Vor allem die experimentelle Methode der Überlagerungstechnik, wobei zwei verschiedene Informationen in fortlaufender Sprache gleichzeitig jedem Ohr dargeboten werden und die Vp eine dieser beiden Nachrichten verfolgen und laut wiederholen muß, wird verwendet. Die Nachricht, die nicht wiederholt wird, übermittelt der Vp wenig Information, obgleich sie unter bestimmten Bedingungen von Bedeutung sein könnte. Wenn z. B. der Name der Vp auftaucht, ist es möglich, daß er aufgenommen wird. Solche Ergebnisse gaben Anlaß zu der neueren Auffassung, daß noch vor der „Aufmerksamkeit" eine andere „Interpretation" des sensorischen Input stattfinden muß. Es gibt einige neuere Theorien, die sich in diesem Punkt von der Broadbents unterscheiden (N. Moray, 1969).

In der ↗Psychophysik wurde dieses Konzept – die A. als sensorischer Filter – einige Jahre lang untersucht, und es wurden Methoden zur quantitativen Analyse einiger Aspekte der A. entwickelt. Ein schwacher Stimulus wird z. B. mit größerer Wahrscheinlichkeit ermittelt, wenn die Vp schon im voraus weiß, durch welchen sensorischen Kanal das Signal laufen wird. Die Literatur über diese Theorie wurde von J. A. Swets und A. B. Kristofferson (1970) zusammengefaßt. Die erstmalige Darbietung eines neuen Stimulus wird wahrscheinlich ein komplexes Reaktionsmuster mit Verhaltens-, zentralneuralen und autonomen Anteilen hervorrufen. Dieser ↗*Orientierungsreflex* schwächt sich bald ab, wird aber erneut auftreten, wenn der Stimulus leicht verändert wird. Dieser „Reflex" ist gekennzeichnet durch erhöhte A. und wurde sowohl von der physiol. Seite (F. N. Sokolov, 1960; D. B. Lindsley, 1960) als auch von der verhaltenswissenschaftlichen (H. J. Jerison, 1968) her ausführlich untersucht.

Lit.: Boring, E. G.: A history of experimental psychology. New York – London, 1929; **Broadbent, D. E.:** Perception and communication, Oxford, 1958; **Hebb, D. O.:** The organization of behavior. New York – London, 1949; **James, W.:** The principles of psychology. Dover, 1950 (1890); **Jerison, H. J.:** Attention. Int. Encycl. Soc. Sci. New York, 1968, S. 444–449; **Lindsley, D. B.:** Attention, consciousness, sleep and wakefulness, Vol. 3, S. 1553 bis 1593. In: Am. Physiol. Soc., Handbook of Physiology. Section 1: Neurophysiology. Ed. by H. W. Magoun et al. Baltimore, 1960; **Moray, N.:** Attention: selective processes in vision and hearing. London, 1969; **Sokolov, E. N.:** Perception and the conditioned reflex. New York, 1963. **Swets, J. A. & A. B. Kristofferson:** Attention. Ann. Rev. of Psychology, 1970, *21*, 339–366; **Trabasso, T. & G. H. Bower:** Attention in learning: Theory and research. New York – London – Sydney, 1968; **Arnold, W.:** Person, Charakter, Persönlichkeit. München, [4]1975; **Dürr, E.:** Die Lehre von der Aufmerksamkeit. Leipzig, 1907; **Floru, R. & W. Fröhlich:** Psychophysiologie der A. Bern – Stuttgart, 1979; **Rohracher, H.:** Einführung in die Psychologie. München, [10]1971.

A. B. Kristofferson

Aufmerksamkeit, distributive, auf mehrere Vorgänge oder Gegenstände verteilte ↗Aufmerksamkeit.

Aufmerksamkeitsschwankung. Die ↗Aufmerksamkeit kann nicht über längere Zeit in einem gleichbleibenden Ausmaß auf einen Vorgang oder Gegenstand gerichtet werden. Sie ist Schwankungen unterworfen, die sich in Leistungsschwankungen äußern. Ursache ist nach H. Rohracher die Regeneration der Ganglienzellen. *H.-J. Aebi*

Aufmerksamkeit, statische ↗Vigilanz.

Aufmerksamkeitstheorien. 1) *Physiologische A.:* G. E. Müller glaubte, bestimmte Prozesse steigerten die Reizbarkeit von Gehirnteilen, was zu besserer Aufnahmefähigkeit führe.

H. Ebbinghaus und E. Dürr führten in ihrer „Bahnungstheorie" die Aufmerksamkeit auf Bahnungseffekte in den Nervenbahnen des Gehirns zurück. Sie nahmen an, daß eine über gewisse oft benützte Bahnen erfolgende Erregung zu klarerer Wahrnehmung führe.

Die neuere Lit. betrachtet die Aufmerksamkeit weitgehend physiologisch und spricht von erhöhter Aktivierung durch das ↗ARAS (↗Alarmfunktion).

2) *Psychophysiologische A.:* H. Hennings „Sensibilisierungstheorie" sieht die Aufmerksamkeit als Folge einer durch äußere und innere Reize verursachten Sensibilisierung der Sinnesorgane und der Nervenbahnen an. In ähnlicher Weise betrachtet H. Rohracher in seiner Theorie der „funktionalen Leistungssteigerung" die Aufmerksamkeit als eine Aktivierung einzelner psychischer Funktionen, hervorgerufen durch starke äußere Reize oder durch Triebe, Interessen und Willen.

Diese Theorien gehen von der Förderung der Reizbarkeit aus. Im Gegensatz dazu P. K. Hofstätter erklärt die Aufmerksamkeit mit Hilfe der „Suppressor-Felder", die eine „Herabsetzung der Reizwirksamkeit des Umfeldes" bewirken.

3) *Psychologische A.:* B. Erdmann sieht die Aufmerksamkeit als einen nicht weiter zurückzuführenden Faktor an, als die psychische Energie schlechthin. E. Mach und W. Wundt sehen wie I. Kant die Aufmerksamkeit als Folge der Willenstätigkeit.

4) *Mechanisches Modell:* Ansatz von D. E. Broadbent (1957): Zwei Kanäle werden zusammengefaßt zu einem gemeinsamen „output" geführt.

Die A. sind weitgehend bestimmt durch die ihnen zugrunde liegende Definition der ↗Aufmerksamkeit.

Lit.: Broadbent, D. E.: A mechanical model for human attention and immediate memory. Psychol. Rev., 1957, *64*, 205–215; **Rohracher, H.:** Einführung in die Psychologie. München, [10]1971.

H.-J. Aebi

Aufmerksamkeitstypen. Nach experimentellen Untersuchungen bes. von O. Vollmer ergaben sich sowohl bei visuellen wie bei akustischen Reizen zwei A., die sich den Kretschmerschen ↗Konstitutionstypen zuordnen ließen. Die ↗Schizothymen zeigten einen engen Aufmerksamkeitsumfang, ihre Aufmerksamkeit war fixierend, ging ins Detail, die Wahrnehmung mehr objektiv. Bei den Zyklothymen war der Aufmerksamkeitsumfang weit, ihre Aufmerksamkeit war fluktuierend, nahm das Ganze in einer mehr subjektiven Weise wahr. Weitere Untersuchungen darüber haben E. Meumann, H. Nann, W. Kretschmer, A. Lutz und K. Dambach durchgeführt.

Lit.: Ribot, T.: Die Psychol. der Aufmerksamkeit. Leipzig, 1908: **Vollmer, O.:** Die sog. Aufmerksamkeitstypen und die Persönlichkeit. Z. Psychol., Erg.-Bd. 14. Leipzig, 1929.

W. Kretschmer

Aufmerksamkeitsumfang, die Anzahl Gegenstände gleicher Art, die auf einen Blick erfaßt werden können.

Aufmerksamkeitswanderung, schneller Wechsel der ↗Aufmerksamkeit von einem Gegenstand oder Vorgang zum anderen.

Aufrechtsehen trotz umgekehrter Lage des Netzhautbildes war im 19. Jh. ein heftig diskutiertes Scheinproblem; heute zählt man es zu einer der Grundtatsachen der ↗Raum- bzw. Richtungswahrnehmung. Die Abbildung an der Netzhaut ist relativ zur Objektlage um 180 Grad gedreht. Die Frage ist jedoch nicht, wie es trotz umgekehrten Netzhautbildes zum A. kommt, sondern wie die subjektiven Kategorien der Richtungsbeziehungen, wie „oben" und „unten", „links", „rechts" usw., in der Wahrnehmung entstehen. – ↗Brillenversuch. *A. Hajos*

Aufstieg, beruflicher. Muller nennt zwei Formen des b. A.: den Wechsel von einem Beruf in einen anderen mit höherem Ansehen oder besseren Aufstiegsmöglichkeiten und den Wechsel innerhalb eines Berufsstandes von einer niedrigen zu einer höheren Position, der von einer günstigen Personalbeurteilung abhängig ist. Motive für den b. A. sind u. a. finanzielle Erwägungen und Sozialprestige.

Lit.: Muller, P.: Berufswahl in der rationalisierten Arbeitswelt. Hamburg, 1961. *W. Sperber*

Auge, Sehorgan. Man unterscheidet den lichtbrechenden Teil (Antransportorgan) vom lichtempfangenden Teil (Transformationsorgan). Zum Antransportorgan gehören: Cornea (Hornhaut); vordere und hintere Augenkammer, die durch die Iris (Regenbogenhaut) getrennt werden (sie sind mit Kammerwasser angefüllt); Linse; Glaskörper. Zum Transformationsorgan zählt man die Retina mit ihren Sinneszellen, den Zapfen und Stäbchen, in denen die Reizenergie in nervöse Erregung transformiert wird. Diese wird über den „Sehnerven" (Fasciculus opticus) dem Zentralnervensystem (ZNS)

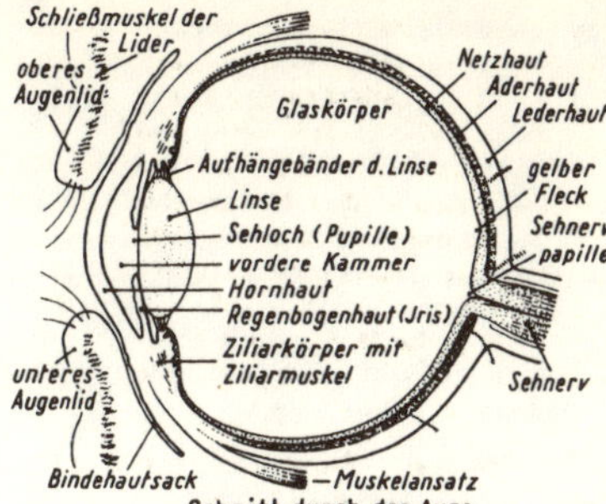

Schnitt durch das Auge

zugeleitet. Man unterscheidet eine optische Augenachse und eine Sehachse. Auf der optischen Achse (Axis oculi geometrica) liegen die Kardinalpunkte (Hauptpunkte, Knotenpunkte und Brennpunkte) des optischen Systems. Sie verbindet den vorderen Linsenpol mit einem Punkt, welcher zwischen dem blinden Fleck und der Fovea centralis liegt. Sie entspricht in etwa der Symmetrieachse des allerdings nicht ganz rotationssymmetrischen Augapfels (Bulbus). Die Sehachse geht durch die Mitte der Fovea centralis und schneidet die optische Achse im hinteren Drittel der Linse. – ↗Sinnesorgane: das Auge. *R. Rix*

Augenbewegungen. Rotations-torsionsförmige, mit Hilfe der ringförmig angelegten sechs Augenmuskeln erfolgte Verschiebung des Augapfels mit der Funktion, die optische Stimulation zu verändern, einerseits um bestimmte Ausschnitte in den Ort der höchsten visuellen Auflösung (↗Fovea centralis) zu bringen, andererseits um ↗stabilisierte Netzhautbilder zu vermeiden. Haupttypen: 1a) ↗*Konvergenzbewegungen* beider Augen, 1b) kontinuierliche (= gleitende) *Folgebewegungen,* zielend auf sich bewegende Objekte, 1c) diskrete (= ruckartige) ↗*Sakkaden* von hoher Winkelgeschwindigkeit, während derer keine oder nur sehr reduzierte Reizaufnahme stattfindet (sog. sakkadische Supression). Dieser Typ von Bewegungen tritt charakteristischerweise bei Leseprozessen oder bei freier Bildbetrachtung auf, wobei die Perioden relativen Stillstands des Auges zwischen den Sakkaden, die sog. *Fixationen,* als Verarbeitungszeiten interpretiert werden. 1d) *Laterale Augenbewegungen* wurden als intraindividuell konstant entweder nach links oder rechts verlaufende Abschwenkungen des Auges (interpretiert als Wechsel von einem äußeren auf einen inneren Focus) beobachtet, etwa vor dem Lösen komplexer akustisch präsentierter Aufgaben. 2) Mikrobewegungen. a) Als physiologischer *Nystagmus* mit hoher Frequenz und geringer Amplitude während Fixationen auftretend, b) *Mikrosakkaden.* 3) Augenbewegungen ohne optische Stimulation: *Rapid Eye Movements* (=REMs) rasche periodische Augenbewegungen während des ↗Schlafs, verbunden mit ↗Träumen. *R. Groner*

Augenbewegungen, Gesetze der, ↗Listingsches Gesetz; ↗Fusion. – Vgl. auch Traumforschung.

Augenbewegungsapparat. Es werden meist drei Methoden zur Messung der Augenbewegung verwendet: a) ein Lichtstrahl wird auf das Auge projiziert und sein Reflex auf einem laufenden Film festgehalten; b) die die Augenmuskulatur steuernden elektrischen Signale werden aufgenommen, verstärkt und registriert; c) die Augenbewegung wird mittels einer Kamera direkt gefilmt. *V. Martinu*

Augenkamera ↗Blickregistrierung.

Augenmaß, die Schätzung von Größen bei der Gesichtswahrnehmung. Prinzipiell unterscheidet man zwischen der direkten Schätzung und dem Vergleich mit einer Norm. Es kann in verschiedenen Richtungen geschätzt werden: Schätzung der Tiefe, der vertikalen Größe usw. *V. Martinu*

Augenschein-Validität ↗Face Validity.

Aura. 1) Die bei etwa der Hälfte der Epileptiker in Erscheinung tretenden unmittelbaren Vorboten des Krampfanfalles. Sie äußern sich sehr verschiedenartig: im Bereich der Gefühle (Angst, Glück), der Erlebnisproportionen (Veränderung der Größenverhältnisse, der Farbempfindung, der Bedeutung des Fremden oder Vertrauten, Veränderung des Zeitempfindens, Sinnestäuschungen), der Gedankentätigkeit (Beschleunigung, Verlangsamung, Zwangsdenken, Verwirrung), in der vegetativen Sphäre (Schwitzen, Kälte, Wärme, Erblassen, Erröten, epigastrische A. im Oberbauch). Selten kommt auch eine A. vor, ohne daß ein Anfall erfolgt. *C. Scharfetter*

2) Eine Art Ausstrahlung, die, wie die Okkultisten (↗Okkultismus) annehmen, den ganzen menschlichen Körper umhüllt und die von besonders befähigten und ausgebildeten ↗Sensitiven gesehen und gedeutet werden kann. Die Deutung wird durch die Färbung der A. ermöglicht und bezieht sich auf den seelischen Zustand der Versuchsperson.

3) Manchmal wird dieser Begriff auch zur Beschreibung normaler Feldkräfte verwendet, die einen elektromagnetischen Körper umgeben. *J. Beloff*

Ausdauer, Beharrungsvermögen bei der Aufrechterhaltung willentlich gesteuerter Aktivitäten; spezieller Aspekt der Leistungsmotivation, der die Bereitschaft kennzeichnet, Unbequemlichkeiten oder Schmerzen bei der Verfolgung selbstgesetzter Ziele zu ertragen.

Lit.: French, J. W.: The validity of a persistence test. Psychometrica, 1948, *13,* 271–277. *M. Amelang*

Aus-dem-Felde-Gehen, ein von K. ↗Lewin in die Psychol. eingeführter Begriff, der im wesentlichen das Ausweichen aus einer Konfliktsituation bezeichnet. Es ist sozusagen die dritte Möglichkeit, die bei der Lösung eines Vermeidungs-↗Konfliktes zur Verfügung steht. Ein A. tritt auch häufig ein bei Reizsättigung und monotoner Wiederholung gleicher oder ähnlicher Handlungen.

Lit.: Karsten, A.: Psychische Sättigung. Psychol. Forsch. 1928, *10,* 142–254; **Lewin, K.:** Feldtheorie in den Sozialwissenschaften. Bern, 1963. *R. Hänni*

Ausdruck, bezeichnet, als psychol. Terminus, den Gegenstand der A.psychologie. Das Wort ist, nach Ausweis des Grimmschen Wörterbuches, „ein heute sehr gangbares, doch erst im 18. Jh. entsprungenes“, welches das ältere, seit Luther geläufige „Ausdrukkung“ verdrängt und – wie „ausdrucksvoll“, französisch „expressif“ – „expression“ nachbildet und ersetzt.

Umgrenzung des psychologischen Ausdrucks. Geschichtlich sind der modernen A.forschung zahlreiche Definitionsversuche überliefert, die nachweisbar sämtlich unter schweren Mängeln leiden (vgl. Kirchhoff 1962 [b], 1963, 1965 [b]) und die daher gegenwärtig im Abbau begriffen sind. Beispiele hierfür sind Tautologien wie „A. ist A. von Seelischem“ oder tautologische und zudem unzweckmäßig restriktive Thesen wie „A. ist Gefühlsausdruck“ oder „A. ist Bewegungsausdruck“ (vgl. ↗Ausdrucksbewegung und ↗Ausdrucksprinzip).

Die Struktur von psychol. relevantem A. läßt sich formal restfrei durch die Analyse der Struktur von „A. schlechthin“ aufhellen. Hierbei zeigt sich: Unter dem Titel „Ausdruck“ ist immer davon die Rede, daß ein „Wer oder Was“ (ein A.subjekt; auch: A.-gehalt, exakter: Subjekt oder Gehalt einer A.erscheinung) in einem „Worin“ (sematologisch: einem A.medium) erscheint, d. h. für jemanden (einen A.empfänger) zugänglich wird. Angewandt auf den psychol. A. ergibt sich daraus, daß eine vollständige und sachangemessene Definition nur durch Thematisierung des Subjekts (Gehalts) psychol. relevanter A.erscheinungen sowie dieser A.erscheinungen (= Medien des A.subjekts) selbst zu gewinnen ist. Geht man hierzu aus von der Psychol. als „Lehre vom Sein und Sosein personaler Wesen, soweit sie im Erleben und Verhalten wissenschaftlich-methodisch zugänglich sind“, so ist psychol. A. zunächst zu bestimmen als „erscheinendes personales Sosein von Mensch und Tier“: erscheinend, d. h. zugänglich in bestimmten, danach so genannten personalen A.erscheinungen bzw. -medien oder Symptomen (zeichentheoretische, sematologische Fassung der A.erscheinungen). Da haltbare Gründe für eine begriffliche und/oder sachliche Einengung des personalen A.subjekts (z. B. nur auf Gefühle, Emotionen, Affekte o. ä.) nicht vorliegen (vgl. Kirchhoff 1965 [b]), sind prinzipiell alle aktuellen Befindlichkeiten (vgl. ↗Positionalität) sowie alle relativ überdauernden Persönlichkeitszüge, soweit sie im A. zur Erscheinung kommen, als „Gehalte“ psychol. A.erscheinungen in Anspruch zu nehmen. Analoges gilt für die Fixierung der psychol. A.medien.

Lediglich aus wissenschaftssystematischen wie -praktischen Gründen (Kollision vor allem mit der ↗Psychodiagnostik) ist eine Begrenzung auf die Wie-Facette *leibgebundener* A.erscheinung notwendig (vgl. Kirchhoff 1962 [b]).

Als psychol. relevanter A. ist danach zu definieren „das (erscheinende) personale Sosein eines A.trägers (Mensch, Tier), soweit es in der Wie-Facette personaler Erscheinungen zugänglich ist“ (pathognomisch: *wie* jemand sich verhält, z. B. lacht, weint, steht, geht, sitzt, sich mimisch-pantomimisch bewegt, spricht usw.).

Durch diese Umgrenzung ist ein weiter Forschungsbereich umrissen, der in sich näher zu differenzieren ist; aus dem aber auch Nichtzugehöriges (wie z. B. die Handschrift: eine sprachlich-graphisch-signifikative Werkgestalt) ausscheidet, wodurch u. a. ein historisch vor allem durch L. Klages verursachter und getragener Grundirrtum beseitigt ist. Analog entfallen Begrenzungen z. B. auf den „Affektausdruck“, den „A. der Gemütsbewegungen“ und andere Sonderformen positionalen In-der-Welt-Seins sowie korrespondierend bloß auf „A.bewegungen“ bzw. „-vorgänge“ (↗Ausdrucksbewegungen).

Gliederung des psychologischen Ausdrucks. Gleichfalls bereinigt ist die Situation hinsichtlich der beiden Hauptbezirke des A.: der *Pathognomik* und der ↗*Physiognomik*.

In der Antike und im Mittelalter ungeschieden und unkritisch betrieben, ab J. K.

Lavater und G. C. Lichtenberg begrifflich und sachlich mehr und mehr auseinanderwachsend (wobei die Physiognomik als „unechter", weil angeblich gänzlich unvalider A. zunehmend der Ächtung anheimfiel), bilden heute *beide* legitimierte Teilgegenstände der A.psychologie. In dieser Neukonstituierung hat auch die Pathognomik an Terrain gewonnen: Es sind nämlich nicht mehr bloß die tradierten Erscheinungsbezirke *Mimik* (Mienenspiel, allenfalls Blickweisen) und *Pantomimik* (gesamtkörperliche Bewegungsformen: „A.bewegungen"/„Bewegungs-A.") weiterhin Thema, sondern insbesondere noch hinzugetreten der A. der Sprechstimme (↗Phonognomik), die vegetativen A.erscheinungen, die pathognomischen A.anteile von pragmatischen, symbolischen laut- und gebärdesprachlichen Handlungen, die ↗Mikrovibrationen u. a.

Binnengliederung des psychologischen Ausdrucks. Die Binnengliederung des A. betrifft die Relation *„A.sender – A.empfänger"* samt den sie einbettenden Umfeldern sowie insonderheit das Sende- und das Empfangssystem je für sich. Auf diese beziehen sich jene besonders bedeutsamen Fragenkomplexe, die unter dem Titel „Theorien des *A.gebens bzw. -verstehens"* (-empfangens, -deutens) behandelt zu werden pflegen.

Die Relation A.sender – A.empfänger ist phänomenal, funktional, konditional und ordnungstheoretisch konstitutiv für psychol. A.: nur wo sie realisiert ist, ist auch A. gegeben. Es gibt keinen „A. an sich" (wie dies noch z. B. L. Klages vertrat), sondern A. ist immer „A. von jemandem für jemanden" (exakter: Erscheinen eines personalen A.gehalts eines Jemand für einen anderen Jemand). Überwiegend ist die Koppelung zwischen A.sender und A.empfänger nicht linear-einpolig (Beispiel: ein A.empfänger beobachtet, selbst unbemerkt, einen A.sender), sondern gestaltkreishaft-doppelpolig (Interaktion, Wechselbeziehung, soziale Rückkoppelung zwischen Sender und Empfänger). Besonders von hier aus liegt eine kybernetische Modellierung von A.beziehungen nahe. Sie steht noch in den Anfängen, wird aber vermutlich in Zukunft größere Bedeutung erlangen. Als besonders „eindrucksvolle" und sozialrelevante Prototypen hierzu bieten sich etwa der Blickkontakt (soziale Determination der Blickweisen, aktuell und habituell) sowie die Erscheinungsformen des A. der Verlegenheit an (eine exklusiv sozialpsychische A.erscheinung).

Unter Gesichtspunkten, wie sie eine umfassende Betrachtung von A.erscheinungen nahelegt (Kommunikationstheorie sozialer Systeme), erweisen sich auch die *Umfelder* von A.erscheinungen als – effektiv und perzeptiv – bedeutsam. Forschungsmethodisch ist hier insbesondere von Belang, abzuklären, welche Rolle die Umfelder des physiognomischen und des pathognomischen A. für das A.geben und -empfangen spielen.

Zentriert man das Problem auf den *pathognomischen A.*, so sind a) das physiognomische, b) das situative, c) das aktionale, d) das laut- und gebärdensprachliche, e) das verlaufsgestaltliche Umfeld von größter Bedeutung (R. Kirchhoff 1962 [a] u. 1965 [b]).

Durch begriffs- wie sachmethodische Akzentuierung wird an der für psychol. A. konstitutiven Relation „Sender" – „Empfänger" einerseits das *Sendesystem,* andererseits das *Empfangssystem* zu relativer Abgehobenheit thematisiert. Im einen wie im anderen Teilsystem sind die grundlegenden Fragen – wie bei empirisch-wissenschaftlicher Forschung schlechthin – phänographischer (deskriptiver), funktional-analytischer und -interpretativer sowie konditional-analytischer und -interpretativer Natur und bewegen sich zudem jeweils in aktual-, onto- und phylogenetischer Erstreckung.

Im *Sendesystem* ergeben sich danach folgende Hauptprobleme:

a) Phänographisch: Wie kommen physiognomische und pathognomische A.gegebenheiten unter bestimmten (aktual-, onto-, phylogenetischen) Bedingungen bei bestimmten A.trägern (abstrakter: A.systemen) zustande?

b) Funktionalanalytisch und -interpretativ: Wie ist das Verhältnis von Subjekt und A.medium beschaffen bzw. zu bestimmen? Wie im besonderen (funktional-zeichentheoretisch) das Verhältnis von A.zeichen und dem von ihnen Indizierten? Wie verhält es sich aktual-, onto- und phylogenetisch?

c) Konditionalanalytisch und -interpretativ: Wie steht es um die Systembedingungen des A.gebens (zumal wieder aktual-, onto- und phylogenetisch)? Wie um das Verhältnis von „Innen" und „Außen", A.subjekt und A.medium, „Seelischem" und „Leiblichem"?

Entsprechend der zu engen Axiomatik der früheren A.kunde wurde historisch immer wieder der nutzlose Versuch unternommen, innerhalb der sog. *Theorien des A.-gebens* das Entstehen von A.erscheinungen, insbesondere bestimmter A.bewegungen, aus nicht expressiven Erscheinungen („bloßen" Zweckbewegungen) nachzuweisen und damit die Existenz von „reinen" A.erscheinungen (genetisch) zu erklären. Besonders viel diskutiert wurden, bis in die Gegenwart, die drei Erklärungsansätze C. Darwins, speziell seine 1. Hypothese (primär lebenszweckdienliche habits werden zu „bloßen" A.erscheinungen: sogenanntes „principle of serviceable associated habits"); weiterhin die parallelistische, gar nichts erklärende Theorie W. ↗Wundts sowie die auf J. J. Engel zurückgehende, einen Wahrheitskern enthaltende Aktionstheorie des Ausdrucks. Nachdem die bis zu F. J. J. Buytendijk (1956) wirksame Vorstellung von der Existenz „reiner", „spezieller" A.erscheinungen (-bewegungen) jüngeren Datums weithin aufgegeben ist, stellt sich die Grundfrage einer Theorie des A.gebens nunmehr ganz allgemein als Frage nach den (aktual-, onto-, phylogenetischen) Bedingungen eines personalen Systems, das einem bestimmten Empfängersystem, mit seinen – wiederum aktual-, onto- und phylogenetisch zu betrachtenden – Bedingungen via A. „subjektive" Gehalte zugängig werden läßt.

Eine mehr oder weniger geheimnisvolle „Transsubstantiation" von Nichtexpressivem (z. B. „bloßer", „ausdrucksloser" Aktionen) in Expressives ist dabei nicht in Betracht zu ziehen; vielmehr ein „Auftauchen" von personalen Gehalten eines Sendesystems *für* bestimmte Empfängersysteme, mithin ein Gewahrwerden nach Maßgabe von deren perzeptiven, kognitiven usw. Bedingungen. Auch hierin erweist sich der konstitutive Grundsachverhalt, daß es keinen „A. an sich", sondern immer nur „A. für ..." bestimmte Empfangssysteme mit ihren speziellen Bedingungen gibt.

Im *Empfangssystem* sind die Fragen prinzipiell in gleicher Weise systematisch zu ordnen, zu formulieren und zu beantworten: a) Phänographie, b) Funktionalanalyse und -interpretation, c) Konditionalanalyse und -interpretation des A.empfanges bzw. des Empfangssystems bei jeweils aktual-, onto- und phylogenetischer Aufrollung der Teilprobleme (↗Eindruck; Hdb. d. Psychol. Bd. 5, 1965, Kap. 4).

Zur Vielfalt von Ausdrucksbegriffen. Die Vielzahl der bis vor kurzem – überwiegend unreflektiert und ohne Nachfrage nach der Legitimation, ja selbst ohne genauere Definition – verwendeten A.konzepte läßt es als hoffnungslos und auch wenig zweckdienlich erscheinen, sie an dieser Stelle noch einmal in kritischer Musterung aufzuführen.

Wie zuvor skizziert und andernorts ausführlicher dargelegt, läßt sich jedoch das in der A.psychol. besonders ausgeprägte Begriffsdilemma grundsätzlich beheben (vgl. Kirchhoff 1957, 1962 [b], 1965 [b]).

Skizze eines historischen Überblicks. In unübertroffener Weise hat K. ↗Bühler in seiner „Ausdruckstheorie" (Jena 1933; [2]1968) die Grundpositionen und Hauptlinien der Geschichte der Ausdruckskunde von Aristoteles bis zu P. Lersch herausgearbeitet. Die ihn leitende Hoffnung dabei war, das „System an der Geschichte" aufzeigen zu können. Diese Hoffnung war von der Sache her unerfüllbar.

In anderer Hinsicht aber vermag die historische Synopsis – abgesehen von dem Informationsgehalt der geschichtlichen Quellen als solchem – zukunftsweisende Fingerzeige zu geben.

Projiziert man dazu die Kriterien „maximaler, minimaler, medianer Bestimmungsumfang von A.subjekt und A.medium" auf die historische Entfaltungslinie des A.begriffs (vgl. Hdb. d. Psychol., Bd. 5, 1965, Kap. 2), so fügen sich alle A.konzepte – von der Antike über die Aufklärung und Romantik, durch die naturwissenschaftliche Epoche der A.forschung im 19. Jh. hindurch bis in die jüngere und jüngste Gegenwart hinein – in eine klar überschaubare Ordnung: in ihr lassen sich unschwer Wellenberge weiterer A.fassung von Wellentälern enger Fassung des A. erkennen.

So läuft eine erste Welle weiter A.bestimmungen von den pseudoaristotelischen „Physiognomika" bis zu C. G. Carus; eine nächste von L. Klages' zweitem, weiterem A.begriff bis zu F. J. J. Buytendijk; eine dritte von den A.konzepten eines K. ↗Lewin und G. Kafka bis in die Gegenwart. Zwischen diesen drei Wellenbergen liegt ein erstes Wellental, das sich von den Anfängen einer „naturwissenschaftlichen" Bearbeitung des A. bei C. Bell über W. Wundt bis zum ersten, engeren A.begriff bei L. Klages erstreckt; ein zweites wird durch Arbeiten von Forschern markiert, denen es – wie etwa C. Landis, A. Flach, M. Turhan – um den Nachweis der Nichtexistenz einer eindeutigen Zugeordnetheit einer bestimmten A.erscheinung zu einem bestimmten A.gehalt ging.

Zieht man in kritischer Distanz Fazit und Summa aus dem historischen Auf und Ab, den rhythmischen Pulsationen des A.begriffs, so dürften sie am ehesten darin liegen, daß weder die Ausuferung noch die allzu enge Kanalisierung des Strombetts der A.-psychol. dem Forschungsfortschritt zuträglich gewesen ist: Wird, um ein Wort K. Bühlers zu paraphrasieren, der A. „schwindsüchtig" in den Fesseln allzu enger Axiomatik, so platzt er zum andern aus allen Nähten, wenn man ihn, wie etwa in der Ära L. Klages, mit allem und jedem füttert, das Rückschlüsse auf personales Sosein eines Menschen zuläßt (wie etwa Werkgestaltungen, Testergebnisse, Handschrift). Vielleicht nicht die Wahrheit, wohl aber eine auch heuristisch brauchbare Axiomatik liegt *zwischen* diesen beiden Extremen. Diese Zwischenposition wurde zuvor markiert, an anderen Stellen ausführlicher dargestellt, begründet und legitimiert (vgl. R. Kirchhoff 1957, 1962, 1965).

Gegenwärtiger Stand, Hauptergebnisse und Kritik. „Überblicken wir die Forschungen der letzten Jahrzehnte, dann erkennen wir Fortschritt in einigen, stationären Zustand in anderen Richtungen." Dieses auf „Mimik und Pantomimik" gemünzte Urteil N. H. Frijdas (1965) hat für die gesamte A.forschung Gültigkeit. Insbesondere läßt sich vermerken, daß nach jahrhundertelanger Unsicherheit an den begriffsmethodisch-terminologischen und deskriptiven Fundamenten des psychol. A. in der jüngeren Epoche entscheidende Fortschritte erzielt werden konnten: der babylonische Begriffswirrwarr ist weitgehend verklungen. Ebenso sind Fortschritte festzustellen in Hinsicht auf den phänographischen und funktionalen (weniger den ontogenetischen) Informationsstand bezüglich des A.empfangens. Auch die differenziertere Fassung von speziellen A.gehalten und A.medien darf erwähnt werden. Ebenso sind gewisse Fortschritte in der (z. B. faktoranalytischen) Datenreduktion zu verbuchen (Dimensionen-Analyse zumal des mimischen Ausdrucks; vgl. N. H. Frijda, 1965).

Unbefriedigender ist die bisher immer noch nicht voll durchgesetzte Sonderung (nicht definitive Trennung) von fundamentalwissenschaftlicher Erforschung und angewandt-psychol. Verwertung von A.informationen. Die Lehre, daß eine vorschnelle A.diagnostik – genauso wie die einseitige Betrachtung des A. unter dem Validitätsaspekt – eher schädlich als förderlich war, ist noch nicht allseits gezogen. Es wird aber eine nach den Prinzipien „Psychologischer Diagnostik überhaupt" etablierte pathognomische A.diagnostik (Pathognostik) eines Tages nur geben, wenn zunächst eine breite und solide Grundlagenforschung hierzu die

Voraussetzungen geschaffen hat. Einen stichhaltigen Grund, dgl. für ausgeschlossen zu halten, gibt es andererseits nicht: Was und Wie des Verhaltens (und seiner Effekte) sind nur zwei Aspekte derselben Sache; und daher ist entweder Diagnostik unmöglich oder aber auch A.diagnostik möglich.

Hinsichtlich der „breiten und soliden Grundlagenforschung" ist nun aber – wohl noch mehr als in anderen psychol. Disziplinen – Klage zu führen. Woran es hier insbesondere fehlt, das sind heute nicht mehr die Fundamente, nicht mehr so sehr die adäquaten Methoden und Techniken und auch nicht so sehr großmaßstäbige Forschungsprogramme, sondern die konkreten forschungsbetrieblichen Möglichkeiten zu deren Verwirklichung. So wird zwar mancherlei an Forschung betrieben, werden auch Ergebnisse erzielt, aber insgesamt doch zu unsystematisch, zu verzettelt, mehr „assoziativ" als „koordiniert-integrativ". Alles in allem vollzieht sich die empirische A.forschung – und man muß sagen: psychol. Forschung im kontinentalen Raum überhaupt – zum größten Teil noch unzeitgemäß, anachronistisch, im altväterischen Stil des 19. Jahrhunderts. Positiv gewendet: Was fehlt, sind Forschungsstätten und Forscherstäbe (etwa im Format von Max-Planck-Instituten), die in überschaubaren Zeiträumen, auf der Grundlage umsichtiger Gesamtstrategien, wirklich Bedeutsames und Kohärentes zutage zu fördern imstande wären.

Hier bleibt nur die Hoffnung, daß die nun langsam wachsende Einsicht in die Bedeutung der Wissenschaft – nicht nur der technisch verwertbaren, sondern auch der individual- und sozial-relevanten – in überschaubarem Zeitraum hier einen Wandel eintreten läßt.

Lit.: Bühler, K.: A.theorie (Das System an der Geschichte aufgezeigt). Jena, 1933, [2]1968; **Buser, R.:** A.psychologie. Stuttgart, 1973; **Buytendijk, F. J. J.:** Allgemeine Theorie der menschlichen Haltung und Bewegung. Utrecht, 1956; **Frijda, N. H.:** De betekenis van de gelaatsexpressie. Amsterdam, [2]1958; **ders.:** Mimik und Pantomimik. In: Hdb. d. Psychol., Bd. 5. Göttingen, 1965; **Görlitz, D.:** Ergebnisse und Probleme der ausdruckspsychol. Sprechstimmforschung. Meisenheim, 1972; **Kafka, G.:** Grundsätzliches zur A.psychologie. Acta Psychol. 1937, *3*, 273–314; **Kirchhoff, R.:** Allgemeine A.lehre. Göttingen, 1957; **ders.:** Vom A. des Menschenblicks. Stud. Gen. 1960, 13; **ders.:** Die Umfelder des pathognomischen Ausdrucks. Jb. Psychol. Psychother. med. Anthropol., 1962, *9* (a); **ders.:** Methodologische und theoretische Grundprobleme der A.forschung. Stud. Gen. 1962, *15* (b); **ders.:** A.: Begriff, Regionen, Binnenstruktur. Jb. Psychol. Psychother. med. Anthropol., 1963, *10;* **ders.:** Zur Geschichte des A.begriffs. In: Hdb. d. Psychol., Bd. 5. Göttingen, 1965 (a); **ders.:** Grundfragen der A.psychologie. In: Hdb. d. Psychol., Bd. 5. 1965 (b); **Klages, L.:** Grundlegung der Wissenschaft vom Ausdruck. Bonn, [7]1950; **Lersch, P.:** Gesicht und Seele. München – Basel, [4]1955; **Mühle, G. & A. Wellek:** A., Darstellung, Gestaltung. Stud. Gen. 1952, 5; **Rudert, J.:** Vom A. der Sprechstimme. In: Hdb. d. Psychol., Bd. 5. 1965; **Scheflen, A. E.:** Körpersprache u. soziale Ordnung. Stuttgart, 1976; **Stamm, R. A.:** Perspektiven zu einer vergleichenden A.forschung. In: Hdb. d. Psychol., Bd. 5. 1965.

R. Kirchhoff

A. beim Tier. Die ↗Ausdrucksforschung kombiniert die Analysen von Motivation und Informationsübertragung. Daraus die Definition: ↗Ausdruck ist das Erscheinen des Zustandes eines Lebewesen in seinem Verhalten und seiner Leibesgestalt für ein anderes Lebewesen. Die Tierethologie unterscheidet bisher nicht zwischen einer „Was"- und einer „Wie"-Facette. Die Aussage „A frißt" gilt genauso als Ausdruck wie „A frißt hastig", sofern nur B davon Kenntnis nimmt.

Man kann unterscheiden zwischen a) peripheren Ausdrucksstrukturen (hierzu optisch wirksame Merkmale der Körpergestalt, Geruchsorgane, bei Berührung auf die Hautsinne wirkende Merkmale der Haut), b) ungerichteten Ausdrucksvorgängen (Haar- und Badersträuben, Farbwechsel, Pupillenreaktionen, Schwankungen der Sekretion von Hautdrüsen, Änderungen im Atemrhythmus, Lautäußerungen [z. T.], Zittern, Zucken, Strampeln) und c) gerichteten Ausdrucksaktionen (Drohhaltungen, Scheinangriffe, Spielaufforderungen, Kontaktbewegungen, ↗Balz usw.).

Typisch für A. b. T. sind die ↗Ausdrucksbewegungen, deren Evolution begünstigt wurde durch die Forderung nach eindeutigen, prägnanten, im ↗Genotypus sparsam kodierbaren (↗Kode), artspezifischen Kommunikationseinheiten (↗Kommunikation).

Das Studium des Motivationsaspektes von A. b. T. nahm nach 1952 einen Aufschwung durch die Entwicklung der ↗Tendenzen-Streittheorie. Die meisten Untersuchungen legen die Akzente auf die Ausdrucksbewegungen und den funktionellen Aspekt des intraspezifischen, arttypischen Ausdruckskomments. Hierin spiegelt sich die maßgebliche Rolle des A. b. T. für die Steuerung des Sozialverhaltens und die Erhaltung der ebenfalls arttypischen Verbands- und Populationsstruktur. Doch wird die zukünftige Forschung vermehrt den undifferenzierten Ausdruck, die Beziehungen zwischen beliebigen Partnern und die individuellen Unterschiede beachten müssen. Nur so wird eine umfassende Beschreibung und Kausalanalyse des A. b. T. möglich sein. Diese Gesichtspunkte gewinnen auch eine zunehmende Bedeutung als Grundlagenforschung für die Angewandte Ethologie (hauptsächlich für die Haustierhaltung).

Lit.: Eibl, I.: Ausdrucksformen der Säugetiere. In: **W. Kükenthal:** Hdb. der Zoologie, Bd. 8. Berlin, 1957, 10 (6) 1–26; **Schenkel, R.:** Ausdrucksstudien an Wölfen. Behaviour, 1947, *1*, 81–129; **Stamm, R. A.:** Perspektiven zu einer Vergleichenden Ausdrucksforschung. In: Hdb. der Psychol., Bd. 5. Göttingen, ²1972, 255–288; **Tinbergen, N.:** Comparative studies of the behaviour of gulls. Behaviour, 1959, *15*, 1–70.

R. A. Stamm

Ausdrucksbewegungen nannte die ältere Ausdruckspsychol. motorische, insbesondere mimische und/oder pantomimische Bewegungsweisen (Mienenspiel, Augenbewegungen; gesamtkörperliche Bewegungen) in Gegenüberstellung zum leibestektonischen Gestaltbild (↗Physiognomik). Der engen Axiomatik entsprechend (↗Ausdruck sollte gleichbedeutend sein mit „Ausdruck von Gemütsbewegungen", diese sollten sich in A. und allenfalls in Ausdrucksvorgängen zeigen), spielte der Begriff früher eine erhebliche Rolle; so z. B. bei L. Klages (Versuch der Sonderung von Willkürbewegungen) und ebenso noch bei F. J. J. Buytendijk.

Lit.: Buytendijk, F. J. J.: Allgemeine Theorie der menschlichen Haltung und Bewegung. Utrecht, 1956, bes. 203 ff.; **Kirchhoff, R.** (Hrsg.): Hdb. d. Psychol., Bd. 5: Ausdruckspsychologie. Göttingen, ²1972; **Klages, L.:** Sämtliche Werke, Bd. 6: Ausdruckskunde. Bonn, 1964, 329 ff. Vgl. auch Lit. zum Artikel ↗Ausdruck.

R. Kirchhoff

Ausdrucksdeutung ↗Ausdruck; ↗Eindruck.

Ausdrucksdiagnostik ↗Ausdruck.

Ausdrucksfähigkeit (AF), *allgemein* verstanden als Fähigkeit des Menschen, eigene psychische Inhalte der Mitwelt erkennbar zu machen. AF *im besonderen* kennzeichnet Art, Grad und Leichtigkeit, individuelle Erlebnisinhalte über einzelne Ausdrucksfelder (Physiognomik, Mimik, Gestik, Pantomimik, Sprechstimme, Handschrift) und/oder über sprachliche Kundgaben mitzuteilen. Während emotionale Inhalte mehr vorbewußt und übungsunabhängiger – aber nicht unabhängig von kultureller Determination – über die einzelnen Ausdrucksfelder transparent werden, werden kognitive Inhalte mehr bewußt, gesteuert und übungsabhängig unter Miteinfluß der Intelligenz sprachlich zum Ausdruck gebracht.

Lit.: Buser, R.: Ausdruckspsychologie. München – Basel, 1973.

D. Rüdiger

Ausdrucksforschung, experimentelle ↗Ausdruck.

Ausdrucksmedium ↗Ausdruck.

Ausdrucksprinzip, auch *Ausdrucksgesetz* bzw. *Grundgesetz des (Bewegungs-)Ausdrucks* nannte L. Klages eine – ursprünglich im Rahmen „graphologischer Deduktionen" entworfene, später verallgemeinerte – These, die für den ↗Ausdruck von Mensch und Tier zutreffen und nach der gelten soll: 1) „Jede ausdrückende Körperbewegung verwirklicht das Antriebserlebnis des in ihr ausgedrückten Gefühls": erste, auf „Gefühl" und „Bewegungsausdruck" begrenzte Fassung; 2) „Der Ausdruck verwirklicht nach Stärke, Dauer und Richtungenfolge die Gestalt einer seelischen Regung": zweite generalisierte Fassung; keine Angabe eines Ausdrucks-Mediums; 3) „Der Ausdruck ist ein Gleichnis der Handlung": „analogische" Fassung von (2). Als Vorläufer zu diesen Sätzen bezieht sich Klages selbst auf T. Piderit (1867/86) sowie insbesondere auf J. J. Engel (1785/86). – Schon in der vergangenen Epoche der Ausdruckspsychol. ausgiebig kritisiert (vgl. Bühler, 1933), hat das sog. A. gegenwärtig nur noch geringe Bedeutung. – ↗Ausdruck.

Lit.: Bühler, K.: Ausdruckstheorie. Das System an der Geschichte aufgezeigt. Jena, 1933, [2]1968; **Klages, L.:** Grundlegung der Wissenschaft vom Ausdruck. Bonn, 1936, [9]1970; **ders.:** Sämtliche Werke, Bd. 6: Ausdruckskunde. Bonn, 1964.

R. Kirchhoff

Ausdruckssubjekt ↗Ausdruck.

Ausdruckstheorien ↗Eindruck; ↗Ausdruck.

Ausdrucksverstehen ↗Eindruck; ↗Ausdruck.

Ausfallserscheinungen. Als A. bezeichnet man den Verlust einer psychischen Funktion, der durch lokale Hirnschädigungen, Störungen des übrigen Nervensystems oder von Drüsen bedingt ist. Die A. sind für die „Lokalisation" der psychischen Funktionen in der Großhirnrinde von größter Bedeutung. Die wichtigsten A. sind: ↗*Agnosie* (wahrgenommene Gegenstände werden nicht mehr erkannt), ↗*Amnesie* (Erinnerungsverlust) und ↗*Aphasie* (Sprachausfall). *H.-J. Aebi*

Auslese ↗Personalauslese.

Auslöschende Hemmung, innere ↗Hemmung.

Auslöser ↗Schlüsselreiz.

Ausreißerwerte. Meßwerte, die relativ zur übrigen Verteilung (↗Häufigkeitsverteilung) eine Extremposition einnehmen. ↗Mathematische Psychologie; ↗Statistik.

Lit.: Lienert, G. A.: Kleingruppen-Versuchspläne als Präzisionsmittel im psychologischen Experiment. Z. Psychol. 1955, *158,* 121ff.

W. H. Butollo

Aussagepsychologie, Analyse und Beurteilung spezieller Aussagen von Personen (Zeugen, evtl. auch Beschuldigten) hinsichtlich ihrer forensisch-psychol. Relevanz. Aussageleistung (= Aussagetüchtigkeit), Aussageverhalten, -motive, -geschichte sind zentrale Aspekte von Aussageforschung und -praxis. In Sexualdeliktsprozessen geht es dabei hauptsächlich um die Glaubhaftigkeit spezieller Aussagen kindlicher, jugendlicher Zeugen, d. h. um begründete Zuverlässigkeit von oder berechtigte Zweifel an solchen Aussagen oder Teilen davon. Aufgrund empirischer Untersuchungen formulierte Undeutsch (1965, 1967) einige „positive Beurteilungskriterien" zur Analyse kindlicher, jugendlicher Zeugenaussagen. Demgegenüber vertreten andere deutsche Psychologen die Auffassung, daß die Aussageanalyse „stets nur ein Teil eines exakt aufzuzeichnenden Gesamtbildes" sein kann (Müller-Luckmann, 1962, S. 142) und nicht völlig von der persönlichkeitsbezogenen Glaubwürdigkeit eines Zeugen abgelöst werden darf. ↗Forensische Psychologie.

Lit.: Arnold, W.: Angewandte Psychologie. Stuttgart, [2]1974; **Müller-Luckmann, F.:** Gerichtliche Psychol. Neuwied – Berlin, 1962; **Undeutsch, U.:** Forensische Psychol., Hdb. der Psychol., Bd. 11. Göttingen, 1967.

H. Maisch

Ausschleifungstheorie, physiologische Gedächtnistheorie von Meynert, die von Ziehen ausgebaut wurde. Sie geht von der folgenden Hypothese aus: Miteinander auftretende Reize erregen gleichzeitig verschiedene Hirnfelder, die untereinander durch Nervenfasern verbunden sind. Treten Reize häufig miteinander auf, steigert sich die Leitfähigkeit der betreffenden Verbindungen, die Nervenbahnen „schleifen sich aus". Wird nun ein Teil der beteiligten Hirnstellen gereizt, fließt die Erregung durch die ausgeschliffenen Bahnen leicht von diesen Stellen zu allen übrigen, die früher gleichzeitig erregt worden sind. So werden z. B. momentan nicht wahrgenommene Inhalte bewußt. Mit dieser Theorie, die bereits 1898 von Kries kritisiert wurde, glaubte man, das Zustandekommen von ↗Assoziationen erklären zu können.

Lit.: Ziehen, T.: Leitfaden der physiologischen Psychologie. Jena, [11]1920.

H.-J. Aebi

Äußere Hemmung oder *negative Induktion:* in der Verhaltenstheorie von I. P. Pawlow die Unterdrückung einer bedingten Reaktion durch die gleichzeitige Einwirkung eines unbedingten Reizes, der eine andere Reaktion hervorruft; wird als eine Form der ↗unbedingten Hemmung aufgefaßt.

Lit.: Pawlow, I. P.: Sämtliche Werke, Bd. 3. Berlin, 1953.

L. Blöschl

Außersinnliche Wahrnehmung (ASW), *paranormale Kognition,* die Aufnahme oder die Wahrnehmung von Informationen aus der Außenwelt unter Ausschluß der bekannten Sinnesmodalitäten. Der englische Begriff ESP (= ASW) wurde durch J. B. Rhine in die experimentelle Psychol. eingeführt und umreißt Phänomene wie ↗Telepathie und ↗Hellsehen. ↗Paragnosie. *J. Beloff*

Der Begriff ASW geht wahrscheinlich auf Pagenstecher (Außersinnliche Wahrnehmung, Halle, 1924) zurück und wird heute bes. in der englischen Fassung (ESP) verwendet. Vom wissenschaftlichen Standpunkt aus ist der Begriff vielleicht etwas unglücklich gewählt. Psychologen können mit einiger Berechtigung darauf hinweisen, daß Sinneswahrnehmungen noch nicht völlig verstanden werden und daß daher der Begriff ASW als ziemlich fragwürdig bezeichnet werden kann. Schmeidler (Extrasensory Perception, New York, 1969) wies dagegen darauf hin, daß ähnliche Ausschlußbedingungen (d. h. für ASW „keine Möglichkeit zur Sinneswahrnehmung, zur Erinnerung oder zur Schlußfolgerung") auch in der normalen Psychol. verwendet werden. Man kann außerdem sagen, daß eine operationale Definition der ASW formuliert werden kann, indem nämlich eine genaue Beschreibung der Operationen angegeben wird, die zur Messung der ASW unter den angedeuteten Ausschlußbedingungen führen. Trotzdem hat der Begriff ASW wahrscheinlich den Unterschied zwischen der Parapsychol. und den angrenzenden Gebieten der Normalpsychol. zu stark betont. Offensichtlich gibt es auch einen Mangel an positiven Kriterien zur Beschreibung der ASW-Phänomene, und es scheint berechtigt zu sein, diesen Mangel zum Teil auf den negativen Kern des Begriffes ASW zurückzuführen. In einigen Ländern sind neue Bezeichnungen eingeführt worden (Bioinformation, Rußland; Psychotronics, Tschechoslowakei). Die neuen Bezeichnungen deuten auf eine engere Beziehung zu den orthodoxen Wissenschaften sowie zum Monismus hin. Früher war der Dualismus meist die Grundanschauung in Verbindung mit der ASW-Forschung.

Lit: Beloff, J. (Hrsg.): Parapsychologie. Olten–Freiburg i. Br., 1980; **Bender, H.** (Hrsg.): Parapsychologie. Bremen, 1970; **Driesch, H.:** Parapsychologie. München, [2]1971; **Rhine, J. B. & J. G. Pratt:** Parapsychologie. Bern, 1962.

H. H. J. Keil

Auswahlmethode, engl. *multiple choice technique,* Verfahren der ↗Programmierten Instruktion, bei welchem der ↗Adressat seine Antwort (Reaktion) aus einem Repertoire auswählt, welches ihm im Aufrufteil des ↗Lehrschritts explizit mitgeteilt wird. Gegensatz: ↗Freiwahlmethode. *H. Frank*

Auswertung. Unter A. experimenteller Rohdaten ist die statistische Beschreibung derselben sowie die Verallgemeinerung der Stichprobenbefunde auf die Grundgesamtheit zu verstehen. Die A. kann sich auf qualitative (artmäßige) oder quantitative (graduelle, zahlenmäßig darstellbare) Unterschiede beziehen. *W. H. Butollo*

Autismus. GESCHICHTE. Der Begriff A. wird in der Psychologie in verschiedener Bedeutung gebraucht. Dadurch kam es zu Verwirrung und Mißverständnissen. In der Laiensprache bedeutet A. (vom griechischen „autós" = selbst), daß das Individuum in eigene Gedanken und Tagträume eingesponnen ist. Die oberflächliche Beziehung zwischen dieser Definition und dem Begriff A., wie er gebraucht wird in Wendungen wie „infantiler A." und „das autistische Kind" ist äußerst irreführend. L. Kanner verwandte

1944 den Begriff A. für eine sehr seltene und ungewöhnliche Art von ↗Psychose bei Kindern. Er beschrieb sie zum erstenmal in einer schon als klassisch zu bezeichnenden Abhandlung, die ein Jahr früher veröffentlicht wurde. Ein hervorstechendes Charakteristikum der Kinder mit dem „Kannerschen Syndrom" ist ihr nachdenklicher, völlig abwesender Gesichtsausdruck, der dem eines normalen Menschen ähnelt, der in Tagträumereien versunken oder „in Gedanken verloren" ist. Aus diesem Grund und weil die Aufmerksamkeit dieser Kinder nur schwer zu erregen und die Kommunikation mit ihnen schwierig ist, nannte Kanner seine zweite Abhandlung „Frühkindlicher Autismus". Durch die unkritische Übernahme der freien Analogie zum A. der Erwachsenen, wie Kanner sie verwendet hat, ist in der Psychologie die Ansicht leider weit verbreitet, daß kindlicher A. aus einer mehr oder weniger willentlichen Zurückweisung der Realität zugunsten der Phantasie besteht. Diese Interpretation ist natürlich unzulässig. Kanner ist der festen Überzeugung, daß kindlicher A. angeboren und nicht durch falsche Kindererziehung verursacht ist. Andere Autoren, im besonderen B. Bettelheim, sind hingegen der Ansicht, daß dem A. psychologische Ursachen zugrunde liegen.

DIAGNOSE. Durch den weitverbreiteten Gebrauch des Begriffes „autistisch" für fast jedes kleine Kind mit einer tiefgreifenden Verhaltensstörung, die einige Symptome des Kannerschen Syndroms aufweist, entsteht weitere Verwirrung. Nach Kanner erwiesen sich nur zehn Prozent der Kinder, die als autistisch diagnostiziert worden waren, als wirklich autistisch. Ich selbst kann diese Erfahrung bestätigen: von ungefähr 1800 schwer gestörten Kindern, über die ich ausführliches diagnostisches Material gesammelt habe, wiesen nur ungefähr 150 den von Kanner beschriebenen Symptomkomplex auf. Ebenso stimmen meine Ergebnisse mit Kanners Klage überein, daß Kinder wahllos als autistisch diagnostiziert werden, die mit wirklich autistischen Kindern nur oberflächliche Ähnlichkeit aufweisen. Von 346 Kindern, von denen je zwei Diagnosen vorliegen, wurden in der ersten 169, in der zweiten 107 als autistisch bezeichnet. Nur 43 Kinder wurden in beiden Diagnosen als autistisch bezeichnet. Die verbleibenden „autistischen" Kinder mußten als schizophren, retardiert, emotional gestört, hirngeschädigt usw. bezeichnet werden.

HÄUFIGKEIT. Untersuchungen von V. Lotter in England und D. A. Treffert in den USA weisen eine Häufigkeit von ca. 4 psychotischen Kindern auf 10000 Geburten auf. Da nur ca. 10% der Kinder, die als autistisch klassifiziert werden, autistisch sind, wird man vielleicht bei einem von 25000 Kindern einen Fall von klassischem A. vorfinden.

BESCHREIBUNG. Nach klassischer Ansicht beginnt der A. gewöhnlich mit der Geburt (oder vorher). Einige Fälle erscheinen bis zum dreißigsten Monat normal, aber in keinem Fall liegt der Beginn bei einem Alter von mehr als 36 Monaten.

Das Kind mit infantilem A. hat gewöhnlich ein anziehendes Wesen und ist körperlich wohl proportioniert. Wie aus Beschreibungen zu sehen ist, erscheint das autistische Kind für den Betrachter oft sehr intelligent. Eine Mutter, die über wenig Erfahrung verfügt, wird kaum bemerken, daß ihr Kind abnormal teilnahmslos und nicht in der Lage ist, sich an den Körper der Mutter anzupassen, wenn es von ihr gehalten wird.

Viele Eltern fürchten, ihr Kind könnte taub sein. Durch die Tatsache jedoch, daß die Kinder oft sehr großes Interesse für Musik zeigen und oft eine ungewöhnliche Fähigkeit besitzen, sie durch Singen oder Summen zu reproduzieren, erweist sich diese Sorge als ungerechtfertigt. Meist setzt das Laufen plötzlich ein, ohne sehr viel vorangehende Übung durch Krabbeln. Ungefähr die Hälfte der autistischen Kinder lernen niemals sprechen. Die Kinder, die sprechen lernen – obgleich später als sich normal entwickelnde Kinder –, sind oft sehr flink und sensibel, aber trotzdem nicht sozial ansprechbar. Die Sprache solcher Kinder ist sehr ungewöhnlich und nicht zur Kommunikation geeignet. Mit monotoner, hohl klingender

Stimme wiederholt das Kind lediglich Gehörtes. Die Worte „ja" und „ich" werden bis zum siebten oder achten Lebensjahr nicht verwendet. Bejahung wird durch Wiederholung der Frage zum Ausdruck gebracht, „ich" durch das Pronomen „du". Kanner nannte diese sprachlichen Charakteristika „Bestätigung durch Wiederholung" und „Umkehrung des Pronomens". Er fand außer diesen beiden noch einige andere sprachliche Eigenheiten. Als die zwei hervorstechendsten Merkmale bezeichnet man die „autistische Isolation", gekennzeichnet durch die Verschlossenheit und Unzugänglichkeit des Kindes. Das zweite Symptom bezeichnete Kanner als „zwanghaftes Beharren auf Eintönigkeit", gekennzeichnet durch extreme Unruhe des Kindes, wenn seine Umwelt verändert wird, z. B. Veränderung von Möbeln, Spielzeug, Eßgeschirr usw. Auch beim Essen zeigen solche Kinder stark ausgeprägte Eigenheiten und Vorlieben für bestimmte Nahrungsmittel. Manuelle Geschicklichkeit ist sehr gut ausgeprägt. Autistische Kinder sind sehr agil und anmutig und äußerst geschickte Kletterer. Sie fallen und verletzen sich selten, obgleich sie meist schmerzunempfindlich sind. Mechanische Dinge haben große Anziehungskraft, Menschen und Tiere werden abgelehnt. Gedächtnis-, Rechen- oder musikalische Fähigkeiten, wie sie bei „Idiot savant" vorkommen, sind ebenfalls häufig bei autistischen Kindern zu finden.

PROGNOSE. Bei Kindern, die mit ungefähr $5^1/_2$ Jahren eine einigermaßen verständliche Sprache haben, besteht eine Aussicht auf Heilung von ungefähr 50%. Meistens ist die Heilung aber nur unvollkommen. Für stumme Kinder war die Prognose bisher außerordentlich schlecht, aber neue Entdekkungen auf dem Gebiet der Biochemie könnten die Heilungschancen verbessern. Unter den wenigen Fällen, bei denen eine spontane Heilung auftrat, befinden sich einige Komponisten und Mathematiker.

URSACHE. Die Ursache des A. ist unbekannt. Kanners Behauptung, Eltern von wirklich autistischen Kindern seien ungewöhnlich triebstark und intelligent, wurde erst abgelehnt, später aber von Rimland, Lotter und Treffert bestätigt. Rimland betrachtet A. als eine hemmende genetische Abweichung von der Anlage zu hoher Intelligenz. Serotoninuntersuchungen bei genau diagnostizierten Fällen von A., die in letzter Zeit durchgeführt wurden, weisen auf eine schwerwiegende Stoffwechselstörung hin. – Der Begriff stammt von E. Bleuler (1927), der ihn jedoch nicht nur auf Kinder anwendet.

Lit.: Bettelheim, B.: The empty fortress. New York, 1967; **Boullin, D. J., Coleman, M. & R. A. O'Brien:** Abnormalities in platelet 5-hydroxytryphtamine efflux in patients with infantile autism. Nature, 1970, *226*, 371–372; **Eisenberg, L.:** The autistic child in adolescence. Amer. J. Psychiatr. 1956, *112*, 606–612; **Kanner, L.:** Autistic disturbance of affective contact. Nerv. Child, 1943, *2*, 217–250; **ders.:** Early infantile autism. J. Pediat. 1944, *25*, 211–217; **ders.:** The specificity of early infantile autism. Z. f. Kinderpsychiatrie, 1958, *25*, 108–113; **ders. & L. I. Lesser:** Early infantile autism. Pediat. Clinics N. Amer., 1958, *5*, 711–730; **Lotter, V.:** Epidemiology of autistic conditions in young children. II. Some characteristics of the parents and children. Soc. Psychiat., 1967, *1*, 163–173; **Rimland, B.:** Infantile autism. The syndrome and its implications for a neural theory of behavior. New York, 1964; **ders.:** On the objective diagnosis of infantile autism. Acta paedopsychiatr., 1968, *35*, 146–161; **Treffert, D. A.:** The epidemiology of infantile autism. Arch. of Gen. Psychiat., 1970, *22*, 431–438; **Asperger, H.:** Heilpädagogik. Wien, [5]1968; **Dührssen, A.:** Psychogene Erkrankungen bei Kindern und Jugendlichen. Göttingen, [10]1973; **Kehrer, H. E.** (Hrsg.): Kindlicher A. München, 1978.

B. Rimland

Autistisches Denken ↗Entwicklung.

Autobiographie, eine Sonderform der ↗biographischen Methoden in der Persönlichkeitsforschung: der Autobiograph ist sowohl Beobachter als auch Beobachtungsgegenstand.

G. Kaulfush

Autochthone Dynamik ↗Allochthone Dynamik.

Autochthone Handlung, das Vorbild einer ↗Übersprunghandlung oder allgemeiner: Handlungen mit Eigenmotivation. Wird eine Instinktbewegung durch einen fremden Trieb aktiviert, so ist sie allochthon.

Lit.: Kortlandt, A.: Wechselwirkung zwischen Instinkten. Arch. Néerl. Zool., 1940, *10*, Suppl. 2, 64–78.

K. Fiedler

Autochthone Ideen, Vorstellungen, die unabhängig vom Gedankenstrom ins Bewußtsein aufsteigen. Sie werden vom Individuum als fremdartig empfunden. Dieser obskure Begriff umfaßt verschiedenste Phänomene, wie Zwangsideen, die Vorstellung, Gedanken von außen aufgezwungen zu bekommen, und halluzinatorische Gedankenabläufe. Er hat nur geringen deskriptiven Wert.

R. Hetherington

Autoerotik, sexuelle Aktivität, die sich auf das eigene Selbst oder den eigenen Körper richtet. Gelegentlich als Synonym für Masturbation gebraucht. ↗Narzißmus.

Autogenes Training, Synonym: *Konzentrative Selbstentspannung*. Von dem Berliner Nervenarzt J. H. Schultz aus den Erfahrungen der Hypnosebehandlung methodisch entwickeltes übendes Verfahren in der Psychotherapie, das sowohl in Einzel- wie auch in Gruppentherapie anwendbar ist. Nach etwa zwölfjähriger systematischer theoretischer und praktischer Forschung erschien 1932 erstmals die umfassende wissenschaftliche Darstellung unter dem Titel „Das Autogene Training".

Seinem Wesen nach ist das a. T. eine Selbsthypnose. Durch gezielte Übungen wird ein hypnotischer Ruhezustand und eine Entspannung induziert, die eine psychovegetative „Umschaltung" des gesamten Organismus ermöglichen.

Die Unterstufe besteht aus 6 Einzelübungen, die stufenweise durch Verlebendigung formelmäßig verdichteter Vorstellungen (wie: der rechte Arm ist ganz schwer) erarbeitet und dann in einer Gesamtübung vereinigt werden:

a) Schwereerlebnis (Muskelentspannung)

b) Wärmeerlebnis (Gefäßentspannung)

c) Herzübung

d) Atemübung

e) Regulierung der Bauchorgane

f) Einstellung des Kopfgebietes (Gefühl der Stirnkühle).

Die Zurücknahme der Umstellung (Entspannung) erfolgt ebenfalls in formelhafter Weise (Arme fest! Tief atmen! Augen auf!).

In der Oberstufe wird durch Anwendung formelhafter Vorsatzbildungen und vor allem durch Einüben freier und gesteuerter Farb- und Bilderlebnisse („Autogene Imagogik") eine vertiefte Innenschau und Selbstklärung möglich. Es handelt sich um echte meditative und kontemplative Vorgänge.

Voraussetzung zum Erlernen des a. T. sind sachgerechte, exakte Technik wie auch regelmäßiges Trainieren. Das Einüben soll nur unter sorgfältiger ärztlicher Anleitung vorgenommen werden.

Indikationsgebiet besonders der Unterstufe: vorwiegend bei funktionellen Störungen der Organtätigkeit und bei Verspannungszuständen. Neben der therapeutischen Wirksamkeit sind ferner die positiven Wirkungen auf den Gesunden zu beachten, die sich am auffälligsten in einer Steigerung der geistigen und körperlichen Frische und Leistungsfähigkeit zeigen.

Lit.: Langen, D. (Hrsg.): Der Weg des Autogenen Trainings. Wege der Forschung, Bd. 103. Darmstadt, 1968; **Luthe, W.** (Hrsg.): Autogenes Training. Correlationes Psychosomaticae. Stuttgart, 1965; **Schultz, J. H.:** Das Autogene Training. Konzentrative Selbstentspannung. Stuttgart, [14]1973.

H. N. Genius

Autohypnose, *Selbsthypnose,* eine durch Autosuggestion hervorgerufene ↗Hypnose, also eine Selbstversenkung in hypnotischen Zustand (im Gegensatz zur Heterohypnose als einer durch Fremde induzierten Hypnose). Unter dem Terminus A. wird ebenfalls ein hypnotischer Zustand verstanden, der nicht durch eine andere Person (Hypnotiseur), wohl aber durch bestimmte Bedingungen, wie durch wiederholte einfache, nicht zu starke optische, akustische oder sensible Reize, ausgelöst wird.

Praktiken der Selbsthypnose sind uralt (Yoga-Techniken). Als eines der heute bekanntesten Verfahren wurde von J. H. Schultz das ↗Autogene Training für ärztliche Behandlungsmaßnahmen methodisch ausgebaut.

H. N. Genius

Autokinetisches Phänomen. Betrachtet man einen festen Lichtpunkt im dunklen Raum, so entsteht der Eindruck, daß sich der Punkt bewegt. Begründung: Die Augenmuskulatur wird nach einiger Zeit müde und verursacht eine kleine Augenbewegung. Diese Bewegung wird zwar kompensiert, das Wahrnehmungsverarbeitungssystem hat aber infolge der Dunkelheit keine Anhaltspunkte, um zu beurteilen, inwieweit die Bewegung auf der ↗Retina durch die Bewegung des Auges verursacht wird. Das Experiment wurde in der Sozialpsychologie zur Bestimmung der ↗Suggestibilität gebraucht.

Lit.: Gregory, R. L.: Augen und Gehirn. München, 1966.

V. Martinu

Autokorrelation. Dieser Terminus läßt sich am ehesten anhand der Korrelation von Zeitreihen erläutern. Wenn sich zwei Variablen X und Y mit der Zeit ändern, beide also eine Zeitreihe darstellen, kann eine Korrelation zwischen X und Y über die Zeit berechnet werden. Von A. einer Zeitreihe spricht man hingegen, wenn man für *eine* abhängige Variable X_t $(t = 1 \ldots n)$ die Kovariation mit ihren eigenen Werten X_i' bestimmt, wobei die zweite Serie von Meßwerten zeitlich um k Einheiten verschoben ist $(X_i' = X_{t+k})$. ↗Mathematische Psychologie; ↗Statistik.

W. H. Butollo

Automat, abstrakter. Mathematische Modelle des Lernens, allgemeiner: der Beziehung zwischen Organismus und Umwelt, lassen sich mit Hilfe der Automatentheorie darstellen. Umwelt und Organismus können dabei als a. A. angesehen werden, die miteinander in Wechselwirkung stehen. Ein a. A. bedarf als mathematisches System keiner konkreten Realisierung.

Der a. A. ist gekennzeichnet durch drei Mengen ($\mathfrak{X}$, Eingabesignale; $\mathfrak{Y}$, Ausgabesignale; $\mathfrak{Z}$, Automatenzustände) und zwei Funktionen δ und λ.

Die Überführungsfunktion δ überführt auf das Eingabesignal x den Automatenzustand z in z'. Die Ergebnisfunktion λ bestimmt für gegebenes x und z das Ausgabesignal y.

Sind bestimmten Eingangssignalen bestimmte Ausgangssignale eindeutig zugeordnet, so handelt es sich um einen *determinierten Automaten*. Beispiel: das Lernmodell von C. L. Hull. Bei *stochastischen Automaten* besteht nur eine bestimmte Wahrscheinlichkeit dafür, daß der Automat bei Eingabe eines Eingabesignals x aus dem Zustand z in den Zustand Z' übergeht bzw. das Ausgabesignal y erscheint. Sie lassen sich in Markoffsche Automaten (Beispiel: Modell von W. K. Estes) und Automaten mit zufälligen Reaktionen, für die das Lernmodell von R. R. Bush und F. Mosteller ein Beispiel darstellt, untergliedern. *K. O. Graf*

Automaten, lernende. Die uralte Idee des A. (Mausefalle!) hat durch die elektronische Datenverarbeitung und die ↗Kybernetik neuen Auftrieb bekommen, nicht nur wegen Geschwindigkeit und Speichergröße, sondern vor allem wegen der erreichbaren Flexibilität. Wünschenswert wurden l. A. einerseits, um organische Strukturen (z. B. bedingtes Reflexverhalten) zu simulieren, andererseits, um beim Programmieren von A. nicht alles vorherbeachten zu müssen, sondern den A. selbst Erfahrungen sammeln und anwenden zu lassen.

Während die Anwendung des Begriffes ↗*Denken* auf den A. abzulehnen ist – auch von einem rein naturwissenschaftlich-technischen Standpunkt aus –, kann gegen ↗*Lernen* kein Einwand erhoben werden, weil selbst das menschliche Lernen auf dem Erwerb von Automatismen beruht. Freilich ist der Gegensatz zwischen Biologie und Technik tief genug, während die Ingenieurliteratur zu leichtfertigen Gleichsetzungen neigt. Der wichtigste „technische" Gegensatz liegt zwischen der *analogen* Organisation des Nervennetzwerks und der *digitalen* des Automaten. Im Körper werden Größen durch die Zahl der Nervenimpulse pro Sekunde abgebildet, während digitale Signale Ketten logischer Entscheidungen (z. B. Dezimalzahl) darstellen.

Biologisch und psychologisch wird der Begriff des *Lernens* aus guten Gründen nicht sehr scharf gefaßt, während der Automat strikte Klärung verlangt, damit er seinen formal perfekten Dienst verrichten kann. Aus dieser Notwendigkeit heraus könnte man das Lernen in eine Vorstufe und 7 Arten einteilen. Die Vorstufe *Klassifizieren* hat eng mit dem Zeichenerkennen zu tun, aufgrund dessen das eigentliche Lernen erst möglich ist; andererseits ist Erkennen zumeist mit Lernen verknüpft. Eingangssignale kommen beim A. wie beim Organismus von ↗Sinnesorganen (Signalwandlern) und müssen auf das Anzeigen von Zeichenklassen reduziert werden. *Lernen durch Speichern (1)* ist z. B. Auswendiglernen: Vertiefung und Entstörung. *Vergessen* ist der notwendige Gegensatz. Tonband und Film sind starre Speicher, sie vergessen nicht, sie lernen nicht. Erst Computerspeicher und logische Verarbeitung erlauben mehr als Wiederabspielen. *Lernen durch bedingte Zuordnung (2)* ist die Basis alles höheren Verknüpfens und gewisser Schlüsse. Assoziationsmechanismen können hier ebenso ins Spiel gebracht werden wie Wahrscheinlichkeitsrechnung. *Lernen durch Erfolg (3) – durch ‚trial and error' –* ist erforderlich, wenn die gespeicherte Erfahrung nicht reicht. Je geringer sie ist, je weniger Voraussetzungen gemacht werden, um so mehr Lernschritte müssen gemacht werden. *Lernen mit Optimisierung (4)* mathematisiert dieses Prinzip mit Hilfe einer Erfolgsmaßzahl, deren Maximum gesucht wird. Der Automat kann schwer erkennen, ob er bloß ein Nebenmaximum erreicht hat. *Lernen durch Nachahmung (5)* und *durch Belehrung (6)* setzt schon sehr komplexe A. voraus; es sind daher nur einfache Grenzfälle untersucht worden. Das *Lernen durch Erfassen (7)* schließlich umfaßt, was über die Grenzen der Maschine hinausreicht.

Verallgemeinerungen des l. A. sind adaptiver und selbstorganisierender Automat: sie versuchen die Anpassung an die Umwelt und die Entwicklung neuer (Lern-)Strukturen für die bessere Anpassung mittels eines Superprogramms. Während die Verbesserung von Modellparametern aufgrund der Anwendungserfahrung erfolgreich automatisiert werden kann, steigen die Schwierigkeiten mit der Generalisierung der Fragestellung. Problemlösende, spielende und komponierende A. sind auf sie gestoßen, insbesondere wenn sie auch als l. A. konzipiert waren. Das Dameprogramm von A. L. Samuel z. B. brachte weiteren Fortschritt, als es nach dem Buch lernte: es verbesserte die Parameter seiner Bewertungsformeln im Verfolg von Meisterpartien einer Sammlung und spielt nun wie ein Regionalmeister. Weitere Verbesserungen gelangen nicht mehr. L. A. treffen Grenzen, die nicht als unüberschreitbar bezeichnet werden können, wohl aber als zäher werdend.

K. Steinbuch hat richtig erkannt, daß der Erfolg des l. A. von der Güte des Bildes abhängt, das sich das interne Programm von der Außenwelt zu machen imstande ist. Der Weg von dieser theoretischen Erkenntnis zur praktischen Verwirklichung ist aber offenbar nicht leicht.

Der Begeisterung hat daher eine nüchterne Betrachtung des l. A. Platz gemacht, und das gilt für die meisten sogenannten kybernetischen Probleme. Ohne Zweifel waren die Gedanken der fünfziger Jahre fruchtbar, aber übertriebene Hoffnungen mußten aufgegeben werden. Der Fortschritt dokumentiert sich wieder in sensationsloser Kleinarbeit.

Lit.: Ashby, W. R.: Design for a brain. New York, 1952, S. 286ff; **Friedberg, R. M.:** A learning machine. IBM J. of Research and Develpm. 1958, *2*, 2–13 und 1959, *3*, 282–287; **Rosenblatt, F.:** The Perceptron. Psychol. Rev. 1958, *65*, 386–408; **Samuel, A. L.:** Some studies in machine learning, using the game of checkers. IBM J. of Research and Develpm. 1959, *3*, 210–229; **Shannon, C. W.:** Presentation of a maze-solving machine. Trans. Eighth Conf. on Cybernetics (H. v. Foerster, Ed.). New York, 1951, S. 173–183; **Steinbuch, K.:** Die Lernmatrix. Kybernetik 1961, *1*, 36–45; **Walter, W. G.:** The living brain. London, 1953, S. 216ff; **Zemanek, H.:** Lernende Automaten. In: **K. Steinbuch** (Hrsg.): Taschenbuch der Nachrichtenverarbeitung. Berlin – Heidelberg – New York, 1967.

H. Zemanek

Automatentheorie ↗abstrakter Automat.

Automatie, von ↗Wille und bewußter Steuerung (↗Bewußtsein) unabhängig Ablaufendes.

Automatisches Schreiben, ein psychol. Phänomen: Die Hand einer Vp schreibt spontan und bildet sinnvolle Sätze. Die Vp ist sich dabei aber nicht bewußt, was geschrieben wird. Meist in Verbindung mit dem Verhalten eines ↗Mediums, aber auch im Zustand der Hypnose bekannt. Vergleiche: automatisches Zeichnen, automatisches Komponieren usw. *J. Beloff*

Automatisierung, Vorgang bis zur nicht mehr bewußt gesteuerten Ausübung einer Handlung oder Reaktion. Die A. erfolgt durch Wiederholung und Übung. Eine automatisierte Handlung verläuft im allg. gleichförmig. *H.-J. Aebi*

Automatismen. Der Begriff wird in der Psychol. und Psychiatrie verwendet für Handlungen, die ohne bewußte Steuerung ablaufen. Die Mehrzahl der katatonen Symptome (↗Katatonie) lassen sich als A. bezeichnen. Auch Zwangshandlungen laufen meist als A. ab. *R. Hänni*

Automatismus. Lokomotionsbewegungen beruhen nicht auf Kettenreflexen, sondern auf rhythmisch automatischer Erregungsbildung in „Automatiezellen". Fischflossen haben Eigenrhythmen, dominiert die eine über die andere, ergibt sich Superposition. Am stabilsten ist absolute Koordination 1:1. Bei relativer Koordination wechseln die Phasenbeziehungen. Koppelung von Rhythmen heißt „Magneteffekt".

Lit.: Holst, E. v.: Vom Wesen der Ordnung im Zentralnervensystem. Naturwiss. 1937, *25*, 625–631 641–647.

K. Fiedler

Automatist, eine Person (oft ein ↗Medium), die in der Lage ist, automatische Phänomene zu zeigen, z. B. ↗Automatisches Schreiben. *J. Beloff*

Automatograph, Meßgerät zur Messung der unwillkürlichen Bewegungen (z. B. Armbewegungen), das den Bewegungsverlauf graphisch fixiert.

Autonomes Nervensystem (ANS). Das a. N., auch *vegetatives Nervensystem* genannt, umfaßt alle Nervenfasern, die nicht dem Willen untergeordnet sind. Seine Erregung wird im allgemeinen nicht bewußt. Seine Fasern sind markscheidenarm und leiten die Erregung langsam mit Geschwindigkeiten von 5 bis etwa 20 m/sec. Seine Aufgabe ist die Steuerung und Koordination der Funktion aller inneren Organe, wie Herz, Lunge, Blutgefäße, Magen, Darm, Galle, Urogenitalsystem und Drüsen. Durch Innervation aller glatten Muskelfasern und der als Enterozeptoren bezeichneten inneren ↗Sinnesorgane spielt es eine wichtige informationsvermittelnde Rolle bei der Regelung von ↗Blutdruck, Herztätigkeit, Atmung, Wasserhaushalt, Blutzucker usw. Es wird unterteilt in ein sympathisches System mit ergotroper Funktion zur Steigerung der körperlichen Aktivität und in ein parasympathisches mit trophotroper Wirkung zur Erholung, Ernährung und Ausscheidung von Schlacken. Letzterem gehört der Nervus vagus an. *E. David*

Autonomie, funktionelle. Von f. A. spricht man, wenn Mittel, die ursprünglich zur Erreichung eines bestimmten Zieles eingesetzt wurden, weiterhin angewendet werden, auch wenn das erstrebte Ziel längst erreicht worden ist.

Lit.: Allport, G. W.: Persönlichkeit. Stuttgart, 1948.

R. Hänni

Autoritäre Persönlichkeit, *authoritarian personality* oder auch *antidemokratische Persönlichkeit* von Adorno et al. (1950) mit Einstellungsskalen, ↗Interviews und ↗projektiven Verfahren untersuchte Vielzahl von Persönlichkeitsmerkmalen, die von den Autoren als ↗Syndrom, d. h. als kovariierend, beschrieben werden (Kritik z. B. von Pettigrew, 1958).

Zu den wichtigsten Merkmalen zählen: a) Antisemitismus als stereotype negative Einstellungen gegenüber Juden, die als unmoralisch, gefährlich und insgesamt andersartig als Nicht-Juden gesehen werden; b) ↗Ethnozentrismus (als ebenfalls stereotyp ablehnende Einstellung gegenüber nichtjüdischen Fremden oder Ausländern, Gruppen anderer Hautfarbe oder allgemein gegenüber im Vergleich zur eigenen Gruppe kulturell unähnlichen Gruppen); c) ↗Faschismus (oder Autoritarismus); d) politisch ökonomischer Konservativismus als rechtskonservative Auffassungen über den Wert von Besitz und Eigentum, Geld, Arbeit; positive Einstellung gegenüber einer durch wirtschaftliche Konkurrenz entstandenen sozialen Ungleichheit aus der als rechtmäßig beurteilten Beziehung zwischen sog. Tüchtigkeit und Reichtum.

Neben der Unterscheidung zwischen sozialen Einstellungen bei Autoritären und Nicht-Autoritären beschreiben die Autoren unterschiedliche kognitive Stile. Autoritäre werden als kognitiv rigider und intoleranter gegenüber mehrdeutigen Situationen (Intoleranz gegenüber Ambiguität) als Nicht-Autoritäre beurteilt.

Außerdem wird ein Zusammenhang zwischen charakteristischen Merkmalen der a. P. und besonderen (bestimmten) frühkindlichen Erfahrungen bzw. der Situation im Elternhaus beschrieben und innerhalb des psychoanalytischen Modells zu erklären versucht.

Lit.: Adorno, T. W., Frenkel-Brunswik, E., Levinson, D. J. & R. N. Sanford: The authoritarian personality. New York, 1950; **Christie, R. & M. Jahoda** (Ed.): Studies in the scope and method of „The authoritarian personality". New York, 1954; **Oesterreich, D.:** Autoritarismus u. Autonomie. Stuttgart, 1974; **Pettigrew, T. F.:** Personality and sociocultural factors in intergroup attitudes: A cross national comparison. J. confl. Resol., 1958, 2, 29–42.

A. Schmidt-Mummendey

Autoritarismus oder *autoritäre Einstellung,* von Adorno et al. (1950) beschriebener Oberbegriff für verschiedene antidemokratische und potentiell faschistische soziale Einstellungen, die als einer der Hauptbestandteile der ↗autoritären Persönlichkeit gesehen werden.

Sie werden gemeinsam charakterisiert durch: a) *Konventionalismus,* starres oder rigides Anhängen an hergebrachten Normen und Werten der Mittelklasse; b) *autoritäre Unterwerfung,* submissive und unkritische Haltung gegenüber den idealisierend gesehenen moralischen Autoritäten der eigenen Bezugsgruppe; c) *autoritäre Aggression,* die Tendenz, auf Menschen, die die tradierten und konventionellen Werte verletzen, besonders zu achten, sie zu verurteilen und zu bestrafen; d) Ablehnung von eher individuell subjektiven, erfinderischen Haltungen und von weichherzigen und gütigen Meinungen und Verhaltensweisen (Anti-Intraception); e) *abergläubisches* und *stereotypes Verhalten,* der Glaube an mystische Größen, die das menschliche Schicksal bestimmen, und die Bereitschaft, in starren Kategorien zu denken; f) Bevorzugung von Positionen der *Macht* und *Stärke,* eine bevorzugte Beschäftigung mit Dimensionen wie Herrscher–Beherrschte, stark–schwach, Führer–Gefolgsleute; Identifikation mit Menschen in machtvollen Positionen, übertriebene Betonung der eigenen Macht und Unerschrockenheit; g) *Zerstörungslust* und *Zynismus,* eine allgemeine Feindseligkeit und herabsetzende Haltung gegenüber anderen Menschen und menschlichen Angelegenheiten allgemein; h) *Neigung zu ↗Projektionen,* die Bereitschaft, zu glauben, daß in der Welt wilde und gefährliche Dinge vor sich gehen; die Projektion unbewußter emotionaler Impulse auf die Außenwelt; i) eine übersteigerte Beschäftigung mit *sexuellen Vorkommnissen* in der Gesellschaft.

Adorno et al. entwickelten zur Messung dieses Einstellungssyndroms die F(aschismus)-Skala, die bis heute – und aufgrund von verschiedenen Ansätzen zur methodischen Kritik (z. B. Christie & Jahoda, 1954) in modifizierter Form – zur Messung faschistoider Tendenzen angewendet wird.

Lit.: Adorno, T. W., Frenkel-Brunswik, E., Levinson, D. J. & R. N. Sanford: The authoritarian personality. New York, 1950; **Christie, R. & M. Jahoda** (Ed.): Studies in the scope and method of „The authoritarian personality". New York, 1954.

A. Schmidt-Mummendey

Autorität, Status einer Person in einer Beziehung zwischen zwei oder mehreren Individuen, der durch die Möglichkeit gekennzeichnet ist, die anderen in dieser Beziehung oder Gruppe in ihren Meinungen, Urteilen, Bewertungen und Entscheidungen zu beeinflussen und zu lenken.

Personen wird A. formell oder informell aufgrund ihrer Rolle innerhalb einer Gruppe (z. B. Lehrer in einer Schulklasse, Familienvater, Offizier usw.) oder aufgrund ihrer Überlegenheit auf irgendeinem für die Gruppe relevanten Gebiet (z. B. Spezialist oder Experte sein, umfassende Bildung haben oder besondere Körperkräfte besitzen usw.) zuerkannt. In jedem Fall sind solche Personen mit A. ausgestattet, die die Möglichkeit oder Fähigkeit haben, den Bedürfnissen der anderen Gruppenmitglieder entgegenzukommen. A. ist meistens verbunden mit sozialer Macht desjenigen Individuums, das auch A. besitzt.

Einen Versuch, die Beziehung und das Verhalten zwischen A.personen und denen, die die A. als solche anerkennen, anhand eines Modells zu analysieren, bieten Adams & Romney (1959).

Lit.: Adams, J. S. & A. K. Romney: A functional analysis of authority. Psychol. Rev., 1959, *66*, 234–251; **Homans, G. C.:** Social Behavior: Its elementary forms. London, [2]1973.

A. Schmidt-Mummendey

Autosuggestion, *Selbsteinredung,* durch meist unbewußte, aber auch bewußte Beeinflussung der eigenen Vorstellungen und Urteile (Gegensatz: Fremdsuggestion = Beeinflussung durch andere Personen). Es ist eine häufig auftretende Erscheinung, daß durch affektbetonte Erwartungen, Wünsche und Ängste bestimmte Einsichten, Überzeugungen, Einstellungen und Verhaltensformen zustande kommen, wodurch es im einzelnen auch zu Fehlentscheidungen kommen kann wie auch zur Beeinflussung körperlicher Erscheinungen.

Als bewußt gehandhabte Methode kann die A. in bestimmten Grenzen die Affektivität lenken, das Selbstbewußtsein und Selbstwertstreben heben. E. Coué gab eine Methode an, den unbewußten Willen zu Gesundheit und Wohlbefinden auf autosuggestivem Wege zu stärken (Couéismus).

H. N. Genius

Autotomie, das Abwerfen oder die Selbstamputation eines Körperteils, um das Entkommen vor einem Verfolger zu erleichtern, z. B. die Art und Weise, wie eine Krabbe ein Bein oder eine Eidechse ihren Schwanz abstoßen kann. Oft kann sich der verlorene Teil wieder regenerieren. *G. Powell*

Aversions-Aversions-Konflikt ↗Konflikt.

Aversionstherapie, eine Methode der ↗Verhaltenstherapie. Ziel der A. ist es, eine Beziehung herzustellen zwischen unerwünschten Verhaltensmustern und unangenehmen Stimuli (klassisches ↗Konditionieren), *oder* die unangenehmen Stimuli sind eine Folge der unerwünschten Verhaltensmuster (operantes Konditionieren). In jedem Fall hofft man, daß eine Verbindung zwischen Verhalten und Unannehmlichkeiten gebildet wird. Weiterhin nimmt man an, daß durch die Bildung dieser Kontiguität die Wahrscheinlichkeit, daß das unerwünschte Verhalten auftritt, sinkt. Im Idealfall bietet das therapeutische Programm dem Patienten eine akzeptable Alternative. A. wird vorwiegend zur Behandlung solcher Verhaltensstörungen verwendet (z. B. bei ↗Alkoholismus und sexuellen Anomalitäten), bei denen das Verhalten des Patienten nicht wünschenswert ist, sich aber doch immer wieder selbst verstärkt. Diese Tatsache ist für den Therapeuten oft insofern problematisch, als es schwierig ist, andere annehmbare und befriedigende Verhaltensweisen für den Patienten zu finden, die das unerwünschte Verhalten ersetzen könnten. Meistens genügt es nicht, nur das unerwünschte Verhalten zu löschen: der Therapeut sollte versuchen, Verhaltensweisen zu fördern, die mit dem unerwünschten Verhalten „inkompatibel“ sind. Bei dieser Art der Behandlung wird eine Vielfalt aversiver Stimuli verwendet; am meisten verbreitet sind elektrische oder chemische Reize.

Bei der Verwendung elektrischer Stimuli wird dem Patienten jedesmal dann ein leichter schmerzhafter Schock versetzt, wenn das unerwünschte Verhalten auftritt. Bei der Verwendung chemischer Stimuli wird dem Patienten ein übelkeitserzeugendes Mittel verabreicht (Emetin oder Apomorphin). Er wird dann dem relevanten Stimulus ausgesetzt oder veranlaßt, das unerwünschte Verhalten auszuführen, wenn das Mittel seine maximale Wirkung entwickelt. Die Therapie mit chemischen Substanzen findet die häufigste Anwendung bei der Behandlung des Alkoholismus, während elektrische Stimuli bevorzugt bei der Behandlung sexuellen Fehlverhaltens verwendet werden. Die Vor- und Nachteile dieser beiden Methoden sind bei S. Rachman (1965) diskutiert, der die bevorzugte Verwendung elektrischer Stimuli empfiehlt, und zwar aus Gründen der besseren Kontrolle der Behandlungssituation, der Möglichkeit der eindeutigen Abgrenzung des Behandlungsverlaufs sowie der größeren theoretischen Klarheit wegen. Die A. hat ihre Grundlage in der Theorie der Konditionierung, die von I. P. ↗Pawlow begründet wurde. Die erste klinische Anwendung der A. scheint vor ungefähr 50 Jahren in Rußland vorgenommen worden zu sein. Max (1935) war einer der ersten in der westlichen Welt, der die A. praktisch anwendete, und zwar bei einem homosexuell fixierten Patienten, den er mit elektrischen Schocks behandelte. Während der dreißiger und vierziger Jahre wurde die A. bei Alkoholikern üblich. Das Wiederaufleben des Interesses an dieser Form der Therapie war eine Folge der wachsenden Bedeutung der Verhaltenstherapie ungefähr seit 1950. In England wurden in den letzten Jahren diese Methoden in größerem Umfang angewandt, weniger im kontinentalen Europa und in den USA. Gegenwärtig wird die Behandlung mit elektrischen Schocks am häufigsten verwendet, vor allen Dingen bei Alkoholismus und sexuellem Fehlverhalten. Obgleich es inzwischen genügend Beweise für die Effizienz dieser Behandlungsart gibt (S. Rachman & J. Teasdale, 1969), müssen die Techniken verfeinert und die zugrunde liegenden Theorien vervollkommnet werden.

Die Erklärung der A., die sich auf das Modell der klassischen Konditionierung gründet, kann für viele Phänomene herangezogen werden, die sich bei dieser Art der Behandlung ergeben. Dennoch wurde es immer offensichtlicher, daß die Theorie der klassischen Konditionierung ihre umschriebenen Grenzen hat und daß den kognitiven Faktoren, die ein Teil der einen oder anderen Behandlung sind, größere Bedeutung zugesprochen werden muß. Diese theoretische Entwicklung läuft parallel mit der Erprobung einer neuen Art der A., die sich vor allen Dingen auf kognitive Verfahren gründet.

Bei der „verdeckten Sensibilisierung" (covert sensitization) wie bei der eigentlichen A. versucht man, eine Verbindung herzustellen zwischen einer unerwünschten Verhaltensweise und einem unangenehmen Gefühl. Diese Behandlung geschieht aber völlig auf der Vorstellungsebene. Der Patient wird gebeten, sich die Verhaltensweise oder den auslösenden Stimulus vorzustellen und dann einige äußerst unerwünschte Konsequenzen, wie z. B. Übelkeit, Beschämung, Schmerz usw. Obwohl die Erforschung dieser Art der Therapie noch ganz am Anfang steht (S. Rachman & J. Teasdale, 1969), kann man doch sagen, daß diese Richtung im Gegensatz zu früheren Ansätzen wesentlich verfeinert worden ist. Es ist wahrscheinlich, daß in der A. lerntheoretische Konzepte, die im bedingten Reflex die wesentliche Einheit sehen, und kognitive Variablen eine Einheit bilden werden – und dies sowohl in praktischer als auch in theoretischer Hinsicht.

Lit.: Blake, B.: The application of behavior therapy to the treatment of alcoholism. Behav. Res. Ther., 1967, *5*, 78–85; **Cautela, J.:** Covert sensitization. Psychol. Reports, 1967, *20*, 459–468; **Eysenck, H. J. & S. Rachman:** The causes and cures of neuroses. London, 1965; **Feldman, M. P.:** Aversion therapy for sexual disorders. Psychol. Bulletin, 1966, *65*, 65–79; **Lemere, G. & W. Voegtlin:** An evaluation of the aversion treatment of alcoholism. Quart. J. Stud. Alcohol., 1950, *11*, 199–204; **Rachman, S. & J. Teasdale:** Aversion therapy and the behavior disorders. London, 1969.

S. Rachman

Axiom, *axiomatisches System,* im Gegensatz zu einem Theorem stellt ein A. eine nicht bewiesene Aussage dar. Von den älteren Philosophen und auch heute noch im nicht technischen Sinn wird ein Axiom als eine Aussage aufgefaßt, die ihren Wahrheitsgehalt und ihre Einsichtigkeit in sich selbst trägt. Die Entwicklung der Mathematik seit der Mitte des 19. Jh. führte dazu, auf die Idee der augenscheinlichen Wahrheit zu verzichten. Seit jener Zeit versteht man unter einem axiomatischen System für eine bestimmte Theorie eine Gesamtheit von *elementaren Aussagen,* die ihrerseits als A.e bezeichnet werden, die gesetzt werden, ohne sie zu beweisen, und aus denen alle weiteren Aussagen der Theorie ableitbar sind. Die einzige Einschränkung für die Wahl der A.e ist die Forderung, daß sich diese nicht widersprechen dürfen. Das System wird dann als *widerspruchsfrei* oder konsistent bezeichnet.

Lit.: Oelrich, W.: Geisteswissenschaftliche Psychologie und Bildung des Menschen. Stuttgart, 1950; **Spranger, E.:** Lebensformen. Tübingen, [9]1966.

J. B. Grize

Axon ↗Nervenzelle.

B

Babinskischer Reflex. Dieser Reflex ist 1901 vom Pariser Neurologen J. F. Babinski als pathologischer Reflex bei organischen Nervenleiden im Bereich des Rückenmarks und der Pyramidenbahn angegeben worden. Er wird durch Bestreichen der Fußsohle ausgelöst und äußert sich in einer Dorsalflexion der Großzehe anstelle einer normalen Plantarflexion. Sein Auftreten ist bei jungen Säuglingen physiologisch, solange ihre Pyramidenbahn noch nicht ganz ausgereift ist.

E. David

Bahnungstheorie ↗Aufmerksamkeitstheorien.

Balancetheorien, eine Klasse formalisierter Aussagensysteme, die Zustandskonfigurationen empirisch interpretierbarer Relative – meistens Einstellungs- oder Kognitionssysteme – Harmoniewerte zuordnen. Je höher der Harmoniewert, desto stabiler, spannungsloser, funktionsfähiger ist – in einem je nach Gegenstandsbereich näher zu spezifizierenden Sinn – diese Konfiguration. Einfache Beispiele von Harmoniedefinitionen sind Beziehungssymmetrie („Ich liebe dich, und du liebst mich"), Beziehungskomplementarität („Ich befehle dir, und du gehorchst mir"), Transitivität („Ich schätze dich und alles, was von dir geliebt wird") oder die Gleichläufigkeit unterschiedlicher Beziehungen („Ich brauche X, und ich kann X erhalten"). Hohe Balance (Newcomb), Kongruität (Osgood), Konsonanz (Festinger), Konkordanz oder wie auch immer diese formal unterschiedlich explizierten Harmoniebegriffe genannt werden, gilt als Ziel eigenständiger Veränderungstendenzen in den Objektbereichen dieser Theorien. Die Grundgedanken übernahm F. Heider von der Prägnanzlehre der Gestaltpsychologie.

Lit.: **Heider, F.:** Psychology of interpersonal relations. New York, 1958; **Irle, M.:** Lehrbuch der Sozialpsychologie. Göttingen, 1975.

A. Vukovich

Balancierter Versuchsplan. Erfolgt eine Meßwiederholung so, daß die erste Beobachtung jeweils unter der einen experimentellen Bedingung, die zweite Beobachtung unter der anderen Bedingung (z. B. Kontrolle) erfolgt, muß man mit einem systematischen ↗Fehler rechnen (↗Abhängigkeit der Messungen). Um dem vorzubeugen, wird je eine Hälfte der Gesamtstichprobe zuerst unter der einen experimentellen Bedingung und dann unter der anderen beobachtet bzw. umgekehrt (↗Versuchsplanung). Diese Anordnung heißt balancierter Versuchsplan.

W. H. Butollo

Ballard-(Williams-)Phänomen, beschrieben von Ballard (1913), von O. Williams bestätigt (1926), als Reminiszenz bezeichnet: Erscheinung, daß Gelerntes nach mehreren Tagen besser erinnert (reproduziert) wird als nach Abschluß des Lernens. Dieses Phänomen ist jedoch nur dann beobachtbar, wenn zwischen Lernperiode und Prüfung gewisse Tätigkeiten, die in einem Zusammenhang mit dem Gelernten stehen, ausgeübt werden. Diese Tätigkeiten (bei Ballard z. B. eine Behaltensprüfung) bieten selbst wieder eine Gelegenheit zum Lernen. Das Phänomen ist also – wie C. J. Hovland nachgewiesen hat – ein Artefakt.

Lit.: **Ballard, P. B.:** Obliviscence and reminiscence. Brit. J. Psychol. Monogr. Suppl. 1, 1913, 2.

H.-J. Aebi

Balz, Ausdruckskomment bei der Paarbildung und im Begattungsvorspiel, bes. wenn er reicher ausgestaltet ist: B.tänze, B.gesang. Oft werden dabei auffallende Trachtmerkmale zur Schau gestellt. Eine Abgrenzung vom aggressiven Imponieren (↗Imponiergehabe) ist nicht immer möglich. Die Funktionen der B. können vielfältig sein; sie ist a) Kundgabe der Präsenz, dient der Anlockung eines Sexualpartners und der Abwehr von Rivalen; b) hilft beim Erkennen der Artzugehörigkeit (B.rituale am gleichen Ort – sympatrisch – lebender, nahe verwandter Arten kontrastieren oft) und der Paarungsbereitschaft; c) hemmt nichtsexuelle Aktionen (bes. Aggression); d) verstärkt die Vertrautheit in der Gattenbeziehung; e) dient insbesondere der Selbststimulation, Stimulation des Partners und der Synchronisierung für den Begattungsakt. Die Einordnung der Begattung in einen sozialen Rahmen zeigt sich in Nebenfunktionen der B., wie Partnerfüttern, Nestzeigen usw.

Lit.: Bastock, M.: Courtship. London. 1967.

R. A. Stamm

Barany-(Drehstuhl-)Verfahren, ein u. a. bei der Pilotenauswahl verwendetes Verfahren, bei welchem der ↗Nystagmus nach Rotation in den drei Achsen des Vestibulärapparates registriert wird. *A. Lang*

Barbiturate, Barbitursäurederivate. Psychotrope Stoffgruppe aus der Klasse der ↗Hypnotika, die sich chemisch als Cycloureide auffassen lassen. Seit Einführung von Barbital (1903) wurden über 2500 B. synthetisiert, die als ↗Sedativa, ↗Antikonvulsiva, Narkotika, zum Zwecke der ↗Narkoanalyse, meist aber als Hypnotika Verwendung finden. Nach der variierenden Ausscheidungsgeschwindigkeit werden die B. in lang (Barbital, Phenobarbital), kurz (Amobarbital, Cyclobarbital, Pentobarbital, Secobarbital) und sehr kurz wirkende (Hexobarbital) eingeteilt. – Qualitativ sind ihre Effekte sehr ähnlich. Sie rufen eine mit steigender Dosierung zunehmende allg. zentrale Dämpfung hervor. Diese äußert sich etwa in erniedrigter Flimmerverschmelzungsfrequenz, verkürzter Nachbilddauer, Zeitunterschätzung, Verschlechterung bei Vigilanzaufgaben, Körperschwankungserhöhung, reduzierter Konditionierbarkeit, herabgesetzter intellektueller Leistung und verminderter motorischer Geschicklichkeit. Daneben werden Angstreduktion und ein vermehrtes Auftreten extravertierter Verhaltensmuster hervorgerufen. – Der durch B. induzierte Schlaf unterscheidet sich vom nichtmedikamentösen vielfältig, elektrophysiologisch (z. B. erschwerte periphere und zentrale Auslösung kortikaler EEG-Weckreaktionen) und verhaltensmäßig (verringerter Anteil paradoxer Schlafphasen und verminderte Körperbewegungen). Chronische Anwendung von B.n führt zu Toleranz sowie physischer und psychischer Abhängigkeit mit Entzugssymptomen bei Entwöhnung.

Lit.: Black, P. (Ed.): Drugs and the brain. Baltimore. 1969; **Maynert, E. W.:** Sedatives and Hypnotics II. In: **J. R. Di Palma** (Ed.): Drills Pharmacology in Medicine. New York. 1965. S. 188–209. *E. Lehmann*

Barlow-Kette (engl.: *conversational chaining*), ein Typ von linearen Lehrprogrammen, bei welchen das Urteil, nämlich die gewünschte Antwort zum Text des Lehrquants gehört, dort aber (z. B. durch Fettdruck) hervorgehoben ist, während Frage und Aufruf des ↗Lehrschritts dadurch verschmolzen sind, daß sie aus einer Aussage mit auszufüllender Lücke bestehen. *H. Frank*

Barriere, Begriff aus K. Lewins Vektor- oder ↗Topologischer Psychologie. Als B. bezeichnet Lewin alles, was einen den im Felde wirkenden Kräften entsprechenden Handlungsablauf hemmt oder verunmöglicht. Von der B. gehen selbst auch Kräfte aus, die den bestehenden entgegenwirken. Im täglichen Leben entspricht der B. jedes Hindernis, das umgangen oder überwunden werden muß.

H.-J. Aebi

Bartlett, Sir *Frederic Charles*, * 20. 10. 1886 Stow-on-the-Wold (Großbritannien). Studium an den Universitäten Cambridge, St.

John's College, London. Professor für Exp. Psychol. und Direktor des Psychological Laboratory an der Universität Cambridge.

Arbeitete auf dem Gebiet der Experimentalpsychol., untersuchte Denken, Wahrnehmung, Gedächtnis. Die Funktion und Beschaffenheit des Gedächtnisses setzte er in Beziehung zur Sozialpsychologie. Fernerhin arbeitete er auf dem Gebiet der Militärpsychologie.

Schr.: Hrsg. und Mithrsg. von British Journal of Psychology; Mind; Psychological Abstracts; Journal of General Psychology.

Veröffentlichungen u. a.: An experimental study of some problems of perceiving and imaging. Brit. J. Psychol., 1916; Feeling, imaging and thinking. Brit. J. Psychol., 1925; mit Myers, C. S.: Text book of experimental psychology, Part II, 1925; Remembering, 1932 u. a. m.

Lit.: **Boring, E. G.:** A history of experimental psychology. New York, [2]1950; **Murchison, C.:** A history of psychology in autobiography, Vol. III, Worcester, 1936; **ders.:** The psychological register, Worcester, 1929.

W. Sperber

Bartlett-Test, eine nach S. Bartlett (1932) benannte Methode zur gleichzeitigen ↗Signifikanz-Prüfung von mehr als zwei Varianzunterschieden. Er wird zuweilen zur Kontrolle der ↗Varianzhomogenität bei der Anwendung einer ↗Varianzanalyse verwendet. ↗Mathematische Psychologie; ↗Statistik

W. H. Butollo

Basalganglien. Die Bezeichnung ↗Ganglien wird hier ausnahmsweise für Nervenzellansammlungen mit gleicher oder ähnlicher Funktion innerhalb des ↗Zentralnervensystems (ZNS) verwendet. Zu den B. (Synonym: *Stammganglien)* gehören Corpus striatum (Streifenkörper), Globus pallidus (blasser Körper), Corpus amygdaloideum (Mandelkörper) und Claustrum (Vormauer).

Lit.: **Waldeyer, A.:** Anatomie des Menschen, Teil 2. Berlin, [13]1975.

G. Arnold

Basalhirn. Jede Großhirnhemisphäre läßt sich in zwei Hauptabschnitte gliedern: ↗Pallium (Pars palliaris) und B. (Pars basalis). Das B. bildet das vordere Ende des Hirnstammes (↗Gehirn).

Lit.: **Sidman, R. L., Sidman, M. & G. Arnold:** Neuroanatomie. Ein Lehrbuch in programmierter Form, Bd. 1. Berlin – Heidelberg – New York, 1971.

G. Arnold

Basaltext, eine möglichst knappe Formulierung des für eine objektiviert (z. B. durch ein ↗Lehrprogramm) oder direkt zu erteilende Lektion vorgesehenen Lehrstoffes. Der Weg, den die ↗Kybernetische Pädagogik innerhalb der ↗Programmierten Instruktion beschreitet, ist u. a. gekennzeichnet durch die Bevorzugung der Lehrzieldefinition anhand eines Basaltextes.

Lit.: **Weltner, K.:** Über die empirische Bestimmung subjektiver Informationswerte. GrKG 1966, 7, 1–12.

H. Frank

Basedowsche Krankheit, 1840 von K. A. v. Basedow beschrieben; sie stellt eine Überfunktion der ↗Schilddrüse dar. Sie ist gekennzeichnet durch Exophthalmus (Glotzäugigkeit durch Hervortreten der Augen), Struma (weiche, oft pulsierende Vergrößerung der Schilddrüse), Tachykardie (Zunahme der Herzfrequenz bis 160 Schläge/min), erhöhten Grundumsatz, erhöhte Schweißsekretion, Tremor, motorische Unruhe, subfebrile Temperaturen, Durchfälle, Abmagerung, Potenzschwäche, Menstruationsstörungen, insbesondere aber Nervosität und psychische Übererregbarkeit. Ihre Ätiologie ist weitgehend ungeklärt. Neben erblicher Disposition sind auslösende Ursachen bekannt. Die Behandlung ist nicht einheitlich und reicht von internistischer Behandlung über Bestrahlung bis zur operativen Entfernung von Schilddrüsenteilen. Die B. K. ist identisch mit der Thyreotoxikose.

E. David

Basilarmembran. Der flüssigkeitsgefüllte (Perilymphe) gewundene Innenohrkanal (Schnecke) wird durch die häutige B., welche das ↗Cortische Organ mit den Haarsinneszellen trägt, in zwei Hälften geteilt. Die in der Längsrichtung kontinuierlich veränderliche mechanische Eigenschaften aufweisende B. wird durch die über die Gehörknöchelchen und das ovale Fenster übertragenen mechanischen Schallschwingungen in frequenzabhängige charakteristische Bewegungen versetzt (Wanderwellen). Je nach Schallfrequenz findet sich das Maximum der Umhüllenden dieser Bewegungen und damit die maximale Erregung der Sinneszellen an verschiedenem Ort (Dispersion).

M. Spreng

Basophobie, zwanghafte Angst, nicht gehen zu können.

Bathophobie, zwanghafte Angst vor großen Höhen- und Tiefenunterschieden, verbunden mit Schwindelgefühlen.

Battarismus, durch überstürztes, polterndes Sprechen hervorgerufenes Stottern.

Bayessches Theorem *(Bayessche Schätzung).* Das inferenzstatistische Modell der Bayes-Statistik stellt eine Alternative zur klassischen Hypothesenprüfung dar. Es baut auf dem B. T. auf und erlaubt anstelle einmaliger Entscheidungen zugunsten H_0 oder H_1 aufgrund einzelner Stichprobenergebnisse eine sukzessive Revision der Wahrscheinlichkeiten der zu vergleichenden Hypothesen.

Lit.: Lindley, D. V.: Introduction to Probability and Statistics. Cambridge, 1965.

W. H. Butollo

Bazillophobie, krankhafte Angst vor Krankheitserregern und Infektionen.

Beanspruchung. 1) Allgemein ein Vorgang in einem biologischen System, der mit jeder gegenüber dem maximalen Stabilitätszustand dieses Systems veränderten Stabilität einhergeht (↗Belastung). **2)** Im engeren Sinn ein als psychische Anspannung erlebbarer und sich physiologisch im vegetativen Tonus anzeigender biologischer Vorgang im Zusammenhang mit der Bewältigung speziell psychischer Anforderungen. Psychische B. wird z. T. mehr im Sinne einer anforderungsspezifischen Beachtungszuwendung oder *Bindung,* z. T. mehr als Ermüdungsbedingung im Sinne einer *Schwächung* von Kräften und Funktionen (↗Ermüdung) verstanden. Untersuchungsergebnisse legen nahe, daß biologische Systeme dazu tendieren, sowohl längerdauernder Über- als auch Unter-B. im Hinblick auf einen optimalen Anpassungszustand zu vermeiden.

J. Nitsch

Bechterew, *Vladimir,* * 22. 1. 1857 Wjatka, † 24. 12. 1927 Leningrad; Professor für Psychiatrie und Neurologie. Gilt mit I. ↗Pawlow als Begründer der ↗„objektiven Psychologie" (Reflexologie; Bedingte Reflexe). Arbeitete über Fragen des ZNS, der Wirbelsäule *(Bechterewsche Krankheit)* und über das Problem der ↗Reflexe.

Schr.: Die Bedeutung der Suggestion im sozialen Leben, 1905; Die kollektive Reflexologie, 1928.

Lit.: Boring, E. G.: A history of experimental psychology. New York, [2]1950; **Murchison, C.:** Psychologies of 1930. Worcester, 1930; **Murphy, E. & W.:** General principles of human reflexology. New York, 1932.

W. Sperber

Bedeutung, ein vieldiskutierter philosophischer Begriff; auch in der Psychol. umstritten. Insbesondere bezeichnet B. den Zusammenhang zwischen Zeichen und Bezeichnetem.

B.haltigkeit: (nach R. Bergius) die „mit dem Begriff mitgegebenen Beziehungen zu anderen Gegebenheiten derselben oder anderen Klassen". Die B.haltigkeit spielt für die Lernbarkeit eines Lernmaterials eine entscheidende Rolle.

B.messung: sie wird hauptsächlich mit zwei Methoden vollzogen: a) Feststellen des Assoziationswertes (Noble, 1952): Es wird die Anzahl der assoziierten Wörter in kurzer (2″–3″) und längerer Zeit (7″) festgestellt; b) durch C. E. Osgoods ↗Semantisches Differential (nach P. R. Hofstätter: Polaritätenprofil).

Lit.: Bergius, R.: Einfache Lernvorgänge. Hdb. d. Psychol., Bd. 1/2. Göttingen, [2]1969, S. 153 ff; **Noble, C. E.:** An analysis of meaning. Psychol. Rev., 1952, *59,* 421–430.

H.-J. Aebi

Bedingte Hemmung, innere ↗Hemmung.

Bedingte Reaktion ↗Konditionierung.

Bedingter Reflex ↗Konditionierung.

Bedrücktsein ↗Depression.

Bedürfnis. B. ist eines der verschiedenen Wörter (Wunsch, Trieb, Motiv, Bedarf usw.), die eine intern oder extern erregbare, im Gehirn lokalisierte Kraft bezeichnen, die subjektiv als Antrieb oder Zwang zum Handeln erlebt wird, und zwar in solcher Weise, daß ein Ziel erreicht wird, das für den Handelnden nützlich oder lustvoll ist bezüglich der Situation, die das zielorientierte Verhalten hervorgerufen hat. Dieser in verschiedenster Weise bezeichneten Kraft (in diesem Artikel „Bedürfnis") werden zwei wichtige motivationale Eigenheiten zugeschrieben: 1) die Fähigkeit, kognitive Repräsentanzen (Abfolgen von Bildern) erwünschter Ziele wachzurufen und auszuwählen (hierzu gehören auch vom Wunschdenken erfüllte Phantasien und langfristige Pläne); 2) die Realisation des B.zieles. Meist aktiviert eine Situation mehrere Motive, die sich oft in der Weise widersprechen, daß nur eines den Zugang zur Motorik finden kann. Dieses stärkste B. setzt einen Prozeß, der im Optimalfall zur angemessenen Realisierung des B.zieles führt, in Gang und hält ihn aufrecht. Das Wesen dieses Prozesses sind Aktionsverläufe, die von kognitiven Entwürfen, Phantasien gesteuert werden. In den Dienst dieser Vorstellungen oder Pläne treten motorische, verbale oder kreative Fähigkeiten und Strategien. Die Realisation eines B.zieles wird durch verschiedene Zustände und Prozesse erleichtert, z. B. durch ausreichende Gesundheit, Wissen, Sachverstand, Entschlußkraft.

Diese Definition muß etwas erweitert und vervollständigt werden, damit einige besondere Bedingungen des Organismus berücksichtigt werden können: 1) das B. nach Schlaf; 2) Das B., sich aus beengenden Situationen zu befreien, und das B., gefährlichen Situationen zu entgehen; 3) das B. nach intellektueller Betätigung; 4) das B., zu lernen oder eine Fähigkeit zu vervollkommnen; 5) das B. zu gefallen und vieles andere mehr.

In die akademische Psychologie wurde der Begriff vor allem von E. Claparède u. K. Lewin (1930) eingeführt. Für Lewin ist ein B. eine Kraft im psychischen Feld, der eine Größe und Richtung zukommt: ein Vektor (Lewin benutzt in seiner topologischen Psychologie eine quasimathematische Terminologie). Er umschreibt das B. als einen bestimmten Wunsch, der Energien freisetzt und gewissen Objekten einen spezifischen Aufforderungscharakter verleiht. Lewins Erklärung des Begriffes B. hat gewisse Ähnlichkeit mit dem Triebkonzept, wie es etwas früher von amerikanischen Tierpsychologen entworfen wurde, aber sie ist sehr verschieden von der Bedeutung dieses Begriffes, wie C. G. Hull ihn verwendet hat. Entsprechend Hulls Theorie beruht die Motivation der Tiere auf einer Anzahl von B.sen oder B.lagen (z. B. Schmerz, eine volle Harnblase, mangelnde Nahrung usw.), die den Organismus u. U. schädigen können und eine entsprechende Reaktion erforderlich machen. (Dies ist eine Definition von B., wie man sie im Lexikon findet.) Die Reaktion auf eine solche B.lage wird durch einen Trieb aktiviert (diesen Begriff verwendet Hull in seiner Theorie), weniger durch ein B. in der oben dargestellten Bedeutung. In der Absicht, die Vielfalt des menschlichen Verhaltens zu ordnen, hat das hypothetische Konstrukt des B. die Instinktlehre W. McDougalls ersetzt, die in dieser Richtung die führende Theorie war. Anders als dem Instinkt schrieb man einem angeborenen B. nicht ein zentralnervöses strukturelles Muster zu, aus dem ungelernte, komplexe Handlungsfolgen nach spezifischer Auslösung gesteuert werden konnten. Obgleich man auch diese Theorie als teleologisch bezeichnen kann, wurde sie um 1950 mit der Entdekkung der Rückkopplungsmechanismen wissenschaftlich anerkannt.

Das Ziel, vier oder fünf Dutzend Arten von B.sen zu erfassen und systematisch zu klassifizieren, kann nur verstanden werden, wenn wir vor allem die kognitiven Komponenten der B.se im Auge haben. Trotz allem darf man aber nicht vergessen, daß die affektive Komponente (der Wunsch nach Verwirklichung des Ziels) das Individuum aktiviert.

Die Stärke eines B. kann grob geschätzt werden durch Anzahl und Verschiedenheit, Intensität und Dauer der Auswirkung auf das Verhalten, das beobachtet wird. Es gibt viele standardisierte, teilweise verläßliche Papier-und-Bleistift-Tests zur Erfassung der B.stärke. Das beste Verfahren ist D. C. McClellands Leistungsmotivationstest, dessen Ergebnisse auf einer Stil- und Inhaltsanalyse von Geschichten beruhen, die die Vp zu vorgegebenen Bildern erfindet. Eine umfassende und kritische epistemologische Analyse der Verwendung der Begriffe B. und Trieb in den verschiedenen Richtungen der Psychologie lieferte K. B. Madsen ([4]1968).

Lit.: Claparède, E.: Education fonctionnelle. Neuchâtel, 1931; **Hull, C. G.:** Principles of behavior. New York, 1943; **Lewin, K.:** A dynamic theory of personality. New York, 1959; **ders.:** Vorsatz, Wille und Bedürfnis. Psychol. Forschung. 1926, 7, 294; **Madsen, K. B.:** Theories of motivation. Kopenhagen – Kent (Ohio), [4]1968; **McClelland, D. C. et al.:** The achievement motive. New York, 1953; **McDougall, W.:** The energies of men. London, 1932; **Murray, H. A.:** Explorations in personality. New York, 1938; **Thomae, H.** (Hrsg.): Die Motivation menschlichen Handelns. Köln – Berlin, [5]1969.

H. A. Murray

Bedürfnisabweichung, Prinzip der geringsten. Der Begriff stammt von W. Stern. Wird ein spezifisches ↗Bedürfnis an seiner Befriedigung behindert (↗Bedürfnisbefriedigung), so wird es damit nicht ausgelöscht. Die ihm innewohnende Triebdynamik sucht notwendig nach einem Ausweg oder Umweg im Sinne des Grundtriebes. Gewöhnlich wird hierbei möglichste Annäherung an die bisherige, jetzt aber unterbundene Sonderform gewählt.

Lit.: Stern, W.: Allgemeine Psychologie auf personalistischer Grundlage. Den Haag, 1935.

R. Hänni

Bedürfnisbefriedigung, Handlung, die die Lösung der Spannung bewirkt, welche durch das ↗Bedürfnis hervorgerufen wurde.

R. Hänni

Beeinflussung ↗Suggestion; ↗Suggestibilität.

Befehlsautomatie, automatenhaftes (d.h. ohne eigene Intention erfolgendes) Befolgen von Aufträgen, meist motorischer oder sprachlicher Art. Selten erfolgen komplexe Handlungsvollzüge in Befehlsautomatie. B. tritt ein, wenn die eigene Ich-Aktivität verlorengegangen ist: bei Schizophrenie, bei Drogenpsychosen, unter Hypnose. Von den Echophänomenen (↗Echolalie, ↗Echopraxie) unterscheidet sich die B. dadurch, daß es sich dort um ein spontanes Nachahmen handelt (↗Katatonie).

Ch. Scharfetter

Befriedigung ↗Bedürfnis; ↗Tiefenpsychologie.

Begabtenauslese. In vielen Ländern sind Testserien zur Auslese der für Mittel- oder Hochschule Geeigneten ausgearbeitet worden (Eignungstests für höhere Schulen). Nur die intellektuelle Seite der Eignung kann richtig erfaßt werden, da Arbeitseifer u. a. stark schwankt und von äußeren Umständen abhängt. – ↗Begabung.

R. Meili

Begabtenförderung. Die Gesamtheit der Maßnahmen, die allen geeigneten jungen Menschen dazu verhelfen sollen, Zugang zu den ihrer ↗Begabung entsprechenden Bildungseinrichtungen zu finden. Die B. ist als eine der bedeutendsten Aufgaben der Bildungs- und Kulturpolitik aller zivilisierten Staaten anzusehen. Aus dieser Aufgabe ergeben sich u. a. die folgenden Probleme: Feststellung von Begabten (Begabtendiagnose) und Begabtenauslese, Schaffung gleicher Bildungschancen für alle Begabten ohne Rücksicht auf die soziale Herkunft, Differenzierung und Anpassung bestehender Bildungseinrichtungen bzw. Neueinrichtungen gemäß den Erkenntnissen der Begabungsforschung.

Lit.: Ballauf, T. & H. Hettner (Hrsg.): Begabungsförderung und Schule. Darmstadt, 1967; **Orlik, P.:** Kritische Untersuchungen zur B. Meisenheim, 1967.

K. E. Pelzer

Begabung ist die Gesamtheit der angeborenen ↗Fähigkeiten zu qualifizierten Leistungsvollzügen in den verschiedenen Kulturgebieten. Hieraus ergibt sich: Bei der B. handelt es sich zwar um ein *endogenes Faktum,* das aber durch Leistung und Werk sich in der Wirklichkeit ausweist. Deshalb ist besonders auf die Art der jeweiligen *Erlebnissituation,* in der die Leistung zustande gebracht wird, Rücksicht zu nehmen, weil hier in einer entscheidenden Weise der Lebensvollzug motiviert, innerviert, gefördert, unterdrückt, verwehrt oder gar abgebrochen werden kann. B. tut sich in Leistungseigenschaften kund; daß darin Verhaltensweisen, ja sogar ↗Haltungseigenschaften einbezogen sind, läßt sich deshalb einsichtig machen, weil jede Leistung nur durch ein Verhalten, dieses wiederum nur aus einer bestimmten Haltung heraus zustande kommen kann.

Diese Definition der B. ruht auf einer substantiellen Grundlage: der psychophysischen Konstitution der menschlichen ↗Person. Sie ist durch Einbeziehung der kulturellen Faktoren multidimensional (Allgemeinbegabung, z. B. Vitalität, Gefühls- und Willenskapazität, Motorik und dgl., und spezielle B., wie z. B. sprachliches oder zahlengebundenes Denken). Sie enthält sowohl personhaft-konstitutionelle Ursachen als auch wegen der nach Zahl und insbesondere nach Qualität differenzierten Kulturdimensionen graduierte (darum auch meßbare) B.arten und -kapazitäten (theoretisch-praktisch, Talent, Genie, Normal-, Minderbegabung). Die Möglichkeit der Multidimensionalität sowie der Graduiertheit der B. als substantielle Gegebenheit schließt deren *dynamische ↗Plastizität* mit ein. B. unterliegt also der Entwicklung ebenso wie der Entfaltung. Der B.kern kann wachsen; er kann sich in größeren oder kleineren, stärkeren oder schwächeren Zweigen differenzieren.

B. ist *umfassender als ↗Intelligenz,* die im wesentlichen als Fähigkeit zur Herstellung und zum Verstehen von Bedeutungen, Beziehungs- und Sinnzusammenhängen beschrieben werden kann. B. ist *anlagebedingt, ihre Entfaltung ist umweltabhängig.*

B. und *Eignung* können diagnostisch durch *Werk- und Leistungsanalysen* ermittelt werden: An jeglicher Leistung sind zumindest folgende Faktoren beteiligt: Intelligenz, persönliches Temperament, Anpassung und Übungsfähigkeit. Die geistig-sittlichen Bezüge im negativen und positiven Sinn dürfen bei der B.forschung nicht außer acht gelassen werden. Die Definition des Begriffes B. erfährt von der Sicht der Charakterologie her eine Erweiterung; denn die Leistung eines jeden Menschen, auch unter Berücksichtigung ihrer situativen Bedingtheit, ist nicht weniger abhängig von den wesenhaften ↗Eigenschaften, die in *Gesinnung und Haltung* sich ausweisen, als von den ↗Anlagen.

B. ist daher auch die besondere Fähigkeit, aus sich selbst heraus auf die Umwelt zu wirken in Aktion und Reaktion (dinglich, personal-geistig). Diese Definition gestattet es, auch von einer B. hinsichtlich des Gefühls, des Denkens, des Vorstellens, des Gedächtnisses, der Phantasie, des Geistes zu sprechen.

Intelligenz wird mit B. identifiziert. T. Ziehen definierte als Beanlagung die „allgemeine Beschaffenheit der wichtigeren seelischen Vorgänge des Individuums, soweit sie nicht durch Übung, sondern von der angeborenen oder sehr früh erworbenen Organisation des Gehirns abhängt". Dabei versteht er unter Beanlagung im engeren Sinn die B., d. h. die Veranlagung mit Bezug auf aktive Leistung und auf den spezialen und individuellen Wert dieser Leistungen. Einer solchen Begriffsaufgliederung vermögen wir uns heute nicht mehr anzuschließen.

L. Klages begreift die Begabungsqualitäten in seinem „Stoff des Charakters". Er versteht darunter Mengeneigenschaften, die sich von den Richtungseigenschaften (Art und Triebfeder des Charakters) unterscheiden. Er sieht in den B.en oder Befähigungen von Mensch zu Mensch Differenzen; das Mehr oder Weniger an B. qualifiziere den ↗Charakter. A. Wenzl hat 1934 in seiner „Theorie der Begabung" an der Intelligenz-B. festgehalten (s. o.).

Im Gefolge einer modernistischen Denaturierungstendenz wird neuerdings B. als ein Prozeß interpretiert, als ein Begaben und Begabtwerden (Roth, 1970). Es muß gefragt werden, ob ein solcher Prozeß sich substanzlos vollziehen läßt und nicht eines Trägers bedarf. Eine Person, also eine Einheit aus

Körper, Seele und Geist, ist je in individueller Weise mit natürlichen Gaben ausgestattet. Jede Person kann von der Umwelt her mit weiteren Gaben ausgestattet werden, wobei die natürlichen Gaben (Anlagen) als Voraussetzung für den exogenen Entfaltungs- und Erziehungsprozeß notwendig sind. Es ist verhängnisvoll, durch gewollte und künstliche Konstruktionen B. als „Begaben von außen her" zu verstehen und das reale Anlagefaktum, welches bisher bei allen Menschen da war und auch in Zukunft dasein wird, theoretisch eliminieren zu wollen. Der Begriff wäre zu eng und einseitig gefaßt, wollte man mit ihm nur die Lernfähigkeit treffen. B. meint darüber hinaus die selbständige Schöpferkraft (↗Kreativität). Im heutigen Sprachgebrauch wird Gabe außer im Sinn von „gegebenes Geschenk" auch im Sinne von „angeborene Eigenschaft, Talent" verwendet.

Während B. als Grundlage von Leistungen in einem bestimmten sozio-kulturellen Raum sich aktualisiert, ragt das ↗Talent über die normalen, durchschnittlichen Qualitäten hinaus und übertrifft sie in seinen Leistungen. ↗Genie ist die geistinspirierte und geisterfüllte Höchstbegabung.

Zur Methodik der ↗Begabungsforschung: Es ist unzulässig, nur vom operationalen Standpunkt her das Phänomen der B. definieren zu wollen (E. L. Thorndike), genauso wie es eine Einseitigkeit ist, diesen Sachverhalt rein geisteswissenschaftlich aufhellen zu wollen (z. B. Seeberger, 1966). Die operationale Technik der ↗Faktorenanalyse erbrachte einen allgemeinen Intelligenzfaktor (G-Faktor). An B.faktoren im einzelnen wurden ermittelt: Gedächtnis, sprachliche Fähigkeit, schlußfolgerndes Denken, technisches Denken, räumliches Denken, rechnerische Fähigkeiten (L. L. Thurstone; entsprechende Faktoren fand W. Arnold, 1960). In der B.forschung spielt die Unterscheidung zwischen zahlentechnischem Operieren und sinnlogisch wortgebundenem Denken die Hauptrolle. Eine festgestellte Schwerpunktverlagerung in den B.-kapazitäten (Begabungswandel) wirkt sich in unserer Zeit auch sozialpolitisch und bildungspolitisch aus: Ausbau der Fachhochschulen zur Förderung vorwiegend wirtschaftlicher und technischer Spezial-B.en; aus der verringerten Erlebnisbedeutung des gesprochenen und geschriebenen Wortes ist die Reduktion insbes. der humanistischen Gymnasien zugunsten von sozial- und naturwissenschaftlichen Ausbildungsstätten erklärbar. Sozial gesehen, ist heute für die Entfaltung von B.en die Bildungswilligkeit bedeutsamer als ökonomische Faktoren.

Lit.: **Arnold, W.:** B. und Bildungswilligkeit. München – Basel, 1968; **Heller, K.:** Intelligenz u. Begabung. München, 1976; **Mierke, K.:** B., Bildung, Bildsamkeit, Stuttgart, 1963; **Roth, H.** (Hrsg.): B. und Lernen. Stuttgart, [5]1970; **Seeberger, W.:** B. als Problem. Stuttgart, 1966; **Skowronek, H.** (Hrsg.): Umwelt u. Begabung. Stuttgart, [2]1976; **Süllwold, F.** (Hrsg.): Begabung u. Leistung. Hamburg, 1976; **Wenzl, A.:** Theorie der B. Heidelberg, [2]1957.

W. Arnold

Begabungsforschung, Forschungszweig der Psychol., der sich mit Begabungsfragen befaßt. Sie klärt z. B., welche Voraussetzungen eine bestimmte Tätigkeit verlangt und ob und inwieweit jemand diese zur Ausübung dieser Tätigkeit besitzt. Im Vordergrund steht dabei z. Z. noch die Abklärung der intellektuellen Voraussetzungen. Nachwuchs- und Begabungsförderung sowie die Erforschung der sozialen Struktur der ↗Intelligenz gehören weiter zu den Anliegen der Begabungsforschung. ↗Begabung. *H.-J. Aebi*

Begabungs-Test-System (BTS), Papier-Bleistift-Test in zwei Parallelformen mit je 9 Subtests zur Erfassung von „Intelligenz-, Schul- und Konzentrationsleistungen". Das Instrument ist primär auf Auslese- und Beratungsprobleme bei Schülern ab 7 J. zugeschnitten. Der Autor teilt u.a. folgende Kennwerte mit: Halbierungsreliabilität: $r_{tt}=.96$; Stabilität nach 9 Mon.: $r_{tt}=.90$; Korrelation mit Binet-Test: $r_{tc}=.48$, mit Lehrerurteil: $r_{tc}=.70$ Die T-Normen differenzieren altersspezifisch.

Lit.: **Horn, W.:** Begabungs-Test-System (BTS). Göttingen, [2]1972.

W. Conrad

Begriff, die „Kategorisierung von Objekten und Ereignissen aufgrund von Merkmalen und Beziehungen, die den Wahrnehmungsgegenständen gemeinsam sind oder vom Individuum so beurteilt werden" (K. Foppa). Die für den B. wesentlichen Merkmale bezeichnet man dabei als „relevante", die belanglosen als „irrelevante" Merkmale. Meist wird ein B. mit einem ↗Symbol, einem Namen, versehen. Das Wort ist also nicht der B. selbst, sondern nur Symbol desselben.

B.entwicklung erfolgt „auf dem Wege qualitativer Neuerwerbungen" (Vygotsky). Es sind verschiedene Stufen unterscheidbar. Vygotsky (1964) nennt drei: a) Zusammenfassung konkreter Gegenstände aufgrund äußerer Verwandtschaft. b) Herstellung objektiver Beziehungen und Zusammenhänge, „Vereinigung und Verallgemeinerung einzelner Gegenstände". Objektives und zusammenhängendes Denken. c) Betrachtung der Elemente „außerhalb der konkreten Verbindung", „Herauslösung", „Abstrahierung" und „Isolierung der einzelnen Elemente". Bildung echter Begriffe. J. Piaget kennt ähnliche Phasen.

B.zentren: Hirnrindenfelder, in denen die B.e zu „lokalisieren" sind.

Lit.: Vygotsky, L. S.: Denken und Sprechen. Berlin, 1964.

H.-J. Aebi

Begriffsbildung ↗Logisches Denken.

Begriffsfortschritt (Abk. v), die (mittlere) Anzahl pro ↗Lehrschritt neu hinzukommender, im ↗Basaltext stehender Begriffe (Basalbegriffe) längs eines Lehrwegs in einem ↗Lehrprogramm. Der B. kann durch das ↗Anschütz-Diagramm veranschaulicht werden. *H. Frank*

Behalten ↗Gedächtnis.

Behandlung, psychische, heute ungebräuchliches Synonym für ↗Psychotherapie.

Behavioral. Als b. werden Methoden, Theorien, Phänomene bezeichnet, die durch das Verhalten bestimmt sind; sie werden dadurch von erlebnisbestimmten oder auch physiologischen abgegrenzt. Nicht zu verwechseln mit ↗behavioristisch. *R. Hänni*

Behaviorismus, Bezeichnung für eine extreme Form der objektiven Psychologie. Die Methode der Introspektion wird abgelehnt, für die psychol. Forschung sind nur noch die Begriffe „Reiz" und „Reaktion" von Bedeutung. In dieser extremen Form wurde der B. erstmalig von J. B. Watson (1878–1958) in den USA in einer Abhandlung mit dem Titel: „Psychology as the behaviorist views it" (1913) dargestellt. Obwohl wiederholt angegriffen, gewann Watsons Position in den USA die Zustimmung der Psychologen. In anderen Teilen der Welt ist der B. nicht in gleichem Maß wissenschaftstheoretische Grundlage der Forschung wie in den USA. In der UdSSR und ihren Satellitenstaaten sind allerdings ähnliche epistemologische Positionen bestimmend. Hier geht man mit einigen Ausnahmen (z. B. S. L. Rubinstein) so weit, die Psychol. als Teil der Physiologie zu betrachten. In England wurde der B. erst später anerkannt (z. B. Broadbent, 1961).

VORLÄUFER DES BEHAVIORISMUS. Die Definition der Psychol. als das Studium des Bewußtseins mit der Introspektion als bevorzugter Methode wurde im ausgehenden 19. und frühen 20. Jh. weitgehend akzeptiert. J. McK. Cattell (1904), W. McDougall (1908) u. a. versuchten, das Gebiet der Psychol. zu erweitern, um das Verhalten miteinzubeziehen, während sie den Begriff des Bewußtseins und die Methode der Introspektion noch beibehielten. Watson war diese Position nicht radikal genug.

Auch bei anderen Wissenschaftlern tauchten extremere, objektivistische Einstellungen auf. Hierzu kann J. M. Sechenow in Rußland gerechnet werden, gefolgt von I. P. Pawlow und V. M. Bechterew. Aus Deutschland kam J. Loeb mit seiner Tropismenlehre (er wanderte nach Amerika aus und lehrte in Chicago, als Watson dort Student war). Ähnliche objektive Richtungen wurden in Deutschland von T. Beer, A. Bethe und J. v. Uexküll vertreten. Das tierische Verhalten wurde an den verschiedensten Forschungsstätten in der ganzen Welt mit objektiven Methoden untersucht.

Ebenso begannen Philosophen an den überkommenen Methoden zur Erforschung des menschlichen Geistes zu zweifeln. E. A. Singer (1911) beeinflußte E. R. Guthrie, einen amerikanischen Psychologen, der in der Entwicklung des B. eine bedeutende Rolle spielte. In Frankreich entwickelten J. O. de La Mettrie („Der Mensch als Maschine") im 18. und A. Comte („Der Positivismus") im 19. Jh. objektivistische philosophische Anthropologien.

Das geistige Klima war um 1910 von Materialismus und Positivismus geprägt, so daß Watsons Ideen auf fruchtbaren Boden fielen. Dies tut seiner Originalität, seiner Kühnheit und seinem persönlichen Einfluß aber keinen Abbruch.

Watsons Behaviorismus. Die zentrale Forderung des B. ist die Objektivität der Daten. Als Beobachtungstatsachen sollen wie in jeder anderen Wissenschaft nur Ereignisse anerkannt werden, die durch einen Vl aufgezeichnet werden können (oft mit Hilfe von Präzisionsinstrumenten). Zu diesen wahrnehmbaren Ereignissen sind vor allem Reize und Reaktionen der Muskeln und Drüsen zu zählen. Muskeln und Drüsen sind die einzigen Effektoren, es gibt keine zusätzliche „geistige Aktivität". Was oft nicht besonders ausgeführt wird, ist die Tatsache, daß der B. auch an den *Verhaltensprodukten* interessiert ist, wenn sie objektiv erfaßt werden können. So sind verbale Reaktionen, die ja durch Muskelbewegungen hervorgebracht werden, ein objektiv meßbares Verhalten, genauso aber geschriebene Wörter oder Kreuzchen auf einem Testformular. Dieses Interesse an Verhaltensprodukten ist es, das den B. davor bewahrte, eine „Muskelzukkungspsychologie" zu werden. (Diese negative Bezeichnung wurde von Watson im Vorwort seiner „Psychology from the standpoint of a behaviorist" [1919] erwähnt. Sie wird oft E. C. Tolman zugeschrieben [1932, S. 5], der sie in einem spöttischen Sinn gebraucht haben soll, aber Tolman wiederholte nur etwas, von dem Watson viel früher gesagt hatte, man beschuldige ihn fälschlicherweise, eine solche Psychol. zu betreiben.) Die Anerkennung verbaler Reaktionen als Verhalten befreite den B. von vielen Einschränkungen. So kann z. B. die Traumforschung aufgenommen werden, ohne sich dem Vorwurf der Introspektion auszusetzen.

Immer war Watson bestrebt, Ungenauigkeit und Subjektivität auszumerzen. Unter dem Einfluß von Watsons Theorie ergaben sich wenigstens drei weitere Aspekte: assoziationistischer Atomismus, Peripheralismus und die extreme Lehre von der Bedeutung der Umwelteinflüsse.

Die Suche nach einer analytischen Einheit führte zuerst zu dem zentralen Begriff der Gewohnheit (habit); sie wurde der systematische Kernbegriff, bis die Lehre vom bedingten Reflex ihren Platz einnahm. Theoretisch ausgedrückt, ist der bedingte Reflex eine analytische Einheit, wie die Empfindung eine analytische Einheit in der Theorie der introspektionistischen Psychol. ist. Die Angriffe der Gestaltpsychologen gegen den B. und den Sensualismus richteten sich vor allem gegen diesen „molekularen" oder „atomistischen" Grundzug seiner Theorie. Trotz des starken Interesses, das Watson an der Tätigkeit des Gehirns hatte (sein Kapitel von 1919 über die neurophysiologische Grundlage einer Handlung enthält nicht weniger als 26 Diagramme des Gehirns, des Rückenmarks und der Neuronen, abgesehen von zahlreichen Diagrammen über die Funktionen der Sinnesorgane und der Effektoren, die er in anderen Kapiteln darstellte), kam er allmählich dazu, sich für das, was man im Gegensatz zum Zentralismus *Peripheralismus* nennt, einzusetzen. Der Zentralist glaubt, daß das Denken im Gehirn stattfindet. Mit der Behauptung, daß das Denken lautloses Sprechen sei, verlagerte Watson den Denkprozeß sozusagen vom Gehirn in die Stimmbänder. Die gleiche Vorstellung hat der Zentralist von den Gefühlen, während Watson stärker an den körperlich-peripheren Vorgängen interessiert ist. Er definierte die Gefühle entsprechend. Dieser

Aspekt des B. von Watson wird von modernen Theorien nicht uneingeschränkt übernommen, insbesondere, da heute bessere Methoden zur Untersuchung der Gehirntätigkeit zur Verfügung stehen. Die Vorstellung z. B., daß Hunger durch Magenkontraktionen entsteht (eine Ansicht der Peripheralisten), wird durch die Überzeugung ersetzt, daß er von einem Geschehen im Hypothalamus abhängt (eine Ansicht der Zentralisten).

Das dritte neue Dogma Watsons war die *extreme Lehre von der Bedeutung der Umwelteinflüsse*. Sie entwickelte sich ganz allmählich. Es ist fast überraschend, in seinem Buch von 1919 ein Kapitel über Instinkte zu finden, nachdem sich seine behavioristische Lehre durchgesetzt hatte. Während er damals auch glaubte, daß die Aufgabe angeborener Handlungstendenzen hauptsächlich darin bestehe, die motivationale Grundlage für die Gewohnheitsbildung zu schaffen, so leugnete er doch nicht grundsätzlich angeborene Handlungsbereitschaften. Später geht er dann weiter und erklärt alle individuellen Unterschiede durch Lernprozesse (Watson, 1925).

Das Hauptverdienst des B. ist die Tatsache, daß er die Psychol. zu einer objektiven Wissenschaft machte. Der assoziationistische Atomismus, der Peripheralismus und die Lehre von der Bedeutung der Umwelteinflüsse waren für seine wissenschaftliche Position nicht in dieser Weise wesentlich, aber auf dem Höhepunkt von Watsons Einfluß waren auch sie von großer Bedeutung für die Psychol. (und andere Sozialwissenschaften in den USA).

TOLMANS ZIELGERICHTETER BEHAVIORISMUS. E. C. Tolman (1886–1959) wurde schon sehr früh von Watsons B. beeinflußt, stand ihm aber dennoch kritisch gegenüber und begann seine eigene unabhängige Position zu entwickeln, das erstemal in dem Artikel „A new formula for behaviorism" (1922) und später in seinem Hauptwerk: „Purposive behavior in animals and men" (1932). Seine Theorie kann am besten mit drei Aussagen gekennzeichnet werden:

a) In Tolmans B. wird die Introspektion als Methode abgelehnt. Obwohl manchmal subjektives Vokabular verwendet wird (z. B. schöpferische Ideation), sind solche Formulierungen immer aus dem beobachteten Verhalten geschlossen.

b) Tolmans Theorie wird im Gegensatz zu Watsons *molekularem* B. als *molarer* bezeichnet. Jeder Akt des Verhaltens hat ganz spezifische Merkmale, die unabhängig von den ihm zugrunde liegenden Muskel-, Drüsen- oder neuralen Prozessen identifiziert und beschrieben werden können.

c) Das bedeutet nur, daß das Verhalten in Übereinstimmung mit objektiv bestimmbaren Zielen organisiert und reguliert wird. Oft sind diese Ziele Erwartungen, die durch frühere Erfahrungen entstanden sind.

Ein wichtiger Begriff in der Theorie von Tolman ist das Konzept der *intervenierenden Variablen*, das später von Hull übernommen, von Skinner aber abgelehnt wurde. Für Tolman war eine Stimulus-Response-Psychol. – mit der Grundlage des einfachen Reflexbogens – nicht akzeptabel; viele andere Variablen, die zwischen Reiz und Reaktion wirken, modifizieren die Beziehung von Reiz und Reaktion. Jede sorgfältige Verhaltensregistrierung muß außer den gegenwärtigen Reizbedingungen die Entwicklungsgeschichte des Organismus und seinen Treibzustand berücksichtigen.

HULLS THEORIE DES VERHALTENS. C. L. Hull (1884–1952) war sehr beeindruckt von Pawlows „Conditioned Reflexes" (1927). Er führte eine Reihe von Experimenten aus, denen seine Theorie zugrunde lag und von denen er glaubte, daß sie die unvollendete Arbeit Watsons fortführten. Mit dem Werk „Principles of Behavior" (1943) erreichte Hulls Theorie ihren Höhepunkt. Hull glaubte nicht, daß eine Reflexkette die Erklärung für ein Habit („Gewohnheit" trifft den Sachverhalt nicht genau) sei, sondern er entwikkelte ein kompliziertes Modell, bei dem der auslösende Reiz nur das erste Glied einer Kette von Ereignissen ist, die dann zum Endglied. der Reaktion. führt. Zwischen Reiz und Reaktion gibt es viele intervenierende Variablen (von Hull in anderem Sinne verwendet als von Tolman). Zu diesen intervenierenden Variablen gehören Reaktionstendenzen, die in der Vergangenheit erworben wurden, Reizgeneralisation, Triebzustände, die hervorgerufen werden durch physiologische Mangelzustände oder schädigende Stimulation, und andere assoziative und nicht-assoziative Prozesse, die die letztlich auftretende Reaktion beeinflussen. Eine wichtige intervenierende Variable ist die fraktionierte antizipatorische Zielreaktion (r_G), die verschiedene Verhaltensformen integriert. In Hulls Theorie ist diese Zielreaktion ein Ersatz für das „planende Denken" der Introspektionisten. Die Annahme dieser komplexen Zwischenglieder unterscheidet Hulls Theorie von der Watsons.

Obwohl die Hullsche Theorie 20 Jahre lang sehr großen Einfluß hatte, ließ ihre Wirkung in den sechziger Jahren doch sehr stark nach. Es wurden neue mathematische Modelle entwickelt, die viel ausgearbeiteter waren als seine Anpassung empirischer Befunde an mathematische Sachverhalte. Auch die Tatsache, daß Hull sehr viele Anhänger hat, wie z. B. K. W. Spence (1907–1967) u. a., änderte nichts daran.

Skinners experimentelle Analyse des Verhaltens. B. F. Skinner (*1904) hält inmitten vieler gegenläufiger Strömungen einen strengen B. aufrecht, und wenn man irgendeine Richtung der psychol. Forschung der siebziger Jahre in den USA als „Schule" bezeichnen kann, dann die von Skinner. Seine Anhänger gründeten eine eigene Gesellschaft, eine eigene Zeitschrift (Journal of the Experimental Analysis of Behavior) und noch einige andere kleinere Zeitschriften. Diejenigen, die Skinners Position vertreten, sprechen eine gemeinsame Sprache vom operanten Konditionieren, Verstärkungsplänen, „Verhaltensshaping" (Formung) usw., und sie haben die gleichen Tabus wie der frühe B. in bezug auf „innere Prozesse".

Im Gegensatz zu Tolman und Hull finden Skinner und seine Anhänger intervenierende Variablen und andere Begriffe, die nur aus dem Verhalten abgeleitet werden können, unnötig. Skinner sieht seinen Standpunkt weniger als wissenschaftliches System an, sondern mehr als eine leistungsfähige Technologie. Skinners B. ist wirklich sehr radikal (Skinner, 1938, 1952, 1959). Die grundlegenden Begriffe und Gesetze können schnell erlernt werden. Da gibt es erst einmal die *operante Stufe*, gemäß der sich jeder Organismus in der jeweils gegebenen Umwelt verhält. Dies wird als das „Ausgangsverhalten" bezeichnet, und es ist völlig gleichgültig, ob es angeboren oder erworben, artspezifisch oder kulturbedingt ist. Dieses Verhalten bietet sich zur Modifikation und Kontrolle an. Kontrolliert wird das Verhalten durch systematische Variation von Reizen, die bekräftigende Funktion haben. Der Übungsprozeß besteht darin, das Verhalten durch Bekräftigung zu formen, d. h., jede Hinneigung in die gewünschte Richtung wird belohnt, und jede in nicht erwünschte Richtung extingiert (indem sie nicht belohnt oder bekräftigt wird). Diese Methode kann zur Erzeugung von Diskrimination zwischen Reizen und Differenzierung zwischen Reaktionsmustern verwendet werden. Mehr Information ist nicht nötig, um Skinners Technologie auf viele individuelle und soziale Probleme anwenden zu können. Es gibt natürlich auch wesentlich komplexere Aspekte, z. B. verschiedenste Arten intermittierender Bekräftigung, sekundäre Verstärkung, Bildung von Reaktionsketten usw., aber das sind nur zusätzliche Einzelheiten. Das wichtige Ergebnis ist, daß Verhalten durch Reize kontrollierbar ist und auf diese Weise modifiziert werden kann.

Die Erfolge dieser Methode sind leicht aufzuzeigen: z. B. bei der Tierdressur (Delphine und Mörderwale können zum Ergötzen des Publikums ganz erstaunliche Kunststücke vorführen, nachdem sie mit den Skinnerschen Methoden „geformt" worden sind); beim programmierten Unterricht, der auf den Skinnerschen Prinzipien aufbaut; bei verschiedenen Formen der Psychotherapie. So näherte sich Skinner mehr als jeder andere Wissenschaftler dem, was Watson gefordert hatte: Verhalten vorauszusagen und zu kontrollieren, ohne Rücksicht auf irgendwelche subjektiven Prozesse oder Zustände.

Die beständigen Beiträge des Behaviorismus zur Allgemeinen Psychologie. Der Erfolg der Skinnerschen Technologie hat dazu geführt, daß sie von seinen Schülern als endgültige psychol. Theorie angesehen wird. Andere Psychologen dagegen, die es nicht so eilig haben, diesen Erfolg anzuerkennen, und dennoch die Methoden anwenden, glauben nicht, daß diese Theorie die endgültige Lösung der Frage nach dem Verhalten des Menschen bringt. Sie setzt sich über die Probleme der biologischen Grundlage des Verhaltens (Vererbung, hormonale Kontrolle usw.), subjektive Zustände, wie Träume, Halluzinationen (ebenso auch Vorstellen und Planen), hinweg und tut die Möglichkeiten systematischer Wissenschaft (z. B. hierarchische Organisation, mathematische Modelle mit untereinander austauschbaren Konstanten) ab. Einige dieser Einschränkungen hängen eher mit Skinners persönlichen Vorlieben zusammen als mit den Möglichkeiten und Grenzen des B., doch gibt es einige Alternativen, sich mit subjektiven Prozessen auseinanderzusetzen, die für viele, wenn nicht sogar die meisten modernen Psychologen akzeptabel sind. Um diesem Zweifel Ausdruck zu geben, haben einige Wissenschaftler, die behavioristisch orientiert sind, ihre Position als „subjektiven B." bezeichnet (Miller, Galanter & Pribram, 1960, S. 211–214).

Der wesentlichste Beitrag des B. mag darin liegen, den Erforschern menschlichen und tierischen Wesens die Möglichkeit zu geben, sich vorzustellen, daß sie einen Forschungsgegenstand untersuchten, der dem der anderen Wissenschaften ähnlich ist, und ihnen das Gefühl zu verleihen, daß auch sie in der Tradition eines Darwin, Mendel, Newton und Einstein stünden. Nachdem sie das Selbstbewußtsein und den Status einer ernsthaften Wissenschaft erlangt hatten – und dies durch den B. –, fanden sie, daß die positiven Seiten des B. in die moderne Psychol. inkorporiert werden könnten, ohne seine negativen mit zu übernehmen.

Lit.: **Bergmann, G.:** The contributions of J. B. Watson. Psychol. Rev., 1956, *63*, 265–276; **Broadbent, D. E.:** Behavior. New York, 1961; **Broadhurst, P. L.:** J. B. Watson. Int. Ency. Soc. Science, 1968, *16*, 484–487; **Cattell, J. McK.:** The conceptions and methods of psychology. Pop. Sci. Mo., 1904, *46*, 176–186; **Friedrich, W.** (Hrsg.): Zur Kritik des B. Berlin, 1978; **Hull, C. L.:** Principles of behavior. New York, 1943; **McDougall, W.:** Introduction to social psychology. London, 1908; **Miller, G. A., Galanter, E. & K. H. Pribram:** Plans and the structure of behavior. New York, 1960 (dt.: Strategien des Handelns. Pläne und Strukturen des Verhaltens. Stuttgart, 1974); **Pawlow, I. P.:** Conditioned reflexes, London, 1927; **Pongratz, L. J.:** Problemgeschichte der Psychologie. Bern – München, 1967; **Rachlin, H.:** Introduction to Modern Behaviorism. Oxford, [2]1976; **Singer, E. A.:** Mind as an observable object. J. Phil. Psychol. Sci. Meth., 1911, *8*, 180–186; **Skinner, B. F.:** The behavior of organisms. New York, 1938; **ders.:** Wissenschaft und menschliches Verhalten. München, 1973; **ders.:** Cumulative record. New York, 1961 (rev. ed.); **ders.:** Behaviorism at fifty. Science, 1963, *140*, 951–958; **Tolman, E. C.:** A new formula for behaviorism. Psychol. Rev., 1922, *29*, 44–53; **ders.:** Purposive behavior in animals and men. New York, 1932; **Watson, J. B.:** Psychology as the behaviorist views it. Psychol. Rev., 1913, *20*, 158–177; **ders.:** Psychology from the standpoint of a behaviorist. Philadelphia – London, 1919; **ders.:** Behaviorism. New York, 1925; **Woodworth, R. S. & M. R. Sheehan:** Contemporary schools of psychology. New York, [3]1964.

E. R. Hilgard

Behaviorismus, deskriptiver, Bezeichnung für die ↗Lerntheorie B. F. Skinners, die das Verhalten vorwiegend mit sprachlich formulierten Beobachtungsgrößen und deren Beziehungen untereinander erklärt und dabei auf mathematische Konstrukta, intervenierende (theoretisch notwendige) Variablen und formale Darstellungen verzichtet.

R. Hänni

Behaviorismus, molarer, Bezeichnung für die Lerntheorie E. C. ↗Tolmans, die nicht von den kleinstmöglichen Verhaltenselementen ausgeht, sondern eher die ganzheitlichen, zweckgerichteten Momente betrachtet (purposive behavior).

R. Hänni

Behaviorismus, molekularer. Ein B. wird molekular genannt, wenn es in seinem Bestreben liegt, das ganze Verhalten als aus den kleinstmöglichen Verhaltenseinheiten (Reflexen) aufgebaut zu erklären (z. B. das Konzept von J. B. ↗Watson). C. L. ↗Hull versteht allerdings seine Theorie nicht als molekular, weil er den Begriff für physiologische Verhaltenstheorien reserviert. – Vgl. ↗Behaviorismus. *R. Hänni*

Behavioristisch, zum ↗Behaviorismus gehörend. Der Begriff wird verwendet, a) um die Methode zu bezeichnen; b) in wertnegativem Sinne von traditionell bewußtseins-psychol. orientierten Autoren, die operationale Definitionen ablehnen und den – im Behaviorismus oft durchgeführten – Tierexperimenten die Relevanz für die Humanpsychologie absprechen. *R. Hänni*

Beidhändigkeit ↗Ambidextrie.

Bekanntheitstäuschung ↗Déjà-vu-Erlebnis.

Bekräftigung. BEKRÄFTIGUNG ALS VERFAHREN. Als Verfahren ist die B. ein Ereignis, das bewirkt, daß jenes Verhalten, das mit ihm räumlich und zeitlich in enger Beziehung steht, in Zukunft eine höhere Auftretenswahrscheinlichkeit aufweisen wird. (Dies kann in der natürlichen Umwelt geschehen oder durch eine exp. Anordnung provoziert werden.) Dabei wirken die Konsequenzen des bekräftigten Verhaltens auf die Umwelt zurück, und die Umwelt bringt ihrerseits das B.geschehen wieder hervor, welches das Verhalten aufrechterhält. Man sagt, das resultierende Verhalten ist operant, weil es auf die Umwelt einwirkt, oder instrumentell, weil es das bekräftigende Ereignis allein hervorruft. Welche Art von Ereignis in einem gegebenen Fall als Verstärker anzusehen ist, muß vielleicht eigens bestimmt werden. So kann es einfach sein, irgendein Verhalten bei einem Hund oder einem kleinen Jungen durch einen leichten Schlag auf den Kopf aufrechtzuerhalten, aber schwer, dieselbe bekräftigende Wirkung bei einer Ratte oder bei einem erwachsenen Mann zu erzielen.

Bei der B. als Verfahren können wir zwei Arten von Bekräftigern unterscheiden: a) positive Bekräftiger, wie z. B. Nahrung; sie halten die Verhaltenstendenz aufrecht; b) negative Bekräftiger, wie z. B. schmerzhafte Reizung. Ihr Nachlassen oder Ausbleiben hält Verhaltenstendenzen aufrecht. Die beiden Arten von Bekräftigern haben natürlich völlig verschiedene Wirkungen auf das Verhalten. Negative B. sollte von Bestrafung sorgfältig unterschieden werden. Das geschieht aber oft nicht. Im Gegensatz zur negativen B. stellt die Bestrafung eine Kontingenz zwischen einem aversivem Reiz und einer Reaktion her. Die Auftretenswahrscheinlichkeit dieser Reaktion nimmt daraufhin ab. (Bei der negativen B. ist die Kontingenz zwischen dem Ausbleiben der aversiven Stimulierung und dem Verhalten wichtig.) Wenigstens begrifflich können wir zwischen primären und sekundären (erworbenen oder konditionierten) Bekräftigern unterscheiden, je nachdem, ob die bekräftigende Wirkung eines Ereignisses keine vorhergehende Erfahrung mit diesem Ereignis erfordert oder ob irgendein vorangehendes Lernen notwendig ist. Futter z. B. soll ein primärer Bekräftiger für die hungrige Ratte sein. (Vielleicht muß die Ratte aber auch in diesem Fall schon vorher Erfahrungen mit Hungerzuständen oder mit dem besonderen Geschmack eines bestimmten Futters gemacht haben.) Lächeln soll für die Menschen ein erworbener Bekräftiger sein, wobei der Erwerb vermutlich auf der vorherigen Assoziation des Lächelns mit primärer B. begründet ist. (Es ist aber wahrscheinlicher, daß die Bekräftigende Wirkung eines Lächelns bei Säuglingen unabhängig von der Lerngeschichte ist.) Die Unterscheidung zwischen primärer und sekundärer B. ist nur dann sinnvoll, wenn ein ursprünglich neutraler Reiz im Kontext eines besonderen Experimentes als Bekräftiger eingesetzt wird. Sogar in diesem Falle ist es möglich, daß der kritische Reiz assoziative oder informierende Wirkungen zusätzlich oder anstelle von einer bekräftigenden Wirkung haben kann. Experimentelle Untersuchungen haben beträchtliche Unsicherheit zurückgelassen, sowohl darüber, wie man die sekundären Bekräftiger optimal einsetzt, als auch darüber, wie sie funktionieren.

Einige Psychologen, am deutlichsten die Anhänger von B. F. Skinner, argumentieren, daß die wohlbekannten B.prinzipien, die zur Aufrechterhaltung eines Verhaltens angewandt werden, jetzt genügend abgeklärt und wirkungsvoll genug sind, so daß zusätzlich nur minimale Informationen für eine effiziente Voraussage des Verhaltens und seine Steuerung erforderlich sind. Die beiden Hauptprinzipien der B. sind: **1)** *Differentielle B.*; dadurch wird sichergestellt, daß eine B. nur erfolgt, wenn die gewünschte Reaktion in Anwesenheit einer besonderen Reizkon-Figuration auftritt; **2)** *Intermittenzpläne*, d. h., B.en der gewünschten Reaktion werden nur bei bestimmten Anlässen gegeben, z. B. nach jedem zehnten Auftreten der zu bekräftigenden Verhaltensweise. Mit Hilfe dieser Prinzipien hat eine Anzahl von Psychologen, die von den Methoden Skinners überzeugt sind, kürzlich dramatische Eingriffe in Verhaltensprobleme vorgenommen, z. B. bei Autismus und Retardation, bei Sprachfehlern, Neurosen und Psychosen (L. P. Ullmann & L. Krasner, 1965). Obwohl die B. zur Erklärung des Erwerbs neuer Reaktionen herangezogen werden kann, befindet sich die betreffende Reaktion oft schon im Verhaltensrepertoire des Individuums, tritt aber zum gewünschten Zeitpunkt nicht auf. Deshalb liegt in der Praxis die Betonung auf der differentiellen B. und auf dem Erreichen einer angemessenen Reaktionshäufigkeit.

Bekräftigung als Prozess. Während sie nicht die praktische Wirksamkeit der B. zur Regulierung des Verhaltens leugnen, meinen andere Psychologen, kognitive Prozesse als „Vermittler" zwischen Reiz und Reaktion annehmen zu müssen. Man sagt, das Individuum wisse, daß sein Verhalten B. hervorruft; und wenn die B. gebraucht oder gewünscht wird, dann wird das Individuum die Reaktion ausführen, um sie zu erhalten. So kann B. als eine utilitaristische Entlohnung für angemessenes Verhalten angesehen werden. Die meisten Psychologen nehmen an, daß B. mehr als ein Verfahren ist. Sie betrachten sie als einen Prozeß, als etwas, das im Nervensystem des Individuums geschieht und das das Lernen geschehen läßt, wenn einer Reaktion eine B. folgt. Es heißt, es handle sich um einen Mechanismus, der auf irgendeine Weise eine besondere Reaktion mit einem besonderen Reiz verbindet. Man kann E. L. Thorndikes (1911) „Gesetz des Effektes" heranziehen, welches besagt, daß das Erlernen oder Nicht-erlernen einer Reaktion von dem angenehmen oder unangenehmen Effekt abhängig ist, den das Auftreten dieser Reaktion hervorruft. Unter anderen spezifischen Theorien des B.prozesses ist die berühmteste das System von C. L. Hull (1943). Es besagt, daß B. notwendig und ausreichend für den Erwerb instrumentellen Verhaltens sei. Hull behauptete außerdem, daß Signale bekräftigende Wirkungen durch Kontingenz mit einer Triebreduktion erhalten. Bekräftigende Ereignisse seien jene, die, wie die Nahrungsaufnahme, den Hungertrieb des Individuums reduzieren, oder die Beendigung des Schocks, die die Stärke der Schmerz- und Furchttriebe herabsetzt. Hulls Theorie krankt daran, daß sie viele exp. Ergebnisse nicht erklären kann, so z. B. auf Saccharinaufnahme (das nicht nahrhaft ist und nicht den Hungertrieb reduzieren kann) gestütztes Lernen, auf sexuelle Erregung, Exploration der Umgebung oder Gehirnstimulation. Diese Mängel haben N. E. Miller (1963) und andere dazu geführt, anzunehmen, daß B. vielleicht einer plötzlichen Zunahme an Erregung kongruent sei. Die Hoffnung, die physiolog. Grundlagen der B. beschreiben zu können, wurden durch J. Olds (1961) Arbeit über den offenkundigen B.effekt der Elektrostimulation in bestimmten Teilen des Gehirns geweckt. ↗Konditionierung; ↗Lernen; ↗Lerntheorien; ↗Verhaltenstherapie; ↗Trieb.

Lit.: Foppa, K.: Lernen, Gedächtnis, Verhalten. Köln – Berlin, [7]1970; **Gagne, R. M.:** Bedingungen des menschlichen Lernens. Hannover, 1969; **Hull, C. L.:** Principles of behavior. New York, 1943; **Miller, N. E.:** Some reflections on the law of effect produce a new alternative to drive reduction. In: **M. R. Jones** (Ed.): Nebraska symposion on Motivation. Lincoln, 1963; **Olds, J.:** Hypothalamic substrates of reward. Physiol. Review, 1962, *42*, 554–604; **Premack, D.:** Reinforcement theory. In: **M. R. Jones** (Ed.): Nebraska symposion on motivation. Lincoln, 1965; **Thorndike, E. L.:** Animal intelligence. New York, 1911; **Ullmann, L. P. & L. Krasner:** Case studies in behavior modification. New York, 1965.

R. C. Bolles

Belastung. 1) Allgemein jeder mit Einwirkungen körperlicher und/oder psychischer Art einhergehende, zumindest im Extremfall als solcher auch erlebbare *Zustand* verminderter Stabilität und Angepaßtheit eines biologischen Systems (↗Beanspruchung). 2) Die jeweils wirksamen *B.faktoren* selbst, wozu sowohl ererbte Dispositionen organ- und psychopathologischer Prägung (erbliche B.) als auch verschiedenstartige Umwelteinwirkungen (Verletzungen, Infektionen, klimatische Extrembedingungen, frustrierende Sozialverhältnisse usw.) sowie arbeitsmäßige Anforderungssituationen (↗Ermüdung; ↗Monotonie) gerechnet werden. 3) Die Gesamtheit der spezifischen *Reaktionen* eines vergestörten Systems, wobei besonderes Augenmerk einerseits auf hormonale (Adrenalin- und ACTH-Ausschüttung) und vegetative (Sympathikustonisierung), andererseits auf affektive und motivationale Prozesse (zunächst aggressiver und, bei fortdauernder B., schließlich regressiver Tendenz) gelegt wird. Die Frage der B. und Belastbarkeit hat vor allem in sozio- und psychohygienischer sowie eignungsdiagnostischer Hinsicht praktisch-psychol. Relevanz. ↗Stress. *J. Nitsch*

Belohnung. Im ↗Behaviorismus verwendet man B. (reward) und ↗Bekräftigung (reinforcement) häufig als Synonyma. B. hat *motivierende* Funktion. Bei menschlichen Individuen erhöht sie darüber hinaus Selbstwertgefühl und sozialen Status. Ihre Wirksamkeit hängt von ihrer Größe, ihrer Häufigkeit, dem zeitlichen Abstand zwischen ihr und dem vorausgegangenen Verhalten sowie von verschiedenen Persönlichkeitsvariablen ab.

Lit.: Skinner, B. F.: Wissenschaft und menschliches Verhalten. München, 1973.

B. Louis

Bender-Gestalt-Test, stark verbreitetes Verfahren zur Prüfung der Gestaltauffassung und -wiedergabe. Pb muß 9 geometrische Figuren (nach M. ↗Wertheimer) abzeichnen. Neben der Bestimmung des Intelligenzniveaus im Bereich von 5 bis 10 Jahren (E. M. Koppitz) und Ansätzen zur Auswertung als projektive Methode zur Persönlichkeitsdiagnostik (M. L. Hutt) steht im Vordergrund die Diagnose von Hirnschädigungen. Die ↗Validität mehrerer Auswertevorschriften ist auf dem Niveau der Grobauslese durch viele Untersuchungen gesichert.

Lit.: Tolor, A. & H. C. Schulberg: An evaluation of the Bender-Gestalt-Test. Springfield (Ill.), 1963. *A. Lang*

Benton-Test, ein Verfahren ähnlich dem ↗Bender-Gestalt-Test unter Verwendung anderer Vorlagen und Instruktionen, besonders zur Prüfung der Gestaltauffassung und -wiedergabe aus dem Kurzzeitgedächtnis (↗Gedächtnis). *A. Lang*

Beobachtung. 1) Planmäßige, auf eine Veränderung des (B.-)Gegenstandes gerichtete Betrachtung mit dem Ziel, neue Kenntnisse zu gewinnen. **2)** Eine daraus resultierende oder zufällige Erkenntnis über einen Gegenstand.

B.fehler, auf der Unzulänglichkeit des menschlichen Sinnesapparates beruhende Irrtümer, die in eine B. miteingehen. Wesentliche Faktoren: Einstellung, Aufmerksamkeitsschwankung u. a.

Fremd-B., die B. eines anderen Menschen. Verhalten und Ausdruck sind dabei Anhaltspunkte.

Selbst-B. (synonym: *Introspektion, Erlebnis-B.),* auf eigenen Bewußtseinsablauf gerichtete Beobachtung. Als wissenschaftliche Methode unbefriedigend, da keine genauen Kenntnisse darüber bestehen, inwieweit die Selbst-B. den normalen Ablauf des psychischen Geschehens beeinflußt und stört. Als zweite Fehlerquelle kommt die notgedrungen inadäquate Beschreibung des Erlebten hinzu. Trotzdem leistet die Selbst-B. unschätzbare Dienste auf vielen Gebieten der Psychologie.

Lit.: Pauli, R. & W. Arnold: Psychol. Praktikum. Stuttgart, [7]1972.

H.-J. Aebi

Beobachtungslernen ↗Nachahmung.

Beobachtungstypus ↗Aufmerksamkeitstypen.

Beratung, eine zwischenmenschliche Beziehung, in deren Verlauf eine Person (der Berater) bemüht ist, einer anderen (dem Klienten) zu helfen, deren Probleme zu verstehen und sie zu bewältigen (↗Berufsberatung, ↗Eheberatung, ↗Erziehungsberatung). B. umschließt ein weites Feld von Verfahrensweisen, so Ermutigung und Erteilung von Ratschlägen, die Beschaffung von Informationen über bestehende Möglichkeiten und die Interpretation von Testergebnissen. B. unterscheidet sich von der ↗Psychotherapie, indem sie gewöhnlich für „Angepaßte" verwandt wird, statt bei Patienten, es gibt jedoch häufig nahtlose Übergänge, wie z. B. in C. Rogers ↗ *Nicht-direktiver Therapie.* In der nicht-direktiven B. leiht der Berater dem Klienten lediglich ein „freundliches Ohr", reflektiert vielleicht dessen Gedanken und Gefühle und beschreibt mögliche Verhaltensalternativen. Ein direktiver Berater andererseits wird das Gespräch dirigieren und sich bemühen, den Klienten zu bestimmten Verhaltensweisen zu überreden.

Lit.: Aurin, K. u. a.: Beratung im Schulbereich. Weinheim, 1977; **Hruschka, E.:** Versuch einer theoretischen Grundlegung des Beratungsprozesses. Meisenheim, 1969; **Junker, H.:** Das Beratungsgespräch. München, 1973; **Steffire, B. & W. H. Granz** (Eds.): Theories of Counseling, New York, [2]1972; **Trost, G., Bickel, H., Blum, F. & H. Christian:** Studienfeldbezogene Tests zur Abiturientenberatung. Bonn-Bad Godesberg, 1979.

G. D. Wilson

Berliner Schule, Richtung der Gestaltpsychologie (↗Ganzheit – Gestalt – Struktur), die sich noch vor dem 1. Weltkrieg bildete und während der 20er Jahre in Berlin voll zur Entfaltung kam. Ihre Hauptvertreter waren M. ↗Wertheimer, W. ↗Köhler und K. ↗Koffka. Das methodische Vorgehen kann als experimentell-phänomenologisches bezeichnet werden; Erlebens- und Verhaltensprozesse als Ganzheiten waren Forschungsgegenstand. Vor allem leistete sie bedeutsame Beiträge zur ↗Wahrnehmungs- und ↗Denkpsychologie.

Der Nationalsozialismus in Deutschland zwang die genannten Hauptvertreter der B. Sch. zur Emigration in die USA, auch K. ↗Lewin, der sich vor allem mit Persönlichkeits- und Sozialpsychologie befaßte (↗Topologische und Vektorpsychologie). W. Metzger, K. Gottschaldt, E. Rausch führten die Tradition in Deutschland fort.

E.-G. Wehner

Bernoulli-Verteilung ↗Binomialverteilung; ↗Mathematische Psychologie; ↗Statistik.

Berufliche Auslese ist ein Entscheidungsvorgang, dessen Ziel eine Auswahl aus bestimmten Berufsgruppen und Berufsarten ist, meist aber ein Entscheidungsvorgang, der eine Qualitätsermittlung an Arbeits- und Berufsbewerbern voraussetzt und der danach Ungeeignete ausscheidet (negative Auslese) oder Bestgeeignete bevorzugt (Bestauslese). Diese Entscheidungen werden bestimmt durch subjektive und objektive Faktoren. *Subjektive Faktoren* sind: Interesse, Neigungen, Begabungen und soziales Prestige; *objektive Berufsauswahlfaktoren* sind hauptsächlich soziale Sicherheit und ökonomische Berufschancen (Lohn, Gehalt, Aufstiegsmöglichkeiten). Die subjektiven Faktoren sind getragen von dem Erlebnis des inneren Angerufenseins für eine bestimmte Berufstätigkeit, ihren Sinn, ihre Bedeutung und Werterfülltheit, wobei die ökonomisch-materielle Gewichtung zurücktritt. Bei der Arbeitsauswahl und der Arbeiterauslese geht es vorwiegend um optimale Bezahlung, soziale Vorteile und „Leichtigkeit" für den Arbeitnehmer. Berufs- und Arbeitskräfteauslese wird von den Betrieben der Industrie, des Handels und des Handwerks veranstaltet. Elternhaus, Schule und Berufsberatung haben dabei nur einen subsidiären Einfluß.

Seit 40 bis 50 Jahren, d. h. mit der Zunahme der beruflichen Spezialisierung, dient eine meist staatlich subventionierte ↗Berufsberatung der Berufswahlentscheidung. Die besonderen Hilfen, welche durch die Berufsberatung den ratsuchenden Jugendlichen und deren Eltern geboten werden können, sind psychologische Eignungsuntersuchungen; hierbei liefern die durch die forschende

Berufskunde ermittelten „Berufseignungsanforderungen" ein gewisses normatives Entscheidungskriterium für Berufsratschläge und auch für Berufsentscheidungen durch Arbeitgeber, Schule und Elternhaus. Berufswahl und Berufsauslese setzen berufskundliche Fachkenntnisse voraus, die am besten durch „Berufene", aber auch durch berufskundliches Schrifttum, Bilder, Filme usw. vermittelt werden.

Lit.: Bundesanstalt für Arbeit: Beruf aktuell. Wiesbaden. 1978; **dies.:** Studien- und Berufswahl. Bad Honnef. 1978.

W. Arnold

Berufsberatung, die „Erteilung von Rat und Auskunft in Fragen der Berufswahl und des Berufswechsels". Dabei sind „die körperlichen, geistigen und charakterlichen Eigenschaften, die Neigungen und die persönlichen Verhältnisse des Ratsuchenden zu berücksichtigen", gleichzeitig ist dabei „Lage und Entwicklung des Arbeitsmarktes und der Berufe angemessen zu berücksichtigen", allerdings ohne Präferenz einzelner Berufe oder Sparten (Legaldefinition nach §§ 25 ff. Arbeitsförderungsgesetz (AFG) in der Bundesrepublik Deutschland).

Eine allgemeingültige Theorie der B. gibt es nicht. Je nach der verfassungsrechtlichen, wirtschaftlichen, arbeitsmarkt-, bildungs- und sozialpolitischen Situation eines Staates wird sie nach mehr oder weniger pragmatisch-politischen Zielen durchgeführt. So versteht sich B. in Entwicklungsländern als Intensivwerbung für eine Berufsausbildung gegen übermächtige Sippentraditionen. In sozialistischen Ländern dient B. meist volkswirtschaftlichen Zielen und betreibt durch Orientierung und eventueller Eignungsauslese die Erfüllung staatlicher Nachwuchspläne. Hingegen hat sich in den westlichen Industriestaaten B. in aller Regel auf die individuelle Eignungsdiagnose und – teils – ein mehr formal verstandenes Entscheidungstraining konzentriert.

Damit wird zugleich die Doppelgesichtigkeit der B. deutlich: Einerseits will sie zur weitestmöglichen beruflichen Weiterentwicklung des Ratsuchenden beitragen, andererseits muß sie auf seine Anpassung an die bestehenden Ausbildungs- und Arbeitsmöglichkeiten hinwirken. In Zeiten wirtschaftlicher Prosperität ist beides meist kein Widerspruch, ansonsten erwachsen daraus in der Regel Konflikte zwischen Ratsuchenden und Berater, zwischen Berater und den Ausbildungsträgern (Betrieben) und auch in der Person des Beraters (Selbstverständnis).

In der Beratungspraxis folgte man in Deutschland lange dem Zuordnungs- oder Kongruenzmodell. Dabei versuchte man, ein bestimmtes Eignungsprofil eines Ratsuchenden mit passenden Berufseignungsstrukturen möglichst optimal zur Deckung zu bringen, woraus sich dann der berufliche Rat ergab. Inzwischen erkannte man, daß die berufliche Eignung für die meisten Menschen recht breit angelegt ist und daß sie sich unter dem Einfluß von kaum meßbaren Werthaltungen und Motivationen merklich ändern kann; ferner daß die Außenkriterien des Eignungsbegriffes sich mit den Berufsbildungsordnungen und den Arbeitsmarktbedingungen verändern. Dadurch fehlt es bislang an einer wissenschaftlich belegten „Berufseignungskunde". Nach wie vor wird meist nach dem sog. entscheidungstheoretischen Modell gearbeitet. Dieses sieht die berufliche Entwicklung als Ergebnis vieler einander bedingter, oft irreversibler Teilentscheidungen in den verschiedensten Lebensbereichen. B. ist danach Entscheidungshilfe. Sie berücksichtigt dabei verschiedene Kriterien, die Eignungsproblematik wie die örtliche Arbeitsmarktlage. Daraus entwickelt sie Konfliktlösungsvorschläge, wobei die Wertvorstellungen des Ratsuchenden in der Regel über deren Akzeptanz entscheiden.

Im Grunde genommen ist B. ein pädagogischer Vorgang, der Sachinformation und Entscheidungstraining des Schülers voraussetzt und deshalb schulisch besser vorbereitet werden müßte. Ansätze zu einer Einführung von Berufswahlunterricht im Rahmen einer „Arbeitslehre" finden sich auch in fast allen Ländern der Bundesrepublik Deutschland, ebenso die Einführung von Schullaufbahnberatern bzw. Beratungslehrern.

B. ist in der Bundesrepublik Deutschland den Arbeitsämtern vorbehalten, die dafür gegenwärtig mehr als 5000 Fachkräfte (Berufs- und Arbeitsberater, Psychologen) einsetzt. Die persönliche B. wird durch didaktisch aufbereitetes Schriftmaterial für die Schulen und Universitäten unterstützt, ebenso durch eine Stellenvermittlung der BfA sowie durch Zuschüsse für die Berufsausbildung. Für Behinderte existieren besonders geschulte Berater. B. sichert eine enge Zusammenarbeit mit den berufsständischen Organisationen (Industrie- und Handels-, Handwerkskammern, Gewerkschaften usw.).

Lit.: Holland, J. L.: The psychology of vocational choice. A theory of personality types and model environments. Waltham (Mass.). 1966; **Lange, E. & G. Büschges:** Aspekte der Berufswahl in der modernen Gesellschaft. Frankfurt/Main, 1975; **Meisel, H.:** Die deutsche Berufsberatung, Reihe Siebrecht-Kohl, Heft 10. Stuttgart, 1977; **Schaefer, J.:** Praxis der beruflichen Beratung, Reihe Siebrecht-Kohl, Heft 12. Stuttgart, 1977. *J. Schaefer*

Berufseignung, ein von der alltäglichen Menschenbeurteilung wie von der angewandten Psychologie fortlaufend verwendeter, trotz mangelnder Eindeutigkeit unentbehrlicher Begriff. Entscheidungen bei Personalauslese und Berufswahl verlangen, die Folgen der jeweiligen Entscheidung gedanklich vorwegzunehmen (z.B. die Höhe des Erfolgs in der betreffenden Tätigkeit, die Zufriedenheit mit dem gewählten Ausbildungsgang). Aus dem Bedingungskomplex, der für das Eintreten dieser Folgen verantwortlich ist, löst der Eignungsbegriff bestimmte Elemente heraus, während er andere (z.B. diejenigen, die dem in Fluß befindlichen Arbeitsmarkt zuzurechnen sind) ausschließt: Der Eignungsbegriff faßt *die* Bedingungen für Erfolg und Zufriedenheit zusammen, *die in der Person liegen,* soweit es sich nicht um durch spezifische Übung erworbene Merkmale (Kenntnisse, Fertigkeiten, Arbeitshaltungen) und nicht um bloß demographische (Geschlecht, Lebensalter) oder soziologisch-biographische Merkmale (z.B. Besitz formaler Bildungsabschlüsse) handelt. Als Eignungsmerkmale gelten demnach psychologische und medizinische Merkmale wie Fähigkeiten, berufsrelevante Temperamentsmerkmale, tätigkeitsfeldbezogene Leistungsmotivation, neurovegetative Belastbarkeit, Gesundheitszustand und ggf. Körperkraft und -geschicklichkeit.

Lit.: Eckardt, H. H.: Der Begriff der Eignung in psychologischer Sicht. Mitteilungen a. d. Arbeitsmarkt- und Berufsforschung, 12, 1979, 51–57; **Maukisch, H.:** Einführung in die Eignungsdiagnostik. In: **A. Mayer** (Hrsg.): Organisationspsychologie. Stuttgart, 1978.

H. H. Eckardt

Berufseignungstest (BET), deutsche Fassung der ↗General-Aptitude-Test-Battery. 7 der 8 ↗Paper-pencil-Tests liegen in Parallelform vor. Dazu kommen 4 manipulative Tests an einem kleinen und einem großen Steckbrett. Für 14–34 Jahre bestehen für alle Subtests getrennte Standardnormen. Zusätzlich wurden für verschiedene Berufe sog. Anforderungsnormen (arithm. Mittel der Standardwerte) zusammengestellt, bei welchen teilweise auch Validitätskoeffizienten mit dem Lehrabschlußprüfungserfolg angegeben sind. Das angekündigte Textbuch mit Informationen über Grundkonzeption, Konstruktion und Meßgütekriterien des Tests ist ebensowenig erschienen wie die versprochenen ‚neueren Daten' zur Interpretation.

Lit.: Schmale, M. & H. Schmidtke: Handanweisung und Tabellenband für den BET. Bern – Stuttgart, 1966.

R. Krebs

Berufsforschung, Teilgebiet der ↗Arbeitspsychologie, das sich u.a. mit den Anforderungen an die einzelnen Berufe, der Berufsanalyse, der ↗Berufsberatung, den Verfahrenstechniken in der Berufsberatung, der Berufsausbildung beschäftigt und Berufsbilder erstellt, in denen die geistigen und körperlichen Anforderungen des jeweiligen Berufes beschrieben werden. *W. Sperber*

Berufsinteressen-Tests ↗Interessentests.

Beruhigungsmittel ↗Sedativa.

Berührungsempfindung (auch *Tastempfindung*). Der B. liegen Reizungen verschiedener Nervenendungen (Nervengeflechte der

Haarscheiden, Meißnersche Körperchen und Merkelsche Scheiben, sog. freie Nervenendungen in der Haut und weitere) zugrunde. Sie gestatten drei Modalitäten der B.: die mechanische (Druck-, Vibrationsempfindung), die thermische und die Schmerzempfindung. Die Empfindlichkeit ist je nach dem Körperteil verschieden. Am empfindlichsten sind Hände, Fußsohlen, Lippen und Sexualorgane, am wenigsten empfindlich Rücken und Gesäß. *V. Martinu*

Beschäftigungstherapie ↗Arbeitstherapie.

Bescheidenheit, gilt seit dem Mittelalter als eine Tugend der Mäßigung. Seit der Aufklärung wird sie häufig als eine Handlungsweise gedeutet, die rationalen Zweckerwägungen folgt (z.B. mäßiger Wohlstand zur Vermeidung des Auffälligen), weswegen sie im 19. Jh. gelegentlich als Tugend der Kleinmütigen und mittelmäßig Befähigten abgelehnt wird (Schopenhauer). Als Ausrichten des eigenen Verhaltens nach den jeweiligen Kräften und Möglichkeiten bildet sie den Gegensatz zur Vermessenheit. *N. Lobkowicz*

Beschneidung, partielle bis totale Entfernung des praeputium penis auf operativem Wege. Die B. wird tiefenpsychol. oft als ritualisierte Kastrationshandlung oder -drohung (Kastrationskomplex) beschrieben, sie ist in einigen Kulturen Bestandteil des Initiationsrituals (↗Initiation). B. wird noch heute verschiedentlich als Therapie und (oder) Strafe bei kindlicher ↗Onanie angewandt, in aller Regel jedoch als Therapie der Phimose. B. wird zudem weithin als Maßnahme zur Intensivierung der sexuellen Hygiene bezeichnet bzw. – je nach Auffassung – rationalisiert. Die Gegenüberstellung sozialer Großgruppen, in denen beschnittene Männer eine Minorität bzw. die Majorität bilden, zeigt, daß jeweils die Minorität als in gesteigertem Maße sexuell effektiv angesehen wird, sowohl im Auto- als auch im Heterostereotyp. Man unterscheidet drei Arten der B.: 1. Incision: Hier wird lediglich das Frenulum eingeschnitten. 2. Circumcision: Hier wird die gesamte Vorhaut entfernt (z.B. bei Juden und Arabern). Auf diese Form der B. beziehen sich die obigen Ausführungen. 3. Subincision: Hier wird die Harnröhre bis zur Wurzel des Penis aufgeschnitten (Neuguinea und Melanesien). *G. Lischke*

Beschwichtigungsgebärde. Wehrhafte Tiere verfügen über wirksame aggressionshemmende, ritualisierte Ausdrucksbewegungen. (Gegenteil: Imponieren). Man macht sich so klein als möglich, legt Haare, Federn oder Flossen an und wendet die kampfauslösenden Waffen, wie Zähne und Schnäbel, vom überlegenen Gegner weg (Wegsehen bei Möwen). Demutgebärden zeigen völlige Unterwerfung an und sind oft mit Bewegungslosigkeit verbunden. Der Sieger ist gehemmt. B.n spielen während der ↗Balz eine bedeutende Rolle und beenden Kampfturniere.

Lit.: Lorenz, K.: Das sogenannte Böse. Zur Naturgeschichte der Aggression. Wien, 1963; **Tinbergen, N.:** Einige Gedanken über „Beschwichtigungsgebärden". Z. Tierpsychol., 1959, *12*, 651–665. *K. Fiedler*

Besessenheit, in allen Kultur- u. Religionsformen vorkommende abnorme Phänomene des Erlebens u. Verhaltens, die als gezielte Einflußnahme übernatürlicher personifizierter Kräfte (Geister, Dämonen, Teufel) gedeutet werden. Man unterscheidet eine nur äußere „Umsessenheit" *(circumsessio)* von der eigentlichen inneren „Besessenheit" *(obsessio, possessio)*. Die auftretenden körperlichen u. psychischen Symptome lassen sich größtenteils psychopathologisch oder psychologisch einordnen (↗Schizophrenie, ↗Hysterie, ↗Suggestion).

Lit.: Dieckhöfer, K., Lungershausen, E. & J. Vliegen: Zum Problem der Besessenheit. Confin. psychiat. 14, 1971, 203–225; **Zutt, J.** (Hrsg.): Ergriffenheit und Besessenheit. Bern – München, 1972. *G. Hole*

Besetzung, ein Begriff aus dem ökonomischen Modell (Gesichtspunkt) der Metapsychologie von S. Freud, der annimmt, daß Vorstellungen (d.h. seelische Phänomene wie Phantasien, Erinnerungen, Wahrnehmungen) mit bestimmten Quantitäten psychischer Energie besetzt sind; die Quantitäten können zwar nicht gemessen werden, sind jedoch der Vergrößerung, Veränderung, Abfuhr und Verschiebung fähig. Im analogen Sinn wird von ↗Objektbesetzungen oder der Besetzung bestimmter Körperteile gesprochen. Besetzungen repräsentieren die dynamische Valenz von Vorstellungen.

Lit.: Freud, S.: Psycho-Analysis. (1926), Ges. Werke Bd. 14; **Toman, W.:** Tiefenpsychologie. Stuttgart, 1978.

Ch. Kraiker

Besinnung, seltener Vorgang des Erinnerns; als Gegenteil von Bewußtlosigkeit Bezeichnung für die Gegenwart der Sinne. Im weiteren Sinn bezeichnet B. die Zurückwendung der Aufmerksamkeit nach „innen" (Reflexion) und damit einen gerichteten Vorgang der ruhigen Überlegung und des Nachdenkens über einen Sachverhalt, der sowohl die Reaktivierung von Gedächtnisinhalten als auch das Moment des „Zum-Bewußtsein-Gelangens" einschließt und „besonnenes" Handeln erst ermöglicht. *B. Schwarz*

Besonnenheit, ein durch kontrollierte Wachheit, innere Ausgeglichenheit und Harmonie gekennzeichneter Geistes- und Gemütszustand. Bei Abschirmung von Affekten und Triebregungen verhilft diese objektivierende, distanzierende, zurückhaltende und situationsbeherrschte Verhaltensweise dem Menschen zu höherer geistiger (Über-) Sicht u. formt ihn zum ausgewogenen Charakter. Die alten Griechen, bei denen B. eine der 4 Kardinaltugenden war, schrieben seit Homer dem seiner Sinne mächtigen Individuum, das sich gegenüber sich selbst und anderen zu beherrschen wußte, „Sophrosyne", d.h., „gesunden Sinn", zu. *W. Tisch*

Bestrafung ↗Strafe.

BET ↗Berufseignungstest.

Beta-Bewegung, nach M. Wertheimer diejenige ↗Scheinbewegung, bei welcher der Eindruck entsteht, daß sich ein Objekt von einem Ort zu einem anderen bewegt. Läßt man z.B. ein Lämpchen an dem Ort A und ein zweites Lämpchen an dem Ort B in einem dunklen Raum abwechslungsweise aufleuchten, nehmen die Vpn die „Bewegung" eines Lämpchens von A nach B und zurück wahr. – ↗Bewegungstäuschungen. *V. Martinu*

Beta-Gewicht(-Koeffizient), auch *Standardpartialregressions-Koeffizient* genannt. Die B.G. geben im Rahmen einer multiplen Regressionsrechnung an, wie die einzelnen Prädiktorvariablen zu gewichten sind, um eine Kriteriumsvariable möglichst präzise (i.S. des Kriteriums der kleinsten Quadrate) vorhersagen zu können. *J. Bortz*

Beta-Wellen, die EEG-Wellen im Frequenzbereich 13 bis 30 Hz, die vorwiegend bei hohem zerebralem Erregungsniveau (Sinnesreize, geistige Aktivität) auftreten (↗Alpha-Wellen). *M. Spreng*

Betel, in Indien gebräuchliches Genußmittel mit stimulierenden Wirkungen. ↗Arecolin; ↗Rauschmittel.

Bethel, heute ein Komplex evangelischer Institutionen mit verschiedenen Aufgaben, 1867 bei Bielefeld zur Pflege von Epileptikern gegründet (benannt nach dem bibl. Ort B., nördlich von Jerusalem), 1872/1910 durch Pastor F. v. Bodelschwingh geleitet und ausgebaut. Zur Betreuung von Nerven- und Geisteskranken leichteren Grades kam 1882 die Sozialarbeit für Arbeits- und Obdachlose hinzu (F. Bodelschwingh war 1858/64 Pastor der deutschen „Gassenkehrergemeinde" in Paris). Die nach dem 2. Weltkrieg wiederaufgebauten Einrichtungen verbinden Berufsausbildung und Sozialarbeit auf vielen Gebieten.

Betriebsklima umfaßt Faktoren in der sozialen Struktur eines Betriebes, die außerhalb des arbeitenden Menschen liegen und auf ihn einwirken. Dazu gehören gute Betriebsorganisation, Kommunikationsmöglichkeit des Arbeitenden zum Arbeitgeber und der Arbeitenden untereinander, Mitbestimmungsmöglichkeit, direkte und indirekte Anerkennung, Gruppenbeziehungen u. ä.

Ungünstiges B. vermindert Produktivität und Aktivität des einzelnen, Produktionsmenge und äußert sich u. a. in Unzufriedenheit, Arbeitsunlust und vermehrtem Fernbleiben. *W. Sperber*

Betriebspsychologie ↗Industriepsychologie.

Bettnässen ↗Enuresis.

Bewährungskontrolle, eine spezielle Art der Gültigkeitskontrolle (↗Validität) eines Tests. Soll nämlich ein Test *Vorhersagen* späterer Leistungen ermöglichen, so ist eine Validierung derart durchzuführen, daß die Übereinstimmung zwischen vorhergesagtem und beobachtetem Wert quantifiziert werden kann. ↗Praxisbewährung. *W. H. Butollo*

Beweggrund ↗Motiv.

Bewegungsausdruck ↗Ausdruck.

Bewegungsbild ↗Graphologische Begriffe.

Bewegungsempfindung. Das ZNS bekommt Signale über Lage, Schwere und Spannungen von den Nervenendungen an den Muskeln, Sehnen und Gelenken und Signale vom Gleichgewichtszentrum. Diese Information wird verarbeitet, und wir erleben sie als Bewegungsempfindung. Eine große Rolle spielt sie dann, wenn wir uns ohne visuelle Wahrnehmung (z. B. in einem dunklen Raum) orientieren sollen. – Vgl. ↗Kinästhesie.

Induzierte B., die scheinbare Bewegung des Mondes hinter den sich in Wirklichkeit bewegenden Wolken. Die Wolken „induzieren" ihre Bewegung auf den Mond. Unser Wahrnehmungssystem hält große Gegenstände für ruhend und schreibt die Bewegung den sich in einem Bezugssystem bewegenden kleineren Gegenständen zu. *V. Martinu*

Bewegungsnachbild. Aristoteles beschreibt folgendes Beispiel des B.: Schaut man längere Zeit einen Wasserfall an und richtet man dann den Blick auf ein ruhiges Ufer, so bekommt man den Eindruck, daß sich das Ufer in der dem Wasserfall entgegengesetzten Richtung bewegt. Dieses Phänomen wurde in verschiedenen Varianten wiederholt beobachtet. Das Wahrnehmungssystem hat sich während der Beobachtung dem sich bewegenden ↗Bezugssystem angepaßt.

Lit.: **Gregory, R. L.:** Auge und Gehirn. München, 1966.

V. Martinu

Bewegungsstereotypie, gleichförmige Wiederholung desselben Bewegungsablaufes. Auch Gesunde zeigen öfters Ansätze zu solchen Stereotypien, z. B. bei verschiedenen Verlegenheitsgesten wie dem „Knöpfe drehen". Bei verschiedenartigen seelischen Krankheiten vorkommend, vor allem bei ↗Zwangsneurosen und bei der ↗Schizophrenie. *A. Hicklin*

Bewegungstäuschungen sind solche Bewegungswahrnehmungen, denen keine physikalische Gegebenheit zugrunde liegt. B. haben vor allem Gestaltpsychologen intensiv studiert. M. Wertheimer teilte sie in verschiedene Arten (alpha, beta, gamma ...) auf und faßte sie unter dem Begriff Phi-Phänomen zusammen. *V. Martinu*

Bewegungswahrnehmung. Bei der Wahrnehmung von Bewegungen sind zwei Systeme in Tätigkeit. Bei System I läuft das Bild des bewegten Objekts über die Retina, wenn die Augen stillgehalten werden. Das sukzessive Auftreffen von Reizen auf die besonderen retinalen Rezeptoren führt zur Bewegungsinformation. Bei System II folgt das Auge dem bewegten Objekt. Dabei bleibt die Netzhautabbildung stationär. Die Bewegung wird aber trotzdem wahrgenommen.

Lit.: **Bäumler, G.:** Das Bewegungssehen. In: **Pauli R. & W. Arnold:** Psycholog. Praktikum, Bd. 1. Stuttgart, [7]1972; **Gregory, R. L.:** Auge und Gehirn. München, 1966.

E. Ullrich

Bewußtheit, ein Begriff von N. Ach (Würzburger Schule). In seinen Experimenten instruierte Ach die Vpn, daß sie nach einem abgemachten Signal eine Tätigkeit ausführen sollen, z. B. addieren. Die Vpn haben nach dem Signal diese Handlung ausgeführt, ohne die Instruktion bewußt zu realisieren. Ach zeigte damit, daß sich die Vpn in einem psychischen Zustand befanden, den er Aufgabenbewußtheit nannte. Er konnte mehrere Arten der B. definieren. Der Begriff ist mit dem der Bewußtseinslage verwandt.

Lit.: Humphrey, G.: Thinking. London, 1951.

V. Martinu

Bewußtlosigkeit, ein Zustand, in dem die Fähigkeit, wahrzunehmen und bewußt zu handeln, aufgehoben ist. Die tiefste B. wird als Koma bezeichnet. Die B. kommt infolge einer Bedrohung des ganzen Organismus (z. B. bei Fieber, Herzschlag, Vergiftung) oder infolge direkter Störungen der Gehirnfunktion (exogen: Gehirnerschütterung, paralysierende Wirkung von Narkotika, Alkohol u. ä., oder endogen: epileptische Anfälle) zustande. *V. Martinu*

Bewußtsein. I. Im Zeichen des B. hat sich die Psychol. um die Mitte des vorigen Jh. verselbständigt. B. war der unbestrittene Gegenstand der sog. klassischen Psychologie. Sie erforschte vor allem die sensuellen B.erscheinungen; denn sie betrachtete die Sinnesdaten als die elementaren Bausteine des gesamten psychischen Lebens und hielt sie für den experimentellen Zugang für geeigneter als die „höheren" B.inhalte. Später durchbrach die ↗Würzburger Schule diese auf „einfache" seelische Vorgänge eingeschränkte Anwendung des ↗Experiments und zeigte, daß sich auch Denkprozesse und Willensakte unter experimentellen Bedingungen beobachten lassen: das Methodenproblem, das die B.forschung aufwirft, wird hier sichtbar. Methodische Bedenken waren es dann auch, welche die „Objektive Psychologie" veranlaßten, das B. als Gegenstand der Psychol. zugunsten einer Verhaltensforschung „more physico" aufzugeben. Aber schon in den dreißiger Jahren dieses Jh. wurde das objektivistische B.tabu durchbrochen und das B., „die wirklichste Wirklichkeit, die wir haben und wünschen können" (E. C. Tolman), wieder als psychol. Gegenstand anerkannt. Der Versuch, B.gegebenheiten auf die Ebene des manifesten Verhaltens zu bringen, erforderte Neudefinitionen. So wurde z. B. das Unterscheiden als B.kriterium genannt. Dadurch wurde es möglich, schon im Tierversuch B. zu registrieren. Dem Postulat nach Objektivierung von B.daten entspricht auf menschlichem Niveau das Kriterium der Verbalisierung: bewußt ist danach alles Mitgeteilte oder wenigstens Mitteilbare. Weiterhin erscheint B. im empfindenden und sich bewegenden Leib. B. dieser Art besitzt dann z. B. schon das kleine Kind, bevor es Gegenstände oder sich selbst bewußt wird. Auch elektrophysiologische Vorgänge lassen sich als Korrelate zu B.phänomenen aufweisen, wodurch auch der physiologische Leib zum B.indikator wird. Die Leiblichkeit des B. wird neben der Intentionalität auch von der neueren ↗Phänomenologie ins Licht gerückt. L. J. Pongratz (1967) kennzeichnet aufgrund einer historischen Analyse das B. als kognitive Präsenz von etwas; d. h., immer handelt es sich bei B. um ein mehr oder weniger klares Wissen von etwas hic et nunc.

Lit.: Abramson, H. S.: Problems of consciousness. New York, 1951–55; **Boring, E. G.:** Physical dimensions of consciousness. New York, 1933; **Ey, H.:** Das Bewußtsein. Berlin, 1967; **Graumann, C. F.:** B. und Bewußtheit. In: Hdb. d. Psychol. Bd. 1/1, Göttingen, [2]1974; **Gurwitsch, A.:** Das Bewußtseinsfeld. Berlin, 1975; **Hofstätter, P. R.:** Die Psychol. und das Leben. Wien, 1951; **Miller, J. G.:** Unconsciousness. New York, 1942; **Pongratz, L. J.:** Problemgeschichte der Psychologie. Bern – München, 1967; **Schaefer, H.:** Bemerkungen zu einer Theorie des Bewußtseins. Psychol. Beitr., 1960, *4;* **Thomae, H.:** B. und Leben. Arch. ges. Psychol., 1940, *105;* **ders.:** Das B.problem in der modernen Psychologie. Der Nervenarzt, 1962, *33;* **Zutt, J.:** Was lernen wir aus den B.störungen über das B.? Der Nervenarzt, 1962, *33.*

L. J. Pongratz

II. Mit dem Einzug der Naturwissenschaften in den Bereich der Psychol. stellte sich zwangsläufig das Problem des B. in den Vordergrund. Wissen kann nur geschaffen werden durch rationale, vernunftgemäße, also bewußte Bemühungen. Insofern ist Wissenschaft auf B. angewiesen. Während in den Anfangszeiten der klassischen Psychol. die Empfindung und die – durch bewußte Zuwendung zu ihr klargewordene – Wahrnehmung im Rahmen der ↗Psychophysik die Hauptrolle spielten, breiteten sich die wissenschaftlichen Möglichkeiten der Psychol. später viel weiter aus, und zwar im Bereich des Halb-(Unter-)Bewußten und des ganz Unbewußten. Durch bewußte Anstrengung, eingeleitet durch (intentionale) Absicht und (willentliche) Konzentration und gesteuert durch Aufmerksamkeitszuwendung (vom Unbewußten über das Unterbewußte bis zum klaren Deutlichbewußten; vorstellbar in Gestalt dreier konzentrischer Kreise), wird sein Bereich jeweils aufsteigend klarer und schärfer gefaßt. In neuester Zeit wird insbesondere durch die russische Psychol. das B. mit seinen methodischen Möglichkeiten zur Beobachtung und zur Kritik sowie seiner Aktivierungsbedeutung für das Handeln von zunehmend größerem Interesse, während im Westen im Bereich der ↗Tiefenpsychologie und der ↗Psychotherapie auf wissenschaftliche Applikationen des B. hingezielt wird (z. B. ↗Logotherapie).

Insofern geht die Entwicklung der Psychol. in Richtung einer Wissenschaft, die sich mit den verschiedenen Klarheitsgraden des B. befaßt, was sich sowohl im körperlich beobachtbaren Verhalten (Ausdruck, Mimik, Gebärde) wie im emotionalen Erleben äußert oder zumindest bemerkbar macht. Berücksichtigt man schließlich, daß das bewußte Tun, Denken und Handeln des Menschen gesteuert verläuft, so läßt sich ermessen, daß für die Zukunft die B.forschung, auch im Zusammenhang mit der ↗Informationstheorie und der konstruktiven Computertechnik, zunehmend mehr an Bedeutung gewinnen wird.

Lit.: Hiebsch, H.: Ergebnisse der sowjetischen Psychologie. Berlin, 1967; **Manis, M.:** Cognitive processes. Belmont (Calif.), 1966; **Neisser, U.:** Kognitive Psychologie. Stuttgart, 1974; **Rubinstein, S. L.:** Grundlagen der allgemeinen Psychol. Berlin, [8]1973; **ders.:** Das Denken und die Wege seiner Erforschung. Berlin, [5]1974.

W. Arnold

Bewußtseinsenge. Der Begriff bezeichnet die Tatsache, daß a) in unser Bewußtsein in einem Moment nur eine beschränkte Zahl von Inhalten gelangen kann (↗Auffassungsumfang) und b) wir unsere ↗Aufmerksamkeit in einem Moment nur in eine Richtung lenken können. *V. Martinu*

Bewußtseinsschwelle. Nicht alle unsere Wahrnehmungen, Eindrücke und psychischen Prozesse werden bewußt. Eine hypothetische Grenze, die das ↗Bewußtsein von diesen Vorgängen trennt, heißt Bewußtseinsschwelle. *V. Martinu*

Bewußtseinsstörungen. Aus der klinischen Beobachtung kennen wir nach Art und Grad recht unterschiedliche Bewußtseinsstörungen. Jeder Versuch einer systematischen Erfassung dieser Störungen verfehlt mehr oder weniger die Wirklichkeit, weil Beeinträchtigungen des Bewußtseins vielfach wechseln und mit anderen seelischen Veränderungen sich überschneiden und vermischen. Der gleichsam höchste Grad einer B. ist die ↗Bewußtlosigkeit, die völlige Ausschaltung bewußter psych. Vorgänge, die bei bestimmten organischen Erkrankungen, wie z. B. Diabetes, alarmierendes Symptom für ein ↗Koma ist. Mit Benommenheit, Somnolenz, Dämmerzustand werden Einengungen des Bewußtseins, insbesondere des Gegenstands-Bewußtseins, gekennzeichnet. Es gibt selten orientierte, meist desorientierte Dämmerzustände, die im Umkreis der Anfallskrankheiten häufig und am besten zu studieren sind. Typologisch, aber mit Einschränkungen, kann man die bloße Bewußtseinseinengung, die Benommenheit, die Bewußtseinstrübung und das traumhaft-deliröse Bewußtsein unterscheiden. Auch leichte Dämmerzustände und Delirien manifestieren sich meist als Trübung des Bewußtseins. Das Delir enthält stets Elemente der Benommenheit. Darüber hinaus charakteristisch ist aber eine Erschwerung der Auffassung und aller zielgerichteten Vorgänge, Begriffszerfall, rein triebhafte Zuwendung, inkohärente Vorstellungsproduktion, halluzinatorische, pseudohalluzinatorische und wahnhafte Erlebnisse, motorische Erregung unterschiedlicher Intensität. Bei pathologischen B. fehlt nur selten die Bewußtseinstrübung. In der ↗Hypnose als einer experimentellen B. kann auf Benommenheit und Trübung verzichtet werden. Kennzeichnend ist die vom Hypnotiseur abhängige Spaltung der Bewußtseinsinhalte bzw. die Ausschaltung bestimmter Teilinhalte. Neuerdings spricht man auch gern von einer Bewußtseinserweiterung durch bestimmte Halluzinogene. Ob es sich dabei um eine echte „Erweiterung" handelt, dürfte zumindest zweifelhaft sein, nicht aber, daß es in jedem Fall um eine Intoxikationsfolge geht. „Normale" B. können durch hochgradige Affekte bedingt sein. Angst, Zorn, Wut, Ekstase erleben wir als intensive und plötzlich auftretende Gefühlsregungen, gekennzeichnet durch einen relativ kurzen Gefühlsverlauf und eine große, aber auch schnell wechselnde Intensität. Gemeinsames Merkmal ist eine Einengung oder Verdunklung des noëtischen Horizontes, also des Horizontes „der deutlich gegliederten Wahrnehmungen, der Vorstellungen und Gedanken, durch die der Mensch sein Weltbild ordnet, überschaubar macht und die Grundlage einer bewußten und zielgerichteten Lebensführung schafft" (Lersch). Andere psychogene oder funktionelle B., etwa nach einem Trauma oder der sog. hysterische Dämmerzustand, entstehen aus affektiven Bedürfnissen und sind meist überwiegend final gerichtet. Mehr oder weniger bewußt wird ein tatsächlicher oder vermeintlicher Vorteil angestrebt. Differentialdiagnostisch können funktionelle B. gelegentlich erhebliche Schwierigkeiten bereiten, zumal auch Mischbilder und Überlagerungen nicht selten sind. Die forensische Beurteilung nicht-pathologischer B. ist ein Sonderproblem, für dessen Lösung im konkreten Einzelfall die Orientierung an der krankhaften B. unerläßlich ist.

Lit.: Bash, K. W.: Lehrbuch der allgemeinen Psychopathologie. Stuttgart, 1955; **Bleuler, M.:** Lehrbuch der Psychiatrie. Berlin, [14]1979; **Brach, J.:** Conscience et Connaissance. Paris, 1957; **Ehrhardt, H.:** Die Schuldfähigkeit in psychiatrisch-psycholog. Sicht. In: **E. R. Frey:** Schuld – Verantwortung – Strafe. Zürich, 1964; **Ey, H.:** Das Bewußtsein. Berlin, 1967; **Graumann, C. F.:** Bewußtsein u. Bewußtheit. In: Hdb. der Psychol. Bd. 1, 1. Göttingen, [2]1974; **Lersch, P.:** Aufbau der Person. München, [11]1970; **Staub, H. & H. Thölen** (Hrsg.): Bewußtseinsstörungen. Stuttgart, 1961; **Störring, G. E.:** Besinnung und Bewußtsein. Stuttgart, 1953; **Zutt, J.:** Was lernen wir aus den Bewußtseinsstörungen über das Bewußtsein? Nervenarzt, 1962, *33*, 483.

H. E. Ehrhardt

Bewußtseinsstrom. Die Erlebnisse, Erinnerungen, Gefühle, Strebungen, Phantasien usw. erscheinen dem Individuum als ein von ihm in der letzten Instanz unabhängiger Strom. Diese phänomenale Beobachtung bezeichnet James als Bewußtseinsstrom.

Lit.: James, W.: The principles of psychology. New York, 1890.

V. Martinu

Bewußtseinsumfang, mit ↗Bewußtseinsenge verwandter Begriff. – ↗Auffassung.

Beziehungsassoziation ↗Assoziationsgesetze 1) und 2).

Beziehungswahn. Von B. spricht man, wenn jemand ohne objektiven Grund glaubt, daß andere über ihn sprechen, über ihn Gerüchte verbreiten oder ihm nachspionieren. So mag der Kranke z. B. glauben, daß bestimmte Passagen in einer Zeitung oder im Fernsehprogramm sich auf ihn beziehen. Derartige Erlebnisweisen können bei einer ↗Schizophrenie oder einer schweren ↗Depression auftreten. Im letzteren Fall glaubt der Kranke, daß die Verfolgungen eine gerechte Strafe für seine Bosheit seien. *R. Hetherington*

Bezold-Brücke-Effekt besteht aus der größeren Sichtbarkeit des Farbenpaares Rot-Grün im Zustand niedriger Lichtintensität und aus dem Vorherrschen des Farbenpaares Gelb-Blau, wenn die Intensität sehr stark ist. Etwas Ähnliches ergibt sich, wenn man Änderungen in der räumlichen Größe der Reizimpulse vornimmt: mit der Verkleinerung des Blickwinkels wird die Unterscheidung zwischen Gelb und Blau schwieriger als die zwischen Rot und Grün. Vgl. ↗Purkinje-Phänomen. *G. Kanizsa*

Bezugsgruppen ↗Gruppen.

Bezugssystem, Vergleichsgrundlage bei der Wahrnehmung und Beurteilung von Sachverhalten. a) *Überdauerndes B.:* Im Laufe der Entwicklung bilden sich aufgrund der Erfahrung Normen, auf die bei einem Urteil unbewußt Bezug genommen wird. Diese Maßstäbe stimmen interindividuell wie innerhalb einer Kultur zu einem großen Teil überein, was eine der wichtigsten Voraussetzungen der Kommunikation und des gegenseitigen Verständnisses ist. Den Mittelpunkt (auch Null-) der einzelnen Maßstäbe bezeichnet man nach Helson (1947) oft als ↗ *Adaptationsniveau* (adaptation-level). – b) *Kurzfristiges B.:* wird vor allem in der Wahrnehmung durch die ↗Adaptation an die herrschende Reizsituation aufgebaut. Ändert sich die Reizgegebenheit, wird die neue Situation bis zur erneuten Adaptation komplementär zur überdauernden Norm wahrgenommen. Das B. ist u. a. auch Ursache von ↗Geometrisch-optischen Täuschungen (Umfeldwirkungen) und des ↗Weberschen Gesetzes. – Hinzuweisen ist auf neuere Untersuchungen von Witte.

Lit.: **Helson, H.:** Adaptation-level theory. In: **S. Koch** (Ed.): Psychology, a study of a science, Bd. 1. New York. 1959, S. 565–621; **Witte, W.:** Zur Struktur von Bezugssystemen. Ber. 20. Kongr. DGfPs. Göttingen, 1956.

H.-J. Aebi

Bias. In der statistischen Terminologie versteht man unter einem B. einen systematischen ↗Fehler (im Gegensatz zum Zufallsfehler). Stichprobenresultate mit B. können also nicht mehr als repräsentativ hinsichtlich der ↗Grundgesamtheit angesehen werden. Die Ursachen liegen dabei nicht bei der beabsichtigten experimentellen Variation. ↗Mathematische Psychologie; ↗Statistik.

W. H. Butollo

Bildertest (BT 1–2 und BT 2–3), Gruppenintelligenztest für Kinder (Schüler der durch die Zahlen gekennzeichneten Jahrgangsstufen) in zwei unabhängigen Ausführungen. Die meisten Items sind als Bilder-, einige auch als Buchstaben- oder Zahlenreihe dargeboten. BT 1–2 und 2–3 messen nach Autorenangaben schulisch bedeutsame, auch sprachliche Bereiche der Intelligenz. Sie besitzen nach üblichen Anforderungen genügend hohe Gütekriterien. Normen sind jahrgangsspezifisch angelegt, beim BT 2–3 auch altersspezifisch; dort auch Parallelform. Verwendung: Erfassung intellektueller Begabung als Ergänzung zum Lehrerurteil; bei der Diagnose von Legasthenie, Lernbehinderung u.a. Gerade bei niedrigen Ergebnissen sollte jedoch die päd.-psychol. Einzeldiagnose nicht umgangen werden.

Lit.: **Ingenkamp, K.:** Bildertest BT 2–3. Weinheim, 1976; (in Anlehnung an W. G. Emmet: „Deeside Picture Test"); **Horn, H. & E. Schwarz:** Bildertest 1–2. Weinheim, überarb. Aufl. 1977 (Bearbeitung von: M. A. Mellone und G. H. Thomson: „Moray House Picture Intelligence Test 1").

H.-P. Trolldenier

Bildgeschichtenmethode ↗TAT.

Bildsamkeit, die Fähigkeit (↗Disposition) des Menschen zur Bildung. B. realisiert sich im Bildungsprozeß als Zusammenwirken von Anlage- und Umweltfaktoren. Die Vereinseitigung in der Bedeutungszumessung von Anlage oder Umwelt führt zum pädagogischen Pessimismus (↗Nativismus) und pädagogischen Optimismus (↗Empirismus). Der Gegensatz von Bildungsunfähigkeit und Bildungsallmacht gilt seit W. ↗Stern durch das Konvergenzprinzip als überwunden: der Mensch ist im Zusammenwirken von Anlage und Umweltfaktoren der Bildung fähig. Dabei kommt es nicht nur auf die Anlage und Umwelt an, sondern auch auf die Adäquatheit beider und auf die persönlichen Entscheidungen des einzelnen. Die Aktualisierung der B. bedarf der Mitwirkung des Mitmenschen. Hierbei erweist sich sowohl die emotional betonte als auch die sprachlich vollzogene Kommunikation von Mensch zu Mensch als besonders bedeutungsvoll. Daneben ist die B. des Menschen notwendig verwiesen auf das innere (spontane) Entgegenkommen des Zöglings zur äußeren Bildungsabsicht. Somit umfaßt die Problematik der B. immer auch Probleme der Spontaneität, der Selbsttätigkeit und der Weltoffenheit.

Lit.: Edelstein, W. & D. Hopf (Hrsg.): Bedingungen des Bildungsprozesses. Stuttgart, 1973; **Rosemann, H.:** Psychologie der Fähigkeiten. Lernfähigkeit, Begabung, Intelligenz, Kreativität, Schulfähigkeit. Arbeitshefte für Psychologie. Bd. 5. Berlin, 1973.

H. Schröder

Bildungsfähigkeit. B. als die Fähigkeit, erzogen zu werden, zu definieren, bringt nicht viel ein; es ist nützlicher, Formen und Niveau der Nichtbildungsfähigkeit zu bestimmen, um die Diagnose präzisieren und therapeutische und pädagogische Möglichkeiten definieren zu können.

Formen: Mehrere Klassifikationen sind möglich. Aus psychol. Perspektive kann man unterscheiden: a) allgemeine und endgültige Unfähigkeiten (die Weltgesundheitsorganisation benützt für diese Fälle den Ausdruck „dressierbar"); b) allgemeine, aber momentane Unfähigkeiten; in diese Kategorie würden die Pädagogen Asoziale einreihen, welche fähig sind, sich unter gewissen pädagogischen Voraussetzungen zu verbessern; c) partielle oder lokalisierte, z. B. an Sinnesgebrechen gebundene Unfähigkeiten. – *Niveau:* Die Bildungsfähigkeit steht in direktem Zusammenhang mit dem ↗I. Q. Ein I. Q. unterhalb 0,40 (Grenze der Imbezillität) ermöglicht nicht einmal den Erwerb fundamentaler schulischer Kenntnisse (z. B. Lesen). Um eine exakte Diagnose zu erstellen, müßten noch andere Faktoren berücksichtigt werden: die familiäre Umwelt, die die elementare Schulung begünstigt oder nicht; Charakter und Motrizität, Sprachniveau, Zeitigkeit der angewandten pädagogischen Maßnahmen u. a. m. ↗Begabung.

Lit.: Wegener, H.: Die Minderbegabten und ihre sonderpädagogische Förderung. In: **Roth, H.** (Hrsg.): Begabung und Lernen. Stuttgart. [10]1976.

G. C. Mialaret

Bildungswesen, Reform des. In der Geschichte der Pädagogik wurde eine R. d. B. immer dann besonders gefordert, wenn man begann, unter neuen Aspekten den Erziehungs- und Bildungsprozeß einer kritischen Reflexion zu unterziehen. Die R. d. B. erstrebt jeweils eine Anpassung der praktisch erzieherischen und bildenden Tätigkeit an neue Erkenntnisse der Wissenschaften (Pädagogik, Psychologie, Didaktik) und an den gegenwärtigen Stand der technischen und kulturellen Entwicklung der Gesellschaft. Im Zuge der Bildungsreformen haben sich Inhalt und Form der Bildungsarbeit stetig verändert, in Deutschland besonders in der Zeit der Aufklärung (Philanthropismus), während der sogenannten Befreiungskriege (Preußische Schulreform), im späteren 19. Jh. (erste pädagogische Reform) und nach dem Ersten und Zweiten Weltkrieg (Fortsetzung der ersten und zweite pädagogische Reform). Von den zahlreichen Reformversuchen der einzelnen „Schulen" erlangten im In- und Ausland besondere Bedeutung der Anschauungsunterricht (J. H. Pestalozzi), die Arbeitsschule (G. Kerschensteiner, H. Gaudig, O. Scheibner), der Gesamtunterricht (B. Otto), der Jena-Plan (P. Petersen), die Projektmethoden (J. Dewey, D. H. Kilpatrik), die ↗Montessori-Pädagogik, das exemplarische Lehren und Lernen (M. Wagenschein, J. Derbolav, W. Klafki) und die ↗Programmierte Instruktion (S. L. Pressey, B. F. Skinner, N. A. Crowder). Die meisten Reformbewegungen scheiterten an der Vereinseitigung eines an sich richtig gesehenen Bildungsprinzips.

Lit.: Bund-Länder-Kommission für Bildungsplanung (Hrsg.): Bildungsgesamtplan. Bd. 1 u. 2. Stuttgart, [2]1974; **Röhrs, H.** (Hrsg.): Die Schulreform in den Industriestaaten. Frankfurt, 1971; **Sekretariat der Ständigen Konferenz der Kultusminister der Länder in der BRD** (Hrsg.): Dokumentationsbericht Bildungswesen. Neuwied, 1977.

H. Schröder

Bilingualismus. 1) Die Fähigkeit, zwei Sprachen, die fast gleichzeitig erlernt wurden, flüssig und wie „Muttersprachen" zu sprechen. Man spricht von „koordiniertem (coordinate) Bilingualismus" wenn die Lernsituationen voneinander getrennt sind (z. B. eine Sprache vom einen, die andere vom anderen Elternteil übernommen wird) und die Bedeutungen der Sprachzeichen der beiden Sprachen unabhängig voneinander erlernt werden.

2) Die Fähigkeit, zwei Sprachen, von denen eine später erlernt wurde, flüssig zu sprechen. Hier spricht man von „zusammengesetzten (compound) Bilingualismus"; die Bedeutungen der Sprachzeichen der 2. Sprache werden in Abhängigkeit von denen der 1. Sprache erlernt. Man glaubt, daß das erfolgreiche Erlernen einer Fremdsprache mehr dem koordinierten Modell entspricht, und deshalb werden verschiedene Erziehungspraktiken dazu verwendet, um in der neuen Sprache die ursprünglichen Bedeutungsreaktionen hervorzurufen.

Es gibt keinen schlüssigen Beweis für generell ungünstige Auswirkungen des Bilingualismus auf die geistige Entwicklung zweisprachiger Kinder (aber vgl. z.B.: Arsenian, 1945; Darcy, 1946; Leopold, 1948; Macnamara, 1966; Smith, 1949; Thompson, 1952).

Lit.: Arsenian, S.: Bilingualism in the postwar world. Psychol. Bull., 1945, *42*, 65–86; **Chomsky, N.:** Language and mind. New York, 1969; **Darcy, N. T.:** The effect of bilingualism upon the measurement of the intelligence of children of preschool age. J. Educ. Psychol., 1946, *37*, 21–44; **Leopold, W. F.:** The study of child language and infant bilingualism. Word, 1948, *4*, 1–17; **Macnamara, J.:** Bilingualism and primary education. Edinburgh, 1966; **Smith, M. E.:** Measurement of Vocabulary of young bilingual children in both of the languages used. J. Genet. Psychol., 1949, *74*, 305–10. **Thompson, G. G.:** Child psychology. Boston, 1952.

J. Cumming

Bimodal, Bezeichnung für eine zweigipfelige Verteilungsform (zwei Maxima). Vgl. ↗Häufigkeitsverteilungen; ↗Mathematische Psychologie; ↗Statistik.

Binärsystem. Im mathematischen Sinne die Verwendung von nur zwei Zeichen beim Aufbau eines Zahlensystems. Bei der Verwendung von 0 und 1 ergibt sich für die Zahlen von 0 bis 9 des Dezimalsystems: 0, 1, 10, 11, 100, 101, 110, 111, 1000, 1001. Die Bedeutung des Binärsystems liegt in seiner Anwendung auf Gebieten wie Computerrechnen (Boolesche Algebra), Datenverarbeitung, ↗Informationstheorie. *K. E. Pelzer*

Binary digit, *bit,* von C. E. Shannon eingeführtes Maß für die Informationseinheit H. Ist definiert als die Anzahl der Informationseinheiten, die notwendig sind, um eine Entscheidung zwischen zwei gleich wahrscheinlichen oder ungleich wahrscheinlichen Alternativmöglichkeiten treffen zu können. Die Größe H ist abhängig von der Anzahl der Alternativen (N), die zur Auswahl stehen, und von der Wahrscheinlichkeit (p_i) der einzelnen Alternativen. Bei zwei gleichwahrscheinlichen Möglichkeiten benötigt man eine Informationseinheit (H = 1 bit), um eine Entscheidung zu treffen. Bei vier Möglichkeiten zwei Informationseinheiten usw. Allgemein formuliert, gilt folgende Formel: $2^H = N$, oder einfacher: $H = \log 2\ N$, wobei Logarithmen zur Basis 2 verwendet werden. Man errechnete aufgrund gegebener Antworten, daß die Informationseinheiten in der Größenordnung 10^6 liegen, die dem Gebildeten zur Verfügung stehen.

Hat man für zwei Alternativen (A, B) ungleiche Wahrscheinlichkeiten zur Auswahl, so findet das Gesetz von E. B. Newman Verwendung: Bedingung $p_A = p_B$.

$$H = -p_A \log 2\ p_A - p_B \log 2\ p_B$$
$$= \log 2 \quad 2 = 1$$

Der Wert liegt zwischen 1 und 0 und folgt der von Newman berechneten Kurve. Bestehen mehr als zwei Möglichkeiten, so kann man das Gesetz verallgemeinern:

$H = -\sum_N p_i \log 2\ p_i$. ↗Informationstheorie; ↗Mathematische Psychologie; ↗Statistik. *W. Sperber*

Bindungsformen ↗Graphologische Begriffe.

Binet, *Alfred,* * 11. 7. 1857 Nizza, † 18. 10. 1911 Paris. Bedeutender Vertreter der klassischen Experimentalpsychol. Frankreichs. Nach Studien der Jurisprudenz, der Medizin und Biologie begründet er zusammen mit Henri Beaunis 1889 das erste psychol. Laboratorium Frankreichs an der Sorbonne in Paris, dessen Direktor er 1894 wurde.

Einen Großteil seiner Forschungen publizierte er in der von ihm gegründeten und herausgegebenen ersten psychol. Zeitschrift Frankreichs „L'année psychologique", die im Jahre 1895 erstmals erschien. B.s Hauptarbeitsgebiet war die Erforschung der „höheren geistigen Tätigkeit" bei Kindern und Erwachsenen. Entwickelte in Zusammenarbeit mit dem Arzt Simon Intelligenzskalen zur Untersuchung von normalbegabten und schwachsinnigen Kindern, die zu einem Intelligenztest für die Altersstufen von 3 bis 15 Jahren ausgebaut wurden. Erste Publikation 1905, Revisionen erschienen 1908 und 1911. Dt. Revisionen: J. Kramer, J. Norden, O. Bobertag und E. Hylla. Amerikanische Revision: L. Terman (Stanford-Revision).

Schr.: La psychologie du raisonnement, Paris 1886; Les altération de la personnalité, Paris 1891; L'étude expérimentale de l'intelligence, Paris 1903; Les idées modernes sur les enfants, Paris 1909.

Lit.: **Claparède, E.:** A. Binet. Arch. Psychol., 1911, *11*, 376–388; **Kramer, J.:** Intelligenztest. Solothurn, 1954; **Simon, T.:** A. Binet, L'année psychol., 1912, *18*, 1–14.

G. Stöcker

Binet-Simon-Test. Das historisch einflußreichste Verfahren zur Prüfung der intellektuellen Leistungsfähigkeit wurde 1905 im Auftrag des französischen Unterrichtsministeriums von A. Binet und Th. Simon zum Zweck der Überweisung schwachbegabter Kinder in Sonderschulen entwickelt. Es bestand zunächst aus 30 verbalen, perzeptiven und manipulativen Aufgaben in einer Reihe zunehmender Schwierigkeit. In der entscheidenden Revision von 1908 wurde das sog. Staffelprinzip eingeführt: jene Aufgaben, welche von $^2/_3$ bis $^3/_4$ einer repräsentativen Stichprobe von Kindern eines bestimmten Alters, von jüngeren Kindern aber nur selten, von älteren fast immer gelöst werden, sind zu alterstypischen Teststaffeln gruppiert. Der B. enthält Jahresstaffeln für die Altersstufen 2 bis 13; spätere Verfahren verwenden z. T. differenziertere Altersskalen und erweitern den Altersbereich nach unten (vgl. ↗Entwicklungstests) und nach oben bis ins Erwachsenenalter. Die Summe aller Aufgaben, die ein Pb lösen kann, kennzeichnet seinen Entwicklungsstand auf einer Skala des Intelligenzalters (Abk.: ↗IA; vgl. auch ↗IQ).

Typisch für alle nach dem Prinzip von Binet-Simon konstruierten Tests ist die Zusammenfassung von Aufgaben heterogener Natur (bezüglich Aufgabenstellung, Material, Voraussetzungen an Wissen, Lösungsprozessen u. ä.) in ein Global-Maß der ↗Intelligenz. Die IA-Skala und das IQ-Konzept haben eine sehr rasche und allgemeine Verbreitung gefunden. Sie bedeuteten einen entscheidenden Durchbruch für die Meßbarmachung der ↗Fähigkeiten; andererseits wurde durch sie – zumindest in der Praxis – eine differenziertere Betrachtung der Formen und der Struktur der intellektuellen Leistungen erschwert und verzögert.

Adaptationen, Revisionen und Modifikationen der IQ-Tests nach dem Staffelprinzip wurden schon früh in vielen Ländern veröffentlicht. Einflußreich waren u. a. E. Claparède und A. Descœudres in der französischen Schweiz, O. Decroly in Belgien, C. Burt in England, G. H. Jaederholm in Schweden, W. Stern, O. Bobertag, F. Chotzen und E. Hylla in Deutschland. In den USA wurde nach den ersten Adaptationen von H. H. Goddard, F. Kuhlmann u. a. der sorgfältig neu entwickelte ↗Stanford-Binet-Test von L. M. Terman, 1916 (L. M. Terman & M. A. Merrill, 1937 u. 1960) einer der meistverwendeten ↗Intelligenztests. Im deutschen Sprachgebiet waren besonders das „Binetarium“ von I. Norden sowie die umfassenden Wiener Entwicklungstestreihen von Ch. Bühler, H. Hetzer u. a. bedeutsam; heute gebräuchlich sind ferner die Testreihen für Schweizer Kinder von H. Biäsch, der Intelligenztest von J. Kramer und eine Adaptation des Stanford-Binet von H.-R. Lückert. Auch im französischen Sprachgebiet ist eine Rückübernahme des Stanford-Binet unter der Bezeichnung Terman-Binet sehr verbreitet. *A. Lang*

Binnenkontrast, Sonderform des physiologischen oder psychophysischen ↗Kontrastes, der im Inneren des kontrastierenden Infeldes auftritt. Der B. ist ein Flächenkontrast im Gegensatz zum ↗Randkontrast. Infolge B.s erscheint ein helles Infeld im Inneren der Kontrastfläche weniger hell, ein dunkles Infeld aufgehellt, ein farbiges Infeld weniger gesättigt usw.: im Inneren des Kontrastinfeldes ist die Abhebung des Infeldes geringer als am Rand- oder Grenzgebiet. *A. Hajos*

Binokular ↗Monokular.

Binomialverteilung. Wenn ein alternatives ↗Ereignis A bei einem beliebigen Versuch eine Wahrscheinlichkeit P hat, so folgt die Wahrscheinlichkeit, daß dieses Ereignis bei N Versuchen x-mal eintrifft,

$$_{N}p_{x} = \binom{N}{x} \cdot [P^{x} \cdot (1-P)^{N-x}]$$

der B. *(Binomische Verteilung, Bernoulli-Verteilung)*. Der Ausdruck für $_{N}p_{x}$ besteht aus der Wahrscheinlichkeit einer bestimmten Sequenz alternativer Ereignisse, deren Gesamtergebnis f(A) = x bei N Versuchen eine Wahrscheinlichkeit von $p^{x} \cdot (1-P)^{n-x}$ hat, sowie aus der Anzahl aller möglichen Sequenzen der Länge N, die alle zum Ergebnis f(A) = x führen, $\binom{N}{x}$. ↗Mathematische Psychologie. *W. H. Butollo*

Biodynamismus. 1) Die Physiologie aktiver Wechselbeziehungen zwischen Organismen und Umwelt. – **2)** Bezeichnung für eine mit J. H. Masterman verbundene Theorie, die das weitgesteckte Ziel verfolgt, die grundlegenden Prinzipien von Psychoanalyse, Behaviorismus und sogenannter Psychobiologie zu verbinden. *J. J. Cumming*

Biofeedback, ein relativ neuer Begriff, der eine Reihe von Abläufen beschreibt: ein biologisches Signal wird registriert, verstärkt und demselben Subjekt dargeboten, das der Urheber des Signals ist. Auf diese Weise wird ihm Information über einen Teil seines eigenen biologischen Zustands bewußt gemacht. Die Absicht ist gewöhnlich, das Individuum in die Lage zu versetzen, sonst unbewußt bleibende physiol. Vorgänge willkürlich zu kontrollieren. Das Feedback kann entweder als analoge Wiedergabe des ursprüngl. Signals oder in binärer Form erfolgen. Bei binärer Darbietung vergleicht das Subjekt Informationen über seinen physiol. Zustand mit einem vorgegebenen Kriterium.

Lit.: Aldine Annuals: Biofeedback and Self Control. 6 Vols. Chicago, 1971–77; **Hume, W. I.:** Biofeedback. Bern – Stuttgart, 1979; **Legewie, H. & L. Nusselt** (Hrsg.): Biofeedback-Therapie. München, 1975; **Wildgruber, C.:** Biofeedback und Angstbewältigung. Frankfurt a. M., 1979; **Yates, A. J.:** B. and the modification of behavior. New York, 1979. *S. Morley*

Biogene Amine. B. A. stehen seit 1950 im Zentrum pharmakologischer, biochemischer und klinisch-therapeutischer Forschung. Es wird vielfach angenommen, daß die Biosynthese und der Abbau der b. A. bei psychiatrischen Erkrankungen (Depression, Schizophrenie) gestört ist. Insbesondere der Metabolismus von Noradrenalin und Serotonin wird in zahlreichen Arbeiten hinsichtlich seiner pathogenetischen Bedeutung diskutiert (Katecholamin- und Serotonin-Hypothese der Geisteskrankheiten). Ausgangspunkt dieser Diskussionen bilden vorwiegend pharmakologische Beeinflussungsmöglichkeiten und krankhafte (angeborene) Störungen der Biosynthese und des Abbaus der biogenen Amine. Am Beispiel des Noradrenalins sind einige pharmakologische Beeinflussungsmöglichkeiten angedeutet.

Lit.: Brune, G. G.: Biogenic amines in mental illness. Int. Rev. Neurobiol., 1965, *8*, 197–220; **Euler, U. S. v., Rosell, S. & B. Uvnäs** (Eds.): Mechanisms of release of biogenic amines. Oxford, 1966; **Franzen, F. & K. Eysell:** Biologically active amines found in man: Their biochemistry, pharmacology and pathophysiological importance. Oxford, 1969; **Guggenheim, M.:** Die biogenen Amine. Basel, 1961; **Himwich, H. E.** (Ed.): Amines and schizophrenia. Oxford, 1967. *W. Janke*

Biogenetisches Grundgesetz. Eine von E. Haeckel aufgestellte Regel, nach der die Individualentwicklung einer Organismenart eine kurze Rekapitulation von deren Stammesgeschichte darstellt. Es handelt sich hier um kein eigentliches Gesetz, da diese Rekapitulation nicht stattfinden muß; in sehr vielen Fällen läßt sie sich jedoch eindeutig aufzeigen. Beim Menschen können die embryonal angelegten Kiemenspalten (Abstammung von Fischen!) und das embryonal vorhandene Haarkleid als Beispiele für diese Regel gelten. Das B. G. bildet einen unumstößlichen Beweis für die Richtigkeit der Darwinschen ↗Deszendenztheorie.

H. Schmalfuß

Biographische Methoden in der Persönlichkeitsforschung bestehen meist in einer ↗Lebenslaufanalyse, durch die ein möglichst abgerundetes und vollständiges Bild der Struktur und Dynamik einer ↗Persönlichkeit gewonnen werden soll. Da die Schlußfolgerungen oft aufgrund von Laienbeobachtungen und Dokumenten gezogen werden, gehen meist unkontrollierte Fehler mit ein. Als Spezialfall der ↗Verhaltensbeobachtung und Verhaltensbeurteilung sind sie denselben Fehlerquellen ausgesetzt wie diese.

G. Kaulfush

Bioinformation, entspricht etwa dem Begriff ↗Außersinnliche Wahrnehmung (Abk.: ASW). Wird oft in den Ostblockstaaten verwendet.

J. Keil

Biologie und Psychologie. Als „Wissenschaft vom Erleben und Verhalten des Lebendigen" gehört die Psychologie zur Biologie. Spezifisch menschliche Probleme, die über anatomische, physiologische, (phylo)genetische und molekularbiologische Bezüge hinausgehen, behandelt die Psychologie als eigenständige Wissenschaft. Der Verzicht auf empirische Methoden einer Erfahrungswissenschaft menschlicher Daseinsformen und Veränderungen stellt das Übergangsfeld zur Philosophie dar (↗Philosophie und Psychologie). Es waren Biologen und Naturforscher wie H. L. F. v. ↗Helmholtz, E. H. ↗Weber, G. T. ↗Fechner, W. ↗Wundt, E. ↗Hering, G. E. ↗Müller usw., die eine empirische Psychologie begründeten. Seither bestehen zahlreiche Verbindungen z. B. der Sinnes-, Nerven-, Hirn-, Stoffwechsel- und zur Entwicklungsphysiologie, zur Molekularbiologie, Endokrinologie, Ökologie, und auf höherer Integrationsebene, zur Biologischen Verhaltensforschung (Ethologie) und zur Vergleichenden Verhaltensontogenie einschließlich der Embryologie. Die psychologische Statistik basiert auf Agrarforschung und Biometrie. Die Anwendung rein biologischer Denkweisen beim Studium menschlichen Verhaltens wird ↗„Biologismus" genannt, die Überakzentuierung psychologischer Prinzipien „Psychologismus".

Die größte Eigenständigkeit der Psychologie gegenüber der Biologie besteht in solchen Bereichen, wo soziale und kulturelle Einflüsse auf der Grundlage individueller Unterschiede und Erfahrungen (Lernen einschließlich kognitiv-sprachlicher Kompetenzen) spezifisch menschliche Verhaltensformen hervorbringen: z. B. in der Sozialisation, beim Gruppenverhalten, beim Aufbau von Lebensperspektiven, beim Studium der Formen individueller Anpassung und Fehlanpassung bis hin zur Erfassung von Persönlichkeitsmerkmalen. Dabei ist ein zunehmender Einfluß der biologischen Anthropologie und der Vergleichenden Verhaltensforschung festzustellen. Eine verhaltensbiologisch orientierte Lernforschung löst mittlerweile die einseitig umweltorientierte Lernpsychologie ab. Phylogenetische Überlegungen finden wieder Eingang in die Erforschung der Frühen Ontogenie des Menschen und helfen beim Verständnis des komplexen Zusammenspiels zwischen biologischen, psychologischen und sozio-kulturellen Determinanten der menschlichen Entwicklung.

Lit.: Bateson, P. P. G. & R. A. Hinde (Eds.): Growing Points in Ethology. New York, 1976; **Großmann, K. E.:** Das Tier als Modell: Biologische und Psychologische Verhaltensforschung. In: **Stamm, R. A.** (Hrsg.): Die Psychologie des 20. Jahrhunderts. Band VI: Lorenz und die Folgen. München, 1978.

K. E. Großmann

Biologismus, Wissenschaftsrichtungen, die den Menschen mit der einengenden Sichtweise der (Tier-)Biologie und deren Methodik betrachten und erklären. Von jeweils bestimmten Richtungen des B. werden geleugnet: die Spezifität des Gegenstands der Psychologie, der Einfluß von Werten auf den Menschen, die Bedeutung des Lernens bei der Entstehung menschlicher Individualität.

H.-P. Trolldenier

Biometrie, die Anwendung quantitativer Methoden bei der Erforschung biologischer Phänomene.

Biorhythmus, Lebensrhythmus. Nahezu alle organismischen Lebensprozesse laufen in bestimmten zeitlichen Intervallen ab. Der B. ist eine fundamentale, endogen festgelegte Eigenschaft der belebten Natur, kann aber auch durch exogene Faktoren beeinflußt werden (Licht, Dunkelheit, Geräusche, Streß, auch Mondphasen u. Gezeiten). *Circadianer B.* (Dauer ca. 1 Tag): z. B. Stoffwechselfunktionen, Schlaf-Wach-Rhythmus, psychophysische Aktivitäts-, Leistungs-, Stimmungsschwankungen; *ultradianer B.*: Dauer von einigen Millisekunden (Neuronensysteme) bis Stunden (z. B. Schlafphasen, Eßrhythmus); *infradianer B.* (Dauer mehr als 1 Tag): z. B. Menstruationszyklus, jahreszeitliche Lebensprozesse. Anhaltende Desynchronisation des B. führt zu Gesundheitsschäden (z. B. durch Schichtarbeit, transmeridiane Flüge).

Lit.: **Bünning, E.**: Die physiologische Uhr. Berlin, [3]1977; **Scheving, L. E., Halberg, F. & J. E. Pauly** (Eds.): Chronobiology. Tokio, 1974.

F.-C. Schubert

Biotisches Experiment. Ein b. E. ist nach K. Gottschaldt ein Experiment, das sich für die Vp unwissentlich und in *lebensechter* Situation abspielt, wodurch störende Feldkräfte, die der Versuchssituation entspringen können, ausgeschlossen bleiben. Von der reinen ↗Verhaltensbeobachtung unterscheidet es sich dadurch, daß der Tatbestand, der beobachtet werden soll, erst durch den Experimentator herbeigeführt worden ist, womit es sich trotz Lebensechtheit um ein echtes ↗Experiment handelt.

Das *quasibiotische* Experiment spielt sich für die Vp zwar auch „unwissentlich", aber nicht in völlig lebensechter Situation ab. Störende Feldkräfte bleiben trotzdem ausgeschlossen, da die Vp im allg. zwar weiß, daß sie einen Versuch durchläuft, aber weder ihre eigentliche Aufgabe noch den Zweck des Versuches kennt. Dies wird dadurch erreicht, daß die kritische Phase, d. h. der eigentliche Versuch, in eine größere Längsschnittgestalt eingebettet wird, womit er weitgehend unthematisch abläuft und biotischen Charakter annimmt (z. B.: Vp erlebt aufgrund der Instruktion die kritische Phase nur als eine Vorbereitungshandlung für eine nachfolgende Aufgabe, in der sie den eigentlichen Versuch sieht). ↗Experiment.

Lit.: **Gottschaldt, K.**: Die Methodik der Persönlichkeitsforschung in der Erbpsychologie. Leipzig, 1942; **Spiegel, B.**: Über die Notwendigkeit biotischer Versuchsansätze in der Verhaltensforschung. Ber. über den 24. Kongreß der Dt. Ges. für Psychol., Göttingen, 1965, S. 409–413.

B. Spiegel

Biotonus, von M. Verworn (1863–1921) eingeführter, zunächst rein physiologisch gedachter Begriff: die von den physiologischen Vorgängen eines Organismus abhängige potentielle Lebensenergie eines Individuums. Der B. ist abhängig von Güte und Schnelligkeit des Stoffumsatzes und bestimmt Tempo und Intensität der Funktion aller Organe. Er ist im Gleichgewicht, wenn Aufbau- und Abbaukräfte einander die Waage halten, hoch, wenn die Aufbaukräfte, und niedrig, wenn die Abbaukräfte überwiegen.

Später wurde der Begriff von G. Ewald (*1883) auf die temperamentgebundene Gesamtspannungslage eines Menschen erweitert und zum Grundbegriff einer ↗Typologie: Vom B. ist abhängig die Intensität der seelischen Abläufe, das psychische Tempo und die Tönung der Vitalgefühle (↗Temperament; ↗Vitalität). Der B. nimmt zu vom Melancholiker mit „schlaffem" über den Besonnenen mit „durchschnittlichem" zum Hypomaniker mit „straffem" Biotonus.

Lit.: **Ewald, G.**: Temperament und Charakter. Berlin, 1924.

F.-C. Schubert

Biotypus, erblich begründete statistische Häufungskomplexe körperlicher und seelischer Eigenschaften. Biotypen sind: konstitutionelle Grundtypen (Konstitutionstypus), Entwicklungstypen (Alterstypen), Geschlechtstypen, Rassetypen.

Lit.: **Kretschmer, E.**: Körperbau u. Charakter. Stuttgart, [28]1977.

W. Kretschmer

Bipolarität von Eigenschaften, die Eigentümlichkeit jener Persönlichkeitseigenschaften, deren extreme Ausprägungsstufen inhaltliche Gegensätze darstellen (z. B. dominant–submissiv, ↗extravertiert–introvertiert). Der Nullpunkt der Skala, der den niedrigsten Ausprägungsgrad angibt, fällt nicht mit dem einen Ende der Skala zusammen (unipolare Eigenschaft), sondern liegt in der (qualitativ neutralen) Mitte zwischen den beiden Gegensätzen. ↗Eigenschaften. *K. Pawlik*

Biserialer Korrelationskoeffizient, ein Korrelationsmaß für den Grad der Häufigkeit des gemeinsamen Auftretens der Klassen einer quantitativ und einer alternativ gemessenen (dichotomisierten) kontinuierlichen Variablen. Die *Punkt-Biseriale Korrelation* kommt zur Anwendung, wenn anstelle der dichotomisierten eine echte Alternativvariable vorliegt. Vgl. auch ↗Korrelation. ↗Mathematische Psychologie; ↗Statistik. *W. H. Butollo*

Bisexuell, Bezeichnung für Frauen und Männer, die sowohl homo- wie heterosexuelles Verhalten zeigen. Nach der Lehre der ↗Psychoanalyse ist jeder Mensch bisexuell. Exakte Untersuchungen fehlen noch, doch ist aus dem Material von Kinsey et al. zumindest indirekt zu schließen, daß derartige Wünsche recht häufig sind. *G. Lischke*

BIT (Berufsinteressentests) ↗Interessentests.

Bit, Abk. von ↗Binary digit.

Bivariate Verteilung, im Gegensatz zu einer eindimensionalen (univariaten) bildet eine zweidimensionale Zufallsvariable (X_1, X_2) eine b. V., die für den kontinuierlichen Fall als $dF = f(x_1, x_2)\, dx_1 dx_2$ angeschrieben werden kann. Im Falle diskreter bzw. in Klassen zusammengefaßter Daten liegt eine bivariate ↗Häufigkeitsverteilung bzw. eine Korrelationstabelle vor. Der ↗Korrelationskoeffizient ist ein Maß für den Grad der statistischen Abhängigkeit der Variablen dieser Verteilung. ↗Mathematische Psychologie; ↗Statistik. *W. H. Butollo*

Blacky-Test, eine von G. S. Blum (1946) entwickelte projektive Methode zur Diagnose der psychosexuellen Entwicklung in Begriffen der psychoanalytischen Theorie. In 12 Zeichnungen sind Hunde-Familienszenen dargestellt – Hauptperson ist das schwarze Hündchen Blacky –, zu denen Pb Geschichten erfinden und Fragen beantworten soll. ↗Reliabilität und ↗Validität der Methode werden unterschiedlich beurteilt; ihre klinische Nützlichkeit ist weniger umstritten. *A. Lang*

Blendung, eine Verminderung verschiedener Sehleistungen (Sehschärfe, Unterschieds-, Form- und Farbempfindlichkeit, Tiefensehen usw.) als Folge von Mißverhältnissen einer Beleuchtungsanlage oder visueller Umwelt relativ zu Eigenschaften des Gesichtssinnes. Im engeren Sinn nennt man eine durch Sehleistungen definierte B. *physiologische B.* (engl.: disability glare) im Gegensatz zur *psychologischen B.* (engl.: disconfort glare), die durch Minderung von Behaglichkeit, Wohlbefinden usw. eines Subjekts (oder Gruppen) definiert wird. – *Arten der physiologischen B.:* 1) Absolut-B.: zu hohe Leuchtdichten, auf die keine ↗Adaptation möglich ist; 2) Adaptations-B.: plötzliche Änderung des Leuchtdichteniveaus; 3) Relativ-B.: zu große Kontraste relativ zum Leuchtdichteniveau; 4) direkte B.: Blendursache ist die Lichtquelle selbst; 5) indirekte B.: Reflexionsbilder z. B. von Lichtquellen; 6) Infeld- und 7) Umfeld-B.: Blendursache zentral oder in der Peripherie; 8) Simultan- und 9) Sukzessiv-B.: ob die Blendursache während oder nach ihrem Vorhandensein wirkt, und 10) Nebel- oder Schleier-B.: bei ausgedehnten und beleuchteten Streumedien, wie Nebel, Rauch, Vorhangstoff usw. Über quantitative Beziehungen vgl. H. Schober (1964).

Lit.: Schober, H.: Das Sehen. Leipzig, 1964.

A. Hajos

Bleuler-Syndrom, von E. Bleuler (1857 bis 1939), dem bekannten Schweizer Psychiater (dessen Hauptwerk „Dementia praecox oder die Gruppe der Schizophrenien“ 1911 erschien), 1916 beschriebenes „psycho-organisches Syndrom“, das man später „organisches Psychosyndrom" nannte, mit dem amnestischen Syndrom gleichsetzte und schließlich als „hirndiffuses" einem „hirnlokalen" bzw. „endokrinen" Psychosyndrom gegenüberstellte (M. Bleuler). Es meint stets jene deskriptiv und phänomenologisch (im Sinn der Jasperschen Psychopathologie) beschreibbaren psychischen Symptomkombinationen bei chronischen und diffusen cerebralen Erkrankungen primärer und sekundärer Art, bei denen Merkfähigkeits- und Gedächtnisstörungen, emotionell-hyperästhetische Schwäche und andere hirnorganisch bedingten Leistungsstörungen nachweisbar sind. ↗Psychosen.

Lit.: Bleuler, E.: Lehrbuch der Psychiatrie. Bearbeitet von M. Bleuler. Berlin, [12]1972.

O. Schrappe

Blickebene, die durch den Fixationspunkt und die beiden Augendrehpunkte gelegte Ebene. Von *primärer B.* spricht man bei Primärstellung der Augen. Führen die Augen Bewegungen in der primären B. aus, so nennt man diese Seitenwendung. Bei Erhebung der Augen wird die B. gehoben: *sekundäre Blickebene.* Zur *tertiären B.* kommt es bei Neigung des Kopfes.

A. Hajos

Blickeinstellung. Die sich beim Neugeborenen allmählich entwickelnde Fähigkeit zur Fixation von Wahrnehmungsobjekten. Dieser Entwicklungsprozeß verläuft normalerweise in vier Stufen: 1. diffuse Augenbewegungen, 2. Attraktion der Blickrichtung durch Lichtreize, 3. Reflexzuwendung, 4. willkürliche Blickeinstellung.

Lit.: Bühler, C., Hetzer, H. & B. Tudor-Hart (Hrsg.): Soziologische und psychol. Studien über das erste Lebensjahr. Jena, 1926.

K. E. Pelzer

Blickregistrierung. Die Verfahren zur Aufzeichnung der Augenbewegungen und damit des Blickverlaufs haben sich von äußerst einengenden Versuchsbedingungen mit erheblicher Beeinträchtigung der Vp bis zu annähernd *biotischen* Verfahren (↗Biotisches Experiment) entwickelt. Die Blickregistrierung entstammt der Ophthalmologie und Lesepsychologie (B. Erdmann und R. Dodge) und wurde später mit verfeinerter Methodik und immer geringerer Beeinträchtigung der Vp von anderen Teildisziplinen übernommen, so von der ↗Arbeitspsychologie (z. B. Blickbewegungen des Piloten beim Blindflug zur optimalen Instrumentenanordnung; P. M. Fitts, Jones und Milton), von der ↗Forensischen Psychologie (z. B. Veränderung des Blickverlaufs bei komplexbezogenen Worten in einem Text) und von der ↗Werbepsychologie (z. B. Blickverlauf bei Packungen; Brandt, Gutjahr).

Lit.: Gutjahr, G.: Das Verfahren der Mannheimer Blickregistrierung. Ber. über den 24. Kongreß der Dt. Ges. für Psychol., Göttingen, 1965, S. 414–419; **Spiegel, B.:** Werbepsychologische Untersuchungsmethoden. Berlin, [2]1970.

B. Spiegel

Blinddiagnose. Von B. spricht man, wenn die Untersuchungsdaten ohne Kontakt mit dem Pb ausgewertet werden. Sie ist damit unbeeinflußt vom subjektiven Eindruck, kann aber keine Informationen, die durch die direkte Beobachtung gewonnen werden, verwenden. Die Tendenz geht dahin, die Diagnose allein nach den objektiven Daten vorzunehmen. Vergleichsuntersuchungen haben ergeben, daß mit guten Tests die B. im Mittel keine schlechteren Ergebnisse liefert.

R. Meili

Blindenpädagogik. Die B. versucht, die durch den totalen oder teilweisen Ausfall des Gesichtssinnes behinderte Persönlichkeitsentfaltung (Abhängigkeit von fremder Hilfe, eingeschränkte Erkenntnismöglichkeit, Unfähigkeit der Erfassung ästhetischer Werte im Bereich des Optischen) durch systematische Bildungsarbeit auszugleichen, um den blinden oder sehgeschwächten Heranwachsenden als vollwertiges Glied der Gemeinschaft an den kulturellen und geistigen Gütern teilhaben zu lassen. Hierbei berücksichtigt die B. die größere Abhängigkeit des sehgeschädigten Kindes von der Struktur und den Bedingungen des Erziehungsfeldes, wobei auch die Genese des Ausfalles der Sehkraft (Geburts-, Früh- oder Spätblindheit) die pädagogischen und didaktischen Maßnahmen beeinflußt. Als Hilfsmittel dienen die Blindenschrift (von L. Braille), Tonbandbibliotheken und spezifische Apparate und Methoden zur Auswertung auch minimalster Sehreste. *H. Schröder*

Lit.: Boldt, W.: Blinde und hochgradig sehbehinderte Kinder in der psychisch-technischen Welt. Ratingen, 1966; **Heslinga, K.:** Über die lebenspraktische Erziehung blinder Kinder. Berlin, 1972; **Hudelmayer, D.:** Nichtsprachliches Lernen von Begriffen. Untersuchungen über die Begriffsbildung bei geburtsblinden Schülern. Stuttgart, 1970. *H. Schröder*

Blindenpsychologie befaßt sich mit den Auswirkungen des fehlenden Gesichtsinns auf sensorische, motorische, intellektuelle und persönlichkeitsspezifische Eigenschaften des Blinden und mit Fragen nach geeigneten Rehabilitationsmaßnahmen für blinde Personen.

Unterschiede hinsichtlich der Diskriminierungsfähigkeit taktiler und auditiver Signale zwischen Sehenden und Blinden lassen sich auf gesteigerte Übung blinder Personen zurückführen. Der Tastsinn ist vor allem für das Lesen und für die differenzierte Erfassung der Umweltobjekte von Bedeutung; das Gehör für die Kommunikation und für die Fortbewegung (↗Fernsinn).

Eine Beeinträchtigung durch die Blindheit ist vor allem im Bereich der ↗Motorik (Fein- und Grobmotorik) feststellbar: Auffälligkeiten bei blinden Kleinkindern; Schwierigkeiten bei der Fortbewegung auf der Straße (Erkennung von Objekten: Hindernisse, Markierungspunkte; ↗Orientierung: Nah- und Fernorientierung).

Hinsichtlich der intellektuellen Leistungsfähigkeit bestehen keine Unterschiede zwischen Sehenden und Blinden. Extremvarianten im unteren Verteilungsbereich bei Blinden stärker vertreten (Mehrfachschädigung: Taubblindheit, Blindheit und Hirnschädigung, usw.).

Hinsichtlich persönlichkeitsspezifischer Eigenschaften interessiert vor allem die Frage nach der Verarbeitung des Leidens durch den Blinden. Resignation und Verarbeitung durch ↗Kompensation wird angenommen. Psychologisch wichtige Unterscheidungen innerhalb der Gruppe der Blinden: Grad und Zeitpunkt der Erblindung, Alter und Geschlecht des Blinden.

Sehbehinderte scheinen in ihrer Leistungsfähigkeit stärker beeinträchtigt als Totalblinde. Untersuchungen, ob Erblindete von ihrer visuellen Erfahrung profitieren, ergeben keine einheitlichen Ergebnisse. Arbeiten, die sich mit der erkenntnistheoretisch wichtigen Frage nach der Raumauffassung Geburtsblinder befassen, kommen zu unterschiedlichen Schlußfolgerungen: keine primären räumlichen Vorstellungen (v. Senden, 1932) versus Andersartigkeit des taktil-kinästhetischen Raumes (Juurmaa, 1966).

Rehabilitationsmaßnahmen richten sich in erster Linie darauf, die Technik dem Blinden nutzbar zu machen (Entwicklung automatischer Lesegeräte, elektronischer Blindenführgeräte, Lichtprothesen usw.).

Lit.: Research Bulletin: Publication of the American Foundation for the Blind, New York (vierteljährlich); **Juurmaa, J.:** An analysis of the ability for orientation and operations with spatial relationships. Work-Environment-Health, 1966, *2*, 45–52; **Révész, G.:** Psychology and art of the blind. Longmans, London, 1950; **v. Senden, M.:** Raum- und Gestaltauffassung bei operierten Blinden vor und nach der Operation. Leipzig, 1932; **Zahl, P. A.** (Ed.): Blindness: Modern approaches to the unseen environment. Princeton, 1950. *M. Brambring*

Blinder Fleck, nach seinem Entdecker E. Mariotte (1668) auch *Mariottescher Fleck* genannt, die Austrittsstelle des Sehnervs aus dem Auge. Er entspricht der Papilla nervi optici und liegt 12 bis 18 Grad nasal von der Fovea centralis. Hier befinden sich keine Lichtrezeptoren. *R. Rix*

Blindversuch, ein Kontrollverfahren, das unerwünschte Variablen vom ↗Experiment ausschließen soll. So werden die Vpn diagnostiziert, ohne daß der Vl eine Möglichkeit hat, mit ihnen zu sprechen, sie zu sehen u. ä., d. h., die Diagnose wird nur aufgrund der Tests erstellt. – *Doppel-B.,* eine andere Form des B., läßt den Versuch durchführen, ohne daß der Vl oder die Vpn eine Information über die Variablen haben. So bekommt z. B. eine Gruppe von Vpn Pharmaka und eine andere Placebos. Der Vl bestimmt dann die Wirkung, ohne zu wissen, zu welcher Gruppe die jeweiligen Vpn gehörten. *V. Martinu*

Block *(Blockierung).* Die Begriffe B. oder Blockierung werden in Psychologie und Physiologie oft synonym für Hemmung, Sperre, Abstoppung oder Handlungsunterbrechung verwendet. Bei hierarchischen Funktionsmodellen (wie u. a. in Reflex- und Instinktlehre, vgl. Tinbergen, 1952) wird der B. als hypothetisches Konstrukt zur Erklärung der Präpotenz von Reaktionsabläufen herangezogen.

Die gebräuchlichsten Anwendungen des Begriffs: a) In der Physiologie: *Synapsenblockierung, anodischer B., Depolarisations-* und *Hyperpolarisations-B., Herz-B.s,* alles Bezeichnungen für Hemmungen der elektrischen Erregungsausbreitung in Nervenfasern und -zellen. *Ganglienblocker:* bei vegetativen Ganglien erregungshemmend wirkende chemische Substanzen. *Alphawellenblokkade:* Unterdrückung der Alphawellenaktivität im Elektroenzephalogramm. b) In der Psychologie und Psychopathologie: *Mentaler B.:* s. unten. *Erinnerungs-B.:* Ein normalerweise gut verfügbarer Name oder Begriff ist im Moment nicht abrufbar. *Affekt-B.:* psychopathologische Hemmung der emotionalen Erlebnis- und Reaktionsfähigkeit; zweckmäßigerweise zu unterscheiden vom *„emotionalen Block“:* Hemmung des Wahrnehmens, Denkens oder Handelns infolge emotionaler Erregung, z. B. bei Prüfungs- und Auftrittsangst. c) Im versuchstechnischen Sinn kann B. auch sein: Bezeichnung für ein äußeres Hindernis, das der Verwirklichung einer Reaktion im Wege steht (z. B. eine Sperre im Labyrinth); ferner bei der Versuchsplanung: die kleinste replizierbare Gruppe von nebeneinanderliegenden Versuchsparzellen (bzw. Vpn), auf die die verschiedenen Versuchsbedingungen zufällig oder nach einem bestimmten System aufgeteilt werden.

Als *„psychische“* oder *„mentale“* Blocks bezeichnet man seit Bills (1931) kurzfristige Unterbrechungen von Gedankengängen oder fortlaufenden Reiz-Reaktions-Tätigkeiten, ohne daß dabei ein bestimmter äußerer Reiz oder ein subjektiv wahrnehmbares ↗Motiv dafür verantwortlich gemacht werden kann.

Subjektive Begleiterscheinungen von B.s sind: „geistige Leere“, „Sinnzerfall“ in der Reizwahrnehmung oder im Gedankenablauf sowie momentanes motorisches Unvermögen zur Ausführung der soeben noch korrekt durchgeführten Reaktion. Bezeichnend sind umgangssprachliche Umschreibungen wie: „Kurzschluß“, „Mattscheibe“, „Faden verlieren“, „Gedanken abreißen“, „auf der Zunge liegen“ usw.

Verhaltenspsychologisch sind B.s am besten bei fortlaufenden Tätigkeiten mit relativ homogenen Reiz- und Handlungsstrukturen zu beobachten (z. B. beim fortlaufenden Benennen von Farben, fortlaufenden Addieren einstelliger Ziffern usw.). Sie treten hierbei als verhältnismäßig lange Tätigkeitsunterbrechungen in Erscheinung (Dauer eines B. zwischen ca. 0,5 und 10 sec, in seltenen Fällen auch bis zu 1 min und mehr). Bei fortlaufenden Tätigkeiten können z. B. plötzlich die Ziffern 2 + 3 nicht addiert werden („das Ergebnis bleibt aus“), oder die Ziffern erscheinen als unverständliche Schriftzeichen („wie Hieroglyphen“), oder die Vpn erkennen z. B. die Farbe Grün, sind im Moment aber nicht in der Lage, das dazugehörige Wort „grün“ auszusprechen. Sekunden später läuft dieselbe Reaktion wieder völlig normal ab. – B.s können in Serie auftreten, durch ständig länger werdende Reaktionen angekündigt werden, häufig aber auch urplötzlich inmitten der normalen Reaktionstätigkeit in Erscheinung treten. Mit derselben Plötzlichkeit können die B.s auch wieder spontan verschwinden. Das Auftreten von B.s kann willentlich nicht verhindert werden. Besonders in Ermüdungs- und Angstzuständen kann es zu vermehrter Blockierungstätigkeit kommen.

Theoretisch ist das Blocking noch nicht hinreichend aufgeklärt. Von Bills wurde es als eine Schutzhemmung gegen Ermüdung angesehen (Refraktärphasentheorie).

Die mentale Blockierung ist mit mehreren Phänomenen aus der Aufmerksamkeits-, Denk-, Handlungs- und Motivationspsychologie wie auch der Psychopathologie (s. z. B. „Gedankenabreißen“ bei schizophrenen Denkstörungen usw.) verwandt.

Lit.: Bäumler, G.: Statistische, experimentelle und theoretische Beiträge zur Frage der Blockierungen bei fortlaufenden Reaktionstätigkeiten. Dissertation. Würzburg, 1967; **Bills, A. G.:** Blocking: A new principle of mental fatigue. Amer. J. psychol., 1931, *43*, 230–245; **Tinbergen, N.:** Instinktlehre. Berlin – Hamburg, 1952.

G. Bäumler

Blockdiagramm *(Histogramm, Frequenzhistogramm),* eine Form der graphischen Darstellung von ↗Häufigkeitsverteilungen. Über jeder Maßzahlklasse einer Variablen wird ein Rechteck derart gezeichnet, daß die Länge der vertikalen Linien den Häufigkeiten in den Klassen entspricht. Das Histogramm ist vor allem zur Darstellung von Häufigkeitsverteilungen qualitativer Merkmale gedacht. *W. H. Butollo*

Blumenfeld-Allee. Sollen Vpn als Aufgabe in einem dunklen Raum zwei parallele Reihen aus Gaslämpchen herstellen, so ordnen sie die Lämpchen anders an, als wenn sie aufgefordert werden, paarweise immer die entsprechenden Lämpchen auf die gleiche Tiefendistanz zu bringen. Diese optische Täuschung (↗Geometrisch-optische Täuschungen) spricht gegen das „Parallelaxiom“ (eines der Axiome der euklidischen Geometrie) im Wahrnehmungsraum. – ↗Wahrnehmungstäuschungen. *V. Martinu*

Blutdruck, der in den Blutgefäßen herrschende, physikalisch registrierbare Druck. Er läßt sich direkt mit einem ins Gefäß eingeführten Manometer (blutige Methode) oder indirekt nach S. Riva-Rocci mit einer luftgefüllten Blutdruckmanschette (unblutige Methode) messen. Er setzt sich aus einem hydrostatischen und einem hämodynamischen Anteil zusammen. Letzterer ist die Folge der Herztätigkeit, dient der Überwindung des Strömungswiderstandes und nimmt im Kreislaufsystem in Strömungsrichtung des Blutes kontinuierlich (von 120 mm Hg in der Aorta über 35 mm Hg im Kapillargebiet bis O in den herznahen Venen) ab. In den Arterien schwankt er im Rhythmus des Herzschlages zwischen einem systolischen (120 mm Hg) und einem diastolischen (80 mm Hg) Wert. Diese Druckschwankungen imponieren als Puls und können als Sphygmogramm aufgezeichnet werden. Der mittlere B. wird vom Vasomotorenzentrum im Stammhirn über Druckfühler in den Gefäßen und Herztätigkeit sowie Gefäßkontraktionsstärke geregelt. (Krankhafte Veränderungen des B. siehe unter ↗Hypertonie und ↗Hypotonie). *E. David*

Blut-Hirn-Schranke (engl.: *blood-brain-barrier* [BBB]), von Stern u. Gautier (1921) geprägter Begriff zur Kennzeichnung der Tatsache, daß die meisten chemischen Stoffe relativ schwerer vom Blut in Gewebe des ZNS als in andere Körpergewebe übertreten. Die B. wird als ein System gedacht, das den Übergang der im Blut befindlichen Substanzen in das ZNS reguliert. *W. Janke*

Bogengänge. Die jeweils in einer Raumebene liegenden, senkrecht aufeinanderstehenden, flüssigkeitsgefüllten B. dienen als Teil des Gleichgewichtsorgans zur Rezeption von Beschleunigungen. Innerhalb der B. befinden sich nach beiden Seiten bewegliche Haarbüschel in gallertartiger Masse (Cupulae), die bei Beschleunigungen durch die in den B.n strömende Flüssigkeit ausgelenkt werden und welche die an ihrem unteren Ende befindlichen Sinneszellen mechanisch reizen. *M. Spreng*

Bonhoeffer-Syndrom. K. Bonhoeffer (1868–1948) beschrieb 1912 in einem Handbuchbeitrag („Die Psychosen im Gefolge von akuten Infektionen, Allgemeinerkrankungen und inneren Erkrankungen“, in: Aschaffenburg, G.: Hdb. der Psychiatrie. Leipzig-Wien, 1912) den „akuten exogenen Reaktions-Typus“. Hierunter faßt man alle akuten psychischen Begleiterscheinungen körperlicher (also nicht nur primär cerebraler) Krankheiten zusammen. Um die Fortentwicklung des Begriffes haben sich vor allem M. Bleuler und K. Conrad verdient gemacht. ↗Psychosen.

Lit.: Bleuler, M., Willi, J. & H. R. Buehler: Akute psychische Begleiterscheinungen körperlicher Krankheiten. Stuttgart, 1966; **Conrad, K.:** Die symptomatischen Psychosen. In: Psychiatrie der Gegenwart, hrsg. von **H. W. Gruhle, R. Jung, W. Mayer-Gross & M. Müller,** Bd. 2, S. 369–436. Berlin – Heidelberg, ²1972.

O. Schrappe

Bourdon-Durchstreichtests ↗Durchstreichtests.

Bradykinese, *Hypokinese,* motorische Antriebsstörung. Verlangsamte Bewegungen infolge zentraler organischer Störung.

Bradyphrasie, *Bradyarthrie, Bradylalie, Bradyphasie, Bradyglossie,* organisch bedingte Sprachstörung. Verlangsamung des Sprechtempos durch Langziehen der Silben und durch Pausen verschiedener Länge als Folge zentraler organischer Störung: bei Läsion des Kleinhirns und der ihm zugeordneten Strukturen, vor allem bei multipler Sklerose; oft mit anderen motorischen Antriebsstörungen kombiniert. *F.-C. Schubert*

Bradyphrenie, *Hypophrenie,* Verlangsamung der geistigen Funktionen durch Mangel an innerem Antrieb als Folgezustand zentraler organischer Störung, z. B. ↗Encephalitis. *F.-C. Schubert*

Brainstorming, Technik der Produktion von Einfällen zu schwierigen Problemen. Eine Gruppe wird eingeladen, zu einem genau definierten Problem möglichst viele Lösungsideen auszusprechen, dabei auf Selbst- und Fremdbeurteilung zu verzichten, sich jedoch frei zu fühlen, zu Einfällen anderer zu assoziieren. Nach der Produktionssitzung folgt eine qualitative Sichtung durch eine Jury. Der Erfolg der Methode scheint auf dem Abbau von überstrenger Selbstzensur Erwachsener zu beruhen. *A. Flammer*

Branching ↗Programmierte Instruktion.

Bravais-Pearsonscher Korrelationskoeffizient. Dieser Koeffizient gibt die ↗Korrelation zweier kontinuierlicher ↗Normalverteilungen an. Er ist nicht identisch mit der ↗Produkt-Moment-Korrelation, kann aber aus dieser gut geschätzt werden. ↗Mathematische Psychologie; ↗Statistik

W. H. Butollo

Breitbandverfahren ↗Sequentielle Strategie.

Brentano, *Franz,* *16. 1. 1838 Marienberg bei Boppard, † 17. 3. 1917 Zürich. 1864 Priester, 1866–73 Privatdozent, später Professor für Philosophie in Würzburg, 1874–80 Professor in Wien, bis 1895 Privatdozent in Wien. Seiner philosophischen Herkunft nach Neuaristoteliker, vertritt er den Standpunkt einer deskriptiven Psychologie. B. gilt durch seine Lehre von der Intentionalität psychischer Phänomene als Begründer der ↗Aktpsychologie. Die Erkenntnis der Bedeutung der intentionalen Ausrichtung aller psychischen Phänomene auf etwas innerlich Vorhandenes machte ihn zum Wegbereiter der ↗Phänomenologie (Husserl). Seine Auffassung, die innere Wahrnehmung sei die Grundvoraussetzung aller Psychol., und seine Unterscheidung zwischen psychischen Akten und nichtpsychischen Inhalten beeinflußten auch A. ↗Meinong und C. v. ↗Ehrenfels.

Schr.: Die Psychol. des Aristoteles, insbes. seine Lehre vom „nus poetikós". Mainz, 1867 (Neudr. Darmstadt, 1967); Psychol. vom empirischen Standpunkt. hrsg. v. O. Kraus. Leipzig, 1924–28; Vom Ursprung sittlicher Erkenntnis. Leipzig, 1889; Das Genie. Leipzig, 1892; Untersuchungen zur Sinnespsychol. Leipzig, 1907; Von der Klassifikation der psychischen Phänomene. Leipzig, 1911.

Lit.: Kraus, O.: Franz Brentano. Zur Kenntnis seines Lebens und seiner Lehre. München, 1919; **Utitz, E.:** Franz Brentano. Kantstudien, Bd. 22. Köln, 1918.

K. E. Pelzer

Brentanosche Täuschung. Haben wir auf dem ersten Bild einen Kreis und auf dem zweiten Bild daneben einen gleich großen Kreis, der aber von einem größeren, konzentrischen Kreis umgeben ist, so erscheint der Kreis auf dem zweiten Bild größer als der objektiv gleich große Kreis auf dem ersten

Bild – ↗Delboefsche Täuschung. ↗Wahrnehmungstäuschungen; ↗Geometrisch-optische Täuschungen. *V. Martinu*

Bretonsches Gesetz, eine Neuformulierung des ↗Weberschen Gesetzes: Die Beziehung zwischen dem Reiz und dem kleinsten ebenmerklichen Reizunterschied ist parabolisch. *V. Martinu*

Brillenversuch, durch historisch bedingte Fragestellungen entwickelte Methode der Wahrnehmungsforschung. Hinsichtlich des ↗Empirismus und gegenüber dem ↗Nativismus beschreibt Helmholtz (1866, Zit. ³1910, 207) einen Prismenversuch, der methodisch als Prototyp neuerer Versuche angesehen werden kann. Stratton (1897) suchte in einem Linsen-B. die Antwort auf die Frage: Wie kommt es trotz umgekehrter Netzhautbilder zum ↗Aufrechtsehen? Der B. als Methode wird von Kohler (1951, 1956) beschrieben.

Allgemein besteht ein B. darin, daß visuelle ↗Signale durch optische Mittel (Linsen, Spiegel, Prismen, Farbfilter usw.) transformiert werden. Die optischen Mittel werden in Brillenform dauerhaft vor den Augen getragen. Der Zustand der ↗Wahrnehmung und das Verhalten werden beim Sehen durch die Brille (Erlangen neuer Konstanzleistungen) und für kurze Testzeit beim Sehen ohne Brille (negative Nacheffekte, Brilleneffekte) beobachtet und durch Messungen kontrolliert. Man unterscheidet zwischen *Dauer-B.* (Brille wird über Tage, Wochen dauernd getragen, und die Vp lebt in gewöhnlicher Lebenssituation) und *Kurz-B.* (Dauer des Trainings von Minuten bis zu einigen Stunden bei kontrollierter Reizsituation). Je nach Art der Fragestellung kann ein B. *Reaktionsversuch* (Beobachtungs- und Meßkriterium ist die Verbesserung des sensumotorischen Verhaltens der Vp) oder *Wahrnehmungsversuch* (erworbene Wahrnehmungskonstanz in der Wahrnehmung) oder beides sein. Seit den fünfziger Jahren fanden die B.e neue Problemstellungen: sensumotorische Koordinationen (Held, 1962), Probleme der Form und Figuralwahrnehmung (Kohler, 1951; Hajos, 1965) usw. trugen zur Wahrnehmungstheorie wesentliche Aspekte bei (Kohler, 1962) und konnten eine Brücke zwischen Wahrnehmungsforschung und biologischen sowie biokybernetischen ↗Modellen (z. B. ↗Reafferenzprinzip, Homöostasemodellen usw.) schlagen.

Lit.: Hajos, A.: Nacheffekte unter kovariierenden Reizbedingungen und deren interoculare und intersensorische Auswirkungen. In: **Heckhausen, H.** (Hrsg.): Ber. 24. Kongr. Dtsch. Ges. Psychol. Göttingen, 1965; **Held, R.:** Adaptation to rearrangement and visual-spatial aftereffects. Psychol. Beitr. 1962, *6*, 439–450; **Helmholtz, H. v.:** Hdb. d. Physiologischen Optik, Bd. 3. Leipzig, ³1910; **Kohler, I.:** Über Aufbau und Wandlungen der Wahrnehmungswelt. Österr. Akad. Wiss. phil.-hist. Kl. 227/1 Wien, 1951, 1–118; **ders.:** Der B. in der Wahrnehmungspsychol. mit Bemerkungen zur Lehre von der Adaptation. Z. exp. angew. Psychol., 1956, *3*, 381–417; **ders.:** Interne und externe Organisation in der Wahrnehmung. Psychol. Beitr., 1962, *8*, 259–264; **Stratton, G. M.:** Vision without inversion of the retinal image. Psychol. Rev. 1897, *4*, 341–360 und 463–481. *A. Hajos*

Brocasche Windung (untere Windung des Stirnhirns, Gyrus frontalis inferior), die unterste der drei Stirnhirnwindungen. Sie hat als Sitz des motorischen Sprachzentrums (↗Aphasie) in der dominanten Hemisphäre besondere Bedeutung. *C. Scharfetter*

Brücke (Pons), ein Teil des Hinterhirns. Sie reicht von der Zwischenhirnschenkelgrube bis zu den Pyramiden des verlängerten Marks (↗Medulla oblongata) und liegt auf dem Basalteil des Hinterhauptknochens. In der B. befinden sich teilweise oder vollständig die Kerne (↗Nucleus) des V., VI., VII. und VIII. Hirnnerven. Die Fasern der wichtigen Pyramidenbahn, in der die Aktionspotentiale für die willkürlichen Bewegungen geleitet werden, laufen durch die Brücke.

Lit.: Sidmann, R. L., Sidmann, M. & G. Arnold: Neuroanatomie. Ein Lehrbuch in programmierter Form. Bd. 1. Berlin – Heidelberg – New York, 1971. *G. Arnold*

Brunst, Bezeichnung für den Biorhythmus der sexuellen ↗Appetenz. Fast alle höheren Tiere zeigen eine jahreszeitliche oder andere Schwankung der sexuellen Aktivitäten. Durch Zufuhr von Sexualhormonen kann die

B. (auch Östrus genannt) verlegt werden. Beim Menschen und bei den Affen fehlt eine eigentliche Brunst. Verschiedene Beobachtungen lassen jedoch bei der menschlichen Frau eine gewisse, mit dem Monatszyklus gekoppelte Schwankung der sexuellen Appetenz vermuten. *G. Lischke*

Brutpflege. Als *Brutfürsorge* gelten Maßnahmen, die „vorausplanend" dem *mittelbaren* Schutz der Nachkommen dienen, so die Unterbringung der Eigelege an geschützten Orten, das Anfertigen von Schutzhüllen und die Verproviantierung der Brut (z. B. Brutbirnen der Pillendreher). B. dient *unmittelbar* der Betreuung der Gelege und Jungen, die bewacht und mit Sauerstoff oder Nahrung versorgt werden. *Äußere B.:* Manche Seenadeln (Nerophis), die Geburtshelferkröte (Alytes), Egel, Krebse, Spinnen und Wanzen tragen die Eigelege mit sich herum. *Innere B.* in Körperhohlräumen haben maulbrütende Buntbarsche, taschenbrütende Seenadeln und Seepferdchen; der Nasenfrosch Rhinoderma darwini trägt die Brut sogar in den Schallblasen. Viviparie: bei ovoviviparen Arten sind die Jungen bei der Geburt noch in der Eihülle. Haie bilden eine Dottersackplacenta aus. Die Kloakentiere unter den Säugern legen noch Eier, haben weder Placenta noch Zitzen, dafür Milchfelder. Die Beuteltiere gebären lebende Junge, meist fehlt ihnen die Placenta, und die zu früh geborenen Jungen verwachsen mit den Zitzen. Die Eutheria haben eine Placenta (Mutterkuchen), die dem Gas- und Stoffaustausch zwischen Embryo und Mutter dient. Nesthocker mit kurzen (Kaninchen 28 Tage), Nestflüchter mit langen Tragzeiten (Meerschweinchen 63 Tage). Tragzeitverlängerungen bei vorübergehender Keimruhe, z. B. bei Reh, Dachs.

Lit.: Hesse, R. & F. Doflein: Tierbau und Tierleben, Bd. 2. Jena, 1943.
K. Fiedler

BTS ↗Begabungs-Test-System.

Bühler, *Karl,* * 27. 5. 1879 Meckesheim (Baden), † 24. 10. 1963 Pasadena (Calif.); 1903 Dr. med., 1904 Dr. phil.; gehörte 1907–09 als einer der bedeutendsten Forscher der ↗Würzburger Schule an; wirkte seit 1909 in Bonn, seit 1913 in München, seit 1918 in Dresden, schließlich 1922–38 in Wien (Höhepunkt seiner wissenschaftlichen Aktivität); 1938 von den Nationalsozialisten verhaftet; fand im Herbst 1938 Asyl in Oslo; emigrierte 1940 nach St. Paul (Minn., USA); lebte seit 1945 in Los Angeles. – In die Würzburger Zeit fallen seine Beiträge zur Denkpsychologie: seine Methode der Beobachtung unter experimentellen Bedingungen verteidigte er gegen den Altmeister W. ↗Wundt, gegen G. E. ↗Müller u. a. Die Ergebnisse seiner Forschung sind in seinen Artikeln „Über Gedanken" (1907), „Über Gedankenzusammenhänge" (1908), „Über Gedankenerinnerungen" (1908) und in „Tatsachen und Probleme zu einer Psychologie der Denkvorgänge" (Arch. ges. Psychol., 1907, *9* und 1908, *12*) niedergelegt. Diese Arbeiten trugen auch zu Überwindung des Elementarismus und ↗Sensualismus der klassischen Psychologie und zur Durchsetzung des Ganzheitsprinzips (↗Ganzheit) bei. Ausdrücklich wurde die ganzheitliche Sicht psychischer Prozesse in seinem Aufsatz „Die Gestaltwahrnehmungen" (Stuttgart, 1913) und noch einmal in seinem letzten Werk „Das Gestaltprinzip im Leben des Menschen und der Tiere" (Bern – Stuttgart, 1960) thematisiert. Ein bleibendes Verdienst erwarb sich B. durch sein Buch „Die Krise der Psychologie" (Jena, ^{2}1927). Darin versucht er, durch seine Aspektenlehre über Schulkontroversen hinweg die Einheit der Psychologie zu retten. Sozialpsychologisch bedeutsam sind seine Bücher „Ausdruckstheorie" (Jena, 1933) und „Sprachtheorie" (Jena, 1934). Seine „Sprachtheorie" war 1962 der Mittelpunkt einer Semantiktagung (↗Semantik) in Indiana; die neu aufkommende psycholinguistische Forschung (↗Psycholinguistik) kann sie nicht übersehen. Schließlich hat B. durch sein Buch „Die geistige Entwicklung des Kindes" (Jena, 1918) die ↗Entwicklungs-Psychologie entscheidend gefördert. B. ist aufgrund seines weitreichenden und grundlegenden, in schwungvoller Sprache geschriebenen Werkes zu den Gründerpersönlichkeiten der modernen Psychologie zu zählen.

Lit.: Fschr. für K. Bühler. In: Zeitschrift für exper. u. angew. Psychologie, 1959, *6*, 1–118; **Wellek, K.:** K. B. 1879–1963. Arch. ges. Psychol., 1964, *116*, 3–8.

L. J. Pongratz

Bühler-Hetzer-Test, Kleinkindertest (1932), ↗Entwicklungstests.

Bulbärsprache, schwerste Ausprägung des Unvermögens, Laute, Silben oder Wörter richtig zu bilden infolge Lähmung der Lippen-, Zungen-, Gaumen- und Kehlkopf-Muskulatur nach Schädigung oder Erkrankung des verlängerten Marks (↗Anarthrie). Die Sprechweise ist verlangsamt, die Sprache verwaschen, gaumig und vergröbert; die Patienten klagen über eine „schwere Zunge" oder einen „Kloß im Hals". Als Symptom der Artikulationsstörung bisher bei neun Syndromen beschrieben. *H. J. Engels*

Bulbus oculi, Augapfel; er befindet sich in der Augenhöhle (Orbita). Seine Außenwand wird gebildet von der Cornea (Hornhaut) und der Sklera (Lederhaut), darunter liegen die Chorioidea (Aderhaut) und die Retina (Netzhaut). Er ist von Fettgewebe umgeben. Durch die 6 an ihm ansetzenden Augenmuskeln ist er in allen Achsen beweglich (↗Fusion). Dadurch ist das Fixieren eines Gegenstandes möglich (↗identische Netzhautstellen). ↗Auge. *R. Rix*

Bumerang-Effekt, die Veränderung von Meinungen, Überzeugungen oder Einstellungen entgegengesetzt zu den Inhalten, die man zu vermitteln beabsichtigt. Ein B. stellt sich häufig dann ein, wenn die zu beeinflussenden Meinungen etc. für die zu überzeugenden Personen in ihrem Wertsystem zentral und bedeutsam sind und erheblich von den Inhalten abweichen, die man ihnen vermitteln will. Sie reagieren dann mit einer Verstärkung ihrer eigenen Position gegenläufig zu abweichenden Überzeugungsinhalten. *H. Haase*

Bürotests, Eignungstests zur Prüfung von Fähigkeiten, Fertigkeiten und Kenntnissen, die für Bürotätigkeiten bedeutsam sein können. Neben verschiedenen älteren Einzeltests sowie allgemeinen Batterien von ↗Berufseignungstests (BET) steht ein von G. A. Lienert in enger Anlehnung an den „General Clerical Test" entwickelter „Allgemeiner Büroarbeitstest (A-B-A-T)" sowie ein von G. Marschner konstruierter „Büro-Test (B-T)" zur Verfügung. Beide Batterien setzen sich aus jeweils 6 Untertests zusammen. Der A-B-A-T erfaßt primär Schnelligkeit und Genauigkeit bei routinemäßigen Büroarbeiten sowie das spezielle Grundwissen in Rechtschreibung, Interpunktion und Rechnen. Der B-T ist mehr auf die Eignung für etwas komplexere Büroaufgaben gerichtet, die Organisations- und Kombinationsfähigkeit sowie praktisch-anschauliches Denken erfordern. Beide Tests entsprechen im wesentlichen den psychometrischen Standards.

Lit.: **Lienert, G. A.:** Allgemeiner Büroarbeitstest (A-B-A-T). Göttingen, 1967; **Marschner, G.:** Büro-Test (B-T). Göttingen, 1967. *L. Michel*

Burt, *Sir Cyril Lodowic,* *3. 3. 1883 Stratford-on-Avon, † 10. 10. 1971 London; Studium an den Universitäten Oxford, Würzburg und am Christ Hospital zu London. Studierte Naturwissenschaften und Psychol., ist Schüler von W. ↗McDougall und O. ↗Külpe.

1909–12 Lehrauftrag für Experimentelle Psychol. und Physiologie an der Universität Liverpool; 1909–13 Vorstand der Physiologischen Konferenz der Universität Liverpool; 1913–32 beamteter Schulpsychologe der Schulverwaltung des London County Council; 1924–31 Professor für Pädagogik in London; 1931–51 Professor für Psychol. in London. Untersuchungen und Veröffentlichungen über das Problem der allgemeinen ↗Intelligenz, zur Theorienbildung der Intelligenz, über Methoden der Intelligenzprüfung und intellektuelle Unterschiedlichkeit zwischen den Individuen. Ferner beschäftigte er sich mit Abnormitäten im Kindesalter, mit jugendlichen Kriminellen. In den dreißiger Jahren führte er in England die ↗Faktorenanalyse ein.

Schr.: Mitherausgeber von British Journal of Psychology; Pedagogical Seminary and Journal of Genetic Psychology; Genetic Psychology Monographs. Veröffentlichungen sind u. a.: Experimental tests of general intelligence, Brit. J. Psychol., 1909; Handbook of tests for use in schools, 1923; Mental and scholastic tests, 1921; The mental differences between individuals, Brit. Asso. Presidential Addrs., 1923; The young delinquent, 1925; The factors of the Mind. 1940; The Backward Child, [5]1961; Intelligence and heredity. In: The Irish Journal of Education. Vol. 3, 2, 1969.

Lit.: **Arnold, W.:** Begabung und Bildungswilligkeit. München, 1969; **Boring, E. G.:** A history of experimental psychology. New York, [2]1950; **Murchison, C.:** The psychological register. Worcester, 1929.

W. Sperber

Butyrophenone, chemische Untergruppe der ↗Neuroleptika (↗Psychopharmaka). Klinisch wichtige Derivate sind Haloperidolum, Moperon, Fluanison, Trifluperidol, Floropipamid, Benperidol, Droperidol und Pimozid. Pharmakologisch und klinisch sind sie den ↗Phenothiazinen verwandt.

G. Debus

C

California Test of Personality, Persönlichkeitsfragebogen über persönliche und soziale Angepaßtheit. 5 verschiedene Skalen vom Kindergarten bis zum Erwachsenen mit Prozentrangnormen für 16 Persönlichkeitsvariablen, wie Selbstvertrauen, Selbstwertgefühl, nervöse Symptome, soziale und allgemeine Angepaßtheit, antisoziale Tendenzen usw.

Lit.: Thorpe, L. P., Clark, W. W. & E. W. Tiegs: California Test Bureau, 1942–1953. Monterey (Calif.) 93940.

R. Meili

Cannabis ↗Haschisch, ↗Marihuana.

Cannon-Syndrom, *Cannon-Notfallsfunktion, Cannon-Notfallsreaktion, Cannon-Reaktion, Cannon emergency reaction,* aufgrund ausgedehnter Tierexperimente von W. B. Cannon (1871–1945) beschriebener Anpassungsvorgang des Organismus als Reaktion auf plötzliche schwere psychische oder physische Belastungen, speziell um Gefahr zu begegnen, d. h. in Zeiten der Not („Notfallsfunktion“). Durch vorübergehende Verschiebung des vegetativen Gleichgewichtes in Richtung der Sympathicotonie bereitet sich der Organismus auf eine rasche Energiezufuhr (Kraftentfaltung) zum Zweck des Kampfes oder der Flucht vor und reduziert dabei die restitutiven Vorgänge. Einleitung und Steuerung erfolgt durch das Hypophysen-Zwischenhirn-System (↗Gehirn) und führt zu vermehrter Ausschüttung von „adaptive hormones“ aus Hypophyse und Nebennierenmark (bes. Adrenalin). Das bewirkt einen ziemlich stereotypen Reaktionsablauf mit 3 Stadien: Stadium der Alarmreaktion (mit Hypotonie, Bluteindickung, Permeabilitätssteigerung, Hypothermie und anderen Schocksymptomen, die sich in der „Gegenschockphase“, d. h. der beginnenden Adaptation, z. T. wieder zurückbilden); Stadium der Resistenz (Abwehrstadium, Kraftentfaltung und Adaptation); Stadium der Erschöpfung.

Lit.: Cannon, W. B.: Again the James-Lange-Theory and the thalamic theories of emotion. Psychol. Rev., 1931, *42,* 566.

F.-C. Schubert

Capacity. Ein aus der Physik stammender Begriff (z. B. aus der Elektrizitätslehre), der in der Psychologie meist als Synonym für Ability verwendet wird und „Kapazität“, „Fähigkeit“, „Fassungsvermögen“ bezeichnet.

K. E. Pelzer

Carcinophobie, übersteigerte Angst, an Krebs zu erkranken.

Cardiazolschock, allgemeine Krampfreaktion, durch Cardiazol, ein zentrales ↗Analepticum, ausgelöst.

A. Hicklin

Carpenter-Effekt ↗Ideomotorisches Gesetz.

Case Study, Bezeichnung für die Benutzung von Fallgeschichten (psychotherapeutischen und psychiatrischen Krankengeschichten, Erziehungs- und Heimberichten, forensischen Akten, Biographien und Autobiographien) in den anthropologischen Wissenschaften (Psychoanalyse, Psychiatrie, Psychologie, Pädagogik, Soziologie, Ethnologie, Kriminologie). Diese biographische oder kasuistische Methode wurde vorwiegend von der ↗Psychoanalyse als Forschungsinstrument entwickelt und verfeinert; hier wurde der Analyse der Lebensgeschichte die Untersuchung der Erlebnisgeschichte hinzugefügt. Fallgeschichten können entweder qualitativ (Interpretation) oder quantitativ ausgewertet werden. Die qualitative Auswertung entspricht dem Forschungsansatz einer ↗„Verstehenden Psychologie", also auch der Psychoanalyse oder ↗Tiefenpsychologie, die quantitative Verrechnung sog. „harter Daten" (Geburt, Familienkonstellation, Schule, Beruf usw.) dem Wissenschaftsideal der exakten Natur- oder Sozialwissenschaft. Zahlreiche Konzepte und Hypothesen basieren auf Fallstudien: die Psychoanalyse auf S. Freuds und J. Breuers Fall Anna, vier Hysteriefällen, dem „kleinen Hans", Wolfsmann, Rattenmann und Fall Dora; kinder- und jugendpsychol. Erkenntnisse auf Tagebüchern der Eltern (Ch. Darwin, W. und C. Stern, E. und G. Scupin) und Tagebüchern Jugendlicher (Ch. Bühler, W. Küppers); kulturanthropologische Feldforschung von sog. Primitiv-Kulturen (M. Mead, P. Parin). Individuelle Nuancierung und Reichhaltigkeit und quantitative Verwertung werden immer differieren.

Lit.: Allport, G. W.: The use of personal documents. Psychol. science. Soc. Sci. Res. Coun. Bull., New York, 1942, *49;* **Dollard, J.:** Criteria for the life history. New Haven, 1935; **Schraml, W. J.:** Die Psychoanalyse und der menschliche Lebenslauf. Psyche, 1965, *19,* 250–268; **Thomae, H.:** Die biographische Methode in den anthropologischen Wissenschaften. Stud. Gen. 1952, *5,* 163 bis 177.

W. J. Schraml

CAT (Children's apperception test) ↗Kinder-Apperzeptionstest.

Cattell, *James McKeen,* * 25. 5. 1860 Easton (Pa.), † 20. 1. 1944 Garrison (N. J.). Schüler von H. Lotze und ↗W. Wundt, Studium an den Universitäten Göttingen, Leipzig, Paris, Genf. 1887 Lektor an der Universität Pennsylvania, 1888 Lektor an der Universität Cambridge, 1888–91 Professor in Pennsylvania, 1891–1917 Professor an der Columbia-Universität. 1929 Präsident des erstmals in Amerika abgehaltenen Internationalen Psychologenkongresses. C. führte in Amerika die exakte exp. Psychol. ein. Er förderte die Erforschung der Reaktionszeiten und der ↗Assoziationen. Beschäftigte sich mit der Rangordnungsmethode als Methode des Paarvergleichs (↗Psychophysik). Arbeitete über Probleme in der Psychophysik. Sein Hauptinteresse galt der Verschiedenheit der menschlichen Natur und der menschlichen Fähigkeiten (↗Differentielle Psychologie). Er entwickelte die „mental tests" und verwendete erstmals diesen Ausdruck.

C. gründete die Psychological Cooperation, deren Sinn vor allem war, der Öffentlichkeit und Wirtschaft die psychol. Erkenntnisse nahezubringen.

Schr.: 1894–1940 Hrsg. und Schriftleiter zahlreicher Schriften, wie u. a. Psychological Review, American Naturalist. Veröffentlichungen u. a.: Mental tests and their measurement, Mind 1890; mit G. S. Fullerton: On the perception of small differences, 1892; mit C. S. Dolley: On reaction-times and the velocity of the nervous impulse, Psychol. Rev. 1896; The interpretation of intelligence tests, Scient. Mo., 1924; Some psychological experiments, I, II Science, 1928 u. a. m.

Lit.: Boring, E. G.: A history of experimental psychology. New York. [2]1950; **Dorsch, F.:** Geschichte und Probleme der Angewandten Psychologie. Bern, 1963; **Garrett, H. E:** Great experiments in psychology. New York, 1930; **Murchison, C.:** The psychological register. Worcester, 1929.

W. Sperber

Ceiling-Effekt. Ist eine Aufgabe oder ein Test zu „leicht", so daß viele Vpn, die den höchsten Testwert bekommen, aufgrund der tatsächlichen Merkmalausprägung noch höhere Werte erhalten sollten, spricht man von einem „Ceiling"- oder „Plafond"-Effekt. Der C. ist vor allem am Fehlen der Homoscedastizität zu erkennen. Er wirkt sich auf ↗Standardabweichungen, ↗Korrelation und ↗Verteilungs-Form aus. *W. H. Butollo*

Centil-Wert Abk. von ↗Percentil.

Centroid-Methode *(Zentroidmethode, Schwerpunktmethode),* ein faktorenanalytisches Verfahren, das von C. L. Burt (1917) und L. L. Thurstone (1931) zur Extraktion von ↗Faktoren aus Interkorrelationsmatrizen entwickelt wurde. Ihr liegt folgende Vorstellung zugrunde: die Variablen (z. B. Tests) lassen sich in einem Raum („Personenraum") als Vektoren darstellen. Ein gemeinsamer Faktor dieser Tests kann nun als ↗Vektor so gelegt werden, daß er durch das „Zentroid" der Endpunkte der Variablenvektoren führt. Diese Methode ist im Vergleich zur ↗Hauptachsenmethode relativ einfach anzuwenden, hat aber einige Nachteile.

Lit.: Pawlik, K.: Dimensionen des Verhaltens. Bern, [2]1971.

W. H. Butollo

Cephal, zum Kopf gehörend (Gegensatz: caudal).

Cerebellum, auch *Kleinhirn* genannt, Teil des Gehirns, sehr stark gefurcht und etwa in der unteren Hälfte des Hinterhauptes dem Schädelknochen anliegend. Es besteht aus drei Teilen, dem Archi-, Paleo- und Neocerebellum. Ersterer leitet sich entwicklungsgeschichtlich von den Vestibulariskernen ab, dient der Aufrechterhaltung des Gleichgewichtes und ist für die Seekrankheit verantwortlich. Die anderen beiden Teile dienen der Aufrechterhaltung des Muskeltonus und der Koordination der gesamten Muskelbewegung unter Berücksichtigung aller Informationszuflüsse von den ↗Sinnesorganen. Es besitzt deshalb Faserverbindungen zu allen Sinneskanälen, zum Großhirn und zum extrapyramidalmotorischen System. Akuter Ausfall führt zu schweren Gleichgewichts-, Bewegungs- und Koordinationsstörungen, während bei langsamer Ausschaltung oder angeborenem Fehlen das Großhirn teilweise seine Funktion übernimmt.

Lit.: Eccles, J. C.: The physiology of synapses. Berlin – Göttingen – Heidelberg, 1964.

E. David

Cerebral, zum Großhirn gehörend, das Großhirn betreffend.

Cerebration ↗Encephalisation.

Cerebrotonie ↗Sheldon-Typen.

Cerebrum, Endhirn (telencephalon), bildet zusammen mit dem Zwischenhirn (diencephalon) das Großhirn. Es stellt die Hauptmasse des ↗Gehirns dar, besteht aus dem Hirnmantel (pallium), den Hirnstammganglien, dem Riechhirn, Balken (corpus callosum), dem Gewölbe (fornix) und dem Septum (septum pellucidum). Es wird durch eine longitudinale Fissur fast vollständig in zwei Hälften geteilt. Sein histologischer Aufbau ist gekennzeichnet durch graue, nervenzellhaltige und weiße, faserhaltige Substanz. Zur grauen Substanz zählen ↗Cortex cerebri und die basalen Ganglien oder grauen Hirnkerne, während zur weißen die Masse der Faserverbindungen zwischen den Nervenzellen gehören. Seine Funktion ist sehr komplexer Natur und im einzelnen wenig erforscht; sie umfaßt neben den schon beim Tier erkennbaren geistigen Fähigkeiten insbesondere solche, die den Menschen vom Tier unterscheiden, wie ↗Erkennen, Abstrahieren, ↗Lernen, ↗Denken, Kritisieren, ↗Sprechen, künstlerisches Schaffen, aber auch Antrieb und Bewußtseinsvorgänge (↗Bewußtsein).

Lit.: Sobotta, J.: Atlas der deskriptiven Anatomie des Menschen, 3. Teil, hrsg. von **H. Becher.** München – Berlin, [15]1960; **Wooldridge, D. E.:** Mechanik der Gehirnvorgänge. Wien – München, 1967.

E. David

Charakter. Das Wort stammt aus dem Griechischen und bedeutet: Prägung, Kerbung. Im heutigen Sprachgebrauch werden zwei Inhalte dieses Wortes unterschieden: Einmal bezeichnet C. verschiedene wertfreie Merkmale einer Sache oder eines Menschen im Unterschied zu anderen (Charakteristikum). Eine andere Auffassung meint die rein seelische Eigentümlichkeit eines Lebewesens. Hier ist das *Personsein die Grundlage des C.werdens.* In diesem menschlichen Bezug hat der Begriff C. auch einen sittlichen Inhalt. Wenn der Begriff Person (=Selbst) das individuelle Sein des Menschen bedeutet, so nennt C. das *spezifische So-sein* des Menschen. ↗Humanistische Psychologie.

Von alters her war der C. ein Forschungsobjekt. Von *Theophrast* sind bereits C.beschreibungen überliefert. Auch *Aristoteles* untersuchte die Polarität und die Affinität von C.eigenschaften. Er sprach von einer charakterlichen Grundstruktur. *I. Kant* prägte den Begriff des empirischen C., der den Menschen jetzt in diesem Augenblick in seinem besonderen So-sein begreifen will. Der empirische C. ist abhängig vom Lebensalter, von Erziehungseinflüssen, Umwelteinflüssen, Klima, Ernährung, während der Grund-C. nur wenig durch diese Einflüsse variiert wird.

Im Sinne der naturwissenschaftlichen Denkweise des vergangenen Jahrhunderts versteht *J. Bahnsen* den C. des Menschen aus der allgemeinen Kennzeichnung aller Dinge, die man zum Handeln bringen muß, um das, was ihnen eigen ist, zu erkennen. Er ist somit Wegbereiter der systematischen Forschung. Nach *A. Pfänder* ist C. begründet im Urtrieb (Selbstentfaltungstrieb). Der empirische C. ist Selbstauszeugung des Grundcharakters. Für *A. Gehlen* ist C. ein Erziehungsprodukt: Inbegriff stabiler Gewohnheiten und Gesinnungen, nach denen ein Mensch bestimmte Inhalte anderen vorzieht. Demnach ist C. eine Verhaltensformel von invarianter Wertneigung, ein Zuchtprodukt der Gesellschaft, in der der Mensch lebt, und ihrer Interessenverteilung.

G. Kerschensteiner spricht von einer animalischen C.anlage, die sich auf das Gefühls-, Instinkt- und Triebleben beschränkt. Aus dem Trieb- und Gefühlsleben entwickelt sich aber das geistige Leben und Erleben. Somit ist im C.begriff bereits der Geistbegriff mit angelegt (geistige C.anlage). Der C.begriff steht also zwischen den Anlagen und den sittlichen Werten. Für *Le Senne* ist C. durch drei Elemente, die Eigenschaften „angeboren“, „fest“ und „bleibend“, gekennzeichnet; sie bilden das Skelett des Seelenlebens.

Charakterologie im weiteren Sinn beschäftigt sich mit der Art und Weise, wie der Mensch seine Anlagen entfaltet, spezifiziert, kompensiert und auf sie reagiert (L. Klages). Zu ihrer theoretischen Begründung dienen Schichtenmodelle *(P. Lersch, A. Wellek)*.

Charakterologie im engeren Sinn wurde vor allem im deutschsprachigen Raum gepflegt. Ihr Inhalt ist vielfach identisch mit den Sachverhalten, die in England und Amerika unter dem Begriff „personality“ angeführt werden.

Wesentlich für den C.begriff ist, daß er nicht elementenhaft gefaßt werden kann, sondern nur als Ganzheit. Er ist eine objektive sachhaltige Einheit.

Da sich jeder C. auf seine ihm besonders eigentümliche Art und Weise verhält, liefert er viele Beobachtungsmöglichkeiten und diagnostische Chancen. Dabei ist auf Echtheit im Ausdruck und bewußt gesteuerte Darstellung zu achten. Hier liegt der theoretische Ansatzpunkt für die gesamte Ausdruckspsychologie (Mimik, Pantomimik, Sprechen, Schrift u. a.).

Zur Charakterdiagnostik werden ↗ *Typologien* herangezogen (z. B. E. Kretschmer, H. W. Sheldon, G. Ewald, E. R. Jaensch, C. G. Jung, E. Spranger), ebenso die Methoden der allgemeinen *Persönlichkeitsdiagnose* und der *metrischen ↗ Faktorenanalyse* (R. B. Cattell). Bei der Erforschung der schicksalhaften C.vererbung bediente man sich der längsschnitthaften *Genealogie* (F. Galton) und der *Zwillingsforschung* (K. Gottschaldt). Dabei ist das Zentralthema Begabung und Leistung. C. wird geprägt durch die Ausbildung der Grundbefindlichkeiten (Basiserlebnisse): ↗Gefühle, ↗Denken, ↗Intelligenz, ↗Phantasie, ↗Gedächtnis, ↗Aufmerksamkeit und ↗Willen.

Zusammenfassung: C. ist die unteilbare, besondere (individuelle) Eigenart der Person (genauer ihres Selbst), die sich darstellt in bestimmten Erlebnisweisen, die ganzheitlich sich ordnen, dem Wandel unterworfen sind, im Wesen aber beharren. C. ist Prägung der Person und Stufe zur Persönlichkeitsentfaltung. ↗Persönlichkeit.

Lit.: Allport, G. W.: Gestalt und Wachstum in der Persönlichkeit, Meisenheim, 1970; **Arnold, W.:** Person, Charakter, Persönlichkeit. München, [4]1975; **Hebb, D. O.:** A Textbook of Psychology. Philadelphia, 1958; **Klages, L.:** Grundlagen der Charakterkunde. Bonn, [14]1969; **Lersch, Ph.:** Aufbau der Person. München, [11]1970; **Rohracher, H.:** Kleine Charakterkunde. München, [12]1969; **Rostand, J.:** L'Hérédité humaine. Paris, 1966; **Seibt, F.:** Psychoanalytische Charakterlehre. München, 1977; **Sperber, M.:** Individuum u. Gemeinschaft. Stuttgart, 1978; **Wellek, A.:** Polarität im Aufbau des Charakters. München, [3]1966.

W. Arnold

Charpentier-Gesetz, von A. Charpentier (1852–1916) aufgestellter Satz: Für die Größe des Schwellenwertes der Lichtempfindlichkeit (optischer Schwellenreiz) ist das Produkt aus Leuchtdichte (Lichtintensität) des Objektes und aus Reizfläche (Größe des Netzhautbildes, abhängig vom Sehwinkel) konstant.

Lit.: **Graham, C. H.** (Ed.): Vision and visual perception. New York – London – Sidney, 1965. *F.-C. Schubert*

Charpentier-Koseleffsche Täuschung, auch *Größen-Gewichts-Täuschung* genannt. Sie besteht darin, daß von zwei Gegenständen, die zwar gleiches Gewicht, aber verschiedene Größen besitzen, der kleinere als schwerer eingeschätzt wird. Analog dazu entsteht eine Volumtäuschung, wenn zwei Gegenstände von gleicher räumlicher Größe, aber von verschiedenem Gewicht dargeboten werden. Der schwerere Gegenstand erscheint dann kleiner.

Lit.: **Koseleff, P.**: Eine Modifikation des Charpentier-Effektes. Psychol. Forschung 1936, *21*, 142–145; **Usnadze, D.**: Über die Gewichtstäuschung und ihre Analoga. Psychol. Forschung, 1931, *14*, 366–379.
P. Steck

Charpentiersche Täuschung. Die scheinbare Bewegung eines kleinen Lichtpunkts im verdunkelten Raum. ↗Autokinetisches Phänomen. *K. E. Pelzer*

Chemorezeptoren, die ↗Sinnesorgane, die auf Wechsel im chemischen Milieu ansprechen (z. B. Geschmack, Geruch).

Chemotropismus. 1) Bezeichnung für eine durch eine chemische Reizquelle raumgerichtete Wachstumsbewegung von festgewachsenen Pflanzen (z. B. Wachstumsrichtung der Pollenschläuche beim Befruchtungsvorgang der Samenpflanzen). 2) In der angloamerikanischen Literatur wird C. häufig im Sinne einer umfassenden Bezeichnung für die an chemischen Reizen orientierten Bewegungen von Organismen aller Entwicklungsstufen gebraucht. *H. Haase*

Chiasma opticum, Kreuzungsstelle der Sehnerven hinter der vorderen Schädelgrube vor der ↗Hypophyse. Hier wechseln die Fasern der nasalen Retinahälften zum kontralateralen Tractus opticus, während die Fasern der temporalen Retinahälften auf der gleichen Seite weiterziehen. Die Fasern der ↗Macula lutea (Gelber Fleck) kreuzen teilweise, so daß die „Stelle des schärfsten Sehens" in beiden Hirnhälften repräsentiert wird. Durch die Kreuzung erfolgt eine Zusammenschaltung beider Augen. Durch pathologische Prozesse im Bereich der Kreuzungsstelle kommt es zu ↗Hemianopsie (Gesichtsfeldausfällen). – ↗Sinnesorgane (Auge). *R. Rix*

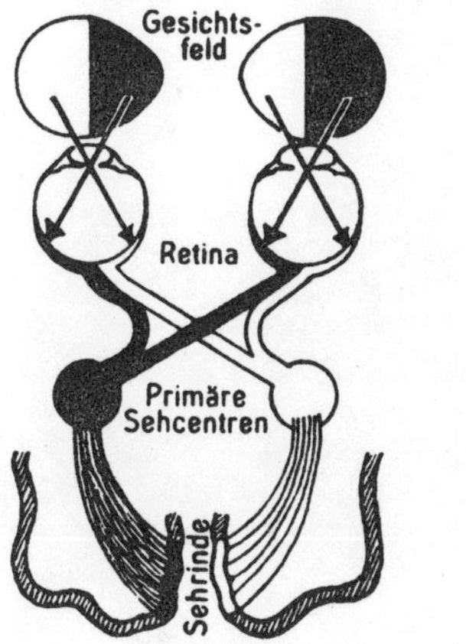

Aus R. Pauli & W. Arnold: Psychol. Praktikum. Stuttgart, [6]1957.

Child Guidance, eine aus den USA und England stammende Methode der Diagnostik und Behandlung von kindlichen Verhaltens-, Leistungs- und psychosomatischen Störungen sowie der Beratung und Betreuung der Eltern. Die Institution der C. G. ist die *C. G. Clinic* (in den angelsächsischen Ländern Bezeichnung für ambulante Behandlungsstätte). Charakteristisch ist die Zusammenarbeit (team-work) von Psychiater, Psychologe und Sozialarbeiter. Hierbei untersucht und behandelt der Psychiater das Kind, dessen ↗Psychodiagnostik obliegt dem Psychologen. Der Sozialarbeiter erhebt von den

Eltern die Anamnese und berät sie. Die gemeinsamen Grundlagen der Ausbildung (dynamische Psychiatrie, Psychologie und Soziologie) der C. G.-Methode ist zum Modell für kinderpsychiatrische und psychotherapeutische Institutionen geworden, wenn auch vielerorts nicht alle Berufe im Team vertreten und Akzente verschieden verteilt sind. C. G. ist eine Basis jeder Prävention (↗Psychohygiene).

Lit.: Harms, E.: Handbook of child guidance. New York, 1947; **Hopmann, W.:** Zur Bedeutung und Entwicklung der analytischen Psychotherapie und Child Guidance Clinics in den USA. Prax. Kinderpsychol., 1952, 89–94; **Lückert, H. R.** (Hrsg.): Hdb. d. Erziehungsberatung. München, 1964.

W. J. Schraml

Chi-Quadrat-Test (χ^2-*Test*), ein inferenzstatistisches Prüfverfahren, das auf der ↗Chi-Quadrat-Verteilung basiert. Die wohl gängigste Form der Anwendung ist die Zufallsprüfung von ↗Abweichungen beobachteter Werte (z. B. Häufigkeiten) von den aufgrund der χ^2-Verteilung erwarteten Werten einer ↗Zufalls-Stichprobe (Test für die Güte der Anpassung). Außerdem wird der χ^2-Test zur Prüfung der Zufälligkeit von Abweichungen zwischen beobachteten und hypothetischen ↗Varianzen sowie bei der Kombination von Signifikanztests (↗Signifikanz) herangezogen. ↗Mathematische Psychologie; ↗Statistik.

W. H. Butollo

Chi-Quadrat-Verteilung (χ^2-*Verteilung*), eine Zufallsverteilung von Größen, die Funktionen von Beobachtungswerten (z. B. Häufigkeiten) darstellen. Sie wird zur Prüfung statistischer Hypothesen herangezogen und deshalb auch *Prüfverteilung (Prüffunktion)* genannt. Die Funktion

$$C = \left[\left(\frac{r-2}{2}\right)! \cdot 2^{\frac{r-2}{2}}\right]^{-1}$$

gibt den Funktionswert von χ bei einem bestimmten r (Anzahl der unabhängigen, normalverteilten Zufallsvariablen, z. B. Zellen einer Kontingenztabelle) an. Daraus läßt sich die Wahrscheinlichkeit $d\Phi(\chi^2)$, daß ein beobachtetes χ^2 zwischen den Werten χ^2 und $d(\chi^2_1)$ liegt, errechnen. Die χ^2-Verteilung ist eingipfelig und für kleine r, doch $r > 1$ schief, geht aber bei großem r in die ↗Normalverteilung über.

Lit.: Kreyszig, E.: Statistische Methoden und ihre Anwendungen. Göttingen, [3]1968.

W. H. Butollo

Chirognomik, pseudowissenschaftliche Lehre vom Ausdruck der Form und Beschaffenheit der Hand. Bestimmte Abschnitte (Finger, Phalangen usw.) und Teile (Ballen, Gelenkknoten usw.) werden in symbolhafte Beziehung zu Charaktereigenschaften gebracht, ohne daß ein solcher Zusammenhang nachgewiesen wird (↗Chirologie). Der Ausprägungsgrad der Handform und -teile gilt als Ausdruck der symbol-analogen Charaktereigenschaften (Beispiel: Daumen als Symbol der Herrschaft; starker Daumen als Zeichen der Gewalttätigkeit).

Lit.: Bürger, M.: Die Hand des Kranken. München, 1956; **Kretschmer, E.:** Körperbau und Charakter. Berlin – Göttingen – Heidelberg, [26]1977; **Sheldon, W. H.:** The varieties of human physique. New York – London, 1963.

F. Kiener

Chirologie, Handlesekunst, hervorgegangen aus der alten Chiromantik, der Kunst des Wahrsagens aus der Form und den Linien der Hand, die in Beziehung gesetzt wurden mit den Gestirnen (Anlehnung an die Astrologie) oder mit Körperorganen. Die C. hat zwar die mantische Absicht aufgegeben und befaßt sich mit der Deutung des ↗Charakters aus der Form, der Beschaffenheit und den Furchen der Hand, doch sind die Aussagen ohne Validität, weil sie in der Hauptsache unberechtigten und empirisch nicht fundierten Analogieschlüssen oder metaphorischen Generalisationen entstammen. Außer der C. gibt es noch die wissenschaftliche Erforschung der ↗Handlinien und Handleistenmuster.

Lit.: Kiener, F.: Hand, Gebärde und Charakter. München – Basel, 1962.

F. Kiener

Chirospasmus ↗Schreibkrampf.

Chlordiazepoxyd, ↗Tranquilizer, mit dem nach ↗Meprobamat eine neue chemische

Gruppe von Substanzen, Benzodiazepine (u. a. Diazepam, Oxazepam), mit antineurotischen und in breitem Dosisbereich kaum sedierenden Wirkungseigenschaften in die Pharmakotherapie eingeführt wurde. C. in therapeutischen Dosen wirkt zentral vorwiegend im limbischen System. Hohe Dosen sind schlafinduzierend, jedoch nicht narkotisierend. Vegetative Wirkungen fehlen weitgehend. – Die Wirkungen bei gesunden Personen sind in zahlreichen exp. Untersuchungen geprüft. Insbesondere die erlebnismäßigen Wirkungen sind abhängig von habituellen Persönlichkeitsmerkmalen und situativen Bedingungen (↗Differentielle Pharmakopsychologie). Emotionale Entspannung kann in Dosen bis 60 mg auftreten, verstärkt bei emotional labilen Personen und unter emotionalem Stress. Unter bestimmten Bedingungen (u. a. bei psychischer Beanspruchung) ist paradoxe Erregung möglich. – Bis 30 mg ist kaum ein Einfluß auf die Leistung nachweisbar. Leistungsminderungen sind am ehesten in Wahrnehmungs- und kognitiven Schnelligkeitstests aufzeigbar. In Dosen über 30 mg ist vermehrt mit subjektiver Sedierung und Leistungsbeeinträchtigung zu rechnen.

Lit.: Janke, W. & G. Debus: Experimental studies on antianxiety agents with normal subjects: methodological considerations and review of the main effects. In: **D. H. Efron** (Ed.): Psychopharmacology 1957–1967. Washington, 1968; weitere Lit. ↗Tranquilizer.

G. Debus

Chlorpromazin, klinisch bekanntestes ↗Neuroleptikum aus der Gruppe der ↗Phenothiazine, das seit der Beschreibung seiner psychiatrisch nutzbaren Wirkung durch J. Delay und P. Deniker (1952) breite Anwendung fand. C. besitzt unter den Phenothiazinen eine vergleichsweise mittlere neuroleptische Wirkung mit mäßigen extrapyramidalen, aber stärkeren vegetativen Nebenwirkungen (Kreislauf) in hohen Dosen. Bei gesunden Personen wirkt C. (bis 200 mg) überwiegend leistungsbeeinträchtigend unabhängig von der Art der Tests, nicht emotional entspannend, vereinzelt sogar spannungserhöhend und in der Regel müdemachend. Die Reduktion exp. induzierter Angst konnte nicht eindeutig nachgewiesen werden. Paradoxer Schlaf wird durch niedrige Dosen verlängert, durch hohe verkürzt. ↗Traum.

Lit.: Brodie, C. M.: Chlorpromazine as anxiety-reducer: effects on complex learning and reaction time. J. exp. Res. Pers., 1967, *2*, 160–167; **Hartlage, L. C.:** Effects of chlorpromazine on learning. Psychol. Bull., 1965, *64*, 235–245; **Janke, W. & G. Debus:** Experimental studies in antianxiety agents with normal subjects: methodological considerations and review of the main effects. In: **D. H. Efron** (Ed.): Psychopharmacology 1957–1967. Washington, 1968; **Lewis, S. A. & J. I. Evans:** Dose effects of chlorpromazine on human sleep. Psychopharmacologia, 1969, *14*, 342–348.

G. Debus

Cholerischer Typus, *Choleriker,* nach mittelalterlicher Tradition reizbares, heftiges Temperament; emotionaler aktiver, unmittelbarer Mensch. *W. Kretschmer*

Cholinerg. a) Wirkungsart von chemischen Stoffen, die der von ↗Acetylcholin vergleichbar ist. b) Nervenfasern oder nervöse Systeme, in denen Acetylcholin oder Acetylcholin-Verwandte als ↗Transmittersubstanzen fungieren. *W. Janke*

Cholinergika, Substanzen mit ↗cholinerger Wirkung.

Chorea, extrapyramidale (↗Pyramidenbahn) Bewegungsstörung in Form von ständig wiederholten Zuckungen einzelner Muskeln oder Muskelgruppen mit Bewegungseffekt. Die Intention einer Bewegung und Gemütserregung verstärken die Bewegungsstörung. – Man unterscheidet: 1) *C. minor Sydenham* (= *Veitstanz*) als Folge einer rheumatischen Gehirnentzündung, eine Erkrankung im Kindesalter. 2) *C. Huntington:* dominant vererbtes heredo-degeneratives Leiden, bei dem es zu einem Zellschwund in den sog. Stammganglien (Caudatum und Putamen, d. i. Corpus striatum) kommt. Außer der Bewegungsstörung (und dieser oft vorangehend) stellt sich eine psychische Schädigung im Sinne einer zunehmenden „Persönlichkeitsvergröberung", Enthemmung und ↗Demenz ein. (N. B.: Diese C. als hirnpathologisch begründetes Leiden darf nicht mit der *C. maior* verwechselt werden: so nannte man früher die großen hysterischen Anfälle.) *C. Scharfetter*

Chromatisch bedeutet allgemein farbig, gefärbt. a) Visuelle Wahrnehmung: *monochromatische* und *polychromatische Lichtreize,* wobei unter monochromatischer Strahlung mit einer Wellenlänge oder weniger streng ein enger Bereich von Wellenlängen gemeint ist. Unter polychromatischen Lichtreizen versteht man eine aus mehreren Wellenlängen zusammengesetzte Strahlung. Die Farbe von mono- und polychromatischem Licht kann die gleiche sein (Gesetze der ↗Farbenmischung). Nachbilder bezeichnet man als *homochrom* (homochromatisch, gleichfarbig), wenn sie die gleiche Farbe wie der Primärreiz aufweisen, und als *heterochrom* (heterochromatisch, andersfarbig, meist ↗Gegenfarbe), wenn sie eine andere Farbe zeigen. b) In der Musik heißt die zwölfteilige Tonleiter *chromatisch* im Gegensatz zur siebenteiligen, die als *diatonisch* bezeichnet wird. c) *Chromatismen* ↗Synästhesien (Farbhören, Tonsehen). – ↗*Chromatische Aberration, Chromatometer* ↗Farbkreisel; *Chromatophoren:* farbstoffhaltige Gewebezellen in der Regenbogenhaut, *Chromatopsie:* krankhaftes Buntsehen aus verschiedensten Ursachen, wie Staroperation, Vergiftungen usw.

A. Hajos

Chromatische Aberration, auch *chromatische Abweichung, Farbabweichung, Farbfehler des Auges,* ein Ausdruck aus der physiologischen Optik. In der Optik: chromatische Abbildungsfehler (Mütze, 1961: Abbildungsfehler, S. 17–23; Aberration des Auges, S. 23–24). Bei einer Sammellinse liegt der hintere Brennpunkt für kurzwellige Lichtstrahlen (blau) vor dem hinteren Brennpunkt für langwellige Lichtstrahlen (rot). Untersucht man das Bild eines Dingpunktes in der Bildebene (Abbildungsebene, z. B. Netzhaut), so weist es farbige (chromatische) Ringe, sog. chromatische Zerstreuungskreise auf. Da auch im menschlichen Auge – mit Ausnahme der Retinaschicht im engen Foveolabereich – alle optischen Medien eine sammelnde Wirkung haben, erzeugen diese eine c. A. (Farbabweichung). Obwohl von der erheblichen c. A. in der Wahrnehmung in der Regel nichts zu bemerken ist, sehen wir farbige Zerstreuungskreise sofort, wenn die c. A. des Auges künstlich vergrößert oder verkleinert wird. Wie die c. A. im menschlichen Auge korrigiert bzw. für die Wahrnehmung unterdrückt wird, ist bisher nicht geklärt.

Lit.: Mütze, K. (Hrsg.): ABC der Optik, Hanau/M., 1961 (Nachdruck 1975).

A. Hajos

Chromatodysopsie ↗Farbenfehlsichtigkeit.

Chromatoptometer. Lichtstrahlen, die als unterschiedliche Farben empfunden werden, unterscheiden sich physikalisch durch ihre Wellenlängen. Da der Brechungswinkel beim Übergang aus einem optischen Medium in ein anderes wellenlängenabhängig ist, vereinigen sich Strahlen unterschiedlicher Wellenlängen im Auge an verschiedenen Stellen auf der optischen Achse. Die Vereinigungsstelle (Brennpunkt) blauer Lichtstrahlen liegt näher an der Hornhaut als der Brennpunkt roter Strahlen (chromatische ↗Aberration). Das C. nutzt diese chromatische Aberration: Bei Betrachtung einer Glühbirne durch ein dazwischengesetztes Kobaltglas (durchlässig nur für rotes und blaues Licht) sieht der Emmetrope (↗Emmetropie) Violett, der Myope (↗Myopie) Rot mit blauem Rand, der Hyperope (↗Hypermetropie) Blau mit rotem Rand. *R. Rix*

Chromomeren. Zu Beginn der Zellteilung sind an den sich kondensierenden Strängen, aus denen sich die ↗Chromosomen bilden, kleine Knötchen erkennbar, die als C.e bezeichnet werden. Sie werden heute als Beginn einer Spiralisierung interpretiert.

H. Schmalfuß

Chromosomen, in der Regel nur während der Zellteilung erkennbare, meist stäbchenförmige Gebilde im Zellkern, deren Anzahl artkonstant ist. Zu Beginn der Zellteilung entstehen die C. durch Aufspiralisierung fädiger Strukturen, die normalerweise lichtmikroskopisch nicht sichtbar sind. – Die *C.theorie* der Vererbung besagt, daß auf den C. die Erbsubstanz lokalisiert ist. Diese Theorie ist heute weitgehend untermauert; man kennt die chemische Struktur dieser Erbsubstanz (Desoxyribonukleinsäure = DNS) und kann einzelne Erbgänge bzw. Erbveränderungen bis zum auslösenden Molekül hin verfolgen. *H. Schmalfuß*

Chromosomen-Aberration, eine chromosomale Anomalie, 1959 entdeckt (Lejeune, Gautier, Turpin); besteht entweder in einem Genverlust oder Genüberschuß, was somatische und psychische Folgen hat. Trisomie 21 (Chromosom Nr. 21 nach der Denver-Nomenklatur) ist Ursache des ↗Down-Syndrom (Mongolismus). Die XO-Aberration (statt XX) bedingt das ↗Turner-Syndrom (gonadale Dysgenesie), die XXY-Aberration (statt XY) führt zum ↗Klinefelter-Syndrom (Männer mit stark femininem Einschlag); Männer mit der XYY-Aberration zeigen meist Hochwuchs und gestörtes Sozialverhalten. Daneben gibt es noch andere Formen der C.; alle bewirken Hirnstörungen.

Lit: Züblin, W.: Chromosomale Aberrationen und Psyche. Basel – New York, 1969. *F. Kiener*

Chronaxie, charakteristische Größe bei der Nervenfunktionsprüfung. ↗Rheobase.

Chronograph. Meist elektronisches Gerät, mit dessen Hilfe (z. B. bei fortlaufenden Reaktionsversuchen) kleinste Zeiten gemessen und aufgezeichnet werden können. ↗Chronoskop. *K. E. Pelzer*

Chronoskop, Bezeichnung für eine präzise Stoppuhr (mißt $^1/_{1000}$ sec).

Circumcision ↗Beschneidung.

Clairvoyance ↗Hellsehen.

Claparède, *Édouard,* *24. 3. 1873 Genf, †29. 9. 1940 Genf. Arzt und Psychologe; Professor in Genf; gründete ebenda 1912 das „Institut J.-J. Rousseau". Widmete sich der vergleichenden Psychol., insbesondere der Kinderpsychol., und gilt als Mitbegründer der angewandten Psychol.: förderte die Arbeits- und Betriebspsychol.; erarbeitete Vorschläge zur Anwendung der Psychol. in der Medizin. C. betrachtet die psychischen Vorgänge unter dem Gesichtspunkt ihrer biologischen Zweckmäßigkeit. ↗Funktionalismus.

Schr.: Psychol. de l'enfant et pédagogie expérimentale, 1905 (deutsch: Kinderpsychol., 1911); Neuaufl. (posthum) ersch. in 2 Bänden. Vol. 1: Le développement mental, ²1946; Vol. 2: Les Méthodes, 1946; L'Éducation fonctionnelle, 1931, ²1946; Psychol. judiciaire (in: Année psychol.), 1906; 1901 Gründung der „Archives de Psychol." (zusammen mit Flournoy). *F.-C. Schubert*

Claustrophilie, der Wunsch, eingeschlossen zu sein oder sich in einen kleinen, abgeschlossenen Raum zurückzuziehen. *Claustrophobie:* Furcht vor solchem Eingeschlossensein oder solcher Zurückgezogenheit.

Claustrophobie ↗Claustrophilie.

Cloze-Technik, von W. L. Taylor ursprünglich entwickeltes Verfahren, die Lesbarkeit und Schwierigkeit von Texten zu bestimmen. Der Text wird zu Beginn verstümmelt, indem jedes fünfte, siebente, zehnte oder n-te Wort eliminiert wird. Der Leser ist dann aufgefordert, das fehlende Wort zu erraten. Das Maß der Lesbarkeit oder Schwierigkeit des Textes entspricht dem prozentualen Anteil der richtig erratenen Wörter. Die Beurteilung, ob Antworten des Lesers als richtig oder falsch zu bewerten sind (z. B. Synonyma), hängt von der Fragestellung ab. Obwohl die Cloze-Technik als Maß der Lesbarkeit eines Textes galt, hat sie sich später auch in der Persönlichkeitsforschung und in der psychiatrischen Forschung bewährt. Der Grund liegt in ihrer Empfindlichkeit gegenüber semantischen, assoziativen, grammatischen und syntaktischen Variablen der Sprachproduktion. *L. Alberti*

Cluster, eine Häufung von Elementen (Punkten, Beobachtungen) relativ zur Umgebung; z. B. eine Häufung von Punkten in einem Teil des Koordinatensystems. R. C. Tryons *C.analyse* ist eine der ↗Faktorenanalyse – zumindest der Intention nach – verwandte Methode zur Gruppierung von Variablen aufgrund der Interkorrelationen.

W. H. Butollo

Cochlea, schneckenförmig gewundenes flüssigkeitsgefülltes Innenohrteil (Ohrschnecke) mit Rezeptorbank (Sinneszellen längs der den etwa kreisförmigen Querschnitt der C. halbierenden Basilarmembran). Die Schallübertragung erfolgt über die Gehörknöchelkette und das hautabgedichtete ovale Fenster (Luftleitung) sowie über die knöcherne Schädeleinbettung der C. (Knochenleitung) in Flüssigkeitsschall, der zu komplexen Wanderwellen in der C. Anlaß gibt, die infolge Dispersion je nach Frequenz an unterschiedlichem Ort eine breitere mechanische Maximalauslenkung der Basilarmembran bewirken. *M. Spreng*

Cocktailpartyphänomen. Wenn man gleichzeitig mehreren verschiedenen Gesprächsabläufen ausgesetzt ist, kann man wählen, einen zu verstehen und die anderen zu ignorieren. Von diesem Phänomen sagt man, es veranschauliche selektive Aufmerksamkeit, und eine seiner Formen ist im Laboratorium unter der Bezeichnung „speech shadowing" untersucht worden.

A. B. Kristofferson

Code ↗Kode.

Codein, *Methylmorphin,* ↗psychotrope Substanz, im ↗Opium enthalten, chemisch und pharmakologisch dem ↗Morphin verwandt, schwächeres ↗Analgetikum als dieses. Geringe Mengen Morphin als Abbauprodukt, daher Aufhebung von Entziehungssymptomen bei Morphinsucht, selbst kaum suchterzeugend. Hemmt das „Hustenzentrum", hohe Dosen lähmen die Atmung. – Angriffspunkt wie bei Morphin zentral. C. wirkt leicht sedierend.

Lit.: Kay, D. C., Gorodetzky, C. W. & W. R. Martin: Comparative effects of codeine and morphine in man. J. Pharmacol. exp. Therap. 1967, *156,* 101–106.

W. Boucsein

Coitus interruptus, Technik während des Koitus, bei der nach Einführung des Penis in die Vagina der Penis kurz vor der Ejakulation des Samens herausgezogen wird, um eine Empfängnis zu verhindern. Neben Kondomen und oralen Antikonzeptiva die häufigste Technik der Empfängnisverhütung. Die Annahme S. Freuds, häufiger C. i. könne zu Angstneurosen führen, ist umstritten.

J. Friedrichs

Commissura ↗Kommissuren.

Commotio cerebri, „Gehirnerschütterung" als Folge einer unmittelbaren stumpfen Gewalteinwirkung auf das Gehirn, durch die es zu reversiblen kolloid-chemischen Veränderungen des Gehirngewebes kommt. Führendes Symptom ist dabei die Bewußtseinsstörung, die zwischen wenigen Sekunden bis zu mehreren Stunden dauern und von der Umdämmerung bis zur Bewußtlosigkeit gesteigert sein kann. Hinzu kommen vor allem Erinnerungsstörungen (↗retro-, con-, anterograde ↗Amnesie), Übelkeit, Brechreiz, Erbrechen sowie Kopfschmerzen und Schwindel. Nach spätestens einigen Wochen sind alle Beschwerden abgeklungen; echte Dauerfolgen treten nicht auf. *H. J. Engels*

Compressio cerebri, neben der Commotio und der Contusio cerebri in ca. 10% aller gedeckten Hirnverletzungen infolge unmittelbarer stumpfer Gewalteinwirkung auftretende stärkste Schädigungsform, die in einer Erhöhung des Hirndrucks (Mißverhältnis zwischen Schädelraum und -inhalt) begründet ist; meist infolge von Blutungen (epi- oder subdurales, subarachnoidales, intracerebrales Hämatom). Nach einem „freien Intervall" der Beschwerdefreiheit nach der Schädelverletzung treten zunehmende Bewußtseinstrübungen, Halbseitenlähmungen und Krampfanfälle auf, die bei fehlender ärztlicher Hilfe zum Tode führen können bzw. Dauerschäden hervorrufen.

H. J. Engels

Computer, *Rechner,* elektronische, programmgesteuerte, digitale Datenverarbeitungsanlage. Aus vorwiegend elektrischen und elektronischen Bauteilen bestehendes System, das die automatische Ein- und Ausgabe von Daten (Zahlen, Texte) über Peripheriegeräte und deren Verarbeitung in einer Zentraleinheit erlaubt. Letztere umfaßt Rechen- und Steuerwerk und Arbeitsspeicher für Daten und Programme. C. arbeiten von Programmen gesteuert, die in einer ↗Programmiersprache abgefaßt sein müssen. C. zeichnen sich aus durch hohe Verarbeitungsgeschwindigkeit, große Speicherfähigkeit, umfangreiches Operationsrepertoire und variable Programmierbarkeit. C. werden überall da eingesetzt, wo große Datenmengen schnell und oft zu verarbeiten sind, z. B. bei der Auswertung von Versuchen mit statistischen Verfahren, kaufmännischen Rechnungen, Prozeßsteuerungen.

Lit.: Wolters, M. F.: Der Schlüssel zum Computer. Düsseldorf, 1969.

K.-D. Graf

Computer-Diagnostik. Die Vorteile der elektronischen Datenverarbeitung für die psychologische Diagnostik liegen 1) auf der Ebene der Datenerhebung bei mit einer Zentraleinheit verbundenen Testgeräten in einer sofortigen Datenübermittlung, größeren Durchführungsobjektivität und der Möglichkeit sequentiellen Testens, 2) bei der Datenauswertung in der Vermeidung von Auszählungsfehlern und 3) bei der Dateninterpretation in der leichten Anwendbarkeit objektivierbarer Interpretationsmodelle, z. B. Programmabläufe der Entscheidung im Flußdiagramm, Klassifikationsverfahren und multiple Regression.

Lit.: Eckardt. H.-H.: Möglichkeiten des Einsatzes der elektronischen Datenverarbeitung in der psychologischen Eignungsdiagnostik. In: **J. K. Triebe & E. Ulich** (Hrsg.): Beiträge zur Eignungsdiagnostik. Bern, 1977.

K. D. Nissen

Condensation, *Kondensation* (auch *Verdichtung*), ist das Zusammenlegen von Vorstellungen, Erinnerungen und Gedanken in die Komplexe, die in der Wirklichkeit nicht zusammen vorkommen oder vorkommen werden. Im ↗Traum können beispielsweise ein Lehrer, der ältere Bruder und der Vater in eine einzige Person verschmelzen, welche Züge aller drei Ursprungspersonen aufweist. Gemeinsam ist ihnen ein Affekt (etwa Ärger oder Bewunderung) bzw. ein Motiv (z. B. von ihnen unterstützt zu werden, sie zu beseitigen).

Lit.: Freud, S.: Die Traumdeutung (1900). Ges. Werke, Bd. 2/3; **ders.:** Vorlesungen zur Einführung in die Psychoanalyse (1916/17). Ges. Werke, Bd. 11.

W. Toman

Confact. Das als Ergebnis eines Lernvorganges für eine bestimmte Situation erworbene Verhalten wird auf eine andere Situation übertragen (↗Generalisation; ↗Transfer). Dies geschieht jedoch nach Symonds nur dann, wenn beide Situationen sogenannte identische Elemente aufweisen.

Lit.: Symonds, P. M.: The dynamics of human adjustment. New York, 1946.

K. E. Pelzer

Construct ↗hypothetisches Konstrukt.

Contentanalyse ↗Kontent-Analyse.

Contusio cerebri, „Hirn-Quetschung" mit herdförmiger Zertrümmerung von Hirngewebe bei gedeckter Hirnverletzung als Folge unmittelbarer stumpfer Gewalteinwirkung stärkeren Grades (Beschleunigungs- oder Verzögerungs-, sowie Rotations-Trauma oder umschriebener Stoß), die in den meisten Fällen zunächst von einer ↗Commotio cerebri begleitet wird. Als klinische Symptome imponieren: länger als sechs Stunden dauernde Bewußtseinsstörungen, diverse Lähmungen, hirnbedingte Anfälle, vegetative Dysregulationen, Störungen der Sinne und der Sprache (↗Aphasie), sowie Verwirrtheitszustände (traumatische Psychose). Alle Krankheitszeichen sind rückbildungsfähig, doch können Restzustände bestehen bleiben. Schließlich kann eine Encephalopathia traumatica mit neurasthenischer Leistungsschwäche, Stumpfheit, Antriebsarmut, affektiver Nivellierung, erhöhter Reizbarkeit, Entdifferenzierung der Person und Nachlassen der intellektuellen Leistungen als Dauerfolge auftreten.

H. J. Engels

Conversational chaining, ↗Programmierte Instruktion.

Cooperative School and College Ability Tests (Abk.: SCAT), Tests, die die durch die Schule entwickelten ↗Fähigkeiten erfassen wollen. Errechnet werden ein Totalniveau und Werte für verbale und „quantitative" Fähigkeiten. Es gibt vier Serien für verschiedene Stufen der High-School, zwei Serien für Colleges.

Lit.: Educational testing service. Princeton (N. J.), 1955 bis 1963. *R. Meili*

Cornea, Hornhaut. Sie begrenzt das Auge annähernd sphärisch nach vorne, ist 1 mm stark und setzt sich aus fünf Schichten zusammen. Durch ihren Aufbau ist sie durchlässig für die Strahlen des sichtbaren Lichtes, das an ihr auf dem Weg ins Augeninnere zusammengebrochen wird. *R. Rix*

Corpus luteum, *Gelbkörper,* bildet sich im weiblichen Ovar (Eierstock) aus dem Follikel, den Resten des bei der Ovulation gesprungenen Eies. Es ist Bildungsort der C.-l.-Hormone Östrogen und Progesteron. Letzteres wandelt die unter dem Einfluß des Östrogens proliferierte (angewachsene) Gebärmutterschleimhaut sekretorisch um, damit die Nidation (Einnistung) des befruchteten Eies erfolgen kann. Vom dritten Schwangerschaftsmonat an übernimmt diese C.-l.-Hormonbildung und damit Erhaltung der Uterusschleimhaut und Ruhigstellung der Gebärmuttermuskulatur die Plazenta (Mutterkuchen). Wird das gesprungene Ei nicht befruchtet und geht ab, so wandelt sich das C. l. in den Restkörper um, die Hormonproduktion versiegt nach etwa 14 Tagen, und die Gebärmutterschleimhaut wird bei der ↗Menstruation (Monatsblutung) abgestoßen. ↗Hormone. *E. David*

Corpus striatum ↗Striatum.

Cortex cerebri (Hirnrinde), die nur wenige mm dicke graue Nervenzellschicht, die direkt unter der durch Furchung stark vergrößerten Oberfläche des ↗Cerebrums liegt. Je nach Lokalisation auf der Hirnrinde unterscheiden sich einzelne Areale im architektonischen Aufbau der Nervenzellschichten. Während die anatomische Einteilung in Stirn- (lobus frontalis), Scheitel- (lobus parietalis), Schläfen- (lobus temporalis) und Hinterhauptslappen (lobus occipitalis) keine funktionellen Einheiten erfaßt, stellen die Projektionsrindenfelder funktionell einheitliche Areale dar. So scheinen das Brocasche Sprachzentrum im Schläfenlappen der aktiven Sprachgestaltung, der ↗Gyrus praecentralis als Ursprung der Pyramidenbahn der Willkürmotorik und das primäre optische Projektionsrindenfeld im Occipitallappen der Bilderkennung (Seelenblindheit bei dessen Zerstörung) zu dienen. Neben weiteren bekannten Arealen ist die Funktion der meisten Hirnrindenteile unbekannt, und man nimmt an, daß diese im Rahmen der Plastizität der Gehirnfunktion wahlweise unterschiedliche Aufgaben übernehmen können. *E. David*

Cortical, den ↗Cortex cerebri betreffend. Im Sprachgebrauch der Physiologen Gehirnvorgänge bezeichnend, die rational und bewußt ablaufen, wie ↗Denken, Erkennen, Abstrahieren, Rechnen usw., im Gegensatz zu *subcortical,* unbewußt ablaufenden Gehirnvorgängen. *E. David*

Cortisches Organ. Die ↗Basilarmembran des Innenohres trägt das aus speziellen Stützzellen aufgebaute C. O., in das die Haarsinneszellen eingebettet sind. Durch die schallfrequenz- und schallintensitätsabhängigen Bewegungen der Basilarmembran wirken auf die Haare der Sinneszellen Strömungs- und Scherungskräfte ein, so daß es zu einer mechanischen Reizung der Sinneszellen und damit zur mechanisch-elektrischen Umwandlung und zur Erregung der angeschlossenen Fasern des Nervus cochlearis kommt. *M. Spreng*

Cos-π-Formel, eine Schätzformel für den ↗tetrachorischen Korrelationskoeffizienten;

sie wird im Falle medianhalbierter (dichotomisierter) kontinuierlicher Merkmale angewendet. ↗Mathematische Psychologie; ↗Statistik. *W. H. Butollo*

Couéismus, eine psychotherapeutische Methode mittels ↗Autosuggestion, angewandt von E. Coué. Zunächst werden dem Patienten die Wirkungen von Autosuggestionen durch Übungen mit körperlichem Effekt gelehrt, z. B. sich einreden, man falle nach hinten oder man könne die verschränkten Finger nicht voneinander lösen. Sodann wird der Patient instruiert, sich jeden Tag vielfach eine Suggestion bezüglich seiner Symptome oder Beschwerden zu wiederholen, z. B. daß er beginne, sich viel besser zu fühlen (↗Autogenes Training). *G. D. Wilson*

Couvade ↗Männerkindbett.

Covert Response, eine Antwortreaktion, die von einem Beobachter nicht unmittelbar festgestellt werden kann, sondern auf die erst aus Meßwerten, aus der Beobachtung des weiteren Verhaltens der Vp oder aus dem durch Introspektion der Vp gewonnenen Bericht (Verbal Report) geschlossen werden muß. Die Unterscheidung zwischen C. R. und ↗Overt Response wurde vom Behaviorismus in Absetzung von der traditionellen Bewußtseinspsychol. anfänglich stark betont, schließlich aber vom Neobehaviorismus durch das Geltenlassen verbaler Antworten als ebenfalls objektiver Daten abgeschwächt. In der ↗Programmierten Instruktion bietet das Verfahren der nur gedanklichen Antwort (C. R.) den Vorteil einer im allgemeinen kürzeren Lernzeit gegenüber dem Verfahren der ausdrücklichen Antwort (Overt Response). *L. J. Issing*

CR, conditioned reaction, conditioned response, konditionierte, bedingte Reaktion (Reflex). ↗Lerntheorien.

Crespi-Effekt, plötzlicher, verstärkt auftretender Lernerfolg, der nicht dem Anwachsen der ↗Bekräftigung entspricht.

Lit.: Crespi, L. P.: Quantitative variation of incentive and performance in the white rat. Amer. J. Psychol. 1942, 55, 467–517. *K. E. Pelzer*

Cross-Cultural Psychology ↗Interkulturelle Psychologie.

Crossing-Over, ein „Faktorenaustausch" oder Austausch homologer Segmente der Stränge eines verdoppelten Chromosomenpaares (↗Chromosomen) während der Meiose, d. h. der Reifeteilung von Keimzellen. Es können zwei, drei oder alle vier der Chromosomenstränge an dem ein- oder mehrfachen „Faktorenaustausch" beteiligt sein, die sich dabei „überkreuzen" (daher „crossing-over").

Lit.: Stern, C.: Grundlagen der menschlichen Erblehre. Göttingen, 1955. *I. M. Deusinger*

CS, conditioned stimulus, konditionierter, bedingter Reiz. ↗Lerntheorien.

Cultural lag, im Zusammenhang mit dem Wandel der Gesellschaft (cultural change) und mit der Analyse von Störungen eines bestehenden Kultursystems (z. B. durch Industrialisierung) eingeführte Bezeichnung für einen Zeitrückstand bzw. eine Zeitspanne, die zwischen dem Erreichen eines technologischen Zieles und dem Erreichen der Verarbeitung solcher Ziele durch die Gesellschaft besteht. Im allg. handelt es sich dabei um eine Diskrepanz zwischen gesetzten Normen und dem Zustand einer Gesellschaft zur Zeit des Akzeptierens von Normen. Man nimmt an, daß soziale Planung helfen kann, solche Diskrepanzen zu vermeiden bzw. die Zeitintervalle zu verkürzen. *W. D. Fröhlich*

Culture-Fair-Tests sind in der Absicht konstruiert, psychische Merkmale insofern „fair" zu messen, als sie Personen aufgrund ihrer individuellen soziokulturellen Lerngeschichte nicht diskriminieren (bevorzugen oder benachteiligen). Im Attribut „fair" drückt sich die sachliche Skepsis gegenüber dem (terminologischen) Anspruch ursprünglich als ↗Culture-*Free* Intelligence Tests benannten Verfahren aus, ‚kulturfrei' zu messen (Bsp.: Grundintelligenztest-Skala 1–3 nach Cattell). In der neueren Lit. wird das Konzept der Fairness nicht als ein Merkmal von Tests, sondern als Fairness diagnostischer Entscheidungen behandelt.

H. Haase

Culture-Free Intelligence Tests, im IPAT (Institute of Personality and Ability Testing) unter Leitung von R. B. Cattell konstruiert. Sollen von kulturellen Einflüssen möglichst unabhängig sein und enthalten daher nur figurale Aufgaben (Reihen, Klassifikation, Matrizen und sich überschneidende Figuren).

Lit.: Cattell, R. B. & A. K. S. Cattell: IPAT Culture-Free Intelligence Test. Inst. Pers. Abil. Test. Champain (Ill.), 1950–59; **Weiß, K.:** Die Brauchbarkeit des C.-F. I. T. Skala 3 bei begabungspsychol. Untersuchungen. Unveröff. Diss. Würzburg, 1969.

R. Meili

Cunnilingus, oraler Kontakt mit weiblichen Genitalien, im jüdisch-christlichen Kulturkreis weitgehend tabuiert. Aus historischer Überlieferung ist ersichtlich, daß C. in vielen älteren Kulturen als angepaßt galt. Die Ethologie zeigt allgemeine Verbreitung oral-genitaler Kontakte bei den Säugetieren. Die Anwendung des C. korreliert deutlich positiv mit dem Bildungsniveau. Als Masturbationstechnik (↗Onanie) ist C. in weiblichen homosexuellen Beziehungen (↗Homosexualität) nicht so verbreitet wie ↗Fellatio in männlichen. In heterosexuellen Beziehungen wird C. häufiger seitens des männlichen Partners angestrebt, als die Partnerin es – infolge der Tabuierung – duldet.

Lit.: Kinsey, A.: Das sexuelle Verhalten der Frau. Frankfurt a. M., 1954.

G. Lischke

Curriculum, bedeutete ursprünglich nur Lehrplan, bezeichnet heute aber die Einheit von Lehrinhalten, Lehrmethoden und Lehrzielen. Die C.forschung versucht, Lehrpläne unter Berücksichtigung der adäquaten Verbindung von Lehrmethode und Unterrichtsinhalt zu formulieren und ist heute im Zusammenhang mit den organisatorischen Umstrukturierungen der Schulen und Schultypen in Richtung einer leistungsgegliederten Schule (z. B. „streaming system" in England, Kurs- und Kernunterricht in Deutschland) von zunehmender Bedeutung.

Lit.: Deutscher Bildungsrat, Empfehlungen der Bildungskommission, Strukturplan für das Bildungswesen 1970, S. 61.

G. Bachmair

Cypridophobie, übersteigerte Angst vor Geschlechtsverkehr und Geschlechtskrankheiten.

D

Daedaleum, Bezeichnung für das einfachste stroboskopische Gerät, die Wundertrommel (Erfindert: J. F. Horner). Vgl. ↗Stroboskop.

Daktylologie ↗Fingersprache.

Daltonismus, Rotblindheit. ↗Farbenfehlsichtigkeit.

Dämmerzustand ↗Bewußtseinsstörungen.

Dämonomanie, früher gebräuchliche psychiatrische Bezeichnung für einen bestimmten Phänotypus von ↗Psychose, bei dem die wahnhafte, angstvolle Überzeugung einer ↗Besessenheit vom Teufel oder von Dämonen vorherrscht. *G. Hole*

Dankbarkeit ist eine Haltung, durch die empfangene Liebe und Güte anerkannt und entsprechend positiv in Wort und Tat beantwortet wird. Nach Kant ist D. die Verehrung einer Person wegen empfangener Wohltaten. Darüber hinaus ist sie die liebende Zurückwendung zu dem seine Liebesgesinnung Kundgebenden mit der Bereitschaft zur Beantwortung in herzlicher Güte. Egoistische Interessen auf der einen oder anderen Seite bedeuten die Auslöschung des Erlebnisses der Dankbarkeit. *J. Hasenfuß*

Darbietungsweise, formaler Aspekt des psychol. Versuches, der die Art und Weise festlegt, in der ein Individuum mit einem Reiz oder einer Reizkonstellation konfrontiert wird. Als Hauptvariablen des Reizes lassen sich nennen: Modalität, Qualität, Intensität, Dauer usw. Zu dem weiteren Feld der Darbietungsweise gehören Variable wie Instruktionsfeld, Sozialfeld, Dingfeld u. a.
P. Schmidt & R. Simon

Darstellungsprinzip nannte L. Klages eine im Rahmen der ↗Graphologie („Das persönliche Leitbild", 1908) konzipierte, zunächst lediglich auf die Handschrift bezogene, später verallgemeinerte These, die nur für den menschlichen ↗Ausdruck gültig sein und wonach gelten sollte: Der im Erlebnis des Anschauungsraums (↗„Raumsymbolik") wurzelnde Darstellungsdrang des Menschen folgt einem persönlichen (unbewußten) Leitbild. „Jede willkürbare Bewegung des Menschen wird mitbestimmt von seinem persönlichen Leitbild" (Klages, 1964, 597).

Lit.: Klages, L.: Sämtliche Werke, Bd. 6: Ausdruckskunde. Bonn, 1964. *R. Kirchhoff*

Darwinismus, Lehre C. Darwins „Über den Ursprung der Arten durch natürliche Selektion" (1859). Er versteht darunter, daß im „Kampf ums Dasein" sich nur diejenigen Arten und Individuen zu behaupten vermochten, deren Organismus in der Lage war, sich den Umweltbedingungen anzupassen. Als wesentliche Faktoren dafür gelten die Genstruktur (auch mutationsbedingt) und die Fähigkeit, dem Selektionsdruck zu zweckmäßigem Verhalten zu entsprechen. Darüber hinaus betonte der phylogenetische Aspekt (↗Phylogenese) des Darwinismus die „Verwandtschaft" zwischen Mensch und Tier und belebte dadurch die Psychol. in verschiedenster Hinsicht. So schien es jetzt z. B. berechtigter, Verhalten, Entwicklung, Ausdruck u. a. von Mensch und Tier zu vergleichen und die Ergebnisse der ↗Tierpsychol. in der Humanpsychol. zu berücksichtigen. Neuerdings wird die Transponierbarkeit tierpsychol. Befunde auf die Humanpsychol. wegen zusätzlich entstehender Faktoren (z. B. Kultur und Tradition) nur auf gleichwertige Zusammenhänge angewendet.

P. Schmidt & R. Simon

Daseinsanalyse. Die D. als Wissenschaft vom Menschen und als Therapie betrachtet sich als eine Weiterentwicklung der ↗Psychoanalyse S. ↗Freuds. Sie stützt sich zur Hauptsache auf die durch Freud erstmals entdeckten Erscheinungen menschlichen Verhaltens. Sie erklärt diese jedoch nicht länger wie die orthodoxe psychoanalytische Theorie naturwissenschafts-ähnlich, „metapsychologisch". Sie bemüht sich vielmehr um ihre *phänomenologische Auslegung.* In deren Licht erscheinen sämtliche Phänomene, die durch die bisherigen „metapsychologischen" Begriffe, wie ↗„Übertragung", ↗„Verdrängung", „das ↗Unbewußte", die „psychische ↗Projektion", die „latenten und manifesten Traumbilder" usw., in einer bestimmten Weise präjudiziert worden waren, in völlig anderen Bedeutungen. Das dadurch gewonnene neue Verständnis zwingt die D. in ihrer Anwendung auf die Therapie (↗Psychotherapie) überall dort zu Abweichungen von den alten psychoanalytischen Techniken, wo die „metapsychologische theoretische Superstruktur" Freuds derart auf die Praxis zurückschlägt, daß diese Freuds eigener therapeutischer Grundregel untreu wird.

Die phänomenologisch-daseinsanalytische Psychologie und Therapie orientiert sich an der philosophischen ↗Phänomenologie M. Heideggers, während für die orthodox-psychoanalytische Theorie die Philosophie Descartes' bestimmend blieb. Die daseinsanalytische Sicht sprengt allem voran die bisherige Supposition einer primär kapselartig vorgestellten „Psyche", in welche die Außenweltobjekte in Form von Vorstellungs-Abbildern hineingespiegelt werden sollen. Damit fallen auch alle jene metapsychologischen Begriffe dahin, die sich auf ebenfalls hypothetisch angenommene und intra-psychisch ablaufende Libidoprozesse (↗Libido) beziehen. Die D. versteht das Spezifische des existierenden Menschen als ein „Ek-stare" im wörtlichsten Sinne, d. h. als ein ursprüngliches Ausstehen und Durchspannen eines Weltoffenheitsbereiches von Vernehmenkönnen und von Ansprechbarkeit für die Anwesenheit des Begegnenden. Menschsein heißt deshalb ein Immer-schon-„draußen"-in-der-Welt-sein-beim-Begegnenden und ein primäres Aufgehen mit den anderen Menschen zusammen in wahrnehmenden und antwortenden Beziehungen zu diesen. Als Untersuchungsmethode supponiert die D. nichts hinter den Phänomenen. Wohl aber versucht sie, die dem Begegnenden eigenen Bedeutungsgehalte und Verweisungszusammenhänge immer differenzierter offenbar werden zu lassen, bis der Blick auch zu dem zunächst verborgenen Wesentlichen des Wahrgenommenen vorzudringen vermag. Das dadurch von den psychoneurotisch und psychosomatisch Kranken erreichbare Selbst- und Weltverständnis ist das therapeutisch Heilsame an der D., weil es mit dem Finden eines lebenswerten Sinnes identisch ist.

Lit.: Boss, M.: Psychoanalyse und Daseinsanalyse. Bern, 1957; **Condrau, G.:** Daseinsanalytische Psychotherapie. Bern, 1963; **Heidegger, M.:** Sein und Zeit. Tübingen, [10]1963.

M. Boss & A. Hicklin

Daseinsanalytische Psychologie ↗Existenzanalyse.

Datura, Toloache, Pflanzengattung aus der Familie der Solanaceen (Stechapfel, Jimsonweed, herbe au diable, yerba hedionda, Toloache [Aztek.], mehen-toh-k'u [Maya]) mit stark psychotropen Alkaloiden. Von den 30 bekannten Arten haben D. stramonium, D. arborea, D. tatula, D. fastuosa und D. sanguinea Ruiz besondere pharmakologische Bedeutung. Die wirksamen Bestandteile sind l-Hyoscyamin, Hyoscin, Atropin, Scopolamin und Stramonin. Medizinisch meist als Antiasthmaticum verwendet, von den mexikanischen Indios auch für gynäkologische und psychiatrische Zwecke sowie gegen Pilzvergiftung verwendet. Toloache war bereits P. Bernardino de Sahagún 1529 bekannt als Wahnsinnsdroge. D.-haltige Speisen und Getränke erzeugen Schläfrigkeit, die lange nachwirkt, Apathie, Reizunempfindlichkeit, bei stärkeren Dosen tiefen Schlaf mit betont sexuellen Träumen. Nach dem Erwachen besteht meist Amnesie bezüglich der Vorgänge bei der Betäubung. Größere Dosen führen zur Vergiftung, die sich in Verwirrung, Wahnsinn, absurden Handlungen und vor allem Gedächtnisschwund offenbart. Bei häufigerem Gebrauch kann totaler Gedächtnisverlust eintreten. Im Altertum und Mittelalter wurde D. für Zauberriten, Liebestränke und Hexensalben benutzt.

E. Ullrich

Daumenlutschen ↗Fingerlutschen.

DCS ↗Diagnosticum für Cerebralschädigung.

Debilität. Die D. (debilis = schwach) stellt den leichtesten Grad der Oligophrenie, d. h. der Geistesschwäche, dar. Ihr entspricht ein ↗IQ von 50 bis 70, die Gleichsetzung mit einem Intelligenzalter von 8 bis 13 Jahren ist bei Erwachsenen nicht ohne weiteres möglich. Es handelt sich bei der D. entweder um eine Minusvariante normaler Intelligenz oder um erblich bedingte leichte Schwachsinnsformen und um geistige Behinderungen bei cerebralen Schädigungen, wie sie z. B. in Form einer Gehirnentzündung prä- und postnatal, bei Durchblutungsstörungen des Gehirns und traumatisch entstehen können. Die vererbte oder erworbene Minderbegabung äußert sich in einer Verzögerung der intellektuellen Reife, einer Behinderung im Aneignen von Kenntnissen und einer Erschwerung der Bewältigung ungewohnter Situationen. Der Umfang des Interesses ist beschränkt, das Auffassungsvermögen eingeengt, das Denken spielt sich im wesentlichen im Konkreten ab, und die Fertigkeit zum Abstrahieren ist nur gering entwickelt.

Gerade im Hinblick auf diese geistige Behinderung gewinnt die von der Intelligenz unabhängige charakterliche Artung oft eine entscheidende Bedeutung, und bei debilen Kindern kommt alles darauf an, durch richtige Behandlung, Vermeidung einer Isolierung in der Familie und in der weiteren Umwelt, durch eine geeignete Entwicklung und Ausbildung der vorhandenen Fähigkeiten eine folgenschwere charakterliche Verbildung zu verhindern. D. kann, muß aber nicht einem Tiefstand der Persönlichkeit entsprechen. D. ist nicht gleichzusetzen mit Primitivität oder Infantilität. Die Behandlung ist im allgemeinen heilpädagogischer Art.

Lit.: Benda, C. E.: Die Oligophrenie (Entwicklungsstörungen und Schwachsinnszustände). In: Psychol. der Gegenwart, Bd. 2. Berlin – Göttingen – Heidelberg, 1960.

H. Sattes

Decerebration ↗Dezerebrierung.

Deckeneffekt ↗Ceiling-Effekt.

Deckerinnerung ist ein Erinnerungsbild, das nur einen Teil des erinnerten Ereignisses wiedergibt und dessen volle Bedeutung sich zunächst nicht ohne weiteres erkennen läßt. Die Erinnerungsbilder aus der frühen Kindheit haben meist den Charakter von Deckerinnerungen. Sie sind isoliert, aber bei Rekonstruktion des Ereignisses etwa durch Psychoanalyse der Einfälle und des Wissens ist der Zusammenhang zu den belangvollen Interessen des Individuums oft erkenntlich. In einem gewissen Sinne gilt auch für die kontemporären, vielleicht für alle Erinnerungen, daß sie eigentlich D.en sind. Der zugehörige Bedeutungsanteil ist allerdings meist leichter bewußt zu machen als bei den besonders frühen oder bei späteren, aber stark isolierten Erinnerungsbildern. Allgemein stellen Erinnerungsbilder den Beginn, das Ende oder die Wiederaufnahme einer unterbrochenen Ereignisreihe dar.

Lit.: Adler, A.: Erste Kindheitserinnerungen. Internat. Z. f. Individual-Psychol., 1933, *11;* **Freud, S.:** Vorlesungen zur Einführung in die Psychoanalyse (1916/17). Ges. Werke, Bd. 11; **Toman, W.:** Das Erinnerungsbild und seine motivationstheoretische Bedeutung. Z. f. exp. und angew. Psychol., 1963, *10,* 125–139.

W. Toman

Deduktion, analytischer Übergang von einer oder von mehreren Aussagen (den *Prämissen*) zu einer Aussage (dem *Schluß*). Die D. wird oft als vom Allgemeinen zum Speziellen übergehender Prozeß der umgekehrt ablaufenden ↗Induktion gegenübergestellt. – Unter *transzendentaler D.* (I. Kant) versteht man die Anwendung aprioristischer Prinzipien auf die Erfahrung. *J. B. Grize*

Defekthandlung, Bezeichnung für ein infolge psychischen Defekts auftretendes Verhalten. Meist isoliert im normalen Verhaltensstrom auftretend.

Defemination tritt bei der Frau z. B. als Folge eines Tumors in der zona reticularis der Nebennierenrinde auf. Man spricht auch von ↗Virilismus. Die sekundären Geschlechtsmerkmale ändern sich so, daß sie den männlichen ähnlicher werden. So wird die Stimme tiefer, Bartwuchs stellt sich ein, und als sicherstes diagnostisches Zeichen verändert sich die obere Begrenzung der Schamhaare in Richtung auf die männliche Form. Es tritt eine teilweise ↗Atrophie der äußeren und inneren Geschlechtsorgane auf. Nach Beseitigung des Tumors bzw. nach Östrogengaben verschwinden die Veränderungen wieder. Psychische Veränderungen sind entgegen einer weitverbreiteten Ansicht nicht stets die Folge einer Defemination. *G. Lischke*

Defensives Verhalten ↗Meidungsverhalten

Definition, eine Aussage, die entweder klarstellt, wovon man spricht *(Real-D.)* oder in welcher Weise man von etwas spricht *(Nominal-D.)*. – Eine Real-D. stellt den zu definierenden Begriff in den Rahmen eines Klassifikationssystems. Im einfachsten Falle werden die nächsthöhere Gattung (genus proximum) und der spezifische Unterschied (differentia specifica) aufgezeigt; z. B.: „Ein Rautenviereck (Rhombus) ist ein Parallelogramm, dessen Seiten gleich lang sind." „Parallelogramm" ist die nächsthöhere Gattung, „gleichlange Seiten" ist der spezifische Unterschied. – Eine Nominal-D. zeigt, welches Wort einen als bekannt vorausgesetzten Begriff bezeichnet. Sie ist also konventionell und dient meist der Verkürzung der Rede; z. B.: „UNO = df. United Nations Organization". Das Zeichen „= df." bedeutet „nach Definition gleich" (gleich per definitionem), der neue Terminus links heißt Definiendum, der bekannte Terminus rechts heißt Definiens. – In formalen Systemen macht man häufig Gebrauch von *induktiven Definitionen*. Sie bestehen aus drei Sätzen: a) Anfangssatz, b) Induktionssatz, c) Schlußsatz; z. B.: „a) Null ist eine Zahl, b) wenn n eine Zahl ist, ist n' eine Zahl, c) Nichts ist eine Zahl außer durch a)–b)." Diese D.en ermöglichen das allmähliche Hervorbringen aller Elemente (und nur jener) einer Klasse. – Vgl. auch ↗Deduktion, ↗Induktion.

Lit.: Savigny, E. v.: Grundkurs im wissenschaftlichen Definieren. München, 1976. *J. B. Grize*

Defizitmotivation. Versteht man Motivation als eine Folgeerscheinung bestimmter Zustände des Organismus, so ist die D. als Folge einer Störung im Sinne des homöostatischen Prinzips zu verstehen. Solche Störreize, die bedingt sein können durch einen Mangel an Nahrung, Flüssigkeit usw., veranlassen das Individuum, nach Mitteln und Wegen zu suchen, um das Defizit zu beheben und das Gleichgewicht wiederherzustellen. Maslow stellt den „Defizitmotiven" in seinem System die „Wachstumsmotive" gegenüber.

Lit.: Maslow, A. W.: Deficiency motivation and growth motivation. Nebraska Symposion on Motivation, 1955. Lincoln (Nebr.), 1955. *P. Schmidt & R. Simon*

Deflation, Zustand negativen Affektes, z. B. Enttäuschung. D. bezeichnet eine relativ plötzliche Rückkehr zum status quo oder darunter, die einer begründeten Hochstimmung folgt. Jemand wird z. B. D. spüren, wenn der Sieger, auf den er gewettet hat, später disqualifiziert wird. *G. D. Wilson*

Defloration, Durchstoßen des Hymen der Vagina beim ersten Koitus, im kanonischen Recht Kontraindikation zum Tragen des

Myrtenkranzes bei der kirchlichen Trauung. Ein unversehrtes Hymen (virgo intacta) ist noch heute ein regional hochbewertetes Attribut der Braut. Verschiedentlich wird eine besondere Abhängigkeit der Frau vom deflorierenden Sexualpartner behauptet. In verschiedenen zivilisierten Kulturen war die D. Gegenstand eines ius primae noctis, auszuüben von berechtigten Autoritätspersonen. *U. H. Schindler*

Degrees of freedom (df) ↗Freiheitsgrade.

Déjà-vu-Erlebnis *(-Täuschung)*, auch *Fausse reconnaissance* genannt, beschreibt eine Erinnerungstäuschung, die beim gesunden Menschen gelegentlich im Zustand der Erschöpfung auftaucht, häufiger aber bei neurotischen und psychotischen Personen in Erscheinung tritt. Die Täuschung besteht darin, daß eine neuartige Situation für einen kurzen Augenblick als bereits bekannt erlebt wird. Zu beachten ist dabei, daß es sich nicht um eine Sinnestäuschung oder um eine irrige Vorstellung handelt, sondern um ein paradoxes Gefühlserlebnis. Als Erklärungen für dieses Phänomen bieten sich an: a) Perseveration des emotionalen Zustandes aus der vorangegangenen Situation; die gefühlsmäßige Neuorientierung gelingt nicht sofort infolge eines psychischen Defektes; b) Assoziation der wahrgenommenen Reize mit verdrängten Erinnerungen; c) teilweise Ähnlichkeit des wahrgenommenen Reizkomplexes mit früheren Erlebnissen.

Lit.: Weitbrecht, H. J.: Psychiatrie im Grundriß. Berlin – Göttingen – Heidelberg, [3]1973. *P. Steck*

Dekulturierung. Erscheint als Terminus in der amerikanischen Ethnologie, die sich – im Rahmen einer dynamischen ↗Anthropologie – auf kulturelle Wechsel konzentriert. Allgemein überdeckt er sich mit „Akkulturierung", stellt aber die negative Seite dieses Ausdruckes dar. Beide Termini bezeichnen Mechanismen des Übernehmens, des Verwerfens, des Reorganisierens kultureller Charakteristika, Institutionen oder Verhaltensschemata im Innern einer globalen Gesellschaft im Kontakt (bzw. Konflikt) mit einer anderen – technisch meist fortgeschritteneren – Gesellschaft. Diese Erscheinungen haben sich z. B. bei der Integration der indianischen Minderheiten in die amerikanische Gesellschaft gezeigt (Herskovits, Linton). Neuerdings treten ähnliche Erscheinungen in den Staaten Asiens und Afrikas auf, die sich, als Folge der Entkolonialisierung, um neue, eigene Identitäten bemühen müssen (Balandier, Leach).

Lit.: ↗Kulturanthropologie. *A. Tanda*

Delayed conditioning. Wird zwischen bedingtem und unbedingtem Reiz eine Pause eingeschoben (↗Konditionierung), so bezeichnet man das als delayed conditioning.

Delayed reaction. Mit d. r. wird die Reaktion auf bestimmte Reize bezeichnet, die mit zeitlicher Verschiebung erfolgt.

Delbœufsche Täuschung. Die D. T. besteht darin, daß objektiv gleich große Kreise verschieden groß erscheinen, wenn sie mit konzentrischen Zusatzkreisen (innen oder außen) versehen werden. ↗Brentanosche Täuschung. *K. E. Pelzer*

Delinquenz und Persönlichkeit. In zahlreichen Untersuchungen – vorwiegend an Jugendlichen – wurden meist nur mäßige Korrelationen zwischen Persönlichkeitsmerkmalen und delinquentem oder kriminellem Verhalten beobachtet. Am besten gesichert scheinen Beziehungen zu ↗Aggressivität, Feindseligkeit, Impulsivität, ↗Neurotizismus und – in Übereinstimmung mit Eysencks Theorie – Extraversion zu sein. Methodische Probleme bestehen hauptsächlich in bezug auf die Unzuverlässigkeit der Delinquenzkriterien und hinsichtlich der Trennung prädelinquenter von relativ (z. B. durch Inhaftierung) bedingten Merkmalsausprägungen.

Lit.: Quay, H. C.: Personality and Delinquency. In: **H. C. Quay** (Ed.): Juvenile Delinquency. Princeton, 1965, S. 139–166. *M. Amelang*

Delirium, seelischer Ausnahmezustand mit teilweiser oder auch völliger Desorientierung, Halluzinationen und Wahnideen und meist allgemeiner Unruhe. Tritt im Rahmen des akuten exogenen Reaktionstyps bei verschiedensten schweren körperlichen Erkrankungen und Intoxikationen auf, die eine Einwirkung auf das zentrale Nervensystem haben. Am bekanntesten ist wohl das *D. tremens* im Zusammenhang mit einem chronischen ↗Alkoholismus. *A. Hicklin*

Delta-Bewegung. Die D. ist eine ↗Scheinbewegung: die Position eines Objekts scheint sich bei Beleuchtungswechsel zu verschieben.

Dementia praecox ↗Schizophrenie.

Demenz, erworbener Intelligenzmangel, in der Regel Begleiterscheinung des Endzustandes einer endogenen oder exogenen psychotischen Veränderung, oft Folge von Hirntraumata, auch von infektiösen Erkrankungen des Gehirns. Angeborenen oder sehr früh erworbenen Schwachsinn bezeichnet man als Oligophrenie. ↗Psychose; ↗Psychopathologie. *U. H. Schindler*

Demenz, arteriosklerotische. Arteriosklerose ist eine der beiden häufigsten Ursachen der Altersdemenz. Im Unterschied zu seniler Demenz ist die Ursache die Verdickung der mittelgroßen Arterien des Gehirns, wodurch die Blutzufuhr verringert wird. Der Verfall geht schrittweise vor sich, meist begleitet von einer Reihe von Schlaganfällen. Die Persönlichkeit bleibt sehr lange erhalten; erstes Anzeichen ist oft ein Verlust des Gedächtnisses. Die Lebenserwartung ist erheblich reduziert. *D. Eaves*

Demenz, senile, im höheren Alter auftretender geistiger Verfall bis zu tiefer Verblödung mit frühzeitig gestörter Selbstreflexion, Falschorientiertheit, Merkschwäche, Vitalitätseinbuße, Verlangsamung aller psychischen Abläufe und Neigung zu Wahnbildungen (Bestehlungs-, Eifersuchts-, Verfolgungswahn u. a.). Oft bleibt eine „Persönlichkeitsfassade" mit glatten Umgangsformen lange Zeit erhalten. Ursache: Vermutlich auch genetisch determinierter diffuser oder lokal akzentuierter Schwund von Nervenzellen, bes. der Hirnrinde. Pathologisch-histologisch unterscheiden sich die in den untergegangenen Nervenzellen angehäuften Ablagerungen (senile Plaques, Alzheimersche Fibrillenveränderungen) nur quantitativ von Veränderungen bei der üblichen Seneszenz. Scharfe Grenzen zwischen der normalen Vergreisung und dem Einsetzen der s. D. gibt es nicht. Auch sichere klinische Abgrenzungen zwischen Demenz-Syndromen unterschiedlicher Genese sind im Endzustand kaum möglich. Besondere Form der s. D. ist die Presbyophrenie: Hochgradige Merkschwäche bei „gut erhaltener Persönlichkeit" mit euphorischer Grundstimmung, lebhaftem Temperament und großer Redseligkeit.

Lit.: Lauter, H.: Organisch bedingte Alterspsychosen. In: Psychiatrie der Gegenwart, Bd. II/2. Berlin – Heidelberg – New York; 1972. *G. Powell*

Demographie. Im engeren Sinne bezeichnet D. die statistische Erfassung und Beschreibung einer Bevölkerung(sgruppe) nach Merkmalen wie Geschlecht, Alter, Einkommen, Familiengröße usw., den sog. demographischen Merkmalen. Im weiteren Sinne wird der Begriff auch synonym verwendet mit „Bevölkerungslehre", die sich mit den natürlichen und sozialen Strukturen einer Bevölkerung und den Ursachen und Konsequenzen ihrer Veränderungen befaßt. *H. Haase*

Demoorsche Täuschung, Störung des Gewichtschätzens, besonders bei Debilen: das normale Überschätzen größerer und Unterschätzen kleinerer Gewichte erfolgt im krassen Mißverhältnis zu Größe/Gewicht oder gerade umgekehrt. *F.-C. Schubert*

Demoskopie. Die nebeneinander gebrauchten Begriffe D., Umfrageforschung und Meinungsforschung bezeichnen eine auf die Stichprobenstatistik und Befragung – Repräsentativumfragen – gestützte Untersuchungsmethode, mit der große Menschenmengen in bezug auf beliebige Merkmale und Sachverhalte beobachtet und analysiert werden können. Die Wortprägung D. geht auf einen Vorschlag (1946) des amerikanischen Soziologen S. C. Dodd zurück, hat sich zunächst nur in Deutschland – durch den Institutsnamen „Institut für Demoskopie Allensbach", gegründet 1947 – eingebürgert, wird aber in den letzten Jahren auch zunehmend in anderen Ländern gebraucht. Im Englischen spricht man von *Survey Research* oder *Public Opinion Research* oder *Polls.*

Der Begriff D. wurde eingeführt, weil die Bezeichnung Public Opinion Research, in der Alltagssprache abgeschliffen zu Opinion Research, Meinungsforschung, den irreführenden Eindruck erweckt, als ob mit den Repräsentativumfragen nur oder hauptsächlich Meinungen festgestellt würden. Tatsächlich ist der Erhebungsbereich viel umfassender, mit den Mitteln der Stichprobenbefragung werden ebenso Fakten (z. B. demographische Merkmale oder Wohnverhältnisse), Wissen, Verhalten, Einstellungen, Motive, Wirkungen und Zusammenhänge zwischen diesen Faktoren erforscht. In einer Hinsicht ist auch die Bezeichnung D. zu eng: mit dem demoskopischen Instrumentarium wird nicht nur „das Volk" untersucht, sondern Personengruppen jeder Art (z. B. Ärzte, Lehrer), und nicht nur Individuen, sondern auch Kollektive (Aggregate), wie Nachbarschaften, Schulklassen, militärische Truppenteile, Behörden. Über die Methoden der Demoskopie ↗Meinungsforschung. *E. Noelle-Neumann*

Demut ist erst vom Christentum in den Rang einer Tugend erhoben worden; die Bedeutung des Begriffes schwankt zwischen einer freiwilligen Selbsterniedrigung vor Gott nach dem Vorbild Jesu (Paulus, Origenes, Augustinus) und der Anerkennung der eigenen Unvollkommenheit, insofern aber auch der objektiven Stellung des Menschen im Kosmos (Thomas v. Aquin). In der letzteren Bedeutung wird D. auch in der Neuzeit als Tugend anerkannt (Kant: „D. in Vergleichung mit dem moralischen Gesetz", Hegel: „wahrhaftes Bekenntnis der Endlichkeit") und nur von denjenigen Philosophen abgelehnt, die meinen, der Mensch sei sich selbst das höchste Wesen (Marx, Nietzsche). Von ihrem religiösen Gehalt abgesehen, besteht ihre päd.-psych. Bedeutung in der Einübung realistischer Selbsteinschätzung.

N. Lobkowicz

Demutsgebärde ↗Beschwichtigungsgebärde.

Dendriten ↗Nervenzelle.

Denken. I. Das D. wird operational definiert als Herstellen von Ordnungen der angetroffenen Welt. Dieses Ordnen vollzieht sich an Gegenständen ebenso wie an den Repräsentationen der Gegenstandswelt. D. ist auch das Ordnen von Beziehungen zwischen Gegenständen ebenso wie das Ordnen von Beziehungen zwischen Repräsentationen von Gegenständen.

Die bildhafte oder vorstellungshafte Repräsentation des Wahrgenommenen ermöglicht Ordnung nach *Gleichheit, Ähnlichkeit* oder *Unterschiedlichkeit:* Gegenstände mit gleichen visuellen, akustischen, haptischen oder kinästhetischen Qualitäten werden als zusammengehörig behandelt; Ungleichheiten führen zur Abtrennung von der Gruppierung gleichartiger Gegenstände. Das ordnende Umgehen mit bildhaften und vorstellungsnahen Repräsentationen heißt *anschauliches Denken.* Experiment hierzu: Sortierkasten mit vier Grundformen (Kreis, Quadrat, Dreieck und Rhombus) in den Ausführungen leicht – schwer, groß – klein, rauh – glatt und vierfarbig (↗Würzburger Schule; Külpe, 1904). Ähnlich aufgebaute Versuche zur Hypothesenbildung bei Bruner (1962) fordern zum Finden von Ordnungsregeln an Kartons mit den Zeichen Kreuz, Quadrat, Kreis in drei Farben und mit unterschiedlichen Rändern auf. Je jünger Menschen sind, um so starrer hängen sie an anschaulichen Ordnungen und vermögen das Material oder seine Repräsentationen nicht neu zu klassifizieren (Prinzip der Reversibilität, Piaget, 1948).

Erfolgt die Ordnung der angetroffenen Wirklichkeit nach gefühlsmäßigen und motivationalen Zuständen, die *willkürlich* die mit diesen Innenzuständen zufällig zusammentreffenden Personen, Sachen oder Gedanken verknüpft, liegt *autistisches* D. vor. Wenn *Wunscherfüllungs*tendenzen die Denkergebnisse determinieren, sind *primäre* Denkprozesse, wenn dagegen *rationale* Ordnungstechniken das Denkresultat bestimmen, sind *sekundäre* Denkprozesse definiert (S. Freud).

Magisches D. ordnet die Beziehungen zwischen Bild, Zeichen oder Symbol zum Objekt so, als seien Gegenstände, Tiere oder Pflanzen ebenso wie ihre Repräsentationen handlungsfähig wie Menschen. Es ist häufige Denkform bei jüngeren Kindern, informationsarmen Menschen und in existentiellen Sonderzuständen.

Werden nicht mehr vorstellungsfähige, unbildliche Repräsentationen, Gedanken und deren Beziehungen geordnet, liegt *unanschauliches, abstraktes* oder *begriffliches* Denken (Selz, 1913) vor. Experimentelles Beispiel: Suchen von Wörtern der Über-, Neben-, Unterordnung zu einem vorgegebenen Reizwort (z. B. Pfand). Bei diesen Denkleistungen bestimmt die *Aufgabenstellung* die Denkrichtung: *determinierende Tendenz* (Ach, 1905) oder *konvergentes* bzw. *divergentes* Denken (J. P. Guilford). Simulation von Denkvorgängen mittels binär arbeitender Elektronikmodelle bedient sich der Denkschritte, die Vpn in solchen Versuchen laut äußern.

Herstellung von geordneten Beziehungen zwischen Repräsentationen oder Gedanken heißt *konzeptuelles* Verhalten. Regeln, Denkmuster, Operatoren werden am formalisierten Modell (Orientierungsversuch auf Landkarten, Bartlett, 1958) entwickelt oder bekannte angewendet (Wissensaktualisierung). Experimentelles Beispiel, Kendler (1970): Vpn lernen, daß die Wahl zweier großer Quadrate, dann daß die Wahl zweier kleiner Quadrate und schließlich daß die Wahl zweier schwarzer Quadrate korrekt ist. Das geforderte Umlernen vom Konzept „groß" auf das Konzept „klein" gelingt Erwachsenen, das Umlernen von „groß" auf „schwarz" Kindern bis zum 6. Lebensjahr leichter; dann ermöglicht ihnen die Verbalisierung von Denkregeln ein Vorgehen ähnlich dem der Erwachsenen. Bei der Reaktionsmethode werden unterschiedliche Gegenstände mit Wörtern belegt, bis Vp die vorgegebene Ordnung durch einen zusammenfassenden Begriff (Konzept) definiert. Sowohl verstärkte als auch nichtverstärkte Reaktionen führen zu Konzeptbildung; Konzepte sind verbale Vermittler zwischen wahrgenommenem Material (Reiz) und Ordnungsversuch (Reaktion) an diesem Material (Mediationtheorie, C. E. Osgood). Im mechanisierten oder elektronischen Reiz-Reaktion-Experiment komplexen Denkverhaltens ordnet die Vp Reize in Klassen und fixiert zugleich verbal oder schaltend nach Reiz oder Reizserie ihre Vermutung über das in der Reizabfolge gespeicherte Ordnungssystem. Treffer oder Fehler werden angezeigt bzw. korrigiert, so daß je Reaktion ein ↗bit Informationszuwachs genutzt werden kann. Der Quotient aus optimaler und beobachteter Informationsentnahme zeigt die Strategie der Informationssammlung. Multiple Response-Sequenz-Analysen von Denkaufgaben bei fixierten, alternierenden Wahlmöglichkeiten decken individuelle Entscheidungs- und Denkstile auf.

Lit.: **Ach, N.:** Über die Willenstätigkeit und das Denken. Göttingen, 1905; **Bartlett, F.:** Thinking. New York, 1958; **Bruner, J. S.,** et al.: A Study of Thinking. New York, 1962; **Duncan, C. P.** (Ed.): Thinking: Current Experimental Studies. New York, 1967; **Graumann, C. F.** (Hrsg.): Denken. Berlin, [4]1969; **Hedinger, U.:** Die Faktorenstruktur komplexer Denkaufgaben. Zschr. exp. angew. Psychol. 1965, *12*, 337–403; **Kendler, H. H.,** et al.: Stimulus Control and Memory Loss in Reversal Shift Behavior. J. exp. Psychol., 1970, *83*, 84–88; **Külpe, O.:** Versuche über Abstraktion. Ber. 1. Kongr. exp. Psych. in Gießen 1904; **Selz, O.:** Über die Gesetze des geordneten Denkverlaufs. Stuttgart, 1913.

E. Jorswieck

II. Die psychol. Erforschung des Denkens entwickelt sich in der UdSSR auf der Grundlage der ↗Erkenntnistheorie des dialektischen Materialismus, der Logik, der Physiologie der höheren Nerventätigkeit, der ↗Informationstheorie, der ↗Kybernetik und anderer an die Psychol. angrenzenden Wissenschaften. Die sowjetische Psychol. lehnt alle idealistischen und metaphysischen Auffassungen vom D. als „rein geistiger" oder „spontaner" Tätigkeit ab und stellt ihnen die marxistische gesellschaftshistorische Theorie der Entwicklung des D. im Prozeß der praktischen Tätigkeit und des menschlichen Verkehrs gegenüber. „Die Produktion der Ideen, Vorstellungen, des Bewußtseins ist zunächst unmittelbar verflochten in die materielle Tätigkeit und den materiellen Verkehr der Menschen, Sprache des wirklichen Lebens" (K. Marx & F. Engels, Werke, Bd. 3, Berlin 1959, S. 26). Im weiteren Verlauf der gesellschaftshistorischen Entwicklung kommt es zur Abstrahierung von realen Handlungen, zu ihrer Ersetzung durch „gedankliche" oder mit Worten beschriebene Handlungen (zu diesem Zweck werden auch verschiedene andere Zeichen verwandt). Auf dieser Grundlage entsteht die höchste – abstrakte und verallgemeinerte – Form des Denkens. Gleichzeitig kommt es zu einer Absonderung der Erkenntnis selbst; sie wird zu einer besonderen theoretischen Tätigkeit, die dennoch mit der Praxis als Quelle und Kriterium der Richtigkeit wie auch dem Anwendungsort der Resultate der Denktätigkeit verbunden bleibt. So ist das D. von Anfang an ein aktiver, zielgerichteter Erkenntnisprozeß, schöpferische Tätigkeit, Suche nach Wegen zur Lösung praktischer und danach theoretischer Aufgaben.

Diese allgemeinen Prinzipien beziehen sich nicht nur auf die gesellschaftshistorische, sondern auch auf die ontogenetische Entwicklung des D., die von Anfang an andere Wege geht als die biologische Evolution des D. in der Tierwelt. Letztere ist nur „die Vorgeschichte des Intellekts", der in seiner Entwicklung durch die Grenzen der biologischen Bedürfnisse beschränkt bleibt, welche durch elementare Formen anschaulich-praktischen D. (praktische Analyse und praktische Synthese) befriedigt werden. In der ontogenetischen Entwicklung des D. hingegen haben soziale Faktoren entscheidende Bedeutung (sprachlicher Verkehr des Kindes mit Erwachsenen, soziale Formen des Spiels, Teilnahme an der Arbeitstätigkeit, Schulunterricht usw.), deren Einfluß nicht nur den Inhalt, sondern auch die Struktur der Denkoperationen selbst bestimmt. Die Alters-„Normen" der geistigen Entwicklung des Kindes sind relativ und können in einem weitgespannten Rahmen – abhängig vom Erziehungs- und Ausbildungssystem, ihren Programmen und Methoden – variieren. In diesem Zusammenhang kritisieren die sowjetischen Psychologen die formale Bewertung des Intellekts mit Hilfe von Tests, die gewöhnlich die Möglichkeiten der geistigen Entwicklung des Kindes im Verlauf der Ausbildung und der praktischen Tätigkeit nicht berücksichtigen. Hauptmittel zur Bestimmung der geistigen Entwicklung und zu ihrer Prognose bleibt so die langfristige Beobachtung der Kinder im Prozeß der schulischen Ausbildung. Die Anwendung kurzfristiger Erprobungen des Intellekts mit Hilfe von Tests kann nur begrenzte Bedeutung haben.

Vom psychol. Standpunkt aus ist das D. charakterisiert als komplizierte analytisch-synthetische Tätigkeit des Gehirns, seiner kortikalen und subkortikalen Mechanismen, die alle im Gehirn einlaufende gegenständliche und sprachliche Information (des ersten und zweiten Signalsystems, nach I. P. Pawlow) bearbeiten und mit Hilfe der Mechanismen der *Rückkoppelung* (↗Feed back) oder *rückwirkenden Afferenz* korrigieren. Dabei sind, nach Pawlow, verschiedene Grade der Korrelation zwischen dem ersten und dem zweiten Signalsystem möglich; abhängig davon können sich dann verschiedene Typen des D. ausbilden (anschauliches oder „künstlerisches", abstraktes oder „verbales", gemischtes). Diese Differenz der Denktypen ist jedoch relativ und hängt von vielen Faktoren ab (z. B. von der Art der Denkobjekte, der Erfahrung, der unterschiedlichen subjektiven Einstellung usw.). Diese Bedingtheit bezieht sich auch auf die frühen ontogenetischen Stadien des Denkens, die als nur „sensomotorisch" oder „anschaulich-praktisch" bezeichnet werden, da in Wirklichkeit schon mit dem zweiten Lebensjahr des Kindes in der Entwicklung seines Intellekts nicht nur unmittelbare sensomotorische Einwirkungen, sondern auch mit diesen verbundene verbale Reize und verbale Reaktionen des Kindes selbst immer mehr Bedeutung erlangen. Die sowjetische psychol. Forschung zeigt die Kompliziertheit und Widersprüchlichkeit des Verhältnisses zwischen D. und ↗Sprache auf und beweist, daß die Sprache nicht nur Mittel zum Ausdruck der Gedanken ist, sondern auch Grundelement oder Mechanismus des D., mit dessen Hilfe von den unmittelbaren gegenständlichen Eindrücken und Handlungen abstrahiert wird und diese durch Denkbilder und Schemen in Verbindung mit der äußeren oder inneren Sprache ersetzt werden.

Am vollständigsten sind diese theoretischen Thesen in den Arbeiten von L. S. Vygotsky (1934), S. L. Rubinštein (1946, 1958) und A. N. Leontjev (1959, 1964) dargestellt, in denen auch die frühen und modernen Theorien des Intellekts kritisch analysiert werden – die Theorien des D. der ↗Würzburger Schule, der Gestaltpsychol., des ↗Behaviorismus, des Ansatzes von J. Piaget u. a. Die exp. Erforschung des D. in der sowjetischen Psychol. geht verschiedene Wege, deren wichtigste sind: a) die *phylogenetische* Untersuchung der geistigen Entwicklung von Tieren, einschließlich der Genetik der höheren Nerventätigkeit, der Tierpsychol., der Ökologie und Ethologie (I. P. Pawlow und seine Schule, N. N. Ladygina-Kots, N. J. Vojtonis, N. A. Tich, A. D. Slonim, L. V. Krušinski); b) die *ontogenetische* Erforschung der geistigen Entwicklung von Kindern (P. P. Blonski, A. V. Zaporožec, D. N. Usnadze, B. I. Chačapuridze, N. Ch. Švačkin, M. M. Kolzova); c) die *struktural-funktionale und operationale* Erforschung des D. bei verschiedenen Arten der Lehr- und praktischen Tätigkeit (P. A. Ševarev, G. S. Kostjuk, P. J. Galperin, N. A. Menčinskaja); d) Forschungen zur *Heuristik und Modellkonstruktion* von Denkoperationen mit elektronischen Rechenmaschinen (V. N. Puškin, D. A. Pospelov, O. K. Tichomirov); e) *psychophysiologische und klinische* Forschung (A. R. Luria, V. N. Mjasiščev, E. I. Bojko, B. V. Zeigarnik); f) *sprachpsychologische* Untersuchungen zum Problem des Verhältnisses von D. und Sprache zueinander, der psychol. Grundlagen der Benennung und des Sinnerfassens, der Beherrschung von Fremdsprachen und der Übersetzung von einer Sprache in eine andere usw. (D. N. Usnadze, V. A. Artemov, N. I. Žinkin); g) *defektologische* Erforschung der Spezifik des D. und der Wege seiner Kompensation bei verschiedenen Defekten der geistigen Entwicklung (L. V. Zankov, I. M. Solovev), bei einer Schädigung des Hörens und bei anderen Defekten (N. G. Morozova, Ž. I. Šif). Die Ergebnisse der Forschungen werden in psychol. und anderen Zeitschriften, thematischen Sammelbänden und Monographien veröffentlicht und auf wissenschaftlichen Symposien, Konferenzen und Tagungen mitgeteilt.

Lit.: Blonski, P. P.: Gedächtnis und D. (russ.). Moskau, 1935; **Ladygina-Kots, N. N.:** Die Erforschung der Erkenntnisfähigkeiten des Schimpansen (russ.). Moskau, 1923; **dies.:** Voraussetzungen menschlichen D. (russ.). Moskau, 1965; **Leontjev, A. N.:** Probleme der Entwicklung der Psyche (russ.). Moskau, 1959; **Luria, A. R.:** Das Gehirn des Menschen und die psychischen Prozesse (russ.). Moskau, 1963; **Puškin, V. N., Pospelov, D. A. & V. N. Sadovskij** (Hrsg.): Probleme der Heuristik (russ.). Moskau, 1969; **Rubinštein, S. L.:** Das Denken und die Wege seiner Erforschung (russ.). Moskau, 1958; **Sokolov, A. N.:** Innere Sprache und Denken (russ.). Moskau, 1968; **Usnadze, D. N.:** Psychologische Forschungen (russ.). Moskau, 1966; **Vojtonis, N. J.:** Vorgeschichte des Intellekts (russ.). Moskau – Leningrad, 1949; **Vygotsky, L. C.:** Denken und Sprache (russ.). Moskau, 1934; **Zeigarnik, B. V.:** Die Störung des Denkens beim psychisch Kranken (russ.). Moskau, 1959; **Bartlett, F.:** Thinking. London, 1958; **Duncan, C. P.** (Ed.): Thinking: Current Experimental Studies. New York, 1967; **Graumann, C. F.:** Denken. Köln – Berlin, [4]1969; **Humphrey, G.:** Thinking. London, 1951; **Oerter, R.:** Psychologie des Denkens. Donauwörth, [3]1973; **Rohr, A.:** Komplexes Denken. Weinheim – Berlin – Basel, 1968; **Wason, P. C. & P. N. Johnson-Laird** (Eds.): Thinking and reasoning. Harmondsworth, 1968; **Werner, H. & B. Kaplan:** Symbol Formation. New York – London – Sydney, 1963.

A. N. Sokolov

Denkfunktion ↗Hauptfunktionen; ↗Jung, C. G.; ↗Typologie.

Denkpsychologie, Sammelbegriff für mehrere Richtungen in der Erforschung der kognitiven Funktionen, besonders beim menschlichen und tierischen Problemlösen. Die ↗Würzburger Schule zeigte (in Experimenten mit Introspektion und in Abwendung von der bis dahin herrschenden Aristotelischen Ansicht, Denken sei nur eine Verknüpfung von Vorstellungen), daß Denken unanschaulich und vorstellungsfrei möglich ist, gesteuert von den durch die Aufgabe definierten determinierenden Tendenzen. Die Gestaltspsychologie erklärte die Erfahrung, daß mit einem ↗Aha-Erlebnis das Problem oft plötzlich gelöst ist, mit einer erfolgreichen Umstrukturierung der Einzelteile des Problems. Systematisches Problemlösen wird bei der Begriffsbildung untersucht. Aus den Fehlern, die Vpn auf dem Weg zum Finden des Begriffs machen, läßt sich dieser Weg erkennen. Die Entwicklung des kindlichen Denkens und der Begriffsbildung zu höherer Komplexität ist von J. Piaget und H. Aebli ausführlich untersucht und beschrieben worden. In Analogie zum menschlichen und tierischen Denkprozeß wurden Algorithmen zur Beschreibung des Lösungsprozesses bei speziellen und allgemeineren Problemen entwickelt, die sich auf einem Elektronenrechner realisieren lassen und die ihnen gegebenen Aufgaben lösen („Turm von Peking" [F. Klix], General Problem Solver [A. Newell; J. G. Shaw; H. A. Simon]).

Lit.: Bühler, K.: Tatsachen und Probleme zu einer Psychol. der Denkvorgänge. Arch. Ges. Psychol., Bd. 9, 1907; **Graumann, C.-F.:** Denken. Berlin, [4]1969; **Haseloff, O. W. & E. Jorswieck:** Psychol. des Lernens. Methoden, Ergebnisse, Anwendungen. [2]1971; **Kaminski, G.:** Probleme d. D., Hdb. der Psychol. Bd. I/2. Göttingen, [2]1969; **Piaget, J.:** Psychol. der Intelligenz. Stuttgart, [2]1966; **Wertheimer, M.:** Produktives Denken. Frankfurt, [2]1964.

W. Lauterbach

Denksport-Test (Abk.: DST), 15 schriftlich dargebotene Denksportaufgaben mit Mehrfachantworten zur Prüfung des „Problemlösungsverhaltens" auf dem Niveau von Primanern von G. A. Lienert (Göttingen 1964).

R. Meili

Denkstile ↗kognitive Stile.

Denktypus ↗Hauptfunktionen; ↗Jung, C. G.; ↗Typologie.

Denotation wird meist synonym zu kognitiver und begrifflicher (manchmal auch referentieller) Bedeutung gebraucht in Abhebung von z. B. konnotativer oder affektiver Bedeutung. Innerhalb der Psychologie steht D. in enger Beziehung zur Begriffsbildung.

J. Engelkamp

Depersonalisation, Gefühl eines Kranken, nicht mehr er selbst zu sein. Die Selbstverständlichkeit, zu dem, was man empfindet, spricht oder tut, „ich" sagen zu können, geht teilweise oder völlig verloren. Kommt vor allem bei ↗Schizophrenien oder schweren ↗Depressionen vor.

A. Hicklin

Depression. Unter D. ist ein Symptomenkomplex zu verstehen, der in einer „gedrückten", traurigen Verstimmung, Interesselosigkeit und Antriebsstörung, einer motorischen und psychischen Hemmung, typischen depressiven Gedankeninhalten und bestimmten somatischen Störungen besteht. Die größte Bedeutung hat die endogene, in der Konstitution begründete, auf Vererbung beruhende D., die zur manisch-depressiven Krankheit gehört. Ihre Abgrenzung gegenüber der ↗Schizophrenie erfolgte durch E. Kraepelin. Die charakteristischsten Symptome der *endogenen D.* sind eine grundlose, vital empfundene Traurigkeit (Melancholie), ↗Angst oder Erregung, typische, manchmal wahnhafte Ideen der Verarmung, Selbstbeschuldigung, Versündigung sowie ↗Depersonalisation mit einem quälend empfundenen Verlust des Gefühlslebens. Dazu kommen eine körperlich-hypochondrisch und geistig empfundene Insuffizienz sowie pathognomonische somatische Störungen in Form von Schlaflosigkeit, Tagesschwankungen des affektiven Befindens mit einem Tief in den Vormittagsstunden, Appetit- und Gewichtsverlust, Obstipation und vegetativen Beschwerden.

DEPRESSIONSFORMEN. Je nach der Symptomatik spricht man von *gehemmten D.en,* wobei sich die Hemmung bis zum ↗Stupor steigern kann, von agitierten, d. h. ängstlich *erregten D.en*, von *hypochondrischen D.en*, die ganz somatisch empfunden werden und die sich im Bereich körperlichen Empfindens und entsprechender Ängste abspielen. *Paranoische D.en* sind durch wahnhafte Schuldgefühle und Beeinträchtigungsideen gekennzeichnet, *anankastische D.en* werden durch Zwangsvorstellungen bestimmt. Bei *vegetativen D.en* kann, übrigens auch bei anderen Depressionsformen, die eigentliche Traurigkeit ganz fehlen, sie erschöpfen sich in vegetativen Beschwerden. Beim ↗Manisch-depressiven Irresein durchläuft ungefähr die Hälfte aller Erkrankungen die Phasen in der Form von D.en, in einem Viertel der Fälle treten sowohl depressive wie manische Phasen und in einem weiteren Viertel nur manische Phasen auf. Grundsätzlich besteht bei endogenen D.en die Gefahr des Suicides (↗Selbstmord). Suicidgedanken fehlen nur selten, und in 10–15% der Erkrankungen werden Suicidversuche unternommen. Die Krankheit verläuft in Phasen mit einer durchschnittlichen Dauer von sechs Monaten. Die einzelne Phase führt im Gegensatz zum schizophrenen Schub nicht zu einer Veränderung der Persönlichkeit.

Im Gegensatz zu der endogenen D. bleibt bei der *reaktiven D.* die traurige Verstimmung mehr oder weniger normal-psychol. verständlich, und es handelt sich bei ihr um eine quantitative Steigerung der normalen Traurigkeit, und sie imponiert als adäquate Reaktion auf belastende Erlebnisse akuter oder chronischer Art, deren Rolle für die Entstehung der D. von dem Kranken auch erkannt wird. Auch *Erschöpfungsdepressionen* sind weitgehend normal-psychol. zu verstehen. Es handelt sich dabei um depressive Reaktionen auf chronische somatische und psychische Überlastungen. *Neurotische D.en* sind auf unerledigte, meist chronische, im Unterbewußtsein ablaufende, mehr oder weniger verdrängte ↗Konflikte zurückzuführen, die oft bis in die Kindheit zurückgehen. Sie enthalten häufig Züge des Aggressiven, Hysterischen und Demonstrativen, die der endogenen D. in der Regel fehlen. Den *symptomatischen D.en* liegt eine vorübergehende exogene oder endogene somatische Schädigung zugrunde, die mit einer cerebralen Beeinträchtigung verbunden ist (Infektionskrankheiten, chronische kreislaufbedingte Störungen, Hirnvergiftungen durch Drogen und Medikamente, innersekretorische Störungen usw.). Auch *organische D.en* (P. Kielholz) beruhen auf cerebralen Schädigungen, z. B. bei hirnorganischen Prozessen und Cerebralsklerose. Diese D.en zeigen dementsprechend auch organische Störungen der Verstandestätigkeit, die bei den nicht körperlich bedingten D.en, auch bei der endogenen D., fehlen. – Im Gegensatz zu diesen zeitlich abgrenzbaren endogenen und symptomatischen depressiven Verstimmungen trifft man bei depressiven Psychopathen (↗Psychopathie) auf eine in der Konstitution begründete dauernde depressive Verstimmung ohne Lebensfreude und Zuversicht, mit einer Neigung, alles pessimistisch aufzufassen. In dieser Gruppe psychopathischer Persönlichkeiten sind die konstitutionell schwermütigen, alles schwernehmenden, dabei oft besonders gefühlvollen Menschen von denjenigen zu unterscheiden, bei denen die depressive Grundstimmung mit einer bitteren Resignation und einer Verachtung aller Lebensfreude verbunden ist. – Die Pathophysiologie der endogenen D. ist noch ungeklärt, wiewohl an ihrer somatischen Bedingtheit nicht gezweifelt werden kann.

Die Abgrenzung der einzelnen Depressionsformen wird namentlich in der angelsächsischen Psychiatrie nicht mit der Exaktheit vorgenommen, wie es die klassische Psychiatrie versucht. – Die Therapie der D. richtet sich nach ihrer Genese, sie ist also je nachdem psychopharmakologischer oder psychotherapeutischer Art.

Lit.: Birkmayer, W.: Depression. Köln, [2]1978; **Dabrowski, R.:** D.: Ursachen und Heilung. Stuttgart – Wien, 1977; **Hippius, H. & H. Selbach:** Das depressive Syndrom. München – Berlin – Wien, 1969; **Jacobsen, E.:** Depression. Frankfurt a. M. 1977; **Kielholz, P.:** Diagnose und Therapie der D.en für den Praktiker. München, [3]1971; **Lange, J.:** Die endogenen und reaktiven Gemütserkrankungen und die manisch-depressive Konstitution.

Hdb. der Geisteskrankheiten, Bd. 6. Berlin, 1928; **Reis, E.:** Konstitutionelle Verstimmung und manisch-depressives Irresein. Z. Neur. 1910, 2, 347–628; **Schulte, W. & W. Mende:** Melancholie in Forschung, Klinik und Behandlung. Stuttgart, 1969; **Tellenbach, H.:** Melancholie. Berlin – Göttingen – Heidelberg, 1961; **Weitbrecht, H. J.:** Depressive und manisch endogene Psychosen. In: Psychiatrie der Gegenwart. Berlin – Göttingen – Heidelberg, 1960. *H. Sattes*

Deprivation, sensorische. Oberbegriff für Situationen, in denen die Zufuhr sinnvoller Informationen über die Außenwelt reduziert ist, oft kombiniert mit sozialer D. und Immobilisierung. Zu unterscheiden sind die Intensitätsverminderung von Reizen (sensorische Deprivation i. e. S.) und die Reduktion ihres Informationsgehaltes (perzeptive Deprivation). S. D. kann reversibel veränderte Bewußtseinszustände mit ↗Halluzinationen, Änderungen des ↗Körperschemas und ↗Denkens bewirken.

Lit.: Zubek, J. P. (Hrsg.): Sensory deprivation, 15 years of research. New York, 1969. *A. Dittrich*

Deprivation, soziale, soziale Isolation. Auswirkungen auf das Befinden und die Leistungsfähigkeit, auf die Entwicklung der Persönlichkeit und den Sozialisierungsprozeß (↗Sozialisierung). Die Wirkung der s. D. im Arbeitsbereich wurde in Labor- und Feldstudien u. a. für die Luftfahrt untersucht. Sie hängt von Persönlichkeitsmerkmalen ab. Für die Entwicklungspsychol. liegen Daten zur s. D. aus Tierexperimenten, aus den Fallstudien „wilder Kinder" und aus Studien über verwaiste, hospitalisierte Kinder vor. Es zeigte sich, daß s. D. zu Entwicklungs- und Verhaltensstörungen führt.

Lit.: Anastasi, A.: Fields of applied psychology. New York, 1964; **dies.:** Differentielle Psychologie. 2 Bde Weinheim, 1976. *D. Bartussek*

Deprivationsexperimente, Experimente, in denen Tiere oder Menschen in Situationen versetzt werden, in denen gewünschte Objekte fehlen oder Bedürfnisse nicht befriedigt werden. Experimente dieser Art werden z. B. in der Motivforschung veranstaltet, wobei Nahrung, Schlaf u. a. m. entzogen werden.

Lit.: Brozek, J., Guetskow, H. & M. V. Baldwin: A quantitative study of perception and association in experimental semistarvation. J. Pers., 1951, *19*, 245–264; **Epstein, S.:** The measurement of drive and conflict in humans. In: **Jones, R. J.** (Ed.): Nebraska Symposium on Motivation. Lincoln (Nebr.), 1962. *K. E. Pelzer*

Dermatozoenwahn, *chronisch taktile Halluzinose, Ekbom Syndrom,* wahnhafte, durch taktile Halluzinationen (Jucken, Kribbeln, Zwicken) unterhaltene Überzeugung, daß auf der Haut viele kleine Lebewesen (Käfer, Würmer u. dgl.) seien. Gelegentlich kommen solche Quälereien auch im Leib (Darm, Geschlechtsteile, Blase) vor *(Enterozoenwahn).* Der Kranke kann dann völlig von den Abwehrmaßnahmen besetzt sein: Desinfektionsmaßnahmen, Kleiderwechsel, Möbelreinigen, Wohnungswechsel, Klagen gegen Nachbarn etc.. Der D. wird beobachtet vorwiegend bei Hirnabbaukrankheiten (z. B. Cerebralarteriosklerose), kommt auch vor bei Amphetamin- und Cocain-Intoxikationen. *Ch. Scharfetter*

Dermographismus. Mit stumpfem Gegenstand auf die Haut geschriebene Zeichen werden nach wenigen sec als Rötung und gegebenenfalls Schwellung sichtbar. Diese physiologische Reaktion wird durch reaktive Kapillarerweiterung nach mechanischer Reizung verursacht und gilt bei überschießendem Auftreten als Zeichen krankhafter vegetativer Übererregbarkeit (Urticaria factitia). *E. David*

Desafferentieren, Abtrennen des Rückenmarks von den sensorischen Eingängen, indem man die dorsalen (Hinter-)Wurzeln durchschneidet. Dient dem Nachweis der Spontaneität von Lokomotionsbewegungen (↗Automatismus). Vollständiges D. unterbindet bei Haien und Knochenfischen koordiniertes Schwimmen, bei Kröten nicht. Bei der Schleie, Tinca tinca, genügen 2, beim Dornhai, Squalus acanthias, 3 Paare intakter sensorischer Rückenmarkswurzeln, um bei Berührungsreizen geordnetes Schwimmen hervorzurufen. Kröten laufen mit einer intakten sensorischen Wurzel noch koordiniert.

Lit.: Gray, J.: Animal Locomotion. London, 1968; **Holst, E. v.:** Erregungsbildung und Erregungsleitung im Fischrückenmark. Pflüger's Arch., 1935, *235*, 345–359.

K. Fiedler

Desensitivierung ↗Verhaltenstherapie.

Desillusionierung, Illusionen entzaubern, vertreiben; ein Individuum oder eine Gruppe mit der Realität konfrontieren, wie unbequem sie auch sein mag. *G. D. Wilson*

Desirabilität, *soziale,* ↗Soziale Erwünschtheit.

Deskriptive Psychologie. Der Begriff steht synonym für die zu Beginn dieses Jahrhunderts in Deutschland hervortretende geisteswissenschaftliche Psychologie. Im Gegensatz zur Exp. Psychol. erachtet sie es als ihre Aufgabe, psychische Phänomene zu beschreiben und zu verstehen (↗Verstehende Psychologie), sie nicht kausalmechanisch zu erklären. Als ihre Begründer gelten F. v. ↗Brentano und W. Dilthey. Weitere prominente Vertreter: K. Jaspers, E. Spranger.

Lit.: Brentano, F. v.: Psychologie, 2 Bde., Leipzig, 1924; **Dilthey, W.:** Ges. Schriften, Bd. 1. Leipzig–Berlin, 1922.

P. Steck

Deskriptive Statistik ↗Statistik.

Desmolyse, H. Schultz-Henckes Bezeichnung für die psychotherapeutische Auflösung unbewußter Hemmungen, die der Altersgruppe des Patienten nicht entsprechen und die Persönlichkeitsentwicklung behindern sollen. *J. Cumming*

Desorientierung ↗Psychosen.

Desoxyribonukleinsäuren, kurz DNS genannt, bilden mit den Kerneiweißsubstanzen zusammen die Hauptbestandteile der ↗Chromosomen (Fadenstrukturen des Zellkerns, die während der Zellteilung im Lichtmikroskop sichtbar werden und deren Zahl für jede Tier- und Pflanzenart charakteristisch ist). *E. David*

Destruktion wird psychol. am besten als Behinderung von Motivbefriedigung von Menschen verstanden. Angestrebte oder erreichte D. ist um so gravierender, je mehr Motivbefriedigungen eines Menschen durch sie behindert werden, je länger dauernd diese Behinderung und je mehr Menschen gegebene Grade von Behinderung durch sie erfahren. Die Behinderung aller Motivbefriedigungen eines Menschen bedeutet seinen Tod. Die Behinderung eigener Motivbefriedigung ist *Selbstdestruktion.*

D.trieb wird von Freud neben Libido als die zweite Energiequelle menschlicher Motive und menschlichen Verhaltens, von anderen (Hartmann, Lorenz) als eine große Motivklasse aufgefaßt (↗Todestrieb, ↗Aggression). Destruktive Verhaltenstendenzen können auch in Reaktion auf ↗Frustration auftreten.

Lit.: Freud, S.: Jenseits des Lustprinzips (1920). Ges. Werke, Bd. 13. London, 1940–52; **Hartmann, H., Kris, E. & R. M. Loewenstein:** Notes on the theory of aggression. Psychoanalyt. Study of the Child, 1949, *3/4*, 9–36; **Lorenz, K.:** Das sogenannte Böse. Wien, 1963; **Toman, W.:** Introduction to Psychoanalytic Theory of Motivation. London – New York, 1960. *W. Toman*

Deszendenztheorie, eine auf Ch. Darwins „The Origin of Species" fußende Hypothese, nach der sich sämtliche Tier- und Pflanzenarten durch ↗Evolution aus einfacheren Organismen entwickelt haben. Außerdem beinhaltet diese Hypothese, daß sich die heutige Artenfülle durch Artaufspaltung aus einigen wenigen Organismenarten und letzten Endes wahrscheinlich aus einer einzigen Art entwickelt hat. Die D. wird in ihren Kernpunkten heute von ernsthaften Wissenschaftlern allgemein anerkannt, da alle Indizien dafür sprechen und sich kein einziges wirkliches Gegenargument anführen läßt.

H. Schmalfuß

Determinanten, begründende oder begrenzende Faktoren. Die gesamte psychol. Wissenschaft basiert auf der Annahme, Gedanken, Gefühle und Verhalten seien aufgrund vorhergehender Umstände vorhersagbar, d. h., diese seien nicht zufällig, sondern determiniert. So erwies S. Freud, daß viele anscheinend bedeutungslose Phänomene, wie Träume und verbale Fehlleistungen, weitgehend durch unbewußte Motivationsprozesse determiniert sind. *G. D. Wilson*

Determinationskoeffizient *(coefficient of determination, index of determination),* das Quadrat der ↗Produkt-Moment-Korrelation zweier Variablen, r^2_{xy}. Die Bezeichnung D. bezieht sich darauf, daß der ↗Koeffizient den Varianzanteil der Variablen Y, der von X „determiniert" wird, d. h. den diese mit X „gemeinsam" hat, angibt. Vgl. ↗Korrelation; ↗Mathematische Psychologie; ↗Statistik. *W. H. Butollo*

Determinierende Tendenz. Dieser von N. Ach eingeführte Begriff meint die Mitbestimmtheit und Abhängigkeit unserer Bewußtseinsabläufe von den bewußt oder unbewußt wirkenden Zielvorstellungen. Der Verlauf eines Denkvorgangs wird demgemäß von der d. T., welche von dem erwarteten Ergebnis ausgeht, in ganz bestimmter Weise gelenkt. ↗Set; ↗Einstellung; ↗Würzburger Schule.

Lit.: Ach, N.: Über die Begriffsbildung. Bamberg, 1921.

K. E. Pelzer

Determinismus. Allg. bezeichnet D. die Gesamtheit aller für das Zustandekommen einer Erscheinung nötigen Bedingungen. Gleiche Erscheinungen können jedoch durch verschiedene Determinismen verursacht werden: biologische, soziale, geographische usw. ... Im philosophischen Sinne bedeutet D., daß die Phänomene des Universums so eng von den ihnen vorangehenden abhängen, daß sie deren einzige Wirkung darstellen. In der aristotelischen Kausalitätstheorie beinhaltet D. den Begriff der „wirkenden Ursache". Speziell nennt man jene Doktrinen deterministisch, die (analog zur physikalischen Welt) das psychische Leben nur als von den (meist physiologischen) Vorbedingungen abhängend interpretieren. *M.-J. Borel*

Deuteranop(s)ie, Grünblindheit. ↗Farbenfehlsichtigkeit.

Deutung, Aktivität, durch die eine physische oder psychische Gegebenheit zu einem begrifflichen Modell in Beziehung gesetzt wird, das dieser ihren Platz und ihre Bedeutung zuweist. *F. Bomio*

Deviation, sexuelle, Abweichung von der kulturellen Norm bei der Wahl und/oder der Gestaltung der Stimulussituation, die dem Erreichen eines Orgasmus dient. Auch Nichtübereinstimmen mit dieser Norm bezüglich der Häufigkeit sexueller Aktivität und Verzicht auf den Orgasmus. ↗Perversion. *U. H. Schindler*

Dewey, *John,* * 20. 10. 1859 Burlington (Vermont), † 2. 6. 1952 New York. Sozialphilosoph und Pädagoge. Professor in Chicago und New York. Von Hegel ausgehend, entwickelte er eine empirisch-biologische Philosophie: Bewußtsein und Denken stehen im Dienste des Handelns und damit der „habit formation".

Schr.: Psychology, 1887; How we think, 1910 (deutsch: 1951); Democracy and education, 1916 (deutsch: 1930, [2]1949); Human nature and conduct, 1922 (deutsch: 1931); Characters and events, 2 Bde., 1929; Problems of men, 1946.

Lit.: Roback, A. A.: A History of American Psychology. New York – London, 1964. *F.-C. Schubert*

Dezerebrierung, die Entfernung des Großhirns (bei Tieren) zu experimentellen Zwekken.

Diagnose, psychologische Erkundungs- und Feststellungsverfahren für körperliche, seelische und geistige Eigenschaften, Abnormitäten und Geschehnisse bei Einzelpersonen sowie bei Personengruppen. ↗Psychodiagnostik.

Lit.: Pawlik, K.: Diagnose der Diagnostik. Stuttgart, 1976; **Rösler, H.-D., Schmid, H.-D. & H. Szewcyck** (Hrsg.): Persönlichkeitsdiagnostik. Berlin, [4]1976; **Schwarzer, C.:** Einführung in die pädagog. Diagnostik. München, 1979. *W. Arnold*

Diagnosticum für Cerebralschädigung (DCS). Test zur Prüfung, ob eine ↗hirnorganische Schädigung vorliegt. Wie beim ↗Bender- und ↗Benton-Test werden sinnfreie geometrische Figuren als Vorlagen verwendet. Die Testperson muß sich hier erst alle 9 Figuren inklusive Reihenfolge einprägen und danach die erinnerten Figuren unter Angabe des Reihenplatzes mit Holzstäbchen nachlegen. Der Versuch ist neunmal wiederholbar (Lernversuch). Als hirnorganisch krank wird diagnostiziert, wer die Aufgabe innerhalb von 10 Durchgängen nicht löst (Kriteriumstest). Alter: 8 bis 60 Jahre. Nicht geeignet für Personen mit geringer Intelligenz (IQ < 85).

Lit.: Weidlich, S.: DCS Diagnosticum für Cerebralschädigung. Bern – Stuttgart – Wien, 1972. *R. Krebs*

Diagramm, schematische oder graphische Darstellung, die Beziehungen zwischen Teilen oder Variablen, beobachteten oder errechneten Werten darstellt.

Diastole ↗Systole-Diastole.

Diathetische Proportion, hervorstechende Temperamentsskala der ↗zyklothymen und zykloiden ↗Konstitution, betr. Stimmung und Antrieb. Die Stufen können von einem Individuum durchlaufen werden oder beim einzelnen Menschen als Dauerhaltung betont sein.

Zyklothym: gehoben (heiter, impulsiv zornmütig), synton (behaglich, gemütswarm), gesenkt (still, schwerblütig).

Zykloid: hypomanisch (übermäßig heiter, zornig, beweglich), subdepressiv (gedrückt, antriebsarm).

Lit.: Kretschmer, E.: Körperbau und Charakter. Berlin, [26]1977; **ders. & W. Kretschmer:** Medizinische Psychol. Stuttgart, [14]1975. *W. Kretschmer*

Dichotomie, die Zweiteilung einer Population oder ↗Stichprobe (Verteilung). Diese Teilung kann anhand der Verteilungsform (Median-, Mittelwerthalbierung), der Eigenschaften der Variablen (bzw. der Skaleneigenschaften) oder eines externen ↗Kriteriums vorgenommen werden. *W. H. Butollo*

Dichromatopsie, *Dichromasie,* eine partielle Farbenblindheit, ↗Farbenfehlsichtigkeit.

Dichtemittel (↗*Modus,* D_x), ein Maß für die Zentraltendenz einer Verteilung (↗Häufigkeitsverteilung). Es ist der Wert auf dem Maßzahlkontinuum einer eingipfeligen Verteilung, der die größte Häufigkeit aufweist ($f'(x) = 0$; $f''(x) < 0$). Im Falle einer mehrgipfeligen Verteilung gibt es mehrere D.; ein Maß der Zentraltendenz ist es in diesem Spezialfall nur für den Abschnitt der Verteilung zwischen den beiden benachbarten Minima. Das D. hat – besonders bei ↗Stichproben – Schwächen; so geht z. B. die Form der Verteilung links und rechts des Maximums nicht in diesen Wert ein. ↗Mathematische Psychologie; ↗Statistik.

W. H. Butollo

Didaktik, befaßt sich als Disziplin der Pädagogik mit der Lehrzielformulierung, der Auswahl der Unterrichtsinhalte und der adäquaten Lehrmethode. *G. Bachmair*

Diencephalon (Zwischenhirn), liegt zwischen ↗Telencephalon und ↗Mesencephalon. Es besteht aus Hypothalamus, Thalamus, Meta- und Epithalamus. Der Metathalamus setzt sich zusammen aus Corpus geniculatum laterale und Corpus geniculatum mediale. In ihnen werden die Seh- und Hörbahnen umgeschaltet. Zum Epithalamus gehört u. a. das Corpus pineale (Zirbeldrüse).

Lit.: Gardner, E., Gray, D. J. & R. Orahilly: Anatomy. Philadelphia, 1969. *G. Arnold*

Differential Aptitude Test (Abk.: DAT), für die ↗Berufsberatung ausgearbeiteter Test; die Subtests ergeben acht Teilresultate (verbales Denken, numerische Fähigkeit, abstraktes Denken, Raumbeziehungen, mechanische Probleme, Schnelligkeit und Genauigkeit in Büroarbeit, Orthographie und Syntax), die aber nicht faktoriell differenziert sind. Weit verbreitet in den USA.

Lit.: Bennet, G. K., Seashore, H. G. & A. G. Wesman: Differential Aptitude Tests. Psychol. Corp. N. Y., 1947–59. *R. Meili*

Differentialdiagnose, Diagnose, die eine Entscheidung zwischen verschiedenen Gruppen, z. B. klinischen Krankheitsbildern oder Berufen, ermöglichen soll. Die Auswahl der zu verwendenden Tests wird am besten mit Hilfe der ↗*Diskriminanzanalyse* vorgenommen. *R. Meili*

Differentielle Pharmakopsychologie, Teilgebiet der ↗Pharmakopsychologie, das sich mit der Beschreibung und Aufklärung inter- und intraindividueller Unterschiede der psychischen Wirkungen von ↗Psychopharmaka befaßt. Zentrale Forschungsbereiche der d. P. sind: a) Abhängigkeit der Pharmakawirkungen von relativ konstanten physischen und psychischen Persönlichkeitsmerkmalen der Pbn. Als solche Faktoren wurden gefunden: Geschlecht, Alter, Rasse, Neurotizismus, Psychotizismus, Extraversion, Leistungsmotiviertheit, Konstitutionstypus, angeborene Stoffwechselstörungen. b) Abhängigkeit der Pharmakawirkungen von aktuellen Persönlichkeitsmerkmalen. Nachgewiesen wurden differentielle Wirkungen u. a. in Abhängigkeit von der emotionalen Erregung und Einstellungen gegenüber dem Versuch und dem Versuchsleiter. c) Abhängigkeit der Pharmakawirkungen von situativen Faktoren, z. B. Art der Prüftests, Versuchsleiterverhalten, Gruppen- bzw. Einzelversuch. – Eine umfassende Theorie des Wirkungsmechanismus der in den Punkten a–c aufgeführten Faktoren existiert noch nicht. Insbesondere ist es noch offen, inwieweit die Kovariation von Pharmakawirkungen und relativ konstanten Persönlichkeitsmerkmalen zu erklären ist im Sinne individuell verschiedener neurophysiologischer (z. B. Eysenck, 1963) und biochemischer Reaktionen oder mit Hilfe von unterschiedlichen Verarbeitungsmodi (z. B. DiMascio, 1968; Janke, 1964) bei verschiedenen Persönlichkeitsstrukturen. Die starke intraindividuelle Inkonstanz von Psychopharmakawirkungen belegt in jedem Falle eine wesentliche Beteiligung von der Situation angepaßten Verarbeitungsmechanismen.

Lit.: DiMascio, A. & R. I. Shader: Behavioral toxicity. In: **D. Efron** (Ed.): Psychopharmacology 1957–1967. Washington, 1968; **Eysenck, H. J.** (Ed.): Experiments with drugs. Oxford, 1963; **Janke, W.:** Über die Abhängigkeit der Wirkung psychotroper Substanzen von Persönlichkeitsmerkmalen. Frankfurt, 1964; **Janke, W. & G. Debus:** Experimental studies on antianxiety agents with normal subjects. Methodological considerations and review of the main effects. In: **D. Efron** (Ed.): Psychopharmacology 1957–1967. Washington, 1968; **Legewie, H.:** Persönlichkeitstheorie und Psychopharmaka. Meisenheim, 1968; **Rickels, K.** (Ed.): Non-specific factors in drug therapy. Springfield, 1968. *W. Janke*

Differentielle Psychologie. Die d. P. befaßt sich mit dem Wesen und den Ursprüngen individueller Unterschiede bei psychischen ↗Eigenschaften. A. Binet und H. und W. Stern (1900) waren die ersten, die auf eine Psychol. individueller Differenzen hinwiesen. Solche Unterschiede sind nicht auf den Menschen beschränkt, sondern kommen auch im gesamten Tierreich vor. Psychologische Studien an Tieren, von einzelligen Organismen bis zu den Menschenaffen, zeigen große individuelle Unterschiede in bezug auf das Lernen, die Emotionalität, die Motivation und andere das Verhalten betreffende Merkmale. Diese Unterschiede sind innerhalb jeder Art so groß, daß die Leistungsbereiche sich überschneiden, sogar wenn weit entfernte Arten verglichen werden. So kann die klügste Ratte, wenn sie mit derselben Lernaufgabe geprüft wird, den dümmsten Affen übertreffen.

Obwohl in populären Beschreibungen die Menschen oft in distinkte Kategorien, z. B. als dumm oder gescheit, reizbar oder ruhig, eingeordnet werden, zeigt sich bei der Messung psychischer Eigenschaften, daß sich Individuen entlang einer kontinuierlichen Skala verteilen. Bei den meisten Eigenschaften nähert sich die Verteilung der glockenförmigen Gaußschen Normalverteilungskurve mit der größten Häufung der Fälle nahe dem Zentrum der Reihe und einer stufenweisen Abnahme der Zahlen zu den Extremwerten hin. Die „Normalkurve“, zuerst von Mathematikern bei ihrem Studium der Wahrscheinlichkeit abgeleitet, wird immer dann erreicht, wenn sich die gemessene Variable aus einer sehr großen Zahl von unabhängigen und gleich gewichteten Faktoren ergibt. Wegen der besonders großen Anzahl von Vererbungs- und Umweltfaktoren, die zur Entwicklung der meisten Eigenschaften beitragen, kann man erwarten, daß sich der Ausprägungsgrad der Eigenschaften normal verteilt.

VERERBUNG UND UMWELT. BEGRIFFE. Die Ursprünge individueller Unterschiede sind in den zahllosen und komplexen Wechselwirkungen zwischen der Vererbung und der Umwelt jedes Individuums zu finden. Vererbung umfaßt im wesentlichen die bei der Empfängnis von den Elternteilen beigesteuerten Gene. Wenn ein chemischer Mangel oder ein mangelndes Gleichgewicht von Genen vorliegt, kann ein defekter Organismus entstehen, sowohl mit physischen Anomalien als auch mit stark retardierter Intelligenz. Außerhalb solcher pathologischer Extreme setzt die Vererbung der Verhaltensentwicklung nur sehr weite Grenzen. Innerhalb dieser Grenzen hängt das, was das Individuum wirklich wird, von seiner Umwelt ab.

Die Umwelt umschließt die Gesamtsumme von Reizen, auf die das Individuum von der Empfängnis bis zum Tode reagiert. Sie umfaßt eine ungeheuere Menge von Variablen, angefangen bei Luft und Nahrung bis zu Erziehungsstilen und der Einstellung der Mitmenschen. Umwelteinflüsse beginnen schon vor der Geburt zu wirken. Ernährungsmängel, Giftstoffe und andere chemische oder physikalische Bedingungen der pränatalen Umwelt können eine tiefe und andauernde Wirkung auf die physische und geistige Entwicklung ausüben. Deshalb sind die bei der Geburt vorhandenen Merkmale, die oft einfach als angeboren bezeichnet werden, nicht unbedingt ererbt. Ebenso sind organisch bedingte Zustandsbilder nicht notwendig ererbt. Geistige Retardation, die auf einer frühkindlichen Hirnschädigung beruht, hat z. B. einen organischen, aber keinen ererbten Ursprung.

Die Beziehung zwischen Vererbung und Umwelt kann am besten als multiple Wechselwirkung beschrieben werden. Solche Wechselwirkung bedeutet, daß ein gegebener Umweltfaktor einen *verschiedenartigen Einfluß* ausüben wird, der von dem bestimmten erblichen Material abhängt, auf das er wirkt. Zum Beispiel wird die Anzahl und die Qualität symphonischer (z. B. Schallplatten-)Aufnahmen, die im Elternhaus verfügbar sind, einen bedeutsamen Einfluß auf die musikalische Entwicklung eines hörenden Kindes ausüben, aber keinerlei Einfluß auf ein taubes Kind haben. Umgekehrt wird jeder gegebene Erbfaktor verschiedenartig unter verschiedenen Umweltbedingungen wirken. Zwei eineiige Zwillinge werden erheblich im Körpergewicht voneinander abweichen, wenn einer sechs Monate lang systematisch überernährt wird, während der andere eine Kost erhält, die beinahe zum Verhungern führt.

METHODENLEHRE. Die vielen Methoden, die zur Untersuchung der Wirkung von erblichen und umweltbedingten Faktoren angewendet werden, können in drei Hauptgruppen zusammengefaßt werden: Zuchtwahl, systematische Veränderung der Erfahrungsmöglichkeiten und statistische Untersuchungen von Ähnlichkeiten innerhalb der Familie. Bei der Erfassung der Variation von Verhaltensmerkmalen ist die Zuchtwahl für verschiedene Arten erfolgreich angewendet worden. Es war möglich, durch Zuchtwahl aus einer genetisch identischen Anfangsgruppe zwei Stämme zu züchten, die man nach ihrem Lernverhalten im Labyrinth in „kluge" und „dumme" Tiere einteilen konnte. Eine andere Untersuchung mit solchen selektiv gezüchteten Stämmen lieferte ein gutes Beispiel für die Interaktion von Vererbung und Umwelt. Wenn sie in einer einschränkenden Umgebung aufgezogen wurden, benahmen sich beide Gruppen fast so schlecht wie die genetisch „dummen" Ratten, die in einer natürlichen Umgebung aufwuchsen. Andererseits steigerte eine verbesserte Umwelt, die eine Mannigfaltigkeit von Anregung und Gelegenheiten für motorische Aktivität bot, die Leistung des „dummen" Züchtungsstammes. Beide Gruppen zeigten nun Leistungen, die sich ungefähr auf dem Niveau der „klugen" in einer natürlichen Umgebung bewegten.

Ein zweiter Ansatz zur Erforschung des Problems von Vererbung und Umwelt beschäftigt sich mit den Verhaltenswirkungen systematischer Variationen in der Erfahrung. Experimentelle Untersuchungen dieser Frage sehen entweder besonderes Training vor oder verhindern die normale Übung einer besonderen Funktion. Durch solche Experimente haben sich Tätigkeiten, die früher als völlig „ungelernt" oder „instinktiv" betrachtet wurden, wie z. B. der Nestbau und die Sorge für die Jungen bei Ratten, als abhängig von früheren Erfahrungen erwiesen. Eine Serie von Experimenten mit Affen demonstrierte die Wirkungen der Übung auf die Lernfähigkeit selbst. Durch die Bildung von Lerneinstellungen waren die Ratten fähig, die Lösung komplexerer Probleme zu lernen, weil sie früher Erfahrungen im Lösen einfacherer Probleme ähnlicher Art gemacht hatten.

Einige Untersuchungen bei kleinen Kindern haben die eine Methode benutzt, bei der man einem eineiigen Zwilling eine intensive Einübung gibt, z. B. Treppensteigen, während der andere als Kontrolle dient. Andere haben die Entwicklung von Kindern, die in kulturell mangelhaften oder eingeschränkten Umgebungen, wie z. B. in Waisenhäusern, erzogen wurden, mit der Entwicklung von Kindern verglichen, die in mehr durchschnittlichen Umgebungen aufwuchsen. Eine beträchtliche Entwicklungsverzögerung ist bei mangelhaften Umwelten gefunden worden, die Retardation nimmt mit zunehmendem Alter zu. Es gibt jedoch einige Beweise dafür, daß angemessene Erziehungsprogramme, besonders wenn sie in der frühen Kindheit eingeführt wurden, die nachteiligen Wirkungen solcher Umgebungen auf die intellektuelle Entwicklung verhindern können.

Der dritte Ansatz beruht auf statistischen Analysen von Familienähnlichkeiten und Unterschieden. Im allgemeinen: je enger die Vererbungsrelation ist, desto ähnlicher werden die Testscores sein. Bei den meisten ↗Intelligenztests z. B. liegen die Korrelationen eineiiger Zwillinge dicht bei 0,90; Korrelationen zweieiiger Zwillinge häufen sich um 0,70 und zwischen den Geschwistern betragen die Korrelationen um 0,50, was auch für Eltern und Kinder zutrifft. Es sollte jedoch bemerkt werden, daß eine Familie sowohl eine kulturelle als auch eine biologische Einheit ist. Je enger zwei Personen durch die Vererbung verknüpft sind, desto größer wird im allgemeinen die Ähnlichkeit ihrer Umwelt und die Ausdehnung ihres Einflusses aufeinander sein. Untersuchungen von Pflegekindern und von getrennt erzogenen eineiigen Zwillingen gestatten eine gewisse Trennung von Vererbungs- und Umweltfaktoren; verschiedene unkontrollierte Umstände in diesen Studien schließen jedoch endgültige Schlußfolgerungen aus.

Das Wesen der Intelligenz. Zusammensetzung. Die Intelligenz ist im allgemeinen mit dem Intelligenzquotienten (IQ), den man durch einen Intelligenztest erhält, gleichgesetzt worden. Solche Tests geben wenigstens zum Teil den Begriff von Intelligenz wieder, der in der Kultur, in der sie entwickelt wurden, vorherrschend ist. Die meisten gängigen Intelligenztests messen hauptsächlich die Schuleignung oder die Kombination von Fähigkeiten, die für Schulleistungen verlangt wird. Die modernen Verfahren zur Messung der Intelligenz nahmen ihren Anfang mit A. ↗Binets Entwicklung eines Tests, der die intellektuelle Retardation unter Schulkindern erfassen sollte. Intelligenztests wurden häufig an solchen akademischen Kriterien wie Schulzensuren, Intelligenzratings durch Lehrer, Daten über berufliche Erfolge und die zeitliche Gesamtsumme des durchlaufenen Schulunterrichts validiert. Inhaltlich messen die meisten Intelligenztests vorherrschend verbale Fähigkeiten unter Einschluß arithmetischer Geschicklichkeit, quantitativem Schlußfolgern und Gedächtnisleistungen.

Mit der zunehmenden Teilnahme von Psychologen an der Berufsberatung und der Personalauswahl kam die Vorstellung auf, daß Ergänzungstests gebraucht wurden, um die Fähigkeiten zu messen, die nicht durch traditionelle Intelligenztests erfaßt wurden. Als

Ergebnis wurden sogenannte Spezialeignungstests entwickelt, um mechanische, kaufmännische und andere Funktionen zu erfassen. Zur selben Zeit wurde eine grundlegende Untersuchung über das Wesen der Intelligenz mit den Techniken der ↗Faktorenanalyse durchgeführt. Hauptsächlich diese Techniken enthalten die statistische Analyse der Interkorrelationen zwischen Testscores in dem Versuch, die kleinste Zahl von unabhängigen Faktoren zu entdecken, die ihre Interkorrelationen erklären können. Unter den so identifizierten Fähigkeiten oder „Faktoren" sind verbales Begriffsvermögen, Wortgewandtheit, arithmetische Fertigkeit, quantitatives Schlußfolgern, Wahrnehmungsgeschwindigkeit, räumliche Vorstellungskraft und mechanisches Begriffsvermögen. Durch die Faktorenanalyse wurden die Funktionen, die durch Intelligenztests gemessen wurden, selbst als relativ voneinander unabhängige verbale und numerische „Faktoren" identifiziert. Diese Fähigkeiten, in Kombination mit einigen der Eignungen, die sich in den Spezialeignungstests herauskristallisiert haben, liefern nun ein weit umfassenderes Bild menschlicher Leistungsmöglichkeiten.

Abweichungen von der normalen Intelligenz. Die Retardierten und die Begabten vertreten die tieferen und höheren Extreme der Intelligenzverteilung. Weil die Verteilung kontinuierlich ist, gibt es keine scharfe Trennung zwischen diesen Gruppen und den normalen. Retardation wird gewöhnlich mit einem IQ unter 70 gleichgesetzt, was ungefähr zwei oder drei Prozent der Bevölkerung betrifft. Entscheidungen, die die Klassifikation und Behandlung individueller Fälle betreffen, stützen sich nicht nur auf den IQ, sondern auch auf ein umfassendes Studium der intellektuellen Entwicklung, der Erziehungsgeschichte, der sozialen Befähigung, der physischen Kondition und der Familiensituation des Individuums. Obwohl einige seltene Formen der Retardation durch schadhafte Gene hervorgerufen werden, können viele Arten auf Umweltfaktoren zurückgeführt werden, die vor oder nach der Geburt wirken und physische und psychologische Bedingungen einschließen.

Am anderen Ende der Skala finden sich Kinder mit einem IQ über 140 ($^1/_{100}$ der Population). Sie sind vorbildlich gesund, emotional gut angepaßt, erfolgreich in der Schule und haben einen weiten Interessenumfang. Wenn sie in das Erwachsenenalter kommen, erhalten sich diese begabten Kinder, im ganzen gesehen, ihre Überlegenheit. Andere Untersuchungen der intellektuell Begabten schließen Fallstudien von lebenden Wissenschaftlern und eine Analyse der Aufzeichnungen berühmter Männer und Frauen der Vergangenheit ein. Seit den fünfziger Jahren erlebt die Erforschung des Wesens und der Ursprünge schöpferischen Denkens ein wachsendes Interesse. Der Begriff der Intelligenz hat sich dadurch wesentlich erweitert und schließt jetzt eine Anzahl von schöpferischen Fähigkeiten ein, die auch durch faktorenanalytische Studien identifiziert worden sind.

Wachstum und Abstieg. Längsschnittuntersuchungen über den Alterseinfluß auf die Leistung in traditionellen Intelligenztests zeigen einen langsamen Anstieg im Säuglingsalter, gefolgt von schnellerem Fortschritt und etwaigem Nachlassen, wenn das Erwachsenenalter erreicht ist. Es sollte jedoch bemerkt werden, daß Intelligenztests eine Kombination von verschiedenen Eigenschaften messen und daß das Wesen dieser Zusammensetzung je nach dem Alter verschieden ist. So basiert der IQ im Säuglingsalter größtenteils auf der sensomotorischen Entwicklung, während er in der Kindheit zunehmend von verbalen und anderen abstrakten Funktionen abhängt.

Die Leistung in den Intelligenztests verbessert sich weiter, wenigstens bis in die Jahre nach dem 20. Lebensjahr. Bei intellektuell höherstehenden Personen, besonders bei Hochschulabsolventen und solchen Menschen, die in verhältnismäßig „intellektuellen" Berufen beschäftigt sind, kann solcher Fortschritt das ganze Leben hindurch andauern. In mehr dem Durchschnitt zugehörigen Stichproben neigen die getesteten Fähigkeiten dazu, jenseits der dreißiger Jahre abzunehmen. Der Abfall ist am stärksten bei Aufgaben, die Geschwindigkeit, visuelle Wahrnehmung und abstrakte räumliche Beziehungen erfordern. Ältere Personen können fast so gut lernen wie jüngere, aber sie sind ernsthaft behindert, wenn die Aufgabe mit eingefahrenen Gewohnheiten in Konflikt gerät. Gut geplante Längsschnittstudien zeigen an, daß der dem Alter zuzuschreibende Abfall viel geringer ist als die Unterschiede, die den erzieherischen und kulturellen Veränderungen über die Zeit hinweg zuzuschreiben sind.

GRUPPEN- UND GESCHLECHTSUNTERSCHIEDE. Psychologische Tests zeigen an, daß sich Männer als Gruppe in Geschwindigkeit und Koordination von großen körperlichen Bewegungen, in räumlicher Orientierung, mechanischem Begriffsvermögen und arithmetischem Schlußfolgern auszeichnen, während Frauen sich auszeichnen in manueller Geschicklichkeit, Schnelligkeit und Genauigkeit der Wahrnehmung, Gedächtnis, Zahlenrechnen, Wortgewandtheit und anderen Aufgaben, die Beherrschung sprachlicher Elemente prüfen. Größere Persönlichkeitsunterschiede finden wir in der stärkeren Aggressivität des Mannes, dem Leistungsstreben und der emotionalen Stabilität sowie in der stärkeren sozialen Orientierung der Frau. Geschlechtsunterschiede in den Eignungen und persönlichen Eigenschaften hängen sowohl von biologischen als auch von kulturellen Faktoren ab. Der Einfluß biologischer Determinanten kann ganz direkt sein wie in der Wirkung männlicher Sexualhormone auf aggressives Verhalten. Er kann aber auch indirekt sein wie in den sozialen und erzieherischen Auswirkungen der schnelleren Entwicklung der Mädchen im Vergleich zu den Jungen.

Der Einfluß der Kultur spiegelt sich in den umfassenden Unterschieden der Geschlechtsrollen, die in zeitgenössischen Kulturen und in verschiedenen historischen Perioden festgestellt wurden.

RASSEN- UND KULTURUNTERSCHIEDE. Wenn Individuen in bezug auf solche Kategorien wie sozialer Stand, berufliches Niveau, städtischer oder ländlicher Wohnsitz und Nationalität eingestuft werden, findet man oft bedeutsame Gruppenunterschiede in den Praktiken der Kindererziehung, im sexuellen Verhalten, in emotionalen Reaktionen, Interessen und Einstellungen sowie auch in der Leistung bei vielen Eignungstests. In allen diesen Vergleichen hängt die Richtung und die Summe des Gruppenunterschiedes von der besonderen untersuchten Eigenschaft ab. Weil jede Kultur oder Subkultur die Entwicklung ihrer eigenen charakteristischen Fähigkeitsmuster und Eigenschaften begünstigt, können Vergleiche in Ausdrükken von so globalen Maßstäben wie dem IQ oder der allgemeinen emotionalen Anpassung wenig Bedeutung haben.

Rassen sind Populationen, die sich in der relativen Häufigkeit bestimmter Gene unterscheiden. Sie werden immer dann gebildet, wenn eine Gruppe, entweder aus geographischen oder aus sozialen Gründen, verhältnismäßig stark isoliert wird, so daß Heiraten zwischen ihren Mitgliedern häufiger sind als Heiraten mit Außenstehenden. Da die Isolierung sowohl die kulturelle als auch die rassische Differenzierung fördert, sind die Wirkungen der biologischen und kulturellen Faktoren auf die Rassenunterschiede schwer zu trennen. Obwohl die verfügbaren Daten nicht überzeugend sind, weisen Untersuchungen, die besondere experimentelle Pläne benutzen, stärker auf kulturelle als auf biologische Gründe für die Existenz rassischer Unterschiede bei psychologischen Eigenschaften hin.

Bei Rassenvergleichen, wie bei allen Gruppenvergleichen, sind die durchschnittlichen Unterschiede zwischen den Gruppen weit kleiner als der Umfang der individuellen Unterschiede innerhalb jeder Gruppe. Folglich überschneiden sich die Verteilungen der Gruppen in beachtlichem Maße. Sogar wenn der Durchschnitt von zwei Gruppen stark differiert, können einzelne in der Gruppe mit durchschnittlich niedrigen Scores gefunden werden, die einzelne Individuen in der Gruppe mit durchschnittlich hohen Scores übertreffen. Deshalb ist die Mitgliedschaft eines einzelnen Individuums in der Gruppe nur ein mangelhafter Hinweis auf seinen Standort in bezug auf jede psychologische Eigenschaft.

Lit.: Anastasi, A.: Differentielle Psychologie. 2 Bde. Weinheim, 1976; **dies.:** Psychological testing. New York, [4]1976; **dies.** (Ed.): Individual differences. New York, 1965; **Barbe, W. B. & J. S. Renzulli** (Eds.): Psychology and education of the gifted. New York, 1975; **Block, J. H.:** Assessing sex differences: Issues, problems, and pitfalls. Merrill-Palmer Quarterly, 1976, *22*, 283–308; **Brody, E. B. & N. Brody:** Intelligence: Nature, determination, and consequences. New York, 1976; **Cooper, R. & J. Zubek:** Effects of enriched and restricted early environments on the learning ability of bright and dull rats. Canadian Journal of Psychology, 1958, *12*, 159–164; **Dobzhansky, T.:** Genetic diversity and human equality. New York, 1973; **Guilford, J. P. & R. Hoepfner:** Analyse der Intelligenz. Weinheim, 1976; **Hebb, D. O.:** Heredity and environment in mammalian behavior. British Journal of Animal Behavior, 1953, *1*, 43–47; **Henderson, N. D.:** Genetic influences on the behavior of mice can be obscured by laboratory rearing. Journal of Comparative and Physiological Psychology, 1970, *72*, 505–511; **Hunt, J. McV.:** Intelligence and experience. New York, 1961; **Loehlin, J., G. Lindzey & J. N. Spuhler:** Race differences in intelligence. San Francisco, 1975; **Maccoby, E. & C. N. Jacklin:** The psychology of sex differences. Stanford (Calif.), 1974; **Oden, M. H.:** The fulfillment of promise: 40-year follow-up of the Terman gifted group. Genetic Psychology Monographs, 1968, *77*, 3–93; **Schaie, K. W. & K. Gribbin:** Adult developement and aging. Annual Review of Psychology, 1975, *26*, 65–96; **Schaie, K. W. & G. Labouvie-Vief:** Generational versus ontogenetic components of change in cognitive behavior: A fourteen-year cross-sequential study. Developmental Psychology, 1974, *10*, 305–320; **Tyler, L. E.:** Individual differences: Abilities and motivational directions. Englewood Cliffs, N. J., 1974; **Willerman, L.:** The Psychology of Individual and Group Differences. Oxford, 1979.

A. Anastasi

Differentieller Interessentest (DIT) ↗Interessentests.

Differentieller Wissenstest (DWT) ↗Mehrfächertests.

Differentielle Validität, Bezeichnung für die Abhängigkeit des Validitätskoeffizienten von der Gesamtheit der Bedingungen, unter denen er bestimmt wird, insbesondere der Personenstichprobe. Durch eine empirisch ermittelte Variable oder Variablenkombination (Moderator), die eine Stichprobe in Untergruppen zerlegt, kann die Variable der intraindividuellen Differenzen zwischen Test (Prädiktor) und Kriterium, die früher ausschließlich auf den Meßfehler zurückgeführt wurde, konsistent zu einem bestimmten Grade vorhergesagt werden; für die gebildeten Untergruppen ergeben sich daher unterschiedliche Validitäten, die sich unter Umständen bei abweichendem Vorzeichen für die Gesamtgruppe gegenseitig aufheben können. – Eine Formel zur Kennzeichnung der differentiellen Validität wird von Cronbach angegeben.

Lit.: Cronbach, L. J.: Essentials of psychological testing. New York, [3]1970; **Ghiselli, E. E.:** Moderating effects and differential reliability and validity. J. appl. Psychol. 1963, *47*, 81–86.

K. D. Nissen

Differenzierung. Der Begriff der D. wird innerhalb der Psychol. meist in zweifacher Bedeutung verwendet, nämlich D. als Grundvorgang der organischen und der psychischen Entwicklung und D. als kognitiver Prozeß.

Entwicklungspsychologisch bezeichnet D. den Weg des Organismus von relativ einfachen zu hochstrukturierten Verhaltensweisen. D. wird notwendigerweise begleitet von der ↗Integration, die jede neu erworbene Verhaltenseinheit in das Ganze des Organismus eingliedert, um eine Desorganisation des Verhaltens zu vermeiden. Der Zweck der entwicklungspsychol. D. ist vornehmlich in der Erhöhung der Anpassungsbereitschaft zu sehen. In Verbindung damit dient die D. der Ausprägung der Individualität.

D. im kognitiven Sinne ist zu verstehen als die Befähigung eines Individuums, zwei oder mehrere Umweltreize zu unterscheiden bzw. unterschiedlich auf sie zu reagieren. Lerntheoretisch ist D. somit das Gegenteil von ↗Generalisation.

Lit.: Duhm, E.: Entwicklung und Differenzierung. In: Hdb. der Psychol., Bd. 3. Göttingen, [2]1972, S. 220–239; **Foppa, K.:** Lernen, Gedächtnis, Verhalten. Köln – Berlin, [7]1970.

P. Steck

Differenzierungshemmung, innere ↗Hemmung.

Differenzierungstheorie der Intelligenz, Annahme, daß die Entwicklung der Intelligenz vom Kindes- zum Erwachsenenalter nicht nur den bekannten quantitativen, sondern vor allem qualitativen Veränderungen im Sinne einer Ausdifferenzierung anfangs globaler Fähigkeiten in mehr und mehr unabhängige Aspekte des intellektuellen Leistungsverhaltens unterliegt.

Lit.: **Pawlik, K.**: Dimensionen des Verhaltens. Bern – Stuttgart, [2]1971, S. 350–354. *M. Amelang*

Differenzton. Erklingen zwei reine Töne (Primärtöne) verschiedener Höhe gleichzeitig, nimmt man zusätzlich einen dritten wahr, dessen Frequenz gleich der Differenz der beiden Primärtöne ist.

P. Schmidt & R. Simon

Digitale Kommunikation ↗Analoge Kommunikation.

Diktion, Stil verbaler Darstellung, besonders Klarheit und Präzision gesprochener oder gesungener Worte und Wendungen.

Dimension. Der Begriff bezeichnet allgemein eine in ihren Ausdehnungsrichtungen bestimmte, meßbare Größe und hat in dieser generellen Bedeutung auch Eingang in die psychol. Terminologie gefunden. Insofern erfaßt jede psychol. Messung eine oder mehrere D.en des Erlebens oder Verhaltens. Spezifische Bedeutung hat W. Stern dem Begriff der D. im Rahmen seiner Personlehre beigegeben. Neuerdings wird D. von den Persönlichkeitspsychologen immer häufiger anstelle der traditionellen Bezeichnungen *Wesensmerkmal* und *Eigenschaft* (Trait) verwendet. Hinter dieser terminologischen Wandlung steht das Bestreben, die Persönlichkeit quantitativ zu bestimmen, indem man ihre Positionen auf vorgegebenen bipolaren Kontinuen, eben den D.en, numerisch festlegt. Somit erhält der Terminus der D. den Charakter eines persönlichkeitstheoretischen Konstrukts.

Lit.: **Arnold, W.**: Person, Charakter, Persönlichkeit. München, [4]1975; **Eysenck, H.J.**: Dimensions of Personality. London, [6]1966; **Graumann, C.F.**: Eigenschaften als Problem der Persönlichkeitsforschung. In: Hdb. der Psychol., Bd. 4. Göttingen, [2]1968, 87–149; **Stern, W.**: Allgemeine Psychol., Bd. 1. Den Haag, 1935. *P. Steck*

Dimensionen der Persönlichkeit, allgemeinere, inhaltlich breitere ↗Eigenschaften, auf die die beobachtbaren zwischenmenschlichen Unterschiede in einzelnen Verhaltensmerkmalen zurückgeführt werden können (↗Disposition, ↗Faktorenanalyse, ↗Persönlichkeit). *K. Pawlik*

Dingkonstanz. Ein Objekt wird immer als dasselbe erkannt, auch wenn der Reizkontext oder der räumliche Abstand sich ändert. Ein Gegenstand kann oft selbst dann noch identifiziert werden, wenn er nur teilweise sichtbar ist. Diese D. hängt ab von der Konstanz, mit der bestimmte Qualitäten des betreffenden Objektes wahrgenommen werden, z. B. Gestalt, Größe oder Farbe. Zur Erklärung der D. kann auf den gestaltpsychol. Ansatz zurückgegriffen werden, wonach sich wahrgenommene Gegenstände als geschlossene Gestalten von der Umwelt abheben. Ist einmal eine solche Gestalt in das Gedächtnis eingegangen, so wird sie auf einem beliebigen Hintergrund wiedererkannt.

Lit.: **Bischof, N.**: Psychophysik der Raumwahrnehmung. In: Hdb. der Psychol., Bd. 1/1. Göttingen, [2]1974, S. 307–408. *P. Steck*

Dinophobie, mit Schwindelgefühlen verbundene Höhenangst.

Dionysischer Typus ↗Apollinischer Typus.

Dioptrie, Einheit der Brechkraft eines optischen Systems, gemessen in m^{-1}. Die Brechkraft ist der Kehrwert der Brennweite.

Diploid, zwei Paar Chromosomensätze besitzend. Die genetische Substanz liegt also in doppelter Ausfertigung vor. Jeweils ein ↗Chromosom eines Paares stammt vom Vater, das andere von der Mutter.

Diplopie ↗Doppeltsehen.

Dipsomanie, periodische dranghafte Neigung zu Alkoholexzessen im Zusammenhang mit inneren Spannungszuständen und Verstimmungen. Nach Abklingen solcher Episoden folgen wieder mehr oder weniger lange Intervalle, in denen kein oder nur in mäßigem Ausmaß Alkohol getrunken wird. Die Hintergründe sind vielfältig; endokrine Störungen, neurotische Entwicklungen, psychopathische Entwicklungen und endogene Psychosen wie Schizophrenien oder phasische Depressionen, Epilepsien und andere mehr.

A. Hicklin

Direktes Sehen, *foveales Sehen,* die optische Wahrnehmung über die ↗fovea centralis, wie sie sich beim Fixieren eines Gegenstandes einstellt. *P. Schmidt & R. Simon*

Direktive Therapie, Psychotherapie, in der der Therapeut durch die Kontrolle des Therapieverlaufes und die Entscheidung, was das Beste für den Patienten sei, große Verantwortung auf sich nimmt.

Direktivität, eine der zwei Hauptdimensionen (D. versus Permissivität und Wertschätzung versus Geringschätzung), mit denen das Verhalten von Lehrern und Eltern im Unterrichts- und Erziehungsgeschehen charakterisiert werden kann. D. ist gekennzeichnet durch häufiges Befehlen, Anordnen, Zurechtweisen und Fragen sowie durch Irreversibilität der Äußerungen. Sie führt meist zu geringer Mitarbeit, Unterrichtsstörungen, rezeptivem und unoriginellem Verhalten.

Lit.: Tausch, R. & A.-M. Tausch: Erziehungspsychologie. Göttingen, [7]1973.

G. Kaulfush

Disengagement-Theorie betrifft die sozialen und psychischen Prozesse, die sich auswirken in einem Nachlassen des Engagements für die soziale Umgebung. Henry betont den engen Zusammenhang zwischen Altern und Disengagement, wobei aber auch Variable wie kulturelle Werte, Einstellungen, Lebensstile, ökonomische und soziale Bedingungen usw. eine Rolle spielen.

Lit.: Henry, W. E.: The Theory of Intrinsic Disengagement. Proc. Internat. Gerontology. Kopenhagen, 1963.

P. Schmidt & R. Simon

Disinhibition. Mit D. („Ent-Hemmung") bezeichnet man die Lösung jener Faktoren, die eine Reaktion hindern. Wird als Hemmung der Inhibition des Prozesses, der die ↗Löschung des bedingten Reflexes bewirkt, verstanden. Im engeren Sinne ist damit der Wegfall der Kontrollfunktionen des ↗Cortex cerebri unter Alkohol- oder Drogeneinwirkung gemeint. *K. E. Pelzer*

Disjektion, Spaltung des Persönlichkeitsgefühls im Traum; man erlebt sich dabei in doppelter Gestalt, z. B. gleichzeitig als Akteur und als Zuschauer. *F.-C. Schubert*

Diskreter Maßstab. Ein d. M. ermöglicht lediglich eine diskontinuierliche (diskrete) Messung einer u. U. kontinuierlichen quantitativen ↗Variablen. Eine derartig erfaßte Variable nennt man *diskrete Variable.*

W. H. Butollo

Diskriminanzanalyse, eine statistische Methode zur Einordnung individueller Werte in eine von mehreren Populationen bzw. zur Trennung verschiedener Populationen. Wesentlich ist dabei, daß diese Zuordnung bzw. Trennung nicht aufgrund eines, sondern mehrerer Merkmale erfolgt. Ist z. B. ein Individuum aufgrund eines Meßwertes einer von k Populationen zuzuordnen, so geschieht das mittels der D. derart, daß der ↗Fehler im Durchschnitt ein Minimum ist. Es müssen a) mehrere Meßwerte des einzuordnenden Individuums und b) die entsprechenden Meßwerte anderer Individuen, deren Zuordnung zu den Populationen bekannt ist bzw. ebenfalls ermittelt werden soll, zur Verfügung stehen. Die Kenntnis der Meßwerte für die Mitglieder der Grundgesamtheiten erlaubt das Erstellen einer Trennfunktion (Diskriminanzfunktion, Entscheidungsfunktion).

Lit.: Weber, E.: Grundriß der biologischen Statistik. Jena, 1961.

W. H. Butollo

Diskriminationsexperimente. Eine verbreitete Methode, Lernen speziell bei Tieren zu studieren, ist es, ein Versuchsobjekt systematisch für die Wahl eines zweier alternativer Stimuli zu belohnen. Ratten können z. B., obwohl sie sich relativ nicht visuell orientieren, unter entsprechenden Bedingungen lernen, horizontale von vertikalen Streifen zu unterscheiden, d. h., unterschiedlich auf diese zu reagieren. D. werden auch beim Studium von Wahrnehmungsphänomenen veranstaltet. *G. D. Wilson*

Diskriminierung. Soziale D. als die Umsetzung von Vorurteilen in „offenes" Verhalten (reicht von Beleidigungen, Kontaktmeidung bis hin zu Boykott, offener Aggression und Lynchjustiz) wird von Personen (individuelle D.), Gruppen oder als institutionelle D. von Organisationen, Teilen der Gesellschaft oder Nationen und Völkern meist gegenüber Minderheiten praktiziert. Soziale D. steht im Widerspruch zu den nominell geltenden Werten und Normen und richtet sich gegen andere allein aus deren Zugehörigkeit zu einer bestimmten sozialen, ethnischen, religiösen oder nationalen Gruppierung. *B. Six*

Disparate Netzhautpunkte, nicht identische Netzhautpunkte. ↗Identische Netzhautstellen.

Disparation ↗Querdisparation.

Dispersion, die ↗Streuung, das Ausmaß der Verschiedenheit von Einzelbeobachtungen in einer Population (↗Stichprobe). Die üblichen Statistiken dafür sind entweder mittlere ↗Abweichungen von einem Zentralwert, wie die mittlere Variation mV (Summe der absoluten Abweichungen, dividiert durch N) und die ↗Varianz (Mittelwert der quadrierten Abweichungen), oder Lageparameter, wie etwa der Quartilabstand. *W. H. Butollo*

Disposition, Angelegtheit, theoretischer Begriff zur Erklärung interindividuell unterschiedlicher, relativ konstanter Wahrscheinlichkeiten für das Auftreten bestimmter Verhaltensweisen, Symptome und anderer individueller Eigenarten. Es wird zwischen angeborenen und erworbenen D.en unterschieden. In Allports Persönlichkeitstheorie wird der Begriff der persönlichen D. synonym mit dem Begriff „trait" (↗Eigenschaft) gebraucht.

Lit.: Allport, G. W.: Gestalt und Wachstum in der Persönlichkeit. Meisenheim, 1970. *D. Bartussek*

Dissimilation, der Abbau von energiereichen Verbindungen, die durch ↗Assimilation gewonnen wurden. Durch D. wird die Energie beschafft, die zur Aufrechterhaltung der Lebensprozesse und zum Aufbau der Organismen notwendig ist. *H. Schmalfuß*

Dissimulation, die Verheimlichung, Leugnung, Bagatellisierung des Vorhandenseins körperlicher oder seelischer Erkrankungen bzw. sonstiger Symptome, ebenso der Versuch, bei Testverfahren und Untersuchungen als krank oder abnorm erlebte Eigenschaften nicht zum Ausdruck kommen zu lassen. Motiviert unter Umständen durch Notlagen, z.B. bei Bewerbungen um Arbeitsplätze. ↗Aggravation. *Ch. Kraiker*

Dissonanz. 1) *Musikwissenschaft:* ein in unserem Kulturbereich als unangenehm empfundener Zusammenklang zweier Töne im Abstand von einer Sekunde und Septime. **2)** *Psychol.:* die durch zwei unvereinbare Kognitionen bedingte Störung.

Lit.: Neisser, U.: Kognitive Psychologie. Stuttgart, 1974.
P. Schmidt & R. Simon

Dissonanz, kognitive, zentraler Begriff in L. Festingers Theorie der k. D., die versucht, ↗Einstellungs-Änderungen und im besonderen den Zusammenhang zwischen ↗Einstellungen und Verhalten zu erklären bzw. vorherzusagen.

Es besteht dann k. D., wenn zwei oder mehr kognitive Elemente (d. h. Wissen, Meinung oder Einstellung über beliebige Gegenstände, sich selbst oder andere Personen und deren oder das eigene Verhalten) in einer dissonanten Beziehung stehen. Das ist dann der Fall, wenn – betrachtet man die Elemente getrennt – aus dem Gegenteil des einen das andere abzuleiten wäre. Außerdem muß die Beziehung zwischen den Elementen relevant sein, damit ↗Dissonanz oder ↗Konsonanz auftreten kann.

Nach Festinger wird k. D. vom Individuum als unangenehm empfunden und erzeugt Druck in Richtung auf Reduktion der Dissonanz bzw. auf Konsonanz. Die Stärke dieses Drucks auf Dissonanzreduktion ist abhängig von der Stärke der bestehenden Dissonanz, die wiederum eine Funktion des Verhältnisses zwischen Wichtigkeit und Zahl der dissonanten Elemente einerseits und der konsonanten Elemente andererseits ist.

Im wesentlichen werden drei Möglichkeiten der Dissonanzreduktion beschrieben: a) die Änderung des eigenen Verhaltens als ein kognitives Element; b) die Änderung der Umgebung bzw. der Umwelt als kognitives Element; c) das Hinzufügen eines neuen kognitiven Elements, um das Gewicht der dissonanten Elemente, verglichen mit dem der konsonanten Elemente, zu verringern. ↗Homöostase.

Lit.: **Chapanis, N. P. & A. Chapanis:** Cognitive dissonance: Five years later. Psychol. Bull. 1964, *61*, 1–22; **Festinger, L.:** Theorie der kognitiven Dissonanz. Bern – Stuttgart, 1977.

A. Schmidt-Mummendey

Dissoziation, ein Prozeß, durch den bestimmte Gedanken, Einstellungen oder andere psychol. Aktivitäten ihre normale Relation zu anderen bzw. zur übrigen Persönlichkeit verlieren, sich abspalten und mehr oder minder unabhängig funktionieren. So können logisch unvereinbare Gedanken, Gefühle und Einstellungen nebeneinander beibehalten und doch ein Konflikt zwischen diesen vermieden werden. Ein chronisch dissoziativer Status wird für gewöhnlich als pathologisch betrachtet. Verhaltensweisen und Phänomene, die im Sinne von D. beschrieben wurden, sind z. B. Mehrfach- oder gespaltene Persönlichkeit, Somnambulismus (Schlafwandeln), ↗automatisches Schreiben, bestimmte Wahnsysteme, Hypnotismus und hysterische Amnesie.

G. D. Wilson

Dissoziierte Empfindungslähmung, bestimmte Form von ↗Ausfallserscheinungen infolge einer Halbzerstörung des ↗Rückenmarks. Sie trifft das Phänomen, daß Schmerz-, Kälte- und Wärmeempfindung auf der gelähmten Seite auslösbar sind, auf der gesunden Seite dagegen nicht mehr.

Lit.: **Rein, H. & M. Schneider,** Psychologie des Menschen. Berlin, [19]1977.

P. Schmidt & R. Simon

Distal, von der Körperachse aus betrachtet, außen liegend, nach außen gerichtet. Gegensatz: *proximal*. Zum Beispiel befindet sich der Oberarm proximal, der Unterarm distal vom Ellenbogen.

H. Schmalfuß

Distanz, soziale, Variable, die aus dem Versuch abgeleitet wird, Gruppenstrukturen, soziale Positionen und Interaktionsverhalten unter Mitgliedern einer Gruppe oder von Gruppen untereinander analog räumlichen Kategorien zu beschreiben.

Mit s. D. meint man die relative Zugänglichkeit einer Person oder Gruppe oder das Ausmaß an gewünschtem Kontakt zu einer zweiten Person oder Gruppe. Sie ist abhängig von der räumlichen Entfernung zwischen zwei Individuen, aber auch von der Ähnlichkeit ihrer sozialen Einstellungen, ihrer Interessen und Vorlieben, beruflichen Beschäftigungen, Zielen usw.

Je größer die s. D., desto mehr nimmt die Wahrscheinlichkeit des Kontakts zwischen Individuen oder Gruppen ab, und desto wahrscheinlicher treten ablehnende oder feindselige Einstellungen zwischen ihnen auf, und umgekehrt. In der Möglichkeit, durch Schaffen gemeinsamer Interessen, räumlicher Nähe usw. die soziale Distanz zu verringern, wird ein Weg gesehen, negative Einstellungen, Vorurteile und feindselige Handlungen zwischen Individuen oder Gruppen abzubauen.

Methoden zur Messung s. D.en bieten die verschiedenen Formen des ↗Soziogramms (Moreno, 1953; Lindzey & Borgatta, 1954) oder die Soziale-Distanz-Skala nach Bogardus (1928).

Lit.: Bogardus, E. S.: Immigration and race attitudes. Boston. 1928; **Lindzey, G. & E. T. Borgatta:** Sociometric measurement. In: **G. Lindzey** (Ed.): Handbook of social psychology, Vol. I. Reading (Mass.), 1968; **Moreno, J. L.:** Who shall survive? New York, ²1953.

A. Schmidt-Mummendey

Distorted rooms („verzerrte Zimmer"), zum Zweck der Demonstration von räumlich-optischen Täuschungen entsprechend ausgestaltete Räumlichkeiten.

Distribution (von Meßgrößen), eine weitere Bezeichnung für Verteilung (Anordnung der Funktionswerte einer Variablen). Vgl. ↗Häufigkeitsverteilung. *W. H. Butollo*

Disulfiram, Substanz, die als Adjuvans bei der Therapie des chronischen ↗Alkoholimus verwendet wird (Antabus®). D. führt, vor Alkoholgenuß verabreicht, zu starken vegetativen Störungen (Schwindel, Erbrechen, Kopfschmerz u. a.). *W. Janke*

Disziplin. Als D. (lat. disciplina = Schulung, Zucht, Ordnung) gilt heute ein vom Willen gesteuertes Verhalten gemäß den Regeln und Werten, die für menschliches Zusammenleben konstitutiv sind. Zur Sicherung von Ordnung und Funktionsfähigkeit ist D. nicht nur in Institutionen der Erziehung, sondern auch im Verkehr, Beruf usw. unerläßlich. In der römischen Antike waren Schule und D. fast identisch. Die ältere Pädagogik verstand D. als „Regierung des Schülers" (W. Rein) und rechnete sie neben Unterricht und Zucht zur Trias der Erziehung. Das Organisationsgefüge der Schule ist ohne D. undenkbar. In der D. greift das Recht ordnend in die Erziehung ein und bindet diese an das soziale Ganze. Dem individuellen Willen und Selbstsein setzt D. die sozial angemessenen Grenzen. Daher neigt jede individualistische Päd. (so z. B. die antiautoritäre und emanzipatorische) zur Negation von D.

Lit.: Fischer, A.: Der Begriff der D. 1930; **Gmurmann, V.:** D. in der Schule. Berlin, 1961; **Hagemeister, U.:** Die Schuldisziplin. Weinheim – Berlin, 1968; **Horney, W. & H. A. Müller:** Schule u. D. Gütersloh, 1964; **Patzscheke, W.:** Über die D. In: Die Sammlung, 7/8, 1955; **Röhrs, H.** (Hrsg.): Die D. in ihrem Verhältnis zu Lohn u. Strafe. Wiesbaden, 1968; **Wunberg, G.:** Autorität u. Schule. Stuttgart – Berlin – Köln – Mainz, 1966; **Züghart, E.:** D.konflikte in der Schule. Hannover, ⁴1970.

F. Pöggeler

DIT ↗Interessentests.

Divergentes Denken umfaßt nach dem Guilfordschen Intelligenzstruktur-Modell einen Teilbereich der Intelligenz. Beim d. D. kommt es nicht, wie bei den herkömmlichen Tests der allg. Begabung, auf das Finden nur einer richtigen Lösung an, sondern auf die Mannigfaltigkeit und Originalität der Antworten sowie auf Einfallsfülle und Umstrukturierung. Es wird durch die Faktoren der Wort- und Ausdrucksflüssigkeit und die Faktoren der Flexibilität des Denkens erfaßt. Seine Definition deckt sich weitgehend mit dem Begriff der ↗*Kreativität.*

Lit.: Guilford, J. B.: Persönlichkeit. Weinheim, ⁶1974.

G. Kaulfush

Divergenzhypothese ↗Intelligenz.

Dogmatismus. Bezeichnung für eine allgemeine Einstellung, sich stark an „geschlossenen" im Gegensatz zu mehr „offenen" Kognitionen bzw. Denkrahmen zu orientieren („closed-mindedness" versus „open-mindedness" nach M. Rokeach).

Je „geschlossener" ein System von Meinungen, Einstellungen, Überzeugungen ist, desto weniger vermag ein Individuum an einer Situation eine Vielzahl unterschiedlicher, relevanter Aspekte wahrzunehmen. Flexibilität von Meinungen und Einstellungen wird erschwert; Meinungs- und Einstellungsänderungen sind nur möglich, wenn sich der gesamte Denkrahmen ändert.

Dadurch können soziale Einstellungen, wie Ethnozentrismus, Autoritarismus, Intoleranz usw., begünstigt werden. „Dogmatismus" wird insofern auch als Sammelbegriff für die kognitive Seite derartiger Einstellungen verwendet.

Mit der „Dogmatismus"-Skala versuchte M. Rokeach (1960) das Konzept des „Autoritarismus" stärker zu formalisieren und von angeblichen Einseitigkeiten zu befreien. Diese bestehen Kritikern der Adorno-Gruppe (↗Autoritäre Persönlichkeit) zufolge darin, daß Skalen zur Erfassung „autoritärer", „antidemokratischer" Einstellungen hauptsächlich entsprechende Tendenzen der politisch rechts Orientierten messen. Zusammenhänge zwischen „Autoritarismus"- und „Dogmatismus"-Skalen fallen zumeist schwach-positiv aus. Unwiderlegt ist, daß Angehörige der politischen Linken ähnlich hohe „Dogmatismus"-Werte zeigen wie „Rechts-Autoritäre". ↗Konservativismus.

Lit.: Brown, R.: Social psychology. New York – London, 1968; **Rokeach, M.:** The open and closed mind. New York, 1960.

H. D. Schmidt

Dolichocephalus, Fachausdruck für Langköpfigkeit. Der Schädelindex (Verhältnis von Schädellänge zu Schädelbreite) ist vergrößert. Wird sowohl als Eigenschaft von Einzelindividuen als auch zur Kennzeichnung von Rassenmerkmalen gebraucht.

E. David

Dominant. *Vorherrschend.* In der Vererbungslehre wird damit die für den ↗Phänotypus wesentliche Erbanlage bezeichnet. Gegensatz: rezessiv. ↗Gene; ↗Genetik.

K. E. Pelzer

Dominanzstreben, eine ↗Disposition, die die Weise, in der ein Individuum seine ↗Rolle in der mitmenschlichen Auseinandersetzung zu realisieren versucht, stark beeinflußt. Das D. hat auch in die ↗Persönlichkeitsforschung als eigenständige ↗Dimension, die z. T. faktorenanalytisch abgesichert werden konnte, Eingang gefunden. Beispiele dafür sind die Fragebogen von R. G. Bernreuter, J. P. Guilford, R. B. Cattell u. a. Folgende Verhaltensweisen können als Indikatoren für D. angesehen werden: bestimmt, selbstüberzeugt, hart, befehlsgebend, direktiv, machtorientiert usw. In der monothematischen Antriebslehre A. Adlers kommt diesem Streben als *Wille zur Macht* zentrale Bedeutung zu.

P. Schmidt & R. Simon

Dominator-Modulator-Theorie ↗Farbensichtigkeit.

Doppelbilder, bei binokularem Sehen auftretende Zweifachbilder eines Objekts. Man teilt sie in *Längs-D.* (selten) und in *Quer-D.* ein, je nachdem, ob eine Längs- oder ↗Querdisparation vorliegt. Während Längs-D. praktisch nur pathologisch oder optisch (Prismen) auftreten, treten Quer-D. bei hinreichender Aufmerksamkeitszuwendung auch im normalen Binokularsehen auf. Liegt der Fixationspunkt vor dem Doppelbildobjekt, so entstehen gleichnamige oder ungekreuzte D. (das Doppelbild im rechten Auge liegt rechts vom Fixationsobjekt, im linken Auge links). Ist das Fixationsobjekt hinter dem Doppelbildobjekt, so entstehen ungleichnamige oder gekreuzte Doppelbilder. Beim Schielen entstehen pathologische ungekreuzte D. bei Einwärtsschielen und gekreuzte bei Auswärtsschielen. D. werden durch Regulationen des Binokularsehens unterdrückt (visuelle Bildhemmung), treten gelegentlich in binokularen Wettstreit, aber in der Regel werden sie nicht beachtet. Trotz der D. und Bildhemmung (Extra-PANUM-Sehen) entsteht vom doppelt abgebildeten bzw. gesehenen Objekt ein Tiefeneindruck.

A. Hajos

Doppelblindversuch ↗Blindversuch.

Doppelempfindung ↗Synästhesie.

Doppelmoral bezeichnet eine zweifache, zumeist geschlechtsspezifische Moral, die dem einen Geschlecht größere sexuelle Freiheiten zugesteht als dem anderen. Vor allem in Europa und den USA ist hierunter eine Sexualmoral zu verstehen, die aufgrund vermeintlicher biologischer und/oder religiös legitimierter Unterschiede dem Mann sexuelle Kontakte vor und neben der Ehe gestattet, von der Frau hingegen ↗Abstinenz erwartet. In seiner Klassifikation sexueller ↗Standards hat Reiss als *orthodoxe D.* („orthodox double standard") jene Einstellung bezeichnet, die dem Mann nicht-eheliche sexuelle Kontakte, insbesondere Koitus, zugesteht, sie für die Frau aber für verwerflich hält. Im Verlauf des letzten Jh. hat sich, u. a. aufgrund einer Emanzipation der Frau, eine von Reiss *transitionell* genannte D. („transitional double standard") entwickelt, die nicht-eheliche sexuelle Kontakte der Frau unter der Bedingung für zulässig hält, daß sie verliebt oder verlobt ist.

Lit.: **Reiss, I. L.:** Premarital sexual standards in America. Glencoe (Ill.), 1960. *J. Friedrichs*

Doppelorgane. Hierunter werden die symmetrisch in zweifacher Ausfertigung vorhandenen Organe verstanden. Spezielle Bedeutsamkeit hat diese Doppelanlage bei Auge und Ohr. *K. E. Pelzer*

Doppeltsehen oder *Diplopie* liegt vor, wenn von einem Objekt zwei Wahrnehmungen entstehen. Man teilt Diplopie in *funktionelles* (↗Doppelbilder) und *patholog. D.* ein. Pathologisches *binokulares D.* entsteht bei Stellungsanomalien des Auges, bei Lähmungsschielen usw. *Monokulares D.* kann infolge pathologischer Veränderungen der Augenmedien (Linse und Hornhaut) auftreten. Es kann sogar ein *Vielfachsehen* (Polyopie) auftreten. Binokulares D. kann auch durch Ermüdung der Okulomotorik oder infolge ↗Pharmaka (Alkohol) auftreten. *A. Hajos*

Dopplerscher Effekt. Nähert sich eine Schallquelle rasch dem Ohr, so steigt der gehörte Ton an, da hierbei mehr Schallwellen pro Zeiteinheit das Ohr treffen, als wenn die Schallquelle stillsteht. Umgekehrt wird der Ton tiefer, wenn die Schallquelle sich entfernt. Aus der Astronomie ist eine entsprechende optische Erscheinung (Rotverschiebung von Sternen) bekannt. *W. Traxel*

Doraphobie, übersteigerte Angst vor dem Kontakt mit Haut und/oder Tierfellen.

Dorsal. Bei Tieren mit nur einer Symmetrie-Ebene und einer durch die Lage des Nervensystems in bezug auf den Darmtrakt definierten Bauch- und Rückenseite wird die Rückenhälfte als d. bezeichnet. Gegensatz: *ventral.* Bei Wirbeltieren liegt das Nervensystem d. vom Darm, bei Gliederfüßlern ventral davon. *H. Schmalfuß*

Double-bind-hypothesis, von Bateson et al. entwickelte kommunikationstheoretische Vorstellungen zur Entstehung der Schizophrenie. Pathogen wirkt danach das wiederholte Auftreten des folgenden Erlebnismusters (double bind): 1) Die Person ist in einer lebenswichtigen Beziehung gebunden. 2) Die andere Person äußert in einer Situation zwei die Beziehung betreffende, aber gegensätzliche Botschaften (im allgemeinen auf verschiedenen Ebenen). 3) Mit dieser Widersprüchlichkeit darf sich die Person nicht kritisch auseinandersetzen. Auf welche der Botschaften sie jetzt auch reagiert, ihre Reaktion wird im Sinne der anderen falsch sein. So wird sie nicht lernen, zwischen verschiedenen Kommunikationsmodi zu unterscheiden, und um zu überleben, muß sie ihre Wahrnehmungen systematisch verzerren.

Lit.: **Bateson, G., Haley, J., Jackson, D. D. & J. W. Weakland:** Auf dem Weg zu einer Schizophrenie-Theorie. In: **G. Bateson u.a.:** Schizophrenie und Familie. Frankfurt a. M., 1969. *F. Seibt*

Down-Syndrom (Synonyma: *Langdon-Down-Syndrom, -Schwachsinn, Mongolismus, Trisomie 21),* häufige Schwachsinnsform, die mit charakteristischen Körpermerkmalen kombiniert ist. Grundlage ist eine Chromosomenanomalie, indem an der Stelle des Chromosomenpaares 21 drei ↗Chromosomen liegen.

Symptome: meist schwerer ↗Schwachsinn bei lebhafter, kontaktfreudiger Wesensart; verzögerte Entwicklung; Minderwuchs; mongoloide Schrägstellung der Augen und mediale Lidfalte (Epikanthus); Veränderungen an Bindehaut und Iris, Star der Linse; Kurzschädel; Stumpfnase; große, stark gefurchte Zunge; Mund meist offenstehend; mannigfache Finger- und Handmißbildungen, ebenso an inneren Organen (Herz, Skelet). Ätiopathogenetisch unterscheidet man heute drei Formen: 1) die klassische Trisomie 21; 2) Translokations-Mongolismus, bei dem das überzählige Chromosom 21 an einem anderen autosomalen Chromosom haftet; 3) Mosaik-Mongolismus: Nebeneinander verschiedener Chromosomensätze beim gleichen Individuum. – Bei der Form 1) sind die Mütter häufig nicht mehr jung, das Risiko der Wiederholung ist gering. Hingegen besteht bei Form 2) die Gefahr der Wiederholung des D. in der Familie.

C. Scharfetter

Drahtbiegeprobe. Mit einem Stück Draht muß eine vorgegebene Form nachgebildet werden. Es soll damit das Handgeschick im Sinne der material- und formgerechten Anpassung gemessen werden.

Lit.: **Lienert, G.:** Drahtbiegeprobe. Die D. als standardisierter Test. Göttingen, ²1967.

R. Meili

Drang bezeichnet die Erlebnisqualität, die einen Triebvorgang begleitet. Es handelt sich dabei um ein antriebshaftes Gefühlserlebnis, das sowohl reizgebunden wie auch spontan auftreten kann. Der D. ist stets zielgerichtet; die Artikulation des angestrebten Zieles nimmt jedoch meist mit wachsender Intensität des Antriebes ab.

P. Steck

Draw-a-Man-Test (Abk.: DAM), 1926 von Goodenough veröffentlicht, ist ein Zeichentest zur Prüfung von Intelligenz. Goodenough publizierte Normen für Kinder im Alter von 3 bis 13 Jahren, W. E. Hinrichs (1935) und C. A. Oakley (1940) erweiterten die Skala bis zum 18. Lebensjahr. Die vom Pb hergestellte bestmögliche Zeichnung eines Menschen wird nach einer standardisierten Liste (51 Items) ausgewertet und ein Intelligenzquotient (IQ) errechnet. – Reliabilität $r = .80$ bis .90; Validität: Korrelationen mit dem Stanford-Binet ergaben ↗Determinationskoeffizienten zwischen $r^2 = .17$ und $r^2 = .58$; Korrelation mit dem Lehrerurteil $r = .44$ (Goodenough).

Der *Mann-Zeichen-Test* (Abk.: MZT) von Ziler (1958) unterscheidet sich in manchen seiner 52 Items vom DAM, er ermittelt ein „Mann-Zeichen-Alter" bzw. einen „-Quotienten".

Der *Drawing-Test* von Goodenough & Harris (1963) läßt 3 Zeichnungen herstellen, die eines Mannes, einer Frau, ein Selbstporträt, und errechnet aus den ersten beiden einen mittleren IQ, den die Autoren für zuverlässiger als das Ergebnis der Auswertung nur einer Zeichnung halten.

Lit.: **Goodenough, F. L.:** Measurement of intelligence by drawings. New York, 1926; **Goodenough, F. L. & D. B. Harris:** Drawing test. New York, 1963; **Ziler, H.:** Der Mann-Zeichen-Test. Münster, ²1970.

I. M. Deusinger

Drehschwindel, subjektive Empfindung nach raschen, häufigen Drehungen des Körpers um die eigene Körperachse. Nach Beendigung der Drehung entsteht der Eindruck, als bewege man sich selbst gegensinnig oder aber die Umwelt drehe sich gleichsinnig zur vormaligen Drehrichtung. Starker D. kann ein Indikator von ↗Gleichgewichtsstörungen sein. Physiologisches Korrelat der Drehempfindung ist die Ablenkung der Cupulaorgane in den Bogengängen des ↗Vestibularorgans, beobachtbar beim Menschen am ↗Nystagmus des Auges (Elektronystagmographie).

Mit Hilfe des ↗Barany-(Drehstuhl-)Verfahrens untersucht man die Fliegereigenschaft, ↗Suggestibilität und Raumorientierung von Personen.

Lit.: **Decher, H.:** Vestibularis-Feindiagnostik mittels Nystagmographie. Heidelberg, 1965.

M. Brambring

Drehstuhlversuch ↗Barany-(Drehstuhl-) Verfahren.

Dreieckshypothese, eine von Kelley & Stahelski zunächst an Laborbefunden zum Paradigma des Gefangenendilemmas studierte, dann aber auch auf andere Lebensbereiche übertragene Regelbehauptung über das Verhältnis von Selbst- und Fremdbildern in potentiell kompetitiven Aufgabensituationen: Je ausgeprägter die subjektive Rivalitätsmotivation eines Akteurs sei, desto eher wäre er geneigt, die gleiche Haltung auch seinen Interaktionspartnern zuzuschreiben; eine kooperative Grundeinstellung des Akteurs beschränke dagegen seine Einschätzung des zu gewärtigenden Partnerverhaltens nicht in gleichem Maße, kurz: nur der rivalisierende Schelm denkt von anderen, wie er selber ist. Den Namen hat diese volkstümliche Vermutung von der graphischen Darstellung des annähernd dreieckigen – weil mit der zunehmenden Rivalitätsmotivation eines Akteurs trichterförmig verengten und zuletzt auf dessen eigene Einstellung konvergierenden – Spielraums unterstellter Partnerhaltungen.

Lit.: Kelly, H. H. & A. J. Stahelski: The social interaction basis of cooperators' and competitors' beliefs about others. J. of Pers. & Soc. Psychol., 1970, *16*, 66–91.

A. Vukovich

Dreieckskonflikt. Die ↗Balz vieler Wirbeltiere entspringt einem Konflikt zwischen Angriffs-, Flucht- und Sexualtendenz, doch können noch andere, wie Bau- und Brutpflegetendenz, aktiviert sein. Die einander widerstreitenden Triebe führten während der Phylogenese zu typischen Kompromissen, denen typische Intensitäten bestimmter Bewegungsmuster entsprechen.

Lit.: Morris, D. J.: The function and causation of courtship ceremonies. In: **P. P. Grassé** (Ed.): L'Instinct dans le comportement des animaux et de l'homme. Paris, 1956, S. 261–287.

K. Fiedler

Dreisinnig. Fallen von den klassischen fünf Sinnen (Gesichts-, Gehörs-, Geschmacks-, Geruchs- und Tastsinn) zwei aus, wie im Falle der Taubstummblindheit, spricht man von Dreisinnigkeit. *P. Schmidt & R. Simon*

Dressate. Bezeichnung (W. Künkel) für ein einem konditionierten Reflex entsprechend erscheinendes Ergebnis von rigoroser, progressiver ↗Konditionierung, auch wenn dies ohne persönliche Motivation auf seiten des Subjekts geschah. Künkel postuliert das Entstehen einer *Dressatneurose* oder „Konditionierungsneurose" bei inadäquaten D.n bzw. konditionierten Schemata (und demgemäß deren Verarbeitung). *J. Cumming*

Dressur. „Abrichtung". Der Erwerb bestimmter Verhaltensweisen (bei Tieren) auf assoziativem Weg. Die Dressurmethode versucht, mittels häufiger Wiederholung und Verstärkung (↗Konditionierung) auf ganz bestimmte Reize spezifische Reaktionen herauszubilden. Voraussetzung für jede Dressur ist ein bestimmtes Maß an Lernfähigkeit bzw. Konditionierbarkeit.

Lit.: Thorndike, E. L.: Animal intelligence; an experimental study of the associative processes in animals. In: Psychol. Rev. Monogr., Suppl. 2, 1898.

K. E. Pelzer

Droge, Pharmakon natürlicher (pflanzlicher) Herkunft im Unterschied zu einer synthetischen Substanz. – Aufgrund der generellen Verwendung des Wortes „drug" für Arzneimittel im anglo-amerikanischen Sprachgebrauch in zunehmendem Maße auch im erweiterten Sinn Synonym für natürliche und synthetische Substanzen. *G. Debus*

Drogenabhängigkeit, von der WHO 1964 für alle Arten von Drogensucht und -gewöhnung vorgeschlagener Terminus. D. ist definiert als Zustand psychischer und/oder physischer Abhängigkeit von einer Substanz mit zentralnervöser Wirkung (↗Psychopharmaka). Dabei bedeutet psychische Abhängigkeit das Verlangen nach periodischer oder kontinuierlicher Applikation einer Droge zur Erzielung eines angenehmen oder zur Vermeidung eines unangenehmen Zustands. Physiologische Abhängigkeit bedeutet eine durch wiederholte Applikation bedingte körperliche Umstellung des Organismus, so daß bei ersatzloser Absetzung oder Dosisverminderung erhebliche physiologische Entziehungserscheinungen auftreten. Davon zu unterscheiden ist Dosissteigerung wegen Toleranzerhöhung als ein Nachlassen der Empfindlichkeit eines Organismus gegenüber einer bestimmten Substanz ohne Bildung von Abhängigkeit. Drogensucht ist charakterisiert durch hohe psychische und physische Abhängigkeit, meistens mit Dosissteigerung. Bei Gewohnheitsbildung besteht lediglich psychische Abhängigkeit ohne oder mit nur geringem Verlangen nach Steigerung der Dosis. Die Art der D. ist verschieden je nach Präparatetyp. Man unterscheidet daher D. vom: a) Barbiturat-Alkohol-Typ, b) Morphin-Typ, c) Amphetamin-Typ, d) Halluzinogen-Typ (z. B. Cannabis) und e) Cocain-Typ. Die Unterschiede der D. bestehen vor allem in der Neigung zu Dosissteigerung, physiologischer Abhängigkeit und Auftreten des Abstinenzsyndroms. – Zur Erklärung der Entstehung von D. werden verschiedene psychol. Theorien herangezogen. Neben psychoanalytischen treten neuerdings lerntheoretische Erklärungen in den Vordergrund, wonach die Konsequenzen der Drogeneinnahme als Verstärker eines Prozesses der ↗Konditionierung betrachtet werden. (Zum Nachweis der Verstärkerwirkung dient u. a. in Tierversuchen die Methode der ↗drug self administration.) Die meisten Theorien können jedoch nur Teilaspekte der D. erfassen, eine umfassende Erklärung müßte die komplexe Interaktion von physiologischen, psychol. und soziokulturellen Faktoren bei der Entstehung von D. berücksichtigen. Die Therapie der D. bedient sich vor allem der Technik des langsamen Entziehens, der ↗Aversionstherapie oder der (vorübergehenden) Anwendung von Ersatzpräparaten. Behandlungsmöglichkeiten und -notwendigkeiten sind bei den verschiedenen Präparatetypen verschieden.

Lit.: A. M. A. Committee on alcoholism and addiction and council on mental health: Dependence on barbiturates and other sedative drugs. Jama, 1965, *193*, 673; **Ausubel, D. P.:** Drug addiction: physiological, psychological, and sociological aspects. New York, 1966; **Christiani, E. & G. Stübing:** Drogenmißbrauch und Drogenabhängigkeit. Köln, 1973; **Collier, H. O. J.:** A general theory of the generies of drug dependence by induction of receptors. Nature, 1965, *9*, 181; **Eddy, N. B., Halbach, H., Isbell, H. & M. H. Seevers:** Drug dependence: its significance and characteristics. Psychopharm. Bull., 1966, *3*, 1–12; **Essig, C. F.:** Addiction to nonbarbiturate sedative and tranquilizing drugs. Clin. Pharmacol. Therap., 1964, *5*, 334; **Gelpke, R.:** Drogen und Seelenerweiterung. München, [4]1975; **Isbell, H. & H. F. Fraser:** Addiction to analgetics and barbiturates, Pharmacol. Rev., 1950, *2*, 355–397; **Murray, J. B.:** Drugs and drug-dependency. The American Ecclesiastical Rev., 1967, *157*, 12–28; **Scheidt, J. v.** (Hrsg.): Die Behandlung Drogenabhängiger. München, 1974; **Steinberg, H.** (Ed.): Scientific basis of drug dependence. London, 1969; **WHO** Scientific Group on the Evaluation of Dependence-Producing Drugs: World Health Organization Technical Report, Series 287, 1964.

H. Knauer

Drohen, gehemmte Aggression bei gleichzeitig aktivierter Flucht- oder Sexualtendenz. Meist verbunden mit Vergrößerung der Körperoberfläche, Sträuben von Haaren, Gefieder und Flossen, Entblößen von Zähnen und Krallen, Spreizen der Kiemendeckel. Oft wirken bestimmte Körperhaltungen drohend, wie Kopfsenken bei Möwen und Fischen. Drohlaute kommen bei Wirbeltieren und Insekten vor.

Lit.: Mertens, R.: Die Warn- und Drohreaktionen der Reptilien. Abh. Senckenberg. naturf. Ges., 1946, *471*, 1–108; **Schenkel, R.:** Ausdrucks-Studien an Wölfen. Behav., 1947, *1*, 81–130.

K. Fiedler

Dromomanie ↗Poriomanie.

dR-Technik ↗Faktorenanalyse.

Druckpunkte, druckempfindliche Stellen an der Körperoberfläche. Die Rezeptoren für den Druck (Merkelsche Scheiben, Meissnersche Körperchen, freie Nervenendigungen) sind nämlich punktförmig in unterschiedlicher Dichte über die gesamte Oberfläche des Körpers verteilt. Ihre Anzahl beträgt ca. 720000, wovon sich ungefähr 80000 durch besondere Empfindlichkeit von den übrigen abheben (größte D.dichte auf der Zungenspitze, geringste auf dem Rücken). ↗Drucksinn.

P. Steck

Drucksinn. Der Druck- oder Tastsinn zählt neben der Schmerz- und Temperaturempfindung zu den *Hautsinnen* (↗Haptik). Die Druckempfindung entsteht über eine mechanische Deformation der Haut. Rezeptionsorgane des Drucksinnes sind: Nervenendigungen an den Haarbälgen, Meissnersche Körperchen, Merkelsche Scheiben, Vater-Pacinische Körperchen (in tieferen Schichten) und freie Nervenendigungen (↗Druckpunkte).

Lit.: Keidel, W. D.: Kurzgefaßtes Lehrbuch der Physiologie. Stuttgart, [4]1975; **Rein, H. & M. Schneider:** Physiologie des Menschen. Berlin – Göttingen – Heidelberg, [19]1977.

P. Steck

Druckwaage, von W. Wundt erfundenes Gerät zur Messung der Druckempfindlichkeit.

Drug self administration, Methode der Verhaltenspharmakologie (↗Pharmakopsychologie), bei der Tiere sich selbst Pharmaka verabreichen können. Techniken für orale, intraperitoneale, intravenöse, intracerebrale und inhalierende Verabreichung stehen zur Verfügung. Gebräuchlichste Technik ist die orale Verabreichung, bei der meist zwischen aktiver und Scheinsubstanz zu wählen ist. Die Verabreichung geschieht häufig unter Streßbedingungen (z. B. elektrische Schläge). In bestimmten Situationen führen sich die Tiere in erhöhtem Maße Alkohol, Opiate, Barbiturate, Tranquilizer, wie Chlordiazepoxyd, und Stimulantien zu. Bestimmte Präparate werden nach den vorliegenden Untersuchungen abgelehnt (Chlorpromazin, Pemolin). Versuchstiere waren insbesondere Ratten und Affen. Von besonderer Bedeutung ist die lokalisierte intracerebrale Zufuhr. Sie entspricht der Technik der elektrischen Selbstreizung nach J. Olds. D.versuche tragen vor allem zur Frage der Drogenabhängigkeit bei (↗Sucht).

Lit.: Schuster, C. R. & T. Thompson: Self administration of and behavioral dependence on drugs. Ann. Rev. Pharmacol., 1969, 9, 483–502.

W. Janke

Drüsen, auch *Glandulae* genannt, sind Organe des Körpers, die besondere Körpersäfte bilden und ausscheiden. Inkretorische D., wie ↗Schilddrüse, Nebennieren, Inselzellen der Bauchspeicheldrüse, Eierstöcke und Hoden. scheiden ↗Hormone (Wirkstoffe) in die Blutbahn aus, während exkretorische D., wie Schweiß-, Talg-, Tränen-, Duft-, Speichel- oder Verdauungs-D., Säfte an die Umgebung des Körpers, wozu auch das Lumen des Verdauungstraktes gerechnet wird, abgeben.

E. David

Dualismus, religiöse, kosmogonische, philosophische oder metaphysische Doktrin, die als Ausgangslage die Existenz zweier unvereinbarer Grundprinzipien annimmt. In der Psychol. postuliert der D. die Zweiheit physischer und geistiger Phänomene (↗Leib-Seele-Problem); in der Philosophie postuliert der D., daß im Wesen sowohl „Geist" als auch „Materie" vorhanden sei (z. B. Descartes: ausgedehnte Substanz [extensio] und denkende Substanz [cogitatio]); der D. steht damit im Gegensatz zum Monismus und Pluralismus.

F. Bomio

Dualzeichen ↗Binary digit.

Duisburger Vorschul- und Einschultest (DVET) ↗Einschulungstests.

Duktus ↗Graphologische Begriffe.

Duncan-Test, eine Spezialform des *Student-t-Tests,* daher auch *Duncan-t-Test* genannt. Mit Hilfe dieses Verfahrens ist es möglich, Mittelwertpaare zu vergleichen, wenn die Resultate von mehr als zwei unabhängigen ↗Stichproben vorliegen (z. B. im Anschluß an eine ↗Varianzanalyse zur Identifikation der für ein eventuell signifikantes Resultat „verantwortlichen" experimentellen Bedingung[en]). Zu diesem Zweck werden die ↗Mittelwerte der Stichproben hinsichtlich ihrer numerischen Größe in eine Rangreihe gebracht. Die darin benachbarten Mittelwerte können mit dem ↗t-Test, alle restlichen mit dem D.-T. auf ↗Signifikanz geprüft werden. Die kritischen D_t-Werte sind in den meisten Statistiklehrbüchern tabelliert. ↗Mathematische Psychologie; ↗Statistik.

W. H. Butollo

Dunkeladaptation, Anpassung des visuellen Systems an dunkle Umgebung; genauer: Zunahme der Empfindlichkeit für Leuchtdichte, wenn die Allgemeinbeleuchtung von einem höheren auf ein niedrigeres Niveau sinkt. Der entgegengesetzte Prozeß bei Zunahme der Allgemeinbeleuchtung heißt ↗*Helladaptation* (Abnahme der Empfindlichkeit für Leuchtdichte). D. und Helladaptation bezeichnen sowohl den Vorgang (Adaptationsvorgang, Adaptationsprozeß) als auch den Zustand des visuellen Systems (dunkel- bzw. helladaptiertes Auge). Bei plötzlichem Wechsel von Hell zu Dunkel und umgekehrt sind alle Sehleistungen stark vermindert (funktionelle Blindheit, ↗Blendung). Mit Fortschreiten der D. bzw. Helladaptation nehmen die Sehleistungen zu, erreichen aber beim dunkeladaptierten Auge nicht die Höhe des helladaptierten (statische Kennlinien der Empfindlichkeit des Auges gegenüber dynamischen Kennlinien). Beim dunkeladaptierten Auge fehlt die Fähigkeit zur Farbunterscheidung.

Beim Verlauf der D. unterscheidet man die *Sofortadaptation* (Zapfenadaptation, Dauer 3 bis 10 Minuten) von der *Daueradaptation* (Stäbchenadaptation, die nach Stunden nicht abgeschlossen ist) nach dem Kriterium des Kohlrauschschen Knicks im Adaptationsverlauf. *Adaptationsverlauf* ist die Darstellung der Empfindlichkeitsänderung in Abhängigkeit der Zeit der Adaptation. *Adaptationsbreite* ist die Zunahme der Empfindlichkeit in einstündiger D. nach einer ausreichenden Voradaptation an Hell. *Adaptationskriterien* sind spezifische Sehleistungen. *Adaptationsbereich* ist der Leuchtdichtebereich zwischen eben noch wahrnehmbaren Leuchtdichten (untere ↗Schwelle) und der Leuchtdichte, die trotz Helladaptationszeit zur Blendung führt (beträgt nach Angaben mancher Autoren zehn Dekaden der Leuchtdichte: von 10^{-9} bis 10 Lambert).

Lit.: **Graham, C. H.** (Ed.): Vision and visual perception. New York – London – Sydney, 1965, 185ff.; **Hamburger, F. A.**: Das Sehen in der Dämmerung. Wien, 1949; **Schober, H.**: Das Sehen, Bd. 2. Leipzig, 1964, 39ff.

A. Hajos

Duplizitätstheorie ↗Sinnesorgane: Das Auge.

Durchschnitt, eine dem allgemeinen Sprachgebrauch entnommene Bezeichnung für die Zentraltendenz einer Verteilung (↗Häufigkeitsverteilung). Gewöhnlich meint man mit D. das ↗Arithmetische Mittel.

W. H. Butollo

Durchschnittliche Abweichung ↗Abweichung.

Durchsichtigkeit. Dringen die von einem Gegenstand ausgehenden Strahlen durch einen darüberliegenden zweiten Gegenstand, z. B. eine Glasplatte, so spricht man im physikalischen Sinne von Durchsichtigkeit.

Davon ist abzuheben die erlebte oder psychische D. bei der objektiv undurchsichtige Gegenstände als durchsichtig wahrgenommen werden. Zur Erklärung werden hauptsächlich die Gestaltgesetze der Wahrnehmungspsychol., insbesondere das Gesetz der Prägnanz (↗Ganzheit – Gestalt – Struktur), herangezogen.

Lit.: **Kanizsa, G.**: Die Erscheinungsweisen der Farben. Hdb. der Psychol., Bd. 1/1. Göttingen, ²1974, S. 161–191; **Michotte, A., Thinès, G. L. & G. Crabbé**: Die amodalen Ergänzungen von Wahrnehmungsstrukturen. Hdb. der Psychol., Bd. 1/1. Göttingen, ²1974, S. 978–1002.

P. Schmidt & R. Simon

Durchstreichtests. Als erster ließ B. Bourdon vorgegebene Buchstaben durchstreichen zur Prüfung der ↗Aufmerksamkeit. Um die verschieden starke Gewöhnung an Buchstaben auszuschalten, haben E. Toulouse und H. Piéron Zeichen verwendet, und manche andere Tests dieser Art wurden vorgeschlagen. Da das Gedächtnis für die Zeichen eine Rolle spielen kann, hat Meili einen „Durchstreichtest ohne Modell" konstruiert.

Lit.: **Meili, R.**: Lehrbuch der psychol. Diagnostik, Bern, ⁶1978; **ders.**: Durchstreichtest ohne Modell. Bern, 1956.

R. Meili

Durst, primäres, nicht erlerntes Bedürfnis. Das Regulationssystem des Wasserhaushaltes wird im Hypothalamus vermutet. Den steuernden Anteil stimulieren hauptsächlich der osmotische Druckzustand der Zellen sowie der Spannungsgrad der Magenwand, was sich psychol. als D.gefühl oder als Motiv zu trinken auswirkt. – Neben physiologischen Auswirkungen (z. B. Gewichtsverlust, Blutdruck- und EEG-Veränderungen) konnten bei ↗Deprivationsexperimenten starke Einflüsse des D. auf Kognition, Motivation und Verhalten registriert werden.

Lit.: **Keidel, W. D.**: Kurzgefaßtes Lehrbuch der Physiologie. Stuttgart, ⁴1975; **Weinert, F.**: Hunger und Durst. In: Hdb. der Psychol., Bd. 2. Göttingen, ²1970, S. 465 bis 512.

P. Schmidt & R. Simon

DVET ↗Einschulungstests.

Dynamik. **1)** *In der Physik:* ein Teilgebiet der Mechanik, das die Bewegungsvorgänge von einwirkenden Kräften herleitet. – **2)** *In der Allgemeinen Psychol.:* ein Konstrukt, das die beobachtbare Variabilität der psychischen Tatbestände erklärt mit Hilfe dynamischer Faktoren, wie Trieb, Bedürfnis, Strebung, Instinkt usw. Dieser Ansatz wirkte sich z. B. aus auf die Wahrnehmungspsychol. (Gestaltgesetze, aktualgenetischer Gesichtspunkt), auf die Motivationspsychol. in Form der Antriebslehren von A. Adler, W. McDougall, W. Stern u. a. und die Denkpsychol. (↗Würzburger Schule). – Vgl. ↗Dynamische Psychologie.

Lit.: **Arnold, W.:** Angewandte Psychologie. Stuttgart, [2]1974.

P. Schmidt & R. Simon

Dynamische Persönlichkeitsfaktoren beschreiben in der faktorenanalytischen Persönlichkeitsforschung Unterschiede im Bereich der Motivation, der Interessen, der Einstellung und der Konfliktanpassung. Ob hierfür ein eigenständiger Persönlichkeitsbereich existiert, wie meist vorausgesetzt wird, ist ungeklärt. Gesichert scheinen fünf Berufsinteressefaktoren (Wissenschaft, Wirtschaft, Soziales Leben, Kunst, Büroarbeit). An außerberuflichen Interessen wurden u. a. Abenteuerlichkeit versus Sicherheitsstreben, Zerstreuung, Abwechslung festgestellt. Zusammenhänge mit Eignungsfaktoren sind ungeklärt.

Lit.: **Guilford, J. P.:** Persönlichkeit. Weinheim, [6]1974.

B. Heinze

Dynamische Psychologie. Sie betont die Bedeutung der Energetik des Seelenlebens gegenüber einer rein statischen Auffassung, wie sie in der älteren Psychol. vertreten wurde (↗Assoziationspsychologie). Die Phänomene psychischen Lebens werden nicht mehr im Sinne von Zuständlichkeiten, sondern als dynamische Abläufe verstanden und zu erforschen versucht. Anregungen aus verschiedensten Richtungen innerhalb der Psychol. folgend (hier wären vor allem die Auswirkungen der Ideen der Freudschen ↗Psychoanalyse wie der gesamten ↗Tiefenpsychologie anzuführen, aber auch z. B. der Einfluß des Gedankengutes Diltheys u. a. m.), fand der Gedanke der Dynamik in zweierlei Ausprägung Eingang in die wissenschaftliche Psychol.: im Sinne des Wechsels, der Veränderung, des „Im-Fluß-Seins", des seelischen Lebens und zum anderen in der Betonung der diesen ständigen Wechsel bedingenden Kräfte, Triebe und Bedürfnisse, d. h. der motivationalen Gegebenheiten. Wesentliche Ausgestaltung wurde dem Aspekt der d. P. vor allem in der ↗hormischen Psychologie McDougalls sowie in der ↗Feldtheorie K. Lewins zuteil. Tragende Bedeutung kommt dem dynamischen Denken auch in den persönlichkeitstheoretischen Ansätzen von G. W. Allport, S. L. Rubinstein, R. Heiß und H. Thomae zu. Die Akzeptierung des Aspektes der Dynamik steht heute wohl in der gesamten wissenschaftlichen Psychol. außer Zweifel.

Lit.: **Allport, G. W.:** Werden der Persönlichkeit. München, 1974; **McDougall, W.:** Aufbaukräfte der Seele. Stuttgart, [2]1947; **Heiß, R.:** Die Lehre vom Charakter. Berlin, [2]1949; **Lewin, K.:** A dynamic theory of personality. New York, 1959; **Rubinstein, S. L.:** Grundlagen der allgemeinen Psychologie. Berlin, [8]1973; **Thomae, H.:** Persönlichkeit: Eine dynamische Interpretation. Bonn, [5]1973.

K. E. Pelzer

Dynamometer, Gerät, mit dem die Intensität einer physischen Reaktion, z. B. manueller Druck, gemessen werden kann.

Dysanagnosie ↗Dyslexie.

Dysarthrie, Störungen der Aussprache bei neurologischen Krankheitsbildern infolge Erkrankungen der zentralen Bahnen oder Kerne der am Sprechvorgang beteiligten Nerven. Der gesamte Sprechvorgang ist beeinträchtigt und nicht nur die Artikulation isolierter Laute. Stimmgebung und Atmung sind meist auch gestört, die Symbolfunktion der Sprache ist erhalten. Symptome: verwaschenes Sprechen, veränderte musische Akzente. *Ch. v. Deuster*

Dysästhesie. Mit D. wird die herabgesetzte, erhöhte oder unangepaßte Schmerzsensibilität bezeichnet. Auch abnorme Empfindung („Ameisenkribbeln").

Dysbulie, Willensschwäche. Hemmung der Willensbildung oder auch Unvermögen, einen vollzogenen Willensakt durchzusetzen.

Dysfunktion ist die Störung der normalen Funktion von Organen, Organteilen oder Körperteilen.

Dysglossie, Störungen der Aussprache infolge von organischen Veränderungen an den peripheren Sprechorganen (Lippen, Zähne, Kiefer, Zunge, Gaumen, Rachen, Nase). Unmittelbare Ursachen: alle sichtbaren Abweichungen, welche die Funktion der Sprechorgane beeinträchtigen (Mißbildungen, Wachstumsstörungen, periphere Lähmungen, Verletzungen, Narben, hormonelle Ursachen). *Ch. v. Deuster*

Dysgrammatismus, Unfähigkeit verschiedenen Schweregrades, dem Gedankenfluß die gebräuchliche grammatische und syntaktische Ausdrucksform zu geben, oft verbunden mit geringem Wortschatz und ↗Stammeln; *physiolog. D.:* normale Erscheinung im Verlauf der kindl. Sprachentwicklung. Tritt vor allem im Rahmen verzögerter Sprachentwicklung auf. Andere Ursachen: angeborene/erworbene Intelligenzdefekte, Hirnschädigung, Hospitalismus, mangelndes Sprachgefühl, Schwerhörigkeit, psychot. Krankheiten (↗Dyslogie, ↗Dysphrasie, ↗Paralogie). ↗Agrammatismus. *H. Buchta*

Dyshormie, ein gestörtes unharmonisches Antriebs- und Bewegungsverhalten (z. B. bei Schüchternheit). Extrem pathologisch bei Katatonie.

Dyskalkulie ↗Rechenschwäche.

Dyskinesie, Fehlfunktionen im Ablauf von Bewegungsvorgängen.

Dyskolie ↗Posodynik (J. Bahnsen).

Dyslalie ↗Stammeln.

Dyslexie bezeichnet Lesestörungen, d. h. gestörtes Verständnis dessen, was gelesen wird. Diese Störungen reichen von geringer oder nur zeitweiliger Störung bis zu vollständiger und andauernder Unfähigkeit zu lesen, die oft im Gegensatz steht zur Intelligenz und zum sozio-ökonomischen Hintergrund eines Patienten. Die Unfähigkeit zu lesen kann sich auf verschiedene Dinge erstrecken: z. B. auf Worte und nicht auf Buchstaben, auf Zahlen und nicht auf Buchstaben usw. Wenn man dem Patienten Gelegenheit gibt, die Buchstaben mit dem Finger nachzufahren, so kann es sein, daß er sie versteht. Verursacht werden kann diese Unfähigkeit durch Gehirnläsion, oder sie kann angeboren sein. Kindern mit angeborener oder entwicklungsbedingter D. kann durch besonderen Leseunterricht geholfen werden – was beweist, daß die D. auf vielfältigen Ursachen beruhen kann. ↗Legasthenie.

Lit.: Luria, A. R.: Die höheren kortikalen Funktionen des Menschen und ihre Störungen bei örtlichen Hirnschädigungen. Berlin, 1970. *B. Brooker*

Dyslogie, Störungen der zentralen Leistungen der Sprache, der Lautbildung, des Redeflusses, der Sprachakzente und der Phonation bei Schwachsinn. Ursachen: hereditär oder erworben. *Ch. v. Deuster*

Dysmelie, embryonale Fehlentwicklung der Gliedmaßen. Sie wird häufig durch Einwirkung exogener Noxen wie Sauerstoff, Medikamente oder Strahlen in der Ausdifferenzierungszeit der Gliedmaßen während der 4.–6. Schwangerschaftswoche verursacht und äußert sich als Fehlen oder Verkümmern der Röhrenknochen mit Verkürzung und Fehlstellung der Beine und Arme. *E. David*

Dysmenorrhoe, Menstruationsstörung, ↗Amenorrhoe.

Dysmimie, krankhafte Störungen von Mimik und Gestik.

Dysosmie, Störung der Geruchsfähigkeit.

Dyspareunie, partnerschaftliche Disharmonie; spezielle Verwendung findet diese Bezeichnung für sexuelle Partnerschaften, in denen ein Teil häufig oder ständig unbefriedigt bleibt. Neben psychosozialen Gegebenheiten (z. B. Impotenz, Frigidität oder Vaginismus) sind oft auch anatomische Faktoren beteiligt, die in coitu Schmerzempfindungen begründen können (z. B. Phimose entfällt, dafür: mangelnde vaginale Lubrikation). Bei Verwendung nicht oraler Kontrazeptiva (↗Antikonzeption) treten verschiedentlich unzuträgliche physiologische Reaktionen gegen das Verhütungsmittel auf, die zu chronischer D. führen können. Ursprünglich wurde mit D. mangelnde Beteiligung der Frau während der Kohabitation bezeichnet. *U. H. Schindler*

Dysphasie bedeutet genaugenommen Sprachschwierigkeit. Es erscheint sinnvoller, diesen Begriff auf alle Sprachstörungen anzuwenden, die heute unter ↗Aphasie zusammengefaßt werden, denn nur bei wenigen fällt die Sprache (wie es dieser Begriff impliziert) völlig aus. Heute wird D. für Sprachanomalien verwendet, die einer etwas genaueren Bezeichnung bedürfen. *B. Brooker*

Dysphonie, Sammelbegriff für Stimmstörungen. Sie äußern sich in Veränderungen des Stimmklanges, falscher Tonhöhe, vorzeitiger Ermüdung oder durch Geräuschbeimengungen verschiedenen Grades, die vom leichten Belegtsein über eine ausgeprägte Heiserkeit bis zur Tonlosigkeit reichen können. Einteilung der D. aus didaktischen Gründen meist in organische und funktionelle D. Organische D.: Veränderungen am Kehlkopf oder der ihn versorgenden Nerven. Funktionelle D.: nicht durch ursächliche organische Veränderungen zu erklären (1) durch unökonomischen Stimmgebrauch, 2) auf neuropathischer Grundlage). Wechselseitige Beziehungen zwischen organischen und funktionellen D. möglich. *Ch. v. Deuster*

Dysphorie ↗Euphorie.

Dysphrasie, Störungen des Ausdrucks von Gedanken bei psychotischen Erkrankungen. Sie können sich äußern in Sinnentstellungen oder Verwirrtheitszuständen beim Formulieren, Verschrobenheiten und Manierismen der Sprache, Störungen der syntaktisch-grammatikalischen Struktur, ↗Paralogien, ↗Paraphonien, Wortneubildungen, Wortverdrehungen, unverständlicher Kunstsprache, veränderter Sprechtonlage. Die Schrift kann auch betroffen sein. *Ch. v. Deuster*

Dysplastischer Typus, *Dysplastiker,* unharmonische oder von den echten Biotypen abweichende, abnorme Wuchsform (Proportion und Oberflächengestaltung). Wir unterscheiden Mißbildungen, intersexe Dysplasie, Retardierungs- und Akzelerierungsdysplasien. Der d. T. ist kein einheitlicher Naturtyp, sondern ein komplexer Sammelbegriff, der negative Gestaltmerkmale umfaßt. Er steht auf einer andern begrifflichen Ebene als die körperlichen Grundtypen, auch wenn er sich oft an deren Schemata anlehnt.

Lit.: Kretschmer, E.: Körperbau und Charakter. Berlin, [26]1977.
W. Kretschmer

Dyspraxie ↗Apraxie.

Dysthymer Typus, *Dysthymiker,* im angelsächsischen Bereich verschiedentlich aufgestellte Persönlichkeitsvariante: introvertiert, verarbeitet Belastungen langsam und neigt deshalb eher zu protrahierten dysphorischen Zuständen. – Gegensatz: ↗hysterischer Typus.

Lit.: Franks, C. M.: Conditioning and personality. J. abn. and soc. Psychol., 1956, 52, 143.
W. Kretschmer

Dysthymie, ursprünglich Bezeichnung für länger andauernden Zustand der Schwermut (Melancholie); neuerdings (nach Eysenck) Sammelbegriff für jene Formen der Neurose, die gleichzeitig durch erhöhte Introversion gekennzeichnet sind. Dazu zählen in erster Linie Phobien (Angstneurosen), ferner Zwangsneurosen und reaktiv-depressive Zustandsbilder. Bei C. G. Jung gleichbedeutend mit ↗Psychasthenie.

Lit.: Eysenck, H. J.: The dynamics of anxiety and hysteria. London, [2]1964.

K. Pawlik

Dystonie, Störung im normalen Spannungszustand der Muskeln, vor allem auch der Gefäßmuskeln. Man spricht auch von ↗ *vegetativer* Dystonie und meint damit abnorme Reaktion des parasympathischen und sympathischen Nervensystems. Dies äußert sich in Kreislaufschwäche, Störungen in der Blutverteilung, der Herztätigkeit, der Atmung und der Funktion innerer Organe mit Herzklopfen, Unruhe, Schlaflosigkeit, Temperaturdysregulation, Schweißausbrüchen, Schwindelgefühl sowie Magen- und Kopfschmerzen.

E. David

Dystrophie, Mangelernährung, Ernährungsstörung, meist bei Säuglingen gebraucht.

E

EA, Abk. für ↗Entwicklungsalter.

Ebbinghaus, *Hermann,* * 24. 1. 1850 Barmen, † 26. 2. 1909 Halle; Professor in Breslau und Halle. Einer der Bahnbrecher und Mitbegründer der Exp. Psychologie. Führte als erster exp. Untersuchungen über Lern- und Gedächtnisvorgänge durch, zunächst in zahlreichen Selbstversuchen, wobei er als Test das Lernen neutraler Elemente (sinnlose Silben) benutzte. Für die Geschwindigkeit des Vergessens stellte er die *Ebbinghaus-Kurve* auf: Gelerntes wird zuerst schnell, fortlaufend immer langsamer vergessen, für das Verhältnis zwischen Umfang des Lernmaterials und Lernzeit das ↗Ebbinghaus-Gesetz: Bei geringem Anwachsen des Lernstoffes nimmt die aufgewendete Lernzeit stark zu. Kontroverse mit W. Dilthey über die methodische Grundlegung der Psychol., wobei er die Exp. Psychol. gegen die von Dilthey geforderte Verstehende Psychol. verteidigte.

Schr.: Über das Gedächtnis, 1885; Grundzüge der Psychol., 2 Bde., [4]1919; Abriß der Psychol., [8]1922.

Lit.: **Boring, E. G.:** A History of Experimental Psychology. New York – London, [2]1957; **Misiak, H. & V. S. Sexton:** History of Psychology. New York – London, 1966.

F.-C. Schubert

Ebbinghaus-Gesetz. Das E. besagt, daß eine Vergrößerung der Menge des Lernmaterials eine überproportionale Steigerung der Lernzeit notwendig macht. 6 bis 7 sinnlose Silben werden nach dem E.-G. meist nach einer Darbietung, 12 Silben nach durchschnittlich 16,6 sec, 15 Silben nach 30 sec usw. fehlerfrei reproduziert. *H. Haase*

Eben merklicher Unterschied, jene Differenz in der Intensität zweier Reize, die notwendig ist, um die geringstmögliche Veränderung in der Empfindung hervorzurufen. Synonym: ↗*Unterschiedsschwelle* (↗Webersches Gesetz).

Lit.: **Pauli, R. & W. Arnold:** Psychol. Praktikum. Stuttgart, [7]1971; **Rohracher, H.:** Einführung in die Psychol. München, [10]1971.

P. Steck

Echolalie, Wiederholung der Sprache anderer, besonders wenn dies im Zusammenhang mit einer Geisteskrankheit auftritt (↗Schizophrenie, Hirnschädigungen). Das gleiche Phänomen kann auch als Manierismus oder bei ängstlichen Individuen auftreten. Synonyme: Echophasie, Echosprache.

B. Brooker

Echopraxie, Imitation von Bewegungen anderer, z. B. Imitation von Handlungen (Echokinese) und Gesten (Echomimie). Meist bei Patienten mit Hirnschädigungen oder funktioneller ↗Psychose. *B. Brooker*

Edwards Personal Preference Schedule. Mit 210 Paaren von Aussagen, von denen je eine gewählt werden muß, sollen 15 Bedürfnisse aus der Liste von H. A. Murray erfaßt werden. Die Aussagen jedes Paares wurden in bezug auf soziale Wünschbarkeit angeglichen, was einen Vorteil anderen ↗Fragebogen gegenüber darstellt.

Lit.: **Edwards, A. L.:** Edwards Personal Preference Schedule. New York, 1953–59.

R. Meili

EEG ↗Encephalographie.

Effektgesetz (von ↗Thorndike): Wenn zwischen einem Reiz und einer Reaktion eine modifizierbare Verknüpfung entsteht, die von einem befriedigenden Gesamtzustand (satisfying state of affairs) begleitet oder gefolgt wird, dann erhöht sich die Stärke dieser Verknüpfung. Sie nimmt ab, wenn die Verknüpfung von einem unbefriedigenden Gesamtzustand (annoying state of affairs) gefolgt wird.

Lit.: Thorndike, E. L.: The psychology of learning. Educ. psychol., Bd. 2, New York 1913. *H. Mandl*

Effemination, Zustand des Verweiblichtseins oder der Prozeß, so zu werden, d. h., frauenähnliche Charakteristika geistig-seelischer oder körperlicher Art zu zeigen. Wird auch spezifisch für die weiblich-unterwerfende Form männlicher Homosexualität verwandt, im Gegensatz zur männlich-dominanten.

G. D. Wilson

Efferente Nerven ↗Efferenz.

Efferenz. Der Begriff E. wird für Nervenfasern oder -bahnen verwendet, die Ruhe- oder Aktionspotentiale von einer Bezugsstelle weg in eine bestimmte Richtung leiten. Aus der Definition geht hervor, daß es sich um einen relativen Begriff handelt. Für die Stelle, zu der die Fasern hinführen, sind die E.en der Bezugsstelle Afferenzen. Meistens handelt es sich um Fasern, die Potentiale aus dem Zentrum in Richtung auf die Peripherie leiten.

Lit.: Strong, O. S. & A. Elwyn: A human neuroanatomy. Baltimore, 1948. *G. Arnold*

Effizienz. Begriff und Bezeichnung „E. statistischer Schätzungen bzw. Verfahren" geht auf R. A. Fisher zurück. Darunter versteht man eine Methode zur Quantifizierung der „Wirksamkeit" (Schätzgenauigkeit) inferenz-statistischer Methoden (↗Inferenz). Das ↗Kriterium der E. einer statistischen Schätzmethode ist die ↗Varianz ihrer Schätzwerte. Ein Verfahren, das eine geringere Streuung der Parameterschätzungen liefert, ist effizienter als andere, deren Schätzwerte stärker streuen. – Die E. eines Signifikanztests ist aus der Stichprobengröße, die zur statistischen Absicherung einer beobachteten Abweichung der Kennziffer vom ↗Parameter erforderlich ist, ersichtlich. Vorausgesetzt ist dabei, daß neben dem Risiko erster Art (α) auch das Risiko zweiter Art (β) festgelegt wird. ↗Mathematische Psychologie; ↗Statistik. *W. H. Butollo*

Ego ↗Ich.

Ego-Involvement, *Ichbeteiligung,* von Sherif und Cantril eingeführte Bezeichnung für alle ↗Einstellungen (attitudes, Haltungen), die den ↗Status einer Person bestimmen bzw. ihr eine ↗Rolle in bezug auf andere Individuen, Gruppen oder Institutionen zuordnen. Ein Verhalten kann dann als „ego-involved" (ich-beteiligt) bezeichnet werden, wenn im Verlauf der Entwicklung erworbene Einstellungen bezüglich des eigenen ↗Ich (Ego) durch relevante Gegenstände, Personen oder Gruppen in einer bestimmten Situation mobilisiert werden, so daß ein hoher Grad an Anteilnahme erregt bzw. Einstellungen bezüglich des eigenen Ich, des Bildes vom eigenen Status angesprochen werden.

Lit.: Sherif, M. & H. Cantril: The psychology of ego involvements. New York, 1947. *W. D. Fröhlich*

Egoismus, eigennütziges, selbstbezogenes, unsoziales Verhalten. Verschiedene psychol. Theorien (↗Psychoanalyse, Reinforcement-Theorie) implizieren, daß letzten Endes jedes Verhalten, auch scheinbar altruistisches, im Grunde egoistisch ist. ↗Altruismus.

Lit.: Arnold, W.: Person, Charakter, Persönlichkeit. München, [4]1975.

D. Bartussek

Egotismus, Neigung, das eigene Selbst hervorzuheben, jedoch ohne Selbstsucht.

Egozentrisch ist, wer Erlebnisse über das sachlich gerechtfertigte Maß hinaus auf die eigene Person bezieht. Ein Zusammenhang mit hoher Empfindlichkeit des Selbstgefühls ist anzunehmen. Hingegen müssen sich Egoismus und Egozentrizität nicht decken.

H. A. Müller

Egozentrismus, eines von Piagets frühen Konstrukten; wurde innerhalb der Sprachentwicklung, der Raumvorstellung und der sozialen Kognition erforscht. Egozentrisches Sprechen und Denken beziehen sich auf die allmählich in der Entwicklung sich verringernde Unfähigkeit des Kindes, die Sichtweise eines anderen einzunehmen.

J. Eliot

EGRUL (Zusammensetzung aus der engl. Abk. für „z.B.": „e.g." und aus engl. „rule": „Regel"; dt.: *Beispiel-Regel-Methode).* Die von Evans, Glaser & Homme entwickelte E.-Methode ist ein systematisches Verfahren zur Anordnung der Lerneinheiten in einem Lehrprogramm. Bei E. wird auf induktive Weise nach der Darstellung eines oder mehrerer Beispiele eine allgemeine Regel abgeleitet. – ↗RULEG.

Lit.: Evans, J. L., Glaser, R. & L. Homme: The RULEG system for the construction of programmed verbal learning sequences. J. Educ. Res., 1962, 55, 515–520.

L. J. Issing

Ehe, die Dauerverbindung eines Mannes mit einer Frau (Monogamie) oder eines Mannes mit mehreren Frauen bzw. einer Frau mit mehreren Männern (Polygamie mit vaterrechtlicher bzw. mutterrechtlicher Ausrichtung). Das Christentum setzte in seinem Einflußbereich die monogame Ehe durch und entwickelte unter den Lebensbedingungen der modernen Industriegesellschaft (Kleinfamilie) eine partnerschaftliche Eheauffassung, verbunden mit einer gegenüber früheren Jahrhunderten klareren Sicht und Wertung ehelicher Sinnlichkeit, Zärtlichkeit und Sexualität.

Lit.: Balkenohl, M. & Stöcklin: Ehe und Familie umstritten und gefordert. Hamm, 1978; **Bovet, Th.:** Ehekunde. Tübingen, [2]1963; **Gagern, F. E. v.:** Eheliche Partnerschaft. München, [7]1966; **Heinen, W.:** Werden und Reifen des Menschen in Ehe und Familie. Münster, 1965.

W. Dreier

Eheberatung vermittelt Vorbereitung auf die Ehegemeinschaft. Es gilt nicht nur, die sexuelle, sondern auch die seelische, biologische, rechtliche, soziale und nicht zuletzt auch psychohygienische Bedeutung ehelichen Zusammenlebens nach Möglichkeiten, nach Rechten und Pflichten zu erkennen.

In den letzten Jahrzehnten sind E.stellen in der ganzen Welt eingerichtet worden, die auch über Möglichkeiten der Nachwuchssteuerung („planned parenthood") Auskunft und Rat erteilen.

In Deutschland entstanden die ersten Sexualberatungsstellen kurz vor dem Ersten Weltkrieg in Berlin. Die Eheberatungsstellen arbeiten jetzt interdisziplinär (Ärzte verschiedener Disziplinen, vor allem Frauenärzte und Psychiater, Psychologen, Juristen, Sozialarbeiter und an vielen Orten auch Theologen).

Besondere Berücksichtigung in der E. verdient die Beurteilung der körperlichen, seelischen, geistigen und sozialen Gesundheit und Reife; das Vorhandensein und die Bewältigung seelischer Schwankungen und innerer und äußerer Schwierigkeiten; die Beurteilung der Rolle von seelischen Störungen und ihrer Erblichkeit; die Beurteilung der Urteilsfähigkeit und der Willensbildung. Besondere Vorsicht erfordert die Beurteilung der vermeintlichen Ehefähigkeit bei bereits bestehender außerehelicher Schwangerschaft.

An vielen Orten dient die E. auch der Eheanbahnung. Hier liegt ein besonders delikates Problem vor.

In jedem Fall müssen die Eheberater persönliche Neigungen völlig zurückstellen. Es gilt zu bedenken, daß eindeutige anatomische, biologische, physiologische und psychol. Ehehindernisse sicher eine Eheschließung verbieten. Bisher ist indessen keine eindeutige Methodik bekannt, die mit völliger Sicherheit eine gute Ehe garantieren könnte. Diese banale Tatsache hat jede E. zu berücksichtigen. Bei mündigen und geschäftsfähigen Personen darf sie deshalb die persönliche Entscheidung der Beteiligten nicht ausschalten, soweit sie dem geltenden Recht entsprechen. *A. Friedemann*

Ehrenfels, *Christian von,* * 20. 6. 1859 Rodaun (Niederösterreich), † 8. 9. 1932 Lichtenau (Niederösterreich). Professor der Philosophie in Prag 1900, entdeckte die Gestaltqualitäten (Transponierbarkeit, Übersummativität; Paradigma: Melodie) und wurde damit einer der Wegbereiter der Gestaltpsychologie.

Schr.: Über Gestaltqualitäten, 1890; System der Werttheorie, 1898; Grundzüge der Ethik, 1907; Die Religion der Zukunft, 1929.

Lit.: **Weinhandl, F.** (Hg.): Gestalthaftes Sehen. Ergebnisse und Aufgaben der Morphologie. Darmstadt, 1960.

K. E. Pelzer

Ehrensteinsche Täuschung, eine optische Täuschung, bei der ein vorgegebenes Quadrat, das von Geraden strahlenförmig durchzogen ist, zu einem Trapez verzerrt erscheint. ↗Geometrisch-optische Täuschungen.

Lit.: **Ehrenstein, W.:** Probleme der ganzheitspsychol. Wahrnehmungslehre. Leipzig, 1947.

P. Steck

Ehrfurcht ist ein Uraffekt faszinierender Schau angesichts der sich bietenden Fülle und Tiefe der Wirklichkeit der Welt, des Menschen und Gottes, beginnend mit dem Staunen und sich fortsetzend in der Doppelbewegung des Zurückschauderns und Hindrängens ohne Scheu die gebotene Distanz zu verlassen oder in panische Flucht zu verfallen. Es ist nach Shakespeare das Band, das die Welt zusammenhält. E. läßt sich aber nur dort wahren, wo Umwelt und Mitwelt als Schöpfung geachtet, der Mensch in seiner individuellen Würde gesehen wird. Sie bewahrt vor jedem falschen, ungerechtfertigten Eingriff in die individuelle Sphäre des anderen, sie ist vielmehr die Grundlage zur Wahrung menschlicher Eigenart und Freiheit.

J. Hasenfuß

Ehrlichkeit, Ausmaß, in dem Wahrheit und die korrekte Behandlung fremden Eigentums das Verhalten bestimmen. Von besonderer praktischer Bedeutung für die Interpretation von Fragebogendaten. Trotz der meist positiven Korrelationen zwischen verschiedenen Ehrlichkeitsproben hat nur Brogden einen ↗Faktor E. („Honesty") zu isolieren vermocht (gekennzeichnet durch Verfahren, in denen höhere Punktwerte nur durch ein vom Vl feststellbares Mogeln, Lügen und Übertreiben erzielt werden können). Generalität und Zusammenhang mit E. gegenüber Eigentum vermutlich gering.

Lit.: **Brogden, H. E.:** A factor analysis of forty character tests. Psychol. Monogr., 1940, *2*, Nr. 234.

M. Amelang

Eichung. Unter E. einer Stichprobenverteilung von Rohwerten versteht man deren Normierung (↗Standardisierung), d. h. die Festlegung von Verteilungsnormen und die Kontrolle der Repräsentativität derselben. Die Bezeichnung E. wird vor allem im Zusammenhang mit der Standardisierung eines neu konstruierten Tests verwendet (Test-E.). Dabei wird die bisherige Test-Rohwertverteilung mit Hilfe der Eichstichprobe dahingehend überprüft, ob sie mit der Verteilung (↗Häufigkeitsverteilung) der Testwerte in der Population übereinstimmt. Ist das nicht der Fall, erfolgt eine entsprechende Korrektur. Anschließend werden die Rohwerte einem bestimmten Normmaßstab entsprechend in Normwerte transformiert. Vgl. auch ↗Normen, statistische; ↗Transformation; ↗Testtheorie.

Lit.: **Lienert, G.:** Testaufbau und Testanalyse. Weinheim, 1969.

W. H. Butollo

Eidetik. 1) Nach E. Husserl soviel wie Wesensschau. 2) Nach V. Urbantschitsch, O. Kroh und E. R. Jaensch vor allem bei Kindern und Jugendlichen auftretende besondere Anschauungsbilder; der Eidetiker „sieht" bestimmte Objekte anschaulich vor sich, obwohl diese sich objektiv nicht im Bereich seiner Wahrnehmung befinden (was ihm jedoch meist bewußt ist).

Lit.: **Jaensch, E. R.:** Die E. und die typologische Forschungsmethode. Leipzig, [3]1933; **Kroh, O.** (Hrsg.): Experimentelle Beiträge zur Typenkunde. Z. Psychol., Erg.-Bd. 14, 1929, Erg.-Bd. 22, 1932, Erg.-Bd. 24, 1934.

K. E. Pelzer

Eifersucht, eine normale Angstreaktion auf einen vermeintlichen oder tatsächlichen möglichen Verlust einer nahestehenden Person an einen anderen Menschen. E. wird es so lange geben, wie enge emotionale Beziehungen zwischen Menschen existieren. Der Anlaß und das Ausmaß für diese Verlustreaktion hängt von gesellschaftlichen Werten und individuellen Erfahrungen ab. Bekämpfen läßt sich die E. vor allem durch eine Kommunikation über ihre Auslöser. Die beste Möglichkeit, sich gegen E. zu schützen, ist die Entwicklung der Persönlichkeit zu größerer Autonomie.

Lit.: Clanton, G. & L. G. Smith: Jealousy. Englewood Cliffs, 1977.

E. H. Witte

Eigenlicht der Netzhaut. Rezeptoren antworten auf überschwellige Reize mit einer Erregung. In geringem Umfang finden solche Erregungen der Rezeptoren physiologisch auch ohne Reiz als „Spontanentladungen" ständig statt. Dadurch entsteht ein Lichteindruck, das sogenannte E. oder Eigengrau der ↗Retina, das besonders in absoluter Dunkelheit deutlich wird. *R. Rix*

Eigenreflex. Wird ein Skelettmuskel z. B. durch Schlag auf seine Sehne kurz gedehnt, so läuft ein Reflexmechanismus ab, der zu einer Zuckung des betreffenden Muskels führt. Im Gegensatz zum ↗Fremdreflex, der ebenfalls eine anatomische Reaktion des Organismus auf Umweltsänderungen darstellt, liegen beim hier beschriebenen E. Anfang und Ende des Reflexbogens, der allgemein aus Fühler, afferenter Bahn, Reflexzentrum, efferenter Bahn und Erfolgsorgan besteht, anatomisch an gleicher Stelle. Die Teile des Reflexbogens sind hier: kontraktile Dehnungsrezeptoren, Muskelspindeln genannt, sensible Nervenfasern, Vorderhornzellen im Rückenmark, motorische Nervenfasern und quergestreifte Skelettmuskelfasern. Seine biologische Funktion ist die anatomische Anpassung der Muskelkontraktion an seine Belastung. In der Medizin dient er der Untersuchung der Rückenmarksfunktion. Am häufigsten werden Pattelarsehnen-, Achillessehnen- und Bizepssehnenreflexe untersucht. *E. David*

Eigenschaften. Zum Begriff. Der Begriff der ↗Persönlichkeit ist viel zu umfassend, um von großem, direktem Nutzen für den empirischen Forscher zu sein. Wir brauchen spezifische Begriffe, die den Weg zu meßbaren Entitäten weisen. Diese finden wir in dem Begriff der ↗Fähigkeiten im kognitiven Bereich und in den Begriffen der E. und ↗Typen im nicht kognitiven Bereich. Alle diese Begriffe setzen eine Form von nomothetischer Einstellung voraus; die ideographische Einstellung würde leugnen, daß E. oder Fähigkeiten, die bei zwei Personen auftreten, tatsächlich nur quantitativ verschieden sind. Sie würde vielmehr folgern, daß diese tatsächlichen Verhaltensweisen einzigartig seien. Eine andere kritische Einstellung, die oft von Behavioristen eingenommen wird, besteht darin, daß alle Reiz-Reaktions-Verbindungen oder ↗Gewohnheiten spezifisch sind u. daß es folglich keine allgemeinen E. geben könne. Wie E. L. ↗Thorndike (1913) es ausgedrückt hat, „gibt es keine klaren, allgemeinen E. der Persönlichkeit, keine allgemeinen und konsistenten Verhaltensformen, welche, wenn sie bestünden, die Konsistenz des Verhaltens und die Stabilität der Persönlichkeit bestätigen würden, sondern es gibt nur unabhängige und spezifische Reiz-Reaktions-Verbindungen oder Gewohnheiten". Diese kritischen Einwände werden erst dann genauer betrachtet, nachdem wir den Begriff Eigenschaft selbst näher erklärt haben.

Die Sprache und der Mann auf der Straße haben die E. immer in ihre Charakterisierung der Menschen einbezogen. Allport & Odbert (1936) haben etwa 4500 Eigenschaftsbegriffe im Englischen gefunden und aufgezeichnet. Viele Typologen, von E. Galen bis C. G. Jung und E. Kretschmer, benutzten Eigenschaftsbegriffe, um ihre idealen „Typen" zu beschreiben. Unter den modernen Autoren war vielleicht Stern (1921) der vorderste Verteidiger einer Eigenschaftspsychologie. Er schrieb: „Wir haben das Recht und die Pflicht, einen Begriff der Eigenschaft als eine definitive Lehre zu entwickeln, denn in jeder ↗Aktivität der ↗Person gibt es neben einem variablen Anteil ebenso auch einen konstanten, zielorientierten Anteil. Diesen letzteren isolieren wir im Begriff der Eigenschaft."

Zur Spezifitätstheorie. Die Konsistenz des Verhaltens kann am besten mit Hilfe statistischer Korrelationen erfaßt werden. Konsistenz schließt ein: a) Test-Retest-Reliabilität, d. h., dasselbe oder wenigstens ein ähnliches Verhalten sollte bei zeitlich verschiedenen Anlässen auftreten, wenn dieselben Reize dargeboten werden; b) Inter-Test-Korrelationen, wenn verschiedene, aber funktionell identische oder ähnliche Reize dargeboten werden. So würde eine Person, die in Situation A beharrlich ist, auch in Situation A' beharrlich sein, d. h. in der gleichen Situation bei anderer Gelegenheit. Sie würde auch in den Situationen B, C . . . N beharrlich sein, d. h. in Situationen, die es verlangen und ermöglichen, daß Beharrlichkeit gezeigt wird. Dies sind testbare Behauptungen, und ihre Untersuchung sollte uns befähigen, zwischen dieser Hypothese und Thorndikes Vorstellung von der Reaktionsspezifität, die oben erwähnt wurde, zu entscheiden.

Die Literatur über diese Fragen ist heute sehr umfangreich; ein historisch orientierter Bericht findet sich bei Eysenck (1970). Hartshorne & May (1928, 1929; Hartshorne & Shuttleworth, 1930) waren die ersten, die mit ihrer Untersuchung über Charaktererziehung dieses Problem in großem Umfang experimentell in Angriff nahmen. Ihr Interesse galt dem Problem der Ehrlichkeit und anderen moralisch und ethisch wünschenswerten E. sowie den Wegen und Mitteln, diese zu verbessern. Sie testeten mit objektiven Verfahren Tausende von Schulkindern. Diese Tests bezogen sich auf die Ehrlichkeit (Lügen und Betrügen), die Mitarbeit, die Hemmung von Antrieben und die Beharrlichkeit. Sie haben auch Kenntnisse (Wissen) über Moral ermittelt und „reputation" Scores gesammelt; schließlich ergaben sich Schätzwerte für die „Integration" der Kinder, ein Ausdruck, unter dem die „Konsistenz der Leistung" verstanden wird. Mit „Integration" wird oft eine gewisse Zuverlässigkeit oder Stabilität der Moral bezeichnet. Die statistische Behandlung der Daten hielt jeder spitzfindigen Kritik stand. Im Hinblick auf die Brillanz der ↗Versuchsplanung und die technische Vortrefflichkeit der Ausführung ist diese Studie mit Recht als Feuerprobe in bezug auf die Theorie der Spezifität angesehen worden. Nachdem Hartshorne & May sehr geringe Interkorrelationen zwischen ihren Tests fanden (durchschnittlich 0,20–0,25) und entdeckten, daß Kinder, die sich in einer Testsituation ehrlich, beharrlich oder kooperativ verhielten, sich nicht notwendigerweise in einer anderen Situation ebenso verhalten, lag die Schlußfolgerung nahe, daß diese angeblichen E. eher „Gruppen von spezifischen Gewohnheiten als allgemeine E." sind; sie wurde fast allgemein als ein abschließendes Ergebnis zugunsten der Spezifitätstheorie angesehen.

Eysenck (1970) hat die einzelnen Ergebnisse nochmals eingehend überprüft, er behauptet, daß die vorstehende Schlußfolgerung sich nicht aus den Daten ergibt. Vielmehr zeigten bei dieser Nachprüfung die Integrations-Scores recht hohe korrelative Beziehungen zur Ehrlichkeit, zur Kooperation und zu den anderen erwünschten moralischen Werten.

Die theoretische Unterstützung der spezifischen Position wurde immer schwächer, während sich gleichzeitig ihre vornehmlich empirische Erhärtung als fehlend erwies. Heutzutage würde es schwerfallen, einen Verfechter dieser Position unter den Fachleuten in der Persönlichkeitsforschung zu finden. Diese Tatsache sollte jedoch nicht dazu führen, das Pendel zu sehr in die entgegengesetzte Richtung schwingen zu lassen. Verhalten ist sicher weniger allgemein, als es sich der Mann auf der Straße vorstellt; es enthält einen beachtlichen Grad von Spezifität. Was falsch war an Thorndikes Behauptung, war die Verneinung *aller* Allgemeingültigkeit. Diese ganze Frage hat sich als ein abgestuftes, dimensionales, nicht aber als ein Problem des Alles oder Nichts erwiesen. Es gibt beides, Allgemeingültigkeit und Spezifität. Es wird zu einem empirischen Forschungsproblem, in jedem einzelnen Fall für eine gegebene Eigenschaft und bei einer gegebenen Population zu einer gegebenen Zeit zu entscheiden, wie allgemein und wie spezifisch Verhalten tatsächlich ist.

METHODEN. Die Untersuchung der E. ist hauptsächlich folgenden Forschungsmethoden gefolgt: a) Persönlichkeitsfragebogen (Selbsteinschätzungen); b) Beurteilungen durch Gleichaltrige, Lehrer und andere Personen, die den Kandidaten kennen; c) Miniatursituationen, d. h. Nachahmungen von Lebenssituationen im Versuchsraum, die die zu messende Eigenschaft in Aktion rufen; d) Laborsituationen, die ein hypothetisch-deduktives System anwenden, um objektive Äußerungen, die theoretisch mit einer bestimmten Eigenschaft verbunden sind, vorherzusagen. Persönlichkeitsfragebogen und Ratings werden vielleicht am häufigsten benutzt, weil sie besonders leicht zu erhalten sind. Laborstudien sind mühseliger, aber objektiver und vielleicht auf lange Sicht fruchtbarer. Die Differenzierung zwischen c) und d) ist nicht immer leicht, aber ein Beispiel mag den Sachverhalt verdeutlichen. Beharrlichkeit ist eine persönliche Eigenschaft oder Fähigkeit, die eine andauernde Anstrengung gegen Ermüdung, Schmerz oder Langeweile verlangt. Es ist leicht, im Labor eine Situation herzustellen, die Beharrlichkeit in diesem Sinne erfordert. Man kann die Vp anweisen, mit der Hälfte ihrer vollen Kraft an einem ↗Dynamometer zu ziehen, oder man kann sie auffordern, Probleme zu lösen, von denen einige unlösbar sind. Es sind hinsichtlich der Zeitdauer, während der die Vpn am Dynamometer ziehen, große Unterschiede bei den Vpn beobachtet worden, obwohl ihre Kraftunterschiede ausgeglichen worden waren, oder was die Zeit anbelangt, die sie für unlösbare Probleme (die aber nicht als solche erkennbar sind) aufwenden. Ferner korrelieren solche Aufgaben miteinander, um einen allgemeinen Faktor der Beharrlichkeit zu bilden, aber sie korrelieren nicht mit dem IQ und schließen so die Möglichkeit aus, daß man nur die Intelligenz mißt. Als Beispiel für einen hypothetisch-deduktiven Test vgl. die Arbeit von Witkin u. a. (1962) über die angenommene Eigenschaft der Feldabhängigkeit – Feldunabhängigkeit. Sie benutzten Tests, z. B. den Stäbchen- und Rahmentest und den „embedded figure test", von denen keiner außerhalb von Witkins Theorie als Maßstab für eine Persönlichkeitseigenschaft erwartet worden wäre. Auf diese Weise kann ein theoretisches System die Grundlage für die experimentelle Prüfung von Labortests als Maßstäbe für Persönlichkeitseigenschaften schaffen.

Natürlich kann nicht angenommen werden, daß, weil eine Eigenschaftsbezeichnung besteht, auch die entsprechende Eigenschaft existiert. Es sind statistische Methoden nötig, die die Beobachtungen in wissenschaftlich sinnvolle und objektive Begriffe übertragen. Die z. Z. angewendete Hauptmethode ist die ↗Faktorenanalyse. Ausgehend von einer ↗Matrix von Interkorrelationen aller benutzten Maßstäbe verdichtet diese Methode das vorhandene Variationsmuster in rechtwinklige Faktoren, die nach der ↗Rotation den vom Untersuchenden geforderten hypothetischen E. ähneln oder nicht. Es wird manchmal eingewandt, daß man „aus einer Faktorenanalyse nur herausbekommt, was man hineingetan hat", aber dies ist nur teilweise richtig. Wenn keine Tests von bestimmten E. oder Fähigkeiten in der Test-Batterie enthalten sind, dann werden diese natürlich auch nicht aus der Analyse hervorgehen, ebenso wie qualitative Analysen in der Chemie nicht das Vorhandensein von Substanzen ergeben werden, die nicht in der Probe enthalten sind. Aber der Vergleich stimmt nicht ganz; in den meisten Fällen wissen wir tatsächlich nicht, was wir in die Analyse „hineinstecken", und das statistische Verfahren bringt oft Ergebnisse, die nicht erwartet wurden. In der Tat sind mehrere Ergebnisse möglich, wenn Interkorrelationen einer Testserie, die vermeintlich eine bestimmte Eigenschaft mißt, der Faktorenanalyse unterworfen werden.a) Die Tests bilden eine Matrix ersten Ranges und bestätigen so die Hypothese, daß sie alle dieselbe Eigenschaft messen. In diesem Falle erhalten wir gleichzeitig die Information über den Grad, mit dem jeder Test die hypothetische Eigenschaft mißt (durch seine Faktorenladung). b) Die Tests interkorrelieren nicht und widerlegen die Hypothese völlig. c) Die Tests zeigen Muster (patterns) von Interkorrelationen und lassen so an die Existenz von zwei oder mehreren unabhängigen E. denken. d) Die Tests interkorrelieren letztlich wie bei a), aber mit einer zusätzlichen Aufgliederung in kleinere Faktoren, welche auf weitere Unterteilungen der hypothetischen Eigenschaften schließen lassen.

Faktorenanalytische Ergebnisse. Beispiele dieser verschiedenen Ergebnisse finden sich bei Eysenck (1970); einige davon werden hier aufgeführt. Fall a) ist in der Arbeit von Gould (1939) über das ↗Anspruchsniveau erläutert; er fand, daß verschiedene Tests dieser Eigenschaft auf die Weise interkorrelierten, daß sie einen einzigen ↗Generalfaktor hervorriefen. Fall b) ist verhältnismäßig selten, da Tests kaum jemals überhaupt nicht interkorrelieren; normalerweise läßt sich immer ein Ergebnis gewinnen, wenn nicht die ursprüngliche Auswahl der Tests ausgesprochen schlecht war. Ein gutes Beispiel eines völligen Fehlschlags ist das Werk von Payne (1955) über Kretschmers Begriff der Eigenschaft der „Spaltungsfähigkeit". Fall c) wird erläutert durch die Arbeit von Eysenck & Furneaux (1945) über ↗Suggestibilität; anstelle eines einzigen Faktors fanden sie zwei unabhängige Faktoren, genannt primäre oder ideomotorische und sekundäre oder wahrnehmende Suggestibilität, zusammen mit einem möglichen dritten Typ, der tertiären oder sozialen Suggestibilität, die weniger gut bewiesen wurde. Fall d) wird erläutert durch Arbeiten über Beharrlichkeit; McArthur (1955) fand einen Generalfaktor, aber auch ergänzende Faktoren, die sich unterscheiden lassen in „ideationale" Beharrlichkeit und „physische" Beharrlichkeit, d. h. Beharrlichkeit bei kognitiven bzw. bei physischen (Ausdauer-)Tests. Diese Art von Ergebnis geht in einem multiplen Faktor eins auf, bei dem eine größere Zahl von Subfaktoren gefunden wurde. Schließlich ist auch das persönliche Tempo ein gutes Beispiel dafür; Rimoldi (1951), der 59 Tests benutzte, erhielt neun Faktoren, die jedoch nicht unabhängig waren. Ihre Interkorrelationen ergaben nacheinander vier Faktoren zweiter Ordnung (motorische Geschwindigkeit, Schnelligkeit der Wahrnehmung, Schnelligkeit des Erkennens, ↗Reaktionszeit). So wird das Ergebnis einer Faktorenanalyse nicht vorherbestimmt durch die Hypothesen, die zu testen sind; es kann von den Annahmen, die zur Durchführung des Experimentes führten, abweichen; dies geschieht oft in sehr erheblichem Umfang. Die Faktorenanalyse ist unerläßlich für das Testen von Hypothesen, die E. betreffen, da es ohne sie keine geeignete statistische Prüfung für die Annahmen des Experimentierenden gibt. Ergänzend dient sie auch dem Zweck, neue und vorher nicht erwogene Hypothesen zu schaffen.

Eigenschaften und Typen. E. sind nicht unabhängig; sie tendieren zum Korrelieren und bewirken Faktoren höherer Ordnung (Superfaktoren), die den Typen von Autoren wie C. G. Jung und E. Kretschmer ähneln. Amerikanische Autoren neigen dazu, sich auf die Eigenschaftsstufe zu konzentrieren; kontinentale und britische Autoren konzentrieren sich eher auf die Typenstufe. Dies erweckt manchmal den Eindruck, daß die Faktorenanalyse in verschiedenen Händen nicht die gleichen Ergebnisse erbringt und daß sie deshalb keine objektive Methode sei. Das ist nicht richtig; Eysenck & Eysenck (1969) haben Korrelationen zwischen Tests, die von Cattell, Guilford und Eysenck benutzt wurden, analysiert und gezeigt, daß beträchtliche Ähnlichkeiten (fast schon Identitäten) auf der Stufe höherer Ordnung bestehen. Analysen sollten immer beide Stufen einschließen, da sonst die Untersuchungen unvollkommen und schwer zu deuten sind. Amerikanische Studien haben in der Vergangenheit oft in dieser Hinsicht gesündigt, trotz der kategorischen Behauptungen von L. L. ↗Thurstone und anderen Pionieren der statistischen Methoden, die in diesen Studien angewandt wurden. ↗Typologie.

ZUR VERERBUNG VON EIGENSCHAFTEN. Werden E. von der Vererbung oder von der Umwelt bestimmt? Eine solche Frage ist bedeutungslos. Natürlich ist jedes beobachtete Verhalten phänotypisch, d. h. bestimmt von genetischen Ursachen in Wechselwirkung mit umweltbedingten. Gleichwohl ist es zulässig, die relative Bedeutung dieser beiden Faktoren in besonderen Fällen zu prüfen und zu beurteilen, d. h. bestimmte E. in einer bestimmten Umgebung für eine bestimmte Stichprobe zu einer bestimmten Zeit. Eine Extrapolation über diese Grenzen hinaus ist gefährlich. Die für die Mehrzahl der Untersuchungen benutzte Methode ist die des Vergleichs der Korrelationen von eineiigen und zweieiigen Zwillingen (↗Zwillingsforschung) gleichen Geschlechts innerhalb der Klasse. Cattell & Scheier (1961) prüften das umfangreiche Werk des erstgenannten Autors nach, Fuller & Thompson (1960) geben einen guten Überblick über das allgemeine Feld. So unwahrscheinlich es klingen mag, die Arbeit an Tieren nimmt auch auf diesem Gebiet einen bedeutenden Rang ein (Eysenck & Broadhurst, 1964; Scott & Fuller, 1965). Natürlich ist es schwerer, „Persönlichkeitseigenschaften" bei Hunden oder Ratten zu messen und zu interpretieren, aber es ist viel leichter, Zuchtexperimente (z. B. diallele Kreuzungen) bei Tieren durchzuführen und so brauchbare genetische Analysen solcher Faktoren wie Dominanz zu ermöglichen. Das Ergebnis solcher Studien an Menschen oder Tieren ist zu komplex, um hier erörtert zu werden. Die Vererbung spielt gewiß eine bedeutende Rolle bei der Entstehung vieler E., aber der jeweilige Beitrag von Umwelt und Vererbung differiert von Eigenschaft zu Eigenschaft, und es bleibt noch viel zu tun, bis eine genaue, endgültige Generalisierung möglich wird.

Lit.: Allport, G. W.: Personality. London, 1937: **Allport, G. W.:** Gestalt und Wachstum in der Persönlichkeit. Meisenheim am Glan, 1970; **Allport, G. W. & H. S. Odbert:** Trait names: A psycholexical study. Psychol. Monogr., 1936, *47;* 171; **Cattell, R. B. & I. H. Scheier:** The meaning and measurement of neuroticism and anxiety. New York, 1961; **Eysenck, H. J.:** The structure of human personality. London, [3]1970; **Eysenck, H. J. & P. L. Broadhurst:** Experiments with animals. In: **H. J. Eysenck** (Ed.): Experiments in motivation. Oxford, 1964; **Eysenck, H. J. & S. B. G. Eysenck:** The structure and measurement of personality. London, 1969; **Eysenck, H. J. & W. D. Furneaux:** Primary and secondary suggestibility. An experimental and statistical study. J. exp. Psychol., 1945, *35,* 485–503; **Fuller, J. R. & W. R. Thompson:** Behaviour genetics. New York, 1960; **Gould, R.:** An experimental analysis of „level of aspiration". Genet. Psychol. Monogr., 1939, *21,* 3–15; **Graumann, C. F.:** Eigenschaften als Problem der Persönlichkeitsforschung. Hdb. d. Psychol., Bd. 4. Göttingen, [2]1968; **Hartshorne, N. & M. J. May:** Studies in deceit. New York, 1928; **Hartshorne, N. & M. J. May:** Studies in service and selfcontrol. New York, 1929; **Hartshorne, N. & F. K. Shuttleworth:** Studies in the organisation of character. New York, 1930; **Lundin, R. V.:** Personality. New York, [2]1974; **McArthur, R. S.:** An experimental investigation of persistance in secondary school boys. Canad. J. Psychol., 1955, *9,* 47–54; **Payne, R. W.:** Experimentelle Untersuchung zum Spaltungsbegriff von Kretschmer. Z. exp. angew. Psychol., 1955/56, *3,* 65–97; **Rimoldi, H. J. A.:** Personal tempo. J. abnorm. soc. Psychol., 1951, *44,* 283–303; **Scott, J. P. & J. L. Fuller:** Genetics and the behaviour of the dog. Chicago, 1965; **Stern, W.:** Differentielle Psychologie. Hamburg, 1921; **Thorndike, E. L.:** Educational psychology. New York, 1913; **Wellek, A.:** Polarität im Aufbau des Charakters. Bern – München, 1966; **Witkin, H. A., Dyke, R. B., Goodenough, D. R. & S. A. Harp:** Psychological differentiation. New York, 1962.

H. J. Eysenck

Im *deutschen* Sprachraum hat sich die Problematik um den Eigenschaftsbegriff von der phänomenologischen Betrachtungsweise her entwickelt. Die verschiedenen charakterologischen Systeme führten dabei zu unterschiedlichen Ordnungen. Wenn man von einigen Charaktereigenschaftsbeschreibungen, z. B. bei Theophrast, in der Nikomachischen Ethik oder bei La Bruyère, absieht, bleibt festzustellen, daß der erste Versuch, Eigenschaftsbegriffe zu bestimmen, in scheinbar wissenschaftlicher Weise von Klages gemacht worden ist, der sich darum bemühte, (Charakter-)E. als Verhältnis-Eigenschaften zu bestimmen; z. B. die Willenserregbarkeit als Verhältnis-E. zwischen Triebkraft und Widerstand oder die Gefühlserregbarkeit als Proportion zwischen Gefühlslebhaftigkeit und Gefühlstiefe (EG = LG : TG) oder Ausdruck als Verhältnis zwischen Erregung und Ausdruckswiderstand. P. Lersch hat, auf Klages aufbauend, die Unterscheidung von Leistungseigenschaften, Verhaltenseigenschaften und ↗Wesenseigenschaften (Haltungs-E.) getroffen und damit lange Zeit die charakterologische und diagnostische Praxis im deutschsprachigen Raum entscheidend bestimmt. Unter dem Einfluß der anglo-amerikanischen Psychol. verband sich in der Erforschung der personalen E. diese phänomenologische Methode mit operationalen Techniken. Auf der Suche nach Grundeigenschaften ergab sich für die moderne psychol. Forschung dabei ein hoher Forschungsgewinn: Von Forschern verschiedenster Richtung wurden Grunderlebnisdimensionen gefunden, die die Möglichkeit andeuten, daß es auch in der Psychol. Grundgesetze geben wird, die den in der übrigen Natur aufweisbaren Grundordnungsfaktoren entsprechen könnten. Spannung, Widerstand und Anmutungsqualitäten lassen sich operational als in einem bestimmten Verhältnis zueinander stehend nachweisen (Arnold, 1970). Formale Ordnungsdimensionen sind: *Vitalität, Ich-*(Selbst-)*Bezogenheit, Duhaftigkeit* und *gegenständliche Erlebnisbezogenheit.* Als Grundeigenschaften ergaben sich dabei unter Verwertung phänomenologischer wie operational gewonnener Ergebnisse: Flüssigkeit–Rigidität, Beschwingtheit–Bedrücktsein; Aktivität–Passivität; Sozialität–Einsamkeit; Liebe–Haß; Ehrfurcht–Angst; Gewißheit–Zweifel. Arnold (1969) hat auf dieser Ordnungsbasis eine synoptische Darstellung zwölf verschiedener faktorieller Grundeigenschaftsuntersuchungen vorgelegt. Damit ist allerdings nur ein erster Anfang gemacht, in der Psychologie Grundkategorien für die in ihr auftretenden E. zu gewinnen.

Die umfangreichste Untersuchung im Bereich der Eigenschaftsforschung hat Bottenberg vorgelegt. Dabei wurde die Darstellung von E. im mindestens dreidimensionalen Bereich (Rosettenform) empfohlen.

Lit.: Arnold, W.: Person, Charakter, Persönlichkeit. Göttingen, [3]1969; **ders.:** Ein vorläufig-theoretisches Motivationsmodell more psycho-physico. Psychologische Beiträge. Bd. 12, 2, 1970; **Bottenberg, E. H.:** Empirische Dimensionierung emotionaler Vorgänge. Phil. Diss. Würzburg, 1970; **Klages, L.:** Grundlagen der Charakterkunde. Bonn, [14]1969; **Lersch, P.:** Aufbau der Person. Berlin – Heidelberg, [11]1970.

W. Arnold

Eigenwertstreben. Während Geltungsstreben von sozialer Bestätigung abhängt, orientiert sich E. nach Lersch am eigenen Urteil, das auf Selbsterziehung und Selbstgestaltung bezogen ist. E. gilt als wertvollerer der beiden nur akzentuierend zu unterscheidenden Antriebe. *H. A. Müller*

Eignung ↗Berufseignung.

Eignungstests, Tests zur Prüfung der Eignung für eine bestimmte Tätigkeit oder einen Beruf bzw. der betreffenden ↗Fähigkeiten. H. Münsterberg (1863–1916) war einer der ersten, der solche Tests vorschlug. Während des 1. Weltkrieges wurden sie für Flieger und Kraftwagenführer und dann in der Industrie verwendet. Meistens werden heute Kombinationen (Batterien) von mehreren Tests verwendet; ein Teil davon ist nicht spezifisch für eine bestimmte Tätigkeit, sondern mißt allgemeinere, vor allem intellektuelle Leistungen. Spezielle E. sind z. B. für Algebra, Ingenieure, Zahnärzte, Musik, Büropersonal usw. konstruiert worden. Der Erfolg dieser Methoden hängt sehr weitgehend von der sorgfältigen psychol. Analyse der betreffenden Tätigkeiten ab, für die aber oft zu wenig Zeit aufgewendet wird.

Lit.: Eckardt, H. H.: Psychologische Diagnostik im Dienst beruflicher Beratung. In: **K. H. Seifert** (Hrsg.): Handbuch der Berufspsychologie. Göttingen, 1977; **Jäger, A. O.:** Personalauslese. In: **A. Mayer & B. Herwig** (Hrsg.): Handbuch der Psychologie, Bd. 9. Göttingen, [2]1970; **Meili, R. & H.-J. Steingruber:** Lehrbuch der psychologischen Diagnostik. Bern, [6]1978.

R. Meili

Einbildung, eine Vorstellung, die nicht mit der Realität übereinstimmt. Sie kann sich auf äußere Dinge (↗Halluzination), vermeintliche positive persönliche Eigenschaften (Eingebildetheit) oder vermeintliche negative Eigenschaften (eingebildete Krankheit) beziehen. Dabei ist es häufig schwierig, zwischen Einbildung und Realität zu unterscheiden, weil nicht immer objektive Maßstäbe zur Beurteilung vorhanden sind. – Die Einbildungskraft wird als die wichtigste Grundlage für das schöpferische Denken angesehen. *E. H. Witte*

Eindruck, Gesamtbild von einem Gegenstand, etwa einer Landschaft oder Person, als Produkt eines relativ abgeschlossenen Perzeptions- und Kognitionsprozesses. Innerhalb der Ausdruckspsychol. ist E. insofern konstitutiv, als es Ausdruck an sich nicht gibt, sondern nur Ausdruck für jemanden, der ihn als (validen) E. erfaßt. Wie für den ↗Ausdruck, so ergeben sich auch für den E. die folgenden drei Forschungsansätze, wobei jeweils noch die verschiedenen Dimensionen der Genese in den Blick fallen:

1) *Phänographisch:* Hier geht es um die Frage, über welche Sinneskanäle E. vom „personalen Sosein eines Menschen" vermittelt wird. Das Hauptaugenmerk liegt auf dem visuellen (Physiognomik, Pathognomik) und auditiven (Phonognomik) Zugangsbereich, während man den taktilen (Händedruck) oder olfaktorischen E.qualitäten weniger Aufmerksamkeit schenkt. Die verschiedenen Kategorien der Genese werden vor allem von der Allgemeinen Psychol. zur Verfügung gestellt.

2) *Funktionsanalytisch und -interpretativ:* Dieser Forschungsansatz behandelt die Frage, wie E. zustande kommt, d. h., wie Ausdruckserscheinungen jeweils apperzipiert und interpretiert werden. Eine Fülle von Einzelergebnissen hat in dieser Hinsicht die Wissenschaft innerhalb der „social-perception"-Forschung (↗Soziale Wahrnehmung) gefördert (vgl. Graumann 1955/56; Tajfel, 1969; Tagiuri, 1969). Es sind vor allem vier sozial mitbedingte perzeptive Faktoren, die den E. mitgestalten, und zwar a) die Selektivität, worunter außer ↗Einstellung und Aufmerksamkeitsrichtung auch die Begriffe der Erfassungsschwelle (Sensitivierung) und die ↗Wahrnehmungsabwehr fallen; b) der organisierende Akt des Wahrnehmens, dem Gestalttendenzen des wahrnehmenden Erkennens zugrunde liegen; c) die Akzentuierung, die den E. dadurch modifiziert, daß eine bestimmte Sichtweise betont wird; und d) die Fixation, die Verfestigung erwartungsgemäß selegierter Anhaltspunkte im Reizfeld, hervorgerufen durch Einstellung, Vorurteil, Befürchtung usw. Die Erforschung dieser perzeptiven Faktoren fällt weitgehend mit dem aktual-genetischen Aspekt zusammen. In ontogenetischer Hinsicht treten Reife- und Lernprozesse auf soziokulturellem Hintergrund ins Blickfeld (Attitüden, Stereotype usw.), womit sich bes. die Entwicklungs- und Sozialpsychol. beschäftigen. Der phylogenetische Aspekt erfährt vorderhand weniger Beachtung.

3) *Konditionalanalytisch und -interpretativ:* Das Problem, das hier ansteht, ist das der E.fähigkeit, mithin die Frage, wie Erscheinungsgehalte von Menschen oder Tieren zum E. für einen Empfänger werden. Mehrere konkurrierende „Theorien des Ausdrucksverstehens" versuchen darauf Antwort zu geben: a) die Assoziationstheorie nimmt an, daß anläßlich bestimmter Ausdruckserscheinungen im Empfänger ähnliche Vorstellungen und Gefühle assoziativ ausgelöst werden; b) die Analogieschlußtheorie behauptet, der Beobachter fremden Ausdrucks schlösse vom eigenen Verhalten auf fremdes; c) die Einfühlungstheorie (T. Lipps) nimmt an, daß E. von Fremdseelischem durch Nach- und Miterleben von Ausdruckserscheinungen anderer entstehe; d) die Rudimententheorie – eine Version der Einfühlungstheorie – gründet sich auf die Annahme, winzige Mitbewegungen (Carpenter-Effekt) beim Wahrnehmen fremden Ausdrucks riefen Ansätze einer entsprechenden inneren Befindlichkeit hervor. Jede dieser Theorien weist erhebliche Mängel auf. Das Problem des Eindrucksverstehens findet heute im Rahmen der Personwahrnehmung seine Erklärung.

Die Frage nach der Aktualgenese des E. wird im allgemeinen schon innerhalb der „Theorien des Ausdrucksverstehens" behandelt. Die Erforschung der Ontogenese des E. hat auch die Entwicklungspsychol. aufgegriffen (Ewert, 1965). Bemerkenswerte Forschungsansätze hinsichtlich des phylogenetischen Aspekts des Ausdrucksverstehens liegen innerhalb der Ethologie vor, die das Konzept des „Angeborenen auslösenden Mechanismus“ (↗AAM) in Zusammenhang bringt mit der phylogenetischen Entwicklung der E.fähigkeit (Leyhausen, 1967/68).

Lit.: Ewert, O. M.: Zur Ontogenese des Ausdrucksverstehens. Hdb. d. Psychol., Bd. 5. Göttingen, 1965, 289–308; **Graumann, C.-F.:** „Social Perception“. Z. exp. angew. Psychol., 1955/56, *3*, 605–661; **Kirchhoff, R.** (Hrsg.): Hdb. d. Psychol., Bd. 5: Ausdruckspsychologie. Göttingen, [2]1972; **ders.:** Allgemeine Ausdrucklehre. Göttingen, 1957; **Leyhausen, P.:** Biologie von Ausdruck und Eindruck. Psychol. Forsch., 1967, *31*, 113–227; **Tagiuri, R.:** Person perception. Hdb. Soc. Psychol., Bd. 3, 1969; **Tajfel, H.:** Social and cultural factors in perception. Hdb. Soc. Psychol., Bd. 3, 1969. *F. Kiener*

Einfachstruktur, ein Begriff aus der ↗Faktorenanalyse. Werden nach der Extraktion alle gemeinsamen ↗Faktoren nach dem Kriterium der E. rotiert, so werden der Faktorenmatrix folgende Eigenschaften zugeschrieben: a) Die derart rotierten Faktorenlösungen (↗Rotation) sind unter bestimmten Voraussetzungen „stichprobenunspezifisch“. b) Sie erlaubt eine besonders einfache inhaltliche Interpretation der Faktoren. – Nach dem Kriterium der E. rotierte Faktorenmatrizen sind meist nicht mehr orthogonal. *W. H. Butollo*

Einfühlung meint den Versuch, fremdes Erleben nachzuvollziehen mit dem Ziel, die andere Person zu verstehen. Der Weg zum fremden Erleben geht primär über die sprachliche Mitteilung, aber auch über den spontanen Gefühlsausdruck. In der psychol. Praxis (u. a. Gesprächstherapie, ↗Erziehungsberatung) kommt der Einfühlung erhebliche Bedeutung zu, wenngleich sie nie den Rang einer wissenschaftlichen Methode erhalten hat, da sie nicht objektivierbar ist.

Lit.: Gruhle, H. W.: Verstehen und Einfühlen. Berlin-Göttingen-Heidelberg, 1953. *P. Steck*

Eingebettete Figuren, eine von Gottschaldt (1926) getroffene Versuchsanordnung zur figuralen Wahrnehmung. Bekannte Figuren sind dabei in größere Komplexitäten „eingebettet“ („Embedded figures“) und sollen von den Vpn herausgefunden werden. Entscheidend ist hierbei, daß die Untergliederungstendenz der Komplexitäten nicht den eingebetteten Figuren entspricht. Die so gestellten Aufgaben erweisen sich als sehr schwer lösbar. *P. Steck*

Einfache geometrische Figuren müssen in komplexeren gefunden werden. Zuerst von K. Gottschaldt konstruiert, von R. Meili (1943), L. L. Thurstone (1944) in Faktorenanalysen (Plastizität und Flexibility of Closure) und von H. A. Witkin (1954) für „Feldabhängigkeit“ verwendet.

Lit.: Gottschaldt, K.: Über den Einfluß der Erfahrung auf die Wahrnehmung von Figuren. Psychol. Forsch., 1926, *8*, 261–317. *R. Meili*

Einkoten ↗Enkopresis.

Einsamkeit, die Existenzerfahrung von der Abgeschiedenheit des Individuums von seiner Umwelt im seelischen oder räumlichen Sinne; sie tritt bald als verlangte Isolierung, bald als freiwillige Selbstbegrenzung und soziale Askese in Erscheinung. E. wird bei Völkern und Kulturen unter verschiedener Wertbetonung fast immer als unnatürlich empfunden, da der ihr zugrundeliegende Gemeinschafts- und Kommunikationsverzicht dem Gemeinschaftswesen Mensch unangemessen ist. *W. Tisch*

Als zeitweiliger, freigewählter Zustand kann die Konfrontation des Ichs mit sich selbst als Subjekt des Denkens und Handelns und die Vorbedingung tieferen Erkennens und geistigen Strebens nach überragenden Zielen bedeuten. E. als unfreiwilliger Zustand einer Unterversorgung mit Kontakten zur Mit- und Umwelt aber kann sehr bedrückend und schmerzlich sein für Menschen, die oft auch anderweitig beschwert sind, wie Jugendliche in der Pubertät, Gefangene, Kranke, alte Leute, deren Probleme in Jugend-, Gefangenen- und Altenbetreuung auf psychol., päd., pastoraler Grundlage ernste Berücksichtigung verdienen.

Lit.: Bitter, W.: Einsamkeit in medizin., psychol., theolog u. soziolog. Sicht. München, 1967; **Kölbel, G.:** Über die Einsamkeit. Vom Ursprung, Gestaltwandel u. Sinn des Einsamkeit-Erlebens. 1961; **Tworuschka, U.:** Die Einsamkeit. Eine religionsphänomenologische Untersuchung. Bonner phil. Diss., 1973.

J. Hasenfuß

Einschulungstests. Die Schuleingangsdiagnostik befindet sich im Umbruch. Neben den heute gebräuchlichen Tests, die primär als Selektionshilfe dienen, werden zur Zeit neue Verfahren entwickelt, die zusätzlich nach bestimmten förderbaren Bereichen differenzieren und Hinweise auf mögliche Störungen geben sollen. Diese Verfahren werden erstmals bereits zu Beginn des letzten Kindergartenjahres eingesetzt, in der Absicht, mögliche Entwicklungsrückstände zu erfassen und mittels gezielter Maßnahmen während der Kindergartenzeit noch zu kompensieren. Diese Tests werden mit Rückmeldung und standardisierten Hilfen unter leichter Variation mehrmals dargeboten. Das Maß des Lernfortschritts kombiniert mit der Testleistung der ersten Darbietung führt zu einer Verbesserung der Prognose.

Zur Prognose der ↗Schulreife werden heute neben medizinischen Untersuchungen, Verhaltensbeobachtungen und Intelligenztests auch spezifische Einschulungstests eingesetzt. – Zu den im deutschen Sprachraum gebräuchlichsten Einschulungstests gehören folgende *Gruppentests:* Weilburger Testaufgaben für Schulanfänger (WTA), Göppinger Schuleignungstest (GST), Frankfurter Schulreifetest (FST), Kettwiger Schulreifetest (KST), Duisburger Vorschul- und Einschulungs-Test (DVET) und Reutlinger Test für Schulanfänger (RTS). – Der Grundleistungstest zur Ermittlung der Schulreife (GLT) und der Schulreifetest-Wiener-Verfahren (WST) sind eine *Kombination von Gruppen- und Einzeltest.* – Der Schulreifetest für Schweizer Kinder (STS) und der Heidelberger sprachfreie Schulreifetest (HSST) sind *Individualtests.* – All diese Verfahren lassen soziologische Kriterien weitgehend außer acht und beschränken sich auf die psychologischen Aspekte der ↗Schulreife. Beim WST gibt es ein Zusatzverfahren zur Erfassung der körperlichen Reife. Alle Tests prüfen folgende Fähigkeiten: Differenzieren und Strukturieren optischer Gestalten, Erfassen von Mengen, Größen und Relationen, Feinmotorik, realitätsangepaßte Einstellung zur Umwelt, Arbeitseinstellung und soziale Fähigkeiten. Die drei letztgenannten Faktoren sollen durch Beobachtung erfaßt werden. WTA, GST, WST und STS prüfen zusätzlich die Merkfähigkeit. Alle Tests mit Ausnahme von FST, KST, GLT, GST und HSST prüfen auch die Begriffsbildung und das Sprachverständnis.

Diese Tests erreichen im günstigsten Fall Validitätskoeffizienten um .60, was auf eine beschränkte prognostische Gültigkeit hinweist.

Lit.: Gutjahr, W., Roether, D., Frost, G. & K. H. Schmidt: Verfahren zur Diagnostik der Schulfähigkeit. Berlin, 1974; **Krapp, A. & H. Mandl:** Schulreifetests und Schulerfolg. München, 1971; **Mandl, H.:** Kompendium deutschsprachiger Schulreifetests. München, 1970; **Mandl, H. & A. Krapp:** Schuleingangsdiagnose. Göttingen, 1978.

Chr. A. Joss

Einseitige Signifikanzprüfung, Signifikanzprüfung, bei der man den Ablehnungsbereich so wählt, daß er nur Werte der Stichprobenstatistik enthält, die entweder alle größer oder alle kleiner sind als der in Frage stehende Parameter der Populationsverteilung, den man in der ↗Nullhypothese formuliert hat.

P. K. G. Günther

Einsicht, das unmittelbare Verstehen eines (realen oder logisch-mathematischen) Zusammenhangs. Die Gestaltpsychol. beschreibt den Prozeß der E.gewinnung als einen Organisationsvorgang, der zu einer der Sachlage angemessenen Änderung der strukturellen Zusammenhänge im ↗phänomenalen Feld führt. Das Ergebnis eines solchen Prozesses stellt sich häufig als plötzlicher „Einfall" (↗Aha-Erlebnis) ein.

Lit.: Köhler, W.: Intelligenzprüfungen an Anthropoiden. Berlin, 1917.

P. Tholey

Einsicht, Lernen durch. E. ist ein zentraler Begriff gestalttheoretischer Ansätze auf dem Gebiet der Lern- und Denkpsychologie

(↗Lernen; ↗Denken). Obwohl W. Köhler bereits 1917 zu zeigen versuchte, daß sich E. ausschließlich unter Verwendung von Verhaltensdaten (glatter Lösungsverlauf, schlagartige Neuorganisation des Verhaltens) definieren läßt, blieb dieser Begriff ein Hauptangriffspunkt für Vertreter des ↗Neobehaviorismus. Charakteristisch für neobehavioristische Versuche, E. durch andere Konstrukte zu ersetzen, ist Osgoods Ansatz im Rahmen seiner Mediation-Theorie. Die Auseinandersetzung um das Konstrukt E. wäre vermutlich überflüssig gewesen, wenn sich die Vertreter der beiden Richtungen ihre unterschiedlichen Forschungsintentionen bewußt gemacht hätten. Die Gestalttheorie arbeitete vorwiegend auf denkpsychol. Gebiet und untersuchte die Neuorganisation bereits fest erworbener Verhaltensweisen zu einem zusammenhängenden Lösungsverhalten. Diese Neuorganisation sollte durch das Konstrukt E. erklärt werden. Für die Wortwahl war es sicher kein Zufall, daß die Gestalttheoretiker die denkpsychol. Probleme von der Wahrnehmungspsychol. her angingen (vgl. hierzu M. Wertheimers rho-Relation). In der behavioristischen Lernpsychol. war ein Konstrukt wie E. so lange überflüssig, als man sich ausschließlich mit S-R-Verbindungen beschäftigte. Denn ein Ziel dieser Untersuchung war die systematische Ausschaltung bereits erworbener Verhaltensweisen, in dem man in der Regel von den Versuchstieren „unnatürliche" Responses verlangte (Hebeldrücken, Vexierkäfige öffnen, Labyrinthe durchlaufen: vgl. hierzu die Kritik Köhlers und der Ethologen, z. B. K. Lorenz). Die Organisation bereits erworbener Verhaltensweisen wird für den Behavioristen erst problematisch, wenn er sich denkpsychol. Fragestellungen zuwendet (vgl. hierzu neben Osgoods Mediation-Theorie auch Maltzmans habit-family-hierarchy-Hypothese). Möglicherweise lassen sich die mit dem Konstrukt E. verbundenen Probleme im Rahmen des von Miller vorgeschlagenen Ansatzes eines „subjektiven Behaviorismus" befriedigender klären. E. wäre innerhalb dieses Ansatzes z. B. das Erzeugen eines – wahrscheinlich sprachlichen – Metaprogramms oder Lösungsplans, der den Einsatz bereits fest verfügbarer Unterprogramme (Verhaltensweisen) steuert.

Lit.: Köhler, W.: Intelligenzprüfungen am Menschenaffen. Berlin – Göttingen – Heidelberg, [3]1973; **Maltzmann, I.:** Thinking: from a behavioristic point of view. Psychol. Rev., 1955, *62*, 275–286; **Miller, G. A., Galanter, E. & K. H. Pribram:** Plans and the structure of behavior. New York, 1967; **Osgood, C. E.:** Method and theory in experimental psychology. New York, 1954.

M. Bartl

Einstellung. Eine E. wird normalerweise als eine Wahrnehmungsorientierung und Reaktionsbereitschaft in Beziehung zu einem besonderen Objekt oder zu einer Klasse von Objekten definiert. Einige Einschränkungen müssen jedoch hinzugefügt werden.

a) E.en sind relativ dauerhafte Handlungstendenzen. Sie unterscheiden sich dadurch von *„Sets"* und *Erwartungen*, die sich normalerweise mehr auf vorübergehende Reaktionsbereitschaften beziehen. Das bedeutet nicht, daß sich E.en nie ändern können (die Erforschung der Einstellungsänderung ist ein sehr bedeutendes Arbeitsgebiet in der Sozialpsychologie), sondern nur, daß sie äußerst widerstandsfähig gegen Veränderung sind.

b) E.en müssen zwischen Individuen und zwischen Kulturen variieren, d. h., sie beziehen sich auf Meinungsgegenstände, über die sich die Leute nicht einig sind. Auf diese Weise werden sie von verschiedenen anderen Begriffen unterschieden, die sich auf Reaktionsprädispositionen und charakteristisches Verhalten beziehen, wie z. B. *Instinkt* und *Gewohnheit*. Wie C. W. Sherif, M. Sherif & R. E. Nebergall (1965) ausführen (s. 19), „erfordert die Tatsache, daß wir gewöhnlich die Treppe abwärts gehen, statt zu fallen, keine Erklärung durch eine E., auch nicht die charakteristische Reaktion des Essens, wenn einer hungrigen Person Nahrung angeboten wird". Diese Tatsache der Varianz innerhalb und zwischen den Kulturen wird oft so aufgefaßt, daß E.en durch Erfahrung *erlernt* werden. Obwohl dies in der Hauptsache wahr zu sein scheint, ist es wahrscheinlich, daß bestimmte genetische Prädispositionen, wie z. B. Aggressivität (deren Ausmaß innerhalb der Bevölkerung auch streut), zum Teil Determinanten von bestimmten E.en sein können (McGuire, 1969).

c) Das möglicherweise wichtigste Kennzeichen der Einstellungen ist, daß sie notwendigerweise wertorientiert oder affektiv sind. *Überzeugungen* können wesentliche Bestandteile von E.en sein („Neger sind schmutzig"), können aber auch weitgehend ohne affektive oder bewertende E.komponente formuliert sein („Neger sind groß").

d) Der Begriff der E. hat in der Psychologie den wissenschaftlichen Status eines hypothetischen Konstruktes. Eine E. kann nicht direkt beobachtet werden, sondern muß aus dem zu beobachtenden Verhalten erschlossen werden, z. B. aus verbalen *Meinungsäußerungen* oder aus physiologischen Veränderungen, die sich aus der Wahrnehmung des E.objektes ergeben, ferner auch aus beobachtbaren Handlungsfolgen in bezug auf das Objekt. Keine dieser Beobachtungsvariablen kann mit E.en gleichgesetzt werden; sie können nur als Indikatoren, Maßstäbe oder „operationale Definitionen" benutzt werden.

MESSUNG. E.en werden meistens durch Analyse der Reaktionsmuster in subjektiven Tests, wie z. B. Fragebogen, gemessen. Es gibt zwei Möglichkeiten der Skalierung: 1) *Skalen, die direkte Meinungsäußerungen enthalten* (z. B. „Homosexuelle sollten öffentlich gepeitscht werden"). Die Vp kreuzt einen bestimmten Wert zwischen Zustimmung und Ablehnung an. Zu den am besten bekannten Skalen dieser Art gehören die *F-Skala* (T. W. Adorno, E. Frenkel-Brunswik, D. J. Levinson & R. N. Sanford, 1950), die *Dogmatismus-Skala* (M. Rokeach, 1960) und der *Fragebogen über soziale E.en* (H. J. Eysenck, 1954). 2) *Skalen, die an sich neutrale Begriffe enthalten* (z. B. „Vater", „Todesstrafe") und den Befragten auffordern, diese zu bewerten. Das semantische Differential (C. E. Osgood, G. J. Suci & P. H. Tannenbaum, 1957) und die *Konservativismus-Skala* (G. D. Wilson & J. R. Patterson, 1968) können als Beispiele dienen. Es scheint, daß der letztere Skalentyp, wenn er anwendbar ist, bei einer Anzahl von Berechnungen vorzuziehen ist. Er ist ökonomisch, weniger empfänglich für die oft auftretende Neigung der Vp, zuzustimmen ohne Rücksicht auf die inhaltliche Aufforderung durch die Frage, scheidet bestimmte Ursachen von Zweideutigkeit aus (z. B. Unterschiede im wahrgenommenen Stellenwert der Meinungsäußerung) und vermeidet algebraische Additionsprobleme für die Vp (z. B. eine negativ formulierte Äußerung mißbilligen zu müssen).

Von den verschiedenartigen Techniken zur Auswahl von Skalenaufgaben beschäftigen sich die meisten der traditionellen Methoden (z. B. die von L. L. Thurstone und L. Guttman) mit der Konstruktion von *eindimensionalen* Skalen (W. A. Scott, 1969). Seit der Einführung des Computers sind die eindimensionalen Modelle durch die Entwicklung von *multidimensionalen* E.skalen überholt worden, die durch die Faktorenanalyse möglich wurden.

Neben subjektiven Tests zur Erfassung von E.en sind auch objektive, von der Vp nicht durchschaubare entwickelt worden. Sie werden in ihrer Validität nicht so sehr durch Täuschungsmöglichkeiten der Vp beeinträchtigt, so z. B. durch eine Beantwortungstendenz unter dem Leitgedanken der „sozialen Erwünschtheit". Allerdings macht sich dieses Problem bei der E.messung in nicht so schwerwiegender Weise geltend, weil E. selbst schon wertenden Charakter haben. Während es über Variablen wie Intelligenz und Neurotizismus erhebliche Übereinstimmung in bezug darauf gibt, welche Extremwerte sozial wünschenswert sind (social desirability), wird die eigene Position des Individuums in Beziehung zu einem E.objekt per definitionem als gut empfunden.

Jedoch können E.en auch gemessen werden, ohne daß es die Vp merkt. Man untersucht in diesem Fall ihre Wirkungen auf Gedächtnis und Wahrnehmungsprozesse (z. B. Erinnern, Schwellen, binokulares Gestaltsehen bei an sich widerstreitenden Reizen für jedes Auge) oder auch die Leistung bei bestimmten Aufgaben, die Materialien enthalten, die für das E.objekt relevant sind (z. B. klassifizierende Meinungsäußerungen, die gegenüber einem Meinungsgegenstand günstig oder ungünstig sein können, ohne daß angeblich nach der Meinung der Vp gefragt wird). Mehrere physiologische Variablen wurden ebenfalls benutzt, besonders die Messung der elektrischen Hautleitfähigkeit (S. W. Cook & C. Selltiz, 1964).

Abgesehen von der Tatsache, daß sie im Vergleich zu Fragebogen sehr schwerfällig sind, ist der Hauptnachteil der meisten physiologischen Methoden, daß sie nur die *Intensität* einer E.reaktion anzeigen und nicht ihre *Richtung.* Die Hoffnung, daß die Pupillenweite beim Betrachten eines für die E. relevanten Bildes sowohl einen Maßstab für die Richtung als auch für die Intensität schaffen könnte (E. H. Hess, 1965), scheint sich nicht erfüllt zu haben (W. J. McGuire, 1969).

STRUKTUR. Es herrscht weitgehende Übereinstimmung darüber, daß E.en, die sich auf verschiedene soziale Streitfragen (Religion, Politik, Kunst, sexuelles Verhalten, Rasse usw.) beziehen, zu Interkorrelationen neigen und einen *Generalfaktor* „soziale E.“ bilden. Diese Hauptdimension ist verschiedentlich Faschismus, autoritäres Denken, Dogmatismus und Rigidität genannt worden, wahrscheinlich wird sie aber am besten als Konservativismus beschrieben, eine Tendenz, die der Veränderung Widerstand leistet (G. D. Wilson, 1970). Der extreme oder „ideale“ Konservative wird durch die folgenden E.muster charakterisiert: religiöser Dogmatismus, rechtsgerichtete politische Orientierung, Intoleranz gegenüber Minderheiten, Beharren auf strengen Grundsätzen und Strafen, antihedonischer Standpunkt (die Tendenz, Vergnügen als schlecht zu betrachten), die Vorliebe für konventionelle Kleidung und Institutionen, Opposition gegenüber dem wissenschaftlichen Fortschritt. Der Gegenpol dieses Faktors kann als liberal beschrieben werden.

H. J. Eysenck (1954) hat gezeigt, daß es besonders auf dem Gebiet der politischen E.en nützlich ist, die Variation in einer zweiten, unabhängigen Dimension, die er „tough-minded“ versus „tender-minded“ nannte, zu untersuchen. (Diese von W. James in die Psychologie eingeführten Begriffe sind ohne Bedeutungsverlust nicht zu übersetzen. Zudem haben sie sich als Fremdwörter in der Fachliteratur eingebürgert.) „Tough-minded“ wird durch E.en, die als realistisch, „handfest“ und aggressiv zu umschreiben sind, charakterisiert (es besteht eine Beziehung zum extravertierten Persönlichkeitstypus), während das als „tender-minded“ gekennzeichnete Individuum E.en zeigt, die von Idealismus, einer hohen Moral und einer sozialen Fügsamkeit geprägt sind (und es neigt dazu, introvertiert zu sein).

FUNKTIONEN. W. J. McGuire diskutiert vier Typen von Anpassungsfunktionen. Diese Funktionen werden durch das Festhalten an bestimmten E.en unterstützt. Die vier Typen schließen sich gegenseitig nicht aus. Durch sie wird auch die Vielfalt sozialer Interaktionen nicht in allen Nuancen erfaßt.

a) *Utilitaristische Funktionen:* E.en können uns in Richtung auf Objekte und auf Wege leiten, die zu Zielen führen, die für uns einen gewissen Wert darstellen. So übernehmen wir die E.en einer Gruppe, um von ihr geachtet und anerkannt zu werden.

b) *Ökonomische Funktionen:* Wie alle Kategorien und Generalisierungen schaffen E.en eine Vereinfachung der komplexen Welt und geben Anleitung für ein angemessenes Verhalten in einer neuen Situation. Zum Beispiel ermöglicht es uns das Festhalten an einem „stereotypen“ Image einer nationalen Gruppe, alle Mitglieder dieser Gruppe gleich zu behandeln.

c) *Expressive Funktionen:* E.en können Funktionen der Selbstbestätigung und der Katharsis haben und werden aufrechterhalten, um das eigene Verhalten zu stützen oder zu rechtfertigen. Die Theorie der *kognitiven Dissonanz* (L. Festinger, 1957) lenkt die Aufmerksamkeit auf die Tatsache, daß ein Wechsel in der E. oft eher seiner Verhaltensänderung folgt, als daß er ihr vorausgeht. Offenbar übernimmt die neue E. eine unterstützende Funktion.

d) *Ich-Verteidigungsfunktionen:* Einige E.en mögen nicht wegen irgendwelcher Kennzeichen des betreffenden Objektes beibehalten werden, sondern weil sie helfen, bestimmte innere Konflikte zu lösen. Ein Beispiel ist die Ansicht, daß Antisemitismus als ein Abwehrmechanismus entsteht, um die Unterdrückung ödipaler Feindseligkeit gegen einen autoritären Vater zu erleichtern (T. W. Adorno u. a., 1950).

W. J. McGuire bemerkt, daß E.en äußerst widerstandsfähig gegen Veränderung sein können, weil sie mehreren oder allen Funktionen zugleich dienen. Ein Rassenvorurteil z. B., das aus Gründen entstand, die der Ich-Verteidigung dienen, würde bald durch ein Netz von E.en unterstützt und ein bequemer Weg für das Individuum werden, um sich selbst zu behaupten und seiner Welt einen Sinn zu geben. Es wäre eine Basis für die Auswahl von Freunden und würde so nützlich werden als ein Mittel, von der Gruppe akzeptiert zu bleiben. Die Schwierigkeit, eine solche E. zu ändern, ist deutlich.

EINSTELLUNGSÄNDERUNG. Bei der Diskussion der Geschichte des E.begriffes stellt W. J. McGuire (1969) fest, daß dieser Begriff im ersten Teil dieses Jh. so im Mittelpunkt der Sozialpsychologie stand, daß er oft mit dieser gleichgesetzt wurde. Nachdem in den fünfziger Jahren eine Periode vergangen war, in der er von den Untersuchungen zur Gruppendynamik überschattet wurde, hat der E.begriff seine beherrschende Stellung in der Sozialpsychologie wiedergewonnen. Dies geschah hauptsächlich durch die Arbeiten von C. J. Hovland, L. Festinger, C. W. Sherif und anderen über die Variablen und über Prozesse, die zur E.änderung gehören. Es wäre unmöglich, hier die Ergebnisse dieses weiten Bereiches zusammenzufassen. Allerdings könnte es der Mühe wert sein, einige Beispiele von gut bewiesenen Ergebnissen aufzuführen.

a) Das Ausmaß, mit dem eine Kommunikation bei Veränderungen von E.en wirksam ist, hängt von der wahrgenommenen Glaubwürdigkeit der Quelle ab (z. B. vom Ansehen des Mitteilenden). – b) Bestimmte *Persönlichkeitsmerkmale,* z. B. geringe Selbstachtung und allgemeine Passivität, beeinflussen ein Individuum in Richtung auf eine leichte Überzeugbarkeit. – c) Es ist von Vorteil, wenn man sowohl das erste (primacy) als auch das letzte Wort (recency) hat beim Versuch, eine Zuhörerschaft zu überzeugen. Diese Variablen sind wichtig für die faire Führung politischer Debatten und bei Gerichtsverfahren. – d) E.en, die denen nahekommen, die das Publikum schon hat, werden mit hoher Wahrscheinlichkeit übernommen, während beim Versuch, völlig neue E.en zu prägen, eher die alten in ihrer Wirksamkeit verstärkt werden *(Kontrastwirkung).* – e) Mitteilungen, die *beide Seiten* einer Streitfrage zeigen, während sie eine als besser herausstellen, sind wirkungsvoller als einseitige Kommunikationen. – f) Wenn man beim Versuch, ein Publikum von einem Argument zu überzeugen, auch die Gegengründe darlegt, sie aber einzeln widerlegt, so erreicht man eine höhere Resistenz der neuen E. gegen eine Änderung durch spätere, von anderer Seite unternommene Versuche, sie wieder zu zerstören. – g) Das Schaffen von Bedingungen, die für die *Kooperation beim Anstreben von allgemein verbindlichen Zielen* günstig sind, ist ein wirkungsvolles Mittel, um die Feindseligkeit zwischen den Gruppen herabzusetzen. (Der „gemeinsame Feind" schafft Einigkeit.)

Lit.: Adorno, T. W., Frenkel-Brunswik, E., Levinson, D. J. & R. N. Sanford: The authoritarian personality. New York, 1950; **Cook, S. W. & C. Selltiz:** A multiple-indicator approach to attitude measurement. Psychol. Bull., 1964, *62,* 36–55; **Eysenck, H. J.:** The psychology of politics. London, 1954; **Festinger, L.:** A theory of cognitive dissonance. Stanford, 1957; **Fishbein, M. & J. Ajzen:** Belief, Attitude, Intention and Behavior. Oxford, 1975; **Hess, E. H.:** Attitude and pupil size. Sci. Amer., 1965, *212,* 46–54; **McGuire, W. J.:** The nature of attitudes and attitude research. In: **Lindzey, G. & E. Aronson** (Eds.): Handbook of Social Psychology, Bd. 3. London, 1969; **Osgood, C. E., Suci, G. J. & P. H. Tannenbaum:** The measurement of meaning. Urbana (Ill.), 1957; **Oskamp, S.:** Attitudes and Opinions. Englewood Cliffs (N.J.), 1977; **Rokeach, M.:** The open and the closed mind. New York, 1960; **Scott, W. A.:** Attitude measurement. In: **Lindzey, G. & E. Aronson** (Eds.): Handbook of Social Psychology, Bd. 2. London, 1969; **Sherif, C. W., Sherif, M. & R. E. Nebergall:** Attitude and attitude change. Philadelphia, 1965; **Summers, G. F.** (Ed.): Attitude Measurement. London, 1977; **Wilson, G. D.:** Is there a general factor in social attitudes? Evidence from a factoranalysis of the conservatism scale. Brit. J. Soc. Clin. Psychol., 1970; **Wilson, G. D. & J. R. Patterson:** A new measure of conservatism. Brit. J. Soc. Clin. Psychol., 1968, 7, 264–269; **Shaw, E. M. & J. M. Wright:** Scales for the measurement of attitudes. New York, 1967; **Irle, M.:** Entstehung und Änderung von sozialen Einstellungen (Attitüden). Ber. 25. Kongr. DGP. Münster, 1966; **Klapprott, J.:** Anatomie von Einstellungen. Stuttgart, 1974; **Six, B.:** Einstellung u. Verhalten. Stuttgart, 1979; **Triandis, H. C.:** Einstellungen und Einstellungsänderungen. Weinheim, 1975.

G. D. Wilson

Einstellungsänderung, Bezeichnung für einen Prozeß, in dem eine Einstellung (aber auch eine Meinung, ein Urteil usw.) verändert wird. ↗Einstellung.

In sozialpsychol. Betrachtungsweise wird E. als abhängige Variable eines Prozesses sozialer Beeinflussung gesehen. Die sie bedingenden unabhängigen Variablen sind dabei die Instanzen eines Kommunikationsprozesses: Ausgangspunkt bzw. Quelle einer Botschaft (source variables), Art und Inhalt der Botschaft (message variables), das die Botschaft vermittelnde Medium (channel variables), die Eigenarten des Empfängers (receiver variables) und der Zweck der eine E. bewirkenden Botschaft (destination variables). Je vollständiger diese unabhängigen Variablen bekannt sind, und zwar sowohl ihre allgemeine Wirkweise wie auch ihre Bedeutung für die spezielle Situation, desto eher lassen sich Richtung und Stärke einer E. voraussagen.

Die E. als abhängige Größe wird als ein stochastischer Prozeß gesehen, bei dem das Individuum (der Empfänger) nacheinander die Stufen der Aufmerksamkeit (attention), des Verstehens (comprehension), des Daraufeingehens (yielding), Zurückhaltens (retention) und Handelns (action) durchlaufen muß, wenn durch den Kommunikationsprozeß eine E. bewirkt werden soll.

Zur Vorhersage und zur Erklärung von E.en (aber auch Meinungs-, Urteilsänderungen) ist eine Reihe von Modellen (E.theorien) vorgelegt worden, vor allem sog. Konsistenzmodelle, die E.en im Dienste der Wiederherstellung eines Gleichgewichtszustandes (Homöostase-Prinzip) sehen; ↗Dissonanz, kognitive. Daneben wurden Modelle entwickelt, die sich stärker an der Psychophysik orientieren, sowie „funktionelle" Modelle, die die Rolle von Bedürfnissen betonen. ↗Kommunikation.

Lit.: Insko, C. A.: Theories of attitude change. New York, 1967; **Leibowicz, H.:** Bild und Wirklichkeit. Zur Theorie der E. Zürich, 1974; **McGuire, W.:** The nature of attitudes and attitude change. In: **Lindzey, G. & E. Aronson** (Eds.): Handbook of social psychology, Vol. 3. Reading (Mass.), 1969; **Rosenberg, M. J. & C. J. Hovland:** Attitude organization and change. New Haven (Conn.), 1960.

H. D. Schmidt

Einstellungsmessung ↗Einstellung

Einstellungstests *(Einstellungsskalen)*, standardisierte Verfahren zur Messung interindividueller Differenzen im Konstrukt ‚Einstellung'. E. sind als ad-hoc-Instrumente in der internationalen Lit. in fast unüberschaubarer Fülle, meist in Form umfangreicher verbaler Aussagenlisten (Statements), zu denen bewertend Stellung zu nehmen ist, publiziert (zusammenfassend u.a. Shaw & Wright, 1967), selten jedoch als standardisierte Routineverfahren über ihren unmittelbaren Forschungskontext hinaus für einen weiteren Anwendungsbereich aufbereitet und veröffentlicht. So liegen auch im deutschen Sprachraum nur wenige E. i.e.S. des Wortes ‚Test' vor: u.a. ‚Fragebogen zur direktiven Einstellung' (FDE, Bastine, 1971), der u.a. die Einstellung, den sozial Anderen nach eigenen Überzeugungen beeinflussen zu wollen, mißt; ‚Fragebogen zur Vorgesetzten-Verhaltens-Beschreibung' (FVVB, Fittkau-Garthe & Fittkau, 1971), in dem über Fremdbeurteilung (Mitarbeiter) nach vier Dimensionen Einstellung und Verhalten von Vorgesetzten beschrieben wird (z.B. „Ermöglichung von Mitbestimmung und Beteiligung" ...); ‚Gruppentest für die soziale Einstellung' (SET, Joerger, 1973), in dem Stellungnahmen von Kindern und Jugendlichen zu photographisch dargebotenen Szenen anhand von vorgegebenen Mehrfachwahlantworten als Indikatoren der sozialen

Einstellung interpretiert werden; ‚Konstanzer Fragebogen für Schul- und Erziehungseinstellung‘ (KSE, Koch et. al., 1972), der 6 faktoriell unabhängige E.-Dimensionen nach dem Likert-Typ mißt; die deutsche Adaptation der ‚Study of values‘ nach Allport et al. (‚Werteinstellungstest‘, Roth, 1972); die GfK-Skalen zur Messung der Konsumeinstellung (GfK, 1970) u.a. Die Objektivität und Reliabilität der E. ist zumeist befriedigend bis hoch, zur Validität werden singuläre Koeff. berichtet, meist wird Inhaltsvalidität beansprucht; Normen sind für spezielle Stichproben ausgewiesen.

Lit.: **Brickenkamp, R.:** Handbuch psychologischer und pädagogischer Tests. Göttingen, 1975. *H. Haase*

Einstellungstypen ↗Introversion; ↗Extravertierter Typus.

Einübung ↗Übung; ↗Einübungstheorie.

Einübungstheorie, eine auf K. Groos zurückgehende Theorie des kindlichen Spieles, wonach das Spiel in erster Linie der Entfaltung vorhandener Anlagen sowie der Vorübung für die lebensnotwendigen Handlungsvollzüge dient, die später der erwachsene Mensch auszuführen hat. ↗Spieltheorie.

Lit.: **Groos, K.:** Die Spiele des Menschen. Jena, 1899. *P. Steck*

Einwegscheibe, ein Beobachtungsfenster, das aus einem halbdurchlässigen Spiegel oder aus getöntem Glas mit davorgespannter Drahtgaze besteht. Aus einem dunklen Raum kann man durch die E. beobachten, was in einem hellen vorgeht, ohne von dort gesehen zu werden. *W. Traxel*

Einwortsatz. Die in der Sprachentwicklung des Kindes auftretende Erscheinung des Zusammendrängens des Bedeutungsgehaltes eines ganzen Satzes in ein Wort (z. B. Balla! – Ich will den Ball haben). Diese Einwortsätze werden normalerweise vom Kind im Alter von 1 Jahr bis $1^1/_2$ Jahren gebraucht, sie können jedoch auch noch später vorkommen. Auch der Erwachsene benützt in Situationen großer Gefühlserregung (z. B. Angst, Wut) gelegentlich den Einwortsatz zum Zweck der Mitteilung seiner Bedürfnisse und Empfindungen an andere.

Lit.: **Kainz, F.:** Psychol. der Sprache. 5 Bde. Stuttgart, $^{1-4}$1965–70; **Salber, W.:** Die Entwicklung der Sprache. In: Hdb. der Psychol., Bd. 3, hrsg. von H. Thomae, 14. Kap. Göttingen, ^{2}1972. *K. E. Pelzer*

Einzelkind. Das Aufwachsen in einer geschwisterlosen Familiensituation bringt ganz bestimmte Konsequenzen für die Entwicklung eines Kindes mit sich. Das Studium einschlägiger empirischer Untersuchungen führt allerdings zum Ergebnis, daß einander widersprechende Befunde vorliegen, sowohl den Bereich der Intelligenz und Schulleistung betreffend als auch in bezug auf bestimmte Persönlichkeitsmerkmale.

Lit.: **Thomae, H.:** Entwicklung und Prägung. In: Hdb. der Psychol., Bd. 3. Göttingen, ^{2}1972. *K. E. Pelzer*

Einzelrestfaktor, in der Faktorenanalyse gewonnener Faktor, der nur eine Variable lädt.

Ejakulation, Austreibung des Spermas beim männlichen Orgasmus. Ein E.äquivalent im sexuellen Reaktionszyklus der Frau wird heute nicht mehr angenommen. Die E. verläuft primär reflektorisch, begleitet von kortikaler Aktivität. In den Begriff der männlichen ↗Potenz geht die Fähigkeit ein, eine E. hinauszögern zu können (vgl. auch ↗Beschneidung). In der Regel tritt nach einer E. eine individuell unterschiedlich lange Refraktärperiode ein, die verhältnismäßig schnell die ↗Erektion beendet. Ziel der E.verzögerung ist es, einen unerwünscht frühen Abbruch des ↗Koitus zu vermeiden. Solche Steuerung der E. ist trainierbar oder angeblich ersetzbar durch ↗Aphrodisiaka. Meist entsteht solche Zielsetzung aus dem Rollenbegriff (↗Rolle) des männlichen Partners, ihre Verbreitung nimmt mit dem Bildungsgrad zu. Eine im Verständnis der Partner zu frühe E. wird als ejaculatio praecox bezeichnet. Eine genaue Fassung dieses Begriffes erscheint nicht möglich, als grundsätzlich verfrüht wäre nur eine E. vor, während oder unmittelbar nach der immissio penis zu diagnostizieren. *G. Lischke*

Ekel, Gefühlsregung des Sichabwendens und des Abscheus sowie des Nicht-in-Berührung-Kommen-Wollens, mithin eines der stärksten Abwehrgefühle des Menschen. E. gehört zur Ambivalenz der Libido und kann überwunden werden. Er ist wie die Scham keine angeborene Reaktion, sondern das Ergebnis der kulturbedingten Erziehung. Es gibt einen physischen (E. vor einer Speise, einem Getränk) und einen geistigen E. (vor einem Menschen bzw. seiner Tat). Das kleine Kind ekelt sich nicht, erst in der Latenz (4.–5. Lebensjahr) baut sich das Ekelgefühl auf. E. entsteht weiterhin dort, wo auch Lust möglich wäre. Die Ekelgrenze ist sehr labil, zugleich individuell und je nach der Situation verschieden. Ein Ekelgefühl kann, wenn es notwendig ist, leicht abgewöhnt werden (Chirurg, Metzger usw.). E. kann die sexuelle Ansprechbarkeit einschränken. *W. Tisch*

EKG, die in der Medizin gebräuchliche Kurzform für ↗Elektrokardiogramm.

Ekklesiogene Neurosen, nach E. Schaetzing (1955) Störungen der Erlebnisverarbeitung, die durch enge, gesetzliche, pseudochristliche Erziehung entstehen, wie sie in kirchlichen, besonders freikirchlichen und pietistischen Gemeinschaften verbreitet ist. Tabuisierende Lehren mit Verschweigen, Verbieten und Androhen von Strafen führen zu einer leibesfeindlichen Haltung mit (besonders sexuellen) Hemmungen, psychischer Kastration und Ehekatastrophen.

40% der Neurotiker der vom Autor begleiteten Ärztlichen Lebensmüdenbetreuung (anderwärts 10 bis 20%) leiden unter ekklesiogenen Neurosen. Wem der natürliche Weg zum anderen Geschlecht als angeblich sündhaft versperrt wird, der wird oft pervers (zu 50% homosexuell) oder impotent (einschließlich Frigidität). 90% von bisher 1000 betreuten Patienten mit diesen Symptomen oder Onanieskrupeln waren durch e.N. erkrankt.

Während echte Frömmigkeit ↗Neurosen vorbeugt, Randneurosen heilen kann und vor Selbstmord schützt, treiben e. N. verstärkt Kranke unter unerträglichem Widerspruch zwischen ↗Es und ↗Über-Ich zum Selbstmord. *K. Thomas*

Ekphorie, ein Ausdruck, den R. Semon gebraucht, um die Aktivation einer Gedächtnisspur bzw. eines ↗Engramms zu bezeichnen, wodurch sich eine teilweise Wiederholung des ursprünglichen psychol. Ereignisses bzw. der Erfahrung ergibt. *G. D. Wilson*

Ekphorische Hemmung ↗Gedächtnishemmungen.

Ekstase. Verzückungszustand, der sich durch Verminderung der Selbstkontrolle, Überschäumen der ↗Gefühle und oft durch Bewegungsüberschuß charakterisiert. Primäre Formen lassen sich in Wutanfällen und im ↗Orgasmus beobachten; sekundäre und abgeleitete Formen zeigen sich in massenpsychol. Erscheinungen (↗Massenpsychologie) und in gewissen Delirien, deren Ursprung spontan-religiös (unio mystica) oder spontan-pathologisch sein mag bzw. hervorgerufen werden durch die Verwendung von ↗Rauschmitteln. *P. Muller*

Ektomorphie ↗Sheldon-Typen.

Elektra-Komplex heißt in Anlehnung an die griechische Tragödie die weibliche Variante des ↗Ödipus-Komplexes. So wie der Knabe nach Freud in der frühen ↗genitalen oder ödipalen Phase seine Mutter zu lieben und mit dem Vater zu rivalisieren beginnt, so wendet sich das Mädchen vom primären Liebesobjekt der frühen Kindheit, der Mutter, zum sekundären Liebesobjekt, dem Vater, und rivalisiert mit der Mutter um seine Gunst. Die Überwindung des E. geschieht analog zu jener des Ödipus-Komplexes durch ↗Verdrängung eines Teils der Liebeswünsche nach dem Vater und durch ↗Identifikation mit der Mutter. Unvollständige Überwindung bewirkt ↗Fixierung, die zu einem späteren Zeitpunkt der Entwicklung unter ↗Stress ↗Regression auf diese Phase und neurotische Störungen, insbesondere Angsthysterie und Konversionshysterie, hervorrufen kann.

Lit.: **Freud, S.:** Vorlesungen zur Einführung in die Psychoanalyse (1916/17). Ges. Werke Bd. 11. London, 1948.

W. Toman

Elektrodiagnostik, Bereich der medizinischen Diagnostik. In methodischer Hinsicht lassen sich die folgenden Bereiche auseinanderhalten: **1)** Abgreifen und Registrierung von Strömen und Spannungen im lebenden Organismus (z. B. ↗Encephalographie). **2)** Reizung mit Hilfe elektrischer Spannungen und Ströme zur Prüfung der Erregbarkeit. **3)** Messung elektrischer Eigenschaften von Zellen oder Zellverbänden (↗Hautreaktion). Vgl. auch ↗Elektrophysiologie.

Lit.: **Berger, H.:** Das Elektroencephalogramm des Menschen. Z. Psychol., 1932, *126;* **Jacobsen, L. E.:** The electrophysiology of mental activities. Amer. J. Psychol., 1932, *44;* **Rohracher, H.:** Die Arbeitsweise des Gehirns und die psychischen Vorgänge. Berlin – Heidelberg, [4]1967.

K. E. Pelzer

Elektroencephalogramm ↗Encephalographie.

Elektrokardiogramm (Abk.: EKG), die Aufzeichnung der elektrischen Aktionspotentiale des Herzens unter Verwendung von Elektrokardiographen, bestehend aus elektrischen Verstärkern und einem nach dem Galvanometerprinzip arbeitenden Schreibsystem. Je nach der Lage der Ableiteelektroden wird eine Extremitätenableitung nach W. Einthoven, eine Wilsonableitung oder eine Brustwandableitung unterschieden. Das EKG erlaubt Aussagen über die mit dem Erregungsablauf verbundenen elektrischen Erscheinungen am Herzen, aber nur bedingt Aussagen über die übrige, insbesondere mechanische Herzfunktion wegen der Möglichkeit der elektromechanischen Entkoppelung. Es wird zur Diagnose von Rhythmusstörungen, Erregungsleitungsstörungen, Sauerstoffmangelerscheinungen, Herzinfarkten und Veränderungen im Kristallionengehalt des Gewebes verwendet. *E. David*

Elektrolytischer Reiz, ein inadäquater Reiz, der eine sensorische Wirkung durch elektrochemische Prozesse hervorruft.

F.-C. Schubert

Elektrookulographie. Bedingt durch den besonderen Aufbau des ↗Auges läßt sich von der Hornhaut zum hinteren Augenpol ein positives Potential ableiten. Dies wirkt als ein Dipol, den man mit je einer Elektrode am medialen und lateralen Augenwinkel messen kann. Augapfelbewegungen führen zu Potentialänderungen, die als Elektrookulogramm (EOG) zu registrieren sind (Nystagmographie). Das EOG hat wesentliche Bedeutung für die Erforschung des ↗Traumes, da sich das entsprechende Schlafstadium durch eine besondere Häufung von schnellen Augenbewegungen auszeichnet (REM-Schlaf). Daneben ist die Größe des Potentials auch von der ↗Adaptation des Auges abhängig, kleine Amplitude bei Dunkeladaptation, größere Amplitude bei Helladaptation. Hierdurch lassen sich bei verschiedenen Erkrankungen des Auges diagnostische Aussagen erheben.

Lit.: **Müller-Limmroth, W.:** Elektrophysiologie des Gesichtssinns. Heidelberg, 1959.

R. Rix

Elektrophysiologie. Jener Bereich der Physiologie, der sich mit den elektrischen Erscheinungen bei Organismen befaßt und zu ihrer Untersuchung hauptsächlich elektrische Meßmethoden und Techniken verwendet. Forschungsziele der angewandten und speziellen E. sind: a) Registrierung bioelektrischer Reaktionen zum allgemeinen und zuverlässigen Nachweis von Erregungen; b) Zuordnung elektrisch abgeleiteter zentraler oder peripherer Erregungsmuster zu bestimmten Funktionszuständen im lebenden Organismus. Die allgemeine E. hat vor allen die folgenden Arbeitsziele: a) Erforschung der Bedingungen künstlicher (besonders elektrischer) Reizungen, die zur Erregung führen; b) Studium der Elementarprozesse, die dem elektrischen Ruheverhalten sowie dem eigentlichen Erregungsvorgang zugrunde liegen.

Lit.: **Henatsch, H. D.:** Allgemeine E. der erregbaren Strukturen. In: **H. U. Rosemann** (Hrsg.): Lehrbuch der Physiologie des Menschen, Bd. 2, München, [28]1962; **Schaefer, H.:** Elektrophysiologie. Wien, 1940. Weitere Lit.: ↗Elektrodiagnostik.

K. E. Pelzer

Elektroretinographie (Abk.: ERG), Messung der elektrischen Vorgänge an der ↗Retina. Die unbelichtete Netzhaut weist ein Gleichspannungspotential auf, wie am intakten Augapfel nachgewiesen werden kann (Cornea positiv gegen hinteren Augenpol). Durch Lichteinfluß wird dieses Gleichspannungspotential verändert. Man unterscheidet eine a-, b-, c- und d-Zacke.

Lit.: **Müller-Limmroth, W.:** Elektrophysiologie des Gesichtssinns. Berlin – Göttingen – Heidelberg, 1959.

R. Rix

Elektroschock, durch elektrischen Strom, mit Hilfe zweier auf die Schädelkalotte aufgesetzter Elektroden ausgelöster generalisierter Krampfanfall mit Bewußtlosigkeit. Er kann mit und ohne Narkose durchgeführt werden. Bei richtiger Indikationsstellung und Abwägung eventueller Kontraindikation sind Komplikationen eher seltener und harmloser als bei den meisten anderen größeren ärztlichen Eingriffen. Der E. ist auch heute noch in vielen Fällen – akute ↗Katatonien, schwere ↗Depressionen – die zuverlässigste, einfachste und mit Komplikationen am wenigsten belastete Therapie.

A. Hicklin

Elektrotonus, Begriff der ↗Elektrophysiologie für die Zustandsänderung erregbarer Strukturen (z. B. Nerven) bei Durchfluß eines Gleichstromes mit unterschwelliger Spannung. Nach lokaler Erregung, d. h. Ausbreitung des Stromes in die Umgebung der lokalen Zuleitungsstellen („physikalischer E."), erfolgt bei Überschreitung der Schwelle (bei Erfüllung der Mindestbedingungen für Intensität, Zeitdauer, Geschwindigkeit) die Ausbreitung der mit dem Stromdurchtritt verbundenen Änderung der Erregbarkeit und damit Fortleitungsfähigkeit („physiologischer E.") zunächst durch elektrotonische Depolarisation des benachbarten Ranvier-Schnürrings. Der stromdurchflossene Nerv zeigt an der Anode verminderte (Anelektrotonus), an der Kathode verstärkte (Katelektrotonus) Erregbarkeit.

F.-C. Schubert

Elementenpsychologie, jene Richtungen der Psychol., die glaubten, psychisches Geschehen auf kleine Einheiten (Elemente), wie ↗Empfindungen und ↗Assoziationen, zurückführen zu können (↗Psychophysik sowie der experimentalpsychol. Ansatz ↗Wundts). Gegen das Konzept der E. haben vor allem die Gestaltpsychologen und die Vertreter der ↗Geisteswissenschaftlichen Psychologie Stellung bezogen.

Lit.: **Boring, E. G.:** A history of experimental psychol. New York, [2]1950; **Fechner, G. T.:** Elemente der Psychophysik. Leipzig, 1860; **Wundt, W.:** Grundzüge der physiologischen Psychol. Leipzig, [5]1902.

P. Steck

Elite, aus dem französischen Sprachgebrauch des 18. Jh. stammende Bezeichnung für „Wählbares". In der Soziologie und Sozialpsychol. bewertend oder analytisch gebrauchte Etikettierung kleiner Gruppen in einer bestehenden Gesellschaft, die hinsichtlich bestimmter Tätigkeiten oder Machtausübungen eine wichtige Position halten bzw. aus deren Kreis künftige Träger von Positionen und Würden immer wieder rekrutiert werden.

Lit.: **Lasswell, H. D., Lerner, D. & C. E. Rothwell:** The comparative study of elites. Stanford (Calif.), 1952; **Pareto, V.:** Allgemeine Soziologie. In: Civitas gentium, Bd. 10. Tübingen, 1955.

W. D. Fröhlich

Elternliebe, umfassender Begriff für die Geborgenheit gebende emotionale Bindung der Eltern an das Kind, der von „Eros" einerseits und Machtanspruch andererseits abzugrenzen ist. Als Vollzug steten Dialogs verwirklicht sich E. in der bejahenden Zuwendung zur werdenden Person, der Sorge um ihre Entwicklung und der bewirkten Erwiderung durch das Kind. E. ist Voraussetzung seiner gesunden Reifung.

Lit.: **Buber, M.:** Reden über Erziehung. Heidelberg, 1953.

B. Schwarz

Emanzipation ↗Sozialpsychologie; ↗Matriarchat.

Emanzipation, sexuelle. Im Gegensatz zur sexuellen ↗Aufklärung kann unter s. E. das Bestreben verstanden werden, ↗Sexualität zu einem individuell bestimmten Handlungsbereich jenseits staatlicher oder institutioneller Eingriffe werden zu lassen. Dies schließt eine kritische Analyse der Zusammenhänge von sozio-ökonomischer wie politischer Organisation einer Gesellschaft und der in ihr herrschenden Sexualmoral (z. B. ↗Abstinenz, ↗Homosexualität, Eheform) ein. S. E. wird meist als notwendiger Bestandteil einer politischen Revolution verstanden. Im 20. Jh. kamen hierzu entscheidende Anstöße von S. Freud, W. Reich, M. Horkheimer und H. Marcuse.

Im engeren Sinne richtet sich die s. E. auf solche Teilgruppen der Gesellschaft, deren Sexualverhalten jeweils am meisten einem gesellschaftlichen Druck unterliegt (z. B. Kinder, Jugendliche, Frauen). So wird mit der s. E. der Frau die Befreiung von gesellschaftlichen Zwängen (z. B. ↗Doppelmoral) als Teil einer rechtlichen, sozialen und ökonomischen Gleichstellung bezeichnet.

Lit.: **Beauvoir, S. de:** Das andere Geschlecht. Hamburg, 1968; **Horkheimer, M. u.a.:** Studien über Autorität und Familie. Paris, 1936; Kursbuch 17: Frau, Familie, Gesellschaft. Frankfurt, 1969; **Marcuse, H.:** Triebstruktur und Gesellschaft. Frankfurt, 1965; **Reich, W.:** Die sexuelle Revolution. Frankfurt, 1966; **Reiche, R.:** Sexualität und Klassenkampf. Frankfurt, 1968. *J. Friedrichs*

Embedded figures ↗Eingebettete Figuren.

Embolophrasie, eingeschobene Laute oder Flickwörter, die bei sprachgestörten Patienten Pausen ausfüllen oder über eine Stockung hinweghelfen sollen. Auch zur Umgehung oder Verbergung schwieriger Sprechsituationen. Vorkommen z.B. bei ↗Aphasien, ↗Poltern, ↗Stottern. *Ch. v. Deuster*

Embryonalentwicklung, früheste und schnellste Entwicklungsphase bei allen Wirbeltieren, die von der Konzeption bis zur Geburt reicht. Beim Menschen umfaßt die E. das Geschehen von der Befruchtung des Eis, über die ↗Zygote, Blastula, Anlage aller Organe bis zur Geburt. *K. E. Großmann*

Emergentismus, ein Zweig der angelsächsischen Metaphysik: Die höheren Wirklichkeitsstufen entstehen aus den niederen in einer aufsteigenden Rangordnung; die höheren können aber auf die niederen nicht kausal zurückgeführt werden; sie weisen neu auftauchende Qualitäten auf, die aus nicht vorherberechenbaren Differenzierungs- und Gruppierungsprozessen heraus entstehen. Der E. ist eine selbständige Variante der dialektischen Naturphilosophie; seine Hauptvertreter sind C. L. Morgan, S. Alexander und C. D. Broad. In der Psychologie bezeichnet der Begriff E. auch die Ansicht, daß die psychischen Prozesse grundsätzlich nicht kausal bestimmt, sondern indeterminiert seien. *H. Drüe*

Emmertsches Phänomen, nach F. C. Emmert (1866–1903) benanntes Gesetz: die scheinbare Nachbildgröße ändert sich proportional der Änderung der Entfernung des Projektionsschirms vom Beobachter. Formel: $l' = \frac{la'}{a}$ (l' = Nachbildgröße; l = Größe des Reizobjekts; a' = Entfernung Auge – Nachbild; a = Entfernung Auge – Reizobjekt). *K. E. Pelzer*

Emmetropie, Normalsichtigkeit, im Gegensatz zur ↗Hypermetropie und ↗Myopie.

Emotion ↗Gefühle.

Emotionale Labilität ↗Neurotizismus.

Emotionalität, Sammelbegriff für die individuelle Eigenart des Gefühlslebens und der Affektsteuerung und -verarbeitung. In der faktorenanalytischen Persönlichkeitsforschung bezeichnet E. einen Faktor zweiter Ordnung in Verhaltensbeurteilungen und Persönlichkeitsfragebögen; in den zugehörigen Primärfaktoren bestehen bedeutsame Unterschiede zwischen Neurotikern und Normalen. ↗Neurotizismus.

Lit.: Pawlik, K.: Dimensionen des Verhaltens. Bern – Stuttgart, [2]1971.

K. Pawlik

Emotionslähmung ↗Emotionsstupor.

Emotionsstupor, ein in starkem Affekt (Schreck, Wut, Trauer, Leere- und Nichtigkeitsgefühl, Untergangserlebnis) nach Art des Totstellreflexes von bedrohten Tieren eingeschalteter ↗Stupor. Kommt bei Katastrophenopfern, Frontsoldaten, Examenskandidaten, bei Kindern und unautonomen Persönlichkeiten in fremder Situation vor.

Ch. Scharfetter

Emotivität, übergroße emotionale Erregbarkeit. E. erscheint als Krankheitssymptom in verschiedenen psychopathologischen Zuständen. ↗Psychopathien; ↗Psychosen.

P. Steck

Empathie ↗Einfühlung.

Empfindlichkeit. *Allgemein:* das Ausmaß an Ansprechbarkeit für Außenwelteinflüsse. *In der Sinneswahrnehmung und Psychophysik:* die Ansprechbarkeit, Empfänglichkeit gegenüber Sinnesreizen. *In der Technik:* das Verhältnis zwischen Ausgangsgröße zur Eingangsgröße eines Meßinstrumentes, einer Anlage (Kybernetik: eines Systems) usw. G. T. ↗Fechner (1860) definierte die E. der ↗Sinnesorgane als den reziproken Wert des Reizes, der eben (in 50 % der Fälle [↗Schwelle]) ausreicht, um eine ↗Empfindung hervorzurufen. Die Zahl Eins im Zähler (1/S, S = Reizintensität) weist auf die Einheit im Erleben, auf die ebenmerkliche Empfindungsintensität, hin. Hierdurch ist die Fechnersche Definition ein Spezialfall der Definition in der Technik.

E. teilt man oft in *Sensitivität* (E. gegenüber einem Reiz) und *Sensibilität* (E. gegenüber Reizunterschieden) ein. Im allg. Sprachgebrauch wird Sensitivität auch im Sinne von empfindsam und Sensibilität im Sinne von feinfühlig gebraucht. In der ↗Psychophysik hat sich für Sensitivität der Ausdruck *absolute E.*, für Sensibilität der der *relativen E.* eingebürgert. *E.funktionen* (spektrale Hellempfindlichkeitsfunktion, lineare, logarithmische usw. Kennlinien von Sinnessystemen in der Bio- und Psychokybernetik) geben die Zuordnungsregeln zwischen Reizen und ihren Auswirkungen an das Sinnessystem an. – Zur *E.änderung* ↗Adaptation.

Lit.: Fechner, G. T.: Elemente der Psychophysik. Leipzig, 1860; **Metzger, W.:** Psychologie. Darmstadt, [4]1968; **Varju, D.:** Über Nichtlineare Analogschaltungen zur Simulierung biologischer Adaptationsvorgänge. Amsterdam, 1965.

A. Hajos

Empfindsamkeit, Sonderform der Gefühlsregungen, die sich durch einen überhöhten Grad der Gefühlserregbarkeit und Ansprechbarkeit des Erlebens äußert.

Lit.: Lersch, P.: Aufbau der Person. Berlin – Heidelberg, [11]1970.

P. Schmidt & R. Simon

Empfindung. „E. ist eine nicht weiter auflösbare psychische Erscheinung, die durch äußere, auf die Sinnesorgane wirkende Reize erzeugt wird und in ihrer Intensität von der Reizstärke, in ihrer Qualität von der Art des Sinnesorgans abhängt." So umschreibt H. Rohracher (S. 115) den Begriff der E. im klassischen Sinne, und er grenzt E. gegenüber ↗Wahrnehmung ab: „Wahrnehmung ist eine komplexe, aus Sinnesempfindungen und *Erfahrungskomponenten* bestehende psychische Erscheinung, deren Ursache oder Inhalt im Raum lokalisiert wird und dadurch zur Auffassung von Gegenständen der Außenwelt führt." Allerdings ist diese Trennung von E. und Wahrnehmung in der Praxis schwer durchführbar, und in der modernen Literatur verwischt sich zunehmend die Grenze zwischen beiden Begriffen (vgl. S. H. Bartley).

Nachdem schon Heraklit und Protagoras im 5. Jh. v. Chr. von E. und von der Vermittlung von Wissen durch die E.en gesprochen hatten, wurde das Problem „Empfindung" im 18. Jh. durch den philosophischen Empirismus für die klassische Naturwissenschaft aktuell. Die Physiologen Ch. Bell (1811) und F. Magendie (1822) zeigten, daß die ↗afferenten, E. vermittelnden Nerven verschieden sind von den motorischen; erstere erreichen das Rückenmark über die Hinterwurzeln, letztere verlassen es über die Vorderwurzeln. W. Wundt (1874) unterscheidet bereits zwischen E.en und Wahrnehmungen: E. ist ein Element, Wahrnehmung besteht aus Komplexen dieser Elemente (↗Elementenpsychologie). Er schreibt der E. Intensität und Qualität, der Wahrnehmung aber Raum und Zeit zu. Wundt steht so mit den „Assoziationspsychologen" im Gegensatz zur „Gestaltpsychologie", in der E. wieder als Teil der Wahrnehmung verstanden bzw. von ihr völlig absorbiert wird (während in der physiologischen Psychologie die E. die Wahrnehmung absorbiert hat) (vgl. E. G. Boring). Der Behaviorismus schließlich prüft die E.en von Mensch und Tier an ihrem „unterscheidenden Verhalten", er setzt daher „discriminating reaction" als Ausdruck der Empfindung. Die ↗Informationspsychologie nutzt die durch die ↗Informationstheorie geschaffenen Möglichkeiten, den Informationsgehalt von E.en mathematisch zu fassen (↗Kanalkapazität).

SINNE ALS VERMITTLER VON EMPFINDUNGEN. Streng physiologisch kann gesagt werden, daß E. das primäre unmittelbare psychische Korrelat einer Sinneserregung durch Reize ist und ↗Information über Qualität und Quantität dieser Reize enthält. Die Information über die Quantität oder Intensität des Reizes ist im Zeitmuster (temporal pattern) der nervösen Erregung verschlüsselt, die qualitative Information dagegen örtlich in der Art des Sinneskanals, dessen corticales Ende erregt ist. Schon Aristoteles hatte ohne jedes apparative Hilfsmittel angegeben, daß fünf verschiedene Sinne (Sinneskanäle), nämlich Gesicht, Gehör, Geruch, Geschmack und Getast existieren. Spätere eingehende Beschäftigung mit verbesserten apparativen Möglichkeiten unterteilte den Hautsinn „Getast" in Druck- und Berührungssinn (Somästhetik), Wärmesinn und Schmerzsinn; dazu kamen Lage- und Bewegungssinn (Kinästhetik) als Sonderform

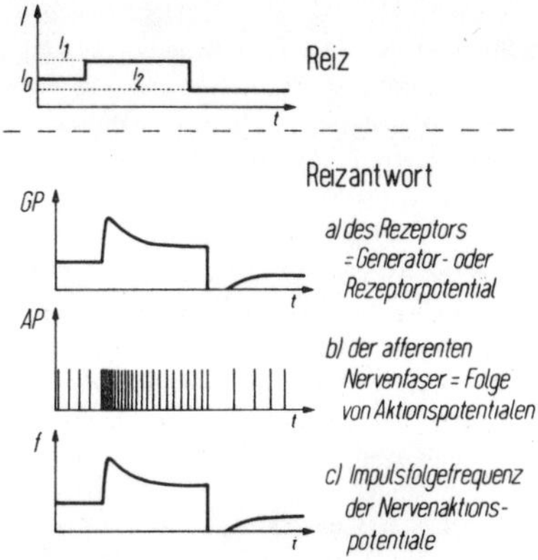

Schematische Darstellung der Beziehungen zwischen Reiz und physiologischen Reizantworten. Abszisse: Zeit mit einheitlicher Eichung in allen vier Achsen. Ordinaten: I Reizintensität; GP Amplitude des Generatorpotentials; AP Amplitude der auf den Nervenfasern mit einer typischen Zeitfolge registrierten Aktionspotentiale; f Frequenz, Anzahl der in der Zeiteinheit über einen Punkt der afferenten Nervenfaser hinweglaufenden Aktionspotentiale. Reizaufwärtssprung von I_0 nach I_1, dann Reizabwärtssprung von I_1 nach I_2, wobei I_2 hier kleiner ist als I_0.

Aus: **Plattig, K.-H.:** Sinneszellen als energieumsetzende und informationsverarbeitende Systeme. HNO, Berlin 1968, *16*, 97–105.

der Somästhetik und der Gleichgewichtssinn (vgl. ↗Sinnesorgane). Die Sinne sind gekennzeichnet durch die folgenden psychologischen und physiologischen Kriterien: a) Ihre Erregung führt zu einer einzigen Klasse von Erfahrung bei meist verschiedenen E.-qualitäten. b) Ihre adäquate Erregung ist nur mit einem ein Minimum überschreitenden Energiebetrag (Schwellenwert) möglich. – Für inadäquate Erregung sind sogar noch weit höhere Energien erforderlich. c) Die einzelnen Sinne oder Sinneskanäle haben spezifische Anfangsglieder (Sinneszellen, Sinnesrezeptorzellen, Neuroepithel). d) Von diesen spezifischen Sinnesrezeptoren führt über Umschaltstellen (↗Synapsen) ein direkter neuronaler Weg bis zu bestimmten Arealen der Großhirnrinde, die als primäre Projektionsfelder bezeichnet werden, in deren unmittelbarer Nachbarschaft sekundäre Projektionsfelder (Kurz- und Langzeitspeicherung) liegen.

Schließt man die in den klassischen E.-definitionen der Wahrnehmung zugeordneten Dimensionen der Erfahrung und des ↗Gedächtnisses aus, dann muß man sagen, daß E. durch In-Erregung-Geraten dieser primären Projektionsfelder zustande kommt, wobei es gleichgültig ist, ob sie adäquat über den spezifischen zugehörigen Sinneskanal oder inadäquat, z. B. durch direkte elektrische Reizung, erregt werden. Die sogenannte „Widerspiegelungstheorie" sowjetischer Autoren könnte also nur dann Gültigkeit haben, wenn ausgeschlossen ist, daß corticale Projektionsfelder inadäquat, unter Umgehung der Sinneszellen erregt werden (↗Halluzination). – Vgl. Lenin, zitiert nach B. G. Ananjew, S. 5: „Die E. ist ein Abbild der sich bewegenden Materie."

Physiologischer Mechanismus der Empfindung. Ein ↗Reiz (physiko-chemischer Zustand mit Energiegehalt) trifft – meist nach Durchlaufen eines „Reizantransportorgans" (Augapfel, äußerer Gehörgang mit Mittelohr, Nasengänge, Lederhaut und Unterhautfettgewebe) – auf eine spezifische Sinnesrezeptorzelle (bzw. eine freie Nervenendigung), die in Erregung gerät, wenn die einwirkende Reizenergie überschwellig ist. Als erster wohl hat Setschenow formuliert, daß E.en eine irgendwie geartete Transformation äußerer Energien in den Sinnesorganen und schließlich im ↗Gehirn darstellen. I. P. Pawlow hat, darauf aufbauend, die Sinnesorgane als „Transformatoren äußerer Energie" bezeichnet und richtig erkannt, daß jeder Funktionsakt dieser Organe, die er als „periphere Enden der Analysatoren" klassifizierte, eine Umwandlung von äußerer Energie in einen Prozeß nervöser „Erregung" darstellt. Die Erregung äußert sich in physiko-chemischen Änderungen der Zellmembran, die zu einer Änderung des „Membranpotentials" und damit zur Ausbildung eines Rezeptorpotentials (= Generatorpotential = Reizfolgepotential der Rezeptorzelle) führen, das gesetzmäßig von der Reizintensität abhängt (Intensitätsfunktionen nach E. H. ↗Weber, G. T. ↗Fechner, S. S. Stevens, W. D. Keidel). Das Generatorpotential löst auf der angeschlossenen afferenten Nervenfaser eine Salve von Nervenaktionspotentialen (NAP) aus, deren Frequenz der Amplitude des Generatorpotentials proportional ist (Codierung der Reizintensität „kontinuierlich-analog" in der Amplitude des Generatorpotentials und „diskret-analog" in der Frequenz der NAP; s. Abb.). Bis zur Hirnrinde werden mehrere Synapsen durchlaufen, in denen jeweils immer über die erforderliche Umcodierung (diskret-analog in kontinuierlich-analog und auf dem post-synaptischen Axon schließlich wieder diskret-analog) es zu einer Herabsetzung der NAP-Frequenz kommt (Untersetzerverhalten der Synapsen; Keidel). Die Erregung der corticalen Projektionsfelder kann im Elektrocorticogramm (elektrische Potentialableitung direkt von der freigelegten Hirnrinde) als „evoziertes Potential" mit einer Latenz von ca. 10 msec nach der Sinneszellerregung unmittelbar nachgewiesen werden. Indirekt kann dieser Nachweis auch durch EEG-Mittelung am intakten, nichteröffneten Schädel geführt werden. Die Amplituden dieser evozierten Hirnpotentiale sind der Erregungsgröße der Rezeptorzellen proportional, die allerdings Einflüssen der Adaptation, des Kontrastes usw. unterliegen und damit schon keine simple „Widerspiegelung" der Umwelt ergeben können. Zusätzlich werden diese Amplituden durch zentralnervöse, psychische Einflüsse, wie ↗Aufmerksamkeit, ↗Vigilanz, Erwartung usw., verändert. Insgesamt stellen sie aber ein hinreichend genaues, objektives Korrelat der E. dar (W. D. Keidel, M. Spreng, K. H. Plattig, G. Guttmann). Auf welche Weise eine E. bewußt wird, ist dagegen nach wie vor völlig unklar.

Lit.: Ananjew, B. G.: Psychol. der sinnlichen Erkenntnis. Berlin, 1963; **Bartley, S. H.:** Principles of perception. New York, 1969; **Boring, E. G.:** Sensation and perception in the history of experimental psychology. New York, 1942; **Guttmann, G.:** Das akustisch evozierte Potential als Abbild psychischer Prozesse. Habil.Schr. Wien, 1968; **Keidel, W. D.:** Informationsphysiologische Aspekte des Hörens. Studium Generale 1969, *22*, 49–82; **Keidel, W. D. & M. Spreng:** Elektronisch gemittelte langsame Rindenpotentiale des Menschen bei akustischer Reizung.

Acta Oto-Laryngologica, Stockholm 1963, *56*, 318–328; **dies.:** Neurophysiological evidence for the Stevens power function in man. J. acoust. soc. Amer. 1965, *38*, 191–195; **Plattig, K. H.:** Über den elektrischen Geschmack. Reizstärkeabhängige evozierte Hirnpotentiale nach elektrischer Reizung der Zunge des Menschen. Z. Biol. 1969, *116*, 161–211; **Rohracher, H.:** Einführung in die Psychol. München, [10]1971. *K.-H. Plattig*

Empfindungsdissoziation, verschiedenartiger Ausfall der Berührungs-, Temperatur-, Schmerz-, Lage-, Bewegungs-, Vibrations- und Druckempfindungen, die einzeln wiederum graduell unterschiedlich sein können; tritt auf bei Unterbrechung der sensiblen Fasern im Bereich des peripheren oder zentralen Nervensystems aufgrund von Krankheiten oder Leidenszuständen nach Erkrankungen. *H. J. Engels*

Empfindungsfunktion, nach C. G. Jung eine der vier Grundfunktionen der Psyche. Zusammen mit der ↗Intuition gehört die E. zu den irrationalen Funktionen, weil sie unter Umgehung der Ratio nur die Fakten vermittelt ohne deren Bedeutung oder Wert (↗Hauptfunktionen). *W. Lauterbach*

Empfindungstypus ↗Hauptfunktionen; ↗Jung, C. G.; ↗Typologie.

Empirie, auf Erfahrung basierende Erkenntnis.

Empirismus, philosophische Doktrin, nach der Sinneserfahrungen Quelle der Erkenntnis sind (das Gedächtnis zeichnet Wiederholungen durch Lernen, Assoziation und Induktion auf) und nicht etwa die Vernunft mit ihren Organisationsprinzipien; die Kenntnis der Dinge und ihrer Struktur wird dem Erkennenden von außen her vermittelt (F. Bacon; D. Hume; J. S. Mill). – In der wissenschaftlichen Methodologie (nach C. Bernard) bezeichnet E. nicht mehr den Stoff der Erkenntnis, sondern die experimentelle Grundlage der modernen Wissenschaft: ein offenes Wechselspiel zwischen Faktenbeobachtung und Konstruktion hypothetisch-deduktiver ↗Modelle, welches die erklärende prognostische Wirksamkeit des Modells sicherstellt. – Für den „logischen Empirismus" ↗Positivismus. *M.-J. Borel*

Encephalisation, *Cerebration, Zerebration, Zerebralisation,* „Verhirnlichung". Die Zunahme des Hirngewichtes und der anatomisch-physiologischen Hirndifferenzierung, insbesondere des Großhirns und dessen Funktionen, im Verlauf der ↗Phylo- und ↗Ontogenese. Die E. ist verbunden mit Differenzierung und deutlichem Hervortreten der Cortexfunktion gegenüber dem Stammhirn (↗Gehirn), wobei eine zunehmende Abhängigkeit sensorischer und motorischer Funktionen von der Intaktheit des Cortex festzustellen ist (progressive E.) und ein entsprechend stärkeres Überwiegen der Bewußtseinstätigkeit im Vergleich zu den Tiefenschichten.

Der Begriff der E. ermöglicht einen Vergleich von Arten. E. Dubois bezeichnet (1930) als E.höhe das Verhältnis zwischen Hirngewicht (E) und Körpergewicht (P). Nach Hofstätter (1957) ist sie der erreichbaren Reifungshöhe direkt, dem Reifungstempo umgekehrt proportional, am höchsten beim Menschen. Der E.koeffizient = E/P · const.

Lit.: Dubois, E.: Die phylogenetische Großhirnzunahme. Biologia Generalis, 1930, *6;* **Hofstätter, P. R.:** Psychol. Frankfurt, 1974. *F.-C. Schubert*

Encephalitis, Gehirnentzündung. Infektiöse (Viren, Bakterien, Parasiten) Entzündung von Hirngewebe, häufig unter Begleitung der Hirnhäute (Meningo-E.) oder des Rückenmarks (Encephalomyelitis), mit psychischen Begleitsymptomen (z. B. Müdigkeit, Delirien). Hinterläßt meist organische und psychische Dauerschädigungen. Zahlreiche klinische Unterformen. *F.-C. Schubert*

Encephalitis, traumatische, inkorrekte Bezeichnung für traumatische ↗Encephalopathie.

Encephalographie ist die Registrierung am lebenden ↗Gehirn. Es gibt verschiedene

Techniken, die die Funktion und den Aufbau des Gehirns aufzeichnen. Im Elektroencephalogramm (EEG) sind die mit Elektroden vom unverletzten menschlichen Schädel registrierten und geeignet verstärkten elektrischen Spannungsschwankungen aufgezeichnet. Es lassen sich daraus Wachheitszustand, Funktionszustand des Gehirns, gestörte und tumoröse Hirnteile sowie Epilepsieherde diagnostizieren (Kugler, 1966). Mit geeigneten elektronischen Hilfsmitteln lassen sich aus dem EEG auch Antworten auf Sinnesreize erkennen (Keidel, 1965). In neuester Zeit werden mittels geeigneter Nadelelektroden auch die elektrischen Aktivitäten tiefer Hirnstrukturen aufgezeichnet (Bechterewa, 1969). Mit Hilfe der *Pneumencephalographie* können die eigens dazu vorher mit Luft gefüllten Hirnventrikel (↗Ventrikel) röntgenologisch dargestellt werden. Schließlich lassen sich mechanische Veränderungen des Gehirns wie Verdrängung durch Hämatome (Blutergüsse) und Tumoren oder durch Liquor (Hirnwasser) beim Hydrocephalus (Wasserkopf) mittels der Echo-E. (Schiefer & Kazner, 1967) ohne operativen Eingriff durch Beschallung mit Ultraschall und Aufzeichnung des Echos messen.

Lit.: Bechterewa, N. P., et al.: Physiologie und Pathophysiologie der tiefen Hirnstrukturen des Menschen. Berlin, 1969; **Keidel, W. D.:** Neuere Ergebnisse der Physiologie des Hörens. Arch. Ohren-, Nasen- und Kehlkopfheilkunde, 1965, *185*, Heft 2; **Kugler, J.:** Elektroencephalographie in Klinik und Praxis. Stuttgart, 1966; **Schiefer, W. & E. Kazner:** Klinische Echo-Encephalographie. Berlin – Heidelberg – New York, 1967.

E. David

Encephalon, Gehirn, bestehend aus den im Schädel eingebetteten Teilen des ↗Zentralnervensystems: Großhirn, Mittelhirn und Rautenhirn. Es setzt sich histologisch aus grauer (Nervenzellkörper) und weißer (Nervenbahnen) Substanz zusammen. – Vgl. auch ↗Cerebrum. *E. David*

Encephalopathie, nosologischer Terminus für eine allgemeine Hirnkrankheit bzw. für einen Folgezustand einer Hirnschädigung, deren organische Grundlage zwar eindeutig gesichert ist, nicht aber die genaue Ursache, wie z.B. bei den bisher beschriebenen über dreißig verschiedenen Formen zerebral bedingter psychischer Störungen mit jeweils bekannten Noxen (Encephalopathia avitaminosa, Encephalopathia hypertonica, Encephalopathia mercurialis, Encephalopathia traumatica etc.).

An somatischen Symptomen können auftreten: Allgemeines Zurückgebliebensein in der körperlichen Entwicklung (retardatio somatica), Verformungen einzelner Körperteile (Dysplasien), hormonale Dysfunktionen und vegetative Dysregulationen, dysharmonische Motorik, motorische Unverhaltenheit (Nervosität) oder auch Bewegungsarmut (Hypomotilität), leichte Koordinationsströungen, herabgesetzter Beugewiderstand der Muskeln (Hypotonie), Innervationsdifferenzen, zu wenig bewegtes Gesicht (facies encephalopathia), Bajonettfingerbildungen, verwaschene Sprache usw. neben Dysrhythmien im Hirnstrombild, Eiweiß-Verschiebungen im Hirnwasser und symmetrischen oder asymmetrischen Verformungen der Hirnkammern. Dabei ist die Hypomimie das körperliche Leitsymptom.

An seelisch-geistigen Zeichen (Charakteropathia) werden oft festgestellt: Störungen des Realitäts- und des Zeitsinnes, Freude am Stören, an der Zerstörung, am Quälen, Herabsetzen und Abwerten im Sinne einer apokritischen Grundhaltung; Antriebsüberschuß oder Antriebsminderung mit langsamem Reaktions- und Handlungs-Tempo; dyssoziales Verhalten mit erheblichen Störungen der sozialen Einordnung; Affekt-Inkontinenz, abrupte Stimmungs-, Leistungs- und soziale Verhaltensschwankungen bei dysphorischer Grundstimmung oder leerer Euphorie; erhöhte Reizbarkeit mit Tendenz zu heftigen Wut- und Zornesausbrüchen kombiniert mit Aggressionen gegen die Mitwelt. Eine deutliche Störung der Lernfähigkeit, wie sie z.B. als Minimum-Zacke im Entwicklungsprofil nach Bühler und Hetzer dargestellt wird, kann dabei als psychisches Pilotsymptom auftreten.

Lit.: **Engels, H. J.:** Über die Störung der Lernfähigkeit bei frühkindlicher Hirnschädigung. Acta Paedopsychiatrica, 1966, *33*, 67–77.

H. J. Engels

Encephalopathie, traumatische, Folgezustände nach traumatischer organischer Hirnschädigung (z. B. Boxersyndrom). 3 Stadien: leichte psychische Störungen (z. B. affektive Störungen: Reizbarkeit, Unbeherrschtheit oder Störungen der Lernfähigkeit); deutliche psychopathische Erscheinungen; schwere charakterliche und motorische Störungen. Fast immer vegetative Begleitsymptome.

F.-C. Schubert

Encounter group therapy schafft eine soziale Situation, in der das Äußern von Gefühlen ohne rationale Kontrolle erlaubt, sogar gefordert ist. Angestrebt ist die Erweiterung von Bewußtheit und Erlebnisfähigkeit durch die Interaktion in der Gruppe. Im Mittelpunkt steht das Hier und Jetzt und keine biographischen Ereignisse. Wesentlich ist die direkte Rückmeldung durch die Gruppenmitglieder und den -leiter. Interpretationen und Erklärungen werden meist strikt unterbunden. Zielgruppe sind relativ gut integrierte Personen, die nach mehr Erfüllung und Intensität im Leben suchen. Zur Förderung der Offenheit und zum Abbau von Blockaden werden Übungen eingesetzt – verbale, Körper- und Stressübungen; seltener Nacktheit. Die Entwicklung der Verfahrensweisen ist sehr stark von Rogers geprägt. Effizienzkontrollen werden kaum durchgeführt.

Lit.: **Rogers, C.:** Encountergruppen. Das Erlebnis menschlicher Begegnung. München, 1974.

G. Röper

Endhandlung, nach erbmäßig festgelegtem Schema ablaufende triebbefriedigende Endphase einer Instinkthandlung, z. B. Verschlingen der Beute. ↗Instinkt; ↗Verhaltensforschung.

I. Lindner

Endlust, auch *Befriedigungslust.* Freud verwendet diese Begriffe für das Lustempfinden im Orgasmus, das nicht mehr nach Eskalation strebt und ein Abfallen der Libidospannung zur Folge hat; während die Empfindung von Vorlust den Wunsch nach ständiger Steigerung der Lustintensität bewirkt (Vorlustmechanismus).

U. H. Schindler

Endogamie, soziale Regel, den Ehepartner innerhalb der eigenen Gruppe zu suchen. Das Individuum darf sich also bei der Partnerwahl nicht zu weit – sei es in horizontaler (geographischer) oder vertikaler (auf die Schichtung der Gesellschaft bezogener) Richtung – von seiner Familie entfernen. Die E.regel dient, wie auch die ↗Exogamie-Regel, der Aufrechterhaltung sowohl der Kernfamilie als auch des weiteren sozialen Strukturgefüges. Bei Partnern aus kulturell ähnlichen Gruppen bietet die gegenseitige Anpassung weniger Schwierigkeiten, und die Chance einer stabilen Familie ist mithin größer. Zudem wird die Kontinuität der Gruppenkultur dadurch gewahrt, daß die Kinder in jeweils gruppenspezifischer Weise sozialisiert werden.

Lit.: **Goode, W. J.:** The Sociology of the Family. In: **R. K. Merton, L. Broom & L. S. Cottrell** (Eds.): Sociology Today. New York, 1959; **ders.:** Die Struktur der Familie. Köln – Opladen, [2]1966.

S. Kreutzer

Endogen. *Innen entstehend,* aus den Anlagen stammend, nicht durch Einflüsse der Umwelt bedingt, im Gegensatz zu ↗exogen.

Endokrine Drüsen, Schild- und Nebenschilddrüse, Thymus, Nebennieren, Bauchspeicheldrüse, Eierstöcke, Hoden und Hypophyse, also ↗Drüsen mit innerer Sekretion.

E. David

Endokrines Psychosyndrom ↗Psychosyndrom, endokrines.

Endokrinologie, die Lehre von den ↗endokrinen Drüsen und der Wirkung der ↗Hormone.

Endomorphie ↗Sheldon-Typen.

Endopsychisch, psychoanalytische Bezeichnung für „innerhalb der Psyche". E.e Struktur bezieht sich auf die Struktur der Psyche: Es, Ich, Über-Ich, bewußt, vorbewußt, unbewußt usw. E.e Prozesse schließen e.e Zensur (Mechanismus, der unakzeptierbares Material am Bewußtwerden hindert) und e.en Selbstmord ein. *G. D. Wilson*

Endothymer Grund, Begriff aus Lerschs schichtenorientierter Persönlichkeitstheorie: „Drei Arten von Erlebnissen" gliedern sich „in diesen seelischen Bereich", „die stationären Zustände des Lebensgefühls" (Heiterkeit, Verschlossenheit, Schwermut, Angst) „und des Selbstgefühls" (Gefühl der eigenen Wirkungsmacht und des eigenen Wertes) „und die in sie eingebetteten Prozesse der ↗Strebungen" (zielsetzende Kräfte) „und die Gefühlsregungen" (Wertung der Umweltgegebenheiten, beeinflussen deren „Bedeutsamkeit"). „All diesen Erlebnissen ist gemeinsam: sie beeinflussen und überkommen den Menschen." Sie können aber vom Willen und Denken – vom ↗„personellen Oberbau" – dirigiert werden, der eine höhere Schicht des „seelischen Lebens" darstellt.

Lit.: Lersch, P.: Aufbau der Person. Berlin – Heidelberg, [11]1970. *W. Kretschmer*

Energetika, Synonym für ↗Stimulantien.

Energie, psychische ↗Psychische Energie.

Enge des Bewußtseins, Begrenztheit der Anzahl gleichzeitig deutlich erlebbarer Bewußtseinsinhalte (bei einfachen Wahrnehmungsinhalten ca. 6 ± 2 Elemente). Vgl. ↗Bewußtsein.

Lit.: Port, K.: Die E. d. B. Esslingen, 1956. *K. E. Pelzer*

Engramm, dauernde strukturelle Änderung im Nervensystem, die aus einer vorübergehenden Erregung resultiert; dieser Prozeß wird als physiologische Basis des Gedächtnisses hypostasiert (von einigen Autoren auch als solche der Vererbung). Synonyme sind *Gedächtnisspur* und *Neurogramm*. *G. D. Wilson*

Enkodierung ↗Kodierung.

Enkopresis, psychogenes Einkoten von Kindern noch nach dem Termin der Reinlichkeitsgewöhnung (ca. drittes Lebensjahr) im Gegensatz zur organisch bedingten incontinentia alvi (Schließmuskelschwäche). Analog zur ↗Enuresis wird eine primäre E., noch nicht vollzogene Reinlichkeitsgewöhnung, von einer sekundären E., erneutes Einkoten nach einem Jahr bereits vollzogener Reinlichkeitserlernung, ebenso E. diurna (Einkoten während des Tages) und E. nocturna (nächtliches Einkoten), letztlich betont aktive, willkürliche und passive, unwillkürliche E. unterschieden. Affinität zu psychosomatischen Symptomen: Obstipation, Colitis, Diarrhoe. Therapie: Analyse des zugrunde liegenden ↗Konflikts, Spiel- und ↗Verhaltenstherapie.

Lit.: Anthony, E. J.: An experimental approach to the psychopathology of childhood: Encopresis. Brit. J. med. Psychol. 1957, *30*, 146–175; **Bellmann, M.:** Studies on encopresis. Acta Paediatrica Scandinavica. Stockholm, 1966, Suppl. 170; **Biermann, G.:** Einkotende Kinder. Psyche, 1951/52, *5*, 618–627. *W. J. Schraml*

Enkulturation, ein Aspekt der ↗Sozialisierung, den man auch als kulturelle Bildung beschreiben kann. E. bezeichnet die Aneignung und das Akzeptieren von kulturellen Maßstäben und Symbolen auf bewußtem oder unbewußtem Wege. Im Unterschied zu ↗*Akkulturation* bezieht sich E. auf das Individuum, nicht auf Gruppen.

W. D. Fröhlich

Entelechie. Dieser aristotelische Terminus bezeichnet entweder die vollbrachte Handlung oder die Ursache, die die Aktualisierung einer Möglichkeit (potentia) bestimmt (De An. II. 2, 414a). G. W. v. Leibniz nimmt ihn wieder auf, um alle „einfachen Substanzen oder erschaffenen Monaden" (Monadologie 18) zu bezeichnen; dabei betont er den Grad von Vollkommenheit und Selbstgenügsamkeit („suffisance") der E., der sie zur „Quelle ihrer innerlichen Aktionen" macht. In diesem Sinne versteht H. Driesch (Philosophie des Organischen, Leipzig 1909–28) den Begriff E. als einen teleologischen Lebensfaktor, welcher physiologische Prozesse (die ja physikalisch-chemischer Natur und deshalb mittels der experimentellen Wissenschaften erfaßbar sind) im Organismus dessen Intentionen unterordnet. *P. Muller*

Enteroceptiv, Informationen über den Zustand des inneren Körpermilieus aufnehmend. Sie stehen im Gegensatz zu den Exterozeptoren, den eigentlichen Sinnesorganen für Reize aus der Umwelt. *E. David*

Enterozoenwahn ↗Dermatozoenwahn.

Entfernungshören ↗Gehörswahrnehmung.

Entfernungssehen ↗Gesichtswahrnehmung.

Entfremdung, sozialpsychol. und klinisch-psychoanalytische Bezeichnung für konfliktartige Zustände (Selbstentfremdung, Verlust des Identitätsgefühles), deren Ursache auf einen nicht verarbeitbaren Druck aus der Umwelt (z.B. durch übermächtige Forderungen im Sinne von Geboten bzw. Leistungsnormen) zurückgeführt wird. Der Begriff stammt ursprünglich von Hegel und bezeichnet dort die Spanne zwischen Geistigem und Wirklichem. *W. D. Fröhlich*

Enthusiasmus, seelischer Zustand der Begeisterung, ein leidenschaftliches Durchdrungensein von Idealen, Ideen und Werten. Er verhilft dem Menschen zu einer Kräfteanspannung durch Ideen, die seinem Gemüt Schwung verleihen, um dadurch zu einer wahren Lebenserhöhung zu gelangen. E. offenbart sich in der dem Menschen wesensgemäßen Ergriffenheit (Platon) durch das ihn überragende Größere in Religion, Kunst, Philosophie und Wissenschaft. E. kann in Fanatismus und rauschartiges Getriebensein entarten.

Lit.: Fink, E.: Vom Wesen des Enthusiasmus. Essen, 1948; **Shaftesbury, A. A.-C.:** Letters concerning enthusiasm. 1708 (deutsche Übersetzung: Leipzig, 1909).

W. Tisch

Entlastungsdepression ↗Depression.

Entmythologisierung, Bezeichnung für die Befreiung eines ↗Mythos von seinem magischen Charakter und von seinen übernatürlichen Eigenschaften. Durch diesen Prozeß wird versucht, den Mythos seines sakralen Charakters und seiner rituellen Funktion zu entblößen, indem er auf rein menschliche Phänomene historischer, rationaler, wissenschaftlicher, linguistischer (Max Müller) und soziologischer (↗Kulturanthropologie) Art zurückgeführt wird. Die E. wickelte sich in zahlreichen archaischen Gesellschaften parallel zur Dekulturierung ab. *M. Reinhardt*

Entoptische Erscheinungen, Wahrnehmung von Vorgängen und Gegenständen im eigenen Auge, die sich während des Betrachtens abspielen und die normalerweise unbewußt bleiben; z. B. Trübung der brechenden Medien, Retinagefäße, Wanderung der Blutkörperchen in den Retinagefäßen. *R. Rix*

Entotische Erscheinungen, Gehörswahrnehmungen, die nicht durch externe Schalleinwirkung, sondern durch physiologische Reizung des Innenohrs (z. B. Blutzirkulation, Muskelspannungen des Mittelohrs usw.) hervorgerufen werden können. E. E. werden als Ohrensausen oder Ohrenklingen erlebt. *D. Vaitl*

Entropie. 1) In der Physik (zweites Gesetz der Wärmelehre) der Energieverlust bei der Umsetzung von Energie in Arbeit. **2)** Im Sinne C. G. Jungs die Tendenz psychischer Energie, von einem stärkeren auf einen schwächeren Wert überzugehen, bis ein Gleichgewichtszustand erreicht ist. **3)** Im Sinne der Informationstheorie gibt H (= E.) den Grad der Zufälligkeit (und damit auch das Ausmaß der Ordnung) an, der in einem bestimmten System vorhanden ist. *K. E. Pelzer*

Entscheidung ↗Entschluß.

Entscheidungsexperiment ↗Experiment.

Entscheidungstheorie, Summe von Prinzipien zur Optimierung der Entscheidungsfindung in der psychol. Praxis, insbesondere im diagnostischen Bereich. Die E. wurde von Cronbach & Gleser (1957) in die psychol. Diagnostik eingeführt, wobei Prinzipien der Betriebswirtschaftslehre, der ↗Spieltheorie und der statistischen Hypothesenprüfung (↗statistische Tests) übernommen wurden. Ihr Ziel ist die Entwicklung von *Strategien* zur Lösung praktisch-psychol. Probleme (↗Selektion, Plazierung, Klassifikation; ↗Klassifizierung) unter Berücksichtigung aller notwendigen Schritte von der Informationserhebung und -verarbeitung bis zur Entscheidung für ein bestimmtes ↗treatment (Behandlung). Nach einer *Strategieoptimierung* anhand einer *Kosten-Nutzen-Analyse* wird diejenige Strategie gewählt, die beim jeweiligen Problem den höchsten *Gesamtnutzen* erbringt.

Lit.: **Cronbach, L. J. & G. C. Gleser:** Psychological tests and personnel decisions. Urbana, [2]1965; **Fishburn, P. C.:** Utility theory for decision making. New York, 1970; **Michel, L. & N. Mai:** Entscheidungstheorie und Probleme der Diagnostik bei Cronbach & Gleser. Diagnostica, 1968, *14*, 99–121; **Raiffa, H.:** Decision analysis. Reading (Mass.), 1968.

J. P. Gösslbauer

Entschluß, letzter Teil des Willensaktes, aus dem unmittelbar die Handlungsbereitschaft folgt. Der E. setzt Überlegung und Abwägung der für die Entscheidung relevanten Aspekte voraus und impliziert das Wissen um die persönliche Verantwortung für diese Entscheidung. Insofern ist der E. von der *spontanen* Entscheidung, die vornehmlich aus der emotionalen Situation heraus erfolgt, zu unterscheiden.

Lit.: **Lindworski, J.:** Der Wille. Seine Erscheinung und seine Beherrschung. Leipzig, 1923; **Rohracher, H.:** Einführung in die Psychol. München, [10]1971; **Thomae, H.:** Der Mensch in der Entscheidung. München, 1960.

P. Steck

Entspannungstherapie. a) Psychotherapeutische Methoden, die auf Lösung intrapsychischer Spannungen und körperlicher Verkrampfungen gerichtet sind. Angewandt werden neben der ↗Hypnose meist Entspannungsübungen des ↗Autogenen Trainings sowie anderer (auto)suggestiver Verfahren. b) Physiotherapeutische Methoden sind vorwiegend zur Muskelentspannung führende Maßnahmen, wie z. B. passiv krankengymnastische und aktive Übungsverfahren.

Lit.: **Stokvis, B. & E. Wiesenhütter:** Der Mensch in der Entspannung. Lehrbuch autosuggestiver und übender Verfahren in der Psychotherapie und Psychosomatik. Stuttgart, [3]1971.

H. N. Genius

Entsublimierung, Auflösung libidinöser Objektbesetzungen, bei H. Marcuse Folge des Unwirksamwerdens repressiver gesellschaftlicher Institutionen. Die E. erfolgt hier mit der Maßgabe einer Selbstsublimierung aller sexuellen Partialtriebe im Eros unter der Un-Herrschaft eines nicht-repressiven Realitätsprinzips. E. ist somit Grundlage der Utopie einer freien Gesellschaft.

U. H. Schindler

Enttäuschung ↗Frustration.

Entwicklung. Zum Begriff. Eine Folge von Veränderungen in Organismen (Tier, Mensch), Gruppen von Organismen (z. B. Völkern), kulturellen Bereichen (z. B. Kunst-E.), aber auch bei toter Materie (z. B. geologische E.). In der Psychol. dominierte anfänglich die Auffassung von E. als Ausfaltung keimhaft vorhandener Möglichkeiten. Allgemein erstreckt sich E. von der Entstehung (Beginn des geistigen bzw. biolog. Lebens) bis zum Ende des Bestehens (Tod, Untergang). Die tierische und menschliche E. umschließt den gesamten Lebenslauf, besonderes Augenmerk beansprucht aber die E. des jungen Lebewesens. Das Verhältnis von E. und Lernen ist ein doppeltes: Lernen bildet den Oberbegriff zu E., wenn man E. als eine besondere Form des Lernens (langzeitig, unumkehrbar, differenzierend und strukturierend) betrachtet und die Lerngesetze als die allg. Prinzipien menschlichen Verhaltens auffaßt. Andererseits kann E. als der weitere Begriff verstanden werden, und zwar nicht nur bei Zugrundelegung einer sehr weit gefaßten Definition (wie der obigen), sondern auch angesichts der im Organismus stattfindenden lernunabhängigen Reifungs- und Wachstumsprozesse.

SPEZIELLE BEDEUTUNGEN. Die verschiedenen theoretischen Vorstellungen führten zu vorwiegend zwei Definitionsbereichen für Entwicklung. Zum einen faßt man E. als Wachstum auf und beschreibt sie als quantitativen Zuwachs (L. Carmichael, U. Undeutsch), zum andern versteht man E. als eine qualitative Veränderung, die sich in Schüben (Phasen, Stufen) vollzieht (O. Kroh, O. Tumlirz, C. Bühler), spiralenförmig zu höheren E.formen führt (A. Gesell) oder eine Überlagerung von niedrigen Schichten durch höhere umschließt (E. Rothacker, Ph. Lersch). Ein dritter Ansatz zur Begriffsbestimmung berücksichtigt die entscheidenden Faktoren der E., so das „Konvergenzprinzip" aus ↗Anlage und Umwelt (W. Stern), E. als Entfaltung der Anlage nach einem Plan (K. Bühler) oder als Zusammenwirken von Anlage, Umwelt und Eigenaktivität (Selbstgestaltung, -verwirklichung) des Individuums (G. W. Allport, A. Petzelt). Heute ist die Frage nach einer begrifflichen Klärung von E. zweitrangig geworden.

ZUR PROBLEMGESCHICHTE. Die Wurzeln der E.psychol. bzw. des E.begriffs im psychol. Sinn liegen in der griechischen Philosophie. Heraklit lehrt ein ewiges Werden, Empedokles erklärt die Entstehung des Lebens durch Urzeugung. Nach Aristoteles ist Werden als E. von Potenz zu Akt zu verstehen. Sein Entelechie-Prinzip hat bis in die Gegenwart hinein auf die deutsche E.-psychol. gewirkt. Ähnlich verhält es sich mit dem Einfluß von Leibniz, der E. und Veränderung der spontanen Aktivität der „fensterlosen" Monade zuschreibt. Die Auffassung von E. als Lernen geht unter anderem auf J. Lockes Empirismus zurück. Im 19. Jh. gewinnt der E.gedanke große Bedeutung. Darwin begründet die ↗Deszendenztheorie, die Entstehung und E. der Tierarten durch Selektion und Mutation erklärt. Die Abstammungslehre leitet nicht nur die körperliche E. des Menschen, sondern auch sein Erleben und Verhalten phylogenetisch ab. Auf der anderen Seite erhält der E.begriff im 19. Jh. eine geisteswissenschaftliche Bedeutung. Seine geschichtsphilosophische Verwendung wurde oft unmittelbar auf die individuelle E. übertragen (spiralenförmige E. zu einem Endziel). W. Dilthey kommt über die Beschäftigung mit der Geschichte zur verstehenden Deskription des (geistigen) menschlichen Lebens. Für die E.psychol. als wissenschaftliche Teildisziplin ist W. Preyers Buch von 1882 ein wichtiger Markstein. In Deutschland führen die Arbeiten von William und Clara Stern, Karl und Charlotte Bühler bald zu einem Höhepunkt. Weitere bedeutende Autoren sind Hildegard Hetzer, O. Kroh, O. Tumlirz, A. Busemann und vor allem H. Werner, aber auch F. Krueger (genetische Ganzheitspsychol.), S. Freud (E. der Sexualität, Bedeutung der Kindheit für die Genese von Persönlichkeitszügen) und C. G. Jung (E. als aktive Selbstgestaltung in tiefenpsychol. Sicht). In den USA beginnt die entwicklungspsychol. Forschung schon früh unter Stanley Hall und J. M. Baldwin, in Frankreich mit A. Binet, O. Decroly und E. Claparède. Den bedeutendsten Einfluß übt gegenwärtig immer noch J. Piaget aus, dessen Werk erst jetzt im außereuropäischen Raum bekannter wird.

ZUR METHODIK. Als *Methoden der Datenerfassung* kommen in Frage: a) systematische Beobachtung ohne Stimulations-(Eingabe-)Kontrolle: Familienstudien und häusliche Beobachtung, Sammlung von Daten aus einer Stichprobe von Situationen (etwa beim Spiel, Essen, in der Schule usw.) und Zeitpunkten im Tagesablauf; im Optimalfall als ethologische Methode; b) systematische Beobachtung mit Stimulations(Eingabe-)Kontrolle: Erhebung physikalischer Daten (z.B. Kraft- und Geschwindigkeitsmessung, Reaktionszeitmessung, Erfassung physiologischer Daten), psychometrische Verfahren, ↗Experiment (im engeren Sinn). Spezifische Möglichkeiten in der entwicklungspsychol. Forschung sind die Auswertung von Tagebuchaufzeichnungen und der Einsatz des ↗Spiels als Möglichkeit der Aktivierung kindlichen Verhaltens (↗Verhaltensforschung).

Methoden der Erforschung des E. verlaufes. a) der Vergleich verschiedener Altersstufen: ↗Längsschnittuntersuchung (Beobachtung der gleichen Stichprobe über längere Zeitstrecken hinweg), Querschnittuntersuchung (Vergleich von Stichproben aus unterschiedlichen Alterspopulationen); bei Berücksichtigung des Kohorten-(Generations-)Effekts und des Testungs-(Testwiederholungs-)Effekts kommen Sequenzmodelle *(P. Baltes)* zum Einsatz, die mehrere Längs- und Querschnittuntersuchungen koppeln; b) Simulation der E.: Kontrolle von Bedingungen, die in der „natürlichen" E. wichtig zu sein scheinen, indem man sie als unabhängige Variable einsetzt und ihre kurzzeitige Wirkung (Tage bis Monate) studiert (z. B. Versuche zur Intelligenzförderung, Beeinflussungsexperimente).

Gegenwärtiger Stand der Forschung. a) *Kognitive E.* Bei der Untersuchung der Intelligenz-E. dominierte lange Zeit die Auffassung eines raschen Wachstums bis zum Ende des zweiten Lebensjahrzehnts mit darauffolgender langsamer Abnahme der Leistung. Diese an Querschnittuntersuchungen gewonnene Wachstumskurve konnte in Längsschnittuntersuchungen häufig nicht bestätigt werden, vielmehr zeigte sich ein laufender langsamer Anstieg bis ins hohe Alter (Bayley & Oden). Mit zunehmendem Alter wächst die Zahl der Intelligenzfaktoren (Differenzierungshypothese der Intelligenz: H. E. Garrett, C. Burt). H. A. Witkin beschreibt die geistige E. mit Hilfe der Dimension Feldabhängigkeit–Feldunabhängigkeit und mit Hilfe des Differenzierungsbegriffs: mit zunehmendem Alter wächst die Fähigkeit, einbettende Kontexte zu überwinden und Elemente (Einheiten) aus dem umgebenden Feld zu lösen. Die E. der „Feldartikulation" ist Schwankungen unterworfen, die physiologische und soziale Ursachen haben können. Die Strategien, die beim Problemlösen Verwendung finden, wandeln sich ebenfalls mit dem Alter. H. H. Kendler folgert aus seinen Ergebnissen, daß für kleine Kinder noch das einfache Verstärkungsmodell anwendbar ist, bei älteren Kindern aber zur Erklärung der Leistungen beim Umlernen vermittelnde repräsentierende Variablen (Begriffe) herangezogen werden müssen (siehe auch Apperzeptionskategorien). Die E. von Denkstrategien verläuft von primitiven stereotypen Praktiken (M. W. Weir) zu Methoden, die nur positive Beispiele eines Begriffs verwenden, und von hier aus zu Strategien, die positive und negative Information nützen können (S. Nadiraschwili). J. Piagets Ansatz zur Beschreibung der kognitiven E. wird von verschiedenster Seite weiterentwickelt und revidiert. Aus Assimilations- und Akkommodationsvorgängen entwickelt sich in den ersten beiden Lebensjahren die sensumotorische Intelligenz, die Wahrnehmungs- und Bewegungssequenzen miteinander koordiniert. Danach setzt mit dem Aufkommen der ersten ↗Vorstellungen die E. des ↗Denkens ein, das über prälogische Stadien zu konkreten logischen Operationen und schließlich zu den „formalen Denkoperationen", mit deren Hilfe die Reflexion über die logischen Operationen selbst gelingt und deren systematischer Einsatz (z. B. in der Mathematik) möglich wird. Das charakteristische altersabhängige Fortschreiten zu höheren Denkniveaus ist von der Art der Denkaufgaben abhängig. Für die gesamte kognitive E. scheint das *Neugier- und Explorationsverhalten* von ausschlaggebender Bedeutung zu sein. Es hat seine Wurzeln im ↗Orientierungsreflex und in der durch Konfliktsituationen ausgelösten affektiven Erregung (D. E. Berlyne). – ↗Sprachentwicklung.

b) Bei der Betrachtung der *menschlichen E. als ↗Sozialisierungs-Prozeß* steht die Übernahme der Erwachsenenrolle und der Geschlechtsrolle im Vordergrund. Das Erlernen der kulturellen Normen läßt sich als E. von Werthaltungen beschreiben. Die grundlegenden Werte unserer Kultur werden schon früh übernommen, erfahren aber im zweiten Lebensjahrzehnt eine Revision, wobei sich der Jugendliche stark an der Peer Group Culture orientiert (↗Jugendalter). Die Übernahme von Normen erfolgt großenteils durch nachahmendes Lernen, das auch die Errichtung des ↗Über-Ich durch Introjektion libidinöser Objekte (Eltern) und deren Strafenergie umfaßt. Die klassische Konditionierung kann als Erklärung für die Entstehung und Wirkung des „schlechten Gewissens" herangezogen werden (H. J. Eysenck).

c) *E. der Persönlichkeit.* Für die E. von Persönlichkeitsmerkmalen ist im allg. die Zunahme der kognitiven Steuerung kennzeichnend. Es erscheint vorteilhaft, auf eine inhaltliche Kennzeichnung der E. hier zu verzichten, da das komplexe Zusammenspiel vieler Komponenten im Lebenslauf des einzelnen zu einem jeweils einmaligen Resultat führt. – Vgl. ↗Persönlichkeit, ↗Charakter.

d) Die *körperliche E.* läßt sich durch Wachstumskurven kennzeichnen. Im Durchschnitt verlaufen sie für Größe und Gewicht beim Gesamtkörper sowie bei vielen Einzelorganen negativ beschleunigt. Auffällig in der Körper-E. ist das rasche Wachstum des Gehirns, das schon vor der Geburt sämtliche Zellen besitzt und mit etwa 4 Jahren bereits 80% des Endgewichts erreicht hat. Mit J. M. Tanner läßt sich von einem „Skelettalter", „Zahnalter" und „morphologischen Alter" sprechen. Die Reifungsgeschwindigkeit ist vorwiegend genetisch programmiert, doch gibt es säkulare Einflüsse (↗Akzeleration des Gesamtwachstums seit dem vorigen Jh.), Ernährungseinwirkungen und Abhängigkeiten von sozialen Bedingungen (Kinder aus niedrigeren Schichten und aus größeren Familien sind der Tendenz nach kleiner und leichter). Während der Geschlechtsreife beobachtet man einen allg. Wachstumsschub und physiologische Veränderungen (Blutdruck, Pulsfrequenz, Grundumsatz).

Erklärungsprinzipien der Entwicklung. Die im E.begriff steckende Bedeutung der „Entfaltung von innen heraus" führte zu dem Beschreibungsmodell der *E. als Wachstum und Reifung.* Es ist für die Erklärung der E. tierischer Organismen von großer Bedeutung, wird aber auch bei der psychischen E. des Menschen herangezogen, wenn es um die korrelativen Zusammenhänge zwischen physischer und psychischer E. geht (U. Undeutsch, F. Steinwachs, W. Arnold, C. Burt). Änderungsreihen im Erleben und Verhalten werden dabei als Prozesse der ↗Reifung gedeutet. Demgegenüber betont man heute bei der menschlichen E. die *Lernvorgänge.* Für die Beschreibung der E. von affektiven Zuständen und Motivationsbedingungen sowie von ↗Gewohnheiten eignet sich (allerdings nicht hinreichend) das Modell der klassischen und instrumentellen ↗Konditionierung. Der Sozialisierungsprozeß als Eingliederung eines asozialen, kulturlosen Wesens in die Kulturgemeinschaft bedarf als zusätzlichen Erklärungsprinzips des Lernens durch Nachahmung. Keines der beiden Prinzipien reicht für die Beschreibung der kognitiven E. aus. Hier muß Lernen als Organisations-(Strukturierungs-)Prozeß beschrieben und interpretiert werden.

Unabhängig von der Dichotomie Lernen – Reifung verwendet man noch das Begriffspaar *Differenzierung – Zentralisation* (H. Werner). Mit fortschreitender Veränderung des Organismus zeigt sich eine Ausgliederung von Teilbereichen aus einem ungegliederten Ganzen. Der Differenzierungsvorgang ist auch bei der phylogenetischen E. zu beobachten (E. des ↗Gehirns im Tierreich). Die Einzelbereiche verselbständigen sich, insofern als sie spezifische Aufgaben erfüllen; sie wirken aber nicht unabhängig nebeneinander, weil mit zunehmender Differenzierung zentrale Steuerungsinstanzen mehr und mehr für die Koordination, Hemmung und Aktivierung der Einzelbereiche sorgen. Das Prinzip der Zentralisation ermöglicht, im Ganzen gesehen, das Setzen und Angehen von Fernzielen, im einzelnen die Steuerung von motorischen Impulsen, die Selektion und Strukturierung in der Wahrnehmung sowie die Steuerung emotionaler Erregung.

Zur Wissenschaftstheorie. Wie andere Teildisziplinen der Psychol. bewegt sich die E.psychol. von einer rein deskriptiven Wissenschaft weg zu einer „exakten" Wissenschaft, die bestrebt ist, ihre Aussagen mit Hilfe von Theorien oder wenigstens von ↗Modellen zu erklären. Wissenschaftliches

Ziel der E.psychol. ist deshalb nicht in erster Linie ein pädagogisches Anliegen (Hilfe und Schutz des Menschen), sondern die Erhellung psychol. Phänomene aus ihrer Genese heraus. Die E.psychol. steht also im Dienst der Allgemeinen Psychologie. Die Nutzung entwicklungspsychol. Erkenntnisse für pädagogische, politische und religiöse Ziele bedeutet eine wertorientierte Anwendung und muß von der wissenschaftlichen Disziplin der Entwicklungspsychologie abgehoben werden.

Lit.: Aebli, H.: Über die geistige Entwicklung des Kindes. Stuttgart, [4]1975; **Arnold, W.:** Begabung und Bildungswilligkeit. München, 1968; **Baldwin, J. M.:** Mental development in the child and in the race: Methods and processes. New York, 1895, [3]1906; **Baltes, P.:** Sequenzmodelle zum Studium von Altersprozessen: Querschnitts- und Längsschnittssequenzen. Ber. 25. Kongr. der Dtsch. Ges. für Psychol. Göttingen, 1966, S. 423–430; **ders.** (Hrsg.): Entwicklungspsychol. der Lebensspanne. Stuttgart, 1979; **Bayley, N. & M. H. Oden:** The maintenance of intellectual ability in gifted adults. J. Gerontol., 1955, *10*, 91–107; **Binet, A.:** Les idées modernes sur les enfants. Paris 1932; **Bower, T. G. R.:** Human Development. Oxford, 1979; **Bruner, J. S., Olver, R. R., Greenfield, P. M. et al.:** Studien zur kognitiven Entwicklung. Stuttgart, 1971; **Bühler, C.:** Kindheit und Jugend. Genese des Bewußtseins. Leipzig, 1928; **Bühler, K.:** Abriß der geistigen Entwicklung des Kindes. Leipzig, [7]1949; **Burt, C.:** The differentiation of mental ability. Brit. J. educ. Psychol., 1954, *24*, 76–90; **ders.:** Intelligence and heredity. In: The Irish Journal of Educat., Vol. 3, 2, 1969; **Cairns, R. B.:** Social Development. Oxford, 1979; **Carmichael, L.:** Manual of child psychology. New York – London, [2]1960; **Claparède, E.:** Psychologie de l'enfant et pédagogie expérimentale. Genf, 1926; **Eysenck, H. J.:** Symposium: I. The development of moral values on children. II. The contribution of learning theory. Brit. J. educ. Psychol., 1960, *30*, 11–21; **Flavell, J. H.:** Kognitive Entwicklung. Stuttgart, 1979; **Garrett, H. E.:** A developmental theory of intelligence. Amer. Psychologist, 1946, *1*, 372–378; **Gesell, A.:** The ontogenesis of infant behavior. In: **L. Carmichael** (Ed.): Manual of child psychology. New York – London, [2]1960; **Gesell, A.:** I. Säugling und Kleinkind. II. Das Kind von fünf bis zehn. III. Jugend: Das Alter von zehn bis sechzehn. Bad Nauheim, [4-6]1964–67; **Hetzer, H.:** Kind und Schaffen. Jena, 1931; **Kagan, J. & H. A. Moss:** Birth to maturity. New York, 1962; **Kendler, H. H. & T. S. Kendler:** Vertical and horizontal processes in problem solving. Psychol. Rev., 1962, *69*, 1–16; **Kroh, O.:** E.psychol. des Grundschulkindes. Langensalza, 1944; **Krueger, F.:** E.psychol. der Ganzh. Rev. de psichol., *2*, 1939/40; **Lersch, Ph.:** Aufbau der Person. Berlin – Heidelberg, [11]1970; **Merz, F. & K. T. Kalveran:** Kritik der Differenzierungshypothese der Intelligenz. Arch. ges. Psychol. 1965, *117*, 287–295; **Meyer, W. J. & J. B. Dusek:** Child Psychology. Lexington – London, 1979; **Muuss, R. E.:** Adoleszenz. Stuttgart, 1971; **Nadiraschwili, S.:** Über die Modellierung von Verallgemeinerungsprozessen. Z. Psychol., 1965, *171*, 196–203; **Newman, B. M. & P. R. Newman:** An Introduction to the Psychology of Adolescence. Homewood (Ill.), 1979; **Oerter, R.:** Moderne E.psychologie. Donauwörth, [14]1974; **ders.** (Hrsg.): Entwicklung als lebenslanger Prozeß. Hamburg, 1978; **Piaget, J.:** Psychol. der Intelligenz. Zürich, [2]1966; **Preyer, W.:** Die Seele des Kindes. Leipzig, 1882; **Rothacker, E.:** Die Schichten der Persönlichkeit. Bonn, [8]1969; **Rüdiger, G.** (Hrsg.): Methoden der E.psychologie. Stuttgart, 1978; **Stern, D.:** Mutter u. Kind. Die erste Beziehung. Stuttgart, 1979; **Stern, W.:** Psychol. der frühen Kindheit bis zum sechsten Lebensjahre. Heidelberg, [10]1971; **Thomae, H.** (Hrsg.): Entwicklungspsychologie. Handb. der Psychol., Bd. 3. Göttingen, [2]1972; **Thomas, K.:** Abriß der E.psychologie. Freiburg i. Br., 1979; **Trautner, H. M.:** Lehrbuch der E.psychologie. Bd. 1. Göttingen, 1978; **Tumlirz, O.:** Einführung in die Jugendkunde. Leipzig, 1927; **Undeutsch, U.:** Das Verhältnis von körperlicher und seelischer Entwicklung. Hdb. der Psychol., Bd. 3. Göttingen, [2]1972; S. 329–357; **Weir, M. W.:** Development changes in problem solving strategies. Psychol. Rev., 1964, *71*, 473–490; **Werner, H.:** Einführung in die E.psychologie. Berlin – Heidelberg, [4]1970; **Witkin, H. A., Dyk, R. B., Faterson, H. F., Goodenough, D. R. & S. A. Karp:** Psychological differentiation. New York, 1962.

R. Oerter

Entwicklungsalter, Summe aller Items (mit bestimmten Zeitwertigkeiten multipliziert), die vom Pb gelöst worden sind, und zwar auf allen Altersstufen ab (theoretisch) dem ersten Lebensmonat. Beim „Normalkind" ist diese Summe gleich dem Lebensalter. Der Begriff des E. wurde zum erstenmal 1926 von Furfey („developmental age") und von diesem unabhängig in deutschsprachiger Literatur von Penning verwendet.

Lit.: Bühler, C. & H. Hetzer: Kleinkindertests. Entwicklungstests vom 1. bis 6. Lebensjahr. Berlin – Heidelberg, [3]1970 (erstmals 1932); **Furfey, P. H.:** Some preliminary results on the nature of developmental age. Sch. Soc. 1926, *23*, 183–184; **Penning, K.:** Das Problem der Schulreife in historischer und sachlicher Darstellung. Leipzig, 1926.

S. Kreutzer

Entwicklungsphase, -stufe. Schon vorwissenschaftlich wird der menschliche Lebenslauf in Phasen oder Stufen unterteilt, d.h. in deutlich voneinander abhebbare Entwicklungszustände, die in einer invarianten, universellen Sequenz aufeinanderfolgen. Nachhaltigen Einfluß übten in der europäischen Geschichte aus der Kosmologie bzw. Astrologie entlehnte und auf populär einleuchtende Argumente gestützte Gliederungen der Biographie in sieben Phasen oder Sieben-Jahres-Abschnitte aus (bei Solon; Ptolemäus; Shakespeare u. a.; vgl. Rosenmayr, 1978). Sie fanden auch in frühe wissenschaftliche Gliederungen des Lebenslaufes Eingang: Lehr (1978) weist sie bei Künkel, v. Tilig, Hellpach, Busemann, Bühler, Moers oder Kretschmer nach.

Allerdings besteht inhaltlich zwischen den einzelnen Phasen- oder Stufenlehren wenig Einigkeit darüber, wodurch eine Entwicklungsphase charakterisiert ist, wann sie beginnt und endet und welche Phasen in welcher Reihenfolge durchlaufen werden. Die deutlichsten Übereinstimmungen sind noch zwischen Gliederungen der Kindheit und Jugend festzustellen (beschrieben bei Bergius, 1959). Im Erwachsenenalter und Alter überwiegt Heterogenität der Ansätze. Zum Teil erklärt sich dies aus unterschiedlichen Gliederungskriterien.

Reifungstheoretische Konzepte werden häufig zur Einteilung von Kindheit und Jugend herangezogen; sie erlauben eine relativ präzise, universelle und invariante Folge von qualitativ verschiedenen Phasen zu beschreiben (etwa bei Freud: in recht genau festzulegenden Altersabschnitten folgen bei nahezu allen Kindern in gleicher Sequenz orale, anale, phallische, Latenz- und genitale Phase aufeinander. Nach anderen Reifungskriterien gliedern Kroh, Zeller, Hetzer, Gesell u.a.).

Bei Betonung *sozialer und kultureller* Gliederungsmomente (altersbezogene Verhaltenserwartungen, Normen, Rollen; vgl. Neugarten und Datan, 1978) muß eine größere Variabilität zugelassen werden. Jedoch sind solche „weichen" Stufenkonzepte ebenso auf den gesamten Lebenslauf anwendbar wie jene Einteilungen, die nach Entwicklungsaufgaben (Havighurst, 1972) oder Phasen des Überganges gliedern: *Interagierende (biologische, soziale oder psychische) Verhaltensanforderungen* führen im Entwicklungsgeschehen zu alterstypischen Veränderungen der Person.

Aufmerksamkeit verdient schließlich das *kognitiv-entwicklungspsychologische Stufenkonzept* von Piaget (1960) bzw. Kohlberg (1979). Die Autoren beachten qualitative (nicht quantitative), in der Kompetenz zur kognitiven Leistung (nicht in der Performanz) erkennbar werdende Entwicklungen, die auf strukturelle Umorganisationen (nicht auf Wechsel von Inhalten oder Elementen) zurückgeführt werden. Stufen der kognitiven Entwicklung werden aufgrund von qualitativen Unterschieden zwischen (Denk-)Strukturen unterschieden, die in jeder Biographie in invarianter Sequenz aufeinander folgen. Jede Stufe ist durch ihre eigene, als strukturiertes Ganzes aufgefaßte Denkorganisation gekennzeichnet. Höhere Stufen integrieren die Strukturen der niedrigeren. Zur Entwicklung führt der Prozeß, in dem der reifende Organismus immer weitere Erfahrungen macht; in diesem Prozeß bilden sich immer „bessere" (auf einem höheren Niveau der Äquilibration stehende) Formen der Interaktion zwischen Organismus und Umwelt.

Lit.: Bergius, R.: Entwicklung als Stufenfolge. Handbuch der Psychologie, Bd. 3, Göttingen, ²1972, 104–195; **Havighurst, R.:** Developmental tasks and education. New York, ³1972; **Kohlberg, L.:** Zusammenhänge zwischen der Moralentwicklung in der Kindheit und im Erwachsenenalter – neu interpretiert. In: **P. B. Baltes** (Hrsg.): Entwicklungspsychologie der Lebensspanne. Stuttgart, 1979, 379–407; **Lehr, U.:** Das mittlere Erwachsenenalter: Ein vernachlässigtes Gebiet der Entwicklungspsychologie. In: **R. Oerter** (Hrsg.): Entwicklung als lebenslanger Prozeß. Hamburg, 1978, 147–177. **Piaget, J.:** The general problem of the psychobiological development of the child. In: **J. M. Tanner & B. Inhelder** (Hrsg.): Discussions on child development, vol. 4. New York, 1960; **Rosenmayr, L.:** Die menschlichen Lebensalter: Kontinuität und Krisen. München, 1968.

E. Olbrich

Entwicklungspsychologie ↗Entwicklung.

Entwicklungsquotient (Abk.: EQ). Aus dem Verhältnis von ↗Entwicklungsalter (EA) zu Lebensalter (LA) berechneter Quotient, der – in Erweiterung des analogen Konzeptes des ↗Intelligenzquotienten (W. Stern, 1912) – einen groben Anhaltspunkt für die quantitative Abschätzung des Entwicklungsstandes ermöglicht:

$$EQ = \frac{EA}{LA} 100.$$

EQs wurden in der älteren Entwicklungsdiagnostik (vgl. Reinert, 1964) ausgewertet. Sie haben sich praktisch und theoretisch als problematisch erwiesen: Die Beziehung zwischen EA und LA kann nur dann sinnvoll für die Ermittlung eines allgemein brauchbaren Quotienten herangezogen werden, wenn jene Leistungen und Funktionen, nach denen das EA bestimmt wird, für verschiedene Personen, die in unterschiedlichen Situationen aufwuchsen und die in verschiedenen Entwicklungsabschnitten stehen, in gleicher Weise linear mit dem LA steigen. Dies wird kaum beobachtet. Die Auswertung differenzierter Entwicklungsfunktionen ist unerläßlich (vgl. Wohlwill, 1977).

Lit.: Reinert, G.: Entwicklungstests. In: Handbuch der Psychologie, Bd. 6. Göttingen, [3]1971, 280–351; **Wohlwill, J.:** Strategien entwicklungspsychologischer Forschung. Stuttgart, 1977.

E. Olbrich

Entwicklungstests, Sammelname für Verfahren zur Bestimmung des Entwicklungsalters (EA) und des Entwicklungsfortschritts im Vergleich zur durchschnittlichen ↗Entwicklung (Entwicklungsquotient, EQ), besonders im ↗Kleinkind- und ↗Vorschulalter. Leistungen unter verschiedenen Aspekten (Wahrnehmung, Psychomotorik, Sprache, Sozialisation u. a.) werden meist gesondert durch Beobachtung in standardisierten Spielsituationen sowie durch Befragung der Pflegepersonen erhoben, als Entwicklungsprofil dargestellt und zum EA und EQ verrechnet. Der Übergang zu den eigentlichen ↗Intelligenztests (vgl. z. B. ↗Binet-Simon-Test) ist fließend; doch ergeben ↗Längsschnittuntersuchungen nur sehr geringe Korrelationen zwischen EQ im ersten Lebensjahr und späterem IQ. Der praktische Wert dieser Verfahren liegt in der Diagnose von Entwicklungsstörungen. Die bekanntesten E. stammen von A. Gesell, Ch. Bühler & H. Hetzer, N. Bayley, Ps. Cattell, O. Brunet & I. Lézine u. a.

Lit.: Stott, L. H. & R. S. Ball: Infant and preschool mental tests: review and evaluation. Monographs of the Society for Research in Child Development 1965, *30*, 1–151.

A. Lang

Entziehungserscheinungen ↗Abstinenzerscheinungen.

Enuresis, Einnässen, Bettnässen, unwillkürliche Blasenentleerung jenseits des dritten Lebensjahres, meist als nächtliches Einnässen (E. nocturna), bei dem die willkürliche Beherrschung der Blasenfunktion zeitweilig intakt zu sein scheint. (E. diurna = Unfähigkeit der Harnverhaltung am Tage.)

Das Leiden ist vorwiegend psychisch bedingt (Trotz, Opposition, Protest gegen Liebesentzug), d. h., es entsteht auf dem Boden einer neurotischen Fehlhaltung bzw. psychopathischen Veranlagung. Selten ist es Ausdruck einer somatischen Anomalie. Vorkommen ferner als Begleitsymptom eines generalisierten Krampfanfalles.

H. N. Genius

Environmentalismus, in der Anfang der 70er Jahre wiederaufgelebten Anlage-Umwelt-Debatte (Jensen, Eysenck) diejenige Position, die die unterschiedliche Ausprägung menschlicher Eigenschaften (↗Begabung, ↗Intelligenz) auf unterschiedliche Umwelteinflüsse zurückführte; im Gegensatz dazu steht der Hereditarismus. Vielfach wurde übersehen, daß bei der multifaktoriellen Genese menschlicher Merkmale nicht ein additives, sondern ein multiplikatives Zusammenwirken von Anlage und Umwelt vorliegen dürfte.

Lit.: Skowronek, H. (Hrsg.): Umwelt und Begabung. Stuttgart, 1973; **Süllwold, F.** (Hrsg.): Begabung und Leistung. Hamburg, 1976.

U. Hensle

Enzephal... ↗Encephal...

Ephebophilie, Liebe zu Jünglingen (↗Homosexualität).

G. Lischke

EPI ↗Eysenck Personality Inventory.

Epidemie, psychische, massenpsychische Erscheinung. Durch psychische Masseninduktion, insbesondere bei erhöhter Bereitschaft (z. B. in Krisenzeiten), auftretende epidemieartige Massenhysterie. Die inneren Bedingungen sind u. a. starke Affektbesetzung und Primitivcharakter der Erscheinung selbst.

In veränderter Form kommen p. E.n zu allen Zeiten vor; genährt werden sie u. a. durch Mittel der Massenkommunikation, oft geschürt durch Interessengruppen. Zum Beispiel ekstatische Riten bei Naturvölkern; im Mittelalter Flagellation, Totentänze, Kinderkreuzzüge, Hexenwahn u. a.; heute als Auswirkung von Massensuggestionen, wie Propaganda, Reklame, show-business; ebenfalls können bestimmte Verbrechensserien mit diesem Begriff bezeichnet werden.

F.-C. Schubert

Epigenese, die Auffassung, daß vor der Embryonalentwicklung im Ei keinerlei Vorgestaltung (Präformation) besteht und daß die Organdifferenzierung während der Ausbildung des Organismus das Ergebnis der Wechselbeziehung zwischen Teilen ist und durch die Transformation der genetischen Information erfolgt. Die funktionalen Zusammenhänge werden von der experimentellen Embryologie und der Entwicklungsphysiologie studiert. *K. E. Großmann*

Epikanthus, Mongolenfalte, die als Hautfalte am inneren Rand des oberen Augenlides imponiert. Als Krankheitszeichen bei Mongoloismus, einer angeborenen Schwachsinnart, auftretend. *E. David*

Epikritische Sensibilität. Insbesondere bei den Hautsinnen (z. B. ↗Schmerz) unterscheidet man eine epikritische und eine protopathische Komponente. Als e. S. wird dabei die Fähigkeit zur feinen Abstufung und Adaptation bezeichnet. Man nimmt sowohl getrennte Nervenbahnen als auch getrennte Erregungszentren für e. S. (Cortex) und protopathische Sensibilität (Thalamus) an.

M. Spreng

Epilepsie ↗Petit mal.

Epileptiform (oder auf das Wesen einer Person bezogen auch *epileptoid),* meint bei anfallsartig auftretenden Zuständen „epilepsieartig", ohne daß bis auf das anfallsähnliche Auftreten eine Beziehung zur Epilepsie besteht. Bei Verwischung des historischen Bedeutungswandels wird dieser Begriff heute gewöhnlich für die Eingrenzung diagnostisch unklarer Anfälle oder auch nur zum Zwecke der Verharmlosung gebraucht. *G. Powell*

Epinephrin ↗Adrenalin.

Epiphyse, *Corpus pineale,* Zirbeldrüse, ist eine an der Hirnbasis gelegene ↗endokrine Drüse ungeklärter Funktion. Sie scheint Einfluß auf die ↗Pubertät zu nehmen. Da sie im Erwachsenenalter meist verkalkt, wird sie von Röntgenologen als Markierung bei Schädelröntgenaufnahmen verwendet.

E. David

Epistemologie *(Wissenschaftslehre),* Bezeichnung für einen Teil der Erkenntnistheorie, der sich insbesondere mit der wissenschaftlichen Erkenntnis beschäftigt. Die E. bemüht sich, Erkenntnis in den verschiedenartigsten Wissenschaften zu untersuchen, indem sie den Gegenstand der Untersuchungen, Prinzipien, Methoden und Resultate kritisch beleuchtet, um logischen Aufbau und objektiven Wert jeder Wissenschaft festzustellen. Die E. kann auch Wissenschaft an sich sein, wenn sie (im Sinne J. Piagets) die Erforschung von Mechanismen wissenschaftlicher Erkenntnis (wie etwa „Wachstum der Erkenntnis" oder „historische und epigenetische Genese" der Erkenntnis) zu ihrem Gegenstand macht. Im weiteren Sinne wird der Terminus heute oft anstelle von Erkenntnistheorie gebraucht.

Lit.: Piaget, J.: Von der genetischen Psychologie zur Epistemologie. Zürich, 1953. *M.-J. Borel*

Epsilon-Bewegung, Bezeichnung für eine ↗Scheinbewegung: sie tritt dann auf, wenn aus einer weißen Linie auf schwarzem Hintergrund eine schwarze Linie auf weißem Hintergrund wird (Positiv-Negativ-Bewegung). *K. E. Pelzer*

EQ ↗Entwicklungsquotient.

Equilibrierter Duktus ↗Graphologie.

Equity-Theorie, Bezeichnung für einen theoretischen Ansatz zur Erklärung sozialer Interaktion. Im Mittelpunkt desselben stehen die Annahmen, a) das soziale Verhalten von Personen beruhe auf dem wechselseitigen Austausch von Gratifikationen und b) diese Austauschprozesse orientierten sich an einer Art Gerechtigkeits- oder Fairneßprinzip. Letzteres heißt, daß Personen in ihrem Verhalten nicht nur eigene Interessen verfolgen, sondern sich nach bestimmten explizit oder implizit akzeptierten Gleichheits- oder Angemessenheitsvorstellungen oder -normen ausrichten.. *J. A. Keller*

Erbcharakterologie. Entstand in den zwanziger Jahren und setzt sich zum Ziel, die Erblichkeit des ↗Charakters gegenüber seiner Bedingtheit durch die ↗Umwelt herauszuarbeiten. Die zuverlässigsten Ergebnisse fand die ↗Zwillingsforschung.

Lit.: Gottschaldt, D.: Das Problem der Phänogenetik der Persönlichkeit. In: Hdb. der Psychol., Bd. 4. Göttingen, [2]1968; **Stumpfl, F.:** Erbpsychologie des Charakters. In: Hdb. der Erbbiologie des Menschen, Bd. 5. Berlin, 1939.
W. Kretschmer

Erbe, aus der Verschmelzung parentaler Ei- und Samenzellen im Zeitpunkt der Befruchtung sich ergebende Kombination von ↗Genen, im weiteren die Gesamtheit der darin lokalisierten Faktoren, die im Zusammenwirken mit Einflüssen der ↗Umwelt ↗Struktur und ↗Entwicklung des Individuums bestimmen.

Lit.: Anastasi, A.: Differentielle Psychologie. 2 Bde. Weinheim, 1976; **Merz, F. & J. Stelzl:** Einführung in die Erbpsychol. Stuttgart, 1977. *M. Amelang*

Erbe-Umwelt-Problem ↗Anlagen.

Erbrechen, psychogenes, Erbrechen psychol. Ursprungs, auch nervöses E. und hysterisches E. genannt. Dieses Symptom tritt bei jungen Frauen recht häufig auf und wird von Psychoanalytikern für einen symbolischen Ausdruck des Wunsches gehalten, eine gehaßte Idee oder Person von sich zu weisen.
G. D. Wilson

Ereignis. Ereignisse sind Realisationen (Ergebnisse) in einem Zufallsexperiment (↗Zufall), d. h., sie sind im einzelnen nicht eindeutig vorhersagbar (abgesehen vom Spezialfall $P = 1$ oder $P = 0$). Die Vorhersage des Eintreffens eines E. kann also nur in Form einer Wahrscheinlichkeitsaussage erfolgen. Im Gegensatz zu einem *einfachen* E. – das Eintreffen eines vorher definierten Ereignisses A in einem Zufallsexperiment – ist ein *komplementäres* E. jedes Ergebnis, das nicht als Ereignis A klassifiziert wird („nicht A", $\bar{A}$). A und $\bar{A}$ sind komplementär, d. h., die Wahrscheinlichkeit $P(A) + P(\bar{A}) = 1$. Von einem *sicheren* Ereignis A spricht man, wenn $P(A) = 1$. In diesem Fall ist das Komplement $P(\bar{A})$ ein *unmögliches* Ereignis. Ein bedingtes E. setzt das Eintreffen eines anderen Ereignisses B voraus, wobei A und B einander nicht ausschließen dürfen. Ein *seltenes* E. hat sehr geringe Wahrscheinlichkeit.
W. H. Butollo

Erektion, durch Blutstau in den corpora cavernosa penis bedingte Längen- und Volumenzunahme des männlichen Gliedes. Der Begriff wird auch für Volumenzunahme der männlichen und weiblichen Mamillen oder der glans clitoridis unter sexueller Stimulation diskutiert, jedoch für die letztere aus systematischen Gründen z. T. abgelehnt. Die E. ist zumeist Voraussetzung der Kohabitationsfähigkeit, jedoch nicht unbedingt der ↗Ejakulation. E. ist nicht nur bei sexueller Stimulation zu beobachten, sondern auch bei verschiedenen, anders bedingten oder ähnlichen Einstellungen des Sympathikotonus.

Die Ausbildung der E. ist zumeist erst kurz vor dem Orgasmus vollständig (vgl. ↗Sexueller Reaktionszyklus). Sie erfolgt bei jüngeren Männern unter sexueller Stimulierung meist sehr schnell, bei älteren Männern dauert dieser Vorgang oft länger, kommt jedoch in der Regel – entgegen dem ↗Stereotyp des alternden Mannes – zu hinreichender Ausprägung. In der Refraktärperiode nach dem Orgasmus bildet sich die E. zweiphasig zurück: vor der endgültigen Erschlaffung liegt ein mehr oder weniger langes Stadium verminderter, oft noch kohabitationsfähiger Erektion. Beim älteren Mann kann die erste Periode zunehmend ausfallen. Ein Reflexzentrum für die E. wird in der Lumbalregion des Rückenmarks angenommen; Fallstudien lassen die Existenz eines die E. hemmenden Zentrums in den Temporalregionen des Kortex vermuten. – E.störungen ↗Potenz.

G. Lischke

Erethie, krankhafte übermäßige Reizbarkeit und Unruhe (↗Schwachsinn).

Erethismus, jede Form spontaner oder reaktiver Daueragitation (Hypermotorik, Hyperaktivität). Kommt mit oder ohne Schwachsinn vor. Erethismusähnliche Zustände treten auch bei minimalen Hirnschäden und bei Amphetamin-Intoxikationen auf. ↗Hyperkinese. *Ch. Scharfetter*

Ereuthophobie ↗Erythrophobie.

Erfahrung wird von vielen für die beste Bezeichnung gehalten, den Gegenstand der Psychol. zu beschreiben. Kann als Substantiv gebraucht werden: die subjektive (bewußte) Würdigung von auftretenden Stimuli oder das sich aus diesen herleitende Wissen; oder als Verbum: etwas durchleben, auf etwas treffen, etwas finden, fühlen, erleiden oder sich eines Reizobjektes, einer Empfindung oder eines inneren Ereignisses bewußt werden. Dieser Ausdruck wird also in der Psychol. ebenso gebraucht wie in der Alltagssprache. *G. D. Wilson*

Erfolg, positive Bestätigung von Hypothesen. Er schlägt sich im subjektiven Erleben nieder als aktivierende Variable und hat damit Einflüsse auf ↗Motivation, Kognition und Verhalten. Der E. läßt sich darstellen als Funktion von tatsächlicher Leistungsfähigkeit, vom Schwierigkeitsgrad der gestellten Aufgabe und vom ↗Anspruchsniveau.

Lit.: Heckhausen, H.: Leistungsmotivation. In: Hdb. der Psychol., Bd. 2. Göttingen, [2]1970, 602–702.

P. Schmidt & R. Simon

Erfolgsgesetz, gilt nach E. L. Thorndike („law of effect“, 1898) als Hauptprinzip, Lernen nach der Methode des instrumentellen Konditionierens zu erklären. Es besagt, daß der Effekt einer Reaktion entscheidet, ob und in welchem Maße die Verknüpfung zwischen einem Reiz und der Reaktion zustande kommt. Wirkt sich eine Reaktion positiv auf den Organismus aus („reinforcement“, ↗Bekräftigung), so steigt die Wahrscheinlichkeit dieser Reaktion, bei negativer Auswirkung verringert sich die Wahrscheinlichkeit zu lernen („extinction“).

Lit.: Eyferth, K.: Lernen als Anpassung des Organismus durch bedingte Reaktionen. Hdb. d. Psychol., Bd. 1/2. Göttingen, [2]1969, S. 76–117; **Foppa, K.:** Lernen, Gedächtnis, Verhalten. Köln – Berlin, [7]1970.

P. Schmidt & R. Simon

Erfolgskontrolle ↗Validität.

Erfolg und Mißerfolg ↗Leistungsmotivation.

ERG, Abk. für ↗Elektroretinographie.

Erg, Begriff aus der Persönlichkeitstheorie (speziell der faktorenanalytischen Motivationsforschung) von R. B. Cattell; etwa gleichbedeutend mit ↗Instinkt. Bezeichnet einen Motivationsfaktor, dessen Merkmale sämtlich auf ein bestimmtes Verhaltensziel (Triebziel) gerichtet sind – unabhängig von den Reizen, die dieses zielgerichtete Verhalten auslösen, und von den Mitteln, die zur Erreichung des Zieles im einzelnen eingesetzt werden. Wird von Cattell als angeborene, von kulturellen Einflüssen unabhängige Reaktionsbereitschaft interpretiert, die auf eine bestimmte konsumierende Endhandlung gerichtet ist (zum Unterschied von *Metanerg,* der konkreten Ausprägung eines E. unter den gegebenen kulturellen Bedingungen). Beispiele für E.s: Bedürfnis nach geschlechtlicher Befriedigung, Bedürfnis nach Sicherheit, Neugier, Selbstbehauptung. Vgl. auch ↗Dynamische Persönlichkeitsfaktoren, ↗Sentiment.

Lit.: **Cattell, R. B.:** Personality and motivation structure and measurement. New York, 1957. *K. Pawlik*

Ergänzungserscheinungen, Sammelbegriff für das Phänomen, daß unvollständige visuelle Reizkonstellationen ganzheitlich umstrukturiert werden. Entgegen den rein physiologischen Reizabbildungen auf der Netzhaut kommt es zu E., wie Ausfüllung, Erweiterung und Vervollständigung des Wahrnehmungsfeldes. E. treten z. B. auf in Form der Ausfüllung des ↗Blinden Flecks, der Ergänzung des Gesichtsfeldes bei ↗Hemianopsie, beim Phänomen der erlebten ↗Durchsichtigkeit usw. (modale Ergänzungen) sowie bei Überschneidungen undurchsichtiger Gebilde (↗Amodale Ergänzungen). Das Phänomen der Wahrnehmungsevidenz wird erklärt mit den Gestaltgesetzen, wie Prägnanz, Geschlossenheit, Ähnlichkeit, Nähe usw. Außerdem spielen Erfahrungstatsachen dabei eine Rolle, wie sie infolge der Vertrautheit und Bekanntheit auftreten.

Lit.: **Metzger, W.:** Figural-Wahrnehmung. In: Hdb. der Psychol., Bd. 1/1. Göttingen, [2]1974, 693–744; **Michotte, A., Thinès, G. & G. Crabbé:** Die amodalen Ergänzungen von Wahrnehmungsstrukturen. In: Hdb. der Psychol., Bd. 1/1. Göttingen, [2]1974, 978–1002.

P. Schmidt & R. Simon

Ergänzungsfarben ↗Komplementärfarben.

Ergänzungstests, Aufgabenform, in der eine unvollständige Gegebenheit ergänzt werden muß, z. B. Lücke in Satz, Wort oder Bild, Fortsetzung eines angefangenen Satzes, einer Geschichte, Zahlen-, Figuren- oder Bilderreihe usw. Die faktorielle Bedeutung solcher Tests variiert, je nachdem die Ergänzung mehr durch logische Überlegung, Phantasie oder gelernte Mechanismen (z. B. Sprachformen) erfolgen kann. *R. Meili*

Ergometrie, Messung der Arbeitsleistung von Muskeln mit Hilfe von Geräten. *Ergometer* und *Ergostat* werden bevorzugt eingesetzt zur Messung von Arbeitsleistungen größerer Muskelpartien. Registriert wird z.B. beim Fahrradergometer das Verhalten der Muskulatur beim Überwinden von dosierbaren Bremswiderständen. Der *Ergograph* (Mosso) liefert durch fortlaufende Registrierungen der durch Fingerzug bewirkten Hubhöhen eines Gewichtes eine Arbeitskurve. Da diese Einblick in das Arbeitsverhalten der Muskeln in der Zeit gewährt, wird der Ergograph auch zur Untersuchung von Ermüdung und Leistungsmotivation eingesetzt.

Lit.: **Giese, F.:** Psychologie der Arbeitshand. Berlin – Wien, 1928; **Merz, F.:** Tests zur Prüfung spezieller Fähigkeiten. Hdb. der Psychol., Bd. 6. Göttingen, [3]1971, 411–458. *P. Schmidt & R. Simon*

Ergonomie, wissenschaftliche Disziplin der Beziehungen zwischen dem Menschen und seiner Arbeitswelt. Noch in der Entwicklung begriffene interdisziplinäre Wissenschaft, die sich auf die Anatomie, die Physiologie und die ↗Arbeitspsychologie stützt. Sie unterteilt sich in die E. des ↗Arbeitsplatzes, des Gesamtbereichs Mensch-Maschine und des ↗Mensch-Maschine-Systems. Ihr Anwendungsbereich ist die Anpassung der Arbeit an den Menschen. Dabei sind die Arbeitsmedizin, die industrielle Hygiene und die Forschungs- und Planungsstellen von Bedeutung. Sie ist an der Ausarbeitung industrieller Systeme beteiligt, welche die menschlichen Faktoren bei der Arbeit berücksichtigen. *A. Weill-Fassina*

Ergotherapie ↗Arbeitstherapie.

Erhebung. Die Feststellung von Merkmalen und ihrer Ausprägung an Einheiten einer Gesamtheit. Wenn nicht alle Einheiten einer Gesamtheit erfaßt werden, sondern nur eine nach statistisch-repräsentativen Prinzipien ausgewählte Stichprobe der Einheiten, spricht man von Repräsentativerhebung, englisch: *Survey* (Erhebungsmethoden: ↗Demoskopie; ↗Meinungsforschung).

E. Noelle-Neumann

Erholung. Erfrischung, Entspannung, Zeitvertreib, Sport, Urlaub, Vergnügen, dies alles soll E. bringen. Die *freizeitgestaltende* Therapie (recreational therapy, J. E. Davis): Erholung, „von einer medizinischen Autorität zur Unterstützung der Behandlung vorgeschrieben", umfaßt Schauspiel, Musik, Tanzen, Malen, Ausflüge, Diskussionsgruppen, sportliche Spiele usw. *G. D. Wilson*

Kybernetisch gesehen, das Rückschwingen eines Systems zur Normallage infolge trophotroper Umstimmung nach ergotroper Auslenkung. Der Effekt von E.pausen nimmt mit der Pausenlänge negativ beschleunigt ab. Ermüdungsprophylaktisch empfehlen sich, vor allem bei ermüdungsintensiven Tätigkeiten, mehrere kürzere Pausen (Abfangen von Ermüdungsspitzen, günstiger Motivationseffekt) statt weniger langer Pausen (↗Ermüdung). *J. Nitsch*

Erinnern ↗Gedächtnis.

Erinnerungen, erste. Die frühesten Kindheitserinnerungen (des Erwachsenen). Zwar sind Gedächtnisleistungen schon vom ersten Lebenstag an beobachtbar, die Erinnerungsfähigkeit reift jedoch langsam, und erst im dritten Lebensjahr werden Ereignisse über einen längeren Zeitraum hinweg erinnert. Die frühesten (materialen) Erinnerungen reichen bis zum Ende des zweiten Lebensjahres zurück (↗Verdrängung: Freud).

Lit.: Busemann, A.: Die Bedeutung der frühen Kindheit für den Aufbau der menschlichen Persönlichkeit. Freiburg, 1953; **Kroh, O.:** Entwicklungspsychol. des Grundschulkindes. Langensalza, 1944. *K. E. Pelzer*

Erinnerungsfälschung (Paramnesie). Retrospektive Falsifikationen des Erinnerungsgutes. In der sogenannten Wahnerinnerung kommt es zu einer Umänderung des Gedächtnisgutes oder zu Neuschöpfungen im Sinne des Wahns. In der Pseudologie wird aus verschiedenen Motiven (Rechtfertigung, Ausrede, Angeberei) eine Scheingeschichte präsentiert, die der Autor meist selbst für zutreffend hält (im Gegensatz zum Lügner). Bei der ↗Konfabulation werden Erinnerungslücken durch frei erfundene oder suggestiv übernommene Geschichten ausgefüllt. Zu den E. gehört auch das falsche Wiedererkennen, die vermeintliche Vertrautheit oder (selten) Fremdheit: Das sichere Gefühl, etwas schon gesehen, gehört, erlebt zu haben, oder das Gegenteil (↗Déjà-vu-Erlebnis). *Ch. Scharfetter*

Erkennen bezeichnet, wie auch „Wissen", eine menschliche Tätigkeit, die intellektuell und mitteilbar ist. Die vielfältigen Bedeutungen des Wortes können auf zwei hauptsächliche zurückgeführt werden: a) sich ein (konkretes oder abstraktes) Objekt *vorstellen* (↗Vorstellung) oder es in Gedanken erfassen und vergegenwärtigen, sei es nun von der ↗Wahrnehmung, der Einbildungskraft oder der Begriffsbildung her; b) *Verstehen* oder *Erklären:* einen Gegenstand als bestimmt begreifen, weil er sich in ein Beziehungssystem einpaßt, welches ihn seiner Art nach rechtfertigt. – In beiden Bedeutungen hält die erkennende Handlung den Gegenstand als solchen fest und differenziert zwischen Bekanntem und dem Erkennenden. Damit stellt sich das E. der reinen Subjektivität der Bewußtseinszustände von ↗Gefühl und Glauben entgegen, weil es allein die Wahrheit anstrebt. Probleme im Zusammenhang mit dem E. betreffen seine Herkunft (Vernunft, Erfahrung), Art (intuitiv, diskursiv) und seine Reichweite (phänomenal, absolut). Vgl. auch ↗Epistemologie; ↗Empirismus. *M.-J. Borel*

Erkenntnistheorie, Bezeichnung für philosophische Lehren, die die Art, die Mechanismen und den Wert der Erkenntnis zu erklären suchen, indem das allgemeine Verhältnis zwischen Subjekt und Objekt, zwischen Denken und Welt untersucht wird. Der Ausdruck findet sich erstmals bei K. L. Reinhold (Versuch einer neuen Theorie des menschlichen Vorstellungsvermögens. Jena, 1789), aber das Problem ist ebenso alt wie die Philosophie selbst. Geschichtlich gesehen, sind die Erklärungsversuche zunächst *dog-*

matischer Art: a) es gibt einen Gegenstand außerhalb des Denkens, der durch dieses begriffen wird (Realismus, Idealismus, ↗Rationalismus, ↗Empirismus); b) es gibt keinen Gegenstand, der außerhalb des Denkens liegt (Phänomenalismus); c) falls es einen Gegenstand gibt, kann man ihn nicht erkennen (↗Skeptizismus). Spätere Erklärungsversuche sind *kritischer* Art: die Frage nach der Existenz von Gegenständen außerhalb des Denkens wird ersetzt durch diejenige nach den Bedingungen für Erkenntnis, die an ihrer Quelle – nämlich in der Struktur des erkennenden Subjektes – gesucht werden. Schließlich folgen *dialektische* Erklärungsversuche: es ist nicht die Art der Elemente, die die Beziehung zwischen Erkenntnis und Subjekt bestimmt, sondern Objekt und Subjekt stellen eine Einheit dar, in der die Elemente wechselseitig festgelegt werden. – Vgl. ↗Epistemologie.

Lit.: Diemer, A. & J. Frenzel (Hrsg.): Philosophie. Frankfurt, 1967.

M.-J. Borel

Erklärung, Bestimmung des Grunds oder der Ursache der Existenz, der Eigenschaften eines Phänomens. Die *formelle E.* verlangt ein Gesetzessystem solcher Art, daß das eine vom andern abgeleitet werden kann. Die *kausale E.* nimmt die Existenz eines Prozesses an, der in der Zeit abläuft. Die *finale E.* erlaubt entweder die Existenz einer Selbstentwicklung oder die Vermittlung einer Intentionalität. Die *funktionelle E.* vereinigt kausale und finale Erklärung. *M.-J. Borel*

Erkundungsexperiment. Die wissenschaftliche Psychol. erarbeitet ihre Forschungsergebnisse mit Hilfe statistisch gesicherter exp. Methoden. Man formuliert hierzu klare Hypothesen (Null- und Alternativhypothese), die statistisch überprüft werden können. Hypothesenbildung setzt aber bereits eine Mindestkenntnis des zu untersuchenden Gegenstands voraus, die durch vorweg durchzuführende E.e (Fremd- oder Selbstbeobachtung sowie Versuch und Irrtum) gewonnen wird. *P. Steck*

Erkundungsstreben *(Explorationstrieb),* wird aufgefaßt als ein primäres, nicht gelerntes Bedürfnis, das sich mit zunehmender Differenzierung der Hirnrinde besonders bei höheren Säugetierarten und beim Menschen zeigt. Diese spontane Bereitschaft wird provoziert durch spezifische Reizkonstellationen, wie sie sich darstellen in den Begriffen Neuheit, Überraschung, Ungewißheit usw. Physiologisch läßt sich das E. als typisches Erregungssyndrom (hochfrequente EEG-Wellen, gesteigerte vegetative und reticuläre Aktivität) beschreiben.

Lit.: Thomae, H.: Das Problem der Motivarten. Hdb. der Psychol., Bd. 2. Göttingen, ²1970, 415–464.

P. Schmidt & R. Simon

Erleben, Sammelbegriff für alles psychische Sein und Geschehen. Das E. umfaßt Bewußtsein, Unterbewußtsein und Unterbewußtes: sämtliche möglichen psychischen Funktionen sind darin eingeschlossen: Empfinden, Wahrnehmen; Vorstellen und Denken; Kurz- und Langzeitgedächtnis; Wollen und Phantasieren; Gefühle und Stimmungen; Motivation und Kognition. Jedes E. ist anlageabhängig und durch die Umwelt beeinflußt. Während der Behaviorismus nur das Verhalten als wissenschaftlich angehbar und faßbar betrachtet (↗Operationalismus), bemüht sich jede systematische Psychologie auch um die Methoden des Verstehens (einschließlich Intuieren und Introspektieren), als phänomenologische Möglichkeiten.

Lit.: Arnold, W.: Person, Charakter, Persönlichkeit. München, ⁴1975; **ders.:** Psychologisches Praktikum, Bd. I: Experimentelles Praktikum. Stuttgart, ⁷1972.

W. Arnold

Erlebnis, allgemeiner Zentralbegriff der Psychologie. In manchen Psychologiesystemen ist dieser Begriff verdrängt durch den des Verhaltens (Behaviorismus). Erleben umfaßt sämtliche psychischen Funktionen und Emotionen: ↗Assoziation und ↗Perseveration, ↗Empfindung, ↗Wahrnehmung, ↗Vorstellung, ↗Denken, ↗Phantasie, ↗Wille, ↗Traum u.a. Erleben ist ein intrinsisches Geschehen. Zu ihm gehören: Innewerden, ↗Intuition, Introspektion. Es gibt ein bewußtes und unbewußtes Erleben.

W. Arnold

Erlebnisexperiment. Im Unterschied zum üblichen psychol. Experiment intendiert das E. nicht primär eine manifeste Reaktion des Individuums, sondern zielt auf die subjektiven Erlebnisse ab, die durch die Versuchssituation in der Vp hervorgerufen werden. Diese subjektiven Erlebnisse sollen von der Vp beschrieben und somit objektiviert werden. Die Gültigkeit der experimentellen Daten hängt davon ab, inwieweit die Vp in der Lage ist, objektive Selbstbeobachtung zu betreiben. Quantitative Ergebnisbestimmung ist nur bedingt möglich.

Lit.: Pauli, R. & W. Arnold: Psychologisches Praktikum. Stuttgart, [7]1972.

P. Steck

Erlebnisfeld, ein in Anlehnung an die ↗Feldtheorie Lewins geprägter Begriff, der das Gesamt der Erlebnisinhalte bezeichnet, die prozeßhaft und mit unterschiedlichem Klarheitsgrad im Bewußtsein auftauchen. Das E. ist nach Umfang und Strukturiertheit sowie nach der Dynamik, die sich innerhalb seines Rahmens abspielt, interindividuell verschieden.

Lit.: Lewin, K.: A dynamic theory of personality. New York – London, 1959.

P. Steck

Erlebnisreaktion, *abnorme* (syn. Konfliktreaktion), in Intensität und Qualität abnorme emotionale Reaktion auf akute belastende Ereignisse (Verlust, Konflikt), die nach kürzerer Zeit ohne bedeutsame Dauerveränderung abklingt.

R. Richter

Erlebnistypen, zwei im Rorschach-Test (und anderen Formdeuteverfahren) hervortretende Verarbeitungsweisen. ↗Introversive Typen geben mehr Bewegungsdeutungen. Ihre Auseinandersetzung mit der Umwelt ist vorwiegend von der intrapsychischen Aktivität abhängig. Extratensive Typen deuten hauptsächlich von der Farbe her. Sie sind sehr empfänglich für Umweltreize und von ihnen abhängig. Beide Typen werden nach Rorschach allein durch die Deutungsweise im Experiment definiert, nicht wie die Jungschen ↗Funktionstypen durch das Verhalten im Leben.

Lit.: Klopfer, B. & H. H. Davidson: Das Rorschachverfahren. Bern, [3]1974; **Rorschach, H.:** Gesammelte Aufsätze. Bern, 1965; **ders.:** Psychodiagnostik. Bern, [9]1972.

W. Kretschmer

Erlernungsmethode ↗Gedächtnis.

Ermüdung, ein Zustand infolge von vorhergehender Beanspruchung, der reversible Leistungs- und Funktionsminderungen bewirkt, das organische Zusammenspiel der Funktionen beeinflußt und schließlich zu einer Störung des Funktionsgefüges der Persönlichkeit führen kann; geht meistens einher mit abnehmender Arbeitsfreudigkeit und einem gesteigerten Anstrengungsgefühl.

Man unterscheidet zahlreiche E.formen, welche sich auf zwei Hauptbereiche der E. zurückführen lassen: die physische E., insbesondere Muskel-E., und die psychische E., auch zentrale oder nervöse E. genannt, in Anlehnung an die Tatsache, daß das primäre physiologische Substrat dieser E.form das ↗ZNS ist. Als ermüdungsähnliche Zustände, die jedoch ganz spezifische Gesetzmäßigkeiten aufweisen, sind ↗Monotonie und psychische ↗Sättigung zu betrachten. Eine scharfe Trennung zwischen physischer und psychischer E. ist nicht möglich. Vielmehr wird in der neueren E.forschung die Komplexität dieses ganzen Problemkreises, die wechselseitige Durchdringung verschiedener E.formen und E.ursachen hervorgehoben, in dem Sinne, daß unter E. generell eine Änderung in der psycho-physischen Struktur des Individuums infolge von Beanspruchung zu verstehen ist.

Nach Maßgabe des Beanspruchungs- oder Anspannungsgrades sowie dessen Verlauf und Dauer kommt es zu Ermüdung. Dabei ist ↗Beanspruchung in umfassendem Sinne zu verstehen. Zum Beispiel kann jemand bei der Ausführung seiner Arbeit stärker durch Spannungen mit seiner Umgebung als durch die Tätigkeit an sich beansprucht werden.

Zur Geschichte der Ermüdungsforschung. Die E.forschung, die Anfang unseres Jahrhunderts systematisch einsetzte, bietet eine verwirrende Fülle von Definitionen, Theorien und Forschungsergebnissen. Dies ist vor allem durch folgende Gegebenheiten bedingt:

a) Unter E. verstehen einzelne Autoren den Vorgang, d. h. die Beanspruchung durch eine Tätigkeit, andere den Zustand, der sich nach einer Beanspruchung einstellt. Diese zweite Bedeutung hat sich immer deutlicher durchgesetzt.

b) Zahlreiche verschiedenartigste Symptome werden auf einen Nenner, den Begriff E., zurückgeführt, wobei unter diesem Begriff sehr Verschiedenes verstanden wird.

c) Das unterschiedlich aufgefaßte Phänomen E. wurde von verschiedenen Wissenschaftsbereichen, mit verschiedenartigen theoretischen Voraussetzungen und Methoden, jeweils weitgehend isoliert, bearbeitet.

Klärung in dieser Wirrnis brachten Bartley & Chute (1947) mit den folgenden Unterscheidungen:

a) Erlebnis der Müdigkeit, welches nur mit psychol. Methoden unmittelbar festzustellen ist; b) Beeinträchtigung der organischen Strukturen, welche nur mit physiologischen oder biochemischen Methoden unmittelbar festzustellen ist; c) Verschlechterung der Leistung.

Bartenwerfer (1961) betont, daß die psychischen, physiologischen und leistungsmäßigen Merkmale, welche sich im Verlauf einer Aktivität verändern können, nur schwach miteinander korrelieren. Müdigkeitserlebnisse, Veränderungen des physiologischen Status und Variationen in der Leistung können Ausdruck von psychischer Tätigkeit sein, sie können aber auch andere Gegebenheiten ausdrücken. Ein Leistungsabfall kann Anzeichen einer beginnenden Krankheit sein, ein Müdigkeitserlebnis Folge einer depressiven Grundstimmung. Überdies korrelieren psychische, leistungsmäßige und physiologische Symptome nur gering mit einer vorangehenden Tätigkeit, unter Berücksichtigung der Schwere und Dauer der Tätigkeit. Es gibt Fälle, bei denen z. B. Müdigkeitserlebnisse erst beim Erreichen der Grenze von Erschöpfung auftreten, während sie in anderen Fällen schon zu Beginn einer Tätigkeit vorhanden sind.

Symptome der Ermüdung (nach Schmidtke [1965]). Bei physischer E.: a) Veränderungen im Bereiche des Muskels; Veränderungen der Muskelkraft, des Kollodzustandes im Muskel, Störungen der peripheren Koordination. b) Rückwirkungen der Muskel-E. auf den Gesamtkörper; Veränderungen der Atmung, des Blutbildes, der Herz- und Kreislauftätigkeit. – Bei psychischer E.: Rezeptions-, Wahrnehmungs- und Koordinationsstörungen, Störungen der ↗Aufmerksamkeit und ↗Konzentration, des ↗Denkens, der personalen Antriebs- und Steuerungsfunktionen, der sozialen Beziehungen.

Ursachen der Ermüdung. Bei der Muskel-E., gegeben durch den Rückgang der Kontraktionsfähigkeit eines Muskels, wird die Ursache in Stoffwechselstörungen gesehen, primär bedingt durch einen im Muskel auftretenden Sauerstoffmangel. Auch bei der psychischen E. wird der Sauerstoffmangel und dadurch bedingte vorübergehende physiko-chemische Zellveränderungen des ZNS als ein möglicher Ursachenbereich gesehen. Daneben erforscht man heute, wieweit Funktionsstörungen aus spezifischen Funktionsbeanspruchungen des Gehirns entstehen. Die Frage nach den Ursachen der psychischen E. ist weitgehend ungeklärt.

Messung der Ermüdung. Messungen der Muskel-E. durch Ergograph, statische Haltearbeit, Pulsfrequenz. Messungen der psychischen E. durch physiologisch orientierte Methoden: Flimmerverschmelzungsfrequenz (FVF), optische ↗Reaktionszeiten, Bestimmung der oberen Hörgrenze, Elektroencephalogramm (EEG), ↗Pulsfrequenz, ↗Hautgalvanische Reaktion (HGR), Atmungsrhythmik, ↗Chronaxie-Messung, Bestimmung von Muskeltonus, ↗Mikrovibration, Energieumsatz. – Messungen der psychischen E. durch psychol. orientierte Methoden: psychomotorische Koordinationsproben, Arbeitsversuche, Leistungsproben (↗Pauli-Test), ↗Projektive Verfahren (↗Rorschach-Test), Selbstbeobachtungsfragebogen, globale Selbstbeurteilung anhand von Vergleichstätigkeiten.

Lit.: **Bartenwerfer, H. G.:** Beiträge zum Problem der psychischen Beanspruchung. 2 Teile. Köln – Opladen, 1960–63; **ders.:** Psychische Beanspruchung. In: Hdb. der Psychol., Bd. 9. Göttingen, 1961; **Bartley, S. H. & E. Chute:** Fatigue and impairment in man. New York, 1947; **Baust, W.** (Hrsg.): E., Schlaf und Traum. Stuttgart, 1970; **Bornemann, E.** (Hrsg.): Ermüdung. Ihre Erscheinungsformen und Verhütung. Wien, 1952; **Bracken, H. v.:** Untersuchung zur Diagnose psychischer Ermüdung. Ber. 20. Kongr. Dtsch. Ges. Psychol. 1955; **Düker, H.:** Untersuchungen über die sogenannte Aufmerksamkeit. Ber. 20. Kongr. Dtsch. Ges. Psychol. 1955; **Floyd, W. F. & A. T. Welford** (Eds.): Symposium on fatigue. London, 1953; **Graf, O.:** Erforschung der geistigen E. und nervösen Belastung. Köln – Opladen, 1955; **Lehmann, G.:** Energetik des arbeitenden Menschen. In: **Baader, E. W.** (Hrsg.): Hdb. der ges. Arbeitsmedizin. Bd. 1, Berlin – Göttingen – Heidelberg, 1961; **Mierke, K.:** Wille und Leistung. Göttingen, 1955; **Müller, E. A.:** Die physische Ermüdung. In: **Baader, E. W.** (Hrsg.): Hdb. der ges. Arbeitsmedizin. Bd. 1, 1961; **Schäfer, H.:** Physiologie der E. und Erschöpfung. Med. Klin., 1959, *54*, 1109–1119; **Schmidtke, H.:** Die Ermüdung. Bern – Stuttgart, 1965 (mit ca. 800 Lit.-Angaben).

A. Gubser

Erogen, sexuell stimulierend. E.e Zonen sind Körperregionen, deren geeignete Manipulation e. wirkt. In günstiger Situation, deren wichtigste Voraussetzung die entsprechende Harmonie der Partner ist, eignet sich ausnahmslos jeder Punkt der Körperoberfläche zur sexuellen Stimulation. Hier unterliegen verschiedene Stimuluskonstellationen einer Tabuierung. ↗Deviation, sexuelle.

U. H. Schindler

Eros, griechischer Gott der Liebe, den Hesiod in seiner Theogonie als die schöpferische Kraft bezeichnet, aus der die Welt entstand, und den die Orphiker dem mystischen Ei entspringen ließen, das die Nacht mit ihren schwarzen Flügeln als Ursprung gelegt hatte. Später zum geflügelten Engelchen verharmlost, erscheint er als kosmische Urgewalt erst wieder in der ↗Psychoanalyse, wo er als Gegenspieler des ↗Todestriebes (Thanatos) auftritt.

P. Muller

Erotik, die „kultivierte" Form der Sexualität, ein Konzept, das zum erstenmal mit der Einwanderung hoch verdrängender vaterrechtlicher Hirtenvölker (Hyksos, Griechen, Kimmerer, Sarmaten, Skythen) in die „mutterrechtlichen" Areale der Alten Welt auftaucht. Bei weniger verdrängenden Wildbeutern ist kein Widerspruch zwischen Sexualität und E. vorzufinden. In Freuds erster Triebtheorie wird E. als „libidinöse Objektbeziehung" definiert und von verdrängter Sexualität unterschieden. Bei „ichgerechter" E. wird das Lieben wie jede andere Betätigung des Ichs gewertet. Bei verdrängter Sexualität wird Liebe dagegen als Verringerung des Ichs empfunden. In Freuds zweiter Triebtheorie wird die E. („der Eros der Dichter und Philosophen") mit der Libido der Sexualtriebe gleichgesetzt und im Gegensatz zum „Todestrieb" gesehen. Eros ist alles, was die Teile der lebenden Substanz erhält und zusammenfügt, Thanatos alles, was sie trennt. Damit wird E. weit über den Begriff einer kulturspezifischen Sexualität erhoben und als eigentlicher Kitt der menschlichen Gesellschaft definiert.

E. Borneman

Erotomanie. 1) Extremes Bedürfnis nach Liebe und Geschlechtsverkehr. **2)** Wahnvorstellung, bei der der Patient überzeugt ist, daß eine bestimmte Person in ihn verliebt ist. Das führt häufig dazu, daß diese Person von dem Patienten in unerwünschter Weise belästigt wird.

P. Ley

Erregbarkeit. Erregbare Funktionseinheiten, wie z. B. nervöses und muskuläres Gewebe, besitzen in dem durch Stoffwechselvorgänge bewirkten Ionenkonzentrationsgefälle zwischen Innen- und Außenmilieu der von einer funktionellen Membran (wechselnde selektive Permeabilität gegenüber Kalium- und Natriumionen) umgebenen Zelle die Möglichkeit der E. (Ruhepotential). Die E. besteht in einer bei schwachen Reizen zunächst örtlichen reizstärkeabhängigen Depolarisation dieser Membran und damit meßbaren Absenkung des Ruhepotentials. Wird jedoch eine bestimmte Reizschwelle überschritten, so antwortet die Zelle mit einer sehr schnell fortschreitenden völligen Depolarisation; auf die lokale Antwort setzt sich das sehr viel größere ↗Aktionspotential auf, und die Erregungsvorgänge laufen unabhängig von Form, Dauer und Stärke des Reizes ab (Alles-oder-Nichts-Gesetz).

Eine E. bleibt nicht auf den Reizort beschränkt, sondern breitet sich im allgemeinen in beiden Richtungen längs einer Faserachse mit bestimmter Geschwindigkeit aus.

Lit.: Muralt, A. v.: Neue Ergebnisse der Nervenphysiologie. Berlin–Göttingen–Heidelberg, 1958.

M. Spreng

Erregungsphase (engl. *excitement phase*), die erste Phase des ↗Sexuellen Reaktionszyklus, die durch jede effektive sexuelle Stimulation erreicht wird. Nach Masters & Johnson steigen in Abhängigkeit vom Grad der sexuellen Erregung bei Mann und Frau Herzfrequenz und ↗Blutdruck an, nehmen willkürliche und unwillkürliche Muskelspannung zu, bildet sich der ↗Sex flush aus. Die Frau zeigt außerdem u. a. folgende physiologische Reaktionen: vaginale ↗Lubrikation; Anschwellen von Warzenhöfen, Klitoris, kleinen und evtl. großen Schamlippen; Erweiterung und Verlängerung der Scheide; partielle Elevation der Gebärmutter; Erektion der Brustwarzen; Vergrößerung der Brüste. Beim Mann kommt es u. a. zur ↗Erektion des Penis, partiellen Elevation der Hoden u. evtl. Erektion der Brustwarzen.

Lit.: Masters, W. H. & V. E. Johnson: Human sexual response. Boston, 1966 (dtsch. Ausgabe: Die sexuelle Reaktion. Frankfurt a. M., 1967; Reinbek, 1970); **Sigusch, V.:** Exzitation und Orgasmus bei der Frau. Stuttgart, 1970.

V. Sigusch

Erregungstypus, leicht erregbar; bedingte Reflexe sind leicht auf-, aber schwer abzubauen, umstellungserschwert. – Gegensatz: Hemmungstypus.

Lit.: Pawlow, I. P.: Sämtliche Werke, hrsg. von L. Pickenhain. Berlin, 1953/55.

W. Kretschmer

Ersatzbildung. Das Entstehen eines stellvertretenden ↗Motivs, einer solchen Handlung oder Befriedigung für etwas aktuell, aus äußeren (Situation) oder inneren (↗Abwehrmechanismen) Gründen Unhaltbares. Die Toleranz gegenüber dieser Versagung ist beim Neurotiker (↗Neurose) eingeschränkt, zudem hat er geringere Möglichkeiten, einen Ersatz zu akzeptieren. Nach psychoanalytischer Konzeption (↗Psychoanalyse) strebt ein unterdrücktes Motiv ständig nach einem Ersatzziel, das sein Ausleben gestattet. Die Übersetzung des Ursprünglichen in den Ersatz geschieht mit Hilfe der für die Traumarbeit beschriebenen Mechanismen. Dem „Normalen“ stehen gewöhnlich verschiedene tragfähige Ersatzbefriedigungen für ein aktuell nicht erreichbares Triebziel zur Verfügung, neurotische Ersatzbefriedigungen erweisen sich hingegen regelmäßig als nicht hinreichend. Diese Tatsache sowie die auf der Inflexibilität des Neurotikers bezüglich der Wahl einer E. basierende Hilflosigkeit in einer Versagungssituation kann als Differentialdiagnostikum zur Abgrenzung der neurotischen Struktur von der noch „normalen“ dienen. Das neurotische Symptom gilt als E. für etwas Verdrängtes oder auch für ein aufgrund spezifischer neurotischer Struktur sekundär nicht Auslebbares.

H. U. Schindler

Ersatzhandlungen, Handlungen, die nach Behinderung oder bei Erkenntnis der Unmöglichkeit anderer Handlungen von einer Person eingesetzt werden. E. haben einen ähnlichen, obschon in der Regel geringeren Befriedigungswert für die betreffende Person als die behinderten oder unmöglich gewordenen Handlungen. Innere Abwehrmechanismen und neurotische Symptome sind nach Freud besondere Formen von Ersatzhandlungen.

W. Toman

Bei *Tieren* kommen E. vorwiegend in Konfliktsituationen als ↗Übersprunghandlungen und als umorientierte Verhaltensweisen vor und scheinen mit keiner der widersprüchlichen Tendenzen im Einklang zu stehen. Beispiel: Schnabelwetzen oder Federputzen, Trink- oder Freßverhalten, bei vielen Sperlingsvögeln, Hühnern, Möwen u.a. in verschiedenen aggressiven oder sexuellen Situationen. Umorientierte Verhaltensweisen – im Gegensatz zu Übersprunghandlungen – zeigen zwar die Bewegungen einer der Konflikttendenzen; sie sind jedoch auf ein anderes als das ursprünglich verhaltensauslösende Ereignis gerichtet, z.B. der Angriff auf ein rangniedrigeres Tier nach einer Bedrohung oder Attacke durch ein ranghöheres Tier.

K. E. Großmann

Erscheinung, eine halluzinierte Gestalt. Oft in Verbindung mit spontaner ASW (↗Außersinnliche Wahrnehmung), z. B. telepathische Signale, verursacht durch eine Person, die sich bedroht fühlt, oder in Verbindung mit ↗Spuk (= Geist). *J. Beloff*

Erschöpfungsschwelle ↗Exhaustionsschwelle.

Ersparnismethode ↗Gedächtnis.

Erster Eindruck. Ihm kommt bei der ersten Begegnung eine besondere Bedeutung zu, die auf dem Neuheitseffekt, mehr noch auf dem Explorierverhalten beruht, das vom Fremden ausgelöst wird, wenn er für den Wahrnehmenden Valenz besitzt. Im allgemeinen sind für den e. E. einerseits markante Ausdrucksmerkmale des Fremden und andererseits kulturell bedingte Normen und Werthaltungen des Wahrnehmenden ausschlaggebend. Schilderungen des e. E. enthalten vor allem psychol. Urteile (freundlich, schüchtern usw.), dann Aussagen über das Äußere. Die Validität des e. E. hängt nach P. R. Hofstätter von drei Variablen ab: der Begabung des Beurteilers, der Art der beurteilenden Eigenschaften und der Eigenart der zu beurteilenden Person. Ähnliche Charaktere oder Angehörige des gleichen Geschlechts durchschauen sich leichter. Weitere Forschungen zum e. E. liegen unter dem Terminus „Primacy"-Effekt vor.

Lit.: **Asch, S. E.:** Forming impression of personality. Journ. Abnorm. Soc. Psychol., 1946, *41*, 258–290; **Hofstätter, P. R.:** Psychologie. Frankfurt a. M., 1974; **Krech, D. & R. S. Crutchfield:** Grundlagen der Psychologie. Bd. 1. Weinheim, [5]1973; **Stewart, R. H.:** Effect of continuous responding on the order effect in personality impression formation. Journ. Person. Soc. Psychol., 1965, *1*, 161–165.

F. Kiener

Erwachsenenbildung (EB) ist die von Kommunen, Kirchen, Parteien, Gewerkschaften, Wirtschafts- und Berufsverbänden getragene, in Einrichtungen wie Volkshochschulen, Bildungswerken, Akademien und Bildungshäusern unternommene, auf freiwilliger Teilnahme gründende Arbeit mit Erwachsenen aller Altersstufen. Man unterscheidet die an keine Vorbedingungen geknüpfte, für alle Bürger offene EB von der hier nicht näher erläuterten innerverbandlichen, kirchen- und parteiinternen sowie innerbetrieblichen Bildungsarbeit.

EB stellt im Gegensatz zu Fort- und Weiterbildung nicht vorwiegend eine auf Zertifikate und berufliche Verwertbarkeit zielende Fortführung der Schul- und Berufsausbildung dar. Ihr Ziel ist vielmehr die Entfaltung möglichst aller Anlagen des Menschen, die Hilfe zu Selbstverwirklichung und personaler Reife, das Hinführen zu wissender und verantwortlicher Gestaltung des Lebens in all seinen Dimensionen. Das Programmangebot dieses nichtstaatlichen, eigenständigen, gleichberechtigten vierten Bildungsbereichs umfaßt daher alle Probleme menschlicher Existenz im Privaten, Gesellschaftlichen, Politischen und Berufsbezogenen einschließlich philosophischer, ethischer und religiöser Fragestellungen. EB beinhaltet folglich sehr viel mehr als nur ein Angebot von Lernfächern und die Vermittlung von Fertigkeiten. EB besitzt im Hinblick auf Inhalte, Methoden und Auswahl der Lehrenden eine relativ große Freiheit; dem Erwachsenenbildner bietet sich ein von den negativen Seiten der Verschulung und Verrechtlichung anderer Bildungsbereiche unbelastetes Feld der Bildungsarbeit.

Lit.: **Feig, R.:** Motivationsstrukturen in der Erwachsenenbildung. Stuttgart, 1972; **Henrich, F.** (Hrsg.): Erwachsenenbildung in der pluralen Gesellschaft. Düsseldorf, 1978; **Léon, A.:** Psychol. der Erwachsenenbildung. Stuttgart, 1977; **Löwe, H.:** Einführung in die Lernpsychol.

des Erwachsenenalters. Berlin, [8]1977; **Pöggeler, F.** (Hrsg.): Handbuch der Erwachsenenbildung. 7 Bde. Stuttgart, 1974–79; **Wirth, J.** (Hrsg.): Handwörterbuch der Erwachsenenbildung. Paderborn, 1978.

F. Henrich

Erwachsenenpsychologie, Dimension der ↗Entwicklungs-Psychologie. Als eigener Forschungs- und Problemkreis wurde die E. erst in der Gegenwart in Angriff genommen. Die Aufgliederung der Entwicklung in mehrere voneinander weitgehend unabhängige Dimensionen erweist sich dabei als notwendig. Abzugrenzen ist die E. von der ↗Jugendpsychologie und der ↗Alterspsychologie (Gerontologie). Bei der Festlegung der Dimension des Erwachsenseins sind biologische Faktoren wie auch unterschiedliche soziokulturelle Übereinkünfte und Überlegungen zu berücksichtigen, wodurch eine eindeutige und einheitliche Abgrenzung schwer erreichbar wird; im allg. wird die Zeitspanne vom dritten Lebensjahrzehnt bis zur beginnenden Rückbildung im Alter (etwa sechstes Lebensjahrzehnt) dafür gerechnet. In diese Zeitspanne fällt nach Ansicht verschiedener Autoren der Höhepunkt der Leistungsfähigkeit (z. B. C. Bühler, M. Moers u. a.) (vgl. dagegen den Ansatz der Leistungs- und Fähigkeitstests, insbes. der Intelligenztests).

Lit.: Bühler, C.: Der menschliche Lebenslauf als psychol. Problem. Göttingen, [2]1957; **dies. & F. Masserick:** Lebenslauf und Lebensziele. Stuttgart, 1969; **Moers, M.:** Die Entwicklungsphasen des menschlichen Lebens. Ratingen, 1953; **Thomae, H.:** Psychologische Probleme des Erwachsenenalters. In: Moderne Entwicklungspsychol., 1956.

F.-C. Schubert

Erwartung, „die vorstellungsmäßige Vorwegnahme und Vergegenwärtigung kommender Ereignisse in ihrem Bezug auf die Thematik unserer Strebungen" (Lersch, S. 286). Diese „antizipatorische Zielreaktion" (D. C. McClelland) leitet sich her aus den früheren Erfahrungen. Der hypothetische und vorläufige Charakter der Erwartung äußert sich im subjektiven Erleben als *E.spannung.* Sie ist eine Funktion der Erreichbarkeit oder der psychischen Distanz vom Ziel und kann entsprechend mehr oder weniger stark motivierend wirken. Die E.spannung steht in engster Beziehung zum Gradienten des E.gefälles, d. h. zur Differenz zwischen den gegenwärtigen und zukünftigen „Istlagen" und macht das *E.niveau* aus.

Lit.: Heckhausen, H.: Leistungsmotivation. Hdb. d. Psychol., Bd. 2. Göttingen, [2]1970, S. 602–702; **Lersch, P.:** Aufbau der Person. Berlin – Heidelberg, [11]1970.

P. Schmidt & R. Simon

Erwartung, mathematische. Für eine beliebige diskrete Zufallsvariable X und eine für alle möglichen Werte von X definierte Funktion g(X) heißt der Ausdruck E[g(X)] der mathematische *Erwartungswert* der Funktion g(X) oder kurz die E. von g(X). Im Falle einer stetigen Verteilung mit der Dichte f(X) ist die E. einer für alle X erklärten Funktion g(x),

$$E[g(x)] = \int_{-\infty}^{\infty} g(x) f(x) d(x).$$

W. H. Butollo

Erwartungsfehler. Das Individuum hat die Tendenz, Zukünftiges mit den bereits bewährten Einstellungen und Verhaltensweisen anzugehen. Solche Antizipation hat zwangsläufig hypothetischen Charakter, die sich am Realitätsaufschluß verifizieren muß. Weicht die Erwartung vom Realitätsaufschluß ab, so liegt ein E. vor.

P. Schmidt & R. Simon

Erwartungsneurose. Nach der Theorie E. Kraepelins soll exzessive Angst vor dem Ausgang eines künftigen Erlebnisses die normale psychische Einstellung zu diesem Erlebnis stören bzw. im Falle bestimmter einfacher Aktivitäten, wie Sprechen, Schreiben usw., eine Partialreaktion hervorrufen oder gar die intendierte Reaktion blockieren. Letzteres wird gewöhnlich als *antizipatorische Reaktion* bezeichnet. *J. Cumming*

Erwartungswert ↗Erwartung, mathematische.

Erwerbungen ↗Graphologie.

Erythrochloropie, Rotgrünsichtigkeit (= Tritanopie bzw. Tritanomalie; ↗Farbenfehlsichtigkeit). *K. H. Plattig*

Erythrophobie, Angst vor dem Erröten (Gesicht, Hals) in sozialen Situationen, manchmal verbunden mit Angst vor dem Auftreten zusätzlicher Symptome wie Schwitzen, Zittern. Kommt häufiger bei Frauen als bei Männern vor und kann zu weitgehender Vermeidung sozialer Kontakte führen.

Ch. Kraiker

Erythropsin, weniger gebräuchliches Synonym für ↗Rhodopsin, den rotvioletten Sehfarbstoff der ↗Stäbchen in der Netzhaut (↗Retina). *K.-H. Plattig*

Erzieherpersönlichkeit. Die Bedeutung der E. für den Bildungsprozeß wird allgemein anerkannt. Das Wunschbild der E. verbindet die Repräsentanz des im Kulturkreis herrschenden Wertsystems (Vorbild) mit pädagogischem Können, methodischem Geschick und psychologischem Wissen. Die Wirklichkeit der E. wird bestimmt einmal von der persönlichen Überzeugung von der Gültigkeit der Werte (die sich nicht ohne Einschränkung realisiert), zum anderen von dem persönlichen Verhältnis zum Bildungsauftrag (innerhalb der beiden Pole des Engagements und des Desinteresses) und schließlich von der persönlichen Stellungnahme zur Methode (innerhalb der möglichen Gegensätze der ↗Erziehungsstile). Die Problematik der E. ist immer eingespannt in die Gesamtstruktur des Erziehungsfeldes.

Lit.: Gerner, B.: Der Lehrer, Verhalten und Wirkung. Ergebnisse empirischer Forschung im deutschsprachigen Raum. Darmstadt, [3]1974; **Kluge, N.** (Hrsg.): Das pädagogische Verhältnis. Darmstadt, 1973; **Köhler, H.:** Lehrer in der Bundesrepublik Deutschland. Eine kritische Analyse statistischer Daten über das Lehrpersonal an allgemeinbildenden Schulen. Berlin, 1975; **Müller-Fahrbrodt, G.:** Wie sind Lehrer wirklich? Ideale, Vorurteile, Fakten. Stuttgart, 1973.

H. Schröder

Erziehung, E.wissenschaft. Erziehung als Forschungsfeld. Der Erziehungsprozeß verläuft in drei Phasen: a) die Formulierung von Zielvorstellungen; b) die Darbietung von Lernmöglichkeiten; c) die Bewertung, Kontrolle und Interpretation der Lernergebnisse, welche unter dem Begriff „Beurteilung" (Evaluation) zusammengefaßt werden.

a) Die ganze Erziehung ist auf die Heranbildung von Zielvorstellungen ausgerichtet. Sie wird bestimmt durch gewisse Werte und Vorstellungen von dem, was wünschens- und erstrebenswert ist. Dies bedeutet, daß die Erziehungstheorie, welche die *Philosophie der Erziehung* einschließt, eine bedeutende Teildisziplin der Erziehungswissenschaft bildet. Die Schule als eine Institution der Gesellschaft bietet Lernmaterial und -möglichkeiten. Mit ihrer Funktion als Institution beschäftigt sich die Soziologie der Erziehung. Erziehung und Unterricht haben auch ihre Geschichte. Ein historischer Ansatz zu ihrer Erforschung macht ihre Bedeutung erst richtig klar. Er wird am fruchtbarsten, wenn man die vergleichende Methode anwendet, d. h., wenn man das Problem unter dem Aspekt betrachtet, wie historische, soziale und ökonomische Faktoren in den verschiedenen Ländern dazu beigetragen haben, die jeweils geläufigen Erziehungssysteme zu formen. Das Gebiet der Forschung, das sich mit diesen Angelegenheiten befaßt, heißt *vergleichende Erziehungswissenschaft.*

Die drei Gebiete Philosophie der Erziehung, Geschichte der Erziehung und vergleichende E. sind die „humanistischen" Zweige der Disziplin Erziehungswissenschaft.

In der Regel arbeiten sie nicht mit empirischen oder experimentellen Methoden. Der Begriff empirisch ist für solche Zweige der E. reserviert, deren Methoden auf systematischer Beobachtung basieren. Empirische E. bezeichnet die Richtung der Forschung, die Daten sammelt durch die systematische Untersuchung des Erziehungsprozesses.

b) Die zweite Phase der Erziehung bringt ein Angebot von Lernmöglichkeiten. In Begriffen, die den Unterricht betreffen, bedeutet das zweierlei: es muß der Stoff bekannt sein, der dargeboten werden soll, sowie die angemessenen Methoden seiner Darbietung. Die grundlegende Voraussetzung einer angemessenen Methodologie ist jedoch Vertrautheit mit dem Wesen derer, die erzogen werden sollen, besonders der Schüler. Zwei

Schüler sind sich in bezug auf ihre angeborenen Fähigkeiten niemals ganz gleich. Sie entwickeln sich nach individuellen Mustern. In der Gruppe verhalten sie sich anders als einzeln. Um aber einen Unterrichtsstoff zu vermitteln, genügt es nicht, die einzelnen Schüler zu kennen. Auch die Ursachen des Lernens und die Prinzipien, nach denen es stattfindet, müssen bekannt sein. Als Lehre von diesen Prinzipien sowie von den interindividuellen Differenzen des Reifungsvorganges und der Entwicklung ist die *pädagogische Psychologie* ein Gebiet, das an allgemeine und experimentelle Psychologie angrenzt und ihr wissenschaftlich in fruchtbarer Wechselwirkung nahesteht.

Die Theorie, die darüber Aussagen macht, wie Lerninhalte dargeboten werden sollten, nennt man ↗Didaktik.

c) Die dritte und letzte Phase der Erziehung wurde oben dargestellt durch die Beurteilung der Ergebnisse der didaktischen Bemühungen und den Versuch, zu messen, inwieweit die vorgegebenen Ziele erreicht wurden. Der Ausdruck „Beurteilung" hängt zum Teil zusammen mit den Begriffen Prüfen, Testen und Bewerten. Jedoch betrifft der Ausdruck „Beurteilung" nicht nur die leicht greifbaren und kognitiven Ergebnisse der Erziehung, sondern auch die affektiven Komponenten wie Werte, Haltungen und Geschmack. Das Ziel der Erziehungsforschung ist es, ein Maß für die Ergebnisse des Erziehungsprozesses zu erhalten. Aus diesem Grunde trägt die Testtheorie einen großen Teil zur Erziehungspsychologie bei. Von grundlegender Bedeutung ist in diesem Zusammenhang die Konstruktion von Leistungstests, die das Maß der Aneignung von Wissen und Geschicklichkeiten in umfassender Weise angeben sollen. Auch hat man sich bemüht, Mittel und Wege zu finden, die noch feineren qualitativen Unterschiede in der moralischen und ästhetischen Sphäre zu erfassen und weiter zu differenzieren zwischen verschiedenen Werten und Haltungen als Ergebnissen des Erziehungsprozesses.

Ein Sektor ist in der bisherigen Darstellung der E. als Disziplin nicht beachtet worden. Er steht ebenfalls in enger Beziehung zur pädagogischen Psychologie: die ↗Heilpädagogik befaßt sich mit negativen Abweichungen von der Norm: mit Schülern, die aufgrund mangelnder intellektueller Begabung mit ihren Klassenkameraden nicht Schritt halten können oder die Lese- und Rechtschreibeschwächen haben, mit emotional gestörten Schülern usw. Es ist offensichtlich, daß dieser Zweig der E. viele Verbindungen zur Psychiatrie und zur Psychopathologie hat.

Zusammenfassend können wir sagen, daß E. als Disziplin folgende Zweige umfaßt: a) Philosophie der Erziehung; b) Geschichte der Erziehung; c) Vergleichende Erziehungswissenschaft. Diese drei schließen die Theorie der Erziehung ein. – d) Soziologie der Erziehung; e) pädagogische Psychologie und Didaktik; f) Heilpädagogik. Diese drei betreffen die empirische Erziehungswissenschaft. Aus dem bisher Gesagten wird deutlich, daß die E. eine sehr heterogene Disziplin ist. Dies rührt nicht so sehr von ihren Problemen her als vielmehr von ihren Theorien und Methoden. Ein und dasselbe Problem kann unter vielen verschiedenen Gesichtspunkten betrachtet werden. Die Frage der Einteilung in Schulklassen liefert ein Beispiel. Sollen Schüler nach ihrer unterschiedlichen Leistungsfähigkeit in Klassen eingeteilt werden? Wenn ja, wie und zu welchem Zeitpunkt soll es geschehen? Es handelt sich um ein Problem mit starken politischen und sozialen Wertimplikationen. Wir können die Vielfalt der Verbindungen zu anderen Gebieten, die mit dem Problem der Schulstruktur und der Differenzierung verknüpft sind, nur verstehen, wenn wir auch den historischen und sozialen Hintergrund des Problems betrachten. Die Beziehung zwischen der allgemeinen Elementarschule für die breite Masse und der höheren weiterführenden Schule für die soziale Elite hat von Land zu Land verschiedene Formen angenommen. Diese sind abhängig vom Grad der sozialen Heterogenität und der ökonomischen Entwicklung. Als Beispiel einer empirisch orientierten Untersuchung, die die nationalen Unterschiede in sowohl unabhängigen als auch abhängigen Variablen untersucht, kann das „International Project for the Evaluation of Educational Achievement“ (IEA) (T. Husén u. a., 1967) genannt werden. Hier konnten wichtige Aspekte der Schulstruktur eingehender untersucht werden, als es im Rahmen der nationalen Grenzen möglich wäre.

Da die praktischen Probleme in alle Zweige der E. als Disziplin hineinreichen, können die Methoden zwischen den einzelnen Zweigen stark differieren. Das Studium der Geschichte der Erziehung verlangt eine ganz andere Vorbildung als ein Gebiet, auf dem mit statistischen Methoden und Tests gearbeitet wird, die zum Beispiel die Struktur von Fähigkeiten, das Anwachsen von Wissen und die Lehrer-Schüler-Beziehung untersuchen. In diesem Fall muß man mit den wissenschaftlichen Methoden der sogenannten Verhaltenswissenschaften wie Psychologie und Soziologie vertraut sein.

Die Erziehungswissenschaft als eine Forschungsdisziplin. Die Pädagogik hatte eine lange Geschichte, bevor die Methoden der Erziehung der systematischen Untersuchung unterworfen wurden. Erst Ende des 18. Jh. wurden die ersten Lehrstühle an Universitäten eingerichtet. Der erste Lehrstuhl für die E. (der auch Philosophie mitbeinhaltete) wurde in Halle errichtet. Diese Verbindung von Erziehung und Philosophie wurde zum Muster für die Schaffung späterer Lehrstühle und für die Besetzung von Lehrstühlen in vielen europäischen Ländern.

Das bedeutet, daß sich die Forschung auf geisteswissenschaftliche Aspekte konzentrierte, welche zum größten Teil nur die Ziele der Erziehung implizierten.

Erst als die experimentelle Psychologie aufkam, wurden auch die Grundlagen der pädagogischen Psychologie entwickelt. In den Jahren um 1880/90 übernahmen die USA die Führung. Amerikanische Psychologen, die in Deutschland experimentell geschult worden waren, führten die systematische Beobachtung ein und begannen mit Experimenten zur Wahrnehmung und mit entwicklungspsychologischen Untersuchungen bis hin zur Erhellung erzieherischer Probleme. Erwähnenswert ist S. Hall, der Pionierarbeiten in der Kinder- und Jugendpsychologie leistete und der zu Beginn dieses Jh. die Freudsche Psychoanalyse in den USA einführte. Außerdem J. McKeen ↗Cattell, der 1880 den ersten Versuch machte, einen sogenannten Intelligenztest zu konstruieren, der hauptsächlich in Schulen angewendet werden sollte. 1905 konstruierte dann der Franzose A. ↗Binet im Auftrag des französischen Ministeriums für Erziehung den ersten brauchbaren Intelligenztest. W. ↗James, der Vater des Pragmatismus, machte sich auch einen Namen als Psychologe. In den Jahren um 1890 hielt er eine Reihe von Vorlesungen, die 1899 unter dem Titel „Talks to teachers on Psychology“ veröffentlicht wurden. In denselben Jahren wurde auch der erste Versuch einer „Beurteilung“ (im Sinne einer exakten Messung) von dem amerikanischen Arzt J. M. Rice ausgeführt, der versuchte, die Ergebnisse des Schulunterrichts quantitativ zu erfassen. Er besuchte verschiedene Schulen des Landes und konstruierte den ersten reinen Schultest, der das Buchstabieren erfaßte.

Ende des 19. Jh. erschien eine Abhandlung von E. L. Thorndike über das Lernverhalten von Tieren. Er sollte fast die ganzen nächsten 50 Jahre lang einer der Wortführer in der amerikanischen Erziehungspsychologie sein. Hier entwickelte er auch sein „Gesetz des Effekts“. Die erste Ausgabe seiner berühmten „Educational Psychology“ erschien 1903. Dieses Werk beeinflußte während einer langen Periode, in der es immer wieder Revisionen erfuhr, die Lehrerausbildung.

In Deutschland veröffentlichte E. Meumann 1907 den ersten seiner drei umfassenden Bände „Vorlesungen zur Einführung in die experimentelle Pädagogik“, der inhaltlich so weit gefaßt war, daß er auch ↗Entwicklungspsychologie, ↗Differentielle Psychologie, Schulfähigkeit, Psychologie und ↗Psychohygiene der Arbeit in der Schule und die im Zusammenhang mit dem Unterricht von verschiedenen Stoffen auftauchenden Probleme beinhaltete.

In England wurde das Problem der individuellen Unterschiede zuerst von Anthropologen und Statistikern untersucht. Nennenswert sind Sir F. ↗Galton und K. Pearson, der Urheber der Korrelationsrechnung. 1900 veröffentlichte der deutsche Psychologe und Lehrer W. ↗Stern seine „Differentielle Psychologie", zwei Jahre danach Thorndike seine „Introduction to the theory of mental measurements". Thorndike führt statistische Methoden in die Erziehungspsychologie ein. Auch spielte er eine bedeutende Rolle in der Entwicklung der Meßtheorie in der E., besonders bei der Konstruktion von Leistungstests. Zwischen 1900 und 1930 erweiterte sich die Erziehungsforschung in den USA zu einer empirischen Wissenschaft. Universitäten wie die von Columbia (New York) und die von Chicago wurden bekannt für Forschung und Unterricht auf diesem Gebiet.

L. M. Terman, dessen Name hauptsächlich mit Tests für Kinder und Jugendliche verbunden ist und mit den Untersuchungen über begabte Kinder (Genetic studies of genius), die sich über mehrere Jahre hinzogen, arbeitete in Stanford. A. Gates trug zur Grundlegung der modernen Leseforschung bei.

Wie wir gesehen haben, war in Europa die Erziehungsforschung eng verbunden mit der Philosophie. Aus diesem Grunde wurde sie oft als rein spekulativer Zweig der Lernforschung betrachtet. Aber es gab auch mehrere Ausnahmen von dieser Regel, da sich Forscher von der experimentellen Psychologie aus mit ihr befaßten.

Kürzlich wurden die Mittel, die der Erziehungsforschung zur Verfügung stehen, in einigen Ländern beträchtlich erhöht. Man hat die Wirkung der Erforschung der Entwicklung und Erziehung als einen Faktor von großer Wichtigkeit in der heutigen Gesellschaft erkannt. Folglich wurden mehr Wissenschaftler zur E. gezogen, und die Qualität der Ergebnisse ist beträchtlich gestiegen. Besonders in den USA, in England, Deutschland und Schweden wurde diese Entwicklung deutlich. Es wurden Forschungsprogramme, die zentrale Erziehungsprobleme betreffen, entworfen. Probleme aus der Entwicklungshilfe haben ein wachsendes Interesse an der vergleichenden E. geweckt, und es ist ein neuer Spezialzweig entstanden, dessen Bereich zwischen den Grenzen „politische Ökonomie" und „Erziehung" liegt, mit der Bezeichnung „Bildungsökonomie". Auch die „Bildungsplanung" hat sich zu einer eigenen Disziplin entwickelt.

Ein anderer Trend ist die Forderung nach besseren Theorien und strengeren Methoden für die Forschung im pädagogischen Feld. Bedeutende Experimentalpsychologen wie J. Bruner und B. F. Skinner haben mit den Arbeiten über fundamentale Erziehungsprobleme begonnen. Ein weiteres Beispiel ist das umfassende Forschungsprojekt von J. C. Flanagan über schulische Fähigkeiten an amerikanischen high schools" („project talent"). Die Disziplin der E. ist, wie oben gezeigt wurde, in ihren Methoden heterogen. Zu einer Einheit wird sie durch ihre Probleme. Um diese zu lösen, bezieht die E. ihre Methoden aus den verschiedensten anderen Disziplinen, wie den humanistischen, den historischen, den experimentellen und den empirischen. Der Forscher muß die historischen Faktoren, die den aktuellen Problemen zugrunde liegen, identifizieren. Gleichzeitig muß er die Art der Probleme klarlegen, indem er die Aspekte aufzeigt, die sie in anderen Ländern mit verschiedenem historischem, sozialem und ökonomischem Hintergrund annehmen. Der Streit um die verschiedenen Auslesemethoden kann nicht völlig verstanden werden, wenn man nicht untersucht, wie sich die Schulen unterscheiden in bezug auf den sozialen Hintergrund ihrer Schüler und die Haltungen, die deren Eltern, Lehrer und die Politiker einnehmen in bezug auf das Ziel und die Organisation der Schule. Der Aspekt der Erziehungsforschung, der das Individuum betrifft, zum Beispiel im Hinblick auf das Klasseneinteilungs- oder Strukturierungsproblem, wird am besten mit Methoden behandelt, die aus der Differentiellen und der Entwicklungspsychologie stammen. Man muß sich bemühen, herauszufinden, wie in den verschiedenen Kulturen die Reifung vor sich geht und wie sich individuelle Unterschiede in den verschiedenen Stufen der Entwicklung manifestieren. Mit solch einer Untersuchung gehen schwierige psychometrische und statistische Probleme einher. So würde eine Analyse des Leseprozesses eine hochgradig spezialisierte Methode verlangen, die man aus der experimentellen Psychologie herleiten müßte. Daher ist vom methodologischen Standpunkt aus die E. als akademische Forschungsdisziplin um ein beträchtliches heterogener als Psychologie oder Soziologie.

Lit.: Borg, W.-R.: Educational research. An introduction. New York, 1963; **Dalen, D. van:** Understanding educational research. New York, 1962; **Ebel, R.** (Ed.): Encyclopedia of educational research. New York, [4]1969; **Festinger, L. & D. Katz** (Eds.): Research methods in the behavioral sciences. New York, 1953; **Gage, N. L.** (Ed.): Handbook of research in teaching. Chicago, 1963; **Good, C. V. & D. E. Scates:** Methods of research educational, psychological, sociological. New York, 1954; **Husén, T.** (Ed.): International study of achievement in mathematics. Stockholm, 1967; **Kerlinger, F.:** Foundations of behavioral research. New York, 1964; **Reuchlin, M.:** Les méthodes quantitatives en psychologie. Paris, 1962; **Travers, R.:** Introduction to educational research. New York, 1963; **Becker, H. H.:** Über Wesen und Gliederung wissenschaftlicher Pädagogik. 1964; **Brezinka, W.:** Grundbegriffe der Erziehungswissenschaft. Stuttgart, [3]1977; **Dewey, J.:** Psychologische Grundfragen der Erziehung. Stuttgart, 1974; **Döpp-Vorwald, H.:** E. und Philosophie in der Erziehung. Kastellaun, 1967; **Flitner, W.:** Das Selbstverständnis der E. in der Gegenwart. [4]1966; **Heller, K. & H. Nickel:** Psychol. in der Erziehungswissenschaft. 4 Bde. Stuttgart, 1978; **Lochner, R.:** Deutsche Erziehungswissenschaft. 1963; **Petersen, P.:** Allg. Erziehungswissenschaft. Berlin, 1962; **Röhrs, H.:** Forschungsmethoden in der Erziehungswissenschaft. 1968; **ders.:** Allg. Erziehungswissenschaft. Weinheim, [3]1973; **Roth, E.** (Hrsg.): Begabung und Lernen. Stuttgart, [8]1972; **Schaller, K.** (Hrsg.): E. und Erziehungsforschung. 1968; **Speck, O.:** Verhaltensstörungen, Psychopathologie u. Erziehung. Berlin, 1979; **Strasser, S.:** E. – Erziehungsweisheit. 1965; **Tausch, R. & A.-M. Tausch:** E.psychologie. Göttingen, [8]1977.

T. Husén

Erziehung, frühkindliche. Auf die große Bedeutung der f. E. besonders für die emotionalaffektive Entwicklung hat vor allem die Tiefenpsychologie (Freud, Adler, Spitz, Erikson, Dührssen) hingewiesen. Gestützt auf neuere Ergebnisse der Lernpsychologie und Begabungsforschung (Hunt, Bloom, Bruner) wurden in den letzten Jahren eine Reihe päd. Maßnahmen in Gang gesetzt (Sprachtrainings-, Leselern-, Mathematik-, Rhythmikprogramme), um die kognitive u. motorische Leistungsfähigkeit der Vorschulkinder zu fördern. Funktionstrainingsprogramme wie z. B. zur Förderung der Intelligenz erbrachten meist nur kurzzeitige Trainingserfolge (Bronfenbrenner, 1974).

Lit.: Bronfenbrenner, U.: Wie wirksam ist kompensatorische Erziehung? Stuttgart, 1974; **Kagan, J.:** The place of infancy in development. Harvard, 1978.

H. Mandl

Erziehungsberatung ist von der Erziehung selbst abhängig, ist also ebenso verschieden je nach Alter, Nationalität, Kultur, Wirtschaftsverhältnissen, Weltanschauung, ethischen Auffassungen, Menschenideal der Gesellschaft und gar nach familiären und persönlichen Gesichtspunkten, wie es auch das Ziel der Erziehung ist. E. im unprofessionellen Sinne des Wortes hat es immer schon gegeben. Die fachgerichtete, d. h. zielbewußte, gewollte, planmäßige, objektive und wissenschaftlich begründete E. hat sich erst im 20. Jh. entwickelt. Teils haben die beiden Weltkriege die Problematik der Erziehung in den Vordergrund gestellt, teils aber wurden Schwierigkeiten der Erziehung durch Forschungsergebnisse der ↗Kinderpsychologie erst richtig erkannt. Die auf elterliche und pädagogische ↗Autorität erbaute Erziehung veränderte sich, die Akzeptierung der kindlichen Persönlichkeit geriet in den Vordergrund. Lebens- und Arbeitsverhältnisse werden stets komplizierter, die Ansprüche wachsen: Probleme und Schwierigkeiten der Erziehung wurden daher zu einem der wichtigsten Themen der Gesellschaft.

Erziehungsberatung in engerem und weiterem Sinne.

1) In weitem, umfassendem Sinne versteht man unter E. allg. geltende Hinweise und Hilfe für die im Erziehungsprozeß Tätigen zwecks optimaler Steuerung und Beeinflussung der physischen, intellektuellen, moralischen ↗Entwicklung des normalen, unproblematischen Kindes. Erziehungsgrundsätze sind jene der Liebe, der Geduld, der Achtung der Persönlichkeit des sich entfaltenden Kindes, Akzeptierung des Andersseins, Progressivität in den Forderungen, Regelmäßigkeit, Art der Belohnung und Bestrafung usw. Allgemeine Grundforderung ist auch die Erziehung zur Selbständigkeit und zur Selbstdisziplin. Die darauf gerichtete Erziehung kann nur dann bewirkt werden, wenn die Umgebung des Kindes ruhig, harmonisch, aufrichtig und gleichmäßig ist und ein zur Nachahmung geeignetes Beispiel darstellt. Auch im Leben des problemlosen Kindes und Jugendlichen gibt es Perioden (↗Trotzphasen, ↗Pubertät, ↗Jugendalter usw.), wo die Eltern oft den Fachmann zwecks E. befragen müssen. In der Zukunft sollte die Hauptaufgabe der E. in der Vorbeugung von Erziehungskonflikten bestehen.

2) In engerem Sinne wird unter E. ein gezielter Beistand verstanden, womit man es auf die Lösung von einzelnen, das übliche Maß überragenden Erziehungsschwierigkeiten absieht. Das ist besonders bei Behinderten und in ihrer Persönlichkeitsentfaltung gestörten Kindern der Fall. a) *Erziehungsschwierigkeiten der Behinderten* (Blinde, Sehbehinderte, Taube, Schwerhörige, Schwachsinnige, Körperbehinderte, Sprachgestörte) ergeben sich aus ihrem spezifischen Defekt. Erkenntnisprozesse, Emotionalität, Reaktionen gegenüber der Außenwelt sind eigenartig, die psychische Entwicklung weicht vom Durchschnitt ab, die Persönlichkeit ist spezifisch verändert. Diese Kinder sind durch Mißerfolge, Beklemmungen, Angst, Mißtrauen, Isoliertheit, Mangel an Selbstvertrauen, Gehemmtheit, Unselbständigkeit, Arbeitsbehinderungen, soziale Inadaptation gekennzeichnet. Die Angehörigen nehmen zweierlei Extremhaltungen an: entweder werden solche Kinder überbetreut und verwöhnt oder vernachlässigt und zurückgewiesen. Die Angehörigen benötigen deshalb frühzeitig eine Fachberatung, wodurch sekundäre Persönlichkeitsstörungen zu vermeiden oder zu verringern sind. Auch soll dadurch einerseits die Kompensation, Korrektion und Rehabilitation erleichtert und die Umwelt zur Annahme und zur objektiven Beurteilung des behinderten Kindes beeinflußt werden. b) Bei verschiedenen anderen *Störungen der Persönlichkeitsentfaltung* hat die E. eine wichtige Rolle. Es mangelt noch an einheitlicher ↗Taxonomie dieser Störungen. Bald werden die Gründe, bald die Symptome, fallweise auch der Schweregrad hervorgehoben. Man spricht von Benehmungsschwierigkeiten, Schwererziehbarkeit, Charakterstörung, sozialer Inadaptation, Störungen in den Affektbeziehungen, Entwicklungsbehinderung, Milieuschädigung, vom exzeptionellen, problematischen Kind usw. Die Symptome sind bunt, reichen von Lernschwierigkeiten bis Diebstahl, von ↗Dyslexie bis ↗Enuresis, von Aggressivität bis Beklemmung in verschiedensten Formen. Systeme und Methoden der E. dieses Gebietes sind sehr gründlich erarbeitet.

INSTITUTIONELLE EINRICHTUNGEN. E. kann für die Eltern im Durchschnittsfall vom Lehrer, vom Schulpsychologen oder irgendeinem anderen Fachmann des Schulwesens erteilt werden. Es gibt in zunehmender Zahl Institutionen, die sich mit der Untersuchung und E. von schwererziehbaren Kindern befassen (Jugendamt, E.stelle, kinderneurologische oder psychol. Beobachtungsstelle, Child Guidance Clinic, Mentalhygienische Zentrale, Centre médico-psycho-pédagogique, Centre d'acceuil usw.). Angesichts der Vielfältigkeit von Untersuchungen und Behandlungen wird die E. meist im Team vorgenommen: je nach Problemkreisen sind daran Fachärzte, spezialisierte Psychologen, Orthopädagogen oder Heilpädagogen, soziale Fürsorgerinnen, Juristen, Logopäden, Psychagogen, Psychotherapeuten, Physikotherapeuten usw. beteiligt. Je nach Betonung verschiedener Fachgebiete gibt es psychol., psychiatrische und den Jugendämtern angegliederte Erziehungsberatungsstellen.

ABLAUF UND METHODEN DER UNTERSUCHUNG. Um beraten zu können, muß der Erziehungsberater das Kind vielseitig kennenlernen: a) Besonderheiten und Abweichungen altersbedingter ↗Eigenschaften; b) Lebenslauf (↗Lebenslaufanalyse); c) Charakteristika der durch die Behinderung bestimmten Veränderungen; d) milieu- und anlagebestimmte Merkmale; e) positive Eigenschaften und ↗Fähigkeiten; f) interpersonale Beziehungen usw. Die E. muß all dem Rechnung tragen, um individuell sein zu können, und bedarf deshalb vielseitiger Untersuchungen: Personalien, Anamnese, ↗Exploration (Spiel, Zeichnung, Beobachtung der Bewegung, der Sprache, des Benehmens), Intelligenzprüfung, Persönlichkeitsuntersuchung mit verschiedenen Methoden und Testen. Untersuchung der einzelnen Fähigkeiten, Erforschung von Familien- und Umgebungsverhältnissen, fachärztliche Untersuchungen. Erst dann kommt es zur Bearbeitung und Bewertung der Befunde, zur Feststellung der Diagnose und zur Zusammenstellung der Empfehlungen durch ein ausführliches Beratungsgespräch. Dabei muß die Persönlichkeit des Erziehungsberaters gewissen Grundforderungen entsprechen: Mitgefühl, Selbstkenntnis, Selbständigkeit, Objektivität, Fähigkeit der Erweckung des Vertrauens, gute Kooperationsfähigkeit, Fachkenntnisse und Erfahrung in ↗Psychotherapie und Beratung. Die E. wird in erster Linie den Eltern oder zumindest einem Elternteil, fallweise dem Pädagogen oder dem Fürsorger des Kindes erteilt. Die Empfehlungen müssen real und durchführbar sein.

Zur Therapie. Die Therapie ist so vielseitig wie die auftretenden Probleme. Bei schwererziehbaren Kindern oder Jugendlichen sollen nicht einzelne Eigenschaften umgestaltet, sondern es muß durch möglichste Beseitigung der Ursachen eine Reedukation der gesamten Persönlichkeit eingeleitet werden. Meistens ist auch eine Umschulung oder eine Änderung der Umgebung geboten. Behandlungsmethoden bestehen aus Spieltherapie, psychomotorischer Entwicklungsförderung, Begabungsförderung, Spracherziehung, künstlerisch-ästhetischer Erziehung, Musiktherapie und anderen Formen der Psychotherapie, so auch jenen, die von tiefenpsychologischen Richtungen angewandt werden. Vielerorts wird durch die E.-stellen auch die Arbeitstauglichkeit untersucht und ↗Berufsberatung erteilt.

E. ist von großer Bedeutung: ist sie erfolgreich, bewirkt sie nicht nur Lösung schwerer Probleme, sondern auch Anbahnung eines ausgeglichenen Lebensweges.

Lit: **Aichhorn, A.:** Erziehungsberatung und Erziehungshilfe. Bern – Stuttgart, 1959; **Bach, H.:** Schulische Erziehungsberatung. Hannover, 1960; **Bommert, H. & U. Plessen:** Psychologische E. Stuttgart, 1978; **Dührssen, A.:** Psychotherapie bei Kindern und Jugendlichen. Göttingen, [5]1974; **Fischer, G.:** Eltern abnormaler Kinder. Prax. Kinderpsychol. 1960, *9*, 12 ff.; **Hetzer, H. & E. Giehr:** Ambulante Erziehungshilfe für das behinderte Kind (Lebenshilfe für das geistig behinderte Kind). Marburg, 1962, Nr. 19; **Kaelter, D. F.:** Erziehung von Eltern sozial gefährdeter Kinder. Prax. Kinderpsychol. 1960, *9;* **Katz, H.:** Parents of the handicapped. Springfield, 1961; **Lückert, H. R.** (Hrsg.): Hdb. der Erziehungsberatung. Bd. I und II. München – Basel, 1964; **Marmon, E.:** Konzepte der E. Weinheim, 1978; **Rassekh-Ardjomand, M.:** L'enfant problème et sa rééducation. Neuchâtel, 1962; **Rubinstein, J. H.:** Role of the diagnostic clinic in the care of the mentally retarded. Amer. J. Ment. def. 1962, *66*, 544 ff.; **Stern, E.:** Tiefenpsychol. und Erziehung. München, [3]1969; **Tausch, R.:** Das psychotherapeutische Gespräch. Göttingen, 1960; **Werner, R.:** Das verhaltensgestörte Kind. Berlin, [5]1974; **Zulliger, H.:** Schwierige Kinder. 12 Kapitel über Erziehung, Erziehungsberatung und Erziehungshilfe. Bern – Stuttgart, [6]1970.

F. K. Illyés & A. E. Lányi

Erziehungspsychologie ↗Pädagogische Psychologie.

Erziehungsstil. Unter E. versteht man ein System von Erziehungsmaßnahmen, die gleichsam typologisch einander zugeordnet werden. E.e werden meist aufgezeigt entweder in der polaren Gegenüberstellung: autoritär – freiheitlich, versagend – verwöhnend u. ä. oder in der Dreiteilung: autoritär – demokratisch – laissez faire. Der E. bestimmt den Spielraum und den Freiheitsgrad des Zöglings für personale Entscheidungen und Stellungnahmen. Die Unterschiedlichkeit der E.e ist bedingt durch die verschiedenartigen Ziele der Erziehung: bedingungslose Unterordnung (autoritärer E.), ungezügelte Selbstentfaltung (E. des laissez faire) oder verantwortungsbewußte Einordnung (demokratischer E.). *H. Schröder*

Ergebnisse empirischer Untersuchungen. Mehrere Ordnungsversuche stützen sich auf die Beobachtung tatsächlichen Erzieherverhaltens. Davon wurden die in der „Fels Parent Behavior Scale" beschriebenen Dimensionen am bekanntesten, nämlich: „Abhängigkeit des Kindes von den Eltern", „Demokratische Erziehungshaltung", „Kontrolliertheit des kindlichen Verhaltens". Sears, Maccoby & Levin (1957) stützten die Beurteilung der E. außer auf ↗Verhaltensbeobachtungen auch auf ↗Interviews der Eltern. Wegen des enormen Aufwands, der mit Beobachtungs- und Interviewverfahren verbunden ist, benutzt man neuerdings zur Erfassung des Erziehungsverhaltens Fragebögen, die den Eltern selbst vorgelegt werden. Der bekannteste davon ist der sog. PARI (Parental Attitude Research Instrument) nach Schaefer & Bell. Einen ↗Fragebogen für Kinder, wonach diese ihre Eltern beurteilen sollen, benutzt U. Bronfenbrenner. Die einzelnen E.e werden dann durch ↗Faktorenanalyse der Interkorrelationen zwischen den „Erziehungs"-Fragen ermittelt. Dabei ist es meistens das Ziel, möglichst unabhängige E. zu gewinnen. Demnach sollen die einem bestimmten „Stil" zugeordneten Erziehungssymptome gemeinsame Varianz zeigen, jedoch keine Kovarianz zu den Erziehungssymptomen aus anderen „Stilen". Nach K. Eyferth (In: Herrmann, 1966, S. 24) dürften sich die verschiedenen Faktorenanalysen über Erziehungsverhalten mit dem System von W. C. Becker in Deckung bringen lassen, d. h. mit folgenden drei unabhängigen E.dimensionen: „restrictiveness – permissiveness", „warmth – hostility", „calm – anxious emotional involvement".

Die Pädagogische Psychol. widmet der Untersuchung der E. in neuerer Zeit ein intensives Interesse, neben der Abgrenzung einzelner E.dimensionen und der Konstruktion von Methoden zu ihrer Erfassung speziell dem Zusammenhang zwischen E.en und kindlicher Persönlichkeit. Dabei sind E. sowohl als Reaktion auf kindliche Eigenarten wie auch als deren Ursache zu sehen.

In den letzten Jahren wurden besonders häufig die Beziehungen des elterlichen Erziehungsverhaltens zu folgenden Merkmalen des Kindes empirisch untersucht: Angst, Aggression, Leistungsmotiv, Selbstkonzept, Delinquenz.

Lit.: **Herrmann, Th.** (Hrsg.): Psychologie der Erziehungsstile. Göttingen, [3]1972; **Lukesch, H.:** Auswirkungen elterlicher Erziehungsstile. Göttingen, 1975; **ders.:** Erziehungsstile. Stuttgart, 1975; **ders.:** Elterliche Erziehungsstile. Stuttgart, 1976; **Schneewind, K. A. & H. Lukesch** (Hrsg.): Familiäre Sozialisation. Stuttgart, 1978; **Sears, R. R., Maccoby, E. E. & H. Levin:** Patterns of child rearing. New York, 1957; **Seitz, W. & W. Götz:** Familiäre Erziehung und jugendliche Delinquenz. Stuttgart, 1979; **Stapf, K. H., Herrmann, Th., Stapf, A. & K. H. Stäcker:** Psychologie des elterlichen Erziehungsstils. Stuttgart, 1972.

W. Seitz

Erziehungsziel. Das E. legt den zu erreichenden Idealzustand erzieherischen Handelns fest. Entsprechend der Polarität der Erziehung wendet sich das E. an zwei Adressatengruppen: Es beschreibt den Soll-Zustand des zu Erziehenden und richtet sich an den Erzieher selbst mit der Forderung, dem Heranwachsenden beim Erreichen des Zieles zu helfen (Brezinka, 1974). Je nach der anthropologischen Grundlegung sind in der päd. Lit. die Erziehungsziele vielfältig formuliert (vgl. Adorno, 1972; Mollenhauer, 1973; Brunnhuber und Zöpfl, 1975; Arnold, 1975; Kerstiens, 1978). Das Problem der Zielentscheidungen muß als offen bezeichnet werden und wirft eine Reihe von Fragen auf: Sind Erziehungsziele notwendig? Wer entscheidet über die Erziehungsziele? Nach welchen Kriterien werden diese Entscheidungen getroffen? Welcher Grad der Verbindlichkeit kommt den gesetzten Zielen zu?

Lit.: **Adorno, T. W.:** Erziehung zur Mündigkeit. Frankfurt/M., 1975; **Arnold, W.:** Bildungsziel: Persönlichkeit. München, 1975; **Brezinka, W.:** Grundbegriffe der Erziehungswissenschaft. München, [3]1977; **Brunnhuber, P. & Zöpfl, H.:** Erziehungsziele konkret. Donauwörth, 1975; **Kerstiens, L.:** Erziehungsziele neu befragt. Bad Heilbrunn, 1978; **Mollenhauer, K.:** Erziehung und Emanzipation. München, [6]1973; **Tröger, W.:** Erziehungsziele. München, [2]1976.

H. Schröder

Es. Verschiedene psychol. Theorien nehmen an, daß neben der bewußten „Persönlichkeit" ein anderer, relativ autonomer und selbständiger Bereich aus der Gesamtheitspersönlichkeit ausgegliedert werden müsse. Dieser Teil würde dann die unbewußten Triebe und Affekte umfassen. Im Sinne einer Schichttheorie der Persönlichkeit ruht der bewußte Teil auf diesem Unbewußten. Oft herrscht die Vorstellung, daß es sich um ontogenetisch und phylogenetisch nachgeordnete Strukturen handelt. In vager Analogie zu hirnphysiologischen Befunden spricht man auch von einem Oben und Unten, wobei dann das Zwischenhirn den zweiten, das Großhirn den ersten Teil der Persönlichkeit repräsentieren würde. F. Kraus sprach in diesem Zusammenhang von einer Tiefenperson und ging dabei vor allem von physiologischen und medizinischen Erwägungen aus. F. Nietzsche nannte diese dunkle, geheimnisvolle Teilpersönlichkeit das „Es". Im Rahmen der Schichttheorie der Persönlichkeit griff Rothacker den Begriff von Nietzsche auf und sprach vom „Es" als dem unbewußten Urgrund der Person. In ähnlicher Weise unterscheidet P. Lersch einen endothymen Grund vom noetischen Oberbau.

Seine größte Bedeutung aber erhielt der Begriff „Es" im Rahmen der tiefenpsychol. Deutung der Persönlichkeit durch S. Freud. Freud lehnt sich bei dem Gebrauch des Begriffes „Es" an G. Groddeck an. Freud entwickelte seine Lehre von der Dreiteilung der Persönlichkeit in Es, Ich und Über-Ich in seinem Buch „Das Ich und das Es" und später in der „Neuen Folge der Vorlesungen zur Einführung in die Psychoanalyse". Neben die dynamischen Begriffe „Bewußtes" und „Unbewußtes" tritt hier der struktural-topologische Aspekt. Nach Rapaport ist die Es-Ich-und-Über-Ich-Trichotomie die am weitesten ausgebaute Strukturtheorie der Persönlichkeit innerhalb der Tiefenpsychologie, und als solche stellt sie ein wichtiges Konzept für die Theorie der Psychoanalyse dar. Rapaport sieht in ihr aber kein eigenständiges Modell, sondern es handelt sich nach ihm nur um eine alternative Formulierung früherer theoretischer Konzepte Freuds, vor allem über das Wesen von Bewußtem und Unbewußtem.

Alle Vorgänge im Es sind unbewußt. Wir können aber andererseits nicht sagen, daß das Ich der Ort des Bewußtseins sei. Nach der Auffassung der Psychoanalyse hat das Ich auch seine unbewußten Anteile. Das Es ist der Ort der Leidenschaften, es ist weit ins Somatische geöffnet und kann das Ich genauso bedrohen wie die Außenwelt. Das Ich hat zwar normalerweise die Herrschaft über die Zugänge zur Motilität, es wird aber oft die Impulse des Es zu realisieren haben. Das Verhältnis von Ich und Es umschreibt Freud mit dem Gleichnis vom Ich als dem Reiter und dem Es als dem Pferd. „Wie dem Reiter, will er sich nicht vom Pferd trennen, oft nichts anderes übrigbleibt, als es dahin zu führen, wohin es gehen will, so pflegt auch das Ich den Willen des Es in Handlung umzusetzen, als ob es der eigene wäre" (S. 253). Ontogenetisch ist das Es die ältere Struktur, das Ich entsteht geradezu aus dem Es. Auch das Über-Ich ist als der Erbe des Ödipuskomplexes auf das Es zurückzuführen. Das Es enthält die verdrängten Vorstellungen, aber auch die ererbten Triebe. Dabei legt Freud aber Wert auf die Feststellung, daß sein Konzept des Es nichts mit dem kollektiven Unbewußten C. G. Jungs zu tun habe. Für Freud ist das Es vor allem der Ort des Eros und der Todestriebe. Die Grenzen zum Ich hin sind fließend, und das Ziel der Psychoanalyse ist es, das Ich zu stärken, um es widerstandsfähig zu machen gegen die Gefahren der Außenwelt, die Bestrafungsgelüste des Über-Ich und die Verführungen des Es. Durch die psychoanalytische Kur wird mit den Mitteln der Deutung, des Durcharbeitens und der Widerstandsanalyse dem Es Energie (Libido) abgewonnen. Freud vergleicht diese Arbeit mit der Trokkenlegung der Zuidersee: „Wo Es war, soll Ich werden" (S. 86). Beim Es handelt es sich um eines der in der Psychoanalyse geläufigen hypothetischen Konstrukte. Es ist nicht genau definiert, nicht auf bestimmtes Verhalten bezogen, sondern kann nur im therapeutischen Prozeß selbst erkannt und belegt werden. (Der nicht-psychoanalytischen Psychol. sind heute derartige Beschreibungsweisen weitgehend fremd, zu ihrem wissenschaftstheoretischen Wert soll hier nicht Stellung genommen werden.) Einen Eindruck von der Verwendung des Begriffes Es innerhalb der Psychoanalyse gewinnen wir am ehesten, wenn wir Freuds Gebrauch des Begriffes an einem Zitat exemplifizieren: „Das Es . . . hat keine Mittel, dem Ich Liebe oder Haß zu bezeugen. Es kann nicht sagen, was es will; es hat keinen einheitlichen Willen zustande gebracht. Eros und Todestrieb kämpfen in ihm; wir haben gehört, mit welchen Mitteln sich die einen Triebe gegen die anderen zur Wehre setzen. Wir könnten es so darstellen, als ob das Es unter der Herrschaft der stummen, aber mächtigen Todestriebe stünde, die Ruhe haben und den Störenfried Eros nach den Winken des Lustprinzips zur Ruhe bringen sollen, aber wir besorgen, doch dabei die Rolle des Eros zu unterschätzen" (S. 289).

Lit.: Freud, S.: Das Ich und das Es. Leipzig – Wien – Zürich, 1923; **ders.:** Neue Folge der Vorlesungen zur Einführung in die Psychoanalyse. Leipzig – Wien – Zürich, 1933; **Heiß, R.:** Allgemeine Tiefenpsychologie. Bern, [2]1964; **Rapaport, D.:** The structure of psychoanalytic theory: a systematizing attempt. In: **S. Koch:** Psychology: a study of a science, Vol. III. New York – Toronto – London, 1959. Zitate nach Freud, S., Ges. Werke Bd. XIII u. Bd. XV (London 1940).

G. Lischke

Eskapismus, wichtiger Abwehrmechanismus, charakterisiert durch die Tendenz, sich physisch und psychisch den unerfreulichen Aspekten der Realität zu entziehen. Viele neurotische Symptome (z. B. Amnesie, hysterische Lähmung) werden von Psychoanalytikern als Fluchtversuche interpretiert.

G. D. Wilson

ESP, Extra-sensory perception, ↗Außersinnliche Wahrnehmung.

Eta-Verhältnis (*η-Verhältnis; Korrelationsverhältnis*), ein Korrelationsmaß für kurvilineare Regressionen. Im Falle einer derartigen nichtlinearen Regression steigen die ↗Mittelwerte der Y-Messungen innerhalb der X-Klassen nicht gleichmäßig an. – Wie es im Falle einer Korrelation $r < 1$ zwei Regressionslinien gibt, gibt es auch zwei η-Verhältnisse

$$\eta_{yx} = \frac{s'_y}{s_y}; \quad \eta_{xy} = \frac{s'_x}{s_x},$$

wobei s'_y = Standardabweichung der aus X vorhergesagten Y',
s'_x = Standardabweichung der aus Y vorhergesagten X',
s_y, s_x = Standardabweichung der beiden Verteilungen für Y, X.

Das E. kann auch zur Linearitätsprüfung einer ↗Regression herangezogen werden. ↗F-Test; ↗Mathematische Psychologie; ↗Statistik.

W. H. Butollo

Ethik, die Lehre, deren Gegenstand die Beurteilung des Unterschieds zwischen Gut und Böse ist. Sie ist der Teil der Philosophie, der die Moral behandelt; sie untersucht systematisch die Eigenart von Wertvorstellungen, wie „gut", „böse", „richtig", „falsch" usw., und die allgemeinen Prinzipien, die deren Anwendung auf einen Gegenstand rechtfertigen. Auf die E. als Beziehungs- und Wertsystem stützt sich der von Religionsstrukturen Unabhängige.

M. Reinhardt

Ethnographie, Beschreibung einer naturvolklichen ↗Gesellschaft aufgrund von Feldforschungen. ↗Ethnologie.

Ethnologie, beschreibende und vergleichende Wissenschaft von den menschlichen Kulturen (zumeist von sog. Primitivkulturen); bis ins 19. Jh. weitgehend identisch mit der ↗Anthropologie. Ausgangspunkt der E. als eigentlicher Wissenschaft ist die Ausbildung der Feldmethode und die entsprechend objektive Abfassung von Stammesmonographien (↗Ethnographie). Vier Untersuchungsgebiete haben sich herausgebildet: a) Technologie und materiale Kultur, b) soziale Organisation, c) Religion und Magie, d) Spiel und Kunst. In der ersten Zeit der Entstehung ethnographischer Sammlungen und Museen, etwa ab 1850, trat das Interesse an der materialen Kultur stark in den Vordergrund. Gegen diese einseitige Betonung formaler

Kulturmerkmale wandten sich die Vertreter des ↗Funktionalismus, die auf die Bedeutung des Sinngehaltes materieller und ideeller Kulturgüter hinwiesen. Frühe Versuche eines interkulturellen Vergleichs strebten meist einheitliche Entwicklungsgesetzmäßigkeiten an (sog. evolutionistische Schule). Ein Kulturvergleich auf statistischer Basis wurde erstmals von G. P. Murdock versucht. In jüngster Zeit werden zunehmend auch nichtprimitive Kulturen erforscht. Der kulturelle Wandel in den Entwicklungsländern gab Gelegenheit, die E. auch als angewandte Wissenschaft zu betreiben (Verwendung von Ethnologen im Rahmen der Entwicklungshilfe).

Lit.: Benedict, R.: Patterns of culture. New York, 1934 (dtsch.: Urformen der Kultur. Reinbek bei Hamburg, 1956); **Boas, F.,** The mind of primitive man. New York, 1938; **ders.:** Race, language, and culture. New York, 1940; **Levi-Strauss, C.:** Das wilde Denken. Frankfurt, 1973; **ders.:** Mythologica. Bd. 1: Das Rohe und das Gekochte. Frankfurt, 1976; **Lowie, R.:** History of ethnological theory. New York, 1937; **Malinowski, B.:** Culture. In: Encyclopedia of the Social Sciences (6. Nachdruck). New York, 1951; **Mead, M.:** From the south seas. New York, 1939 (dtsch.: Leben in der Südsee. München, 1965); **Murdock, G. P.:** Social structure. New York, 1949; **White, A.:** The Evolution of Culture. New York, 1959; **Wissler, C.:** Man and culture. New York, 1923. *S. Kreutzer*

Ethnopsychologie, psychol. Aspekt der ethnologischen Forschung und als solcher ein Zweig der ↗Sozialpsychologie. Die rund 2000 verschiedenen Kulturen können als natürliches Experiment hinsichtlich der Wandelbarkeit menschlicher ↗Anpassungen bewertet werden, wie es etwa M. Mead für das Sexualverhalten nachwies. ↗Völkerpsychologie.

Lit.: Mead, M.: Jugend und Sexualität in primitiven Gesellschaften. München, 1970. *W. Schmidbauer*

Ethnozentrismus, *Ethnozentrik,* Einstellung und/oder Ideologie, die das Verhältnis von Eigen- und Fremdgruppe betrifft (analog Egozentrik, die die Interaktion des Individuums mit anderen betrifft).

Positive Merkmale der eigenen (soziologischen oder auch informellen) Gruppe werden stark betont, während Merkmale und Angehörige von Außengruppen gemäß Normen der Eigengruppe beurteilt und stark abgewertet werden. Charakteristisch ist die Durchgängigkeit, mit der Fremdes zurückgewiesen wird. E. wird damit zu einer allgemeinen Vorurteilsvariablen.

Die von T. W. Adorno, E. Frenkel-Brunswik und Mitarbeitern entwickelte E-Skala weist u. a. hohe positive Zusammenhänge mit „Autoritarismus", „Antisemitismus" und „politisch-ökonomischem Konservativismus" auf und stellt somit eine zentrale Variable des sog. autoritären, antidemokratischen Syndroms dar. ↗Autoritäre Persönlichkeit.

Lit.: Adorno, T. W., Frenkel-Brunswik, E., Levinson, D. J. & R. N. Sanford: The authoritarian personality. New York, 1950. *H. D. Schmidt*

Ethogramm ↗Aktionskatolog, Verhaltensinventar.

Ethologie ↗Verhaltensforschung, vergleichende.

Eugenik. Lehre von der Verbesserung der Erbeigenschaften der Nachkommen durch Förderung der Gründung von sozial wertvollen und körperlich-geistig gesunden Familien und Ausmerzung negativer Erbeigenschaften durch den Vollzug entsprechender Maßnahmen. (Gefahr: z. B. Entwicklung im Dritten Reich, ↗Euthanasie.) *K. E. Pelzer*

Eukolie ↗Posodynik (J. Bahnsen).

Eunuchoidismus, durch Unterfunktion der männlichen Keimdrüsen bedingte Form des ↗Infantilismus im Erwachsenenalter mit unvollkommen ausgebildeten Geschlechtsteilen, mangelnder Entwicklung von äußeren ↗Geschlechtsmerkmalen und fehlender Ausbildung des Geschlechtstriebes. Verursacht durch angeborene Unterentwicklung oder durch Krankheit, Unfall oder Kastration erworbene Unterfunktion der Hoden, ist der E. eine Hormonmangelerkrankung, die durch wiederholten Ersatz der fehlenden männlichen Keimdrüsenhormone gebessert werden kann. E. kann auch sekundär durch Ausfall des gonadotropen Hormons bei Hypophysenvorderlappenerkrankung auftreten. – Vgl. auch ↗Gonaden. *E. David*

Euphorie, Zustand äußerst gehobener Stimmung, begleitet von einem Gefühl des Wohlbefindens, der nicht unbedingt mit den Umweltverhältnissen in Einklang steht. Charakteristisch ist dieser Zustand bei ↗Manie und tritt manchmal auch bei ↗Schizophrenie auf; ebenso bei Hirnschädigungen, besonders wenn die Frontallappen beteiligt sind, z. B. bei der ↗Pickschen Atrophie, präseniler Demenz, arteriosklerotischer ↗Demenz und bei Vergiftungszuständen, wie sie z. B. durch Morphin hervorgerufen werden. *D. Eaves*

Eurhythmie, griechischer Begriff, „guten Rhythmus" bedeutend. Harmonie körperlicher Bewegung, meist durch Musik unterstützt. ↗Psychotherapie. *G. D. Wilson*

Eustachische Röhre. Die Verbindung zwischen dem Mittelohr (Paukenhöhle) und dem Nasen-Rachen-Raum stellt die E. R. (Ohrentrompete) dar. Der etwa 3,5 cm lange Kanal ist mit flimmerepitheltragender Schleimschicht ausgekleidet. Zum Zwecke des Druckausgleiches wird das normalerweise geschlossene Tubenlumen beim Schlucken oder Gähnen von Fall zu Fall geöffnet. *M. Spreng*

Euthanasie. Die Verkürzung des Lebens durch ↗Selbstmord oder mit Hilfe eines Dritten war in der Antike erlaubt und ist auch heute in nichtchristlichen Kulturen nicht ungewöhnlich. E. wurde von der Kirche untersagt, ist aber seit T. Mores Utopia (1516) wiederum zum Diskussionsgegenstand geworden. Die allgemeine Verlängerung des Lebens verleiht der E. heute erneut Aktualität. Es besteht die Tendenz, sie bei tödlichen schmerzhaften Krankheiten zu erlauben. Das einzige Gesetz, welches E. erlaubt, ist das schweizerische Strafgesetz (Art. 115), und zwar in dem Sinne, daß Beihilfe zum Selbstmord nur dann bestraft werden kann, wenn die Beweggründe des Helfers eigennütziger Art sind. In England und den USA gibt es Vereinigungen zur Förderung der gesetzlichen Anerkennung der Euthanasie. *P. Muller*

Evaluation, umfassende Bezeichnung für alle Arten der Beurteilung unter Bezugnahme auf irgendwelche inneren Standards oder äußeren Kriterien (soziokulturelle Normen, Werte, Zielsetzungen, u. ä.). In Bloom's Taxonomie kognitiver Lernziele stellt Evaluation die höchst eingestufte kognitive Funktion, in Guilford's Strukturmodell des Intellekts eine eigene Klasse von Denkoperationen dar. Evaluationsprozesse sind ein unabdingbarer Bestandteil jeglicher Psychodiagnostik. *J. A. Keller*

Evidenz, die subjektive Gewißheit einer Gegebenheit bzw. das Einleuchten eines Sachverhalts, erlebt als unmittelbare Einsicht in die Qualitäten oder Dimensionen eines Tatbestandes oder die Wahrheit eines Urteils. E. wird insbesondere geltend gemacht: a) in der Logik, b) im Falle der inneren Wahrnehmung, c) im weiteren auch in der äußeren Anschauung bei Wahrnehmungsurteilen. – Einwände gegen die Verläßlichkeit der E.: Für den Bereich der äußeren Wahrnehmung werden in erster Linie die optischen Täuschungen genannt; für die innere Wahrnehmung wird auf die intersubjektiven Demonstrationsschwierigkeiten ihrer Einsichten verwiesen; für den Bereich der Logik gilt, daß ein Erlebnis der Nötigung noch kein Kriterium der Wahrheit oder Falschheit abgibt. – Die Anerkennung der E. als Fundierung der Wahrheit von Urteilen geht davon aus, daß die beurteilten logischen, psychischen oder gegenständlichen Sachverhalte von den zugehörigen Akten voll erreicht werden. Es kann jedoch in jedem Einzelfall bezweifelt werden, ob eine solche adäquate Gegebenheitsweise vorliegt. Der Wahrheitsgehalt jeder E. bleibt problematisch; der Täuschungseinwand ist prinzipiell nicht aufzuheben. Statt daß E. als letzte Instanz einer Begründungskette beansprucht werden kann, bedarf sie selbst der Begründung, die jedoch nicht durchgeführt werden kann: Jede Argumentation für die E. führt in einen circulus vitiosus, weil sie ihre Anerkennung voraussetzen muß. *H. Drüe*

Evolution, ein Entwicklungsmechanismus, bei dem mit Hilfe von ↗Selektion (Auswahl der für eine bestimmte Umwelt Geeigneten) und Mutation (spontan auftretende Veränderung des Erbguts) aus einfachen Organismen im Laufe vieler Generationen hochkompliziert gebaute Lebewesen entstehen. Es spricht vieles dafür, daß sich sämtliche heute lebenden Organismen auf diese Weise im Laufe von vielen Jahrmillionen aus einfachen Lebewesen entwickelt haben (↗Deszendenztheorie). *H. Schmalfuß*

Ewaldsche Gesetze, zwei von dem Physiologen J. R. Ewald (1892) entdeckte Gesetzmäßigkeiten für die Beziehung zwischen Endolymphströmung und ↗Nystagmus. a) Die Augenbewegung (die langsame Komponente des Nystagmus) geht in die Richtung, in welcher die Endolymphströmung, die den Nystagmus ausgelöst hat, verläuft. b) Die motorische Wirkung der Endolymphströmung ist für beide Strömungsrichtungen *nicht* gleich stark. Bei horizontaler Lage des Bogenganges wirkt sich die ampullopetale Strömung stärker aus, bei vertikaler Lage die ampullofugale. *P. Steck*

Ewaldsche Typen ↗Biotonus.

Examensangst ↗Prüfungsangst.

Excitantia, Synonym für ↗Stimulantien.

Excitatorisches Potential ↗Reaktionspotential.

Exhaustion. 1) Zustand herabgesetzter Funktionsbereitschaft eines Organismus (↗Ermüdung). **2)** Auftreten von Reizschwellenerhöhung, Verminderung von Häufigkeit und Stärke der Reizantworten. *K. E. Pelzer*

Exhaustionsschwelle, die Grenzbedingung, die bei extremer Ermüdung vorausgesetzt wird: der Punkt, an dem sich die Eingangsschwelle für einen Stimulus erhöht und nach dem die Reaktion des aktiven Systems in Häufigkeit und Ausmaß herabgesetzt ist bzw. ganz ausbleibt. *J. Cumming*

Exhibitionismus, eine sexuelle Deviation, bestehend in der Lustgewinnung durch Entblößen der Genitalien vor anderen Personen. E. in der Pubertät und in epileptischen Dämmerzuständen wird nicht als ↗Perversion bezeichnet. Vielfach erreicht der Exhibitionist einen Orgasmus allein durch Zusammenwirken situationaler Faktoren während seines Delikts. Hier sind Abwehrreaktionen der unfreiwilligen Zuschauer – in der Regel Frauen – besonders wirksam; auf sexuelle Appetenz reagiert der Exhibitionist meist selbst mit Abwehr – auch anläßlich einer Exhibition –, obwohl er meist die von sich ausgehende sexuelle Stimulation bei den Zuschauern antizipiert. Für die Genese des E. macht die Psychoanalyse eine ↗Fixierung in der ↗phallischen Phase der Libidoentwicklung (↗Libido) verantwortlich, verhaltenspsychologisch orientierte Autoren betonen die Bedeutung sozialer Ängste. E. wird nahezu ausschließlich von Männern berichtet. *G. Lischke*

Existentialistische Psychologie, philosophische Schule der Psychol., die die Auffassung vertritt, der Gegenstand der Psychol. sei auf die Gehalte der Erfahrung begrenzt (Gedanken, Gefühle, Empfindungen usw.), die introspektiv erfaßbar sind. Eng verbunden dem *Strukturalismus* (E. B. Titchener) in ihrer Betonung der Analyse und Klassifikation psychischer Gegebenheiten ohne eine Interpretation. *G. D. Wilson*

Existentielle Psychoanalyse, von Sartre ausgehende therapeutische Methode, die eine Verwertung der Existenzphilosophie für die Psychotherapie beinhaltet; sie entspricht nicht der Freudianischen ↗Psychoanalyse.

Ausgehend von dem Ansatz, daß jedes

Individuum das wählt, was es zu sein wünscht, und seine Wahl in jedem Aspekt seines Verhaltens ausdrückt, dient die Analyse des Verhaltens dazu, das ursprünglich gewählte Wertsystem aufzudecken und dem Patienten zugänglich zu machen, der sich selbst zur Anerkennung seiner ursprünglichen Wahl entscheiden kann.

Lit.: Misiak, H. & V. S. Sexton: History of psychology. New York – London, 1966; **Sartre, J.-P.:** L'être et le néant. Paris, 1943.

F.-C. Schubert

Existentielle Psychologie. Weil das Dasein bei M. Heidegger einen privilegierten Zugang zum Sein darstellt, wird die Erforschung der Innerlichkeit wichtiger als in der Psychol. W. ↗Wundts, die als Wissenschaft der unmittelbaren Erfahrung definiert wird. Selbstreflexion und phänomenologisches Vorgehen (↗Phänomenologie) decken damit in einer Psychol. der eigenen Person Realitäten auf, die von der wissenschaftlichen Psychol. mißachtet oder nicht erkannt werden: verschiedene Arten der Liebe (M. Scheler), Scham (Scheler), Stimmungen (O. F. Bollnow), Koketterie (J.-P. Sartre). Diese Bewegung hat in der ↗Psychotherapie zur ↗Existenzanalyse geführt. *P. Muller*

Existenzanalyse, von Frankl eingeführter Begriff für die von ihm in tiefenpsychol. Ausrichtung entwickelte, auf M. Heidegger basierende, anthropologische psychotherapeutische Behandlungs- und Forschungsmethode, auch als ↗Logotherapie und Dritte Wiener Schule bezeichnet. Bei Analyse der Biographie versucht die E. das menschliche personale Dasein unter dem Gesichtspunkt seiner Sinn- und Wertmöglichkeiten zu verstehen. Dem „Willen zur Lust“ (S. Freud) und „zur Macht“ (A. Adler) stellt Frankl den „Willen zum Sinn“ gegenüber, dessen fehlende oder falsche Erfüllung als „existentielle Frustration“ bezeichnet und zum Ansatz der Therapie wird. Der Sinn umfaßt nicht nur die positiven Seiten des Lebens, sondern auch Leid und Tod. Frankl lehnt die ↗Psychoanalyse Freuds nicht radikal ab, sondern versucht, sie zu vervollständigen. Die E. dient weniger der Aufhebung der verdrängten Triebe als vielmehr der Erweckung des „unbewußten Geistes“ (Gewissen, Existenz, Selbst), dessen Verdrängung zu neurotischen Störungen führen kann.

E. wird oftmals als Ausdruck für die ↗Daseinsanalyse von L. Binswanger benützt.

Lit.: Frankl, V. E.: Der unbewußte Gott. Wien, 1949; **ders.:** Logos und Existenz. Wien, 1951; **ders.:** Theorie und Therapie der Neurosen. Wien, [4]1975.

F.-C. Schubert

Exnersche Spirale, nach S. Exner (1846 bis 1926) benannte ↗Bewegungstäuschung: eine auf eine drehbare Scheibe gezeichnete Spiralfigur induziert je nach Drehrichtung den Eindruck des Auseinander- oder Zusammenlaufens. Beim Wiederanhalten entsteht ein gegensinniges ↗Bewegungsnachbild. *K. E. Pelzer*

Exogamie, soziale Regel, wonach der Ehepartner außerhalb der eigenen Gruppe zu suchen ist. Die E.regel ist die positive Fassung des ↗Inzesttabus. Sie gilt in nahezu allen Gesellschaften für die Mitglieder der Kernfamilie, wird meist als „natürlich“ angesehen und findet sich um so weiter ausgedehnt auf die weiteren Verwandtschaftsgrade, je mehr die Verwandtschaft funktionale Bedeutung für die betreffende Gesellschaft hat. Funktion der E.regel ist es einmal, die Unzweideutigkeit der sozialen Rollen innerhalb der Familie und damit die Stabilität und Kontinuität der Gesellschaft zu sichern. Weiterhin verhindert sie die Geschlechtskonkurrenz innerhalb der Kernfamilie, welche deren Desorganisation bedeuten würde. Wo die E.regel eine größere Gruppe betrifft, dient sie der Ausdehnung von Entdeckungen und Kenntnissen über die Kleingruppe hinaus und der Aufrechterhaltung eines größeren sozialen Zusammenhangs. Vgl. auch ↗Endogamie. *S. Kreutzer*

Exogen, durch von außen einwirkende organische oder erlebnisreaktive Vorgänge seinen Ursprung nehmend. Bezog sich in der

Psychiatrie einst nur auf organische Ursachen, z.B. von „exogenen" Psychosen, die durch krankhafte Störungen des Gesamtorganismus, oder einzelner (außerhalb des Nervensystems liegender) Teile oder durch Gifte hervorgerufen werden. Im heutigen Sprachgebrauch auch zunehmend i.S. von „erlebnisbedingt" verwendet. *G. Powell*

Exokrine Drüsen ↗Drüsen.

Exophthalmus, Glotzauge, Vortreten des Augapfels mit Bewegungseinschränkung; kann ein- oder beidseitig auftreten. Ursachen: mechanische Vordrängung durch retrobulbäre (hinter dem Augapfel vorliegende) raumfordernde Prozesse, wie Entzündung und Schwellung, arterielle (pulsierender E.) oder venöse Gefäßerweiterung, gutartige oder bösartige Geschwülste, Parasiten, auch traumatisch (durch Unfälle) infolge Gefäß- oder Gewebszerreißungen; nicht zuletzt schließlich hormonell, besonders bei Hyperthyreose. Der hormonelle E. wird nicht durch Schilddrüsenhormone, sondern durch einen „Exophthalmus produzierenden Faktor" (EPF) bedingt, der aus dem Hypophysenvorderlappen (HVL) isoliert werden kann und der sich physikalisch, chemisch und physiologisch vom Thyreotropin (Thyreostimulierendes Hormon, TSH) unterscheidet. EPF kann im Blut nachgewiesen werden nicht nur bei Hyper-, sondern auch bei Hypothyreosen, also bei allen Störungen der Schilddrüsenregulation. Nach erfolgreicher Behandlung des Schilddrüsenleidens kann EPF erhöht bleiben und gelegentlich zum „malignen Exophthalmus" führen, der unter Augenmuskellähmungen und Tränensekretionsstörungen durch Hornhautulzeration bis zum Verlust des Auges entarten kann. *K.-H. Plattig*

Exopsychisch, Adjektiv für physikalische oder soziale Effekte in der Umwelt des Individuums, die auf seine geistige ↗Aktivität zurückgeführt werden können. *K. E. Pelzer*

Expansion ↗Graphologie.

Experiment. Als E. wird die planmäßige Manipulation von Variablen zum Zwecke der Beobachtung bezeichnet; mindestens eine der Variablen, die *unabhängige* oder *experimentelle* Variable, wird während des Experimentes definiert verändert; jene Variable, deren Änderung abhängig davon beobachtet wird, nennt man *abhängige* Variable. Die weiteren im E. notwendigen Variablen werden, falls ein Effekt auf die abhängige Variable möglich erscheint, entweder für die Dauer der Beobachtung konstant gehalten (*kontrollierte* Variablen, experimentelle Parameter) oder als *irrelevante* Variablen vernachlässigt. Jede kontrollierte Variable ist also eine mögliche unabhängige Variable für weitere Experimente. Die Beobachtung muß eine eindeutige Identifizierung der Änderungen der abhängigen Variablen in jenen Grenzen der Genauigkeit gestatten, welche dem Zweck des E. angemessen sind; die Beobachtung erfordert also eine Messung mindestens auf Nominalskalenniveau (↗Nominalskala).

Im Gegensatz zu den experimentellen stehen die *empirischen* Methoden (differentielle Methoden), bei welchen eine spezielle Konstellation von Variablen zum Zwecke der Beobachtung (Messung) aufgesucht wird. Da keine der Variablen während der Beobachtung planmäßig manipuliert werden kann, entfällt die Unterscheidung zwischen unabhängigen und abhängigen Variablen; entsprechend können aus den Ergebnissen keine direkten Folgerungen über die Richtung von Abhängigkeiten abgeleitet werden.

In die Definition des E. geht der Zweck ein: Die gleiche Anordnung, welche als E. der Feststellung über Richtung und Art von Zusammenhängen zwischen Variablen dient, kann, sobald diese Zusammenhänge bekannt sind, als Meßanordnung – etwa für andere E.e – dienen. Experimentelle Methoden werden daher oft auch als empirische Methoden (Tests) weiterverwendet.

Die Fragestellung eines E. ist abhängig vom Vorwissen. Falls dieses vorwissenschaftlich ist oder sich in ungerichteten Vermutungen erschöpft, spricht man von einem *Erkun-*

dungs-E. (pilot study); hier wird oft versucht, eine größere Anzahl von Variablen zu erfassen, falls nicht hinreichend spezifiziert werden kann, welche Effekte der unabhängigen Variablen zu erwarten sind. Bei *Kontroll-E.en* sind die Ergebnisse aus eigenen oder fremden Untersuchungen bereits bekannt, sie sollen aber zur weiteren Absicherung reproduziert werden; in *Verallgemeinerungs-E.en* wird der Variationsbereich der unabhängigen Variablen vergrößert, um den Geltungsbereich für einen gefundenen Zusammenhang zu erweitern;

Prüfungs-E.e werden so angelegt, daß die Ergebnisse auf theoretische Vorhersagen bezogen werden können, um den Geltungsbereich einer Theorie zu bestimmen. Falls aus verschiedenen Theorien klare, aber unterschiedliche Vorhersagen für die Ergebnisse eines E. gemacht werden können, so daß durch das E. eine der konkurrierenden Theorien widerlegt werden kann, spricht man von *Entscheidungs-E. (experimentum crucis).*

Typen von Experimenten. Im einfachsten Fall wird nur eine unabhängige Variable verändert und der Effekt an einer oder mehreren abhängigen Variablen gemessen *(Prinzip der isolierenden Variation);* solchen *Einzel-E.en* (univariate E.e) stehen *Plan-E.e* (multivariate E.e) gegenüber, bei welchen mehrere unabhängige Variablen kombiniert so verändert werden, daß sowohl die Effekte jeder Variablen getrennt als auch deren *Wechselwirkungen* erfaßt werden können. In der Literatur liegen für die experimentellen Pläne (experimental design) und deren Auswertung (meist varianzanalytisch) ausgearbeitete Techniken vor.

Weitere Klassifikationen von E.en können aus dem Grad der Abstufung der unabhängigen Variablen abgeleitet werden. Bei *zweiwertigen* (bivalenten) E.en nimmt die unabhängige Variable nur zwei Werte an (z. B. Abhängigkeit der Rechenleistung vom Auftreten oder Nicht-Auftreten eines Störgeräusches). Obwohl solche E.e nur beschränkten Wert haben, sind sie in der Psychol. noch recht häufig und gelegentlich unvermeidbar; sie können zeigen, ob ein Effekt der experimentellen Variablen nachweisbar ist. Dieser Nachweis gelingt dann nicht mehr sicher, wenn zwischen unabhängiger und abhängiger Variable eine nicht-lineare oder nicht-monotone Beziehung besteht: so mag eine mittlere Intensität des Störgeräusches die Leistung fördern, während bei höherer und niedrigerer Intensität die gleichen Leistungen auftreten. Abhilfe schaffen hier *mehrwertige* (multivalente) E.e; nicht-monotone Beziehungen zu der abhängigen Variablen können im günstigsten Fall schon bei dreifacher Abstufung der unabhängigen Variablen erkannt werden. Bei weiterer Abstufung der unabhängigen Variablen im *funktionalen* E. schließlich kann die funktionale Beziehung zur abhängigen Variablen dargestellt werden. Die entsprechende Erweiterung kann auch im Plan-E. eingeführt werden: wird auf diese Weise die funktionale Abhängigkeit einer Variablen von mehreren unabhängigen Variablen erfaßt, so spricht man von einem *parametrischen* Experiment.

In vielen psychol. E.en interessiert nicht so sehr, welchen *Zustand* die abhängigen Variablen nach der Manipulation der unabhängigen Variablen annehmen als vielmehr der *zeitliche Verlauf,* mit welchem die abhängige Variable auf die Änderung der unabhängigen reagiert *(Antwortfunktion).* Beispiele für solche E.e sind die meisten Lernversuche. Man kann hier von dynamischen E.en im Gegensatz zu statischen sprechen. Meist geht dabei die abhängige Variable aus einem stabilen Zustand in einen neuen, wiederum stabilen Zustand über. Bei E.en dieser Art ist es notwendig, sowohl unabhängige als abhängige Variable fortlaufend zu registrieren; für die Auswertung ordnet man *Zeitfunktionen* der Variablen einander zu. In der Systemtheorie liegen ausgearbeitete Formalismen über die vollständige Analyse des Zeitverhaltens von Systemen durch bestimmte *Anregungsfunktionen* der unabhängigen Variablen (Rauschen, Sinus, Anstieg, Sprung, Stoß) vor, die in bestimmten Bereichen der Psychol. direkt angewendet werden können.

Geschichte des Experiments in der Psychologie. Die ↗Geschichte der Psychol. als selbständige Wissenschaft beginnt mit der Einführung des E. etwa ab 1860 (H.L.F.v.Helmholtz, W.Wundt, G.T.Fechner). Allerdings wurde die experimentelle nie als einzige ↗Methode der Psychol. betrachtet; daneben verwendet wurden die empirische ↗Beobachtung und die beschreibende Analyse des Einzelfalls (Kasuistik), bei manchen psychol. Schulen auch die phänomenologische Methode (geisteswissenschaftliche Psychol.). Insofern ist es möglich, eine besondere *experimentelle Psychologie* abzugrenzen. Gegenstand der experimentellen Psychol. waren zunächst vor allem Fragen der ↗Wahrnehmung und Probleme der ↗Reaktionszeit. Jedoch wurde die Anwendung rasch ausgedehnt: schon 1925 etwa konnte I. P. Pawlow zeigen, daß allgemeine Verhaltensstörungen analog menschlichen Neurosen bei Hunden ausgelöst werden können, wenn die Tiere schweren traumatischen Erlebnissen (Petersburger Überschwemmung, 1924) oder unlösbaren Aufgaben ausgesetzt werden; die Gleichsetzung dieser Verhaltensstörungen *(experimentelle Neurose)* mit menschlichen Neurosen wird allerdings gelegentlich angezweifelt. Heute wird die experimentelle Methode praktisch überall eingesetzt, wenn nicht moralische Bedenken (Schädigung der Vpn), praktische Schwierigkeiten (manche Fragen der Sozialpsychol.) oder schließlich wirtschaftliche Faktoren (Kosten) ihre Anwendung ausschließen.

E.e wurden ursprünglich an einigen wenigen oder nur an Einzelpersonen, gelegentlich im Selbstversuch (H. Ebbinghaus, W. James), durchgeführt. Mit der Verbreitung statistischer Kenntnisse (z. B. „Student's ↗t-Verteilung") konnte die Anzahl der benötigten Vpn rational abgeschätzt werden. Die Entwicklung der ↗Varianzanalyse durch R. A. Fisher (1925) ermöglichte Planversuche; die Einführung ↗Nicht-parametrischer Verfahren der ↗Statistik (vor allem etwa ab 1950) vereinfachte die Analyse vieler experimenteller Ergebnisse, vor allem wenn die Daten offensichtlich nicht der ↗Normalverteilung folgen.

In der Psychol. ist es oft schwierig, zwischen irrelevanten und zu kontrollierenden Variablen zu unterscheiden; außerdem bedeutet meistens die Messung der abhängigen Variablen einen Eingriff, der möglicherweise einen Effekt ausübt. Deshalb bedeutete die Einführung von ↗*Kontrollgruppen* zusätzlich zur *Versuchsgruppe* einen wichtigen Fortschritt: Die Vpn der Kontrollgruppe werden den gleichen Messungen wie jene der Versuchsgruppe unterworfen, ohne daß die unabhängige Variable manipuliert wird. Kontrollgruppen wurden schon 1908 verwendet, zu Beginn der fünfziger Jahre schlossen etwa die Hälfte der berichteten E.e Kontrollgruppen ein.

Neben der Entwicklung innerhalb der Psychol. beeinflußte die technische Entwicklung unsere Experimente. Die zunächst für viele E.e notwendigen feinmechanischen Apparaturen sind teuer, und ihre Kontrolle ist aufwendig (etwa das Hippsche ↗Chronoskop für die Zeitmessung). Seit etwa 1950 wurden sie schnell von elektronischen Apparaturen verdrängt, welche sowohl eine exakte Steuerung des experimentellen Ablaufs als auch eine einfache Messung und sichere Registrierung der Ergebnisse erlauben. Die augenblickliche Entwicklung ist gekennzeichnet durch das Vordringen systemtheoretischer Überlegungen, welche sowohl die Theorie als auch Versuchsaufbau und Analyse der Ergebnisse beeinflussen, durch weiteres Vordringen der Elektronik, und, im Zusammenhang damit, durch die Einführung von *„online"-E.en,* bei welchen die abhängige Variable, das Verhalten der Vpn, den weiteren Ablauf des E., also den Zustand der unabhängigen Variablen, direkt beeinflußt.

Probleme des psychologischen Experiments. Zwar sind die theoretischen Fragen psychol. Experimentierens prinzipiell geklärt, es bestehen jedoch praktische Probleme, welche die Anwendung der experimentellen Methode und die eindeutige Interpretation erzielter Ergebnisse einschränken; die wichtigsten davon betreffen die operationale Definition der verwendeten

Variablen, die Möglichkeiten zur Verallgemeinerung experimenteller Ergebnisse und moralische und juristische Einschränkungen.

Die Definition der verwendeten Variablen hängt im Humanversuch auch von der Interpretation der Situation durch die Vp ab; trotz sorgfältiger ↗*Instruktion* kann diese Interpretation oft nicht hinreichend kontrolliert werden; persönliche Merkmale des Vl, möglicherweise schon seine Erwartungen über die Leistung der Vp *(Experimentator-Effekt; Rosenthal-Effekt)*, beeinflussen diese Interpretation, so daß entsprechende Kontrollversuche oder Blind- und Doppelt-Blind-Versuche notwendig werden. Im Tierexperiment versucht man durch Manipulation der Bedürfnislage (häufig Hunger) festzulegen, welche Variablen der Situation für das Versuchstier wirksam werden.

Die Möglichkeit, experimentelle Ergebnisse zu verallgemeinern, hängt davon ab, ob die Bedingungen des E. als repräsentativ betrachtet werden können. Hinsichtlich der herangezogenen Vpn bestehen hier keine ernsthaften Schwierigkeiten, obwohl viele Ergebnisse lediglich auf Untersuchungen an Psychologen und Psychologiestudenten zurückgehen. Die übrigen Bedingungen psychol. E.e sind dagegen häufig entweder für praktische *(biotische E.e)* oder für theoretische Probleme repräsentativ; es liegen bisher relativ wenige Ergebnisse vor, die zugleich theoretische als auch lebenspraktische Fragen beantworten.

Die Einschränkung durch moralische oder rechtliche Bedenken schließlich ist in der Experimentiertechnik sehr spürbar. Schon bei relativ einfachen Lernversuchen kann es notwendig werden, die Vp durch die Instruktion absichtlich zu täuschen, Versuche in Schulen scheitern am Fehlen der Einwilligung der Eltern, einfache sozialpsychol. Erhebungen müssen unterbleiben, weil sie möglicherweise unerwünschte Rückwirkungen auf die untersuchte Gruppe haben. Viele sozial belangvolle Fragen werden sich erst experimentell untersuchen und beantworten lassen, wenn ein erheblicher Teil der Bevölkerung vom Wert des psychol. E. überzeugt ist.

Lit.: Boring, E. G.: A history of experimental psychology. New York, 1929; **Plutchik, R.:** Foundations of experimental research. New York – Evanston – London, [2]1974; **Selg, H.:** Einführung in die experimentelle Psychologie. Stuttgart – Berlin – Köln – Mainz, [3]1972; **Sidowski, J. B.** (Ed.): Experimental methods and instrumentation in psychology. New York – St. Louis – San Francisco – Toronto – London – Sydney, 1966; **Traxel, W.:** Einführung in die Methodik der Psychologie. Bern, 1964.

F. Merz

Experimental design ↗Versuchsplanung.

Experimentalgruppe ↗Kontrollgruppe.

Experimentelle Ästhetik. GESCHICHTLICHER ABRISS. G. T. ↗Fechner, der allgemein als Vater der Exp. Psychol. betrachtet wird, war auch der Begründer der experimentellen Ästhetik. Darunter versteht man die Anwendung der Methoden der Exp. Psychol. auf Probleme, die die Künste betreffen, und, allgemein gesagt, auf die Untersuchung motivationaler Wirkungen der Wahrnehmungsformen und -qualitäten. Fechner vertrat eine Ästhetik „von unten“, die im Gegensatz zur Ästhetik „von oben“ steht, wie sie von philosophischen Ästhetikern bevorzugt wird. Außer einer Anzahl meistens spekulativer Gesetze bestehen seine Hauptbeiträge zur e. Ä. in der Behauptung, daß der Experimentierende mit einfachen Reizen beginnen sollte, die für die meisten elementaren Bestandteile eines Kunstwerks repräsentativ sind, sowie aus seiner Empfehlung von drei Untersuchungsmethoden (die den psychophysischen Methoden ähnlich sind, die er zur Messung sensorischer Prozesse einführte). Sie umfassen die *Wahlmethode* (in der die Vpn mehreren Reizen ausgesetzt werden und ihre Präferenzen angeben), die *Herstellungsmethode* (in der die Vpn Manipulationen ausführen, welche Reize hervorrufen, die ihre Präferenzen veranschaulichen) und die *Verwendungsmethode* (das Studium von Kunstgegenständen als Indikatoren der Präferenzen, die in einer besonderen Gesellschaft verbreitet sind).

Bei den meisten Arbeiten über e. Ä., die während des Jh., das inzwischen vergangen ist, verfaßt wurden, hat man Varianten der

Wahlmethode benutzt. Neuere Fortschritte in der Skalierungstheorie (↗Skalierung) ließen eine lange Reihe von hochentwickelten Methoden verfügbar werden, um Präferenzen durch Ratings, Rangreihen usw. zu messen und um mathematische Modelle zu konstruieren, mit denen die erhaltenen Daten zusammengefaßt werden können. In vielen Experimenten, mit Fechners eigenen beginnend, waren Beurteilungen visueller Formen und Farben die abhängigen Variablen. Relativ konsistente Befunde waren: die Tendenz zur Bevorzugung von Rechtecken und von Teilungen eines Linienabschnittes trotz weiter Variabilität zu Mustern um den goldenen Schnitt herum (Verhältnis $A/B = B/A+B = 0{,}62$) sowie die Tendenz, daß Rot und Blau einen höheren Beliebtheitsgrad haben als andere Farben. Komplexeres künstlerisches Material (Reproduktionen von Gemälden, Vasenmalereien, musikalische Passagen, Auszüge aus Dichtungen usw.) ist zur Untersuchung von individuellen Geschmacksunterschieden und ihren Korrelaten mit Persönlichkeitseigenschaften benutzt worden. Faktorenanalysen erbrachten regelmäßig einen Generalfaktor, der die allgemeine Fähigkeit zur ästhetischen Urteilsbildung zeigte, und einen bipolaren Faktor, der von verschiedenen Autoren verschieden charakterisiert wurde (z. B. Neigung zur Einfachheit versus Kompliziertheit, Sensitivität für Farbe versus Form).

Die Auswirkung der zeitgenössischen theoretischen Entwicklungen begann sich in den zwanziger und dreißiger Jahren dieses Jh. bemerkbar zu machen; sie änderte die im wesentlichen empirische Einstellung, die bisher vorgeherrscht hatte. Psychoanalytiker deuteten künstliche Erzeugnisse wie so viele andere psychol. Phänomene als verhüllte Ausdruckserscheinungen unbewußter Wünsche und Konflikte. Die strukturellen Qualitäten, denen die Gestaltpsychol. in ihren Untersuchungen über die Wahrnehmung Bedeutung beilegte, und vor allem jene Qualitäten, die „gute" Gestalten kennzeichnen, sind besonders von R. Arnheim als Hauptdeterminanten ästhetischen Genusses angesehen worden. G. D. Birkhoff erarbeitet ein mathematisches Verfahren, in dem der Interaktion von Komplexität und Ordnungsfaktoren ein ästhetischer Wert zukommt.

Neuere Entwicklungen. Die Fortschritte in der Psychol. und der Neurophysiologie brachten eine deutliche Wiederbelebung des Interesses an der e. Ä. in den sechziger Jahren. Untersuchungen des Neugierverhaltens, psychophysiologischer Veränderungen und anderer Phänomene haben die Aufmerksamkeit auf die motivationale Bedeutung von Reizeigenschaften, wie Neuheit, Überraschungswert, Komplexität und Mehrdeutigkeit, gelenkt, die als Bestandteile künstlerischer Form oder Struktur erkannt werden können. Die mathematischen Konzepte, die durch die ↗Informationstheorie eingeführt wurden, sind von F. Attneave, J. Hochberg und E. McAlister angewandt worden. Später nutzte sie W. R. Garner zur quantitativen Bestimmung der „Güte" einer Konfiguration oder des Grades an Strukturiertheit, und A. Moles, H. Frank und R. Gunzenhäuser formulierten mit Hilfe informationstheoretischer Begriffe eine quantitative Theorie des ästhetischen Wertes. Man weiß heute recht viel über die Gehirnprozesse, die den Schwankungen des Gefühls oder der „Aktivierung" zugrunde liegen, und auch über jene, die mit „hedonischen" Prozessen einhergehen (Belohnung und Bestrafung, angenehme und aversive Eigenarten von Reizmustern). Möglichkeiten einer Synthese tauchten auf, als sich immer mehr zeigte, daß diese Gehirnprozesse durch strukturelle oder „kollative" Eigenarten der Reizmuster ausgelöst werden (Neuheit, Komplexität usw.) und daß diese Eigenarten auch in Begriffen der Informationstheorie, wie Informationsgehalt und Ungewißheit, beschreibbar sind. Eine zunehmende Anzahl von Experimenten zeigt, daß Vpn dazu neigen, mittlere Grade von Neuheit und Komplexität eher positiv einzuschätzen, während höhere Grade als unangenehm beurteilt und vermieden werden.

Kurz gesagt, die e. Ä. scheint in eine Periode zunehmender Integration mit anderen

Gebieten der Psychol. einzutreten, besonders mit der Motivationstheorie. Ebenso wird man sich künftig weniger ausschließlich auf verbale Präferenzbeurteilungen verlassen, sondern Korrelationen zwischen diesen und nichtverbalen Meßwerten suchen – wie z. B. zwischen spontaner Selbstdarstellung und physiologischen Parametern von Aktivationsveränderungen.

Lit.: **Berlyne, D. E.:** Aesthetics and psychobiology. New York, 1971; **Child, I. L.:** Esthetics. In: **G. Lindzey & E. Aronson** (Eds.): Hdb. of Social Psychology, Bd. 3. Reading (Mass.), [2]1969; **Fechner, G. T.:** Vorschule der Ästhetik. Leipzig, 1876; **Francès, R.:** Psychol. de l'esthétique. Paris, 1968; **Frank, H.:** Informationsästhetik. Quickborn, 1959; **Moles, A.:** Information theory and esthetic perception. Urbana (Ill.), 1966; **Valentine, C. W.:** The exp. psychol. of beauty. London, 1962; **Woodworth, R. S.:** Exp. esthetics. In: Experimental psychology. New York, 1938.

D. E. Berlyne

Experimentelle Neurosen ↗Neurosen.

Experimentelle Psychologie, die Wissenschaft vom Verhalten von Organismen, die die Methoden des kontrollierten Experiments und der Beobachtung anwendet, um ein Verständnis für das Verhalten zu gewinnen. Psychische Zustände sind von besonderem, aber nicht ausschließlichem Interesse und sie werden eher aus Interaktionen von Verhalten – Umgebung – Organismus abgeleitet als direkt beobachtet und haben deshalb den Status von theoretischen Konstrukten.

Die E. P. wurde etwa 1860 ein eigener Wissenschaftszweig, hauptsächlich unter Einfluß von H. v. Helmholtz (sensorische Psychophysiologie), G. Fechner (Psychophysik) und besonders W. Wundt (physiologische Psychologie). Wundt gründete 1879 das erste psychologische Laboratorium in Leipzig und machte die E. P. bekannt als die Wissenschaft zur Erforschung des normalen menschlichen Erlebens unter kontrollierten Bedingungen mit Hilfe der introspektiven Methode. Diese Definition hat sich allmählich geändert unter dem Druck des Operationalismus, des logischen Positivismus, des Behaviorismus und vielen anderen Einflüssen, um schließlich das Verhalten eher als die Psyche als die primäre Gegebenheit zu spezifizieren.

Eine ausgezeichnete Quelle für die Geschichte der ersten 50 Jahre bietet Boring (1929). Eine umfassende Übersicht über die Themen, die das Gebiet umfaßt, hauptsächlich Empfindungs- und Wahrnehmungsprozesse, Lernen, Gedächtnis, Erkennen, Motivation und Leistung, ist in dem Standardwerk von R. S. Woodworth (Kling und Riggs, 1971) zu finden.

Lit.: **Arnold, W.:** Psychologisches Praktikum, Band 1: Experimentelles Praktikum. Stuttgart, [7]1972; **Boring, E. G.:** A History of Experimental Psychology. New York – London, 1929; **Kantowitz, B. H. & H. L. Roedinger III:** Experimental Psychology. Chicago, 1978; **Kling, J. W. & L. A. Riggs:** Woodworth and Schlosberg's Experimental Psychology. New York, [3]1971.

A. B. Kristofferson

Experimentelle Triebdiagnostik, Verfahren von L. Szondi (1947) zur Diagnose der dominanten Triebvektoren (Sexual-, Paroxismal-, Ich- und Kontakttrieb), denen je zwei konträre Triebbedürfnisse zugeordnet sind. Aus 6 Reihen von je 8 Porträts, die die 8 Bedürfnisse vertreten, müssen die 2 sympathischsten und antipathischsten ausgewählt werden. Ein kompliziertes Auswertungsverfahren führt zu differenzierten Feststellungen.

Lit.: **Szondi, L.:** Lehrbuch der experimentellen Triebdiagnostik. Bern, [3]1972.

R. Meili

Exploration. Ein Mensch, der nicht mit seinen eigenen Mitteln imstande ist, seine beruflichen, ehelichen, erzieherischen und anderen Probleme zu klären (explorieren), kann einen Psychologen zu Rate ziehen, der dann z.B. wie folgt vorgeht:

Der Psychologe analysiert zunächst die Umstände und die offensichtlichen Motive, die zu diesem Verlangen geführt haben, ebenso wie die sozialen, familiären und zwischenmenschlichen Beziehungen. Diese selten schriftlich fixierte Phase ist sowohl für die Suche nach den determinierenden Faktoren wie für die Untersuchungsmethoden richtungweisend. Sie liefert den Bezugsrahmen, auf den hin die Ergebnisse der E. für die Betroffenen übersetzt werden müssen, damit sie die Bedeutung des erhaltenen Rates verstehen und entsprechend handeln können.

Daraufhin nimmt der Psychologe die E. der betreffenden Persönlichkeit und ihrer Konflikte mit den ihm zur Verfügung stehenden Mitteln vor: Aussprache, Tests zur Prüfung einzelner Funktionen (Intelligenz, Motilität usw.), ↗Persönlichkeitstests (Fragebogenverfahren, projektive Verfahren: Rorschach, TAT usw.). Einige Psychologen benützen Laboratoriumssituationen (H. J. Eysenck) oder Interaktionssituationen (Stress Interview, Gruppensituation). Andere messen ausschließlich dem psychol. Gespräch Bedeutung bei (psychol. E. im engeren Sinne), in dem die Erlebnisinhalte eines Lebenslaufs zur Sprache kommen, was die Bewußtmachung erleichtert und bis zu einer Änderung der Persönlichkeit führen kann (C. R. Rogers). Die Psychoanalyse und die Analyse unter Hypnose sind besondere Verfahren tiefenpsychologischer Exploration.

Der Begriff der E. deckt sich mehr oder weniger mit denen der psychol. Untersuchung, Beurteilung, Beratung, Diagnostik.

Lit.: **Cronbach, L. J. & G. C. Gleser:** Psychological tests and personal decisions. Univ. of Ill. Press, 1965; **Fiske, D. W. & S. R. Maddi:** Functions of varied experience. Homewood (Ill.), 1961; **Gathecole, C. E.:** Assessment in clinical psychology. 1968; **Krumboltz, J. D. & C. E. Thoresen:** Behavioural Counseling. 1969; **Lesser, D.** (Ed.): Explorations in exploration: stimulation seeking. New York, 1969; **McReynolds, P.** (Ed.): Advances in Psychological Assessment, Vol. 1. Palo Alto, 1968; **Nahoum, C.:** L'entretien psychologique. Paris, 1952; **Rey, A.:** L'examen clinique en psychologie. Paris, 1958; **Sundberg, N. D. & C. Tyler:** Clinical psychology. London, ²1973; **Vernon, P. E.:** Personality assessment. A critical survey. London, 1963. **Drenth, P. J. D.:** Der psychologische Test. München, 1969; **Lattke, H.:** Das helfende Gespräch. Freiburg, ²1973; **Lückert, H. R.:** Die Problematik der Persönlichkeitsdiagnostik. München – Basel, 1965; **Musaph, H.:** Technik der psychologischen Gesprächsführung. Salzburg, ²1970; **Roggers, C. R.:** Die klientenzentrierte Gesprächspsychotherapie. München, ²1978; **Schraml, W.:** Das psychodiagnostische Gespräch. Hdb. d. Psychol. Bd. 6. Göttingen, ³1971.

C. Nahoum

Explorationstrieb ↗Erkundungsstreben.

Exposition ↗Darbietungsweise.

Expressivität. 1) Ausdrucksfülle, Ausdruckshaltigkeit: der Grad, in dem ein Wahrnehmungsgegenstand Ausdruckswert besitzt, d. h. beim Wahrnehmenden spontan gefühlsmäßige Stellungnahmen auslöst (↗Ausdruck).

2) Ausdrucksfähigkeit: die individuell unterschiedliche Fähigkeit und Bereitschaft, Erlebnisse, Gedanken und Einfälle sprachlich mitzuteilen. Die Ausdrucksfähigkeit hängt von Begabungsfaktoren (des ↗divergenten Denkens: Wort-, Assoziations- und Ausdrucksflüssigkeit, Einfallsfülle) und von Temperamentseigenschaften ab, die in den Persönlichkeitsfaktor Extraversion fallen (Pawlik, 1968).

3) Genetische E.: der Grad, in dem ein erbbedingtes Merkmal bei einem Individuum phänotypisch zur Ausprägung gelangt (↗Genetik).

Lit.: **Pawlik, K.:** Dimensionen des Verhaltens. Bern – Stuttgart, 1968, 340ff. 374f.

K. Pawlik

Exstirpation, die operative Entfernung eines Organs oder eines Gewebeteiles aus einem Organ, wobei der Defekt der Spontanheilung überlassen bleibt. Angewandt z.B. in Tierversuchen: E. des Gehirns oder von Teilen desselben. ↗Ablation. *F.-C. Schubert*

Extensionsreflex, Streckreflex (z.B. bei Gliedern).

Externalisierung, Verlagerung von Beziehungsverhältnissen aus einem Innenbereich in den korrespondierenden Außenbereich der Eigenwelt eines Individuums. Entsprechend der unterschiedlichen Abgrenzungen von Innen- und Außenbereichen des psychophysischen Geschehens (Metzger) und divergierender Annahmen hinsichtlich der Normalität bestimmter Lokalisierungen ist eine Vielfalt von Begriffsvarianten der E. bzw. Internalisierung aufzufächern, u.a. 1) Die nach psychoanalytischer Lehre schrittweise erworbene Unterscheidung von Subjekt- und Umwelteigenschaften. 2) Der

Übergang der Auslösung triebgesteuerten Verhaltens von primär organismusinternen auf organismusexterne Reize durch Konditionierung. 3) Die häufig unzutreffende Erfassung von Umweltverhältnissen nach dem Muster intrapersonaler Bezüge: Haltungen und aktuelle Gefühle, die ein Akteur – bewußt oder unbewußt – gegenüber sich selber hegt („Ich kann mich nicht leiden"), werden von ihm Personen der Umwelt entgegengebracht („Die anderen sind unausstehlich") oder diesen Partnern als Einstellung gegenüber dem Akteur zugeschrieben („Die anderen können mich nicht leiden").

Lit.: Metzger, W.: Psychologie. Darmstadt, 1963.

A. Vukovich

Exterozeptivreflexe, von außen her ausgelöste ↗Reflexe.

Exterozeptoren ↗Rezeptoren.

Extinktion ↗Löschung.

Extrapyramidales System, der Teil des motorischen Systems des Rückenmarks und des Gehirns, der außerhalb der Pyramidenbahn gelegen ist und dem Willen nicht direkt unterliegt. Seine Aufgabe ist die Regelung des gesamten Muskeltonus, die Koordinierung der Bewegung durch Agonisten-Antagonisten-Spiel und Mitbewegung der Gliedmaßen sowie die Überwachung der Körperhaltung. Es gehören dazu Teile des ↗Rückenmarks und der basalen Stammganglien im Zwischen- und Mittelhirn, wie Corpus striatum, Globus pallidum, Claustrum, Nucleus amygdalae, Nucleus ruber und Substantia nigra. *E. David*

Extrasensory perception ↗Außersinnliche Wahrnehmung.

Extratensiver Typus ↗Rorschachtest.

Extravertierter Typus, Einstellungstypus, der durch „positive Bewegung des subjektiven Interesses zum Objekt" bzw. Unmittelbarkeit zum objektiv Gegebenen bestimmt ist, und zwar im Bewerten und Intendieren. „Auswärtswendung" der psychischen Energie. Tendiert nach Oberfläche und Verbindung. Zeigt „entgegenkommendes, anscheinend offenes und bereitwilliges Wesen, das sich leicht in jede gegebene Situation findet, rasch Beziehungen anknüpft und sich oft unbekümmert und vertrauensvoll in unbekannte Situationen hinauswagt unter Hintansetzung etwaiger möglicher Bedenken". Gute „Einpassung" (C. G. Jung, S. 385). – H. J. Eysenck hält die Extraversion für eine statistisch gesicherte Persönlichkeitsdimension. Die bei seiner Faktorenanalyse benutzten Fragebögen knüpfen zum großen Teil an der Beschreibung Jungs an. Es bestehen enge Beziehungen zum ↗zyklothymen Typus.

Lit.: Eysenck, H. J.: The structure of human personality. London, 1953; **Jung, C. G.:** Psychologische Typen. Zürich, [2]1967.

W. Kretschmer

Extremgruppenvalidierung ↗Validität.

Extrinsisch ↗Intrinsisch.

Exzeß, eine auf die Steilheit bezogene Kennziffer von Verteilungen, auch unter der Bezeichnung *Kurtosis* bekannt. Als Maß der Steilheit wird die Relation des vierten zentralen Momentes zur vierten Potenz der ↗Standardabweichung verwendet:

$$E = \frac{\Sigma(X_i - \overline{X})^4}{N \cdot s^4} = \frac{\Sigma f_i \, (X_i - \overline{X})^4}{N \cdot s^4} = \frac{\mu_4}{\mu_2^2} - 3$$

(Der E. der ↗Normalverteilung ist z. B. 3.) ↗Mathematische Psychologie; ↗Statistik.

W. H. Butollo

Exzitabilität. 1) Die Eigenschaft von Lebewesen, bei Änderung des Reizniveaus erregt zu werden. **2)** Anfälligkeit gegen irritierende Reize affektiver Natur. *K. E. Pelzer*

Exzitation. 1) Hypothetischer Erregungszustand des Organismus oder des ↗Nervensystems. **2)** Rasches Anwachsen psychischer Spannung bei Freude, Begeisterung usw. **3)** Prozeß, durch den physikalische Energie

Veränderungen in einem ↗Sinnesorgan hervorruft. **4)** Prozeß, der in einem Nerv oder in einem Muskel durch nervöse Reizung Erregung hervorruft. *K. E. Pelzer*

Eyeless sight, die angebliche Fähigkeit, mit verbundenen Augen zu sehen. Wird von den Anhängern des Mesmerismus als eine der paranormalen Begleiterscheinungen der tiefen hypnotischen ↗Trance angesehen. Dem ↗Hellsehen ähnlich. Jules Romains prägte den Ausdruck „extra-retinal“ oder „paroptic“ sight und versuchte, diesem Phänomen eine physiologische Interpretation zu geben. *J. Beloff*

Eysenck Personality Inventory (EPI). Eine Überarbeitung des Maudsley Personality Inventory (↗MPI), zur Bestimmung von Neurotizismus und Extraversion, einschließlich einer Lügenskala.

Lit.: Eysenck, H. J. & S. B. G. Eysenck: Manual of the Eysenck Personality Inventory. London – San Diego, 1964.

J. Mields

F

Fabeltest. L. Düss hat von psychoanalytischen Gesichtspunkten aus kleine Geschichten für Kinder konstruiert, die verschiedenen Phasen der Entwicklung des Unbewußten entsprechen. Das Kind soll sagen, was weiter geschieht; die Antworten geben Einblick in die innere Problematik.

Lit.: **Düss, L.:** Fabelmethode. Stuttgart – Bern, 1956.

R. Meili

Face Validity *(Augenscheinvalidität)*, im Unterschied zum empirisch-wissenschaftl. Konzept der Validität die bloße subjektive, auf Mutmaßungen, Eindrücken – insbesondere von Laien – etc. beruhende diagnostische Valenz eines Tests. *H. Haase*

Fadenbindung ↗Graphologie.

Fadenversuch. Der F. (W. Wundt) wird gelegentlich angewandt zur Abschätzung der Tiefenwahrnehmung. Die Versuchsperson beobachtet durch einen Spalt eine Anzahl waagerecht vor einem grauen Hintergrund gespannter Fäden. Einige müssen dem Auge genähert bzw. in größere Distanz gebracht werden, bis alle gleich entfernt erscheinen.

J. Cumming

Fading, eine gleichbedeutend mit *vanishing* und *weaning* verwendete Bezeichnung für eine sog. *Schwundtechnik* bei der Konstruktion von ↗Lehrprogrammen, die darin besteht, daß in einer Sequenz von Lerneinheiten anfänglich gegebene Lernhilfen (Cues, Prompts) allmählich reduziert werden und schließlich ganz unterbleiben. *L. J. Issing*

Fähigkeiten. Phänomenologische Begriffsklärung. Einige andere Begriffe (Begabung, Talent und, wenn auch kaum noch gebräuchlich, Vermögen) werden mit ähnlicher, nicht klar unterscheidbarer Bedeutung verwendet. Auch in anderen Sprachen bestehen sprachliche Überschneidungen, die sogar dazu führen, daß im selben Wörterbuch Widersprüchlichkeiten erscheinen. Dasselbe Wort kann in verschiedenen Sprachen Verschiedenes bedeuten: Während in der englischen Literatur „aptitude" (im Deutschen „Eignung") die Fähigkeit zur Ausübung eines Berufes oder zum Erwerb gewisser Kenntnisse oder Fertigkeiten bedeutet, entspricht das französische „aptitude" dem englischen Begriff „ability". Was hier besprochen werden soll, ist der Begriff Fähigkeit im engeren Sinn, so wie er in der empirischen Forschung, wenn auch in der Praxis leider immer noch nicht allg., verwendet wird. Fähigkeit bedeutet hier die *Gesamtheit der psychischen Bedingungen, die zum Vollzug einer Tätigkeit notwendig sind.* Eine Fähigkeit ist damit operational durch die Tätigkeit definiert, der sie zugeordnet wird; in diesem Sinn wird z. B. sogar die Fähigkeit ↗„Intelligenz" heute häufig definiert als das, was ein Intelligenztest mißt. Aus dieser Definition des Begriffs Fähigkeit folgt, daß es so viele verschiedene F. wie verschiedene Tätigkeiten gibt und daß die Frage nach der Zahl und nach der Art der F. sinnlos ist. Das Wort wird daher vor allem eine Abkürzung für das „Gesamt der psychischen Bedingungen, die für den Vollzug der Tätigkeit notwendig sind". Es ist aber zu beachten, daß zu der Fähigkeit nur die notwendigen Bedingungen gerechnet werden und daß damit gewisse Einflüsse, die die Tätigkeit erleichtern können, wie Interesse, Aktivierungsgrad, Übung und gewisse Erfahrungen, aus dem Begriff Fähigkeit ausgeschlossen sind. Das bedeutet aber nicht, daß man die Fähigkeit auf die angeborenen Bedingungen reduziert, wie es früher oft der Fall war und wie es für den Begriff ↗Begabung sinnvoll ist. Einige der Bedingungen können sehr wohl auf Erfahrung und allgemeine Lernprozesse zurückgehen. Man hat ganz allg. erkannt, daß es empirisch unmöglich ist, erworbene von anlagemäßigen Bedingungen psychischer Erscheinungen sicher zu unterscheiden.

Tätigkeiten und die ihnen üblicherweise zugeordneten F. können sehr spezifisch sein, wie z. B. stricken, addieren, Werbeslogans erfinden usw., oder komplex, zusammengesetzt, wie Handarbeiten, Handel, Mechanik usw. Von den komplexen Fähigkeiten sind zu unterscheiden die allgemeinen, die eine Gruppe relativ gleichartiger Tätigkeiten umfassen, wie Intelligenzleistungen überhaupt, ↗Aufmerksamkeit, ↗Gedächtnis, Handgeschick usw.

Empirische Ergebnisse und Folgerungen. Der entscheidende Wandel, der sich durch die empirische Forschung in bezug auf den Fähigkeitsbegriff vollzogen hat, besteht darin, daß die F. nicht mehr wie ihre Vorgänger, die Vermögen, als in der ↗Anlage gegebene, einheitliche, voneinander klar geschiedene Einrichtungen oder Kräfte aufgefaßt werden, sondern in viel unbestimmterer Weise als ein Gesamt von Bedingungen. Diese Einsicht wurde hauptsächlich gefördert durch die Erforschung der Beziehungen zwischen F. mit Hilfe der Korrelationsrechnung. Man bestimmt dabei die Korrelationen zwischen den Leistungen in verschiedenen Denkaufgaben (also sehr speziellen F.) oder zwischen den Leistungen in verschiedenen Schulfächern (wie z. B. Mathematik und Sprachen) oder zwischen Intelligenz und motorischen F., Zeichnen usw. In solchen Untersuchungen hat sich nun gezeigt, daß innerhalb der intellektuellen F. recht viele Verwandtschaften bestehen und daß z. B. die sog. mathematische Begabung gar nicht so stark von der sprachlichen verschieden ist, wie oft angenommen wird, ja daß sogar zwischen Handgeschicklichkeit und Intelligenz eine gewisse Korrelation besteht. Daraus ergibt sich, daß viele F., nicht nur spezielle und komplexere, sich teilweise überschneiden, was nichts anderes heißt, als daß verschiedenen F. z. T. die gleichen Bedingungen zugrunde liegen.

Damit ist der während Jahrhunderten andauernde Vermögensstreit zwischen denen, die ein zentrales, und jenen, die mehrere oder sehr viele Vermögen als im Menschen angelegt annahmen, durch die empirische Forschung endgültig erledigt worden. Man weiß heute, daß die Bedingungen, die den Leistungen zugrunde liegen, auch bei speziellen Tätigkeiten komplex sind, daß es also mehrere Leistungsbedingungen gibt, von denen aber keine eindeutig nur einer Leistung zugeordnet werden kann.

Die ↗Faktorenanalyse ist ein Mittel, die grundlegenden, verschiedenen Tätigkeiten gemeinsamen Bedingungen, die man darum heute ↗Faktoren nennt, herauszuanalysieren und zu definieren. Es wird damit möglich, die in bezug auf eine Tätigkeit definierte Fähigkeit hinsichtlich ihrer inneren Struktur zu bestimmen. Durch diese Forschungen ist es vor allem klargeworden, daß die übliche Klassifizierung der F. in Intelligenz, Gedächtnis, Aufmerksamkeit, Motorik und Sensorik recht äußerlicher Natur und in bezug auf die psychol. Grundlagen kaum begründet ist. Unter verschiedenen Intelligenzleistungen findet man z. T. recht geringe Korrelationen, und zwischen den Leistungen des Gedächtnisses, der Motorik usw. fehlen sie fast vollständig.

Trotzdem wird der Fähigkeitsbegriff auch heute noch in Verbindung mit solchen Tätigkeiten oder Tätigkeitsbereichen angewendet. Da man die F. nicht mehr als einheitliche, scharf umgrenzte Vermögen auffaßt, stößt man auf die Frage, was man unter einer allgemeinen oder komplexen Fähigkeit verstehen soll. Zwei Antworten werden gegeben: a) die Bedingungen, die einer Gruppe von Teil-F. gemeinsam sind; b) die Gesamtheit der in ihnen allen wirkenden Bedingungen. Wenn man Intelligenz durch den allgemeinen Faktor „g“ definiert, wie dies C. Spearman vorschlug, dann entscheidet man sich für die erste Auffassung; wenn man sie mit einem komplexen Test, wie z. B. der Intelligenzskala von Binet-Simon, mißt, dann wird Intelligenz durch das Gesamt der Bedingungen für die verschiedenen Aufgaben definiert.

Das Fähigkeitskonzept spielt vor allem in der ↗Angewandten Psychologie bei Eignungsprüfungen aller Art eine Rolle. Anfangs hat man versucht, die Fähigkeit für einen Beruf in Teil-F. wie Intelligenz, Motorik, Wahrnehmung usw. aufzulösen, war aber durch den Mißerfolg gezwungen, zur Prüfung spezieller Tätigkeiten überzugehen, die denen des Berufes möglichst ähnlich sind. In neuerer Zeit versucht man nun, in Eignungsprüfungen diejenigen Faktoren zu bestimmen, die den Berufsleistungen zugrunde liegen, wobei man allerdings erkennen mußte, wieviel anderes als F. für den Berufserfolg wie auch in der Schule eine Rolle spielt.

Lit.: Cox, J. W.: Mechanical aptitude. London, 1928; **ders.:** Manual skill: Its organization and development. Cambridge, 1934; **Meili, R.:** Lehrbuch der psychol. Diagnostik. Bern, [6]1978; **Piéron, H.** et al.: L'utilisation des aptitudes. Paris, 1954; **Révész, G.:** Talent und Genie. Bern, 1952; **Vernon, P.:** The structure of human abilities. London, 1950.
R. Meili

Fahrtauglichkeit ↗Verkehrspsychologie.

Faktor. Im allg. Sinn versteht man unter einem F. einen Bestandteil oder eine Teilursache. Seit der Einführung der ↗Faktorenanalyse durch C. Spearman wird in der Psychol. unter F. eine psychol. ↗Variable verstanden, die mit Hilfe dieses mathematischen Verfahrens definiert worden ist. Ein F. bestimmt einen Teil der Gesamtvarianz (↗Varianz) eines gemessenen Merkmals. Ein Merkmal kann durch ein oder mehrere F.en bestimmt sein. Die F.en sind also varianzverursachende und daher individuell differenzierende psychol. Bedingungen. Sowohl Merkmale wie Individuen können durch F.en definiert werden. Je nach dem Verfahren sind die F.en voneinander unabhängig (orthogonal) oder nicht unabhängig und können dann noch weiter analysiert werden. F.en werden entweder als psychol. nicht mehr analysierbare Bedingungen bzw. Ursachen von Leistungen oder Verhaltensweisen interpretiert (L. L. Thurstone u. a.) oder nur als Klassifikationsprinzipien (C. Burt). Meili unterscheidet zwischen grundlegenden, primären und sekundären, aufgrund von Lernprozessen entstandenen Faktoren. Die Zahl der definierten F.en ist unübersehbar, und es bedarf anderer als faktorenanalytischer Kriterien, um über deren allgemeine Relevanz zu entscheiden. Die F.en werden gewöhnlich durch Buchstaben oder Buchstabenkombinationen bezeichnet. Vgl. hierzu ↗Intelligenz für die F.en von L. L. Thurstone und R. Meili und ↗Intelligenzstruktur für die F.en von J. P. Guilford. *R. Meili*

Faktorenanalyse. 1. Zur Geschichte der Faktorenanalyse. Die F. entwickelte sich zunächst unabhängig voneinander in der Psychol. und der Mathematik; in der ersten zur Klärung von dringlichen Sachfragen, in der zweiten als abstraktes Modell. Obwohl die Entwicklung dieser Zweige – am Anfang des 20. Jh. vertreten durch die Namen Ch. Spearman und Hotelling – heute gemeinsam verläuft, kann ein nennenswerter Teil der Schwierigkeiten, die viele Psychologen mit der F. haben, auf die unterschiedlichen Annahmen und Schwerpunktsetzungen im wissenschaftlichen und im mathematischen Modell zurückgeführt werden.

In der Psychol. ist die F. zunächst ein Versuch, mehr aus dem korrelationsstatistischen Ansatz von F. Galton und K. Pearson herauszuholen. Spearman entwickelte sie anfangs zur Klärung des Problems, ob es eine „monarchische“ Struktur der Intelligenz oder verschiedene „Intelligenzen“ gibt. Aus diesem Bemühen, nämlich eine gegebene Korrelationsmatrix auf einen einzigen Faktor hin zu untersuchen, wurde sie von L. L. Thurstone (und kürzer von Maxwell Garwett) zur multiplen F. weiterentwikkelt. Aus der ursprünglichen Beschränkung auf die Untersuchung des Problemkreises „abilities" (Ch. Spearman, G. L. Burt, G. H. Thomson, L. L. Thurstone) wurde ihre Anwendung, etwa seit 1930, von R. B. Cattell, H. J. Eysenck, J. P. Guilford und anderen auch auf andere Bereiche ausgedehnt, z. B. zur Aufklärung der Struktur der Persönlichkeit, der Motivation und von psychischen Zuständen.

2. Grundlagen. Ziel der F. ist es, das Zustandekommen der Korrelationen zwischen einer großen Zahl n von Variablen auf das Wirken einer kleineren Zahl k von abstrakten oder abgeleiteten Grundfaktoren zurückzuführen. Dieses Ziel ist verwandt mit dem der Wissenschaft allgemein: aus den beobachteten Erscheinungen eine ökonomischere Menge von Grundkonzepten abzuleiten. In Physik und Chemie können leicht Aussagen über diese Grundkonzepte gemacht werden, aber in den Sozialwissenschaften und in der Biologie, wo viel mehr Faktoren wirksam sind, ist die F. unerläßlich als Instrument zu einer ersten vereinfachenden Begriffsbildung. Freilich ist sie als Methode sowohl zur Hypothesenbildung als auch zu deren Prüfung geeignet.

Mathematisch lassen sich die Grundgleichungen am besten in Matrizenschreibweise formulieren. Ausgangspunkt bildet die durch das Experiment erhaltene n × n-Korrelationsmatrix zwischen den Variablen. Diese Matrix R_v („reduziert" durch das Einsetzen von Kommunalitätenschätzungen anstelle von Einsen in die Diagonale) können wir einem Computer eingeben, der über den mathematischen Prozeß der Berechnung von Eigenwerten und Eigenvektoren eine n × k-Faktorenmuster-Matrix V_{fp} bestimmt, die uns die Ladungen aller Faktoren in den n Variablen angibt.

Es gilt:

$R_v = V_{fp} R_f V'_{fp}$ (1)

Dabei ist R_f die k × k-Matrix der Korrelationen zwischen den Faktoren; im Spezialfall orthogonaler Faktoren wird R_f zur Einheitsmatrix und entfällt aus (1). Die Ladungen (im orthogonalen Fall gleichbedeutend mit Korrelationen) in V_{fp} geben an, inwieweit die standardisierte Varianz in jedem der k gemeinsamen Faktoren zur beobachteten Variation in jeder Variablen beiträgt. Wie Gleichung (4) unten (die im wesentlichen eine Zeile der V_{fp}-Matrix darstellt) zeigt, ist die Varianz einer Verhaltensvariablen eine gewogene Summe der Varianzen in diesen gemeinsamen Faktoren (die auch auf viele andere Variablen wirken) plus der eines spezifischen Faktors (F_j in Gleichung [4]), der nur an der Ausprägung dieser einen spezifischen Variablen beteiligt ist. Freilich könnte dieser „spezifische Faktor" eine Fiktion sein: ein Eingeständnis der Tatsache, daß wir nicht wissen, was vielleicht andere unbekannte gemeinsame Faktoren beitragen.

3. Zur Eindeutigkeit der Lösung. Ein Hauptproblem der F. ist die Bestimmung einer eindeutigen Lösung von Gleichung (1), da es – mathematisch gesehen – eine unendliche Mannigfaltigkeit von äquivalenten Lösungen gibt. In einer geometrischen Darstellung der Testvariablen in einem Koordinatensystem, dessen Achsen durch die Faktoren gegeben sind, entsprechen diese den Drehungen des Achsensystems in alle möglichen Positionen. Deshalb wird dies als das Problem einer eindeutigen Rotationslösung bezeichnet.

Die Entscheidung über die Zahl der Faktoren (und Schätzungen von Kommunalitäten) und ihre Extraktion mittels eines Computers benötigen heute wenig Zeit. Aber die Rotation kann, trotz der automatischen Programme wie Oblimax, Promax, Rotoplat und Maxplane, noch genauso langwierig und aufwendig sein, wie entscheidend sie für die nachfolgende psychol. Deutung ist. Bei der Rotation geht es im Prinzip um das Auffinden einer Matrix L, die nach

$$V_{rs} = V_o L \quad (2)$$

die unrotierte Matrix V_o, die aus dem Computer kommt, in die (typische) oblique Referenz-Vektor-Struktur V_{rs} transformiert, die die verlangte Einfachstruktur oder andere Eigenschaften (siehe unten) des wissenschaftlichen Modells aufweist. Der Einsatz von Verfahren zur Gewinnung einer eindeutigen Rotationslösung ist einer der Unterschiede zwischen der mathematischen und der wissenschaftlichen Anwendung der Faktorenanalyse. Denn in der ersten sind die errechneten Korrelationen zwischen den Faktoren und Variablen einfach Maße der „Assoziation", und alle der unendlich vielen Lösungen sind gleich richtig, während in der zweiten die Eindeutigkeit des Ergebnisses darauf hinweist, daß einem Faktor ein tatsächlicher Einfluß in der Natur entspricht. Die Hypothese, daß ein Faktor einer „rein mathematischen Abstraktion" entspricht, wie Kritiker behaupten, die nicht ausreichend mit der F. vertraut sind, ist nicht länger haltbar; vielmehr ist ein Faktor ein kausaler Einfluß oder eine kausale Struktur. (In dieser Beziehung beruht die Existenz eines Faktors auf derselben Beobachtungsgrundlage wie das Auftreten eines Elektrons oder einer Wertigkeit in Physik und Chemie.)

4. Die psychologische Bedeutung eines Faktors in der Verhaltensgleichung, Eigenschaftsscores und das Konzept der multipel bestimmten Reiz-Reaktions-Beziehungen. Von Gleichung (1) ausgehend, kann man Gleichungen finden, nach denen für jedes Individuum ein Score in einem gegebenen Faktor („Grundeigenschaft") aufgrund seiner Leistungen in den beobachteten Variablen geschätzt werden kann. Es gilt:

$$Z_f = Z_v \cdot V_{fe} \quad (3)$$

mit: Z_v: N (= Versuchspersonen) × n Score-Matrix in den Variablen
V_{fe}: n × k-Faktoren-Schätz-Matrix
Z_f: N × k-Matrix der Faktorenscores.

(Z_f muß noch durch eine einfache Transformation standardisiert werden.) Wenn wir sowohl die Faktorenmustermatrix aus (1) (ergänzt um eine Reihe für eine neue Variable a) als auch die Standardscores der Individuen in den Faktoren aus (3) kennen, können wir die sogenannte *Spezifikations-* oder *Verhaltensgleichung* anschreiben, in der die Leistung eines Individuums in der neuen Variablen a aus seinen Faktorenscores geschätzt wird. Es gilt:

$$a_j = b_{j1}F_1 \times b_{j2}F_2t\ldots + b_{jk}F_k + b_jF_j \quad (4)$$

Die b's sind Faktorenladungen aus einer Zeile der Faktorenmustermatrix. Sie können im psychol. Sinn Verhaltensindizes genannt werden, denn sie geben an, inwieweit ein gegebener Faktor („Grundeigenschaft") an der Ausprägung eines bestimmten Verhaltens beteiligt ist. Jedenfalls ist das faktorenanalytische Modell ein mathematischer Ausdruck eines begrifflichen Hintergrundes in der Psychol., er zeigt, daß a) das Verhalten typisch multipel bestimmt ist, b) sowohl der Organismus (repräsentiert durch die F's in Gleichung (4) als auch die Reizsituation (repräsentiert durch die b's in Gleichung (4) zur Bestimmung eines Verhaltens herangezogen werden müssen und c) jeder Persönlichkeitsbegriff nur durch ein ganzes Muster von Variablen operational definiert und gemessen werden kann und nicht (typisch) durch eine einzelne Variable. Der Gebrauch der F. als ein wissenschaftliches und nicht nur als ein statistisches Modell fordert Lösungen mit obliquen Faktoren (nicht nur orthogonale, die einen Spezialfall darstellen); denn es wäre merkwürdig, in einem Universum voller Wechselwirkungen unkorrelierte Faktoren zu finden. Modellrechnungen – wie Thurstones Box- oder Cattels Ball-Problem, bei denen die tatsächliche Struktur bekannt ist, zeigen, daß das Prinzip der Einfachstruktur zu Faktoren führt, die wissenschaftlichen Begriffen wie Länge, Breite, Gewicht, Elastizität und Temperatur entsprechen, und daß darüber hinaus die Ergebnisse einer nur orthogonalen Rotation für eine Interpretation nicht tauglich sind.

5. Oblique Faktoren, Rotationsprinzipien und Auftreten von Faktoren höherer Ordnung. Das Konzept korrelierter Faktoren ermöglicht es, Faktoren höherer Ordnung zu finden. Diese erhält man durch Faktorisierung der Korrelationen zwischen den Faktoren erster Ordnung. Daß sie auch wichtige psychol. Bedeutung haben, konnte gezeigt werden; z. B. ergab die Faktorisierung von L. L.

Thurstones, Primärfähigkeiten durch J. L. Horn die Existenz von zwei allgemeinen Fähigkeitsfaktoren höherer Ordnung, die man mit „fließender" und „kristallisierter" Intelligenz bezeichnen kann. Die Suche nach Faktoren zweiter Ordnung stellt noch höhere Anforderungen an die Rotation der Primärfaktoren zu einer genauen schiefwinkligen Position. Zwei Prinzipien bestimmen eine solche Rotation: a) *Einfachstruktur,* vorgeschlagen von L. L. Thurstone, bei der maximale Einfachheit im Sinne von I. Newtons *natura est simplex* angestrebt wird, und b) *Konfaktorenrotation,* vorgeschlagen von R. B. Catell, bei der zwei parallele faktorenanalytische Experimente gemacht und die kritischen Positionen der Faktoren so gewählt werden, daß die Ladungsmuster einander entsprechender Faktoren „proportionale Profile" haben. Dadurch wird direkt etwas erreicht, worauf die Einfachstruktur erst in zweiter Hinsicht abzielt, nämlich „Faktoreninvarianz", d. h., verschiedene Experimente müssen zu *gleichen* Konzepten führen. Untersuchungen darüber finden sich bei G. M. Meredith, L. R. Tucker und anderen. Neuerdings trennt man das wissenschaftliche Modell noch deutlicher vom mathematischen, indem man nur beim ersten von *Faktorenanalyse,* beim zweiten aber von *Komponentenanalyse* spricht. Die Komponentenanalyse mit orthogonalen Hauptachsen wird im allg. in verschiedenen Experimenten auch verschiedene Ergebnisse liefern, da sich die Achsenrichtung des ersten Faktors in Abhängigkeit von der Variablenauswahl ändert.

6. Neuere Lösungsansätze. In den letzten 20 Jahren wurde über viele Spielarten und spezielle Entwicklungen in der F. berichtet, wie die Faktorisierung von Kovarianzen und Kreuzprodukten anstelle von Korrelationen (J. R. Nesselroade, 1970); L. Guttmans verteilungsfreie F.; H.F.Kaisers Alpha-F.; P. McDonalds nichtlineare F.; L. R. Tuckers Dreiweg-F. sowie spezielle wissenschaftliche Modelle, das sogenannte permissive, das Expending-Modell und das Modulator-Modell.

Die drei letztgenannten sollen das Modell besser an bestimmte psychol. Bedingungen anpassen. So besagt das permissive Modell, daß ein Faktor A nicht zur Wirkung kommen kann, solange nicht ein Faktor B ein bestimmtes Niveau erreicht hat. (Es werden also Wechselwirkungs-Terms in Gleichung [4] eingeführt.) Das Expending-Modell, für die Motivationsforschung entwickelt, sagt, daß die hohe Sättigung eines Faktors in einer Leistung an Wahrscheinlichkeit seines Auftretens in einer anderen verringert. Das Modulator-Modell führt als Faktoreneigenschaft eine Empfindlichkeit ein, die für ein gegebenes Individuum eine feste Konstante ist und die es der Reizsituation ermöglicht, die Ausprägung eines Faktors zu „modulieren", bevor er überhaupt zur Wirkung kommt. Hier zeigt sich eine der Hauptverbindungen zwischen dem Gebrauch der F. in der differentiellen Psychol. und ihrer Verwendung in den Arbeitsbereichen der sogenannten „process psychologists" wie Wahrnehmung und Lernen.

7. Die Auswirkungen der Faktorenanalyse auf die differentielle Psychologie. Die F. wirkt sich zunächst am stärksten in der Differentiellen Psychol., insbesondere bei der Untersuchung der menschlichen Fähigkeiten und wenig später auch in der Persönlichkeitsforschung aus. Sie hat viel dazu beigetragen, die Struktur der Primärfähigkeiten aufzuklären in Arbeiten, die von L. L. Thurstone begonnen und von R. Meili, J. P. Guilford, W. Arnold, J. L. Horn, J. L. French und anderen fortgeführt wurden. In der Persönlichkeitsforschung, wo viele Psychologen mit Fragebogen und Ratingskalen und einige mit objektiven Meßinstrumenten in Miniatursituationen arbeiten, führte die F. insbesondere durch die Untersuchungen von R.B.Cattell und H.J.Eysenck zur Bildung von gut zwanzig Konzepten, die sich als weitaus stabiler und reproduzierbarer erwiesen als die vielen Dimensionen, die entweder *a priori* oder aufgrund klinischer Beobachtungen angenommen wurden.

8. Verschiedene Techniken, die faktorenanalysierbare Datenebene. Aus-

WIRKUNGEN AUF DIE UNTERSUCHUNG PSYCHISCHER ZUSTÄNDE UND DIE MOTIVATIONSFORSCHUNG. Weithin unterschätzt werden die Anwendungsmöglichkeiten verschiedener Techniken (wie P-, S-, T- und dR-Technik) der Faktorisierung der ursprünglichen Datenmatrix (Basic Data Relation Matrix). Diese kann man sich als einen n-dimensionalen Kasten vorstellen, dessen Kanten Versuchspersonen, Tests, Testzeitpunkte usw. bilden, darstellbar für die drei erstgenannten im bekannten Kovariationsschema („covariation chart"). (Siehe Fig.)

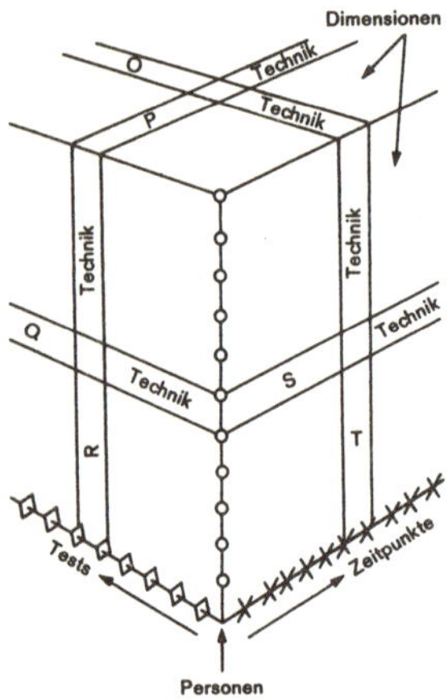

Die am weitesten verbreitete R-Technik korreliert Tests über Versuchspersonen, während die dazu inverse, die Q-Technik, Versuchspersonen über Tests korreliert. Solche inverse Techniken führen, wie sich mathematisch zeigen läßt, im wesentlichen zu den gleichen Faktoren, aber es besteht kein Grund außer einer psychol. Gesetzmäßigkeit, warum z. B. R- und P-Technik die gleichen Muster ergeben sollten.

In der P-Technik (siehe Fig. 1) wird eine einzelne Person faktorisiert, indem man ihre Verhaltensweisen („Tests") über eine hinreichend lange Reihe von wiederholten Messungen korreliert. Offensichtlich müssen die auf diese Weise erhaltenen Dimensionen die Zustände eines Menschen beschreiben (wie es auch W. Wundt durch eine A-priori-Analyse versucht hat), und in der Tat war die P-Technik die Hauptmethode, mit der klare und psychometrisch brauchbare Begriffe erhalten wurden für Zustände wie Angst, Depressionen, Streß, Ermüdung usw. Sie war auch ein machtvolles Instrument bei der Aufklärung der Zahl und der Natur der menschlichen Antriebe (↗Motivation). Eine weitere Technik, die sich als sehr brauchbar in diesem und anderen Gebieten erwiesen hat, ist die dR-(differentielle R-)Technik, bei der die Änderungen zwischen zwei Reizsituationen über eine Stichprobe von Versuchspersonen korreliert werden. Diese liefert, ähnlich der P-Technik, Dimensionen von Zustandsänderungen. Sie wurde besonders für die Definition und Abgrenzung von Angst- und Streß-Reaktionsmustern angewendet.

9. KRITISCHER VERGLEICH DER BEIDEN HAUPTINSTRUMENTE EXPERIMENTELLER VERSUCHSPLANUNG: VARIANZANALYSE UND KORRELATIONSSTATISTISCH-FAKTORENANALYTISCHE METHODEN. Im wesentlichen werden korrelationsstatistische und varianzanalytische Methoden zu gleichen Teilen verwendet, F. ist dabei der notwendige Höhepunkt jeder über das Elementare hinausgehenden Anwendung korrelationsstatistischer Methoden. Sowohl F. als auch Varianzanalyse dienen dazu, die Signifikanz und letztlich die Größe der Relationen zwischen den Variablen zu bestimmen. Aber die Varianzanalyse bleibt beschränkt auf nur zwei Variablen gleichzeitig (abhängige und unabhängige voneinander), während die Stärke der F. in der gleichzeitigen Verarbeitung vieler Variablen liegt. Sie leitet aus den vielen Relationen Einsichten in tieferliegende Strukturen ab, während es die Varianzanalyse dem Forscher überläßt, seine Hypothesen und Theorien aufgrund der vielen beobachteten zweiseitigen Beziehungen zu bilden. Beide Verfahren dienen sowohl zur Hypothesenbildung als auch zum Testen von Hypothesen, doch ist die F. (wo genügend Messungen berücksichtigt werden können) viel deutlicher im Hinweis auf Hypothesen und schärfer beim Testen derselben,

da sie eine ganze Struktur auf Realität prüft und nicht nur Unterschiede in einer einzelnen Variablen. Diesen Vorzügen gegenüber stehen als Einwände, sie sei auf lineare Beziehungen beschränkt, sie arbeite nicht mit der manipulativen Kontrolle des klassischen bivariaten Experiments, es fehle an Prüfungen und Signifikanztests und es herrsche als Folge der letztgenannten Mängel unter den Faktorenanalytikern Uneinigkeit über die begrifflichen Schlußfolgerungen, die aus ihren Ergebnissen gewonnen werden können. Diese Einwände wurden von R. B. Cattell (1966) intensiv untersucht. Es stimmt zwar, daß mit Ausnahme von P. McDonalds nichtlinearer F. faktorenanalytische Verfahren auf die Untersuchung linearer Zusammenhänge beschränkt sind, aber die Varianzanalyse leistet auch nicht mehr, solange sie sich auf Kurven bezieht, die durch zwei Punkte festgelegt werden; im übrigen kann durch eine Reihe von F.n über aufeinanderfolgende Variablenbereiche ein nichtlinearer Zusammenhang approximativ beschrieben werden. Hinsichtlich der Manipulation ist die Kritik unberechtigt, denn es gibt keinen Grund, weshalb abhängige und unabhängige Variable nicht miteinander faktorisiert werden sollten. Es liegt nur am fehlenden Mut zur Benutzung solcher manipulativen Versuchspläne, daß erst sehr wenige Beispiele dafür, wie der Bedingungs-Reaktionsfaktorenplan bei R. B. Cattell und I. Scheier (1961), in der Literatur erschienen sind.

Andererseits ist es wahr, daß bis vor kurzem effektive Testgrößen zur Prüfung der Signifikanz einer Faktorenladung, eines Faktors, einer Korrelation zwischen Faktoren, eines Faktors zweiter Ordnung, einer Kommunalität und der Identität von Faktoren aus verschiedenen Experimenten fehlten. C. W. Harris hat zur Prüfung der Signifikanz einer Faktorenladung folgenden Ausdruck vorgeschlagen:

$$|a_{jf}| > t_\alpha \sqrt{\frac{(1-h_j^2)\, d_{ff}}{N-k-1}}$$

mit t_α = Signifikanzgrenze der t-Verteilung für die Sicherheitswahrscheinlichkeit α und $N - k - 1$ Freiheitsgrade.

h_j^2 = Kommunalität der Variablen j

d_{ff} = ftes Diagonalelement von R_f^{-1}

N = Zahl der Versuchspersonen (bezogen auf R-Technik)

k = Zahl der Faktoren.

Auch für die anderen Probleme wurden Signifikanztests entwickelt, wie die Lawley-Rao-Tests für die Signifikanz eines Faktors. Zur Angabe der Ähnlichkeit von Faktoren aus verschiedenen Experimenten gibt es drei Indizes, nämlich G. L. Burts Faktorenkongruenzkoeffizient, R. B. Cattels nicht-parametrischen Prüfwert s („salient variable index") und den konfigurativen Ähnlichkeitsindex.

10. Ausblick. Es gibt viele Anzeichen dafür, daß sich Anwendung der F. in der Psychol. noch stark ausweiten wird. So hat das letzte Jahrzehnt neben bemerkenswerten Ergebnissen und Erweiterungen hinsichtlich der Techniken eine Ausdehnung der Anwendungsbereiche von der Differentiellen Psychol. gebracht auf die Sozialpsychol. (C. Bereiter, R. L. Gorsuck), Wahrnehmungsforschung (J. M. Hake, K. A. Schneewind), menschliche und tierische Motivation (K. Delhees, J. L. Horn, I. Royce), Physiologische Psychol. (J. Fahrenberg, A. Hefford), Genetik (A. Broadhurst, G. H. Thompson), das Sprachverhalten (C. E. Osgood, M. S. Miron, Papal), klinische Prozesse (J. Cohen), die Lerntheorie (R. B. Cattell, H. J. Eysenck, A. E. Fleishmann, L. R. Tukker, B. W. White) und Längsschnittuntersuchungen von Zuständen und Prozessen (P. B. Baltes, I. R. Nesselroade, J. Scheier).

Lit.: Burt, G. L.: Factors of the mind. London, 1940; **Cattell, R. B.:** The basis of recognition and interpretation of factors. Educ. Psychol. Measmt., 1962, *22*, 667–697; **ders.:** The configurative method for surer identification of personality dimensions, notably in child study. Psychol. Rept., 1965, *16*, 269–290; **ders.:** Handbook of multivariate and experimental psychology. Chicago, 1966; **ders.:** Confactor rotation: the central problem in structural psychology. Laboratory of Personality and Group Analysis, Advance Publication Number 1, November 1966; **Cattell, R. B. & K. Dickman:** A dynamic model of physical influences demonstrating the necessity of oblique simple structure. Psychol. Bull., 1962, *59*, 389–400; **Cattell, R. B. & W. Sullivan:** The scientific nature of factors: a demonstration by cups of coffee. Behav. Sci., 1962, 7, 184–193; **Cattell, R. B. & I. Scheier:** The Meaning and measurement of neuroticism and anxiety. New York, 1961; **Delhees, K.:** The abnormal personality: factor analysis of neurotic and delinquent behavior. In: **R. B. Cattell** (Ed.): Handbook of modern personality theory. Chicago, 1970, 560–610; **Eysenck, H. J.:** The structure of human personality. London, [2]1960; **Guilford, J. P.:** Psychometric methods. New York, 1954; **Guttman, L.:** Some necessary conditions for common factor analysis. Psychometrica, 1954, *19*, 149–161; **Horn, J. L.:** Motivation and dynamic calculus concepts from multivariate experiment. In: **R. B. Cattell:** Handbook of multivariate and experimental psychology. Chicago, 1966, 611–641; **Hotelling, H.:** Analysis of a complex of statistical variables into principle components. J. Educ. Psychol., 1933, *24*, 417–441 498–520; **Hundleby, J., Pawlik, K. & R. B. Cattell:** Personality factors in objective test devices. San Diego (Calif.), 1965; **Nesselroade, J. R.:** The theory of psychological states and moo action. In: **R. B. Cattell** (Ed.): Handbook of modern personality theory. Chicago, 1970, 200–240; **Pawlik, K.:** Dimensionen des Verhaltens. Bern, [2]1971; **Revenstorff, D.:** Faktorenanalyse. Stuttgart, 1975; **Ritsert, J. & E. Stracke:** Grundzüge der Varianz- und Faktorenanalyse. Frankfurt a.M., 1974; **Spearman, C.:** The abilities of man. London, 1932; **Thomson, G. H.:** The factorial analysis of human ability. Boston, 1939; **Thurstone, L. L.:** Multiple factor analysis. Chicago, 1947; **Überla, K.:** Faktorenanalyse. Berlin, [2]1971.

R. B. Cattell

Grundsätzliche Kritik der Faktorenanalyse. In der F. werden Korrelationen zwischen Meßwertreihen (z. B. Ergebnisse verschiedener Intelligenztests) auf unbeobachtete Variablen, die Faktoren, zurückgeführt; die Höhe der Korrelation zwischen Paaren beobachteter Variablen ist durch den Anteil gemeinsamer Faktoren bestimmt. Um Rechenregeln für eine konkrete Analyse zu bestimmen, muß eine Annahme über die Art des Zusammenhanges zwischen den Variablen gemacht werden; herkömmlicherweise wird dazu angesetzt, daß die beobachteten Meßwerte als gewichtete Summe der Faktorladungen aufzufassen seien. Die F. wird dadurch zu einem sehr restriktiven *Modell* (↗Modellvorstellungen).

Kritik des Modells. Das Modell der linearen Kombination der Faktoren ist zwar bestechend einfach, aber gerade deshalb ist seine Anwendung auf lebende Systeme durch Sachargumente, etwa den Hinweis auf bekannte Zusammenhänge, nicht zu rechtfertigen. Der Einführung komplizierterer Annahmen über die Art des Zusammenwirkens steht zwar prinzipiell nichts im Wege, jedoch wäre jede solche Annahme wieder willkürlich. Da die Zahl der Faktoren aus den Daten bestimmt wird und beliebig groß werden kann, kann durch F. jeder Datensatz beliebig genau reproduziert werden. Das im Ansatz restriktive Modell ist dadurch so unterbestimmt, daß die Ergebnisse nicht geprüft werden können und deshalb unverbindlich bleiben.

Kritik der Technik. Man könnte das Modell als „erste und vorläufige" Annäherung akzeptieren, falls innerhalb seiner Voraussetzungen eindeutige und interpretierbare Ergebnisse erzielt werden könnten; das ist weder theoretisch noch tatsächlich der Fall. Damit ist nicht gemeint, daß jede F. zu einer infiniten Zahl von Lösungen führt, die durch ↗„Rotationen" (lineare Transformationen) ineinander überführbar sind. Die rechnerische Zerlegung beobachteter Meßwerte hängt vielmehr sowohl von der Auswahl der Variablen (z. B. Tests) als auch der Auswahl der in Betracht gezogenen Meßwertträger (meist Pbn) ab. Die Wahl der Variablen kann als operationale Definition des untersuchten Bereiches (etwa „rechnerisches Denken") aufgefaßt und somit gerechtfertigt werden; der Einfluß der Selektion der Meßwertträger wird irrtümlicherweise bestritten (Meredith, 1964). Wie jedoch gezeigt wurde, führen empirisch durchaus wahrscheinliche Selektionen dazu, daß Faktorenlösungen auftreten können, welche mit der Faktorenstruktur vor Selektion nicht in linearer Beziehung stehen; außerdem treten mathematisch unlösbare Varianz-Kovarianz-Matritzen (nicht mehr „positiv-semidefinite" reduzierte Matritzen) auf (Kalveram, 1970). Empirisch wird das nur durch die statistische Streuung und die Schätzung der ↗Kommunalitäten verdeckt. Selektionen dieser Art mögen auch bei repräsentativen Stichproben vorliegen: Diese sind repräsentativ für eine Population, nicht jedoch für eine hypothetische Faktorenstruktur.

Die F. ist somit keine geeignete Forschungsmethode; falls gelegentlich mit wenigen Faktoren eine hinreichende Lösung bei zahlreichen Variablen gefunden wird, kann sie jedoch dazu dienen, graphisch oder in Form von Tabellen Zusammenhänge anschaulich darzustellen.

Lit.: Kalveram, K. T.: Über Faktorenanalyse. Arch. ges. Psychol. 1970, *122*; **ders.:** Probleme der Selektion in der Faktorenanalyse. Arch. ges. Psychol. 1970, *122*; **Meredith, W.:** Notes on factorial invariance. Psychometrika, 1964, *29*, 177–185.

F. Merz

Faktoren der Persönlichkeit ↗Dimensionen der Persönlichkeit.

Faktorieller Versuchsplan, eine experimentelle Anordnung zur gleichzeitigen Prüfung des Einflusses mehrerer unabhängiger Variablen auf eine abhängige ↗Variable, und zwar für alle möglichen Kombinationen von Variablenklassen. Dadurch erspart man sich die getrennte Kontrolle der unabhängigen Variablen in Einzelexperimenten und hat zudem die Möglichkeit, eventuell bedeutsame Wechselwirkungen zu identifizieren. Vgl. auch ↗Varianzanalyse. *W. H. Butollo*

Fallgeschichte ↗Case Study.

Fallstudie, eine Methode der Persönlichkeitspsychol., die es sich zum Ziel setzt, die individuelle Eigenart eines einzelnen Menschen in ihrer „qualitativen Einzigartigkeit" zu erfassen (G. W. Allport). Die F. erfordert ein besonders eingehendes (oft über längere Zeit fortgeführtes) Studium der Einzelperson, in dessen Verlauf alle erreichbaren Unterlagen, die für diese Person charakteristisch sind, gesammelt und verarbeitet werden (Ergebnisse in psychodiagnostischen Tests, anamnestisch-biographische Daten, schöpferische Leistungen usw.). Die F. wird außer in der ideographischen ↗Persönlichkeitsforschung vornehmlich in der ↗Klinischen Psychologie für praktisch-diagnostische Zwecke angewandt (case study).

Lit.: Allport, G. W.: Persönlichkeit. Struktur, Entwicklung und Erfassung der menschlichen Eigenart. Stuttgart, 1949; **Huber, H. P.:** Psychometrische Einzelfalldiagnostik. Weinheim, 1973.

K. Pawlik

Fallversuch. 1) Dient zur Demonstration der Mängel der einäugigen Tiefenwahrnehmung; die Vp muß erst binokular, dann monokular in einem entsprechenden Gerät den Abstand herabfallender Kügelchen von einer bestimmten Vergleichsmarke beurteilen. **2)** Früher: Zur Messung der ↗Reaktionszeit mußte ein fallendes Gewicht abgestoppt werden.

Lit.: Pauli, R. & W. Arnold: Psychol. Praktikum. Stuttgart, [7]1972.

K. E. Pelzer

Falsifikation ↗Verifikation.

Falsumpräparat ↗Placebo.

Familie. Die psychol. Bedeutung der F. und ihrer Mitglieder für eine gegebene Person wurde erstmalig von S. Freud, im weiteren auch von A. Adler und C. G. Jung erkannt. Freud beschrieb anhand der freien Gedankenabläufe seiner Patienten in der psychoanalytischen Behandlung die ↗Rollen, welche die Mutter und der Vater gegenüber dem Kinde und dieses im Verlauf seiner frühen Entwicklung gegenüber seinen Eltern einnimmt. Adler diskutierte anhand eines analogen Beobachtungsmaterials typische Verhaltenstendenzen einiger Geschwisterpositionen und warf Freud vor, seine Charakterisierung der frühkindlichen F.situation nur für das ↗Einzelkind vorgenommen zu haben. Jung konzipierte die ↗Archetypen, unter denen sich auch seiner Meinung nach angeborene Bilder vom Vater und von der Mutter befinden, die nicht immer mit der Erscheinungsform der tatsächlichen Mutter und des tatsächlichen Vaters übereinstimmen müssen.

Aus diesen Ansätzen entwickelte W. Toman unter Verwendung einfacher Kombinationsregeln ein Modell der Wirkungen von F.konstellationen, das vor allem auch an den „harten" Daten des Sozialverhaltens im Alltagsleben und statistisch getestet wurde. In diesem Modell hängen psychol. und Verhaltenswirkungen von F.mitgliedern aufeinander u. a. von den Personen ab, aus denen sich die F.n zusammensetzen.

Allgemeinste Charakteristika der Personen in F.konstellationen sind die Zahl der zusammenlebenden Personen sowie Alter und Geschlecht dieser Personen; ferner Dauer des Zusammenlebens sowie Beendigung des Zusammenlebens durch Verluste von F.mitgliedern. Unter allgemeinen Wirkungen sind unter anderem solche auf das Zusammenleben in jenem F.verband, den der Betreffende selbst gründet, aber auch auf andere Dauerbeziehungen, wie Freundschaften und Bekanntschaften, zu verstehen. Eine Vielfalt solcher Wirkungen, die einerseits einen wichtigen Teil der F.wirkungen überhaupt ausmachen und andererseits einen Teil aller Wirkungen darstellen, die von der psychol. und soziologischen Umgebung eines Menschen auf sein Verhalten ausgeübt werden, konnte empirisch nachgewiesen werden. Diese Wirkungen der F.konstellationen auf das soziale Verhalten eines Menschen lassen sich grob im „Duplikationstheorem" verallgemeinern. Dieses besagt: Unter sonst vergleichbaren Bedingungen haben jene neuen sozialen Dauerbeziehungen mehr Aussicht auf Erfolg und Bestand, die früheren und frühesten sozialen Dauerbeziehungen, insbesondere den intrafamiliären, ähnlich sind.

Daraus folgt, daß Komplementarität der Geschwisterrollen von Ehepartnern zum Erfolg der Ehe, Nichtkomplementarität oder Konflikt der Geschwisterrollen der Ehepartner zum Mißerfolg der Ehe beitragen können. Da Ehepartner in der Regel altersnah sind und als frühestes Paradigma für das Zusammenleben mit altersnahen Personen die Geschwisterbeziehungen in Frage kommen, wären der ältere Bruder einer Schwester, b(s), und die jüngere Schwester eines Bruders, (b)s, als komplementäre Ehepartner zu bezeichnen. Beide sind (durch ihre ursprüngliche Familie) an das Zusammenleben mit einer altersnahen Person des anderen Geschlechts gewöhnt. Beide ergänzen sich im Altersrang. Er ist gewöhnt zu führen und Verantwortung zu tragen, sie ist gewöhnt, geführt zu werden, Verantwortung dem Partner zu überlassen. Ähnliches gilt bei umgekehrten Führungsrollen für die Ehe des jüngeren Bruders einer Schwester mit der älteren Schwester eines Bruders, symbolisch (s)b/s(b).

Extreme Beispiele von Nichtkomplementarität oder ↗Konflikt der Geschwisterrollen wären die Ehe des älteren Bruders eines Bruders mit der älteren Schwester einer Schwester, also b(b)/s(s), oder die Ehe des jüngeren Bruders eines Bruders mit der jüngeren Schwester einer Schwester, d. h. (b)b/(s)s. In beiden Ehen sind die Partner (durch ihre ursprünglichen Familien) nicht an das Zusammenleben mit altersnahen Personen des anderen Geschlechts gewöhnt. In beiden Ehen nehmen außerdem die Partner gleiche Altersränge ein. In der ersten Ehe erheben beide Führungs- und Verantwortungsanspruch, in der zweiten Ehe erwartet jeder der Partner vom anderen Führung und Verantwortlichkeit.

Partielle Komplementarität der Geschwisterrollen ist dann gegeben, wenn die Ehepartner unter mehreren Geschwistern zumindest eines gehabt haben, das sich mit der Geschwisterposition des Ehepartners deckt [z. B. b(bs)/(b)s(b), also der älteste Bruder eines Bruders und einer Schwester, verheiratet mit der mittleren Schwester von zwei Brüdern]. Rangkonflikt ohne Geschlechtskonflikt wäre etwa durch die Ehe des älteren Bruders von Schwestern mit der älteren Schwester von Brüdern gegeben, z. B. b(ss)/s(bb) bzw. b(sss)/s(bbb); Geschlechtskonflikt ohne Rangkonflikt durch die Ehe des älteren Bruders eines oder mehrerer Brüder mit der jüngsten Schwester von Schwestern, also etwa b(bb . . .)/(ss . . .)s.

Es konnte nachgewiesen werden, daß Nichtkomplementarität der Geschwisterrollen von Ehepartnern die Wahrscheinlichkeiten einer Scheidung, einer geringeren Kinderzahl, aber auch von Ehe- und Erziehungsschwierigkeiten in der F. erhöht. Freundschaften, sowohl unter Personen gleicher wie beider Geschlechter, dauern länger, wenn die Partner komplementäre Geschwisterrollen haben.

Auch die Beziehung einer Person zu den Eltern bzw. die Beziehung der Eltern zu ihren Kindern ist durch die Geschwisterposition der Eltern mitdeterminiert. Dabei gilt, daß ein Elternteil unter sonst vergleichbaren Bedingungen sich mit jenen unter seinen Kindern (des gleichen Geschlechts) am leichtesten identifiziert, und dieses mit ihm, das eine identische oder ähnliche Geschwisterposition wie der Elternteil hat; ferner daß ein Elternteil mit jenem unter seinen Kindern (des anderen Geschlechts) im direkten Kontakt am besten auskommt, und dieses mit ihm, dessen Geschwisterposition sich mit der eines (andersgeschlechtlichen) Geschwisters des Elternteils (am ehesten) deckt.

Andere Merkmale, wie Größe der Altersabstände der Geschwister, der Eltern voneinander und von den Kindern, Unterschiede in der Intensität des Zusammenlebens innerhalb der F., aber auch die Schicksale der F.gründungen der Geschwister der Eltern differenzieren die Wirkungen von F.konstellationen auf das soziale Verhalten der betroffenen Personen. Das gleiche gilt für Intelligenz-, Vitalitäts- und äußere Erscheinungsunterschiede, schließlich für sozio-ökonomische, ethnische oder religiöse Faktoren. Sie komplizieren die aufgezeigten Zusammenhänge; sie können diese stören, aber manchmal auch stärken.

Personenverluste in der ursprünglichen F. bewirken die erhöhte Bereitschaft zur Antizipation weiterer Verluste. Diese äußert sich in schlechteren Personenwahlen für Dauerbeziehungen (deren Wahrscheinlichkeit, sich aufzulösen, gegenüber anderen Dauerbeziehungen erhöht ist), aber auch in der Tendenz, Personen als Partner zu wählen, die selbst Verluste erlitten haben, auch solche, die man selbst wieder verlassen kann oder von denen man mit erhöhter Wahrscheinlichkeit verlassen wird.

Verluste von F.mitgliedern sind psychol. um so schwerer, je kürzer sie zurückliegen, je früher im Leben einer Person sie eingetreten sind, je älter die verlorene Person, je größer die Dauer des bisherigen Zusammenlebens mit der verlorenen Person, je stärker die Störung des Geschlechtergleichgewichts in der F., je geringer die Zahl der unmittelbaren F.mitglieder, je größer die Zahl der bereits erlittenen Personenverluste und je länger es dauert, bis ein vollwertiger Ersatz für die verlorene Person beschafft werden kann. – Temporäre Verluste sind nichtpermanente Absenzen von Personen aus dem F.verband. Für ihre störende Wirkung gelten die gleichen Regeln in Abhängigkeit von der Dauer der Absenz. Partielle Verluste sind Verluste von Teilaspekten einer Person im F.verband (gegeben etwa durch die Entdeckung, daß der Vater ein Trinker oder vorbestraft sei).

Die Wirkungen von permanenten Verlusten auf die soziale Entwicklung der Betroffenen konnte statistisch nachgewiesen werden (Bowlby; Glueck & Glueck; Toman). Frühe Personenverluste führen mit erhöhter Wahrscheinlichkeit zu Erziehungsschwierigkeiten, Delinquenz und Kriminalität, zu neurotischen Störungen, zu ungünstigeren Ehepartnerwahlen der Betroffenen, zu häufigeren Ehescheidungen bzw. unehelichen Kindern, aber auch zu relativ später Mutter- bzw. Elternschaft.

Lit.: Adler, A.: Praxis und Theorie der Individualpsychologie. München, 1920 (Nachdruck: Darmstadt, 1965); **Bowlby, J.:** Mütterliche Zuwendung und geistige Gesundheit. München, 1973; **Freud, S.:** Vorlesungen zur Einführung in die Psychoanalyse 1916/17. Ges. Werke, Bd. 11. London, 1940–1965; **Glueck, S. & E. Glueck:** Predicting delinquency and crime. Cambridge, 1959; **Jung, C. G.:** Wandlungen und Symbole der Libido. Leipzig – Wien, 1912; **Kaufmann, L.:** Familie, Kommunikation, Psychose. Stuttgart – Bern, 1972; **Parsons, T. & R. F. Bales:** Family, socialization and interaction process. Glencoe (Ill.), 1955; **Patterson, G.:** Soziales Lernen in der Familie. München, 1975; **Plinke, R., Sell, J. & H. Sell:** Erziehung in der Pflegefamilie. Stuttgart, 1979; **Seitz, W. & W. Götz:** Familiäre Erziehung u. jugendliche Delinquenz. Stuttgart, 1979; **Stein, P. J., Richman, J. & N. Hannon:** The Family. Oxford, 1977; **Stierlin, H., Rücker-Embden, I., Wetzel, N. & M. Wirsching:** Das erste Familiengespräch. Stuttgart, 1977; **Toman, W.:** F.konstellationen. München, Neuausgabe 1974; **Wurzbacher, G.** (Hrsg.): Die Familie als Sozialisationsfaktor. Stuttgart, [2]1977.

W. Toman

Familienplanung, die für entwickelte Gesellschaften typische und ihrer Bevölkerungssituation angemessene generative Verhaltensweise. Durch Geburtenkontrolle wird die Kinderzahl von den Ehepartnern selbst bestimmt, d. h. mit ihren sozialen und wirtschaftlichen Bedingungen sowie ihren Zielvorstellungen in Einklang gebracht. Gesamtgesellschaftlich ist F. notwendig wegen der niedrigen Sterblichkeit (Gefahr der Bevölkerungsexplosion insbes. in Entwicklungsländern). Auch wird durch F. die Zahl der Abtreibungen vermindert. Der gegenwärtige stark rückläufige Geburtenüberschuß in der BRD könnte nur durch ökonomische Anreize, Behebung der Wohnungsnot für junge Familien und Kinderreiche sowie Beseitigung der allgemeinen Atmosphäre von Kinderfeindlichkeit aufgehalten werden.

Lit.: Blobel, R., u. a. (Hrsg.): Familie und Geburtenregelung. München, 1969; **Goode, W. J.:** Soziologie der Familie. München, [6]1975; **Kepp, R. & H. Koester** (Hrsg.): Empfängnisregelung und Gesellschaft. Stuttgart, 1969.

N. Schmidt-Relenberg

Familientherapie. Integrative F. ist eine psychotherapeutische Methode zur Behandlung von Familien und Paaren. Ihr Hauptziel ist die Verwandlung blockierter Gefühle in entsprechende Formen verbaler und non-verbaler Kommunikation zwischen den Familienmitgliedern. Diese Zielsetzung wird erreicht durch therapeutische Interventionen in 4 Bereichen: 1) Erkennen und Ändern der vorgefundenen, gestörten Kommunikationsmuster. 2) Beleben unterdrückter Gefühle und Fördern der Fähigkeit, diese auszudrükken. 3) Aufarbeiten von Kindheitserlebnissen, die für die Paar- und Familien-Beziehung relevant sind. 4) Gezieltes Verankern neuer Gefühlserlebnisse in bestimmten Interaktions-Prozessen. Diese 4 Bereiche werden mit Methoden wie Gestalttherapie, Psychodrama und anderen therapeutischen Techniken therapeutisch angegangen und in neuen Interaktionsmustern verankert.

Lit.: Haley, J.: Strategies of Psychotherapy. New York, 1969; **Luthman, S. G. & M. Kirschenbaum:** Familiensysteme. München, 1977; **Stierlin, H.:** Rolle und Auftrag in der Familientheorie und -therapie. Familiendynamik 1976.

F. Langhainzl

Fanatismus, die enge, leidenschaftliche, streitsüchtige Geisteshaltung, mit der psychopathische Sonderlinge und/oder die Opfer wirksamer ↗Propaganda eine kompromißlose, meist egozentrische und zugleich zentrifugale (I. H. Schultz) überwertige Idee verbreiten. Religiöse und politische Sektierer, Revolutionäre und andere Heilsverkünder, unbelehrbare Renten- und Rechtsquerulanten, Gesundheits- und Weltverbesserungsapostel vertreten mit rücksichtsloser Starrheit in geschlossener, röhrenförmiger Sicht ohne echte Diskussionsbereitschaft und mit blindem Eifer ihre oft wahnhaften Gedankengänge. *K. Thomas*

Farbangleichung. Wenn auf eine graue oder farbige Oberfläche zahlreiche kleine weiße, schwarze oder farbige Flächen (Streifen, Kreisflächen usw.) gelegt werden, ergibt sich statt des normalen Simultankontrasts das Phänomen der Helligkeits- und Farbtonangleichung: die weißen Streifen erhellen den Untergrund, auf dem sie liegen, die schwarzen machen ihn dunkler, die gelben Streifen führen ihm eine gelbe Komponente bei usw. Das Phänomen wurde zuerst von W. von Bezold bemerkt und von C. Musatti gründlich erforscht.

Lit.: Musatti, C.: Luce e colore nei fenomeni del contrasto, della costanza e dell'eguagliamento. Archivio di Psicologia, Neurologia e Psycologia, 1953, 5. *G. Kanizsa*

Farbenblindheit ↗Farbenfehlsichtigkeit.

Farbenblindheit, partielle, ↗Dichromatopsie.

Farbenblindheit, totale, ↗Monochromatopsie.

Farbendreieck. Die verschiedenen Sättigungsgrade eines Farbtons können in einer Weise angeordnet werden, daß sie ein Dreieck decken, dessen Basis durch die Abstufung der Helligkeiten bestimmt wird. Es handelt sich um ein Dreieck, weil – während die höchste Sättigung sich für jede Farbe entsprechend einer mittleren Helligkeit ergibt – die Sättigung fortschreitend abnimmt, gleich ob die Helligkeit zu- oder abnimmt, bis sich der Farbenanteil vollständig auflöst, wenn die Helligkeit der des Weiß oder des Schwarz entspricht. *G. Kanizsa*

Farbenfehlsichtigkeit, Störung der physiologischen Farbensichtigkeit bei intaktem Formensehen, total (=Farbenblindheit, Achromatopsie, Achromatismus) oder partiell als „anomale Trichromasie" (alle drei Rezeptorfarbstoffe sind in der ↗Retina vorhanden, aber alle oder einzelne mit unphysiologisch niederer Wirksamkeit) bzw. „Dichromasie", bei der zwei der Sehfarbstoffe effektiv sind, der dritte aber total ausfällt. Je nachdem ob der erste Farbstoff (Gelb), der zweite (Grün) oder der dritte (Blauviolett) der trichromatischen Farbsichtigkeitstheorien (↗Farbensichtigkeit) betroffen ist, spricht man von Proto-, Deutero- oder Tritoformen: Protanomalie, Deuteranomalie, Tritanomalie bedeutet, daß die Empfindlichkeit für die entsprechenden Farben eingeschränkt ist. Prot-, Deuter- und Tritanopie bzw. -anopsie bedeutet, daß die betreffenden Farben überhaupt nicht wahrgenommen werden. Dichromasien und anomale Trichromasien werden vererbt, und zwar mit Ausnahme der äußerst seltenen autosomalen Tritanopie geschlechtsgebunden, und zwar meist rezessiv geschlechtsgebunden; sie befallen daher beide Augen mit allen Netzhautteilen in gleichem Umfang.

Die Diagnose der F. erfolgt mittels pseudoisochromatischer Tafeln, z.B. nach J. Stilling – E. Hertel (Stillingsche Farbtafeln), oder nach S. Ishihara (↗Dichromatopsie), auf denen Zahlen und Buchstaben aus Punkten unterschiedlicher Farbe, aber gleicher Helligkeit zusammengesetzt sind, oder besser mit einem Farbenmischapparat, der Spektralfarben zusammensetzt (z.B. ↗Anomaloskop nach W. Nagel). – Neben diesen genetisch bedingten *angeborenen* F.en gibt es

Zu den Kennzeichen der Farbenfehlsichtigkeiten und ihrer Verteilung unter den Bewohnern von Europa und Nordamerika (nach Kalmus S. 147, Klein und Franceschetti S. 121ff. und Pschyrembel S. 355) nachstehende Tabelle:

		Männer	Frauen
Protoformen			
Anomalie:	Rotempfindlichkeit eingeschränkt. Dunkelrot wird mit Schwarz, Grün mit Weiß bzw. Grau, Violett mit Blau verwechselt	0,7%	0,03%
Anopie:	Rotempfindlichkeit aufgehoben (Rotblindheit). Rot, Gelb, Grün, Braun werden untereinander sowie Violett mit Blau und Dunkelrot mit Schwarz verwechselt.	1,1%	0,01%
Deuteroformen			
Anomalie:	Grünempfindlichkeit eingeschränkt. Grün wird mit Gelb, Braun und Grau verwechselt.	4–5%	0,35%
Anopie:	Grünempfindlichkeit aufgehoben (Grünblindheit). Farbverwechslungen praktisch ebenso wie beim Protanopen, doch kann Dunkelrot von Schwarz besser unterschieden werden.	1,8%	0,01%
Tritoformen	(sehr selten)		
Anomalie:	Blauempfindlichkeit eingeschränkt. Grün wird mit Blau, Zartrosa mit Zartgelb, Hellblau mit Grau verwechselt.	< 0,01%	< 0,01%
Anopie:	Blauempfindlichkeit aufgehoben (Blaublindheit). Rot wird mit Orange, Blau mit Grün, Grüngelb mit Grau und Violett, Hellgelb mit Weiß verwechselt.	< 0,01%	< 0,01%

auch *erworbene* durch traumatische oder toxische Schädigung des optischen Sinneskanals (Netzhautablösung, ↗Skotom, Atrophie der Sehbahn oder der Sehrinde), oft als *Zirkumskripte* F. (nur Ausschnitte aus dem Gesichtsfeld betreffend). Solche Erkrankungen des optischen Sinneskanals können gelegentlich auch zur totalen Farbenblindheit (↗Achromasie) führen, bei der gar keine Farben wahrgenommen werden. ↗Farbtüchtigkeitstest

Lit.: Kalmus, H.: Genetik. Stuttgart, [3]1975; **Klein, D. & A. Franceschetti:** Mißbildungen und Krankheiten des Auges. In: **P. E. Becker** (Hrsg.): Humangenetik, Bd. IV. Stuttgart, 1964; **Pschyrembel, W.:** Klinisches Wörterbuch. Berlin, [253]1977. *K.-H. Plattig*

Farbenhören. Sehr häufig werden den Tönen spezifische Farben zugeordnet; eine langsame Musik z. B. beschwört einen blauen Farbton herauf, ein schnelles Tempo wird mit Rot in Verbindung gebracht, die hohen Töne lassen an helle Farben denken und die tiefen Töne an dunkle. Über die Assoziationen hinaus gibt es seltener Fälle wirklicher und eigentlicher ↗Synästhesie, d. h. Personen, die gleichzeitig mit dem Hören von Tönen bestimmte Farben „sehen". Das Phänomen, das wahrscheinlich auf angeborenen Anlagen beruht, hat noch keine befriedigende Erklärung gefunden. *G. Kanizsa*

Farbenkonstanz ↗Farbwahrnehmung.

Farbenkreis ↗Farbenquadrat.

Farbenkreisel, eine Kreisfläche mit farbigen Winkelabschnitten, die eine variable Weite je nach Wunsch des Experimentators haben. Wenn man ihn mit genügender Geschwindigkeit (über 60 U/sec) rotieren läßt, verschmelzen die Farben, und es ergibt sich eine additive Mischung, in der die verschiedenen Farbkomponenten in einem Verhältnis vorhanden sind, das der Weite der entsprechenden Winkelabschnitte entspricht. Wenn die Geschwindigkeit unter der zur Verschmelzung notwendigen liegt (Flimmerverschmelzungsfrequenz), ergibt sich das Phänomen des Flimmerns, d. h., die rotierende Kreisfläche wird belebt durch ein unruhiges Pulsieren farbiger Lichter. *G. Kanizsa*

Farbenkugel, eines der zahlreichen stereometrischen Modelle, die im vorigen Jahrhundert erdacht wurden, um alle Farbeindrücke in einer Ordnungsform darzustellen unter Berücksichtigung der drei phänomenischen Hauptdimensionen: ↗Farbton, ↗Sättigung und ↗Helligkeit. Sie geht zurück auf W. Wundt (1874). *G. Kanizsa*

Farbenlehre ↗Farbwahrnehmung.

Farbenmischung, das Zusammenfallen der von zwei oder mehr Gegenständen emittierten oder reflektierten Strahlen. Sie kann räumlich oder zeitlich sein. Im ersten Fall reizen die aus mehreren Quellen kommenden Strahlen gleichzeitig den gleichen Teil der Netzhaut. Im zweiten Fall gehen die verschiedenen Lichtreize im schnellen Wechsel auf denselben Punkt der Netzhaut mit dem Erfolg, daß nicht die einzelnen Farben wahrgenommen werden, sondern ein neues Produkt als Ergebnis der Verschmelzung (↗Farbenkreisel). Diese beiden Vorgänge heißen summative Farbenmischung. Die subtraktive F. erhält man beim Übereinanderlegen von zwei oder mehr transparenten farbigen Schichten: in diesem Fall treffen die Absorptionskoeffizienten in einer Weise zusammen, daß sie eine neue Farbe ergeben, die verschieden ist von derjenigen einer jeden Schicht für sich genommen (↗Pigmentfarbmischung). *G. Kanizsa*

Farbenoktaeder. Auch als *Ebbinghaus-Oktaeder* bezeichnet, ist das F. das bekannteste dreidimensionale System der sog. „Farbengeometrie". Auf der Zentralachse, die die beiden Spitzen der Doppelpyramide verbindet, sind alle unbunten Farben von Weiß bis Schwarz untergebracht. Die gemeinsame Basis der beiden Pyramiden bildet das ↗Farbenquadrat, dessen Ecken aus den bunten Vollfarben Rot, Gelb, Grün und Blau bestehen. Auf dem Außenmantel ergeben sich alle bunten Vollfarben entsprechend einer gegebenen Abstufung der Helligkeit: da die ↗Sättigung abnimmt mit dem Zu- oder Abnehmen der ↗Helligkeit, verringert sich nach oben und unten auch der Abstand von der zentralen Grauachse, und deshalb ergibt sich ein Modell in Form einer Doppelpyramide (↗Farbenkugel).

Lit.: Ebbinghaus, H.: Grundzüge der Psychologie. Leipzig, 1902. *G. Kanizsa*

Farbenpyramide ↗Farbenoktaeder.

Farbenquadrat (Farbenkreis). Die verschiedenen Farbtöne (↗Farbton) können entlang den Seiten eines Idealquadrats geordnet werden, deren Ecken die vier Grundfarben (Rot, Gelb, Grün, Blau) bilden, während sich auf jeder Seite die Farbtöne befinden, die phänomenisch zwischen zwei anliegenden Grundfarben liegen. Man kann sich die Anordnung der Farben statt auf einem Quadrat auch auf einem Kreis vorstellen *(Heringscher Farbenkreis).* *G. Kanizsa*

Farbenschwäche ↗Farbenfehlsichtigkeit.

Farbensichtigkeit. Der optische Sinneskanal (Auge mit den angeschlossenen nervösen Leitungs- und Verarbeitungselementen) ist ein farbtüchtiges, lichtempfindliches System: es vermag den Farbton, d. h. die Wellenlänge des reizenden Lichtes (zwischen 400 und 800 nm), in geeigneter Weise codiert anzuzeigen und eine entsprechende ↗Empfindung hervorzurufen. *Farbcodierungstheorien:* a) Trichromatische Theorie des Farbsehens (Dreirezeptoren-Hypothese, Dreifarbentheorie, Dreikomponentenlehre) nach Th. Young (1802) und H. v. Helmholtz (1852), stützt sich auf die Möglichkeit der additiven Farbenmischung, auf die Gesetze der ↗Farbenfehlsichtigkeit und auf die geglückte Isolierung verschiedener Rezeptorsubstanzen (↗Rhodopsin, Iodopsin, Cyanopsin, Porphyropsin) durch G. Wald und Mitarbeiter (Nobelpreis 1967) u. a. b) Dominator-Modulator-Theorie nach R. Granit (1943, Nobelpreis 1967). c) Gegenfarbentheorie (Vierfarbenlehre) nach E. Hering (1874).

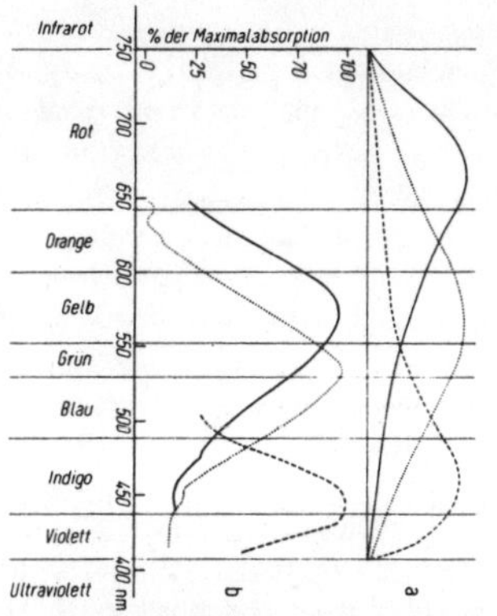

Spektrale Empfindlichkeit bzw. Absorptionsfähigkeit der von T. Young und H. L. F. v. Helmholtz postulierten drei Farbrezeptoren der Netzhaut (a) und der in jüngster Zeit isolierten retinalen Sehfarbstoffe aus Zapfen von Primaten (b). Die gemeinsame Abszisse gibt die Lichtwellenlänge in nm, darunter sind die wahrgenommenen Farbtöne eingetragen. Die untere Ordinate ist auf Prozent der Maximalabsorption des jeweiligen Farbstoffes bezogen, die obere Ordinate benutzt arbiträre, hier nicht weiter benannte Einheiten ebenfalls für die Absorption. Die tatsächlich, allerdings nicht beim Menschen gemessenen spektralen Empfindlichkeits- und Absorptionsmaxima sind gegenüber den ursprünglich von Young und Helmholtz postulierten nach den kurzen Wellenlängen zu verschoben.

Zu a) Young und Helmholtz postulierten für die Netzhaut drei Arten von Lichtrezeptoren, von denen jeder durch eine bestimmte Wellenlänge maximal erregt wird. Fällt mono-chromatisches oder gemischt-chromatisches Licht ein, so werden in jedem Falle alle drei Rezeptorarten, wenn auch in unterschiedlichem Ausmaß, erregt (s. Abb. a), und durch Mischung der Einzelspektralanteile entsteht für jeden der für den Menschen unterscheidbaren ca. 160 Farbtöne ein eindeutiges Erregungskorrelat. Diese Dreirezeptoren-Theorie steht in guter Übereinstimmung mit den Befunden bei Farbenfehlsichtigkeiten. Während letztere jedoch zur Vorstellung führten, daß die drei Grundfarbstoffe des menschlichen Auges die gleichen sein müßten, die beim farbigen Buchdruck oder beim Farbfernsehen die Komposition sämtlicher Farbtöne ermöglichen, nämlich Rot, Gelb und Blau, wurden aus ↗Zapfen von Primaten

Sehfarbstoffe mit folgenden Empfindlichkeitsmaxima isoliert: a) 577 nm (gelb), b) 540 nm (grün) und c) 447 nm (blauviolett) (E. F. MacNichol jr., 1964). Mit diesen Farbstoffen können nach Abb. b ebenfalls sämtliche Farbtöne dargestellt werden.

Zu b) Granits Dominator-Modulator-Theorie ist ebenfalls trichromatisch und erweitert die Young-Helmholtzsche Dreifarbentheorie. Sie nimmt als Dominator-System breitbandige On-Elemente in der Netzhaut an, d. h. Rezeptoren, die von einem breiten Frequenzband (ohne deutliche Maxima) bei Reizbeginn kurzfristig erregt werden, und als Modulatoren drei Schmalband-Elemente für bestimmte Frequenzen bzw. Wellenlängen, die den bei a) beschriebenen Rezeptorfarbstoffen entsprechen.

Zu c) Hering nimmt aufgrund psychologischer Untersuchungen ebenfalls drei Sehsubstanzen mit vier Farben an, die zwei Gegenfarbenpaare bilden, nämlich Rot-Grün, Gelb-Blau und dazu Schwarz-Weiß. ↗Assimilations- und ↗Dissimilations-Prozesse führen zu Verschiebungen des Erregungsgleichgewichts und damit zur Farbcodierung. Diese Gegenfarbentheorie trifft für die Netzhautrezeptorsubstanzen sicher nicht zu, wohl aber für die „Umcodierung" im nervösen Leitwerk der ↗Retina.

Lit.: Dodt, E.: Lichtsinn. In: **W. D. Keidel** (Hrsg.): Kurzgefaßtes Lehrbuch der Physiologie. Stuttgart, [4]1975; **MacNichol, E. F. jr.:** Three-pigment color vision. Scientific American 1964 (Dec.), *211*, 48–56.

K.-H. Plattig

Farbensinn ↗Farbwahrnehmung.

Farbentests, die Auswertung von Sympathie- und Antipathieurteilen gegenüber Farbvorlagen zu persönlichkeitsdiagnostischen Aussagen, z. B. der Farbwahltest von M. Lüscher (1949), der ↗Farbpyramidentest von M. Pfister und K. Heiß. Die von den jeweiligen Autoren ihrem Test zugrunde gelegte Farbsymbolik bzw. charakterologisch-stimmungsmäßige Bedeutung der Farben entbehrt der empirisch gesicherten Eindeutigkeit und Gültigkeit. Auch ist die Retest-Zuverlässigkeit der Farbwahlen sehr gering. *A. Lang*

Farbentüchtigkeit ↗Farbensichtigkeit.

Farbige Schatten. Es handelt sich um einen Effekt von Simultan-↗Kontrast, den man durch die Beleuchtung erhält. Wenn man mit zwei Lichtquellen (einer weißen und einer roten), die in einem gewissen Abstand voneinander aufgestellt werden, eine Wand beleuchtet, vor der sich ein kleiner undurchsichtiger Schirm befindet, so wirft dieser zwei Schatten auf die Wand. Der Schatten, der durch das Auffangen des weißen Lichts hervorgerufen wird, erscheint rot, weil er durch die rote Lampe beleuchtet wird (der Hintergrund ist rosa, da er gleichzeitig weißes und rotes Licht empfängt); der Schatten, der durch das Auffangen des roten Lichts entsteht, müßte weiß erscheinen, da er nur durch das weiße Licht erreicht wird. Er erscheint hingegen *grün* durch die antagonistische Induktion, die durch den rosa Hintergrund herbeigeführt wird. *G. Kanizsa*

Farbpyramidentest. Nach einem Vorschlag von M. Pfister (1942), von R. Heiß und H. Hiltmann (1951) ausgearbeitetes persönlichkeitsdiagnostisches Verfahren, bei welchem der Pb aus einem Angebot von Farbplättchen in 24 (neuerdings 14) verschiedenen Tönen auswählen und mehrere, aus je 15 Feldern bestehende Pyramiden gestalten muß. Ausgewertet werden in erster Linie die Farbwahlhäufigkeiten, außerdem der Aufbau der Pyramiden und der Verlauf der Farbwahlen. Die Validität der diagnostischen Aussagen über die Affektivität des Pb (Ansprechbarkeit, Regulation, Stimmung, Introversion–Extraversion, Anpassungsstörungen) ist problematisch.

Lit.: Heiß, R. & P. Halder (Hrsg.): Der F. Stuttgart – Bern, [2]1975; **Houben, A. M. J.:** Farbwahl- und Farbgestaltungsverfahren. In: **R. Heiß u. a.** (Hrsg.): Handbuch der Psychologie, Bd. 6. Göttingen, [3]1971; **Schaie, K. W. & R. Heiß:** Color and personality. Bern, 1964.

A. Lang

Farbseher. R. Scholl und O. Kroh unterscheiden den Farbseher vom Formseher. Scholl stellte bei Kindern und Kroh bei Erwachsenen fest, daß sich diese beiden Wahrnehmungstypen auch in ihrer Persönlichkeit unterscheiden lassen. *Farbseher:* a) Kinder sind munter und fix; b) Erwachsene sind leicht ansprechbar, lebhaft, mitteilungsbedürftig, wenig selbstkritisch und nicht immer gründlich. – *Formseher:* a) Kinder sind schüchtern, ängstlich, zurückhaltend, verschlossen; b) Erwachsene sind zurückhaltend, beherrscht, kritisch, ehrgeizig, konzentriert, schwer umstellungsfähig.

Lit.: **Spieth, R.:** Der Mensch als Typus. Stuttgart, 1949.

W. Kretschmer

Farbsymbolik. Farben haben seit jeher symbolische Bedeutung, besonders bei kultischen Riten (z. B. Farbe der Kleidung oder spezieller symbolischer Gegenstände) und Bildern religiösen oder mythischen Inhaltes, doch besteht keine Einheitlichkeit der symbolischen Zuordnung unter den verschiedenen Kulturen, Epochen und Liturgien.

Häufig wird folgende Zuordnung getroffen: *Rot* = Aktivität, Erregung, Leidenschaft, Mut, überwindendes Wollen; *Gelb* = Beweglichkeit, Streben nach Veränderung, Erlösung und Befreiung, Intuition, Logos, Glaube; *Grün* = Gefühls- und Erlebnisoffenheit, Beziehung zur Wirklichkeit, Freude; *Blau* = Gefühlskälte, Intellektualität, Wahrheit, Gemüt, Geborgenheit, Treue; *Weiß* = Reinheit, Verlassenheit, Unfruchtbarkeit; *Schwarz* = Trauer, geheimnisvolle Macht. Vgl. Farbwahrnehmung.

Lit.: **Berkusky, H.:** Zur Symbolik der Farben. Zs. des Ver. für Volkskde., 23, 1913; **Bopst, H.:** Color and personality. New York, 1962; **Gutter, A.:** Märchen und Märe. Solothurn, 1968; **Lauffer, O.:** Farbensymbolik im dt. Volksbrauch. 1948.

F.-C. Schubert

Farbtheorien ↗Farbwahrnehmung.

Farbton, die Grundeigenschaft, deretwegen eine Farbe mit einem bestimmten Namen bezeichnet wird, deretwegen z. B. ein Gelb sich von einem Orange, von einem Rot, von einem Blau und allgemein von jeder anderen Farbnuancierung unterscheidet. Das F.phänomen steht in Beziehung zu einem bestimmten Wellenlängenbündel, kann aber auch mittels Verschmelzung von zwei oder mehr Variationen verschiedener Wellenlänge erreicht werden. Von einem normalen menschlichen Auge können 200–250 Farbtöne unterschieden werden. *G. Kanizsa*

Farbtüchtigkeitstests, Methoden zur Feststellung der verschiedenen Arten und Grade der Farbenblindheit bzw. ↗Farbenfehlsichtigkeit. Bei den vor allem gebräuchlichen pseudoisochromatischen Tafeln nach J. Stilling, S. Ishihara u. a. sind Punkte in verschiedenen ↗Farbtönen, ↗Sättigungen und ↗Helligkeiten derart angeordnet, daß von farbtüchtigen bzw. unterschiedlich farbenblinden Pbn verschiedene Formen (Buchstaben, Ziffern) gesehen werden. Beim unzureichenden ↗Holmgrenschen Verfahren werden verschiedenfarbige Wollbündel von Farbuntüchtigen falsch zugeordnet. Eine präzise Unterscheidung zwischen Deuteranopie und Protanopie ermöglicht das ↗Anomaloskop nach E. H. Nagel, mit dessen Hilfe die genauen Anteile von monochromatisch rotem und grünem Licht bestimmt werden, welche in additiver Mischung einem Standard-Gelb als gleich empfunden werden. Durch Aufnahme eines Chromatizitätsdiagramms können Defizienzen des Farbensehens genau diagnostiziert werden. – ↗Farbwahrnehmung. *A. Lang*

Farbvariator ↗Farbenkreisel.

Farbwahrnehmung. Die Farben können von wenigstens drei verschiedenen Gesichtspunkten her definiert werden: von dem der Physik, dem der Physiologie und von dem Gesichtspunkt der Psychologie her.

1) Für die Physik sind die Farben eine Spezifizierung der Strahlungsenergie, und zwar sind sie nichts anderes als die verschiedenen Wellenlängen des elektromagnetischen Spektrums, die von ca. 380 bis ca. 750 mμ reichen. Außer der Wellenlänge (oder Frequenz) sind zwei weitere Eigenschaften der Lichtstrahlungen wichtig hinsichtlich des Farbensehens: die Wellenweite (oder Intensität) und die Zusammensetzung des Spektrums (oder Reinheit) der Strahlung.

2) Vom Standpunkt der Psychologie aus betreffen die von den Farben gestellten Probleme: a) die sinnvolle Einordnung aller unserer Farbeindrücke, b) die Ermittlung regelmäßiger Wechselbeziehungen zwischen Farbenphänomenen und den variablen Größen der Reize, c) die Bedeutungen und die Aspekte der Empfindungen der Farben. Bei der Farbenordnung berücksichtigt man besonders drei phänomenische Grundeigenschaften, d. h. den ↗Farbton, die ↗Helligkeit und die ↗Sättigung, die eine ziemlich regelmäßige Korrelation mit der Wellenlänge, der Wellenweite und der Zusammensetzung des Spektrums der Lichtstrahlung aufweisen. Von der unendlichen Zahl denkbarer Kombinationen, wenn man die drei variablen physikalischen Größen unterschiedlich stark zusammenfügt, kann das menschliche Auge insgesamt ca. 350 000 Farbqualitäten unterscheiden, von denen eine jede ein verschiedenes und einzigartiges Verhältnis zwischen Farbton, Helligkeit und Sättigung aufweist. Alle diese Farbqualitäten finden ein Ordnungssystem in den Idealkonstruktionen von Diagrammen oder stereometrischen Modellen der sog. „Farbengeometrie", die dazu dienen, eine sichtbare Darstellung der Beziehungen der verschiedenen Farben untereinander auf der phänomenischen Ebene zu geben. Diese Klassifizierungen werden ergänzt durch die Berücksichtigung der sogenannten „Erscheinungsweisen" der Farben. Unter diesem Gesichtspunkt können die Farben geordnet werden nach *↗Oberflächenfarben, ↗Flächenfarben, Farbvolumen* und *Transparenzfarben*. Außerdem unterscheidet man die Erscheinungsweisen nach dem Glanz, dem Glitzern, dem Funkeln und den direkten Lichtquellen. Eines der Zentralprobleme des Farbensehens ergibt sich aus der relativen ↗„Konstanz" der Farbe und der Helligkeit der Objekte. Die „Konstanz" wird ihrerseits ermöglicht durch eine außerordentliche Leistung des Sehsystems, und zwar durch die phänomenische Spaltung eines einzigen Farbvorgangs in der Farbe des Objekts und in seiner Beleuchtung. In der Tat werden *zwei* variable physikalische Größen (Intensität und Zusammensetzung des Spektrums einerseits, Reflexionsgrad und Absorption des Objekts andererseits) vertreten durch einen *einzigen* physikalischen Reiz (Intensität und Zusammensetzung des Spektrums des reflektierten Lichts), der einen *einzigen* Sinnesvorgang auslöst: diesem entsprechen in der Empfindung *zwei* Anschauungsmomente (die Farbe des Objekts und die Beleuchtung, in der es sich befindet), die ziemlich getreu die Dualität der physikalischen Situation widerspiegeln. Dieses Problem haben die bekanntesten Wahrnehmungsforscher angegangen, und die Literatur darüber ist reich an experimentellen Beobachtungen, an Diskussionen und Theorien (zur Problemgeschichte siehe Gelb, Katz [Lit.]). Nach einer sehr verbreiteten Auffassung ist die „Konstanz" das Ergebnis der Wirkung der „Transformation", ausgeübt durch die Zentralvorgänge auf die Randvorgänge, um sie der äußeren Wirklichkeit entsprechen zu lassen. Das biologische Ziel der Farbenkonstanz, wie der anderen Wahrnehmungskonstanzen, liege darin, es uns zu gestatten, mit Sicherheit in einer Welt uns vertrauter Dinge zu agieren, die nicht ständig ihr Aussehen verändern. Einige berühmte Experimente von Gelb, Kardos und Wallach haben jedoch bewiesen, daß die phänomenische Spaltung des von einer Oberfläche reflektierten Lichts sich derartig vollziehen kann, daß es neben den Phänomenen der Konstanz Fälle von Nichtkonstanz geben kann, die ebenso zwingend sind wie die ersten. Das läßt vermuten, daß die „Konstanz" ein Sondereffekt und nicht notwendigerweise verbunden ist mit der phänomenischen Spaltung, die hingegen präzisen allgemeinen Gesetzen der ↗Wahrnehmung zu gehorchen scheint. Die bekannten Tatsachen erlauben es nicht, heute mit Sicherheit diese Gesetze auszusprechen, es scheint aber eine weitgehende Übereinstimmung zu geben hinsichtlich der Überzeugung, daß die Phänomene der sog. Konstanz das Ergebnis von Feldfaktoren sind: das farbige Aussehen einer Zone des Sehfeldes hänge ab von den *Beziehungen*, die die entsprechende Reizzone mit den anliegenden Zonen hat. ↗Farbensichtigkeit.

Lit.: Boring, E. G.: Sensation and perception in the history of experimental psychology. New York, 1942; Committee on colorimetry, O. S. A.: The science of Color. New York, 1953; **Evans, R. M.:** An introduction to color. New York, 1948; **Gelb, A.:** Die Farbenkonstanz der Sehdinge. Hdb. d. normalen und pathologischen Physiologie, Bd. 12/1. Berlin, 1929; **Helmholtz, H.:** Hdb. d. physiologischen Optik. Hamburg, 1909–11; **Hering, E.:** Grundzüge der Lehre vom Lichtsinn. Berlin, 1920; **Hurvich, L. M. & D. Jameson:** Theorie der Farbwahrnehmung. Hdb. d. Psychol., Bd. 1. Göttingen, [2]1974; **Kanizsa, G.:** Die Erscheinungsweisen der Farben. Hdb. d. Psychol., Bd. 1. Göttingen, [2]1974; **Kardos, L.:** Ding und Schatten. Z. Psychol. Erg.Bd. 23, 1934; **Katz, D.:** Die Erscheinungsweisen der Farben. Z. Psychol. Erg.Bd. 7, 1911; **Le Grand, Y.:** Light, colour, and vision. New York, 1957; **Segal, J.:** Le mécanisme de la vision des couleurs. Paris, 1953; **Wallach, H.:** Brightness constancy and the nature of achromatic colors. J. exp. Psychol. 1948, *38*.

G. Kanizsa

Farb-Wort-(Interferenz-)Versuch, Differentialpsychologisches Verfahren zur Erforschung besonders des „kognitiven Stils", von Stroop 1935 in Anlehnung an E. R. Jaensch vorgeschlagen. Im Vergleich mit dem Benennen von farbigen Punkten ist beim Benennen der Druckfarbe von Farbwörtern (Rot, Blau usw.), welche in anderer als ihrer Bedeutung entsprechender Farbe gedruckt sind, die Leistung herabgesetzt, da eine Tendenz zum Lesen der Wörter „interferiert". – ↗Interferenz.

Lit.: Hörmann, H.: Konflikt und Entscheidung. Experimentelle Untersuchungen über das Interferenzphänomen. Göttingen, 1960.

A. Lang

Faschismus, Glaube an das Autoritätsprinzip bei sozialen Relationen; im (falschen) Rechts-Links-Kontinuum die Akzentuierung des bürgerlichen Konservativismus. Bekannt ist die F-Skala von T. W. Adorno u. a. zur Erfassung der ↗autoritären Persönlichkeit. Beim F. oder Autoritarianismus handelt es sich um mehrere unabhängige Dimensionen, die nicht politisch-doktrinär bestimmt sind und mit dem Bildungsniveau negativ korrelieren. ↗Sozialpsychologie.

B. Heinze

Faszinationsmethode, Methode zur Einleitung einer ↗Hypnose durch Anstarren bzw. Anstarrenlassen eines glänzenden Gegenstandes (Metall- oder Glaskugel). Wurde zuerst von dem englischen Chirurgen J. Braid, dem wir auch den Fachausdruck Hypnose (1843) verdanken, für therapeutische Autohypnosen angewendet. Heute wird unter diesem Terminus meist eine Methode der Hypnoseeinleitung durch Fixierenlassen der Augen des Hypnotherapeuten durch den Patienten verstanden. *H. N. Genius*

Fatalismus, die Einstellung, daß der einzig mögliche Lauf der Dinge der aktuelle ist und daß wir weder ändern können, was in der Zukunft geschehen wird, noch daß wir das schon Geschehene verändern können. *S. Brown*

Fausse Reconnaissance ↗Déjà-vu-Erlebnis.

Fechner, *Gustav Theodor,* * 19. 4. 1801 Niederlausitz, † 18. 11. 1887 Leipzig. 1834–40 ord. Professor für Physik ebenda; seit 1840 Philosoph, Anthropologe und maßgebender Anreger der ↗Psychophysik. In seinen philosophischen Arbeiten verband F. mit naturwissenschaftlichen Tendenzen auch spekulative und dichterische Entwürfe (Pantheismus, Panpsychismus) sowie tiefenpsychol. Ansätze. Seine Beiträge zur Psychophysik sind bahnbrechend geworden („Vater der Psychophysik"), besonders seine Untersuchungen der Schwellen- und Unterschiedswerte von Reizen und Empfindungen. F. führte die Ergebnisse von E. H. ↗Weber für die gerade wahrnehmbaren Reizunterschiede fort und übertrug sie in mathematische Form (↗Fechnersches Gesetz).

Schr.: Zend-Avesta, 1851; Über die physikalische und philosophische Atomlehre, 1855; Elemente der Psychophysik, 1860; Über die Seelenfrage, 1861; In Sachen der Psychophysik, 1877; Revision der Hauptpunkte der Psychophysik, 1882; Über die psychischen Maßprinzipien und das Webersche Gesetz, 1887.

Lit.: Boring, E. G.: A History of Experimental Psychology. New York – London, [2]1957; **Hall, S.:** Die Begründer der modernen Psychologie. Leipzig, 1914; **Misiak, H. & V. S. Sexton:** History of Psychology. New York – London, 1966.

F.-C. Schubert

Fechnersches Gesetz, die auf psychophysischen Experimenten basierende Generalisierung, daß die Intensität einer subjektiven Empfindung (z. B. Lautstärke) dem Logarithmus des physikalischen Reizes (Tonintensität) proportional ist. Mathematisch ausgedrückt: E = klogR, wobei E für die Empfindung, k für eine Konstante und R für den Reiz steht. Diese Gesetzmäßigkeit ist der Weberschen eng verbunden und wird auch als *Weber-Fechnersches Gesetz* bezeichnet.

G.T. Fechner betrachtete dieses Prinzip als das erste Gesetz der Psyche, da er glaubte, es beschreibe die exakte Beziehung zwischen physikalischen und psychischen Gegebenheiten. Die Entdeckung des F. G. wird verschiedentlich als Markstein für die Geburt der Psychol. als selbständiger, von der Philosophie getrennter Wissenschaft angesehen. Neuere Experimente legen allerdings nahe, daß die Beziehung zwischen subjektiven und physikalischen Intensitäten besser als Exponentialfunktion zu beschreiben ist, und es spricht einiges dafür, daß das F. G., sofern es überhaupt zutrifft, eher die Beziehung zwischen physikalischem Reiz und der Reaktion des physiologischen Rezeptors beschreibt (z. B. Signalfrequenz im Nerv).

Lit.: **Fechner, G. Th.:** Elemente der Psychophysik. Leipzig, [2]1907; **Pauli, R. & W. Arnold:** Psychologisches Praktikum, Bd. I. Stuttgart, [7]1972.

G. D. Wilson

Feedback. *Rückkopplung.* – **1)** In der Computertechnik ein Prozeß, der es z.B. einem ↗Automaten ermöglicht, ein gewisses vorgegebenes Niveau (Soll-Wert) im ständigen Vergleich mit einlaufenden Informationen (Ist-Werte) konstant zu halten (Prinzip der Homöostase). Beispiel: Temperaturregelung in einem Kühlschrank.

2) Im biologisch-organismischen Bereich (z. B. Blutdruck, Körpertemperatur) ein Vorgang, der in ähnlicher Weise der Einhaltung eines inneren Gleichgewichts dient (↗Reafferenzprinzip).

3) Im personalen Bereich (dialogische Ursituation, M. Buber) ist das Prinzip der Rückkopplung ebenso wirksam.

Lit.: **Arnold, W.:** Über die sozialpsychol. Notwendigkeit der Unterscheidung von selbsttätigen organischen und mechanischen Regelprozessen. In: Ber. XXIII. Kongreß der Dt. Ges. für Psychol. Göttingen, 1963; **Wiener, N.:** Mensch und Menschmaschine. Frankfurt a.M., [4]1972.

K. E. Pelzer

Fehler. Unter F. versteht man im allgemeinen die Differenz zwischen einem beobachteten und einem „wahren" bzw. „erwarteten" Wert. Diese Abweichung kann zufällig (Zufalls-F.) oder systematisch (Bias) sein. Von einem *statistischen* F. spricht man, wenn die statistische Kennziffer einer ↗Zufallsstichprobe mit dem Populationswert (Erwartungswert, ↗Parameter) nicht übereinstimmt – bei sonst gleichen Beobachtungsbedingungen für ↗Stichprobe und Population. Die Größe des F. kann der F.verteilung entsprechend standardisiert werden (Standard-F., -meßfehler). Die Bezeichnung „Fehler" wird in diesem Themenbereich noch zur Kennzeichnung einer falschen Beobachtung (Beobachtungs-F.), einer falschen Gleichung (Gleichungs-F.) oder eines falschen Schlusses bei der statistischen Hypothesenprüfung (↗Fehler erster Art bzw. ↗Fehler zweiter Art) benützt.

W. H. Butollo

Fehler erster Art. Bei der statistischen Hypothesenprüfung wird der F. e. A. mit der Wahl der ↗Signifikanzgrenze α festgelegt. Hat man sich z. B. für ein $\alpha = 0{,}01$ entschieden, wird die ↗Nullhypothese in 1% aller Fälle, in denen sie richtig ist, verworfen. Diese falsche statistische Entscheidung wird als F. e. A. bezeichnet. Mit dem Ansteigen von α wird auch der F. e. A. – im Gegensatz zum ↗Fehler zweiter Art – größer. ↗Mathematische Psychologie; ↗Statistik

W. H. Butollo

Fehler, mittlerer. Der m. F. ist ein altes Maß für die fehlerbedingte ↗Variabilität von Meßwerten, $\pm\, 0{,}67\ \sigma$, zuweilen auch als *wahrscheinlicher Fehler* bezeichnet. Der Ausdruck „mittlerer Fehler" wird aber in der älteren Literatur auch synonym für Durchschnittsfehler (↗Abweichung) und sogar für ↗Standardabweichung eingesetzt. ↗Mathematische Psychologie; ↗Statistik

Lit.: Kreyszig, E.: Statistische Methoden und ihre Anwendungen. Göttingen, [3]1968. *W. H. Butollo*

Fehlervarianz, die ↗Varianz einer Fehlerkomponente. Diese Varianz des Meßfehlers (Abweichungen der beobachteten Werte vom „wahren" Wert bei wiederholter Messung desselben Objektes) ist von der Varianz des ↗*Stichprobenfehlers* zu unterscheiden. Mit Stichprobenfehler wird die aufgrund einer zufällig irrepräsentativen ↗Stichprobe entstandene Abweichung der statistischen Kennziffer vom ↗Parameter bezeichnet. ↗Mathematische Psychologie; ↗Statistik *W. H. Butollo*

Fehler zweiter Art. Wenn eine statistische Hypothese (H_0) aufgrund des Ergebnisses eines Signifikanztests beibehalten wird, obwohl sie falsch ist, d. h. bei einem fehlerfreien Prüfverfahren abgelehnt worden wäre, begeht man einen F. z. A. Dieser F. wird in der klassischen statistischen Hypothesenprüfung auch als *konservativer* F. oder β-F. bezeichnet. Die Wahrscheinlichkeit des F. z. A. (β-Risiko) wird mit der Wahl des ↗Signifikanzniveaus fixiert. α- und β-Risiko verhalten sich gegenläufig. Der F. z. A. ist quantifizierbar, sofern eine spezielle Alternativhypothese H_1 gegeben ist und die Charakteristiken der aufgrund von H_0 und H_1 zu erwartenden Verteilungen (↗Häufigkeitsverteilung) sowie die Stichprobengröße bekannt sind. ↗Mathematische Psychologie; ↗Statistik *W. H. Butollo*

Fehlleistungen sind Handlungen, die falsch placiert sind, zu anderen als den intendierten Zielen führen oder versehentlich unterbleiben. Freud beschrieb Handlungen des Verlegens, des Vergessens, des Sichversprechens usw. und versuchte, die Motivierung der Handlungen durch unbewußte Wünsche zu erklären. Beispiele: „Da sind einige Dinge zum Vorschwein gekommen" (da sind einige Schweinereien zum Vorschein gekommen). „Ich begrüße die Anwesenden und erkläre die Sitzung für geschlossen" (für eröffnet, aber ich wollte, sie wäre schon geschlossen). „Darauf, daß es so war, wie ich sage, bin ich bereit, jeden Meineid zu leisten" (jeden Eid zu leisten, aber es wäre ein Meineid). – Die überwiegende Mehrzahl aller F. im Alltag ist allerdings banal und für die betreffende Person belanglos motiviert (z. B. Rechenfehler in der Buchhaltung, Tippfehler im Sekretariat, falsche Briefablieferung usw.). Die mögliche persönliche Bedeutung einer Fehlleistung ist erst durch die hohe Unwahrscheinlichkeit ihres Eintrittes und die relativ nachhaltigen möglichen Folgen der Fehlleistung mit größerer Sicherheit gegeben und rechtfertigt dann erst den Aufwand ihrer Analyse und Deutung.

Lit.: Freud, S.: Zur Psychopathologie des Alltagslebens (1904). Ges. Werke, Bd. 4. London, 1940–52; **ders.:** Vorlesungen zur Einführung in die Psychoanalyse (1916/17). Ges. Werke, Bd. 11. London, 1940–52; **Toman, W.:** Motivation, Persönlichkeit, Umwelt. Göttingen, 1968. *W. Toman*

Fehlreaktion, in einem Experiment auf einen anderen als den vom Versuchsleiter vorgeschriebenen Stimulus reagieren oder eine gleiche Reaktion in nicht experimenteller Situation, z. B. ein Gewehr „verreißen". *G. D. Wilson*

Feindlichkeit. Die Wahrnehmung der Wirklichkeit ist in früher Kindheit wenig differenziert. Die normale Entwicklung ist zunächst gekennzeichnet durch eine gefühlsmäßige Zu- und Abneigung zu den Objekten der Umwelt. Im Laufe der weiteren Sozialisation werden Stereotype und Vorurteile übernommen. Aus der Erfahrung mit Konflikten sowie aus Angst und Unsicherheit entsteht das Freund-Feind-Bild (Feindlichkeit) von der guten in- und der bösen out-group (↗Vorurteil), wobei die Projektion der eigenen Schwäche auf den anderen das Selbstwertgefühl stärkt und damit zu einer Verfestigung der einmal aufgenommenen Einstellung führt. Außerdem kann die Aggressivität in gesellschaftlich akzeptierte Kanäle gelenkt werden. Besonders kennzeichnend für das Freund-Feind-Stereotyp ist seine schnelle Veränderbarkeit. In wirtschaftlichen und politischen Krisenzeiten werden gezielt Feindbilder geschaffen, die jedoch nicht unbedingt persönlichen Gefühlen entsprechen müssen.

Lit.: Friedensanalysen, H. 1. Schwerpunkt: Feindbilder. Frankfurt a.M., 1975; **Karsten, A.** (Hrsg.): Vorurteil. Darmstadt, 1978. *A. Kersten*

Feld, ein Areal, Raum oder eine Region (physikalisch oder metaphorisch), deren Begrenzung durch ihre Relevanz für ein bestimmtes Problem oder eine Orientierung definiert ist. So bezieht sich „visuelles Feld" auf die Gesamtheit aller in einer bestimmten Situation sichtbaren Objekte und „phänomenologisches Feld" auf alles, was ein Organismus zu einem bestimmten Zeitpunkt erfahren kann. Eine *F.studie* bezieht sich auf die Sammlung von Daten in der natürlichen Umgebung des untersuchten Organismus anstatt einer Datenerhebung in Labor oder Klinik. *G. D. Wilson*

Feldabhängigkeit, von H. A. Witkin geprägter Terminus („Field dependence"), der das Ausmaß bezeichnet, in dem die Wahrnehmung der Senkrechten durch die simultane Wahrnehmung eines Umfeldes beeinflußt wird. In Tests der F. (Rod-and-Frame; Tilting-Room-Tilting-Chair; Rotating-Room) kommt es darauf an, die Senkrechte möglichst unter Ausschluß irrelevanter Informationen aus dem Gesichtssinn hauptsächlich aufgrund kinästhetischer und taktiler Reize zu beurteilen. Einige Beziehungen zu anderen Wahrnehmungsfaktoren gelten als gesichert, zu Persönlichkeitsmerkmalen i. e. S. sind sie noch nicht eindeutig geklärt.

Lit.: Witkin, H. A., et al.: Personality through perception. New York, 1954. *M. Amelang*

Feldtheorie, aus der *Gestalttheorie* (besonders von K. Koffka und W. Köhler) von K. Lewin übernommene und modifizierte Auffassung, die davon ausgeht, daß das individuelle Verhalten jeweils aus der Anordnung psychologisch relevanter Kräfte hervorgeht, die in einem mathematisch rekonstruierbaren Lebensraum lokalisiert werden können. Verhalten bzw. Handeln ist demnach immer Feldhandlung. Jede Analyse des Verhaltens im Kontext der F. beginnt mit der Untersuchung der Situation, in der Verhalten auftritt, wobei die Situation nicht in bezug auf ihre physikalische Beschaffenheit aufgefaßt wird, sondern so, wie sie der in der Situation Befindliche erlebt. *W. D. Fröhlich*

Fellatio, oraler Kontakt mit männlichen Genitalien. Als Masturbationstechnik (↗Onanie) weit verbreitet in männlichen homosexuellen Beziehungen (vgl. auch ↗Cunnilingus). F. wird von vielen Primaten als onanistische Praktik angewandt; in dieser Hinsicht tritt F. beim Menschen aus anatomischen Gründen nur selten praktisch auf, die Intention wird vergleichsweise oft berichtet. Aus der historischen Überlieferung ist ersichtlich, daß oral-genitale Kontakte in älteren Kulturen als angepaßt galten, im Gegensatz zu deren heutiger Tabuierung im jüdisch-christlichen Kulturkreis. Die Verbreitung oral-genitaler Kontakte, besonders als präkoitale Praktik, steigt mit dem Bildungsniveau, sie werden häufiger vom männlichen Partner gefordert, als es die Partnerin infolge der Tabuierung duldet oder ausführen mag.

Lit.: Kinsey, A.: Das sexuelle Verhalten des Mannes. Frankfurt a. M., 1955. *G. Lischke*

Feminität. Zur diagnostischen Erfassung der F. gibt es Fragebogenskalen (z. B. ↗MMPI), die das Ausmaß der Abweichung von der Norm des eigenen Geschlechts in Einstellungen und Interessen feststellen sollen. Die Deutung dieser Variablen ist schwierig, da die Werte, die Vpn erreichen, vom sozialen Milieu, der Schulbildung und dem Beruf abhängen. Faktorenanalytisch konnte ein bipolarer ↗Faktor „masculinity-feminity" u. a. von R. B. Cattell nachgewiesen werden. *G. Kaulfush*

Feminismus, Betonung des Weiblichen und der weiblichen Interessen. F. ist eine Einstellung, die jede angenommene (meist biologisch begründete) Inferiorität der Frau leugnet. Historisch hat der F. zwei Impulse: 1) Anschließend an die bürgerlichen Revolutionen des letzten Jh. in Europa und die Antisklaverei-Bewegung in den USA forderten vorwiegend Bürgerfrauen Teilhabe an den Menschenrechten, politische, juristische und soziale Gleichberechtigung. Praktisch ging es vor allem um Frauenwahlrecht und Berufsfreiheit. 2) Anders akzentuiert ist die „neue" Frauenbewegung, die in den 60er Jahren dieses Jh. (zunächst in den USA) im Zuge der Studenten- und Bürgerrechtsbewegung entstand. Sie orientiert sich nicht unbedingt an von Männern Erreichtem, sondern will – herausgelöst aus männlicher Beeinflussung – die verschüttete weibliche Identität neu entdecken. Mittel dazu sei ein zeitweiser Separatismus: Zurückziehen in eigene Frauengruppen, Entwicklung feministischer Initiativen, z.B. Errichtung von Häusern für mißhandelte Frauen, u.a.

Lit.: Beauvoir, S. de: Das andere Geschlecht. Hamburg, 1968; **Jannsen-Jurreit, M.:** Sexismus. München – Wien, 1976; **Menschik, J.:** Feminismus. Köln, 1977.

J. Menschik

Feré-Effekt, eine Abnahme des elektrischen Widerstandes (oder eine Zunahme der Leitfähigkeit) der Hautoberfläche bei emotionaler Aufwallung oder jeglicher Art erhöhter psychol. Aktivität. Einen gleichen Effekt kann man erhalten, indem man einfach zwei Elektroden auf die Haut setzt und die Änderungen der Potentialdifferenz aufzeichnet. Dies wird als *Tarchanoff-Effekt* bezeichnet und ist insofern vom F. zu unterscheiden, als hier eine externe Spannungsquelle an die Haut gelegt wird. Beide Phänomene werden nach ihren Entdeckern benannt.

Der F. wird auch *psychogalvanischer Reflex* (PGR) genannt oder „galvanic skin response" (GSR), beide Phänomene werden als *„electrodermal response"* (EDR) zusammengefaßt. Der zugrunde liegende Mechanismus ist noch nicht ganz geklärt, es scheint jedoch, daß emotionale Erregung die Schweißdrüsenaktivität stimuliert, was erhöhte Permeabilität der Zellmembran zur Folge hat und zur Änderung der Polarität sowie des Widerstandes führt. Der Effekt läßt sich am besten an solchen Körperregionen beobachten, die eher durch Schwitzen bei Erregung oder Angst gekennzeichnet sind als durch solches zur Thermoregulation (z.B. Handflächen, Fußsohlen und Stirn). Diese Reaktion wird in psychophysiologischen Experimenten als Erregungsindikator verwandt und ist eine Komponente des sog. Lügendetektors.

Lit.: Edelberg, R.: Electric properties of the skin. In: **Brown, E.** (Ed.): Methods in psychophysiology. Baltimore, 1967.

G. D. Wilson

Fernraum, der Raum, den sich das Kind durch Eigenfortbewegung erschließt. – Vgl. ↗Nahraum.

Fernsehen, audiovisuelles Massenkommunikationsmittel, das sich in den meisten Industrieländern sehr schnell verbreitet hat, so daß heute fast überall die gesamte Bevölkerung erreicht wird. Der hohe dem F. gewidmete Zeitaufwand hat die Freizeit entscheidend umstrukturiert. Wesenseigene Merkmale des Fernsehens: 1) Die Aussagen werden optisch (Schwarz-weiß und Farbe) und akustisch vermittelt, also auf zwei Wahrnehmungskanälen (wie sonst nur beim Tonfilm). 2) F. wirkt (wie alle Massenmedien) einseitig von einer Zentrale aus zu einem Publikum hin, das aus vielen einzelnen Personen oder kleinen Intimgruppen besteht. Rückmeldung, Antworten (Feedback) sind nur auf anderen Kanälen möglich. 3) Das F. kann ein Geschehen „live", direkt, gleichzeitig übertragen (wie sonst nur der Hörfunk). 4) Im Vergleich zum Kino hat das F. ein kleines Bild und besitzt damit eine geringere Involvierungskraft. 5) Mit einem vielfältigen Programmangebot kommt das F. zahlreichen Bedürfnissen, Wünschen und Interessen der Menschen von heute entgegen. Aufgrund dieser Merkmale schreibt man dem F. die größte Wirk- und Beeinflussungskraft unter allen Massenmedien zu. Da jedoch in der Massenkommunikation am Vermittlungsprozeß außerordentlich viele Faktoren beteiligt sind, die in komplexen Interdependenzen miteinander verbunden sind, lassen sich direkt kausale Wirkungszusammenhänge nur schwer und selten eindeutig nachweisen. Trotz erheblicher Anstrengungen hat die Erforschung des Fernsehens bisher nur recht begrenzte Erkenntnisse liefern können. Besonders heftig und kontrovers in der Öffentlichkeit diskutiert, aber bei weitem noch nicht hinreichend wissenschaftlich untersucht sind zum einen die Wirkungen von Gewaltdarstellungen im F., insbesondere auf Kinder, und zum anderen der Einfluß auf politische Meinungen und Stellungnahmen. Relativ gut bekannt sind dagegen die Lebens- und Sehgewohnheiten der Fernseher sowie die demographischen und sozialstatistischen Daten des Publikums insgesamt, der Zuschauer von bestimmten Sendungsgattungen sowie spezifischer „Zielgruppen".

Lit.: Berg, K. & M.-L. Kiefer: Massenkommunikation. Eine Langzeitstudie zur Mediennutzung und Medienbewertung. Mainz, 1978; **Bergler, R. & U. Six:** Psychologie des Fernsehens. Bern – Stuttgart – Wien, 1979; **Stolte, D.** (Hrsg.): Das Fernsehen und sein Publikum. Mainz, 1973.

G. Maletzke

Fernsinn(e). 1) Bezeichnung für Gesichts- und Gehörsinn im Gegensatz zu den Nahsinnen Haut- und Geschmackssinn. – **2)** Spekulativ angenommene Fähigkeit einzelner Menschen, räumlich getrennte oder in der Zukunft eintretende Ereignisse wahrnehmen zu können (↗Parapsychologie). – **3)** Fachspezifischste Bedeutung für die Fähigkeit des Menschen, vor allem blinder Personen, stumme, ruhende Objekte der Umwelt nur mit Hilfe des Gehörs nach dem Prinzip der Echolokalisation wahrnehmen zu können (↗Blindenpsychologie). Diese Fähigkeit ist bei einzelnen Tierarten (Fledermaus, Delphin) ausgezeichnet ausgebildet (↗Ultraschall).

Lit.: Griffin, D. R.: Listening in the dark. New Haven (Conn.), 1958; **Kohler, I.:** Der F. der Blinden. Die Umschau, 1952, *52*, 449–451; **Supa, M., Cotzin, M. & K. M. Dallenbach:** Facial vision. The perception of obstacles by the blind. Amer. J. Psychol. 1944, *57*, 133–183.

M. Brambring

Fertigkeit, auf der Grundlage von ↗Fähigkeiten durch ↗Lernen, ↗Übung, Erfahrung und Erwerb von Kenntnissen und Wissen ausgebildetes Können. F. umfassen im Unterschied zu Fähigkeiten konkrete, inhaltlich abgegrenzte und erfaßbare Handlungen, Tätigkeiten oder ↗Leistungen. Sie sind weitgehend automatisiert und können ohne ständige bewußte Kontrolle ablaufen, ohne ihr dabei jedoch entzogen zu sein. ↗Geschicklichkeit. *J. P. Gösslbauer*

Fetischismus. 1) *Ethnologisch:* Bezeichnung für den kultischen Gebrauch bestimmter Objekte *(Fetische),* denen aufgrund ihrer Beschaffenheit oder Herkunft (z. B. Haare eines Feindes) magische Kräfte zugeschrieben werden. **2)** *Klinisch-psychologisch:* Bezeichnung für eine ↗Perversion: der sexuellen Erregung und Befriedigung dienen Körperteile außerhalb der Genitalregion (Brust, Haare) oder Gegenstände, besonders Kleidungsstücke. ↗Kulturpsychologie; ↗Sexualität.

I. Lindner

FEW. Der „Frostigs Entwicklungstest der visuellen Wahrnehmung" (FEW) – ein Papier-Bleistift-Test für das Alter 4 bis 8 Jahre – mißt die bei Kindern mit Lernstörungen am häufigsten beeinträchtigten 5 visuellen Wahrnehmungsfunktionen Visuomotorik (VM), Figur-Grund-Wahrnehmung (FG), Formkonstanz-Beachtung (FK), Erkennen der Lage im Raum (RL) und Erfassen räumlicher Beziehungen (RB). Auswertung mit Beispielen angegeben. Split-half-Reliab.: .78–.89 (altersabhängig); Retest-Reliab.: .69; Validitätsstudien wurden durchgeführt. Der FEW hat sich bewährt bei lernbehinderten und sprachgestörten Kindern und ist besonders geeignet als Diagnostik-Grundlage für sonderpädagogische Förderung; gezielte Programme dafür sind vorhanden.

Lit.: Lockowandt, O.: Frostigs Entwicklungstest der visuellen Wahrnehmung – FEW – Manual. Weinheim, [2]1976. **Reinartz, A. & E.:** Visuelle Wahrnehmungsförderung. Dortmund, [2]1977.

H. Buchta

Figuraler Nacheffekt, eine Modifikation der räumlichen Wahrnehmung einer Figur (der Testfigur), die der Exposition einer anderen Figur (der Vergleichsfigur) folgt. So führt längere Betrachtung einer gebogenen Linie zur Abnahme ihrer scheinbaren Krümmung, so daß eine nachfolgend dargebotene gerade Linie als entgegengesetzt gekrümmt wahrgenommen wird. „Figural-after-effects" beruhen nicht, wie visuelle ↗Nachbilder, auf Ermüdung der Retinae, sondern es wurde gezeigt, daß sie auf einer Eigenart des ZNS basieren. So sind sie den Illusionen verwandt, basieren aber eher auf Beziehungen zwischen einander folgenden Stimuli als auf solchen zwischen gleichzeitigen Reizen.

G. D. Wilson

Figure Reasoning Test (FRT). ↗Matrizentest zur Erfassung der allgemeinen Intelligenz. 6 Übungsaufgaben und 45 der Schwierigkeit nach gereihte Aufgaben mit sechsfacher Wahl. Im Gegensatz zum bekannteren ↗Progressive Matrices Test, mit welchem er im übrigen hoch korreliert (.93), enthält der FRT keine allein durch die Wahrnehmung lösbare Aufgaben. Alle erfordern schlußfolgerndes Denken. ↗Gruppentest, Durchführungszeit 30 Min., englische Normen für 10–16jährige und Erwachsene. Split-half-Reliabilität .96, Retest-Rel. nach 2 Wochen .97, nach einem Jahr .89. Auch mit verbalen Tests hohe Korrelationen: ↗Stanford Binet, L .86, ↗Wechsler (Kinderform) .87.

Lit.: **Daniels, J. C.:** Figure Reasoning Test. Instruction Manual. London, [6]1971.

R. Krebs

Figur-Grund-Verhältnis, eine Weise der Wahrnehmungsorganisation, in der ein Teil des Wahrnehmungsfeldes sich als ein Ganzes abzuheben scheint, während der Rest dem Hintergrund zugeordnet wird. Diese Relation ist nicht notwendig statisch, Figur ist in der Regel der Teil oder die Teile des Feldes, denen die Aufmerksamkeit gilt, und ein Aufmerksamkeitswechsel kann eine Änderung der Figur-Grund-Organisation zur Folge haben (z. B. Vexierbilder und Kippfiguren). Dieses Phänomen manifestiert sich

Aus: Pauli, R. & W. Arnold: Psychol. Praktikum. Stuttgart, [6]1957.

am deutlichsten in den Modalitäten des Gesichtssinnes, ist aber bekannt (Rubin) als generelle Eigenart der Wahrnehmung (vgl. Signal-Geräusch). Sind alle anderen Bedingungen konstant, werden die Teile des Feldes eher als Figur wahrgenommen, die regelmäßig, vertraut oder bedürfnisbezogen sind.

Lit.: **Ehrenstein, W.:** Untersuchungen über Figur-Grund-Fragen. In: Z. Psychol. 117, 1930; **Rubin, E.:** Visuell wahrgenommene Figuren. Berlin, 1921.

G. D. Wilson

Film, audiovisuelles Massenmedium, dessen Bedeutung und Wirksamkeit seit den zwanziger Jahren empirisch viel untersucht wurde. F.e, auch als Spiel- bzw. Kino-F.e, scheinen stärker informierend als meinungs-, einstellungs- oder verhaltensändernd zu wirken. Nachahmung von im F. beobachteten aggressiven Verhaltensweisen erfolgt nur unter zusätzlichen, auch für andere Arten von Lernen charakteristischen Bedingungen. Durch F.e (ebenso wie durch ↗Fernsehen) vermittelte Informationen können durch Nutzung des visuellen Kanals unter sonst gleichen Bedingungen häufig besser aufgenommen und behalten werden als durch Radio und Gedrucktes vermittelte. ↗Aggression; ↗Kommunikation.

Lit.: **Hoban, C. F. & E. B. van Ormer:** Instructional film research (Rapid mass learning) 1918–1950. Washington (D. C.), 1951; **Heinrich, K.:** Filmerleben, Filmwirkung, Filmerziehung. Hannover, 1967; **Weiss, W.:** Effects of the mass media of communication. In: **G. Lindzey & E. Aronson** (Ed.): Handbook of social psychology, Vol. 5. Reading (Mass.), 1970. *H. D. Schmidt*

Finalität, im Unterschied zur Kausalität die Bestimmtheit eines Geschehens durch Zwecke oder Ziele, nicht durch Ursachen. F. ist der Analyse des zweckgeleiteten menschlichen Handelns entnommen und deshalb nur teilweise auf die Darstellung und Erklärung natürlicher Geschehnisverläufe übertragbar. *O. Schwemmer*

Fingerlutschen, meist als *Daumenlutschen* auftretende Verhaltensweise, die beim Säugling und Kleinkind als normal und zuallermeist als unschädlich angesehen wird. Besonders häufig beobachtet im Alter von 7 Monaten bis 2 Jahren, oft in Zusammenhang stehend mit Hunger und Ermüdung. Hat die Funktion der Beschwichtigung und Beruhigung.

Beim Kind ab 5 Jahren und beim Jugendlichen als abnorme Gewohnheit geltend, oft zusammen mit Nägelknabbern, auch Haarausreißen auftretend. Hier ein neurotisches Verhalten, das häufig seine Ursachen in Mangelerlebnissen im Bereich der Zärtlichkeitsbedürfnisse hat. Wird tiefenpsychologisch als Wiederaufnehmen von Befriedigungsweisen der oralen Phase (↗Regression) betrachtet.

Lit.: Dührssen, A.: Psychogene Erkrankungen bei Kindern und Jugendlichen. Göttingen, [10]1973, 175–184; **Ilg, F. L. & L. B. Ames:** Erziehung – leicht gemacht. Bad Nauheim, [3]1967, 160–172. *P. Jankowski*

Finger-Painting, ein vor allem psychotherapeutisches Verfahren für Kinder, bei dem unter Verwendung spezieller Farben von den Kindern direkt mit den Fingern gemalt wird; da technische Schwierigkeiten wegfallen, gelangen die Kinder leicht zu einem *ungehemmten* Ausdruck. *R. Meili*

Fingersprache *(Daktylologie),* Kommunikationsmittel für Taubstumme (↗Taubstummheit), wovon es mehrere Systeme gibt. Mit dem *Fingeralphabet* werden die Buchstaben der Lautsprache durch bestimmte Fingerstellungen dargestellt, womit früher die Taubstummen mit den Elementen der Lautsprache vertraut gemacht wurden (heute auf optisch-taktilem Weg). Für die Taubstummblinden (↗Taubstummenblindheit) verwendet man das *Tastalphabet* (H. Lorm), bei dem durch Betupfen oder Bestreichen bestimmter Stellen der Handinnenfläche die Buchstaben symbolisiert werden. Das in den USA verbreitete *Spell-System* ist eine Art Finger-Alphabet (One-Hand-Manual-Alphabet) zur Unterstützung des Sprechens beim Taubstummenunterricht, wobei sich die Spell-Hand im Umfeld des Mundes befindet. Daneben benützen die Taubstummen noch eine besonders ausgebildete ↗*Gebärdensprache* für die gegenseitige Kommunikation.

Lit.: Moser, H. M., O'Neill, J. J., Oyer, H. J., Wolfe, S. M., Abernathy, E. A. & B. M. Showe: Hand signals. Finger-spelling. USAF Operat. Applications Lab. tech. Rep., 1958, 58–66. *F. Kiener*

Fisher-Yates-Test. Die Anwendung des *Vierfelder-*X^2*-Tests* zur Prüfung der Unabhängigkeit zweier dichotomisierter Merkmale ist bei kleinen Zellfrequenzen nicht ratsam. A. Yates (1934) bot für diesen Fall eine Kontinuitätskorrektur und, einem Vorschlag R. A. Fishers folgend, eine Methode zur Berechnung der exakten Wahrscheinlichkeiten von beobachteten Verteilungen in der Vierfeldertabelle an. Für die Signifikanzprüfung müssen neben der ↗Wahrscheinlichkeit für die beobachtete Verteilung auch die Wahrscheinlichkeiten für alle möglichen extremeren Verteilungen berechnet und aufaddiert werden. Das Verfahren ist auch als *Exakter* X^2*-Test* bekannt. ↗Mathematische Psychologie; ↗Statistik. *W. H. Butollo*

Fixe Ideen, eine Idee oder eine Reihe zusammenhängender Ideen, die die Vorstellungswelt eines Individuums beherrschen. Tritt in verschiedenen Zuständen, wie z. B. in der Zwangsneurose (↗Zwang), auf. Wenn sie in fortgeschrittenem Stadium in psychotischen Zuständen erscheinen, spricht man auch von ↗Monomanie oder ↗Paranoia. *R. Hetherington*

Fixieren, Ausrichtung oder Fokussierung des Auges auf ein bestimmtes Ziel oder Objekt der Beachtung (den Fixationspunkt) so, daß dessen Bild auf die Retina fällt. Beim binoculären F. sind beide Augen auf denselben Punkt gerichtet, doch scheint dies ziemlich unüblich zu sein. Der Fixationspunkt ist normalerweise auch das Zentrum der Beachtung im visuellen Feld, obwohl man seine ↗Aufmerksamkeit auch auf die Peripherie des Gesichtsfeldes lenken kann. *G. D. Wilson*

Fixierende Aufmerksamkeit ↗Aufmerksamkeitstypen.

Fixierung. 1) Die Verstärkung einer Tendenz oder Reaktion, die zum Entstehen einer Erinnerung oder einer motorischen Gewohnheit führt. – **2)** Der Prozeß des Eingestellt-, Rigide-, Unflexibel- oder Zwanghaft-Werdens in bezug auf eine bestimmte Denkweise, Einstellung, ein Gefühl oder Verhalten bzw. der Zustand des So-Seins. – **3)** In der Psychoanalyse wird F. verwandt für ein Gebundensein an ein frühes Entwicklungsstadium oder an ein Objekt dieses Stadiums, persistierend in unreifer und neurotischer Weise und interferierend mit anderen, normalen Bindungen (z. B. Mutterbindung; Rauchen wird als orale Fixierung interpretiert). Vgl. unten. *G. D. Wilson*

F. ist die Regressionsbereitschaft auf jene Entwicklungsphasen und Motivbereiche, in denen nach Freud und Fenichel zuwenig Befriedigung bestimmter Motive, zuviel Befriedigung oder zuwenig Befriedigung nach vorangegangener exzessiver Befriedigung solcher Motive stattfand. Toman bezeichnet „zuviel Befriedigung" als in sich widerspruchsvoll, sinnvoll nur, wenn impliziert ist, daß Befriedigungen anderer Motive und Entwicklungen anderer Motivbereiche dabei zu kurz kommen. F.anlässe sind daher immer Frustrationen, Traumen und Verluste von Motivbefriedigungsmöglichkeiten, also zuwenig Befriedigung. ↗Regression erfolgt auf jene Motivbereiche innerhalb einer solchen gestörten Entwicklungsphase, die nicht von der ↗Frustration betroffen waren, oder auf jene Phase, die der frustrierten Entwicklungsphase unmittelbar voranging. F.en in der frühen und späten oralen, der frühen und späten analen und der frühen genitalen Phase können nach Freud zu ↗Neurosen, ↗Psychosen, ↗Perversionen und ↗Kriminalität führen, später in der Entwicklung eintretende Frustrationen, Traumen und Verluste in der Regel nicht mehr (vgl. auch Psychopathologie, psychoanalytisches Schema der).

Lit.: Freud, A.: Das Ich und die Abwehrmechanismen. Wien, 1936; **Freud, S.:** Vorlesungen zur Einführung in die Psychoanalyse (1916/17). Ges. Werke, Bd. 11. London, 1940–52; **Toman, W.:** Introduction to psychoanalytic theory of motivation. London – New York, 1960; **ders.:** Motivation, Persönlichkeit, Umwelt. Göttingen, 1968.
W. Toman

Flächenfarbe. Im Unterschied zur ↗Oberflächenfarbe ist die F. weniger konsistent und kompakt, ist bis zu einem gewissen Punkt ihrer Dicke vom Blick durchdringbar und ist völlig einheitlich. Typische F.n sind das subjektive Augengrau, der Nebel, die Farbe des klaren Himmels, die Farbe der Oberflächen, die durch einen Reduktionsschirm betrachtet werden (deshalb auch: *reduzierte Farbe* oder *Lochfarbe* genannt). *G. Kanizsa*

Flächentransformation, die ↗Transformation von Rohwerten aufgrund des relativen Anteils der Fläche zwischen dem jeweiligen Rohwert und einem Bezugswert einer theoretischen oder beobachteten Verteilung. In einer flächentransformierten Verteilung entsprechen demnach die neuen Skaleneinheiten Flächeneinheiten der nicht-transformierten Verteilung. Beispiele für F.en sind ↗Prozentrang- und T-Normen (↗T-Werte). ↗Mathematische Psychologie; ↗Statistik. *W. H. Butollo*

Flagellantismus. Früher Form des religiösen Bußopfers durch Selbst- oder Fremdgeißelung, als solches heute nur noch sporadisch in Kleinsekten anzutreffen. F. hat eine gewisse Verbreitung als sadomasochistische sexuelle ↗Deviation: zur Erreichung und/oder

Steigerung der sexuellen Erregung schlägt ein Partner den anderen mittels eines oft wohlsortierten Instrumentariums, seltener auch mutuelle Geißelung. *U. H. Schindler*

Flanagan Aptitude Classification Tests (Abk.: FACT), aus der Arbeit für die Luftwaffe während des 2. Weltkrieges herausgewachsen. Die Analyse von Berufstätigkeiten ergab 21 „kritische Arbeitselemente", von denen im Test 19 erfaßt werden. Verschiedene empirisch begründete Kombinationen der Teilresultate des Tests sollen die Eignung für 38 Berufe messen.

Lit.: Flanagan, J. C.: Flanagan Aptitude Classification Tests. Chicago, 1953–59. *R. Meili*

Flegelalter, wertende Kennzeichnung der älteren Entwicklungspsychologie für vornehmlich männliche vorpubertäre Verhaltensweisen wie offene Auflehnung, verbale und brachiale Aggressionen, Indolenz und gespielte Überlegenheit als Folgen von Rollenunsicherheit und Statusungewißheit, die somatisch und umweltreaktiv bedingt sind. *A. Kormann*

Fleiß. Eine Verhaltenseigenschaft, die grundgelegt ist in der Struktur der Individualität und ihrer jeweils zugehörigen Art („fleißige Bienen", „lahme Ente"). Auch beim Menschen ist der F. dispositionell begründet; er kann aber auch von der Umwelt her (durch Erziehung, Lohn, Strafe) nicht nur angeregt und gefördert, sondern auch vermindert und zerstört werden. F. ist für die meisten Menschen die unabdingbare Voraussetzung, um ihre individuell verschiedenen Talente jeweils zur Entfaltung zu bringen. Auch das Genie kommt ohne F. nicht zu seiner optimalen Leistungsentfaltung und zu vollendeten Werken. Die Schutzbehauptung, daß dem Tüchtigen ohne F. der reichliche Lohn zufalle, hat zu sozial(-politisch) negativen Erscheinungen geführt. Die Anstrengungen, die die Fleißigen auf sich nehmen, sind individuell sehr verschieden, und je nach den dispositionellen Anlagen sind sie Ursache für Leistungsdifferenzen. *W. Arnold*

Flexibilitas cerea (Katalepsie), wächserne Biegsamkeit, wobei die Glieder des Patienten passiv gegen einen gewissen Widerstand bewegt werden können und dann längere Zeit in der durch den Untersucher bestimmten Haltung verharren. Die Patienten verhalten sich ähnlich Wachspuppen. Kann bei organischen ↗Psychosen, bei ↗Hysterien, vor allem aber bei ↗Schizophrenien beobachtet werden. *A. Hicklin*

Flexibilität, Anpassungsfähigkeit, Beweglichkeit. Meist positiv gewertetes Attribut der Motorik, des Denkens, des Handelns und der sozialen Interaktion. Gegensatz ↗Rigidität. *A. Flammer*

Fließgleichgewicht ↗Homöostase.

Flimmern ↗Farbenkreisel; ↗Flimmerphotometrie.

Flimmerphotometrie. Eine Methode der Psychophysik für den Vergleich oder die Angleichung verschiedener Felder in bezug auf Helligkeit, in der man als Indikator die zur visuellen ↗Fusion nötige Flimmerfrequenz heranzieht (critical flicker frequency; CFF). Diese Frequenz steigt bekanntlich an als eine Funktion sowohl der absoluten Helligkeit als auch der Helligkeitsdifferenzen zwischen den beiden Phasen der Flimmerabfolge. Ein gewöhnlich zur F. verwandter Apparat ist der *Episcotister,* der einfach aus einer Scheibe mit justierbaren Sektoren besteht, die von einem Elektromotor mit variabler Geschwindigkeit rotiert werden kann. *G. D. Wilson*

Flimmerskotom. Ausfälle im ↗Gesichtsfeld bezeichnet man als Skotome. F. zeichnen sich durch eine bestimmte Form aus. Die Umgrenzung ist gezackt bis girlandenförmig. Nach kometenschweifartiger Vergrößerung verkleinert es sich nach kurzem gleichartig. Die Ursache liegt in kurzfristig wirksamen Störungen der Blutversorgung der ↗Retina des Auges. *R. Rix*

Florkontrast ↗Kontrast.

Flucht in die Krankheit, mehr oder minder unbewußtes Ausweichen vor einer nicht bewältigten oder einer als untragbar erlebten Realität in einen von aller Verantwortung befreienden Zustand des Krankseins. In der Folge spielt sich dann ein Mechanismus des Leistungsunvermögens ein, dazu Abkapselung, Kontaktarmut, Resignation, Minderwertigkeitsgefühle und weitere neurotische Überlagerungen. Neurotische Symptome werden von A. Adler u. a. als Flucht in die Krankheit gedeutet. *H. N. Genius*

Fluency, rascher Ideenfluß und Bereitschaft, die Richtung zu ändern und Informationen zu modifizieren. Charakteristisch für Tests, in denen mehrere Antworten, die derselben Bedingung genügen, gegeben werden müssen. Zuerst von L. L. Thurstone definiert als Faktor der „Word-fluency" (W). Ob ein allgemeiner oder mehrere Faktoren der F. angenommen werden müssen, ist umstritten. Nach Guilford gehört F. zum „divergenten Denken", für das er 24 Faktoren definiert. „Creativity" wird in den USA vorwiegend mit F. in Zusammenhang gebracht.

Lit.: Guilford, J. P.: The nature of human intelligence. New York, 1967. *R. Meili*

Fluktuation, 1) Nettobilanz der Zu- und Abgänge von Trägerelementen in annähernden Fließgleichgewichten. **2)** Nicht systematisierte Schwankungen der Istwerte um die Sollwerte eines Sachverhalts, speziell: zeitliche Veränderungen einer statistischen Größe (z. B. der Mittelwerte und Varianzen aufeinanderfolgender Stichproben), die mit den eingesetzten Begriffsmitteln nur umrißhaft zu kennzeichnen, aber im Einzelfall nicht zu prognostizieren sind. *A. Vukovich*

Fluktuierende Aufmerksamkeit ↗Aufmerksamkeitstypen.

Flüssigkeit ↗Fluency.

Fokaltherapie. Von Balint und Mitarbeitern entwickelte Form der psychoanalytischen Kurzpsychotherapie. Die therapeutische Arbeit konzentriert sich auf den Fokus, d.i. derjenige Konflikt, der das Symptom erklärt. Er wird aus dem Material des Patienten erschlossen als psychodynamische Hypothese, die während der Behandlung ständig getestet wird. Wichtigster Ansatzpunkt für die Deutungen des Therapeuten ist die Interaktion zwischen Patient und Therapeut. Erreicht werden soll das aus dem Fokus abgeleitete Fokalziel, das möglichst klar und frühzeitig definiert wird.

Lit.: Balint, M., Ornstein, P. H. & E. Balint: Fokaltherapie. Frankfurt a.M., 1973. *F. Seibt*

Forced-choice-item *(Zwangswahlitem).* Ein ↗Item mit zwei oder mehreren vorgegebenen Antwortmöglichkeiten, von denen eine vom Pb gewählt werden muß, auch dann, wenn keine der Antwortmöglichkeiten völlig zutreffend erscheint. *J. P. Gösslbauer*

Forensische Psychiatrie, Anwendung psychiatrischen Wissens und medizinisch-psychiatrisch-psychol. Untersuchungstechniken zur Beurteilung von Personen, die sich sozial deviant und gesetzwidrig verhalten oder/und aus Gründen der Selbstbewahrung oder zum „Schutz der Allgemeinheit" gegen ihren Willen in einer geschlossenen psychiatrischen Anstalt untergebracht werden sollen. Der Gegenstand der F. P. ist mannigfaltig und reicht von der Beurteilung der Zurechnungsfähigkeit, der sozial-psychol.-kriminologischen Prognose bei Rechtsbrechern über therapeutische Maßnahmen zu deren Resozialisierung bis zu zivilrechtlichen Problemen der Geschäftsfähigkeit, Testierfähigkeit, Entmündigung und Ehescheidung von Personen.

Hauptarbeitsgebiet im Rahmen der Gerichtspraxis: „krankhafte Störungen der Geistestätigkeit", d. h. alle organisch bedingten Störungen von Intelligenz und Persönlichkeit, die a) auf Verletzungen, Erkrankungen, Mißbildungen des Gehirns bzw. des ZNS beruhen (z. B. Schädel-Hirn-Traumen, symptomatische Epilepsien, Intoxikationen, Infektionen, arteriosklerotische und senile Hirnschwundprozesse), b) als endogene

Psychosen des schizophrenen und manisch-depressiven Formenkreises bekannt sind.

Lit.: **Ehrhardt – Villinger:** Forensische und administrative Psychiatrie. In: Psychiatrie der Gegenwart, Bd. III. Berlin – Heidelberg – Göttingen, 1961. *H. Maisch*

Forensische Psychologie (gerichtliche Psychol.) ist eine Teildisziplin der ↗Angewandten Psychologie. Sie sucht alle diejenigen psychologischen Probleme zu erhellen, die sich im Zusammenhang mit den „in foro" Beteiligten ergeben. Fragestellung und Gegenstand werden dabei vom geltenden Recht vorgeschrieben. Daher sind in erster Linie die Erfordernisse der Praxis der Rechtsprechung (Richterpsychologie) bestimmend. Psychologen wirken derzeit mit sowohl in Strafprozessen (Zeugen- und Täterbegutachtungen) als auch bei Zivilsachen (z. B. Delikthaftung, Familienrecht), in der Sozial- (z. B. Arbeitsstörungen) und Verwaltungsgerichtsbarkeit (z. B. Fahrereignung) sowie im Strafvollzug (↗Strafvollzugspsychologie). Es handelt sich also um eine psychologische Durchdringung der gesamten Rechtspflege. Nahezu alle Forschungsbereiche der Psychologie müssen in der F. P. berücksichtigt werden. Schwerpunkte liegen bei der ↗Entwicklungs-Psychologie, der ↗Sozialpsychologie, der ↗Persönlichkeitspsychologie, der ↗Diagnose, der ↗Klinischen Psychologie, der ↗Sexualpsychologie, dem tiefenpsychol. Aspekt.

Zur Geschichte der Forensischen Psychologie. In ihren frühen Stadien (um die Jahrhundertwende) war das empirische Material, das den damaligen Forschern (z. B. W. Stern, O. Lipmann, K. Marbe u. a.) zur Verfügung stand, sehr begrenzt. Psychologische Sachverständige kamen in der Praxis der Rechtsprechung nur höchst selten zu Wort und hatten daher auch keine Gelegenheit, „Fälle" in weitem Umfange zu sammeln, bzw. sahen sich – meist von der Verteidigung beigezogen – einer einseitigen Auslese gegenüber. Man beschränkte sich daher auf Laboratoriumsuntersuchungen von allgemeinpsychol. Fragestellung. Dabei kam in erster Linie die Fehlerhaftigkeit der Aussage zum Vorschein, so daß W. Stern 1902 den Satz formulieren konnte: „Die fehlerhafte Erinnerung ist nicht die Regel, sondern die Ausnahme." Wissenschaftliche Bemühungen um den Nachweis der Glaubhaftigkeit von Aussagen fehlen in jener Phase nahezu gänzlich. Hierzu gibt es erst wesentlich später, in einer Zeit, als die F. P. nahezu stagnierte, einige wenige Beiträge von V. Müller-Heß (1930) und E. Nau (1940). Erst nach dem Zweiten Weltkrieg waren die psychol. Sachverständigen in der Lage, breites empirisches Material in praxi zu sammeln. Der Schwerpunkt ihrer Arbeit lag zunächst in der Begutachtung von kindlichen und jugendlichen Zeugen überwiegend bei Sexualdelikten. Die weiter oben benannten Gebiete kamen im Lauf der Zeit hinzu, nachdem feststand, daß psychol. Sachverständige Wesentliches zur Sachverhaltsklärung beitragen konnten. Heute spielen sowohl Persönlichkeitsbegutachtung als auch die Analyse verbaler Äußerungen zum Zwekke der Sachverhaltsklärung eine zentrale Rolle bei jeglicher forensisch-psychol. Tätigkeit. (Die „Tatbestandsdiagnostik"-Methoden zur Objektivierung von Ausdruckserscheinungen im Aussageverhalten sind bis jetzt ein Bereich der Forschung und in der BRD bei Gericht bzw. als Beweismittel nicht zugelassen.)

Die Methoden der Forensischen Psychologie decken sich also weitgehend mit denjenigen der Persönlichkeitsdiagnostik (↗Psychodiagnostik). Dabei werden stets sorgfältige Anamnesen erhoben, eine Analyse der sozialpsychol. interpretierbaren gegenwärtigen Situation, eine Untersuchung mit optimal validierten Testverfahren und eine speziell aussagepsychol. orientierte ↗Exploration vorgenommen (da man bei jeder forensischen Fragestellung, die an einen Psychologen herangetragen wird, weitgehend auf subjektive Daten der Untersuchungspersonen angewiesen ist). Dabei ist auch stets die Entstehung einer Einlassung zu prüfen (bei Aussagen aller Art, auch des Geständnisses). Regelhaft ergibt sich die Notwendigkeit, vom Leistungsaspekt und demjenigen der Motivation auszugehen.

Zeugenbegutachtung. Hier hat sich die Problematik von der Begutachtung der allgemeinen ↗Glaubwürdigkeit wegverlagert auf diejenige der Glaubhaftigkeit der Aussage hic et nunc in der konkret gegebenen Situation. Besonders U. Undeutsch bezeichnet die allgemeine Glaubwürdigkeit als längst überholte Auffassung vom statischen Charakter des Menschen. Moderne Persönlichkeitstheorien (↗Persönlichkeit) beinhalten allesamt dynamische Konzepte. In dieser Hinsicht besteht Einmütigkeit bei den wichtigsten Autoren. Gleichwohl wird auf eine Persönlichkeitsanalyse, die auch die Konstanten des Verhaltens berücksichtigt, nicht verzichtet werden können. Der Hauptakzent liegt indessen auf dem Aussagegeschehen (↗Aussagepsychologie) und seinen sozialpsychischen Bedingungen.

Strafrechtliche Verantwortlichkeit. Jede Gesetzgebung kennt Einschränkungen der Verantwortlichkeit (↗Verantwortungsreife) für einen strafrechtlichen Tatbestand. In der modernen Rechtspflege ist das Jugendrecht überwiegend kein Vergeltungsstrafrecht, das die Generalprävention anzielt, sondern ein Täterstrafrecht, in dem spezialpräventive Gesichtspunkte die Hauptrolle spielen, d. h., jeder Täter wird im Hinblick auf seinen individuellen Entwicklungsstand gewürdigt. In der BRD *können* die 18–21jährigen derzeit je nach Reifegrad in die Gruppe der straffälligen Jugendlichen (14–18jährige) einbezogen werden, was in der Gerichtspraxis in der überwiegenden Zahl der Fälle auch geschieht. Im Zuge der Strafrechtsreform in der BRD werden sich hier Veränderungen ergeben. Es steht zu erwarten, daß der forensisch tätige Psychologe in Zukunft nicht so sehr Reifediagnosen zu stellen hat – die oft genug fragwürdig sind, weil sie sich am fiktiven Bild eines „Jugendlichen" orientieren müssen – als vielmehr individualkriminologische und prognostische Feststellungen treffen muß, gleichfalls noch mehr als bisher beratend im Hinblick auf die Anordnung von Maßnahmen wird tätig werden müssen, die eine optimale Resozialisierung des einzelnen als legitimen Strafzweck erwarten lassen. Der Schwerpunkt der sachverständigen Begutachtung (↗Gutachten) wird sich also von der Reifediagnose wegverlagern. Gleichwohl wird der entwicklungspsychol. Ansatz seine Bedeutung behalten, doch werden die sehr flexiblen soziokulturellen Bedingungen der ↗„Reife" noch mehr als bisher an Bedeutung gewinnen, anstelle eines statischen und ideologisch gefärbten Begriffes von ↗„Pubertät". Das setzt eine intensive Integration psychol. und kriminologischer Forschungswege voraus, die bisher nur in schwachen Ansätzen vorhanden ist. Dafür bedarf es auch noch einer Verbesserung der statistischen Methodik der Kriminalprognoseforschung. Insbesondere die deutsche ↗Kriminologie befindet sich hier noch in einem Anfangsstadium. Es fehlt auch noch wesentlich an der Entwicklung kriminalpädagogischer Behandlungsmethoden. Übereinstimmung besteht bei allen Wissenschaftlern, die sich mit der Problematik der ↗Zurechnungsfähigkeit befaßt haben, daß es um die Erhellung der inneren Situation des Täters z. Z. der Tat geht und (H. Thomae) um einen Vergleich des Gesamtverhaltens und -erlebens des Täters zur Tatzeit mit dem Modell der normalen Handlung, wie es in der Psychol. vielfach beschrieben wurde. Dabei steht die sog. affektive psychogene ↗Bewußtseinsstörung im Mittelpunkt psychol. Würdigung, die sich auf alle verfügbaren Informationen zu erstrecken hat. Auch hier spielt die Aussageanalyse eine erhebliche Rolle, da man vielfach auf subjektive, ausschließlich vom Täter gelieferte Daten angewiesen ist. Angesichts der im deutschen Strafrecht üblichen – und auch nach einer Reform wohl fortbestehenden – Trennung der ↗Schuldfähigkeit in a) Einsichts- und b) Hemmungs- und Willensvermögen zeigen sich nicht selten Unterschiede in der juristischen, psychiatrischen u. psychol. Denkweise.

Strafvollzug. Hier liegen die Aufgaben der F. P. eindeutig auf dem Bemühen um Resozialisierung und Spezialprävention. Das setzt eine sinnvolle Aufgliederung der Tätergruppen voraus, wobei diejenigen, die psychotherapeutischer oder sonstiger Heilbehandlungen bedürfen, denselben in besonderen Anstalten zugeführt werden sollen. Die diagnostische Klassifizierung von Gefangenen, ihre psychol. Betreuung, Schulung des Aufsichtspersonals, arbeitspsychol. und pädagogische Maßnahmen, Entlassungsprognosen, Gruppen- und Einzelberatung sind weitere Aufgaben. Hier ergeben sich enge Beziehungen zur soziologischen Problematik und zu psychagogischen Techniken.

Zivilrechtliche Gebiete. Hier müssen nicht nur alle Möglichkeiten der Individualdiagnostik ausgeschöpft, sondern wesentlich auch sozialpsychol., entwicklungspsychol. und soziologische Forschungsergebnisse angewandt werden, wobei die letzteren auch Erscheinungsformen der mittleren und späten Lebensphasen mit einbeziehen müssen.

Lit.: **Arnold, W.:** Angewandte Psychologie. Stuttgart, [2]1974; **Blau, G. & E. Müller-Luckmann** (Hrsg.): Gerichtliche Psychologie. Neuwied – Berlin, 1962; **Glueck, S. & E.T. Glueck:** Unraveling juvenile delinquency. Cambridge (Mass.), 1950; **Liebel, H. & W. von Uslar:** Forensische Psychologie. Stuttgart, 1975; **Müller-Luckmann, E.:** Über die Glaubwürdigkeit kindlicher und jugendlicher Zeuginnen bei Sexualdelikten. Stuttgart, [2]1963; **dies.:** Aussagepsychologie. In: **A. Ponsold** (Hrsg.): Lehrbuch der gerichtlichen Medizin. Stuttgart, [3]1967; **Nau, E.:** Die Persönlichkeit des jugendlichen Zeugen. Beitr. z. Sexualforschung. 1965, *33*, 27–37; **Reid, J. E. & F. E. Inbau:** Truth and deception. Baltimore, 1966; **Trankell, A.:** Vittnespsykologins arbetsmetoder. Stockholm, 1963; **Undeutsch, U.:** F. P. In: Handwörterbuch der Kriminologie. Berlin, 1966; **ders.** (Hrsg.): F. P. Hdb. der Psychol., Bd. 11. Göttingen, 1967 (alle hier behandelten Einzelgebiete ausführlich dort dargestellt; umfassende Bibliographie).

E. Müller-Luckmann

Formaldidaktik, ein Algorithmus für das ↗Algorithmische Lehralgorithmieren (früheste Beispiele: F.en ALZUDI und ALSKINDI) oder für eine Erzeugung von ↗Lehralgorithmen aufgrund der Ergebnisse einer nicht-algorithmischen Vorverarbeitung der unabhängigen didaktischen Variablen (halbalgorithmisches Lehralgorithmieren, z.B. mit der F. COGENDI). *H. Frank*

Zur *formalen Didaktik* zählen didaktische Konzeptionen, welche auf der Basis von Informationstheorie und Kybernetik unter Berücksichtigung quantitativer Bestimmungsmerkmale (z.B. Informationsgehalt) Lehralgorithmen (schrittweiser Aufbau von Unterrichtssequenzen) erstellen. Hierzu gehören u.a. die oben erwähnten ALZUDI und COGENDI zur Konstruktion von computergesteuerten Unterrichtsprogrammen.

Lit.: **Frank, H.:** Kybernetische Grundlagen der Pädagogik. Baden-Baden, [2]1969; **Weltner, K.:** Informationstheorie und Erziehungswissenschaft. Quickborn, 1970.

H. Schröder

Formal discipline. Der Begriff des f. d. korrespondiert in der anglo-amerikanischen Literatur mit dem deutschen Begriff der formalen Bildung, in besonderer Weise erweitert durch den Vorgang des ↗Transfer (↗Mitübung). In der Anwendung des f. d. erfolgt die ↗Übung von Tätigkeiten und die Ausbildung von ↗Fähigkeiten nicht um ihrer selbst willen, sondern in der Absicht, einen Übungserfolg bei anderen (ähnlichen) Tätigkeiten und Fähigkeiten zu erzielen. Die empirischen Untersuchungen zum f. d. sind teilweise widersprechend; in der Regel bestätigen sie allzu hohe Erwartungen nicht.

H. Schröder

Formale Bildung ↗Formal discipline.

Formatio reticularis, eine netzartige Struktur von Nervenzellen und kurzen Nervenfasern im Bereich des Stammhirns und des Zwischenhirns, reicht bis zum Hypothalamus und stellt die Fortsetzung des zum extrapyramidalen System gehörenden Neuronenfilzes von kurzen Zwischenneuronen im ↗Rückenmark dar. Die F. r. erhält collaterale Fasern und damit Information von allen zentrifugalen und zentripetalen Leitungsbahnen. Sie wirkt hemmend und erregend auf Thalamus und Hirnrinde (↗Cortex) und steuert damit den Wachheitszustand und die Aufmerksamkeitszuwendung des Individuums. Zerstörung dieser Substanzen im Tierversuch erzeugt Bewußtlosigkeit, die z. T. durch LSD (Lysergsäure-Diäthylamid bewirkt reversible psychische Veränderungen mit halluzinatorischen Erscheinungen) wieder aufgehoben werden kann. *E. David*

Formbild ↗Graphologische Begriffe.

Formdeuteverfahren ↗Psychodiagnostik.

Formkonstanz *(Formvisualität).* Die wahrgenommene Form eines Gegenstandes ist relativ unabhängig von solchen Veränderungen des Reizmusters auf der ↗Retina, die an der Projektionsfigur durch Änderung der räumlichen Ausrichtung hervorgerufen werden; normalerweise liefert nämlich die Reizkonfiguration Hinweise auf die Raumlage, z. B. durch Helligkeitsverteilung, Perspektive, Textur und vor allem durch das Umfeld des Objekts. Durch Beseitigung solcher Hinweise wird Forminvarianz verhindert oder erschwert.

Lit.: Epstein, W. & J. Park: Shape constancy; functional relationships and theoretical formulations. Psychol. Bull. 1963, *60*, 265–288. *J. Zoltobrocki*

Form-Lege-Test ↗Form-Tests.

Formniveau ↗Graphologie.

Formseher ↗Farbseher.

Form-Tests. Zuerst von E. Seguin (1846) für Debile verwendet, später von H. H. Goddard (1915) als Test entwickelt. Einfache Holzformen wie Kreis, Quadrat, Kreuz usw. müssen in entsprechende in einem Brett ausgeschnittene Formen gelegt werden (formboard). Im *Casuist Formboard* von R. Pintner & D. G. Paterson muß die ausgeschnittene Form durch Zusammensetzen von mehreren Teilen ausgefüllt werden. Im *Formlegetest* von G. A. Lienert müssen 4 Flächenteile zu vorgezeichneten Figuren zusammengesetzt werden, und im *Minnesota Paper Form Board* – auch im IST von R. Amthauer übernommen – muß die Figur ausgewählt werden, die zusammengesetzt werden kann. Diese Aufgaben werden dem S-Faktor (↗Faktoren) zugeordnet, von J. P. Guilford vor allem dem CFS-V (visuelles Erkennen figuraler Systeme). *R. Meili*

Fourier-Analyse. Der F. liegt ein mathematisches ↗Modell (↗Fouriersches Gesetz) zugrunde, wonach sich komplexe Funktionen einer Variablen (z. B. Zeit) aus einer Serie von Sinus- und Cosinus-Werten zusammensetzen. Eine diesem Modell entsprechende Zerlegung der Funktion in ihre Komponenten nennt man Fourier-Analyse. ↗Mathematische Psychologie; ↗Statistik.

Lit.: Edwards, R. E.: Fourier Series – A Modern Introduction. Oxford, 1967. *W. H. Butollo*

Fouriersches Gesetz, ein mathematisches ↗Modell über die Zusammensetzung einer komplexen periodischen Funktion (Schwingung) aus einer im allgemeinen unendlichen Serie von Sinus- und Cosinusfunktionen. Der Auflösung einer derartigen Schwingung in einer Serie harmonischer Funktionen (↗Fourier-Analyse) liegt das Polynom $Y = a_0 + a_1 \cos t + b_1 \sin t + a_2 \cos 2t + b_2 \sin 2t + \ldots$ zugrunde. ↗Mathematische Psychologie; ↗Statistik. *W. H. Butollo*

Four-Picture-Test ↗Lennep Test.

Fovea centralis retinae, grubig-vertieftes Zentrum (0,5 mm Durchmesser) des gelben Fleckes (↗Macula lutea) mit ca. 5 mm Durchmesser. Die Vertiefung kommt dadurch zustande, daß die den Sinneszellen nachgeschalteten retinalen Ganglienzellschichten (Ganglion retinae und Ganglion fasciculi optici) an dieser Stelle fehlen, so daß das hier ausschließlich aus ↗Zapfen bestehende und mit einem alkohollöslichen gelben Farbstoff durchsetzte Neuroepithel gegen den Glaskörper bloßliegt. In der ganzen Macula liegen rd. 100 000 Zapfen, die ohne Konvergenz mit je einer bipolaren Ganglienzelle und weiter mit je einer Opticus-Ganglienzelle in Verbindung stehen, deren Fortsätze als „maculo-papillares Bündel" die Papilla fasciculi optici (↗Blinder Fleck, Mariotte) erreichen (Ggs. zur Netzhautperipherie, wo viele Zapfen oder ↗Stäbchen zu einer Opticusfaser konvergieren, wodurch dort das Auflösungsvermögen verschlechtert wird). Dadurch und durch das Freiliegen ohne zusätzlich brechende Zellschichten wird die F. c. r. zur Stelle schärfsten Sehens.

K. H. Plattig

FPI ↗Freiburger Persönlichkeitsinventar.

Fragealter. Das erste F. setzt etwa mit dem Beginn des zweiten Lebensjahres ein (Fragen des Kindes nach dem Namen der Dinge); die Fragen beziehen sich auf die Nennfunktion der Sprache (K. Bühler). Das zweite (eigentliche) F. („Warum"-Fragen) beginnt im Verlauf des dritten Lebensjahres; es zeigt den Versuch des Kindes, seine Welt zu ordnen.

Lit.: Bühler, K.: Die geistige Entwicklung des Kindes. Jena, [3]1922; **Stern, C. & W. Stern:** Kindersprache. Leipzig, [4]1928 (Nachdruck: Darmstadt, 1965).

S. Kreutzer

Fragebogen. Mit dem Begriff F. werden in der Psychol. eine Reihe von Instrumenten und Techniken bezeichnet. Meistens besteht er aus vorgedruckten Formularen mit Fragen, die sich um ein oder mehrere umschriebene Themen gruppieren. Die Vp beantwortet diese Fragen schriftlich. Manchmal aber werden die Fragenkomplexe mündlich erörtert, wie z.B. in der ↗Meinungs- und ↗Marktforschung.

Die äußere Form, die Befragungsmethode und die angezielten Bereiche variieren sehr stark. In folgenden Arbeitsgebieten der Psychol. haben sich F.methoden gut bewährt: ↗Lebenslaufanalyse, die Erforschung von Meinungen, Einstellungen und Werthaltungen und die Eigenschaftserfassung in der Persönlichkeitspsychologie. Man könnte auch manche Intelligenz- und Leistungstests als F. auffassen, aber in diesem Bereich wird der Terminus F. nur selten verwendet.

Wichtig ist der Unterschied zwischen a) „offenen Fragen" (open-ended) und b) objektiv zu verrechnenden Items. Im ersten Fall (a) schreibt die Vp ihre Antwort frei nieder. Die Klassifikation und Analyse der Ergebnisse wird zwangsläufig bis zu einem gewissen Grad subjektiv bleiben. Im zweiten Fall (b) wird der Fragebogen so konstruiert, daß einige wenige vorformulierte Antwortmöglichkeiten gegeben werden, zwischen denen die Vp sich zu entscheiden hat. Durch dieses Verfahren wird die Variabilität der Antworten eingeengt, aber es ermöglicht eine objektive Auswertung der Daten.

Die Konstruktion der ↗Items. Die Konstruktion der einzelnen Fragen eines Fragebogens, für die sich auch im Deutschen das Wort „Item" eingebürgert hat, ist schwierig und mehr eine Kunst als eine Wissenschaft. Es gibt nur wenige objektive Regeln. Eine große Erfahrung mit dem zu bearbeitenden Problembereich ist immer noch die beste Hilfe. Für die Bewährungskontrolle und Normengewinnung hingegen verfügt die ↗Testtheorie über genaue und mathematisch und empirisch gut verankerte Verfahrensweisen. Die häufigsten Fehler, die F.-items anhaften, sind Mehrdeutigkeit und mangelnde ↗Trennschärfe. Oft sind die Fragen so formuliert, daß eine bestimmte Antwort nahegelegt wird, z. B. durch zu ausführliche Beschreibungen, was ihren diagnostischen Wert sehr stark mindert.

Die Zweideutigkeit der Items kann abgestuft sein. Bei folgenden Wörtern muß man z. B. sehr genau beachten, an welcher Stelle sie zu stehen haben, um einen Sachverhalt ganz klar auszudrücken: „immer, nur, oft, manchmal, gewöhnlich, viele, meist" usw. C. A. Moser (1958) nennt noch eine andere Art falscher Itemkonstruktion. In einer Umfrage für Frauen lautet ein Item: „Fällt Ihnen die Arbeit schwerer, wenn Sie ein Baby erwarten?" – unabhängig davon, ob die Frauen nun tatsächlich ein Baby erwarten oder nicht.

Die Antwort „nein" kann in diesem Fall bedeuten, „es ist kein Baby unterwegs", oder „die Arbeit fällt nicht schwerer" – sie ist also zweideutig. Zu schwierige Wörter und Wendungen sollten vermieden werden; die Items sollten knapp formuliert und klar sein. Ganz besonders unerwünscht sind doppelte Fragen oder Feststellungen, wie z. B. folgende: Sind Sie zufrieden mit der Bedienung und den Preisen in diesem Restaurant? Manche Leute sind vielleicht mit der Bedienung zufrieden, nicht aber mit den Preisen und umgekehrt. Diese und andere Gefahren treten bei jeder Art von F.konstruktion auf; bei Befragung großer Bevölkerungskreise oder einer unsystematischen ↗Stichprobe sollte ganz besonders darauf geachtet werden, daß die Fragen klar, einfach und eindeutig sind. Viele Wissenschaftler (z. B. Jahoda, Cook & Deutsch, 1951) haben nützliche Unterscheidungen zwischen den einzelnen Arten des zu erhebenden Materials erarbeitet. Entsprechend diesem Material können Veränderungen im Entwurf des F. notwendig werden, sowohl bei solchen, die sich auf Tatsachen beziehen, als auch bei Fragen nach Glauben, Gefühlen usw.

EINSTELLUNGSFRAGEBOGEN. Es sind bereits unzählige Meinungs- und Einstellungs-F. konstruiert worden, ganz besonders in den USA. Es gibt drei verschiedene Skalierungsverfahren zur Messung der Einstellung. Sie wurden von L. L. Thurstone, R. Likert und L. Guttman konstruiert. Die beiden ersten sind heute sehr gebräuchlich. Die Methode der gleicherscheinenden Intervalle (Thurstone & Chave, 1929) erweitert Methoden, die bereits in psychophysischen Experimenten über Wahrnehmung und Gefühle verwendet wurden. Mit dieser Methode kann jedem Item ein „Skalenwert" zugeschrieben werden, und jede Vp kann eingeordnet werden.

Die Likert-Technik findet in ähnlicher Form auch bei der Konstruktion von Fähigkeitstests Verwendung, aber ein unterscheidendes Merkmal ist, daß der Befragte mit fünf Alternativantworten je Item konfrontiert wird. Die Skalierungsmethode von Guttman (Stouffer, 1950) liefert kurze, sehr homogene Skalen.

PERSÖNLICHKEITSFRAGEBOGEN. Diese wurden auf anderen Wegen als die Skalen zur Erfassung von Einstellungen entwickelt. Sie sind von besonderer theoretischer Wichtigkeit. Sie sind sehr unterschiedlicher Art. Sie dienen zur Klassifikation im Sinne der Persönlichkeitstheorie ihres Konstrukteurs, die sich auf klinische Syndrome stützen kann, auf Idealtypen oder auf Eigenschaften und Dimensionen. Der bekannteste F. der ersteren Art ist das *Minnesota Multiphasic Personality Inventory*, ein sehr umfangreicher Test, aus dem mehrere weniger umfassende Instrumente entwickelt wurden, wie z. B. der *Taylor Manifest Anxiety Test.*

Die Klassifikation der Persönlichkeit in genau gegeneinander abgegrenzte Typen wird oft heftig kritisiert. Demgemäß gibt es nur wenige F., die sich dieses Ansatzes bedienen. Eine interessante Ausnahme bildet das *Myers-Briggs Inventory,* das auf der Jungschen Typologie aufbaut und eine Einstufung der Vp als „introvertiert" oder „extravertiert" erlauben soll und eine Klassifikation als „Denk-", „Fühl-", „Intuitions-" und „Empfindungstyp". Viele Persönlichkeits-F. basieren auf dem dimensionalen Ansatz und versuchen die wichtigsten allgemeinen Eigenschaften zu erfassen. Ihre Ergebnisse streuen demgemäß in einer unausgelesenen Stichprobe gemäß einer Normalverteilung. Die Identifikation solcher allgemeiner Eigenschaften gelang hauptsächlich durch die Technik der ↗Faktorenanalyse. Die bedeutsamsten Tests dieser Art sind die von R. B. Cattell, H. J. Eysenck und J. P. Guilford. Sie wurden aus faktorenanalytischen Versuchsanordnungen abgeleitet, unterscheiden sich aber bezüglich ihrer Voraussetzungen. Cattells F. für Erwachsene erlaubt die Erfassung von 16 Dimensionen, Eysencks nur von 2. Jeder Ansatz hat seine Vorzüge; so ergibt Cattells Test ein detaillierteres Persönlichkeitsprofil, während Eysencks F. wahrscheinlich zu zuverlässigeren und überzeugenderen Ergebnissen kommt (Eysenck & Eysenck, 1969).

KRITERIEN EINES GUTEN FRAGEBOGENS. Die Anforderungen, die an ein gutes einzelnes Item zu stellen sind, wurden schon vorher diskutiert. Die F., die als psychol. Tests verwendet werden, sollten zusätzlich den üblichen Kriterien der ↗Reliabilität und ↗Validität genügen. Wenn sie sorgfältig konstruiert und itemanalysiert sind, haben sie auch eine angemessene Reliabilität.

Die Frage nach der Validität hingegen ist schwierig zu beantworten, weil sich meist kein einfaches Außenkriterium finden wird. Man muß sich daher hauptsächlich auf den Nachweis der Konstruktvalidität, also auf ein Netzwerk indirekter Schlußfolgerungen, stützen. Wie schon gesagt, sind viele F. auf diesem Gebiet wertvolle Erkundungsinstrumente, aber man sollte sich nie auf ihre Validität verlassen, besonders wenn sie von Nicht-Psychologen interpretiert werden.

Lit.: **Eysenck, H. J. & S. B. G. Eysenck:** Personality structure and measurement. London, 1969; **Jahoda, M., Cook, S. W. & M. Deutsch:** Research methods in social relations. New York, 1951; **Moser, C. A.:** Survey methods in social investigation. London, 1958; **Stouffer, S. A.:** Measurement and prediction. Princeton, 1950; **Thurstone, L. L. & E. J. Chave:** The measurement of attitude. Chicago, 1929.

H. J. Butcher

Fragebogen für Schüler (FFS). Der FFS ist ein diagnostisches Testverfahren, das zu der Gruppe der Persönlichkeitsfragebogen (↗Fragebogen) zählt und vorwiegend in der Schulberatung angewandt wird (z. B. zur Erklärung von Schulschwierigkeiten, zur Schullaufbahnberatung). Der FFS ist für deutsche Schüler bearbeitet und liegt für zwei Altersstufen vor: FFS 5–10 für 5. bis 10. Klassen (10- bis 16jährige), FFS 11–13 für 11. bis 13. Klassen (16- bis 21jährige). Der FFS prüft fünf verschiedene Aspekte der Schulangst, nämlich: 1) Aufregung und Angst beim Auftreten vor Klasse und Lehrer, 2) Prüfungsangst, 3) Schulsorgen, 4) leistungsmindernde Aufregung und Nervosität, 5) vegetative Beeinträchtigung bei Prüfungen.

Lit.: **Gärtner-Harnach, V.:** Fragebogen für Schüler FFS 5–10 (FFS 11–13). Weinheim, 1973 (1972).

W. Seitz

Fragebogentest zur Beurteilung der Suizidgefahr (FBS). Von Stork (1972) nach Untersuchungen an 1747 französischen Schülern und Studenten und 837 deutschen Rekruten publiziertes Selbstbeurteilungsinstrument aus 52 Items bei teilweiser Doppelgewichtung. Anstieg der mittleren Punktzahl von 17 bei ‚Normalen' auf 29 bei Suizidtendenzen und 42 bei Suizidversuch; jedoch auch bei Neigung zu Alkohol, Rauschgift, Unfällen und antisozialem Verhalten erhöhte Werte. Normen, Itemkennwerte und Testgütekriterien werden nicht angegeben.

Lit.: **Stork, J.:** Fragebogentest zur Beurteilung der Suizidgefahr. Salzburg, 1972.

U. Hensle

Fragebogen zur direktiven Einstellung ↗Einstellungstests.

Fragebogen zur Vorgesetzten-Verhaltensbeschreibung ↗Einstellungstests.

Fraktionierung. 1) Eine introspektive Methode, verbunden mit der Würzburger Schule. Sie beinhaltet, gemäß den Instruktionen des Versuchsleiters, die Konzentration der Aufmerksamkeit auf verschiedene Teile oder Phasen des beobachteten Gesamtprozesses oder -phänomens. **2)** In der Statistik die Aufteilung von Daten in Gruppen zwecks getrennter Analyse.

G. D. Wilson

Frame, gleichbedeutend mit *Item, Step,* der kleinste Baustein in einem ↗Lehrprogramm – ursprünglich der Ausschnitt aus einem Programmstreifen, der im Fenster oder Rahmen einer Lehrmaschine erscheint. Ein F. besteht in der Regel aus der Darbietung einer ↗Information, der Aufforderung zu einer Antwortreaktion, der ↗Rückmeldung an den Lernenden bezüglich der Richtigkeit seiner Antwort und – bei nicht-computer-gesteuerter Programmdarbietung – der Instruktion zur weiteren Programmhandhabung. Dabei kann die Größe eines F. variieren von einem einzelnen vom Lernenden zu vervollständigenden Satz (Skinner-Programme) bis zur Darbietung eines umfangreichen Lehrparagraphen (bei ↗Crowder-Programmen).

Entsprechend der Funktion spezieller F.s in einem Lehrprogramm spricht man z. B. von Gate-F. (Zugangseinheit), Review-F. (Wiederholungseinheit), Terminating-F. (Schlußeinheit). Synonyme Begriffe sind Inhaltseinheit und ↗Lehrschritt.

L. J. Issing

Frankfurter Analogietest (FAT). Der FAT ist ein Gruppen-Intelligenztest, der primär das Denken in Analogien (analogical reasoning) erfaßt (↗Analogietests). Die Lösung der multiple-choice-Aufgaben erfolgt über Analogiebildung hinsichtlich formaler oder semantischer Relationen zwischen jeweils drei vorgegebenen Wörtern, Bildern oder Figuren. Der Test erfaßt somit im wesentlichen den Faktor „reasoning" i.S. der ↗Thurstone'schen Intelligenztheorie. Bei der Testentwicklung wurde auf größtmögliche Erfahrungsunabhängigkeit der Testitems Wert gelegt. Der FAT liegt in jeweils zwei Parallelformen für zwei verschiedene Altersbereiche vor, nämlich für die 4. bis 6. Klassenstufe (FAT 4–6) und die 7. und 8. Klassenstufe (FAT 7–8) aller Schultypen. Die Paralleltestreliabilität des FAT liegt je nach ↗Homogenität der Stichprobe zwischen 0,84 und 0,91 (FAT 4–6) bzw. zwischen 0,67 und 0,88 (FAT 7–8), die Koeffizienten der internen ↗Konsistenz liegen deutlich darüber (bis 0,95). Der Test wurde am Lehrerurteil und dem ↗*Hamburg-West-Yorkshire-Gruppentest zur Intelligenzprüfung* HYGIT validiert (r = 0,69 für FAT 4–6, r = 0,81 für FAT 7–8).

Lit.: Belser, H., Anger, H. & R. Bargmann: Frankfurter Analogietest FAT 4–6. Weinheim, 1972; **dies.:** Frankfurter Analogietest FAT 7–8. Weinheim, 1965. *J. Rost*

Frankfurter Denkaufgaben für 3.–6. Klassen (FDA 3–6). Gruppenintelligenztest für Schüler aller 3.–6. Jahrgangsstufen, je als FDA 3–4 und FDA 5–6 in 2 Parallelformen vorhanden. Als Items werden Gruppen geometrischer Figuren dargeboten, bei denen Gesetzmäßigkeiten erkannt werden sollen. Aufteilung in 3 Subtests: Folgen, Gruppen, Matrizen. FDA soll in Ergänzung zu anderen Verfahren neben dem Generalfaktor der Intelligenz den Gruppenfaktor der anschaulich-praktischen Leistungsfähigkeit (nach Burt und Vernon) messen. Der Test kann als objektiv und, soweit Werte angegeben, als reliabel (Halbierungskoeffizienten: 0,94 bis 0,95) bezeichnet werden. Die an einer Stichprobe gewonnenen Normen sind differenziert angegeben.

Lit.: Wendeler, J.: Frankfurter Denkaufgaben für 3.–6. Klassen. Weinheim, 1973. *H.-P. Trolldenier*

Frankfurter Schulreifetest (FST) ↗Einschulungstests.

Frankfurter Tests, von der Hochschule für Internationale pädagogische Forschung unter Leitung von E. Hylla für die Schule ausgearbeitete und standardisierte Tests: ↗Wortschatztest Verständiges Lesen, Aufgaben zum Nachdenken, ↗Analogietest, Rechentest, Zahlenreihen, Rechtschreiben. *R. Meili*

Freiburger Persönlichkeitsinventar (FPI). Das FPI ist ein deutschsprachiger Persönlichkeitsfragebogen, der ab dem 15. Lebensjahr anwendbar ist und folgende Persönlichkeitsmerkmale prüft: 1) Nervosität, 2) Aggressivität, 3) Depressivität, 4) Erregbarkeit, 5) Geselligkeit, 6) Gelassenheit, 7) Dominanzstreben, 8) Gehemmtheit, 9) Offenheit, 10) Extraversion, 11) Emotionale Labilität, 12) Maskulinität. Die Anwendungsgebiete des FPI liegen in der Schul- und Lebensberatung, der klinischen Psychologie und der Berufsauslese.

Sowohl für zwei Teilformen als auch für die Gesamtform existieren Normen, getrennt nach dem Geschlecht, jeweils für die Altersgruppen 15–30, 31–50, 51 Jahre und älter und für die gesamte Eichstichprobe. Die Zuverlässigkeitskennwerte liegen je nach Berechnungsart und Testdimension zwischen 0,43 und 0,92. Zur Gültigkeit liegen empirische Ergebnisse über Beziehungen zu anderen Testverfahren und Persönlichkeitsfragebogen vor (maximale Korrelation r = 0,82), zu weiteren Selbsteinstufungen und zu Verhaltenseinstufungen durch Fremdbeurteiler (maximal r = 0,47). Außerdem wurden Mittelwertsvergleiche und Diskriminanzanalysen bei verschiedenen klinischen Gruppen durchgeführt.

Lit.: Fahrenberg, J., Selg, H. & R. Hampel: Freiburger Persönlichkeitsinventar (FPI). Göttingen, [2]1973.

W. Seitz

Freiheitsfähigkeit. Im Rahmen der Persönlichkeitspsychol. spielt das Problem der Entscheidung und der Wahlfreiheit eine zentrale

Rolle. Alle modernen Theorien der ↗Persönlichkeit stimmen darin überein, daß es keine absolute Willensfreiheit des Menschen gibt, wohl aber eine relative. Der Mensch ist im Rahmen seiner personalen ↗Konstitution selbständig und eigenverantwortlich. Die F. ist von besonderer Bedeutung im Rahmen des Schuldrechts und des Maßregelungsrechts, also in der forensischen Psychologie.

Der Freiheitsrahmen der individuellen Person wird in erster Linie bestimmt durch deren psycho-physische Konstitution (↗Vitalität, ↗Kapazität u. a.), sodann durch die soziokulturellen Einflüsse (Mit- und ↗Umwelt). Alle physischen, aber auch alle (inter- und intra-)psychischen Prozesse vollziehen sich im Rahmen eines allgemeinen Ordnungssystems, das kybernetischen Regeln gehorcht (Ist- und Sollwertanpassung, ↗Homöostase). Die biologischen und psychologischen ↗Regelkreise sind genauso wie die mechanischen Regelkreise nur steuerbar, weil sie geordnet verlaufen und deshalb in Grenzen bestimmbar und teilweise vorhersagbar sind (Wahrscheinlichkeitsprinzip); auch Gewissensentscheidungen verlaufen im Rahmen eines Ordnungssystems. Die Istwerte – das sind Taten und Haltungen – sind anzugleichen an Sollwerte (Gebote, Tugenden, Normen). Die ↗Freiheitsgrade im Rahmen der individuellen Konstitution sind interindividuell verschieden, und die F. der Person ist individuell, d. h. unteilbar. Weil es individuelle Freiheitsgrade gibt, ist der Mensch in seinen Charakter- und Persönlichkeitseigenschaften mehr als ein System von bloßen reaktiven Verhaltensweisen. Er ist entscheidungsbefähigt und willensbegabt. Insofern kann er auch spontan tätig werden. Für sein Tun und Lassen ist er im Rahmen seiner F. verantwortlich.

Lit.: Arnold, W.: Freiheit und Verantwortung in psychol. Sicht. Schweiz. Z. Psychol. Anwend. Nr. 1/2, 1970; **ders.:** Über die sozialpsychol. Notwendigkeit der Unterscheidung von selbsttätigen, organischen und mechanischen Regelprozessen. In: Ber. XXIII. Kongr. der Dt. Ges. für Psychol. in Würzburg. Göttingen, 1963. *W. Arnold*

Freiheitsgrade *(Degrees of freedom).* In einer Menge von k Beobachtungen ist die Anzahl der im Rahmen eines Systems frei wählbaren Werte k–1, da der letzte Wert voll determiniert ist. Die Anzahl der F. (df) ist daher k–1. So hat z. B. die Kennziffer $\Sigma(X_i - \bar{X})^2$, die Summe der quadrierten Abweichungen einer ↗Stichprobe von N Elementen, N–1 F., da der letzte Wert aufgrund der Definition des ↗Mittelwertes ($\Sigma x = 0$) nicht mehr frei wählbar ist. Die Anzahl der F. ist u. a. bei der Festlegung der kritischen Werte der Prüfverteilungen bedeutsam. *W. H. Butollo*

Freiwahlmethode (Synonym: *Konstruktionsantwortverfahren).* Die F. (Gegensatz: ↗Auswahlmethode) ist jenes Verfahren der ↗Programmierten Instruktion, bei welchem die Reaktion des ↗Adressaten aus einer Folge von Einzelreaktionen besteht (z. B. aus einer Folge von Schreibmaschinenanschlägen). Bei der *einfachen* (oder *Wort-)F.* sind endlich viele solche Folgen für die ↗Verzweigungen des ↗Lehralgorithmus einzeln vorgesehen, bei der *echten* (oder *Ereignis-)F.* sind Klassen äquivalenter solcher Folgen definiert. *H. Frank*

Freizeitgestaltung. Wenn man mit Scheuch Freizeit definiert als „die Tätigkeiten, die sich nicht notwendig aus den funktionalen Rollen ergeben", kann man die F. als Aktivität sehen, die außerhalb der Erfüllung dieser funktionalen Rollen eines Menschen liegt. Die F. wird als Funktion von *Umweltbedingungen* und *Persönlichkeitsbedingungen* betrachtet. So gibt es unterschiedlichste Formen von F., etwa als dynamisch betriebener Ausgleich, bewußt genutzte Erholung oder passiv gereihte Beschäftigungen (jeweils auch im Urlaub). Dabei kann eine zusammenhängende Abfolge von *Freizeitplanung, -verhalten* und *-erleben* gegeben sein oder nicht.

Lit.: Vagt, G.: Freizeitforschung: Gesichtspunkte, Probleme. Psychologische Beiträge, 1976, *18*, 537–552.

J.-P. Trolldenier

Fremdbeobachtung ↗Beobachtung.

Fremdreflex. Im Gegensatz zum ↗Eigenreflex stellt der F. die automatische Reaktion des Organismus auf Umweltreize dar. Die Rezeptoren liegen meist in Haut oder Schleimhaut. Die Reflexzeit und Intensität der Reaktion sind reizstärkeabhängig. Bei wiederholter Reizung kommt es zu örtlicher und zeitlicher Summation und bei zunehmender Reizstärke zu ↗Irradiation (Erregungsausbreitung). Im übrigen ist der F. stark ermüdbar. Neben den einfachen wie Bauchdecken-, Cremaster- oder Fluchtreflex gibt es geordnete wie Hust-, Nieß- und Schluckreflex. Viele der pathologischen (Cerebralschaden) F.e wie der ↗Babinskische Reflex treten beim Neugeborenen physiologischerweise auf. *E. David*

Fremdsprachentests, standardisierte Prüfverfahren, mit denen erfaßt werden soll, in welchem Ausmaß jemand eine Fremdsprache beherrscht. Die bisher veröffentlichten F. sind ausschließlich *Schulleistungstests.* Die Aufgabenstellungen werden den Pbn als Zeichnung, schriftlich oder mündlich (vom Testleiter direkt oder vom Tonband) gegeben. Alle Verfahren können als Einzel- oder Gruppentest angewendet werden. Überprüft werden in der Regel mehrere Einzelbereiche, zu Subtests verarbeitet und unterschiedlich kombiniert: Wortschatz, aktiv und passiv, einschließlich Sprachverständnis im größeren Zusammenhang von Sätzen oder Geschichten; Rechtschreibung; grammatikalische Kenntnisse, etwa Konstruktion von Sätzen oder Umformung in Frageform, richtige Verwendung von Präpositionen, Pronomen ... etc.; Aussprache. Als eigenständige Verfahren veröffentlichte, im Ansatz mehr lernzielorientierte F.: Carls, D.: Tests zu Learning English A 1. (Test zu einem Englischbuch; ohne Normierung). Kamratowski, J. und J. Schneider: Diagnostischer Englisch-Leistungstest (ELT 6–7); hier auch Normierung. Die anderen publizierten F. sind mehr als normorientiert einzustufen, wobei sie dennoch auf den Stoff von Schuljahren zugeschnitten sind: Doyé, L.: Diagnostischer Leistungstest Englisch (DLE 5–6). Fettweiß, B. u.a.: Hamburger Englischtest (HET 6+). Flechsig, K.H.: Französischer Wortschatztest (FWS 9–12). Gerhold, K.: Französisch-Einstufungstest 7+ und 8+. Schrand, H.: Englisch-Einstufungstest 6+. Steltman, K.: Englisch-Leistungstest für 12. und 13. Klassen (ELT 12–13). Die genannten Verfahren sind objektiv, reliabel und zumindest „curricular valide". *Verwendung der F.:* Kontrolle der Unterrichtseffizienz. Unterstützung des Lehrerurteils bei folgenden Aufgaben: Beurteilung des Leistungsstands zum Zweck der Benotung. Förderdiagnostischer Einsatz für die Plazierung eines Schülers oder deren Überprüfung etwa bei einem Kurssystem oder für die Erarbeitung differenzierender Unterrichtsmaßnahmen. *H.-P. Trolldenier*

Fremdwahrnehmung. Im Laufe der Entwicklung des Individuums erlebt es die Zugehörigkeit zu einer Gruppe; der Begriff „Wir" konstituiert sich in Abhebung von „Anderen". Eine in-group steht einer oder mehreren out-groups gegenüber, von verschiedenen Autoren in verschieden frühem Alter als verfestigt angenommen. Die Gruppe wird durch eine Verallgemeinerung eines oder mehrerer Merkmale als Einheit (↗Stereotyp), also mit einer relativ stabilen, überdauernden Struktur, gesehen, in welchem Bild nicht nur kognitive Vorstellungen, sondern auch vor allem affektive Bewertungen eingehen. Bestimmte Merkmale eignen sich dafür, ganze Gruppen zu repräsentieren; wo es sich um komplexe Objekte handelt, wird ein Merkmal zur äußeren Bezeichnung vor allem negativ bewerteter Gruppen geschaffen („Judenstern"). Die Fremdwahrnehmung ist weitgehend von situativen Faktoren abhängig sowie nach Art und Objektivität der Informationsquellen (Schule, Medien, Literatur, persönliche Kontakte usw.), bewußter oder unbeabsichtigter Beeinflussung („Manipulation"). Denn die Reziprozität der Perspektiven (T. Litt), U. Bronfenbrenner spricht von „Mirror Images", ist wohl stets bei sozialen Beurteilungen gegeben. Wenn diese nicht beachtet wird, entgehen dem Urteiler entscheidende Fakten der affektiven Bedeutung der sozialen Urteile (Bergius 1962). Als

Meßmethoden werden Einstellungsskalen, tiefenpsychologische Analysen u.a.m. verwendet.

Lit.: **Irle, M.** (Hrsg.): Kursus der Sozialpsychologie. Teil I. Darmstadt. 1978; **Karsten, A.:** Die Anderen im Urteil der Jugend. München, 1965. *A. Karsten*

Frequenzpolygon (Häufigkeitsvieleck), die graphische Darstellung der ↗Häufigkeitsverteilung eines quantitativ erfaßten Merkmals in einem zweidimensionalen Koordinatensystem. Im Gegensatz zum ↗Blockdiagramm werden die über den Klassenmitten aufgetragenen Häufigkeitswerte mit einer Linie verbunden. Die Fläche unter dem F. entspricht der Fläche, die bei der Blockdarstellung derselben Verteilung erfaßt wird.

W. H. Butollo

Freud, *Sigmund,* *6. 5. 1856 Freiberg (Mähren), †23. 9. 1939 London. Psychiater, seit 1885 habil., seit 1902 ao. Prof. in Wien. Schöpfer (zusammen mit J. Breuer) der Psychoanalyse. Ausgangspunkt seiner Forschungen war sein Versuch, funktionelle seelische Erkrankungen (↗Hysterie, ↗Neurosen) mittels ↗Suggestion und ↗Hypnose anzugehen. Angeregt wurde er hierzu durch die Arbeiten von J. M. Charcot, H. M. Liebault und A. A. Bernheim. F.s „Psychokathartische Behandlungsmethode" fußt auf der „Bewußtmachung" und „Abreaktion" verdrängt-unbewußter Inhalte. Die Erweiterung dieses Ansatzes zur „Psychoanalytischen Methode" brachte eine Ersetzung der Hypnose durch die Methoden der ↗Traumdeutung, der freien ↗Assoziation sowie der Analyse von ↗Fehlleistungen mit sich. F.s Einsichten in die Triebstruktur und in die Bedeutung des Unbewußten für das psychische Leben fanden bei seinen Anhängern und Schülern großen Widerhall. Wenn auch sein Konzept später in bestimmten Punkten nicht unwidersprochen blieb (↗Adler, ↗Jung), wurde F. doch zur bestimmenden Größe für die gesamte ↗Tiefenpsychologie, ebenso wie der von seinem Leben und Werk ausgehende Einfluß auf die Entwicklung der Wissenschaft Psychol. im 20. Jh. nicht unterschätzt werden darf. Zu Freuds Mitarbeitern und Schülern zählen: S. Ferenczi, A. Adler, W. Stekel, P. Federn, O. Pfister, O. Rank und seine Tochter A. Freud.

Schr.: seit 1909 (in Zusammenarbeit mit Bleuler): Jahrbuch für psychoanalytische und psychopathologische Forschungen; seit 1910: Zentralblatt für Psychoanalyse; Arbeiten zur Hysterie, 1892–99; Die Traumdeutung, 1900; Zur Psychopathologie des Alltagslebens, 1901; Drei Abhandlungen zur Sexualtheorie, 1904; Der Witz und seine Beziehung zum Unbewußten, 1905; Totem und Tabu, 1913; Vorlesungen zur Einführung in die Psychoanalyse, 1916–18; Jenseits des Lustprinzips, 1920; Massenpsychol. und Ichanalyse, 1921; Das Ich und das Es, 1923; Das Unbehagen in der Kultur, 1929; Gesammelte Werke, 17 Bde. London, 1940ff.; Freud Studienausgabe, 10 + 1 Bde. Frankfurt, [1-5]1972ff.

Lit.: **Binswanger, L.:** Erinnerungen an Sigmund Freud. 1956; **Brinkmann, D.:** Probleme des Unbewußten. Bern, 1943; **Jones, E.:** Das Leben und Werk von Sigmund Freud, 3 Bde. Bern, [2]1978; **Schraml, W.:** Einführung in die Tiefenpsychologie. Stuttgart, 1968; **Wyss, D.:** Die tiefenpsychologischen Schulen von den Anfängen bis zur Gegenwart. Göttingen, 1961. *K. E. Pelzer*

Freude, gerichtetes (F. über *etwas*), lebensaufschließendes, das spezifisch Menschlich-persönliche einbeziehendes Gefühl (ausnahmsweise negativ als Schadenfreude); unterscheidet sich von der ↗Lust als allgemeinem, körpernahem, unpersönlichem positivem Gefühlszustand und von ↗Trauer als einer lebenshemmenden, Raumweite und Zukunft verschließenden Stimmung.

W. Kretschmer

Freudsche Theorie ↗Psychoanalyse.

Friedensforschung hat sich in den letzten Jahrzehnten als relativ selbständiges Arbeitsgebiet entwickelt, das Fragestellungen aus verschiedenen wissenschaftlichen Disziplinen zusammenfaßt. Zentrales Anliegen ist nach Krippendorf, die „Bedingungen der Möglichkeiten kriegerischer Konfliktlösungen im nationalen wie im internationalen Kontext" zu untersuchen. „Friede" meint Abwesenheit von Krieg, darüber hinaus Abwesenheit von organisierten kollektiven Formen der Gewalt und schließlich soziale Gerechtigkeit. Die F. ist insgesamt bislang mehr durch radikale Ansprüche als durch relevante wissenschaftliche Untersuchungen aufgefallen. Entsprechend gering sind auch die Beiträge der Psychologie (oft nur hemmender Psychologismus, z. B. Erklärung der Kriege durch individuelle, triebbedingte Aggression). Es ist nötig, die F. mit modernen psychologischen Theorien (z. B. des sozialen Lernens) zu durchdringen.

Lit.: Bandura, A.: Aggression, a social learning analysis. Englewood Cliffs, 1973; **Krippendorf, E.** (Hrsg.): Friedensforschung. Köln, 1968; **Senghaas, D.** (Hrsg.): Kritische Friedensforschung. Frankfurt a. M., 1971; **Wulf, Ch.** (Hrsg.): Friedenserziehung in der Diskussion. München, 1973.

H. Selg

Friedman-Test, eine verteilungsfreie ↗Varianzanalyse (Rangvarianzanalyse) für die gleichzeitige ↗Signifikanzprüfung der Ergebnisse korrelierender ↗Stichproben bei zwei unabhängigen ↗Variablen. Er dient vor allem zur Auswertung von „Kendall-Versuchsplänen" – Meßwiederholungen unter verschiedenen Bedingungen an derselben Stichprobe. Die Prüfstatistik ist der „Rang-Chi-Quadrat"-Wert X_r^2. – Vgl. ↗Verteilungsfreie Verfahren; ↗Mathematische Psychologie; ↗Statistik.

W. H. Butollo

Frigidität, Unfähigkeit der Frau, im sexuellen Vollzug Befriedigung zu erleben. F. basiert oft nur auf einer Disharmonie der Partner bezüglich sexueller Wünsche und Handlungen, die keine adäquate Stimulation zustande kommen läßt. Auch die kulturelle Ablehnung verschiedener Praktiken kann hier eine Rolle spielen. Die Psychoanalyse sieht Ursachen der F. in falsch behandelter Elternliebe, fehlverarbeitetem Penisneid und mangelnder Übertragung der sexuellen Stimulierbarkeit von der Klitoris auf den introitus vaginae. Eines kann gemäß analytischer Lehre aus dem anderen resultieren, oft treten Komponenten aggressiver Hemmung hinzu. Eine Unterscheidung von „vaginalem" und „klitoralem" Orgasmus wird von der heutigen Sexualpsychol. als unerwiesen abgelehnt.

Lit.: Kronberg, H.: Frigidität u. weibliche Sozialisation. München, 1979.

U. H. Schindler

Frömmigkeit enthält das Adjektiv fromm, das etymologisch zusammenhängt mit griech. promos, lat. primus und so viel wie vorzüglich, tüchtig, gerecht, umgänglich bedeutet. Seit dem 19. Jahrhundert gewinnt es eine religiöse Bedeutung, bei Überbetonung des individualistisch gefühlsmäßigen Moments. Im christlichen Sinn wird F. verstanden als geistlicher Vollzug der menschlichen Existenz in Glaube, Hoffnung und Liebe als Antwort auf Gottes Selbstmitteilung, die sich in Wort, Tat und Zeichen verleiblicht.

Lit.: Auer, A.: Verkündigung und Glaube. Freiburg, 1958.

J. Hasenfuß

Frontallappen. Die F. (Singular [lat.]: lobus frontalis) gehörten zu den kompliziertesten Abschnitten des ↗Gehirns, die sich phylogenetisch erst sehr spät herausgebildet haben. Bei den niedrigen Säugetieren sind sie noch sehr schwach entwickelt, und erst beim Menschen, bei dem sie bis zu 25% der Gehirnmasse ausmachen, sind sie voll ausgebildet.

Die Rinde der F. umfaßt sowohl das prämotorische Gebiet, das mit der Organisation der Bewegungsfunktionen verbunden ist (Brodmann-Felder 6 und 8), wie auch die präfrontale (granuläre) Rinde (Brodmann-Felder 9, 10, 11, 46), welche die komplexeren Funktionen trägt und die ganzheitliche Organisation der in bestimmten Programmen ablaufenden willkürlichen Tätigkeit des Menschen garantiert.

Die Vorstellungen von den Funktionen der F. haben sich im Laufe der Entwicklung der Gehirnphysiologie und Neurologie (↗Neurophysiologie) gewandelt und sind zum Teil sehr widersprüchlich gewesen – angefangen von der Überzeugung, daß sie keinerlei besondere Funktion besäßen, bis zu der Meinung, sie seien das „oberste Organ" des Gehirns.

Diese Widersprüche erklären sich daraus, daß die F. – und insbesondere ihre präfrontalen Abschnitte – direkt weder elementare Gefühls- noch elementare Bewegungsfunktionen tragen, so daß eine Schädigung der F. weder zu einer Störung der Sensibilität noch zu einer Beeinträchtigung der Bewegung oder Sprache führt. Aufgrund dessen kann ihre Funktion nicht in Begriffen der elementaren Neurologie ausgedrückt werden.

Die F. haben jedoch eine entscheidende Bedeutung für den Ablauf komplizierter psychol. Prozesse.

Da sie eng verbunden sind mit der ↗formatio reticularis, spielen sie eine entscheidende Rolle bei der Regulierung des Zustands der Aktivität (des „Wachseins") der Rinde, indem sie den notwendigen Tonus der Hirnrinde im Zustand der Informationserwartung oder der Vorbereitung zur Aktivität aufrechterhalten. Infolgedessen führen massive Schädigungen der F. des Gehirns zu einer Abnahme der Aktivität, zur Unmöglichkeit, schwierige Absichten auszuführen, sowie dazu, daß die erforderlichen Tätigkeitsprogramme nicht dominant werden und nebensächliche Eindrücke und Impulse nicht mehr gehemmt werden.

Aufgrund dieser Funktion sind Kranke mit massiven Schädigungen der F. nicht in der Lage, schwierige Verhaltensprogramme auszuführen, von einer Tätigkeit auf eine andere umzuschalten und ihren Handlungen einen komplexen, zielgerichteten Charakter zu geben. Beim Sprechen der Kranken herrschen ↗Echolalien oder ↗Perseverationen vor; schwierige Formen intellektueller Tätigkeit verlieren ihren organisierten Charakter und werden durch unkontrolliert auftauchende Assoziationen oder inerte Stereotype abgelöst. Eine Schädigung der F. führt auch dazu, daß die Kranken nicht mehr in der Lage sind, die Ergebnisse ihrer Handlungen mit den Ausgangsabsichten zu vergleichen, den Effekt ihrer Handlungen einzuschätzen, ihren Verlauf zu kontrollieren und dabei unterlaufende Fehler zu korrigieren.

All das zeigt, daß die F. eine entscheidende Rolle spielen bei der Selbstregulierung der komplizierten Formen bewußter psychischer Tätigkeit, daß sie ein wichtiger integraler Bestandteil jenes Gehirnapparates sind, der „Akzeptor der Handlung" (P. K. Anochin) oder TOTE (Test-operate-test-exit; K. Pribram, J. Miller, E. Galanter) genannt wird. Gerade aufgrund dieser Tatsache führen massive Schädigungen der F. zu den klinisch wohlbekannten Erscheinungen der Aspontaneität und der „Störungen der Kritikfähigkeit", während begrenzte Schädigungen der F. (wegen der großen Substituierbarkeit der Funktionen ihres Nervengewebes) zu keinerlei ausgeprägten Symptomen führen müssen.

Die neuesten Forschungen weisen auf eine Differenzierung der Funktionen der verschiedenen Abschnitte der F. hin, wonach die äußeren Abschnitte in engem Bezug zur Regulierung der Bewegungsprozesse, die mediobasalen Abschnitte zur Regulierung affektiver Prozesse stehen.

Lit.: Konorski, J., Teuber, H. L. & B. Zernicki (Eds.): The frontal granular cortex and behavior. Warsaw, 1972; **Luria, A. R.:** Higher cortical functions in man. London, 1966; **ders.:** Frontal lobe syndromes. In: **P. J. Vinken & G. W. Bruyn** (Eds.): Handbook of Clinical Neurology, vol. 2. Amsterdam, 1969; **ders. & E. D. Homskaya** (Eds.): Frontal lobes and regulation of the psychological processes. Moskau, 1966 (russisch); **Pribram, K. & A. R. Luria** (Eds.): Psychophysiology of the frontal lobes. New York, 1973.

A. R. Luria

Frostigs Entwicklungstest der visuellen Wahrnehmung ↗FEW.

Frühehe. Von F. spricht man, wenn ein oder beide Partner zum Zeitpunkt der Eheschließung nach dem Gesetz noch nicht ehereif sind. Unter bestimmten Umständen schaltet sich in diesem Fall das Jugendamt ein und zieht u. U. einen Psychologen zur Begutachtung der Ehereife bei. *G. Lischke*

Frühförderung. Durch gezielte Förderung in den ersten zwei bis drei Lebensjahren lassen sich – im Sinn einer sekundären Prävention – schwere Behinderungen verhindern oder mildern. Beispiele sind die Haus-Spracherziehung bei hörgeschädigten Kindern (Löwe), die Krankengymnastik nach Bobath oder Vojta bei perinatalen Zerebralschäden, die Fazilitation (Anbahnung) von Bewegungs- und Sprechabläufen bei geistig retardierten Säuglingen.

Wichtige Bestandteile jeder F. sind Elternberatung und -anleitung. Voraussetzungen für F. sind 1. die Früherfassung von Risikokindern über Karteien und Vorsorgeuntersuchungen, 2. die Früherkennung von Funktionsrückständen mit Hilfe der Entwicklungsdiagnostik (Denver-Skalen, Kiphard, Hellbrügge). ↗Lerntheorie, vergleichende ↗Verhaltensforschung, ↗Hospitalismus- und ↗Deprivations-Forschung sowie insbesondere die Neurophysiologie bilden die wissenschaftlichen Grundlagen der F. (Plastizität und Kompensationsmöglichkeiten des kindlichen Gehirns bei entsprechender Stimulation).

Ein medizinisches F.smodell („Frühtherapie", Sozialpädiatrische Zentren auf 1 Mill. Einwohner) und ein sonderpädagogisches Modell („Früherziehung", Frühzentren auf 200 000 Einwohner) konkurrieren bislang. In jedem Fall sollen Arzt, Psychologe, Sonderpädagoge, Krankengymnast, Heilpädagoge und Logopäde ein interdisziplinäres Grundteam bilden.

Lit.: Heese, G. (Hrsg.): F. behinderter und von Behinderung bedrohter Kinder. Berlin, 1978; **Hellbrügge, Th. u.a.:** Münchner Funktionelle Entwicklungsdiagnostik. 1. Lj. München, 1978; **Löwe, A.:** Früherfassung, Früherkennung, Frühbetreuung hörgeschädigter Kinder. Berlin, [2]1976; **Pechstein, J.:** Sozialpädiatrische Zentren (= Gutachten u. Studien d. Bildungskommission Bd. 53). Stuttgart, 1975; **Schamberger, R.:** Frühtherapie bei geistig behinderten Säuglingen und Kleinkindern. Weinheim, 1978; **Speck, O.:** F. entwicklungsgefährdeter Kinder. München, 1977.

U. Hensle

Frühreife. Im Vergleich zur Entwicklungsnorm feststellbarer Vorsprung auf körperlichem oder seelisch-geistigem Gebiet. Oft wird dieser Terminus auf das Vorhandensein von nicht dem Entwicklungsalter entsprechenden sexuellen Erfahrungen und Wissen bezogen.

Lit.: Kroh, O.: Entwicklungspsychol. des Grundschulkindes. Langensalza, 1944.

K. E. Pelzer

Frustration. TERMINOLOGIE. Der Begriff F., der auf den von S. Freud eingeführten Begriff „Versagung" zurückgeht, wird in dreifacher Weise gebraucht.

DIE FRUSTRIERENDE SITUATION. Genaue Definitionen sind von N. R. F. Maier (1949) geprägt worden, für den die wesentlichen Merkmale sind: eine unlösbare Situation, die Unmöglichkeit, aus dieser Situation herauszukommen, und eine starke Handlungsmotivation. Nach A. Amsel (1958, 1962) ist eine frustrierende Situation dadurch gekennzeichnet, daß im Wechsel die Aktionen des Organismus belohnt und nicht belohnt werden oder daß auf eine Bekräftigungsphase eine solche ohne Bekräftigungen folgt. Umfassendere Definitionen geben R. Lawson & M. H. Marx (1958) und J. S. Brown & I. E. Farber (1951). Für sie sind die Kennzeichen einer frustrierenden Situation die Errichtung von teilweisen oder völligen physikalischen Barrieren, die Versagung oder die Reduzierung der Belohnung, eine zeitliche Verzögerung zwischen Beginn und Vollendung einer Reaktionsfolge, ein Versagen bei antizipiertem Erfolg und das Erleiden einer Strafe.

DER ZUSTAND DER FRUSTRATION. Die frustrierende Situation wird einen F.zustand im Organismus herbeiführen, bei dem der Grad der F. bei den verschiedenen Individuen differiert. Die Maße für die F.stärke sollten nicht dieselben sein wie die, die zur Einschätzung der Reaktion auf den F.zustand benutzt werden; sonst liegt ein Zirkelschluß vor. Diese Forderung ist oft vernachlässigt worden. Der F.zustand kann direkt erfaßt werden (z. B. durch die Messung des elektrischen Hautwiderstandes oder die Pulsfrequenz), oder er kann als eine intervenierende Variable angesehen werden, die nicht direkt meßbar ist. Der Ausdruck „Frustrationstoleranz" (S. Rosenzweig, 1944) bezieht sich auf interindividuelle Unterschiede (angeborene oder erworbene) in der Fähigkeit, frustrierende Situationen zu ertragen.

DIE REAKTION AUF DIE FRUSTRATION. Die Hauptreaktionen auf den F.zustand, die in Einzelheiten untersucht worden sind, sind Aggression, Regression, Fixierung und gesteigerte und verringerte Reaktionsstärke.

DIE FRUSTRATIONS-AGGRESSIONS-HYPOTHESE. Diese Hypothese, die von J. Dollard u. a. (1939) vorgetragen wurde, besagte, daß „Aggression immer eine Folge der Frustration ist" und daß „das Auftreten von aggressivem Verhalten immer die Existenz der F. voraussetzt" (Dollard u. a., 1939, S. 1). Aggression wurde definiert als „ein Akt, dessen ‚Zielreaktion' die Verletzung eines Organismus ist (oder eines Organismusersatzes)" (Dollard u. a., 1939, S. 8). Diese Theorie schließt einen Zirkelschluß ein, da F. in Aggressionstermini definiert wird und umgekehrt. Die Stärke der Aggressionsneigung ist eine Funktion der Stärke der Neigung zu F.reaktionen, dem Grad der Behinderung, der die frustrierte Reaktion unterliegt, der Zahl der frustrierten Reaktionsfolgen und der Zahl jener nicht aggressiven Reaktionen, die durch Nichtverstärkung gelöscht wurden, während die frustrierende Situation aufrechterhalten bleibt. Die Aggressionsneigung nimmt ab als Funktion der Stärke der Bestrafungen, die als Folge der Ausführung der aggressiven Handlung erwartet werden. Auf dem Wege der Generalisierung wird das aggressive Verhalten sich gegen ähnliche Objekte richten. Es kann aber insbesondere dann auf andere Objekte verschoben werden, wenn das aggressive Verhalten gegenüber dem eigentlichen Objekt, von dem die F. ausgeht, gehemmt wird. Das Auftreten einer aggressiven Handlung wird die Aggressionsneigung herabsetzen (Katharsis). Diese Theorie ist verallgemeinert worden, besonders zur Erklärung des Vorurteils. Kritiken an der Theorie (A. J. Yates, 1962) zielten auf Probleme, die sich auf die Messung des aggressiven Verhaltens beziehen, auf die Aggressivität allgemein, auf das Verhältnis zwischen offener Aggression und Phantasie-Aggressivität und auf die Wahrscheinlichkeit, daß sich häufiges aggressives Verhalten eher aus seiner Bekräftigung, also durch einen Lernvorgang, als durch F. erklärt.

Die Frustrations-Regressions-Hypothese. R. C. Barker u. a. (1941) erklärten, daß F. zu Regression führt, die als „eine Primitivierung des Verhaltens, ein ‚Zurückgehen' auf einen unreiferen Zustand, dem das Individuum schon entwachsen ist" (Barker u. a., 1941, S. 1), definiert wird. Regression kann in Beziehung zu dem ursprünglichen Ziel der Person oder in Beziehung zu anderen Formen von Aktivität auftreten. Barker u. a. untersuchten die Konstruktivität des Spiels von Kindern, die, nachdem sie eine Zeitlang mit attraktiven Spielsachen frei spielen durften, diese plötzlich entzogen bekamen. Sie hatten jetzt nur noch weniger attraktive Spielsachen, das Spielzeug mit der hohen Anziehungskraft war aber durch ein Drahtnetz weiter zu sehen. Das nun einsetzende regressive Verhalten wurde aus einer Abnahme der Konstruktivität des Spiels mit den weniger attraktiven Spielsachen erschlossen. Eine andere Verhaltensweise, die als ein Zeichen der Regression gewertet wurde, war z. B., daß die Kinder an das Gitter herankamen und die weggeschlossenen Spielsachen passiv anstarrten. I. L. Child & I. K. Waterhouse (1952) erklärten diese Verhaltensformen allerdings auf eine andere Weise, indem sie sich widerstreitende Verhaltenstendenzen annahmen. Sie fanden eine experimentelle Stütze für ihren Standpunkt in den Untersuchungen zur instrumentellen Bekräftigung regressiver Handlungen (z. B. J. W. M. Whiting & O. H. Mowrer, 1943).

Frustrations-Fixierungs-Hypothese. Indem er die Sprungtechnik von K. S. Lashley anwandte, zeigte N. R. F. Maier (1949), daß Ratten, die einer unlösbaren Problemsituation gegenübergestellt werden, stereotype Verhaltensformen entwickeln, die vom Verhalten der Ratten in einer lösbaren Problemsituation nicht zu unterscheiden waren. Wenn jedoch die unlösbare Problemsituation lösbar gemacht wurde, waren die Ratten unfähig, ihr stereotypes Verhalten zu modifizieren. Diesen Vorgang nannte Maier Fixation. Maier schrieb diesem fixierten Verhalten Eigenschaften zu, die nicht durch die konventionellen Lerntheorien erklärt werden konnten (z. B. änderte sich das Verhalten nicht durch Bestrafung, war dauerhaft und stark spezifisch). Fixiertes Verhalten konnte nur durch eine Technik, die als „Führung des Tieres" bekannt ist, modifiziert werden. Dabei wurden die Tiere in die

Hand genommen, und es wurden mit ihnen die richtigen Reaktionen ausgeführt. Alternative Erklärungen von Maiers Ergebnissen wurden von I. E. Farber (1948) vorgebracht (Fixierungen als angstmindernde Reaktionen), von H. C. Wilcoxon (1952) (Fixierungen als Ergebnis von partiellen Verstärkungsplänen) und von J. Wolpe (Fixierungen als gelernte Reaktionen, die den Primärtrieb „Angst" reduzieren). Maier hat diese alternativen Erklärungen abgelehnt, während er seine frühere Einstellung modifizierte.

FRUSTRATION UND LERNTHEORIE. J. S. Brown & I. E. Farber (1951) erklärten, daß F. zwei Hauptwirkungen hervorbringen kann: eine Zunahme des allgemeinen Motivationsniveaus (Trieb) und die Erzeugung von „inneren" Triebreizen, die als konditionierte Hinweise dienen, welche Flucht- oder Vermeidungsreaktionen vermitteln. Empirische Beweise, die diese beiden Annahmen stützen, stammen hauptsächlich aus der Arbeit von A. Amsel (1958, 1962). Daß F. eine Triebzunahme hervorbringt, wurde mit dem doppelten Laufwegapparat demonstriert (vgl. Abb.). Nach der Übung, durch

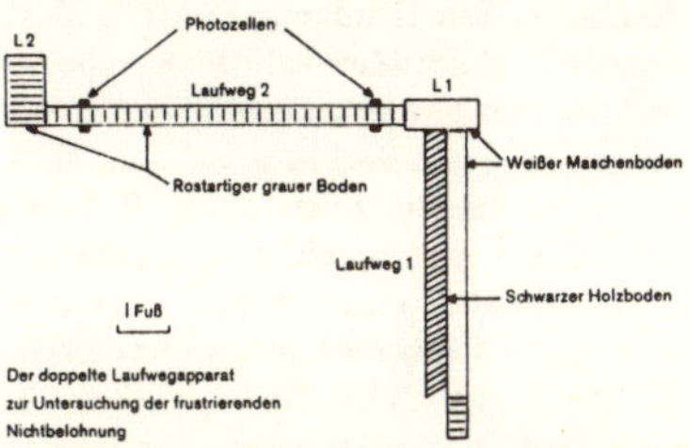

Der doppelte Laufwegapparat zur Untersuchung der frustrierenden Nichtbelohnung

L_1 und L_2 zu laufen (wobei in beiden Zielboxen Futter verfügbar war), wurde in L_1 das Futter weggelassen (frustrierende Situation; erklärt durch Nichtbelohnung, die auf Belohnung folgt), wobei eine Zunahme der Laufgeschwindigkeit in Laufweg 2 festgestellt wurde. Die „Hinweiseigenschaften" der F.stimulation wurden in einer Untersuchung von H. M. Adelman & J. L. Maatsch (1955) demonstriert, die folgerten, daß F. als ein Triebreiz (S_f) verschiedene Reaktionen hervorlocken wird, wovon die eine verstärkend wirkt, weil sie den Organismus aus der frustrierenden Situation befreit. Diese Hypothese hat eine Vielzahl von Experimenten und theoretischen Kontroversen ausgelöst (L. E. Longstreth, 1966; W. F. Hill, 1968) und wurde zur Erklärung der Reaktionen von Kindern auf Nichtbelohnung in einer Fülle von experimentellen Situationen herangezogen (I. J. Ryan & P. Watson, 1968).

NACHPRÜFUNGEN DER LITERATUR. Kritische Analysen der Literatur über F. können bei A. J. Yates (1962), R. Lawson & M. H. Marx (1958) und bei R. Lawson (1965) gefunden werden, während A. Amsel (1958, 1962) die experimentelle Arbeit über frustrierende nichtbelohnende Situationen kritisch analysiert hat.

SCHLUSSFOLGERUNGEN. Zwei verschiedene Einstellungen zur Untersuchung der F. werden deutlich. Erstens gibt es eine breitangelegte Reihe von Untersuchungen, die F. mit Aggression, Regression und Fixierung verknüpfen. An zweiter Stelle ist eine große Anzahl von Laborarbeiten zu nennen, die ihr Augenmerk auf die Entstehung von Trieb- und Hinweisreizen durch frustrierende Nichtbelohnung richten. Die zuletzt genannten Untersuchungen fanden später als die zuerst erwähnten statt, und es hätte erwartet werden können, daß ein fruchtbarer Dialog zwischen den Standpunkten auf eine Wiederbelebung des Interesses an den Frustrations-, Aggressions-, Regressions- und Fixierungs-Hypothesen hinausgelaufen wäre. Dieser Dialog hat zum Schaden der Sache noch nicht eingesetzt. Wie R. Lawson (1965) ausgeführt hat, kann dies an der Überzeugung liegen, daß Aggression, Regression und Fixierung auf fundamentalere Prozesse zurückzuführen sind.

Lit.: Adelman, H. M. & J. L. Maatsch: Resistance to extinction as a function of the type of response elicited by frustration. J. exp. Psychol., 1955, *50*, 61–65; **Amsel, A.:** The role of frustrative nonreward in noncontinuous reward situations. Psychol. Bull., 1958, *55*, 102–119; **ders.:** Frustrative nonreward in partial reinforcement and discrimination learning: some recent history and a theoretical extension. Psychol. Rev., 1962, *69*, 306–328; **Barker, R. C., Dembo, T. & K. Lewin:** F. and regression: an experiment with young children. Univ. Iowa Studies in Child Welfare, 1941, *18;* **Brown, J. S. & I. E. Farber:** Emotions conceptualized as intervening variables – with suggestions toward a theory of frustration. Psychol. Bull., 1951, *48*, 465–495; **Child, I. L. & I. K. Waterhouse:** F. and the quality of performance: I. A critique of the Barker, Dembo, and Lewin experiment. Psychol. Rev., 1952, *59*, 351–362; **Dollard, J., Miller, N. E., Doob, L. W., Mowrer, O. H. & R. R. Sears:** F. and aggression. New Haven, 1939; **Farber, I. E.:** Response fixation under anxiety and nonanxiety conditions. J. exp. Psychol., 1948, *38*, 111–131; **Hill, W. F.:** An attempted clarification of frustration theory. Psychol. Rev., 1968, *75*, 173–176; **Lawson, R.:** F.: the development of a scientific concept. New York, 1965; **Lawson, R. & M. H. Marx:** F.: theory and experiment. Genet. Psychol. Monogr., 1958, *57*, 393–464; **Longstreth, L. E.:** F. and secondary reinforcement concepts as applied to human conditioning and extinction. Psychol. Monogr., 1966, *80;* **Maier, N. R. F.:** F.: the study of behavior without a goal. New York, 1949; **ders.:** F. theory: restatement and extension. Psychol. Rev., 1956, *63*, 370–388; **Ryan, T. J. & P. Watson:** Frustrative nonreward theory applied to children's behavior. Psychol. Bull., 1968, *69*, 111–125; **Rosenzweig, S.:** An outline of frustration theory. In: **Hunt, J. McV.** (Ed.): Personality and the behavior disorders. New York, 1944; **Whiting, J. W. M. & O. H. Mowrer:** Habit progression and regression – a laboratory study of some factors relevant to human socialization. J. comp. Psychol., 1943, *36*, 229–253; **Wilcoxon, H. C.:** „Abnormal fixation" and learning. J. Exp. Psychol., 1952, *44*, 324–333; **Yates, A. J.:** F. and conflict. New York, 1962; **Dembo, T.:** Ärger als dynamisches Problem. Psychol. Forsch. 1931, *15*, 1–144; **Dollard, J., Doob, L., Miller, N., Mowrer, O. & R. Sears:** Frustration und Aggression. Weinheim – Berlin – Basel, [5]1973; **Bergius, R.:** Behavioristische Motivationsbegriffe. Hdb. d. Psychol. Bd. 2. Göttingen, [2]1970; **Palas, K.:** Die F. in persönlichkeitspsychologischer Beleuchtung. Helsinki, 1954; **Stäcker, K.-H.:** Frustration. Stuttgart, 1977.

A. J. Yates

Frustrations-Aggressions-Hypothese ↗Frustration.

Frustrations-Fixations-Hypothese ↗Frustration.

Frustrations-Regressions-Hypothese ↗Frustration.

Frustrationstests ↗Picture Frustration Test.

Frustrationstoleranz, die Fähigkeit eines Individuums, vorübergehende und dauernde ↗Deprivationen (↗Frustrationen) von Motivbefriedigungen, d. h. Aufschübe von und Verzichte auf Befriedigungen, zu ertragen. Sie hängt von konstitutionellen Merkmalen einer Person, wie Reaktions-, Wahrnehmungs- und Lernfähigkeit, aber auch von angeborenen Komponenten der Affektabläufe ab. Unter durchschnittlichen Bedingungen ist sie auch in hohem Grade von der Erfahrung des Individuums, vom Schicksal aller seiner bisherigen Motivbefriedigungen und Versagungen abhängig. Sie gilt als einer der unmittelbarsten Indikatoren für die *Ich-Stärke* einer Person. In psychopathologischen Persönlichkeitsstörungen ist die F. um so geringer, je schwerer die Störung. Nach Toman ist F. letztlich durch die interindividuell verschiedenen durchschnittlichen Lernraten einer Person (im Sinne von Estes) definiert, welche die Veränderungen der Eintrittswahrscheinlichkeiten von Reaktionen in wiederkehrenden Situationen angeben, durch C, die durchschnittliche Motivdifferenzierungsrate einer Person (↗Psychische Energie), sowie durch den Wissensstand einer Person bzw. durch das Ausmaß an Befriedigungs- und Wissensverzicht, das einer Person im Laufe ihrer Entwicklung von der Umgebung abverlangt wurde. F. kann als die für eine Person charakteristische Toleranz für Variationen von K aufgefaßt werden (K = Summe aller gegenwärtig gegebenen Motivintensitäten K_i). Wenn momentan sehr viele Motive einer Person im Zustand der Nichtbefriedigung sind, ist K sehr hoch; wenn viele Motive gerade befriedigt wurden, ist K sehr niedrig. Der Mittelwert von K, $\bar{K} = \frac{1}{n_K}\sum_{i=1}^{n_K} K_i$, gewonnen aus den in zeitlichen Abständen gemessenen K-Werten von der Anzahl n_K, tendiert gegen 1. Wenn eine Reihe von weiteren Messungen von K deutlich über 1 liegt, herrscht eine Stressbedingung vor. Wenn die Messungen deutlich unter 1 liegen, dann herrscht Entspannung bis Langeweile. – Volkstümliche Entsprechungen für den Begriff der F. sind etwa Willensstärke oder Selbstdisziplin.

Lit.: Estes, W. K.: Toward a statistical theory of learning. Psychol. Rev. 1950, *57*, 94–106; **Freud, S.:** Das Ich und das Es (1923). Ges. Werke, Bd. 13; **Toman, W.:** Motivation, Persönlichkeit, Umwelt. Göttingen, 1968.

W. Toman

FSH, *Follikelreifungshormon,* ↗Hormone.

FST ↗Einschulungstests.

F-Test, ein statistisches Prüfverfahren zur Absicherung des Unterschiedes zwischen den ↗Varianzen zweier (Stichproben-)Verteilungen mit Hilfe des Varianzverhältnisses

$$F = \frac{s_1^2}{s_2^2}$$

gegen den Zufall ($df_1 = N_1 - 1; df_2 = N_2 - 1$). Dieses Varianzverhältnis heißt F-Wert; seine Verteilung (↗F-Verteilung) folgt der F-Funktion von R. A. Fisher und hängt von den Stichprobengrößen N_1 und N_2 ab. Die den geläufigen Signifikanzgrenzen entsprechenden kritischen F-Werte sind in den meisten Lehrbüchern für df_1 und df_2 tabelliert. Der F-T. wird vor allem auch zur varianzanalytischen Signifikanzprüfung von Mittelwertunterschieden verwendet.

W. H. Butollo

Fugues, ziellos dranghaftes Weglaufen als Ausdruck innerer Unruhe und Getriebenheit (Syn.: Poriomanie). Oft verbunden mit affektiv oder cerebralorganisch bedingter Bewußtseinseinschränkung, was spätere Erinnerungsstörungen (↗Amnesie) an solche Zustände erklärt. Vorkommen besonders bei in der psychosozialen Entwicklung gestörten Kindern und Jugendlichen; wird psychodynamisch mit dem Versuch erklärt, eine durch aktuelle oder dauernde Konflikte bewirkte ängstliche Spannung herabzusetzen. Kann zur gewohnheitsmäßigen Verhaltensstörung werden. Unmotiviertes, dranghaftes Fortlaufen im Zustand stärker veränderter Bewußtseinstätigkeit wird auch bei bestimmten Formen der Epilepsie angetroffen.

G. Powell

Fühltypus, Fühlfunktion ↗Hauptfunktionen.

Führer, im Laufe der Gruppenbildung differenzierte Rolle, die mit Erwartungen der Leitung, Kontrolle und Modifikation der Aktivitäten der übrigen Gruppenmitglieder in Richtung auf das Erreichen der Gruppenziele verknüpft ist.

Versuche, ein überdauerndes Syndrom von Persönlichkeitsmerkmalen zu finden, das den F. oder Leiter unabhängig von den Charakteristika der Geführten beschreiben soll, schlugen fehl. Daher richtet sich das Forschungsinteresse auf konkretes Verhalten von F.n verschiedener Gruppen in unterschiedlichen Situationen (Gibb, 1954). ↗Gruppendynamik.

Attribute für Gruppen-F. sind jene, die es einer Person in einer bestimmten Situation möglich machen, in besonderem Maße zur Zufriedenheit der Gruppenmitglieder und zum Erreichen des gemeinsamen Ziels der Gruppe beizutragen, oder die zumindest dazu führen, daß diese Person von den übrigen Mitgliedern so eingeschätzt wird. Hat eine bestimmte Gruppe in erster Linie das Ziel, eine bestimmte Aufgabe zu erledigen, so wird ihr F. in besonderem Maße die notwendigen Fähigkeiten zeigen, die zur Lösung der gestellten Aufgabe von Vorteil sind (task ability bzw. task specialist nach Bales, 1958). Herrschen dagegen eher sozial-emotionale Bedürfnisse der Gruppenmitglieder vor, die durch deren Teilnahme an Gruppenaktivitäten befriedigt werden sollen, so wird deren F. auch mehr dazu beitragen können, gerade diesen Bedürfnissen entgegenzukommen (like ability oder social specialist nach Bales, 1958, oder maintenance specialist nach Thibaut & Kelley, 1959).

Allgemein ist festzustellen, daß der Rang eines Individuums innerhalb der Gruppe um so höher ist, je mehr sich dieses Individuum mit den Normen und Zielen dieser Gruppe identifiziert (Homans, 1950).

Lit.: Bales, R. F.: Interaction process analysis. Cambridge, 1950; **Gibb, C. A.:** Leadership. In: **G. Lindzey** (Ed.): Handbook of social psychology, Vol. II. Reading (Mass.), 1968; **Homans, G. C.:** The human group. New York, 1950, [7]1968; **Liebel, H.:** Führungspsychologie. Göttingen, 1978; **Thibaut, J. W. & H. H. Kelley:** The social psychology of groups. New York, 1959.

A. Schmidt-Mummendey

Führungsstil ↗Erziehungsstil, ↗Menschenführung.

Fullerton-Cattellsches Gesetz, Bezeichnung für eine als Alternative zum ↗Weberschen

Gesetz vorgeschlagene Funktion, wonach sich der ↗ebenmerkliche Unterschied proportional zur Quadratwurzel der Größe des Ausgangsreizes verhält. *W. Traxel*

Funktion, in der Biologie, Psychol. und Soziologie der Zweck, die Rolle oder die Begründung des Überlebens einer Struktur (organisch, psychisch, sozial usw.). Beispielsweise ist die F. des Sexualtriebes die Reproduktion der Art. So kann man funktionelle und funktionale Störung unterscheiden (z. B. Anstreben einer Ersatzbefriedigung). In der Mathematik bezeichnet F. die Relation zweier oder mehrerer Variablen, deren Werte voneinander abhängig sind. So ist Arbeitsleistung eine F. von Fähigkeit und Motivation. *G. D. Wilson*

Funktionalismus, philosophische Doktrin von W. ↗James, die das geistige Leben in seiner dynamischen Einheit als ein Gefüge von Funktionen (ausgerichtet auf die Anpassung des Organismus an seine Umwelt) zur Befriedigung von Bedürfnissen biologischen Ursprungs betrachtet. Davon abgeleitet: eine pädagogische Tendenz, die in der Übung dieser Funktionen die Grundbedingung für deren Entwicklung sieht (J. Dewey; E. Claparède). – F. bezeichnet auch eine von B. Malinowsky ausgehende Strömung in der angelsächsischen ↗Ethnologie; indem James' Auffassung auf das soziale Leben angewendet wird, erscheint es als Organismus, der durch die Beziehung zwischen Organen und deren Funktionen erfaßbar wird. A. R. Radcliffe-Brown (1930) betont den unitaristischen Charakter des sozialen Organismus (unter Verzicht auf biologische Reduktion), in dem die Teile im Hinblick auf das Ganze funktionieren. Diese Theorie führt zum Strukturalismus, da sich Radcliffe-Browns Gebrauch der Funktion demjenigen der Mathematik annähert.

Lit.: Wertheimer, M.: Kurze Geschichte der Psychologie. München, 1971. *M.-J. Borel*

Funktionelle Autonomie, bezeichnet die Auffassung G. W. Allports, daß verschiedene, ursprünglich in Verbindung mit physiologischen Bedürfnissen erworbene Motive dahin tendieren, später relativ unabhängig zu funktionieren. Dieses Konzept wird von Allport und anderen herangezogen, um die Persistenz bestimmter Gewohnheiten zu erklären, die weiterbestehen, lange nachdem die zu ihrer Ausbildung führenden Motive deaktiviert sind (z. B. fortgesetztes Anhäufen von Geld, nachdem man bereits reich genug ist). *G. D. Wilson*

Funktionelle Sexualstörungen, Störungen im Ablauf der sexuellen Reaktionszyklen, wie ↗Ejaculatio praecox, Ejakulationsstörungen und Erektionsschwäche beim Mann; ↗Vaginismus, Störung der vaginalen Lubrikation und ↗Anorgasmie der Frau. *U. H. Schindler*

Funktionelle Störungen, Störungen der integrativ verflochtenen psychophysischen Ganzheit des Organismus, vielfach durch Fehlsteuerung im Bereich des vegetativen Nervensystems bedingt, bei völliger organischer Intaktheit (Gegensatz: organische Störungen, bei denen immer ein ursächlich organisches Substrat nachweisbar ist). Solche Störungen entstehen meist auf neurotischer Grundlage. J. H. Schultz bezeichnet die Neurose als „Funktionsstörung des gesamten lebendigen Organismus". *H. N. Genius*

Funktionelle Unbestimmtheit, G. E. Müllers Bezeichnung für unbestimmte Phasen während des Erarbeitens gedanklicher Konzepte, die Klarheit annehmen, wenn ein bestimmter Inhalt zur Verfügung steht. Diese Auffassung scheint nur begrenzt gültig zu sein. *J. Cumming*

Funktionen, psychische. Bringt ein Symptom physischer oder psychischer Natur einen sekundären Gewinn oder gibt es dem Patienten eine Art emotionalen Vorteils, sagt man, es habe eine psychische Funktion (in diesem Sinne ist der Ausdruck „psychisch" synonym mit psychologisch, ersterer wird in der angelsächsischen wissenschaftlichen Psychol.

meist wegen seiner Verbindung zum Spiritualismus vermieden). Symptome mit psychischer Funktion, z. B. psychische Blindheit oder psychischer Schmerz, können, solange sie eine psychische Funktion erfüllen, eine einfache physiologische Basis haben oder nicht, so unterscheiden sie sich von sog. psychogenen Symptomen, von denen man annimmt, daß sie keinen körperlichen Ursprung haben. – Vgl. auch C. G. Jungs 4 Grundfunktionen der Psyche (↗Denk-, Fühl-, Empfindungsfunktionen, Intuieren).

G. D. Wilson

Funktionskreis. Im Sinne Uexkülls umschließt der Funktionskreis Innen- und Außenwelt, Subjekt- und Objektwelt. Das Zusammenspiel von Merkmalen und Wirkmalen innerhalb des F. bedingt die Differenziertheit des Systems. Lersch versteht unter dem Terminus „Funktionskreis des Erlebens" das zusammengehörige Ganze von Seele und Welt im in sich geschlossenen Zusammenspiel des Erlebens.

Lit.: **Lersch, P.**: Aufbau der Person. Berlin – Heidelberg, [11]1970; **Uexküll, I. J.** in: Umwelt und Innenwelt der Tiere. Berlin, [2]1921.

K. E. Pelzer

Funktionslust. Nicht das Ziel oder Ergebnis schafft Lustgewinn, sondern der Akt, die Tätigkeit, die Leistung selbst. Diese Ansicht Bühlers ist ein wichtiger Beitrag zur ↗Spieltheorie.

Lit.: **Bühler, K.**: Die Krisis der Psychol. Jena, [2]1929.

K. E. Pelzer

Funktionsreifung, Reifungsprozesse von Teilfunktionen vor allem des Nerven- und Muskelsystems, die als Voraussetzung gelten für die erfolgreiche Übbarkeit und Ertüchtigung einzelner psychischer – u.a. sensorischer, motorischer, mnestischer, kognitiver und steuerungsbezogener – Funktionen. Beispiel: Ausreifung des sprechmotorischen Apparates und bestimmter ZNS-Funktionen als Voraussetzung für das Sprechenlernen. Neuere Forschungen bezeugen nur noch wenige eindeutige „Spontanreifungen". Angesichts der schon auf früheste organische Entwicklungsprozesse nachweisbar einwirkenden psychischen Erfahrungen des Individuums nimmt man heute eine permanente Verwobenheit von Reifungs- und Lernprozessen an. Dabei nehmen mit wachsendem Alter Reifungsanteile ab und Lernanteile zu.

Lit.: **Mussen, P. H., Conger, J. J. & J. Kagan:** Child development and personality. New York, [4]1974; **Oerter, R.:** Moderne Entwicklungspsychologie. Donauwörth, [14]1974.

D. Rüdiger

Funktionstriebe, ein Ausdruck, den H. Rohracher zur Beschreibung bestimmter Triebe verwendet, die ein Bedürfnis oder den Zwang darstellen, in bestimmter Weise zu handeln.

J. Cumming

Funktionstypen ↗Hauptfunktionen.

Furcht, eine primitive und oft intensive Emotion, die durch ein systematisches Muster körperlicher Veränderungen charakterisiert ist (die auf Erregung des sympathischen Nervensystems beruhen) und durch bestimmte Arten von Verhalten, besonders Flucht oder Verstecken. F. wird normalerweise angesichts einer Drohung empfunden, wenn z. B. Gefahr bemerkt oder Schmerz erwartet wird. Selbst normale F. ist beim Menschen oft unangepaßt, doch wird F., die persistent in keinem Verhältnis zur realen Gefahr steht, als Phobie bezeichnet. In der Psychoanalyse wird eine Unterscheidung zwischen Realangst und neurotischer Angst getroffen; letztere entsteht, wenn instinktive Bedürfnisse gespürt werden, die dem Bewußtsein unakzeptabel sind.

Lit.: **Eysenck, H. J. & S. Rachmann:** Neurosen – Ursachen und Heilmethoden. Berlin, [6]1973; **Miller, N. E.:** Studies of fear as an acquirable drive: I. Fear as motivation and fear reduction as reinforcement in the learning of new responses. In: J. exp. Psychol. 1948, *38*; **Mowrer, O. H.:** Learning theory and the symbolic processes. New York, 1960.

G. D. Wilson

Furor, unkontrollierte Ausbrüche von Wut oder Aggression, die bei Epileptikern infolge einer abnormen Reizbarkeit des Gehirns auftreten. *F. epilepticus* kann in den prodromalen Stadien vor einem epileptischen Anfall auftreten oder kann den Anfall ersetzen. Letzteres wird als *epileptisches Äquivalent* bezeichnet und kann mit einer Senkung des Bewußtseinsniveaus verbunden sein.

D. Eaves

Fürsorgeerziehung. Den rechtlichen Voraussetzungen gemäß (RJWG vom 1. 4. 1924 § 63, 1 Z. 1 u. 2; BGB § 1666 und § 1838) sind heute in der BRD zwei Formen der F. möglich. a) Vorbeugende F.: „Wenn die Voraussetzungen des § 1666 oder des § 1838 BGB vorliegen und zur Verhütung der ↗Verwahrlosung des Minderjährigen die anderweitige Unterbringung erforderlich ist, eine nach dem Ermessen des Vormundschaftsgerichts geeignete Unterbringung aber ohne Inanspruchnahme öffentlicher Mittel nicht erfolgen kann." b) Heilende F.: „Wenn die F. zur Beseitigung der Verwahrlosung wegen Unzulänglichkeit der Erziehung erforderlich ist." Die Überweisung eines Minderjährigen (bis zur Vollendung des 18. Lebensjahres) in die F. erfolgt auf Beschluß des zuständigen Vormundschaftsgerichts. Unter den Ursachen für die Gefährdung und Verwahrlosung, welche eine F. notwendig machen, steht die gestörte Funktion der ↗Familie an erster Stelle.

Lit.: Scholl, R.: Psychol. Probleme in der Jugendhilfe. In: Hdb. der Psychol., Bd. 10, hrsg. von H. Hetzer. Göttingen, [2]1970.

K. E. Pelzer

Fusion. Wegen des Abstandes der beiden Augen voneinander wird nur ein Teil der Gegenstandspunkte in der Umwelt auf ↗identischen, der größte Teil dagegen auf ↗disparaten Netzhautpunkten abgebildet, so daß in jedem Auge voneinander etwas verschiedene Bilder entworfen werden. Diese werden jedoch nicht als Doppelbilder bemerkt, sondern zum „stereoskopischen" Raumeindruck verschmolzen.

1) *Binokulare F.*, ihre Grundlage ist die Assoziation der ↗Augenbewegungen, d. h., wegen des gemischten Ursprungs der Oculomotoriusfasern aus den beidseitigen Ursprungskernen, die außerdem paarweise miteinander und mit den Kernen des IV. (Trochlearis) und VI. (Abducens) Hirnnerven verbunden sind, können die Augen nicht isoliert voneinander, sondern nur in bestimmter Verknüpfung bewegt werden.

2) *Tonale F.*, Vermischung von zwei oder mehr Tönen, die „fusioniert" erscheinen, wenn sie einheitlich weich und angenehm anzuhören sind. Das Ergebnis der tonalen F. kann im wesentlichen mit den Begriffen Akkord und Harmonie beschrieben werden.

K.-H. Plattig

In der Psychoanalyse bezeichnet F. das ausgewogene Zusammenspiel von Lebens- und Todestrieben, das den normalen Erwachsenen kennzeichnen soll, während psychiatrische Zustandsbilder stets einen gewissen Grad von instinktiver Defusion beinhalten sollen.

G. D. Wilson

F-Verteilung. Die F-V.funktion geht auf R. A. Fisher zurück. Sie bildet die Basis für eine der wichtigsten statistischen Prüfverteilungen (↗F-Test). Der Grundgedanke der Herleitung ist folgender: Aus einer normalverteilten Grundgesamtheit werden wiederholt Stichproben der Größe N_1 und N_2 ausgewählt. Dabei folgt die Summe der N_1 voneinander unabhängigen, normalverteilten Meßwerte X_i der χ^2-Verteilung (↗Chi-Quadrat-Verteilung); dasselbe gilt für die Summe der X_i aus der Stichprobe N_2. Die Wahrscheinlichkeit dI(F) für

$$F < \frac{\frac{\chi_1^2}{N_1}}{\frac{\chi_2^2}{N_2}} < (F + dF)$$

läßt sich dann aus der Fläche zwischen F und dF der F-V. $\varphi(F)$ errechnen. $\varphi(F)$ ist eine linksschiefe, eingipfelige Verteilung, deren Schiefe mit wachsendem N_2 abnimmt, jedoch im Gegensatz zur χ^2-Verteilung nicht in die ↗Normalverteilung übergeht. ↗Mathematische Psychologie; ↗Statistik.

Lit.: Weber, E.: Grundriß der biologischen Statistik. Jena, [4]1961.

W. H. Butollo

F-Wert ↗F-Test; ↗F-Verteilung; ↗Mathematische Psychologie.

G

Gallsche Lehre, *Phrenologie, Kraniologie,* eine von F. J. Gall und G. Spurzheim vertretene Annahme, daß geistige und emotionale Vermögen bzw. Eigenschaften a) in bestimmten Hirnregionen lokalisiert seien, daß b) die Ausprägung der Regionen auf die Ausprägung der zugehörigen psychischen Merkmale hinweise und c) an der äußeren Form des Schädels zu erkennen sei. *H. Haase*

Gallup, *George Horace.* LEBEN UND WERKE. *18. 11. 1901 Jefferson (Iowa); Begründer der modernen Form der Meinungsbefragung. War von 1923 bis 1929 Lecturer an der University of Iowa; wurde 1929 „professor of journalism" am Department of Journalism der Drake University und 1931 an der Northwestern University. Von 1932 bis 1947 war G. „director of research" der Young and Rubicam Advertising Agency und von 1935 bis 1937 Professor an der Pulitzer School of Journalism der Columbia University. 1935 gründete G. mit seinem *American Institute of Public Opinion* in Princeton das erste Institut für Meinungsforschung. 1936 wurde er schlagartig berühmt, als er bei der amerikanischen Präsidentenwahl mit nur 6% Abweichung den Sieg Roosevelts voraussagte. Im gleichen Jahr gründete er auch das *British Institute of Public Opinion.*

Schr.: Public opinion in a democracy, 1939; A guide to public opinion polls, 1944. *W. Wittling*

Gallup-Methode, eine durch G. H. Gallup in den Vereinigten Staaten entwickelte Befragungsmethode zur Erforschung der öffentlichen Meinung. Die Datenerhebung erfolgt anhand einer systematischen Stichprobenauswahl zur Erzielung der Repräsentativität der Ergebnisse durch persönliche Interviews (Gallup Polls). Besonders bekannt wurde die G. durch die richtige Prognose des Ausganges der Präsidentenwahl 1936; seitdem ist im allg. die Brauchbarkeit dieser Methode unbestritten.

Gallup gründete 1935 das „American Institute of Public Opinion" (Gallup-Institut) und gibt seit 1936 die Zeitschrift „The Public Opinion Quarterly" heraus.

Lit.: **Gallup, G. H.:** A Guide to Public Opinion polls. Princeton, ²1948; **Gallup, G. H. & S. F. Rae:** The Pulse of Democracy. New York, 1940. *W. Neubauer*

Galton, *Francis.* LEBEN UND AUSSERPSYCHOLOGISCHE BEITRÄGE. *16. 2. 1822 Birmingham (England), † 17. 1. 1911 London. G., ein Vetter Darwins, wird in vielen Bibliographien zu den genialen Menschen gezählt, und man nimmt aufgrund von Schätzungen an, daß sein IQ bei 200 lag. Seine Beiträge zur Psychol. waren wenig systematisch, dafür aber äußerst vielfältig und bedeutsam. Nach einer medizinischen Ausbildung am Birmingham General Hospital und einem Medizinstudium am King's College in London wandte er sich der Mathematik zu, worin er am Trinity College, Cambridge, promovierte. Die anschließenden 10 Jahre bis 1855 verbrachte er vorwiegend mit Forschungsreisen nach Südwest- und Nordafrika sowie mit der Veröffentlichung seiner Forschungsberichte (Art of travel, 1855 usw.), wofür er u. a. eine Medaille der Royal Geographic Society erhielt. Anschließend wandte sich G. stärker der Meteorologie zu. Er erfand und veröffentlichte zum erstenmal Wetterkarten, entdeckte die Antizyklone usw.

PSYCHOLOGISCHE BEITRÄGE. In erster Linie angeregt durch Darwins „The origin of species", beschäftigte sich G. ab 1860 in immer stärkerem Maße mit anthropologischen und psychol. Fragestellungen. Die inhaltliche Thematik seiner Untersuchungen ist außerordentlich weit gestreut. Sie beinhaltet u. a.: Untersuchungen in den verschiedenen Bereichen der Sinnesphänomene, der visuellen Vorstellungsfähigkeit, der Entstehung und Messung von Gedankenassoziationen, des freien Willens, der Begabungsforschung und -vererbung, insbesondere der Genialität usw. Galtons überragende Bedeutung liegt jedoch vorwiegend auf methodischem Gebiet:

Er wird allg. als Begründer der *psychometrischen* Richtung in der Psychol. angesehen. Er erfand die ersten psychol. Testverfahren zur Messung der Intelligenz und Begabung. Diese basierten in erster Linie auf sensorischen Diskriminationsleistungen und wurden anhand von Extremgruppenvergleichen von besonders Begabten einerseits und Schwachsinnigen andererseits erstellt. Darüber hinaus gründete er 1882 in London das erste Testzentrum, wo sich jeder gegen Bezahlung einer psychol. Testbatterie unterziehen konnte.

In seinen Untersuchungen zur visuellen Vorstellungsfähigkeit machte G. als einer der ersten von der Fragebogenmethode zur Untersuchung psychol. Sachverhalte Gebrauch.

Auch die Erfindung des Wortassoziationstests geht auf G. zurück und wurde später durch W. Wundt von diesem übernommen. Ebenso gilt G. als Begründer der Zwillingsforschung.

Er vertrat auch erstmals die Ansicht, daß psychol. Eigenschaften ebenso wie physiologische Charakteristiken vererbt werden können. Zur Bestätigung dieser Ansicht führte er eine Reihe von Untersuchungen, vor allem an bedeutenden Persönlichkeiten, durch, wobei er festzustellen versuchte, mit welcher Häufigkeit unter ihren Vorfahren, Nachkommen und Verwandten ebenfalls bedeutende Persönlichkeiten vorkamen.

Von besonderer Bedeutung für die Entwicklung der differentiellen Psychol. war G.s Erkenntnis, daß, im Gegensatz zur damaligen Lehrmeinung, die Menschen bezüglich ihrer Eigenschaften grundsätzlich verschieden sind und daß es daher für die Psychol. von wesentlichem Interesse ist, Ausprägungsgrade und Ursachen der individuellen Differenzen zwischen den Menschen zu erforschen.

Auf dem Gebiet der Statistik erlangte G. u. a. besondere Bedeutung durch die Entwicklung und Anwendung der *Korrelationsrechnung.* Sein Schüler K. Pearson setzte später auf seine Anregung hin seine Arbeit auf diesem Gebiet fort und entwickelte u. a. das Verfahren der ↗Produkt-Moment-Korrelation. Darüber hinaus gründete G. mit der „Biometrika" die erste Zeitschrift auf dem Gebiet der wissenschaftlichen Statistik.

Von nicht geringerer Bedeutung für die Entwicklung der psychol. Methodenlehre war schließlich auch die Tatsache, daß G. erstmals die ↗Normalverteilungskurve auf psychol. Daten anwandte. Er gelangte nämlich aufgrund seiner Untersuchungen zur Auffassung, daß sich psychol. Eigenschaften ebenso wie physiologische in der Population normal verteilen.

Schr.: Hereditary genius, 1869; Inquiries into human faculty and its development, 1883; Natural inheritance, 1889; Memories of my life, 1908. *W. Wittling*

Galvanische Hautreaktion, Hautgalvanische Reaktion (HGR), ↗Hautreaktion.

Gamma-Bewegung, ein Bewegungseindruck der Expansion (Ausdehnung) und Kontraktion (Schrumpfung), der entsteht, wenn die Beleuchtungsintensität einer einzelnen Figur in einem dunklen Umfeld plötzlich erhöht oder herabgesetzt wird. Die G. gehört zu den ↗Scheinbewegungen. – Vgl. auch ↗Irradiation. *W. Pieper*

Gammazismus, Artikulationsstörung bei der Gaumenlautbildung, Fehlen des „g" und/ oder „k" bzw. Ersetzen des „g" und/oder

„k“ durch „d“ und/oder „t“. ↗Sprachstörungen.

Gang, Weise der Fortbewegung von Mensch und Tier, die unter anatomisch-physiologischem Gesichtspunkt Gegenstand der allg. Gangforschung ist. Für den psychol. Gesichtspunkt ist vor allem die Arbeit von *Klemm* ([2]1954) bekanntgeworden, die Rhythmus und Gestaltcharakter des G. untersucht. Für den ausdruckspsychol. Aspekt wird besonders die Arbeit von *Kietz* ([2]1966) genannt. Eine Untersuchung von *Smieskol* (1968) faßt für die genannten Aspekte über 700 Veröffentlichungen zusammen.

Lit.: Kietz, G.: Gang und Seele. Berlin – Heidelberg, [2]1966; **Klemm, O.:** Leistung. In: Ganzheit und Struktur, Festschrift F. Kruegers zum 60. Geburtstag. 2. Aufl. von A. Wellek, 1954; **Smieskol, H.:** Methoden und Ergebnisse der allg. G.forschung und die Psychol. des menschlichen Ganges. Dipl.-Arbeit Techn. Univ. Berlin, 1968.

J. Mields

Ganglienzelle ↗Nervenzelle im Gehirn.

Ganglion. Ganglien stellen eine Ansammlung von Nervenzellen in Form eines rundlichen, ovalen oder unregelmäßigen Gebildes von einigen bis mehreren Millimetern Länge dar. Die Ganglien liegen mit Ausnahme der ↗Basalganglien außerhalb des Zentralnervensystems. In den Spinalganglien, die in den Zwischenwirbellöchern liegen, finden wir hauptsächlich pseudounipolare Ganglienzellen Sie stellen den Zelleib der primären, efferenten Neuronen dar. Die Ganglien des ↗autonomen Nervensystems liegen im Kopfbereich, den Grenzsträngen sowie im Bauch- und Beckenbereich. In der Chirurgie wird der Begriff G. (Überbein) für zystenartige Ausstülpungen der Gelenkkapsel oder Sehnenscheide verwendet.

Lit.: Watzka, M.: Kurzlehrbuch der Histologie und mikroskopischen Anatomie des Menschen. Stuttgart, [5]1974.

G. Arnold

Gansersches Syndrom, auch Pseudodemenz genannt, ursprünglich beschrieben von S. M. J. Ganser. Das G. S. tritt in charakteristischer Weise bei Gefangenen auf, die „dumme“, an der Frage vorbeigehende Antworten geben, um eine Geisteskrankheit vorzutäuschen. Das G. S. kann als *Simulation* oder ↗Hysterie betrachtet werden. Ein gleiches Bild erscheint bei Schizophrenie oder nach Kopfverletzungen. *D. Eaves*

Ganzheit – Gestalt – Struktur. Der Sprachgebrauch hinsichtlich der drei Ausdrücke ist uneinheitlich. Von vielen Verfassern werden sie bedeutungsgleich verwendet. Auch ihre Definitionen samt den zusätzlichen Erläuterungen decken sich in den vorliegenden Wörterbüchern zum großen Teil. Es soll versucht werden, anhand einiger grundlegender Schriften die Bedeutungen gegeneinander abzusetzen und Vorschläge für ihre künftige Verwendung zu machen. Dabei wird u. a. auch strenger als bisher zwischen ihrem substantivischen und attributiven Gebrauch zu unterscheiden sein.

Ganzheit. Ganzheit ist zweifellos der allgemeinste der drei Begriffe. Er ist abgeleitet von dem Begriff des „Ganzen“ und wurde vor allem von F. Krueger in die Psychol. eingeführt. Eine räumlich, zeitlich oder raumzeitlich überpunktuelle Gesamtheit (ein Komplex) heißt „ein Ganzes“, sofern die Art, der Ort und die Anordnung der „Teiltatbestände“ nicht – wie in einem Haufen oder Aggregat – zufällig oder beliebig sind (d. h., sofern die Gesamtheit eine Struktur besitzt) und sofern zwischen den Teiltatbeständen ein Realzusammenhang besteht. Eine solche Gesamtheit heißt „das Ganze“ in bezug auf ihre Teile, und sie ist „ganz“, sofern keiner ihrer Teile fehlt und, was in den geläufigen Darstellungen allg. unerwähnt bleibt, sofern der zu dem Ganzen gehörige Zusammenhang zwischen den Teilen (sowie seiner Abgrenzung gegenüber der Umgebung) nirgends unterbrochen ist. – Ein Ganzes heißt „ganzheitlich“ oder auch „eine Ganzheit“, wenn es eine zusätzliche Bedingung erfüllt, die am klarsten in folgendem Satz von Wertheimer (1925) ausgesprochen ist: Es gibt Zusammenhänge, bei denen nicht, was im Ganzen geschieht, sich daraus herleitet, wie die einzelnen Stücke sind und sich zusammensetzen, sondern umgekehrt, wo – im prägnanten Fall – sich das, was an einem Teil dieses Ganzen geschieht, bestimmt ist von inneren Strukturgesetzen dieses Ganzen." Gegenstände von ganzheitlichem Charakter pflegen auch Eigenschaften zu besitzen, die an keinem ihrer isolierten Teile vorfindbar sind (Ganzeigenschaften oder Komplexqualitäten, z.B. der Ausdruck eines Gesichts). Ganzheiten sind insofern auch „übersummativ".

Das Verständnis derartiger Gegenstände fordert eine „ganzheitliche" (engl. „molare") Betrachtungsweise, im Gegensatz zu der „atomistischen" (engl. „molekularen"), die nicht-ganzheitlichen Gegenständen angemessen ist. Wodurch unterscheiden sich die beiden Betrachtungsweisen? Bei der Untersuchung eines nicht in diesem Sinne ganzheitlichen Gegenstandes kann die „Analyse" sich einer faktischen Herauslösung (oder Herausblendung) einzelner Teile aus dem Ganzen bedienen, da die Erwartung berechtigt ist, daß sie im „Präparat" sich ebenso verhalten werden wie an ihrem Platz im Ganzen. Bei der ganzheitlichen Betrachtungsweise besteht die Analyse in einer Untersuchung der einzelnen Teile und Teilvorgänge an ihrem Platz im Ganzen und unter Berücksichtigung ihrer Funktion im Ganzen. Denn hier kann eine Übereinstimmung des Verhaltens im isolierten Präparat und in situ nicht erwartet werden; ferner ist zu erwarten, daß für örtliche Erscheinungen oder Vorgänge außer den örtlichen Faktoren auch außerörtliche (translokale) eine Rolle spielen; endlich ist zu erwarten, daß bei einer Isolierung oder Herausblendung von Teilen oder Stellen Auskünfte verlorengehen, die für das Ganze wesentlich sind. Natürlich kann der Vergleich des Reagierens unter den verschiedenen Bedingungen wertvolle Aufschlüsse vermitteln. Daher kann eine Untersuchung, die sich atomistischer Eingriffe bedient, wenn sie neben der streng ganzheitlichen Betrachtung erfolgt, auch für die Untersuchung einer „Ganzheit" heuristischen Wert besitzen.

Außer dem Lebenden und dem Beseelten, deren Ganzheitlichkeit ohne weiteres ins Auge fällt, erfordern auch im Unbelebten mindestens die Feldsachverhalte eine ganzheitliche Erfassung (Köhler, 1918). Ein „Weltbild", in dem die Tatsache der Ganzheitlichkeit den Kerngedanken bildet, heißt „Holismus" und die ganzheitliche Betrachtung insofern auch „holistische" (Smuts, 1938). Holistisch heißen insbesondere auch diejenigen persönlichkeitstheoretischen Ansätze, in denen gegenüber der Annahme einer Mehrheit mehr oder weniger unabhängiger „Instanzen" die Einheit der Person betont und zugleich die Gruppen oder Gemeinschaften als überindividuelle Realeinheiten bzw. Realganzheiten und die Individuen als „Wir-Teile" betrachtet werden. Dies gilt unter anderem für die von Adler (1907) begründete „Individualpsychologie".

In den psychol. Ganzheitslehren, besonders in denen der ↗Leipziger Schule wie auch bei Werner (1953), wird u. a. ein genetisches Primat der gar nicht oder nur wenig gegliederten (komplexen, diffusen, kontinuierlichen) Ganzen vor ihren ausgegliederten (differenzierten) Verwirklichungen angenommen, und zwar für das Verhalten ebenso wie für das Erleben. Die ungegliederten Frühformen werden als „ganzheitlich" in einem engeren, „eigentlicheren" Sinn bezeichnet. Ihre (gefühlsartigen) Ganzeigenschaften werden als „Komplexqualitäten" den „Gestaltqualitäten" scharf abgegrenzter und (zumeist) gegliederter Ganzer gegenübergestellt; die Grenze zwischen beiden ist schwer zu ziehen, scheint auch keine grundsätzliche Bedeutung zu haben.

Struktur. Das Wort bezeichnet ursprünglich eine *Eigenschaft* eines Ganzen, und zwar seinen Aufbau, die Anordnung seiner Teile oder Glieder einschließlich der geordneten Gesamtheit der Zusammenhangsverhältnisse zwischen ihnen. In diesem Sinne wird das Wort auch in anderen Wissenschaften verwendet; in der Chemie, der Mineralogie oder der Anatomie spricht man von der Struktur eines Moleküls, eines Kristalls oder eines Knochens. W. Dilthey, der den

Strukturbegriff in die Psychol. eingeführt hat, gebraucht ihn klar in diesem attributiven Sinne, wenn er sagt, es handle sich um die „Anordnung, nach welcher psychische Tatsachen von verschiedener Beschaffenheit im entwickelten Seelenleben durch eine innere, erlebbare Beziehung miteinander verbunden sind". Wertheimer braucht ihn in dem obigen Zitat für den Aufbau von Erlebens- und Handlungseinheiten. Spranger verwendet ihn zur Kennzeichnung der Gesamtheit der Interessen eines Menschen. L. Klages, Ph. Lersch und Wellek zur Kennzeichnung des „Aufbaues der Person".

Zwei Sonderbedeutungen haben sich in der Psychol. abgespalten, von denen mindestens die zweite gegenständlich ist: a) in dem amerikanischen Ausdruck „structuralism", wo – z. B. bei E. B. Titchener – die Gesamtheit der – statisch aufgefaßten – Bewußtseinsinhalte gemeint ist, im Gegensatz zu den Bedingungszusammenhängen des Verhaltens, mit denen sich die als „functionalism" bezeichnete Richtung beschäftigt; b) in dem Sprachgebrauch der Ganzheitslehre der Leipziger Schule. Hier wird der allgemeine Begriff der Ganzheit in zwei Unterbegriffe aufgeteilt: in die „Erlebnisganzheiten" und in die „Strukturen". Diese sind nach Krueger die relativ überdauernden *Grundlagen der Möglichkeit der Ausbildung von Erlebnisganzheiten.* Sie liegen den psychischen Funktionen „haltgebend zugrunde"; sie sind grundsätzlich bewußtseinsjenseitig (transphänomenal), also nach dem von E. C. Tolman eingeführten Sprachgebrauch intervenierende Variablen oder Konstrukta, aber in gewissen „Tiefenerlebnissen" (Gefühlen und Werthaltungen) doch ausnahmsweise dem unmittelbaren Erleben zugänglich. – Strenggenommen sind sie nichts an sich Seiendes; sie haben „als solche überhaupt kein Dasein", sondern nur insofern, als sie sich in psychischen Erscheinungen (Erlebnissen) auswirken (Wellek, 1941). Dies weist darauf hin, daß es sich um eine Hypostasierung im Sinne der Platonischen Idee und der neovitalistischen „Entelechie" handelt.

GESTALT. Der Begriff der Gestalt ist eine

Verschärfung des Ganzheitsbegriffs, die sich zunächst in der Wahrnehmungslehre und dann allgemein als zweckmäßig erwiesen hat und bei der das Problem der innerhalb von Ganzen herrschenden Ordnung mehr und mehr in den Mittelpunkt der Betrachtung rückte.

Erster Schritt: Daß die Eigenart von Ganzen schon durch geringfügige örtliche Eingriffe (Wegnahme, Hinzufügung, Abänderung, Verschiebung) einschneidend verändert werden kann, war seit dem Altertum bekannt; von Ehrenfels fügte dazu 1890 die neue Erkenntnis, daß gerade bei Änderungen, die sämtliche Teile eines Ganzen treffen (Austausch des Materials, Versetzung in andere Sinnes- oder Seinsgebiete), seine Eigenart erhalten bleibt, falls dabei die Struktur des Ganzen, d. h. die Maßverhältnisse und Lagebeziehungen zwischen den Teilen (und, wie sich später zeigte, besonders an Handlungsganzheiten, ihre Funktionen), erhalten bleiben. Er nannte die Ganzen mit diesem Merkmal *„Gestalten"*, ihre übersummative Eigenart *„Gestaltqualität"*, die Veränderung, bei der diese erhalten bleibt, *„Transponierung"*.

Zweiter Schritt (Wertheimer 1912): Die Ganzheit ist nicht, wie noch von Ehrenfels annahm, die Summe der Teile plus der Ganzeigenschaft: $G = \Sigma t + g$, sondern $G = f(\Sigma t, c, 1, m, n, \ldots)$, wobei die Buchstaben nach t etwa Veranlagung, Entwicklungsstand, Vorgeschichte, Erwartung, Auffassungsweise bedeuten. Mit anderen Worten: Das Ganze ist etwas anderes als die Summe der Teile. (Beispiel: Reiz a + Reiz b an benachbarten Stellen mit geringem Zeitunterschied ergeben nicht „Empfindung" A + „Empfindung" B + Bewegung, sondern *eine* „Empfindung", die sich von der Stelle A nach der Stelle B bewegt.) Im Grenzfall, beispielsweise in der Gesichtswahrnehmung, ergibt sich aus der dynamischen Wechselwirkung zwischen den Teilerregungen, ob und wo ein Ganzes sich absetzt und ob und was für Teile es besitzt.

Dritter Schritt: Neben den spezifischen Eigenschaften von Ganzen gibt es auch spezi-

Ganzheit – Gestalt – Struktur

fische Eigenschaften von Teilen. Es handelt sich um Eigenschaften, die einen Sachverhalt als „Teil“ eines Ganzen von seiner Gegebenheitsweise als „Einzelinhalt“ unterscheiden: die Funktion oder „Rolle“ des Teils im Ganzen (Köhler, 1918; Wertheimer, 1933).

Vierter Schritt: Infolge der dynamischen Wechselwirkung zwischen den Teilvorgängen muß die Annahme einer eineindeutigen Zuordnung zwischen Reizort und Reizart einerseits und Erscheinungsort und Erscheinungsart andererseits (die „Konstanzannahme“) aufgegeben werden (Köhler, 1913).

Fünfter Schritt: Die aufgrund dieser Dynamik bevorzugt verwirklichten Strukturen zeichnen sich durch Ordnungseigenschaften (Regelmäßigkeit, Einfachheit) aus, d. h., es gibt eine *„Prägnanztendenz“* oder Tendenz zur *guten Gestalt.* Diese ist nicht nur bei der spontanen Feldgliederung und der dreidimensionalen Verteilung im Sehraum maßgeblich (Kopfermann, 1930; Metzger, 1935), sondern führt unter bestimmten Umständen auch zu Abweichungen der anschaulichen von der objektiven Form und Qualität (Täuschungen).

Sechster Schritt: Ordnung kann grundsätzlich auf zweierlei Weisen hergestellt und erhalten werden. Neben der zuvor allein bekannten („mechanischen“) Sicherung der Ordnung von Zuständen und Vorgängen durch Festigkeit des Materials bzw. der Wände („Kanalisierung“) gibt es die Herstellung von Ordnung durch die Wechselwirkung zwischen Partialprozessen, d. h., es gibt „dynamisch“ begründete Ordnung. Diese dynamisch, d. h. durch das Wechselspiel innerer Kräfte zustande kommende Ordnung unterscheidet sich von der mechanischen in verschiedenen Hinsichten: Es sind dieselben Kräfte, durch die sie a) zustande kommt, b) erhalten bleibt, c) sich bei Störungen (innerhalb gewisser Grenzen) wiederherstellt, d) unter bestimmten Umständen sich (korrigierend) umstrukturiert, wie etwa bei den produktiven Vorgängen. Die schließlich erreichten Gleichgewichtszustände sind auch formal ausgezeichnet. Die Annahme entelechieartiger stützender Faktoren wird dadurch überflüssig.

Mechanische und dynamische Ordnung schließen einander nicht aus; zwischen den Grenzfällen rein dynamischer und rein mechanischer Ordnung gibt es eine lückenlose Reihe von Möglichkeiten verschiedenen Anteils der beiden Prinzipien. Der mechanische Anteil etwa in der Gesichtswahrnehmung besteht a) allgemein aus der anatomischen Struktur der Rezeptoren und des Leitungssystems, b) speziell aus der augenblicklichen raum-zeitlichen Reizkonfiguration. Der Grenzfall minimalen Anteils dynamischer Sicherung von Ordnung, in dem das sich abspielende Geschehen wenigstens an *einer* Stelle auf sich selbst zurückwirkt, ist das kybernetische Selbststeuerungsgerät.

Siebenter Schritt: Ein hohes Maß dynamischer Selbststeuerung kann für sämtliche Teilgebiete des Psychischen vermutet werden. Dasselbe gilt für die Lebewesen als „offene Systeme“ (L. v. Bertalanffy) sowie für die verschiedenen Arten von Kraftfeldern in der Physik (Köhler, 1920). Es ist infolgedessen die Annahme einer „Isomorphie“ zwischen psychischen und den ihnen zugeordneten physiologischen (den psychophysischen) Vorgängen möglich. Eine Psychol., die diese Möglichkeit zur psychophysischen Arbeitshypothese erhebt, heißt „Gestalttheorie“ (Köhler, 1925).

Lit.: Adler, A.: Studie über Minderwertigkeit von Organen. München, 1907; **Ehrenfels, C. v.:** Über Gestaltqualitäten. Vierteljahresschr. wiss. Philos., *14,* 1890; **Klix, F. & B. Krause:** Zur Definition des Begriffs „Struktur“, seiner Eigenschaften und Darstellungsmöglichkeiten in der Experimentalpsychologie. Z. Psychol., *176,* 1969; **Köhler, W.:** Über unbemerkte Empfindungen und Urteilstäuschungen. Z. Psychol., *66,* 1913; **ders.:** Nachweis einfacher Strukturfunktionen beim Schimpansen und beim Haushuhn. Abhandl. Preuß. Akad. Wiss., Berlin, 1918; **ders.:** Gestaltprobleme und Anfänge einer Gestalttheorie. Jber. ges. Physiol. exp. Pharmakol. für 1922, 3/1, 1925; **ders.:** Die physischen Gestalten in Ruhe und im stationären Zustand. Erlangen, 1924; **Kopfermann, H.:** Psychol. Untersuchungen über die Wirkung zweidimensionaler Darstellung körperlicher Gebilde. Psychol. Forsch., *13,* 1930; **Krueger, F.:** Der Strukturbegriff in der Psychologie. Ber. VIII. Kongr. exp. Psychol., Leipzig – Jena 1924; **ders.:** Zur Philosophie und Psychol. der Ganzheit. Berlin, 1953; **Metzger, W.:** Tiefenerscheinungen in optischen Bewegungsfeldern. Psychol. Forsch., *20*, 1935; **Rausch, E.:** Über Summativität und Nichtsummativität. Psychol. Forsch., *21*, 1937; **Sander, F. & H. Volkelt:** Ganzheitspsychologie. München, ²1967; **Smuts, J. C.:** Die holistische Welt. Berlin, 1938; **Wellek, A.:** Das Problem des seelischen Seins. Leipzig, 1941; **ders.:** Ganzheitspsychologie und Strukturtheorie. Bern – München, ²1969; **Werner, H.:** Einführung in die Entwicklungspsychologie. München, 1953, ⁴1970; **Wertheimer, M.:** Experimentelle Studien über das Sehen von Bewegung. Z. Psychol., *61*, 1912; **ders.:** Über Schlußprozesse im produktiven Denken. Berlin, 1920; **ders.:** Untersuchungen zur Lehre von der Gestalt. I. Psychol. Forsch., *1*, 1922; II. Psychol. Forsch., *4*, 1923; **ders.:** Drei Abhandlungen zur Gestalttheorie. Erlangen, 1925 (Nachdruck: Darmstadt, 1967); **ders.:** Zum Problem der Unterscheidung von Einzelinhalt und Teil. Z. Psychol., *129*, 1933; **Witte, W.:** Zur Geschichte des psychol. Ganzheits- und Gestaltbegriffes. Stud. Gen., 1952.

W. Metzger

Ganzheitspsychologie ↗Ganzheit – Gestalt Struktur.

Ganzlern-Methode, *analytische Methode,* bezeichnet ein Fortschreiten des Lehrens und Lernens von gegebenen Sach-, Sinn- und Erlebnisganzheiten zu deren konstituierenden Elementen. Viele Lehrziele fordern anschließende Synthese. So geht der Erstleseunterricht nach der G. von Satz- und Wortganzen aus, analysiert schrittweise die Einzelbuchstaben, um daraus wieder Wörter und Sätze zusammenlesen zu lassen.

G. Huber

Gargoylismus, erbliche Stoffwechselstörung mit Einlagerung der Stoffwechselprodukte (Mukopolysaccharid) in das Gehirn und in viele andere Organe, die dadurch Entwicklungsstörungen erleiden. Disproportionierter Minderwuchs mit fratzenartigem Gesicht (gargoyl = Wasserspeier) und verschiedenen Organstörungen. Meist Schwachsinn.

C. Scharfetter

Gaußsche Kurve (Normalkurve), graphische Darstellung einer symmetrischen, eingipfeligen, glockenförmigen, kontinuierlichen Verteilung (↗Normalverteilung). Ihre Wahrscheinlichkeitsdichte ist durch die Funktion festgelegt:

$$f(x) = \frac{1}{\sigma\sqrt{2\pi}} e^{-\frac{1}{2}\left(\frac{x-\mu}{\sigma}\right)^2}$$

Die Verteilung ist also durch μ und σ eindeutig bestimmt. Da sich viele biologische Merkmale normal verteilen, findet diese Verteilungsform häufige Anwendung.

W. H. Butollo

Gebärde ↗Gebärdensprache.

Gebärdensprache, ein aus Gesten hervorgegangenes Kommunikationsmittel für Fälle, in denen die Lautsprache ersetzt werden muß. So entstanden die Gebärden- und Zeichensprachen der nordamerikanischen Indianer (Verständigung zwischen den Stämmen), der Neapolitaner (Geheimverständigung) oder der Trappistenmönche (Schweigegebot). Auf der Grundlage einer solchen Zeichensprache ist auch die der Taubstummen entwickelt worden, allerdings angereichert durch konventionelle Zeichen (Gründer der „Französischen Methode" Abbé Charles Michel de l'Éppée, um 1770). Neuerdings wird mit Erfolg die G. (American Sign Language) Schimpansen eingeübt und auf diese Weise in gewissem Umfang eine differenziertere Kommunikation zwischen Mensch und Schimpanse erreicht (die Einübung einer Lautsprache hat versagt).

Lit.: Gardner, R. A. & B. T.: Acquisition of sign language in the chimpanzee. Progr. Report, Reno, 1967.

F. Kiener

Geburtenkontrolle, die Anwendung jeglicher Methode, Vorrichtung oder eines Verhaltens, ersonnen von Individuen oder der Gesellschaft zur Erhöhung des Grades menschlicher Kontrolle über Zeitpunkt oder Häufigkeit der Geburt von Kindern. Methoden zur G. ↗Antikonzeption.

G. ist zu einer wichtigen sozialen Streitfrage geworden aufgrund der konservativen Einstellung gewisser religiöser Gruppen gegenüber der offenbaren Notwendigkeit der G. angesichts der „Bevölkerungsexplosion".

G. D. Wilson

Geburtstrauma, nach Rank die ontogenetische Urform der Angst, die für zukünftige Angstreaktionen des Individuums fortan bestimmend sein soll. Durch die Geburt wird das Individuum aus einem Zustand ununterbrochener Motivbefriedigung (Wärme, weiche Berührung, Ernährung und Sauerstoffversorgung durch den Blutkreislauf der Mutter) in einen Zustand der Globaldeprivation (Kälte, Körperdruck, Atemnot, unvertraute Licht- und Schalleinwirkungen, Hunger) versetzt.

Rank unternahm allerdings keinen ernsthaften Versuch, die Varianten des Geburtsaktes auf ihren Einfluß auf die Geburtsangst sowie auf alle folgenden Angstreaktionen und die Angstbereitschaft der betreffenden Person zu prüfen. Außerdem ist wahrscheinlich, daß die Besonderheiten des Geburtsaktes (z. B. schwere oder leichte Geburt) auch von den sozialen und psychischen Umständen abhängen, in denen sich die Mutter befindet (z. B. glückliche Ehe, uneheliche Geburt, erste oder n-te Geburt), und daß die Fortdauer dieser Umstände nach der Geburt sowie die Haltung der Mutter gegenüber diesen Umständen einen differenzierteren Einfluß auf die Entwicklung des Kindes und seine Angstbereitschaft ausübt als der physische Akt der Geburt selbst.

Lit.: Rank, O.: Das Trauma der Geburt. Wien, 1924; **Toman, W.:** Motivation, Persönlichkeit, Umwelt. Göttingen, 1968.

W. Toman

Gedächtnis. I. Das G. ist der Informationsspeicher eines Organismus, aus dem er Nachrichten über vergangene Ereignisse abrufen kann. Experimentelle Untersuchungen über das G. beschäftigen sich mit der Zusammensetzung von G.inhalten, ihrer Interaktion und den Vorgängen des Vergessens. Der deutsche Psychologe H. Ebbinghaus entwickelte 1885 als erster experimentelle Methoden zur objektiven Messung der G.leistung und formulierte das erste quantitative Gesetz des Vergessens (↗„Vergessenskurve").

Gedächtnisleistung. Wird die G.leistung mit der Reproduktionsmethode gemessen – d. h., die Vp muß alle behaltenen Wörter der zum Erlernen gestellten Aufgaben wiedergeben –, so stellt man fest, daß um so mehr Wörter vergessen werden, je größer das Zeitintervall zwischen Lernen und Reproduzieren ist. Es interessiert die Frage, ob die Annahme der G.leistung bei verschiedenen G.inhalten *gleich* ist und *wodurch* sie verursacht wird.

Experimente, in denen Vpn eine Reihe sinnvoller Wörter und eine gleich lange Reihe sinnloser Silben zu lernen hatten, haben zwar den Unterschied in der G.leistung herausgestellt, jedoch nichts zur Klärung der Frage beigetragen, ob der Unterschied in der G.leistung auf einen Unterschied in der Art oder der Stärke der G.spur zurückzuführen ist, ob die sinnlosen Silben schneller vergessen werden oder ob alle diese Prozesse zusammen eine Rolle spielen. Die experimentelle Situation muß so aufgebaut sein, daß gewährleistet ist, daß beide Reihen vor Beginn des eigentlichen Experiments bei der Vp mit *gleicher Gedächtnisstärke* vorliegen, d. h., daß in beiden Fällen *keine* oder *die gleiche* Übung stattgefunden haben muß. Daß diese Bedingung bei sinnvollen Wörtern wegen ihrer unterschiedlichen Auftretenshäufigkeit in der Alltagssprache nur äußerst schwierig zu erfüllen ist, liegt auf der Hand. Aber nur wenn diese Voraussetzungen gegeben sind, können wir die Unterschiede im Ausmaß des Vergessens bei verschiedenartigem Material bestimmen.

Interferenz. Ein Faktor, der entscheidend beim Vergessensvorgang beteiligt ist und in Hunderten von Experimenten beobachtet wurde, wird als „Interferenz" von G.-inhalten bezeichnet. Vpn der Experimentalgruppe (Bedingung 1) werden aufgefordert, Reaktionswörter auf eine Reihe von Reizwörtern zu lernen („Methode der Paarassoziationen"). Im anschließenden Versuch lernen die Vpn auf die „Stimuluswörter" aus dem ersten Versuch mit *neuen* Wörtern zu reagieren (Bedingung 2). Mit der Kontrollgruppe wird nur der erste Versuch durchgeführt, d. h., die Vpn lernen nur eine Reihe der paarweise zu assoziierenden Wörter. Nach einem Zeitintervall von z. B. 24 Stunden erweist sich die G.leistung unter der Bedingung 1 als wesentlich schlechter als die G.leistung unter der Bedingung 2. Dieses Phänomen bezeichnet man als *retroaktive Hemmung*. Beim Vergleich der Leistung unter der Bedingung 2 und unter der Kontrollbedingung erweist sich die Leistung unter der Kontrollbedingung ebenfalls als besser. Diesen Unterschied bezeichnet man als *proaktive Hemmung*. Was ist für die Vergessensrate unter der Kontrollbedingung verantwortlich? Es ist schwer, die Theorie zu beweisen, nach der dieses Vergessen ebenfalls durch retroaktive und proaktive Hemmung von G.inhalten, die bereits vor dem Experiment vorhanden waren oder im Zeitraum zwischen Erlernen und Reproduktion gespeichert wurden, zustande kommt. Das oben angegebene Beispiel, in dem eine Vp zwei aufeinanderfolgende Reihen mit den gleichen Reizwörtern lernen mußte, ist ein Fall *„assoziativer Interferenz"*. Man sollte aber den Begriff der Interferenz nicht auf solche Fälle beschränken.

Interferenz ist immer möglich, wenn Informationen sich widersprechen. Die G.-leistung wird minimal, wenn die das Lernen begleitenden Informationen derart sind, daß sie nicht als *Unterscheidungshilfen* in Frage kommen. Information über die zeitliche Reihenfolge von Ereignissen hat sich bei Interferenz als stark diskriminierender Faktor (gute Unterscheidungshilfe) erwiesen. Die Annahme, je größer der Widerstreit zwischen den Informationen, desto größer der Verlust an G.inhalten, konnte nicht bewiesen werden. So darf man die Möglichkeit anderer für das Vergessen verantwortlicher Faktoren, wie z. B. organischer Zerfall von G.spuren, nicht ausschließen.

MESSMETHODEN DER GEDÄCHTNISLEISTUNG. Die meisten Untersuchungsverfahren wurden schon um die Jahrhundertwende von H. Ebbinghaus, G. E. Müller und A. Pilzecker entwickelt. Die wichtigsten sollen kurz erwähnt werden:

1. *Ersparnismethode* (Wiedererlernungsmethode). Auch wenn sich die Vp an keine richtige Antwort mehr erinnern kann, wird sie für das „Wiedererlernen" weniger Versuche benötigen als beim ersten Lernversuch (Maß: Anzahl der ersparten Versuche). Die Ersparnismethode zeigt im Gegensatz zur Reproduktionsmethode, daß einige G.-spuren zurückgeblieben sind.

2. *Wiedererkennungsmethode*. Die Vp muß das richtige Wort oder das richtige Wortpaar aus einer Anzahl von Wörtern oder Wortpaaren herausfinden. Meistens ist die Wirkung der retro- und proaktiven Hemmung bei dieser Wiedererkennungsmethode weniger wirksam (im Gegensatz zur Reproduktionsmethode). Der Unterschied zwischen Wiedererkennungs- und Reproduktionsmethode ist von wichtiger theoretischer Bedeutung. Laufend wachsendes Beweismaterial legt die Vermutung nahe, daß die Leistung einer Vp bei der Methode des Wiedererkennens sich nur zum Teil auf die gleiche Information gründet wie bei der Reproduktionsmethode. Diese Ergebnisse weisen wiederum auf die Vermutung hin, daß das G. wohl eine Menge verschiedenartigster Informationen enthält, die auf die verschiedenste Weise kodiert und festgehalten sein können. Eine andere Hypothese, die von vielen Seiten anerkannt wird, behauptet, daß die Wiedererkennung vor allen Dingen auf der Häufigkeit der Lernmöglichkeiten – auf dem *„Bekanntheitsgrad"* – beruht.

3. Weitere Meßmethoden sind: a) die *Erlernungsmethode* (Maß: Anzahl der benötigten Darbietungen); b) *Treffermethode* (Maß: Anzahl der richtigen Treffer); c) die *Methode der Hilfen* (Maß: Anzahl der gegebenen Hilfen); d) die *Rekonstruktionsmethode* (Maß: Anzahl der am richtigen Ort stehenden Glieder); e) *Methode der G.-spanne* (Maß: Anzahl der G.inhalte, die die Vp nach einmaligem Vorsprechen zu reproduzieren vermag). Diese Methode eignet sich vor allem zur Untersuchung des „unmittelbaren Behaltens".

KURZZEITGEDÄCHTNIS – LANGZEIT-SYSTEM. Die G.forschung wurde in der letzten Zeit besonders durch die Behauptung beeinflußt, daß es zwei G.systeme gibt. Eines ist das „Kurzzeit-System" (unmittelbares Behalten), das zweite ist das „Langzeit-System" (relativ stabile G.e) Im einzelnen beschäftigen sich diese Theorien und die experimentelle Forschung mit den Beziehungen zwischen diesen beiden Systemen, mit den Differenzierungsmechanismen der Systeme, mit der Selektion einlaufender Information, mit physiologischen Grundlagen und vor allem mit der systematischen Speicherung (Kategorisierung) von zusammenhängenden G.inhalten im „Langzeit-System".

Lit.: Adams, J. A.: Human Memory. New York, 1967; **Atkinson, R. C. & R. M. Shiffrin:** Human memory: A proposed system and its control processes. In: **K. W. & J. T. Spence:** The Psychology of learning and motivation, Vol. II. Englewood Cliffs, 1968; **Keppel, G.:** Retroactive and proactive inhibition. In: **T. R. Dixon & D. L. Horton** (Hrsg.): Verbal behavior and general behavior Theory. short-term memory for a general theory of memory. J. of verbal Learn., verbal Behav., 1963, *2,* 1-21; **Postman, L.:** Short-term memory and incidental learning. In: **A. Melton** (Hrsg.): Categories of human learning. New York, 1964; **Underwood, B. J. & L. Postman:** Extraexperimental sources of interference in forgetting. Psychol. Rev., 1960, *67,* 73–95; **Underwood, B. J.:** Attributes of memory. Psychol. Rev., 1969; **Wickens, D. D. & S. Clark:** Osgood dimensions as an encoding class in short-term memory. J. exp. Psychol., 1968, *78,* 580–584.

B. J. Underwood

II. *Gedächtniserscheinungen, Gedächtnistheorien* und *neurophysiologische Aspekte.* Nachbilder, auch subjektive Anschauungsbilder (↗Eidetik), Illusionen, Halluzinationen, Ermüdungserscheinungen sowie Monotonie- und Sättigungserlebnisse werden allgemein nicht zu G.erscheinungen gerechnet. Ebenso ist das G. abzugrenzen gegenüber der ↗Phantasie, der ↗Perseveration und dem ↗Denken. Während die klassische G.psychologie die G.leistungen als ein Phänomen des Bewußtseins ansieht (H. Ebbinghaus, G. E. Müller, A. Pilzecker, E. Meumann) und als letzte radikale ↗Assoziationen annimmt, wird dem durch die biologische Auffassung widersprochen (E. Hering, R. Semon, E. Mach), wobei der „organisierten Materie" (E. Hering) die G.fähigkeit schlechthin zukommt; die behavioristische Auffassung (R. S. Woodworth) läßt das Kriterium des Bewußtseins weitgehend außer acht. Allg. könnte G. betrachtet werden als die Fähigkeit eines Organismus, Informationen aus früher verlaufenen Lernprozessen (Erfahrungen) aufzubewahren (Behalten, Retention) und auf spezifische Reize hin – in Form bewußter Vorstellungsabläufe, verbaler Äußerungen oder motorischer Aktionen – wiederzugeben.

Als Begründer der experimentellen G.psychologie sind Ebbinghaus (1885), G. E. Müller und deren Mitarbeiter und Schüler anzusehen. Eine Weiterführung, Umformung und ein grundlegend neuer Ansatz geht auf Bartlett (1932) zurück.

Der klassischen Unterscheidung in *Merkfähigkeit* (unmittelbares, kurzfristiges Merken) und *G. im eigentlichen Sinne* (langfristiges Behalten) wird heute die durch umfassende experimentelle Untersuchungen als gesichert erscheinende Unterscheidung in *Kurzzeit-* (short-term memory) und *Langzeit-G.* (long-term memory) vorgezogen. Das *Arbeitsfeld* der G.psychologie ist die Erforschung der verschiedenen G.phasen: Einprägen (↗Lernen), Behalten/Vergessen, Wiedergeben (↗Gedächtnis I), der Phänomene des Kurzzeit-, Langzeit-G. und neuerdings die Erforschung der neurophysiologischen Vorgänge innerhalb dieser Phasen.

1. Behalten. Die Phase des Behaltens, in der die eigentliche G.leistung stattfindet, wird *formal* unter den komplementären Aspekten des Behaltens (Retention) und Vergessens betrachtet, ist psychologisch aber als Einheit zu verstehen. G. im Sinne eines Speichers hat nur eine *begrenzte Kapazität:* nicht alle früher aufgenommenen Informationen stehen vollständig, unverändert und jederzeit zur Verfügung. Vielmehr werden einzelne Informationen ausgewählt (G. als *Selektor*) oder auch verändert (G. als *Modifikator*). Die *Behaltensleistung* ist von folgenden Faktoren abhängig: a) von Bedingungen beim Erwerb von G.inhalten, wie Umfang des Lernmaterials (↗Ebbinghaus-Gesetz), Lernzeit oder Anzahl von Wiederholungen, Verteilung des Lernens (massiertes, verteiltes Lernen), Alter der G.inhalte (↗Jostsche Sätze), unvorherge-

sehenem Abbruch des Lernprozesses (↗Zeigarnik-Effekt) u. a.; b) von der Beschaffenheit des Lernmaterials: Formalaspekte sind z. B. Position innerhalb der Lernreihe, Gestaltcharakter u.a.; Inhaltsaspekte sind z. B. Sinnhaftigkeit und Differenziertheit, Gefühlston, kognitive Kategorisierbarkeit (clustering) u. a.; c) von den physischen und motivationalen Faktoren des Pb: Ermüdungsgrad und körperlichem Gesamtzustand, Einstellung (set) zum Lerninhalt (↗Warming-up), Aufmerksamkeit, Konzentration, Interesse, Leistungsmotivation, Grad der Ängstlichkeit, Gesamtstimmung, Ansprechbarkeit u. a.; d) von der ↗Reminiszenz: Zu unterscheiden sind das ↗Ward-Hovland-Phänomen und das ↗Ballard-Williams-Phänomen.

2. VERGESSEN. Vergessen ist als Nichtverfügbarhaben oder als Veränderung von G.inhalten (gespeicherten Informationen) zu betrachten. Es ist nicht nur eine Funktion der Zeit, sondern auch dessen, was sich in der Zeit psychisch abwickelt. Dabei sind global zu unterscheiden die *„mechanischen"* Vorgänge, wobei die G.spur hypothetisch als ein *„passives"* physiologisches Korrelat des Psychischen verstanden wird (Gomulicki, 1953), und die *„dynamischen"*, wobei die G.spur als ein *„aktiver"* Prozeß aufgefaßt wird, der sich während des Behaltensintervalles ändert (qualitative Veränderung). Im einzelnen sind folgende 4 Aspekte zu berücksichtigen: a) Fehlen von Prozessen (Wiederholungen), die das Behalten aufrechterhalten bzw. fördern (D. E. Broadbent) (↗Vergessenskurve); b) ↗Löschung: Im Unterschied zu a) wird ein habit in der Zeit „vergessen", in der es (ohne Bekräftigung) ausgeführt wird; c) Interferenz (↗Gedächtnis I; ↗Gedächtnishemmungen): Sich überlagernde Informationen hemmen sich gegenseitig. Vergessen erscheint hier als ein Prozeß des Umlernens und ist direkt abhängig von dem Ausmaß eines vorhergehenden oder nachfolgenden Informationserwerbs; d) Modifikation: einstellungsmäßige, emotionale und motivationale Faktoren entscheiden mit darüber, in welchem Umfang und wie lange etwas behalten wird. G.inhalte unterliegen während der Behaltensphase zum Teil einer Verformung (Modifikation). Nach gestaltpsychol. Gesichtspunkten beruht dies auf einem „autonomen Prozeß" aufgrund von Gestaltgesetzen *(Nivellierung* und *Präzisierung).* Nach Bartlett ist die Ursache der Modifikation in einer *schöpferischen Rekonstruktion* nach den Prinzipien der Rationalisierung und Konventionalisierung zu suchen (Vermeidung von Widersprüchen, nachträgliche Sinnverleihung) und steht deutlich unter dem Einfluß emotionaler Faktoren, z. B. Wünsche und Befürchtungen (↗Gerücht). Eine Annäherung beider Ansätze ist bei Katona (1940) zu finden. Nach Sintschenko (1969) wird Vergessen – neben den Besonderheiten des Materials – besonders durch die Art der Auseinandersetzung mit ihm bestimmt. Aus tiefenpsychol. Sicht dient das Vergessen der Konstanthaltung des *psychodynamischen Gleichgewichts* durch ↗Verdrängung unangenehmer, „tabuierter", affektbesetzter G.inhalte.

3. KURZZEIT-LANGZEIT-GEDÄCHTNIS. Neueste faktorenanalytische, kybernetische, lern- und neuropsychol. Untersuchungen legen nahe, daß es eine einheitliche G.-fähigkeit (General-G.) nicht gibt, sondern eine Anzahl von *Gedächtnisdimensionen,* z. B. für bestimmte Materialtypen, Sinnesmodalitäten und Speicherintervalle (Guilford, 1959; Katzenberger, 1967). Das Kurzzeit-G. – maximal bis etwa 30 sec Dauer – wird als bioelektrischer Prozeß in Form eines geschlossenen Neuronenkreises interpretiert und unterliegt in starkem Ausmaß dem Vergessen (Filterwirkung; Broadbent, 1958) und störenden Einwirkungen (sog. *„labile Phase").* Das Langzeit-G. ist gegen Vergessen und Störungen resistenter (sog. *„stabile Phase")* und dient der langfristigen Speicherung von Informationen in Form *biochemischer Muster.* Aus diesen Beobachtungen wird auf eine dazwischenliegende Phase der Konsolidierung und Verfestigung der nach Ablauf der labilen Phase noch vorhandenen Informationen geschlossen, die sich offenbar in den Hirnarealen des *Hippo-*

campus, der *Mandelkerne* und des *Ammonshorns* abspielt. Beim Durchlaufen der verschiedenen Speicherinstanzen tritt ein Informationsverlust ein. ↗Informationstheorie.

4. Neurophysiologische Aspekte. Physiologisch ist das „G.“ vor allem an die Ganglienzellen der *grauen* Hirnrinde (Neokortex) sowie an die darunterliegenden *weißen* Fasern des Großhirns gebunden. Molekularbiologische und biochemische Forschungsergebnisse konnten nachweisen, daß Proteinsynthesen, Peptide, Lipide und Veränderungen von ↗Ribonukleinsäuren (RNS) mit besonderen Basensequenzen bei der Langzeitspeicherung eine bedeutende Rolle spielen. Offensichtlich werden G.-inhalte in der Art eines (chemischen) Kodierungsprozesses gespeichert durch wechselnde Aneinanderlagerung von Eiweißmolekülen zu unterschiedlichen Molekülkettenlängen. Eine eindeutige Klärung steht noch aus, doch scheint sich die alte Theorie der *„Engramme“* zu bestätigen in Form biochemischer Muster von relativ überdauernder Struktur. Dem Vergessen wiederum liegt eine biochemische Neutralisation der RNS durch RN-ase zugrunde. Der biochemische Vorgang beim Informationsabruf *(De-Kodierung)* ist dagegen noch völlig ungeklärt. Weitere Ergebnisse deuten an, daß verschiedenen Lerntypen verschiedene Speicherplätze im Gehirn (subkortikal und kortikal) zugeordnet werden können (Richter, 1966; John, 1967).

5. Gedächtnistheorien. Beim gegenwärtigen Stand der Forschung muß jede Theorie über das G. spekulativ bleiben. Es existieren verschiedene Modellvorstellungen psychologischer, physiologischer, biochemischer, kybernetischer und physikalischer Art zur Erklärung des Phänomens „Gedächtnis“, die jedoch unbefriedigend sind, solange sie nicht auch die *motivationalen* Aspekte des G. im lebenden Organismus berücksichtigen (G. als Verbindung eines sensorischen und motivationalen Informationskreises; Richter, 1966). Die klassische Erklärung der G.erscheinungen nimmt als Arbeitshypothese an, daß Lernprozesse Spuren (Engramme) hinterlassen, die durch Wiederholung erneuert werden und das physiologische Korrelat für das Wiedergeben bilden. Die Spuren werden entweder als Veränderungen der Ganglienzellen des Großhirns oder als etwas rein Psychisches angesehen. Die Wiedergabe von G.inhalten wird vor allem mittels des hypothetischen Konstrukts der Assoziationen erklärt; weitere entscheidende Faktoren sind logische Beziehungen und Sinnzusammenhänge innerhalb der G.inhalte, der motivationale und emotionale Zustand des Organismus (assoziatives, „mechanisches“ und logisches „Sinn“-G.). Hingewiesen sei noch auf das in sich geschlossene Modell von Hebb (1949), dem auf neurophysiologischer Basis die Formen eines Kurzzeit- und Langzeitspeichers zugrunde liegen. Von Bedeutung sind Modellvorstellungen über Lernen und Behalten im Sinne eines Kodierungsprozesses (Miller, 1956; Ausubel, 1962) und Vorstellungen über Wiedergabe als Dekodierung, bes. in Verbindung mit den modernen Erkenntnissen über Bau und Funktionsweisen des Nervensystems (Oldfield, 1954; Broadbent & Brown, 1958).

Vgl. auch ↗Gedächtnisstörungen; ↗Intelligenz; ↗Entwicklung.

Lit.: Baddeley, A. D.: Die Psychol. des Gedächtnisses. Stuttgart, 1979; **Bartlett, F. C.:** Remembering. Cambridge, 1932; **Bredenkamp, J. & W. Wippich:** Lern- und Gedächtnispsychologie. 2 Bde. Stuttgart, 1977; **Broadbent, D. E.:** Perception and communication. London – New York, 1958; **Cofer, C. N.:** The Structure of Human Memory. Oxford, 1976; **Ebbinghaus, H.:** Über das Gedächtnis. Leipzig, 1885; **Gomulicki, B. R.:** The development and present status of the trace theory of memory. Brit. J. Psychol., Monogr. Suppl., 1953, *29;* **Hebb, D. O.:** The organisation of behavior. New York, 1949; **Hintzman, D. L.:** The Psychology of Learning and Memory. Oxford, 1978; **Hörmann, H.:** Bedingungen für das Vergessen, Behalten und Erinnern. In: **R. Bergius** (Hrsg.): Hdb. der Psychol., Bd. 2 (2. Halbband). Göttingen, ²1970, 225–283; **John, E. R.:** Mechanisms of memory. New York, 1967; **Jüttner, C.:** Gedächtnis. München, 1979; **Kail, R.:** The Development of Memory in Children. Oxford, 1979; **Katzenberger, G.:** G. oder Gedächtnisse. München, 1967; **Klix, F. & H. Sydow** (Hrsg.): Zur Psychol. des Gedächtnisses. Berlin, 1977; **Postman, L. & G. Keppel** (Eds.): Verbal learning and memory. Harmondsworth, 1969; **Pribram, K. H.** (Ed.): Brain and behavior 3. Memory mechanisms. Harmondsworth, 1969;

Richter, D.: Aspects of learning and memory. New York, 1966; **Sintschenko, P. L.:** Probleme der G.psychologie. In: **H. Hiebsch** (Hrsg.): Ergebnisse der sowjetischen Psychologie. Stuttgart, 1969; **Sinz, R.:** Gehirn und Gedächtnis. Stuttgart, 1979; **Tarpy, R. M. & R. E. Mayor:** Foundations of Learning and Memory. Glenview – Cincinnatti – London, 1978.

F.-C. Schubert

Gedächtnisfarbe, Bezeichnung für die Tatsache, daß bekannte Gegenstände auch bei veränderter Beleuchtung annähernd in ihrer gewohnten Farbe gesehen werden. Beispiel: Weißes Papier wird auch unter einem grünen Baum weiß gesehen, obwohl es viel grünes Licht reflektiert. Erst unter stark veränderten Lichtverhältnissen (z. B. Rotlicht in einer Dunkelkammer) setzt sich die G. nicht mehr durch. ↗Konstanz. *W. Traxel*

Gedächtnishemmungen. Seit den klassischen Arbeiten der deutschen Assoziationspsychol. ist bekannt, daß die Schwierigkeit, einen Lernstoff zu behalten oder ihn sich einzuprägen, u. a. auch mit den Ereignissen zusammenhängen kann, die nach oder vor dem Lernprozeß stattgefunden haben. Dabei bezieht man sich vor allem, wenngleich nicht ausschließlich (s. Punkt 6), auf die Interferenzerscheinungen zwischen zwei aufeinanderfolgenden Lernvorgängen.

Nach Rohracher (1963) werden folgende Möglichkeiten solcher Interferenzen unterschieden: 1. *Retroaktive* oder *rückwirkende Hemmung:* Wenn auf das Lernen einer Reihe von Inhalten weitere Lernvorgänge folgen, so wird das Behalten der ersten Reihe dadurch beeinträchtigt. 2. *Proaktive Hemmung:* Ein unmittelbar vorhergehender Lernprozeß beeinträchtigt die Einprägung nachfolgender Inhalte. 3. *Ähnlichkeits-* oder *Ranschburgsche Hemmung:* Die störenden Interferenzen zwischen zwei Lernprozessen sind besonders stark, wenn die Lernstoffe einander ähneln. 4. *Assoziative* oder *reproduktive Hemmung:* Inhalte, die vorher bereits lernmäßig mit anderen assoziiert wurden, lassen sich mit neuen Inhalten schwerer verbinden als solche, bei denen das nicht der Fall ist. 5. *Ekphorische Hemmung:* Wenn kurz vor der Wiedergabe früher gelernten Materials neuer Stoff eingeprägt wird, so kommt es zu negativer Beeinflussung der Reproduktion des früher gelernten Materials. 6. *Affektive Hemmung:* Das Auftreten starker affektiver Erregungen zwischen Einprägung und Reproduktion eines Lernstoffs beeinträchtigt die Wiedergabe der gelernten Inhalte.

In der neueren amerikanischen Gedächtnispsychol. sind in engem Zusammenhang mit Problemen des sog. ↗Transfers vor allem Untersuchungen zur retroaktiven und zur proaktiven Hemmung durchgeführt worden.

Lit.: Rohracher, H.: Einführung in die Psychologie. München, [10]1971.

L. Blöschl

Gedächtnismodell ↗Gedächtnis.

Gedächtnisspanne. Allgemein die Zeitspanne, innerhalb der ohne Lernabsicht gemachte Wahrnehmungen noch korrekt wiedergegeben werden können *(Gegenwartsgedächtnis).* Der Wiedergabetermin fällt noch in den Bereich der sog. psychischen Präsenz (W. Stern), wobei oftmals das typische Reproduktionsbewußtsein fehlt. Speziell dient die G. zur Messung der kurzfristigen Merkfähigkeit (Kurzzeitgedächtnis), als *„Methode der G."* oder *„der behaltenen Glieder"* bezeichnet. Die Leistung der G. ist die Anzahl der richtig reproduzierten Elemente unmittelbar nach einmaliger sukzessiver Darbietung der unverbundenen Lernelemente. Sie liegt bei Erwachsenen zwischen 6 bis 10 (zumeist um 7) Elementen und ist von der *Art* der Elemente (Bekanntheitsgrad, Komplexität) und der gesamten *Darbietungsdauer* mit abhängig. Die Leistung bei *„statischer G."* (bekannte Länge der Lernreihe) ist nach Pollack et al. (1959) höher als bei *„gleitender G."* (unbekannte Reihenlänge). ↗Gegenwartsdauer.

Lit.: Pollack, J., Johnson, L. B. & P. R. Knaff: Running memory span. J. exp. Psychol., 1959, 57, 137–146.

F.-C. Schubert

Gedächtnisspur ↗Engramm.

Gedächtnisstörungen beruhen vor allem auf zentralen (z. T. reversiblen) Ganglienausfällen infolge Verletzung, Blutungen, Intoxikation, krankhafter Prozesse oder Abbauerscheinungen (Hirnarteriosklerose). Entsprechend der anatomisch-pathologischen Lokalisation der Störung (und damit der für bestimmte Gedächtnisdimensionen verantwortlichen bzw. an Speicher- oder Wiedergabeprozessen beteiligten neurophysiologischen Korrelate) treten verschiedene Erscheinungsbilder von G. bzw. deren Kombination auf (↗Gehirn; ↗Lokalisationstheorie). Generell ist zu unterscheiden zwischen qualitativer (biographischer; ↗Korsakow-Syndrom) und quantitativer (↗Amnesie) Beeinträchtigung sowie zwischen der (relativ leichten) Störbarkeit des Kurz- und (durch massivere Prozesse) des Langzeitgedächtnisses. ↗Gedächtnis. *F.-C. Schubert*

Gedächtnistypen ↗Vorstellungstypen.

Gedanke ↗Denken.

Gedankenübertragung ↗Telepathie.

Geduld, die Tugend des Ertragens von Übeln und des Ausharrens angesichts von Widrigkeiten. Während die Antike sie der Tapferkeit zuordnete, sieht das Neue Testament sie in Zusammenhang mit der Hoffnung (Mühsal und Leiden als göttliche Prüfung). Gregor der Große bezeichnet die G. treffend als „Wurzel und Wächter aller Tugenden"; sofern nämlich Tugend das Eingeübtsein in der rechten Verhaltensweise ist, setzt sie Beharrlichkeit und G. voraus. Heute wird G. häufig als die Fähigkeit verstanden, angesichts von Widrigkeiten „nicht die Nerven zu verlieren"; doch auch diese Fähigkeit will eingeübt sein und kann insofern als Tugend angesehen werden. *N. Lobkowicz*

Gefahr-von-außen-Situation, von R. A. Stamm (Behaviour, 1962, *19,* 22) eingeführte Sammelbezeichnung für Szenen, bei denen eine soziale Gemeinschaft oder ihr Besitz bedroht sind. Bedrohend können wirken: Artgenossen, ökologische Konkurrenten, Raubfeinde, plötzliches Auftauchen unbekannter Objekte, laute Geräusche u. a. Auf alle G.-v.-a.-S. wird ähnlich reagiert. Kennzeichnend ist der durch die Gefahr bewirkte „Schulterschluß" der Partner. Er zeigt sich z. B. in Zusammenrücken, Häufung von Kontaktbewegungen, verstärkter Synchronisation und Koordination des weiteren Verhaltens. *R. A. Stamm*

Gefüge, Gefügeeigenschaft, die einem Ganzen zugrunde liegende Organisation seiner Komponenten. Gewöhnlich bezeichnet Gefüge (G.) die *Beziehungen* zwischen den einen komplexen Stimulus konstituierenden Komponenten. Diese Relationen sind unabhängig von der Natur der sie aufbauenden Teile; so behält z. B. eine Melodie das gleiche G., auch wenn sie in verschiedenen Tonarten gespielt wird. Das Konzept des G. nimmt eine zentrale Position in der Gestaltspsychologie ein (↗Ganzheit). G. wird im weiteren Sinne auch in anderen Gebieten der Psychol. verwandt, z. B. in Persönlichkeits- und Gedächtnispsychologie. *C. D. Frith*

Gefühle. I. Der Ausdruck G. hat viele Deutungen und Definitionsversuche erfahren. Er bezieht sich auf eine bestimmte Kategorie von Erfahrungen, für die die verschiedensten Sprachausdrücke benutzt werden, z. B. Angst, Ärger, Liebe und andere. Die meisten Autoren stimmen darin überein, daß G. *komplexe Zustände* (Ich- , Personzustände) sind, die von gesteigerter Wahrnehmung eines Objekts oder einer Situation, weitreichenden physiologischen Veränderungen, einem Gewahrwerden von Anziehung oder Abscheu und von Annäherungs- oder Vermeidungsverhalten begleitet sind. Eine der stärksten subjektiven Erfahrungen der G. ist der *Handlungsdruck,* der bestimmte Formen der Begegnung mit der Umwelt nahelegt. Der Handlungsdruck *(Antriebskomponente)* ist schon in der etymologischen Quelle des Wortes enthalten: lateinisch *e* bedeutet „aus, heraus" und *movere* „bewegen".

GEFÜHLSTHEORIEN wurden von Existentialisten, Philosophen, Psychiatern, Ethologen, Neurophysiologen und von vielen Psy-

Gefühle

chologen aufgestellt. Die Untersuchungsmethoden reichen vom rein intuitiven Verstehen (Einfühlung) über die systematische Untersuchung der subjektiven Erfahrung bis zu präzisen, quantitativen Aufzeichnungen des Verhaltens und der physiologischen Veränderungen.

Die Argumente der Phänomenologen lauten, man müsse direkt auf die subjektive Erfahrung zurückgreifen, um Qualität und Bedeutung der menschlichen Emotionen zu verstehen. Jaspers (1912) hat diese Methode in Verbindung mit der Psychiatrie erweitert, und es gibt heute verschiedene moderne Versionen. Sie versuchen die Art zu beschreiben, wie der Mensch seine Welt und sich selbst, besonders im Hinblick auf andere Menschen, erfährt und wahrnimmt. Der phänomenologische Ansatz ist allg. immer als Antithese zu den experimentellen Methoden zu betrachten. „Wesen und Fakten sind inkommensurabel" (Sartre 1948). Andererseits lehnten die Behavioristen den subjektiven (mentalistischen) Ansatz ab und argumentierten, daß die Bedeutung des Begriffes „Gefühl" auf *äußerlich beobachtbare Ereignisse* beschränkt werden müsse (Brown & Farber, 1951). Die heutigen Psychologen sind im großen und ganzen bestrebt, Ergebnisse verschiedener Richtungen zu berücksichtigen, vorausgesetzt, daß der Versuch einer auf experimentell gewonnenen Daten basierenden Skalierung oder einer anderen Quantifizierung vorgenommen wurde.

Messung von Gefühlen. Es lassen sich hauptsächlich drei Kategorien von Daten unterscheiden: *verbale, physiologische* und „reine" (objektiv registrierbare) *Verhaltensdaten.* Experimentell ist wohl am meisten über physiologische Veränderungen gearbeitet worden. Die Rolle des autonomen Nervensystems (↗ANS) als Korrelat der G.erlebnisse wird als besonders bedeutungsvoll angesehen. Cannon (1929) wies dem parasympathischen Teil die Rolle des *Bewahrers* körperlicher Energien zu (leitet Stoffwechselfunktionen) und dem sympathischen Teil die Funktion der *Aktivierung* in Ausnahmezuständen (rasche Energiezufuhr). Während der sympathischen Erregung treten weitreichende Veränderungen auf, die gemessen werden können. Die Messung der physiologischen Veränderungen (EKG, EEG, HGR = Hautgalvanische Reaktion, Blutdruck, Atem- und Pulsfrequenz) gab den Anstoß zu vielen Literaturveröffentlichungen über die Erfassung von Emotionen. Aber diese Erfassung ist unvollständig, weil sie sich nur auf *Intensitätsgrade* der Aktivation bzw. der Energiebereitstellung bezieht, die nicht notwendig in „offenes" Verhalten umgesetzt werden müssen. Deshalb müssen auch das offene emotionale Verhalten und an Menschen die emotionale Erfahrung untersucht werden. Letztere kann aus verbalen Berichten erschlossen werden. Außerdem macht man in steigendem Maße Gebrauch von Fragebögen, Skalen, „Gefühlsthermometern", Beurteilungsbögen und „check-lists" (in Form von Items zusammengesetzten Beschreibungen, die durch Fremd- und [oder] Selbstbeobachtung als zutreffend bzw. nicht zutreffend einzuschätzen sind). Untersuchungen des offenen emotionalen Verhaltens schließen den Gesichtsausdruck, sprachliche Ausdrucksweise, Gesten und Haltung mit ein. Annäherungs- und Vermeidungsverhalten, früher mit einem einfachen Instinktmechanismus in Verbindung gebracht, wird in Termini der Subjekt-Objekt-Beziehung analysiert ebenso wie auch die affektiven Prozesse, die es begleiten. Schneirla (1959) hat postuliert, daß die Stimulusintensität die Richtung des Verhaltens grundlegend determiniert, wobei geringe Intensität des Stimulus die Tendenz hat, Annäherungsreaktionen auszulösen. Das Anklammerungsverhalten junger Säugetiere kann in diesem Sinne untersucht werden (Bowlby, 1969).

Die Beziehung zwischen verschiedenen Messungen des Gefühls hat sich als hochkompliziert herausgestellt. Sogar innerhalb der Veränderungen des autonomen Nervensystems treten individuelle Reaktionsmuster auf. Lang berichtete 1967, daß verschiedene Messungen der Angst, die laufend bei phobischen Vpn aufgenommen wurden, nicht unbedingt Reaktionen derselben relativen Stärke ergeben. Eine Vp kann äußerste Furcht berichten, aber nicht notwendigerweise auch entsprechende physiologische Veränderungen zeigen oder durch ihr Verhalten das gefürchtete Objekt meiden, d.h., hohe Grade physiologischer Veränderungen sind ohne begleitende angemessene G.erlebnisse möglich. Man hat keine hohen Korrelationen zwischen den Beurteilungsskalen und den physiologischen Maßen erhalten. Die Entwicklung individueller Reaktionsmuster weist darauf hin, daß verschiedene G.komponenten (verbale, physiologische und Verhaltenskomponenten) sich in Übereinstimmung mit vergangenen „Verstärkungsplänen" unabhängig voneinander formen, d. h. gelernt werden können.

Entstehung der Gefühle. Viele Autoren haben postuliert, daß sich die einzelnen G. aus einer diffusen Erregung ausdifferenzieren, die schon bei der Geburt vorhanden ist. Die Ausbildung einzelner G. erfolgt auf dem Wege der Assoziation mit bestimmten Situationen und motorischen Reaktionen. Andere haben versucht eine einzelne spezifische Quelle der Emotionen zu identifizieren, z. B. die Dimension Lust-Unlust, Angst, Liebe oder irgendein Gegensatzpaar wie Liebe und Aggression. Immer wieder ist eine einheitliche Energie, die endloser Verwandlungen fähig ist, postuliert worden. Die entgegengesetzte Ansicht ist die, daß G. als in sich geschlossene Ganzheiten (viele Grundleidenschaften werden aufgeführt) vererbt werden. Sowohl die frühen Instinkttheorien als auch die moderne Ethologie neigen zu dieser Ansicht. Für sie liefern G. die angemessene treibende Kraft für spezifisches Instinktverhalten. Durch den Prozeß der Integrierung und Differenzierung der primären G. kann sich dann eine große Anzahl von angeleiteten G.n entwickeln.

Zahlreiche Entwicklungsmechanismen der Gefühle sind vorgeschlagen worden. Man weiß, daß verschiedene, diffuse Formen frühkindlicher Erfahrung wichtig sind. In dieser Hinsicht betonte Harlow (1958) die Rolle des sensorischen Kontakts in der frühen Kindheit, und Bowlby (1969) wies auf die Folgen der Mutter-Kind-Trennung hin. Außerdem gibt es eine Anzahl von Untersuchungen über die Wirkung von Stimulationen in dieser Lebensphase auf die sich entwickelnde Emotionalität. Lernprozesse, besonders die klassische Konditionierung, sind von den Behavioristen untersucht worden. Die Bedeutung individueller Unterschiede in den grundlegenden neuralen Funktionen und der Lernfähigkeit sind wiederholt betont worden (Eysenck, 1967). Es besteht allerdings keine Klarheit über verschiedene physiologische Reaktionsmuster bei verschiedenen emotionalen Zuständen (vgl. Untersuchungen über Furcht und Ärger von Arnold, 1960). Es scheint so, daß menschliche Vpn die Tendenz haben, körperlichen Veränderungen aufgrund der gerade herrschenden Situation Bezeichnungen aus dem emotionalen Bereich zuzuschreiben. Man nimmt an, daß es nur möglich ist, emotionale Zustände voneinander zu unterscheiden, wenn man die spezifisch physiologischen, spezifisch kognitiven und spezifisch das Verhalten betreffenden Muster in Verbindung mit den gegebenen Auslösebedingungen (Lazarus, 1968) mit in die Betrachtung einbezieht.

Eine große Anzahl von Untersuchungen (zusammengestellt von Goldstein, 1968) hat die neurologischen Strukturen und Schaltungen gesucht, die am emotionalen Verhalten beteiligt sind. Als erster schlug Papez (1937) eine noch immer gültige G.theorie vor, die das *limbische System* miteinbezog. Dieses System kann als „viscerales Gehirn" dienen, das vor allem propriozeptive, weniger ↗exterozeptive Information verarbeitet. Beim Menschen spielen wahrscheinlich *neokortikal-hypothalamische* Wechselwirkungen bei der Verschmelzung emotionaler Prozesse mit denen der Wahrnehmung, des Gedächtnisses und des Lernens eine Rolle. Die Bedeutung des aufsteigenden retikulären Aktivierungssystems (↗ARAS) ist in Verbindung mit Begriffen wie Erregung und G. immer wieder betont worden (Aktivationstheorie). Es wurde angenommen, daß G. in das Extrem eines Erregungskontinuums fallen (Duffy, 1962). Vor einiger Zeit haben mehrere Autoren die Erregungsfunktion des ARAS von der des limbischen Systems getrennt (Eysenck, 1967; Gellhorn & Loufbourrow, 1963; Routtenberg, 1968). Sie legen Wert darauf, daß die beiden Systeme, wenn sie auch physiologisch miteinander in Wechselwirkung stehen, nach ihrer Wirkungsweise und der Bedeutung für die Entsteuung der G. getrennt werden können.

Stand der Forschung. Die Betonung liegt heute mehr auf der Seite der psychol. Modelle, die z. B. folgende *kognitiven* und *informationstheoretischen* Prozesse einbeziehen: die Art und Weise, wie unsere G.ausdrücke gelernt und gebraucht werden (Davitz, 1969); die Einschränkung in der Verarbeitung der Umwelteindrücke (Beeinflussung der Wahrnehmung) durch G. (Easterbrook, 1959); den Vergleich eines wahrgenommenen Reizes mit den entsprechenden Erfahrungen (Gedächtnisinhalten; Sokolov, 1960), der nach Pribram (1967) oft zu Erwartungen und Unsicherheiten führt und nach Arnold (1960) und Lazarus (1968) zu Feststellungen und Einschätzungen. Das Konzept der G., das von einer Energie ausgeht, die freigesetzt werden muß, wenn ein angemessenes *Gleichgewicht* im Organismus aufrechterhalten werden soll, wird noch laufend weitererforscht. Die zeitgenössischen Modelle haben die Tendenz, kybernetische *Rückkoppelungsprinzipien* mit in die Erklärung ↗*homöostatischer* Regulationen einzubeziehen. Unter die Arten der Energiefreisetzung fällt nicht nur Katharsis und Abreaktion, sondern vielleicht auch die vor kurzem beschriebene „Implosion" (Stampfl, 1966). Pribram (1967) gibt noch zu bedenken, daß das Individuum Selbstkontrolle ausüben kann, d.h. eine innere Anpassung durchführt, die das Gleichgewicht wiederherstellt, ohne daß es zu bestimmten Handlungen kommen muß.

Trotz all dieser Ansätze ist die *Funktion* der G. immer noch ungewiß. In der letzten Zeit hat man sich die Frage gestellt, ob alle G. sich in das grundmodell der Abreaktion einpassen lassen. Man fragte sich, ob tatsächlich immer derselbe Prozeß abläuft, nämlich Aufbau und Freisetzung von Energie. Viele kamen zu der Ansicht, daß der energiemobilisierenden Funktion der G. bisher zuviel Aufmerksamkeit gewidmet wurde und zuwenig der positiven emotionalen Erfahrung, die Wachstum, Erweiterung und Selbstwerdung der Persönlichkeit begünstigt (Arnold, 1960; Hillmann, 1960; Koestler, 1964). Um einen umfassenderen Überblick über die menschlichen G. zu gewinnen, werden die Forscher des nächsten Dezenniums wahrscheinlich sowohl diesen positiven Eigenschaften der G. als auch der Einteilung der subjektiven Erfahrung in noch feinere Kategorien mehr Aufmerksamkeit schenken.

Lit.: Arnold, M. B.: Emotion and personality, 2 Bde. New York, 1960; **Bowlby, J.:** Psychopathology of anxiety: the rôle of affectional bonds. In: **M. H. Lader** (Ed.): Studies of anxiety. Brit. J. Psychiat. Special Publication, Nr. 3, 1969; **Brown, J. S. & I. E. Farber:** Emotions conceptualized as intervening variables: with suggestions toward a theory of frustration. Psychol. Bull., 1951, *48*, 465–495; **Cannon, W. B.:** Bodily changes in pain, hunger, fear, and rage. New York, ²1929; **Davitz, J. R.:** The language of emotion. New York, 1969; **Duffy, E.:** Activation and behavior. New York, 1962; **Easterbrook, J. A.:** The effect of emotion on the utilization and the organization of behaviour. Psychol. Rev., 1969, *66*, 183 to 201; **Eysenck, H. J.:** The biological basis of personality. London, 1967; **Gellhorn, E. & G. N. Loufbourrow:** Emotions and emotional disorders. New York, 1963; **Goldstein, M. L.:** Physiological theories of emotion: a critical historical review from the standpoint of behavior theory. Psychol. Bull., 1968, *68*, 23–40; **Harlow, H. F.:** The nature of love. Amer. Psychol., 1958, *12*, 673–685; **Hillmann, J.:** Emotion: A comprehensive phenomenology of theories and their meanings for therapy. London, 1960; **Jaspers, K.:** The phenomenological approach in psychopathology. Z. ges. Neurol. u. Psychiat., 1912, *9*, 391–408; **Koestler, A.:** The act of creation. London, 1964; **Lang, P.:** Fear reduction and fear behavior: problems in treating a construct. In: **J. M. Schlien** (Ed.): Research in psychotherapy, Bd. 3. 1967; **Lazarus, R.:** Emotions and adaptations. In: **W. J. Arnold** (Ed.): Nebraska symposium on motivation. Nebraska, 1968; **Papez, J. W.:** A proposed mechanism of emotion. Arch. Neurol. Psychiat., 1967, *38*, 725–743; **Pribram, K. H.:** A new neurology and the biology of emotion. Amer. Psychol., 1967, *22*, 830–838; **Routtenberg, A.:** The two arousal hypothesis: reticular formation and limbic system. Psychol. Rev., 1968, *75*, 51 to 80; **Sartre, J.-P.:** Esquisse d'une théorie des émotions. 1939; **Schlosberg, H.:** Three dimensions of emotion. Psychol. Rev., 1953, *61*, 81–88; **Schneirla, T. C.:** An evolutionary and developmental theory of biphasic process underlying approach and withdrawal. In: **M. R. Jones** (Ed.): Nebraska symposium on motivation. Nebraska, 1959; **Sokolov, E. N.:** Neuronal models and the orienting reflex. In: **M. A. B. Brazier** (Ed.): The central nervous system and behavior. New York, 1960, 187–276; **Stampfl, T. G.:** Implosive therapy: the theory, the subhuman analogue, the strategy, and the technique. In: **S. G. Armitage** (Ed.): Behavior modification techniques in the treatment of emotional disorders. Battle Creek (Mich.), 1966, 12–21; **Traxel, W.:** Gefühl und Gefühlsausdruck. In: **R. Meili & H. Rohracher** (Hrsg.): Lehrbuch der experimentellen Psychologie. Bern – Stuttgart, [3]1972.

I. Martin

II. *Historisch gesehen,* konzentrierten sich G.theorien und G.forschung hauptsächlich auf die Probleme der Entstehung von G.n und auf die Versuche, die inhaltliche Mannigfaltigkeit der G. auf wenige Dimensionen zurückzuführen. W. Wundt ordnete die G. in ein dreidimensionales Koordinatensystem ein mit den Achsen: *Lust/Unlust, Erregung/Beruhigung, Spannung/Lösung.* H. Rohrachers Einteilung nach der Ursache ergibt *trieb-, empfindungs-* und *persönlichkeitsbedingte* G. Die Klassifikation von Schlosberg (1953) richtet sich nach den *Bezugswendungen* zur sozialen Umwelt. Traxel (1963) kommt auf empirischem Wege zu einer „kreisförmigen" Skala der G., die er nach den Dimensionen *„angenehm/unangenehm"* und *„Unterwerfung/Überhebung"* interpretiert.

Zur *kognitiven* G.theorie. Schachter und Singer (1962) konnten experimentell nachweisen, daß Menschen ihren physiologischen Erregungszustand, für den sie keine unmittelbare Erklärung haben, von den kognitiven Aspekten der Situation her einordnen und mit G.begriffen beschreiben. Ein und derselbe physiologische Erregungszustand kann in Abhängigkeit von der vorangegangenen Situation als Ärger, Freude, Furcht usw. erlebt werden.

Lit.: Schachter, S. & J. E. Singer: Cognitive, social and physiological determinants of emotional state. Psychol. Rev., 1962, *69*, 379–399; **Traxel, W.:** Gefühl und Gefühlsausdruck. In: **R. Meili & H. Rohracher** (Hrsg.): Lehrbuch der experimentellen Psychologie. Bern – Stuttgart, [3]1972.

F. Novak

Gefühlsübertragung. Im Lauf einer ↗Psychotherapie „überträgt" der Klient vielfach eingeschliffene, ihm oft unbewußte emotionale Reaktionen auf den Therapeuten (↗Übertragung).

Im weiteren Sinn bedeutet G. Übertragung von Gefühlen durch „Ansteckung" (↗Einfühlung; ↗Ideomotorisches Gesetz).

W. Schmidbauer

Gefühlsverkehrung ↗Parathymie.

Gegenfarben, Farbenpaare höchster Farbtonunähnlichkeit. G. (Rot–Grün, Gelb–Blau), miteinander gemischt (↗Farbenmischung), ergeben unbunte Farben (Weiß bzw. Grau). G. werden selten auch antagonistische Farben im Gegensatz zu Komplementärfarben genannt. Inkonsequenterweise hat sich der Ausdruck *Komplementärwellenlänge* statt kompensatorischer Wellenlänge in der Farbmetrik eingebürgert. Damit sind diejenigen Wellenlängen (-bereiche) gemeint, die als G. wahrgenommen werden. ↗Komplementärfarben.

A. Hajos

Gegenstandsbewußtsein. Die kognitive Funktion des Bewußtseins, das „Wissen um", also die Subjekt-Objekt-Beziehung, die dem Auseinandertreten von zwei Polen („Ich" und „Nicht-Ich") gleichzusetzen ist, fundiert die Konzeption des G. Der Begriff ist in den meisten Widerspiegelungstheorien des Bewußtseins impliziert und entspricht in etwa der Auffassung: „Bewußt ist uns dasjenige, wovon wir ein Wissen haben." Anders ausgedrückt: G. ist das Wissen des Ich um das Objekt des Erlebens.

F. Novak

Gegenwahrscheinlichkeit ist ein Terminus aus dem Bereich der statistischen Hypothesenprüfung. Mit G. wird die Wahrscheinlichkeit α bezeichnet, mit der bei einer (signifikanten) Abweichung eines Stichprobenergebnisses von der Zufallserwartung die Nullhypothese irrtümlich verworfen wird. Synonyme Bezeichnungen für G. sind Risiko I, Fehlerwahrscheinlichkeit erster Art, Überschreitungswahrscheinlichkeit, Zufallswahrscheinlichkeit, Irrtumswahrscheinlichkeit.

W. H. Butollo

Gegenwartsdauer. Moles (1958) beschreibt die G. als eine „Art Fluoreszenz der unmittelbaren Wahrnehmungen", welche dazu führt, daß diese auch ohne Absicht für eine gewisse Zeit *T* bewußt und verfügbar bleiben. Die Zeit kann Bruchteile von Sekunden bis mehrere Sekunden betragen (Moles, S. 100). Das Phänomen wurde im deutschen Sprachraum als „psychische Präsenzzeit" beschrieben. ↗Unmittelbares Behalten; ↗Aufmerksamkeit.

Lit.: Moles, A. A.: Théorie de l'information et perception esthétique. Paris, 1958.

B. Rollett

Gehemmtheit, Resultat einer „Übersteuerung" des Verhaltens (Schultz-Hencke), die nur Spuren ehemals voll erlebter Antriebe im Bewußtsein zurückläßt. Von Schultz-Hencke gelegentlich synonym mit dem Zustand nach einer ↗Verdrängung gebraucht. Im Gegensatz zu dem voll erlebten, inneren Widerstand, den man in der Alltagssprache als Hemmung charakterisiert, wird G. nicht mehr bewußt erlebt.

Lit.: Schultz-Hencke, H.: Der gehemmte Mensch. Stuttgart, [3]1972.

W. Schmidbauer

Gehirn. Der Ablauf von Bewußtseinsprozessen setzt die Existenz eines funktionsfähigen G. voraus: jeder Erlebnisinhalt ist an die Erregungsaktivität von bestimmten Nervenzellen gebunden. Werden diese durch gezielte Stimulationen angeregt (↗Neuropsychologie), so treten auch die zugehörigen psychischen Prozesse auf; gehen die Nervenzellen zugrunde, so sind auch die von ihnen abhängigen psychischen Prozesse unwiederbringlich verloren: Die Gesamtheit der neuronalen Aktivität unseres G. ist unsere Welt.

Schon bei einfach organisierten Lebewesen schließen sich Nervenzellen zu größeren Verbänden zusammen, welche Erregungsinformationen von den Sinneszellen aufnehmen bzw. zu den Effektoren senden. Besonders ausgeprägt zeigt sich diese Zentralisierungstendenz bei allen Wirbeltieren. Diese besitzen ein Zentralnervensystem (G. und Rückenmark), in welchem mit zunehmendem Differenzierungsniveau die Masse der G.-substanz über die des Rückenmarks dominiert.

Die Zellkörper der Neuronen (graue Substanz) sind entweder zu *Kernen (↗Nuclei)* zusammengeschlossen, die in der Tiefe des G. in den Fasermassen anderer Nervenzellen (weiße Substanz) eingebettet liegen, oder bilden eine oberflächliche Zellschicht mit zahlreichen Querverbindungen, die *Hirnrinde (Cortex).* Bei den Primaten erfolgt im vordersten Abschnitt des G., dem *Endhirn (↗Telencephalon),* eine besonders starke Zellvermehrung, insbesondere in der die Endhirnhemisphären bedeckenden *Großhirnrinde,* in welcher die Endstellen aller spezifischen sensorischen Erregungen liegen und die Bahnen zur Steuerung der Willkürmotorik ihren Ursprung haben. Die kaudal an das Endhirn anschließenden G.abschnitte, das *Zwischenhirn (↗Diencephalon)* und das *Mittelhirn (↗Mesencephalon),* die bei der Verhaltenssteuerung der niedrigeren Vertebraten noch eine dominierende Rolle spielen, treten bei allen höheren Vertebraten und insbesondere beim Menschen stark zurück und werden von den Endhirnhemisphären fast völlig überdeckt. Dieses Bauprinzip legte die Annahme nahe, daß die später entwickelten, „höheren" Anteile des G. jeweils die Funktionen ihrer phylogenetischen Vorläufer in differenzierterer Form übernehmen *(hierarchisches Funktionsmodell).* Die Großhirnrinde als entwicklungsgeschichtlich jüngste Differenzierung stellt nach dieser Ansicht die höchste zentralnervöse Instanz dar, von deren Aktivität die Steuerung aller komplexeren Verhaltensabläufe und das Zustandekommen von psychischen Prozessen abhängig ist. Diese Ansicht wurde in neuerer Zeit durch die Entdeckung eines Zellsystems revidiert, welches sich in der Längsachse des G. über alle hierarchischen Niveaus hinweg als funktionelle Einheit erstreckt und von dessen Aktivität das jeweilige Aktivierungsniveau des Lebewesens abhängig ist. Dieses *unspezifische Aktivierungssystem* umfaßt eine Gruppe von vielgestaltigen Nervenzellen im Mittelhirn und im kaudalsten G.abschnitt, dem *Rautenhirn (↗Rhombencephalon),* mit zahlreichen Querverbindungen, denen es seinen Namen – *↗Formatio reticularis* – verdankt. Es setzt sich ohne scharfe Grenze ins Zwischenhirn (unspezifisches thalamisches Projektionssystem) und – zumindest funktional – ins Endhirn *(Limbisches System)* fort. Durch die Erregung des unspezifischen Aktivierungssystems wird die Aktivität der Großhirnrinde – und damit das gesamte Erleben und Verhalten – gesteuert. Werden sie (durch krankhafte Prozesse oder durch exp. Ausschaltung im Tierversuch) blockiert, verfällt das Lebewesen trotz intaktem Cortex in dauernde Bewußtlosigkeit: Die Aktivität der Großhirnrinde determiniert den spezifischen Inhalt eines Bewußtseinsprozesses, das unspezifische Aktivierungssystem bestimmt hingegen, in welcher Bewußtseinslage und vor welchem emotionalen oder motivationalen Erlebnishintergrund dieser abläuft.

Die elektrischen Potentialänderungen, welche die Erregungen der corticalen Neuronen begleiten (↗Nervensystem), können bei entsprechender Verstärkung auch von der unversehrten Kopfhaut abgeleitet werden *(↗Elektroencephalogramm)*. Durch bestimmte Kunstgriffe können neuerdings Erregungskomponenten, die einem spezifischen Bewußtseinsinhalt zugrunde liegen, von allen anderen gleichzeitig ablaufenden Erregungen getrennt und isoliert sichtbar gemacht werden, obgleich ihre Intensität nur wenige millionstel Volt beträgt (↗Neuropsychologie). Durch diesen Vorstoß in den Bereich von gerade noch meßbaren hirnelektrischen Phänomenen wurde ein erster Zugang zu einem objektiv faßbaren Korrelat des Fremdpsychischen eröffnet.

Lit.: Crosby, E. C., Humphrey, T. & E. W. Lauer: Correlative anatomy of the nervous system. New York, 1962; **Ferner, H.:** Anatomie des Nervensystems und der Sinnesorgane des Menschen. München – Basel, [5]1973; **Glees, P.:** Das menschliche Gehirn. Stuttgart, [2]1971; **Rohracher, H.:** Die Arbeitsweise des Gehirns und die psychischen Vorgänge. Berlin – Heidelberg, [4]1967. *G. Guttmann*

Gehirnpathologie. Zweig der Medizin, welcher sich mit der Analyse von Veränderungen (vor allem in den psychischen Prozessen) beschäftigt, welche bei Gehirnschädigungen auftreten.

Gehirnschäden können zweierlei Art sein: ein Teil tritt auf als *organische Schädigungen* der Gehirntätigkeit im Zusammenhang mit einer irreversiblen Zerstörung der Nervenzellen (Ganglienzellen) oder der Leitungsbahnen (Nervenfasern). Solche Schädigungen können z. B. durch Blutergüsse, Störungen des Blutkreislaufs im Gehirn, Verletzungen, Gehirngeschwülste oder Entzündungsprozesse entstehen. Sie können entweder begrenzt (lokal) sein oder das gesamte Gehirn befallen; letzteres tritt vor allem bei Gefäßschwäche oder atrophischen Prozessen auf, die bei Entwicklungsdefekten oder im Alter entstehen. Die zweite Gruppe von Gehirnschäden besteht in *dynamischen Schäden,* welche entweder perifokal (an den Grenzen des pathologischen Herdes), oder aber *systembedingt* (an den funktional mit dem Herd verbundenen Punkten) auftreten. Sie beruhen auf einer vorübergehenden Hemmung von Funktionen, die vor allem im Zusammenhang mit einer Störung der synaptischen Leitfähigkeit von Erregungen auftreten, die durch das gestörte chemische Gleichgewicht zwischen Acetylcholin (ein Stoff, welcher die Weiterleitung von Impulsen fördert) und Cholinesterase (ein Stoff, der das Acetylcholin hemmt) bedingt ist. Die dynamischen Schädigungen der Gehirntätigkeit werden zuweilen auch als „Diaschisis" (C. v. Monakow) bezeichnet. Die Hauptfrage der G. ist, welche Mechanismen liegen der Funktionsstörung (vor allem der Störung psychischer Funktionen) bei Herdschädigungen des Gehirns zugrunde.

Der klassische Ansatz ging bei der Untersuchung dieser Frage von der Annahme aus, daß jeder Gehirnabschnitt (oder jede Gruppe von Gehirnzellen) eine genaue spezialisierte Funktion hat, wobei in einem Fall die Funktion dieser Gehirnabschnitte einfach, im anderen aber kompliziert, psychisch, ist. Die Anhänger dieser klassischen Theorie (oder des „engen Lokalisationismus") meinten, außer den Abschnitten der Hirnrinde, welche Empfindungs- oder Motorikfunktionen hätten, gebe es auch noch Abschnitte der Hirnrinde für die höchsten psychischen Funktionen (Vorstellungen, Begriffe, Sprechen, Schreiben, Rechnen usw.); eine Verletzung dieser Rindenabschnitte führe deshalb zum Ausfall dieser Funktionen. Solcherart waren die Ansichten von F. J. Gall, der am Anfang des vorigen Jahrhunderts die spezielle „Wissenschaft" der Phrenologie begründete, welche die kompliziertesten *„Vermögen"* in begrenzten Gehirn-„Zentren" lokalisierte; das waren auch die Ansichten P. Brocas, der das hintere Drittel der oberen Schläfenwindung der linken Hemisphäre für das „Zentrum der motorischen Wortbilder" hielt; das waren die Ansichten von O. und C. Vogt und insbesondere von K. Kleist, der den Begriff „Gehirnpathologie" einführte und meinte, in begrenzten Gehirnabschnitten seien solche Funktionen wie das Verständnis von Worten oder Sätzen, das Rechnen oder sogar „das persönliche soziale oder religiöse ‚Ich'" lokalisiert. Deshalb glaubte er, eine Zerstörung der entsprechenden Gehirnabschnitte führe zum isolierten Ausfall dieser speziellen Funktionen.

Die klinische Praxis hat diese Annahmen nicht bestätigt; sie hat gezeigt, daß eine gegebene Funktion (z. B. das Schreiben) durch Hirnverletzungen verschiedenster Lokalisation gestört werden kann und daß andererseits die Zerstörung eines einzelnen begrenzten Gehirnabschnitts einen ganzen Komplex von Störungen psychischer Funktionen hervorruft (so kann z. B. die kortikale Verletzung des linken Schläfenlappens [beim Rechtshänder] zur Störung des Wortverständnisses, der Benennung von Gegenständen, des Schreibens u. ä. führen).

Diese Tatsachen haben eine Reihe von Wissenschaftlern zur entgegengesetzten Annahme verleitet, daß nämlich das Gehirn des Menschen immer als ein Ganzes arbeite und komplizierte psychische Prozesse nicht in begrenzten Gehirnabschnitten lokalisiert, sondern eine Funktion der gesamten Rinde seien. Solche Thesen des „Antilokalisationismus" verfochten F. L. Goltz und in unserer Zeit K. S. Lashley, C. v. Monakow und teilweise auch K. Goldstein. Sie vertraten den Gedanken, eine Störung der komplizierten vernünftigen (oder kategorialen) Tätigkeitsformen hänge eher vom Umfang als von der Lokalisation der Verletzungen ab.

Die angeführten Meinungen haben beide der Prüfung durch die Zeit nicht standgehalten. Wenn die „engen Lokalisationisten" von den falschen Vorstellungen ausgingen, die höchsten psychischen Funktionen seien angeborene, weiter nicht zerlegbare „Vermögen", die auf Funktionen einzelner Nervenzellen zurückzuführen seien, so meinten die „Antilokalisationisten" ohne Grund, die höchsten psychischen Prozesse seien Kategorien des geistigen Lebens, die einer weiterführenden Analyse nicht zugänglich seien und auf irgendeinem (nicht näher festgestellten) Weg mit dem Gehirn als Ganzem zusammenhingen.

Die heutige Entwicklung der Wissenschaft führte zu einer gründlichen Überprüfung des Begriffs „Funktion" und zur radikalen Änderung der Ansichten über die Natur der Störungen psychischer Funktionen bei Gehirnverletzungen.

Die gegenwärtige Wissenschaft geht von der Annahme aus, daß es zwei vollkommen unterschiedliche Deutungen des Begriffs „Funktion" gibt: *„Funktion"* kann einerseits als Tätigkeit eines Gewebes verstanden werden (z. B. die lichtempfindlichen Funktionen der Netzhaut, die sekretorischen Funktionen der Drüsen); andererseits kann „Funktion" angesehen werden als komplizierte Anpassungstätigkeit zur Erfüllung einer bestimmten Aufgabe (z. B. die Funktion des Verdauens, des Atmens, der Lokomotion). Im letzteren Fall ist die „Funktion" kompliziert und besteht in einem komplizierten funktionalen System, das ein beständiges (invariantes) Ziel mit sich ändernden (varianten) Mitteln anstrebt. So kann das Atmen, das vorwiegend unter Beteiligung der Zwerchfellmuskeln abläuft, bei deren Verletzung von interkostalen Muskeln übernommen, bei der Verletzung letzterer wiederum durch Schlucken von Luft ausgeführt werden usw. Die Mehrzahl der biologischen „Funktionen" besteht in solchen komplizierten funktionalen Systemen, die auf der gemeinsamen Arbeit eines ganzen Komplexes von Nervenmechanismen beruhen, die teilweise auf verschiedener Ebene liegen. Genauso komplizierten Charakter haben auch alle höheren psychol. „Funktionen". Im Unterschied zu den biologischen „Funktionen" handelt es sich hier um noch kompliziertere funktionale Systeme, die ihrer Herkunft nach sozialhistorisch, dem Aufbau nach heterogen (vermittelt oder auf einer Reihe von Hilfsmitteln beruhend) und der Funktionsweise nach willkürlich sind (d. h., sie werden durch Selbstkontrolle geregelt).

Deshalb ist es klar, daß solche „Funktionen" nicht von isolierten Zellengruppen ausgeführt werden können, sondern auf der gemeinsamen Arbeit des gesamten Komplexes der Gehirnzonen aufbauen, die jede ihren spezifischen Beitrag leistet zur Verwirklichung dieser „funktionalen Systeme". So kann der Prozeß des Schreibens nur bei einem bestimmten Tonus der Gehirnrinde ablaufen (der durch subkortikale Strukturen garantiert wird), dessen weitere Bedingung ist eine genaue phonematische Analyse des Lautbestandes der Wörter, die zu schreiben sind (dies wird durch die Mechanismen der Schläfen-Hör-Rinde garantiert), wobei eine gleichzeitige kinästhetische (artikulatorische) Analyse der Laute (durch den Apparat der postzentralen, kinästhetischen Rinde) nur bei Unversehrtheit der räumlich organisierten Sehschemen der zu schreibenden Buchstaben (die von den visuellen Scheitelabschnitten der Rinde sichergestellt wird) erfolgen kann und muß. Außerdem sind zum Schreiben erforderlich: ein ständiges Umschalten der Bewegungsimpulse und die Durchführung fließender „kinetischer" Programme (Funktion der prämotorischen Zonen der Rinde) sowie die feste Bewahrung der Ausgangsabsichten bei ständiger Kontrolle über die Ausführung der entsprechenden Handlungen (die unmöglich wäre ohne die Beteiligung der Stirnlappenregion des Gehirns).

Deshalb kann die komplizierte „Funktion" gestört werden durch eine Schädigung fast jeder beliebigen Gehirnzone, sie wird aber jedes Mal anders gestört, je nachdem, welchen Beitrag die eine oder andere Zone zum Aufbau des funktionalen Systems als Ganzes leistet.

Diese Vorstellung verändert grundlegend die Hauptrichtungen der Gehirnpathologie. Die Aufgabe des Forschers besteht nun nicht mehr so sehr darin, herauszufinden, welche Funktion bei einer begrenzten (lokalen) Schädigung des Gehirns gestört ist, sondern darin, den Hauptfaktor auszusondern, dessen Ausfall zur Störung des gesamten funktionalen Systems geführt hat; zu zeigen, wie die gegebene „Funktion" bei einer lokalen Verletzung des Gehirns gestört wird.

Dieser Weg – die Suche nach der primären Schädigung, die bei einer lokalen Verletzung des Gehirns auftritt, und die Analyse der sekundären (oder systembedingten) Schädigungen, die als Folge jener primären Schädigung auftreten – ist die Hauptrichtung der modernen G. oder, wie sie auch genannt wird, der *Neuropsychologie*. Die letztere soll zuerst sorgfältig die Störung der psychischen Tätigkeit beschreiben, welche bei einer lokalen Verletzung des Gehirns auftritt, danach das Symptom „qualifizieren", d. h. seine Ursache herausfinden, jenen Faktor aussondern, dessen Ausfall zur Störung führt, und aus seinem Defekt die sekundären „Systemstörungen" ableiten; erst nach dieser Arbeit ist es möglich, eine lokale (topische) Analyse der Verletzung aufzustellen. Die G. – oder Neuropsychologie – hat hervorragende Bedeutung für die Psychologie. Sie ermöglicht eine Analyse jener Faktoren, die komplizierte psychol. Prozesse ausmachen, eine genauere Erforschung der psychophysiologischen Struktur und der Gehirnmechanismen dieser Faktoren. Damit liefert sie Kriterien für eine Differenzierung zwischen „Funktionen", die äußerlich ähnlich erscheinen, in Wirklichkeit jedoch grundlegend verschieden sind, oder umgekehrt: sie stellt eine innere Gemeinsamkeit von „Funktionen" fest, die bei einer ersten Betrachtung grundlegend unterschiedlich erscheinen können. So mögen das musikalische und das Sprach- (phonematische) Hören als verwandte Prozesse erscheinen, die Tatsache jedoch, daß bei einer Verletzung des linken Schläfenlappens das phonematische Hören gestört wird, während keinerlei Veränderungen des musikalischen Hörens die Folge sind, beweist ihre große Verschiedenheit. Andererseits sind Prozesse wie die räumliche Orientierung, das Rechnen und das Verstehen komplizierter logisch-grammatischer Strukturen vollkommen verschiedene Tätigkeitsarten; die Tatsache jedoch, daß Verletzungen der unteren Scheitelabschnitte der Rinde zur Störung all dieser Prozesse führen, spricht dafür, daß ihnen allen eine gemeinsame Region zugrunde liegt. Die Erforschung von Gehirnverletzungen (die neuropsychol. Analyse) kann deshalb für die Psychol. von großer Bedeutung sein, weil sie den inneren Aufbau psychologischer Prozesse und ihrer Gehirnmechanismen tiefgehend untersucht.

Lit.: Ajuriaguerra, J. & H. Hécean: La cortex cerebrale. Paris, 1966; **Kleist, K.:** Gehirnpathologie. Leipzig, 1934; **Luria, A. R.:** Higher Cortical Functions in Man. New York, 1966; **ders.:** Traumatic Aphrasia. Hague-Manton, 1970; **Monakov, C. v.:** Die Lokalisation im Großhirn und der Abbau der Funktionen durch lokale Herde. Wiesbaden, 1964.

A. R. Luria

Gehirnwäsche, Applikation von Bedingungen, die in physischer wie psychischer Hinsicht eine außerordentliche Belastung für die Betroffenen darstellen, mit dem Ziel, Geheimnisverrat, falsche Geständnisse oder Änderungen politischer und moralischer Ansichten herbeizuführen. Methoden der G., die namentlich in Ausnahmezuständen wie Gefangenschaft über kurz oder lang zu einer intellektuellen und emotionalen Desorganisation führen, sind etwa Nahrungs- und Schlafentzug, körperliche Überbeanspruchung, Verweigerung medizinischer Betreuung, Isolation und sensorische Deprivation.

M. Amelang

Gehör, absolutes, Leistungsform der musikalischen Gehörfunktion, die sich durch einen besonderen Sinn für absolute (d. h. nicht auf andere bezogene) Tonhöhen und Tonarten auszeichnet. Kennzeichnend für das A. G. ist daher die Fähigkeit, Einzeltöne oder Grundakkorde (oft nur im mittleren Tonbereich) ohne Vergleichsmaßstäbe in ihrer tatsächlichen Höhe zu erkennen und zu bestimmen. Das Vorkommen des a. G. ist äußerst selten; am häufigsten findet man es unter Musikern (nach unvergleichbaren Messungen von Wellek 8,8% und G. Revesz 3,4%). Gleichwohl kann das Vorhandensein eines a. G. nicht als allgemeines Anzeichen für musikalische Begabung angesehen werden.

Lit.: Neu, D. M.: A critical review of the literature on „absolute pitch". Psychol. Bull., 1947; **Wellek, A.:** Das a. G. und seine Typen. Leipzig, 1938.

B. Schmidt

Gehörknöchelchen ↗Sinnesorgane: Das Ohr.

Gehörlosensprache ↗Taubstummensprache.

Gehörlosigkeit ↗Taubheit.

Gehorsam, eine Wesensdimension verantwortungsvoller und insofern sittlicher Wahrnehmung der Freiheit, da letztere ohne G. Willkür ist. Umstritten erscheint allein, *wem* zu gehorchen sei, genauer: inwiefern man zu Gehorsam gegenüber Normen, die man selbst nicht aufgestellt bzw. Autoritäten, die man nicht selbst bestimmt hat, verpflichtet ist. Da es allerdings kaum sinnvoll ist, sich selbst zu gehorchen, sieht sich jede radikale Kritik heteronomer Normen und Autoritäten gezwungen, metaphysisch überhöhte und kollektiv aufgeblähte Formen des Ich zu ersinnen (Hegel, Marx: man gehorcht Gesetzen bzw. Gesetzmäßigkeiten, weil sich in ihnen „der Mensch" selbst bestimmt).

N. Lobkowicz

Gehörswahrnehmung ist die zentralnervöse Rückentschlüsselung der sinnesphysiologisch verarbeiteten Reize. Wie in allen sensorischen Bereichen müssen wir auch hier zwischen *Wahrnehmung* und *Empfindung* unterscheiden. Die G. ist viel komplexer als die Gehörsempfindung, denn sie führt zur

Identifikation (Erkenntnis) von zusammengesetzten Schallreizen (Schallbilder) oder Schallelementen. Gehörsempfindung wird durch Reizung im Ohr befindlicher spezialisierter Elemente erzeugt und ist die elementare Form der nervösen Entsprechung auf Schallreize. Der adäquate Reiz ist der *Schall*. Physikalische (objektive) Parameter des Schalles sind *Frequenz* (hörbarer Bereich von etwa 16 bis 22000 Hz) und *Amplitude*. Bei den Frequenzen unter 16 Hz spricht man von *Infraschall*, der Vibrationsempfindungen erzeugt, und bei Frequenzen über 30000 Hz von *Ultraschall*. Die Tonhöhe ist eng an die Frequenz gebunden, kann aber auch mit der Intensität variieren. Von der Amplitude der Schwingungen ist die *Intensität* abhängig (subjektiv Lautstärke genannt), die in Phon oder Dezibel (dB) gemessen wird. Die Empfindlichkeit des Gehörs ist je nach Frequenz verschieden. Sie ist am größten (die niedrigste absolute Gehörschwelle) im mittleren Frequenzbereich (1000 bis 3000 Hz). Die Empfindlichkeit des Hörens ist gut in bezug auf Veränderung der Intensität und der Frequenz (vgl. ↗Sinnesorgane: das Ohr). Die Messung der Hörschwellen und die Ermittlung der Gehörsbeeinträchtigungen ist Aufgabe der ↗Audiometrie.

Im einzelnen informiert der Artikel ↗Sinnesorgane: das Ohr über: den Schall, Reizaufnahme (Außenohr bis zum Trommelfell), mechanische Verstärkung durch das Mittelohr; über die Transformation in nervöse Erregung in der Cochlea (Schnecke); über die Trennschärfe für Frequenzen, Messung der Lautheit, Adaptation; über das Hörfeld und die Lokalisation sowie über die Entfernungsschätzung der Schallquelle.

Gehörswahrnehmung. Sie ist sehr strukturiert, hängt von vielen Faktoren ab und ermöglicht vor allem folgende Differenzierungen: spezifische Urteile über Gehörsempfindungen, Lokalisation von Schallquellen im Raum, Auseinanderhalten von mehreren, gleichzeitig auftretenden Schallreizen (wir können eine besondere Schallart in Gegenwart anderer irrtumslos erkennen); Verstehen von Sprache mit allen Feinheiten der Intonation (wir erkennen eine bestimmte Person an ihrer Sprechart). Nicht zuletzt übernimmt die G. viele wichtige Funktionen beim Sprechen. Die G. erfordert eine ganze Reihe von Operationen in den höheren Zentren des ↗Zentralnervensystems, ausgehend von den empfangenen Informationen (Empfindungen); sie beruhen im wesentlichen auf dem Einsatz aller früheren Erfahrungen (im Gedächtnis bewahrten mnemischen Spuren), auf Konditionierungen, Assoziationen, auf meist unbewußten kognitiven und affektiven (Musik) Operationen.

Die subjektiven Eigenschaften des Schalls (Gehörserscheinungen). Der Schall kann – je nach Art – als angenehm, neutral oder unangenehm empfunden werden. Die „Hörfläche" besteht aus über 300 000 unterscheidbaren Qualitäten, was die Wahrnehmung feinster sprachlicher und musikalischer Nuancen ermöglicht. Die subjektiven Qualitäten der G. sind entweder direkt von der Frequenz abhängig, wie z. B. sog. „helle" (hohe Frequenzen) und „dunkle" Töne (niedrige Frequenzen), oder sie werden durch physikalisch definierte Schallqualitäten erzeugt. Man unterscheidet:

1. *Klang*, dem ein aus *harmonischen* Teilschwingungen zusammengesetzter Schall zugrunde liegt.

2. *Geräusch* wird durch Schwingungsgemisch (Teilschwingungen stehen in *regellosem* Frequenzverhältnis zueinander) stimuliert.

3. *Rauschen* ist ein andauerndes, einförmiges Geräusch, frei von Intensitätsschwankungen.

4. *Lärm* wird durch das subjektive Merkmal der Überlautheit von Geräusch oder Klang definiert.

5. *Klangfarbe* ist ein Merkmal der G., das es erlaubt, verschiedene Klänge (musikalische) zu unterscheiden, die die gleiche Grundfrequenz, aber eine unterschiedliche *spektrale* Zusammensetzung haben. Sie hängt ab von der relativen Intensität der in ihrem Spektrum enthaltenen Obertöne. Eindrucksmäßige Analyse des Klanges wird durch Frequenzanalysatoren (Spektralanaly-

satoren), Spektrometer oder Resonatoren vorgenommen.

RÄUMLICHE ORIENTIERUNG. G. trägt viel zur räumlichen Orientierung bei, die auf *synergetischer* Arbeit mehrerer Sinne beruht. Gehör vermittelt Wahrnehmungen von Fernem, Untastbarem, Unzugänglichem, Unsichtbarem. Hier interessieren Entfernungsschätzung der Schallquelle und Richtungshören (vgl. auch ↗Sinnesorgane: das Ohr). Hohe Genauigkeit der akustischen Entfernungsschätzung ist auf eine Entfernung von etwa 1 m beschränkt. Die Annahme, daß die Entfernung der Schallquelle durch die Druckdifferenz zwischen den beiden Ohren bestimmt werden könne, wurde von G. v. Békésy widerlegt. Sie beruht vielmehr auf mehreren Faktoren: ein Faktor ist die Lautstärke (der lautere Ton wird als näher empfunden), ein weiterer ist das Frequenzspektrum. Geräusch, Sprache können hinsichtlich der Entfernung besser eingeschätzt werden als reine Töne.

Die absolute Richtungshörschwelle wird mit ca. 3° angegeben, in Wirklichkeit beträgt sie 8–12°, wobei komplexere Schallquellen besonders gut geortet werden können. Die älteste und zuerst sehr vage Vorstellung, daß die Richtung einer Schallquelle aus der *Schalldruckdifferenz* (der Kopf wirkt als Schallhindernis) bestimmt werden könne, ist in den letzten Jahren genau ausgemessen worden (Trendelenburg, 1950) und wird in der Nachrichtentechnik sowie in der Stereophonie berücksichtigt. Die *„Laufzeittheorie"* nach E. M. v. Hornbostel und M. Wertheimer beruht auf der langsamen Ausbreitungsgeschwindigkeit des Schalles, der mit meßbarer Verzögerung das der Schallquelle abgewandte Ohr trifft. Durch die neueste experimentelle Forschung mit Hilfe der sog. „Trading"-Versuche sowie Ablationsexperimente konnte bewiesen werden, daß beide Theorien ihre Berechtigung haben; der Laufzeitvergleich ist primär bis zu einem Schallpegel von 60 dB wirksam, während der Intensitätsvergleich optimale Ergebnisse im Bereich hoher Frequenzen und Intensitäten liefert. Die Phasendifferenz zwischen den beiden Ohren erlaubt das Richtungshören bei niedrigen und mittleren Frequenzen (bis zu ca. 1000 Hz); bei höheren Frequenzen dagegen die Intensitätsdifferenz. Die Ankunftszeitdifferenz zwischen den beiden Ohren ist auch wirksam (zum Beispiel beim knallenden Geräusch).

Lit.: Békésy, G. v.: Experiments in Hearing. New York, 1960; **Chocholle, R.:** Das Qualitätssystem des Gehörs. In: **W. Metzger** (Hrsg.): Hdb. d. Psychol., Bd. 1. Göttingen, [2]1974; **Davis, H.:** Psychophysiology of hearing and deafness. In: **S. S. Stevens** (Ed.): Handbook of experimental psychology. New York, 1951; **Ranke, O. F. & H. Lullies:** Gehör, Stimme, Sprache. Lehrbuch der Physiologie in zusammenhängenden Einzeldarstellungen. Berlin, 1953; **Stevens, S. S. & H. Davis:** Hearing; its Psychology and Physiology. New York, 1938; **Trendelenburg, F.:** Akustik. Berlin, [2]1950; **Wever, E. G.:** Theory of Hearing. New York, 1949; **Zwicker, E. & R. Feldtkeller:** Das Ohr als Nachrichtenempfänger. Stuttgart, [2]1967.

R. Chocholle

Geist ↗Seele.

Geisteskrankheiten ↗Psychosen.

Geisteswissenschaftliche Psychologie und Methoden. Der französisch-englische Positivismus (A. Comte, J. St. Mill) hatte entweder nur die Naturwissenschaften als *eigentliche* Wissenschaft anerkannt (Comte) oder wollte die Geisteswissenschaften auf Naturwissenschaften *gegründet* sein lassen (Mill), wonach Psychol. als Wissenschaft ein Teil der Biologie wäre.

Am Ende des 19. und zu Beginn des 20. Jh. wollte in Deutschland eine sehr aktive Strömung den Ausgleich herbeiführen, indem sie eine objektive, logische und erkenntnistheoretische Grundlegung der Geisteswissenschaften zu schaffen versuchte. Wegen der Tatsache, „daß alle kulturellen Erscheinungen an das Seelische gebunden sind", war man gezwungen, psychol. Gedankengänge heranzuziehen und eine – neu konzipierte – Psychol. zum theoretischen Gerüst und zur Grunddisziplin aller Geisteswissenschaften zu erheben.

Da seit Dilthey (1883, [2]1957) der Terminus *Geisteswissenschaft* allgemein gebräuchlich geworden ist, wurde der Begriff

„geisteswissenschaftliche Psychol." als Bezeichnung für die psychol. Richtung eingeführt, die sich – im Gegensatz zur naturwissenschaftlich-empirischen – Bedeutungserlebnisse, Wertmomente und Sinnrichtung zum Gegenstand der Forschung machte. Alle drei Momente sind nur im Bereich des *„Geistigen"* denkbar. In diesem Bereich könne jedoch nichts kausal *„erklärt"* werden (nach Art der Naturwissenschaften), gültig sei nur das Prinzip des *„Verstehens"*, indem man an das Erleben der Seele mittelbar über die *„objektiven* Geisteswerke" (Kunst, Kultur) herankommt.

Da der Sinn (Wert), auf den es in der g. P. ankommt, nie als Einzelerscheinung, sondern immer nur in einem *Zusammenhang* auftritt, kann er nur vom „komplizierten seelischen Gefüge", der „„Struktur", erlebt werden (Dilthey, 1894, [2]1957). Für die g. P. wurde die Verwendung des Struktur- oder Entwicklungsprinzips, des Ganzheits- oder Gestaltungsbegriffs unerläßlich, da man die „erlebten Zusammenhänge" in ihrem Spannungsgefüge nur mit Hilfe dieser nachzeichnen und beschreiben kann. Dilthey und seine Nachfolger bedienten sich dieser Begriffe, um Gefühle, Strebungen, Motive, Charakter usw. verstehen und beschreiben zu können.

Methoden. Zu nennen sind: Verstehen, Nacherleben, Deskription, Interpretation, Deutung u. a. Im gleichen Maße, wie die Naturwissenschaften auf das Prinzip des *„Erklärens"* zurückgreifen, bedient sich die g. P. des Prinzips des *„Verstehens"*, um psychol. *Durchdringung* des *objektiven* (Sinngebilde) und des *personalen* Lebens (Ich) zu vollziehen sowie die Auseinandersetzung des Ich mit der Umwelt nacherleben zu können. Im Unterschied zum Erklären psychischer Abläufe nach Ursache und Wirkung definiert E. Spranger (1918) das „Verstehen" als „Grundfunktion des auffassenden Bewußtseins" und weiter als ein „Eindringen in die Wertkonstellation eines geistigen Zusammenhangs".

Die in der zweiten Hälfte des 20. Jahrhunderts intensiv geführte wissenschaftstheoretische Diskussion führte zu dem Ergebnis, daß mit Hilfe erfahrungswissenschaftlicher Methoden nur invariante Naturerscheinungen (Ursache-Wirkung-Zusammenhänge) erfaßt werden können. Die soziokulturelle Wirklichkeit, die durch menschliche Handlungen sozusagen „künstlich" geschaffen wurde, unterliegt nicht den Naturgesetzen und kann mit Hilfe erfahrungswissenschaftlicher Methoden nicht erfaßt werden.

In jüngster Zeit erleben wir eine verstärkte Zuwendung zu geisteswissenschaftlichen Methoden: ↗Hermeneutik, ↗Phänomenologie und ↗Dialektik.

Das Ziel dieser Methoden und der geisteswissenschaftlichen Psychologie ist nicht die ↗Erklärung nach dem Ursache-Wirkung-Prinzip, sondern das Verstehen von Sinn-Zusammenhängen menschlichen Verhaltens und das Herausfinden von Bedeutungen menschlichen Handelns im Sinne von Zweckbestimmungen.

Lit.: Dilthey, W.: Einleitung in die Geisteswissenschaften. Gesammelte Schriften, Bd. 4. Stuttgart, 1957; **ders.:** Ideen über eine beschreibende und zergliedernde Psychologie. Gesammelte Schriften. Bd. 5. Stuttgart, [2]1957; **Oelrich, W.:** Geisteswissenschaftliche Psychol. und Bildung des Menschen. Stuttgart, 1950; **Spranger, E.:** Lebensformen, Tübingen, [9]1966; **ders.:** Zur Theorie des Verstehens und zur g. P. In: Festschrift für J. Volkelt. München, 1918; **Topitsch, E.** (Hrsg.): Logik der Sozialwissenschaften. Köln, 1972.

F. Novak

Geistige Behinderung. I. Der Begriff g. B. (Retardation oder intellektuelle Funktion im untersten Bereich der IQ-Verteilung) wird als „unvollständige oder ungenügende allgemeine Entwicklung der geistigen Fähigkeiten " definiert. Schätzungsweise zwei Prozent der Gesamtbevölkerung gehören der Gruppe der geistig Behinderten an (mit einem IQ von 70 und darunter in einem Test mit einem Mittelwert von 100 und einer Standardabweichung von 15). Dieser IQ-Bereich wird aufgeteilt in: *sehr schwer* (0–19), *schwer* (20–34), *mäßig* (35–49), *gering* (50–70) und *Grenzfälle* (über 70). 75 Prozent dieser Gruppe (IQ-Bereich von 0–70) haben einen IQ über 50 und 25 Prozent unter 50.

Forscher des 19. Jh. wie Itard, Séguin und Montessori schufen bereits Trainingsmethoden und richteten Schulen für geistig Behinderte ein.

Im Jahre 1905 wurde durch A. Binets Entwicklung von Intelligenztests, die ursprünglich entworfen wurden, um zwischen Bildungsrückstand und intellektueller Schädigung unterscheiden zu können, die Erforschung von individuellen Unterschieden angeregt. Nach C. Burts Berufung zum ersten pädagogischen Psychologen in der Welt im Jahre 1913 erschienen zahlreiche wichtige Arbeiten über dieses Gebiet. Seit dem Zweiten Weltkrieg haben sich die multidisziplinären Untersuchungen der g. B. rasch entwickelt. Eine oder mehrere der folgenden Ursachen – unabhängig voneinander oder in Interaktion – sind im Einzelfall verantwortlich: 1. genetische (entweder normale Abweichungen im IQ-Bereich von 50–70 oder als Resultat abnormer genetischer Ursachen, meistens, doch nicht immer, im IQ-Bereich 0–50); 2. soziale (subkulturell) Interaktion mit normaler Abweichung; 3. Krankheit oder Verletzung (prä-, peri- oder postnatal). ↗Debilität; ↗Demenz.

Die Forschung befaßt sich mit der Beschreibung, Vorbeugung und, soweit möglich, mit der Heilung der g. B. Neuere Untersuchungen über die Verbreitung der g. B. weisen auf eine Abnahme des Auftretens der *mäßig* schweren und *sehr* schweren Fälle gegenüber den leichteren, hauptsächlich wegen verminderter Todesfälle besonders von mongoloiden Kindern, hin. Es ist schwieriger, die Anzahl von leichten Fällen zu schätzen, da diese in der „normalen" Allgemeinheit untertauchen, wobei die Majorität eine minimale Hilfe nach dem Verlassen der Schule erhält. Das sich verringernde Vorkommen der ganzen Gruppe hängt von vielen Faktoren ab: der Abnahme von Kinderkrankheiten, dem Gebrauch von Immunisierungstechniken, den verbesserten sozialen Bedingungen, der genetischen Beratung, der Abnahme von schlechter und falscher Ernährung, von der frühen Diagnose und Behandlung seltener Stoffwechselkrankheiten wie auch von speziell entwickelten Programmen in Erziehung und Schulung.

Die Beiträge der psychol. Forschung umfassen empirische Untersuchungen (z. B. in der Sozialhilfe und in Familienproblemen), Einschätzung von individuellen Fähigkeiten und Unfähigkeiten, die wiederum zu spezifischen Verfahren der Heilung wie auch des allgemeinen Trainings führen: Entwicklung von Programmen zur frühzeitigen Anregung, durch die ein Zurückbleiben oder leichte Defekte verhindert werden sollen, und experimentelle Untersuchungen von psychol. Prozessen. In den meisten dieser Beiträge wird mit Hilfe von parallelisierten Stichproben (hinsichtlich des Lebens- und Intelligenzalters) versucht, Klarheit über die Frage zu gewinnen, ob geistig Behinderte sowohl qualitativ als auch quantitativ von Normalen verschieden sind. Es scheint klar zu sein, daß zwei verschiedene Populationen (hinsichtlich der Ätiologie, des Zustandbildes und der Prognose) über und unter einem IQ-Wert von ungefähr 50 innerhalb der ganzen Gruppe zu finden sind. In der oberen Gruppe gewonnene Ergebnisse sind für die untere kaum anwendbar. Selbst dem geistig schwer Behinderten kann bis zu einem gewissen Grad durch gezieltes Training geholfen werden. Bei sehr schwer Behinderten hat sich die Methode des *↗operanten Bedingens* als erfolgreich erwiesen. Viele mäßig retardierte Erwachsene reagieren gut auf Arbeits- und soziales Training. Leichte g. B. kann häufig durch besondere erzieherische Verfahren gebessert werden. In den Fällen, in denen soziale Faktoren *ätiologisch* relevant sind, kann entweder durch Intensivierung und Verlängerung des Lernens oder durch ein Hinausschieben des sozialen Entwicklungsprozesses (soziale Anpassung) eine Rückkehr zur Normalität erreicht werden. In den Vereinigten Staaten basieren gegenwärtig die Vorschul-„Headstart Programmes" für benachteiligte und potentiell zurückgebliebene, gering behinderte Kinder auf psychologischer Forschung. Solche Versuche scheinen aber von zu kurzer Dauer zu sein und unangemessene Methoden zu verwenden, so daß sie bisher in ihrer Bedeutung nur sehr schwer abzuschätzen sind.

Experimentelle Untersuchungen haben gezeigt, daß ↗EEG-Rhythmen und ↗Reaktionszeiten mit Intelligenz korrelieren, daß Diskriminationslernen in einem zweistufigen Prozeß durch Aufmerksamkeit, die bei geistig Behinderten schwach ist, vermittelt wird und daß geistig Behinderte im Kurzzeitgedächtnis, verglichen mit Normalen (hinsichtlich des Lebens- und Intelligenzalters), schlechter abschneiden. Daher ist das Erlernen beeinträchtigt, die Leistung im Behalten von gründlich gelerntem Material (Langzeitgedächtnis) dagegen ist häufig gut. Geistig Behinderte weisen eine größere inter- und intraindividuelle Variabilität auf als Normale. Persönlichkeitsfaktoren sind natürlich auch von Bedeutung. Obwohl geistig Behinderte besonders auf dem Gebiet der verbalen und begrifflichen Fähigkeiten beeinträchtigt sind, können sogar bei den schwerwiegenderen Fällen trotz der Schwäche in der verbalen Ausdrucksfähigkeit passive begriffliche Prozesse aufgezeigt werden.

Lit.: **Bundesvereinigung Lebenshilfe für geistig Behinderte e.V.** (Hrsg.): Eingliederung statt Isolation. Band 3, Schriftenreihe Lebenshilfe. Marburg, 1978; **Clarke, A. M. & A. D. B. Clarke:** Mental subnormality. In: **H. J. Eysenck** (Ed.): Handbook of abnormal psychology. New York – London, 1970; **Ellis, N. R.:** International review of research in mental retardation, Vols. I, II, III. New York, 1966, 1966, 1968; **Stevens, H. A. & R. Heber:** Mental retardation. Chicago – London, 1964.

A. D. B. Clarke

II. G. B. wurde in der *Pädagogik* zu einem Sammelbegriff für all jene Kinder, die nicht über die zum Erwerb einer in sich geschlossenen Bildung notwendige psychisch-geistige Konstitution verfügen und die auch in Lernbehindertenschulen nicht gefördert werden können (Dreyer 1969). Dabei handelt es sich im Gegensatz zur *Lernbehinderung,* die lediglich *einzelne* intellektuelle Funktionen betrifft, um eine schwerwiegende Schädigung aller Leistungsbereiche.

1. Ursachen. Man unterscheidet verschiedene Ursachen der geistigen Behinderung (Vogel 1961): solche *exogener* Gehirnerkrankungen aller Art (z. B. Infektionen, Traumen bei der Geburt oder während der frühen Kindheit). Neben den exogen erworbenen Schwachsinnsformen gibt es *endogene, genetische.* Am häufigsten ist diese Art durch *Chromosomenaberration* bedingt: an erster Stelle steht die mongoloide Idiotie, gefolgt vom ↗„Klinefelter-Syndrom“. Seltener findet man jene Schwachsinnsformen, bei denen sich als Ursache ein spezifisch genetischer Block durch erheblichen Enzymdefekt als Ursache nachweisen läßt. Bei den bisher genannten Schwachsinnsformen ist das Gehirn entweder primär nicht fähig, sich normal auszudifferenzieren, oder es wird sekundär durch irgendeine von außen (Trauma, Infektion) oder aus dem Organismus (Phenylalanin bei der ↗Phenylketonurie) kommende Noxe geschädigt.

Bei einem großen Teil der geistig Behinderten ist eine derartige Ursache nicht festzustellen; es lassen sich weder für einen Stoffwechseldefekt noch für eine Chromosomenaberration sprechende typische Anzeichen erkennen, noch ergibt sich ein Hinweis auf eine exogene Schädigung.

Daraus ergibt sich (nach Vogel 1961) folgende *Einteilung:* a) Grobe Eingriffe können die Leistungsfähigkeit des Gehirns drastisch herabsetzen und damit die seelisch-geistige Kapazität des Menschen stark vermindern. b) Diese Eingriffe können exogen sein (Infektionen, Traumen usw.), sind aber auch häufig endogen bzw. genetisch bedingt. Letztere unterteilen sich in Veränderungen durch Chromosomenaberrationen und angeborene Stoffwechseldefekte (inborn error of metabolism). c) Bei der Mehrzahl der Schwachsinnigen lassen sich derart grobe Noxen nicht nachweisen; Familien- und Zwillingsuntersuchungen zeigen aber die erbliche Grundlage, häufig finden sich degenerative Symptome.

2. Verhaltensweisen und soziale Probleme. Bei den geistig Behinderten finden sich in der Regel allgemeine Beeinträchtigungen der seelisch-geistigen Funktionen: eine Retardierung der psychischen Aktivität mit infantilen Verhaltensweisen, Apathie oder Erethismus (Züblin 1967). Die Auf-

merksamkeitsleistung kann durch mehr oder minder große Ablenkbarkeit eingeschränkt sein bis zu einem Minimum bloß reflexhafter Zuwendung. Häufig ist die Wahrnehmung der geistig Behinderten gestört, ohne daß Defekte der Sinnesorgane feststellbar sind, weil z. B. Farbeindrücke das Formerfassen überdecken (Dreyer 1968). Sehr häufig bestehen auch bis weit ins Schulalter hinein oder auch für Lebensdauer eine mangelnde bzw. retardierte *Sprachfähigkeit* und Sprachfehler, wie ↗Stammeln und Paragrammatismus (Stockert 1957).

Durch die mit der g. B. verbundenen Wesensarten und Verhaltensauffälligkeiten gibt es zahlreiche soziale Probleme. Innerhalb der Familie kommen sie zustande durch Überforderung und Erschöpfung der Mutter mit ständiger Überwachung und Pflege des Kindes, evtl. finanzielle Sorgen. Spannungen mit Familienmitgliedern und der übrigen Umwelt können z. B. durch destruktive oder aggressive Verhaltensweisen des geistig behinderten Kindes entstehen, durch Mißstimmigkeiten zwischen den Eltern (Schuldvorwürfe) oder den Geschwistern (Ablehnung, Eifersucht) oder durch den Ausschluß aus der Schule. Probleme entstehen auch in der Fürsorge der Eltern für das behinderte Kind, die befürchten oder erleben müssen, daß ihm durch andere Menschen Spott und Schaden zugefügt werden kann, und sich um seine Zukunft sorgen (Stöckmann 1967).

3. Therapeutische Möglichkeiten. Medizinische Behandlungsmöglichkeiten ergeben sich aus der Ursache der g.B. (z. B. diätetische Maßnahmen bei Phenylketonurie) oder ihrem Erscheinungsbild (sedierende Medikation bei Erethismus), die jedoch nie den Schwachsinn selbst behandeln, jedoch manchmal indirekt günstig beeinflussen. Im Vordergrund steht die *heilpädagogische* Behandlung der Kinder. Wichtigste Voraussetzung aller Erziehungserfolge ist eine gute *affektive* Betreuung, die auch bei dem idiotischen Kind gewisse Erfolge buchen kann. Die seelisch-geistige Förderung im Elternhaus sollte mit der Minderung der Pflegebedürftigkeit, der Erziehung zur Selbständigkeit (Sauberhalten, selbständiges Essen usw.) beginnen und als Ziel die Gemeinschaftsfähigkeit des geistig behinderten Kindes anstreben. Motorische Funktionen, intellektuelle Fähigkeiten können im Spiel (z. B. konstruktives Spielmaterial), Zeichnen, Malen, durch Übungsspiele verschiedenster Art geschult werden (Neikes 1967). Falls eine besondere Retardation auf sprachlichem Gebiet vorliegt, sind sprachfördernde Spiele und logopädische Übungen erforderlich.

Sobald das Kind einen seelisch-geistigen Entwicklungsstand erreicht hat, der Fremderziehung bzw. teilweise oder längere Loslösung von der Mutter erlaubt, empfiehlt sich der Besuch eines heilpädagogischen Kindergartens, einer Vorschuleinrichtung, um die Einordnung in eine größere Gemeinschaft zu erreichen und die geistige Förderung zu intensivieren. Entwicklungs- und Leistungsfortschritte des Kindes sowie Ausmaß und Qualität seiner Bildungsfähigkeit bestimmen die Möglichkeit und den Zeitpunkt des Übergangs in einer *Sonderschuleinrichtung* (Heimsonderschule). Falls mindestens ein gewisses Ausmaß lebenspraktischer Bildungsfähigkeit besteht, können einfache handwerkliche Tätigkeiten erlernt werden, die es dem geistig Behinderten erlauben, in Pflegeheimen sich sinnvoll zu betätigen oder sogar seinen Lebensunterhalt zu verdienen (Beschützende Werkstätten). Staatliche Hilfsmaßnahmen zur Ausbildung geistig Behinderter beinhaltet das Bundessozialhilfegesetz (BSHG); sie sind über die zuständigen Sozialhilfeämter zu beantragen.

Lit.: Bundesvereinigung Lebenshilfe für geistig Behinderte e. V., Marburg, 1968: Merkblatt über die Hilfsmöglichkeiten für geistig behinderte Kinder, Jugendliche und Erwachsene. **Dreyer, M.:** Überlegungen zur psychologisch-pädagogischen Diagnostik hinsichtlich ihrer didaktisch-methodischen und prognostischen Bedeutung für die schulische Förderung geistig Behinderter. Prax. Kinderpsychol. Kinderpsychiat., 1968, *8*, 298–305; **ders.:** Das geistig behinderte Kind und der Bildungsbegriff in den Schulgesetzen. Prax. Kinderpsychol. Kinderpsychiat., 1969, *2*, 71–74; **Neikes, J. L.:** Verhaltensbeobachtung und Entwicklungsanalyse als Schlüssel zur Erfassung und Grundlage zur Bildung geistig behinderter Kinder. Prax. Kinderpsychol. Kinderpsychiat., 1967, *2*, 62–66; **Schamberger, R.:** Frühtherapie bei geistig behinderten Säuglingen und Kleinkindern. Weinheim, 1978; **Speck, O.:** Der geistigbehinderte Mensch und seine Erziehung. München, [3]1975; **Stokkert, F. G. v.:** Einführung in die Psychopathologie des Kindesalters. München – Berlin, 1957; **Stöckmann, F.:** Wandel der Familienbelastung unter besonderer Berücksichtigung der Entwicklung behinderter Kinder. Prax. Kinderpsychol. Kinderpsychiat., 1967, *8*, 309–312; **Vogel, F.:** Lehrbuch der allgemeinen Humangenetik. Berlin – Göttingen – Heidelberg, 1961; **Züblin, W.:** Das schwierige Kind. Stuttgart, [3]1972. *M. Sachs*

Gelber Fleck ↗Macula lutea; ↗Fovea centralis retinae.

Gelbkörperhormon ↗Corpus-luteum-Hormon.

Gelbsches Phänomen. Drei Lichtreize werden sukzessive in gleichen räumlichen, aber ungleichen zeitlichen Abständen dargeboten. Die sich *zeitlich näheren* Reize scheinen auch *räumlich* einen *geringeren* Abstand zu haben. Dieses Phänomen tritt auch bei Berührungsreizen auf. Gestaltpsychologen betrachteten das G. P. als Beispiel eines Feldeffektes. *C. D. Frith*

Geltungsstreben, ein Temperamentsfaktor im sozialen Verhaltensbereich. G. zielt darauf ab, der eigenen Person Anerkennung und Beachtung zu verschaffen. In übersteigerter Form äußert sich G. als Angeberei und Prahlsucht. *G. Kaulfush*

Gemeinschaft, ein von F. Tönnies geprägter Begriff, der auf soziale Systeme und ihre Genese angewandt wird. Als G. gelten soziale Gruppen, die über eine feste Bindung ihrer Mitglieder untereinander (↗Kohäsion) spontan und emotional betonte gemeinsame Ziele zu verwirklichen trachten (z.B. Familie, religiöse Gruppen). Aus G.en vermag sich erst die übergreifende Form, nämlich die ↗Gesellschaft, zu bilden. *W. D. Fröhlich*

Gemeinschaftsgefühl, in der ↗Individualpsychologie A. Adlers dem egoistischen Machtstreben entgegenwirkende Kraft, welche die Bindung an die ↗Gemeinschaft (F. Tönnies) aufrechterhält. Das Gemeinschaftsgefühl ist eine wichtige Komponente des ↗Gemüts; neuere entwicklungspsychol. Forschungen (R. A. Spitz, J. Bowlby) weisen auf seine Wurzeln in der Mutter-Kind-Beziehung hin (↗Urvertrauen).

Lit.: Schmalohr, E.: Frühe Mutterentbehrung bei Mensch und Tier. München, 1968. *W. Schmidbauer*

Gemüt, ein nichtübersetzbares deutsches Wort, das bereits im späten Mittelalter auftaucht und im Gegensatz zur kognitiven Tätigkeit der Person (Erkennen, Denken, Urteilen) das Insgesamt der Affekte, Grundstimmungen, Antriebserlebnisse und Lebensgefühle bezeichnet, kurzum die Fähigkeit zur gefühlsmäßigen Anteilnahme und zum Erleben der Umwelt, Mitwelt und der eigenen Person. Die Gemütsbildung spielte als Gegensatz zur Verstandesbildung in der deutschen Pädagogik eine wechselnde, aber stets beachtete Rolle, sie wurde von den Romantikern (Novalis, Tieck, Brentano, Gebr. Grimm), besonders von F. Fröbel zu einem zentralen Anliegen der Erziehung erhoben als Reaktion auf die einseitige Verstandesbildung der Aufklärung. Auch in der Sekte der Christian Science kommt dem G. eine zentrale Stellung zu. Volkstümlich wird G. mit „Herz" bezeichnet, im Gegensatz zu „Kopf". Nach L. Holzschuher läßt sich G. in bipolarer Betrachtung auf das Naturell der Primitivperson zurückführen, vor allem zyklothyme Persönlichkeiten mit Anlage zur Introversion zeigen G. – In neuerer Zeit hat S. Strasser versucht, aus dem G. Grundgedanken zu einer phänomenologischen Philosophie zu entwickeln. Nach W. Arnold haben verschiedene Autoren die Bedeutung des G. verabsolutiert, wie Friedmann. Dieser vertritt die Meinung, daß die Lehre vom G. (Thymologie) mehr ist als bloße Psychologie.

Lit.: Anderson, C.: Emotional Hygiene. The Art of Understanding. Philadelphia, 1943; **Arnold, W.:** Person, Charakter, Persönlichkeit. München, [4]1975; **Junk, K.:** Die Funktion von „Gemüt" in der Literaturtheorie und Literaturkritik im 18. u. 19. Jahrhundert. Würzburg 1968 (Diss.); **Müller, U.:** Der Rhythmus. Bindung und Freiheit als Problem der Gemütserziehung in heilpädagogischer Sicht. Bern – Stuttgart, 1966; **Strasser, S.:** Das Gemüt. Freiburg i. Br., 1956; **Wellek, A.:** Das Leib-Seele-Problem u. die Ganzheit der Person. In: Seelenleben u. Menschenbild. München, 1958. *E. Ullrich*

Gen, der Teil der Erbsubstanz (↗Desoxyribonukleinsäure = DNS), der im einfachen Fall die Ausbildung eines einzelnen Merkmals steuert (z. B. Kraushaar bei Meerschweinchen). Molekular betrachtet, besteht ein G. aus mehreren tausend Bausteinen der DNS (Nukleotide), und die Merkmalsausbildung beginnt immer mit der Ausbildung eines spezifischen Eiweißkörpers, der dann, als eine Art Katalysator, die Reaktion einleitet, die zur Ausbildung des betreffenden Merkmals führt. Wenn mehrere G.e für die Ausbildung eines Merkmals zuständig sind, spricht man von Polygenie der Merkmale; umgekehrt, wenn ein G. die Ausbildung mehrerer Merkmale steuert, von Polyphänie der Gene. *H. Schmalfuß*

Genauigkeitsgrad ↗Reliabilität.

General Aptitude Test Battery, eine in den USA von Beatrice J. Dvorak bearbeitete Serie von 12 Tests zur Feststellung der beruflichen Eignung. Die 8 Papier-Bleistift-Tests und 4 Apparatetests erfassen insgesamt 9 Faktoren, deren Scores abschließend in einem Profil dargestellt werden. Zum Vergleich stehen Normprofile von 22 Berufsgruppen zur Verfügung. Die Testbatterie wurde anhand einer repräsentativen Stichprobe von rund 4000 Vpn geeicht. Nach Cronbach (S. 274) bewegen sich die Reliabilitätskoeffizienten für die 9 Skalen zwischen 0,65 und 0,68.

Lit.: Cronbach, L. J.: Essentials of Psychological Testing. New York, [2]1960; **Dvorak, B. J.:** The General Aptitude Test Battery. Personnel Guid. J., 1956, *35*, 145–154.
P. Steck

Generalfaktor. Läßt sich mit Hilfe einer ↗Faktorenanalyse eine Komponente extrahieren, die in allen beobachteten Variablen vorkommt, d. h. „substantiell" geladen ist, so nennt man diese Komponente G. In Spearmans Faktorenmodell steht ein G. (g) so vielen spezifischen Faktoren (s) gegenüber, wie es Variablen gibt. Diese Vorstellung konnte später nicht aufrechterhalten werden. *W. H. Butollo*

Generalisation (Generalisierung) ist ein Grundbegriff der Lerntheorien. Er bezeichnet die Tatsache, daß Verhaltensweisen, die in einem Lernprozeß mit einer bestimmten Reizsituation gekoppelt wurden, nicht nur durch diese, sondern auch durch ähnliche Reizsituationen hervorgerufen werden können. Erklärt wird das Phänomen von I. P. Pawlow durch die Annahme einer Irradiation von Erregungen über die Großhirnrinde; von C. L. Hull, indem er innerorganismische vermittelnde Reiz-Reaktions-Ketten postuliert; von E. R. Guthrie, der es auf gemeinsame Elemente der Reizsituationen zurückführt. G. wird zur Erklärung solcher Phänomene wie „Übungsübertragung", ↗„transfer" usw. herangezogen. Generalisierungsgradient bezeichnet die Rangordnung verschiedener Reizvarianten nach der Größe ihrer Tendenz, eine Antwortreaktion hervorzurufen, die zuvor mit einer bestimmten Variante gekoppelt worden war. Sie ist eine Funktion der Intensität dieser Kopplung und hat so viele Dimensionen, wie viele Variablen der Reiz haben kann.

Lit.: C. E. Osgood: Method and theory in experimental psychology. New York, 1953.
H. Roth

Generalisierter Anderer, *Generalized Other,* von G. H. Mead eingeführte Bezeichnung für eine organisierte ↗Gemeinschaft, die dem Individuum als Mitglied dieser Gemeinschaft die Einheit seines ↗*Ich* gibt. Es wird dabei angenommen, daß die ↗Einstellungen und ↗Haltungen der gesamten Gemeinschaft in das Bild vom generalisierten Anderen zusammenfließen (z. B. die Mannschaft in einem Spiel) und so in die Erfahrungen des einzelnen Gruppenmitgliedes eingehen. Die Handlungen des einzelnen werden dadurch „kontrolliert", daß er zugleich er selbst ist und sich mit den Einstellungen der anderen konform weiß, also zugleich auch der „generalisierte Andere" ist. *W. D. Fröhlich*

Generationsproblem, häufig beobachtete Beeinträchtigungen und Konflikte bei den verschiedenen Interaktionsformen zwischen

Jugendlichen und Angehörigen der älteren Generation (jugendlicher Protest gegenüber Anordnungen der Eltern, Lehrer, zuweilen auch Demonstration gegen politische Entscheidungen, die meistens von Angehörigen der älteren Generation getroffen werden).

Erklärungsmöglichkeiten für diese Phänomene: a) inkompatible Bezugsschemata der beiden Altersgruppen; eine *konservative* Haltung mit dem Ziel, Erreichtes und Selbst-Geschaffenes zu erhalten, auf der Seite der Älteren, auf seiten der Jüngeren die Tendenz, *progressiv* zu sein, Änderungen durchzusetzen und Althergebrachtes durch Neuerungen zu verbessern; b) auf beiden Seiten vorherrschende ↗Stereotype gegenüber Angehörigen der anderen Gruppe: Jugendliche schätzen Ältere als starrsinnig, hemmend und altmodisch ein, während ihnen selbst von den Älteren mangelndes Verantwortungsgefühl, fehlende Erfahrungen, Arbeitsunlust zugeschrieben werden, d. h., sie werden von ihnen nicht als Erwachsene anerkannt.

Lit.: Eisenstadt, S. N.: Von Generation zu Generation. München, 1966; **Hartley, E. L. & R. F. Hartley:** Die Grundlagen der Sozialpsychologie. Berlin, [2]1969.

A. Schmidt-Mummendey

Generatorpotential *(Rezeptorpotential).* Durch Reizeinwirkung moduliertes Membranpotential einer Sinnesrezeptorzelle. Reize lösen im allgemeinen eine lokale Depolarisation der Rezeptormembran aus (Photorezeptoren werden aber *hyper*polarisiert!). Erreicht diese „lokale" („elektrotonische") Potentialänderung eine „Schwellenamplitude", löst sie ein fortleitungsfähiges Nervenaktionspotential (Spike-Potential) in der afferenten Nervenfaser aus.

K.-H. Plattig

Genese, die Entstehung und besonders die Entwicklung von Phänomenen eines Einzelwesens sowie seiner Veränderungen vom Niederen zum Höheren, vom Einfachen zum Komplizierten. Die G. umfaßt: 1) Die *Ontogenese:* Entwicklung des Einzelwesens von seinem Lebensbeginn bis zu seinem Lebensende. 2) Die *Phylogenese:* Ursprung und Entwicklung sowie zeitabhängige Veränderungen einer bestimmten Art, Klasse oder eines Stammes von Lebewesen. 3) *Aktualgenese:* Von Sander eingeführte Bezeichnung für das Entstehen einer Gestalt im entwickelten Bewußtsein. Prozeßverlauf: Über eine erste Stufe der Abhebung vom Grunde bis zur Endgestalt.

Zwischen Ontogenese und Phylogenese wurden Zusammenhänge nach Art der biogenet. Grundregel (↗Biogenetisches Grundgesetz) und der Evolutionstheorie festgestellt.

W. Tisch

Genetik, die Lehre von der Vererbung. Die physischen und psychischen Merkmale, die im Laufe der Individualentwicklung eines Lebewesens ausgebildet werden, sind primär bedingt durch Erbanlagen (↗Gene), die in den Geschlechtszellen übermittelt werden. Eine sekundäre Modifizierung dieser Merkmale durch Umwelteinflüsse kann nur im Rahmen einer durch die Erbanlagen festgelegten Modifikationsbreite geschehen. Die G. untersucht zum einen, inwiefern Merkmale genetisch bedingt sind, d. h. das Ausmaß der durch die Erbanlagen festgelegten Modifikationsbreite eines Merkmals, zum anderen die Art und Weise, wie die Erbanlagen chemisch-physikalisch die Ausbildung der Merkmale bedingen (Molekulargenetik).

H. Schmalfuß

Genetische Psychologie ↗Entwicklungspsychologie.

Genfer Schema, Zusammenstellung von Hauptmerkmalen für Arbeitsbewertungssysteme, von der ILO (International Labour Organization), Genf, 1950 erarbeitet.

G. R. W. Marschner

Genfer Schule, Bezeichnung für die von J. Piaget und seinen Mitarbeitern (vor allem B. Inhelder und A. Szeminska) ausgehende Richtung der Entwicklungspsychologie. Die G. S. leistete mit ihren Untersuchungen zur Entwicklung der Intelligenz und der Wahrnehmung (seit 1921) und zur genetischen Epistemologie (seit 1950) einen der fruchtbarsten und umfangreichsten Beiträge auf diesem Gebiet. Die Theorienbildung J. Piagets ist vornehmlich auf dem Hintergrund des Funktionalismus (J. Dewey, J. McK. Cattell, E. Claparède) verständlich.

Lit.: Flavell, J. A.: The developmental psychology of Jean Piaget. New York, 1963.

H. Zumkley

Genie, intellektuelle Hochbegabung. In der G.forschung wird ein ↗IQ von 135 bzw. 140 als untere „Geniegrenze" angesetzt. Damit werden die 1 bzw. 0,5 Prozent Höchstbegabten der Bevölkerung erfaßt. ↗Hochbegabtenforschung. *K. Pawlik*

Geniologie ↗Hochbegabtenforschung.

Genitale Phase, gliedert sich nach Freud in eine frühe und eine späte genitale Phase. In der frühen g. P., auch ödipale Phase genannt (etwa 4. und 5. Lebensjahr), wendet sich das kindliche Interesse unter anderem seinen eigenen Sexualorganen zu. Ihm kommt der anatomische Geschlechtsunterschied der beiden Geschlechter zur Kenntnis, und es beginnt, die Existenz von zwei Geschlechtern sowie das eigene Geschlecht als Realität zu akzeptieren. Nach Freud ist dieses Interesse mit Autostimulationen der Sexualorgane und, zusätzlich zu den bisherigen Kontaktformen, mit Wünschen nach geschlechtsspezifischen Kontakten mit dem andersgeschlechtlichen Elternteil verbunden. Der Knabe schätzt nunmehr die Mutter nicht nur als Person, die ihn versorgt und Forderungen stellt, sondern auch als Frau. Er prahlt mit seiner entdeckten „Männlichkeit" (↗Phallische Phase), beansprucht seine Mutter für sich und kommt dadurch mit seinem Vater in Konflikt. Das Mädchen schätzt die Mutter weiterhin als versorgende und auch Ansprüche stellende und Anforderungen erfüllende Person, muß sich aber mit dem erwachenden heterosexuellen Interesse an den Vater wenden, d. h. an eine für das Kind psychologisch rezentere Person, und kommt dadurch mit der Mutter in Konflikt. Die Konflikte werden im Laufe der frühen g. P. zunehmend besser gelöst, und zwar in der Regel durch teilweise Verdrängung der sexuellen Interessen am andersgeschlechtlichen Elternteil und durch Identifikation mit dem gleichgeschlechtlichen Elternteil. Diese Interessen verdrängt das Mädchen im allgemeinen weniger stark als der Knabe und bleibt an den Vater als heterosexuelles Liebesobjekt etwas stärker gebunden als der Knabe an die Mutter. Die Gesamtbindung des Sohnes an die Mutter aber ist dadurch, daß er sein primäres Liebesobjekt in der frühen g. P. nicht wie das Mädchen aufgeben muß, oft etwas stärker als die Bindung des Mädchens an die Mutter (oder den Vater). – Fixierung und spätere Regression auf die frühe g. P. kann zur ↗Hysterie (Angsthysterie und Phobien einerseits, Konversionshysterien andererseits) und zur homosexuellen ↗Perversion, in Fällen milderer traumatischer Bindungen in der frühen g. P. zu Impotenz oder zu Potenzstörungen beim Mann, zur Frigidität und zum Vaginismus bei der Frau führen. Statt spezifischer neurotischer Symptome kann es auch zu einer Charakterveränderung kommen, zur hysterischen Persönlichkeit. Diese neigt mehr als andere Menschen dazu, soziale Situationen als sexuelle Versuchssituationen aufzufassen, ihre Interessen in verworrener und unaufrichtig wirkender Form zu befriedigen oder über Gebühr mit Angst und Abwehr zu reagieren. – In der späten g. P., die nach der Latenzphase mit der Pubertät beginnt, entwickelt die jugendliche Person zunehmend realistischere Interessen an in der Regel altersnahen Personen des anderen Geschlechts. Die späte g. P. erstreckt ich über das gesamte Erwachsenenalter eines Menschen.

Lit.: Fenichel, O.: The Psychoanalytic Theory of Neurosis. New York, 1945; **Freud, S.:** Drei Abhandlungen zur Sexualtheorie (1905). Ges. Werke, Bd. 11. London, 1940–52; **ders.:** Vorlesungen zur Einführung in die Psychoanalyse (1916/17). Ges. Werke, Bd. 11. London, 1940–52; **Toman, W.,** An Introduction to Psychoanalytic Theory of Motivation. London – New York, 1960.

W. Toman

Genom, *Genommutation.* G. ist die Gesamtheit des genetischen Materials (der Erbsubstanz), das in einer Zelle vorhanden ist. Da dieses auf den Chromosomen lokalisiert ist, werden im allg. sämtliche in einer Zelle vorhandenen Chromosomen als G. bezeichnet.

Genommutation ist die durch physikalische oder chemische Umwelteinflüsse entstehende Veränderung am Chromosomensatz. Zum Beispiel können der ganze Chromosomensatz oder einzelne Chromosomen verdoppelt werden. *H. Schmalfuß*

Genotypus, Gesamtheit der Erbanlagen eines Individuums. Vgl. ↗Phänotypus. Individuen mit gleichem G. können, bedingt durch verschiedene Umwelteinflüsse während ihrer Entwicklung, in ihren Merkmalen variieren, aber nur innerhalb der genetisch fixierten Variationsbreite. *H. Schmalfuß*

Geometrisches Mittel. Das g. M. (G) einer Menge von N positiven Größen – ein Maß für die Zentraltendenz der Verteilung – ist die N-te Wurzel des Produktes dieser Größen:

$$G = \left(\prod_{i=1}^{N} X_i \right)^{1/N}$$

Sofern ein g. M. existiert, liegt es zwischen dem ↗harmonischen und dem ↗arithmetischen Mittel. *W. H. Butollo*

Geometrisch-optische Täuschungen. Geometrisch-optische Täuschungen (GT.) im *weiteren Sinne* bilden ein Teilgebiet der ↗Wahrnehmungstäuschungen. Sie können an drei-, zwei- und eindimensionalen Gebilden des Sehfelds in bezug auf deren Größe, Form und Lage, Beobachtungsentfernung und -richtung auftreten und auch das (metrische) Verhältnis betreffen, in dem diese Momente zueinander stehen. Von GT. im *engeren Sinne* spricht man, wenn bei einer auf frontalparalleler Ebene dargebotenen Figur die *phänomenalen* Strecken-, Winkel-, Richtungs- oder Krümmungsverhältnisse von ihren *Vorlagekorrelaten* abweichen. Im folgenden sind die GT. im engeren Sinne gemeint.

Ihre Untersuchung reicht bis in die Mitte des 19. Jh. zurück. Zunächst wurden die Täuschungsmuster – die nach ihren Entdeckern (J. J. Oppel, F. Zöllner, J. C. Poggendorff u. a.) benannt werden – nur demonstriert, wobei das einfachste Verfahren, die Darbietung einer gezeichneten Figur, zur Anwendung kam. Um die Jahrhundertwende traten quantitative Analysen hinzu. Besonders häufig wurde ein bis heute allgemein nach Müller-Lyer benanntes (↗Müller-Lyersche Täuschung), viel früher schon von Oppel angegebenes Muster herangezogen. Bei Figuren von dieser Art wird für den „Täuschung erleidenden" Teil t und eine variable isolierte Vergleichsgröße phänomenale Gleichheit eingestellt; die Differenz zwischen t und der dem t gleich erscheinenden („äquivalenten") isolierten Größe bildet das Maß für die (absolute) Täuschung. Über die Literatur jener Zeit zum GT.-Problem zog Hofmann 1920 Bilanz. Später kamen weitere Täuschungsmuster hinzu, z. B. eine in der Regel nach F. Sander benannte, vorher schon von M. Luckiesh angegebene Parallelogrammdiagonalen-Täuschung, die besonders ausführlich untersucht worden ist.

Von den zahlreichen verfehlten Ansätzen zur Erklärung von GT. verwiesen a) einige auf das periphere Sinnesorgan (auf den Bau der Netzhaut: ihre Krümmung, funktionelle Ungleichmäßigkeit, Raumwerte; auf die Augenbewegungen usw.), b) andere auf frühere, insbesondere perspektivische Erfahrung, auf Vermengungen, Urteilsirrtümer usw. Gegen die unter a) genannten Hypothesen und den Perspektiveansatz spricht u. a. schon, daß sie nicht auch die analogen ↗haptischen Täuschungen begreiflich machen. Obwohl Widerlegungen nicht verhindern konnten, daß immer wieder, auch heute noch, Rückfälle in überholte Auffassungen zu verzeichnen sind, wurde doch zunehmend klar, daß für GT. weder periphere Bedingungen noch superponierte Verstandes- oder Gedächtnisinstanzen entscheidend sind, daß sie vielmehr in den zentralen Vorgängen der Gestaltentstehung gründen. Hierfür spricht u. a., daß sich zwischen GT. und anerkanntermaßen aktuell-zentral bedingten Phänomenen, z. B.

Scheinbewegungen, zahlreiche funktionale Zusammenhänge herausgestellt haben.

Die Forschung auf dem GT.-Gebiet war auch in den letzten Jahrzehnten lebhaft und ist weiter im Gang. Dabei können – mit Überschneidungen – drei Teilbereiche unterschieden werden: a) *Grundlagen* und Meßmethoden wurden durch Einführung des Phänogramms, d. h. des gesamtfiguralen Äquivalents anstelle bloßer Teilgrößenäquivalente, ausgebaut. b) *Funktionale Analyse* führte u. a. zu folgenden Erkenntnissen: Die phänomenale Metrik variiert mit der phänomenalen Struktur; Prägnanztendenzen und sonstige intrafigurale Kräfte können Täuschungen bewirken; Blick- und Aufmerksamkeitsverhalten, Kontrast und Angleichung werden unter neuen Gesichtspunkten wieder für Erklärungszwecke herangezogen; es bestehen Zusammenhänge zwischen GT. und figuralen Nachwirkungen; überlange Beschäftigung mit einem Täuschungsmuster führt zu Verminderung des Täuschungsgrades. c) *Anwendung* fanden GT. vor allem auf entwicklungspsychol. und persönlichkeitstheoretischem Gebiet, wobei sich übrigens zeigte, daß es eine allgemeine, d. h. gegenüber beliebigen GT.-Mustern bestehende, „Täuschbarkeit" (deren interindividuell verschiedenes Ausmaß dann etwa als Indikator für den Entwicklungsstand bzw. Typus anzusprechen wäre) nicht gibt.

Die erkenntnistheoretischen Voraussetzungen der Lehre von den ↗Wahrnehmungstäuschungen gelten speziell auch für die geometrisch-optischen Täuschungen.

Lit.: Hofmann, F. B.: Die Lehre vom Raumsinn des Auges. I. Teil. Berlin, 1920; **Oyama, T.:** Japanese studies on the socalled geometrical-optical illusions. Psychologia. Int. J. Psychol. Orient, 1960, 3; **Piaget, J.:** Les mécanismes perceptifs. Paris, 1961; **Rausch, E.:** Struktur und Metrik figural-optischer Wahrnehmung. Frankfurt a. M., 1952; **ders.:** Probleme der Metrik. In: **W. Metzger** (Hrsg.): Hdb. der Psychol., Bd. 1. Göttingen, [2]1974, S. 776–865.

E. Rausch

Geophagie, krankhafter Trieb, Erde zu essen; bei Naturvölkern häufig ritueller Brauch.

Geopsychologie, wissenschaftliche Disziplin und Forschungsgebiet, in welchem die natürliche Umgebung in ihrer Beziehung zu Verhalten und inneren Zuständen untersucht wird. Man unterscheidet vier wichtigste Faktoren (Hellpach): Einfluß des Wetters, Klimas, Bodens und der Landschaft. Von Montesquieu vorbereitet und von C. Lombroso begründet, erfährt dieses Gebiet gegenwärtig eine wichtige Breitenentwicklung im Studium der Probleme menschlichen Lebens unter ungewöhnlichen Bedingungen: Arktis, Tropen, Basen auf dem Meeresgrund, interplanetarische Räume. Die Aufgaben der G. sind heute teilweise von der ↗Rhythmusforschung übernommen worden; in der biologischen Anthropologie werden sie unter dem Gesichtspunkt der ↗Ökologie behandelt.

Lit.: Hellpach, W.: Die geopsychischen Erscheinungen. Leipzig, 1923; **ders.:** Geopsyche. Die Menschenseele unter dem Einfluß von Wetter und Klima, Boden und Landschaft. Stuttgart, [8]1977.

P. Muller

Geotaxis, Ausrichtung und Fortbewegung niedriger Organismen nach der Schwerkraft als auslösendem Reiz. Unterscheidung nach der Schwerkraft gleichläufiger *(positive G.)* und gegenläufiger *(negative G.)* Bewegung. ↗Taxis.

F.-C. Schubert

Geräusch ↗Gehörswahrnehmung.

Gerechtigkeit. I. G. ist nach der Begriffsbestimmung von Johannes Messner in seinem umfassenden Werk über das „Naturrecht" die „gefestigte Haltung (habitus) des Willens, die Rechtsansprüche eines jeden zu erfüllen".

Das Wesen und die Arten der G. lassen sich unter psychologischem Aspekt erfassen. Beruhen doch Vorstellung der G. und Wille zu ihrer Verwirklichung auf menschlicher Sicht und typisch menschlichen Eigenschaften, Verhaltensweisen, Tendenzen und Sehnsüchten. G. liegt nicht in den Dingen, sondern im Kopf des Menschen.

Rein *subjektiv-individuell* ist G. das persönliche Gerichtetsein des einzelnen Menschen auf das Recht, das er erkennen und verwirklichen möchte. Weiterhin ist in den meist ständig zusammenlebenden Gruppen, also *subjektiv-generell,* G. der in den Gruppen ständig wiederholte Versuch, eine rechtliche Ordnung zu finden. Von hier steigt dann das Bemühen des menschlichen Geistes auf zur Erkenntnis der *G.* als eines zwar auf menschliches Zusammenleben bezogenen, aber doch von der Vielfalt der Menschen und ihrer Gruppen unabhängigen, insofern *objektiven* Wertes. In der *G. Gottes* tritt schließlich *G.* als *absoluter* Wert in Erscheinung.

II. In den subjektiv geformten Begriffsmerkmalen der G. tritt alsbald die *Richtung der G. auf das Recht* in die Erscheinung. Recht soll kraft G. geschaffen, G. soll durch das Recht verwirklicht werden. G. ist infolgedessen weiter in ihrem Begriff und Wesen *durch das Recht* zu bestimmen: Recht darf definiert werden als die meist zwangskräftige Ordnung zwischenmenschlicher Beziehungen mit dem Ziele einer möglichst allseits befriedigenden *Harmonie* (Harmoniestreben) in den zwischenmenschlichen Beziehungen. Diese Harmonie ist sowohl bei der *Suche nach dem Recht* als auch bei der *Interpretation des Rechts durch die Gesetze,* bei der *Anwendung* des Rechtes und der in seinem Rahmen für gültig befundenen Gesetze durch Rechtsprechung und Verwaltung sowie in der alltäglichen persönlichen *Begegnung* der Menschen zu erstreben. Zu dieser Harmonie gehört es auch, daß Gleiches gleich entschieden und geregelt wird. Das Gleichheitsprinzip gilt mithin nicht allein für die Gesetzesanwendung, sondern auch für den Erlaß von Gesetzesvorschriften. Andererseits reicht das Gleichheitsprinzip mit dem Satz „Jedem das Seine“ *für sich allein* nicht aus, um gerechte Ordnungen schaffen zu lassen. Denn es *fragt* sich im konkreten Bereich oder im speziellen Falle erst, was für „jeden“ das „Seine“ ist. Man kann auch nicht im geistigen Wechselspiel Gleichheit mit G. und G. mit Gleichheit erklären, wie es zuweilen geschieht.

III. Das bisher aus den subjektiven Situationen des Menschen entwickelte Ziel der G., die Herstellung einer möglicht allseits befriedigenden Harmonie, ist schließlich als *psychische,* in den Köpfen und Herzen der Menschen als Denk- und Erlebnisvorgang befindliche, *Realität* geeignet, die Gerechtigkeit als objektiven Wert erkennen zu lassen. Der Mensch fügt sich in ein allgemeines, unabhängig von ihm, also objektiv geltendes Prinzip ein. Dieses *Prinzip ist die Harmonie (↗Homöostase) selbst.*

Es beherrscht und ordnet das Weltgeschehen – im Makrokosmos wie im Mikrokosmos.

Für das menschliche und menschheitliche Zusammenleben im Kleinen wie im Großen wird diese Harmonie noch durch ein weiteres Prinzip verdeutlicht: die Menschenliebe.

Als Direktive der G. ist sie bereits bei Thomas von Aquin erwähnt. Dieser unterscheidet zwar zwischen Liebe und G. (S. th. = Summa theologica, II–II 58,6), erkennt aber die Liebe als Leitgedanken für Recht und G. (S. th. II–II 66,6): denn Gott „will die G. als Funktion der Liebe“ (Quaestio disputata de caritate). Das erste und größte Gebot, das Gebot der Liebe, steht daher noch über dem Gebot der G. und umgreift dieses.

So ist G. nicht *gleich* Liebe, sondern Sehnsucht nach Harmonie und der unablässige Versuch, *unter dem Gesetz der Liebe* Harmonie in den zwischenmenschlichen Ordnungen und Beziehungen herzustellen.

Lit.: Kepler, J.: „Harmonices mundi“. In: Gesammelte Werke, hrsg. von Max Caspar, Bd. VI. München, 1940; **Küchenhoff, G.:** Naturrecht und Liebesrecht. Hildesheim, [2]1962; **ders.:** Rechtsbestimmung. Göttingen, 1973; **ders.:** Neugestaltung der Gesellschaft im Recht. Göttingen, 1977; **Messner, J.:** Das Naturrecht. Innsbruck – Wien – München, [5]1966.

G. Küchenhoff

Geriatrie, *medizinische Altersforschung* (Alterskrankheiten), ist Teildisziplin der ↗Gerontologie und wurde erst in den dreißiger Jahren durch Bemühungen von M. Bürger und E. Abderhalden zur wissenschaftlichen Disziplin erhoben. Sie liefert wertvolle Erkenntnisse der *„sozialen“* Gerontologie, die 1950 auf internationaler Ebene gegründet wurde, um Abhilfe für wachsende soziale Probleme der alten Menschen zu schaffen.

F. Novak

Gerichteter Signifikanztest, Synonym für ↗einseitige Signifikanzprüfung.

W. H. Butollo

Gerichtliche Psychologie ↗Forensische Psychologie.

Gerontologie, Wissenschaft vom Altern. Sie stellt sich die Aufgabe, das Altern als eine mehrdimensionale Veränderungsstruktur zu erfassen. Der Begriff G. wurde erst im frühen 20. Jh. als Bezeichnung für das wachsende Interesse an den Prozessen des Alterns eingeführt. Das Erscheinen des Buches „Problems of Aging" (Probleme des Alterns) spiegelt dieses Interesse an der wissenschaftlichen Erforschung des Alterns wider. Technologisch fortgeschrittene Länder bieten den Menschen eine hohe Lebenserwartung; dieser Entwicklung zufolge ist es notwendig, daß die Prozesse des Alterns sowohl von der sozialwissenschaftlichen als auch von der biologischen Seite her erforscht werden.

Man kann die G. von drei verschiedenen wissenschaftlichen Ansätzen her betrachten: vom *bio-medizinischen, verhaltens-* und *sozialwissenschaftlichen* Ansatz. Probleme, die sich auf der *bio-medizinischen* Seite stellen, sind die Beziehungen zwischen dem biologischen Abbau des Organismus und der erhöhten Anfälligkeit für Krankheiten. Die Erforschung der biologischen Prozesse des Alterns befaßt sich nicht ausschließlich mit dem Menschen, sondern auch mit niederen Organismen, Zellen und zellbildenden Substanzen (Comfort, 1964). Die *verhaltenswissenschaftliche* Seite der G. befaßt sich mit den psychol. Problemen des alternden Menschen als Einzelperson und mit den soziologischen Aspekten, d. h. mit dem alternden Menschen als Angehörigem einer Gruppe (Birren, 1959). G. als *Sozialwissenschaft* beschäftigt sich somit insbes. mit den Problemen des alternden Menschen in der Gesellschaft. Das Vorhandensein vieler älterer, im Ruhestand lebender Menschen in einer Gesellschaft hat Konsequenzen für die Wirtschaft, das Gesundheitswesen, Sozial- und andere Fürsorgeeinrichtungen (Tibbitts, 1960).

Die meisten Wissenschaftler sind wohl der Ansicht, daß für den Prozeß des Alterns nicht nur ein einziger Mechanismus verantwortlich ist, z. B. ein einziges „tödliches" Gen, das die Länge des Lebens steuert. Der biologische Prozeß des Alterns beruht nicht nur auf den Wirkungsmechanismen vieler Gene; die Bedingungen, unter denen Befruchtung, Reifung und Altern vor sich gehen, sind ebenfalls bedeutsam für die Beschleunigung oder Verlangsamung des Alterungsprozesses.

Die G. versucht, folgende wichtige Fragen zu klären: die Frage nach dem Ursprung von Veränderungen oder Fehlern der alternden Zellen; die Frage nach den altersbedingten Veränderungen des Gedächtnisses; die Frage nach der Entfremdung älterer Menschen und deren Unzufriedenheit mit den Lebensbedingungen; die Erforschung der Frage, inwieweit körperliche und geistige Aktivität den Prozeß des Alterns aufhalten kann. Außerdem bestehen noch viele bio-medizinische Probleme bezüglich der Entstehung von Krankheiten im Zusammenhang mit dem fortschreitenden Alter. Die gerontologische Forschung wird um so mehr anwachsen, je mehr der industrielle Wohlstand wächst und die Zahl der alternden Menschen in der Gesellschaft ansteigt. Dieser Entwicklung zufolge wird die Frage nach optimalen Lebensbedingungen für die zweite Lebenshälfte des Menschen immer dringlicher. Vgl. auch ↗Psychologie des Alterns.

Lit.: Binstock, R. H. & E. Shanas (Hrsg.): Handbook of Aging and the social sciences. New York, 1976; **Birren, J. E.** (Hrsg.): Handbook of aging and the individual. Chicago, 1959; **Bürger, M.:** Altern und Krankheit. Leipzig, 1957; **Comfort, A.:** Aging, the biology of senescence. New York, 1964; **Cowdry, E. V.** (Hrsg.): Problems of aging. Baltimore, 1939; **Deutsches Zentrum für Altersfragen e. V.** (Hrsg.): Forschungsdokumentation Gerontologie 1974–1978. Berlin, 1978; **Lehr, U.,** Psychologie des Alterns. Stuttgart, [2]1974; **Pohl, H. J.:** Ältere Arbeitnehmer.

Frankfurt a.M., 1976; **Thomae, H. & U. Lehr** (Hrsg.): Altern – Probleme und Tatsachen. Frankfurt, ²1972; **Tibbitts, C.** (Hrsg.): Handbook of social gerontology. Chicago, 1960. *J. E. Birren*

Gerontophilie, sexuell deviante Verhaltensweise, bei der das Lebensalter des Partners eine entscheidende Rolle spielt: sexuelle Anziehung durch und sexuelle Bevorzugung von sehr viel älteren Personen. G. ist das extreme Gegenbild der ↗Pädophilie, bei der die sexuelle Attraktion mit dem Älterwerden des Sexualobjekts abnimmt u. schließlich ganz aufhört. G. kann auch als sekundäre Erscheinung im Rahmen einer anderen sexuell devianten Verhaltensweise, z. B. von Homosexualität, auftreten oder eine Verwandtschaft mit Fetischismus aufweisen (Kronfeld, 1923). Hirschfeld faßte die G. als eine „infantile Fixierung an ältere Personen" auf. Ob sie im klinischen Sinne pathologisch, d. h. als sexuell „perverse" Haltung, aufgefaßt werden muß, kann nur im Einzelfall beurteilt werden.

Lit.: Giese, H.: Psychopathologie der Sexualität. Stuttgart, 1973; **Hirschfeld, M.:** Sexual Anomalies and perversions. London, ²1952; **Kronfeld, A.:** Sexualpathologie. Leipzig – Wien, 1923. *H. Maisch*

Gerontopsychologie ↗Psychologie des Alterns.

Gerstmann-Syndrom. Ein in der Existenz umstrittenes neuropathologisches Syndrom einer Körperschemastörung. Wird mit einer lokalisierten Schädigung zwischen dem Gyrus angularis und der Occipitalregion der dominanten Hemisphäre in Verbindung gebracht und ist durch Fingeragnosie (1), Akalkulie (2), Agraphie (3) und Rechts-links-Verwechslungen (4) charakterisiert (Gerstmann, 1927). Alle vier Komponenten können aber auch isoliert voneinander oder in Verbindung mit anderen Defekten (z.B. Mängel bei Konstruktionsaufgaben, im visuellen Gedächtnis und in der Lesefähigkeit) auftreten. Nur die Fingeragnosie und die gestörte Rechts-links-Orientierung scheinen als assoziiertes Störmuster auf eine hirnlokale Funktionsbeeinträchtigung des Gyrus angularis bezogen zu sein.

Lit.: Benton, A. L.: The fiction of the „Gerstmann Syndrome". J. Neurol. Neurosurg. Psychiat., 1961, *24*, 176; **Gerstmann J.:** Fingeragnosie und isolierte Agraphie. Ein neues Syndrom, Z. ges. Neurol. Psychiat., 1927, *108*, 152; **ders.:** Some notes on the Gerstmann Syndrome. Neurology, 1957, 7, 866–869. *G. Powell*

Geruch, Geruchstäuschung ↗Sinnesorgane

Geruchsintensität. G. ist von der Konzentration des Gasträgers abhängig und ist methodisch von besonderer Bedeutung, da Qualitätswahrnehmung von der Intensität beeinflußt wird. So werden z. B. durch ↗Adaptation neben der G. auch Qualitäten verändert. Die absoluten Schwellen der Gerüche – vor allem olfaktometrisch (↗Olfaktometer) untersucht – sind sehr niedrig (= hohe Sensibilität des Geruchssinns, ↗Sinnesorgane: der Geruchssinn). Das Differenzierungsvermögen des Menschen für reine Intensitätsabstufungen scheint dagegen sehr gering zu sein. *F. Novak*

Geruchsprisma. H. Henning postulierte sechs psychol. Kontinuen für subjektive Geruchsqualitäten, die sich so anordnen lassen, daß je drei Kontinuen untereinander in Beziehung stehen in einem Pol, der durch einen der sog. *„einfachen Gerüche"* bestimmt ist (vgl. Abb.).

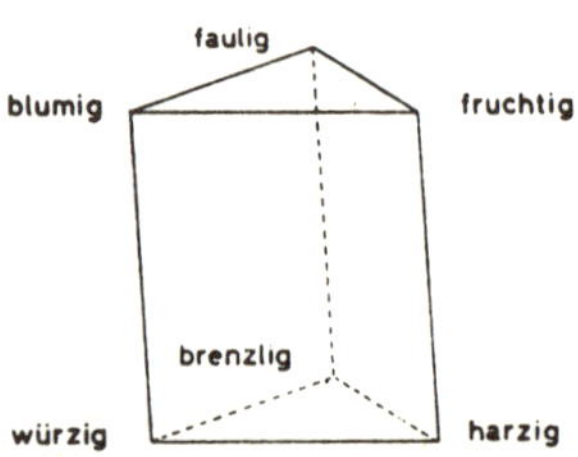

Auf der Oberfläche des G. lassen sich nach Henning „Mischgerüche" lokalisieren. Das Henningsche System der Gerüche besitzt keine allgemeine Gültigkeit. *F. Novak*

Gerücht, Bezeichnung für eine ungesicherte mündliche Mitteilung, eine Art informeller

Kommunikation. Die Inhalte verändern sich bei Weitergabe (Allport & Postman 1947). Details werden verkürzt, hervorgehoben oder fälschlich miteinander in Beziehung gesetzt. Motive für die Verbreitung von G.en sind z.B. Aggression, Angst. G.e beinhalten kollektiven Konsensus über die „richtige" Interpretation ungewisser Situationen. G.e sind sozial und kollektiv und gehen häufig kollektiven Ausbrüchen (z.B. Rassenkonflikten) voraus.

Lit.: Smelser, N.J.: Theorie des kollektiven Verhaltens. Köln, 1972.

E. Stephan

Gesamtschule. G.n fassen jeweils Haupt-, Realschule und Gymnasium in der Sekundarstufe I zusammen. Man unterscheidet additive, kooperative und integrierte G.n. Letztere zeichnen sich durch verschiedene Formen innerer Differenzierung (FEGA, ABC, Team-Kleingruppen-Modell) anstelle der äußeren Differenzierung aus. Historische Vorläufer des G.gedankens finden sich in der Zeit der Französischen Revolution (Condorcet) und vor allem nach 1918 (z.B. Bund der entschiedenen Schulreformer). Die gegenwärtigen Bemühungen zur Gründung von G.n entstanden vor dem Hintergrund entsprechender Schulreformen in England und Schweden. G.n zielen auf eine höhere Chancengleichheit in Hinblick auf Schichtzugehörigkeit, Region und Geschlecht. Durch sie soll die soziale Integration verbessert und der Unterricht differenzierter/individualisierter werden, als es im dreigliedrigen Schulwesen möglich ist. Empirische Untersuchungen haben bei einigen Mängeln überwiegend Vorteile der integrierten G. ergeben.

Lit.: Deutscher Bildungsrat: Einrichtung von Schulversuchen mit Gesamtschulen. Stuttgart, 1969; **Fend, H. u.a.:** Gesamtschule und dreigliedriges Schulsystem. Stuttgart, 1976; **Keim, W.** (Hrsg.): Gesamtschule. Hamburg, 1973; **Klafki, W. u.a.:** Integrierte Gesamtschule und Comprehensive School. Braunschweig, [2]1970.

Ch. Th. Scheilke

Zahlreiche Gesamtschulversuche führten zu widersprüchlichen Bewertungen. Insbesondere Vertreter des dreigegliederten Schulsystems weisen darauf hin, daß die Lerneffizienz in der G. nicht besser geworden sei, daß die finanziellen und personellen Mehraufwendungen dazu in keinem Verhältnis stünden, daß die G. auf eine differenzierte Schülererziehung weitgehend verzichten muß, da das Schülerkollektiv in einer Massenschule die Individualität und ihre Entwicklung beeinträchtige.

Lit.: Böttiger, B. u.a.: Soziales Lernen in der Gesamtschule. München, [2]1975; **Bühlow, G. u.a.:** Gesamtschule zwischen Schulversuch und Strukturreform. Weinheim u. Basel, 1972; **Nöth, W.:** Pro und Kontra Gesamtschule. Stuttgart, 1979; **Steinborn, P.:** Kommunikationsverhalten und Buch. Teil I u. II. Infratest Medienforschung München. In: Bertelsmann-Briefe Nr. 96/97, 1978/79.

W. Arnold

Gesamtumschaltung, vegetative, eine „Umschaltung" des gesamten Organismus, welche, durch *Fremdsuggestion* (↗Heterohypnose) oder *Selbstsuggestion* (↗Autohypnose, wie konzentrative Selbstentspannung im ↗autogenen Training, Yoga-Techniken und ähnliche Verfahren) hervorgerufen, einen hypnotischen Ruhezustand einleitet. In diesem ist eine mehr oder weniger weitgehende Beeinflussung vegetativer Funktionen möglich, die sich im Wachzustand einer willentlichen Einflußnahme fast immer entziehen.

H. N. Genius

Geschichte der Psychologie. I. Die Ursprünge der Psychol. gehen Tausende von Jahren zurück und reichen in viele Wissensgebiete hinein. Volksdenken, Magie, Religion, Philosophie und Wissenschaft trugen zum Entstehen der Psychol. bei. Es ist wahrscheinlich, daß jede Kultur ihre eigene Psychol. hatte, um bestimmte menschliche Gedanken, Handlungen und Ereignisse zu ergründen. Diese früheste G. d. P., wie die Geschichte des westlichen Denkens im allg., ist uns im wesentlichen durch die Schriften der griechischen Philosophen übermittelt worden.

Frühe griechische Naturalisten. Während sie über das Wesen des Universums nachsannen, erörterten die griechischen Philosophen des 6. Jh. v. Chr. schon bestimmte psychol. Probleme. Wie von Esper (1964) herausgestellt wurde, betrachteten sie die

Geschichte der Psychologie

ganze Natur als beseelt. Sie stellten sich die Materie, die Tiere und die Menschen lebendig vor, weil sie sich bewegten. *Thales* (ca. 625 v. Chr.) z. B. schrieb dem Magneten eine Seele zu, weil er Eisen anzieht. *Anaximander* (ca. 610 bis ca. 547 v. Chr.) stellte eine Evolutionstheorie auf, nach der das Leben aus von der Sonne erhitztem Schlamm entstand. Er glaubte weiter, daß das Wasser die Grundlage aller Stoffe bildete, weil es universal war, in vielen Formen vorkam und Bewegung erzeugte, wenn es seinen Aggregatzustand änderte. *Heraklit* (ca. 535 bis ca. 475 v. Chr.) betrachtete das Feuer als die Primärkraft und „Seelensubstanz", weil es sich bewegte und Materie umformte. Die ganze Materie glaubte er in einem beständigen Zustand des Fließens, und nur die Ordnung, mit der der Wechsel geschah, brachte Beständigkeit, Vernunft oder Logos. Heraklit glaubte auch, daß alles Wissen durch die Sinne kommen müsse, eine Vorstellung, die die Basis für das psychol. Denken der britischen Empiriker des späten 18. Jh. und später die Grundlage für gegenwärtige Methoden der Konditionierung, Re-Konditionierung und Verhaltensmodifikation bildete. *Demokrit* (ca. 460 bis ca. 370 v. Chr.) stellte die erste atomistische Auffassung vom Universum auf, indem er erklärte, daß die Materie wie auch die Menschen aus kleinen mobilen Atomen zusammengesetzt seien, die in den Körper eindringen, um ihm Leben oder Seele zu geben. Er nahm an, daß verschiedene Teile des Körpers von Atomen verschiedener Typen gebildet sind, die für eine Vielzahl von Funktionen verantwortlich sind. So beschrieb Demokrit das Gehirn als das Organ des Denkens, das Herz als das Organ des Ärgers und die Leber als das Organ der Krankheit. Er machte keinen Unterschied zwischen Fühlen und Denken, da beide auf atomarer Bewegung basierten (Diels, 1934).

FRÜHE GRIECHISCHE ANTINATURALISTEN. Nicht alle vorsokratischen Philosophen glaubten, daß Geist und Materie oder Körper und Seele gleiche Eigenschaften haben und für beide dieselben Naturgesetze gelten würden. Auch stimmten sie nicht alle der Zuverlässigkeit der Sinne als Anzeiger der Realität zu.

Pythagoras (ca. 582 bis ca. 500 v. Chr.) und seine Anhänger waren von den Zahlen fasziniert und erklärten durch sie viele abstrakte Begriffe. Die Pythagoreer betrachteten Seele und Körper nicht als *ein* Wesen, sondern behaupteten, daß die Seele den Körper nach dem Tode verläßt, um dann eine Reihe von Reinkarnationen durchmachen zu können. Diese Trennung von Körper und Seele wurde durch die christlichen Philosophen weiterentwickelt, die so die Psychol. für die dualistische Einstellung des Mentalismus und des Mechanismus vorbereiteten. *Protagoras* (ca. 500 bis ca. 410 v. Chr.), ein älterer Zeitgenosse von Plato, erkannte die Subjektivität der menschlichen Sinne und bezweifelte ihre Objektivität. Er wies darauf hin, daß sich Empfindungen und Wahrnehmungen inter- und auch intraindividuell unterscheiden, da sie Gegenstand einer ständigen biologischen und soziologischen Beeinflussung sind. Diese Ansicht lief auf seinen berühmten Ausspruch hinaus: „Der Mensch ist das Maß aller Dinge" (Diels, 1934). Der Antinaturalismus erreichte mit *Plato* seinen Höhepunkt. Er betrachtete die Sinne als unzuverlässig, weil man z. B. Dreiecke aller Formen und Größen wahrnehmen kann und stets noch eine Vorstellung der Dreiecksform behalten kann. Es ist deshalb die Idee, die Form oder der abstrakte Gedanke, der echtes Wissen gewährt. Sinneswahrnehmung, glaubte Plato, vermittelt nur Wahrscheinlichkeiten und Annäherungen. Er hatte so viel Vertrauen zum Verstand, daß er ihn der Beobachtung vorzog, ein Standpunkt, der oft die spätere Erweiterung psychologischer Kenntnisse behindert hat.

Die griechischen Philosophen gründeten zwei mehr oder weniger klar abgegrenzte philosophische Auffassungen der Psychologie. Eine Richtung betonte Verstand, Logik, Denken, Theorie, angeborenes Wissen und einen vom Körper getrennten Geist. Die andere Richtung betonte Beobachtung, Experimentieren, Lernen von der Umwelt und die Einheit von Körper und Seele. Vieles aller zukünftigen Psychol. gehörte einem dieser beiden Schulen an.

Aristoteles. Die Lehren des Aristoteles (384–322 v. Chr.) können keiner der beiden Schulen zugeschrieben werden. Er war sowohl ein Theoretiker als auch ein Beobachter. Watson (1968) betrachtet ihn als den ersten Psychologen, weil er versuchte, eine systematische und integrierte Auffassung von der Funktion des menschlichen Geistes darzulegen. Die vielen Themen, über die er schrieb, sind den Kapitelüberschriften in modernen Texten über die Allgemeine Psychol. sehr ähnlich.

Anders als Plato glaubte Aristoteles, daß die Form ohne Materie nicht existieren kann, daß z. B. eine Bronzestatue Materie haben müsse, um eine Form zu haben, und umgekehrt. Dieses Konzept der Einheit ist auch in der Auffassung des Aristoteles über die „Psyche" zu finden und wird oft als „Seele" oder „Geist" interpretiert. Die Seele bei Aristoteles umfaßt sowohl die Materie als auch das Funktionieren des Geistes. Für ihre Entwicklung gelten Evolutionsprinzipien, d. h. aus einer *vegetativen* Seele, die den Pflanzen zugeschrieben wird, über eine *sensorische* Seele, die den Tieren zugeschrieben wird, entstand eine *rationale* Seele der Menschen. Die „Psyche" hatte nach Aristoteles keinerlei religiöse oder übernatürliche Eigenschaften. Diese wurden erst über tausend Jahre später von dem Scholastiker Thomas von Aquino hinzugefügt.

Aristoteles schrieb über die fünf Sinne und setzte einen sechsten Sinn voraus, der notwendig sei, um die Funktionen von zwei oder mehreren Sinnen zu kombinieren. Er glaubte, daß wir uns auf die Sinne verlassen müssen, um Tatsachenbeobachtungen zu machen, wies aber darauf hin, daß empirische Daten, ganz gleich, wie korrekt sie sind, nutzlos sind, wenn sie mit falscher Logik oder falschen Voraussetzungen interpretiert werden. Er warnte auch davor, sich von korrekter Logik irreführen zu lassen, wenn sie auf fehlerhaften Beobachtungen basiert. So glaubte er, Wissen sei eine Kombination von Sinneserfahrung und Denken.

Viele der Hypothesen des Aristoteles über das Wesen von Erinnern und Vergessen haben eine große Zahl von Experimenten auf dem Gebiet des Lernens ausgelöst. Seine Assoziationslehre behauptete, daß das Erinnerungsvermögen entweder durch Ähnlichkeit oder durch Unähnlichkeit eines gegenwärtigen und eines vergangenen Ereignisses oder durch ihre enge zeitliche und räumliche Beziehung angespornt wird. Später wurden diese Hypothesen als die Gesetze der Ähnlichkeit, des Kontrastes und der Kontinuität bekannt.

Aristoteles stellte Theorien über Wünsche, Begierden, Schmerz und Lust, Reaktionen und Gefühle auf. Seine Lehre von der Katharsis behauptete z. B., daß Ängste auf den Helden einer Tragödie übertragen werden können; ein Gedanke, der viel später einen der Lehrsätze der Psychoanalyse und der Spieltherapie bildete.

Frühe christliche Periode und Mittelalter. In der frühchristlichen Epoche und während des Mittelalters gab es nur wenige psychol. Untersuchungen. Die Lehren des hl. *Augustinus* (354–430) wurden für Hunderte von Jahren akzeptiert. Er betonte die introspektive Methode und glaubte, daß „Selbsterkenntnis", das subjektive Reflektieren über den eigenen Geist, genauer ist als das Wissen, das durch Sinneswahrnehmung gewonnen wurde. Die Hauptkraft des Geistes oder des „Selbst" sei die Macht des „Willens", der für Gewohnheiten, Handlungen und Glauben verantwortlich ist. Unwillkürliche Körperfunktionen wurden jedoch nicht als Teil des „Selbst" betrachtet und sollten vernachlässigt und ignoriert werden – eine Auffassung, die in der westlichen Kultur erhalten geblieben ist, wo autonome Funktionen, wie z. B. Sexualität und Magen-Darm-Tätigkeiten, noch immer am besten in der Zurückgezogenheit ausgeübt werden.

Thomas von Aquino (1225–74) übernahm sowohl den Begriff des „Glaubens" und „Willens" von Augustinus als auch den des „Verstandes" von Aristoteles. In dieser Verbindung wurde der *Wille* des Augustinus dem *Verstand* des Aristoteles untergeordnet, und die *rationale* Seele des Aristoteles wurde unsterblich und konnte wieder auferstehen. Thomas wandelte auch Aristoteles' hierarchischen Begriff der „Seelen" oder der „Psyche" ab. Er nahm an, daß es nur eine Seele gibt, aber daß diese Seele zusammengesetzt sei aus einer rationalen Fähigkeit, die nicht physisch und unsterblich ist, sowie aus sensorischen und vegetativen Fähigkeiten, die wegen ihrer physischen Abhängigkeit mit dem Körper sterben.

ANFÄNGE DER MODERNEN PSYCHOLOGIE. Die Definition von Verstand, Geist, Seele und Körper, die Thomas aufgestellt hatte, wurde nicht bezweifelt, bis *Descartes* (1596–1650) seinen dualistischen Begriff vom Menschen einführte. Er glaubte, der Geist oder die Seele hätte ihren Platz im Gehirn, obwohl sie keine Substanz haben. Andererseits glaubte er, der Körper besitze Substanz oder „ausgedehnte" Eigenschaften, die – wie Maschinen – mechanischen Gesetzen folgen. Weiter glaubte Descartes, daß der Geist den Körper beeinflussen kann und umgekehrt, und versuchte, den physiologischen Mechanismus dieser *Interaktion* zu beschreiben. Descartes wird oft der erste moderne Psychologe genannt, weil die Psychol. ohne die Einführung und die Anerkennung physiologischer Faktoren spekulativ geblieben wäre.

Nachdem Descartes das Interaktionskonzept eingeführt hatte, begannen die Philosophen über die Qualität und Quantität des körperlichen Einflusses auf den Geist zu diskutieren. Sie waren hauptsächlich daran interessiert, zu wissen, ob solche geistigen Eigenschaften wie Wissen, Denken und Ideation im Geist selbst entstehen oder ob sie den Geist über die Sinne des Körpers erreichen. *J. Locke* (1632–1704) vertrat einen radikalen Erfahrungsstandpunkt. Er behauptete, daß der Geist eine „leere Tafel" (tabula rasa) sei, daß alles Wissen den Geist durch die Sinne erreiche und daß die Ideen Kombinationen und Reflexionen sensorischer Eindrücke seien. Locke und andere britische Philosophen, wie *D. Hume, D. Hartley, J. und J. St. Mill, A. Bain und H. Spencer,* die ähnliche Ansichten hatten, sind als „britische Empiriker" bekannt. Sie werden auch als „Assoziationisten" bezeichnet, weil sie glaubten, daß die Assoziationsgrundsätze des Aristoteles eine Hauptrolle bei der Auswahl, Speicherung und Zusammensetzung der geistigen Inhalte, wie Wissen, Denken, Vorstellungsbilder und Ideen, spielen.

Nicht alle Philosophen stimmten mit den Empirikern überein. *G. Berkeley* (1683 bis 1753) wies darauf hin, daß der Geist, wie z. B. im Falle der Tiefenwahrnehmung, Information von retinalen Größenunterschieden, der Klarheit des Bildes, der Spannung von bestimmten Augenmuskeln usw. verarbeiten muß – also Information oder Reize, die nicht *direkt* mit der Tiefenwahrnehmung verknüpft sind. So folgerte Berkeley, daß die letzte Realität im Geiste liegt und nicht in der Materie, die in der Umwelt gefunden wird.

Das Hauptproblem der Psychol. war das ↗„Leib-Seele"-Problem gewesen. Das 19. Jh. fügte diesem Problem noch das des „Nativismus versus Empirismus" oder das der „Vererbung versus Umwelt" hinzu, ein Problem, das noch immer viele Diskussionen über die Messung und die Definitionen psychologischer Begriffe, wie Temperament und Intelligenz, verursacht.

DIE PHYSIOLOGIE UND DER GEIST. Die Physiologen des 19. Jh. wurden stark beeindruckt von den Philosophen, die über den Gehalt und die Funktionen des Geistes theoretisierten. *P. Flourens* (1794–1867) demonstrierte, daß bestimmte Teile des Gehirns direkt für bestimmte Verhaltensfunktionen verantwortlich sind. Als er z. B. den Kortex eines Vogels herausschnitt, fand er, daß dieser nicht mehr „vorsätzlich" fliegen konnte, sondern nur, wenn er in die Luft geworfen wurde. *P. Broca* (1824–80) versuchte, die Region des Gehirns, die für die Sprache verantwortlich ist, genau zu lokalisieren. 1870 konnten H. Fritsch und E. Hitzig die Region der Hirnrinde lokalisieren, die mit motorischen Funktionen verbunden ist (Boring, 1950).

Die Untersuchungen sensorischer Rezeptoren, Nerven und Muskeln trugen ebenfalls viel zum Verstehen menschlicher Gefühle, Gedanken und Aktivitäten bei. Du Bois-Raymond demonstrierte 1849, daß Nervenaktivität meßbar ist und daß sie von einem elektrischen Impuls begleitet wird; Helmholtz zeigte 1850, daß die Nervenleitung eine bestimmte Zeit erfordert. Sechenow (1863) prüfte Reflexe und fand, daß einige Tiere zielorientierte Handlungen mit Hilfe der Spinalreflexaktionen ohne die Aktivität des Gehirns ausführen können.

Physiologische Entdeckungen wie die oben erwähnten waren „bahnbrechend" für die Psychol., weil die Anhänger des Nativismus – die dominierende Mehrheit – darauf bestanden, daß die Funktionen des Geistes ohne physische Korrelate in Raum oder Zeit ablaufen können. Sechenow wurde z. B. nicht gestattet, seine Ergebnisse über das Wesen der Reflexe unter dem Titel *„Ein Versuch, physiologische Grundlagen für psychische Prozesse zu schaffen"* zu veröffentlichen. Der Zensurausschuß von St. Petersburg glaubte, daß die Nebeneinanderstellung von „physiologisch" und „psychisch" die Sitten der Gesellschaft verderben würde.

Experimentelle Psychologie. Psychologie ist als das „Produkt der Vereinigung von *Philosophie* und *Physiologie*" definiert worden (Keller, 1937, 21). Die Physiologie erschloß der Psychol. nicht nur physiologische Daten, sondern auch die *wissenschaftliche* Methode im allg.; Wissenschaftler (auch Nicht-Physiologen) beschleunigten durch ihre bedeutenden Beiträge diese Entwicklung. Der Physiker *G. Fechner* (1801–87), der auch Arzt und Philosoph war, widmete einen großen Teil seines Lebens der Untersuchung von Beziehungen zwischen der *objektiven, physikalischen* und der *subjektiven, persönlichen* Welt. Er hat die physikalische Energie, die nötig ist, um Empfindungen verschiedener Intensität zu erzeugen, gemessen. Er fand z. B., daß *zehnmal* soviel Reizenergie erforderlich ist, um einen Ton zu erzeugen, der *doppelt* so laut wie vorher gehört wird, aber hundertmal soviel Energie, um den Ton dreimal so laut zu hören usw. Fechners Methode wurde als „Psychophysik" bekannt und hat in der Maschinenkonstruktion sowie bei der Anpassung der Maschinen an das bestmögliche Bedienen durch Menschen starke Anwendung gefunden.

Der holländische Physiologe *F. C. Donders* (1868) versuchte, geistige Aktivitäten durch ↗„Reaktionszeit-Experimente" zu messen. Um einen Zeitmaßstab für das Denken zu erhalten, zog er die Reaktionszeit, die zur Lösung einfacher Aufgaben nötig ist, von der, die für kompliziertere Aufgaben verlangt wird, ab. Einer anderen wissenschaftlichen, aber nicht physiologischen Methode zur Erforschung des Geistes wurde von *H. Ebbinghaus* (1850–1909) der Weg gebahnt. Er untersuchte die Zeitspannen des Lernens und des Vergessens, wie z. B. das Verhältnis zwischen der Zahl der Wiederholungen und des Gedächtnisumfangs. In seinen Experimenten benutzte Ebbinghaus die von ihm erfundenen sinnlosen Silben. Er theoretisierte richtig, daß sich die Benutzung bedeutungsvoller Worte störend auf die Objektivität bei Lernexperimenten auswirkt.

Akademische Psychologie. Das erste psychol. Laboratorium wurde 1879 von *W. Wundt* (1832–1920) an der Universität Leipzig gegründet. Wundt absolvierte das Studium der Medizin, der Physiologie und der Philosophie. Er war ein produktiver Schriftsteller, „im ganzen 491 Veröffentlichungen, die von kurzen Artikeln (eine Seite) bis zu Büchern mit dem Umfang von 2353 Seiten reichen" (Boring, 1950). Wundt versuchte, den Geist zu erforschen, indem er den Bewußtseinsumfang untersuchte, und widmete sich besonders der experimentellen Untersuchung der Elemente der Empfindung, wie Intensität, Dauer und Lage. Die von Wundt vorgezogene Methode war die „Introspektion", nach der ein Individuum aufgefordert wurde, seine Empfindungen und Gefühle mit Hilfe festgelegter technischer Ausdrücke zu beschreiben.

Wundts Laboratorium wurde das Zentrum psychologischer Tätigkeit. Studenten aus der ganzen Welt kamen zu ihm, um Probleme, die mit visueller Wahrnehmung, Hören, Tastempfindung und Geschmack, Reaktionszeit, Wortassoziationen usw. verknüpft sind, zu erforschen. Die Mannigfaltigkeit und der Umfang des Wundtschen Beitrags zur Psychol. sind einzigartig. Boring und Boring (1948) begutachteten die Vergangenheit der amerikanischen Psychologen und fanden, daß eine große Mehrheit von Lehrern ausgebildet wurde, die ihrerseits Wundts Schüler waren. Es ist interessant, zu bemerken, daß Wundts Einfluß in Deutschland weniger ausschlaggebend war (Wesley, 1965).

Ausbreitung der Psychologie. Die Einheit in der Psychol. war kurzlebig und bestand vielleicht nur in statu nascendi, während und kurze Zeit nach der Gründung des Leipziger Laboratoriums. Es sollten bald andere psychol. Schulen folgen, die verschiedene Methoden zur Untersuchung des Geistes bevorzugten. *O. Külpe* (1862–1915) gründete 1896 in Würzburg ein psychol. Laboratorium (↗Würzburger Schule). Er untersuchte mit seinen Studenten solche komplexen Aufgaben wie Denken, Erinnern und Urteilen. Sie arbeiteten mit einem mehr *molaren Typ* der Introspektion und glaubten, daß Wundts Methode zu atomistisch war.

Das Prinzip der „*Ganzheit*" wurde später von den Begründern der „Gestaltpsychologie" betont. 1912 demonstrierte *M. Wertheimer,* daß zwei feststehende Lichter, die in einer bestimmten Reihenfolge aufleuchten, bei einem Beobachter die Empfindung der *Bewegung* hervorrufen. Seitdem behaupten Wertheimer und die Gestaltpsychologen, daß die Empfindung, oder Empfindung der Erfahrung, nicht gleich der Summe der Reize ist. Die gestaltpsychol. Schule fuhr fort, sich dem Atomismus und dem Elementarismus in der psychol. Forschung zu widersetzen, besonders auf den Gebieten der Empfindung und des Lernens. In Rußland folgte *J. P. Pawlow* (1849–1936) der Arbeit Sechenows über die „Reflexologie". Durch seine Arbeit über den konditionierten Reflex konnten viele Grundregeln über das Wesen des Lernens aufgestellt werden; es handelt sich besonders um Grundregeln über die zeitliche Folge, Generalisierung, Diskrimination, Löschung, Belohnung und Bestrafung usw. während des Assoziationsprozesses zwischen Reizen und Reaktionen. Bestimmte psychol. Schulen und Richtungen, die sich um die Jahrhundertwende entwickelten, unterschieden sich nicht nur in der Methodologie, sondern auch hinsichtlich der Ziele der Psychologie. Beeinflußt durch die Schriften von *W. James* (1842–1910), wurde die Psychol. in Amerika „*funktionalistisch*". Ihre Forschungsmethode und auch ihr Ziel wurden erweitert. Daten von Tieren, Kindern und Geisteskranken wurden zur Untersuchung herangezogen, und die Psychologen begannen praktische Empfehlungen für die Kinderpflege, Erziehung, Industrie und für Lebenssysteme im allg. zu geben. Der Behaviorist *J. B. Watson* (1878–1958) bediente sich der Pawlowschen ↗Konditionierungsmethode, um zu demonstrieren, daß bestimmte Ängste und Wünsche aus der Kindheit durch direkte oder indirekte Assoziationen mit physischem Schmerz oder physischer Lust konditioniert werden können. Watson veröffentlichte sowohl experimentelle Ergebnisse als auch viele praktische Ratschläge über die Kinderpflege (Watson, 1919, 1928).

Es gab auch andere angewandte Konzepte der Psychologie, die zu ihrer großen Verzweigung beitrugen. Die historischen Wurzeln der Psychoanalyse (S. Freud) können in der griechischen Literatur, der Hypnose und der Psychopathologie gefunden werden. Freuds praktische Aufgabe, die Heilung neurotischer und psychotischer Patienten, führte zu seinen Theorien über das Wesen und die Funktionen des „unbewußten" Geistes.

Das ↗Testen der Intelligenz, ein psychol. Gebiet von sehr weit verbreitetem und praktischem Einfluß, begann mit der Arbeit von *F. Galton* (1869), der die Leistungen berühmter Männer und ihrer Nachkommen tabellarisch ordnete. Der erste brauchbare IQ-Test wurde von *A. Binet* und *Th. Simon* (1905) entwickelt, um die Pariser Schulkommission mit einem Mittel auszustatten, das vorhersagen konnte, ob ein Schüler aus allgemeinen Unterrichtsmaßnahmen Nutzen ziehen würde oder nicht. Trotz der Revisionen und Modifikationen sind die IQ-Tests, wie sie heute benutzt werden, im wesentlichen den ursprünglichen, von Binet und Simon entworfenen gleich.

Angewandte Gebiete wie Konditionierung, ↗Psychoanalyse und Testen der Intelligenz haben, vielleicht als ein Nebenprodukt, viele psychol. Theorien geschaffen. Auf einigen Gebieten haben die Theorien möglicherweise die experimentelle Verifikation überschattet. Einige Psychologen fühlen, daß ihre Wissenschaft „übermäßig an eine viel zu bereitwillige Öffentlichkeit verkauft wurde" (Miller, 1962, 4).

METHODEN DER GESCHICHTSSCHREIBUNG. Drei historische Hauptwerke, geschrieben von E. G. Boring, M. Gardner und W. B. Pillsbury, wurden 1929 veröffentlicht. Von diesen war Borings Buch das systematischste und einflußreichste. Verschiedene historische Schriftsteller haben Boring später Geschichtsbücher gewidmet (Watson, 1968; Miller, 1962). Borings Methode war die Beschreibung der Leistung des Individuums in Beziehung zum „Zeitgeist". Andere Texte von R. S. Woodworth (1931), E. Heidbreder (1933) und J. C. Flugel (1933) folgten bald. Sie beschrieben die G. d. P. auf chronologische Weise, indem sie die Entwicklung psychologischer Schulen und Konzepte verfolgten. Autoren neuerer chronologisch geschriebener G. d. P. sind Mueller (1960) und Kantor (1963). Außerdem gibt es biographische und autobiographische Geschichtsbücher (Biographie „großer Männer"), die z. B. von Pillsbury (1929), Murchison (1930), Garret (1951) und Watson (1968) geschrieben wurden. Von all diesen Geschichtsauffassungen unterscheidet sich die doxographische oder *Problemgeschichte,* bei der die Geschichte einer Anzahl grundlegender oder immer wieder vorkommender Probleme, wie z. B. ↗Leib–Seele, ↗Bewußtsein, ↗Assoziation, ↗Intelligenz usw., getrennt verfolgt und diskutiert wird. Arbeiten, die diesen „Geschichtstyp" repräsentieren, sind von Spearman (1937), v. Schiller (1948), Pongratz (1967) und anderen geschrieben worden.

Esper (1964) stellt eine Geschichte vor, die von einem biophysiologischen Thema angeführt wird. Es sind auch Geschichtsschreibungen von geographischen oder ideologischen Standpunkten aus verfaßt worden. Hearnshaw (1964) beschrieb die Geschichte der britischen und Roback (1964) die Geschichte der amerikanischen Psychologie. Brožek (1969) rezensierte die Arbeit von Petrovskij (1967), die sich um das Thema der fundamentalen Rekonstruktion der russischen Psychol. auf der Grundlage des Marxismus-Leninismus konzentriert, sowie die Arbeit von Yaroshevskij (1966), die den Ursprung psychologischen Denkens in Ägypten, China und Indien erörtert, und betrachtet die Psychol. im marxistischen Sinne, wonach sie sich aus den praktischen Bedürfnissen der Gesellschaft entwickelt hat. Eine nützliche Bibliographie über alle Hauptwerke, die zur G. d. P. nach 1900 veröffentlicht wurden, haben Misiak und Sexton (1966, 469–470) geschrieben.

VERGANGENHEIT, GEGENWART UND ZUKUNFT. Vor mehr als einem halben Jh. sagte Ebbinghaus (1908) in dem ersten Satz seines „Abriß der Psychologie", daß die Psychol. eine lange Vergangenheit, aber nur eine kurze Geschichte gehabt habe. Mit der „langen Vergangenheit" meinte er die Philosophie, mit der „kurzen Geschichte" die experimentelle Methode. Ein großer Teil der G. d. P. ist im Rückblick geschrieben worden. In vielen Beispielen zeigten die Verfasser psychologischer Ideen keine historische Kontinuität. Esper (1964, 176) weist darauf hin, daß z. B. der Assoziationismus zuerst von Plato erörtert wurde, später von Aristoteles, 2000 Jahre später (1650) von Hobbes und 1695 wieder von J. Locke, der glaubte, daß die Grundsätze der Assoziation „bisher nicht berücksichtigt worden waren". Esper vergleicht auch Abschnitte aus den Schriften von W. James (1890) und C. L. Hull (1930) mit Abschnitten aus „Über Gedächtnis und Erinnerung" von Aristoteles und findet viele neue Ausdrücke, aber wenig neue Ideen. Er glaubt, daß die Psychol. andere Wissenschaften zur Vernachlässigung ihrer Geschichte geführt hat.

Gegenwärtig scheint die G. d. P. nicht länger vernachlässigt zu werden. In den sechziger Jahren gab es erneut viel Interesse an der Lehre und Erforschung der Geschichte. In Frankreich ist ein Geschichtskursus in den grundlegenden Lehrplan eingefügt worden. Miller (1962) hat einen Text geschrieben, um die Einführung in die Psychol. durch ein historisches Thema zu lehren, und Lyman (1970) hat über den Erfolg einer solchen Methodik berichtet. Die folgenden Ereignisse haben die Position der G. d. P. im amerikanischen Bereich gestärkt:

1. Die „*Archives of the History of American Psychology*" (Archiv der Geschichte der amerikanischen Psychol.) wurden 1961 an der Universität von Akron (Ohio) mit J. A. Popplestone als Direktor eingerichtet. 2. Der erste Band des „*Journal of the History of the behavioral Sciences*" (Journal der Geschichte der Verhaltenswissenschaften) erschien im Januar 1965 unter R. I. Watson als Herausgeber. 3. Die „*Division of the History of Psychology*" (Einteilung der G. d. P.) wurde als 26. Abteilung der „*American Psychological Association*" (Amerikanische psychol. Assoziation) im Jahre 1966 gegründet. 4. Das erste „*Summer Institute in the Teaching of the History of Psychology*" (Sommerinstitut für die Lehre der G.d.P.) wurde 1968 an der Universität von New Hampshire mit J. Brožek als Direktor abgehalten. 5. Das erste Treffen der „*International Society for the History of the Behavioral and Social Sciences* (ISHOBSS)" (Internationale Gesellschaft für die Geschichte der Verhaltens- und Sozialwissenschaften), begründet von J. Jaynes, wurde im Mai 1969 an der Princeton-Universität abgehalten.

Die Forschung arbeitet weiter, und bestimmte Teile der G. d. P. werden noch geschrieben. Mountjoy u. a. (1969) z. B. haben kürzlich die Techniken der Falkenabrichtung beschrieben, die von Friedrich II. (1194 bis 1250) angewandt wurden. Sie fanden einige auffallende Ähnlichkeiten zwischen mittelalterlicher Falknerei und der zeitgenössischen operanten Tierpsychologie.

Der Gegenstandsbereich und die ↗Methoden der Psychol. haben sich ausgedehnt. Zukünftige Berichte werden wahrscheinlich mehr von der Geschichte anderer Disziplinen, wie Anthropologie, Chemie, Mathematik, Medizin und Soziologie, enthalten. Diese Mannigfaltigkeit wird die künftige G. d. P. schwieriger gestalten, aber auch notwendiger machen, da die Geschichte die einzige bedeutungsvolle Verbindung zwischen den verschiedenen Zweigen werden könnte und die Grundlage abgeben wird für die Weiterentwicklung der vielen Spezialgebiete, die entstehen werden.

Lit.: Baumgarten, F.: Zur Geschichte der angewandten Psychol. in der Schweiz, 1961; **Binet, A. & T. Simon:** Méthodes nouvelles pour le diagnostic du niveau intellectuel des anormaux. Année Psychologique, 1905, *11*, 191–244; **Boring, E. G.:** A history of experimental psychology. New York, [2]1950; **Boring, M. D. & E. G. Boring:** Masters and pupils among the American psychologists. Amer. J. Psychol., 1948, *61*, 527–534; **Brožek, J.:** Soviet contributions to history. Contemp. Psychol., 1969 XIV, (8), 432–434; **Diels, H.:** Fragmente der Vorsokratiker. (W. Kranz, Hrsg.). Berlin, 1934–38; **Donders, F. C.:** Die Schnelligkeit psychischer Prozesse. Arch. Anat. u. Physiol., 1868, *6*, 657–681; **Doucet, F.:** Forschungsobjekt Seele. München, [2]1977; **Ebbinghaus, H.:** Abriß der Psychologie. Leipzig, 1908; **Esper, E. A.:** A history of psychology. Philadelphia, 1964; **Flugel, J. C.:** A hundred years of psychology. London, 1933; **Garret, H. E.:** Great experiments in psychology. New York, [3]1951; **Hearnshaw, L. S.:** A short history of British psychology, 1840–1940. New York, 1964; **Hehlmann, W.:** Geschichte der Psychologie. Stuttgart [2]1967; **Heidbreder, E.:** Seven Psychologies. New York, 1933; **Holzner, B.:** Amerikanische und deutsche Psychologie. Würzburg, 1959; **Kantor, J. R.:** The scientific evolution of psychology, Vol. 1. Chicago-Granville, 1963; **Keller, F. S.:** The definition of psychology. New York, 1937; **Lyman, B.:** Performance of introductory psychology students in an historical foundations course. J. Hist. Behav. Sci. 1970, VI, (4), 354–357; **Miller, G. A.:** Psychology: The science of mental life. New York, 1962; **Misiak, H. & V. S. Sexton:** History of psychology: An overview. New York, 1966; **Mountjoy, P. T., Bos, J. H., Duncan, M. O. & R. B. Verplank:** Falconry: Neglected aspect of the history of psychology. J. Hist. Behav. Sci., 1969, *5*, 59–67; **Mueller, F. L.:** Histoire de la Psychologie de l'antiquité à nos jours. Paris, 1960; **Müller, G. A.:** Große Psychologen, Klassiker einer Wissenschaft. Wien – Düsseldorf 1969; **Murchison, C.** (Hrsg.): A history of psychology in autobiography.

Worcester, 1930–36; **Murphy, G. & J. K. Kovach:** Historical introduction to modern psychology. New York, [3]1972; **Petrovskij, A. V.:** Istoriya sovetskoj psikhologiji. Moskau, 1967; **Pillsbury, W. B.:** The history of psychology. New York, 1929; **Pongratz, L. J.:** Problemgeschichte der Psychologie. Bern, 1967; **Roback, A. A.:** A history of American psychology. New York, 1964; **Schiller, P. v.:** Aufgabe der Psychologie. Eine Geschichte ihrer Probleme. Wien, 1948; **Sechenov, I. M.:** Reflexes of the brain. Cambridge, 1965; **Spearman, C.:** Psychology down the ages. London, 1937; **Toman, W.:** Kleine Einführung in die Psychologie. Darmstadt, [4]1973. **Watson, J. B.:** Psychology from the standpoint of a behaviorist. Philadelphia, 1919; **Watson, J. B.:** Psychological care of infant and child. New York, 1928; **Watson, R. I.:** The great psychologists from Aristotle to Freud. Philadelphia, [2]1968; **Wesley, F.:** Master and pupils among the German psychologists. J. Hist. Behav. Sci. 1965, I, *(3)*, 252–258; **Woodworth, R. S.:** Contemporary schools of psychology. New York, 1931. **Yaroshevskij, M. G.:** Istoriya psikhologiji. Moskau, 1966.

F. Wesley

II. Zur Psychologie der Gegenwart. Versucht man, aus ihrer Geschichte die *Psychologie der Gegenwart* in den Blick zu nehmen, so wird ein markanter Zug ansichtig: der Auflösungsprozeß der großen Systeme, der großen Schulen wie der ↗Gestaltpsychologie, des ↗Behaviorismus und – allerdings in viel eingeschränkterem Maß – der ↗Psychoanalyse. S. Koch, der Herausgeber von „Psychology: A Study of a Science", konstatiert (1959): „... a far more open and liberated conception of the task of psychology, the role of its investigators and systematists, than we have enjoyed in recent history." (Vgl. auch das Gesamtbild der gegenwärtigen Psychol., wie es sich im „Handbuch der Psychologie", 1959–70, bietet.)

Fragt man spezifischer, was diese offene, liberale Einstellung meint, so zeigt sich mit Bezug auf die Grundannahmen, die Grundpositionen der Psychol. ein, wie Marx (1963) formuliert, stark angewachsenes Interesse an *positivistisch-empirisch wissenschaftlichem* Arbeiten. – Mit Bezug auf die Methoden ist festzustellen, daß diese *eklektisch-pragmatisch* in Gebrauch genommen werden, wobei ein wesentlicher Teil des Fortschritts durch die Technisierung der Datenerhebung und -verarbeitung gewonnen wird (z. B. elektronische Versuchsapparaturen, Einsatz von Computern). – Hinsichtlich der konventionell abgegrenzten Forschungsbereiche innerhalb der Psychol. zeigt sich zunehmend eine immer engere Verschränkung; man denke nur an die Rolle der Motivationspsychol. im Bereich von Wahrnehmung und Lernen. Gleichlaufend damit wächst die sachliche Verflechtung mit Nachbarwissenschaften wie der Physiologie und auch der Soziologie. Neuartige Impulse zur Anwendung der Psychol. resultieren aus technologischen Projekten (z. B. Raumfahrtprojekten) sowie den komplizierter werdenden aktuellen Anforderungen des modernen Gesellschaftslebens.

Über der sachlichen und methodischen Pluralisierung der Psychol. darf die Frage nach ihrer theoretischen Einheit nicht verlorengehen; sie ist vielmehr, wie unlängst Foppa (1970) forderte, nachdrücklich zu stellen, um die Psychol. dem Ziel strenger *Erfahrungswissenschaft* nahezubringen.

Gelten die vorangehenden Betrachtungen vorwiegend dem Forschungsbereich der Psychol., so sollen noch einige Gedanken angefügt werden über die Psychol. als *Lehre* und als *Beruf*. Was die *Psychologie als Lehre* anbelangt, sieht sie sich durch die progressive Entwicklung an den Hochschulen in eine merkwürdige Doppelrolle gedrängt: zum einen werden ihre Lehrformen und auch -inhalte wie die der anderen Hochschuldisziplinen betont in Frage gestellt, zum anderen ist gerade sie mit aufgerufen, diese offensichtlichen Mißstände zu beheben. Bei diesem Bemühen scheint es der Psychol. weniger an den Mitteln zu fehlen, wenn man etwa an die Erkenntnisse in der Eignungsdiagnostik, Intelligenz- und Kreativitätsforschung, Lernpsychol. (z. B. Programmierter Unterricht), Soziodynamik, Beratungspsychol., Psychotherapie denkt, sondern eher an dem Vermögen, die vorhandenen Mittel hinzuordnen, organisiert in Ansatz zu bringen in der praktischen Problemsituation. – Was die *Psychologie als Beruf* anbelangt, so hat sie in den USA vielfältige gesellschaftliche Aufgaben übernommen und sich bei deren Erfüllung bewährt und etabliert (American Psychological Association mit über 26 000

Mitgliedern in etwa 30 Sektionen). Demgegenüber fällt die berufliche Vertretung in den übrigen Ländern weit zurück; von den wenigen Ländern, die sich dem amerikanischen Vorbild ersichtlich annähern, seien beispielsweise Deutschland, England, Japan genannt.

Lit.: **Foppa, K.:** Über die Angemessenheit psychol. Beobachtungsweisen. Schweiz. Z. Psychol., 1970, *29*, 34–40; **Gottschaldt, K., Lersch, Ph., Sander, F. & H. Thomae** (Hrsg.): Hdb. der Psychologie, 12 Bde. Göttingen, [1-2]1959–77; **Koch, S.** (Ed.): Psychology: A study of a science, 6 Vols. New York, 1959–63; **Marx, M. H.** (Ed.): Theories in contemporary psychology. New York, 1963.

E. G. Wehner

Geschicklichkeit, Bezeichnung für die Fähigkeit, bestimmte körperliche Verrichtungen (bes. Hand- und Fußbewegungen, die im Sinne einer visuell-motorischen Koordination mit den Augen kontrolliert werden) oder geistige Probleme (angemessene Sozial- oder Leistungsverhalten) bestmöglichst, d. h. so zu lösen, wie die vorhandene Begabung effektiv eingesetzt ist. *W. Tisch*

Geschlecht, bezeichnet die psychischen und körperlichen Eigentümlichkeiten von männlichen, weiblichen und allen eventuell auftretenden Zwischenformen (↗Geschlechtsmerkmale; ↗Geschlechtsunterschiede). Ein Individuum, das in gewissem Maße Merkmale beider G.er in sich vereint, wird als Hermaphrodit bezeichnet.

Lit.: **Dannhauer, H.:** Geschlecht u. Persönlichkeit. Berlin, [2]1977.

G. D. Wilson

Geschlechterrollen. In jeder Gesellschaft werden spezifische *Verhaltenserwartungen* und *Normen* an Mann und Frau herangetragen, Abweichungen davon meist negativ sanktioniert. Ausgehend von biologisch-physiologischen Unterschieden zwischen den Geschlechtern, bilden sich psychol. Reaktions- und soziale Verhaltensmuster heraus, die ihrerseits von der sozio-ökonomischen Organisation einer Gesellschaft, insbes. der Arbeitsteilung, bedingt sind. Aufbauend auf dieser Arbeitsteilung, dürften nach den bisherigen Forschungsergebnissen die G. auf einen Lernprozeß zurückgehen, in dem immer weitere Aktivitäten als geschlechtstypisch standardisiert werden, ohne daß noch ein Bezug zu den biologischen Differenzen erkennbar ist (D'Andrade, 1966). Fast immer entstehen aus G. auch ungleiche Machtverhältnisse, erkennbar u. a. an Besitzverhältnissen, Erbrecht, Wohnort nach der Heirat, Sexualnormen.

Da G. im Sozialisationsprozeß gelernt und damit meist unbewußt internalisiert werden, erscheinen sie als kulturelle Selbstverständlichkeiten. Interkulturelle Vergleiche (wie Vergleiche zwischen verschiedenen sozialen Schichten innerhalb einer Gesellschaft) belegen die hohe Variationsbreite von Geschlechterrollen. Dabei können als fast immer von Männern und selten von Frauen ausgeübt folgende Aktivitäten gelten: Jagd, Metallarbeit, Waffen- und Bootsbau, Bergbau; das Umgekehrte gilt für: Kindererziehung, Haushalt, Feldarbeit, Weben, Essenszubereitung (Murdock, 1949, 1967). Gegenbeispiele sind z. B. Gesellschaften, in denen die Frauen alle körperliche Arbeit verrichten (Kulturen in Mikronesien und Melanesien) oder wo die traditionellen westlichen G. umgekehrt sind (Tschambuli). Der Wandel von G. innerhalb industrieller Gesellschaften und deren Dynamik zeichnet sich an einer stärkeren ökonomischen Gleichstellung der Frau, einer sexuellen ↗Emanzipation, der Verringerung der ↗Doppelmoral, also insgesamt an geringeren geschlechtstypisch begründeten (männlichen) Vorrechten, ab.

Lit.: **D'Andrade, R. C.:** Sex differences and cultural institutions. In: **E. E. Maccoby** (Ed.): The development of sex differences. Stanford, 1966; **Bornemann, E.** (Hrsg.): Sexualität. Weinheim, 1978; **Ford, C. S. & F. A. Beach:** Patterns of sexual behavior. New York, 1951 (dt.: Formen der Sexualität. Reinbek – Hamburg, 1968); **Freeman, L.:** What Do Women Want? New York – London, 1978; **Mead, M.:** Sex and temperament in three primitive societies. New York, 1936 (dt.: Jugend und Sexualität in primitiven Gesellschaften, Bd. 3: Geschlecht und Temperament in drei primitiven Gesellschaften. München, 1970); **Murdock, G. P.:** Social structure. New York, 1949; **ders.:** Ethnographic atlas. Pittsburg, 1967; **Roland, A. & B. Harris** (Eds.): Career and Motherhood. New York – London, 1979; **Wesley, F. & C. Wesley:** Das Rollendiktat. Frankfurt, 1978.

J. Friedrichs

Geschlechtschromosom. Bei genetischer Geschlechtsbestimmung ist bei einem Geschlecht ein Chromosomenpaar ungleich ausgebildet (XY-Typ), beim anderen Geschlecht dagegen gleichartig (XX). Ist ein Y-Chromosom im Chromosomensatz der Zygote vorhanden, so bildet sich diese zu einem Männchen (z. B. Säugetiere) bzw. einem Weibchen (bei manchen Schmetterlingen und Vögeln) aus. Dieses Y-Chromosom wird Geschlechtschromosom genannt.

H. Schmalfuß

Geschlechtserziehung. Die G. (Sexualpädagogik) betrifft nicht nur die sexuelle ↗Aufklärung von Kindern und Jugendlichen, sondern umfaßt alle intentionalen und funktionalen Prozesse der Persönlichkeitsbildung unter besonderer Berücksichtigung des Verhältnisses zum eigenen und *anderen* Geschlecht. Hierbei ist die G. auf die sexualbiologische und entwicklungspsychologische Entwicklung der Heranwachsenden abzustimmen. Obwohl die generelle Verantwortung der Geschlechtserziehung den Eltern zugebilligt wird, müssen heute aufgrund der eigenen mangelhaften Aufklärung der Eltern und der damit verbundenen Befangenheit in sexuellen Fragen außerfamiliäre Institutionen, bes. die Schule, einen Teil der Geschlechtserziehung übernehmen. Im schulischen Bereich liefert der Sexualunterricht hierzu einen wesentlichen Beitrag.

Lit.: **Bauer, H.:** Geschlechtserziehung und Gesellschaft. Neuwied, 1973; **Hartmann, W. & R. Merkert:** Grundfragen der Geschlechtserziehung. Münster, 1969; **Haun, R.** (Hrsg.): Geschlechtserziehung heute: Informationen, Kontroversen, Modelle. München, 1971; **Naujokat, G.:** Liebe, Ehe, Elternschaft. Maßstäbe biblischer Ethik. Leitlinien für Geschlechtserziehung, Jugendprobleme und Ehefragen. Kassel – Herleshausen, [3]1978; **Oesterreich, H.:** Geschlechtserziehung und Psychohygiene. Köln, 1976.

H. Schröder

Geschlechtsmerkmale, zusammenfassende Bezeichnung für alle äußeren und inneren körperlichen Merkmale, die das männliche und weibliche Geschlecht voneinander unterscheiden. Allgemein werden zwei Arten von G.n unterschieden: primäre G. = eigentliche Geschlechtsorgane (Keimdrüsen: Hoden, Nebenhoden, Samenwege beim Mann; Gebärmutter, Eierstöcke, Eileiter bei der Frau; akzessorische Geschlechtsorgane: Penis, Vagina, Vulva usw.) und sekundäre G. = spezifische männliche und weibliche Kennzeichen des Körperbaus und der Organausbildung (z. B. Bartwuchs, Körperbehaarung beim Mann; Brüste, Hüftrundung bei der Frau). Außer den differierenden Geschlechtsorganen werden auch noch andere Geschlechtsunterschiede zu den G.n gezählt, die von einigen Autoren als „tertiäre" G. bezeichnet werden (z. B. Körpergröße, Knochenbau, bestimmte Zellen des Blutes, Organausprägung und -lage, Herz- und Atemtätigkeit).

Lit.: **Money, J.:** Sex Research. New York, 1965; **Rosenbauer, K. A.:** Genitalorgane. rororo-sexologie, Bd. 8019. Hamburg, 1969.

H. Maisch

Geschlechtspsychologie, Erforschung aller Verhaltensweisen und Erfahrungen, die sich auf Unterschiede zwischen männlich und weiblich beziehen sowie auf Fortpflanzungsakte (↗Sexualität). ↗Geschlechtsunterschiede, ↗Geschlechterrollen. *G. Wilson*

Geschlechtstrieb ↗Sexualität.

Geschlechtsumwandlung. Bei einem Hermaphroditen ist eine deutliche Dominanz der Merkmale eines Geschlechtes *reversibel* bis zur Vorherrschaft der Merkmale des anderen Geschlechtes. Dies kann in gewissem Maße spontan auftreten, häufiger jedoch wird dieser Prozeß durch Hormonbehandlung und chirurgische Modifikation der Geschlechtsorgane gefördert. *G. D. Wilson*

Geschlechtsunterschiede. In Persönlichkeits- und Fähigkeitstests sowie Interessen- und Einstellungstests erzielen die Geschlechter unterschiedliche Ergebnisse. Der Ursprung dieser Unterschiede (Männer z. B. besser in Grobmotorik, räumlicher Orientierung, mechanischem Verständnis; Frauen z. B. besser in Wahrnehmungsgeschwindigkeit, Genauigkeit, verbaler Flüssigkeit) ist bisher unbekannt. Vermutlich handelt es sich um Interaktionen von biologischen und kulturellen Faktoren.

Lit.: **Anastasi, A.:** Differentielle Psychologie. 2 Bde. Weinheim, 1976.

G. Kaulfush

Geschlossenheit *(„closure")*, von Gestaltpsychologen vorgeschlagenes Prinzip, um zu erklären, wie stabile Wahrnehmungsinhalte entstehen können, indem Lücken auf *subjektive* Weise geschlossen werden und unvollständige Figuren ergänzt werden, um ein Ganzes zu formen. *C. D. Frith*

Geschmack, Geschmacksblindheit ↗Sinnesorgane.

Geschmacksnerven, -zentrum. Die Rezeptoren des Geschmacks sind längliche Zellen von 3–8 μ Durchmesser, von denen jeweils 10–40 in Geschmacksknospen (-bechern) vereinigt sind. Letztere liegen in Schleimhauterhebungen der Zunge, den Papillen, vereinzelt auch in der Schleimhaut der Wangen, des harten und weichen Gaumens, des Schlunds und sogar des Kehlkopfes. Man kann annehmen, daß vier verschiedene Rezeptorarten für die vier Geschmacksqualitäten süß, sauer, salzig und bitter existieren, da süß bevorzugt an der Zungenspitze, bitter an der Zungenbasis und an den Zungenrändern salzig (vorn) und sauer (weiter hinten) vornehmlich empfunden werden. An den Schmeckbechern sind unten dünne markhaltige afferente Nervenfasern der Aδ-Gruppe nach J. Erlanger und H. S. Gasser synaptisch angeschlossen, die zum Zentralnervensystem ziehen. Die aus den vorderen zwei Dritteln der Zunge kommenden Fasern führen über den Nervus lingualis (N. trigeminus 3/1) zur Paukensaite (Chorda tympani) und mit ihr durch das Mittelohr zum N. facialis, die vom Zungengrund zum N. glossopharyngicus (IX. Hirnnerv) und die aller übrigen geschmacksempfindlichen Areale zum N. vagus (X. Hirnnerv). Alle zusammen ziehen zum Nucl. terminalis tract. solitarii, der im bulbo-pontinen Stammhirn unter der Rautengrube den Vestibulariskernen benachbart gelegen ist und oft als Nucl. gustatorius bezeichnet wird. Über den Thalamus (Nucl. ventr. posteromedialis) wird das Brodmann-Areal 43 am unteren Ende des Gyrus postcentralis erreicht, das der primären somästhetischen Projektion von Zungen- und Mundschleimhaut (Brodmann-Areal 1,2 und 3) unmittelbar benachbart ist und das als primäres corticales Geschmackszentrum anzusehen ist. Frühere Vorstellungen, daß das Geschmackszentrum in Gyrus und Uncus hippocampi oder in der Insula Reili bzw. im Operculum gelegen sei, dürften damit hinfällig sein.

Lit.: **Plattig, K. H.:** Über den elektrischen Geschmack. Z. Biol. 1969, *116*, 161–211.

K.-H. Plattig

Geschwindigkeit, anschauliche. Aus den Untersuchungen von J. F. Brown geht hervor, daß im System Bild – Retina die *wahrgenommene* Geschwindigkeit von verschiedenen Umständen abhängt: a) von der Größe des Gegenstands: bei gleicher objektiver G. und gleich großem Ausschnitt des Gesichtsfeldes bewegt sich das kleinere Objekt scheinbar schneller; b) von der Größe des Gesichtsfeldausschnittes: von zwei gleich großen Objekten bewegt sich das im kleineren Gesichtsfeld scheinbar schneller. c) von der Entfernung Auge – Objekt: Das fernere Objekt bewegt sich im Vergleich zum näheren Objekt und zu der zurückgelegten Strecke auf der Retina scheinbar schneller.

Lit.: **Brown, J. F.:** Über gesehene Geschwindigkeiten. Psych. Forschung, 1928, *10*, 84–101.

E. Ullrich

Geschwindigkeitstests ↗Speed test.

Geschwisterreihe ↗Familie.

Gesell, *Arnold.* LEBEN UND WERKE. * 21. 6. 1880 Alma (Wisc.), † 29. 5. 1961 New Haven (Conn.); 1906 PH. D. an der Clark University; arbeitete daraufhin zeitweise als Lehrer; gründete 1911 die „Clinic of child development" an der Yale University, New Haven, deren Leiter er bis zu seinem Rücktritt 1948 blieb; studierte als assistent professor Medizin in Yale und erhielt 1915 seinen M. D.: Herausgeber des „Journal of genetic psychology" seit 1926.

G. wird vielfach als „*Vater der Kinderpsychologie*" angesehen. Er schrieb über 15 Bücher zur Kinderpsychol. und verhalf dieser, auch bei Laien, zu überaus großer Popularität. Seine Untersuchungsmethode bestand in der einfachen, genauen Beobachtung des kindlichen Verhaltens, meist mit Hilfe von Filmkamera und Einwegspiegel, oder zuweilen in der Beobachtung unter kontrollierten Versuchsbedingungen. Die Darstellungen seiner Untersuchungsergebnisse sind minutiöse Beschreibungen der unterschiedlichsten Aspekte des kindlichen und jugendlichen Verhaltens auf den verschiedensten Altersstufen. Die auf diese Weise erstellten chronologischen Entwicklungsschemata implizieren Normen über den kindlichen Entwicklungsverlauf in den beschriebenen Verhaltensbereichen und sollen als Prädiktoren für die spätere geistige Entwicklung dienen. In Wirklichkeit konnten sie beide Aufgaben nicht befriedigend erfüllen, nicht zuletzt deswegen, weil das Beobachtungsmaterial, auf dem sie aufbauen, für einzelne Altersstufen viel zu gering (z. T. nur 11 Fälle) und nicht repräsentativ war.

G.s Ansatz ist rein deskriptiv. Er besteht in der bloßen Beschreibung und Klassifizierung von Einzelbefunden, ohne den Versuch zur Erstellung einer Theorie der psychischen Entwicklung und zur Analyse der sie beeinflussenden Faktoren zu machen. Der Entwicklungsprozeß erscheint bei G. als etwas Mechanisches und unveränderlich Festgelegtes. Er überbetont die konstitutionelle Seite und den zyklischen Charakter der Entwicklung, unterschätzt hingegen die Bedeutung der individuellen Variation und der kulturellen und sozialen Einflüsse auf den Entwicklungsverlauf.

Schr.: The mental growth of the preschool child (1925); An atlas of infant behavior (1934); The first five years (1940); The embryology of behavior (1945); The child from five to ten (1946, mit F. Ilg). *W. Wittling*

Gesell Development Schedules (GSCH) – auch *Gesell Norms of Development, Gesell Tests, Preschool Child Test, Yale Test of Child Development* genannt – wurde 1925 von A. Gesell als „Allgemeiner Entwicklungstest" veröffentlicht, erfuhr mehrere Modifikationen (Gesell and Amatruda, 1947) und regte den Aufbau weiterer Entwicklungstests an (H. Hetzer, Ch. Bühler u. a.).

Aufbau: ausgewählte Items für Schlüsselalter, Reifezonen und 4 Verhaltenskategorien entsprechend dem Entwicklungsbegriff: „Das junge Kind ist so alt wie sein Verhalten." *Anwendung:* GSCH dient der Entwicklungsdiagnose (Schätzung des Entwicklungsquotienten) bei normalen und geschädigten Kindern von 0 bis 6 Jahre, wurde vor allem zur Feststellung der Adoptionsneigung herangezogen sowie zur Prognostizierung atypischer und abnormer Entwicklungsverläufe, wie z. B. bei Amentia, Hirnschädigung, Blindheit usw. *Reliabilitätskoeffizienten* bewegen sich zwischen $r = .79$ und $r = .88$; *Validität* (Korrelationen mit anderen Entwicklungstests) wird mit $r = .37$ bis $r = .74$ angegeben.

Lit.: Gesell, A. & C. S. Amatruda: Developmental diagnosis. Normal and abnormal child development. New York, [2]1947. *F. Novak*

Geselligkeit (sociability), auch *Herdentrieb* (gregariousness), der Wunsch, mit anderen Menschen in freundschaftlicher Weise zusammenzusein oder mit ihnen an gemeinsamen Aktivitäten teilzunehmen. G. wurde als faktorenanalytisch definierter Motivationsfaktor sowohl von Cattell als auch von Guilford beschrieben.

Lit.: Cattell, R. B.: Personality and motivation structure and measurement. New York, 1957; **Guilford, J. P.:** Persönlichkeit. Weinheim, [6]1974. *D. Bartussek*

Gesellschaft, seit dem Aufkommen der Soziologie als selbständiger Wissenschaft in der Mitte des 19. Jh. mit wachsender Häufigkeit gebrauchter, nicht allgemein definierbarer Begriff, der sich auf die Auffassung stützt, daß es sich bei G. um eine Entität handle, die „mehr" ist als ein bloßes *soziales ↗ Aggregat.* Die meisten Definitionen stützen sich, wenn sie eine bestimmte G. von „der Gesellschaft" überhaupt unterscheiden, auf Beschreibungen der jeweils vorhandenen sozialen Beziehungsstrukturen bzw. kulturellen Eigenheiten. Demgemäß bezeichnet man als G.wissenschaften jene, die sich mit den Organisations- und Beziehungsstrukturen sowie den kulturellen und institutionellen Differenzen zwischen Kulturen oder kulturellen Gruppen beschäftigen.

W. D. Fröhlich

Gesellschaftslehre ↗Soziologie.

Gesellungsmotivation ↗Affiliation.

Gesetz des Vergleichsurteils (law of comparative judgement) ↗Skalierung.

Gesetze in der Psychologie. Psychologie als Erfahrungswissenschaft realisiert sich in unabdingbarem Wechselbezug von Theorie und Empirie. Konstitutives Moment in diesem Prozeß ist die Formulierung von – allgemeine Sachverhalte betreffenden – Hypothesen, die nach Verifikation *Gesetze* (G.) genannt werden. Die Erfassung des Individuellen wird approximativ versucht in einem möglichst dichten Netzwerk allgemeiner Gesetzmäßigkeiten. Unterschiedliche Meinungen bestehen hinsichtlich der Frage, welche Art von G. in der Psychol. zu formulieren möglich sei. Vorherrschend ist die Auffassung (z. B. Brunswik, 1943; Sarris, 1969), daß aufgrund der Komplexität, der Variabilität (interindividueller, intraindividueller Variation) der Lebenserscheinungen Wahrscheinlichkeits-G. gefordert sind; indessen hält z. B. Hull (1943) gegenüber Brunswik die Forderung nach exakt naturwissenschaftlichen G. auch für die Psychol. aufrecht. Madsen (1968) spricht sich – beide Positionen integrierend – dahingehend aus, daß das exakt naturwissenschaftliche G. als positiver Grenzfall der Wahrscheinlichkeitsgesetzlichkeit anzusehen ist.

Lit.: Brunswik, E.: Organismic achievement and environmental probability. Psychol. Rev., 1943, *50,* 255–272; **Hull, C. L.:** The problem of intervening variables in molar behavior theory. Psychol. Rev., 1943, *50,* 273–291; **Madsen, K. B.:** Theories of motivation. Kent, 1968; **Sarris, V.:** Zum Problem der Kausalität in der Psychol.: Ein Diskussionsbeitrag. Psychol. Beitr., 1967, *10,* 173–186; **Seiffert, H.:** Einführung in die Wissenschaftstheorie Bd. 1. München, 1969.

E. G. Wehner

Gesetz von den spezifischen Sinnesenergien, von Joh. Müller 1826 formulierte Theorie, wonach jeder Sinnesnerv eine spezifische Aktivität besitzt, so daß der optische Nerv nur Licht und Farbe, der akustische Nerv nur Geräusch, der Geruchsnerv nur Geruch meldet usw. Im Sinne der Müllerschen Theorie ist die Tatsache zu sehen, daß die meisten Rezeptoren auf elektrische Reize entsprechend dem Gesetz reagieren, und Licht, Geräusch bzw. Geruch melden. Die spezifische Aktivität ist weniger von dem Nerv abhängig, als vielmehr vom Ort im Gehirn, wo das vom Nerv übertragene Signal verarbeitet wird.

C. D. Frith

Gesichtsfeld, der gesamte, bei unbewegtem Auge (bei gleichbleibender Fixation, Geradeausblick) gleichzeitig zu übersehende Teil des vor dem Pb liegenden Raumes, bezogen auf ein oder beide Augen (= monokuläres bzw. binokuläres G.). Die Ausdehnung des G. ist mit dem ↗Perimeter meßbar.

Die G.grenze ist unterschiedlich für Bewegungen und Farben und vom Adaptationszustand abhängig; im allg. wird angegeben: nach oben bis 60°, nach unten bis 70°, nasal bis 60°, temporal bis 90°.

Das *Blickfeld* ist im Unterschied zum G. der vom wandernden Auge (bei unbewegtem Kopf) wahrnehmbare Raum.

F.-C. Schubert

Gesichtsnervenlähmung, *Facialislähmung,* komplette (Paralyse) oder teilweise (Parese) Lähmung der vom Nervus facialis innervierten mimischen Muskulatur. Meist ist eine Gesichtshälfte betroffen, selten beide. Symptome (Kombination): Erweiterung der Lidspalte mit Hängen des Oberlides, Unmöglichkeit des Augenschlusses, Hängen des Mundwinkels, Verziehen des Mundes nach der ungelähmten Seite beim Versuch zu innervieren (lachen), mangelhafte Fähigkeit, den Mund zu spitzen, u. a., oft mit Geschmacks- und Hörstörungen verbunden. Unterscheidung nach *zentraler* (supranukleär) und *peripherer* (nukleär und infranukleär) G. oder nach *Ätiologie* in traumatische, toxische, rheumatische und angeborene Gesichtsnervenlähmung. *F.-C. Schubert*

Gesichtswahrnehmung. Die G. gehört zu Recht zu den ältesten Forschungsgebieten der Psychol., da der *Gesichtssinn* bes. beim Menschen eine große Differenzierung erreicht hat und ihm die meisten Informationen über seine Umwelt vermittelt. Der Primat des Gesichtssinns wurde auch durch die ↗Brillenversuche (Umkehr-, Prismenbrille) herausgestellt, indem man postulierte, daß sich andere Sinne, auch Motorik, nach dem Gesichtssinn richten.

Zu der Erfassung der G. dienten sowohl phänomenologische Beschreibungsweisen als auch die Methoden der Psychophysik. Die Gestaltpsychol. hatte den größten Einfluß auf die weitere Entwicklung in diesem Gebiet.

KOMPONENTEN DER GESICHTSWAHRNEHMUNG. Das Auge (↗Sinnesorgane: das Auge) sammelt die von einer Lichtquelle ausgesandten und von einem Gegenstand reflektierten Lichtstrahlen und vereinigt sie auf der Netzhaut. Hier werden Lichtstrahlen des Wellenbereichs von rund 400–700 mμ in nervöse Erregungen transformiert und über die optischen Bahnen zu den Sehzentren und der Sehrinde fortgeleitet. Über die Aufnahme von Reizen (physikalische Vorgänge), Entstehung und Weiterleitung der Erregung (chemische Prozesse), über den anatomischen Aufbau des Gesichtssinns (Gesichtsorgan), über die Differenzierungsmöglichkeiten (Sehschärfe, räumliches und zeitliches Auflösungsvermögen), über die Funktionsweisen (Duplizitätstheorie, Akkommodation, Hell-, Dunkeladaptation, Querdisparation, Tiefensehen, Verschmelzungsfrequenz usw.) und über Farbwahrnehmungstheorien informiert der Artikel ↗*Sinnesorgane: das Auge.* Unter dem Stichwort Sinnesorgane (das Auge) wird all das abgehandelt, was man allgemein unter Gesichtssinn und visueller Empfindung versteht, wobei eine Trennung zwischen den Begriffen Empfindung und Wahrnehmung kaum durchgeführt werden kann. Phänomene wie Konstanz (↗Größenkonstanz), ↗geometrisch-optische Täuschungen, ↗Nachbilder, ↗Scheinbewegungen, Subjektivität des Gesichtssinns haben eine umfangreiche Forschungsaktivität angeregt, deren Ergebnisse, Theorien usw. unter dem Begriff *Gesichtswahrnehmung* subsumiert werden. Anders ausgedrückt: Optische Empfindung bzw. Wahrnehmung ist *nicht gleich* der phänomenalen *Abbildung* des Gegenstandes auf der Netzhaut, sie wäre vielmehr als ein *Prozeß* zu bezeichnen, der durch früheres Lernen (Erfahrung), Motivation (Bruner & Postman, 1947), Einstellungen (Seeleman, 1940) und andere situationsbedingte Faktoren beeinflußt wird. Das ↗Gesichtsfeld erscheint nie als undifferenziertes, homogenes Licht (Ausnahmen wären vielleicht: wolkenloser Himmel, dichter Nebel, vollkommen dunkler Raum als einfachste optische Wahrnehmung), sondern als inhomogenes Licht (farbig, zwei- oder dreidimensionaler Raum, in dem man vom Hintergrund sich abhebende Figuren bzw. Gestalten wahrnimmt, die kontinuierliche, konsistente Identität besitzen). Die genetische Entwicklung und Ausdifferenzierung der G. stand lange Zeit im Mittelpunkt der Forschung (Piaget, 1961; Gesell, 1949). Nach Piaget entstammt die Erfahrung, daß Objekte in ihrer Umgebung kontinuierliche und konsistente Identität besitzen, aus der Integration von visuellen und taktilen Empfindungen.

Nach A. Michotte brauchen die Kinder keine räumlichen und zeitlichen Reizmuster zu lernen, sondern nur, welche Reizmuster charakteristisch für bestimmte Objekte sind und daß sie unabhängig sind von der Lage, Farbe, Helligkeit usw. Einen besonders intensiven Lernprozeß erfordert die visuelle Orientierung in der Umwelt, was Sendens (1932) eindrucksvoll an blindgeborenen Erwachsenen demonstrieren konnte, die operiert wurden und sehen konnten. Ihnen fiel es schwer, Einzelobjekte aus der Menge der Gesichtseindrücke herauszufinden und sie zu identifizieren. Diese und andere Phänomene berechtigen zur Annahme, daß der Gesichtssinn *synthetisch* und nicht *analytisch* funktioniert, was die Probleme der *Figur-, Gestaltwahrnehmung* und der Konstanzwahrnehmung nach sich zieht, die vorrangig von Gestaltpsychologen erkannt und erforscht wurden.

FIGURWAHRNEHMUNG. Die Gliederung des Gesichtsfeldes führt nicht zu einem Nebeneinander gleichrangiger und gleichartiger Teilfelder, sondern zu einer Hierarchie des In-, An- oder Auf-Seins (↗Figur-Grund-Verhältnis). Es handelt sich hier um ein räumliches Bezugssystem (jeder Reiz ist zugleich Systemreiz), das mehr oder weniger *strukturiert* und *mnemisch stabilisiert* ist und die Unterscheidung der wahrgenommenen Figur von ihrem Hintergrund ermöglicht. Die tatsächlichen Zusammenhangs- und Abgrenzungsverhältnisse hat Wertheimer (1923) als erster erkannt und gelangte zur Formulierung von Gestaltgesetzen (Gesetze der Gliederung von Wahrnehmungsfeldern), die das Zusammenwirken von mehreren Figuren zu erklären versuchen.

Eine Figur wird durch folgende Punkte charakterisiert: 1. Die Figur hat eine Form und den Charakter eines Objekts, während der Grund formlos ist und die Natur einer strukturlosen Substanz hat. 2. Die Figur ist in einer bestimmten Entfernung lokalisiert, und ihre Oberfläche zeigt eine feste Form. Dem Grund hingegen haftet der Eindruck des Weichen an, und er ist nicht genau zu lokalisieren. 3. Normalerweise scheint sich die Figur vor dem Grund zu befinden, der scheinbar kontinuierlich das gesamte Feld hinter der Figur ausfüllt. 4. Man nimmt die Konturen als Teile der Figur, nicht des Grundes wahr.

Wenn sich mehrere Figuren im optischen Feld befinden, dann kommt es auf verschiedenste Weise zu *Interaktionen* zwischen ihnen. Werden z. B. mehrere Figuren gleichzeitig dargeboten, so werden sie nicht einzeln oder als chaotische Masse wahrgenommen, sondern in Gruppen. Man fand, daß folgende Faktoren (Gestaltgesetze: Wertheimer, 1923) für diesen Gruppierungseffekt wesentlich sind: 1. *Nähe* (relativ eng beieinanderliegende Objekte); 2. *Ähnlichkeit* (Objekte gleicher Farbe oder Gestalt); 3. Faktor der *Geschlossenheit* (geschlossen in sich zurücklaufende Linie, die den Charakter von Rändern und Konturen annimmt und zur Ausbildung von Flächenfiguren führt); 4. Faktor der *durchgehenden Kurve* (Objekte, die eine durchgehende Linie bilden); 5. Faktor des *gemeinsamen Schicksals* (Objekte, die sich in die gleiche Richtung bewegen); 6. Faktor des *Aufgehens ohne Rest;* 7. Faktor der *guten Gestalt.* Unter bestimmten Bedingungen erscheint die Größe oder die Gestalt einer Figur anders, wenn sie zusammen mit anderen Figuren dargeboten wird als wenn sie einzeln auftaucht. Die ↗geometrisch-optischen Täuschungen sind ein Beispiel für eine solche Interaktion von Figuren oder Figurelementen.

WAHRNEHMUNGSKONSTANZEN. Eine Figur ist normalerweise gekennzeichnet durch *Gestalt* (Form), *Größe, Farbe* und *Helligkeit.* Sie erscheint unter einem bestimmten Neigungswinkel, in einer bestimmten Entfernung und unter der Beleuchtung von einer bestimmten Helligkeit und Farbe. Wird der Neigungswinkel, die Entfernung und die Beleuchtung im physikalischen Sinn verändert, so führt das zu einer entsprechenden Veränderung des retinalen Abbildes hinsichtlich seiner Gestalt und Größe, der Qualität und Intensität des auftreffenden Lichtes. Das Eigenartige ist nun, daß die wahrgenommene Gestalt, Größe, Farbe und Helligkeit sich normalerweise nicht im gleichen Ausmaß verändern. Offenbar gibt es innerhalb des Organismus Mechanismen, die für eine Konsistenz des Wahrnehmungsfeldes unter wechselnden physikalischen Bedingungen sorgen. Man spricht jeweils von *Gestalt-, Größen-, Farb-* und *Helligkeitskonstanz.* Diese Konstanzleistungen ermöglichen eine stabile Wahrnehmung der Umwelt, obwohl die Objekte ständig ihren Ort relativ zu anderen Objekten und zum Beobachter wechseln und die Beleuchtungsverhältnisse sich immer wieder ändern. Man nimmt an, daß die Eigenschaften der retinalen Abbilder, die zur Tiefenwahrnehmung führen, auch für die Gestalt- und Größenkonstanz wichtig sind. Solche Eigenschaften sind z. B. beim einäugigen Tiefensehen *Superposition* und zunehmender *Texturgradient.* Verschiedenartige Lichtverteilungseffekte im visuellen Feld werden zur Erklärung von Farb- und Helligkeitskonstanz herangezogen. (Aus kybernetischer Sicht haben sich in Deutschland vor allem v. Holst und Mittelstaedt [1950] unter Heranziehung des Reafferenzprinzips um die Erklärung dieser Phänomene bemüht.)

Bewegungswahrnehmung. Man kann Figuren oder Objekte sich bewegen sehen. Die Verschiebung des retinalen Abbildes ist weder eine notwendige noch eine hinreichende Bedingung dieser Bewegungswahrnehmung. Wenn wir ein sich bewegendes Objekt fixieren, so bleibt das retinale Abbild stationär. Dennoch nehmen wir eine Bewegung wahr. Bewegen wir hingegen unsere Augen, so werden die retinalen Abbilder stationärer Objekte verschoben, wir werden sie aber nicht als bewegt wahrnehmen. Es scheint daher so zu sein, daß durch eine Änderung des *Bezugsrahmens* bei der relativen Verschiebung von Objekten gegenüber größeren Gegenständen eine Bewegungswahrnehmung auftritt. Andererseits kommt es auch zu einer Bewegungswahrnehmung, wenn keinerlei relative Verschiebung von Objekten festzustellen ist (↗Scheinbewegungen, ↗autokinetisches Phänomen, Nachbilder von Bewegungen).

Lit.: Boring, E. G.: Sensation and perception in the history of experimental psychol. New York, 1942; **Bruner, J. S. & C. Postman:** Emotional selectivity in perception and reaction. J. Pers., 1947, *16*, 66–67; **Gesell, A., Ilg, F. L. & G. Bullis:** Vision. Its development in the Child. New York, 1949; **Gibson, J. J.:** Die Wahrnehmung der visuellen Welt. Weinheim, 1973; **Graham, C. H.:** Vision and visual perception. New York, 1965; **Koffka, K.:** Principles of Gestalt Psychology. London, 1935; **Metzger, W.:** Gesetze des Sehens, Frankfurt a. M., [2]1953; **Piaget, J.:** Les méchanismes perceptifs. Paris, 1961; **Senden, M. v.:** Raum und Gestaltauffassung bei operierten Blindgeborenen vor und nach der Operation. Leipzig, 1932; **Vernon, M. D.:** The psychology of perception. Harmondsworth – Baltimore, 1962; **ders.:** A further study of visual perception. Cambridge, 1952; **Wertheimer, M.:** Untersuchungen zur Lehre von der Gestalt II. Psychol. Forsch., 1923, *4*, 301–350.

T. Oyama

Gespanntes System ↗Aufforderungscharakter.

Gesprächsführung ↗Exploration.

Gesprächspsychotherapie ↗Nicht-direktive Therapie.

Gestagene, im engeren Sinne weibliche Sexualhormone. ↗Hormone.

Gestalt ↗Ganzheit – Gestalt – Struktur.

Gestaltgesetze ↗Gesichtswahrnehmung.

Gestaltkreis. Konzeption Viktor v. Weizsäkkers zur Beschreibung der Beziehung von Subjekt und Objekt; Subjekt und Objekt durchdringen sich gegenseitig, vermittelt durch Reize und Aktionen („Drehtürprinzip"); die Kohärenz von Individuum und Umwelt wird von sensiblen und motorischen Funktionen aufrechterhalten, die einer Kreisbewegung ohne Anfang und Ende gleichen. Subjekt und Objekt sind quasi untrennbar einbezogen. Die Trennung von Individuum und Umwelt wird dynamisch aufgehoben.

Lit.: Weizsäcker, V. v.: Der Gestaltkreis. Stuttgart, [4]1968.

K.-E. Bühler

Gestaltpsychologie ↗Berliner Schule.

Gestalt-Therapie, eine von Perls entwickelte Therapieform, die, vom Existentialismus und der Gestaltpsychologie beeinflußt, der Humanistischen Psychologie zuzuordnen ist. Nach Perls ist der Mensch der verantwortliche Akteur seines Handelns und fähig, sein positives Potential zu aktualisieren. Im therapeutischen Prozeß werden unabgeschlossene emotionelle Erlebnisse der Gegenwart – oft in ihrem Bezug zur Vergangenheit – durchgearbeitet: Vollendung der Gestalt. In der Traumbearbeitung wird jedes Traumelement, ob Person oder Objekt, als entfremdeter Teil des Ich gesehen und mittels Durchspielen ihrer gefühlsmäßigen Ladung integriert.

Lit.: Perls, F.S.: Gestalttherapie in Aktion. Stuttgart, 1974.

G. Röper

Gestaltungstests, Tests, die zur freien Gestaltung auffordern: zum Zeichnen: Mensch, Baum, Familie (in Tieren), Wartegg WZT; zum Gestalten mit Farben: ↗Farbpyramidentests; zum Spielen mit standardisiertem Material: ↗Sceno, ↗Welt-Test. Über Produkte (z.T. auch Entstehungsverlauf und Kommentare) sucht der Psychologe Zugang zur Persönlichkeitsstruktur der Testperson.

R. Krebs

Gestaltwandel ↗Entwicklungsphasen.

Gestik ↗Kommunikation, nicht-verbale.

Gewandtheit, Bezeichnung für den raschen, flüssigen, der jeweiligen Aufgabe angemessenen Bewegungsablauf des Körpers oder der Gliedmaßen-Geschicklichkeit. Im übertragenen Sinne bezeichnet G. ein der Situation angepaßtes, rasches, nicht stockendes Verhalten im Umgang mit Menschen oder entsprechende Ausdrucksweise; wird manchmal auch zur Beschreibung der entsprechenden Qualität im Problemlöseverhalten verwendet.

W. Tisch

Gewichtheben. Das Heben eines Gewichtes ruft eine klar umrissene *kinästhetische* Empfindung hervor; ein großer Teil der frühen Arbeit auf dem Gebiet der ↗Psychophysik befaßte sich mit dem Aufstellen von Beziehungen zwischen dem *erlebten* und dem *physikalischen* Gewicht (z. B. ↗Webersches Gesetz).

C. D. Frith

Gewichtszahlen (gewichtende Faktoren) sind numerische Werte, die den einzelnen Meßgrößen multiplikativ oder additiv beigefügt werden. Sie werden angewendet, wenn mehrere Größen zusammen eine neue bilden, der Beitrag dieser Einzelgrößen für die Gesamtgröße jedoch verschieden sein soll. Den Einzelwerten ist also einem „äußeren" Kriterium entsprechend unterschiedliches Gewicht zuzuschreiben.

Der „gewogene" Mittelwert $\bar{\bar{X}}$ aus mehreren Mittelwerten $\bar{X}_i$ unterschiedlich großer Stichproben N_i wird z. B. so bestimmt, daß die $\bar{X}_i$ mit ihren N_i gewichtet und dann gemittelt werden:

$$\bar{\bar{X}} = \frac{\varepsilon \bar{X}_i \cdot N_i}{\varepsilon N_i}$$

Ein weiteres Beispiel einer Anwendung von G. ist bei der Vorhersage eines Kriteriumwertes aufgrund einer multiplen Regression gegeben. Die G. der Meßwerte in den einzelnen Variablen werden dabei aus den Variableninterkorrelationen und den Korrelationen zwischen dem Kriterium und den Variablen ermittelt.

Lit.: Magnusson, D.: Testtheorie. Wien, 1969.

W. H. Butollo

Gewissen, ein Begriff, der verschiedene (wenn auch verwandte) Bedeutungen hat, und zwar bezeichnet er die Reaktion des Individuums auf die moralischen Prinzipien und die Verhaltensnormen der sozialen Gruppe, der es angehört. Im besonderen bezieht er sich auf die „kognitiven und emotionalen Prozesse, von denen eine internalisierte moralische Steuerung des individuellen Verhaltens ausgeht" (Aronfreed, 1968). Das G. kann also einerseits *kognitive* Prozesse bezeichnen, wie Kenntnis von der Natur und dem Ursprung von Verhaltensregeln; die Fähigkeit, die eigenen Handlungen und Absichten zu *bewerten;* das Vermeiden von verbotenen Verhaltensweisen und das Bestreben, so zu handeln, daß es als *moralisch wertvoll* angesehen wird, ohne daß dies durch Furcht vor Bestrafung oder durch äußeren Druck (der behaviorale Aspekt) bewirkt würde. Andererseits versteht man darunter die *emotionalen* Komponenten der Moral, d. h. die Gefühle der Pflicht, der Schuld und der Reue. Aronfreed schlägt vor, daß der Begriff G. eingeschränkt werden sollte auf jene Bereiche des Verhaltens, in denen eine wesentliche Veränderung der *emotionalen Zustände* auch zu einer Veränderung der Handlungen oder ihrer *kognitiven* Entsprechungen führt. In den gegenwärtigen westlichen Kulturen handelt es sich um die Bereiche des aggressiven und des sexuellen Verhaltens, der Aufrichtigkeit, Reinheit, Wahrheitsliebe und Achtung vor Autorität.

DIE ENTWICKLUNG DER MORALISCHEN WERTE. Die Forschung über die kognitiven Aspekte des G. ist stark beeinflußt worden von Piagets Untersuchungen (1932) über die Entwicklung der Moral bei Kindern. Piaget untersuchte die Einstellung der Kinder gegenüber Spielregeln (beim Murmelspiel) und forderte die Kinder auf, soziale Situationen, die ihnen anhand von Geschichten vergegenwärtigt wurden, moralisch zu bewerten. Dabei stellte er zwei Phasen der moralischen Entwicklung fest: Bis zum 7. oder 8. Lebensjahr betrachtet das Kind die Regeln nicht nur als zwingend, sondern auch als unverletzlich, unabhängig von einzelnen Personen, und von einer äußeren Autorität auferlegt. In dieser Phase *(„Heteronomie")* werden Strafen als unerbittliche Folge der Übertretung von auferlegten Regeln betrachtet; die Motive des Regelverletzers sind dabei ohne Bedeutung. Später erkennt das Kind allmählich, daß die Regeln sich aus dem gegenseitigen Vorteil der Gruppenmitglieder und der Billigung durch diese rechtfertigen *(„Autonomie").* Strafe wird jetzt als ein Mittel zur Wiederherstellung des *status quo* betrachtet, und es taucht die Vorstellung der *„Billigkeit"* auf, d. h., das Kind neigt immer mehr dazu, jeden Fall nach seiner Besonderheit zu bewerten, indem es die *äußeren Umstände* und die *Motive* des Regelverletzers bei der Beurteilung berücksichtigt. Die Moral wird bis zu einem gewissen Grad *internalisiert.* Piaget und seine Nachfolger (insbesondere Kohlberg, 1969) betonen vor allem, daß Reifungsprozesse in der moralischen Entwicklung mit der intellektuellen Entwicklung verbunden und von ihr abhängig sind. Jedoch wirken sich beim Prozeß der Internalisierung auch *soziale Klassenunterschiede* deutlich aus (Harrower, 1934; Lerner, 1937; Aronfreed, 1969) und ebenso wesentliche individuelle Unterschiede innerhalb derselben sozialen Gruppe (Morris, 1958).

Die *psychoanalytische* Theorie der moralischen Entwicklung, die in erster Linie auf retrospektiven klinischen Untersuchungen fußt, ergänzt in mancher Beziehung Piagets Darstellung (Peters, 1960). In ihrer Erklärung des Mechanismus der Internalisierung moralischer Werte betont sie besonders das Eltern-Kind-Verhältnis, indem sie die Tatsache zu erklären versucht, daß manche Kinder ein G. entwickeln, das *strenger* und *strafender* ist als das ihrer Eltern (Sears et al., 1957).

VERHALTENSASPEKTE DES GEWISSENS. Auf der Ähnlichkeit zwischen der Unterdrückung von *sozial-verbotenem* Verhalten und *passiver Vermeidungskonditionierung* (↗Konditionierung) basieren die theoretischen Modelle, die den Mechanismus dieser Form des sozialen Lernens und den Ursprung der individuellen Unterschiede in der Effektivität der Verhaltensunterdrückung zu erklären versuchen. Es wird angenommen, daß Vermeidungsverhalten durch konditionierte Angstreaktionen vermittelt wird, die zuvor durch zeitliche Verknüpfung von verbotenem Verhalten mit Bestrafung bewirkt worden sind (Mowrer, 1960). Mangel an Hemmung gegenüber verbotenem Verhalten kann also darauf zurückgeführt werden, daß eine Konditionierung nicht wirksam werden konnte (Eysenck, 1960), oder auf eine spezifische Unfähigkeit, antizipierte Furchtreaktionen auszubilden; im andern Falle kann es von inadäquater Sozialisierung herrühren (Subkulturen). ↗Psychopathie; ↗Kriminalität.

Die von Piaget und Kohlberg vorgeschlagenen Erklärungen und die psychoanalytische Theorie vom ↗Über-Ich gehen aus von einer allgemeinen Entwicklung moralischer Werte in jedem Individuum und dessen sozial-angepaßtem Verhalten (Bandura & Walters, 1963). Aber es gelang bisher nicht, dies im Versuch nachzuweisen. Hartshorne & May (1928) verwendeten eine Testbatterie, um die unterschiedlichen Formen von

Unehrlichkeit (insbesondere Lügen und Betrug) unter Kindern verschiedener Altersstufen festzustellen. Aus den niedrigen Korrelationen zogen die Autoren den Schluß, daß sich ein allgemeines Empfinden für Ehrlichkeit nicht nachweisen lasse. Wenngleich eine genauere Analyse ihrer Versuchsdaten einige Anzeichen genereller Gültigkeit ergeben hat, so war dennoch ein wesentlicher Teil der Testvarianz *situationsspezifisch* (Burton, 1963). Burton versucht dies zu erklären durch die Wechselwirkung von zwei Generalisierungsfaktoren – der eine bezieht sich auf *Reizelemente,* der andere auf *verbale Vermittlung.* In welchem Maße Eltern beide Weisen der Generalisierung durch richtige Erziehung und verbale Erklärung der moralischen Regeln günstig beeinflussen, scheint teilweise von ihrem sozio-ökonomischen Status und ihrer Bildung abhängig zu sein. Dies könnte die oben erwähnten klassenbezogenen Unterschiede erklären.

Die Unterdrückung von sozial-verbotenem Verhalten kann nicht immer auf vorangegangene Bestrafung zurückgeführt werden. Die offenkundige Beziehung zu Mechanismen der Nachahmung, des „Lernens am Modell" und zur Nachempfindung von Erfahrung ist dargestellt in Aronfreed (1969), Berkowicz (1964) und Bandura & Walters (1963).

EMOTIONALE KOMPONENTEN DER MORAL. Die Gefühle, die mit G. verbunden sind, werden gewöhnlich bezeichnet durch die Begriffe: *Furcht* (oder Angst), *Schuld* und *Scham.* Mowrers (1960) Theorie schreibt den konditionierten Furchtreaktionen eine zentrale Bedeutung zu. Durch sozial-angepaßtes oder moralisches Verhalten verringert das Individuum diese Furcht. Mowrer bezeichnet mit dem Begriff *Schuld* die gesteigerten Formen von Furcht, die nach Vollendung einer früher bestraften Handlung auftreten. Diese Furcht bleibt normalerweise bestehen und kann durch die erlernten Vermeidensreaktionen nicht mehr verringert werden. In der psychoanalytischen Theorie ist die Meinung vorherrschend, daß das Bedürfnis, die nach begangener Tat aufgekommene Furcht zu vermindern, das Individuum veranlassen kann, die Bestrafung dadurch herbeizuführen, daß es weitere Straftaten begeht. Harte Selbstkritik, Selbsterniedrigung und Geständnisse können ebenfalls als Strategien zur Verminderung von Schuld angesehen werden.

Mit dem Begriff *Scham* wird gewöhnlich das unangenehme Gefühl bezeichnet, das auftritt, wenn das eigene Fehlverhalten und die eigene Unzulänglichkeit vor anderen offenbar werden. Man hat angenommen, daß Methoden der Sozialisierung, die *Scham* anstelle von *Schuld* als stärkste Form der Sanktion verwenden, weniger wirkungsvoll sind, um die Internalisierung moralischer Werte zu sichern. Dies läßt sich kaum beweisen, denn in der Praxis kann man zwischen Scham und Schuld nur schwer unterscheiden (Aronfreed, 1968).

Der Zusammenhang zwischen den emotionalen Komponenten des G. und moralischem Verhalten ist offensichtlich sehr komplex. Kohlberg (1964) vermochte nicht nachzuweisen, daß irgendeine Beziehung besteht zwischen der Unbedingtheit, mit der sich ein Kind an eine Verhaltensnorm hält, und der Intensität der Schuldgefühle, die bei ihm nach einer Übertretung der gültigen Regel auftreten.

Lit.: Aronfreed, J.: Conduct and conscience. New York – London, 1968; **ders.:** The concept of internalization. In: **D. A. Goslin** (Ed.): Handbook of socialization theory and research. Chicago, 1969; **Bandura, A. & R. H. Walters:** Social learning and personality development. New York, 1963; **Berkowicz, L.:** The development of motives and values in the child. New York, 1964; **Bernstein, B. B.:** Social structure, language and learning. Educ. Research, 1961, *3,* 163–176; **Burton, R. V.:** Generality of honesty reconsidered. Psychol. Rev., 1963, *70,* 481–499; **Eysenck, H. J.:** The development of moral values in children – the contribution of learning theory. Brit. J. Educ. Psychol., 1960, *30,* 11–21; **Harrower, M. H.:** Social status and moral development. Brit. J. Educ. Psychol., 1934, *4,* 75–95; **Hartshorne, H. & M. A. May:** Studies in deceit. New York, 1928; **Kohlberg, L.:** Development of moral character and moral ideology. In: **M. Hoffman & L. W. Hoffman** (Ed.): Review of child development research, Vol. I. New York, 1964; **ders.,** Stage and sequence: the cognitive-developmental approach to socialization. In: **D. A. Goslin** (Ed.): Handbook of socialization theory and research. Chicago, 1969; **Lerner, E.:** Perspectives in moral reasoning. Amer. J. Sociol., 1937, *63,* 249–69;

Morris, J. F.: The development of moral values in children – the development of adolescent value-judgments. Brit. J. Educ. Psychol., 1958, *28*, 1–14; **Mowrer, O. H.:** Learning theory and the symbolic processes. New York, 1960; **Peters, R. S.:** Freud's theory of moral development in relation to that of Piaget. Brit. J. Educ. Psychol., 1960, *30*, 250–258; **Piaget, J.:** The moral judgment of the child. London, 1932 (dt.: Das moralische Urteil beim Kind. Frankfurt, 1973); **Sears, R. R., Maccoby, E. E. & H. Levin:** Patterns of child rearing. Evanston, 1957; **Trasler, G. B.:** Criminal behaviour. In: **H. J. Eysenck:** Handbook of abnormal psychology. London, ²1970.

G. B. Trasler

Gewogene Meßzahlen sind mit ↗*Gewichtszahlen* versehene Maßzahlen.

W. H. Butollo

Gewohnheit. Der Begriff „habit" (G.) leitet sich aus dem lateinischen *habitus* und dem Verb *habere,* haben, ab. In modernen englischen Lexika findet man mindestens vier Bedeutungen dieses Begriffs, die sich alle auf die charakteristische äußere Erscheinungsweise, auf Benehmen oder Verhalten beziehen, woran man ein Individuum oder eine Klasse von Individuen erkennen kann, seien es Menschen, Tiere oder Pflanzen. Eine besondere Bedeutung bezieht sich im Englischen auf Kleidung und Schmuck vor allem religiöser Orden und ähnlicher Gruppen.

Für die Verwendung dieses Begriffs in der Psychol. ist die Bedeutung relevanter, die sich auf charakteristische Sitten oder Praktiken einer sozialen Gruppe bezieht. Am häufigsten wird dieser Begriff in der Psychol. jedoch verwendet, um die Tendenz des Individuums zu kennzeichnen, in gewohnter oder mechanischer Weise zu handeln, besonders dann, wenn diese Tendenzen durch Übung oder Erfahrung erworben wurden.

Selbst in dieser zuletzt genannten Bedeutung wird der Begriff G. in der Umgangssprache in vielfältiger Weise gebraucht. Er deckt viele verschiedene Verhaltensweisen, die im folgenden genannt werden sollen: 1. mechanische, halbautomatische Bewegungsabläufe, wie sie bei Routinehandlungen, z. B. beim Ankleiden, vorkommen; 2. Handlungen, die durch immer wiederkehrende physiologische Bedürfnisse provoziert werden, z. B. das Rauchen; 3. Verhaltenseigenarten, wie z. B. Tics oder andere „nervös bedingte" G.en; 4. charakteristische Sprechweisen und -gewohnheiten; 5. charakteristische Denkweisen, wie sie in stereotypen Einstellungen und Standpunkten zu Problemen und Ereignissen sichtbar werden; 6. Handlungen, die aufgrund der Sittlichkeit anderer Menschen oder der Gesellschaft bewertet werden; es handelt sich um „gute" oder „schlechte" G.en, z. B. Höflichkeit, die Neigung zu stehlen und zu fluchen, die für ein Individuum kennzeichnend sind.

Von Psychologen wird also der Begriff G. in vielen verschiedenen Bedeutungen gebraucht. So könnte er zur Beschreibung eines einzelnen Verhaltensaspekts herangezogen werden, wie z. B. für eine spezifische meßbare Variable eines einfachen konditionierten Reflexes, für eine erworbene Assoziation eines Wortpaares oder zur Beschreibung sehr komplizierter Verhaltensmuster, die längere Zeit erhalten bleiben. In jedem Fall sind die Reaktionen voraussagbar oder für das entsprechende Individuum typisch. Die besondere Betonung liegt entweder auf dem durch eine bestimmte Konstellation von Bedingungen *hervorgerufenen aktuellen Verhalten* oder auf dem dem Verhalten zugrunde liegenden *set,* der *Disposition* oder *Bereitschaft,* in ganz bestimmter Weise auf diese Bedingungen zu reagieren. G.en könnte man als beherrschende motivationale Eigenschaften betrachten oder als entsprechende motivationale Zustände, die zur Aktivation dieser Eigenschaften erforderlich sind. Ohne Einschränkung gilt, daß die G. im Gegensatz zu angeborenen, vorprogrammierten Reflexen oder instinktbedingten Reaktionen steht, wobei eine wesentliche Charakteristik der G. ist, daß sie erworben und das Endergebnis eines Lernprozesses ist. Nach diesen Ausführungen könnte folgende allgemeine Definition der G. akzeptabel sein: G. ist gekennzeichnet durch ein bestimmtes Muster von Reaktionen im Bereich des Verhaltens auf kognitiver oder emotionaler Ebene. Das entsprechende Verhaltensmuster ist voraussagbar bezüglich der Bedingungen, die in der

Zeit der erfolgten Reaktionen wirksam sind, und es ist erworben durch einen Lernprozeß oder durch das zugrunde liegende, erworbene „set" bzw. die Neigung, ein ganz bestimmtes Reaktionsmuster zu entwickeln.

Geschichte. Historisch betrachtet, stammt das moderne Konzept der G. von Descartes' (1596–1650) dualistischer Betrachtung von Körper und Seele und seiner Betonung der mechanistischen Natur körperlicher Vorgänge. Die G. war für ihn eine Folge der durch Gebrauch bewirkten Erleichterung des Fließens der „animalischen geistigen Energien" durch die Röhren eines hydraulischen Systems, das er als ein Modell physiologischer Funktionen vorschlug.

Dann stellten die englischen Empiristen das Gesetz der Assoziation als ein allgemeines lernpsychol. Prinzip dar und betonten außerdem die große Bedeutung sensorischer Vorgänge. Th. Hobbes (1588–1679) stellte die Theorie auf, daß alle Vorstellungen ihren Ursprung in sinnlicher Erfahrung haben und daß Assoziationen vom Kohärenzgrad dieser Vorstellungen abhängen. J. Locke (1632–1704) ging noch weiter als Hobbes mit seiner berühmten und kühnen Behauptung, daß der menschliche Geist bei der Geburt eine „tabula rasa" sei. Er sah die Erklärung für die Qualität vieler unserer Vorstellungen in der frühzeitigen Herausbildung von G.en durch die erzieherischen Maßnahmen von Ammen, Eltern und Lehrern. D. Humes' (1711–76) gesamte Philosophie gründet sich auf die Assoziation von Vorstellungen. Nach seiner Auffassung lassen sich jede Art der Wahrnehmung und Erfahrung, ja sogar der Glaube an das Prinzip von Ursache und Wirkung mit Hilfe der G.en erklären, die sich durch feste Verbindungen zwischen Erfahrungen herausbilden. Für ihn war G. das Universalgesetz des Geistes. Die biologischen Schriften und Beobachtungen von C. Darwin (1809–82) und ganz besonders die Bedeutung, die er der Anpassungsfähigkeit des Verhaltens zuschrieb, haben die Weiterentwicklung des Konzepts G. bedeutend beeinflußt. In seinem Hauptwerk „Origin of species" (Die Entstehung der Arten, 1859) beschäftigt sich Darwin mit den Auswirkungen der Domestikation von Tieren, bes. mit der daraus resultierenden Unterdrückung „natürlicher Instinkte". Darwin hat erkannt, daß gutgeplante Zuchtauswahl eine wichtige Rolle spielt; er versuchte, mit derartigen Experimenten zu beweisen, daß sich so aufgezwungene G.en zu festen Reflexen herausbilden können, die dann durch genetische Mechanismen sogar vererbt werden. Die Aneignung von Ausdruckscharakteristika, entstanden aus bewußten Bewegungen, die ursprünglich praktische Funktionen hatten, erklärte Darwin später (1872) mit ähnlichen Argumenten. Diese Denkrichtung fand ihren Höhepunkt in der hervorragenden Schrift von W. James „Principles of psychology" (Prinzipien der Psychol., 1890), in der er die Psychol. als empirische Wissenschaft darstellte. Sein Denken war beherrscht von der Vorstellung biologischer Nützlichkeit, und er glaubte, daß das Bewußtsein die Funktion habe, ein hochentwickeltes und daher komplexes, aber doch formbares Nervensystem zu steuern. Ein berühmt gewordenes Kapitel widmete James dem Konzept der Gewohnheit. In diesem Kapitel behauptet er, daß erhöhte neurale Plastizität die Verfestigung von G.en begünstigt. Durch diese G.en werden Routinehandlungen möglich, die wenig oder gar keine Aufmerksamkeit erfordern und so höhere geistige Prozesse für wichtige und schwierige Aufgaben befreien. Nach James ist die G. „das riesige Schwungrad der Gesellschaft, ihre wertvollste konservativ wirkende Kraft". Gleichzeitig leugnete James jedoch nicht die Bedeutung und biologische Nützlichkeit instinktiver, ungelernter Verhaltensmuster, aber er sah darin lediglich die Möglichkeit fortschreitender Modifizierung des Verhaltens im Sinne einer Anpassung aufgrund von Erfahrung. So werden Instinkte von G.en überlagert, die sich schließlich sogar ersetzen. Moderne Theorien weichen im großen und ganzen nicht weit von dieser Feststellung ab, aber Erscheinungen wie z. B. ↗*Prägung*, die von modernen Ethologen bei Tieren untersucht wurde, lassen vermuten, daß die Beziehung zwischen instinktivem und gelerntem Verhalten verschiedener Art sein kann und daß man nicht immer in der Lage ist, instinktives von gelerntem Verhalten zu unterscheiden. Prägung bedeutet die Verknüpfung einer angeborenen Vorliebe mit einem bestimmten Objekt der Umwelt zu einem *kritischen* Zeitpunkt kurz nach der Geburt oder wenig später. Diese Verknüpfung wird auf andere Objekte gleicher Art generalisiert.

Neuroanatomisches und physiologisches Wissen waren bereits weit genug fortgeschritten, als James sich überlegte, daß die neurale Grundlage der G.bildung vielleicht die Errichtung von „Verbindungen" sei, die dann dauerhafte neurale Leitungsbahnen im Zentralnervensystem bilden. Diese Gedanken waren die Vorläufer der noch immer andauernden Suche nach „Gedächtnisspuren". James stellte sich diese komplexen Leitungsbahnen derart vor, daß bei der Ausführung komplexer gewohnheitsmäßiger Handlungen jede Muskelkontraktion wiederum Auslöser für eine weitere Kontraktion ist. Ein derartiges System wird heute als „Reflexkette" bezeichnet. Aber diese bestechend einfache Erklärung der G.bildung ist noch nicht über das experimentelle Stadium hinausgekommen. Selbst die einfachsten motorischen G.en haben nicht immer die gleiche Form: das gleiche strategische Ziel kann durch eine Vielzahl taktischer Mittel erreicht werden. In ähnlicher Weise zeigen Ableitungsexperimente (Aufzeichnung der spontanen elektrischen Aktivitäten) sehr klar, daß die Beständigkeit einer G. nicht von der Unversehrtheit irgendeines bestimmten Teils des Gehirns abhängt.

J. Dewey und andere Anhänger der amerikanischen „funktionalistischen" Schule folgten den darwinistischen Argumenten und entwickelten eine Theorie der G.bildung, die der von James sehr ähnlich war. Ungefähr um die gleiche Zeit führte Thorndike (1898) seine klassisch gewordenen Experimente über das „Versuch-und-Irrtum"-Lernen durch, in welchen hungrige Katzen über eine Reihe von Irrtumsaktionen allmählich die Fähigkeit erlangten, sofort die Türe der besonders gekennzeichneten Problemkäfige zu öffnen, um sich Futter zu verschaffen. Thorndike stellte aber fest, daß Wiederholung allein nicht den Erfolg in seinen Experimenten ausmacht. Dazu kommt ein Selektionsprozeß, der die Auftretenswahrscheinlichkeit solcher Handlungen erhöht, die zum Futter führten und somit einen Zustand der Zufriedenheit hervorriefen, und der andererseits die Auftretenswahrscheinlichkeit erfolgloser Handlungen mindert. Dieses Prinzip ist heute bekannt als das *„Law of effect"* (Effektgesetz); die Belohnungen und Strafen, die den Lernprozeß beeinflussen, werden heute als *Bekräftigungen* (Verstärker) bezeichnet. Das Effektgesetz wurde von vielen Seiten kritisiert, aber dennoch ist nicht daran zu zweifeln, daß das Verhalten entsprechend den Konsequenzen, die es nach sich zieht, modifiziert wird und daß geeignete Bekräftigung bei der G.bildung eine große Rolle spielt. Diesen Standpunkt vertreten ganz besonders Skinner (1938) und seine Schüler, die diese Art des Lernens als *operantes Konditionieren* bezeichnen.

Die jüngsten Entdeckungen von Olds und Milner (1954) zeigten, daß elektrische ↗Hypothalamus-Reizung verstärkende Wirkung hat. Diese Tatsache läßt vermuten, daß solche Vorgänge eine neurophysiologische Grundlage haben.

Von gleicher Bedeutung wie die Arbeit von Thorndike waren Pawlows (1927) Untersuchungen über den *konditionierten Reflex*. Er zeigte, daß ein neutraler Stimulus, z. B. ein Glockenton, der sehr kurz vor einem *natürlichen* oder *unkonditionierten Stimulus* (z. B. Futter) – welcher einen natürlichen oder unkonditionierten Reflex (Speichelfluß) hervorruft – dargeboten wird, wenn man diese Kombination einige Male wiederholt, dann auch ohne Verbindung mit dem unkonditionierten Stimulus (Futter) Speichelfluß hervorruft. Dieser konditionierte Reflex ist qualitativ und quantitativ von der ursprünglichen unkonditionierten Reaktion verschieden, und daher ist eine einfache Theorie der Reizsubstitution nicht haltbar.

Alles deutet auf die *antizipatorische* Natur des konditionierten Reflexes hin, und es scheint, als ob Gelerntes eine Erwartungshaltung erzeugt mit dem eindeutigen Nutzen biologischer Anpassung. Pawlow war Physiologe und interessiert daran, was seine Experimente über die Funktionsweise des Gehirns aussagten. Er stellte sich den Versuchen zeitgenössischer Psychologen entgegen, die eine umfassende, systematische Lernpsychol. aufgrund seines Werkes herleiten wollten. J. B. Watson (1919), der Gründer des ↗ *Behaviorismus*, errichtete dennoch ein vollständiges psychol. System auf dieser Basis. Für ihn sind G.en integrierte Systeme von einer Anzahl konditionierter Reflexe, die sich um bereits vorhandene, angeborene Reaktionsmuster bilden. Sprach-G.en sind insofern Sonderfälle, als für den Behavioristen das Sprechen gleichbedeutend mit dem Denken ist. Sogar die Persönlichkeit wird als „Endprodukt" von hierarchischen G.systemen betrachtet. Von Tieren unterscheidet sich der Mensch lediglich durch die größere Fähigkeit, drei dieser Systeme auszubilden: G.en, die sich auf den motorischen Teil (Kehlkopf usw.) des Sprechens beziehen, oder *verbale* G.en; *manuelle* G.en; viszerale oder *emotionale* Gewohnheiten.

Neueste Entwicklungen. Trotz der maßlosen Übertriebenheit einiger Argumente von Watson hat doch ein gemäßigter Behaviorismus in der modernen Psychol. seinen festen Platz behalten und lieferte auch wertvolle wissenschaftliche Ergebnisse. Von den Beiträgen der Neo-Behavioristen, die sich mit dem Konzept der G. befassen, sind Werk und Theorie von C. L. Hull (1943) von besonderer Bedeutung. Er betonte die Unterscheidung zwischen der *tatsächlichen Ausführung* einer gelernten Handlung und der *internalisierten Tendenz* zu handeln, wenn die entsprechende Anregung vorhanden ist. Er verwendete den Begriff G. für die zuletzt genannte Tatsache. Die Bestandteile des Verhaltens, die auf Lernprozesse hinweisen, sind nur beobachtbar bei entsprechenden Reizbedingungen, die in langen Zeitintervallen wieder auftauchen. Hull kam zu dem Schluß, daß in diesem Zeitintervall eine irgendwie *„theoretisch beobachtbare"* Veränderung im Zentralnervensystem, etwa eine Art „Gedächtnisspur", wirksam bleibt. Hulls Konzept der G. entspricht also sinngemäß einem *hypothetischen Konstrukt*. G. ist in dieser formalen Theorie also eine *intervenierende Variable*. „Gewohnheitsstärke" (SHR) wird in diesem System als die zusammengesetzte Wirkung verschiedener *antezedenter* Variablen (z. B. die Anzahl der verstärkten Reaktionen) definiert. G.stärke (habit strength) steht in Interaktion mit anderen intervenierenden Variablen, z. B. mit Trieb (D). Durch dieses Zusammenwirken entsteht das *Reaktionspotential* (SER). In dieser quasimathematischen Darstellung der Theorie von Hull lautet die Grundgleichung wie folgt:

$$SER = f(SHR) \cdot (D)$$

d. h., das Erregungspotential (die Tendenz, auf einen Reiz s mit einer Reaktion R zu antworten) ist Funktion des Produktes von G.stärke (SHR) und Trieb (D). Um andere intervenierende Variablen, wie Hemmung u. a., miteinbeziehen zu können, wurde diese Gleichung weiter ausgearbeitet. Dennoch stellt sie so die wichtige Unterscheidung dar, die Hull zwischen gelernter G. und Ausführung der entsprechenden Handlung gesetzt hatte. Außerdem zeigt diese Gleichung, daß die G. durch einen Triebzustand vor allem zum Zeitpunkt der Reizeinwirkung aktiviert werden muß, wenn eine tatsächliche Reaktion auftreten soll.

Skinner und seine Mitarbeiter gehen das Problem des Lernens nicht theoretisch an, sondern beschränken sich auf *beobachtbare* Beziehungen zwischen beobachtbaren Ereignissen. Für ihr Ziel, eine Technologie des Verhaltens zu entwickeln, ist dieser Ansatz sehr geeignet, aber Hulls Behauptung, daß der Organismus zwischen den Lernversuchen in einem veränderten Zustand verharrt, bleibt trotz allem gültig. Andere Lerntheoretiker, wie z. B. Spence (1956), haben Hulls Theorie weiter ausgearbeitet, während Tolman (1938) z. B. mit seinem „zielstrebigen Verhalten" (purposive behavior) alternative Theorien vorlegte, in welchen besondere Betonung auf den kognitiven Faktoren liegt. Dennoch versuchten wieder andere Forscher, wie z. B. Osgood (1953), diese beiden Standpunkte in Einklang zu bringen, indem sie kognitive Vermittlungsprozesse in den Rahmen der Hullschen Theorie einbauen wollten. Die kognitiven Vermittlungsprozesse beziehen sich auf alle Arten der G.bildung, die ihre Grundlage in erworbenen assoziativen Verbindungen zwischen zwei Stimuli oder zwischen Stimuli und Reaktionen haben, die durch *Kontiguität* und/oder *Bekräftigung* zustande gekommen sind. Die gleichen Prinzipien können auf kompliziertere Formen des Lernens, z. B. auf das Konzeptlernen, ausgedehnt werden; die Anwendung des Begriffes G. auf diese Gebiete ist jedoch willkürlich. Ebenso können Motive auf diese Weise erworben werden. Es scheint so, daß jede verfestigte G. funktionell autonom werden, motivationale Eigenschaften erlangen und somit neues Lernen bekräftigen kann.

Neuere Forschungen und Theorien vertreten verschiedenste Standpunkte. Einer der interessantesten und bedeutsamsten ist die Suche nach einer physikalischen Grundlage der „Gedächtnisspuren". Von Hebb (1949) wurden interessante und einflußreiche, wenn auch noch sehr spekulative Hypothesen bezüglich der Herausbildung von komplexen funktionellen Verbindungen zwischen Neuronen im Gehirn vorgeschlagen. Auch die Annahme von Hyden (1959) hat besonderes Interesse geweckt und weitere Forschung angeregt. Hyden vermutet, die Ribonukleinsäure (RNS) sei ein komplexer chemischer Vermittler für Gedächtnisfunktionen. Die Möglichkeiten einer direkten Reizung, die sich durch die Entdeckung eines „Lustzentrums" (Hypothalamus) im Gehirn ergeben, wurden bereits erwähnt. Diese Möglichkeiten werden wohl die hedonistischen Theorien unterstützen. Der strategische Zusammenhang, in dem G.en wirken, wurde auch schon erwähnt. Miller, Galanter und Pribrams theoretischer Ansatz (1960) „Strategien und die Struktur des Verhaltens" gibt diesem Gebiet neue Impulse.

Schließlich darf in den Ausführungen über den Begriff *„Gewohnheit"* die praktische Anwendung systematischer Verfahren zur Bildung und Zerstörung von G.en durch den Verhaltenstherapeuten und Verhaltensmodifikator, die in der klinischen Psychol. tätig sind, nicht unerwähnt bleiben (Eysenck, 1960; Ullmann & Krasner, 1965).

Lit.: Darwin, C.: The origin of species. London, 1859; **Darwin, C.:** Expression of the emotions in man and animals. London, 1872; **Descartes, R.:** Principles of philosophy (in Latein). Amsterdam, 1644; **Eysenck, H. J.** (Hrsg.): Behavior therapy and the neuroses. London, 1960; **Hebb, D. O.:** The organisation of behavior. New York, 1949; **Hobbes, T.:** Leviathan. London, 1651; **Hull, C. L.:** Principles of behavior. New York, 1943. **Hume, D.:** Enquiry concerning human understanding. London, 1751; **Hyden, H.:** Biochemical changes in glial cells and nerve cells at varying activity. Proc. of the Fourth Int. Congress of Biochemistry, Vol. III. London, 1959; **James, W.:** Principles of psychology. New York, 1890; **Locke, J.:** Essay concerning human understanding. London, 1690. **Miller, G. A., Galanter, E. & K. H. Pribram:** Plans and the structure of behavior. New York, 1960 (dt.: Strategien des Handelns. Pläne und Strukturen des Verhaltens. Stuttgart, 1974); **Olds, J. & P. M. Milner:** Positive reinforcement produced by electrical stimulation of septal area and other regions of rat brain. J. comp. physiol. Psychol., 1954, *47*, 419–427. **Osgood, C. E.:** Method and theory in experimental psychology. New York, 1953; **Pawlow, I. P.:** Conditioned reflexes. New York, 1927 (dt.: Bedingte Reflexe. München, 1972); **Skinner, B. F.:** The behavior of organisms. New York, 1938; **Spence, K. W.:** Behavior theory and conditioning. New Haven, 1956; **Thorndike, E. L.:** Animal intelligence: An experimental study of the associative processes in animals. Psychol. Rev. Monogr. Suppl., 1898, *2*, No. 4; **Tolman, E. C.:** The determiners of behavior at a choice-point. Psychol. Rev., 1938, *45*, 1–41; **Ullmann, L. P. & L. Krasner** (Hrsg.): Case studies in behavior modification. New York, 1965; **Watson, J. B.:** Psychology from the standpoint of a behaviorist. Philadelphia, 1919.

G. Jones

G-Faktor, ist ein von R. B. Cattell mittels faktorenanalytischer Methode gewonnener Persönlichkeitsfaktor („superego strength"), der im Faktor VI zweiter Ordnung („Willenskontrolle und Persistenz") enthalten ist.

W. H. Butollo

g-Faktor, in der faktorenanalytischen Literatur Bezeichnung für ↗Generalfaktor.

W. H. Butollo

GHR ↗Hautreaktion.

Gibson-Effekt, eine nach Gibson benannte Gruppe negativer Nacheffekte, die sich nach längerer Betrachtung spezieller Vorlagen, Muster (ein Feld gleichförmig gekrümmter Linien, Muster mit schräg geneigten Linien usw.) infolge ↗Adaptation einstellen. Die Bezeichnung G. wird in der Literatur zur Unterscheidung dieser von den ↗figuralen Nacheffekten (*Köhler-Wallach*-Nacheffekte) und den negativen Nacheffekten bei ↗Brillenversuchen gebraucht.

Lit.: **Gibson, J. J.:** Adaptation, after-effect and contrast in the perception of curved lines. J. exp. Psychol. 1933, *16*, 1–31.

A. Hajos

Giese-Test-System, Serie von Prüfverfahren zur Feststellung der Berufseignung. Die einzelnen Tests entwickelte F. Giese, einer der Pioniere der Angewandten Psychol. in Deutschland, für die Berufsberatung in den Arbeitsämtern. Die Zusammenstellung und serienmäßige Ordnung der Verfahren besorgte F. Dorsch. Im einzelnen intendiert die Testbatterie folgende Leistungsbereiche: Intelligenz, visuelle Begabung, technische Fähigkeiten, kaufmännische und verwaltungsmäßige Befähigung, manuelle Geschicklichkeit, allgemeines Arbeitsverhalten und Sinnestüchtigkeit. In der Auswertung steht der qualitative Aspekt im Vordergrund, während die quantifizierende Aussage zweitrangig behandelt wird und auch nicht bei allen Einzeltests möglich ist.

Lit.: **Dorsch, F.:** Das Giese-Test-System. Stuttgart, 1952.

P. Steck

Gießen-Test, Persönlichkeitsfragebogen, auf psychoanalytischer Basis entwickelt, zur Erfassung von Selbst-, Fremd- und Idealselbstbildern. 40 Items werden zu 6 Standardskalen (Soziale Resonanz, Dominanz, Kontrolle, Grundstimmung, Durchlässigkeit, Soziale Potenz) und 2 Kontrollskalen zusammengefaßt. Der Test findet bei klinischen und sozialpsychologischen Fragestellungen Verwendung und wird vor allem zur Effektivitätskontrolle von Therapien eingesetzt. Die Validierung, insbesondere im klinischen Bereich, läßt noch zu wünschen übrig.

Lit.: **Beckmann, D., Brähler, E. & H. E. Richter:** Neustandardisierung des Gießen-Test (GT). Diagnostica, 1977, *23*, 287–297.

E. Plaum

Gilbreth-Uhr, Spezialuhr mit einem großen Zifferblatt zur Messung kleinster Zeiteinheiten (Chronoskop). Die G. findet in Bewegungsstudien bei der kinematographischen Aufnahme kleinster Bewegungen Anwendung. Die Zeiteinheiten werden zusammen mit der zu untersuchenden Bewegung im Film festgehalten, wodurch eine zeitliche Verlaufsanalyse des Bewegungsvorgangs ermöglicht wird. *A. Thomas*

Girlande ↗Graphologische Begriffe.

Glandotrope Hormone, ↗Hormone des Hypophysenvorderlappens, auch als Tropine bezeichnet, die die Ausschüttung von Hormonen in den endokrinen Drüsen anregen.

W. Janke

Glandula, *Glandula pituitaria,* ↗Hypophyse.

Glaube, nicht als unverbindliches Meinen, sondern als verbindliche Gewißheit nimmt das Zeugnis des Mitmenschen an und ist für das Zusammenleben unentbehrlich. Im Glauben als dem vertrauenden Sich-hingeben an das Wort Gottes gründet die christliche Religion, wobei wir zu Geheimnissen ja sagen, die unser Begreifen übersteigen. Immer setzt der Glaube das Wissen und die Wahrhaftigkeit des Zeugen voraus. Glaube heißt auch eine Überzeugung, die mit dem Verstand andere Kräfte des Menschen einbezieht, also seinen persönlichen Einsatz verlangt, wie der Glaube an Gott. Hierbei wird der objektive Gehalt in der subjektiven Ergriffenheit angeeignet, was auch auf den christl. Glauben zutrifft. *J. B. Lotz*

Glaubwürdigkeit. Im juristischen Sinne des Wortes ist die Aussage ein Beweismittel, wodurch das Gericht (oder ein anderes Organ) eine bestimmte Tathandlung feststellt. Das Gericht ist verpflichtet, jede Aussageinformation bei seiner Entscheidung zu berücksichtigen und alle Aussagen auf die G. hin zu überprüfen. Art und Umfang dieser Überprüfung und Bewertung sind von der Rechtsordnung des jeweiligen Staates abhängig.

Der Sachverständige (Psychologe) bewertet die Aussage zum Zweck einer Strafverfolgung nach folgenden Kriterien: **1.** der Wahrscheinlichkeit der richtigen *Perzeption* einer Tathandlung (diese richtet sich nach den Korrekturen der geläufigen Fehler bei der Wahrnehmung und Schätzung, z. B. der Zeit, der Schnelligkeit, der Anzahl usw.), der Wahrscheinlichkeit der *Verdrehung* der wahrgenommenen Tathandlung infolge einer starken Emotion; **2.** der Wahrscheinlichkeit der richtigen *Retention* der Gedächtnisspuren, d. h. Unterscheidung der ursprünglichen von den folgenden Erlebnissen, Unterscheidung des eigenen Erlebnisses von der suggestiven Beeinflussung; **3.** der *Fähigkeit* der richtigen *Reproduktion* der Tathandlung. Die Aussagefähigkeit hängt von der ganzen Persönlichkeit der Aussageperson ab, die daher begutachtet werden muß unter spezieller Berücksichtigung von Hinweisen auf Charakterzüge, die in besonderer Beziehung zu der Aussage stehen. Die Richtigkeit der Perzeption wird durch die intellektuelle Kapazität der begutachteten Persönlichkeit beeinflußt, durch den Geisteszustand zur Zeit der Tathandlung und durch die Motivationssteuerung (Selektivität der Wahrnehmung). Ähnliche Faktoren beeinflussen auch die Suggestibilität. Die Untersuchung der möglichen Motivation, die zur unglaubwürdigen Aussage führen könnte, hilft dem Sachverständigen (Psychologen) bei der Beurteilung der Frage, ob eine Aussage glaubwürdig oder unglaubwürdig ist.

Der Methodik nach ist die Bewertung der G. sehr schwierig. Es konnte bisher keine Einigkeit über die Brauchbarkeit allgemeiner Kriterien zur Bewertung der G. erzielt werden. Die meisten Psychologen streben danach, solche Kriterien zu finden und sie als Bewertungsmaßstäbe zu benutzen. Einige von ihnen vertreten jedoch die Ansicht, daß jeder begutachtete Fall zu spezifisch sei, um solche allgemeinen Kriterien gelten zu lassen. Für das Gerichtsverfahren ist nur die *„spezielle"* G., d. h. die G., die im Bezug zur bestimmten Tathandlung steht, sinnvoll. So scheint eine allgemeine – nach allgemeinen Kriterien bewertete – G. problematisch zu sein.

Lit.: **Bach, W.:** Kindliche Zeuginnen in Sittlichkeitsprozessen. Basel–New York, 1957; **Undeutsch, U.:** Beurteilung der Glaubhaftigkeit von Zeugenaussagen. In: Hdb. der Psychol., Bd. 12. Göttingen, 1967, 26–167.

O. Topic

Gleicherscheinende Intervalle. Eine Methode der ↗Skalierung, die auf Konstruktion einer Intervallskala zielt. a) Methode der einzelnen Reize: Der Beurteiler ordnet dem einzeln gebotenen Reiz (Ton, Behauptung etc.) eine Ziffer oder einen Platz auf einem Kontinuum zu, wobei er auf gleiche Distanz zwischen den Einordnungen achtet. b) Methode der multiplen Reize: er ordnet gleichzeitig gegebene Reize so in Klassen, daß sich zwischen diesen gleiche Distanzen ergeben.

Lit.: **Torgerson, W. S.:** Theory and Methods of Scaling. New York, 1958.

K. Eyferth

Gleichgewicht, autonomes (autonomic balance), das Gleichgewicht zwischen den als antagonistisch angenommenen Funktionen des sympathischen und des parasympathischen Nervensystems. M. A. Wenger (1957) fand in mehreren Faktorenanalysen von psychophysiologischen Maßen einen als „autonomic inbalance" bezeichneten Faktor, der sich auch über längere Zeiträume als stabil erwies. Mittlere individuelle Werte in diesem Faktor werden als a. G. interpretiert. In Abweichung von diesem Konzept des a. G. fanden andere Autoren reliable spezifische Reaktionsmuster (J. I. Lacey, 1958: „response stereotypy") in den Indikatoren des autonomen Gleichgewichts.

Lit.: **Eysenck, H. J.:** The biological basis of personality. Springfield (Ill.), 1967.

D. Bartussek

Gleichgewichtsorgan. Das G. besteht aus zwei funktionell unterscheidbaren Systemen, von denen das ↗Statolithenorgan auf Translationsbeschleunigungen, die Bogengänge auf Drehbeschleunigungen ansprechen. Der Gleichgewichtssinn funktioniert unter physiologischen Bedingungen ohne Beteiligung des Bewußtseins. *M. Spreng*

Gleichgewichtsstörung, objektive oder subjektive Störung der Gleichgewichtsregulation im Stehen und/oder beim Gehen (Gangabweichung, Fallneigung, Vorbeizeigen) infolge ein- oder beidseitigen Labyrinthausfalles („labyrinthäre G.", vielfach mit Schwindel und Erbrechen verbunden), oder Störung des zentralen Vestibularapparates („vestibuläre G.", z. B. bei Erkrankung des ↗ZNS) oder Erkrankung oder Störung des Archicerebellums („zerebellare G.", mit typischer „zerebellarer ↗Ataxie"; Spontannystagmus). ↗Gleichgewichtsorgan.

F. C. Schubert

Gleichgewichtstheorien ↗Balance-Theorien.

Gleichung, persönliche, ein von dem Königsberger Astronomen F. W. Bessel (1784 bis 1846) eingeführter Begriff zur Bezeichnung der interindividuellen Unterschiede bei den – auf Sternbeobachtungen basierenden – Zeitschätzungen verschiedener Astronomen. Bessel verglich die Zeitschätzungen mehrerer Astronomen miteinander und ermittelte daraus die individuellen, über längere Zeiten hin konstanten *Beobachtungsfehler* (persönliche Gleichung). Heute wird dieser Begriff nur noch selten als Bezeichnung für die im Experiment registrierten konstanten, individuellen Beobachtungsfehler (beim Versuchsleiter und bei der Versuchsperson) verwendet.

Lit.: Boring, E. G.: A history of experimental psychology. New York, [2]1950. *A. Thomas*

Gleichverteilung. Unter G. ist zu verstehen, 1. daß für einen definierten Bereich eines kontinuierlichen Merkmales die Dichte der Verteilung gleich ist; 2. daß für eine definierte Anzahl von Klassen einer diskreten Variablen die Funktionswerte (z. B. Häufigkeiten) gleich sind. Jede nach einer Prozentrangskala transformierte Verteilung ist z. B. eine Gleichverteilung. ↗Transformationen.

W. H. Butollo

Gleichwertige Gruppen ↗Matched groups.

Glia. Im Gehirn sind etwa zehnmal mehr G.- als Nervenzellen vorhanden. Mit G. bezeichnet man den nichtneuronalen Anteil am Hirngewebe. Für das Gehirn des Menschen schätzt man zwischen 100 und 130 Milliarden G.zellen. Der Form nach unterteilt man sie in Astrocyten, Oligodendrocyten, Mikrogliocyten. Das Häufigkeitsverhältnis zwischen ihnen beträgt 60 : 30 : 10. Je nach Hirnregion ist die Häufigkeitsverteilung unterschiedlich. Ihre Funktion wird als Vermittler innerhalb der biochemischen Austauschprozesse angesehen. Die Frage, inwieweit die G.zellen auch an der neuronalen Verarbeitung beteiligt sind, ist noch nicht hundertprozentig entschieden. Bedeutsam ist der sog. G.index N_gL/N_{Neur}, wobei N_{gl} die G.zahl und N_{Neur} die Neuronzahl im gleichen Hirngewebslumen bezeichnet. Dieser G.index eignet sich zum Vergleich der verschiedenen Schichten und Regionen des Gehirns, ferner stellt er einen Indikator für bestimmte, auch psychische Erkrankungen dar und verändert sich charakteristisch während der Ontogenese und der Phylogenese.

Lit.: Blinkow, S. M. & J. J. Glerer: Das Zentralnervensystem in Zahlen und Tabellen. Jena, 1968. *M. Adler*

Gliederungsfähigkeit ↗Schulreife.

Globales Lernen ↗Lernen, globales.

Glossolalie, Zungenreden; bei ↗Dysphrasien zu beobachten. Besessenes Lallen eines Kauderwelsch unter der Illusion, daß man von geheimnisvollen „Zungen" vom Himmel her inspiriert sei. Solche Ausbrüche hektischer Massenpsychosen sollen in Zeiten allgemeiner Unsicherheit besonders häufig sein. Epidemische Ausbrüche dysphrasischer Erscheinungen auf dem Boden von Massenhysterie werden für möglich gehalten. Religiöse, psychologische und soziologische

Grundlagen des Zungenredens wurden beschrieben. *Ch. v. Deuster*

Glossoplegie ↗Dysglossie.

Glotzauge ↗Exophthalmus.

Glukagon ↗Hormone.

Golgi-Mazzonische Körperchen, sensible Durckrezeptoren der Hautsinne, bes. in Fingerhaut und Genitallappen.

Gonaden, *Geschlechts-* oder *Keimdrüsen,* sind beim Mann die Hoden, die die männlichen Keimdrüsenhormone (Androgene) bilden, und bei der Frau die Eierstöcke, die die weiblichen Keimdrüsenhormone (Östrogene und Corpus-luteum-Hormone) bilden. Während die Hoden zudem männliche Samenfäden (Spermien) erzeugen, reift in den Eierstöcken alle 4 Wochen ein Ei heran. Die Keimdrüsenhormone haben großen Einfluß auf die Ausbildung sekundärer Geschlechtsorgane, den männlichen bzw. weiblichen Körperbau sowie auf das Verhalten des Individuums als männliches oder weibliches Wesen. *E. David*

Gonadendysgenesie, -agenesie, Fehlentwicklung der Sexualdrüsen bei entsprechender genetischer Konstitution, führt zu Anomalien, wie z. B. Individuen mit XY-Chromosomenstruktur und weiblichem Phänotypus. *G. D. Wilson*

Gonadotrope Hormone ↗Gonadotropine.

Gonadotropine sind ↗glandotrope Hormone des Hypophysenvorderlappens, die die Ausschüttung von ↗Keimdrüsenhormonen anregen. *W. Janke*

Goodenough-Test, auch *Draw-a-Man-Test* (DAM), sprachfreier Intelligenztest für Kinder von 3–13 Jahren. Der Test besteht in der einfachen Aufgabe, ein Bild von einem Menschen zu zeichnen. Eine leicht zu handhabende Auswertungstechnik, Intelligenz-Altersnormen und eine befriedigende Reliabilität sichern dem Test weite Verbreitung. Signifikante Beziehungen zur allgemeinen Intelligenz und zu Faktoren der sozialen Anpassung sind nachgewiesen. *E. Furch-Krafft*

Göppinger Schuleignungstest ↗Einschulungstests.

Göppinger Oberschulreifetest. Verfahren zur Eignungsüberprüfung für weiterführende Schulen bei 10–11jährigen Schülern. Der Test ist in ca. 80 min. als Gruppen- oder Einzeltest durchführbar. Die Objektivität in bezug auf Durchführung, formale Auswertung und Interpretation wird als hinreichend bezeichnet. Die Reliabilität (N = 216) beträgt für den sprachlichen Teil $r_{tt} = 0.94$, für den mathematisch-naturwissenschaftlichen Teil $r_{tt} = 0.92$. Im Hinblick auf die Validität werden bei N = 216 Pbn relativ hohe Korrelationen zu den Schulleistungen und zu einem Intelligenztest angegeben. Des weiteren wurden CC-Koeffizienten zwischen Testergebnis und Lehrerurteil (0.57), Schüler- und Elternwunsch (0.43 bzw. 0.28) gefunden. *G. Eberle & K.-L. Holtz*

Göttinger Formreproduktionstest, objektive, reliable und valide Form des ↗Bender-Gestalt-Tests zur Diagnose von Hirnschädigungen bei Kindern (6–15 Jahre). Die Auswertung ist zeitraubend, doch scheint diese Modifikation anderen Scoring-Systemen überlegen zu sein. Grobe Normierung für verschiedene Altersstufen.

Lit.: Wallasch, R. & C. Möbus: Validierung und Kreuzvalidierung des Göttinger Formreproduktionstests von Schlange et al. (1972) und der Background Interference Procedure von Canter (1970) zur Erfassung von Hirnschädigungen bei Kindern zusammen mit zwei anderen Auswertungssystemen für den Bender-Gestalt-Test sowie weiteren Verfahren. Diagnostica, 1977, *23*, 156–172.

E. Plaum

Gottschaldt-Figuren ↗Eingebettete Figuren.

Gradient, Annäherungs-, Vermeidungsgradient ↗Konflikt; ↗Appetenzverhalten.

Grammatik kann als Fähigkeit (Kompetenz) des Benutzers einer natürlichen ↗Sprache verstanden werden, speziell als ein Regelsystem, mittels dessen Beziehungen zwischen bestimmten Lautreihen (↗Phonemik) und zugehörigen Bedeutungen hergestellt werden.

Jede G.theorie ist mit dem Faktum konfrontiert, daß ein kompetenter Sprachbenutzer eine unbegrenzte Menge von zuvor nie gehörten Sätzen verstehen bzw. selbst in für andere verstehbarer Weise produzieren kann. Die Prinzipien, die die Herstellung unbegrenzt vieler bzw. langer Sätze aus einem endlichen Elemente- und Regelrepertoire ermöglichen, werden *rekursive Regeln* genannt.

Die *strukturelle Beschreibung* (SB) macht Angaben über die Konstituenten von Sätzen, ihre gegenseitigen Beziehungen, ihre Abfolge, ferner über die zur Satzinterpretation nötige grammatische Information. Für SB gibt es verschiedene G.modelle, wie z. B. die *generative Transformationsgrammatik* (Chomsky, 1970), deren Analyse nach den „immediate constituents" (erste Ebene: Subjekt-Prädikat), genauer „Ersetzungsregeln", die sog. *Basis-* oder *Tiefenstruktur* (Chomsky) betrifft, die der Bedeutung, der semantischen Interpretation des Satzes entspricht. Tatsächliche Sprachäußerungen können andere, z. T. kompliziertere Strukturen annehmen *(Oberflächenstruktur)*, die in linguistischer Analyse von der Basisstruktur aus durch Transformationsregeln erreichbar sind. Die Oberflächenstrukturen erfahren beim ↗Sprechen phonologische Interpretation und phonetische Realisierung (↗Phonemik).

An dieser Verwendung von Chomskys Kompetenzbegriff wird kritisiert, daß er nur das Systemhafte der Sprache, die ↗Grammatikalität, berücksichtigt, nicht den Kontext, in dem Sprachäußerungen hervorgebracht werden. Den Kompetenzwert, den sprachliche Äußerungen durch ihre Stellung im verbalen und situativen Kontext erhalten, möchten Campbell & Wales (1970) durch den mehr pragmatischen Begriff der *„kommunikativen Kompetenz"* kennzeichnen. ↗Sprache.

Lit.: Brown, R. & C. Hanlon: Derivational complexity and order of acquisition in child speech. In: **J. R. Hayes** (Ed.): Cognition and the development of language. London, 1972; **Campbell, R. & R. Wales:** The study of language acquisition. In: **J. Lyons** (Ed.): New horizons in linguistics. Harmondsworth, 1970; **Chomsky, N.:** A review of B. F. Skinner's verbal behavior. Language, 1959, *35*, 26–58; **Chomsky, N.:** Sprache und Geist. Frankfurt, 1970; **Chomsky, N. & G. A. Miller:** Introduction to the formal analysis of natural languages. In: **R. D. Luce, R. R. Bush & E. Galanter** (Ed.): Handbook of mathematical psychology, Vol. II. New York, 1963; **Chomsky, N. & M. Halle:** The sound pattern of English. New York, 1968; **McNeill, D.:** Developmental psycholinguistics. In: **F. Smith & G. A. Miller** (Ed.): The genesis of language. Cambridge, 1968; **Skinner, B. F.:** Verbal behavior. New York, 1957.

W. Abraham

Grammatikalität *(Grammatizität).* Eine sprachliche Struktur ist „grammatikalisch richtig", wenn ihr die ↗Grammatik eine strukturelle Beschreibung zuordnet. Dies setzt voraus, daß diese Struktur auch semantisch interpretierbar ist, wobei semantische (pragmatische) Interpretierbarkeit einer Äußerung allein nicht grammatische Wohlgeformtheit zur Folge haben muß. Die Grenze zwischen grammatischer Korrektheit (englisch grammaticality; deutsch einfach *Grammatikalität*) und grammatischer Abweichung (bedingt durch soziologische und Redundanzfaktoren – durchschaubare Fehler bei situativ ausreichendem Kontext) ist fließend. Eine weitere Unterscheidung zwischen G. und Akzeptierbarkeit ist nötig. Man vergleiche die ungewöhnlichen (nicht akzeptierten), aber verständlichen (weil grammatisch interpretierbaren) Ausdrücke *setzbar, erleuchtbar, durchschwimmbar.*

W. Abraham

Graph. Als G. bezeichnet man eine Menge von Punkten, die durch Linien miteinander verbunden sind. Die Linien nennt man Kanten des Graphen. G.en werden benutzt, um die Struktur von Systemen darzustellen. Ein G. heißt endlich, falls die Menge der Kanten und die Menge der Punkte des G. endlich sind. Ordnet man jeder Kante eine Richtung zu, entsteht ein gerichteter Graph.

Lit.: Knödel, W.: Graphentheoretische Methoden und ihre Anwendungen. Berlin, 1969.

P.-B. Heinrich

Graph(en)-Theorie, Abwandlung bzw. Mathematisierung der *Balance-Theorie* der ↗Einstellungsänderung (F. Heider, T. M. Newcomb) durch D. Cartwright und F. Harari. Dabei werden Individuen durch Punkte, Beziehungen zwischen Individuen durch Linien dargestellt, so daß sich der Balance-Grad unter Berücksichtigung von mehr als zwei oder drei Elementen (wie etwa bei F. Heider) errechnen läßt. *H. D. Schmidt*

Graphische Darstellung. Unter g. D. ist die anschauliche (zeichnerisch-bildhafte) Wiedergabe eines numerischen Ergebnisses zu verstehen. *W. H. Butollo*

Graphologie. I. TERMINOLOGIE, BEGRIFF UND WESEN. *„Graphologie"* ist ein aus dem Griechischen gebildeter Fachausdruck. *„graphein"* heißt *„schreiben"; „logos"* bedeutet *„Kunde"*. Der Ausdruck stammt von Abbé Jean-Hippolyte Michon, der ihn zum erstenmal 1875 in seinem *„Système de graphologie"* verwendet. In der letzten Zeit sagt man manchmal in ungefähr gleichem Sinne „Psychologie der Handschrift". In Nordamerika spricht man uneinheitlich von *„grapho-analysis"* oder *„handwriting analysis"*. Unter G. versteht man eine wissenschaftliche diagnostische Methode, um aus der individuellen Handschrift die Persönlichkeit des Schreibenden zu erkennen. Zum Unterschied von den meisten „psychotechnischen" Tests ist das Anliegen der G. die Erfassung der Gesamtpersönlichkeit, nicht bloß einzelner Merkmale derselben. G. ist nicht eine Wissenschaft an sich, sondern eine wiss. Hilfe für die psychol. Diagnose. Der Graphologe muß eine psychol., charakterologische Ausbildung haben und Kenntnisse der einschlägigen Psychiatrie und Neurologie besitzen.

Der objektive Ansatzpunkt der G. ist die Handschrift. Jede Handschrift ist von jeder anderen Handschrift verschieden.

Die Schreibbewegung ist Motorik. Als solche ist sie, wie Mimik, Körperbewegung (etwa Gang), ein individueller ↗Ausdruck der bewegten ↗Persönlichkeit. Im Schreiben fixiert sich diese Bewegung. Schreiben lernt man in der Schule nach „nationalen" Vorlagen. Dennoch zeigen schon die Schreibhefte von Erstkläßlern starke individuelle Unterschiede der Schrift. Das kollektive „nationale" Vorbild (Vorlage) kann erkennbar bleiben. Die individuelle Ausdruckssprache der Handschrift zu enträtseln ist Aufgabe der G. Anlagemäßige wie auch später erworbene ↗Eigenschaften lassen sich erkennen und meist differenzieren. Die individuelle Handschrift verändert sich im Laufe des Lebens und gemäß der Persönlichkeitsentwicklung. Dabei ist die körperliche („hirnphysiologische") Anlage mit von Wichtigkeit. Die Apparatur des Graphologen ist einfach: eine gewöhnliche Lupe und ein Maßstab genügen. Gute Hilfe ist eine gerahmte durchleuchtbare Mattscheibe. Ein guter Projektionsapparat erleichtert die Arbeit.

Die graphologische Diagnose der charakterlichen Struktur erfordert, außer der analytischen Erfassung der Schrifteinzelheiten, auch den Einsatz eines irrationalen Faktors: ↗Intuition, Einfühlung *(empathy)*. Sie ist, wie bei jeder wissenschaftlichen produktiven Arbeit, die über das bloße Sammeln von Tatsachen hinausgehen muß, unentbehrlich. Aber sie allein vermag nicht den Wissenschaftsanspruch und die in vielen expt. Untersuchungen als sehr hoch festgestellte ↗Reliabilität der G. zu rechtfertigen. Wer nur durch Intuition oder durch eine bes. gut funktionierende ↗„außersinnliche Wahrnehmung" (extrasensorial perception) Handschriften zu deuten unternimmt, kann Erfolge haben (R. Schermann), aber seine Arbeit hat nichts oder wenig mit G. zu tun. Nötig ist die konstruktive Vereinigung des analytischen Erfassens mit dem synthetischen Zusammensehen, um unter Vermeidung von Fehlerquellen die Aufgabe zu lösen.

PROBLEM- UND METHODENGESCHICHTE. Das unmittelbare natürliche Verständnis für den Ausdruck aller lebenden Bewegung ist allen Menschen eigen und unentbehrlich. Daher gab es schon im Altertum eine unwissenschaftliche oder *vorwissenschaftliche* Handschriftendeutung (z. B. Suetonius im 2. Jh. n. Chr.).

Ein erster systematischer Ansatz kommt von dem italienischen Arzt C. Baldi (1622). Aber erst 150 Jahre nach ihm macht der

Schweizer Pfarrer J. C. Lavater (1741–1801) im Rahmen seiner „Physiognomischen Fragmente zur Beförderung der Menschenkenntnis und Menschenliebe" (1775–81) einen entscheidend gewordenen Vorstoß zu einer gründlicheren systematischen Behandlung des Gegenstandes. Er selbst bleibt dabei aber doch vorwiegend „ahnend", einfühlend, eindrucksmäßig in seinen Deutungen, die vielfach danebengehen. Lavaters Werk findet weite Verbreitung und wirkte bes. in Frankreich (Abbé Flandrin) stark anregend. Rund 100 Jahre nach ihm legte Abbé J.-H. Michon (1806–81) in zahlreichen Werken den Grund der heutigen G. Eine Psychol. stand ihm damals nicht zur Verfügung. Seine Deutungsmethode geht ausschließlich auf die Einzelmerkmale der Handschrift ein („signes"). Gerade diese scheinbare Einfachheit der Schriftdeutung erzeugt im letzten Viertel des 19. Jh. eine fast stürmische, aber oberflächliche Interessiertheit weiter Massen. Gegen diese Verflachung wird bald von seiten ernsthafter Wissenschaftler angekämpft. In Frankreich gibt J. Crépieux-Jamin (1858–1940) der G. einen starken wiss. Auftrieb. Er lehrt, daß viele Charaktereigenschaften sich nicht unmittelbar aus einfachen graphologischen Zeichen, sondern als Resultat des Zusammenwirkens mehrerer Handschriftcharakteristika ergeben *(„Resultantentheorie")*. Außer ihm wirken in Deutschland die Ärzte W. Preyer, G. Meyer u. a. und vor allem der Chemiker L. Klages (1872 bis 1956). Ihm gelang es durch eigene und durch die Verarbeitung früherer Erkenntnisse und Ideen, die G. aus ihrer Verwilderung auf ein hohes Niveau zu heben. Er erkannte die *Vieldeutigkeit* aller Schriftmerkmale. Er suchte einen gesicherten Standpunkt zu deren richtiger Beurteilung und glaubte, diesen in der eindrucksmäßigen Erfassung des komplexen Gesamtausdrucks der Handschrift, die er *„Formniveau"* (↗Graphologische Begriffe: Formniveau) nennt, gefunden zu haben. Die Schwierigkeit und relative Unzuverlässigkeit einer nur einfühlenden Wesenserfassung führte dazu, daß andere seinen Grundbegriff des „Formniveaus" zerteilten, subtilisierten, vereinfachten. R. Wieser hat den „Grundrhythmus", einen in dieser Richtung sehr wichtigen Begriff, in die G. eingeführt. Der Schweizer M. Pulver (1889–1962) führte ähnlich wie E. Flatow-Worms und A. Mendelsohn-Teillard Gesichtspunkte in die Schriftdeutung ein, die im Grunde psychoanalytischen Sinn haben. Anstelle des Klagesschen Formniveaus sucht er durch *„Wesensschau"* den integrierenden Gesichtspunkt zu erfassen. Als wichtiger fruchtbarer Fortschritt ist die Arbeit von R. Pophal, Universitätsprofessor der G. in Hamburg, hervorzuheben. Dieser bringt die Handschrift in Beziehung zu physiol. Hirntypen. Dadurch schafft er die Möglichkeit einer *psychosomatischen* Sicherung und Bereicherung graphologischer Persönlichkeitsbefunde.

Gegenwärtiger Stand der G. Gegenwärtig ist die graphologische Arbeit in der Hauptsache durch die Arbeit von Klages (1956), Wieser (1969) und Pophal (1965 ff.) bestimmt. Es werden also sowohl geistige als auch physiol. Faktoren berücksichtigt. In der letzten Zeit ist unter dem Einfluß der quantifizierenden Anschauungen der anglo-amerik. Psychol. eine Gegenströmung, *„Graphometrie"* (T. Wallner, G. Gruenewald), zu erkennen. Die G. hat in den letzten Jahrzehnten akademische Anerkennung gewonnen. In Zürich arbeitet das *„Graphologische Seminar"* an der sachlichen Ausbildung graphologischen Nachwuchses unter besonderer Betonung der psychol. Grundlegung. An einer Anzahl deutscher und auch holländischer Universitäten wird G. im Rahmen der akademischen Psychol. gelehrt und geübt. Eine Reihe teilweise einander entgegengesetzter Berufsgemeinschaften in Deutschland, Schweiz, Holland, Frankreich und Italien sind durch Herausgabe von Zeitschriften und Lehrtätigkeit am Fortschritt der G. interessiert.

Lit.: Becker, M.: G. der Kinderschrift. Hamburg, 1949; **Gruenewald, G.:** Graphologische Studien. Zürich, 1954; **Heiss, R.:** Die Deutung der Handschrift. Hamburg, [3]1966; **Klages, L.:** Handschrift und Charakter. Bonn, [24]1956; **Müller, W. & A. Enskat:** Graphologische Diagnostik. Bern, [2]1973; **Pfanne, H.:** Lehrbuch der Graphologie. Berlin, 1961; **Pokorny, R. R.:** Psychol. der Handschrift. München, 1968; **Pophal, R.:** G. in Vorlesungen. 3 Bde. Stuttgart, 1965, 1966, 1968; **Pulver, M.:** Symbolik der Handschrift.

Zürich, [7]1964; **Teillard, A.:** Handschriftendeutung. Bern, [2]1963; **Wieser, R.:** Grundriß der G. München, 1969; **Wittlich, B.:** Angewandte Graphologie. Berlin, 1951.

R. R. Pokorny

II. NEUERE ENTWICKLUNG. Der neuere Trend der graphologischen Forschung ist gekennzeichnet durch die Bestrebung, die von L. Klages u. a. vollzogene Vermengung der Pathognomik (↗Ausdruck) und G. aufzuheben und die G. als *diagnostische* Disziplin der Psychodiagnostik und nicht der *Ausdruckspsychol.* unterzuordnen. Das Bestreben, die G. zu objektivieren und statistisch abzusichern, ist berechtigt, wenn man die Grenzen der graphologischen Diagnostik berücksichtigt (J. P. Guilford hat die G. als „nutzlose Methode" bezeichnet), die in folgendem Schema (Müller & Enskat, 1965, 562) zusammengefaßt sind.

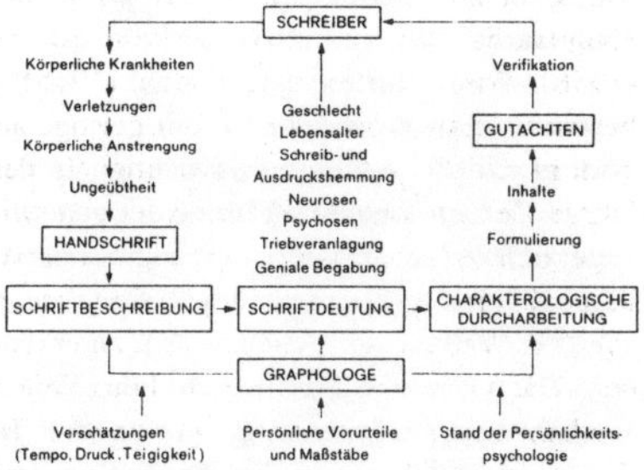

In der mittleren Spalte sind Sachverhalte aufgeführt, die nicht *hinlänglich* in die Schrift eingehen. Das Schriftbild kann durch charakterunabhängige („externe") Faktoren (s. linke Spalte) verfälscht werden. Weitere Fehlerquellen sind Verschätzungen, Mehrdeutigkeit der Merkmale, persönliche Vorurteile und Bezugssysteme des deutenden Graphologen (unten). In der rechten Spalte sind Schwierigkeiten bei der Abfassung des Gutachtens aufgezählt.

Die kritische Sicherung und Überprüfung der Grundlagen der G. befaßt sich mit zwei Problemkreisen:

1. Überprüfung der *Grundhypothesen* (Axiome) der graphologischen Diagnostik, z. B. das Axiom *Individualität der Handschrift;* diese Individualität ist wesentlich psychisch bedingt; aus der Handschrift ist es daher möglich, auf die Psyche des Schreibenden zu schließen. ↗Graphologie I.

2. Untersuchung der für die Handschriftendeutung grundlegenden Probleme der ↗*Objektivität,* ↗*Reliabilität* und der ↗ *Validität.* Mit diesem Problemkreis beschäftigt sich die Graphometrie, die Groffmann (1960) als „Grundlagendisziplin der G." charakterisierte. Die Graphometrie konnte bisher die Registrierung der graphischen Merkmale (über 80 Variablen) objektivieren, diese mit Hilfe der ↗Faktorenanalyse zu gesicherten Faktoren zusammenfassen und korrelationsstatistisch hinsichtlich der *Stabilität, Reliabilität und Validität* überprüfen. Derartige Arbeiten wurden bisher von Timm (1967), Fahrenberg & Conrad (1965), Fischer (1964), Wallner (1963; 1965) und anderen veröffentlicht.

Als vorläufiges Ergebnis halten die aufgeführten Autoren übereinstimmend fest, daß zwischen gewissen Handschriftenmerkmalen (Merkmalsfaktoren) und bestimmten psychischen Merkmalen (Validierung an Außenkriterien und anderen Tests) zwar *signifikante* Korrelationen bestünden, diese seien jedoch so *gering,* daß eine *kritischere* Anwendung der G. angebracht wäre und sie als *Einzeltest kaum* zu befürworten sei. Das Ergebnis deckt sich weitgehend mit denen der expt. Arbeiten von Eysenck (1945; 1948). Eysenck stellte fest, daß eine Persönlichkeitsdiagnose (z. B. der ↗Neurotizismus) aufgrund einer Handschriftanalyse möglich ist (Korrelationen mit objektiven Tests waren niedrig, aber signifikant, r = .21; mit dem psychiatrischen Urteil, r = .–02), angesichts der geringen Treffsicherheit jedoch zu zeitraubend wäre. Eine Intelligenzdiagnose mit Hilfe der G. scheint kaum nützlich zu sein (Michel, 1969). Eine Persönlichkeitsbegutachtung allein aus der Handschrift sei selten zu rechtfertigen, da sich grundlegende Dimensionen wie „*Extraversion – Introversion*" nur ungenau diagnostizieren lassen und nur Komponenten wie *Steuerung, Kontrolle, Irritierbarkeit* u. ä. relativ sicher ablesbar sind (Timm, 1967).

Lit.: Eysenck, H. J.: Neuroticism and handwriting. J. Abnorm. Psychol., 1948, *43,* 94–96; **ders.:** Graphological analysis and psychiatry: an experimental study. Brit. J. Psychol., 1945, *35,* 70–81; **Fahrenberg, J. & W. Conrad:** Eine explorative Faktorenanalyse graphometrischer und psychometrischer Daten. Z. exp. angew. Psychol., 1965, *12*, 223–238; **Fischer, G.:** Zur faktoriellen Struktur der Handschrift. Z. exp. angew. Psychol., 1964, *11*, 254–280; **Groffmann, K. J.:** Aus der Geschichte der Graphologie. Ciba-Zeitschr., 1960, *98*, 3244–3258; **Michel, L.:** Empirische Untersuchungen zur Frage der Übereinstimmung und Gültigkeit von Beurteilungen des intellektuellen Niveaus aus der Handschrift. Arch. ges. Psychol., 1969, *121*, 31–54; **Müller, W. H. & A. Enskat:** Grundzüge der Graphologie. In: **R. Kirchhoff** (Hrsg.): Hdb. d. Psychol. Band 5. Göttingen, 1965; **Timm, U.:** Graphometrie als psychol. Test. Psychol. Forschung, 1967, *30*, 307–356; **Wallner, T.:** Über die Validität graphologischer Aussagen. Diagnostica, 1963, *9*, 26–35; **ders.:** Graphologie als Objekt statistischer Untersuchungen. Psychol. Rdsch., 1965, *16*, 282–298.

F. Novak

Graphologische Begriffe: ARKADENSCHRIFT, ARKADENBINDUNG. Wölbezug bei der Verbindung der Buchstaben miteinander und in deren Form selbst, wie die Schulvorlage das beim *n* und *m* vorschreibt; jedoch nur dann als A. zu werten, wenn er dort auftritt, wo er *nicht* vorlagegemäß ist (z. B. ein *u* in der Formgestalt des *n* oder in dt. Schrift anstelle des vorgeschriebenen Winkels). *B. Wittlich*

BEWEGUNGSBILD. Aus der „fixierten Schreibbewegung" (Schrift) ist durch Nachführen der Formen und *Einfühlung* in diese sowie durch Beurteilung der Schreibgeschwindigkeit (Eile), des Druckes die Kennzeichnung eines rhythmischen (elastisch: federnd oder schwingend) oder unrhythmischen (starr oder schlaff) Bewegungsvorganges abzuleiten und der Grad der Ungestörtheit oder Gestörtheit abzuschätzen. *B. Wittlich*

BINDUNGSFORMEN. Die Verbindung des Aufstrichs mit dem Abstrich oder umgekehrt kann *bogig oder winklig* sein. Bogige B. sind *Arkaden, Girlanden* (↗Graphologische Begriffe: Girlanden), *Doppelbogen, Doppelkurven;* winklige sind Winkel und Faden. Bogig ist allg. Ausdruck gefühlsmäßiger, weicher Lebensform; winklig dagegen zeigt Willen oder Intellektualität. Faden und Doppelbogen nennt man „unausgesprochene" B. *R. R. Pokorny*

DOPPELDEUTIGKEIT. Jedem Ausdrucksmerkmal eignet eine prinzipielle Vieldeutigkeit, die sich in Form einer Doppeldeutigkeit so aufteilen läßt, daß das Vorhandensein des Merkmals entweder auf die Stärke eines Antriebs oder das Fehlen entgegenwirkender Hemmungen (Steuerung), das Fehlen eines Merkmals auf fehlenden Antrieb oder ein Übermaß von Hemmungen (Steuerung) schließen läßt. *B. Wittlich*

DUKTUS. Allg. Kennzeichnung der individuellen Bewegungsführung in der Handschrift, vor allem bezüglich Schreibfertigkeit, Regelmaß, Druckgebung, Tempo, Bindungsform und Formgestaltung. ↗Graphologische Begriffe. *B. Wittlich*

EHRLICHKEIT. Eine graphologische Ehrlichkeitsdiagnose ist nur durch genaue Persönlichkeitsuntersuchung möglich. Spezifische Schriftmerkmale der E. gibt es nicht. Hingegen hat die graphologische Erfahrung eine ganze Anzahl von Schriftmerkmalen gefunden, die mit Unehrlichkeit verbunden vorkommen, die aber niemals für sich allein und absolut gedeutet werden dürfen. Ein wichtiges Unehrlichkeitsmerkmal ist die nach links unten geöffnete Arkade. Andere Merkmale sind etwa: Arkade, Faden, Gegenzug, Brückenzug, Deckzüge, Schwerleserlichkeit, Buchstabenvertauschung, sinnlose Zusatzpunkte, Lötungen. *R. R. Pokorny*

EILE. *Schreibeile* kann auch bei langsamem Schreiben daran erkannt werden, daß z. B. vorgesetzte *i*-Punkte, allg. Rechtstendenz, Abschleifungen, vereinfachende Kürzungen des Schreibweges (Ligaturen), umkippende Mittelbuchstaben, zurückgeneigte Kurzbuchstaben am Wortende usw. auftreten. Sie weist darauf hin, daß der Schreiber mit seinen Gedanken dem Schreibvorgang ungeduldig vorauseilt. *B. Wittlich*

EINDRUCKSCHARAKTERE. Viele Schriftmerkmale müssen mehr eindrucksmäßig als durch eindeutig exakte Feststellung aufgenommen werden. Das graphologische Gesamtbild der Persönlichkeit ist als Synthese eindrucksmäßig (↗Eindruck) zu bilden. Dieselbe eindrucksmäßige Erfassung gilt vor allem auch für Rhythmus, Grundrhythmus, Ebenmaß, Formniveau und z. T. auch für die Strichqualifikation. *R. R. Pokorny*

ERWERBUNGEN, Übernahme von Formgestalten aus Schriften anderer Personen. Als *angemessene* E. passen sie ins Schriftbild und verbleiben darin, als *unangemessene* E. sind sie flüchtige Erscheinungen, in denen sich meist kompensatorische Wünsche einer Erhöhung des Selbstwertgefühls erkennen lassen (vergrößerte Majuskeln, Druckstärke, Steillage usw.). *B. Wittlich*

FADENBINDUNG ↗ Graphologische Begriffe: Bindungsformen.

FORMNIVEAU. Dieser von Klages in die Ausdruckswissenschaft eingeführte Begriff bedeutet Ursprünglichkeit, Eigenart, Geprägtheit der Form, speziell auch der Handschrift. Sein entscheidendes Merkmal ist der Rhythmus, also die periodische Wiederkehr ähnlicher Gestalten. Klages spricht aber auch vom Formniveau einer Farbzusammenstellung, einer Klangfolge, eines Kunstwerks. Der Grad der Lebensfülle ist maßgebend für das Niveau. Es ist kein moralisches, kein soziales, kein Bildungsniveau gemeint, sondern die Befähigung, in irgendeiner Tätigkeit und Äußerung ein Höchstmaß von Ausdruckskraft zu entwikkeln, eine Begabung (als Gestaltungskraft) zu beweisen. Wie eine solche Begabung in einer bestimmten Richtung liegt, so wird auch das Formniveau nur in dieser Richtung seinen höchsten Grad erreichen können (Klages, 1949). Es dient in der Graphologie insbesondere zur Entscheidung der Doppeldeutigkeit (↗ Graphologische Begriffe: Doppeldeutigkeit).

Lit.: Klages, L.: Handschrift und Charakter. Bonn, [24]1956.
B. Wittlich

GEPRÄGTHEIT, die eigene, teils bewußte, teils unbewußte Umgestaltung der erlernten Vorlageschrift entweder in der Richtung einer *Bereicherung* oder einer *Vereinfachung*. Eine Übertreibung in der ersten Richtung (Verschnörkelung) oder in der zweiten Richtung (Vernachlässigung) gilt nicht mehr als Geprägtheit. *B. Wittlich*

GIRLANDE. Die nach oben geöffnete Bogenform, Ausdruck der Zugänglichkeit und Aufgeschlossenheit, des Wohlwollens, u. U. der Weichheit. Druck im Basisbogen der Girlande zeigt oft manuelle Geschicklichkeit. *R. R. Pokorny*

GRAPHOMETRIE. Das wissenschaftliche Verfahren, für graphologische Merkmale exakte Meßvorschriften zu entwickeln und mit deren Hilfe die Grundlagen für eine strenge, testgemäße Anwendung und Kontrolle graphologischer Aussagen zu gewinnen (z. B. Größe, Weite, Breite, Neigung, Rand usw.). Den Meßdaten sind allerdings noch zahlreiche Schätzmerkmale hinzuzufügen, wenn eine vollständige Analyse der Handschrift erfolgen soll (z. B. Rhythmus, Formbild, Raumbild, Bogigkeit, Bereicherung, Vereinfachung u. a.). *B. Wittlich*

GRIFFDRUCK ist der Druck, der auf das Schreibgerät durch die haltenden Finger ausgeübt wird. Daher ist Schreibdruck *Aktion*, G. aber *Haltung*. Der G. ist nach Stärke individuell und typisch verschieden. Starker G. engt die Schreibbewegung ein. Die Strich- und Bewegungsführung wird starr, unelastisch, u. U. sogar brüchig und zitterig.

Die Diagnose des G. und der Spannung muß von deren Ergebnis, nämlich der Strichgestaltung, ausgehen. Durch R. Pophal und vorher durch M. Pulver ist die Strichdiagnose in die Graphologie eingeführt worden, die im Grunde eine Spannungsdiagnose ist. Sie ist auch in anderen Testverfahren (z.B. WZT) von größter Wichtigkeit für die Persönlichkeitsdiagnose und für die Feststellung von Störungen. *R. R. Pokorny*

HANDSCHRIFT. Die H. ist eine fixierte Ausdrucksbewegung (↗Ausdruck), die Spur des Zusammenspiels von Muskeln des Oberarms, Unterarms, Handgelenks und der Finger. In ihr erscheint daher die persönliche Mikromotorik, auch die Prinzipien der Bewegungsdeutung (Gestik, Mimik, Gang usw.) sind für sie gültig und anwendbar. In der H. erscheinen auch darstellerische (leitbildlich bestimmte) Antriebe, die sie von der erlernten Vorlageschrift lösen und ihr ein individuelles Gepräge geben. Für die Deutung gelten mehrere Grundprinzipien und Regeln (Leitbildprinzip, Doppeldeutigkeitsprinzip, einfache analoge und zweckanaloge Deutung), die weitgehend empirisch begründet worden sind; darüber hinaus gibt es bewegungsphysiol. Grundregeln der Deutung. ↗Graphologie. *B. Wittlich*

KINDERHANDSCHRIFT. Für sie gelten etwas andere Deutungsgesetze als bei der Erwachsenenschrift. Von der Anfangsstufe einer „noch nicht regelmäßigen" Schrift steigt die K. in diejenige der Regelmäßigkeit auf. Bei begabten Kindern, deren Phantasie und allg. Wachheit die Konzentration für die Feinarbeit der Buchstabengestaltung herabsetzt, ist sie unruhig geformt. In der ↗Pubertät wird die Schrift unregelmäßig, es treten stark wechselnder (oft fleckiger) Druck und zahlreiche sog. Wechselmerkmale auf, die oft bis zu völliger Unordnung des Schriftbildes führen. Aus Störungen, Bewegungs- und Formbesonderheiten – sog. Alarmzeichen – in der K. lassen sich spezielle Aufschlüsse gewinnen. Die Analyse der Kinderhandschrift kann z. B. sehr oft und mit großer Sicherheit zu folgenden Feststellungen führen: Selbsttäuschungen, Wichtigtuerei, Geltungswünsche, Eitelkeit, Bedrücktheit, Ermüdung, Konzentrationsschwäche, Schulüberforderung, Verkrampfung, Unlogik, Fleiß, Ausdauer, Verlegenheit, Opposition, Unwahrhaftigkeit, Haltlosigkeit u. a. Jede K. ist ein Einzelfall; man muß sie einordnen in ihr *Alters-* und *Klassenniveau*. Kleinste Vereinfachungen oder Hinzufügungen, angedeutete Eigenprägungen und vor allem alle Wechselmerkmale erhalten eine wesentlich größere Bedeutung als bei der Erwachsenenschrift. Wichtig ist es, auch Schreibleistungen aus etwas zurückliegender Zeit zu erhalten. Die Wandlung des Charakters, die Entfaltung der Anlagen, die Überwindung von Perioden der Anspannung oder von Entwicklungskrisen an ihnen verfolgen zu können, gibt oft erst den richtigen Ansatz zur Deutung des augenblicklichen Phasenbildes und, bei aller gebotenen Vorsicht, die Möglichkeit einer Prognose der vermutlichen Entwicklungsrichtung. *B. Wittlich*

LÄNGENUNTERSCHIEDLICHKEIT, auch „relative Größe" genannt, ist das *Verhältnis der Mittelzone zur Gesamtlänge*. Standardmäßig ist die mittlere L. bei Kurrent- und holländischer Schrift etwa 1:7, bei sonstigen Schriften ungefähr 1:3. Vergrößerte L. zeigt Zentrifugalität, Streben. Verkleinerte L. bedeutet Bewußtsein der eigenen Grenzen, „Bürgerlichkeit", u. U. Mangel an Auftrieb. *R. R. Pokorny*

LEITBILD-PRINZIP. In der Handschrift wirken sich unbewußte Erwartungen des anschaulichen Erfolges der Schreibbewegung aus, d. h., jeder Mensch erwartet, daß seine Schrift ein bestimmtes, erwünschtes „Bild" ergibt *(Leitbild)*. Man kann aber auch bewußt an der Gestaltung der Handschrift arbeiten, bewußt etwas unterdrücken oder erwerben *(Leitidee)*. Oft sprechen sich darin kompensatorische Bemühungen aus, Ausgleichsversuche, um das unbefriedigende Erscheinungsbild der eigenen Handschrift einem Wunschbild anzunähern. Es kommt dabei auch leicht zu Überkompensationen (Übertreibungen in einer Richtung), in denen sich deutliche Maskierungstendenzen zeigen können. *B. Wittlich*

LIGATUREN sind alle wegekürzenden Buchstabenknüpfungen, vereinfachten Bindungen und Übergänge. *B. Wittlich*

LINKSTENDENZ – RECHTSTENDENZ *(Linksläufigkeit – Rechtsläufigkeit)* kennzeichnet den vorherrschenden Richtungscharakter einer Schrift, also entweder die Bevorzugung der nach links oder nach rechts führenden Federbewegungen. Da die Schrift das Ergebnis einer vorwiegend nach rechts gerichteten Bewegung ist, so gilt Rechtstendenz als gegeben nur bei wesentlicher Betonung dieser Richtung. Das Fortlassen von Zügen einer Richtungstendenz kann in der Regel als Merkmal der entgegengesetzten Tendenz gewertet werden. *B. Wittlich*

LÖTSCHRIFT nennt man eine Schrift dann, wenn die verbindenden Striche zwischen zwei Buchstaben nicht glatt verlaufen, sondern gewissermaßen aneinandergelötet erscheinen wie zwei Drahtstücke, also auf einer kurzen Strecke doppelt gezogen sind. Oft nur mit Lupe feststellbar, verraten sie grundsätzlich ein Bindungsunvermögen. *B. Wittlich*

MEHRDEUTIGKEIT. Jedes Schriftmerkmal ist mehrdeutig, einmal schon wegen der Doppeldeutigkeit (↗Graphologische Begriffe: Doppeldeutigkeit), aber überdies noch deshalb, weil jedes Ausdrucksmerkmal seine spezielle Bedeutung erst innerhalb eines Schriftganzen erhält. „Man muß das Ganze haben, um die

Teile zu erforschen" (L. Klages). So läßt Regelmäßigkeit z. B. folgende Deutungen zu: Willensstärke, Konsequenz, Steuerung, Ausdauer usw. *(Einordnung);* Gefühlskälte, Nüchternheit, Steifheit, Gleichgültigkeit usw. *(Spießertum).* Unregelmäßigkeit z. B.: Gefühlsstärke, Gemüt, Leidenschaftlichkeit, Impulsivität *(Individualismus);* Willensschwäche, Reizbarkeit, launisch, ablenkbar *(Außenseiter).* *B. Wittlich*

MIKROGRAPHIE ist die Gewohnheit, besonders klein zu schreiben; Größe der Mittelzone beträgt höchstens ca. 1 mm. Solche mikrographische Schriften können durch konstitutionelle Bewegungsarmut („striärer Typus", R. Pophal) bedingt sein. Sie zeigen meist Mangel an Aufschwung und starke ↗Introversion an. *R. R. Pokorny*

NEIGUNGSWINKEL *(Schriftlage).* Der Winkel zwischen der Zeilenbasis und der durchschnittlichen Lage der Grundstriche gibt die Neigung (Gradangaben) an. Es gilt: 70° = normal; 45°–70° = schräg; unter 45° = überschräg; 90° = steil; größer als 90° = übersteil (linksschräg). Die Schwankung der Lage wird in Prozenten der nicht parallelen aufeinanderfolgenden Striche zu den Parallelstrichen ermittelt. *B. Wittlich*

RANDGESTALTUNG. Es sind vier Ränder zu betrachten, von denen bes. der Links- (Anfangsrand) und Rechtsrand (Endrand) graphologisch wichtige Aufschlüsse geben, die in erster Linie den sozialen Bezug, Einordnung in die Umwelt erschließen lassen. Der Oben- und Untenrand weisen mehr auf allg. Ordnungstendenzen (ästhetische) hin. *B. Wittlich*

RAUMBILD. Aus der harmonischen Anordnung der Schrift nach Größe der Buchstaben, ihren Längenverhältnissen (Dehnung), dem Buchstabenabstand (Weite), ihrer Breite, dem Zeilenabstand, der Zeilenführung (geradlinig, waagerecht) und der Randgestaltung ergeben sich die Merkmale für das harmonische oder gestörte R. *B. Wittlich*

REGELMASS. Dieses komplexe Merkmal umfaßt das Gesamtbild der Schrift. In erster Linie wird mit dem R. geringe (fehlende) Schwankung der Buchstabengröße, Neigung, Bindungsform und Verbundenheit beurteilt, aber auch jede andere starke Schwankung eines Merkmals mindert das R. *B. Wittlich*

RHYTHMUS ist das unterscheidende Merkmal alles Lebendigen (L. Klages). Er ist die Wiederholung *ähnlicher* Gestalten in *ähnlichen* Zeitabständen und in „fließenden" Übergängen, damit gegensätzlich zum Takt, der *Identisches in gleichen* Zeitabständen wiederholt. Der R. der Bewegung (des Ablaufs) erscheint auch in der Handschrift als Elastizität der Strichführung; man unterscheidet gern den *federnden oder schwingenden* R. vom *starren oder schlaffen* Bewegungsverlauf. Störungen des R. geben wichtige diagnostische Hinweise. Statt ↗Formbild ist auch die Bezeichnung Formrhythmus, statt Raumbild (↗Graphologische Begriffe: Raumbild) Verteilungsrhythmus gebräuchlich. Der sog. *Grundrhythmus* beurteilt das Spannungsverhältnis in den Strichabfolgen selbst (R. Wieser). *B. Wittlich*

SCHREIBDRUCK ↗Graphologische Begriffe: Griffdruck.

SCHREIBMOTORIK. Die Feinmotorik, die beim Schreiben gefordert wird, setzt sich zusammen aus den Muskelbewegungen der Finger, des Handgelenks, des Unter- und Oberarmes. Dieses Zusammenspiel ergibt die individuelle Handschrift. Die Steuerung aller dieser Bewegungen geht vermutlich von der Cortex aus, wird aber beeinflußt vom Striatum und Pallidum (↗Gehirn). Bei Störungen der Schreibfähigkeit (↗Agraphie) oder der Lesefähigkeit (↗Alexie) scheint es sich um Schädigungen bestimmter, definierbarer Hirngegenden zu handeln. Ein eng begrenztes Schreibzentrum ist nach der gegenwärtigen Forschung nicht wahrscheinlich. *B. Wittlich*

SCHREIBRICHTUNG ↗Graphologische Begriffe: Linkstendenz – Rechtstendenz.

SCHRIFTEXPERTISE. Es handelt sich weder um eine einfache Technik des Formenvergleichs noch gar um eine intuitive Methode, sondern um eine rational-wiss. Untersuchungsmethode der Schrift. In vielen Fällen (Kaufverträge, Testamente, Urkunden, Anonymschreiben) muß die Echtheit von Unterschriften geprüft oder die Identität des Schreibers mit dem Verdächtigten nachgewiesen werden. Die S. geht von der Einzigartigkeit jeder Handschrift als einer fixierten Ausdrucksbewegung aus. Es werden Bewegungsführung, Formähnlichkeiten und Verteilungsbesonderheiten (Relationen) in der strittigen (inkriminierten) „Tatschrift" und in den Vergleichsschriften untersucht. Der Wertcharakter eines Merkmals für die Identifizierung (oder ihre Verneinung) liegt nicht allg. fest, sondern ergibt sich aus dem jedesmaligen Schriftgesamt. Die unauffälligen Übereinstimmungen sind wichtiger als auffällige Formähnlichkeiten, insbes. dann, wenn es sich um eine beabsichtigte Schriftverstellung (Anonymschreiber) handelt.

Schriftentstellungen ergeben sich z. B. beim Schreiben mit der linken Hand, an einer senkrechten Wand, auf den Knien, auf rauher Unterlage, in der fahrenden Bahn, bei Krankheit, seelischer Erregung, ↗Depression und unter Drogeneinwirkung. ↗Ataxie; ↗Graphologische Begriffe: Verzitterung.

L. Klages will die Merkmale einteilen nach: (1) *Bewegungsähnlichkeiten,* (2) *Komplexionsähnlichkeiten* und (3) *Bewegungsinkonsequenzen:* (1) sind Abweichungen von der Normalschrift in ihrer Bewegungsführung. – (2) sind Besonderheiten, die in einer Gruppe zusammen auftreten, sind also Komponenten einer verschiedenen Ausführung. Mehrgliedrige Komplexionen haben einen vervielfachten Wertcharakter für die Identifizierung. – (3) sind entscheidende Abweichungen von der allg. in der Handschrift erkennbaren Richtungstendenz.

Die Nachahmung einer echten Unterschrift (z. B. in Fälschungen) kann freihändig oder im Pausverfahren erfolgen. Dabei treten in der Regel deutlich nachweisbare Spuren oder Bewegungshemmungen auf.

Von entscheidender Bedeutung für die S. ist es, daß Originale (keine Photokopien) und ausreichendes Vergleichsmaterial vorliegt. Für die Aufnahme von Schriftproben in gerichtlichen Verfahren sind ausführliche Richtlinien bei den zuständigen Polizeileitstellen usw. verbindlich. Bei Schriftverstellung sind das Prinzip der periodischen Aufmerksamkeitsschwankung wichtig und die Beachtung der mit einer beabsichtigten Verstellung unbeabsichtigt einhergehenden Begleitveränderungen. Von einer Druckschrift (Verstellung) kann nicht mit ausreichender Wahrscheinlichkeit auf die Identität mit einer Normal-(Lauf-) Schrift geschlossen werden. Ebenso ist bei Wechsel des Schriftsystems (deutsch-lateinisch) eine sichere Identifizierung nicht durchführbar.

Lit.: Deitigsmann, O.: Grundlagen der gerichtlichen Handschriftenvergleichung. Stuttgart, 1954; **Pfanne, H.:** Die Schriftexpertise. Rudolstadt, 1954; **Wittlich, B.:** Angewandte Graphologie. Berlin, 1951; **ders.:** Graphologische Praxis. Berlin, 1961.

B. Wittlich

SCHRIFTWEITE wird festgestellt aus der Relation zwischen Abstrichlänge und Abstrichdistanz der Buchstaben in der Mittelzone. Gleichheit beider Größen ist mittlere Weite, Überwiegen des Abstandes ist Weite, Überwiegen der Abstrichlänge ist Enge. Weite zeigt die Zieltendenz und die Du-Beziehung. „*Sekundäre*" Weite/Enge bezieht sich auf die Entfernung zwischen den Buchstaben in den Worten. *R. R. Pokorny*

SCHRIFTZONEN. Fast alle modernen Schriften sind in 3 Zonen gegliedert: *Oberzone, Mittelzone, Unterzone.* Die tiefenpsychol. Interpretation der Dreigliederung wurde durch M. Pulver, A. Mendelsohn und E. Flatow-Worms in die Graphologie eingeführt. Die *Oberzone* ist die Lokalisation des ↗„Überich" (S. Freud), der „Noopsyche" oder des „personellen Oberbaus" (P. Lersch), des Geistigen, des Willens, des Vaters und der Gottesvorstellung (↗Schichtenlehren). Die *Mittelzone* trägt das ↗„Ich" (S. Freud), die „Thymopsyche" (P. Lersch), Gefühl, Gemüt, Seele. Die *Unterzone* ist der Raum des ↗„Es" (S. Freud), der „Vitalgrundlage" (P. Lersch), des Animalischen, Körperlichen, Trieblichen und des ↗Unbewußten. *R. R. Pokorny*

STRICHBILD, STRICHSTRUKTUR. Die Besonderheit des Striches, oft nur in der Vergrößerung erkennbar, geht von der Kennzeichnung des *scharfen* Striches zum *teigigen* Strich. Beim letzteren fließt viel Tinte auf das Papier (meist flache Haltung des Schreibstiftes) und füllt die schmalen Schleifen (bei *b, e, h, l*) aus. Dasselbe kann auch durch sehr breite Feder entstehen. Mit S. kann auch der „Stoff" des Striches gemeint sein (R. Pophal), wie er sich bei 10- bis 20facher Vergrößerung erkennen und als homogener, granulierter oder tuschiger Strich beschreiben läßt. *B. Wittlich*

VERBUNDENHEITSGRAD. In den abendländischen Schriften sind die Buchstaben zu verbinden; in der kyrillischen, griechischen, hebräischen, arabischen Schrift hingegen nicht. Bei letzteren kann die ununterbrochene Bewegung in „Luftbrücken" (angesetzte, jedoch nicht voll ausgeführte Verbindungsstriche) erscheinen. Gut verbundene Schrift zeigt extravertiertes, manchmal oberflächliches, logisch-begriffliches Denken; schlecht verbundene Schrift ist zu interpretieren als Beobachtungsgabe, Introversion, u. U. „intuitives" Verstehen, aber auch schwerfälliges Denken. *R. R. Pokorny*

VERSCHNÖRKELUNG, zusätzliche Schleifen, Spiralen, Einrollungen oder Striche an den Majuskeln oder Minuskeln in den Anfangs- und Endzügen, die das Schriftbild unharmonisch machen und die Buchstabengestalt belasten. Bleibt das Bild jedoch noch ausgewogen, so spricht man von Bereicherung. *B. Wittlich*

VERZITTERUNGEN. Aus verschiedenen Ursachen kann es zu Zitterzügen (Tremor) kommen, die entweder die Aufstriche (Haarstriche) allein betreffen (oft bei nervöser Reizbarkeit, Übermüdung u. a.) oder die Grundstriche allein (oft bei mot. Störungen, körperlicher Erschöpfung, hohem Alter, Krankheit u. a.), oder aber in beiden Strichgruppen auftreten (dann meist ernstere Störungen im Bewegungssystem, akute oder chronische Leiden). Eine Diagnose der Art der Erkrankung ist nach dem heutigen Stand der Graphologie nicht möglich. ↗Ataxie. *B. Wittlich*

ZEILENVERLAUF. Die Schreibzeile kann gerade oder wellig, steigend oder fallend, gewölbt oder gehöhlt oder in „Dachziegelform" verlaufen. Das Ansteigen steht in Beziehung zur Innervation der Streckmuskeln, das Abfallen zu der der Beugemuskeln von Arm, Hand, Finger. *Steigender* Z. bedeutet daher Anspannung, Aktivität, Eifer, Auftrieb; *fallender* Z. läßt auf Hemmung, Passivität, Ermüdung, u. U. ↗Depression schließen. *R. R. Pokorny*

ZUCHTSCHRIFT. Unter Z. versteht die Graphologie eine in eingeübten und nicht natürlichen Formen hergestellte Schrift. Dazu gehört die sog. „Scriptschrift" (Druckbuchstaben ohne Verbindungsstriche). Ein bekanntes Beispiel der Z. ist die Sacré-Cœur-Schrift, die in französischen Klosterschulen gelehrt wurde. Z. kann die graphologische Deutung sehr erschweren und sogar unmöglich machen. Sie ist psychol. ein Symptom einer starken ↗„Persona"- oder Fassadenbildung, u. U. der Selbstdarstellung („histrionisch" – R. Pophal). *R. R. Pokorny*

ZÜGIGKEIT erscheint als Erfolg einer guten Schreibgeläufigkeit und Geschwindigkeit. Geradlinige Striche sind glatt, unverzittert, ohne Stoppstellen. Die absolute Schreibgeschwindigkeit kann jedoch nach der Zügigkeit nur abgeschätzt und nicht sicher bestimmt werden. ↗Graphologische Begriffe: Eile. *B. Wittlich*

Gratioletsche Sehstrahlung ↗Sehbahn.

Graue Substanz ↗Gehirn, ↗Cortex cerebri.

Grausamkeit ↗Sadismus.

Grauskala ist die Serie der unbunten, neutralen Farben, die zwischen Weiß und Schwarz liegen. Die verschiedenen Abstufungen der Skala werden durch Elemente dargestellt, zwischen denen eine *konstante* Helligkeitsdifferenz besteht. *G. Kanizsa*

Gravimeter. Testgerät zur Prüfung des Schwerefeingefühls mit Hilfe verschieden schwerer, aber äußerlich gleich aussehender Gewichte, die vom Pb gehoben und beurteilt werden müssen. *A. Thomas*

Grazer Schule ↗Österreichische Schule.

Greifraum. 1) Den ersten faßbaren Anhaltspunkt für die Entwicklung eines Raumbewußtseins beim Säugling bietet das Greifen nach Dingen, das um den 5. bis 6. Lebensmonat auftritt. Das Kind lernt dabei, den kleinen Bereich der greifbaren Entfernungen mot. zu beherrschen. Deshalb bezeichnete man diese Entwicklungsphase als Stadium des *Greifrau-*

mes oder ↗*Nahraumes* (Bühler, 1918). Während dieser Entwicklungsphase verbinden sich Gesichts- und Tastraum, wobei nach und nach die Gesichtskomponente überwiegt. ↗Säuglingsalter.

Lit.: Bühler, K.: Die geistige Entwicklung des Kindes. Jena, 1918, 59–61.
M. Sachs

2) Im *arbeitspsychol.* Sinn: Raum, in dem ohne Orts- bzw. Lageveränderung des Körpers gegriffen werden kann (frühere Bezeichnung: *Griffeld*). *G. Marschner*

Greifreflex, *tonischer Handgreifreflex:* Ein Säugling umgreift Gegenstände (Finger eines Untersuchers), die seine Hohlhand berühren (↗Säuglingsalter). Der Zugriff ist so kräftig, daß der Säugling hochgehoben werden kann. Der G. ist normalerweise in den ersten beiden Lebensmonaten gut nachweisbar und verschwindet dann allmählich mit der zunehmenden Myelinisierung der willkürmot. Bahnen. Nimmt die Intensität des Griffes nach dem 3. Lebensmonat noch zu oder bleibt der Reflex über den 4. Lebensmonat hinaus bestehen, gilt dies als pathologisch. *K.-H. Plattig*

Grenzstrang ↗Nervensystem.

Grenzverfahren, eine psychophysische (↗Psychophysik) Methode zur *Bestimmung von absoluten Schwellen* und ↗*Unterschiedsschwellen.* Nach G. T. ↗Fechner wird das G. auch als „*Methode der eben merklichen Unterschiede*" bezeichnet. Bei dem G. nimmt der Vl die Reizänderung vor. Dabei geht er von einer anderen Reizgröße als der gesuchten aus. Ist der Ausgangswert größer als der gesuchte Wert, so spricht man vom *absteigenden Verfahren*, ist er geringer, so spricht man vom *aufsteigenden Verfahren.* Bei der Bestimmung von absoluten Schwellen gibt die Vp an, wann sie den Reiz wahrnimmt (aufsteigendes Verfahren) bzw. wann sie den Reiz nicht mehr wahrnimmt (absteigendes Verfahren). Bei der Bestimmung von Unterschiedsschwellen gibt die Vp an, wann sie keinen Unterschied zwischen dem veränderlichen Reiz und einem Vergleichsreiz feststellen kann.

Lit.: Traxel, W.: Einführung in die Methodik der Psychologie. Bern – Stuttgart, 1964.
F. Mattejat

Grenzwerte. Existiert für eine gegebene *Folge* $a_1, a_2, \ldots a_n, \ldots$ eine Zahl A, der sich die Glieder a_n bei wachsendem n beliebig nähern, so nennt man eine solche *Zahl A* den *Grenzwert einer Folge*

$$A = \lim_{n \to \infty} a_n.$$

Die stetige *Funktion* $y = f(x)$ hat an der Stelle $x = a$ einen Grenzwert $A = \lim_{x \to a} f(x)$, wenn bei unbegrenzter Annäherung von x an die Zahl a die Funktion f(x) sich unbegrenzt dem Wert A nähert. An der Stelle $x = a$ braucht die Funktion dabei den Wert A nicht anzunehmen und muß an dieser Stelle nicht definiert sein. *W. H. Butollo*

Grenzwertsatz, zentraler. Das zentrale Grenzwerttheorem (zentraler Grenzwertsatz) von Liapounoff ist die Basis dafür, daß die ↗Normalverteilung in der Wahrscheinlichkeitstheorie und der Stichprobentheorie einen bes. Platz einnimmt. In seiner einfachsten Form stellt dieses Theorem fest, daß bei n unabhängigen Ereignissen $X_1, X_2, \ldots X_n$ mit endlichem Mittelwert und endlicher Varianz die Summe dieser Ereignisse S_n, sofern in Standardwerten ausgedrückt, bei $n \to \infty$ zur Normalverteilung tendiert. ↗Statistik. *W. H. Butollo*

Griffel-Labyrinth ↗Labyrinthversuch.

Größen-Gewichts-Täuschung ↗Charpentier-Koseleffsche Täuschung.

Größenkonstanz. Das Phänomen, das Gegenstände in verschiedener Entfernung gleich groß erscheinen läßt, obwohl die Größe der Abbildung auf der ↗Retina zwangsläufig differiert. So kann, durch Kompensation auf der Grundlage ihrer erscheinenden Entfernung, die absolute Größe von Gegenständen wahrgenommen werden. Bei falscher Information bezüglich der Distanz wird auch die Größe falsch wahrgenommen, wie z. B. bei den Täuschungen durch den verzerrten Raum nach Amos. *C. D. Frith*

Größenwahn, ein falscher Glaube – der sich zum Wahn gesteigert hat –, die Person habe eine gewichtige soziale Position, Ahnen von Bedeutung und Ansehen, sei sehr reich, habe Besitztümer, bes. Fähigkeiten oder Macht (übertriebenes Geltungsstreben). *B. Brooker*

Größenwahrnehmung ↗Größenkonstanz. ↗Raumwahrnehmung.

Große Zahl, Gesetz der. Nach dem Theorem von Bernoulli *(Gesetz der großen Zahlen)* kann mit uneingeschränkt nahe an Eins liegender Wahrscheinlichkeit behauptet werden, daß bei genügend großer Anzahl von Versuchen N die relative Häufigkeit f(X)/N sich sehr wenig von der Grundwahrscheinlichkeit p(X) unterscheiden wird, also

$$\lim_{n \to \infty} P\,(|f(X)/N - p(X)| < \varepsilon) = 1$$

wobei n→∞ beliebig klein gewählt werden kann. *W. H. Butollo*

Großfamilie. Eine in feudalen Gesellschaften und bei nomadischen Stämmen verbreitete Familienform, in der drei Generationen mit Ehegatten und Kindern in einem gemeinsamen Haushalt leben. Sie ist zumeist durch strenges ↗Patriarchat gekennzeichnet. In Europa bestand sie nur bei einigen Balkanvölkern. Im Zuge der Industrialisierung pflegt sich die G. wegen ihrer strukturellen Immobilität und ihrer starren Autoritätsstruktur aufzulösen und die Kernfamilie (Eltern mit unselbständigen Kindern) vorherrschend zu werden.

Als G.n werden neuerdings die Wohn- und Haushaltsgemeinschaften verschiedener nichtverwandter Personen bezeichnet, die insbes. in Großstädten unter jüngeren Menschen und Intellektuellen als Experiment versucht werden.

Lit.: Goode, W. J.: Soziologie der Familie. München, [6]1975; **König, R.:** Soziologie der Familie. In: **R. König** (Hrsg.): Hdb. der empirischen Sozialforschung, Bd. 2. Stuttgart, [3]1973. *N. Schmidt-Relenberg*

Großhirn ↗Cerebrum, ↗Diencephalon.

Grünblindheit *(Deuteranopie)* ↗Farbenfehlsichtigkeit.

Grundeigenschaften. ↗Eigenschaften sind die Beschreibungseinheiten der Persönlichkeitsforschung. Es kann sich um *Oberflächeneigenschaften (surface traits)* oder *Grundeigenschaften (source traits)* handeln. G. stellen die Elemente der Persönlichkeitstheorie dar und sind wesentlich für die Erstellung von Persönlichkeitsmodellen (↗Persönlichkeit). G. sind die ↗hypothetischen Konstrukta, auf die die ↗Kovariation zwischen den beobachteten Ergebnissen von Persönlichkeitstests zurückgeführt wird. Man kann sie als die „Ursachen" der beobachteten Werte auffassen (Cattell, 1957). Nehmen wir das Beispiel einer beobachteten feindseligen Handlung, so kann diese auf verschiedene tieferliegende Ursachen zurückgeführt werden – vielleicht auf ↗Angst, ein erlerntes Reaktionsmuster aggressiver Verhaltensweisen oder Extraversion, um nur drei mögliche Ursachen zu erwähnen.

Ein wichtiges Problem stellt die Frage dar, inwieweit G., die durch Messungen auf den verschiedensten Gebieten gewonnen wurden, miteinander identisch sind. Dieses Problem kann noch nicht als endgültig geklärt angesehen werden.

Die Frage, ob ein Testwert als ein Maß für eine G. angesehen werden kann oder nicht, ist nur empirisch zu klären. Einige Kriterien für Maßsysteme einer G. wurden vorgeschlagen (Hundleby, 1970): 1) Aspekte der faktoriellen Validität; 2) Konsistenz über Situationen und Personen hinweg; 3) Beziehungen zu anderen Konstrukten und 4) die Voraussagevalidität in bezug auf persönlichkeitsrelevante Kriterien.

Bisher herrscht keine vollständige Einigkeit in der Frage, wie viele und welche G. zur Beschreibung der ↗Persönlichkeit notwendig sind; bei den ↗Fragebogen z. B. zeichnet sich eine zunehmende Integration ab. Zur Abklärung der Frage, inwieweit die Faktorensysteme der Persönlichkeit übereinstimmen, können die Werke von Cattell (1957), H. J. Eysenck und J. P. Guilford herangezogen werden.

Lit.: Cattell, R. B.: Personality and motivation structure and measurement. New York, 1957; **Hundleby, J. D.:** The structure of personality: Surface and source traits. In: **R.**

Dreger (Ed.): Multivariate personality research. Claitor, 1970.

J. D. Hundleby

Grundfarben heißen die drei Farbstrahlungen, die durch entsprechende Veränderungen ihrer Intensität (Mischung) genügen, um jegliche andere Farbe hervorzubringen. Die Dreierkombinationen von Strahlungen, die man anstellen kann, sind zahlreich. Die optimalen Ergebnisse erhält man jedoch mit drei Frequenzbündeln von ca. 650, 530 und 460 mμ Wellenlänge, die phänomenologisch einem Rot-Orange, einem Gelb-Grün und einem Violett-Blau entsprechen. *G. Kanizsa*

Grund-Figur-Verhältnis ↗Figur-Grund-Verhältnis.

Grundfunktionen ↗Hauptfunktionen.

Grundgesamtheit. Im Rahmen der ↗Statistik wird unter G. (Population) eine endliche oder unendliche Anzahl von Individuen (Ereignissen) verstanden. Der „Geltungsbereich" der Population kann durch Definition über ihre Elemente beliebig festgelegt werden. So bilden z. B. *alle* Menschen, *alle* Autofahrer, *alle* Häuser (einer Stadt z. B.) die Population der Menschen, der Autofahrer oder der Häuser einer Stadt.

Ein typisches Problem der „schließenden Statistik" (Inferenzstatistik) besteht in der *optimalen Schätzung* der Kennwerte einer Populationsverteilung (↗Parameter) aus den Kennwerten einer ↗Zufallsstichprobe (Statistiken) der Population. ↗Statistik.

W. H. Butollo

Grundintelligenztest-Skalen 1, 2 und 3. Deutsche Bearbeitung der ↗Culture-Fair Intelligence Tests von Cattell. ↗Paper-Pencil-Gruppentests mit je 2 Parallelformen. Skala 1 für 5–9jährige (Sonderschüler bis 12 Jahre) enthält nach sehr starker Veränderung Substitutionen, Labyrinthe, Klassifikationen, Ähnlichkeiten und Matrizen, wobei die beiden ersten ↗Speed-Tests sind. Noch sehr wenige Angaben über Reliabilität und Validität. Skala 2 für 9–15jährige und Skala 3 ab 14 Jahren (besonders für Schüler des sekundären Bildungsbereichs und Studenten) bestehen in jeder Form aus zwei Teilen zu je vier Untertests: Reihen fortsetzen, Klassifikationen, Matrizen, topologische Schlußfolgerungen. Die erstrebte Culture Fairness und die Unabhängigkeit von nicht-kognitiven Faktoren werden zumindest teilweise erreicht. Validitätskoeffizienten zu Schulerfolgsmaßen sind aber (vielleicht gerade deshalb) niedriger als bei traditionellen Intelligenztests.

Lit.: Weiss, R.: Grundintelligenztest CFT 3 Skala 3, Braunschweig, 1971; **ders.:** CFT 2, 1972; **Weiss, R. & J. Osterland:** CFT 1, 1977.

R. Krebs

Grundleistungstest ↗Einschulungstests.

Grundton. 1) In der *Akkordlehre* der tiefste Ton eines Akkords in der Grundstellung, zugleich – auch bei Akkordumkehrung – der Träger der Harmonie. – 2) In der *Akustik* der Stammton, d. h. tiefste und obertonfreie Teilton eines ↗Klanges. *B. Schmidt*

Gruppen (Gruppenarten). Je nach Schwerpunktbetonung und Anwendungsbereich werden in der Sozialpsychol. und der Soziol. G.arten unterschieden, deren Vielfalt sich jedoch kaum in ein abgeschlossenes Gesamtsystem bringen läßt. Häufig sind Gegensatzpaare gebildet, innerhalb welcher ein strenges Anschlußverhältnis nicht immer postuliert ist und die sich vom Geltungsbereich her wechselseitig durchdringen. Dem Vorschlag von Kruse folgend kann man die Arten nach Kriterien der *Morphologie* der G. gliedern: *Größe:* Klein-G. (2= Dyade bis 9, höchstens 30 Mitglieder) – Groß-G. *Interpersonale Beziehungen:* Primär- und Sekundär-G. (Cooley 1909), wobei „primär" auf die erste Gewinnung sozialer Erfahrung bezogen ist (zentrales Beispiel: Familie). Biologische, psychol. und nomologische G. (Lersch 1965), wobei die Beziehungen entsprechend durch Geburt, Spontaneität/Aktualität und vorgegebene Regeln charakterisiert sind. *Grad der Formalisierung und Organisation:* Formelle und informelle G. mit den Unterscheidungsschwerpunkten Zustandekommen (gezwungen – freiwillig) und Art der Bindung (unpersönlich – persönlich). Davon abhebbar: Organisierte und unorganisierte G. *Funktionen der G.* lassen sich der Zweiteilung sozial-emotionale und aufgabenorientierte Zielsetzungen zuordnen (Freizeit-G. – Arbeits-G.). Eine besondere Form der aufgabenorientierten G. ist die leistungsorientierte G. (Scharmann 1972), die nicht etwa bloß Sozialaggregate des Suchens und Bestimmens (Hofstätter 1957) verkörpert, sondern ein gewisses Ausmaß an sozio-emotionaler Orientiertheit besitzt. *Experimentelle – natürliche G. Temporäre – überdauernde G.* Die Einteilung läßt sich fortsetzen mit *relationalen G.konzepten:* Ingroup – outgroup (Sumner 1906, dt. Eigen- oder Wir- und Fremd- oder Die-G.), wichtig zur Erklärung der Entstehung von Einstellungen, Eigen- und Fremdbild u.a.m. Schließlich membership-group – reference-group (dt. Mitgliedschafts- und Bezugs-G.). Sie lassen sich dann zur Deckung bringen, wenn faktische oder nominelle Mitgliedschaft in einer bestimmten G. und Identifizierung mit deren Norm- und Wertvorstellungen gekoppelt sind, wobei es sich häufig, aber nicht notwendigerweise um eine face-to-face-group handelt.

Lit.: Cartwright, D. & A. Zander (Hrsg.): Group Dynamics. New York, [3]1968; **Hofstätter, P.:** Gruppendynamik. Hamburg, 1957, [17]1975; **Kreeger, L.:** Die Großgruppe. Stuttgart, 1977; **Kruse, L.:** Gruppen und Gruppenzugehörigkeit; **Scharmann, Th.:** Leistungsorientierte Gruppen; beide in: **Graumann, C.F.** (Hrsg.): Sozialpsychologie, Forschungsbereiche. Handbuch der Psychologie in 12 Bänden. Band 7, 2. Göttingen, 1972.

H.-P. Trolldenier

Gruppenarbeit. 1) *Arbeitswiss.:* unmittelbares, in Abhängigkeit voneinander erfolgtes Zusammenwirken mehrerer zur gemeinsamen Ausführung eines Auftrages. – 2) *Päd.-didaktisch:* Unterrichtsform, bei der im Gegensatz zum Frontalunterricht das Thema nicht vom Lehrer unmittelbar-direkt mit der ganzen Klasse, sondern in kleineren Gruppen von den Schülern selbst erarbeitet wird (Übergang vom autoritativen zum kooperativen Führungsstil) (↗Menschenführung). Vor allem im Bereich der Hochschuldidaktik aktuelle Lehrform (Tutorensystem). „So wie auf den Universitäten gelehrt, doziert und diskutiert wird, so werden im öffentlichen Leben später Verhandlungen geführt, Reden und Konferenzen abgehalten."

Lit.: Eckstein, B. & E. Bornemann: Arbeit mit kleinen Studentengruppen (Blickpunkt Hochschuldidaktik, Heft 4). Hamburg, 1969.

G. Marschner

Gruppenbewußtsein, drückt den Zusammenhalt in sozialen Gruppen, die Art und Häufigkeit der Interaktionen und die Identifizierung mit den Normen und Zielen der Gruppe aus. Nach außen hin ist es gemeinsame Grundlage für gruppenspezifisches Verhalten und Erleben. Es entsteht oder wächst durch Ähnlichkeit, räumliche Nähe, gemeinsame Erlebnisse und gemeinsame Feinde u.a. Ähnliche Begriffe: Gruppengeist, Wir-Gefühl.

H.-P. Trolldenier

Gruppenbildung. Prozeß, während dessen sich aus einer Mehrzahl oder bloßen Ansammlung von Individuen eine Gruppe bildet. Voraussetzungen für das Entstehen von ↗Gruppen sind: 1) Die Motivation der Individuen, sich einer Gruppe anzuschließen (positiv als Erleichterung für die Befriedigung der eigenen Bedürfnisse, negativ als Verteidigung gegen gemeinsame Bedrohung der Individuen); 2) Kommunikation bzw. Kontakt unter den Individuen (erleichtert durch räumliche Nähe oder allg. geringe soziale Distanz); 3) Eindruck der gegenseitigen Anerkennung der einzelnen Individuen.

Im Verlauf des Entstehens einer Gruppe können folgende Prozesse beobachtet werden: das Entstehen gemeinsamer Ziele, die Ausdifferenzierung von Rollen, die von den einzelnen Mitgliedern übernommen werden; Entwicklung von gemeinsamen Verhaltensregeln und Normen, mit der ein zunehmend konformer werdendes Verhalten der einzelnen Mitglieder einhergeht; Entstehen einer bestimmten Gruppenatmosphäre oder eines besonderen Klimas; Entwicklung von Auto- und Heterostereotypen, d. h. positiver Einschätzung der eigenen Gruppe oder *„Wir-Gruppe"* bezüglich ihrer Fähigkeiten, der Attraktivität ihrer Mitglieder usw. und Ablehnung oder Geringschätzung der anderen oder *„Die Gruppen"*. ↗Gruppendynamik.

Lit.: Hare, A. P.: Handbook of small group research. New York, 1962; **Sherif, M., Harvey, O. J., White, B. J., Hood, W. R. & C. Sherif:** Intergroup conflict and cooperation: The robber's cave experiment. Norman, 1961.

A. Schmidt-Mummendey

Gruppendynamik. Zwei oder mehrere Personen, die miteinander eine Zeitlang oder wiederholt interagieren, bezeichnet man als Gruppe. Das räumliche Beisammensein ist dabei nicht unbedingt erforderlich, denn die Interaktionen können sich – wie z. B. bei den Mitgliedern der gelehrten Akademien des 18. Jahrhunderts oder auch bei getrennten Freunden oder Liebenden – hauptsächlich auf schriftlichem Wege ereignen.

Zwischen Partnern, die miteinander in Kontakt stehen, existiert entweder schon im voraus aufgrund von Ähnlichkeiten und Gemeinsamkeiten ein Verhältnis der emotionalen Attraktion, oder dieses stellt sich – z. B. bei Personen, die plötzlich und zufällig in eine gemeinsame Notlage geraten sind – mit der Zeit, und zwar oft erstaunlich schnell ein. Zwischen Kontakt und gegenseitiger Sympathie besteht im allgemeinen eine Interdependenz-Beziehung in dem Sinne, daß Veränderungen der einen Variablen gleichsinnige Veränderungen der anderen Variablen folgen. Nicht auszuschließen ist allerdings auch die Etablierung eines Verhältnisses der andauernden Rivalität. Gruppen bestehen daher häufig aus miteinander konkurrierenden Teilgruppen („Cliquen"). Strukturen dieser Art lassen sich mit Hilfe der von *J. L. Moreno* (1890–1974) entwickelten Methode des Soziogramms nachweisen. Das Zustandekommen und die Stabilität solcher Koalitionen wird seit T. Caplow (1956) eingehend untersucht. Individuen sowohl als auch Parteien lassen sich dabei häufig von den beiden Prinzipien der kleinstmöglichen Majorität (W. H. Gamson, 1961) und der minimalen Einstellungsdifferenz (A. De Swaan, 1970, 1973) leiten.

Erfahrungen mit Arbeitsgemeinschaften, „Brigaden", Bünden, Clubs, Kollektiven, Orden, Parteien, Vereinigungen, Wehrformationen usw. und die Bemühungen um eine optimale Kooperation in solchen Gebilden machen ein Gutteil der menschlichen Kulturgeschichte aus. Innovationen künstlerischer, sozialer oder wissenschaftlicher Art gehen meist von Gruppen („Schulen") aus, weil Einzelindividuen sich nur in einem bescheidenen Ausmaß dem Uniformitätsdruck der Gesamtgesellschaft zu entziehen vermögen.

Den letzten Anstoß zur wissenschaftlichen Befassung mit diesen Problemen gab die deutsche Jugendbewegung der Jahrhundertwende, die sich bei ihrem Aufbegehren gegen gesellschaftliche Konventionen zwangsläufig mit wesentlichen Problemen der Gruppendynamik (Gemeinschaft, Führung, Ideologiebildung, Konformität und Rivalität) konfrontiert sah. Durch *S. Bernfeld* (1892–1953), einem der Initiatoren der Jahrhundert-Feier auf dem Hohen Meißner (1913), wurde die Verbindung zur Wiener Psychoanalytischen Vereinigung hergestellt. *Kurt Lewin* (1890–1947), der erstmalig 1939 den Terminus „Gruppendynamik" in einer englischen Publikation verwendete, dürfte ebenfalls Impulse aus dieser Quelle empfangen haben, die ihm bei der Organisation von Abendkursen für Arbeiter in Berlin (seit 1910), als Leutnant im Ersten Weltkrieg und bei seinen Bemühungen um eine Humanisierung der Arbeitswelt („Die Sozialisierung des Taylorsystems", 1920) zugute kamen.

Unmittelbar auf seinen Einfluß gehen die „National Training Laboratories" in Bethel/Maine zurück (L. P. Bradford et al., 1972), in denen die Technik des Sensitivitäts-Trainings bzw. der sog. „T-Gruppen" entwickelt wurde. Durch Rückkoppelung und Selbsterfahrung sollen dabei kooperationsfördernde Einstellungen und Verhaltensweisen erlernt werden. Als Antwort auf „Entfremdung" und Vereinsamung, die in den westlichen Industriestaaten mit hoher geographischer und sozialer Mobilität überhand zu nehmen drohen, erfreuen sich seit der Mitte der sechziger Jahre sog. gruppendynamische Veranstaltungen, bei denen es im weitesten Sinn des Wortes um die menschliche Begegnung („Encounter") geht, als Formen der Psychotherapie und noch mehr im Vorfeld einer „Therapie für Gesunde" größter Beliebtheit (A. M. Däumling, 1974; H. M. Ruitenbeek,

1974; D. Sandner, 1978). Schätzungsweise (J. Kovel, 1977) gab es in Palo Alto, einer kalifornischen Stadt mit 100000 Einwohnern, Ende der sechziger Jahre gleichzeitig 200 bis 400 Trainingsgruppen, an denen sich bis zu fünf Prozent der Bevölkerung beteiligt haben dürften. Die Übergänge zu kultischen Übungen und Meditationen sind fließend; gruppendynamische Praktiken scheinen auch bei der Bildung terroristischer Vereinigungen eingesetzt zu werden.

Die ersten empirischen Arbeiten über die in Kleingruppen zu beobachtenden Phänomene stammen aus dem Jahrzehnt zwischen 1890 und 1900; bereits 1966 wies die Bibliographie von McGrath und Altman 2700 Titel auf, zu denen bis 1972 weitere 3400 Veröffentlichungen gekommen sind, so daß zur Zeit jährlich mit über 500 einschlägigen Publikationen zu rechnen ist (E. H. Witte, 1979).

Es geht dabei einerseits um die Leistungsmöglichkeiten von Gruppen und andererseits um die emotionalen Aspekte der Zusammenschlüsse in kleinen und vielfach nur für eine kurze Dauer bestimmten Gemeinschaften, deren Festigkeit („Kohäsion") bzw. die in ihnen auftretenden Spannungen sowie um die fast zwangsläufige Distanzierung zwischen verschiedenen Gruppen ähnlicher Zusammensetzung. In dem Maße, in dem die Mitglieder solcher Gruppen einander menschlich näher kommen und in dem sie Gemeinsamkeiten des Verhaltens, der Einstellung und vielfach auch des Erscheinungsbildes mit einer Tendenz zur Uniformität („Konformismus") zeigen, erscheinen ihnen die Angehörigen anderer Gruppen leicht als „Fremde" oder gar „Feinde". Zu ihnen sollte man so wenig Kontakt wie möglich haben, ihnen gegenüber werden die Vorzüge der eigenen Gruppe betont und – wie in M. Sherifs (1953) Experimenten mit Jugendlagern – u. U. auch handgreiflich demonstriert.

Offenbar bedarf es der „Bösen", von denen man sich absondert, damit die „Guten" ihrer Überlegenheit und ihres Haltes in der Gruppe auch gewiß sein können. Auf den verschiedenen Niveaus – vom Kindergarten bis zu den Konflikten zwischen Parteien, Nationen und „Rassen" – bestätigt die Erfahrung („Ethnozentrismus") *Freuds* skeptisches Wort, es sei „immer möglich, eine größere Menge von Menschen in Liebe aneinander zu binden, wenn nur andere für die Äußerung der Aggression übrig bleiben". Überraschend ist die Intensität, mit der sich Phänomene dieser Art auch in experimentell zusammengestellten Ad-hoc-Gruppen schon nach kurzer Zeit zu zeigen beginnen, obwohl in diesen Fällen ja die Zugehörigkeit zu einer bestimmten Gruppe für deren Mitglieder ganz bedeutungslos ist.

Daß es in solchen Situationen zu mehr oder minder irrationalen Verhaltensweisen kommen kann, hat immer wieder – besonders nachdrücklich bei G. Le Bon (1895) – zu einer verzerrenden Gegenüberstellung der Plurale verschiedenster Art als triebhafte „Masse" und des vernünftigen und selbstbeherrschten Individuums geführt (P. R. Hofstätter, 1971). Echte, d. h. spontane und unorganisierte „Massen" sind selten, und sie gehen – wie z. B. eine Paniksituation – meist schnell vorbei. Regressionen auf vergleichsweise primitive (prä-ödipale oder ödipale) Verhaltensmuster ereignen sich jedoch auch in strukturierten Sozialgebilden, d. h. in Gruppen. Zahlreiche Autoren stimmen darin überein, daß in Selbsterfahrungsgruppen „die Teilnehmer sich in ihrer Gesamtheit weitgehend nicht wie Erwachsene verhalten, sondern wie Kinder im Alter von 1 bis 4 oder 5 Jahren" (D. Sandner, 1978). Ein solcher temporärer Abbau der im Alltag fixierten Haltungen und Hemmungen gehört – sofern der Trainer damit richtig umzugehen weiß – nach der Auffassung tiefenpsychologisch orientierter Therapeuten zu den Voraussetzungen der Wirkung von Kleingruppen. Man spricht in diesem Zusammenhang von einer „Regression im Dienste des Ich", d. h. im Dienste einer kreativen Bewältigung von schwierigen Lebenssituationen. Wahrscheinlich trägt die Legitimierung spielerischer und bisweilen ausgesprochen kindischer Entspannung nicht wenig zur Popularität gruppendynamischer Veranstaltungen bzw. zu der im Anschluß an diese oft berichtete „Gruppen-Euphorie" bei.

Unter dem Leistungsaspekt wurde schon in

den frühesten Arbeiten zur Gruppendynamik (N. Triplett, 1897; A. Mayer, 1903; F. H. Allport, 1924; J. F. Dashiell, 1930) das Phänomen der sozialen Erleichterung („social facilitation") beobachtet, wenn mehrere Personen nebeneinander, u. U. in Konkurrenz, aber nicht miteinander arbeiten. Durch eine unspezifische Steigerung des Erregungszustandes werden nach R. B. Zajonc (1965) bereits gut gelernte und daher subjektiv „leichte" Aufgaben besser und schneller bewältigt, neuartige dagegen schlechter oder gar nicht.

Gegenüber ihren einzelnen Angehörigen besitzen Gruppen Vorteile auf drei Gebieten (P. R. Hofstätter, 1971): Erstens bei Leistungen vom Typus des *Hebens und Tragens,* wo es hauptsächlich auf den gemeinsamen Einsatz physischer Kräfte aber – wie bei Versicherungen – auch des wirtschaftlichen Vermögens ankommt. W. Moede (1920) hat diese Situation am Beispiel des Seilziehens untersucht.

Ein zweiter Vorteil läßt sich bei Gruppenleistungen vom Typus des *Suchens und Findens* erzielen. Das optimale Ergebnis ist nach einem theoretischen Modell von G. Ekman (1955), I. Lorge (1955) und P. R. Hofstätter (1956) in einer aus n Personen bestehenden Gruppe eine Problemlösung mit der Wahrscheinlichkeit $P_n = 1-\bar{q}_i^n$, wobei q_i die mittlere individuelle Nicht-Finde-Wahrscheinlichkeit $(1-\bar{p}_i)$ der Gruppenmitglieder bedeutet. Tatsächlich schneiden Gruppen meist schlechter ab, weil die Voraussetzungen des Modells sehr schwer zu erfüllen sind. Gefordert wird die Unabhängigkeit der einzelnen Suchenden, ferner eine vollständige Kommunikation aller individuellen Befunde und Vermutungen und schließlich eine Strategie, aufgrund deren sich die Gruppe als ganze jeden Treffer zu eigen macht, während sie Irrtümer und Fehler stets zurückweist. Diese „Akzeptierungsbedingung" ist im strengen Sinn kaum zu erfüllen, es sei denn bei sog. „Heureka-Problemen", wo es – wie bei Anagrammen – an der einmal gefundenen Lösung keinen Zweifel mehr geben kann. Man kennt inzwischen (J. H. Davis, 1969, 1973) eine Reihe von „Entscheidungsstrategien", deren sich Gruppen zur Befriedigung der Akzeptierungsbedingung bedienen; zu ihnen gehört auch das von manchen Gremien praktizierte Prinzip der Einstimmigkeit, das jedoch keine optimale Lösung darstellt.

Gruppendynamik

Inwieweit durch eine Beschränkung der interindividuellen Kontaktmöglichkeiten eine Beschleunigung bzw. eine Verbesserung von Findeleistungen zu erreichen ist, wird durch die systematische Variation von Kommunikations-Netzen (A. Bavelas, 1951) erforscht. Stark zentralisierte Netze, bei denen alle Informationen bei einer Zentralperson zusammenlaufen, erweisen sich bei relativ einfacheren Aufgaben als überlegen, nicht jedoch bei komplexeren Problemen (M. E. Shaw, 1976). Für die Beobachtung von Diskussionsverläufen hat R. F. Bales (1950) ein System von 12 Kategorien entwickelt, mit dessen Hilfe sich auch die Struktur der zeitlichen Abläufe in Form von Übergangswahrscheinlichkeiten erfassen läßt.

Die Unabhängigkeitsbedingung erscheint trivial, jedoch konnte I. L. Janis (1972) zeigen, daß es in hochkohärenten, bereits längere Zeit zusammenarbeitenden Spitzengremien der Politik und der Wirtschaft verhältnismäßig leicht zu einer verhängnisvollen Einengung des Kreises der überhaupt vorgeschlagenen und erwogenen Alternativen („Groupthink"-Phänomen) kommt. Nicht unbedenklich ist auch die Tendenz zur Urteils-Extremisierung („Gruppen-Polarisierung" nach S. Moscovici, 1969), die zunächst (J. A. F. Stoner, 1961; M. A. Wallach u. N. Kogan, 1967) als „risky-shift" – eine besondere Bereitschaft von Gruppen zu riskanten Entscheidungen – beobachtet wurde. Da es im Gefolge von Gruppendiskussionen auch Entscheidungen in der Gegenrichtung – für ein geringeres Risiko – gibt (E. H. Witte, 1971), läßt sich nur mehr die Verallgemeinerung halten, daß das gemeinsame Gruppenurteil extremer auszufallen pflegt, als es die bei den Mitgliedern schon vorhandenen Anschauungen (im Mittel) waren. In Abhängigkeit von der Ausgangslage kommt es dabei entweder zu einem Mehr oder zu einem Weniger an Risikobereitschaft. Das Phänomen ist als eine Strategie zur Vermeidung von Unentschlossenheit aufzufassen; sie scheint dann besonders gut zu funktionieren, wenn die Gruppenmitglieder mit einer „Diffusion der Verantwortung" rechnen, d.h. damit, daß jeder einzelne um so weniger an Verantwortung zu tragen hat, je mehr Personen an einer Entscheidung beteiligt sind.

Indem Gruppen Entscheidungen treffen, bei denen es nicht um die richtige Erfassung objektiver Gegebenheiten geht, sondern um Wertfragen, erbringen sie Leistungen vom Typus des Bestimmens, durch die z.B. Verhaltensnormen (das Rechts-Fahr-Gebot z.B.) festgelegt werden. An sich könnte man auch eine Links-Regelung (wie in England) einführen, die ebensogut funktionieren würde. Als Bestimmungsleistungen erweisen sich die Kategorisierung devianten Verhaltens (als „krankhaft" oder als „kriminell"), die Bewertung der Schwere von Delikten, der Wert von Kunstwerken sowie weitaus die meisten sprachlichen Bezeichnungen für Dinge und Vorgänge, von denen schon die Sophisten der Antike annahmen, daß sie auf „Setzungen", d.h. auf Konventionen, beruhen. Manche Bestimmungsleistungen sind kurzfristig revidierbar und haben daher bloß „modischen" Charakter, andere – soziale Vorurteile z.B. – beeindrucken mehr durch ihre Zählebigkeit. Sie verdanken diese offenbar dem Umstand, daß Gruppen und größere Verbände eher zusammenhalten, wenn in ihnen die Streubreite der individuellen Ansichten nicht zu groß ist. Auf dieser Annahme basiert die von E.H. Witte (1979) entworfene kognitive Theorie des Verhaltens in Gruppensituationen.

Um die Leistungsvorteile der drei Typen realisieren zu können, bedürfen Gruppen einer meist hierarchisch strukturierten Rollenverteilung, die mit der Etablierung einer Führungsposition ihren Anfang nimmt. Diskussionsgruppen bieten Gelegenheit, diesen Vorgang in relativ kurzer Zeit zu verfolgen; sie wurden daher von der deutschen und von der angelsächsischen Wehrpsychologie (J.B. Rieffert, B.M. Bass) als Stationen zur Beobachtung des Durchsetzungsvermögens von Anwärtern auf Führungsrollen verwendet. Welcher Führungsstil in einer bestimmten Situation die meiste Aussicht auf Erfolg hat – Leistungsorientierung oder Personenorientierung –, hängt weitgehend von den Eigenheiten der entsprechenden Gruppe, deren Binnenklima und ihren bisherigen Erfahrungen ab (F.E. Fiedler, 1964).

Lit.: Bales, R.F.: Interaction process analysis. Cambridge, 1950; **Bradford, L.P., Gibb, J.R. u. Benne, K.D.:** Gruppentraining, T-Gruppentheorie und Laboratoriumsmethode. Stuttgart, 1972; **Cartwright, D. & A. Zander** (Hrsg.): Group dynamics. New York, 1960; **Däumling, A.M. et al.:** Angewandte Gruppendynamik. Stuttgart, 1974; **Davis, J.H.:** Group performance. Reading, 1969; **Freud, S.:** Das Unbehagen in der Kultur, 1930; Ges. W., 14, S. 473. **Hare, A.R.:** Handbook of small group research. Glencoe, 1962; **Hofstätter, P.R.:** Gruppendynamik. Reinbek, [2]1971; **Janis, I.L.:** Victims of groupthink. Boston, 1972; **Kovel, J.:** Kritischer Leitfaden der Psychotherapie. Frankfurt, 1977; **Lewin, K.:** Feldtheorie in den Sozialwissenschaften. Bern, 1963; **Lieberman, M.A., Yalom, I.D. & M.B. Miles:** Encounter groups, first facts. New York, 1973; **McGrath, J.E. & J. Altman:** Small group research. New York, 1966; **Ruitenbeek, H.M.:** Die neuen Gruppentherapien. Stuttgart, 1974; **Sader, M.:** Psychologie der Gruppe. München, 1976; **Sandner, D.:** Psychodynamik in Kleingruppen. München, 1978; **Schneider, H.D.:** Kleingruppenforschung. Stuttgart, 1975; **Shaw, M.E.:** Group dynamics. New York, [2]1976; **Witte, E.H.:** Verhalten in Gruppensituationen. Göttingen, 1979.

P. R. Hofstätter

Gruppenfaktor. Das Gruppenfaktormodell ist ein Vorläufer des Modells mehrerer gemeinsamer Faktoren (↗Faktorenanalyse). Danach gibt es neben dem ↗Generalfaktor und den spezifischen Faktoren noch „speziellere Generalfaktoren", die *Gruppenfaktoren.* Sie lagen jeweils nur in einer Untergruppe von Variablen und sind für signifikante Restkorrelationen verantwortlich.

Die bekannteste Methode dieser Gruppenfaktoren-Analyse ist Holzingers *„bi-factor method".*

W. H. Butollo

Gruppenpädagogik. Die G. ist die Erziehung in, durch und für die Gruppe. Vorzüglich der demokratische ↗Erziehungsstil bedient sich der G. Hierbei wird die Schüleraktivität nicht durch Aufträge und Anregungen des Lehrers herbeigeführt, sondern durch Impulse, die von den Gruppenmitgliedern ausgehen. Verhaltenssteuernd für den einzelnen wirken sich dabei die Erwartungseinstellungen und Bewertungen des Handlungsvollzuges durch die Gruppe aus (↗Gruppendynamik).

H. Schröder

Gruppensexualität. Von G. spricht man im Falle von gleichberechtigter Interaktion von mehr als zwei Individuen mit dem Ziel sexuellen Lustgewinns. Nicht gleichsinnig erwiderte Aktivität mehrerer gegenüber einem Individuum wäre nur in sado-masochistischem Extremfall unter diesem Begriff zu fassen. Von G. unterscheiden sich ↗Promiskuität und Partnertausch. *U. H. Schindler*

Gruppentest für die soziale Einstellung ↗Einstellungstests.

Gruppentests. Tests, die so konstruiert sind, daß sie gleichzeitig bei einer *größeren Zahl* von Vpn angewandt werden können. Die verschiedensten Tests, z. B. bestimmte ↗Intelligenztests, Tests zur Prüfung von Fertigkeiten und Fähigkeiten und Persönlichkeitstests, sind als G. entwickelt worden. Sie sind in der Durchführung und Auswertung ökonomischer, in den Ergebnissen häufig globaler als individuelle Tests. *E. Furch-Krafft*

Gruppentherapie. Psychotherapeutische Methoden, bei denen mehrere Patienten (meist 6–12 Mitglieder, möglichst beide Geschlechter darunter gleich stark vertreten) in Gegenwart eines (oder auch mehrerer) Therapeuten unter Ausnutzung der ↗*Gruppendynamik* behandelt werden. Die analytische Gruppe bietet therapeutisch und diagnostisch Wege, wie sie in der klassisch analytischen Situation (Patient – Psychotherapeut) nicht gegeben sind (↗Psychoanalyse). Meist werden „geschlossene" Gruppen durch längere Zeit geführt, manchmal auch „offene" Gruppen (mit mehr oder weniger häufig wechselnden Mitgliedern) gebildet. Neben diesen analytischen G. werden innerhalb der ↗Psychotherapie auch andere Formen, wie direktiv-suggestive Behandlungen (z. B. ↗autogenes Training, ↗Psychodrama, ↗Musiktherapie und ähnliche Verfahren), wahlweise oder ausschließlich in der Gruppe angewendet.

In der Gruppe durchgeführte krankengymnastische Übungen *(physiotherapeutische Methoden)* lassen durch gegenseitigen Ansporn der Gruppenteilnehmer oft bes. gute Resultate erzielen.

Lit.: **Battegay, D.:** Der Mensch in der Gruppe. Bern – Stuttgart, Bd. I, [4]1973; Bd. II, [4]1973; Bd. III, [3]1979; **Franke, A.:** Klienten-zentrierte Gruppenpsychotherapie. Stuttgart, 1978; **Kutter, P.:** Elemente der G. Göttingen, 1976; **Ruitenbeek, H. M.:** Die neuen G.n. Stuttgart, 1974.

H. N. Genius

Guilford-Faktoren *(Temperament).* 15 aus ↗Fragebogendaten faktorenanalytisch (↗Faktorenanalyse) isolierte, nicht ganz unabhängige, primäre Wesenszüge, die Guilford (1959) nach drei Verhaltensbereichen *(generell, emotional, sozial)* und fünf *polaren* Grunddimensionen (positiv vs. negativ, kontrolliert vs. unkontrolliert, aktiv vs. passiv u. a.) systematisiert hat. Z. B.: Unreife vs. Reife, Durchsetzung vs. Schüchternheit, Impulsivität vs. Bedachtsamkeit u. a.

Lit.: **Guilford, J. P.:** Personality. New York, 1959 (dt.: Persönlichkeit. Weinheim, [6]1974). *H. Haase*

Guilford-Zimmerman Aptitude Survey. Testbatterie intellektueller Fähigkeiten mit separaten Tests für: verbal comprehension, general reasoning, numerical operations, perceptual speed, spatial orientation, spatial visualisation und mechanical knowledge. Ausarbeitungsperiode 1947–56; standardisiert für Vpn ab 16 Jahren. *R. Meili*

Guilford-Zimmerman Temperament Survey. Aufgrund ausgedehnter Faktorenanalysen haben Guilford & Zimmerman einen Fragebogen zur Persönlichkeitsdiagnostik ausgearbeitet, in dem folgende voneinander unabhängige Charakteristika mit je 30 Items gemessen werden: general activity, restraint, ascendance, emotional stability, sociability, objectivity, friendliness, thoughtfulness, personal relations, masculinity. Für College-Studenten und Erwachsene ausgearbeitet und standardisiert. *R. Meili*

Gültigkeit ↗Validität.

Gutachten, psychologisches. Als p. G. i. w. S. läßt sich jegliche Aussage bezeichnen, sofern sie auf irgendwelchen psychol. Erkenntnissen und Überlegungen basiert. Als p. G. im engeren, hier verstandenen Sinne gelten üblicherweise nur solche Aussagen, die *folgende Bedingungen* erfüllen: a) Die Aussagen werden aufgrund intensiver Vorstudien abgegeben. b) Die Vorstudien stützen sich auf die neuesten Ergebnisse der psychol. Forschung auf dem Gebiet des Gutachtengegenstandes und auf eigens zum Zwecke der Aussagefundierung veranstaltete empirische Untersuchungen. c) Die Aussagen sollen der Beantwortung einer gestellten Frage dienen.

Nach ihrem Gegenstand lassen sich zwei Gruppen von Gutachten (G.) unterscheiden: G. über einzelne Personen (individualdiagnostische Gutachten) und Gutachten über die psychologische Bedeutsamkeit menschlicher Lebensbedingungen (z. B. von Wohnformen, Arbeitsplatzbedingungen, Verkehrszeichen, ↗objektive Psychologie), somit eine Begutachtung der Umwelt.

Individualdiagnostische Gutachten. Auf fast allen Gebieten der ↗angewandten Psychologie haben die Psychologen vorwiegend mit der diagnostischen Beurteilung von Personen zu tun, etwa in der betrieblichen Auslese, der Schulpsychol. (Schullaufbahnberatung, Analyse von Schulschwierigkeiten), ↗Erziehungsberatung, ↗klinischen Psychologie, Militärpsychol., ↗forensischen Psychologie (z. B. im Vormundschafts- und Kindschaftsrecht, zur Feststellung von strafrechtlicher ↗Reife und Verantwortlichkeit, Beurteilung der ↗Glaubwürdigkeit von Zeugen und Angeklagten, im Strafvollzug als Voraussetzung der Erarbeitung eines Behandlungsplans), in der ↗Verkehrspsychologie.

Nach dem jeweiligen spezifischen Zweck, dem der Bericht des Gutachters (Psychologen) dient, unterscheidet Heiss (1964 b, 975) drei Formen des G.: 1) das G. *als Darstellung* und Bild der ↗Persönlichkeit, 2) das *stellungnehmende* und *urteilende* G., 3) das *beratende* G. Davon ist die erste Aufgabensituation (Beschreibung der Persönlichkeit als Selbstzweck) in der Praxis eigentlich nie gegeben. Das „*stellungnehmende und urteilende*" G. verlangt vom Psychologen, daß er die Befunde eines individuellen Pb mit einem mehr oder weniger *klar definierten Normwert* konfrontiert, z. B. bei einem betrieblichen Eignungsgutachten mit einer Leistungsnorm, bei Begutachtung der jugendlichen Verantwortlichkeit mit einer Entwicklungsnorm; vielen stellungnehmenden G. liegt somit ein interindividueller Vergleich zugrunde.

Das *beratende* G. (z. B. bei Schul-, Erziehungs-, Lebens-, Eheberatung) ist dagegen stark individualbezogen. Es ist nicht an einer objektiven, d. h. vom zu beurteilenden Individuum unabhängigen Norm orientiert, sondern beschäftigt sich mit dem Individuum selbst, mit *intraindividuellen* Zusammenhängen. Dabei sind alle diejenigen Umwelt- und Mitweltfaktoren zu berücksichtigen, die für die Verhaltensgenese und für die aktuellen Verhaltensäußerungen des Individuums als Auslöser und Ziele wirksam waren, sind und wahrscheinlich sein werden. Diese G. resultieren in einem individuellen Rat, der auch ↗Prognosen über die je nach Zeit und Situation unterschiedliche Verhaltenskonstanz und Verhaltensänderung einschließen sollte.

Von den drei Zweckformen angewandter Diagnostik nach Cronbach (1964, 17ff.) ist die „Selektion" ein Fall des stellungnehmenden und urteilenden G., das „Abschätzen einer geeigneten Therapie" ein Fall des beratenden G., die dritte Form nach Cronbach, nämlich Diagnostik als „Klassifikation", kann sowohl einer Stellungnahme als auch der Abschätzung einer Therapie vorausgehen.

In der Praxis werden die verschiedenen Zweckformen nicht unabhängig, sondern meist gekoppelt auftreten. Je nach Sachgebiet wird jedoch der eine oder andere Zweck mehr im Vordergrund stehen. Dabei treten jeweils eigene Probleme auf, die von der psychol. Grundlagenforschung noch nicht zufriedenstellend gelöst werden konnten und die über die rein diagnostische Psychol. hinausgehen. Als Grundlage der beratenden Gutachten fehlt meist noch eine genaue empirische Analyse der Normen und Persönlichkeitskriterien, nach denen die Stellungnahme abgegeben werden soll (z. B. Anforderungsbilder des Arbeitsplatzes, Berufsbilder, Faktoren der Zeugentüchtigkeit und Glaubwürdigkeit). Hierauf weist Jäger (Hörmann, Jäger u. a., 1967, 108) hin, wenn er sagt: „Wir gewinnen in der Diagnostik z. Z. mehr, wenn wir uns um *genauere Informationen über die Anforderungen* bemühen, als wenn wir uns einseitig in die Eigenschaften des Individuums vertiefen.“ Heiss (1964b, 978) sagt: „Je unklarer dem Gutachter der Maßstab ist, desto mehr wird aus dem Entscheidungsurteil ein Ermessensurteil.“

Das Problem des beratenden G. ist nach Kaminski (1967, 110ff.) die Entscheidung darüber, auf welche Art eine „im diagnostischen Ist-Zustand sich befindliche Person in den Soll-Zustand (Endzustand der Behandlung) übergeführt werden soll“. Zur begründeten Ableitung einer geeigneten Behandlungsform erscheint eine explizite und detailliert formulierte Verhaltenstheorie notwendig. „Die vom Diagnostiker benutzten hypothetischen Konstruktionen müssen Änderungen am Menschen zu beschreiben gestatten; beispielsweise Änderungen von Haltungen, ↗Gewohnheiten, ↗Einstellungen, Konzepten, Rollenverhalten, Rollenkognitionen, Fertigkeiten usw. Also benötigt der Diagnostiker von der Grundlagenforschung eine konsistente, erfahrungswissenschaftlich fundierte Theorie über alle derartigen Änderungsprozesse am Individuum“ (Kaminski, 1967, 111/112).

Leider existieren für das „nützliche psychol. Handeln“ (Hörmann, 1967) in der Praxis kaum Anleitungen. An den verschiedenen praktischen Vorgehensweisen zeichnen sich zwei Gruppen ab: das mehr *induktive Vorgehen* und das mehr *deduktive Vorgehen*. Der induktiv arbeitende Gutachter stützt alle einzelnen Aussagen über die Eigenschaften und das Verhalten einer Person ausschließlich (oder zunächst doch weitgehend) auf empirisch gesammelte diagnostische Einzeldaten. Beim mehr deduktiven Vorgehen ist zwar auch ein Teil der Befunde durch diagnostische Einzelbeobachtungen gesichert (der Ausgangspunkt also induktiv), aber zusätzlich werden weitere, in der Untersuchung nicht beobachtete Eigenarten des Pb aus entsprechenden Persönlichkeitstheorien abgeleitet.

Das gutachterliche Vorgehen hängt sehr stark vom persönlichkeitstheoretischen Standpunkt eines Gutachters ab. Von den verschiedenen möglichen Betrachtungsweisen des Verhaltens sollten nach Heiss (1964 a, 960/961) im G. folgende berücksichtigt werden: a) Auffassung der diagnostisch beobachteten Verhaltensform als Eigenschaft, b) Frage nach den Bedingungen des Verhaltens, c) kausale Analyse des Verhaltens, d) genetische Auffassung des Verhaltens, e) finale Betrachtung des Verhaltens. Ein weiterer wichtiger Gesichtspunkt ist die Kennzeichnung der jeweiligen spezifischen Verhaltensweise, die unter bestimmten Bedingungen eingesetzt wird. Der Versuch zu einem persönlichkeitstheoretisch möglichst umfassend begründeten Gliederungskonzept des G. findet sich bei Seitz (1972).

Als besonderes Problem individualdiagnostischer Begutachtungen stellt sich die Tatsache, daß die bisherigen diagnostischen Untersuchungsverfahren noch kaum dazu geeignet sind, etwa die Eigenschaftsausprägung unter verschiedenen Umweltbedingungen oder die gleiche Eigenschaft auf verschiedenen Verhaltensebenen systematisch vergleichend zu überprüfen (↗Psychodiagnostik). Für die diagnostische Psychol. besteht somit die Forderung nach der Verfeinerung ihrer bisherigen oder der Konstruktion neuer, differenzierterer psychol. Verfahren auf dem Hintergrund einer möglichst umfassenden, aber exakt formulierten Persönlichkeitstheorie.

Besonders ist für die individualdiagnostischen G. auch zu erwähnen, daß die Äußerungen eines p. G. *immer nur Wahrscheinlichkeitsaussagen* sein können. Der Wahrscheinlichkeitsgrad dieser Aussagen wird durch die Zuverlässigkeit (↗Reliabilität) und die spezifische Gültigkeit (↗Validität) der benutzten Untersuchungstechniken bestimmt. Im G.text sollte der Wahrscheinlichkeitscharakter aller Aussagen zum Ausdruck gebracht und keine Aussagesicherheit vorgetäuscht werden.

Begutachtung der menschlichen Lebensbedingungen. Zwar waren auch bei individualdiagnostischen Gutachten die verschiedenen Lebensbedingungen als Auslöser und Ziele individuellen Verhaltens zu berücksichtigen. Zentraler Gegenstand der Begutachtung war dort allerdings das Individuum. Hier stellt das G. einzelne wichtige menschliche Lebensbedingungen in den Mittelpunkt und fragt nach ihrer psychologischen Bedeutsamkeit, nach ihrer Wirkung auf den Menschen. Nicht auf die obj. Beschreibung und Registrierung der Umwelt kommt es an, sondern auf ihre psychol. Relevanz. Die möglichen Themen psychologischer Begutachtung der menschlichen Lebensbedingungen ließen sich gliedern nach einer Ordnung aller möglichen Umweltfaktoren, die jedoch nur akzentuierend erstellt werden kann. Sells (1963) nennt folgende hauptsächlichen „Aspekte der gesamten Reizsituation", die für Verhaltensvarianz in Frage kommen, deren verhaltensbildende Wirkung also auch begutachtet werden kann. Es sind:

1) Natürliche Aspekte der Umwelt (z. B. G. über die psychologische Wirkung von Witterungs-, geographischen und Ernährungsbedingungen).

2) Durch den Menschen verursachte Aspekte der Umwelt (z. B. G. über den Einfluß bestimmter ↗Gruppen; Einfluß von Erziehung, Politik, Kunst, Literatur).

3) Aufgabe-Probleme, Situationen und Umstände (z. B. G. über die Unfallentstehung unter bestimmten Umständen).

4) Externe Referenzcharakteristika des Individuums (z. B. G. über die Wirkung von biologisch definierten Faktoren, wie Alter, Geschlecht; von sozial definierten Faktoren, wie Familienstand, sozialer Status usw.).

5) Verhalten des Individuums im Verhältnis zu anderen (z. B. G. über die Wirkung unterschiedlicher Techniken der Gruppenführung auf die Befindlichkeit des einzelnen in der Gruppe).

Diese in Beispielen genannten G. über menschliche Lebensbedingungen können von privaten und öffentlichen Instanzen (z. B. von Betrieben, Schulbehörden, Verkehrsministerium) in Auftrag gegeben werden. Teilweise dienen diese G. der Beurteilung bereits vorhandener Zustände, bes. von Mangelzuständen (z. B. der Analyse der Unfallentstehung), zusätzlich sind solche G. aber auch Grundlage für eine gezielte Umweltplanung und -gestaltung (z. B. Gestaltung von Verkehrszeichen, Konzeption neuer Wohnformen).

Die grundsätzlichen Schwierigkeiten in diesem Bereich der G.erstellung sind dieselben wie bei der individual-diagnostischen Begutachtung, bes. die Versuchung, allg. psychol. Erkenntnisse und Überlegungen zu konstatieren und zu zitieren, ohne sie hinreichend auf ihre Anwendbarkeit auf den jeweils engen, auf bestimmte Bedingungen abgesteckten Gegenstand des G. zu überprüfen. Ohne diese spezifische Abstimmung verliert ein G. seine Effektivität und wird vor allem beim komplexen Urteilsprozeß immer zu einem gewissen Teil (in Relation zu der Klarheit und Gültigkeit der bestehenden Normen, Theorien, Erkenntnisse usw. und zu dem Vorgehen bei der Erstellung des G.) ein Ermessensurteil bleiben.

Lit.: **Arnold, W.:** Angewandte Psychologie. Stuttgart, [2]1974; **Boerner, K.:** Das psychologische Gutachten. Weinheim, 1979; **Cronbach, L. J.:** Essentials of psychological testing. London, 1964; **Hörmann, H., Jäger, A. O., Kaminski, G., Cohen, R., Herrmann, Th. & C. F. Graumann:** Symposion III: Die Beziehungen zwischen psychologischer Diagnostik und Grundlagenforschung. In: **F. Merz** (Hrsg.): Bericht über den 25. Kongreß der Deutschen Gesellschaft für Psychol. in Münster 1966. Göttingen, 1967; **Heiss, R.:** Über den Begriff des Verhaltens und das Modell der Persönlichkeit in der diagnostischen Psychologie. In: **R. Heiss** (Hrsg.): Hdb. der Psychol., Bd. 6, Psychologische Diagnostik, Göttingen, 1964a, 960–974; **ders.:** Technik, Methodik und Problematik des Gutachtens. In: **R. Heiss** (Hrsg.): Hdb. der Psychol., Bd. 6, Psychologische Diagnostik. Göttingen, 1964b, 975–995; **Seitz, W.:** Zur Methode und Problematik des Persönlichkeitsgutachtens. In: **R. Pauli & W. Arnold:** Psychologisches Praktikum. Stuttgart, [7]1972; **Sells, S. B.:** Dimensions of stimulus situations which account for behavior variance. In: **S. B. Sells** (Hrsg.): Stimulus determinants of behavior. New York, 1963, 3–15.

W. Seitz & W. Arnold

Güte ist Abstraktbildung von gut als dem, was der Wesensidee, dem Sinn und Ziel eines Seienden entspricht. Als im Seinsakt begründet ist Güte bzw. Gutsein an sich ein rein und darum auch nur Gott als höchstem Gut formaliter und eminenter zukommendes Vollkommensein, während alles kontingente Sein zunächst seinem bedingenden Bild und Maß entspricht, im christlichen Sinn letztlich auf Gott als Ursprung, Urbild und Ziel hin bezogen. Eine spezifische Bedeutung hat der Begriff G. in der Anwendung auf die Wesensart des Menschen und dessen Verhalten; im Sinne der sittlichen Vollkommenheit gegenüber Gott, gegenüber dem Mitmenschen als Nächstenliebe, gegenüber der Mit- und Umwelt als ↗Ehrfurcht und ↗Anständigkeit. In der Charakterologie ist G. eine Wesenseigenschaft, die bei günstigen Um- und Mitweltbedingungen, besonders im frühkindlichen Alter zur Entfaltung kommt. Nach Spranger ist G. eine wesentliche Eigenschaft des sozialen Menschentypus. G. ist eine affine Eigenschaft zu ↗Liebe und Fürsorge.

Lit.: Arnold, W.: Person, Charakter, Persönlichkeit. München, [4]1975.

J. Hasenfuß

Gütekriterien ↗Test.

Gute Gestalt ↗Ganzheit – Gestalt – Struktur.

Guttman-Skala ↗Skalogrammanalyse.

Gynagogie. Laut Schaetzing (1963) die – speziell auf Bedürfnisse des Frauenarztes zugeschnittene – ↗Psychagogik in der Sprechstunde.

Lit.: Schaetzing, E.: Die verstandene Frau. München, [4]1965.

W. Schmidbauer

Gynäkomastie. Ein- oder doppelseitige weibliche Brustbildung beim Manne, unter bestimmten Bedingungen auch Milchabsonderung. G. ist keine Krankheit, sondern Symptom mit verschiedensten Ursachen. Zu unterscheiden sind: 1) Pubertäts-G., normale, nichtkrankhafte Variante der Reifung zwischen 12. und 14. Lj.; ist meist nur vorübergehendes ein- oder beidseitiges Anschwellen der Brustdrüsenkörper, in einigen Fällen irreversibel und nur operativ zu beseitigen; bisweilen wird Pubertäts-G. von negativen psychischen Auswirkungen begleitet. – 2) G. als Folge einer Hormonbehandlung (z.B. Testosterontherapie bei Prostatakrebs). – 3) G. als Symptom von Erkrankungen des innersekretorischen Drüsensystems (z. B. östrogenproduzierende Tumoren der Nebennieren, Hoden). – 4) G. als Symptom bei angeborenen intersexuellen Zuständen (echte Zwitter und Scheinzwitter). – 5) G. als Begleiterscheinung bei nicht-endokrinen Erkrankungen (z.B. Leberzirrhose).

Lit.: Jores, A. & H. Nowakowski: Praktische Endokrinologie. Stuttgart, [4]1976; **Monje, J.:** Körperlich-sexuelle Fehlentwicklungen. Hamburg, 1969.

H. Maisch

Gynäkophobie, krankhafte Abneigung gegen Frauen, „Weiberscheu".

Gynandrie. Die Tendenz einer Frau, *männliche Merkmale* aufzuweisen (*Viraginität:* die Tendenz einer Frau, *männliche psychische* Züge zu zeigen). Das parallele Zustandsbild beim Mann, d. h. der Besitz weiblicher Charakteristika, wird *Androgynie* genannt. ↗Intersexualität; ↗Hermaphroditismus.

G. D. Wilson

Gynandromorphie. Eine Art geschlechtlicher Aberration, wobei Personen Formen des anderen Geschlechts aufweisen. Beim Mann ist G. entweder genetisch durch überzählige X-Chromosomen (↗Geschlechtschromosomen) bedingt oder sekundär über eine psychische Fehlhaltung (↗Transvestitismus), wobei die Betroffenen versuchen, sich durch Einnahme weiblicher Geschlechtshormone frauliche Körperformen zu geben (Scheinzwitter). Gelegentlich, aber nicht notwendig mit ↗Homosexualität verbunden. *W. Schmidbauer*

Gyneikokratie ↗Matriarchat (Frauenherrschaft).

Gyrus. Die Gyri cerebri (Hirnwindungen) sind die etwa 1 cm breiten und bis zu mehreren cm langen, unregelmäßig geformten Erhebungen zwischen den Sulci cerebri (Hirnfurchen) des ↗Großhirns. Gemäß ihrer Lokalisation werden sie speziell bezeichnet: z. B. G. temporalis medius (mittlere Schläfenwindung). Einige Hirnwindungen haben eine erhebliche funktionelle Bedeutung, wie z. B. die untere Stirnwindung (G. frontalis inferior, Area 44), die die am Sprechakt beteiligten Muskeln koordiniert und daher „motorisches Sprechzentrum" (↗Brocasche Windung) genannt wird. ↗Cortex cerebri.

Lit.: Benninghoff, A. & K. Goertler: Lehrbuch der Anatomie des Menschen, Bd. 3. München – Berlin, [10]1977.

G. Arnold

Herders Lexikon der Psychologie

Wilhelm Arnold, Hans Jürgen Eysenck, Richard Meili

Herders Lexikon der Psychologie

Band 2 H-Psychodia

HOHE

Patente, Gebrauchsmuster oder Warenzeichen sind in diesem Lexikon nicht als solche gekennzeichnet; dies betrifft insbesondere Produkte der pharmazeutischen Industrie. Aus dem Fehlen eines Hinweises folgt nicht, daß die betreffende Substanz oder Ware frei ist. Nennung einzelner Hersteller, ihrer Erzeugnisse, Verfahren oder ähnlicher Leistungen erfolgt stets nur beispielshalber. Die Lektüre dieses Werkes kann keinesfalls eine psychologische Beratung ersetzen.

Wilhelm Arnold, Hans Jürgen Eysenck, Richard Meili (Hrsg.):
Herders Lexikon der Psychologie
Titel der Originalausgabe: Lexikon der Psychologie

Lizenzausgabe für Verlag HOHE GmbH, Erftstadt

Die Verlag HOHE GmbH ist ein Gemeinschaftsunternehmen der Herder GmbH & Co. KG, Freiburg, und BMH Buch Medien Handel GmbH, Erftstadt.

Einbandgestaltung: sowiesodesign.de
Redigitalisierung: Bernhard Heun, Rüssingen

Gesamtherstellung: Verlag HOHE GmbH, Erftstadt
Printed in Czech Republic 2007

ISBN 978-3-86756-037-5

H

h². Unter h² wird in der „klassischen" ↗Testtheorie die *Kommunalität* eines Tests, d. i. der relative Anteil an der totalen ↗Varianz, den dieser Test mit anderen Tests, z. B. einer Korrelationsmatrix, gemein hat („gemeinsame Varianz"), verstanden.

Nach dem Varianzkomponentenmodell setzt sich die Gesamtvarianz s_x^2 eines Tests X wie folgt zusammen:

$$s_x^2 = s_g^2 + s_s^2 + s_e^2;\ h^2 = {s_g^2}/{s_x^2},$$

wobei s_g^2 für die mit anderen Tests gemeinsame Varianz des Tests, s_s^2 für dessen „testspezifische, wahre" Varianz des Tests X und S_e^2 für die Fehlervarianz steht.

In der ↗Faktorenanalyse kommt der Schätzung der Kommunalität einer Interklassenmatrix gewisse Bedeutung zu.

Lit.: Magnusson, D.: Testtheorie. Wien, 1969; **Pawlik, K.:** Dimensionen des Verhaltens. Bern, [2]1971.

W. H. Butollo

Haabscher Reflex = ideomotorischer oder auch kortikaler ↗Pupillenreflex: Kontraktion der Pupillen beider Augen bei Betrachtung eines hellen Gegenstandes in einem dunklen Raum. *K. H. Plattig*

Haarausreißen, *Trichotillomanie,* zwanghaftes Ausreißen der eigenen Körperhaare. Nosologisch unspezifisches Verhalten bei ↗Erethismus, bei agitierten ↗Depressionen, selten bei Schizophrenien. *Ch. Scharfetter*

Habit ↗Gewohnheit.

Habitat. Ein ökologischer Begriff, definiert durch die Gesamtheit der Umwelt einer Organismenart bzw. eines bestimmten Entwicklungsstadiums derselben. Das H. setzt sich zusammen aus den unbelebten Umweltsfaktoren (Biotop) und den belebten. *H. Schmalfuß*

Habituation, fortschreitende Abnahme motorischer und i. e. S. physiologischer Reaktionen auf wiederholt dargebotene Reize. H. bezeichnet einen adaptiven Lernprozeß, in dessen Verlauf die auf bekannte Umweltreize gerichtete Aufmerksamkeit abnimmt und die Verarbeitung redundanter Information somit gehemmt wird. Die H. der ↗Orientierungs-Reaktion wird als Indikator der zentralnervösen Aktivierung verwendet. *R. Richter*

Habituell, *gewohnheitsmäßig, regelmäßig, dauernd.* Meist im Sinne von „über längere Zeiträume relativ gleichbleibend" gebraucht (z.B. ↗Eigenschaften), im Ggs. zu „aktuell" (z.B. Zustände). *D. Bartussek*

Hackordnung, bzw. *Hackliste* oder *Hackgesetz,* bezeichnet die hierarchische soziale Ordnung, die von Schjelderup-Ebbe (1922) bei Haushühnern entdeckt wurde. H.en regeln die Stellung der Gruppenmitglieder zueinander bei allen hochentwickelten Wirbeltiersozietäten. H. ist das Ergebnis vorausgehender Kämpfe und regelt die Dominanz. H. führt durch Vermeidung von Kämpfen zu größeren Überlebenschancen. Auf menschliche Gruppen begrenzt übertragbar.

Lit.: Stamm, R. A.: Soziales Leben und Struktur der Verbände bei Tieren. In: **Graumann, C. F.** (Hrsg.) Sozialpsychologie. Hdb. der Psychol., Bd. 7, 2. Göttingen, 1972.

E. Stephan

Haftpsychose. Verschiedenartigste psychopathologische Symptome und Syndrome, die in innerem psychol. Zusammenhang mit der *Haft* stehen, also psychogene Reaktionen (abnorme Erlebnisreaktionen) sind. Abhängig von der Persönlichkeit des Inhaftierten bilden sich die verschiedensten Bilder aus: ↗Depression, ↗Angst, andere Verstimmungen, psychogene Dämmerzustände, Aufregungszustände. Simulationspsychosen sind simulierte Geistesstörungen (↗Gansersches Syndrom, Pseudodemenz, Faxensyndrom, pueril-läppisches Verhalten usw.). Besonders charakteristisch sind die psychogenen Wahnbildungen: Unschuldswahn, Begnadigungswahn. Bei Fortbestand der Haft können sich Verfolgungs- und Beeinträchtigungswahn, zum Teil mit Sinnestäuschungen, zum Teil mit Querulanz, ausbilden. ↗Psychosen; ↗Wahn. *C. Scharfetter*

Halbierungsmethode. In der ↗Psychophysik wird diese Methode eingesetzt, um Beurteilungsskalen subjektiver Größeneinschätzung zu erstellen. Die Vp ist aufgefordert, zu beurteilen, wann ein Reiz *größenmäßig der Hälfte* eines vorgegebenen Standards einer Dimension, die beurteilt werden soll, entspricht, ohne Wissen um den wirklichen physik. Wert. Dieses Vorgehen wird für Reizgrößen entlang einer physik. Skala wiederholt, bis eine stabile Beurteilungsskala der subjektiven Größeneinschätzung erreicht ist. *G. D. Wilson*

Hälftespielraum. Der H. ist ein ↗Streuungsmaß, insbes. zur Charakterisierung von ↗Häufigkeitsverteilungen mit offenen Maßzahlklassen bzw. mit unterschiedlicher Klassenbreite. Der H. (Quartilabstand) kennzeichnet als „Lageparameter“ die Maßzahlen einer Verteilung, zwischen denen die mittleren 50% aller beobachteten Fälle liegen. Der H. ist also der Abstand zwischen dem ersten (25%) und dem dritten (75%) ↗Quartil. Syn. Bezeichnungen für H. sind *„Quartilabstand“, „Interquartile-Range“.* *W. H. Butollo*

Hämatophobie, krankhafte Angst beim Sehen von Blut.

Hall, *Granville Stanley.* *1844 in Ashfield (Mass.), †1924 in Worcester (Mass.). Studierte zuerst Theologie in New York, dann Physiologie, Theologie und Philosophie in Bonn und Berlin; promovierte 1878 mit „The muscular perception of space“ als erster im Fach Psychol. in Amerika; studierte anschließend Physiologie in Berlin und war W. Wundts erster amerikanischer Schüler in Leipzig; erhielt 1881 einen Lehrauftrag und 1884 eine Professur an der Johns Hopkins University; wurde 1888 erster Präsident der neugegründeten Clark University in Worcester und hatte dieses Amt bis 1920 inne; war 1892 erster Präsident der „American Psychological Association“ (APA).

H. hat sich vorzugsweise als erster großer Organisator der amerikanischen Psychol. verdient gemacht und einen entscheidenden Beitrag zur Expansion der Psychol. in Amerika geleistet. 1883 gründete er an der Johns Hopkins University das erste psychol. Laboratorium in Amerika. 1887 publizierte er mit dem „American journal of psychology“ die erste amerikanische psychol. Zeitschrift, der er 1891 die Gründung des „Pedagogical seminary“, 1904 den „Journal of religious psychology“ und 1915 den „Journal of applied psychology“ folgen ließ. 1892 regte H. die Gründung der „American Psychological Association“ (APA) an, deren erster Präsident er wurde, und 1893 gründete er zur Förderung der kinderpsychol. Forschung die „National Association for the Study of the Child“.

H. trug auch wesentlich zum Bekanntwerden der ↗Psychoanalyse in Amerika bei. Er arrangierte 1909 an der Clark University ein Symposium, bei dem er maßgebende amerik. Psychologen mit europäischen Psychoanalytikern bekannt machte.

Ein Leitgedanke in H.s Arbeiten ist die *Evolutionstheorie* (↗Evolution). Seine Hingabe an den Evolutionsgedanken war so groß, daß sie ihm den Beinamen „Darwin des Geistes“ einbrachte. Sie zeigt sich u. a. in der Anwendung der *„Rekapitulationslehre“* auf die Kindesentwicklung, d. h., er nimmt an, daß das Individuum in seiner ontogenetischen Entwicklung die gleichen Entwicklungsstufen durchläuft wie die Rasse in der phylogenetischen Entwicklung. H.s Eingenommenheit durch den Evolutionsgedanken veranlaßte ihn zu einer intensiven Auseinandersetzung mit Fragen der ↗Kinder- und Entwicklungspsychologie. Seine Untersuchungen, bei denen er regen Gebrauch von der Fragebogenmethode machte, erregten beträchtliches Interesse in der Öffentlichkeit und führten zur Entstehung der sog. „Child-Study"-Bewegung. Außerdem waren sie mit ausschlaggebend für die Entstehung der ↗päd. Psychol., die sich mit der Untersuchung der psychol. Grundlagen der Kindererziehung befaßte.

Schr.: Die wichtigsten sind: Adolescence: its psychology and its relations to physiology, anthropology, sociology, sex, crime, religion, and education (1904), eine zweibändige enzyklopädische Darstellung des Jugendalters; Senescence: the last half of life (1922), eines der ersten Bücher, das sich mit den Problemen des Alterns beschäftigte; Jesus, the Christ in the light of psychology (1917), eine psychol. Analyse Jesu, in der sich sein lebenslanges Interesse an religiösen Fragen niederschlug. *W. Wittling*

Halluzinationen. Wahrnehmungen *ohne* entsprechende Reize von außen oder das *Fehlen* von Wahrnehmungen bei vorhandenen äußeren Reizen (sog. *negative* H.). Je nach Art der Sinnestäuschungen spricht man von *Geruchs-H., optischen* oder *akustischen* H. In bezug auf die Ätiologie reicht das Spektrum von den organischen ↗Psychosen (häufig mit Elementar-H.) über psychogene Ausnahmezustände bis zu den ↗Schizophrenien.

A. Hicklin

Halluzinogene Stoffe ↗Psychotomimetika.

Halo-Effekt *(Hof-Effekt)* ist eine bei der Persönlichkeitsbeurteilung auftretende Fehlerquelle, die zum erstenmal von F. L. Wells (1907) beschrieben und von Thorndike (1920) benannt wurde. Der Beurteiler (z. B. Lehrer) hat die Tendenz, bei der Beurteilung einer Persönlichkeitseigenschaft sich von einem Gesamteindruck oder einer hervorstechenden Eigenschaft leiten zu lassen.

Lit.: **Thorndike, E. L.:** A constant error of psychological ratings. J. appl. Psychol., 1920, *4*, 25–29. *H. Mandl*

Haloperidol. Wichtigstes ↗Psychopharmakon der zu den ↗*Neuroleptika* gehörenden ↗Butyrophenone. H. ist stark neuroleptisch wirksam, löst in hohen Dosierungen oft extrapyramidale dyskinetische Reaktionen aus. In psychol. Untersuchungen an gesunden Personen traten bei Dosen bis 2 mg kaum Beeinträchtigungen, z. T. Verbesserungen von Leistung und Befinden auf (↗Differentielle Pharmakopsychologie). Alkohol verstärkte negative Effekte.

Lit.: **Wambeganss, E. & J. Bredenkamp:** Eine experimentalpsychol. Untersuchung über die Wirkung von Haloperidol in niedriger Dosierung bei alleiniger Applikation und in Verbindung mit Alkohol. Arzneimittel-Forsch. 1968, *18*, 238–243; weitere Lit. ↗Butyrophenone, ↗Neuroleptika.

G. Debus

Haltung. Zu unterscheiden sind *körperliche* H. und *seelische* H. im Sinne charakterlicher Festigkeit, Gesinnung und Zielsetzung. H. hat zudem die Bedeutung spezifischer persönlicher Stellungnahme. In den Erscheinensformen körperlicher H. findet die ↗Positionalität einer Persönlichkeit ihren ↗Ausdruck.

Lit.: **Buytendijk, F. J. J.:** Allgemeine Theorie der menschlichen Haltung und Bewegung. Utrecht, 1956. *J. Mields*

Haltungseigenschaften oder *Betragenseigenschaften* nennt Klages (1948) innerhalb seiner begrifflichen Charakterologie solche ↗Eigenschaften, die mit fließenden Übergängen zwischen den *echten,* das sind *Mengen-* (z. B. „Verstand"), *Verhältnis-* (z. B. „Temperament") und *Richtungseigenschaften* (z. B. „Triebfedern"), und den *scheintypischen* (= kulturell bestimmten, durch verschiedene echte Eigenschaften möglichen) Eigenschaften des Charakters stehen. H. sind z. B. Bescheidenheit, Ruhe, Gewandtheit.

Lit.: **Klages, L.:** Die Grundlagen der Charakterkunde. Bonn, [10]1948. *B. Heinze*

Haltungssinn ↗Lagewahrnehmung.

Hamburger Neurotizismus- u. Extraversionsskala f. Kinder u. Jugendliche ↗HANES.

Hamburg-Wechsler-Intelligenz-Test für Erwachsene (HAWIE) und **für Kinder** (HAWIK), dt. Bearbeitung der *Wechsler Bellevue Adult Intelligence Scale* und der *Wechsler Intelligence Scale for Children* durch das Psychologische Institut der Universität Hamburg unter Leitung von C. Bondy. Beide dt. Verfahren sind im Aufbau und in der Durchführung eng an das amerik. Vorbild angelehnt. Als *Reliabilitätskoeffizienten* werden für den HAWIE Werte von r = .90 bis r = .94, für den HAWIK r = .91 bis .93 angegeben.

Lit.: **Hardesty, F. P. & H. J. Priester:** Hdb. für den HAWIK. Bern – Stuttgart, [3]1966; **Wechsler, D.:** Die Messung der Intelligenz Erwachsener. Bern – Stuttgart, [3]1964.

P. Steck

Hamburg-West-Yorkshire-Gruppentest, dt. Bearbeitung des *West Yorkshire Group Test of Intelligence*. Gegenüber dem engl. Original ist diese dt. Fassung verkürzt und in ihrem Geltungsbereich auf die Altersgruppen von *9;6 – 12;6* Jahre eingeschränkt worden. Die *Reliabilität* des Verfahrens wird von den Bearbeitern mit r = .96 angegeben. Die Korrelationen mit verschiedenen dt. Schultests schwanken zwischen .83 und .91.

Lit.: **Schultze, W., Hecht, K & O. Sickert:** Hamburg-West Yorkshire-Gruppentest zur Intelligenzprüfung. Göttingen, 1953.

P. Steck

Hand. Das „Universalwerkzeug", ein wichtiges Sinnes- (Tast-, Druck-, Temperatur-, Vibrations-, Schmerzempfindungen; ↗Sinnesorgane), Ausdrucks- (↗Chirognomik, Gestik), Kommunikations- (Zeichen-, Fingersprache, Schrift) und Kontaktorgan (Berühren, Streicheln, Erfassen) des Menschen. Der Aufstieg des Menschen zum Kulturwesen ist ohne H. nicht denkbar, weshalb man seine Natur auch mit der Formel vom „homo faber" (der Mensch als Handwerker) auszudrücken versucht. Der Untersuchung der Arbeits-H. (H.geschicklichkeit, Feinmotorik usw.) widmet sich die ↗Arbeitspsychologie.

Lit.: **Alpenfels, E. J.:** The anthropology and social significance of the human hand. Artificial Limbs, 1955, *2*, 4–21; **Kiener, F.:** H., Gebärde und Charakter. München – Basel, 1962; **Rensch, B.** (Hrsg.): H.gebrauch und Verständigung bei Affen und Frühmenschen. Stuttgart, 1968, **Wolff, Ch.:** Die Hand des Menschen. München, 1974.

F. Kiener

Hand-Dominanz-Test, 1) allg. Bezeichnung für Verfahren zur Messung der relativen Rechts-Linkshändigkeit einer Person. **2)** als H-D-T von Steingrüber (1971) publizierter psychometrischer Test, in dem die Rechts-Linkshändigkeit als Verhältnis der Leistungsdifferenz zwischen rechter und linker Hand bezogen auf die Summe beider Leistungen in drei Papier-und-Bleistift-Aufgaben (Spurennachzeichnen, Punktieren von Kreisen und Quadraten) gemessen wird. Normen und Bewährungsdaten liegen vor.

Lit.: **Steingrüber, H.-J.:** Hand-Dominanz-Test (H-D-T). Göttingen, [2]1976.

H. Haase

Handgeschicklichkeitstests. Testverfahren, die der Prüfung spezieller *motorischer Fähigkeiten* dienen und hierzu Proben manueller Betätigungen verlangen. Sie lassen sich einteilen in: a) Prüfverfahren für einfache Bewegungen, deren Genauigkeit bzw. Geschwindigkeit gemessen wird (Beispiel: Tremometer); b) Hantieren mit Gegenständen (Beispiel: Perlenaufreihversuch); c) einfache Arbeitsproben (Beispiel: durch Betätigen von 2 Handrädern einen Stift auf einer vorgeschriebenen Bahn entlangführen). Die *Reliabilitäten* der Testverfahren der Gruppen a) und b) sind meist sehr hoch, die von Gruppe c) wegen meist geringer Itemzahl dagegen eher niedrig. Untereinander korrelieren H. meist nur geringfügig; hohe Spezifität und niedrige Kriteriumsvalidität sind oft kennzeichnend.

Lit.: **Merz, F.:** Tests zur Prüfung spezieller Fähigkeiten. In: **R. Heiss** (Hrsg.): Hdb. der Psychol., Bd. 6. Göttingen, [3]1971.

K. D. Nissen

Händigkeit. Spontane oder erlernte Bevorzugung im Gebrauch einer der beiden Hände, verbunden mit entsprechenden Geschicklichkeitsunterschieden. Der Dominanz der rechten Hand entspricht infolge der Kreuzung der (motorischen) ↗Pyramidenbahnen in der ↗Medulla bzw. in den jeweiligen Austrittssegmenten des ↗Rückenmarks eine Dominanz der linken Gehirnhälfte und umgekehrt. ↗Lateralität.

Lit.: **Greene, E. B.:** An analysis of random and systematic changes with practice. Psychometrika, 1943, *8*, 37–52.

M. Amelang

Handlesekunst ↗Chirologie.

Handlinien. Die *Handfurchen*, die zwischen den Ballen der Hand liegen und in der Regel ein *M* bilden; mit ihnen befaßt sich die ↗Chirologie. Von den Handfurchen sind die *Papillarlinien* (Hautleistenmuster) zu unterscheiden, von denen die der Fingerbeeren für den polizeilichen Erkennungsdienst verwandt werden (Daktyloskopie). Die Hautleistenmuster der Innenflächen (Palma) der Hände (und Füße) erlangen eine steigende Bedeutung in der Medizin, Anthropologie und Genetik und damit in gewissem Umfang auch für die Psychol. (Konstitutionspsychol.). ↗Chromosomen-Aberrationen wirken sich sowohl auf die Hautleistenmuster wie auf die Psyche aus.

Lit.: Penrose, L. S.: Dermatoglyphics. Scientific American, 1969, *22* (6), 72–84. *F. Kiener*

Handlung, komplizierte Formen des menschlichen Verhaltens, die aus Teilhandlungsvollzügen zusammengesetzt sind. Sie dienen der Befriedigung bzw. Deprivation von ↗Bedürfnissen (motivationale Begründung). Sofern ihnen ein einzelnes ↗Motiv zugrunde liegt, spricht man von *Trieb-H.*, im Unterschied zu den *Wahl-H.en*, die immer dann ablaufen, wenn das Individuum die Wahl zu treffen hat zwischen der Befriedigung konkurrierender Bedürfnisse oder verschiedenen Wegen der Befriedigung. Neben der kathektischen Wahl zwischen positiven und negativen H. gibt es die feineren Unterscheidungen zwischen richtig – falsch (kognitiv), angenehm – unangenehm (ästhetisch) und gut – böse (moralisch). *H. Roth*

Handschrift ↗Graphologie.

HANES (Hamburger Neurotizismus- und Extraversions-Skala). Der H. ist ein deutschsprachiger Persönlichkeitsfragebogen (↗Fragebogen), der in der diagnostischen Praxis in Schulen, Kliniken, Erziehungs- und Berufsberatung bei Kindern zwischen 8 und 16 Jahren angewandt wird. Er prüft folgende Persönlichkeitsmerkmale: 1) Neurotizismus, 2) Extraversion a) Geselligkeit, b) Aktivität, 3) Lügentendenz. Insbesondere die Neurotizismus-Skala hat sich als diskriminationsscharf zur Trennung zwischen normalen und gestörten Kindern (psychosomatisch gestörter, verhaltensgestörter, Fürsorge-Zöglingen) erwiesen.

Lit.: Buggle, F. & F. Baumgärtel: Hamburger Neurotizismus- und Extraversions-Skala für Kinder. Göttingen, 1972. *W. Seitz*

Haploid, im Ggs. zu ↗diploid und polyploid nur einen einfachen Chromosomensatz enthaltend. Polyploid = mehr als zwei Chromosomensätze enthaltend (z. B. viele Kulturpflanzen). H. sind alle Geschlechtszellen, außerdem u. a. manche Protozoen, niedere Pflanzen und Moose. *H. Schmalfuß*

Haploskop, von H. Hering konstruierter Apparat zu Versuchen über binokulares Sehen. Das H. besteht aus zwei zylindrischen Röhren, deren Achsen mit der Blickrichtung beider Augen zusammenfallen. Im Ggs. zu Versuchen mit dem ↗*Stereoskop* kommt es bei Versuchen mit dem H. nicht auf die Erzeugung von Tiefenwirkungen an, sondern auf die Bestimmung der Orientierungsverhältnisse der Netzhäute (korrespondierender [↗identischer] Netzhautstellen) zueinander. *F. Mattejat*

Happy pills. Syn. für ↗Tranquilizer.

Haptik, haptische Täuschung. *Haptik* befaßt sich mit den Hautempfindungen, d. h. allg. mit dem Sinn für Berührung (↗Sinnesorgane: Hautsinne). Beispiel einer *haptischen Täuschung* ist die Aristotelische Täuschung; hier werden zwei Finger derselben Hand übereinandergelegt und ein kleines Objekt zwischen diese: es werden zwei Gegenstände wahrgenommen, denn es wird die Haut auf der Außenseite beider Finger stimuliert, was normalerweise aus dem Vorhandensein zweier Objekte resultiert. *C. D. Frith*

Harmonisches Mittel. Das h. M. (H) ist ein Maß für die *Zentraltendenz* einer Verteilung, und zwar der reziproke Wert des arithmetischen Mittels aus den reziproken Beobachtungswerten einer Stichprobe (Population):

$$H = \frac{1}{\frac{1}{N}\Sigma \, {}^{1}\!/x_i} = \frac{N}{\Sigma \, {}^{1}\!/x_i}$$

für diskrete Variablen bzw.

$$H = 1 \Big/ \int_{\infty}^{\infty} \frac{f(x)}{x}\, d_x$$

für kontinuierliche Variablen.

Im Falle positiver x-Werte ist das H kleiner als das ↗geometrische Mittel und kleiner als der ↗arithmetische Mittelwert. ↗Statistik; ↗Häufigkeitsverteilungen. *W. H. Butollo*

Haß ist das Gegenteil von Liebe. H. entsteht als Reaktion auf emotional sehr verletzende (z. B. Abbruch einer Liebesbeziehung, Haßliebe) oder existenzbedrohende Erlebnisse. Angestrebt wird stets Vernichtung des Haßobjektes. *E. Stephan*

Haschisch. Harz von ↗Cannabis; stärkstes der als ↗Rauschmittel verwendeten *Hanf*produkte. H. wird gewöhnlich geraucht, aber auch gegessen.

Die Verbreitung von H. und anderen Cannabisabkömmlingen, wie ↗Marihuana, hat in den letzten Jahren, bes. in jüngeren Bevölkerungskreisen, ständig zugenommen (nach Bewley [1968] stieg in England von 1960–65 der Verbrauch um mehr als das Siebenfache an). Die weitverbreitete Ansicht, daß vor allem labile oder in anderer Form psychisch auffällige Personen zum H.genuß neigen, fand Lennertz (1970) in einer Fragebogenstudie an jugendlichen H.rauchern nicht bestätigt. H.raucher unterschieden sich von einer Kontrollgruppe durch einen hohen Grad an Toleranz, den Lennertz im Zusammenhang mit der gesamten sozialen und weltanschaulichen Einstellung dieser Gruppe sieht.

In bezug auf die psychischen Wirkungen von H. liegen nur wenige kontrollierte Untersuchungen vor. Eine Bewertung der Effekte wird dadurch erschwert, daß die pharmakologische Wirksamkeit von H. sehr variabel ist, die Wirkungen zudem von der individuellen Erfahrung mit der Substanz und der Technik des Rauchens abhängen. Bei üblicher Dosierung bemerken im Genuß von H. unerfahrene Pbn meist keine subjektiven Veränderungen, während erfahrene Personen über leicht euphorisierende und stimulierende Wirkungen berichten. Bei naiven Vpn wurden Leistungsbeeinträchtigungen, bei erfahrenen Marihuanarauchern z. T. gesteigerte Leistungen gefunden.

Halluzinogene Effekte (vorwiegend optische ↗Halluzinationen, die an reale Wahrnehmungsgegebenheiten anknüpfen) treten erst bei erhöhter Dosierung oder chronischer Anwendung auf. Vgl. auch ↗Drogenabhängigkeit; ↗Psychotomimetika; ↗Rauschmittel.

Lit.: Bewley, T. H.: Recent changes in the pattern of drug abuse in London and in the United Kingdom. In: **C. W. A. Wilson** (Ed.): Adolescent drug dependence. Proceedings of the Society for the Study of Addiction. Oxford, 1968, 197–220; **Jones, R. T. & G. C. Stone:** Psychological studies of marijuana and alcohol in man. Psychopharmacologia, 1970, *18*, 108–117; **Lennertz, E.:** Zur Frage der antisozialen Persönlichkeit jugendlicher H.raucher. Z. für Sozialpsychol., 1970, *1*, 48–56; **Stringaris, M. G.:** Die H.sucht. Berlin – Heidelberg, ²1972; **Weil, A. T., Zinberg, N. E. & J. M. Nelson:** Clinical and psychological effects of marihuana in man. Science, 1968, *162*, 1234–1242; **Woggon, B.:** Haschisch. Berlin – Heidelberg, 1974; weitere Lit. ↗Cannabis; ↗Psychotomimetika; ↗Rauschmittel. *G. Erdmann*

Häufigkeit ist die Anzahl des Auftretens eines Ereignisses bestimmter Art bzw. bestimmter Größe (die Anzahl der Elemente einer Population [Stichprobe], die in eine bestimmte Merkmalsklasse fallen).

Wird die H. f(X) zur Gesamtanzahl von N Beobachtungen in Beziehung gesetzt, geschieht das mit Hilfe der *relativen* H. $p(X) = f(X)/N$. ↗Häufigkeitsverteilungen. *W. H. Butollo*

Häufigkeitsverteilungen sind systematische (zahlenmäßige oder graphische) Zusammenstellungen der Beobachtungshäufigkeiten (f_i) aller Klassen (X_i) eines (einfachen oder zusammengesetzten) Merkmals. In den soziobiologischen Wissenschaften stellen sie in der Regel den ersten Schritt der Verarbeitung des Rohdatenmaterials dar. Denn gewöhnlich übersteigt die Zahl (N) der Einzelbeobachtungen (an Individuen, in Situationen usw.) beträchtlich die Anzahl (i) der Stufen oder Klassen des Beobachtungsmaterials. So kann z. B. das Beobachtungsmerkmal „Geschlecht" nur in zwei Stufen registriert werden, das Merkmal „Anzahl der gemerkten Silben" je nach Umfang der Reihe nur in den Klassen „0, 1, . . .∞“ richtige Reproduktionen variieren; beobachtet werden dagegen meist Dutzende oder Hunderte von Fällen. H. werden eingeteilt nach der *Zahl* der gleichzeitig beobachteten Variablen in *univariate* und *bivariate* (und *multivariate)* H., ferner nach der *Art* der Variablen *(Nominal-, Ordinal-, Intervall-* und *Verhältnisvariablen;* ↗Skalierung; ↗Methoden der Psychologie). Bei Nominalvariablen ist die Reihenfolge der einzelnen Klassen bedeutungslos oder entspricht einer äußeren Konvention. Häufigster Fall in der Psychol. ist die H. einer Intervallvariablen, zum Beispiel H. der Pluspunkte (Anzahl richtiger Lösungen), die pro Person bei einer Denkaufgabenserie erzielt werden: Tabelle 1.

Bei Intervallvariablen, wie auch bei ↗Ordinal- und ↗Verhältnisvariablen, werden die Klassen X_i nach ihrer Größe geordnet. Wenn die Zahl der Fälle nicht viel größer als die Zahl der Klassen ist, kann eine H. nur durch Zusammenlegen von Klassen erzielt werden. Zum Beispiel werden bei Altersverteilungen kleinerer Stichproben von Erwachsenen die Klassen (Altersangabe in Jahren) in größere *Klassen von 10 Jahren,* wie 20 bis 29, 30 bis 39, 40 bis 49 usw., zusammengefaßt. Sollen mehrere H. miteinander verglichen werden, ist es sinnvoll, anstelle der Absolutzahlen der Häufigkeit die *relativen Häufigkeiten* (Wahrscheinlichkeiten) $p = \frac{f_i}{N}$ der einzelnen Klassen anzugeben.

Tabelle 1:
H. der Lösungen einer Denkaufgabenserie durch 150 Studenten

X_i	f_i	p_i	cum f_i	cum p_i
0	0	0,000	0	0,000
1	3	0,020	3	0,020
2	24	0,160	27	0,180
3	48	0,320	75	0,500
4	26	0,173	101	0,673
5	22	0,147	123	0,820
6	15	0,100	138	0,920
7	6	0,040	144	0,960
8	3	0,020	147	0,980
9	2	0,013	149	0,993
10	1	0,007	150	1,000
11	0	0		

N = f_i = 150, p_i = 1,00

X_i = Pluspunkte (Anzahl der richtigen Lösungen)
f_i = Häufigkeit (Anzahl der Personen mit der entsprechenden Pluspunkteanzahl)
p_i = relative Häufigkeit
cum f_i = Summenhäufigkeit
cum p_i = relative Summenhäufigkeit

H. können auch graphisch dargestellt werden, wobei auf der Abszisse die Klassen des Merkmals, auf der Ordinate die Häufigkeiten eingetragen werden. Für das Beispiel ergibt dies die folgende Darstellung.

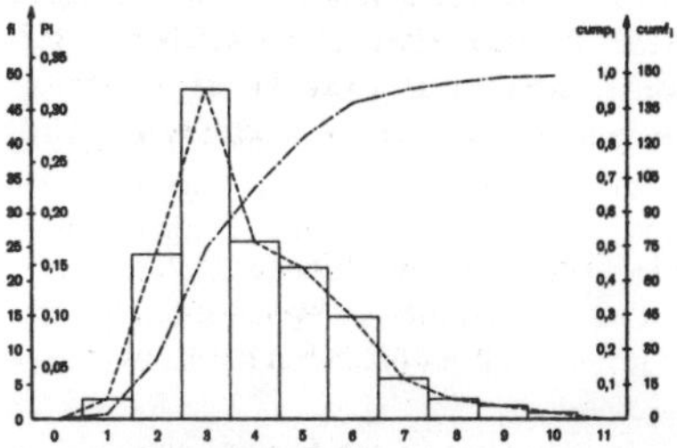

Die ausgezogene Linie ist eine sog. *Säulen-* oder *Blockdarstellung* (↗Blockdiagramm), die strichlierte Linie das sog. ↗*Frequenzpolygon.* Bezeichnet wird jede Klasse entweder durch ihre Grenzen oder durch die Maßzahl X, welche die Klasse repräsentiert. In empirischen Verteilungen sind X_i als Abszissenwerte und f_i als Ordinatenwerte *diskrete* (diskontinuierliche) Größen, d. h., sie können nur bestimmte (z. B. ganzzahlige) Werte annehmen. Auch einige theoretische Verteilungen sind diskrete Funktionen, wie z. B. ↗Binomialverteilung und ↗Poisson-Verteilung. Dagegen wird bei vielen Verteilungen der mathematischen Statistik (wie ↗Normalverteilung, ↗χ^2-Verteilung, ↗F-Verteilung, t-Verteilung u. a.) von einer endlichen Anzahl von Fällen N auf eine unendliche übergegangen, ebenso von einer endlichen Anzahl von Klassen X auf eine einer Funktion y = f(x) (x = Abszissenwert für die Maßskala, y = Ordinatenwert für die „Verteilungsdichte“) dargestellt. Beide Größen sind somit zu kontinuierlich variierbaren übergegangen.

Nach der Form der Verteilung werden H. deskriptiv grob unterschieden in *ein-* und *mehrgipfelige, linksschiefe, rechtsschiefe* und *symmetrische, steile* und *flache.* Mit diesen Charakterisierungen überschneiden sich deskriptive Klassifikationen, wie *U-förmige, verkehrt-U-förmige, J-Verteilung, L-Verteilung* und *Rechteckverteilung.*

Eine besondere Art der H. (mindestens Ordinalskala vorausgesetzt) ist die kumulative H. (graphisch auch *Summenkurve* genannt). Bei dieser werden nicht die ↗Häufigkeiten der einzelnen Klassen, sondern die Gesamthäufigkeit cum f_i bis zu einer bestimmten Klasse i (oder einem bestimmten Punkt der Skala, wie dem Mittelpunkt einer jeden Klasse) bestimmt. Auch die kumulative H. kann als Wahrscheinlichkeitsverteilung der Werte cum p_i dargestellt werden (siehe auch Tab. 1 und Abb. 1, strichpunktierte Linie).

Die Erstellung einer empirischen H. hat praktische und theoretische Bedeutung. Ihre praktische Bedeutung ist a) Erleichterung des Überblicks über das gesamte Datenmaterial. Anstelle von einzelnen Maßzahlen tritt die Häufigkeitstabelle mit zwei Kolonnen relativ weniger Zahlenwerte, die einen vorläufigen Eindruck über Lage (Zentraltendenz, Mittelwert), Dispersion (Variabilität, Streuung) und Verlauf der Verteilung („Verteilungsform") gibt. b) Aus H. können beim Rechnen ohne maschinelle Hilfe mit viel geringerem Zeitaufwand als aus den Einzeldaten die verschiedenen die Daten charakterisierenden Kennwerte (wie Mittelwert, Streuung, Schiefe, Steilheit) berechnet werden. Theoretisch sind H. von Bedeutung, weil sie Hypothesen über das Vorliegen eines bestimmten, formal (meist durch sehr wenige Parameter) definierbaren Verteilungstyps (z. B. ↗Normalverteilung, logarithmische Normalverteilung, Exponentialfunktion, Potenzfunktion usw.) und weitere Annahmen über den Wirkungsmechanismus der die Merkmalsvariation bedingenden Vorgänge ermöglichen.

Zum Beispiel würde das Auftreten genau normalverteilter Beobachtungsdaten nahelegen, daß das beobachtete (in einer offenbar adäquaten Intervallskala gemessene) Merkmal infolge zufälliger Variation einer großen Zahl von voneinander unabhängigen Einzelfaktoren, welche das Merkmal additiv zusammensetzen, variiert.

Theoretisch bekannte H. kommen vor allem bei Betrachtung der Verteilungen von ↗Statistiken (Kennwerte von Stichproben) vor. Die Tatsache, daß viele Verteilungen von Kennwerten von Stichproben theoretisch bekannt sind, gestattet eine quantitative Bestimmung der Unsicherheit von Stichprobenergebnissen in der Forschung (Stichprobenfehler, Vertrauensgrenzen, Signifikanz von Unterschieden zwischen zwei oder mehr Stichprobenwerten usw.).

Bivariate H. kommen zustande, wenn zusammengehörige Paare von Beobachtungen zweier Variablen gebildet werden können. Sie kommen am häufigsten im Rahmen der ↗Korrelations- und Regressionsstatistik vor. Die Bildung von Beobachtungspaaren ist in der Psychol. häufig begründet: a) auf der Anwendung zweier Arten von Messungen am gleichen Individuum (z. B. Handgeschicklichkeitstest und Arbeitsleistung), b) auf der Wiederholung von Messungen beim gleichen Individuum (z. B. zweimalige Vorgabe des gleichen Intelligenztests im Abstand von drei Jahren).

Als Beispiel wird eine bivariate H. der Beobachtungspaare „Handgeschicklichkeitstest" (mit den Klassen 1–5) und „Arbeitsleistung als Löterin" (mit den Klassen 1–5), erhoben von 120 Arbeiterinnen eines Industriebetriebes, gegeben: Tab. 2.

Tabelle 2:
H. der Beobachtungspaare „Handgeschicklichkeitstest" und „Arbeitsleistung" von 120 Löterinnen.

Handgeschicklichkeit					
5	0	0	2	3	2
4	1	4	9	3	1
3	2	3	27	15	2
2	5	5	13	8	1
1	3	7	4	0	0
Arbeitsleistung	1	2	3	4	5

Aus der Form der bivariaten Verteilung bzw. noch besser aus den Verläufen der Mittelwerte der Zeilen und Spalten (↗„Regressionslinien") kann ein erster Anhaltspunkt über Art und Grad des stat. Zusammenhangs zweier Merkmale (Korrelation) gewonnen werden. Z. B. ist die lineare Korrelation um so enger, je mehr Werte sich um eine der beiden Diagonalen der Verteilung scharen.

Lit.: Hofstätter, P. R. & D. Wendt: Quantitative Methoden der Psychologie. Berlin – Heidelberg, [4]1974; **Mittenecker, E.:** Statistische Methoden in der Psychol. und den angrenzenden Wissenschaften. In: Enzyklopädie der geisteswissenschaftlichen Arbeitsmethoden. München, 1969; **ders.:** Planung und statistische Auswertung von Experimenten. Wien, [8]1970; **Pfanzagl, J.:** Allgemeine Methodenlehre der Statistik, Bd. 1. Berlin, [5]1972; **Walker, H. M. & J. Lev:** Statistische Methoden für Psychologen, Soziologen und Pädagogen. Weinheim, 1973.

E. Mittenecker

Hauptachsenmethode. Die H., ein von H. Hotelling (zitiert nach Pawlik, 1968, 60ff.) vorgeschlagenes Verfahren, ist die derzeit in der Psychol. am häufigsten angewendete faktorenanalytische Methode. Sie gilt im Gegensatz zur etwas gröberen *Zentroidmethode* (↗Centroid-Methode) als die „exakte", doch rechnerisch etwas aufwendigere Methode und ist auf der Basis des Hauptkomponentenmodells (H. Hotelling, 1933; T. C. Kelley, 1935; zitiert nach Pawlik, s. oben) entwickelt worden. Die Bezeichnung „Hauptachsen", „Hauptkomponenten", „principal components" wurde gewählt, um die in der Mathematik bereits „vergebene" Bezeichnung „Faktor" (eines Produktes z. B.) nicht in zweifacher Bedeutung verwenden zu müssen. ↗Faktorenanalyse.

Lit.: Pawlik, K.: Dimensionen des Verhaltens. Bern, 1968.

W. H. Butollo

Hauptfarben sind die phänomenologisch reinen oder einfachen Farben, wobei die anderen Farben Zwischenfarben sind. Für H. v. Helmholtz sind es Rot, Grün und Blau, für E. Hering sind es vier phänomenologisch einfache Farben: Rot, Grün, Gelb, Blau. Sie befinden sich an den Ecken des „Farbenquadrats" oder der Basis des Farbenoktaeders. *G. Kanizsa*

Hauptfunktionen. Als Funktionen der Psyche definiert ↗Jung (1958) „eine unter verschiedenen Umständen sich gleichbleibende Tätigkeit, die von den jeweiligen Inhalten völlig unabhängig ist", und nennt dazu vier H.: *Denken, Intuieren* (Erschauen), *Fühlen* und *Empfinden.* Davon gelten Denken und Fühlen als die *rationalen* Funktionen, weil sie beide mit „Wertungen" arbeiten. Das Denken wertet durch die Vermittlung der Erkenntnis nach dem Kriterium „wahr – falsch", das Fühlen durch die Vermittlung der Emotionen nach dem Kriterium „Lust – Unlust". Die beiden anderen Funktionen Empfindung und Intuition nennt Jung die *irrationalen,* weil sie die ratio umgehen, nicht mit Urteilen, sondern mit bloßen Wahrnehmungen, ohne Bewertung oder Sinnverleihung arbeiten. Durch die jeweils überwiegende (superiore) Funktion wird der *Funktionstypus* (z. B. Empfindungstyp, Denktyp) einer Person festgelegt. Durch Kreuzung mit den beiden Richtungen der Libido (↗Introversion – Extraversion) nach Jung ergeben sich insgesamt acht psychol. Typen, z. B. introvertierter Denktypus, extravertierter Denktypus usw.

Lit.: Jung, C. G.: Psychologische Typen. Ges. Werke Bd. 6. Freiburg/Br., [2]1967.

W. Seitz

Hauterkrankungen (Akne) und Psyche. Die Haut als äußere Begrenzungsfläche des Menschen wurde schon im Altertum als privilegiertes Ausdrucksorgan für emotionale Vorgänge angesehen (Erröten, Erblassen, Gänsehaut). Am Zustandekommen der verschiedenen Störungen des Funktionszusammenhangs zwischen Hautdrüsenreaktion, Gefäß- und Piloaktivität können mannigfache psychische Faktoren beteiligt sein, wobei jedoch die Annahme einer direkten psychischen Verursachung unzutreffend zu sein scheint. Es lassen sich lediglich multifaktorielle Komplementärfunktionen zwischen Persönlichkeitsvariablen und H. feststellen. Es ist kaum zu unterscheiden zwischen psychischen Veränderungen, die zur Entstehung der H. beigetragen haben, und solchen, die nur Folge einer H. sind (z. B. Minderwertigkeitsgefühle).

PSYCHOSOMATISCHE SYMPTOME. *Akne* kommt als Talgsekretionsanomalie aufgrund einer *endokrinen* Gleichgewichtsstörung vorwiegend in der Pubertät vor. Bei Weiterbestehen im Erwachsenenalter finden sich bei den Patienten gehäuft Verzögerungen der affektiven und psychosexuellen Reifung. Für das plötzliche Auftreten der Akne sind oft traumatische Konfliktsituationen verantwortlich. Ähnliches gilt auch für H., die infolge gesteigerten Juckreizes durch Kratzen zu Sekundärsymptomen werden. Hierzu zählt die *Acné excoriée des jeunes filles* (L. Brocq), die häufig bei weiblichen Patienten vorkommt. Durch Quetschen oder Kratzen wird die Haut lädiert, es entstehen linsengroße flache Narben, die leicht entzündlich sind. Diese Autoaggressionen haben zwanghaften Charakter und dienen bei neurotischen Patienten der psychischen Spannungsabfuhr. Bei Patienten mit *Neurodermatitis* (= endogenes Ekzem), bei der organische Faktoren eine wichtige Rolle spielen (Konstitution, Ernährungs- u. Stoffwechselstörungen, Allergiefaktoren), fand sich folgendes Psychosyndrom: gesteigerte Reizbarkeit, Einzelgängertum mit depressiver Verstimmbarkeit, starke Mutterbindung und masochistische Tendenzen. Diese psychischen Faktoren sind entscheidend am Wiederaufleben wie auch am Verschwinden der Neurodermatitis beteiligt, ohne kausale psychische Auslöser der Erkrankung sein zu müssen. Bei der *Urticaria* (chronische Nesselsucht), deren organische Faktoren noch nicht eindeutig bestimmt sind, lassen sich psychopathologische Veränderungen feststellen: verdrängte Aggressionen, exhibitionistische (↗Exhibitionismus) und masochistische Tendenzen (↗Masochismus). Die Patienten neigen infolge ihres demonstrativen Sozialprotests gegen den Entzug von Zuneigung und Liebe (Haut als Ausdrucks- und Kontaktorgan) zu Selbstbestrafungen. Sehr unspezifische psychische Veränderungen (vermehrte Angst, ↗Minderwertigkeitsgefühle) finden sich bei *Psoriasis* (Schuppenflechte), *Alopecia* (Haarausfall) usw. Phobische (↗Phobie) Persönlichkeitszüge zeigen Patienten, die unter Zoophobie (Illusion von in die Haut eindringenden kleinen Tieren und Partikeln, die ständig herausgekratzt werden), Luophobie und Gonokokkophobie (Angst vor Geschlechtskrankheit) und Kanzerophobie (Angst vor Krebs) leiden.

BEHANDLUNG. Medikamentöse Therapie und Änderung der Ernährungsweise, unterstützt von Psychotherapie (psychoanalytische Fokaltherapie, klientenzentrierte Gesprächstherapie, ↗autogenes Training), können wahlweise eingesetzt werden.

Lit.: Borelli, S.: Psyche und Haut. In: **J. Jadassohn** (Hrsg.): Ergänzungswerk zum Hdb. der Haut- und Geschlechtskrankheiten, Bd. 8. Berlin – Heidelberg – New York, 1967; **Jänner, M.:** Dermatologische Phänomene als Folgeerscheinung emotioneller Reize und Störungen. In: Kranksein in seiner organischen u. psychischen Dimension. Symposion der Psychiatrischen u. Nervenklinik der Universität Hamburg, 165–180, Wissenschaftlicher Dienst ‚Roche', Grenzach (Baden), 1968.

D. Vaitl

Hautgalvanische Reaktion (HGR) ↗Hautreaktion.

Hautoptische Wahrnehmung *(Skin vision).* Die angebliche Fähigkeit, Unterschiede in der Helligkeit und Farbe von Gegenständen durch *Berührung* festzustellen. Im Englischen auch als „finger vision" und „dermo-optical perception" oder DOP (G. Razran) bekannt. Vgl. ↗Eyeless sight. *J. Beloff*

Hautpotential ↗Hautreaktion.

Hautreaktion (HGR). Die durch einen sensorischen Reiz oder eine motorische Reaktion (Husten, Niesen) ausgelöste dermale Aktivität äußert sich je nach Meßmethodik: 1. als kurzzeitige (0,5–3,5 Sekunden) Verstärkung eines durch die Haut geleiteten Gleichstromes *(exosomatischer galvanischer Hautreflex)* infolge einer Abnahme des basalen Polarisationswiderstandes (Gegenspannung) oder aber 2. als kurzzeitige, primär negative Schwankung des an der Haut direkt ableitbaren Potentials *(endosomatische galvanische Hautreaktion).*

Bei diesen elektrischen Vorgängen an der Haut handelt es sich zu Beginn *(Negativierung)* im wesentlichen um Veränderungen, die durch unterschiedliche Adsorption entgegengesetzt geladener Ionen an der Oberfläche von Membranen oder infolge unterschiedlicher Permeation durch die Membran in der Epidermisschicht (insbesondere stratum lucidum) entstehen. Nach einer gewissen Latenz überlagert sich eine weitere Potentialänderung *(Positivierung)* infolge der Depolarisation der

Schweißdrüsenmembran, verstärkt noch durch beginnende Sekretion und kurzzeitige Kontraktion der Schweißdrüsengänge. Dabei könnten die Epidermiszellen und Schweißdrüsen von getrennten sympathischen Fasern innerviert werden, was auf die Deutung der H. als mögliche Begleiterscheinung erstens einer Wirkungsgradverstellung somatosensibler ↗Rezeptoren und zweitens einer Begünstigung mot. Greif- und Haltevorgänge hinweisen würde. In der ↗Psychophysik dient die auf im wesentlichen in subkortikalen vegetativen Zentren umgeschalteten Erregungen basierende H. als zweckmäßiges objektivierendes Meßverfahren z. B. für Habituationsvorgänge, ↗Konditionierung, vegetative Erregbarkeit usw. Auch über gute Korrelationen zum Intensitätsparameter der sensorischen Reize wird berichtet.

Lit.: Edelberg, R.: Electric properties of the skin. In: **C. C. Brown** (Ed.): Methods in psycho-physiology. Baltimore, 1967; **Keller, P.:** Elektrophysiologie der Haut. In: **A. Marchionini** (Hrsg.): Handbuch der Dermatologie. Berlin – Göttingen – Heidelberg, 1963, 38.

M. Spreng

Hautsinne ↗Sinnesorgane.

Hautwiderstand/Hautpotential ↗Hautreaktion.

HAWIE ↗Hamburg-Wechsler-Intelligenz-Test für Erwachsene und für Kinder.

HAWIK ↗Hamburg-Wechsler-Intelligenz-Test für Erwachsene und Kinder.

Hawthorne-Untersuchungen. Sammelbezeichnung für eine Reihe von Experimenten zur Analyse der Bedingungen industriellen Leistungsverhaltens mit anfangs rein physiol., später psychol. und soziologischer Fragestellung, die 1927–32 unter E. Mayo und seinen Mitarbeitern T. N. Whitehead, F. J. Roethlisberger, W. J. Dickson u. a. in den Hawthorne-Werken der Western Electric Company durchgeführt wurden.

Die ersten Versuchsreihen (erster und zweiter *Relay Assembly Test Room, Mica Splitting Test Room*) ergaben keine eindeutige Beziehung zwischen der Produktivität und den kontrollierten Variablen Lohnsystem und allg. Arbeitsbedingungen. Die Ergebnisse des Mass Interviewing Program (ab 1928) führten zur expt. Untersuchung der human relations im *Bank Wiring Observation Room* (1931–32) und zur Entdeckung der *„informellen ↗Gruppe“* sowie deren Bedeutung für das individuelle Leistungsverhalten.

Lit.: Roethlisberger, F. J. & W. J. Dickson: Management and the worker. Cambridge, Mass., 1939; **Roethlisberger, F. J.:** Betriebsführung und Arbeitsmoral. Köln – Opladen, 1954.

W. F. Neubauer

HCG (Choriongonadotropin), extrahypophysäres gonadotropes Hormon (Eiweißhormon), das nur während der Schwangerschaft im Trophoblast (Teil der Keimblase) und später im fetalen Anteil der Placenta gebildet wird. Biol. Bedeutung und Wirkung: verhindert zyklische Rückbildung des Gelbkörpers im Eierstock, regt ihn in den ersten Schwangerschaftsmonaten zu weiterem Wachstum an und hält somit dessen Funktion aufrecht. HCG hat also vor allem luteinisierende Wirkung wie ↗gonadotropes Hormon. Die Placenta beginnt mit HCG-Produktion ca. 4–5 Wochen nach Befruchtung und erreicht Maximum in ca. 6. Schwangerschaftswoche: darauf beruht frühe Schwangerschaftsdiagnose, da große Mengen HCG im Urin und Blutplasma nachweisbar.

Lit.: Voigt, K.-D. & H. Schmidt: Sexualhormone. rororo-sexologie, Bd. 8004. Hamburg, 1968.

H. Maisch

Headstart-Projekt *(Starthilfe-Projekt, HSP),* das von der Regierung der USA 1964 im „Kampf gegen Armut und Unwissen“ eingesetzte umfangreichste Vorschulprojekt der Gegenwart zur kompensatorischen Förderung bildungsbenachteiligter Kinder. Anlaß gab die in den 60er Jahren zunehmende Kritik, daß die herkömmliche familiäre und institutionalisierte Erziehung die besonderen Lernmöglichkeiten von Kindern im Vorschulalter zu wenig ausschöpfe und damit der Entstehung schicksalhaft sich verfestigender Vorkenntnis- und Bildungsdefizite kulturell schwächerer Bevölkerungsteile Vorschub leiste.

Das aus einer Vielzahl von Programmvarianten bestehende HSP entwickelte sich aus ersten – hinsichtlich der Dauerwirkung noch relativ ineffektiven – mehrwöchigen Sommerkursen schulbezogener Fertigkeiten für Kinder aus Innenbezirken von Großstädten zu familienorientierten auch gesundheitliche, soziale und kreative Ziele einschließenden Vielfachprogrammen. Die HS-Programme, an denen inzwischen mehrere Millionen Kinder teilnahmen, orientieren sich heute weniger an Defizittheorien (Anpassung an gesellschaftlich tradierte Standards) als an Theorien des gesellschaftlichen Wandels.

Lit.: Grotberg, E. H.: Review of research 1965 to 1969. Projekt Head Start. Office of Economic Opportunity. Washington, 1969; **Riley, M. D.:** Head Start in action. West Nyak, 1967; **Sprey, Th.:** Head Start-Programme. In: **Wehle G.** (Hrsg.), Pädagogik aktuell. München, 1973.

D. Rüdiger

Heautoskopie. Wahrnehmung der eigenen Person in der realen Mit- oder Umwelt als nosologisches Phänomen des „Doppelgänger"-Wahns bei Schizophrenie, organischen Hirnerkrankungen (Läsionen der regio parieto-temporo-occipitalis oder des lobus temporalis; beim Alice im Wunderland-Syndrom) oder bei Hysterie; kann jedoch auch bei Ermüdung visionär auftreten und ist so in der belletristischen Literatur des öfteren beschrieben worden. *H. J. Engels*

Heerespsychologie ↗Wehrpsychologie.

Hebephrenie. Eines der ↗Schizophrenie-Syndrome, ursprünglich von Hecker 1871 als eine pubertäre Krankheit beschrieben, die zu intellektueller Verblödung führt. Daher glich sie der Dementia praecox und wurde von E. Kreapelin 1893 gemeinsam mit dieser kategorisiert. Das Syndrom tritt bereits in jugendlichem Alter auf und ist gekennzeichnet durch: Stumpfheit und Labilität im affektiven Bereich, Züge von Verblödung, unangemessenes Handeln, Reizbarkeit, Gedankenverwirrung und Störungen des Willens. Gewöhnlich treten schlecht organisierte Wahnvorstellungen und ↗Halluzinationen auf, jedoch keine mot. Symptome. H. beginnt heimtückisch, die Prognose ist schlecht. *B. Brooker*

Hedonismus. Lehre, der zufolge der Sinnengenuß das alleinige Ziel des Verhaltens sei. Heute wird der H. vor allem von der ↗Psychoanalyse ausgenützt (Lustprinzip). In der Moral wird der H. zum *Eudämonismus,* für den die Norm des Handelns das Streben nach Glückseligkeit ist. *M. Reinhardt*

Heilpädagogik. Lehre von der Förderung schwererziehbarer, körperlich und/oder geistig geschädigter bzw. schwachbegabter Kinder. Die H. integriert med. (Neurologie, Krankengymnastik), päd. (spezielle Didaktik) und psychol. (↗Intelligenztest, Entwicklungspsychol. [↗Entwicklung], Kinderpsychotherapie) Aspekte. Heilpäd. Maßnahmen gehorchen den Prinzipien der ↗pädagogischen Psychologie; gezielte Übungen sollen das behinderte Kind in eine annähernd normale Entwicklung führen. ↗Geistige Behinderung.

Lit.: Biermann, G. (Hrsg.): Handbuch der Kinderpsychotherapie. München, [3]1972; **Kobi, E. E.:** H. im Abriß. München, [3]1977; **Renner, M. & Th. Thesing:** Praxis der H. Freiburg i. Br., 1978; **Werner, R.:** Das verhaltensgestörte Kind. Berlin, [8]1979.

W. Schmidbauer

Heimkinder ↗Hospitalismus.

Helladaptation. Abnahme der Empfindlichkeit des visuellen Systems für Leuchtdichte, wenn die Umgebung (visuelles Feld) von einem niedrigen auf ein höheres Leuchtdichteniveau geändert wird oder sich ändert. Während die Empfindlichkeit für Leuchtdichte abnimmt, nehmen Empfindlichkeiten für Kontrast, Sehschärfe, Farbunterschiede usw. zu, d.h., durch die Abnahme der Empfindlichkeit für Leuchtdichte verbessert sich die Leistung des visuellen Systems. Entgegengesetzter Vorgang: ↗Dunkeladaptation. ↗Blendung. *A. Hajos*

Helligkeit. Die in der Wahrnehmung erlebte *Leuchtdichte* bezeichnet man als Helligkeit. Man spricht dabei von photometrischer H. (= Leuchtdichte) und von spezifischer H. der Farben, wobei *Gelb* und *Grün* heller sind als *Violett* und *Rot.* G. T. Fechner nahm an, daß H. dem Logarithmus der Lichtintensität

(Leuchtdichte, retinale Beleuchtungsstärke) proportional sei. Aiba & Stevens (1964) fanden – je nach Dauer der Lichteinwirkung – Potenzfunktionen mit verschiedenen Exponenten (Blochsches Gesetz, ↗Hell- und ↗Dunkeladaptation).

Lit.: Aiba, T. S. & S. S. Stevens: Relation of bringthness to duration and luminance under light- and dark-adaptation. Vis. Res., 1964, *4*, 391–401. *A. Hajos*

Helligkeitskontrast ↗Kontrast.

Helligkeit, spezifische ↗Sättigung.

Hellsehen. Eine Form der ↗ASW, wobei angenommen wird, daß die Vp Informationen direkt aus der physik. Außenwelt wahrnimmt. Die Informationen stammen also nicht aus der Psyche oder dem Gehirn einer anderen Person wie bei der ↗Telepathie. ↗Parapsychologie. *J. Beloff*

Hellseher. Eine Person mit bes. Fähigkeiten des ↗Hellsehens. Darf nicht mit Wahrsager verwechselt werden. *J. Beloff*

Helmholtz, *Hermann von.* LEBEN UND WERKE. * 31. 8. 1821 Potsdam, † 8. 9. 1894 Charlottenburg. Promovierte 1842 mit einer Untersuchung über den Ursprung der Nervenfasern in den Ganglienzellen. Arbeitete anschließend als Militärarzt in Potsdam. Hielt 1847 vor der Physikalischen Gesellschaft in Berlin seinen vielbeachteten Vortrag über das Prinzip der Erhaltung der Energie im Bereich der Physiologie. 1849 wurde H. Professor für Physiologie in Königsberg, wo er bis 1855 blieb. War von 1855 bis 1858 Professor für Anatomie und Physiologie in Bonn und anschließend bis 1871 Professor für Physiologie in Heidelberg. 1871 wurde er Professor für Physik an der Universität Berlin und 1887 erster Direktor der neugegründeten Physikalisch-Technischen Reichsanstalt in Charlottenburg.

H. publizierte insgesamt über 200 Aufsätze und Monographien, worin er grundlegende Beiträge zu den Gebieten der Anatomie, Medizin, Physiologie, Physik und Psychol. leistete, wobei für die Psychol. selbst seine Arbeiten zur sensorischen Physiologie und Psychol. das größte Interesse beanspruchen. Seine mit Abstand *bedeutendsten Werke* sind sein dreibändiges „Handbuch der physiologischen Optik“ (1856–67) und sein Buch über „Die Lehre von den Tonempfindungen als physiologische Grundlage für die Theorie der Musik“ (1862). Während er in ersterem seine eigenen Untersuchungen einschließlich einer Übersicht über die deutschsprachige Literatur bezüglich der anatomischen, physiol. und phys. Grundlagen der visuellen Wahrnehmung darstellt, beinhaltet letzteres seine Beiträge zur physiol. Akustik, insbesondere zu den Problemen der Klangfarbe und des Hörens von Tonhöhen.

PHYSIOLOGISCHE UND PSYCHOLOGISCHE BEITRÄGE. Die erste bedeutsame Arbeit H.' auf diesem Gebiet war die Bestimmung der Fortpflanzungsgeschwindigkeit der nervösen Erregung in den sensorischen und mot. Nervenfasern am Nerv-Muskel-Präparat des Frosches und in Reaktionszeitexperimenten am Menschen. Er widerlegte hierbei die bis dahin vertretene Auffassung, daß die Leitungsgeschwindigkeit im Nerv ein Vielfaches der Lichtgeschwindigkeit sei. Auf dem Gebiet der Optik und der sensorischen Physiologie erwarb sich H. u. a. Verdienste durch die Erfindung des Ophthalmoskops (Augenspiegel) und des Ophthalmometers, eines Geräts zur Bestimmung der Hornhautkrümmung. Unabhängig von dem holländischen Physiologen A. Cramer, aber in inhaltlicher Übereinstimmung mit diesem beschrieb und erklärte Helmholtz den Vorgang der ↗Akkommodation des Auges.

Bes. Bedeutung erlangte seine Theorie der ↗Farbwahrnehmung, die auf der Theorie des britischen Physiologen T. Young aufbaute. Ausgehend von dem Gesetz der spezifischen Sinnesenergien, nahm H. drei farbempfindliche nervöse Substanzen an, deren Erregung jeweils eine bestimmte Farbempfindung vermittelt (rot, grün, blau), während sich die Gesamtheit der übrigen Farbempfindungen durch eine Mischung dieser drei Grundfarben ergibt.

H. Auffassungen bezüglich der ↗Raum- und Objektwahrnehmung basieren auf Lotzes Lokalzeichentheorie, wobei er diese mit J. Müllers Prinzip der spezifischen Sinnesenergien in Einklang zu bringen versuchte. Für ihn bestand die Wahrnehmung aus einem zweistufigen Prozeß. Grundlage der Wahrnehmung sind die Empfindungen, deren Qualität und Intensität angeboren und durch die spezifischen Charakteristiken der Sinnesorgane bedingt sind. Die Empfindungen besitzen selbst jedoch noch keinerlei Bedeutsamkeit für die Raum- und Objektwahrnehmung, sondern stellen lediglich „Zeichen" dar, die ihre Bedeutsamkeit erst im Verlaufe der Entwicklung durch Assoziation durch gemachte Erfahrungen erwerben. Bei dem Bedeutungserwerb handelt es sich nach H. um Urteilsprozesse, die anfangs noch möglicherweise bewußt vollzogen werden, nach wiederholter Assoziation jedoch automatisch in Form sog. „unbewußter Schlüsse" erfolgen, die infolge ihres zwingenden Charakters Wahrnehmungsevidenz besitzen. H. vertrat somit bezüglich der Auseinandersetzung zwischen Empirismus und Nativismus in der Wahrnehmungstheorie einen eindeutig empiristischen Standpunkt (↗Wahrnehmung).

Für die auditive Wahrnehmung hat H. in erster Linie durch die Aufstellung seiner ↗Resonanztheorie Bedeutsamkeit erlangt, in der er u. a. das Hören von Tonhöhen durch die Annahme erklärte, daß die verschieden langen Fasern der Basilarmembran im inneren Ohr jeweils durch die ihrer Eigenfrequenz entsprechenden Wellenbewegungen in Schwingung versetzt würden (↗Sinnesorgane: Das Ohr).

Lit.: Ebert, H.: Hermann von Helmholtz. 1949; **Königsberger, L.:** Hermann von Helmholtz. Oxford, 1906; **Warren, R. M. & R. P.:** Helmholtz on perception: its physiology and development. New York, 1968.

W. Wittling

Helmholtzsche Quadrate. Diese Täuschung demonstriert im wesentlichen den Effekt, daß ein ausgefüllter Raum größer erscheint als ein leerer. Die beiden aus parallelen Linien zusammengesetzten Quadrate scheinen eine größere Oberfläche zu haben als das nur aus der äußeren Begrenzung bestehende. Zudem

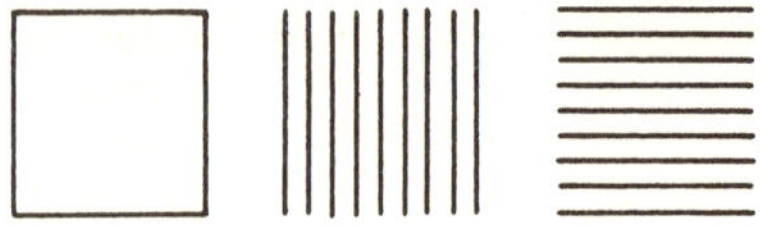

suggerieren die Endungen der parallelen Linien das Vorhandensein einer scharfen Ecke, so daß die Figur auch ein Beispiel für Geschlossenheit (closure) ist (s. Abb.).

C. D. Frith

Helson-Judd-Effekt ↗Adaptationsniveau.

Hemeralopie, *Nachtblindheit* (ἡμέρα = Tag, ὄψις = Sehen, also eigentlich „Tagsichtigkeit"), Störung des Nacht- bzw. Dämmerungssehens durch teilweisen oder völligen Ausfall des *skotopischen* Stäbchensehens. Kann angeboren und rezessiv (in einigen Fällen auch dominant) vererbt sein (Trendelenburg, 1961), ist meist aber erworben durch alimentären Mangel an Vitamin A, das zur Synthese des Stäbchensehstoffes ↗Rhodopsin unumgänglich ist.

Lit.: Trendelenburg, W.: Der Gesichtssinn, 2. Aufl. von M. Monje, J. Schmidt, E. Schütz. Berlin – Göttingen – Heidelberg, 1961.

K.-H. Plattig

Hemianopsie (wörtl.: Halbseitenblindheit). Halbseitiger Gesichtsfeldausfall, wie er bei Läsionen in den zentralen ↗Sehbahnen zwischen der Überkreuzung der Sehnerven (↗Chiasma opticum) und dem Hinterhauptlappen (↗Okzipital) zustande kommen kann. Je nach dem Sitz der Läsion kann die H. homonym (auf der gleichen Seite) oder heteronym (z. B. bitemporal), vollständig oder unvollständig (z. B. Quadranten-H.) sein. *C. Scharfetter*

Hemiparese. Halbseitige (mot. oder sensible) inkomplette Lähmung durch Ausfall der zentralnervösen Zentren oder Bahnen. Da diese Bahnen gekreuzt verlaufen, liegt die Läsion auf der der kranken entgegengesetzten Seite.

C. Scharfetter

Hemiplegie. Meist durch Schlaganfall (Durchblutungsstörung, Blutung o. ä.) zustande gekommene Lähmung einer Körperseite. ↗Hemiparese.

Hemisphäre(n) nennt man die Hälften des ↗Großhirns, die in der Tiefe des Interhemisphärenspaltes durch den Balken miteinander verbunden sind. *C. Scharfetter*

Hemmung. I. Die H. ist eine der Kontrastbildung und damit letztlich dem Erkennen dienende Verarbeitungseigenschaft zentralnervöser Systeme. Sowohl die *räumliche* Ausbreitung als auch die *zeitliche* Folge von durch Reize ausgelösten Erregungen werden durch *Hemmungs-* und *Bahnungsprozesse* beeinflußt.

1. *Örtliche (laterale) Hemmung.* Die von den Rezeptoren ausgehende und zur Projektionsrinde laufende spezifische Bahn ist in der Weise vermascht, daß über kollaterale Verbindungen an synergistischen Nachbarsynapsen (↗Synapse) eine geringe Erregung fördernd auf die kräftige Nachbarerregung, eine starke hemmend auf die schwache Nachbarerregung einwirkt. Ein derart örtlich arbeitendes Kontrastbildungssystem versteilt den örtlichen Erregungsgradienten gegenüber dem Reizstärkegradienten. Im allg. herrscht im Organismus das Prinzip vor, daß im Informationsleitungssystem der ↗Sinnesorgane ein Erregungskern stets von einer Umgebung mit lateraler H. begleitet ist. Die *laterale* H. dient vorwiegend der Kontrastbildung im Raumsinnesorgansystem ↗Auge und wird innerhalb des Zeitsinnesorgansystems Ohr erst in den höheren zentralnervösen Schichten angewandt, wobei bei ersterem eine laterale H. von neuronalen *On*-Elementen und zusätzlich eine laterale Aktivierung neuronaler *Off*-Elemente zur Kontrastbildung wesentlich ist (vgl. auch ↗Kontrast).

2. *Zeitliche (temporale) Hemmung.* Zwei parallele Informationskanäle innerhalb der vom ↗Rezeptor zur Rinde laufenden spezifischen Bahn sind so miteinander vermascht, daß derjenige mit starker Erregung bzw. nach Kodierung mit schnellerer Aktionspotentialfolge und auch kürzerer Latenz über ein H.schaltneuron beide Kanäle blockiert, wobei das erste Signal der schnelleren Aktionspotentialfolge noch passieren kann; die restlichen Signale und vor allem die im schwächer erregten Informationskanal werden jedoch vollständig unterdrückt.

Im akustischen Sinnesorgansystem wird zeitliche H. z. B. benützt, um ein Nacheinander zweier Schallreize in einem Zeitbereich zu unterdrücken, wo in der Empfindung die Zeitdifferenz für ein räumliches Reizkennzeichen, nämlich die Richtung der Schallquelle, ausgenutzt wird (↗Sinnesorgane: Das Ohr).

Ebenfalls im akustischen Sinnesorgansystem wird eine temporale H. derart beobachtet, daß ganz bestimmte Aktionspotentialintervalle aus einer nahezu regellosen Folge unterdrückt werden können.

Lit.: Keidel, W. D.: Kurzgefaßtes Lehrbuch der Physiologie. Stuttgart, [4]1975. *M. Spreng*

II. H. bezeichnet in der *Neurophysiologie* die *Unterdrückung* bestimmter nervöser Abläufe bzw. die Prozesse, die diese Unterdrückung hervorrufen und die häufig als zu den Grundaktivitäten des ZNS gehörig und als Gegenspieler der Erregung aufgefaßt werden. In der *Psychol.* findet sich der H.begriff als Bezeichnung für bestimmte Phänomene bzw. für die ihnen hypothetisch zugrunde gelegten Vorgänge, vor allem in der Gedächtnispsychol. (↗*Gedächtnishemmungen*), in der Lernpsychol. (vgl. z. B. Pawlow, 1953; Hull, 1943; Harlow, 1953; Eysenck, 1967) und in der ↗klinischen Psychologie sowohl tiefenpsychologischer (vgl. z. B. Freud, 1948; Schultz-Hencke, 1951) als auch verhaltenstherapeutischer Prägung (vgl. z. B. Salter, 1949; Wolpe, 1958). Es handelt sich dabei trotz der teilweise stark voneinander abweichenden Bedeutungsnuancen stets um die *Verhinderung* oder *Beeinträchtigung* eines Verhaltensablaufs durch eine Aktivität anderer Art, wobei hypothetisch meist die Möglichkeit des Ablaufs der unterdrückten Funktion nach Aufhebung der Unterdrückung angenommen wird.

Die *leistungsmäßige* bzw. *soziale* Bewertung von H.vorgängen ist bei den einzelnen Autoren und gelegentlich auch innerhalb der einzelnen Systeme sehr unterschiedlich. Dem H.begriff bei Harlow und in bestimmten Spielarten (vor allem Differenzierungshemmung) bei Pawlow kommt beispielsweise als Grundlage aller höheren mentalen Prozesse außerordentlich positive Bedeutung zu. Die ↗*reziproke* H. nach Wolpe stellt einen an sich neutralen Mechanismus dar, während Begriffe wie die *Überbelastungshemmung* nach Pawlow und die ↗*reaktive* H. nach Hull in der Nähe des Ermüdungskonzepts angesiedelt sind und zugleich eine mögliche Schutzfunktion hervorheben. Gedächtnis-H.en werden im allgemeinen als leistungssenkende Beeinflussungen von Lernprozessen aufgefaßt. In der klinischen Psychol. wird einerseits die Notwendigkeit des Erwerbs bestimmter H.en im ↗Sozialisierungsprozeß betont, andererseits (und zwar sehr viel häufiger) auf die hohe Wahrscheinlichkeit negativer Persönlichkeitsentwicklung durch eine zu massive Unterdrückung spontaner Impulse hingewiesen (Schultz-Hencke, 1951; Salter, 1949).

Die Zuordnung neurophysiologischer zu verhaltensmäßigen H.phänomenen steht zur Zeit noch in den Anfängen.

Lit.: Eysenck, H. J.: The biological basis of personality. Springfield, 1967; **Freud, S.:** H., Symptom und Angst. In: Gesammelte Werke, Bd. 14. Frankfurt a. M., 1948; **Harlow, H. F.:** Learning set and error factor theory. In: **S. Koch** (Ed.): Psychology: A study of a science. Vol. 2. New York, 1962; **Hull, C. L.:** Principles of behavior. New York, 1943; **Pawlow, I. P.:** Sämtliche Werke, Bd. 3. Berlin, 1953; **Salter, A.:** Conditioned reflex therapy. New York; 1949; **Schultz-Hencke, H.:** Lehrbuch der analytischen Psychotherapie. Stuttgart, [2]1970; **Wolpe, J.:** Psychotherapy by reciprocal inhibition. Stanford, 1958.

L. Blöschl

Hemmung, affektive ↗Gedächtnishemmungen.

Hemmung, differenzierende ↗Hemmung.

Hemmung, ekphorische ↗Gedächtnishemmungen.

Hemmung, innere ↗Hemmung.

Hemmung, konditionierte ↗Konditionierte Hemmung.

Hemmung, proaktive ↗Gedächtnishemmungen.

Hemmung, reaktive ↗Reaktive Hemmung.

Hemmung, reproduktive ↗Gedächtnishemmungen.

Hemmung, retroaktive ↗Gedächtnishemmungen.

Hemmung, reziproke ↗Reziproke Hemmung.

Hemmung, soziale. Bezeichnung für das Fehlen oder geschwächtes Auftreten bestimmter – meist aggressiver – Verhaltensweisen gegenüber Artgenossen. Im *Kommentkampf* der meisten Raubtiere verhindert eine sog. Demutsgebärde des unterlegenen Kämpfers häufig eine Tötungshandlung des Siegers. *Kampfspielende* Ratten z. B. sind beißgehemmt und zeigen kein Drohgehaben, das dem Ernstkampf vorausgeht. ↗Tierpsychologie.

V. Preuss

Hemmungspotential, kumuliertes ↗Konditionierte Hemmung.

Heranwachsender. In der Spanne zwischen Pubertät und Erwachsenenalter werden das persönliche Weltbild und die Wertwelt ausgebildet. Die bereits in der ↗Pubertät in Erscheinung getretenen Verhaltensweisen werden ausgeformt. Der H. wird nun reif für die überpersönlichen Ordnungen des gesellschaftlichen und politischen Lebens (Wahlrecht). Im juristischen Sinn (§ 105 JGG) kann ein H. je nach seinem Reifestand (↗Reife) strafrechtlich als Jugendlicher (↗Jugendgerichtshilfe) oder als Erwachsener behandelt werden.

Lit.: Remplein, H.: Die seelische Entwicklung des Menschen im Kindes- und Jugendalter. München – Basel, [17]1971.

M. Sachs

Herdentrieb ↗Geselligkeit.

Hereditât, Erblichkeit.

Hering, *Ewald.* LEBEN UND WERKE. * 5. 8. 1834 Altgersdorf (Sachsen), † 27. 1. 1918 Leipzig. Studierte Medizin in Leipzig, wo er von G. T. Weber und G. T. Fechner beeinflußt wurde. Erhielt im Anschluß an seine fünfteilige Publikation über die ↗Raumwahrnehmung einen Ruf als Professor für Physiologie an die Universität Wien, wo er die Nachfolge

C. Ludwigs antrat. Ging 5 Jahre später als Nachfolger Z. Purkinjes nach Prag und löste nach 25jähriger Tätigkeit in Prag 1895 wiederum C. Ludwig auf dem Lehrstuhl für Physiologie in Leipzig ab.

H. war ein Sinnesphysiologe, der eine sehr bedeutsame Rolle als einer der Pioniere der expt. physiol. Psychol. spielte. Er war ein Zeitgenosse H. ↗Helmholtz', mit dem ihn ähnliche inhaltliche Interessen verbanden, von dem er sich aber durch seine andersartige theoretische Ausrichtung unterschied, was zu fortwährenden Kontroversen beider führte. Während H. Helmholtz *empiristisch* ausgerichtet war, war H. *Nativist.* Zu seiner Theorie der Raumwahrnehmung, die er u. a. in seinen fünfteiligen „Beiträgen zur Physiologie" (1861–64) niederlegte, vertrat er im Ggs. zu der von H. Helmholtz ein Jahr später im dritten Band seines „Handbuches der physiologischen Optik" geäußerten Ansicht den Standpunkt, daß die Fähigkeit zur Raumwahrnehmung angeboren ist und nicht durch Erfahrung erlernt zu werden braucht.

Er unterschied sich von H. Helmholtz auch durch seinen phänomenologischen Untersuchungsansatz. Die Beobachtung und die Beschreibung der subjektiven sensorischen Erfahrungen gehörte zu seinen vorrangigen Zielsetzungen. Beides, nämlich seine nativistische Orientierung und seine phänomenologische methodische Ausrichtung, übte einen wesentlichen Einfluß auf C. Stumpf und vor allem auf die spätere Gestaltpsychologie aus.

Neben seinen Untersuchungen zur Raumwahrnehmung erlangte H. Bedeutsamkeit durch seine bekannte Theorie des Farbensehens (↗Farbwahrnehmung). In seiner Theorie der Gegenfarben, die wiederum ↗Helmholtz' Dreifarbentheorie entgegenstand, postulierte H. drei farbempfindliche Substanzen in der ↗Retina (rot/grün – gelb/blau – schwarz/weiß), die sich in einer ständigen Dissimilation und Assimilation befinden und wobei jedem dieser beiden Vorgänge in einer Substanz jeweils eine der beiden Farbempfindungen entspricht. Die Gesamtheit aller möglichen Farbeindrücke entsteht darüber hinaus durch Kombination dieser Urfarben.

Schr. Beiträge zur Physiologie, 5 Bde., 1861–65; Die Lehre vom binokularen Sehen, 1868; Über das Gedächtnis als eine allgemeine Funktion der organisierten Materie, 1870; Grundzüge der Lehre vom Lichtsinn, 1920.

Lit.: Hillebrand, F.: Ewald Hering. 1918. *W. Wittling*

Heringsche Gegenfarbentheorie ↗Farbensichtigkeit.

Heringscher Fallversuch (auch *Kugelfallversuch)* ↗Fallversuch.

Heringscher Farbenkreis ↗Farbenquadrat.

Heringsche Täuschung. Eine geometrische Täuschung, die Parallelen werden als auswärts

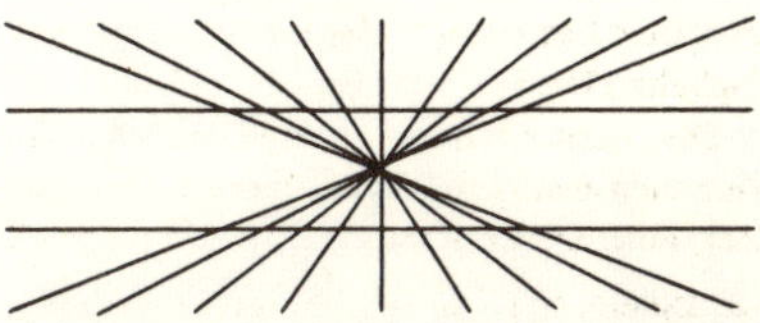

gebogen wahrgenommen. ↗Geometrisch-optische Täuschungen. *C. D. Frith*

Hermaphroditismus, auch *Zwittertum, Zwitterbildung* oder *Intersexualität:* i.e.S. genannt, gestörte, unfertige körperliche Geschlechtsdifferenzierung, die durch eine Uneindeutigkeit bzw. mangelhafte Übereinstimmung äußerer oder/und innerer ↗Geschlechtsmerkmale (männlich/weiblich) charakterisiert ist. Die Ursachen für solche Fehlentwicklungen oder Mißbildungen sind verschieden. Unterschieden werden heute im wesentlichen *drei Hauptformen* des H.: *Pseudohermaphroditismus femininus* (weibliche Scheinzwitter), *Pseudohermaphroditismus masculinus* (männliche Scheinzwitter), *Hermaphroditismus verus* (echte Zwitter). *Prinzipieller Unterschied:* Während bei den Pseudo-H.en genetisches Geschlecht (Chromosomengeschlecht; ↗Geschlechtschromosom) und ↗Keimdrüsengeschlecht (Gonadengeschlecht) übereinstimmen (also nur männlich oder nur weiblich sind), die äußeren und inneren Geschlechtsorgane entweder zwittrig (zweigeschlechtlich) oder dem anderen Geschlecht zugehörig erscheinen, sind bei den *echten* H.en beide Keimdrüsengeschlechter (Hoden- und Eierstockgewebe) vorhanden, die äußeren und inneren Geschlechtsorgane vermischt männlich/weiblich oder im äußeren Aussehen in allen Übergangsformen vom männlichen bis zum weiblichen Typus vorkommend. Die Diagnose „Hermaphroditismus" setzt also nicht notwendigerweise uneindeutige äußere Geschlechtsorgane voraus, die Uneindeutigkeit kann auch im Inneren liegen. Das *Hauptproblem* des H. liegt bei der *psychol.* und *psychopathologischen Auswirkungen* dieser körperlich-sexuellen Fehlentwicklungen, vor allem unter dem Aspekt der Geschlechtsrollenidentifikation und der ↗Sexualerziehung.

1. *Pseudohermaphroditismus femininus:* genetisch weibliche Individuen mit weiblichen inneren Geschlechtsorganen (Eierstöcke, Tuben, Gebärmutter, Vagina) und intersexuellem äußerem Genitalorgan, meist in Form einer stark vergrößerten Klitoris (Klitorishypertrophie), die dem Aspekt und der Größe nach einem Penis nahe kommen kann und schon bei der Geburt sichtbar ist; Vagina und Harnröhrenmündung sind unvollkommen differenziert. *Ursachen:* am häufigsten genetisch bedingte vermehrte Produktion (maskulinisierender) ↗androgener Hormone auf Grund einer Störung der Steroidhormonbildung der Nebennierenrinde, die schon während der Fetalzeit wirksam wird; wird auch *adrenogenitales* Syndrom (AGS) genannt. Die *Behandlung* besteht in einer Zufuhr des von der kranken Nebenniere nicht gebildeten Hormons Cortisol. „Das Wichtigste ist die frühzeitige Diagnose, idealerweise zur Zeit der Geburt. Dann kann ein Mädchen aufwachsen, ohne daß ihm bewußt ist, jemals ein besonderes Problem gehabt zu haben. Die Notwendigkeit einer speziellen Sexualerziehung ist dann entsprechend gering" (Money, 1969, 38).

2. *Pseudohermaphroditismus masculinus:* genetisch und dem Keimdrüsengeschlecht nach eindeutig männliche Personen, dem äußeren Aspekt der Geschlechtsorgane und dem Phänotypus nach werden zwei Hauptgruppen voneinander unterschieden, und zwar a) die sog. *testikuläre Feminisierung* als relativ seltene Form, bei der sich die äußeren Genitalien (Vagina endet allerdings meist blind oder fehlt) und die äußere Erscheinung weiblich differenzieren – außer dem Fehlen der Sexualbehaarung (hairless woman) –, eine weibliche Entwicklung der inneren Geschlechtsorgane (Gebärmutter, Eierstöcke, Eileiter) ist jedoch verhindert; genetisches Geschlecht, Keimdrüsen und Sexualhormonproduktion sind männlich. Die testikuläre Feminisierung wird meist erst im Jugendalter diagnostiziert, wenn bei solchen Personen die erste Regelblutung nicht eintritt und deswegen ein Arzt konsultiert wird. *Ursache:* Störung aller androgenabhängigen Organe und Gewebe, offenbar vererbbarer Defekt, durch den die männlichen Hormone weder zur Embryonalzeit noch im späteren Leben eine Wirkung auf die Entwicklung der Erfolgsorgane ausüben können. *Behandlung:* operative Längung der Vagina in oder nach der Pubertät, vor allem aber psychologisch fachgerechte Aufklärung der Ursache des Zustandes und Unfruchtbarkeit (Money, 1969, 31–33). Die Hauptgruppe des Pseudoh. masculinus besteht aus b) jenen *äußerlich zwittrigen,* zwischen männlichem und weiblichem ↗Phänotypus stehenden Fällen, die rein äußerlich meist nicht von weiblichen Scheinzwittern zu unterscheiden sind. Die eigentlichen *Ursachen* dieser Fehlbildungen sind im Einzelfall meist nicht zu klären. *Psychologische* und *psychopathologische* Probleme können hier gehäuft auftreten, weil 1) das äußere Genitale uneindeutig ist und bei ausgeprägterer Zwitterbildung dem Patienten selbst Zweifel an seiner eigentlichen Geschlechtsrollenzugehörigkeit kommen können, 2) bei spät diagnostizierten Fällen im Laufe der Pubertät sich Geschlechtsmerkmale entwickeln können (z. B. Brustentwicklung, Ausbleiben der sekundären männlichen Geschlechtsmerkmale), die mit der zugewiesenen und anerzogenen Geschlechtsrolle (z. B. männlich) nicht übereinstimmen, 3) bestimmte genitale Mißbildungen ein normales sexuelles Funktionieren verhindern (z. B. Versagen des Erektionsmechanismus) oder beeinträchtigen oder – wie bei der Hypospadia scrotalis – z. B. ein ge-

schlechtsspezifisches Urinieren unmöglich machen. Aus diesen und anderen Gründen, wird man beim Pseudo-H. masculinus – wie beim echten Hermaphroditen – in jedem Einzelfall ein individuelles *kombiniertes medizinisch-psychol. Behandlungsprogramm* aufstellen müssen, für das es einige prinzipielle Kriterien und Regeln gibt (Wilkins, 1965; Money, 1969; Wallis, 1967).

3. *Echte Hermaphroditen:* Hoden und Eierstöcke können in einem Organ vereinigt sein (= Ovotestes) oder getrennt voneinander liegen (= laterale Hermaphroditen) und beide volle funktionsfähige Reife erreichen (Spermienbildung/Ovulation und Menstruation). Die äußeren und inneren Genitalien sind sehr variationsreich: alle Übergangsformen vom männlichen bis zum weiblichen Typ (am häufigsten Mischform). Echte Hermaphroditen können genetisch männlich-weiblich oder männlich oder weiblich sein (Geschlechtschromosomen: XX oder XY bzw. XY/XO). *Ursache:* wahrscheinlich gestörte Kernteilung während der ganz frühen embryonalen Entwicklung. *Vorkommen:* relativ selten. In allen Fällen von H. ist die Frühdiagnose entscheidend, da von ihr die med., psychol. Maßnahmen und die adäquate Sexualerziehung abhängen. Entscheidend für die Geschlechtszuweisung eines Neugeborenen sollte die *anatomische* Beschaffenheit des *äußeren* Genitales sein, auch wenn Keimdrüsengeschlecht und genetisches Geschlecht nicht damit übereinstimmen. *Geschlechtsumwandlungen* sollten möglichst früh (vor dem 2. Lebensjahr) und nur dann, wenn kein eindeutiger Phänotypus vorliegt, vorgenommen werden. Bei Späterkennung eines H. nach dem 4. Lj. ist eine med.-psychol. Spezialbehandlung im Sinne von Wilkins (1965) und Money (1969) indiziert.

Lit.: Jores, A. & H. Nowakowski: Praktische Endokrinologie. Stuttgart, 1964; **Money, J.:** Körperlich-sexuelle Fehlentwicklungen. rororo-Sexologie Bd. 8010. Hamburg, 1969; **Voigt, K.-D. & H. Schmidt:** Sexualhormone, rororo-Sexologie Bd. 8004, Hamburg, 1968; **Wallis, H.:** Katamnestische Erhebungen bei Hermaphroditen. Jahrb. f. Psychiat., 1967, *5*, 104–111; **Wilkins, L.:** The diagnosis and treatment of endocrine disorders in childhood and adolescence. Springfield (Ill.), 1965.

H. Maisch

Hermeneutik. Unter der Annahme, daß die Philosophie und die Geisteswissenschaften Interpretationen der menschlichen Wirklichkeit sind, ist H. die kritische Theorie dieser Interpretationen. *D. Schulthess*

Heroin. Halbsynthetisches Morphinderivat *(Diamorphin)* mit stark analgesierender und euphorisierender Wirkung (↗Analgetika; ↗Rauschmittel). Bei chronischer Anwendung besteht Suchtgefahr im Sinne psychischer und physiol. Abhängigkeit. ↗Drogenabhängigkeit. *G. Erdmann*

Herstellungsverfahren ↗Psychophysik (Größenskalen).

Hertz. Einheit der Schwingungsfrequenz, Zahl der Schwingungen pro Sekunde, insbes. in der Elektrizitätslehre. *G. D. Wilson*

Herzfrequenz ↗Pulsfrequenz.

Herzneurose. Unpräziser Begriff für den mannigfaltigen Symptomkomplex einer ↗Organneurose mit oft anfallsartig auftretenden Herzbeschwerden, wie Herzschmerzen, Herzstechen, Herzklopfen, Druck- und Engegefühl in der Herzgegend und Angstgefühle. Objektiv nachweisbare Zeichen eines organischen Herzleidens sind dabei nicht vorhanden. Solche funktionellen Herzbeschwerden sind meist Folge verdrängter seelischer Konfliktsituationen. ↗Konversion. *H.-N. Genius*

Heterogamet, homogamet. ♂♂ und ♀♀ unterscheiden sich in ihrem Chromosomensatz, sie sind in bezug auf die Geschlechtschromosomen *homo-* oder *heterogametisch.* Oft, so auch beim Menschen und der Taufliege Drosophila, besitzt das weibliche Geschlecht XX und das männliche XY (heterogamet). Manche Schmetterlinge, Fische und Vögel haben heterogametische ♀♀ und homogametische ♂♂, außerdem gibt es den XO-Typ, so zum Beispiel bei Wanzen. Das Geschlecht wird aber nicht durch das Verhältnis von X: Y-Chromosomen, sondern durch die Zahl der Autosomensätze zur Zahl der X-Chromosomen festgelegt.

Lit.: **Bresch, C.:** Klassische und molekulare Genetik. Berlin – Göttingen – Heidelberg, [3]1972. *K. Fiedler*

Heterogene Varianz. Mit h. V. ist gemeint, daß die Varianzen zweier oder mehrerer Stichprobenverteilungen derart verschieden sind, daß sie höchstwahrscheinlich nicht aus *derselben Grundgesamtheit* stammen. Die ↗Signifikanz der Varianzheterogenität wird mittels des Varianzverhältnisses (↗F-Wert), das bei Zufallsauswahl der ↗F-Verteilung folgt, geprüft.

Für einige parametrische Prüfverfahren sind homogene, d. h. nicht signifikant abweichende Stichprobenvarianzen vorausgesetzt, z. B. bei der ↗Varianzanalyse. *W. H. Butollo*

Heterohypnose, *Fremdhypnose* – im Wortgebrauch meist nur mit *Hypnose* bezeichnet –. Eine durch suggestive Beeinflussung einer anderen Person (Hypnotiseur) bei einem Hypnotisierten erzeugte ↗Hypnose (Ggs.: ↗Autohypnose = Selbsthypnose, eine durch ↗Autosuggestion hervorgerufene Hypnose). *H.-N. Genius*

Heterosensoriell, aus anderem Sinnesgebiet; Ggs.: *homosensoriell* = aus dem gleichen Sinnesgebiet. *H. Wagenknecht*

Heterosexuell. 1) Sexuelle Beziehungen mit Individuen des jeweils anderen Geschlechts. – 2) Ein Individuum, dem das jeweils *andere* Geschlecht sexuell attraktiv ist. – In beiden Fällen kann offenes Sexualverhalten beteiligt sein oder nicht; das Gegenteil ist *homosexuell.* ↗Homosexualität; ↗Sexualität. *G. D. Wilson*

Heterostereotyp, Autostereotyp. In Anlehnung an den entsprechenden Begriff der Druck- bzw. Vervielfältigungstechnik bezeichnet ↗*Stereotyp* eine relativ starre, änderungsresistente und meist vereinfachte Sichtweise von Personen oder Gruppen *Heterostereotype* sind derartige Wahrnehmungen fremder Personen oder ↗Gruppen; *Autostereotype* beschreiben das Bild einer Person von sich selbst oder einer Bezugs- und/oder Mitgliedschaftsgruppe. Beispiele: Heterostereotyp „geizige Schotten"; Autostereotyp „sich aufopfernder Wissenschaftler".

Lit.: **Bergius, R.:** Vorurteilsforschung in der Psychologie. In: Überwindung von Vorurteilen, hrsg. von Friedrich-Ebert-Stiftung. Köln, 1960; **Sodhi, K. J.:** Urteilsbildung im sozialen Kraftfeld. Göttingen, 1953. *H. D. Schmidt*

Heterozygot. In einer ↗diploiden Zelle können die beiden für ein Merkmal vorhandenen Gene (↗Allele) identisch sein, also gleiche Merkmalsausprägung bedingen, oder sie können verschieden sein, also eine verschiedene Merkmalsausprägung bewirken. Im ersten Fall bezeichnet man die Zelle bzw. den Organismus als *homozygot* in bezug auf das betreffende Merkmal, im zweiten Fall als *heterozygot.* Bei h. Organismen hängt die Merkmalsausprägung davon ab, ob die Vererbung des Merkmals ↗dominant-rezessiv oder intermediär erfolgt. *H. Schmalfuß*

Heuristik. Das Wort stammt vom altgriechischen εὑρίσκειν (heuriskein = finden) und hat zwei Hauptbedeutungen: 1. Die Lehre vom Auffinden geeigneter Lösungen in den verschiedensten Wissensgebieten, insbesondere aber in der Mathematik. Begründet wurde sie bereits in der Antike durch Pappus; hervorragende Vertreter in der Neuzeit sind u. a. Leibniz, Bolzano und Polya (s. d. Polya, 1957). 2. Einzelne Regeln zum Herbeiführen einer Lösung in komplexen Denkbereichen, welche den Suchbereich drastisch einschränken, ohne jedoch eine Lösung mit Sicherheit (wie z. B. bei Algorithmen) zu garantieren (Newell, Shaw & Simon, 1958). Hierzu geben Newell & Simon (1972, S. 101 ff) einen allgemeinen Algorithmus der heuristischen Suche, bestehend aus den folgenden neun Schritten an: 1) Setze ein Anfangselement (AE) ein in die Liste der noch nicht ausprobierten Probleme (LNP), 2) Wähle ein Element von LNP und speichere es als momentanes Element (ME), falls Mißerfolg STOP, 3) Wähle einen Operator (O) für ME, falls Mißerfolge, gehe auf 2, 4) Wende O auf ME an und speichere das dadurch erhaltene neue Element NE, falls Mißerfolg gehe auf 3, 5) Prüfe NE, ob Lösung, falls ja, gehe auf 9, 6) Evaluiere NE, falls unbrauchbar gehe auf 8, 7) Setze NE ein in LNP, 8) Entscheide nächsten Schritt..., je nachdem gehe auf 2 oder 3, 9) Rekonstruiere

Suchpfad von AE zu NE, Erfolg STOP. Dieser Suchalgorithmus kann als eine automatentheoretisch implementierte Version einer ↗Hypothesentheorie des Denkens betrachtet werden.

Ein anderes Beispiel einer Heuristik bei Newell & Simon stellt die Mittel-Zweck-Analyse dar, welche den Hauptbestandteil ihres Simulationsprogramms GPS (= General Problem Solver) bildet, bestehend aus folgenden Teilen: a) Problemzustandstransformation, b) Differenzenreduktion, c) Operatorenanwendung.

Wickelgren (1974) zählt – ausgehend von Polya und Newell & Simon – folgende sieben Heuristiken auf: 1) Inferenzen bilden, 2) Klassifikation von Aktionssequenzen, 3) Bewertung des Problemzustandes und „Hügel steigen", 4) Teilzielbildung, 5) Widerspruchsmethode, 6) Rückwärts arbeiten, 7) Beziehungen zwischen isomorphen Aufgaben suchen.

Lit.: Newell, A. & H. A. Simon: Human problem solving. Englewood Cliffs (N.J.), 1972; **Polya, G.:** Schule des Denkens. Bern, 1957; **Wickelgren, W. A.:** How to solve problems. San Francisco, 1974.

R. Groner

Hexis. Ein von Guilford (1959) in seinem hierarchischen Modell der Persönlichkeitsstruktur gebrauchter Ausdruck für die unterste Gewohnheitsebene. H. bezeichnet eine konstante Disposition, die bewirkt, daß sich ein Individuum in einem bestimmten Bereich von Situationen ähnlich verhält.

Lit.: Guilford, J. P.: Personality. New York, 1959 (dt.: Persönlichkeit. Weinheim, [6]1974).

G. Kaulfush

Heymans Gesetz. Die auf psychophysische Befunde gestützte Behauptung, daß Bewußtseinsinhalte oder deren somatische Korrelate einander wechselseitig proportional ihrer eigenen Intensität hemmen. Als ein Vorläufer des Begriffs der lateralen Inhibition betraf dieses Konzept Themenbereiche wie das Auflösungsvermögen für Reizunterschiede, Kontrasterscheinungen und intermodale Wechselwirkungen, die heute Gegenstand von Adaptions- und Signalerfassungstheorien sind.

Lit.: Heymans, G.: Untersuchungen über psychische Hemmung. Z. f. Psychol., 1899, *21*, 321–359.

A. Vukovich

Hierarchie. 1) *Allg.:* Anordnung von Elementen (z. B. Personen, Dingen, Begriffen, Konstrukten) in einer Rangordnung, so daß jeder Rang dem nächsthöheren untergeordnet ist. Die Unterordnung kann nach den verschiedensten Gesichtspunkten erfolgen (z. B. Allgemeinheitsgrad, Abstraktionsniveau, Dominanz), muß aber innerhalb eines hierarchischen Systems gleich bleiben.

2) *In der Persönlichkeitspsychol.* gibt es verschiedene Versuche, ↗Persönlichkeit als hierarchisches System von z. B. ↗Motiven oder ↗Eigenschaften zu beschreiben. In der faktorenanalytischen Persönlichkeitsforschung stellt die Unterscheidung von Faktoren erster, zweiter und höherer Ordnung ein hierarchisches Modell der Persönlichkeit dar.

D. Bartussek

3) *Zentrenhierarchie, Stimmungshierarchie.* Verhaltensstrukturen beruhen auf zentralen Koordinationsmechanismen von unterschiedlichem Integrationsgrad, deren höchste Niveaus Tinbergen als ↗*Instinkte* bezeichnet. Jeder Instinkt beeinflußt die mot. ↗Einheiten und konkurriert mit verschiedenen anderen um diese. Tinbergen (1951) ordnet in der *Zentrenhierarchie* Zentren verschiedener Ordnung vom übergeordneten Hauptinstinkt bis zur Endhandlung linear an. Die Zentren sind, das höchste ausgenommen, meist blockiert, die niederen werden durch höhere aufgeladen und müssen durch Schlüsselreize enthemmt werden. In der *Stimmungshierarchie* von Baerends beeinflussen Stimmungen verschiedener Ordnung das Andauern bestimmter Spektren von Verhaltensweisen. Eine bestimmte Reizsituation löst nicht stets dasselbe Verhalten aus, vielmehr ist die jeweilige Stimmung entscheidend. Die *relative* Stimmungshierarchie von Leyhausen (1965) kennt keine lineare Rangordnung von Stimmungen. Hier ist die Appetenz zur Endhandlung der beherrschende Faktor und nicht das letzte Glied der Kette. So verfügen Katzen nicht über einen einheitlichen „Beutefangtrieb", sondern über aktionsspezifische Erregungen für Lauern,

Schleichen, Packen, Töten usw. Jede Teilhandlung kann zur angestrebten Endhandlung werden und die anderen unterdrücken.

Lit.: Baerends, G. P.: Fortpflanzungsverhalten und Orientierung der Grabwespe Ammophila campestris. Jur. Tijdschr. Entom., 1941, *84*, 71–275; **Leyhausen, P.:** Über die Funktion der relativen Stimmungshierarchie. Z. Tierpsychol., 1965, *22*, 412–494; **Tinbergen, N.:** The study of instinct. Oxford, 1951.

K. Fiedler

4) *Betriebliche H.* Historisch bedingte Autoritätsform mit mehrstufiger Kompentenzverteilung u. streng abgegrenzter, dauerhafter Über- und Unterordnung. Es ist umstritten, inwieweit als Folge des technischen Fortschritts (Automation) Tendenzen in Richtung einer Enthierarchisierung bestehen und wie weit eine Annäherung an zirkuläre (demokratische) Autoritätsstrukturen erfolgen kann.

Lit.: Mayntz, R. (Hrsg.): Bürokratische Organisation. Köln – Berlin, 1968.

C. Brinkmann

Hierarchische Gruppenanalyse. Sammelname für numerische Klassifikationsverfahren, deren Gemeinsamkeit darin besteht, Objekte nach bestimmten Prinzipien optimal in möglichst homogene Gruppen aufzuteilen, wobei eine Hierarchie von Klassen entsteht, welche in der Weise voneinander abhängig sind, daß die Klassen der Partition der k-ten Stufe aus den Klassen der Partition auf der Stufe $k-1$ gebildet werden. Zu den leistungsfähigsten Prozeduren gehört das Verfahren von Ward.

Lit.: Vogel, F.: Probleme und Verfahren der numerischen Klassifikation. Göttingen, 1975.

G. Eberle & K.-L. Holtz

Hierarchische Theorie der Fertigkeiten (H.). Die H. ist eine faktorenanalytische Modellvorstellung, die auf Spearmans Methode der *„Tetradendifferenzen“* zurückgeht. Danach ist für alle ↗Intelligenztests ein *gemeinsamer* Faktor (↗g-Faktor) und ein *testspezifischer* Faktor charakteristisch. Die Vorstellung des Aufbaues von Fertigkeiten („Fähigkeiten“) von allgemeinen zu immer spezifischeren Faktoren wird H. genannt.

Diese von der sog. „Englischen Schule“ nach wie vor vertretenen Vorstellung wurde insofern modifiziert, als man annimmt, daß nach der Extraktion des Generalfaktors noch weitere gemeinsame Faktoren vorgefunden werden können.

Eine „Hierarchie“ im Sinne Spearmans liegt vor, wenn für alle *n* Variablen sämtliche Tetradendifferenzen nichtdiagonaler Korrelationen Null sind. ↗Faktorenanalyse. *W. H. Butollo*

Hilfs-Ich. Im ↗Psychodrama ein Mitspieler, der dem „Ich“, d. h. dem Patienten, dessen Konflikte dramatisch veranschaulicht werden, beispringt. Auf diese Weise lernt der psychisch Kranke Möglichkeiten der rationalen Bewältigung von Konflikten kennen, die er später selbst realisieren kann. Als H. fungiert entweder der Psychotherapeut selbst oder einer seiner speziell geschulten Helfer.

W. Schmidbauer

Hillebrandsche Allee. Eine expt. Technik zur Untersuchung eines Aspektes dreidimensionaler ↗Raumwahrnehmung. Parallele Linien, z. B. Eisenbahnschienen, scheinen in der Ferne zusammenzulaufen. F. Hillebrand konstruierte eine Anordnung von zwei Reihen hängender Fäden und ließ diese von Vpn justieren, bis beide Reihen in ihrem gesamten Verlauf parallel erschienen. So konnte er die Abweichung von wirklicher Parallelität messen und einige der Eigenschaften des subj. Raumes gegenüber dem obj. entdecken.

C. D. Frith

Hinderniskasten ↗Obstruction Box.

Hinterhauptlappen ↗Gehirn; ↗Okzipital; ↗Lokalisation.

Hinweisreiz. 1) Teilreiz, der die Identifizierung einer komplexen Reizkonfiguration erleichtert, z.B. Positionslichter von Fahrzeugen. 2) Reiz, der durch seine gehäufte Verbindung mit spezifischen Auslöserreizen Bekräftigungsmöglichkeiten signalisiert, z. B. Voranzeige von Raststätten, Auslöser von Appetenzverhalten. *A. Vukovich*

Hippokampus (Ammonshorn) ist ein Teil des Schläfenlappens, gehört zum Endhirn (↗Cerebrum) und bildet die mediale Wand des Unterhorns des Seitenventrikels. *E. David*

Hippokratische Typen, irrtümlich den Hippokratikern zugeschriebene, tatsächlich aber erst im Laufe des Mittelalters beschriebene vier ↗Temperamente. *W. Kretschmer*

Hirn. Das *Hirn* (↗Encephalon) besteht aus End-, Zwischen-, Mittel-, Hinter- und Nachhirn. Die 12 *Hirnnervenpaare* (Nn. craniales) kommen aus dem Encephalon und ziehen durch die Schädelbasis zum Kopf und zum Teil in andere Körpergebiete. Das Corpus pineale *(Zirbeldrüse)* ist ein Fortsatz am Zwischenhirn. Der ↗Cortex cerebri (Großhirnrinde) besteht aus *grauer* Substanz und enthält hauptsächlich Nervenzellkörper. Unter *Hirnstamm* verstehen wir Zwischen-, Mittel-, Nachhirn und Brücke. ↗Gehirn.

Lit.: Sidman, R. L., Sidman, M. & G. Arnold: Neuroanatomie, ein Lehrbuch in programmierter Form. Berlin – Heidelberg – New York, 1971. *G. Arnold*

Hirnanhangdrüse ↗Hypophyse.

Hirnläsionen, Hirnschädigungen ohne nähere Aussage bezüglich Lokalisation und klinischer Symptomatik; üblicherweise werden unter H. frühkindliche und auch posttraumatische Schäden verstanden.

Hirnorganische Schädigungen, alle Einwirkungen, die zu einer organischen Schädigung des ↗Gehirns und zu einer daraus resultierenden reversiblen oder irreversiblen Minderung der geistigen Leistungsfähigkeit und der vom ZNS gesteuerten Funktionstüchtigkeit führen. Einwirkung z. B. durch traumatische Gehirnverletzung infolge stumpfer (Gehirnerschütterung, Schädelbruch) oder scharfer Gewalt (Stoß, Stich), durch Gehirngeschwulst, Hirnhautentzündung, alters-, krankheits- oder erbbedingte degenerative Prozesse, durch Krampfanfälle, durch pränatale und perinatale Schädigungen (↗Encephalopathie), durch Krankheiten, die sekundär das Gehirn in Mitleidenschaft ziehen (Infektionen, Intoxikationen, Stoffwechselstörungen der Ganglienzellen bei allg. Stoffwechselstörung, Syphilis u. a.). Die Beeinträchtigung der geistigen Leistungsfähigkeit geht zumeist einher mit Konzentrations- und Merkschwäche, Denkverlangsamung, rascher Ermüdbarkeit und psychischer Labilität; die Symptome werden durch Hitze, Alkohol, ↗Nikotin und andere Belastungen und Noxen verstärkt. ↗Geistige Behinderung; ↗Gehirnpathologie.

F.-C. Schubert

Hirnreizung, elektrische Auslösung von Verhaltensweisen bei frei beweglichen Tieren über ins Gehirn implantierte Mikroelektroden. Sehr aufschlußreich ist die Methode der Selbstreizung, wobei das Vt nach Belieben einen Kontakt betätigt. Indifferente Reizstellen wurden ca. 25mal, positive mit Belohnungseffekt 200- bis 7000mal pro Stunde gereizt, wobei sogar Suchterscheinungen auftraten. Die Lage der Elektrodenspitze wird mittels Mikroelektrolyse, Elektrokoagulation und Berliner-Blau-Reaktion markiert, histologisch lokalisiert und in Hirnkarten eingetragen.

Lit.: Olds, J. & M. E. Olds: The mechanisms of voluntary behavior. In: **R. G. Heath** (Ed.): The role of pleasure in behavior. New York, 1964, 23–53. *K. Fiedler*

Hirnrinde ↗Cortex cerebri.

Hirnsklerosesyndrom, diffuses (Syndrom der diffusen Hirnsklerose, diffuse Sklerose, Gruppe der Leukodystrophien). Sammelbegriff für eine Gruppe von seltenen, vorwiegend im frühen Kindesalter auftretenden *Entmarkungsprozessen* des Großhirns. Man rechnet das Leiden (das in relativ kurzer Zeit zum Tode führt) zu den erblich bedingten Stoffwechselstörungen mit Gewebsuntergang (heredo-degenerative Krankheiten). Drei *Hauptsymptome* sind allen Formen des d. H. gemeinsam: doppelseitige spastische Lähmung (↗Spasmus), doppelseitige Blindheit (durch Opticusatrophie) und ↗Demenz.

C. Scharfetter

Hirsutismus, abnorme Körperbehaarung bei Frauen (Extremitäten-, Bauch-, Brustbehaarung, Bartwuchs). Ursachen verschieden: 1) vermehrte, krankheitsbedingte Produktion männlicher Sexualhormone der Nebennierenrinde (z. B. adrenogenitales Syndrom des weiblichen Hermaphroditismus oder Cushing-Syndrom) oder Defekt der Eierstöcke (z. B. Stein-Leventhal-Syndrom); 2) nicht krankheitsbedingte Überproduktion männlicher Sexualhormone (↗Androgene) in Nebennieren oder Eierstöcken; auch idiopathischer oder „gewöhnlicher" H. genannt. Psychische Störungen (Akzeptationskomplex, Geschlechtsrollenunsicherheit) fast immer nachweisbar, meist im Anschluß an Ausbildung der Behaarungsanomalie, selten davor. Vorkommen: 3 bis 4%.

Lit.: Zerssen, D. v., Meyer, A. E. & D. Ahrens: Klinische, biochem. und psychol. Untersuchungen an Patienten mit gewöhnlichem Hirsutismus. Dt. Arch. klin. Med., 1960, *206*, 234.

H. Maisch

Histamin, Neurohormon bzw. Gewebshormon, ↗Hormone.

Histogramm ↗Blockdiagramm.

Historiometrie. Methode zur Erforschung der Art und Entwicklung auffallender Individuen oder bestimmter Gruppen, vor allem angewandt in der ↗Hochbegabtenforschung. Anhand sämtlicher verfügbarer Quellen wird versucht, auf einheitlichen Skalen zu Schätzungen bestimmter Eigenschaften des Individuums zu gelangen, z. B. wird der IQ geschätzt aufgrund vorliegender Daten über Lesebeginn, Briefe, Arbeiten, frühe Interesserichtungen u. a.

B. Heinze

Historische Psychologie. Für diese Schule sind Forschungsgegenstände der Psychol. (Gründer: J. H. van den Berg) nur aus ihrer Geschichte erkennbar, da sie sich im Laufe der Zeit ausbilden. Dies gilt vor allem für höhere geistige Prozesse (Bedürfnisse, Willen, Operationen des Intellekts, Persönlichkeit). Diese Auffassung führte zum Studium der „Mentalitäten" (L. Febvre) und kürzlich zur Erforschung der Archäologie des Wissens (M. Foucauld).

P. Muller

Hochbegabtenforschung. Die Erforschung der Ursachen und Bedingungsfaktoren sowie der Verbreitung und Erscheinungsformen intellektueller Hochbegabung (↗Genie). Untersuchungen von L. M. Terman zur Entwicklung von Hochbegabten haben gezeigt, daß diese z. B. auch emotional stabiler (weniger neurotisch) sind. Die von Lange-Eichbaum (1928) vertretene Theorie, daß Genialität mit mangelhafter emotionaler und sozialer Anpassung einhergeht, muß danach als widerlegt gelten. Familienuntersuchungen haben gezeigt, daß Hochbegabung familiär gehäuft auftritt; dafür dürften sowohl genetische Faktoren als auch (und vor allem) Faktoren der familiären Milieuwirkung verantwortlich sein. Auf der qualitativen Seite (z. B. in der Frage, welche Faktoren des Denkverlaufs und der Lösungsstrategie die schöpferischen Leistungen des Genialen ermöglichen) steht die H. noch in den Anfängen.

Lit.: Anastasi, A.: Differentielle Psychologie. Weinheim, 1976; **Lange-Eichbaum, W.:** Genie, Irrsinn und Ruhm. München, 1928.

K. Pawlik

Hochschuleingangstest. Der H. ist im § 33 (3) Hochschulrahmengesetz neben praktischer Tätigkeit als eine Alternative von denkbaren Selektionsinstrumenten für die Vergabe von Studienplätzen in Fächern mit einem besonderen Bewerberüberhang ausdrücklich vorgesehen. Den Bestimmungen zufolge soll dabei „dem Bewerber insbesondere Gelegenheit (gegeben werden), in den bisherigen Beschlüssen nicht ausgewiesene Fähigkeiten und Kenntnisse nachzuweisen, die für den Studienerfolg von Bedeutung sein können". Durch Beschluß des Bundesverfassungsgerichts kommt als Validierung hauptsächlich ein längsschnittliches Verfahren in Betracht; aus diesem Grunde und weil eine Ernstfallerprobung noch aussteht, ist eine abschließende Beurteilung der Vor- und Zwischenformen für einen Test der Bewerber um einen Medizin- und Studienplatz, wie sie von Michel und Trost erarbeitet wurden, noch nicht möglich. Angloamerikanischen Untersuchungen zufolge ist eine Übereinstimmung mit Benotungen des Studienerfolges in der Höhe von r = .34 bis .40 zu erwarten.

Lit.: Michel, L.: Hochschuleingangstest für das Studienfeld Medizin. Bonn, 1977; **Ständige Konferenz der Kultusmini-**

ster der Länder in der Bundesrepublik Deutschland (Hrsg.): Dokumentation über die bisherige Testentwicklung in den medizinischen Fächern. Bonn, 1978. *M. Amelang*

Hof-Effekt ↗Halo-Effekt.

Hoffnung. Die H. beschreibt die Erwartung eines erwünschten oder das Ausbleiben eines unerwünschten Ausganges zukünftiger Ereignisse. Sie ist auf Vorgänge bezogen, die noch nicht abgeschlossen sind, und erfaßt die Ausgänge wertende Zukunftserwartung (Bewertung). Durch die Vorwegnahme zukünftiger Ereignisse leitet sie auch das Verhalten an (Motiv). Menschen lassen sich danach unterscheiden, ob sie vorwiegend positive Ausgänge erwarten oder negative befürchten (Persönlichkeitsmerkmal). In der Psychologie ist die H. vor allem im Rahmen der Leistungsmotivation untersucht worden. *E. H. Witte*

Höflersche Täuschung. Diese Täuschung demonstriert die Störung der Wahrnehmung gerader Linien, wenn sie einen Bereich strahlen-

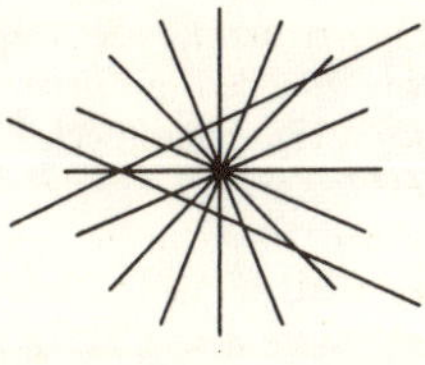

förmig verlaufender Linien kreuzen (s. Abb.). Die H. T. ist im Prinzip mit der ↗Heringschen Täuschung identisch. *C. D. Frith*

Höflichkeit. Eine zwischenmenschliche Verhaltensweise, die durch Beachtung von althergebrachten Spielregeln und symbolischen Handlungen eine Voraussetzung für das reibungslose Zusammenleben von Menschen und Menschengruppen darstellt. Sie kann rein formaler Natur sein, sich im Gebrauch herkömmlicher Stilformen bewegen; sie kann aber auch wesentlicher Art sein, d. h. von Gesinnungsinhalten getragen werden; Motive für diesen Fall sind z. B. Rücksichtnahme, Herzensgüte, Liebe zu den Menschen.

Wenn gegen die H. verstoßen wird, kommt es zwangsläufig zu zwischenmenschlichen Schwierigkeiten und Krisen. H. und Terror schließen sich einander als differente Eigenschaften aus; Terror kann äußerlich durch H. eingeleitet und bis zu einem gewissen Grade und für beschränkte Zeit verdeckt werden. ↗Darstellung.

Lit.: Guardini, R.: Tugenden. Meditationen über Gestalten sittlichen Lebens. Würzburg, 1963; **Kerbs, D. u. a.:** Das Ende der Höflichkeit. Für eine Revision der Anstandserziehung. München, [2]1972. *W. Arnold*

Holismus. Lehre von J. C. Smuts, nach welcher das Ganze an sich (und vor allem das Lebewesen) über spezifische, von den Einzelteilen verschiedene Eigenschaften verfügt (Entelechie). Der H. integriert sich in die dem Mutationismus (H. de Vries) verbundene biol. Forschung, die die ↗Evolution als Folge diskontinuierlicher, auf plötzliche Restrukturierung zurückzuführende Variation betrachtet. In dieser Perspektive ist die Ursache der Evolution in inneren Eigenschaften des als Struktur aufgefaßten Organismus und in einem der lebendigen Materie (im Ggs. zu chem.-physik. Eigenschaften) eigenen Organisationsprinzip zu finden. Diese theoretischen Auffassungen können mit denjenigen der Gestaltpsychol. in Beziehung gebracht werden. ↗Ganzheit – Gestalt – Struktur.

Lit.: Smuts, J. C.: Holism and evolution. London, 1926.
M. J. Borel

Holmgrensches Verfahren. Es handelt sich um eine Methode zur Feststellung von Anomalien des Farbensehens (↗Farbenfehlsichtigkeit), die darin besteht, Fäden gefärbter Wolle zu klassifizieren. ↗Monochromatopsie und Dichromatopsie. *G. Kanizsa*

Holophrase, Bezeichnung von Einwortäußerungen, die im 2. Lebensjahr auftreten und für eine unterschiedlich lange Periode angeblich die einzigen kindlichen Sprachprodukte sind. Das Phänomen selbst wird durch neuere Beobachtungen in Frage gestellt: Kinder produzieren neben eigentlichen Einwortäußerungen auch Wortreihen und mehrgliedrige Äußerungen. Theoretisch impliziert die Bezeichnung, daß es sich bei Einwortäußerungen um Sätze oder Teile von Sätzen und nicht um z. B. der Bezeichnung dienende Labels handelt. Für das grammatische Wissen, das dem Kind durch eine Holophrase-Theorie zugeschrieben wird, gibt es keine eindeutigen Belege. Wenn man dagegen Einwortäußerungen als Sätze betrachtet, weil Bezugspersonen sie als vollständige Äußerungen interpretieren, wird die Hypostasierung von kindlichem Wissen um das grammatische Konzept SATZ vermieden.

Lit.: Bloom, L.: One word at a time: the use of single word utterances before syntax. The Hague, 1975; **Brown, R.:** A first language; the early stages. London, 1973; **Dore, J.:** Holophrases, speech acts and language universals. Jour. Child Language, 1975, 2, 21–40.

M.-L. Käsermann

Holtzmann-Inkblot-Technique. Modifikation des ↗Rorschachtests.

Homoerotik ↗Homosexualität.

Homogamet ↗Heterogamet.

Homogen. Die Bezeichnung „homogen" wird in der ↗Statistik durchaus dem allg. Sprachgebrauch entsprechend verwendet. *Weitere Bedeutungen:* Haben zwei Stichprobenverteilungen etwa gleiche ↗Statistiken (sie stammen aus derselben Population), so gelten sie als „homogen" (z. B. hinsichtlich ihrer Mittelwerte, ihrer Varianz).

In der ↗Testtheorie werden Testaufgaben eines Subtests als h. bezeichnet, die (1) relativ zu ↗Items anderer Subtests untereinander hohe Korrelationen (Interkorrelationen) aufweisen und (oder) (2) ihre relative Position zu den übrigen Items hinsichtlich ihrer Lösungswahrscheinlichkeit („Itemschwierigkeit") bei Konfrontation mit unterschiedlicher Ausprägung desselben Merkmales (graduelle Unterschiede) beibehalten.

Lit.: Fischer, G. H.: Psychologische Testtheorie. Bern, 1968; **Magnusson, D.:** Testtheorie. Wien, 1969.

W. H. Butollo

Homogene Varianz ↗heterogene Varianz.

Homogenität, Homogenitätsindex. *Allg. Bedeutung:* Gleichartigkeit. Der Begriff wird in der Psychol. hauptsächlich zur Kennzeichnung von Personenstichproben und von Testverfahren verwendet (↗Homogen). Man spricht bei einem Test von H., wenn er nur eine einzige, eng umschriebene Persönlichkeitsdimension erfaßt. Der *Homogenitätsindex* (z. B. der von Loevinger, 1947) bestimmt diesen Sachverhalt quantitativ nach der Art eines ↗Korrelationskoeffizienten.

Lit.: Lienert, G. A.: Testaufbau und Testanalyse. Weinheim – Berlin – Basel, [3]1969; **Loevinger, J.:** A systematic approach to the construction and evaluation of tests of ability. Psychol. Monogr., 1947, *64*, 285.

P. Steck

Homologie. Verhaltensweisen lassen sich ebenso wie Organe homologisieren, d. h. von gemeinsamen Stammformen ableiten (K. Lorenz). A. Remane stellte die H.kriterien für morphologische Strukturen zusammen. Nach G. P. Baerends sind solche Verhaltenselemente homolog, die das *gleiche neuromuskuläre Muster* besitzen, auch wenn sich die ihnen übergeordnete Motivation verändert haben sollte. Verhaltensweisen sind Zeitgestalten und als solche desto sicherer homolog (identisch), je mehr Sondermerkmale sie gemeinsam haben *(Kriterium der speziellen Qualität)* und je mehr sie in der Handlungsabfolge übereinstimmen *(Kriterium der Lage im Gefügesystem).* Man muß zwischen Erb-H. und Traditions-H. unterscheiden (Wickler, 1967).

Lit.: Wickler, W.: Vergleichende Verhaltensforschung und Phylogenetik. In: **G. Heberer** (Hrsg.): Die Evolution der Organismen, 1967, *1*, 420–508.

K. Fiedler

Homonymie ↗Mehrdeutigkeit.

Homöostase. Der Begriff H. wurde von dem amerik. Physiologen Cannon (1932) geprägt, der damit die Gesamtheit der Wirkungen kennzeichnete, die für die (relative) *Konstanthaltung* bestimmter physiol. Größen (z. B. Körpertemperatur, Blutzuckergehalt) verantwortlich ist. Cannon unterschied verschiedene hierarchische homöostatische Niveaus: Reflex- und Instinktverhalten, erworbene Gewohnheiten und Anpassungen und schließlich Willenshandlungen, die in den Dienst des selbstregelnden Systems treten, das sich zu einem *„Fließgleichgewicht“* einregelt (Bertalanffy, 1968). Durch diese Begriffsausweitung wurde der Schritt von der Untersuchung des organischen Bedarfs (Abweichung eines physiol. Ist- von einem Sollwert) zur exp. Analyse von psychol. Bedürfnissen im Rahmen einer Motivations- und Handlungspsychol. möglich (Thomae, 1965).

In der ↗Allg. Psychol. wurden Probleme der Selbstregulation weitgehend unabhängig vom Cannonschen Ansatz von seiten der Gestalttheoretiker untersucht (Lit. vgl. Metzger, 1963).

Innerhalb der Kybernetik unterscheidet man zwei Formen von H. (Ashby, 1952). Im einfacheren Falle enthält das organische System ↗Regelkreise. Daneben gibt es komplexe organische Systeme, deren Mechanismen es gestatten, von Zuständen, innerhalb deren der *Sollwert* nicht mehr erreicht werden kann, auf andere Zustände überzugehen, bis die *Stabilität* der betreffenden physiologischen Größen wieder gesichert werden kann („Ultrastabilität“). Ein technisches Modell dieser Form von H. ist der *Homöostat,* dessen Rückkopplungssysteme jede, auch sehr geringe Abweichung der Ist- von den Sollwerten ausgleichen.

Lit.: Ashby, W. R.: Design for a brain. London, 1952; **Bertalanffy, L. v.:** General system theory. New York, 1968; **Cannon, W. B.:** The wisdom of the body. New York, 1932, [2]1939; **Metzger, W.:** Psychologie. Darmstadt, [3]1963; **Thomae, H.** (Hrsg.): Hdb. d. Psychol. Bd. 1/2, Göttingen, 1965; **ders.:** Die Bedeutungen des Motivationsbegriffes. In: Hdb. d. Psychol. Bd. 1, 3–44; **ders. & H. Feger:** Hauptströmungen in der neueren Psychol. Frankfurt a. M., 1970.

D. Vormfelde

Homophonie ist die gleiche phonetische Struktur der Zeichenform von zwei oder mehr Bedeutungen (z. B. Mahl – Mal). H. ist innerhalb eines Sprachsystems die Ausnahme. Sie erschwert die Kommunikation. H. ist möglich, weil die Sprache redundant ist.

J. Engelkamp

Homoscedastizität ↗Varianzhomogenität.

Homosensorielle Reproduktion. Ein von T. Ziehen vorgeschlagener Begriff für die Beschreibung der Reproduktion aus dem gleichen Sinnesbereich, der ursprünglich das Material aufnahm; Ggs.: *heterosensorielle Reproduktion.*

D. D. Frith

Homosexualität, sexuelle Anziehung durch und sexuelle Betätigung mit Personen des eigenen Geschlechts; im engeren Sinne: dauernde bevorzugte sexuelle Anziehung . . . usw. (= „echte H.“).

Einstellung (Haltung) gegenüber Homosexualität. In westlichen Gesellschaften sozial ablehnend, in schriftlosen Stammeskulturen überwiegend akzeptiert (64 % nach Ford und Beach, 1968); männliche H. unter Erwachsenen (= „einfache H.“) nur noch in einer Länderminderheit der Welt strafbar, vorwiegend ideologisch begründet. In der internationalen wissenschaftlichen Diskussion sind Anhänger der Freigabe der *„einfachen H.“* seit langem eindeutig in der Majorität.

Vorkommen. In den USA haben ca. 4 % der erwachsenen weißen Männer *ausschließlich* homosexuelle Kontakte, ca. 37 % hatten nach der Pubertät *mindestens eine* homosexuelle Beziehung, die zum Orgasmus führte; bei Frauen sehr viel seltener (Kinsey, 1964/1965). Im Jugendalter sind vorübergehende homosexuelle Kontakte unter Männern weit verbreitet (= *„Entwicklungs-* oder *Gelegenheits-H.“*). Bisher keine empirischen Hinweise für Zunahme der H. in den letzten Jahrzehnten (vgl. Kinsey).

Bildungs- und Sozialschicht: Nach bisherigen Untersuchungen in den USA, der ČSSR und der BRD Konzentration der männlichen H. auf mittlere bis gehoben mittlere soziale *Bildungs*schicht; hinsichtlich sozialer *Berufs*schicht dominiert in den USA die soziale Unterschicht, in Europa offensichtlich das soziale Mittelfeld (Giese, 1967).

Psychol.-psychopathologisch. Während sich bei einigen Untersuchungen homosexueller Männer keine neurotischen Symptome (E. Hooker, 1957; R. B. Dean, H. Richardson, 1964) nachweisen ließen, registrierten andere leichte bis erhebliche neurotische Reaktionen in Form von schizoiden und psychasthenischen Charakterzügen, Mißtrauenshaltungen, hypochondrischen, depressiven und hysterieformen Reaktionen sowie Ähnlichkeiten mit neurotischen Testprofilen im Sinne von besonders emotional labil, empfindsam, abhängigkeitsbedürftig, ängstlich-unsicher (W. T. Doidge & W. H. Holtzman, 1960; R. B. Cattell, J. H. Morony, 1962). Insgesamt: Bei vielen homosexuellen Gruppen, insbesondere Intelligenten und „Bisexuellen", findet sich keine auffällige Häufung neurotischer Fehlanpassungen (Übersicht: Schmidt, 1968).

Sozialpsychologisch. Nur Minderheit (weniger als 5%) der Homosexuellen identifiziert sich mit unfreundlichem Bild, das Umwelt sich vom homosexuellen Mann macht (weich, triebhaft, schwach, gefühlvoll, modern, leise, unausgeglichen, unsympathisch, krank, verschwommen, ekelhaft). Die Mehrheit hat ein positives Selbstverständnis, das sich vom Selbstbild des heterosexuellen Mannes unterscheidet (V. Sigusch, G. Schmidt, 1967); obgleich diese Befunde keiner repräsentativen Untersuchung homosexueller Männer entstammen, legen sie den Schluß nahe, daß Identität und Selbstakzeptierung vieler homosexueller Männer in geringerem Ausmaß gestört sind, als aufgrund der starken Vorurteile, die heute noch in der Öffentlichkeit bestehen, anzunehmen wäre.

Ursachenforschung. Ursachen der H. sind noch umstritten; gegenwärtig sind 3 Entstehungstheorien der H. in der Diskussion. 1. *Biologisch* orientierte Theorien: H. beruht auf erfahrungsunabhängigen biologischen Gegebenheiten. 2. *Psychosozial* orientierte Theorien: H. ist umweltbedingt, also erfahrungsabhängig, und wird erworben (psychoanalytische Theorie und ↗Lerntheorie). 3. *Konvergenztheorie:* Der H. liegt eine biologische (Lern-)Disposition zugrunde, deren Realisierung umweltabhängig ist (Übersicht: Freund, 1969).

Therapie. Moderne Auffassungen gehen davon aus, daß H. eine Variante normaler Sexualität ist, deren Therapie in einer Hilfe zur Selbstakzeptierung des Homosexuellen besteht und nicht in einem therapeutischen Umpolungsversuch zu heterosexuellen Verhaltensweisen.

Lit.: Ford, C. S. & F. A. Beach: Formen der Sexualität, rororo-sexologie, Bd. 8006/8007. Hamburg, 1968; **Freund, K.:** Homosexualität. rororo-sexologie, Bd. 8013. Hamburg, 1969; **Giese, H.** (Hrsg.): Homosexualität oder Politik mit dem § 175. rororo-aktuell. Hamburg, 1967; **Simon, W. & J. H. Gagnon:** Sexuelle Außenseiter. rororo-sexologie, Bd. 8002, Hamburg, 1970; **Kinsey, A. C.:** Das sexuelle Verhalten des Mannes. Frankfurt a.M., 1964; **ders.:** Das sexuelle Verhalten der Frau. Frankfurt a.M., 1963; **Masters, W. H. & V. E. Johnson:** Homosexuality in perspective. Boston, 1979; **Schmidt, G.:** Empirisch-psychologische Ergebnisse zur Sexualforschung. In: **H. Giese:** Die Sexualität des Menschen. Stuttgart, 1968.

H. Maisch

Homozygot ↗Heterozygot.

Horde. Urtümliche Form menschlicher Gesellung, die nach den Vorstellungen von C. Darwin und S. Freud aus einer erweiterten, von einem starken „Vater" beherrschten Familie bestand. Angesichts moderner ethnographischer Feldforschung läßt sich diese Rekonstruktion einer Urgesellschaft nicht mehr aufrechterhalten. Hochstehende Primaten, wie Schimpansen und Gorillas, leben in lockeren Gruppen (J. Goodall, G. Schaller, I. De Vore). Ähnlich auch die heute noch erhaltenen Reste von Jägern und Sammlern, deren Gruppen nirgends streng patriarchal strukturiert sind und ständig Mitglieder untereinander austauschen. Allein die geringe Lebenserwartung paläolithischer Jäger (22 bis 26 Jahre) macht es wenig glaubhaft, daß die jüngere Generation jemals durch die „Väter" unterdrückt wurde. Die Sozietäten der australischen Eingeborenen, lange Zeit als Muster der „Horde" angesprochen, enthüllten anhand neuerer Feldforschung ihren erheblich komplexeren Charakter.

Lit.: De Vore, I. (Ed.): Primate behavior. New York, 1965; **Lee, R. B. & I. De Vore** (Eds.): Man the hunter. Chicago, 1968; **Lévi-Strauss, C.:** Les structures élémentaires de la parenté. Pairs, 1949.

W. Schmidbauer

Hören, Hörbereich ↗Gehörswahrnehmung; ↗Sinnesorgane: das Ohr.

Hörerforschung hat als Teilgebiet der Kommunikationsforschung den/die Empfänger akustisch übermittelter ‚Botschaften' (z.B. Rundfunk) zum Gegenstand (‚audience research' in der angloamerik. Lit. umfaßt auch ‚Leser'-, Seherforschung). Die Hörerschaft wird u.a. nach strukturellen, soziodemographischen, psychol. Merkmalen, ihren Mediennutzungsgewohnheiten (Dauer, Intensität, Präferenzen), ihrer Rolle im System der Medien und nach Kriterien der individuellen und/oder kollektiven Kommunikationsverarbeitungsprozesse beschrieben und nach Randbedingungen (z. B. Bildung, Programme, Einstellungen) medienspezifisch analysiert. H. umfaßt im weitesten Sinne auch Wirkungsforschung über die Effekte der Medien und Inhalte auf die Hörerschaft. ↗Mediaforschung

Lit.: **De Sola Pool, I. & W. Schramm et al.** (eds.): Handbook of Communications. Chicago, 1973.

H. Haase

Hörfläche ↗Sinnesorgane: das Ohr.

Hörgrenzen ↗Sinnesorgane: das Ohr.

Hörigkeit, die (meist) sexuelle Abhängigkeit von einem anderen Menschen, ist häufig das Resultat hoch spezialisierter sexueller Wünsche, die der andere und nur er nach Meinung des Hörigen zu erfüllen vermag. In manchen Fällen geht H. aber auch auf bestimmte körperliche Eigenschaften (Geruch, Hauttextur, Haarfarbe usw.) des geliebten Menschen zurück, die den Hörigen an bestimmte Eigenschaften einer in früher Kindheit geliebten Person erinnern, ohne daß er sich dieses Zusammenhanges bewußt wäre. Die Bewußtmachung solcher unbewußten Prozesse kann unter günstigen Umständen zur Überwindung der H. führen. *E. Borneman*

Hormische Psychologie. Um mit der übertriebenen Beschäftigung mit den kognitiven Erscheinungen, Wahrnehmungen, Vorstellungen, der Erkenntnisentwicklung und den Denkprozessen zu brechen, haben sich seit Beginn dieses Jh. zahlreiche Psychologen der Erforschung der ↗Motivationen, der Ziele des Organismus zugewandt. So stellt W. McDougall die dynamischen Aspekte des Verhaltens in den Vordergrund und erforscht die fundamentalen Bedürfnisse des Organismus. Diese Schule hat sich, in ihrer Betonung der teleologischen Aspekte jeglichen Verhaltens, mit der ↗Psychoanalyse verbunden.

P. Muller

Hormone. DEFINITION, BILDUNG UND ALLGEMEINE WIRKUNGEN. Substanzen, die im Körper in den Drüsen innerer Sekretion (*glanduläre*) oder in bestimmten Zellsystemen gebildet werden (Gewebs- bzw. Zellhormone). Die *glandulären* H. werden von den jeweiligen Drüsensystemen direkt ins Blut gegeben und in bestimmten Organsystemen wirksam oder regen die Ausschüttung anderer H. in bestimmten Drüsen an (↗Glandotrope Hormone). *Gewebs-* und *Zell-*H. wirken in der Regel nur an ihren Bildungsorten; Zell-H. meist nur in der Zelle, in der sie gebildet werden. Gewebs- oder Zell-H., die ihren Bildungsort im ZNS oder VNS haben und als ↗Transmittersubstanzen an den ↗Synapsen oder Effektoren fungieren, werden als *Neurohormone* bezeichnet (insbesondere Acetylcholin und ↗Noradrenalin). Hierzu werden oft auch solche Substanzen gerechnet, die entscheidend am Stoffwechsel des NS beteiligt sind (↗Biogene Amine). – Die klassischen hormonproduzierenden Drüsen sind: HVL (Adenohypophyse), HHL (Neurohypophyse; ↗Hypophyse), Zirbeldrüse (Epiphyse), ↗Schilddrüse (Thyreoidea), Nebenschilddrüse (Epithelkörperchen, Parathyreoidea), Thymus (Briesdrüse), Pankreas (Langerhanssche Inseln der Bauchspeicheldrüse), Nebennierenmark, Nebennierenrinde, Eierstock (Ovarium), Testis (Hoden). Als eine weitere Bildungsstätte hat der ↗Hypothalamus zu gelten, der die sog. *Releasing factors* produziert. Es handelt sich dabei um in ihrem Wesen noch nicht restlos aufgeklärte Substanzen, die auf nervösem Wege zu den ↗endokrinen Drüsen transportiert werden. Mehrere H. werden nicht nur in speziellen Drüsen, sondern zusätzlich in anderen Systemen gebildet, z. B. die ↗Katecholamine. Alle bekannten H. sind Stereoide, Eiweiße oder Aminosäurenabkömmlinge. Alle wichtigen H. sind synthetisch herstellbar und können von außen in den Kreislauf oder ins Gehirn (auch lokalisiert) eingebracht werden. Viele H. passieren nicht die ↗Blut-Hirn- oder Leber-Schranke. H. regulieren das Gleichgewicht der verschiedensten Organsysteme u. erfüllen, global charakterisiert, vorwiegend folgende Aufgaben:

1) Regulation des Stoffwechsels (z. B. Kohlehydratstoffwechsel durch Insulin), 2) Morphogenese, d.h. Wachstum und Reifung, 3) Erregung und Dämpfung des VNS und ZNS, 4) Regulation des inneren Milieus im Hinblick auf eine Umweltanpassung (synergistisch zum Nervensystem).

Wirkungsmechanismen der H. und Interaktionen verschiedener H.systeme. H. üben einen tiefgreifenden Einfluß auf physiol. und psychische Prozesse aus. Die bio-chem. Wirkungsmechanismen dieser Einflüsse sind bislang allerdings nur wenig aufgeklärt. Als sicher gilt es, daß H. lokalisiert an und in den Zellen angreifen, indem sie etwa die Permeabilität der Zellen verändern oder die Synthese oder den Abbau von Enzymen beeinflussen. Der Analyse der Wirkungsart auf der biochem. Ebene stellen sich zahlreiche methodische Schwierigkeiten entgegen. Viele Befunde stützen sich lediglich auf tierexpt. Untersuchungen (z. T. in vitro), beim Menschen oft nur auf indirekte Manipulationen (z. B. mit Pharmaka) oder auf pathologische Erscheinungen bei Unter- oder Überproduktion spezifischer H. (s. Tab.). Erschwert wird die Untersuchung von H.wirkungen dadurch, daß Interaktionen zwischen den verschiedenen H.systemen bestehen. – Die verschiedenen H. verhalten sich z. T. *antagonistisch* (z. B. Adrenalin – Insulin), *synergistisch* (Glukagon – Adrenalin) oder bilden *einfache* oder *komplexe Regelkreise*. Nach dem Prinzip des ↗Regelkreises mit negativer Rückkoppelung ist die Beziehung zwischen den H. des HVL (↗Glandotrope H.) und den peripher ausgeschütteten H.n zu sehen. Die Ausschüttung der glandotropen H. führt zur Ausschüttung der peripheren Drüsen-H., die ihrerseits die weitere Bildung der glandotropen H. blockieren. Mehrere H.systeme arbeiten wenigstens teilweise synergistisch (z. B. Nebennierenmark – Schilddrüse).

Hormone und Nervensystem. Zwischen VNS und ZNS und H.systemen bestehen enge, allerdings in den Einzelheiten noch weitgehend unaufgeklärte Beziehungen, die den Forschungsgegenstand der sog. ↗Neuroendokrinologie darstellen. Einigermaßen geklärt sind bislang nur die Beziehungen zwischen ↗Hypothalamus und der ↗Hypophyse: In bestimmten Neuronen des Hypothalamus werden die H. Vasopressin (Adiuretin) und Oxytocin gebildet und auf nervösem Wege zum HHL (Neurohypophyse) gebracht und von dort aus in die Blutbahn abgegeben. Auch die Ausschüttung der glandotropen H. des HVL wird mit größter Wahrscheinlichkeit unter Beteiligung des Hypothalamus vollzogen (Releasing factors). So konnte in elektrischen Reizversuchen bei Tieren gezeigt werden, daß lokalisierte Hypothalamusreizungen zur Ausschüttung spezifischer ↗glandotroper Hormone führen. Weiterhin muß nach Reiz- und Ausschaltungsversuchen angenommen werden, daß die periphere Ausschüttung von Katecholaminen mit nervösen Erregungen im reticulo-thalamischen und limbischen System (z. B. Nucleus amygdalae) zusammenhängt. Damit ist die früher vertretene Ansicht, daß der Hypothalamus und die Hypophyse allein die Bindeglieder zwischen H.n und NS darstellen, falsch. Die Beeinflussung hirnelektrischer Aktivität durch periphere und zentrallokalisierte H.zufuhr oder durch hormonelle Störungen kann als gesichert gelten; der diesen Veränderungen zugrunde liegende Wirkungsmechanismus ist jedoch vollkommen ungeklärt. Besonders deutlich wird die Beziehung von NS und H.n im Wirkungsmechanismus der ↗Neurohormone ↗Noradrenalin, Dopamin, ↗Acetylcholin u. a. Neurohormone werden bei Erregung der zentralen Neuronen an den Synapsen freigesetzt (↗Nervensystem). Sie übertragen diese Erregung auf andere Neuronen oder Effektoren, fungieren somit als Überträgersubstanzen (↗Transmittersubstanzen). Mit der Freisetzung der Neuro-H. vollziehen sich charakteristische Änderungen der elektr. Aktivität der Nervenzelle. Das NS kann daher auch als H.system angesehen werden.

Hormone und psychische Erkrankungen. Über- oder Unterfunktionen der peripheren H.drüsen, bedingt etwa durch Tumoren, sind fast ausnahmslos nicht nur mit physiol., sondern auch mit psychischen Störungen verbunden (s. Tab.). Umgekehrt ist es für praktisch alle Geisteskrankheiten auf der

Übersicht über die wichtigsten Hormone, ihre Funktionen, die mit ihnen verbundenen Erkrankungen sowie einige psychologisch bedeutsame Befunde aus Untersuchungen mit gesunden Personen.

Ausschüttungsort		**Hormon**	**Wichtigste Funktionen**	Ausgewählte **krankhafte Veränderungen** bei		a) **Psych. u. physiol. Wirkungen geringer Dosen** bei *exogener* Zufuhr bei gesunden Pbn b) **Veränderung der H.-Aktivität** bei gesunden Pbn bei *Stimulusvariation*
				Unterfunktion	*Überfunktion*	
Hypophysenvorderlappen (Adenohypophyse)		Wachstumsh. (↗somatotropes H. = STH = Somatotropin)	Regulation des Wachstums, des Eiweiß- u. Fettstoffwechsels (zus. mit. Testosteron, Schilddrüsenhormonen, Insulin), Förderung der RNS-Synthese	*vor* Abschluß des Wachstums hypophysärer Zwergwuchs	*vor* Abschluß des Wachstums: Gigantismus *nach* Abschluß: ↗Akromegalie	a) Steigerung der Aktivität (?) b) Erhöhte Produktion bei Hypoglykämie, bei muskulärer Arbeit
	Glandotrope Hormone	Thyreotropes H. (= Thyreoida-stimulierendes H. = TSH = Thyreotropin)	Wachstum der Schilddrüse, Unterstützung der Biosynthese und Anregung der Ausschüttung der Schilddrüsenhormone	wie bei Schilddrüsenhormonen	wie bei Schilddrüsenhormonen	
		Adrenocorticotropes H. (=↗ACTH = Kortikotropin)	Anregung der Ausschüttung von↗Kortikoiden in der Nebennierenrinde (Ausnahme u. a.: ↗Aldosteron)	wie bei Nebennierenrindenhormonen	wie bei Nebennierenrindenhormonen	a) Euphorische Reaktionen (?) b) Erhöhte Ausschüttung bei allen Stressarten („Adaptationshormon"
		↗*Gonadotrope H.* (= ↗*Gonadotropine* a. Follikelreifungsh. (= Follikelstimulations-H. = ↗FSH = Prolan A)	Wachstum u. Reifung des Follikels, Östrogenbildung; beim Mann Anregung der Spermiogenese	↗Amenorrhoe, Verhinderung der Spermiogenese		
		b. Luteinisierungs-H. (= LH = interstitielle Zellen stimulierendes H. = ICSH = Prolan B)	Eireifung, Induktion des Follikelsprunges u. Bildg. des Gelbkörpers, Stimulation der Östrogenbildung, beim Mann der Testosteronbildung Potenzierung der Wirkung von FSH	↗Amenorrhoe		
		Luteotropes H. (= LTH = Prolaktin)	Steigerung der Progesteronbildung im Gelbkörper, Wirkung auf die Milchdrüsen, Beteiligung an der Genese des Brutpflegeverhaltens			
Hypophysenhinterlappen (Neurohypophyse)		Ocytocin = Oxytocin	Uteruskontraktion (Einleitung des Geburtsvorganges), Milchausstoßung	Störungen des Gebärvorgangs		a) Blutdruckerniedrigung, Uteruskontraktion
		Adiuretin = Vasopressin (ADH = Antidiuretisches H.)	Harnbildungshemmung, Neurohormon, Beteiligung an der Ausschüttung von↗ACTH	Diabetes insipidus (Polyurie)	Antidiabetes insipidus	a) Blutdrucksteigerung, verringerte Diurese b) Erhöhte Ausschüttung bei Stress

Hypophysenmittellappen		Melanotropin (Melanocyte Stimulating hormone = MSH)	Pigmentierung der Haut, Beteiligung an der Regulation der Dunkeladaptation des Auges	Störung in der Pigmentbildung		a) Zunahme der Hautpigmentierung
Schilddrüse	Schilddrüsenh.	*Schilddrüsenhormone:* Trijodthyronin, Tetrajodthyronin (=Thyroxin)	Regulation des Grundumsatzes (Erhöhung der oxydativen Prozesse); Beteiligung an der Regulation der Proteinsynthese, Beteiligung an der Thermoregulation	Myxödem; bei angeborener oder früh erworbener Unterfunktion Kretinismus; Adipositas; allg. Desaktivierung	↗Basedowsche Krankheit nervöse Übererregbarkeit	a) Subjektive u. objektive Aktivierung, Erregung b) Erhöhung der Ausschüttung unter Stress, bei Kältereizen
		Thyrocalcitonin (Calcitonin)	Erniedrigung des Blutcalciumspiegels (Antagonist des Parathormons)			
Nebenschilddrüse (Epithelkörperchen)		Parathormon (PTH)	Erhöhung des Blutcalciumspiegels (Antagonist von Thyrocalcitinon)	Hypoparathyreodismus (u. a. nervöse Erregung, tetanische Anfälle)	Hyperparathyreodismus (u. a. Veränderungen im Knochensystem, Nierensteine	
Pankreas (Lagerhanssche Inseln)		Insulin	Senkung des Blutzuckerspiegels (Antagonist zu Adrenalin) durch Umwandlung in Glykogen, Beeinflussung des Eiweiß-, Fett-, Kohlehydratstoffwechsels, damit des Wachstums	Diabetes mellitus	Hyperinsulismus	a) Müdigkeit, Schwindel, Hunger Beeinträchtigung von Leistungen
		Glukagon	Erhöhung des Blutzuckerspiegels		Beteiligung an der Entstehung der Zuckerkrankh. (?)	a) Reduktion von Hunger
Keimdrüsen: Hoden	Keimdrüsenhormone	↗ *Keimdrüsenhormone:* ↗ Androgene, z. B. ↗ Testosteron	Männliche Prägungsstoffe: Förderung der Reifung u. des Wachstums der primären und sekundären Geschlechtsmerkmale, Förderung des allg. Wachstums synergistisch mit dem Wachstums-H., Insulin u. Schilddrüsenhormonen	↗Hypogonadismus (z. B. verspätete Pupertät, Unterentwicklung primärer u. sekundärer Geschlechtsmerkmale)	↗Hypergonadismus (von geringer Bedeutung) (z. B. sexuelle Triebhaftigkeit, verfrühtes Einsetzen: Pubertas präcox)	a) keine eindeutigen psych. Wirkungen bei gesunden Pbn; Leistungssteigerung bei erschöpften Personen b) Verringerung der Ausschüttung im Urin unter Stress
Ovarien		a. ↗Östrogene, z. B. Östradiol, Östron, Östriol	Förderung der Reifung u. des Wachstums der primären u. sekundären Geschlechtsmerkmale in der Pubertät; Induktion der Menopause, Regulation des Zyklus. Förderung des allg. Wachstums	Zyklusstörungen ↗ Hypogonadismus	↗ Hypergonadismus	a) keine eindeutigen psych. Wirkungen bei gesunden, Leistungssteigerung bei erschöpften Frauen
		b. ↗Gestagene, z. B. ↗ Progesteron	Vorbereitung u. Aufrechterhaltung der Schwangerschaft; zusammen mit östrogener Regulation des Zyklus			a) Leistungsbeeinträchtigung, subj. Desaktiviertheit; Reduktion von Noradrenalin im ZNS
Placenta		Choriogonadotropin (human Chorionicgonadotropin = HCG	↗gonadotropes Hormon, das nur während der Schwangerschaft gebildet wird. Unterstützung der Wirkung von LH			

Ausschüttungs-ort		Hormon	Wichtigste Funktionen	Ausgewählte **krankhafte Veränderungen** bei *Unterfunktion*	*Überfunktion*	a) **Psych. u. physiol. Wirkungen geringer Dosen** bei *exogener* Zufuhr bei gesunden Pbn b) **Veränderung der H.-Aktivität** bei gesunden Pbn bei *Stimulusvariation*
Nebennierenmark	Katecholamine	↑Adrenalin	Als Antagonist des Insulins Freisetzung von Glykogen (Blutzucker). „Ergotrope" Schaltung des Organismus		Blutdrucksteigerung bei Tumoren (Phäochromo-zytom)	a) Zufuhr geringer Mengen: Unspezifische Erregung b) Erhöhte Ausscheidung unter psych. Stress (Angst)
	Katecholamine	↑Noradrenalin	Ergotrope Schaltung des Organismus			a) **Zufuhr gering. Meng. führt zu gering. o. fehlenden psych. Wirkungen** b) **Erhöhte Ausscheid. b. körperl. Stress**
Nebennierenrinde Zona fasciculata	Kortikoide (Kortikosteroide)	a. Glukokortikoide z. B. Kortisol (Hydrokortison), Kortison, Kortikosteron	Regulation des Kohlehydratehaushalts	Addisonsche Krankheit	Cushingsche Krankheit	a) Verbesserung der Stimmung (?) b) Erhöhte Ausscheidung bei körperl. u. psych. Stress
Zona glomerulosa	Kortikoide (Kortikosteroide)	b. Mineralkortikoide z. B. ↑Aldosteron, 11-Desoxykortikosteron	Regulation des Natrium-Kalium-Haushaltes		Hyperaldosteronismus (Symptome u. a.. Hochdruck, verminderter Kaliumumsatz)	a) Blutdruckerhöhung, Erregung b) Erhöhung der Ausscheidung unter Stress
Zona reticularis	Kortikoide (Kortikosteroide)	c. Androgene Rinden-H. z. B. Androsteron, Androstenedion	Synergistische Wirkung zu den männlichen Keimdrüsenhormonen		Adrenogenitales Syndrom (Virilismus, Gynäkomastie); bei Auftreten im Kindesalter: Pubertas präcox	wie bei Androgenen
Zentrales u. vegetatives Nervensystem	Neuro- bzw. Gewebshormone	a. ↑Acetylcholin	Transmitter-Substanz im VNS (Präganglionäre Fasern des Sympathikus, prä- u. postganglionäre Fasern des Parasympathikus) u. ZNS			
	Neuro- bzw. Gewebshormone	b. Serotonin	Transmitter-Substanz im ZNS (Transmitter des zentralen parasympathischen Systems (?) Regulation der Stimmungslage, Beteiligung am Wach-Schlaf-Rhythmus	Depression (?) Schizophrenie (?)		a) Kleine Mengen (Vorstufe von S.) erregend, große dämpfend, antagonist. zu LSD b) Verringerung der S.-Konzentration im Gehirn während Schlaf
	Neuro- bzw. Gewebshormone	c. Tryptamin	↑biogenes Amin	Depression (?)		a) Sympathikomimetische Wirkungen, subj. erregend b) Verringerte Ausscheidung im Urin bei Stimmungszuständen

	Neuro- bzw. Gewebshormone	d. γ-Aminobutyrat (= Gaba)	↗biogenes Amin, Vorstufe von Glutaminsäure, Hemmung nervöser Erregung (?)			
		e. ↗Histamin	Transmitter-Substanz im ZNS, Beteiligung an der Schmerzgenese		Allergien Schmerz?	a) Blutdruckabfall, Übelkeit, Müdigkeit b) Freisetzung bei anaphylaktischem Schock u. bei sensorischem Schmerz
		f. Tyramin	↗biogenes Amin			a) Sympathikomimetische Wirkungen, z. B. Blutdrucksteigerung, subj. erregend
		g. ↗Noradrenalin	Transmitter-Substanz im ZNS u. VNS	Depression (?)		b) Erhöhte Ausscheidung b. Stress
		h. Dopamin	Transmitter-Substanz im ZNS, synergistisch zu Noradrenalin, Zwischensubstanz bei der Biosynthese von Noradrenalin	Parkinsonsche Krankheit (?) Depression (?)		b) Erhöhte Ausscheidung im Urin bei erhöhter Aktiviertheit
		i. Angiotension II	Beteiligung an der Blutdruckregulation; Erhöhung der Ausschüttung von ↗Aldosteron		essentielle Hypertonie	a) Blutdruckerhöhung, erhöhte Ausscheidung von Katecholaminen im Urin
		j. Substanz P	Transmitter-Substanz im ZNS (?), Beteiligung an der Leitung sensorischer Reize			
		k. ↗Melatonin (Epiphysel [?])	Antagonistisch zu Melanotropin (Hemmung der Pigmentierung), Beteiligung an der Regulation des lichtabhängigen Tag-Nacht-Rhythmus			b) Reduktion der Produktion bei Dauerlicht (Animalversuch)
Hypothalamus		**„↗Releasing Factors“ (z. B. TRF = thyreotropic hormone releasing factor, LRF = luteotropic hormone releasing factor, CRF = corticotropic hormone releasing factor)**	**Anregung der Ausschüttung von Hypophysenvorderlappenhormonen**			

Basis von in Urin oder Blut ausgeschütteten H.n nicht gelungen, eindeutige endokrine Variationen nachzuweisen. Auch endokrine Störungen führen in der Regel nicht zu spezifischen psychischen Alterationen. Allenfalls bestehen hinsichtlich der Aktiviertheitsdimension (Antrieb, ↗Aktivation) bei einigen endokrinen Störungen relativ klare psychische Veränderungen. Erfolgversprechende Ansätze und Hypothesen haben in den letzten 20 Jahren die Neuroendokrinologie und Psychopharmakologie geliefert. Wenn auch in den Einzelheiten weitgehend ungeklärt, kann es als sicher gelten, daß psychische Erkrankungen wie die ↗Schizophrenie und ↗Depression verknüpft sind mit Störungen des Metabolismus ↗biogener Amine bzw. Neurohormone. Möglicherweise sind solche metabolischen Störungen Folge falscher „Programmierungen" im genetischen Code. Insbesondere die Depressionsforschung hat in den letzten Jahren nahegelegt, daß endogene Depressionen Resultat von Störungen im Metabolismus endogener ↗Katecholamine oder Indolamine sind.

Hormone und Verhalten. Aus den z. T. drastischen Verhaltensänderungen bei hormonellen Störungen kann nicht geschlossen werden, daß klare Beziehungen zwischen H.n und Normalverhalten bestehen. Methodisch bieten sich der endokrinologischen Psychol. zwei Wege an: die Untersuchung von Verhaltensänderungen nach H.zufuhr oder die Analyse der Ausschüttung bestimmter H. in Urin oder Blut in Abhängigkeit von systematisch variierten Stimuli. Beide Zugänge sind theoretisch problematisch. Oral oder intravenös zugeführte H. induzieren zwar reproduzierbare Verhaltensänderungen, es ist jedoch fraglich, ob damit mehr als Hypothesen über die Beziehung zwischen körpereigenen H.n und Verhalten gewonnen werden können. Wirkungsmechanismen und Konzentrationsverhältnisse sind wahrscheinlich bei externer H.zufuhr und interner H.bildung nicht vergleichbar. Insbesondere ist zu berücksichtigen, daß die meisten in den Blutkreislauf eingebrachten H. die Blut-Hirn-Schranke nicht passieren. Viele der beobachteten Verhaltensänderungen sind wahrscheinlich z. T. zurückzuführen auf periphere Veränderungen. – Untersuchungen, in denen die H.ausschüttung als abhängige Variable benutzt wurde, liegen vor allem für die ↗Katecholamine und ↗Kortikoide vor. Beide H.gruppen sind relativ leicht im Urin oder Blutplasma mit hinreichender Reliabilität zu bestimmen. Stress-Stimuli erhöhen die Ausschüttung von Katecholaminen und Kortikoiden. Alle anderen H. sind in ihrer Bedeutung als Indikatoren psychischer Zustände noch nicht hinreichend untersucht. Auch bei nachgewiesenen Korrelationen zwischen H. und Verhalten ist eine Generalisierung schwierig, weil in der Regel mit den üblichen H.bestimmungsmethoden nur geringe Anteile der biologisch aktiven H. nachweisbar sind, d. h., die Menge der nachgewiesenen H. läßt keinen Rückschluß auf die Menge der im Organismus wirksamen H. zu. Hinzu kommt, daß der Ursprung der nachgewiesenen H. nicht eindeutig aufzuklären ist.

Lit.: 1. *Allg. Einführungen, Lehrbücher, Monographien, Sammelreferate:* **Bajusz, E.:** An introduction to clinical neuroendocrinology. Basel, 1967; **Bleuler, M.:** Endokrinologische Psychiatrie. Stuttgart, 1963; **Coppen, A.:** The biochemistry of affective disorders. Brit. J. Psychiatr., 1967, *113*, 1237–1264; **Danowski, T. S.:** Clinical endocrinology, Bd. 1–4. Baltimore, 1962; **Dorfman, R. I.:** Methods in hormone research, Vol. 2. New York, 1969; **Gabe, M.:** Neurosecretion. Oxford, 1969; **Hoagland, H.:** Hormones, brain function and behavior. New York, 1957; **Jores, A. & H. Nowakowski:** Praktische Endokrinologie u. H.therapie nichtendokriner Erkrankungen. Stuttgart, [4]1976; **Martini, L. & W. F. Ganong** (Eds.): Neuroendocrinology, Vol. 1 und 2. New York, 1966–67; **Pincus, G., Thiman, K. V. & E. B. Astwood** (Eds.): The hormones: physiology, chemistry, and applications. New York, 1964; **Reiss, M.:** Neuroendocrinology and psychiatry. Int. J. Neuropsychiatr., 1967, *3*, 441–463; **Scharrer, E. & B. V. Scharrer:** Neuroendocrinology. Columbia, 1963; **Tausk, M.:** Pharmakologie der Hormone. Stuttgart, [2]1973; **Waelsch, H. & H. Weil-Malherbe:** Neurochemistry and Psychiatry. In: **H. W. Gruhle** et al. (Hrsg.): Psychiatrie der Gegenwart. Berlin, 1967; **Williams, R. H.:** Textbook of endocrinology. Philadelphia, 1968; **Williams, R. J.:** Biochemical individuality. New York, 1956.

2. *Hormone und Psychologie:* **Bajusz, E.** (Ed.): Physiology and pathology of adaptation mechanisms. Oxford, 1969; **Bleuler, M.:** Psychische Funktionen u. vegetatives Nervensystem: Endokrine Wirkungen auf die Psyche. In: **Monnier** (Hrsg.): Physiologie und Pathologie des vegetativen Nervensystems, Bd. 2. Stuttgart, 1963; **Dewhurst, W. G.:** J. Psychosomatic Research, 1965, *9*, 115–127; **Eiduson,**

S., et al.: Biochemistry and behavior. Princeton, 1964; **Harlow, H. F. & C. N. Woolsey:** Biological and biochemical bases of behavior. Madison, 1965; **Mandell, A. J. & M. P. Mandell:** Psychochemical research in man. New York, 1969; **Meng, H.:** Psyche und Hormon. Bern, 1960.

W. Janke

Hormontypen, entsprechend der verstärkten oder abgeschwächten Wirkung eines ↗Hormons entstehende Temperamentsverfassungen. Eine für die verschiedenen Blutdrüsen spezifische Gliederung ist nur bedingt möglich, am ehesten bei der ↗Schilddrüse: Hyperthyreose = Übererregbarkeit. Hypothyreose = Untererregbarkeit. Sonst spricht man allg. vom *„endokrinen Psychosyndrom"*.

Lit.: Kretschmer, E. & W. Kretschmer: Medizinische Psychologie. Stuttgart, [14]1975.

W. Kretschmer

Hormopathie, laut R. Brun eine primäre Störung im Antriebs- und Affektleben, die sowohl vorwiegend organisch (endokrin oder cerebral) als auch psychisch-funktionell (Aktual- und ↗Psychoneurosen) bedingt sein kann.

W. Schmidbauer

Hornersches Gesetz. J. F. Horner, Ophthalmologe in Zürich (1831–86), formulierte zuerst, daß die (meisten) ↗Farbenfehlsichtigkeiten genau wie die Bluterkrankheit „Hämophilie" *rezessiv-geschlechtsgebunden* durch äußerlich gesunde „Konduktorinnen" vererbt werden, d.h. vom kranken Mann über dessen scheinbar gesunde Tochter auf deren männliche Nachkommen. *K.-H. Plattig*

Hornhaut ↗Cornea.

Horopter. Der geometrische Ort der Menge der Punkte auf der ↗Blickebene, die auf ↗korrespondierenden Netzhautpunkten bzw. Deckpunkten abgebildet werden. Man unterscheidet zwischen *geometrischem* (abgeleitetem) und *empirischem* (ermitteltem) Horopter. Bei voller Korrespondenz (sowohl in Längs- als auch in Querrichtung) spricht man von einem *Total-*, *Punkt-* oder *Vollhoropter.* Wenn in einer der Hauptrichtungen eine Disparation zugelassen wird, spricht man von *Partial-* oder *Linien-H.*: Längs- oder Vertikal-H. bzw. Quer- oder Horizontalhoropter. Geometrischer Total-H. ist der *Vieth-Müllersche Kreis,* der durch den Fixationspunkt und die beiden Augendrehpunkte gelegt ist. Der *empirische* Total-H. weicht wesentlich vom *geometrischen* ab und wird bereits im Endlichen nahezu eine Gerade (beim sog. abatischen Abstand); bei weiter zunehmender Fixationsentfernung wird sie zu einer zum Beobachter konvexen Linie.

Von *H.fläche* oder *Kernfläche* spricht man bei Gesamtheit aller Punkte, die bei Fixation eines Punktes ohne ↗Querdisparation abgebildet werden.

Lit.: Mütze, K.: ABC der Optik. Hanau a.M., 1961 (Nachdruck 1975).

A. Hajos

Horoskop. Astrologischer Begriff, im statischen Sinn als determiniertes Persönlichkeitsbild zu verstehen, das durch bestimmte Konstellationen von Sonne, Mond und Planeten (Regent, Ascendent, Opposition, Konjunktion u.a.) im Augenblick der Geburt festliegt; im dynamischen Sinn als die Einflüsse der wechselnden Konstellationen zu bestimmten Zeiten auf das Individuum mit Anspruch der Vorhersage (Schicksalstendenzen). Voraussetzung für die Gültigkeit des H. ist eine zentrale Stellung des Menschen und der Erde im Kosmos. Trotz strikter Ablehnung durch die Wissenschaft findet die Astrologie noch immer viele Anhänger, die an kosmisch bedingten Kompenenten des Schicksals und der Persönlichkeit glauben.

In den vergangenen Jahren haben mehrere Wissenschaftler empirische Untersuchungen über kosmobiologische Faktoren durchgeführt, die die Persönlichkeit und andere menschliche Fähigkeiten (z.B. M. & F. Gauquelin), oder physische Faktoren auf der Erde, wie das Auftreten atmosphärischer Störungen (J. Nelson) beeinflussen könnten. Diese und andere Autoren sind zu sehr brauchbaren Ergebnissen gekommen, ob diese jedoch dazu geeignet sind, astrologische Vermutungen zu stützen, ist nach wie vor unsicher. Auch Psychologen haben direkte Studien über astrologische Vermutungen durchgeführt, von denen schließlich einige zu positiven Ergebnissen geführt haben (z.B. Gauquelin und Eysenck). Es scheint angebracht, zwischen Astrologie im engeren Sinne (d.h., wie sie in den üblichen Textbüchern gelehrt wird) und Astrologie im weiteren, kosmobiologischen Sinne zu unterscheiden. Es gibt viele Beweise für astrologische Phänomene im weiteren Sinne, aber nur ganz wenige Beweise für die Astrologie im engeren Sinne.

Lit.: Aureus, W.: Astrologie und Horoskop. Bayreuth, 1978; **Böttcher, H.:** Sterne, Schicksal und Propheten – Dreißigtausend Jahre Astrologie. München, 1965; **Gauquelin, M.:** Cosmic Influences on Human Behavior. New York, 1978; **Gauquelin, M., Gauquelin, F. & S. B. G. Eysenck:** Personality and position of the planets at birth: An empirical study. British Journal of Social and Clinical Psychology, 1979, *18*, 71–75; **Klemz, W.:** Praktische Menschenkunde. Das Brevier der chromogenen Charaktertypologie (Astrologische Charaktertypologie). Düsseldorf, 1963; **Nelson, J. H.:** The Occult Sun. Peterborough (New Hampshire), 1979; **Reich, H.:** Das Geheimnis des Tierkreises. Eine tiefenpsychologische Begründung der Astrologie. München-Planegg, 1949; **Zinner, E.:** Sternglaube und Sternforschung. München, 1953.

H. J. Eysenck & E. Ullrich

Hörraum ↗Sinnesorgane: das Ohr.

Hörschärfe ↗Sinnesorgane: das Ohr.

Hörschwelle ↗Sinnesorgane: das Ohr.

Hörstörungen, Störungen jenes Systems, das Schallschwingung in eine kortikale, subjektiv wahrgenommene Botschaft umwandelt. Es gibt zwei Haupttypen von H.: 1) Leitungs- oder Mittelohrschwerhörigkeit, die eine Störung des Apparats einschließt, der den Ton zum Innenohr führt; 2) Innenohrtaubheit oder Schädigung des Empfindungsnervs (früher bekannt als Wahrnehmungstaubheit), die eine Störung der Schnecke, des Gehörnervs oder des kortikal vermittelnden Mechanismus einschließt. Die häufigsten Ursachen für eine Störung des Empfindungsnervs sind Ménièresche Krankheit, Trauma, Schädigung durch Drogen, Infektionen, die im Mittelohr ihren Ursprung haben, Labyrinthitis, Altern, Verschluß der Gehörarterie, akustisches Neurom, Formen der Meningitis und (selten) Verletzungen des Zentralnervensystems. Die zwei Haupttypen können durch Webers Test oder Rinnes Test oder durch Gehörmessung unterschieden werden (z.B. ist bei Leitungshörschwäche der Verlust am größten bei tiefen Tönen, wogegen bei Hörschädigung durch die Empfindungsnerven der Verlust bei hohen Tönen am größten ist).

Lit.: Geldard, F. A.: The Human Senses. New York, 1972; **Mehmke, S.:** Diagnose und Therapie der Hörstörungen. Stuttgart, 1969.

G. Powell

Hörzentrum. Das Hörzentrum liegt beim Menschen in den sogenannten Heschlschen Querwindungen, in der offiziellen anatomischen Nomenklatur Gyri temporales transversi genannt. Es handelt sich um ein Hirnrindengebiet, das durch quer verlaufende Hirnfurchen gekennzeichnet ist, die sich in der oberen Schläfenwindung (Gyrus temporalis superior) befinden und sich nach medial in die Tiefe der seitlichen Hirnfurche (Sulcus lateralis Sylvii) erstrecken. Die Hörbahn beginnt im Cortischen Organ (Organum spirale) des Innenohres und endet nach mehreren synaptischen Umschaltungen im Hörzentrum. *G. Arnold*

Hospitalismus, Oberbegriff für die Gesamtheit der durch die Besonderheiten eines längeren *Krankenhaus-*, *Anstalts-* oder *Heimaufenthaltes* bedingten psychischen und physischen Schädigungen.

1) H. im psychol. Sinn ist ein Syndrom negativer psychischer Folgeerscheinungen, das vor allem bei Kleinkindern und Kindern bei einem längeren Aufenthalt an Pflegeorten oder bei Aufwachsen in Heimen auftritt. Es handelt sich dabei um einen entwicklungsbezogenen, fortschreitenden psychophysischen Prozeß, der auf die mangelnde Befriedigung des Bedürfnisses nach Gefühlsaustausch und zwischenmenschlicher Beziehung von Mutter und Kind, den Mangel an emotionaler Wärme und affektiv-emotionaler Zuwendung und das Fehlen einer Familienumwelt („Nestwärme") zurückgeführt wird (*Affektentzugssyndrom* oder Gefühlsmangelkrankheit nach R. Spitz). Als *Symptome* werden beim Kleinkind einheitlich beobachtet: Weinerlichkeit, apathisch-depressive Zustände, gehemmte Motorik oder starke mot. Unruhe, Ersatzbefriedigungen (spasmodische Hand- und Kopfbewegungen, Daumenlutschen, Nägelbeißen), Verlangsamung der körperlichen (Stehen, Laufen) und geistigen Entwicklung (Sprache, Denken), schlechter Gesundheitszustand (Anfälligkeit für Infektionen, Ernährungsstörungen), der bis zum Tode führen kann. Nach R. Spitz weisen hospitalisierte Kinder in Heimen eine Sterblichkeitsquote bis zu 40% auf. Bei einer länger als 5 Monate dauernden Trennung des Kindes von der Mutter treten irreversible Schäden auf. M. Mathis stellte fest, daß von 1400 Heimkindern 75% psychisch oder intellektuell gestört waren. Vorherrschend sind geringe Frustrationstoleranz, gestörte Kontaktfähigkeit und soziale Anpassung, teilweise mit aggressiven Durchbruchsreaktionen. In der Pubertät kann H. zu regressivem Verhalten und kriminellen Handlungen führen. Erste systematische Beschreibungen des H. wurden von Pfaundler (1925) vorgelegt („kachektisierender Pflegeschaden"). Weit bekannt geworden sind die Untersuchungen von Spitz (1960) („anaklitische Depression"), dessen Beobachtungen von Bowlby (1951) und Dührssen (1958) bestätigt und erweitert wurden. Die vorliegenden Untersuchungen weisen auf, daß für eine normale psychophysische Entwicklung eine gute Mutter-Kind-Beziehung gegenüber guten hygienischen Verhältnissen entscheidender ist (vgl. auch die von Harlow durchgeführten Exp. mit Affen). Dem H. versucht man heute zu begegnen durch die Schaffung engerer und stabiler zwischenmenschlicher Beziehungen von Pflegerin und Kindern (Kleingruppen) wie auch durch die Einrichtung von Kinderdörfern, wobei die Kinder in Kleingruppen verschiedenen Alters und Geschlechts in Hausgemeinschaften leben und von dauerhaft anwesenden Pflegerinnen umsorgt werden. Die psychische Vernachlässigung des Kindes innerhalb der Familie (z. B. infolge der Berufstätigkeit beider Eltern) bzw. der Aufenthalt im Tageshort führt heute zur Beobachtung des sog. familiären Hospitalismus. Auch bei erwachsenen Patienten kann sich bei langem Klinikaufenthalt H. entwickeln in Form mangelnden Genesungswillens und erhöhten Abhängigkeitsgefühls.

2) Im *engeren med. Sinn* ist H. der Begriff für die Gesamtheit der Schäden, die im Zusammenhang mit dem gehäuften Auftreten von Infekten während eines Krankenhausaufenthaltes entstehen können: Infektionen entweder durch Übertragung (Personal, ungenügende Hygiene) oder durch resistente Viren- und Bakterienstämme.

Lit.: Bowlby, J.: Maternal care and mental health. Bull. WHO, 1951, *3*, 355–533; **Dührssen, A.:** Heimkinder und Pflegekinder in ihrer Entwicklung. Göttingen, 1958; **Pfaundler, M. v.:** Klinik und Fürsorge. Gesundheitsfürsorge für das Kinderalter, 1925, *1*, 3: **Spitz, R.:** Hospitalism. Psychoanal. Stud. Child, 1945, *1*, 53; 1946, *2*, 113–117; **dies.:** Die Entstehung der ersten Objektbeziehungen. Stuttgart, [3]1960.

F.-C. Schubert

HPL *(Human placental lactogen).* Erst kürzlich entdecktes extrahypophysäres ↗gonadotropes Hormon, das – wie HCG – während der Schwangerschaft in der Placenta gebildet wird und in seiner Wirkungsweise dem hypophysären Gonadotropin LTH ähnlich ist: fördert in Zusammenwirkung mit anderen Gonadotropinen *Hormonbildung* (Östrogene und Progesteron) im Gelbkörper der Eierstöcke und entwickelt wie andere Placenta-Gonadotropine höchste Aktivität in der Frühschwangerschaft (2. und 3. Schwangerschaftsmonat).

H. Maisch

H-Test. Der H-Test ist ein verteilungsfreies Prüfverfahren (Signifikanztest) für den gleichzeitigen Vergleich mehrerer Gruppen einer Klassifikationsvariablen hinsichtlich ihrer zentralen Tendenz, wobei die Daten auf Rangskalenniveau verarbeitet werden (Rangvarianzanalyse, H-Test von Kruskal & Wallis). Er kann also stets dann, wenn die Voraussetzungen (↗Normalverteilung und Varianzhomogenität) für eine einfache ↗Varianzanalyse nicht gegeben sind, angewendet werden.

Lit.: Lienert, G. A.: Verteilungsfreie Methoden in der Biostatistik. Meisenheim, 1962.

W. H. Butollo

Hull, *Clark Leonard,* *24. 5. 1884 Akron (N. Y.), † 10. 5. 1952 New Haven (Conn.). Promotion 1918 an der University of Wisconsin; seit 1929 Professor für Psychol. an der Yale University; widmete sich zunächst der

Begabungsforschung sowie der Entwicklung statistischer Methoden und psychol. Testverfahren; befaßte sich anschließend 10 Jahre mit Untersuchungen zur ↗Hypnose und Suggestibilität, worüber er 32 Aufsätze und ein Buch veröffentlichte; wurde durch ausgedehnte Untersuchungen zu ↗Lernen und ↗Motivation sowie durch seine wegen ihrer Stringenz im Bereich der psychol. Theorienbildung einzigartigen systematischen Verhaltenstheorie zum prominentesten Vertreter des Neobehaviorismus (↗Behaviorismus).

Systematische Verhaltenstheorie. H.s systematische Verhaltenstheorie kann als S-O-R-Theorie angesehen werden. Neben den objektiv meßbaren Input-(Reiz-) und Output-(Reaktions-)Variablen postuliert er eine Reihe von hypothetischen Größen innerhalb des Organismus, sog. ↗intervenierende Variablen, die den Zusammenhang zwischen den Reiz- und Reaktionsgrößen herstellen und deren funktionale Beziehungen untereinander und zu den Beobachtungsgrößen H. mittels 17 Postulaten und 17 aus diesen deduzierten Annahmen (Korollarien) verbal und meist auch in Form von Gleichungen darstellt.

H.s *zentrales Postulat* der primären ↗Bekräftigung von Reaktionstendenzen, das sich eng an E. L. ↗Thorndikes Effektgesetz anschließt, besagt: „Wenn eine Reaktion (R) eng mit der Erregungsspur eines Reizes (S) assoziiert ist und diese Reiz-Reaktions-Verbindung mit der schnellen Verringerung des Triebreizes (S_D) einhergeht, dann verstärkt sich die Tendenz dieser Reizspur (S) zur Auslösung der Reaktion.“ Wesentlich für das Lernen ist hiernach das primäre Reinforcement, das in einer Reduktion des durch einen Trieb erzeugten Triebreizes besteht.

Neben dem primären Reinforcement kennt H. aber auch eine sekundäre Reaktionsverstärkung, die dann eintritt, wenn eine bisher neutrale Reizspur oft und regelmäßig mit der raschen Reduktion des Triebreizes (S_D) assoziiert ist und auf diese Weise selbst die Funktion des verstärkenden Agens übernimmt. In jedem Fall ist aber eine Reiz-Reaktions-Assoziation durch Kontiguität unter dem Einfluß eines Reinforcement die qualitative Voraussetzung für die Erzeugung und Stärkung von ↗Gewohnheiten.

Die *Stärke* des *Gewohnheitspotentials* ${}_sH_R$ (Tendenz einer Reizspur zur Hervorrufung einer assoziierten Reaktion) ist allein von der Anzahl der bekräftigten Versuche abhängig und wächst als ansteigende negativ beschleunigte Funktion dieser verstärkten Reiz-Reaktions-Assoziationen.

Das Zustandekommen einer Reaktion hängt aber nicht allein von der Stärke der Gewohnheit ab, sondern auch von zusätzlichen nichtassoziativen Faktoren, die neben dem Gewohnheitspotential (${}_sH_R$) in das sog. *Reaktionspotential* (${}_sE_R$) eingehen. Während das Gewohnheitspotential Ausdruck der assoziativen Stärke ist, gibt die Stärke des Reaktionspotentials die tatsächliche Tendenz eines Reizes an, eine spezifische Reaktion auszulösen. Das Reaktionspotential kann zwar aus Schnelligkeit, Intensität und Extinktionswiderstand der Reaktion erschlossen, nicht aber mit der Reaktion identifiziert werden, da es entweder unter einem Schwellenwert liegen kann und daher nicht zur Reaktion führt oder aber mit konkurrierenden Tendenzen (Inhibitionspotential; ↗Hemmung) interagiert und daher nur unvollständig zur Reaktion gelangt.

Unter der Voraussetzung, daß die Bedingungen während des Lernprozesses und der Reaktionsauslösung konstant bleiben, wird das Reaktionspotential bestimmt durch: 1) das Gewohnheitspotential ${}_sH_R$; 2) die während des Lernprozesses bestehende Bedürfnisspannung D (drive), 3) die Reizstärkendynamik V und 4) die Anreizkomponente K des Reinforcement, wobei das Zusammenwirken dieser Faktoren ein multiplikatives ist: ${}_sE_R = {}_sH_R \times D \times V \times K$.

Dem Reaktionspotential entgegen wirkt das *Inhibitionspotential* (${}_sI_R$), das sich aus der reaktiven (I_R) und der konditionierten Hemmung (${}_sI_R$) zusammensetzt und je nach Größe des resultierenden effektiven Reaktionspotentials (${}_s\bar{E}_R = {}_sE_R - {}_sI_R$) die Tendenz zur Ausführung der betreffenden Handlung abschwächen oder neutralisieren kann.

Schr.: Aptitude testing (1928); Hypnosis and suggestibility

(1933); Principles of behavior (1943); Essential of behavior (1951); A behavior system (1952).

W. Wittling

Hullsches Gesetz. Dieser zentrale Satz der ↗Lerntheorie C. L. ↗Hulls behauptet, daß die Stärke eines Habit direkt proportional sei der Anzahl bekräftigter Reiz-Reaktions-Verbindungen.

G. D. Wilson

Human engineering. Ingenieurwissenschaftliche Richtung (und Ausbildung) im anglosächsischen Kulturbereich mit bes. Berücksichtigung der ↗Ergonomie bzw. der Arbeitswissenschaft, vor allem der ↗Arbeitspsychologie.

G. Marschner

Humanethologie. Die H. untersucht die phylogenetisch (angeborenen) und ontogenetisch angepaßten (erlernten) Anteile des menschlichen Verhaltens in natürlicher Umgebung. Bes. aufschlußreich ist die Verhaltensentwicklung – verfolgt mit Hilfe der Filmanalyse – von Säuglingen, von Taub- und Blindgeborenen, der Mimik usw. Vergleichende ↗Verhaltensforschung.

Lit.: **Bösel, R.:** Humanethologie. Stuttgart, 1974; **Lorenz, K.:** Die angeborenen Formen möglicher Erfahrung. Z. Tierpsychol., 1943, *5*, 235–409; **Prechtl., H. F. R.:** Die Entwicklung der frühkindlichen Motorik. Inst. wiss. Film, Göttingen, Filme C 651, C 652, C 653 (1955).

K. Fiedler

Humanistische Psychologie ist die Bezeichnung für eine neue Schule der Psychol., deren wichtigster Begründer A. Maslow war. 1962 begann die „American Association of *Humanistic Psychology*" ihre Arbeit mit wenigen Förderern. Ein Jahr zuvor entstand das „Journal of Humanistic Psychology" (Hrsg. A. Sutich).

Das Hauptanliegen dieser Bewegung, die in den folgenden Jahren einen raschen Aufschwung nahm, war ursprünglich rein wiss. und theoretischer Natur. Diejenigen, die sich an der Begründung dieser „dritten Kraft" (wie es Maslow nannte) neben den dominierenden Schulen der ↗Psychoanalyse und des ↗Behaviorismus beteiligten, waren davon überzeugt, daß keine dieser anderen Schulen dem Verständnis einer gesunden und schöpferischen Persönlichkeit gerecht würde. Sie sahen, daß eine solche Persönlichkeit Lebensziele und Werte nicht wegen eines Bedürfnisses nach „Homeostase" verfolgte, wie es die moderne Psychoanalyse lehrte, sondern mit dem Ziel der *„Selbstverwirklichung"* (E. Fromm, K. Horney) und *„Selbstaktualisierung"* (K. Goldstein, Maslow) oder *„Selbsterfüllung"*, wie es Bühler nannte und dies in Untersuchungen menschlicher Lebensläufe demonstrierte.

Die H. P. breitete sich rasch aus und gewann in kurzer Zeit Bedeutung und Einfluß. Einer der Gründe dafür war, daß Rogers, einer der frühen Wegbereiter, die humanistisch-psychol. Anliegen im Rahmen der ↗Psychotherapie anwandte. Er führte eine ganz neue Beziehung zwischen Therapeut und Patient ein, in der beide im Verhältnis von Person zu Person stehen, statt der Autorität zum kranken Individuum, wobei der Patient seine frühen emotionalen Konflikte mit den Eltern zu übertragen hatte – wie die ↗Psychoanalyse lehrte.

Rogers hat ebenfalls das historische Verdienst, auf Tonbandaufnahmen psychotherapeutischer Sitzungen bestanden zu haben, die anderen Therapeuten zur Einsicht offenstanden, um Vergleiche mit der eigenen Arbeit und Untersuchungen Interessierter zu ermöglichen. Bis dahin hatten Psychoanalytiker ihre therapeutischen Maßnahmen mehr als okkulte Kunst angesehen, in die nur Eingeweihte Einblick nehmen durften.

Unerwünschte Nebenwirkungen dieses Offenlegens, wie therapeutische Tätigkeit unqualifizierter oder unzureichend ausgebildeter Personen sowie Überschreiten des therapeutisch Zulässigen ereigneten sich zumeist im Rahmen der ↗*Gruppentherapie,* die sich – nach Anfängen bei S. R. Slavson und J. L. Moreno – zur bedeutendsten Bewegung unserer Zeit weiterentwickelt hat. Die Autorin betrachtet die Gruppentherapie und das ihr verwandte *„Sensitivity Training"* – ein Gruppenprozeß, in dem sich Personen aus allen Lebensbereichen versammeln, um zu lernen, miteinander zu sprechen, und versuchen, sich gegenseitig zu verstehen – als hoffnungsvollste kulturelle Entwicklung in der augenblicklichen Kulturkrise. Führend sind derzeit im Bereich des „Sensitivity Training“ L. P. Bradford, J. Gibb, F. Massarik und andere, die diese Methode mit Industriellen, Geschäftsleuten, Verwaltungsbeamten u. a. entwickelten.

Dies alles, durch Rogers initiiert, zeigt, daß Psychotherapie nicht mehr länger ausschließlich oder vorzugsweise als psychiatrische Methode mit dem Ziel, psychische Erkrankungen zu heilen, angesehen werden kann. Und obwohl ein humanistischer Psychologe ausgebildet und lizenziert sein muß, um ↗Neurosen zu behandeln, ist seine Hauptaufgabe und auch die häufigste mehr *erzieherisch* als *heilend.*

A. Maslow, R. May, F. Matson und C. Bühler betrachten heute als wichtigste Aufgabe, der *Theorie* der H. P. eine wiss. zuverlässige Basis zu geben und die bisher unzureichend entwickelte Methode der Erfassung der Person als Ganzes gültig zu definieren.

Lit.: Bühler, C. & M. Allen: Einführung in die h. P. Stuttgart, 1974; **Bühler, C. & F. Massarik** (Eds.): The course of human life. A study of goals in the humanistic perspective. New York, 1968 (dt.: Lebenslauf und Lebensziele. Stuttgart, 1969); **Maddi, S. & P. T. Costa:** Humanism in Personology: Allport, Maslow and Murray. Chicago, 1972; **Maslow, A. H.:** Motivation und Persönlichkeit. Olten – Freiburg i. Br., 1977; **ders.:** The psychology of science. A reconnaissance. Chicago, 1966; **Rogers, C. R.:** Die klientenzentrierte Gesprächspsychotherapie. München, ²1978.

C. Bühler

Human relations. Bezeichnung für zwischenmenschliche Beziehungen in Arbeitsorganisationen. Die *Human-relations-Forschung* wurde in den dreißiger Jahren von E. Mayo durch Experimente in den Hawthorne-Werken (USA) begründet (↗Hawthorne-Untersuchungen), in deren Verlauf die informalen (ungeplanten) Strukturen im Industriebetrieb „entdeckt“ und erstmals die Bedeutung psychischer und sozialer Faktoren (Zufriedenheit, Gruppennormen) für die Produktivität nachgewiesen wurde. Die *Human-relations-Bewegung* versucht, durch Verbesserung des Betriebsklimas die Produktivität zu erhöhen; sie *überbewertet* jedoch die Bedeutung der informalen Strukturen und verkennt den Interessengegensatz von Arbeitgeber und Arbeitnehmer. *C. Brinkmann*

Humor. Der Begriff stammt aus der Temperamentslehre von Galenus (Temperament als Säftemischung) und wird heute verwendet: 1) im Sinne einer heiteren und verständnisvollen Lebenseinstellung oder Grundgestimmtheit, 2) als Sammelbegriff für verbales, graphisches oder pantomimisches Ausdrucksmaterial, das Heiterkeit und Lachen erregen soll („Sinn für Humor“). ↗Faktorenanalysen von Urteilen über humorvolles Material zeigten, daß sich „Sinn für Humor“ aus mindestens sechs Faktoren zusammensetzt, die zum Teil mit Persönlichkeitsmerkmalen korrelieren. Zusammenhänge dieser Art liegen dem IPAT Humor Test of Personality (R. B. Cattell) zugrunde. – ↗Witz.

Lit.: Guilford, J. P.: Personality. New York, 1959 (dt.: Persönlichkeit. Weinheim, ⁶1974); **McGhee, P. E.:** Humor. Origins and Development. Oxford, 1979.

D. Bartussek

humoral, die Körperflüssigkeiten betreffend.

Humphreys Paradoxon, die Tendenz der Organismen, auf bestimmte Reizkategorien in gleicher Weise zu reagieren, obwohl die objektiven Reizgegebenheiten variieren. Vgl. ↗Invarianz; ↗Generalisation; ↗Stereotyp usw. *H. Roth*

Hunger wird normalerweise auf das Verlangen zu essen bezogen (ob in Verbindung mit Nahrungsentzug oder nicht), wird aber auch im metaphorischen Sinne verwandt für *Sehnen* nach irgend etwas, z. B. ↗Sexualität oder Gefühlserlebnis. *H.trieb:* ein hypothetischer Zustand, der operational vermittels Nahrungsentzugs definiert wird, der sowohl die allg. Aktivität steigern soll wie auch spezifisches Nahrungssuchverhalten. *H.schmerz:* unangenehme Empfindungen im Magen, die mit dem Drang nach Nahrung assoziiert sind; man nimmt an, daß sie in Verbindung mit Kontraktionen der Magenwand auftreten. *H.streik:* die Weigerung zu essen mit dem Ziel, auf eine Institution politischen Druck auszuüben, z. B. der Versuch von Gefangenen, bessere Lebensumstände zu erhalten. ↗Trieb.

Lit.: Weinert, F.: Hunger und Durst. In: Handbuch der Psychologie, Bd. 2. Göttingen, ²1970.

G. D. Wilson

Huntington Chorea ↗Chorea.

Hybridation, *Kreuzung* oder *Bastardierung.* Bei ↗diploiden Organismen können sich ↗Phänotyp (Erscheinungsbild) und ↗Genotyp (Erbanlagen) unterscheiden. Reinerbige (homozygote) Individuen besitzen je ein gleiches mütterliches und väterliches ↗Allel. Mischerbige (heterozygote) Bastarde oder Hybriden unterscheiden sich in einem ↗Gen (monohybrid), in zweien (dihybrid), dreien (trihybrid) usw. Dem Erscheinungsbild nach können die Hybriden intermediär oder ↗dominant/rezessiv sein. *K. Fiedler*

Hydrocephalus. Zunahme der cerebro-spinalen Flüssigkeit im Schädel, normalerweise in Verbindung mit Druckanstieg. H. kann auf eine Hemmung des ↗Liquor-Flusses im ventrikulären System zurückzuführen sein oder auf verminderte Absorption (vermehrte Produktion) der Flüssigkeit. Tritt H. bei Kindern auf, so können eine Vergrößerung des Kopfes auftreten und psychische Defekte bei Nichtbehandlung; beim Erwachsenen ist dies nicht möglich, so daß infolge des gesteigerten intracranialen Druckes neurol. und psychische Symptome entstehen. Heute sind Drainage-Operationen möglich. *D. Eaves*

Hygiene, psychische ↗Psychohygiene.

Hypästhesie ↗Hypoästhesie.

Hypalgesie. Unter H. wird eine Erhöhung der Schmerzschwelle verstanden. Dies kann z. B. durch den Ausfall bestimmter Nervenfasern, die das betreffende Hautareal versorgen, erklärt werden. Sehr oft wird, wenn die erhöhte Schwelle überschritten ist, eine noch größere Schmerzhaftigkeit als normal empfunden (Hyperpathie). ↗Schmerz. *M. Spreng*

Hyperakusis. Die H. oder verstärkte übernormale Empfindung lauter Töne kann ihre Ursache einmal in einer Lähmung des Steigbügelmuskels haben, der die Steigbügelfußplatte bei starken Schallenergien etwas aus dem ovalen Fenster der Schnecke herausheben soll (Schutzfunktion). Zum anderen sind Haarzellschädigungen, die sich z. B. als Rekruitment äußern, bei hohen Intensitäten gelegentlich von einer H. begleitet. ↗Sinnesorgane: Das Ohr. *M. Spreng*

Hyperalgesie. Bei erniedrigter Schmerzschwelle können bereits leichte Berührungen als schmerzhaft erlebt werden. Im allg. ist der Ort der Schädigung beschränkt, die Schmerzqualität hat einen brennenden Charakter. *M. Spreng*

Hyperästhesie, Überempfindlichkeit der Hautsinne infolge peripherer oder zentraler Veränderungen. ↗Hyperalgesie. *M. Spreng*

Hyperästhetiker, *hyperästhetischer Typ.* In der Typologie nach Kretschmer (1955) läßt sich jede dem *schizoiden* Typus zugehörende Person noch durch ein bes. Mischungsverhältnis (↗Psychästhetische Proportion) zwischen *überempfindlich-nervösen* und *unempfindlich-stumpfen* Anteilen kennzeichnen. Personen, deren psychästhetische Proportion zugunsten der Überempfindlichkeit ausgeprägt ist, nennt Kretschmer H. und kennzeichnet sie durch Eigenschaften wie schüchtern, scheu, feinfühlig, empfindlich, nervös, aufgeregt. Die möglichen Schattierungen solcher Personen reichen von der „mimosenhaft schüchternen Feinfühligkeit bis zur habituell jähzornigen Erregtheit".

Lit.: **Kretschmer, E.:** Körperbau und Charakter. Berlin, [26]1977.

W. Seitz

Hyperboliker, Ggs.: *Hypoboliker* oder Litotes-Typ (↗Sprechtypen). Der H. drückt sich drastisch und übertrieben aus. Der Litotes-Typ hingegen spricht eine sachbetonte Sprache. *W. Kretschmer*

Hyperbulie, krankhafter Drang nach Bestätigung.

Hyperfunktion ist die Überfunktion von Organen. Sie besitzt oft Krankheitscharakter und wird deshalb in der Medizin oft mit Eigennamen benannt. Am bekanntesten ist die H. ↗endokriner Drüsen. Die ↗Schilddrüse erzeugt die ↗*Basedowsche* Erkrankung mit

Stoffwechselsteigerung, Exophthalmus und Nervosität, die Nebenniere das *Cushing-Syndrom* mit Pausbäckigkeit, Gesichtsrötung, Striae (Schwangerschaftsstreifen) und Blutdruckkrisen und die ↗Hypophyse z. B. Akromegalie oder Riesenwuchs. Behandlung ist meist nur durch Teilzerstörung des Drüsengewebes möglich. *E. David*

Hypergeometrische Verteilung. Eine h. V. von Stichprobenergebnissen einer diskreten Variablen erhält man, wenn man aus einer endlichen Population Elemente X_i, ohne zurückzulegen, zieht.

Die Wahrscheinlichkeit (erwartete relative Häufigkeit) für ein Ergebnis von genau X Realisationen der einen Alternative („Erfolge") bei einer Population von N Elementen – darunter M „Erfolge" – und bei einer Stichprobengröße von n ergibt sich aus

$$p(x) = \frac{\binom{M}{x}\binom{N-M}{n-x}}{\binom{N}{n}}; \qquad \text{für } x = 0, 1, \ldots N.$$

Der Name h. V. rührt daher, daß sich die der hypergeometrischen Wahrscheinlichkeitsfunktion zugehörige momenterzeugende Funktion durch die hypergeometrische Funktion ausdrücken läßt. Die h. V. spielt für Stichproben „ohne Zurücklegen" dieselbe Rolle wie die ↗Binomialverteilung für Stichproben „mit Zurücklegen". Sie hat den Mittelwert:

$$\mu = n \cdot \frac{M}{N},$$

die Standardabweichung $\sigma = \frac{n \cdot M(N-M)(N-n)}{N^2(N-1)}$

W. H. Butollo

Hyper-, Hypogonadismus. *Allg.:* Über- (= Hyper-) oder Unter- (= Hypo-) Funktion der männlichen oder weiblichen ↗Keimdrüsen mit unterschiedlichen, vielfältigen Ursachen. Vorkommen von Hypo- und Hypergonadismus = 8:1. Der sehr seltene *Hypergonadismus* ist nur denkbar, wenn durch einen Tumor die ↗Gonadotropine – extrem selten – oder die ↗Keimdrüsenhormone im Übermaß produziert werden, so daß es zu einer stärkeren Ausbildung der sekundären Geschlechtsmerkmale kommt (hiermit nicht gemeint ist aber: vorzeitiges Einsetzen der Pubertät = ↗Pubertas praecox).

Eine sehr viel größere Rolle in Klinik, ↗klinischer Psychologie und ↗Psychopathologie spielt der *Hypogonadismus*. Einteilung nach dem vorherrschenden Effekt in 2 Hauptgruppen:

1. Primärer, hypergonadotroper Hypogonadismus. Primäres Versagen des *Endorgans* (Hoden, Eierstöcke) bei intakten übergeordnet regulierenden Organen (Hypophyse, Hypothalamus) und Überproduktion von ↗gonadotropen Hormonen infolge verminderter Keimdrüsenfunktion. Ursachen: bei beiden Geschlechtern in erster Linie Chromosomenanomalien. Hauptsächliche Formen: relativ häufig (2 ‰ der männlichen Bevölkerung) a) beim Mann sog. ↗*Klinefelter-Syndrom;* andere erbliche Hodenmißbildungssyndrome, z. B. „Reifenstein", männliches ↗*Turner-Syndrom,* sind relativ selten; b) bei der Frau ist der Prototyp das sog. ↗*Turner-Syndrom;* c) Sonderfall ausbleibender Reifung bei äußerlich weiblichen Personen mit männlichem Kerngeschlecht und Hoden im Bauchraum: *Syndrom der testikulären Feminisierung.*

2. Sekundärer, hypogonadotroper Hypogonadismus. Verminderte Gonadotropinbildung, deren Ursache in der ↗Hypophyse oder im ↗Hypothalamus liegt, wodurch es zum Versiegen der Keimdrüsenfunktion oder gar nicht erst zu deren Entfaltung kommt. Vorkommen: weitaus seltener als Formen der primären Gonadenunterfunktion. Hauptsächliche Formen: a) *idiopathischer* ↗*Eunuchoidismus* = Ausfall von ↗FSH- und ICSH-Bildung mit der Folge, daß Pubertät ausbleibt, obgleich Hoden an sich intakt sind (Ursache: wahrscheinlich angeborener Defekt im ↗Hypophysen-, ↗Hypothalamus-Bereich); b) *fertiler Eunuchoidismus* (Pasqualini-Syndrom), wahrscheinlich isolierte Störung der ICSH-Produktion bei intakter FSH-Produktion, so daß sich zwar ein eunuchoider Körperbau mit infantilem Genitale entwickelt, die Hoden aber fast normale Größe mit gut entwickelter Spermiogenese erreichen (deshalb fer-

til = fruchtbar): Hypogenitalismus ohne ausgeprägten Hypogonadismus (ganz seltene Erkrankung); c) *hypophysärer ↗Zwergwuchs.* Bei allen diesen Formen bleibt die Pubertät aus, der Patient bleibt – unbehandelt – sexuell infantil. Daneben gibt es noch den nicht angeborenen, während des Lebens erworbenen *sekundären Hypog.* (= postpuberaler Hypogonadismus) als Teilerscheinung eines kompletten Ausfalls der Hypophysenfunktion, meist durch Tumoren der Hypophyse verursacht.

Chronischer Ausfall der Pubertät kommt bei Männern häufiger vor als bei Frauen (Money, 1969). Das psychol. Problem besteht vor allem darin, eine Diskrepanz zwischen chronologischem Alter und sozialem Reifestand trotz Rückstand im biol.-körperlichen Bereich (Kindlichkeit und Unreife im Aussehen) soweit wie möglich zu vermeiden. Klinisch-psychol. und Sexualberatung – vor allem bei Unfruchtbarkeit – sind in solchen Fällen dringend erforderlich.

Lit.: Giese, H. (Hrsg.): Die Sexualität des Menschen. Stuttgart, 1968; **Money, J.:** Körperlich-sexuelle Fehlentwicklung. Hamburg, 1969; **Voigt, K.-D. & H. Schmidt:** Sexualhormone. Hamburg, 1968; **Wilkins, L.:** The diagnosis and treatment of endocrine disorders in childhood and adolescence. Springfield, 1965. *H. Maisch*

Hyperhedonie, Steigerung des Wollustgefühls.

Hyperhormie ↗Antrieb.

Hyperkinese, Hyperkinesie, übermäßige und überschießende Bewegungen von Gliedmaßen und Körperteilen, verursacht durch z. T. schmerzhafte, langdauernde (tonische) oder abgesetzte sich wiederholende (klonische) Muskelkontraktionen (Zusammenziehungen der Muskeln), oft mit krampfartigem Charakter. Sie wird erzeugt durch krankhafte Veränderungen der die Bewegung kontrollierenden Hirnteile, wie Nucleus niger, ruber oder Kleinhirn (↗Cerebellum). *E. David*

Hypermetropie, *Übersichtigkeit, Weitsichtigkeit.* Einfallende Lichtstrahlen kommen erst hinter der Netzhaut zur Abbildung. 1) *Achsen-H.:* Der Bulbus ist zu kurz. 2) *Brechungs-H.:* Die Lichtstrahlen werden zu gering gebrochen. Eine Korrektur kann durch Vorsetzen von Sammellinsen (Konvexlinsen, Plus-Dioptrien) erfolgen. *R. Rix*

Hypermnesie, außergewöhnliche Stärke des ↗Gedächtnisses, häufig auf abnorme psychische Zustände der Überwachheit zurückzuführen. In der ↗Hypnose ist in vielen Fällen eine Erinnerungsfähigkeit für weit zurückliegende Ereignisse erreichbar, jedoch nur in dem Ausmaß einer Steigerung von Möglichkeiten, die auch im normalen Zustand vorhanden sind. Ggs.: *↗Hypomnesie.*

H.-N. Genius

Hypermotilität, Bewegungsdrang, mot. Unruhe oder übermäßige Beweglichkeit der Gliedmaßen und Gelenke, z. B. bei manchen Formen des Schwachsinns. *E. David*

Hyperopie ↗Hypermetropie.

Hyperosmie, übernormales Geruchsvermögen, bes. als krankhafte Empfindlichkeitssteigerung, z. B. bei Schwangerschaft, ↗Neurasthenie, ↗Epilepsie; im allg. zentral bedingt, Mechanismus unklar. *K.-H. Plattig*

Hyperplasie, über die Norm hinausgehende Zunahme der Zellenzahl von Organen oder Körperteilen, teilweise mit ↗Hyperfunktionen gekoppelt. In bestimmten Fällen ist die H. als Präkanzerose (Vorkrebs) zu werten und wird meist durch Überbelastung oder starke Reize verursacht. *E. David*

Hypersexualität, abnorm gesteigerter Geschlechtstrieb, ein Begriff, der von den heutigen Sexualmedizinern nur noch selten benutzt wird, weil sie erkannt haben, daß es beim menschlichen Koitalvollzug keine Normen der Häufigkeit gibt. Wir urteilen heute in der Sexualpsychologie nicht mehr nach der Häufigkeit des erwünschten oder erzielten Verkehrs, sondern nach der Befriedigung, die der Mensch beim GV erzielt und seinem Partner vermittelt. Tritt Satisfaktion ein, so spielt die Quantität des erwünschten GV keine negative Rolle. Tritt keine Satisfaktion ein, so liegt meist eine Form der sexuellen Devianz, nicht aber der H. vor. Somatische Gründe exzessiver sexueller Wünsche oder ungenügender Satisfaktion sind von dieser Definition nicht erfaßt. *E. Borneman*

Hypertension, erhöhte Spannung, meist aber im Sinne von erhöhtem Blutdruck, also Bluthochdruck, gebraucht. ↗Hypertonie. *E. David*

Hyperthymie. Ein Persönlichkeitszug oder ein Typ, der durch Fröhlichkeit, große Aktivität und Eifer gekennzeichnet ist. H. unterscheidet sich von ↗*Hypomanie* durch Ausbleiben sozialer Komplikationen und mangelnde Notwendigkeit med. oder behördlichen Eingreifens. H. ist der entgegengesetzte Pol der ↗*Dysthymie,* gemeinsam konstituieren beide den ↗zyklothymen Persönlichkeitstyp, der zwischen diesen Extremen changiert. Manisch-depressive Patienten zeigen als Gruppe überdurchschnittlich viele *hyperthyme* oder *zyklothyme* Persönlichkeitsbilder.

Studien, aufgrund deren man psychotische Entwicklung einer hyperthymen Persönlichkeit voraussagen könnte, gibt es nicht, ebensowenig haben wir Belege für irgendeine beunruhigende Beziehung zwischen H. und ↗manisch-depressiver Psychose. *B. Brooker*

Hyperthyreoidismus ist die Überfunktion der ↗Schilddrüse. ↗Basedowsche Erkrankung. *E. David*

Hypertonie. *Hypertonus* oder ↗Hypertension ist der Bluthochdruck unterschiedlicher Genese. Es werden mehrere Formen der H. unterschieden. Der *genuine rote* Hochdruck (rote Gesichtsfarbe), auch *essentieller* Hochdruck genannt, beruht auf konstitutionellen Faktoren mit neuralen Komponenten. *Renaler blasser* Hochdruck (weiße Gesichtsfarbe), auch *Widerstandshochdruck* genannt, beruht auf Gefäßverengung durch hormonelle Ursachen, hauptsächlich von geschädigter Niere ausgehend. Weitere Ursachen sind u. a. Thyreotoxikose, Cushing-Syndrom (Nebennierenrindenhyperfunktion) oder adrenogene Symptome (Nebennierenmarksüberfunktion). Alle Formen führen nach langer Dauer zu ↗Hypertrophie, Schädigung des Herzmuskels und Gefäßsklerose (*fixierter* Hochdruck). *E. David*

Hypertrophie ist die Größenzunahme überbelasteter Organe, z. B. der Muskulatur beim Sportler, des Herzens bei Bluthochdruck oder der Gebärmutter bei Schwangerschaft, ohne Vermehrung der Zahl der Zellen. In solchen Fällen handelt es sich um physiologische oder Aktivitätshypertrophie. Dagegen stellen die verschiedenen pathologischen H.formen, wie Prostata-H. oder Rachenmandel-H., Krankheitsgeschehen dar. ↗Hyperplasie. *E. David*

Hypnagoge Halluzinationen ↗Schlaf.

Hypnagoge Phänomene, Erlebnisse beim Einschlafen, die vom ↗Traum unterscheidbar sind. Sie bestehen meist aus kurzdauernden, vor allem optischen ↗Halluzinationen, Veränderungen des ↗Körperschemas und ↗Denkens einschließlich ↗Neologismen. H. P. werden in der Regel nur erinnert, wenn man vor dem endgültigen Einschlafen wieder erwacht. *A. Dittrich*

Hypnoanalyse ↗Hypnose.

Hypnoid. Als h. werden (unscharf) traumähnliche Bewußtseinszustände bezeichnet. Sie kommen bei der Anwendung von hetero- und autohypnotischen Verfahren, ↗Halluzinogenen, ↗sensorischer Deprivation, beim Einschlafen (↗hypnagoge Phänomene) und bei ↗Psychosen vor. *A. Dittrich*

Hypnolepsie, ein Zustand abnormer Schläfrigkeit; wird gewöhnlich als Syn. für ↗Narkolepsie verwandt. *J. Price*

Hypnopädie. Bei der H. (griech. = Erziehung im Schlaf) werden dem Zögling im hypnotischen Zustand Lernstoffe und Verhaltensaufträge vermittelt, um Schwierigkeiten der Informationsaufnahme und der Verhaltenssteuerung im Wachzustand zu umgehen. Untersuchungsergebnisse bestätigen zwar die

Möglichkeit eines Lehrens und Lernens im ↗Schlaf, doch stehen exakte expt. Bestimmungen der Effektivitätssteigerung durch H. noch aus. *H. Schröder*

Hypnopompe Phänomene, Bezeichnung für Erlebnisse beim Aufwachen. Sie gleichen ↗hypnagogen Phänomenen. *A. Dittrich*

Hypnose. DEFINITION UND ABGRENZUNG. Ein vorübergehender Zustand geänderter Aufmerksamkeit beim Pb, der von einer anderen Person herbeigeführt werden kann und in dessen Verlauf eine Vielzahl von Phänomenen spontan, und auch als Reaktion auf verbale oder andersartige Reize, auftreten können. Diese Phänomene schließen ein: Änderungen des ↗Bewußtseins und des Gedächtnisses, vermehrte Empfänglichkeit für Suggestion sowie ein Auftreten von für normales Bewußtsein ungewöhnlichen Reaktionen und Vorstellungen. Weiterhin können Erscheinungen wie z. B. ↗Anästhesien, Paralysen, Muskelstarre und vasomotorische Änderungen erzeugt und aufgehoben werden.

Die Begriffe *Hypnose, hypnotischer Zustand, hypnotische Trance* und *Hypnotismus* werden oft gleichbedeutend gebraucht, der Begriff Hypnotismus kann sich aber auch spezifisch auf die *hypnotische Induktion* durch einen *Hypnotiseur* oder *Operateur* beziehen. *Empfänglichkeit* heißt das Maß, bis zu welchem der Pb durch die Induktion angesprochen wird; sie bestimmt die *Tiefe* der erreichten H. *Hypnoid* bezieht sich auf Zustände, die mindestens einige Charakteristika von leichter H. haben. *Posthypnotische Suggestionen* (und Anweisungen) werden während der H. mit der Absicht gemacht, den Pb nach Beendigung der H. zu beeinflussen, sind eine Folge der H. und schließen die aus ihnen resultierenden Phänomene ein. Es kann ein spontanes oder induziertes Unvermögen beim Pb auftreten, sich an einige oder alle Ereignisse zu erinnern, die während der H. stattfanden *(posthypnotische ↗Amnesie).* Wenn eine Person sich selbst hypnotisieren kann, spricht man von *Autohypnose.*

Hypnose stammt von dem Begriff „*Neuro-Hypnotismus*" ab, mit dem Braid (1843) einen trance-ähnlichen Zustand bezeichnete, den er als das Ergebnis einer langdauernden visuellen Fixierung oder einer andersartigen, ausdauernden Aufmerksamkeitsleistung betrachtete (Monoideismus). Dieser Zustand gleicht der *schlafähnlichen Trance,* die von de Puysegur (1785) als das Ergebnis eines länger dauernden Gebrauches von mesmerischen Strichen beschrieben wird. Der tiefste Trancezustand gleicht einem sehr tiefen Schlaf, bei dem der Pb betäubt ist und nicht auf Reize reagiert. Aus früheren Zeitaltern werden ähnliche Zustände berichtet; sie traten oft beim Menschen auf, nachdem er sich wiederholten Reizen, wie z. B. rhythmischem Trommeln und Singen, ausgesetzt hatte. Jedoch ist das wichtigste Merkmal der schlafähnlichen Trance und der Neuro-H., daß sich ein selektiver *Rapport* entwickelte, bei dem die Person für die verbalen (Notwendigkeit der Sprachbeherrschung) Suggestionen des Operateurs empfänglich blieb, jedoch zunehmend weniger für alle anderen Reize.

In Braids späteren Arbeiten wird in steigendem Maße der Einfluß des *Monoideismus* betont, der einer konzentrierten Aufmerksamkeit auf die Suggestionen des Operateurs entspringt und eine hypnotische Trance ohne die Hilfe von Techniken, wie visuelles Fixieren, hervorruft. Braid zeigte auch, daß die Suggestionen des Operateurs und die Erwartungen des Pb eine starke Auswirkung auf die Phänomene hatten, die während der H. auftauchten. Liébeault und Bernheim betonten später die Rolle dieser rein psychol. Determinanten der H. unter totaler Ausschließung aller anderen Einflußgrößen. Aber einige neuere Arbeiten unterstützen Braids ursprüngliche Ansicht, daß visuelles Fixieren zu einer vermehrten ↗*Suggestibilität* – sogar beim Fehlen eines Einflusses von Suggestion oder Erwartung – führen kann.

Die Entwicklung der H. zum med. und psychol. Forschungsgegenstand entstammt ↗Mesmers Behauptung, daß therapeutische Wirkungen aus einer Art krampfhafter Anfälle (Krise) resultieren, die allem Anschein nach durch Magnete oder (später) durch *mesmerische Striche* hervorgerufen wurden. Der bewußte Gebrauch von direkter verbaler Suggestion spielte weder in der frühen Praxis des Mesmerismus noch bei Mesmers eigenen Theorien eine Rolle.

Induktion und Beendigung der H. Detaillierte Beschreibungen einer Vielzahl von Induktionstechniken wurden vielfach veröffentlicht (z. B. Weitzenhoffer, 1953). Das wesentliche Merkmal der meisten Methoden sind sich *fortlaufend wiederholende* Suggestionen, die vom Operateur an den Pb gerichtet werden und normalerweise zuerst Entspannung, Aufmerksamkeit auf die Stimme des Operateurs, Müdigkeit und das Schließen der Augen hervorrufen. Die meisten Operateure glauben, daß eine entscheidende Stufe beim Vertiefen der H. erreicht wird, wenn *herausfordernde* Suggestionen gemacht werden, z. B. erzählt man dem Pb, daß er unfähig sein wird, seine Augen zu öffnen, unabhängig davon, wie stark er es auch versucht. Jenseits dieser Stufe werden Reaktionen auf weitere Suggestionen beinahe sofort und ohne die Notwendigkeit einer Wiederholung der Suggestion ausgeführt, jedoch gibt es keine klar gekennzeichnete Stufe, ab der man sagen kann, daß die Induktion abgeschlossen ist und die Phänomene der H. ans Licht gebracht werden können. Die Induktion ist normalerweise ein Prozeß einer Folge von Suggestionen mit stetig steigender „Schwierigkeit", die eine kontinuierliche Reihe von Reaktionen hervorrufen, welche auch selbst das Phänomen bilden können.

Die meisten Operateure vereinen visuelles und/oder auditives Fixieren mit verbalen Suggestionen in den Anfangsphasen der Induktion; dies ist jedoch unwesentlich, und die Stärke der hypnotischen Beeinflussung dieser Technik ist unbekannt. Das Ende der H. tritt normalerweise ein, wenn der Operateur dem Pb befiehlt, zu seinem normalen Zustand zurückzukehren.

Suggestionen, die während der H. gemacht werden und besagen, daß es einfach sein wird, die H. wieder zu beginnen, sind normalerweise so wirksam, daß spätere Induktionen auf ein vereinbartes Zeichen des Operateurs hin meistens sofort gelingen.

Empfänglichkeit. Der Schwierigkeit nach geordnete Suggestionen (Schwierigkeitsskala) dienen zum Messen der *Tiefe der H.*, die ein beliebiger Pb erreicht hat. Die Tiefe vergrößert sich während der Dauer einer einzelnen und mit jeder folgenden H. bis zu einem interindividuell sehr unterschiedlichen Maximum. Die meisten Untersuchungen weisen darauf hin, daß dieses Maximum normalerweise wenig von der Persönlichkeit oder Technik eines besonderen Operateurs oder von der Vielzahl der äußeren Faktoren beeinflußt wird; aber es ist ebenso offensichtlich, daß dieses manchmal zutreffen kann. Viele Untersucher berichten, daß ungefähr 10% der europäischen Erwachsenen unempfänglich sind und ↗Nachtwandeln bei 20–30% erreicht werden kann. Überdurchschnittliche Empfänglichkeit trifft man häufiger bei Frauen an; sie korreliert positiv mit: hoher Intelligenz, einigen Suggestibilitätsarten im Wachzustand (z. B. mit H. J. Eysencks *primärer* und *tertiärer* ↗Suggestibilität); weiterhin mit einer Neigung zu lebhaften Tagträumen und mit Zuständen der Selbstversenkung; einer lebendigen Vorstellungskraft, einer positiven Einstellung gegenüber dem Gedanken, hypnotisiert zu werden, und einem Hang zu ↗Narkotika. Die genannten Beziehungen zwischen Empfänglichkeit und einer Anzahl von Persönlichkeitsmerkmalen (bes. Extraversion) wurden selten durch die Ergebnisse mehrerer Untersuchungen bestätigt; sie besitzen keine Allgemeingültigkeit und sind je nach Triebstärke, Ängstlichkeit und Geschlecht verschieden. Bei *Kindern* steigt die Empfänglichkeit mit der Beherrschung der Sprache und erreicht ungefähr mit 8–10 Jahren ein Maximum, bevor sie auf einen stabilen Wert absinkt, der im Erwachsenenalter aufrechterhalten bleibt. Einige Formen von ↗Neurosen könnten mit überdurchschnittlicher und die meisten psychotischen Krankheiten (↗Psychosen) mit niedriger Empfänglichkeit zusammenhängen.

Phänomene. Man kann unterscheiden zwischen Phänomenen, die aus der Induktion selbst resultieren, und denjenigen, die von den spezifischen Suggestionen an den hypnotisierten Pb abhängen. Es gibt jedoch viele Beweise, daß die Erwartungen des Pb und die unbeabsichtigten, indirekten Suggestionen des Operateurs die Reaktion auf die Induktion stark beeinflussen, so daß die wahren Merkmale des Zustandes schwer zu erkennen sind. Orne hat die *notwendigen Merkmale* der hypnotischen Situation beschrieben. Sie machen die Gesamtheit der beabsichtigten und nicht beabsichtigten Reize, welche die Reaktionen des Pb beeinflussen, aus. Orne glaubt, daß die *wesentlichen Merkmale* der H. mehr im Erleben des Pb liegen als in seinen direkt zu beobachtenden Reaktionen und daß sie mit Verzerrungen der normalen Logik und Wahrnehmungsorganisation verbunden sind; diese Verzerrungen müssen stattfinden, bevor die Suggestionen des Operateurs akzeptiert werden können.

Unter den gut gesicherten und experimentell sorgfältig untersuchten Phänomenen sind zu nennen: a) *Aktivität der willkürlichen Muskulatur:* Beginn und Hemmung der Kontraktion, Paralyse, die sich aus der gleichzeitigen Aktivierung gegensätzlicher Muskelpaare ergibt; vermehrte Toleranz gegenüber Müdigkeit und Unbehagen, die durch die Muskelaktivität entstehen und daher manchmal zu einer gesteigerten Körperkraft (z. B. Greifen) und/oder Arbeitsleistung führen; verbesserte Muskelkontrolle bei relativ einfachen, aber wahrscheinlich nicht bei komplexeren, mot. Fertigkeiten. b) *Physiologische Phänomene:* Während der Suggestion, daß Muskelarbeit geleistet wird, wurde beim entspannten Pb erhöhter Stoffwechsel festgestellt; Suggestionen von Nahrungsaufnahme folgten Hemmung von Hungerkontraktionen und Vermehrung der Magensäure; die suggerierte Einnahme von Proteinen, Fett bzw. Kohlehydraten veränderte entsprechend die Pepsin-, Trypsin-, Lipase- und Maltoseproduktion. c) *Sinneshalluzinationen:* Nach der Suggestion von Taub- oder Blindheit traten Sinneshalluzinationen, Ausfälle des Lidschluß- und des Psychogalvanischen Reflexes (PGR) auf, wenn der Pb plötzlichen lauten Geräuschen oder Blitzen ausgesetzt wurde; Suggestionen von Farbblindheit waren begleitet von entsprechenden Reaktionsänderungen bei ↗Ishihara-Testkarten; der suggerierten Anästhesie oder Analgesie folgte eine Aufhebung der Normalreaktionen (einschließlich des PGR) auf Schmerzreize (einschließlich chirurgischer Operationen), und bei der Anwendung von verletzenden Reizen auf die hypnotisch anästhesierte Haut wurde der Rückzugsreflex auf dem Niveau der ersten spinalen Synapse unterbrochen, bei suggerierter ↗Halluzination von Rotation in einer Zentrifuge trat der ↗Nystagmus auf. Vgl. ↗Hypnoseforschung, experimentelle.

Gedächtnis. Entsprechende spezifische Suggestionen können oft eine posthypnotische ↗Amnesie hervorrufen, die sich auf gelernten Stoff oder auf Erfahrungen bezieht, die vor oder während der H. gesammelt wurden. Hypnotische *Hypermnesie* kann einschließen a) gesteigerte Fähigkeit, sich vergangener Erfahrungen zu erinnern (bes. derjenigen mit starkem emotionalem Inhalt), oder b) ein *verbessertes Erinnerungsvermögen* für gelernte, aber wahrscheinlich nur sinnvolle Inhalte.

Wiederbeleben von früheren Zuständen. Anscheinend wird der gesamte psycho-physiol. Zustand teilweise wiederhergestellt, der zu irgendeinem früheren Zeitpunkt beim Pb bestand. So hat die ↗*Regression* auf eine frühere Altersstufe (dem Pb kann suggeriert werden, daß er wieder ein Kind ist) zur Folge, daß spontan neonatale Reflexe gezeigt werden, wie z. B. der umgekehrte ↗Babinski, Defäkation beim Erschrecken zusammen mit entsprechenden Veränderungen der peripheren Chronaxie. *Persönlichkeitsänderungen,* einfache Änderungen der Stimmung und der Gefühle werden sofort induziert, es ist jedoch oft schwierig, diese posthypnotisch aufrechtzuerhalten. Verhaltensänderungen (z. B. Rauchen) sind oft kurzlebig, aber können durch häufige H.n (z. B. täglich) über längere Zeiträume ausgedehnt werden. Teilweise schwer zu erklären sind *organische Veränderungen,* aber es ist offensichtlich, daß durch besondere hypnotische Suggestionen gelegentlich eine Vielzahl von allergischen und psychosomatischen Hautveränderungen sowie das Auftreten von Hautbläschen bei Pbn mit hysterischer Persönlichkeitsstruktur hervorgerufen werden. Einige Untersucher glauben, daß auch Stigmata hypnotisch erzeugt werden können.

Hypnosetherapie. Ein Begriff, der sehr unbestimmt gebraucht wird, um verschiedene therapeutische Anwendungen der H. zu beschreiben, so wird z. B. a) *verlängerter hypnotischer „Schlaf"* manchmal angewendet bei Magen- und Zwölffingerdarmgeschwüren, Hypertension, Herzkrankheit und anderen Krankheiten, bei denen lange, streßfreie Zeiträume wohltuend wirken können. b) Mit Hilfe der *Hypnoanalyse* werden klassische psychoanalytische Techniken durch Benutzung der H. modifiziert und gekürzt, um das Auftauchen von verdrängten Gedächtnisinhalten und Assoziationen zu erleichtern. c) Die Produktion von *kathartischen Abreaktionen* normalerweise während des Wiederbelebens ist ein Teil der Behandlung von posttraumatischen Neurosen, bei denen versucht wird, Konversionen und andere Symptome, wie z. B. Paralyse, abzuschwächen. d) Dazu kommen *direkte Suggestionen,* die auf die Abschwächung von spezifisch physischen oder mentalen Symptomen gerichtet sind, ohne zu versuchen, mögliche zugrunde liegende Ursachen zu beeinflussen (Gefahr der Entstehung von Ersatzsymptomen; Bedrohung des psychol. Gleichgewichts). Mit offensichtlichem Erfolg wurden behandelt: Suchtkrankheiten, Asthma, übermäßiger Appetit, Ekzeme, eine empfindliche Harnblase, ↗Homosexualität, Impotenz, Menstruationsstörungen, ↗Vaginismus, Kopfschmerzen, ↗Stottern, Warzen, ↗Phobien und ↗Konversionsneurosen. Wenig Erfolg hat man bei ↗Psychosen erzielt.

Anwendungen in Medizin und Zahnmedizin. Hervorrufen von Analgesie und Entspannung während der Geburt und der Dauer der Wehen ist wahrscheinlich am gebräuchlichsten. Einige Praktiker, bes. in der Zahnheilkunde, bedienen sich der H. für eine Verminderung der Angst vor und während der Behandlung und für die Herstellung von Analgesie und Anästhesie, wenn die Indikation von chem. Mitteln schwierig, unangebracht oder gefährlich wäre. Bei einigen Patienten, die an unerträglichen Schmerzen leiden (z. B. im Endstadium von Krebs), schafft die H. wesentliche Erleichterung ohne die Nebenerscheinungen von Pharmaka.

Theorien. Man ist geneigt, die H.theorien in zwei Arten einzuteilen: 1. Theorien, die die Phänomene als Folge eines *speziellen Zustandes* des ZNS erklären, der normalerweise durch Induktion hervorgerufen wird; 2. Theorien, die die Phänomene als Reaktionen eines normal funktionierenden Organismus auf ungewöhnliche Bedingungen von Motivation, Aufmerksamkeit, Erwartung und Einstellung sehen; die genannten Bedingungen werden durch die Induktion beeinflußt, sind aber nicht wesentlich von ihr abhängig.

Die Theorien der *ersten Art* schließen die seit langem bestehenden Erklärungen von H. als eine Art von ↗Schlaf ein. Jedoch in Anbetracht einer Anzahl von Messungen von physiol. Größen, wie Reflexe, Blutdruck, elektrische Aktivität des Gehirns, Sauerstoffverbrauch usw., ergab sich, daß H. weit mehr dem Wachzustand als dem Schlaf gleicht. Es gibt aber einige Hinweise, hauptsächlich durch EEG-Studien, daß die H. eine besondere Art von sehr leichtem Schlaf ist, der vom Wachzustand und von tiefem Schlaf zu unterscheiden ist. Aus seiner Arbeit über konditionierte Reflexe erklärte Pawlow die H. als einen Zustand generalisierter kortikaler Hemmung, in dem es Herde andauernder Erregung ermöglichen, Reaktionen hervorzurufen, deren bizarre Merkmale für fehlende Kontrolle und Modifikation durch den Gesamtkortex sprechen. Viel vagere Theorien sprechen von einer Aktivitätshemmung in der weißen Region des Großhirns, einer Hemmung der Ganglienzellen und einem Zustand von Anämie der Frontallappen (Völgyesi, 1950). Janet sah die H. als einen Zustand einfacher oder multipler Bewußtseinsspaltung an, in dem die Komponenten des Bewußtseins relativ unabhängig voneinander funktionieren. Man ist geneigt, dieses als das psychol. Analogon zur physiol. Erklärung Pawlows zu sehen.

Theorien der *zweiten Art* schließen Ansichten von Bernheim (1964) und Liébault (1892) ein, welche die Phänomene als spezielle Beispiele von Suggestibilität im Wachzustand sahen, die durch Suggestion hervorgerufen werden. Es ist bekannt, daß die Vorstellung (Denken) an irgendwelche Formen von Muskeltätigkeit beim Pb im normalen Wachzustand entsprechende schwache nervöse Impulse hervorruft. Einige Wissenschaftler halten solche ↗*ideomotorischen Reaktionen* für eine ausreichende Grundlage einer Theorie der mot. Suggestibilität, aber sie reichen offensichtlich nicht aus, das ganze Gebiet der hypnotischen Phänomene zu erklären. Die Theorien des konditionierten Reflexes behaupten, daß die Verbindungen zwischen Worten und den Reaktionen des Pb in der H. von gleicher Art sind und den gleichen Gesetzen unterliegen wie die Verknüpfung zwischen dem konditionierten Reiz und der konditionierten Reaktion in ↗Pawlows Reflexologie. Andere Theorien betonen ähnliche Aspekte der H. Ferenczi (1952) sah die Phänomene aus der psychol. Regression auf den Zustand der Abhängigkeit von den Eltern und den Konflikt mit ihnen resultieren, während S. ↗Freud die Wichtigkeit der Unterwerfung betonte und von der Verwandtschaft der H. mit der unbegrenzten Hingabe in der Liebe sprach, bei der aber die sexuelle Befriedigung ausgeschlossen bleibt. Sarbin (1950) hat hingewiesen, daß H. eine stark motivierte Form des Rollenspiels ist. Die sich verstärkenden Hinweise, daß die meisten Arten von hypnotischen Phänomenen auch an Pbn demonstriert werden können, die keiner Induktion unterlagen, betont die Bedeutung solcher, wenn auch nicht gerade dieser besonderen Theorien.

Während alle Formulierungen die Aufmerksamkeit auf interessante Analogien lenken, verdient keine von ihnen, weder den Status einer Theorie zuerkannt zu bekommen, noch scheinen sie von wesentlichem erklärendem oder prädikativem Wert zu sein. Der hypnotisierte Pb verhält sich zumindest genauso komplex wie der wache Pb, und es ist zweifelhaft, ob eine allumfassende „Theorie der H." möglich ist. Wenn man mehr über die Determinanten des normalen, wachen Verhaltens weiß, wird es möglich sein, festzustellen, wie diese in der H. modifiziert werden und ob es einen spezifisch „hypnotischen Zustand" gibt.

Lit.: Bernheim, H.: Hypnosis and suggestion in psychotherapy. New York, 1964; **Braid, J.:** Neurypnology or the rationale of nervous sleep considered in relation with animal magnetism. London, 1843; **Chertok, M. D.:** Hypnose. München, 1973; **Ferenczi, S.:** Introjection and transference. First contributions to psychoanalysis, 1952, 39–93; **Freud, S.:** Ges. Werke, Bd. 12. London 1947; **Furneaux, W. D.:** The predictions of susceptibility to hypnosis. J. Pers. 1946; *14*, 281–294; **Liébeault, A.:** Der künstliche Schlaf und die ihm ähnlichen Zustände. Wien, 1892; **Puységer, A. M. de:** Mémoires pour servir à l'histoire et à l'établissement du magnétisme animal. London, 1785; **Sarbin, T. R.:** Mental age changes in experimental regression. J. Pers., *19*, 221; **Völgyesi, F. A.:** Hypnotherapie und psychosomatische Probleme. Stuttgart, 1950; **ders.:** Schutz-, Hypnose-, Schlaf-Hemmungen und die zunehmenden Perspektiven der aktiven Psychotherapie. In: **E. Speer** (Hrsg.): Die Vorträge der 2. Lindauer Psychotherapiewoche 1951. Stuttgart, 1952, 210–216; **Weitzenhoffer, A.:** Hypnotisme, an objective study in suggestibility. New York, 1953; weitere Lit. vgl. **Stokvis, B.:** Hypnose. In: **V. E. Frankl** et al. (Hrsg.): Hdb. d. Neurosenlehre und Psychotherapie. München, Berlin, 1959, 71–122 und ↗Hypnoseforschung, experimentelle.

W. D. Furneaux

Hypnoseforschung, experimentelle. Die Auseinandersetzung mit der Hypnose auf experimenteller Basis verspricht nicht nur eine Klärung eines an sich interessanten Phänomens, sondern darüber hinaus neue Einblicke in bisher ungelöste allg. psychol. Probleme, da sich die Hypnose als ein experimenteller Zugang zum menschlichen Erleben und Verhalten bei sich verändernden Bewußtheitsgraden erweist (vgl. Ullmann et al., 1968; J. F. Ullmann, 1971). Der im Bereich der e. H. angestrebte Erkenntnisfortschritt erstreckt sich auf so allg. psychol. Themen wie Kognition, Perzeption, Emotion, Motivation, interpersonale Beziehungen (Barber, 1969; Orne, 1970; u. a.), Persönlichkeit und soziale Beeinflußbarkeit (McGuire, 1968), Schmerz (Hilgard, 1967) und ↗Placebo (McGlashan et al., 1967) und führt zu zentralen Fragen der ↗Psycholinguistik (Sarbin & Coe, 1971).

Die einschlägigen Experimente von Orne (1959, 1962) haben – unabhängig von der Problematik der Hypnose – den generellen Einfluß der experimentellen Situation auf das Verhalten der Vpn demonstrieren können, wovon klar jenes Verhalten unterschieden werden muß, das durch ein jeweiliges Experiment kontrolliert werden soll. Die methodologischen Entwicklungen gegenwärtiger Hypnoseforschung transzendieren so den engeren Bereich (Gordon, 1967). Gleiches gilt für die

Auseinandersetzung mit dem Problem hypnotischer Trance. Die gegensätzlichen Auffassungen von „altered states of awareness" als legitime oder als unzulässige Konstrukte sind Ausdruck wiss. Grundpositionen gegenwärtiger Psychol. (Barber, 1969, 1970; Hilgard, 1969, 1970; Sarbin, 1968; N. P. Spanos u. J. F. Chaves, 1970; H. Thomae, 1962; Ullmann & Ullmann, 1966) und fundieren die Paradigmen von Hypnoseexperimenten.

Ausschließlich mit Hilfe sozialpsychol. Theoreme versuchen Sarbin und Mitarbeiter das Phänomen der Hypnose zu erklären; hypnotisches Verhalten wird im Kontext einer Psychol. kommunikativer Beeinflussung gesehen (Sarbin & Coe, 1971) und entsprechend empirisch untersucht. Das Erlebnis eines Trance-Zustandes stützt sich nach Meinung Sarbins nicht notwendig auf ein objektives Äquivalent als Ursache für hypnotische Phänomene. Ähnlich argumentiert Barber; nach seiner Auffassung wird ein der Hypnose eigener Bewußtseinszustand nicht als existent angenommen, er sei ein überflüssiges Konstrukt, das dem Verständnis nicht zu dienen vermag. Bemühen um quantitative Erfassung hypnotischen Verhaltens (der abhängigen Variablen) und der objektiven Größen, die dieses Verhalten bedingen (der unabhängigen Variablen), sowie der gesetzmäßigen Beziehungen zwischen den Variablen beider Klassen kennzeichnet die Vorgehensweise. Die zu erklärenden hypnotischen Verhaltensweisen, wie a) das auf direkte Suggestionen antwortende Verhalten, z. B. ↗Halluzinationen, Analgesie, ↗Amnesie usw., b) die verbalen Äußerungen der Vpn, c) das trance-ähnliche Erscheinungsbild (mangelnde Spontaneität, retardiertes motorisches Verhalten), werden mit Hilfe einer standardisierten Skala (BSS; Barber, 1965) quantitativ erfaßt. Auf der Seite der Antezedenten, die wesentlich am Zustandekommen hypnotischen Verhaltens beteiligt sind, identifizierten Barber und Mitarbeiter eine Anzahl von Variablen, die als 1) Instruktions-Suggestions-Variable, 2) Subjekt-Variable, 3) Variable des Hypnotiseurs und 4) Beziehungsvariable klassifiziert werden (Barber, 1969). Es hat sich mehrfach gezeigt, daß einzelne in der Hypnose auftretende Phänomene auch ohne eine hypnotische Induktion hervorgerufen werden können. Barber sieht in diesem Ergebnis eine Stütze seiner Ablehnung eines speziellen hypnotischen Trance-Zustandes.

Für Hilgard (1965, 1969, 1970) zeigen sich die hypnotischen Phänomene teilweise unter einer anderen Perspektive. Von seinem Standpunkt eines neueren Funktionalismus aus sind subjektive Zuständlichkeiten durchaus legitime Gegenstände wiss. Bemühungen. Unter Bezugnahme auf die Schlafforschung (↗Schlaf) erklärt es der Autor als sinnvoll, verschiedene Bewußtseinszuständlichkeiten zu unterscheiden. Ähnlich wie für den Schlafzustand sollten sich auch für den Hypnosezustand objektive Indikatoren finden lassen. Von Trance-Problemen abgesehen, untersuchen Hilgard und Mitarbeiter in intensiver Weise neben hypnotischer Schmerzreduktion (Hilgard, 1967) mit Hilfe eigens entwickelter Skalen hypnotische Suggestibilität als individuelles Merkmal, bes. auch unter genetischem Aspekt. Dieses Merkmal ist zwar nach Ansicht Hilgards durch eine Reihe von Variablen *modifizierbar,* z. B. durch Erwartungshaltungen der Vp, durch Einstellung der Testsuggestion gegenüber u. a. m. (Barber, 1969), ein genügend großer Anteil aber bleibt, bisherigen Resultaten zufolge, verhältnismäßig *stabil.* Ebenso wie Hilgard wertet P. London (1970) den persistenten Anteil individueller Differenzen hypnotischer Performanz als gewichtig und sucht – als Ausgang für eine Hypnosetheorie – nach entsprechenden Korrelaten. Empirisch belegt erscheinen London die Beziehungen zwischen hypnotischer Suggestibilität und bestimmten ↗EEG-Mustern. Die Berechtigung, das übliche Paradigma zu verlassen und eine dort als abhängige Variable fungierende Größe – nämlich *hypnotische Suggestibilität* – als eine unabhängige Variable zu untersuchen, sieht Hilgard in dem zu erwartenden Informationsgewinn, der helfen kann, einschlägige Parameter näher zu definieren.

Zusammenfassend kann gesagt werden: Die gegenwärtige e. H. zeichnet sich durch ein hohes Niveau der Versuchspläne und Experimentiertechniken aus. Einzelne Vertreter verschiedener wiss. theoretischer Provenienz haben die Leistungsfähigkeit ihrer Vorgehensweise konsequent auszuloten versucht; es scheint, daß in der nächsten Phase experimenteller Aktivität der Grad der Berechtigung einzelner Positionen offenbar wird. Nach Identifizierung mehrerer bedeutsamer Variablen und Erfassung einiger wesentlicher Variablenbeziehungen zeigt sich die Hypnose als ein aufschlußreiches Phänomen im weiteren Kontext allg. psychol. Sachverhalte.

Lit.: Barber, T. X.: Hypnosis a scientific approach. New York, 1969; **ders.:** LSD, Marihuana, Yoga and Hypnosis. Chicago, 1970; **Gordon, J. E.** (Ed.): Handbook of clinical and experimental hypnosis. New York, 1967; **Hilgard, E. R.:** Hypnotic susceptibility. New York, 1965; **ders.:** Altered states of awareness. J. nerv. ment. Dis., 1969, *149*, 68–79; **Orne, M. T.:** On the social psychology of the psychological experiment: With particular reference to demand characteristics and their implications. Amer. Psychol., 1962, *17*, 776–783; **Sarbin, T. R., & W. C. Coe:** Hypnotism: A social psychological analysis. New York, 1971; **Spanos, N. S. & J. F. Chaves:** Hypnosis research: A methodological critique of experiments generated by two alternative paradigms. Amer. J. Clin. Hypn., 1970, *13*, 108–127; **Thomae, H.:** Das Bewußtseinsproblem in der modernen Psychologie. Der Nervenarzt, 1962, *33*, 477–483; **Ullmann, J. F., Ullmann, I. M. & W. H. Klapp:** Perspektiven psychologisch-experimenteller Hypnoseforschung bis zum Einsetzen grundsätzlicher methodischer Kritik. Arch. Ges. Psychol., 1968, *120*, 247–300.

J. F. Ullmann, I. M. Ullmann & W. H. Klapp

Hypnoseübung, fraktionierte, von E. Kretschmer eingeführtes – auch „gestufte ↗Aktivhypnose" genanntes – Verfahren, das von der Entspannung (z. B. durch das ↗autogene Training) ausgeht und über „Grundübung", „Fixierübung", „Vertiefung" und andere Stufen bis zum vollen hypnoiden Bewußtseinszustand gelangen kann. *Red.*

Hypnotherapie ↗Hypnose.

Hypnotika, *Schlafmittel,* natürliche oder synthetische Substanzen, die einen schlafähnlichen Zustand direkt herbeiführen oder sein Eintreten begünstigen. – Erwünschte Eigenschaften: Erzeugung eines dem natürlichen Schlaf möglichst ähnlichen Zustandes ohne Nebeneffekte und ohne Beeinträchtigung des nachfolgenden Wachzustandes (hangover), keine kumulierende Wirkung, keine Gewöhnung, keine Entwicklung von Abhängigkeit, große therapeutische Breite zur Vermeidung von Lebensgefährdung bei Überdosierung. Den H. zugerechnet werden – heute z. T. ungebräuchliche – chem. differente Stoffgruppen wie die Alkohole und Aldehyde (Äthylalkohol, Chloralhydrat, Paraldehyd), Sulfone (Sulfonal, Methylsulfonal), Urethane (Äthylurethan, Ethinamat), Monoureide (Bromisoval, Carbamal), Cycloureide (Barbiturate) und Piperidinderivate (Gluthethimid, Thalidomid). Eine Abgrenzung der H. gegenüber ↗Tranquilizern und ↗Narkotika ist schwierig. Der Auffassung nur quantitativer Unterschiede (Irwin, 1968) steht die Behauptung qualitativer Wirkungsdifferenzen gegenüber (F. M. Berger). J. G. Muñoz unterscheidet innerhalb der Psychopharmaka, die auf den Schlaf fördernd Einfluß nehmen, eine Gruppe mit *euhypnischer* (schlaffördernder, hypnogener) von einer anderen mit *hypnotischer* (schlaferzwingender) Wirkung, wobei die Übergänge von den Euhypnika zu den Tranquilizern und von den H. zu den Narkotika fließend sind. Während die Euhypnika auf anxiolytischem Wege den Schlaf erleichtern, bewirken die direkt schlafmachenden H. in entsprechender Dosierung auf dem Wege allgemeiner zentraler Dämpfung (vornehmlich der ↗Formatio reticularis) mit relativ fixer Latenzzeit eine progrediente Beeinflussung des Bewußtseins: Sedierung mit Leistungsbeeinträchtigung, Benommenheit, Verwirrtheit, Schlaf, Narkose, Exitus. Sie führen zu einer deutlichen Beeinflussung vegetativer Funktionen (Puls, Blutdruck, Temperatur, Atmung) und öfters auch zu Toleranz (auch Kreuztoleranz) und Abhängigkeit mit Entziehungssymptomen. Das Ausmaß des hangover einer Substanz (Benommenheit, Gliederschwere, Leistungsminderung) ist vor allem eine Funktion der Wirkungsdauer. Das mangelnde Erholungsgefühl korreliert mit verminderter Körpermotorik im Schlaf. – In nicht schlafmachender Dosierung sollen die H. reversible Persönlichkeitsveränderungen in Richtung zunehmender Extravertiertheit (H. J. Eysenck) hervorrufen. Sie verringern die Leistungen in einer Vielzahl von Tests (Kornetsky et al., 1957). Jedoch sind diese Leistungsminderungen wegen kompensatorischer Gegenregulationen schwierig nachzuweisen. An anderen Nebeneffekten haben die alkoholpotenzierende Wirkung und der Einfluß auf die Fahrtüchtigkeit große Aufmerksamkeit gefunden.

Lit.: Holm, E.: Der pharmakologisch induzierte Schlaf. In: **W. Baust** (Hrsg.): Ermüdung, Schlaf und Traum. Stuttgart, 1970; **Irwin, S.:** Anti-neurotics: practical pharmacology of the sedative-hypnotics and minor tranquilizers. In: **D. H. Efron** (Ed.): Psychopharmacology 1957–1967. Washington, 1968; **Kornetsky, C., Humphries, O. & E. V. Evarts:** Comparison of psychological effects of certain centrally acting drugs in man. A. M. A. Arch. Neurol. Psychiat. 1957, *77*, 318–324; **Maynert, E. W.:** Sedatives and hypnotics. In **Di Palma, J. R.:** Drill's Pharmacology in medicine. New York, 1965, 169–209; **Othmer, E.:** Persönlichkeit und Schlafverhalten. Meisenheim, 1965. *E. Lehmann*

Hypnotische Halluzination ↗Hypnose.

Hypnotischer Rapport ↗Hypnose.

Hypoästhesie. Verminderte Empfindlichkeit der Hautsinne infolge peripherer oder zentraler Veränderungen. ↗Hypalgesie. *M. Spreng*

Hypoalgesie ↗Hypalgesie.

Hypoboliker ↗Hyperboliker.

Hypobulie, herabgesetzte Willenskraft, Willensschwäche, bes. bei Psychopathie und Schizophrenie.

Hypobulische Mechanismen, automatische, d. h. nicht beabsichtigte, reflektorische und genormte Bewegungsformen. Sie treten auf, wenn bei „Störung seelischer Höchstleistungen des Zweckwillens entwicklungsgeschichtlich niedrigere psychomotorische Funktionsweisen an die Oberfläche kommen und die Führung übernehmen" (rhythmische Bewegungen, Bewegungssturm, hysterischer Stupor und Anfall, Katalepsie, mot. Negativismus).

Lit.: Kretschmer, E. & W. Kretschmer: Medizinische Psychologie. Stuttgart, [14]1975. *W. Kretschmer*

Hypochondrie. Gelegentlich hat man behauptet, daß die H. bei Männern der ↗Hysterie der Frauen entspreche. Gegenwärtig versteht man unter dem Begriff H. lediglich ein Syndrom, das sich vor allem bei Bildern von Angstzuständen und ↗Depressionen zeigt. Der Kranke verspürt Beschwerden und Störungen nicht nur im Bauch, wie die etymologische Herkunft des Wortes vermuten läßt, sondern im ganzen Körper. *J. López Ibor*

Hypofunktion ist die Unterfunktion von Organen oder Körperteilen. Sie bezieht sich meist auf ↗endokrine Drüsen. Man unterscheidet dabei je nach betroffenem Organ *hypophysären Zwergwuchs* mit normaler Intelligenz, schilddrüsenbedingten ↗*Kretinismus* als Zwergwuchs mit Schwachsinn, *Addisonsche Erkrankung* bei Adrenalinmangel als Zeichen einer Nebennierenmarkunterfunktion, *Diabetes mellitus* (Zuckerkrankheit) bei Insulinmangel als Ausdruck einer Pankreasunterfunktion oder ↗Eunuchoidismus. *E. David*

Hypokinese. Bewegungsarmut der Skelettmuskulatur, lokal bei Lähmung auftretend, meist aber als Systemerkrankung, z. B. bei Paralytis agitans, verbunden mit Maskengesicht und unwillkürlicher Bewegung. *E. David*

Hypomanie, ein Status geringerer Manie im Rahmen eines ↗manisch-depressiven Irreseins. H. kann einem manischen Stadium vorausgehen oder folgen, auch eine eigene Episode bilden. Hypomanische Patienten können für eine gewisse Zeit bei einigen oder auch allen ihrer üblichen sozialen Aktivitäten funktionsfähig sein, vielleicht tatsächlich sehr produktiv. Grandiose oder exzessive Handlungen bzw. Entscheidungen führen schließlich zu sozialen Komplikationen. Wie ↗Manie ist H. von deskriptivem Nutzen (heuristischem Wert) und überlappt sich mit ↗Hyperthymie.

B. Brooker

Hypomanischer Typ ↗Diathetische Proportion.

Hypomnesie, *Gedächtnisschwäche;* ein typisches Symptom ↗organischer Psychosen und des Altersabbaus der Intelligenz. Sie betrifft

zuerst und ausgeprägter Ereignisse der jüngsten Vergangenheit als z. B. Jungenderinnerungen („das Neue stirbt vor dem Alten").
W. Schmidbauer

Hypophyse, auch *Glandula pituitaria* oder *Hirnanhangdrüse* genannt, ist ein im Türkensattel an der Hirnbasis gelegenes Gebilde von etwa 1,5 cm Durchmesser. Als eine der wichtigsten innersekretorischen Drüsen besteht sie aus dem *Vorderlappen* (HVL, Adenohypophyse), dem *Mittellappen* (HML, Pars intermedia), dem *Hinterlappen* (HHL, Neurohypophyse) und dem *Infundibulum* als Verbindung mit dem Gehirn. ↗Hormone.
E. David

Hypoplasie ist die meist angeborene oder erblich bedingte Unterentwicklung eines Organs. Sie führt fast immer zu Minderung oder Ausfall der Funktion des betreffenden Körperteils mit Krankheitswert. *E. David*

Hypostase. Prozedur des Intellekts, mittels welcher einer Abstraktion unabhängige und gleichsam materielle Existenz zuerkannt wird. Der Begriff der H. kommt in Plotins Philosophie zur vollen Blüte, er bezeichnet dort die drei Absolutheiten des Guten (das Unendliche), der Intelligenz und der Seele. Die Psychol. hat oft Mühe, den Gegenständen, Begriffen und Funktionen, deren sie sich bedient (z. B. der Wille, das Ich oder Überich) nicht eine materielle Wirklichkeit zuzuschreiben.
M. Reinhardt

Hypotaxie. Zustand mangelnder Koordination der willkürlichen Bewegungen (↗Ataxie). In der ↗Hypnose mittlerer Grad, wobei kataleptische Starre und Befehlsautomatie ohne nachträgliche ↗Amnesie erreicht werden.
W. Schmidbauer

Hypothalamus, der zum Zwischenhirn gehörende, unter dem Thalamus gelegene Hirnteil, dessen Funktion hauptsächlich in der Koordination vegetativer Körperfunktionen, wie Hormonfunktion (↗Hormone), Atmung, Kreislauf, Wärme- und Wasserhaushalt, zu suchen ist. Er besitzt deshalb enge Verbindungen zur ↗Hypophyse und tieferen Hirnteilen.
E. David

Hypothese. Allg. bezeichnet die H. eine (als wahr angenommene) Aussage, die als Grundlage einer diskursiven Konstruktion dient. Spezifisch wird H. in folgenden drei Bedeutungen verwendet: 1. Die H. ist ein Mittel zum logischen Gliedern einer Situation: bestimmte Aussagen dienen als Ausgangsprinzipien einer deduktiven Theorie (hypothetisch-deduktive Theorien). 2. Die H. ist eine plausible Erklärung vor der strengen (experimentellen) Verifikation eines Sachverhalts. 3. Die H. bezeichnet schließlich ein heuristisches Mittel zur Entdeckung und Erfindung von wahren Sachverhalten. In formalen Systemen sind die Begriffe H., ↗Axiom und ↗Postulat gleichbedeutend. *M. J. Borel*

Hypothesentheorie der Wahrnehmung ↗Soziale Wahrnehmung.

Hypothesentheorien des Denkens. Denken wird hier aufgefaßt als „inneres Probehandeln" (Sigmund Freud), wo die Lösung vorweggenommen wird, und erst in einem zweiten Schritt – falls überhaupt – die Evidenz pro und contra abgewogen wird. Im Anschluß an Mach, Poincaré und Hadamard, welche die Bedeutung der Hypothese vor allem im wissenschaftlichen Erkenntnisprozeß hervorhoben, entstanden hier vorerst eine Reihe von aktualgenetischen Stadienmodellen über Denkprozesse, etwa Dewey (1933) mit folgenden Phasen: 1) suggestion, 2) intellectualization, 3) the guiding idea, hypothesis, 4) reasoning, 5) testing the hypothesis by action; oder Claparède mit folgenden drei „moments": „la question, point de départ de l'opération intellectuelle; la recherche ou découverte de l'hypothèse . . .; la vérification, ou contrôle de l'hypothèse, qui la fait rejeter lorsqu'il y a ‚erreur'" (Claparède, 1934, p. 6). Hauptschwierigkeit dieser Ansätze war, überhaupt empirische Belege dieser Stadien zu finden, liefen diese Prozesse doch weitgehend unbewußt und automatisiert ab und waren damit der Introspektion oder Lautlösemethode

(Claparède, Duncker) nicht direkt zugänglich. Aufgrund von Tierexperimenten (Krechevsky, 1932/33, „‚hypotheses' in rats") wurde jedoch ebenfalls indirekt geschlossen, daß hier das Verhalten nicht völlig zufallsgeleitet in blindem Versuch und Irrtum ablaufe, sondern als systematisches Prüfverfahren in Analogie zum Hypothesenprüfen beschreibbar sei.

Waren diese frühen Ansätze der Hypothesentheorien durch einen relativ hohen Allgemeinheitsgrad des Modells, jedoch geringe Datennähe gekennzeichnet, so ist die zweite Tradition, die auf dem experimentellen Paradigma der Begriffsbildung (Ach, Hull, Wygotski, Heidbreder, Hovland) genau umgekehrt zu charakterisieren, vor allem in ihren späteren Vertretern, wie etwa Huut, Restle, Bower und Trabasso (siehe Levin, 1975). Wenn auch die Generalisierbarkeit dieser Befunde wegen der Künstlichkeit und Beschränktheit des experimentellen Paradigmas als gering erscheint, so liegt doch die Bedeutung dieser Forschungstradition in ihren Anregungen zur Bildung mathematisierter Modelle und ihrer stringenten Überprüfung an objektiv gewonnenen Daten.

Ein dritter Ansatz versucht, einen höheren Allgemeinheitsgrad der Theorie mit gleichzeitiger Breite des empirischen Gültigkeitsanspruchs unter Bewahrung der formalen Präzision zu erreichen. Als erster Ansatz wäre hier das ↗TOTE-Modell von Miller, Galanter und Pribram (1960) zu nennen. Im weiteren bestehen formale und psychologische Beziehungen zwischen dem Konzept der heuristischen Suche (↗Heuristik) und Hypothesenprüfprozessen. Schließlich versucht die verallgemeinerte formalisierte Hypothesentheorie (Groner, 1978) durch Explikation zusätzlicher Annahmen einen Raum von Modellvarianten zu konstruieren, von denen jede auf verschiedenen Verhaltensebenen (Prozentsatz richtiger Lösungen sowie bestimmter Fehler, Wahrscheinlichkeitsverteilung der Lösungszeiten, jedoch auch ↗Augenbewegungen als Indikator der visuellen Informationsaufnahme) empirisch überprüft werden kann.

Lit.: Claparède, E.: La genèse de l'hypothèse. Archives de Psychologie, 1933, *24*; **Dewey, J.:** How we think. Boston, [2]1933; **Groner, R.:** Hypothesen im Denkprozeß. Grundlagen einer verallgemeinerten Theorie auf der Basis elementarer Informationsverarbeitung. Bern – Stuttgart – Wien, 1978; **Levine, M.:** A cognitive theory of learning: research on hypothesis testing. Hillsdale (N.J.), 1975.

R. Groner

Hypothese, Testen der ↗Statistische Tests.

Hypothetisch-deduktives Vorgehen, Methode, die darin besteht, von Annahmen auszugehen, welche von Prinzipien und/oder Fakten bestätigt werden, um daraus eine ganze Reihe von Folgerungen zu deduzieren. Diese, logisch wahr, können empirisch überprüft werden und werden eine Vorausschau oder einen Beweis „a posteriori" liefern über die Wahrheit der Prinzipien oder der Hypothesen. Die Methode hat zwei Funktionen: a) eine *theoretische* („kategorisch-deduktive" oder axiomatische), da die deduktive Konstruktion dazu dient, eine ganze Reihe von Aussagen, die als wahr anerkannt werden, zu organisieren, um deren Haltbarkeit zu kontrollieren; und b) eine *heuristische* („hypothetisch-deduktive" im strikten Sinn), da Hypothesen und Konsequenzen auf die Erfahrung vorzugreifen erlauben. Ein Modell im gängigen Sinn des Begriffs erfüllt diese zwei Funktionen.

M.-J. Borel

Hypothetisches Konstrukt. Unter h. K. versteht man die Annahme von Phänomenen oder Vorgängen, die als existent bezeichnet werden, obwohl sie als solche vorläufig nicht vollständig beobachtbar sind. H. K.e haben heuristischen Wert, d. h., sie können zu Untersuchungen und Messungen Anlaß geben, die ohne ihre Formulierung nicht zustande kommen würden. *R. Hänni*

Hypotonie, zu niedriger Blutdruck als Zeichen einer Fehlregulation bei vegetativ labilen Menschen oder bei Herzschwäche. H. äußert sich in Schwäche, Müdigkeit und Ohnmachtsanfällen. Ggs.: ↗Hypertonie. *E. David*

Hypotrophie, Organschrumpfung durch Inaktivität.

Hypsophobie, übersteigerte Angst vor hochgelegenen Orten, zus. mit Höhenschwindel.

Hysterie, zweckgerichtete ↗psychogene Erkrankung mit seelischen und/oder körperlichen Symptomen als Reaktion auf emotional stark belastende Erlebnisse, die infolge einer angeborenen oder erworbenen Disposition nicht normal verarbeitet werden. Symptome der H., die nicht notwendigerweise zusammen vorkommen müssen, sind Dämmerzustände, Wahnvorstellungen, Amnesien, Affektausbrüche mit Wein- oder Schreikrämpfen (ereignen sich stets nur in Gegenwart anderer Personen), auch Pseudodemenz, Sinnesstörungen (z. B. Blind- oder Taubheit, Anästhesien), Lähmungen, Tremor, Tics und motorische Koordinationsstörungen („Vorbeihandeln", Nicht-stehen- oder Nicht-gehen-Können). Die Grenzen zur Simulation sind oft fließend. Behandlung erfolgt durch Milieu- oder ↗Psychotherapie. ↗Abwehr; ↗Psychopathologie.

Lit.: Brun, R.: Allgemeine Neurosenlehre. Basel, [3]1954.

M. Amelang

Hysterischer Reaktionstypus, im angelsächsischen Sprachbereich nicht selten als Gegenpol zum ↗dysthymen Typus aufgestellter Charakter: *extravertiert;* verarbeitet Belastungen schnell, wenn auch übertrieben ausdrucksvoll, als heftige Reaktion. – Von Kretschmer wird er geschildert: beeindruckbar, mit geringer aktiver Retentionsfähigkeit gegenüber Affekten, bei Belastungen ausweichende und affektsteigernde psychische Verarbeitung, schnelle Leitung (Erledigung) der Reihe, demonstrative Fassade.

Lit.: Kretschmer, E.: Hysterie, Reflex und Instinkt. Stuttgart, [6]1958; **ders. & W. Kretschmer:** Med. Psychologie. Stuttgart, [14]1975.

W. Kretschmer

Hysteromanie. 1) Stadium exzessiver Aktivität bei hysterischen Patienten. – 2) Heute ungebräuchliches Synonym für Nymphomanie, ein exzessives Verlangen nach sexuellem Verkehr bei Frauen. ↗Hysterie. *P. Ley*

I

IA. Abk. für *Intelligenzalter.* Das Niveau der globalen intellektuellen Entwicklung, ausgedrückt auf einer Skala von Altersäquivalenten, welche die Intelligenzentwicklung des Durchschnittskindes darstellen. ↗Binet-Simon-Test; ↗IQ. *A. Lang*

Ich. I. *Interpretationen des Begriffes:* 1. Der Begriff bezieht sich primär auf ein Erlebnis. I. ist der evidenteste Bewußtseinsinhalt, was nicht hinderte, daß es aus der expt. Psychol. vor allem der behavioristischen Richtung eliminiert wurde. Schon F. Nietzsche hat es als eine grammatikalische Illusion bezeichnet. Als *Erlebnis* ist es einer genauen Definition kaum zugänglich, da es in fast allen Erlebnissen mitenthalten ist. Es werden ihm die Qualitäten des Zentralen oder Allesumfassenden zugeschrieben. W. Wundt bezeichnet mit dem Begriff das „Gefühl des Zusammenhangs aller psychischen Erlebnisse". In der ↗Schichtenlehre erscheint es als die letzte, oberste Schicht, als die Spitze einer Pyramide und wird damit zum wesentlichen Charakteristikum der Struktur der ↗Persönlichkeit. Eine wichtige Unterscheidung im Bereich der I.-Erlebnisse hat W. James vorgenommen, durch die deutlich gemacht wird, wie Verschiedenartiges allein von der Erlebnisseite her in dem Begriff enthalten ist. Es gibt nach ihm zwei *Aspekte des Ich:* das *wissende Ich,* d. h. das Erlebnis, das mit den verschiedensten Tätigkeiten verbunden ist, in denen sich das Individuum als Subjekt erlebt, und das *„mich",* das *empirische Ich;* dieses umfaßt alle jene Inhalte, die das Subjekt in einer besonderen Weise als zu sich gehörig erlebt.

2. Eine ganz neue Bedeutung erhält der Begriff I. in der Theorie von S. ↗Freud. Er ist bei ihm nicht in der *Selbstwahrnehmung* verankert, sondern in *der Dynamik des psychischen* Geschehens, vor allem in dessen Störungen und Konflikten. Das I. ist für Freud ein Bereich oder eine Instanz der psychischen Struktur, die dem ↗*Es* gegenübersteht. Zuerst war es für Freud fast gleichbedeutend mit Bewußtsein, bis er erkannte, daß Funktionen des I. auch unbewußt sein können. Anfänglich hat Freud das I. als aus dem Es hervorgegangen verstanden, heute wird in der ↗Psychoanalyse auch von angeborenen I.-Apparaten gesprochen, und es wird ihm größere Autonomie zugestanden (z. B. H. Hartmann und E. Kris). Das I. ermöglicht die Anpassung an die Realität, es ist der Träger des ↗Realitätsprinzips und wird von Freud auch mit dem Reiter verglichen, „der die überlegenen Kräfte des Pferdes zügeln soll, wozu es aber keine eigenen Kräfte besitzt, sondern sie borgen muß". A. Freud hat dann die Lehre von den Verteidigungsmechanismen des I. entwickelt (↗Abwehrmechanismen), in der nach der eigenen Aussage der Autorin, noch stärker als bei Freud in seinen letzten Jahren, das I. als der entscheidende Teil der Psyche erscheint. Aber wie von der *erlebnismäßigen,* so erweist sich das I. auch von der *funktionalen* Seite aus als eine sehr komplexe Gegebenheit, und Freud sah sich veranlaßt, vom I. das Überich als eine besondere Instanz abzuscheiden, die dem I. übergeordnet ist und Ideal und Moral repräsentiert. Es entspricht damit weitgehend dem, was in der früheren Psychol. als ↗Gewissen bezeichnet wurde.

3. In dem Maße, als Probleme der Persön-

lichkeit und der Motivation, vorwiegend im Zusammenhang mit klinischer und Sozialpsychol., in die empirische Psychol. einbezogen wurden, ist auch der Begriff des I. wieder aktuell geworden. Um den Diskussionen, die in den philosophischen und bewußtseinspsychol. Betrachtungen vorherrschend waren, auszuweichen, hat man den Begriff *Ich* jedoch durch den des *Selbst* ersetzt. Die Mechanismen der Anpassung seien nicht verständlich, meint einer der klassischen Vertreter der Lernpsychol. in den USA, E. R. Hilgard, wenn man das Konzept des Selbst nicht einführe. Für ihn wie für G. Allport, der statt Selbst den Begriff *Proprium* vorschlägt, wird dieses erschlossen, ist also ein Konstrukt, das den Zusammenhang zwischen verschiedenen Erscheinungen herstellt. Das Selbst in diesem Sinn bedeutet aber nicht einfach Einheit der ↗Persönlichkeit. Es kann am besten als eine individuell charakteristische Zentrierung der Persönlichkeit verstanden werden. Von dieser Definition her können auch am besten die verschiedenen I.-Erlebnisse verstanden werden. In der empirischen Forschung wird das Selbst heute vorwiegend als *Selbstbild* verstanden, d. h. als die Wahrnehmung, die ein Subjekt von sich hat. Es wird durch fragebogenähnliche Verfahren erfaßt, durch die die Qualitäten, die man sich zuschreibt, bestimmt werden. In einer zusammenfassenden Darstellung sehr zahlreicher Untersuchungen zeigt R. Wylie die vielen Unsicherheiten auf, die ihnen anhaften.

4. Da das I. als Struktur oder als das Merkmal der Zentrierung der Persönlichkeit nur erschlossen werden kann, ist die Erforschung seiner Entwicklung sehr schwierig, und die Ergebnisse sind hypothetisch. Systematische Untersuchungen über die Entwicklung des Selbstbildes scheinen nicht gemacht worden zu sein. Es entwickelt sich nicht für sich, sondern als Aspekt des Aufbaus der Persönlichkeitsstruktur. Ein bestimmter Zeitpunkt, an dem das I. entsteht, kann nicht angegeben werden. Die Wahrnehmung des eigenen Körpers, die sich durch Reaktionen gegen Ende des 1. Jahres kundtut, das Erkennen des eigenen Spiegelbildes, die Verwendung des Pronomens *„ich"*, der Trotz, gewisse Rollenspiele des Kleinkindes sind erste Manifestationen, die zur Erklärung das Konzept I. oder Selbst erfordern (vgl. hierzu: ↗Ich-Findung; ↗Entwicklung). Erikson versteht die letzte Stufe der I.-Entwicklung als Finden der eigenen Identität, und auch der Begriff der ↗Individuation von C. G. ↗Jung kann als eine höchste Form der I.-Bildung angesehen werden, da sie „zum eigenen Selbst werden" bedeutet.

Lit.: **Allport, G. W.:** Das Werden der Persönlichkeit. München, 1974; **Freud, S.:** Das Ich und das Es. Ges. Werke, Bd. 13. London, 1940, 257–289; **Hartmann, H.:** I.-Psychologie und Anpassungsproblem. Stuttgart, [3]1975; **Hilgard, E. R.:** Human motives and the concept of the self. Amer. Psychol., 1949, *4*, 374–382; **Rogers, C. R.:** Die klientenzentrierte Gesprächspsychotherapie. München, [2]1978; **Wylie, R. C.:** The self concept. The University of Nebraska Press, 1961.

R. Meili

Ich. II. Zentraler Begriff der *Persönlichkeitsforschung*. Syn.: *Ego, Selbst*. Die wichtigsten Bedeutungen, in denen der Begriff I. verwendet wurde, sind:

1. *Motivationspsychologischer I.-Begriff.* Das I. wird als Motivationsquelle bzw. -ziel aufgefaßt (Beispiele: „Selbstbehauptung" oder „Eigenliebe"). Dieselbe Bedeutung des I. liegt auch dem Begriff der *„I.-Beteiligung"* (↗„Ego-Involvement") zugrunde; darunter wird das Ausmaß verstanden, in dem Motive, die auf die eigene Person gerichtet sind (Selbstbehauptung, ↗Leistungsmotivation, Streben nach Ansehen und Einfluß usw.), in die Motivation für ein bestimmtes Verhalten eingehen. In Zusammenhang damit steht

2. die Auffassung vom *I. als Organisationsinstanz von Verhalten und Erleben.* Danach zielt das I. – etwa im Sinne des psychoanalytischen Begriffs von I. als ↗Realitätsprinzip (↗Psychoanalyse) – auf die Steuerung und Erhaltung der Anpassung des Individuums an seine (physischen, psychischen und sozialen) Umweltsbedingungen ab. So bezeichnet *„I.-Stärke"* das Ausmaß solcher Realitätskontrolle (gegenüber konkurrierenden Trieben und Bedürfnissen), in funktionaler Hinsicht sind verschiedene Mechanismen der sog. *„I.-Abwehr"* (z. B. Nichtbeachtung bedroh-

licher Reize [„perceptual defense"], ↗Projektion, ↗Rationalisierung) beschrieben worden.

3. In der empirischen Persönlichkeitsforschung wird unter I. *die Gesamtheit der Erlebnisinhalte und Verhaltensweisen* verstanden, welche die eigene Person zum Gegenstand haben. Inhalt des I. sind daher die Wahrnehmung der eigenen Person (die Selbstwahrnehmung, das Selbstbild, ↗Selbstkonzept) und die auf die eigene Person gerichteten Handlungstendenzen, ↗Einstellungen und ↗Gefühle. Die Selbstwahrnehmung wiederum schließt z. B. das Wissen um den eigenen persönlichen Werdegang, um die persönlichen Bedürfnisse, Ziele und Werthaltungen, Fähigkeiten und Schwächen, Neigungen und Abneigungen ein, aber auch das Bewußtsein des persönlichen Hier-und-jetzt-Seins. Die *phänomenologische I.-Forschung* untersucht die Formen und Eigentümlichkeiten dieses *I.-Erlebens,* die *verhaltenspsychol. I.-Forschung* beschränkt sich auf testmäßig objektivierbare Komponenten der Selbstwahrnehmung, des Selbstgefühls und der Einstellung zur eigenen Person.

Beim psychisch gesunden Menschen ist das *I.-Erleben* im Sinne H. Rohrachers *mitbewußt:* Das I. wird weder ständig noch stets in allen Inhalten in vollem Umfang bewußt, kann aber jederzeit und ohne Gedächtnisaufwand voll bewußt gemacht werden (wie z. B. der eigene Name, der eigene Familienstand, Beruf usw.). Das I.-Erleben ist ferner beim psychisch Gesunden durch das Merkmal der räumlich-zeitlichen Kontinuität charakterisiert: ich erlebe mich selbst im Wechsel der Zeit (z. B. von einem Tag auf den anderen) und beim Wechsel des Ortes (wenn ich verreise) stets als ein und dieselbe Person. Demgegenüber sind verschiedene Formen der Geisteskrankheiten durch Störungen im I.-Erleben gekennzeichnet. Beispielsweise in der ↗Schizophrenie kann die räumlich-zeitliche Kontinuität eingeschränkt oder vollkommen aufgehoben sein (der Patient kann sich sogar gleichzeitig in mehreren Personen erleben) und/oder die persönliche Orientiertheit so weit gemindert, daß Inhalte des I. nicht mehr mitbewußt sind und nur mit Erinnerungsanstrengung oder unvollständig bzw. unrichtig reproduziert werden können.

Aber auch weniger schwerwiegende Verhaltensstörungen, wie beispielsweise ↗Neurosen, finden im I.-Erleben ihren Niederschlag. In neuerer Zeit hat insbes. die nach C. Rogers ausgerichtete Schule der „client-centered" ↗Psychotherapie neurotische Symptomentwicklungen in diesem Zusammenhang untersucht und psychotherapeutisch anzugehen versucht (↗Nicht-direktive Psychotherapie). Psychodiagnostischen Verfahren zur Erfassung des Selbstgefühls (Selbstwertgefühls), der ↗Ichideal-Diskrepanz, der Einstellung zur eigenen Person, des „self-sentiment" u. a. kommt dabei bes. Bedeutung zu. Faktorenanalytische Ergebnisse zu diesen und anderen testmäßig erfaßbaren Komponenten des I. liegen in der Hauptsache aus der Schule von R. B. Cattell vor.

Zur bes. Bedeutung des I. in verschiedenen ↗Schichtenlehren der Persönlichkeit vgl. Revers (1960) und Arnold ([3]1969).

Lit.: Cattell, R. B.: Personality and motivation structure and measurement. New York, 1957; **Cumming, J. & E. Cumming:** Ich und Umwelt. Göttingen, 1979; **Lersch, P.:** Aufbau der Person. München, [11]1970; **Lowe, C. M.:** The self-concept: fact or artifact? Psychol. Bull., 1961, 58,325–336; **Revers, W. J.:** Philosophisch orientierte Theorien der Person und Persönlichkeit. In: **P. Lersch & H. Thomae** (Hrsg.): Hdb. der Psychol., Bd. 4. Göttingen, 1960. *K. Pawlik*

Ich-Anachorese. Rückzug des ↗Ich von nicht assimilierbaren Inhalten des Bewußtseins. Es handelt sich um einen ↗Abwehrmechanismus im Sinn der ↗Psychoanalyse, der laut W. T. Winkler vor allem das psychotische Erleben kennzeichnet. Vorstellungen verlieren ihre Ich-Qualität, sie erscheinen als fremdartig, „ferngesteuert", „gemacht". Der Betroffene fühlt sich für die unerträglichen Bewußtseinsinhalte nicht mehr verantwortlich und glaubt, daß sie von der Außenwelt an ihn herangetragen werden (Verbindungen zur ↗Projektion). So läßt sich eine ganze Reihe schizophrener Symptome (↗Schizophrenie) durch die I. interpretieren. *W. Schmidbauer*

Ich-Bewußtsein. Das, was *ich* erlebe, erfahre, empfinde, meine Erinnerungen u. ä. nehme ich als das *von mir* Erlebte, Empfundene usw. wahr. Das Wissen des Ich um sich selbst als das Subjekt des Erlebens bezeichnet man als I.-Bewußtsein. ↗Ich.

Lit.: **Arnold, W.:** Person, Charakter. Persönlichkeit. München, [4]1975; **Erikson, E.:** Kindheit und Gesellschaft. Zürich, 1957; **Roth, E.:** Persönlichkeitspsychologie. Stuttgart, [4]1974.

V. Martinu

Ich-Findung. Prozeß, in dem das ↗Ich-Bewußtsein erworben wird, in der Regel während der (Vor-)Pubertät. A. Adler hat den Begriff in einem engeren Sinn auf das Innewerden des Ich- oder Subjektseins im zweiten Lj. bezogen. *W. Schmidbauer*

Ich-Funktion. Leistung des ↗Ich, wie Intelligenz, Wahrnehmung usw. In der ↗Psychoanalyse unterscheidet H. Hartmann *primär autonome* I.-F. (Wahrnehmung, Denken, Realitätsprüfung, Urteilsfähigkeit) von *sekundär autonomen.* ↗Abwehrmechanismen.

W. Schmidbauer

Ich-Ideal ist jene Person bzw. die Vorstellung von (einer) solchen Person(en), die nach den subjektiven Erfahrungen oder Erkenntnissen eines Menschen die Tendenzen und Motive seines eigenen Überichs bes. gut verkörpert; dabei ist ↗Überich als das System jener Wünsche und Motive der Personen aus der Umgebung verstanden, welche der betreffende Mensch introjiziert, mit denen er sich identifiziert hat.

Lit.: **Freud, S.:** Vorlesungen zur Einführung in die Psychoanalyse (1916/17). Ges. Werke, Bd. 11, London, 1940.

W. Toman

Ichideal-Diskrepanz, nach Rogers (1959) eine Nichtübereinstimmung zwischen dem (gewünschten) Selbstbild und den tatsächlichen Erfahrungen über die eigene Person. Ein solcher Zustand ist gespannt (z. B. „neurotisch"), da das Verhalten durch Verwirklichungswünsche einmal des Gesamtorganismus, zum anderen des Selbsts verschieden bestimmt wird. ↗Selbstkonzept.

Lit.: **Rogers, C. R.:** A theory of therapy, personality, and interpersonal relationships, as developed in the client-centered framework. In: **Koch, S.** (Ed.): Psychology: A study of a science, Vol. 3. New York, 1959. *B. Heinze*

Ich-Kontrolle, Ich-Stärke ↗Ich.

Idealismus. Der heutige oft polemische Sinn bezeichnet eine Haltung, die im Gegensatz zum „Realismus" und zum „Materialismus" die reale Existenz der Welt und der Körper sowie die objektive Realität der Materie leugnet. Im „empirischen I." von G. Berkeley ist das Sein auf das Bewußtsein reduziert. Kant versteht unter der Bezeichnung „kritischer I." oder „transzendentaler I." „... den Lehrbegriff, nach welchem wir alle Erscheinungen insgesamt als bloße Vorstellungen und nicht als Dinge an sich selbst ansehen." Im „absoluten I." Hegels werden Natur, Weltgeschichte und Kultur durch einen absoluten Geist geführt, in welchem alle Beschränkungen letztlich aufgehoben werden. Der „Deutsche I." bezeichnet die Periode der deutschen Philosophie, die von Kant bis zu Hegel ein gemeinsames Streben zum Systemaufbau offenbart. Kierkegaard, Marx und Nietzsche kritisierten dieses Streben.

Lit.: **Hartmann, N.:** Die Philosophie des deutschen Idealismus (1923–1929). Berlin, [3]1974; **Hegel, G. W. F.:** Phänomenologie des Geistes, Vorrede (1807). Ges. Werke, Bd. 3. Frankfurt a. M., 1976; **Kant, I.:** Kritik der Reinen Vernunft, Trans. Dial. II. I (1781). Werke in 12 Bdn., Bd. 3/4. Frankfurt a. M., 1977; **Löwith, K.:** Von Hegel zu Nietzsche (1958). Hamburg, [7]1977.

D. Schulthess

Idealtypus, normativ gesetzter, allgemeinverbindlich gedachter Eigenschaftskomplex, in welchen die Einzelerscheinungen eingeordnet werden oder von welchen man sie ableitet, so z. B. die Lebensformen E. Sprangers. Im weiteren Sinn ist auch jeder natürliche, d. h. korrelationsstatistisch induzierte Komplex ein I., insofern er als gedankliche Konstruktion, als „*reiner Typ*" zum Maßstab beim Ordnen der Einzelerscheinungen erhoben wird.

Lit.: **Jürgens, H. W. & C. Vogel:** Beiträge zur menschlichen Typenkunde. Stuttgart, 1965. *W. Kretschmer*

Idee. Im täglichen Sprachgebrauch ist dies einer der reichhaltigsten, deshalb auch unklarsten Begriffe: er bedeutet sowohl *geistige*

Vorstellung eines Sachverhaltes als auch *Standpunkt, Absicht, Konzeption, Bild, innere Vision* oder auch *Urmodell.* In jedem Falle aber ist die I. ein Produkt des ↗Denkens. Im philosoph. Sprachgebrauch können die vielfältigen Verwendungsarten in drei hauptsächliche Kategorien zusammengefaßt werden: 1. Als *Urbild, Modell oder Regulationsprinzip* bezeichnet die I. das Universelle, das Allumfassende, einen Vervollkommnungsgrad, an dem die Dinge teilhaben und der ein Maß ihrer Wirklichkeit und ihres Zusammenhangs ist. 2. Als *Begriff oder allg. I.* bestimmt die I. eine abstrakte, sowohl durch Aufzählung ihrer Elemente als auch durch definierende Bedingung gesicherte Klasse, die nur in ihrer logischen Bedeutung verstanden wird. 3. Als *Erscheinung geistiger Aktivität* ist die I. ein Produkt bzw. ein Inhalt eines intellektuellen Prozesses, der sowohl eingeborene, vom Inhalt losgelöste Form als auch von der Umwelt empfangener Eindruck sein kann.
M. J. Borel

Ideenflucht. Ideenflüchtig wird ein Denken genannt, wie es bei maniformen Zuständen häufig ist: Der Gedankengang ist sprunghaft mit vielen ↗Assoziationen beladen, deren Zusammenhang aber vom Zuhörer ohne größere Schwierigkeiten nachvollziehbar ist im Gegensatz etwa zu inkohärentem oder zerfahrenem Denken, in welchem die Sprunghaftigkeit eigentümlich, bizarr und vorerst befremdend wirkt. *A. Hicklin*

Identifikation. I. I. ist ein (innerer) ↗Abwehrmechanismus, in dem eine bisher nicht in der gegenwärtigen Stärke erlebte Motivdeprivation oder eine Motivfrustration durch die Übernahme (↗Introjektion) eines oder mehrerer Motive anderer Personen gemindert wird. Die übernommenen Motive können den versagten Motiven mehr oder weniger ähnlich sein. Oft handelt es sich dabei sogar um jene Person, von der die Motivdeprivation oder -frustration ausgeht (z. B. I. mit dem Aggressor). Unmittelbarer *subjektiver Gewinn* der I. ist das Gefühl, zumindest teilweise jene behindernde oder vorbildliche Person zu sein. *Ziel* der I. ist die Reduzierung des Angst- und temporären Regressionszustandes, der durch die Motivdeprivation oder -frustration entstanden ist, und der schließliche Verzicht auf die entzogene oder mit Strafe bedrohte Gelegenheit zur Motivbefriedigung.

Lit.: Bandura, A. & R. A. Walters: Social learning and personality development. New York, 1963; **Freud, A.:** Das Ich und die Abwehrmechanismen (1936). München, 1972; **Freud, S.:** Vorlesungen zur Einführung in die Psychoanalyse (1916/17). Ges. Werke, Bd. 11. London, 1940; **Miller, N. E. & J. Dollard:** Social learning and imitation. New Haven, 1941; **Toman, W.:** Motivation, Persönlichkeit, Umwelt. Göttingen, 1968.
W. Toman

II. Ach (1931) versteht unter I. den Vorgang der gemeinsamen Verarbeitung der beiden Retinabilder, welcher zum neuen Phänomen der *Tiefenwahrnehmung* führt. Bei der akustischen Wahrnehmung resultiert analog das Richtungshören. Ach vertritt weiter die Meinung, daß die Verschmelzung zweier verschiedener seelischer Inhalte ganz allgemein einen neuen Inhalt zur Folge habe (Produktionsprinzip der I.)

Lit.: Ach, N.: Das Kompensations- oder Produktionsprinzip der Identifikation. XII. Kongreß der DGP. Hamburg, 1931.
R. Hänni

Identifikation, soziale. Oftmals im Zusammenhang mit Imitation diskutierte, weitreichende Übereinstimmung des Handelns und Denkens eines Individuums mit einem Vorbild (z. B. Vater–Sohn), die man auf eine erhöhte Zuwendung seitens der Vorbild-(Modell-) Person zurückführt. A. Bandura spricht von einer Generalisierung der kognitiven Momente der Imitation. ↗Sozialisierung.
W. D. Fröhlich

Identische Elemente, Theorie der. Eine Theorie des Übungs-↗Transfers, die annimmt, daß das ↗Lernen einer Aufgabe so weit auf eine zweite übertragen wird, wie die neue Aufgabe Elemente enthält, die denen der ursprünglichen identisch sind. *C. D. Frith*

Identische Netzhautstellen *(identische Netzhautpunkte, Deckpunkte, ↗korrespondierende Netzhautstellen).* Legt man die Netzhäute

(↗Retina) beider Augen ineinander, so daß die beiden Foveae und gleichartige Quadranten sich decken, so trifft eine durchgestochene Nadel i. N.; nicht i. N. der beiden Augen werden als *disparate* Netzhautpunkte bezeichnet. Ein Gegenstandspunkt, dessen Abbildungsstrahlen auf die disparaten Netzhautstellen fallen, erzeugt ein ↗Doppelbild; liegen die bei der disparaten Abbildung getroffenen Netzhautstellen nicht zu weit auseinander, so werden die beiden Bilder durch zentrale Verschaltung zum räumlichen Eindruck verschmolzen (↗Fusion). Es entsteht der Eindruck der dritten Dimension (Tiefensehen). In der Fovea besteht ein gutes Raumsehen bei einer Disparation von 20′ (sie nimmt von der Fovea zur Peripherie zu), bei einer Disparation von 25′ verschwindet der Tiefeneindruck; Doppelbilder werden dann doppelt gesehen. Unter Normalumständen wird man sich dessen nicht bewußt, da das Auge seine ↗Akkommodation und ↗Konvergenz dauernd ändert. Deutlich und bewußt gesehen werden jeweils nur die Gegenstände, auf die das Auge fixiert ist. Außerdem können nicht alle Punkte des Gegenstandes auf i. N. abgebildet werden, da die Sehachsen beider Augen in einem Winkel zueinander stehen; es entstehen keine Doppelbilder, sondern ein räumlicher Eindruck des Gegenstandes.

Eine Tiefenwahrnehmung ist nur möglich, wenn die Disparation in der horizontalen Achse des Auges erfolgt (↗Querdisparation). Eine Disparation in der vertikalen Achse des Auges führt zu keiner Tiefenwahrnehmung, sondern zu Doppelbildern.

Die Punkte, deren abbildende Strahlen jeweils i. N. auf beiden Netzhäuten treffen, liegen auf dem ↗Horopter. Alle Punkte, die nicht auf dem Horopter liegen, werden disparat abgebildet. Sind die disparaten Bilder in temporaler Richtung, d. h. nach außen, auf der Retina verschoben *(bitemporale* Querdisparation), so entsteht der Eindruck *„näher“* als der Horopter, ist die Verschiebung nasalwärts, d. h. nach innen (binasale Querdisparation), so entsteht der Eindruck *weiter entfernt*. Der Horopter ist dabei immer der Bezugsort.

Der räumliche Eindruck ist abhängig von der Entfernung der Gegenstände, d. h. vom Winkel, den die Sehachsen der beiden Augen miteinander bilden (Konvergenz). Somit läßt mit zunehmender Weite die Tiefenwahrnehmung nach.

Bei manchen Schielstellungen kann wider Erwarten doch Einfachsehen bestehen. Es können sich neue Identitätsbeziehungen entwickeln, so daß die Fovea des einen Auges nicht mit der des anderen Auges identisch ist, sondern daß eine in der Nähe der Fovea gelegene Stelle korrespondiert (anomale Korrespondenz). Das Einfachsehen beim ↗Schielen wird aber oft dadurch vorgetäuscht, daß das Bild des einen Auges in der Wahrnehmung unterdrückt wird. ↗Amblyopie.

Lit.: Trendelenburg, W.: Der Gesichtssinn. (2. Aufl. von **M. Monje, J. Schmidt, E. Schütz.)** Berlin, 1961. *R. Rix*

Identische Sehrichtungen, Gesetz der i. S. nach E. Hering. Beim Fixieren eines Gegenstandes werden die Sehachsen beider Augen so ausgerichtet, daß sie sich im Fixationspunkt kreuzen; sie enden nicht im Fixationspunkt F, sondern laufen nach der Kreuzung weiter. Wenn man in einer entsprechenden Versuchsanordnung (ein roter Stab für die Sehachse des rechten und ein blauer Stab für die des linken Auges sind nach der Kreuzung im Fixationspunkt errichtet) den Fixationspunkt fixiert, erscheinen die Stäbe nicht nebeneinander, sondern werden zu einem Einzelbild auf einer *gedachten Mittellinie* zwischen den beiden Augen fusioniert. Erklärung: Beide Stäbe liegen auf i. S., ihre Abbildungen fallen daher auf ↗identische Netzhautstellen. *R. Rix*

Identität. Im strengen Sinn die Gleichheit von Erscheinungen oder wenigstens das ihnen Gemeinsame. Es muß stets klar sein, was mit was identisch ist. Im Identitätserleben wird die Gleichheit von Gegenständen und Bewußtseinsinhalten im Zeitverlauf konstatiert oder das Selbst des Subjekts in seiner Kontinuität erfaßt (sonst krankhafter Zerfall der I.). Im übertragenen Sinn ↗Sympathie, Anteilnahme, ↗Nachahmung bezüglich Person oder Gruppe. *W. Kretschmer*

Ideologie. **1)** Jede Art von (z.B. politischer, religiöser oder philosophischer) Weltanschauung. **2)** Ineffektive, todgeweihte Weltanschauung oder Programm. **3)** Weltanschauung, die gewonnen (z.B. durch Indoktrination) und unkritisch beibehalten wird zum Ausschluß neuer (oder widersprechender) Ideen.

Ideomotorischer Reflex ↗Haabscher Reflex.

Ideomotorisches Gesetz. Der engl. Physiologe W. B. Carpenter stellte fest: Sofern es gelingt, beobachtete oder vorgestellte Bewegungen in der ↗Aufmerksamkeit zu bewahren, kommt die Tendenz auf, diese auszuführen, und es werden die entsprechenden Muskelgruppen innerviert. Man nannte dieses Phänomen nach seinem Entdecker *Carpenter-Effekt*. Von dem engl. Experimentalpsychologen W. James wurde es als psychol. Gesetzmäßigkeit erkannt, und es ist seither als i. G. oder *Ideorealgesetz* bekannt. Es bildet die Grundlage für die *Rudimententheorie* des ↗*Ausdrucks*geschehens und wird zur Erklärung des Phänomens der ↗Suggestion herangezogen. *H. Roth*

Ideomotorische Vorstellung, emotional oder affektiv gesteuerte Vorstellung, die unbeabsichtigt und ohne Beteiligung des Willens zu mot. Reaktionen führt. ↗Ideomotorisches Gesetz. *A. Thomas*

Ideo-Real-Gesetz ↗Ideomotorisches Gesetz.

Idiographisch sind nach W. Windelband Wissenschaften, die im Gegensatz zu den (↗) nomothetischen Naturwissenschaften einmalige Ereignisse und Sachverhalte zum Gegenstand haben (historische Wissenschaften). Ziel der i. Persönlichkeitsforschung ist das Verstehen und möglichst vollständige Erfassen der Einzigartigkeit eines Individuums. *D. Bartussek*

Idiolalie ↗Stammeln.

idiopathisch, von sich aus entstanden, nicht auf andere Erkrankungen oder Verletzungen zurückführbar.

Idiosynkrasie. 1) *Psychol.:* vom Normalen abweichende Reaktionsweise in Form hochgradiger Abneigung oder Überempfindlichkeit gegenüber bestimmten Personen, Tieren, Dingen, Speisen, Gerüchen u.a. – 2) *Med.:* angeborene, manchmal auch erworbene Überempfindlichkeit gegen bestimmte Stoffe (z.B. Eiweiß u.a.) (Formenkreis der ↗Allergie). *F. C. Schubert*

Idiotie. Angeborener oder durch Hirnschädigungen in frühester Kindheit (z. B. Geburtstrauma, Encephalitis) erworbener *Schwachsinn schweren Grades,* der durch eine nahezu völlige Bildungsunfähigkeit gekennzeichnet ist (Ausbleiben der Entwicklung von Sprache und Techniken zur Abwehr physischer Gefahren). Die bei Vorliegen von I. in Staffeltests erreichten ↗IQ überschreiten nur selten den Wert 20. ↗Geistige Behinderung. *M. Amelang*

Illusion. Die Veränderung eines gegebenen Sachverhaltes in der subjektiven Wahrnehmung; wird unterschieden von der ↗Halluzination, bei der *Nicht*-Vorhandenes wahrgenommen wird. Durch social perception (↗Soziale Wahrnehmung) induzierte I.en dienen z. T. der Erleichterung bedürfnisspezifischer Orientierung.

I.en treten gehäuft im allg. sozialen und in speziellen sozialen Bereichen auf, hier werden verschiedene I.kombinationen zum Gegenstand der ↗Psychotherapie. *U. H. Schindler*

Image, ein Begriff der ↗Sozialpsychologie und insbesondere der ↗Marktpsychologie, geht in seinem heutigen Wortgebrauch auf Gardner und Levy zurück und läßt sich noch am ehesten mit „Vorstellungsbild" übersetzen, wodurch allerdings eine unzulässige Einengung auf das rein Visuelle nahegelegt wird. Verwandte Begriffe sind Ruf, ↗Vorurteil, ↗Stereotyp, Leitbild und im engeren Sinne beispielsweise „Firmenpersönlichkeit", „Markenprofil" u. a. m.

Das Image umfaßt als eine ↗Komplexqualität die Gesamtheit der Einstellungen, Werthaltungen, Kenntnisse, Erwartungen, Vorstellungen, Vorurteile und Anmutungen, die mit Meinungsgegenständen des sozialen Feldes verbunden werden. Das Image eines Gegenstandes ist damit dessen eigentliche psychologische Realität. Im Bereich des Wirtschaftslebens stellen Images Charaktere der ökonomischen Umwelt dar, die dem Verbraucher als Orientierungshilfen dienen und die weitgehend sein ökonomisches Verhalten bestimmen.

Lit.: Bergler, R.: Psychologie des Marken- und Firmenbildes. Göttingen 1963. **Gardner, B. & S. Levy:** The product and the brand. Harvard Business Review, Vol. 33, 1955, No. 2. **Johannsen, U.:** Das Marken- und Firmen-Image, Berlin 1971. **Kleining, G.:** Zum gegenwärtigen Stand der Imageforschung. Psychol. u. Prax., 1959, *3;* **Spiegel, B.:** Die Struktur der Meinungsverteilung im sozialen Feld. Bern 1961, 29–49. *B. Spiegel*

Imagination ist die Fähigkeit, sich nicht präsente Situationen, Vorgänge, Objekte und Personen zu vergegenwärtigen. *W. Toman*

Imago („Bild"), im antiken Rom porträtähnliche Wachsmasken, mit denen die Leichen auf dem Forum ausgestellt wurden. S. Freud verstand unter I. die idealisierende oder desidealisierende Persönlichkeitsverkennung, welche im Verlauf der ↗Übertragung auftreten kann; der Analytiker wird z. B. zum Vater-Imago. C. G. ↗Jung faßte unter I. generell das nachwirkende „Bild" einer Beziehungsperson. Nach C. Spittelers Roman „Imago" wurde eine psychoanalytische Zeitschrift mit diesem Titel benannt, die literarische, mythologische und historische Themen unter psychoanalytischen Gesichtspunkten bearbeitete (heute: *American Imago*).

Lit.: Alexander, F. G. & S.T. Selesnick: Geschichte der Psychiatrie. Konstanz, [2]1970. *W. Schmidbauer*

Imbezillität. Angeborener oder in frühen Lebensjahren erworbener Schwachsinn mittleren Grades. Die Betroffenen sind weder in der Lage, schreiben und lesen zu lernen, noch fähig, sich selbständig im Leben zurechtzufinden. Die bei I. in Staffeltests erreichten IQ variieren zwischen 20 und 50. *M. Amelang*

Imipramin, ↗Psychopharmakon aus der Gruppe der tricyclischen ↗Antidepressiva. I. wurde als erstes tricyclisches Antidepressivum angewendet und gilt in der Regel als Vergleichssubstanz für die Wirksamkeit anderer Antidepressiva. – Bei gesunden Personen finden sich in therapeutischen und kleineren Dosen von I. nach einmaliger Applikation subjektive Sedierungserscheinungen. Leistungsveränderungen in Form der Reduktion visu-mot. Leistungen erscheinen bei Verabreichung höherer therapeutischer Dosen. – Die Beeinflussung der Stimmungslage erfolgt nach Di Mascio et al. (1964; 1968) bei deprimierten gesunden Personen in Richtung der Stimmungsverbesserung, bei weniger Deprimierten eher in entgegengesetzter Richtung.

Lit.: Bättig, K. & H. Fischer: Die Wirkung von Pharmaka auf psychische Leistungsfähigkeit und Persönlichkeitsfaktoren. Schweiz. Z. für Psychol. u. ihre Anwendung, 1964, *23,* 26–38; **Di Mascio, A., Heninger, G. & G. Klerman:** Psychopharmacology of Imipramine and Desipramine. A comparative study of their effects in normal males. Psychopharmacologia, 1964, *5,* 361–371; **Di Mascio, A., Meyer, R. E. & L. Stifer:** Effects of imipramine on individuals varying in levels of depression. Amer. J. Psychiat., 1968, *124,* 55–58; **Ideström, C.-M. & B. Cadenius:** Imipramine – Desmethylimipramine. A pharmacological study of human beings. Psychopharmacologia, 1964, *5,* 431–439. *P. Dietsch*

Imitation ↗Nachahmung.

Immanent ist einem Wesen, was in ihm begriffen ist, was ihm innerlich bleibt, ohne daß es aus einer äußerlichen Handlung hervorgeht. Wenn ein Wesen einem anderen Wesen immanent ist, identifiziert sich das erstere mit dem letzteren. *D. Schulthess*

Implikation, Abfolgebeziehung zwischen Sätzen. Eine der Relationen, die die deduktive Inferenz begründen. In der Theorie der Wahrheitsfunktionen nennt man manchmal die „materielle I." das konditionale Verfahren „p⊃q", definiert durch „∼p∨q". Es existieren außerdem *modale* Definitionen der I.

M.-J. Borel

Implosive Therapy, eine von Stampfl (1968) entwickelte Form der *„Lerntherapie"*. Ausgehend von der ↗Zwei-Faktoren-Theorie des ↗Lernens und vom Konzept der ↗sekundären Motivation, nimmt Stampfl an, daß die neurotischen Symptome ↗Vermeidungsreaktionen darstellen, die durch ein komplexes Muster konditionierter (↗Konditionierung) aversiver Reize (Strafreize) hervorgerufen und aufrechterhalten werden (vgl. ↗Neurosen). Im Ggs. zu den meisten anderen lerntheoretisch fundierten Therapieformen (↗Verhaltenstherapie) greift die I. T. Anregungen aus der ↗Tiefenpsychologie auf. Die I. T. will die neurotischen Symptome nicht direkt hemmen, sondern sie versucht, die Symptome dadurch zu beseitigen, daß sie die *konditionierten* (bedingten) *aversiven Reize* löscht, die das neurotische Verhalten motivieren. Dazu werden möglichst alle Reize der ursprünglichen Konditionierung mit Ausnahme des unbedingten aversiven Reizes verbal reproduziert oder in einer anderen Form dargestellt. Nach dem Prinzip der Löschungsgeneralisation (↗Löschung; ↗Generalisation) wird dadurch die Aversität der konditionierten Reize vermindert, und damit wird den Vermeidungsreaktionen, die das neurotische Verhalten konstituieren, ihre Grundlage entzogen. Besondere Beachtung finden *„verdeckte"* Reize, d. h. Reize, von denen der Patient keine Auskunft geben kann (↗Unbewußtes). Damit berücksichtigt die I. T. Bedingungen des neurotischen Verhaltens, die von anderen Lerntherapien unberücksichtigt blieben.

Lit.: Stampfl, T. G. & D. J. Lewis: Implosive Therapy – a behaviorai therapy? Behav. Res. Therapy, 1968, *6*, 31–36.

F. Mattejat

Imponiergehabe, im Funktionskreis des agonistischen (Kampf und Flucht) und Sexualverhaltens häufige Bewegungskoordinationen und Körperstellungen, die auffällig und einschüchternd wirken und oft bereits auf Distanz Auseinandersetzungen entscheiden. ↗Drohen; ↗Balz. *K. Fiedler*

Impotenz. 1) Unfähigkeit des Mannes, eine Erektion des Penis zu erreichen oder aufrechtzuerhalten, die zur Vollendung des Geschlechtsverkehrs notwendig ist. Vielfach wird I. als Resultante psychol. Faktoren betrachtet, z. B. sexueller Schuldgefühle, unglücklicher frühkindlicher Erfahrungen, ↗Minderwertigkeitsgefühle usw. – 2) Unfähigkeit des Mannes, Nachwuchs zu zeugen (Sterilität). – 3) Ein Gefühl der Hilflosigkeit (Unfähigkeit, der Ereignisse Herr zu werden). *G. D. Wilson*

Impuls ↗Impulsivität.

Impulsivität. Ein Temperamentsfaktor, der zum Persönlichkeitsbereich der Extraversion gehört. I. ist gekennzeichnet durch spontanes, unmittelbares Handeln mit geringer Berücksichtigung der Folgen. *G. Kaulfush*

Inadäquate Reize sind starke, nicht normal vorkommende Umweltsänderungen, die auf erregbare biol. Substrate einwirken und diese zur Reaktion (Erregung) veranlassen. So ist z. B. elektrischer oder mechanischer Reiz für das Auge und thermischer Reiz für den Vestibularapparat (Ohr) inadäquat, trotzdem reagieren diese mit entsprechendem Sinneseindruck oder Reaktion, wenn der i. R. genügend stark ist. Die *Schwelle* (kleinste erfolgreiche Reizstärke) ist bei i. R.n wesentlich höher als bei *adäquaten* Reizen. *E. David*

Inanition ↗Hospitalismus.

Incubus, ein Schreckgespenst. In der mittelalterlichen Dämonenlehre ein böser Geist, der auf schlafenden Personen liegen und bei diesen Beklemmungen hervorrufen sollte; ein männlicher Geist, der mit schlafenden Frauen kopulierte. Entsprechend *Succuba:* ein weiblicher Geist, der schlafende Männer verführte und so nächtliche Pollutionen verursachte.

G. D. Wilson

Index, *Indices,* für einen Körperbautyp charakteristische Maßproportionen, die in einer math. Formel zusammengefaßt sind und die Bestimmung eines Typs erleichtern (z. B. Konstitutions-I. nach H. J. Eysenck, E. Kretschmer, G. Kühnel, W. Plattner, I. Pignet, E. Strömgren, K. Westphal). *W. Kretschmer*

Indifferenzpunkt, *indifferenter Bereich,* der Übergangspunkt zwischen Erfahrungsgegensätzen, der neutrale Punkt in Reihen positiver und negativer Werte. Der I. wurde Bezugspunkt der Anpassung genannt (H. Helson), da er je nach Zusammenhang variiert. Eine etwas spezifischere Definition ergibt sich im Rahmen psychophysik. Exp., in denen der

I. derjenige Stimulus innerhalb einer abgestuften Reihe ist, der korrekt wiedergegeben oder erkannt wird, während kleinere über- und größere unterschätzt werden. *C. D. Frith*

Indikatoren, motivationale. Als m. I. werden einerseits Variablen von Reizen bezeichnet, die eine ↗Motivation zu einem bestimmten Verhalten bewirken (A-Variablen), andererseits solche, die auf eine Motivation folgen, also Variablen motivierter Reaktionen, motivierten Verhaltens (C-Variablen).

Lit.: Graumann, C. F.: Methoden der Motivationsforschung. In: **H. Thomae** (Hrsg.): Hdb. der Psychol., Bd. 2. Göttingen, ²1970. *R. Hänni*

Individualdistanz, *Proxemik*. Zuerst von Hediger (1941) an Vögeln beobachtet, später von anderen Forschern auch am Menschen untersucht. Sie kann als Sicherheitsabstand definiert werden, der je nach den situativen und persönlichen Bedingungen variiert. Der Abstand einer Dyade von Diskutierenden beträgt etwa 1,65 m. Außer als Distanz spielt der Raum noch für die Orientierung und als „Revier" bzw. „Territorium" bei der sozialen Interaktion eine Rolle. *F. Kiener*

Individualismus ist die Tendenz nur dem Individuum eigentliche Wirklichkeit zuzuschreiben (impliziert den Nominalismus), es als einzige Grundlage aller Werte und als alleinige Quelle der Erscheinungen des gesellschaftlichen Lebens zu betrachten. Das Individuum ist sowohl höchster Wert als auch letztes Ziel: Gruppen, Institutionen und der Staat sind nur Mittel zu seiner Entfaltung. Die Einstellung des Individualisten führt zu einer von kollektiven Normen unabhängigen Verhaltensweise. *M. Reinhardt*

Individualität, Einzigartigkeit der Persönlichkeit. Vertreter der idiographischen ↗Persönlichkeitsforschung, wie G. W. Allport, verstehen I. als *qualitative* Einzigartigkeit der Person, Vertreter der nomothetischen Persönlichkeitsforschung, wie J. P. Guilford, als *quantitative* Einzigartigkeit (im Sinne einer Einmaligkeit der individuellen Konfiguration von Faktorwerten in den relevanten Begabungs- und Persönlichkeitsfaktoren). Abgesehen von Untersuchungen an Zwillingen (↗Zwillingsforschung), liegen keine verläßlichen empirischen Forschungen zur Frage der I. vor. *K. Pawlik*

Individualpsychologie. Mit dem Begriff I. wird die Theorie von A. ↗Adler bezeichnet. Sie basiert auf der Existenz eines ↗Minderwertigkeitskomplexes, vor allem bei Neurotikern, sowie auf der Reaktion wider diesen Komplex in Form einer Kompensation. Die I. hat neben der Auswirkung auf die Tätigkeit einiger Psychotherapeuten, welche dieser Adlerschen Linie folgen, großen Einfluß auf päd. Kreise gehabt (Künkel, 1929).

Lit.: Adler, A.: Praxis und Theorie der Individualpsychologie. Wien – München, 1927; **Dreikurs, R.:** Grundbegriffe der I. Stuttgart, ³1975; **Künkel, F.:** Einführung in die Charakterkunde. Leipzig, 1929; **Louis, V.:** Einführung in die I. Bern, ²1975. *J. López Ibor*

Individuation, Individuationsprozeß. Der I. charakterisiert sich in der Psychol. von C. G. ↗Jung und bezeichnet den Prozeß der Reifung und Differenzierung der Person. Das kollektive ↗Unbewußte, das durch die ↗Archetypen konstituiert wird, wandelt sich allmählich über einen I. in das Selbst (↗Ich). Bei unreifen Persönlichkeiten erscheint der I. verzögert. Die psychotherapeutische Aktion versucht, ihn über die Analyse der Symbole, die in Träumen und Visionen erscheinen, fördernd zu beeinflussen. *J. López Ibor*

Indizienverfahren. Kennzeichnung einer bes. Erfassungs- und Deutungsform des Empfängers (↗Ausdruck), vor allem im Rahmen ausdruckspsychol. – auch diagnostischer – Untersuchungen. Terminologisch gebräuchlich geworden im Anschluß an die Wiener Ausdrucksarbeiten unter K. Bühler. Im Ggs. zum ↗Resonanzverfahren erfolgt im I. eine (Merkmals-)Analyse der Ausdruckserscheinungen auf bedeutungshaltige Indizien hin, die zumeist nach den Regeln der Alltagserfahrung interpretiert werden.

Lit.: Bonaventura, M.: Ausdruck der Persönlichkeit in der Sprechstimme und im Photogramm. Arch. ges. Psychol., 1935, *94*. *D. Görlitz*

Induktion, intellektuelles Vorgehen, welches darin besteht, über eine endliche Zahl gegebener Aussagen zu einer diese implizierenden Aussage (Schluß) zu gelangen. In den meisten Fällen werden die gegebenen Aussagen von beobachteten Fakten abgeleitet. Die I. führt dann zu einem Gesetz, welches sie zusammenfaßt. Wenn das Gesetz über mehr als die beobachteten Fakten Rechenschaft zu geben imstande ist, spricht man von *amplifizierender I.*, andernfalls von *kompletter I.;* in dem Falle handelt es sich um eine Deduktion unter Verwendung logischer Gesetze: Was für jedes wahr ist, ist für alle wahr. Gleiches gilt in der *mathematischen I.*, die eine komplette I. über eine abzählbare unendliche Menge (Klasse) ist.

J. B. Grize

Industrial relations, aus dem anglosächsischen Kulturbereich stammende allg. Bezeichnung: 1) für die wechselseitigen, innerbetrieblichen menschlichen Beziehungen aller Angehörigen eines Wirtschaftsunternehmens zueinander, zur Unternehmensleitung und zur eigentlichen Arbeit; z. T. rechtlich-tarifrechtlich festgelegt (= Arbeitsordnung); 2) auch (seltener) für die Beziehungen zwischen einem Wirtschaftsunternehmen und der Öffentlichkeit (↗Public relations).

Nicht identisch mit *Labor relations,* d. h. den Beziehungen eines Wirtschaftsunternehmens zu den Gewerkschaftsorganisationen.

Lit.: **Galbraith, J. K.:** Die moderne Industriegesellschaft. München – Zürich, 1968; **Kerr, C., Dunlop, J. T., Harbison, F. H. & C. A. Myers:** Der Mensch in der industriellen Gesellschaft. Frankfurt, 1966.

G. Marschner

Industriepsychologie. Der Zweig der ↗angewandten Psychol., der sich mit Problemen der Arbeit und des Wirtschaftslebens beschäftigt.

Als Aufgabe wurde oft genannt, die Effektivität der Produktion und den Umsatz von Verbrauchsgütern und Dienstleistungen durch die Erforschung und Beeinflussung „personaler Faktoren" (Ergonomie) zu erhöhen, doch gibt es eine zunehmende Tendenz, die Zufriedenheit von Arbeitnehmern und Verbrauchern als Selbstzweck anzusehen (Smith & Cranny, 1968). Obwohl der Industriepsychologe schwerpunktmäßig seine Arbeit im Interesse des Arbeiters, des Managements oder des Verbrauchers sieht, gilt ganz allg. festzustellen, daß die Effektivität dann am höchsten ist, wenn die Interessen aller Beteiligten entsprechend berücksichtigt werden. Es folgt ein Überblick über einige der Probleme und Arbeitsbereiche des Industriepsychologen.

BERUFSBERATUNG. ↗Berufsberatung.

PERSONAUSWAHL UND -EINSATZ. Besteht ein Überschuß von Bewerbern für eine bestimmte freie Stelle, kann der Industrie- bzw. Personalpsychologe eingesetzt werden, ein Programm zur Auswahl der aufgrund ihrer Fähigkeiten am besten geeigneten Bewerber zu entwickeln. In diesem Falle arbeitet er mehr zum Vorteil der Betriebsleitung als im Interesse des einzelnen Bewerbers. Für den Psychologen ist es bei einer solchen Entscheidung wichtig, zu wissen, welche Anforderungen an eine bestimmte Tätigkeit gestellt werden, welche Fähigkeiten und Persönlichkeitseigenschaften im Hinblick auf die größtmögliche Effektivität relevant sind. Hier kann es erforderlich werden, mit der Erstellung eines genauen Arbeitsbildes (Job analysis, Berufsbild) diese Entscheidung vorzubereiten. Es wird dann besonders erforderlich sein, neben den oben genannten ↗Intelligenz- und Fähigkeitstests situationsspezifische Testverfahren zu entwickeln und für die Auswahl zu standardisieren.

Ist ein Bewerber in einem Betrieb eingestellt worden, ist möglicherweise eine weitere Entscheidung zu fällen, welche genaue Arbeit er zu verrichten hat, in welcher Abteilung usw. Dieser Auswahlschritt der Placierung in einem Betrieb beinhaltet sowohl Elemente der Auswahl als auch der Beratung, da es hier zu berücksichtigen gilt, daß ein gutes Betriebsklima der Produktivität direkt und der Fluktuationsrate der Arbeitnehmer umgekehrt proportional ist.

SCHULUNG. Psychologen beschäftigen sich ebenfalls mit der Ausbildung neu eingestellter Arbeitnehmer, dem Umschulen älterer Betriebsangehöriger für neue Aufgaben und der Schulung von Ausbildern in Ausbildungsmethoden. Hier werden die Erkenntnisse der Lernpsychol. angewandt, z. B. der Einfluß motivationaler Faktoren, die Bedeutung praktischer Betätigung, Wissen um den Erfolg usw. Mit der Automation erwuchs ein bes. Bedürfnis, Methoden der Umschulung zu entwickeln und die Variablen zu erforschen, die eine positive oder negative ↗Einstellung zur Umschulung bewirken. Ein effektives Umschulungsprogramm setzt Kenntnisse der besten und effektivsten Arbeitsmethoden voraus (↗Unterweisung). Zeit- und Bewegungsstudien, mit den Namen F. W. Taylor und F. Gilbreth, die sie 1911 in den USA einführten, verknüpft, beinhalten Beobachtung der Arbeiter am Arbeitsplatz, Analyse aller Bewegungen und das Festhalten der benötigten Zeit mit dem Ziel, den Zeitaufwand zu verringern und damit die Produktion zu steigern. Obwohl dies für den Arbeitnehmer bedeutet, daß er bei höheren Produktionszahlen besser bezahlt wird (Akkord), hat die allzu naive Übernahme dieser Methode in der Vergangenheit zu erheblichen Ressentiments von seiten der Arbeiterschaft geführt, die Heimlichkeiten innerhalb des Betriebs, Ausbeutung durch die Betriebsleitung und den Verlust der Freiheit befürchteten, Arbeiten nach eigenem Gutdünken zu verrichten. Dies ist ein gutes Beispiel für die komplexen psycho-sozialen Probleme der Einstellungen von Arbeitern, mit denen der Industriepsychologe bei seiner Arbeit konfrontiert wird. ↗Arbeitspsychologie.

Motivation, Betriebsklima, Arbeitsbedingungen. Die Leistungsmotivation ist unmittelbar selbstverständlich durch bessere Bezahlung (geforderte Stückzahlen, Leistungsbonus) zu beeinflussen, doch gewinnt der Einfluß des Betriebsklimas für den Psychologen immer mehr eine gleichgewichtige Bedeutung. Hier gibt es eine ganze Reihe von Möglichkeiten zur Verbesserung, z. B. die Kommunikation zwischen Arbeiterschaft und Betriebsleitung zu ermöglichen, so daß Beschwerden auch registriert werden, den Informationsfluß zu verbessern und angemessene soziale Leistungen und Einrichtungen zu schaffen (↗Vorschlagswesen). Auch durch Verbesserung der Umweltbedingungen (Beleuchtung, Beseitigung störender Geräusche, farbliche Gestaltung, Schmuck, Musik) kann die Leistung erhöht werden, wobei es hier die Persönlichkeitseigenart der Beschäftigten und die Art der zu verrichtenden Arbeit zu berücksichtigen gilt. Wenn ein solcher Effekt auch häufig durch positive Beeinflussung physiol. Faktoren entstehen kann, so ist die Auswirkung auf das verbesserte Arbeitsklima als Folge der netteren Umgebung doch ebenso entscheidend (Maier, 1955).

Im Rahmen der berühmten ↗„Hawthorne-Studien" mit Arbeiterinnen der Western Electric Company in den USA fand man, als man dem Einfluß der Arbeitsbedingungen nachging, daß diese Faktoren ausreichten, das Betriebsklima zu verbessern und damit die Produktion zu erhöhen, unabhängig von verschiedenen Änderungen physikalischer Art (Roethlisberger & Dixon, 1940).

Ermüdung. Einer der wichtigsten Faktoren, die die Effektivität beeinflussen, ist die *Ermüdung,* die man definieren kann als den Teil des Abfalls der Leistungsfähigkeit als Folge von Arbeitsanstrengung und -zeit, der durch Erholung rückgängig zu machen ist. Der Einfluß der Ermüdung auf psychomot. Leistungen wurde in dem bekannten Experiment der Universität Cambridge untersucht, wo man einen Flugzeugkanzel-Simulator verwendete. Die Vpn waren aufgefordert, über einen Zeitraum von vielen Stunden im „Cambridge Cockpit" zu sitzen und auf Signale, variierend in ihrer Folge, Farbe und Lokalisation, jeweils adäquat zu reagieren. Es ergaben sich Ermüdungserscheinungen vielfältiger Art: wachsende Gleichgültigkeit auf Signale, die Bewegungen erforderten, langsamere Reaktionen, Mehren von Fehlern, zunehmende Beschwerden über Müdigkeit, körperliches Unwohlsein und emotionale Ausbrüche. Als Faktoren, die erkannt wurden, Ermüdungserscheinungen vorzubeugen oder diese abzuschwächen, sind Leistungsmotivation, Informationen über den Sinn der zu verrichtenden Arbeit, Ruhepausen und bestimmte Pharmaka, wie Koffein und Benzedrin, zu nennen (Munn, 1958). ↗Vigilanz; ↗Ermüdung.

Gestaltung von Maschinen. Wie hoch

auch immer die Fähigkeiten von Menschen zu veranschlagen sind – seine Routine, Motivation und Arbeitsmoral –, was er zu leisten imstande ist, hängt auch immer ab von den Maschinen, mit denen er arbeitet. Wo sich Schulung damit befaßt, den Mann der Maschine anzupassen, kann der Betriebspsychologe auch helfen, die Maschinen so zu gestalten, daß sie dem Bedienungspersonal angepaßt sind. Dies ist die Hauptaufgabe eines Arbeitsgebietes, das man häufig als *Ingenieurpsychol.* bezeichnet (industrial engineering). So erfordert es z. B. Kenntnisse über Wahrnehmung und mot. Fähigkeiten des Menschen, um die optimale räumliche Anordnung für Kontroll- und Bedienungsinstrumente etwa eines Kraftfahrzeugs, einer Flugzeugkanzel, eines Raumschiffs zu finden oder auch deutlich sichtbare und eindeutige Verkehrszeichen zu entwerfen. Aufgrund der eigenen Vorstellungen entwerfen Ingenieure allzuoft aufgrund mechanisch-technischer Erwägungen oder im Hinblick auf das äußere Bild, ohne die natürlichen Grenzen der Menschen, die damit arbeiten müssen, zu berücksichtigen.

BETRIEBSORGANISATION. Ein anderer Bereich mit dem sich die I. beschäftigt, auch wenn er sich teilweise mit Aufgaben der Industriesoziologie überschneidet, ist die Frage nach der Effektivität der wirtschaftlichen Organisation (z. B. Katz & Kahn, 1966). Man weiß, daß große Organisationen das funktionale Bedürfnis haben, unverhältnismäßig stark zu wachsen, was Probleme ihrer eigenen Effizienz schafft, unabhängig von den Personen und den Gütern, die diese Organisation ausmachen; es sind z. B. Probleme der Kommunikation (Durchlässigkeit), des Führungsverhaltens und der Autorität. Es wurden verschiedene Formen organisatorischer Struktur gefunden (z. B. „höhere" vs. „flachere", „rationale" vs. „irrationale"), durch die ein bestimmtes Verhalten determiniert wird (Smith & Cranny, 1968).

VERBRAUCHERFORSCHUNG UND WERBUNG. – Hierzu vgl. ↗Marktpsychologie.

Lit.: **Arnold, W.:** Angewandte Psychologie. Stuttgart, [2]1975; **Cronbach, L. J.:** Essentials of psychological testing. New York, [3]1970; **Katz, D. & R. L. Kahn:** The social psychology of organizations. New York, [2]1978; **Maier, N. R. F.:** Psychology in industry. Boston, [4]1973; **Munn, N. L.:** Psychology: The fundamentals of human adjustment. London, [3]1958; **Perloff, R.:** Consumer analysis. Ann. Rev. Psychol., 1968, *19*, 437–466; **Roethlisberger, F. J. & W. J. Dixon:** Management and the workers. Cambridge (Mass.), 1940; **Smith, P. C. & C. J. Cranny:** Psychology of men at work. Ann. Rev. Psychol., 1968, *19*, 467–496.

G. D. Wilson

Anmerkung: In der deutschsprachigen Lit. wird der angesprochene Bereich der angewandten Psychol. im allgemeinen als Betriebspsychol. (↗Arbeitspsychol., Berufspsychol., Sozialpsychol. des Betriebs beinhaltend) bezeichnet. Umfassend informieren hier – auch über einzusetzende Testverfahren: **Mayer, A. & B. Herwig** (Hrsg.): Hdb. der Psychol., Bd. 9: Betriebspsychologie. Göttingen, [2]1970.

Redaktion

Induziertes Irresein (syn.: folie à deux, psychosis of association, *symbiontische Psychose*). Wenn ein vorher geistesgesunder Mensch unter dem Einfluß seines wahnkranken Lebensgefährten (paranoide Schizophrenie) selbst wahnkrank wird, wenn er selbst den gleichen Wahn, die gleichen ↗Halluzinationen und Stimmungsänderungen wie der Ersterkrankte erlebt, dann sagt man, der Ersterkrankte *(Induzent)* habe den Zweiterkrankten *(Induzierter)* „induziert". Eine Untersuchung symbiontischer Psychosen (Scharfetter, 1970) hat ergeben: nur *Wahnpsychosen* werden übertragen. Die Induzierten sind aufgrund ihrer erblichen Veranlagung zur psychoreaktiven Entwicklung schizophrenieartiger ↗Psychosen unter verschiedenen psychodynamischen Bedingungen befähigt. *C. Scharfetter*

Infantiler Typus, Körperbau, der insgesamt (oder häufiger teilweise) auf einer kindlichen Entwicklungsstufe stehengeblieben ist (↗Retardation). Die Bezeichnung wird auch bei der Charakterbeschreibung angewandt, weil psychische Unreife oft mit körperlicher einhergeht. Der Infantilismus ist erblich, beruht auf erblich bedingten oder auf solche Weise erworbenen Störungen des Hormonhaushaltes (↗Hormone) und kann durch Lebenseinflüsse verstärkt oder qualitativ geprägt werden.

Lit.: **Kretschmer, E. & W. Kretschmer:** Medizinische Psychologie. Stuttgart, [14]1975.

W. Kretschmer

Infantile Sexualität. Die ↗Psychoanalyse von S. Freud gliedert *frühkindliche* Sexualäußerungen bei beiden Geschlechtern in ↗orale (1. Lj.), anal-urethrale (2.–4. Lj. – Reinlichkeitsgewöhnung; ↗anale Phase) und ↗phallische Phase (4.–7. Lj.), die gekennzeichnet ist durch Entwicklung und Rückbildung des ↗Ödipuskomplexes. Diese Frühblüte der i. S. geht dann über mit der Ausreifung des ↗Überich in die Latenzphase bis zur Pubertät, deren Labilität beim Heranwachsenden normalerweise durch die Suche nach außerfamiliären heterosexuellen Partnern abgelöst wird.

Entwicklungsbiologische Beobachtungen (bes. von W. Zeller) bestätigen einige psychoanalytische Thesen: schon das „Larvenstadium" des Säuglings differenziert hormonell Jungen von Mädchen. Saugen sowie Erektionen beim Jungen wecken Lust. In frühkindlicher Neugier stellen Kinder auch sexuelle Fragen, und das „begreifende" Entdecken (vor allem im 3. und 4. Lj.) schließt die harmlosen Berührungen der eigenen Genitalien und nicht selten spielerische Koitusversuche ein.

Spätere seelische und sexuelle Gesundheit hängen weithin von Vorbild und Geborgenheit in harmonischer Ehe und Familie ab.

K. Thomas

Infantilismus ↗Infantiler Typus.

Infantilismus, psychosexueller. Vom allg. Infantilismus (↗Infantiler Typus), welcher den gesamten Organismus betrifft, ist ein partieller Infantilismus zu unterscheiden, dessen häufigster Typ der p. I. ist, welcher sich manifestiert *im Fehlen* der Entwicklung der sekundären ↗Geschlechtsmerkmale oder auch in mangelnder Reife der Sexualorgane im Vergleich zur übrigen Entwicklung. *J. López Ibor*

Infektion, psychische. Sozialpsychol. Phänomen: Erregungen werden von Individuum zu Individuum unmittelbar übertragen, im einfachsten Fall ↗ideomotorischer Reflex, aber auch Meinungen, ↗Einstellungen. – Auftreten in größerem Ausmaß: *„psychische Epidemien"*, z. B. sich schnell ausbreitende Erregung bei stark rhythmischer Musik. Oft auch synonym für „Induktionskrankheit". ↗Induziertes Irresein. *H. Wagenknecht*

Inferenz, Aktivität des Geistes, die von der Behauptung einer oder mehrere Prämissen zur Behauptung einer Schlußfolgerung gelangt. Die I. ist Grundlage des Vernunftschlusses. Sie ist *deduktiv* oder *demonstrativ, induktiv* oder *reduktiv*. Die I. ist gültig, wenn sich zeigen läßt, daß sie sich aufgrund von Regeln vollzieht, die allein von der *Form* der Sätze abhängen, die sie bilden. *M.-J. Borel*

Inferenzstatistik. Mit I. ist der gesamte Bereich von Theorie und Methode der „schließenden" ↗Statistik zu verstehen, also der Verfahren, die aufgrund einer Prüfverteilung den Schluß von den Kennwerten einer Stichprobenverteilung auf die Populationsparameter ermöglichen. ↗Prüfverfahren; ↗Signifikanz.

W. H. Butollo

Infertilität. 1) Die zeitweilige oder dauernde Unfähigkeit eines Organismus, Nachwuchs zu erzeugen (Sterilität). – 2) Die Tendenz eines Individuums oder einer Gruppe, sehr *wenig* Nachwuchs hervorzubringen. *G. D. Wilson*

Infibulation, das Vernähen der äußeren weiblichen Genitalien (vulva oder praeputium), normalerweise zur Verhinderung des Beischlafs. *G. D. Wilson*

Inflation, *„Aufgeblasenheit"* der Persönlichkeit, die von unbewußten Inhalten überschwemmt wird oder sich mit ihnen identifiziert (C. G. ↗Jung). Klinische Folge ist in der Regel eine akute ↗Psychose.

W. Schmidbauer

Information. Der umgangssprachliche Begriff der *Information*, syn. für *Nachricht, Mitteilung,* wurde bei der Analyse technischer Nachrichtenübertragungssysteme und Kommunikationsketten zu einer Maßgröße mit präziser, aber eingeschränkter Bedeutung entwickelt und ist einer der Grundbegriffe der ↗Informationstheorie und ↗Kybernetik. Ausgehend vom Schema der ↗Informationsübertragung, wurden Probleme der maximalen Kanalausnutzung und der Entwicklung störungssicherer ↗Kodes untersucht. Das nach Vorarbeiten von H. Nyquist, D. Gabor und K. Küpfmüller von C. E. Shannon und N. Wiener angegebene Informationsmaß mißt den bei ↗Kodierungen und ↗Signaltransformationen (z. B. Umwandlung akustischer in elektrische Signale) invarianten Aspekt der Nachricht. Die I. einer Nachricht, eines Zeichens, allgemeiner eines Ereignisses, ist ein Maß für dessen Neuigkeitsgehalt, genauer für dessen *Unwahrscheinlichkeit.* Ein Zeichen mit der Wahrscheinlichkeit p hat die I.: $i(p) = \mathrm{ld}\,\frac{1}{p}$.

Die mittlere I. ist das mit den Einzelwahrscheinlichkeiten gewichtete Mittel bei einem Repertoire von r Zeichen:

$$H = \sum_{i=1}^{r} p\,(i)\ \mathrm{ld}\,\frac{1}{p(i)}$$ (↗Bit; ↗Zeichen).

Bei stochastischer Abhängigkeit wird mit den bedingten Wahrscheinlichkeiten gerechnet.

Die I. kann anschaulich als die Länge der Nachricht bei optimaler Kodierung in einen Binärkode gedeutet werden. Die I. 1 bit entspricht einem Binärkodezeichen oder einem Auswahlprozeß aus zwei (gleich wahrscheinlichen) Alternativen.

Der formalen Übereinstimmung mit dem Ausdruck für die thermodynamische Entropie wegen wird die mittlere I. häufig ↗*Entropie* oder wegen des entgegengesetzten Vorzeichens *Negentropie* genannt.

Der Begriff der I. wird über die Nachrichtentechnik und Regelungstechnik hinaus überall dort benutzt, wo die Funktion komplexer Systeme oder die Interaktion mehrerer Systeme informationelle Prozesse impliziert. ↗Kybernetik und Psychologie; ↗Informationspsychologie; ↗kybernetische Pädagogik.

Subjektive I.: Betrachtet man die I. einer Nachricht für den Empfänger, so kann diese nur relativ zu dessen internem Zustand bestimmt werden. Grundsätzlich gilt dies bereits für technische Empfänger.

Für *psychol.* Fragestellungen ist der Übergang zum Begriff der subjektiven I. (K. Steinbuch, H. Frank, A. A. Charkewitsch, K. Weltner u. a.) bedeutsam. Er impliziert insofern einen Wechsel der theoretischen Grundlagen, als die I. nunmehr von den Erwartungswahrscheinlichkeiten des Empfängers abgeleitet wird, die ihrerseits mit Hilfe von Ratetests (Shannon, Attneave, Weltner) bestimmt werden. Sie erlauben die Untersuchung der subjektiven I. gegebener komplexer sprachlicher und anderer Nachrichten in ihrer Abhängigkeit von Kontext, Situation, Einstellung des Empfängers, Sprach- und Sachverständnis und anderen psychol. Parametern.

Mit dem Übergang zum Begriff der subjektiven I. kann neben dem *statistischen* Aspekt auch der *semantische* Aspekt, die I. der Bedeutungen, und der *pragmatische* Aspekt, die I. der durch Nachrichten bewirkten Verhaltensänderungen, analysiert werden. So läßt sich durch Differenzbildung (Transinformationsanalyse) der semantische Anteil sprachlicher Nachrichten, wenn die subjektive I. für zwei Zustände der Klasse der Perzipienten – Bedeutung der Nachricht 1. unbekannt, 2. bekannt – gemessen wird. ↗Weltner-Verfahren.

Didaktische I.: In der kybernetischen Pädagogik der bei Unterrichtsprozessen einzulernende Anteil der semantischen I. eines Lehrstoffs, der beim gegenwärtigen Stand der Untersuchungen noch in verbalisierter Form als ↗Basaltext vorliegen muß. Die bei bekannter Bedeutung des Basaltexts verbleibende I. heißt *ästhetische I.*, die damit negativ als nicht didaktische I. definiert und ein Maß für die Besonderheit einer Darstellung ist.

Eine theoretisch exakte Erfassung der *semantischen I.* ist nur auf der Grundlage eindeutig definierter Sprachsysteme möglich. Ansätze dafür liegen in der Theorie der logisch-semantischen I. von R. Carnap und J. Bar-Hillel vor. ↗Informationstheorie; ↗Semantik.

Lit.: Attneave, F.: I.theorie in der Psychologie. Bern, [3]1974; **Frank, H.:** Kybernetische Grundlagen der Pädagogik. Baden-Baden, [2]1969; **Meyer-Eppler, W.:** Grundlagen und Anwendungen der I.theorie, Berlin – Heidelberg – New York, [2]1969; **Peters, J.:** Einführung in die allg. I.theorie. Berlin – Heidelberg – New York, 1967; **Weltner, K.:** I.theorie und Erziehungswissenschaft. Quickborn, 1970.

K. Weltner

Informationsanalyse, mehrdimensionale. Die m. I. ist eine von McGill (1954) angegebene Methode, den Zusammenhang zwischen mehrdimensionalen Reiz-Reaktions-Folgen mit dem Instrument der ↗Informationstheorie zu analysieren. Die m. I. kann als nichtparametrische Varianzanalyse aufgefaßt werden.

Lit.: McGill, W. J.: Multivariate information transmission. Psychometrika, 1954, *19*, 97–116. *K. Weltner*

Informationsästhetik. Die I. ist eine Richtung der Kunsttheorie, die sich der Begriffe der ↗Informationstheorie und ↗Informationspsychologie bedient. *K. Weltner*

Informationsdichte, Menge an ↗Information pro Längen-, Flächen- oder Volumeneinheit. Die Information pro Zeichen heißt mittlere Information, die Information pro Zeiteinheit ↗Informationsfluß. *H. Frank*

Informationsfluß, die über einen Nachrichtenkanal pro Zeiteinheit übertragene ↗Information, gemessen in „bit/sec.", nach oben begrenzt durch die Kanalkapazität. Der Begriff wurde durch die ↗Informationspsychologie vom technischen Bereich auf Kommunikations-, Lern- und Wahrnehmungsprozesse übertragen. *H. Riedel*

Informationsgehalt ↗Information.

Informationskapazität der Sinnesorgane, der maximale ↗Informationsfluß zum Projektionszentrum (↗Psychostrukturmodell). Größenordnungen: optischer Kanal: $3 \cdot 10^6$; akustischer Kanal: $2 \cdot 10^4$ bis $5 \cdot 10^4$; taktiler Kanal: $2 \cdot 10^5$; olfaktorischer Kanal: 10–100; gustativer Kanal: 10. *H. Riedel*

Informationsmaß ↗Information.

Informationspsychologie. Als I. wird der Versuch bezeichnet, Fragestellungen, Methoden, Maße (insbes. das Maß der ↗Information) und Modelle der Kybernetik im Bereich der Psychol. anzuwenden, und zwar mit dem Ziel einer in sich abgerundeten Theorie. Die – ursprünglich als psychol. Grundlage der Informationsästhetik konzipierte – I. benutzt die Introspektion als Wegweiser bei der Suche nach den Phänomenen, die sie in ein zunächst qualitatives Schema („Organogramm") für den psychol. relevanten Teil des Informationsumsatzes im Menschen einordnet. Hieran schließt sich eine Beschreibung durch kybernetische Begriffe und Modelle (↗Kybernetik und Psychologie) sowie die expt., quantitative Bestimmung der hierbei eingeführten Parameter an. Über dieses *beschreibende* Stadium hinaus lassen die Modelle auch quantitative oder qualitative, empirisch überprüfbare Schlüsse zu, womit die I. in ein *erklärendes* Stadium überführt wird. Zum Programm der I. gehört als letzte Stufe eine Abstraktion von allen als „unwesentlich" erachteten Besonderheiten, folglich eine Beschränkung aller Aussagen auf ein allg.-kybernetisches ↗Psychostrukturmodell. Als Kriterium für das „Wesentliche" gilt die Wichtigkeit für die beabsichtigte Anwendung, die insbesondere im Rahmen der ↗kybernetischen Pädagogik gesucht wird. Durch eine Folge immer komplexerer Psychostrukturmodelle soll in der (weitgehend programmatischen) *exakten I.* der psychologisch faßbare Mensch approximiert werden.

Verschiedene Exp. ergaben – wenigstens im Mittel – einen näherungsweise linearen Zusammenhang zwischen Reaktionszeiten bzw. Wahrnehmungszeiten einerseits und dem Informationsgehalt der Reize andererseits. Hieraus wird auf eine maximale (nur um das 20. Lebensjahr erreichte) Geschwindigkeit der Aufnahme neuer Bewußtseinsinhalte („Apperzeptionsgeschwindigkeit") von etwa 16 bit/sec. geschlossen. Die Informationsaufnahmegeschwindigkeit des Gedächtnisses liegt (in derselben Altersstufe) bei höchstens etwa 0,7 bit/sec. Das Verhältnis dieser beiden Werte liefert einen mittleren Wert für die Lernwahrscheinlichkeit bei einem einmaligen Lernversuch; im Einzelfall hängt die Lernwahrscheinlichkeit wohl vom ↗Auffälligkeitswert ab, für den die I. ein in verschiedenen experimentellen Zusammenhängen bewährtes Maß einführte.

Lit.: Frank, H.: Kybernetische Grundlagen der Pädagogik. Baden-Baden, [2]1969; **Meder, B. S. & W. F. Schmid** (Hrsg.): Kybernetische Pädagogik, 1973/74. *H. Frank*

Informationsquant ↗Quantelung.

Informationsreduktion, Verringerung der subjektiven Information aufgrund der informationellen ↗Akkommodation sowie der ↗Superierung. *H. Riedel*

Informationsspeicher ↗Speicher.

Informationstheorie. ENTWICKLUNG DER I. Die I. ist aus Problemstellungen der Nachrichtenübermittlung durch technische Systeme (Telegraphie, Telephon, Funk) entstanden. Bereits 1924 zeigten L. D. Nyquist und K. Küpfmüller für elektrische Übertragungssysteme den quantitativen Zusammenhang zwischen der Bandbreite des Übertragungskanals und der maximalen Signalgeschwindigkeit. Die Weiterentwicklung durch C. E. Shannon (1948) führte zur I. als Teilbereich der von N. Wiener (1948) vorgetragenen Kybernetik (↗Kybernetik und Psychologie). Sie behandelt u.a. das Problem der optimalen Ausnützung (insbesondere auch gestörter) technischer Kommunikationsketten und stützt sich auf die objektiv beobachtbaren statistischen Eigenschaften der *Signal*- oder *Zeichen*folgen.

DARSTELLUNG DER I. Grundbegriff ist die ↗Information als quantitatives Maß für ↗Zeichen oder ↗Signale, die zwischen einem Sender (Expedient, Quelle) und einem Empfänger (Rezipient, Senke) ausgetauscht werden.

Aus dem Repertoire der verwendeten Zeichen, ihrer Häufigkeit und den die Auswahlprozesse einschränkenden und statistisch erfaßbaren Bindungen zwischen den Zeichen (↗Stochastische Prozesse; grammatische Regeln der Sprache [↗Grammatik] wird eine *Maßgröße* für die ↗Information gewonnen, die bei beliebigen Umkodierungen (↗Kode) und ↗Signaltransformationen erhalten bleibt.

Das Informationsmaß läßt sich auch auf kontinuierliche Signale übertragen. Voraussetzung der math. I. ist die Ergodizität der Quelle, d.h., ihre stat. Eigenschaften müssen konstant und von der Stelle unabhängig bleiben, an der eine Stichprobe entnommen wird.

Von besonderem Interesse ist, daß *eindeutige* und *umkehrbare Umkodierungen ohne Informationsverlust* nicht nur von diskreten Zeichen in diskrete Zeichen (Wörter in Buchstaben, Buchstaben in Fernschreibkode), von kontinuierlichen Zeichen in kontinuierliche Zeichen (Schallschwingungen in elektrische Schwingungen, Helligkeitswerte in Stromwerte), sondern auch von diskreten in kontinuierliche und von kontinuierlichen in diskrete Zeichenfolgen möglich sind. Neben der Bedeutung für technische Anwendungen eröffnet dies neue Aspekte für die Randbedingungen der Reizwahrnehmung und Reizverarbeitung in biol. und physiol. Systemen (↗Psychophysik). Hierbei werden kontinuierliche phys. Reize in Impuls- und Entladungsfolgen von Neuronennetzwerken kodiert.

Bei ungestörter Nachrichtenübertragung wird eine eindeutige Beziehung zwischen gesendetem und empfangenem Zeichen hergestellt. Bei gestörtem Kanal entspricht dem empfangenen Zeichen nicht immer das gesendete Zeichen. Die richtig empfangene Information – Transinformation (T) – ist kleiner als die gesendete. Die Differenz – die verlorengegangene Information – heißt *Äquivokation*. Die durch die Störung erzeugte Information wird als *Irrelevanz* bezeichnet.

Unerwartetes Ergebnis der I. ist, daß auch bei gestörtem Übertragungskanal durch geeignete Kodierung eine beliebig hohe Übertragungssicherheit möglich ist, wobei die Übertragungsgeschwindigkeit die ↗Kanalkapazität praktisch voll erreichen kann.

AUFGABEN UND ANWENDUNGEN DER INFORMATIONSTHEORIE. Maßeinheiten und Methoden der I. sind Grundlagen der Nachrichtentechnik, der Datenverarbeitung (↗Computer), der theoretischen Optik und Bildübertragung (Gabor, 1951), der Kybernetik (Frank, 1970; Steinbuch, 1965; Wiener, 1963) und der technischen Automation (↗Regelkreis). Die I. erschließt darüber hinaus neue Aspekte in Bereichen, in denen die Kopplung und Interaktion zwischen komplexen Systemen ganz oder teilweise als informationelle Kopplung aufgefaßt werden kann (↗Informationspsychologie). Bei der Reizwahrnehmung, Reizleitung und Reizverarbeitung werden Signale umkodiert. Zeichenerkennung und Gestaltwahrnehmung lassen sich als Entstörungsprobleme behandeln, bei der die irrelevante

Information reduziert wird. Lernen kann als Aufbau interner Modelle über informationelle Kopplungen aufgefaßt werden (↗Kybernetische Pädagogik; Didaktische ↗Transinformation).

In ihrer herkömmlichen, math. Form schließt die I. den semantischen und den pragmatischen Aspekt der Kommunikation aus, die bei der Analyse gestörter sprachlicher oder optischer Kommunikationsketten zwischen Menschen berücksichtigt werden müssen. Das erfordert den Übergang vom Konzept der stat. Information zum Konzept der subj. Information, bei der der interne Zustand des Empfängers berücksichtigt wird. Bei diesem Übergang wird das Informationsmaß beibehalten, aber statt auf eine objektiv durch einen externen Beobachter bestimmbare ↗Statistik der Zeichenfolgen nunmehr auf die empirisch zu ermittelnden Erwartungswahrscheinlichkeiten des Perzipienten bezogen (Weltner, 1970). Damit gewinnt die I. neue Anwendungsbereiche in der Analyse von ↗*Wahrnehmungs*prozessen in sprachlichem und inhaltlichem Kontext, von kognitiven Prozessen und Lernprozessen (↗Transinformationsanalyse), wobei sich empirische Methoden mit dem theoretisch fundierten Maß- und Relationssystem der I. verbinden.

Lit.: Attneave, F.: I. in der Psychologie. Bern, ^{3}1974; **Frank, H.:** Kybernetische Grundlagen der Pädagogik, Bd. 1, ^{2}1969; **Gabor, D.:** La théorie des communications et la physique. In: La cybernétique, théorie du signal et de l'information. Paris, 1951; **Langer, D.:** I. und Psychol. Göttingen, 1962; **Meder, B. S. & W. F. Schmid;** (Hrsg.): Kybernetische Pädagogik, 1973/74; **Meyer-Eppler, W.:** Grundlagen und Anwendungen der Informationstheorie. Berlin – Heidelberg – New York, ^{2}1969; **Peters, J.:** Einführung in die allg. Informationstheorie. Berlin – Heidelberg – New York, 1967; **Quastler, H.** (Hrsg.): Information theory in psychology; problems and methods, Glencoe (Ill.), 1955; **Shannon, C. E.:** The mathematical theory of communication. Urbana, ^{9}1962; **Stachowiak, H.:** Denken und Erkennen im kybernetischen Modell. Berlin – New York, 1965; **Weltner, K.:** I. und Erziehungswissenschaft. Quickborn, 1970; **Wiener, N.:** Kybernetik. Düsseldorf, 1963 (Übersetzung von „Cybernetics", MIT, 1948).

K. Weltner

Informationsträger ↗Signal.

Informationsübertragung. Übertragung von Informationen mit Hilfe eines Informationsträgers (↗Signal) von einem Sender zu einem Empfänger. Sie verläuft nach folgendem Schema (Kommunikationskette):

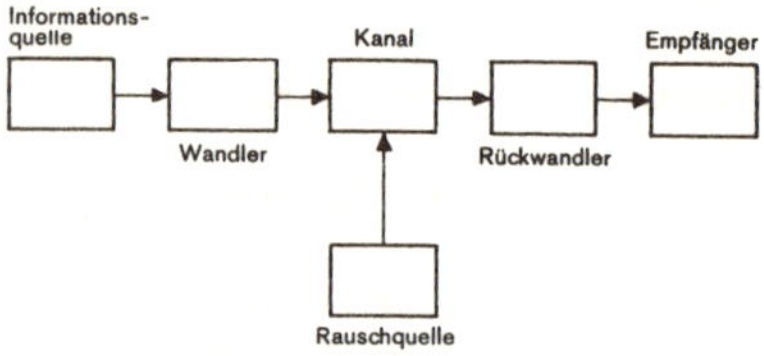

Die *Rauschquelle* faßt alle Störungen zusammen, die das zu übertragende Signal erfährt. Vgl. auch ↗Psychostrukturmodell.

Lit.: Fano, R. M.: Informationsübertragung. München, 1966.

P.-B. Heinrich

Informationsverarbeitende Systeme, *IVS,* Sammelbegriff für alle (auch lebende bzw. bewußtseinsbegabte) Systeme, in denen sich nachrichtenverarbeitende Prozesse (↗Informationsverarbeitung) abspielen.

P.-B. Heinrich

Informationsverarbeitung, *Nachrichtenverarbeitung,* jeder Vorgang, durch den eine empfangene Nachricht verändert oder mit anderen Nachrichten nach bestimmten Gesetzen verknüpft wird, so daß als Resultat eine neue Nachricht entsteht. *P.-B. Heinrich*

Informelle Gruppe ↗Gruppe.

Informiertheit. Informationspsychologisch läßt sich Lernen als Verminderung der subjektiven Information des Wahrnehmungsfeldes beschreiben. Itelson (1967) erfaßt diesen Vorgang durch den Begriff der *Informiertheit* K. Es gilt $K = H_0 - H_1$, d. h., die Unbestimmtheit H_0 der Situation wird durch Kenntnisse um den Betrag K auf H_1 erniedrigt. *B. Rollett*

Infrarot, elektromagnetische Wellen mit einer Wellenlänge über der von Rot (über 800 nm) und daher außerhalb des sichtbaren Spektrums; werden als Wärme wahrgenommen.

C. D. Frith

Infraschall, Geräusche (1/1000–16 Hz) unterhalb des Frequenzbereiches, den das Ohr wahrnimmt. Sie können manchmal durch andere Sinne wahrgenommen werden als Vibrationen oder rhythmische Schläge. Diese können durch Wind, Erdbeben usw. erzeugt werden. *C. D. Frith*

Inhaltsanalyse ↗Kontent-Analyse.

Inhibition, -spotential ↗Hemmung.

Initialhandlung, Anfangshandlung einer Abfolge von Instinktbewegungen, die mit der Endhandlung abschließt. ↗Instinkt.

K. Fiedler

Initiation. Aus dem Lateinischen stammender Begriff (= „Beginnen", „Einweihen"), mit dem in der ↗Ethnologie *Riten* bezeichnet werden, durch die die *Aufnahme der Jugend in die Gemeinschaft der Erwachsenen* vollzogen wird. In diesem Sinne spricht man auch von „Mannbarkeits- oder Pubertätsriten", „Jünglings- oder Jugendweihen" usw. Bei vielen sog. schriftlosen Stammeskulturen sind die *I.riten* bedeutsamer als die Hochzeit. In unserer Kultur sind „Firmung", „Konfirmation", „Maturafeierlichkeiten" usw. ein schwacher „Abglanz der I.zeremonien" (Hofstätter, 1963, 270). Im Unterschied zu unseren wesentlich leistungsbezogenen Nachklängen der I.riten haben die letzteren in ihren hochentwickelten Formen auch heterosexuell aufklärende und – durch die operativen ↗*Beschneidungs*zeremonien (z. B. Entfernung der Klitoris beim Mädchen und der Vorhaut beim Knaben) – die Geschlechtsrollenidentität stabilisierende Funktionen. I. und I.riten betonen die Zäsur zwischen Kindheit und Erwachsenenperiode und schaffen zugleich den *Übergang* zwischen beiden Hauptlebensperioden (Chapple & Coon, 1942). Die I. soll mit Hilfe der I.riten „den Initianten erstens von der bisherigen Lebenssphäre lösen" (1. und 2. Phase: Trennung des Initianten von der Mutterwelt und Leben außerhalb des betreffenden Gesellschaftssystems) „und ihn zweitens in die neue Lebenssphäre einführen" (3. Phase) (Herrmann, 1962, 42). Vermittlung von Sachwissen und bestimmten Fertigkeiten (Stammesgeschichte, Mythologie, Geheimnisse, Tänze, Flötenspiel usw.), Mut- und Selbstbeherrschungsproben (Durchbohrung der Nasenflügel, schreckenerregende Erlebnisse usw.) dienen dazu, den jugendlichen Stammesgenossen auf seine Eignung für den Erwachsenenstatus zu prüfen und ihn zugleich auf die damit verbundenen Rechte und Pflichten vorzubereiten. Symbolische Darstellungen und magisch-kultische Handlungen spielen dabei eine bedeutsame Rolle (Tod und Wiedergeburt). Die I. wird für beide Geschlechter getrennt durchgeführt, fällt im allg. nicht notwendig mit der biol. Sexualreifung zusammen und kann wochen- oder monatelang dauern.

Lit.: Chapple, E. D. & C. S. Coon: Principles of anthropology. New York, 1942; **Herrmann, F.:** Tendenzen der Welt. In: **H. Giese** (Hrsg.): Psychopathologie der Sexualität. Stuttgart, 1962, 41–51; **Hofstätter, P.:** Einführung in die Sozialpsychologie. Stuttgart, 1963. *H. Maisch*

Inkontinenz ist die Unfähigkeit, Stuhlgang oder Harn zurückzuhalten. Häufigste *Ursachen* sind: Querschnittslähmung (Rückenmarksdurchtrennung) nach Unfall, Schädigung des Lumbalmarks durch Bandscheibenvorfall oder Carcinommetastasen im Rückenmark oder Beckenraum. *E. David*

Inkubation. Wenn in einer Versuchsreihe auf einen bedingten Reiz (CS), der nicht bekräftigt wird (UCS), trotzdem die bedingten Reaktionen (CR) häufiger erfolgen, spricht man von I. Eysenck zieht es vor, diesen Begriff „Napalkow-Phänomen" zu nennen, zu Ehren des russischen Forschers, der zuerst die Aufmerksamkeit darauf lenkte. Die Beweise für das Napalkow-Phänomen bei Tieren und menschlichen Vpn wurden von Eysenck (1968) einer Überprüfung unterzogen. Bei diesen Untersuchungen nahmen die CRs innerhalb der Versuchsreihe an Stärke zu, auch wenn der ursprünglich aversive UCS nicht gegeben wurde. Die Wirkungen sind auffallend klar, und es ist schwer, sie in irgendein bestehendes Lernschema einzufügen.

Lit.: Eysenck, H. J.: A theory of the incubation of anxiety/fear responses. Behav. Res. & Therapy, 1968, *6*, 309–321; **McAllister, D. E. & W. R. McAllister:** Incubation of fear: an examination of the concept. J. exp. res. Person., 1967,

2, 180–190; **Ramsay, R. W.:** Incubation of emotional responses. Unpubl. MS., Univ. of Amsterdam, 1969.
R. W. Ramsay

Inkubationsprozesse. 1) *Allg.:* Prozesse während einer Phase nur scheinbarer Ruhe, tatsächlich einer unbeobachtbaren Entwicklung, an deren Ende eine deutliche Änderung im Gesamtablauf steht. – 2) *Med.:* Prozesse während der Zeit zwischen Übertragung und Ausbruch einer Krankheit. – 3) *Denkpsychol.:* Mehrere „Phasenmodelle des ↗produktiven Denkens" nennen die Kategorien 1. Vorbereitung, 2. ↗Inkubation, 3. Illumination und 4. Verifikation. *H. Wagenknecht*

Innere Hemmung ↗Hemmung.

Innere Sekretion. Abgabe von Drüsenprodukten unmittelbar in die Blutbahn aus ↗Drüsen ohne Ausführgang (innersekretorische oder ↗endokrine Drüsen, Blut- oder Hormondrüsen). Die Produkte heißen Inkrete oder ↗Hormone und wirken auf Wachstums-, Entwicklungs- und Stoffwechselvorgänge (hormonale Steuerung) und somit auch auf die psychischen Vorgänge.

Lit.: Jores, A. & H. Nowakowski: Praktische Endokrinologie. Stuttgart, [4]1976.
F.-C. Schubert

Innere Sprache ↗Sprache, innere.

Innervation. 1) *Anat.:* Versorgung des Organismus mit Nervenfasern. – 2) *Physiol.:* Versorgung mit Nervenreizen, speziell Zuleitung zentraler Impulse an die Erfolgsorgane durch die (innervierenden) Nervenfasern. – *Allg.* kann die I. mit afferenten (zentripetal), mit efferenten (zentrifugal) sowie mit vegetativen (sympathischen und parasympathischen) Nerven unterschieden werden. In die I. eingeschaltet sind die Extero- und Interorezeptoren (↗Rezeptoren); die Steuerung erfolgt durch das ↗Zentralnervensystem. *F.-C. Schubert*

Innovation, 1) neuartige, bisher nicht akzeptierte oder verwendete Ideen, Gegenstände und/oder Verhaltensmuster, die von einer oder mehreren Personen *(Innovatoren)* in einen bestehenden Interaktionszusammenhang eingeführt werden, mit der Absicht, dieses Interaktionssystem zu verändern. 2) Wirtschaft: systematische Entwicklung neuer Produkte und Absatzmärkte unter Berücksichtigung künftiger Bedürfnisse.

Lit.: Bauer, K.O. & H.G. Rolff (Hrsg.): Innovation und Schulentwicklung. Weinheim, 1978; **Kraak, B. & D. Nord-Rüdiger:** Bedingungen innovativen Handelns. Weinheim, 1979.

Input, *Informationseingabe.* 1) *Allg.:* Energie, die von außen in ein System fließt. – 2) *Psychol.:* der Reiz, der tatsächlich aufgenommen wird. *H. Wagenknecht*

Insekten, staatenbildende ↗Staatenbildende Insekten.

Inspiration. Ursprünglich ein theologischer Terminus: Annahme eines gottbegeisterten Zustands, in welchem sich Gott einem Menschen auf übernatürliche Art kundtut. Die Psychol. sieht in der I. die Manifestation einer im Unbewußten verborgenen Sekundärpersönlichkeit mit hochkreativer Potenz, die sich bes. bei introvertierten, sensiblen Persönlichkeiten unter wenig bekannten Bedingungen äußert und sie zu einzigartigen Leistungen veranlaßt.

Lit.: Schjelderup, H.: Das Verborgene in uns. Stuttgart – Bern, 1964.
E. Ullrich

Instinkt (lat.: antreiben).

HISTORISCHER ÜBERBLICK. Das Konzept des biol. Bedürfnisses oder inneren Triebes, wofür der Begriff „Instinkt" im allg. verwendet wird, reicht bis in die klassische Antike zurück. In der Psychol. nach W. Wundt zählen W. James, C. T. Morgan und McDougall zu den einflußreichsten I.theoretikern. Ihr Werk entstand im frühen 19. Jh. Der Einfluß dieses Werkes jedoch reichte nicht über die zwanziger Jahre hinaus. S. Freud ist hier eine Ausnahme, aber sein Einfluß als I.theoretiker vollzog sich nur außerhalb des Hauptstromes der Psychol. In den dreißiger und vierziger Jahren wich man von der I.theorie ab und wandte sich mehr dem ↗Behaviorismus und dem Problem des ↗Triebs zu. Außer ↗Tolman schrieb kein bekannter Theoretiker über das Problem des I., und sogar Tolmans Anhänger gingen eher vom Begriff des Triebes aus als von dem des Instinktes. Nachdem das Interesse an instinktivem Verhalten in der Psychol. kaum noch vorhanden war, wurde – vor allem in Europa – das I.verhalten der Tiere erforscht („Ethologie"). Die Ethologie wird unabhängig von der Psychol. in Anlehnung an die Tradition von Biologie und Naturwissenschaft betrieben. Durch die Einflüsse dieser Forschung lebte das Interesse an der I.theorie in den fünfziger Jahren in der vergleichenden Psychol. wieder auf (vergleichende ↗Verhaltensforschung).

Wissenschaftliche Verwendung des Instinktkonzeptes. C. Darwin (in seiner Theorie der ↗Evolution) und viele andere nach ihm haben das I.konzept verwendet, um Verhalten zu kennzeichnen, das allg. komplex, adaptiv und oftmals sehr fein auf bestimmte Umweltverhältnisse abgestimmt ist. Dieses Verhalten wird scheinbar mit Hilfe von ↗Intelligenz erreicht und ist auf bestimmte Ziele ausgerichtet (Zielstrebigkeit bezeichnet); zielstrebiges Verhalten trifft man auch bei solchen Organismen an, denen man intellektuelle Fähigkeiten nicht zuschreiben würde. Für den größten Teil dieses Verhaltens gibt es noch keine befriedigende Erklärung in physikalisch-chem. Begriffen oder bekannten biol. Mechanismen – ganz bes. trifft dies für das Verhalten von Insekten, Fischen und Vögeln zu. Bis die Forschung diese Lücken in unserem Wissen geschlossen haben wird, werden wir – um diesen Mängeln zu begegnen – weiterhin das I.konzept verwenden müssen.

Drei wichtige wiss. Richtungen zeichnen sich in der I.literatur ab: die *psychoanalytische, psychologische* und *ethologische* Richtung, die alle Modelle zur Erklärung des instinktiven Verhaltens vorgeschlagen haben.

1. *Psychoanalytische Aspekte des I.:* In ↗Freuds Theorie stellt der I. eine bestimmte Kraft oder einen Antrieb zum Handeln dar. Das Ziel der Handlung ist es, die Grundreize, die den Impuls hervorrufen, zu beseitigen. Dies wird durch oder in einem Objekt erreicht, das verschiedene „befriedigende" Qualitäten haben kann. In dieser Theorie nehmen die Konzepte des Konflikts und des Gleichgewichts eine zentrale Stellung ein. Diese Konzepte stellen die dynamischen Kräfte dar, durch die Ziele und Objekte instinktiven Verhaltens durch ↗Verdrängung und ↗Sublimierung geändert werden können (↗Motivation). Obwohl dies ein Verhaltensmodell darstellt, kann es, wie Betrachtungen an klinischen Patienten zeigen, durchaus real sein. Es hat sich als schwierig, wenn nicht gar unmöglich erwiesen, diese Ideen empirisch zu überprüfen. Außerdem werden die motivationalen Ideen, die in Freuds Theorie auftauchen – soweit sie in die allgemeine Psychologie aufgenommen wurden –, eher als Triebe und weniger als I.e bezeichnet.

2. *Psychologische Aspekte des I.:* Durch einen bestimmten inneren Zustand wird ein Organismus dazu befähigt, selektiv auf bestimmte Reize bzw. Objekte der Umgebung zu reagieren. Von diesem grundlegenden Impuls nimmt man an, daß er angeboren ist und daß er gleichzeitig eine *Erregung* auslöst, die subjektiv, zielstrebig und auf ein Verhaltensziel ausgerichtet ist. Entsprechend dieser Darstellung ist also ein I. ein *angeborenes, konnativ-affektives* System.

Da allg. das Konzept der evolutionären Kontinuität zwischen Mensch und Tier anerkannt wird, ist man heute der Ansicht, daß die I.e, die einen wesentlichen Teil des Verhaltens der Tiere, wie z. B. der Insekten, ausmachen, auch beim Menschen vorhanden sein müssen. Beim Menschen jedoch kommt das I.verhalten auf sehr unterschiedliche (variable) Art und Weise zum Ausdruck. McDougalls (1908) Lehre vom I. (zweifellos der einflußreichste I.theoretiker unter Psychologen) und von den damit verbundenen Gefühlen hatte für Sozialpsychologen sehr große Anziehungskraft; bis vor kurzer Zeit erschien ihnen die Vorstellung einer empirischen Überprüfung sozialer Interaktionsphänomene nicht möglich, wahrscheinlich, weil ihnen McDougalls Ideen zu einfach und zu unmittelbar vorkamen. Mit der Verhärtung der behavioristischen Position in der Psychol. wurde das Konzept des Angeborenseins vermieden, weil man es als minderwertigen Ersatz betrachtete für detaillierte Verhaltensanalyse; subjektive Phänomene wurden aus der wiss. Verhaltensanalyse ausgeschlossen. Die meisten Phänomene, die man vorher für instinktiv gehalten hatte, wurden jetzt als Trieb bezeichnet. Der Begriff ↗„Trieb" ist relativ frei von den entsprechenden Konzepten des Angeborenseins und der Zielstrebigkeit, gleicht jedoch in wesentlichen Merkmalen dem Konzept des I. Abgesehen von einigen Bereichen in der Entwicklungs- und vergleichenden Psychol., wo psychoanalytische und ethologische Ideen großen Einfluß haben, wird das Konzept des I. in der Psychol. heute kaum noch beachtet.

3. *Ethologische Aspekte des I.:* Die ethologische Betrachtungsweise des I.verhaltens, die der Evolutionstheorie und amerik. und europäischen Naturforschern und Zoologen sehr viel verdankt, leitet sich hauptsächlich aus dem bedeutenden Werk von K. Lorenz und Tinbergen (1963) her. Diese Arbeiten waren vor allem in zwei Hinsichten einflußreich. Der eine Gesichtspunkt ist der, daß rigide, stereotype Verhaltensmuster, wie sie für einen großen Teil tierischen I.verhaltens typisch sind, möglicherweise für die ↗Taxonomie von gleichem Wert sind wie strukturelle und andere Faktoren. Der zweite Aspekt ist, daß das Verhalten von einer Energie erzeugt wird, die spezifisch für einzelne I.handlungen oder für bestimmte Handlungsmuster ist. Wenn der Organismus durch die Vermittlung des ↗Appetenzverhaltens auf geeignete Umweltstimuli trifft, für die das Tier bestimmte Rezeptoren und Auslösemechanismen hat, wird die Handlung ausgelöst und eine bestimmte Energie freigesetzt. Eine gewisse Anziehungskraft erhielt das Energiemodell dadurch, daß es – durch die Unterscheidung zwischen Appetenzverhalten (Annahme der Zweckgerichtetheit) und dem I.akt selbst – das Erreichen eines Zieles auf verschiedenen Wegen erklären konnte: man konnte den Gedanken der Zweckgerichtetheit außer acht lassen, indem die Durchführung der Handlung selbst als Ziel betrachtet wurde.

Wenn ein Tier nicht auf geeignete Umweltreize trifft, staut sich die Energie auf, bis schließlich eine spontane Ausführung der Handlung erfolgt; der geeignete auslösende Reiz ist ja nicht vorhanden. Dieses Phänomen wurde als *„Leerlaufhandlung"* bezeichnet, und in Beschreibungen von derartigem Verhalten, wie es Ethologen oft beobachten, wirkt es wie unnötig ausgeführte Handlungen. Eine andere Art unangemessenen Verhaltens wurde *Ersatzhandlung* genannt. Wenn ein Tier daran gehindert wird, eine instinktive Handlung auf normale Art und Weise auszuführen, wird die der Handlung angemessene Energie verdrängt; daraus resultiert ein Verhalten, das den aktuellen Bedürfnissen des Tieres adäquat ist. Dieses ethologische Modell wurde sehr heftig kritisiert, ganz bes. die Vorstellung von ↗Leerlauf- und Ersatzhandlung; wichtige empirische Beweise für das Energiemodell wurden immer mehr in anderen Begriffen erfaßt. Konzepte, die mit dem Energiemodell in Zusammenhang stehen, wie z. B. sensorische oder wahrnehmungsbedingte Auslösemechanismen (vgl. auch ↗AAM), Verdrängungsmechanismen und feststehende Handlungsmuster, finden – in entsprechend veränderter Form – in der Verhaltensanalyse eine weitere Verwendung.

Gegenwärtiger Stand des I.konzepts. Es ist schwierig, den gegenwärtigen Stand des I.konzepts einzuschätzen. Erhebliche Forschungsaktivitäten sind im Augenblick über Probleme im Gange, die mit dem I.verhalten eng verbunden sind, obwohl die Verwendung des Konzepts als solches heute nicht mehr aktuell ist. Neuere Ansätze und Forschungen über kritische Phasen im frühen Verhalten – sei es ↗Prägung, primäre Sozialisation oder frühe Erfahrung – haben ihre direkten Vorläufer in den psychoanalytischen, psychol. und ethologischen Aspekten des I.konzepts.

Lit.: **Birney, R. C. & R. C. Teevan:** Instinct. New York, 1961; **Drever, J.:** Instinct in man. Cambridge, 1917; **Fletcher, R.:** Instinct in man. London, 1968; **McDougall, W.:** An introduction to social psychology. London, 1908; **Schiller, C. H.:** Instinctive behavior. London, 1957; **Thorpe, W. H.:** Learning and instinct in animals. London, 1963; **Tinbergen, N.:** Instinktlehre. Berlin, [5]1972; **Wilm, E. C.:** The theories of instinct. New Haven, 1925.

P. L. Broadhurst & J. Wilcock

Instinkthandlung ↗Instinkt.

Instinkt-Taxis-Verschränkung. Nach Lorenz besteht eine Instinkthandlung aus einer *Erbkoordination* (einem relativ starren Muster von Muskelkontraktionen) und der sie richtenden *Taxiskomponente.*

Lit.: Lorenz, K.: Über den Begriff der Instinkthandlung. Folia biotheor., 1937, *2,* 17–50. *K. Fiedler*

Institute, psychologische. Mit der Verselbständigung der Psychol. zu einer empirischen – betont experimentell arbeitenden – Einzelwissenschaft ist die Gründung einer Vielzahl psychologischer Universitätsinstitute als Zentren von Forschung und Lehre zu verzeichnen: 1879 – Markstein in der Geschichte der Psychol. – Leipzig durch W. ↗Wundt, 1881 Göttingen durch G. E. ↗Müller, 1883 Johns Hopkins durch G. S. Hall, 1888 Pennsylvania durch J. McK. ↗Cattell, 1889 Sorbonne durch H. Beaunis u. A. Binet, 1886 Kasan durch V. M. ↗Bechterew, um einige wichtige zu nennen. An mehreren p. I.n bildeten sich bedeutsame psychol. Schulen (z. B. Berliner Schule, Leipziger Schule, Würzburger Schule). In einem Stadium größerer Systemoffenheit der Psychol. weisen heutigentags die einzelnen psychol. Universitätsinstitute eher ein breites Spektrum von psychol. Sachspezialisierungen auf. Neben den psychol. Universitätsinstituten gewinnen in zunehmendem Maße nicht-universitätsgebundene p. I. Anteil an der Forschung (wie etwa die Max-Planck-Institute in Deutschland).

Lit.: Misiak, H. & V. S. Sexton: History of psychology. New York, 1966. *E. G. Wehner*

Institution, Institutionalisierung. Von H. Spencer eingeführter, in seiner Bedeutung ungemein schwankender soziologischer Begriff, der sich auf Vorstellungen und Einrichtungen anwenden läßt, die den Interessen oder Werthaltungen einer größeren kulturellen Gruppe durch spezielle Formen der sozialen Interaktion Rechnung tragen, z. B. Erziehung, Ehe, Besitzstand u. ä. Man kann z. B. häusliche, sakrale, politische, berufliche, wirtschaftliche und andere Institutionen unterscheiden, die sowohl die Mittel als auch die Tätigkeiten umfassen, die eine größere Gruppe für erforderlich hält, um bestimmte Zwecke zu erreichen. Parsons geht von der Internalisierung von Werten und Normen aus, hinsichtlich deren mehrere Menschengruppen konform gehen. Schafft diese Konformität Zufriedenheit und veranlaßt sie die anderen, sich ebenfalls konform mit diesen Normen zu verhalten, so kann diese Wert- oder Normbezogenheit als *institutionalisiert* bezeichnet werden. Eine Institution ist nach Parsons (1951) demnach ein Komplex institutionalisierter *Rollenmerkmale* oder *Statusbeziehungen,* der für das gegebene Sozialsystem und dessen Erhaltung von struktureller Bedeutung ist. ↗System, soziales.

Lit.: Parsons, T.: The social system. Glencoe, Ill., 1951. *W. D. Fröhlich*

Instruktion. Mit der I. werden dem Pb Anweisungen für sein Verhalten in der Testsituation gegeben, zugleich soll er motiviert werden, sich gemäß dieser I. zu verhalten. Die I. spielt eine wesentliche Rolle für die Ergebnisse des Tests. Schon winzige Veränderungen der I. führen zu statistisch gesicherten Unterschieden in den Testresultaten. Auch Tonfall und Mienenspiel des Testleiters während der I.erteilung determinieren die Ergebnisse.

Lit.: Hartmann, H.: Psychologische Diagnostik. Stuttgart, [2]1978, 34–61. *G. Lischke*

Instrumentales Konditionieren ↗Konditionierung.

Insuffizienz, Unzulänglichkeit, nicht ausreichende Leistungsfähigkeit. Speziell in der Bedeutung der erlebten I. als ↗Minderwertigkeitsgefühl von A. ↗Adler im Rahmen der ↗Individualpsychologie als wichtiger Faktor bei der Entstehung von ↗Neurosen behandelt. *K. Pawlik*

Insula. Die I. ist ein Teil der Großhirnrinde. Ursprünglich lag sie an der freien Oberfläche. Im Zuge der Entwicklung hat sie sich in die Tiefe verlagert und wird von Teilen des Stirn-, Scheitel- und Schläfenlappens überdeckt. Ihre Oberfläche besitzt das typische Großhirnrindenrelief in Form von Furchen und Windungen (↗Hirn). Nach P. Flechsig stellt die I. ein Assoziationszentrum für das akustische Denken dar.

Lit.: Feneis, H.: Anatomisches Bildwörterbuch. Stuttgart, [4]1974.

G. Arnold

Insulin ↗Hormon.

Insulinschock, hypoglykämischer Schockzustand mit Bewußtlosigkeit, der mit Insulin aus therapeutischen Gründen herbeigeführt wird. Insulin, das parenteral zugeführt wird, führt zu einem Absinken des Blutzuckerspiegels (Hypoglykämie), was bei einer bestimmten Absinkgeschwindigkeit und bei Erreichung eines bestimmten Blutspiegels zu Bewußtlosigkeit (Koma) führt. Die früher recht häufigen Insulinkuren sind inzwischen immer seltener geworden, vor allem weil heute bei gleicher Indikation das Behandlungsziel durch Neuroleptika mit geringerem Komplikationsrisiko erreicht werden kann.

A. Hicklin

Integration *(Zentralnervensystem).* **I.** Die Reizverarbeitung im ↗ZNS folgt verschiedenen Prinzipien: Riesige Anzahlen von Neuronen weniger morphologischer Typen bilden synaptische Netzwerke. An einer Purkinjeschen Zelle des Kleinhirns konvergieren nicht weniger als etwa 300000 Synapsen. Informationsübertragung an chem. ↗Synapsen durch Transmitter (↗Noradrenalin, ↗Acetylcholin, Serotonin, Gaba), elektrische Synapsen arbeiten direkt. Nervenzellkörper (Soma) und Dendriten integrieren analog durch algebraische, elektrotonische Summation, Nervenfasern digital nach dem Alles-oder-Nichts-Prinzip mit Pulsfrequenzkodierung. Chemische und elektrische Felder beeinflussen die stat. Eigenschaften großer Zellverbände. Reizflut ungeheurer Redundanz (einige Mio. bits/sec.) wird gefiltert, gruppiert (Konvergenz- und Divergenzschaltungen), die Frequenzen über- oder untersetzt, ↗Feed-back-Schleifen drosseln. Plastizität hängt von der physiol. aktivierbaren Neuronenreserve ab. ↗Hormone beeinflussen Reizschwellen von Neuronen. Neuronale Erregungskreise speichern kurzfristig Informationen, das Langzeitgedächtnis arbeitet mit chem. Engrammen (Proteinen, Nucleotiden, Aminosäuresequenzen).

Lit.: Gerard, R. W.: Neurophysiology: an integration (molecules, neurons, and behavior). Hdb. Physiol. Neurophysiol. Vol. 3 (1919–65). Washington, 1960; **Horridge, G. A.:** Interneurons. London – San Francisco, 1968; **Quarton, G. C., Melnechuk, T. & F. O. Schmitt** (Eds.): The neurosciences. A study program. New York, 1967.

K. Fiedler

II. *Integration der Persönlichkeit.* Syn. für die *Konsistenz bzw. den Grad der Übereinstimmung,* in der sich verschiedene Einzelprozesse oder Handlungen, insbes. aber Entscheidungen eines Menschen in funktioneller Abhängigkeit voneinander bzw. von Eigenschaften in einer bestimmten Situation oder relativ überdauernd in der Auseinandersetzung mit der Umwelt als wirkungsvoll zeigen.

Betrachtet man, wie etwa H. A. Witkin, die ↗Persönlichkeit als ein offenes, d. h. mit seiner Umwelt in Beziehung stehendes System, so beschreibt die I. die funktionellen Beziehungen zwischen den Systemkomponenten. Diese I. wird einem komplexen System zugeschrieben, daher setzt sie die *Differenzierung* des Systems voraus.

W. D. Fröhlich

Integration, soziale. Zusammenfassender Titel für Teilprozesse, die der Vervollständigung oder der Herstellung eines konsistenten sozialen Gebildes förderlich sind. Hierzu gehören bes. aus der Sicht T. Parsons *kulturelle I.* als Inbegriff der Konsistenz normativer Gegebenheiten, *normative I.* als Inbegriff der Übereinstimmung von Normen mit Bedürfnissen, *kommunikative I.* als Inbegriff der klaglosen Übermittlung von Normen von einem Individuum zum anderen und schließlich die *funktionelle I.* als Inbegriff der Stimmigkeit von Forderungen, Erwartungen und tatsächlichen Handlungen.

W. D. Fröhlich

Integrationspsychologie. Von E. R. Jaensch begründete Richtung der Charakterkunde. Die von E. R. und W. Jaensch experimentell untermauerten Funktionstypen unterscheiden sich hauptsächlich nach dem Grad der Integration, d. h. der Ganzheitlichkeit, Unmittelbarkeit, Beeinflußbarkeit; integrierte Typen sind: B-typ (am stärksten integriert), I-typen; der desintegrierte Typ (D-typ) weist indirekten, aufspaltenden Außenweltbezug auf. Der S-typ (Synästhetiker) zerfällt in den S1-typ (lytischer Typ), der auflockert, und den S2-typ, der auflöst.

Lit.: Jaensch, E. R.: Studien zur Psychologie menschlicher Typen. Leipzig, 1930.

W. Kretschmer

Intellekt (Innewerden, Wahrnehmung; Erkenntnis[-vermögen], Denkvermögen, Verstand). Die geistige Fähigkeit, durch deren Anwendung der Mensch (und nur der Mensch) denken kann; auch: Fähigkeit der im Denken geschulten Persönlichkeit sowie rein verstandesgemäßes Denken. *H. Wagenknecht*

Intelligenz. So klar es uns scheint, was unter dem Begriff I. zu verstehen ist, wenn wir es z. B. mit einem I.test zu tun haben, so besteht heute doch noch keine allg. anerkannte Definition. Undiskutiert ist, daß unter I. eine Fähigkeit, d. h. eine *Bedingung* oder ein *Bedingungskomplex* bestimmter Leistungen zu verstehen ist. Welches jedoch I.leistungen sind, ist nicht eindeutig bestimmt, wenn auch natürlicherweise eigentliche Denkprobleme allg. dazugerechnet werden; noch kontroverser sind die Anschauungen über die innere Natur dieser Fähigkeit. Von den Leistungen her ist die etwa gleichzeitig von E. Claparède und W. Stern vorgeschlagene Definition der I. als Fähigkeit, Schwierigkeiten in neuen Situationen zu überwinden, heute am weitesten verbreitet. Da auch Tiere sich neuen Situationen anpassen können, für die sie keine instinktmäßigen Antworten haben („I.prüfungen an Menschenaffen" von W. Köhler), kann Denken nicht als unbedingtes Kriterium einer I.leistung angesehen werden.

INTELLIGENZFORSCHUNG. Zwischen I.forschung und Denkpsychol. bestehen enge Beziehungen, da die erstere die Bedingung für die individuellen Variationen der Denkleistungen sein soll; trotzdem haben sich die beiden Forschungszweige unabhängig voneinander entwickelt. Die I.forschung ist darauf gerichtet, durch den stat. Vergleich verschiedener Leistungen die ihnen zugrunde liegenden Bedingungen zu erkennen. Der Ähnlichkeitsgrad der Bedingungen zweier Leistungen wird mittels der Korrelationsrechnung bestimmt. Als erster hat Spearman (1927) von der Jahrhundertwende an auf dieser Basis eine Methode der Analyse der Beziehungen zwischen Leistungen entwickelt, die als ↗Faktorenanalyse bekannt ist und die I.forschung seither fast vollständig bestimmt. Diese Untersuchungen brauchen nicht auf typische intellektuelle Leistungen beschränkt zu werden – Spearman hat, der damaligen Tendenz folgend, auch solche sensorieller Natur berücksichtigt –, es ist dann zum großen Teil eine Frage der sprachlichen Konvention, welche der so bestimmten Faktoren man als intellektuell bezeichnen will. Das Hauptproblem dieser Forschung bestand in der Bestimmung der Zahl und Natur der wirkenden Faktoren. Spearman hat aufgrund seiner Untersuchungen die *Zwei-Faktoren-Theorie* formuliert, nach der in allen geistigen (diesen Begriff sehr weit gefaßt) Funktionen oder Leistungen *ein* und *nur ein* allen *gemeinsamer* Faktor (↗„g-Faktor") wirkt und je ein für die jeweilige Leistung *spezifischer* Faktor. Dieser allg. Faktor kann daher als *„allgemeine Intelligenz"* angesprochen werden, obwohl Spearman ihn hypothetisch eher als *„allgemeine geistige Energie"* interpretierte. Da sich aber im Verlauf der Forschung zeigte, daß zwischen gewissen Leistungen doch noch Gemeinsamkeiten bestehen, die von „g" unabhängig sind, wurde in der Schule von Spearman die sog. *hierarchische Theorie der I.* entwickelt. Sie besagt, daß unter dem allg. Faktor g in hierarchischer Ordnung Faktoren von immer geringerer Breitenwirkung existieren bis zu den spezifischen Faktoren von Spearman (Vernon, 1961). So sind von der engl. Schule z. B. die zwei sehr breiten Gruppenfaktoren der *verbal-schulischen* und der *praktischen I.* definiert worden, die in den betreffenden Leistungen neben dem Faktor g wirksam sind.

Thurstone (1938) hat in den dreißiger Jahren ein neues Faktorenmodell vorgeschlagen, das neben den *spezifischen* nur *Gruppenfaktoren* vorsieht (kein allg. Faktor), die für je eine

Klasse von Leistungen verantwortlich sind. Thurstone hat 7 Primärfaktoren definiert *(verbal comprehension, numerical, spatial, reasoning, perceptual speed, verbal fluency, memory)*. Mit der weiteren Verbreitung der faktorenanalytischen Methode ist eine unüberschaubare Menge von Faktoren definiert worden (sicher mehr als 200), von denen aber nicht alle klar voneinander unterschieden werden können. Guilford (1967), der die größte Zahl sehr ausgedehnter Faktorenanalysen durchgeführt hat, schlug ein dreidimensional geordnetes System von 120 Faktoren vor (↗„Intelligenzstruktur"), von denen er bis 1967 etwa 82 genügend klar definiert zu haben glaubt. Meili vertritt seit 1946 die Auffassung, daß es nur wenige grundlegende intellektuelle Faktoren gebe, und hat bisher deren 4 definiert *(Komplexität, Plastizität, Globalisation* und *Fluency)* und vom 7. Altersjahr an in zahlreichen Untersuchungen verifiziert. Diese sind auch von anderen Autoren in ähnlicher Weise definiert worden; nach Meili spielen wenigstens die drei ersten dieser Faktoren in allen I.akten eine Rolle, wenn sie auch nicht immer signifikant die Varianz der Leistungen bestimmen. Er verneint nicht die Definierbarkeit anderer Faktoren wie des *verbalen, numerischen* usw., glaubt aber, ähnlich wie Spearman, daß diese weniger grundlegender Art sind und weitgehend durch die Übung im Umgehen mit bestimmten Problemarten entstehen. Eine Entscheidung zwischen diesen verschiedenen Modellen kann mit Hilfe der faktorenanalytischen Methode nicht getroffen werden, da jede Korrelationsmatrix auf verschiedene Weisen und von verschiedenen denkpsychol. Ansätzen her interpretiert werden kann.

Intelligenz und Persönlichkeit. Im allg. wird heute die I. als ein Charakteristikum, ein Aspekt oder ein Bereich der ↗Persönlichkeit betrachtet. Das heißt zunächst einfach, daß die Persönlichkeit nicht vollständig charakterisiert ist, wenn man die I. unberücksichtigt läßt. Das ist aber nur eine definitorische Feststellung; wichtiger ist die Frage, ob Beziehungen bestehen zwischen *kognitiven* und *nicht-kognitiven* Erscheinungen, wobei wir unter den letzteren hauptsächlich solche der ↗Motivation und der Affektivität verstehen wollen. Die Frage muß auf verschiedenen Ebenen betrachtet werden. 1) Zwischen Leistungen in ↗Intelligenztests und anderen Persönlichkeitscharakteristika, die mit Tests oder Fragebogen bestimmt werden, findet man ganz selten signifikante Korrelationen. Auf der anderen Seite weiß man aber, daß Testleistungen durch die Motivation, durch Ängstlichkeit und gewisse andere Persönlichkeitseigenschaften beeinflußt werden können. Da diese Einflüsse jedoch nicht für alle Individuen in gleichem Maße wirken und von der Situation, in der die Prüfung durchgeführt wird, abhängen, also nicht konstant sind, ergeben sich meistens keine Korrelationen. 2) Es scheinen *Beziehungen* zwischen *Persönlichkeitstypen* und *I.formen* zu bestehen. E. Kretschmer hat z. B. Affinitäten aufgezeigt zwischen seinen Temperamentstypen und Formen des wiss. Denkens und der literarischen Produktion. Von anderen Beobachtungen aus sind amerik. Psychologen dazu geführt worden, von kognitiven Stilen zu sprechen (Gardner et al., 1952). Es kommt dabei aber nicht auf die Höhe der I.leistungen an, sondern auf qualitative Charakteristika derselben. Es ist heute auf empirischer Basis nicht zu entscheiden, ob diese durch bestimmte Faktorenkonstellationen erklärt werden können oder ob sie auf der Einwirkung nichtkognitiver Bedingungen beruhen. Daß gewisse Faktorenkonstellationen mit Interessen zusammengehen, scheint ziemlich gesichert (Wälti, 1970), wobei man annehmen kann, daß die Leichtigkeit für gewisse Arten von Problemen oder intellektuellen Betätigungen das Interesse dafür fördern kann. Allg. muß man annehmen, daß mancherlei Wechselwirkungen zwischen den kognitiven und nichtkognitiven Bereichen bestehen. 3) Auf der Ebene der Faktoren ergibt sich aus dem Gesagten die Konsequenz, daß die aus der Analyse von I.leistungen gewonnenen Faktoren nicht mit Sicherheit als rein intellektuell angesehen werden können, sondern daß man immer die Möglichkeit, daß sie Produkte von Wechselwirkungen sind (Hürsch, 1971), in Betracht ziehen muß.

In bezug auf die Entwicklung der In-

TELLIGENZ kann man zwei Forschungsrichtungen unterscheiden, eine *quantitative* und eine *qualitative.* Während langer Zeit bestand kaum ein Zweifel darüber, daß die I. oder die Fähigkeit zu kognitiven Leistungen in individuell variierendem Ausmaß angeboren sei. Auch wenn man die in einer Altersstufe faktisch feststellbare Leistungsfähigkeit als in Lernprozessen erworben ansah, hat man doch mit wenigen Ausnahmen eine individuell verschieden ausgeprägte Fähigkeit zum ↗Lernen angenommen und diese als I. definiert. Diese Annahme einer von Beginn an *gegebenen Anlage* hat dann zur Frage nach der Konstanz der I. im Laufe der Entwicklung geführt, der viele Untersuchungen gewidmet wurden. In Längsschnittstudien wurde die I. derselben Kinder manchmal vom 1. Lj. an in verschiedenen Intervallen gemessen, wobei man feststellen mußte, daß die ↗IQen, die als Maß der I. gelten, frühestens von 3–4 Jahren an eine gewisse Konstanz zeigen. Die Resultate verschiedener Untersuchungen variieren ziemlich stark, übereinstimmend kann man aber sagen, daß erst von 8–9 Jahren an das I.niveau, das mit 16–17 Jahren erreicht wird, einigermaßen genau vorausgesagt werden kann (Korrelationen über 0.80). Da aber die auf den verschiedenen Altersstufen zur Messung verwendeten Aufgaben z. T. recht verschiedener Natur sind, kann man diese Inkonstanz mindestens teilweise auf die Verschiedenheit der Testmethoden zurückführen. Ein weiterer Grund für die z. T. geringen Korrelationen zwischen dem IQ auf verschiedenen Altersstufen liegt in den oft auftretenden Unregelmäßigkeiten der individuellen Entwicklungsverläufe. Es hat sich gezeigt, daß die ↗Entwicklung der intellektuellen Leistungen, so wie sie sich in den Testresultaten zeigt, durch Einflüsse der Umwelt sowie durch affektive und körperliche Momente modifiziert werden kann. Die Entwicklung der I. darf also nur zum kleinen Teil als einfaches Wachstum aufgefaßt werden. Sie ist vielmehr ein sehr komplexer Prozeß der Veränderung der Leistungsgrundlagen.

Die alte Frage nach dem respektiven Einfluß von ↗ANLAGE UND UMWELTWIRKUNG ist immer noch nicht endgültig beantwortet. Die klarste, aber immer noch Fragen offen lassende Antwort gibt die ↗Zwillingsforschung. Die Korrelationen für I. zwischen eineiigen Zwillingen sind etwas höher als 0.90; wenn die beiden Geschwister eines solchen Paares jedoch in verschiedener Umgebung aufwachsen, fallen sie auf ca. 0.75 ab. Diejenigen für zweieiige Zwillinge oder Geschwister liegt noch tiefer (0.54–0.62), und wenn Geschwister in verschiedenen Milieus aufwachsen, fällt die Korrelation auf gegen 0.40 (Butcher, 1968). Aus solchen Zahlen kann geschlossen werden, daß der bei Erwachsenen gemessene I.grad zur Hälfte bis zu zwei Dritteln auf die *Umwelt* zurückgeht. (Vgl. ↗Begabung.)

Im Zusammenhang mit der Unterscheidung verschiedener Faktoren ist die Frage nach der KONSTANZ DER FAKTORENSTRUKTUR gestellt worden. Garrett (1946) hat eine *Differenzierungshypothese* formuliert, die von Lienert (1961) in eine *Divergenzhypothese* umgewandelt worden ist. Nach diesen Hypothesen differenziert sich im Laufe der Entwicklung ein ursprünglich einheitlicher Faktor, der meistens mit „g" von Spearman identifiziert wird, und es entstehen zunehmend mehr Faktoren. In nur etwa der Hälfte von etwa 30 Untersuchungen, die zu dieser Frage bestehen, konnte die Hypothese bestätigt werden. Sicher scheint festzustehen, daß gewisse mit der Schule zusammenhängende Faktoren wie „v" und „n" erst später auftreten, daß aber schon sehr früh mehrere Faktoren unterschieden werden müssen. Das führt zur Unterscheidung zwischen *grundlegenden* oder *primären* und *erworbenen* oder *sekundären* Faktoren. Die Struktur der ersteren scheint relativ konstant zu sein (Meili, 1970).

Die QUALITATIVE RICHTUNG ist bestimmt durch das Werk von J. Piaget. Aufgrund jahrzehntelanger Forschung unterscheidet er 4 Hauptstadien: 1) das Stadium der *sensumotorischen I.* bis 18 Monate; 2) das Stadium der *präoperationalen Vorstellungen,* bis ca. 7 Jahre; 3) das Stadium der *konkreten Operationen,* bis gegen 11 Jahre, und 4) das Stadium der *formallogischen Operationen.* Unter I. versteht Piaget (1948) eine geistige Struktur, die im Verlaufe der Entwicklung zu einem immer umfassenderen und vollkommeneren *Gleichgewichtszustand* gelangt. Die verschiedenen Stufen entsprechen verschiedenen Strukturen, die Piaget genau zu definieren versucht. In bezug auf die beiden letzten Stufen geschieht dies in der Sprache der Logistik und der Gruppentheorie.

Lit.: Burt, C.: The factors of the mind. London, 1940; **Butcher, H. J.:** Human intelligence: its nature and assessment. London, 1968; **Gardener, R. W.** et al.: Cognitive controle: a study of individual consistencies in cognitive behavior. Psychol. Issues, 1959, *1*, Whole No 4, 1–186; **Garrett, H. E.:** A developmental theory of intelligence. Amer. Psychol. 1946, *1*, 372–378; **Guilford, J. P.:** The nature of human intelligence. New York, 1967; **Guthke, J.:** Ist Intelligenz meßbar? Berlin, 1978; **Heller, K.:** Intelligenz u. Begabung. München, 1976; **Hürsch, L.:** Der Einfluß von Versuchsbedingungen auf die Faktorenstruktur von Intelligenzleistungen. Bern, 1971; **Jäger, A. O.:** Dimensionen der Intelligenz. Göttingen, [3]1973; **Köhler, W.:** Intelligenzprüfungen an Menschenaffen, Berlin, [3]1973; **Lienert, G. A.:** Überprüfung und genetische Interpretation der Divergenzhypothese von Wewetzer. Vita Humana, 1961, *4*, 112–124; **Meili, R.;** L'analyse de l'intelligence. Arch. de Psychol., 1964, *31*, 1–64; **ders.:** Faktorenstruktur und Intelligenzentwicklung. Schweiz. Z. f. Psychol., 1970, *29*, 404–416; **Oléron, P.:** Les composants de l'intelligence. Paris, 1957; **Piaget, J.:** Psychologie der Intelligenz. Zürich, 1948; **ders.:** Biologische Anpassung u. Psychol. der Intelligenz. Stuttgart, 1975; **Spearman, C.:** The abilities of man. London, 1927; **Thurstone, L. L.:** Primary mental abilities. Chicago, Psychometric Monogr., 1938, *1;* **Vandenberg, S. G.:** Contribution of twin research to psychology. Psychol. Bull., 1966, *66*, 327–352; **Vernon, P. E.:** The structure of human abilities. London, 1961; **ders.:** Intelligence: Heredity and Environment. London, 1979; **Wälti, U.:** Persönlichkeitszüge im Spiegel der Intelligenzstruktur. Bern, 1970.

R. Meili

Intelligenzalter ↗IA.

Intelligenzquotient ↗IQ.

Intelligenzstruktur kann von verschiedenen Gesichtspunkten aus bestimmt werden (↗Intelligenz). Im Zusammenhang mit der Faktorenanalyse hat der Begriff I. einen besonderen Sinn bekommen als System der Faktoren, die die intellektuellen Leistungen bedingen. Ein bes. beachtetes Modell der I. ist von Guilford (1967) vorgeschlagen worden (s. Abb.). Er geht aus von der Unterscheidung von 3 Aspekten jedes Intelligenzaktes: Operation, Produkt und Inhalt, wobei jeweils verschiedene Arten der 3 Aspekte unterschieden werden. So kann die Gesamtheit der möglichen Intelligenzprobleme in einem Würfel dargestellt werden, in dem jede der 120 Zellen eine Problemart und zugleich den ihr entsprechenden Faktor darstellt.

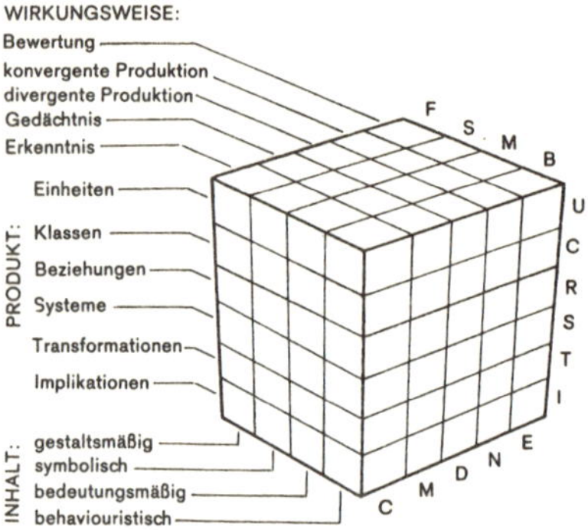

Lit.: Guilford, J. P.: The nature of human intelligence. New York, 1967; **Jäger, A. O.:** Dimensionen der Intelligenz. Göttingen, [3]1973.

Intelligenz-Struktur-Test (IST), Verfahren zur Feststellung des allg. intellektuellen Leistungsniveaus, anwendbar für die Altersgruppen 13–60 Jahre.

Amthauer, der Verfasser des Tests, versteht ↗Intelligenz als „eine strukturierte Ganzheit von seelisch-geistigen Fähigkeiten", in die sein Verfahren einen Einblick geben soll. Maßgeblich ist hierfür das Testprofil, das sich ermitteln läßt aus den Ergebnissen der 9 Untertests, von denen jeder nach Meinung des Verfassers einen Schwerpunkt innerhalb der gefügehaften Ganzheit der Intelligenz repräsentiert. Die Reliabilität (nach der Halbierungsmethode) des Tests beträgt nach Angaben des Autors $r = .969$, erscheint also sehr hoch. Zur Gültigkeitsbestimmung des Verfahrens ergaben sich Korrelationen mit Lehrerurteilen und mit Schulnoten von $r = .623$ bzw. $r = .455$.

Lit.: Amthauer, R.: Intelligenz-Struktur-Test. Göttingen, [2]1955; **ders.:** I-S-T 70. Göttingen, [2]1973.

P. Steck

Intelligenztests. Der Begriff „Intelligenztest" gilt für psychol. Prüfverfahren zur Bestimmung interindividueller Differenzen im Bereich der menschlichen ↗Intelligenz. Der

Prüfling hat in solchen Verfahren eine Reihe verschiedenartiger und unterschiedlich schwerer Aufgaben zu lösen, wobei die Anzahl richtiger Lösungen eine quantitative Bestimmung seines intellektuellen Leistungsniveaus in bezug auf seine Altersgenossen ergibt. Als Maßstab der Intelligenz wird meist der Intelligenzquotient (↗IQ) verwendet, der in seiner derzeit gebräuchlichen Fassung auf einer normal verteilten Skala (Mittelwert: 1001; Streuung: 15) die Position des betreffenden Pb innerhalb der Gesamtpopulation angibt. Normalerweise beinhaltet die Bezeichnung I. den Anspruch, daß das betreffende Verfahren die *allg. Intelligenz* erfaßt und nicht etwa nur Teilaspekte. Darüber, welche Leistungsbereiche die allg. Intelligenz umfaßt bzw. wie sie strukturiert ist, herrscht jedoch unter den Psychologen keine völlige Übereinstimmung, und demgemäß liegen den verschiedenen I. mitunter recht divergierende Modellvorstellungen von Intelligenz zugrunde.

Die Anfänge der psychol. Intelligenzdiagnostik reichen in das 19. Jh. zurück. Besondere Erwähnung verdient hier der Brite F. Galton, der wohl als erster in größerem Umfang systematische Versuche zur diagnostischen Erfassung interindividueller Differenzen im Intelligenzbereich unternommen hat. Die heute allg. anerkannte Hypothese von der ↗Normalverteilung der Intelligenz hat er bereits formuliert. Bahnbrechend waren dann die Arbeiten des Franzosen A. Binet, der 1905 zusammen mit T. Simon das erste Verfahren veröffentlichte, das die Bezeichnung „Intelligenztest" im heutigen Sinne rechtfertigt (↗Binet-Simon-Test). Sollte das Verfahren Binets als Kinder-Intelligenz-Test päd. Bedürfnissen entsprechen, so entstanden aus militärischen Erfordernissen heraus gegen Ende des Ersten Weltkrieges im Rahmen der amerik. Heerespsychol. die ersten I. für Erwachsene (↗Army-Alpha-Test; ↗Army-Beta-Test). Diese Verfahren waren als *Gruppentests* verwendbar, als *↗Testbatterien* konstruiert und besaßen damit bereits zwei wesentliche Merkmale, die für die meisten der heutigen I. kennzeichnend sind. In der Folgezeit wurden die diagnostischen Möglichkeiten der Testbatterien erweitert durch die Hinzunahme des auf den russischen Psychiater G. J. Rossolimo zurückgehenden psychol. ↗Profils. Über die quantitative Bestimmung des gesamten Merkmalskomplexes und seiner verschiedenen Teilbereiche hinaus, wie es in einer Testbatterie geschieht, wird im psychol. Profil die Interrelation der einzelnen Untertests differential-diagnostisch verwertet.

Die meisten qualitativen Verbesserungen ihrer Verfahren verdankt die Intelligenzdiagnostik der Anwendung statistischer Methoden in der Testpsychologie. Hierdurch wurde es erst möglich, die Tests auf der Grundlage wissenschaftlicher Methodik zu konstruieren und als Meßinstrumente zu normieren. Ebenfalls mit Hilfe eines stat. Verfahrens, der ↗Faktorenanalyse, ist es gelungen, einen exakten empirischen Zugang zum Intelligenzproblem zu eröffnen und damit die I. auch von ihrem Gegenstand her auf eine erfahrungswissenschaftliche Basis zu stellen.

Trotz der vor allem durch die Statistik vermittelten Fortschritte darf nicht verkannt werden, daß die gegenwärtig gebräuchlichen I. nicht so perfektioniert sind, wie man es von präzisen Meßinstrumenten erwarten sollte. Das liegt einmal daran, daß der Gegenstand der Intelligenzdiagnostik, also die Intelligenz selbst, trotz zahlreicher faktorenanalytischer Arbeiten in ihrem Umfang und in ihrer Struktur noch nicht hinreichend erhellt ist, zum anderen daran, daß für die I. ebensowenig wie für andere psychodiagnostische Verfahren die Bedingungen der Testsituation (vor allem Motivation des Pb) vollends geklärt sind. Dennoch darf festgestellt werden, daß die modernen I. zu den am besten ausgearbeiteten Verfahren zählen, die die psychol. Diagnostik (↗Psychodiagnostik) derzeit zu bieten hat.

Lit.: Anastasi, A.: Psychological testing. New York, [2]1961; **Cronbach, L. J.:** Essentials of psychological testing. New York, [2]1960; **Heiss, R.:** (Hrsg.): Hdb. der Psychol., Bd. 6. Göttingen, [3]1971; **Jäger, A. O.:** Dimensionen der Intelligenz. Göttingen, [3]1973; **Meili, R.:** Lehrbuch der psychol. Diagnostik. Bern – Stuttgart, [6]1978; **Wolf, B.:** Intelligenztestaufgaben und sozialer Status. Weinheim, 1977.

P. Steck

Intention, Intentionalität. Allgemeiner Ausdruck für die (Zweck-)Gerichtetheit allen Erlebens und Verhaltens. Phänomenologen (Brentano, Husserl, Scheler) halten Intentionalität (d.h. die Tatsache der Gerichtetheit) für das wesentliche Charakteristikum alles Psychischen. *J. A. Keller*

Intentionsbewegungen. In Form, Intensität oder Frequenz unvollständige Bewegungen, die dem Partner und dem vertrauten Beobachter anzeigen, was das Tier zu tun beabsichtigt. Häufig in Konfliktlagen. Neben den ↗Übersprungshandlungen wichtigste Quelle für abgeleitete Bewegungen.

Lit.: **Heinroth, O.:** Beiträge zur Biologie, namentlich Ethologie und Psychologie der Anatiden, Verh. V. Congr. Int. Orn. Berlin, 1911. *K. Fiedler*

Interaktion. Die Bezeichnung I. (Wechselwirkung) wird in der ↗Statistik vor allem im Zusammenhang mit varianzanalytischen Versuchsplänen verwendet. In derartigen „Designs" kann die Wirkung mehrerer mehrklassiger, unabhängiger Variablen gleichzeitig beobachtet werden. Die I. ist dann ein Maß dafür, wie sehr der Effekt einer (oder mehrerer) unabhängigen (unabhängiger) Variablen auf die ↗abhängige Variable von den Bedingungen einer (oder mehrerer) anderen (anderer) unabhängigen (unabhängiger) Variablen abhängt. Die I.en sind zuweilen interessanter als die sog. „Haupteffekte". ↗Varianzanalyse. *W. H. Butollo*

Interaktionalismus ↗Interaktion, soziale.

Interaktionsanalyse, die Erfassung und strukturierte Darstellung der sozialen Vorgänge zwischen Mitgliedern von Gruppen oder anderen sozialen Systemen. Zur Durchführung der I. bedient man sich eigens dafür geschaffener *Beobachtungsverfahren,* die meistens sog. Kategoriensysteme sind, u. U. auch sog. Merkmalsysteme. Der Beobachtungsvorgang wird von trainierten Beobachtern geleistet. Das bekannteste Verfahren zur I. stammt von R. F. Bales und hat 12 Kategorien. *H.-P. Trolldenier*

Interaktion, soziale, durch ↗*Kommunikation* vermittelte wechselseitige Beeinflussung von Individuen oder Gruppen hinsichtlich ihres Handelns. Als *Interaktionalismus* werden alle Theorien bezeichnet, die den Vorgang der s. I. als primär für die Stiftung und Aufrechterhaltung sozialer Beziehungen ansehen. Die speziellere Bezeichnung *symbolische Interaktion* wird dort gewählt, wo im Rahmen der s. I. der kommunikative, d. h. sprachgebundene Prozeß besonders hervorgehoben werden soll. Interaktion selbst bezieht sich auch auf andere Phänomene im sozialen Kontakt, z. B. auf Gesten, Mimik, Lesen eines Briefes usw.

Lit.: **Gudjons, H.:** Praxis der Interaktionserziehung. Bad Heilbrunn, 1978. *W. D. Fröhlich*

Interesse, Konstrukt einer Disposition zu Verhaltens- oder Handlungstendenzen, die auf Gegenstände, Tätigkeiten oder Erlebnisse gerichtet sind und interindividuell variieren nach Intensität (und Generalität). Faktorenanalytische Untersuchungen der I.struktur haben ca. 15 unabhängige Dimensionen (I.richtungen) ergeben, z. B. für Musik, Politik und Wirtschaft, Technik und Naturwissenschaften, Kunst usw. Die Zusammenhänge zwischen I.n und Persönlichkeits- oder Leistungstests (mit Ausnahme reiner Kenntnisprüfungen) sind meist gering. Vgl. auch ↗Kuder Preference Record; ↗Strong Vocational Interest Blank.

Lit.: **Todt, E.:** Differentieller Interessen-Test (DIT). Bern – Stuttgart, 1967. *M. Amelang*

Interessentests, diagnostische Testverfahren, deren Ziel es ist, die Ausprägung wichtiger Interessen bei einem individuellen Pb zu erfassen. I. sind in der Regel ↗Fragebogen. Sie fragen danach, welche Tätigkeiten ein Pb gerne ausführen würde, für welches Gebiet er sich interessiert. I. sind dem Augenschein nach gültig und bedürfen keiner theoretischen Begründung ihrer Gültigkeit. Untersuchungen zur empirischen Gültigkeit bestehen meist in Studien zur Übereinstimmung der Testwerte mit erfolgreichen Angehörigen der entsprechenden Berufe. Die bekanntesten I. für den deutschen Sprachbereich sind der BIT, der DIT und der PIT.

Lit.: **Mittenecker, E.,** Subjektive Tests zur Messung der Persönlichkeit. In: **Heiss, R.** (Hrsg.): Handbuch der Psy-

chologie, Bd. 6: Psychologische Diagnostik. Göttingen, [3]1971, 461–487.
W. Seitz

Interferenz, allg. Bezeichnung für eine durch antagonistische Reize bedingte Störung interindividuell unterschiedlicher Ausprägung (Interferenzneigung); z. B. Farb-Wort-I., proaktive und retroaktive ↗Hemmung.
A. Kormann

Interferenzröhre(n), -apparat. Eine komplizierte schalleitende Röhre, die so konstruiert ist, daß bestimmte Komponenten des Schalls durch Wellenaufhebung eliminiert werden können, d. h., dem Tal einer Welle wirkt der Berg einer anderen entgegen (entgegengesetzte Schwingungsphasen). Auf diese Weise erhält man eine Schallwelle von zunehmender Reinheit. *G. D. Wilson*

Interindividuell, *zwischen verschiedenen* Individuen. *I. Variabilität:* bei Messungen an verschiedenen Individuen beobachtbare Variabilität der Meßwerte. *B. Heinze*

Interkorrelationen, Bezeichnung für die Korrelationen zwischen je zwei Variablen aus einer Menge von n Variablen. Diese Interkorrelationen werden in einer sogenannten Interkorrelationsmatrix dargestellt, die eine symmetrische Matrix mit Einsen in der Hauptdiagonalen ist. *P. K. G. Günther*

Interkulturelle Psychologie. Die I.P. befaßt sich mit der Prüfung psychologischer Regelhäufigkeiten in verschiedenen Kulturen und mit der Suche nach beständigen Beziehungen zwischen psychischen Phänomenen quer durch verschiedene Gesellschaften. Das Hauptinteresse der Arbeit auf diesem Gebiet gilt der Frage, ob psychische Phänomene in der menschlichen Art universell vorhanden sind oder ob sie nur in fortschrittlichen Gesellschaften vorkommen. Zum Beispiel sind fortschrittliche Gesellschaften gekennzeichnet durch individuellen Wettbewerb, Gruppenaggression, männliche Vorherrschaft, sexuelle Verdrängung und Monogamie. Interkulturelle Untersuchungen ermöglichen festzustellen, ob diese und andere Phänomene für fortgeschrittene Gesellschaften spezifisch sind oder ob sie in menschlichen Kulturen universell vorhanden sind.

Allgemein gilt, daß die Universalität eines psychischen Merkmals auf eine genetische Anlage hinweist, während Mannigfaltigkeit anzeigt, daß das in Frage stehende Verhalten ein Produkt der speziellen Kultur ist.

Die Anlage-Umwelt-Diskussion hat drei Stufen durchlaufen. Im letzten Jahrhundert und im ersten Teil des gegenwärtigen wurde weithin angenommen, menschliches Verhalten sei genetisch bestimmt. So postulierte McDougall (1900) die Existenz von 14 menschlichen Instinkten, wie Selbstbehauptung, Geselligkeit und Erwerbstrieb, die einen breiten Raum menschlichen Verhaltens bestimmen.

Die zweite Phase hob die Lehre von der Umwelt hervor. Eine prominente Vertreterin war Margaret Mead (1935), deren Studien über primitive Stämme auf den pazifischen Inseln eine große Vielfalt sozialen Verhaltens enthüllten. Zum Beispiel hatten unter den Tchambuli von Neuguinea die Frauen volkswirtschaftliche Macht und wurden als geschäftstüchtig und selbstbewußt angesehen, während die Männer sich schön machten und als unnütz und künstlerisch galten. Es sollte jedoch vermerkt werden, daß Verschiedenheit menschlichen Verhaltens in verschiedenen Kulturen nicht unbedingt Bestimmung durch die Umwelt bedeutet. Möglicherweise sind die Variationen durch genetische Unterschiede zwischen den Populationen bedingt. Das ist klar ersichtlich im Fall physischer Unterschiede bei verschiedenen menschlichen Populationen, z. B. in der Hautfarbe, Augenfarbe, Größe (Pygmäen) usw., wo die Unterschiede weithin genetisch bestimmt sind. Indessen, wo ein Merkmal in menschlichen Gesellschaften praktisch universell vorliegt – wie es mit sozialer Aggression gegen außenstehende Gruppen der Fall ist –, da besteht eine Wahrscheinlichkeit zugunsten einer gewissen genetischen Bestimmtheit. Umgekehrt, wo es weitreichende Vielfalt gibt, wie im Fall von monogamen und polygamen Beziehungen unter den Geschlechtern, ist es wahrscheinlich, daß das Verhalten stark von kulturellen Bedingungen beeinflußt ist.

Die dritte Phase der Anlage-Umwelt Kontroverse stellt eine Reaktion auf die übermäßig vertretene Auffassung von der Umweltbestimmtheit dar und kann ab den späten sechziger Jahren dieses Jahrhunderts datiert werden. Unter den führenden Autoren sind Ardrey (1966), der vertritt, daß menschliches Streben nach territorialem Besitz und seine Verteidigung genetisch festgelegt sei; Tiger (1969), der Gründe für die genetische Bestimmung der männlichen Herrschaft über die Frauen und jegliche männliche Gruppenaggression anführt; und Eysenck (1977), der eine genetische Bestimmtheit der Neurose durch Forschungen begründet, die ähnlichen Gültigkeitsanspruch für fortschrittliche Länder einerseits und Indien andererseits erheben. Die am meisten systematische Darlegung der zeitgenössischen Position hat Wilson (1975) in seiner *Soziobiologie* geliefert. *R. Lynn*

Intermodale Qualitäten. Wahrnehmungs- oder Vorstellungsqualitäten, die nicht auf einen einzigen Sinnesbereich beschränkt sind. So kommt z. B. die Qualität „warm“ nicht allein dem Temperatursinn zu, sondern auch dem Gesichts- und Gehörsinn; man spricht von der Wärme einer Farbe und der Wärme einer Stimme.

Lit.: Hornbostel, E. M. v.: Die Einheit der Sinne. Melos, 1925, *4*, 290–297. *P. Tholey*

Internalisierung. Verlagerung von Beziehungsverhältnissen aus einem Außenbereich in den Innenbereich der Eigenwelt eines Individuums, z. B. die Eingliederung fremder Auffassungen. In der Psychoanalyse ist I. weitgehend syn. mit ↗Introjektion. Gegensatz: ↗Externalisierung.

Intersexualität, zwischen beiden Geschlechtern stehend, bes. bezüglich der sekundären Geschlechtsmerkmale (↗Hermaphroditismus). *Intersexuales Individuum:* ein abnormes Individuum, zwischen männlich und weiblich stehend, das in allen seinen Zellen genetisch identische Formen zeigt. ↗Gynandrie. *G. D. Wilson*

Intersubjektivität. Subjektives (= intrasubjektives) Erleben (z. B. Wahrnehmen) heißt dann I., wenn mehrere Individuen Gleiches erleben, z. B. Gleiches berichten. *B. Heinze*

Intervall. 1) Die Zeitspanne zwischen zwei Ereignissen usw. **2)** Der Abstand zwischen zwei bestimmten Punkten oder Werten. **3)** Der Unterschied der Tonhöhe von zwei Tönen. **4)** Das vorübergehende Nachlassen einer (psychischen) Krankheit (z. B. Delirium).

Intervallschätzung. Die stat. ↗Schätzung ist ebenso wie die Hypothesenprüfung ein inferenzstatistisches (↗Inferenzstatistik) Verfahren. Eine Art der Schätzungen ist die Intervallschätzung. Bei der I. werden – im Ggs. zur Punktschätzung von Parametern – aufgrund von Stichprobenergebnissen zwei Werte, zwischen denen ein Parameter mit bekannter Wahrscheinlichkeit zu liegen kommt, angegeben. Eine I. gibt den Unsicherheitsbereich (↗Vertrauensintervall) an, den man bei der Substitution eines (unbekannten) Parameters durch eine stat. Kennziffer berücksichtigen muß. Sie liefert also ein Maß für die Präzision eines Stichprobenresultates. ↗Statistik. *W. H. Butollo*

Intervallskala. Ein *Intervall* ist der Abstand zwischen zwei Meßwerten. Zur Quantifizierung eines Intervalles muß eine Meßeinheit existieren, deren Vielfaches die Intervallgröße darstellt. – *Intervallskalen* haben zum Unterschied von Ordinalskalen *gleiche Abstände* zwischen den Skaleneinheiten, jedoch keinen echten Nullpunkt. ↗Skalierung; ↗Mathematische Psychologie; ↗Statistik. *W. H. Butollo*

Intervariation soll das Ausmaß von Meßwertunterschieden *zwischen Personen* kennzeichnen. Das Gegenteil ist die *Intravariation,* die Variabilität der Meßwerte *„innerhalb“* der Person bei wiederholten Beobachtungen. Mit zunehmender Anwendung statistischer Verfahren in der Psychol. verschwanden diese Begriffe aus der Literatur. Die heutigen Äquivalente sind *statistische Variabilitätsmaße*. Bezogen auf die Einzelfalldiagnostik, übernehmen *ipsative* (Abweichung vom Durchschnittswert innerhalb der Person) bzw. *normative* (Abweichung einer Person vom Durchschnitt einer Personenstichprobe) Meßwerte diese Funktion. *W. H. Butollo*

Intervenierende Variable ist ein inhaltlicher, kein stat. Begriff. Man versteht darunter eine nicht direkt beobachtbare, jedoch hinsichtlich ihrer Wirkung durch „operationale" Definition verankerte Variable, der beim S-R-Ablauf eine „intervenierende" Funktion zugesprochen wird. *W. H. Butollo*

Interview. Unter den Techniken der Datensammlung ist die *Befragung* bzw. das I. die bedeutendste und weitverbreitetste, was nicht zuletzt mit dem Einsatz der Sprache als Kommunikationsmittel zusammenhängt, die jedoch zugleich einige Probleme mit sich bringt. Ganz allgemein dient das I. der Beschaffung verbaler (oder auch schriftlicher) Informationen. In dem Sinne hat es Befragungen schon sehr viel früher gegeben, so etwa durch Ethnologen, Kulturanthropologen, Soziologen und Psychologen. Der systematische Ausbau des I. zu einem Forschungsinstrument, zu einer Technik methodisch-kontrollierten Vorgehens erfolgte aber erst im beginnenden 20. Jahrhundert. Das betrifft zunächst, mit Schwerpunkt in den USA, die entstehende Markt- und ↗Meinungsforschung, neben der sich allmählich die Sozialforschung (↗Einstellung; ↗Sozialpsychologie) entwickelt, innerhalb welcher die planmäßige Befragung vornehmlich zur empirischen Überprüfung von Hypothesen benutzt wird. Das gilt ebenfalls für Psychol. und ↗Psychoanalyse, die sich in Verbindung mit Beobachtung, Test, Exp. usw. des I. bedienen, um aus sprachlichen Äußerungen der Klienten Rückschlüsse zu ziehen auf Einstellungen, Handlungen, Lebensumstände, Selbstdeutungen der Lebenslage, Konflikte und anderes mehr. In dem Sinne ist das I. „ein planmäßiges Vorgehen mit wissenschaftlicher Zielsetzung, bei dem Vpn durch eine Reihe gezielter Fragen oder mitgeteilter Stimuli zu verbalen Informationen veranlaßt werden" (E. K. Scheuch), bzw. ein Mittel innerhalb zahlreicher Praxisbereiche zur Erhellung der Situation ganzer Bevölkerungen oder Bevölkerungsgruppen bis hin zu einzelnen Klienten und Patienten.

Unter den I.techniken in Form des persönlichen I. ist das *standardisierte I.* sehr verbreitet, das bei mehreren Vpn größtmögliche Vergleichbarkeit der Antworten erlaubt. Wortlaut, Reihenfolge der Fragen, Antwortmöglichkeiten und *Interviewerverhalten* sind genau festgelegt. Voll vergleichbare Daten liefert nur die standardisierte Befragung. Jedoch wird ein umfassendes Wissen über den Befragungsgegenstand vorausgesetzt. Wichtiger als die gleichlautende Formulierung der Fragen ist ihre Bedeutungsäquivalenz für alle Versuchspersonen. Diese läßt sich erreichen durch Bedeutungsstandardisierung im teilstandardisierten I. oder durch sog. *Filterfragen,* die Vpn, welche für einen bestimmten Fragenkomplex nicht geeignet erscheinen, ausscheiden. – Beim *halbstandardisierten I.* bedient man sich eines Fragenkatalogs, der dem Interviewer in Reaktion auf I.situationen an kenntlich gemachten Stellen eine vergleichsweise freie Exploration erlaubt durch Veränderungen des Wortlauts und Erläuterungen der Fragen, Auslassen von Fragen, Zusatzfragen und Nachfragen. – Im Unterschied zu solchen, an detaillierte Schemata gebundenen I.s (strukturierte, teilstrukturierte I.s, Formalbefragungen) sind Gestaltung und Ablauf der Befragung weithin beliebig beim *Tiefen-I.* (unstrukturiertes, offenes, exploratives, Intensiv- bzw. qualitatives I.). Man bedient sich eines Interviewerleitfadens, in dem vor allem festgehalten sind die I.ziele, einige Themengruppen und eventuell ad hoc formulierte Fragen. Das I. verläuft mehr nach Art eines freien, aber dennoch gesteuerten Gesprächs mit oder ohne schriftliche Notierung bzw. Tonbandaufzeichnung. Es eignet sich innerhalb der verschiedenen psychol. Disziplinen vor allem für eine vollständiger Darlegung individueller Fälle (Flexibilität und umfassendere Information – schwierigere quantitative Auswertung). Daten aus unstrukturierten Intensivbefragungen sind nicht miteinander vergleichbar, da eine Bedeutungsstandardisierung im Laufe des I. nicht möglich ist. – Im Unterschied zu den Formen des *persönlichen I.* werden beim *schriftlichen I.* meist standardisierte Fragebögen an die Vpn versandt (vor allem anwendbar bei der Sammlung mehr objektiver Daten, dennoch mangelnde Kontrolle und eventuell geringer Rücklauf). In schriftlicher oder persönlicher Form werden auch *Gruppen-I.s* in natürlichen oder Experimentalgruppen durchgeführt. Man spricht gelegentlich von Gruppendiskussionen, die sowohl der wiss. Forschung (Voruntersuchungen, Überprüfung von Hypothesen, zusätzliche Informationen) dienen als auch praktisch-pädagogischer und psychol. Behandlung.

Es gibt sehr unterschiedliche *Frageformen*. Die geschlossene Frage erlaubt dem Interviewten nur vorgegebene Antworten: bei der Alternativfrage „ja" oder „nein", bei der Auswahlfrage mehrere Möglichkeiten anhand vorgelegter oder vorgelesener Listen. Die offene Frage dagegen gestattet freie Antworten, die halboffene Frage nicht vorgesehene, aber dennoch zugelassene Antworten. – Die direkte Frage verdeutlicht von vornherein Sinn und Zweck der Frage, die indirekte Frage, manchmal in Verbindung mit ↗projektiven Verfahren, verschleiert die Zielrichtung zwecks Ausschaltung falscher und/oder sozial standardisierter Antworten. – Fragebatterien, eine Mehrzahl von Einzelfragen, dienen der möglichst umfassenden Untersuchung eines Themenkomplexes, der durch Einführungs- und Überleitungsfragen von anderen Themen abgegrenzt wird. – Mit Folgefragen faßt man nach, mit Filterfragen wird ermittelt, bezüglich welcher Hauptfragen eine Vpn nicht in Frage kommt, Fang- bzw. Kontrollfragen dienen der Überprüfung von Antworten.

Die Art und Weise des *Interviewerverhaltens* kann I. und I.ergebnisse stark beeinflussen. Beim neutralen I. hat der Interviewer die Anweisungen strikt zu befolgen, sich jeder Hilfe und zusätzlichen Äußerung zu enthalten. Dagegen spielt der Interviewer eine aktive Rolle beim harten I. nach Art eines Verhörs und beim weichen I. auf der Grundlage eines Vertrauensverhältnisses. In beiden Fällen geht es darum, die Vpn zu richtigen Antworten zu veranlassen, Ausweichen entgegenzutreten, Widersprüche aufzudecken usw. Selbst eine ausreichende *Interviewerschulung* verhindert keineswegs jeden negativen Einfluß, etwa aufgrund von Vorurteilen, Beeinflussung der Vpn durch zustimmende Reaktionen, der Art der Wahrnehmung von Antworten, Einordnung der Vpn und Niederschrift ihrer Reaktionen usw. – Auf seiten der Vpn sind unter anderem zu beachten: Willigkeit, Stimmungsschwankungen, Bewußtseinsgrad, Ausbildungs- und Bildungsstand, Informationshöhe, Gedächtnisleistung, Schichtzugehörigkeit, Ausdrucksvermögen, tabuierte Themen, Bewertung der Privatsphäre, Einstellung zur Rolle des Interviewers als eines Fremden. Der Grad der Aufgeschlossenheit variiert zum Teil sehr nach Gesellschaften, Kulturen, Schichten und sonstigen sozialen Gruppen. Sonderprobleme ergeben sich bei Tiefen-I.s, etwa in Form klinischer I.s; diese I.formen haben in der Forschung vor allem die Funktion von ↗Erkundungsexperimenten (pilot studies).

Zuverlässigkeit (reliability) betrifft das Ausmaß, mit dem ein Resultat bei wiederholter Anwendung der gleichen Technik erzielt wird. Hinsichtlich der Verläßlichkeit von I.daten liegen Ergebnisse vor, die z. B. bei persönlichen I.s in Form wiederholter Befragungen der gleichen Personen – Panelbefragung – einen Wert um 90% herum erbringen. Der Zuverlässigkeitsgrad ist abhängig von dem zeitlichen Abstand zwischen zwei Befragungen, den befragten Gruppen und den Themen. Eine größere Stabilität erbringen Fragen über mehr objektive Sachverhalte, während Meinungen und ↗Einstellungen vielfach stärkeren Schwankungen unterworfen sind. – Bei der *Gültigkeit* (validity) geht es darum, ob die mit einer bestimmten Technik erzielten Ergebnisse wirklich das wiedergeben, was man interpretierend annimmt. Hinsichtlich der Gültigkeit von I.daten gibt es bislang nur verstreut publiziertes Material, keine allg. Zusammenfassung entsprechender Studien. Überprüfungen der Gültigkeit können etwa in der Form geschehen, daß man die Ergebnisse von Befragungen mit amtlichen Angaben vergleicht, z. B. hinsichtlich der Antworten über Wählen und stat. Angaben über Wahlverhalten (Bestimmung von Häufigkeitsverteilungen). – Der Grad der Gültigkeit von I.daten ist nicht größer als deren Zuverlässigkeit, dagegen bedeutet hohe Zuverlässigkeit nicht notwendig eine entsprechende Gültigkeit.

Lit.: Anger, H.: Befragung und Erhebung. In: **C. F. Graumann:** (Hrsg.): Hdb. der Psychol., Bd. 9. Göttingen, [2]1970; **Atteslander, P.:** Methoden der empirischen Sozialforschung. Berlin, 1975; **Erbslöh, E.:** Interview. Stuttgart, 1972; **Scheuch, E. K.:** Das I. in der Sozialforschung. In: **R. König** (Hrsg.): Hdb. der Empirischen Sozialforschung. Stuttgart, [3]1973.

A. Bellebaum

Intimsphäre. Vorwissenschaftlicher und veralteter Ausdruck für private, gesellschaftlichen Einflüssen scheinbar entzogene Handlungsbereiche, insbes. ↗Sexualität. *J. Friedrichs*

Intoleranz ↗Toleranz.

Intoxikation. 1) Vergiftung. **2)** Vorübergehender psychologischer Zustand nach Vergiftung oder Drogenmißbrauch (besonders Äthylalkohol), der sich in einer Vielfalt von Verhaltensweisen und Symptomen manifestiert, die von Heiterkeit und dem Verlust persönlichen und sozialen Verantwortungsgefühls bis zu Depression, Stupor und Koma reichen. ↗Alkoholismus; ↗Drogenabhängigkeit (als chronische Zustände). **3)** metaphorisch zur Bezeichnung gleicher Verhaltensweisen rein psychologischen Ursprungs, z. B. „vergiftet mit Freude".

Intoxicans: Wirkstoff, der den Zustand der Vergiftung hervorruft. *G. D. Wilson*

Intraindividuell, *innerhalb* eines Individuums. *I. Schwankungen:* bei wiederholten Messungen eines Merkmals an einem Individuum beobachtbare Schwankungen der Meßwerte (z. B. der Körpertemperatur). *B. Heinze*

Intrinsisch – extrinsisch, von H. Heckhausen getroffene Unterscheidung hinsichtlich zweier Komponenten der *Lernmotivierung.* Die i. ↗Motivation setzt sich zusammen aus der ↗Leistungsmotivation, *sachbereichsbezogenen* Anreizen (Anreizen, die von einem Fach ausgehen), *Aufgabenanreizen* (die mit der größeren oder geringeren Schwierigkeit einer Aufgabe zusammenhängen), dem *Erreichbarkeitsgrad* (geschätzte Erfolgswahrscheinlichkeit beim Lösen einer Aufgabe) und dem *Neuigkeitsgrad,* den eine Sache oder Aufgabe haben oder der ihr verliehen werden kann. Alle anderen Motivierungen kommen von außen, sind nicht mit der Sache oder Aufgabe gesetzt, sondern vom *Lehrer,* seiner Person, seinem Unterrichtsstil, seinen Sanktionen. Diese *extrinsischen,* von außen kommenden Anregungen, Belohnungen und Strafen sind gegenüber den i. auf die Dauer weniger effektiv. *M. Henke*

Introjektion wird in der Regel identisch mit dem Begriff ↗Identifikation gebraucht. Als primitivste Form der I. gilt die orale Inkorporation, die angeblich vom Kind im Zustand der oralen Frustration *phantasierte Einverleibung* des primären Liebesobjektes (der Mutter), die nach Freud, Abraham und Fenichel auch bei der psychotischen Depression eine Rolle spielt.

Lit.: Abraham, K.: Versuch einer Entwicklungsgeschichte der Libido. Wien, 1924; **Fenichel, O.:** The psychoanalytic theory of neurosis. London, [5]1966; **Freud, S.:** Trauer und Melancholie (1916). Ges. Werke, Bd. 10. London, 1940.

W. Toman

Intromissions-Kopulations-Ejakulations-Mechanismus. Begriffe der tierexperimentellen Verhaltens- bzw. Sexualforschung. Beinhalten im Prinzip eine Zwei- bzw. Drei-Mechanismen-Theorie, die – gestützt durch Untersuchungen an Säugetieren (Maus, Ratte, Hamster, Meerschweinchen) – sexuelle Verhaltensmuster beim männlichen Tier zu erklären sucht. Danach sind am männlichen Sexualverhalten mindestens 2–3 Mechanismen beteiligt: 1) ein *Weckmechanismus* („arousal mechanism" = AM), der sexuelle Erregung vermittelt, die wiederum ihrerseits zur Erektion und Kopulation führt; 2) ein *Kopulationsmechanismus* („copulatory mechanism" = CM), der durch die erste *Intromission* (Einführung) des

Genitales aktiviert wird und die wiederholte Intromission bedingt, wodurch die volle Erregung des CM bis zur kritischen Reizschwelle der männlichen Ejakulation (Samenerguß) aufrechterhalten wird (Beach et al., 1956, 1959); 3) der *Ejakulationsmechanismus* („ejaculatory mechanism" = EM), der durch die Ejakulation (neurologisch „Ejakulationsreflex") ausgelöst wird und der eine sexuelle Erregung (durch Hemmung des AM) so lange verhindert, bis eine gewisse Erholung wieder eingetreten ist (McGill, 1965). AM, CM, EM, definiert durch bestimmte Verhaltensmerkmale und Zeiten, variieren nicht nur von einer Tierart zur anderen, sondern auch in der gleichen Art gemäß ihrem Genotypus.

Lit.: Beach, F. A.: Characteristics of masculine sex drives. In: **M. R. Jones** (Ed.): Nebraska symposium on motivation. Lincoln, 1956, 1–32; **Beach, F. A. & R. E. Whalen:** Effects of ejaculation on sexual behavior in the male rat. J. comp. physiol. Psychol., 1959, *52*, 249–254; **McGill, T. E.:** Studies of sexual behavior of male laboratory mice: Effects of genotype, recovery of sex drive, and theory. In: **F. A. Beach** (Ed.): Sex and behavior. New York – London, 1965, 76–88.

H. Maisch

Introspektion ↗Beobachtung.

Introspektive Psychologie, Richtung der Psychol., die zur Datengewinnung vor allem Introspektion benutzt; sie sieht die Berechtigung dafür, daß Subjektives zum Objekt wird, in Ergebnissen der Phänomenologie. Als theoretische und expt. Psychol. entwickelte sie verschiedene Modelle, so z. B. über Willensprozesse (O. ↗Külpe). *B. Heinze*

Introversion *(introvertierter Typus).* Nach Jung (1958) kann sich die psychische Energie („Libido") in ihrer Zielrichtung entweder nach außen (Extraversion) oder nach innen (I.) wenden. Daraus resultieren zwei gegensätzliche Reaktionstypen, die die Art des Handelns, der subjektiven Erfahrung und sogar die Kompensation durch das Unbewußte determinieren. Die I. (geradeso wie die Extraversion) ist nach Jung in der biol. Verfassung des Menschen verankert, somit nur schwer zu verändern. Daher gilt die individuelle Zugehörigkeit zur I. oder Extraversion als über die Lebensgeschichte hinweg konstant. Merkmale der I. sind: zögerndes, reflexives, zurückgezogenes Wesen, das vor Objekten scheut, leicht in die Defensive abgedrängt wird, mißtrauisch beobachtet. Jung nennt die introvertierten Personen „Entscheidungs-Naturelle", im Ggs. zu den „Handlungs-Naturellen" der Extravertierten. ↗Jung; ↗Extravertierter Typus. In der faktorenanalytischen Persönlichkeitsforschung fanden sowohl Eysenck (1953) als auch Cattell (1965) einen bipolaren Faktor der Introversion (versus Extraversion). Dazu zählen Persönlichkeitsmerkmale wie Minderwertigkeitserleben und Skrupel, Empfindlichkeit und soziale Gehemmtheit (versus Selbstschätzung, Selbstbehauptung, soziale Spontaneität).

Lit.: Cattell, R. B.: The scientific analysis of personality. Middlesex, 1965; **Eysenck, H. J.:** The structure of human personality. London, 1953; **Jung, C. G.:** Psychologische Typen. Zürich, 1960.

W. Seitz

Introversiver Typus, ↗Erlebnistyp, der im ↗Rorschachtest ein „Vorwiegen der Innerlichkeitsarbeit, des intensiven Rapports, stabilisierte Affektivität u. Motilität, linkisches Wesen, mangelhafte Anpassungsfähigkeit an die Realität, mangelhaften extensiven Rapport" zeigt. Teilweise Übereinstimmung mit dem introvertierten Typ. *W. Kretschmer*

Introzeption, die Aufnahme von sozialen Normen (z. B. Sitten, Konventionen, Idealvorstellungen) in das eigene Motivationssystem, nicht identisch mit ↗Sozialisierung, bei der Konformität bes. im Verhalten, nicht notwendig im dynamischen Gefüge betont wird. *B. Heinze*

Intuition, eine Handlungsweise der ↗Intelligenz und deren Produkt. Als Handlungsweise bezeichnet die I. eine Form der direkten Erkenntnis, die durch ihre Unmittelbarkeit und ihre Plötzlichkeit charakterisiert ist. Sie beruht auf einer spontanen innerlichen Organisation, auf einer Wahrnehmung oder auf einer Vorstellung. Die I. kann, als „Sympathie" zum Gegenstand (H. Bergson), begrifflose Erkenntnis sein, sie kann aber auch eine schnelles analytisches Begreifen eines Bezugssystems sein, dessen tatsächliche Analyse lange diskursive Entwicklungen erfordern würde (E. Brunswik). Gegenstand der I. ist eine äußerliche (empirische) oder innerliche (metaph. Wesen) empfindbare Erscheinung. In jedem Fall ist der Gegenstand in seiner Seinsweise dem Geiste gegenwärtig. Der Wert der I. besteht in ihrer Offensichtlichkeit (Evidenz).

Lit.: Arnold, W.: Person, Charakter, Persönlichkeit. München, [4]1975.

M. J. Borel

Intuitiver Typus ↗Hauptfunktionen.

Invariantenproblem, Problematik um die Konstanz, d. h. Unabhängigkeit, von Reizen gegenüber Veränderung äußerer Bedingungen. Abgehandelt unter Stichworten wie Lerngeneralisierung, Begriffsbildung, Wahrnehmungskonstanz.

Beispiel: Wahrnehmungskonstanz; am einfachsten zu untersuchende Art von Invarianz. Der resultierende Wahrnehmungsinhalt ist unabhängig von allen Veränderungen durch Störeinflüsse. Unterschieden wird: Farb-, Helligkeits-, Gestalt-, Größen-, Richtungs- und Bewegungskonstanz. *H. Wagenknecht*

Invarianz. Eine Größe oder Eigenschaft heißt *invariant* gegenüber einer Transformation, wenn sie bei deren Anwendung unverändert bleibt. Z. B. ist die Länge eines Stabes eine Invariante bei Drehungen im Raum. ↗Invariantenproblem. *K.-D. Graf*

Inversion bezeichnet eine Umkehrung von Polen, z. B. oben und unten, rechts und links, auch Umkehr des Netzhautbildes. In der Mathematik eine Transformation zur Umkehrung einer Variablen oder Matrix. *G. D. Wilson*

Inversio sexualis bedeutet die Annahme von Merkmalen und Rolle (↗Geschlechterrollen) des gegenteiligen Geschlechts, z. B. im ↗Transvestitismus. I. s. wurde, frei vom eigentlichen Sinn, auch als Synonym für ↗Homosexualität benutzt (bes. in der ↗Psychoanalyse) und sogar für ↗Hermaphroditismus.

Invertierter: ein Individuum mit homosexuellen Neigungen. *G. D. Wilson*

Inversionsfiguren ↗Reversion.

Involution, I.alter. Nach Erreichen der Reife geht die Entwicklung des Menschen in psychischer Sicht in gemäßigtem Tempo weiter und läuft schließlich in Phasen der Rückentwicklung (Involution) aus. Im Klimakterium (etwa 48. Lj.) setzt die biol. Involution ein, sie stellt einen Übergang zu einer mehr geistig geprägten Daseinsform dar. Eine weitere Zeit der Involution ist das Greisenalter.

Lit.: Wellek, A.: Psychologie. Bern – München, 1963, 92–93.

M. Sachs

Inzest, Inzest-Tabu, Inzest-Verbot: Sexualbeziehungen (Koitus) zwischen Verwandten. Verletzung eines der ältesten, aus magisch-religiösen Quellen gespeisten Sexualtabus; in den meisten Gesellschaften schwer geahndetes Sexualdelikt. Ausdehnung des Verbots auf Verwandtschaftsgrade und Strafdrohung variieren von Staat zu Staat. Die Herkunft des I.-Tabus hat sich bisher allen historisch-anthropol. und psychol. Erklärungsversuchen entzogen (Degenerations-Theorie, Theorie der instinktiven I.-Abwehr, Theorie der erworbenen I.-Abneigung, politisch-ökonomische Kooperations-Theorie, phylogenetische Theorie des I.-Tabus: Übersicht Maisch, 1968). Nach soziologischer Auffassung hat das I.-Tabu in der modernen Industriegesellschaft zwar seine sozial-vitale Bedeutung verloren, nichtsdestoweniger wird es jedoch als integrativer Bestandteil der bürgerlichen Familienstruktur betrachtet und soll wichtige psychol. und soziale Funktionen bei der individuellen Entwicklung der heranwachsenden Persönlichkeit erfüllen (strukturell-funktionale Theorie von Parsons, 1954; Kritik von Kentler, 1970, S. 113–124). Während der I. in den meisten Staaten strafrechtlich schwer geahndet wird (in der BRD nach § 173 StGB Gefängnis bis zu 5 Jahren), gibt es einige Länder, in denen er straffrei ist (z. B. Luxemburg, Belgien, Portugal, Türkei etc.). Häufigstes Vorkommen: Vater-Tochter-, Stiefvater-Stieftochter-Inzest. Dunkelziffer hoch (Expertenschätzung bis zu 90%). Verurteilte Fälle: vorwiegend aus sog. unteren Sozialschichten (80–90%), in mittleren und oberen Sozialschichten ist die „Verheimlichungszone" größer. Rückfallhäufigkeit

Verurteilter: unter 5%. Männliche Delinquenten sind bei Tatbeginn durchschnittlich 40/41 Jahre alt, vorwiegend durchschnittlich-überdurchschnittlich intelligent (60–85%), zur Hälfte sozial und psychopathologisch unauffällig, extrem selten psychotisch (3–6%), wenige „hypersexuell". Hauptmerkmale der sozial und psychopathologisch auffälligen Delinquenten: mangelhafte Selbstkontrolle aggressiver, oraler (Alkohol) und/oder sexueller Triebimpulse (insgesamt ca. 40%) und/oder mangelhaft angepaßte Berufs- und Lebensführung (ca. 35%). Weibliche „Opfer" sind bei Tatbeginn in der Pubertät (Modus 13 Jahre), durchschnittlich-überdurchschnittlich intelligent (ca. 80%), häufig mit Symptomen gestörter Persönlichkeitsentwicklung belastet (ca. 70%), die jedoch nach Tatbeginn nicht häufiger auftreten als davor. Inzestuöse Beziehungen sind multifaktoriell bedingt. Prädisponierender Hauptfaktor: gestörte psychosoziale Beziehungen innerhalb der Familie. I. ist nicht Ursache, sondern Folge der Familiendesorganisation (ca. 80–90%).

Lit.: Freud, S.: Totem und Tabu (1913). Ges. Werke Bd. 9. London, 1940; **Kentler, H.:** Sexualerziehung. Hamburg, 1970; **Maisch, H.:** Inzest. rororo sexologie. Hamburg, 1968; **Parsons, T.:** Das Inzesttabu in seiner Beziehung zu Sozialstruktur und zur Sozialisierung des Kindes: In: **T. Parsons** (Hrsg.): Beiträge zur soziologischen Theorie. Neuwied, [3]1973.

H. Maisch

Inzucht, die Paarung nahe verwandter Lebewesen, die normalerweise zur Übersteigerung bestimmter Merkmale führt. Diese Merkmale mögen als begrüßenswert (z. B. Intelligenz) oder als ungünstig betrachtet werden (z. B. Taubheit); schädliche Effekte sind offensichtlich wahrscheinlicher aufgrund einer gesteigerten Manifestation rezessiver und mutierter (↗Mutation) Merkmale. Auch tendiert I. aus unbekannten Gründen zu einer Reduktion der Fruchtbarkeit beim Nachwuchs. Der I.koeffizient eines Individuums errechnet sich als die Wahrscheinlichkeit des Besitzes identischer ↗Gene an beliebig gepaarten Lokalisationen; ein Resultat der Beerbung beider Elternteile. In der Soziologie bezieht sich I. auf den Prozeß, aufgrund dessen eine ↗Gruppe oder Institution zur Stagnation tendiert oder gar zur Auslöschung, weil es nicht gelingt, neue Elemente aufzunehmen.

G. D. Wilson

IPAT Anxiety Scale. Die IPAT (Institute for Personality and Ability Testing) Anxiety Scale wurde von Cattell und Scheier nach faktorenanalytischen Prinzipien konstruiert (1957). Der subjektive (Durchschaubarkeit sensu Cattell) Fragebogen umfaßt 40 Items, die den Sekundärfaktor „Anxiety" repräsentieren, der seinerseits aus 5 Primärfaktoren besteht (Q_3–: Defective Integration, Lack of Self Sentiment; C–: Ego Weakness, Lack of Ego Strength; L: Suspiciousness or Paranoid Insecurity; O: Guilt Proveness; Q_4: Frustrative Tension or Id Pressure). Die Test-Retest-Reliabilität liegt zwischen r = .87 und .93 (1–2 Wochen), die Split-Half-Reliabilität zwischen r = .84 und .91. Die ↗Konstruktvalidität der Items liegt bei r = .92, die der Primärfaktoren bei r = .85. Die Kriterienvalidität (Korrelationen mit anderen Anxietytests) zwischen r = .72/.85.

Lit.: Cattell, R. B. & I. H. Scheier: Handbook for the IPAT Anxiety Scale. Champaign, Ill., 1957; [2]1963.

P. Graw

IPAT (O-A) Anxiety Battery. Die *Objective-Analytic* (O-A) Anxiety Battery wurde von Cattell und Scheier (1960) nach faktorenanalytischen Prinzipien konstruiert. Der objektive (sensu Cattell) Fragebogen repräsentiert mit seinen 262 Items den Primärfaktor „Anxiety" und mißt vorrangig den Zustandsaspekt (trait) von „Anxiety". Die Split-Half-↗Reliabilitäten der verbalen Untertests liegen zwischen r = .56 und .90 (durchschnittlich bei r = .75). Die ↗Konstruktvalidität der Gesamtbatterie wird von Cattell mit r = .94 angegeben. Die Kriterienvalidität (andere Anxietytests) liegt über r = .80.

Lit.: Cattell, R. B. & I. H. Scheier: Handbook for the O-A Anxiety Battery. Champaign, Ill., 1960.

P. Graw

IPAT Objective-Analytic (O-A) Personality Test Batteries ist der repräsentative Test der faktorenanalytischen Persönlichkeitsforschung mit objektiven Tests von Cattell. Die Version für Erwachsene mißt 14 objektive Persönlichkeitsfaktoren (z. B. Durchsetzungsfähigkeit, kritische Genauigkeit, Bereitwilligkeit zur sozialen Anpassung, Neurotizismus, Angst) mit 56 objektiven Tests (für Kinder [6–9 Jahre bzw. 11–12 Jahre] 8 Persönlichkeitsfaktoren). Reliabilitätskoeffizienten sind im Manual nicht mitgeteilt. Die Faktorladungen (faktorielle Validität) der einzelnen objektiven Faktoren sind bei J. D. Hundleby, K. Pawlik und Cattell (Personality factors in objective test devices. 1965, Seite 339–406) referiert. Der Test ist im gegenwärtigen Stadium (eine Revision ist schon seit langem angekündigt) primär als Forschungsinstrument anzusehen.

Lit.: Cattell, R. B., et al.: Handbook for the O-A Personality Test Batteries. Champaign, Ill., 1955. *P. Graw*

Ipsation, Ipsismus ↗Onanie; auch Autoerotik mit Bezug auf einen bestimmten Körperteil, z. B. Anus, Brust usw. *G. D. Wilson*

IQ, Abk. für *Intelligenzquotient.* Der von W. Stern 1912 vorgeschlagene IQ: $IQ = \frac{IA}{LA} \cdot 100$ (IA = Intelligenzalter; LA = Lebensalter) ist ein Maß für die allg. intellektuelle Leistung(sfähigkeit) eines Pb bezogen auf den durchschnittlichen Entwicklungsstand der Gleichaltrigen. *A. Lang*

Iris, Regenbogenhaut des Auges. Sie trennt als regulierbare Blende in Form einer ringförmigen, 0,5 mm dicken Bindegewebsscheibe mit variablem Innendurchmesser die vordere von der hinteren Augenkammer (↗Sinnesorgane: das Auge) und ist mit ihrem Außenrand, der Umschlagstelle des embryonalen Augenbechers, im Kammerwinkel des Augapfels mit der Sklera und dem der ↗Akkommodation dienenden Ziliarkörper verwachsen. Die Öffnung im Ring ist die Pupille (Sehloch), deren Weite reflektorisch durch die in der I. gelegenen glatten Muskeln Sphincter pupillae (Pupillenschließer) und Dilatator pupillae (Pupillenerweiterer) zwischen etwa 8 und 2 mm Durchmesser variiert werden kann. An ihrer z. T. der Linsenvorderfläche aufliegenden Rückseite trägt die I. ein Pigmentblatt, dessen Pigmente beim „Albinismus" völlig fehlen. Die I. des normalen Neugeborenen zeigt stets eine dunkelblaue Grundfarbe wegen der Lichtbeugung in dem vor den Pigmentzellen gelegenen zarten, trüben I.gewebe. *K.-H. Plattig*

Irradiation. *1) Allg.:* das Ausstrahlen und Hinüberwirken von einem Bereich auf einen anderen. – *2) Physiol.:* die Ausbreitung von Erregungsabläufen in bestimmten Hirnregionen auf benachbarte Bereiche des ZNS. – *3) Psychol.:* im Sinne eines optischen Täuschungsphänomens verstanden: Helle Objekte vor dunklem Hintergrund erscheinen größer als objektiv gleich große dunkle Objekte vor hellem Hintergrund. – Nach Ziehen ist unter I. die Beeinflussung neutraler Bewußtseinsinhalte durch gleichzeitig vorhandene oder mit diesen assoziativ verbundene Gefühlserlebnisse zu verstehen.

Lit.: Ziehen, T.: Über die allgemeine Beziehung zwischen Gehirn und Seelenleben. Leipzig, [3]1912. *K. E. Pelzer*

Irrational. Aussagen und Fakten, die sich nicht auf die Realität beziehen oder (und) sich nicht durch Gesetze der Vernunft einsichtig machen lassen (↗Intuition). Irrational erfaßbar sind Gegebenheiten außerhalb der Reichweite des Bewußtseins, wiss. ausgedrückt außerhalb der Reichweite der empirisch begründeten Naturwissenschaften. Dies gilt z. B. für Phänomene des Glaubens, oder für Sachverhalte, die unsere Welt transzendieren. Im seelischen Bereich z. B. Begriffe wie Wille, Leben, Existenz (↗Unbewußtes). *W. Arnold*

Irresein, zirkuläres ↗Manisch-depressives Irresein.

Irritabilität. 1) *Allg.:* Reizbarkeit, Erregbarkeit; die charakteristische Eigenschaft der lebenden Materie, auf Reize durch Bewegung oder Formänderung zu reagieren. – 2) *Speziell:* Kontraktionsfähigkeit eines Muskels; Empfänglichkeit für Irritation. – 3) *Psychol.:* affektive Ansprechbarkeit, Bereitschaft zu Gemütsbewegungen; Überempfindlichkeit gegenüber Stimulation, üblicherweise annehmbare Reize werden stark emotional beantwortet.

Irritation, Reizung, Reizwirkung; auch: Akt der Erregung, Gereiztsein. *H. Wagenknecht*

Irrtumswahrscheinlichkeit ist ein Syn. für ↗Gegenwahrscheinlichkeit, Fehlerwahrscheinlichkeit.

Ishihara-Tafeln ↗Dichromatopsie.

Isolation, soziale. Minimum an sozialem Kontakt bzw. Höchstmaß an sozialer Distanz zwischen Individuen und/oder Gruppen untereinander im sozialen Kontext.

Folgeerscheinungen von s. I. im frühen Lebensalter von Einzelindividuen wurden im besonderen von Harlow (1958) und Spitz (1958) als ↗Hospitalismus beschrieben. Freiwillige oder geplante Isolierung einer Gruppe gegenüber Außengruppen wird öfter als Mittel zur Verstärkung des inneren Zusammenhalts der isolierten Gruppe benutzt. ↗Gruppendynamik.

Lit.: Harlow, H. F.: The nature of love. Amer. Psychol., 1958, *13,* 673–685; **Hofstätter, P. R.:** Gruppendynamik. Hamburg, [17]1975; **Spitz, R. A.:** Hospitalism: An inquiry into the genesis of psychiatric conditions in early childhood. New York, 1958. *A. Schmidt-Mummendey*

Isolierende Variation. Die i.V. ist ein Charakteristikum eines ↗Experimentes. Man versteht darunter die gezielte Veränderung einer Bedingung (unabhängige Variation) zum Zweck der Beobachtung einer ↗abhängigen Variablen, während alle anderen Bedingungen „konstant" gehalten bzw. nicht systematisch verändert werden. Das ermöglicht es, die Wirkung einzelner, sonst mit dem Gesamtgeschehen verwobener Bedingungen isoliert zu beobachten. ↗Versuchsplanung. *W. H. Butollo*

Isolierung ist ein innerer ↗Abwehrmechanismus, in dem auf ein nicht mehr befriedigbares oder ein verbotenes Motiv nur dadurch „verzichtet" werden kann, daß es in *Gedanken* oder *symbolisch* teilbefriedigt wird, dabei aber als fremd, als nicht aus der eigenen Person entsprungen erlebt wird. Der mißglückte Verdrängungsversuch wird durch die ↗Verdrängung der Verbindung des fraglichen Motivs mit der Person selbst unterstützt. I. tritt häufig bei Zwangsneurosen auf.

Lit.: Freud, A.: Das Ich und die Abwehrmechanismen (1936). München, 1972; **Toman, W.:** Motivation, Persönlichkeit, Umwelt. Göttingen, 1968. *W. Toman*

Isomorphie, Isomorphismus, *Gestaltgleichheit.* Isomorphismus bezeichnet die von der Gestalttheorie vertretene Annahme der Gestaltgleichheit zwischen dem anschaulich Erlebten und dem zentralphysiol. Korrelat. Dabei wird angenommen, daß die physiol. Prozesse in ihren dynamischen Strukturen – nicht in ihren geometrischen Formen – mit den Erlebnisinhalten übereinstimmen.

Lit.: Köhler, W.: Die physischen Gestalten in Ruhe und im stationären Zustand. Braunschweig, 1920. *P. Tholey*

IST ↗Intelligenz-Struktur-Test.

Istwert ↗Regelkreis

Item ist eine aus dem Englischen übernommene Bezeichnung für eine einzelne Testaufgabe. Die Brauchbarkeit eines I. für einen Test wird durch die Prinzipien der I.konstruktion und -selektion entschieden (↗Testkonstruktion).

Eine Einteilung in verschiedene Typen von I.s erfolgt nach der Art ihrer Beantwortung: Zunächst wird die *freie* Beantwortung von der *gebundenen* unterschieden und weiterhin bei den I.s mit freier Beantwortung zwischen *Ergänzungs-Aufgaben* (open-end-items) und *Kurzaufsatz-Aufgaben.* Bei den I.s mit gebundener Beantwortung sind folgende Formen möglich: Mehrfach-Wahl-Aufgaben (multiple-choice-items), Richtig-Falsch-Aufgaben, Stufen-Antwort-Aufgaben, Umordnungs-Aufgaben, Zuordnungs-Aufgaben und Zwangswahl-Aufgaben (forced-choice-items). *P. Zimmermann*

Itemanalyse (syn. *Aufgabenanalyse).* Unter I. versteht man eine Reihe von Verfahren zur Itemauswahl bei der Konstruktion psychol. Tests. Die Auswahl dieser Verfahren richtet sich nach dem testtheoretischen Modell, nach dem der Test entworfen wurde, und den speziellen Zielen, die man mit dem zu konstruierenden Test erreichen will. Dabei handelt es sich neben inhaltlichen Prüfungen der ↗Items um stat. Verfahren wie ↗Schwierigkeits-, ↗Trennschärfen-, Homogenitäts-, Reliabilitäts-, Dimensions-(Faktoren-) und Verteilungsanalysen. Den Berechnungen wird eine Analysenstichprobe zugrunde gelegt, die in ihrer Zusammensetzung der Population genau entsprechen muß, für die der Test später gültig sein soll. Im probabilistischen Testmodell von G. Rasch ist diese Entsprechung nicht notwendig, wünschenswert ist jedoch das Vorhandensein von verschiedenen homogenen Gruppen, um eine einfache Prüfung der Modellangepaßtheit der Items zu ermöglichen. ↗Testtheorie.

Lit.: Fischer, G.: Psychologische Testtheorie. Bern, 1968; **Horst, P.:** Messung und Vorhersage. Weinheim, 1971; **Lienert, G. A.:** Testaufbau und Testanalyse. Weinheim, [3]1969.

A. Rausche

Iterationstests sind stat. Prüfverfahren zur Kontrolle der Zufälligkeit einer Stichprobenauswahl, d. h., sie dienen zur Feststellung von überzufälligen Abweichungen der ↗Statistiken von den Parametern. Je nach Art der Daten und Größe der Stichproben wird man in einer derartigen Problemstellung den „I. für die Zufälligkeit einer Alternativfolge", den „I. von Wald und Wolfowitz" oder den „Multiplen I." anwenden. ↗Statistik; ↗Statistische Tests; ↗Verteilungsfreie Tests. *W. H. Butollo*

Ixothymie, Bezeichnung für ↗*visköses* Temperament. *W. Kretschmer*

J

Jacksonsches Gesetz, – *Modell.* Dem phylogenetisch sich entwickelnden, schichtenartig übereinandergelagerten Aufbau des ZNS entspricht eine Funktionsverteilung in dem Sinn, daß die jeweils höheren Systeme einen hemmenden Einfluß auf die tieferen ausüben. Die Funktion der höheren, phylogenetisch jüngeren Zentren ist labiler als die der tieferen und älteren. Dementsprechend sind bei cerebralen Schädigungen die intellektuell-geistigen Funktionen (Orientierung, Merkfähigkeit, Gedächtnis, Denken) als die empfindlichsten, verletzbarsten am frühesten beeinträchtigt.

C. Scharfetter

James, *William,* * 1. 11. 1842 New York, †16. 8. 1910 Chocorua (New Hampshire). 1861 bezog der vielseitig Begabte die Harvard-Universität in Cambridge (Mass.). Er studierte zuerst Chemie, dann vergleichende Anatomie und Physiologie, inskribierte sich schließlich 1864 an der Harvard Medical School. Sein Interesse für Psychol. wurde durch eine Deutschlandreise 1867–68 gefördert. In Berlin hörte er Du Bois-Reymond, den berühmten Physiologen, in Heidelberg H. Helmholtz und W. Wundt. Seine wiss. Laufbahn an der Harvard-Universität: 1869 Promotion zum M. D., 1872 Instructor und Ass. Professor für Physiologie, 1880 Ass. Professor, dann Professor der Philosophie, 1889 Professor für Psychol., seit 1897 wieder Professor für Philosophie bis 1907. Sein psychol. Hauptwerk „Principles of Psychology" (1890) zählt zu den Gründungswerken der modernen Psychol., J. selbst zu den Pionieren der amerik. Psychol.; wird gelegentlich mit Wundt verglichen. War Mitbegründer des Funktionalismus, Anhänger des Evolutionismus, war mit C. Stumpf befreundet und arbeitete mit H. Münsterberg zusammen. Ein eigenständiger Denker, kein Systematiker, kein Laborpsychologe, sondern ein sprühender, ideenreicher Kopf, geistreich in seiner Kritik, der Lebenswirklichkeit verbunden, in seinem Stil originell, bilderreich. Vertrat z. B. in seiner Gefühls- und Ausdruckspsychol. einen extremen Physiologismus und war doch „auf dem Wege zu einer phänomenologischen Psychologie" (J. Linschoten); verfocht eine expt. Psychol., praktizierte sie selbst aber nicht; vertrat einen „Radical Empiricism" und baute zugleich eine pragmatische Religionsphilosophie und -psychol. auf. Aus seinem psychol. Werk sei seine Lehre vom ↗Bewußtsein und vom Selbst (↗Ich) hervorgehoben. Im Bewußtsein sah J. einen Anpassungseffekt im Dienste der Art- und Selbsterhaltung des Menschen. Am „self" traf er eine heute noch diskutierte Unterscheidung zwischen dem individuellen „I" und dem sozialen „me".

Lit.: Allport, G. W.: William James and the behavioral sciences. J. Hist. beh. Sci., 1966, *2*, 145–147; **Knight, M.:** William James. London u. Tonbridge, ²1954; **Linschoten, J.:** Auf dem Wege zu einer phänomenologischen Psychol. (die Psychol. von W. James). Berlin, 1961; **Perry, R. B.:** The thought and character of William James, 2 Vols. Oxford Univ. Press, 1935; **Pongratz, L. J.:** Problemgeschichte der Psychologie. Bern – Stuttgart, 1967; **Roback, A. A.:** History of American psychology. New York, 1952; **Stumpf, C.:** William James nach seinen Briefen. Berlin, 1928.

L. J. Pongratz

James-Langesche Gefühlstheorie, eine Theorie, die sich mit der Beziehung zwischen den physiol. Änderungen, die durch emotionale Erregung hervorgerufen werden, und dem diese begleitenden Gefühlserlebnissen befaßt.

Der dänische Philosoph C. G. Lange stellte die Behauptung auf, Emotion sei identisch mit Änderungen des Kreislaufsystems. Der amerik. Psychologe W. James baute diese Theorie weiter aus, indem er behauptete, das emotionale Erleben resultiere aus der Wahrnehmung der verschiedenen körperlichen Veränderungen, die als Reaktion auf emotionsbezogene Stimuli auftreten. So vertrat er den Standpunkt, körperliche Veränderungen seien weder Resultat noch Begleiterscheinungen emotionalen Erlebens, sondern dessen Ursache. Demnach wäre es richtiger, zu sagen, wir fürchten uns, weil wir fortlaufen, als zu sagen, wir laufen, weil wir uns fürchten. ↗Gefühle.

G. D. Wilson

Janet, *Pierre.* LEBEN. * 29. 5. 1859 Paris, † 24. 2. 1947 Paris. Studierte Philosophie und Medizin an der Universität Paris; promovierte 1889 in Philosophie über „L'automatisme psychologique"; bekam ein Jahr später von J. M. Charcot die Stelle als Direktor des psychol. Laboratoriums von Salpêtrière angeboten; legte 1892 seine med. Promotion mit dem Thema „L'état mental des hystériques" ab, wobei er den Versuch einer Systematisierung der Klassifikation der verschiedensten Hysterieformen unternahm und die hysterischen Symptome mit psychol. Theorien in Einklang zu bringen versuchte; lehrte von 1895 bis 1902 an der Sorbonne und übernahm anschließend als Nachfolger T. Ribots den Lehrstuhl für Psychol. am Collège de France, den er bis zu seinem Rücktritt 1936 innehatte; J. gründete 1904 zusammen mit G. Dumas die Zeitschrift „Journal de psychologie normale et pathologique", deren Herausgeber er bis 1937 war.

Janets „psychologie de la conduite". J. geht in seiner Verhaltenstheorie, seiner „psychologie de la conduite", von der Überzeugung aus, daß ein wiss. Studium der Psychol. nur dann sinnvoll ist, wenn man alle geistigen Vorgänge als Handlungen auffaßt. Er war darüber hinaus einer der ersten, die ein besonderes Gewicht auf die Betonung der Dynamik und Einheit des Psychischen legten. Obwohl er inhaltlich viele Berührungspunkte mit S. Freud hatte, bestand zwischen beiden ein gespanntes Verhältnis, wobei J. für sich in Anspruch nahm, daß Freuds ↗Psychoanalyse ihren Ursprung in seinen eigenen und den Arbeiten J.-M. Charcots habe. J. faßte die Persönlichkeit als eine Gesamtheit von Tendenzen auf, die er nach der Reihenfolge ihrer phylogenetischen und ontogenetischen Entstehung in einer Hierarchie anordnet (Niveaulehre) von den niederen (Reflexhandlungen usw.) bis zu den höchsten (rational-ergetischen usw.) Tendenzen. Unter einer Tendenz versteht J. eine Disposition des Organismus zur Ausführung einer bestimmten Handlung, wobei er unter Handlung sowohl äußere als auch innere, sog. sekundäre Handlungen (wie z. B. Gefühle) zusammenfaßt. Ein Mensch verfügt in der Regel über Tendenzen, die allen Rangstufen entsprechen und die normalerweise in latentem Zustand vorhanden sind. Alle Tendenzen besitzen bestimmte Kraftladungen, deren Ursprung J. in Vererbungs-, physiol. und psychol. Prozessen sieht und deren Aktivierung sich in Handlungen manifestiert. Die niederen Tendenzen verfügen meistens über größere Kraftladungen als die höheren Tendenzen, außerdem sind sie leichter zu aktivieren und entladen sich vollständiger als die sich nur sukzessiv entladenden höheren Tendenzen. (J. räumt in diesem Zusammenhang ähnlich wie S. Freud auch die Möglichkeiten der Sistierung und Übertragung von Triebkräften ein.) Das Gesamtverhalten eines bestimmten Menschen entspricht im allgemeinen einem bestimmten hierarchischen Niveau, der sog. geistigen Spannung, die sowohl durch die Rangstufe der Handlungen in der Hierarchie der Tendenzen als auch durch den Aktivierungsgrad der Handlungen bestimmt wird. Ein Individuum verfügt über eine hohe geistige Spannung, wenn es ihm leichtfällt, in der Hierarchie hochstehende Handlungen häufig und korrekt auszuführen. Die Spannungshöhe ist nicht konstant, sondern unterliegt ständigen Fluktuationen. Von besonderer Bedeutung für J. ist die Spannungserniedrigung, weil ihm der Grad des Absinkens der geistigen Spannung in der Hierarchie der Tendenzen als Einteilungskriterium für die Klassifikation der Persönlichkeitsstörungen dient. Spannungsverminderungen, die sich nur auf die Stufe der höchsten Tendenzen beziehen, befinden sich noch im Bereich der Normalität; sinkt dagegen die geistige Spannung unter die Stufe der überlegten Handlungen (mittlere Tendenzen), spricht J. von ↗Neurosen. Sinkt die Spannung weiter auf die Stufe der elementar-intellektuellen Handlungen, so handelt es sich um ↗Psychosen, und bei Absinken auf die Stufe der Perzeption und Reflexhandlungen liegen organische Erkrankungen des ZNS vor.

Schr.: Les obsessions et la psychasthénie, 1903; Les névroses, 1909; De l'angoisse à l'extase, 1926. *W. Wittling*

Jasagetendenz, ursprünglich die Bezeichnung für eine bei der Beantwortung von Persönlichkeitsinventaren (↗Fragebogen) auftretende Reaktionseinstellung *(↗Response set),* unabhängig vom Item-Inhalt häufiger „Ja", „Stimmt", „Richtig" gegenüber „Nein", „Stimmt nicht", „Falsch" usw. zu antworten (*acquiescence* response set nach L. J. Cronbach). In der Diskussion um Maße zur Erfassung von Merkmalen der ↗„autoritären Persönlichkeit", die mit der J. konfundiert waren, wurde das Konzept der Acquieszenz „sozialpsychologisiert": *Bejahungstendenz* ist demnach ein Merkmal autoritären, konformistischen Verhaltens bzw. Aspekt eines allgemeineren Persönlichkeitssyndroms (Couch & Keniston, 1960). Obgleich begrifflich zumeist zwischen (formaler) J. und (sozialer) Zustimmungstendenz unterschieden wird, ergeben sich durchweg hohe positive Korrelationen zwischen entsprechenden Maßen (z. B. Over-all Agreement Score nach Couch & Keniston, Social Acquiescence Scale nach B. M. Bass).

Lit.: **Berg, I. A.** (Ed.): Response set in personality assessment. Chicago, 1967; **Couch, A. & K. Keniston:** Yeasayer und naysayer. J. abnorm. soc. Psychol., 1960, *60,* 151–174.
H. D. Schmidt

Jastrowsche Täuschung, eine ↗geometrisch-optische Täuschung. Obwohl von gleicher

Größe, erscheint die untere der beiden Figuren ausgedehnter. *C. D. Frith*

J-Kurve, von Allport (1934) aufgestellte Hypothese, nach der die Verteilung der Verhaltensmaße von Individuen einer Gruppe, die unter Konformitätsdruck (↗Konformität) stehen, im Gegensatz zu solchen ohne Konformitätsdruck nicht wie eine Normalverteilung, sondern eher J-förmig ausfällt (z. B. Pünktlichkeit bei Arbeitsbeginn von Arbeitern in einem Betrieb mit festgesetztem Anfangstermin gegenüber solchen mit beliebigem Anfangszeitpunkt).

Lit.: **Allport, F. H.:** The J-curve hypothesis of conforming behavior. J. soc. Psychol., 1934, *5.*
A. Schmidt-Mummendey

Job. 1) Im *angelsächsischen* Kulturbereich: Bezeichnung für jede entgeltliche Dienstleistung, schließt „profession" (Beruf) ebenso ein wie „occupational activity" (Erwerbstätigkeit). – 2) Im *deutschen* Kulturbereich: Tätigkeiten, die ohne Rücksicht auf ideelle Werte („Berufung" oder „innere Beteiligung") lediglich zum Gelderwerb ausgeübt werden; diese Einstellung oder Haltung wird oft als „Job-Denken" bezeichnet. *G. Marschner*

Job enlargement, aus dem anglosächsischen Kulturbereich stammende Bezeichnung für die Erweiterung einer Arbeitsaufgabe durch Zuteilung anderer Arbeitsgänge (die bisher von anderen ausgeführt wurden), um die Arbeit interessanter, zweckmäßiger und/oder verantwortungsvoller zu machen. ↗Menschenführung. *G. Marschner*

Job rotation, aus dem anglosächsischen Kulturbereich stammende Bezeichnung für einen planmäßigen Wechsel der Tätigkeiten und/oder Funktionen zur Aus- und Fortbildung von Vorgesetzten. ↗Kaderschulung. *G. Marschner*

Jostsche Sätze: 1) Von zwei Assoziationen gleicher Stärke fällt die ältere in der Zeit weniger ab; 2) Wiederholungen haben für die ältere von zwei gleich starken Assoziationen größeren Wert.

Lit.: Jost, A.: Die Assoziationsfestigkeit in ihrer Abhängigkeit von der Verteilung der Wiederholungen. Z. Psychol., 1897, *14*, 436–472. *H. Haase*

Jugendalter. ZUM BEGRIFF. J. (adolescence) umfaßt einen nicht genau umrissenen Abschnitt im menschlichen Lebenslauf von etwa 11 bis über 20 Jahre. Das im Deutschen gebräuchliche Wort „Adoleszenz" bezieht sich auf die Jahre über 18 bis etwa zur Mitte der Zwanzigerjahre.

KOGNITIVE LEISTUNGEN. Die Entwicklung der Intelligenz verlangsamt sich schon zu Beginn des zweiten Lebensjahrzehnts und erreicht im J. bei vielen Leistungen ihren Höhepunkt (formal logische Operationen im Sinne von J. Piaget, Denken mit semantisch denotativen und konnotativen Bedeutungen). Die sich im J. herausbildenden Intelligenzunterschiede sind gewöhnlich endgültig u. gehen z. T. auf Anlagefaktoren, z. T. auf soziale Bedingungen zurück (soziologische Schichtung, Geschlechtsunterschiede).

KÖRPERLICHE ENTWICKLUNG. Im J. treten beträchtliche körperliche Veränderungen auf. Am Anfang der Pubertät setzt ein Fettschub ein, etwa ein Jahr nach der Ausschüttung der Gonadotropine beginnt der allg. Wachstumsschub. Die ↗Pubertät selbst wird unter dem Einfluß des ↗Hypothalamus, der einen bestimmten Reifegrad erreicht haben muß, ausgelöst (Tanner, 1962). Die Ursache für Geschlechtsreifung und Wachstumsschub ist aber in hormonalen Vorgängen zu suchen (↗Hormone). Das Zusammenspiel der endokrinen Vorgänge ist auch heute noch relativ wenig geklärt (Tanner, 1962). Infolge des Muskelwachstums steigert sich die Körperkraft und -schnelligkeit, die Koordination der Motorik verbessert sich. Geschlechtliche und wachstumsmäßige Frühreife bzw. Beschleunigung des Wachstums (↗Akzeleration) und Spätreife bzw. Verlangsamung des Wachstums (↗Retardation) sind von Anlagefaktoren (↗Zwillingsforschung), kulturell-zivilisatorischen Bedingungen (Reizangebot?), von soziologischen Faktoren und von Einflüssen der Ernährung abhängig. Sie wirken sich fördernd und beeinträchtigend auf die Persönlichkeitsentwicklung aus.

SOZIALE ENTWICKLUNG. Das im J. relevant werdende sexuelle Verhalten ist stark von sozio-kulturellen Determinanten abhängig. Die in unserer Kultur herrschende Norm der geschlechtlichen Enthaltsamkeit führt zu normwidrigen Verhaltensweisen, wie ↗Onanie (vermutlich bei 90% der männlichen Jugendlichen) und ↗Petting. Das Sexualverhalten variiert mit der soziologischen Schicht (Kinsey, 1948). In bezug auf *Persönlichkeitsausformung* und soziale Anpassung ist J. oft *konfliktträchtig* und *krisenhaft.* Dies ist bes. dann der Fall, wenn der Jugendliche vom Erwachsenen daran gehindert wird, die Kindesrolle gegen die Erwachsenenrolle umzutauschen, und wenn Diskrepanz zwischen verschiedenen Einflüssen besteht (z.B. Wertgeltung schulischer Erziehungsmächte und außerschulische Wertgeltung). In unserer Kultur sind die Schwierigkeiten beim Übergang zum Erwachsenenalter größer als in Primitivkulturen, wo dieser Gruppenwechsel oft nur Tage oder Wochen dauert (↗Initiationsriten). Die Entwicklung von *Werthaltungen* (attitudes) im J. ist weniger durch völligen Umbruch und neuen Aufbau gekennzeichnet als durch Revision und Modifikation bereits früher übernommener Wertgeltungen. Dabei treten einerseits Bemühungen um die Herausbildung eines eigenen Standpunktes auf, oft verbunden mit Radikalismus und Weltferne, andererseits aber auch Anstrengungen, die Erwachsenenkultur zu übernehmen mit Zügen einer liberalistischen und relativistischen Haltung. Bei seinen Bemühungen um „Selbstverwirklichung" (Maslow, 1954) orientiert sich der Jugendliche häufig an der *Peer Group Culture,* einer Subkultur, in der die Belange (Bedürfnisse, Interessen, Wertgeltungen) vertreten werden, die das J. scharf von der Kindheit einerseits und dem Erwachsenen andererseits abgrenzen. Die Bedeutung von *Vorbildern* scheint gerade im J. nicht mehr so vorrangig zu sein wie vielleicht in früheren Epochen. Viele Jugendliche können gar kein Vorbild benennen (Jaide, 1963). Die Unterscheidung von Phasen und Stufen erscheint nicht gerechtfertigt, da die für sie typischen Kennzeichen (z.B. Labilität) zu ganz verschiedenen

Zeitpunkten im Jugendalter auftreten können. Neben sozialer Fehlanpassung (↗Jugendkriminalität, Verwahrlosung) treten im J. auch Psychosen erstmals in ausgeprägter Form auf.

Lit.: **Biermann, G.:** Kinder und Jugendliche. Stuttgart, 1978; **Gesell, A.:** Jugend: Das Alter von 10–16. Bad Nauheim, 1958; **Jaide, W.:** Aus empirischen Untersuchungen über Vorbilder heutiger Jugendlicher. In: **L. Schenk-Danzinger & H. Thomae** (Hrsg.): Gegenwartsprobleme der Entwicklungspsychologie. Göttingen, 1963; **Kinsey, A.,** et al.: Sexual behavior in human male. London – Philadelphia, 1948; **Kulen, R. G.:** The psychology of adolescent development. New York, 1952; **Maslow, A. H.:** Motivation and personality. New York, 1954; **Oerter, R.:** Die Entwicklung von Werthaltungen während der Reifezeit. München – Basel, 1966; **Schmeer, G. & V. Schöbel:** Jugendliche. Stuttgart, 1978; **Staton, T. F.:** Dynamics of adolescent adjustment. New York, 1963; **Tanner, J. M.:** Wachstum und Reifung des Menschen. Stuttgart, 1962.

R. Oerter

Jugendgerichtshilfe. Begriffsbestimmung und Aufgaben. Die J. gehört in der BRD zu den Aufgaben der Jugendämter. Sie soll die erzieherischen, sozialen und fürsorgerischen Gesichtspunkte im Verfahren vor den Jugendgerichten zur Geltung bringen. Sie unterstützt zu diesem Zwecke die beteiligten Behörden durch Erforschung der Persönlichkeit, der kriminellen Karriere und des sozialen Nahraums des beschuldigten Jugendlichen oder Heranwachsenden und äußert sich zu den Maßnahmen, die vom Jugendgericht zu ergreifen sind. Die J. ist Prozeßorgan eigener Art, bei der auch caritative Jugendorganisationen mitwirken können. Im Verfahrensabschnitt *vor* der Entscheidung bestehen ihre Aufgaben in der *Ermittlungshilfe* („soziale Diagnose"), um dem Jugendgericht bei der Auswahl der Reaktionsart und ihrer Dauer zu helfen (Sieverts, 1959), in der *Überwachung* und in der *Betreuung* der 14- bis 21jährigen Jugendlichen oder Heranwachsenden. Der Ermittlungsbericht der J. wird von Fürsorgern erarbeitet, soll sich vor allem zur Persönlichkeit des beschuldigten Jugendlichen oder Heranwachsenden, zur Kriminogenese (Entstehung der Straftat) und Prognose äußern und dem Jugendgericht Vorschläge zum Behandlungsplan unterbreiten. Sein Inhalt besteht in der Regel aus Angaben über Familienverhältnisse, Einkommen, besondere Interessen und Neigungen, Zugehörigkeit zu Jugendgruppen und sonstigen Verbänden, Einstellung zur Straftat und über das „allgemeine Wesen" des beschuldigten Jugendlichen oder Heranwachsenden. Der Jugendgerichtshilfe entspricht die Vormundschaftsgerichtshilfe im Verfahren vor dem Vormundschaftsgericht.

Gegenwärtige Situation und Kritik aus kriminalpsychologischer Sicht. Da die Richter die Jugendlichen und Heranwachsenden regelmäßig in der Hauptverhandlung zum ersten Male sehen, besitzt die J. eine hohe Verantwortung, der sie gegenwärtig nicht voll gerecht wird. Bereits Schaffstein (1959) hat auf häufige Klagen der Jugendrichter und Staatsanwälte über mangelhafte Ermittlungsberichte der J. hingewiesen. Die Sozialarbeiter der J. verwenden kriminalpsychol. Fachausdrücke zu unbekümmert; ihre Ermittlungen lassen oft zu wünschen übrig; häufig bestehen die „Ermittlungsberichte" nur aus subjektiven Eindrücken und persönlichen Werturteilen. Ein persönliches Gespräch zwischen Jugendgerichtshelfer und Probanden wird nicht durchgeführt. Nicht selten haben Berichte der J. zu Fehlurteilen geführt, weil die Jugendgerichtshelfer Urteile über Fragen abgeben, die ein bes. kriminalpsychol. und -psychiatrisches Fachwissen voraussetzen. Werner (1967) hat festgestellt, daß etwa 70% der Berichte der J. für das Jugendgericht nicht informativ genug sind. Eine exakte Ermittlung der Tatzeitpersönlichkeit zu verlangen, stellt allerdings eine Überforderung der J. dar. Eine bessere Zusammenarbeit zwischen J. und Erziehungsberatungsstellen und eine zusätzliche kriminalpsychol. Ausbildung der Sozialarbeiter würde die bestehenden Mängel mildern. Die Jugendrichter müßten ebenfalls in Kriminalpsychol. besser aus- und weitergebildet werden, vor allem weil sie wegen des Fehlens geeigneter Sachverständiger die jugendlichen Rechtsbrecher aus kriminalpsychol. Sicht beurteilen sollten. Wegen des bis auf unabsehbare Zeit bestehenden Mangels an Kriminalpsychologen und -psychiatern kann auch der Vorschlag, Experten zu Beisitzern der Gerichte zu machen, kaum Verwirklichung finden. ↗Reife;

↗Kriminalpsychologie; ↗Jugendkriminalität; ↗Jugendalter.

Lit.: **Böhm, A.:** Einführung in das Jugendstrafrecht. München, 1977, insbes. S. 75–80; **Brunner, R.:** Jugendgerichtsgesetz. Berlin – New York, 1975, insbes. die Anmerkungen zu § 38 JGG; **Hellmer, J.:** Der Jugendgerichtshelfer im Spannungsfeld seiner Funktionen. Recht der Jugend, 1967, *15*, 309–313; **Schaffstein, F.:** Jugendstrafrecht. Stuttgart – Berlin – Köln – Mainz, [6]1977, insbes. 136–141; **Schneider, H. J.:** Jugendschutz durch den Jugendrichter und seine Mitarbeiter. Mschr. für Kriminologie und Strafrechtsreform, 1968, *51*, 80–87; **ders.:** Kriminologie, Jugendstrafrecht, Strafvollzug. München, 1976, insbes. S. 352–353; **ders.:** Jugendkriminalität im Sozialprozeß. Göttingen, 1974; **Werner, H. M.:** Die Persönlichkeitsforschung im Jugendstrafverfahren. Hamburg, 1967.

H. J. Schneider

Jugendirresein ↗Hebephrenie.

Jugendkriminalität. Die häufigsten Delikte Jugendlicher sind *Diebstahl* und *Unterschlagung*. Im 20. Jh. und bes. nach dem Zweiten Weltkrieg ist die J. weitaus schneller gestiegen als die Erwachsenenkriminalität, so daß die J. immer mehr zu einem gesellschaftlichen Problem wird. Die Jugendpsychologie und die ↗Kriminalpsychologie untersuchen die Ursachen dieser Entwicklung. Im praktischen Bereich setzen sich ↗Erziehungsberatung, ↗forensische Psychologie und ↗klinische Psychologie mit dem Problem der J. auseinander.

Lit.: **Conger, J. J. & W. C. Miller:** Personality, social class and delinquency. New York – London – Sydney, 1966; **Glueck, S. & E. T. Glueck:** Unraveling juvenile delinquency. Cambridge (Mass.), 1950; **Schneider, H. J.:** J. im Sozialprozeß. Göttingen, 1974; **Sheldon, W. H., Hartl, E. & E. McDermott:** Varieties of delinquent youth. New York, 1949.

F. Mattejat

Jugendpsychologie, Teilbereich der Entwicklungspsychol. (↗Entwicklung). Die J. untersucht die psychische Situation und die Entwicklungsvorgänge Jugendlicher in der ↗Vorpubertät, ↗Pubertät und ↗Adoleszenz. Hauptgebiete der Forschung sind die psychobiol. (körperliche Veränderungen, Persönlichkeitsentwicklung) und die psycho-sozialen Probleme (↗Sozialisation) des ↗Jugendalters. Besondere Beachtung finden dabei Anpassungsstörungen (↗Anpassung, soziale) und die ↗Jugendkriminalität.

Lit.: **Ausubel, D. P.:** Das Jugendalter – Fakten, Probleme, Theorie. München, [4]1974; **Gesell, A., Ilg, F. L. & L. B. Ames:** Youth. New York, 1956; **Neumann, O.:** Die leibseelische Entwicklung im Jugendalter. München, 1964; **Spranger, E.:** Psychologie des Jugendalters. Leipzig, [28]1966; **Starck, W.:** Kindes- und Jugendpsychologie. Hamburg, [6]1978.

F. Mattejat

Jugendsexualität. Sexuelles Verhalten und sexuelle Einstellungen Jugendlicher sind durch zwei Sachverhalte gekennzeichnet: eine *hohe sexuelle Appetenz* und die *gesellschaftsspezifische Steuerung* dieses *Triebpotentials*. Dabei ist auch die Definition von „Jugend“ von Gesellschaft zu Gesellschaft verschieden, u. a. abhängig von einem formellen Initiationsritus. In den meisten industrialisierten Gesellschaften wird unter Jugend die Spanne zwischen Kindheitsende (Pubertätsanfang) und Erwachsenenstatus, also etwa die Jahre zwischen 12 und 25, verstanden (vgl. auch ↗Jugendalter). Das Ausmaß der Regelung jugendlichen Sexualverhaltens variiert stark: strenge Geschlechtertrennung bis zur Heirat (Araphao, Cheyenne, Hopi), freie Partnerwahl der Mädchen nach Eintritt der ersten Menstruation (Ao-Naga, Sirionó), voreheliche ↗Promiskuität (Samoaner).

In den Industriegesellschaften herrscht eine *reproduktive* Sexualmoral vor, die heterosexuelle Kontakte sozial, religiös und juristisch auf die Ehe und Fortpflanzung beschränkt. Der *Konflikt* zwischen *Appetenz* und *sozialer Restriktion* wird unterschiedlich in verschiedenen Ländern und den sozialen Schichten in ihnen gelöst, wobei sich folgende Gemeinsamkeiten und Trends feststellen lassen: schrittweise Bejahung der ↗infantilen Sexualität, stärkere sexuelle ↗Aufklärung, geringere Ablehnung der ↗Onanie, frühere Aufnahme heterosexueller Kontakte (Koitus), egalitäre Tendenzen im Verhalten von Jungen und Mädchen, Vorherrschen der romantic-love-Vorstellung, Freizügigkeit bei Liebe als häufigster sexueller Standard.

Lit.: **Biener, K.:** J. und Präventivmedizin. Stuttgart, 1973; **Hertoft, P.:** Das Verhalten junger Dänen. In: **Bergström-Walan** et al. (Hrsg.): Modellfall Skandinavien? Hamburg, 1970; **Schmidt, G.:** J. und Sexualerziehung. Betrifft: Erziehung, 1970, *3*, Heft 4, 11–17; **Schofield, M.:** The sexual behavior of young people. London, 1965 (dt.: Das sexuelle Verhalten junger Leute. Hamburg, 1969).

J. Friedrichs

Jugendstrafrecht ↗Jugendgerichtshilfe; ↗Reife.

Jung, *Carl Gustav.* LEBEN. * 26. 7. 1875 Kesswil (Schweiz), † 6. 6. 1961 Küßnacht. Arbeitete nach Beendigung seines Medizinstudiums 1900 als Assistent und später Privatdozent unter E. Bleuler, gab diese Stelle 1913 auf, um sich seiner privaten Praxis und Forschung zu widmen; seit 1906 regelmäßige Korrespondenz mit S. Freud; 1907 erste Begegnung mit Freud in Wien, Beginn einer kurzen Freundschaft, während deren Freud in J. zeitweise seinen Nachfolger sah; 1909 gemeinsame Reise beider nach Worcester (USA); 1907 Gründung der Freud-Gesellschaft in Zürich durch J.: 1908 Organisation des Ersten Internationalen Psychoanalytischen Kongresses in Salzburg; 1911 durch die Unterstützung Freuds erster Präsident der „Internationalen Psychoanalytischen Gesellschaft"; bald darauf zunehmende Spannungen im Verhältnis zu Freud, die sich vorwiegend an der Ablehnung von dessen *Libidotheorie* entzündeten und dazu führten, daß beide 1913 ihre Korrespondenz einstellten und J. 1914 als Präsident der „Internationalen Psychoanalytischen Gesellschaft" zurücktrat und später ganz aus der Vereinigung ausschied; zwischen 1921 und 1926 Expeditionen zur Erforschung primitiver Kulturen nach Arizona, Ostafrika usw. sowie Beschäftigung mit Mythologie, Alchemie, Religion, Okkultismus usw.; von 1933 bis 1942 Professor an der Eidgenössischen Technischen Hochschule Zürich; 1944 Professor für med. Psychol. an der Universität Basel.

JUNGS ANALYTISCHE THEORIE. J.s Persönlichkeitstheorie stellt im Ggs. zu ↗Freuds *naturwissenschaftlich-mechanistischer* Persönlichkeitsauffassung den Versuch einer Deutung des menschlichen Verhaltens aus *philosophischer* und *religiös-mystischer* Sicht dar. Darüber hinaus unterscheidet sie sich von der ↗Psychoanalyse vor allem durch den stärkeren Nachdruck auf der *Teleologie* neben der Kausalität als Verhaltensdeterminanten, die Betonung rassischer und phylogenetischer Grundlagen der Persönlichkeit und die Einschränkung der Bedeutung der Sexualität für die Persönlichkeitsentwicklung.

Zur Erklärung der Persönlichkeitsdynamik zieht J. wie Freud den Begriff der ↗Libido heran, sieht in ihr aber nicht wie dieser einen *Sammelbegriff* für die sexuellen Tendenzen des Menschen, sondern eine *undifferenzierte* Energie, die den verschiedensten seelischen Prozessen (Denken, Fühlen, Empfinden, Trieb) zugrunde liegt. Die Regulation des psychischen Geschehens wird nicht durch das Lust-Unlust-Prinzip bestimmt, sondern erfolgt autonom durch die Libido und wird vorwiegend durch die Prinzipien der Erhaltung der Energie und der ↗Entropie bestimmt.

Die Gesamtpersönlichkeit (Psyche) besteht aus 3 interagierenden Systemen: dem Bewußten, dem persönlichen Unbewußten und dem kollektiven Unbewußten. Den Mittelpunkt des *Bewußten* bildet das ↗Ich, das die bewußten Wahrnehmungen, Gedächtnisinhalte, Gedanken und Gefühle beinhaltet und dem Individuum die Adaptation an die Umwelt erlaubt. Das *persönliche Unbewußte* besteht aus den persönlichen Erfahrungen, Wünschen und Impulsen, die einmal bewußt waren, aber verdrängt oder vergessen wurden, grundsätzlich aber wieder bewußt gemacht werden können. Das *kollektive Unbewußte,* das einflußreichste System der Psyche, ist dem Individuum völlig unbewußt. Es ist die ererbte rassische Grundlage der Persönlichkeitsstruktur und enthält den Einfluß der kumulativen Erfahrungen aller vorangegangenen Generationen und selbst der tierischen Vergangenheit des Menschengeschlechtes. Die strukturellen Komponenten des kollektiven Unbewußten sind die ↗Archetypen, universelle vererbte Dispositionen der menschlichen Vorstellungsfähigkeit, die das Individuum disponieren, bestimmte im Leben der menschlichen Rasse immer wiederkehrende Situationen (Geburt, Tod, Gefahr, Vater) so zu erleben und sich darin so zu verhalten wie seine Vorfahren. Einige Archetypen sind so weit entwickelt, daß sie selbständige Persönlichkeitssysteme bilden: Persona, Anima, Animus und Schatten.

Eine zentrale Stellung in J.s ↗Persönlichkeitstheorie nimmt das *Selbst* ein, ein Archetyp, der für die Integration und Stabilität der Persönlichkeit verantwortlich ist. Es äußert sich in dem angeborenen Streben des Menschen nach psychischer Ganzheit, ein zentraler Prozeß, den J. ↗Individuation oder Streben nach Selbstwerdung nennt. Da ↗Neurosen Störungen des Individuationsprozesses darstellen, zielt J.s Analytische Therapie auf eine Wiederherstellung dieses natürlichen Entwicklungsprozesses hin.

TYPOLOGIE. J.s Typologie baut auf einer Unterscheidung von *Funktions-* und *Reaktionstypen* auf. Während sich die Einteilung nach Funktionstypen an J.s 4 *Grundfunktionen:* Denken, Intuieren, Fühlen und Empfinden (↗Hauptfunktionen), orientiert, charakterisiert der Reaktionstyp die Richtung der libidinösen Energie. Je nachdem, ob die Libido mehr nach innen oder nach außen gerichtet ist, unterscheidet J. zwischen *Introversion* und *Extraversion.*

Schr.: Psychologische Typen, 1921; Psychol. und Religion, 1947; Symbolik des Geistes, 1948; Psychol. und Alchemie, 1952; Antwort auf Hiob, 1952; Von den Wurzeln des Bewußtseins, 1954; Gesammelte Werke, 18 Bde.

W. Wittling

Juvenilismus. Von J. als einer Entwicklungsphase spricht man, wenn ein Individuum einen altersgemäßen Grad körperlichen Wachstums und sexueller Entwicklung erreicht; Ggs.: Infantilismus; nicht zu verwechseln mit ↗Zwergwuchs, wo mangelndes körperliches Wachstum von normaler Sexualentwicklung begleitet sein kann. *Red.*

K

Kaderschulung, Aus- und Fortbildung der Vorgesetzten auf allen Ebenen und Bereichen einer Organisation. ↗Menschenführung.

G. Marschner

Kafka, *Gustav,* * 23.7.1883 Wien, † 12.2. 1953 Veitshöchheim, Schüler von Georg Elias ↗Müller und Wilhelm ↗Wundt, Theodor Lipps und Erich Becher. Habilitationsschrift (München) über das Ich-Problem. Gemeinsam mit Révésc Einrichtung eines psychologisch-psychotechnischen Dienstes für die österreichisch-ungarische Armee. Herausgeber der 36bändigen Geschichte der Philosophie in Einzeldarstellungen (1921–1933). Vorsitzender der Deutschen Gesellschaft für Psychologie. Frühzeitige Emeritierung durch den Nationalsozialismus, weil bekennender Katholik. Veröffentlichungen hauptsächlich im Archiv für die gesamte Psychologie über: Tierpsychologie, Weltverständnis, Ausdruckspsychologie, Lebensalter, Uraffekte, Typusbegriff.

Lit.: Wehner, E. G.: Gustav Kafka, ein Beitrag zur Geschichte der Psychologie. Dissertation Würzburg, 1964.

W. Arnold

Kairophobie, Situationsangst.

Kalkül, ein formales System, das durch eine K.sprache und ein Beweisgerüst bestimmt ist. Die Sprache besteht aus nichtlogischen Grundzeichen, wie z.B. den Individuenvariablen, Funktions- und Relationskonstanten, und logischen Grundzeichen, wie z.B. dem Gleichheitszeichen, den Junktoren und Quantoren. Außerdem wird durch Bildungsregeln festgelegt, was als Zeichenreihe – aufgebaut aus den Grundzeichen – in der Sprache zu gelten hat. Hier unterscheidet man Terme und Ausdrücke. Das Beweisgerüst besteht aus logischen Axiomen – Auszeichnung gewisser Zeichenreihen der Sprache – und den Ableitungsregeln. Diese legen fest, wie Zeichenreihen der Sprache aus den Axiomen abgeleitet (bewiesen) werden können.

Lit.: Schwabhäuser, W.: Modelltheorie I. Mannheim, 1971.

P. K. G. Günther

Kallikak. Pseudonym einer vielfach erforschten Familie mit zwei Linien von Nachkommen: die eine gesellschaftlich geachtet, die andere in mehrfacher Hinsicht defekt (schwachsinnig).

Lit.: Goddard, H. H.: The Kallikak family: a study in the heredity of feeble-mindedness. New York, 1912; **ders.:** In defense of the Kallikak study. Science, 1942, *95*, 574.

Kälte- und Wärmeempfindung, paradoxe. Kälte- und Wärmeempfindungen können von Stimuli herrühren, die man objektiv nicht als Ursache annehmen würde. Eine p. K. kann entstehen, wenn ein (warmer) Stimulus von ca. 42° C einen *Kälterezeptor* aktiviert, und eine p. W., wenn ein (bezogen auf die Hauttemperatur kalter) Stimulus von ca. 30° C einen *Wärmerezeptor* reizt. ↗Rezeptoren.

C. D. Frith

Kampfturniere, ritualisierte Kämpfe bes. zwischen wehrhaften Artgenossen, welche ernsthafte Beschädigungen vermeiden. Sie sind artspezifisch, oft sind aber viele Elemente noch innerhalb der Gattung so ähnlich, daß unvollständige Turniere unter Nahverwandten möglich sind. Wiederkehrende Muster sind Breitseit- und Frontalimponieren, Kreisen, Maulpacken, Stirnkämpfe bei Reptilien, Säugern und Fischen. Sie enden mit der Erschöpfung oder Aufgabe des Schwächeren, der den Sieger beschwichtigt (↗Beschwichtigungsgebärden). Es gibt intraterritoriale und Grenzkämpfe, häufigste Ursache ist Revierbehauptung.

Lit.: Tembrock, G.: Verhaltensforschung. Eine Einführung in die Tier-Ethologie. Jena, 1964. *K. Fiedler*

Kanal, jener Teil einer Kommunikationskette, der ↗Signale vom Sender zum Empfänger überträgt. *B. Rollett*

Kanalisierung, allg. Bezeichnung für einen im Verlauf der Humanentwicklung beobachtbaren bzw. erschließbaren Prozeß der *Verfestigung* bestimmter Verhaltensweisen aus einem Repertoire vieler Möglichkeiten der Entwicklung. Nach G. Murphy handelt es sich i. e. S. dabei um das Verfestigen und damit einhergehende Bevorzugen ganz bestimmter Wege der Triebbefriedigung aus mehreren ursprünglich möglichen Wegen. Der Prozeß der K. wird im Zusammenhang mit *Sozialisation* bes. diskutiert. *W. D. Fröhlich*

Kanalkapazität (C), die maximale Menge an ↗Information, die pro Zeiteinheit (gemessen in bit/sec.) über einen Kanal übertragen werden kann. *B. Rollett*

Kanonische Korrelation ↗Korrelation.

Kapazität, allg. Bezeichnung für das Retentionsvolumen des ↗Gedächtnisses. Die ↗Informationstheorie versucht eine Maßzahl für den Begriff zu ermitteln, indem sie den Informationsbetrag (↗Bit) bestimmt, der maximal behalten wird. Neben der in dieser Weise definierten *Speicher-K.* spricht sie von *Fluß-K.* als dem Informationsgehalt, der in der Zeiteinheit aufgenommen werden kann (bit/sec.).

Lit.: Langer, D.: Informationstheorie und Psychologie. Göttingen, 1962. *E. Heineken*

Kapillaren, *Haargefäße,* feinste Blutgefäße mit einfacher Wand, die den Durchtritt von Flüssigkeiten und gelösten Stoffen vermittelt. *H. Lippert*

Kappa-Effekt. Wenn man zwei Reize in einem bestimmten zeitlichen Intervall aufeinander folgen läßt, hängt die Schätzung des zeitlichen Intervalls von der räumlichen Distanz der Reize ab; eine größere Entfernung läßt das Zeitintervall länger erscheinen. Dieser – geringfügige – Effekt tritt sowohl im optischen als auch im Tastbereich auf. *C. D. Frith*

Kaspar-Hauser-Komplex. Nach dem angeblich in völliger Einsamkeit aufgewachsenen Findling Kaspar Hauser (einem pseudologischen Betrüger, der 1833 an selbstzugefügten Verletzungen starb) hat A. Mitscherlich einen ↗Komplex benannt, der die innere Einsamkeit und Verkümmerung des Gemüts der Einwohner großer Städte bezeichnen soll (mangelnde ↗Kontaktfähigkeit). *W. Schmidbauer*

Kaspar-Hauser-Versuche, Methode der vergleichenden ↗Verhaltensforschung, wobei Tiere unter Erfahrungsentzug (es ist dabei darauf zu achten, daß das Tier keine organischen Schäden erleidet) aufgezogen werden. Soll erlauben, genetisch bedingte von erlernten Komponenten des Verhaltens zu trennen.

Lit.: Lorenz, K.: Über tierisches und menschliches Verhalten, Bd. 1 und 2. München, 1965. *W. Schmidbauer*

Kastration. Unter K. versteht man die Entfernung der Geschlechtsdrüsen (der Hoden beim Manne, der Eierstöcke bei der Frau), wodurch sich die hormonalen Funktionen des Organismus verändern (Unfruchtbarkeit als Folge). Die K. des Mannes ist seit Jahrtausenden bekannt als kultischer bzw. religiöser Brauch oder als Strafe. Weiterhin gibt es die durch *Unfall* verursachte oder *therapeutisch* verordnete K., die bei der Frau bei organischen Erkrankungen der Eierstöcke oder ihres Umfeldes und bei erwachsenen Männern zum Zwecke der ↗Libido-Reduktion angewandt wird. Vor dem Abschluß der körperlichen Entwicklung (d. h. bis zum 20. Lj.) bewirkt die K. die Hemmung der Entwicklung der Geschlechtsorgane, die Verlängerung des Knochenwachstums, Fixierung der kindlichen Physiognomie wie auch Veränderungen der physiol. Vorgänge bei Erwachsenen. Psychische Veränderungen und allg. Fettsucht treten selten auf. In Fällen, in denen der Sexualtrieb zu erheblichen psychischen Leiden oder zu einer Minderung der sozialen Wertschätzung führt und wo psychiatrische Hilfe hinzukommt, hat diese Therapie einen vorzüglichen Erfolg gezeigt. 3186 Fälle sind bisher bekannt: 2% davon weisen einen Rückfall zu Sexualverbrechen auf.

Lit.: Langelüddeke, A.: Die Entmannung von Sittlichkeitsverbrechern. Berlin, 1963; **Stürup, G. K.:** Castration: The total treatment. In: **Resnik, H. L. P. & E. W. Marvin:** Sexual Behaviors. Boston, 1972.

G. K. Stürup

Kastrationsangst, -komplex ist nach ↗Freud die Furcht des Knaben, seine Sexualorgane, oder des Mädchens, nach der angeblichen Erkenntnis des Fehlens eines (männlichen) Sexualorgans auch noch andere Körperteile zu verlieren. Kastrationsangst tritt in der frühen ↗genitalen Phase im Anschluß an die Behinderungen und Bedrohungen – die wegen der Gehemmtheit des Kindes nicht bes. deutlich sein müssen – der genitalen Eigenstimulationsmotive und der genitalen heterosexuellen Interessen an Familienmitgliedern auf. (Kastrationskomplex) – Kastrationsangst ist die mildeste der infantilen Ängste. In der ↗analen Phase entwickelte das Kind die Furcht, grob verstümmelt oder überhaupt getötet, zerschmettert oder zerquetscht zu werden, in der ↗oralen Phase die Furcht, aufgefressen, verschlungen, in der Substanz aufgelöst zu werden.

Kastrationskomplex (-angst) kann sich im Anschluß an Entwicklungsstörungen in der frühen genitalen Phase auch bis ins Erwachsenenalter erhalten und zu neurotischen Störungen in der Liebesfähigkeit, im bes. zur Angst vor dem anderen Geschlecht, zu Potenzstörungen beim Mann, zur ↗Frigidität bei der Frau und zu ↗Perversionen führen.

Lit.: Freud, S.: Vorlesungen zur Einführung in die Psychoanalyse (1916/17). Ges. Werke, Bd. 11. London, 1948; **Toman, W.:** Motivation, Persönlichkeit, Umwelt. Göttingen, 1968.

W. Toman

KAT ↗Kinder-Angst-Test.

Katabolismus ↗Metabolismus.

Katalepsie, das Beibehalten einer Positur über ungewöhnlich lange Zeit. Die Haltung selbst kann abnorm sein oder auch nicht, kann spontan eingenommen worden sein oder von einem Beobachter induziert. Vorkommen: vgl. ↗Flexibilitas cerea. *B. Brooker*

Katamnese ist der Teil einer Fallgeschichte, der über die Wirkung der Therapie/Beratung und die Rehabilitation des Patienten/Klienten berichtet. Der Bericht stützt sich dabei auf Fremd- oder auf Eigenbeobachtung des Patienten/Klienten über sein weiteres Befinden und Verhalten (meist längere Zeit) nach Abschluß der Therapie/Beratung.

F.-C. Schubert

Kataphasie ↗Dysphrasie.

Kataplexie, vorübergehende Schwächeanfälle, ausgelöst durch ein emotionales Erlebnis, meist Lachen, aber auch durch Angst, Ärger oder Wut. Der Anfall kann den Körper ganz oder teilweise ergreifen und nach Ausprägungsgrad differieren. Dieser Zustand kann mit ↗Narkolepsie einhergehen, wobei beides die gleiche Ursache hat. *J. Price*

Katathymie, Umbildung, Umstimmung seelischer Inhalte unter der Wirkung eines Affektes. Kommt im prälogischen und ↗magischen Denken, in primitivem Alltagsdenken und auch bei Geisteskranken vor, z. B. es donnert, kurz danach fällt ein Mensch tot um. Beide Ereignisse werden durch den sie begleitenden Affekt (↗Schreck) verbunden. – Die K. hat eine praktische wichtige Bedeutung für die Erinnerungsfälschung.

Lit.: Frankl, V., Gebsattel, V. & J. Schultz: Handbuch der Neurosenlehre und Psychotherapie. München, Berlin, 1961.

C. Scharfetter

Katatonie, ↗Schizophrenie, bei der katatone Symptome im Vordergrund stehen. Sie umfassen eine Anzahl von vorwiegend mot. Besonderheiten: ↗Katalepsie (flexibilitas cerea), Stupor, Hyperkinese bis zur schlimmsten Erregung und zu Stereotypien. Neben den akuten gibt es chronische Verlaufsformen. Zustände mit hochgradiger Erregung, Spannung und Angst werden als *perniziöse* K. bezeichnet, welche ohne Behandlung rasch zum Tode führt. *A. Hicklin*

Katecholamine, Gruppe von ↗Hormonen, im Mittelpunkt interdisziplinärer psychophysiol. Forschung stehend. Die wichtigsten K. sind ↗*Adrenalin* (A) und ↗*Noradrenalin* (NA).

Kategorie. Im allg. Sprachgebrauch bestimmt die K. Klassen, Arten oder Typen, die die notwendige Unterteilung von Begriffssystemen liefern, um die Gegenstände der Umwelt zu gliedern. Der Begriff wird bei der Konstruktion einer Urteilstheorie nötig; so liefert Aristoteles zehn K.n von Prädikaten, die jeglichem Gegenstand zugeordnet werden können, während Kant vier Klassen „transzendentaler Begriffe" vorschlägt, die in der Beurteilung der Erfahrung Anwendung finden.

In seiner Typentheorie hat B. Russell versucht, einen nicht-paradoxalen Klassen- und Prädikatsbegriff zu schaffen. Die K.theorie G. Ryles soll, gestützt auf seine Analyse der Begriffsanwendung in der natürlichen Sprache, die Bedingungen für fehlerfreie Prädikation bestimmen. *M. J. Borel*

Kathartische Methode, eine von J. Breuer und S. Freud bei neurotischen Krankheitserscheinungen erstmals gezielt gehandhabte psychotherapeutische Behandlungsmethode, die *eine Katharsis* (=Reinigung, Läuterung) zum Ziel hat. In der dabei durchgeführten ↗Hypnose sollen infolge ↗Hypermnesie Erinnerungen an verdrängte gefühlsbetonte Erlebnisse, die als ursächlich für die neurotische Störung zu werten sind, geweckt werden. Die therapeutische Wirksamkeit dieses Verfahrens wird in der *Abreaktion der bis dahin verdrängten Affekte* (↗Verdrängung) gesehen, ein Vorgang, der in der Hypnose selbst oder auch im anschließenden therapeutischen Gespräch erfolgt. *H.-N. Genius*

Kathexis. Im psychoanalytischen Vokabular bedeutet K. eine Konzentration oder Besetzung der psychischen Energie oder der ↗Libido in einer bestimmten Richtung. Diese kann ein Objekt oder eine Person sein. ↗Objektbesetzung. *J. López Ibor*

Kausalität. Die K. ist eine asymmetrische Beziehung zwischen zwei Begriffen, von denen der vorausgehende die *Ursache* und der nachfolgende die *Wirkung* genannt wird. Diese Begriffe können Ereignisse, Phänomene oder Objekte sein. Die Beziehung selbst ist derart, daß das Eintreten der Ursache notwendigerweise die Wirkung ergibt. Darüber hinaus geht die Ursache immer der Wirkung voraus. Man unterscheidet oft zwischen der Ursache eines Phänomens und seiner Erscheinungsbedingung, da die Ursache für dessen Auftreten hinreichend ist, während die Erscheinungsbedingung dafür notwendig ist.

Das *K.prinzip* ist das Prinzip, das für jedes Phänomen eine Ursache postuliert. *J. B. Grize*

Kausalitätswahrnehmung ↗Phänomenale Kausalität.

Keimdrüsen ↗Gonaden.

Keimdrüsenhormone, in den Testes (Mann) und den Ovarien (Frau) gebildete ↗Hormone von grundlegender Bedeutung für die Bildung und Entwicklung der primären und sekundären Geschlechtsmerkmale sowie für das allg. Wachstum (↗Gonaden). Nach den *Wirkungen* werden weibliche (↗*Östrogene* und ↗*Gestagene*) und männliche (↗*Androgene*) Geschlechtshormone unterschieden. Androgene werden nicht nur in den Testes erzeugt, sondern auch in der Nebennierenrinde (↗*Kortikoide*) und zu einem geringen Teil auch in den Ovarien. Die Bildung von K.n wird angeregt durch die ↗*gonadotropen Hormone* des HVL (↗glandotrope Hormone). Beziehungen zwischen Körper- und Persönlichkeitsentwicklung und K.en sind unumstritten, soweit sie auf relativ „grobe" Parallelitäten bezogen werden. Hypo- oder Hyperfunktion der ↗Gonaden bzw. der ↗Hypophyse führen zu Entwicklungsverzögerungen (↗Retardation) oder ↗Akzelerationen. Bei Erwachsenen führen

Unterfunktionen (z. B. ↗Kastration) zu verminderter sexueller Aktivität beim Mann, bei Frauen jedoch in vielen Fällen nicht. In höherem Alter wird durch Androgene bei Frauen der Geschlechtstrieb vermehrt, durch Östrogene bei älteren Männern vermindert. – Über die Beziehung zwischen psychischem Verhalten und K.n bei Hormongesunden ist nur wenig Gesichertes bekannt. Die Korrelationen sind aber wahrscheinlich niedrig. Es ist jedoch anzunehmen, daß Östrogene und Androgene einen Anteil haben an der allg. Aktiviertheit eines Individuums. Darauf weist auch die Erhöhung des Noradrenalingehaltes im ZNS nach Östrogen- bzw. Androgengaben hin. Auch Verhaltensschwankungen im Verlauf des Menstruationszyklus sind bislang nicht eindeutig in Beziehung zur K.produktion zu sehen. Nicht einmal zwischen Androgen- bzw. Östrogengaben beim Mann und sexuellem Verhalten besteht eine gesicherte Relation.

Lit.: **Broverman, D. M.,** et al.: Roles of activation and inhibition in sex differences of cognitive abilities. Psychol. Rev., 1968, *75,* 23–50; **Diamond, M.** (Ed.): Perspectives in reproduction and sexual behavior. Bloomington, 1968; **Düker, H.:** Leistungsfähigkeit und Keimdrüsenhormone. München, 1957; **Giese, H.** (Hrsg.): Die Sexualität des Menschen. Stuttgart, 1955; **Lloyd, C. W.** (Ed.): Human reproduction and sexual behavior. Philadelphia, 1964; **Voigt, K.-D. & H. Schmidt:** Sexualhormone. Hamburg, 1968. Weitere Lit. ↗Hormone.

W. Janke

Kendalls Tau, K. τ ein nichtparametrisches Korrelationsverfahren, dessen Anwendung Ordinalvariablen voraussetzt. Die Berechnung erfolgt nach

$$\tau = \frac{2S}{n(n-1)},$$

wobei S die Anzahl jener Rangpaare der zweiten Variablen darstellt, die in richtiger Reihenfolge stehen, wenn die erste Rangreihe in natürliche Ordnung gebracht wurde. τ ist algebraisch nicht vergleichbar mit dem ↗Spearmanschen Korrelationskoeffizienten. ↗Korrelationstechniken; ↗Verteilungsfreie Tests.

Lit.: **Kendall, M. G.:** A new measure of rank correlation. Biometrika, 1938, *30,* 1–15; **ders.:** Rank correlation methods. London, [3]1962.

G. Mikula

Kendalls W (Synonym: *Konkordanzkoeffizient*), nichtparametrisches Verfahren zur Feststellung des Grades der Übereinstimmung von mehr als zwei Rangreihen. Die Berechnung

$$W = \frac{12 \Sigma D_i^2}{k^2(N^3 - N)},$$

wobei k die Anzahl der Rangreihen und D_i die Abweichungen der Rangplatzsummen der einzelnen Elemente von der mittleren Rangplatzsumme bezeichnen. ↗Verteilungsfreie Tests.

Lit.: **Kendall, M. G.:** Rank correlation methods. London, [3]1962.

G. Mikula

Kent-Rosanoff-Test, ein ↗Wort-Assoziationen-Test nach C. G. ↗Jung, von G. H. Kent und A. J. Rosanoff (1910) für die psychiatrische Klinik ausgearbeitet. Für die 100 Wörter des Tests wurden die Häufigkeiten der Reaktionswörter bei 1000 Vpn festgestellt, womit die Interpretation objektiviert wird. Von anderen Autoren wurden die Antworten von spezielleren Gruppen standardisiert.

Lit.: **Buros, O. K.:** The sixth mental measurement yearbook. New Jersey, 1965.

R. Meili

Kephal ↗Cephal.

Keratoskop, nach A. Placido (1882) auch Placido-Scheibe genannt, dient der qualitativen Feststellung von unregelmäßigen Hornhautkrümmungen (↗Astigmatismus). Es besteht aus einer im Zentrum durchbohrten Kreisscheibe mit konzentrischen weißen und schwarzen Ringen. Betrachtet man durch das zentrale Guckloch die Hornhaut eines Patienten so, daß sie die Kreise widerspiegelt, so erscheinen die Spiegelbilder bei Astigmatismus verzerrt.

K.-H. Plattig

Kernneurose (J. H. Schultz, 1918) ist eine charakterbedingte, „zentrifugale" Fehlhaltung, die (fast) alle Lebensbereiche beeinträchtigt (z. B. Lieben, Schlafen, Arbeiten, Glauben); führt oft zum Selbstmord. Nach Schultz ist K. syn. zur Psychopathie, die jedoch differential-diagnostisch hereditär-konstitutionell-degenerative Stigmen zeigt, gegenüber frühkindlichen psychischen Traumen und vegetativer Feinempfindsamkeit bei der Kernneurose. ↗Neurosen.

K. Thomas

Kettenreflex, Kettenreaktion, die Anordnung einer Anzahl von Einzelreflexen, die miteinander in der Weise verbunden sind, daß ihre Reihenfolge unter allen Umständen beibehalten wird. Vermutlich fungieren die Effekte vorangehender Glieder als Auslöser der jeweils auf sie folgenden. Kettenreflexe sind in ihrer bestehenden Form stets erlernt.

H. Roth

Kettwiger Schulreifetest (KST) ↗Einschulungstests.

KFP 30, Kurzfragebogen für Problemfälle. Der KFP 30 ist ein deutschsprachiger Persönlichkeitsfragebogen (↗Fragebogen). Er prüft das Merkmal „Neigung zu Verkehrsauffälligkeit als Kraftfahrer“ und wird ab dem 16. Lebensjahr zur Diagnose tatauffälligen Verhaltens bei Kraftfahrern eingesetzt.

Lit.: Müller, A. & R. Brickenkamp: Kurzfragebogen für Problemfälle. Göttingen, 1970.

W. Seitz

Kinästhesie, die Wahrnehmung der Bewegung von Körperteilen, vermittelt durch ↗Rezeptoren in den Gelenken, Muskeln und Sehnen (↗Eigenreflex). *Kinästhetische Halluzination* wäre demnach das Erleben einer in Wirklichkeit nicht stattgehabten Körperbewegung. Solche Halluzinationen treten nach einer langen Bootsfahrt auf.

C. D. Frith

Kinästhesiometer, Testgerät zur Prüfung der Genauigkeit von Bewegungsempfindungen. Ohne visuelle Kontrolle sollen entweder passiv geführte Bewegungen aktiv wiederholt oder aktive Bewegungen spezifischer Form zu vorher vereinbarten Raumpunkten hin geführt werden. Gemessen wird die Genauigkeit, mit der die Bewegung wiederholt bzw. die Punkte getroffen werden.

A. Thomas

Kinästhetischer Typus ↗Vorstellungstypen.

Kindchenschema, eine von K. Lorenz beschriebene Merkmalskombination (relativ dicker Kopf mit Pausbacken und einem im Verhältnis zum Gesichtsschädel großen mit gewölbter Stirn vorspringenden Hirnschädel,

Kindchenschema: links die als „herzig“ empfundenen Kopfproportionen, rechts die nicht den Pflegetrieb auslösenden Verwandten.

rundliche Körperformen und Patschhändchen), die zum Schlüsselreiz für die Erlebnisqualität des „Herzigen“ wird und entsprechende soziale Reaktionen auslöst.

Lit.: Hückstedt, B.: Experimentelle Untersuchung zum „Kindchenschema“. Z. exper. u. angew. Psychol., 1965, *12*, 421–450; **Lorenz, K.:** Die angeborenen Formen möglicher Erfahrung. Z. Tierpsychol., 1943, *5*, 335–409.

F. Kiener

Kinder-Angst-Test (KAT), Fragebogenverfahren zur Messung der Ängstlichkeit von Kindern ab 9 Jahren. Die Mehrzahl der 19 Items wurde der Childrens Manifest Anxiety Scale (CMAS) von Castaneda et. al. entnommen. Die Skala ist item- und faktorenanalysiert. Der 2. Auflage des Tests liegt eine Eichstichprobe von 2008 Kindern von 9 bis 15 Jahren zugrunde. Retestkoeffizienten von .78 und .81 deuten an, daß der Test in erster Linie die trait-Komponente der Ängstlichkeit erfaßt. In mehreren Untersuchungen wurde die interne und externe Validität des Tests nachgewiesen. Die Anxiety Scale von Cattell korreliert mit dem KAT mit .65, der Faktor Q_4 dieser Skala mit .61.

Lit.: **Thurner, F. & U. Tewes:** Der Kinder-Angst-Test (KAT). Göttingen, [2]1972.

G. Prystav

Kinder-Apperzeptions-Tests. Als Sonderform thematischer Apperzeptionsverfahren haben K. mit diesen u.a. mehrdeutiges Bildmaterial, überwiegend inhaltlich-intuitive Auswertung, unbefriedigende Gütekriterien und spärliche Normierung gemeinsam. Ihre Besonderheit liegt in der Gestaltung des Testmaterials, durch das typische Problembereiche von Kindern zwischen dem 4. Lj. und der Pubertät angesprochen werden sollen. Die Verwendung von Tier- statt Menschenfiguren scheint aufgrund empirischer Befunde nicht gerechtfertigt, bleibt aber umstritten. *J. Wittkowski*

Kinderaussagen. Seit dem Altertum bis ins späte 19. Jh. blieb die K. als Beweismittel suspekt. Erst mit Beginn der expt. Aussageforschung zu Beginn des 20. Jh. wurden K. für wert befunden, einer psychol. Prüfung unterzogen zu werden. Mit den dreißiger Jahren, bes. aber seit Ende des 2. Weltkrieges, gewann die K. – bedingt durch Gesetzesänderungen, Methodenwandel psychol. Prüfungen und zunehmende Hinzuziehung psychol. Sachverständiger – in Sexualdeliktsprozessen an Bedeutung. Heute nehmen die Aussagen minderjähriger Zeugen in Sexualdeliktsprozessen eine prominente Stellung ein und bilden die Hauptgrundlage der Verurteilung.

Lit.: **Arnold, W.:** Die psychol. Begutachtung der Zeugentüchtigkeit und Glaubwürdigkeit bei Kindern. Psychol. Rdsch., *3*, 1952; **Arntzen, F.:** Psychologie der Zeugenaussage – Einführung in die forensische Aussagepsychologie. Göttingen, 1970; **Undeutsch, U.** (Hrsg.): Hdb. der Psychol., Bd. 11. Forensische Psychol. Göttingen, 1967.

H. Maisch

Kindergarten ↗Vorschulerziehung.

Kinderpsychiatrie, ↗Psychiatrie bei Geistesstörungen (↗Psychosen) von Kindern.

R. Hetherington

Kinderpsychologie setzt sich auseinander mit der ↗*Entwicklung* psychol. Prozesse beim Kind, angefangen vom Zeitpunkt der Geburt (zum Teil sogar noch vor der Geburt), während des Kleinkindalters, der Kindheit, der Jugend und Reifezeit.

Geschichtlicher Überblick und Methoden. Ältere Theorien über die Entwicklung des Kindes entstammen der *empiristischen* Betrachtungsweise von W. James; nach ihm nimmt das Kind nur eine „große, dröhnende, schwirrende Verwirrung" wahr; die Gestaltspsychologen dagegen vertreten eine *nativistische* Anschauung, wonach das Kind bereits bei der Geburt zu einer Wahrnehmung seiner Umwelt fähig ist. S. ↗Freud sah im Kind nur ein Bündel von ↗Instinkten, während J. B. ↗Watson solche Spekulationen nicht anstellte und nur das gelten ließ, was einer direkten Beobachtung unterzogen werden konnte. Dabei betonte er zu sehr die Umwelteinflüsse auf die Entwicklung des Kindes und vernachlässigte genetisch bedingte individuelle Differenzen.

Naturalistische Betrachtungsweisen (z. B. C. Darwin) spielen in der Methodologie der K. eine bedeutende Rolle. Direkte, kontrollierte Beobachtungen kindlichen Verhaltens sowohl unter natürlichen als auch unter Laboratoriumsbedingungen sind fruchtbar, wenn die Anforderungen der Reliabilität der Beobachtung erfüllt werden. Tests und Fragebogen sind in der K. vorherrschend, ganz bes. auf dem Gebiet der intellektuellen Entwicklung und der Erziehungseinflüsse. Im Bereich der Persönlichkeitstests, soweit sie ein Minimum an psychometrischen Forderungen nicht erfüllen, wie ↗projektive Verfahren, sind bei Kindern von ebenso geringem Wert wie bei Erwachsenen.

In jüngster Zeit werden expt. Methoden, die in der K. angewandt werden, mit neuem Eifer erforscht. Vor allen Dingen erlauben Konditionierungstechniken eine mehr systematische Erforschung des kindlichen vorsprachlichen Verhaltensrepertoires (↗Sprache; ↗Grammatik).

Aufgrund von Querschnittuntersuchungen, wie sie erstmals von A. Gesell und anderen Wissenschaftlern durchgeführt wurden, lassen sich breitere Entwicklungsnormen aufstellen. Es besteht jedoch die Gefahr, daß dadurch das chronologische Alter überbetont und die Bedeutung sozialer und Umwelteinflüsse vernachlässigt wird. Ebenfalls wurde das Konzept einzelner Entwicklungsstadien bevorzugt, individuelle Unterschiede im Verlauf der Entwicklung dagegen zuwenig beachtet. Sowohl spätere Auswirkungen bestimmter Kindheitserlebnisse als auch umgekehrt die Ursachen späterer Verhaltens- und Entwicklungsstörungen lassen sich anhand von ↗*Längsschnittuntersuchungen* aufweisen.

Neonatale Phase und erste Erfahrungen. Das Neugeborene ist keine Tabula rasa, auf die die Wünsche der Eltern eingeritzt werden könnten (↗Säuglingsalter). Sowohl der ↗Behaviorismus im Sinne J. B. Watsons wie auch die ↗Psychoanalyse ignorieren genetische und biol. Prädispositionen des Kindes; sie interessierten sich statt dessen hauptsächlich für die Auswirkungen der Umwelt auf das Kind und ganz bes. für das Ergebnis elterlicher Erziehungsmethoden. Bei der Suche nach Erklärungen für die Entwicklung des Verhaltens sollte die K. nicht nur von rein genetischen oder umweltbedingten Einflüssen ausgehen; sie sollte vielmehr die Interaktion beachten (Berger, 1971).

Untersuchungen über die Auswirkungen verschiedener Erziehungsmethoden auf die weitere Entwicklung des Kindes waren im einzelnen nicht sehr fruchtbar. Yarrow (1968) versuchte, einige der bedeutendsten Untersuchungen zu replizieren, darunter auch die oft zitierte Untersuchung von R. R. Sears, N. Maccoby und K. Lewin „Patterns of Child Rearing"; diese Untersuchung beschäftigt sich mit der Abhängigkeit und ↗Aggression von Kindern im Zusammenhang mit bestimmten Formen des mütterlichen Pflegeverhaltens. Aufgrund ihrer eigenen Daten war Yarrow gezwungen, den Schluß zu ziehen, daß „die scheinbar überzeugende Geschichte von den Einflüssen mütterlicher Erziehung auf das Verhalten des Kindes nicht mit hieb- und stichfesten Daten belegt werden kann". Untersuchungen an Straffälligen zeigten eine Korrelation zwischen „inkonsistentem" Verhalten der Eltern und sozialem Verhalten der Kinder. Dennoch läßt sich bei den meisten dieser Untersuchungen ein suggestives Moment nicht ausschließen, da sie nicht auf direkter fortlaufender Beobachtung beruhen. Experimentelle Untersuchungen von Techniken der Verhaltensmodifikation haben eine kausale Beziehung zwischen Erziehungs- und Führungspraktiken Erwachsener und dem Verhalten von Kindern aufgezeigt; daraus läßt sich eine Methode zur Überprüfung der Interaktion zwischen Eltern und Kindern gewinnen.

Persönlichkeit. Die Untersuchung der Persönlichkeit von Kindern ging von einer Vielzahl von Theorien aus. Weitgehende Übereinstimmung besteht in der Darstellung zweier wichtiger Dimensionen: Extraversion (E) und Neurotizismus (N) (Rachman, 1969). Die Ergebnisse verschiedener Untersuchungen weisen eigentlich darauf hin, daß bei der Persönlichkeitsbildung eine gewisse Kontinuität besteht. Das meiste Beweismaterial wurde jedoch gewonnen durch ↗Fragebogen mit Selbsteinschätzung, wie z. B. im „Junior Eysenck Personality Inventory" u.a. Die Kinder müssen ungefähr das Alter von 8 Jahren erreicht haben, um die Fragebogen zufriedenstellend ausfüllen zu können. Durch diese Altersbeschränkung ist der Gebrauch solcher Fragebogen nur von begrenztem Wert.

Beobachtungsdaten von Vierjährigen haben Faktoren ergeben, die den E- und N-Dimensionen sehr ähnlich sind. Wichtig für weitere Erkenntnisse auf diesem Gebiet wäre die Möglichkeit, Selbsteinstufungen und objektive Verhaltensdaten miteinander in Beziehung zu setzen, wie man es bei Erwachsenen schon mit Erfolg praktiziert hat.

Extravertierte Kinder sind in schulischen Leistungen introvertierten überlegen. Die Beziehung zwischen Kenntniserwerb und N ist weniger deutlich, da Interaktionen zwischen N, E und dem *Geschlecht* bestehen. Man vermutet, daß Introvertierte sich langsamer entwickeln als Extravertierte, aber diese Annahmen bedürfen erst noch der Bestätigung durch Längsschnittuntersuchungen. Man weiß heute sicher, daß in der neonatalen Phase bereits feste Verhaltensmuster existieren. Dies zeigt sich sowohl an der Art des Verhaltens wie auch an formalen Verhaltenscharakteristika. Abgesehen von der speziellen Art des Verhaltens, entfalten manche Kinder größere Intensität oder größere Regelmäßigkeit als andere. Solche Charakteristika wurden als „Faktoren des Temperaments" bezeichnet. In der „New York Longitudinal Study" stellte Thomas (1968) 9 temperamentsbezogene Charakteristika heraus. Bridger sieht die Faktoren des Temperaments unter dem Aspekt exzitatorischer und inhibitorischer Prozesse im ZNS. Dieser Ansatz steht in Zusammenhang mit dem Persönlichkeitsmodell von Eysenck, das auf zwei Dimensionen aufbaut.

Die „New York Longitudinal Study" zeigt, daß diese Faktoren des Temperaments dazu neigen, ein Cluster zu bilden. Daraus ergeben sich dann *drei Typen* von Kindern: *schwierige* Kinder, die unregelmäßig arbeiten und sehr intensiv reagieren; *unkomplizierte* Kinder, die regelmäßig arbeiten, die mit weit geringerer Intensität reagieren; und Kinder, die sich *nur schwer* an neue Situationen *gewöhnen können*. In einer weiterführenden Untersuchung fand man, daß verhältnismäßig viele „schwierige" Kinder später Verhaltens- und Anpassungsschwierigkeiten haben, deren Ursache in einer Interaktion zwischen biologisch bedingten individuellen Charakteristika und den Erziehungseinflüssen zu sehen ist.

Kognitive Entwicklung. Zu diesem Aspekt vgl. entsprechende Abschnitte in den Artikeln über ↗*Entwicklung* und ↗*Intelligenz*.

Wahrnehmung. Fantz (1967) hat gezeigt, daß bereits kleine Kinder über Formwahrnehmung verfügen. Sie zeigen bereits von der Geburt an eine Vorliebe für Muster auf gleichmäßigem Untergrund, und es gibt Beweise dafür, daß sie das menschliche Gesicht anderen Dingen vorziehen.

Mit Hilfe des operanten ↗Konditionierens hat G. H. Bower nachgewiesen, daß bereits Säuglinge von 2 Monaten ein – wenn auch begrenztes – visuelles Gedächtnis haben. Außerdem wies er nach, daß die ↗Größenkonstanz bereits in einem sehr frühen Alter vorhanden ist. Mit ungefähr 6 Monaten kann das Kind neue Stimuli von bekannten unterscheiden, und es entstehen Bindungen an vertraute Personen (vgl. auch ↗Säuglingsalter).

Sprache. Um 1960 wurde bes. Gewicht auf die Erforschung der ↗Sprache gelegt. Ihr Einfluß macht sich heute auch in der K. geltend. Die sterile Beschreibung des Wortwachstums wurde von Untersuchungen der kindlichen Grammatik abgelöst. N. Chomsky, E. H. Lenneberg und R. W. Brown haben Theorien hervorgebracht, aber bis heute gibt es keine normativen Untersuchungen der Sprachentwicklung.

Die Psycholinguisten betonen mehr die *Struktur* der kindlichen Grammatik als ihren *Inhalt* (↗Psycholinguistik). Irgendwann im zweiten Lebensjahr haben sich die meisten Kinder eine Grammatik angeeignet, die einfache Zwei-Wort-Kombinationen mit einfachen „Drei-Wörtern" enthalten, wie z. B. „sehen" oder „hingehen", die mit anderen einzelnen Wörtern zu neuen, „telegraphischen" Sätzen kombiniert werden können. Es bestehen sehr große soziale Klassenunterschiede in der Art und Weise, wie Eltern diese einfachen Sätze erweitern. Eltern der sozialen Mittelschicht erweitern nicht nur die grammatikalische Komplexität, sondern auch das Ausmaß der Ideen, die vom Kind geäußert werden. Dies ist wohl einer der Gründe, warum Kinder der Mittelklasse den Kindern aus der unteren sozialen Schicht auf dem Gebiet der sprachlichen Entwicklung überlegen sind. ↗Grammatikalität. Vgl. Arnold, 1968.

Sozial-emotionale Faktoren. Wie man an den Arbeiten von R. Spitz, L. Goldfard und Bowlby (1969) über die Wirkung von Institutionalisierung und Trennung von der Mutter sieht, wurde die Anhänglichkeit kleiner Kinder sehr genau untersucht. Methode und Theorie gehen heute weniger von psycho-dynamischen Formulierungen aus als von der Untersuchung psychol. Prozesse, wie z. B. der ↗Wahrnehmung, die solchen Vorgängen zugrunde liegt. Die Trennung von der Mutter wird heute nicht mehr als ein einzigartiges Phänomen angesehen, das einzig und allein die emotionale Entwicklung bestimmt. Wird eine bestehende feste Bindung aufgelöst, so wird das nach heutiger Interpretation andere Folgeerscheinungen haben als eine dauernde Heimunterbringung. Vgl. auch ↗Hospitalismus.

Auch nimmt man an, daß kurze, intensive

Trennungen zwar einen momentanen Effekt haben können, auf die Dauer gesehen aber wohl keinen Schaden verursachen. Sozialisationseinflüsse von Familie, Gruppen Gleichaltriger und Schule müssen noch genauer untersucht werden. Banduras Untersuchungen (1969) über das Imitationslernen sozialen Verhaltens nehmen hier einen wichtigen Platz ein. ↗Sozialisierung.

SCHULISCHE ERZIEHUNG. Vieles der expt. Arbeit über das Lernen zeigt noch keinerlei Auswirkungen auf die Unterrichtsmethoden, die tatsächlich praktiziert werden. Das zeigte sich ganz deutlich, als es nicht gelang, das Programmierte Lernen allgemein einzuführen. Zum Teil scheint das daran zu liegen, daß die Annahme, der Erfolg habe einen selbstbelohnenden Effekt, nicht für alle Kinder zutrifft. Sie müssen erst lernen, daß Erfolg eine positive Erfahrung darstellt.

Es gibt relativ wenige Untersuchungen, die sich mit der Interaktion zwischen Lehrer-Schüler in der Schulsituation befassen. Die meisten Untersuchungen beschäftigen sich mit Techniken der Verhaltensmodifikation, um unangepaßtes aggressives Verhalten zu ändern.

Besorgnis über den mangelnden Erfolg der Erziehung Unterprivilegierter führte zur Errichtung von Programmen kompensatorischer Erziehung. Einige Versuche, das Niveau zu verbessern, indem man zuerst die allg. Intelligenz anheben wollte, scheiterten; direktes Angehen des Problems durch ganz spezifisch strukturierte Techniken hatten weit größeren Erfolg.

Das Versagen beim Lesen von 5 bis 25 Prozent der Zehnjährigen ist das Thema vieler Untersuchungen. Es besteht heute weitgehend Übereinstimmung darüber, daß wenige Kinder an ↗Dyslexie leiden; die Qualität des Unterrichts, motivationale Faktoren und der Einfluß des häuslichen Milieus sind ebenso wichtige Faktoren in der Ätiologie der Leseschwierigkeiten.

ABNORMES VERHALTEN. Bei der Erforschung der Verhaltensstörungen bei Kindern interessierte man sich u. a. für das neurotische Verhalten. Dabei übersah man die Tatsache, daß solche Verhaltensstörungen meistens ohne Behandlung verschwinden und somit keine Gefahr besteht, daß aus ihnen Störungen des Verhaltens im Erwachsenenalter resultieren würden. Unser Wissen über die Entstehungsweisen und die Behandlung asozialen Verhaltens ist sehr begrenzt, sieht man einmal von den Arbeiten über jugendliche Kriminalität ab. Und gerade asoziales Verhalten ist schwierig zu behandeln und führt oft zu kaum lösbaren Problemen im Erwachsenenalter, wie die Längsschnittuntersuchung über 30 Jahre von Robins (1966) gezeigt hat.

Epidemologische Studien erwiesen die Annahme als gerechtfertigt, daß zumindest 6 Prozent der Kinder mittleren Alters gestört sind. Dabei sind die Jungen häufiger als die Mädchen betroffen. Bei der Überprüfung der möglichen ätiologischen Ursachen stellt sich heraus, daß Jungen stärker durch innerfamiliäre Stress-Situationen belastet werden und mit Störungen reagieren als Mädchen.

Die Probleme der Behandlung von Verhaltensstörungen in der Kindheit unterscheiden sich von denen bei Erwachsenen insoweit, als das Ziel hier öfter darin besteht, Verhaltensmuster aufzubauen, die noch nicht entwickelt worden waren, als unerwünschte Verhaltensmuster zu durchbrechen. Entwicklungsstörungen, wie z. B. eine verzögerte Sprachentwicklung, sind typisch für diese Periode. Die traditionellen Behandlungsmethoden, die auf psychoanalytischen Techniken beruhen, haben sich als nicht effizient erwiesen. Im Gegensatz dazu werden Techniken der Verhaltensmodifikation, bes. des operanten ↗Konditionierens und des „Lernens am Modell" (↗Nachahmung), bei einer stetig wachsenden Anzahl von Problemen erfolgreich angewendet.

Lit.: Bandura, A.: Principles of behavior modification. New York, 1969; **Becker, W. C.,** et al.: The contingent use of teacher attention and praise in reducing classroom behavior problems. J. spec. Educ., 1967, *1,* 287–307; **Berger, M.:** Early experience and other environmental factors. An overview. In: **H. J. Eysenck** (Ed.): Handbook of abnormal psychology. London, 1971; **Clarke, A. M. & A. D. B. Clarke** (Eds.): Readings from mental deficiency. London, [3]1977; **Elkind, D. & J. H. Flavell** (Eds.): Studies in cognitive development: essays in honor of Jean Piaget. Oxford, 1969; **Eysenck, H. J. & S. B. G. Eysenck:** Personality structure and measurement. London, [2]1970; **Fantz, R. L. & S. Nevis:** Pattern preferences and perceptual-cognitive development in early infancy. Merrill-Palmer Quarterly, 1967, *13,* 77–108; **Flavell, H. J. & J. P. Hill:** Developmental psychology. Ann. Rev. Psychol., 1969, *20,* 1–56; **Foss, B. M.** (Ed.): Determinants of infant behavior. Vols. 1–4, 1963–69; **Hess, R. D. & V. C. Shipman:** Cognitive elements in maternal behavior. In: **J. P. Hill** (Ed.): Minnesota Symposia on child psychology. Vol. 1. Minneapolis, 1967; **Hoffman, M. L. & L. W. Hoffman** (Eds.): Review of child development research. Vols. 1 and 2. New York, 1964, 1966; **Jensen, A. R.:** How much can we boost I. Q. and scholastic achievement? Harvard Educ. Rev., 1969, *39;* **Kagan, J.:** American longitudinal research on psychological development. Child Devel., 1964, *35,* 1–32; **McNeill, D.:** Developmental psycholinguistics. In: **F. Smith & G. A. Miller** (Eds.): The genesis of language. Cambridge (Mass.), 1966; **Mussen, P. H.** (Ed.): Handbook of research methods in child development. New York, 1960; **Newton, R. & S. Levine** (Eds.): Early experience and behavior. Springfield, 1968; **Pringle, M. L. K., Butler, N. & R. Davie:** 11,000 seven-year-olds. London, 1966; **Rachman, S.:** Extraversion and neuroticism in childhood. In: **H. J. Eysenck & S. B. G. Eysenck** (Eds.): Personality structure and measurement. London, 1969; **Robins, L. N.:** Deviant children grown up. Baltimore, 1966; **Rutter, M., Tizard, J. & K. Whitmore** (Eds.): Education, health and behavior. London, 1970; **Thomas, A.,** et al.: Behavioral individuality in early childhood. London, 1964; **Thomas, A., Chess, S. & H. G. Birch:** Temperament and behavior disorders in children. London, 1968; **Thomas, H.:** Some problems of studies concerned with evaluating the predictive validity of infant tests. J. child. Psychol. Psychiat., 1967, *8,* 197–205; **Tizard, J.:** New trends in developmental psychology. Brit. J. educ. Psychol., 1970, *40,* 107; **Yarrow, M. R., Campell, J. D. & R. V. Burton:** Child rearing. San Francisco, 1968; **Arnold, W.:** Begabung und Bildungswilligkeit. München, 1968; **Biermann, G.:** Die psychosoziale Entwicklung des Kindes. München, [2]1975; **Bruner, J. S.,** et. al.: Studien zur kognitiven Entwicklung. Stuttgart, 1971; **Nickel, H.:** Entwicklungspsychologie des Kindes- und Jugendalters. 2 Bde. Stuttgart-Bern, [1-2]1973–75; **Remplein, H.:** Die seelische Entwicklung des Menschen im Kindes- und Jugendalter. München, [17]1971; **Ruppert, J. P.:** Sozialpsychologie im Raum der Schule. Weinheim, 1954; **ders.:** Sozialpsychologie im Raum der Erziehung. Weinheim, 1952; **Starck, W.:** Kindes- und Jugendpsychologie. Hamburg, [6]1978; Weitere Lit. ↗Entwicklung.

W. Yule

Kinderpsychotherapie, meist aus den Erwachsenenformen abgeleitetes psycholog. Behandlungsverfahren für Kinder und Jugendliche. Zu unterscheiden ist deshalb zwischen psychoanalytischen (A. Freud), nicht-direktiven (Axline) und verhaltenstherapeutischen (Schröder) Verfahren. Unterschiede zur Erwachsenentherapie bestehen in der stärkeren erzieherischen Funktion, Realitätsverankerung, Verwendung nonverbaler Techniken, Einbeziehung des Spiels, Beziehung zu kindlichen Lernformen. Die Vorbildfunktion des Therapeuten bedingt spezielle Ausbildung. Die Realitätsverankerung bedingt spezielle Spielzimmerausstattung. Die K. ist umfassender als die Spieltherapie und angezeigt für stärker gestörte Kinder. Die Indikationsfrage ist ähnlich ungeklärt wie in der Erwachsenenpsychotherapie.

Lit.: Axline, V.: Play Therapy. Boston, 1947; **Baumgärtel, F.:** Theorie und Praxis der Kinderpsychotherapie, München, 1976; **Freud, A.:** Einführung in die Technik der Kinderanalyse. Wien, 1927; **Schröder, G.:** Verhaltenstherapie mit Kindern und Jugendlichen. München, 1977.

F. Baumgärtel

Kinem ↗Kinesik.

Kinesik, Zweig der Semiotik, der sich mit der Bedeutung der menschlichen Bewegungen befaßt. Ihr Begründer, Birdwhistell, betrachtet die Körperbewegungen als Elemente eines kodierten, nach den Regeln einer Grammatik ablaufenden Signalverhaltens, das systematisch gelernt werde und nach der Methode der strukturellen Linguistik erfaßt werden könne, daher kulturspezifisch verschieden sei. Die Analyse erfolgt mit Zeitlupenaufnahmen, die in ein Zeichensystem übertragen werden. Die Analyse befaßt sich mit Einheiten verschiedener Komplexität: elementare Stammform ist das Kine; daraus setzen sich die Kineme zusammen, die Bedeutung tragen. Durch Übergangsregeln werden Kineme zu satzähnlichen Sequenzen (kinemorphs oder kinemorphic constructions) kombiniert. Es bleibt abzuwarten, inwieweit Birdwhistells ursprüngliches Konzept revidiert werden muß.

Lit.: Birdwhistell, R. L.: Introduction to kinesics. Louisville 1952; **ders.:** Kinesics and context. Philadelphia 1970.

F. Kiener

Kinesiotherapie ist Bewegungstherapie verschiedener Varianten: Entspannungsübungen, Atemübungen, rhythmische Bewegung, Gymnastik; auch einzel- und gruppensportliche Betätigung zum Zwecke der Entspannung, sozialen Auflockerung und Gewinnung neuer oder bisher verdrängter somatischer Aspekte von der eigenen Person.

Lit.: Schultz, J. H.: Das autogene Training. Stuttgart, [14]1973.

W. Toman

Kinsey-Report. Die als K. bezeichneten Studien (Kinsey et al., 1948; 1953) stammen aus dem von A. Kinsey gegründeten Institute for Sex Research in Bloomington (Indiana, USA). Es sind die ersten umfassenden empirischen sexualwiss. Untersuchungen. Kinsey und seine Mitarbeiter befragten in 15 Jahren in Nordamerika 5300 weiße Männer und 5490 weiße Frauen verschiedenster Alters- und Bildungsgruppen, sozialer Schichten, religiöser Orientierung u. a. nach ihrem Sexualverhalten: ↗Onanie, ehelichem und nichtehelichem ↗Koitus, ↗Petting, ↗Homosexualität. Die Kritik, sofern sie nicht bloße moralische Abwehr der Befunde war, richtete sich vor allem auf die mangelnde Repräsentativität der Stichprobe. Über die Ergebnisse und ihre vorbildliche multivariate Auswertung hinaus liegt die Bedeutung des K. in der Einleitung einer neuen Phase sexualwissenschaftlicher empirischer Studien, z. T. aus dem nach Kinseys Tod von Gebhard weitergeführten Institut.

Lit.: Cochran, W. G., et al.: Statistical problems of the Kinsey report. J. Am. Statist. Ass. 1953, *48*, 673–716; **Gebhard, P. H., Gagnon, J. H., Pomeroy, W. B. & C. V. Christenson:** Pregnancy, birth and abortion. New York, 1958; **dies.:** Sex offenders. New York, 1965; **Himmelhoch, J. & S. F. Fava** (Eds.): Sexual behavior in american society. New York, 1955; **Kinsey, A. C., Pomeroy, W. B. & C. E. Martin:** Sexual behavior in the human male. Philadelphia, 1948 (dt.: Das sexuelle Verhalten des Mannes. Berlin – Frankfurt, 1954); **dies. & P. H. Gebhard:** Sexual behavior in the human female. Philadelphia, 1953 (dt.: Das sexuelle Verhalten der Frau. Berlin – Frankfurt, 1954). *J. Friedrichs*

Kippfiguren ↗Reversion, Reversionsfiguren.

Kirschmannsches Kontrastgesetz. Das Gesetz besagt, daß beim simultanen Farbkontrast die induzierte Farbsättigung proportional dem Logarithmus der Farbsättigung der den Kontrast induzierenden Farbe ist, wenn keine Helligkeitsunterschiede vorliegen. *W. Pieper*

Klages, *Ludwig,* *10. 12. 1872 Hannover, †29. 7. 1956 Kilchberg (Zürich), Psychologe und Philosoph, ist 1) Begründer einer wissenschaftlichen ↗Graphologie, die die isolierte Erfassung einzelner Schriftmerkmale durch eine ganzheitliche Betrachtung überwinden will und sich dabei vom *Formniveau* einer Handschrift leiten läßt; er schuf 2) eine *Ausdruckskunde,* die einen elementaren Leib-Seele-Zusammenhang annimmt, den Schwerpunkt auf die Ausdrucks*bewegung* legt, vom elementaren Gefühls*ausdruck* die leitbildhafte *Darstellung* abhebt und den Gegensatz von Ausdrucks- und Willkürbewegung eingehend untersucht, und 3) eine eigenständige *Charakterkunde,* die von der umgangssprachlichen Benennung der Charaktereigenschaften und der abstrahierenden Selbstbesinnung ausgeht, das Verhältnis von Selbstbehauptung und Selbsthingebung in den Mittelpunkt stellt und zu differenzierten Analysen der menschlichen Egoismen kommt. Diese Leistungen stehen auf dem Hintergrund einer 4) kulturkritischen biozentrischen *Metaphysik,* deren Hauptthema der Grundgegensatz von Geist und Leben ist. In den Werken von Klages finden sich 5) wesentliche Beiträge zur *Allgemeinen Psychologie,* wovon die Beiträge zur Psychologie der Wahrnehmung und Phantasie („Wirklichkeit der Bilder"), des Denkens und der Willenshandlung hervorzuheben sind. Von besonders großer Wirkung war das graphologische Werk von Klages. Auch sein Einfluß auf die psychologischen Schichtentheorien und auf die Ganzheitspsychologie ist hervorzuheben. Lange Zeit wurde die deutschsprachige Charakterkunde und Ausdruckspsychologie stark von K. geprägt. Im Zuge der neopositivistischen Wendung der neueren Psychologie ist sein Einfluß ungebührlich zurückgedrängt worden.

Hauptschriften: Handschrift und Charakter, 1917; Die Grundlagen der Charakterkunde, 1926; Der Geist als Widersacher der Seele, 1929/32; Grundlegung der Wissenschaft vom Ausdruck, 1936; Die Sprache als Quell der Seelenkunde, 1948; Sämtliche Werke, seit 1964.

H. A. Müller

Klang, Bezeichnung für die akustische Erscheinung, die sich durch die Überlagerung von harmonischen Partialtönen (= Teiltönen) einstellt. Letztere, in ihrer Gesamtheit Grundton und dazugehörige Obertöne genannt, stellen einfachste periodische Schallschwingungen dar, deren Frequenzen im Verhältnis ganzer Zahlen ansteigen. Anzahl, Auswahl und Intensität der einzelnen Partialtöne bestimmen im wesentlichen die *K.farbe,* während die Tonhöhe durch den ↗Grundton, auch wenn er selbst nicht erklingt, festgelegt ist. Weitere Kennzeichen des K. sind seine *Lautstärke* und *Dauer.* – Im musikalischen Sprachgebrauch wird als K. das Zusammenklingen verschieden hoher Töne (Klänge im physik. Sinn) verstanden. Hierbei bestimmen die Schwingungsverhältnisse der Grundtöne den Grad der K.verwandtschaft (↗Konsonanz). – Der Begriff K. bezieht sich auch auf die Überlagerung komplexerer K.gestalten zu einer K.mischung (z. B. eines Orchesters).

In der *K.analyse* werden sowohl Partialtöne als auch K.e qualitativ und quantitativ bezüglich Tonhöhe und Intensität unterschieden. Dies kann durch das menschliche Ohr allein geschehen oder mittels Hilfsmitteln (Resonatoren, Interferenzröhren, elektrische Filter, Fouriersche Analyse). ↗Musikpsychologie.

Lit.: Wellek, A.: Musikpsychol. und Musikästhetik. Bonn, [2]1975.

B. Schmidt

Klassenintervall, *Klassenbreite,* jener Wertebereich, für den die in der Mitte liegende Maßzahl bei der Bildung sog. ↗Klassen von Maßzahlen repräsentativ ist. *K. D. Kubinger*

Klassen, soziale, im Zusammenhang mit der sozialen Schichtung (stratification) in der Soziologie und ↗Sozialpsychologie gebrauchte Bezeichnung für solche Individuen oder Kleinstgruppen (Familie), die in einer gegebenen Gesellschaft oder Gemeinschaft hinsichtlich der Möglichkeiten (z. B. Berufswahl) und/oder des Einkommens und/oder der Lebensbedingungen und des Wohlergehens und/oder des sozialen Prestiges (Berufsgruppe) bzw. vieler weiterer denkmöglicher Einteilungsgesichtspunkte und ihrer Kombinationen relative Ähnlichkeiten aufweisen. Es handelt sich demnach um für die empirische Forschung jeweils neu zu bildende *Merkmalsgruppen.* Synonym: *Schichten, soziale.*

Anders der marxistische Klassenbegriff. Dort wird angenommen, daß die Verfügungsgewalt über die Produktionsmittel und -güter bzw. deren Fehlen (Eigentum oder kein Eigentum) allein ausreicht, *Klassenbewußtsein* zu entwickeln, das sich in der Form eines Solidaritätsgefühles der Klassenmitglieder untereinander äußert. Im ersten Fall wird Klasse aus dem jeweils relevanten Merkmalsgefüge definiert, im zweiten über wirtschaftliche Verhältnisse und daraus resultierende Gefühle. *W. D. Fröhlich*

Klassifikationsmethoden sind Verfahren zur Zusammenfassung von Ereignissen in Kategorien oder Klassen. Klassifizieren von Beobachtungsdaten stellt den ersten Schritt bei der Datenverarbeitung dar. Nach Art der klassifizierten Merkmale lassen sich quantitative und qualitative K. unterscheiden. *G. Mikula*

Klassifizierung, *Klassifikation.* Dieser Begriff bezeichnet die Operation, die darin besteht, die Elemente einer Gesamtheit von Objekten mit Hilfe eines *gemeinsamen Merkmals,* das als Klassifikationsmerkmal dient (Äquivalenz- oder Ähnlichkeitsbeziehung), in Klassen aufzuteilen. Jedes Objekt ist damit klassifiziert und gehört jeweils nur einer Klasse an. Der Begriff bezeichnet ebenfalls das Ergebnis der Aufteilung. Darüber hinaus ist die Gesamtheit der erhaltenen Klassen durch das Verhältnis der Teilordnungen (Gesamtheit der Teile) hierarchisch aufgebaut. In der traditionellen Logik war die Klassifikation dichotom und mündete in eine „Baum"-Struktur (Baum des Porphyrius, 3. Jh. n. Chr.). Sie ging jeweils nach dem nächsthöheren Gattungsbegriff (genus proximum) und dem artbildenden Unterschied (differentia specifica) vor. Der Begriff der „Gruppierung" (J. Piaget) zeigt, daß die konkreten Denkoperationen des Kindes ebenfalls nach einer Klassifikation in „Baum"-Struktur vorgehen. *M.-J. Borel*

Klaustrophobie, Furcht vor Aufenthalt in geschlossenen Räumen. ↗Phobie.

Klecksdeuteverfahren ↗Psychodiagnostik.

Kleinhirn ↗Cerebellum.

Kleinkindalter ist durch Beginn des Laufen- und Sprechenlernens um das Ende des 1. Lj.

gekennzeichnet. Der wichtigste Entwicklungsfortschritt auf psychisch-geistigem Gebiet ist die Entwicklung der Darstellungsfunktion der ↗Sprache sowie der Beginn der Illusionsspiele. Die Erlebnisfähigkeit des Kindes erfährt eine erhebliche Steigerung. Beendet wird das K. mit dem 1. Trotzalter.

Lit.: Bergius, R.: Entwicklung als Stufenfolge. In: **H. Thomae** (Hrsg.): Hdb. der Psychol., Bd. 3. Göttingen, ²1972.

M. Sachs

Kleinkinder-Tests. Bezeichnung für Verfahren, die den Entwicklungsstand des Gesamtverhaltens oder bestimmter Verhaltensbereiche vom 1. Lebensmonat an zu erfassen versuchen, z. B. die K. von Bühler-Hetzer (1961) für 0–6 Jahre (sinnliche Rezeption, Motorik, Sozialität, Lernen, Materialbeherrschung, geistige Produktion). *E. Furch-Krafft*

Kleinstkind ↗Säuglingsalter.

Kleptomanie, zwanghaft auftretendes pathologisches Stehlen. Die gestohlenen Objekte erscheinen oft von nur geringem Wert für den Dieb, daher wird ihnen häufig ein symbolischer Wert zugeschrieben. Für die Anhänger S. ↗Freuds haben diese Objekte sexuell befriedigende Eigenschaften. Andere betrachten solche Diebstähle als ↗Aggression gegen die Gesellschaft, als Autoritätsanmaßung oder als Rache für materielle oder emotionale ↗Deprivation in der Kindheit. ↗Manie. *D. Eaves*

Klient, Person, die Hilfe oder Rat sucht bei einem Fachmann, wie z. B. einem Arzt, einem Rechtsanwalt, einem Verkäufer oder einem Sozialarbeiter. Der Ausdruck „Klient" wird heute oft gebraucht, um das Wort „Patient" auf abweichende, pathologische, klinische oder medizinische Bedeutung zu beschränken. So haben z. B. Ärzte „Patienten", Sozialarbeiter aber „Klienten". *G. Powell*

Klient-zentrierte Therapie ↗Nicht-direktive Therapie.

Klimakterium, die Phase des allmählichen Aufhörens der Menstruation. Die Symptome variieren bei Frauen; die üblichsten sind: Blutwallungen, Hitzewallungen, Herzbeschleunigung, Herzklopfen, Kopfschmerzen. Einige der psychischen Auswirkungen können sein: Nervosität, Depression, Veränderungen der Libido und Reizbarkeit. Ein männliches K. ist von Landan (1951) beschrieben worden. Es ist besonders mit verminderter Libido und Impotenz verbunden, doch ist dieser Zustand selten.

Lit.: Landan, R.: The concept of the male climacteric. Med. Clin. N. Amer., *35*, 1951; **Paschkis, K. E., Rakoff, A. E. & A. Cantarow:** Clinical Endocrinology. New York, ³1967.

G. Powell

Klimax = ↗Orgasmus. – *In der Medizin* bezeichnet K. den Höhepunkt eines Fiebers oder eines Krankheitsprozesses. *G. D. Wilson*

Klinefelter-Syndrom (1942 von dem amerik. Arzt H. F. Klinefelter beschrieben) zeigt sich in ↗Hypogonadismus mit Hodenatrophie, Unterentwicklung der sekundären Geschlechtsmerkmale, ↗Gynäkomastie, fehlender Spermiogenese und häufig eunuchoidem Hochwuchs. Die Ursache ist eine ↗Chromosomenaberration mit Trisomie der Geschlechtschromosomen, meist XXY. Die beim Mongolismus auftretende Trisomie betrifft dagegen eines der kleinen Chromosomen mit der Nr. 21 oder eine Chromosomentranslokation mit charakteristischer Fehlentwicklung von Organen mit einem ganz charakteristischen Bild. *E. David*

Klinische Psychologie. DEFINITION. Eine durchgängige Begriffsbestimmung der k. P. ist bisher nicht vorhanden; es werden deshalb hier Hauptakzentuierungen skizziert: 1) K. P. ist das, was der Psychologe in *einer Klinik* (Krankenhaus) *tut,* meist auf Diagnostik und, in begrenztem Rahmen, Beratung beschränkt (Repräsentant: Meyerhoff, 1959). 2) K. P. ist eine *besondere Methode* (Exploration und Beobachtung), welche von J. Piaget zuerst in die Kinderpsychol. eingeführt wurde. 3) K. P. ist die Anwendung der Ergebnisse und Methoden aller psychol. Grundlagendisziplinen (allgemeine, Entwicklungs-, differentielle, Sozial- und dynamische Psychol. bzw. ↗Psychoanalyse) und verwandter Disziplinen, wie ↗vergleichende Verhaltensforschung, Soziologie und Methodologie im „klinischen Bereich" (Schraml, 1970; Wolman, 1965). Wir geben der Definition (3) den Vorzug, da die k. P. eine *angewandte,* also *pragmatische* Disziplin ist.

HISTORISCHES. Die Entwicklung der k. P. kann in drei Perioden eingeteilt werden. 1) In und nach dem Ersten Weltkrieg wurden im Labor entwickelte psychol. Untersuchungsverfahren zur Beurteilung von durch Kriegsbeschädigungen oder Unfälle entstandene Gehirnverletzungen verwandt (W. Poppelreuther, O. Lippmann). In der Klinik des berühmten Psychiaters E. Kraepelin war damals bereits ein psychol. Labor vorhanden. Die k. P. war also eine Art Verbindung von experimenteller Laborpsychol., Klinik- und Arbeitspsychol. und somit ein Vorläufer der Rehabilitation. 2) Eine Veränderung der klinisch-psychol. Arbeit erfolgte durch den Einbruch der Psychoanalyse in die Psychol. und Psychiatrie vorwiegend in den angelsächsischen Ländern; gleichgültig, ob es sich dabei um eine Anwendung der Psychoanalyse sensu strictu, um eklektische Verwendung der Verfahrensweisen verschiedenster psycholog. Richtungen oder um eine Verbindung von Ergebnissen der Lerntheorien und der dynamischen Psychol. bzw. Psychoanalyse (O. H. Mowrer) handelt, immer ist der klinische Psychologe nicht nur Diagnostiker, sondern auch Berater und Behandler. Diese Situation wurde nach dem Zweiten Weltkrieg in den USA durch die Einrichtung der Hospitäler der „Veteran's Administration" zahlen- und bedeutungsmäßig stark vermehrt. 3) In einer letzten Welle ist der klinische Psychologe auch in Europa in den psychiatrischen, psychosomatischen, psychotherapeutischen, pädiatrischen, neurologischen und orthopädischen Einrichtungen als Diagnostiker, Behandler (vor allem Gruppentherapie) und Sozialberater tätig. Völlig neu ist die Funktion des Psychologen in der klinischen Forschung als vor allem methodologisch Ausgebildetem. Da der durchschnittliche Arzt in den quantitativen Methoden keine Ausbildung mitbringt, ist hier eine neue Domäne des klinischen Psychologen entstanden.

ANWENDUNGSBEREICH. Der *klinische Raum* nach internationaler Terminologie erstreckt sich nicht nur auf die *stationären* Einrichtungen zur Krankenversorgung (Krankenhäuser, Hospitäler), sondern auch auf die *Ambulatorien,* die verschiedenen *Beratungsstellen* (Erziehungsberatung oder Child Guidance, Ehe-, Familien-, Alten-, Suchtkranken- und Suizidgefährdetenberatung) und Heilerziehungs-, Pflege- und Altenheime sowie psychiatrische Anstalten. Auch ist der k. Psychologe beratend in den Erziehungs- und Gesundheitsplanungsinstitutionen moderner Länder und internationaler Gremien tätig.

KLINISCHE SOZIALPSYCHOLOGIE. Die klinische Sozialpsychol. hat erst in den letzten 20 Jahren an Umfang gewonnen; die Grenzen zwischen Sozialpsychiatrie, ↗Psychohygiene, Sozialpädagogik und klinischer Sozialpsychol. sind fließend, demgemäß ist auch in diesem Bereich die Tätigkeit von Sozialpsychiater, Sozialarbeiter, Soziologe, Sozialpädagoge und Psychologe oftmals die gleiche. Die Arbeit ist also viel weniger von der Berufszugehörigkeit als vielmehr von der *Aufgabe* und der *Methode* her bestimmt. 1) *Prävention* (Vorbeugung): a) *Information* durch ↗Massenmedien (Zeitung, Funk, Fernsehen) über seelische Störungen, deren Bekämpfung und Vermeidung (z. B. sexuelle Aufklärung, geeignete Kinderpflege und Aufzucht). Beratung bei der Planung von Siedlungen, beim Bau von Kindergärten, Schulen und Altenheimen usw.; b) *Mitwirkung* in der *Ausbildung* von Erziehern aller Kategorien, Sozialarbeitern und Krankenpflegepersonal, einmal durch Vermittlung psychologischer Erkenntnisse und zum anderen durch Vermittlung von Selbsterkenntnis innerhalb der Gruppendynamik (sensitivity-training oder T-Groups); c) *institutionelle Prävention* in allen Einrichtungen, die der vorbeugenden Beratung dienen. 2) *Untersuchung* und Verbesserung der *Sozialstruktur* klinischer Einrichtungen: a) das *Verhältnis* der *Gruppen* in Krankenhäusern (Ärzte, Schwestern, Verwaltungspersonal, Spezialisten und Patienten; b) das Verhältnis der Gruppen in Erziehungs- und Heilerziehungsheimen: Erzieher, Psychologen, Lehrer und Zöglinge; c) Sozialstruktur in Pflegeeinrichtungen, Altersheimen und psychiatrischen Anstalten. 3) *Rehabilitation* und *Resozialisation:* a) Hilfe zur Eingliederung angeboren körperlich oder geistig behinderter Kinder in die Gesellschaft (gleichlaufend mit Sonderpädagogik und Heilerziehung); b) Wiedereingliederung der durch Unfall- oder Krankheitsfolgen Körperbeschädigten (Untersuchung, Umschulung und psychische Wiedereinführung); c) Wiedereingliederung und psychische Betreuung chronisch Kranker; d) Wiedereingliederung psychisch Kranker und längere Zeit Hospitalisierter; e) Resozialisierung von Delinquenten (Überschneidung mit Kriminalpäd. und ↗Kriminalpsychologie).

KLINISCH-DIAGNOSTISCHES GESPRÄCH. 1) *Anamnese* dient, ähnlich wie in der Medizin, der Erhebung der Vorgeschichte bei dem Untersuchten oder Dritten (biologische, soziologische oder biographische Daten). 2) *Exploration:* Hier wird, wie in der Psychiatrie, der geistig-seelische Zustand des Untersuchten durch Beobachtung seines verbalen und außerverbalen Verhaltens auf Reize festgestellt. 3) Das *„klinische Interview"*, gebraucht vorwiegend im Vorfeld der ↗Psychotherapie, in der ↗Psychosomatik und ähnlichen Gebieten, läßt die Gesprächsführung dem Patienten und ermöglicht dadurch assoziativ eine Erhellung des Konfliktstoffes und der Interaktionsmöglichkeiten.

KLINISCHE TESTDIAGNOSTIK. Es ist zu unterscheiden zwischen einer völlig in die klinische Anwendung eingebauten, „integrierten" und einer der klinischen Anwendung ihre Ergebnisse zur Verfügung stellenden, rein „kooperativen" Psychodiagnostik. Zweckmäßigerweise werden die Verfahren (Tests) nach Untersuchungsabsicht (Intention), Methodik und Anwendungsbereich gegliedert. 1) *Intention:* Intelligenz-, Fähigkeiten- und Interessenuntersuchungen; *Methodik:* metrisch; *Anwendungsbereich:* Kinderpsychiatrie und Erziehungsberatung, Neurologie und Rehabilitation. 2) *Intention:* Ermittlung der normalen oder pathologischen Persönlichkeitsstruktur mittels ↗projektiver Verfahren (z. B. ↗Rorschach-Test). *Methode:* interpretativ, begrenzt metrisch; *Anwendung:* Psychiatrie, Kinderpsychiatrie und Erziehungsberatung, Psychotherapie und Beratungsstellen. 3) *Intention:* individueller Konflikt, biographische Genese und soziale Beziehungen mittels thematischer Verfahren (z. B. ↗TAT, bei Kindern CAT, Four-Picture-Test, ↗Sceno-Test); *Anwendung:* Vorfeld der Psychotherapie und Psychosomatik, Kinderpsychiatrie und Erziehungsberatung, Beratungsstellen. 4) *Intention:* Klassifikation von Patienten mittels Persönlichkeitsfragebogen (z. B. ↗MPI); *Methodik:* metrisch, quantitativ; *Anwendung:* in Kliniken und Ambulatorien zur Klassifikation der Patienten für therapeutische Methoden. 5) *Intention:* Erkundung der Beziehung zwischen Persönlichkeiten und einzelnen psychophysischen oder physiol. Daten; *Methode:* experimentell, quantitativ; *Anwendung:* in der klinischen Forschung.

PSYCHOLOGISCHE BERATUNG, BETREUUNG UND BEHANDLUNG. In den meisten Fällen der k. P. findet ein eklektisches, pragmatisches, der Situation des Anwendungsbereiches angepaßtes Verfahren Anwendung. Doch soll der klinische Psychologe alle nachfolgend aufgeführten Verfahren prinzipiell kennen, entweder um in einer Spezialausbildung sie selbst zu erlernen oder, wenn notwendig, den Patienten in die geeignete Fachbehandlung zu überweisen. 1) *Beratung* und *↗Psychagogik:* a) informatorische Beratung, das ist Übermittlung von Untersuchungsergebnissen und allg. Erkenntnissen (z. B. aus Gruppen- und Entwicklungspsychol.); b) Beratung aufgrund der Kenntnis der Lebensgeschichte, aber mit starkem dirigistischem Akzent (z. B. verschiedene Beratungsstellen); Führung von Patienten, die einer introspektiven, konflikterhellenden Behandlung nicht zugänglich sind (z. B. manche psychiatrische Patienten). 2) *Symptomorientierte Verfahren:* a) physiotrope oder organismische Verfahren: Hierher gehören ↗Hypnose, Narkose-Hypnose, Suggestion und Entspannungsverfahren (↗Autogenes Training, progressive Relaxation nach E. Jacobsen usw.); in diesen Verfahren wendet sich der Therapeut mittels verbaler Reize direkt an den Organismus, entweder um das Symptom zu heilen oder die Reaktionslage zu verändern;

b) ↗Verhaltenstherapie: Hier sollen entweder negative Reiz-Reaktions-Verbindungen aufgehoben (z. B. systematische Desensitivierung, Aversionstherapie; ↗Verhaltenstherapie) oder notwendige, noch nicht erlernte Reiz-Reaktions-Verbindungen aufgebaut werden (Operantes ↗Konditionieren). 3) *Konflikt-* und *psychodynamisch* orientierte Verfahren: a) ↗Psychoanalyse: hier Symptomheilung durch Änderung der psychodynamischen Persönlichkeitsstruktur, Einsicht in den unbewußten Konfliktprozeß und Erleben sozialer Beziehungen in der Übertragung; Abwandlungen der Psychoanalyse (Parameter) in der Kinder-, Psychosen-, Delinquententherapie und allen Formen der Kurztherapie; b) Deviationen der Psychoanalyse (Veränderungen des theoretischen Konzepts bei K. Horney, E. Fromm, H. Schultz-Hencke und H. Sullivan sowie frühe tiefenpsychol. Tochterschulen von A. ↗Adler und C. G. ↗Jung) und Existenzanalyse (letztere klinisch-psychol. weniger bedeutsam); c) ↗nicht-direktive Psychotherapie oder client centered Gesprächspsychotherapie nach C. R. Rogers: Hier wird keine inhaltspezifische Konfliktgenese angenommen (eignet sich für weniger schwere Konflikte). 4) *Gruppenpsychotherapie:* a) alle Formen der nicht-analytischen ↗Gruppenpsychotherapie, z. B. Spiel- und Gestaltungsgruppen mit Kindern und Jugendlichen, direktive (richtungweisende) Gesprächsgruppen, ↗Psychodrama nach J. L. Moreno, pantomimische Gruppen und Rehabilitationsgruppen von ehemals psychiatrisch Hospitalisierten und Alkoholikern; b) analytische Gruppenpsychotherapie; hier ist wesentlich die multilaterale Übertragung und spezifische Formen der Katharsis. 5) *Klinisch-psychologische* Nutzung von anderen Verfahren, wie *Rhythmik, Werk-* und *Arbeitstherapie.*

KLINISCH-PSYCHOLOGISCHE FORSCHUNG. Vor allem Verlaufsuntersuchung, Erfolgskontrolle von Psychotherapien, ↗Psychopharmakologie, ↗Psychophysiologie. – ↗Medizinische Psychologie.

Lit.: Arnold, W.: Angewandte Psychologie. Stuttgart, [2]1975; **Bulletin de Psychologie.** Numéro Spécial Psychologie Clinique, 1968, *270,* XXI, 15–19; **Meyerhoff, H.:** Leitfaden der Klinischen Psychologie. München – Basel, 1959; **Phares, E. J.:** Clinical Psychology. Concepts, Methods, and Profession. Homewood (Ill.), 1979; **Pongratz, L. J.** (Hrsg.): Hdb. der Psychol., Bd. 8: Klinische Psychol. Göttingen, 1. Halbbd.: 1977, 2. Halbbd.: 1978; **Schmidt, L. R.:** Lehrbuch der klinischen Psychologie. Stuttgart, 1978; **Schraml, W. J.** (Hrsg.): Hdb. der Klinischen Psychologie. Bern – Stuttgart, 1970; **Stern, E.** (Hrsg.): Hdb. der Klinischen Psychologie, Bd. 1 und 2. Zürich, 1954/58; **Sundberg, N. D. & L. E. Tyler:** Clinical psychology. New York, [2]1973; **Wolman, B. B.** (Ed.): Handbook of clinical psychology. New York, 1965.

W. J. Schraml

Die k. P. fand in den vergangenen 15 Jahren einen überraschend sich vergrößernden Kreis von interessierten Studierenden; die berufsständische Entwicklung des Faches hat dem nicht standgehalten. Die k. P. an klinischen Einrichtungen (in Verbindung mit der Medizin) hat sich konsolidiert und ist effektiv geblieben.

W. Arnold

Klisis ist nach Monakow (1930) die Besetzung eines Triebobjektes mit *positiven* Gefühlsqualitäten. Die Besetzung eines Triebobjektes mit *negativen* Gefühlsqualitäten nennt er *Ekklisis.* Siehe auch ↗Objektbesetzung; ↗Abwehrmechanismen.

Lit.: Monakow, C. v. & R. Mourgue: Biologische Einführung in das Studium der Neurologie und Psychopathologie, dt. von E. Katzenstein. Stuttgart – Leipzig, 1930.

W. Toman

Klitoraler Orgasmus, nach Freuds Theorie der weiblichen Sexualität die infantile, masturbatorische Form des weiblichen Orgasmus. Freuds Vorstellung einer im Gegensatz zum k. O. stehenden reifen, „vaginalen", durch Koitus erzielten Form des Orgasmus der Frau ist nicht nur von Antifreudianern, sondern auch von der orthodoxen Analytikerin Helene Deutsch, die ihn in allen früheren Werken vertreten hatte, in ihrer gegen Ende ihres Lebens verfaßten Autobiographie abgelehnt worden. Jüngere, feministisch eingestellte Analytikerinnen wie Mary Jane Sherfey haben darauf hingewiesen, daß es für die „reife", genau wie für die „unreife" Frau nur eine Form des Orgasmus gäbe, nämlich den k. O. Im Gegensatz zum Penis enthält die Klitoris keine Zweitfunktion wie z. B. die der Harnröhre. Als einziges, ausschließlich der sexuellen Reizvermittlung dienendes Organ stellt sie ein Unikum im menschlichen Organismus dar. Die Anzahl ihrer Nervenkörperchen ist proportional größer als die des Penis. Sie transportiert also größere Quantitäten von Lustreizen als der analoge männliche Schwellkörper.

E. Borneman

Klitrophobie, syn. für Claustrophobie; übersteigerte Angst vor dem Aufenthalt in geschlossenen Räumen.

K-L-T ↗Konzentrationstests.

Kniesehnenreflex ↗Patellarreflex.

Knotenpunkte des ↗Auges. Die beiden K. d. A. gehören mit den je zwei Brenn- und Hauptpunkten zu den 6 „*Kardinalpunkten*" des Auges, die für die Bildstrahlkonstruktion wichtig sind. Ein „*einfaches* optisches System" hat neben dem inneren Brennpunkt F_2 einen äußeren Brennpunkt F_1, dessen Brennweite f_1 (d. i. die Entfernung zum Hornhautscheitel H, der auch als Hauptpunkt bezeichnet wird) sich zur „inneren Brennweite" f_2 wie die Brechzahlen der zugehörigen optischen Medien verhält. Der beim einfachen optischen System einfache Knotenpunkt K liegt in der Mitte zwischen H und F_2 auf der optischen Achse (Abb. A).

Durch die Einführung zusätzlicher brechender Flächen, insbesondere an der Vorder- und Hinterfläche der ↗Linse, wird das intakte Auge zum *zusammengesetzten* (komplizierten) optischen System mit je zwei Haupt- und Knotenpunkten, die im Abstand von 0,3 mm auf der optischen Achse liegen (Abb. C). Zur Bildstrahlenkonstruktion wird dieses in Abb. C schematisierte Auge reduziert zum „reduzierten Auge" Abb. B, in dem der Knotenpunktstrahl in den Knotenpunkten K und K′ parallel verschoben wird.

Der Winkel zwischen zwei Knotenpunktstrahlen, die von zwei Gegenstandspunkten kommen, ist der ↗Sehwinkel, unter dem diese Gegenstandspunkte erscheinen; dieser Winkel darf 60 ± 10 Bogensekunden nicht unterschreiten (Grenzwinkel der ↗Sehschärfe), da-

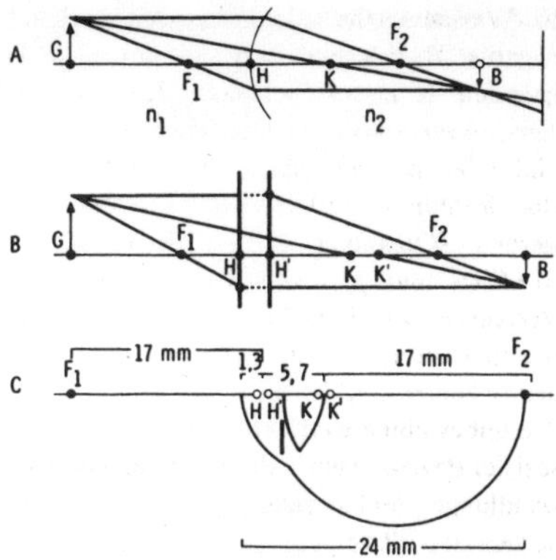

Einfaches (A) und reduziertes zusammengesetztes (B) optisches System. Lage des reduzierten Systems im schematisierten Auge (C). H = Hauptpunkte, K = Knotenpunkte, F = Brennpunkte, G = Gegenstand, B = Bild. Aus: Dodt, 1970.

mit bei ↗Emmetropie die Bildpunkte wegen der Größe des Zapfenrasters auf der Netzhaut noch auf getrennten Zapfen abgebildet werden.

Lit.: Dodt, E.: Lichtsinn. In: **W. D. Keidel** (Hrsg.): Kurzgefaßtes Lehrbuch der Physiologie. Stuttgart, [4]1975.

K.-H. Plattig

Kode, Vorschrift für die eindeutige Zuordnung („Kodierung") der Zeichen eines (meistens relativ großen) Zeichenvorrats Z_1 (↗Repertoire) zu denjenigen eines anderen (meistens relativ kleinen) Zeichenvorrats Z_2. Die Zuordnung braucht nicht umkehrbar eindeutig zu sein. *P.-B. Heinrich*

Kodierung, Vorgang und Ergebnis der Umsetzung von Nachrichten aus den Signalgestalten eines Zeichensystems in die Signalgestalten eines anderen Zeichensystems nach einem vorgegebenen Zuordnungsschlüssel, dem *Kode.* Je nach dem Bezugspunkt der Betrachtung (oder ob die unmittelbare Verständlichkeit eines Textes bei diesem Vorgang ab- oder zunimmt) ist von *Enkodierung* oder Verschlüsselung bzw. *Dekodierung* oder Entschlüsselung die Rede. *A. Vukovich*

Koedukation bedeutet gemeinsame Erziehung bzw. Ausbildung von Knaben und Mädchen.

Koeffizient. 1) *Math.:* ein konstanter Wert, mit dem ein anderer Wert multipliziert wird. – 2) *Stat.:* ein Kennwert von Datenmengen zum Vergleich mit anderen Datenmengen. Einige K.en, z. B. der Korrelations-K., sind so definiert, daß sie Werte zwischen 0 und 1 annehmen. *G. Mikula*

Koffein, ↗Psychopharmakon (chem. identisch mit *Thein*), das in Kaffee, Tee und Cola-Getränken enthalten ist, zu den ↗Stimulantien gehörend. K. wurde seit Ende letzten Jahrhunderts häufig in pharmakopsychologischen Exp. untersucht (in Dosierungen bis etwa 500 mg). K. wirkt weniger stimulierend als die Amphetamine und hat relativ starke vegetative Nebenwirkungen (z. B. Tremor). In der Regel induziert K. bereits nach ca. 30 min. das Gefühl erhöhter Wachheit, ohne daß stärkere positive Leistungsveränderung nachweisbar wären.

Lit.: Weiss, B. & V. Laties: Enhancement of human performance by caffeine and the amphetamines. Pharmacol. Rev., 1962, *14*, 1–36. *K.-D. Stoll*

Koffka, *Kurt.* LEBEN. * 18. 3. 1886 Berlin, † 22. 11. 1941 Northampton (Mass.). Promovierte 1908 unter C. Stumpf in Berlin über „Experimentaluntersuchungen zur Lehre vom Rhythmus"; war anschließend 1908/09 Assistent von J. v. Kries in Freiburg und 1909/10 von O. Külpe und später K. Marbe in Würzburg; lernte 1910 als Assistent F. Schumanns in Frankfurt M. Wertheimer und W. Köhler kennen, mit denen zusammen er zum Begründer der Berliner gestaltpsychol. Schule wurde; wurde 1911 Privatdozent und 1918 außerordentlicher Professor in Gießen, wo er bis 1924 blieb; verließ 1924 Deutschland und lehrte 1924/25 an der Cornell University, 1925 an der Clark University, 1926/27 an der University of Wisconsin und von 1927 bis zu seinem Tode am Smith College.

WERKE. K. gilt neben M. Wertheimer und W. Köhler als Mitbegründer der Gestaltpsychologie. Neben seinen expt. Untersuchungen liegt seine Bedeutung in erster Linie in der systematischen Darstellung und Anwendung der gestaltpsychol. Prinzipien auf einen weiten Bereich, der von der Wahrnehmungs- über die Lern-, Gedächtnis- und Entwicklungspsychol. bis zur Sozialpsychol. reicht.

Im Ggs. zu ↗Wertheimer und ↗Köhler hatte K. seine gestaltpsychol. Position schon relativ früh ausformuliert, als er 1913 mit der Publikation einer Serie von insgesamt 25 „Beiträgen zur Psychologie der Gestalt" begann. Es folgten 1915 eine Auseinandersetzung mit der Kritik an der Gestalttheorie: „Zur Grundlegung der Wahrnehmungspsychologie: Eine Auseinandersetzung mit V. Benussi", und 1919 ein Artikel „Über den Einfluß der Erfahrung auf die Wahrnehmung". In seinem 1921 veröffentlichten Buch „Die Grundlagen der psychischen Entwicklung: Eine Einführung in die Kinderpsychologie" übertrug K. die gestaltpsychol. Prinzipien erstmals auf den Bereich der Kinderpsychologie. Er vertrat darin die Ansicht, daß der Entwicklungsprozeß grundsätzlich das Ergebnis des *Zusammenwirkens innerer* und *äußerer* Entwicklungsbedingungen ist (Konvergenzhypothese) und in einer zunehmenden Differenzierung ursprünglich diffuser, qualitativ-ganzheitlicher Erfahrungen besteht.

K.s bedeutendstes Werk, die „Principles of gestalt psychology" (1935), stellt den bis dahin umfassendsten Versuch dar, die Ergebnisse der gestaltpsychol. Forschung in den verschiedensten Bereichen einschließlich der Arbeiten K. Lewins darzustellen und zu integrieren. Insbesondere die Abhandlungen zum Lernen und zum Gedächtnis können als die systematischste Darstellung der gestaltpsychol. Auffassung zu dieser Thematik angesehen werden.

Ausgangspunkt von K.s *Lerntheorie* ist die Annahme, daß auch das Lernen wie andere Verhaltensbereiche durch die gestaltpsychol. Organisationsprinzipien erklärbar ist. Neues ↗Lernen besteht in der Bildung von „Gedächtnisspuren", d. h. spezifischen Erregungsgestalten im Gehirn, die das Ergebnis vorangegangener „Prozesse" (physiol. Korrelate unmittelbarer Wahrnehmungen) sind und daher vergangene Erfahrungen in der Gegenwart repräsentieren. Der Vorgang des Erinnerns besteht in der Aktivierung der Gedächtnisspuren durch gegenwärtige Prozesse aufgrund der beiderseitigen Ähnlichkeit. Das

Spurensystem ist nach den üblichen Gestaltgesetzen organisiert und unterliegt der Prägnanztendenz. Seine zeitbedingten Veränderungen bestehen daher nicht nur in einer Schwächung der Gedächtnisspuren (Vergessen), sondern darüber hinaus auch in einer qualitativen Veränderung in Richtung auf eine „Gute Gestalt" hin: zunehmende Regelmäßigkeit und schärfere Akzentuierung von Besonderheiten. Die typische Form des Lernens ist das *Lernen durch Einsicht,* auch wenn diesem eine Phase des Probierens vorausgehen kann. Der Effekt der Übung besteht in einer Konsolidierung und Verstärkung des Spurensystems. Das „Effektgesetz" wird im Grunde anerkannt, jedoch neu interpretiert: Das Erreichen des Zieles beeinflußt das Lernen aufgrund des Gestaltgesetzes der Geschlossenheit durch die damit verbundene Schließung der Handlungsgestalt. Die *Übertragung* einsichtsvoller Lösungen auf neue Situationen (Transposition) ist möglich, wenn in beiden Fällen eine Ähnlichkeit des Lösungsprinzips, d. h. der strukturellen dynamischen Beziehungen, besteht. *W. Wittling*

Kognition. 1) Ausdruck für jeden *Prozeß,* durch den das Lebewesen *Kenntnis* von einem Objekt erhält oder sich seiner Umwelt bewußt wird. Zur K. zählen: Wahrnehmung, Erkennen, Vorstellen, Urteilen, Gedächtnis, Lernen, Denken, oft auch Sprache. – 2) *Ordnungsbegriff,* Abhebung der Erkenntnisprozesse von volitionalen oder emotionalen Vorgängen. – 3) Produkte der *Erkenntnis;* erlangtes Wissen.

Lit.: Kaminski, G.: Ordnungsstrukturen und Ordnungsprozesse. In: **R. Bergius** (Hrsg.): Hdb. d. Psychol. Bd. 1/2. Halbbd. Göttingen, ²1969; **Johnson, D. M.:** The psychology of thought and judgment. New York, 1955; **Neisser, U.:** Kognition u. Wirklichkeit. Stuttgart, 1979.

H. Wagenknecht

Kognitiv, Erkenntnis betreffend. ↗Kognition.

Kognitive Dissonanz ↗Dissonanz, kognitive.

Kognitive Orientierung. Von der Erkenntnis ausgehend, daß schon bei Auslösung des ↗Orientierungsreflexes und Etablierung bedingter Reflexe kognitive Prozesse (Erfassung, Kombination und Übermittlung von Bedeutung) beteiligt sind, postuliert die Theorie der k. O., daß Richtung und Verlauf menschlichen Molarverhaltens durch die orientative Wirkung kognitiver Elemente bestimmt werden; sie entwirft ein Modell der kognitiven Prozesse zwischen Stimulation und Handlung: Das Zusammenwirken zwischen Reizrepräsentation und Komponenten der k. O. (Repräsentationen von Zielen, Normen, Umwelt- und Eigeninformationen) ergibt eine Struktur der k. O., welcher eine zielgerichtete Handlungsabsicht entspringt, die durch Aktualisierung angeborener, erlernter und ad hoc adaptierter Pläne das Handlungsschema bestimmt. Konflikte entstehen, wenn sich gleichzeitig mehrere Strukturen der k. O. bilden, denen unvereinbare Handlungsabsichten entspringen, oder wenn für eine Handlungsabsicht mehrere Pläne aktualisiert werden. Expt. Untersuchungen ergaben, daß bei konstant gehaltenen Plänen die durch ↗Fragebogen ermittelten Strukturen der k. O. mit dem Verhalten der Vpn (Leistungsniveau und Verlauf nach Erfolg und Fehlschlag; demonstrierte ↗Abwehrmechanismen usw.) hoch korrelieren. Untersuchungen Schizophrener (↗Schizophrenie) zeigten abnorme Strukturen der k. O., deren klinischer Modifikation Abklingen der Symptome folgte. Zur Genese der k. O. wurde ermittelt, daß 4- bis 6jährige Kinder differenzierte Strukturen der k. O., verschiedene Verhaltensaspekte betreffend, besitzen.

Lit.: Kreitler, H. & S. Kreitler: Die weltanschauliche Orientierung der Schizophrenen. München – Basel, 1965; **dies.:** Die k. O. des Kindes. München – Basel, 1967; **dies.:** Cognitive orientation and behavior. New York, 1976.

H. Kreitler & S. Kreitler

Kognitive Stile, Verhaltensstile beim Lösen von kognitiven Aufgaben (der Informationsaufnahme und -verarbeitung, des Urteilens und des Denkens). Als die wichtigsten k. St. wurden bekannt: 1) Feldabhängigkeit – Feldunabhängigkeit, 2) Abtasten (scanning), 3) kognitive Komplexität, 4) Reflexivität – Impulsivität, 5) Nivellierung – Pointierung, 6) eingeengte versus flexible Kontrolle. Insbesondere in der pädagogischen Psychologie werden die k. St. als zwischen verschiedenen Schülern differierende Charakteristika neuerdings stark beachtet. Dabei geht es neben der Systematik und Erfassung von k. St. vor allem um die Ursachen, um Auswirkungen auf den Leistungsvollzug und -erfolg und um die Modifikation der für einen optimalen kognitiven Vollzug hinderlichen k. St.

Lit.: Messick, S.: Die Erfassung kognitiver Stile und Persönlichkeitsmerkmale und ihr Wert für die pädagogische Praxis. In: **Ingenkamp, K. H. & Th. Marsolek:** Möglichkeiten und Grenzen der Testanwendung in der Schule. Weinheim, 1968, 367–381; **Wagner, I.:** Aufmerksamkeitstraining mit impulsiven Kindern. Stuttgart, 1972.

W. Seitz

Kohärenz, Kohärenzfaktoren. G. E. Müller stellte *Kohärenzfaktoren* auf, um die Formierung von Gestalten zu erklären. Diese Faktoren schließen ein: räumliche Nähe, Gleichheit, Ähnlichkeit, Symmetrie und Kontur (Differenzierung von Figur und Hintergrund). Diese Faktoren produzieren *Kohärenz* von verschiedenen Teilen des Stimulusareals, d. h., diese Teile werden als zusammengehörig aufgefaßt und bilden eine Einheit. *C. D. Frith*

Kohäsion (cohesiveness). Bezeichnung für die Kräfte, die das Individuum bewegen, Mitglied einer ↗Gruppe zu bleiben. Allgemein wird K. mit *Attraktivität* einer Gruppe gleichgesetzt, die wiederum im besonderen von drei Größen abhängig ist: 1. dem Ausmaß, in dem die Interaktion selbst innerhalb einer Gruppe für die Individuen positive Qualitäten besitzt (die K. ist um so größer, je mehr die Interaktion für die Mitglieder belohnend wirkt); 2. dem Grad, in dem die Gruppenaktivitäten für die einzelnen Individuen belohnend sind (z. B. Erholung durch Hobbies, die in der Gruppe ausgeführt werden können); 3. dem Ausmaß, in dem die Mitgliedschaft in einer Gruppe als Mittel für das Erreichen individueller Ziele benützt werden kann.

Außerdem hängt die K. wie die Attraktivität der eigenen Gruppe auch noch vom Wert der möglichen Alternativbeziehungen außerhalb der eigenen Gruppe (comparison level for alternatives) ab. K. einer Gruppe und ↗Konformität ihrer Mitglieder stehen in direktem Zusammenhang: Je größer die K. ist, desto stärker können die negativen Sanktionen gegen nonkonformes Verhalten der einzelnen Individuen sein, ohne daß diese die Gruppe verlassen. ↗Gruppendynamik.

Lit.: Cartwright, D. & A. Zander: Group dynamics: Research and theory. New York, [3]1968.

A. Schmidt-Mummendey

Köhler, *Wolfgang.* LEBEN. * 21. 1. 1887 Reval, † 11. 6. 1967 Lebanon (New Hampshire). Promovierte 1909 unter C. Stumpf in Berlin; ging anschließend als Assistent F. Schumanns nach Frankfurt, wo er 1911 Privatdozent wurde; lernte dort M. Wertheimer und K. Koffka kennen, mit denen er gemeinsam die historischen gestaltpsychol. Untersuchungen durchführte und zum Mitbegründer der späteren „Berliner Schule" wurde; arbeitete von 1913 bis 1920 als Direktor der Anthropoidenstation der Akademie der Wissenschaften auf Teneriffa, wo er seine berühmten Untersuchungen über Intelligenzleistungen von Menschenaffen durchführte; wurde 1921 als Nachfolger Stumpfs Direktor des psychol. Laboratoriums in Berlin und im folgenden Jahr Professor für Psychol. und Philosophie; übersiedelte 1935 in die USA und wurde Professor am Swarthmore College, wo er bis zu seinem Rücktritt 1955 blieb; war u. a. Präsident der APA; Mitglied der National Academy of Sciences und 1956 Empfänger des „Distinguished Scientific Contribution Award" der APA.

WERKE. K. ist neben M. ↗Wertheimer und K. ↗Koffka Mitbegründer der Gestaltpsychologie. Zu seinen wesentlichsten *wahrnehmungs-psychol. Beiträgen* gehören u. a. seine Abhandlungen zum Problem der *Konstanzannahme* in der älteren Psychol. sowie seine Untersuchungen zu den figuralen Nachwirkungen. Durch die Existenz der figuralen Nachwirkungen glaubte er die in seiner neurophysiol. Theorie der dynamischen Selbstverteilung hypothetisch angenommenen cortikalen Spannungsfelder indirekt nachweisen zu können. In seinen Untersuchungen zur *Konstanzannahme* konnte K. nachweisen, daß im Gegensatz zur bisherigen Auffassung keine konstante Zuordnung lokaler Sinnesreize zu erlebten Eindrücken besteht, sondern daß das Wahrnehmungserlebnis außer vom Lokalreiz in erster Linie durch die Organisation des visuellen Bezugssystems sowie durch die Reizkonstellation der übrigen Sinnesorgane beeinflußt wird.

Im Bereich der *Lern- und Gedächtnispsychol.* erhob K. Einwände gegen die assoziationspsychol. Lerntheorien und im bes. gegen das Prinzip der *Assoziation durch Kontiguität,* dem er seine Ansicht gegenüberstellte, wonach Assoziationen unter dem Einfluß gestaltpsychologischer Organisationstendenzen dadurch entstehen, daß die assoziierten Inhalte zu Teilen einer Gestalt werden. Die räumliche und zeitliche Kontiguität spiele für das Entstehen von ↗Assoziationen nur insofern eine Rolle, als sie die Organisation zu einer Gestalt durch den Faktor der Nähe begünstige.

K.s berühmteste Arbeiten sind seine Untersuchungen über *Intelligenzleistungen von Menschenaffen* auf Teneriffa. In Absetzung von der Auffassung E. L. Thorndikes, der tierisches Verhalten auf ↗Lernen durch Versuch und Irrtum reduzierte, wies K. in diesen Exp. nach, daß auch Tiere schon in der Lage sind, *einsichtig* zu handeln und zur Erreichung von Handlungszielen Werkzeuge zu benutzen oder herzustellen.

In seiner *gehirnphysiol. Gestalttheorie* gelangte K., ausgehend von der Annahme einer dynamischen Selbstverteilung im phys. Bereich („physikalische Gestalten"), zu der Auffassung, daß auch die gehirnphysiol. Erregungsprozesse einer dynamischen Selbstverteilung unterliegen und daß eine formale, topologische Entsprechung zwischen der anschaulichen Raumordnung und den ihr zugrunde liegenden physiol. Hirnprozessen besteht (↗„Isomorphismus").

Schr.: Intelligenzprüfung an Menschenaffen, 1917; Die physischen Gestalten in Ruhe und im stationären Zustand, 1920; Gestalt psychology, 1929; Dynamics in psychology, 1940; On the nature of Associations, 1941; Figural aftereffects: An investigation of visual processes, 1944 (mit H. Wallach).

W. Wittling

Koitus. *Allg.:* heterosexueller Geschlechtsverkehr, vorherrschende Form des Sexualverhaltens bei der Mehrheit der Erwachsenen aller bekannten Gesellschaften, extrem selten einzige Form der Sexualbetätigung. Die Bevorzugung bestimmter *K.stellungen* ist kulturabhängig; die „aktiv-männliche" und „passiv-weibliche" *Rolle beim K.* entspricht vorurteilshaften Klischeevorstellungen, „aktives" und „passives" Sexualverhalten beim K. ist nicht „natur"-abhängig, hat *nichts* zu tun mit einem *biologisch* vorgegebenen Rollenschema von „männlich" und „weiblich". Die *Dauer des K.* ist davon abhängig, wie schnell der Mann zum ↗Orgasmus kommt. Der *Beginn* koitaler Sexualbetätigung ist in (nicht-sozialistischen) westlichen Gesellschaften stark abhängig von der Zugehörigkeit zu bestimmten Sozialschichten (Kinsey, 1963; 1964), und zwar sowohl beim männlichen als auch beim weiblichen Geschlecht: Arbeiter und Arbeiterinnen haben ihren ersten K. durchschnittlich ca. 4 Jahre früher als Studenten und Studentinnen (Schmidt & Sigusch, 1970), was nicht durch eine größere sexuelle Freizügigkeit, sondern offensichtlich durch frühere materielle Unabhängigkeit und Vorverlegung des Heiratsalters bei Arbeitern (Pfeil, 1968) bedingt zu sein scheint. Größere *Partnermobilität* (= Anzahl der K.partner) der Männer wird häufig beschrieben (Kinsey, 1964; Schofield, 1969, u. a.), scheint jedoch ebenfalls weitgehend schichtabhängig zu sein (größere Tendenz zum Partnerwechsel nur bei Arbeitern, nicht bei Studenten [Schmidt & Sigusch, 1970]). Die durchschnittliche eheliche *K.häufigkeit* ist abhängig von der K.erfahrung und nimmt bei Männern und Frauen mit zunehmendem Alter sukzessive ab, was jedoch nicht durch eine altersbedingte Abnahme der sexuellen Reaktionsfähigkeit der Frau, sondern durch physiol. Altersprozesse des Mannes bedingt ist; grundsätzlich aber bleiben gesunde ältere Menschen bis ins 7., 8. Lebensjahrzehnt koital aktiv (Kinsey, 1963; 1964; Brecher, 1969; Masters, 1970).

Lit.: **Brecher, R. & H. Brecher:** Sexualität. Frankfurt a. M., 1969; **Kinsey, A. C. & W. H. Masters:** Das sexuelle Verhalten der Frau. Frankfurt a. M., 1963; **dies.:** Das sexuelle Verhalten des Mannes. Frankfurt a. M., 1964; **Masters, W. H. & V. E. Johnson:** Die sexuelle Reaktion. Hamburg, 1970; **Schmidt, G. & V. Sigusch:** Sexuelle Verhaltensmuster bei jungen Arbeitern und Studenten. In: **G. Schmidt, V. Sigusch**

& E. Schorsch (Hrsg.): Tendenzen der Sexualforschung. Stuttgart, 1970; **Schofield, M.:** Das sexuelle Verhalten junger Leute. Hamburg, 1969. *H. Maisch*

Koitusvorspiel, bestimmte Praktiken der einseitigen oder wechselseitigen heterosexuellen Stimulation, die dem ↗Koitus vorausgehen bzw. dazu führen und nach Ausdehnung und Form (in Abhängigkeit von verschiedenen Faktoren) in unserem Kulturkreis variieren: *einfache Küsse,* sog. *Zungenküsse, Reizung der weiblichen Brust* (mit der Hand, Mund), *manuelle Stimulation des männlichen/weiblichen Genitales* (= masturbatorische Kontakte), *orale Reizung* (↗Fellatio; ↗Cunnilingus), *wechselseitige* (= mutuelle) ↗*manuell-genitale* oder *oral-genitale Stimulation* (= „Soixante-neuf"), *genitale Apposition* (Aneinanderpressen der Geschlechtsteile ohne Einführen des Penis in die Scheide; dazu kann man auch den Schenkelverkehr = Intercruralverkehr rechnen). Führen diese sexuellen Kontakte oder Praktiken nicht zum Koitus, spricht man von ↗*„Petting"* (= Liebesspiel). Verschiedene dieser Praktiken, insbesondere *Fellatio* und *Cunnilingus,* werden in unserem Kulturkreis auch heute noch irrtümlich für „abnorm" oder sogar „pervers" gehalten, obgleich man seit den sexualwissenschaftlichen Untersuchungen von Kinsey (1948/53) über die allg., „normale" Verbreitung dieser sexuellen Kontaktformen in der Öffentlichkeit informiert ist. Die Gründe für diese hartnäckigen ↗Vorurteile sind moralisch-religiöser Natur.

Neuere Untersuchungen in der BRD (Schmidt & Sigusch, 1970) haben die von Kinsey und Masters in den USA gefundene Abhängigkeit des K. von *Sozialschichten* bestätigt: Danach wird das K. in mittleren und oberen Sozialschichten in Form von manuell-genitalen Kontakten, Cunnilingus und Fellatio häufiger praktiziert als in unteren Sozialschichten, in denen die sexuelle Betätigung häufiger auf den eigentlichen Koitus reduziert wird. Bemerkenswert ist auch, daß das *voreheliche K.* häufiger zeitlich ausgedehnter (11 Minuten bis 1 Stunde) als das *eheliche K.* praktiziert wird (73% gegenüber nur 53% bei Verheirateten): „Zweifellos rechtfertigen die Angaben nicht die allgemeine Ansicht, daß vorehelicher Koitus mit Notwendigkeit eiliger und damit weniger befriedigend sei, als es üblicherweise der Koitus in der Ehe ist" (Kinsey & Masters, 1963, 248).

Das K. erfüllt – ganz gleich, in welcher Form – die wichtige *Aufgabe,* die sexuelle Erregung vor dem Koitus zu steigern und beide Partner, insbesondere die Frau, auf den Koitus vorzubereiten.

Lit.: Ford, C. S. & F. A. Beach: Formen der Sexualität. Hamburg, 1968. Weitere Lit. vgl. ↗Koitus. *H. Maisch*

Kokain, Alkaloid des südamerik. Cocastrauches (Erythroxylon Coca), dessen Blätter von den peruanischen Indianern wegen ihrer stimulierenden, kräftesteigernden und berauschenden Wirkungen gekaut wurden. – K. wirkt auf das ZNS zunächst erregend, dann hemmend. Es blockiert die Monoaminooxydase und potenziert damit die Wirkung körpereigener ↗Katecholamine. Durch Blockade der Leitung in den peripheren Nerven hat es eine starke lokalanästhetische Wirkung. – Die akute K.intoxikation verläuft phasisch: ein euphorisches Stadium mit dem Gefühl gesteigerter körperlicher und geistiger Leistungsfähigkeit wird durch ein Rauschstadium mit ängstlich-gereizter Stimmung, akustischen und mikrooptischen ↗Halluzinationen abgelöst, dem schließlich ein depressives Stadium folgt. – K. wirkt suchtbildend. Als Rauschmittel kommt ihm heute nur noch geringe Bedeutung zu. ↗Rauschmittel; ↗Drogenabhängigkeit.

Lit.: ↗Rauschmittel. *G. Erdmann*

Kollektive Auffassung. Mit der Wirkung einer k. A. versuchte insbes. G. E. Müller das Entstehen von Vorstellungskomplexen zu erklären. Bei der k. A. werden aufeinanderfolgende Elemente einer Lernreihe (z. B. sinnlose Silben) mit einer umfassenden Simultanaufmerksamkeit aus der Menge der gegebenen Eindrücke (Elemente) herausgehoben und assoziativ zu einer Gruppe zusammengeschlossen, auch wenn die Elemente gleichmäßig nacheinander oder gleichzeitig dargeboten werden. Die Elemente eines solchen Komplexes sind durch bes. starke ↗Assoziationen miteinander verbunden und besitzen die Tendenz, beim Wiederauftauchen in das Bewußtsein den gesamten Komplex von vorn an zu reproduzieren *(initiale Reproduktionstendenz)*. Nach Art der Darbietung können zwei Formen unterschieden werden: die k. A. *simultaner* und die k. A. *sukzessiver* Eindrücke. Nach G. E. Müller (1924) beruhen die Vorstellungen geläufiger Worte, bekannter musikalischer Signale u. ä. auf der k. A.

Lit.: **Müller, G. E.:** Abriß der Psychologie. Göttingen, 1924.

F.-C. Schubert

Kollektives Unbewußtes ↗Unbewußtes.

Kolmogorov-Smirnov-Test, nichtparametrisches Verfahren zur Prüfung der Güte der Anpassung zweier unabhängiger Verteilungen. Diese Verteilungen können entweder eine empirische und eine theoretische sein („Einstichprobenfall") oder zwei empirische Verteilungen („Zweistichprobenfall"). Als Index der Anpassung wird die größte beobachtete Differenz der beiden kumulierten Verteilungen bestimmt. Der K.-S.-T. setzt ↗Ordinalvariablen voraus und ist für alle Arten von Unterschieden sensitiv. ↗Verteilungsfreie Tests; ↗Stat. Tests.

Lit.: **Kolmogoroff, A. N.:** Sulla determinazione empirica di una legge di distribuzione. Giornale Istituto Italiano Attuari, 1933, *4*, 83–91; **Smirnoff, N. W.:** On the estimation of the discrepancy between empirical curves of distribution for two independent samples. Bull. Université Moskov. Ser. Internat., Sect. A 2 (2), 1939, 3–8.

G. Mikula

Koma. 1) Optischer Fehler sphärischer Linsen, auftretend bei bestimmtem Lichteinfall. – 2) Zustand nicht erweckbarer *Bewußtlosigkeit*. Tritt auf bei gravierenden Verschiebungen im Elektrolythaushalt, bei verschiedenen Vergiftungen und Erkrankungen. Ein K. ist stets lebensbedrohlich, die Therapie erfordert eine komplexe klinische Differentialdiagnose. ↗Bewußtseinsstörungen. *U. H. Schindler*

Kombination (ein Ausdruck aus der ↗Kombinatorik) bezeichnet die Anzahl der verschiedenen Möglichkeiten, aus insgesamt n Elementen jeweils k Elemente zu kombinieren. Die Zahl der möglichen K.en kann aus

$$_nC_k = \frac{n!}{k!\ (n-k)!}$$

berechnet werden; z. B. bestehen 10 Möglichkeiten unterschiedliche Dreier-K.en aus insgesamt 5 Elementen zu erstellen. *G. Mikula*

Kombinationsfähigkeit, Fähigkeit, Beziehungen zu erfassen, zu integrieren und damit zu operieren. Setzt Bewußtseinsweite und Flexibilität voraus. *H. Wagenknecht*

Kombinationstöne, zusätzliche Töne, die man hört, wenn zwei oder mehrere Töne zusammenklingen. Der gehörte *„Differenzton"* ist in der Frequenz gleich der Frequenzdifferenz der beiden Originaltöne, die Frequenz des *„Summationstones"* gleicht der Summe dieser Frequenzen. *C. D. Frith*

Kombinatorik, mathem. Teilgebiet zur Bestimmung der möglichen Anordnungen einer Anzahl verschiedener Elemente. In der K. wird zwischen ↗Permutationen, ↗Kombinationen und ↗Variationen unterschieden. Kombinatorische Überlegungen bilden die wahrscheinlichkeitstheoretische Grundlage vieler ↗nichtparametrischer Verfahren.

G. Mikula

Kombinierter Lern- und Intelligenztest (KLI 4–5). Der KLI ist ein aus zehn Subtests bestehender ↗Gruppentest für Schüler der 4. und 5. Klassenstufe, der ursprünglich als Ausleseverfahren für den Übergang von der Grundschule zum Gymnasium entwickelt wurde. Die fünf Subtests des Intelligenzteils entsprechen im wesentlichen den Untertests üblicher ↗Intelligenztests (Wortschatz, Zahlenreihen etc.), wohingegen im Lernteil Merk- und Behaltensleistungen teilweise in Verbindung mit dem Entdecken und Verstehen einfacher Zuordnungsprinzipien erfaßt werden. Hiermit soll dem Sachverhalt Rechnung getragen werden, daß schulischer Erfolg nicht nur durch Funktionen der ↗Intelligenz bestimmt wird, sondern auch durch Lern- und Behaltensleistungen. Paralleltestreliabilität = 0,94, prädiktive Validität = 0,66, nach 2 Jahren = 0,65.

Lit.: **Schröder, H.:** Kombinierter Lern- und Intelligenztest KLI 4–5. Weinheim, Neuauflage 1978.

J. Rost

Komfortbewegungen *(Putzverhalten)*. Hierher gehören solche Verhaltensweisen, die „das Blut wieder strömen lassen", so Sichstrecken, Sichräkeln, Gähnen usw., aber auch Putzhandlungen. Obwohl gerade diese „leicht losgehen", etwa das Fühlerputzen bei Insekten, und sie demgemäß über eine hohe endogene Reizproduktion verfügen, sind keineswegs alle K. ↗autochthon; vielmehr werden sie oft in ↗Konflikten als ↗Übersprunghandlungen gezeigt. Sie spielen als abgeleitete und ritualisierte Bewegungen für die Evolution von Zeremoniellen eine große Rolle.

Lit.: Tembrock, G.: Verhaltensforschung. Eine Einführung in die Tier-Ethologie. Jena, 1964. *K. Fiedler*

Kommissuren sind Verbindungen der beiden Hirn- oder Rückenmarksseiten; in ihnen befinden sich die K.bahnen. Diese Leitungsbahnen koordinieren bilateral analoge Gebiete des ZNS. Der Balken (Corpus callosum) stellt die größte K.bahn dar. In ihm laufen Informationen leitende Impulse aus der Hirnrinde einer Seite zur anderen und umgekehrt.

Lit.: Lockhart, R. D., Hamilton, G. F. & F. W. Fyfe: Anatomy of the human body. London, 1965. *G. Arnold*

Kommunalität, der Anteil der Gesamtvarianz einer Variablen, der zur „Gemeinsamkeit" mit anderen Variablen der gleichen Untersuchung beiträgt. Die K. einer Variablen ist gleich der Summe ihrer quadrierten Ladungen in den gemeinsamen Faktoren und gibt den Prozentsatz der Gesamtvarianz der Variablen an, der durch die extrahierten Faktoren aufgeklärt ist. K. läßt sich auch als *quadrierte multiple Korrelation* der Faktoren mit der Variablen verstehen. ↗Faktorenanalyse. *G. Mikula*

Kommunikation ist ein Forschungsgebiet, das seit dem Zweiten Weltkrieg in vielen Bereichen zunehmende Aufmerksamkeit findet: z. B. in der Technologie, Psychol., Soziologie, in der Erkenntnistheorie (inclusive der Kunst, der Werbung und der Erforschung zwischenmenschlicher Beziehungen in der Arbeitswelt). Diese Entwicklung, deren Hauptantriebskraft die Technologie war, insbesondere die der weltweiten K., ist vielleicht ein Zeichen für das zunehmende Bewußtwerden internationaler Verflechtungen.

Die K. ist deshalb aber noch in keiner Weise ein einheitliches Forschungsgebiet; sie wird innerhalb vieler Wissenschaften auf die verschiedenste Art und Weise betrieben. Für die nächste Zukunft ist es wohl wenig wahrscheinlich, daß eine verbindliche wiss. Theorie gefunden wird, die eine unmittelbare Bedeutung für alle Bereiche hat.

Philosophie der Kommunikation. Um dieses breite Gebiet rational diskutieren zu können und um eine Hilfe zur Planung von Exp., z. B. in der Psychol., zu haben, benötigt man eine logische Denkhilfe, eine Philosophie. Der Verfasser glaubt, daß der sog. *Pragmatismus,* die Philosophie von C. S. Peirce (1839–1914, Lehrer von W. James), die technische und menschliche Seite am besten vereinigt (Peirce, 1931–35; Gallie, 1952; Cherry, 1957; Mead, 1934).

Peirce entwickelte vor allem eine Wissenschaftstheorie, die etwa 50 Jahre ihrer Zeit voraus war. Diese Theorie basiert bes. auf praktischen Ergebnissen (Beobachtungen, Verhaltensforschung usw.), sie erlaubte ihm jedoch auch die Definition von Wertbegriffen, wie z. B. Wissen, Denken und Wahrheit. Der Pragmatismus verbindet die traditionsgemäß geschiedenen Bereiche unserer Innen- und Außenwelt, indem er den Begriff der *Zeichen* einführt (Sprache, Diagramme, Bilder, Gesten usw.). Die Welten von Geist und Materie sind nicht mehr dualistisch geschieden, denn Wissen existiert nur aufgrund von Symbolen, Bezeichnung und Bedeutungsinhalt: Was „existiert", liefert immer irgendein praktisches Ergebnis, das dann auch irgendeine Bedeutung hat.

Pragmatismus und menschliche Kommunikation. K. geschieht durch Zeichen. Sie ist immer sozial, ob zwischen Menschen oder beim Selbstgespräch (oder beim „Denken"). Deshalb beinhaltet sie immer Beziehungen. Es gibt zwei große Klassen von ↗Zeichen: a) linguistische Zeichen (engl., dt., it.), sie sind kulturbestimmt; b) Zeichensysteme, sie sind entweder als solche eingesetzt oder benötigen Definitionen und Regeln (z. B. Verkehrszeichen, Münzen, die Mathematik).

Bei beiden erhebt sich die Frage: Was ist ein Zeichen? Lassen sich alle Wahrnehmungen und alle „Gestalten" in Zeichen ausdrükken?

Um eine Wahrnehmung oder einen Begriff von einem anderen unterscheiden zu können, müssen sie gekennzeichnet werden; sonst ist keine logische Unterscheidung möglich. Ein neuer Begriff erfordert ein neues Zeichen, sonst kann er von anderen nicht unterschieden werden. In seiner einfachsten Form kann das Zeichen eine Darstellung oder ein „Bild" einer neuen Wahrnehmung sein (z. B. können wir zwischen einem Tisch und einem Stuhl unterscheiden, indem wir entweder ihre Namen benutzen oder uns die Objekte geistig vergegenwärtigen). Wahrnehmung, Erkenntnis und K. beruhen alle auf der *Verwendung von Zeichen*. Diese Verwendung erfolgt entweder innerhalb irgendeines Systems, das auf kulturellen Gewohnheiten basiert (z. B. Sprache), oder nach festgesetzten Regeln eines speziellen Gefüges (Verkehrszeichen, Mathematik usw.).

BEOBACHTUNG UND KOMMUNIKATION. Aus den oben genannten logischen Gründen kann unsere Frage folgendermaßen beantwortet werden: Jede Wahrnehmung setzt in der Tat Zeichen, aber wir sollten sorgfältig zwischen zwei ganz verschiedenen Situationen unterscheiden, in denen sie verwendet werden: a) bei der Beobachtung (z. B. einen Baum als einen „Baum" ansehen) und b) in der Kommunikation. Situation (a) ist nicht sozial – eine Subjekt-Objekt-Beziehung; Situation (b) ist sozial – eine Subjekt-Subjekt-Beziehung. Gerade die letztere, die K., bestimmt unser ganzes Leben und ist die Hauptquelle unseres gesamten Wissens über die gegenwärtige und vergangene Welt. Jeder von uns baut sich seine eigene, persönliche Weltvorstellung nicht so sehr durch direkte Beobachtung auf, sondern sie wird weit mehr von der Erziehung her bestimmt: nämlich durch Eltern, Schule, Bücher, Zeitungen, Radio, Fernsehen und eine Menge anderer sozialer Einrichtungen, die unsere Kultur beeinflussen. Erkenntnis ist allein sozial bestimmt, denn sogar auf unsere persönlichsten und originellen Gedanken werden wir durch unsere Sprache, unsere Zeichensysteme und alle unsere sozialen Einrichtungen gebracht (Mead, 1934).

KOMMUNIKATION, INDIVIDUUM UND GESELLSCHAFT. Der bekannte Soziologe E. Durkheim (1858–1917) zeigte als erster den Dualismus zwischen Individuum und Gesellschaft auf (Bierstedt, 1966). Kurz zusammengefaßt, sagt er: Wenn jemand geboren wird, stellt er ein Teil seiner Mutter dar, die ihm sein Selbstbewußtsein vermittelt und die ersten Begriffe lehrt. Zugegeben, diese allg. Behauptung wirft vielleicht Fragen über ↗„Instinkte" und zahlreiche andere angeborene Verhaltensweisen oder Erbanlagen auf. Trotzdem entsteht unsere Erkenntnis (das Wissen um *was, wer* und *daß* usw.) durch die Aneignung verbaler und anderer Zeichen. Deshalb, so folgert Durkheim, kann niemand ohne soziale Umwelt etwas wissen, auch nicht, daß er existiert. Umgekehrt kann die Gesellschaft nicht ohne die Menschen bestehen. Individuum und Gesellschaft bilden eine untrennbare Wechselbeziehung (Mead, 1934; Bierstedt, 1966).

Es ist wichtig, sich dessen in allen Diskussionen über „internationale K." oder „Verständigung" bewußt zu sein. Man ist so weltoffen, wie man von den vielen Institutionen einer Gesellschaft erzogen wurde, und man kann die Bewohner anderer Länder nur mit den Augen der eigenen Institutionen sehen. Die Verständigung entwickelt sich nur dann am besten, wenn Institutionen zusammenwirken, z. B. Wissenschaft, Sprache, Sport, Handel usw. (Mangone, 1954; European Year Book, 1967).

Eine K. ist nur bei gemeinsamen Verhaltensweisen möglich – sowohl in bezug auf die Sprache und den Gebrauch von Wörtern als auch bei anderen, institutionell bedingten Verhaltensweisen. Das weltweite Anwachsen des Fernmeldewesens, der Nachrichtendienste, des Tourismus usw. seit Ende des Zweiten Weltkriegs ließ bestimmte schwerwiegende Probleme in den Köpfen von Millionen von Menschen entstehen, von denen sie früher nicht einmal etwas ahnten (sowohl in den Industrienationen als auch in den Entwicklungsländern). Das alte Klischee „Wissen ist Macht" muß jetzt umgekehrt werden: „Wissen ist wachsende Hilflosigkeit." Deshalb ist es auch nicht erstaunlich, daß Untersuchungen über K. in der politischen Philosophie und Soziologie Eingang gefunden haben und daß wir heute Zeugen zahlreicher Forderungen nach Neuorientierung der Ziele, Werte und Methoden der Erziehung sind.

Ein weiterer Vermittler sind internationale Gesetze, die seit dem Zweiten Weltkrieg stark verbessert wurden, nicht weil wir besser geworden sind, sondern weil wir sie jetzt genauer festlegen können (Mangone, 1954). Weltweite K.mittel (Telephon, Telegraphie, Luftverkehr), Computeranlagen und viele andere Informationstechniken ermöglichen dies immer mehr. Das sprunghafte Anwachsen internationaler Organisationen seit dem Zweiten Weltkrieg ist ein Beweis dafür (Mangone, 1954; European Year Book, 1967).

PRAGMATISCHE THEORIE DER BEDEUTUNGSINHALTE *(Meanings).* (Vgl. Peirce, 1931–35; Gallie, 1952; Cherry, 1966; Mead, 1934.) Peirce sagte, daß ein isoliert stehendes Zeichen keine Bedeutung habe. Es erhält erst dann eine Bedeutung, wenn jemand darauf antwortet. Im sprachlichen Gebrauch ist die Bedeutung eines Zeichens nicht eine Eigenschaft des Zeichens selbst, sondern sie entsteht durch die Beziehung zwischen dem Zeichen und der Person, die es optisch oder akustisch wahrnimmt (und darauf antwortet). Außerdem wird diese Bedeutung so lange (für einen Beobachter) nicht offensichtlich, bis der Angesprochene sein Zeichen als Antwort gibt, wie z. B. beim Grüßen. In einem pragmatischen oder psychol. Sinn beinhaltet „Bedeutung" die dreidimensionalen Beziehungen zwischen *Zeichen, Zeichenbenutzer* und verwendetem *Begriff* (Peirce; Gallie; Morris, 1946).

Peirce beobachtete ferner, daß eine *Unterhaltung* aus fortlaufenden Stimulus- und Antwortzeichen besteht, wobei jedes folgende das vorausgehende interpretiert; es liegt deshalb in der Natur der Unterhaltung, daß sie nie zu enden braucht. Es ist immer möglich, eine weitere passende Bemerkung zu machen. Glücklicherweise findet eine Unterhaltung schließlich auch ihr Ende: durch eine Art rituelles Zeichen (z. B. „Auf Wiedersehen").

Dieser pragmatische Gesichtspunkt von „Bedeutung" ist für die Psychol. ebenso wichtig wie die semantische für die Sprachwissenschaften. Die Sprachwissenschaftler befassen sich mehr mit der alltäglichen Verwendung der ↗Sprache innerhalb ganzer Bevölkerungsschichten als mit der zeitweiligen Verwendung bei Individuen. Sie sprechen von „sinnvollen" und sogar von „sinnlosen" Sätzen (ein Beispiel von N. Chomsky: „Farblose grüne Ideen schlafen wütend") (Smith, 1966). Diese beiden Gesichtspunkte von „Bedeutung" sollten nicht verwechselt werden.

SYNTAX, SEMANTIK UND PRAGMATIK. Die Erkenntnistheorie, die hauptsächlich aus der Zeit der frühen Empiristen stammt, hat sich zu einer wiss. Disziplin entwickelt, die man – bes. unter dem Einfluß von Peirce – „Semiotik" (semiotics) nennt (Morris, 1946). Es liegt nahe, dieses Gebiet in drei verwandte Bereiche einzuteilen: a) *Syntax:* die Zeichen als solche, ihre Klassifikation und Anordnung; ohne Rücksicht auf den Bedeutungsinhalt (↗Grammatik); b) ↗*Semantik:* die formalen Beziehungen zwischen Zeichen und ihren Bezeichnungen (definierte Begriffe wie in der Mathematik, Logik, in der Sprachtheorie usw.); c) ↗*Pragmatismus:* die Zeichen und ihr unterschiedlicher Gebrauch bei bestimmten Personen in bestimmten Situationen. Letzteres beschäftigt hauptsächlich die Psychologie. Die Semantik liegt eher im Interessenbereich der Logiker, Linguisten und derer, die sich weniger mit speziellen Individuen und Ereignissen beschäftigen. Die Syntax hat die größte naturwiss. und math. Bedeutung erlangt.

INFORMATIONSTHEORIE. Die weltweite Strategie des Zweiten Weltkriegs mit ihren fließenden Fronten war stark von der K. abhängig. Sie lenkte die Aufmerksamkeit auf zwei technische Bereiche, die dann später durch die industriellen Bedürfnisse der Nachkriegszeit wieder in den Vordergrund traten: a) K.systeme, die möglichst viel ↗Information möglichst schnell verarbeiten; b) die Entwicklung von Maschinen, die durch die Verwendung von Informationen, ihre Arbeitsweise den wechselnden Bedingungen anpassen können und auf diese Weise bisher Menschen überlassene Aufgaben genausogut erfüllen

(Kybernetik) (Wiener, 1961). Mit diesen Maschinen hat man später die Computerkontrolle von Prozeßabläufen realisiert. Beide Punkte stellen den Mathematikern die Aufgabe, den Begriff „Information" zu definieren (Shannon, 1949).

So wie die Informationstheorie sich bisher entwickelte, ist sie ein Teil der Syntax. Sie befaßt sich nur mit Zeichen, deren Kodierung und Häufigkeiten sowie mit den Fehlern bei der Informationsübertragung. Sie ist für genau festgelegte Systeme des Fernmeldewesens, wie z. B. den Fernschreiber, wichtig. Die erste Frage an die Theorie lautet (Shannon, 1949): Welches sind die denkbar einfachsten und kleinsten Signale, um eine Nachricht korrekt zu übermitteln?

In der Praxis werden die verschiedenen Buchstaben nicht mit gleicher Häufigkeit benutzt. Zum Beispiel wird im Englischen der Buchstabe A am häufigsten verwendet, ihm folgen T, E... Z. Sehr häufig verwendete Buchstaben haben weniger Informationsgehalt als seltene (häufige Buchstaben können öfters richtig erraten werden). Deshalb wird der Begriff der Wahrscheinlichkeit eingeführt. Angenommen, die Wahrscheinlichkeiten der Buchstaben sind festgestellt und werden durch p(A), p(B)..., p(X),..., p(Z) usw. ausgedrückt. Dann kann man zeigen, daß im Durchschnitt (statistisch gesehen) H die kleinste Zahl von Binärziffern angibt, die benötigt werden, wobei H dem Mittelwert von

$$\mathrm{Log}\,\frac{1}{2\,p\,(x)} = \Sigma\; p(x) \log p(x)$$

Binärziffern je Buchstabe entspricht.

Zurück zur Praxis; die Übertragungskanäle werden durch Störungen beeinflußt, die wir als Geräusche kennen. Oft können auch deren stat. Kennziffern bestimmt werden. In diesem Fall werden die gestörten Signale beim Empfänger verzerrt und kennzeichnen dann nicht mehr die Buchstaben, die der Sender auswählte: sie geben nur Anhaltspunkte. In diesem Fall kommt die math. Inferenztheorie zur Anwendung, um die wahren Informationswerte zu errechnen. Denen, die sich mit Kodierung befassen, hilft die Informationstheorie mit einer großen Leistung, denn es besteht die Möglichkeit, den Wirkungsgrad verschiedener Kodierungen zu vergleichen.

Bedeutung der Informationstheorie für die Psychologie. Die ersten Veröffentlichungen über Informationstheorie in den frühen fünfziger Jahren riefen in vielen Bereichen der Sozialwissenschaften, einschließlich der Psychol. und der Sprachwissenschaften, großes Interesse hervor; eine Lawine von Anwendungen war die Folge (Jackson, 1953; Cherry, 1966). Bes. wichtig schien sie für „choice-reaction time"-Experimente zu sein, wo man sich für die *Informationsverarbeitung* innerhalb der menschlichen Persönlichkeit interessierte. Diese anfängliche Hoffnung war jedoch in dem Maße nicht aufrechtzuerhalten, und es ließ sich auch eine Reihe von Forschern in die Irre führen. Denn die Theorie ist nur dann *numerisch* anzuwenden, wo die Sets von N Zeichen und ihre Wahrscheinlichkeiten definiert und bekannt sind; dies ist in wenigen Gebieten außerhalb der Technologie gegeben. Seit den frühen fünfziger Jahren hat sich die Informationstheorie nur wenig entwickelt, ausgenommen davon sind Anwendungen in der Kodierungstheorie.

Trotzdem wäre es falsch, zu behaupten, die Theorie sei für die Psychol. irrelevant, denn für die expt. Methoden hat sie durch Klärung bestimmter Begriffe einige Bedeutung erlangt. Ohne die größte Vorsicht ist es nicht vorteilhaft, die Informationstheorie als Forschungsinstrument zu benutzen. Die Wahrscheinlichkeiten von Zeichen (Buchstaben, Wörter, Tasten usw.) für eine Person sind z. B. subj. Wahrscheinlichkeiten; vielleicht stehen sie in einer Rangordnung, die aber numerisch nicht bekannt ist. Vielleicht lag für die Psychol. der wertvollste Beitrag darin, daß die Theorie den Anstoß zu neuen Ideen und Exp. gab und – vor allem – Möglichkeiten bot, Wissenschaftler mehrerer Disziplinen zur besseren Verständigung zusammenzubringen; sie hat die überlieferten Grenzen der Einzeldisziplinen überwunden (Cherry, 1966). ↗Kybernetik und Psychologie; ↗Informationstheorie.

Lit.: Bierstedt, R.: Emile Durkheim. London, 1966; **Broadbent, D. E.:** Perception und communication. London, 1958; **Cherry, E. C.:** On human communication. Cambridge

(Mass.) – London, 1966; **ders.** (Ed.): Proceedings symp. on information theory. London, 1952, 1955, 1961; **ders.:** Information theory. London, 1956; **ders.:** Kommunikationsforschung – eine neue Wissenschaft. Frankfurt, 1963; **Gallie, W. W. B.:** Peirce and pragmatism. Harmondsworth, 1952; **Hartshorne, C. & P. Weiss** (Eds.): The collected papers of Charles Sanders Peirce, Vols. I to VI. Cambridge (Mass.), 1931–35; **Jackson, W.** (Ed.): Proceedings symp. on information theory. New York, 1953; **Mangone, G. J.:** A short history of international organizations. New York, 1954; **Mead, G. H.:** Mind, self and society. Chicago, 1934; **Morris, C.:** Signs, language and behavior. New York, 1946; **Peirce, J. R.:** Phänomene der Kommunikation. Informationstheorie – Nachrichtenübertragung – Kybernetik. Düsseldorf, Wien, 1965; **Pye, L. W.** (Ed.): Communication and political development. Princeton (N. Y.), 1963; **Shannon, C. E.:** The mathematical theory of information. Urbana, 1949; **Smith, A. G.** (Ed.): Communication and culture. New York, 1966; **Spitz, R. A.:** Vom Dialog. Stuttgart, 1975; **Wiener, N.:** Cybernetics. New York, 1961 (dt.: Kybernetik. Düsseldorf, 1963).

Colin Cherry

Kommunikation, nichtverbale, ein Verhalten, das – ohne Sprache – menschliche Beziehungen (gewollt oder ungewollt) aufrechterhält oder steuert. Die Medien sind a) Körperbewegungen (↗Kinesik): Gesten, Mienen, Haltungen und Handlungen, b) paralinguale Phänomene: Stimmqualität (Phonemik), Sprechpausen/Schweigen und nichtsprachliche Laute wie Lachen, Gähnen, Grunzen, Pfeifen, c) Position im Raum: Individualdistanz, Orientierung des Körpers, Revierverhalten, d) Geruchsausstrahlung (Olfaktorik), e) Empfindlichkeit der Haut auf Berührungsreize (Haptik) und Temperatur, f) menschliche Erzeugnisse wie Kleidung und Schmuck. Während verbale Kommunikation Informationen hauptsächlich auf der Inhaltsebene vermittelt, gewährleistet n. K. Informationen vor allem auf der Beziehungsebene (Watzlawick et al., 1969). Unter welchen Bedingungen diese Informationen zustande kommen und konzeptualisiert werden, das wird im Rahmen der Personen-Wahrnehmung (person perception) erforscht. Drei wichtige Fragenkomplexe sind dabei zu lösen: 1) Welches sind die prinzipiellen Determinanten unserer Erfahrungen über den emotionalen Zustand und das relativ überdauernde Sosein einer anderen Person? Welche Stimuli bewirken diese Erfahrung? 2) Wie formen wir unsere Eindrücke von einer anderen Person? 3) Welches sind die Prozesse, durch die wir überdauerndes Sosein einer anderen Person attribuieren? – Bisher wurde eine Reihe von Vorgängen erforscht, die zur Eindrucksbildung führen wie „Primacy"- und „Recency"-Effekt, die integrierende Wirkung der „zentralen Eigenschaft" usw. Von besonderer Bedeutung solcher kognitiver Prozesse hat sich die kausale Attribution erwiesen. In der Wahrnehmung anderer greift das perzipierende Erfassen hinter das Verhalten der beobachteten Person und nimmt eine Ursache dafür an, warum dieses abläuft. Es ist je die „implizite Persönlichkeitstheorie", unter der wir attribuieren. Die Elemente dieser Theorie bestehen vielfach aus generalisierten eigenen Erfahrungen und aus Meinungen anderer über Dritte. Die impliziten Hypothesen der interpersonellen Wahrnehmung können verschieden komplex strukturiert sein; je nachdem fällt das Urteil einfach oder differenziert aus.

Lit.: Asch, S. E.: Forming impression of personality. Journ. abnorm. soc. Psychol., 1946, *41*, 258–290; **Harstorf, A. H., Schneider, D. J. & J. Polefka:** Person perception. Reading (Mass.), 1970; **Jones, E. E., & K. E. Davis:** From acts to disposition – The attribution process in person perception. In: **Berkowitz, L.** (ed.): Advances in experimental social psychology. Vol. 2. New York, 1965; **Mehrabian, A.:** Nonverbal communication. Chicago, 1972; **Scherer, K. R. & H. G. Wallbott:** Nonverbale Kommunikation. Weinheim, 1979; **Schroder, H. M., Driver, M. J., & S. Streufert:** Human information processing. New York, 1967; **Watzlawick, P., Beavin, J. B., & D. D. Jackson:** Menschliche Kommunikation. Bern – Stuttgart – Wien, 1969.

F. Kiener

Kommunikation, tierische. Man unterscheidet akustische, geruchliche, optische und taktile Kommunikation. Sie kann innerartlich oder/und zwischenartlich sein. Werden die Kommunikationssignale verstanden, können sie das Verhalten des Tieres bzw. der Tiergruppe beeinflussen.

Die t. K. steht im Dienste des Sexualverhaltens, der Paar- und Gruppenbildung sowie der Revierkennzeichnung. Balzgesänge und -tänze der Insekten und Vögel, gruppenspezifischer Duft ↗staatenbildender Insekten, Reviermarkierung durch Gesang z. B. der Singvögel oder durch Absetzen von Kot bzw. Harn bei Hunden sind allgemein bekannt. ↗Tierpsychologie; ↗AAM.

V. Preuss

Kommunikationstherapie, eine von A. und K.H. Mandel entwickelte Therapieform. Sie basiert zunächst auf kommunikationstheoretischer Grundlage, d.h., die Entstehung zwischenmenschlicher Konflikte wird nicht im Einzelindividuum gesucht, sondern in der Gruppe, insbesondere dem Paar und der dort ablaufenden Kommunikation. Die Therapietechnik verbindet kommunikationstheoretische Ergebnisse mit Vorgehensweisen der Verhaltenstherapie, der Psychoanalyse und der Gesprächspsychotherapie. Einsatz findet die K. ausschließlich in Gruppen. Sie kann bei ihrer Anwendung, der Partnertherapie, jedoch auch mit verhaltenstherapeutischer Einzelbehandlung verknüpft werden. Als abwandelbares Standardprogramm werden in der K. folgende Übungen durchgeführt: Abbau hinderlicher Ängste und Aggressionen, bzw. „Befreiung förderlicher Gefühle", Verbesserung des sprachlichen Kontakts, Verbesserung des Körperkontakts, „Veränderung inneren und äußeren Handelns".

Lit.: Mandel, A., Mandel, K.H., Stadter, E. & D. Zimmer: Einübung in Partnerschaft durch K. und Verhaltenstherapie. München, [9]1976; **Mandel, K.H., Mandel, A. & H. Rosenthal:** Einübung der Liebesfähigkeit. München, [3]1976.

H.-P. Trolldenier

Kommunikator. Im *Spiritismus* während einer *Séance:* die verstorbene Person, die durch ein ↗Medium angeblich mit einem *Sitzungsteilnehmer* in Verbindung steht. *J. Beloff*

Kompatibilität („Verträglichkeit"). Logisch exakt definierbare Bedingung, auf der aufbauend die verallgemeinerte formalisierte ↗Hypothesentheorie des Denkens andere relationale Eigenschaften herleiten bzw. bestimmte Verhaltensmuster erklären kann. Oberbegriff zur Bedingung der Kompatibilität ist das sog. Evaluationskriterium. *R. Groner*

Kompensation, Ausgleich einer bewußten oder unbewußten Minderwertigkeit oder Unsicherheit gegenüber gesellschaftlichen, familiären und individuellen Idealen. Zuerst von A. ↗Adler als dynamischer Prozeß bei angeborener „Organminderwertigkeit" beschrieben, später von C. G. Jung allg. auf das Verhältnis des ↗Unbewußten zum ↗Bewußtsein, des Traums zum wachen Erleben erweitert. In der Persönlichkeitspsychol. unterscheidet Lersch die *direkte* K. („erster Ordnung") – die dem Begriff Adlers entspricht – von der K. der *nächsten Chance* („zweiter Ordnung"), die G. W. Allport *Substitution* nennt. Zu einer *Fehl*-K. oder „K. im Als-ob" („dritter Ordnung") kommt es, wenn der Ausgleich durch den sekundären Krankheitsgewinn einer neurotischen Symptomatik ermöglicht wird. Neuere Forschung ordnet die K. in allgemeingültige, biol. Steuerungsvorgänge (↗Homöostase) ein.

Lit.: Lersch, P.: Aufbau der Person. München, [11]1970; **Menninger, K.:** Regulatory devices of the ego under major stress. Int. J. Psychoanal., 1954, *35,* 1–14; **Orgler, H.:** Alfred Adler: the man and his work. London, 1947.

W. Schmidbauer

Kompetenz ↗Sprechen.

Komplementärfarben sind die Farbtöne, die keine Zwischenfarben ergeben, wenn sie gemischt werden, sondern nur verschiedene Sättigungsgrade eines der Glieder des Paares und – in entsprechenden Proportionen – eine achromatische oder graue Farbe. Allgemein sind komplementär die Farben, die auf den äußersten Enden eines beliebigen Durchmessers in den Farbenkreisen von E. Hering oder W. Ostwald liegen, bes. die Farbenpaare Rot-Grün und Gelb-Blau. ↗Gegenfarben. *G. Kanizsa*

Komplex. I. Der Begriff wurde von C.G. ↗Jung in die psychoanalytische Fachsprache eingeführt; später hat sich sein Anwendungsbereich erweitert. Man versteht darunter die Präsenz von Vorstellungen und Gedanken, die verdrängt und affektiv stark aufgeladen sind. Eben durch diese affektive Ladung wirken die K.e, die im Unbewußten verbleiben, auf das Verhalten der Person. Gewöhnlich schreibt man die Ursache eines K. einem psychischen Trauma zu. Andere sprechen von K., wenn sie überbewertete Ideen aufzeigen wollen, ohne daß sie notwendigerweise auf die Annahme zurückgreifen, daß die Aktion eines K. nur dann wirksam ist, wenn er ins Unbewußte verdrängt worden ist. *J. López Ibor*

II. In der älteren *Denkpsychol.* versteht man unter K. ein Zueinander von ↗*Gedächtnis*inhalten, die bes. stark miteinander assoziiert sind. Die K.e entstehen beim ↗Lernen, zum Beispiel bei kollektiver Auffassung einzelner Glieder einer Lernreihe.

Lit.: **Müller, G. E.:** Zur Analyse der Gedächtnistätigkeit und des Vorstellungsverlaufs. Leipzig, 1911. *R. Hänni*

Komplexpsychologie. C. G. ↗Jung bezeichnete seine eigene psychoanalytische Richtung mit dem Namen *Psychol. der ↗Komplexe.* Die wichtigsten Unterschiede zwischen der ↗Psychoanalyse von S. ↗Freud und dieser Strömung sind: die Annahme eines ↗kollektiven Unbewußten neben dem persönlichen Unbewußten, der ↗Individuationsprozeß bei der Formung der Person, die Annahme einer allg. psychischen Energie statt einer psychosexuellen Energie (↗Libido) wie bei S. Freud sowie die Aufstellung kompensatorischer und komplementärer Relationen bei der Formung des ↗Ich.

Lit.: **Jacobi, J.:** Komplex, Archetypus, Symbol in der Psychol. C. G. Jungs. Zürich, 1957; **Jung, C. G.:** Gesammelte Werke, 16 Bde. Zürich, ab 1958. *J. López Ibor*

Komplexqualität, ein Begriff, der von F. Krueger (↗Leipziger Schule) zur Beschreibung von Ganzheiten verwandt wurde, die keine unmittelbar differenzierte Struktur haben. Der Begriff wird vor allem im Zusammenhang mit Gefühlen verwandt. ↗Ganzheit – Gestalt – Struktur. *C. D. Frith*

Komplikationsversuch, ein klassisches Exp. zur Demonstration des sog. Gesetzes des früheren Eintretens (law of prior entry), das besagt, daß von zwei gleichzeitigen Reizen derjenige wahrgenommen wird, als sei er zuerst erfolgt, auf den man die ↗Aufmerksamkeit richtet. Beim K. besteht die Aufgabe darin, die Position eines kreisenden Uhrzeigers (oder Pendels) abzulesen, wenn eine Glocke ertönt. Das Ablesen differiert meßbar, je nachdem, ob man die Aufmerksamkeit auf das optische oder das akustische Signal richtet.

G. D. Wilson

Konation, in der älteren angelsächsischen Literatur (A. Ward, W. McDougall) geprägter Begriff für psychischen Antrieb, Strebung. Konative Kräfte können als „blinder Impuls" oder zielgerichtetes Streben auftreten. Ggs.: ↗Kognition (Erkenntnis). *I. Lindner*

Kondensation ↗Condensation.

Konditionierte Hemmung. Nach der von C. L. ↗Hull im Rahmen seiner „hypothetico-deduktiven" Lerntheorie aufgestellten Hypothese erwerben Reize und Reizspuren, die mit der Reduktion ↗reaktiver Hemmung (d. h. mit der Beendigung einer Tätigkeit) zeitlich assoziiert sind, selbst die Tendenz, ↗Hemmung hervorzurufen. Die auf diese Weise gelernte Hemmung wird als k. H. ($_SI_R$) bezeichnet. Reaktive und k. H. summieren sich zum zusammengesetzten Hemmungspotential ($\dot{I}_R$).

Lit.: **Hull, C. L.:** Principles of behavior. New York, 1943.
L. Blöschl

Konditionierter Reflex ↗Konditionierung; ↗Pawlow.

Konditionierung (Konditionieren). Auf jeder phylogenetischen Entwicklungsstufe treten Verhaltensweisen ohne spezifischen genetischen oder physiol. Hintergrund auf. Sie sind biologisch sinnvoll und beruhen lediglich auf einer spezifischen sensorischen Reaktion. Diese Handlungen oder Teile einer ganzen Handlungskette werden als *Reflexe* bezeichnet. Wenn sie systematisch unter Stimuluskontrolle gebracht werden, entsteht daraus der Vorgang des ↗Lernens, der vielleicht das Hauptproblem in der Psychol. ist.

Eine Methode zur Kontrolle und Beschreibung von Daten, die sich aus der Modifikation des Verhaltens auf begrifflicher und physischer Ebene ergeben, ist die Konditionierung. K. war und ist trotz theoretischer Verdrehungen ein expt. Verfahren, „natürliche" Reflexe experimentell zu handhaben. Durch Verknüpfung eines Reflexes mit einem neutralen intraorganismischen oder Außenreiz ist es möglich, die Stärke des letzteren durch die Größe des ersteren festzusetzen. Wenn der Reflex durch den „normalen" (adäquaten) Reiz ausgelöst wird, so heißt er „unkonditionierter Reflex"; wird er durch einen geplanten (d. h. nicht „normalen") Reiz hervorgerufen, so handelt es sich um einen „konditionierten" Reflex. Allgemeiner formuliert: Nachdem der Terminus „Reflex" außer Mode gekommen ist, wird das Resultat als „konditionierte Reaktion" bezeichnet. Methode und Terminologie entstammen der Arbeit J. P. ↗Pawlows, dessen expt. Verfahren standardisiert und definiert (klassisch) sind und dessen Konzept einige Jahrzehnte hindurch unangefochten blieb. Der Vorgang des Konditionierens wurde durch Zufall entdeckt, und die Bedeutung, ob die Beobachtung „psychischer Reflexe" als vorteilhaft angesehen werden kann, wurde verschieden eingeschätzt (Evans, 1968). Seit seiner Einführung sind die meisten Psychologen – ausgenommen einige Wahrnehmungspsychologen – bemüht gewesen, seine Bedeutung für ihren Bereich der Wissenschaft zu demonstrieren. Von übertriebenen Ansprüchen befreit (Watson, 1916), wurde K. als bedeutender Beitrag der Lernpsychol. betrachtet.

Klassische Konditionierung. Wie bereits ausgeführt, ist K. ein Aspekt des Lernens, der von Pawlow entdeckt wurde. So ist es nicht überraschend, daß seine Methode und Terminologie Grundlage der Definition sind. Folgende Bedingungen müssen erfüllt sein, damit eine klassische K. eintreten kann: a) ein Sinnesreiz (Stimulus), der zuverlässig eine Reaktion (Reflex) bedingt, b) ein Sinnesreiz, der diese Reaktion normalerweise nicht bedingt, c) die Darbietung dieser beiden Reize in einer systematischen und zeitlichen Anordnung (Mednick), bis der normalerweise nicht bedingende Reiz in der Lage ist, eine ähnliche Reaktion wie der Originalreiz auszulösen. Der *primäre* Reiz wurde bekannt als *unkonditionierter* (unbedingter) *Reiz* (abgekürzt UCS), und er löst den *unkonditionierten* (unbedingten) *Reflex* (UCR) aus; der *sekundäre* Reiz wird *konditionierter* (bedingter) *Reiz* (CS) genannt, und die dadurch ausgelöste Reaktion (die der unkonditionierten Reaktion mehr oder weniger ähnlich sein kann) wird *konditionierter* (bedingter) *Reflex* (CR) genannt. Diese Methode erfordert hauptsächlich zeitliche Nähe, damit ein Austausch des UCS durch den CS stattfinden kann. Eine große Anzahl von Reaktionen im Verhaltensrepertoire vieler Tierarten ist durch die klassische Methode konditionierbar (Hilgard, 1940). Aber ihre Zahl ist begrenzt, auch wenn man von der Reaktionskapazität des Organismus einmal ganz absieht.

Der einmal gesetzte CR ist nicht nur eine unvollkommene Nachbildung der UCR, sondern zusätzlich abhängig vom Einfluß zahlreicher Faktoren. Z. B. ist die Auslösung eines CR abhängig von der zeitlichen Nähe von CS und UCS, durch welche die angenommene Verbindung zwischen den beiden durch irgendeinen verbindenden Aspekt verstärkt wird. Andererseits wird die Reaktion zunehmend abgeschwächt durch „Hemmung" (inhibition) von Stimulus und Reaktion, durch äquivalente Reize und ungünstige biochem. und physiol. Zustände des Organismus, bis es zur Extinktion (Löschung) des CR kommt. Allerdings legt das Phänomen der „spontanen Erholung" die Vermutung nahe, daß die entstandene Verbindung weiter bestehenbleibt, auch wenn sie nicht mehr auszulösen ist. Klassische K. scheint weitgehend auf Reaktionen beschränkt zu sein, die ihren Ursprung im ↗autonomen Nervensystem (ANS) haben. Bei „spinalen Reflexen" und solchen Vorgängen, die höhere vermittelnde Prozesse erfordern, ist die klassische K. schwierig zu demonstrieren. Es bestehen auch interindividuelle Differenzen bei verschiedenen Reaktionsparametern, so daß das Konzept der *„differentiellen Konditionierbarkeit"* an Bedeutung gewinnt. Ein Merkmal der konditionierten Reaktion ist die ↗*Generalisation.* Die Reaktion auf einen bestimmten CS kann z. T. durch ähnliche Stimuli ausgelöst werden. Diese Reizgeneralisierung hat ihre Vor- und Nachteile. Gäbe es sie nicht, so wäre die Wahrnehmung der Außenwelt sehr eingeschränkt (Reize und Ereignisse sind selten, wenn überhaupt jemals, identisch), aber andererseits gäbe es auch keine alles beherrschende Furcht. Tatsächlich bauen etliche Techniken der ↗Verhaltenstherapie (Wolpe & Lazarus, 1966) bei Patienten, die gravierende traumatische Erlebnisse hatten und außerdem mit einem sehr labilen Nervensystem ausgestattet sind, auf den Prinzipien der Reizgeneralisierung auf. Die Reaktionsstärke aufgrund der Generalisation wird in Hinblick auf die in ihr enthaltenen Prinzipien verständlich; ihre Anwendung bei der Beseitigung (Extinktion) pathologischer Symptome folgt daraus. Unkontrollierte Generalisierung wird beschränkt durch die Fähigkeit zur *Diskrimination.* Ursprünglich tauchte sie in der klassischen Versuchsanordnung bei Pawlow (im Kontext mit einer Kontrastmethode) auf und ist daher historisch mit ihnen verknüpft. Neuerdings richtete sich die Aufmerksamkeit auf das Wesen und die Anwendung der Diskrimination und ihre Wirkung auf die Generalisation im Zusammenhang mit der operanten K. (s. Guilford & Sullivan, 1969).

INSTRUMENTELLES KONDITIONIEREN. Die Mängel und der Zwang (Abhängigkeit von der Kontrolle des Bekräftigungsprogrammes durch den Experimentator) beim klassischen K. führten zur ersten Abweichung von Pawlows expt. Anordnung. Das sog. *instrumentelle* K., welches historisch vorwiegend mit Bechterew (1913) in Verbindung gebracht wird, unterscheidet sich von dem klassischen Verfahren nur insofern, als die Bekräftigung, auf der die konditionierte Verbindung beruht, erst nach erfolgter Reaktion eintritt. Wegen dieser Anordnung bezeichnete man die Reaktion als „instrumentell" bezüglich der Belohnung. Die instrumentelle Reaktion kann durch eine oder durch die Verbindung der folgenden vier Arten bekräftigt werden: durch *positive Belohnung, Flucht, Vermeidung* oder *Training höherer Ordnung.* Die ersten beiden stellen *primäre,* die letzteren beiden *sekundäre* Bekräftigungsmechanismen dar.

OPERANTES KONDITIONIEREN. Diese Form des ↗Lernens, welche lerntheoretisch seit knapp dreißig Jahren formuliert ist, unterscheidet sich in zahlreichen Charakteristika vom klassischen K. (Hoffman, 1966). Vom instrumentellen K. unterscheidet es sich nicht wesentlich, außer in der *Methode* (Honig, 1966). Dennoch würde ein überzeugter Skinner-Anhänger (Skinner ist der führende Exponent dieser Methode) jedwede sinnvolle Ähnlichkeit zwischen den beiden bestreiten, wenn er auch zugeben würde, daß es sich beim operanten K. um instrumentelles Verhalten im weiteren Sinne handelt. Experimente zum operanten K. untersuchen die Folgen weitgehend freiwilliger und nicht planmäßig hervorgerufener Handlungen; die Folgen werden eingeschätzt nach der Stärke der Handlung, nachdem diese bekräftigt wurde. Die Stärke der Handlung (Stärke des Lernens) ist charakterisiert durch die Häufigkeit, in der diese Verhaltensweise auftritt, und die Bekräftigung die zum Ansteigen ihrer Auftretenswahrscheinlichkeit führt. In ähnlicher Weise sagt man von einem Ereignis, es sei nicht verstärkend, sondern bestrafend (Azrin, 1966), wenn es zur Abnahme der Reaktionshäufigkeit führt. Die Terminologie beim operanten K. bezieht sich mehr auf die Sprache der Verhaltensäußerung (die Operants) als auf die Reflexologie und betrifft vor allem jene Reaktionen, die durch das ZNS vermittelt werden. Die sich bei dieser Methode ergebenden Daten sind die Reaktionsquoten und die bei ihnen auftretenden Veränderungen, die hervorgebracht werden vom Organismus im Rahmen seiner Reaktionsmöglichkeiten (physiologisch bedingt). Die Reaktionsmöglichkeiten können variiert werden, indem man es so einrichtet, daß die Verstärkung planmäßig in Abhängigkeit von festen oder veränderlichen Intervallen oder von festen oder veränderlichen Handlungsquoten erfolgt (Ferster & Skinner, 1957). Durch die Anwendung „fester" oder veränderlicher Intervalle und Quoten und ihre Kombination in aufeinanderfolgenden oder gleichzeitigen Anordnungen („multiple Pläne"; ↗Bekräftigung) kann der Experimentator Verhalten ganz bestimmter Art hervorrufen und aufrechterhalten und ziemlich genaue Analysen durchführen (Methoden des „intermittierenden Bekräftigens").

Ein Preis für die Freiheit beim operanten K. ist das Phänomen des „Aberglaubens". „Aberglauben" ist die Bezeichnung für das gewöhnlich vorübergehende Verhalten, das unter der Bedingung starker Wechselbeziehung mit der Bekräftigung entsteht. Es ist gewöhnlich das Endprodukt von zufälligen oder willkürlichen Verstärkungen (Bekräftigungen), seien sie primär oder sekundär, positiv oder negativ. Man kann sie sich wahrscheinlich als stereotype Handlung ohne ersichtlichen Grund und Zweck vorstellen. Der Leser wird auf Herrnstein (1966) verwiesen bezüglich der Entstehung und der Verbreitung des Aberglaubens beim Menschen und des Unterschieds zum Aberglauben beim Tier (mittels der Sprache wird der gewöhnliche K.prozeß umgangen [Honig, 1966]). Zahlreiche Verfechter der Prinzipien des operanten K. und der Ansichten Skinners (1960) waren von der Art und Weise angetan, in der „Statistik" und „geplantes Experiment" in Zweifel gezogen werden und wie dem „unnützen" Vorgang der formalen Hypothesenbildung als Planungsprinzip abgeschworen wird. Beim operanten K. wird großer Wert auf Flexibilität gelegt, und die Manipulation von Variablen in einer sich entwickelnden Situation wird angestrebt. Skinners Ansichten über Methodologie sind plötzlich ein Glaubensbekenntnis der wiss. Methode, ein empfindliches Instrument zur Untersuchung des Individuums, und sie sind die Antwort auf seine Kritiker, die beklagten, daß er den Organismus „entleere" und auf das Niveau einer Maschine degradiert habe. (Die Grenzen der einzelnen Reaktionsraten werden von Honig [1966] diskutiert.)

Ähnlichkeit und Unterschied. Die grundsätzliche Ähnlichkeit zwischen *klassischem* und *operantem* K. veranlaßte Wissenschaftler, nach der Notwendigkeit zu fragen, diese Art des Lernens durch mehr als ein Prinzip zu erklären. Es wurde vermutet, daß instrumentelles K. auch die meisten Merkmale des operanten K. erklären kann. Skinners Zurückweisung dieses Gesichtspunktes ist nicht überzeugend: Er argumentiert, daß Verhalten auf die Umwelt „einwirkt", um Bekräftigung *hervorzurufen,* und deshalb der Terminus „operantes" K. der passendere ist.

Aber trotz der aufgezeigten Ähnlichkeiten bestehen doch auch beachtliche Unterschiede. Viele Formen des „operanten" K. sind nur wirksam, nachdem die geforderte Reaktion zunächst durch klassische Methoden aufgebaut worden ist. Ein Beispiel dieser Art sieht man bei dem Flucht-Vermeidungs-Paradigma. Hier erfolgt die Vermeidungsreaktion erst nach der Darbietung des aversiven Stimulus und seiner Verknüpfung mit dem konditionierten Reiz (Sidman, 1966; Herrnstein, 1969). Sie diskutieren die Zwei-Faktoren-Theorie von Mowrer (1946) zur Erklärung des Vermeidungslernens. Während es nicht schwierig ist, die meisten autonomen Reaktionen aufzubauen durch einfache zeitliche Nähe mit einem unwirksamen CS, ist es fast unmöglich (ohne vorsätzliche oder zufällige Verknüpfung [Kelleher, 1966]), dies durch gewöhnliche Verstärkung in einer operanten Situation zu erreichen. Die Unterschiede zwischen operantem und klassischem K. liefern anscheinend die Grundlage für die Beantwortung der Frage: „Was ist der Unterschied zwischen Konditionieren und Lernen?" Es scheint möglich zu sein, vom klassischen K. zurückzugehen zu den einfacheren Formen der Verhaltensmodifikationen, einschließlich Gewöhnung und Anpassung, und vom operanten K. voranzugehen zu Vermittlungsprozessen auf allen kognitiven Ebenen (Honig, 1966; Skinner, 1948; u. a.).

Lit.: **Azrin, N. H. & W. C. Holz:** Punishment. In: **W. K. Honig** (Ed.): Operant behavior. New York, 1966; **Bechterew, V. M.:** Objektive Psychologie. Leipzig – Berlin, 1913; **Bittermann, M. E.:** Thorndike and the problem of animal intelligence. Amer. Psychologist, 1969, *24*, 444–453; **Evans, R. I.:** B. F. Skinner: The man and his ideas. New York, 1968; **Ferster, G. B. & B. F. Skinner:** Schedules of reinforcement. New York, 1957; **Gilbert, R. M. & N. S. Sutherland:** Animal discrimination learning. London, 1969; **Herrnstein, R. J.:** Superstition: a corollary of the principles of operant conditioning. In: **W. K. Honig** (ed.): Operant behavior. New York, 1966; **ders.:** Method and theory in the study of avoidance. Psychol. Rev., 1969, *76*, 49–69; **Hilgard, E. R. & D. G. Marquis:** Conditioning and learning. New York, 1940; **Hoffman, H. S.:** The analysis of discriminated avoidance. In: **W. K. Honig** (Ed.): Operant behavior. New York, 1966; **Honig, W. K.:** Operant behavior – areas of research and application. New York, 1966; **Kelleher, R. T.:** Chaining and conditioned reinforcement. In: **W. K. Honig** (Ed.): Operant behavior. New York, 1966; **Mednick, S. A.:** Psychologie des Lernens. München, ²1977; **Mowrer, O. H. & R. R. Lamoreaus:** Fear as an intervening variable in avoidance conditioning. J. Comp. Psychol., 1946, *39*, 29–50; **Pawlow, I. P.:** The reply of a physiologist to psychologists. Psychol. Rev., 1923, *39*, 91–127; **Sidman, M.:** Avoidance behavior. In: **W. K. Honig** (Ed.): Operant behavior. New York, 1966; **Skinner, B. F.:** The behavior of organisms. New York, 1938; **ders.:** „Superstition" in the pigeon. J. exp. Psychol., 1948, *38*, 168–172; **ders.:** Walden two. New York,

1948; **ders.:** Are theories of learning necessary? Psychol. Rev., 1950, *57*, 193–216; **ders.:** Operant behavior. In: **W. K. Honig** (Ed.): Operant behavior. New York, 1966; **Watson, J. B.:** The place of conditioned reflex in psychology. Psychol. Rev., 1916, *23*, 89–116; **Wolpe, J. & A. A. Lazarus:** Behavior therapy techniques. Oxford, 1966; weitere Lit. ↗Lerntheorien; ↗Bekräftigung. *H. C. Holland*

Konfabulation, besondere Form einer „hirnorganischen Denkstörung" mit mehr oder weniger mißglückter sprachinhaltlicher Situationsangleichung. Unpräzise wird darunter jede Art von „Füllung" tatsächlich vorhandener Erinnerungslücken oder momentan nicht abrufbarer Gedächtnisspuren durch zwar nicht immer sinnlose, aber relativ unbegründet „erfundene" (in die Lücken passende) Geschichten verstanden. Obwohl häufig mit Gedächtnisstörungen verbunden, können diese nicht immer für die Entstehung von Konfabulationen verantwortlich gemacht werden; oft spielen pathologische Antriebssteigerungen und eine kritische Urteilsschwäche mit gestörter Selbstreflexion die entscheidende Rolle. „Verlegenheitskonfabulationen" entspringen dem Bestreben, Lücken eines schwer geschädigten Gedächtnisses auszufüllen. Dagegen hängen auf Suggestion provozierbare, „produktive Konfabulation" im Rahmen des klassischen Korsakow-Syndroms vor allem mit einer Falschorientiertheit zusammen, welche auf eine gestörte Selbstvergegenwärtigung hinsichtlich der personalen, biographischen Orientierung zu beziehen ist. *G. Powell*

Konfidenzgrenzen ↗Vertrauensgrenzen, -intervall.

Konfiguration 1) Strukturierte Menge, Relativ, Beziehungsgefüge von Teilen, z. B. jede beliebige Anordnung geometrischer Einheiten im Raum. 2) Geordnetes N-Tupel von Zeichen, z. B. Lautfolgen der Umgangssprache oder Meßwertreihen.

A. Vukovich

Konfigurationsfrequenzanalyse (KFA). Die KFA gehört in die Klasse der multivariaten Verfahren. Sie ist ein skalenunabhängiges und parameterfreies Verfahren mit dem Ziel, eine post-hoc-Klassifikation zu liefern (vgl. Faktoren- u. Clusteranalyse): Objekte werden aufgrund von Merkmalen in Klassen, die nicht disjunkt zu sein brauchen, zusammengefaßt, wobei die Klassen selbst aufzufinden sind. Definition von ‚Konfiguration': Sei A die Menge der Ausprägungsgrade der Merkmale und sei n die Anzahl der Merkmale. Jede n-Permutation aus A heißt (Merkmals-)Konfiguration. Das Rationale der KFA: beobachtete Häufigkeiten von Konfigurationen mit entsprechenden Erwartungswertschätzungen zu vergleichen und signifikant (Chi-Quadrat-Test) überfrequentierte Konfigurationen als Konfigurationstypen zu definieren.

Lit.: Krauth, J. & G. A. Lienert: Die Konfigurationsfrequenzanalyse. Freiburg, 1973. *P. K. G. Günther*

Konflikt. DEFINITION. K. ist oft durch die gleichzeitige Aktivation von zwei Trieben (z. B. Hunger und Durst) definiert worden. Haner und Brown (1955) machten darauf aufmerksam, daß dies unlogisch ist, da Triebzustände nur dann miteinander in K. geraten, wenn alternative Handlungsmöglichkeiten gegeben sind, also wenn z. B. Wasser und Nahrung zur Verfügung stehen, aber nur eines gewählt werden kann. K. könnte also besser und logischer definiert werden als *„ein auf den Organismus auftreffendes Reizmuster, welches zwei oder mehr inkompatible Reaktionen im Organismus auslöst, deren Stärken funktional gleich sind"* (Maher, 1966, 138).

DIE ARBEIT VON LURIA. Luria führte 1932 die erste sorgfältig geplante expt. Untersuchung über K.e aus. Er realisierte viele K.situationen, sowohl im Experiment als auch im täglichen Leben. Luria machte z. B. Gebrauch von Jungs ↗Wort-Assoziations-Technik, indem er die Vp bat, eine Antwort zu geben, die einen Teil des Bedeutungsgehaltes des Reizwortes bedeutete (z. B. Haus – Zimmer), und dann plötzlich einen „unmöglichen" Stimulus als Reizwort gab (z. B. Mond-?). Das Vorhandensein eines K. äußerte sich in einer Verlängerung der Reaktionszeit. Allgemeiner gesagt: er erfand die „Luria-Technik", eine „combined motor method", bei welcher sowohl willkürliche als auch unwillkürliche mot. Reaktionen und außerdem die verbale Reaktionszeit gemessen wird. Er unterscheidet zwischen drei Hauptarten von K.en: a) Es wird verhindert, daß eine Erregung sich in einer Handlung entladen kann („conflicts of the setting"); b) K.e können aufgrund mangelnder Bereitschaft zur Reaktion entstehen („conflict of defection"); c) K. entstehen durch die Verlagerung unterdrückter Aktivität in zentrale Prozesse.

Die Arbeit von Lewin. Lurias Beitrag wurde durch die gleichzeitige Arbeit von Lewin überschattet (1935), der K. definierte als „eine Situation, in welcher in einem Individuum einander entgegengesetzte Kräfte von annähernd gleicher Stärke zur gleichen Zeit aktiviert sind" (Lewin, 1935, 122). Er schilderte drei grundlegende Arten von K.situationen: Typ I: Annäherungs-Annäherungs-K. (Appetenz-Appetenz-K.); Typ II: Annäherungs-Vermeidungs-K. (Appetenz-Aversions-K.); Typ III: Vermeidungs-Vermeidungs-K. (Aversions-Aversions-K.). Die Bedeutung seines Beitrags liegt darin, daß er diese Ausdrücke zur Interpretation der Wirkungen von Belohnung und Strafe auf das Verhalten heranzog. So unterschied er zwischen folgenden Situationen: Befehl mit Androhung von Strafe (Typ III); Befehl mit Aussicht auf Belohnung (Typ II); Verbot mit Androhung von Strafe (Typ II) und schließlich Verbot mit Aussicht auf Belohnung (Typ I).

Lewins Arbeit ist von Hovland und Sears (1938) fortgesetzt worden. Sie konstruierten ein Schaltbrett mit einem oder zwei verschiedenfarbigen Lämpchen an jeder Ecke der Brettdiagonalen. In der Mitte der unteren Kante war ein Startknopf angebracht. Die Aufgabe der Vp war es nun, einen Zeiger auf ein „positives" Licht hin oder von einem „negativen" Licht weg zu bewegen. Mit diesem Apparat konnten Hovland und Sears die von Lewin aufgezählten drei Arten von K.situationen und ihre Wirkung auf das mot. Verhalten demonstrieren, außerdem noch die Wirkung einer *vierten Art* von K.situation (zweifacher Annäherungs-Vermeidungs-K., bei welchem positive und negative Lichter gleichzeitig in jeder Ecke aufleuchten) (Sears & Hovland, 1941). Sie zeigten auch vier Arten der K.lösung: einfache, doppelte oder Kompromißreaktionen und Reaktionsblockierung. Das Interesse an dieser Technik ist in neuerer Zeit durch Untersuchungen wie die von Epstein und Smith (1967) und andere wiedererweckt worden.

Die Arbeit von Miller. Die vollständigste Darstellung dieser Arbeit über K.e findet man in seiner Veröffentlichung von 1959. Er gründet seine Analyse der K.e hauptsächlich auf die Arbeit von Brown (1948) an Ratten. Brown demonstrierte empirisch gefundene Annäherungs- und Vermeidungsgradienten von Ratten, die einen geraden Gang entlangliefen. Er zeigte, daß der Grad des Anstiegs der Annäherungs- und Vermeidungsgradienten durch die Stärke der entsprechenden anziehenden Wirkung oder schädigenden Wirkung modifiziert werden konnte (und durch andere Faktoren). Er behauptete, daß der Anstieg des Vermeidungsgradienten steiler sei als der des Annäherungsgradienten. Demnach erreicht ein K. zwischen Annäherungs- und Vermeidungstendenzen an dem Punkt, an dem sich die Gradienten überschneiden, sein Maximum. Aus diesem Modell leitete Miller die Annahme ab, daß eine Annäherungsreaktion vom ursprünglichen Ziel abgeleitet werden könne auf ein alternatives Ziel. Murray und Berkun erweiterten dieses Modell

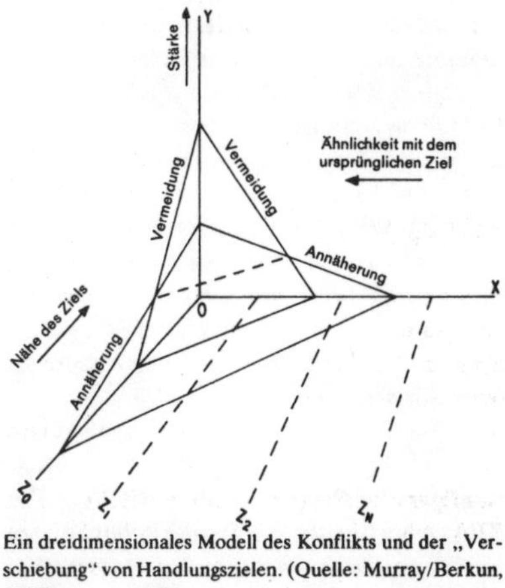

Ein dreidimensionales Modell des Konflikts und der „Verschiebung" von Handlungszielen. (Quelle: Murray/Berkun, 1955)

(1955) einer K.analyse, indem sie ein dreidimensionales Modell benutzten, aus dem sie „Verschiebungen“ vorhersagen konnten.

Das Modell bezieht die *Stärke der Tendenz* zu einem bestimmten Verhalten mit ein, *den Grad der Ähnlichkeit* zwischen dem ursprünglichen und dem durch „Verschiebung“ entstandenen Ziel *und den Abstand* zwischen dem ursprünglichen und dem durch Verschiebung entstandenen Ziel. Durch den Gebrauch eines Labyrinths mit drei geraden Gängen konnten sie „Verschiebung“ als Folge von K. demonstrieren.

ERWEITERUNGEN DER KONFLIKTTHEORIE. Hull zog 1938 noch einmal Lewins Modell der K.e heran, um das Verhalten von Kindern zu erklären. Später (1952) erweiterte er Millers Modell, um das K.verhalten im freien Lebensraum zu erklären, wobei er „Umkehrverhalten“ als speziellen Fall von „Annäherungs-Vermeidungs-Verhalten“ betrachtet. Viele der neuen Voraussagen, die von Hull gemacht wurden (1938; 1952), sind nie überprüft worden. Williams (1959) und vor kurzer Zeit auch Delhees (1968) haben R. B. Cattells „dynamic calculus“-Modell neu bearbeitet. In diesem Modell wird K. definiert als eine Situation, in der entgegengesetzte Einstellungen aktiviert sind, die sich auf Behauptungen beziehen, die in einem Faktor eine positive und in einem anderen eine negative Ladung haben, wobei beide Faktoren in *einer* bestimmten Behauptung repräsentiert sind. Die Stärke der Einstellung in einer solchen Situation ist durch verschiedene Indizes meßbar (Reaktionszeit, Anzahl der Beobachtungseinheiten, in denen eine bestimmte Haltung eingenommen wird, u. a.).

Maher traf 1964 die Unterscheidung zwischen „zeitlichen“ und „räumlichen“ Annäherungs- und Vermeidungsgradienten, und es gelang ihm, „zeitliche“ Gradienten expt. zu demonstrieren (Maher et al., 1964). Er betonte auch, wie wichtig es sei, die Stärke einer Reaktion klar zu trennen von ihrer Auftretenswahrscheinlichkeit als abhängige Variable. Den wichtigsten Beitrag leistete er, indem er ein neues Modell mit parallelen statt sich überschneidenden Annäherungs- und Vermeidungsgradienten vorschlug und eine K.zone (siehe Abb.) definierte.

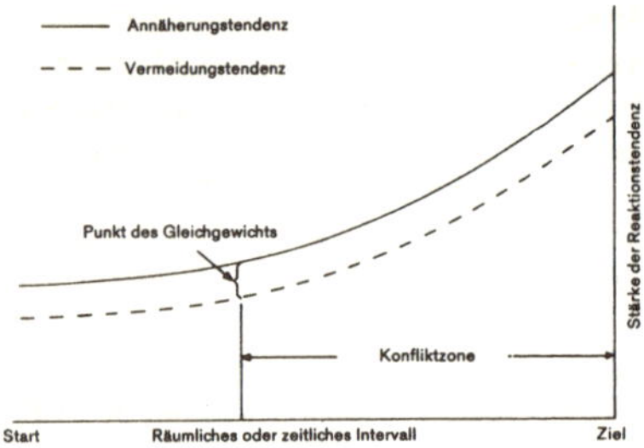

Parallele Annäherungs- und Vermeidungsgradienten (Quelle: Maher, 1964).

Es bestehen viele Möglichkeiten, aus diesem Modell wieder neue Voraussagen abzuleiten.

Worrell (1963) hat den Grad des K. mit der intraindividuellen Variabilität in Verbindung gebracht. Bei einer Person, die sich in einem K.zustand befindet, kommen ungefähr gleich starke Reaktionstendenzen auf, in einer gegebenen Stimulussituation zu antworten; die tatsächliche Reaktion wird daher in der *gleichen* Stimulussituation von Mal zu Mal verschieden ausfallen. Worrell betonte die Wirkung der vorangegangenen Erfahrungen mit K.en auf die Herausbildung von Reaktionsdispositionen auf K.e, die sich in einer Vielzahl von Situationen verfestigen können, selbst in solchen, die *objektiv* keine K.situationen sind (einfache Reaktionszeiten).

Epstein (1962) veröffentlichte eine modifizierte Version des Millerschen K.modells, in welchem *am Ziel selbst* die Annäherung stärker ist als die Vermeidung (der *Netto*-Annäherungszuwachs nimmt jedoch ab, je näher das Ziel heranrückt). In diesem Modell beziehen sich die Annäherungs- und Vermeidungsgradienten eines zugleich gefürchteten und angestrebten Zieles eher auf ↗ *Triebe* als auf Reaktionstendenzen, und die Summe dieser Triebtendenzen bestimmt den Grad der ↗Aktivierung. Ein K. könnte sich also anzeigen sowohl durch die Steigung des Aktiviertheitsgrades als einer Funktion der Nähe des Ziels als auch durch eine Verminderung der Fähigkeit zu situationsgerechtem Handeln und eines relativen Anstiegs der Intensität von Annäherungsreaktionen auf verhältnismäßig irrelevante Stimuli. Epstein hat die Zuverlässigkeit dieses Modells in K.situationen des täglichen Lebens untersucht, wie z. B. bei der Ausbildung von Fallschirmspringern und durch Untersuchungen mit Hilfe von ↗projektiven Verfahren.

Konflikt und Psychopathologie. Die Annahme, daß man eine expt. ↗Neurose hervorrufen kann, indem man immer schwierigere und schwierigere Diskriminationen verlangt, stammt aus den Originalarbeiten von I. P. ↗Pawlow mit Hunden. Die Ergebnisse dieser Arbeiten sind verallgemeinert worden, um damit auch menschliches neurotisches Verhalten zu erklären. Eine gute Zusammenfassung der Ergebnisse stammt von Maher (1966). Auch das sog. „neurotische Paradox", bei dem ein Verhalten nicht extingiert, obwohl es fortwährend bestraft wird, ist in Begriffen der K.theorie erklärt worden, indem man die unterschiedlichen zeitlichen Relationen von Verstärkung und Strafe miteinbezog. ↗Psychopathie.

Konflikt und Frustration. Die Beziehung zwischen K. und ↗Frustration ist unklar. So ist Verhalten in einer frustrierenden Situation oft damit erklärt worden, daß es aus einem K. entstanden sei, der in der frustrierenden Situation aufkam. Auf der anderen Seite ist aber auch so argumentiert worden, daß Frustration als Ergebnis eines K. entsteht. Die verschiedenen Gesichtspunkte sind von Yates (1962, 178–181) diskutiert worden, der auch eine Lösung dieses Problems vorschlug.

Lit.: Brown, J. S.: Gradients of approach and avoidance responses and their relation to motivation. J. comp. physiol. Psychol., 1948, *41*, 450–465; **Delhees, K. H.:** Conflict measurement by the dynamic calculus model and its applicability in clinical practice. Multivar. behav. Res., 1968 (special issue), 73–96; **Epstein, S.:** The measurement of drive and conflict in humans: theory and experiment. In.: **M. R. Jones** (Ed.): Nebraska symposium on motivation. Lincoln, 1962, 127–206; **Epstein, S. & W. C. Fenz:** Theory and experiment on the measurement of approach avoidance conflict. J. abnorm. soc. Psychol., 1962, *64*, 97–112; **Feger, H.:** K.erleben und K.verhalten. Bern – Stuttgart, 1977; **Haner, C. F. & P. A. Brown:** Clarification of the instigation to action concept in the frustration-aggression hypothesis. J. abnorm. soc. Psychol., 1955, *51*, 204–206; **Hovland, C. I. & R. R. Sears:** Experiments on motor conflict and their modes of resolution. J. exp. Psychol., 1938, *23*, 477–493; **Hull, C. L.:** The goalgradient hypothesis applied to some „fieldforce" problems in the behavior of young children. Psychol. Rev., 1938, *45*, 271–299; **ders.:** A behavior system. New Haven, 1952; **Lewin, K.:** A dynamic theory of personality. New York, 1935; **Lückert, H.-R.:** Konflikt-Psychol. München, [6]1972; **Luria, A. R.:** The nature of human conflicts. New York, 1932; **Maher, B. A.:** The application of the approach-avoidance conflict model to social behavior. J. conflict Resol., 1964, *8*, 287–291; **ders.:** Principles of psychopathology. New York, 1966; **Maher, B. A., Weisstein, N. & K. Sylva:** The determinants of oscillation points in a temporal decision conflict. Psychol. Sci., 1964, *1*, 13–14; **Miller, N. E.:** Liberalization of basic S-R concepts: extensions to conflict behavior, motivation and social learning. In: **S. Koch** (Ed.): Psychology: a study of a science. New York, 1959; **Murray, E. G. & M. M. Berkun:** Displacement as a function of conflict. J. abnorm. soc. Psychol., 1955, *51*, 47–56; **Rocheblave-Spenlé, A.-M.:** Psychol. des Konflikts. Freiburg/Br., 1973; **Sears, R. R. & C. I. Hovland:** Experiments on motor conflict: II. Determination of mode of resolution by comparative strengths of conflicting responses. J. exp. Psychol., 1941, *28*, 280–286; **Thomae, H.:** K., Entscheidung, Verantwortung. Stuttgart, 1974; **Williams, J. R.:** A test of the validity of P-technique in the measurement of internal conflict. J. Person., 1959, *27*, 418–437; **Worrell, L.:** Intraindividual instability and conflict. J. abnorm. soc. Psychol., 1963, *66*, 480–488; **Yates, A. J.:** Frustration and conflict. New York, 1962.

A. J. Yates

Konfliktreaktion ↗Erlebnisreaktion.

Konfliktverhalten. Löst ein Reiz zwei Verhaltensweisen gleichzeitig aus und treten diese miteinander in Konflikt, können sie: sich auslöschen, pendeln (ambivalentes Verhalten), eine die andere unterdrücken oder fördern, das Verhalten völlig umorientieren (Übersprungverhalten).

Wird bei kämpfenden Hähnen gleichzeitig Flucht- und Angriffstendenz aktiviert, beginnen sie gegen den Boden zu picken (Scheinpikken). ↗Leerlaufreaktion; ↗Instinkt; ↗Konflikt.

V. Preuss

Konformität, *konformes Verhalten (Konformismus vs. Nonkonformismus),* Bezeichnung für ein Verhalten oder eine Verhaltenstendenz bzw. ↗Einstellung, sich an ↗Normen, Standards usw. einer Bezugsgruppe zu orientieren. Z. B. läßt sich bereits in Wahrnehmungsexperimenten zeigen, daß sich die Varianz von Wahrnehmungsurteilen einer Anzahl von Vpn erheblich verringert, wenn Interaktion möglich ist.

Nicht jede Annäherung individuellen Verhaltens an das einer Gruppe wird jedoch als K. bezeichnet. Eine solche Anpassung des Verhaltens kann z. B. auch durch „Ansteckung" („contagion"; Nachahmen von Verhaltensweisen ohne erlebten Gruppendruck) oder „soziale Bahnung" („social facilitation"; erleichterte Ausführung bereits gewohnter Verhaltensweisen durch Beobachtung von Vorbildern) erklärt werden (↗Sozialisation; ↗Gruppendynamik).

K. ist auch abzuheben von *„Willfährigkeit"* („compliance"), bei der ein Individuum Verhaltensvorschriften mehr aus „Gehorsamkeit" befolgt bzw. auf sie eingeht („yielding"). Da verschiedene Individuen sich unterschiedlich stark am Verhalten einer Bezugsgruppe orientieren, stellt *„Konformismus"* eine viel untersuchte Persönlichkeitsvariable dar. ↗„Autoritäre" Persönlichkeiten zeigen gewöhnlich erhöhte K. mit machthabenden Gruppen. Angehörige von Minderheiten können wiederum Konformismus in bezug auf insgesamt nonkonformistische Verhaltensweisen zeigen.

Lit.: Berg, I. A. & B. M. Bass (Eds.): Conformity and deviation. New York, 1961; **Collins, B. E. & B. H. Raven:** Group structure: Attraction, coalitions, communication, and power. In: **G. Lindzey & F. Aronson** (Eds.): Handbook of social psychology, Vol. 4. Reading (Mass.), 1969.

H. D. Schmidt

Kongenital, angeboren; angewandt meist auf schon während der Geburt erkennbare Krankheiten oder Mißbildungen, unabhängig davon, ob genetisch oder durch Schädigung der Frucht bedingt.

Kongruenz, kognitive, zentraler Begriff der „interpersonalen Kongruenz-Theorie" von Secord und Backman (1961), der einen vom Individuum angestrebten und zu bewahren gesuchten perzeptiv-kognitiven Zustand meint, der Kongruenz zwischen folgenden drei Komponenten verlangt: 1. ein bestimmter Gesichtspunkt bezüglich des ↗Selbstkonzepts eines Individuums; 2. die Interpretation des für diesen Gesichtspunkt relevanten Verhaltens dieses Individuums; 3. die Meinung dieses Individuums darüber, wie ein zweites Individuum im Hinblick auf diesen Gesichtspunkt sich ersteren gegenüber verhält. Es wird angenommen, daß dann Kongruenz zwischen den drei Komponenten besteht, wenn das Verhalten der beiden Individuen Definitionen des Selbst des einen Individuums offenbart, die Kongruenz unter den relevanten Aspekten des Selbstkonzepts implizieren. ↗Person.

Mittels des Modells der k. K. sollen Vorhersagen über interpersonale Attraktion möglich werden. Ein Individuum wird den Kontakt mit solchen Individuen suchen, die ihm zur Kongruenz unter den obengenannten Komponenten verhelfen. ↗Gruppendynamik. ↗Person.

Lit.: Secord, P. F. & C. W. Backman: Personality theory and the problem of stability and change in individual behavior. An interpersonal approach. Psychol. Rev., 1961, *68,* 21–32.

A. Schmidt-Mummendey

Konkordanz, Übereinstimmung mehrerer vorliegender Rangreihen bezüglich einer Menge von eingeschätzten Objekten. ↗Kendalls W.

Konkordanzkoeffizient ↗Kendalls W.

Konkurrenzauslese, Auswahl der für bestimmte Anforderungen oder Tätigkeiten Geeignetsten aus einer Gruppe von Bewerbern, oft auch als *„Bestauslese"* bezeichnet; zu unterscheiden von *„Breitenauslese"* (von allen Bewerbern können die meisten für unterschiedlich qualifizierte Tätigkeiten genommen werden) oder *„Quotenauslese"* (Auswahl nach vorgegebenen %-Zahlen) und als Gegensatz zur *„Schlechtestauslese"* (wobei die Ungeeignetsten ausgeschieden werden). ↗Eignungstests; ↗Personalauslese. *G. Marschner*

Konnektionismus, eine terminologisch auf E. L. Thorndike zurückgehende theoretische Grundannahme, wonach alles Verhalten auf der Verbindung (connection) eines Reizes mit einer Reaktion beruhe. Lernen, der Erwerb komplexen Verhaltens und höherer psychischer Einheiten bedeuten danach Bildung und Verstärkung einzelner Reiz-Reaktions-Verbindungen und deren Kombination; eine spezielle Variante der Assoziationstheorie und des ↗Behaviorismus. *H. Haase*

Konnotationen. Sprachliche Symbole sind Bedeutungsträger. „Bedeutung" beinhaltet nicht nur Wiedergabe eines neutralen Sachverhaltes, sondern auch damit verbundene abstrakte Qualitäten, z. B. emotionale, affektive Momente. S. I. Hayakawa (1941) (vgl. L. W. Doob, 1958) bezeichnete den Verweis auf einen gegebenen Sachverhalt mit „extensionaler“ oder *„denotativer“* Bedeutung; „intensionale“ oder *„konnotative“* Bedeutung nannte er, was begrifflich-verbal oder auch emotional mitschwingt („informative“ bzw. „affektive“ K.). Die *„informativen“* K. werden jetzt meist als „Denotationen“ bezeichnet, die *„affektiven“* als K. (Osgood, Suci & Tannenbaum, 1957). So versteht Osgood unter denotativer Bedeutung die nach Übereinkunft hergestellte Entsprechung zwischen nichtlinguistischen und linguistischen Ereignissen, unter K. vermittelnde Prozesse, durch welche die Wortbedeutung den festumrissenen Charakter verliert, zum dynamischen Vorgang wird. ↗Sprache.

Lit.: Doob, L. W.: The incidental learning of accessible names and definitions. Language and Speech, 1958, *1*, 168–176; **Osgood, C. E.,** et al.: The measurement of meaning. Urbana (Ill.), 1957.

H. Wagenknecht

Konservativismus, auch *Konservatismus,* Tendenz zur Beibehaltung von Traditionen, Gegenteil von *Liberalismus* oder *Radikalismus.* Verschiedene unabhängige ↗Faktorenanalysen von Einstellungsmaßen erbrachten je einen Faktor, der in diesem Sinne interpretiert wurde. Im Persönlichkeitssystem R. B. Cattells beschreibt der Fragebogenfaktor „Radikalismus versus K.“, der mit J. P. Guilfords Faktor T („thinking introversion“, Neigung zur Reflexion) korreliert, das Ausmaß von Unabhängigkeit in der Meinungsbildung.

Lit.: Eysenck, H. J.: Psychology of politics. London, [5]1968; **Pawlik, K.:** Dimensionen des Verhaltens. Bern, [2]1971.

D. Bartussek

Konsistenz. 1) *„Innere“* K. ist die Homogenität der einzelnen „Teile“ eines Meßverfahrens (z. B. der Testelemente). Sie drückt sich in der durchschnittlichen Höhe der Interkorrelationen und in der Höhe der Korrelationen der Einzelteile mit dem Gesamtscore aus. Der K.koeffizient ist ein Reliabilitätsmaß, das von der Höhe der inneren K. berechnet wird (z. B. ↗Kuder-Richardson-Formel 20). ↗Testtheorie. – 2) Ein ↗*statistischer* Test wird als konsistent bezeichnet, wenn seine Teststärke $\varepsilon = 1-\beta$ mit zunehmendem N gegen 1 konvergiert, er also bei zunehmender Stichprobengröße Unterschiede mit zunehmender Sicherheit erfaßt.

G. Mikula

3) *K. des Verhaltens.* Individuelle Beständigkeit, d. h. das Ausmaß, in dem eine Vp zu verschiedenen Aufgaben, in verschiedenen Situationen und/oder zu verschiedenen Zeitpunkten gleichwertiges bzw. identisches Verhalten zeigt. Bestimmt zugleich den Grad, in dem das Verhalten des Einzelnen prognostizierbar ist. Ob die verschiedenen Formen von Verhaltens-K. auf einen gemeinsamen Persönlichkeitsfaktor zurückgehen, ist noch ungeklärt.

Lit.: Bloom, B. S.: Stability and Change in human characteristics. London, 1964; **Mischel, W.:** Personality and assessment. New York, 1965.

K. Pawlik

Konsonanz – Dissonanz, Begriffe, welche der Bestimmung der Art der ↗*Klang*beziehung zwischen zwei oder mehreren Tönen dienen. Wegen der Komplexität dieses Beziehungsgefüges lassen sich K. und D. (↗Dissonanz) nicht allgemein, sondern nur von verschiedenen Gesichtspunkten aus bestimmen: *mathematisch* (hinsichtlich der Frequenzverhältnisse, H. v. Helmholtz), *akustisch* (Zusammenfallen von Oberschwingungen [↗Obertöne], C. Husmann), *psychologisch* (Grad der Verschmelzung, C. Stumpf), in bezug auf die *Verlaufsgestalt* der Tonbeziehung (Zusammenklang oder Tonfolge). Zudem ist die Auffassung über K. und D. im historischen Verlauf in ständigem Wandel. Wellek (1963) versuchte, verschiedene Bestimmungsstücke von K. und D. in seiner Multiplizitätstheorie miteinander in Beziehung zu bringen. ↗Musikpsychologie.

Lit.: Wellek, A.: Musikpsychol. und Musikästhetik (1963). Bonn, [2]1975.

B. Schmidt

Konstante, beständige, unveränderliche oder feste, numerische Größe, die in einem gegebenen Kontext ihren Wert nicht verändert (im Gegensatz zu einer Variablen, die mehrere

Werte annehmen kann). In der Mathematik definiert beispielsweise die Konstante π einen Wert von ca. 3,1416. In der Psychologie spielen Konstanten insbesondere in formalisierten Gesetzmäßigkeiten, wie z. B. dem Weberschen Gesetz, eine Rolle. *J. Bortz*

Konstanter Fehler ↗Fehler.

Konstanz, ein Wahrnehmungsausgleich, aufgrund dessen Objekte trotz objektiver Veränderungen in der Wahrnehmung konstante Eigenschaften beibehalten. So erscheinen Objekte auch bei Betrachtung aus verschiedenen Entfernungen gleich groß und bei unterschiedlicher Beleuchtung farbkonstant. Vgl. ↗Größenkonstanz; ↗Formkonstanz.

C. D. Frith

Konstanzer Fragebogen für Schul- und Erziehungseinstellungen ↗Einstellungstests.

Konstanzverfahren, eine psychophysische Methode zur Bestimmung von Schwellen. Ein unveränderlicher Reiz (der konstante Reiz) wird mit einer Reihe ähnlicher Reize paarweise zum Vergleich geboten. Der Prozentsatz richtiger Urteile bestimmt die Schwelle. Diese psychophysische Methode liefert geeignete Informationen für die Analyse komplexerer Modelle als die der einfachen Schwellenbestimmung, etwa solcher, die von der „Signal-Detection"-Theorie hergeleitet wurden.

C. D. Frith

Konstitution, Konstitutionslehre. Unter *Konstitution* verstehen wir das Reaktionspotential bzw. den Reaktionsstil der Menschen (Form und Leistung). Sie wurzelt in Vererbung und frühkindlich oder seltener später erworbenen ↗Anlagen und kann als ↗Typus oder als individuelle Konstitution bestimmt werden. *Konstitutionslehre* untersucht ganzheitliche psychische und physische Prinzipien des gesunden und kranken Organismus. Versteht sich als biol. Wissenschaft, auf Beschreibung, Messung und Korrelationsstatistik fußend. Dringt analysierend zu typischen Charakter- bzw. Temperamentselementen, organischen Funktionssystemen und Körperproportionen vor. Erschließt seelische und körperliche Grundbegabungen, soziale Entgleisungstendenzen und Krankheitsneigungen.

Lit.: Kretschmer, E.: Körperbau und Charakter. Berlin, [26]1977.

W. Kretschmer

Konstitutionstypen sind ideelle Zusammenfassungen psychisch-physischer (manchmal nur physischer: „Biotypus") Merkmale, die entweder mit einem stat. Häufungsverfahren oder durch willkürliche Wahl zusammengebracht werden. ↗Kretschmers *Körperbautypen:* ↗pyknisch, ↗leptosom, ↗athletisch, sind korrelativ von manisch-depressiven und schizophrenen ↗Psychosen abgeleitet und bilden ihrerseits den Ausgangspunkt für die stat. Erschließung der Temperamente ↗zyklothym, ↗schizothym, barykinetisch. Sheldon (1942) findet im Körperbau statistisch drei Wuchstendenzen; *Dicke, Länglichkeit, Breite;* entsprechend berechnet er die *Komponenten* endomorph, ektomorph, mesomorph. An ihnen werden die *Charakterbilder* viszeroton, zerebroton, somatoton beschrieben. Conrad (1963) ordnet die Körperproportionen nach freiem Ermessen in Variationsreihen zwischen die Extrempole *gedrungen–gestreckt* (pyknomorph–leptomorph) und *kräftig–dünn* (athletisch–hyperplastisch–asthenisch–hypoplastisch) ein. Als psychophysische K. gelten auch die Alters- und Geschlechtstypen.

Lit.: Conrad, K.: Der Konstitutionstyp. Berlin, [2]1963; **Kretschmer, R.:** Körperbau und Charakter. Berlin, [26]1977; **Sheldon, W.:** The varieties of temperament. New York, 1942.

W. Kretschmer

Konstrukt, hypothetisches ↗Hypothetisches Konstrukt.

Konstruktvalidität. HERKUNFT UND MEINUNGSKONTROVERSE UM DIE VERWENDUNG DES BEGRIFFS. Der Terminus K. (construct validity) erreichte in den fünfziger Jahren eine weitverbreitete Bedeutung im Rahmen der Verhaltenswissenschaften. In einer Arbeit mit dem Titel „Construct validity in psychological tests", die für die Einführung dieses Begriffs entscheidend war, schreiben

Cronbach und Meehl (1955) über die Gründe für die Einführung dieses Begriffs, daß, gerade weil „. . . K. eine neue wissenschaftliche Betrachtungsweise erfordert" (S. 282), das Konzept einer weiteren Klärung bedürfe, „. . . um erforderliche Forschungsarbeiten im Zusammenhang mit der Entwicklung solcher Tests, für die konventionelle Validierungstechniken nicht geeignet sind, genau festzulegen" (S. 299).

Verschiedene Verhaltenswissenschaftler, in erster Linie vielleicht Bechtoldt und Cattell, haben ernst zu nehmende Einwände gegen den Gebrauch des Begriffs K. geäußert (Bechtoldt, 1959). Cattell (1964) hat die Verwendung von *„Konzeptvalidität"* anstelle von K. empfohlen, weil dieser Begriff die gewünschte Nebenbedeutung und wenig der unerwünschten Nebenbedeutungen des letzteren habe und weil „. . . ein empirisches Konstrukt – logisch und erkenntnistheoretisch – nur eine spezielle Variante eines Konzepts ist . . . (und) der Psychologe häufig an der Gültigkeit anderer Konzepte interessiert ist, die von allg. Postulaten herleitbar sind" (Cattell & Butcher, 1968). Aber wie überzeugend diese Argumente auch sein mögen, sie hatten nur einen geringen Einfluß auf die weitere Verwendung. K. ist weiterhin weit verbreitet angewandter Terminus, und eine große Zahl von Autoren (z. B. Campbell, 1960) haben nachdrücklich die weitere Verwendung gefordert.

GRUNDLAGE DER DEFINITION. Die meisten der vorliegenden Versuche, K. zu definieren, sind Erläuterungen der Theorienbildung oder Teilen davon, wie Modellspezifizierung, Prüfen von Hypothesen, Operationalismus, Konzeptdefinition, funktionale Einheit, intervenierende Variable, ähnlich. In den meisten von ihnen taucht folgender zentrale Gedanke auf: Um ein Konstrukt zu validieren, ist es erforderlich, die für das Konstrukt charakteristischen Beobachtungen genau zu identifizieren und aufzuzeigen, daß diese Einzelbeobachtungen in einer Weise variieren und kovariieren, die darauf hindeutet, daß sie alle den gleichen Sachverhalt repräsentieren, d. h. eine *funktionale Einheit* bilden (Cattell, 1950). Es besteht allgemeine, wenn auch nur implizite Übereinstimmung, daß ein extremer Operationalismus, der für jede eben noch unterscheidbare Operation (wie trivial der Unterschied auch sein mag) ein eigenständiges Konstrukt – und damit auch einen Namen – fordert, für die Wissenschaft und die K. nicht wünschenswert ist. Andererseits wird stillschweigend akzeptiert, daß, um ein Konstrukt zu validieren, bestimmte beobachtbare Äußerungen dieses Konstrukts *operational definiert* sein müssen und gezeigt werden muß, daß diese eine Einheit bilden. Hieraus erwachsen einige sehr schwierige Probleme. Einerseits kann leicht eine begriffliche Verwirrung mit dem Aspekt „interne Konsistenz" der Reliabilität entstehen (↗Testtheorie), und andererseits kann es die Validierung eines bestimmten Satzes von Meßoperationen (Test) durcheinanderbringen mit dem sorgfältig erarbeiteten Vorgang, eine Theorie zu stützen. Dies wären selbstverständlich die extremen Möglichkeiten auf einem Kontinuum, während in der Nähe der Kontinuumsmitte die Bedingungen für die K. spezifiziert sind, wobei das Kontinuum übereinstimmende oder verschiedene Beobachtungen des gleichen Phänomens oder die Korrelation (im weitesten Sinne des Wortes) zwischen verschiedenen Variablen darstellt.

Um die hier naheliegende Frage nach dem dritten „Was" vorwegzunehmen, haben Theoretiker vorgeschlagen, *Reliabilität* als Konvergenz zwischen sehr ähnlichen Arten von Beobachtungen und Theorieverifikation als *Ausmaß* des *Zusammenhangs* zwischen verschiedenen Konstrukten zu definieren, während die für die K. zu fordernde Übereinstimmung zu definieren ist als *Konvergenz* zwischen operational exakt definierten Messungen des gleichen Konstrukts. Aber selbstverständlich verbergen sich hinter dieser verbalen Lösung einige sehr schwerwiegende Probleme des Bestimmens, was Meßoperationen „sehr ähnlich" oder „ganz exakt" macht. Um zu einer Lösung dieser Frage zu gelangen, hat Cattell vorgeschlagen, daß die grundlegenden Beobachtungen, auf denen sich psychol. Messen aufbaut, eingeteilt werden in sich *gegenseitig ausschließende* und *erschöpfende* Beobachtungsmethoden: Daten aus Selbstbeobachtungen des Individuums und Beobachtungen durch andere oder aufgrund der Verhaltensäußerungen in einer unpersönlichen Umgebung. Messungen, die mit Hilfe dieser verschiedenen Methoden zustande kommen, können dann als operational „exakt bestimmt" angesehen werden und auf das gleiche Konstrukt hinweisen. *Reliabilität* ist dann zu verstehen als Ausmaß der Konvergenz innerhalb einer einzigen Beobachtungsmethode, *Konstruktvalidität* kann definiert werden (z. T. wenigstens, s. u.) durch Annäherung der Messungen der gleichen Eigenschaft durch verschiedene Beobachtungsmethoden, während *Theoriebildung* zu verstehen ist als Ausdruck des Zusammenhangs zwischen verschiedenen Konstrukten, Verifikation sich gegenseitig beeinflussender Reiz-Reaktions-Hypothesen usw. Es bleibt in jedem Falle ein praktisches Problem, das zu fordernde Maß an Übereinstimmung festzulegen, um eine Konvergenzhypothese zu stützen, doch ist das eine technische Frage. Hier haben verschiedene Theoretiker das Bedürfnis betont, einen Mangel an Konvergenz, d. h. die charakteristische Eigenart, zwischen als verschieden angenommenen Konstrukten darzulegen (vgl. Campbell & Fiske, 1959; Horn & Cattell, 1965). Um wirklich zwingende Gültigkeit für die K. im Sinne von Cattell als *funktionale Einheit* zu erreichen, ist es erforderlich, über Demonstrationen der Konvergenz bzw. charakteristischen Eigenart hinauszukommen und zu zeigen, daß solche Ereignisse *gemeinsam auftreten*, sich gegenseitig ausschließen, miteinander variieren oder – ganz allgemein – in einer wechselseitigen Beziehung stehen, so wie Dinge sich verhalten, wenn sie Ausdruck eines einheitlichen Phänomens sind. Das bedeutet z. B., daß in Exp. mit kontrollierten Bedingungen unabhängige Variablen zusammenhängende Ergebnisse bei einer Vielzahl operational trennbarer Messungen des gleichen Konstrukts bewirken, daß bei Entwicklungsarbeiten die Beobachtungen zum Konstrukt zu einer einheitlichen Lösung „zusammenwachsen" und daß in Verlaufsstudien das Auftreten einer Auswirkung eines Konstrukts begleitet wird von entsprechenden anderen Auswirkungen. K. in diesem Sinne wird der Verifikation einer Theorie sehr ähnlich, wobei es selbstverständlich Unterschiede in der Betonung gibt. Für die K. steht die Stichhaltigkeit einer bestimmten Meßoperation im Vordergrund, und nur selten sind Tests mit einer in sich geschlossenen Theorie im Gebrauch, während bei der Verifikation einer Theorie die Treffsicherheit einer Messung zwar implizit angestrebt wird, das Schwergewicht jedoch darauf liegt, daß sich verschiedene Konstrukte wie in der Theorie ausgeführt „verhalten".

K. bleibt selbstverständlich weiterhin eines der umstrittensten Themen der Verhaltenswissenschaften. ↗Test.

Lit.: Bechtoldt, H. P.: Construct validity. A critique. Amer. Psychol., 1959, *14*, 619–629; **Campbell, D. T.:** Recommendations for APA Test Standards regarding construct, trait, or discriminant validity. Amer. Psychol., 1960, *15*, 546–553; **Campbell, D. T. & D. W. Fiske:** Convergent and discriminant validation by the multitrait-multimethod matrix. Psychol. Bull., 1959, *56*, 81–105; **Cattell, R. B.:** Personality. New York, 1950; **ders.:** Beyond validity and reliability. Some further concepts and coefficients for evaluating tests. J. Educ. Measmt., 1964, *33*, 133–143; **Cattell, R. B. & J. H. Butcher:** The prediction of achievement and creativity. New York, 1968; **Cronbach, L. J.:** Essentials of psychological testing. New York, [3]1970; **Cronbach, L. J. & P. E. Meehl:** Construct validity in psychological tests. Psychol. Bull., 1955, *52*, 281–302; **Horn, J. L. & R. B. Cattell:** Vehicles, ipsatization, and the multiple method. Measurement of motivation. Canad. J. Psychol., 1965, *19*, 265–279.

J. L. Horn

Kontaktfähigkeit, -schwäche. Unter *Kontaktfähigkeit* versteht man die Möglichkeit eines Individuums, leicht und schnell zu seinen Mitmenschen positive soziale Beziehungen anzuknüpfen. *Kontaktschwäche* kann Ausdruck eines neurotischen Unvermögens oder ein Zeichen von Selbstgenügsamkeit (das Alleinesein der Gruppe vorziehen) sein. ↗Geselligkeit.

G. Kaulfush

Kontamination. 1) *Psychopathologisch:* die Vermischung bzw. Verschmelzung von Wörtern oder Wortteilen zu einer meist unsinnigen Wortkreuzung. Bei Normalen im Zustand großer Ermüdung, im Traum visuell oder verbal; bes. jedoch bei ↗Schizophrenen als Ergebnis pathologischer Sprach- und Denkstörungen. – 2) *Diagnostisch:* bei Formdeutverfahren die Verdichtung zweier heterogener Inhalte zu einer nicht realitätsangepaßten Deutung (z. B. im ↗Rorschach-Test: spezifisches Deuteverhalten schizoider bzw. schizophrener Pbn). *G. Prystav*

Kontent-Analyse. *Inhaltsanalyse* (content analysis) ist nach B. Berelson eine Forschungstechnik „zur objektiven, systematischen und quantitativen Beschreibung des manifesten Kommunikationsinhalts", nach H. D. Lasswell „quantitative Semantik". Angewendet wird die Methode vor allem in der Publizistik, Sozialpsychol., Politikwissenschaft, aber auch Literaturwissenschaft und Entwicklungspsychol. Vor allem verbale Kommunikationsinhalte (Zeitungsartikel, Texte von Reden, Filmen, Tagebüchern usw.) können quantitativ analysiert werden, indem zu definierten Klassifikationen (Kategorien) Häufigkeiten bzw. deren Verhältnisse bestimmt werden. In neuerer Zeit häufen sich die Anwendung der K.-A. als Instrument zur Entscheidung von Forschungshypothesen sowie der Einsatz von Computern.

Lit.: Holsti, O. R.: Content analysis. In: **G. Lindzey & E. Aronson** (Eds.): Handbook of social psychology, Vol. II. Reading (Mass.), 1968, 596–692. *H. D. Schmidt*

Kontext. Die Wahrnehmung eines Gegenstandes oder einer Person wird durch den einbettenden K. bestimmt. Dasselbe gilt für die Interpretation der Bedeutung eines Wortes, Satzes oder Textes. Deshalb wird der K. auch in der Sprachpsychol. immer häufiger als experimentell Variable untersucht. Man unterscheidet zwischen einem nichtsprachlichen, situativen Gegenstands-K. (expt. etwa als Bild realisiert) und einem sprachlichen K. (z.B. ein Satz, der einem Bild oder anderen Satz hinzugefügt wird). *M. Bock*

Kontiguität, räumliches oder zeitliches Zusammensein verschiedener Erlebnisinhalte.

K.gesetz: Gemeinsames Auftreten von Erlebnisbestandteilen ist Bedingung dafür, daß diese Bestandteile verknüpft werden, somit Voraussetzung für Lernen. – Strenge Fassung, oft auch synonym mit *K.theorie:* Das einmalige gemeinsame Auftreten von Stimulus und Response schafft eine endgültige und nicht verstärkbare Verbindung zwischen beiden. – Erklärungsprinzipien für Phänomene wie ↗Assoziation und ↗Konditionierung gründen auf diesem Gesetz.

K.theorie (von E. R. Guthrie): Trifft ein Reiz einen Organismus, während dieser eine Bewegung ausführt, so wird der Reiz zum Auslöser für diese Bewegung. Die Bildung von Assoziationen aufgrund der *Simultaneität* von Reiz und Bewegung ist notwendige und hinreichende Bedingung für ↗Lernen. *H. Wagenknecht*

Kontingenz. Der Begriff K. weist auf die „Wenn-Dann"-Beziehung zweier Ereignisse bzw. zweier in Erscheinung tretender Symptome. In der Persönlichkeitspsychologie weist K. auf das Phänomen, daß innerhalb einer Gesamtgruppe von Merkmalsträgern bestimmte Merkmalskombinationen bes. häufig sind. Solche sich als zusammengehörig erweisende seelische Merkmalskomplexe werden als „typisch", die einzelnen individuellen Träger dieser Merkmalskomplexe als „Typen" bezeichnet. Zur empirischen Feststellung solcher Merkmalsverknüpfungen bedient man sich der stat. ↗Kontingenzmaße. In der lernpsychol. begründeten Verhaltensmodifikation bezeichnen K.-Verträge ein bestimmtes Arrangement der Bekräftigung. Zwischen Klient (z.B. Schüler) und Therapeut (z.B. Lehrer) wird eine Vereinbarung darüber getroffen, daß immer „dann, wenn" der Klient ein bestimmtes Verhalten zeigt, der Therapeut mit einer bestimmten Art der Bekräftigung reagiert.

Lit.: Homm, L. Csanyi, A.P., Gonzales, M.A. & J.R. Rechs: Verhaltensmodifikation in der Schulklasse. Weinheim, 1974. *W. Seitz*

Kontingenzkoeffizient ist der Koeffizient einer ↗nichtparametrischen Korrelationsmethode zur Bestimmung des Ausmaßes der Wechselbeziehung zwischen zwei mehrklassigen Variablen. Eine Art von K. läßt sich aus χ^2 bestimmen:

$$CC = \sqrt{\frac{\chi^2}{N + \chi^2}}\,.$$

↗Korrelationstechniken; ↗Chi-Quadrat-Test. *G. Mikula*

Kontingenzmaße, Beziehung zwischen zwei Merkmalen, wobei jedes Merkmal in qualitative Klassen unterteilt ist. Das Ausmaß dieser Beziehung wird durch den ↗Kontingenzkoeffizienten ausgedrückt. *W. Kretschmer*

Kontinuierliche Maßstäbe sind Maßstäbe, bei denen alle zwischen zwei Grenzwerten liegenden Werte zumindest theoretisch vorkommen können. In der Psychol. sind k. M. selten, wenngleich häufig angenommen wird, daß auch mittels diskreter Maßstäbe gemessene Variablen eigentlich kontinuierlich sind (z. B. Gedächtnisleistung in einem Test). Allgemein bezeichnet man meßbare Variablen als kontinuierlich, bloß aus Zählungen hervorgehende als diskontinuierlich oder diskret. ↗Psychophysik; ↗Skalierung. *G. Mikula*

Konträre Sexualempfindung, erotisches Interesse an Personen des eigenen Geschlechts. ↗Homosexualität. *G. D. Wilson*

Kontrast. Zwei an Helligkeit und Farbe verschiedene, räumlich anliegende Oberflächen beeinflussen sich gegenseitig in dem Sinne, daß jede Oberfläche dahin tendiert, in der benachbarten Fläche eine komplementäre Nuance hervorzubringen *(Simultan-K.)*. Es ergibt sich daher: 1) Wenn die beiden Flächen unterschiedlich in der Helligkeit sind, wird dieser Unterschied stärker akzentuiert *(Helligkeits-K.)*. 2) Wenn die beiden Flächen ↗komplementäre Farben haben, vergrößert sich ihre Sättigung (ein maximal gesättigtes Grün bekommt man, wenn man es auf einen roten Untergrund stellt). 3) Wenn die beiden Farben nicht komplementär sind, verändern sie sich nach den Regeln der summativen Farbenmischung. Außerdem gilt: a) Die Intensität der K.wirkung verhält sich proportional zur Größe der beeinflussenden Fläche *(Induktionsfläche)*. b) Der farbige Simultan-K. ist um so größer, je kleiner der Helligkeits-K. ist. c) Auf Kraft und Richtung des K. haben auch Gestaltungsfaktoren Einfluß (Benary, 1924). d) Der Simultan-K. wird sehr stark hervorgehoben, wenn man die sich gegenseitig beeinflussenden Oberflächen mit einem weißen Durchschlagpapier bedeckt *(Florkontrast)*.

Lit.: Benary, W.: Beobachtungen zu einem Exp. über Helligkeitskontrast. Psychol. Forsch., 1924, *5*. *G. Kanizsa*

Kontrastfarben ↗Gegenfarben.

Kontrastgesetze ↗Kontrast.

Kontrazeption ↗Antikonzeption.

Kontrektationstrieb. Der bekannte Sexualwissenschaftler Moll hat den Begriff K. eingeführt, um damit den Trieb zur Berührung, zum Kontakt als eine der Komponenten des Sexualtriebs zu bezeichnen. Das Gelingen des Kontakts, der Berührung bedeutet dann eine Auflösung dieses Triebs und seine Substitution durch den sog. *Detumeszenztrieb*.
J. López Ibor

Kontrolle. K. wird in der Psychologie in unterschiedlichem Zusammenhang verwendet. 1) *Experimentelle K.* bezeichnet diejenigen Maßnahmen bei der Planung und Durchführung eines Experiments, die es ermöglichen, Veränderungen der abhängigen Variablen eindeutig auf die unabhängigen Variablen zurückzuführen. 2) *K. von Verhalten* wird in der Lerntheorie durch Reize bedingt, die einer Reaktion vorausgehen. Beim klassischen Konditionierungsparadigma spricht man von auslösenden Reizen, beim operanten Konditionieren hingegen von diskriminativen Reizen. 3) *Soziale K.* beschreibt diejenigen Prozesse und Mechanismen, durch die die Gesellschaft ihre Herrschaft über die sie zusammensetzenden Individuen ausübt.
H. Appelt

Kontrollgruppe ist eine in einem Exp. eingeführte Bedingung, die keiner expt. Behandlung unterzogen wird. Sie unterscheidet sich dadurch von der Versuchsgruppe. Erst ein Vergleich der K.ergebnisse mit denen der Versuchsgruppe ermöglicht gewöhnlich eine Aussage über Ausmaß und Richtung der Wirkung der expt. Bedingung. ↗Versuchsplanung. *G. Mikula*

Kontrollversuch ↗Experiment.

Konvention, Bezeichnung für soziale Verhaltensregeln oder Gewohnheiten, die sich im Laufe der Zeit gebildet haben und die innerhalb der Gruppe nicht explizit formuliert, aber allen Mitgliedern bekannt sind. Sie werden nicht so sehr als allgemein bindende Vorschriften oder Normen, sondern eher als *Selbstverständlichkeiten* der sozialen Interaktion betrachtet.

Ein bes. starres und stereotypes Haften an sozialen Regeln und Vorschriften oder K.en, die eine Unterordnung solchen Grades eigentlich nicht verlangen, wird als *Konventionalismus* bezeichnet; gilt als ein Charakteristikum der ↗„autoritären Persönlichkeit". ↗Konformität. *A. Schmidt-Mummendey*

Konvergentes Denken, wird durch Testaufgaben geprüft, die nur eine einzige richtige Lösung besitzen; Ggs.: ↗divergentes Denken. *G. Kaulfush*

Konvergenz. 1) K. ist durch Fusionszwang der Augen (Fusionsreflex, Zur-Deckung-Bringen beider Netzhautbilder – Einfachsehen) und durch die Okulomotorik (Augenmuskel) erstellte Augenstellung bzw. Stellungsänderung, wonach die Sehachsen sich im Fixationspunkt schneiden. *K.winkel* ist der Winkel zwischen den Blicklinien in der ↗Blickebene. *Fusionswinkel:* Winkel zwischen der Blicklinie und Parallelstellung. Gegensatz zur K. ist *Divergenz,* Oberbegriff für beide: *Vergenz.* Man unterscheidet – je nach dem, was der Anlaß zur K.bewegung ist: 1) *akkommodative K.* – K. in Abhängigkeit vom ↗Akkommodationszustand, 2) *fusionale K.* – K. in Abhängigkeit von der Reizung ↗disparater Netzhautpunkte und 3) *proximale* oder *psychische K.* – Abhängigkeit der K. von psychol. Variablen, wie z. B. scheinbare Entfernungsabnahme eines Sehobjektes. ↗Akkommodation, K. und Pupillenreaktion hängen miteinander zusammen.

2) Der Ausdruck K. wird auch für Prozesse, Entwicklungsvorgänge usw. gebraucht, wenn zwischen Variablen die Tendenz oder das Gesetz für das Zusammengehen, Zusammentendieren besteht (*K.theorie* von W. Stern: K. zwischen ↗Anlage und ↗Umwelt).

Lit.: Mütze, K.: ABC der Optik. Hanau a. M., Neuauflage 1975; **Schober, H.:** Das Sehen, Bd. 2. Leipzig, 1964.

A. Hajos

Konvergenztheorie ↗Konvergenz.

Konversion ist die Umwandlung eines psychischen ↗Konfliktes in ein körperliches Symptom. Dabei stellt dieses körperliche Symptom entweder eine verkappte Motivbefriedigung bzw. Wunscherfüllung oder (häufiger) eine Hemmung einer solchen Motivbefriedigung bzw. Wunscherfüllung, oder beides dar. K.en treten in der ↗Hysterie als Sensibilitätsstörungen und Parästhesien, als mot. Lähmungen, krampfartige Anfälle, in stärkeren Regressionszuständen als prägenitale K.neurosen auf. Zum Unterschied von den psychosomatischen Erkrankungen (↗Organneurosen), die subjektiv für den Betroffenen keinen „Sinn" haben, sind K.en „sinnvoll"; sie erfüllen einen subjektiven Zweck.

K.neurosen sind nach Freud die K.hysterie (s. oben) und die *prägenitalen* K.neurosen (vor allem ↗Tics und ↗Stottern). Ihnen liegen nach Freud und Fenichel je nach Schwere der Symptomatik Fixierungen auf die späten oder auf die frühen ↗analen Phasen zugrunde. ↗Psychopathologie, psychoanalytisches Schema der.

Lit.: Fenichel, O.: Psychoanalytische Neurosenlehre. 3 Bde. Freiburg i. Br., 1974–77; **Freud, S.:** Drei Abhandlungen zur Sexualtheorie (1905). Ges. Werke, Bd. 11. London, 1948; **Toman, W.:** An introduction to psychoanalytic theory of motivation. London – New York, 1960.

W. Toman

Konversionsneurose ↗Konversion.

Konvulsionstherapie. Sie wurde erstmalig durch Meduna (1937) in die Behandlung der ↗Schizophrenie sowie anderer ↗Psychosen eingeführt. Es gelang Meduna durch intravenöse Injektion von Cardiazol, Metranol und anderer analoger Substanzen einen künstlichen epileptischen Zustand hervorzurufen.

Sein Grundgedanke ging von der Beobachtung aus, daß Schizophrenie und ↗Epilepsie fast nie zusammentreffen. Deshalb vermutete er einen Antagonismus zwischen beiden. Später haben U. Cerletti und L. Bini durch Elektrizität konvulsive Krisen ausgelöst und den *Elektroschock* in die Klinik eingeführt. Das Erscheinen der ↗Psychopharmaka auf dem Arzneimittelmarkt hat die Häufigkeit in der Anwendung des Elektroschocks vermindert, vor allem bei ↗Depressionen. Gegenwärtig wendet man ihn gewöhnlich unter intravenöser Anästhesie an, wobei man ihn mit Präparaten kombiniert, welche die Heftigkeit der Konvulsionen herabsetzen.

Lit.: Meduna, L. v.: Die Konvulsionstherapie der Schizophrenie. Halle, 1937. *J. López Ibor*

Konzentration, besondere Form der ↗Aufmerksamkeit, nach Mierke (1966) zuchtvolle Organisation und Ausrichtung der Aufmerksamkeit durch das Ich auf das Erfassen und Gestalten von Sinn- und Wertgehalten. Zu ihrem Erscheinungsbild gehören folgende Momente: Vitalkraft, Energieimpulse seitens der Tiefenperson, Reife- und Übungsniveau des Aufmerkens (Mierke), willkürliche Steuerung (N. Ach), bewußte Einengung des Aufmerksamkeitsfeldes (W. Wundt, N. Ach), Bündelung der Antriebsenergien durch Determinations- und Gestaltungstendenzen (A. Wellek), Gerichtetheit auf ein Optimum und strukturelle Geordnetheit der Leistung, funktionale Bindung an die Vorstellungsabläufe oder Denkakte (Mierke). K. ist abhängig von *physiol.* Faktoren, wie ↗Ermüdung (E. Kraepelin), Sättigungszustand (D. Katz), Hormonhaushalt (G. Venzmer) und Funktionstüchtigkeit des ZNS (E. Kleist), sowie von *psychischen* und anderen Faktoren, wie Interesse, Weltanschauung und Tradition (E. Spranger), situative Umstände (Mierke). Der Begriff K. stammt aus der päd. Psychol., sie sieht darin den erwünschten Zustand, in dem kognitive Höchstleistungen vollbracht werden. K. spielt eine bes. Rolle in den Techniken, bei denen das Bewußtseinsfeld stark eingeengt wird, so z. B. bei der ↗Hypnose und dem ↗autogenen Training, das J. H. Schultz „konzentrative Entspannung" nennt. Beim Yoga ist K. die Vorstufe zur ↗Meditation und Versenkung. ↗Konzentrationstests.

Lit.: Arnold, W. & R. Pauli: Der Pauli-Test. München [5]1975; **Mierke, K.:** K.fähigkeit und K.schwäche. Bern – Stuttgart, 1966. *E. Ullrich*

Konzentrationstests. Die im allg. unter ↗Leistungstests klassifizierten Verfahren zur Messung der ↗Konzentration verlangen in der Regel eine fortwährende, angespannte Aufmerksamkeitsleistung bei der Bearbeitung optischen oder akustischen Materials und sind – zumindest theoretisch – durch ihre Unabhängigkeit von der ↗Intelligenz gekennzeichnet. Die Untersuchung der Abhängigkeit der Konzentration von der Art des Reizfeldes einerseits und von intrapsychischen Faktoren andererseits ist insbesondere Gegenstand der expt. Wahrnehmungspsychol. und Diagnostik.

Nach der Aufgabenstellung und Reaktionsweise können 3 Arten von K. unterschieden werden: 1. *Additionsaufgaben* (↗Pauli-Test, Rev.-Test, KBT, KLT); 2. ↗*Durchstreichtests* von Buchstaben (d2, Bourdon-Test), Zahlen oder sinnlosen Zeichen (Meili); 3. *Selektions-* und *Sortieraufgaben* (KVT, FMT).

Nach dem ↗Pauli-Test stellt der von Düker entwickelte und von Lienert (1959) standardisierte und normierte *Konzentrations-Leistungstest* (KLT) das zweifellos bekannteste Verfahren dar. Hierbei sind 30 min. lang 250 einfache Additionen und Subtraktionen auszuführen. Die nach Leistungsmenge, -güte, Fehlerprozent und -quotient durchzuführende Auswertung ist ökonomisch und objektiv. Alters-, geschlechts-, berufs- und schulspezifische Normwerte sind vorliegend. Die Gütekriterien der ↗Reliabilität und ↗Validität wurden mehrfach überprüft und sind zufriedenstellend. Im Gegensatz zum KLT erfordert der von Kirsch (1959) entwickelte und zur Pilotenbeurteilung verwendete *Konzentrations-Belastungstest* (KBT) Rechenoperationen mit *verschlüsselten* Ziffern. Eine neuere Version des Pauli-Tests wurde im ↗Revisionstest von Marschner (1972) vorgelegt, der die Addition von einstelligen Zahlen verlangt und im Gegensatz zum Pauli-Test eine kürzere

Durchführungszeit erfordert. Beim *Konzentrations-Verlaufstest* (KVT) von Abels (1954) wird schließlich die Sortierung von 60 mit 36 zweistelligen Ziffern bedruckten Karten in 4 Klassen verlangt. Kombinierte Zeit-Fehler-Bewertung, Unterscheidung verschiedener Fehlerarten sowie die Registrierung des Fehlerverlaufs sind vorgesehen. Vorliegende Reliabilitäts- und Validitätsprüfungen weisen das Verfahren als empfehlenswert aus (Bartenwerfer, 1966). Ein häufig angewendetes Verfahren sowohl im Bereich der Einzelfalldiagnostik als auch der Gruppenauslese ist der d 2-Test von Brickenkamp ([4]1972), bei dem Buchstaben mit bestimmter Markierung durchzustreichen sind. Der Test ist hervorragend normiert (3 Arten von alters-, geschlechts- und schulspezifischen Normwerten); die Reliabilität und die Validitäten sind insgesamt sehr zufriedenstellend. Ein dem d2-Test ähnliches Verfahren ist der Feldmarkierungstest (FMT) von Hentschel (1972). Die Problematik aller Konzentrationstests liegt u.a. in der Künstlichkeit der verlangten Aufgaben, der zeitlichen Stabilität der gemessenen Fähigkeiten und der Vorhersagevalidität der Konzentrationsfähigkeit für Belastungssituationen.

Lit.: Abels, D.: Konzentrations-Verlaufstest (KVT). Handanweisung. Göttingen, [2]1961; **Arnold, W. & R. Pauli:** Der Pauli-Test. München, [5]1975; **Bartenwerfer, H.:** Allgemeine Leistungstests. In: **R. Heiss** (Hrsg.): Hdb. der Psychol. Bd. 6. Göttingen, [3]1971, 385–410; **Brickenkamp, R.:** Aufmerksamkeitsbelastungstest (d2). Handanweisung. Göttingen, 1972; **Düker, H. & G. A. Lienert:** Konzentrations-Leistungstest (KLT). Handanweisung. Göttingen, [2]1965. **Hentschel, H.:** Der Feldmarkierungstest (FMT). Bern, 1972; **Marschner, G.:** Revisions-Test (Rev. T.). Göttingen, 1972.

G. Prystav

Konzeptvalidität ↗Konstruktvalidität.

Kooperation *(Kooperationsformen, Kooperationsarten),* Art und Umfang, in denen die individuelle Tätigkeit mit dem Tun anderer verbunden und/oder davon abhängig ist, z. B. Einzelarbeitsplätze, ↗Gruppenarbeit, gefügeartige K., Teamarbeit; beeinflußt von der allg. ↗Organisation, der ↗Gruppendynamik und der ↗Menschenführung (Führungsstil).

G. Marschner

Koordination, eine Funktion des ZNS, die darin besteht, die perzipierenden Organe so einzustellen, daß bestimmte Reize aufgenommen werden können, die für weitere Reaktionen erforderlich sind (z. B. visuell-mot. Koordination); die Funktion antagonistisch wirkender Muskelgruppen so zu steuern, daß sie sich bezüglich des intendierten Verhaltensziels unterstützen und nicht hindern oder ausschließen. Der Prozeß der K. kann angeboren oder erlernt sein, und er kann sowohl bewußt als auch unbewußt ablaufen. ↗Gehirn.

H. Roth

Kopfuhr, der Mechanismus, mit dessen Hilfe man das Vergehen von Zeit schätzen kann; noch ungeklärt. ↗Zeiterleben; ↗Zeit, Psychologie der.

C. D. Frith

Kopplung (bei ↗Genen). Bei der Übermittlung der Erbanlagen von den Eltern auf die Nachkommen zeigt es sich, daß manche Erbanlagen in den meisten Fällen gekoppelt auf die Nachkommen übertragen werden. Eine Erklärung findet diese Tatsache in der Chromosomentheorie der Vererbung: bei gekoppelten Genen finden sich diese auf demselben ↗Chromosom, und dieses wird meist als Ganzes übertragen, so daß eine freie Kombinationsmöglichkeit der mütterlichen und väterlichen Gene nur bei solchen vorliegt, die auf verschiedenen Chromosomen lokalisiert sind. Die K. kann durchbrochen werden beim ↗Crossing-over; nach der Häufigkeit der Durchbrechungen kann auf stat. Wege der relative Abstand der Gene zueinander ermittelt werden.

H. Schmalfuß

Kophosis ↗Taubheit.

Koprophagie, *Kotessen,* kommt bei schwer Schwachsinnigen und gelegentlich bei Geisteskranken vor.

C. Scharfetter

Koprophilie, besonders lustbetontes Interesse an Exkrementen, in pathologischen Fällen auch mit sexueller Erregung verbunden. K. ist ein natürliches Durchgangsstadium bei Kindern in der ↗analen Phase (Reizung der erogenen Darmschleimhaut). Durch Sozialisierung wird später eine Ekelschranke aufgebaut, das Interesse jedoch an Exkrementen bleibt erhalten. Nach S. Freud beschäftigt sich jeder Mensch damit, in manchen Fällen kann sogar eine Art Ritual daraus werden. Die in der Industriegesellschaft so häufige habituelle Obstipation bei Frauen hat neben ernährungsphysiologischen und umweltbedingten Ursachen (sitzende Lebensweise) zweifellos psychische Gründe, sie hängt zusammen mit der Tabuisierung der K. in der bürgerlichen Gesellschaft. Dieses Tabu wird jedoch in bestimmten geschlossenen Männerkreisen (Soldaten u.a.) häufig durchbrochen. Die K. äußert sich hier in Koprolalie (lustbetontes Sprechen über Exkremente, Witze, oft zum Abreagieren angestauter Aggressionen verwendet). Zur Perversion wird die K. erst bei regressivem Überschreiten der Ekelschranke, in dieser Form ist sie Symptom zahlreicher Neurosen und Psychosen. K. (gelegentlich auch mit Koprolagnie bezeichnet) kann sich pathologisch als ↗Voyeurtum äußern, u.U. weist sie auf ↗Fetischismus und ↗Masochismus hin. ↗Analerotik, ↗Analverkehr, ↗Enkopresis. *E. Ullrich*

Kopulation, Verschmelzung der verschiedengeschlechtlichen (heterosexuellen) Geschlechtszellen bei der Befruchtung.

Körperbautypen (oder *Biotypen)* ↗Konstitutionstypen.

Körperbehinderte Kinder. Die psychologisch-päd. Problematik der k. K. umfaßt einerseits die Auseinandersetzung des Kindes mit seiner eigenen Auffälligkeit in der habituellen Erscheinung und der Störung des körperlichen Bewegungssystems, andererseits den Versuch, das Kind trotz seiner Behinderung zu einer lebens- und gemeinschaftsbejahenden Persönlichkeitsentfaltung zu führen. Die *Betreuung* der k. K. beabsichtigt dabei eine Stärkung des Selbstbewußtseins, eine Vermeidung sich wiederholender Mißerfolgserlebnisse und eine bewußte seelisch-geistige Verarbeitung der eigenen Behinderung. ↗Geistige Behinderung. *H. Schröder*

Körperbehinderter. Person mit angeborenen oder erworbenen Beeinträchtigungen ihrer körperlichen Funktionen; bei gleichzeitiger Verringerung der Arbeitsfähigkeit: Leistungsbehinderter. ↗Rehabilitation. *G. Marschner*

Körperpflege, mutuelle. Körperpflege zwischen adulten Vögeln und Säugern wird meistens so betrieben, wie Eltern ihre Kinder putzen. Sie hat die Funktion der Aggressionsdämpfung, Begrüßung oder ↗Balz bzw. des Paarungsverhaltens. Der menschliche Zungensowie der Beißkuß können als abgeleitete Körperpflegehandlungen interpretiert werden. *V. Preuss*

Körperschema, allgemein eine räumliche Vorstellung des eigenen Körpers, die sich entsprechend den Informationen aus Körper und Umwelt ändert; unterschiedliche Ausprägung der Körperteile im K. Schilder (1935) und Head (1926) beschrieben die Verzerrung des K. unter neurol. und psychiatrischem Aspekt und erweiterten die gewonnenen Erkenntnisse auf den Bereich des Normalen. 1. Änderung des K. durch jede neue Körperstellung und -bewegung; 2. Entwicklung des K. ist abhängig von dem sozialen Kontakt. Das K. funktioniert überwiegend unbewußt und gilt als Maßstab, mit dem alle Körperlagen und Bewegungen und Wahrnehmungen verglichen werden, bevor eine Reaktion erfolgt.

Lit.: Fisher, S. & S. E. Cleveland: Body image and personality. New York – London – Toronto, 1958; **Head, H.:** Aphasia and kindred disorders of speech. London, 1926; **Schilder, P.:** The image and appearence of the human body. London, 1935. *J. Osterland*

Körpersprache, ↗Kommunikation, nichtverbale.

Korrelationskoeffizient. Stat. Größe, die das Ausmaß der Wechselbeziehung zwischen zwei oder mehreren Variablen angibt. K.en variieren (mit Ausnahme des ↗Kontingenzkoeffizienten) zwischen −1,0 und +1, wobei 0 völliges Fehlen einer Korrelation, die Koeffizienten −1 und +1 vollständige negative bzw. positive Korrelation bezeichnen. ↗Korrelationstechniken. *G. Mikula*

Korrelationstechniken. GESCHICHTLICHER ÜBERBLICK. Der Gedanke, daß Merkmale bei Individuen häufig gemeinsam auftreten (z. B. Größe und Gewicht, Intelligenz und Leistung usw.), ist in zivilisierten Gesellschaften schon lange geläufig. Dennoch unternahm man bis zum Ende des 19. Jh. keinen Versuch, das Ausmaß solcher Beziehungen quantitativ zu erfassen. Als erster Wissenschaftler befaßte sich ↗Galton (1886) mit dieser Frage. Eines der von ihm untersuchten Probleme war die Korrelation (K.) zwischen der Körpergröße von Vätern und der ihrer Söhne mit dem Ergebnis einer Ableitung *linearer Gleichungen* (oder Regressionsgeraden), mit deren Hilfe die Größe des Sohnes aus der seines Vaters vorhergesagt werden kann, und umgekehrt. Galton konnte auch zeigen, daß bei Angleichung der Streuungen der beiden Sätze von Meßwerten auch die Steigungen der beiden Geraden relativ zur horizontalen bzw. zur vertikalen Achse gleich werden. Der Wert dieser Steigung ist ein absolutes Maß und bekannt als ↗Korrelationskoeffizient zwischen den beiden Sätzen von Meßwerten. – Galtons Arbeit wurde rasch ausgebaut von anderen Autoren, vor allem Pearson (1896) und Yule (1907). Pearson entwickelte eine Formel, welche die direkte Berechnung eines K.koeffizienten ermöglicht, des Pearsonschen ↗Produkt-Moment-K.koeffizienten. Er entwickelte auch Techniken zur K.berechnung bei Variablen, von denen eine oder auch beide nur qualitativ zu erfassen sind. Yule leistete einen wesentlichen Beitrag zur Erweiterung der K.- und Regressionstheorie für beliebige Anzahlen von Variablen. Schon zu Beginn dieses Jh. wurde die Bedeutung der K.techniken für die Auswertung psychol. Experimente erkannt. Ein bedeutender Vorkämpfer auf diesem Gebiet war Spearman (1904). Um 1910 etwa waren die Grundlagen für die Berechnung von K.- und Regressionskoeffizienten zum größten Teil erarbeitet, und das Interesse richtete sich nun auf Fragen des ↗Stichprobenfehlers dieser ↗Statistiken. Zunächst schien es, als sei dieses Problem kaum zu bewältigen. Eine der wesentlichsten Schwierigkeiten bestand darin, daß die *Verteilung* von K.koeffizienten *schief* ist, bes. wenn ihr Wert sich + 1 oder − 1 nähert. Dieses Problem konnte weitgehend gelöst werden, als Fisher (1921) die z-Transformation des K.koeffizienten einführte, wodurch sich ihre Verteilung einer ↗Normalverteilung annähert. Die Entwicklung der ↗Varianz- und Kovarianzanalyse ebenfalls durch Fisher (Fisher, 1925), trug bedeutend bei zur Klärung von Fragen im Zusammenhang mit der allg. Theorie der linearen und multiplen ↗Regression und zur Interpretation nicht nur dieser Techniken, sondern auch des K.koeffizienten selbst. Der Einfluß von Fishers Arbeit und der späteren Autoren auf die K.theorie wird im einzelnen von Hotelling (1952) diskutiert.

DIE BIVARIATE NORMALVERTEILUNG. Diese Verteilungsform ist die Grundlage der K.theorie. Sie entsteht dann, wenn für eine Stichprobe von N Individuen Scores oder andere Meßwerte zweier Variablen X und Y vorliegen, deren jede auf einer kontinuierlichen Skala gemessen werden kann und in der Grundgesamtheit normal verteilt ist. Dies ist eine der notwendigen Voraussetzungen einer bivariaten Normalverteilung. Die zweite Voraussetzung ist folgende: Wenn die N Paare von Meßwerten als Punkte in ein Diagramm mit orthogonal aufeinanderstehenden Achsen (z. B. mit der Horizontalen als X-Achse und der Vertikalen als Y-Achse) eingetragen werden, muß die Verteilung der Punkte elliptisch oder kreisförmig aussehen. Außerdem muß die Dichte der Punkte, ausgehend von dem Punkt, der die Mittelwerte der beiden Variablen repräsentiert, nach außen hin abnehmen. Dieses Diagramm wird als Scatter-Diagramm oder Scattergramm bezeichnet.

Zur Bestimmung der *Dichtefunktion* einer bivariaten Normalverteilung sind fünf Konstanten oder Populationsparameter notwendig (Kendall & Stuart, 1961): arithmetische Mittel und Standardabweichungen der beiden Variablen und der K.koeffizient zwischen beiden. Wenn sich letzterer auf die ganze Grundgesamtheit bezieht, wird er durch den griechischen Buchstaben ρ ausgedrückt. Der Schätzwert r von ρ berechnet sich aus den Meßwerten einer Stichprobe von Individuen, die per Zufall aus der Grundgesamtheit ausgewählt wurden, nach der Formel:

$$r = \frac{\Sigma xy}{\sqrt{(\Sigma x^2 \cdot \Sigma y^2)}}. \quad (1)$$

Σx^2 ist die Summe der quadrierten Abweichungen der N Meßwerte in der Variablen X von ihrem ↗arithmetischen Mittel, Σy^2 ist entsprechend für die Y-Meßwerte definiert, während Σxy die Summe der Produkte aus den N Paaren der Abweichungen ist. Formel (1) ist die Pearsonsche Formel zur Berechnung des Produkt-Moment-K.koeffizienten. Sie kann in verschiedenen äquivalenten Formen ausgedrückt werden.

Regressionsgerade. Bei einer näherungsweise bivariaten Normalverteilung ergeben sich zwei Regressionsgeraden. Wenn die X-Achse in Intervalle eingeteilt wird, kann für bestimmte X-Werte in einem gegebenen Intervall der Mittelwert der korrespondierenden Y-Werte geschätzt werden. Führt man dies für alle Intervalle durch, so liegen die abgeleiteten Y-Mittelwerte in etwa auf einer Geraden. Diese Gerade kann ausgedrückt werden durch die Formel:

$$\hat{y} = a + b \cdot X. \quad (2)$$

b ist die Steigung der Geraden relativ zur X-Achse und heißt Regressionskoeffizient von Y auf X; a ist der Abschnitt der Geraden auf der Y-Achse, und $\hat{Y}$ ist der Schätzwert von Y für einen gegebenen X-Wert. Die Regressionsgerade wird auch die Gerade der „geringsten quadratischen Abweichungen“ genannt, da die Konstanten a und b so definiert sind, daß die Summe der Abweichungsquadrate aller Punkte im Scattergramm (parallel zur Y-Achse bestimmt) von der Geraden minimiert wird. Entsprechend kann man die Y-Achse in Intervalle einteilen und die jedem Y-Intervall korrespondierenden Mittelwerte der X-Werte berechnen. Daraus läßt sich folgende lineare Gleichung zur Schätzung von X aus gegebenen Y-Werten ableiten:

$$\hat{X} = a' + b' \cdot y. \quad (3)$$

Wenn die Standardabweichungen der X- und Y-Werte gleich sind, so wird b = b′, und beide haben den numerischen Wert von r. – Falls die Scores in einer Variablen, z. B. der Y-Variablen, auf einer kontinuierlichen Skala gemessen werden, aber nur für bestimmte Werte der X-Variablen gesichert sind, berücksichtigt man gewöhnlich nur die Regressionsgerade von Y auf X. Kann bivariate Normalität nicht angenommen werden, so muß die Linearität der Regression überprüft werden (McNemar, 1962). Wenn sich im Test Nicht-Linearität herausstellt, so ist eine kompliziertere Gleichung als Gleichung (2) erforderlich. In diesem Fall ist die Beziehung zwischen den beiden Variablen nicht adäquat durch den Produkt-Moment-K.koeffizienten auszudrücken. Vielmehr verwendet man hier den sog. Eta-Koeffizienten (1) als Maß der Kurvilinearität.

Weitere Korrelationsverfahren. Bei psychol. Untersuchungen besteht nicht immer die Möglichkeit, Daten in der für Gleichung (1) erforderlichen Form zu erheben, so daß andere Verfahren zur Schätzung von K.koeffizienten nötig sind. Die am häufigsten auftretenden Situationen und die ihnen entsprechenden K.koeffizienten werden im folgenden zusammenfassend dargestellt. Grundlegende Lehrbücher liegen von McNemar (1962), Lord und Novick (1968) und Kendall und Stuart (1961, 1966) vor.

1) Der ↗*tetrachorische* K.koeffizient: Dieser K.koeffizient wird angewendet, wenn die Daten zwar grundsätzlich bivariat normal verteilt sind, aber die Meßwerte von beiden kontinuierlichen Variablen nicht erhältlich sind. Statt dessen ist für jedes Individuum der Stichprobe nur bekannt, ob es ober- oder unterhalb eines gegebenen Punktes auf jeder Variablen liegt. Tetrachorische K.en sind ohne Computer schwierig zu berechnen und werden daher im allg. aus Nomogrammen abgelesen.

2) Der ↗*biseriale* K.koeffizient: Dieser Koeffizient ermöglicht die Schätzung der Produkt-Moment-K. zwischen zwei Variablen mit bivariater Normalverteilung, wenn die Meßwerte für eine der Variablen nur in dichotomischer Form verfügbar sind (z. B. „alkoholisch“ und „nicht alkoholisch“).

Korrelationstechniken

3) Der ↗*punkt-biseriale* K.koeffizient: Er gibt den Schätzwert der ↗Produkt-Moment-K. zwischen zwei Variablen an, wenn die eine kontinuierlich und die andere echt dichotomisch ist (z.B. „männlich" vs. „weiblich"). Bivariate Normalität ist nicht Voraussetzung.

4) Der ↗*Punkt-Vierfelder-* oder Phi-Koeffizient: Wenn beide Variablen echt dichotomisch sind, wird das Scattergramm auf eine Vierfelder-Tafel reduziert. Die Produkt-Moment-K. für diese Tafel ist bekannt als Phi-Koeffizient. Es wird vor allem für die K. von Test-Items verwendet, ist aber leider abhängig von der Item-Schwierigkeit.

5) Der *Kappa*-Koeffizient: Vierfelder-Tafeln ergeben sich auch dann, wenn zwei Beurteiler unabhängig voneinander eine Stichprobe von Individuen befragen, um das Vorhandensein oder Nichtvorhandensein bestimmter Merkmale festzustellen. Man könnte wiederum den Phi-Koeffizienten verwenden, sollte aber den Kappa-Koeffizienten vorziehen, da er mögliche Zufallsfehler mit berücksichtigt (Spitzer et al., 1967; Everitt, 1968).

6) ↗*Rangkorrelation:* Wenn eine Stichprobe von Individuen hinsichtlich der Ausprägung eines bestimmten Merkmals in eine Reihe gebracht wird, so spricht man von *Rangordnung*. Geschieht dies hinsichtlich zweier verschiedener Merkmale, so kann die Beziehung zwischen den Rangordnungen bestimmt werden durch die Anwendung von Rang-K.verfahren. Die gebräuchlichsten Koeffizienten sind Spearmans rho (ρ) und ↗Kendalls tau (τ).

7) *Intraklaßliche* K.: Das einfachste Beispiel dieser Art von K. ergibt sich beim Vergleich eineiiger Zwillinge. Wenn man eine Stichprobe von N Zwillingspaaren hat und für jedes Paar Meßwerte einer einzigen Variablen, dann ist es bei der Anordnung der Meßwerte unwichtig, welcher Wert bei einem Paar an erster Stelle steht. Bei der Korrelierung der Werte erscheint jedes Meßwertpaar zweimal, und zwar in umgekehrter Reihenfolge, so daß insgesamt 2 · N Meßwertpaare in die Berechnung eingehen.

8) ↗*Partielle* K.: Die beobachtete K. zwischen zwei Variablen kann dadurch beeinflußt werden, daß eine oder beide linear mit anderen konkomitierenden Variablen zusammenhängen. Partielle K. ist die K. zwischen den beiden Variablen, nachdem der Effekt der Störvariablen ausgeschaltet wurde.

9) *Seriale* oder ↗*Autokorrelation:* Wenn eine Serie von Meßwerten

$$x_1, x_2, x_3, \ldots, x_i, \ldots x_t$$

in gleichmäßigen Zeitabständen erhoben wird, können K.en zwischen den $(t-1)$ Paaren von Meßwerten $(x_1, x_2), (x_2, x_3), \ldots$ oder zwischen den $(t-2)$ usw. berechnet werden. Erstere ist bekannt als seriale K. mit „lag 1", die zweite als seriale K. mit „lag 2" usw. Die Überprüfung der Werte der sukzessiven K. kann Trends in den Serien aufzeigen. Ein Punktdiagramm dieser K. mit „lags" anwachsender numerischer Größe ist bekannt als Korrelogramm.

10) *Multiple lineare Regression* und *multiple K.:* Um multiple K. handelt es sich dann, wenn man die Beziehung zwischen einer abhängigen oder Kriteriumsvariablen und den hypothetisch linear kombinierten Effekten mehrerer anderer Variablen, der unabhängigen oder Prediktor-Variablen, untersuchen möchte. In diesem Fall nimmt die Regressionsgleichung folgende Form an:

$$\hat{Y} = a + b_1 \cdot X_1 + b_2 \cdot X_2 + \ldots + b_p X_p. \quad (4)$$

$\hat{Y}$ ist der Schätzwert der abhängigen Variablen Y für gegebene Werte der p unabhängigen Variablen X_1 bis X_p. Wie bei der einfachen Regression bestimmt a den Abschnitt der Y-Achse, während b_i hier das Ausmaß der Veränderung von Y angibt, wenn X_i variiert und die Mittelwerte der übrigen abhängigen Variablen konstant gehalten werden. Die mit b bezeichneten Werte sind die partiellen Regressionskoeffizienten. Sie sind so festgelegt, daß die Summe der quadrierten Abweichungen $(\hat{Y}_i - Y_i)$ für $i = 1, 2, \ldots N$ minimiert wird. Die K. zwischen den N Paaren von Werten $(\hat{Y}_i, Y_i)$ ist als multiple K. bekannt.

11) *Kanonische* K.: Die kanonische K.analyse ist die Erweiterung der multiplen K.analyse. Sie wird angewendet, wenn ein Satz von p Variablen $X_1 \ldots X_p$ sinnvoll in zwei Teilsätze p_1 und p_2 geteilt werden kann, wobei $p = p_1 + p_2$. Das Problem besteht hier darin, dieje-

nige gewichtete Summe des ersten Datensatzes zu finden, welche am höchsten mit einer gewichteten Summe des zweiten Datensatzes korreliert. Die auf diese Weise erhaltene K. ist bekannt als die erste kanonische K. zwischen den beiden Datensätzen. Allgemein formuliert, gibt es p^* unabhängige Sätze von Gewichten, wobei $p^* = p_1$ oder p_2, je nachdem, welches p kleiner ist, so daß man p^* kanonische K.en erhält, deren Größe sukzessiv abnimmt (Hope, 1968).

Lit.: Everitt, B. S.: Moments of the statistics kappa and weighted kappa. Brit. J. Math. & Stat. Psychol., 1968, *21,* 97–103; **Fisher, R. A.:** „On the probable error" of a coefficient of correlation deduced from a small sample. Metron, 1921, *1,* 1–32: **ders.:** Statistical methods for research workers. Edinburgh, 1925; **Galton, F.:** Regression towards mediocrity in hereditary stature. Jour. Anthrop. Inst., 1886, *15,* 246–270; **Hope, K.:** Methods of multivariate analysis. London, 1968; **Hotelling, H.:** New light on the correlation coefficient and its transforms. J. Roy. Stat. Soc., 1953, *15,* 193–224; **Kendall, M. G. & A. Stuart:** The advanced theory of statistics, Vols. 2 and 3. London, 1961, 1966; **Lord, F. M. & M. R. Novick:** Statistical theories of mental test scores. Reading (Mass.), 1968; **McNemar, Q.:** Psychological statistics. New York – London, 1962; **Pearson, K.:** Regression, heredity and panmixia. Phil. Trans. Roy. Soc., 1896, Series A. *187,* 254–267; **Spearman, C.:** The proof and measurement of association between two things. Amer. J. Psychol., 1904, *15,* 88–103; **Spitzer, R. L.,** et. al.: Quantification of agreement in psychiatric diagnosis. Arch. Gen. Psychiatry, 1967, *17,* 83–87; **Yule, G. U.:** On the theory of correlation for any number of variables treated by a new system of notation. Proc. Roy. Soc., 1907, Series A, *79,* 182–193.

A. E. Maxwell

Korrelationsziffer(n) oder z'-Werte (R. A. Fisher) sind transformierte ↗Korrelationskoeffizienten. Da sich Korrelationskoeffizienten nicht normal verteilen, werden sie häufig in annähernd normalverteilte K. transformiert. Die Transformationsformel lautet:

$$z' = \frac{1}{2} \ln \frac{1+r}{1-r}.$$

Die transformierten Werte liegen tabelliert vor und werden zur Durchführung von Signifikanzprüfungen von Korrelationskoeffizienten benützt. Sie verteilen sich unabhängig von der Stichprobengröße annähernd normal um Null. ↗Korrelationstechniken. *G. Mikula*

Korrespondierende Netzhautpunkte, diejenigen Netzhautstellen, die einander in beiden Augen entsprechen, so daß bei Abbildung an beiden Netzhäuten kein ↗Doppeltsehen eintritt. Ermittelt man diese Punkte geometrisch durch Retinakoordinatennetz, so heißen die Punkte *Deckpunkte* oder *↗identische Netzhautstellen* (funktionell: Mittelpunkt von Panum-Bereichen). Von *bedingt-korrespondierenden Netzhautpunkten* spricht man bei Netzhautpunkten innerhalb des Panum-Bereiches. *A. Hajos*

Korsakowsches Syndrom, amnestisches Psychosyndrom, von K. S. Korsakow erstmals bei Alkoholgeschädigten beschrieben. In der Folge wurde der Begriff ausgeweitet und wird heute für alle organischen ↗Psychosen gebraucht, bei denen die *Gedächtnisstörung* im Vordergrund steht. Charakteristisch ist vor allem eine stärkere Störung der Merkfähigkeit und des Frischgedächtnisses bei oftmals noch genügend erhaltenem Altgedächtnis sowie Neigung zu ↗Perseverationen und Konfabulationen. *A. Hicklin*

Kortesches Gesetz. Die K. G.e beschreiben die optimalen Stimuluskonstellationen zum Erleben von ↗Scheinbewegung: 1. Je größer der räumliche Abstand zweier Stimuli ist, desto intensiver müssen diese sein, oder um so größer muß ihr zeitlicher Abstand gewählt werden. 2. Bei steigender Intensität der Stimuli muß der räumliche Abstand vergrößert oder der zeitliche verringert werden. 3. Wird das Darbietungsintervall vergrößert, muß auch der räumliche Abstand zunehmen oder die Intensität verringert werden.

Weiterhin erforschte A. Korte die Wirkung von Gestaltfaktoren auf den Verlauf der ↗Scheinbewegung. *U. H. Schindler*

Kortex, Kortikal ↗Cortex cerebri.

Kortikalperson ↗Schichtenlehren.

Kortikoide, *Kortikosteroide.* Gruppe von Steroidhormonen (mehr als 30), die – mit Ausnahme von Aldosteron –, angeregt durch ↗ACTH-Ausschüttung, in der Nebennierenrinde gebildet werden und die im Unterschied zu den Nebennierenmarkhormonen lebenswichtig wegen ihrer Wirkung auf den Kohlehydrat-, Fett- und Mineralhaushalt sind.

W. Janke

Kostersches Phänomen. Bei künstlich hervorgerufener Kurzsichtigkeit (durch Zerstreuungslinsen vor den Augen) erscheinen an allen (verkleinert) wahrgenommenen Gegenständen die Farben satter und deutlicher voneinander unterschieden. *F.-C. Schubert*

Kovariantenphänomen, die Vortäuschung einer räumlichen Wahrnehmung, die zuerst durch E. R. Jaensch beschrieben wurde. Drei Fäden hängen vor dem Betrachter in einer frontalen parallelen Ebene. Wird einer der äußeren Fäden vorwärts oder rückwärts bewegt, scheint sich der mittlere Faden entgegengesetzt zu bewegen.

Lit.: Jaensch, E.: Grundformen menschlichen Seins. Berlin, 1929. *C. D. Frith*

Kovarianz. In einer ↗bivariaten Verteilung ist das mittlere Produkt der Abweichungspaare vom jeweiligen Mittelwert die K.,

$$\sigma_{xy}^2 = 1/N \cdot \Sigma(X_i-\bar{X})(Y_i-\bar{Y}) = 1/N \cdot \Sigma xy.$$

Sie ist ein Maß für die gemeinsame Variation zweier Variablen, hängt jedoch außerdem von den Streuungen der beiden Variablen ab. Aus diesem Grunde ist sie als stat. Kennziffer eher ungeeignet. Der ↗Produkt-Moment-Korrelationskoeffizient

$$\frac{\text{Kovarianz}}{s_x \cdot s_y}$$

begegnet diesem Umstand und ist daher zur Deskription der bivariaten Verteilung besser geeignet. *W. H. Butollo*

Kovarianzanalyse, eine Erweiterung des varianzanalytischen Verfahrens: 1. um den Versuchsfehler zu verringern, 2. um die Wirkung von unabhängigen Variablen auf die ↗Kovarianz zweier abhängiger Variablen zu analysieren. Z. B. ist die Anwendung einer K. erforderlich, wenn die Wirkung zweier Lernmethoden auf die Behaltensleistung an zwei Gruppen untersucht werden soll, die sich in ihrer Intelligenz unterscheiden, da angenommen werden kann, daß ↗Intelligenz und Behaltensleistung nicht unabhängig voneinander sind. ↗Varianzanalyse. *G. Mikula*

Kovariation bezeichnet das gemeinsame Variieren zweier oder mehrerer Merkmale. Sie stellt die Voraussetzung für die Feststellung statistischer Abhängigkeiten oder Zusammenhänge dar. ↗Kovarianz. *G. Mikula*

Kramer-Test. Aus dem ↗Binet-Simon-Test entwickeltes, nach verschiedenen Revisionen ziemlich eigenständiges Testverfahren zur Prüfung der intellektuellen Leistungsfähigkeit bei 3- bis 15jährigen. Jahresstaffeln mit je 10 Subtests bis zum 5. Jahr, 8 Subtests bis zum 8. Jahr und darüber je 6 Subtests. Gut $^2/_3$ aller Tests sind verbaler Natur. Reliabilitätskoeffizienten und Validitätskoeffizienten mit andern Intelligenztests genügen den Anforderungen. Der K.-T. scheint vor allem geeignet für Kleinkinder, Schulanfänger (↗Einschulungstest) und leistungsschwache Schüler. Als unabhängiges Zusatzverfahren liegt dem K.-T. eine Bearbeitung des Porteus ↗Labyrinthtests bei.

Lit.: Kramer, J.: Intelligenztest. Arbeiten zur Psychologie, Pädagogik und Heilpädagogik, Bd. 5. Solothurn, [4]1972.

R. Krebs

Krampf ↗Spasmus.

Kraniologie ↗Gallsche Lehre.

Krankheit, regelwidriger Verlauf der leiblichen, seelischen oder geistigen Lebensvorgänge. Medizinisch-biologisch: Störung der ↗Homöostase; macht u. U. med. Behandlung bzw. Pflege notwendig und/oder hat Arbeitsunfähigkeit (vorübergehend/dauernd) zur Folge. *G. Marschner*

Krankheitsgewinn ist, psychol. betrachtet, der subjektive Vorteil oder der Grad an relativer Befriedigung, den der Kranke durch seine Krankheit erzielt. Freud unterschied den *primären* und den *sekundären* K. Der primäre K. ist die Reduzierung des ↗Angst- oder Angst-Aggressions-Zustandes, der durch den Fortfall von Befriedigungsmöglichkeiten oder durch unzureichende ↗Abwehrmechanismen gegen neuerliche Versuchungen entstanden ist. Der sekundäre K. sind die Vergünstigungen aus der Umgebung, die dem Erkrankten wegen seiner Krankheit entgegengebracht werden.

Lit.: **Freud, S.:** Vorlesungen zur Einführung in die Psychoanalyse (1916/17). Ges. Werke, Bd. 11. London, 1948.

W. Toman

Krankheitshäufigkeit *(betriebliche).* Einzel- oder Gruppenvergleich der durch vorübergehende Arbeitsunfähigkeit im Vergleichszeitraum ausgefallenen (entgangenen) Arbeitszeit (z. B. Fehlzeiten in % der tariflich festgelegten Arbeitszeit). Die K. ist eine in der betrieblichen Personal- und Sozialpolitik häufig verwandte Kennziffer: z. B. im Einzelvergleich, um Vorsorge- oder ↗Rehabilitationsmaßnahmen einleiten zu können; im Gruppenvergleich, um rechtzeitig bes. gefährdete oder anfällige Arbeitsgruppen oder Tätigkeiten erkennen und Abhilfe schaffen zu können. ↗Menschenführung.

Lit.: **Schmidt, W.:** Psychol. Aspekte der krankheitsbedingten Fehlzeiten im Betrieb. Darmstadt, 1967.

G. Marschner

Kraepelin, *Emil.* Leben. *15. 2. 1856 Neustrelitz, † 7. 10. 1926 München. Medizinische Promotion 1878 in Würzburg; arbeitete anschließend in der Kreisirrenanstalt München; ging 1882 nach Leipzig, um in der Nähe W. Wundts, mit dem er schon als Student befreundet war, zu arbeiten, jedoch riet ihm dieser ab, sich ganz der Psychol. zu widmen; erhielt nach einem kurzen Aufenthalt als Privatdozent an der Universitätsklinik in Leipzig 1885 eine Professur in Dorpat und 1891 in Heidelberg; gab 1894 die Zeitschrift „Psychologische Arbeiten" heraus; war von 1903 bis zu seinem Tode 1926 Professor für Psychiatrie und Direktor der psychiatrischen Klinik in München.

Werke. K. wurde vor allem bekannt durch den Beitrag, den er zur psychiatrischen *Nosologie,* insbes. zur Klassifikation der Geisteskrankheiten, leistete. Er unterteilte die ↗Psychosen in zwei große Formenkreise: *Dementia praecox* und *↗manisch-depressives Irresein,* eine Einteilung, die auch in den modernen Klassifikationssystemen grundsätzlich beibehalten wird.

Trotz seiner Bekanntschaft mit W. ↗Wundt war K.s Gesichtspunkt bezüglich der *Ätiologie* der Geisteskrankheiten eindeutig *somatisch* ausgerichtet (psychol. Faktoren spielen keine Rolle). Er betrachtete diese als Ergebnisse von organischen Schädigungen des Gehirns, Stoffwechselstörungen, endokrinen Störungen (↗Hormone) oder Vererbung.

K.s zweiter großer Beitrag bestand in der erstmaligen Anwendung psychol. Untersuchungsmethoden und experimentalpsychol. Verfahren im Bereich der Psychiatrie. Er war der erste, der ↗objektive Tests und Messungen bei der Untersuchung von Geisteskrankheiten heranzog. Unter anderem interessierte er sich für psychische Zeitmessungen, Wahlreaktionen, ↗Assoziationen und Ergographie. Seine Untersuchungen zum Arbeitsprozeß und seinen Verlaufsformen (*Arbeitskurve;* weitergeführt als ↗Pauli-Test) führten zur Antizipation mehrerer in der modernen Lernpsychol. bedeutsamer Phänomene (↗reaktive Hemmung usw.), deren Entdeckung nach H. J. Eysenck (1968) fälschlicherweise späteren Forschern zugeschrieben wird. Eysenck vertritt daher die Meinung, daß K. bei richtiger Würdigung seines Beitrages als „Vater der ↗klinischen Psychologie" gelten könne.

Ein dritter wesentlicher Beitrag K.s bestand in seiner Pionierarbeit auf dem Gebiet der ↗Psychopharmakologie, als deren Begründer er angesehen wird. Erstmals untersuchte er mit expt. Methoden die Auswirkungen von Pharmaka, Alkohol, ↗Nikotin usw. auf das menschliche Verhalten.

Schr.: Compendium der Psychiatrie, 4 Bde., 1883; Einführung in die psychiatrische Klinik, 3 Bde. 1901; Über die Beeinflussung einfacher psychischer Vorgänge durch einige Arzneimittel, 1892; Die Arbeitskurve, 1902; Über geistige Arbeit, 1903.

W. Wittling

Krausesche Endkolben ↗Sinnesorgane: die Hautsinne.

Kreativität, Fähigkeit, Gegenstände in neuen Beziehungen und auf originelle Art zu erkennen (Originalität, Neukombination), sie auf ungewöhnliche Art sinnvoll zu gebrauchen (Flexibilität), neue Probleme zu sehen, wo scheinbar keine sind (Sensitivität), vom gewohnten Denkschema abzuweichen und nichts als fest zu betrachten (Flüssigkeit) und aus der Norm fallende Ideen zu entwickeln, selbst gegen den Widerstand der Umwelt (Nonkonformismus), wenn es gilt, etwas Neues zu finden, das eine Bereicherung für Kultur und Gesellschaft darstellt. Der sog. „Sputnik-Schock" hat die K.forschung vor allem in den USA sehr intensiviert. Ihre Ziele sind die Untersuchung der kreativen Persönlichkeit und des kreativen Prozesses wie auch das Suchen nach Möglichkeiten zur K.förderung und K.entwicklung (K.trainings). Der Kreative erlebt schöpferische Leistungen oft als ichfern und fremd (↗Inspiration). Die geheimnisvollen Umstände beim Zustandekommen kreativer Leistungen lassen sich nach R. Oerter u. a. so verstehen, daß mehrere simultan ablaufende Denkvorgänge existieren, die jedoch infolge der Dominanz der Hauptlinie des Denkens nicht bewußt sind. Die kreative Persönlichkeit, vor allem durch J. P. Guilford untersucht, wird oft als autonom und nonkonformistisch charakterisiert. Im kognitiven Bereich zeichnet sie sich nach Oerter u. a. vor allem durch Feldunabhängigkeit, Komplexität und Aufgeschlossenheit für neue Erfahrungen aus, motivationstheoretisch durch Neugiermotivation, Ausdrucksbedürfnis und Streben nach Selbstverwirklichung. Vielfach haben Kreative einen Erziehungsprozeß durchlaufen, der auf Sozialisation und Konformismus wenig Wert legte. Deshalb findet sich K. interessanterweise relativ häufig bei Analphabeten, Angehörigen von Völkern mit relativ gering entwickeltem Schulwesen und Kindern aus sozial schwachen Bevölkerungskreisen. Dadurch wird ihre biologische Funktion zur Selbsterhaltung erkennbar. Dies war auch der Grund, warum K. für die Pädagogik interessant wurde („brain-storming" als Unterrichtsfach, Verhältnis K. und overlearning, K. und musische Erziehung u. a.). Die bisherigen K.tests sind zwar brauchbar, ihre Validität ist jedoch gering. Beim Rorschach-Test ergeben sich Hinweise auf kreative Persönlichkeit, wenn ungewöhnlich viele Ganz-, Bewegungs- und Originalantworten produziert werden.

Lit.: De Bono, E.: Use of Lateral Thinking. London, 1967; **Guilford, J. P.:** Some new views of creativity. In: **Helson, H. u. a.** (Hrsg.): Theories and data in psychology. Princeton, 1967; **Guilford, J. P. u. a.:** The relations of creative-thinking aptitudes to non aptitudes personality traits. Rep. psychol. Lab. Nr. 20. Los Angeles, University of Southern California, 1967; **Kirst, W. & U. Diekmeyer:** Creativitätstraining. Stuttgart, 1971; **Matussek, P.:** Kreativität als Chance. München, 1974; **Oerter, R.:** Psychologie des Denkens. Donauwörth, 1971; **Torrance, E. P.:** Guiding creative talent. New York, 1962; **Winnicott, D. W.:** Vom Spiel zur Kreativität. Stuttgart, [2]1979.

E. Ullrich

Kreativitätstests. Versuche zur exakten Messung der ↗Kreativität gehen bis auf 1930 (C. Spearman) zurück; bedeutende Untersuchungen stammen jedoch aus den letzten Jahren (C. W. Taylor, J. P. Guilford). Besonders das Guilfordsche Konzept des ↗divergenten Denkens mündete in die Konstruktion brauchbarer Tests. Die in diesen Tests verlangte Leistung besteht im wesentlichen in der Produktion einer möglichst großen Anzahl von Antworten (z. B. sollen für eine Geschichte möglichst viele passende Überschriften gefunden werden). Beispiele für K.: Drake musical aptitude tests, Musical aptitude profile von E. Gordon, Graves design judgement test, Horn art aptitude inventory, Snyder-Knuth music achievement test.

Lit.: Guilford, J. P.: Persönlichkeit. Weinheim, [6]1974; **ders.:** Creativity. Amer. Psychologist, 1950, *5*, 444–454; **Schoppe, K.-J.:** Verbaler Kreativitätstest (V-K-T). Göttingen, 1975; **Taylor, C. W. & F. Barron:** Scientific Creativity. New York, 1963; **Ullmann, G.:** Kreativität. Weinheim, [2]1970.

G. Lischke

Kretin, ein an ↗*Kretinismus* leidender Mensch. *E. David*

Kretinismus oder *kongenitales Myxödem* ist eine angeborene ↗Idiotie bei vollständigem Fehlen oder mangelhafter Funktion der ↗Schilddrüse (↗Hypofunktion) aus unbekannter Ursache. Es werden Jodmangel, endogene Einflüsse oder mütterliche Kropfnoxen als schädigende Agentien im Fetalleben des Betreffenden in Betracht gezogen. K. tritt häufig in Kropfendemiegebieten auf. K. ist charakterisiert durch Zwergwuchs, Entwicklungsstörungen von ZNS, Skelett und Haut und verschieden stark ausgeprägten Schwachsinn auf dem Boden einer Stoffwechselverlangsamung. Äußerlich ist der K. charakterisiert durch ausdrucksloses, aufgeschwemmtes Gesicht, stumpfe Nase, dichtes, borstiges Haar, dicke Zunge, kurze Finger, Schwerhörigkeit oder Taubheit, mangelhafte Sprachentwicklung sowie Verdauungsstörungen und zuweilen Kropf. Sein Auftreten kann durch Jodprophylaxe werdender Mütter und junger Säuglinge in Kropfgebieten verhindert werden. *E. David*

Kretschmer, *Ernst.* LEBEN UND WERKE. * 8. 10. 1888 Wüstenrot, † 8. 2. 1964 in Tübingen. Studierte Medizin in München, wo er wesentlich von E. ↗Kraepelin beeinflußt wurde, und am Eppendorf-Hospital in Hamburg; promovierte 1914 mit dem Thema „Wahnbildung und manisch-depressiver Symptomkomplex“; trat anschließend in den Militärdienst ein, wo er für den Aufbau einer neurol. Abteilung im Militärhospital Bad Mergentheim verantwortlich war; verließ 1818 Bad Mergentheim und wurde Privatdozent in Tübingen; 1926 wurde er zum Professor für Psychiatrie und Neurologie an der Universität Marburg ernannt; von 1946 bis 1959 war er Direktor der neurol. Klinik an der Universität Tübingen.

Obwohl K. ein sehr produktiver Autor war, verbindet sich sein Name vorwiegend mit dem Buch „Körperbau und Charakter“, in dem er 1921 seine ↗Konstitutionstypologie darlegte. Darüber hinaus beschäftigte er sich seit 1946 eingehend mit Untersuchungen zur konstitutionellen Entwicklungsphysiologie und Psychopathologie der Kindheit und Jugend sowie mit Forschungen zur Konstitutionsbiologie. Außerdem bemühte er sich um die Entwicklung neuer psychotherapeutischer Methoden und Hypnosetechniken, wie z. B. die „gestufte Aktivhypnose“ (↗Hypnose). Ebenso führte er Grundlagenforschung zur Diagnose Krimineller durch und gab Empfehlungen für eine Änderung des Strafgesetzes, um den Kriminellen damit eine angemessene Behandlung zu ermöglichen.

KONSTITUTIONSTYPOLOGIE. K.s. Typenlehre ist *morphologisch* orientiert und geht von den Körperformen aus. Er unterscheidet bei seinen Körperbautypen zwischen dem ↗*leptosom-asthenischen* Typ, dem ↗*athletischen* Typ und dem ↗*pyknischen* Typ. K.s bedeutsame, über die Unterscheidung der Körperbautypen hinausgehende Leistung bestand in der Ermittlung des Zusammenhanges, der zwischen diesen und den drei Hauptformen endogener ↗Psychosen besteht. Anhand von Untersuchungen an 260 Geisteskranken, die heute durch Untersuchungsmaterial an über 9000 Fällen validiert sind, konnte K. nachweisen, daß ↗Schizophrene vorwiegend *leptosom,* ↗Manisch-Depressive *pyknisch* und ↗Epileptiker *athletisch* sind.

Ausgehend von der Annahme, daß zwischen Geisteskrankheiten und Normalität nur ein gradueller, nicht aber ein qualitativer Unterschied besteht, stellte K. 3 Charaktertypen (Temperamente) auf, die die gleichen Wesenszüge, wenn auch in stark abgeschwächter Form besitzen sollen wie die entsprechenden Psychosen, aus denen sie abgeleitet wurden. Hiernach entspricht dem leptosomen Körperbautyp der ↗schizothyme (charakterliche Zwiespältigkeit, Verschlossenheit usw.) Temperamentstyp, dem Pykniker der ↗zyklothyme (rascher Stimmungswechsel, affektive Ansprechbarkeit usw.) und dem Athletiker der ↗visköse (Zähflüssigkeit, Bedächtigkeit) Temperamentstyp.

Während die von K. postulierten Zusammenhänge zwischen Körperbau und Psychose relativ gesichert erscheinen, gibt es bisher keine eindeutige Bestätigung für seine Annahmen bezüglich Körperbau und Charakter in der Normalpsychologie.

Schr.: Der sensitive Beziehungswahn, 1918; Med. Psychol., 1922; Geniale Menschen, 1929; Psychotherapeutische Studien, 1949. *W. Wittling*

Kretschmer-Höhn-Test ↗Einschulungstest.

Kreuzvalidierung, *cross validation,* Verfahren zur Bestimmung unverzerrter Schätzungen der Vorhersagegenauigkeit von Tests. Die in der Konstruktionsstichprobe ermittelten Validitätskoeffizienten sind in der Regel *über*schätzt. K. bezeichnet die Entwicklung von Vorhersageformeln in einer gegebenen Stichprobe und deren Gültigkeitsüberprüfung an einer zweiten unabhängigen, aber parallelen (Schätzung des Schrumpfungseffektes). Weitere Verfahren der K.: Aufgabenanalyse und Validitätsbestimmung an parallelen Stichproben; Aufgabenanalyse an einem Binnenkriterium und Validierung an einem Außenkriterium u.a. (↗Testkonstruktion). *H. Haase*

Kriegführung, psychologische. Als Teil der militärischen, aber auch der politischen Strategie wurde p. K. im Zweiten Weltkrieg in den USA mit der Bezeichnung „Psychological Warfare" auf den Grundlagen der Lern-, Sozial-, Werbe- und Tiefenpsychol. institutionalisiert. *Merkmale:* Abwehr-, Angriffsriten, optisch und akustisch wirksames Imponiergehabe, Propaganda mit dem Ziel der Veränderung bestehender Strukturen. Planung der p. K. und militärische Propaganda werden dabei durch eine Vielzahl psychol. relevanter Bezugsvariablen bestimmt. Zum Einsatz kommt p. K. beim psychol. vorzubereitenden Krieg (Diplomatie dramatischer Einschüchterung) oder als gezielte Unterstützung militärischer Aktionen. Man unterscheidet: *offene* (weiße), *getarnte* (schwarze), *strategische, taktische* und *defensive, Spaltungs-* und *Gegenpropaganda.* Technische Hilfsmittel sind ↗Massenmedien, aber auch Ballone und Raketen zur Verbreitung von Flugschriften. *Ziel* ist: Herüberziehen des Gegners auf die eigene Seite, seine Brandmarkung und Verketzerung, Einschüchterung (Nervenkrieg), Paralysierung des gegnerischen Kampfwillens und Desintegration der Gruppenkohäsion (↗Gruppendynamik) durch Verunsicherung.

Die p. K. trägt in Friedenszeiten zur intensivierten Darstellung verteidigungswerter Staatsideologien und zur Immunisierung gegen Fremdeinflüsse bei, z. B. durch „geistige Rüstung": Wecken von Vertrauen zur Führung und in die eigene Kampfkraft, Festigung der „Kampfmoral". *G. Mitze*

Kriminalität. DEFINITION UND VORKOMMEN. K. ist die Tendenz, Verhalten zu zeigen, das im Ggs. zum Strafrecht steht; allgemeiner ausgedrückt: wiederholtes oder ständiges Begehen krimineller Handlungen. Die Brauchbarkeit dieses Begriffes zur Klassifizierung von Individuen wurde angezweifelt, weil eine Gruppe von Personen *zu heterogen* (Wooton, 1959) definiert wird und weil er – da der Spielraum und die festen Grenzen des Strafrechts von Zeit zu Zeit und von Land zu Land verschieden sind – eine willkürliche und psychologisch irrelevante Unterscheidung von kriminellen Handlungen und anderen Formen nicht normgerechten sozialen Verhaltens nach sich zieht (Mannheim, 1962). Viele Handlungen, die in den Geltungsbereich des Strafrechts fallen, werden entweder nicht bekannt oder können den Tätern nicht nachgewiesen werden; daraus folgt, daß die Gruppe von Personen, die wegen einer gerichtlichen Überführung als Kriminelle eingestuft werden, zwangsläufig die Gewohnheiten der polizeilichen Praxis widerspiegelt (Walker, 1965). Die Grenzen einer empirischen Definition der K. stellen das Haupthindernis für Versuche dar, systematische Erklärungen für die Formen nicht normgemäßen sozialen Verhaltens zu entwickeln.

Die Mehrheit registrierter Verbrechen sind Eigentumsdelikte – in der Hauptsache Diebstahl der verschiedensten Art, aber auch Betrug, Unterschlagung und Raub (d. h. Diebstahl unter Anwendung oder Androhung von Gewalt). Tätliche Beleidigung, Morde, Vergehen der Körperverletzung oder Sexualverbrechen sind – zumindest in den westlichen Ländern – weniger häufig. Mit Ausnahme von Ladendiebstahl und Prostitutionsdelikten werden Verbrechen überwiegend von männlichen Personen begangen – das Verhältnis der Geschlechter bei eines Verbrechens Überführten beträgt in Großbritannien etwa 6:1, ein Bild, das für die westlichen Staaten typisch ist. Verbrechen werden auch überwiegend von jüngeren Menschen begangen, der Gipfelpunkt der Bestrafungen liegt kurz vor dem Alter der Schulentlassung, wobei es Hinweise dafür gibt, daß zukünftige Rückfällige früher beginnen als solche, deren kriminelle Laufbahn vergleichsweise kurz ist (Walker, 1965). Insgesamt gesehen (und unter Berücksichtigung erheblicher Unterschiede in der Häufigkeit von Verbrechen der verschiedensten Formen), sind Rückfallstäter selten Spezialisten, ausgenommen solche, die Betrügereien und Verbrechen des Einbruchdiebstahls begehen; die meisten Rückfälligen mit mehreren Strafen haben verschiedenartige Verbrechen begangen (Hammond & Chayen, 1963).

Klassische Theorien der Kriminalität. Die frühe Entwicklung einer kriminologischen Theorie wurde bestimmt durch drei Denkrichtungen, die einen bedeutsamen Einfluß auf die zeitgenössische Forschung hatten. Die *positivistische* und *kriminobiologische Schule* (Mannheim, 1965) betonten die Überzeugung, daß Berufsverbrecher atavistische Abweichungen (↗atavistische Regression) im Prozeß der menschlichen Entwicklung seien; diese Einstellung betonte das Suchen nach physischen Anzeichen von Primitivität und ein Interesse an konstitutionellen Korrelaten der K.; moderne Entsprechungen finden sich in der Erforschung der Konstitution und ↗*Chromosomen*-Ausstattung von Kriminellen. Eine *zweite* Richtung der Forschung konzentrierte sich *auf intellektuelle Besonderheiten* von Rechtsbrechern: die unkluge, unvorteilhafte Natur vieler Verbrechen gab Anlaß zu der Überzeugung, daß die meisten Kriminellen zu dumm seien, die Konsequenzen ihres Handelns zu bedenken. Heute scheint uns, daß frühere Schätzungen vorhandener Abnormalität in kriminellen Stichproben viel zu hoch waren (Woodward, 1963). Die Erforschung kognitiver Charakteristika von Verbrechern bleibt aber weiterhin ein bedeutender Bereich der Forschung. Die *dritte* wichtige Quelle kriminologischer Überlegungen war die ↗Psychoanalyse, deren Einfluß sich in zweierlei Hinsicht bemerkbar macht.

Erstens wurde auf die *irrationale Natur* vieler Verbrechen aufmerksam gemacht. Freud (1946) beschrieb das Phänomen der „Kriminalität aus dem Gefühl der Schuld" – d. h. Verbrechen, begangen, um Bestrafung zu provozieren, was die Schuld erleichtert, die aus einem ↗Ödipus-Komplex herrührt. Die Erkenntnis, daß *innerpsychische* ↗*Konflikte* für antisoziales Verhalten verantwortlich sein könnten, wurde von Alexander und Staub (1929) und Friedlander (1947) weiterentwikkelt. Zweitens mißt die heutige psychoanalytische Theorie der *frühen Eltern-Kind-Beziehung* eine große Bedeutung für die Entwicklung moralischen Verhaltens zu; dies hat das Interesse an Kindheitserlebnissen von Kriminellen und Rechtsbrechern angeregt (Bowlby, 1946; Glueck & Glueck, 1962).

Heutige Strömungen. Im Zentrum der derzeitigen Betrachtung der K. steht ein lerntheoretisches Modell, die „passive Vermeidungskonditionierung" (↗Verhaltenstherapie; ↗Lerntheorie). Anfängliche Versuche, K. durch einen lerntheoretischen Ansatz zu erklären, betonten *den Erwerb* krimineller Techniken und ↗Gewohnheiten – z. B. Sutherlands Prinzip der *differentiellen Assoziation* (Sutherland & Cressey, 1955). Hierbei handelt es sich aber nicht um ein zentrales Thema, denn nur wenige Verbrechen erfordern Fähigkeiten, die außerhalb der Möglichkeiten der meisten Menschen liegen. Was erforderlich ist, ist, zu zeigen, wie normale Individuen es lernen, sozial geächtete Handlungen, die sie befähigt und motiviert sind zu tun, zu unterdrükken und zu erklären, warum dieser Lernprozeß in einigen Fällen nicht zum Erfolg führt. Mowrer (1960 a) meint, daß das angemessene Paradigma das der *passiven Vermeidungskonditionierung* sei: verbotene Handlungen, die im Laufe der Kindheit spontan auftreten, werden bestraft und (nach einigen Wiederholungen) wird dieser Bereich mit dem unangenehmen Zustand, der durch die Strafe entsteht, assoziiert. Die Vorstellung einer verbotenen Handlung ist später ausreichend, das Wiederauftauchen des unangenehmen emotionalen Zustands auszulösen, was dann die durchzuführende Verhaltenssequenz blockiert.

Mowrers Modell hatte selbstverständlich Konsequenzen für die Problematik der Kriminalität. Lykken (1957) konnte einen spezifischen Mangel der Möglichkeit, konditionierte Vermeidungsreaktionen zu erwerben, bei einer Stichprobe Krimineller nachweisen („primäre Soziopathen", bestimmt anhand Cleckleys Kriterien; ↗Psychopathie), ein Ergebnis, das von Schachter und Latané (1964) bestätigt wurde. Eysenck (1964) führte aus, daß K. gewöhnlich (wenn auch nicht immer) die Folge einer angeborenen Unempfänglichkeit für Konditionierungsvorgänge aller Art sei, was – im Rahmen seiner allg. Persönlichkeitstheorie – weitgehend eine Funktion von Extraversion (↗Extravertierter Typus) ist. So werden stark extravertierte Individuen zur K. neigen, wenn sie nicht einer bes. intensiven und erfolgreichen Erziehung unterworfen werden. Zwar ist Konditionierbarkeit als allg. Eigenschaft noch ein Diskussionspunkt, doch gibt es gewichtige expt. Belege, um Eysencks theoretische Ausführungen – soweit sie Kriminelle betreffen – zu stützen. Vgl. auch ↗Konditionierung.

KONSTITUTIONELLE GRUNDLAGEN DER KRIMINALITÄT. Eysencks Theorie ist einer von mehreren neueren Beiträgen in der K.forschung, die das Interesse an konstitutionellen und genetischen Faktoren als Ursachen kriminellen Verhaltens wiederbelebt haben. Verschiedene Forscher im Bereich des physischen Typs (Körperbau) haben ein bemerkenswertes Vorherrschen des *mesomorphen Typus* unter Kriminellen gefunden, eine Entdeckung, die einen interessanten Vergleich mit der bekannten Beziehung zwischen Mesomorphie und Extraversion (Eysenck, 1964) ermöglicht. Es wurden vielfach die Unterschiede hinsichtlich Reaktionsweisen des ANS aufgezeigt zwischen solchen, die Verbrechen begehen, und anderen, die dies nicht tun (Hare, 1970), womit sich die Möglichkeit einer differenzierten Auslegung der Beziehung ↗Konstitutionstypen und K. andeutet.

Lange (1929) sorgte für den Beweis eines genetischen Elements als Ursache der Kriminalität auf der Basis der ↗Zwillingsforschung. Eine Reihe von Zwillingsuntersuchungen, die in den folgenden drei Jahrzehnten durchgeführt wurden, ergaben ebenfalls Gesetzmäßigkeiten, die auf das Wirken eines genetischen Mechanismus hinzudeuten scheinen, obwohl (da Zwillingspaare ähnliche Umgebungsbedingungen während der Kindheit vorfinden dürften) solche Beobachtungen schwierige Probleme der Interpretation ergeben (Slater, 1953). Neuerdings richtete sich die Aufmerksamkeit auf die Entdeckung, daß ↗*Chromosomen-Aberration* häufiger bei bestimmten Gruppen Krimineller auftritt als in der Gesamtbevölkerung. Frühe Untersuchungen (unter Anwendung der „Barr-Methode" des Färbens des Geschlechtschromatins) zeigten ein Übermaß an Individuen mit überzähligen X-Chromosomen unter kriminellen, schwachsinnigen, in staatlichen Einrichtungen untergebrachten Männern; anschließende Arbeiten – unter Anwendung der weiterentwickelten Methoden der Chromosomenfeststellung – lassen offenbar erkennen, daß es einen direkteren Zusammenhang zwischen einem besonderen, zusätzlichen Y-Chromosom und kriminellen Neigungen gibt, ein Zusammenhang, der manchmal in einer XXYY-Struktur auftritt und so die wahre Natur der Anomalie verbirgt (Casey et al., 1966). Diese Beobachtungen sind außerordentlich schwierig zu interpretieren; so bieten einige Autoren (wie E. Slater) eine Erklärung im Sinne einer Beziehung zwischen männlicher Sexualität und K. an, während andere vermuten, daß kortikale Verletzungen ohne klinische Anzeichen das entscheidende Glied des Zusammenhangs sein könnten (Lit. bei Trasler, 1971).

TECHNIKEN DER SOZIALISATION. Das Modell Mowrers hat (wie die klassische ↗Psychoanalyse) das Interesse auf die Interaktion von Eltern und Kindern im Rahmen des Sozialisierungsprozesses, d. h. den Erwerb angemessener Vermeidungsreaktionen, gelenkt. Es besteht zweifellos ein Zusammenhang zwischen dem Auseinanderbrechen einer ↗Familie (Unterbrechung der Eltern-Kind-Interaktion) und Straffälligkeit; ob dies aber dem Entzug der Mutter – wie Bowlby (1946) annimmt – zuzuschreiben ist (↗Hospitalismus), dem Fehlen des Vaters während einer kritischen Phase der kindlichen Entwicklung (Grygier et al., 1969) oder nur der Unterbrechung des Sozialisationsprozesses, ist ungeklärt. Vgl. ↗Psychopathie.

Das Modell der Vermeidungskonditionierung hat erhebliche Auswirkungen für die Ursachen der Uneffektivität elterlicher Erziehungstechniken. Die typischen Eigenarten der Konditionierungsvorgänge, wie sie im Laboratorium entwickelt wurden – das systematische Assoziieren konditionaler und unkonditionaler Stimuli, die Phänomene ↗Generalisierung, ↗Transfer und diskriminierendes ↗Lernen –, haben direkte Entsprechungen in den Parametern der Methoden der Kindererziehung und stellen vielversprechende Verbindungsstücke zwischen diesem psychol. Paradigma und dem wesentlichen Kern soziologischer Beobachtungen von elterlichem Verhalten dar. Die Verknüpfung dieser auf den ersten Blick ungleichen Bereiche der Kriminologie hat eine Reihe von Hypothesen ermöglicht, die helfen können, bestehende Unterschiede zwischen sozio-ökonomischen Klassen im Hinblick auf das Vorkommen von K. zu erklären; es können sich daraus auch Folgerungen ergeben für Entwicklungen über einen längeren Zeitraum hinsichtlich der Art und Häufigkeit kriminellen Verhaltens (Trasler, 1971).

In den letzten Jahren wurde in zunehmendem Maße der Rolle der ↗Sprache bei der Vermittlung der Vermeidungskonditionierung Aufmerksamkeit geschenkt. Es ist selbstverständlich, daß die Effektivität dieses Vorgangs (in der Formulierung von Mowrer-Eysenck) abhängt von der Übertragbarkeit weniger Beispiele von Strafe für falsches Handeln, das spontan im Laufe der Kindheit auftritt, auf einen weiten Bereich des Erwachsenenverhaltens, dem wenige Eigenheiten mit den kindlichen Analogien gemeinsam sind (Mowrer, 1960 b). Ebenfalls offensichtlich ist, daß die hohe Resistenz gegen die Auslöschung, angestrebt durch soziale Vermeidungsreaktionen, abhängt von sehr wirksamen diskriminierenden Hinweisen (cues).

B. Bernstein führt aus, daß es möglich ist, letztlich zwei Sprachstile zu unterscheiden, die zwischen Eltern und Kind gebräuchlich sind, von denen der eine („elaborated code") der Aufgabe eines sicheren Vermeidungstrainings weit besser gerecht wird als der zweite („restricted code" genannt). Die Fähigkeit, den besser geeigneten Stil der verbalen Interaktion zu verwenden, ist eine Funktion der Bildung, und es besteht daher notwendigerweise ein Zusammenhang mit dem sozio-ökonomischen Status der Eltern. Diese Beobachtung scheint bedeutsam zu sein für das hohe Auftreten von K. bei Kindern aus Familien niederer sozialer Klasse (Lawton, 1968).

Obwohl sich zeigte, daß sich die Intelligenzverteilung (mit nicht-verbalen Tests ermittelt) von Kriminellen nicht signifikant von der Gesamtbevölkerung unterscheidet, ist das Vorhandensein gewichtiger schulischer Mängel in kriminellen Gruppen sehr stark, offenbar wegen eines spezifischen Handikaps bei der Verwendung verbaler und anderer Symbole (Prentice & Kelly, 1963; Graham & Kamano, 1958). Hier findet sich eine Übereinstimmung mit dem noch diskutierten Problem, daß der sprachliche Bereich eine Bedingung erfolgreichen Vermeidungstrainings ist, wodurch die Forderung nach Erforschung weiterer kognitiver Charakteristika von Kriminellen bestärkt wird (Trasler, 1971; Hare, 1970). ↗Prognose; ↗Sozialisation.

Lit.: Alexander, F. & H. Staub: Der Verbrecher und seine Richter. Wien, 1929; **Bowlby, J.:** Forty-four juvenile thieves. London, 1946; **Casey, M. D.,** et al.: YY chromosomes and antisocial behaviour. Lancet, 1966; **Eysenck, H. J.:** Crime and personality. London, 1964; **Freud, S.:** Einige Charaktertypen aus der psychoanalytischen Arbeit. Ges. Werke, Bd. 10. London, 1946; **Friedlander, K.:** The psycho-analytical approach to juvenile delinquency. London 1947; **Glueck, S. & E. Glueck:** Physique and delinquency. New York, 1956; **Graham, E. E. & D. Kamano:** Reading failure as a factor in the WAIS subtest patterns of youthful offenders. J. clin. Psychol., 1958, *14*, 302–305; **Grygier, T., Chesley, J. & E. W. Tuters:** Parental deprivation: a study of delinquent children. Brit. J. Criminol., 1969, *9*, 209–253; **Hammond, W. H. & E. Chayen:** Persistent criminals. London, 1963; **Hare, R. D.:** Psychopathy – theory and research. New York, 1970; **Lange, J.:** Verbrechen als Schicksal. Leipzig, 1929; **Lawton, D.:** Social class, language and education. London, 1968; **Lykken, D. T.:** A study of anxiety in the sociopathic personality. J. abnorm. soc. Psychol., 1957, *55*, 6–10; **Mannheim, H.:** The study of crime. In: **A. T. Welford** et al. (Eds.): Society. London, 1962; **ders.:** Comparative criminology. London, 1965; **Mowrer, O. H.:** Learning theory and behavior. New York, 1960 (a); **ders.:** Learning theory and the symbolic processes. New York, 1960 (b); **Prentice, N. M. & F. J. Kelly:** Intelligence and delinquency – a reconsideration. J. soc. Psychol., 1963, *60*, 327–337; **Schachter, S. & B. Latane:** Crime, cognition and the autonomic nervous system. In: **M. R. Jones** (Ed.): Nebraska symposium on motivation. Lincoln, 1964; **Slater, E.:** Psychotic and neurotic illness in twins. London, 1953; **Sutherland, E. H. & D. R. Cressey:** Principles of criminology. Chicago, 1955; **Trasler, G. B.:** The explanation of criminality. London, 1962; **ders.:** Criminal behaviour. In: **H. J. Eysenck** (Ed.): Handbook of abnormal psychology. London, ²1971; **Undeutsch, U.**

(Hrsg.): Hdb. der Psychol., Bd. 11: Forensische Psychol. Göttingen, 1967; **Walker, N. D.:** Crime and punishment in Britain. Edinburgh, 1965; **Woodward, W. M.:** Low intelligence and delinquency. London, 1963; **Wootton, B.:** Social science and social pathology. London, 1959.

G. B. Trasler

Kriminalprognose. Sie teilt sich in Kollektiv- und Individualprognose. Die *Kollektivprognose* zielt darauf ab, die Kriminalität in einer Gesellschaft oder einem Teil einer Gesellschaft vorherzusagen. Die *Individualprognose* ist Täter- oder Opferprognose. Denn es gibt Rückfallopfer, deren Opferwerden prognostiziert werden kann (H. J. Schneider, 1975). Die auf den Rechtsbrecher bezogene prognostische Beurteilung wird nach ihrem Zweck und ihrem Ziel eingeteilt. Diese Gliederung verbindet sich zum Teil mit der Einordnung nach verschiedenen Stationen der Verbrechensverursachung und -bekämpfung.

In großen Zügen kann man die Prognose im Stadium der *Prädelinquenz*, die *Rückfallprognose* und die *Behandlungsprognose* voneinander unterscheiden. Diese beiden letzten Prognosearten beziehen sich nur auf Personen, die *bereits kriminell geworden sind.* Die K. im Stadium der Prädelinquenz versucht demgegenüber, Kinder und Jugendliche ausfindig zu machen, die noch nicht kriminell geworden sind, die aber Persönlichkeitszüge besitzen, die in hohem Maße zur beharrlichen Dauerkriminalität neigen und die für kriminelle Einflüsse besonders empfänglich machen. Nach der Art der Entscheidung der Organe der Strafrechtspflege spricht man bisweilen auch von Urteils-, Klassifikations- und Entlassungsprognose.

Problemgeschichtlicher Überblick. Die kriminologische Prognoseforschung begann 1923 in den USA. Sie beschäftigte sich seitdem hauptsächlich mit der Voraussage des Erfolgs (Nichtrückfälligkeit) und des Mißerfolgs (Rückfälligkeit) während der bedingten Entlassung bei erwachsenen (mitunter auch bei jugendlichen) Strafgefangenen, in Einzelfällen mit der Vorhersage des Erfolgs oder Mißerfolgs während der Strafaussetzung zur Bewährung. Die Forschung zur Vorhersage kriminellen Verhaltens im Stadium der Prädelinquenz setzte erst verhältnismäßig spät (1940) ein. Die erste brauchbare *Prognosetafel* stellte E. W. Burgess auf. Er analysierte die Akten von 3000 zur Bewährung entlassenen Strafgefangenen und ermittelte aufgrund der Korrelation seiner aus den Akten ermittelten Faktoren mit den Kriterien Erfolg (Nichtrückfälligkeit) und Mißerfolg (Rückfälligkeit) 21 Faktoren. Fast gleichzeitig mit E. W. Burgess hat das Forscherehepaar S. und E. Glueck 1925 mit seinen Prognoseforschungen begonnen. Aufgrund von langjährigen umfassenden empirischen ↗Längsschnittuntersuchungen und aufgrund von ↗Querschnittuntersuchungen seit 1940 haben S. und E. Glueck etwa 50 verschiedene Prognosetafeln aller Art entworfen. Ihre populärste Kriminalprognosetafel ist die *Social Prediction Table,* die Straffälligkeit im Stadium der Prädelinquenz vorhersagen soll und die – wie die meisten Glueckschen Prognosetafeln – aus 5 gewichteten Faktoren besteht: Erziehung des Jungen durch den Vater, Aufsicht der Mutter über den Jungen, Zuneigung des Vaters zum Jungen, Zuneigung der Mutter zum Jungen und Zusammenhalt der Familie. Die Reliabilitäts- und retrospektiven und prospektiven Validitätsuntersuchungen dieser Sozialprognosetafel sind bislang negativ ausgefallen. Es wurde deshalb eine Kriminalprognosetafel mit folgenden 3 sozialen Faktoren entwickelt: Aufsicht der Mutter über den Jungen. Erziehung des Jungen durch die Mutter und Zusammenhalt der Familie. Die erste deutsche Kriminalprognosetafel entwickelte R. Schiedt, ein Schüler von F. Exner. Nach einer Umfrage werden nur in einigen Staaten der USA (z. B. in Illinois, Ohio, Kalifornien, Colorado) stat. Kriminalprognoseverfahren angewandt. In Japan haben die Glueckschen Kriminalprognosetafeln viel Anklang gefunden. In der BRD und anderen westeuropäischen Staaten werden stat. Kriminalprognoseverfahren nur verhältnismäßig selten benutzt.

Gegenwärtiger Stand der Forschung und wichtigste Ergebnisse. Bis vor kurzem waren im wesentlichen nur drei Methoden der Konstruktion von Kriminalprognosetafeln bekannt: a) die Zusammenstellung von besonderen Reizkonfigurationen – meist aufgrund von bereits für andere Zwecke ausgearbeiteten Testverfahren – mit dem Ziel der K. (Testteil-, Testprofil- und Testbatterienmethode); b) die Summation von rückfallbegünstigenden Faktoren mit gleichem Gewicht (Burgess-Methode); c) die Vereinigung von wenigen ausgewählten Prognosemerkmalen mit unterschiedlichem Gewicht in einer Tafel (Glueck-Methode).

Die Hauptschwäche dieser Kriminalprognoseverfahren ist indessen bis vor wenigen Jahren erstaunlicherweise unentdeckt geblieben: Sie berücksichtigen nämlich die Interdependenzen und -korrelationen ihrer einzelnen Prognosefaktoren zueinander und zu ihrem Kriterium Erfolg/Mißerfolg überhaupt nicht. Diese Hauptschwäche wird durch die *Strukturprognosetafeln* überwunden, die in allen Teilen Nordamerikas neu entwickelt worden sind. Eine von W. T. Williams und J. M. Lambert für die Pflanzenökologie entwickelte Klassifikationsmethode wurde übernommen und von L. T. Wilkins und MacNaughton-Smith zu einer neuen, erfolgversprechenden Methode der Konstruktion von Kriminalprognosetafeln weiterentwickelt. Dieses Verfahren beruht auf folgenden *methodischen Prinzipien:* Es geht davon aus, daß ein hohes Maß bisher nicht entdeckter und mit den heutigen kriminal-psychol. Forschungsmethoden auch vorläufig nicht erforschbarer Wechselwirkung zwischen den Prognosefaktoren und eine beträchtliche Variationsbreite individueller Ungleichheit innerhalb der kriminellen Population bestehen. Es sucht folglich die empirischen Daten nach dem Vorhandensein oder Fehlen von Merkmalen zu klassifizieren und die heterogene kriminelle Population sukzessiv-hierarchisch in relativ homogene Risikogruppen zu unterteilen, die sich nach dem Vorhandensein oder Fehlen von Merkmalen, welche mit dem Kriterium Erfolg/Mißerfolg verschiedene Grade des Zusammenhangs besitzen, strukturell voneinander unterscheiden. Die Prognosemerkmale, meist objektive Außenfaktoren, werden für jede Risikogruppe miteinander kombiniert, so daß so etwas wie eine Typologie der Risikokategorien entsteht. Bekannte Kriminalstrukturprognosetafeln sind von D. Glaser, K. B. Ballard und D. M. Gottfredson und T. Grygier entwickelt worden. Erste Validitätsuntersuchungen haben günstige Ergebnisse erbracht.

Kriminalprognose in wissenschaftskritischer Sicht. Methodisch geht es gegenwärtig vor allem darum, trennscharfe, treffsichere, objektiv feststellbare Außenfaktoren, zu denen Informationen relativ leicht erlangbar sind, zu finden und sie zu Faktorenbündeln im Sinne der Strukturprognosetafeln zu verbinden. Die gegen die Anwendung der Kriminalprognosetafeln vorgebrachte Grundsatzkritik, sie beachte die menschliche Willensfreiheit und die Unberechen- und Unmeßbarkeit „menschlichen Wesens“ nicht, ist auf Mißverständnisse und mangelnde Kenntnis der Anwendungsmöglichkeiten der Kriminalprognosetafeln zurückzuführen. Wesentlich sind nur die Bedenken gegen sozialpsychologisch schädliche Rückwirkungen der Kriminalprognoseentscheidungen. Es besteht nämlich die ernste Gefahr, daß kriminell gefährdete Kinder „stigmatisiert“ werden, daß sie aus einer Trotzreaktion heraus delinquente Handlungen begehen und daß sie von unvernünftigen Eltern, Geschwistern, Lehrern und Klassenkameraden in delinquente Rollen geradezu hineingedrängt werden. Unter dem Konzept der *sozialen Progression* versteht man in diesem Zusammenhang eine dynamische Kraft, die auf die Mitglieder einer sozial abweichenden, nicht-angepaßten Gruppe einen Druck ausübt, der sie fortschreitend in noch größere soziale Abweichung hineintreibt (gesellschaftlicher Ausgliederungsdruck). Ein solcher negativer Progressiveffekt kann bei Kindern und Jugendlichen wirksam werden, die kriminalprognostisch ungünstig beurteilt worden sind, vor allem weil bisher keine neuen, wirksamen Behandlungsmethoden entwickelt worden sind, die geeignet gewesen wären, der Frühkriminalität vorzubeugen. Für die Rückfallprognose gilt mit Modifikationen dasselbe. Der schlecht beurteilte Rückfalltäter ist in Gefahr, endgültig zu resignieren. Da er regelmäßig in eine Strafanstalt kommt oder dort zur Verbüßung seiner gesamten Reststrafe verbleiben muß, kann das durch die unvorteilhafte Entscheidung beeinflußte Behandlungsteam nur allzu leicht geneigt sein, seinen päd. Optimismus in diesen Fällen nunmehr völlig zu verlieren.

Lit.: Leferenz, H.: Die Kriminalprognose. In: **H. Göppinger & H. Witter** (Hrsg.): Handbuch der forensischen Psychiatrie II. Berlin – Heidelberg – New York, 1972, 1347–1384; **Mehl, P. E.:** Clinical vs. statistical prediction. Minneapolis, 1954; **Mey, H. G.:** Prognostische Beurteilung des Rechtsbrechers. Die deutsche Forschung. In: **U. Undeutsch** (Hrsg.): Hdb. der Psychol., Bd. 11. Göttingen, 1967, 511–564; **Ohlin, L. E.:** Selection for parole. New York, 1951; **Schneider, H. J.:** Prognostische Beurteilung des Rechtsbrechers: Die ausländische Forschung. In: **U. Undeutsch** (Hrsg.): Hdb. der Psychol., Bd. 11. Göttingen, 1967, 397–510; **ders.:** Viktimologie – Wissenschaft vom Verbrechensopfer. Tübingen, 1975; **Suttinger, G.:** Die Urteils- und Entlassungsprognose aus psychol. Sicht. In: **G. Blau & E. Müller-Luckmann** (Hrsg.): Gerichtliche Psychologie, Neuwied – Berlin, 1962, 304–327.

H. J. Schneider

Kriminalpsychologie. Die K. fragt nach den *Ursachen der ↗ Kriminalität* und versucht, die Faktoren festzustellen, die eine Person zum Verbrecher machen. Als Grundwissenschaft ist die K. von der ↗forensischen Psychologie, die in den Bereich der ↗angewandten Psychologie gehört, abzugrenzen. In der K. existieren zwei verschiedene Forschungsrichtungen, ein konstitutionspsychologisch und ein sozialpsychologisch orientierter Ansatz.

Lit.: Conger, J. J. & W. C. Miller: Personality, social class and delinquency. New York – London – Sydney, 1966; **Glueck, S. & E. T. Glueck:** Five hundred criminal careers. New York, 1930; **Lombroso, C.:** Crime, its causes and remedies. Boston, 1911; **Rosebuck, J. B.:** Criminal typology. Springfield (Ill.), 1967; **Rouke, F. L.:** Kriminalität. In: **E. L. Hartley & R. E. Hartley** (Eds.): Die Grundlagen der Sozialpsychologie. Berlin, 1969; **Undeutsch, U.** (Hrsg.): Hdb. der Psychol., Bd. 11: Forensische Psychol. Göttingen, 1967.

F. Mattejat

Kriminologie. Einmütigkeit besteht lediglich darüber, daß K. Kriminalätiologie ist = Lehre von den Ursachen bzw. Kriminalitätsfaktoren. Wichtigste Gebiete der K.: 1) Beobachtung, Beschreibung, Analyse und Klassifikation krimineller Handlungen und Personen (= Kriminographie); 2) Erforschung sozialer Faktoren, die mit Kriminalität zusammenhängen (= Kriminalsoziologie); 3) Erforschung von Kriminalitätsfaktoren, die auf den Organismus oder/und Persönlichkeitsfaktoren zurückführbar sind (= Kriminalbiologie und -psychol.); 4) Erforschung der Bedeutung von Erbfaktoren für Kriminalität (= kriminologische Vererbungsforschung); 5) Vorhersage von Kriminalität und Rückfallkriminalität (= Prognoseforschung); 6) Erforschung von prädisponierenden sozialpsychol. Faktoren der Opfer von Delikten und psychischer Schädigung der Opfer bei Sexualdelikten (= Victimologie); 7) soziologische und sozialpsychol. Untersuchung der Gefangenengemeinschaften. An allen diesen Aufgaben sind verschiedene empirische Wissenschaftszweige beteiligt: Soziologie, Psychol., Psychiatrie, med. Grenzgebiete der K.: Rechtssoziologie, -psychol., -psychiatrie. In den USA wird darüber hinaus noch die (normative) Kriminalpolitik im Sinn von Kriminalitätsprophylaxe und Pönologie (= Behandlung von Rechtsbrechern) berücksichtigt. ↗Kriminalität.

Lit.: Christiansen, K. O.: Kriminologie. In: **R. Sieverts** (Hrsg.): Handwörterbuch der Kriminologie. Berlin, 1968; **Gebhard, P. H.** et al.: Sex offenders. London, 1965; **Herren, R.:** Freud und die Kriminologie. Einführung in die psychoanalyt. K. Stuttgart, 1973; **Simon, W. & J. H. Gagnon:** Sexuelle Außenseiter. Hamburg, 1970.

H. Maisch

Krise. In die Psychol. hat der Begriff Eingang auf dem Weg über die Medizin gefunden; Hippokrates verstand darunter die plötzliche Lösung eines akut lebensbedrohlichen Zustands (im Ggs. zur langsamen Lysis). Analog dazu wird K. als dramatische Auseinandersetzung mit psychischen ↗Konflikten aufgefaßt.

W. Schmidbauer

Kriterium. 1) K. bezeichnet ein *entscheidendes* Merkmal, mit dem andere Merkmale verglichen werden. K. ist ein (z.B. bei der Validitätsprüfung) nicht in Frage gestelltes Maß dessen, was ein Test messen soll. – 2) Als K. werden *kritische Werte* bezeichnet, bei deren Erreichung oder Überschreitung eine alternative Entscheidung in ihr Gegenteil umschlägt (z.B. Prüfung bestanden – nicht bestanden).

G. Mikula

Kritikfähigkeit (KF), die spezielle Fähigkeit, zu komplexen Sachverhalten prüfend Stellung zu nehmen; Teilfunktion der Intelligenz. Zu unterscheiden sind u. a. Sach-, Person-, Sozial- und Selbstkritik. Indem KF den Menschen auch instand setzt, diffuse Gefühle (Unlust) auf ihre Ursachen zu analysieren, wird sie auch als Teil von Konfliktverarbeitungsstrategien gesehen. *D. Rüdiger*

Kritiksucht, unwiderstehliches (jedoch nicht erlebtes) Verlangen, alles und jedes zu bemängeln. Vielfach Ausdruck innerer Unzufriedenheit, verbunden mit fehlender Selbstkritik. *H. J. Aebi*

Kritische Theorie, Bz. für die theoretische Richtung, die von der Frankfurter Schule der Soziologie (Institut für Sozialforschung) ausgeht und vorwiegend mit T. W. Adorno, Max Horkheimer, Herbert Marcuse und – in den letzten Jahren – Jürgen Habermas in Verbindung gebracht wird. Die K. T. verbindet Einsichten marxistischer und freudianischer Denker bei ihrer Überprüfung der verschiedenen Arten, in denen „Interessen" Wissen beeinflussen, und hat Untersuchungen zum Vorurteil auf Gebieten, die von Familie und Erziehung bis zur Erkenntnistheorie reichen, vorgelegt. In neuerer Zeit haben sich kritische Theoretiker mit Versuchen (positivistischer) (Natur-)Wissenschaftler befaßt, eine intersubjektiv verbindliche Sprache für empirische Aussagen zu schaffen.

Lit.: Adorno, T. W. et al.: The authoritarian personality. New York, 1950; **Habermas, J.:** Erkenntnis und Interesse. Frankfurt, 1973; **Horkheimer, M. & T. W. Adorno:** Dialektik der Aufklärung. Frankfurt, 1969; **Wellmer, A.:** Kritische Gesellschaftstheorie und Positivismus. Frankfurt, [5]1977.

J. Cumming

Kritzelstadium, erste Entwicklungsstufe des kindlichen Zeichnens. Sie liegt normalerweise im 2. und 3. Lj., es können jedoch zeitlich starke Schwankungen auftreten, da ↗Entwicklung und Koordination von Wahrnehmung, Sensumotorik, Vorstellung, Gedächtnis, Motivation und Intelligenz für das Zustandekommen des Zeichnens eine wesentliche Rolle spielen.

Lit.: Bühler, K.: Die geistige Entwicklung des Kindes. Jena, 1930. *H. Zumkley*

Krümmungstäuschung, eine Gruppe von Täuschungen im Zusammenhang mit Fehlwahrnehmungen der Krümmung. Ein Beispiel stellt die ↗Heringsche Täuschung dar, bei der gerade Linien gekrümmt erscheinen, oder die

hier dargestellte Täuschung, bei der die beiden mittleren Linien die gleiche Krümmung haben, die aber wegen der verschiedenen Begrenzungslinien als verschieden erscheinen (s. Abb.). *C. D. Frith*

Kruskal-Wallis-Test, ein nichtparametrisches Prüfverfahren zum Vergleich mehrerer unabhängiger Stichproben hinsichtlich ihrer zentralen Tendenz. Die Anwendung des K. setzt ↗Ordinalvariablen voraus. Die Beobachtungen aller k Stichproben werden in *eine* Rangreihe gebracht und die Rangplatzsummen (R_j) der einzelnen Stichproben verglichen. Der kritische Wert H wird nach

$$H = \frac{12}{N(N+1)}\left(\sum \frac{R_j^2}{n_j}\right) - 3(N+1)$$

bestimmt; er ist bei $n > 5$ χ^2-verteilt mit $k - 1$ Freiheitsgraden. ↗Verteilungsfreie Tests.

Lit.: Kruskal, W. H. & W. A. Wallis: Use of ranks in one-criterion variance analysis. J. Amer. Statist. Assoc., 1952, *47*, 583–631. *G. Mikula*

Kryptästhesie, eine angenommene Überempfindlichkeit der Sinne. Wird manchmal zur Erklärung angeblicher ↗außersinnlicher Wahrnehmungen angeführt. *J. Beloff*

Kryptomnesie, Erinnerungen, die nicht als solche erkannt werden. Die verschüttete Erinnerung an eine Begebenheit wird manchmal zitiert, um ein anscheinend paranormales Wissen davon zu erklären. *J. Beloff*

KST, Kettwiger Schulreifetest, ↗Einschulungstests.

Kuder Preference Record, Fragebogen, der das relative Interesse für einzelne, umfassende

Tätigkeitsbereiche feststellen soll. Von 3 Tätigkeiten müssen die angenehmste und die unangenehmste bestimmt werden. Der Test besteht aus 10 in einem Interessenprofil dargestellten Skalen und einer Skala zur Aufdeckung unehrlicher Antworten. Normen bestehen für Kinder und Erwachsene.

Lit.: Kuder, H. F.: Kuder Preference Record – Personal. Chicago, Sci. Res. Assoc., 1948–54; **ders.:** Kuder Preference Record-Occupational. Chicago, Sci. Res. Assoc., 1956–58; **ders.:** Kuder Preference Record-Vocational. Chicago, Sci. Res. Assoc., 1934–56.

F. Grünig

Kuder-Richardson-Formel 20, eine von Kuder und Richardson (1937) entwickelte Formel, mittels deren der Konsistenzkoeffizient (↗Reliabilität), aufgrund der Item-Schwierigkeit (p) und der Testwertstreuung (s_x), bestimmt werden kann:

$$r_{tt} = \frac{n}{n-1}\left(\frac{s_x^2 - \sum pq}{s_x^x}\right)$$

Sie setzt voraus, daß die Item-Interkorrelationen ungefähr gleich groß sind. ↗Testtheorie.

Lit.: Kuder, G. F. & M. W. Richardson: The theory of the estimation of test reliability. Psychometrika, 1937, *2*, 151–160.

G. Mikula

Külpe, *Oswald.* Leben und Werke. * 3. 8. 1862 Candau (Kurland), † 30. 12. 1915 München. Studierte ursprünglich Geschichte, später Psychol. bei W. ↗Wundt in Leipzig und G. E. Müller in Göttingen; promovierte 1887 unter Wundt mit dem Thema „Zur Theorie der sinnlichen Gefühle"; blieb anschließend 8 Jahre in Leipzig, wo er 1888 seine Habilitationsschrift über „Die Lehre vom Willen in der neueren Psychologie" verfaßte und als Dozent und Assistent Wundts arbeitete; schrieb 1893 mit seinem „Grundriß der Psychologie" eine systematische Darstellung im Sinne Wundts; wurde 1894 zum Professor an der Universität Würzburg ernannt, wo er 2 Jahre später ein psychol. Institut errichtete, das als Stätte der ↗„Würzburger Schule" zum bekanntesten Institut nach Leipzig wurde; wechselte 1909 als Professor nach Bonn und 1913 an die Universität München, wo er 2 Jahre später starb.

Die „Würzburger Schule". K. ist der Begründer der Würzburger Schule, der die expt. Denkpsychol. ihre Entstehung verdankt. Seltsamerweise aber schrieb K. außer einem kurzen Artikel „Über die moderne Psychologie des Denkens" (1912) keinen eigenen Beitrag zu dieser Thematik, sondern befaßte sich in seinen Schriften vorwiegend mit philosophischen Fragestellungen: „Die Philosophie der Gegenwart in Deutschland" (1902), „Erkenntnistheorie und Naturwissenschaft" (1910), „Die Realisierung: ein Beitrag zur Grundlegung der Realwissenschaften" (1912–23). K. war aber der Inspirator der über 50 von seinen Schülern in Würzburg publizierten Experimentaluntersuchungen zum Denkprozeß. Außer K. gehörten (in chronologischer Reihenfolge) zur Würzburger Schule: A. Mayer, J. Orth, K. Marbe, H. J. Watt, N. Ach, A. Messer und K. Bühler.

Die Würzburger Schule verdankt ihre Entstehung der von K. im Ggs. zu W. ↗Wundt vertretenen Ansicht, daß auch die höheren Denkprozesse einer expt. Untersuchung zugänglich sind. K.s Untersuchungsmethode war die *„systematische expt. Introspektion"*, eine fraktionierte, retrospektive Beschreibung der im Verlauf einer komplexen Aufgabe auftretenden seelischen Vorgänge.

Als wesentlichstes Ergebnis ihrer Forschungen konnte die Würzburger Schule die bis dahin in der Psychol. vertretene Ansicht widerlegen, daß das ↗Denken eine Verbindung von wahrnehmungsähnlichen, anschaulichen Gegebenheiten (Vorstellungen) sei. Einerseits konnte K. nachweisen, daß das Denken größtenteils vorstellungsfrei, ohne sensorische Inhalte und im Ggs. zur bisherigen Ansicht mit nur geringem Bewußtseinsgrad verläuft, so daß die einzelnen Stufen des Denkprozesses erlebnismäßig kaum erfahren werden. Andererseits zeigte sich, daß das Denken in der Regel nicht assoziativ und mechanisch, sondern gerichtet und sinnvoll verläuft. Die *„determinierenden Tendenzen"* (N. Ach, 1905), die das Denken in bestimmte Richtungen lenken, sind entweder bewußte Aufgaben, erlebnismäßig anschauliche Zielvorstellungen oder aber *„Bewußtseinslagen"* (A. Messer, 1906), Einstellungen, Gewohnheiten, langfristige Entschlüsse usw., die unanschaulich oder unbewußt sein können.

Hauptwerke: Grundriß der Psychologie. Leipzig, 1893; Vorlesungen über Psychologie. Leipzig, 1922; Die Realisierung, 3 Bde. Leipzig, 1912–13. *W. Wittling*

Kult. In der heutigen ↗Kulturanthropologie stellt man K. bzw. *Ritus* als aktives Geschehen dem ↗Mythos gegenüber, der den geistigen Inhalt der K.e zusammenfaßt und erklärt. Mythos und K. sind untrennbar verknüpft. Nach der religionsphänomenologischen Analyse „primitiver" K.e (Jensen, 1960) wird in letzter Zeit auch ihre (gruppen)psychotherapeutische Funktion beachtet.

Lit.: Jensen, A. E.: Mythos und K. bei Naturvölkern, Wiesbaden, 1960; **Schmidbauer, W.:** Psychohygienische und (gruppen)psychotherapeutische Aspekte „primitiver" Riten. Jb. Psychol. Psychother. med. Anthropol., 1970, *18*, 238–257. *W. Schmidbauer*

Kultur. Am Anfang europäischen Kulturdenkens steht die Formulierung Ciceros von der *cultura animi.* Darunter ist die Ermunterung zu verstehen, daß sich der Mensch der Pflege des Geistes und der Seele zur Entfaltung seiner Anlagen und Fähigkeiten bedienen soll. Daneben entwickelt sich die Sprachwendung eines *cultus vitae,* worunter die praktische Gestaltung der Natur durch den Menschen zu verstehen ist. Persönlichkeits- und Naturgestaltung als dualistische Elemente der Kulturgestaltung verschmelzen in der 1813 von F. X. von Baader vorgebrachten These, Kultur sei „Lebenspflege". Solche „Lebenspflege" ist mehr als bloße Erhöhung der Möglichkeiten äußerer Daseinszureichung, die in das Kennzeichnungsfeld der ↗Zivilisation hineinführt.

Kultur ist ein Bewußtwerden der Welt als Werterfahrung. Durch die Wertakzentuierung gerät der Kulturbegriff in Gefahr, nur noch als eine Abstraktion zu gelten. Die Rationalisierung und Theoretisierung der Lebensziele im industriellen Zeitalter hat zweifellos zu einer abstrahierenden Daseinsfremdheit der Kultur geführt. Dagegen wurde die kultursoziologische Evidenz vernachlässigt, daß alle großen Kulturen, so auch die europäische, metaphysische und kontemplative Ausgangspunkte besitzen. Die unverzichtbaren Elemente der Kultur sind daher: Mythos, Kunst, Philosophie, Religion.

Diese Vorbedingungen zeigen sich auch in der Entwicklung von *Subkulturen*, die von vorneherein keinen Anspruch auf die Ausbreitung in einer kulturellen Ganzheit erheben, indem sie die Isolierungstendenz als Affekt gegen andere kulturelle Wertbezüge oder gegen zivilisatorische Zufallserscheinungen zu einer aggressiven Attitüde stilisieren. Die Subkultur bleibt nicht rationalisierte Kargheit, sondern sucht Symbole und verschafft sich pseudoreligiöse Gehalte, um Geborgenheiten zu bieten, die dem Drang nach dem Unbedingten entsprechen. Jugendreligionen und Sektenbildungen sind Ergebnisse subkultureller Profilierung. Zugleich aber sind sie Versuche der kulturellen Nachschöpfungen in einem zivilisatorischen Zeitalter. Kultur ist ja kein einmaliger Schöpfungsakt; große Kulturen haben daher stets Erneuerungsphasen, ohne dabei epigonal zu sein. Von den 5 Kulturen, die unter den 23 von A. Toynbee (1889–1975) aufgezählten noch leben, sind jene am lebendigsten, die viele Erneuerungen aufweisen und dynamisch sind. Die Morphologie einer Kulturentwicklung entsteht dabei nicht, wie O. Spengler (1880–1936) meinte, wenn Völker eine „seelische Einheit" bleiben, sondern durch äußere Anstöße und innere Explorationen, von A. Gehlen (1904–1976) als kulturelle Kristallisation bezeichnet. Die Entdeckung anderer Kontinente war daher für die Dynamisierung der europäischen Kultur von ausschlaggebender Bedeutung. Nur durch Dynamik in der kulturellen Akzeleration ist nach R. F. Behrendt (1908–1972) Kulturwandel denkbar. Der kulturelle Prozeß behält zwar seine Grundlagen bei, unterliegt allerdings nicht dem Gesetz permanenten Fortschritts im Sinne einer unentrinnbaren Aufstiegskurve des historischen Geschehens. Kultur erzeugt allerdings durch die Möglichkeit, daß der Mensch die Natur fortwährend verändernd gestaltet, eine nach R. Guardini (1885–1968) zweite Natur; oder in der Sicht von H. Freyer (1887–1969) ein sekundäres System.

Bleibt der Kulturzusammenhang zwischen Natur und Mensch noch durchschaubar, wie in vorindustriellen Stadien kultureller Entwicklung, ist nach B. v. Wiese eine Harmonie zwischen der Natur als *lex naturae* und der Kultur als *lex divina* gegeben. Die komplizierenden Verdichtungen des industriellen Zeitalters führen allerdings zu einem Verlust an Durchschaubarkeit. Darauf reagiert der Mensch mit Protesten – oder gar mit aktionistischen Rebellionen, ganz im Sinne der Feststellung von S. ↗Freud, daß Kultur eine Bändigung aggressiver Triebneigungen darstellt. Halten die kulturellen Verankerungen im Zustand erodierender Wertverzichte nicht mehr, entsteht eine „neue Barbarei", wie A. Weber (1869–1958) schon 1931 feststellte. Diese Lust an der „Schleifung von Bastionen", so H. U. von Balthasar (* 1905), erzeugt nach A. Gehlen „eine sekundäre Verrohung oder Barbarisierung von Kulturgruppen oder Kulturnationen".

Eine sekundäre Barbarisierung als Entlastung von kulturellen Anstrengungen, im Gegensatz zur primären Barbarei primitiver Völker, entspringt einem partiellen Rationalismus, der infolge totaler Verfolgung des Lustprinzips und Glücks zu emanzipatorischen Entwurzelungen führt. Freud dagegen räumt ein, im Gegensatz zu seinen Epigonen, die Absicht, daß der Mensch „glücklich" sei, ist im Plan der „Schöpfung" nicht enthalten. Läßt demnach die Anthropologie des Menschen dauerhaftes Glück nicht zu, so ist zu folgern, daß es auch nicht durch kulturelle Strukturreformen herbeizuführen ist.

Kulturelle Standards sind daher stets durch Kollektivierungen begrifflicher und strukturkonstellativer Art bedroht. Kultur bleibt nur durch individuelle Verfügbarkeit in einem kreativen Stadium, ohne exklusiv zu sein. Auch Gebrauchskultur in der Verbreitung als Massenkultur verbleibt in einem kulturellen Sinnverständnis, wenn kulturelle Werterfahrung zur Qualität eines Wertbewußtseins hinfindet.

Lit.: **Atteslander, P.:** Die letzten Tage der Gegenwart. München, 1974; **Behrendt, R. F.:** Dynamische Gesellschaft. Bern – Stuttgart, 1963; **Ellul, J.:** Verrat am Abendland. Stuttgart, 1978; **Freud, S.:** Das Unbehagen in der Kultur (1929). Ges. Werke. London, 1940–52; **Freyer, H.:** Gedanken zur Industriegesellschaft. Mainz, 1970; **Friedell, E.:** Kulturgeschichte der Neuzeit. München, 1976; **Gehlen, A.:** Einblicke. Gesamtausgabe, Bd. 7. Frankfurt a. M., 1978; **Herberts, K.:** Die Selbstentfremdung des Abendlandes. Würzburg, 1977; **Koktanek, A. M.:** Spengler-Studien. München, 1965; **Nachtigall, H.:** Völkerkunde. Frankfurt a. M., 1974; **Schmitz, C. A.** (Hrsg.): Kultur. Wiesbaden, 1963; **Sedlmayr, H.:** Verlust der Mitte. Salzburg, [9]1976; **Spengler, O.:** Der Untergang des Abendlandes. München, Neuauflage 1979; **Thurn, H. P.:** Soziologie der Kultur. Stuttgart, 1976.

L. Bossle

Kulturanthropologie. Während die ↗Ethnologie sich vorwiegend der Analyse schriftloser Sozietäten (der sog. „Primitiven") widmet, sucht die K. aus der vergleichenden Betrachtung des interkulturell Möglichen typische Chancen menschlichen Verhaltens, individuell wie sozial, zu ermitteln. Sie arbeitet dabei eng mit Ethnologie (↗Ethnopsychologie) und Sozialpsychol. einerseits, der vergleichenden ↗Verhaltensforschung an Tieren, vor allem an Primaten, andererseits zusammen. Methodisch gesehen, erlaubt der vergleichend-kulturanthropologische Ansatz Antworten auf Fragen, die sich expt. nicht untersuchen lassen, worauf schon W. ↗Wundt seine – freilich zu radikale – Trennung zwischen Experimental- und ↗Völkerpsychologie gründete.

Lit.: **Mühlmann, W. E. & E. W. Müller** (Hrsg.): Kulturanthropologie. Köln – Berlin, 1966.

W. Schmidbauer

Kulturneurose. ↗Kulturpsychopathologie.

Kulturpsychologie, von W. Dilthey begründete Richtung, welche einzelne Gebiete der Kulturgeschichte oder -gegenwart *verstehend* zu deuten sucht. Die Aufgaben der K. sind heute weitgehend von der ↗Kulturanthropologie übernommen worden, da eine vergleichende Betrachtungsweise erheblich trennschärfere Analysen von kultureller Prägung u. biol. Determination erlaubt. *W. Schmidbauer*

Kulturpsychopathologie. K. hat zunächst zwei Objekte. Gemeint ist entweder das Kulturspezifische am Psychopathologischen, wobei Kultur als Variable verstanden wird, im Extremfall als Noxe, oder aber es wird das Psychopathologische an Kulturleistungen zum Forschungsobjekt. Hier treten Beeinflussungshypothesen aller Wirkungsgrade auf, von der inneren Affinität bis zur Ursprungsgleichheit. Beide Ansätze zusammen ergeben einen Regelkreis, der trotz unterschiedlicher Einstiege auch immer mitgesehen wird. Die Einengung der allg. Kulturkritik auf das Psychopathologische ermöglicht eine empirisch wiss. Bearbeitung durch die Transkulturelle Psychiatrie. Sie setzt voraus, daß 1) „Kultur" einen Sinn- und Wertzusammenhang darstellt, der operationabel gemacht werden kann (Kulturforschung USA); 2) Vorkommen, Inhalte, Ursachen von psychopathologischen Phänomenen durch Kulturfaktoren beeinflußbar sind und es Methoden gibt, dies zu erfassen; 3) diese Aspekte durch historische und zeitgenössische Kulturvergleiche generalisierbar sind. Nur ein systemtheoretischer Ansatz kann den Regelkreis in beiden Richtungen erfassen. Daraufhin kann das Psychopathologische auch rücksichtlich seines Funktionszusammenhanges im gesellschaftlichen Gesamtsystem bewertet werden. Kultur ist dann jedwedes Menschenwerk, und jedermann ist der Betroffene. Beteiligt am Kulturgeschehen sind demzufolge immer rationale und irrationale Elemente. In einer auf den Werten der Aufklärung aufgebauten Kultur erfolgt die Stabilisierung primär durch Option für das normale Rationale. K. wird damit zur Wissenschaft für die Metaregeln, die die Grenzwerte der Zulässigkeit des Irrationalen im stabilisierten Normenwandel bestimmen. Das Psychopathologische rückt auf die Seite des Irrationalen als dessen Sonderform, insofern hier metaphysische, mythische, kosmologische Erlebnisbestandteile auftreten und mit oder ohne mediumistische (trainierbare oder drogenabhängige) oder hirnpathologische Trancephänomene in Ausnahmezuständen kulturwirksam werden. Solche kreativen Impulse werden auch den schizophrenen und manisch-depressiven Krankheitsbildern zugeschrieben. In revolutionärer Absicht erfolgt die Umkehrung dieser Bewertung: das Psychopathologische zeigt den Menschen in seiner Entfremdung, die durch Revolution aufgehoben werden muß, wobei zugleich der einzelne und die Gesellschaft heilbar würde. Erneute Kritik an einer Kulturrealität, in welcher die Entfremdung, theoretisch, überwunden wird, erscheint dann wieder als irrational im Sinne der Geisteskrankheit (psychiatrische Internierung von Dissidenten in der UdSSR.)

Lit.: *Allgemein:* **Birnbaum, K.:** Grundzüge der Kulturpsychopathologie. München, 1924; **Spranger, E.:** Kulturpathologie. Tübingen, 1947.
Rational/Irrational: **Brand, G.:** Gesellschaft u. persönl. Geschichte. 1972; **Foucault, M.:** Wahnsinn und Gesellschaft. Frankfurt, 1969; **Laing, R. D.:** The Divided Self. London, 1960; **Parsons, T.:** Definition of Health and Illness. In: **E. G. Jaco** (Hrsg.): Patients, Physicians and Illness. New York, 1964.
Kultur als Noxe: **Henry, J.:** Culture against Man. New York, 1965; **Kütemeyer, W.:** Die Krankheit Europas. Frankfurt a. M., 1951; **Siirala, M.:** Die Schizophrenie des Einzelnen und der Allgemeinheit. Göttingen, 1961.
Kulturbeiträge: **Bader, A.** (Hrsg.): Geisteskrankheit, bildnerischer Ausdruck u. Kunst. Stuttgart – Bern, 1975; **Benedetti, G.:** Psychiatrische Aspekte des Schöpferischen. Göttingen, 1975; **Prinzhorn, H.:** Bildnerei der Geisteskranken. Berlin, Neudruck der 2. Aufl. 1968.
Entfremdungstheorie u. Antipsychiatrie: **v. Baeyer, W.:** Über Politwahn. In: Wähnen und Wahn. Forum der Psychiatrie NF 6. Stuttgart, 1979; **Basaglia, F.:** L'istituto negata. Turin, 1968; **Burkowskij, W.:** Opposition, eine neue Geisteskrankheit in der Sowjetunion? München, 1973; **Gabel, J.:** La fausse conscience. Paris, 1962; **Glatzel, J.:** Antipsychiatrie zwischen bürgerlicher Revolution und Faschismus. 2 Bde. Frankfurt a. M., 1976; **Obiols, J.:** Antipsychiatrie. Hamburg, 1978; **Soz. Pat. Kollektiv Heidelberg:** Aus der Krankheit eine Waffe machen. München, [3]1974; **Szasz, T. S.:** Ideology and insanity. New York, 1970; **Wulff, E.:** Psychiatrie und Klassengesellschaft. Frankfurt a. M., 1972.

W. v. Baeyer

Kultursoziologie umfaßt die Analyse von Erwartungen, Normen und Symbolen, die Art ihrer Übernahme von Generation zu Generation (↗Sozialisierung) sowie ihre Auswirkungen auf die Gestaltung des individuellen Daseins und die Herausformung von (individuellen) Lebensformen oder -stilen. Letzteres ist bes. Gegenstand der K. und ↗*Kulturpsychologie* im engeren Sinne. ↗Sozialanthropologie.

W. D. Fröhlich

Kumulation bezeichnet in der ↗Statistik einen Rechenvorgang, bei dem jeder Wert einer Verteilung zur Summe der niedrigeren Werte addiert wird. Sie kommt bei der Darstellung von ↗Häufigkeitsverteilungen vor. ↗Kumulative Häufigkeit, ↗Summenkurve.

G. Mikula

Kumulative Häufigkeit(en) sind summierte Häufigkeiten einer Verteilung, die durch sukzessives Addieren der aufeinanderfolgenden Maßzahl- oder Klassenhäufigkeiten berechnet werden. Sie bestimmen daher die Gesamtzahl der Fälle bis zu einer bestimmten Maßzahl einer Verteilung. ↗Häufigkeitsverteilung; ↗Summenkurve. *G. Mikula*

Kundtsche Täuschung, die Täuschung, aufgrund deren geteilte Strecken länger erscheinen als objektiv gleich lange ungeteilte. Dieses Phänomen wird gelegentlich als *Kundtsche Regel* bezeichnet. ↗Geometrisch-optische Täuschungen.

Kundtscher Teilungsversuch. Wird eine horizontale Linie bei *einäugigem* Sehen halbiert, besteht die Tendenz, die Mitte zur nasalen Seite hin zu placieren. Dieses Phänomen ist auch als *Kundtsche Regel* bekannt.

C. D. Frith

Kunstpsychologie ist im weiteren Sinne ein wesentlicher Teil der *Allgemeinen Kunstwissenschaft* als einer Sachwissenschaft, die nach *M. Dessoir,* ihrem Begründer, von der *Ästhetik* als einer Wertwissenschaft zu unterscheiden ist; im engeren Sinne: Psychol. der bildenden Künste („Visual Arts"). Eine K. in diesem engeren Sinne bildet mit der ↗Literatur- und der ↗Musikpsychologie zusammen einen wesentlichen Bestandteil einer umgreifenden ↗Kulturpsychologie. Werkpsychologisch spielen anstelle der Ton- oder Gehörpsychol. und der Psychophonetik die Farbenpsychol. und überhaupt die Psychol. des Gesichtssinns ihre eigene Rolle; für die Plastik auch die des Tastsinns, für alle Gebiete der bildenden Kunst der Raumsinn. Auch die Fragen der inhaltlichen Verstehbarkeit und Einfühlbarkeit stellen sich zum Teil anders als bei Musik und Literatur, etwa bei der allegorischen Malerei und Skulptur. Aufgrund ihres virtuellen geometrischen und architektonischen Grundgehalts wurden gerade die Bildenden Künste am meisten interessierender paradigmatischer Gegenstand der *Gestaltpsychologie* (vgl. Sander, 1932; 1967; Arnheim, 1954).

Allgemeinere psychol. wie auch soziologische Beiträge zur „modernen", abstrakten oder entgegenständlichten Kunst liegen vor bei Malraux (1954), spezieller in den Büchern des Psychiaters Winkler (1949) und des Soziologen und Philosophen Gehlen (1960, [2]1965). Gehlen behandelt u. a. psychol. Sonderfragen wie die *eidetische* und *synästhetische* Begabung des Malers Kandinsky. Zu diesem Thema gibt *Wellek* (1966) eine zusammenfassende Darstellung. Das Verständnis solcher Zusammenhänge und das „Ankommen" der künstlerischen Absicht werden vielfach zum Problem, nicht allein bei der sog. modernen Kunst. Das Unverhältnis zwischen künstlerischer Intention und faktischer Rezeption wurde von Siddiq und Thieme in einer Untersuchung „Über die Urteilsstruktur bei Künstlern (eigene Gemälde), Kunstverständigen und Laien" (1969) expt. analysiert. Was R. Francès „l'âge esthétique d'un sujet" nennt, d. h. den ästhetischen Reifestand des Urteilenden, kann an dem *Consensus* der nachweislich Reifen, z. B. Experten, gemessen werden. Für den musikalischen Geschmack liegen hierüber umfangreiche Statistiken vor. Eine faktorenanalytische Behandlung dieser Fragen wurde im Anschluß an C. Spearman von dessen Nachfolger Burt (1924, 1933) eingeleitet, von R. W. Pickford und H. J. Eysenck fortgeführt. Diese Autoren nehmen einen Spearmanschen *General Factor of aesthetic capacity* an, der nach Pickford ein Gleichgewicht von „emotional expressiveness" mit „harmony of form" anzielt, also *implicite* eine „Form-Ausdruck-Ästhetik" (nach Wellek, 1963) unterstellt. Zusätzlich zu dem generellen Faktor weisen alle untersuchten Arten von Malerei, Musik und Literatur einen *bipolaren* Faktor aus. „Dieser stellt einander gegenüber die mehr farbenreichen, gefühlsmäßig ausdrucksstarken, impressionistischen oder ausdrucksmäßig verzerrten Kunstarten und solche, die mehr gebändigt, in der Darstellung maßvoll und weniger farbenreich sind. Die erste Gruppe wird in der Regel von den ↗extravertierten, die zweite von den ↗introvertierten Menschen bevorzugt, und oftmals liegt der Ggs. zwischen dem mehr Modernen und dem weniger Modernen oder zwischen dem Romantischen und dem Klassischen . . ." (Pickford, 1955, 926). Dies erinnert im Prinzip an H. Wölfflins Kontrastierungen in seinen „Kunstgeschichtlichen Grundbegriffen"

(1915) wie auch an Welleks „Typologie der Musikbegabung" (1939). Mehr als die Poesie und Musik der Geisteskranken hat die „Bildnerei der Geisteskranken", vor allem seit H. Prinzhorn, die Wissenschaft beschäftigt (bis hin zu der Ungarin Jakáb, 1956; dem Engländer Pickford, 1967; dem Italiener C. Genovese, 1969; dem Holländer Plokker, 1969), neuestens auch das Zeichnen und Malen in ↗Hypnose (Vándor, 1969). Auch sonst ist die Perspektive der vergleichenden Entwicklungspsychol. im Sinne von Krueger (1915) und Werner ([2]1948) hier bes. fruchtbar, mittelbar auch für die Kunsttheorie selbst. Über die Psychol. der Kinderzeichnung entstand eine umfangreiche Sonderliteratur (zusammenfassend Mühle, 1955); sie wurde fortgeführt zu einer Entwicklungspsychol. des Zeichnens während der Pubertät (Westrich, 1968). Die plastische Kunst Blinder wurde schon 1934 von dem Blindenlehrer Münz in Verbindung mit dem Psychologen V. Löwenfeld zur vergleichend-psychol. Analyse fruchtbringend herangezogen (dazu allgemeiner auch Révész, 1950).

Einen Überblick aus angloamerik. Sicht gibt die von Hogg herausgegebene Textsammlung „Psychology and the visual arts" (1969), vorher (sehr knapp) auch Schrickel ([2]1968).

Lit.: Arnheim, R.: Art and visual perception. New York, 1954; **ders.:** Zur Psychol. der Kunst. Köln, 1977; **Burt, C.:** The psychology of art. In: **C. Burt** (Ed.): How the mind works. London, 1933; **Gehlen, A.:** Zeit-Bilder. Frankfurt – Bonn, [2]1965; **Genovese, C.:** Attività grafica di schizofrenici. In: **C. Genovese & G. F. Dasi** (Eds.): Estetica sperimentale. Cappelli, 1969; **Hogg, J.** (Ed.): Psychology and the visual arts. Harmondsworth, 1969; **Jakáb, I.:** Zeichnungen und Gemälde der Geisteskranken. Budapest – Berlin, 1956; **Kreitler, H. & S. Kreitler:** Psychol. der Kunst. Stuttgart, 1979; **Krueger, F.:** Über Entwicklungspsychologie. Leipzig, 1915; **Malraux, A.:** La psychologie de l'art. Paris, 1947–50; **Morgan, D. N.:** Psychology and art today. J. Aesth. Art Critic., 1950, *9;* **Mühle, G.:** Entwicklungspsychol. des zeichnerischen Gestaltens. München, 1955, [2]1967; **Munroe, T. M.:** Methods in the psychology of art. J. Aesth. Art Critic., 1948, *6;* **Münz, L. & V. Löwenfeld:** Plastische Arbeiten Blinder. Brünn, 1934; **Odgen, R. M.:** The psychology of art. New York, 1938; **Perrer, S. C.:** Principles of art appreciation. New York, 1949; **Pickford, R. W.:** Studies in psychiatric art. Springfield (Ill.), 1967; **Plokker, J. H. & E. Wiesenhütter:** Zerrbilder. Schizophrene Gestalten. Stuttgart, 1969; **Prinzhorn, H.:** Bildnerei der Geisteskranken. Berlin, 1968; **Reitman, F.:** Psychotic art. London, 1950; **Révész, G.:** Psychology and art of the blind. London, 1950; **Sander, F.:** Elementarästhetische Wirkungen zusammengesetzter geometrischer Figuren. Wundts Psychol. Stud., 1913, *9;* **ders.:** Gestaltpsychol. und Kunsttheorie. Neue Psychol. Stud., 1932, *4;* **ders.:** Gestaltpsychologisches zur modernen Kunst. In: Gestalt und Wirklichkeit. Festschrift für Weinhandl, hrsg. von **R. Mühlher & J. Fischl.** Berlin, 1967; **Schrickel, H. G.:** Psychology of art. In: **A. A. Roback** (Ed.): Present-day psychology. New York, [2]1968; **Schuster, M.:** Kunst-Psychol. Köln, 1978; **Siddiq, A. & T. Thieme:** Die verlorenen Botschaften. Über die Urteilsstruktur bei Künstlern ... Z. f. expt. u. angew. Psychol., 1969, *6;* **Vándor, T.:** Visuelle Erlebnisse in Hypnose. Meisenheim, 1969; **Wellek, A.:** Das Farbenhören und seine Bedeutung für die Bildende Kunst. Palette (Basel), 1966, *23,* und in: Exakte Ästhetik (Frankfurt a. M.), 1966, *3–4;* **ders.:** Musikpsychol. und Musikästhetik. Frankfurt, 1963, [2]1975; **Werner, H.:** Comparative psychology of mental development. Chicago, [2]1948; **Westrich, E.:** Die Entwicklung des Zeichnens während der Pubertät. Frankfurt a. M., 1968; **Winkler, W.:** Psychol. der modernen Kunst. Tübingen, 1949.

A. Wellek

Kurtosis ↗Exzeß.

Kurzfragebogen für Problemfälle ↗KFP 30.

Kurzsichtigkeit ↗Myopie.

Kurzspeicher. Bei der Interpretation gedächtnispsychol. Befunde hat sich die Annahme eines K. als Träger der Merkfähigkeit neben dem eigentlichen ↗Gedächtnis bewährt, denn Tests, die die unmittelbare Merkfähigkeit prüfen, korrelieren in der Regel kaum mit Tests des Dauergedächtnisses. Zeitliche Schätzungen des Kurzzeitgedächtnisses reichen von 2–3 bis 10 sec. (Rohracher, 1968; Frank, 1969). Das ↗Psychostrukturmodell von Frank sieht neben einem K. mit einer Zuflußgeschwindigkeit C von 16 bit/sec. und einem Fassungsvermögen von 160 bit ein Kurzgedächtnis (C = 0,4–0,8 bit/sec.) und ein Langgedächtnis (C = 0,05 bit/sec.) vor.

Lit.: Frank, H.: Kybernetische Grundlagen der Päd., Bd. 2. Baden-Baden, [2]1969; **Rohracher, H.:** Gedächtnis und Lernen. In: **R. Meili & H. Rohracher:** Lehrbuch der expt. Psychologie. Bern – Stuttgart, [3]1972.

B. Rollett

Kurztherapie. Bei vielen ↗Neurosen ist eine Analyse oder eine andere langdauernde ↗Psychotherapie nicht notwendig. Aus diesem Grund hat man, wie auch wegen der therapeutischen Notwendigkeiten selbst, die K. für weniger schwere Fälle von Neurosen eingeführt, bei der es sich im allg. darum handelt, die Konfliktsituation zu entschärfen, zu desintegrieren, ohne daß dabei die Notwendigkeit besteht, auf eine langandauernde Analyse der Vergangenheit zurückzugreifen.

J. López Ibor

K-V-T-Konzentrationstests ↗Konzentrationstests.

Kybernetik und Psychologie. GEGENSTANDSBESTIMMUNG der Kybernetik (K.) und *Wechselbeziehungen* zwischen K. und Psychologie. Die K. ist eine *Querschnittswissenschaft,* in der allg. Gesetzmäßigkeiten aus Gegenstandsgebieten verschiedener Einzelwissenschaften untersucht und in einer geeigneten Abstraktionsebene formuliert werden. Dafür sind formale Darstellungsmittel im Rahmen mathematischer Disziplinen ausgearbeitet worden. Sie erlauben es, Zusammenhänge und Wechselwirkungen zwischen komplexen Systemen oder Teilsystemen auszudrücken. Eine universelle Eigenschaft komplexer, hochorganisierter Systeme besteht darin, ↗Information aufzunehmen, zu verarbeiten und weiterzugeben. In der gegenwärtigen Wissenschaftsentwicklung hat sich die *Erforschung der Struktur* und *Funktion* ↗informationsverarbeitender Systeme als *spezifisches Gegenstandsgebiet* der K. herausgebildet. Die *Forschungsmittel* der K. sind auf die Darstellung und Analyse, ihr *Forschungsziel* ist auf die Synthese und Optimierung informationsverarbeitender Systeme gerichtet. Konkrete Realisierungsformen solcher im Rahmen der K. abstrakt behandelter Systeme liegen im Gegenstandsgebiet verschiedener Einzelwissenschaften, u. a. in dem der *Physiologie* (z. B. Rezeptorsysteme, sensomotorische Koordinationsprozesse, Nervenzellfunktion als Informationsspeicher und Nervennetze); in dem der *Genetik* (Fixierung der Erbinformation, ihre Kodierung und Übertragung in der Generationenfolge); sie liegen ferner in dem der *Operationsforschung* (Organisation des Informationsaustausches innerhalb und zwischen Gruppen und zwischen ihren Arbeitsaufgaben), in dem der *Regelungstechnik* (Entwicklung selbstoptimierender, lernfähiger, technischer Systeme), in der *Nachrichtentechnik* (Optimierung der Informationsübertragung, selbstadaptierende Empfangs- und Zeichenerkennungssysteme). Eine mit diesen Gegenstandsgebieten in bestimmter Hinsicht eng verwandte und verflochtene Aufgabenstellung der Experimentalpsychol. besteht in der Analyse kognitiver Strukturen und Funktionen (insbesondere denen des Wahrnehmens, des Lernens, der Begriffsbildung, des Denkens und der Sprache). Diese Vorgänge sind zugleich in spezifischer Weise von emotional-affektiven Einflüssen bzw. von Zuständen unterschiedlichen inneren Aktivierungsniveaus abhängig und beeinflussen sie. Dadurch reicht die exakte Analyse dieser Prozesse tiefer als bis zur Beschreibung ihrer eigenen Strukturgesetze. Es verbindet sie mit Problemen der Persönlichkeits- und der klinischen Psychologie.

Zumindest alle *kognitiven* Prozesse des Menschen sind aufs engste an den Informationsaustausch zwischen Organismus und Umgebung gebunden: die *Gesetze* der ↗ *Wahrnehmung* beruhen auf Prozessen der Informationsverarbeitung durch Rezeptor- und Analysatorsysteme; die *Strategien* der *Begriffsbildung* beruhen auf Prozeduren der Informationserzeugung und -nutzung (Hypothesenbildung und -prüfung). *Lernprozesse* manifestieren sich in *Verhaltensänderungen,* sofern sie als Folge individueller ↗Informationsverarbeitung (in gewissem Sinne als Erfahrungsbildung) auftreten; *Denkleistungen* wie die des Problemlösens beruhen auf spezifischen Wechselwirkungen zwischen Klassifizierungs- und Transformationsprozessen, die eine algorithmische Grundstruktur bilden. Das gilt bis hin zu den heuristischen Techniken als potentiell wirkungsvollsten und zugleich risikoreichsten Strategien menschlichen Informationsgewinns. Die *Sprachkompetenz* (als interne, kognitiv gebildete Sprachstruktur) und die *Sprachverwendung* (als Fähigkeit zur Bildung von verstehbaren Sätzen) sind die Grundlage der sprachlichen Kommunikation als der höchstentwickelten Form des Informationsaus-

Kybernetik und Psychologie

tausches zwischen Lebewesen (↗Sprache). Insofern diese beschriebenen psychophysischen Prozesse wesensmäßig Prozesse der Informationsaufnahme und -verarbeitung sind, gehören sie sowohl in das Forschungsfeld der Experimentalpsychol. wie in das der Kybernetik. Struktur und Funktion derart komplexer Systemeigenschaften können sowohl zur Bereicherung des kybernetischen Modelldenkens beitragen, wie umgekehrt kybernetische Methoden und Darstellungsmittel der psychol. Forschung dienlich werden.

Zur Entwicklung der Kybernetik. Die gegenwärtigen Darstellungs- und Forschungsmittel der K. sind durch vier unabhängige Entdeckungen geprägt worden, gleichwohl aber nicht auf sie zurückführbar. Dies waren: 1. Die Entdeckung, daß stabiles Systemverhalten bei unberechenbaren Störeinflüssen nur durch *Rückmeldung* des momentanen Fehlers dann erreichbar ist, wenn der Fehlbetrag (bzw. seine Dynamik) als Korrekturgröße wirksam wird (Wiener, 1948). In der Technik ermöglicht dieses Prinzip Ausbau der Regelungstheorie (↗Regelkreis, ↗Homöostase); Analogien zu biol. Regelungsprozessen wurden gefunden: die Selbststabilisierung homöostatischer Funktionen (Ashby, 1956), die Augenfolgebewegung, die Regulation von Muskelspannung und sensomotorische Koordinationen werden als dem gleichen Prinzip unterworfen erkannt (Küpfmüller, 1959). 2. Die Entdeckung, daß der Nachrichtengehalt eines ↗Signals *bestimmbar,* der Informationsgehalt einer Nachricht *meßbar* ist (Shannon & Weaver, 1949). Das Kodierungsprinzip der ↗Informationstheorie, die Kapazität eines informationsübertragenden Systems (↗Kanalkapazität), der Einfluß von Störgrößen auf die Erkennungssicherheit erweisen sich als grundlegend für die Kennzeichnung von Leistungseigenschaften organismischer Rezeptorsysteme (Rosenblatt, 1958; Arkadjew & Brawermann, 1966). 3. Die Entdeckung, daß Schaltungsstrukturen von der Art der Nervennetze die Erkennungssicherheit bei *transformierten* Eingangssignalen oder Zeichen aufrechterhalten können (McCulloch & Pitts, 1943; v. Neumann, 1956). 4. Die Entdeckung, daß informationsverarbeitende Systeme mit einheitlichen Mitteln theoretisch geschlossen darstellbar sind (Gluschkow, 1963). Von hier gingen wesentliche Impulse aus für den Aufbau der Theorie abstrakter Automaten (Starke, 1969), für die Entwicklung höherer Programmier- und algorithmischer Sprachen und für die Simulation des Problemlösungsverhaltens (Feigenbaum & Feldmann, 1963) auf Computern. *Regelungstheorie, Informationstheorie, Algorithmen-* und *Automatentheorie* bilden gegenwärtig die Grundlagendisziplinen der K., aus denen Teilgebiete wie „Lernende Systeme", „Semantische Informationstheorie", „Formale Sprachtheorie", „Künstliche Intelligenz" u. a. eigene Entwicklungstendenzen entfalten (↗Psychostrukturmodell). Alle drei *Grundlagendisziplinen* haben auch zu Erkenntnisgewinn in der Experimentalpsychol. beigetragen (vgl. die folgenden Kapitel).

Anwendung und Ergebnisse kybernetischer Forschungsmethoden in der Experimentalpsychologie. *1. Methoden und Darstellungsmittel der Regelungstheorie* wurden bei der Analyse hochgeübter und lernabhängiger sensomotorischer Koordinationsprozesse (z. B. Tracking; ↗Motorik) angewandt. Der Grundsatz ist im folgenden Schema skizziert:

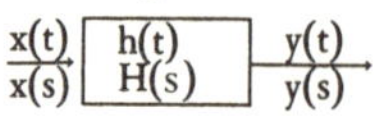

Gegeben ist eine stetige (evtl. durch stochastische Störungen überlagerte) Eingangsfunktion x(s) und die Folgebewegung y(s) als Ausgangsfunktion. Gesucht ist jene interne Systemstruktur h(t), die das Übertragungsverhalten des untersuchten Systems am besten nachbildet:

$$h(s) = \frac{x(s)}{y(s)}.$$

Man konnte zeigen (E. S. Krendel, D. T. McRuer u. a.), daß das Übertragungsverhalten des Menschen unter bestimmten, eingeschränkten Eingangsbedingungen durch folgende Gleichung beschrieben wird:

$$H(s) = \frac{e^{-T_0} \quad (\alpha T_1 s + 1)}{(T_2 s + 1)(T_3 s + 1)} K(\sigma).$$

Dabei ist T_0 die Reaktionszeit. Sie hängt vom Eingangssignal ab. T_i sind Zeitkonstanten, und s drückt aus, daß Eingangs- und Ausgangsfunktion in den Bildbereich (durch Laplace-Transformation) übertragen wurden. Das zweite Glied im Zähler ist ein Differenzierglied. Es beschreibt den Vorhalt des Übertragungssystems bzw. die Fähigkeit des Menschen, Verläufe von Eingangsfunktionen zu antizipieren. Im Nenner stehen zwei lineare Verzögerungsglieder 1. Ordnung. Sie gestatten, die Anpassungsfähigkeit des Systemverhaltens bezüglich des Zeitverzugs zur Eingangsfunktion auszudrücken. (In den Faktor K gehen Nichtlinearitäten ein.) Dieselbe Näherung ist auch bei stochastisch gestörten Eingangs- und Ausgangssignalen möglich. Dann wird die Anpassung über die Leistungsspektren der Ein- und Ausgangsfunktionen gebildet. (Das Leistungsspektrum eines Signals ist die Fourier-Transformierte der Auto- oder Kreuzkorrelationsfunktion.) Dieser Ansatz ist verallgemeinert und erweitert worden (Schweizer, 1967). Das Ziel dieses Vorgehens besteht darin, bestimmte Arbeits- oder Steuerhandlungen zu optimieren. Speziell geht es um die optimale Auslegung von ↗Mensch-Maschine-Systemen, wie sie in der Ingenieurpsychol. untersucht werden. Es wurde gezeigt, daß hochgeübte Personen (z. B. Piloten in Simulatoren überschneller Flugzeuge) bei ungenügend an das menschliche Übertragungsverhalten angepaßten sensomotorischen Anforderungen schlechtere Leistungen bringen als ungeübte Vpn in optimierten Anlagen. Zur Analyse der Optimalität eines Mensch-Maschine-Systems wird der Phasengang ermittelt und der gut kompatible Bereich als Vorschlag für die Auslegung des Maschine-Systems den Konstrukten unterbreitet. Analoge Methoden sind auch für die Analyse des sensomotorischen Lernverhaltens entwickelt worden.

2. Methoden und Darstellungsmittel der Informationstheorie wurden vor allem bei der Analyse von Signalerkennungsprozessen, bei Wahlreaktionsversuchen, bei Prozessen der Identifizierung komplexer Muster (organismische Zeichenerkennung) sowie in Zusammenhang mit Problemen der Spracherzeugung und der Sprachkommunikation in der Psychol. angewandt. Als Beispiele seien Befunde betrachtet, die in Zusammenhang mit Erkennungsleistungen in Wahlreaktionsexperimenten erhoben wurden. Ausgangspunkt bildete das ↗Informationsmaß nach Shannon (1949). Danach ist der Informationsgehalt $I(x_i)$ eines Ereignisses umgekehrt proportional dem Logarithmus dualis seiner Auftrittswahrscheinlichkeit:

$$I(x_i) = \mathrm{ld}\,\frac{1}{p(x_i)} = -\mathrm{ld}\,p(x_i).$$

Der mittlere Informationsgehalt einer Quelle X mit den Elementarereignissen (x_i) ist bestimmt durch die Entropie H(X):

$$H(X) = -\sum_X p(x_i)\,\mathrm{ld}\,p(x_i).$$

Es ergab sich, daß die Erkennungszeit (gemessen in Reaktionszeiten R_t) proportional dem mittleren Informationsgehalt eines Quellenereignisses ist:

$$R_t = K \cdot H(X) + C,$$

genau dann, wenn H(X) den maximalen Informationsgehalt der Elementarereignisse ausschöpft. $H_{max}(X) \leq \mathrm{ld}(n)$ für alle x_i mit $i = 1, \ldots n$. Es gilt $0 \leq H(X) \leq \mathrm{ld}(n)$. Die Werte zwischen 0 und ld(n) bestimmen die ↗Redundanz R einer Informationsquelle

$$(R = 1 - \frac{H(X)}{\mathrm{ld}(n)}).$$

Bei Redundanzen der Informationsquelle hängt die Erkennungszeit nichtlinear von H(X) ab. Durch Lernprozesse wird die mittlere Wahrscheinlichkeit der Quellenereignisse (die Struktur) der Quelle assimiliert. Veränderungen der Erkennungszeiten beruhen auf Erwartungen oder Einstellungen, die sich aufgrund bedingter Wahrscheinlichkeiten zwischen den Symbolen (oder Zeichen) bilden. Sie bestimmen den wechselseitigen Informationsgehalt zwischen den Elementarereignissen. Auf der Redundanzausnutzung zwischen Elementarereignissen beruhen auch Strukturbildungen der Wahrnehmung. Spezielle Quellenstrukturen (Markoff-Quellen; syntaktische Informationsquellen, bei denen die Zeichenfolge nach festen Regeln bestimmt wird) führen zu speziellen (internen oder kognitiven) Erkennungsalgorithmen. Man findet sie nicht nur bei der Spracherkennung; begriffsgebundene Erkennungsleistungen haben eine ähnliche Grundstruktur: Ein Objekt wird als Element einer Klasse erkannt, wenn es Träger einer speziellen (eingelernten) Verknüpfung von Merkmalen ist. Die dadurch auslösbare Zuordnung zu fixiertem Gedächtnisbesitz scheint Grundlage der Erkennungsprozesse zu sein. Strukturbildungen der Wahrnehmung wie insbesondere höhere Erkennungsprozesse zeigen eine außerordentliche Reduktion des sensorisch vermittelten Reizangebots. Die Ausfilterung verhaltensrelevanter Umgebungsdaten bildet die kognitive Grundlage bei der Prüfung von Verhaltensentscheidungen. Zu ihrer Analyse reicht die stat. Definition des Informationsgehalts nicht aus. *Semantische* (↗Semantik) Eigenschaften (d. h. die Abhängigkeit einer Nachricht von einem Kontext und dessen Wirkung auf die Verhaltenseinstellung) sowie *pragmatische* Eigenschaften (d. h. die Bewertung einer Nachricht entsprechend ihrer momentanen Bedeutung für eine Verhaltensentscheidung) müssen die klassische Informationstheorie erweitern, um zu tragfähigen Prädikationen für emotional mitbestimmtes, bes. leistungsmotiviertes Verhalten zu gelangen. Daran wird gegenwärtig an vielen Instituten gearbeitet.

3. Die Anwendung von Automaten- und Algorithmentheorie ist vor allem auf die Simulation von Wahrnehmungs-, Denk- und speziell von Problemlösungsprozessen beim Menschen und deren Simulation auf Rechnern konzentriert (vgl. ↗Simulierung psychischer Vorgänge). Simulation im kybernetischen Sinne bedeutet echtes Experimentieren mit psychol. Daten auf Rechnern. Es besteht das Ziel, über die Resultate von Rechnerprogrammen entscheiden zu können, wie weit Gesetzmäßigkeiten und Leistungseigenschaften der kognitiven (psychischen) Prozesse erforscht sind. Besondere Bedeutung haben dabei Zeichenerkennungsalgorithmen, Klassifizierungsalgorithmen und Problemlösungsalgorithmen erlangt. Bei der Simulation von Zeichenerkennungsprozessen geht es um die strukturelle Nachbildung der Erkennung von (stochastisch gestörten, evtl. auch geometrisch verzerrten) Mustern. Solche Objekte müssen als Elemente von Klassen aufgrund von Merkmalen identifiziert werden. Grundlage dafür sind Funktionseigenschaften organismischer Erkennungsprozesse. Beim Aufbau von Klassifizierungsalgorithmen geht es um die Simulation von Begriffsbildungsprozessen auf Rechnern. Objekte werden aufgrund von Merkmalen und ihrer Verknüpfung bestimmten Klassen zugeordnet. Lernalgorithmen der Klassenbildung und induktive Erkennungsalgorithmen (vgl. Klix, 1971) wurden entwickelt. Zunehmend bedeutsam wird der Aufbau von Problemlösungsalgorithmen. Sie sind einmal Erkenntnismittel für die Analyse der Komponenten komplexer Strategien der Informationsverarbeitung des Menschen einschließlich ihrer höchstentwickelten Formen, den heuristischen Techniken. Ihre zunehmend praktische Bedeutung liegt bei der Synthese geistiger Leistungen, z. B. für die Automatisierung produktionsvorbereitender Prozesse bzw. für die lernpsychol. Durchgestaltung der ↗programmierten Instruktion.

Kybernetische Disziplinen (und mit ihnen kybernetisch-psychol. Forschungen) erreichen gegenwärtig einen hohen Grad an theoretischer Geschlossenheit durch Entwicklungen in der Algebra (Strukturtheorie, Kategorientheorie; vgl. Klix & Krause,1969). Sie umfassen regelungstheoretische, informationstheoretische und automatentheoretische Darstellungsmittel und Methoden als Spezialfälle. ↗Informationstheorie.

Lit.: Arkadjew, A. G. & E. M. Brawermann: Zeichenerkennung und maschinelles Lernen. München, 1966; **Ashby, W. R.:** An introduction to cybernetics. New York, 1956; **Gluschkow, W. M.:** Theorie der abstrakten Automaten. Berlin, 1963; **Klix, F.:** Information und Verhalten. Einführung in die naturwiss. Grundlagen der Allgemeinen Psychologie. Berlin, 1971; **Klix, F. & B. Krause:** Zur Definition des Begriffs „Struktur", seine Eigenschaften und Darstellungsmöglichkeiten in der Experimentalpsychologie. Berlin, 1969; **Rosenblatt, F.:** The perception. Psychol. Rev. 1958, *65*; **Shannon, C. & W. Weaver:** The mathematical theory of communication. Urbana, 1949; **Schweizer, G.:** Probleme und Methoden zur Untersuchung des Regelverhaltens des Menschen. Friedrichshafen, 1968; **Wiener, N.:** Cybernetics or control and communication in the animal and the machine. New York, 1948 (dt.: Kybernetik. Düsseldorf, 1963); **Lienert, G.** (Hrsg.): Bericht über den 23. Kongreß der DGP (Würzburg 1962). Göttingen, 1963; **Arnold, W.:** Psychological Problems of Cybernetics. Education, 1971, *3*.

F. Klix

Kybernetische Pädagogik. Die k. P. umfaßt die Gesamtheit der Definitionen, Problemstellungen, Lösungsversuche und Ergebnisse, die sowohl unter den Begriff der Kybernetik als auch unter den Begriff der Päd. fallen. Sie verwendet also math. Methoden nicht nur zu stat. Analysen, sondern auch zur Entwicklung durchrechenbarer Modelle mit dem Ziel, päd. relevante Phänomene, insbesondere die Wirkung von Objektivierungen pädagogischer Arbeit, d.h. deren Übertragung an technisch erzeugte Systeme (z.B. Lehrautomaten), vorhersehbar zu machen.

Die k. P. ist in drei Stufen wachsender Komplexität gegliedert. Auf der *ersten* Stufe werden die sechs Komponenten („Dimensionen") des Unterrichts getrennt analysiert und mathematisiert, nämlich in den 6 päd. Grundwissenschaften: 1) Theorie der Lehrstoffe, 2) Theorie der Medien (insbesondere Lehrautomaten einschließlich des rechnergestützten Unterrichts), 3) Psychostrukturtheorie (↗Informationspsychologie; ↗Psychostrukturmodell), 4) die (erst als Programm existierende) Soziostrukturtheorie, 5) Theorie der Lehrzielpräzisierung, 6) Lehrmethodik, (↗Lehralgorithmus). Durch die ↗Informationstheorie kann man quantitative Aussagen über den Lehrstoff machen und mit der Lernfähigkeit in Verbindung bringen. Solche Analysen des *Zusammenhangs* zwischen den Unterrichtskomponenten erfolgen auf der *zweiten Stufe,* der Stufe der *„didaktischen Disziplinen"*. Insgesamt sind 62 solche Disziplinen kombinatorisch möglich. Sie betrachten jeweils gewisse andere der sechs genannten Dimensionen als vorgegebene „Bedingungsfelder" und fragen, welche didaktischen Entscheidungen in den restlichen Dimensionen („Entscheidungsfelder") noch damit verträglich sind. Beispielsweise sucht die Didaktik der ↗programmierten Instruktion nach Lehralgorithmen (Entscheidungsfeld!), welche einen gegebenen Lehrstoff mit einem gegebenen Medium einer psychologisch gekennzeichneten Gruppe von Lernenden während einer statistisch voraussehbaren sozio-kulturellen Zusatzbeeinflussung gemäß einem gegebenen Zielkriterium (5 Bedingungsfelder!) zu vermitteln gestatten.

Die k. P. hat dafür eigene Methoden entwickelt, die sich auf die ↗Informationspsychologie stützen und den Einsatz von Rechnern für die Erzeugung von Lehralgorithmen anstreben. ↗Formaldidaktiken.

Am wenigsten entwickelt ist die *dritte Stufe* der k. P., wo das Bildungsgeschehen im soziokulturellen Gesamtrahmen (u.a. auch unter ökonomischen Gesichtspunkten) analysiert und z.B. aus vorgegebenen gesellschaftlichen Wertungen auf quantifizierte Bildungsziele geschlossen werden soll.

Lit.: Frank, H.: Kybernetische Grundlagen der Pädagogik. Baden-Baden, ²1969; **Meder, B. & W.F. Schmid** (Hrsg.): Kybernetische Pädagogik. Stuttgart, 1973/74; **Lobin, G.** (Hrsg.): Kybernetik und Bildung 1–4. Hannover, 1975–80.

H. Frank

Kymograph(ion), Bezeichnung für ein Registriergerät, mit dessen Hilfe auf einer berußten Trommel oder einem laufenden Papierstreifen Intensitätsschwankungen zeitlich ausgedehnter Reaktionsvorgänge (Bewegungsabläufe, Muskel-, Druck- und Temperaturvorgänge, elektrophysiol. Prozesse, wie z.B. beim EEG, EKG, Elektromyogramm [EMG] usw.) erfaßt werden können. Da die Trommel oder der Papierstreifen mit konstanter Geschwindigkeit abläuft, kann ein *Kymogramm* aufgezeichnet werden, das den zeitlichen Verlauf der Intensitätsschwankungen anzeigt. ↗Polygraph.

A. Thomas

L

Labeling. Nach der Zweifaktorentheorie Schachters besteht ein Gefühl aus einer autonomen physiologischen Erregung und deren Interpretation als kognitiven Komponente (labeling). Die Interpretation erfolgt aufgrund früherer Erfahrungen oder situativer Hinweisreize. Die labeling-Theorie ist eine Variante der Attributionstheorie. – Der Terminus „labeling" (Etikettierung) hat noch in Zusammenhang mit Geisteskrankheiten und kriminellem Verhalten Bedeutung. Manche glauben, durch labeling werde ein Stigmatisierungseffekt bewirkt.

Lit.: Quadagno, J. S. & R. J. Antonio: Labeling theory as an oversocialized conception of man: The case of mental illness. Sociology and Social Research, 1975, *60,* 33–45; **Schachter, S.:** The interaction of cognitive and physiological determinants of emotional state. In: **Leiderman, P. H. & D. Shapiro** (eds.): Psychological approaches to social behavior. Stanford (Calif.), 1964.

F. Kiener

Labilität, emotionale ↗Neurotizismus.

Labyrinth. 1) Ein verworrener Irrgarten (↗Labyrinthversuch). – 2) Die komplizierten Gänge des inneren Ohrs, bestehend aus knöchernem und häutigem Labyrinth (↗Sinnesorgane: das Ohr). *G. D. Wilson*

Labyrinthtest, spezieller, sprachunabhängiger ↗Intelligenztest, der früher als Zusatz- und Ergänzungstest zu anderen Methoden verwendet wurde. Heute dient er vor allem zur Personalauslese und in der ↗Berufsberatung. Unter anderem prüft er die Fähigkeit, sich auf einem begrenzten Gebiet optisch zu orientieren. *F. Grünig*

Labyrinthversuch, in der Lernpsychol. (↗Lernen) verwendete Versuchsanordnung zur *instrumentellen* ↗Konditionierung von Tieren. Nach Durchlaufen eines (meist T-förmigen) Labyrinths wird das Vt am Zielpunkt mit Futter belohnt. Der Lernfortschritt in Wiederholungsversuchen manifestiert sich durch kürzere Laufzeiten bzw. durch Vermeidung von Irrwegen. In abgewandelter Form läßt sich der L. auch bei Menschen anwenden, z. B. mit dem Fingerlabyrinth, in dem die Vp mit verbundenen Augen mit dem Finger den Zielpunkt suchen muß.

Lit.: K. Foppa: Lernen. Gedächtnis. Verhalten. Köln – Berlin, [7]1970.

P. Steck

Lächeln, erstes. Ausdrucksbewegung, die vor allem bei Wahrnehmung eines menschlichen Gesichts etwa zwischen dem 3. und 6. Monat auftritt; nach A. Gesell bei 98% der Sechsmonatigen. Das e.L. unterliegt positiver und negativer ↗Bekräftigung (Y. Brackbill, 1958). Von C. Bühler (1921) wurde es als erste soziale Reaktion (positive Zugewandtheit) gedeutet. Nach Untersuchungen von Spitz (1946) und R. Meili ist es, weniger spezifisch, Ausdruck lustvoller Zustände. Diese Affekte sind offenbar erbbedingte Reaktionen auf bestimmte Reize, vor allem auf das Auge-Nase-Stirn-Schema, das wie ein ↗Schlüsselreiz wirkt (↗AAM).

Lit.: Spitz, R.: The smiling response. Genet. Psychol. Monogr., 1946, *34.*

H. J. Kornadt

Lachen, eine der prägnantesten Ausdruckserscheinungen in den mimischen, pantomimischen und phonognomischen Teilbezirken von ↗Ausdruck; deskriptiv bislang bes. hinsichtlich Mimik bearbeitet, teilweise unter Miteinbeziehung anat. oder phonetischer Kriterien, auch in dieser Einschränkung aber noch ohne verbindlichen phänographischen Formenaufweis. Genetisch (nach neueren Belegen) angeboren und nicht exklusiv human-spezifisch; Miteinwirken von Erfahrungs- und Reifungskomponenten, vor allem in den erscheinenden Ausdrucksinhalten (als Erweiterung über Befindlichkeiten positiver Gestimmtheit hinaus). In pathogenetischen Prozessen Entgliederungen und Versetzungen zur eigenen Befindlichkeit möglich (wie bei Risus sardonicus – Zwangslachen u. a.); funktional von gleicherweise hohem Expressiv- (im Sinn von „Entladung") und Kommunikativwert, worauf sich tradierte wie gegenwärtige, bislang noch nicht integrierte theoretische Konzeptionen beziehen. Vgl. auch ↗Weinen.

Lit.: **Bergson, H.:** Das Lachen. Jena, [2]1921; **Grotjahn, M.:** Zum Lachen. München, 1974; **Habermann, G.:** Physiologie und Phonetik des lauthaften Lachens. Leipzig, 1955; **Müller-Freienfels, R.:** Das L. und das Lächeln. Bonn, 1948; **Piddington, R.:** The psychology of laughter. New York, 1963; **Schmidt, W.:** Attrappenversuche zur Analyse des Lachens. Psychol. Beitr., 1957, *3*, 223–264.

D. Görlitz

Ladd-Franklinsche Theorie, ein Kompromiß aus der „Dreifarbentheorie" (T. Young & H. v. Helmholtz) und der „Vierfarbentheorie" (E. Hering & J. Müller) des Farbsehens. Es wird eine *Vier-Rezeptor-Theorie* aufgestellt mit getrennten Kegelmechanismen für Rot, Grün, Gelb und Blau. Diese Theorie trägt der ↗Farbenfehlsichtigkeit und den Messungen im ↗Gesichtsfeld besser Rechnung als die unmodifizierte Young-Helmholtz-Hypothese. Die L.-F. T. vertritt die Entwicklung der verschiedenen Farbrezeptoren aus ursprünglich farbunempfindlichen Rezeptoren. ↗Farbwahrnehmung.

C. D. Frith

Lagewahrnehmung, führt zur Feststellung, in welcher Position zur Erdoberfläche sich der Körper, bes. der Kopf, befindet. Sitz der L. ist der Vestibularapparat, unterstützt durch Informationen aus dem motorischen Apparat.

H.-P. Trolldenier

Laissez-Faire-Verhalten ↗Erziehungsstile.

Lallen, Lallmonologe. Wichtiges Symptom des kindlichen Wohlbehagens während des 1. Vierteljahres ist das Lallen. Zunächst werden vereinzelt artikulierte Silben hervorgebracht, die dann zu langen „Selbstgesprächen" oder *„Lallmonologen"* aneinandergereiht werden. Oft werden dieselben Lautkomplexe endlos wiederholt, dann wieder Laute abgewandelt, die Stimme moduliert. Für das Kind ist das Lallen spielerischer Selbstzweck, Selbstnachahmung; das Endziel liegt in der Funktionsübung der Sprechwerkzeuge.

Lit.: **Stern, C. & W. Stern:** Die Kindersprache. Darmstadt, 1965.

M. Sachs

In der *Gehörlosen- und Sprachheilpädagogik* sind Lallmonologe von Wichtigkeit für die Artikulation neugewonnener oder schwieriger Laute in Verbindung mit anderen. Sie sind bewußte Übung zum Einschleifen bestimmter Stellungen der Sprechwerkzeuge. Ihre Bedeutung beruht auf der Tatsache, daß der reine, phonologisch bedeutsame Laut ein linguistisches Artefakt ist, da sich ja die Laute wechselseitig beeinflussen, und dies wirkt sich aus auf die Einstellung der Sprechorgane. So wird z. B. bei der Silbe „ko" die Stellung von Zunge, Gaumen und Lippen bei der Artikulation des k anders sein, als bei der Silbe „ki" oder „ka". Gehörlose Kinder erhalten in der Artikulationsklasse einen „Lallnamen", der gewöhnlich aus leicht zu artikulierenden Lauten des Vornamens gebildet wird, z. B. „Wawa" für „Waltraud" (wie es auch vielfach die Kinder in der Lallphase der Sprechentwicklung tun). Diese Namen werden nicht mehr verwendet, wenn die Kinder ihren richtigen Namen einigermaßen sicher sprechen können und ihn aus den Mundgebärden des Lehrers erkennen.

E. Ullrich

Lalophobie ↗Sprechangst.

Lampenfieber, Zustand großer Nervosität u. starker innerer Angespanntheit (psychogene, innere Erregung), der Vortragende, Redner u. Künstler vor öffentl. Auftritten sowie Prüflinge vor den Examina befällt; L. ist bis zu einem gewissen Grade normale Form der Erwartungsanst. Es ist häufig von Furcht vor Mißerfolg begleitet u. zuweilen mit einer Blokkierung des normalen Erlebnisverlaufs sowie des Ausdrucksverhaltens einhergehend.

W. Tisch

Lancement-Versuch ↗Phänomenale Kausalität.

Landoltsche Ringe, von E. Landolt, Ophthalmologe in Zürich und Paris (1876–1926), 1920 angegebene Optotypen (Sehstandards) zur Prüfung der ↗Sehschärfe. Es handelt sich um verschieden große und dicke schwarze Ringe auf weißem Grund, die eine Lücke zeigen über eine Zirkumferenzstrecke, die etwa der Ringdicke entspricht. Der schwarze Ring ist damit von einer annähernd quadratischen weißen Figur unterbrochen, deren Position vom Pb anzugeben ist. Ist die Lücke z. B. 3 mm breit, sieht sie ein ↗Emmetroper in 10 m Entfernung; der ↗Sehwinkel, dessen Scheitel im vorderen ↗Knotenpunkt des Beobachterauges liegt, beträgt in 10,3 m Entfernung 1 Bogenminute, entsprechend dem Visuswert 1.
K.-H. Plattig

Landscher Effekt. E. H. Land ist es gelungen, alle Spektralfarben durch Einsatz von lediglich einem roten und einem weißen Licht zu erhalten. Sein Verfahren ist folgendes: Er photographierte ein und dieselbe Szene einmal unter Benutzung eines roten Filters, einmal unter Benutzung eines grünen Filters; danach projizierte er die erste Aufnahme durch einen Rotfilter und die zweite mit weißem Licht und erhielt dabei die Reproduktion der Originalszene mit *allen* ihren Farben. Es ist leicht verständlich, daß die überraschenden Resultate dieser Exp. sowohl die Theorie von Young-Helmholtz wie die von Hering gefährden. ↗Farbwahrnehmung.
G. Kanizsa

Lange, *Friedrich Albert.* LEBEN. *28. 9. 1828 Wald bei Solingen, † 21. 11. 1875 Marburg. 1851 Promotion zum Dr. phil. an der Universität in Bonn und Examen für das Lehramt an Gymnasien. Der Gymnasiallehrer L. wird als ausgezeichneter Pädagoge und als Meister der Disziplin gerühmt. 1855 Habilitation mit den Schwerpunkten Päd., Psychol., Philosophie. Bleibt weiter am Gymnasium in Köln, dann in Duisburg. Wegen seines offenen Eintretens für die sozialistische Bewegung und seines Buches „Die Arbeiterfrage" (1865) Verweis von der Schulbehörde; L. liquidiert den Schuldienst wegen politischen Druckes. 1866 Übersiedlung nach Winterthur. 1869 erneute Habilitation in Zürich, dort Lehrstuhl für induktive Philosophie, 1873 Annahme des Rufes nach Marburg.

WERKE. Die Bedeutung als Mitbegründer der modernen Psychol. ist bisher nicht genügend gewürdigt. Sein Hauptwerk „Geschichte des Materialismus" (2 Bde., 1866–75) stempelte ihn in den Augen vieler zum Materialisten, obgleich er durch dieses Werk den theoretischen Materialismus überwinden wollte. Dazu kommt, daß er das geplante Werk „Kritik der Psychologie" nicht als eigenständige Veröffentlichung herausgab, sondern in die „Geschichte des Materialismus" einbaute. L. hat das Programm einer objektiven Psychol. ca. 40 Jahre vor I. P. ↗Pawlow und J. B. ↗Watson entworfen. Er kämpfte als Neukantianer für eine metaphysikfreie, auf dem Boden der Physiologie stehende Psychol., empfahl die „somatische Methode" und einen „methodischen Materialismus" als „vorläufige" Forschungsgrundlagen. *Gegenstand* der Psychol. sollen nur das sinnlich Perzipierbare, die objektiv registrierbaren Reaktionen und die meßbaren psychischen Vorgänge sein. Durch seine Schrift „Die Grundlagen der math. Psychologie. Ein Versuch zur Nachweisung des grundlegenden Fehlers bei Herbart und Drobisch" (1865) darf er auch als Pionier der modernen ↗mathematischen Psychologie gelten.

Lit.: Pongratz, L. J.: Friedrich Albert Lange – seine psychol. Grundkonzeption. Jb. Psychol., Psychoth. u. med. Psychol., 1966, *14,* 100–111; **Vorländer, K.:** Friedrich Albert Lange. Kantstudien, 1928, *33*; **Weinkauff, F.:** Lange. Allg. Dt. Biographie, 1883, *17.*
L. J. Pongratz

Langedon-Down-Schwachsinn ↗Down-Syndrom.

Langeweile, ein psychol. Zustand, verbunden mit ↗*Monotonie* der Umgebung und zu beschreiben durch negative Affekte, Verlust des Interesses, fluktuierende Aufmerksamkeit, geringen ↗Aktivationsgrad und beeinträchtigte Effizienz bei der Arbeit. Im Extremfall kann L. Symptome hervorbringen, die von

↗Depression bis Erregung und ↗Halluzinationen reichen; L. wird in zunehmendem Maße für viele soziale Probleme verantwortlich gemacht, wie Straffälligkeit, ↗Selbstmord und Unzufriedenheit in der Ehe. ↗Sättigung, psychische. *G. D. Wilson*

Längsdisparation ↗Querdisparation.

Langspeicher ↗Kurzspeicher.

Längsschnittuntersuchungen. Das ZIEL der L. besteht darin, psychische wie auch körperliche Erscheinungs- und Verhaltensweisen im Entwicklungsverlauf zu untersuchen. Sie werden den ↗Querschnittuntersuchungen gegenübergestellt, in denen auf jeder Altersstufe andere Gruppen von Vpn untersucht werden. Man erhält damit nur mittlere, im allg. sehr ausgeglichene Entwicklungskurven. So stellt man bei der Untersuchung körperlicher oder intellektueller Leistungen fast allg. fest, daß sie anfänglich rasch und dann zunehmend langsamer ansteigen, um sich asymptotisch einer oberen Grenze anzunähern. Diese Entwicklungskurven entsprechen genau den mittleren ↗Lernkurven. Im individuellen Fall zeigen sich aber starke Abweichungen von diesem mittleren Verlauf: der Ansatzpunkt der Steigerung kann früher oder später liegen, und auch das Maximum kann zu verschiedenen Zeitpunkten erreicht werden. Ferner ist die Steigerung selten ganz regelmäßig, es wechseln vielmehr Perioden rascherer mit langsamerer Verbesserung miteinander ab. In diese individuellen Verlaufsveränderungen können nur L. Einblick geben.

Biographien und Tagebücher von Eltern über ihre Kinder stellen in gewissem Sinn ebenfalls L. dar, aber da dabei keine Vergleichsmöglichkeiten bestehen, ist es nicht möglich, den Einfluß der Umwelt und der ↗Anlage zu bestimmen. Solche Beobachtungen zeigen die Probleme auf, die in systematischen Untersuchungen erforscht werden müssen. Auch anamnestische und katamnestische Untersuchungen können als rudimentäre Formen von L. angesprochen werden. Die Zeitdauer, über die sich eine L. erstreckt, wie auch der Zeitpunkt, an dem sie beginnt, hängen von der Fragestellung ab.

GEGENSTAND DER LÄNGSSCHNITTUNTERSUCHUNGEN. In vielleicht etwas einfacher Art ausgedrückt, liegt den meisten L. die Frage zugrunde, wie sich ein Kind mit bestimmten ↗Eigenschaften oder Fähigkeiten entwickeln wird. Diese Frage kann nach zwei Hauptrichtungen präzisiert werden: a) Wie *konstant* bleibt die Eigenschaft? und b) *Welche Wirkungen* hat die *Umwelt*? Sehr oft werden auch beide Fragen in derselben L. verfolgt.

Ad a): Im Hintergrund steht dabei natürlich die Frage der anlagemäßigen Bedingtheit, denn nur in dem Maße, als diese gilt, kann Konstanz erwartet werden. Beispielhaft in dieser Hinsicht sind verschiedene Untersuchungen zur Konstanz des IQ und die Zwillingsuntersuchungen von Gottschaldt, die auch Temperamentseigenschaften u. a. m. umfaßten. Die erste größere L. mit dieser Fragestellung ist von M. Shirley Ende der zwanziger Jahre über motorische, kognitive und allg. Verhaltensweisen mit 25 Kindern während 2 Jahren von der Geburt an unternommen worden. Nur der Grad der Störbarkeit zeigte größere Konsistenz, die sich in einer Nachprüfung der Kinder nach 17 Jahren bestätigte. Allgemein zeigte sich schon, was allerdings nicht sehr unerwartet ist, daß die Korrelationen um so geringer sind, je länger die zeitliche Distanz zwischen den verglichenen Messungen ist und je früher die erste erfolgte. Am klarsten sind in dieser Hinsicht die Untersuchungen über die *↗Intelligenz,* weil dafür auch die besten Meßinstrumente bestehen. In bezug auf *Persönlichkeitsvariable* hat sich gezeigt, daß die Höhe der Korrelationen nicht graduell abnimmt, sondern in manchen Fällen nach einer vorübergehenden Abnahme wieder steigen kann. Ferner fand man, daß der Grad der Übereinstimmung von Verhaltensweisen auf verschiedenen Altersstufen für Knaben und Mädchen oft recht verschieden sein kann. Alle diese Ergebnisse weisen auf eine recht bedeutende Wirkung der Umwelteinflüsse hin. Die ausgedehnteste L., über die bisher zahlreiche Ergebnisse vorliegen, wurde von L. M. Terman (1925) mit über 1000 hochbegabten Kindern

(IQ über 140), die im 11. Lebensjahr ausgesucht wurden, durchgeführt. Die letzten Resultate liegen nach einem Intervall von 40 Jahren vor. In der Untersuchung von Terman ging es darum, zu prüfen, ob die Intelligenz ihren hohen Stand beibehält, um Klärung der Wirkung von Umwelteinflüssen und um die Frage, was aus diesen Kindern geworden ist und wovon die späteren Leistungen im Beruf noch abhängig sind.

Ad b) Ein reines Beispiel dieser Art stellt die große Untersuchung über deutsche Nachkriegskinder von C. Coerper, W. Hagen und H. Thomae dar. In ihr wurde der generelle Einfluß der erschwerten Entwicklungsbedingungen auf die körperliche und psychische Entwicklung festgestellt. In den meisten L. über Umwelteinflüsse standen im Vordergrund nicht solche sozio-ökonomischer Art, sondern vielmehr die spezielleren Familienbeziehungen und die Erziehungshaltung der Eltern, vor allem der Mütter. Repräsentativ für solche Untersuchungen sind die von Bayley (1964) in Berkeley sowie Moss und Kagan (1962) im Fels-Institut. Es ergaben sich dabei z. T. wichtige, nicht vorhergesehene Ergebnisse, wie z. B. Abhängigkeit des IQ mit 13 Jahren vom Verhalten der Mutter in den ersten 3 Jahren.

Methodologische Probleme. Der Übergang zu L. bedeutete eine recht radikale Erweiterung der Methodik der Entwicklungspsychol. und des psychol. Horizontes. Es war nicht mehr das isolierte momentane Geschehen, das im Vordergrund stand, sondern der Mensch als Ganzes in seiner Entwicklung wurde zum Problem der empirischen Forschung. Damit ergaben sich auch viele neue methodologische Probleme.

a) *Arbeitsaufwand.* Eine *rein äußere* Schwierigkeit besteht im außerordentlichen *Arbeitsaufwand,* der einen größeren Mitarbeiterstab erfordert. Daher können solche Untersuchungen eigentlich nur von speziellen Instituten mit Erfolg durchgeführt werden. Die ersten L. waren dazu noch sehr breit angelegt, da man noch zuwenig genaue Kenntnisse besaß, um zu wissen, welche Beobachtungen oder Messungen sich später als fruchtbar erweisen können. Die in den ersten großen L. zutage gebrachten Daten zeigten die speziellen Probleme an, deren isolierte Untersuchung fruchtbar sein kann. Ferner wird es nun mit den erweiterten Kenntnissen möglich, in sinnvoller Weise L. von kürzerer Dauer durchzuführen, nämlich in jenen Perioden, in denen bes. starke Veränderungen zu erwarten sind.

b) *Problematik der einzelnen Untersuchungstechniken.* Im körperlichen, mot. und intellektuellen Bereich bestehen gewisse Techniken, deren Relevanz in der Säuglingszeit aber wenig untersucht ist. In bezug auf Persönlichkeitsvariablen war man während der ersten Jahre fast ganz auf Beobachtung und Befragung der Mütter angewiesen. Über die Zuverlässigkeit dieser Daten ist sehr wenig bekannt, so daß man vermuten kann, daß die weitgehend eher geringen Korrelationen nach einem Intervall von ein paar Jahren z. T. auf der unsicheren Datengewinnung beruhen.

c) Die wesentlichste Schwierigkeit hängt mit der *Meßbarkeit* von psychol. Veränderungen zusammen. Man kann sie wohl beschreiben und, wenn ein Parameter, wie z. B. bei Körpergröße oder Gewicht, isoliert werden kann, messen. Im Psychischen ist dies meist nicht möglich, denn die Veränderungen bestehen sowohl in den Reaktionen wie in den Situationen, die ein zu untersuchendes Verhalten auslösen. Auf jeder Altersstufe muß man andere Intelligenzaufgaben stellen, muß andere Situationen schaffen, um Aggression, Frustration, Scheu, Freude usw. auszulösen. Wenn man im allg. ganz niedrige Korrelationen gefunden hat mit Daten aus den ersten Lebensmonaten, so kann das neben der geringen Zuverlässigkeit der Daten auch daran liegen, daß man gar nicht das gemessen hat, was zum Vergleich mit den späteren Perioden relevant sein kann. Darum hat Meili (1957) versucht, mit einer anderen Strategie L. über Persönlichkeitsentwicklung durchzuführen. Er sucht durch Beobachtung Situationen, in denen beim Säugling einigermaßen sicher feststellbare individuelle Unterschiede bestehen, und untersucht, mit welchen späteren Verhaltensweisen Korrelationen bestehen. Diese zeigen dann an, daß gemeinsame Bedingungen im frühen und späteren Verhalten bestehen müssen, so verschiedenartig die Situationen und Reaktionen auch sein mögen. Es hat sich bisher gezeigt, daß mit diesem Verfahren bis zum 17. Lj. deutliche Zusammenhänge gefunden werden können. So wurden ganz unerwartet die bisher höchsten Korrelationen mit Intelligenzleistungen festgestellt, und zwar mit der Reaktion in Wahrnehmungssituationen im 4. Monat. Dieses Verfahren scheint die meisten mit den L. verbundenen methodischen Schwierigkeiten zu umgehen, allerdings auf Kosten des Arbeitsaufwandes. L. gehören unzweifelhaft zu den komplexesten, aber auch anspruchsvollsten Untersuchungsverfahren, da sie den entwicklungspsychol. mit dem differentiellen Gesichtspunkt verbinden und damit dem psychischen Geschehen am nächsten kommen. Vgl. auch ↗Kinderpsychologie.

Lit.: Bayley, N. & E. S. Schaefer: Correlations of maternal and child behaviors with the development of mental abilities: data from the Berkeley growth study. Monogr. Soc. Res. Child Developm., 1964, *29*, No. 97; **Coerper, C., Hagen, W. & H. Thomae:** Deutsche Nachkriegskinder. Stuttgart, 1954; **Gottschaldt, K.:** Theorie der Persönlichkeit und ihrer Entwicklung. Z. f. Psychol., 1954, *157*, 2–22; **Kagan, J. & H. A. Moss:** Birth to maturity. A study in human development. New York, 1962; **Meili, R.:** Anfänge der Charakterentwicklung. Bern, 1957; **Oden, M. H.:** The fullfillment of promise; 40-year follow up of the Terman Gifted Group. Genetic Psychol. Monogr., 1968, *77*, 3–93; **Shirley, M.:** The first two years. A study of 25 babies, 3 Vols. Institute Child Welfare Monogr., 1931–33, *6, 7, 8;* **Stone, A. A. & G. Cochran:** Longitudinal studies of child personality. Abstracts with index. Cambridge (Mass.), 1959; **Symposium on personality consistency and change:** Perspectives from longitudinal research. Vita Humana, 1964, *7*, 65–142; **Terman, L. M.:** Genetic studies of genius: I Mental traits of a thousand gifted children. Stanford (Cal.), 1925; **Verschuer, O.:** Wirksame Faktoren im Leben des Menschen. Beobachtung an 1- und 2eiigen Zwillingen durch 25 Jahre. Wiesbaden, 1954.

R. Meili

Lärmbelastung, Herabsetzung der menschlichen Leistungsfähigkeit durch Quantität und Qualität der an einem Arbeitsplatz oder bei einer Tätigkeit wahrzunehmenden Geräusche, sofern diese als störend oder unangenehm empfunden werden (Lärm) und bei Dauerexposition Hörvermögen oder Gesundheit mindern (↗Lärmschädigung). Starke L. führt zu einer Beeinträchtigung der ↗Aufmerksamkeit und führt bei Tätigkeiten mit hoher Anforderung an Konzentration und (oder) an geistige Regsamkeit zu Leistungseinbußen. Ob ein Geräusch als Lärm empfunden wird, hängt ab von der physischen und psychischen Verfassung, der inneren Einstellung zur Schallquelle, der Lautstärke (Geräusch- oder Schallpegel; gemessen in Dezibel/dB) sowie der Einwirkungsdauer, Zusammensetzung (Klangfarbe) und zeitlichen Abfolge (anhaltend, rhythmisch, unregelmäßig usw.). Für eine allg. Beurteilung gelten folgende Richtwerte:

Geräuschpegel		*allg. Beurteilung*
unter 30 dB	=	sehr ruhig
30–40 dB	=	ruhig
40–50 dB	=	ziemlich ruhig
50–60 dB	=	mittelmäßig ruhig – lärmig
60–70 dB	=	ziemlich lärmig
über 70 dB	=	sehr lärmig

Ermittlung der L. durch: a) Messung mit Schallpegelmesser und Analysatoren (Filtergeräte für verschiedene Oktavbänder); b) subjektive Einschätzung in „empfundene Lärmstufen" (perceived noise levels = p. n. l.).

Beispiele für Lärmquellen und deren Schallpegel im Straßenverkehr, in Büroräumen und an verschiedenen Arbeitsplätzen finden sich in den folgenden Tabellen (Grandjean, 1967):

1. Lärmbelastung durch Straßenverkehr

a) bei verschiedenen Fahrzeugen

Fahrzeug	Geschw. km/h	seitl. Entf. m	Schallpegel dB
Pkw	50	6	74–80
Motorrad	60	7	81–98
schwerer Lkw	50	6	85–97
Straßenbahn	30	5	83–90

b) bei verschiedener Verkehrsdichte

Fahrzeuge pro. Min.	Schallpegel (in dB) bei Abstand von 6 m	30 m	120 m
100	73–77	58–63	46–51
10	63–68	49–53	38–42
1	55–59	41–46	29–33

2. Lärmbelastung in Büroräumen

Lärmquelle	Schallpegel (dB)
Nebenstraße (geschl. Fenster)	45–65
Hauptstraße (geschl. Fenster)	60–80
Eigenlärm 3 Personen	55
Eigenlärm 10 Personen	60

Lärmquelle	Schallpegel (dB)
Eigenlärm 50 Personen	65
Telefonglocke (2 m)	75
Normale Schreibmaschine (2 m)	70
Geräuscharme Schreibmaschine (2 m)	60

3. Lärmbelastung an Arbeitsplätzen

Lärmquelle	Schallpegel (dB)
Kesselschmiede	90–120
Motorenprüfstand	90–100
Karosseriewerkstatt	90–100
Werkzeugmaschinen	75– 90
schwere Stanzen	95–110
Gußputzerei	95–115
Möbelfabrik	90–105
Kreissäge	75–105
Hobelmaschine	85–105
Websaal	95–105
Bierbrauerei (Flaschenabfüllen)	85– 95
Schokoladenfabrik (Klopfbahn)	101–106

Lit.: Broadbent, D. E.: Effects of noise on behaviour. In: **C. M. Harris** (Hrsg.): Handbook of noise control. New York, 1957; **Grandjean, E.:** Physiologische Arbeitsgestaltung. Thun – München, [2]1967; **Hörmann, H. & E. Todt:** Lärm und Lernen. Z. exp. Angew. Psychol., 1970, 7, 422–426; **Ising, H.** (Hrsg.): Lärm – Wirkung und Bekämpfung. Berlin, 1978; **Jansen, G.:** Lärm im Betrieb. Berlin – Köln – Frankfurt, 1963; **Sader, M.:** Lautheit und Lärm. Göttingen, 1966.

G. Marschner

Lärmschädigung, funktionelle oder organisch nachweisbare Beeinträchtigung durch Dauerlärm (über 85 dB bei mehr als 1000 Hz; über 95 dB bei weniger als 1000 Hz); vor allem Lärmschwerhörigkeit (anerkannte Berufskrankheit) und lärmbedingte Funktionsstörungen des VNS.

Schutz gegen L.: 1. Planung der Gebäude; 2. Schalldämmende Bauelemente; 3. Lärmunterbindung an Maschinen durch a) Fundament, b) Konstruktion, c) Abkapselung (Gehäuse); 4. Individuelle Gehörschutzmittel; 5. Medizinische Auswahluntersuchung; 6. Vermeidung von Dauerlärm (durch Pausen oder Arbeitsplatzwechsel und Untersuchungen zur Früherkennung.

In der BRD wurde 1980 ein Verkehrslärmschutzgesetz beschlossen.

Lit.: Koch, H.: Betriebslärm, seine Folgen und seine Bekämpfung. Bundesinstitut für Arbeitsschutz. Koblenz (o. J.); **Plath, P.:** Das Ton- und Sprachgehör bei Lärmschäden des Ohres. Stuttgart, 1971.

G. Marschner

Laryngograph, *Kehltonschreiber,* ein Gerät zur Aufzeichnung von Kehlkopfbewegungen, bes. beim Sprechen. *G. D. Wilson*

Lashley, *Karl Spencer.* LEBEN UND WERKE. * 7. 6. 1890 Davis (West Virginia), † 7. 8. 1958 Poitiers (Frankreich). Promovierte 1914 in Zoologie an der Johns Hopkins University; wurde 1920 assistant professor und 1924 full professor an der University of Minnesota; ging 1926 nach Chicago, wo er zunächst als Forschungspsychologe am Behavior Research Fund des „Institute for Juvenile Research" tätig war und 1929 eine Professur an der Universität von Chicago erhielt; ging 1935 an die Harvard University und hatte dort ab 1937 einen Lehrstuhl für ↗Neuropsychologie inne; seit 1942 war L. als Nachfolger R. M. Yerkes' Direktor der „Yale Laboratories of Primate Biology" in Orange Park (Florida).

L. erlangte vor allem Bedeutung durch seine neuropsychol. Untersuchungen der kortikalen Grundlagen der Lernprozesse. Er benutzte psychol. Methoden der tierischen Lernforschung zur Ermittlung der Funktion kortikaler Prozesse bei Lern- und Gedächtnisvorgängen (↗Gedächtnis). Insbes. die Ergebnisse seiner bekannten Untersuchungen des Labyrinthlernens bei Ratten hatten weitreichende Auswirkungen auf die physiol. Psychol. Er untersuchte dabei vor allem die Beziehungen zwischen der Komplexität der Lernaufgabe und cerebralen Läsionen sowie die Auswirkungen verschiedener Größen und Lokalisation von Läsionen auf das Lernverhalten. Die grundlegende Technik dieser Untersuchungen bestand darin, einem Tier eine Labyrinth- oder Diskriminationsleistung anzueignen, und zwar bevor und nachdem ihm eine Läsion zugefügt wurde. Daraufhin untersuchte er die Auswirkungen der Läsion auf Behalten und Lernfähigkeit als eine Funktion ihrer Größe und ↗Lokalisation. Die ursprüngliche Absicht L.s war es, angeregt vom ↗Behaviorismus J. B. Watsons, mit dem er mehrere Jahre zusammengearbeitet hatte, die neuralen Grundlagen (d. h. Lokalisationen) der erlernten Konnexionen zu finden, was ihm allerdings, mit Ausnahme einiger visueller Diskriminationsleistungen, nicht gelang. Vielmehr fand er, daß die Lernausfälle unabhängig von der Lokalisation der Läsionen auftraten und nur von der Größe des geschädigten Hirnbereiches abhingen (↗Gehirnpathologie). L. verwarf daraufhin – allerdings, wie ihm nachgewiesen wurde, aufgrund seiner Ergebnisse unbegründet – die Annahme der Existenz spezifischer lokalisierter Konnexionen im ↗Gehirn und versuchte, eine Feldtheorie der Hirnprozesse zu erstellen. Hiernach ist einerseits das ↗Lernen keine isolierte Angelegenheit einzelner anatomisch eng lokalisierter Neuronen, sondern eine Funktion des gesamten ↗Cortex („mass action"), und andererseits besitzen einzelne Teile des Gehirns die Fähigkeit, Funktionen anderer Hirnbereiche im Falle von deren Schädigung zu übernehmen („equipotentiality").

Schr.: Brain mechanisms and intelligence: a quantitative study of injuries to the brain, 1929; Basic neural mechanisms in behavior. Psychol. Rev., 1930, *37*, 1–24; Thalamo-cortical connections of the rat's brain. J. comp. neurol., 1941, *75*, 67–121. *W. Wittling*

Läsion, Störung der Funktion eines Körperteiles; organische Schädigung des Gehirns. ↗Hirnorganische Schädigung. *F.-C. Schubert*

Lateinisches Quadrat, eine faktorielle Versuchsanordnung mit gleicher Klassenzahl der zwei unabhängigen Variablen. Sie findet Verwendung, wenn einzelne Faktorkombinationen, wie sie in einem vollständigen Versuchsplan vorkommen würden, nicht möglich sind. Im l. Quadrat werden die k Bedingungen in einer k × k-Matrix so angeordnet, daß sie in jeder Zeile und Spalte nur einmal vorkommen. Ein Beispiel für k = 4:

A B C D
B A D C
C D A B
D C B A

↗Versuchsplanung; ↗Methoden der Psychologie. *G. Mikula*

Latente Traumgedanken sind die im manifesten Trauminhalt sich äußernden unbewußten Wünsche und Motive des ↗Traumes. Sie werden in der psychotherapeutischen und psychoanalytischen ↗Traumdeutung aus dem Material des manifesten Trauminhaltes und den Einfällen und Erinnerungen des Träumers zu diesem manifesten Trauminhalt gedeutet. Dabei kann es zu Fehldeutungen kommen, aber die Ablehnung durch den Träumer könnte auch auf seinem psychischen Widerstand gegen das Bewußtwerden des l. T. beruhen.

Lit.: **Freud, S.:** Traumdeutung (1900). Ges. Werke, Bd. 2–3. London, 1948. *W. Toman*

Latenzphase, auch *Latenzperiode* oder *Latenzzeit* genannt, ist in Freuds Schema der psychischen (libidinösen) Entwicklung des Menschen die Zeit vom etwa 6. bis 12. Lj., die Zeit zwischen dem Ende der frühen und dem Beginn der späten ↗genitalen Phase, also der ↗Pubertät. Latent werden in ihr die sexuellen Interessen des Kindes an den unmittelbaren Familienmitgliedern, insbes. dem andersgeschlechtlichen Elternteil, und die Konflikte mit dem gleichgeschlechtlichen Elternteil. Das bedeutet nicht, daß die sexuellen Interessen des Kindes verschwinden. In außerfamiliären Kontexten werden sublimierte und gelegentlich auch unmittelbarere sexuelle Interessen weiterverfolgt und in der Retrospektion oft auch deutlicher erinnert als die sexuellen Interessen der frühen genitalen Phase.

Lit.: **Fenichel, O.:** The psychoanalytic theory of neurosis. New York, 1945; **Freud, S.:** Drei Abhandlungen zur Sexualtheorie (1905). Ges. Werke, Bd. 11. London, 1948; **Toman, W.:** An introduction to psychoanalytic theory of motivation. London – New York, 1960. *W. Toman*

Lateralität *(laterale Dominanz).* Unter L. versteht man die Ausprägung in Bau und Funktion von Paarorganen bzw. zweier in spiegelbildlicher Anordnung auftretender Bereiche eines unpaarigen Organs, welche sich auf die rechte und linke Körperhälfte verteilen. Während *Ambilateralität* morphologisches und/oder funktionelles Gleichmaß beider Seiten bezeichnet, verweist *laterale Dominanz* auf eine Vorrangstellung der einen unter quantitativem oder qualitativem Aspekt. Die L.forschung berücksichtigt in der Hauptsache funktionelle Asymmetrien, und zwar vorwiegend motorischer und sensorischer Art, sowie jene des ZNS. Einer Erfassung der *Manulateralität* dienen Konzepte auf der Basis der Präferenz im Handgebrauch und relativer Geschicklichkeitsleistung auf dem Hintergrund zeichnerischer Orientierung sowie auf der Grundlage differentieller Erregbarkeit paarweise auftretender Muskeln. Differenzen zwischen den Angaben verschiedener Autoren zur Verteilung der ↗ *Linkshändigkeit* besitzen eine Spielbreite von 1–30%. Eine auch theoretisch interessante Untersuchung von Annett (1967) auf der Basis des Handgebrauchs zeigt folgende *Verteilung* von Präferenzgraden: 70% der Vpn aus verschiedenen Untersuchungspopulationen erweisen sich als stabile Rechtshänder, 4% als stabile Linkshänder; 26% der Fälle wurden der instabilen Händigkeitsgruppe zugeordnet. Die Analyse bisher vorliegender Studien rechtfertigt die Forderung, daß das Händigkeitsproblem eine systematische Berücksichtigung auch im Bereich der Psychomotorikforschung erfahren sollte.

Die Konzepte *okularer Dominanz* basieren auf Augenbevorzugung, Richtungsdominanz, dem ↗Phi-Phänomen, relativer ↗Sehschärfe und auf Wettstreitphänomenen. Die Untersuchungen zur *auditiven Dominanz* auf der Basis dichotischen Hörens stehen – wie jene zur Augendominanz – im Zusammenhang mit Problemen cerebraler Asymmetrien funktioneller Art. Unter Einbeziehung vorliegender Untersuchungsergebnisse der Psychol. und der einschlägigen Nachbardisziplinen kann festgestellt werden, daß die der Motorik, Sensorik und Sprache zugrunde liegenden cerebralen Funktionen in einer unterscheidbaren asymmetrischen Art auf die Hemisphären verteilt sind. Unter dem Begriff *cerebraler Dominanz* verstehen wir ein Konzept, welches nicht einheitliches Überwiegen einer Hälfte des Endhirns für alle cerebralen Funktionen beinhaltet, sondern den Vorzug einer Großhirnhemisphäre bei spezifischen Aktivitäten zum Ausdruck bringt (vgl. Mountcastle, 1962; Zangwill, 1960; 1964; Hécaen, 1968). Untersuchungen bezüglich der *Relationen* zwischen verschiedenen Manifestationen lateraler Dominanz ergeben bisher noch kein einheitliches Bild (vgl. A. Subirana, 1969). Ergebnisse klinischer Untersuchungen von C. Branch, B. Milner und T. Rasmussen (1964) hinsichtlich der Beziehung zwischen Händigkeit und Sprachlateralisation scheinen den Verhältnissen in der Normalpopulation nahezukommen: 90% der Rechtshänder zeigten eine Sprachlateralisation der linken cerebralen Hemisphäre, 10% eine solche der rechten Hemisphäre; Linkshänder und Ambidexter ohne Anzeichen einer frühen Linkshirnverletzung waren zu 64% linksseitig sprachdominant, zu 20% rechtsseitig, und 16% erwiesen sich als bilateral. Linkshänder und Ambidexter mit Anzeichen einer frühen Linkshirnverletzung ließen zu 22% linksseitige und zu 67% rechtsseitige Sprachdominanz erkennen; 11% zeigten eine bilaterale Sprachrepräsentation. *Zusammenhänge* zwischen L.variablen einerseits und funktionellen Störungen (↗Legasthenie, Sprachstörungen usw.), Unfallgeschehen, Persönlichkeitszügen, hypnotischer Suggestibilität usw. andererseits bedürfen weiterer Klärung. Expt. Befunde und soziokulturelle Manifestationen belegen, daß die humanspezifische L. nicht auf einzelne mot. und perzeptuelle Aktivitäten beschränkt bleibt, sondern in vielfacher Hinsicht auf den Gesamtbereich des Erlebens und Verhaltens übertragen wird und diesen mitbestimmt.

Zusammenfassend kann festgestellt werden: Als Set-Variable erweist sich laterale Dominanz als eine Determinante menschlichen Erlebens und Verhaltens (J. F. Ullmann, 1971), ohne die höchste menschliche Leistung nicht möglich wäre. Die auf interdisziplinäre Zusammenarbeit angewiesene L.forschung eröffnet der Humanpsychol. bedeutsame Perspektiven (I. M. Ullmann, 1971). Neuere Auffassungen über die funktionelle Differenzierung der Endhirnhemisphären im Verein mit divergierenden Resultaten aus Reaktionsexperimenten, Untersuchungen lateraler Asymmetrien, visueller Halbfelder und aus dichotischen Hörtests legen differentielle Funktionalität als Basis eines Konzepts lateraler Dominanz nahe, die weiterführende Forschungsarbeit ermöglicht.

Lit.: Annett, M.: The binomial distribution of right, mixed, and left handedness. Quart. J. exp. Psychol., 1967, *19*, 327–333; **Hécaen, H.:** La dominance cérébrale. In: **R. Kourilsky & P. Grapin** (Eds.): Main droite et main gauche. Paris,

1968; **Kováč, D. & G. Horcovič:** On the problem of lateral dominance. Studia Psychologica, 1966, *1*, 28–45; **Mountcastle, V. B.** (Ed.): Interhemispheric relations and cerebral dominance. Baltimore, 1962; **Sovák, M.:** Pädagogische Probleme der Lateralität. Berlin, 1968; **Subirana, A.:** Handedness and cerebral dominance. In: **Vinken u. Boyn** (Eds.): Handbook of clinical neurology, Bd. 4, Disorders of speech, perception and symbolic behavior. Amsterdam, 1969. **Ullmann, J. F.:** Psychologie lateraler Dominanz. Humanspezifische Seitigkeitsausprägung und ihre determinierende Funktion. Bern – Stuttgart – Wien, 1971; **ders.:** Psychol. der L. Stuttgart – Bern, 1974; **Ullmann, I. M.:** Genese sprachlicher Bedeutungsrelation. Beitrag zur Grundlegung einer zentrierten Psycholinguistik. Würzburg, 1971; **Zangwill, O. L.:** Cerebral dominance and its relations to psychological function. London, 1960; **ders.:** The current status of cerebral dominance. In: **D. Mck. Rioch & E. A. Weinstein** (Eds.): Disorders of communication. Baltimore, 1964.

J. F. Ullmann

Latitude of acceptance *(rejection).* Bei der Erfassung von ↗Einstellungen bzw. Meinungen (attitudes, opinions) wird zuweilen derjenige Bereich von Meßwerten auf der Meinungs- bzw. Einstellungsskala angenommen, der Werte repräsentiert, die die Vp noch akzeptiert bzw. noch nicht ablehnt. Es handelt sich um einen Toleranzbereich um den eigentlichen Standpunkt (stand) der Person herum (range of stands). Entsprechend gilt als *Latitude of rejection* die Spannweite derjenigen Meinungsgegenstände, die die Vp für unannehmbar hält (bzw. der Bereich der Einstellungsskala, der die nicht mehr akzeptablen Werte repräsentiert). Im Rahmen der *Assimilations-Kontrast-Theorie* der ↗Einstellungsänderung (C. J. Hovland, M. Sherif) wird aus der relativen Distanz zwischen der Einstellung der Vp und Kommunikationen im Bereich der L. o. a. (rejection) der Vp der Betrag der Meinungs- bzw. Einstellungsänderung vorausgesagt.

H. D. Schmidt

Lautäußerungen, tierliche, dienen vorwiegend der innartlichen und zwischenartlichen ↗Kommunikation (tierliche). Warnlaute der Vögel können Artgenossen warnen (Schnarrreflex der Dohlen) oder gleichzeitig zwischenartliches Signal sein (Schrei des Eichelhähers); desgleichen Drohlaute. Wichtige innerartliche Funktion bei der Paar- und Gruppenbildung (Balzgesänge, Stimmungsübertragung im Vogelschwarm) sowie ↗Brutpflege (akustischer Kontakt zwischen Kind und Eltern). ↗Tierpsychologie; ↗Balz.

V. Preuss

Lautheit, Lautstärke. Bezeichnung für die Intensität der Empfindung eines Schallvorgangs. Definitionsgemäß entspricht der Schallpegel in Dezibel (dB) eines Tones mit der Frequenz 1000 Hz numerisch seiner Lautstärke in Phon. Für andere Schallvorgänge bestimmt man die Lautstärke durch einen Hörvergleich mit dem Bezugston der Frequenz 1000 Hz oder mit Hilfe elektrischer Lautstärkemesser.

W. Pieper

Lautlehre ↗Phonemik.

Law of effect ↗Effektgesetz.

L-Daten, *life record,* Meßdaten, die nach einer Klassifikation von Cattell im Unterschied zu ↗Q- und ↗T-Daten in der Beschreibung von Individuen durch objektive Merkmale wie soziodemographische Daten (Alter, Beruf etc.), durch weitere Beschreibungsgrößen, wie z.B. Hobbies, Anzahl der Unfälle und vor allem durch Fremdbeurteilungen durch Beobachter (z.B. Vorgesetzte, Lehrer) mittels geeigneter Beurteilungsschemata (Schätzskalen) gegeben sind.

Lit.: Cattell, R. B.: Personality and social psychology. San Diego (Calif.), 1965.

H. Haase

Lebensformen, nach Spranger „gedanklich entworfene Strukturen des individuellen Bewußtseins, die sich ergeben, wenn ein Wert im Leben als das Beherrschende gesetzt wird". Den theoretischen Menschen bestimmt die „erkenntnismäßige" affektarme Einstellung, den ökonomischen der Sacherwerb, den ästhetischen die Anschauung des Schönen, den sozialen die gegenseitige Hilfe, den religiösen die Suche des Göttlichen, den Machtmenschen die individuelle Durchsetzung.

Lit.: Spranger, E.: Lebensformen. Tübingen, [9]1966.

W. Kretschmer

Lebenslaufanalyse. Die psychol. Beschreibung des menschlichen Lebenslaufs wird als L. bezeichnet.

Der erste Entwurf zu einer Studie des menschlichen Lebenslaufs wurde 1933 von C. Bühler unternommen. In dieser Studie wurden Verhalten und Ereignisse, innere Erlebnisse und Produkte des menschlichen Lebenslaufs unterschieden. Diese wurden einerseits in Parallele miteinander und andererseits auch in Parallele zum körperlichen Reifungs- und Entwicklungsprozeß untersucht. Hierbei unterschied die Verfasserin *fünf Phasen* des physischen sowie des psychol. Prozesses und untersuchte verschiedene Lebenslaufstrukturen.

Einige theoretische Grundannahmen wurden gemacht. Es wurde hypostasiert, daß das menschliche Leben mit einer *Intentionalität* gelebt wird, die ihm Richtung verleiht, daß Menschen sich Bestimmungen geben und daß sie neben Bedürfnissen auch das Bewußtsein von „Aufgaben" haben und daß sie gewisse Ziele verwirklichen wollen.

Ungefähr gleichzeitig fingen auch *Psychoanalytiker* (↗Psychoanalyse) an, Lebenslaufuntersuchungen durchzuführen. S. ↗Freud veröffentlichte bereits 1910 „Eine Kindheitserinnerung Leonardo da Vincis". Er stellte schon damals den Hauptgrundsatz der psychoanalytischen Biographie jener Periode auf: „Unser Ziel bleibt der Nachweis des Zusammenhanges zwischen äußeren Erlebnissen und Reaktionen der Person über den Weg der Triebbetätigung."

R. Ekstein meinte in einem kritischen Bericht (1970), die Biographie der psychoanalytischen Literatur jener Zeit sei einseitig von klinischer Theorie her gesehen worden.

In der modernen *Ich-Psychol.* wird der Lebenslauf als Verwirklichung bestimmter selbstgewählter Aufgaben gesehen, die Erikson in *acht Phasen* von *Identitätskrisen* der menschlichen Selbstentwicklung darstellt (1958; 1959; 1969).

Eine dritte Art der Lebenslaufforschung ist die *soziologisch* fundierte, deren Hauptvertreter Havighurst (1963) ist. Er sieht die Entwicklung in der Verwirklichung von *Entwicklungsaufgaben,* die sich zum Teil aus den persönlichen Werten und Strebungen des Individuums, zum Teil aus dem kulturellen Einfluß der Gesellschaft ergeben.

Eine vierte ist die *behavioristisch-statistische* Lebenslaufbeschreibung, die anfangs hauptsächlich von S. C. Pressey und R. G. Kuhlen (1957) durchgeführt und kürzlich systematischer und mit größerem Tiefenverständnis der Zusammenhänge von Thomae (1968) in einem eindrucksvollen Band dargestellt wurde, mit zusätzlichen Arbeiten von U. Lehr.

Thomae beschreibt das Individuum in „unverbildeter", „theoretisch nicht reduzierter oder vorgeformter Form" (S. 103). Seine Darstellung ist auf Explorationsprotokolle gegründet und sieht „Lebensthemen" als Einteilungsprinzip.

Die fünfte Art der Lebenslaufstudie ist die *humanistisch-psychol.,* wie sie Bühler (1969) in einer Erneuerung ihres ursprünglichen Ansatzes durchzuführen versucht (↗Humanistische Psychologie).

Lit.: Bühler, C. & F. Massarik: Lebenslauf und Lebensziele. Stuttgart, 1969; **Erikson, E. H.:** Identity and the life cycle. New York, 1959; **Havighurst, R. J.:** Dominant concerns in the life cycle. In: **L. Schenk-Danzinger & H. Thomae** (Hrsg.): Gegenwartsprobleme der Entwicklungspsychologie. Göttingen, 1963; **Thomae, H.:** Das Individuum und seine Welt. Göttingen, 1968.

C. Bühler

Lebensplan, in der ↗Individualpsychologie A. ↗Adlers die Struktur völlig oder teilweise unbewußter ↗Leitlinien, welche das Verhalten des einzelnen bestimmen. *W. Schmidbauer*

Lebensraum. Zahlreiche Lebewesen verteidigen einen umgrenzten L., ihr Territorium, aus dem sie ihren Lebensunterhalt gewinnen. Die Resultate der ethnographischen Feldforschung sprechen aber dagegen, daß der Mensch ebenfalls einen „territorialen Imperativ" (R. Ardrey) hat, d. h. den Instinkt, einen L. zu erobern. In der ↗topologischen Psychologie K. ↗Lewins gilt der L. als das „Feld", in dem individuelles Verhalten stattfindet und von dessen positiven oder negativen ↗Aufforderungscharakteren es gelenkt wird.

Lit.: Autrum, H.: Tier und Mensch in der Masse. München, 1966.

W. Schmidbauer

Lebenstrieb wird vielfach gleichbedeutend mit psychischer Energie und ↗Libido aufgefaßt. Für Freud ist er als Trieb nach Wunsch- und Motivbefriedigungen, als Lustsuchtrieb zu verstehen, als die Energie hinter allem menschlichen (und tierischen) Verhalten. Freud unterschied zunächst L. und *Selbsterhaltungstrieb,* später L. und *Todestrieb.* Psychol. gilt der Begriff als redundant, wenn man von seiner differentialpsychol. Bedeutung absieht. Unterschiedliche Grade von L. entsprechen differentialpsychol. am ehesten unterschiedlichen *Vitalitäts-* oder *Antriebsgraden* der betreffenden Personen.

Lit.: Freud, S.: Jenseits des Lustprinzips (1920). Ges. Werke, Bd. 13. London, 1948.

W. Toman

Le Bon, *Gustave.* LEBEN UND WERKE. * 7. 5. 1841 Nogent-le-Rotrou, † 15. 12. 1931 Paris. Französischer Soziologe und Sozialpsychologe, erlebte die Krisenzeiten der Revolution von 1848 und der „Kommune" (1871). 1895 schrieb er sein Hauptwerk „Psychologie des foules" (dt.: Die Psychologie der Massen, 1908). Dieses Werk setzt sich sowohl mit Themenkreisen wie Konformität, Entfremdung, Führung als auch mit der Masse im eigentlichen Sinne auseinander. Dieses Werk kennzeichnet Le Bons Position: er war äußerst einflußreich auf die Soziologie und auf die Psychol.; heute finden eher seine späteren sozialpsychol. Arbeiten Beachtung. „Die Psychologie der Massen" verkörpert Le Bons soziale Doktrin – daß das Individuum nur in der Masse (jedoch nicht in der Isolation) in Höhen aufsteigen oder in Tiefen hinabsinken kann, wobei meist das letztere der Fall ist.

Die Masse ist impulsiv, beweglich, irritierbar, suggestibel, leichtgläubig, besessen von übertriebenen und genialen Ideen, intolerant und diktatorisch. Diesen Charakteristiken liegen die allg. Doktrinen zugrunde, daß menschliche Handlungen von unbewußten Impulsen beherrscht werden, die irrational sind, und daß Ideen die Institutionen formen und nicht umgekehrt. Dieser sozialpsychol. Beitrag entstand aus einer vorangehenden, vielschichtigen Karriere: Le Bon unternahm weite Reisen, lieferte Beiträge zur Anthropologie und Archäologie, stellte Untersuchungen über die Materie und die Energie an, entwickelte „recording instruments" (Aufzeichnungsgeräte) und schrieb eine grundlegende expt. Arbeit über die Reitkunst. Im Alter begann Le Bon sich leidenschaftlich mit dem Katalogisieren der Menschheit zu beschäftigen, indem er Hierarchien aufstellte für Rassen, Geschlechter, Intelligenzgrade und politische Standpunkte. Grob charakterisiert: je mehr sich Le Bon mit der Hierarchie befaßte, um so mehr wich er von der Präzision und der Ausgeglichenheit ab, und der Begriff der *Rasse,* „historisch" und ungenau erfaßt, schien seine Gedanken immer mehr zu durchdringen. Verschiedene irrtümliche Ansichten sollten jedoch seine Erfindergabe und intellektuelle Kraft nicht schmälern.

Schr.: La psychologie des foules, 1895; La révolution française et la psychologie des révolutions, 1912; Aphorismes du temps présent, 1913.

Lit.: Merton, R. H.: The ambivalences of Le Bons ‚The Crowd'. New York, 1960; **Stoetzel, J.:** Le Bon, Gustave. Int. Encyc. Soc. Sci., vol. 9. New York, 1968, 82–84.

J. A. Cardno

Lee-Effekt, Beeinträchtigung des Sprechverhaltens bei Verzögerung des akustischen ↗Feed Backs.

Lit.: Lee, B. S.: Effects of delayed feedback. J. Acoust. Soc. America, 1950, *22.*

K. E. Pelzer

Leerlaufreaktion. Wird eine Instinkthandlung längere Zeit nicht ausgelöst, so führt dies zu einem Aufstau aktionsspezifischer Energie und damit zu beträchtlicher Schwellerniedrigung. Nun kann sie sich ohne adäquaten Auslöser ins Leere hinein entladen. Armstrong (1950) spricht im gleichen Zusammenhang von „overflow-activity" (Überflußreaktion), da es schwer sei, minimale inadäquate Außenreize auszuschalten. ↗Instinkt; ↗Motivation.

Lit.: Armstrong, E. A.: The nature and function of displacement activities. Sympos. Soc. Exp. Biol., 1950, *4,* 361–384.

K. Fiedler

Leerpräparat ↗Placebo.

Legasthenie, bisher verstanden als Lese- und Rechtschreibschwäche (LRS) bei Schülern mit sonst guten bzw. durchschnittlichen Intelligenz- und Schulleistungen. Wegen der widersprüchlichen Befunde im Hinblick auf das IQ-Kriterium wird L. zunehmend als Sammelbegriff für LRS verwendet. Da unter diesem Aspekt das traditionelle L.konzept fragwürdig geworden und die Ableitung gesicherter therapeutischer Maßnahmen nicht möglich ist, wird zunehmend eine Neuorientierung des L.konzepts gefordert, das sich am Lese-Lernprozeß unter Einbeziehung ökologischer Bedingungen orientiert.

Lit.: Deutsche Forschungsgemeinschaft: Zur Lage der Legasthenieforschung. Boppard, 1978; **Niemeyer, W.:** Lese- u. Rechtschreibschwäche. Stuttgart, 1978; **Schlee, J.:** Legasthenieforschung am Ende? München, 1976; **Weinert, F. E.:** Legasthenieforschung – defizitäre Erforschung defizienter Lernprozesse. Psychologie in Erziehung und Unterricht, 1977, *24,* 164–173.

H. Mandl

Lehralgorithmus, Symbol: Λ, ein Tripel ($\mathcal{R}$, ϒ, φ), wobei $\mathcal{R}$ die Menge der zu unterscheidenden Reaktionen des Lernsystems, ϒ die Menge eigentlicher und uneigentlicher ↗Lehrschritte und φ die sog. Makrostrukturfunktion bezeichnet, welche (meist durch ein Flußdiagramm) jeder Reaktionsfolge einen Lehrweg (Folge von Lehrschritten) zuordnet.

H. Frank

Lehranalyse ist eine ↗Psychoanalyse von Personen, die selbst Psychotherapeuten oder Psychoanalytiker werden wollen. Die L. liefert unter verschiedenen Möglichkeiten (darunter das Erlernen der Psychotherapie unter Aufsicht, die beobachtende Teilnahme an der Tätigkeit von Psychotherapeuten) die sicherste, obschon auch aufwendigste Gewähr, daß der Analysand seine eigenen ungelösten psychischen Probleme kennenlernt und daß ihm diese bei der psychotherapeutischen Behandlung anderer Personen in Zukunft nicht mehr hinderlich sind. ↗Übertragung.

Lit.: Schraml, W.: Einführung in die Tiefenpsychologie. Stuttgart, 1968; **Toman, W.:** Dynamik der Motive. Darmstadt, [2]1970.

W. Toman

Lehrerpersönlichkeit ↗Erzieherpersönlichkeit.

Lehrer-Schüler-Interaktion, wechselseitige Beeinflussung des sozialen Handelns von Lehrer und Schülern in Erziehungs- und Unterrichtsprozessen. Zur Klassifikation von Lehrformen und resultierenden Lernerfahrungen werden die interaktiven Dimensionen der Beeinflussung und der Kontrolle unterschieden. L.-S.-I. variiert danach von unilateraler bis interdependenter Einflußnahme und von konsistenter (unilateraler Pol) bzw. behütender (interdependenter Pol) bis inkonsistenter bzw. informierender Kontrolle. Unter pädagogischem Aspekt wird L.-S.-I. als Grundform erzieherischen Verhaltens (Erziehungs-/Unterrichtsstil) erforscht, unter didaktisch methodischem Aspekt bringen Unterrichtsanalysen Aufschluß über Zusammenhänge zwischen L.-S.-I. und Persönlichkeits- bzw. Verhaltensmerkmalen von L. und S., unter sozial-psychologischem Aspekt werden determinierende Einflüsse von Erwartungen und Rollenzuschreibungen untersucht.

Lit.: Brophy, J. E. & T. L. Good: Die Lehrer-Schüler-Interaktion. München, 1976; **Einsiedler, W. & H. Härle** (Hrsg.): Schülerorientierter Unterricht. Donauwörth, [2]1976; **Kounin, J. S.:** Techniken der Klassenführung. Bern, 1976; **Weber, E.:** Erziehungsstile. Donauwörth, [4]1973.

G. L. Huber

Lehrmaschine, jedes Medium, welches einem ↗Adressaten ein ↗Lehrprogramm vermitteln kann und das nicht buchförmig (kein *Lehrprogrammbuch)* ist. Unterbegriffe sind der Lehrautomat und das Darbietungsgerät.

H. Frank

Lehrprogramm, Konkretisierung eines ↗Lehralgorithmus zu einer Menge komplexer ↗Lehrschritte, d.h. zu einem Programm für eine ↗Lehrmaschine oder zu einem Lehrprogrammtext.

H. Frank

Lehrprogramm, lineares. Skinner (1960) schuf ein Lehrprogramm, bei dem der Schüler einzelne kleine Lehrschritte (↗Frames) im sog. Skinner-Algorithmus zu bearbeiten hat. Das Wesen dieses einfachsten aller ↗Lehralgorithmen besteht im fest vorgegebenen Lehrweg.

Lit.: Skinner, B. F.: The science of learning and the art of teaching. In: **A. A. Lumsdaine & R. Glaser** (Eds.): Teaching machines and programmed learning. Washington, 1960.

E. Ullrich

Lehrprogramm, verzweigtes. Diese Form von ↗Lehrprogrammen geht auf Crowder (1960) zurück. Im Ggs. zum linearen Lehrprogramm gestattet der hier vorliegende sog. Crowder-Algorithmus mittels Programmschleifen und Verzweigungen ein Wiederholen oder auch Überspringen von ↗Lehrschritten (↗Frames) sowie ein Eingehen auf andere Lösungsmöglichkeiten. Das v. L. bietet die Möglichkeit, nicht nur das Lerntempo, sondern auch den Lehrweg individuell an den ↗Adressaten anzupassen.

Lit.: **Crowder, N. A.**: Automatic tutoring by intrinsic programming. In: **A. A. Lumsdaine & R. Glaser** (Eds.): Teaching machines and programmed learning. Washington, 1960.

E. Ullrich

Lehrschritt (Synonyme: *Inhaltseinheit*, ↗*Frame*. Z.T. synonym verwendet: „Lernschritt"). Ein (eigentlicher) L. ist eine Nachricht, die ein ↗Lehrsystem (Lehrer, Lehrprogrammbuch, ↗Lehrmaschine) einem Lernsystem (↗Adressat oder ↗Lernmaschine) liefern kann, nachdem es zuvor eine Reaktion des letzteren erwartet hatte und bevor es die nächste solche Reaktion erwartet. (Eine vor der ersten oder nach der letzten erwarteten Reaktion des Lernsystems diesem übermittelte Nachricht heißt *„uneigentlicher* L.").

Der L. *kann* vier Komponenten haben: das *Urteil* über die vorangegangene Reaktion, das *Lehrquant, die Frage* und den *Aufruf* zur nächsten Reaktion. Nur der Aufruf ist – mindestens implizit – in jedem (eigentlichen) L. vorhanden. Der L. zusammen mit einer Nummer („Adresse") und bedingten Angaben der zu den Reaktionen gehörigen Folgelehrschritt-Nummern heißt „komplexer Lehrschritt".

Lit.: **Meder, B. S. & W. F. Schmid** (Hrsg.): Kybernetische Päd. 1–5. Stuttgart, 1973/74.

H. Frank

Lehrsystem, Oberbegriff zu „lehrender Mensch", „Lehrprogrammbuch" und „mit einem ↗Lehrprogramm versehene ↗Lehrmaschine".

H. Frank

Leib-Seele-Problem. I. *Allg. Betrachtungen.* Das L. wird von der Gegenwartspsychol. selten ausdrücklich thematisiert. Dennoch ist es ein echtes Problem, und es läßt sich zeigen: das L. ist in manchem modernen Forschungskonzept unbemerkt wirksam. Es kann nach dem Gegensatz-, dem Gleichheitsprinzip oder in einer Verbindung beider Prinzipien betrachtet werden. Dies zeigt die Geschichte, dies ist logisch gefordert. Auch vom Standpunkt der modernen Psychol. aus ist der Akzent auf den *funktionellen,* weniger auf den *substantiellen* Aspekt des Problems zu legen.

Wird es nach dem *Gegensatzprinzip* (dualistisch) gelöst, bietet sich zur Erklärung des Funktionszusammenhangs psychischer und somatischer Vorgänge die *Wechselwirkungstheorie* an: Physiologische Prozesse „verursachen" psychische Korrelate und umgekehrt. Diesem Denkmodell folgen z. B. die moderne ↗Psychosomatik und ↗Pharmakopsychologie; traumatische Erfahrungen führen zu somatischen Störungen funktioneller und organischer Art. Oder: Drogen verändern den psychischen Befund in spezifischer Weise. Hier begegnet uns ein „empirischer" (Jaspers, 1960) Dualismus der Funktionen, der freilich die „Brücke" von hüben nach drüben nicht benennt; denn weder die Cartesianischen „spiritus animales" noch der Leibnizsche „deus ex machina" sind wissenschaftlich haltbare Konstrukta. In der Gegenwart vertritt Wellek (1958) einen empirischen Dualismus: „Der Monismus ist Theorie, der Dualismus Erfahrung." Die Konflikthaftigkeit der Persönlichkeit spricht für diese These (z. B. der Konflikt zwischen Hunger haben und Fasten wollen); sie wird auch durch die das L. betreffende Terminologie gestützt: ↗Psychophysik, psycho-physisch-neutral, ↗Psychosomatik, Leib-Seele-Einheit und dergleichen.

Nach dem *Gleichheits*-(„Identitäts-")*Prinzip* sind im Hinblick auf die Gegenwartspsychol. nur die physiologistisch-materialistischen Konzepte aktuell: Psychische Erscheinungen sind Derivate („Ausscheidungen") von Muskel-, Nerven-, Gehirnvorgängen. Für die Entwicklung der Psychol. haben diese Denkansätze den Vorteil, daß sie im Gegenwurf zu einer Seelenmetaphysik die Bedeutung des Leibes einseitig, aber klar betonen.

Die bei den meisten Autoren unter dem Stichwort „Identität" aufgeführten Lösungen des L. liegen gemäß der hier getroffenen Unterscheidung „substantiell-funktionell" zwischen den angeführten Extremlösungen, verbinden sonach die beiden Prinzipien. Das trifft für B. Spinoza zu, der als Prototyp des Identitätsdenkens gilt: Sofern er Leib und Seele als zwei Attribute der einen Substanz definiert, wird unverkennbar ein Dualismus im Sinne einer Zwei-Seiten-Theorie eingeführt. Analog ist der Leibnizsche Parallelismusgedanke zu bewerten: Einheit in der Substanz, Zweiheit in der Funktion (zwei prästabiliert gleichgehende Uhren). Weiterhin sind hier alle neueren Parallelisten, wie z. B. G. T. ↗Fechner, W. ↗Wundt, G. E. ↗Müller und seine fünf psychophysischen Axiome zu rubrizieren; aber auch der von W. Stern ausgehende Personalismus: Personale Vorgänge sind „psycho-physisch-neutral", d. h. sie lassen sich weder der einen noch der anderen Seite trennscharf zuordnen. Empirische Belege sind die Ausdruckserscheinungen und die Motorik. Auch die ↗Isomorphielehre Köhlers (1920) (modifiziert von Metzger, 1954) gehört hierher: Sie nennt zwar explizit keinen substantiellen Träger, sie ist aber in funktioneller Hinsicht zweiseitig konzipiert: Gehirn- und Wahrnehmungsgestalten sind analoger Struktur. Schließlich ist das von N. Bohr aus der Physik genommene und auf das L. angewandte Komplementaritätsprinzip an dieser Stelle zu nennen: Körperliche und seelische Vorgänge sind je für sich zu beschreiben und zu erklären, ergänzen sich aber, sofern sie auf dasselbe Phänomen bezogen sind wie die Korpuskel- und Wellentheorie hinsichtlich des Lichtes. – Wollte man eine der Gegenwartspsychol. gemäße Einstellung zum L. vorschlagen, dann dürfte wohl ein methodischer Dualismus akzeptabel sein: Jeder psycholog. relevante Vorgang oder Zustand ist durch seine physischen (neurophysiologischen) und seine psychischen (erlebnismäßigen) Koordinaten zu beschreiben, analysieren, interpretieren.

Lit.: Dunbar, F.: Mind and body. London, 1947; **Grunert, J.** (Hrsg.): Körperbild und Selbstverständnis. München, 1977; **Hehlmann, W.:** Geschichte der Psychologie. Stuttgart; 1963, 246–361; **Jaspers, K.:** Allgemeine Psychopathologie. Berlin – Heidelberg, 1960; **Köhler, W.:** Die physischen Gestalten in Ruhe und im stationären Zustand. Braunschweig, 1920; **ders.:** Ein altes Scheinproblem. In: Naturwissenschaften, 1929, *17*, 395–401; **Kühlenbeck, H.:** Mind and matter. Basel – New York, 1961; **Metzger, W.:** Psychologie. Darmstadt, [2]1954; **Wellek, A.:** Das L. und die Ganzheit der Person. In: **Däumling, A.** (Hrsg.): Seelenleben und Menschenbild. München, 1958.

L. J. Pongratz

II. *L. naturwissenschaftlich* betrachtet: Grundlage der Problemstellung ist die Gehirnabhängigkeit aller bewußten Vorgänge und Zustände, die durch folgende Tatsachen erwiesen ist: 1. Wird das Gehirn durch chem. oder mechanische Einwirkungen (Narkose, Verletzung) funktionsunfähig, so hört jedes psychische Geschehen auf. 2. Veränderungen der Gehirntätigkeit durch Zufuhr bestimmter Substanzen (Alkohol, ↗Opium, ↗Morphin, ↗LSD usw.) führen zu Änderungen des bewußten Erlebens. 3. Ausfall bestimmter Gehirnregionen (↗Gehirnpathologie) bewirkt Ausfall bestimmter psychischer Leistungen (↗Aphasie, ↗Agnosie, ↗Alexie usw.). 4. Gehirnentwicklung und geistige Entwicklung gehen parallel (phylo- und ontogenetisch). Daraus ergibt sich, daß jedes bewußte Erleben bestimmte Gehirnprozesse zur Voraussetzung hat; Gehirnprozesse sind die unerläßliche Voraussetzung des psychischen Geschehens – man weiß aber nicht, ob sie auch die ausreichende Voraussetzung sind (es könnte sein, daß noch andere Bedingungen erfüllt sein müssen, damit bewußtes Erleben möglich wird). Das L. reduziert sich daher auf zwei Fragen: Was *geschieht im Gehirn*, wenn wir etwas erleben? Und: Welche *Kausalzusammenhänge* bestehen zwischen psychischen Vorgängen und Gehirnprozessen? Die erste Frage ist im Prinzip mit Sicherheit beantwortbar: Während jeden bewußten Erlebens spielen sich in den Ganglienzellen und Faserleitungen der Hirnrinde unübersehbar viele elektrische und chem. Prozesse ab (↗Nervensystem). Die daraus hervorgehenden „Erregungskonstellationen" müssen „spezifisch" sein, d. h., jedem einzelnen Inhalt unseres bewußten Erlebens entspricht eine eigene Erregungskonstellation; es muß daher mindestens ebenso viele Erregungskonstellationen geben, wie es Erlebnisinhalte gibt.

Die Beantwortung der zweiten Frage

(„Welche Kausalzusammenhänge bestehen zwischen psychischen Vorgängen und Gehirnprozessen?") hängt in hohem Grade davon ab, wie hoch man die Bedeutung der „Wesensverschiedenheit" zwischen beiden Vorgängen einschätzt; sie besteht darin, daß die psychischen Vorgänge unkörperlich sind (sie sind nicht aus Atomen und Molekülen zusammengesetzt und weitgehend unabhängig von Raum und Zeit), während die Gehirnprozesse zum Bereich des organisch-materiellen Geschehens gehören. Die alten Leib-Seele-Theorien setzten sich über diese Unterschiede hinweg und hielten es für möglich, daß physisches und psychisches Geschehen sich wechselseitig beeinflussen *(Wechselwirkungstheorie)* oder daß es sich um zwei Seiten desselben Geschehens handle („una eademque res, sed duobis modis expressa" – Spinozas Zwei-Seiten-Theorie). Beide Theorien geraten durch die absolute Gehirnabhängigkeit des psychischen Geschehens in logische Schwierigkeiten: eine Wirkung des bewußten Erlebens auf das Hirngeschehen im Sinne der *Wechselwirkungstheorie* wäre nur möglich, wenn dieses Erleben wenigstens zeitweise gehirnunabhängig wäre; die *Zwei-Seiten-Theorie* läßt die Frage nach den Kausalbeziehungen unbeantwortet. Neue Theorien versuchen, der Abhängigkeit des Psychischen vom Hirngeschehen und der Wesensverschiedenheit zwischen beiden durch die Annahme gerecht zu werden, daß das bewußte Erleben eine Wirkung der Gehirnvorgänge sei, selbst aber nicht auf diese zurückwirken könne („Theorie der letzten Wirkung", Rohracher, 1967) oder daß die Gehirnvorgänge zwar eine unerläßliche, aber keine ausreichende Ursache für das bewußte Erleben seien, so daß zu ihrer Entstehung noch eine weitere, unbekannte Naturkraft angenommen werden müsse, die das Gehirn als Werkzeug oder Instrument zur Erzeugung der psychischen Prozesse benütze („Werkzeughypothese"). Der naturwissenschaftlichen Einstellung zum L. wird am ehesten die „Theorie der letzten Wirkung" gerecht, die das Psychische in seiner Eigenart – Unkörperlichkeit, weitgehende Unabhängigkeit von Raum und Zeit – voll anerkennt, ebenso aber die absolute Gehirnabhängigkeit des psychischen Geschehens. Für die naturwissenschaftliche Psychol. sind die bewußten Erlebnisse biol. Phänomene; sie stehen im Dienste der Lebens- und Arterhaltung (z. B. die vitalen und sozialen Triebe) sowie des kulturellen Fortschritts (die Interessen oder Kulturtriebe). Man kann die psychischen Vorgänge als die höchste Leistung der natürlichen Entwicklung und als die letzte Wirkung des organischen Geschehens betrachten – als eine Transzendierung des organisch-materiellen Geschehens in das immaterielle subj. Erleben. Auch diese Theorie läßt viele Fragen offen (vor allem die Entstehungsweise des bewußten Erlebens aus elektrochemischen Prozessen der Hirnrinde); ihr Vorzug besteht darin, daß sie logische Schwierigkeiten der „Rückwirkung" des Psychischen auf das körperliche Geschehen vermeidet.

Lit.: Köhler, W.: Psychologische Probleme. Berlin, 1933; **Lindsley, D. B.:** Attention, consciousness, sleep and wakefulness. In: Handbook of Physiol. Sect. I, Neurophysiol., Vol. III, Washington, 1960; **Rohracher, H.:** Die Arbeitsweise des Gehirns und die psychischen Vorgänge. München, [4]1967; **Spatz, H.:** Gedanken über die Zukunft des Menschenhirns. In: **E. Benz** (Hrsg.): Der Übermensch. Zürich – Stuttgart, 1961; **Walch, R.:** Orbitalhirn und Charakter. In: **E. Rehwald** (Hrsg.): Das Hirntrauma. Stuttgart, 1956; **Wenzl, A.:** Leib-Seele-Problem. Berlin, 1933.

H. Rohracher

III. *Das Leib-Seele-Problem in der gegenwärtigen Diskussion:* Unter dem L. kann zunächst die Frage verstanden werden, was das *Wesen* des Leibes (Körpers, Physischen) und der Seele (des Psychischen) sei. In ihrer jeweiligen Antwort auf diese Frage scheiden sich die verschiedensten Formen des Monismus, Materialismus, Spiritualismus und Dualismus. Unter dem L. im spezifischeren Sinn kann man die Frage verstehen, was die Leib-Seele-*Beziehung(en)* sei(en). Auf dieses Problem antworten Wechselwirkungslehre, Okkasionalismus oder Parallelismus.

Im engsten Sinn besteht das L. in der höchstens spekulativ zu lösenden Frage, wie denn der genaue letzte Übergang vom Leib zum Leben und Bewußtsein zu denken sei. Darauf antwortet z.B. Descartes' Zirbeldrüsenthese und Theorie der Lebensgeister, Leibniz' prästabilisierte Harmonie u.ä.

Unter den *materialistisch-monistischen* Lösungsversuchen, die die erste Frage betreffen, sind in der gegenwärtigen Diskussion vor allem die These der Identität des Psychischen mit Verhaltensweisen von Körpern (und Dispositionen dazu) – etwa Ryle – oder mit Hirnprozessen (mind/body/identity theory – etwa H. Feigl), und der Epiphänomenalismus (wie er etwa auch im Marxismus gelehrt wird) zu nennen.

Ein *Bewußtseinsmonismus* wird heute hauptsächlich in manchen Formen der Transzendentalphilosophie und des empiristischen Phänomenalismus vertreten.

Verbreiteter ist der „neutrale Monismus", der als spinozistische Zweiseitenlehre oder als positivistisch-phänomenalistische These (bei einer einzigen Substanz) oder auch als transzendental-kategoriale Lehre gefaßt wird.

Dabei argumentieren die behavioristischen Monisten entweder mit dem methodischen Prinzip, daß Introspektion suspekt und nur das physische Verhalten objektiv-wissenschaftlich beobachtbar sei, oder mit der „logischen" These (Ryle), bei der Einführung der Bewußtseins- bzw. Geistkategorie handle es sich um einen „Kategoriefehler", weil das, was als reines physisches Verhalten mit seinen Dispositionen gegeben sei, anstatt mit den adäquaten Kategorien körperlichen Verhaltens mit Bewußtseinskategorien gefaßt werde.

Die nicht-behavioristische Identitätstheorie erkennt zwar einen Unterschied in Gegebenheit und Erlebnisart an, die dem Physischen einerseits und dem Pyschischen andererseits entspricht; es wird aber trotzdem eine strikte Identität zwischen Psychischem und Gehirnprozessen behauptet; dabei wird zwar keine logische, wohl aber eine reale Identität zwischen Bewußtsein und Gehirnprozessen angenommen.

Der Epiphänomenalismus gibt eine wirkliche Verschiedenheit zwischen Physischem und Psychischem zu, sogar eine qualitative. Doch sei das Bewußtsein nur Wirkung oder Begleiterscheinung des Materiellen. Dabei soll den Erfahrungen radikaler Leibabhängigkeit bzw. einem allgemeinen Materialismus einerseits, und der erfahrungsmäßig gegebenen Verschiedenheit zwischen Materie und Geist andererseits Rechnung getragen werden. Der Bewußtseinsmonismus argumentiert hauptsächlich von der erkenntnistheoretischen (aber ins Metaphysische gewendeten) Tatsache aus, daß alles materielle Sein uns ausschließlich durch unser Wahrnehmen, Bewußtsein etc. zugänglich ist. Manche Autoren wollen dabei das L. im engeren und engsten Sinn sowie den Determinismus der Materialisten durch Leugnung jedweder eigenständigen Realität der Materie vermeiden. Auch der „neutrale Monismus" dient wohl hauptsächlich dem Ziel der Vermeidung jener Schwierigkeiten des L. im engeren und engsten Sinn, denen jeder Dualismus ausgesetzt ist.

Zwischen Physischem und Psychischem bestehen Wesensunterschiede, wodurch sich die Argumente der Behavioristen, der Identitätstheoretiker u. a. widerlegen lassen. Wenn Dualismus in dem weiteren Sinn der Anerkennung eines realen und substantiellen Unterschiedes zwischen Leib und Seele verstanden wird (aber nicht im Sinne einer Getrenntheit), dann wurde ein solcher „Dualismus" von Platon, Augustinus, Descartes, aber auch in der modifizierten Form des Hyle-Morphismus von Aristoteles und Thomas gelehrt, wobei der letztere nicht nur von zwei Substanzen spricht, sondern auch die Trennbarkeit der Seele (die als geistige Substanz und zugleich als „Form" des Körpers gefaßt wird) vom Leib im Tod lehrt.

Ein haltbarer Dualismus darf nicht den wertvollen phänomenologischen Beiträgen (Scheler, Sartre, Marcel, Merleau-Ponty u. a.) widersprechen, in denen sowohl der (erlebte) Leib (lived body; corps propre) klar vom Körper als materieller Substanz abgehoben als auch aufgewiesen wurde, daß die ungemein komplexen Beziehungen zwischen Leib und Bewußtsein (in Sinneswahrnehmung, Ausdruck, Sprechen, Tanzen, etc.) unmöglich auf bloße „Wechselwirkung" im Sinn von Descartes oder auch von Eccles-Popper reduziert werden können, auch nicht auf eine bloße Hirn-Seele-Beziehung. Daß eine dualistische Position im Sinne der Anerkennung eines realen und substantiellen Unterschiedes zwischen

Leib (Körper) und Seele mit der vollen Wahrung der Einheit des Menschen als eines einzigen (substantiellen) Wesens (Personganzheit) Hand in Hand gehen kann, versucht innerhalb der neuen Literatur vor allem Seifert aufzuweisen.

Lit.: Popper, K. R. & J. C. Eccles: The Self and its Brain. Berlin – New York – London, 1977; **Seifert, J.:** Leib und Seele. Salzburg–München, 1973; **ders.:** Das L. in der gegenwärtigen philosophischen Diskussion. Darmstadt, 1979; **Zaner, R. M.:** The problem of embodiment. Den Haag, 1964.

J. Seifert

Leidenschaft, extreme Emotion (↗Affekt), speziell sexuelle Liebe; starke Begeisterung für eine Person, Sache, Aktivität.

G. D. Wilson

Leidensdruck, Stärke des Leidens einer Person an ihren Problemen. Von besonderer Bedeutung als Anteil an der Motivation zu einer psychotherapeutischen Behandlung und eines der wichtigsten prognostischen Kriterien.

F. Seibt

Leipziger Schule, eine Gruppe von Psychologen, u.a. F. Krueger, F. Sander, O. Klemm, H. Volkelt, A. Wellek. Sie werden teilweise auch als „Ganzheitspsychologen" bezeichnet, im Unterschied zu den Gestaltpsychologen der Berliner Schule.

C. D. Frith

Leistung, 1) Allgemeine Bezeichnung für das erfolgreiche Erreichen eines Ziels, das Anstrengung erfordert. **2)** Grad des Erfolgs, der in einer Aufgabe erzielt wird, z.B. bei der Lösung eines Tests. **3)** Das Ergebnis einer geistigen oder körperlichen Tätigkeit, definiert gemäß individueller und/oder objektiver (organisatorischer) Voraussetzungen, z.B. Fertigkeit.

G. Marschner

Leistungsbewertung, method. Vorgehen zur Feststellung der individuellen Leistung durch Vergleich mit einer Leistungsnorm (Standard), z.B. durch Leistungstests oder Beurteilen des Leistungsgrades.

G. Marschner

Leistungsgesellschaft. Modell fortgeschrittener Industriegesellschaften, in dem die individuelle Leistung im Arbeitsprozeß den Status in der Arbeitsorganisation und darüber hinaus die Lebenschancen insgesamt determiniert. Indem dieses Gesellschaftsmodell sich gegen Privilegien als Verteilungsprinzip für Einkommen, Prestige usw. wendet, ist es egalitärem Denken verpflichtet; andererseits dient es – als normatives Prinzip – der Legitimierung von Ungleichheit.

Lit.: Offe, C.: Leistungsprinzip und industrielle Arbeit. Frankfurt a. M., 1970.

C. Brinkmann

Leistungsgrad. Prozentuales Verhältnis einer beobachteten Leistung (L) (= „beeinflußbare Ist-L.") zur „Bezugs-Mengen-L." (REFA, 1971). *Leistungsgradbeurteilung:* durch Beobachten des Erscheinungsbildes eines Bewegungsablaufes einer arbeitenden Person hinsichtlich der Geschwindigkeit („Intensität") und der Beherrschung („Wirksamkeit") der Bewegungen und ihrer Aufeinanderfolge und Vergleichen mit einem vorgestellten Erscheinungsbild der Bezugsleistung (= Leistungsgrad 100 %). ↗Zeitstudie.

Lit.: REFA-Methodenlehre des Arbeitsstudiums (Teil 2: Datenermittlung). München, 1971.

G. Marschner

Leistungskurve, graphische Darstellung des Verlaufs der Leistung (Arbeitsergebnisse, Testwerte) im Zeitablauf.

G. Marschner

Leistungsmotivation, Ein ↗hypothetisches Konstrukt zur Erklärung inter- und intraindividueller Unterschiede bezüglich Richtung, Intensität und Konsistenz des Leistungsverhaltens. Inhaltlich läßt sich L. beschreiben als Tendenz, die eigene Tüchtigkeit in allen Bereichen aufrechtzuerhalten und zu steigern, in denen man einen Gütemaßstab für verbindlich hält (Heckhausen, 1953). Begründet wurde die L.forschung auf dem Hintergrund einer neuentwickelten Motivationstheorie von McClelland und seiner Schule (1963; 1969). Grundlegend für die *Definition eines Motivs* ist nach McClelland die erfahrungsabhängige Verknüpfung der Erwartung einer Affektänderung mit bestimmten Auslösebedingungen, für die Abgrenzung verschiedener Motive die Inhaltsklassen von Erwartungen. Für die L. beziehen sich diese Erwartungen positiver oder negativer Affektänderungen auf das Erreichen oder Nicht-Erreichen des individuellen Gütemaßstabes. Je nachdem, ob *Hoffnung auf Erfolg* oder *Furcht vor Mißerfolg* durch eine Situation aktiviert wird, resultiert aufsuchendes oder meidendes Verhalten; beim gleich starken Ansprechen beider Komponenten liegt ein Konflikt vor. Auf seinem theoretischen Hintergrund entwickelte McClelland einen speziellen ↗TAT als Meßinstrument zur Erfassung der L. Aufgrund neuer Ergebnisse wurden Theorie und Meßinstrument u. a. bes. von J. W. Atkinson, in Dtl. von Heckhausen weiterentwickelt.

Zur Konstruktvalidierung (↗Konstruktvalidät) der L. wurde eine große Anzahl von expt. und kulturanthropologischen Untersuchungen durchgeführt. Es wurde eine über diverse Leistungssituationen und die Zeit relativ konstante L. als individuelles Merkmal nachgewiesen. Für die L. des Erwachsenen sind Kindheitserfahrungen, u. a. die Art der frühen Selbständigkeitserziehung, von besonderer Bedeutung. Nach Heckhausen beträgt die Korrelation zwischen Schulleistung und L. durchschnittlich r = .40, bei Berücksichtigung von Schulkenntnissen, Angst u. ä. kann sie bei r = .60 liegen. Den Erfolgsmotivierten kennzeichnen mittleres, den Mißerfolgsmotivierten ein unrealistisch hohes oder sehr niedriges ↗Risikoverhalten und Anspruchsniveau. Die Bedeutung der L. für die wirtschaftliche Entwicklung eines Landes wurde von McClelland et al. in einer Anzahl von Studien und einem Programm für Motiväderung dargestellt.

Lit.: Harten-Flitner, E.: L. und soziales Verhalten. Weinheim, 1978; **Heckhausen, H.:** Hoffnung und Furcht in der Leistungsmotivation. Meisenheim, 1953; **McClelland, C. D.,** et al.: The achievement motive. New York, 1963; **McClelland, C. D. & D. G. Winter:** Motivating economic achievement. New York, 1969; **Meyer, W.-U.:** Leistungsmotiv u. Ursachenerklärung von Erfolg und Mißerfolg. Stuttgart, 1973; **Offe, S.:** Psychol. und gesellschaftl. Bedingungen der L. Darmstadt, 1977; **Schmalt, H.-D. & W.-U. Meyer** (Hrsg.): Leistungsmotivation u. Verhalten. Stuttgart, 1976.

H.-J. Kornadt & C. Münkel

Leistungsquotient (LQ). Das Verhältnis von der erwarteten und der tatsächlich gemessenen Leistung (z.B. in der Schule). Lebensalter (LA) oder Intelligenzalter (IA) werden dabei zur Schätzung des theoretischen (erwarteten) Leistungsvermögens herangezogen, während Leistung und Dauer der Schulzeit den aktuellen Stand messen.

J. Mields

Leistungsprüfsystem (LPS), ↗Intelligenztest für Kinder ab 9 Jahre und für Erwachsene aller Altersstufen von W. Horn. Laut Angabe des Verfassers prüfen die 14 *Untertests* des Verfahrens wesentliche Primärfaktoren der ↗Intelligenz, wie sie L. L. Thurstone in seinen faktoren-analytischen Arbeiten ermittelt hat. Die *Reliabilität* des Gesamttests, mit r = .99 angegeben, erscheint bemerkenswert hoch.

Lit.: Horn, W.: Leistungsprüfsystem (Handanweisung). Göttingen, 1962.

P. Steck

Leistungspulsindex, Zunahme der Pulsfrequenz bei Erhöhung der mechanischen Leistung auf einem Fahrradergometer um 60 mKp (etwa 10 Watt). Die Bestimmung erfolgt im submaximalen Dauerleistungsbereich von 0 bis 100 Watt beim Fahren mit 60 Pedalumdrehungen/min.; Normwerte: Männer 3,0; Frauen: 5,2.

Lit.: Stegemann, J.: Leistungsphysiologie. Stuttgart, 1971.

G. Marschner

Leistungstest. Test zur Messung von Leistungen durch die Zahl der richtigen Lösungen oder Fehler, durch die Lösungszeit oder Qualität der Arbeit. Mit L.s werden Fähigkeiten erfaßt. Sie setzen eine eindimensionale Bewertungsskala voraus. Vgl. auch ↗Konzentrationstests.

Lit.: Untersuchungsverfahren für den psychol. Dienst. Bd. I: Einfache Eignungsuntersuchungen. Bundesanstalt für Arbeitsvermittlung und Arbeitslosenversicherung (Hrsg.) 1954.

R. Meili

Leiter International Performance Scale, kulturunabhängiger, individuell durchzuführender ↗Intelligenztest, bei dem die Instruktion eine möglichst geringe Rolle spielen soll. Er umfaßt Zuordnungsaufgaben, Bilderergänzen, Analogien, Reihen-Vervollständigen usw. Die Tests werden nach Jahresstufen von 2–18 dargeboten; die erreichte Leistung wird im Begriff des geistigen Alters und des IQ ausgedrückt.

Lit.: **Leiter, R. G.:** The Leiter international performance scale. Santa Barbara (Calif.), 1940. *F. Grünig*

Leitlinie. Element des ↗Lebensplans; nach A. ↗Adler zielgerichtete, motivierende Kraft, die im Unbewußten wirkt und in den ersten Lebensjahren durch die von der (familiären) Umwelt ausgehenden Einflüsse („Dressate") geprägt wird. *W. Schmidbauer*

Leitungsbahnen, nervöse. Die n. L. des ↗Nervensystems bestehen aus Bündeln von Nervenfasern, die eine morphologische Einheit bilden. Man unterscheidet *zentrale* n. L., die nur in einer Richtung leitende Fasern besitzen, und *periphere*, die zum Teil efferente und ↗afferente Nervenfasern enthalten.

Lit.: **Sidman, R. L., Sidman, M. & G. Arnold:** Neuroanatomie, ein Lehrbuch in programmierter Form, Bd. 1 Berlin – Heidelberg – New York, 1971. *G. Arnold*

Leniency-Effekt, Beurteilungsfehler als Folge sozialer Dispositionen der Milde und Großzügigkeit. Beurteiler zeigen speziell in der Persönlichkeitsbeurteilung und in Ratingverfahren die Tendenz, bekannte bzw. sympathische Personen besser zu beurteilen als weniger bekannte bzw. unsympathische. Bei selbstkritischen Beurteilern läßt sich meist die umgekehrte Tendenz nachweisen. Überdies herrscht in den meisten Fällen die Tendenz vor, eine zu gute Beurteilung abzugeben (generosity-error: Cronbach, 1960).

Lit.: **Cronbach, L. J.:** Essentials of psychological testing. New York, ²1960; **Guilford, J. P.:** Psychometric methods. New York, 1954. *K. E. Pelzer*

Lennep Test *(Four Picture Test).* Dieses ↗projektive Verfahren wurde 1930 von Lennep entwickelt und gibt Aufschluß über die sozialen Beziehungen eines Menschen und deren Einbettung in die ↗Persönlichkeit. Er besteht aus 4 mehrdeutigen Farbtafeln (im Aquarellstil), die je eine wichtige soziale Situation darstellen. Die 4 Bilder sollen in eine Reihenfolge gebracht und zu einer zusammenhängenden Geschichte verbunden werden. Die Auswertung erfolgt nach formalen und inhaltlichen Merkmalen. Die Interpretation erfolgt meist qualitativ nach tiefenpsychol. Kriterien; empirisch gewonnene Normen sind nicht vorhanden.

Lit.: **Lennep, D. J.:** Manual Four Picture Test. Utrecht, ²1958. *P. Graw*

Leontjev, *Aleksej Nikolaevič,* * 5. 2. 1903 Moskau, † 21. 1. 1979 Moskau. L. wurde 1924 Assistent am Psychologischen Institut der Universität Moskau und promovierte 1931 bei L. S. Vygotskij (1896–1934) mit einer Arbeit über die „Entwicklung des Gedächtnisses", wobei er kinderpsychologische Experimente mit völkerkundlichen Studien verband. 1941 zum Professor an der Univ. Moskau ernannt, war er nach 1955 wesentlich an der Etablierung der Psychologie im sowjetischen Hochschulwesen beteiligt, und von 1967–1979 als Dekan der Psychologischen Fakultät der Univ. Moskau tätig (↗Russische Psychologie). In Anlehnung an die „kulturhistorische Methode" (Vygotskij) und in Auseinandersetzung mit der „genetischen Methode" von J. Piaget (L. kritisierte Piagets Ansichten über Anpassung und Gleichgewicht) entwickelte L. Betrachtungsweisen (Aneignungstheorie), Konzepte (Tätigkeit) und experimentelle Ansätze (Wahrnehmung), die gegen den Behaviorismus und Pavlovismus (sowie gegen Instinkt- und Vererbungstheorien) gerichtet waren und später auch als Grundlage für eine Art „kognitive" Theorie der Motivation dienen sollten.

Lit.: **Kussmann, Th.** (Hrsg.): Bewußtsein und Handlung. Bern, 1971; **Leontjev, A. N.:** Probleme der Entwicklung des Psychischen. Berlin (-Ost), 1964 (russ. 1959); **ders.:** Tätigkeit, Bewußtsein, Persönlichkeit. Stuttgart, 1977 (russ. 1975). *Th. Kussmann*

Leptosomer *(leptosomer Typus).* Der L. (Schmalwüchsige) ist einer der von E. ↗Kretschmer beschriebenen ↗Konstitutionstypen. Er ist gekennzeichnet durch geringes Dickenwachstum bei durchschnittlich unvermindertem Längenwachstum. Er ist mager, schmalaufgeschossen, hat schmale Schultern, dünne Arme, schlanke Hände, einen langen, schmalen, flachen Brustkorb. Frontal bietet sich das Gesicht als verkürzte Eiform, seitlich betrachtet als Winkelprofil (gesteigerte Nasenlänge, verkürzter Unterkiefer, etwas zurückstehende Stirn). Der L. kommt gehäuft vor bei den schizophrenen ↗Psychosen; im Bereich normaler Personen geht er einher mit dem sog. ↗*schizoiden* Temperament. *W. Seitz*

Lernbehinderung, Sammelbegriff für Störungen vielfältiger Art, die einzeln oder in Kombination auftretend bei Kindern und Jugendlichen Lernen und schulischen Erfolg im normalen Ausmaß verhindern; i. e. S. bezogen auf den Schultyp „Sonderschule für Lernbehinderte", womit ausgegrenzt werden: Geistige Behinderung, schwere Verhaltensstörungen ohne Intelligenzdefekte, Sinnesschäden, Körperbehinderungen einschließlich bestimmter schwerer Krankheiten und schließlich Sprachbehinderungen. Die Schädigungen, die zur L. führen, sind vielfältig. Sie sind entweder umweltbedingt, genetisch bzw. organisch bedingt oder, wie am häufigsten vorkommend, beides. Ein einheitliches Erscheinungsbild der L. gibt es nicht. Diagnostisches Kriterium ist in der Regel die Kombination von Versagen in der Volksschule mit einer bestimmten Intelligenzhöhe (ca. IQ 60–80, in bestimmten Fällen auch darüber) und häufig auch mit Ausfallserscheinungen der Konzentration, ↗Lernmotivation u.a.
H.-P. Trolldenier

Lerneinstellung ↗Lernhaltungen.

Lernen. Obwohl L. der am meisten untersuchte Gegenstand der Psychol. ist, liegt keine einheitliche Definition vor; die Vielzahl der Definitionsversuche läßt sich aber mit vertretbarer Ungenauigkeit in folgender Formulierung zusammenfassen: Mit L. werden relativ überdauernde Änderungen der Verhaltensmöglichkeiten bezeichnet, soweit sie auf Erfahrung zurückgehen. Mit dieser Umschreibung werden *kurzfristige* Änderungen (Adaptation, Ermüdung usw.) und solche, die auf bestimmte strukturelle Änderungen des ZNS zurückgehen (Reifung, Altern, Verletzungen), ausgeschlossen. Von *Verhaltensmöglichkeiten* wird gesprochen, weil konkretes Verhalten stets von weiteren Bedingungen abhängt, vor allem von Änderungen der Motivation; man unterscheidet deshalb zwischen L. und *Leistung,* was für die Analyse von ↗*Lernkurven* (↗Lernerfolgsmessung) methodische Probleme aufwirft. Der Verweis auf *Erfahrung* wurde von verschiedenen Autoren ersetzt durch Ausdrücke wie Wiederholung, Übung, Training usw., um bewußtseinspsychol. Ausdrücke zu vermeiden; durch das informationstheoretische Modell scheint es jedoch möglich zu sein, Erfahrung ohne Rückgriff auf die Bewußtseinspsychol. zu interpretieren als *Aufnahme und Verarbeitung von* ↗*Informationen.* Die Einschränkung des Begriffs L. auf *adaptive* Verhaltensänderungen wird meistens abgelehnt, da die Rückführung von, mindestens objektiv, unangepaßten Verhaltensweisen (Süchte, Neurosen) auf Lernprozesse nicht durch die Definition ausgeschlossen werden soll. Die Einschränkung der Definition auf *Verhalten* hat vor allem meth. Gründe; ein Nachteil dieser Einschränkung ist, daß sich die Definition damit ziemlich weit vom Alltagssprachgebrauch entfernt, wo L. vorwiegend auf Erwerb und Änderung kognitiver Strukturen bezogen wird (schulisches Lernen usw.).

In der abendländischen Tradition wird L. auf das Entstehen von Verbindungen (↗Assoziationen) zwischen Elementen zurückgeführt; von drei von Aristoteles erwähnten *Assoziationsgesetzen* (Ähnlichkeit, Kontrast, zeitliche und räumliche Kontiguität) wird nur noch das zuletzt genannte (zeitliche Kontiguität) allgemein verwendet. Mit dem Aufkommen der expt. Psychol. wurde die ↗Assoziation zwischen Bewußtseinsinhalten (Ideen, ↗Vorstellungen) ersetzt durch die Assoziation zwischen Signalen (Reizen) und Reaktionen, anstelle des Wortes Assoziation wird von *bedingten* (konditionierten) Reaktionen bzw. Signalen gesprochen (↗Konditionierung). Die entstandene Verbindung wird in bisher unterschiedlicher Weise physiol. interpretiert (↗Engramm, ↗Gedächtnis).

Sowohl für die meth. als für die theoretische Arbeit auf dem Gebiet des L. wurden die expt.

Paradigmata von S. P. ↗Pawlow *(klassische Konditionierung)* und E. L. Thorndike *(instrumentelle ↗Konditionierung)* wesentlich; bei ersterem ist die zeitliche Kontiguität grundlegendes Erklärungsprinzip für die auftretenden Verhaltensänderungen, beim instrumentellen Bedingen tritt der *Effekt der Reaktion* (↗Effektgesetz, Rückmeldung, Bedürfnisbefriedigung) hinzu.

Die Vorhersage des Verhaltens aufgrund *allgemeiner Lerngesetze* und der Kenntnis der *individuellen Lerngeschichte* wurde im ↗Behaviorismus zur zentralen Aufgabe der Psychol.; eine allg. *Lerntheorie* (↗Lerntheorien) sollte alle Arten des L. und des Verhaltens sowohl des Menschen als auch aller anderen biol. Arten erfassen. Expt. Untersuchungen erfolgten vorwiegend an leicht zu haltenden Laboratoriumstieren, meistens weißen Ratten. Die mit Abstand am besten ausgearbeitete Lerntheorie wurde von ↗Hull (1943) vorgelegt.

Die ursprünglichen Erwartungen des Behaviorismus, *eine* allg. Lerntheorie erarbeiten zu können, und seine meth. und theoretischen Einschränkungen wurden nie allg. akzeptiert; seit etwa 1950 wird beides ziemlich allgemein abgelehnt oder mindestens eingeschränkt. So bemüht man sich um *spezielle* Theorien für einzelne Mechanismen (z.B. die Bekräftigungswirkung) oder Bereiche der Lernforschung (z.B. verbales oder mot. L.); man zieht *Unterschiede zwischen biol. Arten* in Betracht und versucht, sie systematisch zu ordnen; es wird geprüft, ob *spezielle Lernvorgänge* (z.B. ↗Prägung, beiläufiges Lernen, ↗Lernen im Schlaf) eigenen Gesetzen folgen; *Termini der Bewußtseinspsychol.* werden wiederaufgegriffen und als intervenierende Variablen verwendet (z.B. ↗Aufmerksamkeit, Erwartung, Furcht). Anstelle der Suche nach grundlegenden Mechanismen werden Lernprozesse, welche im menschlichen Sozialisationsprozeß (Lernen durch eigene *Manipulation,* durch *Instruktion, Imitation)* oder bei psychol. Behandlung (z.B. Desensitisation; ↗Verhaltenstherapie) bes. wichtig sind, direkt an *komplexen Variablen* untersucht und nach inhaltlichen Merkmalen der Lernaufgabe als Typen unterschieden.

Lit.: Bower, G. H. (Ed.): The psychology of learning and motivation. New York, 1979; **Bredenkamp, J. & W. Wippich:** Lern- u. Gedächtnispsychol. 2 Bde. Stuttgart, 1977; **Foppa, K.:** Lernen, Gedächtnis, Verhalten. Köln – Berlin, [7]1970; **Gagné, R. M.:** Die Bedingungen des menschlichen Lernens. Hannover, [5]1979; **Hilgard, E. R. & G. H. Bower:** Theorien des Lernens. 2 Bde. Bd. 1: Stuttgart, [4]1975, Bd. 2: Stuttgart, [2]1973; **Hintzman, D. L.:** The Psychology of Learning and Memory. London, 1978; **Hull, C. L.:** Principles of behavior. New York, 1943; **Kimble, G. A.:** Hilgard and Marquis' conditioning and learning. New York, 1961; **Macke, G.:** Lernen als Prozeß. Weinheim, 1978; **Mednick, S. A., Pollio, H. & E. Loftus:** Psychologie des Lernens. München, 1975; **Navarick, D. J.:** Principles of Learning. London, 1979; **Roth, H.:** Begabung und Lernen. Stuttgart, [11]1977; **Tarpy, R. M.:** Lernen. Berlin – Heidelberg – New York, 1979.

F. Merz

Lernen, assoziatives ↗Lernen, mechanisches.

Lernen, beiläufiges. Beim b. *(= inzidentellen)* L. besteht im Ggs. zum *zielgerichteten* (= intentionalen) ↗Lernen keine Lernabsicht der Versuchsperson. Zur Unterscheidung wird auf den Begriff ↗*Einstellung* (set) bzw. den der ↗Motivation zurückgegriffen. Eindeutiger ist die in der Forschung verwendete operationale Definition: Ein b. L. liegt dann vor, wenn keine Instruktion gegeben wurde, das später geprüfte Material zu lernen. Experimente zum b. L. wurden bisher als Gedächtnisexperimente durchgeführt: Durch eine *Orientierungsaufgabe* (z. B. Sortieren) werden die Vpn veranlaßt, sich mit dem Material zu beschäftigen, das später geprüft wird; in einem Teil der Exp. besteht die Orientierungsaufgabe ebenfalls in Lernen, es werden jedoch später andere Aspekte oder Teile des Materials (z. B. die Farben statt der Formen) geprüft, als instruktionsgemäß zu lernen waren.

Im Alltag spielt b. L. eine große Rolle; es ist daher von Interesse, ob Regelmäßigkeiten oder Gesetzmäßigkeiten, die beim zielgerichteten Lernen gefunden wurden, bei b. L. ebenfalls auftreten. Es zeigte sich, daß relativ zum zielgerichteten beim b. L. die Zahl der Darbietungen eine geringere Rolle spielt, die Leistung mit steigender Motivation eher sinkt und kein ↗Restorff-Effekt bei sich abhebenden Lern-Items gefunden wird; die individuellen Leistungsunterschiede scheinen größer zu sein. Pro- und retroaktive Hemmung treten in vergleichbarer Weise auf. ↗Gedächtnishemmung.

Lit.: McLaughlin, B.: „Intentional" and „incidental" learning in human subjects. The role of instruction to learn and motivation. Psychol. Bull., 1965, *63,* 359–376.

F. Merz

Lernen durch Nachahmung ↗Nachahmung.

Lernen durch Versuch und Irrtum, *trial and error learning.* Aktivierte Individuen zeigen in Situationen, für welche keine (instinktiven oder erlernten) Verhaltensweisen bereitstehen, ein stark variables, anscheinend ungerichtetes und zufälliges Verhalten; führt eine Verhaltensweise oder eine Sequenz schließlich zufällig zum Erfolg, so tritt diese Verhaltensweise in sukzessiven Versuchen allmählich immer *schneller* auf, bis sie schließlich in der entsprechenden Situation sofort gezeigt wird: Es wurde durch Versuch und Irrtum gelernt.

Entsprechende Versuche wurden seit etwa 1900 mit *Problemkäfigen* (↗Vexierkasten) und später ↗Labyrinthen angestellt. Die beobachteten Verhaltensweisen wurden dahingehend interpretiert, daß weder Einsicht noch zielstrebiges Verhalten in Problemsituationen nötig sei; Lernen könne durch allmähliches Löschen erfolgloser und Verstärken erfolgreicher Verhaltensweisen (↗Effektgesetz) erklärt werden (↗Konditionierung). *F. Merz*

Lernen, einsichtiges. Von e. L. wird gesprochen, wenn die Verhaltensänderung durch (spontanes) Erkennen der *Aufgabenstruktur* zustande kommt; im Ggs. dazu steht das „blinde" Versuchs-und-Irrtums-Verhalten. Bei etwas breiterer Definition gehört zum einsichtigen Verhalten auch das *Umwegverhalten,* wenn es nicht durch Versuch und Irrtum aufgebaut wird; das Tier erwirbt z. B. im Labyrinth nicht nur bestimmte Reaktionsfolgen, sondern es verhält sich so, als kenne es dessen *räumliche Struktur:* Wenn der direkte Weg zum Ziel blockiert ist, wird ohne nennenswertes Zögern der längere Weg eingeschlagen (Ausbildung *„kognitiver Landkarten"*). Ein e. L. läge danach immer dann vor, wenn das Verhalten nach Lernen einfacherer Regeln neuen und allgemeineren Regeln folgt; *Problemlösen* ist, wenn das Prinzip der Lösung übertragen werden kann, die typische Form des Lernens durch Einsicht. ↗Einsicht, Lernen durch.

Lit.: Foppa, K.: Lernen, Gedächtnis, Verhalten. Köln – Berlin, [7]1970.

F. Merz

Lernen, fraktionierendes (Teil-Lernverfahren). Soll ein umfangreicheres Material, etwa eine Liste von Vokabeln oder eine mot. Aufgabe wie das Spielen eines Klavierstückes, erlernt werden, so gehen die meisten Menschen *fraktionierend* vor: Sie zerlegen das Material in Teile, die für sich gelernt werden. Bei der *reinen Teil-Lernmethode* werden zunächst alle Teile und dann deren Zusammenfügung gelernt, bei der *progressiven* und bei der *wiederholenden Teil-Lernmethode* (McGeoch & Irion, 1952) werden die neuen Teile sukzessiv hinzugelernt. Im Gegensatz zum fraktionierenden steht *globales* Lernen *(Ganz-Lernverfahren, Gesamtdarbietung).*

Einschlägige Untersuchungen beziehen sich mit päd. Zielsetzung auf die relative Überlegenheit des globalen oder fraktionierenden Lernens. Die Ergebnisse sind uneinheitlich; Motivation, bereits erreichtes Lernniveau und individuelle Differenzen spielen eine Rolle, während die Art des Lernmaterials keinen allg. Einfluß zeigt: die Teilerfolge beim f. L. können anspornen, auf späteren Stufen des Lernens ist globales Lernen erfolgreicher, die Überlegenheit der globalen Methode steigt mit Entwicklungsalter und Intelligenz. Insgesamt sprechen die Ergebnisse eher für Überlegenheit des globalen Lernens; bei mot. Aufgaben kann sogar das Zusammenfügen der einzeln gelernten Fertigkeiten (etwa für jede der beiden Hände) ebensoviel Zeit erfordern wie sofortiges, globales ↗Lernen.

Lit.: Bergius, R.: Einfache Lernvorgänge. In: **R. Bergius** (Hrsg.): Hdb. der Psychol., Bd. 1, 2. Halb-Bd. Göttingen, [2]1969; **Hovland, C. I.:** Human learning and retention. In: **S. S. Stevens** (Ed.): Handbook of experimental psychology. New York – London, 1951, 640–642; **McGeoch, I. A. & A. L. Irion:** The psychology of human learning. New York, [2]1952, 499.

F. Merz

Lernen, globales (Ganz-Lernverfahren, Gesamtdarbietung, ganzheitliches Lernen). Das zu erlernende Material oder die gestellte mot. Aufgabe wird global bis zum Erreichen des. Kriteriums wiederholt im Ggs. zum *fraktionierenden ↗Lernen.* *F. Merz*

Lernen im Schlaf. In einer Reihe von Untersuchungen wird davon berichtet, daß die Darbietung von meist verbalem Lernmaterial während des Schlafs zu erfolgreichem Lernen führe. Methodische Schwierigkeiten bestehen darin, daß Schlaf nicht eindeutig zu definieren bzw. die Schlaftiefe schwierig zu messen ist; deshalb kann bisher nicht als belegt gelten, daß L. i. S. auftritt. Dagegen ist belegt, daß die *↗Vergessenskurve* während des Schlafes flacher verläuft; das wird damit erklärt, daß man mit dem Gedächtnismaterial interferierende Vorgänge während des Wachzustandes annimmt. ↗Schlaf.

Lit.: Lewis, S. A.: Learning while asleep. Bull. British Psychol. Soc. 1968, *21,* (70), 23–26. *F. Merz*

Lernen, instrumentelles. Beim i. L. bedingt die Art der Reaktion des lernenden Individuums die darauf folgenden Signale: Bestimmte Reaktionen führen zu Belohnung oder Bestrafung bzw. zum Erfolg (*instrumentale ↗ Konditionierung;* ↗Lernen); als Erklärungsprinzip für den Lernfortschritt wird die ↗Bekräftigung der gezeigten Reaktionen durch Bedürfnisbefriedigung usw. herangezogen im Ggs. zur *klassischen ↗Konditionierung,* bei welcher lediglich die zeitliche *↗ Kontiguität* von Signalen zum Lernen führt. Als Sonderform des i. L. ist die *Verhaltensformung* (shaping) anzusehen; hier wird jede Annäherung an das gewünschte Verhalten belohnt, so daß das zu lernende Verhalten allmählich ausgeformt wird.

Lit.: Foppa, K.: Lernen, Gedächtnis, Verhalten. Köln – Berlin, 1965, 43–45. *F. Merz*

Lernen, intentionales (lat. intentio = Anspannung, Aufmerksamkeit), Lernen mit Absicht im Ggs. zu beiläufigem ↗Lernen. *F. Merz*

Lernen, inzidentelles (lat. incidere = auf etwas fallen, sich ereignen). Beiläufiges ↗Lernen.

Lernen, latentes. Unter l. L. versteht man Änderungen der Verhaltensmöglichkeiten, die sich nicht unmittelbar in Leistungsänderungen auswirken, also latent bleiben.

Die entsprechenden Versuche zum l. L. (Verhalten der Tiere wird z. B. erst im *zweiten Versuch* bekräftigt; es zeigt sich bes. schneller Leistungsanstieg) führten zu einer lebhaften Diskussion innerhalb des Behaviorismus im Hinblick auf den Wert des Verstärkungsprinzips bzw. des ↗Kontiguitätsprinzips zur Erklärung des Lernens (↗Bekräftigung): l. L. würde nämlich beweisen, daß ↗Bekräftigung (↗Lernen; ↗Lerntheorien) keine notwendige Bedingung für Lernen ist. Es wurde deshalb auch die Existenz des l. L. bestritten, etwa durch Einführung zusätzlicher theoretischer Variablen (z. B. Neugierbedürfnis oder Adaptation an die Situation erleichtern späteres Lernen).

In der Gedächtnisforschung ist l. L. unter der Bezeichnung *beiläufiges ↗Lernen* (inzidentelles Lernen) unbestritten. Ähnliche Phänomene sind *immanente Übung* und *latente Übung.* Immanente ↗Übung bezeichnet Verhaltensänderungen durch Wiederholung, welche zwar nicht zu einer Verbesserung der Leistung, aber zu geringerer Belastung führen; latente Übung bezeichnet ähnlich wie beim l. L. einen bes. schnellen Übungsfortschritt, der dann auftritt, wenn die vorhergehende Übung unter leistungsbeeinträchtigenden Bedingungen (z. B. beeinträchtigenden Drogen) stattfand, so daß zunächst keine Leistungsverbesserung auftrat.

Lit.: Düker, H.: Über latente Übung. Beitrag zur Psychol. der Übung. Archiv ges. Psychol., 1965, *117,* 54–66; **Foppa, K.:** Lernen, Gedächtnis, Verhalten. Köln – Berlin, 1965, 116–121. *F. Merz*

Lernen, massiertes *(massierte Übung).* Lern- oder Übungsdurchgänge können einander unmittelbar folgen *(massiertes Lernen)* oder, beim *verteilten Lernen* (verteilte Übung), durch Pausen getrennt sein; diese Unterscheidung ist nicht zu verwechseln mit der ähnlichen zwischen fraktionierendem und globalem ↗Lernen.

Die Ergebnisse der einschlägigen Versuche zeigen im allg. eine Überlegenheit verteilten Lernens. Ausnahmen können auf folgende

Faktoren zurückgeführt werden: Die Vorteile des verteilten Lernens können durch den *Anwärm-Verlust* überdeckt werden, zu lange Pausen mögen zu vollständigem Vergessen führen, massierte Übung kann überlegen sein, wenn sehr variables Verhalten zum gleichen Erfolg führt. Die Art des Lernmaterials scheint keinen Einfluß zu haben, jedoch ist verteiltes Lernen bei umfangreicheren Lernaufgaben relativ stärker überlegen.

Die Überlegenheit verteilten Lernens dürfte auf eine Anzahl verschiedener Faktoren zurückgehen: Während der Pausen können die Aufgaben still wiederholt werden, die Pausen reduzieren die aufgetretene Ermüdung, ununterbrochene Übung kann die Motivation verringern (↗Sättigung) usw. Ein allg. theoretisches Konzept zur Erklärung der Überlegenheit verteilter Übung ist das der *↗reaktiven Hemmung:* Durch die eingelegten Pausen klingen die entstandenen Hemmpotentiale ab. Nach dieser Meinung müßten Extravertierte von verteilter Übung relativ mehr profitieren, da sie nach H. J. Eysenck schneller reaktive Hemmungen entwickeln als Introvertierte (↗Introversion); diese Vorhersage wurde in einigen Versuchen bestätigt.

Lit.: ↗Lernen.

F. Merz

Lernen, mechanisches *(assoziatives Lernen,* engl. rote learning). Unter m. L. versteht man *Einprägen* und *Behalten* eines Lernmaterials unabhängig von der aktiven Bearbeitung der zu speichernden Informationen durch das Subjekt (Ggs.: Sinnvolles ↗Lernen). Da dabei weder das mot. Verhalten noch die kognitive Verarbeitung der Situation in Betracht gezogen werden soll, werden die einschlägigen Untersuchungen häufig als *Gedächtnisuntersuchungen (mechanisches* oder *assoziatives ↗Gedächtnis)* bezeichnet. Seit den ersten Arbeiten von H. Ebbinghaus (1885) erfolgen sie bevorzugt an sinnarmem (↗Sinnlose Silben) sprachlichem Material.

Im Exp. werden *Lern-* bzw. *Gedächtnis-* und *↗Vergessenskurven* meist an Gruppenleistungen erstellt; neuerdings werden auch individuelle Kurven verwendet, wobei anstelle der Anzahl der richtig reproduzierten Lern-Items auch die Reproduktionszeiten verwendet werden. Die untersuchten Variablen betreffen Bedingungen entweder beim Einprägen (z. B. Aktivität des Individuums, verteilte oder massierte Darbietung usw.) oder, seltener, während des Behaltens; die Ergebnisse sind jedoch auch von der Art der Gedächtnisprüfung (↗Vergessenskurve; ↗Gedächtnis) abhängig.

Bei der Interpretation der Ergebnisse taucht im allg. die Frage auf, ob die Befunde durch ein „mechanistisches" Assoziationsmodell erklärt werden können oder ob eine „kognitive" Verarbeitung des Materials durch die Vp angenommen werden muß. Häufig ist es zweckmäßig, eine kognitive Bearbeitung beim Einprägen, und selbst während der Behaltungsperiode, anzunehmen (Bartlett, 1932).

Lit.: Bartlett, F. C.: Remembering. Cambridge, 1932; **Krech, D. & R. S. Crutchfield:** Elements of psychology. New York, 1960, 409–430.

F. Merz

Lernen, mentales. Unter m. L. *(mentales Training, geistige Übung)* versteht man Änderungen der Verhaltensmöglichkeiten, die ohne offenes Verhalten durch lediglich kognitive Bearbeitung der Aufgabe entstehen. Die Abgrenzung gegen *Problemlösen* und *einsichtiges ↗Lernen* ist nicht eindeutig. Am klarsten kann m. L. bei mot. Aufgaben (z. B. Zielwurf) als eigene Art des Lernens abgegrenzt werden. Auch die operationalen Definitionen sind recht unterschiedlich, z. B. als Lernen *durch Beobachtung* der Leistung anderer (↗Nachahmung), *durch „Vorstellen"* der notwendigen Bewegungen, *durch verbale Beschreibung* des Vl. Obwohl sich unser Erziehungs- und Ausbildungssystem weitgehend auf solche Techniken verläßt, gibt es wenige Untersuchungen und keine systematische Darstellung über deren relativen Wert.

Es ist offensichtlich, daß die *Art der Lernaufgabe* für die Wirkung des m. L. wesentlich ist; Problemlösungen oder Umwegverhalten können durch mentales Training direkt übermittelt werden. Untersuchungen beziehen sich deshalb hauptsächlich auf das *mot. ↗Lernen* (Erlernen von Fertigkeiten). Auch bei solchen Aufgaben erzielt mentales Training unterschiedlicher Art beachtliche positive Effekte.

Zur Erklärung der positiven Wirkungen werden verschiedene Faktoren herangezogen: implizite mot. Reaktionen, Verbalisieren, Übernahme von Arbeitstechniken usw. ↗Übung.

Lit.: Ulich, E.: Das Lernen sensumotorischer Fertigkeiten. In: **R. Bergius** (Hrsg.): Hdb. der Psychol., Bd. 1, 2. Halb-Bd. Göttingen, [2]1969, 337–339.

F. Merz

Lernen, motorisches. Das m. L. bezeichnet den Erwerb von Verhaltensmöglichkeiten, die durch mot. Leistungen (z. B. Klavierspielen, Radfahren usw.) definiert sind. Die Unterscheidung zu anderen Arten des Lernens ist nicht immer eindeutig, weil meistens auch mot. Funktionen beteiligt sind (z. B. Erlernen eines Umwegs); jedoch sind einige Lernarten oder -typen (verbales Lernen, Erwerb kognitiver Strukturen) klar ausgeschlossen. Ergebnisse des m. L. sind (mot.) *Fertigkeiten.*

Das m. L. wird als Bildung von *Ketten* zwischen einzelnen Bewegungseinheiten beschrieben; jedoch erfolgen die einzelnen Bewegungen hochgeübter Fertigkeiten rascher, als das bei der Abfolge einzelner Signal-Reaktions-Einheiten möglich wäre. Es muß deshalb angenommen werden, daß die einzelnen mot. Muster zu übergeordneten Einheiten zusammengefaßt werden, wobei die sensorische Kontrolle über den Erfolg der einzelnen Bewegung teilweise aufgegeben wird. Bei einfachen Handbewegungen z. B. nimmt man an, daß die Bewegungsausführung über mindestens zwei sensorische Systeme nach Art von Regelkreisen kontrolliert wird: Im Verlauf des Lernprozesses wird die visuelle Kontrolle *(exterozeptive ↗Rückmeldung)* zugunsten eines inneren ↗Regelkreises *(propriozeptive Rückmeldung)* rückgebildet.

Alle mot. Lernprozesse können als Ausbildung zunehmend komplexerer *Koordinationsleistungen* aufgefaßt werden, die sowohl die Koordination zwischen verschiedenen Bewegungen als auch die zwischen Muskelbewegung und Sensorik betreffen. Im ersten Lebensjahr ist *sensumotorisches Lernen* (↗Sensumotorik) von bes. Bedeutung, wie vor allem Piaget (1948) hervorhebt; jedoch treten auch im weiteren Verlauf der ↗Entwicklung neue sensumotorische Leistungen auf. Die einschlägigen Untersuchungen beziehen sich in der Mehrzahl auf praktisch-relevante Fragestellungen (Sport, Steuerleistungen usw.). ↗Motorik.

Lit.: Fitts, P. M.: Perceptual-motor skill learning. In: **A. W. Melton** (ed.): Categories of human learning. New York, 1964; **Piaget, J.:** Psychol. der Intelligenz. Zürich, 1948; **Vossius, G.:** Experimentelle Untersuchungen über die gezielte Handbewegung des Menschen. Akad. Wiss. Lit. Mainz, Math.-Naturwiss. Klasse. Wiesbaden, 1957.

F. Merz

Lernen, perzeptives. *Perzeptives* (gelegentlich auch perzeptuelles) Lernen bezeichnet die Änderung von Verhaltensmöglichkeiten, die sich aus *Änderungen der ↗Wahrnehmung* ergeben. Die Frage der Existenz des p. L. spielte eine bes. Rolle für die *Empirismus-Nativismus-Diskussion* innerhalb der Wahrnehmungspsychologie. Von p. L. wird zweckmäßigerweise unterschieden Lernen auf dem Wege der Wahrnehmung *(↗Lernen, mentales).*

↗Brillenversuche sind typisch für Exp. zum p. L.: Durch eine geeignete Anordnung (Prismen, Spiegel) wird die Wahrnehmung systematisch gestört, das Umweltbild etwa „auf den Kopf gestellt"; durch p. L. wird die Störung nach einiger Zeit ganz oder teilweise kompensiert, die Vp sieht wieder aufrecht. Inzwischen ist jedoch gut belegt, daß diese Reorganisation der gestörten Wahrnehmung vom Ausmaß der mot. Aktivität der Vp abhängt. Bei reduzierter Motorik (Vp sitzt ruhig, Kopf ist fixiert) ergeben sich spezielle *motorische* Anpassungsprozesse (die Hand zeigt z. B. an eine Stelle, welche den geänderten Wahrnehmungsbedingungen entspricht), ohne daß die Wahrnehmung verändert wird. Die Frage, ob mot. oder p. L. stattgefunden hat, läßt sich dadurch entscheiden, daß die Art der ↗Mitübung geprüft wird: Bei p. L. generalisiert der Lernerfolg über verschiedenen mot. Effektoren, etwa von einer Hand zur anderen.

Eine *speziellere* Verwendung des Begriffes p. L. liegt vor, wenn darunter die zunehmende Spezifizierung der Wahrnehmung bei gleichbleibender physik. Reizkonstellation verstanden wird.

Lit.: Epstein, W.: Varieties of perceptual learning. New York, 1967; **Kohler, I.:** Über Aufbau und Wandlungen der Wahrnehmungswelt, insbesondere über „bedingte Empfindungen". Österreich. Akad. Wiss., Phil.-hist. Klasse, 227–1. Wien, 1951; **Wohlwill, J. F.:** The definition and analysis of perceptual learning. Psychol. Rev., 1958, *65*, 283–295.

F. Merz

Lernen, produktives, Lernen mit einem Maximum an ↗Transfer (Bergius, 1964). Die Möglichkeit, gelernte Verhaltensmöglichkeiten auf andere Situationen zu übertragen, hängt u. a. (z. B. Verteilung der Wiederholungen, ↗Lernen, verteiltes) von der kognitiven Verarbeitung der Situation ab; bezeichnet man Problemlösen (↗Lernen, einsichtiges) als eine Art des Lernens, so ist von p. L. zu reden, wenn das gefundene Lösungsprinzip auf andere Situationen übertragen werden kann.

Lit.: Bergius, R.: Übungsübertragung und Problemlösen. In: **R. Bergius:** (Hrsg.): Hdb. d. Psychol., Bd. 1, 2. Halb-Bd. Göttingen, 1964, 321.

F. Merz

Lernen, relationales. Von r. L. wird gesprochen, wenn Verhalten nicht von bestimmten einzelnen Signalen, sondern von der *Relation zwischen* zwei oder mehreren *Signalen* abhängt: In typischen Exp. wird die Wahl des größeren (oder helleren usw.) von zwei Objekten belohnt, wobei alle anderen Signalparameter, etwa Entfernung oder Lage, so variiert werden, daß keine unmittelbare Signal-Reaktions-Verbindung aufgebaut werden kann. Andere Exp. erfordern die Wahl des *abweichenden* Objektes unter einer Reihe gleicher *(oddity problem)* oder die Wahl jenes von zwei Objekten, das einem dritten gleich ist *(Vergleichsverhalten, matching behavior).*

In etwas komplexeren Versuchen wird geprüft, in welcher Weise die erlernte Relation übertragen wird: Nachdem etwa die Wahl eines Quadrats von mittlerer Größe erlernt wurde, wird in einer neuen Serie das größte weggelassen und ein neues kleinstes Quadrat hinzugefügt; wenn jetzt wiederum das mittlere Quadrat gewählt wird, so spricht man von *Transpositionsverhalten.* Wiederum komplexer sind Versuche, bei welchen Signale verwendet werden, die gleichzeitig nach zwei Dimensionen, etwa Farbe und Form, variieren; geprüft wird hier, ob *Umlernen* schneller vor sich geht, wenn die Bedeutungsänderung innerhalb der relevanten Signaldimension erfolgt *(vollständiges Umlernen, reversal shift)* oder wenn die zweite Signaldimension für die Belohnung maßgebend wird *(unvollständiges Umlernen, non reversal shift).*

Die theoretische Interpretation solcher Versuche bezieht sich meistens auf die Frage, ob Lernen unter den jeweiligen Bedingungen als Erwerb von Signal-Reaktions-Verbindungen oder durch die Annahme vermittelnder Prozesse zu interpretieren ist. Eindeutige Interpretationen sind schwierig, weil verschiedene Annahmen über die ↗Generalisation erlernter Reaktion *(Generalisationsgradient)* gemacht werden können und weil durch den jeweils ersten Lernversuch *Lerneinstellungen* (Lernhaltungen, learning sets) erworben werden, die späteres Lernen spezifisch beeinflussen.

Lit.: Hebert, J. A. & D. L. Krantz: Transposition. A reevaluation. Psychol. Bull., 1965, *63*, 244–257; **Kaminski, G.:** Ordnungsstrukturen und Ordnungsprozesse. In: **R. Bergius:** (Hrsg.): Hdb. der Psychol., Bd. 1, 2. Halb-Bd. Göttingen, [2]1969, 373–389.

F. Merz

Lernen, rezeptives. Der wenig gebrauchte Ausdruck bezieht sich auf das *Einordnen* sinnvollen Materials in bereits vorhandene Kenntnisse und entspricht weitgehend den Termini *Apperzeption* oder *Apprehension* der scholastischen Philosophie. *F. Merz*

Lernen, sequentielles. Das s. L. bezeichnet den Erwerb einer geordneten Reihe von Verhaltensweisen; bevorzugte Versuchsanordnungen sind Erlernen von Wortreihen und Labyrinthen. Soweit zwischen seriellem (serialem) und s. L. unterschieden wird, versteht man unter s. L. den Erwerb einer Anzahl *einzelner Sequenzen* (im einfachsten Fall Paar-Assoziationen), unter *serialem Lernen* den Erwerb einer *einzigen Serie* von Elementen; im letzteren Fall kann schließlich der Ausdruck serial auf die verwendete Methode eingeschränkt werden, so daß zwischen serialer Darbietung und serialer Wiedergabe unterschieden werden kann. Besonderheiten des s. L. finden sich meistens sowohl bei verbalen als mot. Aufgaben (z. B.

Positionseffekte); jedoch werden beide Lernarten meistens getrennt abgehandelt.

Lit.: Dixon, T. R. & D. L. Horton: Verbal behavior and general behavior theory. Englewood Cliffs, 1968; **Osgood, C. E.:** Method and theory in experimental psychology. New York, 1953.

F. Merz

Lernen, sinnvolles. Von s. L. wird in zwei Bedeutungen gesprochen: 1) Die kognitive Erfassung von Regeln führt dazu, daß das Lernmaterial erlernt oder leichter erlernt wird. 2) Die allgemeinere Bedeutung eines Materials wird erlernt, ohne daß notwendigerweise die Einzelheiten vollständig wiedergegeben werden können.

In beiden Fällen setzt s. L. voraus, daß die Lernaufgabe kognitiv bearbeitet werden kann, daß also *Regeln* ableitbar sind (↗Lernen, einsichtiges); s. L. bezieht sich also auf sinnvolles Material, das jedoch auch durch mechanisches ↗Lernen angeeignet werden kann. Die Überlegenheit des s. L. gegenüber dem mechanischen läßt sich darauf zurückführen, daß beim s. L. eine geringere Informationsmenge gespeichert werden muß (es wird bei der Prüfung rekonstruiert, nicht reproduziert).

Lit.: Ausubel, D. P.: Educational psychology. A cognitive view. New York – London, 1968; **Katona, G.:** Organizing and memorizing. New York – London, 1967. *F. Merz*

Lernen, verbales, das Lernen von verbalem Material durch zumeist willkürliche und wiederholte Einprägung (Übung, Memorieren); bei der Behaltensprüfung soll auf den verbalen Reiz mit entsprechendem Verbalverhalten reagiert werden. Die Ausgangsbasis des v. L. beruht auf den klassischen Exp. von H. ↗Ebbinghaus. Es erstreckt sich vom assoziativen ↗Lernen zweier ↗sinnloser Silben bis zum Lernen der Lösungen verbal gestellter komplexer Probleme durch Einsicht. Die theoretische Betrachtung des v. L. als Stimulus-Response-Verbindungen erfährt gegenwärtig durch ↗Mediations-(Vermittlungs-)Theorien bedeutende Erweiterungen. *F.-C. Schubert*

Lernen, verteiltes (verteilte Übung). Beim v. L. wird die Gesamtzahl der Lerndurchgänge durch Pausen auf eine längere Zeit verteilt; im Ggs. dazu folgen beim *massierten ↗Lernen (massierte Übung)* die Lernvorgänge einander unmittelbar. *F. Merz*

Lernende Automaten ↗Automaten, lernende.

Lernerfolgsfunktion, die von der ↗kybernetischen Päd. entwickelte, negativ beschleunigte ↗Lernkurven erklärende Beziehung $p(t) = 1-(1-p(o)) \cdot e^{-\eta C_v \cdot t/I}$, wobei p(t) den Lernzustand nach der Unterrichtszeit t, p(o) den Zustand vor Unterrichtsbeginn durch den Prozentsatz des jeweils bekannten Anteils an der gesamten ↗Information I des Lehrstoffs bezeichnet. C_v ist die Zuflußgeschwindigkeit zum Gedächtnis (Lerngeschwindigkeit), η die (zwischen 0 und 1 liegende) Effizienz des Unterrichts. *H. Frank*

Lernerfolgsmessung. Zur Überprüfung der *Lerneffizienz* eines ↗Lehrprogramms werden die ↗Adressaten im allg. nach dem Lehrprogramm einem *Lernerfolgstest* (meistens Testfragen mit Alternativantworten) unterzogen. Das Maß für den Lernerfolg ist der erreichte durchschnittliche Gesamtpunktwert bzw. die Differenz zwischen dem Vor- und dem Nachtest. Bei der w-t-Didaktik (Frank, 1969) wird der durch den Nachtest geprüfte Ist-Wert an einem festgesetzten Soll-Wert gemessen, der angibt, mit welcher Wahrscheinlichkeit (Prozentsatz der Adressaten bzw. der Basaltextsätze) die einzelnen Basaltextsätze gelernt sein sollen.

Der Lernerfolg läßt sich auch mit dem Rateverfahren nach K. Weltner messen; er entspricht der durch das Lehrprogramm bewirkten Abnahme der subj. ↗Information des ↗Basaltextes. Diese Differenz wird auch als *didaktische* ↗Transinformation bezeichnet.

Lit.: Frank, H.: Kybernetische Grundlagen der Pädagogik, Bd. 1 und 2. Baden-Baden, [2]1969. *H. Illner*

Lernfähigkeit. Angenommene Persönlichkeitseigenschaft, auf welche die individuellen Unterschiede im Lernerfolg bei verschiedenen Lernaufgaben oder verschiedenen Lernmaßen (Lerngeschwindigkeit, -menge, -güte) zurückgehen sollen. Empirische Untersuchungen haben die Annahme einer einzigen derartigen L. eindeutig widerlegt (vgl. Pawlik, 1968. Kap. 13).

Lit.: **Arnold, W.**: Begabung und Bildungswilligkeit. München, 1968; **Pawlik, K.**: Dimensionen des Verhaltens. Bern, 1968.

K. Pawlik

Lernhaltungen, *learning sets.* Der Begriff learning set stammt von Harlow (1949) und bezeichnet eine Leistungsverbesserung über eine Problemserie mit verschiedenen Reizen, die eine gemeinsame Lösungsgrundlage haben. Beim *Unterscheidungslernen* z.B. wird die simultane Unterscheidung von jeweils verschiedenen Reizpaaren in vielen Problemen geübt. Bei kleiner und konstanter Versuchszahl wird in jedem Problem die Wahl eines zufällig bestimmten Reizes belohnt, bis jedes neue Problem nach einer einzigen Darbietung gelöst wird. Restle (1962) und Levine (1963) erklären die Ausbildung von L. bei Primaten durch symbolische Prozesse.

Lit.: **Harlow, H. F.**: The formation of learning sets. Psychological Review, 1949, *56*, 51–65; **Levine, M.**: Mediating processes in humans at the outset of discrimination learning. Psychological Review, 1963, *70*, 254–276; **Restle, R.**: The selection of strategies in cue learning. Psychological Review, 1962, *69*, 329–343.

H. Giesen

Lernkurven *(Lernplateau).* Zur Darstellung des Lernfortschritts in aufeinanderfolgenden Darbietungen des Lernmaterials oder aufeinanderfolgenden Durchgängen können L. konstruiert werden. Voraussetzung für die Konstruktion einer L. sind *konstante* Lernbedingungen in den einzelnen Durchgängen (z. B. gleiche Motivationslage) und ein über alle Durchgänge hin *verwendbares Maß* des Lernfortschritts. Die durch Mittelwertbildung (individuelle Schwankungen) und Relativierung der Anzahl der individuellen Durchgänge erlaubte Addition der Lernleistungsdaten ermöglicht das Darstellen von L. (Vincent-Kurven), die man in vier Typen einteilen kann: 1. *lineare* Kurven; 2. *positiv beschleunigte* Kurven (nach oben gewölbt); 3. *negativ beschleunigte* Kurven (zur Abszisse gewölbt); 4. *S-förmige* Kurven mit positiv und negativ beschleunigten Abschnitten.

Zwei für den Kurventyp entscheidende Variablen dürften die Komplexität des Lernmaterials und das Stadium des ↗Lernens sein.

In einem früheren Übungsstadium wird man eher positiv, in einem späten Übungsstadium negativ beschleunigte Kurven erhalten. Dazwischen können mehr oder weniger ausgedehnte Abschnitte liegen, in denen kein Lernzuwachs zu beobachten ist, sog. *Lernplateaus.*

Interpretationen von L. sind deswegen problematisch, weil unklar ist, inwieweit jede L. ein Artefakt einer bestimmten Auswertungsmethode ist. ↗Lernerfolgsmessung.

Lit.: **Bergius, R.** (Hrsg.): Hdb. der Psychol., Bd. 1, 2. Halb-Bd. Göttingen, [2]1969; **Osgood, E.**: Method and theory in experimental psychology. New York, 1953.

M. Bartl

Lernmaschine ist ein System zur Objektivation von Lernprozessen. Meist simulieren lernende ↗Automaten die Ausbildung der bedingten Reflexe (↗Konditionierung) oder das ↗Lernen durch Versuch und Irrtum. Irreführenderweise wird der Ausdruck häufig auch als Synonym von ↗Lehrmaschine verwendet.

H. Frank

Lernmatrix, ein von Steinbuch (1961) angegebenes elektronisch realisierbares Lernsystem, das zunächst im *Lern*-Betrieb beliebige Zuordnungspaare speichert. Im *Kann*-Betrieb bestimmt die L. durch eine Extremwertschaltung nach Ähnlichkeitskriterien das andere Zuordnungselement zu einem eingegebenen: Wird ein nicht gespeichertes Element eingegeben, so gibt die L. das Zuordnungselement jenes Elements aus, das dem angebotenen am ähnlichsten ist. So kann die für menschliche Lernprozesse wesentliche ↗Superierung durch Klassenbildung simuliert werden. – ↗Automaten, lernende; ↗Programmierte Instruktion.

Lit.: **Steinbuch, K.**: Lernende Automaten. München, 1961.

H. Riedel

Lernmethoden. Bei der Aneignung von Lernstoffen können je nach Lerntyp unterschiedliche L. zum Zwecke der obj. oder subjektiv vermeintlichen Steigerung der Effektivität des Merkens und Behaltens angewandt werden. Hierzu gehören das Verknüpfen des Lernmaterials mit bekannten Sinn- und Bedeutungsgehalten, die ganzheitliche oder teilinhaltliche Aneignung, die zeitliche Verteilung der Lernarbeit und der systematische Wechsel zwischen Eindrucks- und Ausdrucksphasen.

Lit.: Bergius, R.: Die Bedeutung der objektiven und phänomenalen Strukturiertheit für das Lernen. Bericht 22. Kongreß d. DGP (1959), hrsg. von H. Thomae. Göttingen, 1960; **Katona, G.:** Organizing and Memorizing. New York, [2]1949.

H. Schröder

Lernmotivation. Leistungssteigerung ohne optimale ↗Motivation ist auf die Dauer unmöglich. Die primitivste Form der L. besteht in der Schaffung von Zwangslagen, wobei „Druck-Barriere-Situationen" und „Ziel-Zug-Situationen" zusammenwirken (W. Metzger). H. Roth und W. Correll haben mit der Analyse der *primären* und *sekundären Motive* (sach-, personorientiert) weitere theoretische Ansätze geschaffen (↗intrinsisch – extrinsisch). Die Auffassung einer *Selbstzweckdynamik* beim Schüler als Motivfaktor ist nach Rosenfeld (1966) in der westlichen Päd. verbreitet, indes der Osten vor allem biologistische und dialektische Auffassungen vertritt (Analogie zum Widerspruchsprinzip). Arnold (1970) hat ein vorläufig-theoretisches L.modell entwickelt, wobei er die Faktoren emotionale Spannung E, Antriebsstärke I und Hemmung R vektoriell in Beziehung setzt:

$$I = \frac{E}{R}.$$

Lit.: Arnold, W.: Ein vorläufig-theoretisches Motivationsmodell more psychophysico. Psychol. Beitr. 1970, XII, 2; **Rosenfeld, G.:** Theorie und Praxis der Lernmotivation. Berlin, 1966.

E. Ullrich

Lernplateau ↗Lernkurven.

Lernstörungen lassen sich als die Diskrepanz zwischen einem erwarteten und tatsächlich erreichten Lernniveau beschreiben. Art und Umfang der Abweichung wird bestimmt von der Individual- und Populations-Norm sowie objektiv sachlichen Normen. Zur Erklärung von L. werden herangezogen neben Klassifikationsmodellen (Variablengruppen wie soziokulturelle Voraussetzungen, Familienstruktur, familiale Sozialisation, Schulstruktur, Interaktionsprozesse in der Schule, Persönlichkeit des Schülers) individuumzentrierte Ansätze (Konzepte der organischen Ursachen wie der ↗Teilleistungsschwächen, tiefenpsychologische Erklärungen), interaktionistische Ansätze (↗Labeling-Prozeß, humane Selbstverwirklichung, Entwicklung kognitiver Komplexität) sowie transaktional-ökologische Ansätze.

Entsprechend der jeweiligen Theorieperspektive leiten sich unterschiedliche diagnostische und therapeutische Maßnahmen ab. Zunehmende Aktualität gewinnt das Prinzip der Prävention: es sollen die Ursachen möglicher L. rechtzeitig identifiziert und beseitigt werden.

Lit.: Ayres, A. J.: Lernstörungen. Berlin – Heidelberg – New York, 1979; **Hanke, B., Huber, G. L. & H. Mandl:** Aggressiv und unaufmerksam. München, [2]1978; **Huber, G. L. & H. Mandl:** Erklärungsansätze für Schulschwierigkeiten. Unterrichtswiss., 1977, 5, 305–316; **Zielinski, W.:** Lernschwierigkeiten – Erklärungs- und Behandlungsansätze. Stuttgart, 1980.

H. Mandl

Lerntest, Testkonzept der ↗Prozeßdiagnose, das im Gegensatz zu Statustests eine Pädagogisierungs- bzw. Lernphase enthält. Varianten resultieren u. a. aus deren Gestaltung und der Testdauer. Verfahrentypische Erwartungen sind: Erhöhung der Prädiktion, bessere Verhaltensrepräsentativität, angemessenere Testapplikation bei testunerfahrenen und sozial benachteiligten Probanden. Definitorische und meßtheoretische Probleme bedürfen einer weiteren Klärung.

Lit.: Guthke, J.: Zur Diagnostik der intellektuellen Lernfähigkeit. Stuttgart, 1977; **Kormann, A.:** Lerntests – Versuch einer kritischen Bestandsaufnahme. Ber. 31. Kongr. der Dt. Ges. für Psychol. Göttingen, 1979, Bd. 2.

A. Kormann

Lerntheorie(n). Die Bezeichnung *„Lerntheorien"* ist insofern irreführend, als diese Theorien nicht ausschließlich im Hinblick auf die Erklärung und systematische Darstellung des Lernprozesses formuliert sind. Es handelt sich vielmehr um mehr oder minder allg. *Verhaltenstheorien,* welche lediglich von der einen gemeinsamen Voraussetzung ausgehen, daß Umwelteinflüsse, die in Lernprozessen ihren

Niederschlag finden, für das Verständnis der Anpassung des Individuums an seine Umgebung von zentraler Bedeutung sind. Die ersten Versuche zur Formulierung solcher L. fallen mit dem Beginn der expt. Lernforschung zusammen. Wenn auch die Kenntnisse der empirischen Bedingungen des Lernprozesses bescheiden waren, glaubte man trotzdem die Gesetzmäßigkeiten der Einprägung und des ↗Gedächtnisses zu kennen: in den *Assoziationsgesetzen* waren die Mechanismen der Verknüpfung von Inhalten beschrieben, und C. Darwins *Entwicklungstheorie* (↗Darwinismus) bot sich als brauchbares Modell für die Genese neuer Verhaltensweisen an. So wie die Entstehung der Arten als Folge von Selektion und Mutation begriffen werden konnte, ließ sich auch der Lernvorgang als Folge eines Auswahlprozesses verstehen, wenn es gelang, die Bedingungen anzugeben, unter denen die Verhaltensselektion erfolgte.

Da die Konzeption der ersten Lernexperimente (Ebbinghaus, 1885; Thorndike, 1898) weitgehend von diesem Vorverständnis der Lernmechanismen geprägt war, konnte ihr Erfolg als Rechtfertigung der Voraussetzungen aufgefaßt werden. Für die weitere Entwicklung der Lernpsychol. war dies von entscheidender Bedeutung.

Unter den „klassischen" L. lassen sich zwanglos mehrere Gruppen bilden. Üblicherweise unterscheidet man:

S-R-Theorien. Ihnen ist die Auffassung gemeinsam, daß Lernen in einer Verknüpfung von *Reizen* (stimuli, S) und *Reaktionen* (responses, R) besteht. Je nach der Art der Zusatzmechanismen, die angenommen werden, spricht man von S-R-Verstärkungstheorien und S-R-Kontiguitätstheorien.

S-R-Verstärkungstheorien. a) E. L. ↗Thorndikes Verknüpfungstheorie (connectionism) (Thorndike, 1913; 1932): Wird der Organismus in eine Problemsituation gebracht, so reagiert er darauf – dank seiner instinktiven Ausstattung oder aufgrund früher gelernter Verhaltensweisen – so lange auf die ihm mögliche Art, bis eine seiner Reaktionen zufällig zum Erfolg führt (Versuch-Irrtum-Verhalten; trial and error). Hervorstechende Merkmale der Situation werden dabei u. U. mit größerer Wahrscheinlichkeit beachtet, wodurch Lösungen möglich werden, die den Charakter „einsichtsvollen" Verhaltens tragen, ohne aufgrund von „Einsicht" zustande gekommen zu sein (Prinzip der vorherrschenden Elemente). Neue Verhaltensgewohnheiten werden aufgrund der Verknüpfung von *Situation*(smerkmalen) und *Reaktion*(en) gebildet, wenn diese unmittelbar von einem „befriedigenden Gesamtzustand" (satisfying state of affairs) gefolgt wird. Dadurch wächst ihre Stärke und damit die Wahrscheinlichkeit, daß bei nächster gleichartiger Gelegenheit die zugeordnete Verhaltensweise wiederum auftritt ↗*Effektgesetz*. Negative Verhaltenskonsequenzen (annoying state of affairs), welche die Koppelung von Situation und Reaktion in geringem zeitlichem Abstand begleiten, verringern die Wahrscheinlichkeit des Wiederauftretens der Reaktion. Hatte Thorndike ursprünglich (1913) noch angenommen, daß dies auf eine Verminderung der Verknüpfungsstärke zurückzuführen sei, gab er später (1932) diese Erklärung auf, ohne freilich damit die zentrale Stellung des Gesetzes des Effektes fallenzulassen, die er ihm unter anderen „Gesetzen" und Prinzipien des Lernprozesses einräumte (Gesetz der Übung: law of exercise; Gesetz der Bereitschaft: law of readiness; die Prinzipien der Zusammengehörigkeit [belongingness], Einprägsamkeit [impressiveness], Verfügbarkeit [availability] usw.). Obwohl in den meisten L. „Prinzipien des Effektes" (und damit „Selektionskriterien" für die Einprägung von Verhaltensweisen) formuliert sind, besteht – wie Postman (1947) gezeigt hat – die Gefahr eines logischen Zirkels: Werden die „befriedigenden Endzustände" als Bedingungen verstanden, bei denen „das Tier nichts unternimmt, um sie zu vermeiden, aber oft bestrebt ist, sie zu erreichen oder zu erhalten" (Thorndike, 1913, 123), besagt das Gesetz nur: „Das Tier tut das, was es tut, weil es das tut."

b) C. L. ↗Hulls systematische Verhaltenstheorie stellt – in mancher Hinsicht Thorndikes Konzeption verwandt – den ersten konsequenten Versuch dar, aus einer Reihe allgemeiner Annahmen empirisch prüfbare

Aussagen abzuleiten (hypothetiko-deduktives Verfahren) und damit zu einer geschlossenen Theorie zu gelangen (Hull, 1943). Das System ist – in seiner letzten Fassung (Hull, 1952) – in 17 *Postulate* und 17 beigeordnete, meist aber nicht unmittelbar aus den Postulaten abgeleitete *Corollarien* gegliedert, die verbal und in Form von Gleichungen ausgedrückt sind. Über beobachtbare Tatbestände sind überdies 133 Sätze *(Theoreme)* formuliert. Trotz der Komplexität des Systems beruht es auf wenigen *unabhängigen* und *abhängigen* und mit diesen funktional verknüpften, nicht unmittelbar beobachtbaren ↗*intervenierenden Variablen.* Als *unabhängige Variable* gelten u. a.: *Reize* (Stimuli [S], die im Prinzip als physikalisch bestimmbare Größen angesehen werden); die *Anzahl* (N) der bisherigen *Verstärkungen* (reinforcements), d. h. der bedürfnismindernden Konsequenzen einer bestimmten Reaktion (↗Bekräftigung). Ihnen stehen als *abhängige Variable* und damit als Masse des Lernprozesses gegenüber: die *Reaktionslatenz* (${}_{S}t_{R}$), die *Reaktionsamplitude* (A) und die *Reaktionsfrequenz* (n). Dazu kommen als wichtigste *intervenierende Variable: Habitstärke* (${}_{S}H_{R}$), *Antrieb* (D), ↗*reaktive Hemmung* (I_R), ↗*konditionierte Hemmung* (${}_{S}I_{R}$) und *Reaktions-* (${}_{S}E_{R}$) und *Hemmungspotential* (${}_{S}I_{R}$). Innerhalb des Systems sind (neben den Aussagen über *primäre* und *sekundäre Motivation,* über *sekundäre Verstärkung,* über die Zusammensetzung des *Reaktionspotentials,* über den Mechanismus der *Hemmung* und die Bedingungen, unter denen *Reiz-* und ↗*Reaktionsgeneralisation* auftreten) die beiden folgenden Postulate von besonderer Bedeutung:

„Postulat 3. Primäre Verstärkung

Wenn eine Reaktion (R) eng mit einer Reizspur (s) assoziiert ist und die Reiz-Reaktions-Verbindung mit einer raschen Verminderung des Triebreizes (S_D) assoziiert ist, wird die Tendenz dieser Reizspur (s) anwachsen, jene Reaktion (R) auszulösen“ (gekürzte Fassung; Hilgard, 1956, 128).

„Postulat 4. Habitstärke (${}_{S}H_{R}$) *als eine Funktion der Verstärkung*

Die Habitstärke (die Tendenz einer Reizspur, eine assoziierte Reaktion auszulösen) wächst als ansteigende, negativ beschleunigte Funktion der Anzahl der Versuchsdurchgänge, vorausgesetzt, daß die Versuchsdurchgänge gleichmäßig verteilt sind, in jedem eine Verstärkung erfolgt und alle anderen Bedingungen konstant bleiben“ (gekürzte Fassung; Hilgard, 1956, 131).

Für die Integration der einzelnen – isoliert gelernten – Reaktionen macht Hull die teilweise *Vorwegnahme der Zielhandlung* (fractional antedating goal response, r_G) verantwortlich, durch die gleichzeitig neue (propriozeptive) Stimuli erzeugt werden (s_G). Diese selbstproduzierten Stimuli bilden nicht nur die Grundlage für die hierarchische Gliederung der Habits (habit-family hierarchy), sondern bieten auch die Möglichkeit, kognitive Prozesse ohne Zuhilfenahme von Zusatzannahmen zu erklären (Hull, 1952). Mit besonderer Konsequenz wird dieser Weg etwa in der Mediationstheorie von C. E. Osgood (1954) beschritten, in der der r_G-s_G-Mechanismus zur Erklärung der Genese *von Bedeutungen* herangezogen wird.

2. *S-R-Kontiguitätstheorie.* Auf dem Hintergrund von I. P. ↗Pawlows (1953) physiol. (siehe unten) und J. B. Watsons (1914) „behavioristischem“ Ansatz konzipierte E. R. Guthrie (1952) eine Theorie des *instrumentellen* ↗*Lernens,* in der die Verstärkung einer S-R-Verbindung nur eine sekundäre Rolle spielt. „Eine Kombination von Reizen, welche gleichzeitig mit einer Bewegung wirksam war, wird bei ihrem Wiederauftreten die Tendenz haben, von jener Bewegung gefolgt zu werden“ (Guthrie, 1952, 23), wobei das Reizmuster bereits bei seiner ersten Koppelung mit der Reaktion seine volle assoziative Stärke erhält. Die Tatsache, daß ↗Lernkurven einen graduellen Zuwachs zeigen, führt Guthrie auf die Komplexität der beobachteten Handlungen zurück, aus denen die zu lernenden Einzelbewegungen nicht mehr ablesbar sind. Die Bedeutung der Verstärkung liegt ausschließlich in ihrer Unterbrechungsfunktion: da durch sie der Versuchsdurchgang beendet wird, verhindert sie, daß nach den letzten, d. h. erfolgreichen Bewegungen neue S-R-Verknüpfungen gebildet werden.

Theorie der klassischen Konditionierung. Von Pawlow (1953) ursprünglich als Theorie zur Erklärung der „Bewegungsgesetze der Nervenprozesse" formuliert, „mit denen die bedingt-reflektorische Tätigkeit des Gehirns realisiert wird" (Leontjew, 1967, 12), handelt es sich trotz der zahlreichen neurophysiol. Bezüge um eine Lerntheorie. Die Anpassung des Verhaltens an die Umwelt geschieht danach auf der Grundlage der Ausbildung *bedingter Reflexe.* Infolge wiederholter zeitlicher Kontingenz zwischen neutralen Stimuli (konditionalen Reizen) und unbedingten Reflexauslösern (unkonditionierten Reizen) beginnt das Lebewesen auch auf jene „Reize zu reagieren, die an sich keine biol. Bedeutung haben" (Leontjew, 1967, 13). Damit werden sie zu *Signalen erster Ordnung.* Aufgrund der gleichen physiol. Schließungsmechanismen kann sich aber auch ein System von „Signalen der Signale" bilden (*zweites Signalsystem:* ↗Sprache), das eine „Abstraktion der Wirklichkeit" (Pawlow, 1953a, 466) darstellt. Im Anpassungsprozeß spielt dabei der ↗*Orientierungsreflex,* durch den die Zuwendung zu neuen Objekten gesteuert wird, eine bes. wichtige Rolle. Der Entstehung und Interaktion von kortikalen Erregungsherden, auf welchen diese „positiven" Lernvorgänge beruhen, wirken zentrale Hemmungsprozesse (↗Hemmung) entgegen, wobei die *äußere Hemmung* dadurch zustande kommt, „daß gleichzeitig und während der Arbeit . . . (eines) Zentrums durch die Reizung anderer afferenter Nerven oder durch andere automatische Reizungen irgendein anderes Zentrum in Tätigkeit versetzt worden ist" (Pawlow, 1953b, 36). Demgegenüber wird die *innere Hemmung* unmittelbar auf hemmende physiol. Begleiterscheinungen des Innervationsprozesses zurückgeführt. Wie im Falle der Generalisation bedingter Reize *(Irradiation der Erregung)* kann es dabei auch zu einer *Hemmungsirradiation,* d. h. zur Ausbreitung der Hemmung über weite Teile des Kortex, kommen.

Theorie der operativen Konditionierung. In B. F. Skinners „deskriptiver" L. (1938) spielt – wie bei ↗Thorndike, ↗Hull und ↗Pawlow – die *Verstärkung* eine wesentliche Rolle, ohne daß dafür freilich bestimmte Wirkungsmechanismen verantwortlich gemacht werden. Jeder Aspekt der Umwelt, von dem feststeht, daß er das Verhalten zu beeinflussen vermag, gilt als *Verstärker.* Beruht nun der Lernprozeß auf einer (verstärkten) Koppelung von Reizen und den durch sie ausgelösten Reaktionen, spricht Skinner von *Konditionierung vom Typ S.* Wichtiger sind indessen Veränderungen der Wahrscheinlichkeit jener Klasse von Verhaltensweisen (operant), für die sich keine Auslösereize identifizieren lassen. Diese *operative (operante) Konditionierung (Konditionierung vom Typ R)* gehorcht u. a. dem folgenden Gesetz: „Wenn das Auftreten eines Operanten von der Darbietung eines verstärkenden Reizes gefolgt ist, nimmt seine Stärke zu" (Skinner, 1938, 21). Dadurch wird ein spezifisches Handlungspotential gebildet, von dem es z. B. abhängt, wie häufig und mit welcher Geschwindigkeit die Handlung in Zukunft ausgeführt wird, wobei einzelne Stimuli steuernde Funktion übernehmen können. Das Prinzip der operativen Konditionierung gestattet auch die Behandlung komplexer Anpassungsprozesse, wie etwa der Verhaltensformung (shaping of behavior). ↗Konditionierung.

Kognitive Lerntheorien. Hierzu zählen mehrere, untereinander verschiedene Ansätze, denen vor allem die Kritik an allen S-R-Modellen und die Betonung von Wahrnehmungs- und Repräsentationsprozessen gemeinsam sind. Als L. hat vor allem E. C. Tolmans „purposive behaviorism" Bedeutung erlangt. Danach ist jede Situation für den Organismus durch verschiedene *Zeichen* (signs) gegliedert, welche den Weg zu bestimmten Zielen oder Zielobjekten *bezeichnen* (significate). Zeichen und Bezeichnetes stehen in räumlicher Beziehung zueinander *(Zeichen-Gestalt;* sign-gestalt). Verfügt der Organismus für eine gegebene Situation über keine spezifische Zeichen-Gestalt, werden *Erwartungen* aktiviert. Diese dürfen nicht als bewußte Antizipationen verstanden werden, sie sind vielmehr als Zeichen-Gestalten aufzufassen, die in früheren, ähnlichen Situationen ausgebildet wurden. Je nachdem, ob die aufgrund der Erwartung eingeschlagene Route zum Ziel führt oder nicht, wird die Erwartung und damit indirekt das Verhalten bestätigt (confirmed). Dadurch wächst die Tendenz, bei einer Wiederholung der Situation das Ziel mit der gleichen Klasse von Handlungen anzustreben.

Das Bild, das die L. gegenwärtig bieten, ist kaum einheitlicher geworden, obwohl an die Stelle der umfassenden Verhaltenstheorien *Modelle* mit bescheidenerem Geltungsanspruch getreten sind. Bezeichnenderweise werden diese neuen Formulierungen in der Regel nicht mehr „Lerntheorien" genannt. Sieht man von den Versuchen der Modifikation und Erweiterung älterer systematischer Ansätze (z. B. der Theorie der klassischen Konditionierung durch Anokhin, 1969, u. a.) ab, sind die theoretischen Bemühungen im Bereich der Lernpsychol. augenblicklich durch folgende Merkmale zu kennzeichnen: 1) durch die Einschränkung auf eine systematische Verarbeitung von Teilgebieten, wie sie etwa in den sog. *Miniaturmodellen* (etwa des Paarlernens; Bower, 1962) ihren Ausdruck findet; 2) durch eine Tendenz zu einer verstärkten Formalisierung der Ansätze, sei es in der Form *probabilistischer Lernmodelle* (Atkinson & Estes, 1963), sei es als Versuch der *Simulation von Lernprozessen* (Feigenbaum, 1963); 3) durch verstärkte Beachtung bisher vernachlässigter oder zuwenig gründlich bearbeiteter Lernmechanismen: Beispiele hierfür sind neuere theoretische Arbeiten zu den Phänomenen des sozialen Lernens (Bandura & Walters, 1967; ↗Sozialisierung), aber auch das intensiver gewordene Interesse an eigentlichen ↗*Gedächtnis*prozessen (Norman, 1970). Wieweit die Entwicklung der L. von den Fortschritten der angewandten Lernforschung (im Zusammenhang mit ↗Verhaltenstherapie, Unterrichtsgestaltung usw.) bestimmt werden wird, ist noch nicht abzusehen. Eine Lösung der grundsätzlichen Probleme lerntheoretischer Konzeptionen (Foppa, 1965) ist davon freilich ebensowenig zu erwarten wie von einer beschleunigten Formalisierung der Aussagen (Foppa, 1967). Offen bleibt bis auf weiteres die Frage, ob die bisherigen Ansätze zur Darstellung und Erklärung menschlicher Anpassungsprozesse genügen können. ↗Lernen; ↗Konditionierung; ↗Bekräftigung; ↗Koffka.

Lit.: Anokhin, P. K.: Cybernetics and the integrative activity of the brain. In: **M. Cole & I. Maltzman** (Eds.): A handbook of contemporary Soviet psychology. New York, 1969, 830–856; **Atkinson, R. C. & W. K. Estes:** Stimulus sampling theory. In: **D. R. Luce** (Ed.): Handbook of mathematical psychology, Vol. 2. New York, 1963, 121–268; **Bandura, A. & H. W. Walters:** Social learning and personality development. New York, 1967; **Bower, G. H.:** A model for response and training variables in paired-associate learning. Psychol. Rev., 1962, *69*, 34–53; **Ebbinghaus, H.:** Über das Gedächtnis. Leipzig, 1885; **Feigenbaum, E. A.:** The simulation of verbal learning behavior. In: **E. A. Feigenbaum & J. Feldman** (Eds.): Computers and thought. New York, 1963, 297–309; **Foppa, K.:** Lernen, Gedächtnis, Verhalten. Köln, 1965; **ders.:** Das Dilemma der Lerntheorien. Ber. 25. Kongr. DGfPsychol., 1967, 178–193; **Guthrie, E. R.:** The psychology of learning. New York, [2]1952; **Hull, C. L.:** Principles of behavior. New York, 1943; **ders.:** A behavior system. New Haven, 1952; **Leontjew, A. N.:** Learning as a problem in psychology. In: **N. O'Connor** (Ed.): Recent Soviet psychology. Oxford, 1961; **Osgood, C. E. & J. J. Jenkins:** A psycholinguistic analysis of decoding and encoding. In: **C. E. Osgood & T. A. Sebeok** (Eds.): Psycholinguistics. J. of abnormal and social psychology, 1954, *49*, 126–135; **Pawlow, I. P.:** Zwanzigjährige Erfahrungen mit dem objektiven Studium der höheren Nerventätigkeit (des Verhaltens) der Tiere. Sämtliche Werke, Bd. 3. Berlin, 1953a; **ders.:** Vorlesungen über die Arbeit der Großhirnhemisphäre. Sämtliche Werke, Bd. 4. Berlin, 1953b; **Postman, L.:** The history and present status of the law of effect. Psychol. Bull., 1947, *44*, 489–563; **Thorndike, E. L.:** Animal intelligence. Psychol. Rev. Monogr. Suppl. 2, No. 8; **ders.:** The psychology of learning. Educational psychology, Vol. 2. 1913; **ders.:** The fundamentals of learning. New York, 1932; **Watson, J. B.:** Behavior. An introduction to comparative psychology. New York, 1914.

K. Foppa

Lernzeitformel, die durch Umformung der ↗Lernerfolgsfunktion entstehende Beziehung

$$t = \frac{I}{\eta Cv} \cdot \ln \frac{1-p(o)}{1-!p},$$

nach welcher in der ↗kybernetischen Päd. die Zeit t abgeschätzt wird, welche die Lehr- bzw. Unterrichtsplanung vorsehen muß, damit ein geforderter Wissensstand (d. h. eine prozentuale Lehrstoffbeherrschung) !p erwartet werden kann. *H. Frank*

Lersch, *Philipp,* * 4. April 1898 in München, † 15. März 1972 in München. Vertreter der personbezogenen Psychologie, führender Charakterologe; lehrte an den Universitäten Leipzig, Breslau und München. Mitbegründer des Fachexamens für Diplompsychologen in Deutschland. Schriftleiter der Zeitschrift für Angewandte Psychologie und Charakterkunde; Vorsitzender der Deutschen Gesellschaft für Psychologie; vertrat in Vorlesungen und Übungen nahezu das ganze Gebiet der Psychologie: Philosophische (wertorientierte) Anthropologie, Charakterkunde, Mimik, Geschlechterpsychologie, Sportpsychologie, Forensische Psychologie. Der Hintergrund seines Systems ist die Lehre von der polar-koexistentiellen Person-Umwelt-Beziehung. Er bekannte sich zu einem weltweit offenen Psychologiesystem einschließlich des „Übersichhinausseins" (wert- und sinnbezogen).

Hauptwerke: Aufbau der Person. Berlin – Heidelberg, [11]1970; Gesicht und Seele. München, [7]1971; Der Mensch als soziales Wesen. Berlin – Heidelberg, [2]1965; Vom Wesen der Geschlechter. München, [4]1968.

W. Arnold

Lesbarkeitsgrenze. Als L. im Sinne der ↗Informationspsychologie bezeichnet man die Hyperbel $H_{sub} \cdot L = C_k \cdot T$ (H_{sub} = subjektive Information pro Textzeichen, L = Satzlänge in Zeichen, C_k = Apperzeptionsgeschwindigkeit ≤ 16 bit/sec., T = Gegenwartsdauer ≤ 10 sec.).

Ein Text heißt nach K. Weltner lesbar, wenn mindestens 90% seiner durch die Koordinaten H_{sub} und L dargestellten Sätze unterhalb der L. liegen, also je in ihrer Gesamtheit gleichzeitig bewußtseinsgegenwärtig sein können.

H. Frank

Lesbische Liebe, weibliche ↗Homosexualität. *Vorkommen:* Insgesamt und auch in schriftlosen Stammeskulturen nicht sehr verbreitet (Ford & Beach, 1968). Frauen mit homosexuellen Erfahrungen tendieren in weitaus geringerem Maße zum Partnerwechsel als homosexuelle Männer.

Einstellung und Haltung gegenüber l. L.: In fast allen Gesellschaften steht man der l. L. relativ gleichgültig gegenüber; selbst in Gesellschaften mit Homosexualität-Gesetzen wird weibliche Homosexualität nur sehr selten bestraft.

Bildungs- und Sozialschicht: Bei Studentinnen verbreiteter als bei Nicht-Studentinnen; häufiger in künstlerischen Berufen und Beschäftigungen, die dominantes Verhalten verlangen (Gebhard, 1968).

Sexuelles und psychosoziales Verhalten lesbischer Frauen ähnelt sehr dem heterosexueller Frauen; nur wenige zeigen pseudomaskulines Verhalten im ständigen Lebensstil (Verhaltensmuster und Bekleidung), die meisten Lesbierinnen verhalten sich nur für kurze Zeit und versuchsweise pseudomaskulin, obgleich sie dazu neigen, ihre Erfahrungen heterosexuellen Vorbildern nachzugestalten („butch" = Surrogat des Ehemannes = dominanter, bestimmender Teil, „fem" = Surrogat der Ehefrau = „weibliche" Tätigkeiten und Eigenschaften; häufiger Rollenwechsel). Ständige Angst vor Entdeckung und sozialer Diskriminierung ihrer sexuellen Devianz (↗Homosexualität).

Ursachen: noch weitgehend unerforscht; selten jedoch sind es spezifische sexuelle Ereignisse, die zur sexuellen Devianz führen (Verführungstheorie); hypothetisch werden ungünstige Umweltbedingungen und gestörte Familien angenommen (Simon & Gagnon, 1970). Biologische Auffassungen sprechen von physischen, genetischen, hormonellen „Fehlern", wenngleich die gegenwärtigen Forschungsergebnisse kaum für die Annahme sprechen, daß homosexuelle von heterosexuellen Frauen durch solche Charakteristika unterschieden werden könnten.

Lit.: ↗Homosexualität; weitere Lit. s. bei **Simon, W. & J. H. Gagnon:** Sexuelle Außenseiter. Hamburg, 1970.

H. Maisch

Lesen ist die optische (bei Blindenschrift taktile) Wahrnehmung von Schriftzeichen und deren Zuordnung zu einem spezifischen Bedeutungsgehalt. Dementsprechend ergeben sich Lesestörungen aus einer Unfähigkeit der gestalthaften Auffassung der Zeichen und/oder der mangelhaften Verknüpfung der Zeichen mit ihrem Bedeutungsgehalt. Die *Leselernmethoden* werden hauptsächlich in *synthetische* (ausgehend vom Buchstaben) und *analytische* (ausgehend vom Ganzwort, Ganzsatz oder Sinnganzen) unterschieden. ↗Legasthenie. *H. Schröder*

Le Sennesche Typen, auf den Grundeigenschaften Emotionalität, Aktivität und Reaktionsdauer aufbauende, das von G. Heymans und E. Wiersma begründete System erweiternde Charaktergliederung: nervös, sentimental, cholerisch, leidenschaftlich, sanguinisch, phlegmatisch, amorph, apathisch (vgl. entsprechende Stichwörter).

Lit.: Le Senne, R.: Traité de caractérologie. Paris, [4]1952.

W. Kretschmer

Lese-Rechtschreib-Schwäche (LRS) ↗Legasthenie.

Lesetests, Tests zur Überprüfung der Fähigkeit und Fertigkeit des Lesens. Die Unterteilung nach Einzel- und Gruppenverfahren ist mit einer inhaltlichen Zweiteilung verbunden. *L. als Einzelverfahren:* Der Pb. liest die in Reihen oder Sätzen dargebotenen Wörter laut vor, wobei 3 Arten von Ergebnissen ermittelt werden: Lesegenauigkeit (bezogen auf die Anzahl der richtig gelesenen Wörter), Lesetempo und Fehlerarten. Letztere können entweder Buchstabenfehler (Verwechslung, Auslassung, Hinzufügung, Umstellung) oder Wortfehler (Auslassung, Hinzufügung, Ersetzung) sein. *L. als Gruppenverfahren:* Die Pbn. haben die Aufgabe, Wörter, Sätze oder zusammenhängende Texte still zu lesen und gestellte Fragen, die sich auf das Verständnis des Gelesenen beziehen, zu beantworten (paper-pencil-test). Hierbei wird die Fähigkeit zur Sinnentnahme, der eigentliche Zweck des Lesens überprüft. Die unabdingbare Vorstufe dazu wird dagegen mit den Einzelverfahren überprüft, nämlich die Fertigkeit, das einzelne geschriebene Wort zu erlesen.

H.-P. Trolldenier

Gebräuchliche Verfahren sind der Lesetest (LT 2) von Samtleben, Biglmaier u. Ingenkamp, Sinnverstehendes Lesen (SVL 3) von H. A. Müller und Verständiges Lesen (VL 5–6 u. VL 7–9) von Anger, Bargmann und Voigt. (Die Zahlen hinter den Testbezeichnungen geben die Klasse an, in der der Test angewendet werden kann.) Sie existieren in zwei Parallelformen und sind im Gruppenversuch durchführbar. Die Reliabilität der Tests ist zufriedenstellend ($r \geqq 0{,}8$). Die kriterienbezogenen Validitäten (Deutschnote) des LT 2 und des SVL 3 liegen $r_{tc} = 0{,}7$. Die Tests VL 5–6 und VL 7–9 wurden am Kriterium der Schulbewährung validiert. Die Validitätskoeffizienten erreichen Werte zwischen $r_{tc} = 0{,}3$ bis $0{,}7$.

Von diesen Verfahren unterscheidet sich die Lesetest-Serie von Biglmaier vor allem dadurch, daß sie als Individualtest konzipiert wurde (nur 1 Subtest ist im Gruppenversuch durchführbar), daß sie keine Parallelformen hat und keine Angaben über eigene empirische Kontrollen der Testgütekriterien enthält. Die Lesetest-Serie soll ab dem 2. Schuljahr (und ggf. auch noch bei Erwachsenen) anwendbar sein. Ermittelt wird ein sog. Lesequotient, der sich bei einem amerikanischen Vorbild als sehr stabil erwiesen hat.

Lit.: Anger, H., Bargmann, R. & M. Voigt: Verständiges Lesen (VL 5–6). Weinheim, 1971; **dies.:** Verständiges Lesen (VL 7–9). Weinheim, 1971 **Biglmaier, F.:** Lesetest-Serie. München, 1969; **Müller, H. A.:** Sinnverstehendes Lesen (SVL 3). Weinheim, 1969; **Samtleben, E., Biglmaier, F. & K. Ingenkamp:** Lesetest für zweite Klassen (LT 2). Weinheim, 1971.

R. Brickenkamp & U. Grauberg

Die *Anwendung* der L. geschieht fast ausschließlich im Rahmen der Päd. Psychol. Sie können eingesetzt werden entweder zur allgemeinen Unterstützung des Lehrerurteils und zur unterrichtlichen Erfolgskontrolle, wobei sowohl die Einzel- als auch die Gruppenverfahren verwendet werden können, oder zur Diagnose der Legasthenie, wozu nur die Einzelverfahren herangezogen werden sollten. Die tatsächliche Verwendung im Rahmen der Legasthenie-Diagnose wird aber nicht nur durch mangelnde Normierungen, sondern auch durch Fehlen eines Kombinationsmodells zur Einbeziehung der Rechtschreibleistung erschwert. *H.-P. Trolldenier*

Letalität, Letalfaktoren. L., herabgesetzte Lebenseignung, tritt bei Homozygotie der meisten dominanten ↗Mutationen auf. *Letalfaktoren* sind homozygot tödlich wirkende ↗Allele, während bei Heterozygoten die Lebensfähigkeit herabgesetzt sein kann. *Letalmutationen* gestatten einen Einblick in die Wirkungsweise von ↗Genen. Bei der Sichelzellenanämie des Menschen sind die roten Blutkörperchen halbmond- bis sichelförmig, homozygote Kinder sterben frühzeitig, heterozygote sind gesund und obendrein gegen Malaria resistent. Viele Letalfaktoren von Drosophila werden durch Chromosomenmutationen, wie Deletion, Inversion und Translokationen, verursacht.

Lit.: **Hadorn, E.**: Letalfaktoren. Stuttgart, 1955; **Kühn, A.**: Grundriß der Vererbungslehre. Heidelberg, [4]1965.

K. Fiedler

Leugnung der Realität ist die *Nichtbeachtung* wesentlicher Teilaspekte der eigenen physischen, psychischen und/oder sozialen Umgebung. In der Wirkung ist sie der ↗Verdrängung und der ↗Isolierung ähnlich. Beispiele: ein Soldat, der im Schock der Kampfhandlung sich plötzlich wie auf einem Tanzfest aufführt, oder ein politisch Verfolgter, der die Absichten seiner Gegner bagatellisiert. L. d. R. tritt auch in ↗Psychosen, insbes. in der ↗Manie und ↗Depression sowie in der ↗Schizophrenie, häufig auf.

Lit.: **Freud, A.**: Das Ich und die Abwehrmechanismen. Wien, 1936; **Toman, W.**: Motivation, Persönlichkeit, Umwelt. Göttingen, 1968.

W. Toman

Leukotomie ↗Lobotomie.

Levitation, paranormales Aufwärtsschweben eines Gegenstandes oder einer Person, gewöhnlich in Verbindung mit einem physischen ↗Medium. *J. Beloff*

Lewin, *Kurt.* * 9. 9. 1890 Mogilno (Posen), † 12. 2. 1947 Newtonville (Mass.).

Leben. Äußerlich wurde L.s Werdegang durch die Machtergreifung der Nationalsozialisten unterbrochen. Seine akademische Laufbahn begann in Freiburg und München, in Berlin habilitierte er sich (Dr. phil. 1914) und wirkte dort 1921–33 als akademischer Lehrer. Nach 1933 (Emigration) war er an verschiedenen Universitäten der USA als Gastprofessor tätig. Fest angestellt war er 1935–45 als Professor für Kinderpsychol. an der „Child Welfare Research Station" der State University of Iowa und später als Gründer und Leiter des „Research Center for Group Dynamics" am Massachusetts Institute of Technology.

Werke. L.s Interesse an der Motivationspsychol. läßt sich bis 1914 zurückverfolgen. Seine Arbeitsgebiete reichten von der Erforschung assoziativer Zwischenglieder bis zu Intentionen, Hoffnungen, ↗Ersatzhandlungen (bei bestimmten Aufgabenstellungen) und Sättigungsphänomenen. Die Gestalttheorie hielt er für unzulänglich; daraufhin entwickelte er die ↗Feldtheorie, die Anschauung, daß Ereignisse durch Kräfte determiniert sind, die im unmittelbaren Feld wirken. Nach L. handelt es sich bei zielorientiertem Verhalten um eine symbolische oder reale Bewegung in einem psychol. ↗Lebensraum. Die Auswirkungen der Motivation werden durch Vektoren und Kräfte repräsentiert. Die Daten werden als Gesamtheit mit Hilfe der *Topologie* geordnet. (Bei der Topologie handelt es sich um eine nicht metrische Geometrie, die vor allem mit den Begriffen „innen", „außen" und „Barriere" operiert.) Die Richtung des Verhaltens wird insbesondere mit den Mitteln der „Hodologie" (gr.: Lehre vom Weg) beschrieben. Die Anwendung dieser Grundkonzepte, z. B. auf Ehekonflikte (1948, 84–102) und auf den Wiederaufbau nach dem Kriege (1948, 43–55), bildet die Leitlinie von L.s Entwicklung hinsichtlich seiner Forschungsinteressen: von der Motivationspsychol. zum Gruppenverhalten und zu Problemen der sozialen Kontrolle (↗Gruppendynamik). Seine wesentlichen theoretischen Beiträge bilden: 1) seine Betonung des *galileischen* Forschungsweges im Ggs. zum *aristotelischen* Ansatz (das Hauptaugenmerk wird auf die Funktion, nicht auf die Struktur oder den Inhalt gerichtet) in der Psychol.; 2) die „Zweigesichtigkeit" seiner Methodologie (peinlich genaue Beschreibung, aber weite, theoretische Konzeption); 3) seine Tendenz, die Grenzen der Sozialwissenschaft zu überschreiten, und seine Anwendung mathematischer Werkzeuge bei der Errichtung einer systematischen Psychologie. L.s Bedeutung wird am besten durch die große

Anzahl der Forscher belegt, die weiterhin an der Ausarbeitung seiner Theorien arbeiten.

Schr.: A dynamic theory of personality, 1935; Principles of topological psychology, 1936; Resolving social conflicts, 1948; dt.: Die Lösung sozialer Konflikte, 1953; Field Theory in social science, 1951; dt.: Feldtheorie in den Sozialwissenschaften, 1953. *J. A. Cardno*

Libido ist nach S. ↗Freud die sexuelle Energie, durch die der Mensch zur Suche nach Lustgewinn aus erogenen Körperzonen aktiviert wird. In der Psychiatrie wird L. oft spezifischer als die Gesamtheit und der Grad der genitalen oder Liebesinteressen eines Menschen verstanden. Freud (1948) zählt die prägenitalen Interessen, also die oralen Bedürfnisse und die analen Interessen des Manipulierens, dazu. Die Entwicklung der L. vollzieht sich nach Freud in voneinander unterscheidbaren Phasen (↗Orale –, ↗Anale –, ↗Genitale Phase). Dabei bleiben nach ihm an den Fixierungsstellen „Libidodepots" zurück, zu denen im Falle späterer ↗Stress-Situationen und traumatischer Bedingungen regrediert wird (↗Fixierung; ↗Regression; ↗Psychische Energie). Psychische Krankheiten sind Störungen der L.entwicklung und Regressionen auf jene gestörten Phasen. – Bei ↗Jung (1912) ist L. ähnlich wie bei Freud aufgefaßt, kann aber desexualisiert werden. Auch Freud, vor allem aber einige seiner Schüler (Hartmann, 1939; Rapaport, 1959) sprachen von *Neutralisierung* libidinöser (und aggressiver) psychischer Energie. Darunter sind (nach Toman, 1968) Befriedigungsformen von Motiven verstanden, die nicht mehr in Abhängigkeit von den jeweiligen Intensitäten dieser Motive, d. h. nicht mehr um ihres eigenen Befriedigungswertes willen, sondern wegen ihrer Zweckmäßigkeit im Rahmen unmittelbarerer Befriedigungen anderer Motive gesucht werden.

Lit.: Abraham, K.: Versuch einer Entwicklungsgeschichte der Libido. Wien, 1924; **Freud, S.:** Vorlesungen zur Einführung in die Psychoanalyse (1916/17). Ges. Werke, Bd. 11. London 1948; **Hartmann, H.:** Ich-Psychol. und Anpassungsproblem. Int. Z. Psychoanal. – Imago, 1939, *24*, 62–124; **Jung, C. G.:** Wandlungen und Symbole der Libido. Leipzig, 1912; **Rapaport, D.:** Die Struktur der psychoanalytischen Theorie. Stuttgart, 1959; **Toman, W.:** Motivation, Persönlichkeit, Umwelt. Göttingen, 1968. *W. Toman*

Licht ist der spezifische Reiz für den Gesichtssinn (↗Sinnesorgane: das Auge). In engerer Bedeutung ist L. die von den Photorezeptoren (↗Zapfen; ↗Stäbchen) ausgewertete elektromagnetische Strahlung im Bereich von etwa 380–760 nm (nm = Nanometer, 10^{-9} m). Mit dem L. und L.maß beschäftigt sich die ↗Photometrie. *L.forschung:* Beleuchtung. *L.empfindung* ist das durch L. verursachte elementare Sinneserlebnis (nicht mehr gebräuchlich). ↗Gesichtswahrnehmung. *A. Hajos*

Lichtspurverfahren ↗Zyklographie (Chronozyklographie).

Lidschluß-Reflex, natürliche Reaktion auf einen Luftstrom, die als bedingte Reaktion ausgebildet und genau gemessen werden kann. Er wird in Konditionierungsexperimenten verwendet, besonders zur Messung von ↗„traits".

Liebe bedeutet Paarbindung. Diese kann kirchlich oder weltlich begründet sein. Weltlich begründete Liebe kann sinnlich oder geistig-seelisch sein. Sinnliche Liebe kann sich mit oder ohne Zeugungsabsicht im Rahmen einer Ehe oder einer nicht-ehelichen Freundschaft vollziehen. Geistig-seelische Liebe kann zwischen Eltern und Kindern, zwischen Nachbarn oder Freunden bestehen. Paar-Beziehungen variieren hinsichtlich Intensität und Dauer. Die am längsten dauernde Paarbeziehung ist die Mutter-Kind- und/oder Vater-Kind-Bindung. Die intensivste Paar-Bindung besteht zwischen zwei (als Person) Liebenden. Liebe kann auf den ersten Blick oder im Verlauf einer Bekanntschaft entstehen. Sie hat einen Bezug mit dem Phänomen der Prägung. Der Liebende kann auf seinen Partner ein für diesen charakteristisches oder idealisiertes Bild projizieren, wie dies normalerweise bei ehelicher Liebe der Fall ist, in der der Partner metaphorisch gesehen wird. Wenn in der sinnlichen Liebe ein Partner nicht dem projizierten Bild entspricht, fällt die Paarbeziehung auseinander und die Liebe kann sich in Haß verwandeln. Gegenseitige Bindung hingegen ist dauerhaft und vermag leicht die Eltern-Kind-Beziehung miteinzuschließen. *J. Money*

Liebe gehört zu den Ich-verhafteten Antriebserlebnissen; diese charakterologische Spielart wurde schon im Mittelalter als *amor concubiscentie* erkannt; sie ist trieborientiert. Der *Eros* dagegen ist geist-getragen und -bestimmt, er kann darum auch geistlicher Natur sein. Die dritte Art von Liebe wurde als *Philia* gekennzeichnet und als *amor amicitia* (Freundschaft-Liebe – Dubezogen) verstanden; in ihrem Charakter des Zugetanseins besitzt sie eine Geschenkqualität.

Die vierte Liebesform tut sich durch ihre verschenkende Qualität hervor. Sie wird als *agape*, besonders im Bereich des Christentums als höchste Lebensform, bezeichnet; sie ist geistige Liebe mit Dubezogener Opferbereitschaft.

Lit.: Arnold, W.: Person, Charakter, Persönlichkeit. München, [4]1975; **Balint, M.:** Die Urformen der Liebe u. die Technik der Psychoanalyse. Stuttgart, 1966.

W. Arnold

Liebmann-Effekt. Verschwimmen der Grenze zwischen verschiedenfarbigen Flächen bei *gleicher Helligkeit;* vor allem im kurzwelligen Bereich zu beobachten. Die Helligkeitsdifferenzen sind somit für die Bildung von gut erkennbaren Rändern im Sehfeld viel wirksamer als die Farbtondifferenzen. ↗Kontrast.

Lit.: Liebmann, S.: Über das Verhalten farbiger Formen bei Helligkeitsgleichheit von Figur und Grund. Psychol. Forsch., 1927, *9*, 300–353.

J. Zoltobrocki

Likert-Skala. Die L. ist ein reaktionszentriertes ↗*Skalierungs*verfahren, d. h., es liefert Skalenwerte für die Personen hinsichtlich eines Reaktionskontinuums. Die Aufgabe der Vp ist dabei, aus (meist fünf) Antwortmöglichkeiten pro Item die ihrer Einstellung am ehesten entsprechende auszuwählen. Angewendet wird die L. vorwiegend in der ↗Einstellungs-Messung.

Lit.: Likert, R.: A technique for the measurement of attitudes. Arch. Psychol., 1932, *140*, 1–55.

W. H. Butollo

Limbisches System (visceral brain), umfaßt phylogenetisch alte Strukturen (Hippocampus, Gyrus cinguli, Mandelkern); sie sind durch Faserbündel untereinander und mit anderen Hirnregionen verbunden. Das L.S. ist Zentralstelle des endokrinen, vegetativen und psychischen Regulationssystems; es verarbeitet Reize aus dem Körperinneren und solche von außen (über die ↗formatio reticularis).

W. Arnold

Lincoln-Oseretzky Development Scale ↗Oseretzky-Test.

Lineare Beziehungen. Beziehungen zwischen zwei oder mehreren Variablen werden als *linear* bezeichnet, wenn sie der Geradengleichung $Y = a + bX$ entsprechen. Für die Anwendung mancher bivariater parametrischer Verfahren stellen l. B. eine Voraussetzung dar. ↗Produkt-Moment-Korrelation; ↗Varianzanalyse. *G. Mikula*

Lineare Regression, die ↗Regression, deren Funktionsgleichung der Geradengleichung $Y = a + bX$ entspricht. *G. Mikula*

Linguistik ↗Psycholinguistik.

Linkshändigkeit, Gegenstand aus dem Problembereich der ↗Lateralität (Dominanz der rechten Hirnhälfte). Eine Reihe hervorragender Männer (L. da Vinci, A. v. Menzel) war Linkshänder. Zu unterscheiden sind vererbte und erworbene (z.B. ↗Encephalitis) L. Von Bedeutung für päd. Maßnahmen sind die Ausprägungsgrade der L. Bei starker L. besteht bei „Rechtsdressur" die Gefahr seelischer Fehlentwicklungen (vor allem Sprach- und Schreibstörungen), die vielfach auf gemischte Dominanz (Auge und Hand werden von verschiedenen Hirnhälften dominiert) zurückgeführt werden.

Lit.: Aschmoneit, W.: Zur Pädagogik der Lateralität. Limburg, 1972; **Ullmann, J. F.:** Psychologie der Lateralität. Bern, 1974.

H. Mandl

Link-Trainer, ein vor allem für Übungszwecke eingerichteter Flugzeugführerraum, in welchem unterschiedliche Flugzustände und Flugstörungen simuliert werden können, die der Flugschüler durch ausgleichende Steuerbewegungen zu korrigieren hat. Der mit Flug- und Triebwerküberwachungsgeräten ausgestattete Flugzeugführerraum wird häufig zur Vorschulung im Blindflug verwendet, kann aber auch zur Eignungsuntersuchung herangezogen werden. *K. D. Nissen*

Linse. Die *Augen-L.* ist eine bikonvexe durchsichtige Struktur von (beim Erwachsenen) rund 1 cm Durchmesser und 4 mm Dicke (in der Mitte). Der L.rand (L.äquator) ist in seiner ganzen Zirkumferenz mit den „Zonulafasern" am „Ziliarkörper" (Corpus ciliare) aufgehängt, der eine mit Netzhaut überzogene Vorstülpung hinter der Iriswurzel darstellt und somit einen Ring wie die ↗Iris bildet. Die Radiusverkleinerung (bei Kontraktion der glatten Muskelfasern des Ziliarmuskels) der L.vorderfläche (in der Jugend von ca. 10 auf 6 mm) kann mit dem ↗Optometer gemessen und mit den Purkinje-Sansonschen Spiegelbildchen qualitativ nachgewiesen werden. Sie bewirkt eine Brechkraftsteigerung, dadurch kommen augennähere Gegenstände zur scharfen Abbildung auf der Netzhaut (↗Retina): ↗Akkomodation. Ist der Ziliarmuskel entspannt, tritt die Ringkante des Ziliarkörpers nach der Bulbusperipherie zurück und spannt dadurch die Zonulafasern, die durch Zug am L.äquator die L. abflachen: *Entakkommodation,* d. h. durch Brechkraftminderung Scharfeinstellung weiter entfernter Gegenstände. Die Brechkraftdifferenz der L. zwischen maximaler Akkommodation und völliger Entakkomodation (Akkommodationsbreite) beträgt in der Jugend 12–14 ↗Dioptrien, wie mit dem Scheinerschen Versuch bestimmt werden kann; sie wird im Alter durch zunehmenden Elastizitätsschwund der L. geringer bis zur völligen Aufhebung. Dieser physiol., altersbedingte Vorgang bewirkt ↗*Presbyopie* (Alterssichtigkeit) mit hinausgeschobenem Nahpunkt. Trübung der L. wird als *„grauer Star"* bezeichnet, der durch L.extraktion (= Starstich) gebessert werden kann. Die verlorene Brechkraft muß dann durch eine Starbrille (+ 12 Dioptrien) kompensiert werden; in jüngster Zeit sollen auch Nachbildungen aus plexiglasähnlichem Material erfolgreich eingepflanzt worden sein. – L.n aus Glas, Plexiglas u. a. können dem Auge als Brillen oder Haftschalen auch vorgeschaltet werden, um ↗Ametropien des ↗Auges zu bessern. Vgl. Abb. bei ↗Auge (Bd. I). *K.-H. Plattig*

Lippenschlüssel, ein heute nicht mehr gebräuchliches Gerät zur Reaktionszeitmessung bei Lippenbewegungen (beim Sprechen). Durch das Öffnen bzw. Schließen der Lippen wird mit Hilfe zweier Kontaktstreifen ein Stromkreis geschlossen bzw. unterbrochen und dadurch ein Zeitmeßgerät angesteuert. Heute werden für derartige Reaktionsversuche *Schallschlüssel* verwendet. *A. Thomas*

Lipps, *Theodor.* LEBEN UND WERKE. * 28. 7. 1851 Wallhalben (Pfalz), † 17. 10. 1914 München. Philosoph und Psychologe. War nacheinander Professor an den Universitäten Bonn (1877), Breslau (1890) und München (1894). L. versuchte, die Grundwissenschaften der Logik, Ästhetik und Ethik sowie das gesamte psychol. Wissen auf das *Prinzip der inneren Erfahrung* zu gründen. Er empfand die Notwendigkeit, die Psychol. als Wissenschaft vom geistigen Leben aufzufassen, und wandte sich entschieden gegen die Anwendung naturwissenschaftlicher Methoden in der Psychologie. Zur Erklärung des Verständnisses fremdseelischer Gegebenheiten wie auch zur Erklärung des Kunstverständnisses zog er das Prinzip der Einführung heran. Er hatte dies von dem Ästheten Vischer übernommen und verstand darunter das *Sichhineinprojizieren* in einen Wahrnehmungsinhalt meist aufgrund der Ausdruckserscheinungen (↗Ausdruck).

Schr.: Grundtatsachen des Seelenlebens, 1883; Raumästhetik und geometrisch-optische Täuschungen, 1897; Leitfaden der Psychologie, 1903. *W. Wittling*

Lippsche Täuschung, Eine der ↗geometrisch-optischen Täuschungen. Die Parallelität der Hauptdiagonalen ist wegen der Beeinflussung durch die wechselnden Richtungen ihrer Enden schwer zu erkennen. *C. D. Frith*

Liquor ist die med. Bezeichnung für Flüssigkeit, insbesondere flüssige Arzneimittel. Auch körpereigene Säfte werden teilweise L. genannt. Unter *L. amnii* versteht man das

Fruchtwasser der fetalen Amnionblase. Die häufigste Anwendung findet dieses Wort jedoch als *L. cerebrospinalis*. Es ist eine der Lymphe ähnliche Flüssigkeit aus den 4 Gehirnventrikeln und den Subarachnoidalräumen (Raum zwischen Gehirn und harter Hirnhaut) des Gehirns und Rückenmarks. Sie dient der Versorgung des Gehirns, ist frei von Zellen, aber reich an Kristallionen und Fermenten. Beim Wasserkopf ist sie vermehrt. Bei Entzündungen des Gehirns oder der Hirnhäute ist sie getrübt oder eitrig. *E. David*

Lispeln, häufige Form des Stammelns, bei der die Zischlaute falsch ausgesprochen bzw. durch andere Laute ersetzt werden. Das L. kommt zustande beim Berühren der oberen Zahnreihe durch die Zunge. Ursachen sind häufig Zahnstellungsanomalien, die kieferorthopädisch behandelt werden müssen. ↗Sigmatismus. *M. Sachs*

Listingsches Gesetz, gehört zu den „Gesetzen der ↗Augenbewegungen", und zwar zusammen mit dem „Gesetz der binokularen Gemeinschaft (Assoziation)", dem „Dondersschen Gesetz der konstanten Orientierung" und der „Heringschen Regel der beiderseits gleichen Innervation der Augenmuskeln". Durch diese gesetzmäßigen Beziehungen wird die an sich sehr große Vielfalt von Bewegungsmöglichkeiten beider Augen beträchtlich eingeschränkt. Wenn das Auge aus der Primärstellung (auf einen genau vor der Nasenwurzel gelegenen Punkt gerichteter Blick) einer *kombinierten* Seitenwendung *und* Erhebung unterworfen wird (Tertiärstellung), werden nach dem Dondersschen Gesetz beide Augäpfel bei wiederholter Einnahme einer bestimmten Blickstellung stets dieselbe Position einnehmen, so daß also einmal identische Netzhautpunkte (↗Identische Netzhautstellen) immer identische Netzhautpunkte bleiben. Das L. G. schließlich sagt aus, daß sich die Drehbewegungen der Augen um eine Achse vollziehen, die auf den Blicklinien der Ausgangs- und Endstellung der Augäpfel senkrecht steht. Das bedeutet, daß Tertiärstellungen nicht durch eine *Aufeinanderfolge* von Seitenwendungen und Erhebungen, sondern nur durch einen *gleichzeitigen* Vollzug der beiden Bewegungskomponenten zustande kommen können. *K.-H. Plattig*

Literatur und Psychologie. 1. PSYCHOLOGIE IN DER LITERATUR. Eine Berücksichtigung der Psychol. ist in der modernen Literatur üblich; so sehr, daß die Anspielung im Satz von Joyce *„He was jung and she was freudened"* das Selbstverständlichste von der Welt ist, Audens „Eine rationale Stimme ist stumm; über einem Grab / Der Haushalt der Anregung trauert um eine teure Liebe" (In memory of Sigmund Freud) einem Schriftsteller angemessener zu sein scheint als Nabokovs Erwähnung eines „riesengroßen, eiskremfarbigen Ballons ... aufgeblasen von Sigismond Lejoyeux, einem örtlichen Luftschiffer" (Speak Memory).

Der Zeno in Italo Svevos „La coszienza di Zeno" (1923; dt.: „Zeno Cosini", 1928 und 1959) schreibt an einer autobiographischen Aufgabe – um zu zeigen, daß sein Psychiater ein Scharlatan ist, der seine ↗Hypochondrie einem ↗Ödipuskomplex zuschreibt; er bricht die Analyse ab, als ihm ein Arzt berichtet, daß seine wirkliche Krankheit Diabetes ist. Humbert Humbert beginnt „Lolita" (1955; dt. 1959) in der „psychopathischen Beobachtungsstation", aber Nabokov lehnt „die vulgäre, gemeine, im wesentlichen mittelalterliche Welt Freuds völlig" ab. Diese beiden Romane sind ein Korrektiv der Tendenz zu Psychologismen in der Literatur des 20. Jh., nicht weil sie eine Nichtanerkennung psychoanalytischer Methoden andeuten, sondern weil sie klar erkennen lassen, daß „Analyse" nur eines der interessanten Themen ist, das sie gebrauchen, um die zunehmende Spannung der Vieldeutigkeiten und Möglichkeiten darzustellen, die für die Literatur charakteristisch ist. Es gibt selbstverständlich viele Werke in der modernen Literatur, in denen die ↗Psychoanalyse und das neuerwachte Interesse an den Veränderungen der angeblich angeborenen Mythen für literarische Zielsetzungen verwandt werden: James Joyces „Ulysses" (1922) und Hermann Hesses „Steppenwolf" (1927) sind Beispiele bedeutender Romane, in denen Aspekte neuer, moderner Allegorien mit älteren introspektiven und assoziativen Techniken kombiniert werden. Noch sind diese Ergebnisse einzigartig in ihrer Gestalt und können nicht auf ein „Nichts als . . .“ reduziert werden. Literarische Erzeugnisse, deren Autoren ganz oder hauptsächlich auf einer unveränderten Analytik aufbauen, erscheinen in zunehmendem Maße banal; in gleichem Maße, wie die Theorie nichts als ein Bestandteil der Ideengeschichte wird, gewinnen ehrliche schriftstellerische Epigonen den Anschein, nur für den Historiker von Modeerscheinungen geschrieben zu haben. Zeitgemäße psychol. Theorien erscheinen in der Literatur, seit sich die Autoren auf eine gemeinsame Basis intellektueller Darstellung stützen, um mit ihrer Leserschaft zu kommunizieren. Auf der vierten Fahrt von „Gullivers Reisen“ (1726) verwendet Swift z. B. die zeitgenössische Wahrnehmungstheorie (G. Berkeley u. a.), wenn Gulliver eine Insel, der rötliche Klepper aber eine blaue Wolke sieht. Doch noch dient der Bezug auf Berkeley dem umfassenderen Ziel des Buches – der literarischen Darstellung der Beziehung zwischen „Passionen“ und Vernunft. Eine simplifizierte Theorie von Erbe-Umwelt-Psychol. bot Zola einen Rahmen für seine Rougon-Macquart-Romane (1871–93), deren entscheidende literarische Auswirkung eine Tugend macht aus den Fehlern seiner Version des Zusammenhangs von Rasse, Zeit und Milieu. Ungeachtet der – im Falle Zola – verständlichen Betonung des Alkoholismus und des Fehlens irgendeiner Erwähnung von, sagen wir, ↗Phenylketonurie, begünstigte die Popularität seiner Romane das Klima, in dem die Bedeutung der wiss. Erforschung der Vererbung stärker gewürdigt wurde. Die ersten Anregungen wissenschaftlicher Psychol. können in der imaginativen Literatur aufgespürt werden. So haben in einigen derzeit halbpopulären Dichtungen die Methoden der Verhaltensanalyse Aufmerksamkeit erlangt. In Anthony Burgess' „A Clockwork Orange“ (1962) z. B. induzieren Dr. Brodsky und Dr. Branom eine Aversion gegen Gewalt (und gegen Mozart) in einen jungen Straffälligen und machen ihn so zur devitalisierten Mensch-Maschine des Titels. Obwohl dieses Buch Fragen der moralischen Bewertung und der Erwünschtheit wirksamer Korrektur sozial kriminellen oder nicht normgerechten Verhaltens aufwirft, machen es der Mangel literarischer Qualität, die verworrene Darstellung und satirische Betrachtung von Zielen und Methoden zu einem weniger bedeutsamen Beitrag zu diesem Thema als Romane traditioneller Art, die sich nicht auf psychol. Techniken beziehen (z. B. A. Solschenizyns „Krebsstation“, 1968). Interesse an menschlicher Motivation, Kenntnisse darüber und Verständnis für die vielfältigen Möglichkeiten menschlichen Verhaltens sind notwendige Fähigkeiten eines Literaten; in diesem Sinne werden Werke oft als „psychologisch“ sachverständig betrachtet. Man kann anführen Swinburnes „Lesbia Brandon“ (1860), Dostojewskis „Schuld und Sühne“ (1866), Fedor Sologubs „Der kleine Dämon“ (1907), Prousts „A la recherche du temps perdu“ (1913–27), Hermann Brochs „Demeter oder die Verzauberung“ (Ges. Werke, Bd. 4, 1951), Malcolm Lowrys „Unter dem Vulkan“ (1951) u. a. – alle wurden wiederholt als „psychologisch“ bezeichnet bzw. als Werke „über“ emotionalen ↗Masochismus, psychischen Konflikt, Verfolgungswahn, ↗Homosexualität und „Todeswunsch“, Massenhysterie und Alkoholismus, wobei dies nicht alles ist, worüber sie handeln. Wie detailliert auch immer die Beobachtung einer Störung durch einen Autor ist (so wurde z. B. gezeigt, daß Dostojewski über beträchtliche Kenntnisse zeitgenössischer klinischer Psychol. verfügte), so steht sie doch im Aspekt der sozio-historischen Bedeutung einer akuten oder angenommenen spezifischen Störung und – vor allem – des schriftstellerischen Bestrebens, ein bestimmtes Ethos zu vermitteln oder eine künstlerische Homöostase zu erreichen.

In gleichem Maße wie die empirische Psychol. mehr Kenntnisse über die Determinanten der menschlichen Persönlichkeit und ihres Verhaltens gewinnt, ist zu erwarten, daß sich diese Einsichten vielfältig in der Literatur widerspiegeln; da die Literatur im wesentlichen von Unwahrscheinlichkeit, Paronymie, Schein und Vorschein profitiert, ist nicht abzusehen ob diese zunehmende Aufklärung eine bedeutendere Literatur bewirkt.

2. Psychologie der Literatur. Die psychol. Forschung im Bereich der Literatur stellt sich als Themen die Motivation des Schreibenden, den Prozeß der Komposition, die thematische, stilistische oder (psycho-) linguistische Analyse der Werke, zusammen mit den Möglichkeiten ihrer individuellen und sozialen Aufnahme und ihren Auswirkungen sowie die Beziehung von literarischem Geschmack und Persönlichkeit.

Einen extremen Standpunkt in der Erforschung der *Psychol. des Schriftstellers* vertritt Freud (1941), der die künstlerische Aktivität mehr als phantastische Kompensation, denn als einen realistischen Beruf qualifiziert – ein Standpunkt, der auch jeden Wissenschaftler als abnormal einstufen müßte, der mit Einbildungskraft, Versuchsmodellen oder gezielten Annahmen arbeitet.

Kretschmer (1925; 1931) kategorisiert Prosadichter als ↗Pykniker mit manisch-depressiver Tendenz und Schöpfer von Poesie als ↗Leptosome, schizophren in der Tendenz. Jung (1950) klassifiziert Schriftsteller nicht in einer einzigen Kategorie seiner Typologie, sondern nimmt an, daß ihre Werke manchmal Ausdruck ihres Typs, manchmal des Antityps sind. Keine dieser Einteilungen konnte bisher überzeugend bewiesen werden. Zu allgemein und nichtssagend sind wohl die Ergebnisse der umfangreichen, sehr differenziert ausgearbeiten Experimentalstudie über die literarischen Fähigkeiten der Schüler, die Jagunkova (1964) durchgeführt hat. Sie erarbeitete *6 Faktoren,* die für die Persönlichkeit des Erwachsenen ebenso wie für die des Schülers zutreffen: dichterische Wahrnehmung der Wirklichkeit, Emotionalität, überdurchschnittliche Intelligenz, Beobachtungsgabe, bildhaftes Denken, großer Sprachschatz (Sprachflüssigkeit).

Einige russische Literaturforscher und Psychologen erhofften mehr über die Natur des Literarischen zu erfahren, wenn sie Biographien und Gedanken (z. B. A. G. Kowalew), die von den Dichtern speziell zu diesem Problem geäußert wurden, und den Stil (z. B. S. V. Strahow) einer genauen Analyse unterziehen, statt die Werke großer russischer Dichter und Schriftsteller zu untersuchen. Ergebnis: alltägliche pauschale „Weisheiten", denen man entnehmen kann, daß A. M. Gorkij die Dichtkunst von der verstandesmäßigen Verarbeitung abhängig machte, L. N. Tolstoj dagegen mehr die Emotionalität betonte und bei den Dichtern die Fähigkeit einer verstärkten, angespannten Aufmerksamkeit postulierte, dank der er in den Objekten „etwas Neues, solches, was die anderen nicht sehen können, sieht". W. G. Bjelinskij nimmt eine Mittelstellung ein, indem er auf die „unmittelbare dichterische Fähigkeit, sich gefühlsmäßig von der Umwelt beeindrucken zu lassen, und dieses – durch Phantasie, Verstand erarbeitet – dichterisch auszudrücken", Wert legt.

Entsprechend der ↗Freudschen Theorie (die die „psycho-biographische" Methode initiiert hat), nach der der Inhalt von Kunstwerken als Ausdruck bewußter (oder auch unbewußter) Neigungen oder Kindheitserfahrungen des Autors erklärt wird, wurden bestimmte Szenen und Wortspiele in „Alice im Wunderland" als Beispiele eines quälenden sexuellen Interesses an heranwachsenden Mädchen gedeutet, wenn auch Lewis Carrolls eigene Arbeiten zur symbolischen Logik eine andere Interpretation möglich machen. Burke (1941) faßt die einflußreichen Aspekte der Freudschen Theorie kritisch zusammen. Ansätze, die auf der Theorie ↗Jungs (1950) aufbauen, befreien die Dichtung von oberflächlicher biographischer Analyse, um sie zum Hüter ewig wiederkehrender ↗Archetypen zu machen. Jung unterscheidet auch die „psychologischen" oder bewußten von den „visionären", aus dem Urgrund schöpfenden künstlerischen Kreationen und zitiert den ersten und zweiten Teil des „Faust" als charakteristisch für die beiden Möglichkeiten. Aber die Auslegung unter Inanspruchnahme des kollektiven ↗Unbewußten kann es dem Interpreten keineswegs ersparen, sogar vergleichbare Werke eigens zu untersuchen.

In dem allgemeineren Bereich philosophischer Ästhetik vereinigen sich die Probleme schöpferischer Motivation und der Zuhörerreaktion zur Spekulation über (literarische)

Form als Ausdruck des menschlichen Bedürfnisses, Dinge nicht nur durch Reflexion (Mimesis) zu ordnen, sondern durch Schaffen (und Lesen) von Erdichtungen: Vaihinger (1911) und Wittgenstein (z. B. 1966) haben einige der bedeutendsten Hypothesen dazu aufgestellt, die weit mehr die Funktion als die Bedeutung sprachlicher Fiktionen betonen.

Obwohl die Abweichungen im Denken und im Ausdruck sehr ursprünglicher Dichter, insbesondere der Lyriker, mit einigen der Eigenheiten schizophrener Denk- und Sprachmerkmale beinahe gleichgesetzt wurden (eine nicht moderne, sondern eher klassische Bemerkung, den Dichter als göttlich „besessen" zu charakterisieren), sind genau diese schöpferischen Abweichungen von der sprachlichen Norm und Ausdrucksweise einer Gesellschaft das Objekt stilistischer Untersuchungen, die eine Zusammenstellung und Statistik geschriebener und gesprochener Sprache verwenden, um das Maß an Originalität zu bestimmen. Zwischen dieser Klassifikation oberflächlicher Phänomene und der anspruchsvolleren Beschreibung zugrunde liegender psychischer Mechanismen findet man Untersuchungen der Literatur (z. B. Chlovski, 1966) unter dem Aspekt der *„singularisation":* der Schriftsteller leistet eine bewußte Befreiung von der unbewußten, automatischen Weise, in der die Leserschaft die Dinge wahrzunehmen pflegt, indem er ihr eine neue Sprache schafft.

Die Diskussion über die *Auswirkungen der Literatur* erfordert empirische Beweise, wenn Persönlichkeitsfaktoren und Entwicklungsumstände ernsthaft zur Diskussion gestellt werden. Einige der interessantesten Gedanken in diesem Bereich sind den Ergebnissen von Burt (z. B. 1933), Dewar (1938) und Williams u. a. (1938) verpflichtet. Burt machte den Versuch einer ↗Faktorenanalyse über ästhetische Empfindungen, wobei er u. a. Tests zur Untersuchung der Empfänglichkeit für Poesie einsetzte. Er fand einen *„allgemeinen Faktor künstlerischer Fähigkeit"*, der in allen Ausdrucksformen ästhetischen Geschmacks wirksam sei. In umfassenderen Untersuchungen (z. B. Dewar, 1938; Eysenck, [1,2]1940, 1941; Williams et al., 1938) ergaben sich spezifische Faktoren für die ästhetische Empfänglichkeit gegenüber literarischen Inhalten und bipolare Faktoren, die auf eine Bevorzugung des klassischen vs. den romantischen bzw. eines realistischen vs. einen impressionistischen Stil hindeuten: eine Bipolarität wurde interpretiert als ungefähr identisch mit Extraversion – ↗Introversion und Radikalismus – ↗Konservativismus. Auf der Grundlage dieser genaueren Tests, die den Wissensfaktor soweit wie möglich ausschalten, nimmt Eysenck einen *allg. Faktor ästhetischer Befähigung* (T-Faktor) an.

Lit.: Bühler, C.: Erfindung und Entdeckung: Zwei Grundbegriffe der Literaturpsychologie. Z. f. Ästhetik, 1921, *15*, 43–87; **Bulley, M.:** Have you good taste? London, 1933; **Burke, K.:** Freud and the analysis of poetry. In: Philosophy of literary form. Baton Rouge, 1941, 258–292; **Burt, C.:** The psychology of art. In: How the mind works. London, 1933; **Chlovski, V.:** L'art comme procédé (O teorii prozy. Moskau, 1929). In: **T. Todorov** (Ed.): Théorie de la littérature: Textes des formalistes russes. Paris, 1966, 76–97; **Dewar, H.:** A comparison of tests of artistic appreciation. Brit. J. educ. Psychol., 1938, *8*, 29–49; **Eysenck, H. J.:** Some factors in the appreciation of poetry and their relation to temperamental qualities. Charact. and Pers., 1940, *9*, 160–167; **ders.:** The general factor in aesthetic judgments. Brit. J. Psychol., 1940, *31*, 94–102; **ders.:** „Type"-factors in aesthetic judgments. Brit. J. Psychol., 1941, *31*, 262–270; **Freud, S.:** Der Dichter und das Phantasieren. Ges. Werke, Bd. 7. London, 1941; **Groeben, N.:** Literaturpsychol. Stuttgart, 1972; **Gunn, D. G.:** Factors in the appreciation of poetry. Brit. J. educ. Psychol., 1951 *21*, 96–104; **Jagunkova, V. P.:** Individualno psichologitscheskoje osobjenosti skolnikov, sposobnich k literaturnomu tvor čestvu. In: **V. A. Krutezki** (Hrsg.): Voprosi psichologiji sposobnostej školnikov. Moskau, 1964; **Jones, E.:** A Psycho-analytic study of Hamlet. In: Essays in applied psycho-analysis. London, 1923; **ders.:** Hamlet and Oedipus. Garden City (N. Y.), 1954; **Jung, C. G.:** Über die Beziehungen der analytischen Psychol. zum dichterischen Kunstwerk. Ges. Werke, Bd. 15. Zürich – Stuttgart, 1950; **ders.:** Psychologie und Dichtung. Ges. Werke, Bd. 15. Zürich – Stuttgart, 1950; **Kretschmer, E.:** Körperbau und Charakter. Berlin [26]1977; **ders.:** Geniale Menschen. Berlin [5]1958; **Ribot, Th.:** L'imagination créatrice. Paris, 1900; **Richards. I. A.:** Practical criticism. London, 1929; **ders.:** The philosophy of rhetoric. London – New York, 1936; **Stekel, W.:** Dichtung und Neurose. Berlin, Wien, 1909; **Urban, B.** (Hrsg.): Psychoanalyse und Literaturwissenschaft. Tübingen, 1973; **Vaihinger, H.:** Die Philosophie des Als-Ob. Berlin, 1911; **Williams, E. D., Winter, L., & J. M. Woods:** Tests of literary appreciation. Brit. J. educ. Psychol., 1938, *8*, 265–284. **Wittgenstein, L.:** Lectures on aesthetics. In: Lectures and conversations on aesthetics, psychology and religious belief. Oxford, 1966, 1–40; **Wolff, R.:** Einführung in die Literaturpsychol. Tübingen, 1979.

J. Cumming

Litotes-Typ, Ggs. zu ↗Hyperboliker.

Littlesche Krankheit. Von dem Londoner Chirurgen W. J. Little (1846) stammender Sammelbegriff für verschiedene Formen cerebraler Kinderlähmung. Es handelt sich dabei um doppelseitige, angeborene spastische Lähmung (↗Spasmus) mit Gangstörungen, Klumpfuß, übermäßigem Muskeltonus, Reflexsteigerung, Schwachsinn und epileptischen Anfällen. Die Ursachen sind pränatale Hirnschädigungen, wie Encephalitis, angeborene Lues, Frühgeburt oder Hirnblutungen bei erschwerter Geburt. *E. David*

Lobotomie. Unter L. versteht man die operative Durchtrennung des Stirnhirnmarks, wodurch die Faserbildung des Frontalhirns (↗Frontallappen) mit dem Thalamus unterbrochen wird. Die Ära der Psychochirurgie, deren vorzüglichste Methode die L. oder *Leukotomie* darstellt, wurde 1935 von E. Moniz eingeleitet. Sie erreichte nach einem steilen Anstieg zu Beginn der fünfziger Jahre ihren Höhepunkt, um dann in den folgenden Jahren immer mehr hinter die psychopharmakologische Therapie der ↗Psychosen zurückzutreten. Die Operation, durch die quälende oder störende psychotische Erlebnisse, Sinnestäuschungen, Zwangsgedanken usw. ihres affektiven Anteils entkleidet werden sollten, stieß von Anfang an auf weltanschauliche und ethische Bedenken, weil der irreversible Defekt die persönlichsten seelischen und geistigen Eigenschaften und Fähigkeiten des Kranken betrifft. Dieser Defekt entspricht dem Syndrom einer mehr oder weniger stark ausgeprägten Hirnschädigung mit Störung der Verstandesleistungen, wie einer Beeinträchtigung der Persönlichkeit im Sinne einer hirnorganischen Passivität, Entdifferenzierung, Verflachung und Abstumpfung. Zum Nachweis eines lokalisierbaren anat. Substrates, das den jeweiligen Störungen zugrunde liegen würde, konnte der Eingriff nicht dienen. Nur bei einer kritischen Indikationsstellung bieten sich schwere Formen paranoischer und katatoner ↗Schizophrenie, chronischer ↗Depression, bes. schwerer Alterskrankheiten (z. B. ↗Demenz) und erethische Formen der ↗Oligophrenie an, wenn alle anderen Versuche der therapeutischen Beeinflussung ohne Erfolg geblieben sind.

Lit.: Häfner, H.: Psychopathologie des Stirnhirns. 1939–1955. Fortschr. Neurol., Psychiatr., 1957, *25*, 205–251; **Heimann, H.:** Psychochirurgie. In: Psychiatrie der Gegenwart, Bd. I/2. Göttingen, 1963. *H. Sattes*

Lochfarbe ↗Flächenfarbe.

Logischer Positivismus, *logischer Empirismus,* Sammelbegriff für jene Ansichten, die vom Wiener Kreis ausgehen und heute hauptsächlich mit R. Carnap verbunden werden; betont werden die Einheit der Wissenschaften, eine intersubjektive Wissenschaftssprache, verifizierbares Tatsachenwissen, das auf der Erfahrung basiert, die logische Analyse der (insbesondere der wissenschaftlichen) Sprache und der Wissensbestand als Aufgabe der Philosophie.

Lit.: Ayer, A. J.: Sprache, Wahrheit und Logik. Stuttgart, 1970; **Carnap, R.:** The unity of science. London, 1934; **Popper, K. R.:** Logik der Forschung. Tübingen, [6]1976.

J. Cumming

Logisches Denken tritt immer dann auf, wenn ein Schluß aus Prämissen gewonnen wird (*deduktives* Denken) oder die Verallgemeinerung des Besonderen vorgenommen wird (*induktives* Denken). Das Kriterium für adäquates deduktives Denken ist logische Validität, es existiert jedoch kein solches Kriterium für induktives Denken. Bei der Forschung über l. D. geht es also darum, zu untersuchen, auf welche Weise das l. D. Regeln unterworfen wird (J. Piaget).

Historischer Überblick. Bei Experimenten zur Begriffsbildung bestand die Aufgabe darin, daß jeweils *einzelne* Beispiele (instances) vom Experimentator dargeboten wurden. Dies war die traditionelle Methode, induktives Denken nachzuvollziehen. 1956 wurde dieses Modell von J. S. Bruner und seinen Mitarbeitern revidiert, indem sie die Wahl der Beispiele den Vpn freistellten. Dieses Verfahren erlaubte einen Vergleich mit bestimmten „idealen Strategien". Um 1960 wurde durch P. C. Wason und G. A. Miller eine Erweiterung der Wahlmöglichkeiten eingeführt. Die Aufgabenstruktur zielte auf eine potentiell unbegrenzte Anzahl von Beispielen. Sie kam so den Bedingungen des induktiven Denkens im täglichen Leben näher. Resultate mit beiden Methoden zeigten, daß die Vpn oft mit Teillösungen zufrieden waren, die sie nicht weiter überprüften. Gestaltpsychologen wie M. Wertheimer und K. Duncker nahmen die Auswahl ihrer Aufgaben selektiv vor. Sie betonten vor allem die Wichtigkeit der Reorganisation des Wahrnehmungsfeldes entsprechend dem ihm eigenen inneren Aufforderungscharakter.

Gegenwärtige Forschung. Drei Themenkreise charakterisieren die heutige Forschung. *1. Sprachliche Variablen:* Frühere Forschungen zum deduktiven Denken hatten die „Atmosphäre“ betont, die durch die sprachliche Form der Prämissen auf die Schlüsse übertragen wird (R. S. Woodworth). Die intensive Entwicklung der Linguistik in den letzten Jahren bewirkte, daß die Psychologen der Rolle der ↗Sprache im ↗Denken mehr Aufmerksamkeit zuwandten. Clarks Theorie beruht hauptsächlich auf Ergebnissen aus Experimenten mit Serien von Dreisatzaufgaben (z. B. x ist schlechter als y, x ist besser als z, welches ist das schlechteste?).

Dieser Theorie liegen die verborgenen sprachlichen Eigenheiten der Prämissen zugrunde, sie stellt heraus, daß bestimmte Beziehungen leichter auffallen und schneller gebildet werden als andere. In demselben Sinn hat Johnson-Laird (1969) sehr gründliche Forschungen zur Bedeutung von unbestimmten Mengenbegriffen durchgeführt, wie „some“, „every“ usw. Er konnte zeigen, daß ihre Stellung im Satz ihre Interpretation in der Denkaufgabe vorausbestimmt. Forschungen dieser Art gehen über globale Konzepte wie den „Atmosphäreneffekt“ hinaus.

2. Variablen kognitiver Repräsentation: Ein anderer Ansatz nimmt an, daß die Vp eine abstrakte kognitive Darstellung des Problems konstruiert, aus welcher die Lösung abgelesen werden kann. Die Pionierarbeit wurde von C. De Soto und Huttenlocher (1968) Mitte der sechziger Jahre geleistet. Jedoch wurden gerade kürzlich einige Zweifel an De Sotos Argumenten erhoben durch S. Jones, der eine Versuchsanordnung benutzte, die weniger Zwang ausübte. Letztlich sind die Implikationen der sprachlichen und Repräsentationsansätze immer noch unklar, so daß es schwierig ist, Ergebnisse zu erzielen, die eine Entscheidung zwischen den Theorien erlauben.

3. Formale Variablen: Während derselben Periode entwickelte Wason eine Methode, bei welcher die Vp herausfinden muß, ob eine Regel richtig oder falsch ist, indem sie Informationen sammelt, aus denen ein beweiskräftiger Schluß gezogen werden kann. Diese Versuchsanordnung stellte sich selbst für die Intelligentesten als außerordentlich schwierig heraus. Sie wird noch laufend weiter erforscht. In Zusammenarbeit mit Johnson-Laird wurde aber ein informationstheoretisches Modell entwickelt, das besagt, daß Einsicht mit der wachsenden Erkenntnis einhergeht, daß Falsifikation entscheidender ist als Verifikation.

Lit.: LLBA – Language and Language Behavior Abstracts. Michigan, seit 1967; **Clark, H. H.:** Linguistic processes in deductive reasoning. Psychol. Rev., 1969, *76*, 387–404; **Huttenlocher, J.:** Constructing spatial images; a strategy in reasoning. Psychol. Rev., 1968, *75*, 550–560; **Johnson-Laird, P. N.:** On understanding logically complex sentences. Quart. J. exp. Psychol., 1969, *21*, 1–13; **Wason, P. C.:** Reasoning about a rule. Quart. J. exp. Psychol., 1968, *20*, 273–281; **Wason, P. C. & Johnson-Laird, P. N.** (Eds.): Thinking and reasoning. Harmondsworth, 1968.

P. C. Wason

Logopädie, zur *Phoniatrie* (Sprachheilkunde) gehörige systematische Übungsbehandlung bei angeborenen oder erworbenen Sprachfehlern (z. B. ↗Stottern, Zungenanstoßen, ↗Aphasien usw.).

Lit.: Franke, U.: Logopädisches Handlexikon. Stuttgart, 1978.

C. Scharfetter

Logophobie ↗Sprechangst.

Logorrhöe ↗Wortsalat.

Logotherapie, psychotherapeutische Methode, eingeführt von V. Frankl, Wien. Sie wendet sich nicht so sehr dem Studium der Triebkonflikte zu, sondern sucht die aktivierende (motivierende) seelische Schicht der Person, um zu erreichen, daß der Kranke den Sinn seines Lebens findet. Die noetischen Schichten der Persönlichkeit (↗Schichtenlehren) werden vielfach mittels der sog. paradoxen Reaktion stimuliert, d.h., der Patient wird in extreme Situationen versetzt, wobei er gezwungen ist zu reagieren.

Gegenwärtig hat die L. in den USA einen gewissen Erfolg; man hat dort das erste logotherapeutische Forschungsinstitut gegründet.

Die L. mobilisiert die antagonistischen psycho-noetischen Kräfte gegen die Symptome des Neurotikers, d. h., sie versucht, die spezifisch menschliche Fähigkeit zu fördern, sich von den neurotischen Symptomen freizumachen, die Lebensleere des Neurotikers zu füllen und ihm das Spektrum seiner konkreten Möglichkeiten bewußt zu machen – das ist ihr Zweck, wobei sie den Patienten mit dem „Logos" seiner Existenz konfrontiert.

J. López Ibor

Lohn. Entgelt für erbrachte Leistung (= Arbeitsergebnis): a) kann sich aus verschiedenen L.gütern zusammensetzen (Bargeld, Naturalien, Nutzungs- und andere Rechte) (= *Lohnform*); b) gestaffelt nach Lebensalter, Berufsalter, Dienstalter oder Dauer der Betriebszugehörigkeit (= *Lohnstufen*); c) *Lohnsysteme* unterscheiden sich durch die Art, in der der Leistungsaufwand festgesetzt wird (z. B. Monatsgehalt, Stundenlohn, Akkordlohn, Tantieme, Prämie).

Lit.: Das REFA-Buch, Bd. 3. Methodische Grundlagen der analytischen Arbeitsbewertung. München, 1965.

G. Marschner

Lokalisation psychischer Funktionen. Die L. p. F. in der Hirnrinde ist ein Hauptproblem der ↗Neuropsychologie – es ist das Problem der *funktionalen Organisation* der Hirnrinde, des für die psychische Tätigkeit wichtigsten Apparats.

Im Laufe der Jhh. haben sich die Vorstellungen von der L. p. F., einhergehend mit den Vorstellungen von der Struktur psychischer Vorgänge gewandelt.

Als in der Psychol. die Vorstellung, psychische Funktionen seien angeborene „Fähigkeiten", vorherrschte, glaubte man, nicht nur solche elementaren Funktionen wie die Hauptformen der Empfindungen (Haut-, Gesichts-, Gehörsinn), sondern auch komplizierte psychische Funktionen (Sprechen, Schreiben, Vorstellungen, Begriffe, komplizierte Bedürfnisse) seien in begrenzten Bereichen des Gehirns lokalisiert und eine Funktion *isolierter* Gruppen von Nervenzellen. Diese Vorstellungen teilte F. J. Gall (↗Gallsche Lehre) und die „engen Lokalisationisten" (K. Kleist in Deutschland, J. Nielsen in den USA). Über diesen „klassischen Aspekt" informieren im einzelnen die entsprechenden Abschnitte des Artikels ↗*Gehirnpathologie*. Die klinische Erfahrung widerlegte diese Vorstellungen: es zeigte sich, daß begrenzte Verletzungen der Hirnrinde niemals zum „Ausfall" isolierter Funktionen führen, sondern immer die Desorganisation eines ganzen Komplexes komplizierter psychischer Tätigkeiten nach sich ziehen und daß ein und dieselbe „Funktion" durch verschieden lokalisierte Verletzungen der Hirnrinde gestört werden kann.

Gegenwärtig ist die Auffassung vorherrschend, daß komplizierte psychische Prozesse nicht von einzelnen Nervenzellen durchgeführt werden und in begrenzten Gehirnabschnitten „lokalisiert" sein können; sie beruhen immer auf einem ganzen Komplex gemeinsam arbeitender Zonen der Hirnrinde und der subkortikalen Apparate, wobei jede der Komponenten dieses Komplexes ihren spezifischen Beitrag zur Realisierung des gesamten funktionalen Systems leistet.

So erfordert die ↗Gesichtswahrnehmung die Teilnahme der Hinterhaupt-(Seh-)Abschnitte der Rinde, welche mit den „Augenbewegungs-Feldern" des Scheitel-Hinterhaupt- und prämotorischen Bereichs zusammenwirken; immer haben daran auch die unteren Scheitelabschnitte der Rinde teil, welche die Synthese der aufeinanderfolgenden Eindrücke zu einem simultanen, organisierten Ganzen bewirken, weiterhin die Sprachzonen der Gehirnrinde, welche die aktive Aufmerksamkeit erhalten und Nebenreize hemmen.

Genauso kompliziert ist z. B. auch die Gehirnorganisation der Bewegungen (↗Gehirnpathologie; ↗Aphasie) oder noch komplexerer Formen psychischer Tätigkeit (sprachliche Tätigkeit, intellektuelle Prozesse usw.).

In all diesen Fällen sind an der Organisation der psychischen Prozesse nicht nur die Hirnrinde, sondern auch Bildungen im Hirnstamm (insbesondere die ↗Formatio reticularis) beteiligt, welche für die Wahrung eines beständigen Rindentonus sorgen und am Prozeß der Einprägung von ↗Engrammen teilhaben (vgl. auch ↗Gedächtnis; ↗Gehirn).

Die oben ausgeführten Vorstellungen, welche als *System- (oder dynamische) Lokalisation von Funktionen* bezeichnet werden, erlaubten es, sich mit dem Problem der Gehirnorganisation psychischer Prozesse anders als früher auseinanderzusetzen; sie schufen vor allem eine wiss. Grundlage für die Bewertung jener Störungen psychischer Prozesse, welche bei lokalen Verletzungen des Gehirns auftreten.

Die modernen Vorstellungen von der Systemlokalisation der psychischen Funktionen machen die neuropsychol. Analyse lokaler Verletzungen des Gehirns zu einer der wichtigsten Methoden der Erforschung des Aufbaus psychischer Prozesse. ↗Lokalisationstheorie; ↗Neuroanatomie.

Lit.: Luria, A. R.: Höhere cortikale Funktionen des Menschen. Berlin, 1971.

A. R. Luria

Lokalisationstheorie. Nach der L. *(Lokalisationslehre)* werden den Hirnrindenfeldern bestimmte geistige Funktionen zugeordnet. Die Gegentheorie ist die *Plastizitätslehre,* nach der für jede einzelne Leistung mehrere Hirnrindenbezirke oder die Gesamthirnrinde zusammenwirken müssen, einzelne Funktionen *nicht* lokalisierbar sind und jedes Gebiet alle möglichen Funktionen übernehmen kann. Von weiteren Forschungsergebnissen dürfte eine Klärung der Problematik zu erwarten sein. ↗Lokalisation psychischer Funktionen.

Lit.: Benninghoff, A. & K. Goertler: Lehrbuch der Anatomie des Menschen, Bd. 3. München – Berlin, [10]1977; **House, E. L. & B. Pansky:** A functional approach to Neuroanatomy. New York, 1967.

G. Arnold

Lokalzeichen, Lokalzeichentheorie. Nach Lotze (1912) werden unter Lokalzeichen Ortswerte verstanden, die neben den qualitativen Inhalten in allen Empfindungen vorhanden sind und mit deren Hilfe im Bewußtsein aus der Summe der Eindrücke wieder eine Vorstellung von ihrer räumlichen Ordnung aufgebaut wird.

Wundt (1910) bezeichnet in seiner „Theorie der komplexen Lokalzeichen“ die „innere Tastempfindung“ (Empfindung der Augenmuskelspannung) und den qualitativen Unterschied der Netzhautempfindung je nach Ortslage des Rezeptors als wesentliche Bestandteile der ↗Gesichtswahrnehmung und leitet aus ihnen eine Theorie des monokularen und binokularen Sehens her. Die Lokalzeichentheorie wurde kritisiert. Vgl. auch ↗Empirismus; ↗Nativismus; ↗Brillenversuch; ↗Lernen, perzeptives; ↗Aufrechtsehen.

Lit.: Lotze, H.: Grundzüge der Psychologie Leipzig, 1912; **Wundt, W.:** Grundzüge der Physiologischen Psychol., Bd. 2. Leipzig, 1910.

W. Pieper

Lokomotion, *Ortsveränderung.* 1) In der *Verhaltensforschung:* die Fortbewegung frei beweglicher Organismen aus eigener Kraft (↗Taxis), beruhend auf artgemäß angeborenen Bewegungskoordinationen (E. v. Holst). – 2) In der ↗*topologischen* Psychologie K. Lewins: die Realisierung von Verhaltensmöglichkeiten durch den aktiven Wechsel in den Beziehungen bzw. der Position eines Individuums zu bzw. in seinem Lebensraum (psychol. L.), im Sinne einer räumlichen Fortbewegung (physiol. L.), eines sozialen „Fortschrittes“ (Aufrücken, Selbstentfaltung; soziale L.) oder einer geistigen Fortentwicklung (intellektuelle, geistige L.).

F.-C. Schubert

Lord-Tests, eine Gruppe statistischer Prüfverfahren, in denen die ↗Streuungsbreite (range, R) als Dispersionsmaß verwendet wird. So lautet z. B. die Formel zur Prüfung der ↗Signifikanz von Mittelwertunterschieden unabhängiger Stichproben:

$$L = \frac{M_1 - M_2}{R_1 - R_2}$$

Die Verteilung von L.-T. liegt tabelliert vor.

Lit.: Lord, E.: The use of range in place of standard deviation in the t-Test. Biometrika, 1947, *34*, 41–67.

G. Mikula

Löschreizmethode, eine von H. v. ↗Helmholtz entwickelte Methode zur Löschung eines Sinneseindruckes durch einen nachfolgenden stärkeren Reiz derselben Reizklasse. Das Verfahren wird bes. bei tachistoskopischen Versuchen angewandt, um ein ↗Nachbild zu verhindern. *F. Mattejat*

Löschung, *Extinktion,* Auslöschung von Gedächtnisinhalten (↗Vergessen; ↗Konditionierter Reflex). Prinzip der Extinktion: eine erlernte Fähigkeit wird bei mangelnder ↗Bekräftigung geschwächt; bleibt das Ergebnis eines bestimmten erlernten Verhaltens aus, so wird dieses Verhalten allmählich abgebaut. *Experimentelle Extinktion:* ein konditionierter Reflex wird durch wiederholte Darbietung des konditionierten Stimulus ohne Bekräftigung abgebaut. *K. E. Pelzer*

LPS↗Leistungsprüfsystem.

LSD, Abk. für Lysergsäurediäthylamid (auch Lysergid); ↗Psychopharmakon aus der Gruppe der ↗*Psychotomimetika.* Halbsynthetisches Mutterkornalkaloid. – Psychologische Untersuchungen mit LSD sind zahlreich, wegen der tiefgreifenden, für die meisten Pbn vollkommen neuartigen Veränderungen im Erlebnisbereich (insbesondere bei höheren Dosierungen) jedoch oft nur ungenügend kontrollierbar, ihre Interpretation ist häufig offen. So kann die gefundene intellektuelle Leistungsminderung als Folge von Störungen im intellektuellen Bereich selbst, aber z. B. auch als Ergebnis herabgesetzter Motivation betrachtet werden. Das gleiche gilt für psychomotorische Leistungsverschlechterungen. – Effekte auf perzeptive Leistungen sind vielfältig und wegen der Bedeutung erlebnismäßiger Veränderungen der Wahrnehmung im Wirkungsbild psychotomimetischer Substanzen (↗Halluzinationen, ↗Illusionen usw.) bes. interessant. Unter anderem wurden gefunden: Erhöhung der absoluten Sehschwelle (stärker für photopisches Sehen), Verstärkung subjektiver Farbeindrücke bei nichtfarbigen Stimuli, Herabsetzung der Farbdiskrimination, Veränderung von Größen-, Richtungs-, Entfernungswahrnehmung und Zeitsinn (Über- oder Unterschätzung vorgegebener Zeiträume). LSD erhöht die primäre ↗Suggestibilität. – Die Art der pharmakodynamischen Wirkungen von LSD ist bisher ungeklärt. Einer vieldiskutierten Hypothese zufolge beruhen seine Effekte auf der antagonistischen Wirkung auf Serotonin im Gehirn.

Therapeutische Anwendung findet LSD in der psychoanalytischen Neurosenbehandlung und bei ↗Alkoholismus. Seine Effizienz als therapeut. Hilfsmittel ist aber umstritten.

Lit.: Abrahamson, H. A. (Hrsg.): The use of LSD in Psychotherapy and Alcoholism. New York, 1967; **Hartmann, A. M. & L. E. Hollister:** Effect of mescaline, lysergic acid diethylamide and psilocybin on color perception. Psychopharmacologia, 1963, *4,* 441–445; **Lienert, G. A.:** Belastung und Regression. Meisenheim, 1964; **Pollard, J. C. et al.:** Drugs and fantasy: The effects of LSD, Psilocybin, and Sernyi on college students. Boston, 1965; **Sjoberg, B. M. & L. E. Hollister:** The effects of psychotomimetic drugs on primary suggestibility. Psychopharmacologia. 1965, *8,* 251–262; **Young, W. & T. Hixson:** LSD on campus. New York, 1966. *G. Erdmann*

Lubrikation, vaginale (Synonym: *Madefaktion*). Die v. L. tritt im allg. wenige Sekunden nach jeder effektiven sexuellen Stimulation auf, führt zu einem Feuchtwerden der Vagina (= Scheide) und des äußeren Genitales und geht wahrscheinlich auf eine Transsudation aus den blutüberfüllten Gefäßen im Bereich der Vagina zurück. Das Lubrikat, dessen chem. Zusammensetzung noch nicht bekannt ist, erscheint zuerst an den Vaginalwänden, wird also nicht, wie lange behauptet wurde, von den Bartholinschen Drüsen oder vom Gebärmutterhals sezerniert. Die v. L. macht die Vagina gleitfähig und erleichtert die Einführung des Penis beim Koitus. Vgl. auch ↗präejakulatorische Sekretion.

Lit.: Sigusch, V.: Exzitation und Orgasmus bei der Frau. Stuttgart, 1970; weitere Lit. ↗Orgasmus. *V. Sigusch*

Lückentest, einer der ältesten ↗Intelligenztests, von H. Ebbinghaus 1897 eingeführt. Wortlücken in einem zusammenhängenden Text sollen vom Pb sinnvoll ergänzt werden. Der Schwierigkeitsgrad des L. ist variierbar. Mit diesem Test ist ein erster Versuch ↗Intelligenz zu quantifizieren und diagnostisch zu erfassen, gelungen. *E. Furch-Krafft*

Luftfahrtpsychologie, Zweig der ↗angewandten Psychologie, speziell der ↗Verkehrspsychologie. Die L. untersucht die besonderen Bedingungen, denen das menschliche Verhalten beim Fliegen unterworfen ist. Zu ihren praktischen Aufgaben gehört die Mitwirkung bei der *Auslese* und *Ausbildung des Flugpersonals.* Darüber hinaus bemüht sich die L. um Einschränkung der Unfallgefahr und um Konstruktion adäquater Instrumente und Flughilfen.

Lit.: Cartellieri, D.: Einführung in die Luftfahrtpsychologie. Schriftenreihe der HTS der dt. Lw., 1965; **Steininger, K.:** Aktuelle luftfahrtpsychol. Probleme. Z. exp. angew. Psychol., 1962, *9* (4). *F. Mattejat*

Lügendetektor. Als solche werden ↗Polygraphen bezeichnet, die bei der Tatbestandsdiagnostik im forensischen Bereich die auf kritische Fragen auftretenden physiol. Reaktionen registrieren sollen.

Die mit dem L. erhaltenen Befunde besitzen nur eine *beschränkte* Objektivität und Validität, und diese sind zudem in starkem Maß von dem Untersucher und der verwendeten Vernehmungstechnik abhängig. In der BRD ist die Verwendung des L. selbst als Vernehmungsmittel unzulässig. *P. Zimmermann*

Lügenhaftigkeit. Tendenz zur bewußten Verheimlichung oder unaufrichtigen Wiedergabe von Sachverhalten mit dem Ziel, für sich oder andere Vorteile zu erlangen bzw. Nachteile von der eigenen Person abzuwenden oder diese anderen Personen zuzufügen. L. mit dem Gegenpol *„Wahrheitsliebe“* gilt nicht als allg. Merkmal; die Beurteilung der L., ein in der ↗forensischen Psychologie zentrales Problem (↗Glaubwürdigkeit, ↗Kinderaussagen), kann daher nur in Abhängigkeit von der speziellen Situation und den jeweiligen individuellen Handlungsmotiven erfolgen. *M. Amelang*

Lügentests. In viele Fragebogentests (↗Fragebogen) sind L. eingebaut, um Verfälschungstendenzen des Pb zu entdecken. Items aus L. enthalten meist Fragen oder Behauptungen zu sozial nicht akzeptierten Verhaltensweisen, von denen aber angenommen wird, daß alle Menschen sie zeigen (z. B. „Zu Hause sind meine Tischmanieren weniger gepflegt als in Gesellschaft“). Die ↗ *Validität* der L. ist schwer zu überprüfen und dürfte nur mäßig sein. L. Michel u. a. konnten nachweisen, daß L. nur für Pbn der Mittelschicht – wenn überhaupt – valide sind. Pbn der Unterschicht getrauen sich nicht, kleine menschliche Schwächen zuzugeben, und erscheinen daher ungerechtfertigterweise in diesen Tests als „Lügner“.
G. Lischke

Lust. Grundgefühl, das zwischen den Polaritäten Lösung und ↗Spannung sowie Erregung und Beruhigung (↗Erregbarkeit) erlebt wird. Es ist meist ein- oder angebunden in vitale Erlebnisse; der sinnliche Genießer sucht Lusterlebnisse. Im geistigen Bereich wird ↗Freude erlebt. *W. Arnold*

Lustgewinn ↗Libido.

Lustprinzip steht nach Freud (1911) im Ggs. zum ↗Realitätsprinzip. Das L. regelt die psychischen ↗ *Primärvorgänge.* Darunter sind primitive Bedürfniszustände mit zugehörigen bildartigen Vorstellungen verstanden, die das betreffende Individuum jeweils sofort und unbekümmert um die in der realen Situation vorhandenen Möglichkeiten zu befriedigen trachtet. Sie dominieren im Traum, im Phantasieren, in Verwirrungs- und Psychosezuständen, in besser kontrollierter Form in der Kunst, im gefühlsmäßigen Verständnis anderer Menschen, auch im religiösen Erleben oder im Massenverhalten.

Je nach Überwiegen des Realitätsprinzips (z. B. im Zustand des Sichkonzentrierens) treten psychische ↗ *Sekundärvorgänge,* das ↗Ich und die reale Umgebung des betreffenden Individuums stärker in den Vordergrund.

Lit.: Freud, S.: Formulierungen über die zwei Prinzipien des psychischen Geschehens (1911). Ges. Werke, Bd. 8, London, 1948.
W. Toman

Luststreben ↗Libido.

Lysergsäurediäthylamid ↗LSD.

Lytischer Typ ↗Integrationspsychologie.

M

Mach, *Ernst.* LEBEN UND WERKE. * 18. 2. 1838 Turas (Mähren), † 19. 2. 1916 Haar bei München. Professor für Physik an der Universität Graz von 1864 bis 1867 und an der Universität Prag von 1867 bis 1895; anschließend bis 1901 Professor für induktive Philosophie in Wien.

M. war Vertreter eines *metaphysikfreien positivistischen Funktionalismus.* Er vertrat die Ansicht, daß in den Naturwissenschaften eine Feststellung nicht zulässig ist, sofern sie nicht empirisch verifiziert ist, wobei seine Kriterien der Verifizierbarkeit äußerst streng waren. Wissenschaftliche Gesetze betrachtete er als rein deskriptiv, und die Wahl zwischen zwei alternativen Hypothesen zum gleichen Tatbestand sollte auf der Grundlage der Ökonomie erfolgen. M. war der Auffassung, daß sich das gesamte Seelenleben auf ↗Empfindungen und die sie verknüpfenden ↗Assoziationen als Grundtatbestände reduzieren ließe. Das Zusammenfassen dieser Elemente im Sinne einer verstärkten Vorstellungsökonomie erfolge in den Abstraktionsprozessen des ↗Denkens. Für die Psychol. bedeutsam wurde M. weiterhin durch expt. Untersuchungen in den Bereichen der optischen, akustischen und Bewegungsempfindungen. Bekannt geworden sind u. a. die *Machsche Trommel,* ein geschlossener rotierender Zylinder zur Erzeugung von ↗Bewegungstäuschungen, in den eine Vp hineingesetzt wird, sowie der *Machsche Ring,* eine rotierende Scheibe zum Nachweis von Kontrasterscheinungen.

Schr.: Die Lehre von den Bewegungsempfindungen, 1875; Beiträge zur Analyse der Empfindungen, 1886; Die Prinzipien der physikalischen Optik, 1921.

Lit.: **Henning, H.:** Ernst Mach als Physiker, Philosoph und Psycholog. 1915.

W. Wittling

Machover-Test, Draw-a-Person-Test (DAP), Personenzeichnen. Erweiterte Anweisung als beim DAM (↗Draw-a-Man-Test): *Zeichne einen Menschen.* Das Entstehen der Zeichnung, zu der noch eine Geschichte erfunden werden muß, wird genau beobachtet und das Kind nach dem Test intensiv befragt. Psychoanalytische Interpretation der Zeichnung, die als Ausdruck körperlich-seelischer Bedürfnisse und Konflikte betrachtet wird. Rückschluß auf die Selbstwahrnehmung.

Lit.: **Machover, K.:** Draw-a-Person-Test. Springfield (Ill.), 1949.

F. Grünig

Machsche Trommel ↗Mach.

Macht, soziale (social power). Das Ausmaß, in dem ein Individuum dank seiner Position oder seinem Status innerhalb einer Gruppe die Fähigkeit oder Autorität besitzt, andere Individuen zu kontrollieren, ihnen bestimmte Verhaltensweisen vorzuschreiben und Gehorsam abzuverlangen.

Das Ausmaß s. M. wird weniger durch besondere Persönlichkeitsmerkmale als durch die Art der sozialen Beziehungen innerhalb der Gruppe bestimmt. Sie gilt so als entscheidender Aspekt für die Erklärung der Wege sozialer Interaktion und der Verteilung von Belohnungen und Kosten (costs und rewards) unter den Gruppenmitgliedern (↗Gruppendynamik). Gegenwärtig werden meist drei Variablen genannt, die das Ausmaß s. M. determinieren: 1) Die *Mittel* (resources), die ein

Individuum in die Lage versetzen, die subjektiven Belohnungen und Kosten der anderen zu beeinflussen. Der Wert dieser Mittel wird seinerseits mitbestimmt durch 2) die Größe der *Abhängigkeit* (dependency) der anderen von diesem Individuum. Jene ist wiederum Funktion 3) der Zahl der als Belohnungsquellen dienenden möglichen *Alternativen* für die anderen Individuen.

Lit.: Cartwright, D. (Ed.): Studies in social power. Ann Arbor (Mich.), 1959; **Emerson, R. M.:** Power-dependence relations. Amer. Sociol. Rev., 1962, 27, 31–41; **McClelland, D. C.:** Macht als Motiv. Stuttgart, 1978.

A. Schmidt-Mummendey

Machtstreben entsteht nach ↗Adler (1920) als Reaktion auf die Erfahrung der *Machtlosigkeit* und *Unterlegenheit* des Kindes in seiner ursprünglichen Familie. Zur Kompensation dieses Zustandes strebt das Individuum als Kind und auch noch als Erwachsener nach Sicherung seiner Position, nach Kontrolle über andere, nach Macht. Wenn dem Kinde durch die Umgebung die Erfahrung eigener Machtlosigkeit und Unterlegenheit gemildert oder überhaupt erspart werden kann, geht das M. in einem *sozialen* und *Gemeinschaftsinteresse* auf. Wenn die Erfahrung der eigenen Machtlosigkeit und Unterlegenheit bes. stark ist, kann das M. (durch ↗Überkompensation) pathologische Grade erreichen.

Lit.: Adler, A.: Praxis und Theorie der Individualpsychologie. München, 1920.

W. Toman

Macula lutea, *gelber Fleck,* umgibt mit 5 mm Durchmesser die 0,5 mm große ↗*Fovea centralis* am Schnittpunkt der optischen Achse des ↗Auges mit der Retina. *K.-H. Plattig*

Magisches Denken. I. Frazer (1913) hat die Magie auf zwei Fehlanwendungen der Assoziation von ↗Vorstellungen zurückgeführt: die *„homöopathische"* Magie auf ein Mißverständnis des ↗Assoziationsgesetzes der Ähnlichkeit und die *„kontagiöse"* Magie auf ein Mißverständnis des Gesetzes der Berührung. Obschon m. D. auch vielen Menschen in einer Hochkultur keineswegs fremd ist, hat man versucht, in ihm eine bes. urtümliche Form des Denkens schlechthin zu sehen, das zwangsläufig daraus resultiere, daß der „Primitive" nicht logisch, sondern nach dem Prinzip der Participation mystique (L. Lévy-Bruhl) denke. Neuere Ethnologen (Lévy-Strauss, 1967; B. Malinowski) sind aber durchweg der Ansicht, daß sich in der Magie kein zwangsläufig „primitives" Denken ausspricht. In anderen Bereichen denken Naturvölker logisch und folgerichtig. Die Magie hat vielfach wichtige, „psychotherapeutische" Funktionen.

Lit.: Frazer, J.: The golden bough. London, 1913; **Lévi-Strauss, C.:** Strukturale Anthropologie. Frankfurt, 1967; **Schmidbauer, W.:** Schamanismus und Psychotherapie. Psychol. Rdsch., 1969, *20,* 29–47.

W. Schmidbauer

II. Für die magische Denkhaltung und Handlungsweise des *Kindesalters* ist charakteristisch, daß sie nicht nach sachlich-verträglichen Beziehungen sucht, sondern daß jede Beziehung zwischen den Dingen möglich ist. Weiterhin versucht das Kind, das Geschehen durch *„ichhafte"* Setzungen zu beeinflussen, das es durch seine Wünsche glaubt beeinflussen zu können. Das m. D. beginnt im 4.–7. Lj., wird später zunehmend differenzierter (Befragung und Leitung des Geschicks durch magische Praktiken).

Lit.: Hansen, W.: Die Entwicklung des kindlichen Weltbildes. München, 1960, 222; **Kroh, O.:** Entwicklungspsychologie des Grundschulkindes. Langensalza, [7-10]1944.

M. Sachs

Magnetismus ↗Mesmer.

Make-a-Picture-Story-Test (MAPS), ein thematisches Verfahren, das 1952 von Shneidman veröffentlicht wurde. Pbn haben die Aufgabe, Bilder aus 22 Hintergrunddarstellungen und 67 Einzelfiguren selbst zu konstruieren und dazu Geschichten zu erzählen. Den Vorteil der individuellen Gestaltung des Reizfeldes gegenüber vorgegebenen sieht der Autor in gesteigerter Aktivität des Pb und der erhöhten Persönlichkeitsrelevanz der selbst zusammengestellten Szene und der dazu erzählten Geschichte. ↗TAT.

Lit.: Shneidman, E. S.: Manual for the Make-a-picture-story method. Projective Techniques Monographs, 1952, *2.*

D. Pfau

Mana. Die Völkerpsychol. versteht unter diesem polynesischen Ausdruck eine *numinose, magische Kraft,* die bestimmten Personen

(Häuptling, König, Zauberer), Dingen (Wort, Waffe, Bild) oder Tieren (Löwe, Adler, Wolf, Schlange) innewohnt und sich unter gewissen Umständen dem Gläubigen als Fluidum mitteilt: positiv (heilen, helfen, trösten) oder negativ (töten, verwirren, bannen). Vom M. erfüllte Figuren oder Personen strahlen *Faszination* aus, sie wirken anziehend und zugleich furchterregend. Sie sind ↗*tabu*. Die numinose Faszination erscheint bes. ausgeprägt im Kult der „Großen Mutter" (Gnadenbilder, Ikonen). Im Volksaberglauben erscheint das M. auch als Strukturelement der Autorität, bes. bei Königen und Adeligen sowie geistlichen Würdenträgern (Weihe als M.).

Der Glaube an M. kann sogar zu Wunderheilungen beitragen.

Lit.: Jung, C. G.: Seelenprobleme der Gegenwart. Zürich, 1931; **Neumann, E.:** Die Große Mutter, Zürich, 1956; **Ullrich, E.:** Die marianische Advokation und ihre Funktion als Personenname im Neuspanischen (Diss.). Würzburg, 1967.

E. Ullrich

Mandala, in östlichen Religionen (Lamaismus, tantrischer ↗Yoga) als Objekt kontemplierender Betrachtung ausgebildete, symbolische Zeichnung, die in der Regel Kreis und Quadrat vereint, auf dieser Basis aber sehr verschiedenartig ausgeschmückt sein kann. In der ↗komplexen Psychologie C. G. ↗Jungs Symbol der im ↗Individuationsprozeß angezielten Selbstwerdung. Als gestörtes M. gilt jede Form, die unsymmetrisch ist und eine andere Grundzahl als vier, sechs oder zwölf aufweist.

W. Schmidbauer

Manie ist ein Bestandteil der zuerst von E. ↗Kraepelin als Krankheitseinheit erkannten, erbbedingten ↗manisch-depressiven Krankheit. Es handelt sich um eine phasenhaft verlaufende, affektive Störung, die gekennzeichnet ist durch eine heitere, gehobene Stimmung, eine allg. Euphorie mit einer Erhöhung des Selbstwertgefühles und einer entsprechenden Überschätzung der eigenen Fähigkeiten. Pathognomonisch sind die gesteigerte Motorik, der Rededrang und die Ideenflucht, die sich bis zum Gedankenjagen steigern kann. Der Überschuß an Antrieb, verbunden mit einer typischen Kritiklosigkeit, läßt solche Kranke nicht selten sehr störend, manchmal auch kriminell werden. Die manischen Größenideen können ein wahnhaftes Ausmaß annehmen. Im Gegensatz zu normal-psychologisch verständlichen reaktiven ↗Depressionen kennt man keine reaktive Manie. Die M. verläuft wie die endogene Depression in Phasen, wobei sich manische und depressive Phasen abwechseln können. Die Dauer der manischen Phase ist im allg. kürzer als diejenige der depressiven und überdauert nur selten ein halbes Jahr. Im nicht-deutschsprachigen Schrifttum werden mit M. gelegentlich psychische Störungen bezeichnet, die mit der M. im vorstehend geschilderten Sinn nichts zu tun haben. Auch Bezeichnungen wie z. B. *Kleptomanie* = pathologische Stehlsucht, *Pyromanie* = zwanghaftes Brandlegen, *Poriomanie* = dranghaftes Fortlaufen haben zu der M. im klassischen Sinne keine Beziehung. Die Therapie der M. erfolgt in Form einer psychopharmakologischen Sedierung.

Lit.: Reis, E.: Konstitutionelle Verstimmung und manisch-depressives Irresein. Z. Neur., 1910, *2*, 347–826; **Weitbrecht, H. J.:** Depressive und manisch-endogene Psychosen. Psychiatrie der Gegenwart II. Berlin – Göttingen – Heidelberg, 1961.

H. Sattes

Manieriertheit, stereotypes, inadäquates, bizarres Verhalten von (insb. katatonen) Schizophrenen. Mimik, Sprache und Gestik wirken unharmonisch, sonderbar, geziert und stilisiert, die Wortwahl ist gekünstelt und verschroben. M. kann nicht nur als Ausdruck der Krankheit, sondern auch als Reaktion auf ein ungeeignetes soziales Milieu verstanden werden.

R. Richter

Manifest-Anxiety-Scale ↗Anxiety-Tests.

Manifestation, „*Handgreiflichwerden*" bisher latenter Eigenschaften. Hängt bei Erbanlagen von der Penetranz der betreffenden ↗Gene ab, bei erworbenen Charakterzügen vorwiegend von situativen Faktoren, bei neurotischen Prägungen von Versuchungs- und Versagens-Situationen (H. Schultz-Hencke).

W. Schmidbauer

Manipulation ist die Handhabung und Steuerung des Menschen durch geschickte Ausnutzung seiner ↗*Anlagen* und ↗*Eigenschaften* mit dem Ziel, ihn kontrolliert für ihm unmittelbar fremde wiss., soziale oder politische Ziele zu benutzen. Diese abwertende Definition entspricht dem üblichen Sprachgebrauch. Einem formalen, abstrakten Begriff der M. haftet jedoch zunächst nichts Abwertendes an: „Der Mensch ist in seiner Freiheit sich selbst überantwortet und aufgetragen. In diesem Sinn soll und muß er sich manipulieren" (K. Rahner). Diese Selbst-M. bedarf aber im konkreten Einzelfall der ethischen Bewertung; sie darf die Grundrechte der menschlichen Würde und Freiheit nicht verletzen.

Die Methoden und Möglichkeiten der M. (im Sinne der Eingangsdefinition) basieren: 1) auf der Ausnutzung der *Reaktionsbreite,* die erblich bestimmt ist, und 2) auf der *Veränderung* des *Erbgefüges.*

Die Ausnutzung der *Reaktionsbreite* kann durch einseitige, intensiv wiederholte Information (Propaganda, Reklame) und/oder über Stress-Situationen erfolgen. Extreme Reizüberflutung oder völliges Fehlen von Reizen (sensory deprivation; ↗Isolation, soziale) erzeugt physiol. und psychischen ↗Stress; er hat Verhaltensweisen zur Folge, die einem reflektierenden, freien ↗Bewußtsein fremd sind. Menschen können durch Isolierung und Dunkelhaft so nach positiv beantworteten Handlungen „süchtig" gemacht werden, daß sie tun oder sagen, was immer von ihnen gewünscht wird (vgl. auch ↗Haftpsychose). Die Folgen einer solchen M. durch sensory deprivation können lange anhalten.

Die Ausnutzung sensibler Phasen während der Entwicklung erleichtert die M.: späteres Verhalten wird in diesen oft nur kurzen Phasen durch die Umwelt „geprägt" (K. Lorenz, 1935); diese ↗Prägungen sind – soweit in Tierversuchen analysiert – irreversibel. Sensible Perioden dieser Art gibt es z. B. während der zweiten Hälfte des ersten Lebensjahres; in dieser Zeit wird durch den Kontakt mit der Mutter (oder Pflegerin) die Grundlage für die Entwicklung des „Urvertrauens" (E. H. Erikson, 1953) gelegt. Das Kind lernt, daß es sich auf einen Partner verlassen kann. Mangelnder Kontakt in dieser sensiblen Periode führt zu schweren, irreparablen physiol. und psychol. Störungen. ↗Hospitalismus.

Die M. der *Erbsubstanz* (genetische M.) könnte erfolgen: a) durch Auswahl gewünschter (positive Selektion) und Ausmerzung unerwünschter (negative Selektion) Erbkombinationen; b) durch gezielte Änderung des biochemischen Aufbaues der Erbanlagen (↗Gene); c) durch Züchtung ausgewählter Eizellen oder Keimanlagen (Embryonen) innerhalb eines oder außerhalb des mütterlichen Körpers. Von diesen Möglichkeiten ist nur die erste (a) bei dem derzeitigen Stand der Genetik realisierbar, z. B. durch Sterilisierung oder durch künstliche Besamung mit dem Sperma ausgewählter Spender, beim Menschen in gewissem Umfang (USA, Frankreich) angewendete Methoden. (b) und (c) sind denkbar und vielleicht bei Fortschreiten der Biologie möglich.

Gegen genetische M.en sprechen ethische, rechtliche, soziale und naturwissenschaftliche Gründe, sofern nicht: 1) die Werte und ↗Normen, nach denen Gene in einer Bevölkerung verändert oder selektioniert werden sollen, eindeutig definiert und von den Mitgliedern einer Rechtsgemeinschaft anerkannt sind; 2) die Freiheit und die Würde des Menschen unangetastet bleibt; 3) die Bindung an die Eltern gewahrt bleibt; und solange sie 4) vom naturwissenschaftlichen Standpunkt mit einem unübersehbaren Risiko des Mißerfolges (Entstehung von geistigen und körperlichen Mißgeburten) behaftet ist.

Lit.: **Autrum, H.:** Die heutigen Techniken und Möglichkeiten genetischer Manipulation des Menschen. In: Universitas, 33. Jg., April 1978; **Clinard, M. B.:** Sociology of deviant behavior. New York, [3]1968; **Coillie, D. van:** Der begeisterte Selbstmord. Donauwörth, 1967; **Farber, I. E. & H. F. Harlow:** Brainwashing, conditioning, and DDD (debility, dependency, and dread). Sociometry, 1957, *20;* **Huxley, A.:** Brave new World. New York, 1958; **Jens, W.:** Nein, die Welt der Angeklagten. München, 1968; **Miller, J. G.:** Brainwashing present and future. J. social issues, 1957, *13;* **Orwell, G.:** 1984. Zürich, 1950; **Overhage, P.:** Experiment Menschheit. Frankfurt, 1967; **Packard, V.:** Die geheimen Verführer. Düsseldorf, 1957; **Rahner, K.:** Freiheit u. Manipulation in Gesellschaft und Kirche. München, 1970; **Taylor, G. R.:** Die biol. Zeitbombe. Frankfurt a. M., 1968; **Thomas, K.:** Die künstlich gesteuerte Seele. Stuttgart, 1970; **Wagner, F.:** Menschenzüchtung. München, 1969. *H. Autrum*

Manipulation *des Menschen durch Pharmaka. Definition:* Im Bereich der Naturwissenschaft taucht das Wort „Manipulation" 1716 erstmals bei chem. Arbeiten mit pflanzlichen Drogen auf, und es erhält mit dem Aufkommen der magnetischen Heilverfahren die Bedeutung von Kunstgriff, kunstgerecht gesteuerter Verfahrens- und Behandlungsweise, geschickt arrangierter Machenschaft.

Problematik: Jede therapeutische Maßnahme, welche Defekte des Leibes und der Seele mit ↗Pharmaka oder mit chirurgischen Eingriffen korrigiert, enthält ein Element der M., da jede kunstgerechte ärztliche Hilfeleistung der Natur eines anderen Menschen – wenn auch in bester Absicht – Gewalt antut. Die Kompetenz einer naturwiss. ausgerichteten Heilhandlung hat jedoch ihre Grenzen, da alle therapeutischen Eingriffe sich nicht an einer mechanistischen Struktur und an einem unpersönlichen Objekt, sondern an einem komplizierten Organismus und an einer menschlichen Persönlichkeit vollziehen.

Die moderne Therapie hat die Lebenserwartung und damit zugleich die Weitergabe krankhaften Erbgutes erhöht. Eine im Einzelfall lebensrettende Maßnahme enthält somit u. U. die Gefahr einer ungewollten und unbeabsichtigten M. der Menschheit durch Förderung erbkranken Nachwuchses. Diese Entwicklung ist ohne Mißachtung aller Ethik und Moral und ohne Verletzung der ärztlichen Sorgfaltspflicht unabdingbar.

Gegenwärtige Möglichkeiten der chem. M.: Pharmaka verschiedenen Wirkungstyps mit zentralstimulierenden und dämpfenden Eigenschaften können Erlebnisinhalte variieren. Diese Form der M. des Menschen wurde bereits seit Urzeiten mittels pflanzlicher Inhaltsstoffe (Zauberdrogen, Rauschgifte) bei den primitiven Völkern geübt, um Ekstase, Schmerzunempfindlichkeit und erhöhte Leistungsfähigkeit zu erzielen. Dieselben ↗Drogen führen sich heute zahlreiche Menschen in Form von Reinsubstanzen in einem Akt der Selbst-M. zu, um ↗Angst, Leid und Sorgen zu beseitigen oder die körperliche und geistige Leistungsfähigkeit zu erhöhen. In gleicher Absicht wird eine Gruppe synthetisch gewonnener ↗Psychopharmaka benutzt. Stoffe dieses Typs werden zudem unfreiwillig, eventuell unter Zwang zu forensischen und politischen Zwecken mißbraucht (↗Gehirnwäsche). Derartige Verfahren sind von ihren Ergebnissen und vom strafrechtlichen und moralischen Standpunkt her fragwürdig und illegal. Ebensowenig können die glückbringenden Pillen (Happy pills) den Informationsgehalt des Gehirns verbessern noch den Menschen zu dauernden Hochleistungen befähigen oder ihm Qual und Schmerz für immer wegnehmen. Bei chronischem Mißbrauch sind ↗Sucht und körperlicher Dauerschaden zu befürchten. ↗Pharmakopsychologie.

Lit.: Haas, H. Die Manipulierbarkeit des Menschen durch Pharmaka. Universitas, 1967, *22,* 11; **ders.:** Die Manipulierbarkeit des Menschen durch Arzneimittel. Almanach für die ärztliche Fortbildung. München, 1968; **Kaufmann, R.:** Die Menschenmacher. Die Zukunft des Menschen in einer biologisch gesteuerten Welt. Frankfurt a. M., 1964; **Löbsack, T.:** Die unheimlichen Möglichkeiten oder Die manipulierte Seele. Düsseldorf – Wien, [4]1969; **Schipperges, H.:** Entwicklung moderner Medizin. Probleme, Prognosen, Tendenzen. Schriftreihe der Bezirksärztekammer Nordwürttemberg, [3]1971, Nr. *10;* **Schlechta, K.:** (Hrsg.): Der Mensch und seine Zukunft. Darmstadt, 1967; **Wolstenholme, G.** (Hrsg.): Man and his future. London, 1963.

H. Haas

Manipulation Tests ↗Handgeschicklichkeitstests.

Manisch-depressives Irresein, gestörte Affektivität, die sich durch Perioden von ↗Manie, schwerer ↗Depression (Melancholie) und Normalität kennzeichnet. Zwischen den Phasen, die manisch, depressiv oder beides direkt nacheinander sein können, findet sich völlige Wiederherstellung. Der Ausdruck ↗Psychose legt nahe, daß dieser Zustand sowohl sehr ernst als auch endogen bedingt sei, obwohl letzteres nicht immer der Fall sein muß. Depressionen im Rückfall (also nur depressive Phasen) werden hier hinzugerechnet wegen der Ähnlichkeit der Symptome, weil Patienten mehrere depressive Phasen haben können, bevor sie eine Manie entwickeln, und da man Familien mit sowohl manischen als auch wiederholt depressiven Mitgliedern gefunden hat. Die Bezeichnung endogene affektive Psychose für m.-d. I. deckt beide Zustände, jedoch bildet die schwere reaktive Depression in den meisten Klassifikationssystemen eine eigene Einheit; in der Praxis kann diese allerdings von einer depressiven Psychose schwer zu unterscheiden sein. *B. Brooker*

Männerkindbett, vielfach auch *Couvade* genannte Sitte, wobei der Vater eines Kindes sich nach der Geburt wie eine Wöchnerin verhält, während diese bald aufsteht und ihrer Arbeit nachgeht. In Europa hat sich dieser Brauch am längsten in Südfrankreich (Béarn) und bei den Basken gehalten. Vielfach entwickelte sich das M. wohl aus der Zeremonie, welche die Vaterschaft im Übergang von einer matrilinearen (↗Matriarchat) zu einer patrilinearen Gesellschaft magisch betonen sollte. Allgemein spiegelt es die von Lévi-Strauss (1949) in den Exogamieregeln nachgewiesenen Strukturprinzipien des Austauschs und der sozialen Symmetrie wider. Mann und Frau vollziehen und erleiden in gleichem Maß die Geburt.

Lit.: Lévi-Strauss, C.: Les structures élémentaires de la parenté. Paris, 1949. *W. Schmidbauer*

Mannheimer Biographisches Inventar (MBI), deutschsprachiger Persönlichkeitsfragebogen zur Anwendung in allen Beratungssituationen bei 11- bis 18jährigen Personen. Er prüft folgende von der Lebensbiographie abhängige Merkmale: 1) Familiensituation, 2) Lebensgewohnheiten und Interessen, 3) soziale Aktivitäten und Kontaktverhalten, 4) schulische Situation, 5) Arbeitsverhalten, 6) kreatives Verhalten, 7) Durchsetzungsvermögen, 8) Leistungsmotivation, 9) Verhalten bei Stress, Frustration und Ängstlichkeit, 10) allgemeine Einstellung und Einschätzung, 11) Gesundheit, körperliches Empfinden.

Es liegen Normen für 11- bis 18jährige Jugendliche vor, getrennt nach Alter, Geschlecht und Schulbildung. Die Retest-Zuverlässigkeiten (bis zu 6 Wochen) liegen je nach Personengruppe und Test-Dimension zwischen 0,38 und 0,91. Es werden Ergebnisse zur Übereinstimmungs-Gültigkeit mit anderen Testverfahren mitgeteilt. Die maximale Korrelation zu den Dimensionen des ↗Freiburger Persönlichkeitsinventars liegt beispielsweise bei 0,81.

Lit.: Jäger, R. et al.: Mannheimer Biographisches Inventar (MBI). Göttingen, 1973. *W. Seitz*

Mannheimer Intelligenz-Test (MIT) und Mannheimer Intelligenz-Test für Kinder und Jugendliche (MIT-KJ), standardisierte Gruppentests zur Erfassung der intellektuellen Allgemeinbefähigung im Sinne eines homogenen Hauptfaktors. Unter anderem liegen folgende Kennwerte (MIT-KJ in Klammern) vor: Interne Konsistenz: $r_{tt}=.97$ (.96); Äquivalenz: $r_{tt}=.89$; Stabilität nach einer Woche: $r_{tt}=.79$ (.88); Korrelation mit Kriteriumsbatterie: $r_{tc}=.76$ (mit CFT-2: $r_{tc}=.53$). Die Z- und Stanine-Normen differenzieren nach Alter, Geschlecht und Schultyp.

Lit.: Conrad, W. et al.: Mannheimer Intelligenztest (MIT). Weinheim, [2]1975; **dies.:** Mannheimer Intelligenztest für Kinder und Jugendliche (MIT-KJ). Weinheim, 1976.

W. Conrad

Männlicher Protest, bei Männern und Frauen im Zuge einer ↗Kompensation von ↗Minderwertigkeitsgefühlen auftretende Tendenz, weiblich scheinende Regungen abzuwehren, eine herrschende und aktive Rolle zu spielen. Der m. P. kann nur in patriarchalisch strukturierten Sozietäten vorkommen; laut A. ↗Adler charakterisieren ihn Trotz, Herrschsucht, Überempfindlichkeit und Ehrgeiz.

W. Schmidbauer

Mann-Whitney-U-Test, nicht-parametrisches Prüfverfahren zum Vergleich der zentralen Tendenz zweier unabhängiger Verteilungen. Vorausgesetzt werden ↗Ordinalvariablen. Es werden die ↗Scores beider Verteilungen in *eine* Rangreihe gebracht und der Wert U für eine Verteilung bestimmt, der die Häufigkeit des Vorangehens eines Wertes dieser Verteilung vor Werten der anderen Verteilung angibt. Die Verteilung von U ist für gegebene Stichprobengrößen bekannt und tabelliert. ↗Verteilungsfreie Tests.

Lit.: Mann, H. B. & D. R. Whitney: On a test of wether one of two random variables is stochastically larger then the other. Ann. Math. Statist., 1947, *18*, 50–60.

G. Mikula

Mann-Zeichen-Test ↗Draw-a-Man-Test.

Manuell-genitale Kontakte, einseitiges oder wechselseitiges Berühren bzw. sexuelle Reizung der Geschlechtsteile des Partners/der Partner mit der Hand (z. B. Stimulation der weiblichen Brust). Aktive und passive m.-g. K. nehmen in der Jugend zwischen 12 und 18 Jahren bei beiden Geschlechtern ständig zu (Schofield, 1969). Die manuell-genitale Stimulation ist zu betrachten als: 1) eine unter mehreren Möglichkeiten des Koitusvorspiels; 2) eine Möglichkeit des Einübens und Erlernens heterosexuellen Verhaltens; 3) eine Form der heterosexuellen Ersatzbefriedigung bei Koitusunerfahrenen oder als gelegentlicher Ausweg, wenn Koitus aus äußeren Gründen nicht erwünscht oder nicht möglich ist. Nach Kinsey (1964) sind Frauen hinsichtlich m.-g. K. zurückhaltender als Männer mit Ausnahme der schwedischen Jugend, wo sich vom 22. Lebensjahr an keine bedeutsamen Geschlechtsdifferenzen mehr zeigen (Israel, 1970). Bildungsunterschiede spielen offensichtlich eine wesentliche Rolle: Bei höherem Bildungsniveau ist die Tendenz zu aktiven m.-g. K.n größer als bei niederem Bildungsniveau (Kinsey, 1964, 335).

Lit.: Vgl. auch ↗oral-genitale Kontakte. – **Israel, J. & M. Israel:** In: Modellfall Skandinavien? Hamburg, 1970; **Schofield, M.:** Das sexuelle Verhalten junger Leute. Hamburg, 1969.

H. Maisch

Marathon-Gruppen-Therapie, Intensivform verschiedener therapeutischer Techniken, z.B. Encounter, Gesprächsgruppenarbeit, die aufgrund ihrer bisweilen mehrtägigen Dauer Widerstände der Teilnehmer schwächen, Konflikte freisetzen und über die somit gesteigerte Dynamik Einstellungs- und Verhaltensänderungen bewirken sollen. Auf mögliche negative Auswirkungen solcher Intensivsitzungen, vor allem bei psychisch beeinträchtigten Teilnehmern, ist wiederholt hingewiesen worden.

Lit.: Sager, C. & H. S. Kaplan (Eds.): Progress in Group and Family Therapy. New York, 1972 (erw. dt. Ausg.: Handbuch der Ehe-, Familien- und Gruppen-Therapie, 3 Bde. München, 1973).

G. Eberle & K.-L. Holtz

Marbe-Effekt (Marbe-Thumbsches *Geläufigkeitsgesetz,* 1901) zeigt sich z. B. beim Erlernen sinnlosen Lernmaterials: Ein Lerninhalt, der von einem Individuum an erster Stelle erinnert wird, erscheint weiterhin im Kollektiv bes. häufig als Response. *H. Wagenknecht*

Märchen, Projektion der tiefsten Wünsche (die erfüllt werden) und der geheimsten Ängste (die überwunden werden) des Menschen in Form einer wirklichkeitsungebundenen Erzählung. Natur, abstrakte Begriffe und Gedanken werden personifiziert, die beengende Gesetzlichkeit der Natur gesprengt, der Zufall gehandhabt. Eine Phantasiewelt wird Wirklichkeit. M. haben oft moralischen Charakter (Bescheidenheit und Güte werden belohnt, das Böse und Hochmut bestraft). Deshalb auch erzieherisch verwendet. M. sind vor allem in der Psychologie C. G. ↗Jungs als Produkt des (kollektiven) ↗Unbewußten (↗Archetypus) von großer Bedeutung. Vgl. ↗Mythos. *H. J. Aebi*

Mareysche Trommel, ein historisches Gerät, um physiol. Reaktionen aufzuzeichnen; sie besteht aus einer Aufnahmetrommel, die durch eine Röhre mit einer Gummimembrane verbunden ist, die Bewegungen auf eine Nadel überträgt, so daß sie auf einer geschwärzten Trommel oder einer anderen beweglichen Oberfläche aufgezeichnet werden.

Lit.: Pauli, R. & W. Arnold: Psychol. Praktikum. Stuttgart, [7]1972.

G. D. Wilson

Marginale Persönlichkeit *(marginal man),* von dem amerik. Soziologen R. E. Park geprägter Begriff, der sich auf solche Individuen anwenden läßt, die gleichzeitig durch eigene Wahl oder soziale Umstände Mitglieder zweier oder mehrerer Gruppen sind, die sich hinsichtlich ihrer Zusammensetzung und ihrer ↗Normen nachhaltig voneinander unterscheiden, so daß sich der Betreffende in einer mehrfachen Grenzstellung befindet, z. B. an der Grenze zwischen zwei verschiedenartigen Kultur- und Normensystemen. *W. D. Fröhlich*

Marihuana, südamerikanisches ↗Rauschmittel, das aus Blüten, Blättern und Stielen der weiblichen Hanfpflanze (↗Cannabis) zubereitet wird. M. wird geraucht. Seine Wirkung ist qualitativ gleich wie, aber schwächer als die von ↗Haschisch.

Lit.: Norton, W. A.: The marihuana habit: some observations of a small group of users. Can. Psychiatr. Ass. J., 1968, *13*, 163–173. Weitere Lit. ↗Cannabis; ↗Haschisch; ↗Rauschmittel. *G. Erdmann*

Mariottescher Fleck, der von E. Mariotte 1668 entdeckte ↗blinde Fleck des Auges, in dem die Sehnervenfasern das Auge verlassen (Papilla fasciculi optici) und der daher keine Photorezeptoren enthält. Er liegt 12–18° nasal von der ↗Fovea centralis. *K.-H. Plattig*

Marketing ↗Marktpsychologie.

Markoff-Ketten ↗Stochastische Prozesse.

Markoff-Prozesse, ↗stochastische Prozesse, in denen die Wahrscheinlichkeit eines Elementes (Zustandes) n von der Wahrscheinlichkeit des vorhergehenden Elementes (Zustandes) $n-1$ bestimmt ist. M. sind daher durch die Ausgangswahrscheinlichkeiten $p(X_i)$ und die Übergangswahrscheinlichkeiten $p_{x-1}(X_i)$ aller Elemente definiert. Die Übergangswahrscheinlichkeit ist die bedingte Wahrscheinlichkeit des Auftretens des Elementes X, unter der Bedingung $X_{(i-1)}$. *G. Mikula*

Marktforschung. Prinzipiell – wenn auch zunächst nur vorwissenschaftlich geübt – wurde M. schon notwendig von dem Augenblick an, da von der bestellten Einzelanfertigung zur Produktion auf Lager übergegangen wurde.

Bei der heutigen Dichte und Struktur der sich vielfach überlagernden Märkte und dem Umfang des Distributionsapparats (Zwischenhandel), die keine unmittelbare Kommunikation zwischen Käufer und Hersteller mehr zulassen, stellt sie ein wichtiges Instrument der Unternehmensführung dar, das die zunehmende Intransparenz des Marktes anbieterseitig stellenweise zu durchbrechen vermag. Im einzelnen geht es nach Schäfer um die Erforschung des Bedarfs, der Konkurrenzsituation und der Absatzwege. Eine ihrer Hauptmethoden ist die *Befragung* (↗Interview), die aber bei der Erhebung psychischer Sachverhalte (Bedürfnisstrukturen, ↗Motive) der Ergänzung durch psychol. Verfahren („Tiefeninterview“, nichtdirektive Exploration, ↗projektive Tests, ↗Experiment) bedarf.

Der ursprünglich scharf ausgeprägte Gegensatz zwischen dem „quantitativen“ Vorgehen der zählenden M. und den „qualitativen“ Methoden der Psychol. wurde abgelöst durch die Einsicht, daß die Eigenart des Gegenstands grundsätzlich die komplementäre Betrachtung aus beiden Blickwinkeln erfordert. In der Tat entwickelten die „quantitativen“ Richtungen zunehmend Techniken zur Miterfassung der psychischen Gegebenheiten, wie umgekehrt die „qualitative“ Richtung zunehmend quantitative Gesichtspunkte einbezog.

Lit.: Newman, J. W.: Motivation research and marketing management. Boston, 1957 (dt.: Motivforschung und Absatzlenkung. Frankfurt, 1960); **Salcher, E.:** Psychologische Marktforschung. Berlin, 1978; **Schäfer, E.:** Grundlagen der Marktforschung. Köln – Opladen, 4. 1966; **Wiswede, G.:** Motivation und Verbraucherverhalten. München, 1973. *B. Spiegel*

Marktmodell, psychologisches ↗Nischentheorie.

Marktpsychologie. Die M. befaßt sich mit den psychol. Gesetzlichkeiten der Nachfrage und des Angebots und mit deren Verhältnis zueinander. Sie ist ein Teilgebiet der ↗Wirtschaftspsychologie und somit der ↗angewandten Psychologie. Der Begriff geht auf Spiegel (1956) zurück.

Von ihren einzelnen Untergebieten, die zum Teil noch vergleichsweise unverbunden nebeneinanderstehen (Werbepsychol., Verkaufspsychol., „Produktpsychologie“, Verbraucherpsychol. u. a.), nimmt die ↗*Werbepsychologie* noch immer den größten Umfang ein. Das hat inhaltlich-begriffliche, historische, gewiß auch ökonomische Gründe. Lassen sich die dem Marktgeschehen zugrunde liegenden psychischen Prozesse nahezu restlos als solche der ↗Information und ↗Motivation beschreiben, so hat die ↗Werbung, deren Aufgabe – verkürzt – in nichts anderem als im

Informieren und im Motivieren besteht, und mit ihr die Werbepsychol. in der Tat eine wichtige Position.

Problemgeschichtlicher Überblick. Die Problemgeschichte ist verwickelt und hier nur umrißhaft in einigen Schwerpunkten darzustellen. Die M. hat sich nicht unabhängig und aus reinem wiss. Interesse heraus entwickelt, sondern erst unter dem Druck der Aufgaben, die von der Wirtschaft an die Psychol. herangetragen wurden. Entsprechend waren die Fragen, die sich stellten, weniger Fragen des Grundsätzlichen und des Zusammenhangs, sondern waren ganz vordergründig auf die augenblickliche Anwendung und Anwendbarkeit bezogen. Sie kamen zunächst von daher, wo es am ehesten um ein Verfahren geht, von der Werbepraxis. In der Tat wurden von seiten der Werbung schon Ende des vergangenen Jh. die psychol. Implikationen mindestens ansatzweise gesehen, und es begann sich eine Werbepsychol. („Reklamepsychologie") zu etablieren. Die Fragestellungen waren zunächst auf vordergründige *„Handlungsvorschriften"* gerichtet, entsprachen damit aber den Möglichkeiten der damaligen Psychol.; man sollte allerdings nicht übersehen, daß zwischen dem Stand der psychol. Forschung und der Transferierung auf die praktischen Belange der Werbung bis heute stets ein bemerkenswertes time-lag bestand, was vor allem Brückner (1967) nachgewiesen hat. Es stand ganz das einzelne Werbemittel im Vordergrund, und es interessierten im Sinne der damaligen ↗Psychotechnik allerlei Einzelaspekte, wie „Fernwirkung", „Aufmerksamkeitswirkung", „Gefühlswirkung", „Gedächtniswirkung" usw. Erst viel später wurden diese werbepsychol. Fragen allmählich umfassender: Das „Ankommen" beim Umworbenen interessierte, also die Frage, ob das Werbemittel motivationsgerecht akzentuiert sei, ob es dem Gegenstand gemäß war und seinem Publikum. Diese Fragen waren aber nur dann zuverlässig zu beantworten, wenn nicht mehr das einzelne Werbemittel allein betrachtet wurde, sondern der gesamte Hintergrund aller öffentlichen Aussagen, die das Unternehmen machte, einbezogen wurden. Damit war der Schritt zur Untersuchung ganzer Werbeserien, ganzer Kampagnen, ja des gesamten Firmenstils getan, der Übergang zu den sog. Image-Studien (↗Image) und Motivstudien war vollzogen. Gleichzeitig wurde auch das Produkt selbst mit in die Betrachtung einbezogen, sein Verhältnis zur sog. Zielgruppe und sein „Ankommen" interessierten immer mehr. Erst damit konnten die Image- und Motivuntersuchungen ausreichend breit angelegt werden.

Alle diese Fragestellungen sind einzelwirtschaftlicher Natur. Sie fanden unter dem Begriff Werbepsychol. nur noch mühsam Platz und haben einige andere Teilgebiete gewissermaßen im Wildwuchs entstehen lassen (z. B. „Produktpsychologie", Verbraucherpsychol.), die mit dem Begriff M. in eine gemeinsame Ordnung gebracht werden sollten. Als der Begriff gefunden war und näher gefaßt werden sollte, bestätigte sich rasch, daß er nicht nur ein Sammelbegriff für eben jene Teilgebiete, sondern ein Oberbegriff mit eigener theoretischer Grundlage war. Die Werbepsychol. hat so, noch längst ehe sie fertige Teildisziplin war, in ihrem Voranschreiten die M. aus sich selbst hervorgetrieben, von der sie jetzt so sehr abhängig ist, daß sie isoliert überhaupt nicht mehr sinnvoll darstellbar wäre. Nach einer „allgemeinen Marktpsychologie" bestand aber von der pragmatischen einzelwirtschaftlichen Fragestellung her kein unmittelbares Bedürfnis.

Marktgeschehen und Psychologie. Ganz anders stellt sich die Entwicklung dar, wo es um das Verständnis des Marktgeschehens geht. Die Volkswirtschaftslehre ist ohne eine stattliche Anzahl psychologischer Voraussetzungen undenkbar, gleichgültig, ob diese sich als Selbstverständlichkeiten eingeschlichen haben oder ob man mangels besseren Angebots von seiten der damaligen Psychol. auf einer „eigenproduzierten psychol. Basis" (G. Mackenroth) aufzubauen gezwungen war.

Über die sehr divergierenden Auffassungen in der Volkswirtschaftslehre zur Frage der Psychol. unterrichtet ausführlich das Werk von Katona (1960) und Schmölders (1962) mit der Veröffentlichung einer Diskussion zwischen Sozialwissenschaftlern, vorwiegend Nationalökonomen, und Psychologen. Von seiten der Wirtschaftswissenschaften kommt vor allem Schmölders das Verdienst zu, in Verbindung mit seiner *sozialökonomischen Verhaltensforschung* die Einbeziehung der Psychol. immer wieder gefordert und eine Vielzahl von Berührungspunkten aufgewiesen zu haben. Es wäre in der Tat merkwürdig, wenn eine *Wissenschaft, die sich mit dem Verhalten des Menschen* befaßt, ausgerechnet zu dem Teil seines Verhaltens, das heute einen großen Teil seines Tageslaufes bestimmt, nichts beizusteuern hätte. Der Einwand, daß wirtschaftliches Handeln (ganz oder vorwiegend) *rationaler Natur sei*, trifft hier nicht den Sachverhalt: Menschliches Handeln, das völlig auf rationaler Basis geschieht (falls es das gibt), ist ebenso Gegenstand der Psychologie. Zwar mag es sein, daß die Psychol. bei einer rein rationalen Entscheidung, wie sie die klassische Nationalökonomie voraussetzt (und zunächst auch voraussetzen muß), *Praktisches* nur wenig beizutragen hat. Das heißt aber nicht, daß es sich dabei um „psychologiefreie" Abläufe handelt; Entschlußbildung, Entscheidung, Handlung sind Gegenstand der Psychol., alles ökonomische Verhalten spielt sich somit im Terrain der Psychol. ab.

Freilich wird in einer *Mangelwirtschaft* früherer Zeiten von seiten der Praxis wie der Theorie das Bedürfnis nach einer M. nur gering sein: sehr geringes Angebot, im wesentlichen auf Grundgüter beschränkt; äußerst knappe Geldmittel auf der Verbraucherseite, Schwergewicht auf Selbstversorgung und Naturallohn liegend; minimaler Warenverkehr, räumlich daher sehr beschränkte und meistens deutlich gegeneinander abgegrenzte Märkte für das einzelne Produkt; geringe Wahlmöglichkeit zwischen konkurrierenden Angeboten, äußerst geringe Ausweichmöglichkeiten auf andersartige Angebote (unelastische Nachfrage). In einer solchen Situation gilt das „Rationalprinzip" und der sich daran strikt orientierende homo oeconomicus nahezu lückenlos. Bei *konkurrierenden Angeboten* kommt es zum Preiswettbewerb, der im Laufe der Entwicklung mit allmählich dichter werdendem Angebot ebenso allmählich vom *Qualitätswettbewerb* überlagert, wenn auch nicht abgelöst wird. Spätestens damit kommen subj. Kriterien ins Spiel.

Die spätkapitalistische Phase dagegen ist anbieterseitig gekennzeichnet durch hohe Produktionskapazitäten bis zur Überkapazität, wobei sich die Anstrengungen des Anbieters immer mehr von der Herstellung auf den Absatz verlagern, verbraucherseitig durch einen hohen Einkommensanteil, der als *frei verfügbar* bezeichnet wird („Wohlstandsgesellschaft", „Überflußgesellschaft"). Was diesem frei verfügbaren Einkommen gegenübersteht, sind vor allem die nicht lebensnotwendigen Güter und Dienstleistungen mit hoher elastischer Nachfrage. Gegenüber der Situation in der Mangelwirtschaft ist *verbraucherseitig der Bedürfnisdruck vergleichsweise gering*, und die Entscheidung über Kauf oder Nicht-Kauf, über Dieses-Kaufen oder Jenes-Kaufen ist von hoher „Willkürlichkeit" gekennzeichnet. Man spricht von „vagabundierender Kaufkraft", die in gewissen Sektoren kulminieren kann, aber auch rasch wieder umspringt (Konjunkturfluktuation). Der Anbieter versucht, diese Beliebigkeit des Verbraucherverhaltens, das häufig als „irrational" pauschaliert wird, auszunutzen und auf sie Einfluß zu nehmen, indem er dem *Preis-* und *Qualitätswettbewerb* den überlagernden *Image-Wettbewerb* hinzufügt (↗Image).

Die M. hat die Aufgabe, diese „irrationalen" Vorgänge zu erhellen und als angewandte Disziplin die Wege zu zeigen, wie auf bestimmte Bewegungen – gesamtwirtschaftlich wie einzelwirtschaftlich – Einfluß genommen werden kann, wobei sie auch gewisse Techniken, wie sie etwa die Werbepsychol. lehrt, zur Verfügung stellt. Sie kann dazu beitragen, wiss. Grundlagen nicht nur für die Unternehmenspolitik, sondern auch für eine Wirtschaftspolitik bereitzustellen.

War in der Mangelwirtschaft die entscheidende Größe der nackte und übermächtige Bedürfnisdruck, so ist es heute ein differenziertes Geflecht von Faktoren, die den jeweiligen ↗Aufforderungscharakter eines Angebots, von dem die Handlungsauslösung abhängt, bestimmen.

Der Bedürfnisdruck in der Mangelwirtschaft hängt fast ausschließlich von der Befindlichkeit der betreffenden Person ab, der Aufforderungscharakter dagegen, wie ihn der Konsument in einer modernen Wohlstandsgesellschaft erlebt, von *zahllosen Faktoren* auch außerhalb des Individuums, die zum großen Teil nicht einmal ökonomisch-rationaler Natur sind (z. B. von der Beschaffenheit des Produkts, nicht nur seiner objektiven Beschaffenheit, sondern seinem *Image,* vom Namen und Ruf des Herstellers und Anbieters; vom modischen Trend; von der Geltung bestimmter Bezugspersonen, die das Produkt empfohlen oder selbst erworben haben usw.). War der Bedürfnisdruck noch ohne weiteres zu vernachlässigen bzw. als generell zugrunde zu legen, so erlauben der Aufforderungscharakter und seine Beeinflußbarkeit ein so pauschales Vorgehen der Theorie nicht mehr.

Im Denken von der Mangelwirtschaft früherer Zeiten entscheidend bestimmt, glaubte man, der Theorie den sachlichen homo oeconomicus, das „Rationalprinzip", generell zugrunde legen zu können; in einer Periode des Wohlstands dagegen besteht die Neigung, daß man, von der verwirrenden Vielfalt des Verbraucherverhaltens gewarnt, menschlichem Verhalten jede Voraussagbarkeit – eben jede gesetzmäßige Bestimmtheit – abspricht. Beide Konzeptionen vom Menschen, so gegensätzlich sie sind, sind psychologiefeindlich, beide sind falsch.

Allerdings wird erst eine M., die den Markt konsequent als soziales Feld und sich als ↗Sozialpsychologie versteht und die unter diesem Konzept die noch fehlende Geschlossenheit erlangt, den Anforderungen der Gesellschaft, der Wirtschaft und der Wirtschaftswissenschaften genügen können.

Lit.: Bergler, R.: Psychologische Marktanalyse. Bern, 1965; **ders. & B. Spiegel** (Hrsg.): Hdb. der Psychol. Bd. 12: Marktpsychologie. Göttingen, 1975; **Brückner, P.:** Die informierende Funktion der Wirtschaftswerbung. Probleme und Problemwandel. Berlin, 1967; **Hartmann, K. D. & K. Koeppler** (Hrsg.): Fortschritte der Marktpsychologie. Frankfurt, 1977; **Katona, G.:** Psychological analysis of economic behavior. New York – Toronto – London, 1951 (dt.: Das Verhalten der Verbraucher und Unternehmer, hrsg. v. E. Böttcher. Tübingen, 1960); **Lauterbach, A.:** Psychol. des Wirtschaftslebens. Hamburg, 1962; **Rosenstiel, L. von & G. Ewald:** Marktpsychologie. 2 Bde. Stuttgart, 1978; **Schmölders, G.:** Volkswirtschaftslehre und Psychologie. Berlin, 1962.

B. Spiegel

MAS ↗Anxiety-Tests.

Maschinenkode ↗Maschinensprache.

Maschinensprache oder *maschinenorientierte Programmiersprache* ist eine für einen bestimmten Computertyp geeignete ↗Programmiersprache. Jeder ↗Computer verfügt über ein festes Repertoire von Operationen, die er mit gegebenen Daten vornehmen kann. Deren Auslösung erfolgt durch Maschinenbefehle, die in einem *Maschinenkode* abzufassen sind; das ist im allg. ein Binärkode. Von einer M. spricht man, wenn den Maschinenbefehlen mnemotechnische Abkürzungen zugeordnet sind, z. B. *„Add Preis"*. *K.-D. Graf*

Maskulinismus, *Maskulierung.* Von *Maskulinismus* sprechen wir, wenn eine Frau männliche sekundäre Geschlechtsmerkmale zeigt. Die männlichen Charakteristika können physiologischer und/oder psychologischer Natur sein. ↗Gynandrie. *Maskulierung:* Vermännlichung, die Annahme männlicher Charakteristika durch eine Frau. *G. D. Wilson*

Maskulinität umfaßt das Ausmaß, in dem ein Individuum die für das männliche Geschlecht in einer bestimmten Kultur als typisch angesehenen Verhaltensweisen, Interessen, Einstellungen und Persönlichkeitsmerkmale zeigt. ↗Femininität. *G. Kaulfush*

Masochismus ist eine sexuelle Anomalie, die darin besteht, daß Erregung und Orgasmus durch *Schmerz* erzeugt werden. In einem weiteren Sinn versteht man darunter Lustgefühle – nicht nur sexuelle –, die daraus resultieren, daß man angegriffen, beherrscht, versklavt oder auf andere Weise mißhandelt wird.

In S. Freuds vielschichtigem System ist der M. ein Primärvorgang, durch den die Existenz eines *selbstzerstörerischen* Triebs bewiesen wird. Der *primäre* M. wird zum ↗Sadismus, wenn er sich nach außen wendet. In unserer Gesellschaft ist es Männern gestattet, aggressiv (sadistisch) zu sein, während von Frauen die Unterdrückung dieses Triebes verlangt wird, d. h., Frauen werden masochistisch, unterwürfig und sklavisch (Wendung sadistischer Impulse nach innen). Für Freud war ein masochistischer Mann im wesentlichen feminin. Die ↗Psychoanalyse sieht in Bestrafungswünschen, die sich in einem starken Widerstand gegen die Therapie oder in einem Bedürfnis, zu leiden und krank zu sein, zeigen, eine Konsequenz des Masochismus. *A. Broadhurst*

Masse ↗Massenpsychologie.

Massenmedien, *Massenkommunikationsmittel,* zusammenfassende Bezeichnung für Kommunikationsmittel (nach der Kommunikationstheorie „Kanäle", „Medien"), die relativ gleichzeitig einer großen Anzahl von Individuen („Empfänger") die gleichen ↗Informationen („Botschaften") übermitteln.

Untersucht wurden die Bedeutung, Verbreitung und Wirkweise insbesondere von Gedrucktem (Zeitungen, Zeitschriften, Bücher, Comics, Flugblätter), Rundfunk (Radio) und den audio-visuellen Medien (Film und Fernsehen). Noch wenig untersucht sind Schallplatten, Phono- und Fernsehkassetten sowie Wandzeitungen und Plakate.

Populären Befürchtungen über Manipulationsmöglichkeiten von Wissensinformation, Meinungen, ↗Einstellungen und Verhaltensweisen durch M. stehen empirische Forschungsergebnisse von psychol., soziologischer und publizistischer Seite gegenüber. Danach wirken „Massenkommunikationen" selten unmittelbar, sondern häufig über vermittelnde Größen (z. B. Personen, persönlichen Einfluß). Sie wirken allgemein eher im Sinne einer Verstärkung als einer Änderung bestehender Verhaltenstendenzen. Ihre Wirkung ist stark abhängig von Eigenarten der übrigen am Kommunikationsprozeß unterscheidbaren Faktoren (Quelle, Botschaft, Empfänger, Absicht). Hervorgehoben wird die Bedeutung der M. für die Vermittlung von neuen Informationen und Verhaltenstechniken sowie für die (Um-)Gestaltung der Freizeit. ↗Kommunikation; ↗Manipulation.

Lit.: Hovland, C. I.: The effects of mass media of communication. In: **G. Lindzey** (Ed.): Handbook of Social Psychology, Vol. 2. Reading (Mass.), 1968; **Klapper, J. T.:** The effects of mass communication. Glencoe (Ill.), 1960; **Weiss, W.:** The effects of mass media of communication. In: **G. Lindzey & E. Aronson** (Eds.): Handbook of Social Psychology, Vol. 5. Reading (Mass.), 1970.

H. D. Schmidt

Massenpsychologie. Geschichtlich hat die M. hauptsächlich in Frankreich (G. Le Bon, 1895; G. Tarde, 1898) eines der ersten Interessengebiete der ↗Sozialpsychologie gebildet. Diese Studienrichtung wurde später durch wachsendes Interesse an der Erforschung der ↗Gruppendynamik an die zweite Stelle verdrängt. Verschiedene neuere Ereignisse richten nun wieder die Aufmerksamkeit auf die M. (Jugendbewegungen, Kundgebungen, „wilde" Streiks, technische und militärische Katastrophen usw.). Während man die kleine Gruppe durch das „Gegenüber" (face to face) ihrer Mitglieder definieren kann, betrifft der Ausdruck *Masse* eine „Ellbogen an Ellbogen" sich befindende, unorganisierte, vorübergehende, nicht periodische, zahlreiche, eine gewisse *Aktivität* entwickelnde Gemeinschaft (was sie auch von den „passiven" Menschenansammlungen und dem „Publikum" unterscheidet). Die Aktivität der Masse kann hinsichtlich ihres Zieles unterschieden werden in: *Aggression* (Aufruhr, Lynchjustiz), *Aneignung* (Besetzung von Gebieten, Plünderung), *Ausweichen* oder *Flucht* (Reaktion auf Katastrophen), *„Ausdruck"* und *Spiel* (Feste). Die neueren Forschungen (H. Cantril, R. T. La Pierre, R. Brown u. a.) werden noch immer mehr oder weniger durch das beschreibende Schema von ↗Le Bon inspiriert (Homogenität der Verhaltensweise und der ↗Einstellung in der Masse, Erregbarkeit und Irrationalität, die diese aktivieren). Ebenso wird noch immer an Le Bons Hypothese, daß unbewußte Kräfte existieren, die erst in der anonymen Massensituation von sozialen Bindungen befreit werden (ein Punkt, der später von S. ↗Freud entwickelt worden ist), festgehalten, hingegen natürlich nicht an seiner Theorie der „Seele der Rassen", welche die „Seele der Massen" schaffen würde.

Man ist heute der Auffassung, daß die Abwesenheit regulierender Wechselwirkungen zwischen versammelten Individuen bei diesen eine *Illusion der Macht* und der „Universalität" hervorruft, eine *Ansteckung* verursacht, die der Tat zum Durchbruch verhilft, eine Nivellierung manifester Verhaltensweisen aufgrund der Ähnlichkeit latenter Veranlagungen verursacht und schließlich Prozesse affektiver Fusion und der Identifikation mit dem Führer auslöst. Man analysiert andererseits auch die Grade der „Implikation" des Individuums in der Masse, welche je nach Persönlichkeit und augenblicklicher Situation sehr stark differieren können.

Lit.: Freud, S.: Massenpsychologie und Ich-Analyse. Ges. Werke, Bd. 13. London, 1940; **Hiebsch, H. & M. Vorwerg:** Einführung in die marxistische Sozialpsychologie. Berlin [9]1974; **Hofstätter, P. R.:** Gruppendynamik – Kritik der Massenpsychologie. Hamburg, [17]1975; **Le Bon, G.:** Psychologie des foules. Paris, 1895; **Ortega y Gasset, J.:** Der Aufstand der Massen. Stuttgart, 1947.

F. Jodelet

Maßkorrelation ↗Produktmoment-Korrelation.

Massonsche Scheibe, eine weiße Scheibe mit radialen schwarzen Rechtecken oder Quadraten. Dreht sich die Scheibe, erscheinen die schwarzen Vierecke als konzentrische graue Ringe, die zur Peripherie hin schwächer werden. Ursprünglich für die Bestimmung von Helligkeits-Unterschiedsschwellen konstruiert, wird sie heute häufiger eingesetzt, um Aufmerksamkeitsphänomene zu erforschen. Fixiert man bestimmte Bereiche des Graus, zeigt es die Tendenz, abwechselnd zu verschwinden und wiederzukommen.

G. D. Wilson

Mass-reaction. Der Säugling beantwortet Reize mit unspezifischen Reaktionen, d. h. diffusen Bewegungen seines ganzen Körpers. Diese Reaktionsweisen beruhen auf der noch nicht differenzierten Entwicklung des Nervensystems. Die Erregungen verlaufen daher nicht in festen Bahnen, sondern breiten sich auf das ganze Nervensystem aus – *„mass-reaction"*. Der Begriff wurde von G. E. Coghill in die amerik. Lit. eingeführt. *M. Sachs*

Maßzahlen, durch eine Messung bestimmte quantitative Werte, die den Ausprägungsgrad eines untersuchten Merkmals wiedergeben. M. können auf dem Quantifizierungsniveau von ↗Ordinal-, ↗Intervall- oder ↗Verhältnisskalen stehen (↗Skalierung; ↗Skala). *Abgeleitete* M. sind durch math. Operationen gewonnene Werte zur Charakterisierung der Merkmalsausprägung (z. B. Prozentzahlen).

G. Mikula

Masturbation ↗Onanie.

Matched groups, zwei oder mehrere Gruppen bzw. Stichproben, die aufgrund von Vortestung so organisiert wurden, daß sie sich hinsichtlich eines oder mehrerer Merkmale ähnlich oder identisch sind bzw. daß Paare (Tripel ...) vergleichbarer Einzeldaten entstehen. M. g. sind im stat. Sinn abhängig (↗Parallelisieren; ↗Parallelstichproben; ↗Abhängige Stichproben). *G. Mikula*

Materialisation, die angebliche Offenbarung und Gestaltwerdung einer verstorbenen Person in anscheinend materieller Form während einer *Séance*. *J. Beloff*

Materialismus. Über den M. gibt es in der Philosophie zwei Grundthesen: es gibt nichts, das von der körperlichen Materie trennbar wäre; das Leben des „Geistes" und die menschliche „Seele" lassen sich durch das Studium der materiellen Bedingungen erklären.

D. Schulthess

Mathematische Psychologie. Zur Definition und Abgrenzung. Die m. P. sollte als das psychol. Wissen, ausgedrückt in math. Sprache, definiert werden; ein klassisches und altes Beispiel dieses Wissens ist das ↗Fechnersche Gesetz. Der *Inhalt* dieser Disziplin wird aber erweitert, indem man die *Funktionen* der beiden Begriffe „Psychologie" und „Mathematik" *vertauscht* und indem man die math. Sprache beschreibt, die psychol. Wissen auszudrücken imstande ist (psychol. Mathematik).

Diese Erweiterung wird aber begrenzt, wenn man die allg. math. Prozeduren ausklammert, die nicht die Kennzeichen einer Anpassung an eine psychol. Frage tragen, selbst wenn sie in der Psychol. angewandt werden. Dies gilt für die stat. Methoden (↗Statistische Tests, ↗Varianzanalyse, multivariate Analyse usw.). Die Grenze wird klar, wenn wir sagen, daß die Theorie der Markoff-Ketten sich außerhalb unseres Gegenstandes befindet, die stochastischen Lernmodelle jedoch nicht. Die Autoren stellen aus konventionellen Gründen bestimmte Kapitel beiseite, meist weil diese eine speziellere Beachtung gefunden und damit eine faktische Autonomie erreicht haben; dies gilt etwa für die (mathematische) ↗Testtheorie und für die ↗Faktorenanalyse. Manchmal überschreiten sie auch die Definition und führen Gegenstände ein, die offensichtlich fremd sind; so auch im „Handbook of mathematical psychology" von Luce, Bush und Galanter (1965), wo man drei Kapitel findet, die aus der math. Linguistik herrühren (z. B. die Darstellung der generativen ↗Grammatiken von N. Chomsky).

Entwicklung. Will man der m. P. ein Geburtsdatum zuschreiben, so könnte man 1860, das Erscheinungsjahr der „Elemente der Psychophysik" von ↗Fechner, vorschlagen. Anschließend beobachtet man über einen längeren Zeitraum hinweg – abgesehen von der Testtheorie und der Faktorenanalyse – wenig Entwicklung in der M. P. Immerhin muß der Beitrag von L. Thurstone (1927) über das ↗Gesetz des Vergleichsurteils erwähnt werden, der darauf zielt, das subj. Intervall zwischen zwei Reizen durch die Anzahl der Beurteilungen, in denen der eine Reiz höher eingeschätzt wurde, zu definieren. Die eigentliche Entwicklung beginnt nach dem Zweiten Weltkrieg; sie ist inspiriert durch die ↗Informationstheorie (das Buch von Shannon und Weaver erscheint 1949), durch die kybernetischen Überlegungen, die Theorien der Entscheidung und der Nützlichkeit usw. Seit 1950 erweitert sich der Inhalt der m. P. ständig – vor allem dank den Arbeiten in den USA, wo auch eine Zeitschrift erscheint, die der m. P. gewidmet ist.

Mit Rücksicht auf andere Lexikonartikel (z. B. ↗Methoden der Psychologie; ↗Informationstheorie; ↗Skalierung) kann die m. P. etwa auf die folgenden Themen als wichtigste Kapitel eingeschränkt werden:

Meßtheorie. Gegeben sei eine Menge von Objekten R und Relationen (oder Operationen) $r_1, r_2 \ldots$ Man nennt den Prozeß des Messens eine Abbildung von R auf die Menge N der reellen Zahlen, so daß die Relationen $n_1, n_2 \ldots$ entsprechend $r_1, r_2 \ldots$ mit den Eigenschaften der reellen Zahlen übereinstimmen. Nachdem die Existenz eines Meßverfahrens bewiesen ist *(Darstellungstheorem),* untersucht man, ob es das einzige ist, oder, wenn nicht, versucht man, die Menge der Abbildungen von R auf N zu beschreiben, die es erlauben, von einer numerischen Darstellung zu einer anderen (Theorem der *Einmaligkeit*) überzugehen; man spricht von der Menge der zulässigen Transformationen. Hier einige Beispiele:

1. Wenn R einzig mit der Äquivalenzrelation E ausgestattet ist, ist die Abbildung von R auf N genau dann möglich, wenn die Mächtigkeit der Menge R/E der Äquivalenzklassen kleiner oder gleich jener des Kontinuums ist; jede Abbildung von N auf N ist anschließend annehmbar. Der Vorgang ist nichts anderes als eine numerische Ortung durch eine ↗*Nominalskala.*

2. Wenn R mit einer Äquivalenzrelation E und einer strengen Ordnungsrelation P zwischen den Äquivalenzklassen in unendlicher Zahl ausgerüstet ist, ist die Abbildung genau dann möglich, wenn die Menge R/E eine Teilmenge S enthält, die sowohl in der Ordnung dicht als auch unendlich ist (dicht bezüglich der Ordnung bedeutet, daß für jedes Paar x und x′ in R/E und nicht in S in der Ordnungsrelation ein Zwischenelement von S zwischen x und x′ existiert). Die Menge der legitimen Transformationen ist die der monoton ansteigenden Transformationen; die *Skala* ist also *ordinal* (↗Ordinalskala).

3. Im vorigen Fall war die Ordnung P streng. Luce meint, daß es interessant wäre, bei subj. Vergleichen eine *partielle* Ordnung einzuführen, z. B.: Gegeben sei eine Menge R von Gewichten, und man gebe einer Vp zwei Gewichte und frage sie, welches das schwerere sei; wenn sie antwortet, a ist schwerer als b, schreibe man a » b; die Relation « ist eine partielle Ordnungsrelation; sind nämlich zwei

sehr ähnliche Gewichte gegeben, kann die Vp nicht antworten – sie spürt den Unterschied nicht. Diese Relation ist nicht trivial, denn alle Intervalle, die ein Intervall von wahrnehmbarem Unterschied enthalten, sind selbst Intervalle von wahrnehmbarem Unterschied. Betrachten wir nun drei Objekte x, y, z und nehmen wir an, daß x » y und z « x ist; wenn ein viertes Objekt w schwerer ist als x (objektiv, aber nicht unbedingt subjektiv), dann ist w » y; wenn w leichter ist als x, ist z « w. Daraus folgt: wenn x » y und z « x, ist w » y oder z « w. Man sieht ebenso, daß, wenn x » y und z « w, dann x » w oder z « y ist. Man sagt, daß in der Menge R eine Halbordnung (semi-order) existiert, wenn es eine streng partielle Ordnungsrelation gibt, die über die beiden genannten Eigenschaften verfügt. Man zeigt, daß somit eine strenge Ordnungsrelation P besteht, die folgendermaßen definiert ist: man erhält xPy, wenn z » x auch z « y ergibt und wenn y » z auch x « z ergibt (ganz gleich, wie groß z ist). Im allg. Fall verfügt man für die Halb-Anordnungen über *keine* Darstellungs- und Einmaligkeitstheoreme.

4. Die Menge R kann, auch wenn sie schon mit den binären Relationen E und I versehen ist, zudem noch mit der quaternären Relation versehen sein; dem wird so sein, wenn die Versuche Antworten auf folgende Fragen liefern: Ist der Abstand zwischen a und b größer als der Abstand zwischen c und d oder nicht, oder ist c von a und b gleich weit entfernt (Mitte)? Wenn man für diese Relationen von passenden Eigenschaften (z. B. Transitivität der Größen der Intervalle oder archimedische Axiome, um den Eigenschaften der Zahlen zu genügen) ausgeht, beweist man die Existenz einer numerischen Darstellung und sieht, daß die linear ansteigenden Transformationen die Menge der annehmbaren Transformation *(↗Intervallskala)* bilden. J. v. Neumann hat in ähnlicher Weise Axiome geliefert, die zu Kardinalzahlen führen und die Elemente einführen, die aus Paaren (a und b) bestehen, die mit Gewichten oder einer Wahrscheinlichkeit p und q (p + q = 1) versehen sind.

5. Wenn man eine Operation definiert, die R x R auf R abbildet (man definiert die Summe der beiden Elemente von R als ein Element von R), und einige Eigenschaften (Axiome) aufstellt, sagt man, daß man ein extensives Maß hat. Man zeigt die Existenz numerischer Darstellungen, die bis auf eine ansteigende, lineare und homogene Transformation definiert sind *(↗Verhältnisskala)*.

6. Luce und Tukey haben die gemeinschaftliche Messung („conjoint measurement") untersucht. Ist eine Menge von Paaren R x ρ, ausgestattet mit einer Ordnungsrelation P, gegeben, sucht man eine numerische Darstellung F (a,α) zu erhalten mit der Form f(a) + g(α); schon die Ordnungsrelation über R x ρ würde die gemeinschaftliche Messung von R und von ρ erlauben. Die Autoren zeigen, daß die Annahme von 4 Axiomen ausreichend ist; das bedeutsamste ist das „cancellation"-Axiom: Wenn a, b und c drei Elemente von R sind und α, β, γ drei Elemente von ρ und wenn gilt: (aβ)P(cα) und (cγ)P(bβ), dann ist (aγ)P(bα).

Wahl und Entscheidung. Die Verhaltensweisen der Wahl haben besondere Aufmerksamkeit auf sich gezogen. Wenn eine Menge R von Objekten x, y, z . . . gegeben ist, besteht die Verhaltensweise einer Person darin, ein Objekt x aus einer endlichen Teilmenge T von R zu wählen. Von Versuchen ausgehend, definiert man die *Wahrscheinlichkeiten der Wahl:* p_{xy} ist die Wahrscheinlichkeit, im Paar (x,y) das Objekt x zu wählen; p_T ist die Wahrscheinlichkeit, daß x in T gewählt werde; $p_T^{(S)}$ ist die Wahrscheinlichkeit, daß das in T gewählte Element auch in S, eine Teilmenge von T, liegt. Man nimmt sich nun vor, die Objekte mittels einer bestimmten numerischen Funktion N(x) zu ordnen, ausgehend von den Wahrscheinlichkeiten der Wahl. Man entscheidet sich für eins der folgenden beiden Definitionsformeln von N(x): (1) N(y) – N(x) = probit/p_{xy}^x (wobei das rechte Glied der der Wahrscheinlichkeit p_{xy} entsprechende Standardwert ist) (2) $\frac{N(y)}{N(x)} = \frac{p_{xy}}{p_{xy}^x}$ vorgeschlagen von Luce (man nimmt an, daß p_{xy}^x niemals 0 und 1 erreicht). Die Verwendung dieser Funktionen verlangt es, daß einer Bedingung, die sich auf die Wahrscheinlichkeit der Wahl bezieht, genügt werde; im Falle der Funktion von

Mathematische Psychologie

Luce ist es die Bedingung der Multiplikation

$$\frac{p_{xy}^{x}}{p_{xy}^{y}} = \frac{p_{xz}^{x}}{p_{xz}^{z}} = \frac{p_{zy}^{z}}{p_{zy}^{y}}$$

Luce hat gezeigt, daß dieser Bedingung genügt wird, wenn man sein Axiom der Wahl anwendet: Seien S und T endliche Mengen mit der Eigenschaft SCTCR, dann gilt für alle Elemente x aus S:

$$p_{T}^{(S)} \cdot p_{S}^{(x)} = p_{T}^{(x)} \cdot$$

Ein Beispiel ist die *Wahl in der Ungewißheit*, etwa beim Lotteriespiel; man weiß in diesem Fall, daß die Entscheidung, ein Spiel einem anderen vorzuziehen, auf der Gegenüberstellung der math. Hoffnungen auf Gewinn beruht. Geht man zu psychol. Experimenten über, so wird diese Regel zu der des maximal erwarteten Nutzens, wenn man dabei die Geldsummen durch die Nützlichkeiten und die objektiven Wahrscheinlichkeiten durch die subjektiven Wahrscheinlichkeiten ersetzt; diese Begriffe des Nutzens und der subjektiven Wahrscheinlichkeit haben Anlaß zu zahlreichen Überlegungen gegeben. Ein Anwendungsbeispiel ist das *Modell der Signaldetektion* von J. A. Swets, W. P. Tanner und T. G. Birdsall. Die expt. Situation ist folgende: Bei jedem Versuch fragt man die Vp, ob sie das Signal wahrgenommen hat oder nicht; bei einigen Versuchen wird das Signal wirklich gegeben (vor weißem Rauschen); dies ist der Fall SB; wenn kein Signal gegeben wird, B (nur Rauschen); man nimmt an, daß während eines Versuchs die Vp SB und B subjektive Wahrscheinlichkeiten zuordnet und daß sie für alle Versuche, bei denen die Anweisung gleich ist, den vier Paaren B ja, B nein, SB ja, SB nein („ja" und „nein" stellen die möglichen Antworten dar) Nützlichkeiten beimißt; das Modell des erwarteten Nutzens zeigt, daß die Antwort einer Vp vom Vergleich des Verhältnisses der subj. Wahrscheinlichkeiten mit einem gewissen Ausdruck seines Nutzens abhängt. Wenn man sich zwei versetzte ↗Normalverteilungen (mit Standardabweichung = 1) vorstellt, die die Frequenzen der Fälle XB und B in Funktion der Erwartung der Vp darstellen (abhängig vom Verhältnis der subj. Wahrscheinlichkeiten), nennt man p_1 die Frequenz der Antwort „ja" im Fall B (falscher Alarm) und p_2 die Frequenz der Antwort „ja" im Fall SB (richtige Antwort „ja") und sieht, daß probit $(p_2 - p_1)$, eine schätzbare Größe, nicht von den Nützlichkeiten, d. h. von den Instruktionen, abhängt; man kann also den Wert des Modells verifizieren, indem man die Instruktionen ändert.

Andere Modelle sind vorgeschlagen worden, z. B. mit Wahlreaktionssituationen, wo man verschiedene Entscheidungskriterien und die Latenzzeiten berücksichtigt.

LERNPSYCHOLOGIE. Versetzen wir uns in die folgende einfache Situation: Die Vp wird einer Folge von Versuchen ausgesetzt; bei jedem Versuch gibt sie eine der beiden Antworten a_1 oder a_2 (z. B.: die blaue oder die rote Lampe wird aufleuchten), anschließend liefert der Experimentator die Lösung e_1 oder e_2 (er läßt die rote oder blaue Lampe aufleuchten). Wenn diese Lösung mit einer von den Antworten des Subjekts unabhängigen Wahrscheinlichkeit erscheint, so sagt man, daß man sich im unabhängigen Fall befindet, was wir hier annehmen wollen. Die Modelle geben Rechenschaft über die Evolution der Antwortfrequenzen der Vp und hauptsächlich der Frequenzen nach der Stabilisation; sie liefern Antwortwahrscheinlichkeiten für den n-ten Versuch und vor allem asymptotische Wahrscheinlichkeiten (z. B. $p(a_1/e_2)$ ist Wahrscheinlichkeit der Antwort a_1 nach einer Lösung e_2 im vorangegangenen Versuch). Sie wenden oft eine nicht beobachtbare Zwischenvariable z, genannt Zustand des Subjekts, an. Häufig nimmt man an, die Zahl der möglichen Zustände sei endlich; man wird z. B. sagen, daß die Vp sich im Zustand z_0 befinden kann, wo sie a_1 mit der Wahrscheinlichkeit 1, im Zustand der gänzlichen Ungewißheit z_1, wo sie a_1 mit der Wahrscheinlichkeit $\frac{1}{2}$, im Zustand z_2, wo sie a_1 mit der Wahrscheinlichkeit 0 geben wird. Man erstellt eine Tabelle der Übergangswahrscheinlichkeiten von einem Versuch zum folgenden (z. B. von z_i, e_j beim Versuch n zu z_h beim Versuch n + 1); mindestens in den unabhängigen Fällen hat man somit einen ↗Markoff-Prozeß zwischen den Zuständen, und man kann die verschiedenen Antwortwahrscheinlichkeiten errechnen, die dann mit den expt. Frequenzen konfrontiert werden. Eine andere Möglichkeit besteht darin, die Anzahl der Zustände als nicht endlich anzunehmen, wobei jeder Zustand durch die Wahrscheinlichkeit z_1^n der Antwort a_1 beim n-ten Versuch charakterisiert wird; man nimmt an, daß ein linearer Operator es gestattet, z_1^n zu berechnen, wenn man z_1^{n-1} kennt. Diese Modelle sind von R. R. Bush und F. Mosteller entwickelt worden. W. K. Estes und P. Suppes betrachten ein besonderes Modell, das wie folgt definiert ist:

Man hat $z_1^n = (1-V)\, z_1^{n-1} + V$, wenn die Lösung zum Versuch $n-1$ gleich e_1 war, und $z_1^n = (1-V)\, z_1^{n-1}$, wenn sie e_2 war. Man hat eine große Anzahl stochastischer, mehr oder weniger komplexer Lehrmodelle entwickelt, angepaßt an verschiedenartige Situationen. Es scheint, daß Estes der erste Autor ist, dem es gelang, sich in dieses Gebiet einzuarbeiten.

Soziale Interaktion. Die Formalisierung stützt sich in diesem Punkt auf verschiedene Kapitel der Mathematik. In erster Linie wird die Graphentheorie in der Darstellung der Kommunikationen und der Verbindungen bei Gruppen verwendet; hier ein Beispiel des Begriffs, der in den Problemen der Kommunikationsanalysen von Nutzen ist: R sei die Relation, die den ↗Graph G definiert; aRb bedeutet, daß a direkt zu b in Verbindung steht; fügen wir nun zu R die transitive Relation R′ hinzu, so daß, wenn aRb, dann aR′b, und wenn aRb und bRc, dann aR′c wird; der Graph $\mathfrak{M}$ (G) assoziiert, mit R′ definiert, die transitive Geschlossenheit von G. a R′b bedeutet, a steht zu b direkt oder indirekt in Verbindung; im umgekehrten Sinn kann man Verbindungen in G entfernen, ohne $\mathfrak{M}$ (G) zu ändern, und erhält so einen minimalen Graph, der die gleiche transitive Geschlossenheit wie G hat. Die den Graphen assoziierten Matrixdarstellungen werden oft gebraucht.

Außerdem werden Systeme von Differentialgleichungen oder von Differenzengleichungen für die Formalisation verwendet. Als sehr einfaches Beispiel nennen wir den Prozeß der Übertragung, dargestellt durch die formale Gleichung $\frac{dx}{dt} = x(1-x)$.

Betrachten wir ein typischeres Beispiel, vorgeschlagen von H. A. Simon, um die Hypothesen von G. C. Homans über die ↗Gruppendynamik auszudrücken. Wenn I, F, A, E jeweils die Intensität der Interaktion darstellen, den Grad der Freundschaft, das Niveau der Aktivität und die von der Umwelt geforderte Aktivität, so schreibt man:

$$I = a_1F + a_2A, \quad \frac{dF}{dt} = b\,(I - \beta t),$$

$$\frac{dA}{dt} = c_1\,(F - \gamma A) + c_2\,(E - A).$$

Dabei werden in die rechten Seiten Funktionen der Variablen eingesetzt, die nicht präzisiert sind, aber partielle Ableitungen eines bestimmten Vorzeichens haben sollen.

Die Diskussionen über die verschiedenen math. Formalisationen beziehen sich hauptsächlich auf ihre Bedeutung in der Psychol.: Stellen sie isomorphe Mechanismen der verschiedenen Arten geistiger Aktivität dar, oder sind sie Methoden der Approximation und der Voraussage für beobachtete Resultate? Die Vertreter der zweiten Position zitieren Beispiele von Modellen, die zu den gleichen Gegebenheiten passen und gleichzeitig auf mathematisch gänzlich unterschiedlichen Prinzipien gründen. ↗Entscheidungsprozesse; ↗Skalierung.

Lit.: Coombs, C. H., Dawes, R. M. & A. Tversky: Mathemat. Psychol. Weinheim, 1975; **Faverge, J. M.:** Méthodes statistiques en psychol. appliquée, t. 3. Paris, [6]1971; **Luce, R. D., Bush, R. R. & E. Galanter:** Handbook of mathematical psychol., 3 Vols. New York, 1965; **dies.:** Readings in mathematical psychol., 2 Vols. New York, 1965; **Restle, F. & J. G. Greeno:** Introduction to mathematical psychology. London, 1970 (dt. Ausgabe in Vorbereitung).

J. M. Faverge

Matriarchat, *Mutterherrschaft,* von J. J. Bachofen begründete Lehre (nicht mehr uneingeschränkt anerkannt), wonach einem Zeitalter promiskuöser Geschlechtsbeziehungen als erste und urtümlichste Gesellschaftsform das M. folgte, in dem Verwandtschaftsbeziehungen matrilinear definiert wurden. Urtümliche Jäger und Sammler leben nicht promiskuös, sondern vorwiegend in recht stabilen Einehen. Die ethnologischen Resultate lassen auch die Theorie der Jung-Schule fragwürdig erscheinen, wonach das M. ein unbewußtes, allein dem Leben (und nicht dem angeblich „männlichen" Geist) dienendes Stadium der psychischen Menschheitsentwicklung verkörperte (E. Neumann). Daß Bachofen mit seiner Vermutung, im Mittelmeerraum hätten früher matriarchale Gesellschaftsformen eine wichtige Rolle gespielt, nicht unrecht hatte, geht aus jüngsten archäologischen Funden (Çatal Hüyük in Anatolien) hervor.

Lit.: **Mellaart, J.:** Çatal Hüyük. London, 1967; **Schmidbauer, W.:** Mythos und Psychologie. München, 1970.

W. Schmidbauer

Matrix. 1) *Allg.:* jede zweidimensionale Zusammenstellung von zusammengehörigen Werten. – 2) *Math.:* eine Darstellungsform für n Größen, die m lineare Beziehungen aufweisen, z. B. lassen sich lineare Gleichungssysteme in einer M. darstellen. Die zahlenmäßige Lösung solcher in Matrizenform dargestellter Gleichungssysteme kann über die Determinante bestimmt werden. Dafür sind eigene Rechenregeln gültig. Als *transponierte* M. $\mathfrak{A}'$ bezeichnet man eine M., die die gleichen Elemente wie die M. $\mathfrak{A}$ enthält, die jedoch um die Hauptdiagonale gespiegelt wurden. Eine *inverse* M. ist eine M., deren Elemente durch Reziprokbildung der Elemente der ursprünglichen M. entstehen. Sie ist nur bei nichtsingulären Matrizen, d. h. bei Matrizen, deren Determinante ungleich Null ist, möglich.

Lit.: **Horst, P.:** Matrix Algebra for social scientists. New York, 1963.

G. Mikula

Matrizenrechnung. Ein Teilgebiet der Algebra, das sich mit der formalen Behandlung von Matrizen (↗Matrix) befaßt. Für die M. sind eigene Rechenregeln gültig, so ist z. B. die Multiplikation von Matrizen nicht kommutativ, d. h. im allg. ist $\mathfrak{A} \cdot \mathfrak{B} \neq \mathfrak{B} \cdot \mathfrak{A}$.

G. Mikula

Matrizentest(s). Methode der sprachfreien Intelligenzprüfung, die nach Ansicht ihrer Verfechter einen Generalfaktor der ↗Intelligenz erfaßt (vgl. ↗Culture Free Intelligence Test und ↗Progressive Matrices Test). Der Pb hat in solchen Tests die Aufgabe, unvollständige, rechteckige Figuren, sog. Matrizen, zu ergänzen. Es sind dabei mehrere Ergänzungsmöglichkeiten vorgegeben, aus denen die passende auszuwählen ist. M. werden vornehmlich zur Intelligenzdiagnose bei sprachgestörten Pbn verwendet.

P. Steck

Maturitas praecox, Frühreife, bes. der Geschlechtsorgane (↗Pubertas praecox). Die Kinder wirken in ihrer ganzen Haltung wie Erwachsene. Ihre Bewegungsformen sind oft getragen-langsam, in der sprachlichen Ausdrucksweise fallen sie durch unkindliche Gewähltheit ihrer Formulierungen („Altklugheit") auf. Oft beschäftigen sie sich mit unkindlichen religiösen oder philosophischen Problemen.

Lit.: **Stockert, F. G. v.:** Einführung in die Psychopathologie des Kindesalters. München – Berlin, 1957, 101.

M. Sachs

Maudsley Medical Questionnaire ↗MMQ.

Maudsley Personality Inventory ↗MPI.

Maximumeffekt, das psychol. und informationstheoretisch erklärbare Phänomen, daß ein Zeichen in einem gegebenen Feld zwangsläufig maximale ↗Auffälligkeitswerte annimmt, wenn es mit der relativen Häufigkeit $p \approx 0.37$ auftritt. Der M. wurde erstmals von H. Frank beschrieben und zur Erklärung ästhetischer Sachverhalte herangezogen.

H. Riedel

Maximum-Likelihood-Methode, eine von R. A. Fisher eingeführte Methode der stat. ↗Schätzung. In der M. wird jener Wert als Schätzung des Parameters einer Datenmenge ausgewählt, bei dem die Wahrscheinlichkeit der beobachteten Datenmenge ein Maximum wird. Die M. liefert in vielen Fällen Schätzungen maximaler Präzision, d. h. Schätzungen mit geringstem ↗Standardfehler.

Lit.: **Fisher, R. A.:** Theory of statistical estimation. Proc. Cambr. Phil. Soc., 1925, *22*, 700–725.

G. Mikula

Maxwellsche Scheiben ↗Farbenkreisel.

Mayersche Wellen, mehr oder weniger periodische Schwankungen des Blutdrucks, die, vegetativ bedingt, meist Ausdruck physiologischer Verzögerungen in den Blutdruckregelmechanismen sind. Sie stehen mit einer Periodendauer von 10 und mehr Sekunden als Blutdruckschwankungen 3. Grades den atembedingten 2. Grades und herzfrequenzbedingten 1. Grades gegenüber, sind gekoppelt mit Schwankungen der Herzfrequenz und haben Einfluß auf Gehirntätigkeit und Wachheitszustand. *E. David*

Maze-Test ↗Labyrinthtest.

MBI ↗Mannheimer Biographisches Inventar.

McDougall, *William,* * 22. 6. 1871 Lancashire, † 28. 11. 1938 Durham. M. bezeichnete sich selbst öfters als arrogant. Diese Schonungslosigkeit mit sich und anderen scheint der Schlüssel zum Verständnis eines Lebens voll Produktivität und Konflikten zu sein.

Leben. M. war von schottischer und engl. Abstammung, besuchte ein deutsches Gymnasium und die Universitäten von Manchester, Cambridge (Scolar and Fellow of St. John's College) und Göttingen. Seine weitere Ausbildung erfolgte am St.-Thomas-Hospital in London. Als Wissenschaftler und Arzt besaß er ein außergewöhnlich breites Wissen. Die Verstrickung in eine Tragödie zwang ihn, das Land zu verlassen und auf Reisen zu gehen (mit der anthropologischen Expedition in die Torresstraße, die zu einer erfolgreichen Feldstudie führte). Als „Wilde-Reader" (Stiftungsprofessur) über die Philosophie des Geistes in Oxford provozierte er Opposition gegen sein Thema und gegen sich selbst. Seine Arbeit in der Militärpsychiatrie (Erster Weltkrieg) fand er interessant, aber von Konflikten überschattet. Seine Übersiedlung in die USA 1920 führte rasch zu Konfrontationen wegen seiner Unvorsichtigkeit bei Vorlesungen über öffentliche Angelegenheiten. Sein Engagement für die ↗Parapsychologie und sein Exp. über die Vererbung erworbener Eigenschaften wurden nur von ihm selbst akzeptiert. M.s Karriere begann auf dem Gebiet der ↗Physiologie. 1905 schrieb er über diesen Gegenstand ein verdienstvolles Buch. Aber er schwankte zwischen Spekulation und Wissenschaftlichkeit. Beide Aspekte lassen sich in der Pionierarbeit „Social psychology" (1908) und später in dem mit einem unglücklichen Titel versehenen Buch „Group mind" (1920) nachweisen. Er hatte auch die Gabe, einen Gegenstand systematisch darzustellen (Outline of psychology, 1923), und schuf eine „Abnormal psychology" (1926), die noch heute nützlich ist. In seinem Buch „Body and mind" (1911) vertritt er die These des ↗Animismus und zeigt seine Vorliebe für Spekulation. Dieses Buch macht es schwierig, jene zu verstehen, die ihn als Behavioristen einordnen aufgrund seines 1912 geschriebenen Buches „Psychology: the study of behavior". Seine späteren Werke beschäftigen sich zumeist mit Anwendungen und Popularisierungen (z. B. „Character and the conduct of life", 1927). Geistesgeschichtlich ist M. bekannt als Verfechter einer ↗*hormischen Psychol.,* einer Lehre von den ↗Instinkten (eine Theorie angeborener Triebfedern, die mit Gefühlen verbunden sind); eines Systems der ↗Gefühle (wichtig ist das Selbstbewußtsein als Gefühl) und der „Gruppenseele" (eines geordneten Systems interagierender Energien, die in der ganzen Gruppe wirken). M. dachte und lebte seine Psychol. sehr intensiv. Sein Werk war lange einflußreich und ist z. T. geeignet, verfeinert und neubewertet zu werden.

Lit.: Adams, D. K.: William McDougall. Psychol. Rev., 1939, *46,* 1–8; **McDougall, W.:** Autobiography. In: **C. Murchison:** A history of psychology in autobiography. Worcester (Mass.), 1930, 191–223. *J. A. Cardno*

McNemar-Test, ein nicht-parametrisches Verfahren zur Prüfung des Unterschiedes zwischen zwei korrelierenden Verteilungen von ↗Alternativmerkmalen. Als Prüfstatistik wird

$$\chi^2 = \frac{(b-c)^2}{b+c} \, (df = 1)$$

bestimmt, wobei b und c die Häufigkeiten in den Diagonalzellen des Korrelationsschemas bezeichnen. Das χ^2 gilt für den Unterschied der Randsummenverteilungen dieses Schemas. ↗Verteilungsfreie Tests.

Lit.: McNemar, Q.: Note on sampling error of the differences between correlated proportions or percentages. Psychometrica, 1967, *12,* 153–154. *G. Mikula*

Md ↗Median.

Mechanisch-technischer Verständnistest (MTVT). Der 1958 von Lienert entwickelte MTVT ermöglicht im Bereich der „praktisch-konkreten" Intelligenz eine schnelle, reliable und valide Erfassung des *mechanisch-technischen Verständnisses.* Die 32 Aufgaben wurden nach itemanalytischen Kriterien ausgewählt und stellen praktisch-technische Probleme in Form von Zeichnungen dar. Aufgabentypus: multiple choice Form. Standardisierung und Normierung (13- bis 19jährige männliche Pbn) sind vorbildlich. Die nach 3 verschiedenen Methoden ermittelte *Reliabilität* ist zufriedenstellend; die *Validität* ist inhaltlich, faktorenanalytisch und durch korrelationsstatistische Untersuchungen begründet.

Lit.: Lienert, G. A.: Mechanisch-technischer Verständnistest. Handanweisung. Göttingen, 1958. *G. Prystav*

Mechanisches Lernen ↗Lernen, mechanisches.

Mediaforschung, Teildisziplin der Kommunikationsforschung, die sich insbesondere mit den kommunikatorisch bedeutsamen Aspekten der Massenmedien (Film, Funk, Fernsehen, Zeitschriften, Zeitungen) beschäftigt. M. ist häufig ein Synonym der Werbeträgerforschung, jedoch umfassender als diese (d. h. nicht speziell auf Werbung zu beziehen). Typische Fragestellungen der M. sind: Anzahl, soziopsychologische Struktur der von Medien erreichten Personen; Mediennutzungsgewohnheiten; wirkungsrelevante Merkmale von Medien usw.

Lit.: de Sola Pool, I. et al. (eds.): Handbook of communication. Chicago, 1973. *H. Haase*

Median (Synonyme: *Zentralwert, 50. Centil*), stat. Kennwert der zentralen Tendenz einer Verteilung. M. ist jene Maßzahl, die die Verteilung in zwei gleich große Hälften teilt, so daß auf jeder Seite 50% der Fälle liegen. Im Falle nichtsymmetrischer Verteilungen charakterisiert der M. die zentrale Tendenz besser als das ↗arithmetische Mittel, da er von Extremwerten nicht beeinflußt wird. *G. Mikula*

Meditation. I. M. ist abgeleitet von lat. „meditari", das „üben" und „nachsinnen" bedeutet; daher stellt sich M. als *Einüben des Nachsinnens* dar. Näherhin ist M. der Vorgang der Verinnerlichung, durch den der Mensch sein eigenes tiefstes Selbst zusammen mit dem Grund, in den dieses eingelassen ist, gewinnt, und zwar als gesamtmenschliche Erfahrung. In dieser wirken also alle *kognitiven* und *affektiven* Kräfte zusammen, auch der Leib wird miteinbezogen, dessen Haltung für das Gelingen der M. von entscheidender Bedeutung ist. Dieses Gesamtgeschehen zielt auf Erfahrung-von und begnügt sich nicht mit Denken-über; daher geht es nicht um die Gedanken, die sich jemand über das Wirkliche macht, sondern um das Einswerden mit dem Wirklichen selbst, um das Ergriffen-, ja Überwältigt-werden von diesem. Das von den anderen Vollzügen sich absetzende oder rationale Denken kann das Erfahren auswerten oder vorbereiten, nie aber ersetzen. Doch ist das Erfahren nicht denkfremd oder irrational; vielmehr umschließt es ein darin eingebettetes Denken, das sich aber nicht im einzelnen durchgliedernd, sondern global erfassend oder schauend und damit vorrational oder auch überrational verhält. Die so beschriebene M. erweist sich als etwas Allgemein-Menschliches, das sowohl den vorchristlichen Osten als auch den christlichen Westen umspannt und dabei freilich sich auf verschiedene Weisen und in verschiedenen Stufen entfaltet.

MEDITATION UND VERWANDTE BEGRIFFE. a) Die *Betrachtung* verweilt im Ggs. zur M. vorwiegend im rationalen Wissen-von oder Denken-über, indem sie ihre Gegenstände diskursiv durchgliedert; je reifer jedoch die Betrachtung wird, desto mehr bildet sich in ihr M. als Hintergrund heraus; schließlich geht sie in M. über oder (besser) schlägt in M. um. – b) Die *therapeutische* und die *religiöse* M.: In ersterer ringt der gespaltene Mensch um das Wiederfinden seines Selbst oder um die Einheit mit sich selbst, wobei die Einheit mit dem „Urgrund" nicht auszuschließen ist; in letzterer bemüht sich der suchende Mensch um die Einheit mit dem Urgrund, die jedoch die Einheit mit dem eigenen Selbst voraussetzt und in der Hingabe des gefundenen Selbst an den Urgrund gipfelt. Kurz: im einen Fall kommt es auf die *Heilung* des kranken Menschen, im anderen aber auf die *Heiligung* oder das Heil des sündigen Menschen an; Sünde erscheint hier als Ab-sonderung oder Los-sagen vom Urgrund. – c) Weiterhin tritt der *monistischen* Auslegung der M. ihre *nicht-monistische* Gestalt gegenüber. Erstere deutet die Einheitserfahrung so, daß alle Menschen und Dinge Entfaltungen des einen Urgrundes sind, in den sie auch zurückkehren und in dem sie sich wie Wellen im Meer auflösen. Letztere erfährt in der Einheit von allem mit dem Urgrund den Eigenstand der Dinge und vor allem den personalen Selbststand des Menschen, der sich um so entschiedener und lauterer in seinem Selbst ausprägt, je tiefer er mit dem Urgrund eins wird. – Damit hängt der Unterschied zwischen der *nicht-personalen* (monistischen Deutung; vielfach im Osten anzutreffen) und der *personalen* (Annäherung an die christliche M.) Sicht des Urgrundes zusammen.

Zur Geschichte der M. im Westen ist die „Gottvereinigung" bei Plato (Symposion 210e/211b) und Plotin (Enn. VI 9,11) zu nennen. Der Einfluß des von Plotin vollendeten Neuplatonismus reicht weit in den christlichen Raum hinein und geht über Augustinus († 430) bes. zu Meister Eckehart († 1327). Meist verbindet sich die M. mit der übernatürlichen *Mystik*, so vor allem bei Johannes vom Kreuz († 1591). Nachdem die Reformation, der Rationalismus und die Aufklärung für den – das Mittelalter und den Beginn der Neuzeit durchziehenden – breiten Strom meditativen Lebens wenig günstig gewesen waren, gewinnt die M. in den letzten Jahrzehnten an Boden sowohl im katholischen (Dessauer, 1968; Lotz, 1978; Tilmann, 1978) als auch im protestantischen Bereich (Happich, 1948; Melzer, [2]1977), befruchtet durch das Erbe des Ostens (Enomiya-Lassalle, 1969; Déchanet, 1957; Dumoulin, 1966; Dürckheim, 1976).

Was die Methoden betrifft, so wurden sie nicht nur im Osten (etwa von Zen-Buddhismus und Yoga), sondern auch im Westen (Ignatius von Loyola: Exerzitien) ausgebildet. Obwohl die M. dem tiefsten Wesen des Menschen entspricht und deshalb auch oft spontan entsteht, braucht zumal der nach außen gewendete Mensch des Westens eine meth. Zurüstung (vgl. ↗M. II). Fragen wir nach dem psychol. Hintergrund der M., so kommt dem rationalbegrifflichen Verstehen des Verstandes zwar in den heutigen Wissenschaften, nicht aber im Leben des Menschen der Primat zu. Jener schöpft nämlich aus dem vorbegrifflichen Anschauen der Einbildungskraft, in dem der ↗Mythos und die Kunst wurzeln, und gründet in dem überbegrifflichen Vernehmen der Vernunft, die dem übergegenständlichen Geheimnis zugewandt ist und aus der die Philosophie und die Religion wachsen. Die M. entfaltet sich, ohne den Verstand zu verachten oder ganz auszuschließen, in der verborgenen Tiefe der Vernunft, die an der Gott eigenen Schau von ferne teilnimmt und mit den das Geheimnis veranschaulichenden Urbildern der Einbildungskraft zusammenwirkt.

Lit.: Bitter, W. (Hrsg.): M. in Religion und Psychotherapie. München, [2]1967; **Boeckel, J. F.:** M.spraxis. München, 1977; **Déchanet, J. M.:** Yoga für Christen. Luzern, 1957; **Dessauer, Ph.:** Die naturale M. München, 1961; **ders.:** Die christl. M. München, 1968; **Dumoulin, H.:** Östl. und christl. Mystik. Freiburg, 1966; **Dürckheim, K.:** Vom doppelten Ursprung des Menschen. Freiburg, 1973; **ders.:** Meditieren – Wozu und wie. Freiburg, 1976; **Enomiya-Lassalle, H. M.:** Zen, Weg zur Erleuchtung. Wien, [2]1969; **ders.:** Zen-M. für Christen. Weilheim, 1969; **Happich, C.:** Anleitung zur M. Darmstadt, [3]1948; **Johnston, W.:** Der ruhende Punkt. Freiburg, [2]1976; **Kurts, W.:** Das Kleinod in der Lotosblüte. Stuttgart, 1972; **Lotz, J. B.:** Einübung ins Meditieren am NT. Frankfurt, [3]1973; **ders.:** Kurze Anleitung zum Meditieren. Frankfurt, 1973; **ders.:** Transzendentale Erfahrung. Freiburg, 1978; **Mangoldt, U. von** (Hrsg.): M.-Anstöße zum christl. Vollzug (seit 1975); **Massa, W.:** Schweigen und Wort. Kevelaer, 1974; **Melzer, F.:** Innerung. Kassel, [2]1977; **ders.:** Konzentration, M., Kontemplation. Kassel, 1974; **Raguin, I.:** Wege der Kontemplation. Einsiedeln, 1972; **Reiter, U.:** (Hrsg.): M. – Wege zum Selbst. München, 1976; **Rosenberg, A.:** Christl. Bild-M. München, [2]1975; **Strolz, W.:** (Hrsg.): Bewußtseinserweiterung durch M. Freiburg, [3]1975; **Sudbrack, J.:** Herausgefordert zur M. Freiburg, 1977; **Thomas, K.:** M. in Forschung und Erfahrung. Stuttgart, 1973; **Tilmann, K.:** Die Führung zur M. 2 Bde. Einsiedeln, 1971.

J. B. Lotz

II. Östliche Meditation. Die M. spielt als charakteristische Übung der östlichen Religionen in den religiös durchtränkten Kulturen Asiens eine bedeutende Rolle. In Indien und

China, den Ursprungsländern der asiatischen Kultur, gab es seit frühester Zeit Meditation. Der umfassende Name für M. u. M.techniken lautet in Indien *Yoga* („zusammenbinden", „ins Joch spannen"). Man unterscheidet *Yoga der Erkenntnis (jnâna-yoga),* der *liebenden Hingabe (bhakti-yoga)* und des *pflichtmäßigen Handelns (karma-yoga).* Das verhältnismäßig späte *Yoga-Sutra* (5. Jh. n. Chr.) nennt die acht Glieder des Yoga-Weges, die die im Yoga erforderten somatischen und psychischen Verhaltensweisen anzeigen. – Der *Buddhismus* ist seit seinen Anfängen in Indien mit Yoga verknüpft. Im Theravâda-Buddhismus (in Ceylon und Südostasien) knüpft die M. an Yoga an. Die M.texte des Pâli-Kanons lehren eine Übung der Achtsamkeit und Konzentration *(satipatthâna).* In China entwickelten sich teilweise unter dem Einfluß chinesischer M., bes. der M. des Taoismus) andere Formen buddhistischer M., z. B. die *Mandala-M.* (visuelle Konzentration auf ein Symbolbild mit transzendentem Sinngehalt), die *Amitâbha-M.* (Konzentration auf das Bild oder auf den in zahllosen Anrufungen wiederholten Namen des Buddhas Amitâbha) und als wichtigste Form der M. im *Mahâyâna-Buddhismus* die *Zen-M.,* die in China (seit dem 6. Jh. n. Chr.) entstand und in Japan (seit dem 13. Jh.) ihre Vollreife erlangte. Das japanische Wort *zen* bedeutet dem Wortsinn nach „Versenkung". Die zwei charakteristischen Übungen des Zen, *zazen* und *kôan,* bezwecken Konzentration. Das *zazen* (= Sitzen in M.) stimmt hinsichtlich der somatischen Seite (Verschränkungssitz mit gefalteten Beinen, rhythmische Atmung und Ausschaltung der sinnenhaften Vorstellungen, Affekte und Regungen) weitgehend mit den ersten Gliedern des klassischen Yoga überein, strebt aber über Beruhigung hinaus die Erleuchtung an. Die innere Beschäftigung mit dem *kôan,* einer oft paradoxen und immer intellektuell unlösbaren Aufgabe, bewirkt höchste Konzentrationsgrade, die den Durchbruch zur Erfahrung befördern. In der Zen-Erleuchtung wird das im Urgrund gründende und mit dem All verbundene Selbst erfahren. Die Erfahrung vermittelt eine geistige Berührung der absoluten Wirklichkeit, sie läßt Intensitätsgrade zu und ist mit starken Gefühlsaffekten geladen, sie wird als psychische Befreiung erlebt. – Von den zahlreichen Formen östlicher M. seien außerdem genannt die M. des *Vedânta* im *Hinduismus* und die *konfuzianische* sowie die *taoistische* M. in China.

Als die grundlegende charakteristische Eigenschaft der östlichen M. kann die enge Verknüpfung der somatischen und psychischen Elemente im M.vorgang angesehen werden. Körperhaltung und rhythmische Atmung gelten als unerläßliche Vorbedingung für die innere Realisation. Die anthropologische Auffassung von der Einheit der Leib-Geist-Natur im Menschen, obgleich nicht notwendig reflektiert, ist in aller östlichen M. gegenwärtig (↗Leib-Seele-Problem). Die Integration der menschlichen Einheitsnatur eröffnet zuallererst den Weg zur Realisierung des eigentlichen Selbst. – Ferner ist die östliche M. auf Erfahrung, nämlich auf eine (nach der subj. sowie nach der obj. Seite) ganzheitliche Erfahrung der Wirklichkeit, abgestellt. In einigen (nicht allen) Formen der östlichen M. hat das intuitive Erkennen die Führung inne, immer ist der Mensch mit allen seinen physischen und psychischen Fähigkeiten am Erleben beteiligt. Während zur Erlangung der äußeren und inneren Konzentration sinnenfällige Mittel (außer Körperhaltung und Atmung z. B. visuelle Fixierung auf einen Punkt oder ein Symbolbild, Aufmerken auf körperliche Vorgänge, rhythmische Töne usw.) benutzt werden, transzendiert der Mensch in der übergegenständlichen M. das bewußte Ich und die gegenständliche Umwelt, um einen Zustand der Versenkung zu erreichen, der wegen des Durchbrechens der Sinnenwelt und des veränderlichen Bewußtseins in die Richtung der Transzendenz weist. – In allen Ländern Asiens gilt die M. vornehmlich wegen ihrer Zielsetzung, aber auch wegen der mit ihr verknüpften asketischen Anstrengung und der Einbettung in Kult als religiöse Übung. Durch M. wird in der Erfahrung Befreiung von Bindungen an die phänomenale Welt, Erfüllung der menschlichen Existenz und Berührung der absoluten Wirklichkeit erlangt. Die Erfahrung selbst ist immer unaussprechlich, sie wird je nach der religiös-metaphysischen Weltanschauung des Erfahrenden verschieden interpretiert. In Asien wiegen die humanistisch-ethische und die kosmisch-monistische Interpretation vor, obgleich (bes. in Indien) auch die theistische Auffassung vorkommt.

Während der letzten Jahrzehnte erwarb sich die östliche M., deren Wert vornehmlich in ihrer aufgrund eines ganzheitlichen Verständnisses der leib-seelischen Menschennatur in mehr als tausendjähriger Erfahrung entwickelten hervorragenden Technik liegt, im Westen wachsende Beachtung. Daraus erklären sich die Bemühungen, Technik und Methoden der östlichen M. (vorab von Yoga und Zen) in die christliche Spiritualität einzuführen.

Lit.: Benoit, H.: Die hohe Lehre. Der Zen-Buddhismus als Grundlage psychologischer Betrachtungen. München-Planegg, 1958; **Dumoulin, H.:** Zen, Geschichte und Gestalt. Bern, 1959; **Eliade, M.:** Yoga. Frankfurt 1977; **Enomiya, H. M.:** Zen-Buddhismus. Köln, [3]1974; **Govinda, L. A.:** Grundlagen tibetischer Mystik. Zürich – Stuttgart, [4]1975; **Hauer, J. W.:** Der Yoga. Ein indischer Weg zum Selbst. Stuttgart, 1958; **Korvin-Krasinski, C. v.:** Mikrokosmos und Makrokosmos. Düsseldorf, 1960; **Maurin, R.:** Die Technik des Glücks. München, 1977; **Nyanaponika:** Satipatthâna. Der Heilsweg buddhistischer Geistesschulung. Konstanz, 1950; **Suzuki, D. T.:** Die große Befreiung. Einführung in den Zen-Buddhismus. München, 1979; **ders.:** Der Weg zur Erleuchtung. Die Übung des Kôan. Baden-Baden, 1957; **Zimmer, H.:** Philosophie und Religion Indiens. Frankfurt a.M., 1976.

H. Dumoulin

Meditationstheorie ↗Vermittlungstheorie.

Medium. Als M. wird im ↗*Spiritismus* eine Person bezeichnet, die angeblich mit Verstorbenen eine Verbindung herstellt und Mitteilungen weitergibt. Die Weitergabe geschieht meist mündlich, kann aber auch in schriftlicher Form stattfinden (↗*Automatisches Schreiben*). *Trancemedium* = M., das sich während der Séance im *Trance*zustand befindet; *physisches Medium* = M. verursacht paranormale physische Wirkungen; *materialisierendes Medium* = M. verursacht ↗*Materialisation*. *J. Beloff*

Medizinertest. Vereinfachte Bezeichnung für den, gestützt auf Hochschulrahmengesetz und Urteil des Bundesverfassungsgerichtes, in der Entwicklung befindlichen und zur Ernstfallerprobung im Wintersemester 1980/81 vorgesehenen „Test für medizinische Studienfächer" (TMS) mit Paper-Pencil-Charakteristik. Nach Vorarbeit von Michel betreut die Arbeitsgruppe um Trost in der Studienstiftung des Deutschen Volkes das Projekt. Bei der Erprobung des Verfahrens unter Forschungsbedingungen konnten zufriedenstellende Resultate erzielt werden. Eine von Hitpass adaptierte motorische Serie für Bewerber der Zahnmedizin erwies sich unter anderem infolge starker Übungsabhängigkeit als ungeeignet.

Lit.: Hitpass, J.: Hochschulzulassung – Besonderer Auswahltest Zahnmedizin (BATZ). Zeitschrift für experimentelle und angewandte Psychologie, 1978, *23*, Heft 1, 75–94; **Trost, G. et al.:** Modellversuch „Tests für medizinische Studiengänge". Bonn-Bad Godesberg (Studienstiftung), 1978.

M. Amelang

Medizinische Psychologie. Im weitesten Sinne meint m. P. eine auf die verschiedenen Bereiche der medizinischen Versorgung und Forschung gerichtete Psychologie, im engeren Sinne ist sie seit 1970 ein vorklinisches Ausbildungs- und Prüfungsfach im Rahmen der Approbationsordnung für Ärzte. In dieser Ausbildung sollen die für künftige Ärzte relevanten psychologischen Inhalte vermittelt werden, z.B. psychophysiologische Beziehungen, Motivation und Konflikt, Lernen, Arzt-Patienten-Beziehung. Neben diesen kognitiven Lernzielen sollen auch affektiv soziale wie Handlungslernziele, z.B. Selbst- und Fremdwahrnehmung, psychologisch aufgeschlossene Haltung gegenüber den Patienten, Erlernen professioneller Kooperation oder von angemessener Gesprächsführung vermittelt werden. Schwerpunkte medizin-psychologischer Forschung sind z.Z. Untersuchungen zum Arzt-Patienten-Verhältnis, psychophysiologische und klinische Fragestellungen bei spezifischen Patientengruppen (z.B. Angstverarbeitung bei Patienten auf Intensivstation). Ein weiteres Arbeitsfeld von Medizinpsychologen ist die psychosoziale Betreuung des ‚psychisch normalen Patienten' im Krankenhaus (Betreuung von Krebs- oder Hämodialysepatienten). ↗Klinische Psychologie.

Lit.: Tewes, U. u. a.: Medizin. Psychol. I. Stuttgart, 1978; **Basler, H. D. u. a.:** Medizin. Psychol. II. Stuttgart, 1978.

U. Koch

Medulla oblongata, *verlängertes Mark,* stellt als Nachhirn *(Myelencephalon)* den Hirnteil dar, welcher das übrige ↗Gehirn mit dem Rückenmark verbindet und in der Gegend des Genicks zu suchen ist. Die M. o. umfaßt neben wichtigen mot. (efferenten) und sensorischen (afferenten) nervösen Leitungsbahnen viele lebensnotwendige Kerngebiete (synaptische Umschaltungen), wie Atem-, Kreislauf- und andere wichtige Regelzentren. Bei ihrer Zerstörung kommt es zu sofortigem Stillstand aller Lebensvorgänge. *E. David*

Megalomanie, Zustand des ↗Größenwahns. M. impliziert keine ↗Manie, wird entweder als Krankheitsbezeichnung oder als Deskription verwandt. *B. Brooker*

Mehrdeutigkeit läßt sich bei Wörtern und Sätzen beobachten. Bei Wörtern unterscheidet man zwischen *Homonymie* (mehrere Bedeutungen haben die gleiche Form, z.B. Kamm) und *Polysemie* (mehrere Varianten einer Grundbedeutung werden durch eine Form ausgedrückt, z.B. Amt als Institution und Rolle). Auf der M. von Wörtern beruhende M. von Sätzen wird als *semantische M.* bezeichnet. *Syntaktische M.* liegt vor, wenn die Beziehung der Wörter innerhalb eines Satzes mehrdeutig ist (z.B. Er erschlug den Mann mit der Keule). *J. Engelkamp*

Mehrdimensionale Diagnostik. Anwendung von diagnostischen Verfahren, die mehrere Persönlichkeitsdimensionen im gleichen Test erfassen wollen, z.B. ↗MPI, MMPI, 16 PF (↗Picture-Frustration-Test) usw. *F. Grünig*

Mehrdimensionaler Zeichentest (MDZT). Der MDZT ist ein ↗projektives Testverfahren zur Erfassung von Persönlichkeitscharakteristika, das primär für die ↗Differentialdiagnose endogener Psychosen entwickelt wurde. Der Proband fertigt mit farbigen Stiften 30 Zeichnungen in 30 Minuten an (1 Zeichnung pro Min.), deren Inhalte ihm freigestellt sind. Bei der Auswertung werden sowohl formale Aspekte der Zeichnungen als auch die dargestellten Inhalte und deren Sequenz berücksichtigt. Der Test ist somit als ein ↗Assoziationsexperiment in einer nahezu völlig unstrukturierten Reizsituation mit vorgegebener Zeitbegrenzung zu charakterisieren. Die Interpretation der formalen und inhaltlichen Indikatoren basiert auf tiefenpsychologischen bzw. psychoanalytischen Theorien. Die Validierung beschränkt sich auf die Feststellung von Unterschieden in den quantitativen Variablen zwischen gesunden Pbn und Patienten mit verschiedenen psychotischen Krankheitsbildern.

Lit.: Bloch, R.: Bild und Persönlichkeit – Der Mehrdimensionale Zeichentest. Bern, 1971. *J. Rost*

Mehrfächertests, Verfahren, die einen Überblick über individuelle Fähigkeiten und Kenntnisse in den wichtigsten Schulfächern einer Jahrgangsstufe gestatten. Neben den *Allgemeinen Schulleistungstests* AST 2, AST 3 und AST 4 für die 2. bis 4. Klassenstufe ist im weiteren Sinne auch der *Differentielle Wissenstest* (DWT) hierunter zu fassen, der ab einem Alter von 15 Jahren angewendet werden kann. Der AST 2 besteht aus den sechs Untertests Wortschatz, Rechtschreiben, Leseverständnis, Zahlenrechnen, Textaufgaben sowie Sachwissen und liegt in zwei Parallelformen vor. Die Reliabilität des Gesamttests (Konsistenz) beträgt 0,96. Normen wurden an einer Stichprobe von 4376 Schülern erhoben und liegen auch für die Subtests aufgeschlüsselt vor. Der AST 3 entspricht in Aufbau und Zuverlässigkeit weitgehend dem AST 2 (Subtest Sachwissen entfällt). Der AST 4 umfaßt die fünf Subtests Leseverständnis, Sprachverständnis, Rechtschreibung, Mathematik und Sachkunde. Die Reliabilität beträgt 0,96, die Korrelationen des Gesamttests mit verschiedenen Schulnoten variieren zwischen 0,63 und 0,71. In Abgrenzung zu diesen Schultests besteht der *Differentielle Wissenstest* (DWT) aus reinen Wissensfragen (multiple-Choice Aufgaben), die nach folgenden Sachgebieten zusammengefaßt sind: Sport, Geldwesen, Politik, Technik, Physik/Chemie, Biologie, Erdkunde, Geschichte, Literatur, Kunst und Musik. Der Test gibt somit Aufschluß über das Allgemeinwissen und spezielle Kenntnis- oder

Interessenschwerpunkte des Pb. Die Reliabilität beträgt 0,95. Normen liegen für Altersbereiche von 15 bis 52 Jahren vor und sind nach Alter, Geschlecht und Schulabschluß aufgeschlüsselt.

Lit.: **Fippinger, F.**: Allgemeiner Schulleistungstest für 3. Klassen (AST 3). Weinheim, 1971; **ders.**: Allgemeiner Schulleistungstest für 4. Klassen (AST 4). Weinheim, ²1978; **Fürntratt, E.**: Differentieller-Wissens-Test DWT. Göttingen, 1969; **Rieder, O.**: Allgemeiner Schulleistungstest für 2. Klassen (AST 2). Weinheim, 1971. *J. Rost*

Mehrfachschreiber ↗Polygraph.

Meidungsverhalten, *avoidance behavior, aversive behavior,* Verhalten des *Rückzugs* oder der *Abwehr,* das – im Ggs. zum ↗Appetenzverhalten – die Distanz zu einem Ziel (vorzugsweise einem phys. Gegenstand, einem sozialen Partner, einer Situation) zu vergrößern geeignet ist. Beim M. spielen Barrieren auf dem Weg zum Ziel eine Rolle. Die Intensität des M. bildet eine Funktion der Distanz zum Ziel *(Meidungsgradient).* M. kann in seinem Ablauf und als Reaktion auf bestimmte Situationen gelernt werden; teilweise wird es auch als Instinktverhalten gedeutet und auf ↗AAM zurückgeführt. M. zeigt sich in den mot. Phänomenen der Flucht und der Abwehr, gilt aber auch als innerer Vorgang zur Sicherung des ↗Ich (S. Freuds ↗Abwehrmechanismen), zur Beseitigung bedrohlich wirkender Kognitionen (Lazarus), speziell tabuierter Wahrnehmungen (↗*Wahrnehmungsabwehr,* subliminale Wahrnehmung), und zur Abschirmung vor schmerzhafter und fortgesetzter Reizung (J. M. Sokolow). M. beim Denken und Wahrnehmen wird vorzugsweise als *defensives Verhalten* bezeichnet. Die *Disposition* zum M. bzw. zum defensiven Verhalten ist individuell unterschiedlich ausgeprägt und wird vor allem mit Hilfe ↗projektiver Verfahren diagnostiziert. ↗Konflikt.

Lit.: **Campbell, B. A. & R. M. Church** (Hrsg.): Punishment and aversive behavior. New York, 1969; **Lazarus, R. S.**: Psychological stress and the coping process. New York, 1966. *W. Schönpflug*

Meier Art Judgement Test, Test zur Beurteilung eines Aspektes der künstlerischen Begabung: des künstlerischen Urteils (↗Kunstpsychologie). Dem Pb werden im Paarvergleich Bilder (die Reproduktion eines Kunstwerkes zusammen mit einem leicht veränderten Parallelbild) vorgelegt. Auszuwählen ist dabei das künstlerisch besser Anmutende. Je nach Anzahl der entsprechenden Wahlen wird der Pb eingestuft. *H. J. Aebi*

Meinong, *Alexius.* LEBEN.* 17. 7. 1853 Lemberg, † 27. 11. 1920 Graz. Österreichischer Philosoph und Psychologe; Schüler F. ↗Brentanos; von 1882 bis zu seinem Tod 1920 Professor für Philosophie an der Universität Graz; gründete 1894 in Graz das erste psychol. Laboratorium Österreichs und gilt als Hauptvertreter der ↗Grazer Schule, der u. a. auch C. v. Ehrenfels, V. Benussi und S. Witasek angehören.

WERKE. M.s phil. Anschauungen wurzeln in der philosophischen Psychol. F. ↗Brentanos. Sein bedeutendster Beitrag zur Philosophie liegt in seiner *Gegenstandstheorie,* wo er entsprechend den Erlebniszuständen des Vorstellens, Denkens, Fühlens und Begehrens vier Klassen von Gegenständen – *Objekte, Objektive, Dignitative* und *Desiderate* – unterschied. In seinen psychol. Beiträgen stand M. der Gestaltpsychol. nahe, 1891 behandelte er in seiner Publikation „Zur Psychologie der Komplexionen und Relationen“ die gleiche Thematik wie kurz zuvor C. v. Ehrenfels in seiner Abhandlung über die Gestaltqualitäten. ↗Ganzheit.

Schr.: Über die Stellung der Gegenstandstheorie im Systeme der Wissenschaften, 1907; Über Möglichkeit und Wahrscheinlichkeit, 1915.

Lit.: **Martinak, E.**: Meinong als Mensch und Lehrer. 1925. *W. Wittling*

Meinung, öffentliche ↗Öffentliche Meinung.

Meinungsänderung ↗Einstellungsänderung.

Meinungsforschung hat nur zu einem kleinen Teil mit der Erforschung von Meinungen zu tun. Der irreführende, weithin benutzte, aber für den wiss. Sprachgebrauch kaum geeignete Begriff ist nach dem Zweiten Weltkrieg als Übersetzung des amerik. *Public Opinion Re-*

search entstanden und sogleich abgeschliffen worden, der Bestandteil „öffentlich" entfiel.

Selbst wenn man von der noch ganz ungeklärten Beschaffenheit des Phänomens ↗„öffentliche Meinung" absieht, der Wortbestandteil „Meinung" führt auf eine falsche Fährte: um ↗Einstellungen, Stimmungen, „Meinungsklima" zu erforschen, muß man nicht nur im weitesten Sinn Meinungen, Glauben und Überzeugungen, sondern als Indikatoren vieles andere, z. B. Fakten, Handlungsweisen, Kenntnisse, in die Bestandsaufnahme einbeziehen. Andererseits wird M. breit angewandt für wiss. und praktische Zwecke, die mit öffentlicher Meinung nichts mehr zu tun haben. Der gegenwärtige Sprachgebrauch wird wohl am besten getroffen, wenn man feststellt: Der Begriff M. bezeichnet keinen bestimmten Gegenstand der Forschung, sondern Gebrauch einer bestimmten Methode, der repräsentativ-statistischen Umfrage mit durch Fragebogen standardisiertem ↗Interview und meist mündlicher Befragung. Dabei hat sich eine lose *Zweiteilung* eingebürgert: Soweit diese Methode zur Untersuchung des Marktes benutzt wird, spricht man von ↗*Marktforschung,* alles andere läuft unter M., mit dem häßlichen Oberbegriff „Meinungs- und Marktforschung". Verschiedene bessere Bezeichnungen als M. haben sich durchgesetzt: ↗Demoskopie, Umfrageforschung (survey research) und als Oberbegriff für den Wissenschaftsbereich, dem M. als Teilgebiet zugeordnet ist, empirische Sozialforschung.

GESCHICHTE. Die Umfragemethode hat sich in Europa mit Sozialenqueten entwickelt (erster Fragebogengebrauch 1787 war D. Davies „Erhebung über das Haushaltsbudget der arbeitenden Klassen in England", 1848 erste Umfrage in Deutschland über die Lage der Landarbeiter durch A. v. Lengerke), in den USA mit Wahlprognosen (1824 erste „Strohwahl" – strawpoll –, Probeabstimmung zur Voraussage eines Wahlergebnisses). Die anscheinend erste „Meinungsbefragung" i.e.S. des Wortes geschah 1907 über eine Verkehrsmittelverordnung durch das „Chicago Journal".

Das Prinzip der Bildung repräsentativer ↗Stichproben bei Bevölkerungsumfragen veröffentlichte der engl. Statistiker A. L. Bowley 1906 und wandte es 1912 als erster in einer Erhebung an. Der Gedanke der Befragung einer relativ kleinen, aber statistisch-repräsentativ ausgewählten Zahl von Personen statt *Mammut*-Befragungen mit möglichst großer Befragtenzahl setzte sich weltweit 1936 durch, als bei der Präsidentschaftswahl Roosevelt/Landon die amerik. Zeitschrift „Literary Digest" mit 10 Millionen Stimmzetteln eine falsche, G. ↗Gallup (und gleichzeitig auch E. Roper und A. Crossley) mit einigen tausend Interviews eine richtige Wahlprognose stellte. Von diesem Zeitpunkt an wurden Informationen über die Ansichten und Verhaltensweisen großer Bevölkerungsgruppen mit Hilfe der relativ leicht gewordenen Repräsentativ-↗Erhebungen der M. zunehmend selbstverständlich. Die gesellschaftliche und politische Wirkung dieses Gewinns einer neuen Informationsdimension ist schwer abzuschätzen; nach W. Hennis (1957) handelt es sich um die Einführung eines Plebiszits durch die Hintertür. Eine erste systematische Analyse für die BRD stammt von Schmidtchen (1959).

Wahlprognosen spielen auch heute noch für die M. eine wichtige Rolle, und zwar *als Kontrolle der ↗Validität bestimmter Methodenkonzepte* im Bereich der Stichprobenbildung, Fragebogenkonstruktion, Organisation der Feldarbeit. Die Aufeinanderfolge innerhalb weniger Tage von Repräsentativumfrage und allgemeiner Wahl bildet trotz eines Mangels – der Möglichkeit des Auftretens neuer Einflüsse nach Abschluß der Umfrage, jedoch noch vor der Wahl – eine Prüfsituation, wie sie ähnlich wirksam sonst kaum herzustellen ist. In Anbetracht der Toleranzen von Stichprobenerhebungen kommt es bei der Validitätskontrolle *nicht auf die richtige Voraussage* des Wahlsiegers an, sondern auf die *Größe der durchschnittlichen Abweichung* und der *Maximalabweichung* zwischen Prognose und amtlichem Wahlergebnis.

METHODISCHE GRUNDSÄTZE. Die meth. Grundsätze der M. sind davon geprägt, daß sich die Untersuchung nie auf Individuen, nie auf die Ganzheit einer ↗Persönlichkeit, eines ↗Charakters richtet, sondern auf durch gemeinsame Merkmale definierte Kollektive. Nicht *die Person,* sondern *das Merkmal* ist Untersuchungsgegenstand. Die Person erscheint nur als Träger von Merkmalen, von Variablen (↗Methoden der Psychologie), deren ↗Häufigkeitsverteilung und Beziehung zu anderen Variablen festgestellt werden soll.

Dem Untersuchungsbereich entsprechend (Mehrzahlbereich, Merkmalsbereich) ist die Arbeitstechnik der M. – von der Phase der Vorstudien abgesehen – *ausschließlich statistisch,* d. h. zählend. Die Einheitlichkeit, Vergleichbarkeit, die man den Merkmalen beim Zählen unterstellt, muß durch eine rigorose Rangordnung in der Behandlung von Methodenfragen gesichert werden: dem Erfordernis der ↗*Invarianz* bei der Erhebung der Daten ist der erste Platz einzuräumen. Das bedeutet: durchstrukturierte, wörtlich vorzulesende Fragebogen; Standardisierung der Befragungssituation; einheitliche zentrale und schriftliche Steuerung der Interviewer; Einfachheit aller Vorschriften für Stichprobenauswahl und Befragung. Größtmögliche Einheitlichkeit aller Schritte bei der Datensammlung ist eine Voraussetzung für Verläßlichkeit (↗Reliabilität), Wiederholbarkeit, Überprüfbarkeit.

STICHPROBE. Liegt die Untersuchungsaufgabe fest, sind zwei Fragen zu beantworten: Über welchen Kreis von Personen oder Sozialgebilden (z. B. Schulklassen, Betriebe) soll eine Aussage gemacht werden?, d. h. Bestimmung des Universums, und zweitens: Soll eine *Vollerhebung* oder *Stichprobenerhebung* stattfinden?

Für die Bildung einer repräsentativen Stichprobe gilt der Grundsatz, daß *jede Einheit der Grundgesamtheit* die *gleiche oder eine berechenbare Chance* haben muß, in die Stichprobe zu gelangen. Ist nach diesem Prinzip verfahren worden, kann die Wahrscheinlichkeitsrechnung (Gesetz der großen Zahl) angewandt werden, um abzuschätzen, innerhalb welcher Toleranzen das gefundene Ergebnis für die Grundgesamtheit verallgemeinert werden kann.

Für die Bildung repräsentativer Stichproben bieten sich zwei Verfahren an:

Beim *Random-* (engl.: Zufall) *Verfahren* wird die Stichprobe nach dem Lotterieprinzip aus der Grundgesamtheit ausgewählt. Um diese Auswahl treffen zu können, muß die Grundgesamtheit physisch oder symbolisch (z. B. Karteikarten oder Listen) vollständig erreichbar sein. Nachteile: Besonders bewegliche, aktive Personen und vor allem junge Menschen werden zuwenig erreicht, weil sie weniger zu Hause anzutreffen sind; durch die Adressenauswahl wird die Anonymität zerstört, und die Ausschöpfung, d. h. die tatsächliche Befragung der in die Stichprobe geratenen Personen, ist zeitraubend und kostspielig.

Das zweite Verfahren zur Bildung einer repräsentativen Stichprobe, das *Quotenverfahren,* setzt voraus, daß von der Grundgesamtheit einige wichtige Proportionen bekannt sind, z. B. die Verteilung nach Altersgruppen oder Berufsgruppen oder Ortsgrößen. Nach diesen Daten werden „Quoten" (Bestimmungsgrößen einer echten Zufallsauswahl) berechnet, die auf die Interviewer verteilt werden, die ihrerseits nach den ihnen aufgegebenen Quoten die Auswahl der Befragten treffen. Nachteile der Quotenmethode: Da die Auswahl der Befragten in der letzten Stufe den Interviewern überlassen ist, ist das Verfahren störanfällig. Die Funktionsfähigkeit der Quotenmethode hat sich u. a. bei den Allensbacher Wahlprognosen erwiesen, die sich auf Quotenstichproben von 2000 bis 3000 Personen stützten. Eine ausreichend breite wiss. Untersuchung der Bedingungen und des Genauigkeitsgrads der verschiedenen Auswahlmethoden steht noch aus. ↗Stichprobenverfahren.

UNTERSUCHUNGSMODELLE. Die gebräuchlichsten Untersuchungsmodelle der M. sind: 1. Die *einmalige Repräsentativumfrage,* Interviewdauer zwischen 5 und 45 min., der Normalfall sind 30 min. Übliche Basis: 2000 Interviews, um Ergebnisse auch für Untergruppen (Geschlecht, Alter, Berufskreis, Parteirichtung, Ortsgröße, Bundesländer) zu erhalten; falls nur ein Gesamtbild gewonnen werden soll, beschränkt man sich auf einige hundert Interviews. – 2. Die *Trendbeobachtung.* Die Fragen werden im gleichen Wortlaut und möglichst gleich gehaltenem Fragebogenumfeld in zeitlichen Abständen wiederholt, beispielsweise monatlich zur Messung der Popularität der Regierung. Eine Schwäche bildet der „Instrumentenzerfall" durch Änderung des Sprachgebrauchs oder der Umstände. So ist z. B. die seit 1952 gebrauchte Frage zur Trendmessung der Furcht vor Preissteigerungen unbrauchbar geworden, seit 80 und mehr Prozent regelmäßig antworten: „Die Preise werden steigen."

Weitere Untersuchungsmodelle: 3. Die *Mehr-Stufen-Umfrage* bei noch wenig bekannten oder schwer zugänglichen Untersuchungsgebieten, insbesondere in der Motivforschung: Leitstudie mit un- oder halbstrukturierten Intensiv-↗Interviews oder Gruppendiskussionen, nacheinandergeschaltete, zunehmend strukturierte und zahlenmäßig breiter angelegte Umfragen, wobei in jeder neuen Stufe die auf der vorangegangenen Stufe gewonnenen Erkenntnisse eingearbeitet werden. – 4. Die *Paneluntersuchung,* wiederholte Befragung desselben Personenkreises, speziell geeignet für die Wirkungsforschung, z. B. Beobachtung der Wirkung von Wahlkampagnen (Lazarsfeld, Berelson & Gaudet, 1944; [3]1968), und allgemeiner: zum Studium von Untersuchungsobjekten mit Zeitkomponente, Prozessen. Beispiel: die Untersuchung der Änderung von Wahlabsichten in Abhängigkeit von Persönlichkeitsmerkmalen. Die Erwartung, daß vor allem Personen mit geringem Selbstbewußtsein während einer Wahlkampagne schwanken würden, bestätigte sich (↗Einstellung, Einstellungsänderung), aber überraschenderweise veränderten auch Personen mit starkem Selbstbewußtsein überdurchschnittlich oft ihre Wahlabsicht. – 5. Als *kontrolliertes ↗Experiment* angelegte Untersuchungen werden mit allen genannten Untersuchungsformen kombiniert, um Kausalnachweise führen zu können. Beim „Feldexperiment" der Umfrageforschung – im Unterschied zum Laboratoriumsexperiment – bleiben die Befragten in ihrer natürlichen Umwelt, und in der Regel ist weder ihnen noch den Interviewern bekannt, daß ein Exp. stattfindet. Aus einer Stichprobe werden nach Lotterieprinzipien zwei oder mehr Testgruppen gebildet, die sich statistisch nicht unterscheiden (Egalisierung der Ausgangsbedingungen), man spricht von *gegabelter Befragung* (split ballot). Testgruppe und Kontrollgruppe werden einheitlich befragt, behandelt, nur der expt. Faktor wird variiert, z. B. die Frageform, die *einmal mit* und *einmal ohne ausformulierte Alternative* dargeboten werden mag.

Wird nur die Frageform variiert, dient das Feldexp. einem meth. Zweck, der Untersuchung der Wirkung von Frageformen (das Verfahren geht zurück auf D. Rugg und Cantril, 1944), und bestätigt die Regel, daß Alternativen ausformuliert werden müssen. In gleicher Weise wird die Wirkung einer Interviewerinstruktion oder eines Stichproben-Auswahlverfahrens geprüft. Inhaltlich bestimmte Feldexperimente prüfen beispielsweise den Einfluß bestimmter Argumente, Informationen auf die Meinungsäußerung.

Fragebogen. Es konnte experimentell vielfach gezeigt werden, daß die Frageformulierung die Ergebnisse der M. stark beeinflussen kann und daß die Definition des Fragegegenstandes und die Klarheit und Neutralität der Fragefassung von großer Bedeutung sind. Ein weiterer Einfluß kommt von der Ausstrahlung vorangegangener Fragen, des Fragebogenumfelds. Dieser zweite Punkt erklärt ein Konstruktionsprinzip des demoskopischen Fragebogens: „Ein individuelles Interview ist ein in sich geschlossenes Ganzes, das für sich mit seinen inneren Zusammenhängen (je nach Interviewziel) ausgewertet wird; das einzelne demoskopische Interview dagegen ist nur das Teilstück einer anderen ‚Ganzheit', nämlich einer Umfrage. Jede einzelne Frage innerhalb des Interviews soll wie ein identischer expt. Rahmen sein, auf den hin die Befragten mit ihren Antworten reagieren. Das Interview soll möglichst nicht ein geschlossenes Ganzes sein, sondern im Idealfall eine *Summe* von Fragen. Daraus erklärt sich die Eigentümlichkeit des zerhackt wirkenden demoskopischen Interviews, bei dem thematisch verwandte Fragen oft vorsätzlich in weitem zeitlichem Abstand voneinander gestellt werden oder ‚Auslöscherfragen' oder ‚Pufferfragen' . . . den Gedankengang unterbrechen, um die Ausstrahlung eben behandelter Themen auf die nachfolgenden Fragen zu verhindern" (W. Schwarzenauer, in: Noelle, 1963, [5]1971, 49).

Hier liegt auch ein Grund für die Bedeutung der Mehr-Themen-Umfrage in der M., ein Umfragetyp, bei dem Untersuchungsaufgaben aus ganz verschiedenen, sich gegenseitig nicht störenden Bereichen in einem Interview kombiniert werden.

Man unterscheidet zwischen *„Programmfrage"* (bei Anwendung der M. im gewerblichen Rechtsschutz „Beweisfrage") und *„Testfrage"*. Nur wenige Programmfragen, d. h. Untersuchungsaufgaben, können als Frage im ↗Interview unmittelbar an die Befragten weitergegeben werden. Meist müssen sie in die schlichte Sprache der Testfragen übersetzt werden, und häufig kann der Gegenstand der Untersuchung überhaupt nicht direkt angesprochen werden, sondern ist nur durch Indikatoren zu erfassen; daraus erwächst das Validitätsproblem der Meinungsforschung. Die Entwicklung des ↗Fragebogens gleicht darum einem Erfinden von immer neuen, der Untersuchungsaufgabe angepaßten Tests. Die Schwierigkeiten liegen weniger in Aussagehemmungen als in der Aussageunfähigkeit der Befragten; der Bereich des Unbewußten schließt dabei auch die gesellschaftlichen Bedingtheiten des Denkens und Fühlens ein. Vgl. auch ↗Fragebogen.

Neben vielen von der M. entwickelten Frageformen werden im standardisierten demoskopischen Interview auch von der psychol. Diagnostik entwickelte Techniken angewandt: Ausdrucksbeobachtungen, ↗TAT, ↗Rorschach-Tafeln, ↗Zeichentests (E. Ring, 1965; 1967; 1970). Ausschlaggebend für die Brauchbarkeit ist, ob die Techniken von den Befragten akzeptiert werden, von den Interviewern einwandfrei angewandt werden können und ob sie in bezug auf das Untersuchungsziel relevant zwischen verschiedenen Personengruppen differenzieren.

INTERVIEWER. Als wichtigste Eigenschaften eines Interviewers der M. sind *Kontaktfähigkeit* und *Pedanterie* bezeichnet worden (E. Ring). Das vieluntersuchte Problem des Interviewereinflusses auf die Ergebnisse der Umfragen ist zum größten Teil ein Problem des Fragebogens. Bei „offenen" Fragen ohne vorgegebene Antworten ist der Einfluß stark, bei Strukturierung insbesondere mit Listen und Kartenspielen als Antwortangebot wird der Interviewereinfluß praktisch ausgeschaltet (vgl. ↗Interview). Zweckmäßig ist auch die Verteilung der Interviews auf eine große Zahl von Interviewern, daher sind nebenberufliche Interviewer in der M. vorzuziehen. Ein besonderes Interviewertraining ist bei technisch gut durchgearbeiteten Fragebogen nicht erforderlich (D. Rugg in Cantril, 1944; C. A. Moser, 1958) und nicht einmal wünschenswert: „Nicht der Interviewer, der Fragebogen muß schlau sein" (Schmidtchen, 1962, 9).

Die Rolle des Forschers und des Interviewers sollen strikt getrennt sein, schon um den bekannten Einfluß der Erwartungen des Wissenschaftlers auf die von ihm erzielten Ergebnisse auszuschalten.

ANALYSE. Die Daten der M. eignen sich gut für Skalenanalyse, Multi-Variablen-Analyse (↗Varianzanalyse) bzw. allgemein Korrelationsanalyse, ↗Faktorenanalyse, Segmentation und neue Techniken kommen laufend dazu. Eine Gefahr liegt in monotonen Fragebogenmodellen, die sich bes. für stat. Analyse eignen. Man muß sich immer wieder erinnern, daß bei der M. Interviewer und Befragte die schwächsten Glieder in der Kette bilden und darum ihre Mentalität und ↗Motivation vorab zu berücksichtigen sind.

Lit.: Cantril, H.: Gauging public opinion. Princeton (N. J.) – London, [4]1947; **Hyman, H. H.,** et al.: Interviewing in social research. Chicago – London – Toronto, 1954; **Lazarsfeld, P., Berelson, B. & H. Gaudet:** The people's choice. [3]1968; **Mayntz, R., Holm, K. & P. Hübner:** Einführung in die Methoden der empirischen Soziologie. Wiesbaden, [5]1978; **Noelle, E.:** Über den meth. Fortschritt in der Umfrageforschung. Allensbach – Bonn, 1962; **dies.:** Die Politiker und die Demoskopie. Allensbach – Bonn, 1968; **dies.:** Umfragen in der Massengesellschaft. Einführung in die Methoden der Demoskopie. Reinbek b. Hamburg, 1963, [5]1971; **Noelle-Neumann, E.:** Über offene Fragen, Suggestivfragen und andere Probleme demoskopischer Erhebungen für die Rechtspraxis. Gewerblicher Rechtsschutz und Urheberrecht, März 1968, *70,* 133–139; **dies.:** Wanted: rules for wording structured questionnaires. The Public Opinion Quarterly. Summer 1970, *34,* 191–201; **Noelle, E. & E. P. Neumann** (Hrsg.): Jahrbuch der öffentlichen Meinung, (1) 1947–1955, (2) 1957, (3) 1958–1964, (4) 1965–1967. Allensbach – Bonn, 1955, ²1956, 1957, 1965, 1967; **Schmidtchen, G.:** Die befragte Nation. Über den Einfluß der Meinungsforschung auf die Politik. Freiburg, 1959, ²1961, überarbeitete Ausgabe Frankfurt a. M., 1965; **Schulz, W.:** Kausalität und Experiment in den Sozialwissenschaften. Mainz, 1970.

E. Noelle-Neumann

Meißnersche Körperchen, *Tastkörperchen,* Rezeptoren für die Druckempfindung. In den Papillen der Lederhaut gelegen, bes. zahlreich in den Fingerbeeren. Länge etwa 1/10 mm, Breite etwa 1/20 mm. ↗Sinnesorgane: Hautsinne.

H. Lippert

Melancholischer Typus, *Melancholiker,* „langsames" ↗Temperament mit Neigung zu Schwermut oder schwärmerischem Idealismus. Mittelalterlicher Begriff.

Lit.: Müri, W.: Melancholie und schwarze Galle. Mus. Helv., 1953, *10,* 21.

W. Kretschmer

Melatonin, ↗Hormon, das in hohen Konzentrationen vor allem in der ↗Epiphyse vorkommt.

Mellinghoffsche Täuschung. Die gepunktete Linie ist objektiv genau die Fortsetzung der unteren von den beiden parallelen Geraden, sie scheint jedoch etwas höher zu verlaufen als die Endlinien der unteren Geraden (s. Abb.).

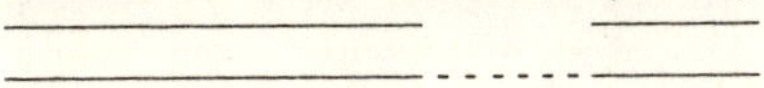

C. D. Frith

Melodie, die zeitlich-rhythmische Aufeinanderfolge von Tönen verschiedener Höhe, die in ihrem Zusammenhang als sinnvolle Einheit empfunden werden. Die kleinsten Unterteile, aus denen sich eine M. aufbaut, heißen *Motive.* Auf dem Einheitscharakter, der auch bei gewissen Umgestaltungen (z. B. durch Transposition, rhythmische Vergrößerungen und Verkleinerungen, Umkehrungen) erhalten bleibt, beruht weitgehend die ästhetische Wirkung der M. und ihre Bedeutung im Rahmen größerer Formen als Thema. So bildete die M. als selbständige Qualität, die über die Einzelteile hinausgeht (C. Ehrenfels), ein Hauptbeispiel für die Entwicklung des Begriffs der Gestalt.

Lit.: Kainz, F.: Vorlesungen über Ästhetik. Wien, 1948.

B. Schmidt

Membrana tympani ist das am Ende des äußeren Gehörganges schräg eingespannte Trommelfell. Es überträgt die auftreffenden Schallschwingungen über die Kette der Gehörknöchelchen auf das Innenohr (↗Cortisches Organ). Die M. t. ist annähernd eine kreisförmige Scheibe mit einem Durchmesser von ca. 1 cm und einer Dicke von etwa $^1/_{10}$ mm. Wir unterscheiden einen kleinen, schlaffen Bezirk, *Pars flaccida,* und einen großen, straffen, *Pars tensa.* In der Richtung von außen nach innen finden wir folgende Gewebsschichten des Trommelfelles: das Stratum *cutaneum,* das Stratum *radiatum,* das Stratum *circulare,* und den inneren Abschluß bildet das aus Schleimhaut bestehende Stratum *mucosum.* ↗Sinnesorgane: das Ohr.

Lit.: Coupland, R. E.: Gray's Anatomy. London, 1967.

G. Arnold

Menarche, Eintritt der ersten *Regelblutung:* abhängig von Rasse, Konstitution, Klima, Lebensweise; im westlichen Kulturkreis durchschnittlich im 13. Lebensjahr. Vor 100 Jahren durchschnittlicher M.eintritt in westlichen Ländern mit ca. 16–17 Jahren. Blutungen zunächst noch unregelmäßig, noch kein oder nur selten schon Eisprung als Vorbedingung einer Befruchtung.

Lit.: Tanner, J. M.: Wachstum und Reifung des Menschen. Stuttgart, 1962.

H. Maisch

Mendelsche Regeln (G. Mendel) bestimmen den Erbgang von Einzelmerkmalen in aufeinanderfolgenden Generationen. a) *Uniformitäts-* oder *Reziprozitätsgesetz:* Werden zwei verschiedene reine Rassen gekreuzt (P_1), sind die Individuen der 1. Bastardgeneration (F_1) unter sich gleich (uniform). Männliche und weibliche Geschlechtszellen sind für die Vererbung gleichwertig. Die Merkmalsausbildung kann intermediär oder ↗dominant-rezessiv sein. – b) *Spaltungsgesetz:* Eine Kreuzung der Individuen der 1. Bastardgeneration (F_1) erbringt verschiedene Individuen (F_2). Die vererbten Merkmale spalten sich nach einem bestimmten Zahlenverhältnis auf: 1:2:1 bei intermediärer, 3:1 bei dominanter Merkmalsausbildung in der F_1-Generation. – c) *Unabhängigkeitsgesetz* (Gesetz der Neukombination der ↗Gene verschiedener Genpaare): Bei Kreuzung von Rassen, die sich in mehr als einem Merkmal voneinander unterscheiden, vererben und kombinieren sich die ↗Allele verschiedener Merkmalspaare unabhängig voneinander.

Lit.: Kühn, A.: Grundriß der Vererbungslehre. Heidelberg, [4]1965

I. M. Deusinger

Meningitis, *Hirnhautentzündung.* Kann als M. cerebralis (Gehirn), als M. spinalis (Rückenmark) und als M. cerebrospinalis auftreten. Sie äußert sich durch Fieber, Kopfschmerzen, Bewußtseinsstörungen, Nackensteifigkeit, Kahnbauch (Einziehung und Anspannung der Bauchmuskeln), ↗Hypoästhesie der Haut, Sehstörungen und ↗*Liquor*veränderungen. Sie kann durch verschiedene Erreger, wie Meningokokken, Tuberkelbakterien, eitererzeugende Bakterien aus den Nebenhöhlen oder dem Ohr, durch Syphiliserreger, Viren (z. B. Coxsackie-Virus) oder Carcinommetastasen, verursacht werden. Unter guter Behandlung ist vollständige Heilung möglich, nicht selten bleiben jedoch Schäden im ZNS zurück.

E. David

Menopause, endgültiges Ausbleiben der monatlichen Regelblutung, bedingt durch Erlöschen des Eisprungs: Ende der geschlechtsreifen Phase der Frau, aber nicht Ende des Sexuallebens. M. tritt in der Regel zwischen 45. und 50. Lebensjahr ein, beginnend mit unregelmäßigen Blutungen = Wechseljahre (Klimakterium). Zeit vor und nach M.: erhebliche psychosomatische Belastungsphase, bedingt durch physiol., organische Veränderungen, in starkem Maße auch abhängig von psychischen Faktoren. Störungen bekannt als M.syndrom: Hitzewallungen, Herzklopfen, -Jagen, Schlafstörungen, Angstgefühle, depressive Verstimmungen, Reizbarkeit und Nervosität.

Lit.: Rubin, L.: Sexual life after Sixty. In: **H. G. Beigel** (Ed.): Advances in sex research. New York, London, 1963; **Voigt, K.-D. & H. Schmidt:** Sexualhormone. Hamburg, 1968. Außerdem s. Lit. ↗Potentia satisfactionis.

H. Maisch

Menschenführung, allg. Begriff für Maßnahmen von Vorgesetzten, die auf Kooperation, Koordination und Kommunikation aller Angehörigen einer Organisation einwirken.

Führungsstil: allg. Art und Richtung in der Führung einer Organisation (z. B. autoritativ, patriarchalisch, diktatorisch-autoritär, kooperativ-partnerschaftlich) (↗Kooperationsformen). Formen moderner Führungsstile: participative management, Innere Führung der Bundeswehr, Harzburger Modell.

Führungsverhalten: die von den einzelnen Vorgesetzten im betrieblichen Alltag praktizierte Menschenführung.

Führungsmethoden: die den jeweiligen Situationen bzw. Personen angemessene Art, um Weisungs- und Kontrollbefugnisse durchzuführen (z.B. Kommando, Befehl, Unterweisung, Auftrag, Besprechung, ↗Personalbeurteilung); Vier-Stufen-Methode der ↗Unterweisung.

Führungsschulung: Unterweisung und Training von Vorgesetzten in Kenntnis, Führen und Beurteilen von Mitarbeitern (↗Kaderschulung); Ziel: Schaffen eines für die ganze Organisation gültigen und verbindlichen Führungsstils.

Probleme der Menschenführung: Klärung des Verhältnisses von Herrschaft, Gewalt, Macht, Machtmißbrauch und Manipulation; Autorität und Prestige; Rechte und Pflichten des einzelnen, der (Arbeits-)Gruppen und der Organisation als Ganzes; Rolle und Rollenerwartungen des Vorgesetzten (↗Gruppendynamik).

Lit.: Drucker, P. F.: Neue Management-Praxis, 2 Bd. Düsseldorf, 1974; **Hackstein, R., Nüssgens, K. H. & P. H. Uphus:** Personalwesen als eine primäre Führungsaufgabe. Fortschrittliche Betriebsführung, 1970, *19*, (4); **Irle, M.:** Führungsverhalten in organisierten Gruppen. In: **A. Mayer & B. Herwig** (Hrsg.): Hdb. der Psychol., Bd. 9. Göttingen, [2]1970; **Taschenbuch Mensch und Arbeit** für Führungskräfte im Betrieb. München, [3]1970.

G. Marschner

Menschenkenntnis, vorwissenschaftliche Form der ↗Psychodiagnostik, d.h., Objektivität, ↗Reliabilität, ↗Validität und ↗Normen i.e.S. fehlen. Im volkstümlichen Sprachgebrauch ist M. die Fähigkeit, ein Individuum in bezug auf seine Persönlichkeit, insbesondere hinsichtlich bestimmter Eigenschaften – häufig aufgrund des ↗ersten

Eindrucks –, zu beurteilen, wobei der Erfahrung eine nicht geringe Bedeutung zugeschrieben wird. *W. Laukhuff*

Menschlichkeit besagt menschliches Sein und Wesen, ausgezeugt in der leiblich-seelisch-geistigen Person, sich verwirklichend in Denken, Wollen, Fühlen, Handeln, sich entfaltend in Bildung, Sittlichkeit, Kultur, Religion. In den verschiedenen weltanschaulich-religiösen Systemen, besonders in der christlichen Religion, verstanden als personale Verantwortung jedes menschlichen Individuums gegenüber der Menschheitsfamilie und gegenüber Gott. Die Menschen als Kinder Gottes sollten sich in Brüderlichkeit, Gerechtigkeit, Freiheit und Frieden verstehen, die als menschliche Grundwerte den Inhalt aller Grundwerte ausmachen und überall gelten sollen.

Lit.: Hasenfuß, J.: Deutungen des menschlichen Daseins in Religionen und Weltanschauungen, Lehrbrief 4 der Theologie im Fernkurs, 1970.

J. Hasenfuß

Mensch-Maschinen-Systeme. Von einem M. spricht man, wenn die Funktion dieses Systems wesentlich davon abhängt, daß Mensch und Maschine jeweils typische Leistungen in Verfolgung eines Ziels erbringen. M., an denen nachrichtenverarbeitende Maschinen beteiligt sind, dienen der Problemlösung über einen Informationsaustausch zwischen Mensch und Maschine, der in einer formalen Sprache erfolgt. Die Maschine übernimmt Aufgaben, die durch Algorithmen (↗Algorithmus) beschreibbar sind, dem Menschen obliegen nicht-objektivierbare Aufgaben des Wahrnehmens, Denkens und Handelns (z. B. heuristisches Denken, Selektion relevanter Daten, Entscheidung bei unvorhergesehenen Fällen). Ein Beispiel ist die fremdsprachliche Übersetzung im Dialog mit einem elektronischen Wörterbuch. *K.-D. Graf*

Menstruation, der zyklische Abgang von Blut und abgestoßener Uterinmembran, der bei geschlechtsreifen (postpubertären) und nicht schwangeren Frauen in annähernd vierwöchentlichen Intervallen auftritt; auch *Periode* genannt. *Menses* wird oft für M. oder den M.zyklus allgemein verwandt, bezeichnet jedoch genaugenommen das abgestoßene Material selbst. Vgl. auch ↗Prämenstruelles Syndrom; ↗Amenorrhoe. *G. D. Wilson*

Mental, geistig, gedanklich, in der Vorstellung. Die Bedeutung des entspr. engl. Wortes *mental* ist weiter und deckt sich etwa mit der des Begriffs ↗psychisch. *W. Traxel*

Mentales Training, *gedankliche Übung,* Problem aus der ↗*Transfer*forschung: Können sensumotorische Fertigkeiten durch m. T. allein trainiert werden? – Frühe Untersuchungen: R. S. Sackett (1934, 1935), H. M. Perry (1939). K. E. Baker und R. C. Wylie unterscheiden drei verschiedene Faktoren des m. T.: Verbalisation, optische Vorstellung, implizite mot. Reaktionen; Hauptergebnis: Nur größere Beträge gedanklicher ↗Übung bringen Transferwirkung. *H. Wagenknecht*

Mental Health ↗Psychohygiene.

Mentanerg ↗Erg.

Mentizid ↗Gehirnwäsche.

Meprobamat, erster ↗Tranquilizer neuen Typs, der nach seiner Einführung 1954 schnelle und weltweite Verbreitung fand und bis zur Entwicklung der Benzodiazepine klinisch einzig bedeutsamer Tranquilizer blieb. M. zeichnet sich durch emotional und motorisch entspannende, anxiolytische Wirkungen aus, ohne innerhalb eines breiten Dosisbereichs Müdigkeit zur Folge zu haben. M. hat muskelrelaxierende und antikonvulsive Eigenschaften. Vegetative Wirkungen fehlen. Die zentralen Wirkungen betreffen vor allem Thalamus und limbische Strukturen, in niedrigen Dosen wurde Stimulierung der ↗Formatio reticularis beobachtet, in höheren jedoch Dämpfung. M. wurde in über 50 expt. Untersuchungen an gesunden Personen untersucht. In Dosen von 200–800 mg treten tranquilisierende Wirkungen auf, insbesondere bei emotional labilen Personen und unter Stress, z. T. erhöhte subjektive Aktivität, keine Leistungsbeeinträchtigung, eher Erhöhung, insbes. in Motorik- und Lernleistungen. Intra- und interindividuelle Wirkungsunterschiede scheinen weniger zu bestehen als bei Benzodiazepinen (↗Chlordiazepoxyd) und ↗Neuroleptika. Ab 1200 mg können Müdigkeit und Leistungsbeeinträchtigung auftreten. In Kombination mit Alkohol scheinen sich die Wirkungen im Unterschied zu den ↗Sedativa lediglich zu addieren.

Lit.: **Berger, F. M. & J. Potterfield:** The effect of antianxiety tranquilizers on the behavior of normal persons. In: **W. O. Evans & N. S. Kline** (Eds.): The psychopharmacology of the normal human. Springfield, 1969; **Janke, W. & G. Debus:** Experimental studies on antianxiety agents with normal subjects. Methodologic considerations and review of the main effects. In: **D. Efron** (Ed.): Psychopharmacology 1957–1967. Washington, 1968. *G. Debus*

Merkelsches Gesetz, die Annahme J. F. S. Merkels, daß gleiche Unterschiede bei ↗Empfindungen oberhalb der Schwelle auf gleiche Reizunterschiede zurückzuführen sind. Dies steht im Ggs. zu dem allgemein anerkannten Weber-↗Fechnerschen Gesetz. *G. D. Wilson*

Merkfähigkeit. Der von C. Wernicke geprägte Begriff bezeichnet die Fähigkeit, Spuren zu bilden. Neben der Retentions- und Reproduktionsfähigkeit ist die M. in diesem Sinne ein Funktionsaspekt des ↗Gedächtnisses. Bei einem allgemeineren Begriffsverständnis wird sie als Fähigkeit zum unmittelbaren Behalten der zur vorübergehenden und langfristigen Retention gegenübergestellt. *E. Heinecken*

Merkmale sind Eigenschaften, durch die sich verschiedene Objekte unterscheiden können. Nach der Art, wie die Ordnung der M.klassen darstellbar ist, unterscheidet man zwischen ↗qualitativen und ↗quantitativen Merkmalen. *G. Mikula*

Merkwelt *(Wirkwelt).* Uexküll (1922) betont in seiner Umweltlehre die „Eigenwelt" einer jeden Tierart, die in derselben obj. Umwelt eine subj. M. besitzen, d. h., die Kapazität der ↗Sinnesorgane liefert (ist optimal abgestimmt auf) einen begrenzten Ausschnitt der verfügbaren Information. Mit ihrer *„Wirkwelt"*, dem Verhaltensrepertoire, reagieren sie auf die M. Das „Wirkmal" löscht das „Merkmal" aus.

Lit.: **Uexküll, J. v.:** Umwelt und Innenwelt der Tiere. Berlin, 1922. *K. Fiedler*

Mesencephalon, *Mittelhirn,* ist ein Teil des Hirnstammes und liegt zwischen ↗Diencephalon und ↗Brücke. Es besteht aus Mittelhirndach (Tectum mesencephali), Haube (Tegmentum) und den Hirnschenkeln (Crura cerebri). Im M. liegen auf kleinem Raum dicht zusammengedrängt zahlreiche Nervenbahnen und Kerne (↗Nucleus). ↗Gehirn; ↗Neuroanatomie.

Lit.: **Siegelbauer, F.:** Lehrbuch der normalen Anatomie des Menschen. Wien – Innsbruck, 1963. *G. Arnold*

Meskalin, Alkaloid des mexikanischen Kaktus „Peyote"; Phenyläthylamin-Derivat. Der Kaktus wird seit Jahrhunderten als Rauschmittel (↗Rauschgifte) benutzt und bildete eine Grundlage der präkolumbischen religiösen Handlungen der Azteken und anderer mexikanischer Indianer. Die frühesten wiss. Berichte über M. waren Beschreibungen von Selbstversuchen einzelner Mediziner und Psychologen (z. B. Prentiss, 1845; Beringer, 1927). In den fünfziger Jahren wurde M. benutzt, um sog. „Modellpsychosen" zu erzeugen; man hoffte eine ↗Psychose reversibel im Modell nachahmen zu können und stellte neurochemische Hypothesen der ↗Schizophrenie auf. M. löst Wirkungen ähnlich anderen ↗Psychotomimetika aus, besitzt jedoch eine vergleichsweise langdauernde (8–15 Stunden) Wirkung.

Lit.: **Beringer, K.:** Der Meskalinrausch. Berlin, 1927; **Leuner, H.:** Die expt. Psychose. Berlin, 1962; **Prentiss, E. W.:** Anhalorium Lewinii (mescal buttons). Therap. Gaz., 1845, *19*, 577. *H. Knauer*

Mesmer, *Franz Anton,* *23. 5. 1734 Iznang (Bodensee), †5. 3. 1815 Meersburg. Begründer des *Mesmerismus,* der Lehre vom *animalischen Magnetismus.* Studierte Theologie und Medizin und machte sich als Arzt einen Namen durch die *Lehre von der Heilkraft des Magneteisens.* Seit 1776 glaubte M. zu erkennen, daß die von ihm bisher vertretene Magnettherapie nicht auf der Wirkung des Magneten, sondern auf einer geheimnisvollen Kraft, einem „Fluidum", beruhe, mit dem bes. ausgestattete Menschen (Magnetiseure) Heilwirkungen ausüben könnten. Es handelt sich hierbei um eine vorwissenschaftliche Anschauung über die Wirkung der ↗Suggestion. Der Mesmerismus übte weitgehenden Einfluß auf die romantische Medizin und Philosophie aus wie auch auf die Frühformen der hypnotischen Behandlung, deren Wesen erst von dem schottischen Chirurgen J. Braid erforscht wurde; von ihm erhielt dann diese Behandlungsmethode ihren endgültigen Namen ↗Hypnose. *H.-N. Genius*

Mesoderm. Außer dem Ekto- und Entoderm wird z. B. bei den Gliedertieren und den Wirbeltieren in der Embryonalentwicklung noch ein drittes „Keimblatt" angelegt, das Mesoderm. Es ist in der Regel ein Abkömmling des primären Entoderms. Aus ihm gehen hauptsächlich Bindegewebe und die aus ihm entstehenden Gewebe bzw. Organe hervor (z. B. Muskulatur, Wirbeltierskelett). *H. Schmalfuß*

Mesomorphie *(Mesomorpher Typus)* ↗Sheldon-Typen.

Meßmethoden der Psychologie. Im Ggs. zu den klassischen Naturwissenschaften verfügt die Psychol. nicht über ein einheitliches Meßsystem. In der Gegenwart erscheinen die verschiedenen psychol. interessanten Verhaltensaspekte als so inkommensurabel, daß nur noch wenige oder keine Versuche mehr unternommen werden, die einzelnen psychol. Disziplinen mit einer einheitlichen M. zu behandeln. Es haben sich deshalb im Laufe der ↗Geschichte der Psychologie für verschiedene psychol. Teilgebiete verschiedene M. etabliert. So werden z. B. in der ↗Psychophysik vornehmlich ↗Skalierungsmethoden verwendet, die ↗Neuropsychologie mißt mit Methoden der Physiologie (der Chemie und Physik usw.), die ↗experimentelle Psychologie und die ↗Psychodiagnostik schließlich bedienen sich der verschiedensten M., die im Zusammenhang mit ihrem Gegenstand beschrieben werden. ↗Testtheorie; ↗Psychometrie; ↗Methoden der Psychologie. *R. Hänni*

Meßtheorie, theoretische Fundierung des Messens, d. h. der Abbildung einer Menge vorgegebener Objekte (oder Meßgegenstände) und der zwischen ihnen empirisch feststellbaren Relationen auf eine Menge von Zahlen und Relationen zwischen diesen. Die M. gibt an, unter welchen Voraussetzungen (Annahmen, Randbedingungen) mit bestimmten Modellen (Meßmodelle) ein sog. *empirisches* Relativ in ein *numerisches* Relativ bestimmter Aussagekraft überführt werden kann.

Das Engagement der Psychologen an der M. ist – bedingt durch die Probleme beim Erfassen psychologischer Variablen – stets beachtlich gewesen. ↗Mathematische Psychologie; ↗Testtheorie.

Lit.: Kristof, W.: Untersuchungen zur Theorie psychologischen Messens. Meisenheim, 1969; **Lord, F. M. & M. R. Novick:** Statistical theories of mental test scores. Reading, 1968; **Suppes, P. & J. L. Zinnes:** Basic measurement theory. In: **R. D. Luce** et al. (Eds.): Handbook of mathematical psychology, Vol. 1. New York, 1963. *W. H. Butollo*

Messung ist die Zuordnung von Zahlen zu Objekten, so daß bestimmte Relationen zwischen den Zahlen analogen Relationen zwischen den Objekten entsprechen. M. im engeren Sinn setzt ein kontinuierlich variierendes Merkmal des Objektes voraus. *G. Mikula*

Metabolismus, *Stoffwechsel,* ist die Bezeichnung für alle chemischen Prozesse, die innerhalb des lebenden Organismus vor sich gehen. *Katabolismus* ist das Abbauen komplizierter organischer Verbindungen in einfachere Formen, wodurch Energie frei wird. *Anabolismus* verwendet einen Teil der durch Katabolismus frei gewordenen Energie, um eine komplexere organische Verbindung aufzubauen. Im Menschen ist das basale metabolische Maß die Menge Energie, die vom Körper in Ruhelage ausgegeben wird, gewöhnlich in Joule/Quadratmeter/Stunde ausgedrückt. M. bezieht sich auch auf spezielle Prozesse, wie Kohlehydrat-, Fett-, Protein- und Atmungs-Metabolismus. *G. Powell*

Metamorphopsie. 1) Verzerrtsehen der Gegenstände, z.B. bei Netzhautablösung, ↗Astigmatismus. – 2) Abweichung der Sehwahrnehmung von der Wirklichkeit durch Sinnestäuschung. *R. Rix*

Metaphysik ist die Wissenschaft von dem, was das Physische oder sinnlich Wahrnehmbare als dessen letzter Grund übersteigt, nämlich vom Sein. Dabei fällt die Betrachtung des Seins, an dem alles Seiende auf seine je endliche Weise teil-nimmt, mit der ↗Ontologie zusammen. Aus ihr erwächst die M. im engeren Sinne als der Aufstieg zum subsistierenden Sein, der die philos. Gotteslehre entfaltet. Daß die M. in der Seinsvergessenheit bleibe (Heidegger), trifft wenigstens auf Thomas von Aquin nicht zu. *J. B. Lotz*

Metapsychologie, Teilgebiet der ↗Parapsychologie, sucht die Ursachen des psychischen Geschehens in transzendentalen Bereichen (S. ↗Freud). *Red.*

Metasprache. Im Bereich der Formalisierungsverfahren wird dieser Begriff dazu verwandt, genau die Sprache oder Sprachen zu bezeichnen, die zur Verfügung stehen, um von einem formalen System oder einer Objekt-Sprache zu sprechen. Sie umfaßt die Namen der Begriffe und der Formeln des Systems und seiner Klassen, sie formuliert deren Konstruktionsregeln sowie das Gesamt der charakteristischen Eigenschaften des Systems. Eine M. kann ihrerseits formalisiert werden, was die Verwendung einer *Meta*-M. verlangt usw. In der formalen Logik stellen die Arithmetik, die Mengenlehre und die natürliche Sprache die verwendeten M.n dar. Bei einer abgeleiteten Annahme bezeichnet man als *„Metalinguistik"* jede Aussage, die ein Urteil nicht über ein Objekt, sondern über einen Lehrsatz enthält. *M. J. Borel*

Metatheorie, Theorie über Theorien. M. bildet gemeinsam mit *Methodologie* die *Wissenschaftstheorie,* die der theoretische Teil der *Metawissenschaft* ist. Sie umfaßt auch folgende empirische Disziplinen: *Wissenschaftsgeschichte, Wissenschaftspsychologie* und *Wissenschaftssoziologie.* Die Metawissenschaft ist aus der *Wissenschaftsphilosophie* („philosophy of science") hervorgegangen.

Eine deskriptive (nicht normative) M. wurde anhand eines Vergleichs von etwa 50 psychologischen Theorien aufgestellt (Madsen, 1974). Nach dieser M. besteht eine psychologische Theorie aus drei Ebenen: 1) Die *Daten-Ebene* beinhaltet die konkreten Daten ebenso wie Aussagen aufgrund der Daten: abstrakte Formulierungen allgemeiner empirischer Beziehungen zwischen Daten. 2) Die *Hypothesen-Ebene* umfaßt erklärende Hypothesen und Modelle. 3) Die *Meta-Ebene* („Paradigma", Kuhn, 1962) schließt Meta-Thesen ein: philosophische Voraussetzungen und metatheoretische sowie methodologische Regeln. *K. B. Madsen*

Metatropismus, „Umkehrung" von Empfindungen und Gefühlsleben im sexuellen Bereich. Die Übernahme geschlechtsspezifischer Verhaltensmerkmale des anderen Geschlechts führt beim Mann zu einem mehr passiven Rollenverhalten (↗Effemination), während bei der Frau umgekehrt aktive Tendenzen und Verhaltensweisen (↗Virilismus) zutage treten. ↗Geschlechterrollen. *K. E. Pelzer*

Meteoropsychologie. Befaßt sich mit Zusammenhängen zwischen psychischen und meteorologischen Prozessen; letztere werden zunehmend – über Witterung und Klima i. e. S. hinaus – als das weitere Gebiet geo- und heliophysikalischer Faktoren aufgefaßt.

Die M. überschneidet sich mit der sog. Meteorobiologie sowie (wegen der periodischen z.B. jahreszeitlichen, „circannualen" Regelhaftigkeiten) mit der Chronobiologie.

Untersuchungen haben einerseits spezielle empirische Anliegen (Reaktionszeiten in Abhängigkeit von Temperatur-Feuchte-Gradienten, Befindlichkeit und Informationsabtausch im Jahresgang u.a.), anderseits globale, schwieriger zu prüfende Hypothesen (Psychopathologie in Beziehung zu Mondphasen, die Frage nach klimaspezifischen Persönlichkeitstypen u.a.). *H. W. Wendt*

Methadon, psychotrope Substanz, zur Gruppe der ↗Analgetika gehörend. M. ist pharmakologisch dem ↗Morphin ähnlich, besitzt jedoch eine längere Wirkungsdauer. M. wird seit 1965 zur Behandlung ↗*Heroin*-Süchtiger benutzt. Es blockiert die durch Heroin induzierte ↗Euphorie und führt in niedrigen Dosen zum Ausbleiben der Entziehungserscheinungen bei Heroinsüchtigen.

Lit.: Eddy, N. B.: Methadone maintenance for the management of persons with drug dependence of the morphine type. Drug Dependence, 1970, Nr. *3*, 17–26; **Gordon, N. B.:** Reaction times of methadone treated ex Heroine addicts. Psychopharmacologia. 1970, *16*, 337–344.

W. Janke

Methode der kleinsten Quadrate, eine Methode der Kurvenanpassung, bei der die Parameter der Kurve so bestimmt werden, daß die Summe der quadrierten Abweichungen der Kurve von beobachteten Werten ein Minimum wird. Die M. d. k. Q. wird zur optimalen Anpassung theoretischer an empirische Verteilungen verwendet, z. B. ↗Regressionslinie.

Lit.: Guest, P. G.: Numerical Methods of Curve Fitting. London, 1961.

G. Mikula

Methoden der Psychologie. Die M. d. P. dienen dazu, unter dem Aspekt einer bestimmten Fragestellung Beobachtungen zu machen, diese miteinander zu vergleichen und daraus Schlüsse zu ziehen, um die gestellte Frage zu beantworten. Sie sind die Werkzeuge der psychol. Forschung und Diagnostik. Sie teilen sich in die genannten Aufgaben und sind entsprechend speziell ausgebildet und aufeinander abgestimmt.

ALLGEMEINES. Da es die Psychol. mit einer Gesamtheit von Prozessen zu tun hat, ist sie auf Beobachtungen aufgebaut. ↗*Beobachtung* nennen wir die Wahrnehmung eines Geschehens, wobei über wenigstens zwei Punkte seines Verlaufs Feststellungen getroffen werden. Das Ziel ist, zu erkennen, unter welchen Bedingungen welche Folgen eintreten. Hierzu wäre jedoch eine einzelne Beobachtung, selbst die präziseste, niemals ausreichend. Denn sie kann erst dann irgendeine Bedeutung erlangen, wenn sie sich mit mindestens einer weiteren Beobachtung vergleichen läßt, die an einem weiteren, vergleichbaren Vorgang angestellt wird. Folgendes Schema soll dies veranschaulichen:

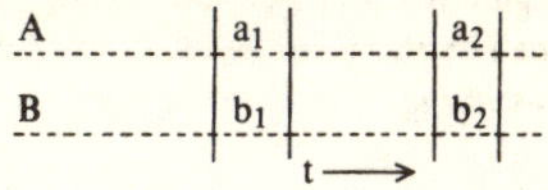

A und B seien zwei in der Zeit t verlaufende Vorgänge, a_1 und a_2 beobachtete Ausschnitte des Vorgangs A, b_1 und b_2 solche des Vorgangs B.

Hierzu eine Illustration aus der Wahrnehmungslehre: Beispiel für A: Eine Person, die ein Muster, wie es Abb. 1 zeigt, betrachtet (a_1), sagt aus, die beiden waagerechten Strecken seien parallel (a_2).

Beispiel für B: Dieselbe Person betrachtet ein anderes Muster, wie Abb. 2 es zeigt (b_1). Diesmal gibt sie an, die beiden Strecken seien divergent (b_2).

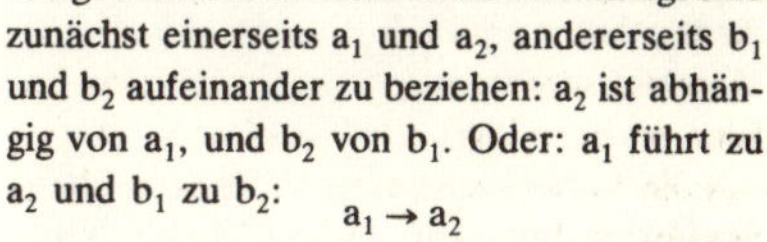

Der Beobachter vergleicht nun A mit B. Aufgrund ihres direkten Zusammenhangs sind zunächst einerseits a_1 und a_2, andererseits b_1 und b_2 aufeinander zu beziehen: a_2 ist abhängig von a_1, und b_2 von b_1. Oder: a_1 führt zu a_2 und b_1 zu b_2:

$$a_1 \rightarrow a_2$$
$$b_1 \rightarrow b_2$$

Die Folgerung liegt nahe, daß der Unterschied zwischen a_2 und b_2 bedingt ist durch die Verschiedenheit von a_1 und b_1. Konkret: Es wird angenommen, daß die Wahrnehmungstäuschung im Fall B durch die gegenüber A abweichende Anordnung der Schrägstriche entsteht.

Aus dem Beispiel wird ersichtlich, daß der eine der beiden Prozesse (z. B. A) keiner besonderen Untersuchung bedarf, wenn die betreffende Beziehung (hier $a_1 \rightarrow a_2$) schon bekannt ist: Man weiß, daß „normalerweise" parallele Strecken auf einem Blatt Papier auch als solche gesehen werden. Aber auch dann liegt ein Vergleich vor, nämlich zwischen einer gegenwärtigen Beobachtung und einer (oder vielen) früher gemachten.

Soll ein gefundener Unterschied zwischen a_2 und b_2 eindeutig auf einen bestimmten Unterschied zwischen a_1 und b_1 zurückführbar sein, so dürfen sich a_1 und b_1 nur in *einem einzigen*, genau definierten Merkmal unterscheiden, und zwar in demjenigen, das Gegenstand der Untersuchung ist. In allem übrigen müssen a_1 und b_1 übereinstimmen.

Untersuchbar sind nur *veränderliche* Bedingungen. Ein konstanter, überall mitspielender Faktor bliebe unerkennbar. Daher hat ein Merkmal mindestens zwei, meist aber mehr „Ausprägungsgrade", „Klassen" oder „Werte". Diese lassen sich teils *quantitativ*, d. h. durch Maßeinheiten, teils auch nur *qualitativ*, d. h. durch Eigenschaftsbegriffe, beschreiben.

Die veränderlichen Merkmale heißen *Variablen*. Man unterscheidet Reiz-, Stimulus- oder Situations-(S-)Variablen und Reaktions-(R-)Variablen. S-Variablen sind z. B. die qualitativen Klassen optischer Muster (wie oben), die Länge eines zu erlernenden Stoffs, die Dosis eines Anregungsmittels. Beispiele für R-Variablen sind: Urteile (mit Kategorien wie etwa „Ja" und „Nein"; „Parallel" und „Divergent"; „Größer", „Gleich" und „Kleiner"; „Schön", „Neutral" und „Häßlich"); die Menge des Gelernten; die Geschwindigkeit des Vergessens; die Reaktionszeit.

S-Variablen sind (innerhalb der betreffenden Untersuchung) als *unabhängige* Variablen zu verstehen; R-Variablen sind dagegen *abhängige* Variablen. In Erinnerung an unser Beispiel läßt sich schreiben:

$$S_a \rightarrow R_a$$
$$S_b \rightarrow R_b$$

S_a und S_b sind definierte Kategorien einer einzelnen Reizvariablen. Diese ist nur ein Teil einer komplexeren Reizsituation, die weitere, ebenfalls variable Komponenten enthält (z. B. die Beleuchtung im Raum, die Anwesenheit anderer Personen usw.). Ebenso wird mit der beobachteten R-Variablen nur ein Teil der Gesamtreaktion erfaßt, die in mehr besteht als z. B. nur in einem Urteil oder einer Reaktionszeit.

Ein Teil des zu erforschenden Geschehens liegt *zwischen* Reiz und Reaktion: der „innere", subjektive Vorgang. Er ist allenfalls seinem Träger bewußt und von außen nicht beobachtbar. Das Urteil oder ein sonstiges Verhaltensdatum einer Person (z. B. die Wiedergabe von Gelerntem oder eine körperliche Reaktion) ist nur ein *Zeichen* für das, was sich in ihr abspielt. Dennoch kommt es der Psychol. auf dieses innere Geschehen an: Man will erfahren, wie ein Muster wahrgenommen, ein Stoff erlernt, eine Denkaufgabe gelöst wird, eine Handlung motiviert ist. Aus der Beobachtung des Verhaltens und der Kenntnis der Reizsituation *schließt* man auf die psychische Verarbeitungsweise und deren Gesetzmäßigkeit.

Die Reaktion einer Person hängt nicht allein von den jeweiligen äußeren Reizen ab, sondern auch von inneren Faktoren (z. B. Leistungsfähigkeit von Sinnesorganen, Verständnis der Aufgabe, vorhandene Erfahrungen, Konzentrationsfähigkeit und dgl.). Es handelt sich hier um eine weitere Art von variablen Bedingungen. Man bezeichnet sie als O-(Organismus-) oder P-(Person-)Variablen. Sie sind oft von besonders komplexer Art. Dies gilt z. B. für die Variable „Geschlecht". Gleichwohl kann in einer Untersuchung das Geschlecht als *ein* Merkmal aufgefaßt werden (zweiklassige qualitative P-Variable).

Eine jede Reaktion läßt sich daher verstehen als eine Funktion von Reizvariablen (S) und Persönlichkeitsvariablen (P):

$$R = f(S, P)$$

Untersuchungen mit S-Variablen als unabhängigen Variablen gehören in den Bereich der ↗allgemeinen Psychologie, solche mit P-Variablen als den unabhängigen in den Bereich der ↗differentiellen Psychologie oder der psychol. Diagnostik.

Unser eingangs dargestelltes Schema, das in allgemeinster Form die Verfahrensweise der Psychol. beschreibt, gestattet auch die Einbeziehung der P-Variablen: Sind nämlich a_1 und b_1 identisch und a_2 und b_2 dennoch verschieden, so läßt sich daraus auf eine unterschiedsbildende P-Variablen-Wirkung schließen. Ferner sei betont, daß dieses Schema nicht nur für Forschungsarbeiten gilt, sondern auch für das Vorgehen in der Praxis.

DAS EXPERIMENT. Wird eine unabhängige Variable absichtlich und kontrolliert zur Wirkung gebracht und variiert und ihr Effekt auf eine abhängige Variable beobachtet, so liegt ein *Experiment* vor. Mit den Wesensmerkmalen des Exp., nämlich seiner *Willkürlichkeit, Wiederholbarkeit* und *Variierbarkeit,* verbinden sich mehrere meth. Vorzüge: Der Beobachter braucht den gelegentlichen Eintritt des interessierenden Vorgangs nicht abzuwarten; er kann für die Beobachtung günstige Verhältnisse schaffen, Störungen fernhalten, Hilfsmittel (z. B. Meß- und Registriergeräte) bereitstellen, vor allem aber die Versuchsbedingungen weitgehend unter Kontrolle halten. Durch Wiederholungen eines Exp. können frühere Ergebnisse nachgeprüft werden; zufällige Fehler gleichen sich in einem Mittelwert aus mehreren Beobachtungen aus; ein hoher Grad von *Objektivität* ist erreichbar. In weiteren Versuchen lassen sich einzelne Bedingungen abändern, und zwar gemäß der schon erwähnten Regel jeweils nur eine. Man hat dies die *↗isolierende Variation* genannt. Hierdurch wird es möglich, nach und nach die Bedeutung der einzelnen Bedingungen im gesamten Geschehen aufzuklären und sie in der Form von Gesetzen auszudrücken.

Eine besondere Bedeutung kommt dem Exp. durch seine Wechselwirkung mit der Theorienbildung zu: Eine theoretische Vorstellung liefert die Hypothese, zu deren Beantwortung das Exp. angestellt wird. Dessen Ergebnis wiederum kann die Theorie erhärten oder aber ihre Korrektur veranlassen.

Der Experimentator, der in einem psychol. Versuch eine bestimmte Reizsituation schafft und einzelne Variablen aus diesem Komplex untersucht, wird „Versuchsleiter“ (Vl) genannt. Er beobachtet die Reaktionen einer Versuchsperson (Vp), gegebenenfalls auch eines Versuchstieres (Vt).

Nach der Art der Reaktionen einer Vp unterscheidet man mit W. Wundt *Eindrucks-* und *Ausdrucksversuche* (oder mit H. Rohracher *Erlebnis-* und *Leistungsexperimente*). Im ersten Fall ist nicht nur der Vl, sondern auch die Vp Beobachter und soll Aussagen über ihre Eindrücke machen. Im zweiten Fall besteht die zu beobachtende Reaktion lediglich in einer körperlichen Veränderung, einer „Ausdruckserscheinung“. Die Reaktionsarten sind bei der exp. Beobachtung dieselben wie bei der gewöhnlichen, doch ist dank der Gestaltung des Exp. ihre Feststellung in der Regel exakter und ihre Beziehbarkeit auf die auslösenden Bedingungen besser gesichert.

Bei Eindrucksversuchen kann die Vp entweder instruiert werden, sich nur bestimmter Urteilskategorien zu bedienen (*gebundene* Beobachtung) oder die ihr wesentlich erscheinenden Mitteilungen nach Belieben zu machen (*freie* Beobachtung).

Von weiteren Unterscheidungen einzelner Versuchsarten sei noch die von *Erkundungs-* und *Entscheidungsexperimenten* erwähnt. Sie bezieht sich im wesentlichen auf die Genauigkeit, mit der die Hypothese formuliert ist, und ist somit gradueller Art.

Durch eine geeignete Anordnung der Variationen in einer Versuchsserie läßt es sich erreichen, daß mehrere unabhängige Variablen sehr ökonomisch in einem Arbeitsgang untersucht werden, wobei jedoch die Effekte jeder einzelnen unterscheidbar bleiben und nicht gegen das Prinzip der isolierenden Variation verstoßen wird *(↗faktorieller Versuchsplan).* Hierbei werden im übrigen auch die bei der Kombination dieser Variablen eintretenden Wirkungen *(Interaktionen)* erfaßbar (vgl. auch ↗Varianzanalyse).

Das Exp. wird in fast allen Gebieten der heutigen Psychol. erfolgreich angewendet. Es ist freilich nicht durchführbar, wenn die Reizsituation nicht herzustellen ist (z. B. schicksalhafte Einflüsse); auch kann seine Aussagekraft leiden, wenn das Wissen der Vp um den lediglich experimentellen Charakter des Geschehens ihre Reaktionen mitbeeinflußt (z. B. in der Motivationsforschung) oder wenn die mitspielenden Faktoren schwerlich unter Kontrolle zu bringen sind (z. B. in der Sozialpsychol.). Die Tatsache, daß viele Exp. nicht mit derselben Vp sinnvoll wiederholt werden können, ist dagegen, zumindest in der allg. Psychol., von geringerer Bedeutung, da sich andere Vpn heranziehen lassen.

DER TEST. Diagnostische Tests dienen zur Feststellung individueller Ausprägungsgrade von P-Variablen. Damit die Ergebnisse vergleichbar sind, muß der Test bei allen Probanden in gleicher Weise ausgeführt werden; es verbietet sich die Abwandlung von S-Variablen. Es wird natürlich auch nicht versucht, etwas an den P-Variablen zu verändern, die ja diagnostiziert werden sollen. Daher läßt sich ein Test, solange damit ein rein diagnostischer Zweck verfolgt wird, als eine Art Meßinstrument auffassen.

Die Frage, ob der Test als Exp. zu gelten hat, wird verschieden beantwortet, je nachdem, ob man die Bedingungsvariation als für das Exp. unerläßlich hält oder nicht. Versteht man in einem weiteren Sinn unter einem Exp. jede willkürliche Auslösung eines Vorgangs zum Zweck der Beobachtung und macht man sich mit Pauli (1927) die Unterscheidung von vollständigen Exp. (mit Bedingungsvariation) und unvollständigen (ohne solche Variation) zu eigen, so ist der Test ein (unvollständiges) Experiment.

Tests sind nicht nur Mittel zur individuellen Diagnose, sondern auch ein wichtiges Forschungsinstrument der differentiellen Psychologie. Will man z. B. verschiedene soziale Gruppen auf Unterschiede ihrer Intelligenzstruktur prüfen, so wird man sich dazu geeigneter Tests bedienen (vgl. ↗Intelligenztests; ↗Psychodiagnostik).

FEHLER. Jede Veränderung einer abhängigen Variablen, die nicht durch eine Veränderung der untersuchten unabhängigen Variablen bedingt wird, ist ein Fehler. Ursprünge von Fehlern können in jedem Stadium der Untersuchung liegen (z. B. in ihrer Planung, in der Ausführung der Beobachtung oder in deren Begleitumständen). Man unterscheidet systematische *(konstante)* und zufällige *(variable)* Fehler. Systematische Fehler beeinflussen alle Einzelergebnisse in gleicher Weise und verschieben daher das Gesamtresultat in einer bestimmten Richtung. Zufällige Fehler dagegen treten, der Wahrscheinlichkeit nach, ebensooft als positive wie als negative Abweichungen von einem „wahren“ Wert auf und lassen den Mittelwert aus vielen gleichartigen Beobachtungen unbeeinflußt. Im einzelnen können Fehler, je nach ihren konkreten Gründen, in verschiedener Art auftreten, z. B. als Raum- und Zeitfehler bei der Beurteilung von Reizen, als Erwartungsfehler bei der Vp oder beim Vl.

Ein großer Teil der psychol. Methodik dreht sich um die Vermeidung oder Reduktion von Fehlern. Den systematischen Fehlern sucht man insbesondere durch *Kontrollmethoden,* den zufälligen durch *statistische Verfahren* zu begegnen.

KONTROLLMETHODEN. Systematische Fehlerfaktoren müssen vor Beginn der Untersuchung ausgeschaltet werden. Kontrollmaßnahmen sind daher Bestandteil des Aufbaus einer Untersuchung. Ist eine Störbedingung schon bekannt (z. B. Lärm), so läßt sie sich u. U. direkt beseitigen. Andere Störvariablen können ebenfalls bekannt, aber nicht eliminierbar sein (z. B. die Tageszeit der Versuchsdurchführung). Sie müssen derart auf die zu untersuchenden Bedingungen verteilt werden, daß sie sich auf die zu vergleichenden Resultate gleich auswirken („Ausbalancieren“). Dies ist auch bei solchen Störbedingungen möglich, die weder bekannt noch eliminierbar sind (z. B. Begabungs- und Persönlichkeitsmerkmale von Vpn), nämlich indem man sie *nach dem Zufall* auf die Klassen der zu untersuchenden Variablen verteilt (z. B. Zuweisung der Vpn zu einer Versuchs- oder einer Kontrollgruppe durch Losentscheid). Eine Verfeinerung dieses als „Randomisieren“ oder „Verzufallen“ bezeichneten Verfahrens ist das „Parallelisieren“, das nach den Ergebnissen eines Vorversuchs erfolgen kann.

STATISTISCHE METHODEN. Selbst wenn durch sorgfältigste Kontrollen sämtliche systematischen Fehler ausgeschieden sind, so sind doch nicht die für das Versuchsziel irrelevanten Variablen unwirksam gemacht. Ausgenommen den Fall, daß ein solcher Faktor direkt eliminiert wurde, sind seine Wirkungen lediglich so verteilt, daß sie sich insgesamt sozusagen neutralisieren. Sie bestehen weiter, führen allerdings nur noch zu einer zufälligen *Streuung* der unter gleichen bekannten Bedingungen gewonnenen Resultate.

Aus diesen Gründen sind die in der Psychol. auffindbaren Gesetze von statistischer Art. Dementsprechend ist die Psychol. bei der Verarbeitung ihrer Ergebnisse auf stat. Verfahren angewiesen.

Zur allg. Orientierung wurde eingangs gezeigt, wie zwei unter verschiedenen Bedingungen gemachte Beobachtungen miteinander verglichen werden und daraus ein Schluß gezogen wird. Mit Rücksicht auf die mehr oder weniger großen Zufallsfehler muß freilich praktisch jeder Befund *mehrfach* erhoben werden. Es ist also eine *Stichprobe* gleichartiger Beobachtungen zu bilden. Für diese läßt sich alsdann ein Kennwert angeben, der dem wahren, von Fehlern unbeeinflußten Wert näher kommt als jedes einzelne Resultat. Ein solcher Kennwert ist sehr häufig das ↗arithmetische Mittel oder auch etwa eine Prozentzahl. (So wäre in unserem ersten Beispiel festzustellen, wie viele Personen die beiden Muster jeweils mit „Parallel" und mit „Divergent" beurteilen.)

Die Methoden der mathematischen Statistik beruhen auf der Wahrscheinlichkeitstheorie. Wesentliche Aufgaben sind die Bestimmung von *Vertrauensgrenzen* und die Prüfung *statistischer Hypothesen.* Im ersten Fall wird z.B. zu einem gegebenen Stichprobenmittelwert der Bereich errechnet, innerhalb dessen der wahre Wert (der *Parameter)* mit einer definierten Wahrscheinlichkeit zu vermuten ist. Im zweiten Fall wird mit ↗statistischen Tests geprüft, ob z.B. die Differenz zwischen zwei Stichprobenmittelwerten, die aus Beobachtungen unter zwei Bedingungen errechnet wurden, *signifikant* (d.h. statistisch bedeutsam) ist. Ergibt sich z.B., daß eine solche Differenz aufgrund zufälliger Variationen höchstens einmal unter 20 oder mehr gleichartig angelegten Untersuchungen zu erwarten wäre, so gilt sie als signifikant. Es wird dann die sog. *Nullhypothese* (d.h. die Annahme, daß die beiden Parameter identisch und die Stichprobenwerte [↗*Statistiken*] nur dank zufälliger Einflüsse verschieden seien) abgelehnt, während sie andernfalls aufrechterhalten wird.

Ist ein Resultat signifikant, d. h., ist seine Irrtumswahrscheinlichkeit $\leqq$ 5% (bei strengeren Anforderungen $\leqq$ 1%), so darf es verallgemeinert, d. h. auf nichtbeobachtete gleichartige Fälle übertragen werden. Zu beachten ist, daß statistische Tests nur zufälligen Fehlern Rechnung tragen können. Gehen systematische Fehler in das auszuwertende Material ein, so können sie eine tatsächlich nicht bestehende Parameterdifferenz vortäuschen oder auch eine wirklich vorhandene verdekken. (↗Statistik; ↗Korrelationsverfahren; ↗Signifikanz; ↗Hypothese).

Lit.: Edwards, A. L.: Versuchsplanung in der psychol. Forschung. Weinheim, [2]1973; **Fraisse, P.:** Praktikum der expt. Psychol., hrsg. von **W. Traxel.** Bern – Stuttgart, 1966; **Heckhausen, H.:** Allgemeine Psychol. in Experimenten. Göttingen, 1969; **Heller, O. & H. P. Krüger:** Expt. Psychol. Ein programmiertes Lehrsystem mit Selbstversuchen. Bern – Stuttgart – Wien, 1976; **Hofer, M. & U. Franzen:** Theorie der angewandten Statistik. Weinheim – Basel, 1975; **Janke, W.:** Das Exp. in der Psychol. In: **R. Thiel** (Hrsg.): Enzyklopädie der geistesw. Arbeitsmeth. München – Wien, 1969; **Krauth, J.:** Grundlagen der mathemat. Statistik für Biowissenschaftler. Meisenheim, 1978; **Lienert, G. A.:** Testaufbau und Testanalyse. Weinheim, [3]1969; **Meili, R. & H.-J. Steingrüber:** Lehrb. der psychol. Diagnostik. Bern – Stuttgart – Wien, [6]1978; **Pauli, R.:** Einführung in die expt. Psychol. Leipzig, 1927; **Pauli, R. & W. Arnold:** Psychol. Praktikum. 2 Bde. Stuttgart, [7]1972; **Plutchik, R.:** Foundations of experimental research. New York, 1968; **Selg, H. & W. Bauer:** Forschungsmethoden der Psychol. Stuttgart, [3]1976; **Traxel, W.:** Grundlagen und Methoden der Psychol. Eine Einführung in die psychol. Forschung. Bern – Stuttgart – Wien, [2]1974; **Wottawa, H.:** Psychol. Methodenlehre. München, 1977; **Zimny, G. H.:** Method in experimental psychology. New York, 1962.

W. Traxel

Methohexital (Synonym: *Methohexiton*), psychotrope Substanz aus der Reihe der ↗Barbiturate. M. hat eine sehr kurze Wirkungsdauer und wurde intravenös zur Unterstützung der Entspannung bei der ↗Verhaltenstherapie (Desensibilisierung) verwandt. Mehrere Untersuchungen zeigen, daß durch M. die Dauer einer Verhaltenstherapie verkürzt werden kann. Geklärt ist bislang jedoch nicht, ob damit eine größere Rückfallwahrscheinlichkeit verbunden ist.

Lit.: Brady, J. P.: Drugs in behavior therapy. In: **D. H. Efron:** (Ed.) Psychopharmacology 1957–1967. Washington, 1968.

W. Janke

Metromanie, ein durch unablässiges Verseschreiben gekennzeichneter pathologischer Zustand. *G. D. Wilson*

Metromorphie *(Metromorpher Typus)* ist nach der Typologie von Conrad (1963) eine Form des Körperbaus, und zwar diejenige, die sich aus einem harmonischen Ausgleich der beiden typischen Formen der Leptomorphie und der ↗Pyknomorphie ergibt.

Lit.: Conrad, K.: Der Konstitutionstypus. Berlin, [2]1963.

W. Seitz

Metronom, ein Instrument, um kurze Zeitabstände zu markieren. Dies geschieht durch ein Pendel, das am Ende einer Bewegung ein Signal erzeugt. Allgemein findet es Verwendung, um bei musikalischen Proben den Takt zu bestimmen, es hat aber auch psychol. Anwendungsbereiche, z. B. Schrittmacher der Sprache bei der Behandlung von Stotterern. *G. D. Wilson*

M-F-Index ist nach L. M. Terman und C. C. Miles, auch nach S. R. Hathaway und J. C. McKinley, eine Skala zur Messung der inneren oder psychischen *↗Maskulinität* und *↗Femininität* einer Person. Sie erfaßt deren relative Häufung von männlichen und weiblichen Persönlichkeitsmerkmalen, Einstellungen und Haltungen.

Lit.: Hathaway, S. R. & J. C. McKinley: Minnesota multiphasic personality inventory (Manual). New York, 1951 (dt.: Bern – Stuttgart, 1977); **Terman, L. M. & C. C. Miles:** Sex and personality: studies in masculinity and femininity. New York, 1936.

W. Toman

Michotte, *Albert,* Baron van den Berck. Leben. * 13. 10. 1881 Brüssel, † 1965. Begann seine Lehrtätigkeit 1905 nach Abschluß seines Philosophiestudiums an der Universität Louvain, wo ihm zunächst als Assistent, später als Dozent und ab 1908 als Professor die Leitung des psychol. Laboratoriums übertragen wurde, die er über 25 Jahre ausübte; arbeitete 1906 am psychol. Laboratorium in Leipzig und 1907/08 bei O. ↗Külpe in Würzburg; gründete 1923 an der Universität Louvain die „École de Pédagogie et de Psychologie appliquée à l'Éducation", die 1944 in das „Institut de Psychologie appliquée et de Pédagogie" umbenannt wurde; schuf 1957 die „Société Belge de Psychologie"; war 1957 Präsident des 15. Internationalen Kongresses für Psychol. und bis 1960 Präsident der Internationalen Union für wiss. Psychologie.

Werke. In M.s Forschertätigkeit können drei Perioden unterschieden werden. Im ersten Zeitabschnitt, der sich von 1905 bis 1920 erstreckt, besteht sowohl bezüglich Forschungsmethodik als auch -inhalt eine starke Ähnlichkeit zur ↗Würzburger Schule. Mit vorwiegender Benutzung der „Methode der systematischen Introspektion" untersuchte er höhere geistige Prozesse wie Denk- und Willensvorgänge, determinierende Tendenzen, logisches Gedächtnis, Entstehung von Bedeutungen usw.

In der zweiten Periode befaßte sich M., beeinflußt durch das Aufkommen des ↗Behaviorismus und der Kritik an der Methode der systematischen Introspektion, mit Fragestellungen wie visueller und taktil-kinästhetischer Wahrnehmung, stroboskopischer Wahrnehmung (↗Stroboskop), ↗Rhythmus, motorischem ↗Lernen usw.

M.s mit Abstand originellste und bedeutendste Forschungen entfallen in den Zeitraum zwischen 1940 und 1965, wo er sich u. a. mit Fragen der *Kausalitätswahrnehmung,* der phänomenalen Permanenz sowie der amodalen Ergänzungen von Wahrnehmungsstrukturen befaßte.

In seinen Experimenten zur *Kausalitätswahrnehmung* versuchte er, nachzuweisen, daß das Erfassen von Kausalitätsbeziehungen zwischen Objekten, d. h. das Erfassen des Einflusses, der von einem Objekt auf ein anderes ausgeübt wird, ein echtes Wahrnehmungsphänomen darstellt, das bei einer bestimmten Reizkonfiguration mit der gleichen Wahrnehmungsevidenz auftritt wie jede andere Wahrnehmungsqualität. Damit trat er der bisher vertretenen Ansicht entgegen, daß man Kausalitätsbeziehungen nicht direkt wahrnehmen, sondern nur aus der bisherigen Erfahrung und dem durch eine Situation nahegelegten Sinnzusammenhang indirekt erschließen kann.

Von weitreichender Bedeutung sind auch M.s Untersuchungen zur *amodalen Ergänzung von Wahrnehmungsstrukturen.* Im Unterschied zu den modalen Ergänzungen (↗Hemianopsie; ↗Blinder Fleck) spricht M. von amodalen Ergänzungen, wenn die hinzugefügten Teile keine sensorischen Qualitäten im eigentlichen Sinne besitzen (Helligkeit und Farbe), die Einheit der Gesamtgestalt und der Vollständigkeitscharakter ihrer Umrißlinien sich aber mit Wahrnehmungsevidenz aufdrängen. M. glaubte mit seinen Exp. die bisher vertretene Meinung widerlegen zu können, wonach diese Ergänzungserscheinungen keine Wahrnehmungsqualitäten besitzen, sondern nur durch Erfahrung, Wissen und schlußfolgernde Prozesse bedingt werden, und versuchte nachzuweisen, daß es sich dabei um echte perzeptive Phänomene handelt, die allein durch die üblichen Organisationsgesetze des Wahrnehmungsfeldes beeinflußt werden.

Schr.: La perception de la causalité, 1946; Causalité, permanence et réalité phénoménales. Études de psychologie expérimentale, 1962 (M. et coll.); Les compléments amodaux des structures perceptives, 1964 (mit G. Thinès und G. Crabbé). *W. Wittling*

Mikrovibration, ununterbrochene Schwingungen der Körperoberfläche mit Amplituden von 1–20 Mikron und Frequenzanteilen von 2–60 Hz (dominante Frequenzen 8–20 Hz). Amplitude und Frequenz der M. variieren mit der Meßstelle am Körper und der Aktivität von Individuen: Mit dem Auftreten von Affekten, bei physischer und psychischer Belastung und nach Verabreichung stimulierender Pharmaka nehmen sie zu, in entspannenden Situationen und nach Verabreichung sedierender Drogen nehmen sie ab.

Die M. trägt wahrscheinlich zur Temperaturregelung bei und wurde 1946 von Rohracher erstmals beschrieben.

Lit.: Rohracher, H. & K. Inanaga: Die Mikrovibration. Bern, 1969. *W. Schönpflug*

Mikrowahrnehmungen, die Wahrnehmung sehr kleiner Unterschiede jeglicher Reizmodalität, z. B. die feinste Unterscheidung von Tonhöhen und verschiedener Laufzeitdifferenzen bei der Schallokalisation. *C. D. Frith*

Mikrozephalie, abnormale Verkleinerung des Kopfes und des Gehirns mit Schädeldeformierungen, Schwachsinn und Störungen in der Funktion des ZNS. Zuweilen ist er mit einem ↗Hydrocephalus (Wasserkopf) gekoppelt. M. kann angeboren sein oder durch verschiedene pränatale Erkrankungen (Röteln oder Toxoplasmose) verursacht werden. Heilung ist nicht möglich. *E. David*

Milieu, unscharfe Bezeichnung für jenen Aspekt der Umwelt eines Individuums, der hauptsächlich die ökonomischen, kulturellen und mitmenschlichen Faktoren umfaßt. *M. Amelang*

Mimik, Gesichtsausdruck, d.h. bewegte (Lachen) und unbewegte (Trauermiene) Ausdruckserscheinungen, die sich im Antlitz oder einem seiner Partialbereiche abspielen, wobei sich hauptsächlich Gefühle äußern. Die Forschung versucht, die Beziehungen zwischen mimischen Äußerungen und Gefühlen aufzudecken. Sie fand, daß sie auf Lernvorgängen und kulturellen Einflüssen sowie auf angeborenen Dispositionen beruhen, die interkulturelle Verständlichkeit bei folgenden Emotionen gewährleisten: Glück, Überraschung, Angst, Ärger, Ekel/Verachtung und Traurigkeit. *F. Kiener*

Mimikry, durch Selektion entstandene Nachahmung einer für einen potentiellen Freßfeind gefährlichen oder ungenießbaren Art; z.B. ähnelt die Hinterleibszeichnung gewisser Schwebfliegen derjenigen der Wespen, wodurch diese Fliegen von manchen Räubern verschont werden, die Wespen wegen ihres Stachels meiden. *H. Schmalfuß*

Minderwertigkeitskomplex, Minderwertigkeitsgefühl. In seiner ↗Psychotherapie geht A. ↗Adler vom Minderwertigkeitskomplex aus. Die *Selbstverwirklichung* des Menschen wird schon während der Kindheit durch die universalen Gefühle der Unterlegenheit, der Minderwertigkeit beeinträchtigt, die eine kompensatorische Tendenz auf die Überwertigkeit hin begünstigen oder motivieren. Der Ausdruck

„Minderwertigkeitskomplex" beschreibt die Schwächen, welche in jedem Individuum vorkommen, seien sie real oder imaginär, physisch, psychisch oder sozial, und zeigt dazu noch die mächtige Tendenz auf, die Vollendung und die Totalität zu suchen. ↗Insuffizienz. *J. López Ibor*

Minimaländerung, Methode der, veraltete Bezeichnung für ↗Grenzverfahren.

Minimale cerebrale Dysfunktion, Bezeichnung für unterschiedliche klinische Symptome, die weniger auf strukturellen Schädigungen als vielmehr auf funktionellen Beeinträchtigungen des Gehirns beruhen und die sich in Bereichen wie Visuomotorik, Perzeption, intermodaler Transfer, Kognition oder Sozialverhalten manifestieren. Zur Diagnostik ist mehrdimensionale Betrachtung erforderlich (EEG, Verhaltensanalyse, neuropsycholog. Untersuchung, psychologische Testverfahren, die ↗Teilleistungsschwächen diagnostizieren). Bedeutungsähnlich: Frühkindliche Hirnschädigung oder frühkindliches exogenes Psychosyndrom (Lempp), hirnorganisch-psych. Achsensyndrom (Göllnitz), kindliche Hirnfunktionsstörung (Schneider), minimal brain dysfunction (amerik.).

Lit.: **Berger, E.** (Ed.): Minimale cerbrale Dysfunktion bei Kindern. Bern, 1977; **Lempp, R.:** Frühkindliche Hirnschädigung und Neurose. Bern, [3]1978; **Schneider, R.:** Hirnfunktionsstörungen im Kindesalter. Stuttgart, 1978.

H. Buchta

Minimum audibile, *Hörbarkeitsschwelle,* diejenige minimale Schallstärke eines bestimmten Schallspektrums, die eben hörbar ist. ↗Schwelle. *A. Hajos*

Minimum separabile, einfache *Trennschärfe* des Gesichtssinnes (↗Sinnesorgane: das Auge), auch als *Punktsehschärfe* bezeichnet. M. s. bezeichnet diejenigen minimalen Winkel zwischen zwei Punkten, die als getrennte Punkte wahrgenommen werden. Das Maß für die Punktsehschärfe (für M. s.) ist *Visus.*

Lit.: **Mütze, K.** (Ed.): ABC der Optik. Hanau a.M., 1961 (Nachdruck 1975), 787; **Trendelenburg, W.:** Der Gesichtssinn. Berlin – Göttingen – Heidelberg, [2]1961, 249ff.

A. Hajos

Minimum visibile, *Sichtbarkeitsschwelle,* dasjenige minimale Licht bestimmter Dauer und einer bestimmten räumlichen Ausdehnung, das eben sichtbar ist (überschwellig: ↗Schwelle). M. v. hängt u. a. von der Leuchtdichte des Lichtes, von der Dauer der Lichteinwirkung und von der Ausdehnung des Lichtreizes ab. Es besteht für das M. v. im schwellennahen Bereich die Beziehung zwischen Leuchtdichte (L), Dauer (t) und Ausdehnung (F): $L \cdot F \cdot t = k$; k = Konstante. ↗Hell- und ↗Dunkeladaptation.

A. Hajos

Minnesota Multiphasic Personality Inventory ↗MMPI.

Minorität, innerhalb einer Gesellschaft oder Nation zahlenmäßig kleine ↗Gruppe, die sich hinsichtlich besonderer Merkmale, z. B. Höhe des Einkommens, Ausmaß politischen Einflusses, Hautfarbe, Religionszugehörigkeit oder politischer Einstellungen, von der Mehrheit dieser Gesellschaft unterscheidet, wobei die soziale Distanz innerhalb einer solchen Gruppe gering, nach außen dagegen relativ groß ist.

Eine M. kann zu einer *Minoritätsgruppe* (minority group) werden, wenn sie sich zu einer stabilen Untergrupppe innerhalb der Gesellschaft entwickelt, die von denen der Mehrheit scheinbar oder tatsächlich verschiedene Interessen vertritt (feindselige ↗Einstellungen der Mehrheit M.en gegenüber). Das Ausmaß der Ablehnung von Angehörigen einer Minderheitsgruppe ist unter anderem eine Funktion der Ausprägung einiger sozialer Einstellungen auf seiten Angehöriger der Majorität, wie z. B. Ethnozentrismus, Autoritarismus oder Nationalismus (↗Autoritäre Persönlichkeit).

Lit.: **Horowitz, E.:** Development of attitude toward Negroes. In: **T. M. Newcomb & E. L. Hartley** (Eds.): Readings in social psychology. New York, 1947.

A. Schmidt-Mummendey

Miosis, Engstellung der Pupille durch Reizung des Parasympathikus oder Lähmung des Sympathikus. Tritt auf z. B. bei Tumoren oder Verletzungen des Halsbereiches durch Läsion des Sympathikus (Hornersche Trias), bei

Morphinvergiftungen usw. Gegenteil: ↗Mydriasis. ↗Auge. *R. Rix*

Mira Myokinetic Test ↗Myokinetischer Test.

Misanthropie, Menschenscheu, Menschenhaß.

Mißerfolg. In Fortführung der Gedächtnisforschung des Lewinschen Kreises (K. ↗Lewin) wurde u. a. die Dimension Erfolg/Mißerfolg als für Gedächtnisprozesse maßgebende Variable ermittelt. Gilt seit F. Hoppe (1931) und T. Dembo (1931) auch als modifizierende Bedingung des Problemlösens. Analysen und gestaltpsychol. Interpretationen der Einflüsse expt. gesetzter M.e auf das produktive Denken bei J. Helm (1954); auf die Phase des eigentlichen produktiven Denkens folgt ein Stadium spezifischer Ich-Erlebnisse wie Mißerfolg. Die Lernpsychol. der vierziger Jahre beschreibt M. als ↗intervenierende Variable (E. C. ↗Tolman) oder ↗hypothetisches Konstrukt (C. L. ↗Hull). *H. Wagenknecht*

Mißerfolgsmotivation ↗Leistungsmotivation.

Mißmut, eine durch charakterliche Veranlagung geprägte, von Umwelt, Alter sowie der augenblicklichen körperlichen und geistigen Verfassung des Menschen abhängige seelische Gestimmtheit. Sie geht einher mit aggressiver Gereiztheit (meist verbunden mit Feindseligkeit gegen die Mitwelt), innerer Leere, Wertmangel, Langeweile und radikaler Humorlosigkeit. M. ist von einer charakteristischen Hemmung der kreativen Antriebe und einem gewissen Ressentiment bestimmt. Lersch zählt M. wie die Heiterkeit und Traurigkeit zu den Lebensgrundstimmungen. *W. Tisch*

Mißtrauen, unvollkommenes oder fehlendes Vertrauen, nicht selten krankhaft bedingt. M. trennt und macht den Menschen einsam. Verschlossenheit und Ungeselligkeit, die sich bis zum Haß steigern können, begleiten es. Der Mißtrauische wird von Argwohn beherrscht. Da er überall und immer Verschlagenheit, Falschheit, Verleumdung und Berechnung wittert, zahlt er im Verkehr mit den Mitmenschen „mit gleicher Münze" und formt seinen eigenen Charakter so aus, wie er ihn bei anderen vermutet. Melancholiker, Schwerhörige, ungerecht Behandelte, kritisch oder skeptisch veranlagte Individuen neigen zu M. Eifersucht ist in M. gegen Treue des geliebten Partners begründet. *W. Tisch*

MIT ↗Mannheimer Intelligenz-Test.

Mitbewußtes, eine von H. Rohracher geprägte Bezeichnung für Wissens- und Informationsgehalte, die nicht ständig bewußt sind, jedoch sofort zurückgerufen werden können, ohne daß Gedächtnis oder Verbalisierung bes. bemüht werden müßten. Beispiele sind der eigene Name oder die eigene Adresse. *C. D. Frith*

Mitgefühl, Übereinstimmung des Fühlens eines Individuums mit dem anderen, somit das Erlebnis des Mitfühlens fremdseelischer Vorgänge (↗Mitleid). Nach Lersch gehört das M. zu den Gefühlsregungen des Füreinanderseins. *W. Tisch*

Mitläufereffekt, *Bandwaggon effect,* die Tendenz, sich der führenden Gruppe oder Meinung anzuschließen; manchmal auch die Neigung, die eigene Meinung zurückzuhalten, bis die Wahl der Mehrheit sicher ist. *J. Cumming*

Mitleid, das Erleben von Leid, Schmerz und Not anderer als eigenes Erleiden bzw. instinktives Miterleiden. M. ist ein natürliches menschliches Gefühl, welches sich auch auf die nichtmenschliche Kreatur erstreckt. M. ist zentrale Tugend des Buddhismus. Im Christentum erlangt M. hervorragende Bedeutung.

Lit.: Arnold, W.: Person, Charakter, Persönlichkeit. München, [4]1975; **Groethuysen, B.:** Das Mitgefühl. 1904; **Lück, H. E.** (Hrsg.): Mitleid – Vertrauen – Verantwortung. Stuttgart, 1977; **Orelli, K. von:** Die philosoph. Auffassungen des Mitleids. Bonn, 1912. *W. Tisch*

Mittelhirn ↗Mesencephalon.

Mittelsenkrechtentäuschung, eine der ↗geometrisch-optischen Täuschungen. Obwohl objektiv von gleicher Länge, erscheint die senkrechte Linie länger als die waagerechte, bes.

wenn sie ihren Ursprung in der Mitte der letzteren hat (s. Abb.). *C. D. Frith*

Mittelwerte, stat. Kennwerte der zentralen Tendenz einer ↗Verteilung. Die bekanntesten M. sind das ↗arithmetische Mittel, der ↗Median oder Zentralwert, der ↗Modus, das ↗harmonische Mittel und das ↗geometrische Mittel. Die Wahl des geeignetsten M. zur Charakterisierung einer Verteilung hängt von der Art der untersuchten Variablen und von der Verteilungsform ab.

Mittelwerte, Vergleich von: Als Vergleich von Mittelwerten bezeichnet man die stat. Signifikanzprüfung des Unterschieds der Kennwerte zentraler Tendenz zweier oder mehrerer Verteilungen. Im Falle normalverteilter Variablen wird er im Zweistichprobenfall mit dem ↗t-Test, bei mehr als zwei Stichproben mit der ↗Varianzanalyse anhand der arithmetischen Mittelwerte durchgeführt. Bei nicht-normalverteilten Variablen werden andere Kennwerte der zentralen Tendenz verglichen (z. B. Mediantest).

Mittelwerte, Verteilung von: Werden aus einer Population eine Anzahl unabhängiger ↗Stichproben entnommen, so verteilen sich die Mittelwerte dieser Stichproben (M_1, $M_2 \ldots$) mit einer Standardabweichung von

$$\sigma_M = \frac{\sigma}{\sqrt{N}}$$

annähernd normal um den Populationsmittelwert μ, auch wenn die Maßzahlen der Populationen nicht normal verteilt sind. σ_M wird auch als Stichprobenfehler des Mittelwertes bezeichnet. *G. Mikula*

Mittlere quadratische Abweichung ↗Standardabweichung; ↗Varianz.

Mittleres Quadrat, der Durchschnittswert der quadrierten Maßzahlen einer Verteilung:

$$MQ = \frac{\Sigma x_i^2}{N}$$

Das m. Q. ist ein für verschiedene Berechnungen vorteilhaft verwendbarer Zwischenwert, wie z. B. bei der Berechnung von Varianzen oder in der ↗Varianzanalyse. *G. Mikula*

Mittleres Quartil (Synonym: *Quartilabweichung*), ein stat. Kennwert für die ↗Dispersion von Verteilungen. Das m. Q. wird mit Q symbolisiert und als Dispersionsmaß für ↗Ordinalvariablen verwendet; es ist der halbe Abstand zwischen dem 3. (oberen) und 1. (unteren) Quartil.

$$Q = \frac{Q_3 - Q_1}{N}$$

G. Mikula

Mittlere Variation, ein selten verwendetes Maß für die ↗Dispersion von Verteilungen. Sie ist der Durchschnittswert der absoluten Abweichungen der Maßzahlen von ihrem Mittelwert.

$$MV = \frac{\Sigma |X_i - M|}{N}$$

G. Mikula

Mitübung. Die nach Beendigung der Übungsphase feststellbare Leistungssteigerung zeigt sich nicht nur im Bereich der eingeübten Tätigkeit, sondern darüber hinaus in verwandten (mitgeübten) Leistungsbereichen. Ebert und Meumann (1905) schlossen aus den Befunden ihrer Lernexperimente, daß die Einübung und das Erlernen speziellen Gedächtnismaterials (z. B. sinnloser Silben) eine Leistungssteigerung der damit verbundenen allg. Gedächtnisfunktionen zur Folge hat. Ebenso soll dem Üben bestimmter Bewegungsvorgänge ein Mitüben anderer mot. Funktionen parallel laufen (↗Lernen, mot.). Die allg. Gültigkeit des von Ebert und Meumann aufgestellten *Gesetzes der Mitübung* wird heute angezweifelt. Die M. ist ein Spezialfall des allg. Phänomens der Übertragung. ↗Transfer.

Lit.: Ebert, E. & E. Meumann: Über einige Grundfragen der Psychol. der Übungsphänomene im Bereich des Gedächtnisses. Arch. f. ges. Psychol., 1905, *4*, 1–232.

A. Thomas

MMPI *(Minnesota Multiphasic Personality Inventory)* wurde von S. R. Hathaway und J. C. McKinley (1940, 1951) entwickelt. Deutsch:

MMPI Saarbrücken von Spreen und Sunderberg (1959, 1963). Es handelt sich um einen subj. (Durchschaubarkeit sensu R. B. Cattell) ↗Persönlichkeitsfragebogen, der nach psychiatrischen Kriterien (Kraepelinsche Psychopathologie; klinische diagnostische Gruppen) konstruiert wurde. Er umfaßt 566 Fragen, die zu folgenden 10 klinischen Skalen: 1. Hypochondrie (Hs); 2. Depression (D); 3. Hysterie (Hy); 4. Psychopathie (Pd); 5. Maskulinität–Femininität (Mf); 6. Paranoia (Pa); 7. Psychasthenie (Pt); 8. Schizophrenie (Sc); 9. Hypomanie (Ma); 10. Soziale Introversion–Extraversion (Si), und 4 „Validitätsskalen" subsumiert werden: I. „?"-Wert = nicht beantwortete Fragen; II. L(Lügen)-Wert = Tendenz, sich ins günstige Licht zu setzen; III. F-Wert = ungewöhnliche Beantwortung von solchen Fragen, die von fast allen in gleicher Weise beantwortet werden; IV. K-Wert = Tendenz, einen „normalen Eindruck zu machen". (Dient zur Korrektur für andere Skalenwerte.) Von verschiedenen Autoren wurden weitere Skalen vorgeschlagen (über 200). Interpretiert wird primär das Testprofil der Persönlichkeitsskalen. Die *Retest-Reliabilitäts*koeffizienten der 14 Standardskalen liegen zwischen r = .46 – .93 (Durchschnittswert r = .75). Trotz vieler Studien ist die ↗ *Validität* der einzelnen Skalen nicht eindeutig nachgewiesen.

Lit.: **Dahlstrom, W. G. & G. S. Welsh:** MMPI Handbook. Minneapolis, 1968; **Hathaway, S. R. & J. C. McKinley:** MMPI Saarbrücken. Bearb. v. **O. Spreen.** Bern – Stuttgart, 1977.

P. Graw

MMQ *(Maudsley Medical Questionnaire)* oder auch *Maudsley-Persönlichkeitsfragebogen,* stammt von Eysenck (1947). Die dt. Version (1953, [2]1964) besteht aus 38 ↗*Neurotizismus*(N)-Fragen, die vorwiegend körperliche Beschwerden betreffen, und aus 18 „Lügenfragen" (L), die (Dis-)Simulationstendenzen anzeigen. Bei erhöhtem oder erniedrigtem L-Wert werden die Testergebnisse mit Zurückhaltung bzw. gar nicht interpretiert. Der Indikationsbereich des MMQ liegt in der Arbeit mit klinischen Gruppen. Die Split-Half-*Reliabilitäten* (↗Split-Half-Methode) sind r = .85 (für N) und r = .72 (für L) bei N = 120. Die Test-Retest-Reliabilitäten (14 Tage) liegen bei r = .87 (für N) und r = .76 (für L) bei N = 100. Die Korrelationen mit anderen Neurotizismusskalen betragen r = .64 (P. I. von Mittenecker/Toman; N = 100) und r = .67 (MPI N-Skala, Eysenck; N = 80).

Lit.: **Eysenck, H. J.:** Maudsley-Persönlichkeitsfragebogen. Göttingen, [2]1964; **Michel, L.:** Untersuchungen mit dem MMQ an normalen Erwachsenen. Diagnostica, 1960, *6,* 136–151.

P. Graw

Mneme, ↗Gedächtnis, Erinnerung (Bewahren des Vergangenen); Ggs.: *Anamnesis,* Erinnerung und Reproduzieren des Bewahrten. Nach Semon (1920) allg. Funktion der „organischen Materie". Gesamtheit aller ↗Engramme.

Lit.: **Semon, R.:** Die Mneme als erhaltendes Prinzip im Wechsel des organischen Geschehens. Leipzig, 1908.

H. Wagenknecht

Mnemonik, Mnemotechnik, „Gedächtniskunst". Steigerung der Gedächtnisleistung, etwa durch systematische Übung, insbesondere durch Anwendung sachfremder Lernhilfen beim Einprägen (z. B. Schemata, Merksprüche, graphische Darstellungen).

Mnemometer: Gedächtnisapparat, benutzt von P. Ranschburg, N. Ach, O. Lipmann; Kontrolle der Darbietungszeit und -methode zu erlernender Silben. *H. Wagenknecht*

Mnestische Störungen, Gedächtnisstörungen, insbes. Störungen im Bewahren von Vergangenem. *H. Wagenknecht*

Modalität in der Psychol. Bezeichnung für die Art der Wahrnehmung. Sehen, Hören, Riechen, Schmecken usw. sind verschiedene Sinnesmodalitäten. Rot, Grün, Blau sind dagegen verschiedene Qualitäten innerhalb derselben Modalität. *W. Traxel*

Modalpersönlichkeit, von Linton (1945) stammende Bezeichnung für denjenigen Persönlichkeitstyp, der in einer bestimmten Gesellschaft oder Kultur am häufigsten anzutreffen ist und von dem jeweiligen kulturellen Hintergrund geformt wird.

Lit.: **Linton, R.:** The cultural background of personality. New York, 1945. *H. J. Aebi*

Modalwert ↗Modus.

Modell *und Modelldenken.* Ein System M heißt „Modell" eines Prototyps P, wenn M und P einander analog sind, weder direkt noch indirekt interagieren und wenn M benutzt wird, um aufgrund der Analogiebeziehung Information über P zu erhalten. Die zusätzliche Forderung, M müsse der Veranschaulichung dienen, wird im Zuge der Entwicklung formaler (z. B. mathematischer) M.e kaum noch erhoben. Prototyp eines M. ist in der Psychol. jeweils ein Teil ihres Gegenstandsbereiches. Das *Denken in Modellen* dient unter anderem der theoretischen Integration von Befunden, der einfacheren Verfügbarkeit einer Fülle bekannter Fakten und der Entwicklung neuer Hypothesen. ↗Modellvorstellungen.

Lit.: **Kazemier, B. H. & D. Vuysje** (Hrsg.): The concept and the role of the model in mathematics and natural and social sciences. Dordrecht, 1961. *W. H. Tack*

Modellpsychose, psychopathologische Veränderungen, die bei einem normalen Individuum durch Verabreichen von ↗Halluzinogenen, wie ↗Meskalin, ↗LSD oder ↗Psilobycin, induziert werden. *J. Price*

Modellvorstellungen. DEFINITION. Von M. in der Psychol. spricht man überall dort, wo bekannte, real gegebene oder konstruierte Systeme als Analogien für Bereiche des Verhaltens und/oder Erlebens benutzt werden. Die M. ordnet einzelnen Verhaltensweisen, Erlebnissen und/oder Situationen (Reizgegebenheiten) Teile eines anderen – meist nicht der Psychol. entstammenden – Systems derart zu, daß bestimmte Beziehungen zwischen den Verhaltensweisen, Erlebnissen und/oder Situationen durch Relationen im Modellsystem abgebildet werden. Dabei erhebt die M. keinen Anspruch auf vollständige Erfassung aller Beziehungen im jeweiligen Forschungsbereich. Andererseits enthält auch das Modellsystem sog. „modellspezifische" Relationen, von denen zumindest nicht bekannt ist, ob ihnen Beziehungen im Objektbereich entsprechen. Diese können teilweise als Basis für die Ableitung neuer Forschungshypothesen benutzt werden.

ENTWICKLUNG DES MODELLBEGRIFFS. Nach Frey (1961, 89) bezeichnete das althochdeutsche *„model"* in der Architektur des Mittelalters einen halben Säulendurchmesser. Die heutige Wortform „Modell" taucht im 16. Jh. als Eindeutschung des it. *„modello"* auf und kennzeichnet zunächst ein Vorbild, nach dem etwas angefertigt wird. Heute nennt man nicht nur Vorbilder „Modelle", sondern auch Objekte, die gegebene Vorbilder „nach"bilden. ↗Modell.

In der Mathematik und der formalen Logik ist ein Modell die Deutung eines „Kalküls". Dabei werden bestimmten Kalkülzeichen Objektklassen derart zugeordnet, daß Beziehungen zwischen den Objektklassen durch Operatoren bzw. Relationskennzeichnungen repräsentiert werden.

In den empirischen Wissenschaften ist eine M. zunächst ebenfalls Deutung einer Theorie. Sofern diese Begriffe enthält, denen keine beobachtbaren Entsprechungen im Objektbereich zukommen, kann eine andere Deutung der gleichen Theorie diesen Begriffen besser bekannte und zum Teil sogar bildhaft vorstellbare Gegebenheiten zuordnen. So stellt man sich im *Bohrschen Atommodell* „Elektronen" als räumlich lokalisierbare Objekte vor, die um einen „Atomkern" kreisen. Die psychoanalytische Theorie enthält die phys. Analogie einer „Energie" als M. für das theoretische Konzept ↗„Libido".

Während einige Autoren (z. B. Dessauer, 1958, 225ff.) *„Veranschaulichung"* als wesentliches Merkmal eines Modells ansehen, hat es sich immer mehr durchgesetzt, auch analoge Systeme, die lediglich Formalismen darstellen, als Modelle zu bezeichnen. Der in der Psychol. weitverbreiteten multidimensionalen ↗Skalierung liegt eine M. zugrunde, in der Reize durch Punkte in einem metrischen Raum derart repräsentiert werden, daß größere subj. Ähnlichkeit zwischen zwei Reizen einem geringeren Abstand der zugeordneten Raumpunkte entspricht. Es ist fraglich, ob man hier von Modell-„Vorstellungen" sprechen sollte. Vorstellbarkeit des Raummodelles wird zumindest fraglich, sobald der Raum mehr als drei Dimensionen oder gar eine nicht-euklidische Metrik besitzt. „Modellvorstellung" kann hier nicht meinen, daß ein bestimmtes Modellsystem anschaulich „vorstellbar" sei, sondern lediglich, daß wir uns „vorstellen" (im Sinne von „unterstellen", „so tun als ob"), die Gegebenheiten des jeweiligen Forschungsbereiches verhielten sich analog den Teilen des benutzten Modells.

Black-Box-Methode. Die Konstruktion von M. ist oft als Anwendung der sog. „*Black-Box-Methode*" interpretierbar. „Black Box" bezeichnet einen Kasten, der durch irgendwelche Reaktionen (Zeigerausschläge, Aufleuchten von Lämpchen usw.) auf mögliche Manipulationen (Knopfdruck, Hebelbedienungen usw.) antwortet, dessen Inhalt jedoch unbekannt ist. Nach hinreichenden Beobachtungen seines Verhaltens läßt sich ein zweiter Kasten mit bekanntem Inhalt, die „*White* Box", konstruieren, der sich analog verhält. Dabei können Gruppen von Manipulationen (bzw. Manipulationsfolgen) und Gruppen von Reaktionen (bzw. Reaktionsfolgen) jeweils zu Klassen zusammengefaßt werden. Es soll zu jeder Klasse A, B, . . . bei der Black Box eine Klasse A', B', . . . bei der White Box derart existieren, daß die Black Box genau dann auf A mit B reagiert, wenn die White Box auf A' mit B' antwortet. Führt man gemeinsame Benennungen für die korrespondierenden Klassen ein, erstellt man in dieser Sprache eine Folge von Manipulationen und führt man diese simultan an beiden Systemen aus, so müssen in eben dieser Sprache Reaktionsprotokolle erstellbar sein, die nicht unterschieden werden können (*Turing*-Kriterium).

Black Box und White Box sind Teile einer Modellvorstellung über Modellvorstellungen. Die Black Box soll dem jeweiligen Forschungsgegenstand, also dem lebenden Organismus mit seinem unbekannten „psychischen Innenleben", und die White Box dem dazu gedachten Modell entsprechen. Modifikationen ergeben sich, wenn man sich – wie in der Praxis üblich – damit bescheidet, nur einige Beziehungen zu berücksichtigen („*very large Box*"; Ashby, 1961, 109ff.), oder wenn die relevanten Beziehungen nur teilweise beobachtbar sind („*incompletely observable Box*"; Ashby, 1961, 113ff.). Dabei besteht die Gefahr, relevante Aspekte des Prototyps nicht im Modell abzubilden oder modellspezifische Eigenarten fälschlich als Darstellung von Prototyp-Aspekten zu interpretieren („Fehler 1. und 2. Art" nach Simon und Newell, 1963, 91f.).

Arten von Modellvorstellungen. Man unterscheidet physische Modelle (materielle Modelle, Replika-Modelle), bei denen das analoge System ein wahrnehmbares Objekt ist, anschauliche Modelle (M. i. e. S.) und begriffliche (sprachliche) Modelle. Eine wichtige Sonderform sind die „*formalen*" M., deren Modellsystem ein Kalkül ist. Entstammt dieser einem Gebiet der Mathematik, so sprechen wir von einem „mathematischen" Modell.

In den letzten zwanzig Jahren haben Umfang und Bedeutung mathematischer M. in der Psychol. stark zugenommen und zur deutlichen Ausbildung einer ↗„mathematischen Psychologie" geführt (Luce, Bush & Galanter, 1963/65). Zur Kennzeichnung des Teilbereiches der Mathematik, dem der Modellkalkül entnommen ist, bezeichnet man ein Modell z. B. als „algebraisch", „probabilistisch", „stochastisch" usw. Während einige Systeme in verschiedenen Forschungsbereichen eingesetzt werden (z. B. das faktorenanalytische Modell; ↗Faktorenanalyse), sind andere auf bestimmte Bereiche zugeschnitten (z. B. Lernmodelle, Entscheidungsmodelle), können aber dennoch auf andere übertragen werden. So findet man in der ↗Sozialpsychologie Kalküle, die zunächst in der allg. Psychol. entwikkelt wurden (Tack, 1969, 488ff.).

Von einem „*Simulationsmodell*" spricht man, wenn in einem Formalismus mit Variablen an einigen Stellen feste Werte eingesetzt werden, um herauszufinden, welche Werte andere Variablen dabei annehmen (↗Simulation psychischer Vorgänge). Dazu bedient man sich oft einer Großrechenanlage (↗Computer), auf der die M. als Programm realisiert wird. Die Kybernetik bietet eine Fülle von Vorstellungen, aus denen in den verschiedensten Wissenschaften Modelle konstruiert werden können, die als *„kybernetische“* Modelle bezeichnet werden. ↗Kybernetik und Psychologie.

FUNKTION VON MODELLVORSTELLUNGEN. M. übertragen neue Erkenntnisse auf besser Bekanntes und bieten so eine Brücke zum leichteren Verständnis. Sie dienen der Integration, indem sie verschiedenartige Befunde in einem gemeinsamen System abbilden, aus dem Hypothesen über noch unbekannte Fakten rückgeschlossen werden können. Formale Modelle erheben einen geringeren Anspruch auf Vollständigkeit als herkömmliche Theorien. Sie bieten dafür präzisere Regeln der Abteilung von Aussagen.

Modelle erheben nicht den Anspruch, einen Forschungsgegenstand isomorph abzubilden. In der Psychol. beschränken sie sich auf analogisierbare Aspekte des Menschen oder anderer Organismen. Diese Analogisierung menschlichen Verhaltens darf nicht als Gleichsetzung des Menschen mit einem wie auch immer gearteten Modellsystem mißinterpretiert werden.

Lit.: Ashby, W. R.: An introduction to cybernetics. London, 1961; **Dessauer, F.:** Naturwissenschaftliches Erkennen. Frankfurt a. M., 1958; **Kazemier, B. H. & D. Vuysje:** The concept and the role of the model in mathematics and natural and social sciences. Dordrecht, 1961; **Luce, R. D., Bush, R. R. & E. Galanter** (Eds.): Handbook of mathematical psychology, Vol. 1, 2 and 3. New York – London – Sydney, 1963/65; **Simon, H. A. & A. Newell:** The use and limitations of models. In: **M. H. Marx** (Ed.): Theories in contemporary psychology. New York – London, 1963, 89; **Tack, W. H.:** Mathematische Modelle in der Sozialpsychologie. In: **C. F. Graumann** (Hrsg.): Hdb. der Psychol., Bd. 7, 1. Halb-Bd. Göttingen, 1969, 232.

W. H. Tack

Modifikation. Bei Individuen mit gleichen Erbanlagen können durch verschiedene Umwelteinflüsse Modifikationen auftreten, d. h., es können Merkmale verschieden ausgebildet werden, allerdings nur im Rahmen der erblich festgelegten M.breite; z. B. zeigen gewisse Pflanzen im Hochgebirge Kleinwüchsigkeit und starke Haarbildung, während ihre Artgenossen in tieferen Lagen großwüchsig sind und keine Haare ausbilden. *H. Schmalfuß*

Modus (Synonyme: *Modalwert, Dichtemittel*), ein stat. Kennwert der zentralen Tendenz. M. ist jener Wert einer Häufigkeitsverteilung, der die größte Frequenz aufweist, der Fußpunkt der Ordinate des „Gipfels“ einer Verteilung. Die Bestimmung des M. ist nur bei großen Stichproben und eingipfeligen Verteilungen sinnvoll. Der M. findet als Kennwert der zentralen Tendenz der Verteilung diskontinuierlicher Variablen Verwendung. *G. Mikula*

Molar, von der Psychol. aus der Chemie entlehnter Begriff, welcher zur Bezeichnung größerer Verhaltenseinheiten (Handlungsabläufe) verwendet wird. Er steht im Ggs. zum Begriff *molekular,* mit welchem kleinste Verhaltenseinheiten (S-R-Beziehungen) benannt werden. Ein Reiz-Reaktions-Paar kann demnach als molekulare, das Laufen einer Ratte durch ein Labyrinth z. B. als *molare* Einheit bezeichnet werden.

Molaranalyse bezeichnet die psychol. Betrachtungsweise, die ihre Untersuchungen auf einer Ebene über den kleinsten Verhaltenseinheiten ansetzt. Die Untersuchung einzelner Handlungsabläufe, ganzer „Episoden“ bis hin zu sozialpsychol. Phänomenen kann als M. bezeichnet werden.

Lit.: Miller, D. R.: Study of social relationships. In: **S. Koch** (Ed.): Psychology: A study of a science, Bd. 3. New York, 1963; **Tolman, E. C.:** Purposive behavior in animals and men. New York – London, 1932.

R. Hänni

Moment, psychisches. Diese Bezeichnung rührt von der Hypothese her, daß einlaufende ↗Information in diskreten Einheiten von ca. 1/6 sec. Dauer wahrgenommen wird. Innerhalb eines solchen p. M. wird alle aufgenommene Information zusammengeworfen, so daß keine zeitliche Abfolge derselben wahrgenommen werden kann. Die Länge dieser Momente wird vermutlich von Drogen und anderen abnormen Zuständen beeinflußt und steht so in Verbindung mit dem Zeitsinn. ↗Bewußtseinsumfang; ↗Zeiterleben. *C. D. Frith*

Monade. Unter M. versteht man seit der Renaissance eine einfache, aktive, unteilbare Substanz. Bei Leibniz, der das Konzept vervollkommnet hat, besteht das Universum aus einer unendlichen Zahl selbständiger M. Alle M. sind verschieden, und ihr Schicksal ist seit der

Schöpfung des Universums bestimmt. Durch diese originelle Bestimmung stehen alle M. doch in vollkommener Harmonie, obwohl sie eigentlich während der Weltgeschichte untereinander überhaupt keinen Kontakt unterhalten. *D. Schulthess*

Mondsucht ↗Nachtwandeln.

Mondtäuschung ↗Wahrnehmungstäuschungen.

Mongolismus ↗Down-Syndrom.

Monismus, Lehre, nach welcher es im Universum keine materielle, biologische oder soziale Stufe gibt, die unauflösbar wäre; alle Offenbarungen sind Äußerungen eines einzigen gemeinsamen Prinzips, zum Beispiel einer „vitalen Energie" (Haeckel). Alles Materielle und Geistige gehe aus diesem Prinzip hervor. Diese Einheitslehre war wesentlich im 19. Jahrhundert verbreitet und stand häufig unter dem Einfluß der hegelschen Philosophie. *D. Schulthess*

Monochromatisch, Strahlung, die aus *„einer"* Wellenlänge, genauer: einem engen Wellenlängenbereich, besteht.

Im übertragenen Sinne spricht man von einer *monochromatischen* Farbe, wenn deren Reizgrundlage eine m. Strahlung ist; im Ggs. zur polychromatischen Farbe (= Mischfarbe). ↗Chromatisch. *A. Hajos*

Monochromatopsie ist eine *Sehanormalität;* es werden keine Farben wahrgenommen, sondern nur Helligkeitsdifferenzen. Bei der *„typischen"* M. übt das Netzhautsystem der ↗Zapfen seine Funktion nicht aus, bei der *„atypischen"* M. ist der Defekt lokalisiert in den oberen Nervenzentren. Man nennt die M. auch Achromatopsie. ↗Achromasie *G. Kanizsa*

Monogamie ↗Ehe.

Monokular, einäugig, mit einem Auge; im Ggs. zu *binokular,* beidäugig, mit beiden Augen. *A. Hajos*

Monomanie, von J. Esquirol eingeführte Bezeichnung für jene klinischen Bilder, die durch eine Vorstellungs- oder Repräsentationsanomalie gekennzeichnet sind, wobei die übrigen psychischen Funktionen ungestört sind. Gegenwärtig ist diese Bezeichnung in der psychiatrischen Fachsprache kaum mehr üblich, wenn sie sich auch in einigen Bezeichnungen, wie *Dipsomanie, Kleptomanie, Nymphomanie* usw., erhalten hat. Diese weisen alle auf Zwangshandlungen, triebhafte Aktionen hin, welche bei neurotischen oder psychopathischen Persönlichkeiten vorkommen können, ohne daß sich eine andere Störung zeigt (↗Zwangsneurose). Jedoch hat die genauere Untersuchung der Persönlichkeit der Patienten gezeigt, daß dieses Auftreten eines einzigen Symptoms nicht so real ist, wie J. Esquirol geglaubt hat.

Lit.: Kraepelin, E.: Psychiatrie. Leipzig, [8]1909.

J. López Ibor

Monophobie, übersteigerte Angst vor dem Alleinsein.

Monophthalmie, die Einäugigkeit.

Monotonie ist ein Zustand herabgesetzter psychischer Aktivität, der sich in erhöhten Müdigkeitsgefühlen äußert und mit verminderter Reaktionsfähigkeit, einem Absinken der Leistung und Leistungsschwankungen als Begleiterscheinungen einförmiger Arbeit verbunden ist. Wyatt (1929) hat aufgrund seiner Versuche bei einförmiger Industriearbeit darauf hingewiesen, daß M. *(boredom)* für die Leistung bedeutsamer ist als ↗Ermüdung. M. ist gekennzeichnet durch einen wellenförmigen Verlauf, der durch das zeitweilige Absinken und Wiederansteigen der psychischen Aktivität gegeben ist. Das Absinken der Aktivität bei M.zuständen wird auf Faktoren wie psychische Anspannung und Beachtungsumfang zurückgeführt (Bartenwerfer, 1957). Gleichförmigkeit, Reizmangel, stete Wiederholung desselben Vorganges lassen sich als Einengung des Beachtungsumfanges zusammenfassen. In der Folge von zunehmender Einengung des Beachtungsumfanges nimmt die psychische Anspannung ab, was zu einem Absinken der psychischen Aktivität führt. Zur *Bekämpfung der M.* wird versucht, den Beachtungsumfang bei einförmigen Tätigkeiten zu erweitern, sei es durch Unterhaltung, Musik, Bewegung, Tätigkeitswechsel. Eine willentliche Anstrengung, damit man nicht in einen M.zustand gerate, hat letztlich zur Folge, daß man gerade wegen dieser Bemühung, sich auf die einförmige Tätigkeit zu konzentrieren, um so leichter in M.zustände (auch Ermüdung) gerät. ↗Vigilanz.

Lit.: Wyatt, S.: Monotony. London, 1924; **Bartenwerfer, H. G.:** Psychische Beanspruchung. In: **A. Mayer & B. Herwig** (Hrsg.): Hdb. der Psychol., Bd. 9. Göttingen, ²1970, 252–275; **Gubser, A.:** M. im Industriebetrieb. Bern – Stuttgart, 1968.

A. Karsten

Montessori-Pädagogik. Die M., benannt nach Maria Montessori (1870–1952), erhebt das Selbsttun des Kindes zum päd. Prinzip. Sie will das Kind ohne Bevormundung seitens Erwachsener durch geistige Eigenkraft und manuelle Selbsttätigkeit kindgemäß und frei erziehen. Die kritischen Einwände gegen die M. richten sich auf die Überbetonung der freiheitlichen Entfaltung, die Überbewertung des Kindlichen und allg. Verherrlichung des Kindes.

Lit.: Montessori, M.: Das Kind in der Familie. Stuttgart, 1954; **dies.:** Kinder sind anders. Stuttgart, 1954, ⁹1971.

H. Schröder

Moral, soziale, meist als Abstraktion aus dem individuellen Anpassungsverhalten erschlossene Bezeichnung für eine positive ↗Einstellung gegnüber einer Gruppe, ihren Zielen und ihrer Führung. In der ↗Industriepsychologie Synonym für *Zufriedenheit* in der Arbeitsgruppe mit dem Ergebnis hoher Arbeitsbereitschaft. ↗Gruppe; ↗Gruppendynamik; ↗Sozialisierung. *W. D. Fröhlich*

Moralitätsprinzip wird in Analogie zum ↗Lust- und ↗Realitätsprinzip als jenes Steuerungsprinzip psychischer Prozesse aufgefaßt, das ihre Übereinstimmung mit (unmittelbar gegebenen oder introjizierten) Motiven anderer Personen, mit Regeln und Gebräuchen von Personengruppen sowie mit den ↗Normen der Gesellschaft herzustellen trachtet.

Lit.: Freud, S.: Das Ich und das Es (1923). Ges. Werke, Bd. 13. London, 1948.

W. Toman

Morgans Kanon, *Lloyd-Morgan Regel* oder *Grundsatz der Sparsamkeit;* eine von C. Lloyd Morgan gefundene Gesetzmäßigkeit, wonach wir ein tierisches Verhalten nicht durch eine höhere, bewußte Funktion erklären, wenn wir das Verhalten durch eine niedrige Funktion adäquat formulieren können.

R. Hetherington

Morphin (Synonym: *Morphium*), ↗psychotrope Substanz, im ↗Opium enthalten, zuerst 1804 von F. W. Sertürner isoliert. In therapeutischen Dosen (bis 15 mg) hypnotisch, bei höherer Dosierung narkotisch wirkendes ↗Analgetikum. M. ist ein starkes ↗Rauschmittel und führt zur ↗Sucht (↗Drogenabhängigkeit). Physiologische Wirkungen (z. T. Antagonismus zu Atropin): Pupillenkontraktion, Erniedrigung der Herzfrequenz, Atmungshemmung, Tonuserhöhung der glatten Muskulatur (Obstipation). Psychische Wirkungen: Erhöhung der Schmerzschwelle ist umstritten, Reduktion der Schmerzantizipation. Subjektiv tritt, bes. bei Süchtigen, Euphorie auf, sonst eher Nausea (↗Seekrankheit) und Benommenheit, Lethargie, Dysphorie. Objektiv treten bei morphingewöhnten Pbn Leistungsverbesserungen (Reaktionszeit) auf, bes. ur .er Belastung.

Lit.: Beecher, H. K.: Measurement of subjective responses. New York, 1959; **Lasagna, L.:** The clinical evaluation of morphine and its substitutes as analgesics. Pharm. Rev., 1964, *16*, 47–83; **Reynolds, A. K. & L. O. Randall:** Morphine and allied drugs. Toronto, 1957.

W. Boucsein

Morphium ↗Morphin.

Morphologie, Lehre von den *Körperbauformen.* Die M. versuchte außerdem, Beziehungen zwischen Körperbau und Persönlichkeitszügen herzustellen, häufig über einen typologischen Ansatz, so z. B. E. ↗Kretschmer und W. H. Sheldon (↗Konstitutionstypen). Faktorenanalytische Untersuchungen des Körperbaus ergaben mehrere Faktoren: allg. Kopfgröße, allg. Körperlänge, einen Rumpffaktor und einen Faktor der Muskelmasse.

G. Kaulfush

Mosaikauffassung des Seelischen. Von der M. d. S. spricht man bei der Kennzeichnung derjenigen theoretischen Konzeptionen in der Psychol., welche davon ausgehen, als das eigentlich Wirkliche die einfachsten, elementarsten psychischen Bestandteile zu betrachten. Jedes derartige Element besitzt demnach alle diejenigen Eigenschaften, die ihm in einem ↗Komplex zukommen, auch dann, wenn es isoliert betrachtet wird. Diesem Ansatz widerspricht die Gestalttheorie, die einer ↗Ganzheit Eigenschaften zuspricht, die nicht unbedingt auch ihren Elementen eigen sind.

Lit.: Metzger, W.: Psychologie. Darmstadt, [4]1968.

R. Hänni

Mosaiktest, Test, in dem aus 4–16 Würfeln mit verschiedenfarbigen, z. T. diagonal geteilten Flächen quadratische Muster nachgelegt werden müssen. Zuerst von S. C. Kohs (1923) ausgearbeitet unter dem Titel *„Block design Test“;* der M. wurde als gute Intelligenzaufgabe nichtsprachlicher Natur in verschiedene Testbatterien (Arthur Point Scale of Performance Tests, Hawie, Hawik [↗Hamburg-Wechsler Intelligenztest]) aufgenommen. Zeigt hohe Korrelationen mit ↗Intelligenz, ist aber je nach Alter und Muster mehr im Faktor *Komplexität* oder *Plastizität* geladen.

R. Meili

Motilität. 1) Ein Grundmerkmal des Lebendigen. – 2) Bezeichnung für den Grad der Leichtigkeit, mit der ein Organismus Bewegungen vollzieht. Er wird in der ↗Psychodiagnostik auch als Begriff zur Beschreibung des allg. ↗Eindrucks von einem Menschen verwendet.

H. Roth

Motiv. Unter M. versteht man einen Faktor, der in die Aktivierung und Steuerung von Verhaltensweisen eingreift. Als solches kann es entweder das Objekt aus der Außenwelt bezeichnen, das die Bereitschaft bei dem entsprechenden Individuum erzeugt, oder diese Bereitschaft selbst. So werden sowohl *Ehrgeiz* und *Hunger* wie auch die *Nahrung* oder die erstrebte Auszeichnung als M. eines bestimmten Verhaltens bezeichnet, und diese können somit eine Handlung *motivieren.* (Im besonderen spricht man im Englischen von: *hunger motive, stimulus motive* oder auch von *achievement motive;* im Deutschen spricht man jedoch eher von Leistungs*streben* oder Nahrungs*bedürfnis,* während der Begriff „Motiv“ meist eine konkretere Bereitschaft, bezogen auf eine bestimmte Handlung, meint.)

Ursprünglich und in der weniger technischen Sprache bezeichnete M. vor allem entweder das Zielobjekt oder das Streben, soweit dieses bewußt, gewollt und erkannt ist. In diesem Sinn kann jede beliebige, bekannte Gegebenheit in die Determination oder das Wollen einer Handlung eingreifen und daher als M. bezeichnet werden oder auch als „Ursache“ einer Handlung.

Die Wirkung des M. auf das Verhalten wird entweder in Begriffen *physischer* Kausalität oder einer *finalen,* nach welcher man das Verhalten selbst als eine physiol. Reaktion oder als eine bedeutsame Antwort auffaßt, ausgedrückt. In diesem letzteren Fall schließt man die gleichzeitige kausale Determination durch gewisse physische oder physiol. Faktoren nicht aus, doch wird diese Gruppe von Faktoren nicht als *Motiv* bezeichnet. Es muß jedoch bemerkt werden, daß die kausale Wirkung der meisten physischen oder physiol. Faktoren sich auf dem Niveau der bewußten oder unbewußten ↗Strebungen manifestiert, so daß es unangebracht erscheint, diese zwei Formen von Determinanten des Verhaltens voneinander zu trennen.

Der Mensch und das Tier können gleichzeitig mit mehreren, einander widersprechenden M.en konfrontiert sein (Zielobjekt oder Streben). In diesem Fall spricht man von *↗Konflikt,* und die stärkste Strebung oder, in behavioristischen Begriffen, die S-R-Einheit, die im Augenblick das stärkste Erregungspotential aufweist (C. L. ↗Hull), kann als hemmend für die anderen möglichen Reaktionen aufgefaßt werden. K. ↗Lewin unterschied drei Formen von Konflikten (von Konfliktsituationen), die zum Gegenstand vieler Untersuchungen wurden (vgl. ↗Konflikt).

Wenn das M. einer Handlung nicht allein darin besteht, ein Objekt zu erreichen, sondern darin, ein bestimmtes Leistungs*niveau* zu verwirklichen, so spricht man von ↗*Anspruchsniveau*. (Diese Problematik ist mit der des „achievement motive“ eng verbunden.) Einige Individuen werden vor allem durch *Hoffnung auf Erfolg* und andere durch *Furcht vor Mißerfolg* motiviert. ↗Motivation.

Lit.: Vgl. ↗Motivation. *J. Nuttin*

Motivation bezeichnet einen der hypothetischen Vorgänge (↗Intervenierende Variable), die in die Determinierung des Verhaltens neben der Wirkung eines Reizes oder einer wahrgenommenen Situation, neben den Vorgängen des ↗Lernens und gewissen Dispositionen, wie etwa den Fähigkeiten, eingreifen. Während jedoch die ↗Fähigkeiten vor allem den Ertrag oder das Adaptationsniveau eines Verhaltens beeinflussen, bestimmt die M. dessen Aktivierungsgrad, dessen Intensität und Beständigkeit sowie dessen allg. Richtung. Das Lernen oder die erworbenen ↗Assoziationen bestimmen (für das nicht-instinktive Verhalten) die konkrete Richtung auf das eine oder andere Objekt hin. Es ist jedoch festzustellen, daß die Wirkung der Stimuli nicht immer klar von der Wirkung der M. unterschieden wird. Einige Kategorien von Erregungen, vor allem durch interne Stimuli (sowie durch jene äußeren Stimuli, die Unbehagen auslösen), werden oft als Entsprechungen zu den primären Bedürfnissen aufgefaßt (homöostatisches Ungleichgewicht), während andere Stimuli (bzw. Objekte) Valenzen besitzen und die Rolle von ↗Motiven oder von Auslösern (*releaser*: Verhaltensforschung) spielen. Der M.zustand wird dann als Faktor verstanden, der die Reizschwelle für diese Stimuli herabsetzt.

Die objektiven Phänomene, die unserer Meinung nach einen Rückgriff auf die hypothetischen Vorgänge der M. rechtfertigen, beruhen auf der Tatsache, daß das Verhalten (positive oder negative) Präferenzen hinsichtlich der Objekte oder Situationen der Umwelt zeigt (Steuerung) und daß diese Objekte mit mehr oder weniger Intensität und Ausdauer angestrebt oder gemieden werden.

Die Funktionen der Motivation. Die M. als Aktivierungsfaktor (energizer) soll das Verhalten erklären. Es kann unterschieden werden zwischen den Faktoren, die den *allg. Aktivierungsgrad* des Organismus und dessen *Erregungs-* und Wachzustand bestimmen (↗Aktivierung), und der Frage, warum ein Individuum diese oder jene spezifische Handlung ausführt. Während das erste Problem unter dem Gesichtspunkt der *Energiequellen* gesehen werden kann, welche die Grundlage der vitalen Aktivität im allg. darstellen, oder unter dem Gesichtspunkt der Aktivität des Nervensystems (z. B. der ↗Formatio reticularis), bezieht sich die Erklärung der Tatsache, daß ein Individuum eher die eine Klasse von Objekten anstrebt als eine andere, auf den eigentlichen Bereich der Motivation.

Dies wirft das Problem der *Steuerung* des Verhaltens auf. Einige Autoren *lehnen* es *ab*, der M. eine steuernde Funktion beizumessen; für sie ist die Steuerung des Verhaltens eine Funktion des Lernvorganges. Andere hingegen sehen in dem steuernden Einfluß den *wesentlichsten* Aspekt der Motivation. Dieses Problem läßt sich lösen, wenn man *zwei* unterschiedliche *Niveaus* für die Steuerung annimmt. Einerseits kann Steuerung den *konkreten* Weg bedeuten, den das Verhalten einschlägt, um das bestimmte Objekt zu erreichen, das es zu einem früheren Zeitpunkt schon einmal befriedigt hatte. Diese konkrete Form der Steuerung geht auf das ↗Lernen zurück, soweit es sich nicht um angeborenes oder instinktives Verhalten handelt. Jedoch der Tatbestand, daß ein Individuum, das sich in einem Motivations- oder Bedürfniszustand befindet, sich auf die Suche nach etwas begibt, sich von einigen Objekten abwendet, um bei anderen zu verweilen, zeigt, daß das motivierte Verhalten eine allg. Orientierung oder Steuerung besitzt. In dieser Suche nach einer mehr oder weniger großen Klasse von Objekten oder Situationen beruht die allg. Steuerung des Verhaltens, die E. C. ↗Tolman als dessen „purposiveness“ bezeichnete und die nichts anderes darstellt als dessen *Zielgerichtetheit*. Auf diese grundlegende und implizite Orientierung geht die Tatsache zurück, daß einige Objekte oder Situationen im Gegensatz zu anderen einen Zustand der Bedürfnisreduktion, der Befriedigung und der Anpassung hervorrufen.

Eine dritte Funktion, die der M. in bezug auf das Verhalten zukommt (neben der Rolle der Aktivierung und der Steuerung), besteht darin, daß sie einem Verhaltensbereich seine *Einheit* und seine umfassende *Bedeutung* gibt. Tatsächlich ist es die M., die durch ihre Ausrichtung auf ein Zielobjekt hin bewirkt, daß eine Reihe von Bewegungen, welche unter dem Gesichtspunkt des Physischen sehr verschieden sind, ein Verhalten im eigentlichen Sinn darstellt, d. h. eine angemessene Reaktion auf eine Situation.

DIE ZWEI POLE DES VORGANGES UND DIE TERMINOLOGIE. Die Begriffe, die sich auf die M. beziehen, lassen sich in zwei Gruppen einteilen, je nachdem, ob sie sich auf den *internen* (Antrieb und die Strebung des Individuums) oder *externen* (Valenz des Objektes) Pol des motivationellen Vorganges beziehen. Zu der ersten Gruppe gehören Begriffe wie Bedürfnis, Spannung, Streben, drive, Instinkt, Trieb, Neigung, Wunsch, Wille, Vorsatz, Plan usw. Unter denen der zweiten Gruppe wären zu erwähnen: Valenz (Aufforderungscharakter), Wert, affektiver Wert, incentive, Kathexis (Besetzung), Interesse usw.

Es ist das *Bedürfnis,* das im allg. den grundlegenden Begriff im Bereich der M. darstellt, während „Motiv" oder „eine Motivation" (in ihrer subj. Bedeutung) den *Vorgang* bezeichnet, der ein Individuum auf ein konkretes Objekt lenkt. ↗*Bedürfnis* bezeichnet zunächst (objektive Bedeutung) den Mangel an bestimmten Elementen in der Umwelt; dieser obj. Mangel wird dadurch zum *physiologischen* Bedürfnis, daß er einen Mangelzustand im Organismus hervorruft, und ein psychol. Bedürfnis dadurch, daß der Zustand des Organismus vom Individuum als eine Spannung wahrgenommen wird, die das Verhalten beeinflußt. Im psychol. Sinne bezieht sich das Bedürfnis jedoch nicht unbedingt auf einen organischen Zustand oder körperlichen Mangel; es kann sich einfach um einen Mangel an bestimmten Formen von Verhaltenskontakten zu der Umwelt handeln (Nuttin: théorie relationnelle des besoins), wobei dieser Mangel aus einer Kommunikationsbereitschaft bis zur Aufopferung seiner selbst oder aus einem Wachstumsschub ebenso hervorgehen kann wie aus einem Defizit (A. H. Maslow, C. R. Rogers).

Von seiner rein dynamischen Bedeutung her gesehen, d. h., indem man von dem Aspekt des „angeborenen Verhaltens" absieht, der seit W. McDougall häufig damit vermengt wird, kommt der Begriff ↗*Instinkt* dem der Bedürfnisse nahe.

THEORETISCHE KONZEPTE. Das eigentliche Wesen der grundlegenden Bedürfnisse und ihrer Wirkung auf das Verhalten wird im Rahmen der verschiedenen theoretischen Konzepte erfaßt. Oft wird die Veränderung im Zustand des Organismus als Beeinträchtigung des *energetischen* oder *homöostatischen* Gleichgewichts aufgefaßt (↗Homöostase). Dieser physiol. Zustand oder irgendeine Reizung ist der Ursprung des *drive* (oder der Spannung), welcher das Verhalten auslöst („drive-stimulus"-Modell), bis ein entsprechendes Objekt (incentive) gefunden ist; durch die Konsumreaktion in bezug auf dieses Objekt wird der homöostatische Gleichgewichtszustand des Organismus wiederhergestellt oder der unangenehme innere Reiz beseitigt (z. B. der Hunger). Die Bedürfnisse, die in Begriffen physiologischer Zustände definiert werden (tissue needs), werden als *primäre Bedürfnisse* (primary needs) bezeichnet. Alle psycho-sozialen Bedürfnisse und alle spezifisch menschlichen Bedürfnisse werden oft als *sekundäre Bedürfnisse* (secondary needs) aufgefaßt sowie jene Bedürfnisse, die durch den Einfluß von Lernvorgängen, Sozialisation, Sublimation usw. aus primären Bedürfnissen hervorgegangen sind.

Das psycho-hydraulische Bedürfnismodell (bei Verhaltensforschern wie K. Lorenz) nimmt an, daß eine spezifische Energie für jede Art instinktiver Reaktion sich bildet und sich im Organismus ansammelt; die Entladung dieser Energie stellt dann die Verhaltensreaktion dar. Diese Entladung tritt normalerweise in Gegenwart des adäquaten Objekts (Auslöser = releaser) ein. Bei einem längeren Fehlen eines solchen Auslösers kann jedoch die Entladung im Hinblick auf inadäquate Reize eintreten, was zu Leerlaufhandlungen (vacuum responses) führt. ↗Instinkt.

Die neo-hedonistische Bedürfnistheorie faßt das *Streben nach Lust* oder eher das Meiden von Unlust als die entscheidende dynamische Grundlage des Verhaltens auf. Diese Theorie, in der man das Modell von S. ↗Freud erkennt, nähert sich dem Modell des *energetischen Gleichgewichts* und dem „*drive-stimulus*“-Modell an, da die Wiederherstellung des Gleichgewichts (oder die Entlastung von dem Reizüberangebot) objektiv die Lust darstellt. Nach dieser Theorie gründet sich die M. auf die Affektivität (die Erfahrung der Lust und der Unlust oder Angst), da motiviertes Verhalten in dem Streben nach dem Objekt besteht, das früher Lust vermittelte (was auch mit dem Prinzip der Bedürfnisreduktion von C. L. ↗Hull zu vergleichen ist).

Für andere beruht die letzte Begründung der Bedürfnisse oder der M. im allg. in der Tatsache, daß jede *Funktion* des Organismus von einer *Antriebskraft* begleitet wird, die die Ausübung dieser Funktion anstrebt (Funktionslust von K. Bühler [1930]). In diesem Sinn sprach A. Adler (1907) von einem *Hörtrieb*, einem *Sehtrieb* usw. In neuerer Zeit vertreten einige Autoren (z. B. H. W. Nissen, 1951) die Ansicht, daß jedes Organ eine autonome M. besitzt, die es veranlaßt, die Funktionen auszuführen, zu denen es fähig ist, und daß dies eine Eigenheit organischen Gewebes sei. Auf diese Art versucht Nissen, die kognitiven Bedürfnisse als ein Bedürfnis des Zellgewebes des Gehirns zu erklären.

H. F. Harlow (1953) schlägt andererseits vor, zwei Arten von M.en zu unterscheiden: jene, deren Ursprung im *Organismus* zu suchen ist (homöostatische Bedürfnisse), und jene, deren Ursprung in *äußeren Objekten* liegt (kognitives Bedürfnis oder Bedürfnis nach Erkundung der Umwelt). Dabei vernachlässigt man den oben dargelegten Gesichtspunkt, daß jeder motivationale Vorgang entweder von der Seite des Subjekts gesehen werden kann, das strebt, oder von der Seite des Objekts, das auslöst oder anzieht. Jedenfalls unterscheidet sich der Reaktionsaufwand beim homöostatischen Bedürfnis im Vergleich zum kognitiven.

Mehrere Autoren (H. A. Murray, G. W. Allport usw.) unterscheiden unter verschiedenen Bezeichnungen zwischen *viszerogenen* und *psychischen*, ohne sich jedoch deutlich in der Frage des angeborenen oder abgeleiteten Charakters der letzteren festzulegen, während E. C. Tolman explizit die Ansicht von *angeborenen sozialen* Bedürfnissen vertritt. Da das Verhalten eine Bezugnahme zu den Objekten der Umwelt darstellt, können die M. und die Bedürfnisse, die für den Psychologen nichts anderes sind als der dynamische Aspekt des Verhaltens selbst, als *Typen von Beziehungen zur Umwelt* aufgefaßt werden, *soweit sie* für das einwandfreie (sowohl psychol. wie physiol.) Funktionieren des Individuums *notwendig sind*. Es ist – wegen der komplexen Umwelt – anzunehmen, daß der Mensch sowohl auf dem Verhaltensniveau bezüglich der psychosozialen Welt und des Universums fundamentale Bedürfnisse hat (d. h. Typen von notwendigen Beziehungen) als auch in bezug auf die Biosphäre. Nach dieser auf der *Beziehung zur Umwelt fußenden Auffassung* von den Bedürfnissen (Nuttin, 1965) sind die *fundamentalen Bedürfnisse* in der Psychol. als der dynamische Aspekt (aktiver Eingriff des Individuums in die psychol. und phys. Umwelt) dieser Typen verhaltensmäßiger Beziehungen zu sehen, die das Individuum tatsächlich zu verwirklichen oder aufrechtzuerhalten sucht und ohne die sein Funktionieren mehr oder weniger gestört ist oder Unlust erzeugt. Der dynamische Charakter der Beziehungen bzw. die Möglichkeit und die Notwendigkeit aktiven Eingreifens in die Umwelt (struktureller und funktioneller Eingriff) bringen den „Wunsch“ oder das Verlangen mit sich, bestimmte Formen von Beziehungen zu verwirklichen.

Bedürfniskategorien und Forschung. Was die Frage nach den großen Kategorien von M.en und fundamentalen Bedürfnissen anbelangt (basic needs), so liegen mehrere Systeme vor, je nach Vielzahl von Klassifikationskriterien. Die Liste der „Triebe“ und der ihnen entsprechenden Gefühlsregungen, die in verschiedenen Versionen von W. McDougall gegeben wurde (letzte Version aus dem Jahr 1932), zählt knapp zwanzig „propensities" auf. Historisch gesehen, hat diese Liste einen bedeutenden Einfluß ausgeübt. Im Augenblick gehören noch die Klassifikation von H. A. Murray (1938) und E. C. Tolman (1951) zu jenen, die einen Einfluß auf die Forschung haben. H. A. Murray unterscheidet etwas über zehn *viszerogene* und etwa vierzig *psychische* Bedürfnisse. Das Aufgabenvollendungsbedürfnis, das Leistungsbedürfnis (need for achievement = n Ach) und das Geselligkeitsbedürfnis von H. A. Murrays Liste gehören zu jenen Bedürfnissen, die zur Grundlage einer beeindruckenden Zahl von Untersuchungen wurden (D. McClelland, J. Atkinson, S. Schachter usw.). R. B. Cattell (1950) stellte aufgrund von ↗Faktorenanalysen eine Liste von etwa fünfzehn Motivationskategorien (ergs) auf; C. Bühler unterscheidet vier Gruppen von „basic tendencies"; Nuttin erstellte eine Klassifikation, in der einerseits das Bedürfnis nach *Selbstverwirklichung* und andererseits das Bedürfnis nach *Kontakt* oder nach *Interaktion* stehen, die sich in jeweils *drei* verschiedene *Formen* von Bedürfnissen aufteilen, je nach der Umwelt, in der sie sich zeigen (die phys. Umwelt, die psycho-soziale und das Universum); in jeder dieser Arten von Umwelt versucht der Mensch, sich zu *behaupten* oder sich zu entfalten und sich durch ein Netz von *Kontakten* oder Interaktionen je nach den Möglichkeiten, über die er verfügt (kognitiven, affektiven Beziehungen usw.), einzufügen.

Unter den Bedürfnissen, die im Augenblick im Mittelpunkt der Forschung stehen, ist im besonderen das Bedürfnis nach *Stimulation* zu erwähnen, d. h. die schädigende Wirkung der Isolation oder der sensorischen (D. O. Hebb) und affektiven Deprivation (R. A. Spitz), sowie gewisse motivationelle Zustände im Zusammenhang mit der Unbekanntheit von Objekten, wie die Neugier (D. E. Berlyne), das Bedürfnis nach Information, nach Wahrnehmung (H. F. Harlow), nach Manipulation und nach Erkundung der Umwelt sowohl beim Menschen wie beim Tier. Die Arbeiten in Zusammenhang mit der kognitiven Dissonanz (L. Festinger) und der „balance theory" (F. Heider und T. Newcomb) gehören zum größten Teil in den Bereich der M. *(soziale M.)*. Die motivationale Natur der Aggressivität (angeboren oder erworben) bleibt ebenfalls eine aktuelle Frage (K. Lorenz in Auseinandersetzung mit der Schule von K. Lewin und der Schule der Yale-Universität) sowie die expt. Untersuchungen über Wettbewerb und Kooperation.

In dem Ausdruck *Motivation research* nimmt der Begriff M. eine sehr eingeengte Bedeutung an. Er wird in der Werbepsychol. (↗Marktpsychologie) für die Untersuchung der meist unbewußten oder verdeckten M.en verwandt, die die Werbung ansprechen muß. – Auf die Vielzahl von Einzelergebnissen, die die Forschung über den physiol. Aspekt der M. und der Bedürfnisse erbrachte, sei hier nicht weiter eingegangen.

Die Entwicklung der Motivation. Ausgehend von den fundamentalen Bedürfnissen, entwickelt sich eine *Vielzahl* von *konkreten* M.en in Abhängigkeit von zahlreichen kulturellen und individuellen Umständen und unter dem Einfluß von zahlreichen Vorgängen. Neben den Lernvorgängen und der Konditionierung, der Kanalisierung und der Sozialisierung, die in erster Linie bei dieser Entwicklung wirksam sind, müssen zahlreiche andere Vorgänge erwähnt werden, wie etwa die mehr oder weniger bewußten Mechanismen, die die ↗Psychoanalyse und andere tiefenpsychol. Theorien aufgedeckt haben. So können die ↗Identifikation, die ↗Verschiebung, die Reaktionsbildung, die ↗Sublimierung und viele andere dazu beitragen, daß irgendein Bedürfnis sich in dem konkreten Streben nach einer bestimmten Kategorie von Objekten oder Situationen verwirklicht. Die ↗Verdrängung kann etwa der Ursprung für die motivationelle Indifferenz gegenüber einem Objekt sein, das auf die meisten anderen Leute eine Anziehung ausübt. Dieses Bindeglied zwischen dem Streben nach einem bestimmten Objekt und irgendeinem Bedürfnis kann im *dunkeln* bleiben (unbewußte Anziehung eines Objektes), und so spricht man von *unbewußter Motivation*.

Andererseits verwandeln die *kognitiven* Prozesse die meisten menschlichen Bedürfnisse in konkrete Aufgaben und Projekte. So stellt die *Erkenntnis* der Möglichkeiten, ein Ziel zu erreichen, die konkrete Form dar, in der die Bedürfnisse das menschliche Verhalten anstoßen und steuern. Das, was man im allg. Sprachgebrauch als den *Willen* bezeichnet, stellt nichts anderes als jene kognitiv verarbeitete M. dar, der das Ich der Person den Vorzug vor anderen gegeben hat, so daß sich „mein Wille" als jene M. manifestiert, für die sich das bewußte Ich, frei oder unfrei, einsetzt. Die Antriebskräfte des Willens sind mit denen der anderen konkreten M.en identisch.

Die Motive und Projekte, so wie sie aufgrund der Entwicklungsvorgänge der Motive beim erwachsenen Menschen existieren, dürfen nicht als bloße Weiterentwicklung der Formen infantiler Bedürfnisse angesehen werden. Sowohl die infantilen wie die erwachsenen Formen der M. sind die Verwirklichungen fundamentaler Bedürfnisse, die alle in ihrer konkreten Form vom Entwicklungsstand der psychischen Funktionen im allg. abhängen. Dabei ist es selbstverständlich, daß jede höhere Entwicklungsstufe dem Einfluß der früheren ausgesetzt ist.

Die Theorie von G. W. Allport (1937) über die Entwicklung der M. löst ebenfalls die aktuellen Motive von den kindlichen und von den primären. Sie unterstreicht die *funktionelle Autonomie* der Triebe in dem Sinne, daß Verhaltensweisen, die ursprünglich durch bestimmte Bedürfnisse motiviert waren (z. B. das Bedürfnis, seinen Lebensunterhalt zu verdienen), nach und nach ihren Antrieb in sich selbst finden können, d. h., sie werden funktionell autonom. Es ist die gleiche Auffassung, die Woodworth in dem Satz formulierte: „Mechanisms become drives." Dennoch bleibt zu untersuchen, ob diese sog. *autonomen* Verhaltensweisen nicht etwa durch andere Bedürfnisse motiviert werden, die darin nach und nach ihre Kanalisation, d. h. ihre Form der Verwirklichung, gefunden haben.

Zusammenfassung (aktueller Stand). Die Vorstellungen über die M. unterlagen lange dem Einfluß der Tatsache, daß während mehrerer Jahrzehnte das bevorzugte Forschungsobjekt in diesem Bereich entweder das tierische Verhalten oder das pathologische Verhalten des Menschen war. So bleiben spezifisch menschliche Bedürfnisse lange Zeit im Hintergrund, und konstruktivere Aspekte menschlicher M. wurden zugunsten pathogener Prozesse vernachlässigt. Darüber hinaus verschleierte die Erforschung des Verhaltens im Rahmen des behavioristischen S-R-Modells die Rolle der Motivation.

Während heute in der ↗klinischen und ↗angewandten Psychologie die Bedeutung des M.prozesses kaum noch bestritten wird, stellen einige Strömungen experimenteller Psychol. (mit psycho-physiologischer oder behavioristischer Ausprägung) generell die Relevanz dieser intervenierenden Variablen in Frage. Häufig werden anderen Faktoren (wie den Stimulationen und physiol. Zuständen, der Wachheit, dem Lernen usw.) die Funktionen zugeschrieben, die im Verhalten wahrscheinlich der M. zukommen. In unserer Zeit nahmen sich andere Strömungen der expt. und Sozialpsychol. entschieden der Untersuchung eines größeren Spektrums von M.en sowie ihrer spezifisch menschlichen Formen an und überwanden damit den Standpunkt, der die menschliche M. als bloße Verlängerung homöostatischer Bedürfnisse auffaßte.

Lit.: Ancona, L., Buytendijk, F. J. J., et al: La motivation. Paris, 1959; **Atkinson, J. W.:** Einführung in die Motivationsforschung. Stuttgart, 1975; **Bolles, R. C.:** Theory of motivation. New York – Evanston – London – Tokyo, 1967; **Bower, G. H.** (Ed.): The psychology of learning and motivation. New York, 1979; **Cofer, C. N. & M. H. Appley:** Motivation: theory and research. New York – London – Sydney, 1964; **Jones, M. R. & W. J. Arnold** (Eds.): Nebraska symposium on motivation, Lincoln, 17 vols. 1953–69; **Lewin, K.:** Vorsatz, Wille und Bedürfnis. Berlin, 1926; **Maslow, A. H.:** Motivation und Persönlichkeit. Freiburg, 1977; **Nuttin, J.:** La motivation. In: **P. Fraisse & J. Piaget** (Hrsg.): Traité de psychologie expérimentale, vol. 5. Paris, ²1968, 1–83; **Thomae, H.:** Motivation. In: Hdb. der Psychol., Bd. 2. Göttingen, ²1970; **Weiner, B.:** Theorie der Motivation. Stuttgart, 1976.

J. Nuttin

Motivation und Sittlichkeit. Innerhalb der philosophischen Anthropologie und Ethik stellt sich die Frage, durch welche Merkmale sich M. von bloßer Verursachung unterscheidet. Von M. wird man nur dort sprechen dürfen, wo entweder ein dem bewußten Subjekt gegenüberstehendes (intentionales) Objekt oder ein im Subjekt bewußt erlebter Inhalt die Person in sinnvoller Weise zu einem Akt „bewegt". Wenn z.B. Gefühle der Freude oder Liebe sinnvoll von einem erkannten Gegenstand „hervorgerufen" werden, kann man von M. sprechen, im Gegensatz zu dem Fall, wo ein Gefühl der Euphorie rein von einer Droge erzeugt wird.

M. ist jedoch dort, wo sie Akte oder Handlungen nicht von sich aus hervorruft, sondern sie gleich einer „Einladung" bloß „miterzeugt", ein Element, das den sittlichen Wert oder Unwert eines Aktes mitbestimmt. Ein Motiv muß dann als ein von sich selbst aus nicht genügender Grund eines Aktes angesehen werden; das Motiv freier Akte wird zum Handlungs- oder Aktgrund erst auf Grund einer freien Annahme oder Zustimmung von seiten des Handelnden. Die M. einer unfreien affektiven Antwort wird sittlich bedeutungsvoll, wenn sie zugleich einen Akt freier sittlicher Sanktion veranlaßt. Welche grundsätzlichen Arten von Motiven gibt es? Der Hedonismus (Aristipp, Epikur, Freud) erkennt ausschließlich die Lust als Motiv an; der Eudaimonismus (Aristoteles u.a.) ausschließlich das Glück oder eine objektive Erfüllung der Natur. Man unterscheidet zwei oder mehr „von Grund auf verschiedene" Quellen der M., im Sinne der Unterscheidung zwischen dem Guten (Schönen, Justum, Honestum) einerseits und dem bloß Angenehmen (Süßen, Selbstliebe, Commodum, etc.) andererseits (Platon, Aristoteles, Augustinus, Thomas, Duns Scotus u.a.). Kant führt diese Unterscheidung als die zwischen Pflicht und Neigung in der entschiedensten Kritik am Eudaimonismus aus, belastet sie aber mit den Annahmen seines ethischen Formalismus. Scheler kritisiert und überwindet den Formalismus der Kantischen Ethik mit einer materialen Wertethik, aber er reduziert den grundlegenden Unterschied innerhalb der menschlichen M. weitgehend auf den des richtigen Vorziehens höherer Werte vor niedrigeren und eines umgekehrten falschen Vorziehens als Wurzel des Bösen. Die Frage, was denn die Wahl eines als niedriger gegebenen Wertes motivieren könne, wenn alle M. vom Wertgesichtspunkt aus erfolgt, bleibt ungeklärt. In einer auf materialen Gütern (Sachforderungen) aufgebauten Ethik versuchten Hengstenberg u.a. den bis auf die Wurzeln greifenden Unterschied zwischen menschlichen Motivationen zu erhellen, der allein den Unterschied zwischen Gut und Böse (anstatt nur den zwischen richtigem und falschem Handeln) erklären kann. Den bedeutendsten Beitrag in dieser Richtung hat D. von Hildebrand geleistet, indem er drei von Grund auf verschiedene Kategorien der M. bzw. drei diesen entsprechende Arten von „Bedeutsamkeit" unterschied: das bloß subjektiv Wichtige (Befriedigende), das *objektive Gut für die Person* und das *in sich Bedeutsame* (Kostbare, Wert bzw. Gut). Damit wird die M. durch eine bloß subjektive Lust oder Macht (Nietzsche) nicht bloß dem Streben nach wahrem Glück (objektivem Gut *für* die eigene Person), sondern auch der Antwort auf ein Seiendes (Gut) um des ihm selbst innewohnenden Wertes, um der ein Gut in sich selber aus dem Neutralen positiv heraushebenden Bedeutsamkeit willen gegenübergestellt. Der Begriff der „Wertantwort" nimmt dann eine zentrale Stellung innerhalb der Ethik und philosophischen Anthropologie ein.

Lit.: Hengstenberg H.-E.: Grundlegung der Ethik. Stuttgart, 1969; **Hildebrand, D. von:** Das Wesen der Liebe. Stuttgart, 1971; **ders.:** Ethik. Ges. Werke Bd. 2. Stuttgart, 1973; **Reiner, H.:** Die Grundlagen der Sittlichkeit. Meisenheim, [2]1974; **Seifert, J.:** Was ist und was motiviert eine sittliche Handlung? Salzburg–München, 1976.

J. Seifert

Motivationale Wahrnehmung bezeichnet die Veränderung oder Verzerrung, welche die ↗Wahrnehmung durch die Tatsache erfährt, daß das wahrnehmende Individuum sich in einem Bedürfniszustand oder einem Zustand emotionaler Erregung befindet oder daß das wahrgenommene Objekt für dessen ↗Persönlichkeit einen bestimmten (positiven oder negativen) Wert oder eine bestimmte Valenz besitzt. Man erkennt damit an, daß die ↗Wahrnehmung nicht nur ein Ergebnis der Reizstruktur und der Sinnesorgane ist, sondern ebenso der Persönlichkeitsstruktur und deren motivationalen Zustands. Vgl. auch ↗Soziale Wahrnehmung.

Lit.: Allport, F. H.: Theories of perception and the concept of structure. New York – London, 1955, 709; **Blake, R. R. & G. V. Ramsey:** Perception. An approach to personality. New York, 1951, 442; **Bruner, J. S. & D. Krech:** Perception and personality. Durham, 1950; **Graumann, C.-F.,** Nicht-sinnliche Bedingungen des Wahrnehmens. In: **W. Metzger** (Hrsg.): Hdb. der Psychol., Bd. 1, 2. Halb-Bd. Göttingen, [2]1974.

J. Nuttin

Motivator, Funktionsblock im ↗Psychostrukturmodell „Kybiak" von Stachowiak, durch welchen das Organogramm der ↗Informationspsychologie durch explizite Berücksichtigung von Motivationsphänomenen ergänzt werden soll. *H. Frank*

Motorik. DEFINITION UND ABGRENZUNGEN. Unter M. versteht man Bewegung des Körpers und der Körperteile, *angepaßt* an *räumliche* und *zeitliche* Bedingungen. Die M. wird kontrolliert. Zur *Sensomotorik* gehören sowohl sensorische (Wahrnehmung) Kontrolle als auch die Kontrolle durch die im Laufe der Bewegung hervorgerufenen Eigenreize.

Der Übergang von *visueller* zu *kinästhetischer* Kontrolle der mot. Bewegung ist kennzeichnend für das Erlernen der meisten mot. Fähigkeiten. Ein Anfänger beobachtet beim Schalten angespannt die Hebel, später wirft er nur einen flüchtigen Blick darauf, und als erfahrener Fahrer macht er nur eine kurze Bewegung (kinästhetische Kontrolle).

Eine Abgrenzung der M. von anderen Verhaltensformen ist für deren Theorie unwesentlich. Deshalb ist die Definition der M. hier sehr weit gefaßt und betont einmal M., ein andermal *„skill"* (mot. Fähigkeiten, d. h., eine Folge von Bewegungen koordiniert und kontrolliert ausführen zu können).

Mit der *Grundlagen-* und *Anwendungs*forschung der M. beschäftigen sich außer der Psychol. auch mehrere andere Disziplinen, z. B. Medizin, Sport, Musik, Industrie, Militär usw. Die Entwicklungsforschung untersucht die Zusammenhänge zwischen der Art der mot. Fähigkeiten und ihrem Heranreifen in der frühen Wachstumsphase und den Ursachen (meist sensorische oder kognitive) ihrer Einbuße im hohen Alter.

Beim ↗Human engineering spielen ↗*Bewegungsstudien* im Zusammenhang mit ↗Mensch-Maschine-Systemen die Hauptrolle. Das heutige Forschungsproblem ist, die Maschinenausstattung dem Menschen anzupassen und Auswahl- und Trainingsmethoden zu verbessern.

Es ist bekannt, daß das Verhalten kein ausschließlich *motorisches, verbales* oder *kognitives* ist, daß eine mot. Reaktion nicht nur aus Bewegung besteht, sondern auch verbale und kognitive Anteile miteinschließt. Der Begriff M. umfaßt Gleichgewicht und Beständigkeit (wie beim Entlanggehen auf einem Strich und Zielen), einzeln, wiederholt, serienmäßig und sukzessiv ausgelöste Alles-oder-Nichts-Reaktionen (wie beim Einpassen von Klötzen in eine Vorlage), „positioning" (Einstellen, Steuern) und komplizierte Bewegungsabläufe (wie beim Autofahren, Laufen und Schreiben). Gekonnte Handlungen laufen nach einem Muster ab. Sie sind in der Größe abgestuft, zeitlich geordnet, und neue Abfolgen werden genau eingehalten. Aber M. (Andreas, 1960; Bilodeau, 1961) oder räumlich-zeitlich koordinierte Bewegungen (Smith, 1962; Fitts, 1964; Bahrick & Noble, 1966) sind abhängig von der Zuverlässigkeit der sensomotorischen Interaktion und der Disposition (körperlichen), neue Reaktionsabläufe zu vollziehen. In diesem Sinne sind Modelle der Informationsverarbeitung und Untersuchungen über ↗„feed-back" von großer Bedeutung.

GESCHICHTE UND METHODOLOGIE. Die expt. Forschung konzentrierte sich alternativ auf die Zusammenhänge zwischen skills und Stress und Entspannung, Auswahlstrategie (eclectic theory) und Konzentrationsuntersuchungen mit Hilfe künstlicher Laboratoriumsapparaturen, befaßte sich alternativ mit den Zusammenhängen zwischen skills und Flexibilität zu bewußten Variationen ohne/mit Bezug zu Arbeit und bezogen auf Spiel und künstlerische Fähigkeiten.

Die weitgefaßte funktionalistische Definition der Psychol. (1890–1910) erlaubte die ersten bedeutenden Untersuchungen, die unter Mitwirkung von R. S. Woodworth, R. B. Cattell u. a. durchgeführt wurden. Ihr erneutes Aufleben verdankt die Forschung auf diesem Gebiet geschichtlichen Ereignissen. Im Zweiten Weltkrieg wurden neue Instrumente zur Auswahl von Führungskräften und zum Training benötigt, ihre Entwicklung kam der späteren lerntheoretischen Forschung zugute. Die Entwicklung der Mathematik und der ↗Computer erlaubte der Wissenschaft, die Abhängigkeiten gemessener Reaktionen von bekannten Reizqualitäten festzustellen. Bedeutenden Fortschritt erbrachten die umfangreichen Untersuchungen im Zusammenhang mit der Arbeitsanalyse und der Handhabung von Werkzeugen und Maschinen als einer der bedeutendsten menschlichen Tätigkeiten. Fitts (1964), der selbst eine führende Stellung einnimmt, bezeichnet Craik als einen Vorläufer der modernen Arbeitsanalyse.

Da skills (mot. Fähigkeiten) Fertigkeiten und Übung einschließen, richteten sich die Untersuchungen hauptsächlich auf das Erlernen von bestimmten Bewegungsabläufen.

FORSCHUNGSMETHODEN. „Tracking" stellt gewöhnlich einen Vorgang der fortwährenden Anpassung dar. In ihm sind folgende Komponenten enthalten: Ausdehnung der Bewegung, Reaktionsmuster, Wahlreaktion und Bewegungsgeschwindigkeit. Untersuchungen, die sich nur auf Einzelkomponenten der *Steuerung* („positioning") konzentrieren, erleichtern das Erfassen von koordinierten Bewegungen, indem sie diese unter dem Aspekt des selektiven Lernens einzeln betrachten. *Sekundäre Faktoren,* wie Hemmung und Motivation, können mit Hilfe solcher Aufgaben festgestellt werden, die nur fest eingeübte Bewegungsabläufe enthalten (z. B. Drehen).

Tracking (Verfolgen, Spurhalten, Nachfahren). Kontroll- und Anzeigegerät oder die Form, in der die Führungsgröße und die Nachführgröße angezeigt werden („display"), sind wichtige Merkmale eines Operateur-Leitpults, die die Steuertätigkeit beeinflussen. Die Signale des display werden mit der Hand oder mit dem Fuß gesteuert. Die Trackingaufgaben werden in verschiedene Klassen eingeteilt und sind von unterschiedlichem Schwierigkeitsgrad. *Kompensationstracking* ist weniger exakt, da das display keine separaten Anzeigen für input und feed-back beinhaltet: Der Operateur hat die Aufgabe, die Nachführgröße mit einem festen Ziel (beim *Verfolgungstracking* ist das Ziel beweglich) mittels eines Steuerknüppels in Deckung zu bringen (halten). Die Reaktion wird durch die *Richtung,* das *Muster* und die *Größe* der Bewegung, durch das *exakte Behalten* des Zieles, die dazu benötigte *Einstellzeit* und die übermittelte Information gemessen. *Kontrollvariablen* sind Anzahl und die Art der Steuerungshebel, Ebene (horizontale, vertikale), Größe und Richtung der Bewegung, Elastizität, Widerstand (Reibung) und die Kraft, die das Korrigieren der Abweichung erfordert. Letzteres ist nicht unbedeutend, da eine präzise Bewegung nur mit Feingefühl ausgeführt werden kann, Reibung jedoch erniedrigt die Genauigkeit und Geschwindigkeit.

Ein eindimensionaler, langsamer, gleichmäßiger Kurs ist leicht zu verfolgen. Äußerst kritisch ist zu betrachten die Art und Weise des Anzeigens des *feed-back* (IF = information feed-back), der sich auf den Fehler zwischen Ausgabewert und Zielvorgabe bezieht, d. h. Information über den Fehler vermittelt. Die Rückmeldung bestimmt das Verhalten, indem sie korrigierende Bewegung hervorruft. Die verschiedenen möglichen Arten, Output-Input-Fehler zu transformieren, um IF anzeigen zu können, haben mehrere Konsequenzen, die sehr bedeutsam sind für die displays außerhalb des Laboratoriums (Flugzeug-, U-Boot-Steuerung). Es soll hier angemerkt werden, daß die Exp. mit Kompensations-, Verfolgungstracking zur Analyse der Koordination von Bewegungen (skill) nichts beigetragen haben.

„Teil-skills" (einzelne Bewegungen) vereinigen sich miteinander nach dem *Gesetz der Unabhängigkeit;* die Häufigkeit der präzise ausgeführten Bewegungen ist ebenso zufällig wie die der ungenauen.

Andere Ansätze zur Analyse von mot. Fähigkeiten sind Übungsübertragung (transfer), Länge von Übungspausen bei verteilter Übung und Bestimmungen von Korrelationen zwischen einzelnen Komponenten von mot. Fähigkeiten mit anderen Fähigkeitstests.

WEITERE FORSCHUNGSSCHWERPUNKTE. Die Forschung richtet sich auf die Bestimmung von Grenzen der Reaktionslatenz, der Anzahl der Durchführungen und der kurz- und langanhaltenden Wirkung von verschiedenen Übungsprogrammen (häufige Unterbrechung erleichtert das Erlernen von tracking), auf die Bestimmung von Umfang und Richtung des Übungstransfers. Der ↗Transfer von früher Gelerntem auf das Erlernen von neuen Aufgaben ist meist positiv, er begünstigt die Umstellung von einem display auf den anderen und erleichtert das Erlernen von Kontrollfaktoren; tracking wird gut wiedererinnert (↗Übung).

1. *Steuern* (positioning). Einen Strich ziehen oder eine Uhr einstellen geschieht durch eine abgestufte kontrollierte Bewegung mit vielen einzelnen Versuchsabschnitten, z. B. einstellen, überprüfen (IF), unterbrechen, nochmals einstellen usw. Die Überprüfung bestimmt die Merkmale der Reaktion (Handlung), dabei spielt IF die Hauptrolle. Die allg. Merkmale (Variablen) der Handlung sind Größe der Bewegung und Größe und Bedeutung des Fehlers, der von der Kontrollanordnung angezeigt wird.

2. *Rückmeldung* (feed-back). Wird IF (score) zeitlich (z. B. verzögert) und räumlich (z. B. nicht-linear) verzerrt dargeboten, so verlangsamt sich das Erlernen von tracking. Auch hier ist die Art und Weise der IF-Transformation von großer Bedeutung. Extreme IF-Verzerrungen verlangsamen das Erlernen und verringern die Genauigkeit, jedoch können die Menschen auch starke Verzerrungen, z. B. nicht-lineare Beziehungen zur Reaktionsgröße und ungenaue IF, überwinden (Lerneffekt). Das bedeutet, daß die Menschen auch mit verzerrten IF-Anzeigen, die von Fall zu Fall in der Praxis wegen anderer Situationsvariablen nicht vermeidbar sind, arbeiten können. Die Größe der Handlungen – ob Änderung oder Wiederholung der vorhergehenden – wird vom letzten IF bestimmt. Obwohl Lernen nur in Verbindung mit IF stattfindet, wird die vorher festgelegte Reaktion nicht auftreten, wenn ein *neues Signal* den Fehler anzeigt.

3. *Gedächtnis und Motorik.* Im Ggs. zu tracking ist Steuern dem Vergessen unterworfen: sogar verteilte ↗Übung hat eine negative Wirkung auf die Genauigkeit. Früheres (proaktives) oder späteres (retroaktives) wirkt sich auf das Behalten positiv aus oder interferiert mit ihm, je nachdem, ob vorhergehendes Lernmaterial positiven oder negativen ↗Transfer auf das neu Erlernte ausübt.

Die Verbindung der Komponentenanalysen von einzelnen Versuchsreaktionen (trial) mit einem Gedächtnismodell ermöglicht die Darstellung der Funktion des Vergessens von mot. Aufgaben und das Aufzeigen der gegenseitigen Abhängigkeit von mot. und Gedächtniskomponenten. Teilkomponenten sind z. B. IF, genaue Kontrollbewegungen und alternative (einander ausschließende) Bewegungen. Die Erinnerung an eine dieser Teilkomponenten ruft die Erinnerung an die andere hervor.

Die neuesten Forschungen zeigen, daß der analytische Zugang, einfache Versuchssituationen, genaue Beschreibungen von einzelnen Reiz-Antwort-Prozessen erfolgreiche Methoden und Zugänge für das Erfassen der M. und der skills sind (Bahrick & Noble, 1966; Fitts, 1964; Noble, 1968; Bilodeau, 1969).

Lit.: Adams, J. A.: Motor skills. Ann. Rev. of Psychol., 1964, *15*, 181–202; **Andreas, B. G.:** Experimental psychology. London, 1972; **Bahrick, H. P. & M. E. Noble:** Motor behavior. In: **J. B. Sidowski** (Ed.): Experimental methods and instrumentation in psychology. New York, 1966, 645–675; **Bilodeau, E. A.** (Ed.): Acquisition of skill. New York, 1966; **ders.** (Ed.): Principles of skill acquisition. New York, 1969; **Bilodeau, E. A. & I. McD. Bilodeau:** Motor skills learning. Ann. Rev. of Psychol., 1961, *12*, 243–280; **Deese, J. & S. H. Hulse:** The psychology of learning. New York, 1967; **Fitts, P. M.:** Engineering psychology. In: **S. Koch** (Ed.): Psychology: a study of science. New York, 1963, 908–933; **Fitts, P. M.:** Perceptual-motor skill learning. In: **A. W. Melton** (Ed.): Categories of human learning. New York, 1964, 244–285; **Hall, J.:** The psychology of learning. Philadelphia, 1966; **Marx, M. H.:** Learning: processes. London, 1969; **Melton, A. W. & G. E. Briggs:** Engineering psychology. Ann. Rev. of Psychol., 1960, *11*, 71–98; **Noble, C. E.:** The learning of psychomotor skills. Ann. Rev. of Psychol., 1968, *19*, 203–250; **Poulton, E. C.:** Engineering psychology. Ann. Rev. of Psychol., 1966, *17*, 177–200; **Smith, K. U.:** Delayed sensory feedback and behavior. Philadelphia, 1962; **Welford, A. T.:** Ageing and human skills. London, 1958.

I. McD. Bilodeau

Motorische Bahnen. Die m. B. leiten Impulse zu quergestreiften oder glatten Muskeln und lösen Körperbewegungen, Darmperistaltik, Bronchial- und Gefäßverengungen aus. Sie gehören damit zu den efferenten Nerven.

Beispiele: Der Nervus glossapharyngeus (Zungenschlundnerv, IX. Hirnnerv) führt zu den Schlundmuskeln. Ein kompliziertes Muster von Impulsen läuft im Ischias- und Oberschenkelnerv beim Gehen. Die ↗Pyramidenbahnen leiten Impulse der Willkürmotivik und das ↗extrapyramidal mot. System der weitgehend automatisch ablaufenden Bewegungen.

Lit.: Sobotta, I. & H. Becher: Atlas der Anatomie des Menschen. München, [2]1972.

G. Arnold

Motorischer Typ ↗Vorstellungstypen.

Motorisches Sprachzentrum ↗Brocasche Windung; ↗Aphasie.

Motorische Theorie des Bewußtseins. Diese Theorie nimmt an, daß die besondere Qualität des Bewußtseins auf der mot. Reaktion beruht bzw. daß vielleicht der gesamte neurale Schaltkreis vom Reiz bis zur Reaktion das ↗*Bewußtsein* determiniert. Daraus folgt, daß die Wahrnehmung eines Objektes von der muskulären Reaktion auf dieses abhängt.

C. D. Frith

MPI *(Maudsley Personality Inventory)*, stammt von Eysenck (1956; dt.: 1959). Je 24 Items für Neurotizismus (N) und Extraversion (E) wurden aufgrund von korrelationsstatistischen Kriterien aus dem ↗MMQ und Tests von J. P. Guilford ausgewählt. (Eine Kurzskala für Zwecke der Marktforschung besteht aus je 6 Items für N und E.) Interpretiert werden die Summenwerte der N- und E-Skalen. Die *Halbierungsreliabilität* beträgt für die N-Skala r = .88 und für die E-Skala r = .83. Die Koeffizienten für die Kurzskala sind: r = .79 (N) und r = .71 (E). Der *Validitäts*nachweis wurde einmal durch signifikante Diskriminationen normalgesunder Pbn von klinischen Gruppen, zum anderen durch bedeutsame Korrelationen der MPI-Skalen mit anderen Tests derselben Persönlichkeitsdimensionen (für E r = .35 bis .80; für N r = .34–.77) erbracht.

Lit.: Eysenck, H. J.: Das Maudsley Personality Inventory. Göttingen, 1959.

P. Graw

MTVT ↗Mechanisch-technischer Verständnistest.

Müller, *Georg Elias.* LEBEN UND WERKE. * 20. 7. 1850 Grimma, † 23. 12. 1934 Göttingen. Studierte Geschichte und Philosophie in Leipzig und Göttingen; promovierte 1873 bei Lotze in Göttingen mit dem Thema „Zur Theorie der sinnlichen Aufmerksamkeit"; war anschließend Tutor in Rötha und Privatdozent in Göttingen. 1880 nahm er einen Ruf auf einen Lehrstuhl für Philosophie in Czernowitz an, kehrte aber schon 1881 als Nachfolger R. H. Lotzes wieder nach Göttingen zurück, wo er bis zu seinem Rücktritt 1921 blieb. Zu seinen Schülern in Göttingen zählten u. a.: O. ↗Külpe, D. Katz, E. R. Jaensch und E. Rubin.

M. ist einer der Begründer der expt. Psychologie. Seine bedeutendsten Beiträge leistete er auf den Gebieten der ↗Psychophysik, des ↗Gedächtnisses und der visuellen Wahrnehmung.

In seiner 1878 veröffentlichten Monographie „Zur Grundlegung der Psychophysik" und dem 1903 erschienenen Werk „Die Gesichtspunkte und die Tatsachen der psychophysischen Methodik" übte er ausgiebige Kritik am ↗Weberschen Gesetz sowie an der Arbeit G. T. ↗Fechners und stellte die seiner Meinung nach fundamentalen psychophysischen Axiome der Beziehungen von Wahrnehmung und neuraler Erregung dar, die später die Grundlage des gestaltpsychol. Prinzips der Isomorphie wurden. Auf dem Bereich der visuellen Wahrnehmung erlangt M. vor allem durch seine Aufsätze „Zur Psychophysik der Gesichtsempfindungen" (1896–1897) Bedeutung, die eine Revision von E. Herings Theorie der Farbwahrnehmung enthalten. Darüber hinaus veröffentlichte er 1930 zwei weitere Monographien über die Psychophysik der Farbempfindungen, die allerdings nicht mehr die Bedeutsamkeit seiner früheren Arbeiten erreichten.

Die stärkste Beachtung fanden M.s Arbeiten auf dem Gebiet der Gedächtnisforschung. Zusammen mit F. Schumann (1894), A. Pilzecker (1900) u. a. führte er die Ebbinghausschen Gedächtnisuntersuchungen fort und gelangte zu wesentlichen Ergebnissen. Er erfand u. a. die Treffer- und Zeitmethode, entdeckte die assoziativen und retroaktiven Hemmungen, entwickelte effektivere Lernmethoden usw. Besondere Beachtung verdient seine dreibändige Monographie „Zur Analyse der Gedächtnistätigkeit und des Vorstellungsverlaufs“ (1911–17), in der er u. a. seine bekannten Untersuchungen mit dem Gedächtnisphänomen Rückle darstellte. M.s Gedächtnisuntersuchungen unterschieden sich von den Ebbinghausschen u. a. wesentlich durch die zusätzliche Heranziehung *introspektiver Berichte* der Vpn zu den objektiven Daten. Er konnte dadurch nachweisen, daß auch schon beim Erlernen sinnloser Silben das ↗Lernen nicht mechanisch und automatisch verläuft, sondern daß eine aktive und bewußte Organisation des Lernmaterials durch die Vpn stattfindet. Mit seiner Ansicht, daß die Assoziation durch Kontiguität nicht allein das ↗Lernen ermöglicht, sondern durch bewußte Lerneinstellungen ergänzt wird, stand M. in enger Übereinstimmung mit den etwa zur gleichen Zeit auf dem Gebiet der Denkpsychol. von O. Külpe und der ↗Würzburger Schule erzielten Forschungsergebnissen. ↗Gedächtnis, ↗Gedächtnishemmung.

Lit.: Boring, E. G.: Georg Elias Müller: 1850–1934. Amer. J. Psychol., 1935, *47*, 344–348; **Katz, D.:** Georg Elias Müller. Acta psychologica, 1935, *1*, 234–240.

W. Wittling

Müller-Lyersche Täuschung, die am meisten untersuchte ↗geometrisch-optische Täuschung. Obgleich die beiden waagerechten Li-

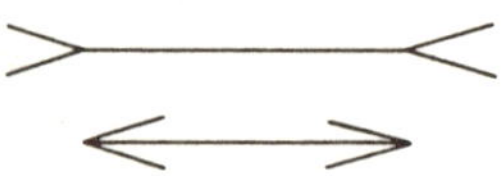

nien objektiv gleich lang sind, erschweren die Pfeilspitzen an ihren Enden die Wahrnehmung dieser Tatsache (s. Abb.). Es gibt viele Theorien bezüglich dieser Täuschung. Einige von diesen basieren auf einem fälschlich auftretenden Konstanzphänomen bei perspektivischem Sehen der Täuschung. Dagegen spricht die Tatsache, daß diese Täuschung im Bereich des Tastsinns ebenfalls wirksam ist.

C. D. Frith

Multiple Choice Technique, *Mehr-Wahl-Technik,* Antworttypus bei psychol. Tests und ↗Fragebogen. Der Pb wählt aus drei oder mehr vorgegebenen Möglichkeiten der Beantwortung einer Frage bzw. der Bewertung einer Feststellung die zutreffende aus.

Lit.: Lienert, G. A.: Testaufbau und Testanalyse. Weinheim, ^{3}1969.

P. Steck

Multiple Korrelation, parametrisches Verfahren zur Bestimmung der ↗Korrelation einer (Kriteriums-)Variablen mit einer optimalen Kombination anderer Variablen. Die Höhe der m. K. hängt von der Höhe der Interkorrelationen der anderen Variablen und von der Höhe der Korrelationen dieser Variablen mit der Kriteriumsvariablen ab. Die Berechnung erfolgt (für 3 Variable) nach

$$R_{1.23} = \sqrt{\frac{r_{12}^2 + r_{13}^2 - 2r_{12}r_{13}r_{23}}{1 - r_{23}^2}}$$

↗Korrelationstechniken. *G. Mikula*

Multipler Orgasmus ↗Orgasmus, multipler.

Multiple Sklerose, eine Erkrankung des Rükkenmarks und des Gehirns mit stellenweisem Myelinverlust und Ersatz durch Narbengewebe. Die Ursache ist unbekannt, obwohl verschiedene Viren in diesen Zusammenhang gebracht worden sind. Es treten multiple fokussierte neurol. Läsionen auf; die Krankheit verläuft unter Besserungen und Rückfällen über viele Jahre. Psychische Symptome sind häufig, intellektuelle Störungen gemeinsam mit Stimmungsschwankungen. Ursprünglich wurde ↗Euphorie als typische Stimmungsänderung angesehen, doch tatsächlich ist ↗Depression verbreiteter. *D. Eaves*

Multivariate Verfahren, statistische Auswertungstechniken für die simultane Analyse mehrerer Daten, die für jedes von n Individuen (oder Objekten) erhoben wurden (im Gegensatz zu univariaten Verfahren, bei denen von jedem Individuum nur eine Messung vorliegen darf). Den M. V. kommt in der Psychologie insoweit eine besondere Bedeutung zu, als viele psychologische Variablen, wie beispielsweise sozialer Status, berufliche Zufriedenheit, Therapieerfolg, Einstellungen, Begabungen, Interessen, Erziehungsstile, Krankheitssymptomatiken etc. nur schwer und im allgemeinen nur unzureichend aufgrund eines einzelnen Indikators operationalisiert bzw. gemessen werden können. Liegen wie in diesen Fällen mehrere Messungen zur Charakterisierung einer komplexen Variablen vor oder sollen mehrere Variablen gleichzeitig bei der Analyse berücksichtigt werden, können M. V. mit folgenden Zielsetzungen angewandt werden: Überprüfung des Zusammenhanges zwischen mehreren Prädiktorvariablen und einer Kriteriumsvariablen (multiple Korrelation), Vorhersagbarkeit einer Kriteriumsvariablen aufgrund mehrerer Prädiktorvariablen (multiple Regression), Überprüfung des Zusammenhanges zwischen mehreren Prädiktorvariablen und mehreren Kriteriumsvariablen (kanonische Korrelation), Überprüfung der Mittelwertunterschiede zwischen mehreren Stichproben hinsichtlich mehrerer abhängiger Variablen (multivariate Varianzanalyse), Ermittlung der Bedeutung einzelner abhängiger Variablen für die optimale Trennung von Stichproben (Diskriminanzanalyse), Reduktion vieler, wechselseitig korrelierter Variablen auf wenige, voneinander unabhängige Dimensionen (Faktorenanalyse), Gruppierung von Individuen, Objekten oder Variablen nach Maßgabe ihrer Ähnlichkeit (Clusteranalyse). Formal basieren die M. V. auf der Konstruktion von Linearkombinationen (additive Verknüpfungen gewichteter Variablen), deren Gewichte je nach Fragestellung unterschiedliche Kriterien maximieren.

Lit.: Bortz, J.: Lehrbuch der Statistik. Berlin, 1977; **Cattell, R. B.,** (Ed.): Handbook of multivariate experimental psychology. Chicago, 1966; **Tatsuoka, M. M.:** Multivariate Analysis. New York, 1971.

J. Bortz

Mundraum, vermutlich erste, primitive Phase des Raumbewußtseins, die durch die Suchbewegungen beim Anlegen an die Mutterbrust bestimmt ist. Dieser *Oral-* oder *Urraum* dringt dem Kind durch Tast- und Bewegungseindrücke ins Bewußtsein, eine Verbindung mit dem Gesichtssinn ist noch nicht gegeben. Es handelt sich um die Vorstufe des ↗Greifraumes.

M. Sachs

Münsterberg, *Hugo.* LEBEN. * 1. 6. 1863 Danzig, † 16. 12. 1916 Cambridge (Mass.). Studierte Medizin, Philosophie und Psychol. in Genf, Leipzig und Heidelberg; 1885 philosophische Promotion unter W. ↗Wundt in Leipzig; 1887 med. Promotion und Habilitation für Philosophie in Freiburg i. Br.; wurde 1892 auf Veranlassung von W. ↗James an die Harvard University berufen, wo er 1897 Direktor des psychol. Laboratoriums wurde und einen Lehrstuhl für expt. Psychol. übernahm; blieb mit Ausnahme eines Jahres (1910/11), während dessen er Austauschprofessor in Berlin war, bis zu seinem Tode, der ihn 1916 während einer Vorlesung ereilte, in Harvard.

WERKE. M.s Interessen waren durch seine Neigung zum phil. Denken einerseits und seine naturwiss. Orientierung andererseits geprägt. Sein phil. System, das zuweilen als „voluntaristischer Idealismus“ bezeichnet wird, zielte auf eine Wertlehre ab, die unabhängig von der kausalen Betrachtung ist und nicht nach *Ursache* und *Wirkung,* sondern nach *Ziel* und *Norm* fragt.

Zu Beginn seiner wiss. Laufbahn widmete sich M. vorwiegend der expt. Psychol.; dies zeigt sich auch in seinen in diesem Zeitraum veröffentlichten Schriften: „Willenshandlungen“ (1888), „Beiträge zur experimentellen Psychologie“ (1889–92) und „Grundzüge der Psychologie“ (1900). Später wandte sich M. immer stärker der ↗*angewandten Psychologie* zu und trug durch seine Pionierarbeit auf diesem Gebiet wesentlich zur Förderung der Psychol. als angewandter Wissenschaft bei. Gegenüber der Bezeichnung „angewandte Psychologie“ bevorzugte er aber den Begriff ↗*„Psychotechnik“* und definierte sie als „Wissenschaft von der praktischen Anwendung der Psychol. im Dienste der Kulturaufgaben“ (1914, 1). In den „Grundzügen der Psychotechnik“ (1914), seinem letzten größeren Werk, sah M. die Aufgaben der Psychotechnik neben der psychol. Vorhersage und Beeinflussung vor allem auf den Gebieten Wirtschaft, Erziehung, Recht, Kunst, Gesundheit und Gesellschaftsordnung.

Entsprechend weitreichend waren auch seine eigenen Forschungsinteressen. Besonders interessiert war M. an der Anwendung der Psychol. in Industrie und Wirtschaft. Er entwickelte den ersten Berufseignungstest (1910), führte Ausleseuntersuchungen für verschiedene Berufe durch, versuchte, Berufseignungstests an Erfolgskriterien zu validieren, hielt die erste Vorlesung über Wirtschaftspsychol. in Deutschland und schrieb mit „Psychologie und Wirtschaftsleben" (1912) das erste bedeutende Buch auf dem Gebiet der Betriebs- und Wirtschaftspsychologie.

Darüber hinaus war M. auch an den Gebieten der ↗päd. und ↗ *klinischen Psychologie* interessiert und gehörte zu den ersten, die ↗Suggestion und ↗Hypnose in der psychotherapeutischen Behandlung anwandten.

Auf dem Gebiet der ↗ *forensischen Psychologie* war M. wegbereitend mit seinen Abhandlungen über die *Glaubwürdigkeit* von Zeugenaussagen, ihre Entstellung durch Wahrnehmungs- und Gedächtnisfaktoren sowie die Untersuchung des Zusammenhanges zwischen Blutdruckänderung und Wahrhaftigkeit von Aussagen.

Weitere **Schr.:** On the witness stand, 1908; Psychology and the teacher, 1909; Psychotherapy, 1910; Psychology, general and applied, 1914. *W. Wittling*

Murray, *Henry Alexander.* LEBEN UND WERKE. * 13. 5. 1893 New York. Studierte Biologie und Medizin, arbeitete anschließend als Lehrbeauftragter für Physiologie an der Harvard University und als Chirurg am Presbyterian Hospital in New York; betrieb daraufhin als Assistent zwei Jahre embryologische Forschung am Rockefeller Institute for Medical Research in New York und promovierte 1927 in Biochemie an der Universität Cambridge, wo er sich erstmals für die Psychol. zu interessieren begann; erhielt im gleichen Jahr einen Lehrauftrag für Psychol. an der Harvard University, obgleich er keinerlei akademische Ausbildung in Psychol. besaß; 1928 wurde er assistant professor und Direktor der Harvard Psychological Clinic, 1937 associate professor; 1935 beendete er seine psychoanalytische Ausbildung bei F. Alexander und H. Sachs; nachdem er 1943 Harvard verlassen hatte, um in den Militärdienst einzutreten, kehrte er 1947 zurück und erhielt 1950 einen Lehrstuhl für klinische Psychol.; 1949 gründete er die psychol. Klinik Annex an der Harvard University.

M.s Bedeutung für die Psychol. liegt in seinen Beiträgen zur Persönlichkeitsdiagnostik einerseits und zur Persönlichkeitstheorie andererseits. Er entwickelte u. a. eine Anzahl verschiedener Verfahren, insbesondere ↗projektiver Testverfahren, zur Untersuchung der ↗Persönlichkeit, wovon in erster Linie der „Thematic Apperception Test" (↗TAT) herausragende Bedeutung erlangte. Darstellungen seiner Beiträge zur Persönlichkeitsdiagnostik finden sich in seinen Monographien „Explorations in personality" und „Assessment of men". M.s Persönlichkeitstheorie zählt zu den detailliertesten und komplexesten der gegenwärtig existierenden Persönlichkeitssysteme. Der Schwerpunkt der Theorie liegt auf dem Individuum in seiner ganzen Komplexität, was sich u. a. schon aus der von ihm gewählten Bezeichnung „personology" ergibt. Unverkennbar ist der Einfluß der Freudschen ↗Psychoanalyse auf M.s Theorie. Die Begriffe des ↗Es, ↗Ich und ↗Überich sind mit nur geringfügigen Modifikationen übernommen. Ebenso erkannte M. auch die Bedeutung frühkindlicher Ereignisse für die spätere Persönlichkeitsentwicklung an, was ihn zur Akzeptierung der psychoanalytischen Konzepte der Fixation (↗Fixierung) und der ↗Komplexe (Anal-, Oral-, Kastrationskomplex) verleitete. Eine Ähnlichkeit liegt auch in bezug auf die der unbewußten Motivation zuerkannte Bedeutung vor. Darüber hinaus betont M. allerdings weitaus stärker als S. ↗Freud die Rolle von sozio-kulturellen Umwelteinflüssen und physiol. Prozessen für die Persönlichkeitsentwicklung. Ebenso wendet er sich gegen die Überbetonung einzelner Triebe oder Motive wie S. Freuds Sexualität oder A. Adlers Streben nach Macht und betont die Notwendigkeit der Annahme einer großen Anzahl von Bedürfnissen zur Erklärung der Verhaltensdynamik. Er stellte daher aufgrund von projektiven Daten, anamnestischen Angaben, Interviews usw. eine Liste von 28 Bedürfnissen auf, die seiner Meinung nach in fast jedem Menschen vorkommen und deren relative Ausprägungsgrade die Individualität der einzelnen Persönlichkeit bedingen. ↗Projektive Verfahren; ↗Motivation.

Schr.: Explorations in personality, 1938; Manual of Thematic Apperception Test, 1943; Assessment of men, 1948.

W. Wittling

Murray-Test ↗TAT.

Musikbegabungstest, ein Leistungstest, der die Genauigkeit elementaren musikalischen Hörens prüft. Gemessen wird mit hinreichender Zuverlässigkeit das Unterscheidungsvermögen für geringfügig differierende Ausprägungen von Tonhöhe, Klangfarbe, Intensität, Zeit, Rhythmus und Konsonanz. ↗Musikpsychologie.

Lit.: Seashore, C. E.: Seashore-Test für musikalische Begabung. Adaptiert, aus dem Amerikanischen übersetzt und hrsg. von **C. Butsch & H. Fischer.** Bern – Stuttgart – Wien, 1966.

K.-D. Nissen

Musikpsychologie. Gegenwärtig wird die Psychol. im allg. definiert als Wissenschaft, die Reaktionen von Organismen auf Reize erforscht. Wenn wir diese Definition der Psychol. auf das Gebiet der Musik übertragen, so wären Reaktionen zu untersuchen, wie z. B. die Wahrnehmung der Musik mit dem Gehörsinn, die Erzeugung von Musik und die emotionale Reaktion auf sie usw. Musikalische Reize können ein Teil einer Partitur, ein Orchesterstück, ein Musikinstrument oder nur eine einzelne Note oder Melodie sein. Diese geläufige Vorstellung von M. steht im Ggs. zu dem, was viele ältere Psychologen, wie z. B. Seashore (1938), darunter verstanden. Seashore dachte mehr an eine „musikalische Seele" und ihre Inhalte. Diese dualistische Auffassung beherrschte die M. ungefähr von 1915 bis 1940.

TONDIMENSIONEN. Die einfachste Methode, Reaktionen auf Musik zu untersuchen, besteht darin, die Dimensionen eines einzigen Tones zu erfassen. Um den Dualismus von physisch und psychisch zu vermeiden, betrachten wir den Ton als einen Reiz, der zwei grundlegende Dimensionen hat: die *Schwingungen* und den subjektiv empfundenen *Toncharakter.* Zu der Schwingungsdimension gehören Schallwellen, ihre Frequenz, Intensität und charakteristische Schwingungsformen. Der Ton wird charakterisiert durch Tonhöhe, Lautstärke, Klangfarbe und einige andere Qualitäten, wie z. B. Volumen und Dichte. Die Tonhöhe, die direkt abhängig ist von der Schwingungsfrequenz, wurde am meisten erforscht. Tiefe Töne entsprechen niederen Frequenzen, hohe Töne hohen Frequenzen.

Zahlreiche Untersuchungen haben sich mit der Tonhöhenunterscheidung beschäftigt, d. h. mit der Frage: Wie gut ist die Differenzierungsfähigkeit bezüglich zweier verschieden hoher Töne, die abwechselnd dargeboten werden? Seashore (1938) behauptete, die Fähigkeit, Töne bezüglich ihrer Höhe, Lautstärke, Klangfarbe und ihres Rhythmus zu unterscheiden, sowie das Tongedächtnis seien erblich bedingt. Wyatt (1945) u. a. zeigten, daß Studenten mit geringem Tonhöhen-Unterscheidungsvermögen sich durch Übung wesentlich verbesserten, wenn man ihnen die Ergebnisse während des Übungsvorgangs mitteilte. Bei solchen Exp. werden zwei Töne dargeboten, und die Vp muß angeben, welcher höher oder tiefer ist. Ein anderes, damit verbundenes Problem ist die Beurteilung des *absoluten Gehörs* (↗Gehör, absolutes). Mit absolutem Gehör sollte man in der Lage sein, in zufälliger Reihenfolge angeordnete Töne ohne große Fehler zu benennen, also einen Ton ohne Vergleichston zu identifizieren. Auch von dieser Fähigkeit glaubten Seashore u. a., daß sie erblich bedingt sei. Lundin und Allen (1962) zeigten jedoch, daß Vpn lernen können, in zufälliger Reihenfolge dargebotene Töne aus zwei Oktaven zu identifizieren, wenn ihnen die Ergebnisse während des Exp. visuell mitgeteilt werden. Die Lautstärke entspricht der Intensität der Schwingungen (↗Sinnesorgane: das Ohr). Die Klangfarbe ist abhängig von der charakteristischen Form (Zusammensetzung) der Schwingungen (↗Gehörswahrnehmung).

TONVERBINDUNGEN. Durch verschiedene – jedoch nicht durch jede beliebige – Kombination von Tönen entstehen Melodie und Harmonie. Ebenso wie einzelne Töne haben Melodien bestimmte Dimensionen, wie z. B. die *Nähe* der Noten, d. h., die Aufeinanderfolge der Noten ist bedeutungsvoll. Eine weitere Dimension ist die der *Wiederholung:* In einer

Melodie werden eine oder mehrere Noten häufig wiederholt. Ein drittes Charakteristikum ist die *Finalität* oder *Kadenz;* durch die fallende Tendenz der Noten oder Gegensequenz von Tönen wird ein Gefühl vermittelt, daß die Melodie zu Ende geht. Ein anderer Aspekt der Finalität ist die *Tonalität.* Bei westlicher Musik ersehen wir aus dem Notenschlüssel, in welcher Tonart die Melodie geschrieben ist.

In der Vergangenheit haben sich Psychologen ernsthaft mit den Problemen der *Konsonanz* und *Dissonanz* in der Musik beschäftigt. Die eine Gruppe von Theorien könnte man als „*Naturgesetz*"-Theorie bezeichnen. H. v. ↗Helmholtz bezeichnete Töne als konsonant, wenn sie die gleichen Obertöne haben. Töne, die zusammen rauh klingen wegen der Interferenzen der Obertöne, wurden als dissonant bezeichnet. Stumpf (1883) schlug dagegen die Theorie der *Verschmelzung* vor. Nach dieser Theorie sind zwei Töne in dem Ausmaß konsonant, in dem sie in einen einzigen Ton verschmelzen können. Lundin (1947) schlug wieder eine andere Theorie der Konsonanz vor, die man als eine „*kulturelle Theorie*" bezeichnen könnte. Diese Theorie besagt, daß das, was man als konsonant oder dissonant empfindet, durch kulturelle Prägung bestimmt wird. Unter den Musikern bestehen sehr unterschiedliche Auffassungen, welche Intervalle als konsonant und welche als dissonant zu bezeichnen sind. Manche Leute verwechseln Konsonanz mit affektiven Werten oder, anders ausgedrückt, mit dem, was angenehm oder unangenehm empfunden wird. Konsonanz bezieht sich weiterhin auf den musikalischen Zusammenhang, in dem sie auftritt. Und schließlich werden heute Intervalle als konsonant angesehen, die jahrhundertelang vor der Entwicklung der Harmonielehre als dissonant bezeichnet wurden.

RHYTHMUS. Rhythmus wird ebenso wie Melodie und Harmonie als Hauptkomponente der Musik betrachtet und spielt sowohl als Stimulus wie auch als Reaktion eine Rolle. Als ein Stimulus besteht er aus Zeitvariationen zwischen Tönen oder regelmäßigen Schlägen wie auch aus dem Hervorheben (größere Lautstärke) bestimmter Töne. Unsere Reaktion auf einen wahrgenommenen Rhythmus besteht oft in Bewegungen.

MUSIKALISCHES GEDÄCHTNIS. Die Fähigkeit, sich an eine Reihe von Tönen oder eine Melodie zu erinnern, scheint ein wesentlicher Bestandteil der Musikalität zu sein. Untersuchungen mit einigen Musikeignungstests zeigten, daß ein gutes musikalisches Gedächtnis, feines Gehör und Unterscheidungsfähigkeit für Tonhöhen und Rhythmus die besten Grundlagen für möglichen Erfolg bei musikalischen Leistungen sind (Lundin, 1967).

AFFEKTIVE REAKTION AUF MUSIK. In vielen Untersuchungen wurde durch physiol. Messungen und durch mündliche Berichte bewiesen, daß wir auf Musik affektiv reagieren. Entsprechend der Musik, die gespielt wird, treten Veränderungen in der Atmung, im Blutdruck und in der Herzfrequenz auf. Sehr lebhafte und rhythmische Musik steigert diese Reaktionen.

Aufgrund mündlicher Berichte über Gefühle bei bestimmten Arten von Musik wies Hevner (1936) eine Reihe von Beziehungen nach. Musikstücke in *Dur* werden mehr als fröhlich, solche in *Moll* eher als traurig eingestuft; hohe Töne werden als fröhlich, tiefe Töne als traurig empfunden; schnelles Tempo kennzeichnet lustige Musik, langsames Tempo erzielt den gegenteiligen Effekt.

Farnsworth (1950) hat ausgiebige Untersuchungen über den musikalischen Geschmack angestellt. Es scheint eine erstaunliche Stabilität und Übereinstimmung hinsichtlich der Bevorzugung bestimmter Musik zu geben, ganz besonders in bezug auf klassische Musik. Über einen Zeitraum von 25 Jahren hat Farnsworth die Studien von Musikexperten untersucht und festgestellt, daß sie darin übereinstimmen, daß Bach und Beethoven die größten Komponisten aller Zeiten seien. Ebenso stellte er in diesem Zeitraum große Einigkeit in der Einschätzung der besten zehn Komponisten fest wie auch darin, daß die meisten als überragend bezeichneten Komponisten im 18. und 19. Jh. lebten.

MUSIKALISCHE BEGABUNG. Das größte Interesse der Musikpsychologen besteht darin, zu erforschen, welche Faktoren die musikalische Begabung ausmachen. Seashores *Theorie der spezifischen Faktoren* besagt, daß musikalische Begabung sich aus vielen verschiedenen ↗Fähigkeiten zusammensetzt; sein Test für musikalische Begabung baut auf dieser Theorie auf.

Eine andere Theorie wurde von J. L. Mursell vorgeschlagen; sie wird oft als *„Omnibus-Theorie"* bezeichnet und nimmt eine mehr gestaltpsychol. Position ein. Er behauptete, daß musikalische Begabung eine mehr allg. Fähigkeit ist; die Beziehungen der in ihr enthaltenen Einzelbegabungen sind derart komplex, daß die spezifischen Fähigkeiten nicht isoliert werden können.

Psychologen wie Drake (1957), Wing (1961) und Seashore (1939) haben zum Teil erfolgreich musikalische Talenttests (↗Musikbegabungstest) entwickelt. Die Voraussagefähigkeit ist aber nicht so groß wie bei anderen Fähigkeitstests, wie z. B. zur Messung der Intelligenz.

Die Kontroverse bezüglich der vorrangigen Bedeutung von Umwelt oder Vererbung ist noch nicht gelöst.

Lundin (1967) betont beide Seiten, meint aber, daß der Umweltfaktor der bedeutendere ist und daß musikalische Reaktionen erlernt sind, so wie die meisten anderen Reaktionen des Menschen.

Lit.: Drake, R. M.: Drake musical aptitude tests. Chicago, 1957; **Farnsworth, P. R.:** Musical taste. Stanford, 1950; **Hevner, K.:** Experimental studies of the elements of expression in music. Am. J. Psychol., 1936, *48,* 246–268; **Lundin, R. W. & J. D. Allen:** A technique for training perfect pitch. Psychol. rev., 1962, *12,* 139–146; **Lundin, R. W.:** Toward a cultural theory of consonance. J. Psychol., 1947, *28,* 45–49; **ders.:** An objective psychology of music. New York, 1967; **Révész, G.:** Einführung in die Musikpsychol. Bern, [2]1972; **Seashore, C. E.:** Psychology of music. New York, 1938; **Stumpf, C.:** Tonpsychologie, 2 Bde. Leipzig, 1883–90; **Wellek, A.:** Musikpsychol. u. Musikästhetik. Bonn, [2]1975; **Wing, H. D.:** A revision of the Wing musical aptitude test. J. res. Music educ., 1961, *19,* 39–47; **Wyatt, R. F.:** The improvability of pitch discrimination. Psychol. Monogr., 1945, *58,* 1–58.

R. W. Lundin

Musiktherapie. Die M. ist eine spezielle Methode der ↗Psychotherapie, die mit verschiedenen Elementen und Gattungen der Musik sowie unterschiedlichen Formen des Musikrezipierens und der Musikbetätigung einen therapeutischen Einfluß auf den Patienten auszuüben versucht. Dieser Einfluß erstreckt sich sowohl auf die subjektive „Stimmung" des Menschen als auch weit in seine physiol. Funktionen hinein.

Schon auf der frühesten Stufe der Menschheitsentwicklung wurde versucht, die Musik therapeutisch einzusetzen. Hierbei kam ihr elementare Bedeutung zu als magisches Werkzeug zur Bewältigung von Naturkräften, im kultisch-ekstatischen Raum zur Besänftigung von Dämonen und Göttern sowie zur Überwindung von Krankheit und Tod. Bekannt ist als eines der ältesten Beispiele einer Heilung durch Musik das Harfenspiel Davids (ca. 1000 v. Chr.). In ihren Gedanken über die Musik als Heilmittel wiesen Pythagoras, Platon und Aristoteles ausdrücklich auf die psychohygienische Prophylaxe und psychokathartische Kraft der Musik hin. Im Mittelalter wurden die Erkenntnisse der Antike über die Heilwirkung der Musik nur wenig beachtet. Erst mit der beginnenden Neuzeit werden von zahlreichen Autoren (A. Kircher u. a., 17. Jh.) neue Theorien und Methoden einer Musikheilkunst bekannt. Als heilbar durch Musik wurden vor allem Krankheiten mit psychischen Störungen angegeben.

Die moderne Psychotherapie versucht die Musik als Therapeutikum in ihrem spezifischen Sinn zu erfassen. Zwei „Schulen" entwickelten sich unabhängig voneinander nach dem zweiten Weltkrieg: Die Orientierung der *„amerikanischen Schule"* (Illing und Benedict, 1958) kann als eine Art „musikalische Pharmakologie" im Sinne einer psychotherapeutischen Hilfsmethode bezeichnet werden, während die *„schwedische Schule"* (Pontvik, 1948; 1954; 1962) der M. innerhalb der weitgehend tiefenpsychol. orientierten Psychotherapie eine zentrale Funktion einräumt, da sie durch die spezifische Eigenschaft der Musik in tiefere Schichten der ↗Persönlichkeit vorzudringen vermag als das gesprochene Wort.

Die heutigen musiktherapeutischen Verfahren können in einzel- und gruppentherapeutische Verfahren eingeteilt werden.

1. Unter *Einzelmusiktherapie* ist die musik-

therapeutische Behandlung eines einzelnen Patienten über eine mehr oder weniger lange Zeit zu verstehen. Die Behandlungssituation wird einerseits durch die Partnerschaft Therapeut – Patient und andererseits durch die gezielte Anwendung spezifischer Wirkungsmöglichkeiten der Musik geprägt. Es werden dabei Methoden durchgeführt, die

a) entweder einen analytischen (↗Psychoanalyse) Prozeß in Bewegung bringen sollen,

b) oder die Aktivierung schöpferischer Kräfte im Sinne der Eigenleistung anstreben,

c) oder eine psychophysische Spannungsregulierung zu erreichen versuchen.

Dies geschieht sowohl in der Form einer rezeptiven Musikbetätigung, d. h. ausschließlich gehörsmäßiger Aufnahme von Musik, wie in einer aktiven Musikbetätigung, d. h. aktiver Musikausübung.

Beide Formen der Musikbetätigung unterscheiden sich durch psychol. und soziologische Faktoren. Ermöglicht die rezeptive Auseinandersetzung eine weitgehende Distanz zur handwerklich-technischen Seite der musikalischen Betätigung, so erfordert hingegen die aktive Betätigung ein volles Engagement der gesamten Persönlichkeit sowohl zum intensiven Eindringen in die Musik als auch zur Bewältigung der handwerklich-technischen Notwendigkeiten. Das musikalische Material wie auch das Instrumentarium dieser aktiven M. wird bewußt auf einfache musikalische Elemente (Pentatonik, einfache Rhythmen und Klänge; Rhythmusinstrumente, Xylophone, Glockenspiele u. ä.) reduziert. Beide Formen ergänzen sich und bilden als unterschiedliche Methoden doch ein einheitliches musiktherapeutisches System innerhalb der psychotherapeutischen Behandlung.

2. Die *Gruppenmusiktherapie* ist eine Form der ↗Gruppentherapie. Sie wird durch das Zusammenwirken zweier Faktoren geprägt: Gemeinsames Musikrezipieren und aktive Musikausübung können unter Berücksichtigung bestimmter gruppentherapeutischer Gesetzmäßigkeiten eine therapeutisch wirksame Soziodynamik auslösen. Beispiele solcher M.: Gruppensingtherapie, gemeinsames Musizieren auf einfachem Instrumentarium, Kombination von Musik und tänzerischer Bewegung, Bewegungsimprovisation nach klassischer Musik.

Kritisch ist jedoch anzumerken, daß die möglichen und durchaus glaubhaften Erfolge einer M. großenteils nicht spezifisch sind, sie können vielmehr mit anderen Mitteln der Konzentration, der Entspannung und Beruhigung (↗Hypnose, ↗Autogenes Training, Kunstbetrachtung u. ä.) mehr oder weniger ebenfalls erreicht werden, was jedoch nicht grundsätzlich gegen den pragmatischen Wert einer gezielt eingesetzten M. spricht.

Lit.: Illing, H. S. & I. Benedict: Entwicklung und Stand der amerikanischen Musiktherapie. In: **H. R. Teirich** (Hrsg.): Musik in der Medizin. Stuttgart, 1958, 26–33; **Lecourt, E.:** Praktische Musiktherapie. Salzburg, 1979; **Nordoff, P. & C. Robbins:** Musik als Therapie für behinderte Kinder. Stuttgart, 1975; **Pontvik, A.:** Grundgedanken zur psychischen Heilwirkung der Musik unter besonderer Berücksichtigung der Musik von J. S. Bach. Zürich, 1948; **ders.:** Heilen durch Musik. Zürich, 1955; **ders.:** Der tönende Mensch. Psychorhythmie als gehör-seelische Erziehung. Zürich – Stuttgart, 1962; **Strobel, W. & G. Huppmann:** Musiktherapie. Göttingen, 1978; **Schwabe, C.:** Musiktherapie bei Neurosen und funktionellen Störungen. Jena, 1969.

H.-N. Genius

Muskel. Verkürzungs- und Krafterzeugungssystem zur Fortbewegung und Informationsabgabe des Organismus. Eine im allgemeinen über motorische Nerven ausgelöste elektrische Erregung der Muskelfasermembran führt über eine Reihe chemischer Prozesse unter Energieverbrauch zu einem Ineinandergleiten von molekularen Strukturen und damit zur reversiblen Verkürzung bzw. Krafterzeugung unterschiedlicher Dauer (Skelettmuskulatur: kürzer; glatte Muskulatur: länger). Durch Steigerung der Erregungsrate des motorischen Nerven kann eine Mehrfachüberlagerung kurzer Einzelzuckungen auch beim Skelettmuskel zu länger anhaltenden Kontraktionen führen (tetanische Kontraktion). *M. Spreng*

Muskelsinne ↗Kinästhesie.

Muskeltonus, Spannungszustand eines Muskels. Die Regulation der Muskelspannung erfolgt reflektorisch über die sog. Aγ-Fasern, die von der ↗Formatio reticularis des Stammhirns ausgehen. Spannungsveränderungen ergeben sich durch Wechsel in der Körperstellung, können aber auch infolge psychischer Erregung eintreten. *P. Steck*

Muskulärer Typus ist die Bezeichnung für einen Typus des Körperbaus, der vorwiegend durch das Wachstum der Muskeln charakterisiert ist. ↗Athletischer Typus; ↗Sheldon-Typen. *W. Seitz*

Muster ↗Pattern.

Mut ist eine dispositionelle (anlagebedingte) Erlebens- und Verhaltensgrundlage, die durch Umwelteinflüsse stabilisiert oder beeinträchtigt werden kann. M. hat als Charaktereigenschaft zahlreiche affine und differente phänomenale Ausgestaltungsformen: Draufgängertum – Tollkühnheit – Waghalsigkeit – *Mut* – Zaudern – Hemmung – Feigheit.

Zur *Ermutigung* tragen bei: räumlich und zeitlich bedingte Umstände sowie Bemühungen der eigenen Person wie fremder Personen um andere.

Lit.: Bollnow, O. F.: Wesen und Wandel der Tugenden. Frankfurt a. M., 1975; **Dinkmeyer, D. & R. Dreikurs:** Ermutigung als Lernhilfe. Stuttgart, [3]1973; **Fischer, J.:** Mut trotzdem. Versuch, eine unterschätzte Lebensäußerung ins rechte Licht zu rücken. Lahr, 1976; **Guardini, R.:** Tugenden. Meditationen über Gestalten sittlichen Lebens. Würzburg, 1963; **Henz, H.:** Ermutigung. Ein Prinzip der Erziehung. Freiburg, 1964; **Rachman, S.:** Fear and courage. San Francisco, 1978.

W. Arnold

Mutation, genetische, bezeichnet eine ohne ersichtliche Ursache auftretende, überdauernde Veränderung vererbbarer Merkmale. *Gen-Mutation* umschreibt die Veränderung einer Erbeinheit; das alte ↗Allel wird entweder umgebildet oder veranlaßt, eine neue Variante von Tochterallel zu produzieren. Man unterscheidet ↗dominante und rezessive autosomale sowie geschlechtsgebundene Mutationen. *Somatische M.* bezeichnet die Veränderung der Erbfaktoren vieler, u. U. aller Zellen.

Lit.: Ritter, H.: Humangenetik. Freiburg/Br., [2]1978; **Stern, C.:** Grundlagen der Humangenetik. Stuttgart, [2]1968.

I. M. Deusinger

Mutismus, Stummheit trotz intakter Sprechwerkzeuge. Je nach Ausprägungsgrad unterscheidet man zwischen *initiativem* und dem (schwereren) *reaktiven* Mutismus. M. findet sich (meist aus Scheu oder Angst) bei Kindern, wobei er oft nur gegen bestimmte Personen gerichtet ist; bei ↗Schizophrenie, vor allem als Symptom der ↗Katatonie, nicht selten auch sekundär im Gefolge von ↗Hospitalismus-Schäden. *W. Schmidbauer*

Mutterbindung ist die mannigfaltige Wertschätzung oder Liebe eines Menschen gegenüber seiner Mutter. Sie stellt die Gesamtheit aller seiner Erwartungen von Motivbefriedigungen dar, die ihm die Mutter bereitet hat und zum Teil weiterhin bereiten wird. Der Terminus wird manchmal nur für die extremen Grade von M. verwendet, welche die betreffende Person von Bindungen an andere Personen abhalten und von der Mutter nicht loskommen lassen. Die M. umfaßt nach S. Freud bei jedem Menschen *orale* (Bemutterung, Betreuung, Berührung), *anale* (von der Mutter Dinge und Leistungen verlangen, aber ihr solche auch erbringen müssen) und *frühe genitale* (sexuelle Interessen an der Mutter) Komponenten, die mehr oder weniger stark gehemmt oder verdrängt sind. Verschiedene Menschen unterscheiden sich nach der qualitativen Komposition, aber auch nach der Stärke ihrer M. erheblich voneinander. ↗Orale, ↗Anale, ↗Genitale Phase.

W. Toman

Mutterersatz ist in der Regel eine (weibliche) Person, die nach einem temporären oder permanenten Mutterverlust Funktionen der Mutter gegenüber dem betroffenen Kind oder Menschen übernimmt. *W. Toman*

Mutterherrschaft, Mutterrecht ↗Matriarchat.

Mutterimago ist nach C. G. ↗Jung das angeborene oder aus dem kollektiven ↗Unbewußten eines Menschen stammende *Mutterbild,* das von der Erscheinungsform seiner realen Mutter abweichen kann. *W. Toman*

Mutterkomplex ist die Gesamtheit aller befriedigbaren, aber auch aller verbotenen und darum in der Regel verdrängten oder durch andere ↗Abwehrmechanismen gehemmten Interessen eines Menschen an der Mutter. Der Terminus wird oft nur für die extremen und pathologischen Grade solcher Interessen verwendet. Er impliziert dann gestörte Beziehungen zu anderen weiblichen Personen und reduzierte Fähigkeit, sich der Gelegenheiten zu Kontakten mit ihnen zu bedienen.

W. Toman

Mutungsintervall ↗Vertrauensgrenzen, -intervall.

Mydriasis, *Pupillenerweiterung.* Die Weite der Pupillen wird eingestellt durch die Wechselwirkung der Muskeln Dilatator pupillae (innerviert vom Sympathikussystem) und Sphincter pupillae (innerviert vom Parasympathikussystem), die in der ↗Iris liegen und zu den inneren Augenmuskeln gehören. So kommt es zur M. z. B. bei Reizung des Sympathikus durch Sympathikomimetika oder Lähmung des Parasympathikus durch Parasympathikolytika. *R. Rix*

Myelencephalon ↗Medulla oblongata.

Myelitis, Rückenmarkentzündung.

Myokinetischer Test *(Mira Myokinetic Test),* ein obj. Persönlichkeitstest, dessen theoretische Grundlage die (in ähnlicher Weise u. a. von N. J. Oseretzky und E. Kretschmer vertretene) Annahme ist, daß mot. und seelische Vorgänge im Menschen eng miteinander verbunden sind. Die Testaufgaben, die blind und links- wie rechtshändig zu lösen sind, bestehen im Nachzeichnen und Fortführen vorgedruckter Linien und Formen auf horizontaler und vertikaler Ebene. Es existieren nach Geschlechtern getrennte Normen für Jugendliche und Erwachsene. Der Test dient u. a. der Diagnostik von Antrieb, Affektivität und Anpassung; es hat sich gezeigt, daß sich verschiedene normale und klinische Gruppen durch charakteristische Merkmalssyndrome in diesem Test unterscheiden.

Lit.: Mira y López, E.: Myokinetische Psychodiagnostik, übersetzt von I. R. de Hasemann und hrsg. von **H. Hiltmann & K. Hasemann.** Bern – Stuttgart, 1965.

K.-D. Nissen

Myopie, Kurzsichtigkeit. Man zählt die M. neben der ↗Hypermetropie und dem ↗Astigmatismus zu den Augenfehlern. Vereinigung achsenparalleler Lichtstrahlen vor der Netzhaut. *Brechungs-M.:* Die einfallenden Lichtstrahlen werden zu stark gebrochen. *Achsen-M.:* Der Bulbus ist zu lang, meist angeboren. Man unterscheidet: 1) die *gutartige* M.; sie erreicht mit der Pubertät ihren Stillstand; 2) die fortschreitende, *maligne* (bösartige) M., die zu Veränderungen im Bereich des Augenhintergrundes (↗Retina) führt. Sie wird wahrscheinlich durch eine pathologische Vergrößerung der Dehnbarkeit des Bulbus hervorgerufen.

R. Rix

Mysophobie, neurotische Angst vor jeglicher Berührung aus Furcht vor Beschmutzung und Infektionen.

Mystizismus. Dieser Begriff bezeichnet eine Einstellung, bei welcher der Geist in direkte, unmittelbare und innere Kommunikation mit einem heiligen Prinzip tritt, welches den Sinnen und der Vernunft verschlossen ist.

In der Religion zeigt sich der *Mystizismus* in der Ausrichtung der ganzen Existenz (Affektivität, Wille, Intelligenz) auf ein Hinausstreben über die engen Grenzen der profanen Daseinsweise, welches in der Erleuchtung der Ekstase gipfelt, die man mittels bestimmter Praktiken (Gebet, Läuterung, Askese) zu erreichen versucht. *A. Tanda*

Mythos, Erzählung oder in Attributen implizierte Feststellung über die Eigenschaften der Natur oder über Lebewesen von übermenschlichen Kräften und Eigenschaften, über das Wirken von Gottheiten an den Menschen und das Schicksal der Götter selbst. Der M. wird von seinen Schöpfern und Hörern für wahr gehalten (im Ggs. zum ↗Märchen) und formuliert Weltanschauung wie Geschichtsauffassung einer Gemeinschaft, scheint aber – rational und kausal-erklärend betrachtet – unwahrscheinlich und unsinnig.

Das heuristische Grundproblem der M.forschung liegt darin, daß der gelebte und damit „lebendige" M. keine Deutung benötigt und keine erlaubt. Der „echte" M. kann nach W. F. Otto nicht aus der Existenz gedeutet werden, die ihn aufgrund wiss. Betrachtung verloren hat, aber es bleibt doch die wiss. Aufgabe, Aspekte des M. aufzugreifen, die erhalten geblieben sind.

Kognitiver Aspekt. Der M. bietet ein geschlossenes Weltbild, das – im Ggs. zum wissenschaftlichen – keine offenen Fragen kennt, und verkörpert damit auch ein Entwicklungsstadium des Denkens schlechthin. Immer da, wo eine wiss. Theorie sozial, politisch oder therapeutisch wirken soll, wird sie notgedrungen mythische Elemente aufnehmen, was im psychol. Bereich z. B. für die ↗Psychoanalyse gilt. An dieser Stelle überschneidet sich der kognitive mit dem *funktionalen Aspekt* des M.: Er bietet einer bestimmten Gruppe von Menschen als allgemeingültig und vorbildlich erlebte Modelle des Handelns und Nicht-Handelns (indem er die Strafe für einen bestimmten Frevel schildert). Die mythischen Handlungsmodelle haben auch für die „tiefenpsychologischen" Theorien (↗Tiefenpsychologie) ihre Attraktivität bewahrt, wobei man die bes. reiche griechische Mythologie bevorzugte (↗Ödipus-Komplex; ↗Elektra-Komplex). Weil sie die historischen und ethnographischen Resultate zur Mythenforschung vernachlässigte, hat die psychol. M.deutung bisher nur sehr unzulängliche Ergebnisse erzielt, wobei der meth. Fehler vor allem in einer unkritischen Analogieannahme zwischen M. und ↗Traum zu sehen ist. So ist auch der Schluß von mythischen Strukturen auf entsprechende Züge des kollektiven ↗Unbewußten nicht berechtigt, da in diesem Fall die sozio-kulturellen Funktionen des M. vernachlässigt werden.

Lit.: Murray, A. H. (Ed.): Myth and mythmaking. New York, 1960; **Schmidbauer, W.:** Mythos und Psychologie. München, 1970.

W. Schmidbauer

Myxödem ↗Kretinismus.

N

Nachahmung, Tendenz, mot., kognitive, soziale und emotionale Verhaltensweisen eines – auch symbolischen – Vorbilds zu kopieren. Ein Verhalten wird imitativ genannt, wenn 1) eine Ähnlichkeit zwischen dem Verhalten des *Modells* und des *Nachahmenden* festzustellen ist, 2) das *Vorbildverhalten,* nicht sonstige Reize, Ursachen für das Verhalten des Nachahmenden sind. Die Instinkttheorie zur N. wurde etwa seit 1920 durch verschiedene lerntheoretische Ansätze abgelöst. F. H. Allport (1924), J. Piaget (1951), O. H. Mowrer (1960) betonen assoziative und klassische, N. E. Miller und J. Dollard (1941) sowie J. L. Gewirtz u. K. G. Stingle (1968) instrumentelle ↗*Konditionierungsmechanismen.* Für Imitations*lernen* ist nach Bandura (1968) wesentlich die Kontiguität sensorischer Ereignisse, für Imitations*verhalten* die Art der ↗Bekräftigung.

Lit.: Bandura, A.: Lernen am Modell. Stuttgart, 1976; **Zumkley-Münkel, C.:** Imitationslernen. Theorien und empirische Befunde. Düsseldorf, 1976.

C. Zumkley-Münkel

Nachbilder sind visuelle Wahrnehmungen, die *nach Aufhören* der Einwirkung visueller Reize entstehen. Sie gehören zu der Gruppe der Phänomene, die man auch als *Nachempfindungen* bezeichnet.

Im Ggs. zu den N.n bezeichnet man die durch Reizeinwirkung bedingten visuellen Wahrnehmungen als „*Vorbilder*", deren Reizgrundlage der *Primärreiz* ist. Durch *Sekundärreize* (z. B. Hell-Dunkel-Wechsel) können die N. beeinflußt werden. Man unterscheidet: 1) *negatives N.,* das der Helligkeit nach dem Vorbild entgegengesetzt ist (helles Vorbild, dunkles N. und umgekehrt) oder dessen Farbe die Gegenfarbe des Vorbildes ist (letzteres gelegentlich auch *heterochromes* bzw. *gegenfarbiges N.* genannt); 2) *positives N.,* das der Helligkeit nach dem Vorbild entspricht (was hell/dunkel im Vorbild ist, erscheint hell/dunkel im N.) oder dessen Farbe die gleiche wie die des Vorbildes ist (letzteres auch *homochromes* bzw. *gleichfarbiges N.* genannt).

Als Erklärung nimmt man an, daß die Erregung im visuellen System nach der Reizung weiter fortdauert, und deren Folge sind die Nachbilder. Eine auf neurophysiol. Forschung basierende psychophysiol. Erklärung des N.verlaufs (N.phasen) gab Jung (1961). Er konnte zeigen, daß mit einzelnen Typen von Neuronenaktivität des visuellen Systems die N.phasen, wie der Charpentiersche Intervall, Heringsches N., Purkinjesches N., Heßsches N., ↗Sukzessivkontrast und die jeweiligen Dunkelintervalle eng korreliert sind.

Lit.: Jung, R.: Neuronal integration in the visual Cortex and its significance for visual information. In: **W. A. Rosenblith** (Ed.): Sensory communication. New York – London, 1961; **Schober, H.:** Das Sehen, Bd. 2. Leipzig, 1964, 332.

A. Hajos

Nachempfindung, die Fortdauer einer Sinnesempfindung nach Absetzen des Reizes. Am leichtesten lassen sich N.en auf visuellem Gebiet beobachten (wo diese eher als Nachbilder bezeichnet werden). ↗Nachbilder.

G. D. Wilson

n-achievement, Abk. für *achievement need,* ein Item aus H. A. ↗Murrays Liste psychischer Bedürfnisse. Bezieht sich auf das Bedürfnis, bei wettbewerblichen und kreativen Unternehmungen erfolgreich zu sein. Das Konzept einer „achievement motivation" (↗Leistungsmotivation) erlangte durch die Arbeit von Mc-

Clelland et al. (1953) weitverbreitete Popularität. Die Autoren wandten ein projektives Maß dieses Bedürfnisses auf der Basis des ↗TAT an.

Lit.: McClelland, D. C., et al.: The achievement motive. New York, 1953; **Murray, H. A.:** Explorations in personality. Oxford, 1938.

G. D. Wilson

Nachrichtentheorie. Gegenstand der N. sind Nachrichten, deren Verarbeitung und die dazu erforderlichen Systeme. Eine Nachricht ist im allg. eine Folge von Zeichen aus einem festen Repertoire, z.B. dem der Ziffern oder der Buchstaben. Ziel der N. ist die math. Beschreibung von Nachrichtenverarbeitungsprozessen (Auswahl, Verknüpfung und Übermittlung von Nachrichten; ↗Informationsverarbeitung) mit Hilfe des Informationsmaßes (↗Informationstheorie) und die Konstruktion dazu geeigneter technischer Systeme (↗Computer).

Lit.: Steinbuch, K. (Hrsg.): Taschenbuch der Nachrichtenverarbeitung. Berlin – Heidelberg, 1962.

K.-D. Graf

Nachtblindheit ↗Hemeralopie.

Nachtwandeln (Synonyme: *Somnambulismus, Schlafwandeln).* N. kann spontan auftreten, der Somnambule vollbringt unbewußte Handlungen in einem eigenartigen Dämmerzustand. Die Augen sind starr geradeaus gerichtet und offen, der Blick scheint ins Leere zu gehen. Bekannt sind die oft erstaunlichen Fähigkeiten der Somnambulen. Beim Erwachen besteht keinerlei Erinnerung, doch wird oft über intensive Traumerlebnisse berichtet. H. P. Otter und A. Jacobson weisen mit Untersuchungen des EEG von Nachtwandlern nach, daß das N. nichts mit dem *REM-Schlaf* zu tun hat. Es tritt im synchronisierten Schlaf auf, in Stadien, wo normalerweise keine Träume stattfinden. Das EEG zeigt merkwürdigerweise Alpha-Rhythmus bei geöffneten Augen. Das Wachsein der Somnambulen besteht offenbar in einem Zustand, in dem die Wahrnehmung der Umwelt stark verringert, jedoch nicht ausgeschaltet ist, wobei Sinnesreize subcortikal verarbeitet werden. Nach Broughton kommt N. auch bei einer „arousal" aus synchronisiertem Tiefschlaf vor, ebenso wie Angstträume, Pavor nocturnus und Enuresis; sie könnten nach Meinung des Verfassers als abnorme Reaktion auf visuelle Reize betrachtet werden. Künstlich kann N. durch Hypnose induziert werden. Die Übereinstimmung Tiefenhypnose – N. wurde schon von J. M. Charcot und H. M. Bernheim erkannt. Holzschuher (1955) faßt N. bipolar auf als ein Agieren und Reagieren im reinen Primitivbewußtsein, während das Ich-Bewußtsein durch Schlaf ausgeschaltet ist. In diesem Zustand fungiert die Primitivperson quasi allein.

Lit.: Broughton, R. J.: Sleep disorders: Disorders of arousal? Science, 1968, *159*, 1070; **Bürger-Prinz, H. & P. A. Fischer** (Hrsg.): Schlaf, Schlafverhalten und Schlafstörungen. Stuttgart, 1967; **Jacobson, A., Kales, A., Lehmann, D. & J. R. Zweizig:** Somnambulism: All night EEG studies. Science, 1965, *148*, 975; **Jovanovic, U.:** Schlaf und Traum. Physiologische und psycholog. Grundlagen; Störungen und ihre Behandlung. Stuttgart, 1974; **Kales, A., Jacobson, A., Paulson, M. J., Kales, J. D. & R. D. Walter:** Somnambulism: Psachophysiological correlates. I. All-night EEG studies. Arch. Gen. Psychiatr., 1966, *14*, 586; **Otter, H.:** Die pathologische Physiologie des Schlafes. In: **W. Baust** (Hrsg.): Ermüdung, Schlaf, Traum. Stuttgart, 1974.

E. Ullrich

n-affiliation, das Bedürfnis nach freundschaftlicher Interaktion mit anderen Menschen, nach Gesellschaft, Liebe, Gruppenzugehörigkeit usw. Auch *affiliation need* genannt. n-affiliation ist ein Bestandteil der Liste psychischer ↗Bedürfnisse H. A. ↗Murrays.

G. D. Wilson

Nägelkauen, Nagelbeißen ↗Onychophagie.

Nagelsche Proben, Verfahren zur Festellung von ↗Farbenfehlsichtigkeiten, insbesondere der ↗Dichromatopsie. Aus 16 Tafeln sind solche herauszusuchen, die außer farbtongleichen Punkten verschiedener Sättigung keine Punkte in Verwechslungsfarben enthalten. Nicht mit dem Nagelschen ↗*Anomaloskop* zu verwechseln.

W. Pieper

Nahpunkt, der Punkt vor dem Auge, der bei maximaler ↗Akkommodation noch scharf auf der Netzhaut abgebildet werden kann. Liegt im Alter von 10 Jahren ca. 8 cm, mit 50 Jahren 50 cm und mit 70 Jahren 100 cm vor dem Hornhautscheitel, rückt also immer weiter hinaus. Dieses Hinausrücken des N. aufgrund des Elastizitätsverlustes der ↗Linse mindert die Akkommodationsbreite und wird als ↗Presbyopie bezeichnet. *K.-H. Plattig*

Nahraum. Die zunächst mehr unabhängig voneinander bestehenden Räume: ↗*Mundraum, Sehraum* und ↗*Greifraum,* verschmelzen durch Koordination von Seh- und Saugschema zum N. Durch diese Verbindung mit der einsetzenden Lokomotion erweitert sich der N. zum *Fernraum* (8.–12. Monat).

Lit.: Oerter, R.: Moderne Entwicklungspsychologie. Donauwörth, [14]1974. *M. Sachs*

Nancyer Schule, eine der Richtungen der Hypnoseforschung (↗Hypnose), die sich ausgangs des 19. Jh. in Frankreich bildete, vertreten durch A. A. Liébeault (1823–1904) und H. Bernheim (1837–1919). Die „psychistische" Einseitigkeit der Nancyer mußte ebenso unzulänglich bleiben wie die „physiologistische" Pseudoexaktheit der ↗Pariser Schule unter der Führung von J. M. Charcot. *H.-N. Genius*

Narkoanalyse, Befragung zur Anamnese oder nach bestimmten Erlebnissen unter psychischer Alteration durch ↗Hypnotika (reduzierte Aufmerksamkeit, Angstreduktion, Steigerung des Kontakts und der Kommunikation, Reduktion psychotischer Manifestationen). Wahrheitsgehalt und Ergiebigkeit der Erhebungen in N. hängen von vielerlei schwer zu kontrollierenden Faktoren ab. ↗Plauderdroge; ↗Truth drug.

Lit.: Kranz, H.: Die Narkoanalyse. Tübingen, 1950. *E. Lehmann*

Narkolepsie, charakterisiert durch periodische Anfälle eines schlafähnlichen Zustands von eher Minuten als Stunden Dauer, aus denen der Patient mehr oder minder schwer zu erwecken ist. Manche N.patienten sind bei vollem Bewußtsein und dennoch unfähig, einen Muskel zu bewegen. Es kann auch ↗Katalepsie auftreten, ist jedoch nicht unabdingbar für die Diagnose. Kopfverletzung und ↗Encephalitis sind aus Anamnesen bekannt, gleichzeitige ↗Epilepsie ist ungewöhnlich. *J. Price*

Narkose. N. ist pharmakologisch erzeugte, reversible Bewußtlosigkeit mit fehlender Schmerz- und Abwehrreaktion meist zum Zwecke einer Operation. Der Wirkungsmechanismus scheint an Zellen gebunden zu sein, jedoch scheinen die Hirnzellen empfindlicher zu sein als andere. Die N. durchläuft verschiedene Stadien, wie *Analgesie* (Schmerzfreiheit), *Exzitation* (Enthemmung niederer mot. Zentren), *Toleranz*-Stadium (tiefe N.) und *Asphyxie*-Stadium, und kann durch unterschiedliche Methoden eingeleitet werden. *E. David*

Narzißmus. Mit diesem aus einer gr. Sage stammenden Begriff wird die Tendenz der Menschen bezeichnet, auf die Taten und körperlichen Attribute unverhältnismäßig viel Wert zu legen. N. ist keine sexuelle ↗Perversion, da er nicht mit sexueller Befriedigung verbunden ist und somit von der ↗Onanie und anderen Formen der Autoerotik unterschieden werden muß.

S. ↗Freud nahm an, daß das Ich ein anderes Individuum als Liebesobjekt auswählt, kann aber – auch in der normalen Entwicklung – zeitweise sich selbst zum Liebesobjekt machen. Stark ausgebildeter N. ist lediglich eine Übertreibung einer normalen Erscheinung, und in gewisser Weise haftet ein wenig N. oder Selbstliebe dem Individuum das ganze Leben lang an. Ausgeprägter N. soll bei Frauen häufiger auftreten und charakteristisch für die ↗Schizophrenie sein. *A. Broadhurst*

Nationalismus, in sozialpsychol. Betrachtung eine ↗Einstellung, die durch stark positive Bewertung der eigenen Nation gekennzeichnet ist; extreme Position auf einem Einstellungskontinuum, dem auch Erscheinungen wie „Patriotismus", „Nationalgefühl" usw. zuzuordnen sind.

Das Erlernen einer nationalen/nationalistischen Einstellung kann bereits relativ früh im Sozialisationsprozeß erfolgen und ähnelt formal der allmählichen Ausbildung von ↗Vorurteilen (z.B. durch Ausbildung positiver Reaktionen auf Symbole der Eigengruppe, Ablehnung von Fremdgruppen). Von Vorurteilsforschern (z.B. G. W. Allport) wird N. als

Kern weiterer Vorurteilseinstellungen, wie Antisemitismus, Rassismus usw., angesehen. Vgl. auch ↗Autoritarismus. *H. D. Schmidt*

Nativismus, die Auffassung, daß menschliches Verhalten und speziell die menschlichen Wahrnehmungsmechanismen angeboren und genetisch determiniert sind, im Ggs. zu der Auffassung, dies resultiere aus Lernen und Erfahrung (↗Empirismus). *C. D. Frith*

Naturwissenschaftliche Psychologie, Bezeichnung für diejenige Psychol., die sich ihrer empirischen Grundlegung bewußt ist und sich dadurch von einer ↗Arm-chair-psychology abhebt. Im engeren Sinne wird n. P. etwa als Bezeichnung für die ↗experimentelle Psychologie verwendet. *R. Hänni*

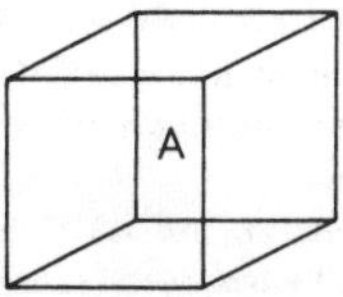

Neckerscher Würfel, eine Kippfigur. Die zweidimensionale Darstellung eines Würfels ist zweideutig: man kann die Ecke A entweder an der Vorder- oder an der Rückseite des Würfels befindlich sehen (s. Abb.). Diese beiden Wahrnehmungsweisen alternieren spontan, wenn die Figur fixiert wird. *C. D. Frith*

Need ↗Bedürfnis.

Negative Induktion ↗Äußere Hemmung.

Negative Praxis ↗Übersättigungstherapie.

Negative Übung, eine von Dunlap 1932 entwickelte verhaltenstherapeutische Aversionstechnik. Die Annahme ist, daß häufige willkürliche Wiederholungen einer Reaktion (habit) zu ihrem Nachlassen führen. Im lerntheoret. Konzept Hulls bedingen die Wiederholungen eine reaktive (konditionierte) Hemmung. Erklärung im operanten Modell: Verlust des Verstärkerwertes der Reaktion und aversive Wirkung. Anwendungsbereiche: Tics, Stottern usw., häufiger bei Rauchen. *E. Sedlmayr-Länger*

Negativismus. 1) *Aktiver* oder *Befehls-N.:* Ausübung eines mot. Verhaltens, das dem aus der Situation oder nach dem Stimulus erwarteten entgegengesetzt ist. Findet sich bei ↗Katatonie, ↗Demenz und unterdurchschnittlicher Intelligenz, wenn die Voraussetzung, daß der Patient die Stimulussituation auf irgendeinem Niveau versteht, erfüllt wird.

2) *Passiver N.:* Die Nichtausführung irgendeines Verhaltens, das aus der Stimulussituation erwartet würde. Diese setzt kein Verständnis auf der Seite des Patienten voraus. Hier ist aktiver muskulärer Widerstand gegen Versuche, eine Bewegung, z. B. eines Gliedes, zu induzieren, eingeschlossen.

3) E. Bleuler prägte die Bezeichnung *„innerer N."* für das Verhalten von Patienten, die physiol. Notwendigkeiten, wie Entleerung und Essen, nicht gehorchen. *B. Brooker*

Negentropie ↗Information.

Neid, der Wunsch, ein anderer möge über bestimmte Attribute in geringerem Maße verfügen als man selbst. Im Sonderfall genügt es, daß man selbst das gleiche Attribut bekommt oder der andere das seine verliert. *U. H. Schindler*

Neigung, positive emotionale Zuwendung oder Einstellung zu einem Gegenstand und das Bestreben der Persönlichkeit, bestimmte Tätigkeiten bevorzugt auszuführen. N. bezeichnet auch die Gerichtetheit auf spezifische Tätigkeiten, Berufe, Interessen(richtungen), „Hobbies", Lebensformen und Menschen. Zwischen Neigung und Fähigkeit besteht meistens eine enge Wechselwirkung, doch entsprechen sich Intensität der N. und Höhe der Eignung zur Ausübung bestimmter Tätigkeiten keineswegs generell. Die Berufsberatung geht meist von vorhandenen Berufsneigungen aus. ↗Berufseignung. *W. Tisch*

Nekrophilie, sexuelle Handlungen an oder mit totem Körper eines Menschen oder Teilen davon: sehr seltene sexuell deviante und im klinischen Sinne pathologische Verhaltensweise. Kommt nicht nur bei Männern, sondern auch bei Frauen vor. Unter den echten ↗Perversionen hat die N. sowohl dem äußeren Erscheinungsbild (sexuellen Praktik) als auch der „inneren Einstellung" des Nekrophilen nach am meisten Ähnlichkeit mit dem ↗Fetischismus. Unter den Nekrophilen findet man nicht ganz selten intellektuell defekte oder minderbegabte Persönlichkeiten. Bis 1962 wurden in der Lit. 47 Fälle beschrieben.

Lit.: Giese, H.: Zur Psychopathologie der Sexualität. Stuttgart, 1973; **Spoerri, T.:** Nekrophilie. Basel, 1959.

H. Maisch

Neobehaviorismus, Bezeichnung für den ↗Behaviorismus, der im Ggs. zu den Auffassungen von J. B. Watson Verhaltenstheorien für möglich erachtet, die nicht nur obj. (beobachtbare) Variablen und ihre direkten Zusammenhänge berücksichtigen. Der N. verwendet Begriffe, wie Antrieb, Intelligenz, Erwartung, Mißerfolg, die aus der Bewußtseinspsychol. stammen, so gut wie auch die Möglichkeit, an denjenigen Stellen, wo keine beobachtbaren Beziehungen zwischen den Variablen gefunden werden, ↗hypothetische Konstrukta (intervenierende Variablen) zur Erklärung des Zusammenhangs heranzuziehen. ↗Behaviorismus. *R. Hänni*

Neologismus, ein neues Wort, das von einem Individuum geschaffen wurde, das ihm eine (subj. willkürliche) Bedeutung verleiht. Normale Leute, Schriftsteller und Kinder erschaffen neue Worte. N.en werden von Schizophrenen und Leuten mit Hirnläsionen produziert, um allgemein bekannte, eigene und der Vergangenheit angehörende Konzepte und Erfahrungen zu bezeichnen. Von Hirngeschädigten produzierte neue Lautkombinationen ohne naheliegende Bedeutung sind keine N.en, sondern Beispiele von Jargon-↗Aphasie. Bekannte Worte oder Redewendungen, die mit neuer Bedeutung belegt werden, sind N.en genannt worden, werden aber besser unter der Bezeichnung *Paraphrasie* gefaßt.

B. Brooker

Neopositivismus. Dem *Wiener Kreis,* der sich um M. Schlick gebildet hatte, gehörte auch der Psychologe O. Neurath an. Für diese Richtung gelten als wissenschaftlich nur jene Aussagen, die unter streng expt. Bedingungen verifiziert oder falsifiziert werden können. In der Psychol. bedeutet dies die Reduktion alles Mentalen auf das, was von außen als Handlung oder Ortsveränderung beobachtbar ist, und die Unterdrückung eines jeden „Mentalismus". Dadurch war der N. von vorneherein der Verbündete des ↗Operationalismus von P. W. Bridgman und fand sein bevorzugtes Einflußgebiet in den USA, wo in den Jahren um 1930 der ↗Behaviorismus blühte. Dort findet man auch noch die extremsten Vertreter (J. R. Kantor). ↗Logischer Positivismus. *P. Muller*

Neopsychoanalyse. Dieser Begriff wurde erstmals in dt. Sprache als Bezeichnung für die tiefenpsychol. Schule von Schultz-Hencke (1951) eingeführt. Dieser Vertreter der ↗Psychoanalyse versuchte, eine Synthese der verschiedenen analytischen Richtungen herbeizuführen, indem er die ↗Neurosen von einer Dynamik zwischen den Trieben und Hemmungen ableiten wollte. Man hat wohl unter dieser Bezeichnung die verschiedenen Schulen zusammengefaßt, die, ausgehend von der Psychoanalyse, in gewissem Sinne zu abweichenden oder ergänzenden Auffassungen gekommen waren. Das gilt vor allem für diejenigen Richtungen der nach den USA ausgewanderten Psychoanalytiker, die unter dem Einfluß der *kulturellen* und *sozialen* Phänomene hinsichtlich der Ätiologie und der Symptomatik der Neurosen standen und verstärkte Aufmerksamkeit den intersubjektiven Relationen zuwendeten (H. S. Sullivan, K. Horney, S. Rado und sogar F. Alexander selbst). Einige der neopsychoanalytischen Schulen versuchen, eine Beziehung zwischen der Struktur der Neurosen und der der Gesellschaft herzustellen, so z. B. A. Mitscherlich, E. Fromm und sogar H. Marcuse.

Lit.: Schultz-Hencke, H.: Lehrbuch der analytischen Psychotherapie. Stuttgart, 1951, [2]1970; **Wyss, D.:** Die tiefenpsychol. Schulen von den Anfängen bis zur Gegenwart. Göttingen, [5]1977.

Juan López Ibor

Nepalkow-Phänomen ↗Inkubation.

Nernst-Lilliesche Theorie der Erregung. Schon seit L. Hermann (1899), J. Bernstein

(1902) und E. Overton (1902) galten Ionenkonzentrationsunterschiede zwischen erregbarem Substrat (Nerv) und Umgebungsmilieu (Interzellularflüssigkeit) als wesentlich für die Erregungsbildung. W. Nernst hat daraus 1908 eine Erregungstheorie entwickelt, die die Erregungsfortleitung mathematisch mit der Telegraphengleichung beschreibt. R. S. Lillie hat dann von 1917 bis 1936 mit einem Nervenmodell aus Eisendraht in hochkonzentrierter Salpetersäure (spezifisches Gewicht > 1,24) experimentiert, das viele Analogien zum Nerven zeigt. Heute nur noch historisch bedeutsam; die Nervenerregung wird optimal gedeutet von der „Ionentheorie der Erregung" von A. L. Hodgkin und A. F. Huxley, die 1963 dafür den Nobelpreis erhielten. ↗Nervensystem. *K.-H. Plattig*

Nerv. Die (peripheren) N.en sind durch Bindegewebe in charakteristischer Anordnung zu Bündeln zusammengefaßte N.fasern außerhalb des ZNS. Sie können mot. sensible oder vegetative (↗Autonomes Nervensystem) Neuriten enthalten. Jeder Neurit kann nur in einer Richtung Impulse leiten. ↗Neuroanatomie.

Lit.: Tondury, G.: Angewandte und topographische Anatomie. Stuttgart, [2]1970. *G. Arnold*

Nervenaktionspotential ↗Spitzenpotential.

Nervenentladung ↗Spitzenpotential.

Nervenimpuls ↗Spitzenpotential.

Nervenkrankheiten, Allgemeinbegriff, der alle Arten von psychischen Störungen sowohl psychotischer wie neurotischer Art beschreibt. Er wird auch gebraucht, um Krankheiten und Leiden zu beschreiben, die eine starke psychol. Komponente zu haben scheinen, wie im Fall von bestimmten Hautausschlägen, Asthma und verschiedenen Streßreaktionen. Manchmal wird er auch verwendet, um Erkrankungen des zentralen und des peripheren Nervensystems mit einzubeziehen. *G. Powell*

Nervensystem *(Entstehung, Weiterleitung* und *Übertragung* von *Erregung).* DIE BAUELEMENTE. Die Nervenzellen sind die beim höher entwickelten Lebewesen auf Erregungsprozesse spezialisierten Funktionseinheiten. Im Ggs. zu älteren Ansichten, daß protoplasmatische Verbindungen alle Nervenzellen zu einer Einheit ohne Zellgrenzen (Syncytium) zusammenschließen (plasmatische Kontinuität) oder alle Neuronen durch Feinstrukturen zumindest erregungsmäßig unmittelbar zu einer Ganzheit verknüpft sind (fibrilläre Kontinuität), gilt heute die Nervenzelle als *stofflich* und *funktionell selbständiges Bauelement.* Sie ist verantwortlich für: a) die *Entstehung* von Erregungen: Umwandlung von Reizen in nervöse Erregungsprozesse durch die Sinneszellen (= Rezeptorzellen), die als spezialisierte Nervenzellen angesehen werden können; b) die *Weiterleitung* von Erregungen, die nach einem bes. störungssicheren Prinzip abläuft, durch welches die Erregungen unverändert auch über sehr große Entfernungen geleitet werden können; c) die *Übertragung* von Erregungen auf andere Nerven- oder Effektorzellen, welche wiederum durch besondere Mechanismen erfolgt. Alle diese Erregungsprozesse verlaufen jedoch nach *einem* universell gültigen Prinzip.

Die wesentliche *Funktion* des Neurons besteht in der Aufnahme, Verarbeitung und Weitergabe von Information. Eine funktionelle Einteilung der durch vielgestaltige Verzweigungen ausgezeichneten Nervenzellen in eine *Inputregion* (dendritische Zone), *Perikarion* (nutritive Zone) und *Outputregion* (Neurit mit Axon telodendria) ist anderen Ordnungsgesichtspunkten (wie z. B. nach der Zahl der Zellfortsätze in uni-, bi-, multipolare Nervenzellen) vorzuziehen.

Die Suche nach spezifischen Feindifferenzierungen der Nervenzellen, welche für den Erregungsablauf zuständig sein könnten, war vergeblich – das Neuron enthält dieselben subzellulären Strukturen wie Zellen mit anderen Funktionen. Auch das *Tigroid (= Nissl-Substanz)* ist keine Besonderheit der Nervenzelle, sondern ein mit zahlreichen Ribosomen besetztes endoplasmatisches Reticulum („granuläre Form"), das in allen Zellen mit regem Eiweißstoffwechsel gefunden wird. Sonderdifferenzierungen sind lediglich die *Neurofibril-*

len, feine fädige Strukturen, die sich im gesamten Cytoplasma finden und deren Echtheit seit ihrer Erstbeschreibung immer wieder angezweifelt wurde. Für die Erregungsmechanismen sind sie jedenfalls bedeutungslos, da diese ausschließlich von Funktionseigenheiten der *Zellmembran* abhängen.

Die *Membran von Nervenzellen* besteht wie alle Zellmembranen aus zwei Lipoidschichten, die zwischen einer äußeren und einer inneren Proteinschicht eingebettet liegen („unit membran"). Sie hat die Eigenheit, daß bestimmte Substanzen unterschiedlich leicht diffundieren können. Für die nervöse Erregung ist die Fähigkeit der Membran zu *aktivem Transport* bes. wichtig: Bestimmte Stoffe werden gegen ein bestehendes Konzentrationsgefälle transportiert, nämlich *Natrium*-Ionen *aus* der Zelle in den Außenraum, in welchem sie im Neutralzustand bereits in rund 10mal höherer Konzentration vorhanden sind, und *Kalium*-Ionen *ins* Zellinnere, wo die Konzentration rund 200mal höher ist als außen (Natrium-Kalium-Pumpe).

Die nervöse Erregung. Die Tatsache, daß die Nervenzelle im Ruhezustand innen elektrisch negativ geladen ist (Ruhepotential gegenüber außen rund −60 mV), wurde schon 1902 von J. Bernstein durch die Annahme einer im Ruhezustand für K^+ und Cl^- selektiv permeablen Membran, die bei Erregung ihre *Permeabilitäts*eigenschaften ändert, zu erklären versucht. Diese Ionentheorie der Erregung ist in der erweiterten Form nach A. L. Hodgkin und A. F. Huxley auch heute noch gültig: Das Ruhepotential (= Membranpotential) kann aus den durch die genannten Konzentrationsunterschiede bedingten Diffusionsbewegungen von K und Cl gedeutet werden. Im *Zustand der Erregung* nimmt hingegen die Permeabilität für Na^+ zu, das – von Konzentrationsunterschied und Potentialdifferenz getrieben – ins Zellinnere strömt und dadurch eine Verringerung des Ruhepotentials *(= Depolarisation)* bewirkt. Die daraus resultierenden Konzentrationsverschiebungen werden durch die Natrium-Kalium-Pumpe wieder rückgängig gemacht. Der Begriff „Erregung" ist dadurch klar faßbar geworden und die Natur der elektrochemischen Begleiterscheinungen aufgeklärt.

1. Erregungsentstehung. Als Reize können verschiedenste Einflüsse (mechanische, chemische, elektrische usw.) auf die Zellmembran wirken. Je größer ihre Energie, um so größer die Na-Permeabilitätsänderung. Bleibt der Na-Einstrom unterhalb eines kritischen Schwellenwertes, kommt es zu einer kontinuierlich veränderlichen, reizstärkeabhängigen Depolarisation der Zellmembran. Dies ist bei der *Erregungsentstehung* am Rezeptor der Fall, bei der die Depolarisation *(= Generatorpotential)* mit steigender Reizstärke zunimmt. Bei den bisher genauer untersuchten Rezeptoren ist die Größe des Generatorpotentials eine annähernd logarithmische Funktion der Reizstärke.

2. Erregungsleitung. Oberhalb eines *kritischen* Depolarisationswertes erfolgt eine schlagartige Na-Permeabilitätssteigerung der Membran auf das rund 500fache, durch welche das Zellinnere kurzzeitig positiv wird (rund +30 mV), um ebenso schnell wieder durch den darauffolgenden K-Ausstrom in den Ausgangszustand zurückzukehren. Diese Spannungsspitze *(↗Aktionspotential)* dauert nur rund 1/2 msec.; ihre Amplitude ist für dieselbe Nervenfaser immer gleich groß (↗Alles-oder-Nichts-Gesetz). Eine solche Erregung bleibt nicht auf den Entstehungsort beschränkt, sondern pflanzt sich – die benachbarten Membranregionen aktivierend – fort.

Nach diesem Prinzip vollzieht sich die *Weiterleitung von Erregungen* an der Ausgangsseite der Zelle: aufgrund der etwas niedrigeren Schwelle am Beginn der Outputregion *(Initialsegment)* entstehen dort Aktionspotentiale in um so dichterer Folge, je höher das Gesamterregungsniveau (= Depolarisationsgrad) der betreffenden Nervenzelle ist. Die Aktionspotentiale laufen über Fasern, die von sehr dünnen Hüllzellen umgeben sind (markarme Fasern), gleichförmig mit einer Geschwindigkeit von rund 30–200 cm/sec. (kontinuierliche Erregungsleitung). „Markhaltige" Fasern sind hingegen von dickeren Hüllzellen umgeben, welche an ihren Grenzzonen einen schmalen Axonbereich freilassen *(↗Ranviersche Schnür-*

ringe). In diesen Fasern pflanzen sich die Aktionspotentiale von Schnürring zu Schnürring springend fort *(saltatorische Erregungsleitung),* wodurch eine beträchtliche Erhöhung der Leitungsgeschwindigkeit bis zu 120 m/sec. erzielt wird.

3. Erregungsübertragung. Die Erregungsübertragung erfolgt durch die *Synapsen:* Das Ende des Axons läuft in kolbenartige Endverzweigungen aus *(Endfüßchen, Neuropodien),* die durch einen Zwischenraum *(synaptischer Spalt)* von der *sub-* und *postsynaptischen* Membran der folgenden Zelle getrennt sind. In der *präsynaptischen* Membran liegen in kleinen Bläschen *(synaptische Vesikeln)* Substanzen bereit *(Transmitter),* die durch ein ankommendes Aktionspotential freigesetzt werden, über den synaptischen Spalt zur subsynaptischen Membran gelangen und dort Permeabilitätsänderungen bewirken. Nach dieser vom Transmitter abhängigen Veränderung können zwei Typen unterschieden werden: a) *Exzitatorische (erregende) Synapsen:* Die Transmittersubstanz bewirkt eine Depolarisation der Membran; es entsteht ein positives Potential – das *exzitatorische postsynaptische Potential* (EPSP), welches das Erregungsniveau der Nervenzelle erhöht. b) *Inhibitorische (hemmende) Synapsen:* Bei diesen bewirkt der Transmitter eine Hyperpolarisation der Membran – das *inhibitorische postsynaptische Potential* (IPSP): Die Negativität an der Zellmembran nimmt zu, wodurch das Gesamterregungsniveau der Zelle herabgesetzt wird.

Die Größe und Dauer von postsynaptischen Potentialen kann große Unterschiede aufweisen. Erreicht die postsynaptische Depolarisation den kritischen Schwellenwert für die Entstehung eines Aktionspotentials nicht (was in der dendritischen Zone der Regelfall sein dürfte), so breitet sich die Ladung *elektrotonisch* aus. Durch gleichzeitige Erregung von mehreren Synapsen kann eine *räumliche,* durch schnell aufeinanderfolgende Aktivierung derselben Synapse eine *zeitliche* Summation erfolgen, indem sich die einzelnen EPSP oder IPSP superponieren.

Das Ineinanderwirken aller exzitatorischen und inhibitorischen Erregungen kann als die integrative Funktion der einzelnen Nervenzelle gedeutet werden: Das jeweilige Nettoprodukt der Gesamterregung erzeugt an der Outputregion (Initialsegment) eine Aktionspotentialfolge, wobei das Erregungsniveau der Zelle im Abstand der einzelnen Aktionspotentiale verschlüsselt ist. Diese setzen an ihrem Zielort wieder Transmittersubstanz frei und bewirken dadurch die Übertragung der Erregung auf nachfolgende Nervenzellen (oder Effektorzellen, auf welche die Erregungsinformation nach grundsätzlich gleichem Prinzip weitergegeben wird).

Psychologische Bedeutung erlangte vor allem die Registrierung der elektrischen Begleiterscheinungen der nervösen Erregung. Neuerdings können mit geeigneten Methoden auch Korrelate von spezifischen psychischen Prozessen (z. B. Wahrnehmungen) erfaßt werden (↗Neuropsychologie).

Eine der wichtigsten Fragen der Psychol. gilt gegenwärtig den Mechanismen der Informationsspeicherung (↗Speicher; ↗Gedächtnis II) – der Konservierung des Erregungsgeschehens, welches einem aktuellen Erleben oder Verhalten zugrunde liegt, in eine beständige Dauerform (↗„Engramm, Gedächtnisspur"). Dieser Konsolidierungsvorgang scheint sich über Vermittlung von molekularbiologischen Prozessen zu vollziehen, die – wohl nicht zufällig – auch für die genetische Steuerung zuständig sind.

Lit.: Crosby, E. C., Humphrey, T. & E. W. Lauer: Correlative anatomy of the nervous system. New York, 1962; **Field, J., Magoun, H. W. & V. E. Hall** (Eds.): Handbook of physiology. Neurophysiology, Vol. 1–3. Baltimore, 1960; **Rohen, J. W.:** Funktionelle Anatomie des Nervensystems. Stuttgart, [3]1978; **Schadé, J. P.:** Die Funktion des Nervensystems. Stuttgart, [4]1977; **Schadé, J. P. & D. H. Ford:** Basic neurology. Amsterdam – London – New York, 1965; **Progress in brain research,** Vol. 1–30. Amsterdam – London – New York.

G. Guttmann

GLIEDERUNG DES NERVENSYSTEMS. Das Nervensystem wird *nach makroskopisch-topographischen Gesichtspunkten* eingeteilt in das zentrale Nervensystem (ZNS) und das periphere Nervensystem (PNS). Das ZNS setzt sich zusammen aus Gehirn (Encephalon) und Rückenmark (= Medulla spinalis). Unter der

Bezeichnung peripheres Nervensystem versteht man alle außerhalb von Gehirn und Rükkenmark liegenden Nervenzellen und Nervenzellfortsätze, z.B. Spinalnerven, periphere Nerven, Hirnnerven, Ganglien (= Anhäufung von Nervenzellkörpern außerhalb des ZNS) und Sinnesrezeptoren.

Unter funktionellen Gesichtspunkten gliedert man das Nervensystem in das animalische Nervensystem (cerebrospinales Nervensystem) und das autonome Nervensystem (vegetatives Nervensystem).

Aus diesen Gesichtspunkten ergibt sich folgendes Schema:

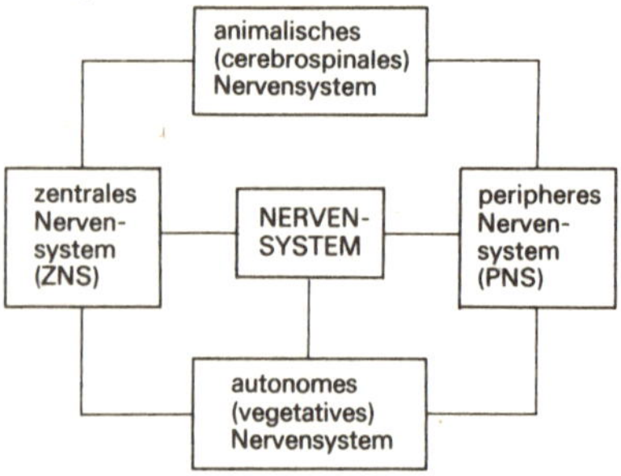

In der systematischen Gliederung nach topographischen Aspekten wird das Gehirn (Encephalon) in Vorder-, Mittel- und Rautenhirn eingeteilt:

Encephalon

I. Prosencephalon (Vorderhirn)
  1. Telencephalon (Endhirn)
  2. Diencephalon (Zwischenhirn)

II. Mesencephalon (Mittelhirn)

III. Rhombencephalon (Rautenhirn)
  1. Metencephalon (Hinterhirn)
    a) Cerebellum (Kleinhirn)
    b) Pons (Brücke)
  2. Myelencephalon (Nachhirn)

Beispiele: Der Ischiasnerv (N. ischiadicus) läuft in der Tiefe des dorsalen Oberschenkelbereiches („Ischiasschmerz"). Er gehört zum peripheren Nervensystem. – Das autonome Nervensystem steuert die Herzfrequenz, die glatten Muskelzellen der Arterien, den Blutdruck, die Darmtätigkeit sowie die innere und äußere Sekretion. – Die Großhirnrinde ist die graue Substanz des Telencephalon. – Hypophyse und Thalamus gehören zum Zwischenhirn. – Im Pons erfolgt die synaptische Umschaltung der Großhirn-Brücken-Kleinhirnbahn. – Die wichtigsten Funktionen des Kleinhirns sind: Aufrechterhaltung von Muskeltonus, Gleichgewichtssteuerung und Bewegungskoordination. *G. Arnold*

Nervenzellen *(Neurone, Ganglienzellen).* Struktur- und Funktionselemente des Nervensystems mit spontaner oder reaktiver Erregbarkeit sowie Fähigkeit zur Leitung bzw. Verarbeitung, aber auch Hemmung von Erregungen mit *Nervenzellkörper* (Soma bzw. Perikaryon) und den davon ausgehenden Fortsätzen *Axon* (= *Neurit)* und *Dendriten.* Der Neurit (μm – 1,2 m lang) fehlt nie und leitet (physiologische) Erregungen zellulifugal (von der N. fort) zu einem *synaptisch* angeschlossenen weiteren erregbaren Substrat (Neuron, Muskel- oder Drüsenzelle). Die ein- oder mehrfach vorhandenen kurzen (μm) Dendriten tragen *subsynaptische Rezeptorstrukturen.* Einteilungsmöglichkeiten der N.: A) *multipolare* (viele Dendriten, 1 Axon, Beispiel: Motoneuron), *bipolare* (je 1 Dendrit und Neurit) und *unipolare* N.; letzteren fehlt ein eigentlicher Dendrit. *„Pseudounipolare"* N. haben nur einen Fortsatz, der sich in geringer Entfernung vom Zellkörper T- oder Y-förmig teilt (N. in Spinalganglien); B) *afferente* (zum ZNS hin leitende) und *efferente* (peripheriewärts leitende) N.; C) *zentrale* und *periphere* N.; letztere entsenden aber nur ihre Axone aus dem ZNS in die Peripherie, während die Zellkörper aller N. im allgemeinen stets innerhalb des ZNS liegen (Ausnahmen: Spinalganglienzellen, Sinnesrezeptorzellen und vegetative N.); D) nach Axondurchmesser und Nervenleitungsgeschwindigkeit (NLG): Die Neuriten können zur Beschleunigung der NLG von einer „Markscheide" aus Myelin umgeben sein. Der Axon-Durchmesser (0,3 bis ca. 22 μm beim Menschen, bis zu 1 mm bei Avertebraten) korreliert mit der NLG (0,3 bis ca. 120 m/s). Nach Axondicke und NLG werden die N. nach Erlanger-Gasser, in Aα–Aδ, B- und C-Neurone bzw. nur die afferenten N. nach

Lloyd-Hunt in Gruppe -I- bis Gruppe -IV- Fasern bzw. -Neurone eingeteilt. C- bzw. Gruppe -IV- Fasern sind dabei die dünnsten und markscheidenlos; sie leiten am langsamsten. Nach „Hochrechnungen" aus stichprobenhaften Zellzählungen unter dem Mikroskop verfügt das menschliche ZNS über ca. 15 Milliarden ($1{,}5 \times 10^{10}$)Nervenzellen. *K.-H. Plattig*

Nervosität. 1) Volkstümliche Bezeichnung für Übererregbarkeit (des VNS). – 2) Von Guilford und Zimmerman mitgeteilter Faktor in Persönlichkeitsfragebögen.

Lit.: **Guilford, J. P. & W. S. Zimmerman:** Fourteen dimensions of temperament. Psychol. Monogr., 1956, *70*.

K. Pawlik

Nervus opticus, Teil der ↗Sehbahn. Nach alter Nomenklatur der zweite der paarigen Hirnnerven. Da die ↗Retina und ihre Verbindung zum Cortex entwicklungsgeschichtlich als Teil des Gehirns zu betrachten sind, hat man sich neuerdings darauf geeinigt, den N. o. als *Fasciculus opticus* zu bezeichnen. Der Fasciculus opticus ist die Verbindung von der Retina zum ↗Chiasma opticum. *R. Rix*

Nervus vagus ↗Parasympathikus.

Netzhaut ↗Retina.

Neugier(de), Beweggründe einer Person, Informationen aufzunehmen und zu verarbeiten; abhängig u.a. von Erziehungsbedingungen; aktiviert u.a. durch begriffliche Konflikte, erwartete Verminderung subjektiv bedeutsamer Ungewißheit. ↗Aktivation. ↗Motiv. ↗Motivation. ↗Orientierungsreflex.

Lit.: **Krieger, R.:** Determinanten der Wißbegier. Bern, 1976. *H. Meister*

Neuralgie, *Nervenschmerz,* anfallsweise auftretender heftiger Schmerz im Ausbreitungsgebiet eines sensiblen oder gemischten Nerven ohne feststellbare anat. Veränderungen (im Ggs. zur ↗Neuritis), oft verbunden mit vorausgehenden unangenehmen Sensationen (Hitze-, Spannungsgefühl, „Ameisenlaufen" usw.). Am bekanntesten: Gesichtsschmerz (Trigeminus-N.), Ischias. Mögliche *Ursachen:* latente Infektionen, Erkältung, Stoffwechselveränderungen, Vergiftungen, mechanische Schädigung u. a. *F.-C. Schubert*

Neurasthenie, ein meist neurotisch bedingtes Syndrom, das gekennzeichnet ist durch große Ermüdbarkeit, niedriges Motivationsniveau, vegetative ↗Labilität, geschwächte Konzentrationsfähigkeit und generelle Antriebslosigkeit. *G. Kaulfush*

Neurilemm, *Schwannsche Scheide.* Die peripheren Axone (↗Nervenzelle) werden von den Lemnocyten (Schwannschen Zellen) umhüllt. Diese können markhaltig, -arm oder -los sein. Die Lemnocyten enthalten Zellkerne und bilden außen um die Markscheide ein feines Häutchen, das Neurilemm. Dieses bildet zusammen mit einem äußeren retikulären Fasergitter die *Endoneuralscheide.*

Lit.: **Bargmann, W.:** Histologie und mikroskopische Anatomie des Menschen. Stuttgart, 1967. *G. Arnold*

Neurit ↗Nervenzellen.

Neuritis, *„Nervenentzündung",* mit Störung der mot. oder sensiblen Leitung einhergehende Erkrankungen im Verlauf der peripheren Nerven, teils entzündlicher, teils degenerativer Art. Im Gegensatz zur ↗Neuralgie werden anatomisch-pathologische Veränderungen angenommen bzw. festgestellt. Neben subj. Schmerzen sind vor allem Störungen und Ausfälle in Empfindung und Motorik (schlaffe Lähmung, Reflexstörung u. a.) zu beobachten. *Ursachen:* Infektionen, Erkältungen, Nervenläsionen durch Druck oder Zug, Überanstrengung, Vergiftungen (Alkohol, Blei, Kohlenoxyd) u. a. *F.-C. Schubert*

Neuroanatomie. Die N. ist eine morphologische Wissenschaft, die den Aufbau (Struktur, Gestalt) des Nervensystems zu erforschen versucht und das Verständnis der somato-cerebralen Grundlagen der psychischen Phänomene fördert.

Das NS besteht aus einem *Zentralorgan* und *peripherischen Organen,* den Nerven, die zwischen dem Zentralorgan und dem Organismus eine Verbindung herstellen. Das Zentralorgan wiederum besteht aus dem *Rückenmark,* dem *Hirnstamm* (seinerseits untergeteilt in *Bulbus,* ↗ *Brücke* und *Großhirnschenkel*), dem *Kleinhirn* (↗Cerebellum), das dem Hinterteil des Hirnstammes anliegt, und – dem wichtigsten Teil – dem *Großhirn.* Jede Halbkugel des Großhirns ist von einer Schicht aus *grauer* Substanz *(Hirnrinde)* bedeckt, die durch Furchen in *Lappen* und *Windungen* unterteilt ist. Unterhalb der Rinde liegen die *weiße Substanz* und in deren Zentrum der *Schweifkern* und der *Linsenkern.* Beide Halbkugeln werden untereinander durch den *Balken* verbunden; darunter befindet sich eine mit ↗Liquor cerebrospinalis ausgefüllte Höhle, das dritte *Ventrikel,* das beiderseits von den *Thalami optici* und nach unten von dem ↗ *Hypothalamus* umgeben ist. Das NS wird vom *Nervengewebe* gebildet, das seinerseits aus *Neuronen* und ↗ *Glia-Zellen* besteht. Die Kontaktpunkte zwischen zwei Neuronen oder einem Neuron und den Reizgebern oder Reizaufnehmern (↗Rezeptoren) des Organismus heißen *Synapsen.* Dank der Synapsen schließen sich die Neuronen unter sich zusammen, um *Leitungsbögen* zu bilden, die das Substrat des NS sind, welches als eine Gesamtheit von mehr oder weniger komplexen und stark hierarchisch gegliederten Leitungsbögen angesehen werden kann; die komplexeren beherrschen durchweg die einfacheren, und darin liegt die Aktionseinheit begründet, die das NS charakterisiert. Die in der Peripherie aufgenommenen Nervenimpulse werden durch den zuführenden Zweig (↗Afferente Nerven) zum Zentrum des Leitungsbogens geführt. In den *Zentren* werden die Impulse verarbeitet, um dann über den abführenden Zweig (↗Efferente Nerven) in die Peripherie zurückzukehren; dieser Arm endet in den *Effektoren,* die die Befehle des NS ausführen. Zuführender und abführender Arm werden von einem oder mehreren serienweise verknüpften Neuronen gebildet; die Zentren sind neuronale Komplexe, die sehr häufig Zirkelverbindungen bilden. Je nach ihrer Komplexität werden die Leitungsbögen in *segmentale, suprasegmentale* und *totalisierende* unterteilt. Das totalisierende Zentrum besteht aus zwei sehr wichtigen Teilen: dem ↗*Cerebrum* (dessen Zentrum aus der Hirnrinde besteht und dessen zuführende und abführende Zweige, die man sensible und mot. Nervenbahnen nennt, sehr komplex sind) und dem ↗*Cerebellum.* Die segmentalen und suprasegmentalen Bögen bilden die somatische Grundlage für die *Reflextätigkeit;* der *cerebrale* Bogen ist die somatische Basis für das *reflexive* und *emotionale Verhalten:* das ↗Cerebellum (Kleinhirn) ist ein Kontrollorgan, das auf globale Weise die Tätigkeit des NS reguliert. Schließlich gibt es im Hirnstamm eine Neuronengruppe, die ↗*Formatio reticularis,* die den *Wach-* und *Schlafzustand* und den *diathetischen Rhythmus* kontrolliert, d. h. die periodische langzyklische Schwankung zwischen den sog. Gemütszuständen (bes. die Schwankung zwischen Depression und Manie). Zahlreiche expt. Versuche, die an Tieren vorgenommen wurden, sowie das Studium der Fehlreaktionen von hirngeschädigten Personen haben folgende Ergebnisse hinsichtlich der biol. Bedeutung der einzelnen Teile des totalisierenden Hirnbogens gezeigt: die *neurobiologischen* Prozesse, die im *limbischen System* vorgehen (in das der ↗Hypothalamus eingefaßt ist), sind die somatischen Entsprechungen zu den relativ *elementaren* und *primitiven Impulsen* und *Affekten* der endothymischen Grundlage, d. h. derjenigen Trieberlebnisse, die Mensch und Tier gemeinsam sind (z. B. Hunger, Durst, Geschlechtstrieb, Aggressivität in ihren verschiedensten Spielarten usw.). Im Hinblick auf die *kognitiven Funktionen* wird angenommen, daß die ↗ *Empfindungen* ihre somatische Grundlage in den *primären aufnehmenden Hirnarealen* haben; die *sekundären* oder *gnostischen aufnehmenden Hirnareale* sind die cerebrale Grundlage für die *Wahrnehmung* und die mehr oder weniger abstrakten Wahrnehmungskomplexe. Die Hirnrinde in ihrer Totalität ist für die direkten oder indirekten Urteilsfunktionen verantwortlich. Die *Erinnerungsfunktion* (↗Gedächtnis) hängt von den Querverbindungen zwischen verschiedenen Gruppen von kortikalen Neuronen und von der

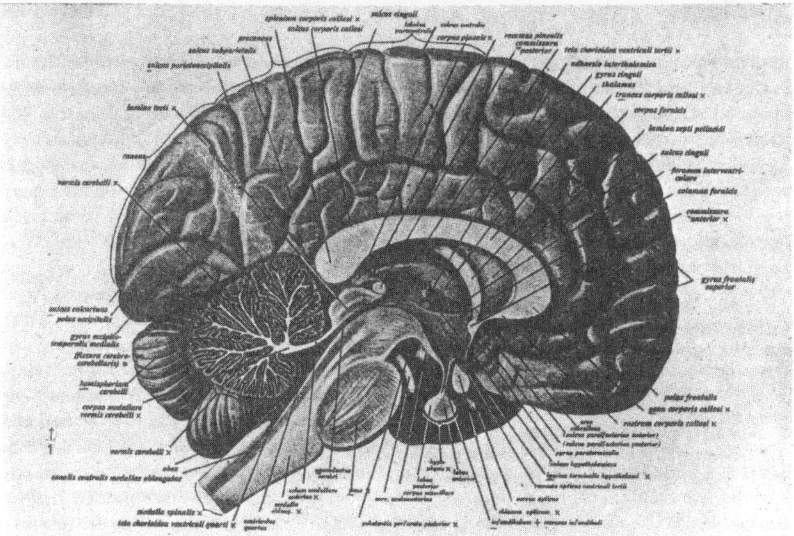

Mediandurchschnitt des menschlichen Gehirns

Beschriftung von links nach rechts:
1 vermis cerebelli, 2 corpus medullare vermis cerebelli, 3 hemispherium cerebelli, 4 gyrus occipitotemporalis medialis, 5 polus occipitalis, 6 sulcus calcarinus, 7 vermis cerebelli, 8 cuneus, 9 lamina tecti, 10 sulcus parietooccipitalis, 11 sulcus subparietalis, 12 precuneus, 13 splenium corporis callosi, 14 sulcus corporis callosi, 15 sulcus cinguli, 16 lobulus paracentralis, 17 sulcus centralis, 18 corpus pineale, 19 recessus pinealis, 20 commissura posterior, 21 tela chorioidea ventriculi tertii, 22 adhaesio interthalamica, 23 gyrus cinguli, 24 thalamus, 25 truncus corporis callosi, 26 corpus fornicis, 27 lamina septi pellucidi, 28 sulcus cinguli, 29 foramen interventriculare, 30 columna fornicis, 31 commissura anterior, 32 gyrus frontalis superior, 33 polus frontalis, 34 genu corporis callosi, 35 rostrum corporis callosi, 36 area subcallosa, 37 sulcus parolfactorius anterior, 38 sulcus parolfactorius posterior, 39 gyrus paraterminalis, 40 sulcus hypothalamicus, 41 lamina terminalis hypothalami, 42 recessus opticus ventriculi tertii, 43 nervus opticus, 44 chiasma opticum, 45 infundibulum recessus infundibuli, 46 lobus anterior, 47 hypophysis, 48 lobus posterior, 49 corpus mamillare, 50 nervus oculomotorius, 51 substantia perforata posterior, 52 pons, 53 aquaeductus cerebri, 54 velum medullare anterius, 55 medulla oblongata, 56 ventriculus quartus, 57 tela chorioidea ventriculi quarti, 58 medulla spinalis, 59 canalis centralis medullae oblongatae, 60 obex.

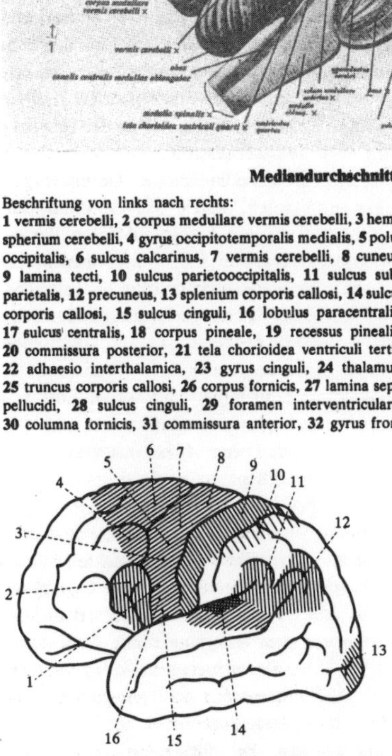

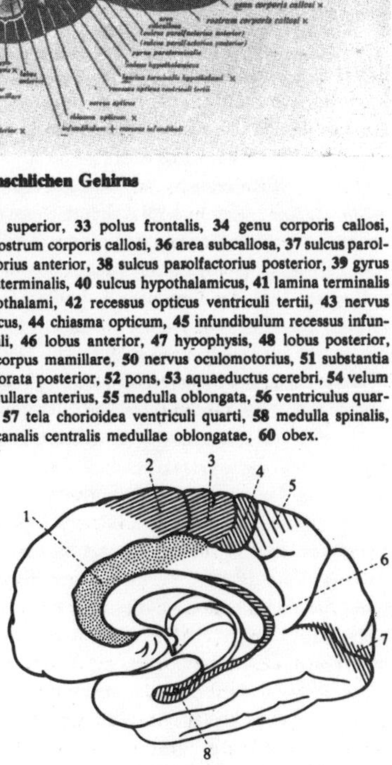

Lokalisation motorischer, sensibler, sensorischer und autonomer Zentren auf der Großhirnrinde

Links:
1 Motorisches Zentrum für Zunge, 2 Motorisches Sprachzentrum, 3 Motorisches Zentrum für Gesichtsmuskulatur, 4 Motorisches Zentrum für Kopf- und Augenbewegungen, 5 Motorisches Zentrum für Arm, Hand, Finger, 6 Motorisches Zentrum für Rumpf, 7 Motorisches Zentrum für Schulter, 8 Motorisches Zentrum für Bein, 9 Körperfühlsphäre, Hauptfeld, 10 Körperfühlsphäre, Nebenfeld, 11 Sensorisches Sprachzentrum, 12 Visuelles (optisches) Sprachzentrum, 13 Sehzentrum (optisches Erinnerungszentrum), 14 Hörzentrum, 15 Motorisches Zentrum für Schlund, 16 Motorisches Zentrum für Kehlkopf.

Rechts:
1 Autonome Region (vasomotorische und sekretorische Impulse), 2 Motorisches Zentrum (Rumpf), 3 Motorisches Zentrum (Bein), 4 Körperfühlsphäre, Hauptfeld, 5 Körperfühlsphäre, Nebenfeld, 6 Geruchszentrum, 7 Sehzentrum (Wahrnehmungszentrum), 8 Geschmackszentrum.

Sobotta-Becher: Atlas der Anatomie des Menschen, 3. Teil (Urban & Schwarzenberg, München–Berlin 1962)

Produktion spezifischer Proteine in solchen Feldern ab. Schließlich haben die prospektiven Funktionen (Herstellung eines Handlungsplans und einer Strategie der Handlung, Vorsorge auf die Zukunft usw.) ihren „Sitz" in der vordersten Zone der ↗*Frontallappen*. ↗Neuropsychologie; ↗Lokalisation psychischer Funktionen.

Lit.: **Forssmann, W. G. & C. Heym:** Grundriß der Neuroanatomie. Berlin, [2]1975; **Gomez Bosque, P.:** Organización funcional del sistema nervioso. Estructuración General y Funciones. El Problema de la Relación Alma-Cuerpo. Madrid, 1965; **Gomez Bosque, P.,** et al.: El sistema nervioso central, Bd. 1–2. Valladolid, 1967, 1969; **Grossman, S. P.:** A textbook of physiological psychology. New York – London, 1967; **Keidel, W. D.** (Hrsg.): Kurzgefaßtes Lehrbuch der Physiologie. Stuttgart, [4]1975; **Sobotta, J. & H. Becher:** Atlas der Anatomie des Menschen, 3. Teil. München – Berlin, [2]1972.

P. Gómez Bosque

Neurochirurgie. Unter N. werden alle operativen Eingriffe an Hirn und Rückenmark – einschließlich ihrer Häute und in beschränktem Maße auch die Chirurgie peripherer Nerven – zusammengefaßt. Die Eingriffe können dabei sog. *offene*, d. h. nach Entfernung der Schädelkalotte, oder geschlossene Verfahren sein, wie bei den ↗stereotaktischen Eingriffen, bei denen nur ein Bohrloch angelegt wird. Die N. bedient sich der klinisch-neurol. Lokalisationsdiagnostik sowie der Luftdarstellung der Hirnkammern, der Kontrastmittelfüllung der Gefäße, radioaktiver Isotopendiagnostik, des EEG, der Myographie und einfacher Röntgenverfahren. Außer den stereotaktischen Eingriffen sind Verletzungen, Hirntumoren, Mißbildungen (inklusive solcher der Hirngefäße) die wichtigsten Indikationen. Psychologie und Psychiatrie verdanken der N. wichtige Erkenntnisse, wie die Einsicht in die Unfruchtbarkeit einer Punkt-zu-Punkt-Hirn-↗*Lokalisation* psychischer Funktionen, die große Plastizität in der Wiederherstellung gestörter Funktionen nach z. T. großem Hirnsubstanzverlust. ↗Lobotomie.

Lit.: **Merrem, G.:** Lehrbuch der Neurochirurgie. Berlin, [3]1968; **Walther-Büel, H.:** Die Psychiatrie der Hirngeschwülste. Wien, 1951.

M. Adler

Neuroendokrinologie, Teilgebiet der ↗Endokrinologie, das sich mit der Erforschung der Beziehungen zwischen Endokrinum (↗Endokrine Drüsen) und NS befaßt. Die wichtigsten Aspekte der N. betreffen: a) Wirkung von ↗Hormonen auf das NS; b) Wirkung nervöser Erregung auf die Hormonausschüttung; c) Produktion und Bedeutung von Hormonen im ZNS und VNS. ↗Hormone; ↗Transmittersubstanzen.

Lit.: **Bajusz, E.** (Ed.): An introduction to clinical neuroendocrinology. Basel, 1967. Weitere Lit.: ↗Hormone.

W. Janke

Neuroethologie, Forschungsrichtung, welche die neuralen Grundlagen des Verhaltens bearbeitet und eine Synthese von ↗Neurologie und Ethologie anstrebt. Als Methoden dienen z. B. elektrische Hirnreizung, Ableitung von Aktionspotentialen an freibeweglichen Tieren, Ausschaltung von Hirngebieten durch ↗Exstirpation und Koagulation und Messen der postoperativen Verhaltensänderungen.

K. Fiedler

Neurohormone, chemische Substanzen, die die Erregungsübertragung und -leitung im ZNS und VNS fördern oder hemmen.

W. Janke

Neurolepsie, ein durch ↗Hypnose und die Blockierung vegetativer Reflexe gekennzeichneter Zustand. Dieser Ausdruck wird heute selten benutzt.

J. Price

Neuroleptika, ↗Psychopharmaka, die in der ↗Pharmakotherapie agitierter und produktiver Psychosen als wichtigste Präparatgruppe sowie bei stärkeren nicht-psychotischen Angst- und Erregungszuständen verwendet werden. Die Bezeichnung *Neuroplegika* ist veraltet, *Tranquilizer* üblich, sie erzwingt jedoch eine Untergliederung (engl.: major und minor tranquilizers), um sie von ↗Tranquilizern im engeren Sinne abzuheben. – *Chemisch* gliedern sich die N. in ↗Rauwolfia-Alkaloide, ↗Butyrophenone, ↗Phenothiazine und Thiaxanthenderivate (Thiothixen). Sie lassen sich *wirkungsmäßig* von ↗Hypnotika und ↗Tranquilizern abgrenzen durch: 1) *antipsychotischen Effekt* (Verminderung hochgradiger Erregungszustände hyper- oder akinetischer Art, Reduktion psychotischer Erlebnisproduktion, wie Wahnideen und Halluzinationen), 2) *Auslösung extrapyramidaler Symptome* (z. B. ↗Tremor, Rigor), 3) häufig starke *vegetative Reaktionen* (adrenolytisch, z.T. anticholinerg), 4) *Erniedrigung* der Krampfschwelle, 5) *Unterdrückung* des aktiven, nicht passiven ↗Meidungsverhaltens im Tierversuch. Mit den Tranquilizern gemeinsam erzwingen sie in therapeutischen Dosen im Unterschied zu den Hypnotika nicht den Schlaf und führen in hohen Dosen nicht zur ↗Narkose. In niedrigen Dosen haben N. tranquilisierende Eigenschaften. – Psychologische Untersuchungen an gesunden Personen sind zahlreich für ↗Chlorpromazin, weniger für andere Phenothiazine, kaum für Reserpin sowie für ↗Haloperidol und Verwandte durchgeführt. – N. bewirken nach akuter Applikation bei gesunden Personen auch in niedrigen Dosen nur vereinzelt mot. Entspannung und emotionale Stabilisierung. Häufig sind Leistungsbeeinträchtigung und Herabsetzung erlebnismäßiger Aktivität. Verbesserungen treten wie bei Tranquilizern eher bei affektiver und mot. Gespanntheit (habituell oder situativ) und geringer psychischer Beanspruchung im Sinne von Leistungsanforderung auf (↗Differentielle Pharmakopsychologie). Die Annahme einer geringeren Beeinträchtigung kognitiver Funktionen (z. B. im Zahlensymbol-Test) durch N. als durch Hypnotika und Tranquilizer ist ungeklärt.

Lit.: Brill, H. (Ed.): Neuro-Psychopharmacology. Washington, 1967, 87–156; **Efron, D. H.** (Ed.): Psychopharmacology 1957–1967. Washington, 1968, 1044–1181. Weitere Lit.: ↗Butyrophenone; ↗Phenothiazine; ↗Rauwolfia-Alkaloide.

G. Debus

Neurologie, die med. Disziplin, die sich mit den *klinischen* sowie *pathologischen* Aspekten der Struktur und Funktion des zentralen und des peripheren NS befaßt. *D. Eaves*

Neuron ↗Nervenzellen.

Neuropathie. Der Begriff N. wird mit schillernder Bedeutung gebraucht, teils allgemein für Nervenleiden, teils im engeren Sinn für eine angeborene Neigung zu krankhafter Übererregbarkeit des NS, die sich am häufigsten in vegetativen und endokrinen Störungen äußert. Der Begriff stimmt praktisch überein mit ↗„vegetativer Dystonie"; er ist oft auch von ↗„Psychopathie" nicht abgrenzbar.

K.-H. Plattig

Neuropharmakologie, Teilgebiet der Pharmakologie, das die Veränderungen nervöser Mechanismen unter dem Einfluß von Pharmaka, insbesondere ↗Psychopharmaka, untersucht. ↗Pharmakopsychologie; ↗Psychopharmakologie. *W. Janke*

Neurophysiologie, Teilgebiet der Physiologie, das sich mit den Funktionen des zentralen und peripheren Nervensystems befaßt, insbesondere mit der Lokalisation und der Erklärung der Grundmechanismen von Entstehung, Fortleitung und Übertragung von Nervenimpulsen. *G. Powell*

Neuroplegika, Synonym für ↗Neuroleptika.

Neuropsychiatrie. Unter N. faßt man diagnostische und meth. Gesichtspunkte zusammen, die Probleme der Psychiatrie im Hinblick auf die ↗Neurophysiol. der Hirnfunktionen angehen. Dabei bestehen enge Beziehungen zur ↗Neurochirurgie, zur expt. Verhaltensforschung und zur Neurophysiologie.

Lit.: Haider, M. (Hrsg.): Neuropsychologie. Aktuelle Probleme. Bern – Stuttgart – Wien, 1971; **Luria, A. R.:** Human brain and psychological process. New York – London, 1966 (dt.: Die höheren kortikalen Funktionen des Menschen und ihre Störungen bei örtlichen Hirnschädigungen. Berlin, 1970).

M. Adler

Neuropsychologie. Die N. untersucht die Zusammenhänge zwischen dem Erleben (bzw. Verhalten) und den zugrunde liegenden biol. Prozessen. Der Terminus N. betont die dominierende Rolle des NS, obgleich bisweilen auch andere Systeme (z. B. hormonale Steuerungen) in die Betrachtung einbezogen werden müssen. Die Untersuchung von *mittelbaren* psycho-physiol. Beziehungen (beispielsweise Veränderungen von Kreislaufvariablen unter ↗Aktivierung oder ↗Ermüdung) zählt nicht zum Forschungsbereich der N.; sie fällt unter den weiteren Begriff „*Physiologische Psychologie*".

Die Fülle der neuropsychol. Daten kann nach meth. Gesichtspunkten geordnet werden:

1. Ausschaltung. Der Versuch, die biol. Grundlagen des Erlebens aus einer Ausschaltung des biol. Substrates und den darauffolgenden Veränderungen im Erleben zu erschließen, hat die älteste Tradition: Neben der Untersuchung von *angeborenen Mißbildungen* des NS, *erworbenen Läsionen* (durch Traumata oder pathologische Prozesse) sowie der *willkürlichen Ausschaltung* (↗Lobotomie) durch gezielte Zerstörung von kortikalen oder subkortikalen Neuronenverbänden bzw. Durchtrennung von Leitungsbahnen im Tierversuch kommt neuerdings besondere Bedeutung den *reversiblen Funktionsblockierungen* zu, wie beispielsweise der Cortical Spreading Depression, einer vorübergehenden Unterdrückung der Aktivität der Großhirnrinde durch geeignete chem. oder mechanische Reizung. Vgl. auch ↗Gehirnpathologie.

2. Anregung. Eine Methode, die strengere Lokalisierungen erlaubt, ist die *Anregung* von Funktionen. Die gezielte Reizung im menschlichen Gehirn hat seit den ersten Versuchen im vorigen Jh. durch systematische Stimulation der Großhirnrinde während Hirnoperationen sowie der Möglichkeit von kontrollierten Reizungen in der Tiefe des Gehirns (↗Stereotaktische Eingriffe) eine ausgedehnte Kartierung der sensorischen und mot. Systeme ermöglicht. Darüber hinaus erhielt man Einblick in die neuronalen Grundlagen von emotionalen und motivationalen Prozessen sowie der Steuerung von Lernprozessen („Reinforcement-Zentren") und der Bewußtseinslage, wodurch auch die psychol. Theorienbildung nachhaltig beeinflußt wurde. ↗Leib-Seele-Problem II.

3. Aktivitätskorrelate. Die schonendste Methode ist jedoch die *Beobachtung* von *Aktivitätskorrelaten.* Neben den nicht unmittelbar zugänglichen biochemischen Korrelaten der neuronalen Aktivität (wie z. B. der Konzentration von Substanzen, die an der synaptischen Erregungsübertragung beteiligt sind) ist die Beobachtung der elektrischen Begleiterscheinungen der nervösen Aktivität am bedeutsamsten. Zwar zeigte sich, daß die hirnelektrische Spontanaktivität unmittelbar keine gesicherten Zusammenhänge mit *spezifischen* psychol. Prozessen besitzt und lediglich das Aktivierungsniveau in Frequenz- und Amplitudeneigenheiten des Hirnstrombildes zum Ausdruck kommt. Neuerdings ist es jedoch gelungen, auch die im EEG verborgenen spezifischen Erregungskomponenten, wie sie z. B. einer einfachen Wahrnehmung zugrunde liegen, durch geeignete Kunstgriffe von der meist rund 20mal stärkeren Spontanaktivität zu isolieren und sichtbar zu machen: Bei Wahrnehmungsprozessen ist dies möglich, indem man die auf einen Sinnesreiz folgende Aktivität registriert und für zahlreiche gleichartige aufeinanderfolgende Reize kumulativ summiert. Dadurch mittelt sich die unspezifische Spontanaktivität mit zunehmender Zahl von Reizwiederholungen aus, die spezifischen Erregungskomponenten – wie schwach sie auch sein mögen – treten hingegen immer deutlicher hervor. Die so erhaltenen *sensorisch evozierten Potentiale* sind in ihrem zeitlichen Verlaufsmuster und in ihrer räumlichen Verteilung für jedes Sinnesgebiet typisch und verändern sich auch in charakteristischer Weise mit der Reizqualität (Nutzanwendungen: objektive Sinnestüchtigkeitsprüfungen, z. B. EEG-↗Audiometrie).

Schwieriger ist naturgemäß die Beobachtung von spezifischen Erregungen, die nicht einem extern ausgelösten Prozeß entsprechen, wie z. B. Vorstellungen oder Spontanhandlungen. Durch besondere Kunstgriffe ist es jedoch auch für einige dieser Prozesse gelungen, die ihnen zugrunde liegenden spezifischen Erregungen nachzuweisen (wie z. B. Bereitschaftspotentiale vor einer Spontanhandlung).

Eine der wichtigsten Fragen gilt gegenwärtig den neuropsychol. Grundlagen des ↗Lernens: der Umformung des flüchtigen aktuellen Erregungsgeschehens in eine resistente Dauerform (Konsolidierungsprozeß). Diese Umwandlung dürfte sich in mehreren, auch biologisch klar getrennten Schritten vollziehen. Nur kurze Zeit bleibt die in Aktionspotentialfolge niedergelegte Information als nervöse Erregung – möglicherweise in geschlossenen Neuronenkreisen zirkulierend – erhalten. Der nächste Schritt scheint in der *Aktivierung* von genetisch determinierten Syntheseketten zu bestehen: Spezifische qualitative Veränderungen von Substanzen, die bei derartigen Biosynthesen eine wichtige Rolle spielen (↗Ribonucleinsäuren, konnten im Verlauf von aktiven Lernprozessen nachgewiesen werden. In dieselbe Richtung weisen auch die nach wie vor umstrittenen Ergebnisse zum „Biochemischen Transfer of Learning": Wird Ribonucleinsäure aus dem Gehirn von Tieren extrahiert, die ein bestimmtes Verhalten gelernt haben, und diese RNS untrainierten Tieren verabreicht, kann bei ihnen ein erleichtertes Lernen desselben Verhaltens festgestellt werden. Ob die letzte Stufe des Konsolidierungsprozesses im Auswachsen von Zellfortsätzen, einer Erleichterung der synaptischen Übertragung oder anderen Veränderungen besteht, ist nach wie vor unklar. – Auch neuropsychologisch konnte die Anzahl der Stadien eines Lernprozesses, ihre Dauer und Beeinflußbarkeit noch nicht aufgeklärt werden. Die einschlägigen Untersuchungen waren jedoch der bisher stärkste Anstoß, psychologische Modelle auf biol. Grundlagen aufzubauen und zu fundieren.

Lit.: Grossmann, S. P.: A textbook of physiological psychology. New York, 1967; **Guttmann, G.:** Einführung in die Neuropsychologie. Bern, [2]1974; **Isaacson, R. L.** (Ed.): Basic readings in neuropsychology. New York, 1964; **Pribram, K. H.:** Brain and behaviour, Vol. 1–4. Harmondsworth, 1969; **Thompson, R. F.:** Foundations of physiological psychology. New York, 1967.

G. Guttmann

Neurose. Geschichtlicher Hintergrund. Der Begriff *„Neurose"* wurde um 1780 von W. Cullen eingeführt. Was wir heute unter diesem Begriff verstehen, wurde schon seit der Zeit der alten Griechen unter der Bezeichnung „Geisteskrankheiten" abgehandelt. Jahrhunderte hindurch gab es für diese Krankheiten die verschiedensten Erklärungen, die vom wiss. Ansatz der Griechen bis zu übernatürlichen Deutungen der mittelalterlichen Psychiatrie reichten. Erst im 18. Jh. eröffnete sich eine neue Perspektive. Ein neues philosophisches Konzept befreite das Denken von der Vorannahme der unsterblichen Seele und vom Unfug böser Geister und erlaubte die Vorstellung, daß Geisteskrankheiten im vergänglichen Gehirn ihre Ursache haben. Kernpunkt der Entstehung der moderneren Psychiatrie waren die Theorien des Chemikers G. E. Stahl (1660–1734). Er sah die Ursache geistiger Störungen einerseits bei Organerkrankungen (er bezeichnete sie als „sympathische" Verursachung), andererseits bei funktionellen Störungen ohne organische Grundlage („pathische" Verursachung). Stahls „animistische" Doktrin war der Ausgangspunkt für eine Reihe von psychol. Untersuchungen, die *psychogene Ursachen* von Geisteskrankheiten zu finden versucht haben. W. Cullen (1769), Mentor der „neuropathologischen" Schule von Edinburgh – der die „vitalistischen" Theorien, eine von Stahl ausgehende Entwicklungsrichtung, übernommen hatte –, versuchte, nervöse Störungen durch „Nervengebärden" zu erklären. Von diesem Standpunkt aus ist der Begriff „Neurose" eine sehr treffende Bezeichnung. Hierunter wurde noch eine ganze Reihe anderer, nicht erklärbarer Leiden subsumiert, so z. B. Apoplexie, Ohnmacht, Dyspepsie, ↗Hypochondrie, Tetanus, ↗Epilepsie, Veitstanz, Herzklopfen, Atembeschwerden, Asthma, Keuchhusten, Kolik, Cholera, Diarrhoe, Diabetes, ↗Hysterie und Tollwut. Der Begriff hatte seinen Ursprung in der Neurologie, wurde aber vor allem in der Psychiatrie vielfältig verwendet, allerdings oftmals in zu unklarer und zu umfassender Bedeutung.

1778 kam F. A. ↗Mesmer nach Paris und machte die Psychotherapie mit Hilfe der ↗Hypnose zur Mode. Mit der hypnotischen Methode begann J. M. Charcot (1825–93) seine Studien über ↗Hysterie; dies war die erste systematische Untersuchung von N.n (Guillain, 1955). Charcots Interessen wurden von P. ↗Janet (1859–1947) aufgegriffen. Während des Verlaufs des Hypnoseprozesses an seinen Patienten entdeckte er, daß einige N.n ihren Ursprung in längst vergessenen traumatischen Ereignissen haben. Die Rückerinnerung in der Hypnose führte manchmal zur Heilung (Galdston, 1967). Indem er N.n eine psychische Ursache zuschrieb, grenzte er diese gegen andere seelische Störungen ab.

Während des 18. und im frühen 19. Jh. entstand eine ganze Reihe von Klassifikationssystemen für Geisteskrankheiten, die oftmals noch innerhalb der Kategorie der N.n Unterteilungen enthielten. C. Westphal (1833–90) unterschied Zwangsvorstellungen, Homosexualität und Platzangst; Maudsley sprach 1879 von *Neurosis spasmodica*, gekennzeichnet durch plötzliche, einzeln auftretende Gedankensprünge, Gefühle und Verhaltensweisen. A. Meyer spricht von einer „Teilreaktion", wobei nur ein Teil der ↗Persönlichkeit verändert ist und der Patient sonst realitätsorientiert bleibt.

Freuds Psychoanalyse und deren Tochterschulen. Die bekannteste und einflußreichste Theorie der N. stammt zweifellos von Janets Zeitgenossen S. ↗Freud (1856–1939). Freud hatte sich ebenfalls schon sehr früh der Hypnose zugewendet. Er und J. Breuer weckten das Interesse der Psychiater mit ihrem Werk „Studien über Hysterie" (1895). Hierin wird die sog. *„kathartische Methode"* beschrieben, die es dem Patienten möglich macht, in Hypnose seine Gefühle zu äußern (Zilboorg & Henry, 1944). Später stellte Freud fest, daß seine Patienten sich mit sexuellen Dingen beschäftigten, und schloß daraus, daß die Ursache aller neurotischen Leiden sexuelle Schwierigkeiten seien. Er ließ die Methode der Hypnose bald fallen und ersetzte sie durch „freie Assoziationen". Mit dieser Methode sollten ins Unbewußte verdrängte Gedächtnisinhalte aufgedeckt werden. Die zuerst entwickelte einfache Sexualtheorie der N. ersetzte er mit einer wesentlich verfeinerten, in der er eine Reihe von Entwicklungsphasen des Kindes postulierte, wobei traumatische Ereignisse in jeder dieser Phasen ein Fortschreiten zur nächsten Stufe verhindern können. Entsprechend dem jeweiligen Entwicklungsstadium, der Art des Traumas und den Situationseigenarten wird das Kind einen Abwehrmechanismus entwickeln, der die Art der N. bestimmt, die sich dann vielleicht manifestiert (Hinsie & Campbell, 1960). Man nahm an, daß ein solches Kindheitstrauma im ↗Unbewußten des Erwachsenen als ein „Komplex" erhalten bleibt, an den emotionale Kräfte gebunden sind, die abweichend neurotische Reaktionen verursachen, deren Art durch den entsprechenden Abwehrmechanismus bestimmt ist. Daraus folgte, daß für eine Heilung der N. der verdrängte Komplex bewußt gemacht werden mußte. Freies Assoziieren und die ↗Traumdeutung waren die hierfür am häufigsten verwendeten Methoden. ↗Psychoanalyse.

Freuds Schüler, C. G. ↗Jung (1875–1961) und A. ↗Adler (1870–1937), bildeten innerhalb der Psychoanalyse zwei abweichende Schulen (Bromberg, 1959). Jung glaubte, daß der Trieb oder Freuds ↗„Libido" sich aus urtümlichen Triebfedern entwickelt, die ihren Sitz in einem vererbten oder „kollektiven" ↗Unbewußten haben sollen, von dem er glaubte, daß es durch die unbewußten psychischen Funktionen *aller* Menschen verkörpert wird. Die Menschen wären somit gemäß ihren ererbten ↗Archetypen zu klassifizieren. Nach Jung entstand eine N. dann, wenn Einstellungen und Lebensziele eines Individuums nicht im Bereich seiner ererbten Möglichkeiten lagen. Die ↗Individualpsychologie von A. Adler verwarf vor allem die Freudsche Libidotheorie. Adler schrieb die N. den sich widersprechenden ↗*Minderwertigkeits-* und *Überwertigkeitsgefühlen* zu, die einem „Lebensplan" oder Zielen des Individuums zuwiderlaufen. Er glaubte, daß der Mensch nach Überlegenheit strebt, und sah die N. als ein mangelhaftes Mittel zur Befriedigung des *Machttriebes*. Während auf der einen Seite Wissenschaftler wie S. Ferenczi, E. Jones und O. Fenichel der Freudschen Theorie treu blieben, schlugen andere Anhänger der Psychoanalyse abweichende Theorien vor, indem sie den einen oder anderen Aspekt der Freudschen Theorie zur Ätiologie der N. bes. betonten. O. Rank (1929) maß dem *Geburtstrauma* besondere Bedeutung bei in bezug auf neurotische Angst und baute auf dieser Hypothese seine „Willenstherapie" auf. W. Stekel versuchte, die Traumanalyse abzukürzen, und er ermunterte die Patienten, das zu tun, wovor sie Angst haben, um ihre Angst unter Kontrolle zu bekommen. W. Reich sah die Angst als eine Folge von „unterdrückter“ ↗Libido. Er nahm für sich in Anspruch, das *„Orgon“* entdeckt zu haben, eine Energieeinheit, die ein wesentlicher Bestandteil der orgastischen Potenz ist, und postulierte, daß „Orgonmangel“ sexuell neurotische Ängste wegen einer unterdrückenden Umwelt hervorrufen. K. Horney sieht in der N. eine Schutzvorrichtung gegen Gefühle der Hilflosigkeit in einer feindseligen Welt. Sie legt mehr Betonung auf frühe soziale Konflikte als auf infantile Ängste und versucht, den Neurotiker zu einer „Selbst-Verwirklichung“ zu bringen. Für H. S. Sullivan ist gescheiterte Kommunikation in wichtigen Beziehungen die Ursache von Neurosen. Er sah in einer tiefen Verbindung zwischen Patient und Therapeut die Möglichkeit einer Heilung. Keine dieser psychoanalytischen Therapien war aber bes. erfolgreich.

Theorie der Konditionierung und Verhaltenstherapie. Im Ggs. zu den oben genannten „sozio-idiopathischen“ Erklärungsversuchen der N. ist in den letzten Jahren durch die Ergebnisse der expt. Psychol. eine neue Sichtweise entstanden.

Experimentelle Neurosen. Um das Jahr 1900 wurden in Pawlows Laboratorien zum erstenmal die Zustände emotionaler Störung, wie sie kennzeichnend für die sog. emotionale N. waren, erzeugt (Pawlow, 1927). Die grundlegende Methode war, ein in der Bewegungsfreiheit eingeschränktes Tier einer Reizsituation auszusetzen, durch die starke, aber inkompatible Handlungstendenzen gleichzeitig hervorgerufen wurden, z. B. die Tendenz, zu fressen und nicht zu fressen. Das Tier wird starke Verhaltungsstörungen zeigen und später immer mit den gleichen Störungen reagieren, wenn es in den Experimentalraum zurückgebracht wird, obwohl die konfliktauslösenden Stimuli nicht mehr vorhanden sind. Von ähnlichen N.n wurde später auch von anderen Wissenschaftlern berichtet, wobei manche die Störung nicht durch einen Konflikt, sondern durch schmerzvolle elektrische Reizung der Pfoten des Tieres hervorriefen (Wolpe, 1952; Smart, 1965).

Obgleich man lange Zeit glaubte, daß expt. N.n von einer durch ↗Stress erzeugten Schädigung im ZNS abhängen, ist es heute wohl ziemlich sicher, daß es gelernte emotionale ↗„Gewohnheiten“ (Habits) sind (Wolpe, 1952). Im folgenden sollen einige Beweise für diese Auffassung erbracht werden: a) Die neurotische Reaktion besteht in genau den Reaktionen, die durch die elektrische Stimulation (oder den Konflikt) hervorgerufen wurden: Pupillenerweiterung, Aufrichten der Körperhaare und andere autonome Reaktionen, leichte Muskelspannung und motorische Reaktionen, wie Ausstoßen von Lauten und Zusammenkauern. Diese Reaktionen werden als konditionierte Angstreaktionen bezeichnet (↗Angst). b) Die neurotischen Reaktionen sind speziell durch die in der Ausgangssituation wirkenden Stimuli evoziert worden. Am heftigsten sind sie im Experimentierkäfig; sie können außerdem noch verstärkt werden durch eine Glocke oder ein anderes Signal, das regelmäßig der elektrischen Reizung vorausging. c) Die neurotischen Reaktionen weisen eine primäre Reizgeneralisation auf – ein Charakteristikum gelernten Verhaltens, z. B. wenn die Tiere in einen ähnlichen Raum gesetzt werden, treten neurotische Reaktionen auf entsprechend dem Grad der Ähnlichkeit.

Der Widerstand gegen die Extinktion ist ein auffälliges Merkmal der expt. Neurose. Die neurotische Angst vermindert sich nicht, wenn das Tier beliebig oft und für beliebig lange Zeitspannen ohne den N. erzeugenden Stress in den Experimentierkäfig gesetzt wird. Ebenso auffällig ist die Weigerung des Tieres, im Experimentierkäfig zu fressen, auch nach ein oder zwei Hungertagen. Die neurotische Angst beim Tier kann nur durch gestufte Desensibilisierung extingiert werden (↗Verhaltenstherapie). Offenbar haben Angst und Fressen eine sich gegenseitig hemmende Funktion: Wenn das Füttern die Angst verhindert, so bedeutet das eine Verminderung des Angstverhaltens. Die konditionierte Hemmung bildet sich offenbar aufgrund der reziproken Hemmung (Wolpe, 1952).

N. des Menschen als gelernte emotionale Handlungen („Gewohnheiten“). Überall, wo Vergleiche angestellt wurden, zeigten die N.n des Menschen die gleichen Merkmale wie die Experimental-N.n bei Tieren (Wolpe, 1967). Stimuli, die im Anfangsstadium der N.n vorhanden waren, werden zu Auslösern neurotischer Angstreaktionen, so wie es bei expt. N.n der Fall ist. Generalisation ist auch ein Kennzeichen neurotischer Reaktionen; sie können hervorgerufen werden durch Stimuli, die den primären Konditionierungsreizen ähnlich sind. Außerdem bestehen Ähnlichkeiten in bezug auf die Löschungsresistenz und das Auftreten von Konditionierungsprozessen höherer Ordnung. Angstzustände treten bei klinischen N.n meist offen zutage. Es gibt aber auch Fälle, bei denen die Angst verdeckt ist, da sich der Patient über andere Symptome oder Unfähigkeiten beklagt, die für ihn wichtiger oder schmerzhafter sind. Doch auch diese Symptome sind in Wirklichkeit sekundäre Folgen der Angstreaktionen. Die Beschwerden können sich auf verschiedene Weise äußern; Schwierigkeiten am Arbeitsplatz, Mangel an sozialem Erfolg, Asthmaanfälle, Impotenz, Frigidität, Homosexualität, zwanghaftes Verhalten, Stottern und vieles andere mehr. Das Hauptziel der Therapie ist die Dekonditionierung der ↗Angst. Die einzige echte Ausnahme scheint die klassische ↗Hysterie mit dem Zustand der *„belle indifférence"* zu sein. ↗Konditionierung.

Klinische Anwendungen der experimentellen Methoden. Die klinischen Methoden, die ihre Grundlage in oben genannten Exp. haben, bezeichnet man heute als *Verhaltenstherapie.* In den letzten Jahren wurden zur Behandlung von N.n die Methoden des *Gegenkonditionierens* aus den oben beschriebenen Exp. übernommen (Wolpe, 1958; 1969). Methoden des *operanten* ↗Konditionierens wurden ebenfalls verwendet, allerdings bis heute weniger in diesem Zusammenhang als zur Behandlung Schizophrener. Die klinischen Methoden des Gegenkonditionierens bedienen sich meist der mit Angst inkompatiblen Reaktionen, wie z. B. Wut, sexueller Reaktionen und tiefer Muskelentspannung. Eine allg. verwendete Technik, die sich die Muskelentspannung zunutze macht, ist das *systematische Desensitivieren.*

Lit.: Ackernecht, E. H.: A short history of psychiatry. New York, 1959; **Ayllon, T. & N. Azrin:** The token economy. New York, 1968; **Bromberg, W.:** The mind of man: A history of psychotherapy and psychoanalysis. New York, 1959; **Culpin, M.:** The conception of nervous disorder. Brit. J. Med. Psychol., 1962, *35,* 76–77; **Galdston, I.:** Historic derivations of modern psychiatry. New York, 1967; **Garrison, F. H.:** An introduction to the history of medicine, Ed. 4, Philadelphia, 1929; **Guillain, G.:** J. M. Charcot, 1825–1893, Sa vie – son œuvre. Paris, 1955; **Hinsie, L. E. & R. J. Campbell:** Psychiatric dictionary. New York, 1960; **Munroe, R. L.:** Schools of psychoanalytic thought. New York, 1955; **Paul, G. L. & D. T. Shannon:** Treatment of anxiety through systematic desensitization on therapy groups. J. Abn. Psychol., 1966, *71,* 124–133; **Pawlow, I.:** Conditioned reflex. London, 1927; **Schaefer, H. H. & P. L. Martin:** Behavioral therapy. New York, [2]1975; **Smart, R. G.:** Conflict and conditioned aversive stimuli in the development of experimental responses. Canad. J. Psychol., 1965 *19,* 208–214; **Wolpe, J.:** Psychotherapy by reciprocal inhibition. Stanford, 1958; **ders.:** Parallels between animal and human neuroses. In: **J. Zubin & H. F. Hunt** (Eds.): Comparative psychopathology. New York, 1967, 305–313; **Wolpe, J.:** Experimental neuroses as learned behavior. Brit. J. Psychol., 1952, *43,* 243–268; **ders.:** The practice of behavior therapy. New York, 1969 (deutsch: Praxis der Verhaltenstherapie. Stuttgart – Bern, 1972); **Zilboorg, G. & G. W. Henry:** A history of medical psychology. New York, 1941; **Brun, R.:** Allg. Neurosenlehre. Basel, [3]1954; **Eysenck, H. J.:** Neurose ist heilbar, München, 1978; **Eysenck, H. J. & S. Rachman:** Neurosen – Ursachen und Heilmethoden. Berlin [6]1973; **Frankl, V. E.:** Theorie und Therapie der Neurose. Stuttgart, 1975; **Frankl, V. E.** et al. (Hrsg.): Handbuch der Neurosenlehre und Psychotherapie, 5 Bde. München – Berlin, 1957 ff.; **Helm, J., Kasièlke, E. & J. Mehl** (Hrsg.): Neurosendiagnostik. Berlin, [2]1977; **Schultz, J. H.:** Grundfragen der Neurosenlehre. Stuttgart, 1955; **Schultz-Hencke, H.:** Der gehemmte Mensch. Stuttgart, [3]1972.

J. Wolpe

Neurose, ekklesiogene ↗Ekklesiogene Neurosen.

Neurotizismus, *neurotische Tendenz, Emotionalität, emotionale Labilität* = genotypische Neurosebereitschaft. Neben Extraversion der zweite Faktor im faktorenanalytischen Persönlichkeitsmodell Eysencks. Dieser sehr allg. Faktor entspricht weitgehend dem Fragebogenfaktor 2. Ordnung von R. B. Cattell („Angst"). Er hat mit der Intensität und Kontrolle emotionaler Reaktionen zu tun. Nach Eysenck hängt N. eng mit der Funktionsweise des VNS, vor allem mit der Dauer adrenerger (sympathikotoner) Erregung, zusammen und ist zum Teil erbbedingt.

Lit.: Eysenck, H. J. & S. Eysenck: Personality structure and measurement. London, [2]1970.

D. Bartussek

Neurotizismus- und Extraversionsskala für Kinder und Jugendliche ↗HANES.

Neutralisation. *Neutralisierung* von psychischer Energie ist in Anlehnung an Jung (1912) und Freud (1937) die Entwicklung von Motivbefriedigungstendenzen, unbekümmert um ihren aktuellen eigenen Befriedigungswert (Toman, 1960). Von Motiven gesteuerte Handlungsfolgen werden mit fortschreitender Neutralisierung der psychischen Energie zunehmend auch als Mittel zum Zweck anderer Motivbefriedigungen verwendet und verwendbar. Neutralisierung von psychischer Energie ist ein der ↗Sublimierung und der Motivdifferenzierung verwandter Prozeß (↗Energie, psychische).

Lit.: **Jung, C. G.**: Wandlungen und Symbole der Libido. Leipzig – Wien, 1912; **Freud, S.**: Die endliche und die unendliche Analyse (1937). Ges. Werke, Bd. 16. London, 1948; **Toman, W.**: Introduction to psychoanalytic theory of motivation. London – New York, 1960.

W. Toman

Nicht-direktive Therapie. I. Die n. T. ist eine von C. R. Rogers entwickelte Form der ↗Psychotherapie bzw. psychol. Beratung. Der Ansatz ist *nicht direktiv*. Er enthält keine Versuche einer Diagnose, Interpretation oder Überredung. Ziel ist es, eine Atmosphäre von *Wärme, Einfühlung und Verständnis* zu schaffen, die es dem Klienten ermöglicht, Einsicht in sein individuelles ↗Selbst zu gewinnen. So wird er in die Lage versetzt, seine eigenen Möglichkeiten zur Lösung seiner Probleme zu mobilisieren. Aufgabe des Therapeuten ist es, seine *aufrichtige Überzeugung* mitzuteilen, daß der Klient, unbeschadet seiner Einstellungen, Gedanken und seines Verhaltens, ein Individuum von *unbedingtem Selbstwert* ist. Zudem reflektiert der Therapeut die Aussagen des Klienten in einer Weise, die geeignet ist, dessen Gedankengänge transparent zu machen und klarzustellen, daß seine Gefühle voll und ganz verstanden werden. Diese Methode ist, speziell in den USA, zu verbreiteter Popularität gelangt; sie ist Basis gruppentherapeutischer Technik, wie ↗Sensitivity training bzw. T-groups. *G. D. Wilson*

II. *Therapeutenvariablen.* In der T., später client-centered Therapy genannt, erwiesen sich drei von C. R. Rogers (1957) postulierte Therapeutenvariablen für den Therapieerfolg als wirksam: 1) *positive Wertschätzung* und *emotionale Wärme* (non-possessive warmth), 2) *emphatisches Verstehen* des internalen Bezugspunktes des Klienten und das Bemühen, dem Klienten das Verstandene zu kommunizieren (accurate ampathy), 3) *Kongruenz* (Echtheit und Integration). Experimentelle Untersuchungen haben die Gültigkeit dieser drei Therapeutenvariablen auch für andere Therapieformen nachgewiesen (A. E. Bergin & S. Solomon). ↗Psychotherapie.

Lit.: **Helm, J.**: Gesprächspsychotherapie., Berlin, 1978; **Tausch, R.**: Gesprächspsychotherapie. Göttingen, [7]1977.

L. Jäckel

Nicht-parametrische Verfahren (Synonym: *parameterfreie Methoden*). Es werden darunter stat. Schlußverfahren (vor allem Signifikanztests) verstanden, deren Anwendung nicht das Vorliegen von Intervall- oder Verhältnisskalendaten voraussetzt. Sie sind jedoch auch auf Daten dieser höheren Skalenniveaus anwendbar, und zwar unabhängig von deren Verteilungstyp. Deswegen werden sie auch *„verteilungsfreie" Verfahren* genannt. ↗Verteilungsfreie ↗Tests. *G. Mikula*

Nichtverbale Kommunikation ↗Kommunikation, nicht-verbale.

Nicht-verbale Tests ↗Sprachfreie Tests.

Nikotin, wichtigstes im Tabak enthaltenes Alkaloid, das zahlreiche natürliche und synthetische Verwandte besitzt. Trotz der großen Bedeutung, die N. durch das Rauchen besitzt, liegen für den *Menschen* nur außerordentlich wenige kontrollierte Untersuchungen über psychische und zentralnervöse Wirkungen von N. vor. In kleineren Dosen soll es zur kurzfristigen Erhöhung subjektiver und objektiver Aktiviertheit (z.B. Erhöhung der Flimmerverschmelzungsfrequenz) kommen. Für den *animalen* Bereich liegen zahlreiche Untersuchungen vor, insbesondere zur Beeinflussung bedingter Reflexe. Kleinere Dosen erzielen meist Aktivitätserhöhung und besseres Lernen von Vermeidungsreaktionen. Im EEG zeigt sich Arousal. Höhere Dosen bewirken Verschlechterung des Lernens. Sowohl bei geringen als auch bei hohen Dosen liegen jedoch auch widersprechende Befunde vor.

Lit.: Euler, U. S. v.: Tabacco alkaloids and related compounds. Oxford, 1965; **Frankenhaeuser, M.,** et al.: Dosage and time effects of cigarette smoking. Psychopharmacologia, 1968, *13,* 311–319; **Silvette, H.,** et al.: The actions of nicotine on central nervous system functions. Pharm. Rev., 1962, *14,* 137–173. *W. Janke*

Nischentheorie. Der Begriff *Nische* entstammt der theoretischen Biologie, ist aber in der Formalisierung der N. ebenso in einem sozialen Feld wie in einem Biotop anwendbar. Nach Günther ist die Nische durch zwei verschiedene Systeme von Dimensionen definiert, die *ökischen* des Umweltangebots und die *autozoischen* der (Minimal-)Erfordernisse des Lebewesens oder der Art. Sie müssen so beschaffen sein, daß das autozoische System im ökischen aufgeht und lückenlos überdeckt wird. Die Erfüllung dieser Bedingung ist Voraussetzung für die ↗Evolution und wird als *ökologische Lizenz* bezeichnet, die einer Mutation zu deren Fortbestand erteilt werden muß.

In dieser Fassung verfügt somit jedes Lebewesen und jede Art auch noch im eingeengtesten Lebensraum über eine Nische. Im verkürzten strategischen Wortgebrauch dagegen wird mit Nische derjenige Teil eines Feldes bezeichnet, der sich durch die flachsten Konkurrenzgradienten auszeichnet, mit anderen Worten der einem neuen Ziel, das dort postiert wird, bei gegebener Aufforderungshöhe räumlich die größtmögliche Ausbreitung gewährt und so unter der Voraussetzung gleich dichter Verteilung der Individuen die optimale Anhängerschaft sichert. Bei örtlich geringerer Besiedelungsdichte kann ein Bereich mit dichter Besiedelung, aber weniger flachen Konkurrenzgradienten den höheren *Nischenwert* haben.

Die N. leistet einen Beitrag bei der Erhellung der Gesetzmäßigkeiten der Verteilungs- und Dichteregulation in einem Biotop oder einem sozialen Feld und führt zu beträchtlichen sozialstrategischen (z. B. marktpsychologischen) Konsequenzen.

Lit.: Günther, K.: Ökologische und funktionelle Anmerkungen zur Frage des Nahrungserwerbes bei Tiefseefischen mit einem Exkurs über die ökologischen Zonen und Nischen. Moderne Biologie. Festschrift für Hans Nachtsheim. Berlin, 1950, 55ff.; **Osche, G.:** Das „Wesen" der biologischen Evolution. Mannheimer Forum 73/74. Studienreihe Boehringer Mannheim, 1974, 9–50; **Spiegel, B.:** Die Struktur der Meinungsverteilung im sozialen Feld. Bern, 1961; **ders.:** Der Nischen-Begriff in Ökologie und Sozialpsychologie. GFM-Mitteilungen, 1967, *3,* 73–88. *B. Spiegel*

Niveau, psychophysisches. P. N. ist nach Köhler (1920) derjenige (bisher nicht genau abzugrenzende) Bereich des ZNS, in welchem die physiol. Vorgänge stattfinden, welche das unmittelbare Korrelat der Bewußtseinsinhalte bilden. So sind z. B. bei einem Wahrnehmungsvorgang nur die Prozesse im kortikalen Endabschnitt von Bewußtsein begleitet, nicht dagegen die Vorgänge im Sinnesorgan und den Leitungsbahnen; diese liegen außerhalb des psychophysischen Niveaus.

Lit.: Köhler, W.: Die physischen Gestalten in Ruhe und im stationären Zustand. Braunschweig, 1920. *P. Tholey*

Niveautest ↗Power test.

Nivellierungsgesetz, von W. Moede aufgestellte und experimentell nachgewiesene Regel, wonach bei gemeinschaftlicher, gleicher Arbeit eine gegenseitige, nivellierende Beeinflussung („Solidarität") stattfindet: Absinken der Höchstleistungen und Ansteigen schwacher Leistungen bei insgesamt leichtem Anheben des Gruppenniveaus; bei gewissen sozialpsychol. Situationen (z. B. Neid, Konkurrenz, Rivalitäten innerhalb der Gruppe [↗Gruppendynamik]) oder besonderer Arbeitsmarktlage (z. B. große Arbeitslosigkeit) dagegen nicht gültig (↗Leistung). *G. Marschner*

Noctambulismus ↗Nachtwandeln.

Noënkephalon, *Neëncephalon, Neuhirn,* ist der über dem Urhirn (↗Paläencephalon) liegende „harmonische Erweiterungsbau" (M. Clara). Ein ziemlich rein neëncephales Hirngebiet ist die sechsschichtige Großhirnrinde

(Isocortex) der Säuger. Das Großhirn (Telencephalon) wird auch als ↗Cerebrum bezeichnet. Beim Neugeborenen sind die markhaltigen Faserverbindungen zwischen Rinde und Hirnstamm noch unreif, er ist daher seelenblind und -taub. Sobald die ↗Pyramidenbahnen reif sind, ist Willkürmotorik möglich. Die Markreifung tritt desto früher ein, je phylogenetisch älter ein System ist. In ↗Narkose oder unter Alkohol fallen die neëncephalen jungen Systeme zuerst aus, die paläencephalen werden enthemmt.

Lit.: Clara, M.: Das NS des Menschen. Leipzig, 1942.

K. Fiedler

Noetischer Oberbau, auf Anregung Lerschs von schichtenorientierten Theoretikern benutzte Bezeichnung für die individuellen Denkleistungen (Abstraktionsfähigkeit, Urteilsfähigkeit, logisches Denken u. a.), die neben den Willensleistungen über dem ↗endothymen Grund (mit Affekten, Stimmungen, Trieben u. a.) stehen. Willensleistungen und -artungen sowie Denkleistungen (hier noetischer Habitus) werden von Lersch im ↗personellen Oberbau zusammengefaßt. ↗Schichtenlehren.

Lit.: Lersch, P.: Aufbau der Person. München, [11]1970.

B. Heinze

Nominalismus, die Theorie, daß Abstraktionen oder Universalien keine objektiven und Einzeldinge darstellen, sondern nur Namen sind und daß nur die objektiven, physikalischen Einzeldinge (konkrete Dinge) (logisch) real sind. Das Beharren des logischen Empirismus (d.h. logischen Positivismus) auf direkter oder indirekter Verifikation und auf linguistischer Analyse schließt eine Art des N. ein. Der Begriff wurde (pejorativ = abwertend) auch dazu benutzt, um die Gewohnheiten von Leuten zu kennzeichnen, die die Objektivität dessen annehmen, dem sie einen Namen gegeben haben, womit sie dessen Sinn ins Gegenteil verkehren. Begriffe wurden als „Schall und Rauch", als „flatus vocis" bezeichnet.

J. Cumming

Nominalskala. Eine N. stellt die Klassifikationsgrundlage qualitativer Daten dar. Die einzige Bedingung, die eine N. erfüllen muß, ist, daß Ereignis und Klasse einander eindeutig zugeordnet werden können. Zwischen den Klassen einer N. besteht qualitative Verschiedenheit, innerhalb der Klassen Gleichheit aller Fälle. Andere Beziehungen (z. B. Größenrelationen) bestehen zwischen den Klassen einer N. nicht. Die Reihenfolge der Klassen einer N. ist bedeutungslos und entspricht äußeren Konventionen. Beispiele: Augenfarbe (blau – grün – braun – sonstige), Familienstand (ledig – verheiratet – verwitwet – geschieden). ↗Skala; ↗Methoden der Psychologie.

G. Mikula

Nomologisches Netzwerk. Ein n.N. besteht aus den Begriffen und Aussagen einer wissenschaftlichen Theorie. Der Ausdruck wurde von dem Wissenschaftstheoretiker H. Feigl geprägt, der darauf hinwies, daß ein solches Netzwerk von Konstrukten nur an sehr wenigen Stellen mit unmittelbaren Erfahrungsdaten verknüpft ist und ansonsten Gegenstand „freier Konstruktion" ist.

Somit wird der Standpunkt vertreten, daß die Bedeutung eines theoretischen Konstrukts durch den Platz im n.N. erklärt wird und nicht über ein Korrespondenz- oder Verifikationskriterium.

In der Psychologie wurde der Begriff n.N. durch Cronbach/Meehl (1956) im Zusammenhang mit Konstruktvalidität eingeführt. Obwohl er in der Psychologie primär im Rahmen der Theorie individueller Differenzen expliziert wurde (z.B. Campbell/Fiske, 1959, Loevinger, 1957; und Royce, 1963, der Faktoren als theoretische Konstrukte eines n.N. herausgearbeitet hat), wurde er seitdem zu einem Standardbegriff innerhalb der Wissenschaftstheorie und in metatheoretischen Analysen innerhalb der Psychologie.

Lit.: Campbell, D. T. & D. W. Fiske: Convergent and discriminant validation by the multitrait-multimethod matrix. Psychological Bulletin, 1959, *56*, 81–195; **Cronbach, L. J., & P. E. Meehl:** Construct validity in psychological tests. Psychological Bulletin, 1955, *52*, 218–302; **Feigl, H.:** Philosophy of science of logical empiricism. In: **Feigl, H. & M. Scriven** (Eds.): Minnesota studies in the philosophy of science Vol. I: The foundations of science and the concepts of psychology and psychoanalysis. Minneapolis, 1956, 3–37; **Loevinger, J.:** Objective tests as instruments of psychological theory. Psychological Report Monographs, 1957, *3*, 635–694; **Royce, J. R.:** Factors as theoretical constructs. American Psychologist, 1963, *18*, 522–528; **ders.:** How we can best advance the construction of theory in psychology. Canadian Psychological Review, 1978, *19*, 259–276.

J. R. Royce

Nomothetisch, auf die Erforschung allgemeingültiger Gesetzmäßigkeiten ausgerichtet. Der Gegensatz zwischen n. und ↗*idiographischer* Forschung wurde in der Psychol. im Zusammenhang mit der Persönlichkeitsforschung heftig diskutiert. ↗Nomothetische Wissenschaften. *D. Bartussek*

Nomothetische Wissenschaften. In einer berühmten Abhandlung aus dem Jahr 1894 stellt W. Windelband die *nomothetischen* W. (die darauf zielen, allgemeine Gesetze zu erstellen) den ↗*idiographischen* Wissenschaften gegenüber, welche Individuen oder Ereignisse beschreiben (daher auch *„Ereigniswissenschaften“).*

Dieses Begriffspaar wird von G. W. ↗Allport in seinem Werk über die ↗Persönlichkeit wiederaufgegriffen und verdankt ihm seine aktuelle Bedeutung. *P. Muller*

Noradrenalin (Synonyme: *Norepinephrin, Arterenol*), ↗Hormon des Nebennierenmarks, zu den ↗Katecholaminen gehörend, ↗biogenes Amin, ist ↗Transmittersubstanz im VNS und ZNS.

Lit.: ↗Katecholamine. *W. Janke*

Norm, soziale, ein Standard, den die Mitglieder einer ↗Gruppe herausgebildet haben und bezüglich dessen sie konform gehen bzw. dessen Einhaltung durch Sanktionen verstärkt wird. S. N.en, so stellte M. Sherif fest, bilden sich allmählich. Konfrontiert man eine Gruppe mit mehrdeutigen Informationen, so sind die Urteile der einzelnen Mitglieder zunächst recht weit gestreut, sie konvergieren jedoch allmählich durch ↗Kommunikation innerhalb der Gruppe, so daß das Ergebnis mit der *statistischen Norm* vergleichbar wird. In etwas abstrakterer Sicht sind Normen Vorstellungen der Gruppenmitglieder, was denn jemand in einer bestimmten Situation tun darf bzw. lassen soll (vgl. ↗Gruppendynamik). Ihre Allgemeinverbindlichkeit bzw. Einsichtigkeit hat einen wesentlichen Einfluß auf die *Gruppenkohäsion.* *W. D. Fröhlich*

Normalisieren. Als N. bezeichnet man die Transformation nicht-normaler Verteilungen in eine ↗Normalverteilung. Dabei wird folgendermaßen vorgegangen: Zuerst wird eine ↗Flächentransformation durchgeführt, d. h., es werden die ↗Prozentränge der einzelnen Maßzahlenklassen bestimmt. Diesen werden anschließend die entsprechenden z-Werte (↗z-Skala) der Standardnormalverteilung zugeordnet. Die z-Werte können noch linear weitertransformiert werden (z. B. in ↗T-Werte nach McCall). *G. Mikula*

Normalverteilung (Synonyme: *Gauß-Verteilung, Glockenkurve).* Eine N. entsteht, wenn die ein Merkmal verursachenden Faktoren zahlreich, voneinander unabhängig und in ihrem Zusammenwirken additiv sind. Die math. Gleichung der N. wurde erstmals bei De Movre 1733 beschrieben (↗Gaußsche Kurve). Die N. ist eingipfelig und symmetrisch zu μ und nähert sich asymptotisch der Abszisse. Als Standard-N. wird eine N. mit den Parametern $\mu = 0$ und $\sigma = 1$ bezeichnet.

G. Mikula

Normative Strebungen, nach Lersch „Strebungen der verpflichtenden Teilhabe“ (z. B. Wahrhaftigkeit, Gerechtigkeit, Pflicht) innerhalb des ↗endothymen Grundes und der sich daraus entfaltenden Antriebserlebnisse; innerhalb der Antriebserlebnisse Strebungen des „Über-sich-hinaus-Seins“ (mit Schaffensdrang, Interessen, Liebe zu etwas). Sie stehen im Dienst überpersönlicher Forderungen und können z. B. mit dem Selbsterhaltungstrieb konkurrieren.

Lit.: **Lersch, P.:** Aufbau der Person. München, [11]1970.

B. Heinze

Norm(en) *allgemein:* Beurteilungsmaßstab, Wertmaßstab, Soll-Regel, Gebot.

Das Wort N. wird in der Psychol. in unterschiedlichen Bedeutungen verwendet. Es können jedoch zwei grundsätzlich verschiedene Bedeutungen unterschieden werden (Jaspers, 1965): 1. Der *Durchschnittsbegriff* (deskriptive Bedeutung von „N."). In allen Bereichen der Psychol., in denen Merkmale oder Merkmalskomplexe mehrerer Individuen miteinander verglichen werden, wird der Begriff N. in seiner deskriptiven Bedeutung angewandt. N. haben hierbei die Funktion, ein Bezugssystem zu liefern, in das die einzelnen empirischen Daten eingeordnet werden können. Hierbei ist N. definiert als ein bestimmter Bereich auf einer ↗Skala (↗Mittelwerte), wobei das Skalenniveau mindestens dem einer ↗Ordinalskala entsprechen muß. Besondere Bedeutung jedoch hat der Durchschnittsbegriff in den Bereichen, in denen genauere Messungen (und somit höhere Skalenniveaus) möglich sind (*statistische* N.). Praktische Relevanz haben N. in der ↗Psychodiagnostik als Grundlage für die Interpretation von individuellen Testergebnissen. Ein besonderes Problem hierbei ist die Normierung (↗Testnormen) von Testverfahren. In enger Beziehung zur statistischen N. steht die subjektive N., die dem Helsonschen ↗Adaptationsniveau entspricht.

2. Der *Wertbegriff* (normative Bedeutung von „N."). Es können drei Bereiche der Psychol. hervorgehoben werden, in denen „N." als Bewertungsmaßstab besonders häufig Verwendung findet.

Die Persönlichkeitspsychologie (↗Persönlichkeit) wirkt dort normativ i.e.S., wo sie nicht bei der Beschreibung der ↗Person stehenbleibt, sondern darüber hinaus Aussagen über die Bestimmung des Menschen machen will (Arnold, 1969). Solche Aussagen sind bes. bedeutsam im Hinblick auf ihre praktischen Auswirkungen, z. B. im Bereich der Pädagogik (↗Pädagogische Psychologie).

In der ↗klinischen Psychologie wie auch in der ↗Psychiatrie lassen sich der Durchschnittsbegriff und der Wertbegriff der N. nur sehr schwer trennen. Das ist darauf zurückzuführen, daß man im klinischen Bereich hauptsächlich mit der Begriffs-Polarität „gesund–krank" arbeitet (die sich teilweise mit der Polarität „normal–abnorm" überschneidet), wobei „gesund" nicht auf einen wertindifferenten statistischen Begriff reduziert werden kann (wie ihn etwa der Begriff physiol. N. darstellt). Hofstätter (1969) setzt, um dieser Sachlage gerecht zu werden, für die Psychol. drei N.begriffe an: neben der *statistischen* N. (= Durchschnittsbegriff) und der *Ideal*-N. (= Wertbegriff) nennt er die „*funktionale* N." und definiert sie als „den einem Einzelwesen hinsichtlich seiner Zielsetzung und Leistungen gemäßen Zustand". (Dieser Begriff entspräche etwa dem der geistigen Gesundheit.) Eine ähnliche Dreiteilung trifft Eysenck (1969): er spricht von einer statistischen, einer idealen und einer natürlichen Norm. Er betont jedoch die gesellschaftliche Determiniertheit der nur scheinbar absoluten natürlichen N. und meint deshalb, daß die natürliche N. auf die beiden erstgenannten Begriffe reduziert werden kann. Die Besonderheit des N.begriffes der klinischen Psychol. (und in analogem Sinn wird er auch in der Persönlichkeitspsychol. gebraucht) liegt darin, daß „Wert" (das, was sein soll) verstanden wird als eine mit wissenschaftlichen Methoden erreichte Aussage über die Möglichkeiten des Menschen (das, was sein kann bzw. könnte).

Die ↗Sozialpsychologie stellt im Ggs. zur Persönlichkeitspsychol. und zur klinischen Psychol. keine N. auf, sondern sie erklärt und interpretiert vorgegebene N. aus ihren Bedingungen. Dabei wird N. unter dem Wertaspekt als Richtschnur verstanden. Besondere Beachtung finden soziale Normen. Eine soziale N. ist eine in einer ↗Gruppe oder Gesellschaft verbindlich vorgeschriebene und sanktionierte Regel (Standard) des sozialen Verhaltens. Da soziale N. nicht immer eingehalten werden, spricht man auch von Verhaltenserwartungen (↗Gruppendynamik). Soziale N. sind z. B. Gepflogenheiten, Sitten, Gesetze, Bräuche, Umgangsformen, Gewohnheiten. Die sozialpsychol. und soziologische N.forschung

– ermittelt den Geltungsbereich von sozialen N.,
– untersucht das Verhältnis zwischen N.formulierung und N.anwendung,
– untersucht die Interdependenz von N. und die Struktur von N.komplexen,
– klassifiziert das Verhalten der Individuen im

Bezug auf N.konformität oder N.abweichung, – untersucht die Sanktionen bei N.abweichungen und den Toleranzbereich (Verbindlichkeitsgrad) von N. und klassifiziert die N. nach diesen Gesichtspunkten.

Die Untersuchungen der Sozialpsychol. und Soziologie beschränken sich nicht nur auf die Regeln des sozialen Verhaltens, sondern sie beziehen sich auf alle sozio-kulturell determinierten N., d. h. Sozialpsychol. und Soziologie untersuchen auch die N., die von Persönlichkeitspsychol. und klinischer Psychol. erarbeitet werden.

Dies leistet z. B. Parsons (1968) für die Begriffe Gesundheit–Krankheit, die er von soziologischer Sicht aus kritisiert. Schließlich wird von Soziologen und Psychoanalytikern, die der „Frankfurter Schule" nahestehen, die kritische Untersuchung der gesellschaftlichen N. ausgedehnt zu einer kritischen Betrachtung der Gesellschaft selbst. Dabei werden die Begriffe normal–abnorm und gesund–krank nicht mehr nur auf das isolierte Individuum, sondern auch auf die Gesellschaft insgesamt angewandt.

Lit.: Arnold, W.: Person, Charakter, Persönlichkeit. Göttingen, [3]1969; **Clinard, M. B.:** Sociology of deviant behavior. New York, [3]1968; **Deusinger, I. M.:** Untersuchungen zum Problem der N.vorstellung. Frankfurt, 1969; **Eysenck, H. J.:** Wege und Abwege der Psychologie. Hamburg, 1969; **Hofstätter, P. R.:** Psychologie. Frankfurt, 1969; **Jaspers, K.:** Allgemeine Psychopathologie. Berlin – Heidelberg – New York, [8]1965; **Lautmann, R.:** Wert und Norm. Köln – Opladen, 1969; **Mitscherlich, A.,** et al.: Individuelle und soziale Psychopathologie und ihre Wechselwirkungen. Ein Symposium. In: **K. Dränger** et al. (Hrsg.): Jahrbuch der Psychoanalyse, Bd. 5. Bern – Stuttgart, 1968; **Mowrer, O. H.:** What is normal behavior? In: **L. A. Pennington & I. A. Berg** (Eds.): An Introduction to clinical psychology. New York, 1948; **Müller-Suur, H.:** Abgrenzung neurotischer Erkrankungen gegenüber der Norm. In: **V. E. Frankl** et al. (Hrsg.): Handbuch der Neurosenlehre und Psychotherapie. München–Berlin, 1959; **Parsons, T.:** Sozialstruktur und Persönlichkeit. Frankfurt, 1968; **Ullmann, L. P. & L. Krasner:** A psychological approach to abnormal behavior. Engelwood Cliffs (N. J.), [2]1975; **Wallner, E. M.:** Soziologie. Heidelberg, [6]1979.

F. Mattejat

Nosologie, Herausarbeitung und Beschreibung einzelner Krankheiten (Nosographie) und Klassifizierung in Unterformen bzw. Zusammenfassung zu Krankheitsgruppen (nosologische Klassifikation) mit dem Ziel systematischer Ordnung. Der aus der Pathologie stammende Begriff ist inzwischen in allen Zweigen der Medizin etabliert. Aufgrund des ständig wachsenden Erkenntniszuwachses unterliegt er gerade auf psychiatrischem und psychologischem Gebiet steter Neuorientierung und Revidierung.

Lit.: Cohen, R.: Objektive Klassifikationsverfahren. Bull. schweiz. Akad. med. Wiss, 1970, *25*, 125–141; **Katz, M. M., Cole, J. O. & W. E. Barton** (eds.): The Role and Methodology of Classification in Psychiatry and Psychopathology. Public Health Service Publication No. 1584, NIMH, Chevy Chase, Md. 1966.

G. Powell

Nosophilie, -manie. *Nosophilie,* Krankheitsneigung, -bereitschaft; auch Bestreben, krank zu sein.

Nosomanie: Krankheitswahn. Wahnhafte Überzeugung, von schwerer Krankheit befallen zu sein, trotz Fehlens organischer Befunde. Auftreten bei hypochondrischer Psychopathie (↗Hypochondrie), ↗Depression, Anankasmus, ↗Schizophrenie. *H. Wagenknecht*

Nosophobie, neurotische Angst, krank zu werden oder zu sein.

Nostalgie, *Heimweh.* Die N., welche in der romantischen Psychol. eine sehr große Rolle spielte und bis zur Jahrhundertwende als Ursache schwerer ↗Depressionen galt, wird heute fast immer durch andere Termini (z. B. ↗Regression) ersetzt. *W. Schmidbauer*

Notenblindheit, die Unfähigkeit, musikalische Schriftzeichen bei erhaltenem allg. Seh- und Auffassungsvermögen in ihrem Bedeutungsgehalt zu begreifen. *B. Schmidt*

Notfallsfunktion ↗Cannon-Syndrom.

Notrufe. *Warn-* und *Notrufe* machen Artgenossen und Artfremde auf einen Freßfeind aufmerksam. Die Reaktion auf diesen Laut kann erlernt oder angeboren sein. Hühnerküken, die sich noch im Ei befinden, stellen ihre Kratzbewegung ein, wenn sie von draußen den Hühnerwarnruf hören. Schnepfenküken dagegen müssen den Warnlaut erst mit dem Feindbild verbinden lernen. Elritzen warnen andere Fische durch Schreckstoffe. ↗Lautäußerungen, tierliche. *V. Preuss*

Noxe, Krankheitsursache, Stoß oder Umstand, der eine schädigende Wirkung auf den Organismus ausübt.

Nozirezeptor *(Schmerzrezeptor).* Die genaue Natur dieser Rezeptoren ist bisher ebenso ungeklärt wie die Frage, ob es spezifische Rezeptoren nur für ↗Schmerz und keine andere ↗Empfindung gibt. *C. D. Frith*

Nucleus. 1) Mit N. wird allgemein der Zellkern bezeichnet. Der N. der ↗Ganglienzellen ist groß, bläschenförmig, chromatinarm und besitzt einen sehr großen Nucleolus (Kernkörperchen). Nach der Geburt sind beim Menschen keine Mitosen (Zellteilungen) der Ganglienzellen beobachtet worden. – 2) Ein N. ist das zirkumskripte Kollektiv von Nervenzellkörpern mit gleicher oder ähnlicher Funktion im ZNS, z. B. N. ruber im Mittelhirn.

Lit.: Clara, M.: Das NS des Menschen. Leipzig, 1959.

G. Arnold

Nullhypothese. Als N. (H_0) wird jene stat. Hypothese bezeichnet, die annimmt, daß sich aus Stichproben gewonnene ↗Statistiken voneinander oder vom entsprechenden ↗Parameter der Population nicht oder nur zufällig unterscheiden. Wird die N. aufgrund eines stat. Tests zurückgewiesen, muß die Alternativhypothese (H_1) angenommen werden. Die N. kann widerlegt, nicht jedoch bewiesen werden. *G. Mikula*

Nullpunkt ist der Punkt einer Maßskala, an dem eine psychol. Variable aufhört zu existieren. Dieser Punkt ist vermutlich dem absoluten Temperatur-N. in der Physik analog. ↗Skalierung. *C. D. Frith*

Nullversuch, auch *Vexierversuch,* Versuch, der dazu dient, die intendierten Versuchsbedingungen zu überprüfen oder aufrechtzuerhalten. Häufig werden auch beide Zwecke gleichzeitig erreicht. Meist wird in eine Reihe von Versuchen ein Versuch eingeschaltet, der die ↗Aufmerksamkeit oder ↗Konzentration der Vpn bes. beansprucht.

Lit.: Fraisse, P.: Praktikum der expt. Psychologie. Bern – Stuttgart, 1966; **Pauli, R. & W. Arnold:** Psychologisches Praktikum. Stuttgart, [7]1972.

F. Mattejat

Nutritive Energie ist nach Jung (1912) jener Teil der ↗Libido, durch den das Verhalten im Bereich der Nahrungsaufnahme und der oralen Stimulation aktiviert wird. Lutschen, Saugen, Kauen usw. sind Äußerungsformen der nutritiven Energie. ↗Orale Phase.

Lit.: Jung, C. G.: Wandlungen und Symbole der Libido. Leipzig – Wien, 1912.

W. Toman

Nutritive Phase. Die *nutritive* oder *orale* Phase im 1. Lebensjahr ist durch das Lutschen und Saugen gekennzeichnet (oraler Lustgewinn). Der Mund stellt dabei das erste Kommunikationsmittel zwischen Mutter und Kind dar. ↗Orale Phase. *M. Sachs*

Nützlichkeit. Nebengütekriterium nach Lienert, das dann gegeben ist, wenn ein psycholog. Test in seiner Funktion nicht durch einen anderen ersetzt werden kann.

Lit.: Lienert, G. A.: Testaufbau und Testanalyse. Weinheim, [3]1969.

P.-H. Trolldenier

Nyktalopie, *Nachtsichtigkeit, Tagblindheit.* Das Sehvermögen ist nachts besser als bei Tage. *Angeboren:* a) *Albinismus:* Durch fehlendes Pigment ist die Regulation der Abschirmung des Lichtes gestört, wodurch bei Tage eine Blendung erfolgt; b) totale ↗Farbenblindheit (Störung der Funktion der ↗Zapfen). *Erworben:* Bei zentraler Hornhaut- oder Linsentrübung werden die achsennahen Lichtstrahlen nicht durchgelassen. Das Auge stellt die Pupille weit (↗Mydriasis), um mittels der Randstrahlen eine Abbildung zu ermöglichen. Dadurch wird insgesamt zuviel Lichtmenge eingelassen, wodurch bei Tage das Auge geblendet wird. Nicht zu verwechseln mit ↗Hemeralopie. *R. Rix*

Nymphomanie ↗Andromanie.

Nystagmus, unwillkürliche, nicht unterdrückbare Augenbewegung, die sich aus einer *langsamen* und einer entgegengerichteten *schnel-*

len Komponente zusammensetzt. Die Richtung des N. wird nach der schnellen Komponente bezeichnet. Der N. kann in horizontaler und vertikaler Richtung erfolgen und dient zum Ausgleich der Augenstellungen bei Veränderung der Körperlage im Bezug zum Raum. Eine nystagmoide Form der Augenbewegung ist auch willkürlich auslösbar. Nach dem *Auslösemechanismus* unterscheidet man:

1) *Vestibulärer* N.: auslösbar durch Rotation der Vp (rotatorischer N.) oder durch Spülung des äußeren Gehörganges mit kaltem oder warmem Wasser (kalorischer N.). Bei diesen beiden Formen hängt die Richtung des N. davon ab, welcher Bogengang des ↗Gleichgewichtsorganes am stärksten gereizt wird.

2) *Optokinetischer* N. oder Eisenbahn-N.: Er tritt auf, wenn die Vp oder die Umgebung bewegt wird.

3) *Cerebellärer* N.: bei Schädigung und Störung der Funktion des Kleinhirns. *R. Rix*

O

O, Organismusvariable.

Oberflächeneigenschaft ↗Grundeigenschaften.

Oberflächenfarben. Katz (1911) unterschied verschiedene Erscheinungsweisen der Farben nach dem Kriterium, wie die Farbe räumlich lokalisiert war. Nebst *Flächenfarben* (Farben, die ein lockeres Raumgefüge haben) und *Raumfarben* (Farben, die einen dreidimensionalen Raum ausfüllen) spricht er von O., die an dem Ort des sie tragenden Gegenstandes lokalisiert werden, wie z. B. ein farbiges Papier. O. haben ein festes flächenhaftes „Gefüge".

Lit.: Katz, D.: Die Erscheinungsweisen der Farben und ihre Beeinflussung. Z. f. Psychol., 1911, 7. *A. Hajos*

Oberflächenstruktur ↗Grammatik.

Obertöne, Teiltöne, deren Frequenzen ganzzahlige Vielfache der Frequenz des Grundtones sind. Durch die Interferenz von ↗Grundton und einer endlichen Zahl von Obertönen entsteht ein Klang. ↗Gehörswahrnehmung.

W. Pieper

Object Relations Technique (ORT) ist ein ↗projektives Verfahren, das Phillipson (1955) im Anschluß an die britische psychoanalytische Schule (M. Klein, W. R. D. Fairbairn) entwikkelt hat. Anhand von Geschichten, die zu Bildtafeln (13 Bilder) erzählt werden (↗TAT), sollen beim Pb „unbewußte Objektbeziehungen" (vom Verfasser übersetzt) erhellt werden, die (nach Ansicht der genannten Autoren) durch frühkindliche Erfahrungen mit Bezugspersonen geprägt und von entscheidender Bedeutung für die Umweltbezüge des Menschen sind. Hinweise zur Auswertung und vorläufige Normen für engl. Populationen werden vom Autor mitgeteilt. Probleme der *Reliabilitäts*bestimmung und *Validierung* sind noch nicht befriedigend gelöst.

Lit.: Phillipson, H.: The object relations technique. London, 1955. *F. J. Blumenberg*

Objektbesetzung ist nach S. ↗Freud die Investition von libidinöser Energie in ein Objekt der Erfahrung, vor allem in ein „Person-Objekt" (z. B. ↗Mutterbindung). O. kommt dem Lernen von Befriedigungswerten von Situationen, Situationsteilen, Dingen, Personen und deren Erinnerungen bzw. Vorstellungen gleich (Rapaport, 1959; Toman, 1960). Invarianzen in den objektiven Gegebenheiten des Kontaktes mit solchen Objekten führen zum Aufbau von Objektinvarianzen und objektimmanenten Beziehungen von Objektaspekten in der Erlebnis- und Vorstellungswelt des Individuums (Kelly, 1955; Toman, 1968). O.en erfolgen kumulativ, Motivbefriedigungen fügen weiteres Wissen um Objekte und Objektaspekte zu den bereits entwickelten O.en hinzu. Die bereits entwickelten O.en bestimmen die Wahrnehmung von gegenwärtigen Gelegenheiten zu Motivbefriedigungen mit. Die Gesamtheit aller O.en eines Individuums ist *sein Realitätskonzept,* seine Vorstellung von der Wirklichkeit.

Objektgegenbesetzung ist gleichbedeutend mit der ↗Verdrängung oder anderen Formen der (inneren) ↗Abwehr von Objektaspekten oder Objekten. Sie bewirkt, daß keine weiteren Befriedigungen bei ihnen gesucht, keine weiteren Erfahrungen mehr gemacht, keine weiteren Besetzungen, d. h. keine neuen Erwartungen von Befriedigungen in dem betreffenden Objektbereich oder Objekt, mehr aufgebaut werden. Im Effekt verkümmern dadurch auch die bereits gebildeten O.en (↗Abwehrmechanismen).

Lit.: Kelly, G. A.: The psychology of personal constructs, 2 Vols. New York, 1955; **Rapaport, D.:** Die Struktur der psychoanalytischen Theorie. Stuttgart, 1959; **Toman, W.:** Psychoanalytic theory of motivation. London – New York, 1960; **ders.:** Motivation, Persönlichkeit, Umwelt. Göttingen, 1968.

W. Toman

Objektfindung ↗Objektwahl.

Objektion, nach Ach (1932) Verlegen von Erlebnisqualitäten, z. B. Sympathie, „in das Objekt", auf Gegenstand, Vorstellungsinhalt, Sachverhalt (z. B. „das Fenster blickt freundlich"). Unterschieden werden: sensorielle, emotionale, voluntiale Objektion. Ursache der O. ist nach Ach der Entlastungstrieb, das psychische Bemühen, „die Ichseite des Bewußtseins zu entlasten, sie infolgedessen freizumachen für anderwärtige Aufgaben".

Lit.: Ach, N.: Finale Qualität und Objektion. Archiv f. d. ges. Psychol., Ergänzungs-Bd., 1932.

H. Wagenknecht

Objektive Persönlichkeitstests sind solche Tests zur Messung der Persönlichkeit, die nicht nur wie die subjektiven Persönlichkeitstests standardisiert und objektiv in der Auswertung sind, sondern deren zugrunde liegendes Prinzip darüber hinaus dem Pb verborgen bleibt. So wird erreicht, daß das Ergebnis nicht durch vorsätzliche Täuschung verfälscht werden kann, da der Pb nicht weiß, wie sein Verhalten die Interpretation beeinflussen könnte. Verschiedene perzeptive, psychomotorische und kognitive Leistungen werden – als Fähigkeitsprüfungen angesehen – zur Erstellung einer Persönlichkeitsdiagnose benutzt. Zu den o. P. gehören neben Wahrnehmungsprüfungen, psychomotorischen Tests und ↗psychophysiologischen Methoden (↗Hautwiderstand; EEG; EKG usw.) auch die ↗Ipat-Testbatterien von R. B. Cattell und Tests von H. J. Eysenck (↗MPI; ↗MMQ) zur Messung der neurotischen und psychotischen Tendenz sowie der Dimension Extraversion–Introversion.

Lit.: Fahrenberg, J.: Objektive Tests zur Messung der Persönlichkeit. In: **R. Heiß** (Hrsg.): Hdb. der Psychol., Bd. 6. Göttingen, [3]1971.

Objektive Psychologie, Sammelbegriff für psychol. Forschungsansätze, die das psychische Geschehen ausschließlich mit Hilfe objektiv feststellbarer Phänomene erklären. Sie verzichten weitgehend auf Konstrukte und lehnen die Introspektion als Forschungstechnik ab. Aus dem Bereich der ↗Tierpsychologie sind die Umwelttheorie von J. v. Uexküll und die Forschung der Tierpsychologen C. T. Morgan, R. M. ↗Yerkes und E. L. ↗Thorndike, aus dem Bereich der Humanpsychol. der von J. B. ↗Watson in den USA begründete ↗Behaviorismus, die von I. P. ↗Pawlow in der UdSSR inaugurierte Lehre von der höheren Nerventätigkeit und die von V. M. ↗Bechterew gegründete o. P. Derivate dieses Ansatzes und sind auch heute noch einflußreich in der Psychologie. *H. Roth*

Objektivität, *Sachlichkeit.* 1) In der Testpsychol. das Ausmaß, in dem ein Testergebnis in Durchführung, Auswertung und Interpretation unabhängig ist vom Testleiter (Tl); die O. wird als Übereinstimmung zwischen den von mehreren unabhängigen Tln erstellten Testergebnissen identischer Pbn meist korrelationsstatistisch bestimmt. – 2) In Abweichung davon werden als „objektive Tests" vor allem Persönlichkeits- und Motivationstests bezeichnet, deren Zweck für die Pb (im Ggs. zu Fragebogentests) undurchschaubar ist. – 3) In der Persönlichkeitsforschung erbrachten verschiedene Faktorenanalysen von Fragebogenitems, Fragebogenmaßen und Verhaltensbeurteilungen einen Faktor, der als „Sachlichkeit vs. Überempfindlichkeit" interpretiert wurde und nach Guilford (1964) dem hypothetischen Persönlichkeitsmerkmal „Objektivität vs. Subjektivität" stark ähnelt.

Lit.: Lienert, G. A.: Testaufbau und Testanalyse. Weinheim, [3]1969; **Guilford, J. P.:** Persönlichkeit. Weinheim, 1964, [6]1974.

D. Bartussek

Objektlibido ist nach S. ↗Freud jene Gesamtheit von Liebesinteressen, die auf andere Personen gerichtet sind (↗Libido). Im Ggs. dazu: *narzißtische* Libido (↗Narzißmus).

W. Toman

Objektpsychologie, Anwendung psychologischer Erkenntnisse und Erfahrungen bei der Objektgestaltung (z.B. Konstruktion von Bedienungselementen [↗Kodierung], Fahr- und Steuerständen, Anzeigegeräten).

Lit.: REFA-Methodenlehre des Arbeitsstudiums (Teil 3 Kostenrechnung, Arbeitsgestaltung). München, 1971; **Lomow, B. F.:** Ingenieurpsychologie. Berlin, 1964.

G. Marschner

Objektpsychotechnik ↗Psychotechnik.

Objektstufe, Begriff aus der Traumdeutung von C. G. Jung, nach der eine Beziehung zwischen Träumen und realer Umwelt besteht. ↗Subjektstufe.

Objektwahl, vor allem die Wahl von Personen als Freundschafts- und Liebespartner, ist nach S. Freud von früheren Objektbindungen mitdeterminiert. Eltern und Geschwister stellen die ursprünglichen Objekte eines Menschen dar, Verwandte, Bekannte, Gespielen, Schulkameraden, Freunde und Freundinnen die außerfamiliären Personenwahlen, die dauerhaften Freundschaften sowie die Liebes- und Ehepartnerschaften ihre individuell meist bedeutsamsten Beispiele (↗Familie, Familienkonstellationen).

Objektfindung ist eine O. nach vorangegangener Such- oder Wartezeit. Sie wird bes. deutlich in der Pubertät erlebt, wenn der Jugendliche in den Bahnen der verdrängten, intrafamiliären Personenbeziehungen extrafamiliäre Objektbeziehungen ersehnt, aber zunächst noch Schwierigkeiten hat, Gelegenheiten dazu wahrzunehmen. *W. Toman*

Oblimax-Methode, analytische, schiefwinkelige Rotationsmethode der Faktormatrix. Die O. stellt eine Generalisation des Quartimax-Kriteriums dar (↗Faktorenanalyse; ↗Quartimax-Kriterium; ↗Rotation). Die Kriteriumsgleichung

$$O = \frac{\Sigma\Sigma\ s_{ip^4}}{(\Sigma\Sigma\ s_{ip^2})^2} = \max$$

fordert, daß die Steilheit der Verteilung der Elemente der Faktorstrukturmatrix (s_{ip}, Bezugsvektorenkorrelationen) ein Maximum wird.

G. Mikula

Oblimin-Methoden, Sammelbegriff für analytische, schiefwinkelige Rotationsmethoden, die aus der Quartimin-Methode verallgemeinert wurden. Bei O. werden die Kovarianzen der quadrierten Elemente der Faktorstrukturmatrix minimalisiert. ↗Faktorenanalyse; ↗Rotation.

G. Mikula

Obsession ↗Zwang.

Obsessionsneurose ↗Zwangsneurose.

Obstruction Box, Apparat zur Messung von relativen Triebstärken in Tierversuchen. Die O. B. besteht aus einer *Eingangskammer,* einer *Obstruktionskammer* (elektrischer Rost) und einer *Anreizkammer.* Das Vt muß den elektrischen Rost überqueren, um zum Zielobjekt in der Anreizkammer zu gelangen. Die Zeit, die bis zum Überqueren des Rostes verstreicht, und die Häufigkeit der Überquerungen sind Indikatoren für die Triebstärke. ↗Motivation.

Lit.: Graumann, C. F.: Methoden der Motivationsforschung. In: **H. Thomae** (Hrsg.): Hdb. der Psychol., Bd. 1/2. Göttingen, ²1969.

F. Mattejat

Ödipale Phase ↗Ödipuskomplex.

Ödipuskomplex ist nach Freud (1916/17) die besondere Beziehungskonstellation des Kindes zu seinen Eltern, nachdem es die frühe ↗genitale Phase erreicht hat. Der Junge begehrt nach der Entdeckung des anat. Geschlechtsunterschiedes seine Mutter und rivalisiert mit dem Vater um ihre Gunst. Er entwickelt Beseitigungswünsche gegen den Vater, wird von diesem in der Vorstellung des Jungen mit ↗„Kastration" bedroht, verzichtet auf einen Teil seiner sexuellen Wünsche an die Mutter und identifiziert sich mit dem Vater. Das Mädchen begehrt in dieser Phase analog den Vater und rivalisiert zunächst mit der

Mutter, identifiziert sich aber später mit ihr und verzichtet auf einen Teil ihrer sexuellen Wünsche an den Vater. Unvollständige Lösungen des Ö. können zu psychischen Störungen des Kindes in der Schulzeit (z. B. Schulphobien), zu ↗Neurosen und ↗Perversionen führen (↗Genitale Phase). Die Existenz von Geschwistern kompliziert nach Adler (1920) den Ö.; Varianten des Ö., soweit sie durch obj. Daten der Familiensituation bestimmt sind, konnten als langfristig unterschiedlich wirksam im extrafamiliären Sozialverhalten eines Menschen nachgewiesen werden (Toman, 1965; ↗Familie, Familienkonstellationen).

Lit.: Adler, A.: Praxis und Theorie der Individualpsychologie. München, 1920; **Freud, S.:** Vorlesungen zur Einführung in die Psychoanalyse (1916/17). Ges. Werke, Bd. 11. London, 1948; **Toman, W.:** Familienkonstellationen. München, 1965, Neuausgabe 1974.

W. Toman

Öffentliche Meinung, *Opinion Publique* (J.-J. Rousseau, 1750), eng verwandt dem engl. „*Climate of Opinion*" (Glanville, 1661), „*Law of Opinion*" (J. Locke, 1671). Alle drei Begriffe sind in (vor)revolutionären Perioden geprägt, also in Zeiten, in denen Regierung und Volkswillen auseinanderfielen. Die Zuordnung nur zum politischen Raum (Lippmann, 1922; Hennis, 1956; Habermas, 1962) ist erst neueren Datums, im 18. und 19. Jahrh. erkannte man ö. M. als eine gesellschaftliche Kraft, die sowohl auf das einzelne Glied der Gesellschaft wie auf die Regierenden einwirkt, um den vorherrschenden Ansichten angepaßtes Handeln zu erzwingen (F. v. Holtzendorff, 1879). Die beidseitige integrierende Wirkung geriet in Vergessenheit, als E. A. Ross (1896) für den Druck, den die ö. M. auf den einzelnen ausübt, den Begriff *Soziale Kontrolle* einführte (Noelle, 1966).

Zur Zeit fehlt eine allgemein akzeptierte Definition von ö. M. (Schmidtchen, 1959, 236; W.-P. Davison: International Encyclopaedia of the Social Sciences, Bd. 13, 1969, 188), aber Vorschläge, den Begriff aufzugeben (u. a. H. Schelsky, 1967), werden nach dem Aufkommen der ↗Demoskopie kaum mehr verwirklicht werden. Einzelne Ergebnisse der ↗Meinungsforschung sind noch kein Abbild der ö. M. Bestehen oder Entstehen einer vorherrschenden Meinung, Überzeugung, daß diese Meinung von der Mehrzahl geteilt wird (vgl. auch Hofstätter, 1949, 53ff.), Überzeugung, daß die vorherrschenden Forderungen Verwirklichungschancen haben, und Erwartungen, daß die Entwicklung in der Richtung dieser Forderungen geht – ein Zusammenspiel dieser Faktoren, die durch *Meinungsforschung* meßbar sind, führt zu einer sozialpsychol. Dynamik, deren Wahrnehmung wahrscheinlich der Begriffsbildung ursprünglich zugrunde lag.

Lit.: Habermas, J.: Sturturwandel der Öffentlichkeit. Neuwied, 1962, [10]1979; **Hennis, W.:** Meinungsforschung und repräsentative Demokratie. Tübingen, 1957; **Hofstätter, P. R.:** Die Psychologie der öffentlichen Meinung. Wien, 1949; **Lippmann, W.:** Die öffentliche Meinung. New York, 1922; dt. München, 1964; **Noelle, E.:** Öffentliche Meinung und Soziale Kontrolle. Tübingen, 1966; **Schmidtchen, G.:** Die befragte Nation. Über den Einfluß der Meinungsforschung auf die Politik. Freiburg, 1959, [2]1961, überarbeitete Ausgabe Frankfurt a.M., 1965.

E. Noelle-Neumann

Ogive, nach *Galton* s-förmige Verteilungsfunktion der integrierten Normalverteilung.

J. Bortz

Ohr ↗Sinnesorgane: das Ohr.

Okkultismus, die Überzeugungen und Bräuche, die mit den traditionellen okkulten Künsten, wie Magie, Hexerei, Astrologie, Alchemie, Wahrsagerei, Numerologie usw. verbunden sind; die Erforschung von Mysterien und verborgenen Naturgesetzen, die durch die etablierten Wissenschaften nicht erkannt werden, sondern auf Geheimdoktrinen und esoterischen Lehren basieren. Unter den bekannteren Beispielen von O. in jüngster Zeit seien die Rosenkreuzer, der Spiritismus, die Theosophie (H. P. Blavatsky) und teilweise Anthroposophie (R. Steiner) erwähnt. *J. Beloff*

Ökologie, die Lehre von den Umweltbeziehungen (zur belebten und zur unbelebten Umwelt) der Organismen. Man kann unterscheiden zwischen *Autökologie* und *Synökologie.* Die Autökologie erfaßt die Umweltbeziehungen einer Organismenart (z. B. Abhängigkeit von Temperatur, Feuchtigkeit, Bodenbeschaffenheit, Nahrungsorganismen, Feinden,

Nahrungskonkurrenten usw.). Die Synökologie erfaßt die wechselseitigen Beziehungen, die innerhalb eines bestimmten Lebensraumes herrschen (z. B. Wiese, Baum, Teich, Meeresküste), wobei jeder dieser Lebensräume wiederum Beziehungen zu anderen Lebensräumen besitzt. *H. Schmalfuß*

Ökologische Psychologie. Die ö.P. wurde bereits von K. ↗Lewin angelegt und später von R. Barker begründet und definiert als Beobachtung und Beschreibung von (molarem) Verhalten in seiner natürlichen, objektiven, extraindividuellen Umgebung. Analyseeinheit ist das *behavior ↗setting,* das ohne jeden manipulierenden Eingriff eines Vl lediglich durch Beobachtung zu erfassen ist. Dieses aufwendige methodische Vorgehen praktizierten an einer kleinen amerikanischen und englischen Gemeinde (Midwest und Yoredale) Barker und seine Mitarbeiter.

Heute steht ö.P. für alle jene psychologischen oder allgemeiner verhaltenswissenschaftlichen Ansätze, die das Erleben und Verhalten von Individuen und Gruppen in ihren jeweiligen technischen, ökonomischen, kulturellen und geographischen und damit auch sozial bedeutsamen Lebensbedingungen erfassen. Sie untersucht Verhalten in natürlichen wie von Menschen gemachten bzw. definierten Umwelten; von besonderer Bedeutung ist die urbane Umwelt. Methodisch stärkere Betonung der Datenerhebung in der natürlichen Umgebung (Feldforschung) mit dem Ziel der ökologischen Validität und Repräsentativität. Oft gleichbedeutend werden verwendet die Bezeichnungen „Umweltpsychologie", „Architekturpsychologie", „MER" oder MES" (man-environment relations/systems).

Lit.: Barker, R.: Ecological psychology. Stanford, 1968; **Barker, R. & P. Schoggen:** Qualities of community life. San Francisco, 1973; **Graumann, C. F.** (Hrsg.): Ökologische Perspektiven in der Psychologie. Bern, 1978; **Ittelson, W. et al.:** Einführung in die Umweltpsychologie. Stuttgart, 1977. *L. Kruse*

Ökonomie, testpsychologisches (Neben-) ↗Gütekriterium, hängt ab 1) von der Kürze der Durchführungszeit, 2) der Sparsamkeit des Materialverbrauchs, 3) der Einfachheit der Handhabung, 4) der Verwendbarkeit als Gruppentest und 5) der Schnelligkeit der Auswertung. *K. D. Nissen*

Ökonomischer Typus ↗„Lebensformen".

Ökonomisches Prinzip, das in der psychoanalytisch orientierten psychosomatischen Forschung von Alexander (1959) formulierte Prinzip: Die nicht-sexuelle psychische Energie folgt dem Trägheits- oder Energieprinzip, die sexuelle Energie dagegen dem sog. Überschußprinzip, wonach nicht-qualifizierte sexuelle Überschußerregung durch den Sexualapparat in Abfuhrkanäle gelenkt werden kann, während dies bei nicht-sexueller Energie nicht der Fall ist.

Lit.: Alexander, F.: Psychosomatische Medizin, Grundlagen und Anwendungsgebiete. Berlin, 1959. *D. Vaitl*

Okzipital. Das Adjektiv „okzipital" bedeutet: zum Hinterhauptsbein oder -lappen gehörend. Gelegentlich wird es als Richtungsbezeichnung am Kopf verwendet im Sinne von *hinten, nach hinten.* Die wichtigsten anat. Begriffe, in denen es vorkommt, sind: Os occipitale, Hinterhauptsbein; Lobus occipitalis, Hinterhauptslappen; Nervus occipitalis major, großer Hinterhauptsnerv; Arteria occipitalis, Hinterhauptschlagader; Foramen (occipitale) magnum, große Hinterhauptsöffnung für den Durchtritt des Rückenmarks bzw. verlängerten Marks in die Schädelhöhle. ↗Neuroanatomie.

Lit.: Rohen, J. W.: Topographische Anatomie. Stuttgart, [6]1977. *G. Arnold*

Olfaction colorée, *„Farbenriechen",* ein Beispiel von ↗Synästhesie. Die spontane Tendenz einiger Menschen, Gerüche ständig als bestimmte Farben zu beschreiben. *C. D. Frith*

Olfaktometer, ein Gerät zur Kontrolle der Darbietung von Geruchsreizen bei einer Vp, wie es in psychophysischen (↗Psychophysik) Untersuchungen zu Geruchsschwellen und Geruchsmischungen angewandt wurde. Eine Vielzahl von Modellen wurden entwickelt, einige kleine, andere, die einen ganzen Raum beanspruchen. ↗Geruchsintensität; ↗Sinnesorgane: Der Geruchssinn. *G. D. Wilson*

Oligophrenie, Synonym für ↗Amentia. Vgl. ↗Geistige Behinderung, ↗Schwachsinn, ↗Demenz.

Ololuiqui, Bezeichnung für den Samen der mexikanischen Windenarten Rivea corymbosa und Ipomea violacea. O. gehörte mit „Peyotl" (↗Meskalin) und „Teonanácatl" (↗Psilocybin) zu den wichtigsten magischen Drogen des präspanischen Mexiko. Bereits von den Mayas arzneilich verwendet, lernten sie die spanischen Missionare als „Coatl-Xoxotic" (grüne Schlange), „piule" und „flor de la Virgen" kennen (P. Bernhardino de Sahagún). Die Pflanze wurde von ihnen als Arznei angesehen und von der Inquisition nicht verboten. Die Alkaloide wurden 1960 von A. Hofmann isoliert, es handelt sich um ein Gemisch von sechs d-Lysergsäurederivaten. Die Wirkung wurde von H. Heimann unter möglichst standardisierten Bedingungen getestet. Das Ergebnis war überraschend. Trotz der nahen Verwandtschaft mit ↗LSD treten weniger Halluzinationen, dafür aber besonders Illusionen auf. Die Wirkung ist daher mehr mit Scopolamin und starken Tranquillizers zu vergleichen. O. erzeugt Rauschzustände, die spontan oder durch Induktion in ↗Hypnose übergehen. Heimann hat durch seine Untersuchungen im wesentlichen alte indianische und spanische Berichte bestätigt, daß O. als „Geständnisdroge" verwendet werden kann. Heute noch ersetzt O. den armen Bergbauern im Staat Oaxaca den Alkohol, sie geraten in Trunkenheit mit folgendem hypnoidem Halbschlaf, wobei der Rapport mit ansprechenden Personen erhalten bleibt.

Lit.: Heimann, H.: Die Wirkung von Ololiqui im Unterschied zu Psilocybin. Amsterdam – London – New York, 1966.

E. Ullrich

Onanie, *Masturbation,* irrig nach Onan (1 Mos. 38, 8–10) genannt, beginnt bei etwa 97% der männlichen Jugendlichen mit der 2. puberalen Phase und dauert bis zur sexuellen Partnerschaft. Fast 40% der Jungen (weniger Mädchen) üben (zeitweise) geschlechtliche Spiele, „mutuelle Onanie" (sexuelle Selbstbefriedigung), die nicht homosexuell oder krankhaft ist. Etwa die Hälfte der Mädchen und viele reife, (in der Ehe) enttäuschte Frauen suchen diese Entspannung.

Tabuisierende, bes. „ekklesiogen-neurotisierende" (↗Ekklesiogene Neurosen) Erziehung fordert vermeintliche „Reinheit" und weckt oft unerträgliche Schuldgefühle. – O. ist Durchgangs- und „Plapperstadium" der Liebe (J. H. Schultz). Die belanglose Häufigkeit der O. hängt ab von Triebstärke, Reizwirkungen, Hemmungen u. a.: sie wird durch eiweißarme Ernährung, Sport, körperliche Arbeit usw. fast nicht beeinflußt. O. bei gleichzeitiger Partnerschaft weist z. B. auf Ehestörungen hin. O.skrupel treiben viele feinempfindsame, fromme Jugendliche in Selbstmordgefahr. Nicht O., nur O.ängste schaden. Exzessive O. gibt es nur bei Geisteskranken. – Lohnende O.beratung darf nie kämpfen lehren (immer erfolglos!), sondern soll „entängsten" (notfalls ärztlich hypnotisch), bewußt bagatellisieren und die Aufmerksamkeit fruchtbaren Aufgaben zuwenden. *K. Thomas*

Oneirologie *(Oneiroid, Oneirodynie)* ↗Traumdeutung.

Oniomanie, krankhafter Kauftrieb.

Onomatolalie, zwanghaftes ständiges Wiederholen von Worten.

Onomatomanie, ein zwingendes Interesse an Wörtern und deren Klang, Geschichte und Bedeutung: Das Verlangen, im Gebrauch von Wörtern übertrieben genau und präzis zu sein. Patienten können im Verlauf des Gesprächs mehrere gleichwertige Wörter gebrauchen, obwohl eines genügen würde, oder sie suchen spitzfindig nach den feinsten Schattierungen des Wortsinns. *G. Powell*

Ontogenese, die Entwicklung des Individuums von der Zygote bis zum geschlechtsreifen Zustand. ↗Biogenetisches Grundgesetz.

H. Schmalfuß

Ontologie, Wissenschaft vom Seienden als Seienden (Aristoteles). Somit untersucht sie alles Seiende, insofern ihm Sein zukommt, wodurch sie zuletzt nach dem Sein-selbst fragt. Von diesem Thematisieren des Seins weicht die Seinsvergessenheit ab (Heidegger), die das Seiende akzentuiert und in die essentialistische Mißdeutung der Seinsphilosophie gerät.
J. B. Lotz

Onychophagie, *Nägelkauen, Nägelbeißen.* Verhaltensstörung, die vor allem bei Kindern auftritt, gelegentlich im Erwachsenenalter (vor allem unter erhöhter seelischer Anspannung) persistiert und psychoanalytisch als ↗Fixierung an die ↗orale Phase der ↗*Libido*entwicklung interpretiert werden kann.
W. Schmidbauer

Operant, ein mehr oder weniger komplexes Verhaltenssegment, das nicht durch einen Umweltreiz ausgelöst ist, sondern vielmehr vom Individuum selbst ausgeht. Wenn ein O. bekräftigt wird, tritt er häufiger auf. Dies wird operantes Konditionieren genannt. *J. C. Leslie*

Operantes Konditionieren ↗Konditionierung.

Operationale Methode. Als o. M. wird das Vorgehen bezeichnet, das sich in der Theorienbildung der sog. operationalen Definition bedient. Die in theoretischen Aussagen verwendeten Begriffe erhalten ihre Bedeutung durch die Angabe, auf welche Art die Fakten oder Phänomene, die sie bezeichnen, hergestellt werden. Dabei wird bewußt auf die Erklärung eines inneren Zusammenhanges, der sich einer direkten Beobachtung entzieht und nur intuitiv zustande kommen kann, verzichtet.
R. Hänni

Operationalismus. Anläßlich der Auseinandersetzung mit dem Problem der Gleichzeitigkeit im Rahmen der speziellen Relativitätstheorie A. Einsteins forderte der amerik. Physiker P. W. Bridgman 1927 in der Schrift „The logic of modern physics“, wissenschaftlich zu verwendende Begriffe und wiss. Sachverhalte seien zu definieren durch *hinreichend genaue Beschreibung* der *Operationen,* durch die sie vom einzelnen Forscher konkret realisiert oder erfaßt bzw. überprüft würden. Die Begriffe „Gleichzeitigkeit“ oder „Länge“ etwa wären so „operational“ und damit befriedigend definiert, wenn die Operationen, durch die jeweils „Gleichzeitigkeit“ festgestellt oder „Länge“ gemessen wird, hinreichend vollständig beschrieben wären. Eine je umfassendere Geltung dieser Regel zugeschrieben wird, um so eher spricht man zur Kennzeichnung der entsprechenden methodenkritischen Einstellung von O. oder *„Operationismus“* (beide Ausdrücke, von denen sich Bridgman selbst als zu ansprüchlich wiederholt distanzierte, sind synonym gebräuchlich). Von der Rückführung wissenschaftlich verwendeter Begriffe auf konkrete Operationen versprach sich Bridgman eine Ausschaltung inkonsistenter und widersprüchlicher Konzepte aus der Wissenschaftssprache, da Inkonsistenz oder Widersprüchlichkeit in physikalisch konkretisierten Situationen nicht existierten. Es war wohl vor allem diese Aussicht auf Ausschaltung von Mehrdeutigkeiten und Unklarheiten aus der Wissenschaftssprache und damit gleichzeitig die Hoffnung auf Vermeidung vieler unfruchtbarer Kontroversen, die den Thesen Bridgmans ein so breites und wirksames Echo zunächst im Bereich der nordamerik., in der Folge darüber hinaus in der internationalen Psychol. verschaffte. Zum anderen fügten sich die methodenkritischen Forderungen Bridgmans anderen einflußreichen Strömungen innerhalb der nordamerik. Philosophie und Psychol. organisch ein; zu nennen wären hier einmal der amerik. ↗Pragmatismus bzw. Instrumentalismus (C. S. Peirce, W. James, J. Dewey), weiterhin der logische ↗Positivismus bzw. ↗Empirismus, wie er vor allem durch in den dreißiger Jahren nach den USA emigrierte Mitglieder der ↗Wiener Schule (R. Carnap, H. Feigl, H. Reichenbach u. a.) weite Verbreitung fand, mit seiner zentralen Forderung nach Beschränkung der Wissenschaftssprache auf intersubjektiv überprüfbare Aussagen und nach Schaffung einer Einheitswissenschaft bzw. wiss. Einheitssprache auf – so zunächst ausschließlich vertreten – physikalischer Basis, schließlich der ↗Behaviorismus, der die Begrenzung der Psychol. auf Aussagen über intersubjektiv beobachtbares Verhalten propagierte. (Im europäischen Bereich wurde durch H. Dingler eine den Thesen Bridgmans sehr verwandte Auffassung verbreitet.) Unter den bekanntesten Vertretern eines operationalistischen Standpunktes in der Psychol. können S. S. Stevens, E. G. Boring, E. C. ↗Tolman und B. F. ↗Skinner (vgl. Lit.) genannt werden. Auch im Bereich der Psychol. sollen nur solche Begriffe und Aussagen zugelassen werden, die von unabhängigen Beobachtern durch konkrete und wiederholbare Operationen realisiert und intersubjektiv überprüft werden können. ↗Intelligenz oder ↗Angst etwa wären so zu definieren durch hinreichend genaue Beschreibung der jeweiligen Operationen, durch die sie konkret realisiert bzw. erfaßt werden. In der Folgezeit kam es aufgrund verschiedener Einwände, die hier im einzelnen nicht angeführt werden können, zu einer mehr oder weniger weitgehenden Relativierung des ursprünglich rigoristischer formulierten operationalistischen Standpunktes, sowohl bei Bridgman (1959) selbst wie auch bei anderen operationalistisch eingestellten Wissenschaftlern. Eine zentrale Rolle spielte dabei das Problem des Verhältnisses zwischen operational definierten und theoretischen Begriffen, zwischen Beobachtungs- und theoretischer Sprache (Carnap, 1956). Die entsprechende Diskussion ist nicht abgeschlossen, die Standpunkte, wie sie heute im Bereich der wiss. Psychol. vertreten werden, sind nicht einheitlich.

Lit.: Boring, E. G. et al.: Symposium on operationism. Psychol. Rev., 1945, *52*, 241–294; **Bridgman, P. W.:** The logic of modern physics. New York, 1927; **ders.:** The nature of physical theory. Princeton, 1936; **ders.:** Operational analysis. Phil. Sci., 1938, *5*, 114–131; **ders.:** The way things are. Cambridge (Mass.), 1959; **Carnap, R.:** The methodological character of theoretical concepts. In: **H. Feigl & M. Scriven** (Eds.): Minnesota Studies in the Philosophy of Science, Vol. 1. Minneapolis, 1956, 38–76; **Hempel, C. G.:** A logical appraisal of operationism. Scientific Monthly, 1954, *79*, 215–220; **Stevens, S. S.:** The operational basis of psychology. Amer. J. Psychol., 1935, *47*, 323–330; **ders.:** The operational definition of psychological concepts. Psychol. Rev., 1935, *42*, 517–527; **Tolman, E. C.:** Operational behaviorism and current trends in psychology. Proc. 25th Anniv. Celebr. Univ. S. Calif., 1936, 89–103.

F. Buggle

Operations Research. Entscheidungsforschung, die Anwendung math. Forschungsmethoden (u. a. Informations-, Spiel-, Wahrscheinlichkeitstheorie, lineare Programmierung, Input-Output-Analyse) zur Ermittlung optimaler Industrie-, Regierungs-, Verwaltungs- und Unternehmensentscheidungen. Unterscheidet sich von Systems Engineering durch die Betonung auf Systeme, in denen menschliches Verhalten wichtig ist.

Operator. Als O. bezeichnet man ein Symbol, das, auf eine math. Größe (z. B. ↗Vektor) angewandt, eine Transformation derselben durchführt. Ein O. ist nur in Verbindung mit anderen Größen sinnvoll. *G. Mikula*

Ophthalmologie (gr.), Augenheilkunde.

Ophthalmometer ↗Astigmometer.

Opium, ein aus dem eingetrockneten Saft der Mohnkapsel (Papaver somniferum) gewonnenes Gemisch der Phenanthrenabkömmlinge ↗Morphin (ca. 10%) und ↗Codein (beides ↗Analgetika), der Isochinolinderivate Narcotin und Papaverin sowie anderer Alkaloide, ↗Rauschmittel vorwiegend geraucht und gegessen, vor allem in Ostasien. Starke halluzinatorische, euphorisierende und analgetische Wirkungen. Chronischer Genuß führt zur ↗Sucht (↗Drogenabhängigkeit).

Lit.: De Boor, W.: Pharmakopsychologie und Psychopathologie. Berlin, 1956. Weitere Lit. ↗Morphin.

W. Boucsein

Oppelsche Täuschung, eine Variation der ↗Müller-Lyerschen Täuschung. Der Raum

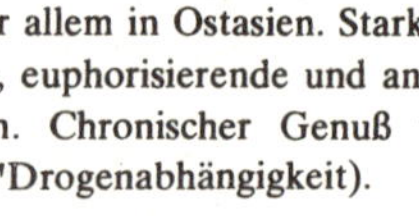

zwischen den beiden Parallelen ist in drei objektiv gleiche Teile untergeteilt, obwohl dies nicht so erscheint (s. Abb.). *C. D. Frith*

Optischer Typ ↗Vorstellungstyp.

Optische Täuschung ↗Geometrisch-optische Täuschungen.

Optometer, Gerät zur Bestimmung der *Sehweite.*

Orale Phase ist nach S. Freud (1905) die früheste Entwicklungsphase des Kindes. In ihr stehen orale Manipulation und Stimulation, taktile Stimulation und Sinnesrezeption im Vordergrund des Interesses des Kindes (Oralerotik). Sie umfaßt ungefähr das erste Lebensjahr. In der frühen o. P. (die ersten 4 bis 6 Lebensmonate) hat das Kind noch kein Personobjekt aufgebaut. Ein Mutterwechsel kann unter diesen Umständen ohne traumatische Wirkungen verarbeitet werden. Lediglich Teilaspekte des Objektes sind dem Kind bereits vertraut. In der späten o. P. (die bis zum Ende des 1. Lebensjahres dauert) rekrutiert sich das Kind in seinem Erleben und in seiner Vorstellungswelt jene Person, die es regelmäßig betreut, als „Mutter". Das Kind bekommt in der Regel von der Mutter bedingungs- und gegenleistungslose Fürsorge, Berührung, Stimulation aller Sinnesmodalitäten. Das Kind lernt sich im ↗Nahraum bewegen, hängt aber auch in seinen Bewegungen von der Mutter ab, die es hebt, trägt oder fährt. – Fixierung und spätere Regression auf die *frühe* o. P. kann nach Freud, K. Abraham und Fenichel (1945) zu schizophrenen ↗Psychosen führen, Fixierung und spätere Regression auf die *späte* o. P. zu ↗Manie, ↗Depression und den zirkulären Psychosen, zu Süchtigkeiten, ↗Organneurosen (psychosomatische Erkrankungen), zu Impulsneurosen (psychopathischen Persönlichkeitsmerkmalen) und zur ↗Hypochondrie. Statt spezifischer neurotischer Symptome kann auch eine Veränderung der ↗Persönlichkeit, der *„Oral-Charakter"*, entstehen. Zu seinen Merkmalen zählen Passivität und Abhängigkeit, Bedürfnis nach Fürsorge, nach Kontakten um jeden Preis und nach ihm bedingungslos entgegengebrachter Liebe, ferner egozentrische Empfindlichkeit. Auch eine Neigung zum Poltern oder Betteln um Aufmerksamkeit zählen dazu.

Lit.: Fenichel, O.: The psychoanalytic theory of neurosis. New York, 1945; **Freud, S.:** Drei Abhandlungen zur Sexualtheorie (1905). Ges. Werke, Bd. 11. London, 1948; **ders.:** Vorlesungen zur Einführung in die Psychoanalyse (1916/17). Ges. Werke, Bd. 11. London, 1948; **Toman, W.:** An introduction to psychoanalytic theory of motivation. London – New York, 1960.

W. Toman

Oralraum ↗Mundraum.

Oraler Charakter ↗Orale Phase.

Oralerotik ↗Orale Phase.

Oral-genitale Kontakte, Berührung bzw. sexuelle Reizung der männlichen/weiblichen Geschlechtsteile des Partners mit dem Mund; am männlichen Genitale praktiziert = ↗Fellatio, am weiblichen Genitale praktiziert = ↗Cunnilingus. Einseitige oder wechselseitige o. K. dienen der sexuellen Reizung (Stimulation) des Partners/der Partner beim Koitusvorspiel oder der vollen nicht-koitalen sexuellen Befriedigung u. U. bis zum ↗Orgasmus. In den vorurteilsbelasteten Klischeevorstellungen vieler Menschen gelten diese sexuellen Kontaktformen häufig noch als „naturwidrig" oder gar als „pervers". Dem gegenüber stehen die heutigen wiss. Forschungsergebnisse, die an der (statistischen) „Normalität" von o. K.n nicht zweifeln lassen, obgleich sie in den westlichen Ländern weniger häufig vorkommen und in der Regel später erlernt werden als ↗manuell-genitale Kontakte und ↗Koitus: 1) Es gab Kulturen, bei denen diese sexuellen Kontaktformen üblich oder sogar Bestandteil religiöser Übungen waren. 2) Die ersten bedeutsamen sexualwiss. Untersuchungen (Kinsey, 1963/64) zeigen, daß o. K. von rund der Hälfte aller Ehepaare in den USA praktiziert werden.

Lit.: Kinsey, A. C.: Das sexuelle Verhalten der Frau. Frankfurt a. M., 1963; **ders.:** Das sexuelle Verhalten des Mannes. Frankfurt a. M., 1964; **Ford, C. S. & F. A. Beach:** Formen der Sexualität. Hamburg, 1968.

H. Maisch

Ordinalskala. Eine O. oder *Rangordnung* stellt die einfachste Form einer Metrik dar. Sie ermöglicht Aussagen über die Größenrelationen von Beobachtungseinheiten im Sinne von „größer–kleiner", nicht jedoch über die Größenunterschiede zwischen den verschiedenen Elementen, da die Maßeinheiten ungleich und unbekannt sind. Ein Beispiel für eine O. stellt die Schulnotenskala dar. ↗Skalierung.

G. Mikula

Ordinalvariable. Eine O. ist eine auf einer ↗Ordinalskala klassifizierte, quantitative Variable. *G. Mikula*

Ordnung, eine Form des Lebens- und Arbeitsstils. Sie ist unabdingbare Voraussetzung für systematisches Tun und Wirken, sowohl im individuellen wie im sozialen Bereich. Die Phantasie (mit Einfallsreichtum) kann ein bestimmtes Ordnungssystem durcheinanderwerfen, um ein neues zu strukturieren. Ohne ein Ordnungssystem läßt sich kein Tätigkeitsgebiet, also auch nicht das Lehren und Lernen, bewältigen, weder innerhalb der Einzelperson noch unter den Menschen. Es handelt sich um eine Grundabhängigkeit des Menschen von den ihm vorgegebenen Naturordnungen. Der Begriff O. steht im Zentrum folgender affiner Phänomene, welche die individuellen Differenzen mitbestimmen: Zufall – Labilität – phantastische Aktivität – Gefühlsüberschwang – Einfallsreichtum – Flüssigkeit – *Ordnung* – Pedanterie – Kleinlichkeit – Starrheit. *W. Arnold*

Ordnungstest, allgemeine Bezeichnung für einen Test, in dem der Pb Gegenstände nach verschiedenen Kriterien (Farbe, Form, Funktion, Gewicht, Größe, Material, Oberflächenbeschaffenheit, Wert usw.) zu klassifizieren hat. *H. J. Aebi*

Organ, jedes spezialisierte funktionelle oder strukturierte Körperteil.

Organisation. 1) *Soziologisch:* Ordnung, Struktur, innerer Zusammenhang, Interdependenzen von Gruppen. – 2) *Betriebspsychol.:* Festlegen von Voraussetzungen, Aufgaben, Weisungsbefugnissen und Verantwortung in den einzelnen Arbeitsbereichen (Presthus, 1962) (↗Menschenführung). – 3) *Arbeitswiss.:* Übersicht über Aufgaben und Personalverteilung, der hierarchischen Ordnung sowie der Befehls-, Melde- und Informationswege in Unternehmen (Nadler, 1969). – 4) *Politisch:* Gruppierungen auf nationaler (z. B. Gewerkschaften, Arbeitgeberverbände, Deutscher Industrie- und Handelstag), inter- oder supranationaler Ebene (z. B. Kommission der Europäischen Gemeinschaften, Internationales Arbeitsamt, UNO, UNESCO) zur Verfolgung der in den jeweiligen Satzungen (Programmen) festgelegten Ziele (Galbraith, 1968). 5) Eine Handelsgesellschaft usw. 6) Ein ausgebautes oder dynamisch gegliedertes System. ↗Gruppe, ↗Rolle.

Lit.: **Galbraith, I. K.:** Die moderne Industriegesellschaft. München – Zürich, 1968; **Nadler, G.:** Arbeitsgestaltung – zukunftsbezogen. München, 1969; **Neuberger, O.:** Organisation u. Führung. Stuttgart, 1977; **Presthus, R.:** Individuum und Organisation (Typologie der Anpassung). Frankfurt, 1962; **Sievers, B.** (Hrsg.): Organisationsentwicklung als Problem. Stuttgart, 1977. *G. Marschner*

Organisationspsychologie, ein neueres Teilgebiet der ↗Angewandten Psychologie. Sie untersucht die in allen Organisationen (Betrieben, Behörden, Verbänden usw.) zu beobachtenden drei Basis-Beziehungen zwischen dem Individuum und den ihm gestellten Aufgaben, dem Individuum und seinem sozialen Umfeld (Vorgesetzte, Gleichgestellte und Nachgeordnete) sowie dem Individuum und der formalen Organisationsstruktur. Die O. befaßt sich mit den Phänomenen, Bedingungen und Auswirkungen dieser letztlich sozial determinierten Beziehungen auf das Erleben und Verhalten von Personen in Organisationen. Schließlich sucht sie nach Veränderungsmöglichkeiten dieser Beziehungen im Sinne von mehr Humanität im Arbeitsleben.

Lit.: **Mayer, A.** (Hrsg.): Organisationspsychologie. Stuttgart, 1978; **Morin, P.:** Einführung in die angewandte Organisationspsychologie. Stuttgart, 1974; **Rosenstiel L. v., Molt, W. & B. Rüttinger:** Organisationspsychologie. Stuttgart, ²1975. *H. J. Liebel*

organisch. 1) Ein Organ betreffend. **2)** Charakterisch für das, was körperlich oder vital ist und nicht nur geistig, mechanisch oder funktionell.

Organische Empfindungen. *Organische* oder viszerale ↗*Empfindungen* entstehen in den inneren Organen und bedingen Gefühle des Hungers, Dursts, der Übelkeit, von Schmerzen usw. Sie sind im allg. selten räumlich lokalisierbar, doch können sie wie jeder äußere Reiz als Anreger verwendet werden.

Artikuläre Empfindungen entstehen in entsprechenden Rezeptoren der Gelenke (Gelenkempfindung) und vermitteln Kenntnisse über die Stellung unserer Gliedmaßen zueinander und im Raum. *C. D. Frith*

Organische Psychosen, Bezeichnung für *körperlich begründbare* (symptomatische, exogene) ↗Psychosen; körperliche Erkrankungen und Funktionsstörungen werden als Ursache nachgewiesen bzw. angenommen. *D. Eaves*

Organisierte Stichprobe. Als organisiert werden ↗Stichproben bezeichnet, die so erstellt sind, daß sie hinsichtlich eines oder mehrerer Kontrollmerkmale eine bestimmte Zusammensetzung aufweisen, z. B. daß diese proportional der Verteilung dieser Merkmale in der Population ist. Häufig bei Organisation von Stichproben verwendete Kontrollmerkmale sind *sozialer Status, Beruf* und *Alter* von Personen. Innerhalb der einzelnen Merkmalsgruppen werden die Elemente der Stichprobe nach dem Zufallsprinzip ausgewählt. ↗Stichprobenverfahren. *G. Mikula*

Organismische Psychologie, Bezeichnung für jede Richtung in der Psychologie, die einen Leib-Seele-Dualismus ablehnt (↗Leib-Seele-Problem) und Psychologie behavioristisch (↗Behaviorismus) oder ganzheitlich (↗Ganzheitspsychologie) versteht als die Wissenschaft des (biologischen) Organismus (↗Allgemeine Psychologie).

Organismus. 1) Ein lebendes Tier oder eine Pflanze. **2)** Eine soziale Gruppe (die gemeinsam handelt).

Organminderwertigkeit. Adler ging bei der ersten Formulierung seiner Theorien (1907) von einer *realen* O. aus. Diese löst neben einer reinen physiol. Kompensation einen psychol. Prozeß der Selbstbehauptung aus, welcher schließlich im Verlauf des weiteren psychischen Lebens permanent wird. Die O. determiniert eine fortlaufende Beobachtung und ein Dauertraining des betreffenden Organs, dessen Funktion als ungenügend betrachtet wird. Später hat Adler noch den Gedanken hinzugefügt, daß ↗Minderwertigkeitsgefühle auch durch soziale Faktoren determiniert werden können.

Lit.: Adler, A.: Studie über die Minderwertigkeit von Organen und ihre seelische Kompensation. Wien – München, 1907, ²1927. *J. López Ibor*

Organneurose ist nach S. ↗Freud und O. Fenichel eine psychische Störung, die von traumatischen Umweltbedingungen oder von solchen konstitutionellen Schwächen der betreffenden Person ihren Ausgang nimmt, die in der späten ↗oralen Phase auftreten bzw. manifest werden. Zu den O.n zählen jene Krankheiten der Erwachsenen, die auch als psychosomatische Erkrankungen (↗Psychosomatik) beschrieben werden. Dazu gehören Asthma, Magen- und Darmerkrankungen bzw. -geschwüre, Blutdruckstörungen, Hauterkrankungen, Gelenkerkrankungen. Ihnen allen ist gemeinsam, daß chronische psychische Stressbedingungen, die zum Teil aufgrund der frühen Traumatisierung der betreffenden Person stärker als von anderen Personen erlebt werden, als unmittelbare („natürliche") Reaktion die körperliche Veränderung veranlassen. Im Ggs. dazu erfüllen hysterische Konversionssymptome (↗Konversionsneurose) einen bestimmten idiosynkratischen, obschon unbewußten Sinn für die betreffende Person. Die bisher statistisch belegten, aber nicht eindeutigen Zusammenhänge lassen bei den psychosomatischen Erkrankungen Zwischenglieder in der Bedingungskette vermuten, die u. a. besondere Konsumgewohnheiten und Verhaltensgepflogenheiten einbeziehen.

Lit.: Alexander, F.: Psychosomatische Medizin. Berlin, ³1977; **Mitscherlich, A.:** Krankheit als Konflikt. Frankfurt, 1966; **Schultze-Hencke, H.:** Lehrbuch der analytischen Psychotherapie. Stuttgart, ²1970; **Uexküll, T. v.:** Grundfragen der psychosomatischen Medizin. Reinbek b. Hamburg, ⁵1976. *W. Toman*

Orgasmus, multipler. Von m. O. wird gesprochen, wenn mehrere (zwei bis über 30) Orgasmen entweder bei einer einzigen sexuellen Aktivität oder innerhalb einer kurzen Zeitspanne (einige Sekunden bis einige Stunden) erreicht werden. Die Fähigkeit, mit m. O. zu reagieren, ist bei Frauen generell größer als bei

Männern, die außerdem wegen der sexuellen Refraktärzeit (↗Refraktärzeit, sexuelle) in der Regel Orgasmen nicht wie Frauen *unmittelbar* nacheinander erreichen können. Nach Kinsey et al. (1963/64) ist der m. O. jedoch bei männlichen Kindern am weitesten verbreitet und kam auch bei 16- bis 20jährigen Männern noch häufig vor (15–20%), um dann mit zunehmendem Alter immer seltener zu werden. Diese Altersabhängigkeit konnte bei Frauen nicht festgestellt werden.

Lit.: Vgl. ↗Orgasmus, Physiologie des. *V. Sigusch*

Orgasmus, Physiologie des (Synonyme: *Klimax, sexueller Höhepunkt*). Der Orgasmus (O.) ist der Kulminations- und Lösungspunkt der sexuellen Erregung und Reaktion, der durch jede effektive somato- oder psychosexuelle Stimulation erreicht werden kann. Er stellt eine abrupte, willkürlich nicht steuerbare Entladung psychophysischer und neuromuskulärer Spannungen dar und geht wahrscheinlich mit Reaktionen aller Organe und Organsysteme des Körpers einher. Nach den bisher mitgeteilten Befunden ist bei einer *physiol. Definition* des O. beim Mann *und* bei der Frau vor allem auf folgende Reaktionen hinzuweisen: 1. größte Intensität sexueller Lustempfindungen; 2. unwillkürliche Muskelkontraktionen in der Genital- und Analregion und zahlreicher extragenitaler Muskelgruppen; 3. starke Blutansammlung in genitalen (z. B. Scheide oder Penis) und extragenitalen (z. B. ↗Sex flush) Regionen; 4. Kulmination der Reaktionen von Herz, Kreislauf und Atmung; 5. partieller oder totaler Verlust der sensorischen Fähigkeiten und gelegentlich sekunden- oder minutenlanger Bewußtseinsverlust. Charakteristisch für den O. der Frau sind die Kontraktionen der ↗orgastischen Manschette, für den O. des Mannes ist es die ↗Ejakulation. Hinsichtlich der körperlichen Reaktionen entspricht der O. der Frau prinzipiell dem des Mannes, wenn man von der Ejakulation absieht. Folgende geschlechtsspezifische Unterschiede wurden jedoch beschrieben: Die subjektiven Empfindungen beim O. sind bei der Frau variabler als beim Mann; der O. dauert bei der Frau im allgemeinen länger als beim Mann; die Frau kann im Ggs. zum Mann nach einem O. sofort weitere O.en erreichen; mehr Frauen als Männer sind erst dann voll befriedigt, wenn sie nicht nur einen, sondern mehrere O.en erlebt haben. Insgesamt scheint die Frau quantitativ und qualitativ über eine größere orgastische Reaktions*kapazität* als der Mann zu verfügen (vgl. ↗Multipler Orgasmus; ↗Status orgasticus), obwohl Männer durchschnittlich regelmäßiger und in einem größeren Prozentsatz überhaupt O. erleben.

Lit.: Fisher, S.: Orgasmus – Sexuelle Reaktionsfähigkeit der Frau. Stuttgart, 1975; **Kinsey, A. C.,** et al.: Das sexuelle Verhalten der Frau (des Mannes). Berlin – Frankfurt a. M., 1963/64; **Masters, W. H. & V. E. Johnson:** Human sexual response. Boston, 1966 (dt.: Die sexuelle Reaktion. Frankfurt a. M., 1967; Reinbek, 1970); **Sigusch, V.:** Exzitation und O. bei der Frau. Stuttgart, 1970. *V. Sigusch*

Orgastische Manschette *(orgasmic platform),* physiol. Reaktion der Frau bei stärkerer sexueller Erregung, die erstmals von Masters und Johnson (1966) mit physiol. Methoden registriert und von Sigusch (1970) als o. M. bezeichnet worden ist. Durch eine massive Blutstauung wird der Durchmesser des äußeren Drittels der Scheide manschettenförmig bis um die Hälfte reduziert. Beim Orgasmus kommt es regelmäßig zu 3 bis 15 Muskelkontraktionen in diesem Bereich. Anzahl, Dauer und Stärke der Kontraktionen sind physiol. Maße für die subjektive Intensität des jeweiligen ↗Orgasmus. Die Kontraktionen, denen ein Initialspasmus und parallel dazu das Bewußtwerden des Orgasmus um einige Sekunden vorausgeht, werden von der Frau als *„Pulsationen"* im Genitalbereich wahrgenommen und verbalisiert.

Lit.: Vgl. ↗Orgasmus, Physiologie des. *V. Sigusch*

Orgien, soziale Ereignisse (Gruppenfeier) mit hochgradiger Befriedigung durch angenehme und wollüstige Aktivitäten, bes. Trinken, Feiern, Tanzen und wahllose sexuelle Aktivität. Angeblich zu Zeiten des Römischen Reiches allgemein üblich. *G. D. Wilson*

Orientierung *(Orientierungsverlust; Orientierungsvermögen).* O. kann eine sehr begrenzte Bedeutung haben, wie beim ↗Orientierungsreflex – Reaktionen und Bewegungen in die Richtung eines neuartigen Reizes. Allgemeiner meint O. die Stellung des Körpers im Raum und die Beziehung zur Umgebung. So beinhaltet O.verlust die Unfähigkeit, links und rechts zu unterscheiden und den richtigen Weg zu finden. Diese Form von Unfähigkeit findet sich insbesondere bei Läsionen des ↗Parietallappens. *C. D. Frith*

Orientierungsreflex. Ein neuer Stimulus in der gewohnten Umwelt bewirkt eine Reihe von Reaktionen im Organismus. Ein Teil dieser Reaktionen bleibt konstant, der andere Teil der Reaktionen, welcher die Rezeptoren und die Gehirnstrukturen auf eine scharfe Wahrnehmung dieses Reizes einstellt, nimmt infolge der wiederholten Darbietung des Reizes in seiner Stärke und Auftretenshäufigkeit allmählich ab (↗Gewohnheit). ↗Pawlow (1926) nannte diese Gruppe von Reaktionen, die die Wahrnehmungskapazität erhöht und sich auf die Neuheit von Reizen bezieht, *„Orientierungsreflex“* oder *„Was-ist-das-Reflex“*. Der O. ist ein integrierter Teil des komplexeren exploratorischen Verhaltens, wird durch die Unbestimmtheit einer neuen Situation ausgelöst und richtet sich auf unbekannte Objekte. Der O. ist ein einheitliches funktionales System, das sich aus folgenden Komponenten zusammensetzt: a) *somatischen* (Augen- und Ohrenbewegungen, Kopf- und Körperbewegungen, Riech- oder Schnupperbewegungen); b) *vegetativen* (Herz- und Gefäßveränderungen, ↗Hautwiderstand, Pupillen- und respiratorische Reaktionen); c) *elektroencephalographischen* (Veränderungen der Frequenz der Grundpotentiale, des Niveaus der Ruhepotentiale und der neuronalen Impulse); d) *sensorischen* Komponenten (Absinken der Wahrnehmungsschwellen und Erhöhung der Verschmelzungsfrequenzen der sensorischen Systeme).

Wichtige Charakteristika des O. sind: die unspezifische Reaktion auf die Reizmodalität sowie deren Vorherrschen auf niedrigere oder mittlere Grade der Reizintensität; selektives Auslöschen des O. durch bestimmte Gestaltsqualitäten der wiederholt dargebotenen Reize und Spontanerholung nach einiger Zeit sowie die Aufhebung der ↗Löschung (Extinktion) nach der Darbietung eines neuen Reizes. Der O. erhöht die Wirkung des Stimulus auf den Organismus und unterscheidet sich dadurch von den Abwehr- oder Anpassungsreflexen, die die Tendenz haben, die Wirkung des Reizes zu vermindern oder aufzuheben. Die Unterschiede zwischen *Orientierungs-, Abwehr-* und *Anpassungsreflexen* zeigen sich bes. deutlich bei der gleichzeitigen Finger- und Kopfplethysmographie (↗Plethysmograph) während eines Extinktionsprozesses. Die *ersten* Darbietungen von Kälte und Wärme, eines elektrischen Schocks oder eines Tones rufen als neuartige Stimuli ähnliche O.e hervor: Konstriktion der peripheren Blutgefäße und Dilatation der Blutgefäße im Gehirn. Wenn der Ton ein dutzendmal dargeboten wurde, ruft er keine Reaktion mehr hervor, weil der O. erlosch; der elektrische Schock löst wegen des Andauerns des Abwehrreflexes die Vasokonstriktion sowohl der Gehirn- als auch der peripheren Blutgefäße aus; Kälte bewirkt in beiden Meßbereichen – infolge der ↗Adaptation – eine stabile Vasokonstriktion und Wärme eine stabile Vasodilatation. Eine Veränderung der Tonfrequenz oder eine Verschiebung der durch Schocks, Wärme oder Kälte gereizten Hautstelle ruft den O. wieder hervor. Seine Charakteristika sind dann Vasodilatation am Kopf und Vasokonstriktion am Finger (O. S. Vinogradova & N. Sokolov).

Der O. wurde zum erstenmal schon vor 1910 in Pawlows Laboratorium untersucht. Die entsprechenden Tierexperimente befaßten sich hauptsächlich mit der ↗äußeren Hemmung eines konditionierten Reflexes, die sich aus dem O. ergab. Das Auftreten bzw. die Stärke des O. wurden hier in Form seiner mot. Komponenten aufgezeichnet. W. Bechterew und A. G. Iwanow-Smolensky untersuchten die mot. und vegetativen Anteile des O. bei Erwachsenen und Kindern. Gantt (1944) betonte aufgrund polygraphischer Aufzeichnungen die komplexe Struktur des Orientierungsreflexes P. K. Anochin zeigte, daß diese Komponenten ein einheitlich funktionales System bilden. Die Untersuchungen von Moruzzi und

Magoun (1949) über die ↗*Aktivation* regten die elektrophysiol. Erforschung des O. an. Die von ↗Polygraphen gelieferten Aufzeichnungen des EEG, des ↗Hautwiderstands, der Augenbewegungen u. a. führten zu der Unterscheidung von phasischen und tonischen sowie lokal begrenzten, allgemeineren Formen des O. (Sharpless & Jasper, 1956).

Die Löschung des O. geht selektiv vor sich, d. h., sie richtet sich nach den einzelnen Eigenschaften des wiederholt dargebotenen Stimulus: nach seiner Intensität, Qualität und Dauer, nach der Reihenfolge der Darbietung usw. Man kann den O. erneut auslösen, wenn man einen Reiz benutzt, der im Ggs. zur „inneren Spur" steht, die sich durch wiederholte Darbietung des Reizes verfestigt hat. Durch allmähliche Modifizierung jeder Eigenschaft des Teststimulus ist es möglich, die Konfiguration der „inneren Spur" abzuschätzen und ihre Übereinstimmung mit dem dargebotenen Stimulus zu zeigen. Das bedeutet, daß die Gehirnstruktur das „neuronale Muster des Stimulus" aufbaut (Voronin & Sokolov, 1960).

Die einzelnen Komponenten des O. weisen unterschiedliche dynamische Struktur des Reaktionsauslösers auf. Die stabilen „gestaltaufzeigenden" Elemente werden in den wichtigsten sensorischen Bahnen lokalisiert. Die Strukturen, die auf neue überraschende Reize ansprechen, wurden im ↗Thalamus, in der ↗Formatio reticularis und im Hippocampus gefunden. Die „Detektoren des Überraschungseffektes" des Hippocampus, die auf eine Verschiedenheit von Reizen reagieren, weisen als besonderes Charakteristikum eine schnelle – je nach Reizart ganz bestimmte – Reaktionsart auf, die derart ist, als wenn die Eigenschaften des O. eine einzelne Einheit wären (O. S. Vinogradowa). Die ganz bestimmte Art der Reaktion, die durch Detektoren des Überraschungseffektes ausgelöst wird, scheint auf der Reaktionsgeschwindigkeit der Synapsen, die die Endigungen der auf Gestalten ansprechenden Elemente mit den Detektoren des Überraschungseffektes verbinden, zu beruhen (Horn, 1967; Sokolov, 1960). Das Muster der in diesen Prozeß einbezogenen Synapsen stellt das neuronale Modell der Stimuli dar. Die Stärke der Reaktionen der auf „Neuheit" des Reizes ansprechenden neuronalen Struktur und somit die Stärke des O. ist eine Funktion des Unterschiedes zwischen dem Erregungsmuster des Synapsensystems und der Reizgestalt des angewendeten Teststimulus. I. P. Pawlow, der die Rolle des O. beim Menschen betonte, schrieb folgendes: „Der O. mündet schließlich in jene Neugier (kognitiver Trieb), die der Ursprung aller Wissenschaft ist, und er führt zu einer unbegrenzten Orientierung über die umgebende Welt." Das Problem der kognitiven Motivation als emotionaler Aspekt des O. eröffnet eine neue Perspektive und eine neue Richtung der Psychologie.

Lit.: Gantt, W. H.: Experimental basis for neurotic behavior. New York, 1944; **Horn, G.:** Neuronal mechanisms of habituation. Nature, 1967, *215*, 707–711; **Moruzzi, G. & H. W. Magoun:** Brain stem reticular formation and activation of the EEG. Clin. Neurophysiol., 1949, *1*, 455–473; **Sokolov, E. N.:** Perception and the conditioned reflex. Oxford, 1963; **ders.:** Mechanisms of memory. Moscow, 1969; **ders.:** Neuronal models and the orienting reflex. In: **M. A. B. Brazier** (Ed.): The central nervous system and behavior. New York, 1960, 189–276; **Sharpless, S. & H. Jasper:** Habituation of the arousal reaction. Brain, 1956, *79*, 655–680; **Voronin, L. G. & E. N. Sokolov:** Cortical mechanisms of the orienting reflex and their relation to the conditional reflex. Proc. Internat. Conf. on EEG and Higher Nervous Activity. EEG clin. Neurophysiol. Suppl., 1969, *13*, 335–344; **Voronin, L. G.** (Ed.): Orienting reflex and exploratory behavior. Logical Sciences. Washington, 1965.

E. N. Sokolov

Originalität, ein von J. P. Guilford gefundener Faktor des ↗*divergenten* Denkens. Tests zur Erfassung der O. fordern z. B. von der Vp ungewöhnliche Einfälle und die Angabe unüblicher Verwendungsmöglichkeiten von bestimmten Gegenständen.

Lit.: Krämer, H.-J.: Zu Konzept u. Diagnose der Originalität. München, 1979; **Pawlik, K.:** Dimensionen des Verhaltens. Bern, [2]1971.

G. Kaulfush

Orthogenese, zuerst von W. Haacke (1893) für gerichtete Evolution gebraucht. Nach H. Schindewolf (1942) ist O. das Beharren und gesetzmäßige Fortschreiten in den einmal eingeschlagenen Entwicklungsbahnen, was durch Selektion nicht erklärt werden könne. Rensch (1947) führt alle orthogenetischen Entwicklungen auf richtungslose ↗Mutation, Selektion und ↗*Allel*verlust durch Schwankungen der

Populationsgrößen zurück. Es bestehe kein Anlaß zur Annahme autonomer Entwicklungskräfte auf physiologisch unbekannter Grundlage.

Lit.: Rensch, B.: Neuere Probleme der Abstammungslehre. Stuttgart, ³1972.

K. Fiedler

Orthopädagogik, Synonym für ↗Heilpädagogik.

Orthoskopisches Zeichnen. In den Kleinkinderzeichnungen treten bestimmte allg. Gesetzmäßigkeiten des Vorstellungserlebens auf, die man als *„gezeichnete Grundansichten"* oder *„orthoskopische Gestalten"* (Bühler, 1918) bezeichnen könnte. Gesichter werden meist von vorne, Hände von der Fläche gezeichnet. – Das Kind verwirklicht durch diese „Grundansichten" das von ihm in tätig-affektiver Weise erfaßte Wesen der Dinge.

Lit.: Bühler, K.: Die geistige Entwicklung des Kindes. Jena, 1918, 159.

M. Sachs

Oseretzky-Test, Test zur Prüfung des mot. Entwicklungsstandes für die Altersgruppen von 4 bis 16 Jahren. Das Verfahren ist seit der ersten Publikation (1923) zahlreichen Bearbeitungen unterzogen worden; u. a. erschien 1931 von Oseretzky eine Gruppentestfassung. Die wichtigste Revision ist die „Lincoln-Oseretzky Motor Development Scale" für die Altersstufen 6–13 von W. Sloan. Für diesen Test wurden *Reliabilitäts*werte von r = .73 bis r = .94 gemessen.

Lit.: Oseretzky, N.: Eine metrische Stufenleiter zur Untersuchung der mot. Begabung bei Kindern. Z. f. Kinderforschung, 1925, *30*, 300–314; **Sloan, W.:** The Lincoln-Oseretzky motor development scale. Genet. psychol. Monogr., 1955 *51*, 183–252.

P. Steck

Osmologie, *Osphresiologie,* Lehre vom Geruchssinn.

Österreichische Schule, eine von F. ↗Brentano Ende des 19. Jh. begründete Richtung der Psychologie. Im Ggs. zu W. ↗Wundt sieht Brentano den Gegenstand der Psychol. nicht in den *psychischen Inhalten,* sondern in den *psychischen Akten* (↗Aktpsychologie). Zur Ö. S. i.e.S. gehören die Vertreter der *Grazer Schule.* Die wichtigsten sind C. v. ↗Ehrenfels, der Wegbereiter der Gestaltpsychologie (↗Ganzheit – Gestalt – Struktur), A. ↗Meinong und seine Schüler S. Witasek (1870 bis 1915) und V. Benussi (1878–1927). Im weiteren Sinne werden die Autoren C. ↗Stumpf, T. ↗Lipps, H. Cornelius (1863–1947) und E. ↗Mach zur Ö. S. gerechnet. Eng verbunden mit der Ö. S. waren O. ↗Külpe und A. Messer (1867–1937).

Lit.: Boring, E. G.: A history of experimental psychology. New York, ²1957: **Pongratz, L.:** Problemgeschichte der Psychologie. Bern, 1957.

F. Mattejat

Östrogene, weibliche ↗Keimdrüsenhormone. Die wichtigsten in den Ovarien gebildeten Ö. sind Östradiol, Östron und Östriol.

Lit.: Disfalusy, E. & C. Lauritzen: Östrogene beim Menschen. Berlin, 1961; **Zuckerman, S.:** The ovary, Bd. 1 und 2. New York, 1962. Weitere Lit.: ↗Keimdrüsenhormone.

W. Janke

Oestrus, syn. Bezeichnung für ↗*Brunst, Läufigkeit.*

Östromanie: Nymphomanie, abnorm intensives heterosexuelles Begehren bei der Frau.

G. D. Wilson

Ostwalds Farbenkreis ist ein System von Farbtonabstufungen, das aus 24 Farben besteht, die mit regelmäßigem Abstand entlang einer Kreislinie angeordnet sind. Jedem Farbton entspricht in der diametral gegenüberliegenden Position seine Komplementärfarbe. Jede Farbe der Skala läßt sich dadurch erreichen, daß man zu gleichen Teilen die Spektralstrahlung der beiden jeweils anliegenden Farben mischt.

Lit.: Ostwald, W.: Die Grundlage der messenden Farblehre. Großbothen, 1921.

G. Kanizsa

Oszillation. 1) Eine periodische Schwankung mit Richtungsumkehr. **2)** In der Faktorenanalyse: der Grad der nichttendentiellen Varianz bei Antworten auf die gleiche Frage.

Oszillograph, ein Gerät zur Erstellung visueller Aufzeichnungen von elektrischen Wellen.

G. D. Wilson

O-Technik. Anwendungsvariante der Faktorenanalyse. Hierbei werden von einer Vp wiederholt (z. B. unter s verschiedenen Bedingungen bzw. zu s Zeitpunkten) Messungen auf m Variablen erhoben (m›s). Die Bedingungen bzw. Zeitpunkte werden über die Variablen korreliert. Eine Faktorenanalyse der resultierenden Korrelationsmatrix bezeichnet man als O-Technik. *J. Bortz*

Otis Self-Administering Test of Mental Ability. Diese frühe Form eines kurzen, spezifischen ↗Intelligenztests prüft Bewerber für verschiedene praktische Berufe auf 3 verschiedenen Niveaus. Der Test weist sich durch recht gute *Validitäten* mit industriellen Kriterien aus, vermag aber besser die Leichtigkeit im Erlernen des Berufes als den eigentlichen Berufserfolg vorauszusagen. Der Test differenziert vor allem im mittleren Intelligenzbereich. *F. Grünig*

Otolith, ältere Bezeichnung für ↗Statolith.

Outgroup ↗Gruppen.

Out-of-the-Body Experiences (OBE), *außerkörperliche Erfahrungen,* ↗Halluzinationen, in denen man die Umwelt sowie den eigenen Körper (= Autoskopie) von einer Position im Raum, aber nicht aus dem Blickfeld der Augen, zu sehen scheint.

OBE sind von besonderem Interesse für die ↗Parapsychologie, weil diese Erfahrungen angeblich mit ↗*Hellsehen* verbunden sind. C. Green unterscheidet zwei Arten von *„ektosomatischen“* (ecsomatic) oder außerkörperlichen Erfahrungen: die *„parasomatische“,* in der man im Besitz eines zweiten, doppelten Körpers zu sein scheint, und die *„asomatische“,* in der man sich entkörperlicht fühlt. Auch bekannt als „Astral Projection“ (O. Fox) und „Travelling Clairvoyance“, deutsch = wanderndes Hellsehen (Mesmerismus des 19. Jahrhunderts). *J. Beloff*

Output, Grundbegriff der ↗Informationstheorie; das Signal, das von einer Quelle ausgesandt wird. – *Allg.:* Energie, die ein System in einer gegebenen Zeit abgibt. *Psychol.:* die Reaktion, die tatsächlich erscheint. ↗Input. *H. Wagenknecht*

Overachievement. Wird das intellektuelle Niveau eines Schülers als Vorhersagekriterium seines Schulerfolgs betrachtet, dann bezeichnet man die Leistungsabweichungen von diesem Erwartungswert als *overachievement* bzw. *underachievement.* Schüler, die *besser* abschneiden, als ihre Intelligenz vermuten läßt, gehören zur Gruppe der *overachiever.* Dem Schulleistungsüberschuß steht das *underachievement* als Leistungsdefizit gegenüber. Beide Begriffe beschreiben nur das Verhältnis von erwarteter und tatsächlicher Schulleistung, sagen aber nichts über den eigentlichen Schulerfolg aus. Die Diskrepanz von Schulerfolg und intellektueller Leistungsfähigkeit zeigt, daß der Schulerfolg auch von nicht-intellektuellen Persönlichkeitsmerkmalen abhängt, wie z. B. Arbeitsverhalten, Lernmotivation, Anpassungsfähigkeit, ↗Angst, ↗Neurosen, oder von sozialen Determinanten, wie ↗Sprachbarrieren, ↗Einstellungen und Gruppennormen.

Lit.: Weinert, F.: Schülerpersönlichkeit und Schulleistung. In: **K. Ingenkamp** (Hrsg.): Schulkonflikt und Schülerhilfe. Weinheim, 1965. *G. Bachmair*

Overlearning ↗Überlernen.

Overt response. Eine o. r. ist im Ggs. zur ↗*covert response* eine im Verhalten manifestierte, beobachtbare Response eines Individuums (z. B. eine verbale Aussage). Experimentellen Untersuchungen zufolge erzielen ↗Lehrprogramme, die vom ↗Adressaten o. r. erfordern, häufig größere Lernerfolge als Lehrprogramme, die sich mit covert response begnügen.

Lit.: Glaser, R.: Teaching machines and programmed learning II. Washington, 1965. *H. Illner*

Ovulationshemmer, ↗Hormone, meist benutzt als Empfängnisverhütungsmittel (Kontrazeptiva), die in der heute üblichen Form vom 5. Zyklustag 20–21 Tage lang oral eingenommen werden.

Oxytocin (Synonym: *Ocytocin),* ↗Hormon.

P

Paarassoziationen, Verbindungen zwischen jeweils zwei zusammengehörigen Einheiten eines Lernstoffs, wie sie z. B. beim Erlernen einer Liste von Vokabeln einer Fremdsprache gebildet werden. Das Lernen durch P. wird mit der ↗Treffermethode untersucht. ↗Assoziation. *W. Traxel*

Paarbildung. Eine P. kann für den Zeitraum der Fortpflanzung bis auf Lebzeit erfolgen. Sie beginnt in der Regel mit der Geschlechtsreife, kann aber auch schon während der Juvenilphase beendet sein. Bekannt ist, daß Graugänse im ersten Lebensjahr schon fest verpaart sind, jedoch erst im zweiten geschlechtsreif werden. Eine Form der unpersönlichen P. zeigen Störche, die an den Nistplatz und nicht an den Partner gebunden sind. *V. Preuss*

Paarvergleich ↗Vergleichung.

Pacinische Körperchen ↗Vater-Pacinische Körperchen.

Pädagogik. Der mehrdeutige Begriff P. meint im deutschen Sprachgebrauch sowohl die Realität *erzieherischen Handelns* (einschl. der in dieser Erziehungs*praxis* wirksamen Wertvorstellungen, Ziele, Techniken, handelnden Personen, ihrer geschichtlichen Grundlagen und ihres institutionell-organisatorischen Rahmens) als auch die *Theorie der Erziehung* (die Erziehungswissenschaft einschl. ihrer Metatheorie). Versuche, diese Mehrdeutigkeit durch Einführung neuer Begriffe – z. B. „Pädagogie" für die Praxis – zu überwinden, haben sich nicht durchgesetzt; es muß statt dessen gefragt werden, ob sie nicht in der Sache selbst begründet liegt.

Pädagogische Probleme bilden – *historisch* gesehen – spätestens seit der griechischen Antike einen festen Bestandteil der abendländischen Philosophie; bei Platon und Aristoteles gehören sie in die Politik, später (z.B. bei Quintillian) werden sie im Rahmen des Systems der freien Künste der Rhetorik zugezählt. Im christlichen Denken, z. B. in der Patristik, bei Augustinus, Bonaventura, Thomas von Aquin, erscheinen pädagogische Fragestellungen in theologische Überlegungen eingebettet. An den deutschen Universitäten wurde „P." mindestens seit der 2. Hälfte des 18. Jh. gelehrt, und zwar als *Anhang* der praktischen Philosophie (Ethik), als Teil der praktischen Theologie (Katechetik) oder als Didaktik des gelehrten Unterrichts (Gymnasialpäd.).

Als *eigenständige Wissenschaft* konnte sich die Pädagogik aber erst begründen, als sie nicht mehr nur auf das didaktische und methodische Feld eingegrenzt blieb, sondern den *educandus* im neuzeitlichen Verständnis des Menschen als höchste irdische Instanz begriff, der sein eigenes Gewissen hat, als einzelner (und nicht nur als Glied eines größeren Ganzen) Würde besitzt und deshalb niemals nur als Mittel, sondern immer auch als *Selbstzweck* (Kant) betrachtet werden muß. Erziehung richtet sich dann nicht mehr (nur) auf die Abrichtung von Bürgern, sondern (auch) auf die Herausbildung *mündiger Menschen* (Rousseau).

Die ersten nachhaltigen Versuche, die Pädagogik *systematisch-wissenschaftlich* auszuarbeiten, knüpfen sich an Herbart und Schleiermacher. Herbart wollte die P. auf (einer absoluten und materialen) Ethik und (einer mechanistischen) Psychologie aufbauen, wobei jene über die Ziele zu entscheiden und diese die Wege aufzuzeigen hätte. Sein dichotomer Ansatz trug bereits die Gefahr einer Auseinanderentwicklung in einerseits eine (bloß) normative P. und andererseits eine (rein) empiristisch-technologische Erziehungswissenschaft in sich. Auch Schleiermacher gründete die P. auf die Ethik, verstand diese aber im Sinne einer Geschichtsphilosophie und wies der P. die Aufgabe zu, in Koordination mit der Politik auf die Verwirklichung des höchsten Gutes hinzuarbeiten.

Schleiermachers historisch-politischer Ansatz hat in Deutschland über Dilthey und die Geisteswiss. P. (Spranger, Nohl, Weniger, W. Flitner, mit Einschränkung auch Litt) eine lebhafte und bis in die 50er Jahre dominierende Stellung gewonnen. Eine jüngere Generation hat dann durch Rezeption der sog. Kritischen Theorie der Frankfurter Schule diese Tradition zu einer *kritisch-emanzipatorischen Erziehungswissenschaft* weitergeführt (Mollenhauer, Klafki, Blankertz u.a.). Der Herbartsche Ansatz, der weniger wissenschaftstheoretisch als vielmehr in einer praktikablen Unterrichtslehre (Herbartsche Formalstufen) wirksam geworden war, wurde neuerdings im Zusammenhang mit der wissenschaftstheoretischen Adaption des Kritischen Rationalismus und der inhaltlichen und methodischen Rezeption der empirischen Sozialforschung wieder lebendig, und zwar in dem Bemühen um eine *analytisch-empiristische Erziehungswissenschaft,* die auf Werturteile verzichtet und sich qua Wissenschaft auf die Erforschung der Kausalzusammenhänge von Absicht und Erfolg der Erziehung beschränkt (Brezinka, Heid, Rössner, H. Roth). Beiden Richtungen stehen entschieden *normative Ansätze* gegenüber, denen es schwerpunktmäßig um Begründungs-, Prinzipien- und Normfragen zu tun ist (vom *Neukantianismus* ausgehend: Petzelt, Heitger, W. Fischer u.a.; vom *Marxismus* her: Gamm u.a.; von einer betont *christlichen Philosophie* herkommend: März, Henz u.a.)

Die *pädagogische Fragestellung* läßt sich heuristisch nach drei Aspekten hin aufschließen: dem anthropologischen (was *ist* der Mensch?), dem teleologischen (was *soll* der Mensch werden?) und dem methodischen (*wie* kann Erziehung dem Menschen dabei helfen?). *Unter systematischer Rücksicht* sind von den drei möglichen Auffassungen des Menschen her – als Werk der Natur, als Werk der Gesellschaft, als Werk seiner selbst – grundsätzlich drei „P.n" denkbar. Eine *naturalistische* Auffassung des Menschen als *Individuum* versteht Erziehung als Entfaltung und reduziert P. auf das Studium der individuellen Entwicklung samt ihrer Störungen und möglichen Therapien. Eine *soziologistische* Auffassung des Menschen als *Träger sozialer Rollen* identifiziert Erziehung mit Sozialisation und grenzt P. weitgehend auf das Studium der prägenden sozialen Faktoren und Determinanten ein. Eine *humanistische* Auffassung des Menschen sieht die zentralen Momente in der autonomen Verantwortung, im Gewissen und in der Freiheit und begreift Erziehung als einen vorwiegend dialogischen Prozeß, der auf die mündige Freisetzung des Menschen als einmaliger, unwiederholbarer und unaustauschbarer *Person* in ihrer Verantwortung vor sich selbst, dem anderen und dem Absoluten zielt.

Lit.: Ballauff, Th. & K. Schaller: Pädagogik. 3 Bde. Freiburg – München, 1969–1973; **Benner, D.:** Hauptströmungen der Erziehungswissenschaft. München, [2]1978; **Blass, J. L.:** Modelle pädagogischer Theoriebildung. 2 Bde. Stuttgart, 1978; **Böhm, W.:** Wörterbuch der Pädagogik. Stuttgart, 1980; **Böhm, W. & G. Flores d'Arcais:** Il dibattito pedagogico in Germania 1945–1975. Brescia, 1978; **Brezinka, W.:** Metatheorie der Erziehung. München, 1978; **Derbolav, J.:** Systematische Perspektiven der Pädagogik. Heidelberg, 1971; **Ellwein, Th.** u.a. (Hrsg.): Erziehungswissenschaftl. Hdb. Frankfurt a.M., 1969ff; **Flitner, W.:** Das Selbstverständnis der Erziehungswissenschaft in der Gegenwart. Heidelberg, [4]1967; **Klafki, W.:** Aspekte kritisch-konstruktiver Erziehungswissenschaft. Weinheim, 1976; **Koenig, E.:** Theorie der Erziehungswissenschaft. 3 Bde. München, 1975–78; Lexikon der Pädagogik. 3 Bde. Freiburg i.Br., 1971ff.; **Menze, C.:** Die Wissenschaft von der Erziehung in Deutschland. In: **J. Speck** (Hrsg.): Problemgeschichte der neueren Pädagogik. Bd. 1. Stuttgart, 1976; **Mollenhauer, K.:** Theorien zum Erziehungsprozeß. München, 1972; **Nicolin, F.** (Hrsg.): Pädagogik als Wissenschaft. Darmstadt, 1969; **Reble, A.:** Geschichte der Pädagogik. Stuttgart, [12]1975; **Röhrs, H.** (Hrsg.): Die Pädagogik und die Pluralität ihrer Konzepte. Wiesbaden, 1979; **Schaller, K.** (Hrsg.): Erziehungswissenschaft der Gegenwart. Bochum, 1979; **Speck, J. & G. Wehle** (Hrsg.): Handbuch pädagog. Grundbegriffe. 2 Bde. München, 1970; **Thiersch, H., Ruprecht, H. & U. Herrmann:** Die Entwicklung der Erziehungswissenschaft. München, 1978; **Ulich, D.** (Hrsg.): Theorie und Methode der Erziehungswissenschaft. Weinheim – Basel, [2]1974; **Wilhelm, Th.**: Pädagogik der Gegenwart. Stuttgart, [5]1977; Wörterbuch der Pädagogik. 3 Bde. Freiburg i. Br., 1977; **Wulf, Chr.**: Theorien und Konzepte der Erziehungswissenschaft. München, 1977.

Zeitschriften: Vierteljahresschrift für wissenschaftliche Pädagogik (seit 1925); Pädagogische Rundschau (seit 1947); Bildung und Erziehung (seit 1948); Zeitschrift für Pädagogik (seit 1955).

W. Böhm

Pädagogische Psychologie. I. DEFINITIONEN. Der Begriff ↗„Erziehung" kann mit den folgenden drei wichtigsten Bedeutungen belegt werden: 1. Erziehung als soziale Realität entspricht einem Beziehungsgeflecht, welches mit politischen, ökonomischen, philosophischen, historischen, technischen und demographischen Problemen verbunden ist. 2. Erziehung als Endprodukt eines Prozesses. 3. Erziehung als eine Handlungsweise, durch welche eine Person oder eine Gruppe auf ein oder mehrere Individuen einwirkt.

Unter 1. erscheint die p. P. als Gesamtheit der im psychol. Blickwinkel erfolgten Untersuchungen über Institutionen, Methoden, Lehrpläne und Strukturen eines Schulsystems. In dieser Perspektive ist also p. P. identisch mit einer Psychol. der Erziehungssysteme.

Im Sinne von 2. geht es um die *Psychol. dessen, der erzogen worden* ist. Diese Psychol. des Erzogenen muß noch entwickelt werden: charakteristische Verhaltensvariablen, die verschieden erzogene Menschen differenzieren, sind noch kaum bekannt.

Wenn man von p. P. spricht, meint man gewöhnlich Erziehung im Sinne von 3. Die p. P. kann definiert werden *als Untersuchung der psychol. Komponenten in realen Erziehungssituationen,* als *Erforschung der psychol. Prozesse,* die *durch verschiedene Methoden und Techniken in Gang gebracht* werden oder durch diese Methoden und Techniken geschaffen werden. Man kann zwei Formen der p. P. unterscheiden: eine *statisch-konstatierende* und eine *dynamisch-handelnde.* Im zweiten Falle gleicht die wiss. Forschung der p. P. der Aktionsforschung, indem der Psychologe eine existierende und sich wandelnde Schulsituation erforscht (↗Schulpsychologe). Die wiss. Methode erreicht in diesem Falle natürlich nicht jenen Grad der Vollendung, den die wiss. Forschung im Falle einer statischen p. P. erreichen kann.

Alle Formen der p. P. müssen sich aber wissenschaftlicher Untersuchungsmethoden bedienen, und zwar sowohl um konkrete Gegebenheiten festzustellen als auch um Experimente zu organisieren. In gewissen Fällen wird man eher mit Dokumenten (Lehrpläne, Gesetzestexte usw.) arbeiten, in anderen hingegen wird die Realität mit den Mitteln der ↗klinischen und expt. Psychol. und der ↗Psychometrie untersucht.

GEBIETE DER PÄDAGOGISCHEN PSYCHOLOGIE. 1. Um verschiedene päd. Situationen und ihre Abarten zu untersuchen, kann man sie nach verschiedenen Gesichtspunkten gliedern: a) untersuchte *Schul-* oder *Altersstufen* (Vorschule, Primar- oder Grundschule, Mittelschule, höhere Schulen); b) *Bildungsinhalt* des erzieherischen Bemühens (die Schulsituation ist nicht gleich, wenn es um math. Erziehung bzw. um Fremdsprachenunterricht geht); c) päd. *Methoden* und *Techniken* (man vergleiche die psychol. Situation eines Kindes vor einer Lehrmaschine und eines Kindes, das als Glied einer Gruppe seine Umgebung erforscht); d) *Lern-* und *Erziehungsziele* (Lernsituationen, Erwachsenenbildung, Früherziehung).

2. Man kann aber auch die allg. psychol. und sozio-psychol. Gesetzmäßigkeiten der Situationen in ihrer Beziehung zu den typischen Verhaltensvariablen der teilnehmenden Individuen untersuchen. Im letzteren Falle nähern wir uns einer *differentiellen* p. P. Auf jeden Fall müssen für eine umfassende Einsicht in die p. P. – mit ihren verschiedenen Perspektiven – die *genetischen* und *differentiellen* Gesichtspunkte mitberücksichtigt werden.

3. Es ist ebenfalls möglich die päd. Situation in bezug auf die *daran teilhabenden Personen* zu betrachten. Neben dem zu erziehenden Subjekt müssen wir aber auch drei andere Kategorien in unsere Betrachtung einbeziehen: Erzieher, Erwachsene, die zwar nicht an der Erziehung teilnehmen, die aber Teil der Gesamtsituation sind (Ärzte, Psychologen usw.), und Eltern. Diese Kategorien haben zu wichti-

gen Untersuchungen Anlaß gegeben, wobei das Wechselspiel zwischen ihnen mehr und mehr betont wird.

4. Man muß auch die psychol. Effekte der *schulischen Institutionen* an sich untersuchen. Jede Schulsituation löst Anpassungsphänomene aus. Die p. P. untersucht die Konsequenzen, die sich aus selektiven bzw. nicht-selektiven Systemen ergeben. Die Schulberatung gehört zur Gesamtheit erzieherischer Prozesse und nimmt, je nach Struktur der Schule, verschiedene Formen an. Die Schulstruktur bewirkt auch im Leben des Schülers eine gewisse Strukturierung der Zeit: Fragen, die die Zeitverteilung (und deren Konsequenzen) betreffen, gehören ebenfalls ins Gebiet der p. P.

Psychologie der erzieherischen Handlung. Die p. P. untersucht bes. die erzieherische Handlung an sich, wobei auf diesem Gebiete allerdings noch manches zu tun bleibt.

1. Eine ↗*Taxonomie* der erzieherischen Handlungen ist noch zu entwickeln. Immerhin ist es möglich, die wesentlichen Felder einer solchen Klassifizierung auszumachen, indem man sich hauptsächlich auf die im Spiele befindlichen Personen stützt: der Erwachsene (Lehrer, Elternteil), die Erwachsenen (Gesamtheit der Erwachsenen, die auf Kinder einwirken), der Schüler (als Individuum), die Schüler (Gesamtheit der Schüler als Gruppe, Klasse oder Schule). Bei Betrachtung dieser vier Elemente findet man alle Kombinationen in bezug auf mögliche Wechselwirkungen.

2. Erzieherische Handlungen können auch im Blick auf ihren *Inhalt* untersucht werden. – Im häufigsten Fall geht die erzieherische Handlung von einem vom Erzieher bestimmten Inhalt aus (der Inhalt ist vom Lehrer vorgesehen); der Inhalt ist jedoch nicht immer Ausgangspunkt noch Ziel der erzieherischen Handlung: dies ist so in Forschungs- und Entdeckungssituationen, wo der Inhalt nicht immer derjenige ist, den der Lehrer vorgesehen hatte. – Erzieherische Handlung kann auch Verhaltensveränderung zum Ziele haben (B. F. ↗Skinner). – Schließlich kann auch ein Prägungsfaktor betont werden, in dem es nicht so sehr um Rationales als um Affektives, um einen Tiefenwirkungsfaktor geht. In diesem Falle wendet sich die päd. Psychol. der Untersuchung der ↗Gefühle und des affektiven Lebens zu.

3. Wenn man von den hauptsächlichen Elementen einer Psychol. der Gefühlshandlung ausgeht, können verschiedene Aspekte betrachtet werden: die Seite des Erziehers, die Seite des Schülers. Um die sich anbahnenden Kommunikationsprozesse zu untersuchen, geht man aus von der Vorstellung, die ein Erzieher von seinen Schülern hat. Es ist wesentlich, daß dem Erzieher bewußt wird, welche Rolle die angewandten Methoden und Techniken im Kommunikationsprozeß spielen. Psychologen haben begonnen, in diesem Gebiet die päd. Situation direkt zu analysieren, indem sie den Umfang verbaler Interventionen, des Informationsaustausches durch Schüler und die Kommunikationsprozesse messen. Auf der Schülerseite muß die Informationsaufnahme durch Schüler, Gymnasiasten, Studenten und Erwachsene untersucht werden. Man kann sich auch fragen, wie der Schüler seinen Erzieher wahrnimmt und welches die positiven und negativen Faktoren sind, die ihn für die Mitteilungen des Erziehers aufnahmefähig machen. Die Analyse aller möglicher Schwierigkeiten, denen Schüler begegnen, gehört schließlich ebenfalls in den Bereich der p. P.

Anwendungen der pädagogischen Psychologie. Wir unterscheiden drei Anwendungsgebiete der p. P.:

1. Die Psychopädagogik ist in der Definition H. Piérons eine Päd., die „wissenschaftlich auf der ↗Kinderpsychologie beruht". Diese Auffassung ist bei einigen Autoren, etwa bei B. F. Skinner, bes. augenfällig: „Unterricht kann definiert werden als diejenige Anordnung von Verstärkungsbedingungen, die Verhaltensänderungen bewirkt." Unter diesen Bedingungen wird die erzieherische Handlung tatsächlich zur angewandten Wissenschaft, da für diesen Autor „unterrichten gleich aufbauen" ist.

2. Die p. P. kann ein Forschungsgebiet der allg. Psychol. sein.

3. In der Ausbildung von Erziehern könnte die p. P. eine entscheidende Rolle spielen.

Lit.: Aebli, H.: Psychol. Didaktik. Didaktische Auswertung der Psychol. von Jean Piaget. Stuttgart, ^{4}1970; **Andrey, B. & J. Le Men:** La psychologie à l'école. Paris, 1968, 248; **Brandstädter, J., Reinert, G. & K. A. Schneewind** (Hrsg.): Pädagogische Psychol.: Probleme und Perspektiven. Stuttgart, 1979; **Claparède, E.:** L'éducation fonctionnelle. Neuchâtel, 1931; **Clark, D.:** The psychology of education. Ontario, 1967; **Dewey, J.:** L'école et l'enfant. (Introduction de E. Claparède) Neuchâtel – Paris, ^{5}1953; **Guss, K.:** Psychol. als Erziehungswissenschaft. Stuttgart, 1975; **International Study of achievement in mathematics.** A comparison of twelve countries. Stockholm – New York, 1967; **Jadoulle, A.:** La psychologie scolaire. Paris, 1965; **Laucken. U. & A. Schick** (Hrsg.): Didaktik der Psychol. Stuttgart, 1977; **Leontiev, A.:** Éducation et développement psychique. Recherches internationales à la lumière du marxisme, 1961, *28*, 3–33; **Les conditions de vie et de travail de l'écolier.** Enseignements élémentaire, secondaire, technique. Enfance, ab 1965, *1, 2, 3;* **Mialaret, G.:** La recherche en psycho-pédagogie. Revue de l'Enseignement Supérieur, N^{o} spécial consacré à la psychologie, 1966, *2–3;* **ders.:** La formation psychologique des éducateurs. Bull. de Psychologie, 257, XX, 10–15, N^{o} Spécial de 1967, 631–5; **Nickel, H. & E. Langhorst** (Hrsg.): Brennpunkte der pädagog. Psychol. Stuttgart, 1973; **Olson, W. C.:** Les fondements psychologiques des programmes scolaires. Études et documents d'éducation, UNESCO, 1958, *26*, 72; **Piaget, J.:** Psychologie et pédagogie. (La réponse du grand psychologue aux problèmes de l'enseignement.) Paris, 1969, 264; **Skinner, B. F.:** La révolution scientifique de l'enseignement, Bruxelles, 1968; **Snyder, H.:** Contemporary Educational Psychology. New York, 1968; **Thorndike, E. L.:** Educational psychology. New York, 1903; **Wall, W. D.:** Psychol. im Dienste der Schule. Hamburg, 1956.

G. Mialaret

II. AUFGABEN DER PÄDAGOGISCHEN PSYCHOLOGIE. In der p. P. beginnt sich ein neues Selbstverständnis durchzusetzen, das der Intention A. Fischers, sich „der wiss. Erforschung der psychischen Seite der Erziehung" anzunehmen, folgt. Über die in dieser Formulierung von einigen Autoren vermutete Einengung des Gegenstandsbereichs der p. P. hat sich die Praxis empirisch-pädagogisch-psychologischer Forschung hinausbewegt (Smedslund, 1964; Warburton, 1962; Weinert, 1967), ohne den von Fischer angestrebten Weg zu verlassen. In der pädagogisch-psychologischen Forschung besteht heute größere Einmütigkeit, als aufgrund der Definition des Wissenschaftsbereichs der p. P. zu erwarten wäre. Im folgenden werden die aus Ansätzen und Ergebnissen der pädagogisch-psychol. Forschung sich herauskristallisierenden Aufgabenbereiche herausgestellt.

Eine bevorzugte Stellung unter den Aufgaben der p. P. nimmt die *Erforschung und theoretische Erhellung der Lernvorgänge* ein. Die Bedeutung der *biologisch-konstitutionellen Grundlagen* der Lernvorgänge wird heute allgemein akzeptiert, Ergebnisse wie z. B. die von C. Burt (1921), Newman, Freeman und Holzinger (1937), K. Gottschaldt (1942) u. a. bestimmen den Ansatz spezifisch pädagogisch-psychologischer Forschung in diesem Feld (↗Anlage – Umwelt; ↗Begabung; ↗Bildungsfähigkeit). Die Aufdeckung des individuellen Entwicklungsstandes spielt bei der Erforschung des menschlichen Lernvorganges eine bedeutsame Rolle (McGeoch & Irion, ^{2}1952; C. I. Hovland, 1951; Gagné, 1969). Als Anregung für neuere Forschungsarbeiten scheinen sich die Überlegungen von Gagné (1969) zu erweisen, der meint, daß menschliches Lernen sich – möglicherweise abhängig von unterschiedlichen Bedingungsvariablen – in verschiedenen Arten ereigne, deren Beziehungen zueinander durch ein Interdependenz-Verhältnis hierarchischer Art ausgedrückt werden könnten. Die Betonung des humanen Aspekts der Lernprozesse in der neueren pädagogisch-psychol. Forschung geht Hand in Hand mit einer Akzentuierung und Vertiefung des Bemühens um die Fragen der *sozialen Einbettung der Lernvorgänge* (Backman & Secord, 1968). Die sich aus dem Miteinander in der Sozietät (P. R. Hofstätter, 1958), der Klassengemeinschaft (Ruppert, ^{3}1957; Deutsch, 1949; Trow et al., 1950) ergebenden Bedingungsvariablen des Lernens sind heute Gegenstand der Erkundung. Einen guten Überblick über Forschungsergebnisse, die die sozio-kulturellen Determinanten des Lernens (↗Sprache) betreffen, gibt Bernstein (1959). Viele der *motivationalen Bedingungen des Lernens* ergeben sich aus den sozialen Zusammenhängen. Untersuchungen wie die von McClelland (1967), Atkinson (1965), Maslow (1954), Heckhausen (1963) geben Auskunft über die Abhängigkeit von Lernerfolg und Motivationslage. Variablen wie ↗Anspruchsniveau, Hoffnung auf Erfolg, Furcht vor Mißerfolg u. a. m. (↗Leistungsmotivation) sind ebenso Gegenstand der Untersuchung wie z. B.

die Abhängigkeit des Lernerfolges von der ↗Lernhaltung (Harlow, 1949; L. S. Levine. 1963), die Einflüsse von Lob und Tadel auf Einstellung und Lernleistung (Johannesson, 1967) oder auch die Auswirkungen der Bildungswilligkeit (Arnold, 1968).

Neben der Erkundung und Analyse der Lernprozesse ist zweifellos die *Erforschung der Bedingungen und Funktionen des Lehrens* ein vordringlicher Aufgabenbereich der p. P. Hier geht es ebenso um die Erforschung der allg. Methodik des Unterrichts (Winnefeld, 1957; Bloom, 1956, 1964) wie um die Analyse von Lehrstil (↗Erziehungsstile) und Rollenverhalten des Erziehenden (Aebli, 1961; Hermann, 1966). Untersuchungen über die Auswirkungen bestimmter Verhaltensdimensionen des Erziehenden (Tausch & Tausch, 1965) oder über den Zusammenhang zwischen Lehrstil und Lernleistung (Correll, 1966) seien als Beispiele für eine Richtung der sich in diesem Bereich ereignenden Forschung genannt. Die Erforschung der Auswirkung der Erziehung auf die Genese der ↗Motivation (Heckhausen, 1966), die optimale Wekkung von Interessen durch bestimmte Verhaltensweisen des Lehrenden, gehören ebenso hierher wie das weite Feld der ↗Curriculumforschung (Achtenhagen & Meyer, 1971) und der ↗Unterrichtstechnologie (Skinner, 1968). Der weitgespannte Aufgabenbereich, der sich auf diesem Gebiet ergibt (Travers, 1969), läßt erkennen, wie bedeutsam die Entwicklung und adäquate Bereitstellung von Hilfsmitteln, die methodisch fundierte Lehrobjektivierung (↗Programmierte Instruktion; ↗Lehrprogramm), die Erforschung der meth. Aspekte der ↗Didaktik in der heutigen pädagogisch-psychol. Forschung geworden sind. Die vorliegenden Ergebnisse lassen vermuten, daß es möglich ist, Gesetzmäßigkeiten optimaler Vorbereitung zu erkunden und neue Methoden leistungsgemäßer, funktionsadäquater Bildungsvermittlung bereitzustellen (Winnefeld, 1957; Bloom, 1964; Aebli, 1966; Skinner, 1968). Die Erforschung dieser Zusammenhänge ist bereits Aufgabe eigener wiss. Institutionen geworden (↗Unterrichtstechnologie).

Ein weiteres wichtiges Aufgabengebiet der p. P. kann unter dem Begriff *differentialpsychologischer Ansatz* zusammengefaßt werden. Die weite Aufgabenstellung individueller Leistungs- und Persönlichkeitsdiagnostik im Bereich des päd. Feldes spiegelt sich in den bereits vorhandenen umfangreichen Ergebnissen der ↗Begabungsforschung (Aurin, 1966; Arnold, 1968). Das Feststellen der Zusammenhänge zwischen den Ergebnissen von psychol. Untersuchungen und Schulleistungen bzw. Studienergebnissen könnte als Realitätskontrolle pädagogisch-psychol. Tuns bezeichnet werden. Die aufgrund differentialdiagnostischer Durchleuchtung von Lernenden zu ziehenden prognostischen Schlüsse (R. Meili, [3]1955; A. Busemann, 1954; Gaupp, 1955; Undeutsch, 1960) haben ihre Bedeutung nicht nur im individuellen Bereich, sondern sind auch in bildungspolitischer wie in volkswirtschaftlicher Hinsicht von Interesse (↗Begabtenauslese: ↗Schulreifetests; ↗Schulversager; ↗Schuljugendberater; ↗Berufsberatung; ↗Erziehungsberatung). Selbstverständlich bleibt die Aufgabe der charakterologischen Erkundung, die sich der p. P. stellt, nicht nur auf den Lernenden begrenzt; die Differentialdiagnose des Lehrenden (Tausch & Tausch, 1965; Weinert, 1966) wird als Voraussetzung für die Erforschung des Bedingungszusammenhanges zwischen Lehrenden und Lernenden angesehen. Ein weiterer Aufgabenbereich der pädagogisch-psychol. Forschung könnte mit dem Terminus *„Entwicklungshilfe“* umschrieben werden. Gemeint ist hierunter das Angehen der Aspekte des Heilens und Helfens, die pädagogisch-psychol. Betreuung, das Ausräumen von Beeinträchtigungen und die Therapie (↗Geistige Behinderung; ↗Schwererziehbarkeit) (E. Stern, 1958; P. R. Hofstätter, 1958), wobei als Ziel des Forschens meist die Bereitstellung fundierter meth. Ansätze zum Zweck einer Hinführung zu personaler Selbstverwirklichung gesehen wird (Allport, 1949; Maslow, 1962). Die erzieherischen Möglichkeiten und Wege, die sich aus diesem Ansatz ergeben, finden ihre Nutzanwendung in Bereichen wie denen der ↗Erziehungsberatung (C. R. Rogers, 1939; Rudert & Stein,

1959; Tausch & Tausch, 1965; Siegfried, 1969), der Schul- und Studienberatung der ↗Heilpädagogik, der Lebensberatung und Lebenshilfe (s.a. ↗Psychagogik).

Ein Forschungsbereich der p. P., der eng zusammenhängt mit Begriffen wie *Bildungsgut* und *Bildungsziel* (↗Bildungswesen, Reform des), ist die Erkundung der Variablen Wert und des Faktors Werterleben (Buber, 1962; Brezinka, 1969).

Lit.: Achtenhagen, F. & H. L. Meyer (Hrsg.): Curriculumrevision – Möglichkeiten und Grenzen. München, 1971; **Aebli, H.:** Grundformen des Lehrens. Stuttgart, 1961, [7]1971; **Allport, G. W.:** Persönlichkeit. Stuttgart, 1949; **ders.:** Werden der Persönlichkeit. München, 1974; **Arnold, W.:** Begabung und Bildungswilligkeit. München, 1968; **ders.:** Bildungswilligkeit der Eltern im Hinblick auf ihre Kinder. In: **H. Roth** (Hrsg.): Begabung und Lernen. Stuttgart, [8]1972; **ders.:** Kritische Bemerkungen zum Strukturplan für das Bildungswesen. München, 1971; **Atkinson, J. W.:** An introduction to motivation. Princeton, 1965; **Aurin, K.:** Bildung in neuer Sicht. Villingen, 1966; **Backman, C. W. & P. F. Secord:** A social psychological view of education. New York, 1968; **Bernstein, B.:** Soziokulturelle Determinanten des Lernens. In: **F. Weinert** (Hrsg.): Pädagogische Psychologie. Köln. [6]1970; **Bloom, B. S.** (Ed.): Taxonomy of educational objectives. The classification of educational goals, 2 Bde. New York, 1956, 1964; **ders.:** Stabilität und Veränderung menschlicher Merkmale. Weinheim, 1971; **Brezinka, W.:** Über Absicht und Erfolg der Erziehung. Konstanz, 1969; **Buber, M.:** Das dialogische Prinzip. Heidelberg, 1962; **Corell, W.:** Das pädagogischpsychol. Problem der Beziehung zwischen Lehrstil und Lernleistung. In: **T. Herrmann** (Hrsg.): Psychologie der Erziehungsstile. Göttingen, 1966; **Cronbach, L. J.:** Einführung in die Pädagogische Psychologie. Weinheim, [2]1974; **Derbolav, J. & H. Roth** (Hrsg.): Psychologie und Pädagogik. Heidelberg, 1959; **Derbolav, J.:** Die Stellung der Pädagogischen Psychologie im Rahmen der Erziehungswissenschaft und ihre Bedeutung für das päd. Handeln. In: **H. v. Hetzer** (Hrsg.): Hdb. der Psychol., Bd. 10. Göttingen, [2]1970; **Deutsch, M.:** An experimental study of the effects of cooperation and competition upon group process. Human relations. 1949, Vol. II, 3; **Deutscher Bildungsrat:** Empfehlungen der Bildungskommission: Strukturplan für das Bildungswesen. Bonn, 1970; **Fischer, A.:** Über Begriff und Aufgabe der pädagogischen Psychologie. Z. f. päd. Psychol. u. exp. Päd., 1917, *18*, 5–13 109–118; **Frank, H.:** Kybernetische Grundlagen der Pädagogik. Baden-Baden, [2]1969; **Gagné, R. M.:** Die Bedingungen des menschlichen Lernens. Hannover, 1969; **Gaupp, A.:** Schülerauslese als diagnostisches Problem. Z. f. Diagn. Psychol. und Pers. T., 1955, *3*, 222–245; **Harlow, H. F.:** The formation of learning sets. Psychol. Rev., 1949, 51–56; **Heckhausen, H.:** Einflüsse der Erziehung auf die Motivationsgenese. In: **T. Herrmann** (Hrsg.): Psychologie der Erziehungsstile. Göttingen, 1966; **Herrmann, T.** (Hrsg.): Psychologie der Erziehungsstile. Göttingen, 1966; **Issing, L.:** Pädagogische Psychologie. In: Pädagogisches Lexikon, hrsg. von W. Horney, J. P. Ruppert & W. Schultze. Gütersloh, 1970; **Johannesson, J.:** Effects of praise and blame. Stockholm, 1967; **Maslow, A. H.:** Motivation and personality. New York, 1954 (deutsch: Motivation und Persönlichkeit. Freiburg/Br., 1977); **ders.:** Toward a psychology of being. Toronto, 1962; **McClelland, D. C.:** The achieving society. New York, 1967; **McGeoch, J. A. & A. L. Irion:** The psychology of human learning. New York, 1952; **Newman, H. H.., Freeman, F. N. & K. J. Holzinger:** Twins, a study of heredity and environment. Chicago, 1937; **Roth, H.:** Pädagogische Psychologie des Lernens und Lehrens. Berlin, [13]1971; **ders.** (Hrsg.): Begabung und Lernen. Stuttgart, [8]1972; **ders.:** Pädagogische Anthropologie, 2 Bde. Hannover, 1970/71; **Rudert, R. & R. Stein:** Erziehungsberatung. In: **H. v. Hetzer** (Hrsg.): Hdb. d. Psychol., Bd. 10. Göttingen, 1959, [2]1970; **Ruppert, J. P.:** Sozialpsychol. im Raume der Erziehung. Weinheim, 1957; **Siegfried, K.:** Erziehungsberatung und Schulpsychologie. Stuttgart, 1969; **Skinner, B. F.:** The technology of Teaching. New York, 1968; **Smedslund, J.:** Educational psychology. Ann. Rev. Psychol., 1969, *15*, 251–276; **Tausch, R. & A. Tausch:** Erziehungspsychologie. Göttingen, [2]1965, [8]1977; **Travers, R. M. W.:** Educational psychology. In: Encyclopedia of educational Research, 4, American educ. research association. Toronto, 1969; **Trow, C. W.,** et al.: Psychologie des Gruppenverhaltens: Die Klasse als Gruppe. In: **F. Weinert** (Hrsg.): Pädagogische Psychologie. Köln, [6]1970; **Undeutsch, W.:** Zum Problem der begabungsgerechten Auslese beim Eintritt in die Höhere Schule und während der Schulzeit. In: **H. Roth** (Hrsg.): Begabung und Lernen. Stuttgart, [8]1972; **Völkl, F.** (Hrsg.): Pädagogische Psychologie. Paderborn, 1979; **Warburton, F. W.:** Educational psychology. Ann. Rev. Psychol., 1962, *13*, 371–414; **Weinert, F.** (Hrsg.): Pädagogische Psychologie. Köln, [6]1970; **ders.:** Erziehungsstile in ihrer Abhängigkeit von der individuellen Eigenart des Erziehers. In: **T. Herrmann** (Hrsg.): Psychol. der Erziehungsstile. Göttingen, 1966; **Winnefeld, F.:** Pädagogischer Kontakt und päd. Feld. München, 1957.

K. E. Pelzer

Päderastie, Analverkehr mit Knaben. ↗Pädophilie. *G. D. Wilson*

Pädiatrie ist die *Kinderheilkunde,* die alle Krankheiten der Kinder bis zum 14./16. Lebensjahr behandelt. ↗Pädologie. *E. David*

Pädologie oder *Paidologie* bezeichnet den Versuch, eine Gesamtwesenlehre vom Kind zu bilden, die biol., psychol., soziologische und philosophisch-anthropol. Aspekte ordnet und nach dem jeweiligen Stand der Wissenschaft darstellt. In letzter Zeit mehr physiol. Ausrichtung (Linneweh, 1970), wobei P. die Lehre vom gesunden Kind ist, d. h. von seiner physiol. (morphologischen, funktionellen und geistig-seelischen) Entwicklung von der Geburt bis zum Abschluß der Pubertät.

Lit.: **Linneweh, F.:** Morphologische und funktionelle Entwicklung. In: Lehrbuch der Kinderheilkunde, Bd. 1. Stuttgart, 1970. *M. Sachs*

Pädophilie. *Allgemein:* sexuelle Abweichung (Deviation) vom gesellschaftlich vorgeschriebenen Trieb- bzw. Sexualobjekt (volljähriger gegengeschlechtlicher, nicht-verwandter Partner). *Speziell:* sexuelle Anziehung durch und bevorzugte sexuelle Kontakte mit Kindern des eigenen (homosexuelle P.) oder/und des anderen Geschlechts (heterosexuelle P.). Die pädophile Handlung zielt primär auf noch typisch kindlichen/juvenilen Partner ab, und erst in zweiter Linie geht oder kann es dem Pädophilen um die Geschlechtszugehörigkeit des Partners gehen (Giese, 1962, 25). Diese Reifegradpräferenz Pädophiler hat sich in neuesten expt. psychophysiol. Untersuchungen für die homosexuelle P. weitgehend, nicht ganz so ausgeprägt für die heterosexuelle P. bestätigt (Freund, 1969). Die soziale Problematik der P. besteht in der Strafbarkeit sexueller Kontakte mit Kindern (§ 176, Ziff. 3 StGB). Der ↗Inzest kann in der Regel nicht zur P. gezählt werden, obgleich es auch vereinzelt eine inzestuöse P. gibt. Über neueste Forschungsergebnisse über den pädophilen Straftäter berichtet Schorsch (1971).

Lit.: **Giese, H.:** Psychopathologie der Sexualität. Stuttgart, 1962; **Freund, K.:** Homosexualität. Hamburg, 1969; **Maisch, H.:** Inzest. Hamburg, 1968; **Schorsch, E.:** Sexualstraftäter. Stuttgart, 1971. *H. Maisch*

Paläencephalon, *Urhirn.* Die von L. Edinger eingeführten Begriffe *Palaeëncephalon* und *Neëncephalon* sind unscharf. Als P. werden die phylogenetisch älteren Hirnteile bezeichnet. Da alte und neue Elemente aber im Hirnstamm (↗Diencephalon, ↗Mesencephalon und ↗Rhombencephalon) eng verknüpft sind, ist die oben genannte keine vergleichend-anatomisch übliche Gliederung des Wirbeltiergehirnes. ↗Neuroanatomie.

Lit.: **Giersberg, H. & P. Rietschel:** Vergleichende Anatomie der Wirbeltiere. Jena, 1967. *K. Fiedler*

Paläopsychologie, Anwendung psychologischer Hypothesen im Bereich der Vorgeschichte; nach S. E. Jelliffe ein Untergebiet der Paläobiologie. Die Rekonstruktion psychischer Eigenheiten des vorgeschichtlichen Menschen stützt sich neben den archäologischen Befunden (z. B. Fesselung der Toten, aus der man Angst vor einer Rückkehr der Totengeister erschließen kann) vor allem auf Resultate der ↗Kulturanthropologie, wobei aber wie in jeder vergleichenden Rekonstruktion methodisch mit großer Vorsicht vorzugehen ist. *W. Schmidbauer*

Palatolalie, Stimmklang und Artikulation bei Spaltträgern.

Palilalie, stereotype Wiederholungen von Silben, Wörtern oder Satzteilen. Vorkommen: vorübergehend während der normalen Sprachentwicklung; meist bei neuropsychiatrischen Erkrankungen. *Ch. v. Deuster*

Palilexie, Wiederholung von einzelnen Wörtern oder Satzteilen beim Lesen. ↗Palilalie.

Palimnese, *Wiedererinnerung;* Wiedereinfallen von dem ↗Gedächtnis Entfallenem. *H. Wagenknecht*

Paliphemie, die ungewollte Wiederholung einer Silbe oder eines Wortes am Satzende.

Pallium. Der den Hirnstamm zum Teil umhüllende Bereich der Großhirnhemisphären wird Hirnmantel oder P. (Pars palliaris) genannt. Per definitionem gehören die Stammganglien und der Hirnstamm nicht zum Pallium. *G. Arnold*

Palmograph, Apparat zur Feststellung der Ermüdungswirkung für geradlinige Handbewegungen. *F.-C. Schubert*

Panelbefragung ↗Meinungsforschung.

Panik, Bezeichnung für plötzlich auftretende Angstzustände („Kopfloswerden"), die sowohl bei einzelnen als auch bei Individuen in einer Menschenmenge zu starker Herabsetzung der kortikalen Steuerung des Verhaltens führen können. Charakteristisch für P. sind meist ziellose Fluchtreaktionen. Die schnelle Ausbreitung solcher Zustände über die Individuen einer Menge wird u. a. durch die Wirkung ideomotorischer Mechanismen erklärt (sog. Carpenter-Effekt, ↗Ideomotorisches Gesetz).

In nicht-psychol. Betrachtungsweise dienen solche Erscheinungen häufig als angeblicher Beleg für autonome Verhaltenseigentümlichkeiten sogenannter „Massen". *H. D. Schmidt*

Panphobie, allg. Furchtstimmung, Furcht vor allen Dingen und Vorgängen.

Panpsychismus, Denkrichtung, die von der Vorstellung ausgeht, alle Dinge des Universums seien beseelt.

Pansexualismus, die Doktrin, alles menschliche Verhalten könne durch sexuelle Motivation erklärt werden; eine Betrachtungsweise, die S. ↗Freud und seinen Anhängern von ihren Kritikern zugeschrieben wird.

G. D. Wilson

Pantomimik ↗Ausdruck.

Panumsches Phänomen. Bietet man bei beidäugigem Sehen dem einen Auge zwei senkrechte, dem anderen eine senkrechte Linie dar und läßt letztere mit Hilfe des ↗Stereoskops mit einer der beiden anderen zur Drehung bringen, so wird immer die innere der beiden Linien (der Medianebene des ↗Gesichtsfeldes näher liegende) gegenüber der äußeren weiter vorne gesehen.

Lit.: Wilde, K.: Das Panum-Phänomen und die Entstehung der Kernebene. Z. exp. ang. Psychol., 1957, *4*, 1–30.

F. C. Schubert

Paper-Pencil-Test oder *Papier-und-Bleistift-Test* ist eine Bezeichnung für solche Tests, bei denen die Testaufnahme nur Test- und Antwortformulare und einen Bleistift zur Beantwortung verlangt, wobei der Pb selbst die Notierung der Antworten vornimmt. Solche Tests sind im allg. gut als Gruppentests geeignet.

P. Zimmermann

Papillarlinien, die Relieflinien an Hand- und Fußflächen, insbesondere an den Finger- und Zehenkuppen. Sie sind für das Individuum einzigartig, dienen daher der Daktyloskopie als Mittel zur Identifizierung. Diagnostisch kaum ausgewertet. *H. Wagenknecht*

Papillen. Im medizinisch-anatomischen Sprachgebrauch werden kleine Vorwölbungen mit Papillen (Papillae) bezeichnet. Die Papilla lacrimalis ist eine Vorwölbung medial am Augenlid. Hier fließt durch eine punktförmige Öffnung die Tränenflüssigkeit ab. Die Zungenpapillen (Papillae linguales) haben mechanische Aufgaben. Einige enthalten Sinneszellen für die Geschmacksempfindung. Im Bereiche der Papilla Vateri (Papilla duodeni major) münden im Zentrum einer kleinen Erhebung gemeinsam der Gallengang (Ductus choledochus) und der Bauchspeicheldrüsengang in den Zwölffingerdarm. *G. Arnold*

Paradoxe Intention. Bei den logotherapeutischen Techniken besteht die p. I. darin, daß man den Patienten dazu zwingt, dasjenige auszuführen, wovor er Angst hat. Sie wird bes. bei ↗Phobien verwendet, wobei der richtige Augenblick der Anwendung dieser Technik entscheidend ist. Man hat die p. I. – weniger erfolgreich – auch in schwereren Fällen von ↗Zwangsneurosen, Kompulsionsneurosen wie Anankasmus angewendet. Zusammen mit der paradoxen Reaktion oder Attraktion im Kampf gegen die vorausgehende Angst empfiehlt Frankl (1961) die *De-Reflexion,* um gegen die triebhafte Neigung des Zwangsaktes wirken zu können.

Lit.: Frankl, V. E.: Die Psychotherapie in der Praxis. Wien, 1961.

J. López Ibor

Paradoxe Kälte, paradoxe Wärme ↗Kälte- und Wärmeempfindung, paradoxe.

Paragnosie, ↗*außersinnliche Wahrnehmung.* Dieser Begriff wird oft von holländischen Parapsychologen verwendet. Man findet ihn aber in der dt. und engl. Fachlit. nur selten.

J. Beloff

Paragraphie, *Schreibstörung* durch Verwendung falscher Wörter oder Buchstaben. P. ist zu unterscheiden von Paragrammatismus (abnormer Gebrauch der ↗Grammatik) und von apraktischer (↗Apraxie) ↗Agraphie (gestörte Schreibtechnik). P. ist eine Parallele zur ↗Paraphasie. Der Grad paragraphischer Störung kann mit den Umständen variieren, unter denen geschrieben wird, z. B. spontanes Schreiben, Abschreiben oder nach Diktat. ↗Aphasie. *B. Brooker*

Parakinese. Ein Zustand mit bizarren und unbeholfen ausgeführten Bewegungen, die variieren und nicht, wie bei Manierismen und Stereotypien, wiederholt werden. P. findet sich bei katatoner ↗Schizophrenie und bei organischen Hirnerkrankungen. Parakinetische ↗Katatonie wurde von K. Leonhard als Unterform von Katatonie beschrieben, mit Grimassieren, ständigem Bewegen von Gliedern und Rumpf, Hantieren und Betasten. Bei organischen Hirnstörungen können solche Bewegungen sehr auffallenden Charakter annehmen, und man kann verschiedene Typen unterscheiden, wie z. B. ↗Chorea und Athetose (eine Form der Hyperkinese). Normalerweise werden bei parakinetischer Katatonie weniger betonte Bewegungen und viel geringere Störungen zielgerichteter Handlungen beobachtet. *B. Brooker*

Paralalie, jedwede Sprechstörung, speziell das habituelle Ersetzen eines Lautes durch einen anderen. Dies ist keine ↗Aphasie, sondern eine Störung der mot. Sprechmechanismen. P. könnte begründet sein in einem Ungleichgewicht des Muskelkoordinationssystems des Hirnstamms, ↗Cerebellums oder Kortex. *B. Brooker*

Paralexie, eine Form der sensorischen ↗Aphasie, bei der das Leseverständnis gestört ist. *F. Mattejat*

Paralgesie, jede Störung oder Abnormität der Schmerzempfindung; allgemein übliche Bezeichnung für schmerzhafte *Parästhesie* (Mißempfindungen ohne sichtbare äußere Reize). *J. Price*

Paralinguistik. Als paralinguistisch werden Merkmale kommunikativer Verhaltensweisen bezeichnet, die Sprechäußerungen begleiten, ohne der lexikalischen oder syntaktischen Struktur zurechenbar zu sein. Dazu werden manchmal auch sprechbegleitende Gestik und Mimik gezählt, im allgemeinen jedoch nur im vokal-auditorischen Kanal übermittelte Aspekte gesprochener Äußerungen. Es ist dabei strittig, ob nur vorübergehende Modifikation der Sprechstimme (z. B. Flüstern oder Kichern während des Sprechens) oder auch permanente Stimmqualitätseigenschaften einerseits und prosodische oder suprasegmentale, von einigen Linguisten noch der Sprache zugeordnete Merkmale, wie Intonation, Variationsbereich der Stimmhöhe, Intensitätsverlauf, Sprechtempo und Sprechpausen andererseits mit diesem Begriff bezeichnet werden sollen.

Lit.: Crystal, D.: Prosodic systems and intonation in English. London, 1969; **Kendon, A., Harris, R., & M. Key** (Hrsg.): The organization of behavior in face-to-face interaction. Den Haag, 1975; **Scherer, K. R.:** Ausgewählte Methoden der empirischen Sprachforschung. In: **Koolwijk, J. van & M. Wieken-Mayser,** (Hrsg.): Techniken der empirischen Sozialforschung. München, 1974, 110–157.

K. R. Scherer

Parallaxe. Bewegt sich ein Beobachter, erscheint es ihm, als bewegten sich Objekte in verschiedenen Entfernungen zu ihm relativ zueinander in der Weise, daß sich weiter entfernte weniger bewegen. Aus einem fahrenden Zug schauend, bewegen sich Objekte in der Nähe sehr schnell, während weit entfernte sich kaum bewegen. Dieser P.effekt ist die Haupthilfe für Tiefenwahrnehmung und Entfernungsschätzung beim monokularen Sehen und zeigt, wie wichtig Bewegung eines Beobachters für die Wahrnehmung ist. *Binokulare* P. ist ein gleicher, aber kleinerer Effekt, der durch den Augenabstand bedingt ist. *C. D. Frith*

Parallelform, *Paralleltest,* Test, der aus denselben Aufgabenarten in gleicher Schwierigkeit besteht wie ein anderer und daher im Austausch mit ihm durchgeführt werden kann. Er wird am besten hergestellt, indem man aus einer großen Zahl von ↗Items zwei gleichwertige Gruppen zu je einem Test zusammenstellt oder indem zu jeder Aufgabe der einen Skala eine möglichst entsprechende der zweiten gebildet wird. Es wurde auch versucht, P.en in dem Sinne zu konstruieren, daß die Batterien aus verschiedenen Testaufgaben *dieselbe Faktorenstruktur* aufweisen. *R. Meili*

Parallelgruppen ↗Matched groups.

Parallelisieren. Als P. bezeichnet man das „Herstellen" zweier oder mehrerer ↗Stichproben (Parallelstichproben), die hinsichtlich eines Kontrollmerkmales so zusammengestellt sind, daß die Merkmalsträger der Stichproben einander paarweise (bzw. in Tripeln usw.) zugeordnet werden können. Durch das P. werden zufällige Unterschiede im Kontrollmerkmal zwischen den Stichproben weitgehend ausgeschaltet, der ↗Stichprobenfehler wird verringert, wodurch größere Präzision der Ergebnisse erzielt wird. ↗Stichprobenverfahren; ↗Versuchsplanung; ↗Methoden der Psychologie. *G. Mikula*

Parallelismus, psychophysischer ↗Leib-Seele-Problem.

Parallelogrammtäuschung, eine der ↗geometrisch-optischen Täuschungen von F. Sander.

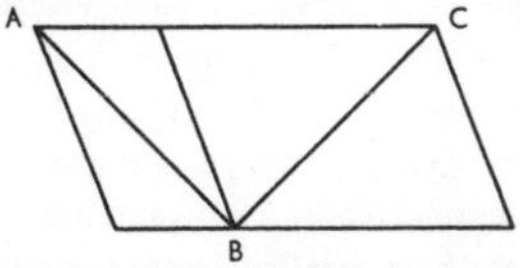

Die Diagonale AB erscheint kürzer als BC, obwohl beide objektiv gleich sind (s. Abb.). *C. D. Frith*

Parallelstichproben ↗Parallelisieren.

Paralleltest ↗Parallelform.

Paralogie, Reden ohne Sinn und Störungen der syntaktisch-grammatischen Sprachstruktur bei Psychosen; fehlende Leitgedanken bei der Formulierung, Ideenflucht. *Ch. v. Deuster*

Paralyse bezeichnet in der Medizin eine vollkommene Bewegungslähmung eines Gliedes (durch Störung der nervösen Versorgung, z. B. nach Schlaganfall, infolge toxischer Nervenschädigung, z. B. durch Blei, Diphtherietoxin) oder eines Organes oder -systems (z. B. Paralyse des Darmes). Auf die „Auflösung" der geistigen Funktionen weist die Bezeichnung ↗*progressive Paralyse;* auf die mot. Schwäche der Parkinsonkranken zielt die Bezeichnung *Paralysis agitans* für die ↗Parkinson-Krankheit. *C. Scharfetter*

Parameter sind stat. Kennwerte von theoretischen Verteilungen oder von vollständigen Populationen von Daten. Sie werden im stat. Schrifttum meist mit griechischen Buchstaben symbolisiert (z. B. μ, σ). *G. Mikula*

Parameterfreie Verfahren ↗Nicht-parametrische Verfahren.

Parametrische Tests, stat. Prüfverfahren für Stichproben von ↗Intervall- oder ↗Verhältnisvariablen. Nur die ↗Statistiken solcher Variablen stellen ↗Schätzungen von ↗Parametern (der Populationsverteilung) dar. Sie unterscheiden sich diesbezüglich von den ↗nichtparametrischen Verfahren und besitzen, wenn alle Voraussetzungen erfüllt sind, größere ↗Effizienz als diese. ↗Statistische Tests. *G. Mikula*

Paramnesie, Unfähigkeit psychotisch gestörter Personen, sich an vergangene Ereignisse korrekt zu erinnern. Das ↗Gedächtnis ist durch Einschluß falscher Details oder falschen Zeitbezug gestört. ↗Erinnerungsfälschung. *R. Hetherington*

Paranoia (P.), **paranoid** (p.). P. und p. haben nicht mehr die einfache Beziehung von Substantiv und Adjektiv; p. bedeutet heute, in einem ↗ *Wahn* gefangen zu sein; in populärem Gebrauch englischsprachiger Länder sind *„paranoid"* und *„persecutory"* Synonyma. Eine p. Idee ist ein Wahn, der näher bestimmt werden kann als *Verfolgungs-*, *Größen-* oder *religiöser* Wahn usw.; p. ist nicht auf schizophrene Erkrankungen beschränkt.

Eine p. ↗*Schizophrenie* ist ein schizophrenes Syndrom mit vorherrschenden Wahnsymptomen und gewöhnlich auch ↗Halluzinationen. Denk-, Willens- und affektive Störungen können auftreten, jedoch keine mot. Symptome. Der Beginn variiert, liegt jedoch gewöhnlich nach dem Jugendalter. Eine Prognose steht nicht fest. P. ist durch das alleinige Vorhandensein von Wahn bzw. p. Ideen gekennzeichnet. Man hat sich P. als von der Gruppe der Schizophrenien getrennt vorgestellt, da sie nicht zum endgültigen Zerfall führt; diese Meinung wird heute nicht mehr vertreten. *B. Brooker*

Paranormale Phänomene, jedes Phänomen, das sich anerkannten wiss. Erklärungen und Grundsätzen entzieht. Die zwei Hauptklassen sind geistige *(↗Außersinnliche Wahrnehmung)* und physische *(↗Psychokinese)* paranormale Phänomene. *J. Beloff*

Paranormales Heilen, Heilen durch die angenommene Einwirkung einer wissenschaftlich nicht bekannten Kraft. Schließt so verschiedenartige Gebräuche wie „Handauflegen", Gebet, Eintauchen in heiliges Wasser bei einem religiösen Schrein usw. ein. Darf nicht mit lediglich ungewöhnlichen med. Gebräuchen verwechselt werden. *J. Beloff*

Paraphonie, Symptom bei Psychosen (Schizophrenie): der Ausdruck der Sprechstimme entspricht nicht dem Inhalt des Ausgesagten. *Ch. v. Deuster*

Paraphrasie (Synonym: *Paraphasie*), aufgrund falscher Wortwahl und durch entstellende Ergänzung von Worten und Silben gestörte Sprache; parallel der Schreibstörung ↗Paragraphie. Vgl. auch *↗Aphasie*. *B. Brooker*

Paraphrenie. E. ↗Kraepelin verwendete den Begriff für eine Krankheit, die er zwischen ↗Paranoia und der paranoiden ↗Schizophrenie einordnete. Charakteristisch: das Auftreten von absurden Wahnideen und ↗Halluzinationen ohne gleichzeitigen Persönlichkeitszerfall. K. Leonhard verwendet in seiner Klassifikation den Begriff P. anstelle der paranoiden Schizophrenie. *F. Novak*

Paraphysik, Zweig der *↗Parapsychologie,* der sich mit den physischen Aspekten von *↗paranormalen Phänomenen* befaßt. *J. Beloff*

Parapraxie, die fehlerhafte Ausführung einer zielgerichteten Handlung, die intendierte wird durch eine andere Bewegung ersetzt. S. Freud verwandte P. für ↗Fehlleistungen, wie Versprechen und Verlegen von Dingen. *J. Price*

Parapsychologie, die objektive Untersuchung ↗paranormaler Phänomene. Auch als *psychische Forschung* (psychical research) bekannt.

Die Stellung der P. bleibt zwiespältig. Die Frage, ob es irgendwelche echte paranormale Phänomene gibt und – wenn ja – welche Bedeutung sie für die Psychol. haben, spaltet die Wissenschaftler. Es gibt Wissenschaftler, die sich weigern, der P. irgendeine Funktion zuzubilligen, außer der Aufklärung betrügerischer Ansprüche, aber es gibt auch solche, die annehmen, daß die P. wesentliche Anhaltspunkte für das Verstehen des Menschen und der Natur bietet. Für die gegenwärtige Nichtanerkennung der P. können drei Gründe angeführt werden: a) ihr Unvermögen, irgendein wiederholbares Exp. in unzweideutiger Weise durchzuführen; b) der unerhörte Ruf ihrer Ansprüche und c) das Fehlen einer kohärenten Theorie von ↗Psi.

GESCHICHTE. Der traditionelle Bereich des Paranormalen findet sich in religiösen Wundern, der Hexerei, Magie und den okkulten Überlieferungen aller Generationen und Kulturen. Hinzu kamen im Laufe des 19. Jh. a) die hellseherischen Erscheinungen im Zusammenhang mit dem Mesmerismus und b) mediale Phänomene in Verbindung mit dem weltweiten Kult des Spiritismus. Der erste ernsthafte Versuch, das Übernatürliche in all seinen Erscheinungen der nüchternen Prüfung der Wissenschaft zu unterwerfen, kann mit der Begründung der Society for Psychical Research in London im Jahre 1882 unter der Leitung von Sidgwick, Myers und Gurney angesetzt werden. Sie waren von der Hoffnung inspiriert, daß noch etwas vom Glauben an die Unsterblichkeit der Seele gerettet werden könnte, der durch die Konfrontation von Wissenschaft und Religion im Viktorianischen England so arg erschüttert worden war. Diese *frühe Periode,* die man etwa von 1880 bis 1930 ansetzen kann, stand ganz im Zeichen des Problems des Weiterlebens nach dem Tode. Dies war die Zeit der international so bekannten physischen Medien wie D. D. Home und Eusapia Palladino sowie so brillanter geistiger Medien wie Mrs. Piper und Mrs. Leonard und des hervorragenden Hellsehers Stefan Ossowiecki, der im Erkennen von in undurchsichtige Briefumschläge gesteckten Zeichnungen bes. erfolgreich war. Während dieser Zeit wurden auch die ersten systematischen Versuche unternommen, Tests der ↗außersinnlichen Wahrnehmung mit ausgewählten Vpn (Sensitiver, Paragnost) durchzuführen. Unter den wichtigsten waren die Versuchsserien des amerikanischen Schriftstellers Upton Sinclair mit seiner Frau als Versuchsperson. Nach den Versuchen mit Mrs. Sinclair war der engl. Psychologe W. McDougall der Überzeugung, daß nun die Zeit reif sei, ein parapsychol. Laboratorium in Duke zu gründen. Er ernannte einen jüngeren Kollegen, J. B. Rhine, 1927 zum ersten Direktor. Dieses Ereignis stellt den Beginn der *modernen Ära* der P. dar.

Die zweite Periode – von 1930 bis heute – wurde von den USA her bestimmt, in erster Linie durch Rhine (1934; 1940) und dessen Mitarbeiter, wie J. G. Pratt. Sie gingen von der Annahme aus, daß ↗außersinnliche Wahrnehmung (ASW) eine allg. geistige Fähigkeit sei und darum auch mit unausgewählten Stichproben demonstriert werden könne, wenn man standardisierte Methoden des Ratens und darauf abgestimmte stat. Methoden (ASW-Karten) verwendete. Rhines erstes Buch (1934) hatte einen stärkeren Einfluß auf die wiss. Meinung als jede andere vorhergehende oder darauffolgende parapsychol. Veröffentlichung. Teilweise war dies der Ankündigung der angestrebten Wiederholbarkeit zuzuschreiben, andererseits aber auch der Tatsache, daß Rhine in der ersten Zeit das Glück hatte, verschiedene Vpn mit hohen Werten zu finden, unter denen Pearce die bekannteste war. Zehn Jahre später wurde „PK" (↗Psychokinese) ins Gespräch gebracht, als Rhine die Behauptung aufstellte, seine Vpn könnten allein durch ihren Willen den Fall eines Würfels beeinflussen. In England wurden die ASW-Forschungen von Soal (1954), einem Mathematiker, aufgegriffen. Einige Jahre lang hatte er überhaupt keinen Erfolg, dann entdeckte er durch Zufall zwei Star-Vpn: Shackleton und Gloria Stewart. Die Testreihen, die er mit diesen Vpn während des Krieges durchführte, werden mit Recht zu den bedeutendsten der Geschichte der expt. P. gerechnet.

Ein anderer Markstein war die Veröffentlichung von G. Schmeidler (1945) über einen unterschiedlichen Treffereffekt in der Weise, daß Personen, die an ASW glauben (Schafe), höhere Werte, als nach Zufall erwartet, erreichen, während Skeptiker (Böcke) die Tendenz zeigten, unter Zufall zu treffen. Dies führte zur Entdeckung von ↗„Psi Missing" als einem ganz bestimmten Phänomen und gab den Anstoß zu einer Fülle von Arbeiten über den Zusammenhang von ASW-Werten und Persönlichkeitseigenschaften.

Auf dem europäischen Kontinent lebte die ältere Tradition der qualitativen Prüfung ausgewählter Vpn weiter: die beiden Exponenten sind W. Tenhaeff (Universität Utrecht) und H. Bender (Universität Freiburg).

Die weitreichenden Hoffnungen, die zu Beginn der neuen Ära gehegt wurden, haben sich nicht erfüllt. Verschiedene Ansprüche, übereinstimmende Psi-Effekte entdeckt zu haben, konnten – aus welchen Gründen auch immer – nicht bestätigt werden; gute Vpn wurden immer seltener. Die letzten Jahre lassen eine Wiederbelebung des Interesses an einigen der traditionellen Themen der P. erkennen. ↗Hypnose, Problematik des Weiterlebens, Reinkarnation, ↗Poltergeister, ↗Spukerscheinungen, körperlose Empfindung, Psychometrie und psychische Photographie sind traditionelle Themen, die mit neuen Techniken und aufgeklärteren Ansprüchen erneut aufgegriffen wurden. Darüber hinaus hat der Psychiater M. Ullmann ein neues Ziel für die P. im wachsenden Bereich der Schlafforschung durch die Gründung eines „Traum-Laboratoriums" im Maimonides-Hospital in New York gesetzt. Hier wurden einige Erfolge bei Versuchen erzielt,

Traumvorstellungen telepathisch zu beeinflussen (↗Traum).

Gegenwärtig konfrontiert uns die P. mit dem ungelösten Paradoxon, daß einerseits die ständige Zunahme der Beweiskraft und die Häufigkeit und Eindringlichkeit spontaner Phänomene es unmöglich machen, diesen Bereich zu ignorieren, daß aber auf der anderen Seite die Aussicht auf ein bestimmtes Maß expt. Kontrolle oder theoretischer Klärung heute ebenso fern ist, wie sie immer war.

Wichtigste Zeitschriften: J. Proc. Amer. Soc. Psychic. Res. (New York); J. Proc. Soc. Psychic. Res. (London); J. Parapsych. (Durham [N. C.]); Tijdschrift Parapsych. (Utrecht); Z. für Parapsychol. und Grenzgebiete der Psychol. (H. Bender). Bern – München, 1957–1968; Freiburg – Olten, 1970ff; Int. J. Neuropsychiatry. Esp. Status in 1966. Special Issue No. 5, Vol. 12. Chicago, 1966.

Lit.: Beloff, J.: Parapsychologie. Olten–Freiburg, 1980; **Bender, H.:** Parapsychologie. Entwicklung, Ergebnisse, Probleme. Darmstadt, [4]1976; **ders.:** Unser sechster Sinn. Stuttgart, 1971; **Broad, C. D.:** Lectures on psychical research. London, 1962; **Dingwall, E. J.:** Abnormal hypnotic phenomena, 4 Vols. London, 1967/68; **Driesch, H.:** Parapsychologie. München, [3] 1975; **Gauld, A.:** The founders of psychical research. London, 1968; **Rao, K. R.:** Experimental parapsychology. Springfield, 1966; **Rhine, J. B.:** Extrasensory perception. Boston, 1934; **Rhine, J. B. & J. G. Pratt:** Parapsychologie – Grenzwissenschaft der Psyche. Bern – München, 1962; **Rhine, J. B.,** et al.: Extrasensory perception after 60 years. Boston, 1940, [2]1960; **Schmeidler, G. R. & R. A. McConnell:** ESP and personality patterns. New Haven, 1958; **Sinclair, U.:** Mental radio. Springfield, [2]1962; **Soal, S. G. & F. Bateman:** Modern experiments in telepathy. London, 1954; **Tenhaeff, W. H.:** De Voorschouw (foreknowledge). Hague, 1962; **Tischner, R.:** Über Hellsehen und Telepathie. München, 1921; **Vasiliev, L. L.:** Experiments in mental suggestion (übers. aus dem Russ.). Church Crookham, 1963; **Warcollier, R.:** La télépathie. Paris, 1921.

J. Beloff

Parästhesien, in der *Neurologie:* Mißempfindungen in bestimmten Hautgebieten, die von den Patienten als „Taubheitsgefühl", „Pelzigsein", „Kribbeln" oder „Ameisenlaufen" angegeben werden. Das klinische Symptom der P. ist bei verschiedenen Krankheitsbildern zu beobachten (z.B. bei multipler Sklerose, Neuritis und Polyneuritis). *G. Arnold*

Parasympathikus, *parasympathisches System,* ist die Gesamtheit desjenigen ↗vegetativen Nervensystems, das die trophotrope Phase eines Organismus – gekennzeichnet durch Ruhe, Erholung, Ernährung und Ausscheidung – bedingt. Es steht dem ↗*Sympathikus* antagonistisch gegenüber, welcher für die ergotrope Aktivitätsphase verantwortlich ist. Das parasympathische System besitzt Ursprungs- und Schaltzentren in ↗Mesencephalon, Medulla und Sakralmark. Es wird deshalb ein *kranialer* Teil, dem der Nervus vagus angehört und Kopf, Hals, Thorax sowie Teile des Bauchraumes innervierend, unterschieden vom *sakralen,* der hauptsächlich Mastdarm und Urogenitalsystem versorgt. Pharmakologisch ist er durch Pilocarpin, Muskarin, ↗Acetylcholin und Physostigmin erregbar, dagegen durch ↗Atropin und ↗Nikotin hemmbar. *E. David*

Parataxie. Die zwischenmenschlichen Vorgänge bei ↗Übertragung und Gegenübertragung hat H. S. Sullivan als P. zusammengefaßt. Parataxische Verzerrungen treten auf, wenn im sozialen Kontakt frühere (vor allem infantile) ↗Prägungen aktiviert und auf den Partner projiziert werden, der damit zu einer anderen Person gemacht wird, als er wirklich ist.

W. Schmidbauer

Parathymie, Störung des Gefühlslebens, die vor allem bei der Schizophrenie auftritt, kann sich in völligem Ggs. des Affektausdrucks zum Denkinhalt äußern.

Pareidolie ↗Illusion.

Parergasie, bei Geisteskrankheiten auftretende „Falsch-Handlung" infolge Störung des Willens bereits im Entstehen durch Quer- und/oder Gegenantriebe, so daß die initiierte Handlung vollständig unterdrückt oder durch eine andere (sinnlose) ersetzt wird. Z.B. wird auf die Aufforderung hin, die Augen zu schließen, eine Hand hochgehoben. *H. J. Engels*

Parese, motorische Schwäche, Erschlaffung von Muskeln bzw. Muskelgruppen, leichte, unvollständige Lähmung.

Parietallappen, *Lobus parietalis,* ist der Scheitellappen des ↗Großhirns. An ihn schließt sich vorn der Stirnlappen, unten der Schläfenlappen und hinten der Hinterhauptslappen an. Sein wichtigstes Gebiet ist die hintere Zentralwindung. In ihrer Rinde enden ↗Leitungsbahnen, die Informationen über Druck, Berührung, Schmerz und Temperatur leiten. Beim Ausfall des Gyrus supramarginalis (Oberrandwindung), der im seitlichen Bereich des P. liegt, treten neurol. Symptome in Form von idiokinetischer ↗Apraxie und ↗Perseveration auf. Ein Krankheitsherd im Gyrus angularis (Eckwindung) verursacht ↗Agraphie (Unfähigkeit zu schreiben), ↗Alexie (fehlende Fähigkeit zu lesen) und Akalkulie (Unvermögen zu rechnen). Es treten fernerhin dabei Orientierungsstörungen im Raum und am eigenen Körper auf. ↗Neuroanatomie.

Lit.: Hegglin, R.: Differentialdiagnose innerer Krankheiten. Stuttgart, 1969.

G. Arnold

Pariser Schule, Richtung der Hypnoseforschung (↗Hypnose), die sich gegen Ende des 19. Jh. in Paris unter Führung von J. M. Charcot (1825–93) bildete (im Unterschied zur gleichzeitigen ↗Nancyer Schule). Sie hatte großen Einfluß auf die Entwicklung der ↗Psychotherapie und der Neurosenlehre. Zu den Schülern Charcots gehörte auch S. ↗Freud.

H.-N. Genius

Parkinson-Gesetz, ein auf der Grenze zwischen Satire und betriebssoziologischer Analyse stehender Versuch, Erscheinungen aus den Sozialgebilden Verwaltung und Betrieb in Regeln zu fassen, z. B.: „Jeder Beamte oder Angestellte wünscht die Zahl seiner Untergebenen, nicht aber die Zahl seiner Rivalen zu vergrößern"; „Beamte oder Angestellte schaffen sich gegenseitig Arbeit".

Lit.: Parkinson, C. N.: Parkinsons Gesetz und andere Untersuchungen über die Verwaltung. Hamburg, ²1970.

G. Marschner

Parkinsonismus (Synonyme: *Parkinson-Syndrom, akinetisch-hypertonisches Syndrom* usw.), an die Symptomatik der ↗Parkinson-Krankheit erinnerndes Krankheitsbild. Das Syndrom kommt bei Arteriosklerose der Gehirngefäße (arteriosklerotischer P.), nach Encephalitis epidemica (postencephalitischer), toxischen (z. B. Co-Vergiftung) und hypoxischen (z. B. nach Erhängungsversuchen) Schäden vor. Die ↗Neuroleptika können als Nebenwirkungen einen P. hervorrufen.

C. Scharfetter

Parkinson-Krankheit, *Morbus Parkinson, Paralysis agitans,* erblicher degenerativer Prozeß in den Stammganglien des Gehirns, der meist erst im 5. Lebensjahrzehnt zu der charakteristischen Symptomatik führt: Bewegungsarmut (Akinese) und Tonuserhöhung (↗Rigor) mit Erstarrung der Motorik, vorgebeugte steife Körperhaltung mit schlürfendem kleinschrittigem Gang, Erstarrung der Mimik (Hypomimie), Zittern (↗Tremor) der Extremitäten, gelegentlich auch des Kopfes. – Die Behandlung mit Medikamenten kann das Leiden oft lindern. Neurochirurgische Eingriffe mit stereotaktischen Verfahren (↗Stereotaktische Eingriffe) können den Rigor und den Tremor oft günstig beeinflussen. *C. Scharfetter*

Parosmie, Störungen der Geruchswahrnehmung, meist unangenehmer Art.

Parsemonie, Gesetz der, wissenschaftliches Prinzip, nach dem die einfachere von zwei Hypothesen bevorzugt werden soll. Auch „Occam's razor" oder „Morgan's canon" genannt. *F. Wesley*

Partialismus, ein psychoanalytisches Konzept (↗Psychoanalyse), das sich auf spezifische Manifestationen der ↗Libido bezieht, die in der bewußten Erfahrung erscheinen, wie besondere Dränge, Begehren, Wünsche usw.

G. D. Wilson

Partial reinforcement ↗Verstärkungsplan.

Partialtriebe sind nach Freud (1915) Komponenten von ↗Trieben und Triebbefriedigungen. Nach Freud sind der Exhibitionstrieb (↗Exhibitionismus) und der Schautrieb (↗Voyeur), aber auch ↗Sadismus und ↗Masochismus Teiltriebe des Sexualtriebes und der sexuellen Befriedigungsstrebungen. Weitreichender sind Freuds Vorstellungen über die

Differenzierung und Kanalisierung von Trieben und Triebenergie in wachsende Zahlen von P.n oder Triebderivaten. Nach Toman (1968) ist ein solcher Prozeß der Differenzierung von Motiven und der Errichtung eigener Befriedigungsrhythmen der differenzierten Motive (die in Wechselwirkung mit ihren „Nachbarn" bleiben) ein Teil der psychischen Entwicklung des Individuums.

Lit.: **Freud, S.**: Triebe und Triebschicksale (1915). Ges. Werke, Bd. 10. London, 1948; **Toman, W.**: Motivation, Persönlichkeit, Umwelt. Göttingen, 1968. *W. Toman*

Partielle Korrelation, parametrisches Verfahren zur Bestimmung der Korrelation zwischen zwei Variablen unter Ausschaltung des Einflusses anderer Variablen auf die beobachtete Korrelation. Soll der Einfluß einer Variablen (3) auf die Korrelation zwischen den Variablen (1) und (2) ausgeschaltet werden, wird die p. K. nach folgender Formel bestimmt:

$$r_{12.3} = \frac{r_{12} - r_{13}r_{23}}{\sqrt{(1 - r_{13}^2)(1 - r_{23}^2)}}$$

Häufig handelt es sich in der Psychol. bei der ausgeschalteten Variablen um das Lebensalter. ↗Korrelationstechniken. *G. Mikula*

Partil, wahrscheinlichkeitstheoretischer Begriff für eine Klasse von Lageparametern, die eine Menge von Werten, die der Größe nach geordnet sind, in gleich große Teile aufteilen. Man unterscheidet u.a. Quartile, Dezile bzw. Zentile, je nachdem ob die Menge der Werte in vier, zehn bzw. hundert gleich große Teile zerlegt wird. Zusammenfassend spricht man von Quartilen, Dezilen, Zentilen und anderen Lageparametern, die man durch Teilung der Menge der Werte in gleiche Teile erhält, als den Quantilen oder Partilen.

P. K. G. Günther

Partnerbindung ↗Paarbildung.

Partnerschaft. Ausdruck für eine Gemeinschaft zweier oder mehrerer Personen, deren Zusammenleben von Prinzipien der Gleichberechtigung, der gegenseitigen Anerkennung, der Respektierung der Eigenart des anderen getragen ist. P. wird in Politik, Pädagogik und Ehetherapie als Gegenmodell zu problematischen autoritären Beziehungsstrukturen ebenso wie zu den Entfremdungserscheinungen unserer Zeit (Welt der Medien, der Sprachmanipulation, der Sachzwänge, der anonymen Verwaltung) gesehen. *Ch. Olbrich*

Pastoralpsychologie. P. entwickelte sich als eigenständige Disziplin innerhalb der Pastoraltheologie in den 30er Jahren in den USA als theologische Seelsorge für Randgruppen. Wesentliche Aspekte der Seelsorgebewegung sind das psychotherapeutisch orientierte Gespräch (pastoral counseling) und die Seelsorgeausbildung (clinical pastoral training). P. steht auf dem Boden psychologischer Erkenntnisse und Theorien und überprüft deren Anwendbarkeit für die kirchliche Beratungsarbeit. P. sieht ihr Ziel nicht im therapeutischen Erfolg, sondern in der Hilfe zur Auseinandersetzung mit der Beziehung zum Mitmenschen und zu Gott.

Lit.: **Harsch, H.**: Theorie und Praxis des beratenden Gesprächs in der Seelsorge. München, 1973; **Riess, R.**: Perspektiven der Pastoralpsychologie. Göttingen, 1974.

G. Röper

Patellarreflex ist der ↗*Eigenreflex* des vierzipfligen Oberschenkelmuskels. Er wird ausgelöst durch Schlag auf die Patellarsehne, wodurch der genannte Muskel mit seinen Muskelspindeln, die als Dehnungsrezeptoren fungieren, kurz gedehnt wird. Der P. dient dem Neurologen und Psychiater zur Untersuchung der Rückenmarksfunktion und der allg. nervösen Erregbarkeit. Letztere ist bei Ausschaltung zentraler Hemmechanismen erhöht und bei Schädigung der Nervenabgänge (bei Bandscheibenvorfall) vermindert. *E. David*

pathogen, krankheitserregend, Krankheiten verursachend.

Pathognomik. 1) Die Untersuchung z.B. von Gefühlen auf der Grundlage von Gesichtsausdruck und Körperbewegungen. **2)** Das Erkennen einer Krankheit an ihren typischen Symptomen (in der Medizin).

Pathologie, allg. Lehre von den Krankheiten, umfaßt Lehre von den Ursachen (Ätiologie), der Entstehung und Entwicklung (Pathogenese), Erscheinungsformen und Anzeichen (Symptomatologie, Nosologie, pathologische Anatomie). *H. Wagenknecht*

Pathophobie, unbegründete übersteigerte Angst vor Krankheiten.

Pathopsychologie ↗Psychopathologie.

Patriarchat, ein soziales System oder ein Gesellschaftstyp, in dem die Familiengruppe von einem älteren Mann beherrscht wird. Allgemeiner: eine Gesellschaft, in der der Mann der Frau gegenüber eine herrschende Stellung hat (Ggs.: ↗Matriarchat). *G. D. Wilson*

Pattern, Begriff aus der amerik. und engl. Psychol. ohne adäquaten Ausdruck im Deutschen; eigentlich: *Muster, Vorlage, Modell.* In diesem Sinne auch in der ↗Psychodiagnostik als *„Test-Vorlage"* gebräuchlich.

In der zeitgenössischen Lit. bedeutet „pattern" meist Beziehungsgefüge, Schema, Struktur. *H. J. Aebi*

Pauli-Test (*Arbeitskurve* nach E. Kraepelin), wurde von R. Pauli (1938, 1943) und W. Arnold (1951–61) standardisiert. Der Test gibt Aufschluß über die psychische *Leistungsfähigkeit* (Konzentration, Qualität der Leistung usw.) und *Leistungsdynamik* (Verlauf und Leistungseinsatz, Ermüdung usw.). Der Pb muß so schnell und so gut wie möglich einstellige Zahlen addieren und in Abständen von je 3 Minuten durch einen Strich markieren, wie weit er gekommen ist. Die Retest-*Reliabilität* (1 Monat) für die Testmenge beträgt r = .96 (N = 58), für die Fehlerzahl r = .68 (N = 58). Faktorielle *Validität:* z. T. bedeutsame Ladungen in einem 1. Faktor „Anhaltende Konzentration bei geistiger Tempoarbeit".

Lit.: Arnold, W.: Der Pauli-Test. Berlin – Heidelberg, [5]1975.

P. Graw

Pavor nocturnus. Schlafstörung, vorwiegend bei Kindern zwischen dem 3. und 8. Lebensjahr, verschwindet in den meisten Fällen mit dem Eintritt der Pubertät. Bei den Patienten treten heftige Angstzustände auf; sie nehmen sitzende Haltung ein, schreien laut und starren in eine Richtung, wobei sie sich in einem Dämmerzustand befinden. Das Gesicht ist blaß, meist wird der Anfall mit Tremor, Dyspnöe und Schweißausbrüchen begleitet. Die Erscheinungen klingen rasch ab, wenn der Patient seine gewohnte Umwelt erkennt, er schläft dann sofort weiter, und beim Erwachen besteht völlige Amnesie. Mehrfach wurde auf die Notwendigkeit hingewiesen, mit Hilfe des EEG nach latenten Epilepsien zu suchen (J. López Ibor), doch ist dies bisher nur selten gelungen. Nach R. Broughton wurde P.n. nie im REM-Stadium beobachtet, jedoch stets beim Übergang von tiefen zu oberflächlichen Schlafstadien. Es scheint, als ob P. n. neben anderen Schlafstörungen Folge eines „arousal" aus den tiefen Stadien eines synchronisierten Schlafes bei abnormer Reaktion auf visuelle Reize ist. In einigen Fällen wurden bei Patienten Neurosen beobachtet, jedoch läßt sich bisher kein kausaler Zusammenhang zwischen P. n. und Angstneurose nachweisen.

Lit.: Broughton, R. J.: Sleep disorders: Disorder of arousal? In: Sciene. 1968, *159,* 1070; **Förster, E.:** Schlafstörungen bei Kindern und Jugendlichen. In: **Bürger-Prinz, H. & P. A. Fischer** (Hrsg.): Schlaf, Schlafverhalten und Schlafstörungen. Stuttgart, 1967; **Jovanović, U.:** Schlaf und Traum, phys. u. psychol. Grundlagen. Stuttgart, 1974; **Otter, H.:** Die pathologische Physiologie des Schlafes. In: **Baust, W.** (Hrsg.): Ermüdung, Schlaf und Traum. Stuttgart, 1971.

E. Ullrich

Pawlow, *Iwan Petrowitsch.* LEBEN UND WERKE. *14. 9. 1849 Rjasan (Rußland), † 27. 2. 1936 Leningrad. Studierte Medizin an der Universität Petersburg; promovierte 1883 über die Funktion der Herznerven; verbrachte anschließend einen zweijährigen Aufenthalt bei C. Ludwig in Leipzig und P. Haidenhain in Breslau; wurde 1890 Professor für Pharmakologie an der militärischen med. Akademie in Petersburg und Direktor des physiol. Laboratoriums des neugegründeten Petersburger Instituts für expt. Medizin; von 1895 bis 1924 war er Professor für Physiologie an der Akademie und von 1924 bis zu seinem Tod 1936 Direktor des von der Russischen Akademie der Wissenschaften bei Leningrad errichteten physiol. Instituts; für seine Arbeiten über die Tätigkeit der Verdauungsdrüsen erhielt P. im Jahre 1904 den Nobelpreis.

P. war wesentlich von J. M. Sechenows Auffassung des reflexologischen Charakters alles Psychischen beeinflußt. Mit J. M. Sechenow sah er auch seinen Tätigkeitsbereich als ein Problem der Physiologie und nicht der Psychol. an. Er war der Meinung, daß die Psychol. niemals eine unabhängige Wissenschaft werden würde und daß ihre Situation geradezu hoffnungslos sei. Daher versuchte er auch, alle psychol. Termini aus seinem und dem Wortschatz seiner Mitarbeiter zu verbannen. Die Physiologie der höheren Nerventätigkeit, glaubte er, könne man nur dann untersuchen, wenn dabei auf die üblichen psychol. Begriffe und introspektiven Daten zugunsten einer völlig objektiven meth. Vorgehensweise verzichtet wird.

P.s historische Bedeutung liegt in der Entdeckung und Erforschung der *bedingten Reaktion* (konditionierter Reflex). Mit dieser Entdeckung legte P. den Grundstein für die behavioristische Bewegung und die Entwicklung der modernen Lernforschung und ↗Lerntheorie in der Psychol., deren Begriffsinventar und Methodik wesentlich durch ihn geprägt wurden. Nicht zu Unrecht wird er daher, wie z. B. aus einer APA-Umfrage hervorgeht, nach S. ↗Freud als der Wissenschaftler angesehen, der die gegenwärtige Psychol. am stärksten beeinflußte. Ausgangspunkt der Entdeckung der bedingten Reaktion waren P.s Experimente über die Tätigkeit der Verdauungsdrüsen, die er an Hunden durchführte. Er fand dabei, daß die Speichel- und Magensaftsekretion nicht erst beim Essen, sondern schon beim Anblick der Nahrung bzw. schon beim Hören der Schritte des Wärters auftrat. P. schloß aus diesen Beobachtungen, daß ein Reiz, der ursprünglich inadäquat zur Auslösung eines Reflexes ist (Anblick der Nahrung), nach wiederholtem *zeitlich gemeinsamem Vorkommen* mit einem zur Auslösung des Reflexes adäquaten Reiz (Geschmack der Nahrung) selbst zur Auslösung des Reflexes (Speichelsekretion) in der Lage ist. Den natürlichen, adäquaten Reiz bezeichnete er als den *unkonditionierten Reiz* und den als natürliche Reaktion darauf eintretenden Reflex als den *unkonditionierten Reflex*. Den ursprünglich neutralen, inadäquaten Reiz nannte er *konditionierten Reiz* und den als Reaktion auf diesen sich einstellenden Reflex den *konditionierten Reflex*. Vgl. ↗Konditionierung.

Anschließend an diese Entdeckung begann P. mit der systematischen Erforschung der verschiedensten Konditionierungsphänomene, die zur Grundlage fast aller ↗Lerntheorien geworden sind: Extinktion, Reinforcement, Generalisation, Diskrimination, spontane Erholung, Konditionierung höheren Grades usw. Als Ergebnis dieser Untersuchungen schloß P., daß im Ggs. zu den subcortikal verlaufenden echten Reflexen die konditionierten Reflexe auf cortikalem Niveau verlaufen würden. Außerdem erstellte er auf der Grundlage seiner Ergebnisse eine Theorie der cortikalen Erregung und Inhibition, mit deren Hilfe er, im Gegensatz zu den amerik. Lerntheoretikern, seine Ergebnisse in neurophysiol. Termini erklären und integrieren wollte. Auch auf den Bereich der ↗Psychopathologie dehnte P. seine Konditionierungsexperimente aus. Durch experimentell erzeugte Konfliktsituationen, in denen die Vte kaum lösbaren Aufgaben ausgesetzt waren, denen sie sich nicht entziehen konnten (z. B. Unterscheiden sehr ähnlicher Töne, von denen einer „Nahrung“, der andere „keine Nahrung“ bedeutete), erzeugte er neuroseartige Erscheinungen, die er erstmals 1923 als „experimentelle Neurosen“ bezeichnete. Vgl. ↗Neurose.

Schr.: Lectures on conditioned reflexes: twenty-five years of objective study of higher nervous activity (behaviour) of animals, 1923; Conditioned reflexes: an investigation of the physiological activity of the cerebral cortex, 1927; Gesammelte Werke, Moskau – Leningrad, 1951; Berlin, 1953–55.
Lit.: **Wells, H. K.:** Ivan P. Pavlov. New York, 1956.

W. Wittling

Pb ↗Versuchsperson.

Pearson, *Karl.* LEBEN UND WERKE. * 1857 London, † 1936 Coldharbour (Surrey, England). Studierte Mathematik in Cambridge; erhielt 1884 einen Lehrstuhl für angewandte Mathematik am University College London, wo er bis zu seinem Rücktritt 1933 blieb; übernahm 1906 an der gleichen Universität das von Galton gegründete Eugenics Record Office, das 1911 mit dem biometrischen Laboratorium zum Department of applied Statistics vereint wurde und dessen erster Direktor P. war. P. gründete 1901 zusammen mit F. Galton und dem Zoologen W. F. Weldon die erste biometrische Zeitschrift („Biometrika") und darüber hinaus 1925 die Zeitschrift „The Annals of Eugenics".

P. leistete eine große Anzahl wertvoller Beiträge zur Theorie und Technik der biol. und psychol. Statistik. Er führte erstmals den Begriff ↗Standardabweichung und das Symbol σ in die ↗Statistik ein, entwickelte 1900 den ↗χ^2-Test für die Güte der Anpassung, erstellte 1896, aufbauend auf F. ↗Galton, der einen weitreichenden Einfluß auf ihn ausübte, die Formel zur Berechnung der Pearsonschen ↗Produkt-Moment-Korrelation, erarbeitete die Methode der multiplen Korrelation, die Formel zur Ermittlung des wahrscheinlichen Fehlers von ↗Korrelationskoeffizienten, Methoden zum Errechnen der Korrelation beim Nichtvorliegen von ↗Normalverteilungen, den ↗Kontingenz-Koeffizienten, den ↗biserialen Korrelationskoeffizienten, veröffentlichte Bücher mit Tabellen zur Erleichterung der stat. Rechenvorgänge usw.

Ziel dieser Beiträge P.s war es nicht, die stat. Theorien an sich zu verfeinern, sondern Methoden zu entwickeln, die eine Untersuchung biol. und psychol. Gegebenheiten und Zusammenhänge erlauben. Aus diesem Grund wandte er seine Methoden auch regelmäßig zur Erforschung der aktuellen Lebensprobleme an, wie etwa zur Untersuchung der Ursachen von Tuberkulose, ↗Alkoholismus, geistiger Retardierung usw., was ihm wegen der Widersprüchlichkeit der Ergebnisse gegenüber den bestehenden Ansichten ständige Angriffe und Anfeindungen von med. und öffentlicher Seite einbrachte. Trotz P.s weitreichenden Beiträgen zur stat. Technik bestand seine größere Bedeutsamkeit vermutlich in dem durch ihn erstmals auf breiter Ebene erweckten Interesse zur Anwendung statistischer Untersuchungsmethoden in den verschiedensten Bereichen der Wissenschaft.

Schr.: The grammar of science, 1892; Mathematical contributions to the theory of evolution, 1894–98; Tables for statisticians and biometricians, 1914.

Lit.: Morant, G. (Ed.): A bibliography of the statistical and other writings of Karl Pearson. Cambridge, 1939; **Pearson, E. S.:** Karl Pearson: an appreciation of some aspects of his life and work. Cambridge, 1938.

W. Wittling

Pearsonscher Korrelationskoeffizient ↗Produkt-Moment-Korrelation.

Pedanterie, übersteigerte Ordnungsliebe, Ordnungstendenz; auch: Umstandskrämerei, gesteigerte Beachtung von Kleinigkeiten (mit gleichzeitigem Verlust des Blicks für das Wesentliche). Mehrdeutiger charakterologischer Begriff.

Lit.: Sacherl, K.: Die Pedanterie. Göttingen, 1957.

K. Pawlik

Pemolin, ↗Psychopharmakon, zur Gruppe der zentralen ↗Stimulantien gehörend. P. bewirkt in niedrigen Dosen u. a. eine mehrere Stunden anhaltende Leistungssteigerung, ohne daß stärkere subj. Aktiviertheit und mot. Erregung (Unterschied zu den meisten anderen ↗Stimulantien) auftritt. *W. Janke*

Penisneid ist nach S. Freud die vorübergehende Reaktion des Mädchens ab der frühen ↗genitalen Phase auf die Entdeckung des anat. Geschlechtsunterschiedes von Knabe und Mädchen. Das Mädchen und auch der Knabe neigen in ihrer kindlichen Wahrnehmung dazu, das weibliche Sexualorgan als etwas Unvollständiges aufzufassen. Im Falle traumatischer Einwirkung auf das Kind in dieser Phase können der Aufbau einer realistischeren Vorstellung vom anat. Geschlechtsunterschied und von den Rollen der Geschlechter (↗Geschlechterrollen) unter Umständen verzögert, Eifersucht und Konkurrenzhaltung gegenüber Männern erhalten und Störungen der sexuellen Empfänglichkeit der Frau (vor allem ↗Frigidität und ↗Vaginismus) entwickelt werden. *W. Toman*

Percentil (Synonym: *Centil*). Ein P. ist jene Maßzahl einer Verteilung, „bis zu der" ein bestimmter Prozentsatz von Fällen liegt. Bis zum 50. P. einer Verteilung (Median) liegen z.B. 50% der Fälle. Das 25. und 75. P. werden auch als 1. (unteres) und 3. (oberes) ↗Quartil bezeichnet. ↗Häufigkeitsverteilungen.

G. Mikula

Perceptionsumfang ↗Bewußtseinsumfang.

Perceptual defence ↗Wahrnehmungsabwehr.

Percipient, Vp oder Empfänger bei einem *Hellsehen*-Experiment. *J. Beloff*

Perfektionismus, das Streben, möglichst alles vollendet und tadellos zu vollbringen. Übertriebener P. birgt die Gefahr charakterlicher Fehlentwicklung in sich. Der Perfektionist neigt zu Egozentrizität, ist von Unrast getrieben und mißachtet das Tun und die Werke anderer. P. ist eine unechte ↗Vollkommenheit.

Lit.: **Arnold, W.:** Person, Charakter, Persönlichkeit. München, [4]1975. *J. Hasenfuß*

Performance, engl. Bezeichnung für (beobachtete) Leistung, Verhalten, Handlung, Erfüllung. Vgl. auch ↗Performance Tests. *H. J. Aebi*

Performance Tests, Tests, in denen der Pb eine manuelle Leistung ausführen muß, die aber nicht die mot. Fertigkeiten, sondern *intellektuelle* Fähigkeiten voraussetzt. Die erste Form stammt von E. Seguin (form-board). Später sind vor allem in den USA Batterien solcher Tests konstruiert worden (z. B. ↗Pinter-Patterson, ↗Arthur Point Scale of Performance Tests, Handlungsteil von Hawie und Hawik [↗Hamburg-Wechsler-Intelligenztest]). Die P. T. sind vor allem nützlich zur Prüfung sprachlich behinderter Probanden. Die Leistung in diesen Tests nimmt mit dem Alter stärker ab als in verbalen Tests. *R. Meili*

Performanz ↗Sprechen.

Perimeter, ein Instrument zur Bestimmung der Empfindlichkeit verschiedener Bereiche der ↗Retina für verschiedenartige visuelle Reize. Reize werden von der Peripherie aus einwärts auf einem halbkreisförmigen Arm, der in der Mitte drehbar gelagert ist, bewegt, wobei das Auge auf das Zentrum des Halbkreises fixiert wird. Farbzonen der Retina, die auf diese Weise ermittelt wurden, zeigen, daß Schwarz und Weiß (Helligkeitssehen) zur Peripherie hin ausgedehnt sind, Blau und Gelb nehmen kleinere, mehr zentrale Teile des Sehfeldes ein, während Rot und Grün mehr zur ↗Fovea hin liegen, d. h. nur in dieser Anordnung wahrgenommen werden. Erfassung der ↗Retina mit dieser Methode wird *Perimetrie* genannt. ↗Farbwahrnehmung; ↗Sinnesorgane: das Auge. *G. D. Wilson*

Periodik ↗Rhythmus.

Periodisches Irresein. Diese Bezeichnung ist veraltet. Vgl. ↗manisch-depressives Irresein. *B. Brooker*

Periodische Trunksucht ↗Dipsomanie.

Periodizität, die Wiederkehr von Ereignissen in regelmäßigen Zeitabständen. Neben nachgewiesenermaßen periodisch auftretenden psychischen Phänomenen (z. B. ↗manisch-depressives [zyklisches] Irresein, ↗Dipsomanie) spielt vor allem der im Volksempfinden verwurzelte Glaube an das periodische Auftreten von Ereignissen (Mondsüchtigkeit, Hundertjähriger Kalender) eine große Rolle, wobei die suggestive Wirkung solcher Erwartungen das Ereignis auch oft eintreten lassen. Umstritten sind auch die *Biorhythmen,* die ebenfalls auf der Annahme der P. beruhen. ↗Rhythmus. *H. J. Aebi*

Peripheres Nervensystem, umfaßt alle nervösen Elemente, die außerhalb von Gehirn und Rückenmark liegen. Es besteht hauptsächlich aus ↗afferenten (sensibel) und ↗efferenten (motorisch) Nerven (Nervenfasern). Ihm gehören sowohl die animalischen als auch die vegetativen peripheren nervösen Systeme an. *E. David*

Peripheres Sehen. Außerhalb des Bereichs des zentralen Sehens, d. h. in dem Bereich außerhalb 2 Grad des ↗Sehwinkels, besteht die ↗*Retina* nur aus ↗Stäbchen, die um so weiter auseinanderliegen, je mehr sie sich der Peripherie annähern. So ist p. S. monochromatisch und weniger deutlich als zentrales. Dagegen ist die Peripherie empfindlicher für Bewegungen.

In der Dunkelheit, wenn nur die Stäbchen aktiviert werden, kann das p. S. dem zentralen überlegen sein. ↗Auge. *C. D. Frith*

Peristase, die neben den Genen auf den Organismus einwirkenden Umwelt- und Milieueinflüsse. ↗Genetik.

Permutation, ein Ausdruck aus der ↗Kombinatorik. P. bezeichnet die Anzahl der möglichen Anordnungen von n Elementen in einer Reihenfolge. Die Anzahl der möglichen P.en von n verschiedenen Elementen ist n! (n-Fakultät). $P_n = n! = 1 \cdot 2 \cdot \ldots \cdot n$.

G. M. Mikula

Persekutionsdelirium, wenig gebräuchlicher Ausdruck für ↗Verfolgungswahn.

C. Scharfetter

Perseveranz, dem engl. *perseverance* nachgebildeter, im Deutschen kaum gebrauchter Begriff für „Ausdauer", „Beharrlichkeit", nicht deutlich von Persistenz unterschieden. Früher im Sinne von ↗„Perseveration" gebraucht, jetzt davon klar abgegrenzt, da letztere ein unwillkürliches Beharren bedeutet, P. dagegen willentliche Kontrolle der ↗Aufmerksamkeit impliziert (Maller, 1944, 182).

Lit.: Maller, J. B.: Personality Tests. In: **J. McV. Hunt** (Ed.): Personality and the behavior disorders, Vol. 1. New York, 1944.

E. Mittenecker

Perseveration *und Perseverationstendenz.* Der Begriff P. wurde erstmals vom Psychiater Neisser (F. Soelder, 1895) als allg. Terminus für die verschiedenen pathologischen Formen des *„Festhaftens an früheren Funktionen"*, vor allem für *überlanges Andauern* und für *häufige Wiederkehr* eines (sensorischen, mot. oder sprachlichen) Vorganges, eingeführt. H. Ziehen (1898) wie G. E. Müller und A. Pilzecker (1900) führten die ersten expt. Untersuchungen zur P. (als „assoziationsloser Reproduktion") an Kindern und normalen Erwachsenen durch (vgl. ↗Gedächtnis). – Gross (1901) machte den ersten Versuch einer theoretischen Begründung der P. als „cerebraler Sekundärfunktion", nämlich einer interindividuell verschieden starken, unbewußten Nacherregung von Gehirnzellen, die für die assoziative Erlebnisverarbeitung von Bedeutung sei. In Holland wurden von Wiersma (1906) und von Heymans und Brugmans (1913) Verfahren zur Bestimmung individueller Unterschiede in der „sensorischen" Sekundärfunktion (wie z. B. Flimmerverschmelzungsfrequenz) und zur „motorischen" P.tendenz (Schreiben von Buchstaben in abwechselnder Folge) ausgearbeitet, die in ihren Modifikationen noch gegenwärtig verwendet werden. Auch in der dt. Typologie (O. Külpe, E. Kretschmer, G. Pfahler) und in der britischen Intelligenz- und Persönlichkeitsforschung (Spearman, 1927) wurden Unterschiede in der P.tendenz (bzw. der „general mental inertia") als wichtiger Persönlichkeitsfaktor angesehen. In späteren Untersuchungen der Zusammenhänge zwischen verschiedenen P.maßen (Eysenck, 1947; Cattell & Tiner, 1949; u. a.) wurde kein allg. P.faktor aufgefunden, sondern eine Mehrzahl von Faktoren, von denen der wichtigste häufig mit ↗„Rigidität" identifiziert wird.

Experimentalpsychol. Untersuchungen zur P. in der ↗Sprache (Mittenecker, 1953) und zur informationstheoretischen Auswertung von perseverationshaltigen Reaktionsfolgen (Mittenecker, 1960) werden neuerdings lerntheoretisch interpretiert (Disäquilibrium der Intensitäten von Reaktionstendenzen).

Im klinisch-psychol. Bereich wird die Bedeutung der P. bei Hirnverletzungen (Breidt, 1969) und bei Epileptikern (Remschmidt, 1968) empirisch und theoretisch untersucht.

Lit.: Breidt, R.: P. und Hirnverletzung. Phil. Diss. Tübingen, 1969; **Cattell, R. B. & L. G. Tiner:** The varieties of structural rigidity. J. Pers., 1949, *17*, 321–342; **Eysenck, H. J.:** Dimensions of personality. London, 1947; **Gross, O.:** Die cerebrale Sekundärfunktion. Leipzig, 1902; **Heymans, G. & H. Brugmans:** Intelligenzprüfungen mit Studierenden. Z. angew. Psychol., 1913, *7*, 232–326; **Mittenecker, E.:** Perseveration und Persönlichkeit. Z. exp. angew. Psychol., 1953, *1*, 5–31, 265–284; **ders.:** Die informationstheoretische Auswertung des Zeigeversuchs bei Psychotikern und Neurotikern. Z. exp. angew. Psychol., 1960, *7*, 392–400; **Remschmidt, H.:** Das Anpassungsverhalten der Epileptiker. Phil. Diss. Tübingen, 1968; **Soelder, F.:** Über Perseveration. Neurol. Centralbl. 1895, *14*, 958; **Spearman, C.:** The abilities of man. London, 1929; **Wiersma, E.:** Die Sekundärfunktion bei Psychosen. J. f. Psychol. Neurol., 1906, *8*, 1–24.

E. Mittenecker

Person. Der Begriff P. ist Ausgangspunkt der ↗Humanpsychologie. Sprachwissenschaftliche Forschungen deuten auf seinen Ursprung aus dem etruskischen Wort *Phersu,* das ein Wesen zwischen Erde und Unterwelt bezeichnet. Auch der Zusammenhang von *persona* mit dem Begriff *Maske* (Rheinfelder, 1928) deutet auf Menschentum hin, wobei bes. auf Körper und Gestalt Bezug genommen wird; dabei kann auch das Geistige gemeint sein (im Unterschied zu anderen Lebewesen). In der *antiken Rechtssprache* bezieht sich P. auf jeden Menschen, gleich welchen Ranges, auf Freie und Sklaven.

Das Wesen der P. wurde von alters her als individuelle Substanz (Personkern und dessen Differenzierung) einer vernunftbegabten Natur erkannt. In dem Verhältnis P. und Natur ergeben sich Bezugsmöglichkeiten zur materialen und sozialen Welt und zum Bereich des geistig Transzendierenden. Nach M. Heidegger stellt die Grundverfassung des Menschen ein tätiges In-sich-selbst-Sein dar, dem ein mögliches In-der-Welt-Sein vorausgehe. Wenn P. als Aktivitätszentrum gefaßt wird, so ist damit der Mensch als Ausgangsmöglichkeit *personaler Begegnung* gemeint (dialogische Ursituation). Der Mensch als P. ist auf die Gemeinschaft hin angelegt; darin kommt seine Würde voll zur Entfaltung.

Den Grund aller menschlichen Erlebnisse bilden die Antriebserlebnisse. Zu ihnen zählen (nach dem aus der *personalen* Begegnung abgeleiteten Klassifikationsprinzip) die *selbstverhafteten* (↗Triebe), die *ichverhafteten* Antriebsarten (↗Interessen und ↗Strebungen), die *umweltverhafteten* Antriebserlebnisse, Affekte und Stimmungen. Der Begriff P. läßt sich nur zum Teil oder gelegentlich (z. B. bei C. G. ↗Jung) identisch setzen mit dem Begriff des ↗Selbst.

Während das Ichbewußtsein reflexiv ist und eine höhere Entwicklungsstufe darstellt, treffen wir beim Selbstbewußtsein auf eine existentielle Gegebenheit. Nicht jede P. besitzt *Ichbewußtsein* de facto, denn auch der Mensch im Embryonalzustand oder der geistig Gestörte ist Person. P. ist die Grundlage des Entwicklungs- und Entfaltungsprozesses, der sich in ↗Charakter und ↗Persönlichkeit ausweist. Empirische Faktoren und Beobachtungen (z. B. Kompensationsbedürfnis von ↗Minderwertigkeitsgefühlen, ↗Gewissen) belegen das Vorhandensein eines psychischen Regelkreises, in dessen Bereich das personale Selbst einen psychol. Ort hat. Kennzeichnend für das Verhältnis P. und Geist ist der Umstand, daß vermittels des Geistes die P. sich selbst zu übersteigen in der Lage ist, und ebenso ist in der P. das sittliche Erlebnisprinzip grundgelegt.

Personsein bedeutet also eine unteilbare Einheit im menschlichen Sein, die einmalig und deswegen unwiederholbar ist. Es bedeutet sodann eine lebendige Einheit, die eine Geschlossenheit verkörpert und sich im normalen Fall nicht auseinanderlebt. Schließlich bedeutet es die individuelle, lebendige, ganzheitlich körperlich-seelische Grundlage des Menschseins (↗Leib-Seele-Problem). Das P.sein betrifft also die vitalbiologische Schicht, die Es-Schicht (den endothymen Grund), und steht in Beziehung zum geistigen Oberbau mindestens dergestalt, daß die P. die Möglichkeit hat, von diesem innerlich betroffen zu werden (Geistinhärenz). Vgl. ↗Schichtenlehren.

Die personale Konstitution des Menschen wird neuerdings systematisch durch die Gesellschaft für ↗Humanistische Psychologie unter der Führung von Charlotte Bühler vertreten. Die besondere Aktualität dieser Thematik in unserer Zeit geht aus der von A. L. Kovacs gestellten Frage hervor: Der Mensch als eine Maschine oder der Mensch als eine Person?

Lit.: Arnold, M. B. & J. A. Gasson: The human person. New York, 1954; **Arnold, W.:** Person, Charakter, Persönlichkeit. München, [4]1975; **Bühler, C. & F. Massarik:** Lebenslauf und Lebensziele. Stuttgart, 1969; **Centore, F. F.:** Persons: A Comparative Account of the Six Possible Theories. Westport (Conn.), 1979; **Lersch, P.:** Aufbau der Person. München, [11]1970; **Radford, J. & R. Kirby:** The Person in Psychology. London, 1975; **Rheinfelder, H.:** Das Wort „Persona". Beih. Zschr. f. roman. Philol., 1928; **Scheider, D. J., Hastorf, A. H. & P. C. Ellsworth:** Person Perception. London, [2]1979; **Splett, J.:** Der Mensch ist Person. Frankfurt, 1978.

W. Arnold

Persona. Das Wort *„Persona"* leitet sich ab von *„Maske"*. Von C. G. ↗Jung stammende

Bezeichnung für den „äußeren Charakter", der dem Individuum eine Interrelation zur Umgebung ermöglicht derart, daß er eine Art Kompromiß zwischen den individuellen psychol. Wesenszügen (dem „individuellen Charakter") und der kollektiven Situation schafft. Dies setzt eine Anpassungskraft an die Gesellschaft voraus.

Lit.: **Guilford, J. P.:** Personality. New York, 1959 (dt.: Persönlichkeit. Weinheim, [6]1974).

J. López Ibor

Personalausbildung. Hierzu zählen alle Maßnahmen zur *Berufsausbildung, Fortbildung* und *Umschulung.* Die Berufsausbildung hat eine breitangelegte Grundausbildung und die für die Ausübung einer qualifizierten beruflichen Tätigkeit notwendigen Fertigkeiten und Kenntnisse sowie die erforderliche Berufserfahrung im Rahmen der gesetzlich festgelegten Ausbildungsordnung zu vermitteln.

Die berufliche Fortbildung soll es ermöglichen, die beruflichen Kenntnisse und Fertigkeiten zu erhalten *(Übung),* zu erweitern *(Spezialisierung),* der technischen Entwicklung anzupassen *(Modernisierung)* oder beruflich aufzusteigen *(Positionsverbesserung).*

Die berufliche Umschulung soll zu einer anderen beruflichen Tätigkeit befähigen, wenn von der Person her (↗Rehabilitation) aus betrieblichen oder volkswirtschaftlichen Gründen eine Beschäftigung im erlernten Beruf nicht oder nicht mehr möglich ist.

In der BRD durch Berufsbildungsgesetz (1969) sowie Arbeitsförderungsgesetz (1969) geregelt.

Lit.: **Krause, E.:** Neustrukturierung der beruflichen Bildung. Berlin – Köln – Frankfurt, 1969; **Röhrs, H.** (Hrsg.): Die Bildungsfrage in der modernen Arbeitswelt. Wiesbaden, [2]1967.

G. Marschner

Personalauslese, systematische Auswahl von Personen nach bestimmten Merkmalen, insbesondere hinsichtlich ihrer Eignung für bestimmte Berufe, Stellungen oder Tätigkeiten (↗*Eignungs*untersuchung; Konkurrenzauslese). Bei den Merkmalen handelt es sich fast immer um solche der körperlichen oder psychischen Eignung, meistens auch um schulische bzw. berufliche Kenntnisse und Erfahrungen sowie um besondere charakterologische Voraussetzungen der Bewerber. Als Maßstäbe dienen u. a. Stellenbeschreibungen, Richtlinien (Laufbahnvoraussetzungen), Merkmalskataloge, wie z. B. aus den Veröffentlichungen der Wirtschaftsvereinigung Eisen- und Stahlindustrie, Düsseldorf:

a) Psychische Berufsanforderungen für metallgewerbliche und für b) Kaufmännische Lehr- und Anlernberufe (1959/60); c) Psychische Eignungsanforderungen für Fahr-, Steuer- und Überwachungstätigkeiten (1962); d) Eignungsanforderung und Eignungsbeurteilung (1963); e) Psychische Eignungsanforderungen für Meister (1970).

Lit.: **Jäger, A. O.:** Personalauslese. In: **A. Mayer & B. Herwig** (Hrsg.): Hdb. der Psychol., Bd. 9. Göttingen, [2]1970.

G. Marschner

Personalbeurteilung, Feststellen von Eignung, Leistung und Verhaltensweisen der Mitarbeiter einschließlich ihrer Motive, Bedürfnisse, Einsatz- und Förderungsmöglichkeiten durch ihre Vorgesetzten unter Berücksichtigung der Arbeitsaufgaben. Die P. soll die berufliche Bewährung ermitteln: damit entweder bei besonderer Qualifikation Fortbildungsmaßnahmen oder bei Minderleistung Umschulung oder Versetzung erfolgen kann. Eine systematische P. gehört zu den wichtigsten modernen Führungsmethoden. Sie wird heute überwiegend durch standardisierte Beurteilungsverfahren vorgenommen. Die Merkmale (Beurteilungsgesichtspunkte) werden durch situative Schilderungen erläutert und die Beurteilung anhand von ↗*Schätzskalen* (5–9 Stufen) vorgenommen. Bei gründlicher Schulung der Beurteiler können zufriedenstellende Reliabilitäten erzielt werden.

Lit.: **Nutzhorn, H.:** Leitfaden der Personalbeurteilung. Berlin – Köln – Frankfurt, 1965; **Veröffentlichungen der Wirtschaftsvereinigung Eisen- und Stahlindustrie,** Düsseldorf: a) Richtlinien für die Personalbeurteilung durch betriebliche Vorgesetzte (1966); b) Psychische Eignungsanforderungen für Meister (1971).

G. Marschner

Personal Data Sheet, allgemein eine in schriftlicher Form vorgelegte, vom Pb zu beantwortende Liste von Fragen zur Person und/oder Persönlichkeit. Speziell ist damit das von R. S.

Woodworth im Ersten Weltkrieg zur Aussonderung psychisch auffälliger Soldaten entwikkelte Fragebogenverfahren gemeint, das eine Anzahl von Fragen nach psychoneurotischen Symptomen enthält. Es gilt als der Prototyp der heutigen Persönlichkeitsinventare (↗Personality Inventory). *H. Haase*

Personality Inventory, auch *Persönlichkeitsinventar* oder *Persönlichkeitsfragebogen,* intendiert für den Pb undurchschaubare obj. Aufnahme von Persönlichkeitsmerkmalen *(↗Fragebogen).* Viele in dt. Sprache vorliegende P. I.s sind als unzulänglich bezeichnet worden, teils wegen allzu sorgloser Übernahme aus dem Englischen, die testtheoretischen Grundsätzen entsprechende Anpassung vermissen läßt, teils aufgrund gefundener Konstruktionsmängel. Als praxisgerechte Vorzüge der P. I.s werden u. a. Ökonomie der Anwendung sowie Auswertungs- und Interpretationsobjektivität genannt. Der theoretische Wert nach heutigen Maßstäben adäquat konstruierter P. I.s unterliegt gravierender Methodenkritik (vgl. ↗Faktorenanalyse, Kritik der).

U. H. Schindler

Personal management, im anglosächsischen Kulturbereich allg. Bezeichnung für Aufgabe, Tätigkeit wie Dienststelle der Personalleitung oder Personalführung; als Dienststelle sehr oft direkt einem Mitglied der Unternehmensspitze unterstellt; entspricht unseren Personal- und Sozialabteilungen, die jedoch oft in der betrieblichen Hierarchie etwas tiefer eingestuft sind.

Lit.: Lössl, E.: Die Personalorganisation und ihre psychol. Probleme. In: **A. Mayer & B. Herwig** (Hrsg.): Hdb. der Psychol., Bd. 9. Göttingen, [2]1970; **Hackstein, R., Nüssgens, K.-H. & P. H. Uphus:** Personalwesen in systemorientierter Sicht. Fortschr. Betr. F. 1971, *20* (2), 27–41.

G. Marschner

Personeller Oberbau, nach Lersch (1966) die oberste, im Denken und Wollen gegebene Schicht der ↗„Person" (hier: Lebensgrund, endothymer Grund mit vor allem pathischen Erlebnissen und p. O.). Nach Lersch erweist sich das Individuum erst dadurch als personales Wesen, daß es durch Stellungnahmen des p. O. gegenüber endothymen Erlebnissen verschiedene Auswirkungen dieser Erlebnisse hervorrufen kann. ↗Schichtenlehren.

Lit.: Lersch, P.: Aufbau der Person. München, [10]1966.

B. Heinze

Personenwahrnehmung ↗Soziale Wahrnehmung.

Personifikation, *Vermenschlichung,* z. B. von Naturkräften (die Sonne als Helios auf dem Sonnenwagen) oder von Begriffen (Allegorie, etwa der Klugheit als Frau mit Schlange und Spiegel). In der P. als Kennzeichen des ↗magischen Denkens und des ↗Mythos spricht sich die wohl stammesgeschichtlich angelegte soziale Strukturiertheit des Denkens aus, nicht eine bes. „urtümliche" oder „primitive" Form.

W. Schmidbauer

Persönliche Gleichung ↗Gleichung, persönliche.

Persönliches Tempo, individuell bevorzugte Geschwindigkeit beim nicht-zeitbegrenzten Vollzug gesteuerter mot. Handlungen. Das p. T. ist ein in der expt. Typenpsychol. wichtiges Merkmal; es wurde bes. häufig bei der Überprüfung der Typologie E. ↗Kretschmers untersucht. Danach weisen z. B. im *Freien Klopfen* auf eine Unterlage die ↗Leptosomen vor den Athletikern (↗Athletischer Typus) und ↗Pyknikern durchschnittlich das größte p. T. auf; bei höheren Anforderungen an die Genauigkeit (z.B. ↗Tracing-Test) sind dagegen die Athletiker am langsamsten.

Lit.: Pauli, R. & W. Arnold (Hrsg.): Psychol. Praktikum. Stuttgart, [7]1972.

M. Amelang

Persönlichkeit. I. Der Mensch ist stark an seiner eigenen P. und auch an der anderer Menschen interessiert. Die Darstellung von P.en ist das Hauptthema der Literatur, der Schauspielkunst und der bildenden Künste. Aber trotz der Diskussionen von Philosophen über die menschliche Natur im Lauf der Geschichte wurde das Studium der P. bis vor kurzem von den meisten Psychologen außer acht gelassen. Teilweise war dies auf die Komplexität des Aufbaus der Persönlichkeit zurückzuführen, teilweise darauf, daß sich die Psychol. mehr mit den Prozessen beschäftigte, die allen Organismen gemeinsam sind und die im Laboratorium untersucht werden können, wie die ↗Wahrnehmung und das ↗Lernen, als mit dem ganzen, je einmaligen Menschen und seiner Motivation. So wurde die erste systematische Arbeit von Psychiatern wie E. ↗Kraepelin, P. ↗Janet, S. ↗Freud und seinen Nachfolgern geleistet, die vorwiegend klinische und intuitive Methoden verwendeten.

Gegenwärtig finden wir ein Durcheinander von verschiedenen P.theorien, die auf verschiedenen Methoden und Konstruktionen basieren. Es gibt wenig Übereinstimmung über die zu untersuchenden Daten und noch weniger über eine Definition. Allport führte 1937 fünfzig Definitionen auf; Sammelreferate, wie z. B. das von Hall und Lindzey (1957) oder von Wepman und Heine (1963), beschreiben wenigstens fünfzehn wesentliche Ansätze. Jedoch würden viele Theoretiker folgende Definition anerkennen (andere wiederum ablehnen): P. ist die relativ stabile Organisation motivationaler Dispositionen einer Person, die durch die Interaktion zwischen biol. ↗Trieben und der sozialen und phys. Umwelt entstehen. Der Ausdruck schließt kognitive und physische Merkmale ein, aber gewöhnlich bezieht er sich hauptsächlich auf die affektivkonativen ↗Eigenschaften, ↗Gefühle, ↗Einstellungen, ↗Komplexe und unbewußte Mechanismen, auf die Interessen und Ideale, die das charakteristische oder das deutliche Verhalten und Denken des Menschen bestimmen. Einige der divergierenden Hauptansichten sind:

1) *Soziale Geltung.* Seit dem Altertum ist der Ausdruck P. oft mehr auf den Eindruck, den man auf andere macht, angewendet worden als auf das innere ↗Selbst. In laienhaftem Gebrauch hat ein Geschäftsdirektor eine kräftige, eine Schauspielerin eine bezaubernde Persönlichkeit. Deutlich spielt jeder verschiedene ↗Rollen und versucht, eine P. zu entfalten, die für die, mit denen er zusammenkommt, annehmbar ist. Sogar sein Selbstbegriff kann Selbsttäuschung sein (vgl. Goffmann, 1956; Vernon, 1964).

2) *Nomothetische Ansätze.* Psychometrisch eingestellte Autoren, wie Cattell, Eysenck und Guilford (vgl. Lit.), nehmen die Realität von stabilen persönlichen Eigenschaften verschiedenen Grades von Allgemeingültigkeit an, weisen aber darauf hin, daß sie nicht direkt beobachtet werden können. Sie müssen aus der Konsistenz in Sprache und Verhalten gefolgert werden. Ihr Ziel ist es dann, die Hauptdimensionen der P. durch ↗Faktorenanalyse von Korrelationen zwischen ↗Tests zu isolieren. So wird P. aufgefaßt als die Meßwerte einer Person in bezug auf alle meßbaren Faktoren oder allg. Eigenschaften. (Cattell schlägt zusätzlich vor, einzigartige Eigenschaften und ihre Organisation durch ↗Q- oder P-Techniken quantitativ zu bestimmen, d. h. „Faktorisieren" von Personen oder Ereignissen.) Emotionale Labilität oder Angst und Extraversion-Introversion werden als Hauptdimensionen fast allgemein anerkannt, aber es gibt wenig Übereinstimmung darüber, wozu diese Hauptfaktoren da sind oder wie sie zuverlässig gemessen werden können.

3) *Ideographische Ansätze.* Deutsche Autoren wie W. Dilthey und E. Spranger betonen ebenso wie die meisten klinisch eingestellten Psychologen die Notwenigkeit des intuitiven Verstehens der einzigartigen Organisation jeder individuellen P. und sind gegen das Messen ihrer Merkmale. Diese Einstellung ist unvermeidlich subjektiv, und Freudsche Konstrukta von unbewußten Motiven sind der Kritik als mythische Wesenheiten ausgesetzt, obwohl sie für die Theoriebildung und in der ↗Psychotherapie nützlich sind (Meehl, 1954).

4) *Behavioristische Ansätze.* In Mays und Hartshornes (1928) Charakterstudien und anderen Versuchen, allg. ↗*Eigenschaften* zu messen, ergaben sich sehr geringe Korrelationen zwischen den dieselbe Eigenschaft messenden Tests; sie deuten darauf hin, daß P.unterschiede als spezifische Reaktionsgewohnheiten auf spezifische Situationen aufzufassen sind. Dies stimmt mit zeitgenössischen S-R-↗Lerntheorien überein. Nachfolger von ↗Skinner verzichteten darüber hinaus ganz auf innere Neigungen oder ↗Triebe und fordern, daß man nur das untersucht, was direkt

beobachtbar und operational definierbar ist (vgl. R. W. Lundin, 1961). Solche Ansichten sind wichtig als Unterstützung für die ↗Verhaltenstherapie. Der moderne kybernetische ↗Behaviorismus ist jedoch flexibler in der Zulassung intervenierender Prozesse oder „Pläne“: Sogar das Selbst könnte als „Superplan“ begriffen werden, der seine eigenen Reaktionen durch das Abschätzen der wahrscheinlich eintretenden verstärkenden Folgen leitet (Mischel, 1968).

5) *Antireduktionistische Ansätze.* Sowohl Freudianer als auch Lerntheoretiker wie Dollard und Miller (1950) führen die ↗Motivation auf eine Spannungsreduktion biologischer Triebe und auf die Auswirkungen des Lernens im ↗Säuglingsalter zurück. A. Adler war der erste, der das *positive Zukunftsstreben* stärker betonte als die Determination durch die Vergangenheit. Allport (1961) folgerte, daß neue Interessen und Motive zu jeder Zeit des Lebens funktionell unabhängig und somit erworben werden können. Die Vorstellung, daß sich das Individuum seine eigene P. schafft, geht einher mit der gegenwärtigen Betonung der Neugier und der Verantwortung als Grundmotive, mit K. Horneys und E. Fromms Betonung der sozialen Einflüsse und mit C. Rogers und A. H. Maslows Theorien der *Selbstaktualisierung* als Grundprinzip des Wachstums und der Entwicklung der Persönlichkeit.

6) *Organismische Theorien und Feldtheorien* wie die von K. Lewin, M. J. Goldstein und A. Angyal sind der Auffassung, daß das Verhalten des Organismus mehr durch seine Interaktion mit dem umgebenden Feld als durch seine festen Dispositionen bestimmt wird. Lewins berühmte Darstellung von „gespannten Systemen“, „Valenzen“ und „Barrieren“ in dem totalen ↗„Lebensraum“ (↗Topologische Psychologie) war bes. in der Sozialpsychol. einflußreich. Aber auch Murrays (1968) Theorie des „Druckes“ (press) hat sich als nützlich erwiesen beim Erfassen und bei der Deutung von Umwelteinflüssen auf die Persönlichkeit.

7) *Phänomenologische Ansätze.* Sie betrachten die P. ganz in Termini der Selbst- und Fremdwahrnehmung und der Umgebung. Motivation, Lernen und Anpassung werden dem Bedürfnis des Menschen zugeschrieben, Widersprüche in seinem phänomenalen Feld aufzulösen und seine fehlerhaften Interpretationen zu korrigieren. Dieser Ansatz, der von E. Husserl stammt und von Snygg und Combs (1949) entwickelt wurde, ist in C. Rogers' „Selbsttheorie“ und in Kellys „Psychologie persönlicher Konstrukta“ (1955) enthalten. In gleicher Weise behauptet der Existentialismus (obwohl er mehr eine literarische und philosophische Bewegung als eine P.theorie ist), daß der Mensch frei ist, zu ringen um den Sinn und die Selbstverwirklichung in einem feindlichen und zwecklosen Universum.

8) *Kulturanalytische Theorien.* Anthropologen und Soziologen neigen dazu, die P. als Produkt der sozialen ↗Gruppen, in denen die Menschen erzogen werden, aufzufasssen. So zeigen B. Malinowskis und M. Meads Beobachtungen der Nicht-Universalität des ↗Ödipuskomplexes und der Kindheitsprägung, daß verschiedene Kulturen die Bedürfnisse des Menschen auf verschiedene Weise befriedigen und verschiedene Organisationsformen entwickeln. Da sie annehmen, daß sich die P. immer in einem besonderen sozialen Milieu entwickelt, befassen sich die Psychologen mehr mit den individuellen Abweichungen von der kulturellen ↗Norm.

9) *Gegenwärtige Strömungen in der Persönlichkeitsforschung.* Das Suchen nach zuverlässigen Mitteln der P.beurteilung mit dem Ziel, sie als Kriterien bei der klinischen Diagnose und Beratung sowie bei der Auswahl von Studenten und Arbeitnehmern anzuwenden, hält unvermindert an, wenn auch nur mit geringem Erfolg. Ebenso enttäuschend verliefen die Verhaltensbeobachtungen bei Kindern und das Messen von ↗Selbstkonzepten und ↗Einstellungen, die über das Aufzeigen einer einfachen Beziehung zwischen der Praxis der Kindererziehung oder elterlichen Einstellungen und solchen P.variablen wie Aggression, Angst oder autoritärer Neigung nicht hinauskamen.

Eine andere bemerkenswerte Tendenz ist das Wachstum der *interdisziplinären* Forschung, da Neurologen, Genetiker, Multivarianzstatistiker und Sozialanthropologen viel zur klinischen und auch zur psychometrischen P.forschung beizutragen haben. Arbeiten über die ↗Wahrnehmungsabwehr und über kognitive Stile, über die Wirkungen der Angst und anderer P.variablen auf das Lernen lassen daran denken, daß die Kluft zwischen Experimental- und P.psychologen schließlich überbrückt werden wird.

Lit.: Allport, G. W.: Pattern and growth in personality. New York, 1961 (dt.: Gestalt und Wachstum in der Persönlichkeit. Meisenheim, 1970); **Arnold, W.:** Person, Charakter, Persönlichkeit. München, [4]1975; **Cattell, R. B.:** The scientific analysis of personality. New York, 1977; **Dollard, J. & N. E. Miller:** Personality and psychotherapy. New York, 1950; **Eysenck, H. J.:** The scientific study of personality. London, 1952, [3]1968; **Goffman, E.:** The presentation of self in everyday life. Soc. Sci. Res. Centre Monogr., 1956, *2;* **Guilford, J. P.:** Personality. New York, 1959 (dt.: Persönlichkeit. Weinheim, [6]1974); **Hall, C. S. & G. Lindzey:** Theories of personality. New York, 1957 (dt.: Theorien der P. München, 1978); **Hartshorne, H. & M. A. May:** Studies in the nature of character. Vol. I Studies in deceit. New York, 1928; **Hennig, W.** (Hrsg.): Zur Erforschung der Persönlichkeit. Berlin, 1978; **Herrmann, T.:** Lehrbuch der empir. Persönlichkeitsforschung. Göttingen, [3]1976; **Hiebsch, H.:** Sozialpsychol. Grundlagen der Persönlichkeitsforschung. Berlin, [9]1976; **Kelly, G. A.:** The psychology of personal constructs. New York, 1955; **Leontev, A. N.:** Tätigkeit, Bewußtsein, Persönlichkeit. Stuttgart, 1977; **Liebert, R. M. & M. O. Spiegler:** Personality. Strategies and Issues. Homewood (Ill.), 1978; **Lundin, R. W.:** Personality: an experimental approach. New York, 1961; **Meehl, P. E.:** Clinical versus statistical prediction. Minneapolis, 1954; **Mischel, W.:** Personality and assessment. New York, 1968; **Murray, H. A.:** Explorations in personality: an interdisciplinary appraisal. New York, 1968; **Rogers, C. R.:** Client-centered therapy. Boston, 1951 (dt.: Die klientenzentrierte Gesprächspsychotherapie. München, [2]1978); **ders.:** Entwicklung der Persönlichkeit. Stuttgart, [2]1976; **Roth, E.:** Persönlichkeitspsychol. Stuttgart, [5]1977; **Rotter, J. B. & D. J. Hochreich:** Persönlichkeit, Theorie, Messung, Forschung. Berlin – Heidelberg – New York, 1979; **Snygg, D. & A. W. Combs:** Individual behavior. New York, 1949; **Vernon, P. E.:** Personality assessment: a critical survey. London, 1964; **Wepman, J. M. & R. W. Heine:** Concepts of personality. New York, 1963.

P. E. Vernon

II. EINIGE DEFINITIONSVERSUCHE. Über die Etymologie des Begriffs „Persönlichkeit“ gibt es unsichere und ungewisse Vermutungen. P. ist die dynamische Ordnung derjenigen psychophysischen Systeme im Individuum, die seine einzigartigen Anpassungen an seine Umwelt bestimmen (G. W. Allport). – P. ist der Inbegriff aller Ereignisse, die sich zu einer individuellen Lebensgeschichte zusammenschließen (H. Thomae). – Die P. eines Individuums ist seine einzigartige Struktur von Eigenschaften (J. P. Guilford). – P. ist das organisierte Gefüge der psychol. Prozesse und Zustände, die sich auf das Individuum beziehen (R. Linton). – P. ist das Steuerungsorgan des Leibes, eine Institution, die von der Geburt bis zum Tode ununterbrochen Veränderungen bewirkt (H. A. Murray).

Charakter – Persönlichkeit. Der Charakterbegriff bedeutet im weitesten Sinne die Eigenart oder Eigentümlichkeit eines Wesens. Der Charakter im psychol. Sinne wird manchmal mit P. gleichgesetzt. Beide sind Ausdrücke, die heute zwar jeder Psychologe verwendet, von denen aber *keiner genau sagen kann, was sie richtig bedeuten.* Aber der Charakterbegriff hat das statische Element mehr betont, dagegen legt der P.begriff den Akzent mehr auf das Funktionelle, Dynamische, Sichwandelnde, Prozeßhafte. H. Rohracher bezeichnet die Gesamtheit der entwickelten psychischen Anlage als die P. des Menschen, die Gesamtheit aller psychischen Anlagen – der entwickelten wie der unentwickelten – als seinen Charakter. Nach ihm ist die P. eines Menschen dasjenige, was bisher unter dem Einfluß seiner Umgebung aus seinem Charakter entstanden ist; sein Charakter umfaßt alles, was er überhaupt in psychischer Hinsicht werden kann.

Während die Wissenschaft versuchte, die menschlichen Charaktere zu Typen zusammenzufassen (↗Typologie), interessierte sich die mehr persönlichkeitsorientierte Forschung für die Gegenüberstellung ↗Anlage-Umwelt. K. G. Gottschaldt kam in seinen Zwillingsuntersuchungen zu dem Eindruck, daß endothyme P.züge, wie Affektivität, Grundstimmung, Vitalantrieb, stärker erbdeterminiert sind als der geistige Oberbau.

Aufgrund der Ergebnisse der eigenen Untersuchungen über Zwillinge schätzt H. J. Eysenck die Bedeutung der Vererbung für die Art der P. sehr hoch ein. Wie stark und in welcher Richtung ein Mensch von der Umwelt beeinflußt werden kann, hängt von seinen Anlagen ab.

Die empirische Untersuchung der Umweltwirkung auf die Entwicklung der ganzen P. hat sehr große Schwierigkeiten, weil man mit Sicherheit feststellen soll, ob sich die P. eines Menschen unter der Einwirkung bestimmter Umweltereignisse geändert habe. In Amerika herrscht die Ansicht, daß die menschliche P. beinahe unbegrenzt veränderlich ist und durch Lebensgeschichte und soziale Einflüsse gestaltet wird. In Europa glaubt man mehr an die relative Konstanz der Grundstruktur der Persönlichkeit.

Man kann auch sagen, daß die amerik. Theoretiker im großen und ganzen die P. unter dem Aspekt von äußerem Verhalten, Oberflächeneigenschaften, mot. Komponenten, zwischenmenschlichen Beziehungen und Veränderlichkeit sehen und vor allem die Wechselwirkung zwischen dem Individuum und sozialer Umwelt (Kultur) untersuchen. Europäer sind im Ggs. dazu Anhänger von Begriffen wie Tiefendisposition, Bestimmung durch Konstitution, feste Struktur, relative Unabhängigkeit von der Gesellschaft und auch relative Unveränderlichkeit.

Lit.: Vgl. ↗Persönlichkeit I. *T. Takuma*

Persönlichkeitsabbau. Graduell verschieden ausgeprägte Abnahme der Spontaneität, der Initiative, der Interessen; zunehmender Verlust der psychischen und der mentalen Differenzierung und Integrierung; Nachlassen der intellektuellen Leistungsfähigkeit mit Merk- und Kritikschwäche, mangelnder Überblicks- und Organisationsfähigkeit, Verarmung an Einfällen, von kreativer Produktivität und sprachlicher Ausdrucksmöglichkeit, Einengung des Denkfeldes nach Verletzungen oder Entzündungen des Gehirns, bei bestimmten Stoffwechselstörungen, Vergiftungen und Infektionskrankheiten sowie degenerativen (z.T. altersbedingten) Hirnerkrankungen; auch bei einer Reihe von Syndromen zu beobachten. *H.J. Engels*

Persönlichkeitseigenschaften, Allgemeinheitsgrad von. Mit Guilford (1959) unterscheidet man zwischen zwei Arten von A. v. P.: 1. A. im Hinblick auf die beobachtbaren Persönlichkeitsmerkmale, in denen eine P. zum Ausdruck kommt, und 2. A. im Hinblick auf die Anzahl der Personen, für welche die betreffende P. nachweisbar ist. Ein hoher A. im ersten Sinne bedeutet, daß eine P. (wie z.B. Extraversion) sich in sehr vielen verschiedenen Verhaltensweisen äußert (diese bestimmt); ein hoher A. im zweiten Sinn bedeutet, daß das betreffende Persönlichkeitsmerkmal bei einer großen Personenzahl ausgeprägt ist.

Lit.: Guilford, J. P.: Personality. New York, 1959 (dt.: Persönlichkeit. Weinheim, [6]1974). *K. Pawlik*

Persönlichkeitseigenschaften, Konstanz von, das Ausmaß, in dem P. in ihrer individuellen Ausprägung über die Zeit unverändert bleiben. Wird durch Verlaufsanalysen, in denen dieselben Vpn in denselben Merkmalen wiederholt untersucht werden, geprüft. Setzt der Zuverlässigkeit (↗Reliabilität) von Tests eine obere Grenze. *K. Pawlik*

Persönlichkeitsfaktor. Beschreibungsdimension für interindividuelle Unterschiede in habituellen Verhaltensweisen ohne Leistungscharakter, die aus den Interkorrelationen zwischen einzelnen Maßen von Verhaltensbeurteilungen, subjektiven und objektiven Tests mit Hilfe der R-Technik der ↗Faktorenanalyse bestimmt wird. Zu unterscheiden sind P.en nach dem Bereich des Verhaltens (z.B. Emotionalität, Motivation, Interesse, soziale Anpassung u. dgl.), dem Ausmaß an Generalität (Verbreitung der Persönlichkeitsmerkmale in der Population), Weite der Beschreibungsdimension (Ausmaß, in dem sich ein Merkmal im Verhalten manifestiert, z.B. „Extraversion" als weiter, „Furchtsamkeit" als enger Faktor), Grad der Unabhängigkeit (hierzu auch die Unterscheidung zwischen primären und sekundären Faktoren), Uni- und Bipolarität sowie weiterer Gesichtspunkte. *M. Amelang*

Persönlichkeitsfaktoren sind multidimensional und auch für den Laien in der Eigenschaftsmannigfaltigkeit der individuellen Person sichtbar. Es wurden verschiedene Systeme entwickelt, die differente Persönlichkeitseigenschaften zu ordnen versuchten (z.B. Arnold: Vitale, ich- und selbstbezogene, du-bezogene, gegenstandsbezogene, transzendierende). Viele dieser Eigenschaften sind sich ähnlich (affin) andere liegen diffug oder polar zueinander.

Die Beschreibung von Persönlichkeitseigenschaften wurde vorwiegend durch die Charakterologie und die Persönlichkeitspsychologie besorgt (z.B. Lersch, Klages, Wellek). Die operationale Bestimmung derselben hat sich besonders aus theoretischen Gründen als notwendig erwiesen. In der Angewandten Psychologie haben sich beide Vorgehensweisen (die phänomenologische und die operationale) als komplementär erwiesen.

Lit.: Arnold, W.: Person, Charakter, Persönlichkeit. München, [4]1975; **Lersch, Ph.:** Aufbau der Person. Berlin – Heidelberg, [11]1970; **Klages, L.:** Grundlagen der Charakterkunde. Bonn, [14]1969; **Wellek, A.:** Die Polarität im Aufbau des Charakters. Bern, [3]1966. *W. Arnold*

Persönlichkeitsforschung, der Zweig der Psychol., der sich mit der Erforschung der ↗*Persönlichkeit,* oft unter Herauslassen der Fähigkeitskomponenten, beschäftigt; in deutschsprachiger Lit. früher meist als charakterologische Forschung bezeichnet. *B. Heinze*

Persönlichkeitsfragebogen ↗Fragebogen; ↗Personality Inventory.

Persönlichkeitsgutachten ↗Gutachten, psychologisches.

Persönlichkeitstests. Unter dem Begriff P. wird eine Reihe von Verfahren zusammengefaßt, die nicht Intelligenz und Leistungsmöglichkeiten prüfen, sondern Affektivität, soziale Einstellungen, Interessen, Neigung zu Neurotizismus u. a. Die ersten wiss. P. waren die Fragebogentests zur Untersuchung von US-Soldaten im Ersten Weltkrieg (R. S. Woodworth et al., 1919). Buros (1961) unterscheidet projektive und nichtprojektive Methoden, Anastasi (1961) ↗projektive Verfahren von Interessen-, Einstellungs- und Persönlichkeitsfragebogen, wobei hier der letztgenannte Begriff sich vor allem auf Persönlichkeitsdimensionen wie Extraversion–Introversion und ↗Neurotizismus bezieht. Daneben gibt es noch die „objektiven P." ↗Psychodiagnostik.

Lit.: Anastasi, A.: Psychological testing. New York, [2]1961; **Buros, O. K.** (Ed.): Tests in print. New York, 1961; **Fahrenberg, J.:** Objektive Tests zur Messung der Persönlichkeit. In: **R. Heiss** et al. (Hrsg.): Hdb. der Psychol., Bd. 4. Göttingen, [2]1968. *G. Naumann*

Persönlichkeitstheorie, ein System von Annahmen, das den Bezugsrahmen zur Erklärung und/oder Beschreibung jenes menschlichen Verhaltens und Erlebens darstellt, das für eine bestimmte Persönlichkeitsdefinition relevant ist. Die meisten P.n beziehen sich, im Unterschied zu anderen psychol. Theorien, auf den ganzen Menschen. Es gibt eine Fülle von P.n, die sich formal im Grad der Explizitheit ihrer Annahmen und in ihrer Bezogenheit auf empirische Daten, inhaltlich in der Schwerpunktsetzung bei der Definition des Begriffs ↗*Persönlichkeit* und ihrer Determinanten unterscheiden.

Lit.: Hall, C. S. & G. Lindzey: Theorien der Persönlichkeit. München, 1978. *D. Bartussek*

Persönlichkeits- und Interessentest (PIT). Der PIT ist ein diagnostisches Testverfahren, das zu der Gruppe der Persönlichkeitsfragebogen (↗Fragebogen) zählt. Er wird vorwiegend in der Berufsberatung bei Absolventen höherer Schulen eingesetzt. Der PIT prüft 9 Persönlichkeitsdimensionen (z.B. Selbstkritik, soziale Einstellung, Introversion, neurotisch, manisch u. a.), die trotz ihrer Anlehnung an die klinische Nomenklatur auch für psychisch gesunde Personen relevant sind, und 9 Interessen-Dimensionen (z.B. Vorliebe für Landleben, für Stadtleben, handwerkliche, wissenschaftliche, soziale Berufe u.a.). Es werden Normen für nicht näher bezeichnete Gruppen von „Jugendlichen" und „Erwachsenen" mitgeteilt. Die Retest-Zuverlässigkeiten nach drei Monaten liegen je nach Dimension zwischen .49 und .91. Es liegen Ergebnisse vor zur Übereinstimmungs-Gültigkeit der einzelnen Dimensionen mit weiteren Persönlichkeitsfragebogen (Korrelations-Koeffizienten bis zur Höhe von 0,56), über Gruppenvergleiche und über die Ansprechbarkeit der Testergebnisse auf experimentelle (z. B. Stress-)Bedingungen.

Lit.: Mittenecker, E. & W. Toman: Persönlichkeits- und Interessentest (PIT). Bern – Stuttgart, 1972. *W. Seitz*

Perspektive. Unter P. versteht man in der ↗*Wahrnehmungs*lehre einen der Faktoren, durch die beim Sehen, und zwar spezifisch schon beim einäugigen, ein Tiefeneindruck hervorgerufen wird. Es handelt sich um retinale Abbildungsgrößenunterschiede mehrerer (ruhender) Gegenstände, der Abstände zwischen diesen, der verschiedenen Stellen eines und desselben Gegenstands. Diese Größenunterschiede wirken sich bes. dann im Sinne von gesehener Tiefe aus, wenn die Gegenstände bzw. Gegenstandsdistanzen und -stellen in einer gewissen Regelmäßigkeit, nämlich mit Größen- bzw. Dichtegefälle, angeordnet sind. Dabei werden die retinal kleineren Gegenstände bzw. dichteren Bereiche in größerer Ferne gesehen. In speziellen Fällen erkennt man konvergent in die Tiefe laufende „Fluchtlinien". ↗Tiefensehen; ↗Identische Netzhautstellen.

Lit.: **Gibson, J. J.:** Die Wahrnehmung der visuellen Welt. Weinheim, 1973. *E. Rausch*

Perspektiventäuschung, bei perspektivischen Zeichnungen auftretende Täuschung über die Größenverhältnisse dargestellter Objekte.

Perspektivisches Sehen ↗Perspektive.

Persuabilität, Überredbarkeit, Beeinflußbarkeit eines Individuums.

Persuasionstherapie, von P. Dubois der ↗Suggestion gegenübergestellte Methode der ↗Psychotherapie, die auf rationalem Weg durch logische Argumente den Kranken zu beeinflussen sucht. Angestrebt wird ein „vernünftiges Urteil" über die eigene Krankheit, wobei Dubois die begleitenden emotionalen Einflüsse durchaus gesehen, ihnen aber eine nur zweitrangige Bedeutung zuerkannt hat. Der P. nahe steht die ↗Logotherapie, welche aber psychoanalytische Gesichtspunkte einbezieht und von daher zu einem differenzierteren Vorgehen kommt. *W. Schmidbauer*

Perversion bedeutet vor allem zwanghaftes sexuelles Verhalten, das von der Gesellschaft mißbilligt wird. Verhaltensweisen, die als pervers bezeichnet werden, sind: Bestialität, ↗Exhibitionismus, ↗Fetischismus, ↗Homosexualität, ↗Sadismus, ↗Masochismus, ↗Sodomie und sogar auch ↗Onanie. Notzucht, ↗Inzest und ↗Promiskuität können ausgeschlossen werden. Mit dem steigenden Wissen um die Vielfältigkeit menschlichen Sexualverhaltens verliert der Begriff seinen negativen Bedeutungsgehalt, mit Ausnahme einer etwas unglücklichen Bezeichnung für den Mißbrauch der ↗Sexualität.

Die psychoanalytische Theorie postuliert, daß jedes Kind P.en zeigt oder als „polymorph pervers" bezeichnet wird. Da der Sexualtrieb des Kindes kein angemessenes Betätigungsfeld findet, zeigt er sich in verschiedenen Verhaltensweisen, die beim Erwachsenen P.en genannt würden. Dieses kindliche Verhalten wird aber nur dann zu einer P. im Erwachsenenalter, wenn die Persönlichkeit und die ↗*Sexualität* auf einem frühen Entwicklungsstadium stehenbleiben. In dieser ↗Fixierung sieht die ↗Psychoanalyse die Ursache von P.en und ↗Neurosen.

P.en können sich hinter einer normalen Sexualentwicklung verbergen; sie sind jedoch ein ständiger Störfaktor der normalen Sexualenergie oder ↗Libido.

Lit.: Vgl. ↗Sexualität. *A. Broadhurst*

Perzentil ↗Percentil.

Perzeption, ↗*Wahrnehmung.* Auch: Bemerken, Auffassen, das Eintreten einer Vorstellung ins Bewußtsein.

Perzeptor, ↗Information verarbeitendes und lernendes System, das als technisches Modell organischer Nervennetze angesehen werden und zur Simulation von Teilprozessen der menschlichen Erkenntnis dienen kann. Im wesentlichen erfolgt die Simulation des Erkenntnisaktes durch Zuordnung von Eigenschaften zu Bedeutungen, d. h., aus der Vielzahl der durch Rezeptoren aufgenommenen und selegierten Signalmuster werden durch ein Netz von sensorischen Elementen invariante Zeichengestalten gebildet, denen nach der Lernphase durch den Bewertungsapparat diejenige

Bedeutung zugeordnet wird, der maximale Ähnlichkeit zukommt (↗Isomorphie, Homomorphie). Eine laufende Verbesserung der Zuordnungskriterien ergibt sich aus früheren Zuordnungen. In der Lernphase werden Bedeutung und Zeichen in der ↗Lernmatrix verknüpft. Der P. kann u. a. als Diagnosemaschine (zur Gestalterkennung) für die Ästhetik usw. nutzbar gemacht werden.

Lit.: **Klix, F.:** Information und Verhalten. Kybernetische Aspekte der organismischen Informationsverarbeitung. Berlin, 1971. *M. Bartram*

PET, *Psycholinguistischer Entwicklungstest,* deutsche Version des ITPA (Kirk & McCarthy, 1961), dem als theoretischer Ansatz das Kommunikationsmodell von Osgood (1957) zugrunde liegt. Er dient außer zur Diagnose von spezifischen Lernstörungen auch als Grundlage für ein individuell abstimmbares Therapieprogramm, bes. für sprach- und lernbehinderte Kinder zwischen 3 und 10 Jahren. Die Bereiche der Repräsentations- und Integrationsstufe werden durch die 12 Subtests erfaßt: Wortverständnis, Bilder deuten, Sätze ergänzen, Bilder zuordnen, Gegenstände beschreiben, Gegenstände handhaben, Grammatiktest, Wörter ergänzen, Laute verbinden, Objekte finden, Zahlen- und Symbolfolgen-Gedächtnis. Durchführungsdauer zwischen 45 und 75 Min., Normen (N = 2622) getrennt für Mädchen und Jungen; Objektivität mangelhaft nur bei „Gegenstände beschreiben"; Konsistenz: .66–.95; Retest-Reliabilität (3 Wochen): .97.

Lit.: **Angermeier, M.:** Psycholinguistischer Entwicklungstest. Manual. Weinheim, 1974. *H. Buchta*

Petit-mal-Epilepsie, vielgestaltige Gruppe cerebraler Anfälle des Vorschul- und Schulalters (4.–14. Lebensjahr). Häufigste Formen: 1) *Blitz-Nick-Salaam*-(BNS-)Krämpfe (Synonym: *Propulsiv-petit-mal*) in den ersten 3 Lebensjahren. Wenige Sekunden dauernde, ruckartige Vorwärtsbewegung des Kopfes, gelegentlich mit Rumpfbeugung und Einschlagen der Arme, begleitet von Bewußtseinstrübung. Tritt meist serienartig auf, oft vermischt mit *Grand-mal*-Anfällen. Im EEG ist das Bild der diffusen gemischten Krampfpotentiale (Hypsarrhythmie) kennzeichnend. Ursache: frühkindliche Hirnschädigung. 2) *Myoklonisch-astatische Anfälle,* im 4. Lebensjahr auftretend. Die Kinder stürzen durch plötzlichen Tonusverlust wie vom Blitz getroffen zusammen. Häufig ist der Anfall von Zuckungen der Arme und der Gesichtsmuskeln begleitet. EEG ähnlich dem bei BNS-Krämpfen. 3) *Pyknolepsie:* gehäuftes Auftreten von ↗Absencen, oft mehrere hundert am Tag. 4) *Petit-mal-Status:* ununterbrochen Stunden bis Tage währende Folge von Absencen. 5) *Impulsiv-petit-mal* (myoklonisches petit-mal): zwischen dem 14. und 17. Lebensjahr Serien von schleuderartigen Stößen der Arme und des Rumpfes von 2–3 sec. Dauer. Nur bei heftigen Stößen sind die Kinder für 1–2 sec. leicht benommen. *C. Scharfetter*

Petting, ebenso wie Dating und Necking Teil oder Phase heterosexueller Sexualbeziehungen. P. umfaßt u.a. Küssen der weiblichen Brust, ↗manuell-genitale Kontakte, wie Berühren der Geschlechtsteile, ↗oral-genitale Kontakte, Aneinanderreiben der Geschlechtsteile ohne ↗Koitus. P. ist vor allem in den USA in nicht-ehelichen Sexualbeziehungen als Ersatz für Koitus sozial akzeptiert.

Lit.: **Ehrmann, W.:** Premarital dating behavior. New York, 1959; **Schofield, M.:** Das sexuelle Verhalten junger Leute. Hamburg, 1969. Weitere Lit. ↗Oral-genitale Kontakte.

J. Friedrichs

Pfad-Analyse, Kombination korrelations- bzw. regressionsanalytischer Verfahren zur Überprüfung von Kausalhypothesen. Die P. wurde in den Grundzügen von Wright (1923) entwickelt. Mit ihrer Hilfe werden Bedingungs- bzw. Kausalmodelle überprüft, aus denen sich Vorhersagen über die Determination einer Variablen durch andere ableiten lassen. Wenn beispielsweise erwartet wird, daß eine Variable x eine andere Variable y kausal beeinflußt und y wieder auf z kausalen Einfluß ausübt ($x \rightarrow y \rightarrow z$), kann dieses Modell durch die partielle Korrelation $r_{xz.y}$ überprüft werden. Das Modell gilt als falsifiziert, wenn die Korrelation bedeutsam von Null abweicht. Gleichzeitig falsifiziert ein solcher empirischer Befund jedoch auch die Kausalmodelle x←y←z und x←y→z (und weitere Kausalmodelle mit mehr als drei Variablen). Komplexere Kausalmodelle werden mit partiellen Korrelationen höherer Ordnung überprüft. Zur Charakterisierung des Einflusses, den eine Variable auf andere Variablen ausübt, werden sog. Pfad-Koeffizienten berechnet, die im Falle eines vollständigen Modelles (in dem alle Variablenpaare direkt miteinander verbunden sind) den Beta-Gewichten der Variablen entsprechen. Das Verfahren eignet sich nicht zum Nachweis kausaler Beziehungen, sondern nur zur Falsifikation kausaler Modelle.

Lit.: Blalock, H. M. (Ed.): Causal models in the social sciences. London, 1971; **Weede, E.:** Zur Methodik der kausalen Abhängigkeitsanalyse (Pfadanalyse) in der nicht-experimentellen Forschung, Kölner Zeitschr. f. Soziol. u. Sozialpsychol., 1970, *22*, 532–550; **Wright, S.:** The theory of path coefficients. A reply to Niles criticism. Genetics, 1923, *8*, 239–255.

J. Bortz

Pfahlersche Typen, Typologie, deren Elemente von Pfahler (1932) als ererbte „Grundfunktionen" bezeichnet werden. Zu ihnen zählt die *Aufmerksamkeit* (eng–weit, festgelegt–wandernd), das *Haften des Erlebten* (stark–schwach), die Ansprechbarkeit des *Gefühls* (heiter–traurig) und die *Lebensenergie* (stark–schwach). *Haupttypen:* 1) Typus der *festen inneren Gehalte:* eng begrenzte Aufnahme von Umwelteinflüssen, aber dann zäh festgehalten. Wirkt sich aus auf Intellekt, Treue und Beharrlichkeit im Fühlen und Wollen, Gründlichkeit im Handeln. Entspricht dem Typ des Introvertiert-Schizothymen von E. ↗Kretschmer. 2) Typus der *fließenden inneren Gehalte:* weite Aufmerksamkeit, alte Eindrücke schnell von neuen verwischt, im Fühlen unbeständig, im Wollen mangelnde Ausdauer, im Handeln wenig gründlich. Entspricht dem Typ des Extravertiert-Zyklothymen von Kretschmer. Diese Haupttypen können nach Graduierung des Gefühls und der Lebensenergie unterteilt werden.

Lit.: Pfahler, G.: Vererbung als Schicksal. Leipzig, 1932.

W. Kretschmer

PFK 9–14, *Persönlichkeitsfragebogen für Kinder zwischen 9 und 14 Jahren,* deutschsprachiger Persönlichkeitsfragebogen zur Anwendung bei Kindern zwischen 9 und 14 Jahren, insbesondere in der Schulpsychologie, Erziehungsberatung, klinischen und heilpädagogischen Psychologie. Er prüft 15 Persönlichkeitsmerkmale, und zwar 4 Verhaltensstile: 1) emotionale Erregbarkeit, 2) fehlende Willenskontrolle, 3) aktiv-extravertiertes Temperament, 4) Zurückhaltung und Scheu vor Sozialkontakt, 6 Motive: 1) aggressives Bedürfnis nach Ichdurchsetzung, 2) Bedürfnis nach Eigenständigkeit und Selbstgenügsamkeit, 3) schulischer Ehrgeiz, 4) Bereitschaft zu sozialem Engagement, 5) Neigung zu Erwachsenen-Abhängigkeit, 6) Maskulinität der Einstellung und 5 Dimensionen des Selbstbildes: 1) Selbsterleben von allgemeiner Angst, 2) Selbstüberzeugung hinsichtlich eigener Meinungen, Entscheidungen und Planungen, 3) Selbsterleben von Impulsivität und Unbekümmertheit, 4) Tendenz zur Selbstaufwertung, 5) Selbsterleben von Unterlegenheit.

Testnormen liegen getrennt nach Alter. Gesellschaft und Schulbildung vor. Die Zuverlässigkeits-Kennwerte schwanken je nach Berechnungsart und Test-Dimension zwischen .59 und .92. Die Gültigkeit ist begründet durch Ergebnisse zur Übereinstimmungs-Validität des jeweiligen Persönlichkeitsfaktors mit Kriterien des Leistungs- und Sozialverhaltens von Kindern und durch persönlichkeitspsychologische Ergebnisse zur Genese des jeweiligen Persönlichkeitsmerkmals (etwa Abhängigkeit von bestimmten elterlichen Erziehungshaltungen).

Lit.: Seitz, W. & A. Rausche: Persönlichkeitsfragebogen für Kinder zwischen 9 und 14 Jahren (PFK 9–14). Braunschweig, 1976.

W. Seitz

Pflanzenpsychologie. Ein von *R. H. Francé* verwendeter Titel einer populären Schrift vorzugsweise über Reiz- und Bewegungsvorgänge bei Pflanzen führte Anfang des 20. Jahrhunderts zur Verwendung dieses Begriffs. Aber bereits 1848 war *G. T. Fechner* im Rahmen seiner panpsychistischen Naturphilosophie zu Vorstellungen über das „Seelenleben der Pflanzen" gelangt. Ferner regten die sorgfältigen wissenschaftlichen Mitteilungen von

Ch. Darwin über Insektenfressende Pflanzen (1876) sowie *W. Pfeffers* hervorragende Pflanzenphysiologie (1881) und auch die Arbeiten des indischen Forschers *J. Ch. Bose* (1906) über Bewegungsvorgänge bei Pflanzen über die wissenschaftlichen Ergebnisse hinaus zum Nachdenken und zu Spekulationen auf dem Gebiet einer hypothetischen Pflanzenpsychologie an. In letzter Zeit sind besonders im Bereich der amerikanischen, aber auch der russischen Literatur zahlreiche Schriften zu diesem Thema erschienen (z. B. Tomkins & Bird, [2]1978; Bolton, 1978).

1. Allgemeine Hinweise: Grundsätzlich sind keine exakten Aussagen über das Vorhandensein oder Fehlen psychischer Bereiche bei den Pflanzen für den Menschen möglich, da der Mensch keine reproduzierbare Introspektion in pflanzliche Lebewesen besitzt. Zudem sind bei Pflanzen bisher keine einem Zentralnervensystem vergleichbaren Gewebe bekannt geworden, die es berechtigt erscheinen ließen, von Pflanzen anzunehmen, daß sie sich psychisch zu erleben vermöchten. Die Frage nach dem Vorkommen „einfachster" psychischer Prozesse bei Pflanzen muß ebenfalls offen bleiben (Bünning, [2]1949). Der Anhänger beispielsweise einer psychologischen Identitätshypothese wird sie freilich als Möglichkeit nicht ausschließen wollen.

Den einzigen Zugang zur Untersuchung von Pflanzen bieten Beobachtungen oder Experimente zum Verhalten (behavior) der Pflanzen, insbesondere ihre Reaktionen auf Signale aus der Umgebung der Pflanzen (Haupt, 1977; Haupt & Feinleib, 1979; Bentrup, 1979). Einflüsse der Umgebung können als Signale („Reize") bezeichnet werden, wenn ihr Energiezufluß zur Pflanze im Verhältnis zur ausgelösten Reaktion gering ist; sie haben also eine Auslöserfunktion. Im kybernetischen Sinn können Signale als Informationen behandelt werden. Der Pflanzenphysiologe untersucht die bei Pflanzen auf Signale hin auftretende „Reiz"-Perzeption, die Weiterleitung von Signalen in den Pflanzen sowie die pflanzlichen auf ein Signal hin erfolgenden Reaktionen ausschließlich mit physikalischen und chemischen Methoden unter Berücksichtigung kybernetischer Steuerungs- und Regulationsvorgänge. Die Einführung psychischer Faktoren ist dabei prinzipiell ausgeschlossen (Bünning, [2]1949).

2) Das Verhalten der Pflanzen bei Signaleinwirkung: Einzellige und vielzellige Pflanzen sind in der Lage, auf die verschiedensten Außeneinflüsse zu reagieren. Signale der verschiedensten Art (Licht, Elektrizität, Chemikalien, Schwerkraft, Temperatur, Berührung, Erschütterung) vermögen nach kurzer oder längerer Zeit Veränderungen des Stoffwechsels sowie Wachstums- und Bewegungsreaktionen hervorzurufen oder zu steuern. Viel untersucht wurde z. B. das innerhalb von 1/10 sec auf ein Berührungssignal hin erfolgende Zusammenklappen von 2 Blatthälften bei der Venusfliegenfalle *(Dionaea muscipula)*, das schnelle Hochklappen der Fiederblättchen und das anschließende Herabklappen der Blattstiele der *Mimosa pudica* nach Anbrennen oder heftigem Berühren der Fiederblättchen, die Bewegung der Blatt-Tentakeln des Sonnentaus *(Drosera)* bei Berührung durch Insekten oder die verschiedenen auf Umweltsignale hin erfolgenden Ortsbewegungen bei niederen Pflanzen (Haupt, 1977; Haupt & Feinleib, 1979; Bentrup, 1979).

Die Signale werden von Rezeptororganen (z. B. besonders gebaute Haare), von Rezeptorzellen oder von intrazellulären Rezeptorsubstanzen (z. B. Lichtabsorption) aufgenommen, in interne Signale umgewandelt und vielfach durch im Einzelnen oft noch nicht genau analysierte Signalübertragung zu den Erfolgsorten weitergeleitet (Bentrup, 1979). Die Signalübertragung kann relativ rasch elektrisch durch Potentialschwankungen und auch durch Aktionspotentiale wie bei tierischen Zellen, insbesondere der Nervenzellen, dort allerdings wesentlich schneller, vor sich gehen oder auf chemischem Wege (z. B. durch noch unbekannte Substanzen, aber auch unter Beteiligung von Hormonen) langsam erfolgen. Sowohl durch auf pflanzliche Organe aufgesetzte Sensoren zur Messung von elektrischen Stromänderungen als auch durch externe oder in einzelne Zellen eingestochene Mikroelektroden zur Bestimmung von Spannungsänderungen läßt sich die Art des auftretenden elektrischen Signals als auch der Weg des Signals in der Pflanze verfolgen. Zwischen benachbarten Zellen kann zudem eine enge elektrische Kopplung bestehen. Bei Belichtung von Chlorophyllkörner enthaltenden Zellen entsteht in solchen Zellen eine Änderung des Membranpotentials, die sich sehr schnell (sec) auch bei benachbarten Zellen ohne Chlorophyllkörner nachweisen läßt, obwohl solche farblosen Zellen bei Belichtung keine Membranpotentialänderung aufweisen (Haupt & Feinleib, 1979). Bei manchen Pflanzen werden interne Signale oder ihre Produkte gespeichert (Summation unterschwelliger Reize; Aufbewahrung von Signalen in der Kälte über Stunden). Von zwei verschiedenen „Fühlborsten" aufgenommene Signale ermöglichen bei der Venusfliegenfalle erst die dann sehr schnelle Reaktion des Zusammenklappens der Blätter zum Tierfang. Unter Umständen können mehrere Signale in noch nicht genau bekannter Weise zentral verarbeitet werden. Bei zur Ortsbewegung fähigen niederen Pflanzen können Signale zur Steuerung koordinierter Bewegungen dienen. Manche Pflanzen sind in der Lage, zeitlich hintereinander ankommende quantitativ verschiedene Signale zu „vergleichen". Besonderes Interesse verlangt die Beobachtung, daß offenbar in einigen Fällen (untersucht wurde die Blattbewegung der Mimose) eine Habituierung, eine „Gewöhnung" an ein nicht schädigendes Signal möglich ist. Insgesamt erweisen sich die Pflanzen als höchst komplexe, von äußeren und inneren Signalen gesteuerte kybernetische Systeme.

3) Die Literatur zum „Seelenleben" der Pflanzen: Die im vorangehenden Abschnitt 2 mitgeteilten Befunde haben seit den Anfängen immer wieder die Veranlassung zum Experimentieren und darauf fußenden Darstellungen gegeben, die das Ziel hatten, den „Nachweis" für ein „Seelenleben" der Pflanzen zu erbringen. Von ernstzunehmenden psychologisch-philosophischen Hypothesen bis zur spekulativen Auswertung fragwürdiger, ungenau dargestellter sogenannter Experimente sind in diesen Veröffentlichungen alle Nuancen vertreten. Viele dieser Darstellungen sind zudem äußerst unkritisch und höchst oberflächlich abgefaßt. Durch geschickt eingestreute, wissenschaftlich nachprüfbare Befunde werden andere, phantastisch erscheinende Mitteilungen wissenschaftlich glaubhaft gemacht. Die Problematik liegt in dem leichtfertigen Übertragen von Begriffen der Psychologie auf Verhaltensmuster von Pflanzen. Besonders vertreten wird die spekulative Meinung, daß Pflanzen den Menschen entsprechende Gefühle haben sollen, daß Pflanzen und pflanzliche Gewebe Gedanken und Gefühle von Menschen registrieren können und daß eine Gedankenübertragung vom Versuchsansteller auf Pflanzen möglich sein soll. Wie im Abschnitt 1 dargelegt, müssen alle derartigen Behauptungen als spekulativ betrachtet werden. Einen Einblick in die zahlreiche Literatur und ein Beispiel für die Arbeitsweise solcher Veröffentlichungen vermittelt die Darstellung von Tomkins und Bird sowie das Buch von B. Bolton.

Lit.: Bentrup, F. W.: Reception and Transduction of electrical and mechanical Stimuli. In: **W. Haupt & M. E. Feinleib** (Hrsg.): Physiology of Movements. Encyclopedia of Plant Physiology N. S. Vol. 7. Heidelberg, 1979; **Bolton, B. L.:** Die magische Welt der Pflanzen. Wien, 1978; **Bünning, E.:** Theoretische Grundfragen der Physiologie. Stuttgart, ²1949; **Fechner, G. T.:** Nanna oder über das Seelenleben der Pflanzen. 1848; **Francé, R. H.:** Pflanzenpsychologie als Arbeitshypothese der Pflanzenphysiologie. Stuttgart, 1909; **Haupt, W.:** Bewegungsphysiologie der Pflanzen. Stuttgart, 1977; **Haupt, W. & M. E. Feinleib** (Hrsg.): Physiology of Movements. Encyclopedia of Plant Physiology N. S. Vol. 7. Heidelberg, 1979; **Tomkins, P. & Ch. Bird:** Das geheime Leben der Pflanzen. Frankfurt, ²1978.

W. Simonis

Pflicht. Als Sammelbegriff ist es Ausdruck für Gebote unterschiedlicher Geltung (als ‚kategorischer Imperativ' [Kant], als ‚einfache Sittlichkeit' [Bollnow] wie auch als moralische Verpflichtung zum Gutsein). Unübersehbar ist dabei das Erlebnis des Selbstverständlichen und Unmittelbaren (Stimme des ↗Gewissens). Als Ausdruck von moralischen Regeln menschlichen Handelns kommt der Pflicht entscheidende Steuerungsfunktion zu. In der Analyse tierischen Verhaltens wurden Kontrollmechanismen für antisoziale Impulse, das Sexual- und Brutpflegeverhalten, die Verteidigung ebenso wie für soziales Verhalten und für die ‚Kollisionen der Pflichten' nachgewiesen. Beim Menschen besteht eine invariante Stufenfolge der Entwicklung zum moralischen Urteil (Piaget, Kohlberg), das sich gegenwärtig in 5 voneinander abgrenzbare Verhaltensdeterminanten gliedert: Widerstand gegen Versuchung, Verhalten nach einer Pflichtverletzung, Altruismus, moralische Einsicht und moralische Ideologie (Wright). *Ch. Olbrich*

PFT ↗Picture Frustration Test.

PGR, Abk. für *psychogalvanischer Reflex*. ↗Hautwiderstand.

Phagophobie, psychogene Schluckstörung aufgrund krankhafter Angst vor dem Schlukken.

Phallische Phase ist nach S. ↗Freud der Anfang der frühen genitalen oder ↗ödipalen Phase. In ihr tritt das Exhibitionieren (↗Exhibitionismus) der eben erst entdeckten Männlichkeit beim Knaben, in geringerem Maße der Weiblichkeit beim Mädchen, das Imponieren und Prahlen im Ggs. zum Interesse an der Person des andersgeschlechtlichen Elternteils oder anderer intrafamiliärer Bezugspersonen bes. hervor. ↗Genitale Phase. *W. Toman*

Phallographie, eine Methode zur Messung der Peniserektion; speziell in der Verhaltenstherapie sexueller Deviationen angewandt zur Erfolgskontrolle und zur Objektivierung der Entscheidung über das Setzen eines Reinforcement. Hier geschieht die P. aus naheliegenden meth. Gründen telemetrisch, vermittels einer Manschette, die Volumenänderungen des Penis signalisiert. *U. H. Schindler*

Phallus, ursprünglich eine bildliche Darstellung oder Skulptur des Penis (auch von Penis und Hoden) zur Verwendung als Dekor, Gegenstand der Verehrung oder als Fruchtbarkeits- und Kreativitätssymbol in bestimmten antiken griechischen (z. B. dionysischen) und asiatischen Kulten (↗Phalluskult). In der ↗Psychoanalyse wird der Penis selbst als P. bezeichnet, bes. in dem Stadium infantiler Sexualität, in dem er mit „narzißtischer Liebe" assoziiert wird. Es besteht sowohl in der Psychoanalyse als auch sonst eine wachsende Tendenz, P. als Synonym für Penis zu benutzen, z. T. vielleicht infolge euphemistischer Prozesse. *G. D. Wilson*

Phalluskult, ↗Kult des männlichen Gliedes, der sich u. a. in Indien bis in die Gegenwart erhalten hat, aber in der Antike und bei Naturvölkern sehr weit verbreitet war (Ägypten, Kleinasien, Griechenland und Italien). Der ↗Phallus wird als *Symbol der Zeugungskraft* verehrt; Opposition gegen solche Kulte bestimmte einen Teil der jüdischen und christlichen Sexualmoral. *W. Schmidbauer*

Phänomenale Bewegung ist eine ältere Bezeichnung für solche Bewegungswahrnehmung, die aufgrund der mechanisch-biol. Gegebenheiten allein nicht erklärbar ist (z. B.: Wir nehmen die Bewegung eines geworfenen Steines wahr, obwohl das Bild auf der ↗Retina konstant bleibt; vgl. auch ↗Bewegungsempfindung). *V. Martinu*

Phänomenale Kausalität, von A. Michotte in Abhebung von philosophischen, insbes. den empiristischen Erklärungsversuchen wie bei D. Hume in die Psychologie auf der Basis experimentalpsychologischer Bedingungsanalysen eingeführter Begriff. Stoßen, Schieben, Ziehen u. a. sind danach in der visuellen Wahrnehmung unmittelbar vorfindbare kinetische Konfigurationen mit Gestaltcharakteristika eigener Art. Sie bestehen aus einem aktiven sich bewegenden Gegenstand A und einem passiven B, der gestoßen, geschoben, gezogen wird usw., wobei während der Dauer der Einwirkung von A auf B (Kausalität) B zwar sichtbar seinen Ort verändert, aber erst nach Abklingen der Einwirkung aktive Eigenbewegung erhält. Die Ausweitung des Bewegungszustands von A auf B wird Ampliation genannt. Ohne sie kommt Kausalitätswahrnehmung nicht vor. Mit der Ampliation verbunden ist die phänomenale Verdoppelung des Bewegungszustands von B, nämlich sowohl durch A bewegt zu werden (auch wenn

A inzwischen zum Stehen gekommen ist) als auch gleichzeitig den Ort zu verändern; obwohl die Reizgrundlage u. U. bei beiden gleich ist, erscheinen sie verschieden. Für das Zustandekommen der ph. K. entscheidend ist das Zusammenwirken von integrativen und segregativen Gestaltfaktoren der Bewegung (Einheit, Gruppierung u. gemeinsames Schicksal) und der Ausgliederung von Figur und Grund (getrennte bzw. gemeinsame Kontur der beteiligten Objekte A u. B). Ihr Zusammenwirken erklärt auch nach der Mechanik paradoxe Kausalwahrnehmungen wie Stoßen, Schieben u. Ziehen über Distanz (Zwischenraum zwischen A u. B) während der Verursachung, zeitliche Verzögerung des Auftretens der Wirkung und schneller werden eines sich bewegenden Bs beim Aufprall von A.

Piaget und Maroun untersuchten den ontogenetischen Aspekt der ph. K. und führen im Unterschied zu Michotte die visuellen kinetischen Konfigurationen, obwohl sie unmittelbar gegeben sind, auf das taktil-kinästhetische Schema zurück, das sich im Wahrnehmen von Kraft und Widerstand beim Kind aufbaut und später beide Wahrnehmungsmodalitäten gleichzeitig umgreift, wodurch es möglich wird, Kraft u. Widerstand nicht nur zu spüren, sondern auch zu sehen. Theoretisch wird ph. K. bei Piaget und Maroun im Zusammenhang mit den Konstanzphänomenen aus dem mathematico-deduktiven System der Konservierungsbegriffe abgeleitet: Causa aequat effectum. Was A verliert, gewinnt B entsprechend der Tatsache, daß ein Gegenstand bei zunehmender Entfernung nicht kleiner erscheint, sondern weiter weg.

Lit.: Michotte, A.: La perception de la causalité. Louvain et Paris, 1946; **ders.:** Die Kausalwahrnehmung. In: **Metzger, W. & H. Erke** (Hrsg.): Hdb. der Psychol., Bd. 1, 1. Göttingen, [2]1974; **ders. u.a.:** Die phänomenale Kausalität. Ges. Werke, Bd. 1. Bern, 1979.

W. Lohr

Phänomenales Feld, der Gesamtbereich des gleichzeitig Erlebten; er gliedert sich in das phänomenale Ich und das phänomenale Umfeld. Der von der Gestalttheorie aus der Physik übernommene Begriff des Feldes soll zum Ausdruck bringen, daß die Zustände und Vorgänge an den verschiedenen Stellen dieses Bereichs in dynamischem Zusammenhang stehen, „sich gegenseitig tragen und bedingen“.

Lit.: Metzger, W.: Psychologie. Darmstadt, [4]1968.

P. Tholey

Phänomenalismus, erkenntnistheoretische Position, die den Bereich der möglichen Erkenntnis auf das sinnlich Erfahrbare reduziert, in den Formen a) des *objektiven Phänomenalismus:* die Wirklichkeit ist in ihrem Ansichsein nicht erfahrbar, aber die Phänomene sind ihre zutreffende Darstellung; b) des *subjektiven Phänomenalismus:* die phänomenalen Bewußtseinsinhalte sind nur subjektive Erzeugnisse ihrer Träger, eine objektive Wirklichkeit entspricht ihnen nicht. – Die Systeme des Sensualismus, Agnostizismus und Positivismus weisen oft phänomenalistische Einstellungen auf. – P. ist etwas grundsätzlich anderes als Phänomenologie (Phänomenologie des Geistes [Hegel], Phänomenologie als Wesenswissenschaft und Transzendentalphilosophie [Husserl] u.a.).

H. Drüe

Phänomenologie, Lehre von den *Erscheinungen.* In einem phänomenologischen Vorgehen wird ein Gegenstand von der Seite seiner Erscheinung in Angriff genommen. Dabei kann es sich um Erscheinen in der äußeren Sinnenwelt, um Anschaulichkeit in der Erlebnissphäre oder auch um symbolisches Sichtbarwerden geistiger Gebilde oder Vorgänge handeln. Das Wort P. wird in einem weiteren und einem engeren Sinne gebraucht. Im engeren Sinne ist mit P. eine philosophisch-psychol. Methode gemeint, die von E. Husserl (1859–1938) begründet wurde und die eine bedeutende philosophisch-wiss. Ausstrahlung ausgeübt hat. Auf sie und ihre Verwandten und Nachfolger wird im folgenden bes. eingegangen.

DIE „REINE PHÄNOMENOLOGIE“ HUSSERLS. Für Husserl (1913) bedeutet P. die Gewinnung einer unmittelbaren Anschauung der Grundlagen der Erkenntnis. Sein Appell „Zurück zu den Sachen“ meinte: es gilt, sich zu lösen von aller vorgefaßten Theorie des ↗Bewußtseins und des Erkennens und eine *reine Anschauung von der Wirklichkeit des Erlebens* zu gewinnen. Aus dieser Anschauung entnimmt der Phänomenologe einen wesentlichen, allg. Gehalt („*kategoriale* Anschauung“). Das bloß empirisch Gegebene des Einzelfalls wird abgestreift in „ideierender Abstraktion“.

Erkenntnis wie auch andere Sinnerlebnisse können nicht auf dem Wege psychologisch-atomistischer Zergliederung erklärt werden. Sie sind Sinnganze. Das Bestreben, geistige Phänomene psychol. abzuleiten, hat Husserl als ↗Psychologismus gekennzeichnet und als irrig erwiesen. Husserl ist andererseits überzeugt, daß nur die phänomenologische Methode die Grundbegriffe erschließen kann, deren die Psychol. als Wissenschaft bedarf. Grundbegriffe können nicht bewiesen, sondern nur aufgewiesen werden. Husserls P. fußt auf der Psychol. seines Lehrers F. ↗Brentano, wonach das Wesensmerkmal des Bewußtseins in der *Intentionalität* („Bewußtsein ist stets Bewußtsein von . . .“) besteht.

Anthropologische Phänomenologie. M. Scheler (1874–1928), kein Schüler Husserls, aber ihm geistesverwandt, erschloß mit seiner P. des Wertlebens auch die vitalen Gründe der menschlichen Person. Für die Psychol. der Gefühle leistete Scheler Grundlegendes. Intentionalität war Zentralbegriff seiner *Personlehre:* Die ↗Person ist das Zentrum der Akte, das seinem Wesen nach nicht Gegenstand werden kann. Mensch und Tier stehen nach Schelers (1916) berühmter Formulierung grundverschieden zur Welt: das Tier hat eine Umwelt, der Mensch hat Welt.

Von Husserl ist M. Heidegger aufs stärkste befruchtet worden. Auch der französische Existentialismus knüpfte an Husserl und Heidegger an. Auf diesem Boden war in Frankreich bes. Merleau-Ponty (1966) der Schöpfer einer phänomenologischen Anthropologie.

Psychologische Phänomenologie. A. Pfänders (1870–1941) „Phänomenologie des Wollens“ (1960) darf als klassisches Werk psychol. P. bezeichnet werden. Psychol. P. bedient sich der vertieften kategorialen Schau und des strengen Beschreibungsstils der P. i. e. S. insbesondere zur Aufweisung psychologischer Grundbegriffe. Psychologische P. war von vornherein (J. Bahnsen, L. Klages) die meth. Haltung der in Deutschland gepflegten Charakterologie (↗Ausdruck).

Das phänomenologische Vorgehen im Rahmen der psychol. Methodik. *Kategoriale Schau* ist nach Husserl das Mittel, Grundbegriffe der Psychol. zu gewinnen. Begriffe wie Wahrnehmung oder Wollen oder Gefühl werden in der Weise festgestellt, daß das Wahrnehmungs- oder Willenshafte usw. in ideierender Abstraktion aus dem einschlägigen Geschehen herausgesehen wird. Die Zuordnung zu Begriffen dieser Art erfolgt nicht, wie bei Klassen- oder Gebietsbegriffen, nach einem *Entweder-Oder,* sondern, wie bei Typenbegriffen, durch ein *Mehr oder Weniger.* Um den herausgesehenen reinen Fall als Mitte gruppieren sich die angetroffenen Vorgänge, ihm mehr oder weniger entsprechend. Das einzelne Vorkommnis wird an dem ideierend abstrahierten reinen Fall gemessen. Die Bedeutung der P. für die psychol. Methodologie hat Binswanger (1922) in seiner Allgemeinen Psychologie klargestellt. Phänomenologische Begriffsschau geht auf sinnhafte Ganzheiten. Die Verbindung zu jenen Einzelbefunden, die mit Hilfe naturwissenschaftlicher Analytik ermittelt wurden, kann nur gelingen, wenn ein Primat der Sinnganzheiten anerkannt wird. Im Werk Buytendijks (z. B. 1953) dürfte eine solche Synthese in richtunggebender Weise angetroffen werden. Auch Straus (1956) sei in diesem Sinne hervorgehoben.

Lit.: Binswanger, L.: Einführung in die Probleme der allg. Psychologie. Berlin, 1922; **Buytendijk, F. J. J.:** Die Frau, Natur, Erscheinung, Dasein. Köln, 1953; **Graumann, C. F.:** Grundlagen einer Phänomenologie und Psychol. der Perspektivität. Berlin, 1960; **Husserl, E.:** Logische Untersuchungen. Halle, 1913; **Lersch, P.:** Aufbau der Person. München, [11]1970; **Merleau-Ponty, M.:** Phänomenologie der Wahrnehmung (Übers. von R. Boehm). Berlin, 1966; **Pfänder, A.:** Der Formalismus in der Ethik und die materiale Wertethik. Halle, 1916; **Spiegelberg, H.:** The Phenomenological movement. A historical introduction. Den Haag, 1960; **Straus, E.:** Vom Sinn der Sinne. Berlin – Göttingen – Heidelberg, 1956; **Thinès, G.:** Phenomenology and the science of behavior. London, 1977.

J. Rudert

Phänotypus, die Erscheinungsform eines Individuums, d. h. die Summe der wirklich ausgebildeten Merkmale. Individuen mit gleichem

P. müssen nicht genetisch gleich sein, z.B. kann ein schwarzes Meerschweinchen reinerbig schwarz sein oder gemischterbig, wobei das ↗Allel für Schwarz dasjenige für Weiß überdeckt (dominant-rezessiver Erbgang).

H. Schmalfuß

Phantasie. GESCHICHTLICHER ÜBERBLICK. Der Begriff „*Phantasie*" (gr.) bedeutet soviel wie Vorstellungskraft. Trevisa (1398) schreibt, daß bei Nacht häufiger P.n auftreten als am Tag. Newton erwähnt die Kraft der P., die es möglich macht, farbig zu träumen. Der Begriff bezieht sich auf subj. ↗Vorstellungen (keine Erinnerungsbilder), seien es ↗Wachträume und Träume im Schlaf oder ↗Halluzinationen, in denen visuelle, auditive, taktile und andere Sinnesmodalitäten (deren Kombinationen) enthalten sein können. Hume (1883) trennt Vorstellungen von ↗Empfindungen; letztere seien eindringlicher und lebhafter. Er meint aber, daß die Vorstellungen den Empfindungen im ↗Schlaf, im Fieber und bei ↗Geisteskrankheiten an Lebendigkeit nahekommen können. Maury (1861) verwendete den Begriff „hypnagog" (wie S. Freud in seiner „Traumdeutung") für die Vorstellungsbilder, die im Halbschlaf auftauchen. Freud beschäftigte sich mit P. unter dem Konzept der „Primärprozesse" im Ggs. zu den „Sekundärprozessen" des zielgerichteten Denkens. Die Primärprozesse äußern sich selbst in Träumen und Tagträumereien durch *Wunscherfüllungsphantasien.* Eine weitere Bezeichnung für P. hat Bleuler in seinem Konzept des ↗Autismus eingeführt. Autistisches (im Ggs. zu realistischem) Denken kann Sekunden oder ein ganzes Leben lang dauern und die Realität vollständig verdrängen (z. B. bei der ↗Schizophrenie). „Ergebnisse autistischen Denkens werden nicht durch realistische und logische Kritik geprüft . . . es interessiert sich nicht für die Wirklichkeit, sondern für die Erfüllung seiner Wünsche" (Bleuler, 1922; s. Rapaport, 1951). Bleuler fügt hinzu, daß das normale Denken eine Mischung aus realistischem (R-Denken) und autistischem (A-Denken) ist (McKellar, 1957). Das A-Denken kann die Persönlichkeit zerstören, was bei den ↗Psychosen vorkommt, oder es kann zeitweilig überhandnehmen, wie z. B. im Traum, in hypnagogen Zuständen, unter dem Einfluß von halluzinogenen Stoffen und bei sensorischer Deprivation. Ebenfalls taucht es bei Tagträumereien auf, in der Mythologie und im Aberglauben. Einige ↗projektive Verfahren, wie z. B. der ↗TAT, enthalten Standardbilder, die die P. anregen sollen; je nach der vom Pbn gegebenen (phantasievollen, -armen) Interpretation dieser Bilder werden dann Informationen über die ↗Persönlichkeit gewonnen.

In seinen frühen Untersuchungen über Vorstellungsbilder fand ↗Galton (1883) „eine ausreichende Verschiedenheit von Fällen, um beweisen zu können, daß die Stärke von Vorstellungsbildern kontinuierlich zunimmt, angefangen mit fast völligem Fehlen von Vorstellungen bis zu ausgeprägten Halluzinationen". Er beobachtete, daß kulturelle Einflüsse die P.tätigkeit *unterdrücken* oder *verstärken* (anregen) können, z. B. dann, wenn „die nur schwach wahrgenommenen P.n der Durchschnittsmenschen von hochgestellten Autoritätspersonen als von großer Bedeutung betrachtet werden . . . dadurch, daß man sich in solchen Fällen regelmäßig mit ihnen beschäftigt, gewinnen sie immer mehr an Präzision".

NEUERE ERGEBNISSE. Das Konzept des A-Denkens wurde widerlegt, als man entdeckte, daß registrierbare Phänomene, auch die schnellen Bewegungen der Augen (REM's = rapid eye movements), Begleiterscheinungen der Träume zu sein scheinen (↗Traum; ↗Schlaf) (Aserinsky & Kleitmann, 1958). Durch die Registrierung der REM-Phasen kann die Traumdauer bestimmt und die Zahl der Träume in einer Nacht festgestellt werden. Träumen scheint ein allgemein verbreitetes Phänomen zu sein, und Kleitmann (1963) unterscheidet weniger zwischen Träumern und Nicht-Träumern als zwischen solchen Menschen, die sich an die Träume erinnern, und solchen, die sich nicht erinnern können. Singer und Craven (1961; vgl. Singer, 1966), die Tagträumereien und allgemeinere P.n mit Hilfe der REM-Phasen untersucht haben, finden einen Höhepunkt der Tagträumereien in der Gruppe von 18–29 Jahren, und sie berichten, daß

96% ihrer Versuchspersonen täglich Tagträume hatten.

Holt (1964) betont die Bedeutung der Erforschung der P. und der Vorstellungstätigkeit für die der Praxis sehr nahen Probleme der modernen ↗Verkehrs- und Betriebspsychologie. Der Test von R. Gordon (1949), der die Beweglichkeit von Vorstellungsbildern prüft, und der Test von Bett (1909) für deren Lebhaftigkeit werden immer mehr verwendet (Richardson, 1969). Synästhesien wurden intensiv von Luria (1969) an einer Vp untersucht, die diese Art von Vorstellungen hatte. Heute kennt man viele Pflanzen und deren Extrakte, die das A-Denken hervorrufen; Untersuchungen der Ethnobotanik lassen vermuten, daß es noch viele unerforschte Quellen von halluzinogenen Stoffen gibt. Hierin ist ein vielversprechendes Gebiet für die Erforschung der chemisch stimulierten P. zu sehen (Efron, Holmstedt & Kline, 1967). Auf diesem Gebiet, ebenso wie bei der Erforschung der sensorischen Deprivation, wurde der Begriff ↗„Halluzination" (wie auch P.) viel zu weit ausgedehnt. Der allgemeinere Begriff ↗ *Vorstellung* ist eine zutreffendere Bezeichnung für viele der hier erwähnten Phänomene.

Lit.: Efron, D.H., Holmstedt, B. & N.S. Kline (Eds.): Ethnopharmacologic search for psychoactive drugs. Washington, 1967; **Galton, F.:** Inquiries into human faculty. London, 1883; **Holt, R. R.:** Imagery: the return of the ostracized. Amer. Psychologist, 1964; **Kleitman, N.:** Sleep and wakefulness. Chicago, 1963; **Luria, A. R.:** The mind of a mnemonist. London, 1969; **McKellar, P.:** Imagination and thinking. London, New York, 1957; **Rapaport, D.:** Organization and pathology of thought. New York, 1951; **Richardson, A.:** Mental imagery. London, 1969; **Singer, J. L.:** Daydreaming: an introduction to the experimental study of inner experience. New York, 1966.

P. McKellar

Phantomglied ist ein Trugbild oder Vortäuschung des Vorhandenseins einer verlorengegangenen Gliedmaße, das sich so weit steigern kann, daß Bewegungs-, Lage- und Schmerzempfindungen *(Phantomschmerz)* auftreten können, welche medizinisch schwer zu behandeln sind.

E. David

Pharmakologie, Teildisziplin der Medizin, die sich mit den Wirkungen von synthetischen und natürlichen chem. Stoffen auf den tierischen und menschlichen Organismus befaßt. Für die Psychol. bedeutsam ist das Teilgebiet der P., das sich mit den Wirkungen von ↗Psychopharmaka befaßt. ↗Pharmakopsychologie.

Lit.: Goodman, L. S. & A. Gilman: The pharmacologial basis of therapeutics. New York, 1965; **Kuschinsky, G. & H. Lüllmann:** Kurzes Lehrbuch der Pharmakologie. Stuttgart, [8]1978; **Møller, K. O.:** Pharmakologie. Basel, 1966.

W. Janke

Pharmakopsychiatrie, Teilgebiet der Psychiatrie, das sich insbesondere mit der Erforschung von Wirkungen ↗psychotroper Substanzen (bes. ↗Psychopharmaka) auf das krankhafte Erleben und Verhalten befaßt. Auch die durch Pharmaka bewirkten krankhaften (abnormen) Veränderungen des Erlebens und Verhaltens gehören zum Forschungsgebiet der Pharmakopsychiatrie. – Die Grenzen zur ↗Pharmakopsychologie sind fließend. ↗Pharmakotherapie.

W. Janke

Pharmakopsychologie. DEFINITION, ABGRENZUNG UND ENTWICKLUNG DER PHARMAKOPSYCHOLOGIE. P. ist i.e.S. ein Teilgebiet der Psychol., das psychische und mit diesen korrelierende physiol. Wirkungen von natürlichen und synthetischen in den Organismus eingebrachten chem. Substanzen (vorwiegend ↗Psychopharmaka) bei „gesunden" Pbn oder Tieren untersucht. Eine Einordnung der P. in die üblichen Teilgebiete der Psychol. erscheint nicht möglich. In dem Maße, wie sie als Ergänzung der ↗Pharmakotherapie gesehen wird, mag sie als angewandte bzw. ↗klinische Psychologie erscheinen. Wird sie als Disziplin, die sich mit den physiol. Grundlagen von Verhalten befaßt, betrachtet, so ist sie ↗allg. oder physiol. Psychologie. Steht die intraindividuelle Variabilität von Verhaltensweisen im Vordergrund der Betrachtung, so ist P. auch als ↗differentielle Psychologie zu sehen. Eine scharfe Abgrenzung der P. von anderen Disziplinen, die sich ebenfalls mit ↗psychotropen Substanzen befassen, ist nicht möglich. Die wichtigsten Disziplinen, die sich mit der Erforschung der Wirkungen von psychotropen Substanzen befassen, sind:

Disziplin	*Untersuchung der Wirkungen von Pharmaka auf ...*
I Pharmakopsychologie	a) Verhalten und Erleben von gesunden Pbn b) Verhalten von Tieren
II Pharmakologie	a) physiol. Vorgänge, insbes. bei Tieren; Verhalten einzelner Organe b) Neurophysiol. Prozesse (Neuropharmakologie) c) Verhalten von Tieren (behavioral pharmacology)
III Pharmakopsychiatrie	Verhalten und Erleben bei psychisch Kranken
IV Pharmakotherapie	Verhaltensänderungen bei psychisch Kranken
V Biochemie	Biosynthese und Abbau körpereigener Substanzen bei gesunden und kranken Tieren und Menschen
VI Neuro-Psycho-Pharmakologie (Psychopharmakologie)	Verhalten, Erleben, physiologische u. biochem. Prozesse bei gesunden und kranken Tieren und Menschen

Obwohl Psychopharmaka seit Jahrtausenden bekannt sind, ist P. als Wissenschaft weniger als 100 Jahre alt. Als ihr Begründer wird der Psychiater E. Kraepelin (1856–1926) betrachtet, in dessen Schule ab Ende des 19. Jh. zahlreiche Untersuchungen zur Wirkung von ↗Stimulantien und ↗Sedativa u. a. auf seriale Rechenleistungen, Gedächtnis- und Lernvorgänge und Aufmerksamkeitsprozesse durchgeführt wurden. Trotz vereinzelter größerer Studien, vor allem zur Wirkung von ↗Rauschmitteln, ↗Stimulantien, ↗Hypnotika und ↗Keimdrüsenhormonen, führten die von Kraepelin angestoßenen Forschungen in der Nachfolge nicht zur Begründung einer systematischen Teildisziplin der Psychologie. Mit der Entwicklung völlig neuartiger Präparattypen mit antipsychotischer (↗Neuroleptika) und antineurotischer (↗Tranquilizer) Wirksamkeit (↗Pharmakotherapie) wuchs Anfang 1950 das Interesse an pharmakopsychol. Forschungen schlagartig. Während sich das Interesse der Pharmakopsychiatrie auf die therapeutische Wirksamkeit der neuen Substanzen, bes. bei ↗Schizophrenien, sowie auf Hypothesen über die Biochemie der ↗Psychosen konzentriert (Wooley & Shaw, 1955), beschäftigt sich die P. bes. mit der Aufklärung inter- und intraindividueller Reaktionsvarianz bei Tranquilizern. Die bei diesen Präparaten im Vergleich zu den bisher bekannten ↗Psychopharmaka starke Wirkungsvariabilität regte zahlreiche Untersuchungen zur Beziehung zwischen Pharmakonreaktionen und Persönlichkeitsfaktoren (H. J. Eysenck, C. Kornetsky, A. Dimascio, W. Janke – vgl. Lit.) sowie situativen Faktoren an (↗Differentielle Pharmakopsychologie).

Seit Mitte der 50er Jahre bezieht die P. in zunehmendem Maße Ergebnisse biochemischer Forschung ein. Insbes. in der animalen P. wird von einigen Forschungsgruppen die Beziehung zwischen Pharmaka, biochemischen und psychischen Vorgängen untersucht.

Praktische Aufgaben der Pharmakopsychologie. Wirkungsprofile psychotroper Substanzen bei gesunden Pbn haben bes. unter folgenden praktischen Aspekten Bedeutung: 1) Klassifikation neuer Substanzen, bes. von ↗Tranquilizern, ↗Stimulantien, ↗Antidepressiva, ↗Sedativa und Schlafmitteln, aufgrund ihrer verhaltensmäßigen Auswirkungen in Ergänzung zu pharmakologischen und klinisch-therapeutischen Klassifikationssystemen. 2) Hypothesenbildung über mögliche therapeutische Indikationen. 3) Analyse psychischer „Nebenwirkungen" von zur Therapie somatischer Erkrankungen verwendeten Pharmaka. ↗Analgetika, Antihistaminika, ↗Antihypertonika, Mittel gegen Erkältungen und viele andere Arzneimittel beseitigen nicht nur die Zielsymptome, sondern induzieren häufig zugleich stärkere psychische Veränderungen, deren exakte Erfassung bes. für die Beurteilung der Verkehrstauglichkeit von Bedeutung ist. 4) Relativ gesunde Pbn stellen ein wesentliches Verbraucherkontingent von Tranquilizern, Stimulantien und anderen Arzneimitteln dar. Pharmakopsychol. Untersuchungen ermöglichen bei geeignetem multifaktoriellem Versuchsplan gezielte Empfehlungen für bestimmte

Situationen und Personen und Aussagen über in bestimmten Verhaltensbereichen zu erwartende Störungen. Von besonderer Bedeutung ist die Analyse der Wirkungen von ↗Hypnotika (Nachwirkungen), ↗Tranquilizern und Alkohol hinsichtlich der Frage der Verkehrstüchtigkeit (Verkehrs-P.). Von ständig zunehmender Bedeutung wegen des stark gestiegenen Verbrauchs von Psychopharmaka ist die Erforschung ihrer Wirkung auf soziale Kommunikationsprozesse (Soziopharmakopsychologie, Sozialpharmakopsychologie).

Pharmakopsychologie und psychologische Grundlagenforschung. Für alle Teildisziplinen der nicht-angewandten Psychol. ist P. eine unter speziellen Aspekten betriebene Grundlagendisziplin, die in enger Verflechtung zur ↗physiologischen Psychologie zu sehen ist. Prinzipiell leistet jede pharmakopsychol. Untersuchung einen Beitrag zur Frage der inter- und intraindividuellen Variabilität psychischer Vorgänge. Pharmaka (bzw. von ihnen ausgelöste biochem. Variationen) werden dabei als eine spezielle Klasse von Stimuli (unabhängige Variablen) angesehen, die grundsätzlich den übrigen in der Psychol. angewandten Stimuli vergleichbar sind. Die systematische Erfassung der Beziehungen zwischen pharmakainduzierten „biochem. Läsionen" (Russell) und Verhalten steht heute jedoch ganz am Anfang, weil der Einfluß von Psychopharmaka auf die biochem. Vorgänge in den Einzelheiten noch weitgehend unbekannt ist. Insbesondere die *Human*-P. ist überwiegend auf Spekulationen und auf Analogien aus der *animalen* P. angewiesen. Trotzdem bietet die P. wie kein anderes Gebiet der Psychol. die Möglichkeit, die zwischen dem Stimulus (Pharmakon) und der Reaktion (Verhalten) ablaufenden biochem. Prozesse bei der Interpretation einzubeziehen. In dem Maße, wie in Tierversuchen biochem. Korrelate des Verhaltens nachgewiesen werden, wird die Bedeutung der P. als psychol. Grundlagendisziplin zunehmen, weil beim Menschen in der Regel biochem. Vorgänge nur indirekt über die Verabreichung von Pharmaka variiert werden können. Psychopharmaka fungieren damit als „Forschungswerkzeuge". Die im folgenden aufgeführten Forschungsrichtungen der modernen P. sind Beispiele für die Verwendung psychotroper Substanzen als „Werkzeuge" psychologischer Forschung.

1. Psychopharmaka, biochemische „Läsionen" und Verhalten: In der Hauptsache konzentriert sich die gegenwärtige Forschung auf die Beziehungen zwischen Variationen der körpereigenen Substanzen ↗Acetylcholin, Serotonin (einschließlich verwandter Substanzen wie Tryptophan, Tryptamin) und ↗Noradrenalin (einschließlich verwandter Substanzen wie ↗Adrenalin, Dopa, Dopamin) und Variationen des Verhaltens. Experimentelle Substanzen sind vor allem Cholinesterase-Hemmer und ↗cholinerge Substanzen für die Manipulation von Acetylcholin im ZNS und VNS, Monoaminooxydase-Hemmer für die Variation der Noradrenalin- und Serotonin-Konzentrationen und Reserpin und ↗LSD für die Manipulation des Serotonins. Als psychol. Variablen fungieren bes. Lern- und Gedächtnisvorgänge (Acetylcholin, Serotonin), Stimmungen und Affekte (Noradrenalin, Serotonin) und experimentell induziertes „psychotisches" Verhalten (Serotonin).

2. Psychopharmaka und Kovariationen physischer und psychischer Prozesse: Zahlreiche psychophysiol. Modelle (z. B. Aktivierungstheorie) sowie die daraus folgenden diagnostischen Anwendungen gehen von unter Normalbedingungen erstellten Korrelationen zwischen physiol. und psychol. Variablen aus. Untersuchungen mit Psychopharmaka können Beiträge zur Adäquatheit oder zu den Grenzen solcher Modelle leisten. Zahlreiche Untersuchungen zeigen, daß unter dem Einfluß bestimmter Präparate völlig andere Korrelationen als unter Normalbedingungen bestehen. Bei einer großen Anzahl von Präparaten (z.B. Anticholinergika, ↗Barbiturate) kommt es zu Dissoziationen zwischen Verhalten und physiol. Vorgängen (EEG, ↗Hautwiderstand, Pulsfrequenz u.a.) und zu Dissoziationen in verschiedenen physiol. Systemen.

3. Psychopharmaka und Lernen: Forschungsschwerpunkte in diesem Bereich bilden 1) Beziehungen zwischen Lernen und Gedächtnis und ↗Ribonukleinsäure (RNS),

Hemm- und Förderstoffen der Eiweiß- und RNS-Synthese (z.B. Antibiotika). 2) Pharmaka und Konsolidierung: Während bestimmte zentral erregende Stoffe (z.B. Strychnin, Picrotoxin, Pentetrazol) bei Verabreichung unmittelbar nach einem Lernvorgang das Behalten zu fördern scheinen, treten bei ↗Hypnotika in hohen Dosen sowie bei ↗Narkotika (z.B. Stickoxydul, Äther) Verschlechterungen des Behaltens auf. Die Analyse der zeitlichen Verhältnisse „Lernen–Präparatverabreichung" ist geeignet, neue Erkenntnisse zur Konsolidierungs- bzw. Perseverationstheorie des Gedächtnisses zu liefern. Psychopharmaka sind hierbei wegen ihrer selektiven Wirkungen anderen Stimuli (z.B. Elektroschocks, Hypothermie, Hypoxie) eindeutig überlegen. 3) Zustandsabhängiges (state dependent) Lernen: Unter dem Einfluß von Pharmaka gelerntes Verhalten wird unter Nicht-Pharmaka-Bedingungen schlechter reproduziert als bei konstant gehaltenen Versuchsbedingungen. Offensichtlich ist der pharmakologisch induzierte organismische Zustand als bedingter Stimulus zu betrachten. Es liegen aber nur wenige Humanversuche vor.

4. Psychopharmaka und Persönlichkeit: Psychol. Persönlichkeitsmodelle sollten es ermöglichen, individuelle Reaktionsdifferenzen auf Psychopharmaka vorherzusagen (↗differentielle Pharmakopsychologie). Das bekannteste solche Differenzen einbeziehende Persönlichkeitsmodell ist das von H. J. Eysenck.

5. Psychopharmaka und Emotion: Die wichtigsten Forschungsbereiche betreffen die Frage, wieweit durch psychotrope Substanzen emotionale Variationen spezifischer emotionaler Qualitäten, die über allg. Arousalerhöhung oder -erniedrigung hinausgehen, induzierbar sind. Die Möglichkeit spezifischer Veränderungen ergibt sich aus der Tatsache, daß viele Präparate relativ spezifisch in hypothalamische, thalamische oder limbische Strukturen eingreifen. Von besonderer Bedeutung sind Untersuchungen, in denen durch VNS-Pharmaka vegetative Reaktionsmuster bei Konstanthaltung oder Variierung kognitiv-situativer Faktoren verändert werden (Schachter, 1966). Da verschiedene Pharmaka differente peripher-physiol. Wirkungsmuster zeigen, können physiol. (James-Lange-Theorie) und physiologisch-kognitive (Schachter, 1966) Emotionstheorien durch pharmakopsychol. Untersuchungen überprüft werden (↗Gefühle). Weitere Untersuchungen gehen der Frage nach, ob depressive Verstimmungen im Zusammenhang mit dem zentralen Serotonin- und Katecholamin-Metabolismus stehen.

6. Psychopharmaka und Motivation: Zentrales Thema pharmakopsychologischer Motivationsforschung ist die individuelle Verarbeitung der Wirkungen des verabreichten Pharmakons entsprechend der aktuellen und habituellen Motivationslage. Pharmaka können als Stimuli, die das normale Adaptationsniveau, etwa das optimale ↗*Aktivierungs*niveau, stören, betrachtet werden. Wie die ↗differentielle Pharmakopsychologie gezeigt hat, reagieren unter bestimmten situativen Bedingungen viele Vpn auf solche Störungen mit paradoxen Reaktionen (z. B. Erregung bei ↗Tranquilizern oder Leistungssteigerung bei ↗Sedativa und ↗Hypnotika). Paradoxe Reaktionen sind das Ergebnis von komplexen Interaktionen zwischen situativen Bedingungen, Persönlichkeitsmerkmalen und Präparatart und -dosierung. Pharmaka erscheinen dabei als Forschungswerkzeuge zur Untersuchung motivationaler Vorgänge. Ein weiterer Problemkreis der pharmakopsychol. Motivationsforschung ist die Beeinflussung von zentralen „Reward"- und „Punishment"-Systemen durch Pharmaka. Die Selbstreizungsrate nach der Technik von J. Olds kann durch zahlreiche Pharmaka modifiziert werden.

Planung und Durchführung pharmakopsychologischer Untersuchungen. Pharmakopsychol. Untersuchungen führen wegen geringer intra- und interindividueller Wirkungskonstanz (↗differentielle Pharmakopsychologie) psychotroper Substanzen nur bei Eliminierung und/oder Kontrolle zahlreicher Faktoren zu interpretierbaren und reproduzierbaren Ergebnissen. Die folgende Tabelle veranschaulicht die wichtigsten dieser Faktoren sowie einige Methoden zu ihrer Eliminierung und Kontrolle.

Faktoren	*Methode zur Kontrolle oder Eliminierung*
1. Spontane und lern- bzw. übungsbedingte Veränderungen	Vergleich mit ↗Placebo, bei Nicht-Durchführbarkeit Vergleich mit Standardpräparaten (insb. bei Klin. Prüfungen)
2. Suggestion	
a) Wissen um die Tatsache der Verabreichung einer Substanz	Vergleich mit Placebo; Vergleich mit Präparatwirkung bei unwissentlicher Applikation (Tarnung der Verabreichung)
b) Ungewißheit, ob Placebo oder eine aktive Substanz verabreicht wird	Vereinheitlichung der subj. Wahrscheinlichkeit, Placebo oder aktive Substanz zu erhalten, durch Instruktion
c) Allgemeines Wissen über Wirkungsart psychoaktiver Substanzen	Interindividuelle Vereinheitlichung des Informationsgrades durch Instruktion
d) Wissen über die erwartete Wirkungsrichtung	a) Ungerichtete Instruktion (z. B. „Wirkungsrichtung bislang nicht bekannt“) b) Gerichtete Instruktion (z. B. „Präparat wirkt sedierend“)
e) Erwartung psychischer Wirkungen wegen stärkerer somatischer Nebenwirkungen	Vergleich mit „aktivem“ Placebo, d. h. einer Substanz, die die körperlichen Nebenwirkungen, nicht aber die psychischen Hauptwirkungen zeigt
3. Merkmale der Pbn	
a) Alter, Geschlecht, Gewicht, habituelle Persönlichkeitsmerkmale u. a.	Homogenisierung der Stichprobe durch Selektion (z. B. nur „Neurotiker“); Parallelisierung bei unabhängigen Gruppen, faktorielle Versuchspläne
b) Gesundheitliche Merkmale	Eliminierung von Pbn mit bestimmten Krankheiten (z. B. Leber-, Magen-Darm-Krankheiten)
c) Freiwilligkeit der Pbn	Kontrolle der Persönlichkeitsmerkmale der sich freiwillig meldenden Pbn
d) Individuelle Ausgangslage	Eliminierung unterschiedlicher Ausgangslagen durch Adaptation (Testzyklus vor Präparatverabreichung), Habituation (Einübungsversuche) oder Vereinheitlichung (z. B. durch Standardmahlzeiten). Nachträgliche Korrekturen durch Regressionsmethoden (z. B. Kovarianzanalyse) zur Berücksichtigung der Ausgangslage
e) Erfahrungen mit Psychopharmaka und pharmakopsychol. Untersuchungen, Einstellungen, Erwartungen	Vereinheitlichung durch Instruktion, Eliminierung von Pbn mit „viel Erfahrung“
f) Vorangegangene Tätigkeiten	Standardisierung. Erfragung von Besonderheiten, evtl. Ausscheidung von Pbn, ↗Faktorieller Versuchsplan
4. Situative Bedingungen	
a) Vl-Wissen (wie bei 2)	Wie bei 2
b) Geschlecht, Verhalten des Vl u. a.	Homogenisierung (Eliminierung) oder Kontrolle durch faktorielle Versuchspläne
c) Soziale Bedingungen	Standardisierung: Gruppen- oder Einzelversuch
d) Räumliche Bedingungen	Standardisierung: gleicher Raum für die Pbn, Störfreiheit
e) Zeitliche Bedingungen (Tages-, Wochen-, Jahreszeiten)	Begrenzung auf kurze Zeiten, Ausbalancierung, faktorielle Versuchspläne
5. Dosis-Wirkungs-Merkmale	Verwendung von mindestens 3 Dosierungen
6. Zeit-Wirkungs-Merkmale	Mehrfache Meßwiederholung innerhalb einer Untersuchung
7. Wirkungsmerkmale im Vergleich zu anderen Substanzen	Verwendung von Standardpräparaten
8. Prüfinstrumente	
a) Selektive Wirkungen von Psychopharmaka	Verzicht auf „Globalmaße“, multivariante Testbatterien zu den Bereichen des Erlebens, Verhaltens und physiologischer Vorgänge
b) Mehrdeutigkeit der Wirkungen	Verwendung von faktoriell möglichst einfachen Tests, Kontrolle komplexer durch faktoriell einfache Tests
c) Unterschiedliche Empfindlichkeit von Tests bei verschiedenen Präparattypen, z. B. Unempfindlichkeit von Speed-Tests bei sedierenden Substanzen	Benutzung von verschiedenen Batterien entsprechend Wirkungsrichtung, bei ↗Speed-Tests Kontrolle motivationaler Faktoren durch ↗*Skalierungs*techniken.

d) „Anfälligkeit" bestimmter Tests gegenüber Placebo	(a) Kontrolle von Deckeneffekten (Ceiling) durch „Kein-Präparat"-Bedingungen (b) Nicht-Benutzung von stark „placeboanfälligen" Tests
e) Verstärkerwirkungen durch Verwendung zahlreicher Tests	Benutzung von Batterien mit möglichst wenig interkorrelierenden Tests

Lit.: 1) *Zeitschriften, Periodica* und *Literaturquellen:* Psychopharmacologia. Berlin, seit 1960; International Pharmacopsychiatry. Basel, seit 1968; Pharmakopsychiatrie – Neuropsychopharmakologie. Stuttgart, seit 1968; Psychopharmacological Abstracts. Bethesda, seit 1961; Neuro-Psycho-Pharmacology. Amsterdam, seit 1958 (alle 2 Jahre); **Caldwell, A. E.:** Psychopharmaca. A bibliography of psychopharmacology. Washington, 1958; **Koboyashi, T.:** International bibliography on psychopharmacology, Vol. 1. Tokio, 1968 (wird fortgesetzt); **Wortis, J.** (Ed.): Recent advances in biological psychiatry. New York, seit 1960 (jährlich). – 2) *Lehrbücher, allg. Einführungen, Sammelreferate:* **Black, P.:** Drugs and the brain. Baltimore, 1969; **Brücke, F. Th. von & O. Hornykiewicz:** Pharmakologie der Psychopharmaka. Berlin – Heidelberg, 1966; **Clark, W. G. & J. del Guidice** (Eds.): Principles of psychopharmacology. New York, 1970; **Dews, P. B.:** Psychopharmacology. In: **A. J. Bachrach** (Ed.): Experimental foundations of clinical psychology. New York, 1962; **Efron, D. H.** (Ed.): Psychopharmacology. A review of progress 1957–1967. Washington, 1968; **Elkes, J.:** Behavioral pharmacology in relation to psychiatry. In: **H. W. Gruhle** et al. (Eds.): Psychiatrie der Gegenwart in Forschung und Praxis, Bd. I/1. Berlin, 1967; **Eysenck, H. J.** (Ed.): Experiments with drugs. Oxford, 1963; **Goodman, L. S. & A. Gilman** (Eds.): The pharmacological basis of therapeutics. New York, 1965; **Joyce, C. R. B.** (Ed.): Psychopharmacology – Dimensions and perspectives. London 1968; **Lippert, H.:** Einführung in die Pharmakopsychologie. Bern, 1959; **Nordine, J. H. & P. E. Siegler:** Animal and clinical pharmacological techniques in drug evaluation, Bd. 1. Chicago, 1964; **Ross, S. & J. O. Cole:** Psychopharmacology. Ann. Rev. Psychol., 1960, *11*, 415–438; **Russell, R. W.:** Psychopharmacology. Ann. Rev. Psychol., 1964, *15*, 87–114; **Siegler, P. E. & J. H. Moyer:** Animal and clinical pharmacologic techniques in drug evaluations, Bd. 2. Chicago, 1967; **Solomon, P.:** Psychiatric drugs. New York, 1966; **Steinberg, H.** (Ed.): Animal behavior and drug action. London, 1964; **Thompson, T. & C. R. Schuster:** Behavioral pharmacology. New York, 1968; **Uhr, L. & J. G. Miller:** Drugs and behavior. New York, 1960. – 3) *Psychopharmaka, Biochemie* und *Verhalten:* **Deutsch, S. A.:** The physiological basis of memory. Ann. Rev. Psychol., 1969, *20*, 85–104; **Domagk, G. F. & H. P. Zippel:** Biochemie der Gedächtnisspeicherung. Naturwissensch., 1970, 57, 152–162; **Eiduson, S.** et al.: Biochemistry and behavior. Princeton, 1964; **Freedman, D. X.:** Aspects of the biochemical pharmacology of psychotropic drugs. In: **P. Solomon** (Ed.): Psychiatric drugs. New York, 1966; **Gelpke, R.:** Drogen und Seelenerweiterung. München, [4]1975; **Mandell, A. S. & M. P. Mandell** (Eds.): Psychochemical research in man. New York, 1969; **Pöldinger, W., Schmidlin, P. & F. Wider** (Hrsg.): Index Psychopharmacorum. Bern–Stuttgart, [5]1978; **Russell, R. W.:** Effects of „biochemical lesions" on behavior. Acta Psychol., 1958, *14*, 281–294; **Russell, R. W.:** Biochemical substrats of behavior. In: **R. W. Russell** (Ed.): Frontiers in physiological psychology. New York, 1966; **Weiss, B. & V. G. Laties:** Behavioral pharmacology and toxicology. Ann. Rev. Pharmacol., 1969, *9*, 297–326; **Young, R. D.:** Developmental psychopharmacology: a beginning. Psychol. Bull., 1967, *67*, 73–86; – 4) *Spezielle Fragen der Pharmakopsychologie:* **Baker, R. R.:** The effects of psychotropic drugs on psychological testing. Psychol. Bull., 1968, *69*, 377–389; **Corning, W. C. & S. C. Ratner:** Chemistry of learning. New York, 1967; **Düker, H.:** Über reaktive Anpassungssteigerung. Zschr. exp. angew. Psychol., 1963, *10*, 46–72; **Gaito, J.:** Molecular psychobiology. Springfield, 1966; **Janke, W.:** Experimentelle Untersuchungen zur Abhängigkeit der Wirkung psychotroper Substanzen von Persönlichkeitsmerkmalen. Frankfurt, 1964; **Janke, W. & G. Debus:** Experimental studies on antianxiety drugs with normal subjects: methodological considerations and review of the main effects. In: **D. H. Efron** (Ed.): Psychopharmacology 1957–1967. Washington, 1968; **Janke, W.:** Methoden der Induktion von Aktiviertheit. In: **W. Schönpflug** (Hrsg.): Methoden der Aktivierungsforschung. Bern, 1969; **Kimble, D. P.** (Ed.): The anatomy of memory. Palo Alto, 1965; **Lennard, H. L.:** A proposed program of research in sociopharmacology. In: **P. H. Leiderman & D. Shapiro** (Eds.): Psychobiological approaches to social behavior. London, 1965; **Linden, M. & M. Manns:** Psychopharmakologie für Psychologen. Salzburg, 1977; **McGaugh & L. F. Petrinovich:** Effects of drugs on learning and memory. Int. Rev. Neurobiol., 1965, *8*, 139–196; **Mikhel'son, M. Y. & V. G. Longo:** Pharmacology of conditioning, learning and retention. Oxford, 1965; **Miller, N. E. & H. Barry:** Motivational effects of drugs. Psychopharmacologia, 1960, *1*, 169–199; **Overton, D.:** Dissociated learning in drug states (state dependent learning). In: **D. H. Efron** (Ed.): Psychopharmacology 1957–1967. Washington, 1968; **Schachter, S.:** The interaction of cognitive and physiological determinants of emotional state. In: **C. Spielberger** (Ed.): Anxiety and behavior. New York, 1966; **Stein, L.:** Chemistry of reward and punishment. In: **D. H. Efron** (Ed.): Psychopharmacology 1957–1967. Washington, 1968; **Trouton, D. T. & H. J. Eysenck:** The effects of drugs on behavior. In: **H. J. Eysenck** (Ed.): Handbook of abnormal psychology. New York, 1960.

W. Janke

Pharmakopsychopathologie, Teilgebiet der ↗Psychiatrie, das sich mit durch Pharmaka ausgelösten abnormen bzw. krankhaften psychischen Veränderungen befaßt.

Lit.: De Boor, W.: Pharmakopsychologie und Psychopathologie. Berlin, 1956.

W. Janke

Pharmakotherapie, genauere Bezeichnung *psychiatrische* Pharmakotherapie. – Behandlung von psychischen Erkrankungen vorwiegend aus der Gruppe der endogenen ↗Psychosen und der ↗Neurosen mit Hilfe von ↗Psychopharmaka. P. wird in der Regel als Alternative zu Elektrokrampfbehandlung bzw. zu ↗Psychotherapie und Verhaltenstherapie aufgefaßt, obgleich sich die verschiedenen Maßnahmen nicht ausschließen (Gottschalk, 1968; May, 1968). Der Beginn einer in großem Umfang praktizierten P. kann auf etwa 1952 angesetzt werden. Auf dem Gebiet der Behandlung endogener Psychosen hat sich P. weitgehend durchgesetzt. Es konnte gezeigt werden, daß bei einer großen Zahl von Fällen mit P. entweder bessere therapeutische Resultate oder bei gleichen Resultaten ein größerer Spielraum in der Gestaltung der Therapie von Psychosen (z. B. ambulante Behandlung) erzielt werden konnte als mit der vorher vorherrschenden Elektrokrampfbehandlung oder ähnlichen Methoden (Davis et al., 1968; Hippius, 1961). – Geht man von biochem. Bedingungen endogener Psychosen aus, so werden mit P. pathogenetische Teilmechanismen (Hippius, 1968) beeinflußt, was der medikamentösen Therapie in anderen Bereichen der Medizin entspricht. Allerdings führt P. in der Regel nicht zu endgültiger Heilung (Kamano, 1966), sondern zu symptomfreien Zeiträumen bzw. Verkürzungen der Krankheitsphasen.

Der Behandlung von Neurosen mit Pharmaka, speziell mit ↗Tranquilizern, kann bisher nur eine andere Maßnahmen unterstützende Funktion, vor allem in Form der Reduktion von Angst oder Spannung, zugeschrieben werden (Rickels, 1968). Allerdings muß auch die mittelüberdauernde Wirkung der Psychopharmaka bei der Behandlung von Psychosen nicht nur in einer biochem. Umstimmung des Organismus gesehen werden, sondern könnte teilweise auf Lernprozesse unter der akuten Wirkung der Medikamente zurückgeführt werden (Honigfeld, 1964). – Entscheidendes Problem in der Optimierung der P. ist die Ermittlung exakter Indikationen und Wirkungsangaben. Bei der Ermittlung der Indikation sind in erster Linie Zielsymptome zu beachten (Freyhan, 1959), es kann jedoch nicht verzichtet werden auf grobe nosologische Klassen und Differenzierungen nach Persönlichkeitsmerkmalen, biographischen oder demographischen Merkmalen innerhalb der Gruppen mit vergleichbarer Zielsymptomatik (Wittenborn & May, 1966). Die Ermittlung der Ergebnisse von P. hat zur Voraussetzung, daß Zielsymptome definierbar, operationalisierbar und gegeneinander abwägbar sind, letzteres, da in der Regel nicht alle gleichermaßen erreicht werden können. Klinische Prüfungen von Psychopharmaka sind durch Verpflichtung zu optimaler Behandlung (z. B. Placeboversuch weitgehend ersetzt durch Prüfung gegen ein Standardpräparat) und durch Mängel in der unwissentlichen Versuchsdurchführung (z. B. Behinderung des Doppelblindversuches durch Einsehbarkeit der Variation von Medikamenten aufgrund von Nebenwirkungen) begrenzt (Heimann, 1969).

Lit.: Beiträge von: **Davis, J. M.** et al.; **Gottschalk, L. A.; May, P. R. A.; Rickels, K.** In: **D. H. Efron** (Ed.): Psychopharmacology. A review of progress. Washington, 1968; **Freyhan, F. A.:** Psychopharmacology. A review. In: **J. H. Masserman** (Ed.): Biological Psychiatry. New York, 1959; **Heimann, H.:** Allgemeine meth. Probleme der klinischen Prüfung von Antidepressiva. Arzneim.-Forsch., 1969, *19*, 878–880; **Hippius, H.:** Klinische Indikation der modernen psychiatrischen Pharmakotherapie. Dtsch. med. J., 1961, *12*, 524–529; **Honigfeld, G.:** Non-specific factors in treatment. II Review of social-psychological factors. Dis. nerv. syst., 1964, *25*, 225–239; **Kamano, D. K.:** Selective review of effects of discontinuation of drug treatment: some implications and problems. Psychol. Rep., 1966, *19*, 743–749; **Wittenborn, J. R. & P. R. A. May:** Prediction of response to pharmacotherapy. Springfield, 1966. *R. Dietsch*

Phasopathie, reversible endogen-episodische Überprofilierung einer seelisch-geistigen Entwicklungsphase, die Wochen bis Jahre dauern kann, dann aber wieder völlig verschwindet; die dadurch bedingten Erziehungs-, Schul- und Berufsschwierigkeiten bzw. sozietären Adaptationsstörungen können als abnormer Teilzustand im Ablauf eines psychischen Prozesses pathologisch wirken.

Diagnostisch davon zu trennen sind die ererbte ↗geistige Behinderung, die durch schädigende Mit- und Umwelteinflüsse erworbenen Charakterstörungen (z. B. innere Verwahrlosung, reaktive Fehlhaltungen, modische oder epochale seelisch-geistige Fehlentwicklungen) und die irreversiblen personalen Veränderungen im Sinne des Abnormen aufgrund einer somatisch eindeutig nachweisbaren Krankheit bzw. eines Folgezustandes nach Erkrankung.

Lit.: Engels, H. J.: La psychologie, science auxiliaire. Revue de Neuropsychiatrie infantile et d'Hygiène mentale de l'Enfance, 1964, *12,* 747–754. *H. J. Engels*

Phenothiazine, chem. Untergruppe der ↗Neuroleptika (↗Psychopharmaka). P. werden aufgrund chemischer Kriterien gegliedert in *Promethazin-, Propylamino-*Derivate (Promazin, Chlorpromazin, Trifluopromazin), *Propylpiperazin-*Derivate (Perazin, Prochlorperazin, Fluphenazin, Perphenazin, Homofenazin) und *Alkylpiperidyl-*Derivate (Mepazin, Thioridazin). – P. haben ein breites Wirkungsspektrum aufgrund multipler Angriffspunkte im zentralen (u. a. ↗Formatio reticularis, hypothalamische Regulationszentren) und peripheren NS (adrenolytisch, anticholinerg, antihistaminisch) mit unterschiedlicher Kombination und Ausprägung der Wirkungseigenschaften bei den einzelnen Derivaten. Die klinisch bedeutsame neuroleptische Wirkung ist hinsichtlich Stärke und Dauer sehr verschieden (z. B. schwach bei Promazin, stark bei Fluphenazin). P. wirken antiemetisch, appetitsteigernd und temperatursenkend (vorwiegend im Sinne fehlender Kompensation). Sie führen in hohen Dosen zu extrapyramidalen Symptomen (auch nach chronischer Applikation) und potenzieren ↗Narkose. Die Wirkungen niedriger Dosen bei gesunden Personen sind instabil je nach Situation und Person (↗Differentielle Pharmakopsychologie); sedierende Effekte treten im Vergleich zu ↗Tranquilizern relativ früh auf. Tranquilisierende Effekte zeigen sich auch bei erstmaliger Applikation, klinisch sind dagegen die therapeutischen Wirkungen häufig erst nach mehrmaliger Applikation ganz vorhanden.

Lit.: Gordon, M.: Phenothiazines. In: **M. Gordon** (Ed.): Psychopharmacological agents, Vol. 2. New York, 1967; **Henninger, G., Di Mascio, A. & G. L. Klerman:** Personality factors in variability of response to phenothiazines. Amer. J. Psychiat., 1965, *121,* 1011–1094. Weitere Lit. ↗Neuroleptika; ↗Chlorpromazin. *G. Debus*

Phenylketonurie ist eine rezessiv vererbbare Stoffwechselanomalie, bei der infolge eines Enzymdefektes der Umbau von Phenylalanin zu Tyrosin gestört ist. Dieses Krankheitsbild ist gekennzeichnet durch unterschiedlich stark ausgeprägten ↗Schwachsinn *(Phenylbrenztraubensäure-Oligophrenie)* und eine Krampfneigung im frühen Lebensalter. Heilung nur durch sehr frühzeitige Diagnose und phenylalaninarme Kost nur vor dem 3. Lebensjahr möglich. *E. David*

Pheromone, chem. Stoffe, die der innerartlichen Verständigung dienen. Das Seidenspinnerweibchen bildet in besonderen Duftdrüsen einen Sexuallockstoff, auf den Männchen dieser Art außerordentlich empfindlich reagieren. Entsprechende geschlechtsspezifische Reaktion beim Menschen wird den Exaltoliden (moschusähnlichen Substanzen) zugeschrieben. *V. Preuss*

Phi-Koeffizient ↗Punkt-Vierfelder-Korrelation.

Philosophie und Psychologie. Das Verhältnis der Disziplinen Philosophie und Psychologie ist seit der Ablösung der Psychol. von der Philosophie durch Mißverständnisse getrübt. Nach einer längeren Phase vorherrschender Absetzungsbemühungen scheint nun eine Phase des besseren Verständnisses und des fruchtbareren Wechselbezugs anzubrechen. Zwar hat sich die auf Kooperation gestellte Auffassung noch nicht allgemein durchgesetzt, aber sie findet vielleicht genügend Zustimmung, um im folgenden vordringlich zur Darstellung kommen zu können.

I. Begriff der Philosophie. Die abendländische Philosophie ist im griechischen Kulturraum durch den Übergang vom Mythos zum Logos entstanden. Während der Mythos die Tatsachen und Verhältnisse von gewissen Grundereignissen aus zu erschließen trachtet, begründet sich der Logos in der Idee des *Einen,* das allem Geschehen zugrunde und vor-

Philosophie und Psychologie

ausliegt. Dieses Eine wird als das eigentlich „Seiende“, als das Sein gedacht, das alles in einer eindeutigen Gesetzmäßigkeit zusammenspannt und sich als das *Zugrundeliegende* überall *beweist.* Von daher ist Philosophie das Denken des *Grundes* und des *Beweises.* Dieses auf Denken und Beweis gestellte Weltverständnis prägt die abendländische Geschichte in der Weise, daß sich durch die Philosophie hindurch die Wissenschaften bilden, die sich in der Konsequenz des Ursprungs so sehr ins Einzelne und Konkrete vertiefen, daß die Gefahr droht, die Rückverbindung zum Ausgangspunkt des Einheitsproblems und damit zur Philosophie zu verlieren. Die Rückverbindung wird vor allem dadurch bedroht, daß die Ursprungs- und Einheitsprobleme der Philosophie einen anderen Wissensmodus haben. Alles Wissen ist endlich; es geht sowohl nach der Richtung der Ursachen und Gründe wie nach der Richtung der Ziele und Zwecke ins Unbekannte und Dunkle und ist von den Enden her auch noch in seiner Mitte nach Erkenntnis- und Wissenscharakter von grundsätzlicher Fragwürdigkeit. Die Philosophie, die sich an diesen dreifachen Grenzen des Wissens abmüht, hat daher auch drei grundsätzliche Richtungen ihres unverzichtbaren Erhellungsbemühens. 1) In der Richtung nach den *Grundlagen* und *Voraussetzungen* hin versucht sie die elementaren Begriffe und Kategorien zu klären, mit denen unser Denken und Erkennen arbeitet, ohne sie doch selbst zu einem eigenen und vielleicht wichtigsten Gegenstand der Forschung zu machen. Begriffe wie Grund, Notwendigkeit, Wahrheit, Zeit, Ursache, Sinn, Beziehung usw. werden gewöhnlich naiv verwendet und nicht selbst in ihrer sehr unterschiedlichen Verwendbarkeit und den daraus resultierenden Äquivokationen erhellt. Die Fundamentalbetrachtungen der Philosophie, vor allem in ihren Hauptdisziplinen Metaphysik, Ontologie und Anthropologie, wenden sich dieser nie zu Ende zu bringenden Aufgabe zu. 2) In Richtung auf die *Zielstellungen* und obersten *Sinngehalte* ist das Erkennen zu Annahmen genötigt, die dringend einer Aufklärung bedürfen, jedoch niemals bis zu einer letzten Klarheit gebracht werden können. Die Philosophie arbeitet an diesen Aufgaben und führt zu geklärteren Begriffen und Ideen, ohne darin letztgültige Erkenntnisse gewinnen zu können. Die Bemühung bleibt trotzdem notwendig und sinnvoll. Die obersten Sinngehalte bilden zusammen die „Bestimmung“ des Menschen, die das wichtigste Moment im *Menschenbild* ist, durch das alles menschliche Selbstverständnis geleitet wird. Wo immer vom Menschen die Rede ist, wie etwa in Psychologie, Soziologie und Pädagogik, ist ein solches Menschenbild am Werke, auch wenn es nicht als solches erkannt und thematisiert wird. Die Philosophie hat hier wie in allen Humanwissenschaften die Aufgabe, das geltende Menschenbild bzw. die Vielfalt der Menschenbilder zu klären, zu prüfen und zu höherem Wahrheitswert zu entwickeln. 3) Überall wo sich der Mensch auf dem Wege der Erkenntnis befindet, steht er unter der Notwendigkeit, seine *Methodologie* und *Kriteriologie* zu prüfen und zu entwickeln; in dieser Richtung ist die Philosophie in der Gestalt von *Erkenntnis-* und *Wissenschaftstheorie* für die Wissenschaften und damit auch für die Psychologie wirksam.

II. Zur Entstehung der Psychologie aus der Philosophie. *Psyche* ist einer der Grundbegriffe, die die Philosophie zum Verständnis der *Lebens*erscheinungen geschaffen hat. Als Grundbegriff meint Psyche das immaterielle Prinzip, das in allem Lebendigen vorausgesetzt werden muß, wenn dieses in seinen Wachstums- und Tätigkeitserscheinungen von einheitlichen, zusammenstimmenden, sowohl art- wie individualdienlichen Gesetzen geregelt werden soll. Wo von Lebendigem gesprochen wird, ist, bewußt oder unbewußt, von Psychischem die Rede; dabei ist natürlich nicht von einem „Ding“ im Organismus, sondern nur von dessen Selbsterhaltungskraft, Selbststeuerung, Selbstaufbau und Selbsternährung, kurz vom „Selbst“ dieser Selbstleistungen die Rede. Nach überlieferter Lehre ist Psychisches vor allem in dreifacher Funktion tätig; es macht 1) das *Organisationszentrum* aus, von wo aus die Selbstorganisation des Lebendigen in Wachstum, Selbsterhaltung und Fortpflanzung gesteuert wird; da sich dieser Sinn von

Leben und Psyche schon bei den Pflanzen findet, spricht die Tradition hier von „anima vegetativa". 2) In erweiterter Funktion und erhöhter Agilität tritt Psyche als das *Reaktionszentrum* auf, durch das äußere Eindrücke mit entsprechendem Verhalten so gekoppelt werden, daß sowohl das Individuum wie die Art in einer jeweils geprägten (arteigenen) Form zur Lebensfristung befähigt sind; diese auf „Wahrnehmung" (sensatio) gebaute und nur bei den Tieren vorfindbare Gestalt der Psyche wurde von der Tradition „anima sensitiva" genannt. 3) Ferner erscheint die Psyche in der Gestalt des *Rekognitionszentrums*, durch das vielfache Eindrücke zur Einheit einer Erfahrung und vielfache Erfahrungen zur Einheit einer Gesetzlichkeitserkenntnis verbunden werden, welche nicht mehr von der Individual- und Artdienlichkeit gesteuert und begrenzt wird, sondern sich dem Prinzip der Sachlichkeit fügt, auch wenn dieses zum Lebens- oder Geltungsverlust des Individuums oder der Art führen sollte; diese nicht mehr am Leben, sondern an den Sachverhalten und an der Wahrheit orientierte, als „Verstand", „Vernunft" und „Wille" auftretende Form der Psyche wurde von der Tradition „anima intellectiva" genannt. – Im Verlauf eines schwer zu durchschauenden geschichtlichen Prozesses, in dem die einheitsstiftenden Horizonte zum Teil verlorengingen, wurden die Dimensionen 1) und 3) abgestoßen. Einerseits erschien die körperliche Organisation der Lebewesen als mechanistisch erklärbar (und damit unpsychisch), andererseits entgingen die nicht mehr organologisch greifbaren Rekognitionsprozesse dem materiell gebundenen Zugriff. So entstand die Psycho-logie in einer zweiseitigen Reduktion als Wissenschaft einer Teilerscheinung des Psychischen, die sich in einem langwierigen Prozeß der Selbstklärung die zwei fehlenden Aspekte wieder neu (und anders) erarbeiten muß. Die Seite der Organisationsprozesse der Natur wurde in einer relativ späten Wendung zur „naturwissenschaftlichen" Psychologie wieder aufgenommen; die Seite der Rekognitionsprozesse wurde erst in den letzten Jahrzehnten angegangen und oft in sehr mißverständlicher Form (beispielsweise in der Gestalt einer „kritischen" oder „emanzipativen" Psychologie), aber auch in der Gestalt einer ↗„humanistischen" Psychologie versucht. Hier bleibt noch viel zu tun. Vor allem muß begriffen werden, daß auch die reduzierteste psychologische Fragestellung schon ein Menschenbild impliziert, dessen Fehlerhaftigkeit erst dann zum Vorschein kommen kann, wenn es aus seiner implikativen Verborgenheit herausgedreht und vor die Augen der kritischen Vernunft gebracht wird. Nur der in seiner Verantwortlichkeit für sich und seine Welt voll anerkannte Mensch kann die Voraussetzung sein, die eine humane Psychologie wissenschaftstheoretisch und grundbegrifflich fundiert und sie dergestalt auf ihr Objekt in allen seinen Dimensionen zuwendet, daß sie das Prädikat der Objektivität auch wirklich verdient. Objektiv wird eine Wissenschaft nicht durch eine Einschränkung ihrer Methoden auf die irrtümlich allein für exakt gehaltene Quantität, sondern durch die Anmessung ihrer Paradigmen an die Vieldimensionalität und den vollen sachlichen Gehalt ihres Objektes.

III. Philosophische Anthropologie. In den oben (I. 1) genannten Aspekten hat die Philosophie für jede Wissenschaft eine Grundbegriffsklärung durchzuführen, die die wesentlichen Kategorien soweit aufhellt, daß die aus ihren Verbindungen entstehenden Problemfelder in geklärter Weise eröffnet und in strukturierter Weise dem experimentellen Zugang zugrunde gelegt werden können. Empirische Daten haben nur in einem vorgegebenen Kategorialsystem Stellenwert und Sinn. Derjenige Teil der Philosophie, der sich mit der Grundstruktur des Objektfeldes der Psychologie befaßt, ist die philosophische Anthropologie. Menschliches Dasein ist durch ein Netz von Grundbedeutungen definiert, das eine unzerreißbare Struktur darstellt, von der kein Teil übergangen werden kann, ohne daß der Rest verzerrt, verfälscht oder vernichtet wird. Die sorgfältige Analyse und Gesamtdarstellung dieser menschlichen Grundstruktur ist die elementare Grundleistung der Philosophie für die Psychologie, von deren Gelingen die Klarheit, Vollständigkeit und Wissenschaft-

Philosophie und Psychologie

Philosophie und Psychologie

lichkeit der Psychologie abhängt. Zu dieser Grundstruktur gehören Phänomene wie Wert, Sinn, Mitsein, Geschichtlichkeit, Transzendenz, Rationalität, Geschlechtlichkeit, Selbstproduktion, Verhalten, Intentionalität, Verantwortung, Situation, Kommunikation, Interesse, Intersubjektivität usw. Nur wo diese Grundphänomene geklärt und ihre Gesamtstruktur erhellt ist, können sich Einzelphänomene und -probleme ohne Verdinglichung oder Verabsolutierung darstellen. In diesem Zusammenhang ist vor allem auch die eigentümlich strukturale Vernetzung der Individual- und Sozialaspekte wichtig, die gewöhnlich schon durch die ungeprüfte Annahme eines „Innen-Außen“-Differentials im Hinblick auf die Individualität verfehlt wird. So ist das Problem der „Introspektion“ (und damit des Behaviorismus) ein ontologisches Scheinproblem wie auch der verdinglichte Ansatz von „Bewußtem“ und „Unbewußtem“. – Von hier aus stellen sich manche stillschweigend oder laut vertretene Hypothesen als Schiefheiten dar, die nur darum weiter diskutiert werden können, weil sie immer neue Schiefheiten produzieren.

IV. MENSCHENBILDFORSCHUNG. Wie oben (I. 2) dargestellt, enthält jeder psychol. Ansatz auch eine zumeist ungehobene Vorstellung von den menschlichen Bestimmungen und Möglichkeiten, d. h. ein Menschenbild, das von unterschiedlicher Qualität sein kann. Ob sie will oder nicht, vertritt die Psychologie immer auch ein Menschenbild, vielleicht gerade dann am nachdrücklichsten, wenn sie sich von solcher Bindung frei wähnt. „Ideologiekritik“ scheint daher nötig; sie kann jedoch schon selbst eine Form der Indoktrination sein, wenn sie sich an bestimmte weltanschauliche oder politische Überzeugungen bindet. Sie bleibt aber eine sinnvolle und notwendige Aufgabe, wenn sie ein klares Bewußtsein von der Unendlichkeit ihrer Aufgabe hat. Es wäre naiv anzunehmen, daß die Psychologie frei von allen geschichtlichen und gesellschaftlichen Voraussetzungen wäre und unmittelbar zu ihrem Objekt stünde und den Menschen und sein Verhalten nach unveränderlichen Kategorien und Paradigmen zu untersuchen imstande wäre; es wäre aber nicht minder naiv, von einer bestimmten weltanschaulichen Position aus gegen das herrschende Menschenbild mit dem Anspruch der letztgültigen Wahrheit aufzutreten. Wissenschaft und Leben bleiben in geschichtlicher Bezogenheit aufeinander angewiesen und müssen sich in ihrer gegenseitigen Abhängigkeit erkennen. Es besteht nicht nur eine Abhängigkeit in der Weise, daß die Psychologie von dem geschichtlichen Zustand des menschlichen Selbstverständnisses abhängt, sondern in zunehmendem Maße auch in der Weise, daß der Mensch durch das Bild, das die Psychologie von ihm entwirft, beeinflußt und geprägt wird. Mehr und mehr richten sich die öffentlichen Institutionen nach den Ergebnissen der Psychologie, in denen schon eine Interpretation und Gewichtung des Menschseins und seiner Möglichkeiten liegt. Dies wirkt sich dergestalt aus, daß der Mensch nicht nur die Psychologie hat, die er verdient, sondern daß die Psychologie auch den Menschen hat, der ihr entspricht. Wer sich von diesem Zirkel keinen reinen Vorteil verspricht, wird an einer höheren Reflektiertheit der Psychologie in ihren Voraussetzungen und Vorentscheidungen interessiert sein. Vor allem wird er fordern, daß die Psychologie auch diejenigen Dimensionen mit einbezieht, in die Wertungsaspekte der Ethik und der praktischen Vernunft eingehen, und er wird die Psychologie nicht von einer Mitverantwortung für die Erreichung dieser Ziele freisprechen.

V. ERKENNTNIS- UND WISSENSCHAFTSTHEORIE. Wie oben (I. 3) angedeutet, bleibt die Psychologie auf eine grundlegende Erkenntnis- und Wissenschaftstheorie angewiesen, die eine wesentliche Aufgabe der Philosophie ist. Freilich gibt es auch eine „immanente“ Wissenschaftstheorie, die von der Psychologie selbst betrieben werden kann und muß. Diese reicht aber nur so weit, wie das Gegenstandsfeld der Psychologie reicht. Aufgabe der Philosophie bleibt daher jene übergreifende, allgemeine Wissenschaftstheorie, die die immanenten Theorien aller Einzeldisziplinen zusammenfaßt, auf ihre Übereinstimmung prüft und durch wechselseitige Ausspiegelung korrigiert. Dieser Zusammenhang von fachimmanenter und allgemeinphilosophischer Wissenschaftstheorie hat sich noch nicht so weit eingespielt, daß die Welle der wissenschaftstheoret. Reflexion, die seit etwa 1900, sodann wieder seit 1970 die Humanwissenschaften erreichte, so einschneidende Fehler, wie sie dem Positivismus, dem Rationalismus, dem Behaviorismus und dem Soziologismus zugrunde liegen, ausschließen könnte. Vor allem konnte auch noch nicht jener Szientismus gebannt werden, dessen Gefahr darin besteht, daß die allgemeine und grundlegende menschliche Erfahrung unter das Diktat wissenschaftlicher Erfahrungsformen gestellt und damit so entmündigt wurde, daß sich der natürliche Mensch nicht mehr seiner eigenen Kräfte und Fähigkeiten zu bedienen getraute. Wissenschaft kann jedoch nicht Selbstzweck sein. Sie vermag ihre Horizonte nicht so zu verallgemeinern und zu vertiefen, daß sie die Unmittelbarkeit des Lebens und seiner Selbsterhellung zu ersetzen vermag. Sie kann dieser Selbsterhellung unterstützend zur Seite stehen, wirkt aber verunsichernd oder gar zerstörend, wenn sie den eigenen reduktiven Tendenzen den Geltungsanspruch letzter Objektivität zuspricht. Dagegen vermag die Philosophie, die die Wissenschaft von den Wissenschaften ist, die Grenzen der Wissenschaftlichkeit auszumachen und an den mutigen Gebrauch der gesunden Menschenvernunft zu gemahnen (sapere aude).

Lit.: Breuer, F.: Einführung in die Wissenschaftstheorie für Psychologen. Münster, 1977; **Buber, M.:** Das Problem des Menschen. Heidelberg, [4]1971; **Bühler, K.:** Die Krise der Psychol. Stuttgart, [3]1965; **Dilthey, W.:** Die Philosophie des Lebens, hrsg. v. **H. Nohl.** Stuttgart, 1961; **Gadamer, H. G. & P. Vogler:** Neue Anthropologie. 7 Bde. Stuttgart, 1972–75; **Gehlen, A.:** Der Mensch. Wiesbaden, [12]1978; **Groeben, N. & H. Westmeyer:** Kriterien psychol. Forschung. München, 1975; **Heidegger, M.:** Sein und Zeit (1927). Tübingen, [13]1976; **Hermann, Th.:** Die Psychol. und ihre Forschungsprogramme. Göttingen, 1976; **Jaspers, K.:** Philosophie (1932). 3 Bde. Berlin – Heidelberg, [4]1973; **Kamlah, W.:** Philos. Anthropologie. Mannheim, 1973; **Landmann, M.:** Philos. Anthropologie. Berlin, [4]1976; **Müller, M.:** Philos. Anthropologie. Freiburg/Br., 1974; **Plessner, H.:** Die Stufen des Organischen und der Mensch. Berlin, [3]1975; **Rohracher, H.:** Einführung in die Psychol. München, 1971; **Rombach, H.:** Wissenschaftstheorie. 2 Bde. Freiburg/Br., 1974; **Rosenthal, B. G.:** Von der Armut der Psychologie – und wie ihr abzuhelfen wäre. Stuttgart, 1974; **Roth, H.:** Pädagogische Anthropologie. 2 Bde. Hannover, [2-4]1976; **Scheler, M.:** Die Stellung des Menschen im Kosmos (1928). München, [8]1975; **Teilhard de Chardin, P.:** Der Mensch im Kosmos. München, 1958; **Willmann, O.:** Abriß der Philosophie. Freiburg/Br., [5]1959.

H. Rombach

Phi(φ)-Phänomen (Phänomen sui generis; Wertheimer, 1912), bezeichnet den optischen Eindruck von Bewegung (Scheinbewegung), der bei einer in bestimmtem zeitlichem Abstand aufeinanderfolgenden Darbietung objektiv ruhender, relativ ähnlicher Objekte entsteht.

Lit.: Wertheimer, M.: Expt. Studien über das Sehen von Bewegung. Z. f. Psychol., 1912, *61*. *I. M. Deusinger*

Phlegmatiker *(Phlegmatischer Typus).* Der P. ist einer der vier Typen des Temperaments nach Hippokrates (je nach Überwiegen der Körpersäfte) und wird als diejenige Variante verstanden, bei der das Wasser überwiegt. Der P. wird charakterisiert als ruhig, beständig, schwerfällig, nur schwer aus der Ruhe und seiner Gewohnheit zu bringen. *W. Seitz*

Phobie(n), eine abnorme Furcht, die entweder 1) vor einem Objekt oder einer Situation besteht, die allg. nicht für angstauslösend gehalten wird, z. B. vor Fahrstühlen, Haustieren usw., oder 2) abnorm intensiv ist vor einem Objekt oder einer Situation, die auch im Normalfall einen gewissen Grad von Furcht auslösen, z. B. Operationen, Zahnbehandlung usw.

Solche P. wurden durch Voranstellen der entsprechenden gr. Vorsilbe klassifiziert, wie Agora-P. (Angst, offene Plätze zu überqueren), Klaustro-P. (Angst vor Aufenthalt in geschlossenen Räumen), Zoo-P. (Angst vor Tieren) usw. Moderne Klassifikationen teilen P. ein in solche, die vor *spezifischen Objekten* bestehen, z. B. Hunde-P., Katzen-P., oder *vor Situationen,* wie Schul-P., Party-P. usw., oder solche, die vor *Reaktionen auf Objekte* bzw. Situationen bestehen, wie Erythro-P., Brech-P. usw. P. können mit nahezu jedem psychiatrischen Zustandsbild einhergehen, begleiten jedoch zumeist ↗*Angst*zustände. P. bei Besessenheitszuständen können bizarre Züge aufweisen, zu deren Überwindung eigentümliche zwanghafte Verhaltensrituale entwickelt werden. *P. Ley*

Phon ↗Sinnesorgane.

Phonation, ein Vorgang der Lautproduktion. Der in der Lunge und ihrer Muskulatur erzeugte Luftstrom wird durch Verschluß- und Öffnungsbewegungen der Stimmbänder in Schwingungen versetzt (Primärklang). Nach Stellung der Artikulationsorgane im sog. Ansatzrohr (Mund- oder Nasenhöhle; supraglottaler Raum) entstehen Laute, die zu unterschiedlicher Qualität ausgeformt werden.

B. D. Insam

Phoneme, halluzinatorische „Stimmen". Dieses Symptom wird äußerst häufig bei ↗Schizophrenie angetroffen. Der Patient hört Stimmen, die für gewöhnlich zu ihm sprechen, ihn oft beschimpfen, ihm Anweisungen geben oder seine Handlungen kommentieren.

R. Hetherington

Phoneme, linguistische Bezeichnung für die kleinsten bedeutungsunterscheidenden, aber nicht selbst bedeutungstragenden lautlichen (sprachlichen) Einheiten.

Phonemik. Die P., auch als *Phonologie* oder *Phonematik* bezeichnet, beschäftigt sich mit den kleinsten im Gebrauch je bestimmter (gesprochener) Sprachen nachweislich unterschiedenen Kategorien von Lautzeichen, den *Phonemen*. Demgegenüber befaßt sich die (artikulatorische) *Phonetik* mit gleichsam noch elementareren, sprachunabhängig zu analysierenden Gebilden, den Lauten, die je nach dem Ort und der besonderen Art ihrer Hervorbringung in Kehlkopf bzw. Mund- und Nasenraum unterschieden werden können. Akustische Phonetik beschreibt, teils mit Hilfe veranschaulichender technischer Verfahren (visible speech, Sonagramme), die phys. Eigenschaften von Lauten und Lautsequenzen.

Die (linguistischen) Fragestellungen der P. berühren sich z. T. mit psychol. Problemen (↗Sprache; ↗Psycholinguistik; ↗Sprechen). Bei der *Bestimmung* der phonologischen *Einheiten* (Phoneme) müssen invariante unterscheidende Charakteristika gefunden werden, die jeweils ganzen Klassen von Lautgebilden zukommen, ungeachtet der durch individuelle und regionale Besonderheiten oder durch emotionale Färbung bedingten Variabilität. Die Prager Schule (Trubetzkoy, 1935) entwikkelte dafür ↗operationale Methoden. Unterschiedlichkeiten zwischen Phonemen werden dabei mittels elementarer unterscheidender Alternativmerkmale (distinctive features) beschrieben (Jakobson & Halle, 1956), so daß ein Phonem jeweils als ein Bündel derartiger Merkmale erscheint. Unterscheiden von Phonemen und Vernachlässigen mancher Unterschiedlichkeiten von Lautgebilden in der Wahrnehmung werfen psychol. Probleme auf (Hörmann, 1970).

Unter welchen Bedingungen und wodurch einzelnen Lautgebilden *semantische* Funktion (↗Semantik), konnotative bzw. denotative Bedeutung zukommt, ist umstritten. Onomatopoetische Interjektionen (z. B. brr, hui, pst) weisen auf Lautsymbolik hin. In expt. Psychophonetik (Ertel, 1969) werden diese Fragen mit Hilfe des Eindrucksdifferentials bearbeitet: Mehr oder weniger elementare Lautgebilde werden von Vpn auf Standardskalen nach „Allgemeinqualitäten" eingestuft und danach im Rahmen des Osgoodschen dreidimensionalen Systems allgemeiner semantischer Grundkomponenten (E-V-P-System: Erregung, Valenz, Potenz) miteinander und mit anderen semantischen Einheiten in Beziehung gesetzt (↗Semantisches Differential). Für die unmittelbare semantische Wirksamkeit mehr oder weniger elementarer Lautgebilde gibt es verschiedene Erklärungsversuche. Einer geht von den (universalen) Kovariationen aus, die zwischen dem klanglichen Verhalten wahrnehmbarer Objekte und bestimmten anderen Merkmalen an ihnen bestehen (große Objekte klingen im allg. tief, kleine hoch), und nimmt an, daß demgemäß generalisierbare assoziative Verbindungen zwischen dem Merkmal der Größe und bestimmten Lautdimensionen erlernt werden (Brown, 1958). Ein anderer basiert auf Kovariationen zwischen Lautgebilden und Bedeutungsgehalten, wie sie sich in der Entwicklungsgeschichte der Einzelsprachen mehr zufällig und je spezifisch herausgebildet haben (Taylor & Taylor, 1965). Anders als diese assoziationistischen Theorien werden die im E-V-P-System beschriebenen „Allgemeinqualitäten" von Lautgebilden (Ertel, 1969) auf unkonditionierte, angeborene Reaktionstendenzen des ANS zurückgeführt, was gestaltpsychol. Interpretationen nahesteht. ↗Psychophonetik.

Lit.: Brown, R. W.: Words and things. Glencoe (Ill.), 1958; **Ertel, S.:** Psychophonetik. Göttingen, 1969; **Hörmann, H.:** Psychologie der Sprache. Berlin, ²1970; **Jacobson, R. & M. Halle:** Fundamentals of language. Den Haag, 1956 (dt. Berlin, 1960); **Taylor, K. & M. Taylor:** Another look at phonetic symbolism. Psychol. Bull., 1965, *64*, 413–427; **Trubetzkoy, N. S.:** Anleitung zur phonologischen Beschreibung. Prag, 1935 (Göttingen, ²1958).

B. Insam

Phonetik ↗Phonemik.

Phonismen sind Gehörsempfindungen, die durch etwas anderes als ein Geräusch ausgelöst werden, z. B. ein innerhalb des Ohres entstehendes Summen oder Klingeln. *C. D. Frith*

Phonognomik, eine seit Beginn des 19. Jh. (auch als *Phonognomonik*) geläufig gewordene Bezeichnung für einen Teilbereich der Ausdruckspsychol. (↗Ausdruck), der sich als P. i.w.S. mit dem Ausdrucksanteil lauthafter Äußerungen überhaupt, i.e.S. mit dem Ausdrucksanteil des Sprechens beschäftigt. Als dem letzteren terminologisch entsprechende Wendungen begegnen auch „Ausdruck der Sprechstimme", „ausdruckspsychol. Sprechstimmforschung", „Sprechanalyse" u. a.

Lit.: Davitz, J. R. (Ed.): The communication of emotional meaning. New York, 1964; **Rudert, J.:** Vom Ausdruck der Sprechstimme. In: **R. Kirchhoff** (Hrsg): Hdb. der Psychol., Bd. 5. Göttingen, ²1972.

D. Görlitz

Phonologie ↗Phonemik.

Phonomanie, Mordsucht, zwanghafter Trieb zu töten.

Phonometer, „Tonmesser", Gerät zur Prüfung der Hörschwelle bzw. Hörschärfe bei Flüstersprache.

Phonophobie, 1) übersteigerte Angst vor dem Sprechen, bes. bei Stotterern; 2) krankhafte Überempfindlichkeit gegen Geräusche oder laute Sprache.

Phonoponose ↗Sprechstörungen.

Phonorezeptor ↗Rezeptoren.

Photometrie ist eine Art der messenden Farbenbestimmung und beschränkt sich auf die Messung der von einem Objekt emittierten, reflektierten und transmittierten Lichtstärke.

G. Kanizsa

Photopisches Sehen ↗Helladaptation.

Photorezeptoren, *Lichtempfänger* des Auges; ↗Farbensichtigkeit.

Phrenologie ↗Gallsche Lehre.

Phylogenese, *Stammesgeschichte.* Die heutigen Organismenformen der Erde sind durch kontinuierliche Abänderung des Erbgutes (↗Mutationen) und durch Artaufspaltung (↗Art) aus meist einfacher gebauten Organismenformen entstanden (↗Deszendenztheorie), z. B. waren die Vorfahren des Menschen vor ca. 400 Millionen Jahren fischähnliche, durch Kiemen atmende Wasserbewohner.

H. Schmalfuß

Phylogenetisches Prinzip ↗Biogenetisches Grundgesetz.

Physikalismus. Der Begriff wurde 1931 durch R. Carnap geschaffen und vom „Wiener Kreis" übernommen (↗„Neopositivismus"; ↗Positivismus). Er bezeichnet eine Lehre, nach der jede Wissenschaft und vor allem die Geisteswissenschaften sich in der phys. Wissenschaftssprache ausdrücken *könnten* und *sollten,* um *die Wissenschaft* mittels *einer* Sprache *zu vereinheitlichen* (O. Neurath), die sowohl *universell* wie *homogen* und frei von *metaph. Voraussetzungen* sei. Diese Sprache sollte nur empirisch darstellbare Aussagen (↗Protokollsätze) umfassen. Nachdem die

Entwicklungs- und Transformationsregeln so dargelegt sind, daß jede beliebige Aussage irgendeiner Wissenschaft darin ausgedrückt werden könnte, wäre es möglich, das Gesamt der Disziplinen auf eine kleine Zahl von deduktiven Systemen und dann auf ein einziges zu *reduzieren* (Transformieren des Qualitativen in Quantitatives). *M.-J. Borel*

Physiognomie, das menschliche Antlitz, speziell das Gesicht, als Ausdrucksträger in Ruhe (ohne Mimik). Ausdrucksgehalt ist gegeben aufgrund des leibestektonischen Aufbaus (↗Konstitutionslehre) und der Prägung durch die habituell gewordenen mimischen Innervationsspuren. In der physiognomischen Forschung (*Physiognomik* als Lehre vom Ausdrucksgehalt des Gesichts) benützt man Photos (u. a. auch Montage gleicher Gesichtshälften), Schemazeichnungen (E. Brunswik), Durchschnittsbilder (nach F. ↗Galton) und Lernexperimente. Die bisherigen Ergebnisse haben gezeigt, daß die Validität von Urteilen aufgrund des durch die P. vermittelten ↗Eindrucks gering ist (Koeffizienten zwischen r = .00 und r = .50), allerdings ergeben sich in den Urteilen gewisse systematische Tendenzen, die von verschiedenen Faktoren abhängen. Physiognomische Merkmale treten in ihrer Bedeutung für die Urteilsbildung gegenüber mimischen Äußerungen stark zurück.

Lit.: Cohen, R.: Systematische Tendenzen bei Persönlichkeitsbeurteilungen. Bern – Stuttgart – Wien, 1969; **Jürgens, H. W.:** Die Bildstatistik als sozialpsychol. Arbeitsmethode. Naturw. Rdsch., 1967, *20*, 326–328; **Katz, D.:** Studien zur expt. Psychologie. Basel, 1953. *F. Kiener*

Physiognomik ↗Physiognomie.

Physiologie umfaßt die naturwissenschaftliche Beschreibung der Lebensvorgänge in Zellen und Organismen und ihre Kausalanalyse. Nach den überwiegend benützten Untersuchungsmethoden wird eine chem. P. (Biochemie) getrennt dargestellt. Die *allgemeine* P. beschäftigt sich mit allg. Grundlagen der Lebensvorgänge; die *spezielle* P. behandelt als Tier-P., Pflanzen-P. oder Zell-(Protisten-)P. die entsprechenden Spezialgebiete. Im allg. meint man mit P. schlechthin aus praktischen (med. und psychol.) Gründen meist die P. des Menschen und unterteilt die letztere in eine normale und in eine pathologische Physiologie.

In der historischen Entwicklung hat sich die P. entwickelt aus der Anatomie, von der auch die entsprechenden akademischen Unterrichtsinstitutionen abgespalten worden sind (1811 erstmals eigener physiol. Lehrstuhl an der neugegründeten Universität Breslau).

Didaktisch meist aufgrund anatomisch-funktioneller Überlegungen wird primär eine *vegetative* von einer *animalischen* P. unterschieden. Erstere befaßt sich mit den Lebensvorgängen, die auch bei der ortsgebundenen Pflanze in mit dem Tierreich vergleichbarer Weise ablaufen, und umfaßt „Stoffwechsel" und „Fortpflanzung" einschließlich aller ernährenden und versorgenden Hilfsmechanismen (Blut, Herz und Kreislauf, Atmung, Stoffwechsel und Energiehaushalt, Ernährung, Verdauung und Ausscheidung über Darm und Niere/Wasserhaushalt und innere Sekretion/Hormonlehre, welcher die Fortpflanzung mit angegliedert werden kann, und Entwicklungs-P.). Die *animalische* P. dagegen umfaßt alle die Vorgänge, durch die sich das Tier gegenüber der ortsfesten Pflanze auszeichnet, also alles, was mittelbar oder unmittelbar mit der Lokomotion zu tun hat. Im einzelnen sind das Organsysteme (wie Muskel, peripherer Nerv) der Sinne mit Informations- und Regelungs-P., sowie das ZNS einschließlich des zentralen und peripheren VNS sowie die „Verhaltensphysiologie". Informations- und Regelungs-P. werden z. T. als eigene Untergruppen behandelt, z. T. werden sie in den Nachbargruppen des ZNS, der ↗Sinnesorgane oder aber auch des ↗peripheren Nerven mit abgehandelt. Mit Psychol. und Anatomie zusammen ermöglicht die P. eine konvergierende Betrachtung des menschlichen Organismus, die letzten Endes das Gesamtbild innerhalb der Biologie liefert; die „Verhaltensphysiologie" stellt dabei ein für P. und Psychol. gemeinsames Glied dar. ↗Physiologische Psychologie.

Lit.: American Physiological Society (J. Field, Ed. in chief): Handbook of Physiology. Washington, seit 1954; **Keidel, W.**

D. (Hrsg.): Kurzgefaßtes Lehrbuch der Physiologie. Stuttgart, [4]1975; **Rothschuh, K. E.**: Entwicklungsgeschichte physiologischer Probleme in Tabellenform. München – Berlin, 1952.

K.-H. Plattig

Physiologische Psychologie ist in allgemeinster Form die Lehre von den Beziehungen zwischen physischen und psychischen Vorgängen einschließlich aller Ansätze, solche Beziehungen aufzudecken. Ihr Ziel ist die naturwissenschaftliche Untersuchung der Mechanismen, nach denen die 12^9 Nervenzellen des menschlichen Gehirns mit ihren fast unschätzbar zahlreichen Verbindungen untereinander die ebenfalls praktisch unendlich große Verhaltensmannigfaltigkeit eines Lebewesens hervorrufen und steuern können. Das Thema der p. P. entstammt der Psychol., ihre Fragestellung wird durch die Anwendung überwiegend physiologischer Methoden bei deren Lösung mitbestimmt. Grundproblem der p. P. ist die kausalanalytische Aufklärung des Verhaltens, wobei unter Verhalten hier jede Art umweltorientierter Aktivität oder Kommunikation mit der Umwelt zum Zwecke des Informationsaustausches verstanden wird. Die p. P. wird somit aus fast allen Teilgebieten der ↗Physiologie gespeist und setzt für eine subtile Beherrschung gründliche Vertrautheit mit deren Methoden und Problemen voraus. *Physiopsychologie* ist synonym mit p. P., während ↗Neuropsychologie bzw. Neurophysiologie und die häufig ebenfalls synonym gebrauchte ↗*Psychophysiologie* als etwas enger gefaßte Gebiete abzugrenzen sind, wenn auch die Übergänge oft fließend sind. Im angelsächsischen Schrifttum hatte es sich teilweise eingebürgert, auch die „Experimentelle Psychologie" generell mit p. P. zu bezeichnen; diese Gleichsetzung ist unglücklich und sollte vermieden werden. Die p. P. benutzt Methoden, die ebenso der „chemischen" wie auch der „physikalischen" Physiologie entstammen: Hormoneinwirkungen und daraus resultierende Verhaltensänderungen (↗Hormone) sind chemisch orientierte Beispiele, während die Entwicklung der Mikroelektrodentechnik die Elektrophysiologie zum in den letzten Jahren erfolgreichsten Zweig der p. P. machte. Obgleich also keine separate Wissenschaft, gehört die p. P. aufgrund ihrer Brückenstellung zwischen Psychol. und Physiologie zu den heute aktivsten, aber auch fruchtbarsten Zweigen beider Mutterdisziplinen. ↗Hormone; ↗Pharmakopsychologie; ↗Neuropsychologie.

Lit.: **Birbaumer, N.**: Physiolog. Psychol. Berlin – Heidelberg, 1975; **Stellar, E. & J. M. Sprague** (Eds.): Progress in physiological psychology. New York, 1967 (Vol. 1); 1968 (Vol. 2); 1970 (Vol. 3); **Thompson, R. F.**: Foundations of physiological psychology. New York – Evanston – London – Tokio, 1967.

K.-H. Plattig

Physiologische Uhr, ein noch weitgehend ungeklärter, im Hirnstamm gesteuerter Mechanismus, der der primitiven Zeitschätzung von Organismen zugrunde liegt. Vermutlich stützt die p. U. sich auf die rhythmischen bzw. periodischen Abläufe der Organfunktionen bzw. des Stoffwechsels. Äußere Umwelteinwirkungen, wie der Hell-Dunkel-Wechsel, Temperatur, Feuchtigkeit usw., können die p. U. genauso beeinflussen und umstellen wie Eingriffe, die den Stoffwechsel beschleunigen bzw. abbremsen. ↗Zeiterleben. *H. Roth*

Physiologismus, leicht abschätzige Bezeichnung für die Tendenz gewisser Forscher, alle psychischen Vorgänge *physiologisch* erklären zu wollen. ↗Psychologismus. *H. J. Aebi*

Physisch, zur Natur (Physis) gehörig, in der Natur begründet, insbes. auch körperlich, leiblich (somatisch) im Gegensatz zu ↗psychisch. *W. Traxel*

Phytopsychologie ↗Pflanzenpsychologie.

Piaget, *Jean.* LEBEN. * 9. 8. 1896 Neuchâtel (Schweiz); promovierte 1918 an der Universität Neuchâtel über eine zoologische Thematik; arbeitete anschließend u. a. bei H. Lipps, E. Bleuler, an der Sorbonne und bei A. Binet; übernahm ab 1921 auf Veranlassung E. Claparèdes Lehr- und Forschungsaufgaben am „Institut J. J. Rousseau" in Genf; erhielt 1925 einen Ruf auf einen Lehrstuhl für Philosophie in Neuchâtel und 1929 eine Professur für die Geschichte des wissenschaftlichen Denkens an der Universität Genf; außerdem wurde er

1929 Direktor des „Bureau International Office de l'Éducation" und stellvertretender Direktor des Institut J. J. Rousseau, dessen Direktor (zusammen mit T. Bovet und E. Claparède) er 1932 wurde; seit 1936 übte er zusätzlich eine Lehrtätigkeit an der Universität Lausanne aus; 1940 wurde P. Direktor des psychol. Laboratoriums an der Universität Genf und Herausgeber (mit A. Rey und M. Lambercier) der „Archives de psychologie"; unmittelbar darauf wurde P. zum ersten Präsidenten der neugegründeten „Schweizerischen Gesellschaft für Psychologie" gewählt und gab (zusammen mit Morgenthaler) deren Zeitschrift „Revue Suisse de Psychologie" heraus; 1955 gründete er mit Unterstützung der Rockefeller-Stiftung das „Centre International d'Épistémologie Génétique" in Genf.

WERKE. P. gilt als einer der bedeutendsten Entwicklungspsychologen. Sein Beitrag zur Entwicklungspsychol. ist, sowohl was Originalität von Theorie und Methodik als auch inhaltlich Vielfalt und Umfang seiner Untersuchungen anbelangt, einzigartig. Sein vorwiegendes Interesse liegt in der theoretischen und expt. Untersuchung der im Verlaufe der Entwicklung eintretenden qualitativen Veränderungen der kognitiven Strukturen und in deren mathematisch-logischer Beschreibung. Dabei wird deutlich, daß seine wiss. Orientierung eine dreifache ist: biologisch, epistemologisch und logisch-mathematisch. P.s Untersuchungstechnik, seine „klinische Methode" unterscheidet sich von anderen expt. Untersuchungstechniken durch Verzicht auf Standardisierung der Versuchsanordnung und -instruktion und die Bevorzugung einer individuellen, flexiblen und variablen Vorgehensweise. Neben seinen Untersuchungen zur Intelligenzentwicklung beschäftigte sich P. u. a. mit (genetischen) Untersuchungen zu folgenden Bereichen: Wahrnehmung, Kausalität, Sprache, moralisches Urteil, Gegenstand, Raum, Zahl, Zeit, Quantität, Bewegung, Geschwindigkeit, Geometrie, Logik, genetische Epistemologie u. a.

THEORIE DER ↗INTELLIGENZ. Bei P.s Theorie der ↗Intelligenz kann zwischen einer allg., stadienunabhängigen Theorie der kognitiven Funktion und einer speziellen Stadientheorie der Intelligenzentwicklung unterschieden werden.

In seiner *stadienunabhängigen Theorie der Intelligenz* versucht P. das Entstehen der Intelligenz organisch aus niedrigeren Verhaltensformen abzuleiten. Er geht dabei von der Annahme aus, daß jedes Verhalten – gleichgültig, ob es eine äußere oder eine als Gedanke verinnerlichte Handlung ist – einen Anpassungsakt darstellt. *Anpassung* sieht er als einen *fließenden Gleichgewichtszustand* (↗Homöostase) zwischen der Angleichung der Umwelt an das Individuum *(Assimilation)* und der Angleichung des Individuums an die Umwelt *(Akkommodation)*. Während bei der biol. Anpassung die Austauschprozesse materieller Art sind, beginnt das psychische Leben mit dem Auftreten funktioneller Wechselwirkungen. Die *kognitive Entwicklung* versteht P. als einen *Prozeß zunehmender Gleichgewichtsgewinnung* zwischen den assimilatorischen und akkommodatorischen Austauschprozessen und als eine damit verbundene Generalisierung, Differenzierung und Koordinierung der durch sie erzeugten kognitiven Strukturen (Schemata). Diese entwickeln sich von einem ursprünglich globalen Zustand, der durch ein mangelndes Gleichgewicht zwischen den wechselseitigen Austauschprozessen charakterisiert ist („Rhythmen", z. B. bei Reflexen und Instinkten), über einen beschränkten Gleichgewichtszustand („Regulierungen", z. B. bei Wahrnehmung und sensu-motorischer Intelligenz) zu einer Organisationsform, die ein bewegliches Gleichgewicht besitzt und durch Mobilität, Permanenz und Stabilität der kognitiven Strukturen gekennzeichnet ist („operative Gruppierungen", beim logischen Denken). Vgl. ↗Entwicklung.

In seiner *Stadientheorie der Intelligenzentwicklung* unterscheidet P. vier bezüglich der Organisationsform der kognitiven Strukturen unterschiedliche Entwicklungsperioden, die organisch ineinander übergehen: die Periode der 1) *sensu-motorischen Intelligenz,* der 2) *voroperationalen Repräsentation,* der 3) *konkreten Operationen* und der 4) *formalen Operationen.* Die Periode der *sensu-motorischen*

Intelligenz umfaßt den Entwicklungszeitraum von den ersten reflexartigen Verhaltensweisen kurz nach der Geburt über die ersten mot. Gewohnheiten, die Verknüpfung von Mitteln und Zwecken und das aktive Experimentieren bis zur Stufe der spontanen Erfindungen und der Verinnerlichung der bisherigen sensu-motorischen Schemata mit $1^1/_2$–2 Jahren. Die wichtigste Erwerbung der anschließenden Periode der *voroperationalen Repräsentation* (2–7 Jahre) besteht im Erlangen der Symbolfunktion als Produkt einer inneren Nachahmung der Außenwelt und als Voraussetzung für den Erwerb der Sprache. Charakteristiken des voroperationalen Denkens sind Egozentrismus, Zentrierung, Unbeweglichkeit, Realismus, Irreversibilität und das Vorkommen von transduktiven Schlußfolgerungen und „Vorbegriffen". Mit etwa 7 Jahren verliert das Denken seinen egozentrischen und einseitig zentrierten Charakter und erreicht auf der Stufe der *konkreten Operationen* (7–11 Jahre) einen beweglichen Gleichgewichtszustand, der durch ein System von koordinierten und reversibel gewordenen Transformationen gekennzeichnet ist. Während die Operationen auf dieser Stufe aber noch an die konkrete Tätigkeit gebunden sind, gewinnen sie auf der letzten Stufe der Intelligenzentwicklung, der Periode der *formalen Operationen* (11–15 Jahre), ihre Unabhängigkeit vom konkreten Gegenstand, und das Individuum erlangt die Fähigkeit zum rein formalen Schließen aufgrund hypothetischer Annahmen.

Schr.: La genèse du nombre chez l'enfant, 1941 (mit A. Szeminska); Classes, relations et nombres, 1942; Le développement de la notion du temps chez l'enfant, 1946; La psychologie de l'intelligence, 1947; La représentation de l'espace chez l'enfant, 1948 (mit B. Inhelder); La géométrie spontanée de l'enfant, 1948 (mit B. Inhelder); Traité de logique, 1949; Introduction à l'épistémologie génétique, 3 Bde., 1950. – Ges. Werke (Studienausg.). 10 Bde. Stuttgart, 1975.

W. Wittling

Pia mater, Bezeichnung für die weiche Hirnhaut.

Picksches Syndrom, von A. Pick (1892) beschriebene Form der ↗Demenz, die vor allem ↗Aphasie-Symptome aufwies. Heute weiß man, daß es sich um eine Erbkrankheit handelt, die als pathologische Einheit ↗dominant vererbt wird. Die Krankheit, die vor dem sechzigsten Lebensjahr auftritt, ist gekennzeichnet durch eine Atrophie des Gehirns, bes. der frontalen und temporalen Lappen (↗Frontallappen). Besondere Kennzeichen sind Veränderungen des Erlebens schon in ziemlich frühen Stadien, während das Gedächtnis relativ lange erhalten bleibt; völlige Verblödung tritt rasch ein.

D. Eaves

Picture Arrangement Test, engl. Ausdruck für *Bilderordnungs-* bzw. *Bilderreihentest;* Bezeichnung für ↗Tests, in denen vom Pb Bilder meist nach inhaltlichen Kriterien geordnet werden müssen.

H. J. Aebi

Picture Completion Test, engl. Ausdruck für *Bildlücken-* oder *Bildergänzungstest;* allg. Bezeichnung für Tests, in denen unvollständige Bilder (Bilder mit Lücken) vom Pb ergänzt werden müssen. Das Fehlende kann dabei eingesetzt oder auch nur bezeichnet werden. Vgl. auch ↗Lückentest; ↗Analytischer Intelligenztest (R. Meili).

H. J. Aebi

Picture Frustration Test *(PF-Test).* Der PF-T. wurde als ↗projektives Verfahren von L. Rosenzweig im Rahmen der ↗Frustrations-Aggressions-Theorien zur Erfassung der individuellen Unterschiede in bezug auf die Reaktion auf Frustrationssituationen entwickelt. Durch die Reaktion des Pb auf in Cartoon-Form gezeichnete Problemsituationen soll festgestellt werden, ob er eher *extrapunitiv, impunitiv* oder *intropunitiv* auf Frustrationen antwortet. Die *Validität* der Form für Erwachsene ist nicht zufriedenstellend, die der Form für Kinder besser.

Lit.: **Selg, H.:** Diagnostik der Aggressivität. Göttingen, 1968.

G. Lischke

Picture Story Test, ein von Symonds (1948) veröffentlichtes thematisches Apperzeptionsverfahren, das in theoretischen Grundannahmen sowie materieller Ausstattung dem ↗TAT vergleichbar ist. Der für die Anwendung bei 12- bis 18jährigen konstruierte Test zeigt in 20 (düster wirkenden) Bildern Jugendliche in alterstypischen Situationen. Zur Auswertung hat der Autor eine Auszählung der Themenhäufigkeit neben der inhaltlich-qualitativen vorgeschlagen. Für die Themen teilt er normähnliche Häufigkeiten mit. *Validitäts-* und *Reliabilitätsangaben* fehlen weitgehend.

Lit.: Symonds, P. M.: Symonds' picture story test. New York, 1948.

D. Pfau

Piéron, *Henri.* LEBEN UND WERKE. * 18. 7. 1881 Paris, † 6. 11. 1964 Paris. Französischer Experimentalpsychologe. War zuerst Assistent P. ↗Janets in La Salpêtrière; wurde 1912 als Nachfolger A. ↗Binets Direktor des Laboratoriums für physiol. Psychol. an der Sorbonne; hatte seit 1923 zugleich einen für ihn gegründeten Lehrstuhl für Sinnesphysiologie am Collège de France inne. Er gehörte zu den Begründern des „Institut français d'Anthropologie" sowie des „Institut d'Étude de Travail et d'Orientation professionnelle". 1940 wurde er Präsident der „Association française pour l'Avencement des Sciences". Internationale Anerkennung erlangte er als Präsident des Internationalen Kongresses für Psychol. 1937 in Paris und als Präsident der Internationalen Union für wiss. Psychologie. Von 1913 bis zu seinem Tod war er Herausgeber der Zeitschrift „L'Année psychologique".

Bemerkenswert sind P.s Vielfältigkeit sowie der Umfang seiner Forschungstätigkeit. Sie umfaßt etwa 500 Publikationen und ist vorwiegend auf vier Bereiche zentriert: allg. expt. Psychol., Tierpsychol., Psychophysiologie und Psychopathologie. Insbesondere die Sinnesphysiologie zählte über 50 Jahre zu seinen Hauptinteressengebieten. Darüber hinaus war P. aber auch einer der bedeutendsten Vertreter der ↗angewandten Psychologie in Frankreich und Förderer der französischen ↗Psychotechnik, wovon u. a. die Gründung des „Institut d'Étude de Travail" sowie die Veröffentlichung seiner siebenbändigen Werke „Traité de psychologie appliquée" (1949) und „Examens et docimologie" (1963) zeugen.

P. gilt allg. als Initiator der dem amerik. ↗Behaviorismus entsprechenden französischen „psychologie du comportement", die als Zielsetzung der Psychol. die Erforschung des Verhaltens im Gegensatz zur Erforschung von Bewußtseinsinhalten deklarierte und eine Erklärung psychol. Sachverhalte aus physiol. Grundlagen ohne Heranziehung von Bewußtseinsprozessen erstrebte.

Schr.: Psychologie expérimentale, 1927; Vocabulaire de la psychologie, 1957; De l'actinie à l'homme, 1958.

Lit.: Murchison, C. (Ed.): A history of psychology in autobiography, Vol. 4. Worcester (Mass.), 1930–52.

W. Wittling

Pigmentfarbmischung. Mit dem ↗Farbenkreisel erzielt man eine summative ↗*Farbenmischung;* die *subtraktive Farbenmischung* entsteht durch Mischen von gefärbten Pulvern oder Flüssigkeiten mittels einer doppelten Absorption. Aus der Mischung eines gelben Pigments und eines blauen Pigments entsteht Grün und nicht Grau, wie man es nach den Gesetzen der summativen Farbenmischung erwarten würde. Die Pigmente agieren in diesem Fall als Filter: das gelbe Pigment läßt Rot, Grün und Gelb durch und blockiert Blau und Violett; das zweite Pigment läßt nur Blau, Violett (die aber durch das erste Pigment aufgehalten werden) und Grün durch. Folglich sind die einzigen Strahlungen, denen es gelingt, beide Filter zu überwinden, diejenigen, die der Farbe Grün entsprechen. *G. Kanizsa*

Pilot study ↗Erkundungsexperiment.

P-Index ↗Schwierigkeit.

Pintner-Patterson Scale of Performance Tests. Der 1917 ausgearbeitete Test war einer der ersten großen Versuche, standardisierte Reihen von Handlungstests mit allg. Normen zu entwickeln. Die vollständige Serie bestand aus 15 Tests, wovon 10 in einer Kurzform zusammengefaßt wurden. Gegenüber früheren Tests zeichnet er sich bes. durch den weiten Aufgabenbereich, Standardisierung des Vorgehens und Größe der Stichprobe aus. ↗Performance Tests. *F. Grünig*

Piston-(Kolben-)Effekt. Der P. ist dem ↗Tunnel-Phänomen ähnlich und ein Beispiel für den kinetischen ↗Schirm-Effekt. Rechteckige Gegenstände bewegen sich in einem Schlitz, an dessen einer Seite ein Schirm ist, hin und her. Bei geeigneter zeitlicher Aufeinanderfolge des Verschwindens des einen Gegenstands hinter dem Schirm und des Hervorkommens des anderen erscheinen beide als ein einziger Gegenstand, der sich wie ein Kolben bewegt. *C. D. Frith*

PIT ↗Persönlichkeits-Interessen-Test.

Placebo (Synonyme: *Leerpräparat, Scheinpräparat, Falsumpräparat).* Im engsten Sinne ist P. eine bei Arzneimittelprüfungen zu Kontrollzwecken verabreichte Substanz, die biologisch inaktiv ist und dem zu prüfenden Präparat hinsichtlich seiner wahrnehmbaren Qualitäten (Form, Geschmack, Geruch) gleicht. Im weiteren Sinne werden auch biologisch *aktive* Substanzen als P. bezeichnet, wenn sie bestimmte Nebenwirkungen mit der zu prüfenden Substanz gemeinsam haben, nicht jedoch die zu erfassenden Hauptwirkungen *(aktives P.).* Die Tatsache der Verabreichung von P. sollte weder der Vp noch dem Vl (Doppelblindversuch) bekannt sein. P.verabreichung ist in pharmakopsychol. und -psychiatrischen Untersuchungen eine unumgängliche Kontrolle, weil allein die Tatsache der Verabreichung eines Präparats in der Regel suggestiv eindeutige Veränderungen in fast allen abhängigen Variablen erbringt. Die Stärke und Richtung des P.effekts ist von einer Vielzahl von Variablen abhängig (insbes. ↗Persönlichkeit der Vpn, Versuchssituation, Instruktion, Art der geprüften Funktionen, Anzahl der P.verabreichungen). Bei Vorliegen starker P.effekte wird die Erzielung von signifikanten Präparatwirkungen erschwert (↗Placebo-Reaktoren).

Lit.: **Haas, H., Fink, H. & G. Härtfelder:** Das P.problem. In: **E. Jucker** (Hrsg.): Fortschritte der Arzneimittelforsch., 1959, *1*, 279–454; **Kissel, P. & D. Barrucand:** Placebos et effet placebo en médecine. Paris. 1964; **Lienert, G. A.:** Die Bedeutung der Suggestion in pharmakopsychologischen Untersuchungen. Zschr. exp. angew. Psychol. 1955, *3*, 418–438; **Ross, S.,** et al.: Drugs and placebos: a model design. Psychol. Rep., 1962, *10*, 383–392; **Schindel, L.:** P. und P.-Effekte in Klinik und Forschung. Arzneimittel-Forsch., 1967, *17*, 892–918. *W. Janke*

Placebo-Reaktoren, Bezeichnung für Personen, die nach Verabreichung von ↗Placebos wie auf eine biologisch aktive Substanz reagieren. Je nach Versuchssituation und Art der abhängigen Variablen reagieren 20–40% der Pbn in unausgelesenen Stichproben auf Placebo positiv. Es wird vielfach angenommen, daß P. durch bestimmte Persönlichkeitsmerkmale charakterisiert sind. Korrelationsstudien ergaben, daß P. im Vergleich zu Nicht-Reaktoren höhere Punktwerte hinsichtlich folgender Variablen haben: ↗Neurotizismus, primäre ↗Suggestibilität, Lügenpunktwerte, Submission, Acquiescence (↗Jasagetendenz). – Trotz dieser Korrelationen ist die Existenz von P. im Sinne habitueller und genereller Bereitschaft, auf Placebo zu reagieren, nicht bewiesen. Verschiedene Untersuchungen legen nahe, daß bestimmte Individuen je nach Situation stark oder gar nicht reagieren und daß Korrelationen mit Persönlichkeitsvariablen situationsspezifisch sind.

Lit.: **Fischer, S.:** The placebo reactor. Dis. nerv. syst., 1967, *28*, 510–515; **Honigfeld, G.:** Non-specific factors in treatment: 1. Review of placebo-reactors and placebo reactions. 1964, *25*, 145–156; **Steinbook, R. M. & M. B. Jones:** Suggestibility and the placebo response. J. nerv. ment. Dis., 1965, *140*, 87–91. Weitere Lit.: ↗Placebo.
W. Janke

Planversuche sind Exp., die nach einem faktoriellen ↗Versuchsplan aufgebaut sind und varianzanalytisch ausgewertet werden. Nach der Anzahl der berücksichtigten unabhängigen Variablen unterscheidet man zwischen einfachen P.n (2 unabhängige Variablen) und komplexen P.n (3 oder mehr unabhängige Variablen). ↗Versuchsplanung; ↗Varianzanalyse; ↗Methoden der Psychologie.
G. Mikula

Plastisches Hören, plastisches Sehen ↗Raumwahrnehmung.

Plastizität. 1) *Fähigkeit* von Organismen, im Laufe der Entwicklung und in konkreten Situationen neuen Bedingungen der Umwelt mit *angepaßten, adäquaten Reaktionen* zu begegnen (im Sinn von relativer Freiheit von genetischer Verhaltensdetermination, Veränderbarkeit, Erziehbarkeit, Wendigkeit). – 2) *Formbarkeit* des Organismus in genetischer Hinsicht. – 3) *Denk-* bzw. *Intelligenzfaktor* im Sinn von Umstrukturierungsfähigkeit (R. Meili, K. Duncker); umfaßt Beweglichkeit des Denkens, Umstellbarkeit, Auffinden und Herauslösen des Wesentlichen aus festen Strukturen. – 4) *Fähigkeit zur Substitution* und Übernahme von Funktionen bei partiellem Funktionsausfall durch andere Teile des Organismus. – 5) *Beeinflußbarkeit* eidetischer Bilder durch antezedierende Bedingungen.

Lit.: Hunziker, H. W.: Plastizität als Faktor der Spannungsüberwindung in Denkaufgaben. Z. exp. angew. Ps., 1964, *11*, 185–237; **Young, I. Z.:** Growth and plasticity in the nervous system. Proc. roy. Soc. B, 1951, *139*, 18–37.

H. Haase

Plateau, Plateaubildung ↗Lernkurven, Lernplateau.

Plateauphase, nach Masters und Johnson (1966) zweite von vier Phasen im sexuellen Reaktionszyklus nach der ↗Erregungsphase und vor der ↗Orgasmusphase und ↗Rückbildungsphase. Die P. ist bei beiden Geschlechtern gekennzeichnet durch Muskelspannung, Zunahme von Herzfrequenz und Blutdruck; bei der Frau weiterhin u. a. durch Zunahme der Brustgröße, Sexualröte (sex flush) in Gesicht und Oberkörper, Auseinanderweichen der äußeren Schamlippen, Anschwellen und Verfärbung der inneren Schamlippen, Anschwellen des äußeren Drittels der Vagina (↗Orgastische Manschette), Absonderung einer Gleitflüssigkeit; beim Mann u. a. durch Kontraktionen des Anusmuskels, völliges Anheben und Größenzunahme der Hoden, geringfügige Zunahme des Penisdurchmessers, geringfügige Absonderung eines Sekrets aus den Cowperschen Drüsen.

Lit.: Masters, W. H. & V. E. Johnson: Human sexual response. Boston, 1966 (dt.: Die sexuelle Reaktion. Frankfurt, 1967).

J. Friedrichs

Platzangst ↗Agoraphobie.

Plauderdroge, psychotrope Substanz mit förderndem Einfluß auf das verbale Verhalten in Befragungssituationen (↗Interview, Verhör). – Als P.n eingesetzt werden ↗Hypnotika (↗Narkoanalyse), ↗Tranquilizer, ↗Antidepressiva, ↗Stimulantien und halluzinogene oder ↗psychotomimetische Pharmaka zu sowohl diagnostisch-therapeutischen Zwecken als auch zur Erlangung wichtiger Informationen von potentiellen Informationsträgern. Diese Substanzen können eine Befragung u. U. produktiver gestalten, indem sie auf verschiedenen Wegen eine Schwächung des Widerstandes eines potentiellen Informanden herbeiführen. Validität und Genauigkeit des Mitgeteilten sind aber fraglich und lediglich unter Einbeziehung von Außenkriterien zu sichern. Fehlende Information bedeutet nicht, daß der Befragte sie nicht hat. Bei Gericht werden unter Einfluß von P.n gewonnene Daten nicht akzeptiert.

Lit.: Gottschalk, L. A.: The use of drugs in informationseeking interview. In: **L. Uhr & J. G. Miller** (Eds.): Drugs and behavior. New York, 1964.

E. Lehmann

Plegie, motorische Lähmung ganzer Gliedmaßen oder einzelner Gliedmaßenabschnitte.

Plexus. In der ↗Neuroanatomie werden makro- oder mikroskopische Geflechte von Nervenbahnen oder -fasern P. genannt.

Plethysmograph, Gerät zur Erfassung der Volumschwankungen in einem Körperteil (in den meisten Fällen auf Blutversorgungsänderungen zurückzuführen); z. B. *Penisplethysmograph* zur Messung des Penisvolumens, das manchmal als Indikator von sexueller Erregung verwendet wird. *G. D. Wilson*

Pneumatiker, Menschen mit besonderer Geistesgabe und mit Charisma; sie haben das Zeug in sich (↗Anlagen, ↗Begabung), nicht nur Kenntnisse zu erwerben, sondern Er-kenntnisse (Ein-sichten) zu gewinnen. *W. Arnold*

Pneumatische Kammer, Einrichtung für Experimente unter verschiedenen atmosphärischen Drücken (Über-, Unterdruckkammer); besondere Bedeutung in der arbeitspsychol. bzw. -med. Forschung; kommt aber auch für spezielle Eignungsuntersuchungen und Ausbildungsmaßnahmen (z. B. Astronauten, Flugzeugführer, Taucher, U-Boot-Besatzungen) in Betracht. *G. Marschner*

Pneumograph, ein Gerät zur Registrierung der Atmung.

Poetzl-Phänomen. O. Poetzl beobachtete, daß kurzzeitig dargebotenes Material nicht wahrgenommen und ins bewußte Gedächtnis übernommen wurde, dennoch später Teil des Trauminhalts werden konnte. ↗Traum. *C. D. Frith*

Poggendorffsche Täuschung, eine der ↗geometrisch-optischen Täuschungen. Die Diago-

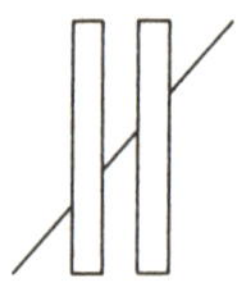

nale verläuft kontinuierlich, erscheint jedoch an den Kreuzungsstellen mit den Senkrechten geknickt (s. Abb.). *C. D. Frith*

Point Scale of Performance Tests, ↗Arthur-Handlungsskala.

Poisson-Verteilung. Die stark asymmetrische P. ist die Zufallsverteilung sehr seltener Ereignisse. Ihre Gleichung lautet:

$$f(X) = \frac{\mu^X \, e^{-\mu}}{X!}$$

Die P. ist durch den Parameter μ vollständig definiert. μ, der Mittelwert der P., ist gleich groß wie ihre Varianz σ^2. Die P. ist ein Grenzfall der ↗Binomialverteilung, sie entsteht bei großem N, wenn die Elementarwahrscheinlichkeit p gegen Null geht. *G. Mikula*

Polarität, die Beziehung zwischen Charaktereigenschaften, die Gegensatzpaare bilden. Wichtiges charakterologisches Strukturprinzip in der Charakterlehre von A. Wellek. Vgl. auch ↗Bipolarität von Eigenschaften.

Lit.: Wellek, A.: Die Polarität im Aufbau des Charakters. Bern – München, [3]1966. *K. Pawlik*

Polaritätenprofil ↗Semantisches Differential, ↗Bedeutung.

Poliomyelitis *(Spinale Kinderlähmung)* ist eine durch das in 3 Formen vorkommende P-Virus verursachte, entzündliche Erkrankung der grauen Substanz des Rückenmarks (Vorderhörner, des verlängerten Markes (↗Medulla oblongata), aber auch des ↗Gehirns (als bulbäre und cerebrale Form bekannt). Es kommt dabei zur Auflösung der Nissl-Schollen im Nervenzellplasma. Die damit verbundenen Ausfallserscheinungen, meist Muskellähmungen, sind nur zum Teil reversibel, so daß häufig Lähmungen einzelner Muskeln oder Muskelgruppen mit deren Inaktivitätsatrophie zurückbleiben. Diese Erkrankung tritt sporadisch, aber auch epidemisch meist in den Sommermonaten auf, wird über den Darm durch verunreinigtes Wasser übertragen, ist meldepflichtig und kann auch abortiv, d. h. auch ohne Lähmungserscheinungen, auftreten. Seit Einführung der Schluckimpfung mit nichtvirulenten lebenden Viren ist diese Erkrankung praktisch verschwunden. *E. David*

Politische Psychologie betrifft die *personale Seite der politischen Prozesse.* Je nach dem Standort innerhalb der verschiedenen psychol. und sozialpsychol. Forschungsrichtungen ist dieses Thema mit unterschiedlichen Methoden in Angriff genommen worden. Eine spezielle Methode gibt es nicht.

Es handelt sich dabei: 1. Um die Erforschung der vorhandenen bzw. angewandten *Techniken,* die sich z. B. auf emotionale Beeinflussungswege, Indoktrinierungen, aber ebenso auf die Regeln für staatsbürgerliche kognitive Lernprozesse und Sozialisierungsmethoden sowie auf die politischen Entscheidungsprozesse beziehen; diese Techniken richten sich nach Erfolgskriterien und sind in ihren Resultaten begrenzt voraussagbar. 2. Um das Erfassen von gegebenen *Gleichförmigkeiten* des politischen Verhaltens, trotz oder auch wegen motivationaler Gleich- und Ungleichförmigkeiten. Als Beispiel seien Untersuchungen über Partizipationsgrade oder über Wahl- und Wählerverhalten angeführt. 3. Um *Deutungen,* bes. um neopsychoanaly-

Politische Psychologie

tische, einzelbiographische oder typologische Aspekte von politischen Eliten, Basispersönlichkeiten oder Exponenten politischer Kulturen. Sie nahmen größtenteils ihren Ausgangspunkt bei der Erforschung antidemokratischer Syndrome (↗Autoritarismus). 4. Um *Aufklärung,* also um Bewußtmachung der unter 1–4 genannten Aspekte bei den Partizipatoren der politischen Prozesse – auf welcher institutionellen Ebene auch immer. Es geht schließlich der p. P. als einer anwendbaren Wissenschaft auch 5. um *Orientierungshilfen* bei der Verwendung, also auch bei dem instrumental politischen Gebrauch der Kenntnisse. Dieses kann sowohl im Ethos einer obj. Werturteilsfreiheit wie von einer politisch engagierten Forscherpersönlichkeit gehandhabt werden. Das bedingt gewisse Vorauslesen innerhalb der Forschungsvorhaben und setzt als Postulat Durchsichtigkeit und Erkennbarkeit der jeweiligen Position – insofern Wissenschaftlichkeit beansprucht wird – voraus.

Die p. P. in ihrer heutigen Form nahm von kulturanthropologischen Aspekten ihren Ausgangspunkt. Im ersten Ansatz der „Kultur- und Persönlichkeitsforschung" überwogen Deutungen für die sich perpetuierenden, stabilisierenden Aspekte einer Kultur. Die Wirkung der Primärinstitutionen (der Kindererziehung) wird in der Neo-Psychoanalyse geradezu als irreversibles Prägungsgeschehen gefaßt. Der entsprechende Gesellschaftsaufbau befriedigt dann die in der Erziehung angelegten sozialen Erwartungen und Befürchtungen (↗Sozialisierung). Er entspricht den sozio-kulturellen Bedürfnissen und sozialen Perspektiven der Modalpersönlichkeit, die zu diesen Institutionen gehört. Zwischen den ↗Persönlichkeiten – hinsichtlich ihrer *basic personality structure,* nicht hinsichtlich ihrer *biographischen Entwicklung* – und den gesellschaftlichen Institutionen besteht also eine Art prästabilierte Harmonie. Diese *Stabilisierungshypothese* – die keineswegs von allen Autoren der Kultur- und Persönlichkeitsforschung geteilt wird – bildete einen Ausgangspunkt für jene weiteren empirischen Forschungsansätze, die für die Entwicklung der p. P. maßgeblich wurden.

Gefragt wurde nach dem Persönlichkeitstypus, der faschistische Systeme trägt oder sogar hervorbringt (↗Autoritäre Persönlichkeit). Damit ist ein Ansatzpunkt für die Terrorforschung gegeben, die aber erst durch Ausweitung auf gruppendynamische Aspekte, vor allem nach Übernahme des sog. massenpsychol. Beobachtungsmaterials und der Kenntnis spezieller terroristischer Sprach- und Kommunikationsformen, zu den notwendigen Voraussetzungen für eine breitere Ausarbeitung fortschreiten kann (v. Baeyer-Katte, 1971).

Am Anfang der politischen Persönlichkeitsforschung steht die Frage nach dem *Machtmenschen* als einem im Sinne von A. ↗Adler triebdynamisch extremisierten Typus. Lasswell (1950, 46) setzt aber bereits die interpersonalen Verhaltensweisen – Forms of Influence –, in denen „Macht" ausgeübt und akzeptiert wird, als Muster von Machtrealisationssituationen in Beziehung zu einem allg. sozio-kulturellen Situationsschema.

Die Selbstdeutung totalitärer Systeme, wonach ein einheitlicher politischer Wille und eine übereinstimmende Meinungsbildung das Verhalten der Gesamtbevölkerung „ausrichten", erweckte zunächst und von außen gesehen den Eindruck freiwilliger Eingliederung. Weniger die jeweilige – wissenschaftlich verbrämte oder emotional appellierende – Ideologie als vielmehr ein Bedürfnis nach Gehorsam und Konformismus schienen als Motive in Frage zu kommen. Die Vermutung, daß das familiäre System (Horkheimer, 1936) hier die kulturspezifischen Bedingungen setzte, wurde in den ↗*Autoritarismus-, Rigiditäts- und Faschismusuntersuchungen* der *Kalifornischen Schule* und der p. P. von Eysenck (1954) einer empirischen Prüfung unterzogen. Die Methodik folgte dabei der allg. Entwicklung der empirischen Psychol. Aufbauend auf Ergebnissen der Vorurteilsforschung (Murphy & Likert, 1938) einerseits und den Hypothesen von Fromm (1941) andererseits entstand die bahnbrechende Arbeit von T. W. Adorno, E. Frenkel-Brunswik, J. D. Levinson und R. N. Sanford (The authoritarian personality. New York, 1950).

Sie hat inzwischen eine in ihren Resultaten

nicht mehr übersehbare Menge von einschlägigen Publikationen ausgelöst. Es fehlten auch nicht die kritischen Stimmen, die vor allem die Methode der ↗Skalierung, der speziellen Fragebogentechnik sowie eine letztendlich bei den Untersuchern selbst resultierende mangelnde Toleranz für Vieldeutigkeiten und Widersprüchlichkeiten (ein Skalenmerkmal der F-Skala) betreffen (Christie & Jahoda, 1954; Bass, 1955; K. Eyferth, 1963). Die letzte große Übersicht über die Entwicklung der sich an Adorno et al. anschließenden Forschungen gaben Kirscht und Dillehay (1967). Zusammenfassend kann gesagt werden, daß das autoritäre Syndrom zweifellos einer für die Epoche des Nationalsozialismus gültigen Typenschau die wiss. Basis zu geben versuchte und sich auch nach Vornahme von Korrekturen teilweise behauptete (Chapman & Campbell, 1957). Eine umfassende kritische Verarbeitung bes. auch deutscher Untersuchungen gibt Roghmann (1966).

Weiterführende Untersuchungen schließen sich einerseits an die *Dogmatismus-Skala* (Rokeach, 1948; 1960) an, andererseits an die von H. J. Eysenck entwickelten *tough-mindedness-* und *tender-mindedness-* sowie *Radikalismus-Konservativismus*-Kriterien. Eysenck weist bes. darauf hin, daß Faschisten und Kommunisten die gleichen Autoritarismuswerte zeigen. Gerade aus diesem Ergebnis erweist sich die Problematik solcher an Verhaltensmustern gewonnenen Bestimmungen des Politischen. Es ist doch evident, daß unter einem faschistischen Regime sich Anhänger der Regierungspartei und der Kommunistischen Partei nicht etwa gleich, sondern politisch ganz verschieden verhalten werden. Die Substanz des Politischen am politischen Verhalten ist also eher funktional – im Pro oder Contra zu der gegebenen Gesellschaftsordnung – erfaßbar.

Rückwärts blickend, d. h. unter Benutzung inzwischen innerhalb der p. P. weitgehend rezipierten systemtheoretischen Begriffe, kann gesagt werden, daß sich die p. P. bisher drei Grundformen des politischen Verhaltens zuwendete: den *stabilisierenden*, den *wandlungsfördernden* und den *gegen das System steuernden* (dysfunktionalen) Verhaltensweisen. Diese Einteilung hat natürlich wie alle solche Vereinfachungen etwas Gewaltsames. Sie zeigt aber doch einen in großen Zügen erkennbaren und belegbaren Entwicklungsverlauf (Easton, 1965).

Systemkonformer Wandel – innere Reformierbarkeit und geschichtliche Weiterentwicklung – gehört zum Funktonieren komplizierter gesellschaftlicher Systeme hinzu. Parsons (1964) und seine Mitarbeiter entwickelten in den sechziger Jahren diejenigen Begriffe, die es der p. P. ermöglichen, ihre Teilbefunde zu einem Forschungskonzept über politisches Verhalten zusammenzufassen. Parsons Schlüsselbegriff in dieser Hinsicht ist die Definition der evolutionären Universalien in einer Gesellschaft. Er besagt, daß die gesellschaftlichen Systeme wie lebende Systeme anzusehen sind: sie entwickeln immer neue Strukturen und Strukturkomplexe, durch die sie sich den Herausforderungen ihrer politischen Umwelt besser „anpassen" – d. h. besser aktiv auf sie eingehen und sich durch entsprechende Systemprozesse behaupten können. Eine solche „Erfindung" der politischen Kultur ist die *Demokratie*. Da das Parsonsche Konzept unter dem Gedanken der historischen Entwicklung steht, faßt er Demokratie, die repräsentative Wahlrechtsdemokratie, als ein gesellschaftliches Universale. In unterschiedlichen Modi, aber mit der gleichen Funktion: der Optimierung des politischen Prozesses, wird diese Erfindung zu ihrer Zeit in jeder Gesellschaftsordnung gemacht oder auf dem Wege der Kulturdiffusion übernommen. Das bedeutet u. a. auch, daß das personale System des Demokraten dem strukturalen System Demokratie entsprechen muß. Die Transformation geschieht durch Partizipation. Die Sozialisationsagenturen der Demokratie als eines Meinungs- und Wertsystems sind nicht nur die Eltern, sondern die Gesamtgesellschaft ohne zeitliche Begrenzung. Die „politische Kultur" einer Gesellschaft stiftet also das ihr entsprechende politische Verhalten, das seinerseits diese Kultur trägt. Es handelt sich um Selbstregulationsvorgänge, deren politische Seite normalerweise durch das institutionalisierte

„politische Verhalten" dargestellt wird, nicht um ein eingreifendes Steuerungsverhalten jenseits der regulären Prozesse. Political behavior ist also z. B. in Wahlbeteiligung, Parteizugehörigkeit, Übernahme von politischen Wahlämtern und am meßbaren Informationsstand quantifizierbar und wird in zahlreichen Untersuchungen als Ausweis für den Stand der Demokratisierung genommen (Kaase, 1971; Milbrath, 1965). Lazarsfeld, Berelson und Gaudet (1948) und Berelson, Lazarsfeld und McPhee (1954) werden durch ihre Wahlstudien einerseits für die Wahlsoziologie, andererseits aber auch für die darin mitgesehene Verbindung des Wahl- und Wählerverhaltens (Scheuch & Wildenmann, 1963) methodisch richtungweisend. Zugleich mit dem durch Homanns (1950) ausgelösten Durchbruch der Kleingruppenforschung wächst die Bedeutung der Pionierstudie von Levin und Lippitt (1938) für die Erfassung von Führungsstilen als politischen Steuerungsprozessen bei der Problemlösung in Kleingruppen. Dieser Ansatz, der von Verba (1961) weitergeführt wird, bringt den Aspekt *der systemgerechten politischen Steuerung* – neben den in der Schule der *civic-culture-Forschung* zunächst vorherrschenden *Selbstregulationsthematik* – zur Geltung. Allerdings sind Steuerungsvorgänge gegenüber politischen Prozessen zwar auch, aber keineswegs nur durch Gruppenführungsverhalten gegeben. Sie realisieren sich bei jedem Input in den politischen Prozeß (Deutsch, 1969). Die theoretische Grundlegung für die civic-culture-Forschung (in der political behavior also den Stellenwert eines *Entschlusses zur Partizipation* nach einer präpolitischen Sozialisationsphase erhält) gibt Almond in seinem Artikel „Comparative political systems" (1956). *Politisches Verhalten* ist nicht ausschließlich *Politikerverhalten*, sondern schließt die Verhaltensweisen von jedermann als Mitspieler innerhalb der demokratischen Funktionsregeln mit ein. Durch Systemvergleich hofft man die Voraussetzungen für die Teilnahmeschaft – oder die Gegenbedingungen für Apathie und Depolitisierung – zu erfassen. Führend ist zunächst die Theorie des Lernens politischer Rollen, indem sie praktiziert werden (Allport, 1945). Daneben treten aber bald spezifizierte lerntheoretische Konzepte (↗Lerntheorie) und der auf die Neo-Psychoanalyse zurückgehende Internalisationsbegriff, der von T. Parsons modifiziert wird. Almond und Verba (1963) fanden dann in empirischen Untersuchungen und durch Kulturvergleich eine positive Korrelation zwischen dem Stand der Schulbildung, der politischen Kenntnisse und der politischen Partizipation. Höhere Schulbildung befördert also, so wurde zunächst geschlossen, auch die Demokratisierung, bes. auch in den unterentwickelten Gebieten (vgl. auch Pye, 1963; Coleman, 1965). Der Schritt „in die Politik", also das Überschreiten einer Schwelle, durch die das Sozialverhalten zum politischen Verhalten wird, erscheint anfänglich als eine Form von subjektivem Kompetenzbewußtsein, dessen Wurzeln in familiären Partizipationsmustern – auch unpolitischen, aber allg. sozialen Verantwortungsübernahmen – gesehen werden. In einer Fülle von Untersuchungen kamen aber doch sehr unterschiedliche Ergebnisse über die Effizienz der einzelnen Faktoren in der *citizenship education* heraus. Eine umfassende Bibliographie stellte Dennis für die Zwecke des council of civic education zusammen (1968). Variable, wie z. B. starkes politisches Interesse bei den Eltern (Converse, 1964), Dominanz der Mutter oder des Vaters, unterschiedliche elterliche Parteizugehörigkeiten, ergeben zwar signifikante Bezüge, deren Deutung aber immer weiter auf komplexe multikausale Möglichkeiten zurückverweist. Ähnlich steht es mit dem Einfluß des Schultypus. Nicht nur die Bedeutung der Altersstufen, in welcher die politische Erziehung fällt, wird unterschiedlich eingeschätzt (Adelson & O'Neil, 1966). Die umfassenden Untersuchungen von Langton und Jennings (1968), die acht Variable berücksichtigen, zeigen nur sehr geringe Beziehungen zwischen schulischer Staatsbürgerkunde, politischer Orientierung und Engagement. Solange politische Sozialisation an äußeren Beteiligungskriterien, Wissenskriterien oder Informationskriterien gemessen wird, bleiben die Ergebnisse immer in der formalen Korrelationsanalyse stecken. In dieser Richtung fragen auch die beiden größten deutschen Untersuchungen (Habermas et al., 1967; Jaide, 1970). Die institutionalisierten Sozialisationsagenturen sind nicht einmal ein Garant für Loyalität gegenüber der Demokratie (Lipset, 1960). Durch die Kritik an der Hypothese der automatischen politischen Sozialisationsvorgänge wird das Stabilitätsproblem immer stärker in ein Gleichgewichtsproblem bzw. in die Beobachtung der Ausgleichsprozesse innerhalb der sozialen Adaptation und Integration verschoben. Bereits Hyman (1969), der nach dem Stand von 1959 eine Zusammenfassung der empirischen Ergebnisse der politischen Sozialisationsforschung bietet, kritisiert seinerseits die relative Ergebnislosigkeit aller quantitativen Erfassungen. Das verweist wiederum auf den Unterschied zwischen dem unreflektierten politischen Partizipationsverhalten im Sinne eines gegebenen Systems und dem kritisch reflektierten Steuerungsverhalten gegenüber diesem System. Politisches Verhalten dieser zweiten, höheren Ordnung wäre also einerseits in Gegensteuerungsbestrebungen gegeben, wie sie beispielsweise Ebert (1970) darstellt, oder aber in der Gegensteuerung gegen die Gegensteuerung, d. h. in den politischen Verhaltensweisen, die dysfunktionalen Bewegungen aufzufangen und in funktionale umzuwandeln versuchen. Erst bei Untersuchungen der hierzu nötigen Strategien und des hierzu nötigen Ausmaßes an kognitiver Rollendistanz innerhalb der Performation politischer Rollen käme die p. P. in ihr Zielfeld.

Sie trifft sich hier mit den aktuellen Fragestellungen der Konfliktforschung und der Friedensforschung. Die Auswirkung von systemkonform oder systemgegnerisch ausgebildeten Verhaltensweisen vom Typus der Drohsysteme (Boulding 1967) oder des Systemvertrauens (Luhmann, 1968) und die Auswirkung von systemfremden politischen Rolleninnovationen geben hier weiterführende Gesichtspunkte.

Eine Sammlung wichtiger Beiträge zu den soziologischen Aspekten des politischen Verhaltens geben Allardt und Rokkan (1970). Drei periodische Reihen behandeln spezielle Fragen der p. P.: das von H. Eulau herausgegebene *„Yearbook of political behavior research"* (ab 1961), die „Politische Psychologie" (ab 1963), darin ein umfassender Themenkatalog von W. Jacobsen. Neu beginnt die von R. Presthus herausgegebene Serie „Studies in behavioral political science" (ab 1969).

Lit.: Adelson, J. & R. O'Neil: The growth of political ideas in adolescence: The sense of community. J. of Pers. and Soc. Psychol., 1966, *4*, 295–306; **Adorno, T. W.,** et al.: The authoritarian personality. New York, 1950; **Allardt, E. & S. Rokkan:** Mass politics. Studies in political sociology. New York, 1970; **Allport, G. W.:** The psychology of participation. Psychol. Rev., 1945, *53*, 117–132; **Almond, G. A.:** Comparative political systems. J. of Politics, 1956, *18*, 391–409; **Almond, G. A. & S. Verba:** The civic culture. Political attitudes and democracy in five nations. Princeton, 1963; **Auwin, K., Baeyer-Katte, W. v., Jacobsen, W., Jaide, W. & H. Wiesbrock** (Hrsg.): Politische Psychol. Eine Schriftenreihe, Bd. 1–8. Frankfurt, 1963–69; **Baeyer-Katte, W. v.:** Terror. In: Sowjetsystem und Demokratische Gesellschaft. Freiburg i. Br., 1971; **Berelson, B. R., Lazarsfeld, P. F. & W. N. McPhee:** Voting. Chicago, 1954; **Boulding, K.:** Die Parameter der Politik. Atomzeitalter, 1967, *7/8*, 362–374; **Braun, K.-H.:** Einführung in die Politische Psychol. Köln, 1978; **Chapmen, L. J. & D. T. Campbell:** Response set in the F-scale. J. abn. soc. Psychol., 1957, 55; **Christie, R. & M. Jahoda** (Eds.): Studies in the scope and method of „the authoritarian personality". Glencoe (Ill.), 1954; **Coleman, J. S.** (Ed.): Education and political development. Princeton, 1965; **Converse, E. T.:** The nature of belief systems in mass publics. In: **D. Apter** (Ed.): Ideology and discontent. New York, 1964; **Dennis, J.:** Major problems of political Socialisation. Midwest J. of Political Science 1968, *12*, 85–114; **Deutsch, K. W.:** Politische Kybernetik. Modelle und Perspektiven. Freiburg i. Br., 1969; **Easton, D.:** A systems analysis of political life. New York, 1965; **Ebert, T.:** Gewaltfreier Aufstand – Alternative zum Bürgerkrieg. Frankfurt, 1970; **Eyferth, K.:** Typologische Aspekte des Problems der autoritären Persönlichkeit. In: Autoritarismus – Nationalismus – ein deutsches Problem? Pol. Psychol. Frankfurt, 1963, 67–74; **Eysenck, H. J.:** The psychology of politics. London, 1954, [5]1968; **Fromm, E.:** Escape from freedom. New York, 1941; **Habermas, J.,** et al.: Student und Politik. Eine soziologische Untersuchung zum politischen Bewußtsein Frankfurter Studenten. Neuwied, [2]1967; **Homans, G.:** The human group. New York, 1950; **Horkheimer, M.** (Hrsg.): Studien über Autorität und Familie. Paris, 1936; **Hyman, H. H.:** Political socialization. A study in the psychol. of political behavior. New York, 1969; **Jaide, W.:** Jugend und Demokratie. Politische Einstellung der westdeutschen Jugend. München, 1970; **Kaase, M.:** Demokratische Einstellung in der BRD. Sozialwiss. Jahrbuch für Politik, 1971, *II*, 119–316; **Kirscht, J. P. & R. C. Dillehay:** Dimensions of authoritarianism. A view of research and theory. Lexington, 1967; **Langton, K. P. & M. K. Jennings:** Formal environment: The school. In: **K. P. Langton** (Ed.): Political socialization. New York,

1969; **Lasswell, H. D. & A. Kaplan:** Power and society. A framework of political inquiry. New Haven, 1950; **Lasswell, H. D.:** Power and personality, New York, 1976; **ders.:** Psychopathology and politics, Chicago, 1977; **Lazarsfeld, P. F., Berelson, B. R. & H. Gandet:** The people's choice. New York, 1948; **Lewin, K. & R. Lippitt:** An experimental approach to the study of democracy and aristocracy: A preliminary note. Sociometrie, 1938, *1*, 292–300; **Lipset, S. M.:** Political men. New York, 1960; **Luhmann, N.:** Vertrauen: ein Mechanismus der Reduktion sozialer Komplexität. Stuttgart, 1968; **Milbrath, L. W.:** Political participation. Chicago, 1965; **Murphy, G. & R. Likert:** Public opinions and the individual. New York, 1938; **Parsons, T.:** Evolutionary universals in society. American sociological Rev., 1964, *29*, 339–357; **ders.:** The political aspect of social structure and process. In: **D. Easton** (Ed.): Varieties of political theory. Englewood Cliffs, 1966; **Pye, L. W.** (Ed.): Communications and political development. Princeton, 1963; **Roghmann, K.:** Dogmatismus und Autoritarismus. Kritik der theoretischen Ansätze und Ergebnisse dreier westdeutscher Untersuchungen. Kölner Beiträge, Bd. 1, 1966; **Rokeach, M.:** Generalized mental rigidity as a factor in ethnocentrism. J. of Abn. and Soc. Psychol., 1948, *43*, 299–278; **ders.:** The open and closed mind. New York, 1960; **Roloff, E.-A.:** Psychologie der Politik. 1976; **Scheuch, E. K. & R. Wildenmann:** Zur Soziologie der Wahl. Köln – Opladen, 1963; **Streiffeler, F.:** Politische Psychol. Hamburg, 1975; **Verba, S.:** Small groups and political behavior: A study of leadership. Princeton, 1961.

W. v. Baeyer-Katte

Poltergeist, Belästigungen, die durch bizarre physische Einwirkungen charakterisiert sind und die eine mutwillige oder zerstörende Absicht andeuten. Es wird angenommen, daß diese Einwirkungen auf einen paranormalen Ursprung zurückzuführen sind. Im Ggs. zum ortsgebundenen ↗*Spuk* scheinen P.phänomene von der Anwesenheit einer bestimmten Person – dem „Poltergeist Focus", gewöhnlich, aber nicht immer ein Kind oder eine jugendliche Person – abhängig zu sein. W. G. Roll hat den neutraleren Begriff RSPK (= Recurrent Spontaneous Psychokinesis – dt.: wiederholte Spontanpsychokinese) eingeführt. ↗Psychokinese. *J. Beloff*

Poltern, sprachliche Gestaltungsschwäche mit unbeherrschter, überhasteter und undeutlicher Rede aufgrund einer angeborenen, vererbbaren und konstitutionell bedingten Eigentümlichkeit der gesamten psychosomatischen Persönlichkeit. Wesen: Mißverhältnis zwischen überhastetem Ideenreichtum und anlagemäßiger Impulsivität einerseits und sprachlicher Gestaltungsschwäche andererseits. Weiteres häufiges Symptom: Wiederholungen (Silben, Wörter, Satzteile). ↗Tachylalie, ↗Tachyphemie. *Ch. v. Deuster*

Polyandrie, *Vielmännerei,* Verbindung einer Frau mit mehreren Männern. Sie war vor allem in Ceylon und bei indischen Gebirgsstämmen verbreitet, aber auch unter amerik. Indianern, wobei die gemeinsamen Gatten in der Regel (blutsverwandte oder klassifikatorische) Brüder sein mußten. *W. Schmidbauer*

Polygamie, eheliche Verbindung von *mehr als zwei* (= Monogamie) Partnern, wobei die ↗Polygynie in der Vergangenheit erheblich weiter verbreitet war als die ↗Polyandrie.

W. Schmidbauer

Polygraph, *Mehrfachschreiber,* dient in der Psychol., ↗Psychophysiologie und Medizin zur gleichzeitigen Registrierung mehrerer Signale. Der P. liefert je nach Arbeitsrichtung ein fortlaufendes Beobachtungsprotokoll von:

1. *Biosignalen,* d. h. EEG, EKG, Herzfunktion, arteriellem Blutdruck, Atemfunktion und Gasstoffwechsel, Hauttemperatur und ↗Hautwiderstand (PGR, GSR), Körperbewegungen, Elektromyogramme usw.;

2. *Stimulusgrößen,* d. h. Häufigkeit und Intensität von UCS, CS (unkonditionierter Reflex) außerdem Schalterstellungen von Stimulus-Display-Einheiten usw.;

3. *Reaktionsgrößen,* d. h. Häufigkeit und Intensität von mot. und sprachmotorischen Verhaltensweisen, Testleistungen usw.;

4. *allg. Experimentalbedingungen,* d. h. Zeitintervallen, Raumklima, Schallpegel usw.

P.en sind in der Medizin als Elektrokardiographen und Elektroencephalographen gebräuchlich (EEG), in der Kriminalistik als ↗Lügendetektor, in der Psychophysiologie zur Registrierung der physiol. Komponenten von ↗*Aktivierungs*änderungen, z. B. während Emotionen, ↗Streß, ↗Schlaf und ↗Traum.

Im Unterschied zu den alten Ruß- und Papier-Kymographen oder einfachen Ereignisschreibern sind heute die P.en komplizierte elektronische Anlagen.

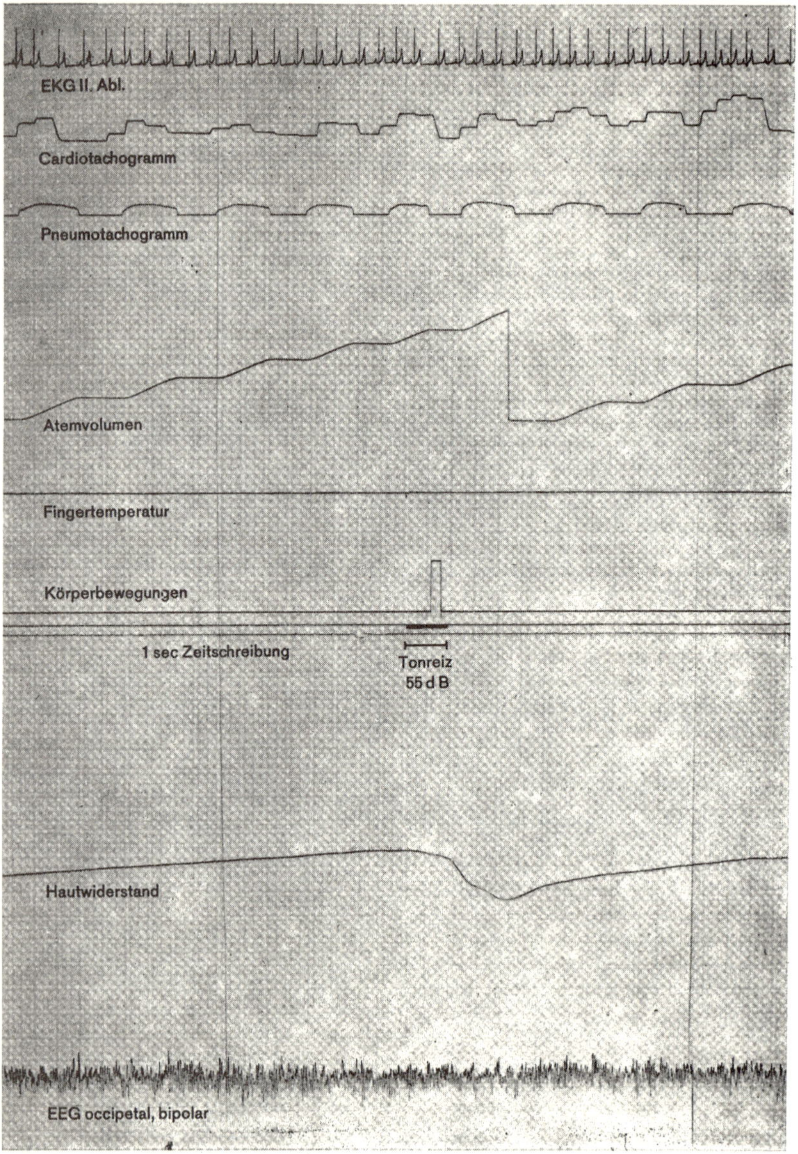

Polygraphische Aufzeichnung verschiedener physiologischer Reaktionen
(zu „Polygraph“)

Lit.: Brown, C. C. (Ed.): Methods in psychophysiology. Baltimore, 1967; **Mackenzie, J.:** The ink polygraph. British Med. J., 1908, *1*, 1411; **Schönpflug, W.** (Hrsg.): Methoden der Aktivierungsforschung. Bern, 1969; **Venables, P. H. & I. Martin** (Eds.): A manual of psychophysiological methods. Amsterdam, 1967. *J. Fahrenberg*

Polygynie, eheähnliche Verbindung eines Mannes mit mehreren Frauen; in Afrika, Asien und Australien unter Naturvölkern und in Hochkulturen weit verbreitet. Der Schluß auf eine genetisch bedingte „polygame Anlage" des Mannes ist aber gerade aufgrund des ethnologischen Materials (Überwiegen der Monogamie festgestellt) nicht berechtigt. *W. Schmidbauer*

Polymorph pervers ↗Perversion.

Polyneuritis. Entzündliche bzw. degenerative Erkrankung mehrerer oder einer größeren Anzahl peripherer sensibler und/oder motorischer Nerven mit subjektiven Beschwerden (Mißempfindungen, Gefühlsveränderungen, Schmerzen u.a.) und objektivierbaren Funktionsausfällen (Reflexabschwächung, Muskelatrophien, Sensibilitätsstörungen, verzögerte elektrische Nervenleitgeschwindigkeit u.a.). Verschiedene Prädilektionstypen sind möglich, wobei symmetrische und distale Extremitätenbetonung besonders toxischer, proximale und unsymmetrische Akzentuierung vor allem metabolischer und parainfektiöser Genese sind. *J. Böning*

Polyopie, Mehrfachsehen, monokuläre Diplopie. Es werden mit einem Auge mehrere Bilder eines Gegenstandes gesehen, z.B. beim ↗Astigmatismus. *R. Rix*

Polysemie ↗Mehrdeutigkeit.

Pons ↗Brücke.

Ponzosche Täuschung, eine der ↗geometrisch-optischen Täuschungen. Die obere horizontale Linie erscheint länger als die untere, obgleich beide objektiv gleich lang sind (s. Abb.). Gewöhnlich wird diese Täuschung so erklärt, daß die beiden Diagonalen als nach hinten gehende Parallelen angesehen werden und daß so die ↗Größenkonstanz unzulässigerweise auf die beiden horizontalen Linien angewendet wird, wobei die obere als weiter entfernt gesehen wird. *C. D. Frith*

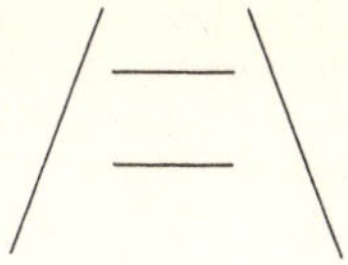

Pooling bezeichnet das Zusammenfassen von Maßzahlen zu Klassen (↗Klassen von Maßzahlen) bei der Erstellung von ↗Häufigkeitsverteilungen. Durch P. sollen Zufallsschwankungen ausgeglichen werden. – In der ↗Varianzanalyse versteht man unter P. das Zusammenfassen von Varianzkomponenten, deren Gleichheit statistisch gesichert ist. *G. Mikula*

Popularität, dem Volke gemäße, volkstümliche, leichtverständliche und daher beliebte Haltung, Einstellung oder Einrichtung, die aussagekräftig, glaubhaft, originell, dazu religiös, heimat- und kulturverbunden sowie von Humor geprägt ist. *W. Tisch*

Population ↗Grundgesamtheit.

Poriomanie, *Wandersucht,* unvermittelt auftretender Wandertrieb vom planlosen Fortlaufen und Umherirren bis zum äußerlich unauffälligen, völlig situationsangepaßten Umherreisen. Entscheidend ist die Dranghaftigkeit, welche das Fortlaufen und Wegreisen veranlaßt. *A. Hicklin*

Pornographie, ursprünglich die Darstellung von Hurerei, heute generalisiert auf Unzüchtiges und Obszönität jeder Art. Sowohl Obszönität als auch P. sind in großem Umfang sozial (gewöhnlich auch gesetzlich) definiert; was die bestehenden Konventionen einer Zeit und eines Ortes verletzt, wird in anderer Umgebung oft als völlig unschädlich betrachtet. *G. D. Wilson*

Porteus Labyrinth Test, auch *Porteus Maze* genannt. Der Pb soll den Weg aus verschiedenen Labyrinthen abgestuften Schwierigkeitsgrades finden. Wird in Intelligenz- und Entwicklungstestbatterien für Kinder verwandt, auch im Rahmen sprachfreier Diagnostik. ↗Labyrinthtest.

Lit.: Kramer, J.: Intelligenztest. Solothurn, 1954; **Porteus, S.:** The Porteus Maze Test and Intelligence. Palo Alto, 1950.

U. H. Schindler

Pose ↗Ausdruck („eingesetzter Ausdruck").

Positionalität, Zentralbegriff der neueren Ausdruckstheorie *(↗Ausdruck),* hauptsächlich geprägt von Frijda (1953) und Kirchhoff (1957). Frijda definiert P. als „das Gefüge der Beziehungen, welche die Person in einem bestimmten Zeitpunkt zu ihrer Umwelt unterhält oder denen sie nachstrebt. Unlösbar mit der P. verbunden ist das Aktivitätsgefüge, worin und womit sich diese Bezüge realisieren" (1965, 368). Kirchhoff definiert P. eines Lebewesens als „die je zeitliche (psychophysisch neutrale) Weise des Inderweltseins, welcher Mitwesen im Erscheinen, dem erscheinenden Wesen selbst in seinem Erleben mehr oder weniger umfänglich und mehr oder weniger differenziert gegeben ist" (1957, 156). *Pathognomischer* ↗Ausdruck ist nach Kirchhoff *„erscheinende* Positionalität". In Anlehnung an den P.begriff von Kirchhoff schlägt Holzkamp vor, beim Frijdaschen P.begriff „von der *Bezogenheitsweise* des Individuums o. ä. zu sprechen" (1965, 101).

Lit.: Frijda, N. H.: The understanding of facial expression of emotion. Acta Psychol., *9,* 1953; **ders.:** Mimik und Pantomimik. In: **R. Kirchhoff** (Hrsg.): Hdb. der Psychol., Bd. 5. Göttingen, 1965; **Holzkamp, K.:** Zur Geschichte und Systematik der Ausdruckstheorie. In: **R. Kirchhoff** (Hrsg.): Hdb. der Psychol., Bd. 5. Göttingen, 1965; **Kirchhoff, R.:** Allgemeine Ausdruckslehre. Göttingen, 1957.

J. Mields

Positivismus. Im engeren Sinn wurde als P. die *Lehre* des A. Comte (1798–1857) bezeichnet, welche nur Tatsachen anerkennt, nachdem die Gültigkeit dieser Erkenntnis durch die Methode der expt. Wissenschaft gesichert worden ist. Im weiteren Sinn bezeichnet dieser Begriff jede Erkenntnistheorie, die nur Gegebenheiten berücksichtigt, die durch eine Naturwissenschaft erarbeitet wurden, und jede Möglichkeit einer metaph. Erfassung der tiefsten Natur der Dinge ausschließt (J. S. Mill, H. Spencer). ↗Neopositivismus, ↗Logischer Positivismus.

M.-J. Borel

Posodynik, Zentralbegriff der Charakterologie Bahnsens (1867). P. ist die Fähigkeit des Menschen, Schmerz zu ertragen. Hierbei werden zwei Typen unterschieden: der *eukolische,* der eine große Leidenskapazität besitzt, und der *dyskolische,* der kaum Schmerz ertragen kann.

Lit.: Arnold, W.: Person, Charakter, Persönlichkeit. München, [4]1975; **Bahnsen, J.:** Beiträge zur Charakterologie. Leipzig, 1867.

P. Steck

Postdormitium, Zeitphase vor dem Erwachen, die durch „hypnopompe" ↗Vorstellungen von halluzinatorischer Lebendigkeit charakterisiert sein kann.

W. Schmidbauer

Posthypnotische Amnestie ↗Hypnose.

Posthypnotischer Zustand. Eine während ↗Hypnose gegebene Suggestion wird nach Ende des hypnotischen Zustands – im p. Z. – realisiert. Die im p. Z. zwischen dem Ende der Hypnose und der Ausführung der suggerierten Handlung verstreichende Zeit kann ebenfalls durch Suggestion in der Hypnose festgelegt werden. Während dieser Zeit lassen sich an den Pbn keine spezifischen physiol. und emotionalen Veränderungen feststellen. Kurz vor Realisierung der Suggestion haben die Pbn die vage Vorstellung, etwas Wichtiges tun zu müssen. Die gewünschte Handlung läuft automatisch ab. Halluzinativ wird die Wirklichkeit der Suggestion entsprechend umgeformt. Nach Ausführung der suggerierten Handlung, die den p. Z. abschließt, treten meist nachträgliche Rationalisierungen der vorangegangenen Handlung auf. Kriminelles Verhalten im p. Z. ist äußerst unwahrscheinlich.

Lit.: Gill, M. M. & M. Brenman: Hypnosis and related states. New York, 1959; **Kleitmann, N.:** Sleep and awakefulness. Chicago – London, 1963.

D. Vaitl

Postremitätslehre (E. R. Guthrie), ↗Lerntheorie, in deren Zentrum das Postulat steht, daß eine Reizsituation, die mit zwei oder mehreren unvereinbaren Reaktionen aufgetreten oder diesen vorangegangen ist, nur für die zuletzt ausgeführte Reaktion zur einen konditionierten Situation wird.

Lit.: Guthrie, E. R.: The psychology of learning. New York, 1952.

H. Haase

Postulat. Dieser Begriff bezeichnet eine Aussage, die ohne Beweis als Grundlage in ein deduktives System übernommen wurde. Euklid verwendet ihn als eine an den Leser gerichtete *Forderung,* einerseits die Existenz eines Objekts und einer einfachen, leicht zu erfassenden Eigenart, die dieses besitzt, anzuerkennen, und andererseits als *Möglichkeit* für bestimmte Konstruktionsverfahren.

Der Inhalt eines P. ist immer spezifisch für eine bestimmte Wissenschaft. In den expt. Wissenschaften ist der Begriff identisch mit dem der heuristischen Hypothese. In der Theorie der formalen Systeme wird der Begriff zugunsten dessen des *Axioms* aufgegeben. Schließlich bezeichnet dieser Begriff jede gemachte Annahme, implizit oder nicht, die für den Zusammenhang einer Darstellung notwendig ist. Bei I. Kant sind die P.e der praktischen Vernunft theoretisch unbeweisbare, metaphysische Thesen, die jedoch notwendig sind, damit das sittliche Leben einen Sinn hätte.

M.-J. Borel

Potentia coeundi, Fähigkeit, ↗Koitus durchzuführen. Kann beim Mann vor allem durch Herabsetzung, Verlust des Erektionsvermögens (↗Impotenz) oder durch vorzeitigen Samenerguß beim Einführen des Penis in die Scheide (Ejaculatio praecox) gestört sein, bei der Frau durch organische Mißbildungen oder Scheidenkrampf (↗Vaginismus). Die P. c. „orientiert über die Normrichtigkeit einer organischen Funktion" oder über das Vorhanden- oder Nichtvorhandensein von Frigidität (Giese, 1968, 136).

Lit.: ↗Potentia satisfactionis.

H. Maisch

Potentia generandi, allgemein Zeugungsfähigkeit oder Fähigkeit, ein Kind zu zeugen. Beim Mann das Vermögen, reife Samenzellen zu produzieren (setzt mit Pubertät ein und bleibt bis ins hohe Greisenalter erhalten); bei der Frau die Fähigkeit, reife Eizellen zu bilden und eine Frucht auszutragen (Fertilität), die mit Erlöschen der Ovarialfunktion (zwischen 45. und 55. Lebensjahr) langsam abbaut. Eine Störung der P. g. (Infertilität) orientiert nicht über die Intaktheit der ↗Potentia coeundi, und die P. g. ist auch keine allgemeingültige Norm für die Partnerbindung, allenfalls eine beschränkt gültige im Rahmen der katholischen Lehre.

Lit.: ↗Potentia satisfactionis.

H. Maisch

Potentia satisfactionis, Fähigkeit od. Möglichkeit, Koitus oder andere sexuelle Betätigungen als sexuell lustvoll oder befriedigend zu erleben. Die P. s. ist – vor allem bei Frauen – in starkem Maße von psychosozialen und lebensgeschichtlichen Faktoren abhängig; sie orientiert primär über die individuelle Haltung und das psychosexuelle Erlebnis beim sexuellen Vollzug, nicht über die funktionelle Intaktheit (↗Potentia coeundi), z. B. beim Koitus. Es gibt sowohl Frauen als auch Männer, die trotz ↗Orgasmus bzw. Ejakulation sexuell unbefriedigt bleiben, wobei P. s. insbesondere bei sexuellen ↗Perversionen ausbleiben bzw. abnehmen kann.

Lit.: Gebhard, P. H., Raboch, J. & H. Giese: Die Sexualität der Frau. Hamburg, 1968; **Matussek, P.:** Funktionelle Sexualstörungen. In: **H. Giese** (Hrsg.): Die Sexualität des Menschen. Stuttgart, 1968; **Masters, W. H. & V. E. Johnson:** Die sexuelle Reaktion. Frankfurt a. M., 1967.

H. Maisch

Potenz. 1) Kraft, speziell große Kraft. – 2) Latentes oder potentielles Vermögen. – 3) Die Fähigkeit des Mannes, den Geschlechtsverkehr auszuführen. – 4) Das Fortpflanzungsvermögen des Mannes. – *Potenzstörungen* ↗Impotenz, ↗Sexualstörungen. *G. D. Wilson*

Potenzgesetz ↗Psychophysik.

Potenzmomente. Als P. („Momente r-ten Grades") werden Verteilungskennwerte bezeichnet, die aus der durchschnittlichen, potenzierten Abweichung der Meßwerte von Null (1. P.) bzw. vom Verteilungsmittelwert berechnet werden. Das ↗*arithmetische Mittel* einer Verteilung ist das 1. P., die ↗ *Varianz* σ^2 das 2. P.; das 3. P. der standardisierten Meßwerte ist Ausdruck der ↗*Schiefe* einer Verteilung und bei symmetrischen Verteilungen daher Null. Das 4. P. kennzeichnet den ↗*Exzeß* (Steilheit, Kurtosis) einer Verteilung.

G. Mikula

Power-Test, auch *Niveautest* genannt. Ein Leistungstest, der durch den unterschiedlichen Schwierigkeitsgrad seiner Aufgaben die Pbn differenziert. Der Schwierigkeitsanstieg von Aufgabe zu Aufgabe soll möglichst gleichmäßig und nicht zu hoch sein. Das Prinzip des P. läßt sich auch auf Persönlichkeitstests anwenden. Hier tritt an die Stelle des Schwierigkeitsgradienten der abgestufte Ausprägungsgrad der erfaßten Persönlichkeitsdimension. – *Gegensatz:* ↗Speed-Test. *P. Steck*

Prädiktor, *Vorhersagevariable,* die im Rahmen einer ↗Regressions- oder Zeitreihenanalyse zur Schätzung oder Vorhersage einer anderen ↗Variablen *(= Kriteriumsvariable)* herangezogen wird. Dazu muß zwischen beiden Variablen ein Kovariations- oder funktionaler Zusammenhang bestehen. ↗Multivariate Verfahren; ↗Regressionsgleichung.

I. P. Gösslbauer

Prädisposition. Interpretation der sog. ↗Anlage als Wahrscheinlichkeit von Lebewesen, unter gewissen Umweltbedingungen bestimmte Verhaltensweisen reaktiv oder in Interaktion, jedoch nicht einseitig-spontan, zu entwickeln. *A. Flammer*

Prädormitium, Zeitphase vor dem Tiefschlaf. Die vor allem phänomenologisch definierten Begriffe des Prä- und ↗Postdormitiums werden heute durch die präziseren Formulierungen der neurophysiol. ↗*Schlaf*forschung ergänzt (paradoxer ↗Schlaf). *W. Schmidbauer*

Präejakulatorische Sekretion. Unter sexueller Stimulation können beim Mann einige Tropfen eines glasigen Sekrets aus der äußeren Harnröhrenöffnung austreten. Das schwach alkalische Sekret stammt wahrscheinlich aus den Cowperschen Drüsen und neutralisiert vor der ↗Ejakulation saure Harnreste. Es kann aktiv bewegliche Spermien enthalten. Da die p. S. die Eichel des Penis gleitfähig machen kann, könnte sie auch ↗Lubrikation des Mannes genannt werden.

Lit.: Masters, W. H. & V. E. Johnson: Human sexual response. Boston, 1966 (dt.: Die sexuelle Reaktion. Frankfurt a. M., 1967; Reinbek, 1970). *V. Sigusch*

Präformationstheorie, *Vorbildungslehre,* die bis zur Mitte des 18. Jh. vorherrschende Theorie über die Entwicklung des Organismus. Man nahm an, daß der Embryo sich nicht neu aus dem Keim bildet (Epigenese), sondern in allen Teilen vorgeformt in ihm enthalten sei. Logische Folge der P. ist die *Scatulationslehre:* Jede Spezies sei als Paar geschaffen worden, welches bereits alle Nachkommen „eingeschachtelt" enthalten habe. Wachstum interpretierte die P. als bloße Größenzunahme, wobei man den Ursprung entweder im Ei (Ovulisten) oder im Samentierchen (Animalculisten) sah. C. ↗Darwin hat mit der ↗Evolutionstheorie die Lehre von der Einschachtelung überwunden; die moderne ↗Genetik zeigte, daß zwar der Bauplan des Organismus in den Erbanlagen vorgegeben ist, seine Entwicklung aber keinesfalls mit Größenzunahme gleichgesetzt werden darf. *W. Schmidbauer*

Prägenitale Periode (Phase). Die p. P. umfaßt den Zeitraum bis zum geglückten Abschluß der ödipalen Problematik (↗Ödipus-Komplex) um das 4. bis 5. Lebensjahr; der dann erfolgte Primat der Genitalien meint nicht nur eine rein körperliche Entwicklung, sondern psychosozial die Möglichkeit, sich dem Objekt, dem anderen Menschen zuzuwenden und dabei Lust zu empfinden. Die 3 bzw. 4 Phasen der p. P. sind nach Freud (1905) die ↗*orale,* die ↗*anal-sadistische* und die ↗*phallische* Phase. Freud entdeckte diese Phasen oder Äußerungen sexueller ↗Partialtriebe retrospektiv bei der Analyse seiner Patienten und analog aus den sexuellen ↗Perversionen. Die analytisch-therapeutische Erfahrung lehrt, daß ↗Neurosen und andere seelische Störungen, die ihren Ursprung (autochthon oder regressiv) in einer p. P. haben, sehr viel schwerwiegender und schwerer zu behandeln sind als später entstandene Störungen. Die Modifikation der Lehre von den p. P.n durch Erikson (1965) bringt den psychosozialen Aspekt stärker in den Vordergrund; er unterscheidet den *zonalen* (Körperzonen), *modalen* (typische Verhaltensweisen, z. B. einverleibend, retinierend-eliminierend und eindringend) und den Aspekt der Modalität, „der Bereitschaft, den zonalen und modalen Aspekt ausschließlicher zu erleben" (empfangen, nehmen, zurückhalten, machen, d. h. Initiative zeigen).

Lit.: Erikson, E. H.: Kindheit und Gesellschaft. Stuttgart, [2]1965; **Fenichel, O.:** Psychoanalyt. Neurosenlehre. 3 Bde. Freiburg/Br., 1974–77; **Freud, A.:** Normality and pathology in childhood. New York, 1965; **Freud, S.:** Drei Abhandlungen zur Sexualtheorie (1905). Ges. Werke, Bd. 5. London, 1952; **ders.:** Die Disposition zur Zwangsneurose (1913). Ges. Werke, Bd. 8. London, 1952; **ders.:** Neue Folge der Vorlesungen zur Einführung in die Psychoanalyse (1932). Ges. Werke, Bd. 15, London, 1940.

W. J. Schraml

Pragmatik ↗Semiotik.

Pragmatismus, von C. S. Peirce (1839–1914) begründete und von W. James (1842–1910) propagierte und (empiristisch) popularisierte philosophische Richtung, dem J. Dewey (1859–1952) im Hinblick auf seine gesellschaftspolitischen Implikationen (Demokratie) eine instrumentalistische Wendung gab. Allen Varianten des P. ist die Rückbindung des Erkennens an den Handlungshorizont eigentümlich. Den ursprünglichen (sinnkritischen) Intentionen des P. gemäß heißt dies jedoch nicht: a) Bindung der Erkenntnis an das Kriterium der Nützlichkeit; b) Definition des Handelns als unmittelbarer Erkenntniszweck. Die philosophische Bedeutung des P. liegt in seiner Ersetzung der herkömmlichen Erkenntniskritik durch eine mit logischen Mitteln verfahrende Sinnkritik. Die Erkenntnis hat nach Peirce ihren Zweck in der Bildung einer ‚Überzeugung', deren Funktion die regelhafte Festlegung von möglichem ‚gedachten Handeln' ist. Die wissenschaftliche (experimentelle) Methode versucht das subjektive Überzeugtsein mit einem objektiven Wahrheitsanspruch zu vermitteln. Ihre Grundhypothese ist die Annahme einer Wahrheit objektiv regulierenden meinungsunabhängigen Realität. Da Wahrnehmungsurteile selbst interpretationsabhängig sind, ist die Realitätssicherung nicht unmittelbar zu leisten. Einen ‚Sinn' hat die Rede von ‚Realität' nur in der Fassung als Repräsentanz des in einer ‚wahren Meinung' Gemeinten (sinnkritische Definition von Realität). Ihre Sicherung geschieht ‚in the long run' durch die Forschergemeinschaft, die als ‚indefinit' gedachte Institution die ‚Überzeugung' und die ‚Realität' (Repräsentanz der ‚final opinion') in Übereinstimmung bringt. Der P. ist mit seinem sinnkritischen Verfahren ein Vorläufer der modernen sprachkritischen Philosophie und hier insbesondere des ‚kritischen Rationalismus' (K. Popper) und des ‚Konstruktivismus' (P. Lorenzen).

Lit.: Ayer, A. J.: The Origins of Pragmatism. London 1968; **Kempski, J. v.:** C. S. Peirce und der Pragmatismus, Stuttgart 1952; **Markis, D. K.:** Pragmatismus. In: **Braun, E. & H. Radermacher** (Hrsg.): Wissenschaftstheoretisches Lexikon, Graz – Wien – Köln, 1978, S. 443–454.

S. Blasche

Prägnanz, Prägnanztendenz ↗Ganzheit – Gestalt – Struktur.

Prägung. Zahlreiche Tiere binden sich nur an Artgenossen. Einige bevorzugen dagegen jene artfremden Lebewesen, die sie als erste kennenlernten, folgen ihnen nach, balzen sie als Erwachsene an und versuchen, mit ihnen zu kopulieren: sie sind auf diese geprägt.

Zur Begriffsbestimmung. 1. P. ist nach Lorenz (1935) ein auf bestimmte Lebensabschnitte (die sensiblen oder kritischen Phasen) beschränktes ↗Lernen. 2. Geprägt wird jeweils nur der *Auslöser* einer bestimmten Reaktion, also Merkmale eines Objektes in einem bestimmten Funktionskreis durch Differenzierung zunächst wenig selektiver Auslösemechanismen. 3. Die P. ist *irreversibel.* 4. Erlernt werden nicht individuelle, sondern Artmerkmale. 5. Die P. kann bereits stattfinden, bevor die Bereitschaft zu den entsprechenden Reaktionen herangereift ist. 6. Die *Lernbereitschaft erlischt,* wenn etwas Bestimmtes erlernt worden ist, oder aufgrund innerer Umstimmungsprozesse am Schluß der kritischen Periode auch dann, wenn kein Lernen stattfand.

Mit Lorenz betont auch Hess (1959), daß sich P. vom Assoziationslernen unterscheidet: Bei der P. erzielt das Tier bessere Erfolge, wenn sich die Übung auf kurze Zeit beschränkt; außerdem setzt sich in Wahlsituationen *zuerst* Gelerntes gegenüber *später* Zugelerntem durch. Beim Assoziationslernen ist es gerade umgekehrt. Hier bewirken außerdem Strafreize (↗Strafe) Ablehnung des assoziierten Reizes, dagegen verstärken sie die Prägung. Unterschiedlich ist auch die Wirkung des Tranquillans Meprobamat auf den Lernerfolg: Bei Hühnern wird die Lösung von Farbunterscheidungsaufgaben nicht beeinträchtigt; dagegen sinkt die Prägbarkeit nahezu auf Null.

So weist Eibl-Eibesfeld (1967) darauf hin, daß die Kriterien (1) und (4) auch für andere Lernvorgänge gelten. Da für die Aussage (5) die erforderlichen Grundlagen heute noch fehlen, bleibt als die P. kennzeichnendes Merkmal allein die „primacy of experience" (3) = Irreversibilität (Hess, 1959; Lannoy, 1967). Nach Smith (1969) läßt sie sich jedoch nicht verallgemeinern; nach ihm gilt das Vorliegen einer prägbaren Phase als entscheidender Unterschied zum assoziativen Lernen. Daß ein solcher überhaupt besteht, wird von Hinde (1955, 1962), Thorpe (1963) und Bateson (1963) verneint. Lannoy (1967) schlägt einen neuen Ansatz vor: Er möchte P. und Lernen aufgrund „der Leichtigkeit, bestimmte Interaktionen zu lernen, abhängig von der Dauer des Umlernens" (S. 197/198) unterschieden haben, wobei „eine bestimmte zeitliche Grenze des Umlernens die Tiere hindert, alle Niveaus von Reaktionen wie die auf Fremdgenossen geprägte (Enten) zu erreichen" (S. 197).

Vorkommen. Dominanz früher Erfahrung mit artfremden Lebewesen über spätere mit Artgenossen wurde bis jetzt vor allem bei Fischen, Vögeln und Säugern festgestellt. Bei Fischen ziehen bestimmte Maulbrüter (Hemichromis bimaculatus) fremde Bruten eigenen vor, wenn ihnen bei der ersten Aufzucht artfremde Eier untergeschoben wurden (Myrberg, 1964). Daß sich vom Menschen aufgezogene Säuger diesem statt ihren Artgenossen anschließen, haben z. B. Grzimek (1949), F. Darling (1938), Hediger (1954), P. Leyhausen (1967) und L. Wilson (1966) beobachtet. Nach Gray (1958), Thorpe (1961) und Hampson und Hampson (1961) ist wahrscheinlich auch der Mensch prägbar. Experimentelle Nachweise dazu fehlen noch; psychoanalytische Theorie der Kindheitsträume und verschiedene ethnologische Beobachtungen (M. Mead) sprechen dafür, beide besitzen nur eingeschränkte Gültigkeit.

Experimentelle Untersuchungen. Zahlreiche expt. Arbeiten liegen vor zur Objekt-P. (Nachfolgereaktionen und Verhalten gegenüber dem Sexualpartner) und zur mot. P. (Erlernen des Gesanges artfremder Eltern) bei Vögeln.

Untersucht wurden Beginn und Ende der Lernfähigkeit, benötigte Lernzeit, Einfluß der Lernbedingungen auf den Lernerfolg, Art des erworbenen Lerngutes, Wirkung der Lernvorgänge und des Erlernten auf die Form der Handlungen und ihrer Beziehung zu Objekten sowie die Abhängigkeit des Erfolges späterer Lernvorgänge von früherem Lernen. Die gewonnenen Aussagen stützen sich auf den Vergleich der Reaktionen von Vtn bei zeitlich gestaffelter oder gleichzeitiger Darbietung von Artgenossen, artfremden Tieren oder Objekten.

Lit.: **Andrew, R. J.:** Precocious adult behaviour in the young chick. Anim. Behav., 1966, *14,* 485–500; **Bateson, P. P. G.:** Filial and avoidance behaviour in chicks. Ph. D. thesis Cambridge, 1963; **Boyd, H. & E. Fabricius:** Observations on the incidence of following of visual and auditory stimuli in naive mallard ducklings (Anas platyrhynchos). Behaviour, 1965, *25,* 1–15; **Eibl-Eibesfeld, I.:** Grundriß der vergleichenden Verhaltensforschung. München, 1967, [3]1972; **Fabricius, E.:** Zur Ethologie junger Anatiden. Acta Zool. Fenn., 1951, *68,* 1–178; **ders.:** Crucial periods in the development on the following response in ducklings. Z. f. Tierpsychol., 1964, *21,* 326–337; **Frisch, O. v.:** Mit einem Purpurreiher verheiratet. Z. f. Tierpsychol., 1957, *14,* 233–237; **Goodwin, E. B. & E. H. Hess:** Stimulus generalization and responses to „supernormal" stimuli in the unrewarded pecking behaviour of young chicks. Behaviour, 1969, *34,* 223–237; **Gottlieb, G.:** Imprinting in relation to parental and species identification by avian neonates. J. comp. physiol. Psychol., 1965, *59,* 345–356; **Gray, P. H.:** Theory and evidence of imprinting in human infants. J. Psychol., 1958, *46,* 155–160; **Grzimek, B.:** Ein Fohlen, das kein Pferd kannte. Z. f. Tierpsychol., 1949, *6,* 391–405; **Hale, E. B.:** Stages in the process of visual imprinting. XIth International Ethological Conference, 1969; **Hampson, J. L. &**

J. G. Hampson: The ontogenesis of sexual behaviour in man. In: **W. C. Young** (Ed.): Sex and internal secretion. London, 1961; **Hassenstein, B.:** Abbildende Begriffe. Verh. d. Deutsch. Zool. Ges., 1954, 197–202; **Hediger, H.:** Skizzen zu einer Tierpsychol. im Zoo und im Zirkus. Zürich, 1954; **Hess, E. H.:** Imprinting. Science, 1959, *130*, 133–141; **ders.:** Prägung. München, 1975; **Hinde, R. A.:** The following response of moorhens and coots. Brit. J. Anim. Behav., 1955, *3*, 121–122; **ders.:** Some aspects of the imprinting problem. Sym. Zool. Soc. London, 1962, *8*, 129–138; **Immelmann, K.:** P.erscheinungen in der Gesangsentwicklung junger Zebrafinken. Die Naturwiss., 1965, *52*, 169–170; **ders.:** Zur ontogenetischen Gesangsentwicklung bei Prachtfinken. Zool. Anz. Suppl., 1967, *30*, 320–332; **Klinghammer, E.:** Factors influencing choice of mate in altrical birds. In: **H. W. Stevenson** (Ed.): Early behavior. New York, 1967, 5–42; **Klopfer, P. H.:** Stimulus references and discrimination in neonatal Ducklings. Behaviour, 1968, *32*, 309–314; **Lannoy, J. de:** Zur P. von Instinkthandlungen. Z. Tierpsychol., 1967, *24*, 162–200; **Lorenz, K.:** Der Kumpan in der Umwelt des Vogels. J. f. Ornith.; 1935, *83*, 137–213; **Myrberg, A. A.:** An analysis of preferential care of eggs and young by adult cichlid fishes. Z. Tierpsychol., 1964, *21*, 53–98; **Nicolai, J.:** Familientradition in der Gesangstradition des Gimpels (Pyrrhula pyrrhula, L.). J. f. Ornith., 1959, *100*, 39–46; **Schutz, F.:** Sexuelle P. bei Anatiden. Z. Tierpsychol., 1965, *22*, 50–103; **Slukin, W.:** Imprinting and early learning. London, 1964; **Smith, F. V. & M. W. Bird:** The relative attraction for the domestic chick of combinations of stimuli in different sensory modalities. Anim. Behav., 1963, *11*, 300–305; **Smith, F. V.:** Attachment of the young, imprinting and other developments. Edinburgh, 1969; **Smith, F. V. & K. H. Nott:** The „critical period" in relation to the strength of the stimulus. Z. Tierpsychol., 1970, *27*, 108–115; **Thorpe, W. H.:** Further studies on the process of song learning in the chaffinch (Fringilla coelebs). Nature, 1958, *182*, 554–557; **ders.:** Sensitive periods in learning of animals and men: a study of imprinting with special reference to the introduction of cyclic behaviour. In: **W. H. Thorpe & O. L. Znagwill** (Eds.): Current problems in animal behavior. Cambridge, 1961; **ders.:** Learning and instinct in animals. London, 1963.

B. Tschanz

Präkognition ↗Hellsehen.

Praktische Intelligenz. Eine eher der vorwissenschaftlichen Brauchbarkeit entsprechende Unterteilung der Intelligenz in Abhebung zur ↗theoretischen Intelligenz. Gemeint ist häufig die Fähigkeit, durch konkretes Handeln Probleme und Situationen effektiv zu bewältigen. Im Rahmen faktorenanalytischer Intelligenzkonzepte entsprechen der P. I. am ehesten Dimensionen wie „practical ability" bei Burt.

K.-L. Holtz & G. Eberle

Praktische Psychologie ↗Angewandte Psychologie.

Praktisch-Technischer Verständnis-Test ↗PTV.

Prämenstruelles Syndrom, eine Gruppierung physiol. und psychol. Symptome, die in den drei oder vier der ↗Menstruation vorangehenden Tagen auftritt; diese differiert von Frau zu Frau, schließt jedoch charakteristischerweise ↗Depression und/oder Reizbarkeit ein. Das p. S. wird auch als *prämenstruelle Spannung* und *prämenstrueller* Schmerz bezeichnet.

G. D. Wilson

Pränatale Psychologie, Teil der Entwicklungspsychol., der sich mit dem Erleben und Verhalten in der Embryonal- und Fötalzeit, dessen Bedingungen und den jeweiligen Auswirkungen auf das nachgeburtliche Leben beschäftigt. Die Erforschung des unmittelbaren Verhaltens in diesem Zeitabschnitt ist zwar methodisch schwierig, erbrachte jedoch bereits einzelne Ergebnisse. Dagegen ist der Erfassung des vorgeburtlichen Erlebens eine deutlichere Grenze gesetzt, die auch von der psychoanalytischen Methode kaum durchbrochen werden kann. Eine wichtige Anwendung findet die p. P. in der Schwangerenberatung.

H.-P. Trolldenier

Präsentieren, sexuelles. Zeigen der Genitalregion (↗Exhibitionismus bei Menschen) kann beschwichtigende Wirkung haben, Grußzeremoniell sein oder eine Rangstelle innerhalb einer Gruppe ausdrücken. Dabei muß das s. P. nicht gegen einen Andersgeschlechtlichen gerichtet sein. Rangniedere Paviannmännchen zeigen dem ranghöheren gegenüber das weibliche Präsentiergehaben. Starke Männchen derselben Gattung präsentieren ihr Genitale als Herdenwächter. Hiervon ist sehr wahrscheinlich der ↗Phalluskult vieler Naturvölker abzuleiten.

V. Preuss

Präsenzzeit, Begriff aus der Psychologie der Zeitwahrnehmung und Zeitschätzung. P. ist die Zeit, in der aufeinanderfolgende Aspekte eines Geschehens gleichzeitig erfaßt werden können. Diese Zeitstrecke (etwas unter zwei Sekunden) kann wahrgenommen werden, darüber hinausgehende Zeitstrecken können nur geschätzt werden.

F. Mattejat

Praxisbewährung, Überprüfung der Effizienz psychologischer Diagnosen und Prognosen. P. wurde zuerst bei der Reichswehr systematisch durchgeführt. Unter den diagnostischen Methoden standen die charakterologischen Verfahren an der Spitze (↗Lebenslaufanalyse, ↗Exploration, Aufsatzanalyse); die Leistungsergebnisse der Arbeitsproben, Tests und Experimente dienten als Beleg- und Beweismaterial. Vergleichsparameter waren die Beurteilung durch die Truppe, die Abschlußbeurteilung durch die Offiziers(Kriegs)schule, die Qualifikation durch die Flugzeugführerschule und die effektive Bewährung im Flugdienst, vice versa bei der Marine. In der Reichswehr (vor Einführung der Wehrpflicht) wurden die psychologischen Untersuchungen von speziell in Lehrgängen ausgesuchten und fortgebildeten Psychologen durchgeführt; ihre Gutachten bewährten sich zu 85 bis 95%. Die Bewährungen der Gutachten späterer Psychologengenerationen (z. Z. der „Wehrpsychologie") lagen zwischen 75 und 95%. In erster Linie erwies sich die Bewährung als abhängig von der Qualität der Psychologen; Rangfolge: a) charakterologisch arbeitende Psychologen, die die Ergebnisse der Leistungsverfahren (s. o.) interpretierten und charakterologisch begründeten; b) die Psychologen, die ihre Gutachten in erster Linie oder ausschließlich auf Leistungsbefunden aufbauten; c) die frei anthropologisch und meist auch philosophisch beschreibenden Psychologen.

Nach 1945 führte W. Arnold bei der Bundesanstalt für Arbeit die einfachen Eignungsuntersuchungen (EEU) ein. Damit wurde bei der deutschen, zum Teil auch bei der italienischen und griechischen Berufsberatung ausgelesen. Bemerkenswert ist dabei, daß die Berufseignung nach 1945 fast ausschließlich mit den in diesen Testbatterien enthaltenen Verfahren festgestellt wurde, da unter den Kriegseinwirkungen die Volksschulausbildung im Deutschen Reich sehr beschränkt war (z. T. ledigl. 4 statt 8 Jahre Schulzeit). Der wirtschaftliche Wiederaufstieg der Bundesrepublik Deutschland wurde also von schulisch ungenügend ausgebildeten, aber psychologisch richtig ausgelesenen und beratenen jungen Menschen getragen. Mit jedem Ratsuchenden wurde ein persönliches Gespräch (↗Exploration) durchgeführt.

In neuester Zeit wird versucht, im Sinne der operationalen Psychologie die diagnostische Valenz der psychologischen Untersuchungsmethoden zu sichern (↗Validität, ↗Reliabilität, ↗Objektivität). Dadurch werden sicherlich die Verfahren in sich homogener. Ihre praktische Bewährung wird dadurch aber nicht entscheidend verbessert. Die Einführung von Testverfahren, z. B. zur Auslese für das Medizin- (Michel: HET) und Zahnmedizinstudium (Hitpass: BATZ) sowie Tests der akademischen Befähigung (Trost: TAB) bleibt trotzdem umstritten, nicht zuletzt aus politischen Gründen (Chancengleichheit, Chancengerechtigkeit). Vermutlich wird eine akzeptable Lösung sich nur in der Verbindung von Testpsychologie und (Beratungs)gespräch finden lassen.

Lit.: **Arnold, W.:** Einfache Eignungsuntersuchungen (EEU). Band I. In: Untersuchungsverfahren für den Psychologischen Dienst. Bundesanstalt für Arbeitsvermittlung und Arbeitslosenversicherung, 1954 (nur für den Dienstgebrauch); **Hitpass, J.:** Schulreform, Schülerauslese und Hochschulzulassung. Zur Gewissenerforschung der deutschen Bildungspolitik. Stuttgart, 1977; **Huth, A.:** Handbuch psychologischer Eignungsuntersuchungen. Speyer, 1953; **Michel, L.:** Hochschuleingangstest (HET). 1977 (vertraulich); **Trost, G.:** Vorhersage des Studienerfolgs. Braunschweig, 1975.

W. Arnold

Premack-Prinzip. Bei zwei Aktivitäten mit verschiedenen Auftretenswahrscheinlichkeiten ist die mit der höchsten Wahrscheinlichkeit verstärkend, wenn sie vom Auftreten der ersten Aktivität abhängig gemacht wird. Wenn das Ansehen eines Films eine stärkere Reaktion ist als das Spielen mit irgendeinem Spielzeug, dann sagt das P.-P. voraus, daß das Ansehen eines Films dazu verwendet werden kann, das Verhalten des Spielens mit Spielzeug zu verstärken.

G. d'Ydewalle

Presbyakusis. Ab dem 40. bis 50. Lebensjahr ist mit einem Altersabbau des Gehörs zu rechnen, der sich mit einer zunehmenden Herabsetzung der oberen Hörgrenze zu erkennen gibt. Bei c^6 kann ganz grob eine mittlere Verschlechterung des Hörvermögens um 10 bis 15 dB pro Lebensjahrzehnt gefunden werden. Die Abweichungen liegen allerdings zwischen 4 und 25 dB, so daß sich Normen für diesen physiol. Altersabbau kaum exakt angeben lassen *(presbyakustisches Gesetz).* *M. Spreng*

Presbyakustisches Gesetz ↗Presbyakusis.

Presbyophrenie, *Altersblödsinn* (↗Demenz, senile). Die durch senile Atrophie des Gehirns zustande gekommene Minderung der geistigen Leistung (bes. der Merkfähigkeit und des ↗Gedächtnisses) im Alter. *C. Scharfetter*

Presbyopie, *Alterssichtigkeit.* Durch die physiol. Alterungsvorgänge der ↗Linse verliert das Auge im Laufe eines Menschenlebens an ↗*Akkommodations*kraft. Bis zum 45. Lebensjahr bleiben diese Vorgänge weitgehend unbemerkt, dann merkt man plötzlich, daß man auf normale Leseentfernung nicht mehr scharf lesen kann. Der Nahpunkt rückt immer weiter vom Auge ab. Die P. ähnelt in dieser Hinsicht der Weitsichtigkeit (↗Hypermetropie), sie ist aber kein pathologischer Prozeß. Die P. wird durch Vorsetzen von Sammellinsen (Konvexlinsen, bis 3 Plus-Dioptrien) auskorrigiert. *R. Rix*

Prestige, soziales Ansehen, das einem Individuum oder einer Gruppe durch Bewertung von bestimmten (tatsächlich oder nur vermeintlich vorhandenen) Kriterien zugeordnet wird. Die bewerteten Kriterien (z. B. Einkommen, Dispositionsbefugnis, soziale Herkunft, Verhalten), der Grad der Übereinstimmung in der Bewertung (Wertkonsensus) und die Form des P.aufbaus können zu bestimmten Zeiten, bei einzelnen Gruppen, Schichten oder Gesellschaften unterschiedlich sein und sich verschieden auf die ↗Gruppendynamik auswirken. ↗Prestige-Suggestibilität.

Lit.: Glass, D. V. & R. König (Hrsg.): Soziale Schichtung und soziale Mobilität. Köln. Z. Soziol. Soz.-Psychol., 1962 (Sonder-Bd. 5). *C. Brinkmann*

Prestige-Suggestibilität, individuelle Tendenz, Urteile, Meinungen oder ↗Einstellungen unter sonst gleichen Bedingungen eher dann zu ändern, wenn die *Quelle* der betreffenden Kommunikation (Absender, Kommunikator) *positive Wertschätzung* (Ansehen, Einfluß, ↗Prestige; angezeigt durch Berufsprestige, Expertentum, Titel, Verdienste oder allg. Sympathie) erfährt.

Die Stabilität und Situationsabhängigkeit eines Persönlichkeitsmerkmals *„Prestigebeeinflußbarkeit"* oder *„soziale Beeinflußbarkeit"* schlechthin ist im Ggs. zu denjenigen „↗ideomotorischer", quasi-hypnotischer Beeinflußbarkeit („primäre ↗Suggestibilität" nach H. J. Eysenck) nicht gesichert; P. wird eher der „sekundären Suggestibilität" zugeordnet. *H. D. Schmidt*

Priapismus. 1) Unzucht, Ausschweifung. – 2) Persistente, abnorme Erektion des Penis, speziell eher aufgrund organischer Erkrankung als aus sexuellem Begehren. – 3) Verschiedentlich als Synonym für ↗*Satyriasis* verwandt. *G. D. Wilson*

Primacy-Recency-Effekt, diametral entgegengesetzte Erscheinungsweisen bei einem Lern- oder Beurteilungsakt in Form einer Betonung der gespeicherten *Anfangs-* (primacy) oder *End*-Informationen (recency) bei einer sukzessiv dargebotenen Lern- oder Informationsreihe. Primacy-Effekt *(Primärgesetz):* Die ersten Informationen einer Serie werden besser gelernt bzw. behalten als die nachfolgenden (↗Erster Eindruck). Recency-Effekt *(Rezenzgesetz):* Informationen werden besser gelernt bzw. behalten, je später sie innerhalb einer Serie erworben werden. Der Primacy-Effekt ist bes. zu beobachten, wenn am Ende der Serie eine Gesamtbeurteilung oder die Reproduktion erfolgt, der Recency-Effekt, wenn jede Information sukzessiv zur Beurteilung (z. B. Persönlichkeitsbeurteilung) herangezogen wird (↗Rating). *F.-C. Schubert*

Primärantriebe, Bezeichnung für eine Klasse dynamisierender Faktoren, die als physiologisch fundiert und erbbedingt verstanden werden. Dem Begriff liegt eine hypothetische Unterscheidung zwischen *ererbten* und durch *Lernprozesse aufgebauten* ↗Motiven zugrunde. Nach neueren Forschungen ist es jedoch zweifelhaft, ob beim Menschen überhaupt zielgerichtete, gegenstandsbezogene Bedürfnisse ganz ohne Erfahrung bestehen. Eher sind durch bestimmte Reize aktivierte Affekte als erbbedingte Komponenten von Antriebssystemen denkbar, vor allem solchen, die der Erhaltung eines physiol. Gleichgewichts dienen. ↗Motivation; ↗Trieb.

Lit.: **Graumann, C. F.:** Motivation. Frankfurt, [5]1977.

H.-J. Kornadt

Primäreigenschaften. Im Bereich der faktorenanalytischen Persönlichkeitsforschung gewonnene Dimensionen 1. Ordnung werden als P. interpretiert. Die bekanntesten sind die 7 Primärfähigkeiten von L. L. ↗Thurstone.

K.-L. Holtz & G. Eberle

Primärfaktoren, Faktoren 1. Ordnung, d.h. Faktoren, die aus der ↗Faktorenanalyse der Interkorrelationen von Tests erhalten werden. Gegensatz: Faktoren 2. (3.) Ordnung, die aus der Faktorenanalyse der Interkorrelationen der (schiefwinklig rotierten) Faktoren 1. (2.) Ordnung extrahiert werden. *K. Pawlik*

Primärfaktoren der Intelligenz ↗Intelligenz, ↗Primary Mental Ability Test(s).

Primärfunktion ↗Sekundär-, Primärfunktion.

Primärgruppe ↗Gruppen.

Primärtherapie (Urschreitherapie). Nach Janov (1973) lassen sich neurotische und psychosomatische Störungen auf den Urschmerz zurückführen, der in früher Kindheit durch Verweigerung von Geborgenheit und Liebe der Bezugspersonen entstand. Neurotische Ängste verhüllen den Urschmerz, der wie ein Störengramm ständig das Verhalten und Empfinden beeinflußt. Im Urschrei erfolgt unter therapeutischer Obhut ein Wiedererinnern und Wiedererleben des Urerlebnisses, das so von seinem Reproduktionsdruck befreit wird. Janov betont die Wertlosigkeit rationaler Erkenntnisse. Zur Erledigung eines Urerlebnisses sind meist mehrere Urschreisituationen (primals) notwendig.

Lit.: **Janov, A.:** Der Urschrei. Frankfurt, 1973.

G. Röper

Primärtriebe. P. zeichnen sich durch eine besondere organismisch-physiologische Basis und Funktion aus, stehen im Dienst der Selbst- und Arterhaltung, unterliegen einem homöostatischen Wirkprinzip u. sind durch Lernen zum Teil stark modifizierbar. Nach Hull bilden sie die Grundlage für Motivation und Verstärkung. *J. A. Keller*

Primärvorgänge. Nach S. ↗Freud gehört der P. dem ↗Unbewußten an, indes der ↗*Sekundärvorgang* die Beziehung zwischen dem Vorbewußten und dem Bewußten charakterisiert. Im P. fließt die psychische Energie frei von einer zur anderen Vorstellung, gemäß den bekannten Mechanismen der ↗Kondensation, ↗Verdrängung usw., mit der Tendenz zur Wiederkehr. In den psychischen P.n versucht die ↗Libido jedes Verlangen zu befriedigen. Im Gegensatz hierzu versucht das ↗Ich in den Sekundärvorgängen seine libidinösen Kräfte auf eine etwas mehr obj. und gemäßigte Bahn zu lenken. Die Trennung zwischen Primär- und Sekundärvorgang wird aufgefaßt als zwei verschiedene Zirkulationsformen der psychischen Energie, wobei die eine *frei,* die andere *gebunden* ist (oder auch gezwungen). Man kann auch von einer Opposition zwischen dem ↗Lustprinzip und ↗Realitätsprinzip sprechen. ↗Tiefenpsychologie. *J. López Ibor*

Primary Mental Ability Test(s) (PMA), Testbatterien zur Prüfung der ↗Intelligenz für die Altersgruppen 5–7, 7–11 und 11–17 Jahre. Die PMA wurden von Thurstone (1948; 1949; 1953) konstruiert auf der Grundlage seiner *multiplen Faktorentheorie* der ↗Intelligenz. Die drei Testbatterien erfassen jeweils fünf Gruppenfaktoren der Intelligenz nach Thurstones Theorie – allerdings sind nicht in allen drei Batterien dieselben Faktoren enthalten. Die *Reliabilitäts*angaben für die verschiedenen Untertests der PMA schwanken zwischen r = .63 und r = .98.

Lit.: **Thurstone, L. L. & G. Thelma:** SRA Primary Mental Abilities-Elementary-Ages 7 to 11: Examiner Manual. Chicago, 1948; **dies.:** SRA Primary Mental Abilities-Intermediate-Ages 11 to 17: Examiner Manual. Chicago, 1949; **dies.:** SRA Primary Mental Abilities-Primary-Ages 5 to 7: Examiner Manual. Chicago, 1953.

P. Steck

Primat-Rezenz-Effekt ↗Primacy-Recency-Effekt.

Priming. Voraktivierung von Sequenzelementen: Bei einer Zeitkette (beobachtbarer) Ereignisse – z. B. den hintereinander ausgesprochenen Wörtern eines Satzes –, von denen jedes einzelne selbst wieder als Endstufe einer Serie von Zwischenstufen der Informationsverarbeitung anzusehen ist – z. B. alle Phasenpunkte vom Einfallsprozeß bis zur Ekphorierung – ist von P. dann die Rede, wenn die Realisierung irgendeiner Zwischenstufe die Realisierung bestimmter Zwischenstufen von zeitlich nachgeordneten Endergebnissen mitbedingt oder beschleunigt.

Lit.: Beach, F. u. a. (Hrsg.): The neuropsychology of Lashley. New York, 1960.

A. Vukovich

Primitivreaktionen, nach schichttheoretischer Auffassung Handlungen bei ausgeschalteter, eingeschränkter oder nicht entwickelter „höherer Persönlichkeit", vom „Primitivpotential" gesteuert. Z. B.: Panik- und Schreckreaktionen, Affektausbrüche, Kurzschlußhandlungen. *H.-P. Trolldenier*

Prismenbrille ↗Brillenversuch.

Prismeneffekt ↗Brillenversuch.

Privatsprache. 1) Die P. paranoider Schizophreniker wurde früh (Tuczek, 1921; Beringer, 1926) in ihrer Syntax und ihren Neologismen untersucht (↗Schizophrenie). Ihr sprachl. Manierismus steht im Zusammenhang mit übertriebener Selbstdarstellungssucht, und die Sprachelemente ihrer P. ähneln formal und genetisch dem Familienjargon. Die P. psychotisch Gestörter kann (Navratil, 1966) auch Form und Ausdruck poetischer Äußerungen annehmen, aber eine bewußte Reflexionsstufe des Sprachgestaltens ist nicht vorauszusetzen. 2) In der Sprachphilosophie Wittgensteins ist P. ein zentrales Problem. Er lehnt die Möglichkeit der P. ab (z. B. über Empfindungen), weil Korrigierbarkeit bzw. Kontrollmöglichkeit des Sprachgebrauchs durch die Öffentlichkeit fehlen, und hält sie in ihrer Regellosigkeit für eine Fiktion.

Lit.: Beringer, K.: Denkstörungen und Sprache bei Schizophrenen. In: Neurolog. Psychiatrie 1926, *103*, S. 185–197; **Birnbacher, D.:** Neue Literatur über Wittgenstein. In: Philosoph. Rundschau 1975, *21*, S. 161–176; **Navratil, L.:** Schizophrenie und Sprache. Zur Psychologie der Dichtung. München, 1966; **Tuczek:** Analyse einer Katatonikersprache. In: Zschr. f. d. ges. Neurolog. Psychiatrie 1921, *72*, S. 297–308; **Wittgenstein, L.:** Philosophische Untersuchungen. Oxford, 1953.

B. D. Insam

Proaktive Hemmung ↗Gedächtnishemmungen.

Probabilismus. In seiner ersten Bedeutung bezeichnet dieser Begriff die ethischen Lehren, nach denen es ausreichend erscheint, in Übereinstimmung mit den *wahrscheinlichen Vorschriften* zu handeln, soweit sie von angesehenen Personen oder durch die Gewohnheit gebilligt würden. In einer zweiten Bedeutung bezeichnet man als P. die Lehre, welche die Unmöglichkeit der Erkenntnis als absoluter Wahrheiten betont und die nur *Wahrscheinlichkeitsschlüsse,* vor allem auf der empirischen Ebene, anerkennt. Ein Wahrscheinlichkeitsschluß bezieht sich also nach A. Cournot (1801–77) auf den *Grad an Glaubwürdigkeit,* den man beimessen kann: 1) einer zukünftigen Realisation eines Sachverhalts oder 2) einer Hypothese über frühere Ereignisse, aus denen aktuelle Sachverhalte hervorgehen sollen, oder schließlich 3) den Gesetzen, die diese Sachverhalte bestimmen (Induktion) oder die es erlauben, aus diesen andere zu folgern (Vorhersage). *M.-J. Borel*

Probabilistische Psychologie. In einem berühmten Aufsatz (Psychol. Revue, 1943, *50,* 255–272) zeigt E. Brunswik, daß man sowohl auf der Seite der Bedingungen, die ein Verhalten auslösen, als auch auf der Seite der Wirkungen dieses Verhaltens Wahrscheinlichkeiten (↗Probabilismus) an die Stelle der Schemen des eindeutigen Determinismus physikalischer Art setzen muß. *P. Muller*

Probabilistische Testmodelle, Bezeichnung für eine Gruppe von Modellen, die neben beobachtbaren, „manifesten" Variablen die Existenz nicht direkt erfaßbarer, sog. „latenter" Eigenschaftsvariablen voraussetzen, die mit ersteren in wahrscheinlichkeitsfunktionalem Zusammenhang stehen: Jede Reaktion eines Pb. auf ein Testitem hängt in probabilistischer Weise von der jeweiligen Ausprägung in der latenten Variablen ab, ohne daß, wie in der klassischen ↗Testtheorie, die Skalen von latenter und manifester Variablen gleichgesetzt werden. Der Begriff „p. T." ist eng mit den Namen Lazarsfeld, Birnbaum und Rasch verknüpft; vor allem Raschs Forderung nach „Spezifischer Objektivität" war es, die zur Lösung meßtheoretischer Probleme beitrug (↗Meßtheorie, ↗Meßmethoden in der Psychologie): Demzufolge sollen Meßmodelle eindeutige Aussagen über die Relation je zweier Objekte zueinander möglich machen, unabhängig von allen Einflußfaktoren, die außerhalb dieses Vergleichs stehen (u. a. unabhängig davon, welche Teilmenge von modellgerechten Testitems zum Vergleich herangezogen werden). Unter gewissen formalen Randbedingungen erfüllt dies nur eine einzige Klasse von Modellen, nämlich spezielle logistische. Dieser Erkenntnis folgend wurden mehrere Modellvarianten entwickelt, wovon besonders jene von Fischer zur Messung von Veränderungen zu erwähnen sind. ↗Itemanalyse.

Lit.: **Fischer, G. H.:** Einführung in die Theorie psychologischer Tests. Bern, 1974; **Kempf, W. H. & B. H. Repp** (Eds.): Some probabilistic models for social psychology. New York, 1977.

K. D. Kubinger

Proband (Pb) ↗Versuchsperson.

Problemkäfig, ↗Skinner-Box, ↗Vexierkasten.

Problemlösen. Mit P. wird der Prozeß bezeichnet, der ablaufen muß, um von einem Satz von (kognitiven) Ausgangsbedingungen zu einem gewünschten Ziel zu gelangen. Durch ↗Introspektion bzw. durch Beobachtung des *Problemlöseverhaltens* sucht die Denkpsychol. (↗Denken) Aufschlüsse über Struktur, Phänomenologie und Ablauf von Denkprozessen zu erhalten. Gewisse Klassen von Problemen (z. B. Turm von Hanoi) lassen sich mehr oder weniger leicht in ihre einzelnen Komponenten zerlegen, was einerseits eine phasenhafte Untersuchung der zugrunde liegenden Prozesse erleichtert, andererseits – in gewissen Grenzen – eine Simulation der Prozesse ermöglicht.

Lit.: **Maier, N. R. S.:** Problem solving and creativity in individuals. Belmont, 1970.

R. Hänni

Prodrom, Prodromalerscheinung, Vorläufer; Symptom, das den eigentlichen Krankheitszeichen vorangeht.

Produktionsprinzip der Identifikation oder *Kompensationsprinzip* der Identifikation (N. Ach) wird sichtbar in dem Phänomen, daß der Mensch Worten Bedeutung zumißt: Das Sprachzeichen stellt das Objekt nicht einfach dar, sondern vertritt es in der Auffassung, wird selbst Teil des ideellen Objekts. Auf diese Verschmelzung von Ding und Namen stieß Ach bei expt. Arbeiten über das Zustandekommen von Begriffsbildung und Bedeutungsverleihung, vorher als assoziative Verknüpfung angesehen. *H. Wagenknecht*

Produktives Denken bezeichnet ein weiterführendes Denken, das Neues für die Menschheit oder nur für das Individuum, Neues u. U. nur zum Zeitpunkt des Denkvollzugs hervorbringt. ↗Kreativität. *I. M. Deusinger*

Produktivität. 1) *Psychol.:* Einfallsreichtum, schöpferisches Denken oder Tun, oft gleich ↗Kreativität. – 2) *Arbeits-betriebswiss.:* Verhältnis von Ausbringung zu Einsatz: *Arbeits-P.* (nach VDI-Richtlinie 2800) = mengenmäßige Leistung zu mengenmäßigem Arbeitseinsatz.

P.steigerung durch Rationalisierungsmaßnahmen mit dem Ziel, Wirtschaftlichkeit und Rentabilität der Unternehmen und den Lebensstandard der Bevölkerung zu verbessern.

Lit.: **REFA-Methodenlehre des Arbeitsstudiums** (Teil 1: Grundlagen). München, 1971.

G. Marschner

Produkt-Moment-Korrelation (Synonyme: *Pearson-, Maßkorrelation*), ein parametrisches Verfahren zur Bestimmung des Ausmaßes der Wechselbeziehung zwischen zwei quantitativen Variablen. Sie wird als mittleres standardisiertes Abweichungsprodukt (standardisierte Kovarianz) nach folgender Formel berechnet:

$$r = \frac{\Sigma xy}{\sigma_x \sigma_y N},$$

wobei x und y die Abweichungen der Maßzahlen X und Y von ihrem Mittelwert bezeichnen. Voraussetzung für die Anwendung der P. sind das Vorliegen von Intervallvariablen und ↗lineare Regression der beiden Variablen aufeinander. Bei nicht-linearer Regression zweier Variablen erfaßt die P. nur den linearen Anteil des Zusammenhanges. ↗Korrelationstechniken. *G. Mikula*

Produktsumme ist die Summe der Produkte der zusammengehörenden Maßzahlen einer ↗bivariaten Verteilung. P. bildet ein Glied in den Berechnungsformeln verschiedener bivariater stat. Maße, wie z. B. in der Rohwertformel zur Bestimmung der ↗Produkt-Moment-Korrelation. *G. Mikula*

Profil, graphische Darstellung der Resultate einer ↗Testbatterie, um die relative Höhe der verschiedenen Testresultate eines Pb simultan sichtbar zu machen. Die Anordnung der Tests kann linear oder zirkulär sein. In letzterem Fall kann die Stellung der Tests den Ähnlichkeitsbeziehungen derselben einigermaßen entsprechen, was bei linearen P.en nicht der Fall ist. Zuerst von G. J. Rossolimo (1911) für einen ↗Intelligenztest verwendet, später von R. Meili und D. Wechsler u. a. Auch für Interessen und emotionale Tendenzen werden P.e verwendet. *R. Meili*

Progesteron, ↗Keimdrüsenhormon, wichtigstes der gestagenen ↗Hormone (↗Gestagene) bei der Frau.

Prognose. Psychologische P. bedeutet i.e.S. eine Wahrscheinlichkeitsvorhersage von zukünftigen Handlungsabläufen aufgrund gegenwärtigen und vergangenen Verhaltens. Im weiteren Sinne hat *Individualprognose* in allen Bereichen der Psychol. ihre Bedeutung. Denn die Persönlichkeit ist ein Prozeß, und es kommt wesentlich für ihre Beurteilung auf ihre zukünftige Verlaufs- und Grundgestalt an. Nach der Methode ihres Vorgehens werden *klinische, typologische* und *statistische P.* unterschieden. Die stat. Individual-P. benutzt P.tafeln, die aufgrund eines größeren Erfahrungsgutes stat. aufgestellt worden sind. Diese P.tafeln sind lediglich Hilfsmittel in der Hand eines erfahrenen Psychologen zur Objektivierung von P.entscheidungen. Sie dürfen nicht mechanisch und automatisch angewandt werden. Die klinische Individual-P. verwendet *bewußt keine* stat. P.tafeln. Gleichwohl bereitet sie ihre P.entscheidung durch das Studium des Lebenslaufs und der Familienverhältnisse des Pb, durch gezielte Exploration und Anwendung psychodiagnostischer Testverfahren sorgfältig vor. Mißbrauchsformen klinischer P. beruhen auf Intuition, Spekulation, Subjektivismus (↗Vorurteil) des Vl; sie können keine zureichende Grundlage für eine psychol. P.entscheidung bilden. So will H. Leferenz (1972), der nur den Psychiater „kraft seiner Ausbildung“ für imstande hält, „kriminogene Persönlichkeitsstrukturen mit unmittelbarer Evidenz zu erfassen“, eine „verstehende Erfassung“ der Täterpersönlichkeit als Untersuchungsmethode genügen lassen. Die typologische Individual-P. kann zur stat. oder zur klinischen P.methode gehören. Denn sie kann in einer typologischen Zurückführung der stat. ermittelten Faktorenbündel bestehen oder aufgrund klinischer Erfahrung gebildet worden sein. ↗Gutachten, psychologisches; ↗Psychodiagnostik; ↗Kriminalprognose. *H. J. Schneider*

Programm. 1) *Allg.:* Plan, Vorhaben, Entwurf, Zeitablauf (z. B. von Untersuchungen, Forschungen). – 2) Im Sinne der *elektronischen Datenverarbeitung* (EDV): Arbeitsanweisung für einen ↗Computer (Rechner), in welcher Reihenfolge er welche Aufgaben durchführen soll; hierfür werden von den Programmierern (Spezialberuf) besondere ↗Programmiersprachen (z. B. FORTRAN, ALGOL, COBOL) benutzt. ↗Programmieren.

Lit.: Wolters, M. F. (Hrsg.): Der Schlüssel zum Computer, Einführung in die elektronische Datenverarbeitung. Düsseldorf – Wien, 1969. *G. Marschner*

Programmieren. Unter P. versteht man allgemein die Aufstellung eines ↗Programms, also die Ordnung von Abläufen, Handlungen und

Prozessen, die zu bestimmten Zielen führen. P. wird in verschiedenen Bereichen als Fachbegriff mit spezieller Definition verwendet.

In der Päd. bezeichnet P. oder didaktisches P. die Entwicklung von ↗Lehrprogrammen. In der elektronischen Datenverarbeitung bezeichnet P. die Übersetzung eines Rechenschemas oder ↗Algorithmus in eine ↗Programmiersprache. *K. Weltner*

Programmiersprache. ↗Programme, die mit den Elementen einer P. formuliert sind, können von einem ↗Computer automatisch abgearbeitet werden. Man unterscheidet Maschinenkode oder ↗*Maschinensprache* und *problemorientierte* P.; letztere gestattet die Formulierung von Anweisungen an den ↗Computer in der im Problembereich üblichen Notation. Zum Beispiel benutzt ALGOL die Formelsprache der Algebra in Verbindung mit logischen Bedingungen.

Compiler besorgen die automatische Übersetzung in den Maschinenkode. Neben ALGOL dient FORTRAN vorwiegend math. Zwecken, COBOL ist ökonomisch orientiert, PL 1 und ALGOL 68 sind Neuentwicklungen universellen Charakters.

In Deutschland besteht Zugang zu einer großen Programmbibliothek für die stat. Datenauswertung beim Deutschen Rechenzentrum in Darmstadt, Rheinstr. 75.

Lit.: D. Müller: Programmierung elektronischer Rechenanlagen. Mannheim, 1964. *K.-D. Graf*

Programmierte Instruktion. Die p. I. ist ein objektivierter, in sog. ↗Lehrschritte gegliederter Lehrprozeß, bei welchem von den ↗Adressaten nach jedem Lehrschritt eine Eigentätigkeit (äußere Reaktion) erwartet wird, die mindestens teilweise den Zeitpunkt des Beginns des nächsten Lehrschritts bestimmt, wobei entweder die Lehrschritte sehr kurz und informationsarm sind und die erwartete Reaktion an der jeweiligen Stelle leicht ist oder aber der Adressat in kürzester Zeit (zumindest innerhalb der ↗Gegenwartsdauer) ein Urteil über seine Reaktion erhält und von dieser Reaktion mindestens teilweise Auswahl und Reihenfolge der weiteren Lehrschritte abhängen. ↗Lehrprogramm, lineares; ↗Lehrprogramm, verzweigtes; ↗Unterrichtstechnologie.

H. Frank

Programmierter Unterricht ↗Unterrichtstechnologie; ↗Programmierte Instruktion.

Programmierte Unterweisung ↗Unterweisung; ↗Lernen.

Progressive Matrices Test von Raven (1960) für britische Verhältnisse standardisierter ↗Matrizentest zur Prüfung intellektueller Fähigkeiten. Nach Angaben des Autors erfaßt das Verfahren *Beobachtungsfähigkeit* und *Klarheit des Denkens.* Der Test existiert in zwei Fassungen, in der Standardform mit Matrizen in Schwarzweißdruck und in einer farbigen Form, die für Kinder unter 11 Jahren sowie für Personen über 65 Jahre gedacht ist. Die Standardform ist normiert für die Altersgruppen 6–65 Jahre; für die farbigen Matrizen liegen Normen von $5^1/_2$–11 und von 65–85 vor. Die Berechnungen der *Retest-Reliabilität* ergaben für beide Formen Werte zwischen r = 0.63 und r = 0.98.

Lit.: Raven, J. C.: Guide to the Standard Progressive Matrices. London, 1960; **ders.:** Guide to using the Coloured Progressive Matrices. London, 1965. *P. Steck*

Progressive Paralyse. Die p. P. ist eine syphilitische (luische) Hirngewebsentzündung, die 8–10 Jahre nach der Infektion mit der Spirochaeta pallida einsetzen kann und die sich vorwiegend im Bereich des Stirnhirns abspielt. Die chronische luische Encephalitis führt zu einem Schwund der Nervenzellen und damit zu einer fortschreitenden ↗Demenz, z. T. auch zu psychotischen Bildern, z. B. ↗Euphorie, ↗Größenwahn, ↗Depression, ↗Wahnideen, Denkstörungen, Sinnestäuschungen. Bei der neurol. Untersuchung findet man Pupillenstörungen und gelegentlich auch andere Ausfälle. Die Diagnose wird durch die Luesreaktionen im Blut und durch den Liquorbefund erhärtet. Die Therapie (Penicillin) kann das Fortschreiten der Symptome meist verhindern, kann aber nicht zu einer Wiederherstellung der Gesundheit führen. *C. Scharfetter*

Projektion ist ein (innerer) ↗Abwehrmechanismus. In ihr wird ein verbotenes oder nicht mehr befriedigbares *eigenes* Motiv von der betreffenden Person als Motiv einer oder mehrerer *anderer* Personen oder der Umgebung wahrgenommen. Diese (fälschliche) Wahrnehmung hilft in der Regel mit, die Angst vor erhöhten Befriedigungsmöglichkeiten des nicht mehr befriedigbaren oder verbotenen Motivs zu verringern bzw. einen effektiveren Verzicht auf die Befriedigung dieses eigenen Motivs zu erzielen, als es ohne P. möglich wäre. Zwischen P. einerseits und der Wahrnehmung bzw. Interpretation von Motiven anderer Personen andererseits kann nicht immer klar getrennt werden. Je mehr oder je ähnlicher zusätzliche Beobachter mit der betreffenden Person hinsichtlich der Wahrnehmung von Motiven in einer anderen Person übereinstimmen, desto unwahrscheinlicher ist es, daß P. vorliegt. In teilweiser Anlehnung an Freud (1916/17) weisen die Lerntheoretiker Dollard und Miller (1950) auf die Komplexität dieses Abwehrmechanismus hin. Schon das Kind erfährt, daß die Mitglieder einer Gemeinschaft sich einander ähnlich verhalten, daß bestimmte Verhaltensformen (z. B. freundliche Zuwendung oder Aggressivität) leicht ebensolches Verhalten im Mitmenschen auslösen können und daß man weniger bestraft wird, wenn man von jemand anderem angestiftet wurde, wenn also das bestrafte Motiv eigentlich das Motiv eines anderen war. – Vorurteile, gewisse ungeprüfte Meinungen und Aberglauben beruhen nicht selten auf Projektionen. Schwere, d. h. die Wirklichkeit bes. stark verkennende P.en treten in den Psychosen auf, bes. in der ↗Paranoia, ↗Depression und ↗Schizophrenie. – Das Freudsche Konzept der P. als Abwehrmechanismus erfuhr vor allem im Laufe der Entwicklung *↗projektiver Verfahren* mehrere Modifikationen; so wurde z. B. seine Funktion als Angstvermeidungsmechanismus oft bestritten (H. A. Murray).

Lit.: Freud, A.: Das Ich und die Abwehrmechanismen. Wien, 1936; **Freud, S.:** Vorlesungen zur Einführung in die Psychoanalyse (1916/17). Ges. Werke, Bd. 11. London, 1952; **Miller, N. E. & J. Dollard:** Personality and psychotherapy. New York, 1950; **Toman, W.:** Psychoanalytic theory of motivation. London – New York, 1960; **ders.:** Motivation, Persönlichkeit, Umwelt. Göttingen, 1968.

W. Toman

Projektionsfasern *(Projektionsfelder).* Die Projektionsbahnen setzen sich aus P. zusammen. Sie verbinden Teile des ↗Gehirns untereinander und mit dem Rückenmark. P. leiten Aktionsströme nur in einer Richtung, entweder vom Zentrum in Richtung auf die Peripherie oder umgekehrt. Die *Projektionsfelder* sind Hirnrindenbezirke, in denen P. beginnen oder enden. Beispiele: vordere und hintere Zentralwindung, ↗motorische Bahnen, ↗Gyrus. ↗Neuroanatomie.

Lit.: Gardner, E.: Fundamentals of Neurology. Philadelphia – London – Toronto, 1968.

G. Arnold

Projektiver Interessentest. 1) Allgemeine Bezeichnung für einen Interessentest, in dem die Interessen des Pb über den Umweg einer ↗Projektion erfaßt werden. – 2) Deutsche Bezeichnung des ↗„Test projectif d'Intérêts vocationnels" von F. Bemelmans. *H. J. Aebi*

Projektive Verfahren sind eine Gruppe von psychol. Techniken und Vorgehensweisen, die für sich in Anspruch nehmen, die grundlegende (zugrunde liegende, verborgene) Persönlichkeitsstruktur und die Motive eines Individuums aufzudecken, indem sie das Individuum auffordern, sich mit Material oder Stimuli auseinanderzusetzen oder auf sie zu reagieren in einer freien, nicht festgelegten Weise und ohne irgendeinen Bezug auf ein vorgefaßtes System von richtigen oder falschen Antworten.

Das Wort *projektiv* wird von *↗Projektion* abgeleitet. Etwa um die Jahrhundertwende wurde mit dem Ausdruck Projektion die Tendenz eines Individuums bezeichnet, „einer anderen Person eigene Gefühle, Gedanken oder Einstellungen zuzuschreiben oder in gewisser Weise die äußere Wirklichkeit als Repräsentanz solcher Gefühle zu betrachten" (In: Random House Dictionary of the English Language, 1966). Der Begriff „Projektion" als ↗Abwehrmechanismus, wie ihn S. Freud 1896 zum ersten Male definierte, unterscheidet sich etwas von dem der „Projektion", wie er im

Zusammenhang mit den p. V. verwendet wird. Nach S. Freud ist Projektion ein Abwehrmechanismus oder ein Prozeß, in dem Impulse, Wünsche oder Ideen nach außen verlagert werden, weil ihr bewußtes Erkennen zu schmerzhaft für das ↗Ich sein würde (↗Projektion).

Aber wie Murray (1951) und andere aufgezeigt haben, können Projektionsinhalte, die durch p. V. ans Tageslicht gebracht werden, nicht-verdrängt, bewußt, akzeptierbar oder sogar wünschenswert sein. Sie brauchen keine Abwehr- oder Angstvermeidungsmechanismen zu beinhalten.

Anzeichen deuten darauf hin, daß seit dem Beginn menschlicher Geschichte *amorphe* und *mehrdeutige* Stimuli, so z. B. Wolken, Eingeweide von Tieren usw., zur Weissagung, zum Fällen von Entscheidungen, als Omen, zur Vorhersagung von kommenden Dingen und zu vielfältigen Opferzwecken dienten. Abgesehen von diesem frühen Gebrauch von mehrdeutigen Stimuli, fällt uns auf, daß der Hauptanteil der Verfahren und Stimuli, die jüngst in der Literatur über p. V. beschrieben wurden, eine lange Geschichte – auch im Rahmen der expt. Psychol. – hat. Tintenkleckse wurden schon vor der Zeit von H. Rorschach in Exp. über das Vorstellungsvermögen und in Intelligenzuntersuchungen benutzt. In den ersten Jahrzehnten dieses Jh. gebrauchten Stern (1935) und andere Psychologen mehrdeutige Bilder bei Untersuchungen über Aussagen vor Gericht. Binet und Simon (1905) benutzten sie für Intelligenzmessungen; Ebbinghaus (1887) und Ziehen (1923) setzten für denselben Zweck „unvollständige Sätze" ein. In diesem Zusammenhang wurden auch Bilder-Ergänzungsmethoden verwendet. Bei den Untersuchungen über den ↗Willen und über das Vorstellungsvermögen wurden in den Laboratorien oft Methoden der Wortassoziation eingesetzt.

Eine ausführliche und spezielle Zusammenstellung der Literatur über den Gebrauch von Tintenklecksen und anderen projektiven Stimuli (Tintenkleckse wurden z. B. im 15. Jh. von Leonardo da Vinci verwendet, um das Vorstellungsvermögen anzuregen) wurde von Zubin, Eron und Schumer (1965) veröffentlicht.

Die p. V. kamen – historisch gesehen – auf als eine Art Protest der „dynamisch" orientierten klinischen Psychologen gegen das von ihnen so empfundene Unvermögen der obj. Methoden, den Anforderungen einer Persönlichkeitsdiagnose zu genügen. Die Entwicklung dieser Verfahren, die begleitet wurde von der Auflehnung gegen die rigorose Schematisierung, die von den Forschern auf dem Gebiet der Intelligenz- und Leistungstests gefordert wurde, schien auf neuen Prinzipien zu beruhen. So wurde z. B. das Registrieren von Antworten wie „richtig" oder „nicht richtig" aufgegeben; die Möglichkeit einer freien und selbstgewählten Leistung wurde in die Instruktion aufgenommen; die Auswertungsverfahren wurden ebenso wie die Interpretation der Reaktionen des Individuums komplexer; die Art und Weise der Aufgabenlösung durch das Individuum (Testverhalten des Pb) gewann mehr an Bedeutung. Einige Kritiker stellen heraus, daß durch diese mehr „liberalen" Einstellungen viele wiss. und psychometrischen Maßstäbe geopfert wurden.

Wenn man die Einzelheiten über die Entwicklung von p. V. außer acht läßt, sollten drei Veröffentlichungen, die die Art der p. V. stark beeinflußt haben, beachtet werden: obwohl H. Rorschachs klassische Monographie erst kurz vor seinem Tod im Jahre 1922 (^{3}1942) publiziert wurde, führte er seine „Experimente" mit Tintenklecksen schon vor dem Ersten Weltkrieg durch; Morgan und Murray veröffentlichten eine Abhandlung über den Thematischen Apperzeptions-Test (↗TAT) ungefähr zwei Jahrzehnte später (1935); einige Jahre später schlug Frank (1939) seine „projektive Hypothese" vor; er wird allgemein als Schöpfer des Begriffs *projektive Methoden* angesehen.

Frank (1939) bot in seiner Ausführung über projektive Methoden folgendes bekannte Klassifikationsschema an: die *konstitutiven,* die *konstruktiven,* die *interpretativen,* die *kathartischen* und die *„widerspiegelnden"* Methoden. Tatsächlich wurden viele Klassifikationsschemata beschrieben, so daß man diese sogar in solche einteilen kann, die einmal die *Betonung auf die Art des Materials,* dann auf die *Art der Interpretation* oder aber auf die *Art des Verhaltens* oder *der Reaktion* des Pb legen (vgl. Rabin, 1968; Shneidman, 1965; Zubin und Schumer, 1965; bes. Buros, 1965).

Neben dem ↗Rorschach-Test und dem ↗TAT, die am häufigsten angewandt werden, gibt es verschiedene Ableitungen und Modifikationen von Methoden, die mit Bildern arbeiten, wie z. B. der „Blacky Pictures Test" (↗Blacky-Test) und der „Children's Apperception Test". Weiter existieren Abwandlungen von Zeichentests, wie der „House-Tree-Person-Test", dann eine Vielzahl von Satzergänzungs- und Geschichtenerzählverfahren, verschiedenartige Spielzeugkästen, Puppenfilme (z.B. Rock-A-Bye-Baby) usw. Weitere Verfahren sind: der „Howard Inkblot Test", der „Kahn Test of Symbol Arrangement", „Levy Movement Blots", „Lowenfeld Mosaic Test", „Shneidman ↗Make A Picture Story (MAPS) Test", „Rosenzweig ↗Picture Frustration Test", die ↗„Holtzman Inkblot Technique" und viele andere.

Im Grunde genommen ist es, vom meth. Standpunkt aus gesehen, unmöglich, bei der *Heterogenität* der vorhandenen Verfahren ein befriedigendes Klassifikationsschema zu finden.

Unterschiede finden sich hinsichtlich der normativen ↗Stichproben, der Anzahl der Reliabilitäts- und Validitätsdaten, der Objektivität der Auswertung, des Umfangs und des Inhalts der Persönlichkeitsvariablen, die das Verfahren diagnostizieren soll, und hinsichtlich der theoretischen – dem Verfahren zugrunde liegenden – Hypothesen und Konstrukta (↗Test).

Die Vielfältigkeit hinsichtlich Qualität und Quantität ist auf diesem Gebiet beeindrukkend. Sogar die *raison d'être* für verschiedene Verfahren variiert: einige Verfahren wurden aus Unzufriedenheit über die verfügbaren Meßinstrumente als „bessere" und wirkungsvollere Ersatzlösungen angeboten; andere Verfahren wurden für besondere expt. Untersuchungen eigens angefertigt (Lesser, 1961); andere wurden eingeführt, weil sie anscheinend klinische „Ergiebigkeit" und „Nützlichkeit" versprachen. Die kritische Bewertung dieser Methoden geht ebenfalls weit auseinander. Einige Kritiker sind von der klinischen Ergiebigkeit und Wirksamkeit einiger Verfahren stark beeindruckt (z. B. der „Blacky Pictures"); andere dagegen sind skeptischer und wundern sich, warum einige Verfahren selbst dann publiziert werden, wenn die Kenntnis über sie noch sehr dürftig ist.

Allgemein gesehen, haben sich die an die p. V. geknüpften Erwartungen nach Meinung vieler Beobachter und Kritiker nicht erfüllt. Sogar ihre intensive Anwendung im interkulturellen Vergleich (Henry, 1955; Lindzey, 1961; Zubin, Eron & Schumer, 1965) wurde heftig kritisiert. Dennoch werden p. V. selbst von solchen Klinikern benutzt, die ihren wiss. Wert bezweifeln; sie weisen darauf hin, daß sie vom erfahrenen Psychologen *erfolgreich* angewandt werden können. Für den Forscher ist es dennoch sehr schwer, die klinische Effektivität zu beweisen, und sei er noch so genial und erfinderisch in der Simulation klinischer Bedingungen. Dazu erhebt sich noch die Frage, ob die Jahre der Schulung, die man braucht, um ein Experte in der Anwendung vieler p. V. zu werden, und ob die Zeit, die man für ihre Anwendung, Auswertung und Interpretation benötigt, in einem vernünftigen Verhältnis zu ihrer Effektivität stehen. Dies bes., da man der Ansicht sein kann, diese Verfahren lieferten Informationen, die durch andere Methoden einfacher zu erhalten wären, wie z. B. durch standardisierte ↗Interviews oder ↗Beobachtungen.

Die methodologischen Probleme, die vielen dieser Techniken anhaften, sind nicht einfach zu lösen. Einige ergeben sich aus dem gegenwärtigen Stand der ↗Persönlichkeitstheorien, der ↗Testtheorie und aus den Schwierigkeiten hinsichtlich der Kriterien bei der ↗Validierung projektiven Verfahren. Dabei ist das Problem der Reliabilität und Validität der Kriterien, wie z. B. der psychiatrischen Diagnose, der Definition von Krankheit usw., genauso komplex wie das der Gültigkeit der p. V. selbst (Zubin & Endicott, 1969).

Obwohl p. V. durch einige der schwierigsten

Probleme auf dem Gebiet der Psychometrie charakterisiert sind, sind nicht alle Verfahren im gleichen Ausmaß betroffen. Man kann jedoch mit einer gewissen Ironie vermerken, daß die am meisten angewandten Verfahren, wie der Rorschach-Test und der TAT, mehr Probleme aufwerfen als manche anderen projektiven Tests. Zubin, Eron und Schumer (1965) haben sich mit einigen dieser Probleme auseinandergesetzt, bes. mit denen der ↗*Reliabilität* und der ↗ *Validität*. Die genannten Autoren erörtern auch die mit der Frage der Reliabilität und Validität eng verknüpften Probleme, wie Kriterien der Auswahl von ↗Stichproben, ↗Item-Validität, Deutungs- bzw. Interpretationsvalidität, ↗„Kreuz-Validierung" der Testergebnisse usw. Um weiterhin eine „projektive Reaktion" objektiv interpretieren zu können, müssen die Variablen, die erwiesenermaßen Einfluß auf diese Reaktion des Pb haben, sorgfältig untersucht werden. Diese Variablen betreffen nicht nur die vorangegangenen Erfahrungen, ↗Konditionierungen und andere Lernprozesse des Pb, sondern auch die Parameter der Stimulussituation (der Testdurchführung) selbst. Unter anderem sind folgende Variablen von Bedeutung: die verbale Ausdrucksfähigkeit des Pb, seine Produktivität (oft ein Spiegelbild des intellektuellen und sozio-kulturellen Niveaus); die Interaktion zwischen Testleiter und Pb sowie verschiedene andere „Untersuchereinflüsse"; die Art der Testsituation; die Art, in der der Pb den Wahrnehmungsreizen kognitive und verbale Bedeutung zuschreibt (wie im Rorschach-Test); die Einstellung und Haltung, die der Pb der Testsituation entgegenbringt, und weiterhin die Art des Reizmaterials, das dem Pb vorgelegt wird. Die Beeinflussung der Testergebnisse durch die hier erwähnten Variablen konnte in vielen expt. Untersuchungen bewiesen, jedoch noch nicht genügend geklärt werden. Neuere Entwicklungen lassen jedoch einige Hoffnungen aufkommen, daß die erwähnten Probleme durch die Entwicklung neuerer und verfeinerter Verfahren, wie z. B. die „Holtzman Inkblot"-Technik (1961, 1968), gelöst werden können.

Die vielleicht schwerste Kritik an den gegenwärtigen p. V. gilt dem Fehlen eines spezifizierten wiss. Modells ihrer Struktur, aus dem experimentell überprüfbare Hypothesen abgeleitet werden können, die es ermöglichen, die Haltbarkeit sowohl der Hypothesen als auch des Modells wissenschaftlich zu überprüfen (↗Konstruktvalidität). Der Mangel eines solchen Modells bedingt eine unsystematische Vielfalt an Forschungsansätzen. Der Entwurf einer solchen Theorie würde es auch ermöglichen, die Ergebnisse der Untersuchungen auf dem Gebiet der p. V. in die übrige Psychol. zu integrieren. Die Tatsache, daß diese Verfahren ungeachtet des fehlenden wiss. Nachweises ihrer Validität fortbestehen, ist ein Beweis, wie notwendig eine Beantwortung der Fragen ist, die sie aufwerfen.

Lit.: Binet, A. & T. Simon: Application des méthodes nouvelles au diagnostic du niveau primaire. Année psych., 1905, *11*, 245–336; **Buros, O. K.:** The sixth mental measurements yearbook. Highland Park (N. J.), 1965, 409–540; **Ebbinghaus, H.:** Über eine neue Methode zur Prüfung geistiger Fähigkeiten und ihre Anwendung bei Schulkindern. Z. Psychol., Physiol., 1897, *13*, 401–459; **Frank, L. K.:** Projective methods for the study of personality. J. Psychol., 1939, *8*, 389–413; **Henry, J.:** Symposium: projective testing in ethnography. Amer. Anthrop., 1955, *57*, 245–270; **Holtzman, W. H.:** Holtzman inkblot technique. In: **A. Rabin** (Ed.): Projective techniques in personality assessment. New York, 1968, 136–170; **Holtzman, W. H.,** et al.: Inkblot perception and personality – Holtzman inkblot technique. Austin, 1961; **Lesser, G. S.:** Custom-making projective tests for research. J. proj. Tech., 1961, *25*, 21–35; **Morgan, C. D. & H. A. Murray:** A method for investigating fantasies: the thematic apperception test. Arch. Neurol. Psychiat., 1935, *34*, 289–306; **Murray, H. A.:** Foreword. In: **H. M. Anderson & G. L. Anderson** (Eds.): An introduction to projective techniques. Englewood Cliffs (N. J.), 1951, 11–14; **Rabin, A. I.** (Ed.): Projective techniques in personality assessment. New York, 1968; **Random House** dictionary of the English language. The unabridged edition. New York, 1966; **Rorschach, H.:** Psychodiagnostik. Bern, 1942; **Shneidman, E. S.:** Projective techniques. In: **B. B. Wolman** (Ed.): Handbook of clinical psychology. New York, 1965, 408–521; **Stern, W.:** Allgemeine Psychol. auf personalistischer Grundlage. Den Haag, 1935; **Ziehen, T.:** Die Prinzipien und Methoden der Begabungs-, insbesondere der Intelligenzprüfung bei Gesunden und Kranken. Berlin, 1923; **Zubin, J. & J. Endicott:** From milestone to millstone to tombstone (Review of: Rapaport, D., Gill, M. M. & R. Schafer: Diagnostic psychological testing). Contem. Psychol., 1969, *14*, 280–283; **Zubin, J., Eron, L. D. & F. Schumer:** An experimental approach to projective techniques. New York, 1965. – Lit. über ↗*Projektion*.

F. Schumer & J. Zubin

Prolepsie, normale Sprachabwandlung des Kleinkindalters, die auf den psychischen Bedingungen der dem Sprechen vorauseilenden Aufmerksamkeit beruht. Die Wortvorstellung läuft schneller ab als die Lautbildung, infolgedessen bricht ein für eine später folgende Silbe bereitliegender Laut durch, ehe der Sprechakt bis zu ihm vorgedrungen ist. Man bezeichnet diese Erscheinung als „proleptische" oder vorauswirkende Assimilation. Beispiel: „kukker" statt Zucker.

Lit.: Stern, W.: Die Kindersprache. Darmstadt, 1965.

M. Sachs

Promiskuität, vorwissenschaftlicher, vager, häufig moralisch wertender und mehrdeutig verwendeter Begriff für hetero- oder homosexuelle Kontakte „mit ständig wechselnden Partnern". Sexuelle Freizügigkeit, häufiger Partnerwechsel und voreheliche Sexualität sind keine P.; sie sind vielmehr Haltungen und Verhaltensweisen im Rahmen notwendiger psychosexueller Lernprozesse zur personalen und sexuellen Erfahrung hetero- oder homosexueller Partnerschaft. P. könnte allenfalls – im Sinne von Giese (1962) – definiert werden als apersonale (personell unverbindliche), mit und auf anonyme Partner abzielende Sexualbetätigung, die letztlich über das „Nur-Sexuelle" nicht hinausreicht und in sehr hohem Maße Flüchtigkeitscharakter hat. In diesem Sinne ist P. ein Aspekt oder Leitmerkmal echter ↗Perversionen im Sinne von Giese.

Lit.: Giese, H.: Psychopathologie der Sexualität. Stuttgart, 1962.

H. Maisch

Prompting (*prompts* = Lernhilfen). Mit P. bezeichnet man das *Anbieten von Lernhilfen* während eines Lernvorgangs. Das Verfahren wird bes. beim Lernen von Paarassoziationen (paired associates) angewendet. Die prompts werden in Form einer vollständigen oder teilweisen Darbietung der zu lernenden ↗Response, unmittelbar *bevor* die Gelegenheit für eine overt response gegeben wird (Darbieten des Stimulus), angeboten. Bei der ↗Programmierten Instruktion wird P. sehr häufig angewendet: der Kontext des Lehrschritts, Satzstruktur, Beziehungswörter, Gegenteile oder Beispiele (connotative p.) weisen auf die richtige Response hin; oder die Response erscheint direkt und wird durch Schrifttype oder -stärke gekennzeichnet, oder sie erscheint bruchstückhaft (denotative p.). Untersuchungen weisen nach, daß P. wichtiger sein kann als Reinforcement durch die Bestätigung der Antwort. Gleichzeitig besteht aber auch die Gefahr des overprompting: die irrelevante Syntax wird gelernt und nicht die Substanz. ↗Unterrichtstechnologie.

Lit.: Glaser, R.: Teaching machines and programed learning II. Washington, 1965.

H. Illner

Propädeutik, Einführung in die Vorkenntnisse, die zu einem (wissenschaftlichen) Studium gehören. Vorbereitung.

Propaganda ist der systematische Versuch, durch die Verbreitung einer bewußten Auswahl von Informationen mittels Massenkommunikation ↗Einstellungen von Individuen oder Gruppen zu beeinflussen, gleichgültig, ob diese Informationen wahr, teilweise wahr oder unwahr sind. P. i.e.S. wird in Abgrenzung zu Erziehung als beabsichtigte Änderung von üblichen ↗Normen definiert. Im allg. bedient sich die P. vorhandener Denk-, Gefühls- und Handlungsschemata, die als Bezugssystem mobilisiert werden, wobei das P.objekt so dargestellt wird, daß es als Teil dieses Systems wahrgenommen wird; weitere Bezugssysteme, die dieser Tendenz widersprechen, *werden nicht erwähnt* und gemieden. Es handelt sich um den Prozeß einer bewußten Verschärfung der Eigen- und Fremdgruppenbeziehung und damit um eine systematische Stereotypisierung und Vorurteilsbildung (↗Stereotyp; ↗Vorurteil) mit einprägsamen formelhaften Phrasen und Slogans (Bewertungs- und Entscheidungsschablonen). Wichtigste Voraussetzung der Wirksamkeit: 1) Vertrauenswürdigkeit des Kommunikators, 2) Fehlen von interferierenden ↗Einstellungen (z. B. Jugendliche), 3) Konsonanz mit individuellen Erfahrungen und 4) Fehlen von Gegen-P. (z. B. bei „Monopolbedingungen" in totalitären Staaten). ↗Manipulation.

Lit.: Albig, W.: Modern Public Opinion. New York, 1956; **Katz, D.,** et al. (Eds.): Public Opinion and Propaganda. New York, 1956.

W. Neubauer

Prophylaxe ↗Psychoprophylaxe, ↗Psychohygiene.

Proportion, das zahlenmäßige Verhältnis zweier math. Größen zueinander. Als proportionale Häufigkeit wird manchmal die ↗relative Häufigkeit von ↗Klassen von Maßzahlen bezeichnet. *G. Mikula*

Propriozeptiv *(propriozeptiver Reflex)* ↗Eigenreflex.

Proprium, Begriff von Allport (1970) zur Bezeichnung des personalen Zentralbereichs, ersetzt Ausdrücke wie ↗„Ich", ↗„Selbst" u. ä., die – nach Allport – von den andern Autoren zu spezifisch gefaßt werden. Selbst der Aspekt des Wissenden (um das Selbst) wird als „Selbst" bezeichnet; daher schlägt Allport vor, „. . . den Terminus ‚*Proprium*' zu benutzen, um das Selbst ‚als Objekt' des Wissens und Fühlens zu bezeichnen".

Das P. umfaßt sieben Aspekte: 1) Sinn des körperlichen Selbst (Körpersinn); 2) Sinn der kontinuierlichen Selbstidentität; 3) Selbstachtung, Stolz; 4) Ausdehnung des Selbst; 5) Selbstbild; 6) Selbst als rational Handelndes; 7) propriates Streben.

Lit.: Allport, G. W.: Gestalt und Wachstum in der Persönlichkeit. Meisenheim, 1970, 125. *H. J. Aebi*

Propulsion, unwillkürliches Nachvornelaufen bzw. Vorwärtsschießen infolge fehlerhafter Innervation bei Schüttellähmung oder bei bestimmten Formen hirnbedingter Krampfanfälle (Gang-Propulsion). Bei Zuständen nach Hirn- und/oder Hirnhautentzündung wird oft auch eine dranghaft-ungerichtete, überstürzte, undeutlich artikulierte Sprechweise mit melodienarmer und monotoner Stimme beobachtet (Sprech-Propulsion). *H. J. Engels*

Prosencephalon, *Vorderhirn.* Das ↗Nervensystem entwickelt sich aus dem Ektoderm (äußeres Keimblatt). Dabei werden die Stadien Neuralplatte, -rinne und -rohr durchlaufen. Während sich das Neuralrohr bildet, entstehen an seinem vorderen Ende zunächst zwei Hirnanlagen, das P. und das Rautenhirn (↗Rhombencephalon). Aus dem P. entwickeln sich ↗Telencephalon und ↗Diencephalon. ↗Neuroanatomie.

Lit.: Starck, D.: Embryologie. Stuttgart, [3]1975.
G. Arnold

Prostitution, relativ unterschiedsloses Gewähren sexueller Kontakte gegen Bezahlung bzw. materielle Entlohnung. P. ist nicht geschlechtsspezifisch, in fast allen Gesellschaften gibt es sowohl hetero- (= weibliche) als auch homosexuelle (= männliche) Prostitution. *Offizielle/inoffizielle Einstellungen gegenüber der P.*, bes. heterosexueller P. (Schmidt & Sigusch, 1967), variieren von der Ablehnung der P. als „sozialer Krankheitserscheinung" (Società Italiana di medicina, Rom, 1950) über das gesetzliche Prostituiertenverbot (z. B. USA) bis zur P. als einer legalen Art der wirtschaftlichen Betätigung (z. B. Japan). Ebenso variationsreich sind die *Formen der heterosexuellen P.:* religiöse P., Tempel-P., die keinen P.charakter im europäischen Sinne haben, ferner altgriechisches Hetärenwesen, römische Bonae (= „niedere P."), japanische Geishas, Bordell-P. im Mittelalter bis ins 20. Jh., Straßen-P., Gelegenheits-P., öffentliche, heimliche P. usw. Zahlreich sind auch die *Theorien über den Ursprung der P.:* Innerhalb der Hauptrichtungen der biologisch-psychol. Milieutheorien und der ökonomischen Systeme zeichnen sich die verschiedensten Schattierungen ab (Bernsdorf, 1968): 1) *Heterosexuelle P.:* Struktur und Ausmaß werden in jeder Gesellschaft hauptsächlich durch 2 Faktoren bestimmt: a) Toleranz gegenüber vorehelicher Sexualität führt zur Abnahme der Prostituiertenkontakte junger Männer (Kinsey, 1964) und zur Zunahme vorehelicher heterosexueller Kontakte der Frauen; b) je weniger unverheiratete Männer jeden Alters, desto weniger häufig sind die Prostituiertenkontakte. Daraus geht hervor, daß im 19. und bis hinein ins 20. Jh. die heterosexuelle P. ein sexuelles Schutzventil der tabuierten vorehelichen Sexualität, ein von der bürgerlichen Gesellschaft als notwendiges Übel betrachteter Mechanismus war, das „tugendsame Reinheitsideal" der Frau aufrechtzuerhalten. 2) *Homosexuelle P.* zeigt einige grundlegende Unterschiede zur weiblichen P.: a) Homosexuelle P. ist vorwiegend *Gelegenheits-P.;* b) die weibliche P. dient der heterosexuellen Welt als deviante sexuelle Alternative, die homosexuelle männliche P. bietet einer devianten Subkultur (den ↗Homosexuellen) eine deviante Form sexueller Kontakte; c) die weibliche Prostituierte wird dafür bezahlt, daß ihr Kunde einen ↗Orgasmus hat, der männliche Prostituierte fast immer für seinen eigenen Orgasmus; schon aus diesem Grunde ist männliche P. seltener als weibliche. Darüber hinaus sind – entgegen allg. Vorstellungen – männliche Prostituierte vorwiegend heterosexuell und bleiben es auch meistens (Simon & Gagnon, 1970). ↗Homosexualität.

Lit.: Bernsdorf, W.: Soziologie der Prostitution. In: **H. Giese** (Hrsg.): Die Sexualität des Menschen. Stuttgart, 1968; **Esselstyn, T. C.:** Prostitution in the United States. Annals of the American Academy of Political and Social Science, 1968, 375, 133; **Röhr, D.:** Prostitution. Frankfurt a.M., 1972; **Schmidt, G. & V. Sigusch:** Zur Frage des Vorurteils gegenüber sexuell devianten Gruppen. Beiträge Sex.-forschung. Stuttgart, 1967, Heft 40; **Simon, W. & J.H. Gagnon:** Sexuelle Außenseiter. Hamburg, 1970.

H. Maisch

Protanopie ↗Farbenfehlsichtigkeit und ↗Farbensichtigkeit. *K.-H. Plattig*

Proteanisches Verhalten ↗Täuschungsverhalten.

Protektive Funktion, Schutzfunktion. Jedes Verhalten, das vor Beschädigung oder Vernichtung schützt. Beispiele: Mimikry (täuschende Signalnachahmung z.B. wehrhafter oder schlechtschmeckender Tiere), Totstellreflex, Fluchtverhalten, Verstecken, Unzugänglichkeit durch Schutzbauten oder Hindernisse, Drohgebärden und Angriff, Demutsgebärden, Kindchenschema, Bettelgesten; physiologische Schutzfunktionen sind z. B. immunologische Abwehrsysteme, muskuläre Reaktionen gegen Wärmeverlust, Aktivierung von Nahrungsreserven bei Nahrungsmangel usw.

K. E. Großmann

Protokollsätze. Carnap (1932/33) nennt so die Sätze, die das ursprüngliche Protokoll enthält und die die Grundlage eines empirischen Systems der wiss. Begriffe („Systemsprache") bilden. P. umschreiben eine *unmittelbare Gegebenheit,* die einfachsten erkennbaren Sachverhalte, ein faktisches Sein, die elementare Erfahrung (Erlebnis) eines einzelnen Individuums in seiner Einheit und komplexen und konkreten Ganzheit (Solipsismus), „so, hier, jetzt". Wenn sie auch zur *Protokollsprache,* deren atomistische Sätze sie bilden, gehören, so sind sie doch verständlich in der *Intersubjektivität* (im Gegensatz zum privaten Charakter der Erlebnisse). Sie bedürfen keiner weiteren Bewährung und dienen zur Nachprüfung von Sätzen der *Systemsprache* bzw. als Grundlage für alle übrigen Sätze der Wissenschaft.

Lit.: Carnap, R.: Über Protokollsätze. Erkenntnis, 1932/33, *3,* 215–228; **Neurath, O.:** Protokollsätze. Erkenntnis, 1932/33, *3,* 204–214.

M. J. Borel

Protopathische Sensibilität. Unter dem Begriff p. S. fassen wir Schmerz- und Temperatur- sowie grobe Druck- und Berührungsempfindung zusammen. Die p. S. wird in Nervenbahnen des Vorderseitenstranges im ↗Rückenmark geleitet. Dagegen wird die *epikritische* (gnostische) Sensibilität in den stammesgeschichtlich jungen Hintersträngen geleitet. *G. Arnold*

Proximal ↗Distal.

Prozentrang. Der P. einer Maßzahl, eine bei der Normierung von Testverfahren (↗Testnormen) häufig verwendete Größe, bezeichnet den Prozentsatz jener Fälle einer Verteilung (z.B. Eichpopulation), der gleich große oder kleinere Werte (↗Scores) besitzt. Er läßt sich aus der ↗Summenkurve über die ↗kumulative Häufigkeit bestimmen und ist die inverse Funktion des Centils. *G. Mikula*

Prozentsummen (Synonym: *kumulierte relative Häufigkeiten)* sind summierte relative Häufigkeiten einer Verteilung, die durch sukzessives Addieren der auf den Gesamtstichprobenumfang bezogenen Klassenfrequenzen der aufeinanderfolgenden Klassen einer Verteilung berechnet werden. Aus den P. wird der ↗Prozentrang einer Maßzahl bestimmt.

G. Mikula

Prozeßdiagnose (PD), ein Konzept zur Erfassung und Vorhersage von Verhaltenssequenzen, *intendiert* eine Revision der herkömmlichen punktuellen, status- und eigenschaftsorientierten, selektiven Diagnose zugunsten einer dynamischen, verhaltens-, veränderungs- und förderungsorientierten Diagnose. Im Hintergrund steht ein lernbezogenes Persönlichkeitsmodell. Die PD i.w.S. beinhaltet individuelle Lerngeschichte und ihre Bedingungen, die PD i.e.S. einen spezifischen Lernweg – Curriculum – (einleitend, begleitend und steuernd).

Verfahrensbeispiele: Lernfähigkeitstests, Kriteriumstests, Tests zur Erfassung von Strategien, Lösungs- und Umgangsmustern. Vordringliche *Aufgabe:* Individualisierung von Lehr- und Therapietreatments durch permanente Verzahnung mit diagnostischen Akten. Verbleibende *methodische Probleme:* u.a. Veränderungsmessung; beschränkte Anwendbarkeit der klassischen Testtheorie.

Lit.: Cronbach, L. J. & G. C. Gleser: Psychological tests and personal decisions. University of Illinois Press 1965; **Kaminski, G.:** Implikationen treatmentbegleitender Diagnostik. In: **W. H. Tack** (Hrsg.): Ber. üb. 29. Kongr. d. Dt. Ges. f. Ps. Göttingen, 1975; **Rüdiger, D.:** Prozeßdiagnose als neueres Konzept der Lernfähigkeitsdiagnose. In: **Mandl, H. & A. Krapp** (Hrsg.): Schuleingangsdiagnose. Göttingen, 1978.

D. Rüdiger

Prüfsystem für Schul- und Bildungsberatung (PSB), verkürzte Fassung des ↗Leistungsprüfsystems (LPS) von Horn (1969) zur Diagnose der schulischen Leistungsfähigkeit bei Kindern und Jugendlichen zwischen 9 und 20 Jahren. Hierzu wurden jene 10 Untertests aus dem LPS zusammengefaßt und neu geeicht, die in besonderem Maße Faktoren der Schulintelligenz prüfen.

Lit.: Horn, W.: Prüfsystem für Schul- und Bildungsberatung (Handanweisung). Göttingen, 1969.

P. Steck

Prüfungsangst, neurotische. Höhe und Spezifität der individuellen Angstbereitschaft unterscheiden *neurotische* von *normaler* Prüfungsangst. Als Symptom unterschiedlicher neurotischer Syndrome ist n. P. eine spezifisch-situative Angst vor allen als Prüfung erlebten Situationen (z. B. Aufgerufenwerden). Von den begleitenden körperlichen und seelischen Symptomen machen Störungen der zu messenden intellektuellen Funktion (z. B. konfuses Denken) die Prüfung fragwürdig. Die n. P. ist durch die komplexe Wechselwirkung der Trias Prüfling, Prüfer, Prüfungsorganisation individuell und psychosozial mehrfach determiniert. Die individuelle Angstbereitschaft (des Prüflings und des Prüfers) beruht auf dem unbewußten Gleichsetzen der Prüfung mit Gefahrensituationen aus der eigenen (bes. kindlichen) Entwicklung (Trennung; Versuchung und Bestrafung triebhafter Wünsche; Kränkung). Psychosozial entsteht n. P. aus der neurotischen Interaktion der Prüfungspartner (z. B. den Partner ängstigen, um die eigene Angst zu vermeiden) sowie aus irrationalen Merkmalen der Prüfungsorganisation (institutionalisierte neurotische Bedingungen, z. B. beschränkte Wiederholbarkeit). ↗Angst.

Lit.: Moeller, M. L.: Die Prüfung als Kernmodell psychosozialer Konflikte. Z. Soziol. Sozialpsychol., 1969, *21*, 355–361.

M. L. Moeller

Prüfverfahren ↗Statistische Tests.

PSB ↗Prüfsystem für Schul- und Bildungsberatung.

Pseudodebilität, *Schwachsinn* leichterer Ausprägung, der oft nur hinsichtlich einiger Funktionen besteht und der aufgrund spezieller ätiologischer Bedingungen (wie Krankheit, sensorische oder sprachliche Mängel, Milieu-, aber keine Erbfaktoren) durch gezielte Behandlungs- und Erziehungsmethoden zu beheben ist. *M. Amelang*

Pseudohalluzination, eine ↗Halluzination, der die Qualität des Objektiven fehlt. So kann man etwas sehen, das keine Basis in der Realität hat, man ist sich dieser fehlenden Realität auch bewußt. P.en entstehen bes. als Zustände in der Folge von Drogengenuß. *C. D. Frith*

Pseudohermaphroditismus ↗Hermaphroditismus.

Pseudoisochromatische Tafeln ↗Farbtüchtigkeitstests.

Pseudokonditionierung. Die Auslösung einer Reaktion durch einen ursprünglich neutralen Reiz, wenn dieser nach einer Serie von konditionierten Reizen dargeboten wird. Im Gegensatz zur echten ↗Konditionierung wird dabei der ursprünglich neutrale Reiz nie direkt mit einem konditionierten oder unkonditionierten Reiz gepaart. *H. Zeier*

Pseudolismus, von *pseudolus* = Lügenmaul abgeleiteter Begriff, der ein bestimmtes psychol. bzw. psychopathologisches Phänomen bezeichnet: orgiastisches Erleben phantasierter bis phantastischer sexueller Handlungen für sich, normalerweise begleitet vom Wissen der Pseudohaftigkeit, des Fiktiven der Handlung – „auch dort, wo sie in einen realen sexuellen Vollzug eingebaut wird" (Giese, 1965, 12). Der Pseudolist bedient sich der Sprache in extrem abnormer Weise in Form von Schreiben (z. B. obszöner Briefe), Sprechen (sexuelles Gerede), Lesen, Zuhören (sich selbst oder fremden Personen), wobei die darin zum Ausdruck kommenden erfundenen sexuellen Handlungen oder Rollen in einer Art sexuellen Wachtraums durchlebt werden, um sich von der Realität und ihren Ansprüchen zu entlasten. Giese hat die psychopathologischen Beziehungen zwischen P. und ↗Perversion einerseits sowie zwischen P. und „obszöner" Literatur andererseits aufgezeigt.

Lit.: Giese, H.: Psychopathologie der Sexualität. Stuttgart, 1962; **ders.:** Das obszöne Buch. Beitr. z. Sexualforsch., 1965, *35*. *H. Maisch*

Pseudologia phantastica, krankhaftes, phantastisches Lügen, wobei das betreffende Individuum an die vorgebrachten Phantastereien glaubt; bes. häufig bei Jugendlichen, aber auch Erwachsenen, Hysterikern und geltungsbedürftigen Psychopathen.

Pseudoneurose. Frankl (1968) hat mit P.n diejenigen Krankheiten bezeichnet, welche mit neurotischer Symptomatik auftreten, aber somatischen Ursprungs sind. So kann z. B. eine Agoraphobie (Platzangst) die Manifestierung einer larvierten Hyperthyreose (↗Schilddrüse) sein, wobei sich als objektiver Befund ein vermehrter Grundumsatz zeigt. Dieser Begriff der P. ist sehr umstritten. In der normalen med. Terminologie wird er zur Bezeichnung von Fällen gebraucht, bei denen fälschlicherweise eine ↗*Neurose* diagnostiziert wurde, wobei es sich aber in Wirklichkeit um eine somatische Krankheit handelt. Ein Patient mit zu hohem Blutdruck z. B. kann starke Kopfschmerzen, Herzklopfen, Konzentrationsschwäche haben, wobei aber alles auf seine ↗Hypertonie zurückgeht. In vielen Fällen stellen Fachtermini für Störungen, welche organische oder neurotische Ursachen haben, eine gemeinsame Bezeichnung dar; so kann eine Tachykardie sowohl Ausdruck eines Herzschadens als auch einer Herzneurose sein.

Lit.: Frankl, V. E.: Theorie und Therapie der Neurosen. Stuttgart, 1975. *J. López Ibor*

Pseudoschwangerschaft, körperliche Zeichen einer Schwangerschaft (Ausbleiben der Periode, Anschwellen des Leibes), ohne daß sie tatsächlich besteht. Musterbeispiel psychosomatischer Zusammenhänge (↗Psychosomatik), das auch schon bei Tieren (etwa Hunden) beschrieben wurde. *W. Schmidbauer*

Pseudoskop, ein Gerät, das die *normalen optischen Verhältnisse umkehrt* und das Bild, das normalerweise in das linke Auge fällt, ins rechte lenkt und umgekehrt. Es wird verwendet bei der Erforschung retinaler Disparation als wichtiger Grundlage des ↗Tiefensehens. Entfernungsverhältnisse werden umgekehrt, so daß konvexe Oberflächen konkav erscheinen usw. *G. D. Wilson*

Psi, Abk. für *parapsychisch* (= paranormal), gewöhnlich in mit Bindestrich gebildeten Fachausdrücken, z. B. „Psi-Fähigkeit", „Psi-Vorgang" usw. Wurde von J. B. Rhine als unverbindlicher Begriff für den kritischen Kern der parapsychol. Phänomene eingeführt. ↗Parapsychologie.

Psi Gamma, paranormale Erkenntnis. Von R. H. Thouless als ein im Vergleich mit ↗*außersinnlicher Wahrnehmung* weniger verbindlicher Begriff eingeführt.

Psi Kappa, paranormale Aktion (= ↗ *Psycho-*

kinese). Ein Begriff, den R. H. Thouless seinem Psi Gamma entsprechend eingeführt hat. *Psi Missing,* Ergebnis in einem parapsychol. Experiment, das signifikant unter der Zufallserwartung liegt und daher auf eine paranormale Vermeidung des *Ziels* hindeutet.

J. Beloff

Psilocybin, Alkaloid des mexikanischen Rauschpilzes „Teonanácatl". Der P.rausch gleicht qualitativ dem von ↗LSD und ↗Meskalin und ist erlebnismäßig durch Störungen von Wahrnehmungen, Denken und Affekt gekennzeichnet (↗Psychotomimetika). Der Wirkungseintritt ist außerordentlich rasch (30 Min.), die Wirkungsdauer kurz (2–4 Std.). Dosen von 6–20 mg Psilocybin und Psilocin lösen tiefgreifende psychische Veränderungen aus in Hinsicht auf das Ich-Bewußtsein, das eigene Körperschema und das Raum-Zeit-Erlebnis. Der Rauschzustand ist verbunden mit Farbvisionen, Persönlichkeitsspaltung und akustischen Erlebnissen. Nach W. Rümmele, F. Gnirss und R. Gelpke führt der P.rausch ähnlich wie Opiate zu Introversion. Die gleichen Autoren sehen eine Möglichkeit, P. in der Psychotherapie zu verwenden. Als Kontraindikationen geben sie hysterisch gefärbte Neurosen, Infantilität und hysterische Persönlichkeitsstruktur an.

Lit.: Rümmele, W. & F. Gnirss: Untersuchungen mit Psilocybin, einer psychotropen Substanz aus Psilocybe mexicana. Schweiz. Arch. f. Neurol., Neurochir. u. Psychiatrie, Zürich, 1961; **Wolbach, A. B. u. a.:** Comparison of psilocin with psilocybin, mescaline and LSD-25. Psychopharmacologia, 1962, *3,* 219–233.

E. Ullrich

Psi-Systeme sind nach Freuds (1900) erster Version der topologischen Struktur der Psyche das System *Vorbewußt* (Vbw) und das System ↗*Unbewußt* (Ubw). Beide werden vom System *Bewußt* zensuriert, wobei Gedanken und Wünsche aus dem System Vbw in der Regel ohne innere Widerstände, solche aus dem System Ubw nur gegen innere Widerstände oder zunächst gar nicht ins ↗Bewußtsein passieren können. ↗Freud.

Lit.: Freud, S.: Traumdeutung (1900). Ges. Werke, Bd. 2/3. London, 1948.

W. Toman

Psychagogik, andere Bezeichnung für „kleine" oder „klinisch-aktive ↗Psychotherapie" (Schultz, 1963), die Neurotiker und gesunde Personen mit krisenhaften Störungen zu Selbstwerterkenntnis und Selbstvertrauen führen soll, indem sie dem Patienten einen spezifischen Weg zu einem auf seine Persönlichkeit bezogenen Ziel weist und das Fortschreiten kontrolliert. Sie wird somit unerläßlich, sobald verhaltensgestörte Kinder oder schwer ↗Ich-gestörte Patienten (z. B. Psychotiker) behandelt werden sollen. Sie will präventiv beginnende Fehlhaltungen abbauen, labiles Verhalten durch klare Informationen steuern sowie nach Abschluß der psychotherapeutischen Hauptarbeit den Patienten nach dem Motto „Werde, was du bist" zur *Persönlichkeitsfindung* geleiten. So hat der Psychagoge Aspekte eines Arztes, Lehrers und Priesters – nach H. Schultz-Hencke ist er tiefenpsychologisch geschulter Pädagoge. Nach Schultz ist die P. zwischen mentale und organismische Psychotherapie einzuordnen, indes andere Autoren (Kurth, 1960) die päd. (heilpädagogische) Seite stärker betonen. Die Hauptmethode der P. ist das beratende Gespräch in seinen verschiedenen Formen. Gegenwärtig sind die ↗*Logotherapie* (V. E. Frankl), das ↗*autogene Training* (Schultz, 1966) mit gestufter *Aktivhypnose* (E. Kretschmer), die *rationale Psychotherapie* (D. Müller-Hegemann), *Gymnastik* und *Heilatmung* (G. Heyer) wichtige unterstützende Methoden. In angelsächs. Ländern ist die *Bibliotherapie* verbreitet; bei ihr soll der Patient durch spezielle Lektüre zu sich selbst finden. Anspruchsvoller ist die ↗*Musiktherapie,* die vor allem Bach-Orgelmusik verwendet (unter Umständen durch Jazz unterbrochen), um aufzurütteln und *kathartisch* zu wirken. Die eigentliche *Heilpädagogik,* in der die P. nur beratende Funktion hat, ist neben der erzieherischen Sonderbehandlung eines Defekts eine „vorbildhafte Beratung und Lenkung im wahrhaft sokratischen Sinne" (Kurth, 1960).

Lit.: Kurth, W.: Psychotherapie. München, 1960; **Schultz, J. H.:** Die seelische Krankenbehandlung. Stuttgart, [8]1963; **ders.:** Das autogene Training. Stuttgart, [12]1966; **Zulliger, H.:** Gespräche über Erziehung. Bern, 1960.

E. Ullrich

Psychalgie. Jeder Schmerz ist begleitet von einer emotionalen Veränderung. Man könnte also den Schmerz als Gefühlsempfindung betrachten. Wenn tatsächlich Schmerzen ohne körperliche Beziehung auftreten, so bezeichnet man sie mit dem Begriff „*Psychalgien*" („psychischer Schmerz"). In der Mehrzahl der Fälle deutet man sie als Umwandlungssymptome und sucht ihre Psychogenese. Aber in Wirklichkeit sollte man in den meisten Fällen die P.n als depressive oder thymopathische Äquivalente auffassen, so z. B. die Kopfschmerzen oder Algien im Arm oder präkordiale Schmerzen. Sie erscheinen als Symptome von etwas, das tatsächlich nichts anderes ist als eine maskierte ↗Depression. *J. López Ibor*

Psychasthenie. Diese – von P. ↗Janet eingeführte – Bezeichnung bedeutet eine allg. Senkung des psychischen Niveaus. Psychastheniker haben große Schwierigkeiten, sich an ihre Umwelt anzupassen, die Realität zu akzeptieren; dabei treten Angstzustände, Obsessionen usw. auf. Das Wort P. ist heutzutage kaum noch gebräuchlich. Bei den Patienten P. Janets waren Angstzustände, ↗Phobien und gelegentlich Entpersönlichungsgefühle vorherrschend, und so wollte Janet die ↗Neurasthenie der ↗Hysterie gegenüberstellen. In der gegenwärtigen Psychiatrie spricht man von *asthenischen Psychopathen;* charakteristische Symptome sind eine ganz bes. Ermüdbarkeit und hypochondrische (↗Hypochondrie) Persönlichkeitszüge.

Lit.: **Schneider, K.:** Klinische Psychopathologie. Stuttgart, [10]1973. *J. López Ibor*

Psychästhetische Proportion, Ordnungsgesichtspunkt der Temperamentskala der ↗schizothymen und schizoiden Konstitution nach dem Kriterium der Empfindlichkeit (von Überempfindlichkeit zu Unempfindlichkeit). Die Reizbarkeitsstufen können abwechselnd in einem Individuum auftreten, oder eine Stufe bestimmt dauernd den individuellen Reaktionsstil (E. Kretschmer). Es sind p. P.en der *schizothymen* Konstitution: 1) sensibel (feinfühlig, nervös); 2) trocken, 3) hypästhetisch (rigoros, kühl); der *schizoiden* Konstitution: 1) hyperästhetisch (überempfindlich), 2) anästhetisch (kalt, stumpf). *W. Kretschmer*

Psyche, bei den Griechen die Personifizierung des vitalen Prinzips: *Leben, Seele.* – Bezeichnung für die Seele im weitesten Sinne im Ggs. zum materiellen Körper oder *Soma.* Im engeren Sinne steht dieser Begriff für die Gesamtheit der geistigen Vorgänge, der psychischen Funktionen und der Beweggründe des Verhaltens (W. ↗Wundt). – In der ↗Psychoanalyse ist P. die Gesamtheit: Bewußtes – Unbewußtes, die Subjektivität, im Ggs. zu dem rein Organischen. – Die ↗Tiefenpsychologie verwendet dieses Wort, um die religiösen und spiritualistischen Nebenbedeutungen der Ausdrücke *Seele* oder *Geist* zu vermeiden. – Der Begriff P. legt einen Dualismus nahe, wenn er ihn nicht unmittelbar einschließt. ↗Leib-Seele-Problem. *M. Reinhardt*

Psychiatric Screening Test, auch *Saslow Screening Test,* ↗Fragebogen zur Erfassung der Tendenz eines Patienten, affektive Erlebnisse in somatische Reaktionen umzusetzen. Es existieren zwei Formen, je nach intellektuellem Niveau des Probanden.

Lit.: **Saslow, G., Counts, R. & P. H. Dubois:** Evaluation of a new Psychiatric Screening Test. Psychosomatic Medicine, 1951, *13,* 242–253. *H. J. Aebi*

Psychiatrie, der Zweig der Medizin, der sich mit Geistesstörungen und -krankheiten befaßt. *R. Hetherington*

Psychical Research, der ursprüngliche Begriff für ↗*Parapsychologie;* in England auch jetzt noch weit verbreitet, z.B. „Society for Psychical Research". *J. Beloff*

Psychisch, die ↗Psyche, Seele betreffend, seelisch. Heute meist zusammenfassend gebraucht für alle Vorgänge des Erlebens (z.B. Wahrnehmen, Erinnern, Denken, Fühlen), ebenso für unbewußte „innere" Prozesse sowie für Persönlichkeitsmerkmale. – Das Wort *psychologisch* bedeutet dagegen: *die Psychologie betreffend.* Im Engl. heißt *psychic* auch svw. übersinnlich, okkult (↗Psychical Research). Man sagt daher im Engl. auch hierfür lieber *psychological* oder (seltener) ↗*mental.* ↗Physisch. *W. Traxel*

Psychische Energie, eine Metapher, um auf den dynamischen Aspekt des Verhaltens hinzuweisen. In dem Maß, wie sie auf die verschiedenen Bedeutungen der Energie in der phys. Theorie hinweist, schließt sie eine bestimmte Lösung des ↗Leib-Seele-Problems ein. Für sich genommen, regt sie zu energetischen Modellen an, wie dem von S. ↗Freud vertretenen, um die verschiedenen Erscheinungsformen der ↗Libido zu erklären.

Lit.: **Becher, E.:** Gehirn und Seele. Heidelberg, 1911.

P. Muller

Psychische Epidemie ↗Epidemie, psychische.

Psychische Photographie, die paranormale Entstehung von Bildern auf lichtempfindlichem Film. Auch bekannt als „thoughtography" (dt.: Gedankenphotographie). *J. Beloff*

Psychische Sättigung ↗Sättigung, psychische.

Psychischer Insult ↗Trauma, psychisches.

Psychismus. 1) Auffassung, daß das Psychische substantiell und genetisch autonom sei; **2)** als Panpsychismus eine Allbeseelungslehre: in der Wirklichkeit gibt es nichts, was unbeseelt ist. Der Pan-P. existiert bei Naturvölkern als Animismus; in der griechischen Naturphilosophie trat er als Hylozoismus auf. Panpsychistisch sind auch die philosophischen Weltbilder von Leibniz, Schelling und Fechner. *H. Drüe*

Psychoakustik, die Physik des ↗Schalls im Zusammenhang mit dem Hören und der Physiologie und Psychol. der Schallwahrnehmung. ↗Sinnesorgane: das Ohr. *C. D. Frith*

Psychoanaleptika, Synonym für ↗Stimulantien.

Psychoanalyse. Die P. ist nach der von ihrem eigenen Begründer Sigmund Freud gegebenen Definition eine wiss. Disziplin, die besteht in: 1. einer Nachforschungsmethode, welche darauf abzielt, die unbewußte Bedeutung der Worte, der Handlungen, der Bildvorstellungen deutlich zu machen; 2. einer psychotherapeutischen Methode, die auf dieser Forschung gründet und sich spezifischer Interventionsmittel bedient, wie der Deutung der geheimen Wünsche und der Widerstände, die ihrer freien Äußerung entgegengebracht werden; 3. einem System von psychol. und psychopathologischen Theorien, das auf den von der Deutungsmethode und von der Therapie der Patienten gelieferten Daten aufbaut. Man kann behaupten, daß die P. das Werk eines einzigen Forschers – ihres Begründers – ist.

↗Freud orientierte seine psychodynamischen Auffassungen an der Französischen Schule. Er erfuhr im Jahr 1885 von J. M. Charcot, dem großen Kliniker vom Salpétrière, daß gewisse Krankheitssymptome, die scheinbar durch eine Nervenverletzung verursacht sind, statt dessen wesentlich von seelischen Faktoren abhängen und durch sie beeinflußt werden können: wie die hysterischen Lähmungen, die durch ↗Hypnose erfolgreich behandelt werden konnten. Kurz darauf (1889) begab sich Freud nach Nancy, wo H. Bernheim expt. Versuche mit der sog. posthypnotischen Suggestion (↗Hypnose) durchführte. Beim Nachdenken über den Mechanismus der aufgrund des in Hypnose empfangenen Auftrags vollbrachten Handlung, gleichzeitig verbunden mit dem Befehl, den Auftrag selbst völlig zu vergessen, war Freud davon überzeugt, daß es psychische Faktoren gibt, die imstande sind, Ordnungsabläufe des Verhaltens zu bestimmen, und dabei dem Handelnden verborgen zu bleiben. Damit war der Weg frei für die Problemstellung, welche weiteren Handlungen des Alltagslebens und welche weiteren Symptome bestimmt sein könnten von derartigen geheimnisvollen psychischen Faktoren, die *unbewußt* und doch *sehr stark dynamisch* wirksam sind (↗Unbewußtes). Freud begann daran zu denken, daß viele sog. ↗Fehlleistungen – in Wirklichkeit nicht zufällige Handlungen – Folge der Müdigkeit oder Zerstreuung sind. Diese Handlungen erweisen sich nämlich als durch eben diese *unbewußten Faktoren* verursacht, die aktiv werden im posthypnotischen Auftrag; überdies haben diese Handlungen immer eine Bedeutung, und derjenige, der sie vollzieht, kann das am wenigsten erkennen. Er zeigt vielmehr häufig, daß er das nicht erkennen will, wobei jeder andere, der ihn handeln sah, weiß, was seine Handlung bedeutet, während der Handelnde entrüstet ihre Deutung ablehnt (1901).

An diesem Punkt angelangt, konnte Freud feststellen, daß die beobachteten unbewußten Fakten einer verschlossenen Welt angehören, aus der sie sich aus eigener Kraft nicht befreien können. Sie sind in dieser Welt eingeschlossen aufgrund eines Prozesses, den Freud ↗„Verdrängung" nannte, und werden dort festgehalten durch eine psychische ↗Zensur, und dieser Ausschluß aus dem ↗Bewußtsein bildet eine besondere Form psychischer Krankheit. Worte, Handlungen, Bildvorstellungen können in der Tat nicht aus dem Bewußtsein entfernt werden, ohne eine Verarmung der Persönlichkeit zur Folge zu haben. Die große Entdeckung, die von Freud hinsichtlich dieser Tatbestände gemacht wurde, bestand darin, daß alles, was am ↗Unbewußten teilhat, einen pulsierenden, dynamischen Charakter hat und immerzu bestrebt ist, ans Licht (Bewußtsein) zu kommen; und da die Schranke der Zensur ihm das untersagt, trifft es Maßnahmen, um sie zu umgehen.

Im innerpsychischen Bereich setzt sich so ein Spiel von Kräften und Gegenkräften fest, das im latenten und dauernden ↗Konflikt liegt: wenn die kontrastierenden Energien quantitativ spärlich sind, wie es im normalen psychischen Leben der Fall ist, stört der Konflikt nicht, und der Durchbruch des Unbewußten durch die Zensur wird beifällig und mit tiefer innerer Erleichterung angenommen, wie es im „Humor" geschieht (Freud, 1927) und in der emotionalen Einfühlung in Kunstwerke (↗Sublimierung). Wenn dagegen der Konflikt aufgrund der übermäßigen Energie sehr stark wird, kommt es zwischen den unbewußten Triebimpulsen und der Abwehr zu einem Kompromiß, der in einem Krankheitssymptom, dem psychoneurotischen Symptom, zum Ausdruck kommt.

Die unbewußte Motivation des normalen und des psychopathologischen Verhaltens aufzudecken, um die Konfliktstärke zu mildern und die Persönlichkeit durch die Wiedererlangung der ihr bisher versagten Energien zu bereichern, ist ein Programm, das dem ersten der drei Aspekte entspricht, die von Freud der P. zuerkannt und zugedacht werden.

Therapeutische Technik. In ihrem therapeutischen Aspekt entsteht die P. als neue Methode aus den genannten Voraussetzungen; wenn das Seelenleben in den psychoneurotischen Formen mehr oder weniger schwer von den Konflikten zwischen Triebregungen und -abwehr gestört wird und wenn es in den psychotischen Formen radikal erschüttert werden kann, weil eine Triebregung zu stark geworden ist (oder eine Abwehrsperre zu schwach), so daß eine direkte Verbindung des Unbewußten mit der Wirklichkeit eintritt, dann wird einem Triebimpuls durch seine richtige Deutung der gewaltsame und pragmatische Charakter genommen, den er aufgrund seiner Zugehörigkeit zu einer primitiven psychischen Welt hat. *Deuten* heißt *vor allem Verstehen,* und Freud hat, um das Unbewußte verständlich zu machen, eine enorme Arbeit geleistet in seinem Hauptwerk „Die Traumdeutung" (1900). Die ↗Träume erschienen Freud sofort wie eine „via regia" zum Unbewußten, und es liegt auf der Hand, warum: die physiol. Abschwächung der Zensur, die sich durch den ↗Schlaf ergibt, läßt Impulse an die Oberfläche kommen, die sonst im Unbewußten eingesperrt bleiben oder nur indirekt durch die Kompromisse, d. h. durch die Fehlhandlungen oder die psychoneurotischen Symptome, sichtbar werden.

Die *Deutung* wendet sich nicht nur dem zu, was der Patient über seine Träume und seine Lebensumstände berichtet, sondern sie wendet sich auch dem zu, was er bei seinem Bericht verschweigt, vergißt, was er wiederholt; sie konzentriert sich außerdem auf sein Verhalten, bes. auf das dem Psychoanalytiker gegenüber, der ihn behandelt, auf seine Sonderlichkeiten, Widersprüche, Wiederholungen. Um eine solche Analyse zu begünstigen, muß sich der Patient, soweit es ihm möglich ist, der *„Grundregel"* der P. anpassen, die darin besteht, alles, was ihm durch den Kopf geht, in Worten auszudrücken, ohne sich dabei durch unnütze, ungebührliche oder absurde

Gedanken davon abbringen zu lassen. Auf dieser Basis verläuft das durch *„freie Assoziationen“* der P. eigene Gespräch, das zwei Grundaspekte des Unbewußten deuten läßt: das 1) *Verdrängte* durch die direkte Entzifferung der durch Worte ausgedrückten Inhalte, die 2) *Verdrängungskräfte*, wobei die ganze Aufmerksamkeit darauf verwandt wird, wie der Patient sich verteidigt und der Pflicht der Grundregel zu entgehen versucht. Die Deutung ist im übrigen eine Methode, die man *schrittweise* anwendet: nicht wenn der Psychoanalytiker verstanden hat, sondern wenn der Patient mit seinen Träumen, seiner Aussage, seinem Verhalten beweist, daß er dem Verständnis dessen, was durch die Deutung zum Licht des Bewußtseins kommen will, schon nahe ist.

Die Bewertung des geeigneten Moments der Deutung gehört zur klinischen Einfühlung und Erfahrung, zur Ausbildung des Psychoanalytikers; wenn es ihm daran mangelt, ist es sehr gut möglich, daß die verdrängenden Kräfte des im unpassenden Moment gedeuteten Inhalts verstärkt werden, so bilden sich die ↗ *Widerstände*, bes. Hindernisse der therapeutischen Arbeit. Die Widerstände können im übrigen von Beginn der analytischen Arbeit an vorhanden sein und sind in den „charaktereigenen“ Merkmalen so stark, daß sie dazu zwingen, die Analyse des Verdrängten zu vernachlässigen, um sich vor allem auf diese Merkmale zu konzentrieren und die Charakteranalyse zu betreiben, wie W. Reich gelehrt hat (1933). Abgesehen von ihrer Funktion und ihrer Aussagekraft, ist die Deutung Ursache eines Vorgangs, dessen Kenntnis man ganz und gar der P. verdankt: der ↗ *Übertragung*. Gemeint ist jenes stark emotionale Verhältnis von ergebener Unterwerfung oder erbitterter Feindseligkeit, die sich zwischen Analytiker und Analysiertem bildet und von der Freud zeigte, daß sie eine Wiederbelebung der affektiven Bindungen des Patienten an die Personen ist, die für seine ursprüngliche Kindeswelt die größte Bedeutung hatten: Mutter, Vater oder deren Stellvertreter.

Die Übertragung muß gedeutet werden, wobei dem Patienten zu zeigen ist, auf welche Person sein Affekt wirklich gerichtet ist: diese Analyse erst erlaubt ihm, den Affekt zu überwinden, und so wird die Übertragung zu einem Instrument eines beachtlichen Fortschritts zu einem reifen Leben. Aber wenn der Patient den Affekt nicht analysiert, weil er sich weigert, die Deutung zu akzeptieren, daß seine Liebe oder sein Haß sich nicht gegen den Analytiker, sondern gegen andere richtet, wird die Übertragung zu einem so gewaltigen Widerstand gegen die Behandlung, daß die Analyse nicht zu Ende zu führen ist (1937) und deswegen abgebrochen werden muß. Die Handhabung des Transfers ist eine der Schwierigkeiten des analytischen Verfahrens; der Analytiker kann seine Aufgabe verfehlen, wenn er sich verleiten läßt, zu glauben, daß die Gefühle, die der Patient ihm gegenüber ausdrückt, sich wirklich auf ihn beziehen. Diese Haltung des sog. „Gegen-Transfers“ kann die P. verderben; und um das zu vermeiden, wird jeder, der Psychoanalytiker werden will, zu einer langen „didaktischen Psychoanalyse“ verpflichtet.

Psychologische und psychopathologische Theorie. Das theoretische Konzept baut auf der klinischen Praxis und Erfahrung, die man mit unzähligen Kranken machte, auf der Kenntnis des normalen Funktionierens der Psyche, die in der didaktischen P. erworben wurde, auf der Beobachtung von kleinen Kindern und seit einiger Zeit auch auf psychol. Experimenten auf.

Es ist vor allem Freuds Verdienst, erkannt zu haben, daß die Erstursache der Verdrängung in der Mißhandlung (Versagung) der Triebimpulse, der libidinösen Wünsche *in der frühen Kindheit* liegt. Verdrängte Triebe sind vom Wachstum ausgeschlossen, d. h., sie bleiben primitiv, und da sie einen dynamischen Charakter haben, beeinflussen sie dennoch andauernd das Verhalten ihres Trägers: dieser – biologisch ein Erwachsener – beträgt sich hinsichtlich jener Triebe, die im Kindesalter verdrängt wurden, infantil.

Freud beschrieb vom 1. bis zum 6. Lebensjahr die verschiedenen Stadien, die die ↗ *Libido* bei ihrer Entwicklung durchläuft (1905), und fand in den neurotischen Erwachsenen – fast in kristallisierter Form – die unreifen Formen der Libidoentwicklung (1908, 1931) wieder. Er bewies danach, daß die Unreife der Libido immer verbunden ist mit einem Zustand von ↗„Narzißmus", d. h. mit einer Verliebtheit in die eigene Person, die die freie Verfügbarkeit der Gefühle des Betroffenen anderen gegenüber verhindert; nur wenn die Libido sich von den unmittelbar körperlichen Interessen löst, um sich auf die zwischenpersönliche Beziehung zu konzentrieren, gelangt sie zur Reife; und das vollzieht sich in einem langen Prozeß vom 6. Lebensjahr bis zur Adoleszenz und vollendet sich mit ihr. Freud hat die Libido dem Eros angeglichen, dem Lebenstrieb, und stellte später (1926) neben die Libido eine weitere Grundenergie, die Aggression, in Angleichung zum ↗Todestrieb.

Diese letztgenannte Zuweisung fand nicht den Beifall aller Psychoanalytiker, zumal in der Perspektive, daß „das Leben dem Tode dient"; dennoch hat man immer mehr das Prinzip akzeptiert, daß die ↗Aggression eine von den ersten Lebensmonaten an wirksame Grundenergie des seelischen Lebens ist. Die engl. Schule der P. – begründet von M. Klein – hat diese Gedanken ausführlich erarbeitet.

Libido und *Aggression* bilden also die beiden Pole, zwischen denen sich die Dialektik des Gefühlslebens abspielt, und sind der Inhalt jenes unbewußten seelischen, instinktiven Vorgangs, gespannt zur Entladung, den Freud ↗„Es" nannte und mit diesem Begriff den vorhergehenden vom „Unbewußten" ersetzte. Dem „Es" stellte Freud das ↗„Ich" als vom „Es" abgeleitete Instanz gegenüber, damit es die Wirklichkeit erwägt und den geeigneten Moment bewertet, um seine Impulse zu verwirklichen. Freud erkannte schließlich eine dritte psychische Instanz, das ↗„Über-Ich", das innerlich das Subjekt der Gesellschaft mit ihren Verboten, mit ihren Standardvorstellungen konformistischer Perfektion darstellt.

In jüngster Zeit haben, vor allem in den USA, viele Psychoanalytiker die Existenz eines ↗„Ich" postuliert, das nicht vom „Es" hergeleitet wird, sondern vom Ursprung her autonom ist, nicht konfliktgebunden und in Wechselwirkung steht mit den drei von Freud festgelegten Instanzen. Diesem „Ich" wird die Ausübung der intellektuellen Mechanismen zugeschrieben (H. Hartmann, 1939), die eine optimale Anpassung und die Synthese der Wirklichkeit erlauben, also die ↗Kreativität und die höheren Denkoperationen (E. Kris, 1950), die im ursprünglichen Schema Freuds dagegen aus einer ↗„Sublimierung" der Instinkte entstanden (Freud, 1917). Die moderne P. hat im übrigen Freud darin bestätigt, seinem „Ich" die Bildung jener Alarm- und Schutzsysteme, die ↗„Abwehrmechanismen" genannt werden, zuzuschreiben (A. Freud, 1946). In diesem Zusammenhang hat das „Ich" eine doppelte Funktion: als Instanz, die die innere und äußere Wirklichkeit erwägt, bemerkt das „Ich" eine eventuelle Bedrohung und mobilisiert die Angst; als Instanz, die Reaktionen auslöst, bestimmt das „Ich" den bestmöglichen Abwehrmechanismus, um einer Situation entgegenzutreten, vor allem den der ↗Verdrängung (1926). Die der Verdrängung zugeschriebene Hauptbedeutung wird dagegen in der engl. P. der ↗Projektion-↗Introjektion zuerkannt, einem Mechanismus, der aufgrund der Vorzeitigkeit des Erscheinens, der Durchdringung der Aktion und der Bedeutung der Konsequenzen sich als bestimmend für die normale oder pathologische Natur der Geistesfunktion erwiesen hat (M. Klein, 1955).

Lit.: Ancona, L.: La Psicoanalisi. Brescia, 1963; **Erikson, E.:** Childhood and society. New York, 1950; **ders.:** Insight and responsibility. New York, 1964; **Freud, A.:** Das Ich und die Abwehrmechanismen. London, 1937; **Freud, S.:** Die Traumdeutung (1900). Ges. Werke, Bd. 2–3. London, 1942; **ders.:** Psychopathologie des Alltagslebens (1901). Ges. Werke, Bd. 4. London, 1941; **ders.:** Drei Abhandlungen zur Sexualtheorie (1905). Ges. Werke, Bd. 5. London, 1942; **ders.:** Charakter und Analerotik (1908). Ges. Werke, Bd. 7. London, 1941; **ders.:** Vorlesungen zur Einführung in die Psychoanalyse (1917). Ges. Werke, Bd. 11. London, 1940; **ders.:** Jenseits des Lustprinzips (1920). Ges. Werke, Bd. 13. London, 1940; **ders.:** Psychoanalyse und Libidotheorie (1923). Ges. Werke, Bd. 13. London, 1940; **ders.:** Das Ich und das Es (1923). Ges. Werke, Bd. 13. London, 1940; **ders.:** Hemmung, Symptom und Angst (1926). Ges. Werke, Bd. 14. London, 1948; **ders.:** Der Humor (1927). Ges. Werke, Bd. 14. London, 1948; **ders.:** Über libidinöse Typen (1931). Ges. Werke, Bd. 14. London, 1948; **ders.:** Die endliche und die unendliche Analyse (1937). Ges. Werke, Bd. 16. London, 1950; **Hartmann, H.:** Ich-Psychologie und Anpassungsproblem. Int. Z. für Psyhoanal. und Imago, 1939; **Horney, K.:** Neue Wege in der Psychoanalyse.

München, [2]1977; **Klein, M.:** New directions on psychoanalysis. London, 1955; **Kris, E.:** On preconscious mental processes. Psa. Quart., 1950, *19*, 540–560; **Reich, W.:** Charakteranalyse. Berlin, 1933; **Wyss, D.:** Die tiefenpsychologischen Schulen von den Anfängen bis zur Gegenwart. Göttingen, [5]1977; **Jahrbuch:** Fortschritte der Psychoanalyse. Seit 1964.

L. Ancona

Psychochirurgie, alle chirurgischen Eingriffe (am Gehirn), die zur Therapie von ↗Schizophrenie, ↗Psychosen, der ↗Depressionen und anderer psychischer Erkrankungen durchgeführt werden. Als psychochirurgische Methoden sind verschiedene Arten der ↗*Lobotomie* bekannt.

F. Novak

Psychodelika ↗Psychopharmaka.

Psychodiagnostik, Feststellung psychologischer Charakteristika eines Individuums mit Hilfe besonderer Methoden. Früher wurde der Begriff weiter gefaßt im Sinn von *Menschenkenntnis,* also Erfassung der psychischen Eigenart einer Person, und daher konnte auch der von J. Bahnsen 1867 geprägte Begriff der Charakterologie der P. gleichgestellt werden. P. im eingangs definierten, strengeren Sinn fußt theoretisch auf F. ↗Galton (1883) und hatte ihren praktischen Beginn mit der Diagnose von Intelligenzdefekten durch den Psychiater C. Rieger aus Würzburg (1885). Danach folgten Arbeiten von E. H. Münsterberg (1891), A. Kraepelin (1895). Im Bereich der Schule erfolgten erste Ansätze durch J. McK. Cattell in den USA (1888) und durch A. Binet und V. Henri (1895) in Frankreich. Diese Namen werden sowohl als Initiatoren der Tests als auch der ↗differentiellen Psychologie genannt, und die P. ist eine Kombination dieser beiden Bemühungen.

Anwendungsgebiete. Dem Ursprung in der Charakterologie entsprechend wurde im dt. Sprachgebiet unter P. bis in die Gegenwart vielfach die Erfassung der Gesamtpersönlichkeit in allen ihren Aspekten verstanden (↗Persönlichkeit). Dazu wurden weitgehend globale Methoden, wie z. B. die ↗Graphologie oder der Formdeuttest von H. Rorschach (↗Rorschach-Test), verwendet, der ja vom Autor unter dem Titel „Psychodiagnostik" (1922) veröffentlicht wurde. Vom Ursprung in der *Psychiatrie* und den Testmethoden her hat die P. aber viel spezifischere Aufgaben. Im Vordergrund steht die Anwendung psychologischer Methoden in der psychiatrischen Diagnostik. Besonders intensiv wird im Zusammenhang mit Hirnschädigungen endogener und traumatischer Form gearbeitet, und weitere verwandte Aufgaben ergeben sich bei der Feststellung von Therapieerfolg, bei psychosomatischen Krankheiten, in der Kriminologie. Für die genannten Aufgaben ergänzt der Psychologe die Diagnose des Arztes. Weiter findet die P. Anwendung in der Erziehungs- und ↗Berufsberatung und zur Feststellung besonderer Eignungen, wie z. B. für Flieger, oder zur Diagnose von Unfallgefährdung (↗Verkehrspsychologie). Diese Aufzählung läßt einen gewissen Unterschied zwischen P. und med. Diagnostik erkennen. Bei letzterer handelt es sich vorwiegend um die Feststellung eines momentanen Zustandes, während die P. im allg. *überdauernde* ↗Eigenschaften bestimmen soll. Die P. ist daher weitgehend nicht Diagnose, sondern ↗Prognose. Die Übergänge sind natürlich fließend, da der Psychologe z. B. auch die Schwere eines unfallbedingten Gedächtnisverlustes oder die momentane Wirkung von ↗Psychopharmaka bestimmen kann. Mit der vorwiegend prognostisch ausgerichteten P. hängen viele meth. und theoretische Schwierigkeiten der P. zusammen.

Als Mittel bedient sich die P. immer ausschließlicher der Tests in all ihren Formen, aber je nach der vorhandenen Fragestellung in verschiedener Auswahl. Für Fragen der Eignung in Schule, Beruf, Militär, Sport spielen ↗Leistungstests (↗Intelligenztests, Konzentrationstests, Schulreifetests usw.) eine wesentliche Rolle. Meistens werden sie aber ergänzt durch Persönlichkeitstests (↗Projektive Verfahren, ↗Rorschach-Test, verschiedene Zeichentests, ↗Fragebogen usw.), die bei klinischen Aufgaben, bei kriminologischen Begutachtungen in der Erziehungsberatung meist entscheidend sind. Diese ↗Tests können in drei Gruppen eingeteilt werden: a) die sog. ↗projektiven Verfahren, die vor allem über die affektive und motivationelle Seite Auskunft geben; b) die ↗Fragebogen, Bewertungs- oder Beobachtungsskalen, in denen der Pb oder Drittpersonen über Verhaltensweisen, Handlungstendenzen, Neigungen, aber auch einfach über Charaktereigenschaften Auskunft geben sollen. Am meisten verwendet werden Neigungs- und ↗Interessentests für die Zwecke der Berufsberatung, das Minnesota Multiphasic Personality Inventory (↗MMPI) für die klinische Diagnostik und das ↗MPI und ↗MMQ zur Bestimmung der neurotischen Tendenz und der Extraversion-Introversions-Dimension; c) noch relativ wenig verwendet, aber wahrscheinlich in Zukunft dominierend sind die ↗ *objektiven Persönlichkeitstests,* in denen das obj. registrier- und bewertbare Verhalten, Reaktionen und Leistungen in streng fixierten Situationen die Grundlage der Diagnose abgeben. Als Vorgänger dieser Tests kann der Rechenversuch von E. Kraepelin gelten, der durch R. Pauli (1938/51) für die allg. P. ausgearbeitet wurde (↗Pauli-Test). Nicht klar in diese drei Gruppen einzureihen sind Verfahren wie die ↗Graphologie und die ↗Physiognomik einerseits, die Verhaltensbeobachtung, das ↗Interview (↗Exploration) und die Anamnese. Die drei letztgenannten werden teilweise durch Bewertungsskalen zuverlässiger und der wiss. Bearbeitung zugänglicher gestaltet. Wenn diese Bedingungen erfüllt sind, bilden diese Verfahren sehr wertvolle Bestandteile des psychodiagnostischen Inventariums.

METHODIK. Die Problematik der P. liegt in der Tatsache, daß man aus relativ wenig Beobachtungsdaten und Testresultaten (relativ kleine Stichprobe des Verhaltens), die in kurzer Zeit unter recht speziellen Bedingungen gewonnen worden sind, Aussagen machen soll über das Verhalten in vollkommen anderen Situationen, in denen die Person in ganz anderer Weise engagiert ist und in der Entwicklung vielleicht mehr oder weniger umgebildet worden ist. In bezug auf die *Methodik des Vorgehens* in der P. werden zwei Richtungen unterschieden. Die eine kann als *statistisch* oder *psychometrisch*, die andere als *klinisch* oder *intuitiv* bezeichnet werden. Auch das Begriffspaar von ↗nomothetisch und ↗idiographisch, das von W. Windelband zur Charakterisierung von zwei Wissenschaftsgattungen gebraucht wurde, bezeichnet die gleiche Unterscheidung. Nach der stat. Methode wird aufgrund möglichst zahlreicher Daten bestimmt, zu welcher Gruppe von Personen das untersuchte Individuum am wahrscheinlichsten gehört. Als Kriterium gelten die ↗Testnormen, Symptomsyndrome oder andere an Tausenden von Fällen gewonnene Daten.

Am reinsten ist dieses Vorgehen vertreten durch den ↗MMPI in bezug auf die klinische Diagnostik und durch den Berufsinteressentest von E. K. Strong. Eine etwas abgewandelte Form dieses Verfahrens besteht in der Auffindung von *Syndromen,* die für gewisse Krankheitsformen, Persönlichkeitsformen, Typen usw. charakteristisch sind. Solche sind z. B. aufgrund der Resultate im Formdeutungsprozeß von H. Rorschach oder der Resultate im ↗Intelligenztest von Wechsler (Hamburg-Wechsler-Intelligenztest) ausgearbeitet worden. Grundlegend für das stat. Verfahren ist das Vorhandensein von Untersuchungsergebnissen, die den Grad des Zusammenhanges zwischen jedem Testmerkmal und einem zu diagnostizierenden Charakteristikum festlegen. Im Grenzfall kann auf diese Weise die Diagnose mit Hilfe des ↗Computers vorgenommen werden, wie dies für die med. Diagnostik ja z. T. versucht wird. Bei den komplexen Verhältnissen im Bereich des Psychischen fehlen dazu meist die genügende Zahl zuverlässiger Informationen wie auch eine Persönlichkeitstheorie, auf der P. aufbauen könnte (↗Gutachten, psychologisches). Beim *klinischen* oder *intuitiven* Verfahren kombiniert der Psychologe die erhaltenen Resultate, Beobachtungen, Informationen aufgrund seiner psychol. Einsicht und Erkenntnisse und seiner persönlichen Erfahrung. Während im statistischen Verfahren die Richtigkeit der Interpretation von der Zuverlässigkeit und Vollständigkeit der Abhängigkeitsbestimmungen abhängt, steht und fällt sie im klinischen Verfahren mit der psychologischen Einsicht und den Erfahrungen des Psychologen.

Objektivität und Zuverlässigkeit der Diagnose werden bei dem klinischen Vorgehen vor allem durch sog. „systematische Tendenzen“ bei Persönlichkeitsbeurteilungen (Cohen, 1969), wie ↗Primacy-recency-Effekt, ↗Leniency-Effekt, soziale Erwünschtheit u. a., negativ beeinflußt. Der Vergleich müßte also eindeutig zugunsten des stat. Verfahrens ausfallen, wenn die empirischen Unterlagen immer so zuverlässig wären, wie sie sein sollten, und wenn sie alle die sehr zahlreichen und manchmal auch zufälligen individuellen Variationen erfassen würden. Meehl (1954) hat aufgrund einer großen Zahl von Untersuchungen festgestellt, daß die beiden Verfahren zu ungefähr gleich viel richtigen Ergebnissen führen. In der Praxis wird sehr oft und mit Vorteil ein kombiniertes Verfahren angewendet. Das klinische Verfahren schließt nämlich die Verwendung objektiver Tests, Fragebogen usw. keineswegs aus, ebensowenig wie die Berücksichtigung von Untersuchungsergebnissen mit psychometrischen Tests. Wünschenswert ist, daß die P. sich immer breitere, empirisch gesicherte Grundlagen verschafft, daß der Psychologe die darauf begründete Diagnose immer kontrolliert, eventuell korrigiert und ergänzt durch die noch nicht stat. erfaßten, manchmal nur in sehr seltenen Fällen auftretenden individuellen Variationen. Man könnte sagen, daß er idiographisch arbeiten müsse auf der Basis möglichst umfassender nomothetischer Erkenntnisse.

ERGEBNISSE. Nichts ist schwieriger, als zu beurteilen, ob die psychodiagnostischen Aussagen, die man über eine Person macht, richtig sind. Es handelt sich hier um das sog. *Validierungsproblem* (Bewährungskontrolle der gemachten Diagnose). Die Treffsicherheit der psychodiagnostischen Aussagen hängt einerseits von der Validität der verwendeten Verfahren ab, andererseits von der Qualität der Verarbeitung der gewonnenen Daten. Für Leistungstests sind die Ergebnisse solcher Untersuchungen oft recht befriedigend, während über den Wert der P. im Bereich der Gesamtpersönlichkeit die Resultate der Kontrolluntersuchungen recht widersprüchlich sind. Mit Sicherheit kann man sagen, daß der Wert einer Aussage, die sich nur auf einen Test stützt, in der Regel gering ist, daß aber die Beurteilung einer Person in bezug auf irgendeinen psychol. Aspekt aufgrund wissenschaftlich begründeter Methoden (Verwendung mehrerer Tests) sicherer ist als ohne Anwendung solcher Methoden. Man hat deren Wirksamkeit zeitweilig überschätzt, kennt heute deren Anwendungsbereich besser, und die Interpretation der Resultate steigt an Sicherheit und Differenzierungsvermögen im Maß des immer zunehmenden Umfanges an wiss. Erkenntnissen.

Lit.: Anastasi, A.: Psychological testing. New York, 1954; **Brengelmann, J. C.:** Psychologische Methodik und Psychiatrie. In: **H. W. Gruhle** et al. (Hrsg.): Psychiatrie der Gegenwart, Bd. 1. Berlin, 1963, 134–177; **Cattell, J. McK.:** Mental tests and measurements. Mind, 1890, *15*, 373–380; **Cohen, R.:** Systematische Tendenzen bei Persönlichkeitsbeurteilungen. Bern, 1969; **Cronbach, L. J.:** Essentials of psychological testing. New York, ²1954; **Dietrich, R.:** Psychodiagnostik. Stuttgart, ²1978; **Drenth, P. J. D.:** Der psychol. Test. München, 1969; **Galton, F.:** Inquiries into human faculty and its development. London, 1883; **Heiss, R.** (Hrsg.): Hdb. der Psychol., Bd. 6. Göttingen, ³1971; **Jenkins, J. J. & D. G. Paterson** (Eds.): Studies in individual differences. London, 1961; **Meehl, P. E.:** Clinical vs. statistical prediction. Minneapolis, 1954; **ders.:** Psychodiagnostics. London, 1973; **Meili, R. & H. J. Steingrüber:** Lehrbuch der psychol. Diagnostik. Bern – Stuttgart, ⁶1978; **Pauli, R. & W. Arnold:** Psychol. Praktikum, Bd. 2. Stuttgart, ⁷1972; **Pulver, F. W., Lang, U. & A. Schmid** (Hrsg.): Ist Psychodiagnostik verantwortbar? Bern, 1978; **Rapaport, D., Gill, M. M. & R. Schafer:** Diagnostic psychological testing. New York, 1968; **Stern, E.:** Die Tests in der klinischen Psychologie. Zürich, Bd. 1, 1954; Bd. 2, 1955; **Thorndike, L. & E. Hagen:** Measurement and evaluation in psychology and education. New York, 1961; **Wartburton, T. W.:** Objective and motivation tests. Urbana, 1967; **Witzlack, G.:** Grundlagen der Psychodiagnostik. Berlin, 1977.

R. Meili

Herders Lexikon der Psychologie

Wilhelm Arnold, Hans Jürgen Eysenck, Richard Meili

Herders Lexikon der Psychologie

Band 3 Psychodr-ZZ

HOHE

Patente, Gebrauchsmuster oder Warenzeichen sind in diesem Lexikon nicht als solche gekennzeichnet; dies betrifft insbesondere Produkte der pharmazeutischen Industrie. Aus dem Fehlen eines Hinweises folgt nicht, daß die betreffende Substanz oder Ware frei ist. Nennung einzelner Hersteller, ihrer Erzeugnisse, Verfahren oder ähnlicher Leistungen erfolgt stets nur beispielshalber. Die Lektüre dieses Werkes kann keinesfalls eine psychologische Beratung ersetzen.

Wilhelm Arnold, Hans Jürgen Eysenck, Richard Meili (Hrsg.):
Herders Lexikon der Psychologie
Titel der Originalausgabe: Lexikon der Psychologie

Lizenzausgabe für Verlag HOHE GmbH, Erftstadt

Die Verlag HOHE GmbH ist ein Gemeinschaftsunternehmen der Herder GmbH & Co. KG, Freiburg, und BMH Buch Medien Handel GmbH, Erftstadt.

Einbandgestaltung: sowiesodesign.de
Redigitalisierung: Bernhard Heun, Rüssingen

Gesamtherstellung: Verlag HOHE GmbH, Erftstadt
Printed in Czech Republic 2007

ISBN 978-3-86756-037-5

Psychodrama, die dramatische Darstellung von persönlichen oder allgemeinen Konflikt- und Entscheidungssituationen zu diagnostischen, therapeutischen, pädagogischen und didaktischen Zwecken oder auch nur zur Einübung ungewohnter Verhaltensweisen. Kennzeichnend für das psychodramatische Geschehen ist die zeitlich begrenzte Übernahme gewisser Rollen, wobei den Rollenspielern innerhalb eines mehr oder weniger festgelegten Handlungsrahmens ein hohes Maß an Freiheit zu spontanen Entscheidungen und eigenschöpferischer Gestaltung zukommt.

Bei der Deutung der vielschichtigen Wirkungsabläufe der psychodramatischen Interaktion kann davon ausgegangen werden, daß im Schutze der durch die psychodramatischen Regeln vermittelten Scheinwelt ein relativ angstfreies Handeln und wunschorientiertes Verändern von sozialen Situationen möglich wird. Hierbei besteht eine Art Doppelheit des Bewußtseins: einerseits das Sich-Erleben in der Rolle und andererseits die nie ganz auszuschließende Anwesenheit des reflektierenden Bewußtseins. Dieses emotional-kognitive Gesamterleben vermag zumindest einen Aspekt der Wirksamkeit des Psychodramas zu verdeutlichen: Die Darsteller (möglicherweise auch Zuschauer, die sich mit ihnen identifizieren können) tragen Gewinn davon bereits durch das reale emotionale Erleben und bisweilen kathartische Ausagieren einer momentanen Belastung; darüber hinaus aber erwächst ihnen eine kritische Distanz zu ihren eigenen Gefühlen, was sie zur Reflexion des Erlebnishintergrundes anregt und zu einer vertieften Einsicht in ihre Probleme verhilft. So ermöglicht das P. einen sicheren Umgang mit den eigenen Gefühlen, vermittelt das Bewußtsein der Selbstverantwortlichkeit für das eigene Handeln und schafft hierdurch die Voraussetzungen für den schöpferischen Prozeß einer Neugestaltung der Eigenwelt.

Das Psychodrama findet hauptsächlich innerhalb der psychologischen Gruppenarbeit (insbes. Gruppenpsychotherapie), jedoch auch in der Einzeltherapie sowie bei den verschiedensten sozialpsychologischen Problemstellungen (z.B. innerhalb der Einstellungsforschung oder bei der Personalschulung) zunehmend Verwendung. – Als Schöpfer des P. als eines spezifisch gruppenpsychotherapeutischen Verfahrens gilt J. L. Moreno (1889–1974). Doch war die psychohygienische und -therapeutische Wirksamkeit der Darstellung von Konfliktstoffen im Sinne einer ‚Handlungskatharsis' seit jeher bekannt, scheint doch das Bedürfnis des Menschen nach einem Rollenverhalten, das ihm eine Entlastung (‚Abreaktion') von emotionalen Spannungen gestattet, tief in seiner Natur verankert zu sein (man denke z.B. an kindliches Spielverhalten, Karneval, Vorformen des Theaters, Berufs- oder Urlauberrolle). – Die methodische Fassung des P. durch Moreno geschah in betonter Abhebung von der mehr wort- und individuumsbezogenen Psychoanalyse Freuds und wurde demgemäß anfangs in engem Zusammenhang mit einer anthropologischen Konzeption betrachtet, in der als wesentliche Merkmale des selbstverwirklichten Menschen Spontaneität, Kreativität und die Fähigkeit zur mitmenschlichen Begegnung gesehen werden. Moreno beschränkte seine Ideen aber nicht nur auf den psycholog. Bereich, vielmehr entwickelte er eine existentialistisch-kosmische Gedankenwelt, die in der utopisch anmutenden Phantasie einer kreativen Revolution gipfelt, wobei dem Psychodrama die Rolle einer „Welttherapie" zufällt, „welche die ganze menschliche Gesellschaft als den eigentlichen Patienten ansieht". Die Einbettung des P. in jene „therapeutische Philosophie" – noch heute wird sie von vielen Moreno-Schülern als unverzichtbarer Bestandteil ihres praktischen Wirkens anerkannt – hatte auf die Ausbreitung des P., seine Integration mit anderen therapeutischen Verfahren sowie vor allem auf die wissenschaftliche Auseinandersetzung mit dieser Methode einen eher hemmenden Einfluß: So ließ die subjektive Überzeugtheit von der Wirksamkeit der Methode vielen Anhängern Morenos – bei denen schon der Soziologe von Wiese eine Neigung zu einem „sektenhaften Zusammenschlusse, zum Esoterischen, zum Symbol" feststellte – z.B. empirische Kontrolluntersuchungen lange Zeit als unnötig erscheinen.

In der Zwischenzeit jedoch hat sich das P. unabhängig von aller ideologischen Voreingenommenheit als ein geeignetes methodisches Instrument erwiesen, das ganz verschiedenen psychotherapeutischen Richtungen Dienste zu leisten vermag, ja diesen sogar Anreiz und Möglichkeiten bietet, sich in ihrem jeweiligen Selbstverständnis auszudrücken. So gibt es heute z. B. ein analytisches Psychodrama, in dem das P. strikt auf die psychoanalytischen Fundamente zurückgeführt wird, oder das ‚triadische Psychodrama' (Schützenberger, Petzold, Ploeger), in dem szenisches Spiel, gruppenanalytische Arbeit und die Interaktionsdynamik der Gruppe das praktische Vorgehen bestimmen. Weiterhin ging das P. Verbindungen ein mit der Individualpsychologie Adlers, der Komplexen Psychologie Jungs, der Gestalttherapie, der Verhaltenstherapie, der Transaktionstherapie, der Hypnose usw., wobei bei einigen entstandenen Formen der Begriff Psychodrama keine Anwendung mehr findet, was wohl in erster Linie die Loslösung von der Hintergrundphilosophie Morenos unterstreichen soll.

Um die jeweiligen theoretischen Vorstellungen zu veranschaulichen und therapeutisch umzusetzen, kam es zur Entwicklung einer Vielzahl von Verfahrensweisen. So unterscheidet man im Hinblick auf die jeweilige Zielrichtung person-(protagonisten-)zentriertes, gruppenorientiertes (gruppengerichtetes oder gruppenzentriertes) und themenzentriertes Vorgehen, im Hinblick auf die zur Anwendung gelangenden Mittel die sog. Psychodrama-Techniken (wie z. B. Monolog, Rollentausch, Spiegelbild, Doppelgänger, Zukunftsprobe, Aktivierungs- und Polarisierungstechniken, ‚leerer Stuhl', ‚Wunderladen'; auch Ausdrucksformen wie Pantomime oder die Verwendung von Masken und Puppen) und im Hinblick auf die intendierten Prozesse eine diagnostische, analytische, kommunikative, kathartische u. psychagog. Orientierung.

Empirische Untersuchungen über die Wirksamkeit und die Gefahren des P. liegen bisher nur in geringem Umfang vor, was einerseits in den enormen methodischen Problemen in Anbetracht der Komplexität der psychodramatischen Prozesse selbst, andererseits in der langzeitigen Gebundenheit des Psychodramas an die weltanschaulichen Ideen Morenos begründet liegt. Eine neuere Untersuchung (Schmidt) zeigte, daß das P. keinesfalls uniform wirkt, sondern differentiell: je nach den Persönlichkeitsbedingungen sowie der Verwirklichung bestimmter Verhaltens- und Erlebnismerkmale während der Psychodrama-Sitzungen tragen Studenten von P.-Selbsterfahrungsgruppen verschiedenartigen Gewinn für ihre jeweilige Persönlichkeitsentwicklung davon.

Lit.: Burkart, V., Zapotoczky, H.-G.: Konfliktlösung im Spiel, Soziodrama/Psychodrama/Kommunikationsdrama. Wien – München, 1974; **Leutz, G. A.:** Das klassische Psychodrama nach J. L. Moreno. Berlin – Heidelberg – New York, 1974; **Moreno, J. L.:** Gruppenpsychotherapie und Psychodrama. Stuttgart, ²1973; **Petzold, H.:** Das Psychodrama als Methode der klinischen Psychotherapie. In: **L. J. Pongratz** (Hrsg.): Handbuch der Psychologie, Bd. 8, 2. Göttingen, 1978; **ders.** (Hrsg.): Angewandtes Psychodrama in Therapie, Pädagogik und Theater. Paderborn, ²1978; **ders.:** Psychodramatherapie. Paderborn, 1980; **Ploeger, A.:** Die Stellung des P. in der Psychotherapie. Möglichkeiten und Grenzen der Therapie mit dem P. In: **R. Battegay** (Hrsg.): Gruppenpsychotherapie und Gruppendynamik. Bd. 2 und 3. Göttingen, 1968–69; **ders.:** Tiefenpsychologisch fundierte Psychodramatherapie. Stuttgart, 1980; **Ried, H.:** Das Menschenbild im Psychodrama. Unveröff. Diss. Universität Würzburg, 1980; **Schmidt, B.:** Selbsterfahrung im Psychodrama als Methode der Sozialtherapie für Studenten. Grundsätzliches und Empirisches. Unveröff. Diss. Universität Würzburg, 1978; **Schützenberger, A. A.:** Psychodrama. Stuttgart, 1979; **Widlöcher, D.:** Das P. bei Jugendlichen. Olten, 1974; **Yablonsky, L.:** Psychodrama. Stuttgart, 1978.

B. Schmidt

Psychodynamik, das Kräftegeschehen im seelisch-geistigen Bereich; es ist für alle pädagogischen und therapeutischen Maßnahmen (psycho-dynamische Therapie) wichtig.

W. Arnold

Psychoenergizer, Syn. für Antidepressiva, Psychotonika, Monoaminooxydasehemmer.

Psychogalvanischer Reflex (PGR) ↗Hautwiderstand.

Psychogen, *psychisch entstanden* oder *psychisch verursacht,* meist im Gegensatz zu organisch begründet, etwa bei Erkrankungen oder

Funktionsstörungen. Die genaue Bedeutung hängt ab von der jeweils grundlegenden Theorie, so kann p. je nach Kontext „durch unbewußte Konflikte verursacht", „gelernt" etc. heißen. *Ch. Kraiker*

Psychogene Erkrankungen, gewöhnlich verwandt für sowohl Verhaltens- als auch physische Störungen, denen ein eher *psychol.* als *physiol.* Ursprung zugeschrieben wird. Vgl. auch ↗Organneurosen. *R. Hetherington*

Psychogenetisches Grundgesetz, eine von S. Hall 1904 aufgestellte, unbewiesene Behauptung, wonach analog zum biogenetischen Grundgesetz die psychische Ontogenese eine Wiederholung der Phylogenese darstellt.

Lit.: Bergius, R.: Entwicklung als Stufenfolge. In: **H. Thomae** (Hrsg.): Hdb. der Psychol., Bd. 3. Göttingen, ²1972, 104–195.

C. Münkel

Psychogramm, wörtlich: Seelenbeschreibung; übersichtliche, vollständige Darstellung aller psychol. Daten (Anamnese, Verhaltensbeobachtungen, Tests), die von einer Person vorliegen, sowie deren interpretative Zusammenfassung. Regeln für die Erstellung eines P., z. B. in der Rorschach-↗Psychodiagnostik.

Lit.: Bohm, E.: Lehrbuch der Rorschach-Psychodiagnostik. Bern, ⁴1972.

D. Bartussek

Psychohygiene. Nach der Definition von Meng (1939) ist P. (engl., frz.: *Mentalhygiene) seelischer Gesundheitsschutz.* Dazu gehört entsprechendes Wissen und die Möglichkeit, seelische Gesundheit nicht nur zu schützen, sondern auch zu kräftigen. Es gilt, seelischen Störungen vorzubeugen, möglichst gute soziale und seelische Anpassung an die Mitwelt zu erreichen und die Fähigkeit des Menschen zu harmonischen Gruppenbeziehungen zu schulen.

Die neuere P. geht ursprünglich zurück auf die Versuche der Wiedereingliederung gebesserter oder geheilter psychisch kranker Menschen in ein möglichst normales Leben. Sie wurde vor allem zu Beginn des Jh. ausgelöst durch die aufrüttelnde Selbstschilderung des Amerikaners C. W. Beers „A mind that found itself", in der dt. Übersetzung „Eine Seele, die sich wiederfand" (1941). Sein Buch löste eine starke Wirkung aus, bes. auf den Amerikaner W. James (1842–1910), der selber nach dem Studium der Naturwissenschaften (Physiologie und Medizin) in eine schwere Entwicklungskrise geraten war und dann die Psychol. seiner Zeit durch den Pragmatismus als Professor der Psychol. und Philosophie von 1876 bis 1907 an der Harvard-Universität maßgebend beeinflußte, dann aber auch auf den damals führenden Psychiater A. Meyer. Sie begründeten in den Vereinigten Staaten die Disziplin der P. mit dem Ziel, einmal für die seelische Gesundheit und Verhütung von Geistes- und Gemütskranken zu sorgen, dann die Behandlung, Pflege und Fürsorge für gemütskranke Epileptiker und Schwachsinnige zu vervollkommnen und schließlich die Rolle seelischer und geistiger Störungen in der Erziehung, im Berufsleben, in der Wirtschaft und in der Kriminologie aufzuklären.

Die Ausbreitung der P. im dt. Sprachgebiet verdanken wir zunächst den Bemühungen der Anstaltspsychiatrie um die nachgehende Fürsorge entlassener Geisteskranker. Auch hier wirkte die Arbeit von Beers bahnbrechend. So gründete der aufgeschlossene dt. Psychiater R. Sommer 1924 den Deutschen Verband für P., der vorwiegend im Rahmen des Deutschen Vereins für Psychiatrie wirkte. Leider führte die politische dt. Entwicklung 1933 zur Verkopplung mit der sog. Rassenhygiene. Drei Jahre vorher (1930) hatte C. W. Beers ein „*International Committee for Mental Health*" gegründet. Der Bestand der P. im dt. Sprachgebiet ist vor allem der unermüdlichen Pionierarbeit von H. Meng zu danken.

Er baute in seine Idee des seelischen Gesundheitsschutzes zur Förderung menschlicher Beziehungen die wesentlichen Ergebnisse der psychoanalytischen Forschung S. Freuds ein (↗Psychoanalyse) sowie seine eigenen Erfahrungen mit körperlichen Symptomen seelischer Störungen. Hier gelang es ihm, ein besonderes Symptomenbild herauszuarbeiten, das schwere Störungen der Organfunktionen (Verdauungsapparat, Kreislauf, Geschlechtsorgane) befallen kann, ohne daß der nur organisch geschulte Mediziner einen erklärenden Befund erheben könnte. Meng (vgl. Lit.) hat diese Störungen und die Möglichkeit ihrer Heilung in dem Begriff der ↗„Organpsychosen" zusammengefaßt. Wir haben gerade durch die Forschungen der P. gelernt, für die Besonderheiten dieser „Organsprache" und ihrer Ausdrucksformen hellhörig zu werden und so ihren seelischen Ausdruck besser zu verstehen. ↗Psychosomatik.

Auf internationalem Gebiet bekam die P. neuen Auftrieb durch J. R. Rees. So konnte 1948 der 3. Internationale Kongreß für P. 4000 Interessenten aus 27 Ländern versammeln. Es wurde die „*World Federation for Mental Health*" gegründet, die zur Zeit 11 übernationale Organisationen und 146 Gesellschaften in 53 verschiedenen Ländern umfaßt.

Die P. hat sich nun zu einer sog. *multidisziplinären* Wissenschaft entwickelt. Neben der eigentlichen Psychiatrie hat sich unter dem Einfluß der P. der Sonderzweig der *Sozialpsychiatrie* sehr kräftig entwickelt. Anschließend an die Funde von S. Freud und H. Meng kommt so der Heilpädagoge E. Schomburg dazu, die seelische Gesundheit einmal so zu definieren, daß sie eine relative Freiheit von Angst, Bedrohung und Haßgefühlen sichert, so daß eine positive Einstellung zur eigenen ↗Persönlichkeit, zum ↗Ich, zu den anderen und zu dem Schicksal, das wir zu tragen haben, erreicht wird. Im Anschluß an diese grundsätzlichen Feststellungen E. Schomburgs möchten wir das *Ziel* der P. noch in weiteren 6 Punkten umschreiben:

1) in der Entwicklung der Fähigkeit zur Selbstfindung sowohl im Selbsterlebnis als auch in der Selbsterkenntnis; 2) in der Entwicklung zum Streben nach berechtigter Selbstbestätigung; 3) im Wiedererwerb unbefangener Objektzuwendung, die dem anderen die gleiche Würdigung zugesteht, die man selbst beanspruchen darf; 4) in unbefangener Reifung der Liebesfähigkeit, die nicht nur das Liebesobjekt haben will, sondern ihm auch etwas sein will und es bereichern kann; 5) in unbefangener Leistungsfähigkeit; 6) in der Entwicklung einer gesunden, dem Menschen angemessenen Urteilsfähigkeit ohne Vermessenheit.

Die Ziele der P. können, wie wir bereits betont haben, nur in der Zusammenarbeit verschiedenster wiss. Disziplinen erreicht werden. In der Medizin ist die P. aus dem Rahmen der Psychiatrie hinausgewachsen. Sie umfaßt nicht nur die verschiedensten Bereiche der *Hygiene* einschließlich der *Sozialhygiene* und der *Sozialmedizin.* Auch in den Spezialfächern von der inneren Medizin über die Frauenheilkunde, die ↗*Pädiatrie* bis zur Zahnheilkunde hat eigentlich jedes Teilgebiet seine Sonderbeiträge zur P. geleistet. Dies gilt ganz bes. auch für die Entwicklung der sog. *psychosomatischen Medizin.* Sie ist genaugenommen kein Sonderfach der Medizin, sondern eine besondere Betrachtungsweise körperlich-seelischer Zusammenhänge verschiedenartigster Erkrankungen, die psychotherapeutische und psychohygienische Gesichtspunkte in den Vordergrund stellt. Sie wurde wohl zuerst in Amerika von Alexander (1950) und dann vorwiegend von Weizsäcker (1947) in Deutschland aufgenommen. Sie bestätigen die Funde H. Mengs bei den Organpsychosen und unterstreichen die Bedeutung lebensgeschichtlicher Probleme und krisenhafter Lebensereignisse für die Entwicklung organischer Störungen in leib-seelischen Zusammenhängen (↗Psychosomatik). Darüber hinaus empfängt die P. wertvolle Impulse von der ↗*Pädagogik* und der *Rechtspflege* her, die sie ihrerseits wieder stark beeinflußt. Dies gilt vor allem für die ↗Jugendgerichtshilfe und die Pionierleistungen in Borstal, in Österreich (Aichhorn, 1957) und in Rußland (Makarenko, 1955; 1961).

Wechselseitig sind auch fruchtbare Ergebnisse nachzuweisen in der Zusammenarbeit der P. und der Psychologie. Wie weit die P. aus der ursprünglich nachgehenden Fürsorge in der Psychiatrie und um das Bemühen um Eugenik herausgewachsen ist und wie sehr sie mehr und mehr über die Sozialarbeit mit der Psychol. zusammenwächst, zeigt sich am besten in der Entwicklung eines Sonderzweiges, der P. in der Gruppenarbeit und ↗Gruppenpsychotherapie, die ihrerseits wieder in enger Beziehung zur Soziologie steht. Dieser Zweig hat sich ursprünglich aus der Gruppenbetreuung von Prostituierten durch Moreno (1946; 1956) in Wien um 1912 entwickelt. Unabhängig davon hat K. Lewin in seiner Feldpsychol. menschliches Gruppenverhalten studiert. Die ersten Ergebnisse dieser pädagogisch-psychologisch gerichteten Einstellung zeigten sich bereits in den Vereinigten Staaten bei der Eingliederung von Einwanderern aus diktaturbedrohten europäischen Gebieten. Moreno konnte die Bedeutung freundlicher seelischer Beziehungen in der ↗Gruppe und in der Partnerwahl zu Beginn des Zweiten Weltkrieges bei der Auswahl von Flugzeugbesatzungen nachweisen (↗Psychodrama). Dadurch erreichte er eine erhebliche Verminderung von Unfällen im Vergleich mit nur technisch geschulten Besatzungen. In den letzten 20 Jahren hat nun die Gruppenarbeit und die Gruppenpsychotherapie das seelische Klima in den verschiedensten Gemeinschaften grundlegend verändert und die Ziele der P. weitgehend gefördert. Das gilt in erster Linie für eine ganze Reihe von Krankenanstalten, in denen sich die Patienten mehr und mehr zu einer therapeutischen Gemeinschaft zusammenschließen. Es gilt aber auch für die Behandlung verschiedenster seelischer und sozialer Nöte, von Verhaltensstörungen im Intimbereich bis zu grobem, gemeinschaftsschädlichem Benehmen. So stellt uns die P. vor immer wieder neue Aufgaben. (↗Geistige Behinderung; ↗Psychopathie; ↗Gerontologie). Die verschiedensten Disziplinen und nicht zuletzt die psychol. und die sozial-psychol. Durcharbeitung dieser Probleme bringen uns indessen der Erfüllung psychohygienischer Forderungen näher.

Lit.: Aichhorn, A.: Verwahrloste Jugend. Stuttgart, [4]1957; **Battegay, R.:** Der Mensch in der Gruppe. 3 Bde. Bern – Stuttgart, [3-5]1973–79; **ders. u.a.** (Hrsg.): Aspekte der Sozialpsychiatrie und Psychohygiene. Stuttgart – Bern, 1975; **Beers, C. W.:** Eine Seele, die sich wiederfand. Basel, 1941; **Brezina, E. & E. Stransky:** Psychische Hygiene. Berlin – Wien, 1931; **Caplan, G.:** Preventive psychiatry. London, 1964; **David, H. P.:** Population and mental health. Bern – Stuttgart, 1964; **ders.:** Migration, mental health and community services. Bern – Stuttgart, 1966; **Ehrhardt, H. E.:** P. und Sozialpsychiatrie. Fortbildungskongreß der Bundesärztekammer, 1967; **Federn, P. & H. Meng:** Die Psychohygiene. Grundlagen und Ziele. Bern, 1949; **dies.:** Psychoanalyse und Alltag. Bern – Stuttgart, 1964; **Greenblatt, M., et al.:** The prevention of hospitalisation. New York, 1963; **Hedri, A.:** Psychohygiene und ärztliche Praxis. Therapeutische Umschau, Bd. 26, 1969, *10;* **Heyer, G. R.:** Praktische Seelenheilkunde. München, 1950; **Hoff, H.:** Lehrbuch der Psychiatrie. Basel, 1956; **Jusatz, H. J. & H. Viefhus:** Aufgaben der Psychischen Hygiene und praktischen Psychiatrie. Schriftenreihe aus dem Gebiete des öffentlichen Gesundheitswesens. Stuttgart, 1959; **Kolle, K.:** Psychiatrie. Stuttgart, [6]1967; **Makarenko, A. S.:** Ein päd. Poem. Moskau, 1955; **ders.:** Ausgewählte päd. Schriften. Paderborn, 1961; **Meng, H.:** Die Prophylaxe des Verbrechens. Basel, 1948; **ders.:** Praxis der seelischen Hygiene. Basel, 1943; **ders.:** Psychoanalyse und Kultur. München, 1965; **ders.:** Psychoanalyse und Medizin. München, 1965; **ders.:** Psychohygienische Vorlesungen. Basel, 1939; **Mollenhauer, K.:** Einführung in die Sozialpädagogik. Weinheim, [6]1976; **Moreno, J. L.:** Psychodrama. Beacon, 1946; **ders.:** Psychodrama, Vol. 2. Beacon, 1956; **Pfister-Ammende, M.:** Geistige Hygiene. Forschung und Praxis. Basel, 1955; **Rees, J. R.:** Reflections. New York, 1966; **Schultz, I. H.:** Seelische Krankenbehandlung. Stuttgart, 1952; **Soddy, K. & R. H. Ahrenfeldt:** Mental health in a changing world. London, 1965; **dies.:** Mental health and contemporary thought. London, 1967; **dies.:** Mental health in the service of the community. London, 1967; **Tramer, M.:** Allgemeine Psychohygiene. Basel, 1960; **Weizsäcker, V. v.:** Fälle und Probleme. Stuttgart, 1947; **ders.:** Der kranke Mensch. Stuttgart, 1951.

A. Friedemann

Psychokatharsis ↗Kathartische Methode.

Psychokinese, *Psychokinesis* (Pk). Pk – auch *Telekinese* genannt (veral-Set) – wird oft im Ggs. zur ↗außersinnlichen Wahrnehmung (ASW) gesehen, weil eine physische Wirkung auftritt, die in der ASW nicht unbedingt angenommen wird. Vielleicht sollte aber der Empfang von Informationen in der ASW wenigstens teilweise auch als ein physisches Phänomen gewertet werden, weil nach der ↗Informationstheorie solch ein Empfang ohne physische Energien genauso unerklärlich ist wie die Beeinflussung von fallenden Würfeln durch Pk. Eine weitere Beziehung zwischen der ASW und der Pk besteht darin, daß es oft schwierig ist, eine völlig sichere Trennung der beiden Möglichkeiten zu erzielen. In einem ASW-*Präkognitions*-Experiment könnte die Vp z. B. die spätere Zielfolge voraussehen (Präkognition) oder die Mischung der Zielfolge durch Pk beeinflussen, oder beide Phänomene könnten zusammenwirken.

Expt. Pk-Untersuchungen beschränken sich meist auf eine Reihe von ähnlichen Vorgängen, in der jeder Einzelvorgang zufällig verschiedene Endpositionen einnehmen kann (z. B. Würfel, aber auch die Anzahl von Zählvorgängen pro Zeiteinheit bei einem Geigerzähler). Pk wird angenommen, wenn die tatsächliche Verteilung im Sinne des Experimentierplans signifikant von der Zufallsverteilung abweicht.

Experimente mit statischen Systemen (z. B. Versuche, eine ruhende Kompaßnadel in Bewegung zu versetzen) werden nur selten angesetzt. Werden jedoch ↗*Poltergeist*- oder ↗*Spuk*-Phänomene als zum Teil echt akzeptiert, so müssen unter bestimmten Bedingungen erhebliche Energien zur Verfügung stehen, die auf statisch-physische Systeme wirken können. ↗Parapsychologie. *H. H. J. Keil*

Psycholepsie. **1)** Plötzlich einsetzende und kurzdauernde Herabsetzung der psychischen Anspannung mit Beeinträchtigung intellektueller Prozesse z.B. in Form von Fadenverlieren, Verwirrung oder Sprachbehinderung (besonders bei Schizophrenen und Psychasthenikern). **2)** Auch gebräuchlich als abrupte, kurzdauernde Bewußtseinsunterbrechung bei epileptischen Absencen und synkopalen Anfällen wie auch bei anderen anfallsartigen, z.B. konversionshysterischen Zuständen (Blindheit, Lähmung u.a.). *J. Böning*

Psycholeptika, Sammelbegriff für Medikamente und Drogen, die dämpfenden Einfluß auf das ZNS haben.

Psycholinguistik. Der Begriff P., heute im allg. synonym mit Sprachpsychol. gebraucht (↗Sprache), entstand um 1950 (Osgood & Sebeok, 1965). Er umfaßt sehr heterogene, interdisziplinäre Bemühungen um Sprachprobleme (u.a. seitens Linguistik, ↗Kommunikationsforschung, ↗Informationstheorie, Psychol., Kulturanthropologie), allerdings mit Schwerpunkt in experimentell-psychol. Methodik. Traditionelle Sprachpsychol. ging eher deskriptiv-vergleichend und spekulativ-theoretisch vor. In der P. wird bei aller Vielfalt ihrer Fragestellungen mehr auf dem Hintergrund konsistenter, empiriebezogener Theorien gearbeitet, wobei zwei teils sich ergänzende, teils widerstreitende *Grundansätze* entstanden sind (Dixon & Horton, 1968). Der *behavioristisch*-S-R-theoretische geht vornehmlich von Lernprozessen und -effekten aus (↗Lerntheorie), wie sie an bedeutungstragenden Elementareinheiten nachweisbar sind; der *kognitivistische*, durch moderne Linguistik angeregt, von den Prozessen des Auffassens und Produzierens von Sätzen (↗Grammatik; ↗Sprechen). – Theoretisch weniger integrierte *Forschungsgebiete* der P. behandeln die peripheren sprachbezogenen Aufnahme- und Produktionsprozesse sowie die Wechselbeziehungen zwischen sprachlichen Prozessen und verschiedenartigen Rahmenbedingungen, wie emotionalem Geschehen (Davitz, 1964), Denkprozessen (↗Sprache, innere), sozialem Kontext (Ervin-Tripp, 1969; Herrmann & Stäcker, 1969; Miller & McNeill, 1969; Moscovici, 1967; Wiener & Mehrabian, 1968) und Persönlichkeitsvariablen. Anregende Problemstellungen und Beiträge kommen auch aus *Anwendungsgebieten:* Sprachbeeinträchtigungen verschiedenster Art und Verursachung wie auch die entsprechenden therapeutischen Bemühungen tragen zur Erkenntnisgewinnung bei (Rieber & Brubaker, 1966), z. B. Therapie von Artikulationsstörungen (↗Sigmatismus; ↗Stottern), von Mutismus (z. B. durch Verbalkonditionierung; ↗Sprache: Etablierung und Modifikation Verbal-Verhaltens; Salzinger, 1969) u. a. m. (↗Aphasie; ↗Taubstummensprache). Die Vermittlung von Lesen und Schreiben, von (muttersprachigem wie fremdsprachigem) Wortschatz und Grammatikbestand werfen vielfältige Probleme auf (Crothers & Suppes, 1967; Osgood & Sebeok, 1965; Rosenberg & Koplin, 1968; Scherer & Wertheimer, 1964). Im Praxisbereich der automatisierten Sprachübersetzung wird theoretische Vorarbeit geleistet.

Behavioristisch orientierte P. bevorzugt aus experimental-meth. Rücksichten als S (stimulus) und R (response) einfache, gut handhabbare Einheiten, wie (natürliche oder konstruierte) Wörter und Silben, und knüpft damit an ältere Gedächtnisforschung an. Sprache erscheint als „verbal behavior", das im wesentlichen aus (offenen oder verborgenen) „verbal responses" besteht (Dixon & Horton, 1968; Mowrer, 1960; Salzinger & Salzinger, 1967; Skinner, 1957; Staats, 1968). Assoziatives Aktualisieren verbaler R von irgendwelchen S aus und das Erwerben bzw. Modifizieren (paarweiser oder serialer) assoziativer Verknüpfungen (verbal learning) sind die Grundvorgänge für Methodik und Theorie (Deese, 1965). Mehr oder weniger unmittelbar (z. B. durch ↗Generalisation und ↗Transfer) nachweisbare Zusammenhänge sprachlicher S und R untereinander oder mit andersartigen S und R werden als denotative oder konnotative Bedeutung (meaning; Creelman, 1966; Rommetveit, 1968) interpretiert (↗Semantik), z. T. durch Rekurs auf „vermittelnde" Zwischenglieder (Mediation-Theorie; Dixon & Horton, 1968). Sprachliches Geschehen wird als Markoff-Prozeß aufgefaßt, was in Anwendung auf syntaktische Regelhaftigkeiten zu Schwierigkeiten führt (Chomsky, 1970; Hörmann, 1977).

Mentalistisch-kognitivistische P. meint mit Chomsky, die behavioristisch-assoziationistische Auffassung führe zu unhaltbaren Konsequenzen (Miller & McNeill, 1969). Das beobachtbare Ausmaß interpretativer und produktiver Sprachbeherrschung sei nur erklärbar durch die Wirksamkeit grammatischer Regelsysteme (↗Grammatik), die in der Ontogenese als Kompetenz zu einem vielschichtigen Kanon von Auffassungs- und Produktionsstrategien aufgebaut werden. Die meth. Fundierung derartiger Konstrukte entspricht teilweise linguistischer Analyse und Verwertung relativ freier Sprachäußerungen. Zunehmend mehr werden Annahmen über die Einheiten sprachlicher Kompetenz und über ihre wechselseitigen Beziehungen jedoch auch experimentell überprüft (Hörmann, 1970; Jakubowicz, 1970; Miller & McNeill, 1969). Experimentelle Fragestellungen betreffen z. B. die strukturelle Gliederung von Sätzen, die psychol. Relevanz der linguistisch definierten Transformationen, die durch mehrfache Einschachtelungen zu erreichende Komplexitätssteigerung von Sätzen, die Implikationen der Verwendung von Negationen. ↗Sprache; ↗Semantik; ↗Kommunikation.

In der rapiden Fortentwicklung der P. (Fillenbaum, 1971; Johnson-Laird, 1974) haben sich bedeutende thematische Ausweitungen und Akzentverlagerungen ergeben (Campbell & Smith, 1978; Engelkamp, 1976; Hörmann, 1976). Dabei folgt die P. neueren Strömungen der Linguistik in der stärkeren Betonung semantischer und pragmatischer Aspekte sprachlichen Geschehens (Bates, 1976; Wunderlich, 1976). Es wird jedoch zunehmend davor gewarnt, linguistische Konzepte zu unmittelbar und unkritisch zu übernehmen, und empfohlen, die Bezeichnung „P." wieder durch „Sprachpsychologie" zu ersetzen (Hörmann, 1978). Charakteristische Schwerpunkte neuerer Forschung sind das Verstehen und das Produzieren von Sätzen und komplexeren Texten (Just & Carpenter, 1978; Rosenberg, 1977; Schlesinger, 1977), die strukturellen und funktionellen Beziehungen zwischen Sprachverwendung, Wissenserwerb und Gedächtnis (Bock, 1978; Engelkamp, 1976; Freedle & Carroll, 1972; LaBerge & Samuels, 1977; Norman & Rumelhart, 1978), die Entstehung von Handlungs- und Interaktionskompetenz in der Phylo- und Ontogenese als Vorbedingungen für Spracherwerb und Sprachverwendung (Bruner, 1975; Marková, 1978; Waterson & Snow, 1978). Verstärkt werden auch Anwendungsaspekte bearbeitet (Reber & Scarborough, 1977).

Lit.: Bates, E.: Language und context. The acquisition of pragmatics. New York, 1976; **Bock, M.:** Wort-, Satz-, Textverarbeitung. Stuttgart, 1978; **Bruner, J. S.:** From communication to language – A psychological perspective. Cognition 3, 1975, 255–287; **Campbell, R. N. & P. T. Smith** (Eds.): Recent advances in the psychology of language. Formal and experimental approaches. New York, 1978; **Carterette, E. C. & M. P. Friedman** (Eds.): Handbook of perception. Vol. 7: Language and speech. New York, 1976; **Chomsky, N.:** Sprache und Geist. Frankfurt a.M., 1970; **Creelman, M. B.:** The experimental investigation of meaning. New York, 1966; **Crothers, E. & P. Suppes:** Experiments in second-language learning. New York, 1967; **Davitz, J. R.:** The communication of emotional meaning. New York, 1964; **Deese, J.:** The structure of associations in language and thought. Baltimore, 1965; **Dixon, T. R. & D. L. Horton** (Eds.): Verbal behavior and general behavior theory. Englewood Cliffs (N. J.), 1968; **Engelkamp, J.:** Satz und Bedeutung. Stuttgart, 1976; **Ervin-Tripp, S.:** Sociolinguistics. In: **L. Berkowitz** (Ed.): Advances in experimental social psychology, 4. New York, 1969, 91–165; **Fillenbaum,**

S.: Psycholinguistics. Annual Review of Psychology, 1971, *22*, 251–308; **Freedle, R. O. & Carroll, J. B.** (Eds.): Language comprehension and the acquisition of knowledge. New York, 1972; **Herrmann, T. & K. H. Stäcker:** Sprachpsychologische Beiträge zur Sozialpsychologie. In: **C. F. Graumann** (Hrsg.): Hdb. der Psychol., Bd. 7. Göttingen, 1969, 398–474; **Hörmann, H.:** Meinen und Verstehen. Grundzüge einer psychologischen Semantik. Frankfurt a. M., 1976; **ders.:** Psychologie der Sprache, Berlin, ²1977; **ders.:** German psycholinguistics: 1967–1977. The German Journal of Psychology, 1978, *2*, 136–152; **Johnson-Laird, P. N.:** Experimental Psycholinguistics. Annual Review of Psychology, 1974, *25*, 135–160; **Jakubowicz, C.:** Recherches récents en psycholinguistique. L'année psychol., 1970, *70*, 247–293; **Just, M. A. & P. A. Carpenter** (Eds.): Cognitive processes in comprehension. Hillsdale (N. J.), 1978; **LaBerge, D. & S. J. Samuels** (Eds.): Basic processes in reading. Perception and comprehension. Hilsdale (N. J.), 1977; **Marková, I.** (Ed.): The social context of language. Chichester, 1978; **Miller, G. A. & D. McNeill:** Psycholinguistics. In: **G. Lindzey & E. Aronson** (Eds.): Handbook of Social Psychology, 3. Reading (Mass.), 1969, 666–794; **Moscovici, S.:** Communication processes and the properties of language. In: **L. Berkowitz** (Ed.): Advances in experimental social psychology, 3. New York, 1967, 225–270; **Mowrer, O. H.:** Learning theory and the symbolic processes. New York, 1960; **Norman, D. A. & D. E. Rumelhart:** Strukturen des Wissens. Stuttgart, 1978; **Osgood, C. E. & T. A. Sebeok** (Eds.): Psycholinguistics. Bloomington, 1965; **Reber, A. S. & D. L. Scarborough** (Eds.): Toward a psychology of reading. Hillsdale (N. J.), 1977; **Rieber, R. W. & R. S. Brubaker** (Eds.): Speech pathology. Amsterdam, 1966; **Rommetveit, R.:** Words, meanings, and messages. New York, 1968; **Rosenberg, S.:** Sentence production. Developments in research and theory. Chichester, 1977; **Rosenberg, S. & J. H. Koplin:** Developments in applied psycholinguistic research. New York, 1968; **Salzinger, K.:** The place of operant conditioning of verbal behavior in psychotherapy. In: **C. Franks** (Ed.): Behavior therapy: Appraisal and status. New York, 1969, 375–395; **Salzinger, K. & S. Salzinger** (Eds.): Research in verbal behavior and some neurophysiological implications. New York, 1967; **Scherer, G. A. C. & M. Wertheimer:** A psycholinguistic experiment in foreign-language teaching. New York, 1964; **Schlesinger, I. M.:** Production and comprehension of utterances. Chichester, 1977; **Skinner, B. F.:** Verbal behavior. New York, 1957; **Staats, A. W.:** Learning language and cognition. New York, 1968; **Waterson, N. & C. Snow** (Eds.): The Development of communication. Chichester, 1978; **Wiener, M. & A. Mehrabian:** Language within language. New York, 1968; **Wunderlich, D.:** Studien zur Sprechakttheorie. Frankfurt a. M., 1976.

G. Kaminski

Psycholinguistischer Entwicklungstest ↗PET.

Psychologe. Personen, deren Berufstätigkeit sich mit dem seelischen (psychischen) Erleben und Verhalten befaßt, sowohl mit den vielfältigen Erscheinungsweisen als auch mit den Ursachen und Bedingungen des Psychischen, werden P.n genannt. Die *Aufgaben* des *praktisch tätigen* P. auf den verschiedensten Gebieten der ↗angewandten Psychologie lassen sich in drei Tätigkeitsarten ordnen, nämlich in ↗ *Psychodiagnostik* (Erkennen der individuellen Eigenarten einschließlich der die Aktualisierung der Eigenarten spezifizierenden Bedingungen; ↗Gutachten, psychologische), in *Beratung* (↗Berufsberatung, ↗Erziehungsberatung usw.) und in ↗ *Psychotherapie* (Behandlung, Änderung der Personen, entweder durch psychol. Einfluß auf die Person selbst oder auf die Umweltbedingungen, unter denen die Person lebt). Die Bezeichnung Diplom-P. ist ein akademischer Titel, der erst nach dem abgeschlossenen Hochschulstudium der Psychol. verliehen wird.

In Deutschland gibt es zwei Berufsorganisationen für P.n, nämlich den BdP *(Berufsverband deutscher Psychologen)* und die DGfPs *(Deutsche Gesellschaft für Psychologie)*, die den in der Wissenschaft tätigen P.n vorbehalten ist.

Lit.: Arnold, W.: Psychologe. Blätter zur Berufskunde, Bd. 3. Gütersloh, ³1967; **ders.:** Der Beruf des Psychologen. Psychologie und Praxis, 1978, *3*.

W. Seitz

Psychologie ↗Geschichte der Psychologie.

Psychologie der Aussage ↗Forensische Psychologie; ↗Glaubwürdigkeit.

Psychologie der Polizei. Die P. d. P. im weiteren Sinne verfolgt das Ziel, die Polizei bei ihrer praktischen Arbeit zu beraten. Für diese Beratungstätigkeit (z. B. bei Krawallen, Flugzeugentführungen) ist die Heranziehung fast aller Gebiete der Psychol., bes. aber der Kriminal- und ↗Sozialpsychologie, erforderlich. Bei der P. d. P. im engeren Sinne geht es um die Frage, ob Polizisten besondere Persönlichkeitszüge besitzen, ob bei ihrer Arbeit Selektionsmechanismen wirksam werden, ob sie bestimmte ↗Einstellungen haben oder bestimmte Beziehungen pflegen. Marshall (1966) hat festgestellt, daß Polizeianwärter im Vergleich mit Jurastudenten und Personen aus einer Wohlfahrtseinrichtung eine statistisch signifikant härtere Einstellung zur Bestrafung haben. Sie treten nämlich in höherem Maße für eine härtere Bestrafung von Delinquenten ein. Ob diese härtere Einstellung ein Ergebnis eines selbstauswählenden Prozesses von Personen, die Polizeikarrieren anstreben, eines Auswahlprozesses der Einstellungsbehörde oder einer Anpassung an eine Rolle, eine Polizeilaufbahn, ist, konnte nicht ermittelt werden. Die Polizeianwärter zeigten eine *größere Rigidität,* einen hervorstechenden Persönlichkeitszug der ↗autoritären Persönlichkeit. Als durchschnittlich oder schlecht bezeichneten 70% der von Skolnick (1967) untersuchten 282 Polizisten ihr Sozialprestige. Dennoch zählten sich 66% zur Mittelschicht, und 51% hielten es für „sehr wichtig", ein eigenes Haus zu besitzen. Von 700 Polizisten nannten 250 (oder 35%) wieder Polizisten als ihre Freunde. Hier zeigt sich ein bedenklicher gesellschaftlicher Abkapselungsprozeß, der von einigen nordamerikan. Kriminologen bereits als „subkulturell" definiert wird. Die Mehrheit der Polizisten glaubt, die Fähigkeit zu haben, zwischen Schuld und Schuldlosigkeit unterscheiden zu können. Von Gerichtsverfahren halten sie wenig. Daß Laientheorien der Delinquenzverursachung (↗Kriminalität; ↗Psychopathie), die Grundlage für Beurteilungen und Entscheidungen der Polizei bilden, hat Cicourel (1968) empirisch herausgearbeitet. Die Polizei „weiß", was sie „weiß", und das Problem des gesetzlichen Beweises stellt sich für sie bei ihren Routinearbeiten nicht. Die nordamerikan. Polizei begünstigt zudem delinquente Jugendliche „aus wichtigen Familien" der Oberschicht. Delinquente Jugendliche der Mittelschicht werden nicht eigentlich als gefährlich für die Autorität angesehen, sie haben nur „psychol. Probleme". Dagegen trifft die Jugendlichen der Unterschicht die ganze Härte von „Gesetz und Ordnung", bes. wenn sie ihr delinquentes Verhalten leugnen und zu rassischen Minderheiten gehören. Ob diese wenigen Beispiele für die Polizei der USA repräsentativ sind, kann mit Recht bestritten werden. Die bisherigen Ergebnisse der polizeipsychol. Forschungen in der BRD haben sich überwiegend als unbrauchbar erwiesen. Denn sie diskriminieren – eifernd voreingenommen – die Polizei (H. J. Schneider, 1973). Das kann aber nicht Aufgabe der P. d. P. sein.

Lit.: Cicourel, A. V.: The social organization of juvenile justice. New York – London – Sidney, 1968; **Marshall, J.:** Law and psychology in conflict. Indianapolis – Cansas City – New York, 1966; **Schneider, H. J.:** Die gegenwärtige Lage der deutschsprachigen Kriminologie. Juristenzeitung 1973, S. 569–583; **Skolnick, J. H.:** Justice without trial. New York – London – Sydney, 1967; **The President's Commission on Law Enforcement and Administration of Justice:** Task force report: the police. Washington (D. C.), 1967.

H. J. Schneider

Psychologie der Psychologen. Die unabdingbare Voraussetzung für ein effizientes Wirken als Psychologe (speziell in der angewandten Psychologie, aber auch in der Forschung) ist eine natürliche (anlagebedingte) Sensibilität (Empfindsamkeit) für die Erlebnisweisen bei sich selbst und auch bei anderen Menschen; darin eingeschlossen ist eine emotionale Unterscheidungsfähigkeit, also eine emotionale Sensibilität im kognitiven Bereich. Dabei muß der Psychologe so strukturiert sein, daß er durch die Belastungen, die ihm von anderen Menschen in seiner beruflichen Tätigkeit fortwährend beigebracht werden, zwar innerlich berührt, aber nicht destruktiv erschüttert wird. Eine wesentliche Voraussetzung dafür ist die Kenntnis aller denkbaren psychischen Phänomene, was ihn vor Enttäuschungen und Fehldiagnosen bewahren kann. Psychopathen sind nicht geeignet für die Psychologie, ebensowenig wie existentiell labil gewordene Menschen. Darum gehört zum Psychologen psychische Gesundheit im Sinne von Stabilität (In-sich-Gefestigtsein), ein gegliedertes Menschenbild und ein umfassendes Weltbild.

W. Arnold

Psychologie der Psychologen betrifft die Frage nach dem Erleben und Verhalten von Psychologen im privaten und beruflichen Bereich; genauer gesagt, geht es um Probleme der Übereinstimmung bzw. des Widerspruchs zwischen dem Erleben und Verhalten des Psychologen als Mensch und als „Fachmann" für Psychisches, um die Analyse und Erklärung eventueller besonderer Charakteristika des

Erlebens und Verhaltens des Psychologen (Psychotherapeuten, Psychiaters) – etwa dessen im Alltag so häufig karikierte Verschrobenheit, Exzentrizität oder gar „Verrücktheit", aber auch um spezielle Fragen der Berufsmotivation, Berufswahl und Berufsethik des Psychologen.

Daß oft auch die wissenschaftliche Psychologie eher abschätzig als eine „Psychologie der Psychologen" apostrophiert wird, hat seine Gründe a) in der häufig praxisfernen Abstraktheit psychologischer Überlegungen und deren oftmaliger Irrelevanz für aktuelle Alltagsprobleme des Individuums und der Gesellschaft – weshalb Psychologie oft lediglich als eine der Befriedigung der Anerkennungs- und Karrierebedürfnisse bzw. der Bewältigung der Probleme der Psychologen selbst dienende Tätigkeit erscheint – und b) in der häufigen Verwendung von Psychologiestudenten als Versuchspersonen für psychologische Untersuchungen – ein Sachverhalt, der die Generalisierbarkeit der gewonnenen Untersuchungsergebnisse stark einschränkt, wenn nicht gar verhindert.

Seit einigen Jahren wird besonders im Ausland, vornehmlich durch die American Psychological Association, die berufsethische Problematik der Psychologie als wesentlich wieder herausgestellt (Arnold, 1975). Die Internationale Gesellschaft für Angewandte Psychologie hat seit Jahren bei ihren Tagungen auf die Verbindung von empirischen (experimentellen) und phänomenologischen Methoden immer wieder hingewiesen.

Eine reine Psychologie des Messens und Zählens (Operationalismus) wurde dabei als methodisch zwar notwendig, aber nicht als zureichend erkannt (Arnold, 1978).

Lit.: Aebli, H.: Psychologische Didaktik. Stuttgart, [6]1976; **Arnold, W.:** Angewandte Psychologie. Stuttgart, 1975; **ders.:** „Der Beruf des Psychologen". In: Psychologie und Praxis. 1978, *3*, 93–122; **Herrmann, T.:** Psychol. als Problem. Stuttgart, 1979; **Kunz, H.:** Über den Sinn und die Grenzen des psychologischen Erkennens. Stuttgart, 1957; **Lamson, A.:** Guide for the Beginning Therapist. New York – London, 1978; **Wolff, K.:** Psychologie und Sittlichkeit. Stuttgart, 1959.

J. A. Keller

Psychologie der Zeit. Als Gegenstand der Psychol. ist *Zeit* stets an Ereignisse gebunden, welche einem handelnden Individuum erscheinen *(Zeitwahrnehmung),* welche es herstellt oder beeinflußt *(Zeitverhalten)* oder in bezug auf welche es sich orientiert *(Zeitperspektive, Zeitbegriff). Psychische Zeit* bezeichnet das Insgesamt der Vorher-Nachher-Relationen zwischen dem Individuum und solchen Ereignissen. Die Ereignisse treten auf als vorausgesehen oder geplant *(Zukunft),* als wahrgenommen oder getan *(Gegenwart)* bzw. als behalten oder gespeichert *(Vergangenheit);* sie können ihren Ursprung sowohl im Organismus wie in seiner Umwelt haben und bewußt oder unbemerkt ablaufen. Unter ihrem zeitlichen Aspekt treten alle Ereignisse eines Individuums in einer Ordnungsreihe auf, deren wesentliche Kennzeichen die Gerichtetheit und Nichtumkehrbarkeit sind. Demnach kann ein gegebenes Ereignis nur einmal innerhalb dieser Ordnungsreihe vorkommen und sich darin mehr oder weniger weit erstrecken *(Dauer)* sowie zu anderen Ereignissen in einem bestimmten Ordnungsverhältnis *(Gleichzeitigkeit oder Sukzession)* stehen. Die Ereignisreihe insgesamt – einschließlich ihrer sozio-kulturell bedingten Artikulation – erlaubt die *zeitliche Orientierung* des Individuums in Welt und Gesellschaft.

Die Psychol. erstrebt nicht eine Ergründung dessen, was Zeit ist, sondern sie versucht, die Mittel zu bestimmen, welche die Erfassung und den Umgang mit der Zeit ermöglichen, sowie die Gesetzmäßigkeiten zu erforschen, welchen diese Mittel in mannigfaltigen Funktionszusammenhängen unterliegen. Traditionell gilt „Zeit" als real gegeben, zwar geheimnisvoll (Augustinus), aber in Kalender und Uhrzeit sowie als Parameter t der Newtonschen Physik erfolgreich operationalisiert. I. Kant hat „Zeit" als eine „Form der Anschauung" aufgefaßt und damit als ein zentrales Problem der Psychol. gestellt. Das allg. Verfahren der P. d. Z. ist die vergleichende Gegenüberstellung der *„objektiven"* Uhrzeit und der auf mannigfaltige Weise erfaßten *„subjektiven"* Zeit.

DAUER. Die frühe ↗Psychophysik der Dauer untersuchte die Fähigkeit der Zeitwahrnehmung als den „Zeitsinn" (E. H. Weber, J. N. Czermak), welcher analog den andern Sinnen Dauer als Reiz auffasse. Schon die Befunde von K. Vierordt, E. Mach, G. T. ↗Fechner, W. ↗Wundt und ihren Schülern zeigten, daß die subj. Zeit auf dem Hintergrund der homogenen Uhrzeit eigentümlich artikuliert ist. So nimmt die ↗*Unterschiedsschwelle* mit zunehmender Dauer der dargebotenen Reize zunächst ab, erreicht bei 0,6 bis 1 sec. ein Minimum in der Größenordnung von je nach Methode und Bedingungen 1,5 bis 15% und steigt bei längeren Intervallen unregelmäßig an. Unter optimalen Bedingungen liegt allerdings das Minimum von ca. 1% bei rund 100 msec.

Auch die *Beziehung zwischen subjektiver und objektiver Dauer* ist nicht eindeutig, da die Methodeninvarianz der vorwiegend benutzten Vergleichs-, Reproduktions- und verbal vermittelten Herstellungs- und ↗Schätzverfahren nicht gewährleistet ist, und starke Individualunterschiede die übliche Durchschnittsbildung als fragwürdig und die abgeleiteten subj. Skalen als artifiziell erscheinen lassen. In der Mehrzahl der Untersuchungen werden die kürzeren Intervalle verhältnismäßig zu lang, die längeren zu kurz wahrgenommen oder hergestellt. (Die Begriffe der Über- bzw. Unterschätzung sind mehrdeutig, da die Bezugsgröße bei den verschiedenen Verfahren nicht gleich ist.) Die Intervallänge, bei der das Vorzeichen des konstanten Fehlers wechselt, also die subj. Zeit mit der Uhrzeit übereinstimmt, wird *Indifferenzpunkt* genannt. Dieser wurde früher für eine Konstante in der Größenordnung von 0,6 bis 0,8, gelegentlich bis 1,5 sec. gehalten; nach neueren Befunden erweist er sich zur Hauptsache – allerdings nicht ausschließlich – in Funktion des dargebotenen Intervallbereichs als eine Bezugssystemwirkung. Demnach ist das *Tempo* der „inneren Uhr" *abhängig von der Dauer* der zu verarbeitenden Zeit. Auch durch mehrfache Wiederholung objektiv gleicher Intervalle werden kumulative Veränderungen der subj. Dauer bewirkt. Im Ggs. zum unmittelbaren Erleben erscheint in der Retrospektive eine Zeit der Langeweile kurz, eine kurzweilig verbrachte Stunde lang. Zeitwahrnehmung und -verhalten sind in komplexer und ungewisser Weise beeinflußt durch *situative Bedingungen*, wie Instruktion, Versuchskontext, Reizart, Reizdichte (sog. leere bzw. gefüllte Zeit), Reizwechsel und -bedeutung, sowie durch *organismische Bedingungen*, wie Aufnahmemodalität, Hormonalzustand (↗Hormone), ↗Psychopharmaka, Tageszeit, Körpertemperatur, ↗Aktivationsniveau, ↗Motivation, Alter, ↗Intelligenz, ↗Persönlichkeitseigenschaften, psychopathologische Kategorien u. a. m. Die Hoffnung, Variablen der Zeitwahrnehmung in Persönlichkeitspsychol. und Psychopathologie als Diagnostikum anzuwenden, hat sich bisher trotz großen Forschungseinsatzes nicht erfüllt.

Für die eigentümliche Artikuliertheit der subj. Dauer-Dimension spricht auch die phänomenologische Unterscheidung zwischen unmittelbar erlebter Dauer (psychische ↗*Präsenzzeit* in der Größenordnung von 0,5 bis zu einigen Sekunden; W. Stern) und längeren, anscheinend kognitiv verarbeiteten, jedenfalls als abgeleitet erlebten Zeitstrecken (Fraisse, 1967), welche sich allerdings funktional nicht absichern läßt. Bezüglich der Rolle *kognitiver Prozesse* ist zu bedenken, daß gerade unter Bedingungen wie ↗Schlaf und ↗Hypnose und auch bei Tieren das Zeitverhalten genauer ist. Ebenfalls im Bereich des *rhythmischen Verhaltens und Erlebens* erscheint eine Frequenz von 1 bis 2 Hz (entsprechend Perioden von wiederum 0,5 bis 1 sec.) in mancherlei Hinsicht als bevorzugt, bequem, natürlich (Persönliches Tempo, Spontanmotorik, optimaler Konditionierungsverzug, Assoziationslatenz usw.).

In den frühen *theoretischen Vorstellungen* dominierte einerseits die Idee des allmählichen Verblassens von Sinneseindrücken (Zeit-Ordnungs-Fehler); der Grad der *Verblassung einer Erinnerungsspur* wurde als Temporalzeichen verwertet (T. Lipps). Anderseits lag es nahe, jenen ausgezeichneten Werten des scheinbaren Kontinuums (kleinste Unterschiedsschwelle, Indifferenzpunkt, persönliches Tempo usw.) eine zeitkonstituierende Rolle beizumessen. Offenbar in Analogie zu den mechanischen Uhren wurde dementsprechend die „innere Uhr" als *Zählwerk einer Einheitsdauer* konzipiert (H. Münsterberg, W. James).

Gleichzeitigkeit und Sukzession. Einem geübten Beobachter genügt unter optimalen Bedingungen eine Unterbrechung von wenigstens 2 msec., um einen akustischen Reiz als zwei Töne wahrzunehmen; bei optischen Reizen an gleicher Netzhautstelle sind dazu ca. 50 msec. nötig. Um die Reihenfolge zweier nach Lokalisation, Reizart oder Sinnesmodalität unterschiedlicher Signale richtig zu erkennen, ist eine Pause von 100 bis 60 msec. erforderlich, die bei geübten Beobachtern bis gegen 20 msec. reduziert sein kann (S. Exner, I. J. Hirsh). Mit anderen Worten: Objektivzeitlich getrennte Ereignisse werden innerhalb eines beträchtlichen und nicht eindeutig definierbaren Zeitraums subjektiv als gleichzeitig erlebt (sog. psychischer Moment). Eine ganze Anzahl von zumeist auf *zeitlicher Integration* beruhenden seriellen Interaktionen in der Verarbeitung von zwei oder mehr in kurzen Abständen dargebotenen Signalen wird sowohl bezüglich des Inhaltes der Wahrnehmung wie auch der damit verbundenen Reaktionslatenz festgestellt (Bewegungswahrnehmung, serieller Auffassungsumfang, Rückwärtsmaskierung, Refraktärphänomene usw.).

Obschon sich also auch die Frage nach einer absoluten Schwelle zwischen Gleichzeitigkeit und Folge einer allg. und eindeutigen Beantwortung entzieht, wurde die funktionale Diskretheit der Zeitdimension ausschlaggebend für die Erneuerung der *Einheiten-Zähl-Theorie der „inneren Uhr"*, welche heute die meisten Autoren explizit oder implizit vertreten. Die subj. Zeit beruht demnach auf einer Reihung von Elementen, durch deren „Zählung" die Dauer von Ereignissen festgestellt und reproduziert werden kann. Als Einheiten werden wahrgenommene innere und äußere Geschehnisse schlechthin (Fraisse, 1967; M. Frankenhaeuser), mannigfaltige biol. Oszillatoren und Servoprozesse (quasi-)periodischer (z. B. Alpha-Rhythmus: N. Wiener) oder stochastischer (C. D. Creelman) Natur postuliert; am häufigsten wird eine additive Reihung der sog. psychischen Momente angenommen (K. E. v. Baer, H. Bergson, J. v. Uexküll, J. M. Stroud), wobei zur Erklärung der eigentümlichen Artikuliertheit der Dauer-Dimension und ihrer funktionalen Abhängigkeiten Zusatzmechanismen, wie veränderliche Momentlänge, Entstellung des Zählergebnisses bei der Speicherung usw., postuliert werden (Treisman, 1963; Michon, 1967; Cohen, 1967). Die Diskontinuität der Reizverarbeitung ist einwandfrei gesichert; doch fehlt jeder Nachweis der Relevanz der Momentreihung für den Umgang mit Zeit.

Orientierung in der Zeit. Die sog. *Zeitperspektive* (K. Lewin, L. K. Frank), d. h. bes. die Erstreckung, aber auch die Artikuliertheit, Dichte, Konsistenz und Gliederung all jener Erfahrungen und Erwartungen (insbes. des Zukunfterlebens; R. Bergius), die für das gegenwärtige Erleben und Verhalten psychisch wirksam werden, wird mit Hilfe von ↗Fragebogen und mancherlei ↗projektiven Verfahren sowohl als Funktion wie als Determinante verschiedener sozialer, kultureller, konstitutioneller, persönlichkeitsdispositioneller und entwicklungsmäßiger Faktoren untersucht. Die bisherigen Forschungsergebnisse machen die Relevanz der zeitlichen Orientierung bes. im motivations- und sozialpsychol. Bereich sichtbar; doch fehlen empirisch gesicherte Detailkenntnisse infolge mangelnder Methodeninvarianz.

Der *subjektive Zeitbegriff* stellt im Ggs. zur funktionalen Diskretheit und Unregelmäßigkeit der subj. Zeit und bes. zu deren Verengung und Stillstand in der ferneren Vergangenheit und Zukunft ein idealisiertes, beidseits bis ins Unendliche homogenes Kontinuum vor. Dementsprechend setzt der isochrone Zeitbegriff der klassischen Physik Zeit und Raum als absolut Gegebenes der abgeleiteten Bewegungsgeschwindigkeit voraus. Untersuchungen zur Ontogenese des Zeitbegriffs (J. Piaget) und die als ↗*tau*-Phänomen und ↗*kappa*-Effekt bekannten komplexen Abhängigkeiten zwischen Zeit, Distanz und Geschwindigkeit (Cohen, 1967) zeigen jedoch einen dem Sachverhalt der relativistischen Physik verwandten Hintergrund auf. Demnach wäre psychische Zeit konstituiert durch das Tempo von endogenen Lebensprozessen und den zu ihrer Synchronisation ausgenützten Umweltsvorgängen.

Lit.: Bindra, D. & H. Waksberg: Methods and terminology in studies of time estimation. Psychol. Bull., 1956, *53*, 155–159; **Cohen, J.:** Psychological time in health and disease. Springfield (Ill.), 1967; **Fischer, R.** (Ed.): Interdisciplinary perspectives of time. Ann. N. Y. Acad. Sci., 1967, *138* (2), 367–915; **Fraisse, P.:** Psychologie du temps. Paris, [2]1967; **Fraser, J. T.** (Ed.): The voices of time. New York, 1966; **Lang, A.:** Die innere Uhr als multiples System. Bern, in Vorb.; **Michon, J. A.:** Timing in temporal tracking. Soesterberg (Holland), 1967; **Mönks, F. J.:** Zeitperspektive als psychologische Variable (Sammelreferat). Arch. ges. Psychol., 1967, *119*, 131–161; **Treisman, M.:** Temporal discrimination and the indifference interval: implications for a model of the „internal clock". Psychol. Monogr., 1963, *77* (13), Nr. 576; **Wallace, M. & A. I. Rabin:** Temporal experience. Psychol. Bull., 1960, *57*, 213–236; **White, C. T.:** Temporal numerosity and the psychological unit of duration. Psychol. Monogr., 1963, *77* (12). Nr. 575.

A. Lang

Psychologie des Alterns. Die P. d. A. befaßt sich mit den Veränderungen im Verhalten des erwachsenen Menschen und deren Erklärung. Die Zeit des Erwachsenseins macht ungefähr drei Viertel der durchschnittlichen Lebenslänge aus. Es werden sowohl Veränderungen erforscht, die z. B. ↗Wahrnehmung, ↗Gedächtnis, ↗Lernen, ↗Intelligenz, ↗Denken und ↗Problemlösen betreffen, als auch solche altersbedingten Veränderungen, die man bei mot. Fertigkeiten (skills) und Verhaltensmustern (z. B. bei Gefühlen oder sozialen Beziehungen) vorfindet. Da viele der altersbedingten Verhaltensänderungen nicht einfach expt. Bedingungen unterworfen werden können, sind zahlreiche der bisher von der P. d. A. gelieferten Informationen deskriptiver Natur, obwohl auch expt. Untersuchungen immer mehr an Bedeutung gewinnen. Die P. d. A. ist sowohl biologisch als auch sozial-psychologisch orientiert: einerseits bestimmen genetische und andere biol. Faktoren die Grenzen, die dem Verhalten durch die Leistungsfähigkeit des NS und anderer organischer Systeme gesetzt werden; andererseits werden unsere ↗Gewohnheiten und sozialen ↗Rollen durch die ↗Gruppen- oder Gesellschaftsart bestimmt, in der wir aufgewachsen und alt geworden sind. Das chronologische Alter z. B. ist ein wichtiger Faktor zur Bestimmung der Beziehung einzelner Mitglieder einer Gesellschaft zueinander. Die Charakteristika der altersbedingten Statussysteme einer Gesellschaft sind noch nicht vollständig bekannt, aber Sozialpsychologen beschäftigen sich immer mehr mit dem sozialen Status und den sozialen Rollen verschiedener Altersstufen. Das Altern kann als ein biol. oder als ein sozialpsychol. Phänomen aufgefaßt werden. Von Fachleuten wird entweder auf die Bedeutung der biol. Veränderungen oder auf die Bedeutung der sozialen Umwelt mehr Gewicht gelegt. Gegenwärtig gibt es nur wenige formale Theorien in der P. d. A.; insofern sie in der Vergangenheit aufgestellt wurden, sind sie von den Theorien anderer psychol. Teilgebiete, z. B. der ↗Gehirnpathologie, des ↗Lernens, der ↗Persönlichkeit oder der ↗Psychopathologie, abgeleitet worden.

Eine *psychol. Theorie des Alterns* muß in einer systematischen Weise Altersunterschiede in bezug auf Verhalten und ↗Fähigkeiten erklären können. Weil jeder der vielen Aspekte so viele verschiedene beobachtbare Fakten impliziert, ist es äußerst unwahrscheinlich, daß es eine einzelne Theorie des Alterns geben wird, die sich als gleich nützlich für alle Psychologen erweisen würde.

Historisches. Einer der ersten Wissenschaftler, die sich empirisch mit dem Problem des Alterns auseinandersetzten, war der Belgier A. Quetelet (1835). In seinem Konzept eines „durchschnittlichen Menschen" nahm er einen Mittelwert an, um den sich sowohl positive als auch negative Extreme gruppieren. Er war überzeugt, daß es deutliche altersbedingte Unterschiede in der individuellen Lebenserwartung und im Verhalten gibt und daß diese teilweise eine Funktion der Umwelt des Individuums sind. Der engl. Psychologe F. ↗Galton leistete mit seinem – in die zweite Hälfte des 19. Jh. fallenden – Werk Pionierarbeit für die P. d. A., die seiner Meinung nach als wiss. Forschungsgebiet bisher stark vernachlässigt wurde. Der erste Psychologe, der einen systematischen Bericht über die Literatur und die Erkenntnisse zur P. d. A. lieferte, war G. S. ↗Hall (1923). In seinem Buch „Senescence" behandelte er den ganzen Lebensablauf – wohl in Anlehnung an sein früheres Werk über das Jugendalter – unter entwicklungspsychol. Gesichtspunkt. Hall erkannte, daß es nichts als ein

Psychologie des Alterns

Aberglaube sei, das Altern schlicht als eine Regression auf frühere Lebensstufen anzusehen. Er betonte das hohe Ausmaß an individueller Variabilität unter älteren Menschen genauso wie die Erkenntnis, daß das Altern nicht einfach eine Umkehr früherer Entwicklungsschritte darstelle. Die Frage, ob die Ausdifferenzierung individueller ↗Eigenschaften mit dem Alter zunimmt, wurde oft diskutiert; die Unzulänglichkeit der vorhandenen Daten verhinderte jedoch die Erstellung eines Gesetzes in dieser Hinsicht.

Nach dem Zweiten Weltkrieg setzte eine intensive expt. Erforschung der psychol. Prozesse des Alterns ein. Die Ergebnisse von Kallmann, Jarvig und ihren Mitarbeitern (1959) zeigen, daß man das Problem des Alterns nur mit multivariaten Methoden angehen kann. Forschungen an eineiigen Zwillingen, die über 65 Jahre alt waren, zeigten, daß eineiige Zwillinge größere Ähnlichkeit im Alter bezüglich des Aussehens, der Intelligenz und der Todesursache zeigten als zweieiige Zwillinge und Geschwister (↗Zwillingsforschung). Man kann daher sagen, daß bei eineiigen Zwillingen der genetische Einfluß auch im höheren Lebensalter ebenso wirksam ist wie im Kindesalter. Bis zu einem gewissen Ausmaß scheinen die Prozesse des Alterns genetisch determiniert zu sein.

Die Differenzierung der Persönlichkeit im Laufe des Lebens. Die wachsende Differenzierung der ↗Persönlichkeit basiert beim Erwachsenen wie auch beim Kind auf sozialen und biol. Vorgängen. Auf jeder Altersstufe oder in jeder Lebensphase werden Individuen mit ganz bestimmten Aufgaben konfrontiert, die eine Lösung verlangen. In diesem Sinne ist das Leben des Siebzigjährigen ebenso *dynamisch* wie das des Fünfzigjährigen oder des Heranwachsenden. Teilweise geben die Aufgaben, mit denen ein Individuum in einer ganz bestimmten Phase konfrontiert wird, dem Leben eine typische Struktur (↗Entwicklung). Einige Wissenschaftler, z. B. Bühler (1951), behaupten, daß sich das Erwachsenenleben in einem Grundrhythmus oder Tempo vollzieht. Die Analyse biographischen Materials hat Bühler zu der Überzeugung geführt, daß es klar abgegrenzte Phasen der *Konstruktivität, Kombination* und der *Reduzierung* gibt. Auf soziales Verhalten bezogen, bedeutet das, daß alternde Menschen sich von leistungsorientiertem Verhalten abwenden und danach streben, die Aktivität zu verringern und sich vom Leben zurückzuziehen. Obwohl dieser Vorgang nicht allgemein als typisch oder normal angesehen werden kann, könnte man ihn als einen Prozeß des *„Disengagements“* bezeichnen (Cumming & Henry, 1961). Der diesem Konzept zugrunde liegende Gedanke ist, daß die Energie alternder Menschen langsam nachläßt und daß sie sich deshalb allmählich von der aktiven Rolle in der Gesellschaft zurückziehen.

Das Ausmaß der ↗Motivation, die ein Mensch noch im höheren Alter zeigt, scheint vom Zustand seines Nervensystems abzuhängen. Es bestehen kaum Zweifel, daß anat. und biol. Veränderungen des NS eine Schlüsselposition in bezug auf die Vorgänge des Alterns einnehmen. Dem Altersabbau des NS bzw. der Nervenzellen wird ganz besondere Bedeutung zugemessen, da sich Nervenzellen nach ihrer Entstehung im Embryo nicht mehr vermehren und daher das NS nicht nur in der Verhaltensorganisation eine große Rolle spielt, sondern auch als begrenzender Faktor der Lebensfähigkeit und der Körperfunktionen.

Theorien des Verhaltens und das Altern. Das Verhalten des älteren Menschen – sei es Wahrnehmungs-, Assoziations- oder mot. Verhalten – ist gegenüber dem Verhalten des jüngeren Erwachsenen verlangsamt. Als man festgestellt hatte, daß alle Verhaltensreaktionen, die vom ZNS gesteuert werden, dahin tendieren, im Alter langsamer zu werden, wurde der Erforschung dieser Tendenz besondere Beachtung geschenkt. Eine mögliche Erklärung ist der mit fortschreitendem Alter einhergehende Abbau der Nervenzellen. Eine andere Erklärung besagt, daß das Nachlassen der nervösen Erregbarkeit und das Auftreten der physikalisch-chem. Veränderungen an den Synapsen die Leitungsgeschwindigkeit begrenzen und die unterschwellige Erregbarkeit des NS herabsetzen. Außerdem wurden zwei funktionale Hypothesen vorgeschlagen:

Psychologie des Alterns

a) die *„neural noise"- („Rauschen")* Hypothese und b) die *„excitability"- („Erregbarkeit")* Hypothese. Ad a): Die *„neural noise"-Hypothese* postuliert, daß mit zunehmendem Alter eine Steigerung der ungerichteten neuralen Aktivität, des neuralen ↗„Rauschens", eintritt. Gegen diesen Hintergrund muß sich jedes Signal abheben. Das Verhältnis von Signal und Rauschen verschiebt sich mit zunehmendem Alter zugunsten des Rauschens. Unter den Faktoren, die möglicherweise diese Verschiebung bewirken, wären spontane Impulse aus übererregbaren Neuronen zu nennen oder vielleicht lokale Erregungen, die durch absterbende Zellen verursacht werden. Die Ergebnisse der Untersuchungen über Diskriminationsfähigkeit in bezug auf visuelle und taktile Reize wurden von Crossmann und Szafran (1965) übereinstimmend mit der oben genannten Hypothese interpretiert. Das bedeutet, daß im Alter bes. die *absoluten Schwellen* und weniger die *Unterscheidungsschwellen* beeinträchtigt werden; diese Annahme konnte expt. bestätigt werden (Szafran, 1966). Die Tendenz älterer Menschen, sich selbst bei der Verrichtung von Arbeiten, die sie gut beherrschen, von einem größtmöglichen Überblick leiten zu lassen, kann durch die Abnahme des Kontrastverhältnisses zwischen Signal und Rauschen erklärt werden (Szafran, 1951; 1955).

Die stat. ↗Entscheidungstheorie, auf Wahrnehmungsvorgänge angewandt, sollte es möglich machen, expt. zu ermitteln, ob der beobachtete Leistungsabfall im Alter ausschließlich dem Anstieg der Wahrnehmungsschwellen zuzuschreiben ist oder zumindest teilweise einer Verlagerung der reaktionsauslösenden Kriterien (Green & Swets, 1966). Bis jetzt gab es nur wenige Exp. dieser Art. Craik (1966) stellte keinen wesentlichen altersabhängigen Unterschied bei der Schätzung der relativen Reizintensität fest, jedoch eine Neigung älterer Vpn, bei der Auswahl der Entscheidungskriterien vorsichtiger zu sein, als es die gegebene expt. Situation erfordert. Rein theoretisch kann man voraussagen, daß jeder Beobachter sehr schwacher oder kurzer Signale in seinen Urteilen unsicher sein wird und daß die Kriterien seiner Entscheidung durch Training und frühere Erfahrungen beeinflußt werden.

Untersuchungsergebnisse über erhöhte Wahrnehmungsschwellen unter ungünstigen Umständen mit Piloten als Vpn lassen vermuten, daß eine wesentliche Veränderung in der Strategie beim Verfolgen gestörter Signale ein Produkt längerer Erfahrung ist und daß diese Veränderung in der Strategie den Prozessen des Alterns gegenüber relativ immun ist (Szafran, 1968).

Obwohl ältere Erwachsene fähig sind, die kleine funktional bedingte Verminderung der Informationsaufnahme über die Sinne durch eine wirksame Anwendung gespeicherter Hypothesen und Informationen z. T. zu kompensieren, so bleibt doch die Tatsache bestehen, daß die Identifikationsleistung mit dem Alter etwas abnimmt (Birren, 1955; Wallace, 1956; Welford, 1958; Birren & Riegel, 1961). Ältere Vpn meinen, unfähiger zu sein als jüngere, einfache Muster, die in komplexere eingebettet sind, zu identifizieren (Axelrod & Cohen, 1961). Obwohl eine Erklärung dieser Fälle nur durch die bekannte Veränderung der sensorischen Informationsaufnahme wohl ungenügend ist, so bestätigen sie die Annahme, daß im höheren Alter die Fähigkeit, von einer Wahrnehmungshypothese zur anderen überzugehen (Flexibilität), abnimmt (Welford, 1958; Birren, 1964).

Ad b): Die *„excitability"-Hypothese* nimmt an, daß die Erregbarkeit oder Aktivation des NS alter Menschen geringer ist. Unter diesem Aspekt ist die Bereitschaft zu schnellen Reaktionen bei älteren Menschen niedrig, weil das Niveau der unterschwelligen Erregung der Neuronen niedrig ist. Dies kann von dem relativen Sinnesverlust der alten Menschen herrühren oder vielleicht von einem Nachlassen der Aktivität des retikulären Aktivierungssystems. Die expt. Befunde über die Zunahme der Reaktionszeit mit steigender Aufgabenschwierigkeit stehen nicht im Widerspruch zu einer Theorie, die die Ursache dieser Phänomene in einer verlängerten Synapsenzeit sieht. Wenn eine einzelne Synapse mit zunehmendem Alter längere Zeit zur Informationsübertragung braucht, dann folgt: Je mehr Synapsen ein komplexes Verhalten beansprucht, um so länger wird beim älteren Erwachsenen die Reaktionszeit sein. Die Verlängerung der Reaktionszeit braucht keine lineare Funktion der Zeiten einzelner Synapsen zu sein, sondern kann als eine Potenzfunktion der Anzahl der Synapsen ansteigen, da sich die Erregung über ein Neuronennetz ausbreitet.

Es wurde schon darauf hingewiesen, daß eine Verlangsamung des Verhaltens nicht nur mit zunehmendem Alter auftritt, sondern auch kennzeichnend ist für Patienten mit Hirnverletzungen (↗Gehirnpathologie), ↗geistiger Behinderung und bestimmten Formen von ↗Psychosen. Es ist fraglich, ob der Verlangsamung im Verhalten aller vier Gruppen dieselben Mechanismen zugrunde liegen. Falls dies zuträfe, könnte man einen allg. Faktor „Verhaltensverlangsamung“ vorschlagen, z. B. Verlangsamung aller über das ZNS vermittelten Verhaltensweisen (Birren, 1965). Möglicherweise liegen der allg. Verlangsamung gewisse Strukturen im NS zugrunde: die extrapyramidalen Zentren, das Zwischenhirn und die ↗Formatio reticularis mit ihren rostralen und caudalen Verbindungen (↗Neuroanatomie; ↗Gehirn). Die Struktur, die am ehesten die allg. Geschwindigkeit von komplexen Verhaltensabläufen steuert, ist das „aufsteigende retikuläre Aktivierungssystem“ (↗ARAS) des Hirnstammes, das mit ↗extrapyramidalem System und ↗Formatio reticularis eng verbunden ist.

Hassler (1965) betonte die Bedeutung des extrapyramidalen Systems für den schnellen oder langsamen Ablauf des Verhaltens. Zerstörung von Zellen in den extrapyramidalen Strukturen des NS kann ganz wesentlich zur Verlangsamung des Verhaltens, wie es mit fortschreitendem Alter der Fall ist, beitragen.

Informationstheorie und „Intelligenztheorie“. Szafran (1966) u. a. vertreten die Meinung, daß das NS mit fortschreitendem Alter weniger Informationseinheiten pro Zeiteinheit verarbeiten kann. Die ↗Informationstheorie selbst bietet sich für eine Erklärung solcher altersbedingter Veränderungen an. Ein ungelöstes Problem stellt die Frage nach der Konstanz des in ↗ *Bit* gemessenen Informationsgehalts dar, ganz bes. wenn es sich um komplexe Stimuli handelt. Wieviel Information ein Reiz enthält, scheint von der Absicht des Individuums abzuhängen, darauf zu reagieren. Der in den Untersuchungen von Rabbitt (1965) festgestellten verlangsamten Reaktion älterer Personen auf Reize, die auch irrelevante Informationen enthalten, liegt die Annahme zugrunde, daß ältere Menschen irrelevante Information immer mehr als „Störung“ betrachten. Von einigen Wissenschaftlern wird das als schwache nachrichtenverarbeitende Funktion angesehen, von anderen wiederum als schwache inhibitorische Prozesse, als schwache ↗Aufmerksamkeit oder ↗Vigilanz. Eine steigende kognitive Organisation der Informationsgehalte kann die ältere Vp in die Lage versetzen, zwar weniger Bits, aber längere Informationsketten durch Bildung von Konzepten pro Zeiteinheit zu verarbeiten.

Ergebnisse von standardisierten ↗Intelligenztests (Guilford, 1967) legen die Vermutung nahe, daß bestimmte Funktionen (z. B. Redegewandtheit, Wortschatz) mit fortschreitendem Alter immer besser ausgeprägt werden. Gleichlaufend mit dem Anstieg gespeicherter Information (aufgrund der größeren Erfahrung) mit dem Alter zeigen andere Maße – z. B. die Dekodierung von Aufgaben – einen Abfall. So hat das älter werdende ZNS einen immer größer werdenden Teil der gespeicherten Information zur Verarbeitung zur Verfügung, aber einen scheinbar langsamer werdenden Verarbeitungsmechanismus. Für die Effektivität der Informationsverarbeitung gibt es die Erklärungsmöglichkeit, daß verbale und andere Informationen mit zunehmender Erfahrung kognitiv reorganisiert und nicht notwendigerweise in der Form isolierter Bits registriert werden.

Eine Untersuchung erfolgreicher Vpn mittleren Alters, die an der Universität von Chicago durchgeführt wurde (Birren, 1969), läßt vermuten, daß berufstätige Akademiker mittleren Alters sich auf die wesentlichen Aspekte einer Situation konzentrieren aufgrund der erfahrungsbedingten Konzeptebildung, während jüngere Akademiker mehr Information verarbeiten müssen, weil sie noch nicht wissen, wo sie die entscheidenden Informationen zu suchen haben. Mit gewissen Einschränkungen kann man sagen, daß der ältere Akademiker weniger Bits an Information verarbeitet als sein jüngerer Kollege. Er kann aber seine größere Erfahrung ausnützen und die Informationsmenge in größere Einheiten gliedern, sog. „Superzeichen" bilden. Die Reaktionseffizienz (Effizienz der Anpassung) auf eine komplexe Umwelt ist sowohl eine Funktion der *Fähigkeit zur Konzeptbildung* wie auch der *Verarbeitungsgeschwindigkeit.* Diese doppelte Abhängigkeit mag dazu führen, daß die Effizienz mit steigendem Alter abnimmt; aber diese Leistungsverschlechterung tritt erst in höherem Alter auf, als man aufgrund der Reaktionszeiten im Wahlexperiment erwarten würde.

Experimentelle Arbeiten über isolierte Erfahrungselemente sagen nichts darüber aus, wie diese Erfahrungselemente zu Konzepten gruppiert werden und so den wahrnehmenden Mechanismen des ZNS zugeführt werden. So können ältere Individuen mehr oder weniger effizient sein hinsichtlich der Organisation von Wahrnehmungsinhalten und der Konzeptbildung, aber auch hinsichtlich ihrer Informationsverarbeitungszeit.

Die wichtigsten Problembereiche. Das Studium bestimmter Bevölkerungsgruppen war oft sehr begrenzt; daher scheint sich die Lit. über die alten Menschen vor allen Dingen mit Menschen in Heimen oder anderen Institutionen, die der Forschung leicht zugänglich sind, zu beschäftigen. Die Lit. verfälscht manche Dinge; z. B. ist die Behauptung von Abhängigkeit und Unfähigkeit unwahr, denn diese Charakteristika zeigen eher die Natur des Menschen auf, die in Heimen leben, als die solcher, die ein unabhängiges Leben in der Gesellschaft führen. Wegen der Schwierigkeit des Zuganges zu älteren Mitgliedern der Gesellschaft gibt es wenig detaillierte Information über die Faktoren, die die Lebenszufriedenheit und das unabhängige Leben älterer Individuen in der Gesellschaft ausmachen. Daher ist in der sozialen P. d. A. eine Tendenz zu verzeichnen, alte Menschen als eine Minorität innerhalb der Gesellschaft aufzufassen, und in der allg. P. d. A. die Tendenz, zu Konzepten Zuflucht zu nehmen, die in der Kinderpsychol. entwickelt wurden. Da die Forschung an Einzelaspekte des Alterungsprozesses mit dem gleichen Enthusiasmus und Elan herangehen wird wie an die Probleme der Kinderpsychol., sind neue Erkenntnisse hinsichtlich der Bedingungen zu erwarten, die zu optimaler Zufriedenheit und Funktionstüchtigkeit während des ganzen Lebens und auch noch im hohen Alter führen.

Lit.: Axelrod, S. & L. D. Cohen: Senescence and embedded-figure performance in vision and touch. Percept. Motor Skills, 1961, *12,* 283–288; **Birren, J. E.:** Age changes in speed of simple responses and perception and their significance for complex behavior. Old age in the modern world. London, 1955, 235–247; **ders.:** The psychology of aging. Englewood Cliffs (N. J.), 1964; **ders.:** Age changes in speed of behavior; its central nature and physiological correlates. In: **A. T. Welford & J. E. Birren** (Eds.): Behavior aging and the nervous system. Springfield (Ill.), 1965; 191–216; **ders.:** Age and decision strategies. In: **A. E. Welford & J. E. Birren** (Eds.): Decision making and age. Basel – New York, 1969, 23–26; **Birren, J. E. & K. Riegel:** Lights, numbers, letters, colors, syllables, words and word relationships. In: **C. Tibbitts & W. Donahue** (Eds.): Social and psychological aspects of aging. New York, 1962, 751–758; **Bühler, C.:** Maturation and motivation. Personality, 1951, *1,* 184–211; **Crossman, E. R., Szafran, F. W. & J. Szafran:** Changes with age in the speed of information intake and discrimination. Experientia, Suppl., 1956, *4,* 128–135; **Craik, F. I. M.:** Applications of signal detection to studies of aging. In: **A. T. Welford & J. E. Birren** (Eds.): Decision making and age. Basel, 1969; **Cumming, M. E. & W. E. Henry:** Growing old; the process of disengagement. New York, 1961; **Green, D. M. & J. A. Swets:** Signal detection theory and psychophysics. New York, 1966; **Guilford, J. P.:** Intellectual aspects of decision making. In: **A. T. Welford & J. E. Birren** (Eds.): Decision making and age. Basel, 1969; **Hall, G. S.:** Senescence. New York, 1922; **Hassler, R.:** Extrapyramidal control or the speed of behavior and its change by primary age processes. In: **A. T. Welford & J. E. Birren** (Eds.): Behavior, aging and the nervous system. Springfield (Ill.), 1965, 284–306; **Quetelet, A.:** Sur l'homme et le développement de ses facultés. Paris, 1885; **Rabbitt, P. M. A.:** Age and discrimination between complex stimuli. In: **A. T. Welford & J. E. Birren** (Eds.): Behavior, aging and the nervous system. Springfield (Ill.), 1965, 35–53; **Szafran, J.:** Changes with age and with exclusion of vision in performance at an aiming task. Quart. J. Exp. Psychol., 1951, *3,* 111–118; **ders.:** Experiments on the greater use of vision by older adults. In: Old age in the modern world. London, 1955, 213–235; **ders.:** Age differences in the rate of gain of information, signal detection strategy and cardio-vascular status among pilots. Gerontologia, 1966, *12*, 6–17; **ders.:** Psychophysiological studies of aging in pilots. In: **G. A. Talland** (Ed.): Human aging and behavior. New York, 1968, 37–74; **Wallace, J. G.:** Some studies of perception in relation to age. Brit. J. Psychol., 1956, *47*, 283–297; **Welford, A. T.:** Ageing and human skill. London, 1958; **Bäumler, G.:** Zum altersbedingten psychischen Leistungsabbau mit Berücksichtigung der Stroop-Interferenzneigung. Psychol. Beiträge, 1969, *11* (1), 34–68; **Bürger, M.:** Altern und Krankheit. Leipzig, 1947; **Lehr, U.:** Psychol. des Alterns. Stuttgart, [2]1974; **Lüth, P.:** Altersforschung und Altersbehandung. Darmstadt, 1961; **Petrilowitsch, N.:** Probleme der Psychotherapie alternder Menschen. Basel–New York, 1964; **Rössner, L.:** Sozialpsychologische Probleme des Alters. Grundfragen der Altenhilfe. München–Basel, 1963; **Schreiner, M.:** Zur zukunftsbezogenen Zeitperspektive älterer Menschen, Z. f. Entwicklungspsychol. u. päd. Psychol., 1970, *2* (1), 28–46; **Stern, E.:** Der Mensch in der 2. Lebenshälfte. München, 1969; **Thomae, H. & U. Lehr** (Hrsg.): Altern, Probleme und Tatsachen. Frankfurt a.M., [2]1972.

J. E. Birren

Psychologie, empirische ↗Naturwissenschaftliche Psychologie.

Psychologie, funktionale, psychol. Richtung, die seelische Vorgänge und Verhaltensweisen eher als *aktive Prozesse* denn als Strukturen oder Bewußtseinsinhalte auffaßt. Sie betont in der Regel bes. den *Nutzwert* solcher Aktivitäten für das Überleben und die Anpassung des Individuums und steht darin der ↗Biologie nahe. Auch in der ↗Kulturanthropologie gibt es eine funktionale Schule, die ihr Hauptaugenmerk auf den adaptiven Charakter der untersuchten Kulturen richtet. Vor allem die amerik. Sozialwissenschaften sind vom Funktionalismus sehr stark geprägt worden; als seine Hauptvertreter in der ↗Geschichte der Psychologie gelten J. R. Angell, J. M. Baldwin, J. McK. ↗Cattell, S. T. Hall und W. ↗James.

Lit.: Boring, E. G., et al.: Foundations of Psychology. New York – London, 1948.

W. Schmidbauer

Psychologie in der Rechtsprechung ↗Forensische Psychologie.

Psychologie ohne Seele. Die paradoxe Verbindung der Begriffe (da Psychol. die Wissenschaft von der Seele bedeutet) diente F. A. ↗Lange (1866) dazu, die wiss. Psychol. in ihren Anfängen zu beschreiben: Als Wissenschaft verzichtet sie darauf, die Seele als erklärendes Prinzip zu verwenden, und sie bemüht sich, die „mentalen Gegebenheiten" von ihren Elementen her zu beschreiben. Heute hat P.o.S. die polemische Bedeutung verloren und ist nur noch von historischem Wert. ↗Seele.

P. Müller

Psychologische Anthropologie ↗Anthropologie, psychologische.

Psychologismus. Dieser Begriff bezeichnet die Einstellung, dem „psychologischen Standpunkt" den Vorrang vor dem Standpunkt einer anderen Disziplin einzuräumen. Er ist eine der Formen des ↗Empirismus. Man fand ihn in Deutschland im 19. Jh. durch J. F. Fries, F. E. Beneke und C. Sigwart vertreten. Gleichgültig, ob die ↗Introspektion oder eine moderne expt. Methode vertreten wird, wird P. in *polemischer* Absicht von den Gegnern einer solchen Einstellung verwandt (Neo-Kantismus, E. Husserl, R. Carnap, J. Piaget), die die Notwendigkeit hervorheben, die Fragen der *Norm* von denen der *Fakten* zu unterscheiden, die obj. Gültigkeit einer Erkenntnis von den konkreten Handlungen einer Person.

M. J. Borel

Psychometrie. 1) Die Anwendung von Meßmethoden und der Mathematik im Rahmen der Psychol. ganz allgemein, bes. Intelligenzmeßtechnik und die Analyse experimenteller Ergebnisse. ↗Test; ↗Methoden der Psychologie.

G. D. Wilson

2) P. in der ↗*Parapsychologie:* eine Art der ↗außersinnlichen Wahrnehmung, bei welcher ein *Induktor* verwendet wird. Im Englischen auch bekannt als „token object reading" (dt.: Lesen des Induktors).

J. Beloff

Psychomimetika ↗Psychopharmaka

Psychomotorik ↗Motorik.

Psychomotorische Reaktion ↗Motorik.

Psychoneuroendokrinologie. Diese neue Disziplin widmet sich der neuroendokrinen Steuerung des Verhaltens, wobei hormonphysiol. und neurophysiol. Methoden kombiniert angewandt werden, wie Implantation von ↗*Hormonen* in bestimmte Hirnareale, Ableitung von ↗Aktionspotentialen unter Hormonwirkung usw. *K. Fiedler*

Psychoneurose. S. ↗Freud sprach in seinen ersten Arbeiten von „aktuellen Neurosen" und „Psychoneurosen" oder „Übertragungsneurosen" (↗Übertragung). Zu den aktuellen Neurosen rechnete er die Neurasthenie und die Angstneurosen, wobei er ihre Genese der Zurückhaltung der Geschlechtssekrete infolge sexueller Enthaltsamkeit oder gewissen Anomalien im sexuellen Verhalten zuschrieb. Bei den Übertragungsneurosen oder P.n nahm er eine Dreiteilung vor: die ↗Hysterie, die ↗Phobien und die ↗Zwangsneurosen. Später fügte er weitere Typen hinzu, wie die narzißtischen und die Charakterneurosen, bei diesen war die Dynamik vom Wesen her psychologisch und nicht somatisch. Man hat auch in der Psychiatrie die P.n von den ↗ *Organneurosen* unterschieden. Diese letzteren gehören zu dem, was man heute unter dem Begriff „psychosomatische Störungen" zusammenfaßt. Die ersteren hingegen umfassen die Neurosen, welche sich durch psychische und nicht innerorganische Symptome äußern. ↗Neurosen; ↗Psychosen.

Lit.: Freud, A.: Normality and Pathology in Childhood. New York, 1965; **Freud, S.:** Gesammelte Werke Bd. 1–17. London, 1940–52; **Heiss, R.:** Allgemeine Tiefenpsychologie. München, 1972; **Schraml, W. J.:** Einführung in die Tiefenpsychologie für Pädagogen und Sozialpädagogen. Stuttgart, [4]1971; **Schultz, J. H.:** Die seelische Krankenbehandlung (Psychotherapie). Stuttgart, [8]1963. *J. López Ibor*

Psychopath ↗Psychopathien.

Psychopathia sexualis, sexuelle Psychopathologie. Emotionale Krankheit, durch sexuelle ↗Perversionen charakterisiert. Die Bezeichnung wurde als Buchtitel durch den dt. Sexologen R. v. Krafft-Ebing (1840–1903) eingeführt; in der angloamerik. Psychiatrie wird sie selten verwandt. *G. D. Wilson*

Psychopathie. Obgleich der Begriff P. in einer Vielfalt von Kontexten verwendet wurde (vgl. Craft, 1965; Hare und Cox, 1978a; Pichot, 1978), besteht unter Verhaltenswissenschaftlern eine wachsende Tendenz, seinen Gebrauch auf eine relativ spezifisch klinische und Verhaltensstörung einzuschränken. Die Störung ist lebendig von Cleckley (1976) beschrieben worden und ist in einem breiten Sinn durch die Kategorie *antisoziale Persönlichkeit* überdeckt, die in der Ausgabe der „American Psychiatric Association's Diagnostic and Statistical Manual of Mental Disorders (DSM-II) von 1968 enthalten ist. Das Handbuch wird laufend überarbeitet, und wahrscheinlich wird die Kategorie im DSM-III in *antisoziale Persönlichkeitsstörung* umgewandelt.

Kurz, der Psychopath (oder Soziopath) ist eine impulsive, unverantwortliche, hedonistische, „zweidimensionale" Person, der die Fähigkeit fehlt, die normalen emotionalen Komponenten zwischenpersonalen Verhaltens zu erleben, eingeschlossen Schuld, Reue, Einfühlungsvermögen, Liebe und echte Sorge für das Wohlergehen anderer. Obwohl er oftmals fähig ist, normale Emotionen zu mimen und zärtliche Zuneigung zu simulieren, bleiben seine sozialen und sexuellen Beziehungen zu andern oberflächlich und fragwürdig. Sein Urteilsvermögen ist gering, und er scheint unfähig, die Befriedigung seiner augenblicklichen Bedürfnisse hinauszuschieben, gleich welche Konsequenzen dies für ihn selbst und für die andern hat. Das Resultat daraus: er ist häufig in Unruhe; beim Versuch, sich selbst aus Schwierigkeiten herauszuwinden, erzeugt er oft ein verwickeltes und widersprüchliches Gewebe aus Lügen und Rationalisierungen, verbunden mit theatralischen und manchmal überzeugenden Erklärungen, Ausdrücken der Reue und Versprechen, sich zu ändern. Viele Psychopathen sind herzlos, räuberisch und aggressiv; andere sind mehr typisch parasitisch oder passiv manipulierend, indem sie sich auf eine zungenfertige Blasiertheit verlassen, auf oberflächlichen Charme und den Anschein der Hilflosigkeit, um zu erreichen, was sie wünschen.

Obgleich viele psychopathische Individuen beständig mit dem Gesetz in Konflikt kommen, schaffen es viele andere, Gefängnisstrafe auf lange Zeit zu vermeiden, selbst wenn ihr

Verhalten stark antisozial sein kann (vgl. Robins, 1966). Sie können von Familie und Freunden beschützt werden oder in einem Bereich der Gesellschaft arbeiten, der ihr Verhalten entschuldigt oder toleriert. In manchen Fällen können sie reizend und intelligent genug sein, um unmoralische oder skrupellose Machenschaften in einer legalen oder fast legalen Weise auszuführen oder um sich aus Verfolgung und Überführung herauszureden.

Psychopathie kann von anderen Formen antisozialen und aggressiven Benehmens unterschieden werden, die symptomatisch sind für eine gewisse grundlegende emotionale Gestörtheit (neurotische Delinquenz oder „Psychopathie") oder Sozialisation in einer abweichenden Unterkultur reflektieren (subkulturelle Delinquenz oder dyssoziale „Psychopathie"). Ungleich den Psychopathen sind neurotische und subkulturelle Kriminelle wohl imstande, Schuld und Reue für ihr Verhalten zu erleben und warme zärtliche Beziehungen zu andern zu bilden. Die klinische Unterscheidung zwischen psychopathischen und andern Formen antisozialen Verhaltens wird gestützt durch statistische Studien von Daten der Krankheitsgeschichte, Verhaltensbeurteilungen und Antworten auf Fragebogen (vgl. Übersicht in Hare und Cox, 1978a). Obwohl die allgemeine Literatur über Psychopathie sehr umfangreich ist, beginnt der Gegenstand jetzt erst die verdiente Aufmerksamkeit von seiten der Verhaltens- und biologischen Wissenschaften zu erhalten. Die einschlägige Forschung und Theorie ist im folgenden zusammengefaßt, ausführliche Diskussionen stehen in weiterer Literatur zur Verfügung (Craft, 1965; Hare, 1970; Hare und Schalling, 1978; McCord und McCord, 1964; Reid, 1978).

Physiologische Studien. Eine beträchtliche Anzahl von Studien hat von elektroenzephalographischen Aufzeichnungen Gebrauch gemacht (EEG), um festzustellen, ob Psychopathie mit Anomalien des Hirns verbunden ist. Obschon viele dieser Studien aufgrund ihrer Methode oder ihres Konzepts kritisiert werden können (Syndulko, 1978), scheint es, daß das Auftreten von EEG- oder Gehirnstromanomalien bei psychopathischen Individuen ungewöhnlich hoch sein kann, wobei die allgemeinste Anomalie im Auftreten einer übermäßigen Menge von Niederstromaktivität (4–7 cps) besteht. Einige Forscher bemerkten, daß die Niederstromaktivität (Langsam-Wellen) der Psychopathen einige Ähnlichkeit mit den EEG-Mustern hat, die man gewöhnlich bei Kindern findet; sie haben deshalb angenommen, daß Psychopathie mit strukturaler oder funktionaler Unreife des Hirns verbunden ist. Eine zweite Hypothese, die auf dem Vorhandensein lokalisierter EEG-Anomalien beruht, ist die, daß Psychopathie in Beziehung zu einem Defekt oder einer Funktionsstörung der Hirnmechanismen steht, die mit emotionaler Aktivität und Verhaltensregulation zu tun haben. Einige Forscher vermuten, daß bei erwachsenen Psychopathen die Niederstromaktivität etwas mehr ist als eine Auswirkung der Neigung, während der gewohnheitsmäßigen klinischen Untersuchung gelangweilt und schläfrig zu werden.

Das Funktionieren des autonomen Nervensystems des Psychopathen ist für mehrere Forscher von Interesse gewesen. Die Ergebnisse dieser Forschungsrichtung (überprüft von Hare, 1978a; Hare und Cox, 1978b) waren etwas zwiespältig. Im allgemeinen jedoch neigen sie dazu, die Hypothese zu unterstützen, daß Psychopathen an das untere Ende elektrodermaler Erregung und Labilität fallen (vgl. Hare, 1978a; Siddle, 1977). Sie stimmen auch mit den klinischen Angaben über den Mangel des Psychopathen an Ängstlichkeit und Schuld überein und über sein Mißlingen, in Situationen angemessen zu reagieren, bei denen man annimmt, daß sie für normale Individuen emotionale Bedeutung haben.

Psychopathie und Erregung. In einer gegebenen Situation scheint es einen Punkt kortikaler Erregung zu geben, der optimal für höchste Verhaltenseffizienz, Lustbetonung und Beachtung der Umgebung ist. Jedoch die Bedingungen, die es normalen Personen gestatten, einen optimalen Höhepunkt von Erregung zu genießen, neigen dazu, in Psychopathen einen Erregungszustand zu erzeugen, der niedriger ist als das, was für sie ein optimaler Höhepunkt wäre (Eysenck, 1967; Hare, 1970;

Quay, 1965). Da eine der wichtigsten Determinanten der Erregung der Anreiz ist, neigen Psychopathen dazu, schnell gelangweilt und ruhelos zu werden in Situationen, die langweilig und ermüdend sind oder anderweitig es an Anreiz fehlen lassen. Zur selben Zeit scheinen sie ein unbeherrschtes Bedürfnis zu haben für Anreize, besonders für solche, die neu, verschiedenartig und nicht voraussagbar sind (z.B. Skrzypek, 1969) oder die mit Aktivitäten verbunden sind, die andere als gefährlich, tollkühn oder schreckerregend betrachten würden, welche Psychopathen aber als erregend empfinden. Es gibt auch einen Beweis dafür, daß Psychopathen weniger ansprechbar auf schwache Reizung (Hare, 1968), aber toleranter (und weniger elektrodermal reagierend) gegenüber starker Reizung sein können als Nichtpsychopathen (Hare, 1978b; Hare und Thorvaldson, 1970).

Lernen. Es wurden mehrere Versuche unternommen, um das psychopathische Verhalten im Sinne einer Unfähigkeit zu erklären, Verhaltensformen zu lernen, die für das angemessene soziale Funktionieren nötig sind. Eysenck (1967) z.B. betrachtet den Psychopathen als einen Extravertierten und deshalb für gewöhnlich unterlegen im Erwerb von Reaktionen, die mit dem Prozeß der Sozialisation verbunden sind. Andere Forscher (z.B. Hare, 1970; Lykken, 1957) haben angenommen, daß das Lerndefizit des Psychopathen spezifischer sein müsse, da er weitgehend beschränkt ist auf Angstzustände und Lernumgehung. Was ersteres betrifft, so zeigt das Beweismaterial klar, daß Psychopathen klassisch gestaltete „Angst"-reaktionen weniger leicht entwikkeln, als es normale Personen tun (Hare und Quinn, 1971; Lykken, 1957). Darüber hinaus scheinen Psychopathen einen ungewöhnlich steilen „Temporalgradienten" von Angsterregung an den Tag zu legen (Hare, 1965; Hare und Craigen, 1974; Hare, Frazelle und Cox, 1978; Schalling und Levander, 1967). Das heißt, daß sie, verglichen mit normalen Personen, wenig Angsterregung zeigen im Zeitraum vor dem drohenden Schmerz oder der Strafe. In der Tat haben widrige Ereignisse, die in der Zukunft erwartet werden, keine unmittelbare emotionale Wirkung auf den Psychopathen, eine Entdeckung, die wichtige Folgerungen hat für seine augenscheinliche Unfähigkeit, ohne Störungen zu bleiben. Zum Beispiel soll das Lernen eines Verhaltens, das voraussichtlich unangenehme Folgen verhindert, die Konditionierung von Angstreaktionen gegenüber Anzeichen einer Bestrafung enthalten, ebenso wie die darauf folgende Bekräftigung (durch Furchtreaktion) eines Verhaltens, welches das Individuum aus den furchterzeugenden Vorzeichen heraushält (Mowrer, 1947; vgl. auch Seligman und Johnson, 1973). Die augenscheinliche Nichtbeachtung künftiger Folgen eines Verhaltens durch den Psychopathen kann deshalb als ein Ausbleiben von verbalen, symbolischen, kinästhetischen, visuellen usw. Hinweisen betrachtet werden, verbunden mit Bestrafung, um genügend vorgreifende Angst hervorzulocken für den Anreiz mit nachfolgender Verstärkung zu Vermeidungsreaktionen (vgl. Übersicht und Diskussion von Trasler, 1978). Man hat auch vermutet (Hare, 1978a), daß dieser Ausfall von Reaktionen auf vorwarnende Zeichen das Wirken eines leistungsfähigen psychophysiologisch wirksamen Mechanismus widerspiegele, der dazu dient, den Stoß, den diese Winke auslösen, auszuschalten oder zu reduzieren.

Abgesehen von Angstzuständen und der Vermeidung des Lernens bestehen wenig Anzeichen dafür, daß sich die Lernfähigkeit von Psychopathen von der normaler Personen unterscheidet, besonders wo geeignete Versuche gemacht werden, um sie zu motivieren, ihre Pflicht zu erfüllen (vgl. Hare, 1970, 1978a; Schmauk, 1970).

Sozialisierung. Zerrüttetes Elternhaus und gestörte Familienbeziehungen, besonders Verlust der Eltern und Zurückweisung werden als verantwortlich angesehen für beinahe jede Form von anomalem und antisozialem Verhalten, Psychopathie eingeschlossen. Es ist deshalb schwierig zu bestimmen, in welcher Hinsicht sich der Hintergrund der Psychopathie von dem anderer Störungen unterscheidet. Ein Grund für diese unglückliche Situation ist, daß die Mehrheit der Studien das Problem retroaktiv anging, das heißt, sie stützten sich auf Interviews mit Erwachsenen, um festzustellen, was sich viele Jahre früher ereignete.

Eine ausführliche Studie von Robins (1966) hat diese Begrenzung weithin überwunden durch Erforschung des sozialen und psychiatrischen Zustands von erwachsenen Personen, die 30 Jahre früher in eine Guidance-Klinik eingewiesen worden waren und über die eine große Menge von Informationen über familiären Hintergrund, soziales Verhalten usw. verfügbar war. Kurz, Robins fand, daß die Kindheitsvoraussagen einer Erwachsenenpsychopathie Schulschwänzen, Diebstahl, Verlogenheit, Mangel an Schuldbewußtsein, Gehorsamsverweigerung gegenüber den Eltern und sexuelles Fehlverhalten enthielten. Obwohl die meisten Psychopathen aus einem zerrütteten Elternhaus kamen, war diese Tatsache weniger wichtig, als einen Vater zu haben, der selber Psychopath oder Alkoholiker war, eine Entdeckung, die mit andern Aussagen übereinstimmt; daß mütterliche Zurückweisung und mütterliches Verhalten weniger mit der Entwicklung von antisozialem Verhalten zu tun haben, als es durch die Persönlichkeit und das Verhalten des Vaters der Fall ist (z.B. Andry, 1960).

Auf einer mehr theoretischen Ebene hat Gough (1948) behauptet, daß der Psychopath nicht gelernt hat, eine Rolle zu spielen. Als Ergebnis davon ist er unfähig, sich selbst als ein soziales Objekt zu erkennen und die Konsequenzen seines eigenen Verhaltens vorauszusehen. Und da er sein eigenes Verhalten nicht von einem andern Gesichtspunkt aus beurteilen kann, ist er unfähig, Verwirrung, Loyalität, Reue oder Gruppenidentifizierung zu erfahren, noch kann er die Gründe für die Einwände der Gesellschaft seinem Benehmen gegenüber verstehen.

Der geringe Widerstand des Psychopathen gegen Versuchungen und das Fehlen von Schuldbewußtsein sind als das Ergebnis aus verzögerter und inkonsequenter Handhabung von Bestrafung von Vergehen ausgelegt worden. Gleicherweise sind seine Impulsivität und die Unfähigkeit, eine Befriedigung hinauszuzögern, auf einen familiären Hintergrund bezogen worden, in dem die Übung von Impulskontrolle allgemein gering war und in dem elterliche Modelle wenig Kontrolle über ihr eigenes Verhalten entfaltet (Arieti, 1967).

Buss (1966) hat vermutet, daß Psychopathie das Modell eines elterlichen Verhaltens widerspiegelt, das von Kälte, Zurückweisung und der widersprüchlichen (inkonsequenten) Zuteilung von Zuneigung, Belohnungen und Bestrafungen gekennzeichnet ist.

Als entscheidender Punkt muß erwähnt werden, daß die meisten Sozialisationstheorien einschließlich jener, die sich mit Psychopathie befassen, dazu neigen, das Kind als mehr oder weniger passives Glied der Sozialisationsprozesse anzusehen. Es wird wohl richtiger sein, die Eltern-Kind-Beziehung als eine interaktive anzusehen, in der die Verhaltens- und Sozialisationstechniken der Eltern teilweise auch durch die charakteristischen Merkmale des Kindes bestimmt werden. Es ist möglich, daß einige dieser Merkmale (z.B. Geltungsanspruch, soziale Ansprechbarkeit) durch genetische und anlagebedingte Faktoren beeinflußt werden (Bell, 1968; Eysenck, 1967). Neuerdings ist das Interesse an den genetisch entscheidenden Faktoren des kriminellen und psychopathischen Verhaltens erheblich gestiegen (Eysenck, 1978; Mednick und Hutchings, 1978).

Hier muß vermerkt werden, daß es bedeutende Zusammenhänge in der Entwicklung zwischen dem Syndrom des übermäßig aktiven Kindes und der Erwachsenenpsychopathie (vgl. Satterfield, 1978) geben kann.

Modifikation des psychopathischen Verhaltens. Die traditionellen psychologischen und biologischen therapeutischen Verfahren haben bewiesen, daß sie beinahe völlig unwirksam sind in der Modifikation des psychopathischen Verhaltens (vgl. Überblick von Suedfeld und Landon, 1978). Es gibt mehrere Gründe für diese Situation, einschließlich der wohlbekannten Begrenzungen der Techniken selbst. Zum ersten leidet der Psychopath weder an persönlichem Kummer, noch sieht er etwas Falsches in seinem Verhalten, und deshalb wird er nicht dazu angeregt, sich zu ändern. Zum zweiten kann seine Lebensweise sehr lohnend sein, wenigstens auf kurze Dauer – da die regelmäßig wiederkehrende Bestrafung gewöhnlich nach der Tat erfolgt; sie trägt wenig dazu bei, die unmittelbar erfahrene Befriedigung zu kompensieren. Wahrscheinlich würde eine bedeutsame Veränderung im Verhalten des Psychopathen eine stärkere Umstrukturierung seiner sozialen und psychologischen Umgebung verlangen. Es kann z.B. nötig sein, ein intensives Langzeitprogramm zu erstellen, ausgerichtet nach dem therapeutischen Gemeinschaftskonzept zur Förderung zwischenmenschlicher Beziehungen (z.B. Craft, 1965; McCord und McCord, 1964), das aber Versuche einschließen müßte, den motivierenden Einfluß von Furcht und Beängstigung zu verstärken und soziale Unterstützungen wirkungsvoller zu machen.

Lit.: American Psychiatric Association: Diagnostic and statistical manual: Mental disorders. Washington (D.C.) 1968; **Andry, R.:** Delinquency and parental pathology. London, 1960; **Arieti, S.:** The intrapsychic self. New York, 1967; **Bell, R.:** A reinterpretation of the direction of effects in studies of socialization. Psychological Review, 1968, *75*, 81–95; **Buss, A.:** Psychopathology. New York, 1966; **Cleckley, H.:** The mask of sanity. St. Louis (Mo.), 1976; **Craft, M.:** Ten studies into psychopathic personality. Bristol, 1965; **Eysenck, H. J.:** The biological basis of personality. Springfield (Ill.), 1967; **ders.:** Psychopathy, personality and genetics. In: **R. D. Hare & D. Schalling** (Eds.): Psychopathic behavior: Approaches to research. Chichester, 1978, 197–224; **Eysenck, H. J. & S. Rachman:** Neurosen – Ursachen und Heilmethoden. Berlin, [6]1973; **Gough, H.:** A sociological theory of psychopathy. American Journal of Sociology, 1948, *53*, 359–366; **Grant, V. W.:** The menacing stranger: A primer on the psychopath. Dabor Science Publications. New York, 1977; **Hare, R. D.:** Temporal gradient of fear arousal in psychopaths. Journal of Abnormal Psychology, 1965, *70*, 442–445; **ders.:** Detection threshold for electric shock in psychopaths. Journal of Abnormal Psychology, 1968, *73*, 268–272 (b); **ders.:** Psychopathy: Theory and Research, New York, 1970; **ders.:** Electrodermal and cardiovascular correlates of psychopathy. In: **R. D. Hare & D. Schalling** (Eds.) Psychopathic behavior: Approaches to research. Chichester, 1978, 107–144 (a); **ders.:** Psychopathy and electrodermal responses to nonsignal stimulation. Biological Psychology, 1978, *6*, (b); **Hare, R. D. & D. N. Cox:** Clinical and empirical conceptions of psychopathy, and the selection of subjects for research. In: **R. D. Hare & D. Schalling** (Eds.): Psychopathic behavior: Approaches to research. Chichester, 1978, 1–22 (a); **Hare, R. D. & D. N. Cox:** Psychophysiological research on psychopathy. In: **W. H. Reid** (Ed.): The psychopath: A comprehensive study of antisocial disorders and behaviors. New York, 1978 (b); **Hare, R. D. & D. Craigen:** Psychopathy and physiological activity in a mixed-motive game situation. Psychophysiology, 1974, *11*, 197–206; **Hare, R. D., Frazelle, J. & D. Cox:** Psychopathy and physiological responses to threat of an aversive stimulus. Psychophysiology, 1978, *15*, 165–172; **Hare, R. D. & M. J. Quinn:** Psychopathy and autonomic conditioning. Journal of Abnormal Psychology, 1971, *77*, 223–235; **Hare, R. D. & D. Schalling** (Eds.): Psychopathic behaviour: Approaches to research. Chichester, 1978; **Hare, R. D. & M. J. Quinn:** Psychopathy and response to electrical stimulation. Journal of Abnormal Psychology, 1970, *76*, 370–374; **Hare, R. D.:** Psychopathie und Soziopathie. Frankfurt a.M., 1977; **Jaspers, K.:** Allgemeine Psychopathologie. Berlin – Heidelberg, [9]1973; **Lykken, D. T.:** A study of anxiety in the sociopathic personality. Journal of Abnormal and Social Psychology, 1957, *55*, 6–10; **McCord, W. & J. McCord:** The psychopath: An essay on the criminal mind. Princeton (N. J.), 1964; **Mednick, S. A. & B. Hutchings:** Genetic and psychophysiological factors in asocial behaviour. In: **R. D. Hare & D. Schalling** (Eds.): Psychopathic behaviour: Approaches to research. Chichester, 1978, 239–254; **Mowrer, O.:** On the dual nature of learning – a reinterpretation of „conditioning" and „problem-solving". Harvard Educational Review, 1947, *17*, 102–148; **Pichot, P.:** Psychopathic behaviour: A historical review. In: **R. D. Hare & D. Schalling** (Eds.): Psychopathic behaviour: Approaches to research. Chichester, 1978, 55–70; **Quay, H.:** Psychopathic personality as pathological stimulation seeking. American Journal of Psychiatry, 1965, *122*, 180–183; **Reid, W. H.** (Ed.): The psychopath: A comprehensive study of antisocial disorders and behaviors. New York, 1978; **Robins, L.:** Deviant children grown up. Baltimore, 1966; **Satterfield, J. H.:** The hyperactive child syndrome: A precursor of adult psychopathy? In: **R. D. Hare & D. Schalling** (Eds.): Psychopathic behaviour: Approaches to research. Chichester, 1978, 329–346; **Schalling, D. & S. Levander:** Spontaneous fluctuations in skin conductance during anticipation of pain in two delinquent groups differing in anxiety-proneness. Report No. 238 from the Psychological Laboratories. University of Stockholm, 1967; **Schmauk, F. J.:** Punishment, arousal and a avoidance learning in sociopaths. Journal of Abnormal Psychology, 1970, *76*, 325–335; **Seligman, M. E. & S. C. Johnson:** Cognitive theory of avoidance learning. In: **F. J. McGuigan & D. E. Lumsden** (Eds.): Contemporary approaches to conditioning and learning. Washington (D. C.), 1973; **Siddle, D.:** Electrodermal activity and psychopathy. In: **S. A. Mednick & K. O. Christianson** (Eds.): Biosocial bases of criminal behavior. New York, 1977; **Skrzypek, G.:** The effects of perceptual isolation and arousal on anxiety, complexity preference, and novelty preference in psychopathic and neurotic criminals. Journal of Abnormal Psychology, 1969, *74*, 321–329; **Suedfeld, P. & P. B. Landon:** Approaches to treatment. In: **R. D. Hare & D. Schalling** (Eds.): Psychopathic behaviour: Approaches to research. Chichester, 1978, 347–376; **Syndulko, K.:** Electrocortical investigations of psychopathy. In: **R. D. Hare & D. Schalling** (Eds.): Psychopathic behaviour: Approaches to research. Chichester, 1978, 145–156; **Trasler, G.:** Relations between psychopathy and persistent criminality – Methodological and theoretical issues. In: **R. D. Hare & D. Schalling** (Eds.):

Psychopathic behaviour: Approaches to research. Chichester, 1978, 273–299; **Weitbrecht, H. J.:** Psychiatrie im Grundriß. Berlin – Heidelberg, [3]1973. *R. D. Hare*

Psychopathologie, die systematische Untersuchung der Ätiologie, Symptomatologie und des Verlaufs von Geistesstörungen. P. ist ein Teil der ↗Abnormal Psychology, die sich mit Leiden, Krankheit oder Fehlanpassung befaßt.

R. Hetherington

Psychopathologie, psychoanalytisches Schema der. Das Schema beruht nach S. ↗Freud, K. Abraham und O. Fenichel in allen Fällen von psychischer Krankheit, die nicht organisch, bakteriell oder durch Läsion bedingt sind, auf einer ↗Regression auf jene psychischen Entwicklungsphasen, in denen ↗Fixierung erfolgte. Das Schema gruppiert psychische Krankheiten verschiedener Schwere 1. nach der *Fixierungsphase,* 2. nach der elementaren *Interessenrichtung,* 3. nach den elementaren Aspekten der *Personbeziehungen* und 4. nach den *dominierenden Ängsten* des Kranken, aber auch des Kindes im normalen Durchgang durch die jeweilige Phase. Siehe dazu die Tabelle auf der folgenden Seite.

Das Schema ist vielfach umstritten, aber im Prinzip empirisch testbar und zum Teil getestet. Als solche Tests gelten Prüfungen der relativen Häufigkeit des Zusammenvorkommens von psychischen Krankheiten der gleichen Gruppe in einem einzelnen Lebenslauf, aber auch unter Angehörigen der Familie, ferner die relative Häufigkeit des Vorkommens irgendwelcher psychischer Krankheiten in der Familie; dann die Prüfungen der zeitlichen Übereinstimmungen von traumatischen Umweltbedingungen (z. B. auftauchende oder manifest werdende Rollenkonflikte der Eltern, frühe Personenverluste; ↗Familie, Familienkonstellationen) unter den zusammengehörigen psychischen Krankheiten, aber auch unter allen psychischen Krankheiten im Vergleich zur Durchschnittsbevölkerung; schließlich Prüfungen der Korrelationen zwischen Verschlechterungen der aktuellen Lebenssituationen der Kranken und den Krankheitsformen sowie den Übergängen zu anderen Krankheitsformen. Je stärker die aktuelle Verschlechterung der Lebenssituation, desto tiefer die Klasse und desto stärker die besondere Ausprägungsform der entsprechenden psychischen Krankheit. Verbesserungen der aktuellen Lebenssituation müßten Übergänge in der umgekehrten Richtung (zu höheren, d. h. milderen psychischen Krankheiten) erbringen.

Lit.: Abraham, K.: Versuch einer Entwicklungsgeschichte der Libido. Wien, 1924; **Fenichel, O.:** The psychoanalytic theory of Neurosis. New York, 1945; **Freud, S.:** Vorlesungen zur Einführung in die Psychoanalyse (1916/17). Ges. Werke, Bd. 11, London, 1940; **Toman, W.:** Motivation, Persönlichkeit, Umwelt. Göttingen, 1968. *W. Toman*

Psychopharmaka, chemisch verschiedenartige, natürliche und synthetische Stoffe, die in ihren Hauptwirkungen psychotrop sind, d. h. zentralnervös, aktuell überwiegend reversible Verhaltens- und Erlebensänderungen induzieren. Neurophysiologisch wirken sie größtenteils selektiv in verschiedenen Regionen des ZNS (z. B. limbisches System, reticuläres System, Thalamus, Cortex; ↗Neuroanatomie) und interagieren mit verschiedenen neurohumoralen Substanzen (↗Transmittersubstanzen; ↗Biogene Anime). Psychologisch sind vor allem motivationale und emotionale, Lern- und Behaltens- sowie integrative Aspekte des Verhaltens betroffen. P. werden gewöhnlich unscharf aufgrund von psychologischen und klinisch-therapeutischen Kriterien aufgegliedert in ↗Hypnotika, ↗Stimulantien, ↗Neuroleptika, ↗Antidepressiva, ↗Tranquilizer und ↗Psychotomimetika. *Substanzen* mit psychischen Nebenwirkungen, *die nicht zu den* P. hinzugerechnet werden, sind: ↗Analgetika, Antiallergika, Antibiotika, ↗Antiemetika, Antiepileptika, Antihistaminika, ↗Antihypertonika, ↗Antikonvulsiva, Antiparkinsonmittel, Antipyretika, Antitussiva, ↗Aphrodisiaka, ↗Hormone, Muskelrelaxantien, ↗Narkotika, Spasmolytika, VNS-Pharmaka, Vitamine. Viele P. wirken zentral und peripher. Häufig sind zentral induzierte psychische Wirkungen kaum zu trennen von indirekten Wirkungen des afferenten Inputs peripher induzierter Veränderungen (z. B. im VNS), insofern fehlt eine strenge Abgrenzung. – Die psychologische Klassifikation von P. hängt u. a.

Fixierungsphase	elementare Interessenrichtungen	Personbeziehungen	jeweils primitivste Ängste	psychische Krankheit
frühe orale Phase	orale und taktile Stimulation, auch Stimulation anderer Sinnesbereiche	kein Personobjekt	totale Panik, Aufhören der Existenz	Schizophrenie
späte orale Phase	orale, oral-aggressive, taktile und kinestätische Manipulation und Stimulation	Bedingungslos fürsorgliche „allmächtige" Mutter	Verschlungenwerden, sich in der Substanz auflösen	Manie, Depression, Süchte, Impulsneurosen, Organneurosen, Hypochondrie
frühe anale Phase	Körpermanipulation und primitive Materialmanipulation bis zur (unwillkürlichen) Zerstörung des Materials; primitive Manipulationen der Ausscheidungsfunktion	mächtige fordernde Eltern, schwanken zwischen eigener Allmacht und Ohnmacht	grobe Tötung oder schwere Verstümmelung	Paranoia, Tics, Stottern, Masochismus
späte anale Phase	verfeinerte Körper- und Materialmanipulation, Materialgestaltung, Kontrolle der Ausscheidungsfunktion	mehr oder weniger gerechte, gebende und nehmende Eltern, Erfassung feinerer Nuancen der eigenen Macht	Tötung, mildere Verstümmelung	Zwangsneurosen, Tics, Stottern, Sadismus
frühe genitale Phase	genitale Manipulation und Stimulation, Interesse an allen Aspekten der Beziehungen zwischen Mann und Frau	geschlechtsspezifische Eltern, Akzeptierung des eigenen Geschlechts	genitale Verstümmelung	Hysterie (Angst-, Konversionshysterie), Homosexualität, andere Perversionen

ab von der Dosierung, der Situation, von aktuellen und habituellen Persönlichkeitsmerkmalen (↗Differentielle Pharmakopsychologie). Wichtige klinisch-therapeutische Merkmale sind (1) Art des therapierten Symptoms, (2) Breite des therapeutischen Dosisbereichs, (3) Art der Nebenwirkungen u. (4) Bildung von ↗Drogenabhängigkeit. Die in der Regel vor pharmakotherapeutischer Anwendung vorgenommene Klassifikation anhand der Wirkungen am Tier zeigt artspezifische Unterschiede. Die Vorhersage der Wirkungen beim Patienten gelingt um so mehr bei Prüfungen an höher organisierten Tieren und von Verhalten unter modellhaften expt. Bedingungen (z.B. Aggressionsverhalten, aktive und passive Vermeidungsreaktion, Streßresistenz). Die Klassifikation nach chem. Ähnlichkeit läßt teilweise grobe Untergliederungen in Substanzfamilien zu, erlaubt jedoch keine spezifischen Wirkungsvorhersagen. Zum Teil werden P. durch zufällige Beobachtung entdeckt, überwiegend jedoch im Hinblick auf optimale Therapie spezifischer Zielsymptome durch systematische Variation der chem. Konstitution bekannter P. neu entwickelt. – Anwendungs- und Untersuchungsmöglichkeiten von P. gibt es in verschiedenen praktischen und wiss. Disziplinen, u.a. ↗Pharmakopsychiatrie, ↗Pharmakotherapie, ↗Psychopharmakologie, ↗Pharmakopsychologie, ↗Neuropharmakologie. – Die Kennzeichnung von P. erfolgt üblicherweise durch die internationale chemische Kurzbezeichnung (wie im Lexikon) oder durch einen oder mehrere Warennamen, sofern die Substanz im Handel erhältlich ist.

Lit.: **Abel, E. L.:** A Comprehensive Guide to the Canabis Literature. Westport (Conn.), 1979; **Black, P.:** Drugs and the brain. Baltimore, 1969; **Burger, A.** (Ed.): Drugs affecting the central nervous system. Medical Research, Vol. 2. New York, 1968; **Clark, W. G. & J. del Giudice** (Eds.): Principles of psychopharmacology. Kap. IV: Structure and metabolism of psychotropic drugs. New York, 1970; **Dietsch, P.:** Versuchssituation und Tranquilizerwirkung. Arzneimittel-Forsch., 1969, *19*, 472–474; **Elkes, J.:** Behavioral pharmacology in relation to psychiatry. In: **H. W. Gruhle** et al. (Hrsg.): Psychiatrie der Gegenwart I/1A. Berlin, 1967; **Heinrich, K.:** Psychopharmaka in Klinik und Praxis. Stuttgart, 1976; **Janke, W.:** Verwendungsmöglichkeiten einiger multivariater statistischer Verfahren für die Klassifikation von Psychopharmaka. Arzneimittel-Forsch., 1964, *14*, 582–584; **Linden, M. & M. Mauns:** Psychopharmakologie für Psychologen. Salzburg, 1977; **Pöldinger, W. & P. Schmidlin:** Index psychopharmacorum. Bern – Stuttgart, [5]1978; **Wandrey, D. & V. Leutner:** Neuro-Psychopharmaca in Klinik und Praxis. Stuttgart, 1965; weitere Lit.: ↗Pharmakopsychologie.

G. Debus

Psychopharmakologie, Teilgebiet der Pharmakologie, das sich mit der Erforschung der physiol. und psychischen Wirkungen von ↗psychotropen Substanzen, bes. ↗Psychopharmaka, befaßt. Häufig benutzt als zusammenfassende Kennzeichnung für alle sich mit Psychopharmaka befassenden Wissenschaften. In diesem Fall sind ↗Pharmakopsychiatrie, ↗Pharmakopsychologie, ↗Neuropharmakologie und andere Wissenschaften impliziert.

Lit.: ↗Pharmakopsychologie. *W. Janke*

Psychophonetik, nicht einheitlich verwendete Bezeichnung für ein Teilgebiet der Phonetik (↗Psycholinguistik). P. analysiert als Phonetik des Hörers bzw. des Sprechers gesprochene Sprache außerhalb des semantischen Bereichs unter diagnostischen und expressiven Aspekten vor allem ihre melodischen und rhythmischen Phänomene. Lautsprachlich-emotionale Kommunikation wird u.a. mit Hilfe von Nonsens-Silben, emotionsneutralen standardisierten Texten abgeprüft. Ein Hörerkollektiv ordnet den sprechstimmlichen Äußerungen intendierte emotionale Inhalte zu wie Ärger, Traurigkeit, Freude, Liebe. Darüber hinaus werden Phonemrealisationen (↗Phonemik) mit Hilfe des ↗Semantischen Differentials (E-V-P System) bestimmt, was psychische Korrelate diskriptiv-phonologischer Einheiten beweisen würde, während Motor Theory of Speech Perception erst Einheiten von Silbengröße zuläßt.

Lit.: **Davitz, J. R.:** The Communication of Emotional Meaning. New York, 1964; **Ertel, E.:** Psychophonetik. Untersuchungen über Lautsymbolik und Motivation. Göttingen, 1969; **Fährmann, R.:** Die Deutung des Sprechausdrucks. Bonn, [2]1967; **Görlitz, D.:** Ergebnisse und Probleme der ausdruckspsychologischen Sprechstimmforschung. Diss. TU Berlin, 1970; **Trojan, F.:** Der Ausdruck der Sprechstimme. Wien, [2]1952; **Zwirner, E.:** Sprachpsychiatrie. Die Bedeutung der Phonetik im Rahmen der Psychopathologie. Monatsschrift f. Psychologie und Neurologie, 1931, *78*, S. 159–165.

B.-D. Insam

Psychophysik. Die P. befaßt sich mit der Art und Weise, in der lebende Organismen auf die energetische Gestaltung ihrer Umwelt reagieren. Reizenergie wirkt über die jeweiligen spezifischen Sinnesorgane in vielen Formen auf den Organismus ein. Daher beziehen sich viele Probleme der P. auf die Leistungen und auf die Reaktionsweisen sensorischer Systeme. Nach G. Ekman beschäftigt sich die P. mit der Messung von Erlebnissen (und von gewissen anderen psychophysiol. Reaktionen) und untersucht die quantitativen Beziehungen zwischen den maßbestimmten psychol. Variablen und gewissen anderen Variablen.

Ein zentrales Problem besteht darin, die quantitative Beziehung zwischen *Reizeingabe* (input) und *Reaktionsgröße* (output) zu bestimmen – die sog. *Funktionseigenschaften* des sensorischen Systems. Die Bemühungen, den funktionalen Zusammenhang zwischen Reizempfindung und dem sie verursachenden physikalischen Reiz zu bestimmen, führten zur Entwicklung zahlreicher psychophysischer Methoden (Verfahren). Viele von ihnen wurden auch auf anderen Gebieten angewendet, angefangen von der ↗Skalierung von Interessen, Einstellungen bis zur Messung der ↗öffentlichen Meinung über die Schwere verschiedener Verbrechen.

GESCHICHTE. Einer der frühesten Ansätze zur psychophysischen Skalierung stammt von Ptolemäus um 150 n.Chr. Er hat vorgeschlagen, ein brauchbares Maß für die Größe von Gestirnen von der scheinbaren Helligkeit der Sterne abzuleiten. Der hellste Stern erhielt den Wert 1 zugeordnet, der undeutlichste den Wert 6. Der Abstand zwischen diesen Grenzwerten wurde dann so eingeteilt, daß die Unterschiede von einer Sterngröße zur nächsten etwa gleich erschienen.

1860 veröffentlichte G. T. ↗Fechner sein grundlegendes Werk „Elemente der Psychophysik". Fechner bekannte sich zwar zu der Überzeugung, daß direkte Messung von ↗Empfindungen unmöglich ist, sah aber die Möglichkeit eines indirekten Ansatzes. Er machte den Vorschlag, anstelle von Empfindungen die *eben merklichen Unterschiede* (EMU; JND = just notable differences) zu messen, die proportional zur Reizintensität zunehmen, wie E. H. ↗Weber nachgewiesen hatte. Fechner nahm an, daß proportional zu jedem EMU des Stimulus die Empfindungsintensität um einen *konstanten Betrag* zunimmt. Daher müßte, wenn der Reiz in konstantem Verhältnis zunimmt, die Empfindungsintensität konstanter Differenzbeträge anwachsen, und das Ergebnis wäre eine logarithmische Beziehung:

$$\psi = \varkappa \log \varphi$$

Da es keine ernst zu nehmende Alternative hierzu gab, wurde Fechners logarithmische Relation das anerkannte *psychophysische Grundgesetz*.

Allerdings wurden schon seit geraumer Zeit Vermutungen über andere Möglichkeiten der Beziehung zwischen Wahrnehmung und Reiz angestellt. Auf die frühe Annahme einer *quadratischen* Beziehung (Mathematiker G. Cramer, 1728) folgte um 1850 eine ähnliche, als J. A. F. Plateau den Gedanken äußerte, daß die scheinbare Helligkeit einer Oberfläche zunimmt in Form einer *Potenzfunktion* der reflektierten Lichtmenge. Plateau argumentierte, daß, nachdem die scheinbare Relation zwischen verschiedenen Graunuancen im wesentlichen auch bei Veränderung der Beleuchtungsstärke erhalten bleibt, die *Verhältnisse* zwischen den Empfindungen der Graustufen konstant bleiben müssen, nicht die *absoluten* Differenzen (wie Fechner glaubte). Wenn die Verhältnisse konstant bleiben, müssen die Empfindungsstärken einer Potenzfunktion folgen.

Einen bedeutenden meth. Fortschritt erzielte J. Merkel 1888, als er den Reiz zu bestimmen suchte, der *doppelt so groß* erscheint wie ein gegebener Standard- (oder Anker-) Reiz. Diese Methode war der Vorläufer der heutigen „Verhältnisherstellungsmethode" (ratio production). Sie hätte dem psychophysischen Gesetz einen festen Platz erobern können, wenn sie vollständig erforscht worden wäre. Aber Merkels Arbeit hatte nur geringen Einfluß auf die weitere Entwicklung der Psychophysik.

Erst um 1930 wurden Merkels Methoden praktisch wiederentdeckt und zusammen mit anderen Verfahren zur Konstruktion einer Lautstärkeskala verwendet. Zahlreiche Forscher auf dem Gebiet der Akustik hatten bemerkt, daß Fechners logarithmisches Gesetz unvollkommen war.

Das Potenzgesetz. Endgültig bewiesen wurde das Potenzgesetz 1953, als S. S. Stevens die psychophysischen Methoden der „Gleichteilung" (equisection), „Verhältnisherstellung" (ratio production) und „Größenschätzung" (magnitude estimation) anwendete, um zu zeigen, daß die Empfindung sowohl von Lautstärke als auch Helligkeit einem Potenzgesetz gehorchten. Im Anschluß an diesen Nachweis begann Stevens die anderen Sinnesmodalitäten zu untersuchen und zusätzliche expt. Verfahren anzuwenden, um mit ihrer Hilfe das Potenzgesetz zu validieren. Als Ergebnis dieser Forschungsarbeit und der, die in verschiedenen anderen Laboratorien durchgeführt wurde, ist heute das psychophysische Potenzgesetz – das überzeugendste und vielleicht am besten fundierte quantitative Gesetz in der Psychologie. Es scheint keine Ausnahme von der Regel zu geben, daß auf allen prothetischen Kontinuen die subjektive Größe ψ in dem Maße zunimmt, wie die Reizgröße φ als Exponent zunimmt. Daher kann man die Formel schreiben:

$$\psi = \varkappa\varphi^{\alpha}$$

wobei α der Exponent ist. Es ist günstig, daß in einem doppelten logarithmischen Koordinatensystem (antilogarithmische Transformation) diese Gleichung die Form einer Geraden annimmt, deren Steigung durch den Exponenten bestimmt wird.

Für jede Sinnesmodalität gibt es einen *charakteristischen Exponenten,* von 0.33 für die scheinbare, subjektiv empfundene Helligkeit bis zu 3,5 für Empfindungen, die von durch die Finger geleiteten Strömen verursacht werden. Der exakte Wert des Exponenten hängt von verschiedenen Parametern ab, wie der Dauer der Reizeinwirkung, der sensorischen Adaptation, dem Vorhandensein hemmender Stimuli (Kontrasteffekte) usw. Der Exponent wird auch beeinflußt durch die Meßmethode; ein annähernd unverzerrter Meßwert des Exponenten kann nur mit Hilfe von Mehrfachexperimenten in Kreuz-Versuchsplänen erzielt werden. Folgende Tabelle gibt repräsentative Werte der Exponenten für eine Anzahl von Wahrnehmungskontinuen an, soweit sie bis heute ermittelt wurden.

Kontinuum	*Gemessener Exponent*	*Verhältnisquotient*	*Art des Reizes*
Lautstärke	0.67	2/3	3000-Hertz-Ton
Helligkeit	0.33	1/3	5° Lichtpunkt in Dunkelheit
Helligkeit	0.5	1/2	sehr kurzer Lichtblitz
Geruch	0.6	2/3	Heptan
Geschmack	1.3	3/2	Sucrose
Geschmack	1.4	3/2	Salz
Temperatur	1.0	1	Kältereiz am Arm
Temperatur	1.5	3/2	Wärmereiz am Arm
Vibration	0.95	1	60 Hertz am Finger
Vibration	0.6	2/3	250 Hertz am Finger
Zeitdauer	1.1	1	Geräuschreize
Fingerspanne	1.3	3/2	Dicke von Klötzen
Druck auf Handfläche	1.1	1	statischer Druck auf Haut
Gewicht	1.45	3/2	Heben von Gewichten
Kraft des Händedrucks	1.7	5/3	Hand-Dynamometer
Elektrischer Schlag	3.5	3	Strom durch die Finger
Taktile Rauheit	1.5	3/2	Befühlen von Schmirgelpapier
taktile Härte	0.8	4/5	Drücken eines Radiergummis
visuelle Länge	1.0	1	projizierte Linie
visueller Flächeninhalt	0.7	2/3	projiziertes Quadrat

Gemessene Exponenten und ihre möglichen Verhältnisquotienten für Potenzfunktionen, die die Relation zwischen der subj. Größe und Reizgröße darstellen.

Zusätzlich zu den Meßwerten der Exponenten wurde in der Tabelle versucht, den Verhältnisquotienten anzugeben, der dem Exponenten unter idealen Bedingungen entsprechen würde. Zahlreiche Meßwerte wurden mit der Methode der Größenschätzung ermittelt, die infolge eines Regressionseffektes dazu neigt, den Exponenten zu niedrig zu schätzen.

Zwei Arten von Kontinuen. Die meisten Kontinua, einschließlich derer in der Tabelle, gehören zur Klasse der sog. *prosthetischen Kontinua.* Sie betreffen den quantitativen Aspekt der Dinge (ihr „Wieviel") im Ggs. zum qualitativen Aspekt („wo", d. h., in welcher Kategorie ist was). Nur einige wenige gehören der Klasse der sog. *metathetischen* Kontinua an. Beispiele hierfür sind Tonhöhe, subjektiver Scheitelkreis und subjektive Neigung.

Prosthetische Kontinua umfassen u. a. jene, auf denen Diskrimination durch einen additiven Prozeß auf physiol. Ebene (Addieren der Erregung zur Erregung) vermittelt wird. Die Wahrnehmung anwachsender Lautstärke z. B. kommt durch Addition von aufeinanderfolgenden Erregungen zustande. Die Empfindung zunehmender Tonhöhe dagegen setzt einen metathetischen Prozeß voraus, in dem eine Erregung durch eine andere substituiert und auch der Ort der Erregung verlagert wird.

Der wesentliche Unterschied zwischen diesen beiden Arten von Kontinua liegt in der funktionalen Beziehung zwischen den drei wichtigsten Arten von Skalenmeßwerten. Auf metathetischen Kontinuen kann man eine lineare Beziehung zwischen allen Skalenmeßwerten erhalten; auf prosthetischen Kontinuen verhalten sich die drei Arten von Meßwerten nicht linear (kurvilineare Beziehung).

Drei Arten von Messwerten. Die meisten Maße, die zur Skalierung von Wahrnehmungskontinua verwendet werden, fallen in eine von drei Klassen.

1. Größenskalen. Verhältnisskalen der subj. Größe werden mit verschiedenen Methoden hergestellt. Die direkteste Methode ist die Zuordnung von Werten auf einem Wahrnehmungskontinuum zu Werten auf einem bestimmten Standard- oder Bezugskontinuum, wie Länge oder Zahlen.

Ein noch bequemeres Verfahren ist, den Beobachter einer Reihe von Stimuli Zahlen zuordnen zu lassen proportional der subj. Größe. Dieses Zuordnungsverfahren trägt die Bezeichnung *Größenschätzung* (magnitude estimation). Beim umgekehrten Vorgehen, der sog. *Größenherstellung* (magnitude production), ordnet der Experimentator einen Satz von Zahlen in unregelmäßiger Reihenfolge an, und der Beobachter verändert die Reizgröße so, daß seiner Meinung nach die Empfindung der Reizgröße sich proportional zu jeder Zahl verhält. Da alle Zuordnungsmethoden durch einen *Regressionseffekt* – oder die „Tendenz zur Mitte" – gekennzeichnet sind, ist der durch Größenschätzung ermittelte Exponent kleiner als der durch die Größenherstellung gewonnene. Größenskalen können auch mit Merkels Methode der Verhältnisherstellung (ratio production) konstruiert werden, die er die Methode der „doppelten Reize" nannte. Es gibt eine ganze Anzahl verschiedener Verfahren zur Bestimmung der scheinbaren oder subj. Verhältnisse. *„Fraktionierung"* ist der Ausdruck, für einige von ihnen (die Vergleichsgröße soll einen bestimmten Bruchteil einer Standardgröße betragen). Kreuzweises Zuordnen bei verschiedenen Modalitäten kann angewendet werden, um die Skalierung verschiedener Kontinua zu validieren. Wenn z. B. Zahlen zu zwei Kontinua – nehmen wir an Lautstärke und Helligkeit – zugeordnet werden, kann man die beiden resultierenden Potenzfunktionen zur Vorhersage verwenden, wie sich die Beobachter verhalten werden, wenn sie Lautstärken unmittelbar zu Helligkeitsstufen zuordnen sollen. Der Exponent der vorhergesagten Zuordnungsfunktion bestimmt sich aus dem Verhältnis der beiden durch Zahlenzuordnung ermittelten Exponenten. Die Ergebnisse vieler solcher Vergleiche zweier Modalitäten zeigen, daß die Potenzfunktionen die Probe der Transitivität bestehen. Die Exponenten zweier solcher Funktionen können dazu verwendet werden, einen dritten vorherzusagen.

2. Partitionsskalen. (partition scales). Wie oben beschrieben, wurden Sterngrößen und die Helligkeit von Graunuancen skaliert, indem man ein Kontinuum in bestimmte Segmente aufteilte. Auf metathetischen Kontinua können Beobachter solche Aufteilungen vornehmen, ohne daß sich ein systematischer Fehler auswirkt, aber auf prosthetischen Kontinua ergibt die Partitionsskala einen kleineren Exponenten als die Größenskala. Dies bedeutet, daß die Partitionsskala im Vergleich zur Größenskala gekrümmt ist. Das Ausmaß der Nichtlinearität bei der Partitionsskala hängt weitgehend von der angewendeten Methode ab, von dem Fehlerbetrag, der auch von der Reihenfolge der Darbietung abhängt.

Die gebräuchlichste Form der Partitionsskala, die „Kategorien-Rating-Skala", die aus der Anordnung von Zahlen (1–7) oder Adjektiven resultiert, ist im Vergleich zur Größenskala gewöhnlich stark gekrümmt, ausgenommen natürlich auf metathetischen Kontinua. Indem man die möglichen Reaktionen des Beurteilers auf einen begrenzten Satz von Zahlen beschränkt, zwingt man ihn zur Einteilung des Kontinuums. Dadurch wird er daran gehindert, Zahlen proportional so zuzuordnen, daß gleiche Verhältnisse erhalten bleiben.

3. Konfusionsskalen. Diese Klasse von Skalen umfaßt Skalen wie die der EMU, der Diskrimination, des Paarvergleichs und der sukzessiven Intervalle. Das gemeinsame Merkmal dieser Skalen ist, daß irgendein Maß der Variabilität oder Konfusion (Häufigkeit des Verfehlens der Ordnung der Reize) als Einheit verwendet wird.

Fechners EMU die zur Einheit seiner Skala wurde, ist im wesentlichen ein Maß der Variabilität oder des „Rauschens". Wenn es kein Rauschen gäbe, so würden die EMU unendlich klein. Den EMU-Skalen ähnlich sind die Skalen, die L. L. Thurstone mittels der *Methode des Paarvergleichs* konstruierte. Bei ihnen wird die Skaleneinheit aus den Dispersionen unter den Beobachterurteilen abgeleitet.

Auf metathetischen Kontinua kann die Konfusionsskala sich linear zur Größenskala verhalten. Dagegen nähert sich auf prosthetischen Kontinua die „Konfusionsskala" einer logarithmischen Funktion der Größenskalen. In zahlreichen Expt. konnte G. Ekman nachweisen, daß diese logarithmische Beziehung nicht nur für sensorische Skalen gilt, sondern auch für Skalen der ↗Einstellungen, Präferenzen, ästhetischen Urteile usw.

Weitere Probleme. Obwohl ↗Skalierungsprobleme immer eine zentrale Stellung in der P. einnehmen, erregten auch andere Gebiete das Interesse der Forscher. Wichtige Themen sind die Bestimmung von Schwellen und des sog. „neuralen Quantums", die Anwendung der Informationstheorie auf die Kanalkapazität der sensorischen Systeme, die Anwendung der ↗Entscheidungsprozesse auf die erforschung der Fähigkeit, Signale zu entdecken, und die Analyse der Ähnlichkeit bzw. Distanz bei der Entwicklung multidimensionaler ↗Skalierung. Diese und andere Teilgebiete der P. sind mit voller Berechtigung wichtige Themen geworden, und die Methoden der P. haben Verwendung auf vielen Gebieten der angewandten Psychol. und anderer Disziplinen gefunden.

Lit.: Amato, M. R. d': Experimental psychology: Methodology, psychophysics, and learning. New York, 1970; **Ekman, G. & G. Sjöberg:** Scaling. Annual Rev. Psychol., 1965, *16*, 451–474; **Fechner, G. T.:** Elemente der Psychophysik. 1860; **Sixtl, F.:** Meßmethoden der Psychologie. Weinheim, 1967; **Stevens, S. S.:** On the brightness of lights and the loudness of sounds. Science, 1963, *118*, 576; **ders.:** On the psychophysical law. Psychol. Rev., 1957, *64*, 153–181; **ders.:** Psychophysics of sensory function. In: **W. A. Rosenblith** (Ed.): Sensory communication. Cambridge (Mass.), 1961, 1–33; **ders.:** Ratio scales of opinion. In: **D. K. Whitla** (Ed.): Handbook of measurement and assessment in behavioral sciences. Reading (Mass.), 1968, 171–199; **ders.:** Le quantitatif et la perception. Bull. de Psychol., 1968–69, *22*, 696–715.

S. S. Stevens

Psychophysiologie befaßt sich mit *psychophysischen* Prozessen, d.h. denjenigen Lebensprozessen, die sowohl psychologischer als auch physiologischer bzw. biologischer Methodik zugänglich sind. In diesem Grenzgebiet verschiedener traditioneller Disziplinen ist die Begriffsbildung noch uneinheitlich. An die Stelle des alten Begriffs „Physiologische Psychol." sind z.T. andere Bezeichnungen getreten, um bestimmte Forschungsansätze und Teilbereiche herauszuheben: Sinnesphysiologie und ↗Psychophysik, ↗Psychosomatik, Verhaltensphysiologie, Psychoendokrinologie, Psychomorphologie und Konstitutionstypologie, ↗Neuropsychol. und Psychophysiologie im engeren Sinn. Gemeinsam ist diesen z.T. bereits selbständigen Disziplinen die Frage nach den *physiol. und biol. Grundlagen des Erlebens* (Befinden und Bewußtsein) und des *Verhaltens.* Unterschiede bestehen hinsichtlich Anzahl und Art der berücksichtigten Variablen (zentralnervöse, periphere, vegetativ-endokrine und mot. Funktionen, Verhaltensbeobachtung, psychol. Tests), hinsichtlich der Auswahl und Generalisierbarkeit der Experimentalsituationen (vom narkotisierten Vt im Labor bis zu telemetrischen Studien am Menschen in Alltagssituation), Berücksichtigung individueller Differenzen und hinsichtlich des Anspruchs, Verhaltens- und Erlebnisweisen physiologisch „erklären" zu wollen. Ein extremer *Physiologismus,* d. h. die Reduktion psychologisch beschreibbarer Vorgänge auf neurophysiol. Prozesse, wird heute allerdings nur noch selten vertreten.

Kennzeichen der P. ist gerade die psychologisch-physiol. Doppelbetrachtung. Dieser Dualismus der Beschreibungsweisen folgt aus der historischen und teils auch erkenntnistheoretischen Sonderstellung der Methodiken beider Fächer, zumal wenn auch die erlebnispsychol. Methodik und der Interpretationsstil geisteswissenschaftlicher Hermeneutik als Verfahren der Psychol. akzeptiert werden. Der Gebrauch dieser kategorial verschiedenen Beschreibungsweisen besagt jedoch nichts über die Dualität oder Identität der beobachteten Lebensprozesse (körperliche Regulation↔ Verhalten↔erlebte Innerlichkeit) aus. Die verschiedenen Kategorialsysteme werden als komplementäre Formen angesehen, die zur Beschreibung der höheren Lebensprozesse gleichermaßen notwendig sind (↗Leib-Seele-Problem).

Eine Theorie des Organismus bzw. der psychophysischen Individualität eines Menschen ist nur bei wechselseitiger Ergänzung psychologischer und physiologischer Methodik und aufgrund einer Synopsis der verschiedenen Datenbereiche möglich.

Themen der *allgemeinen* P. sind – vom Leib-Seele-Problem und der Theorie des Organismus abgesehen – die *allg. Methodologie* und die *Grundlagen* einer *psychophysiol. Doppelbetrachtung* und *Systemanalyse.*

Zu den Aufgaben der *speziellen* P. gehören zunächst die *Beschreibung* und *Systematisierung* psychophysischer Phänomene, z. B. Orientierungsreaktion, Schmerzempfinden, ↗Angst, Hunger, ↗Traum, Erschöpfung, Nervosität. Von vielen Autoren wurde versucht, die außerordentliche Vielfalt psychophysischer Phänomene unter bestimmten Konzepten zu fassen: ↗Aktivierung, Arousal, ↗Stress, Ergotropie-Trophotropie, psychovegetative Labilität und andere Dimensionsbegriffe. Diese Konzepte sind zwar nützlich, doch sind sie einerseits noch zu allgemein gehalten, um ohne weiteres operationalisiert zu werden, andererseits sind sie z. T. in psychol. oder in physiol. Hinsicht zu einseitig gefaßt. Multivariate Analysen sind bisher kaum versucht worden; sie sind durch die besonderen Probleme der psycho-physiologischen Methodik zusätzlich kompliziert. Deshalb werden vielfach die Fragestellungen der P. noch von Einzelphänomenen und von bestimmten, bes. interessant erscheinenden Funktionssystemen, z. B. Katecholaminausscheidung, EEG (↗Encephalographie), oder sogar nur von sehr speziellen Registriertechniken, z. B. elektrischer ↗Hautwiderstand (PGR), evoziertes Potential, bestimmt. Andererseits gibt es eine Anzahl wegweisender Einzelstudien, welche den theoretischen Wert und die praktischen Anwendungsmöglichkeiten zeigen. Der gegenwärtige Stand der Forschung ist unter vielen Stichwörtern dargestellt, u. a. ↗Affektausdruck, ↗Aktivierung, ↗Ermüdung, ↗Hormonforschung, ↗Psychosomatische Medizin, ↗Schlaf- und Traumforschung, ↗Streßforschung.

Spezifische physiol. Muster bestimmter Emotionen konnten bisher – im Ggs. zur Auffassung vieler Vertreter der psychosomatischen Medizin – nicht sicher nachgewiesen werden, auch das Konzept einer Dimension psycho-vegetativer Labilität (Nervosität, ↗Neurotizismus) sowie die Frage einer Kovariation von zentralnervösem (EEG-)Arousal und peripherer ergotroper Funktionsumstellung sind noch umstritten. Offensichtlich müssen erst größere Fortschritte in der einfachen Beschreibung psychophysischer Korrelate erreicht werden, bevor im zweiten Schritt differenziertere theoretische Vorstellungen entwickelt sowie eine bessere Dimensionsanalyse und Taxonomie unternommen werden können.

Praktische Anwendungen werden sich künftig vor allem in der klinischen Psychophysiologie bzw. psychosomatischen Medizin ergeben, denn erst aufgrund breitangelegter und gründlicher ↗Längsschnitt-(Zeitserien-)Studien psychophysischer Korrelate könnte der Erfolg einer bestimmten Therapie beurteilt werden: ↗Psychoanalyse psychosomatischer Erkrankungen, klassisches und operantes ↗Konditionieren vegetativer und mot. Verhaltensweisen, Beeinflussung durch ↗autogenes Training, ↗Hypnose, ↗Psychopharmaka, Verfahren der physik. Medizin. Aktuelle Forschungsgebiete sind auch die Untersuchungen über die subj. Wahrnehmung von körperlichen Funktionsstörungen sowie Studien zur Rückkopplung oder Autokontrolle von Biorhythmen.

Insgesamt kann die P. als eine Grundlagendisziplin der psychosomatischen Medizin, aber auch jeder biologisch orientierten Persönlichkeitsforschung angesehen werden.

Lit.: Ax, A. F.: Goals and methods of psychophysiology. Psychophysiology, 1964, *1*, 8–25; **Black, P.** (Ed.): Physiological correlates of emotion. New York, 1970; **Cattell, R. B.:** A brief survey of present knowledge and hypotheses on psychophysiological state dimensions. In: **R. B. Cattell** (Ed.): Handbook of multivariate experimental psychology. Chicago, 1966 (dt. 1978); **Delius, L. & J. Fahrenberg:** Psychovegetative Syndrome. Stuttgart, 1966; **Eysenck, H. J.:** The biological basis of personality. Springfield (Ill.), 1967; **Fahrenberg, J.:** Psychophysiologische Persönlichkeitsforschung. Göttingen, 1967; **Hess, W. R.:** Psychologie in biol. Sicht. Stuttgart, [2]1968; **Jung, R.:** Neurophysiologie und Psychiatrie. In: **H. W. Gruhle et al.** (Hrsg.): Psychiatrie der Gegenwart, Bd. 1, Teil 1 A. Berlin, 1967; **Keidel, W. D.** (Hrsg.): Kurzgefaßtes Lehrbuch der Physiologie. Stuttgart, [4]1975; **Lanc, O.:** Psychophysiolog. Methoden. Stuttgart, 1977; **Levi, L.** (Ed.): Emotional stress. Basel, 1967; **Martin, I.:** Somatic reactivity. In: **H. J. Eysenck** (Ed.): Handbook of abnormal psychology. London, 1960; **Rothschuh, K. E.:** Theorie des Organismus. München, 1963. **Royce, J. E.:** Concepts generated in comparative and physiological observations. In: **R. B. Cattell** (Ed.): Handbook of multivariate experimental psychology. Chicago, 1966 (dt. 1978); **Schönpflug, W.** (Hrsg.): Methoden der Aktivierungsforschung. Bern, 1969; **Sternbach, R. A.:** Principles of psychophysiology. New York, 1966.

J. Fahrenberg

Psychophysiologische Methodik ist eine gezielte Kombination psychologischer und physiologischer Methoden, um psychophysische Phänomene gültig beschreiben zu können: Unter psychologisch beschreibbaren Bedingungen, z.B. ↗Angst, werden physiol. Vorgänge, z.B. Katecholaminausscheidung, gemessen, oder es werden unter physiologisch beschreibbaren Bedingungen, z.B. Muskelarbeit am Ergometer, psychol. Daten, z.B. Einschätzung der inneren Anspannung, erhoben. Erst diese Doppelbetrachtung liefert das ganze Bild der organismischen Zustände und Reaktionsweisen und der konstitutionellen Zusammenhänge (↗Psychophysiologie).

Während man praktisch alle psychol. Methoden, d.h. Verhaltensbeobachtungen, Tests und Introspektion, für bestimmte psychophysiol. Fragestellungen heranziehen kann, ergeben sich bei den physiol. Methoden mehrere Einschränkungen, die gerade auch einige meßtechnisch zuverlässige Methoden betreffen. Da psychophysiol. Untersuchungen gewöhnlich am möglichst unbehinderten Menschen in möglichst natürlicher Situation unternommen werden, sind schmerzhafte oder umständliche Methoden, z.B. direkte arterielle Blutdruckmessung und Schlagvolumenbestimmung, Muskeldurchblutungsmessung, Katheter und Sonden, in der Regel ungeeignet, weil sie erhebliche psychophysiol. Nebenwirkungen erwarten lassen.

Die Tabelle (Sp. 1789/90) gibt eine Übersicht über *Biosignale*, die häufiger berücksichtigt werden; die meisten können mit einem gut ausgerüsteten ↗Polygraphen registriert werden, andere erfordern Zusatzeinrichtungen.

Als zweite Variablenkategorie sind die klinisch-chem. Labormethoden zu nennen: Differentialblutbild und Blutsenkung, Elektrolyte und pH-Wert der Körperflüssigkeiten: Blutserum, Urin, Speichel; biochemische Parameter, wie Kreatinin, Harnsäure, Gesamteiweiß, Lipide, Blutzucker, Cholinesterase und andere Enzyme. Besonders hervorzuheben sind die ↗Hormonbestimmungen: ↗Kortikoide und ↗Katecholamine. Gerade die Enzym- und Hormonbestimmungen werden bei weiteren Fortschritten der chem. Labormethodik zunehmende Bedeutung in der p. M. gewinnen. Schließlich stehen noch jene Methoden der vegetativ-endokrinen und neuromuskulären Diagnostik zur Verfügung, die im Sinne einer dynamischen Funktionsprüfung eine Belastung des Körpers u.a. durch sensorische Reize, durch Lageänderung, durch Muskelarbeit oder durch bestimmte Pharmaka herbeiführen und dann aus der Gegenregulation, speziell der Einschwingfunktion, die individuelle Regelgüte (Vegetative Labilität bzw. Stabilität) zu bestimmen versuchen.

Die genannten physiol. Methoden unterscheiden sich hinsichtlich Zuverlässigkeit und Aussagekraft ganz erheblich voneinander.

Biosignal	**Abkürzung**	**Aufnehmer**	**Wichtigste Parameter**
Hirnpotentiale, spontan oder evoziert (Elektroencephalogramm)	EEG, EVP	Elektroden in weitgehend standardisierter Anordnung	Frequenzband (α, β, δ, ϑ), DC-Komponente, Änderung der Frequenz, z. B. α-Block, SW-Komplexe, andere Muster
Herzaktionspotentiale (Elektrokardiogramm, Cardiotachogramm)	EKG	Elektroden, mehrere Standardableitungen	Pulsfrequenz und Pulsunregelmäßigkeit, av-Überleitungszeit (PQ-Zeit) und andere Parameter
Blutdruck, arteriell		indirekt: Mikrophon für Korotkow-Geräusch direkt: Druckaufnehmer	systolischer und diastolischer Blutdruck, Blutdruckamplitude
Pulswellen (Pulsdruck), unter anderem Radialis- und Femoralis-Puls (Sphygmogramm, Oszillogramm)		Druckaufnehmer oder photoelektrischer Aufnehmer	Pulsfrequenz, Systolen- und Diastolen-Dauer, Pulswellengeschwindigkeit
Pulsvolumen (als Schätzwert der Blutströmung) (Finger-Plethysmogramm als Volumen-, Rheo- oder Photoplethysmogramm)		Druckaufnehmer, Impedanzmesser oder photoelektrischer Aufnehmer	Pulsvolumenänderung (grob proportional der Durchblutungsänderung)
Atemströmung, atembedingte Thoraxexkursionen (Pneumogramm)		Thermistor, Atemschalter oder Thoraxspirale	Atemfrequenz, Inspirations-Exspirations-Dauer
Atemströmungsgeschwindigkeit (Pneumotachogramm)		Atemmaske und Differenzdruckwandler	Atemströmungsgeschwindigkeit
Atemvolumen, Atemgasstoffwechsel (Spirogramm)	AV, AMV RQ	Atemmaske, Spirometer und Gasanalysatoren	Atemzugvolumen, Atemminutenvolumen, respiratorischer Quotient (CO_2/O_2)
Blutgase	pO_2 pCO_2 pH	Spezialelektroden	Gas-Partialdrucke, pH-Wert
Körpertemperatur, Haut und Körperhöhlen		Widerstandsthermometer, Thermoelement, Thermistor	Absolutwert und lokale Temperaturdifferenzen
Hautwiderstand, Hautleitfähigkeit, psychogalvanische Reaktionen (Elektrodermatogramm)	HW, HL, PGR (engl. SR, SC, GSR)	Elektroden (Konstant-Strom-Verfahren)	Leitfähigkeit der Haut, Latenz, Amplitude und Häufigkeit der PGR
Hautpotential, Hautpotentialreaktionen	HP, HPR (engl. SP, SPR)	Elektroden (ohne Fremdstrom)	Latenz, Amplitude und Häufigkeit von HPR
Körperbewegungen, Tremor (Aktiogramm, Mechanogramm Tremorgramm)		Bewegungsaufnehmer, Beschleunigungsaufnehmer	Frequenz und Amplitude
Muskelaktionspotentiale	EMG	Haut- oder Nadel-Elektroden	Frequenz und Amplitude Amplitudenfrequenzprodukt, Elektromyointegral
Lidschlag		Elektroden oder photoelektrischer Aufnehmer	Frequenz
Augenbewegungen (Elektrookulogramm, Elektronystagmogramm)	EOG, ENG	Elektroden	Amplitude, Richtung, Frequenz
Pupillenweite (Pupillogramm)		photographische Technik oder photoelektronische Aufnehmer	Öffnungsweite
Magen-Darm-Motilität (Elektrogastrogramm)	EGG	Magnetdetektoren, Elektroden oder Radiosonden	
Magen-Darm-pH-Wert		Radiosonden	pH-Wert

Eine der psychol. ↗Testtheorie und Testkonstruktion vergleichbare Methodendiskussion fehlt auf diesem Gebiet noch. Allerdings wird die Überprüfung der Methodik durch mehrere Probleme erschwert:

1. Starke funktionelle Fluktuation in Abhängigkeit u. a. von Tageszeit, Jahreszeit, Wetter, Ernährung, Nikotin, so daß das klassische Reliabilitätskonzept der Parallel- oder Wiederholungsmessungen kaum anwendbar ist.

2. Große Standardisierungschwierigkeiten, denn die Untersuchungen sollten in elektromagnetisch (sog. Faraday-Käfig) abgeschirmten, hochgradig schallisolierten und hinsichtlich Feuchte und Temperatur voll klimatisierten Räumen vorgenommen werden, unter Kontrolle der Eingewöhnungseffekte und anderer Situationseffekte.

3. Verhältnismäßig große methodenbedingte Meßfehler bei wichtigen biochem. Größen, z.B. den Hormonbestimmungen.

4. Fehlende absolute und bestenfalls intraindividuelle Vergleichbarkeit gerade solcher Verfahren, die wegen ihrer Empfindlichkeit für psychologisch induzierte Zustandsänderungen häufig verwendet werden: Hautwiderstandsregistrierung und Fingerplethysmogramm.

5. Zeitliche Phasenverschiebungen wegen unterschiedlicher Latenzen der Effektororgane oder wegen der Sammelperiode beim Urin.

6. Außerordentlich aufwendige Auswertung von Polygraph-Registrierungen, sobald man den Informationsreichtum wirklich ausschöpfen möchte.

7. Möglichkeit individualspezifischer und stimulusspezifischer Reaktionsmuster.

8. Abhängigkeit der Interpretation von den Ausgangswerten der betreffenden Funktion (Ausgangswertproblem) und von den übrigen Systemparametern, denn eine Meßwertänderung repräsentiert ja die Verschiebung eines multiplen dynamischen Gleichgewichts.

9. Notwendigkeit multivariater Strategie und nicht-linearer Modelle, damit gegenregulatorische, kompensatorische Vorgänge überhaupt angemessen beschrieben werden können.

In vielen psychophysiol. Untersuchungen werden in z.T. oberflächlicher und unkritischer Weise Biosignale analysiert, deren Bedingungen, deren Messung und deren Aussagekraft von physiol. Seite als höchst fragwürdig anzusehen sind. Außerdem besteht eine offenkundige Unsicherheit, ob Einzelmerkmale ausreichen (Was kann überhaupt eine Änderung des ↗Hautwiderstandes besagen?) oder ob einzelne physiol. Größen als mehr oder minder gültige Indikatoren latenter Zustandsdimensionen (Arousal, ↗Aktivierung, ↗Stress usw.) bzw. überdauernder Eigenschaftsdimensionen (Vegetative Labilität; ↗Sympathikotonie usw.) gelten können. Die theoretischen Auffassungen und die praktischen Konsequenzen, z. B. Validitätsprüfung solcher „Indikatoren", sind noch nicht ausreichend geklärt. Die Annahme einer einheitlichen Aktivierungsdimension erscheint jedenfalls überholt. Der dimensionale Ansatz ist auch fragwürdig, denn physiol. Meßwerte repräsentieren den wechselnden Anforderungen angepaßte Funktionsmuster (Synergismen), die aufgrund mehr oder minder komplexer Integrationsleistungen auf höheren oder tieferen Ebenen des ZNS zustande kommen. Das Studium dieser integrativen Leistungen, ihrer Koordination oder Dissoziation, verspricht mehr Einblick als die oberflächliche Betrachtung von Puls und PGR.

Eine Standardkombination physiologischer Methoden für psychophysiol. Fragestellungen kann es nicht geben. Je nach Fragestellung werden Kriterien wie Reproduzierbarkeit, Zumutbarkeit, Ökonomie und physiol. Aussagekraft zu einer anderen Auswahl führen: Während innerer Anspannung und emotionaler Erregung sowie während einer Vielfalt von Aufgaben wurde – weitgehend unabhängig von der Qualität der Emotionen – übereinstimmend von vielen Autoren eine verhältnismäßig deutliche Kovariation folgender physiol. Größen beobachtet: Pulsfrequenz, Atemfunktionen, systolischer Blutdruck (automatische Registrierung schwierig), Hautwiderstand und periphere Durchblutung (Eichprobleme), Körperbewegungen (Aufnehmerprobleme), Frequenzänderung der Hirnpotential-

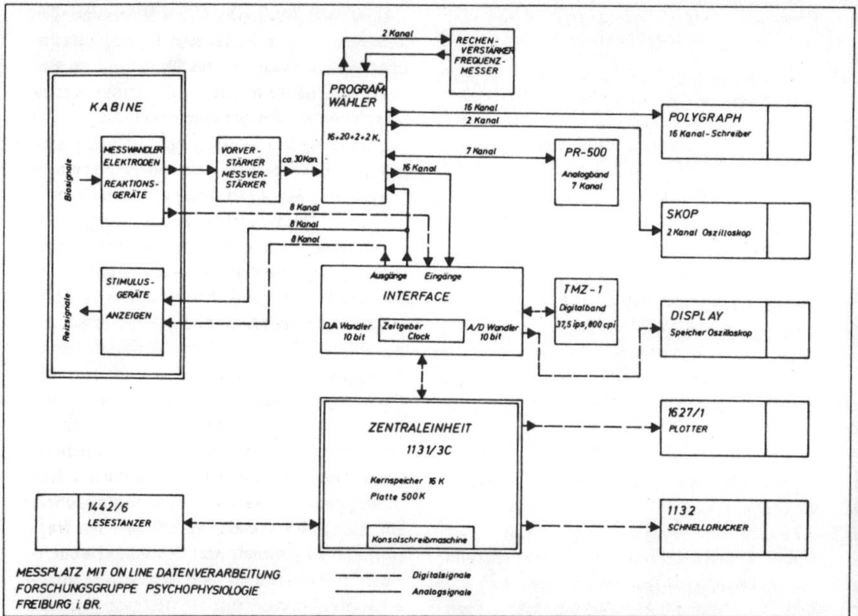

MESSPLATZ MIT ON LINE DATENVERARBEITUNG
FORSCHUNGSGRUPPE PSYCHOPHYSIOLOGIE
FREIBURG i. BR.

schwankungen (exakte EEG-Analyse schwierig), Kortikosteroid- und Katecholaminausscheidung (geringere Reliablität und im Falle von Urinwerten nur als Mittelwert der Sammelperiode).

Die Vielseitigkeit der p.M. kann hier nur skizziert werden: neben den genannten Methoden gehören dazu auch konstitutionstypologische Methoden, Fragebogeninventare oder Skalen zur Erfassung körperlicher Beschwerden bzw. der augenblicklichen körperlichen Aktiviertheit, die Methodik der ↗Konditionierung vegetativer und motorischer Reaktionen, z.B. des Lidschlags, die Methodik zur Bestimmung sensorischer Schwellen oder der Orientierungsreaktion (↗Orientierungsreflex) und Habituation sowie viele spezielle Verfahren, die sich in diesem Grenzgebiet verschiedener Disziplinen bewährt haben. Die p.M. ist auch abhängig von den technologischen Fortschritten: der Konstruktion neuer Meßwandler, der Entwicklung biotelemetrischer Systeme zur Biosignalregistrierung in Alltagssituationen, der Anwendung von Laborcomputern zu schnellerer und erschöpfenderer Verarbeitung von Bisosignalen und zur automatischen Versuchssteuerung.

Die besonderen Probleme der p. M. dürfen nicht unterschätzt werden, doch ist mit einer immer breiteren Anwendung dieser kombinierten Methodik zu rechnen, die große theoretische Vorzüge und viele praktische Anwendungsmöglichkeiten aufweist.

Lit.: Bartelheimer, H. & A. Jores (Hrsg.): Klinische Funktionsdiagnostik. Stuttgart, [3]1967; **Brown, C. C.** (Ed.): Methods in psychophysiology. Baltimore, 1967; **Demling, L. & K. Bachmann** (Hrsg.): Biotelemetrie. Stuttgart, 1970; **Fahrenberg, J.:** Psychophysiologische Persönlichkeitsforschung. Göttingen, 1967; **Fisch, R.:** Hinweise für den Bau eines elektrophysiologischen Mehrzwecklabors. Psychol. Rdsch., 1970, *21*, 180–186; **Frowein, R. & G. Harrer:** Vegetativ-endokrine Diagnostik (Testmethoden). München, 1957; **Haider, M.** (Hrsg.): Neuropsychologie. Bern, 1971; **Henning, N.:** Klinische Laboratoriumsdiagnostik. München, [3]1966; **Mackay, R. S.:** Biomedical telemetry. New York, [2]1970; **Schönpflug, W.** (Hrsg.): Methoden der Aktivierungsforschung. Bern, 1969; **Tompson, P. N. & R. B. Yarbrough:** The shielding of electroencephalographic laboratories. Psychophysiology, 1967, *4*, 244–248; **Venables, P. H. & I. Martin** (Eds.): Manual of psychophysiological methods. Amsterdam, 1967.

Zeitschr.: Computer Programs in Biomedicine, Amsterdam; Das Ärztliche Laboratorium, Berlin; GIT Fachzeitschrift für das Laboratorium, Darmstadt; EDV in Medizin und Biologie, Stuttgart; Elektromedizin, Berlin (ab 1971: Biomedical Engineering); Psychophysiology, Baltimore.

J. Fahrenberg

Psychophysischer Parallelismus ↗Leib-Seele-Problem.

Psychophysisches Grundgesetz ↗Fechnersches Gesetz

Psychoprophylaxe, Verhütung psychischer Störungen (↗Psychohygiene) durch geeignete Maßnahmen; korrespondiert stets mit einer bestimmten ↗*Neurosen*theorie und ist ein wesentliches Ziel der ↗Erziehungsberatung.

W. Schmidbauer

Psychoreflexologie, auch *objektive Psychologie* genannt. Begründer: W. ↗Bechterew, J. P. ↗Pawlow. Danach sind alle psychischen Vorgänge „neuropsychisch" zu erklären; sie stammen aus dem Körperlichen und sind auch dort faßbar. – Methodische Grundthese: Gegenstand der wiss. Psychol. kann nur physisch Beobachtbares, Registrierbares und Meßbares sein.

H. Wagenknecht

Psychose, mediumistische. Psychische Störung, die vor allem in Spiritistenkreisen auftritt und sich in schizophrenen und hysterischen Symptomen manifestiert. Vor allem ist die Wahrnehmung gestört, der Patient erlebt Halluzinationen und hört Stimmen, die ihn zu Zwangshandlungen treiben. Solche m. P. wurden von vielen Autoren (J. H. Schultz, Jakobi, Kehrer, Henneberg und Jakob & Meyer) beschrieben. Die Ätiologie besteht in einem intensiven Erleben des Unterbewußten mit Hilfe spiritistischer Techniken (Tischrücken, automat. Schrift, Planchette, Pendeln u.a.), wobei schließlich der Patient die Kontrolle über sein Ich verliert und eine Bewußtseinsspaltung eintritt – dadurch „wird er die Geister, die er rief, nicht mehr los" (nach J. W. v. Goethe). Wieweit hier Veranlagung mitspielt, ist nicht geklärt, doch sicher werden labile Persönlichkeiten leichter befallen. Jedenfalls muß eindringlich vor leichtfertiger Beschäftigung mit dem Okkulten durch Laien gewarnt werden. Die Therapie der m. P. besteht in Suggestivbehandlung, Persuasion und Hypnose. Die Heilungsaussichten sind günstig, wenn keine echte schizophrene Ichstörung vorliegt.

Lit.: **Bender, H.:** Telepathie, Hellsehen und Pychokinese Aufsätze zur Parapsychologie. München, [2]1973.

E. Ullrich

Psychosen. Psychopathologie kann als die Richtung der Psychol. definiert werden, die sich mit der systematischen Erforschung abnormer Verhaltensweisen befaßt. Um Abnormität verstehen zu können, ist die Einbeziehung der Grundlagen des ↗Lernens, der ↗Wahrnehmung, ↗Motivation und der ↗physiolog. Psychologie erforderlich. Einige allg. Kriterien von Abnormität sind persönliches Elend, Unfähigkeit zu bestimmten Verhaltensweisen und Störungen im mot. Bereich. *Die Störungen, die erhöhte Abnormität, Heftigkeit* und *Zerrüttung* der ↗Persönlichkeit beinhalten, werden als *Psychosen bezeichnet.* Ist ein Individuum nicht fähig, für sich selbst zu sorgen, oder besteht die Möglichkeit, sich oder andere zu schädigen, verwahrt es die Gesellschaft in einem Krankenhaus oder einer geschlossenen Anstalt. Daher stellt auch die Tatsache der Anstaltsverwahrung eine Definition psychotischer Zustände dar.

Die Klassifikation psychotischer Krankheitsbilder gründet sich in erster Linie auf Zusammenfassungen gezeigter Symptome (Syndrome), erst in zweiter Linie auf Lebenslaufdaten, wie Art des Ausbruchs, Dauer, Alter, Geschlecht und Häufigkeit des Wiederauftretens. Versuche zur Klassifikation auf der Grundlage des Konzepts *„körperliche Erkrankung"* haben sich bislang als unbefriedigend erwiesen. *Organisches* wurde nicht mit einbezogen, es konnten keine Läsionen gezeigt und keine Veränderungen des ZNS identifiziert werden. Obgleich es verschiedene biochem. Theorien über kausale Auslöser gibt und Hinweise zur genetischen Determination vorhanden sind, besteht insgesamt keine systematische Grundlage, P. als körperliche Erkrankung anzusehen. Nach der 18. Internationalen Klassifizierung von Krankheitsbildern (ICD-

8) werden nach dem augenblicklichen Stand die P. als Störungen ohne bekannte organische Ätiologie betrachtet.

DIE ELEMENTARSYNDROME. Die Standardnomenklatur der Psychiatrie wird weithin als vergleichsweise unzureichend für die Diagnose und als Forschungsmodell angesehen. Entscheidende Mängel sind: dürftige Übereinstimmung verschiedener Autoren wegen der nicht obj. Zuordnung zu bestimmten Kategorien; Kategorien überlappen sich zu sehr oder sind invalide; die meisten diagnostischen Kategorien sind für Prognose und Auswahl einer Therapie kaum von Wert.

Die Mängel der Terminologie haben zu einer Vielzahl von Lösungsvorschlägen geführt. Forscher haben versucht, durch die Verwendung von Beurteilungsskalen (rating-scales) die vagen Begriffe zu objektivieren und das diagnostische Vorgehen durch eine strukturierte Exploration zu vereinheitlichen; bestehende Kategorien objektiver zu definieren und eine Übereinstimmungsvalidierung für gebräuchliche psychiatrische Klassifizierungen durchzuführen. Schließlich haben Forscher versucht, ein deskriptives System durch Anwendung moderner multivariater stat. Methoden einzuführen. Die Beziehungen zwischen Verhaltenseigenarten und Symptomen werden ermittelt und analysiert, um alle unabhängigen Syndrome (Symptom-Cluster), die auftreten, zu isolieren.

Zwölf *psychotische Syndrome* wurden in zahlreichen, voneinander unabhängigen Untersuchungen hospitalisierter US-Patienten festgestellt (Lorr, Klett & McNair, 1963). Die Übereinstimmung der in den US-Stichproben beobachteten Syndrome mit denen von Kranken aus sechs anderen Ländern (England, Frankreich, Deutschland, Italien, Japan und Schweden) wurde unlängst bestätigt (Lorr & Klett, 1969). Dabei können die gleichen Symptomgruppierungen sowohl bei Frauen als auch bei Männern nachgewiesen werden.

Es werden im folgenden kurze Beschreibungen jedes der zwölf psychotischen Syndrome oder Dimensionen gegeben. Jede Variable wird betrachtet, als verfüge ein Patient zu einem bestimmten Maß darüber, ein geringer Wert bei einem Syndrom deutet auf geringe, ein hoher Wert auf eine ernste Störung. Weitere Details und eine Beschreibung der Skalen findet sich bei Lorr & Klett (1966).

1) *Erregungszustand* (Excitement). Beschleunigte Sprache, laut, schwer zu unterbrechen. Stimmungslage und Selbstwertschätzung sind erhöht, der emotionale Ausdruck tendiert zu ungezügelt und schauspielerisch.

2) *Aggressive Streitsucht* (Hostile Belligerence). Beschwerden über und Aggressivität und Ressentiment gegen andere sind üblich. Die Schuld über Schwierigkeiten und Versagen wird anderen gegeben.

3) *Verfolgungswahn* (Paranoid Projection). Es bestehen ungerechtfertigte fixe Ideen, Personen aus der Umgebung des Patienten aggressive, verfolgerische oder kontrollierende Absichten zuzuschreiben.

4) *Größenwahn* (Grandiosity). Eine Einstellung der Überlegenheit ist verbunden mit unberechtigten Gefühlen, über ungewöhnliche Kräfte zu verfügen. Göttliches Sendungsbewußtsein kann ebenfalls beobachtet werden.

5) *Wahrnehmungsstörungen* (Perceptual Distortions). Erlebnisse unechter Wahrnehmungen in der Form von Stimmen, die bedrohen, anklagen oder etwas fordern (Beeinträchtigungswahn).

6) *Phobischer Zwang* (Obsessional-Phobic). Unkontrollierbare Handlungen und Rituale, wiederkehrende ungewollte Ideen, bestimmte Ängste und Ideen über Persönlichkeitsveränderungen und Irreales.

7) *Ängstliche Verstimmung* (Anxious-Depression). Von unbestimmter Angst, aber auch bestimmten Sorgen wird berichtet. Die Stimmung ist dysphorisch bei gleichzeitigen Selbsterniedrigungstendenzen. Zusätzlich sind Schuldgefühle und Gewissensbisse über wirkliche oder eingebildete Verfehlungen beobachtbar.

8) *Funktionale Schwäche* (Functional Impairment). Beschwerden über die Unfähigkeit, sich zu konzentrieren, zu arbeiten oder Entscheidungen zu treffen. Interesse an anderen Menschen, am anderen Geschlecht oder an gesellschaftlicher Aktivität ist herabgesetzt oder völlig fehlend.

9) *Verlangsamung* (Retardation). Sprache, Vorstellung und mot. Aktivität sind verlangsamt oder blockiert. Apathie und Desinteresse an der Zukunft kommen hinzu.

10) *Desorientierung* (Disorientation). Eine funktionale Desorientierung hinsichtlich Zeit und Ort. Es kann zur Unfähigkeit kommen, Menschen wiederzuerkennen, die der Patient kennen müßte.

11) *Motorische Störungen* (Motor Disturbances). Bizarre Haltungen werden eingenommen und beibehalten. Es zeigen sich wiederholt eigenartige und manierierte Gesichts- und Körperbewegungen.

12) *Auffassungsstörung* (Conceptual Disorganization). Die Sprache ist weitschweifig, unzusammenhängend und ohne Bezug zu gestellten Fragen. Die gleichen Wörter oder Sätze werden in stereotyper Weise wiederholt. Neue Wörter (Neologismen) können erfunden und in die Sprache aufgenommen werden.

Ein wesentliches Charakteristikum dieses deskriptiven Systems ist, daß alle Patienten hinsichtlich aller Verhaltensweisen und Symptome in einheitlicher Weise beurteilt werden. Konventionelle Methoden, in denen jeder Einzelfall unter Berücksichtigung einer Reihe kaum voneinander unterscheidbarer Symptome untersucht wird, sind unsystematisch. Diese Methode vermittelt dem Psychiater auch ein genaues Profil oder die Darstellung der Wertigkeit der zwölf Symptome.

Die Hauptsyndrome. Die grundlegenden Syndrome sind keineswegs völlig unabhängig voneinander. Ängstliche Verstimmung z. B. ist oft verbunden mit funktionaler Schwäche und Verlangsamung. Neuere Versuche (Lorr et al., 1967; Overall et al., 1967), die wichtigsten psychotischen Störungen oder Syndrome als *Störungen des Denkens, des Gemüts* und *des Verhaltens* zu definieren, nähern sich einander an. Analysiert man die Korrelationen der Werte der Elementarsyndrome durch multivariate stat. Methoden, ergeben sich fünf umfassendere Verhaltensdimensionen. Die gleiche Faktorenstruktur erbrachten die US-Ergebnisse wie auch die Werte internationaler Vergleichsuntersuchungen. Geschlechtsunterschiede sind dabei geringfügig, wenn sich auch Männer und Frauen in der *Schwere* der Krankheit unterscheiden (Lorr & Klett, 1968).

Jedes der *Hauptsyndrome* wird unter Verwendung der elementaren Symptom-Cluster beschrieben. In der Praxis werden die Werte der Elementarsyndrome selbstverständlich gewichtet und addiert, um die Schwere der Erkrankung zu erfassen.

1) *Schizophrene Zerrüttung* (Schizophrenic Disorganization). Diese Störung ist gekennzeichnet durch psychomotorische Verlangsamung und Apathie, funktionale Desorientierung und mot. Störungen. Auffassungsstörungen geringeren Ausmaßes sind ebenfalls zu beobachten.

2) *Paranoider Prozeß* (Paranoid Process). Charakteristisch ist das Nebeneinander von Verfolgungswahn, Wahrnehmungsstörungen (Halluzinationen), Größenwahn und fixen Ideen.

3) *Aggressive Paranoia* (Hostile Paranoia). Etwas enger gefaßt als die beiden vorhergehenden. Zu beschreiben durch aggressive Streitsucht und Verfolgungswahnvorstellungen.

4) *Psychotische Depression* (Psychotic Depression). Bestimmt durch ängstliche Verstimmung, funktionale Schwäche und durch Zwangs- und phobische Symptome.

5) *Ungesteuerte Hyperaktivität* (Disorganized Hyperactivity). In erster Linie gekennzeichnet durch Erregungszustände, Auffassungs- und mot. Störungen. Größenwahn kann – jedoch nicht regelmäßig – vorkommen.

Konventionelle diagnostische Klassifizierung. Die wichtigsten P. ohne körperliche Ursachen – wie in ICD-*8* zusammengestellt – umfassen ↗Schizophrenie, Gemütskrankheiten (Affective Disorders), paranoide Zustandsformen und eine gemischte Kategorie. Es ist für diese Klassifizierung typisch, daß sie durch eine Kombination von gegenwärtigen Symptomen und Lebenslaufdaten zustande kommt. Differenzierende Merkmale, wie Ausbruch, prämorbide Persönlichkeitsstruktur, Dauer der Störung, Alter und Häufigkeit der Ausbrüche, werden dabei eingeschlossen. Jede der Hauptstörungen und die

Unterformen, die darunter zusammengefaßt sind, sollen kurz beschrieben und mit den vorher dargestellten Syndromen verglichen werden.

Schizophrenie wird als *Denkstörung* definiert. Die Störungen des Denkens manifestieren sich in Wahnvorstellungen und ↗Halluzinationen. Die Stimmung ist ambivalent, konstriktiv oder durch Apathie gekennzeichnet. Das Verhalten ist zurückgezogen und manchmal bizarr. Typisch ist der Verlust des Einfühlungsvermögens in andere. Die zurückgezogenen Unterformen werden einfache, hebephrene, katatonische (zurückgezogen) und schizo-affektive (depressive) genannt. Die erregbaren Unterformen heißen akute, katatonische (erregbar) und schizo-affektive (erregbar). Die paranoide Unterform differenziert man in aggressive, grandiose und halluzinatorische ↗Schizophrenie.

Die *affektiven* P. stellen die zweite Hauptgruppe der Störungen dar. Diese Gruppe ist gekennzeichnet durch die Abnormität der Stimmungslage in der Form gehobener Stimmung oder Depressivität, augenscheinlich ohne Bezug zu irgendeinem auslösenden Lebensereignis. Eingeschlossen sind hier *Involutionsmelancholie* und *↗manisch-depressive Psychose* (depressive Phase). Beide werden beschrieben als depressive Stimmung mit Verlangsamung oder Agitieren; eine Unterscheidung kann so nur aufgrund des Lebensalters oder des Vorhandenseins oder Fehlens vorhergegangener Episoden getroffen werden. Die manische Phase ist charakterisiert durch übermäßige mot. Aktivität. Es gibt ebenfalls eine zirkuläre oder bipolare Unterform, in der sowohl eine depressive als auch eine manische Phase vorkommen. Das Hauptsyndrom (festgelegt auf stat. Wege), das der erregbaren Unterform entspricht, ist ungesteuerte Hyperaktivität. Dieses Syndrom ist jedoch auch gekennzeichnet durch mot. Störungen und umfaßt so sowohl die erregbaren Katatonen als auch die sog. Manisch-Depressiven in der manischen Phase. Auf der depressiven Seite erkennt man die Symptomatologie der Unterform in psychotischer Depression.

Die dritte Hauptgruppe psychotischer Störungen werden *paranoide Zustandsformen* genannt, weil die Form der Involutionsparanoia eingeschlossen ist. Es handelt sich hier um Störungen, bei denen *Verfolgungs-* oder *Größenwahnideen* im Vordergrund stehen. Störungen der Stimmung, des Verhaltens, der Wahrnehmung und des Denkens, so nimmt man an, haben ihre Ursache in diesen Wahnvorstellungen. Die diagnostische Literatur zeigt, daß viele Autoritäten die Frage aufwerfen, ob die paranoiden Formen wirklich unabhängig oder nur Varianten der Schizophrenie oder einer paranoischen Persönlichkeit sind. Die Gültigkeit dieser Form der Störung erscheint ungesichert.

Zusammenfassend kann festgestellt werden, daß eine grobe Übereinstimmung zwischen den Hauptsyndromen psychotischen Verhaltens (statistisch bestimmt) und den wichtigsten psychotischen Störungen (auf der Basis klinischer Festsetzung) besteht. Dennoch ist es bedeutsam, daß die Elementar- und Hauptsyndrome in stärkerem Maße eine *dimensionale* als eine *typologische* Konzeption psychotischer Störung darstellen. Die psychiatrischen Unterformen sind vermutliche homogene Untergruppen von Individuen, die durch einen gemeinsamen Satz von Symptomen und Verhaltensweisen charakterisiert sind und deren Einordnung auf der Basis des Alles-oder-Nichts erfolgt. Im Ggs. dazu ist der dimensionale Ansatz quantitativer Art. Jeder Mensch erreicht einen Wert im Rahmen eines jeden Syndroms und damit ein „Profil“ oder eine Reihe Meßwerte.

MODELLE IN DER ENTWICKLUNG. Das moderne Modell der Verhaltensstörung ist sowohl dimensional als auch typologisch. Die meisten Symptome und Verhaltensweisen, durch die P.n charakterisiert werden, sind nicht qualitativ und diskret, sondern quantitativ und kontinuierlich in ihrer Art und sollten deshalb mit Hilfe quantitativer und kontinuierlicher Variablen erfaßt werden. Der dimensionale Ansatz bietet eine objektiv definierte Minimalausstattung *nicht-überlappender* Beschreibungsaspekte (Syndrome) an, die das Schwergewicht abnormen Verhaltens ausmachen. Er ermöglicht ebenfalls eine brauchbarere und objektivere Grundlage für meßbare Veränderungen einer Störung. Im typologischen Ansatz werden Individuen aufgrund aller Syndrome normabweichenden Verhaltens beschrieben. Sie werden dann zu sich gegenseitig ausschließenden Untergruppen auf der Grundlage der Ähnlichkeit von Syndromwert-Profilen zusammengefaßt. Jede Untergruppe ist so hinsichtlich des erreichten Profils objektiv definiert. Es sollte erwähnt werden, daß Angehörige zweier diagnostischer Gruppen sich in ihrem früheren Lebenslauf unterscheiden können, sich symptomatisch jedoch ganz ähnlich sind. So haben z. B. Involutionsmelancholie und die depressive Unterform der manisch-depressiven P. scheinbar ähnliche Syndromausprägungsprofile, obgleich sie sich hinsichtlich Alter und Zahl vorhergegangener Störungsepisoden unterscheiden.

Lit.: Lorr, M. & C. J. Klett: Cross-cultural comparison of psychotic syndromes. J. Abnorm. Psychol., 1969, *74*, 531–543; **dies.:** Major psychotic disorders. Arch. Gen. Psychiat., 1968, *19*, 652–658; **dies.:** Inpatient multidimensional psychiatric scale. Manual. Palo Alto (Calif.), 1966; **Lorr, M., Klett, C. J. & R. Cave:** Higher level psychotic syndromes. J. Abnorm. Psychol., 1967, *72*, 74–77; **Lorr, M., Klett, C. J. & D. M. McNair:** Syndromes of psychosis. Oxford, 1963; **Overall, J. E., Hollister, L. E. & P. Pichot:** Major psychiatric disorders. Arch. Gen. Psychiat., 1967, *16*, 146–151; **Schneider, K.:** Klinische Psychopathologie. Stuttgart, [8]1965; **Weitbrecht, H. J.:** Psychiatrie im Grundriß. Berlin – Göttingen – Heidelberg, [3]1973.

M. Lorr

Psychosen, endogene. E. P. entstehen ohne erkennbare körperliche Ursache und kausalen Zusammenhang mit Erlebnissen von innen, aus dem Organismus heraus. Der Begriff endogen verbindet sich mit der Vorstellung (bzw. dem Postulat) einer zwar im Körper liegenden, jedoch nicht ohne weiteres nachweisbaren, auf heredo-konstitutionellen Faktoren beruhenden Krankheitsursache auf der Ebene der neuronalen Transmitter. Psychoreaktive oder somatogene Auslösung (jedoch nicht Ursache) von Psychosen ist gelegentlich möglich. Zu den e. P. zählen Schizophrenie, manisch-depressive Erkrankung (Zyklothymie), atypische zykloide Psychosen und psychotische Episoden der genuinen Epilepsie. *J. Böning*

Psychosen, exogene. E. P. bzw. körperlich begründbare oder symptomatische P. werden durch faßbare Körperkrankheiten oder Störungen hervorgerufen. Dabei bleibt Art und Ort der körperlichen Primärschädigung unberücksichtigt, und nur die gleiche direkte oder indirekte Wirkung auf die Fundamentalfunktionen des ZNS impliziert das pathogenetisch Gemeinsame. *J. Böning*

Psychosen, psychogene. P. P. entstehen bei entsprechender Persönlichkeitsdisposition (mit und ohne endogener Anlagebereitschaft) durch seelische Anlässe, wobei ein als belastend empfundenes Erlebnis oder psychisches Trauma für Auftreten, Inhalte, Verlauf und oft auch Beendigung einer p. P. verantwortlich ist. *J. Böning*

Psychosomatik. DEFINITION. Der Begriff *„Psychosomatik"* wird in verschiedener Bedeutung verwendet. Die gebräuchlichste und engste Bedeutung meint eine begrenzte Anzahl von Krankheiten mit bestimmten Charakteristika. In einer weniger gebräuchlichen Bedeutung ist eine ganzheitliche Philosophie der Medizin gemeint, die die Theorie vertritt, daß Krankheit durch die Beziehung zwischen dem Individuum und seiner Umwelt entsteht, wobei psychol. und andere Aspekte gleichrangig berücksichtigt werden. Die praktische Anwendung dieses Begriffs bezieht sich auf die Behandlungsmethoden des Arztes und auf seine Beziehung zum Patienten, gleich, an welcher Krankheit er leidet. Die daraus resultierende, vielleicht dritte Interpretation unterstreicht die neuesten Forschungen, die Krankheit als ein ökologisches Problem zu betrachten. Verschiedene psychol. Schulen stimmen in der allg. Definition überein, d. h., es besteht ein Einverständnis über den Kreis der Themen, obwohl sie sich auf verschiedene Aspekte konzentrieren.

PSYCHOSOMATISCHE (p.) KRANKHEITEN. Charakteristika dieser Krankheiten sind: a) Sie weisen Funktionsstörungen auf, die zusammen mit Organschäden auftreten. In diesem Punkt unterscheiden sie sich von Geisteskrankheiten. b) Emotionale Störungen spielen eine große Rolle, indem sie das Wiederauftreten oder die Verschlimmerung der Symptome beschleunigen. c) Die Krankheiten sind chronisch mit phasischem Verlauf. d) Sie hängen oft zusammen mit anderen p. Störungen, sie treten in einer Familie auf oder in bestimmten Lebensabschnitten eines Patienten. e) Ihr Auftreten ist bei beiden Geschlechtern sehr verschieden. So tritt Asthma vor der Pubertät bei Jungen doppelt so oft auf wie bei Mädchen, während mehr Frauen als Männer daran leiden. Zwölffingerdarmgeschwüre treten bei Männern und die ↗Basedowsche Krankheit tritt bei Frauen häufiger auf.

Eine allgemein gültige Klassifizierung der p. Krankheiten gibt es nicht, aber die folgende kurze Aufstellung (nach Organsystemen) wird allgemein anerkannt: *Atmungsorgane:* Asthma, vasomotorischer Schnupfen; *Verdauungssystem:* Magengeschwüre, Störungen im Darmtrakt; *Herz-Kreislauf-System:* Hypertonie, Erkrankungen der Kranzgefäße, Migräne; *Haut:* Urticaria, Rosacea, Neuro-Dermatitis (atopisches Ekzem); *innere Sekretion:* Thyreotoxikose, Diabetes mellitus, Menstruationsstörungen; *andere Störungen:* rheumatische Arthritis. Nicht einig ist man sich, ob zu dieser Aufstellung auch Lungentuberkulose und Colitis ulcerosa gehören. Es gibt einige Hinweise darauf, daß emotionale Faktoren bei Beginn und Verlauf der ersteren eine Rolle spielen (Kissen, 1958), fraglich ist aber, ob dies auch für Colitis ulcerosa gilt.

PHYSIOLOGIE DER ↗GEFÜHLE. Es ist eine empirisch bewiesene Tatsache, daß die emotionalen Störungen mit dem Auftreten p. Störungen und mit der Verschlimmerung der Symptome in enger Beziehung stehen. Darüber hinaus gibt es genügend Hinweise, daß diese Störungen auch bei der Ätiologie eine Rolle spielen. Die „philosophische" Frage, wie geistige Veränderungen Körperschäden hervorrufen können, wird sinnlos, wenn man bedenkt, daß emotionale Veränderungen immer mit körperlichen Veränderungen einhergehen. Die emotionalen Reaktionen und die organischen Veränderungen können daher als verschiedene Aspekte der Reaktion eines Individuums auf ↗Stress-Situationen angesehen werden, und es bleibt nur noch zu überlegen, wie diese organischen Veränderungen zu Organschäden führen können.

Die Funktion der inneren Organe wird vom ↗Autonomen Nervensystem kontrolliert. Die meisten Organe werden zweifach versorgt: durch die antagonistisch wirkenden *adrenergen* und *cholinergen* Nervenfasern. Unter normalen Bedingungen wirken beide zusammen: wenn z. B. der Herzschlag sich erhöht, steigert sich die Aktivität des ↗Sympathikus (adrenerg), und die des ↗Parasympathikus (cholinerg) sinkt ab.

Einige der einfacheren Reflexe, die die Tätigkeit der inneren Organe beeinflussen, werden von den Teilen des ANS gesteuert, die außerhalb des ZNS liegen, z. B. die Peristaltik der Eingeweide. Die meisten anderen sind mit dem Rückenmark verbunden. Die Reflexe „niederer Ordnung" sind in die hierarchischen Systeme höherer Ordnung des ZNS integriert, um die internen Bedingungen eines Organismus optimal zu halten. Wenn ein Individuum einer Stress-Situation (z.B. extreme Temperatur, Sauerstoffmangel, Schmerz oder gefährliche Situation) ausgesetzt ist, wird das ganze ANS aktiviert, und die Veränderungen, die hierdurch entstehen, sind denen von ↗Angst- oder Wutzuständen vergleichbar. Die Cannon-Bardsche Gefühlstheorie betrachtet diese Veränderungen als Anpassungsvorgang des Individuums an eine Notsituation. Das Zentrum, von dem diese Impulsserie ausgeht, ist der ↗Hypothalamus, der über den Nucleus amygdalae, Hippocampus und die vorderen Kerne des Thalamus mit dem Gyrus cinguli des cerebralen Kortex verbunden ist. Diese übergeordneten Kerne bilden das „Limbische System", das die Organisation der emotionellen Reaktionen mit den übrigen Aktivitäten des ZNS verbindet. ↗Neuroanatomie.

Diese Impulsserie des ANS wird von der Aktivität eines parallelen Systems begleitet: der innersekretorischen Drüsen (↗Endogene Drüsen). Stimulationen des autonomen Systems des Rückenmarks bewirken am Nebennierenrindenmark erhöhte Ausschüttung von ↗Adrenalin und ↗Noradrenalin in den Blutkreislauf, wodurch an den einzelnen Organen die gleiche Wirkung hervorgerufen wird wie durch direkte Reizung über die autonomen

Nervenbahnen. Zusätzlich kontrolliert der Hypothalamus die Aktivität der Hypophyse, deren Sekretion wiederum auf andere endokrine Drüsen einwirkt, vor allem auf die Nebennierenrinde und die ↗Schilddrüse. Diese Notfallsreaktionen (Reaktionen auf ↗Stress) stehen in direktem Zusammenhang mit den Erscheinungen der p. Krankheiten. Reizung der parasympathischen Bahnen, die zu den Bronchiolen führen, verursacht Kontraktion der Muskelfibrillen und damit eine Verkleinerung des Volumens der Bronchiolen; das erste Stadium eines asthmatischen Anfalls. Reizung der autonomen Nervenversorgung des Magens führt zu einer Übersättigung der Magenschleimhaut, die dadurch leicht brüchig und verletzbar wird. Solche Verletzungen können nicht heilen, bevor die Magenwand wieder ihren normalen Zustand erreicht hat. Wolff und Wolf (1947) zeigten, daß diese Erscheinungen bei Wut- und Angstzuständen auftreten. Ein ↗Hormon der Nebennierenrinde, ↗Kortison, wird heute für therapeutische Zwecke verwendet; zwei bekannte Komplikationen, die bei seiner Anwendung auftreten können, sind Magengeschwüre und Lungentuberkulose.

Abgrenzung von p. Erscheinungen. Nicht alle Individuen reagieren auf (psychol.) Stress mit p. Störungen und leiden außerdem an verschiedenen Krankheiten. Viele Untersuchungen und Theorien wurden dem Problem der spezifischen Wirksamkeit („specifity") gewidmet; wenn man das Problem nur von der psychol. Seite aus betrachtet, könnte man von einer prädisponierenden ↗*Persönlichkeits*struktur sprechen, von der Art des plötzlich auftretenden Stress und von bestimmten Aspekten der vermittelnden Mechanismen.

Viele der älteren Forschungen gründeten sich auf die Theorie, daß bestimmte Persönlichkeitstypen prädestiniert sind, bestimmte p. Störungen zu entwickeln. Es wurden verschiedene „Persönlichkeitsprofile" beschrieben, aber es hat sich mit der Zeit herausgestellt, daß die Ähnlichkeit zwischen einzelnen Profilen größer war als die Unterschiede. Die meisten dieser Persönlichkeitstypen waren Variationen von „zwanghaften" oder „anankastischen" (↗Anankastischer Reaktionstyp) Persönlichkeiten. Da der größte Teil der Originalarbeiten nicht ausreichend oder überhaupt nicht experimentell kontrolliert wurde und da die zwanghafte Persönlichkeit ein häufig anzutreffender, normaler Typus ist, mag es nicht verwundern, daß nachfolgende Arbeiten die früheren Ergebnisse größtenteils in Frage stellten. In manchen Fällen scheint es, als sei die Persönlichkeit des Patienten eher ein Ergebnis der Krankheit als deren Ursache, z. B. bei Colitis ulcerosa. Trotz vieler Kritik wurden einige der Forschungsergebnisse verifiziert, sie sind aber nicht spezifisch; Patienten, die z. B. an Ulcus duodenalis leiden, sind oftmals sehr ängstlich. Ähnlich verhält es sich auch mit den Forschungsarbeiten über die Natur des psychol. Stress, der Krankheiten verursacht.

Viele Untersuchungen wurden den Mechanismen gewidmet, durch die emotionale Störungen die Aktivität eines Organs beeinflussen. Im ganzen gesehen, gibt es nur wenige Funktionen, die nicht der Kontrolle des ZNS entweder über das ANS oder durch das hypothalamus-hypophysäre endokrine System (↗Hypothalamus) unterliegen. Schon in älteren Untersuchungen konnte gezeigt werden, daß die Reaktionen auf Stress individuell verschieden sind. Ebenfalls wurde gezeigt, daß verschiedenartiger Stress, der Angst oder Ablehnung hervorruft, verschiedenartige Reaktionsmuster erzeugt. Es wurden Versuche unternommen, um zu zeigen, daß diese Muster für jedes einzelne Individuum festgelegt sind. Aber auch wenn das tatsächlich so sein sollte, ist diese Tatsache nicht von Bedeutung. Die autonomen Reaktionen stehen nicht nur mit der Grundaktivität des Organismus in Verbindung, sondern auch mit den erregten („willkürlichen") Verhaltensmustern. Das ANS ist leicht konditionierbar, und daher hängt seine Reaktion auch von den Lebenserfahrungen (Lerngeschichte) des Individuums ab. Das Lernen beruht sowohl auf dem *klassischen* wie auch auf dem *operanten* ↗Konditionieren; daraus resultiert, daß die Modifikation des ANS nicht nur bei der Entwicklung von p. Krankheiten, sondern auch bei ihrer Heilung eine Rolle spielt.

Psychol. Mechanismen wurden auch aus psychoanalytischer Sicht untersucht. Die dort beschriebenen Mechanismen des ↗Unbewußten unterscheiden sich nicht wesentlich von denen, die den ↗Neurosen oder Persönlichkeitsstörungen zugrunde liegen; dieses war zu erwarten, da die Reaktion eines Individuums auf Stress von der Gesamtheit seiner Lebenserfahrungen bestimmt wird. Eine ↗Psychotherapie muß auf das Individuum abgestimmt sein. Da kontrollierte Versuche in bezug auf die Psychotherapie äußerst schwierig durchzuführen sind, ist die Behauptung, daß eine solche Behandlung eine bedeutende Rolle bei der Heilung eines Patienten spiele, unbewiesen.

Neueste Entwicklung. Der wichtigste Aspekt in neueren Forschungsarbeiten ist die zunehmende Genauigkeit der Forschungsmethoden, z. B. Vergleiche mit entsprechenden Kontrollgruppen und die Anwendung psychometrischer Methoden zur Erfassung der Persönlichkeit. Skalen wurden entwickelt, um Stress zu messen. Neue Methoden der fortlaufenden Registrierung physiol. Veränderungen (↗Psychophysiologie; ↗Polygraph) geben genauere Informationen über die Reaktionen auf Stress. Intensive Untersuchungen des operanten ↗Konditionierens autonomer Funktionen haben nicht nur die Problematik des Mechanismus selbst erhellt, sondern haben auch neue Behandlungsmethoden erschlossen (Miller, 1969).

Epidemologische Untersuchungen haben sich mit der Rolle genetischer und Umweltfaktoren beschäftigt und versuchten, anfällige Gruppen herauszufinden. Ganze Bevölkerungsgruppen wurden intensiv erforscht (Essen-Moller, 1956) und längere Zeit beobachtet (Hagnell, 1966). Eine spezielle Entwicklungsrichtung gründet sich auf ökologische Forschungen. Eine ältere Untersuchung auf diesem Gebiet stammt von Hinckle und Wolff (1958). Mit steigender Zahl von Erkrankungen eines Individuums nimmt die Vielfalt der Krankheiten (einschließlich Geisteskrankheiten) und ihre Schwere zu. Obwohl jedes Individuum unter einer ziemlich konstanten Zahl von Erkrankungen leidet, steigt in Zeitabschnitten, in denen sich das Individuum bedroht fühlt, die Lebensumstände unbefriedigend und voller Konflikte sind und keine zufriedenstellende Lösung möglich ist, die Häufigkeit der Erkrankungen an. Diese Arbeit wurde von Holmes und Rahe 1967 fortgeführt. Die Änderung der Lebenssituation wurde mit einem Fragebogen erfaßt, der nach neuwertigen Erfahrungen eines Menschen fragt (Schedule of Recent Experiences). Sie wiesen nach, daß einem gehäuften Auftreten schwerer Krankheiten signifikanter Anstieg von Lebensumstellungen vorausging (Rahe & Arthur, 1965). Diese Arbeit lieferte einen spezifischen Beweis für die ganzheitliche Auffassung, daß Krankheit eine Reaktion auf die Umwelt ist und der Unterschied zwischen körperlichen und seelischen Erkrankungen geringer ist, als man traditionellerweise vermutet hat. Die Erforschung der p. Krankheiten ist in ein neues, interessantes Stadium getreten.

Lit.: Essen-Moller, E.: Individual traits and morbidity in Swedish rural population. Acta Psychiat. et neurol. Scand., 1956, Suppl., 100; **Hagnell, O.:** A prospective study of the incidence of mental disorders. Stockholm, 1966; **Hamilton, M.:** Psychosomatics. London, 1955; **Hinckle, L. E. & H. G. Wolff:** Ecologic investigations of the relationship between illness, life experiences and the social environment. Ann. intern. Med., 1958, *49*, 1373–1388; **Holmes, T. H. & R. H. Rahe:** The social readjustment rating scale. J. psychosom. Res., 1967, *11*, 213–218; **Kissen, D. M.:** Emotional factors in Pulmonary Tuberculosis. London, 1958; **Leigh, D. & E. M. Marley:** Bronchial Asthma. Oxford, 1967; **Miller, N. E.:** Learning of visceral and glandular responses. Science, 1969, *163*, 434–445; **Rahe, R. H. & R. J. Arthur:** Life-change patterns surrounding illness experience. J. psychosom. Res., 1968, *11*, 341–345; **Wolff, H. G. & S. Wolf:** An experimental study of changes in gastric function in response to varying life experiences. Rev. Gastroenteral., 1947, *14*, 419–434; **Wretmark, G.:** Peptic ulcer individual; study in heredity, physique, and personality. Acta psychiat. et neurol. Scand., 1953, Suppl., 84; **Alexander, F.:** Psychosomatische Medizin. Berlin, [3]1977; **Boor, C. de & E. Künzler:** Die psychosomatische Klinik und ihre Patienten. Heidelberg – Bern, 1963; **Boss, M.:** Körperliches Kranksein als Folge seelischer Gleichgewichtsstörungen. Bern – Stuttgart, [6]1978; **Cremerius, J.:** Zur Theorie und Praxis der Psychosomat. Medizin. Frankfurt a. M., 1978; **Jores, A.:** Praktische Psychosomatik. Stuttgart – Bern, 1976; **Stokvis, B.:** Psychosomatik. In: **Frankl, V. E., Gebsattel, V. Frh. v. & H. J. Schultz:** Handbuch der Neurosenlehre, Band III. München – Berlin – Wien, 1957, 435–457; **Uexküll, T. v.:** Grundfragen der psychosomatischen Medizin. Hamburg, [5]1976; **Weizsäcker, V. v.:** Körpergeschehen und Neurose. Stuttgart, 1947.

M. Hamilton

Psychosomimetika, Synonym für ↗Psychotomimetika.

Psychostrukturmodell heißt jedes nachrichten-technisch realisierte *physikalische,* jedes *mathematische* und damit für einen Rechner programmierbare sowie auch schon jedes *anschauliche* Modell psychischen Geschehens.

Ausgangspunkt der im Rahmen der ↗kybernetischen Pädagogik aufgestellten P.e ist das Organogramm der ↗Informations-Psychologie (Bild). Von diesem an sich schon groben anschaulichen Modell wurden verschiedene mehr oder weniger weitgehende Vereinfachungen mathematisiert, teilweise auf einem Rechner simuliert und als Basis für die Erzeugung von ↗Lehralgorithmen verwendet. Das zur Zeit komplexeste simulierte P. liegt der ↗Formaldidaktik COGENDI zugrunde.

Lit.: Frank, H.: Ansätze zum algorithmischen Lehralgorithmieren. Lehrmaschinen. 1966, *4,* 70–112; **Riedel, H.:** Psychostruktur. Quickborn, 1967.

H. Frank

Psychosyndrom, endokrines (M. Bleuler). Die psychischen Störungen bei verschiedenen ↗endokrinen (innersekretorischen) Erkrankungen fügen sich erscheinungsbildlich in denselben Rahmen (und sind ähnlich dem sog. hirnlokalen Psychosyndrom). Sie sind gekennzeichnet durch Störungen des *Antriebsverhaltens* (angetrieben – apathisch), der *Stimmung* (ängstliche, maniforme, depressive, reizbare, explosible Verstimmungen), der *Einzeltriebe* (Steigerung oder Hemmung von Bewegungsbedürfnis, Hunger, Durst, Sexualität). Die intellektuellen Funktionen hingegen sind nicht beeinträchtigt.

C. Scharfetter

Psychosyndrom, organisches (E. Bleuler) ↗Korsakow-Syndrom.

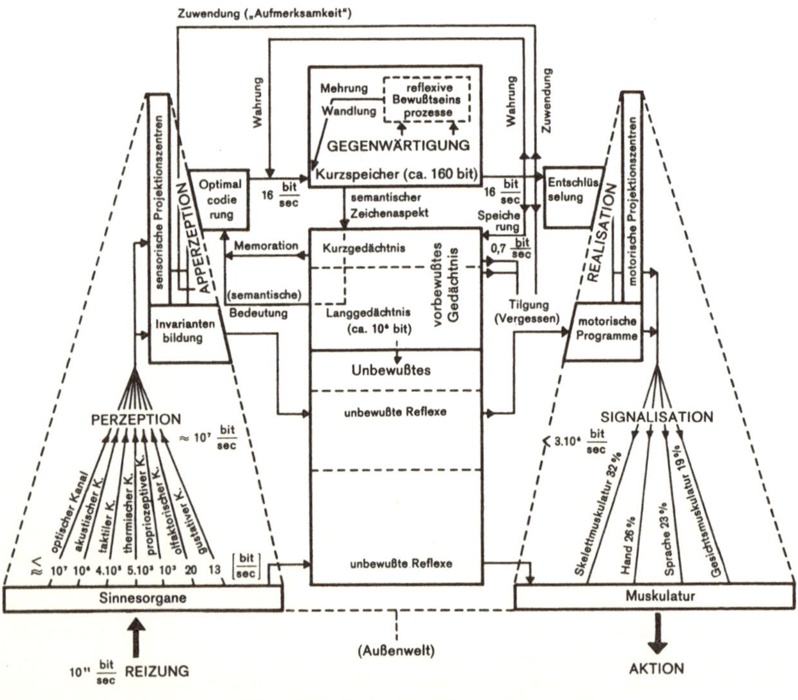

Organogramm für den Informationsumsatz im Menschen

Psychosynthese, als Ergänzung einer ↗Psychoanalyse aufgefaßte Form der ↗Psychotherapie, die in erster Linie auf den Neuaufbau der Persönlichkeit abzielt, nachdem durch die analytische Methode ↗Abwehrmechanismen und ↗Widerstände korrigiert wurden. Wurde von S. Freud für überflüssig gehalten, der annahm, daß die P. von selbst eintrete, sobald die neurotischen Konflikte gelöst seien, aber von C. G. Jung und ihm nahestehenden Autoren akzentuiert (A. Maeder, P. Tournier, H. Trueb). Die psychische Krankheit wird nicht so sehr ursächlich aufgehellt als unter dem Gesichtspunkt der Entwicklungsmöglichkeiten und der Selbstfindung des Betroffenen betrachtet; appellative Verfahren ergänzen die Therapie. ↗Psychagogik. *W. Schmidbauer*

Psychotechnik, ein von Stern (1903) in die Psychol. eingeführter Begriff zur Bezeichnung des zur psychol. Beurteilung (Psychognostik) notwendig hinzukommenden Aufgabengebietes der ↗angewandten Psychol., nämlich der Bereitstellung von Hilfsmitteln zur psychol. Menschenbehandlung (Psychotechnik). Für Münsterberg (1912), der das Arbeitsgebiet der P. abzugrenzen versuchte, ist sie „. . . die Wissenschaft von der praktischen Anwendung der Psychol. im Dienste der Kulturaufgaben". Sie soll eine Art psychologischer Technik sein, die dem Menschen hilft, alle von ihm angestrebten kulturellen Ziele (z. B. im Bereich der Wirtschaft, Gesellschaft, Erziehung, Wissenschaft, Medizin, Kunst, des Rechts usw.) „. . . durch die Beherrschung des seelischen Mechanismus" zu erreichen. Gegen die im Laufe der Zeit sich durchsetzende syn. Verwendung der Begriffe P. und angewandte Psychol. wandte sich O. Lipmann (ohne dauernden Erfolg) mit dem Begriff *„Technopsychologie"* (auch Psychotechnologie), der den Aspekt der reinen Anwendung psychol. Erkenntnisse in der Praxis wieder deutlicher machen sollte. Giese (1925) unterschied zwischen *Subjektpsychotechnik* als der Anwendung psychol. Erkenntnisse auf das handelnde Subjekt (z. B. Fragen der Auslese, Eignung, Ermüdung, Belastung u. ä.) und *Objektpsychotechnik* als der „Anpassung der Umwelt an die Eigenart des menschlichen Seelenlebens" (z. B. Fragen der Arbeitsplatzgestaltung, Werkzeuggestaltung, Arbeitsorganisation u. ä.). Der Begriff P. hat heute an Bedeutung und damit an Problematik eingebüßt. Häufig wird er weiterhin mit angewandter Psychol. gleichgesetzt oder als spezifische Bezeichnung für die praktische ↗Arbeits-, Berufs- und Wirtschaftspsychol. verwandt.

Lit.: **Arnold, W.:** Angewandte Psychologie. Stuttgart, [2]1975; **Dorsch, F.:** Geschichte und Probleme der angewandten Psychologie. Bern, 1963; **Giese, F.:** Theorie der Psychotechnik. Grundzüge der praktischen Psychologie I. Braunschweig, 1925; **Münsterberg, H.:** Psychol. und Wirtschaftsleben. Leipzig, 1912; **Stern, W.:** Angewandte Psychologie. Beiträge zur Psychol. der Aussage, Erste Folge. Leipzig, 1903. 1.

A. Thomas

Psychotherapeut, Facharzt oder klinischer Psychologe, der befugt ist, Patienten psychotherapeutisch zu behandeln.

Psychotherapie (wörtlich: „Behandlung der Seele") bezieht sich auf eine Vielzahl psychologischer Methoden, die dazu verwendet werden, seelische, emotionale und Verhaltensstörungen zu beheben. Das kann in individuellen ↗Interviews geschehen, wo Patient und Therapeut gemeinsam versuchen, Konflikte, Gefühle, Erinnerungen und Phantasien des Patienten im Gespräch aufzudecken (↗Psychoanalyse), um einen Einblick in die gegenwärtigen Probleme zu erhalten. Dieses Gespräch kann auch in Gruppen von sechs bis zwölf Patienten (↗Gruppentherapie) oder – wie es bei Kindern gehandhabt wird – in Form eines Spiels zwischen Therapeut und Kind durchgeführt werden. Während dieses Spiels gibt das Kind seinen Gefühlen Ausdruck und lernt durch die Beziehung mit dem Therapeuten neue Verhaltensweisen.

Man muß die P. von med. Techniken unterscheiden, wie z. B. der Chemotherapie oder Elektroschocktherapie (↗Schock), die oft zur Behandlung Geisteskranker angewendet werden, insbesondere bei schweren Fällen, die man unter Patienten in psychiatrischen Kliniken antrifft.

ZUR GESCHICHTE. Psychologische Behandlungsmethoden psychischer Krankheiten wurden schon seit Jahrtausenden in primitiven Formen angewendet. Zu diesen Methoden gehören Zauberkünste, religiöse Wunderheilung und verschiedene Arten von Bestrafung. Gegen Ende des 19. Jh. wurden verschiedene wiss. Formen der Behandlung entwickelt, die sich z. T. auf Pionierleistungen von Psychiatern wie z. B. P. Pinel in Frankreich stützten, der behauptete, daß Krankheiten durch soziale und psychol. Belastung entstehen. Der Schwerpunkt damaliger Behandlungsweisen lag auf dem therapeutisch-sozialen Einfluß des Arztes, auf verschiedenen Arten der Überzeugungskunst (persuasions therapy) und ↗Suggestion einschließlich ↗Hypnose. Sie wurde als therapeutische Technik von vielen großen Ärzten verwendet, wie z. B. von J. Charcot in Frankreich und J. Breuer in Österreich.

Diese Richtungen des 19. Jh. gipfelten in der Entwicklung der ↗*Psychoanalyse* zwischen 1895 und 1939 durch S. ↗Freud, der mit Charcot und Breuer zusammengearbeitet hatte. Freud jedoch gab die Hypnose auf und verwendete die für die Psychoanalyse wichtigste Technik, die *freie Assoziation* des Patienten, die *Interpretation* (Deutung) durch den Therapeuten und die Bildung einer ↗*Übertragung* zwischen Patient und Therapeut. Die Psychoanalyse kann als erstes und umfassendstes *System* der P. betrachtet werden. Von Freuds Schülern, z.B. von C. G. ↗Jung, O. Rank und A. ↗Adler, wurden mehrere Varianten der psychoanalytischen Technik ausgearbeitet. Weitere Konzepte wie von K. Horney, H. S. Sullivan, F. Alexander u. a., wurden von Freuds Schriften stark beeinflußt. Sogar C. Rogers, A. Ellis und V. Frankl, die Freuds Annahmen über das *Unbewußte,* die *psychischen Instanzen,* die freie *Assoziation* teilweise oder ganz ablehnen, verwenden doch das von Freud entwickelte therapeutische Gespräch (Selbstanalyse des Patienten) als Hauptmethode.

GEGENWÄRTIG VERWENDETE TECHNIKEN. Die gebräuchlichen und modernen therapeutischen Techniken reichen von der ↗Existenzanalyse, in deren Mittelpunkt religiöse und philosophische Begriffe wie Wert, Sinn und Lebenszweck stehen, bis zur ↗*Verhaltenstherapie,* die auf ↗Konditionierungstechniken beruht und wesentlich spezifischer und mechanistischer ist. Weiterhin gibt es heute auch eine ganze Reihe von Gruppentechniken (↗Gruppentherapie), die von der verbalen Selbstanalyse bis zu mehr aktiven Begegnungsgruppen reichen, bei denen Berührung, Gegenüberstellung und ähnliches üblich ist und deren Ziel das intensive Erlebnis starker Gefühle *an sich* ist im Ggs. zur bloßen Innenschau.

Therapeuten, die mit verschiedenen Positionen vertraut sind, unterscheiden sich doch in einer Reihe *wichtiger Ziele.* Manche möchten Unbewußtes bewußt machen und die frühe Kindheit des Patienten erforschen, wohingegen andere eher bewußte ↗Einstellungen und offene Verhaltensweisen verändern möchten. *„Patientzentrierte" Therapeuten* (↗Nicht-direktive Therapie) z. B. glauben, daß eine vom Therapeuten eingeleitete Beziehung, die Wärme und Verständnis ausstrahlt, schon allein genügen kann, um eine positive Persönlichkeitsveränderung auszulösen. Viele andere sind der Meinung, daß eine solche Haltung notwendig ist, jedoch nicht ausreicht; technische Erweiterungen der Therapie, wie z. B. Interpretation und Ratschläge, seien notwendig. Verhaltenstherapeuten glauben, daß Verfahren wie ↗Bekräftigung, Desensibilisierung oder aversive Konditionierung äußerst wichtig sind und daß die „ideale" Haltung des Therapeuten weder nötig noch ausreichend ist. Andere wiederum behaupten, daß die Erfolge aller Therapien – die Verhaltenstherapie eingeschlossen – auf unspezifischen Einflüssen beruhen, z. B. auf der Atmosphäre, die die Behandlungsmethoden und die Umgebung prestigebewußter Therapeuten umgibt, die allg. als „Gesundbeter" bezeichnet werden. Diejenigen, die sich diesen ↗„Placebo-Effekt" zunutze machen, stehen im Ggs. zu denen, die an bestimmte Wirkungen bestimmter Techniken glauben.

Eine andere Kontroverse entstand infolge der Auffassung von Verhaltenstherapeuten, daß offenkundige Verhaltenssymptome (z. B. bei ↗Phobien und sexuellen Fehlhaltungen), direkt durch einfache Rekonditionierung ohne

Selbstanalyse und Einsicht und ohne dadurch dem Patienten zu schaden, geheilt werden können. Ein ähnlicher Diskussionspunkt richtet sich auf verschiedene Modellvorstellungen von Krankheit: die Analytiker behaupten, daß ein unbewußter Konflikt die Symptome hervorruft, während die Behavioristen den Standpunkt vertreten, daß Symptome gelernte Verhaltensweisen sind, die den Grundgesetzen der Bekräftigung und ↗Konditionierung gehorchen. Diese Auseinandersetzung dreht sich vor allem um die Frage, ob innerpsychische, persönliche Erlebnisse oder äußerliches Verhalten das Verhalten kontrollieren. Theoretiker und Praktiker unterscheiden sich auch bezüglich der Bedeutung, die sie den biol. Determinanten der Verhaltensstörungen zusprechen. Umwelttheoretiker betonen mehr die Bedeutung sozialer und psychol. Faktoren in der Lebensgeschichte des Patienten. Genetisch und biochemisch orientierte Forscher betonen die biol. Prädisposition (↗Anlage), Störungen und zeitweilige Unausgeglichenheit im Stoffwechselhaushalt; dementsprechend verwenden sie auch meistens eine Kombination von P. und Chemotherapie.

Die therapeutischen Techniken können ganz grob klassifiziert werden hinsichtlich ihrer Schwerpunkte: a) *Neuorientierung von Erlebnis- und Auffassungsweisen* (Änderung von Einstellungen durch Einsicht), b) *Veränderung emotionaler Zustände oder emotionaler Reaktivität und Sensitivität* oder c) *Verhaltensmodifikation.*

Historisch betrachtet, kämpften alle diese verschiedenen Richtungen um Vorrang und Einfluß, und jede beanspruchte für sich, einen weiten Bereich von seelischen Störungen heilen zu können. Es ist sinnvoller, zu erforschen, welche bestimmte Behandlungsweise auf welche Symptome und unter welchen Bedingungen eine ganz bestimmte Wirkung hat, als zu fragen, welches System denn das beste sei. Obgleich psychol. Therapien wesentlich komplexer sind als Behandlung mit Medikamenten, ergeben Untersuchungen auf dem Gebiet der P., daß moderne Therapiearten ähnlich spezifische Wirkungen in bezug auf bestimmte Krankheiten haben wie präzise eingesetzte medikamentöse Behandlung. Das *systematische Desensibilisieren* z. B. ist eine allgemein beliebte Methode zur Behandlung von ↗Phobien; obwohl sie von Verhaltenstherapeuten erfunden wurde, wird sie immer mehr von Anhängern anderer Schulen übernommen, z. B. von den Psychoanalytikern und den patientzentrierten Therapeuten; das bedeutet, die Art und Auswahl von Therapietechniken orientiert sich immer mehr an den Ergebnissen der expt. Forschung.

Psychotherapeutische Forschung. Im Jahre 1952 wurden die Psychotherapeuten durch H. J. Eysencks Analyse statistischer Daten aus den Untersuchungen über Therapieerfolge verblüfft, in der er behauptete, es gäbe keine Hinweise, daß die P. irgendeinen außergewöhnlichen Effekt über die unspezifischen Alltagseinflüsse hinaus habe. Ungefähr zur gleichen Zeit leisteten C. Rogers und seine Schüler Pionierarbeit, indem sie den therapeutischen Prozeß untersuchten und empirische Grundlagen der Behandlung forderten. Diese und andere Einflüsse regten eine Reihe von Untersuchungen an, die die psychol. Behandlung in einen wiss. Rahmen bringen wollten, indem sie bestimmte Effekte der Therapie aufzeigten und Prozesse, die zu diesen Ergebnissen führten, objektivierten.

1. *Untersuchung der Erfolge verschiedener Therapien.* ↗Querschnittuntersuchungen haben gezeigt, daß die gewöhnlich durchgeführten therapeutischen Behandlungen nur bescheidene Erfolge haben im Vergleich zu den spontanen Veränderungen (Spontanremissionen), die bei unbehandelten Fällen der Kontrollgruppe auftraten! Dieser Schluß beruht jedoch auf Daten, die an heterogenen Stichproben von Patienten und Therapeuten gewonnen wurden. Wenn man diese Stichproben nach verschiedenen Kriterien auswählt, gelangt man zu interessanten Ergebnissen. Patienten z. B., die von einem einfühlsamen und warmherzigen Therapeuten betreut wurden, zeigten eine überdurchschnittliche, Patienten, deren Therapeuten diese Eigenschaften nicht aufwiesen, eine unter dem Durchschnitt liegende Besserung. Ähnliche Unterschiede ergaben sich bei Patienten, deren Therapeuten

sich bezüglich persönlichen Anpassungsvermögens und beruflicher Erfahrung unterschieden. Außerdem fand man, daß die Erfolge einer Therapie auch von der Persönlichkeit des Patienten abhängen und von der Art der Therapie. Stärker gestörte Patienten sind z. B. weniger gut ansprechbar als nicht so stark gestörte. Desensibilisierungstechniken scheinen bei bestimmten Phobien effizienter zu sein als z. B. Techniken, die Wert auf die Einsicht des Patienten legen, und als solche, die eine intensive Beziehung zwischen Patient und Therapeut erfordern. Heute ist es offenkundiger denn je, daß der Erfolg einer Therapie die komplexe Funktion von Eigenschaften des Patienten, des Therapeuten und der jeweils angewandten Technik ist.

2. *Untersuchung des Therapieverlaufs.* Es werden das „Leben" bzw. die audio-visuell aufgezeichnete Interaktion von Therapeut und Patient analysiert, um solche Interaktions-, Beeinflussungs- und Reaktionsarten, die eine Veränderung erzeugen, aufzudecken. Es hat sich z. B. gezeigt, daß Therapeuten, die bezüglich Abhängigkeit und Feindseligkeit persönliche Konflikte haben, dazu neigen, eine Diskussion über diese Gebiete zu vermeiden und somit ihre Aufdeckung durch den Patienten selbst erschweren. Nicht ängstliche Therapeuten sind besser geeignet, den Patienten zur Selbstanalyse zu ermutigen, die dann zur Persönlichkeitsänderung führt. Ebenso hat sich herausgestellt, daß Patienten sich selbst schützen, indem sie schweigen oder ein anderes Thema anschneiden, wenn der Therapeut zu tief in kritische Bereiche vordringt.

3. *Untersuchung des Therapeuten selbst.* Es wird versucht, diejenigen Eigenschaften des Therapeuten herauszufinden, die den Therapieverlauf und das Ergebnis der Therapie beeinflussen, wie bereits schon oben beschrieben wurde.

4. *Untersuchung der Patienten.* Es hat sich gezeigt, daß Reaktionen auf den therapeutischen Eingriff eine Funktion von bereits länger bestehenden Eigenschaften und gegenwärtigen Symptomen sind. Von Bedeutung sind z. B.: Bereitschaft für Veränderung, Schwere der Verhaltensstörung, Komplexität der Symptome und Dauer, Ausmaß der psychol. und umweltbedingten Hilfsmittel, kultureller, erziehungsbedingter und ökonomischer Status, Offenheit gegenüber emotionaler Erfahrung u. a. m.

5. *Laborexperimente.* Phänomene, die in der Therapie auftreten, werden im einzelnen untersucht, indem Teile der klinischen Situation unter expt. Kontrolle hervorgerufen werden, so daß Ursachen und Konsequenzen besser erkannt werden können. Verhaltenstherapeuten konnten z. B. diese Methode der künstlichen Schaffung klinischer Situationen erfolgreich anwenden bei der Frage, welche Bestandteile des Desensibilisierungsprozesses (z. B. Entspannung, Vorgabe der Item-Hierarchie und persönlicher Kontakt mit dem Therapeuten) die Veränderung hervorrufen bzw. am stärksten beeinflussen. Diese Art des expt. Vorgehens führte auch zur Entdeckung völlig neuer Behandlungsmethoden und wird wahrscheinlich auch in der Zukunft die wichtigste Methode zur Untersuchung von Therapien sein. Neue Methoden werden aus anderen Gebieten, wie der Lernforschung, Persönlichkeits- und Sozialpsychol. usw., übernommen und weniger in der klinischen Forschung selbst entwickelt.

Psychotherapie, Psychologie und Gesellschaft. P. ist ein Gebiet der ↗Angewandten Psychologie und daher ganz allgemein von den Methoden und Prinzipien der Psychol. beeinflußt. Umgekehrt wirkte sich die P. auf das Denken und die Forschung in fast jedem Teilgebiet der Psychol. fruchtbar aus. Das Problem der Messung von Persönlichkeitsveränderungen hat die Grenzen der Meßmethoden erweitert; die Analyse der Psychodynamik hat das Interesse auf die Auswirkung der ↗Motivation auf die ↗Wahrnehmung gelenkt; die große Zahl der Fallgeschichten hat die Entwicklungspsychol. beeinflußt; und das Konzept der P. als Umerziehung hat z. T. die Lernpsychol. beeinflußt. Andererseits wird die P. von fortschrittlichen Forschern kritisiert; sie sei viel zu begrenzt in ihrem Wirkungsbereich, um die immer häufiger werdenden Krankheiten zu heilen, die ihre Ursachen in sozialem Verfall, sich wandelnden Sitten, internationalen Konflikten, starren Institutionen und schädigenden Gesellschaftsstrukturen haben. Diese neue Richtung könnte man „Gemeinschafts-(Gesellschafts-)Psychologie" nennen; der Schwerpunkt wird mehr auf ökologische als auf individuelle Veränderungen gelegt. Der wichtige Beitrag der P. zum Verstehen der dynamischen intraindividuellen Veränderungsprozesse sollte auch von der neueren Bewegung anerkannt werden sowie die Tatsache, daß die bedeutendsten psychol. Prozesse und Spannungen zwischen zwei Individuen, in Familien und in kleinen Gruppen ausgetragen werden.

Lit.: Bandura, A.: Principles of behavior modification. New York – London – Sydney, 1969; **Bergin, A. E. & S. L. Garfield:** Handbook of psychotherapy and behavior change. New York – London – Sydney, 1970; **Eysenck, H. J.:** The effects of psychotherapy. New York, 1966; **Ford, D. H. & H. B. Urban:** Systems of psychotherapy. New York – London – Sydney, 1963; **London, P.:** The modes and morals of psychotherapy. New York – London – Sydney, 1964; **Strupp, H. H.:** Psychotherapy and the modification of abnormal behavior: an introduction to theory and research. New York – London – Sydney, 1970; **Strupp, H. H. & A. E. Bergin:** Some empirical and conceptual bases for coordinated research in psychotherapy. International Journal of Psychiatry, 1969, 7, no. 2, 18–90; no. 3, 116–168; **Strupp, H. H. & A. E. Bergin:** Research in individual psychotherapy: a bibliography. (National Clearing House for Mental Health Information, National Institute of Mental Health.) Washington (D. C.), 1969; **Truax, C. B. & R. R. Carkhuff:** Toward effective counseling and psychotherapy. Chicago, 1967; **Wolberg, L. R.:** The techniques of psychotherapy, 2 Bde. New York, ³1977; **Battegay, R., H. Funke et al.:** Gruppenpsychotherapie und Gruppendynamik. Göttingen, 1968; **Blöschl, L.:** Grundlagen und Methoden der Verhaltenstherapie. Bern, ⁴1974; **Condrau, G.:** Einführung in die Psychotherapie. Freiburg i. Br., 1970; **Frankl, V. E., Gebsattel, V. Frhr. v. & H. J. Schultz:** Handbuch der Neurosenlehre und Psychotherapie, Bd. I–V. München – Berlin – Wien, 1957; **Langen, D.:** Psychotherapie. Stuttgart – München, ⁴1978; **Moreno, J. L.:** Gruppenpsychotherapie und Gruppendynamik. Göttingen, 1968; **Rogers, C. R.:** Die klientbezogene Gesprächstherapie. München, 1973; **ders.:** Entwicklung der Persönlichkeit. Stuttgart, ²1976; **Strotzka, H.** (Hrsg.): Psychotherapie. München, ²1978; **Wendt, C. F.:** Neurosenlehre und Psychotherapie. Berlin – Göttingen, 1962; **Wyss, D.:** Lehrbuch der medizinischen Psychologie und Psychotherapie. Göttingen, 1971.

A. E. Bergin

Psychotizismus, ein von Eysenck (1968) dimensionsanalytisch (criterion analysis) ermittelter Faktor, der drei Gruppen von normalen, schizophrenen und manisch-depressiven Pbn voneinander differenzierte (mit zunehmenden Punktwerten in dieser Reihenfolge). Tests des P. sind z. B. Beurteilen räumlicher Distanzen, Lesegeschwindigkeit, ↗Anspruchsniveau beim Spiegelzeichnen, Addieren von Zahlenreihen.

Lit.: Eysenck, H. J.: Classification and the problem of diagnosis. In: **H. J. Eysenck** (Ed.): Handbook of abnormal psychology. London, 1968, 1–31.

M. Amelang

Psychotomimetika, ↗Psychopharmaka, die zeitlich begrenzte psychoseähnliche Zustände erzeugen können. Sie werden auch als *Psychosomimetika, Halluzinogene, Phantastika, Eidetika,* Psychotogene, Psychodysleptika und „psychedelic drugs" bezeichnet. – *Chemisch* lassen sie sich gliedern in *Indolalkaloide* (Lysergsäure-Derivate, Dimethyltryptamin, Bufotenin, Psilocybin, Ibogain, Harmine), *Phenyläthylamin*-Derivate (Meskalin), *Piperidin*-Derivate (Belladonna-Alkaloide und andere anticholinerge Stoffe, Phencyclidin) und *Tetracannabinole* (Wirkungsträger von ↗Cannabis). – In bezug auf *psychotomimetische Effekte* am eingehendsten untersucht sind bisher ↗LSD, ↗Meskalin und ↗Psilocybin. Die Wirkungsbilder dieser Substanzen sind ähnlich, Unterschiede betreffen vorwiegend den zeitlichen Verlauf der Wirkung (*Psilocybin:* Wirkungsgipfel nach ca. 30 min., Wirkungsdauer 2–4 Std.; *LSD:* Wirkungsgipfel nach 1–1½ Std., Wirkungsdauer 5–6 Std.; *Meskalin:* Wirkungsgipfel nach 2–2½ Std., Wirkungsdauer 8 Std. u. länger). Bei chronischer Applikation lassen sich Toleranz und Kreuztoleranz zwischen diesen Substanzen ausbilden. – Die *psychischen Veränderungen* betreffen Wahrnehmung, kognitive und affektive Funktionen. Mögliche Störungen der Wahrnehmung sind: ↗Halluzinationen, ↗Illusionen (vornehmlich im visuellen Bereich), Intensivierung der Farbwahrnehmung, ↗Synästhesien, Veränderungen von Form- und ↗Raumwahrnehmung, Körperschemastörungen usw. Im kognitiven Bereich können Depersonalisationsphänomene, Verlust der Kontrolle über die Gedanken u. a. auftreten. Die affektiven Wirkungen können je nach Ausgangslage in ↗Euphorie, Dysphorie oder extremen Stimmungsschwankungen bestehen. – Vor Eintritt psychischer Alterationen treten subjektiv häufig Schwindel, Schwächegefühl, Übelkeit, Zittrigkeit, Schläfrigkeit oder andere somatische Symptome auf. Beobachtbare vegetative Effekte sind insgesamt jedoch relativ gering (Pupillendilatation, Hyperreflexie, erhöhte Muskelspannung). EEG-Untersuchungen (↗Encephalographie) berichten leichte Erhöhungen des Alpha-Rhythmus oder Desynchronisationsmuster. – Die Ähnlichkeit der durch diese Substanzen hervorgerufenen psychischen Veränderungen mit der schizophrenen Psychose gab Anlaß zu der Hoffnung, mit dem Wirkungsmechanismus dieser Drogen die Ursachen der ↗Schizophrenie aufzuklären (↗Pharmakopsychologie). Diese Hoffnung hat sich bisher nicht erfüllt. Heute ist zudem die Ansicht vorherrschend, daß die durch diese Substanzen induzierten Zustände auch in der Symptomatik von der Schizophrenie verschieden sind.

Lit.: **Downing, D. F.**: Psychotomimetic compounds. In: **M. Gordon** (Ed.): Psychopharmacological agents, Vol. 1. New York – London, 1964; **Efron, D. H.** (Ed.): Psychopharmacology, a review of progress 1957–1967. Washington, 1968; **Freedman, D. X.**: Research strategies with psychotomimetic drugs. In: **A. J. & M. P. Mandell** (Eds.): Psychochemical research in man. New York and London, 1969; **Hollister, L. E.**: Chemical Psychoses. Springfield, 1968; **Leuner, H.**: Die expt. Psychose. Berlin – Göttingen – Heidelberg, 1962; **Levine, J.**: LSD – A clinical overview. In: **P. Black** (Ed.): Drugs and the brain. Baltimore, 1969. *G. Erdmann*

Psychotomimetisch ↗Psychopharmaka.

Psychotonika, Synonym für ↗Stimulantien.

Psychotonolytika, Synonym für ↗Tranquilizer.

Psychotrope Substanzen, Substanzen, die, in den Organismus eingebracht, über Einwirkung auf das ZNS zeitlich begrenzte psychische Veränderungen bewirken. ↗Psychopharmaka. *G. Debus*

P-Technik ↗Faktorenanalyse.

PTV (Praktisch-Technischer-Verständnis-Test). Als Entscheidungshilfe für Aus- und Weiterbildung in naturwissenschaftlich-technischen Berufsrichtungen konzipierter ↗Paper-Pencil-Test. Der Test besteht aus 50 Wahlantwortaufgaben zu technischen Vorgängen und Problemen, die zeichnerisch dargestellt und nach steigendem Schwierigkeitsgrad gestaffelt sind. Normen für 13- bis 41jährige und älter (nur männlich); keine berufsspezifischen Normen. Reliabilität (1 Jahr): .68; mittlere Korrelation (.35) mit Bewährungskriterien in technischen Berufen.

Lit.: **Amthauer, R.**: PTV – Test zur Untersuchung des praktisch-technischen Verständnisses. Göttingen, 1972.

H. Buchta & R. Krebs

Pubertas praecox, vorzeitiger Eintritt der Entwicklung der sekundären ↗Geschlechtsmerkmale und der Geschlechtsreife. Die echte organisch bedingte Frühreife ist bei Kindern relativ selten. Ihre Ursachen sind meist Hoden-, Eierstocks- oder Nebennierengeschwülste sowie hypothalamische Krankheitsbilder entzündlichen oder neoplasmatischen Ursprungs. Meist ist keine direkte sexuelle Aktivität damit verbunden, evtl. eine erhöhte Neigung zur Onanie.

Lit.: **Stockert, F. G. v.**: Einführung in die Psychopathologie des Kindesalters. München – Berlin, 1957, 101.

M. Sachs

Pubertät. Die P. wird durch eine 2. Trotzphase eingeleitet, die zunächst eine negative Phase mit sich bringt. Es besteht ein Zustand der Unausgerichtetheit, es kommt zu Introversion mit Abwehr gegen Einflüsse von außen. Anschließend beginnen sich die neuen Wertmaßstäbe zu stabilisieren. Mit zunehmender Extraversion (Jugendgruppen, Freundschaft mit dem anderen Geschlecht) kündigt sich die letzte Phase an. Das Ziel der Pubertätsentwicklung ist die geistige Verselbständigung und die Eingliederung in das Erwachsenenleben. Diese Umstellungen bringen „innere Umwälzungen" (S. Freud), d.h. heftige Konflikte in den Jugendlichen, mit sich. Häufig macht die Verarbeitung der damit verbundenen Probleme Schwierigkeiten, und es kommt zu einer ↗Aggression, die gegen das Selbst gerichtet ist bzw. zu einer Abwehr der körperlich-sexuellen Reifung. *M. Sachs*

Public Relations (PR). Die von führenden PR-Fachleuten und von der *Deutschen Public-Relations-Gesellschaft* e.V. (DPRG) vertretene Umschreibung definiert Öffentlichkeitsarbeit als „das bewußte, geplante und dauernde Bemühen, gegenseitiges Verständnis und Vertrauen in der Öffentlichkeit aufzubauen und zu erhalten" (Oeckl, 1964, S. 42). Öffentlichkeitsarbeit ist der Dialog, den jede ↗Gruppe der Gesellschaft bzw. jedes Individuum zu führen hat, wenn sie im sozialen Prozeß bestehen wollen. Öffentlichkeitsarbeit ist die aus der Zwietracht gesellschaftlicher Gruppen entstandene Bemühung um Eintracht; PR kann keine Konflikte lösen, sondern sie nur vom Ballast der Mißverständnisse befreien, um ihre Lösung auf sachlicher Ebene zu ermöglichen. Die tägliche Auseinandersetzung zeigt, wie groß der emotionale Ballast ist und wie wichtig die PR für die Lösung der Probleme durch ihre Versachlichung sind. Zweck und Auftrag der Öffentlichkeitsarbeit wären demnach: Absicherung der Gruppe innerhalb der Gesellschaft durch deren Anerkennung und Vertrauen.

Im Ggs. zur Werbung, deren Ziel die Schaffung und Erhaltung eines für den Produktionsprozeß optimalen Marktanteils ist, bezweckt die Öffentlichkeitsarbeit die ↗Wahrnehmung der Gruppeninteressen im sozialen Prozeß der Gesellschaft (Werbung um öffentliches Vertrauen). Hieraus folgert eindeutig: Informationen, die der Auseinandersetzung im gesellschaftspolitischen Leben dienen, gehören zum Bereich der PR; Informationen, die dem Absatz von Produkten und Leistungen dienen, gehören zur ↗Werbung.

Zur vorbereitenden Situationsanalyse wie auch zur nachträglichen Erfolgskontrolle bedienen sich die PR vorwiegend der Methoden der empirischen Sozialforschung, ausgehend vom tiefenpsychol. ↗Interview bis zur breitangelegten Feldarbeit.

Lit.: Oeckl, A.: Handbuch der Public Relations. München, 1964; **ders.:** PR-Praxis. Der Schlüssel zur Öffentlichkeitsarbeit. Düsseldorf, 1976.

A. Oeckl

Puerilismus, Jungenhaftigkeit, kindliches Verhalten der Erwachsenen, ein abnormer Zustand des Erwachsenen, in dem dessen Psyche zum Kindheitsniveau zurückzukehren scheint (eine Form des Infantilismus).

J. Price

Pufferreiz, bei psychol. Experimenten oder Tests eine der eigentlichen Untersuchung vorangestellte Aufgabe, die zur Eingewöhnung in die Situation und zum Abbau von Befangenheit oder Prüfungsanst dient und die nicht ausgewertet wird. *W. Traxel*

Pulfrich-Effekt (nach C. Pulfrich, 1858 bis 1927). Ein in frontparalleler Ebene schwingender binokular gesehener Gegenstand scheint dann eine horizontale Ellipse zu beschreiben, wenn ein Auge durch ein Grau- oder Farbfilter teilweise abgedunkelt wird.

Der Stereoeffekt wird dahingehend erklärt, daß für das rechte und linke Auge aufgrund der verschiedenen Beleuchtungsstärken unterschiedlich lange Intervalle zwischen Reiz und Empfindung (Empfindungszeiten) auftreten. Die so entstehende ↗Querdisparation führt zu einer Tiefenwahrnehmung (↗Tiefensehen).

Lit.: Mütze, K., et al.: ABC der Optik. Hanau a. M., 1961 (Nachdruck 1975); **Trendelenburg, W.:** Der Gesichtssinn. Berlin – Göttingen – Heidelberg, [2]1961. *W. Pieper*

Pulsfrequenz ist die Zahl der vom Herzen erzeugten arteriellen Blutdruckschwankungen pro min. Normalerweise liegt sie bei 70/min., kann aber in Extremfällen bei trainierten Sportlern in Ruhe bis auf 50/min. absinken und bei maximaler Erregung und gewissen Kreislauferkrankungen bis 200/min. ansteigen. *E. David*

Punktbiseriale Korrelation, parametrisches Verfahren zur Bestimmung des Ausmaßes der Wechselbeziehung zwischen einer quantitativen, normalverteilten Variablen und einem dichotomisierten oder Alternativmerkmal. Die Berechnung der p. K. erfolgt nach der Formel

$$r_{pbis} = \frac{M_p - M_q}{s} \sqrt{pq},$$

wobei M_p den Maßzahlmittelwert der Individuen in der einen und M_q den der Individuen in der anderen Klasse des Alternativmerkmales bezeichnen. ↗Korrelationstechniken.

G. Mikula

Punktschwanken ↗Autokinetisches Phänomen.

Punkt-Vierfelder-Korrelation, parametrisches Verfahren zur Bestimmung des Ausmaßes der Wechselbeziehung zwischen zwei Alternativvariablen. Die Berechnung des P.-Koeffizienten, häufig als Phi-Koeffizient bezeichnet, erfolgt nach der Formel

$$r_{\Phi} = \frac{ad - bc}{\sqrt{(a+b)(c+d)(a+c)(b+d)}},$$

wobei ad und bc die Produkte der beiden Diagonalwerte in einem Vierfelderschema bezeichnen. Die Signifikanz von $r\Phi$ wird über X^2 geprüft, wobei $X^2 = Nr\,\Phi$ mit df = 1 ist. ↗Korrelationstechniken. *G. Mikula*

Pupillenreflex. Die Weite der Pupille (zentrale Öffnung in der ↗Iris) wird reguliert durch das Wechselspiel der Muskeln *Dilatator* (Erweiterung, innerviert vom Sympathikus) und *Sphincter* (Verengerung, innerviert vom Parasympathicus) *pupillae.* Bei Einfall starken Lichtes in nur ein ↗Auge wird die Pupillenweite sofort verkleinert (↗Miosis), und zwar nicht nur an dem Auge, in welches das Licht einfällt (direkte Lichtreaktion), sondern auch an dem unbelichteten Auge (konsensuelle Lichtreaktion). Dieser rein reflektorische, unbewußte Abblendungsvorgang heißt Pupillenreflex. Davon zu unterscheiden ist die *Pupillenreaktion* bei ↗Konvergenz. Bei der ↗Akkomodation, die zu einer Konvergenzbewegung beider Augen führt, kommt es durch die gekoppelte Mitinnervation des parasympathischen Anteils des Nervus oculomotorius gleichzeitig zu einer Verengerung der Pupillen beider Augen. Dadurch wird der Lichteinfall herabgesetzt (nähergelegene Gegenstände sind heller) und die Tiefenschärfe erhöht (durch Abblendung der Randstrahlen, sphärische ↗Aberration).

R. Rix

Purkinjesche Aderfigur, Bildchen, Phänomen (Effekt), drei sachlich verschiedene Dinge, die nach J. E. Purkinje (1787–1869) benannt sind.

1. *Aderfigur:* Durch entoptische Beobachtung kann ein Beobachter seine eigenen Netzhautgefäße sichtbar machen. Die entoptische Beobachtung kann mit Hilfe eines Diaphanoskopes (Sklera-Durchleuchter) bzw. eines kleinen, nahe an der Sklera bewegten Lämpchens oder mit Hilfe einer nahe an den Augapfel vor der Pupillenöffnung hin und her bewegten Lochblende vorgenommen werden. Eine Bewegung der Lichtquelle bzw. der Lochblende ist notwendig, um der raschen Adaptation der Rezeptoren entgegenzuwirken (↗Stabilisiertes Netzhautbild). Das vom Beobachter wahrgenommene entoptische Bild seiner eigenen Netzhautgefäße ist die Purkinjesche Aderfigur.

2. *Bildchen,* auch Purkinje-Sanson-Bildchen genannt: Von der Hornhaut und Augenlinse werden von einer Lichtquelle Spiegelbildchen entworfen, die bei einer geeigneten Lichtquelle am Fremdauge beobachtbar sind (Maler malen diese Bildchen oft als charakteristisches Leuchten des Auges). Meistens sind nur drei Bildchen (eines von der Hornhautvorderfläche und zwei von den Linsenflächen) beobachtbar. Das von der Hornhauthinterfläche zurückgeworfene Bildchen ist sehr lichtschwach und nur bei bes. optimalen Beobachtungsbedingungen sichtbar. Von den vier Bildchen sind drei aufrecht stehend, das Bildchen von der Linsenhinterfläche ist umgekehrt. Man benutzt dieses Bildchen für die Bestimmung der Linsenkrümmung bei der ↗Akkommodation.

3. *Phänomen:* Die spektrale Hellempfindlichkeitsfunktion (Vλ) ist abhängig von dem absoluten Leuchtdichteniveau und damit von dem Adaptationszustand des Auges. Demzufolge verschiebt sich das Empfindlichkeitsmaximum bei ↗Dunkeladaptation vom Wellenlängenbereich 555 nm in Richtung 505 nm. Wählt man zwei Pigmentfarben (Demonstration des Purkinjeschen Phänomens), eine orangerot, die zweite blaugrün (bzw. einfach rot und blau), so aus, daß im Hellraum das Orangerot heller als das Blaugrün ist, und verdunkelt man den Raum allmählich, so wird ab einer bestimmten Raumhelligkeit dem Beobachter das Blaugrün heller erscheinen als das Orangerot.

Lit.: Trendelenburg, W.: Der Gesichtssinn. Berlin – Göttingen – Heidelberg, ²1961, (1): S. 62 251, (2): S. 26, (3): S. 133ff.

A. Hajos

Purposivismus. Entscheidend für ein handelndes Tier ist die Zielerwartung; es lernt, die Ergebnisse seines Handelns vorwegzunehmen, ist zielstrebig.

Lit.: **Tolman, E. C.:** Purposive behaviour in animals and man. New York – London, 1932.

K. Fiedler

Pursuit-Rotor. Mit einem Stift muß ein sich im Kreis bewegender, mehr oder weniger großer Fleck verfolgt werden, so daß der Stift den Fleck nicht verläßt. Das Verfahren wurde in den USA ausgearbeitet hauptsächlich zur Untersuchung des *motorischen ↗Lernens.*

Lit.: **Cronbach, L. J.:** Essentials of psychological testing. New York, [2]1960.

R. Meili

Pygmalion-Effekt ↗Rosenthal-Effekt.

Pykniker. Der P. (Rundwüchsige) ist einer der von E. ↗Kretschmer beschriebenen ↗Konstitutions-Typen. Er ist gekennzeichnet durch eine mittelgroße, gedrungene Figur, ein weiches, breites Gesicht (von vorn ein flaches Fünfeck darstellend) auf kurzem, massivem Hals. Ein stattlicher Fettbauch wächst aus dem unten sich verbreiternden, tiefen, gewölbten Brustkorb heraus. Die Nase ist breit mit fleischiger bis dicker, stumpfer Spitze. P. werden bes. häufig bei Patienten mit manisch-depressiver ↗Psychose beobachtet, bei normalen Personen ist der pyknische Körperbau oft verknüpft mit dem ↗*zyklothymen* Temperament.

W. Seitz

Pyknolepsie ↗Petit-mal-Epilepsie.

Pyknomorphie ist eine der von K. Conrad beschriebenen typischen Körperbauformen, die zurückzuführen ist auf eine primäre Wachstumstendenz zur Dicke auf Kosten der Länge. Demgegenüber bedingt die primäre Wachstumstendenz zur Länge auf Kosten der Dicke die Leptomorphie. K. Conrad erklärt die Primärvarianten des leptomorphen und pyknomorphen Körperbaus durch das genabhängige „Entwicklungstemperament", durch eine propulsive oder konservative Wuchstendenz. Dabei gilt die P. als Resultat einer konservativen Entwicklung, die gewissermaßen auf der Stufe der Harmonisierung nach dem ersten Gestaltwandel, aber noch vor dem zweiten stehengeblieben ist. Das Erscheinungsbild der P. entspricht weitgehend dem pyknischen Körperbau (↗Pykniker) nach E. Kretschmer.

W. Seitz

Pyramidenbahn. Mit dem Begriff „Pyramidenbahn" verband man früher (Holms & May, 1909) die Vorstellung, daß Faserbahnen ausschließlich aus den Betzschen Riesenpyramidenzellen des Hirnfeldes IV für die willkürliche Motorik verantwortlich sind. Nach der Überkreuzung auf die Körpergegenseite in der sog. Pyramide (äußere Form) in Höhe der ↗Medulla oblongata ziehen diese zu den mot. Vorderhornzellen. Man stellte diese Bahnen der Willkürbewegung dem sog. *extrapyramidalen System* (↗Parkinsonismus) gegenüber. Heute weiß man: Nur etwa 30% der Fasern der P. entspringen aus den Betzschen Riesenzellen. Ein großer Teil der Fasern kreuzt nicht zur Gegenseite, es finden sich sogar aufsteigende Fasern in dieser Bahn. Die Gegenüberstellung von unwillkürlicher (↗Extrapyramidales System) und Willkürmotorik (pyramidaler) Bewegung ist unfruchtbar. Willkürliche Bewegungsfolgen erklärt man heute neurophysiologisch durch Regelmechanismen, die die Grenzen dieser früheren Systematik durchbrechen. ↗Motorische Bahnen.

Lit.: **Blinkov, S. M. & J. J. Glerer:** Das Zentralnervensystem in Zahlen und Tabellen. Jena, 1968; **Gottschick, J.:** Die Leistungen des Nervensystems. Jena, 1952.

M. Adler

Pyromanie, krankhafter Brandstiftungstrieb.

Pyrophobie, krankhafte Angst vor dem Umgang mit Feuer.

Q

Q-Analyse ↗Q-Technik.

Q-Daten *(questionaire data)* sind nach einem Klassifizierungsvorschlag von Cattell im Unterschied zu ↗L- und ↗T-Daten solche Meßdaten zur Beschreibung eines Individuums, die in der introspektiven (subjektiven) Selbstbeurteilung ggf. anhand formalisierter Interviews oder Fragebogen gegeben sind. Gegenstand der Forschung ist u. a. die Frage, inwieweit Q-Daten verzerrungsfrei den Sachverhalt abbilden, auf den sie sich beziehen. *H. Haase*

Q-Korrelation. Als Q-K. werden Korrelationen bezeichnet, bei denen *n* Individuen über *m* Merkmale korreliert werden, wobei $m > n$ ist. Diese Art der Korrelationstechnik, die sich in stat. Hinsicht in keiner Weise von der üblichen ↗R-Technik unterscheidet, geht auf W. Stephenson zurück. Sie findet bes. in der ↗klinischen Psychologie Anwendung. ↗Q-Technik; ↗Korrelationstechniken. *G. Mikula*

Q-Sort, ein ↗*Rating*-Verfahren (vor allem zur Persönlichkeitsbeschreibung), bei dem eine Vielzahl von Elementen in eine Reihe von Kategorien derart einzuordnen ist, daß die resultierende ↗Häufigkeitsverteilung einer definierten Verteilung (z. B. ↗Normalverteilung) entspricht. So kann z. B. die Einordnung von 100 Elementen in 7 Kategorien nach folgender Verteilungsvorschrift erfolgen:

2 9 23 32 23 9 2.

Der Vorteil des Q-S. liegt darin, daß es vor einer mangelhaften Ausnützung der Rating-Skala schützt. Ursprünglich wurden (in Untersuchungen von W. Stephenson) von einem Pb ca. 100 auf Karten geschriebene Feststellungen (z. B. über ↗Eigenschaften) nach ihrer Richtigkeit bzw. ihrem Zutreffen bezüglich verschiedener Begriffe (z. B. ↗Selbstkonzept) sortiert und die Ergebnisse mit der ↗Q-Technik weiterverrechnet. ↗Skalierung.

Lit.: Stephenson, W.: The study of behavior. Chicago, 1953.

G. Mikula

Q-Technik (Syn.), *Q-Analyse:* eine ↗*Faktorenanalyse,* die von ↗Q-Korrelationen ausgeht. Es werden in der Q-T. die Personen faktorisiert, die extrahierten Faktoren können als Typen interpretiert werden. Die Faktormatrix einer Q-T. enthält daher die Faktorenladungen der einzelnen Personen in den Typenfaktoren. Zwischen R- und Q-T. besteht insofern Reziprozität, als die Faktormatrix der ↗R-Technik gleich der Faktorenwertmatrix der Q-T. ist, und umgekehrt. *G. Mikula*

Quadratische Abweichung (Synonym: *Abweichungsquadrat*). Als q. A. wird die quadrierte Abweichung einer Maßzahl vom Mittelwert der Verteilung bezeichnet. Abweichungswerte werden in der stat. Lit. meist mit Kleinbuchstaben symbolisiert: $x^2 = (X - \bar{X})^2$.

G. Mikula

Quadrat, lateinisches ↗Lateinisches Quadrat.

Quadratsumme ist die Summe der quadrierten Abweichungen der Maßzahlen von ihrem Mittelwert

$$\Sigma x^2 = \Sigma(X - \bar{X})^2 = \Sigma X^2 - \frac{(\Sigma X)^2}{N}.$$

Sie bildet den Zähler in der Formel zur Berechnung der ↗Varianz. Werden aus einer Population mehrere Stichproben entnommen, läßt sich die Q. aller Maßzahlen aus allen

Stichproben („Quadratsumme Total"), d. h. die Summe der quadrierten Abweichungen der Maßzahlen vom gemeinsamen Mittelwert, in verschiedene additive Komponenten zerlegen: 1. die *„Q. innerhalb"*, die mittlere Q. aus den einzelnen Stichproben, 2. die *„Q. zwischen"*, die Summe der Abweichungsquadrate der Stichprobenmittelwerte vom gemeinsamen Mittelwert. Über beide Q. läßt sich die Populationsvarianz genauer abschätzen als aufgrund einer einzelnen Stichprobenvarianz, da sie auf einer größeren Anzahl von ↗Freiheitsgraden beruhen. Die Tatsache, daß in die „Q. zwischen" auch etwaige Unterschiede zwischen den Stichproben eingehen, wird in der ↗Varianzanalyse, beim Vergleich mehrerer Stichproben hinsichtlich der zentralen Tendenz, nutzbar gemacht, und die Schätzung der Populationsvarianz aufgrund der „Q. zwischen" mit der aufgrund der „Q. innerhalb" (der Fehlervarianz), verglichen. *G. Mikula*

Quadrattäuschung, die Täuschung, daß ein auf einer Spitze stehendes Quadrat größer er-

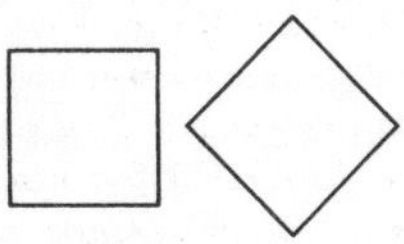

scheint als ein objektiv gleich großes, auf einer Seite stehendes Quadrat. *C. D. Frith*

Qualität. 1) *Allg.:* Art, Beschaffenheit, Güte; im Ggs. zu ↗Quantität nicht meßbar und nur beschränkt quantifizierbar.

2) In der ↗ *Wahrnehmungs*psychol. ein Merkmal der Sinnesempfindung neben Intensität und Dauer. Während die letzten weitgehend direkt vom Reiz abhängen, ist die Q. einer Empfindung vom Rezeptor, der erregten Sinneszelle, abhängig (Gesetz der spezifischen Sinnesenergien).

3) In der ↗ *Psychodiagnostik* sind Qualität und Quantität einer Leistung in Verbindung mit der Zeit die vorherrschenden Bewertungskriterien. Die Q. einer Leistung umfaßt sowohl Leistungsgüte wie auch ihren Schwierigkeitsgrad (Komplexität), im Ggs. dazu die Quantität die Leistungsgeschwindigkeit, bzw. die Anzahl der Antworten (Lösungen) in einer bestimmten Zeit.

4) S. ↗Freud nennt als *psychische* Qualitäten: Bewußtes, Vorbewußtes und Unbewußtes. *H. J. Aebi*

Qualitative Merkmale sind Merkmale, die ausschließlich in inhaltlich verschiedene Klassen gegliedert werden können, zwischen denen keine zahlenmäßigen Relationen bestehen. Q. M. können nur mittels ↗Nominalskalen klassifiziert werden. Nach Anzahl der möglichen Klassen wird zwischen ↗Alternativmerkmalen (z.B. Geschlecht) und mehrklassigen q. M. (z.B. Augenfarbe, Beruf) unterschieden. Q. M. sind diskrete oder diskontinuierliche Variablen. *G. Mikula*

Quantelung, Zerlegung eines Komplexes oder einer Größe in Elemente, die im gegebenen Zusammenhang als nicht weiter zerlegbar betrachtet werden. Zur subjektiven Q. der Zeit s. ↗subjektives Zeitquant. *H. Riedel*

Quantifizierung. Als Q. bezeichnet man die Zuordnung von Zahlen zu Merkmalen. Handelt es sich dabei um ↗qualitative Merkmale, kann eine Q. nur durch Zählung, d. h. Feststellen von Klassenhäufigkeiten erfolgen. Bei ↗quantitativen Merkmalen ist Q. gleichbedeutend mit ↗Messung. *G. Mikula*

Quantität. *Allg.:* Menge, Größe, Anzahl. Im Ggs. zur ↗Qualität allg. meßbar und zahlenmäßig faßbar. In der ↗*Psychodiagnostik* wird unter Q. einer Leistung die Leistungsgeschwindigkeit (Zeit als Maß) bzw. die Anzahl der gelösten Aufgaben (Antworten) in einer bestimmten Zeit verstanden. *H. J. Aebi*

Quantitative Merkmale sind Merkmale, die in ihrem Ausprägungsgrad variieren und daher (grundsätzlich) einer Messung zugänglich sind. Es wird im allg. angenommen, daß q. M. kontinuierlich sind, dies auch dann, wenn die angewendeten Meßmethoden nur diskrete Werte ermöglichen (z. B. ↗Gedächtnis: Anzahl der gemerkten Elemente). Je nach Art der möglichen Quantifizierung wird zwischen ↗Ordinal-, ↗Intervall- und ↗Verhältnisvariablen unterschieden. ↗Skalierung; ↗Methoden der Psychol. *G. Mikula*

Quartalstrunksucht ↗Dipsomanie.

Quartile. Als Q. werden jene drei Werte bezeichnet, die eine ↗Häufigkeitsverteilung in vier gleich große Bereiche teilen. Bis zum 1. Q. einer Verteilung liegen daher 25% aller Fälle, bis zum 2., dem ↗Median, 50% und bis zum 3. Q. 75%. Das 1. und 3. Q. werden auch als unteres und oberes Q. bezeichnet. Q. werden zur Bestimmung von Dispersionsmaßen (↗Streuungsmaße) für ↗Ordinalvariablen (↗mittleres Quartil) und zur Bestimmung der ↗Schiefe und des ↗Exzesses einer Verteilung verwendet. *G. Mikula*

Quartimaxmethoden, analytische, *orthogonale* Rotationsmethoden der Faktormatrix. Für die Q. liegen verschiedene, gleichwertige Rotationskriterien vor: die Maximalisierung der Varianz der quadrierten Faktorenladungen, die Maximalisierung deren 4. Potenz und die Minimalisierung der Gesamtprodukte der quadrierten Faktorenladungen. ↗Faktorenanalyse; ↗Rotation. *G. Mikula*

Quasibedürfnis. Lewin (1926) unterschied zwischen Q.en und „echten Bedürfnissen". Q.e sind „Vornahmeakte" oder „Gedanken, die Absichten enthalten" und sind abhängig von „echten Bedürfnissen". Diese gehen auf ↗„Triebe" oder „zentrale Wollungen" zurück. Nach B. Zeigarnik sind Q.e auch Nacheffekte unerledigter Handlungen.

Lit.: Lewin, K.: Vorsatz, Wille und Bedürfnis. Psychol. Forsch., 1926, 7, 330–385. *H. Meister*

Quasi-Experiment, ↗Experiment, dessen Ergebnisse wegen einer fehlerhaften ↗Versuchsplanung nicht valide (↗Validität) sind. Ein Q.-E. läßt keine Schlüsse über den Zusammenhang zwischen abhängigen und unabhängigen Variablen zu, da die ↗unabhängigen Variablen nur unzureichend erfaßt und kontrolliert wurden.

Lit.: Campbell, D. T. & J. C. Stanley: Experimental and quasiexperimental designs for research in teaching. In: **N. L. Gage** (Hrsg.): Handbook of research on teaching. Chicago, 1963; **Schwarz, E.:** Experimentelle und quasi-experimentelle Anordnungen in der Unterrichtsforschung. In: **K.-H. Ingenkamp** (Hrsg.): Hdb. der Unterrichtsforschung, Teil 1. Weinheim – Berlin – Basel, 1970. *F. Mattejat*

Querdisparation. Da unsere Augen ungefähr 7 bis 8 cm voneinander entfernt liegen, entstehen infolge der ↗Konvergenz der Augen ↗Doppelbilder; es handelt sich um eine Verschiebung der Netzhautbilder gegeneinander in horizontaler Richtung. Diese geringen Unterschiede zwischen den Netzhautbildern dienen der Entfernungsschätzung. Diskrepanzen können in allen drei räumlichen Dimensionen auftreten. So kann man von *Höhendisparation, Längsdisparation* und Q. sprechen. Exp. haben gezeigt, daß die Q. die Tiefenwahrnehmung verstärkt. ↗Korrespondierende Netzhautpunkte. *C. D. Frith*

Querschnittsuntersuchung, im Ggs. zu der ↗Längsschnittuntersuchung die Untersuchung einer großen Anzahl von Variablen, die man in einer bestimmten Zeitspanne vorfindet.

Querulant. Mensch mit gesteigerter Selbsteinschätzung, sthenischem und expansivem Charakter, gleichzeitig aber empfindlichem Selbstwertgefühl und Autismus (zu geringes Wirklichkeitsverständnis), der dementsprechend auf persönliche Kränkung, vermeintliche Rechtsbenachteiligung oder öffentliche Mißstände unangemessen mit fortgesetzten Protesten und Anträgen, äußerstenfalls mit Gerichtsklagen reagiert.

W. Kretschmer

Quote. 1) *Stichproben-Q.:* ein der Zusammensetzung in der ↗Grundgesamtheit (↗Population) entsprechender Anteil. ↗Stichprobenverfahren.

2) *Selektions-Q.:* Zahl *(absolute Q.)* oder Anteil *(relative Q.)* der ausgewählten Personen. ↗Entscheidungstheorie; ↗Selektion.

J. P. Gösslbauer

Quotenverfahren, *Quotenstichprobe* ↗Stichprobenverfahren.

Quotient, Ergebnis einer Division.

R

R, Reiz, vor allem in der Psychophysik.

R, Zeichen für response, Reaktion. ↗Lerntheorien.

r, Korrelationskoeffizient.

Ragoni-Scinas-Kontrastversuch. Zwei schwarze Quadrate, beide vor einem weißen Hintergrund, werden gleichzeitig betrachtet, eins durch ein *farbiges* Glas und das zweite durch Reflexion von der Oberfläche desselben Glases. Man erreicht dies dadurch, daß die beiden Quadrate senkrecht gestellt werden und die farbige Glasplatte so angebracht wird, daß sie zu jedem Quadrat in einem Winkel von 45 Grad steht. Das durch Reflexion gesehene Quadrat erscheint in der gleichen Farbe wie die Glasscheibe, während das durch das Glas gesehene Quadrat in dessen Komplementärfarbe erscheint. *C. D. Frith*

Randkontrast (auch *Grenzkontrast* genannt) ist eine simultane, psychophysische (physiol.) Kontrasterscheinung, die an Trennungslinien (Konturen), aber auch an weniger scharfen Hell-Dunkelübergängen von Flächen unterschiedlicher Leuchtdichte auftritt. Bekannte Demonstrationen zum R. sind: die Heringsche Grauleiter, das Herrmann-Hering-Gitter oder auch *Kreuz- bzw. Balkengitterkontrast* genannt, und die sog. Machschen Bänder (s. auch ↗Binnenkontrast). Der R. wie auch der Binnenkontrast gehören zur Gruppe von visuellen Phänomenen, die unter *Ortsbeziehungen des Helligkeitssehens* abgehandelt werden und in neuerer Zeit die Forschung sehr beschäftigen.

Als Erklärung für R. und eine Reihe mit ihm verwandter Phänomene wird die *Theorie der lateralen Inhibition* vorgeschlagen.

Neuronale Grundlagen werden von Baumgartner (1964) und Jung (1961) diskutiert. Der R. ist nicht nur auf den Gesichtssinn beschränkt, er tritt auch am Hautsinn auf; und vor allem hinsichtlich Temperatur (Wasser-Luft-Trennungslinie z. B.) Tschermak-Seysenegg stellt den R. in den Dienst der Korrektur von Abbildungsfehlern der Augen und stellt ein physiol. Modell für die Kontrastfunktion auf. Der R. wirkt demnach der sog. ↗*Irradiation* (Lichtausbreitung) entgegen und erlaubt trotz Lichtzerstreuung eine bessere visuelle Auflösung (↗minimum separabile) als es die reine optische Auflösung des Auges zustande bringen könnte.

Lit.: Baumgartner, G.: Neuronale Mechanismen des Kontrast- und Bewegungssehens, Bericht d. Ophthalm. Ges., 1964, *66,* 111–125; **Jung, R.:** Neuronal Integration in the Visual Cortex and Its Significance for Visual Information. In: **W. A. Rosenblith** (Ed.): Sensory Communication. New York, London, 1961; **Tschermak-Seysenegg, A.:** Einführung in die physiologische Optik. Wien, [2]1947; **Varju, D.:** On the theory of lateral inhibition, in: **E. R. Cajanjello** (Ed.): Cybernetics of neural processes. Roma, 1965.

A. Hajos

Randneurose. Schultz (1958) klassifizierte die ↗Neurosen in *R.* und ↗*Kernneurosen.* R. umfassen alle Arten von mehr oberflächlichen Störungen, die durch das umgebende Medium verursacht oder provoziert werden. Die Kernneurosen hingegen sind tiefer in der Persönlichkeit verankert. Der Zweck dieser Klassifikation war vor allem das Aufzeigen einer günstigeren Prognose bei den R., sowie das der wirkungsvollsten Therapieart. Bei den R. hat

Schultz Behandlungen suggestiver Art empfohlen, unter ihnen das ↗autogene Training.

Lit.: Schultz, J. H.: Die seelische Krankenbehandlung. Stuttgart, 1958. *J. López Ibor*

Randomizer, *Zufallszahlengenerator,* in der elektronischen Datenverarbeitung benutztes Gerät oder Programm zur Erzeugung von Zufallszahlen. Der R. wird zur Simulation ↗stochastischer Prozesse (↗Wahrscheinlichkeit) benötigt.

Lit.: Hoerner, S. v.: Herstellung von Zufallszahlen auf Rechenautomaten. Zs. f. angew. Math. u. Phys., 1957, *8;* **Klaus, G.:** Wörterbuch der Kybernetik. Frankfurt a. M., 1979. *F. Mattejat*

Range ↗Streuungsbreite.

Rangkorrelationen, nichtparametrische Korrelationsverfahren, deren Anwendung ↗Ordinalvariablen voraussetzt. R. wurden u. a. von Spearman (↗Spearman'scher Korrelationskoeffizient) und Kendall (↗Kendalls τ, ↗Kendalls W) entwickelt. ↗Korrelationstechniken. *G. Mikula.*

Rangordnung. Eine R. ist eine quantitative Klassifikation einer kontinuierlichen Variablen, deren Intervallgrößen ungleich oder unbekannt sind. R.en finden bei Variablen Verwendung, die bezüglich ihres Ausprägungsgrades variieren, für deren Messung jedoch keine exakten Methoden vorhanden sind, so daß nur „Größer-kleiner-Urteile" gefällt werden können. R.en unterliegen dem Satz der Transitivität. ↗Skalierung. *G. Mikula*

Rangordnung, soziale, ein während des Prozesses der Gruppenbildung (↗Gruppe; ↗Gruppendynamik) aufgrund von Rollendifferenzierung (↗Rolle) und Verteilung von sozialer Macht sich etablierendes System (bei gruppenbildenden Tierarten als *Hackordnung* bezeichnet), das die Interaktionen und Bahnen des Kommunikationsflusses der Gruppenmitglieder entscheidend beeinflußt.

Durch die s. R. wird der jeweilige Verhaltensspielraum in dem durch das für die Rangordnung relevante Kriterium bestimmten Bereich für jedes Individuum festgelegt. Je nach Art der Gruppe können s. R. eindimensional, d. h. aufgrund eines einzigen Kriteriums (z. B. Dienstgrade beim Militär) oder mehrdimensional, also aufgrund mehrerer Kriterien (z. B. die sog. „high society") bestimmt sein.

In Gruppen mit mehrdimensionalen Rangordnungen mag ein Mitglied hinsichtlich eines Kriteriums eine hohe, hinsichtlich eines anderen eine relativ niedrige Position einnehmen. In diesen Fällen besteht meist die Tendenz, die unterschiedlichen Positionen einander anzugleichen (Benoit-Smullyan, 1944), d. h , es werden Anstrengungen unternommen, die niedrigen Positionen der eigenen höchsten anzupassen. (Z. B. versucht ein sog. Neureicher seine Rangpositionen hinsichtlich Bildung oder Kultur der eigenen Position hinsichtlich Finanzkraft anzupassen.)

Variablen, die die Höhe der Positionen der einzelnen Individuen bestimmen, sind ähnlich denen, die auch den Grad *sozialer Macht* beeinflussen. ↗Hierarchie.

Lit.: Benoit-Smullyan, E.: Status types and status interrelations. Amer. sociol. Rev., 1944, *9;* **Hofstätter, P. R.:** Gruppendynamik. Hamburg, [17]1975; **Whyte, W. F.:** Street corner society, Chicago, 1943. *A. Schmidt-Mummendey*

Ranschburgsche Hemmung. ↗Gedächtnishemmungen.

Ranviersche Schnürringe (nach Louis Antoine Ranvier, 1835–1922, Histologe in Paris, erstmals beschrieben 1878). Die R. S. segmentieren markhaltige Wirbeltieraxone als Einschnürungen zwischen der aus dem „Myelin" der Schwannschen Begleitglia bestehenden Markscheide. Die Markscheide wirkt als Isolator, der aber in den R. S. unterbrochen ist: die Erregung läuft im Bereich der Schwannschen Segmente sehr schnell und scheint gewissermaßen von R. S. zu R. S. zu „springen" (saltatorische Erregungsleitung).

K.-H. Plattig

Rapport, die im eingeengten Bewußtseinszustand bestehende (verbale) Verbindung zwischen Hypnotiseur und Hypnotisiertem als eine bes. Art innerer Abhängigkeit und Bereitschaft zur Realisierung der gegebenen ↗Suggestionen. ↗Hypnose. *H.-N. Genius*

RAS *(retikuläres aktivierendes System)* ↗ARAS.

Rasse, Gruppe von Individuen einer Art, die zwar durch einzelne erbliche Merkmale (etwa Hautfarbe) unterschieden, zwischen denen aber fruchtbare Bastarde möglich sind. Die Bedeutung der R. für die menschliche Psychol. ist lange Zeit überschätzt worden, teilweise aus durchsichtigen ideologischen Gründen (Antisemitismus in Europa, ↗Vorurteile gegen Neger in den USA). Nach Ansicht vieler moderner Anthropologen sind charakteristische R.merkmale nur im Bereich der physischen Anthropologie nachweisbar, während man im psychischen Bereich die angeblich genetisch determinierten „Rasseneigenschaften" kaum von erlernten, kulturellen Einflüssen abheben kann. Völlige Übernahme einer neuen Kultur in wenigen Generationen (etwa durch amerik. Einwanderer) scheint das zu bestätigen.

W. Schmidbauer

Ratetests, *Rateverfahren,* Verfahren zur empirischen Bestimmung der subjektiven ↗Information von Nachrichten durch die Ermittlung der Erwartungswahrscheinlichkeit der einzelnen Nachrichtenelemente.

Beim *Shannonschen R.* wird von einer Vp ein Text Zeichen für Zeichen vorhergesagt. Der Vl notiert für jedes Zeichen die Anzahl der erforderlichen Rateversuche. Aus dieser Zahlenfolge läßt sich eine obere und untere Schranke für die subjektive Information ableiten. Durch das ↗Weltner-Verfahren wurden Ratetests für die ↗kybernetische Pädagogik nutzbar. F. Attneave hat R. auf Bilder und graphische Darstellungen angewandt.

H. Frank

Rating. Als R. bezeichnet man ein subjektives Schätzurteil, das auf einer festgelegten Skala (↗Schätzskala) abgegeben wird. Es ermöglicht eine grobe Information über den Ausprägungsgrad kontinuierlicher Merkmale, zu deren Erfassung keine exakten Meßmethoden vorliegen. R. stellen die Grundlage der direkten Skalierungsmethoden dar. Die durch R. erhaltenen Daten haben i. a. ↗*Ordinalskalen*charakter, können jedoch durch geeignete Skalierungsverfahren in höherwertige Skalen umgewandelt werden. ↗Skalierung.

G. Mikula

Ratingskala, Synonym für ↗Schätzskala.

Rationale Psychotherapie, engl.: *rational-emotive therapy (RET),* von A. Ellis seit 1955 entwickelte Theorie und daraus abgeleitete Behandlungsverfahren bei emotionalen Störungen. Die grundlegende A-B-C-Theorie besagt, daß negative Konsequenzen C (im Verhalten und den Emotionen) nicht unmittelbar durch aktivierende Erfahrungen oder Ereignisse A verursacht werden, sondern durch ein darauf bezogenes Glaubens- oder Interpretationssystem B. Das pathogene Glaubenssystem B besteht aus (biologisch begründeten) irrationalen Gedanken und Vorstellungen, aus deren Analyse (detecting) und Bekämpfung (disputing) die Therapie im Kern besteht.

Lit.: Ellis, A.: Reason and emotion in psychotherapy. New York, 1962; **Ellis, A. & R. A. Harper:** A new guide to rational living. Englewood Cliffs, 1975.

Ch. Kraiker

Rationalisierung. 1) Prozeß der gedanklichen Rückführung von Ereignissen auf vernunftmäßige Gründe. In der ↗*Psychoanalyse:* ↗Abwehrmechanismus, bei dem an die Stelle uneingestandener Motive vom ↗Über-Ich tolerierte Scheinbegründungen treten. – 2) Prozeß der systematischen Verbesserung von Handlungsstrukturen. In *Betriebswirtschaftslehre* und ↗*Industriepsychol.* bes. die Optimierung des Verhältnisses von Leistung und zugehörigem (zeitlichem, finanziellem und personellem sowie individuell-psychophysischem) Aufwand. Wesentliche R.-Maßnahmen sind *Spezialisierung* (arbeitsteilige Verringerung des Arbeitsumfanges), *Standardisierung* (Normierung des Arbeitsvorganges) und *Mechanisierung* bzw. *Automatisierung* (Abgabe menschlicher Funktionen an technische Funktionsträger). Besondere industriepsychol. Probleme ergeben sich aus rationalisierungsbedingten

Änderungen der Arbeitsanforderungen (Zunahme von Konstruktions-, Wartungs-, Steuerungs- und Überwachungsaufgaben) und damit auch der Bildungserfordernisse und Beanspruchungsverhältnisse (Zunahme psychischer gegenüber körperlicher Beanspruchung). ↗Arbeitspsychologie. *J. Nitsch*

Rationalismus. Dieser Begriff bezeichnet i. w. S. die Lehren, die auf dem Verstand begründet sind und die diesem den Vorrang vor dem Glauben, dem Gefühl oder der Erfahrung einräumen. Dabei wird das Verständnis als eine Aufstellung von kohärenten und notwendigen Beziehungen aufgefaßt. Im Hinblick auf den Wert der Erkenntnis behauptet der R. i. e. S. die Begreifbarkeit jedes Phänomens (jedes hat seinen Grund zu sein) bzw. daß es der menschlichen Intelligenz zukommt, die Wahrheit zu erkennen, da die Gesetze des Seins sich nicht von den Gesetzen des Denkens unterscheiden. Bezüglich des Ursprungs der Erkenntnis bezeichnet dieser Begriff die Existenz von systematischen und normativen Erkenntnissen, die dem (absoluten oder menschlichen) Geist *eigen* sind und die durch Erfahrung nicht vermittelt werden können, obwohl die Reflexion fähig ist, den Zusammenhang mit ihr aufzudecken. *M. J. Borel*

Rauchen ↗Nikotin.

Räumliches Sehen ↗Raumwahrnehmung.

Räumliches Vorstellen. 1) Vergegenwärtigung von Ausdehnung, Untergliederung, Lage und Bewegung anschaulicher Konfigurationen. 2) Dispositionskontinuum individuellen Verhaltens bei Aufgaben, zu deren Lösung r. V. im erstgenannten Sinn erforderlich ist; schon seit den Anfängen der Testpsychologie Ziel diagnostischer Untersuchungsverfahren, nach Thurstones faktorenanalytischen Studien eine Hauptkomponente der Intelligenz, ebenso bei fast allen Eignungsuntersuchungen der Bundesanstalt für Arbeit.

Lit.: Jäger, A. O.: Dimensionen der Intelligenz. Göttingen, 1973.

A. Vukovich

Raumschwelle, notwendiger Mindestabstand zwischen zwei Reizpunkten, damit diese als zwei verschiedene Reize empfunden werden. Die R. wird im optischen (optisches Auflösungsvermögen) und taktilen Sinnesbereich gemessen. Bei der Messung der simultanen R. werden die Reize gleichzeitig, bei der Messung der sukzessiven R. (Sukzessivschwelle) nacheinander gesetzt. Bei der Richtungsschwelle soll auch die Lage der beiden Punkte erkannt werden.

Lit.: Pauli, R. & W. Arnold: Psychologisches Praktikum. Stuttgart, [7]1972.

F. Mattejat

Raumsymbolik, vor allem in der ↗Graphologie verwendete Lehre, wonach die räumliche Anordnung der Merkmale in Handschriften, Zeichnungen, Bildnereien u. ä. Schlüsse auf Ausprägung und Zusammenwirken einzelner Züge der ↗Persönlichkeit des Autors erlaubt. So soll in der Handschrift die Unterlänge dem Trieb- und Affektbereich und die Oberlänge den geistigen Interessen korrespondieren. Auch in der ↗Traumdeutung spielt die R. bei manchen tiefenpsychol. Schulen (↗Tiefenpsychol.) (z. B. C. G. ↗Jung) eine Rolle, wobei meist dem Unten das ↗Unbewußte, dem Oben das ↗Bewußtsein, dem Links die Vergangenheit und dem Rechts die Zukunft zugeordnet wird. *W. Schmidbauer*

Raumwahrnehmung. Die Forschung auf dem Gebiet der R. beschäftigt sich damit, wie wir sensorische Informationen über die räumlichen Verhältnisse unserer Umgebung registrieren, d. h. Entfernung und Lage der Objekte zueinander. Gewöhnlich geschieht dies durch Sehen, Hören und/oder Fühlen. Bereits Philosophen machten sich Gedanken darüber, wie Gegenstände über eine Entfernung wahrgenommen werden können. Jedoch erst von den britischen Assoziationstheoretikern des 17. und 18. Jh. wurde eine systematische und sogar ziemlich zeitgemäße Analyse dieses Phänomens vorgenommen. G. Berkeley bot eine Lösung für das Paradoxon an, daß Entfernung oder Tiefe, d. h. die dritte Dimension, wahrgenommen wird, obwohl die Stimuli der Außenwelt auf eine nur zweidimensionale Fläche wie die

↗Retina des Auges oder die Haut auftreffen. Seine Erklärung ging dahin, daß die Empfindung von Signalreizen, wie z. B. die Konvergenzbewegungen der Augen, assoziiert werden mit dem Abstand, den man überwinden muß, um zu dem Objekt zu gelangen. So lernt man z. B., daß das betreffende Objekt nahe sein muß, wenn die Augen stark konvergieren, während es weiter entfernt ist bei nur schwacher ↗Konvergenz.

Um die Mitte des 19. Jahrhunderts, als die Psychol. sich zu einer selbständigen Disziplin entwickelt hatte, waren Probleme der R. unter den ersten, die in Angriff genommen wurden. Die visuelle Wahrnehmung von Distanz und Tiefe wurde erforscht, indem man jegliche Stimulierung durch Außenreize unterband, die irgendwelche Information über Entfernung etc. hätte liefern können. Anschließend führte man spezifische Reize ein, um herauszufinden, welche Entfernungswahrnehmung noch wahrgenommen werden kann. Die Funktion der Augenkonvergenz z. B. wurde untersucht, indem man die Entfernung eines einzelnen Lichtpunktes im dunklen Raum schätzen ließ. Genaue Urteile auf der Grundlage der Konvergenzbewegungen waren nur bei Entfernungen bis zu wenigen Metern möglich. Mit ähnlichen Methoden gelang es, einige andere „Signalreize" für die Tiefenwahrnehmung zu identifizieren, z. B. die binokulare ↗Querdisparation; des weiteren die Bewegungsparallaxe, d. i. das unterschiedliche Ausmaß der scheinbaren Bewegung naher oder weiter entfernter Objekte bei Kopfbewegungen. Ebenso wurden bestimmte bildliche Signalreize identifiziert, z. B. die lineare ↗Perspektive, wie das Zusammenlaufen paralleler Geraden mit zunehmender Entfernung.

Bei der Untersuchung der Wahrnehmung der Lage von Objekten im Raum waren die sog. ↗*Lokalzeichen* das wichtigste Konzept während des 19. Jh. Man war der Meinung, jeder Punkt auf der Oberfläche eines ↗Rezeptors habe eine einzigartige Qualität, die – angeboren oder aufgrund von Erfahrung – die Spezifizierung der Richtung (beim Gesichtssinn) oder des Ortes (beim Tastsinn) ermögliche. Dieses Konzept der Lokalzeichen regte umfangreiche sorgfältige Untersuchungen über die Schärfe und Präzision unseres Richtungssinnes an.

Gegenwärtig hat sich in der Arbeit auf dem Gebiet der Wahrnehmung von Entfernung, Lage und Richtung das Interesse von der Bestimmung der Schärfe oder Leistungskapazität dieser Sinne auf die Analyse der zugrundeliegenden Prozesse verschoben. Die Funktion der binokularen ↗Querdisparation wird als eine der wichtigsten Grundlagen der R. betrachtet (vgl. ↗identische Netzhautstellen).

In engem Zusammenhang mit der binokularen Querdisparation steht das Problem der visuell wahrgenommenen Lage, die Objekte im Raum einnehmen. Da die Lage der beiden Augen im Raum leicht voneinander abweicht, ist auch die Lage eines Objektes relativ zu jedem Auge leicht verschieden. Wie kann nun trotzdem die Lage des Objekts genau bestimmt werden? Forschungsergebnisse weisen darauf hin, daß die visuelle Lage beurteilt wird, als ob sie auf einen Punkt zwischen beiden Augen bezogen sei. Dieser Punkt kann, muß aber nicht immer, genau in der Mitte zwischen beiden Augen liegen.

Die Fähigkeit, die Richtung von Tönen zu bestimmen, hängt offenbar mit den Zeit- und Intensitätsunterschieden der Reize zusammen, die zwischen dem reizzugewandten und reizabgewandten Ohr bestehen (↗Gehörswahrnehmung). Wie beim Sehvorgang werden zwei ähnliche Töne in der ↗Gehörswahrnehmung zu einem verschmolzen. Auch heute noch ist nur wenig bekannt über den Mechanismus der Entfernungs- und Lagewahrnehmung durch den Tastsinn (haptische Wahrnehmung), abgesehen davon, daß sie vermutlich primär durch neurale Rezeptoren in den Synapsen und weniger durch Muskelrezeptoren vermittelt wird. Die haptische Entfernungs- und Richtungswahrnehmung, wie sie z. B. beim Deuten auf etwas auftritt, ist zwar recht gut, aber bei weitem nicht so präzise wie die visuelle oder auditive. Die haptische Entfernungswahrnehmung ist weniger genau als die visuelle, aber wahrscheinlich besser als die auditive; natürlich funktioniert sie nur im körpernahen Bereich. ↗Sinnesorgane.

Lit.: Boring, E. G.: Sensation and perception in the history of experimental psychology. New York, 1942; **Broadbent, D. E.:** Perception and communication. London, 1958; **Gibson, E. J.:** Principles of perceptual learning and development. New York, 1969; **Gibson, J. J.:** The perception of the visual world. New York, 1950; **Harris, C. S.:** Perceptual adaption to inverted, reversed, and displaced vision. Psychol. Review, 1965, *72*, 419–444; **Howard, I. P. & W. B. Templeton:** Human spatial orientation. New York, 1966: **Bekesy, G. v.:** Physiologie der Sinneshemmung. München, 1970; **Bischof, H.:** Psychophysik der Raumwahrnehmung. In: **W. Metzger** (Hrsg.): Hdb. der Psychol., Bd. 1/1. Göttingen, ²1974, 307–349; **Hochberg, J. E.:** Wahrnehmung. Wiesbaden, 1977; **Klix, F.:** Elementaranalysen zur Psychophysik der Raumwahrnehmung. Berlin, 1962; **Linschoten, J.:** Strukturanalyse der binokularen Tiefenwahrnehmung. Groningen, 1956; **Metzger, W.:** Gesetze des Sehens. Frankfurt, 1953.

H. L. Pick

Rausch. 1) Ein vorübergehender psychischer Zustand, der auf Gift oder ↗Drogen (↗Rauschmittel) beruht und sich in einer Vielzahl von Verhaltensmerkmalen und Symptomen manifestiert, die sich von Heiterkeit und Verlust persönlicher und sozialer Verantwortlichkeit bis ↗Depression, ↗Stupor oder ↗Koma erstrecken. (Vgl. ↗Alkoholismus, ↗Sucht als chronische Zustände.)

2) Verschiedentlich wird R. metaphorisch ausgedehnt, um gleiche Verhaltensphänomene rein psychischen Ursprungs zu bezeichnen, z. B. „Freudentaumel". *G. D. Wilson*

Rauschen, im allg. unspezifische oder störende akustische Reize; mit höheren Intensitäten stört das R. die Lösung der meisten Aufgaben und kann physischen Schaden verursachen. Bei geringen Intensitäten bezeichnen manche Personen das R. als angenehm beim Erfüllen bestimmter Aufgaben. In der Informationstheorie und Akustik bedeutet R. eine dem gegebenen Zeichen oder Signal überlagerte Hintergrundinterferenz. Wenn diese Interferenz statistisch zufällig wird und viele Frequenzkomponenten enthält, nennt man sie *weißes Rauschen* oder *statisches Rauschen.* In diesem Sinne kann man vom R. bei der visuellen oder jeder anderen Sinnesmodalität oder in den Kommunikationssystemen sprechen. R. in diesem Sinne wird auch in der Erklärung von experimentellen Resultaten in der Psychophysik gebraucht, wo es als *inneres R.* oder *Neuralrauschen* erscheint. *C. D. Frith*

Rauschmittel, ↗Psychopharmaka unterschiedlicher Klassen, die bei geeigneter Dosierung stark von der Norm abweichende Veränderungen des subjektiven Befindens auslösen. Ein gemeinsames Charakteristikum von R.n ist, daß ihre Wirkungen in der Regel zumindest in Teilaspekten positiv bewertet werden (etwa wegen angenehmer Veränderungen der Stimmungslage, z. B. Euphorie, emotionale Entspanntheit, Gefühl gesteigerter körperlicher oder geistiger Leistungsfähigkeit usw., oder allg. wegen der Neuartigkeit oder Andersartigkeit des Erlebens unter Einfluß der Droge), so daß der Wunsch nach wiederholter Anwendung entstehen kann und somit die Gefahr der ↗Drogenabhängigkeit besteht. Bei z. T. sehr unterschiedlichen Wirkungsqualitäten ist die Bevorzugung und Verbreitung bestimmter R. in starkem Maße von soziokulturellen Faktoren abhängig. – Zu den bedeutendsten R.n gehören: 1) Alkohol, Narkotika und ↗Hypnotika, wie Chloroform, Äther und ↗Barbiturate; 2) Genußmittel mit zentral erregender Wirkung, wie Kaffee, Tabak, Betel; 3) Rauschgifte mit affektiv entspannenden und/oder euphorisierenden Effekten: ↗Opium, ↗Morphin, ↗Heroin, ↗Kokain und 4) halluzinogene bzw. psychotomimetisch wirkende Substanzen, wie ↗LSD, ↗Meskalin, ↗Psilocybin und ↗Haschisch (↗Psychotomimetika).

Lit.: de Boor, W.: Pharmakopsychologie und Psychopathologie. Berlin, 1956; **Hesse, E.:** Die Rausch-, Schlaf- und Genußgifte. Stuttgart, ⁴1971; **Lewin, L.:** Phantastica, Narcotic and stimulating drugs, their use and abuse. New York, 1964; **Schmidbauer, W. & J. v. Scheidt:** Hdb. der Rauschdrogen, München, ⁴1972. Weitere Lit. ↗Psychotomimetika.

G. Erdmann

Rauschmittelsucht ↗Drogenabhängigkeit.

Rautenhirn ↗Rhombencephalon.

Reafferenzprinzip, allgemeines Schaltungssystem des Organismus, welches in jeder Höhe efferenter synaptischer Informationsverarbeitung Befehlsgabe und Ausführung vergleicht und im Falle einer Diskrepanz eine Rückmeldung zur Korrektur an höhere Zentren ermöglicht. Laufen von einem übergeordneten zentral-nervösen Zentrum (z. B. ↗Pyramidenbahn) ausgehend Befehle (Aktionspotentialfolgen) über synaptische (↗Synapse) Schaltstellen zu einem Effektor (z. B. Muskel), so wird in der Schaltstelle von der efferenten Signalfolge eine zeitlich verzögerte Erregung *(Efferenzkopie)* abgezweigt und mit der Rückmeldung über die Befehlsausführung vom Effektor *(Reafferenz)* verglichen. Stimmen Efferenzkopie und Reafferenz nicht überein, so wird eine Meldung *(Exafferenz)* zu den übergeordneten Zentren zurück laufen und auf die ursprüngliche Efferenz korrigierend einwirken. Die Rückmeldungen können teilweise bis zu höchsten zentral-nervösen Systemen aufsteigen und dort zu einer *bewußten Korrekturentscheidùng* Anlaß geben. Ein anschauliches Beispiel für das R. ist die Augenbewegung und die Koordination des Systems Auge-Hand.

Lit.: Holst, E. v. & H. Mittelstaedt: Das Reafferenzprinzip. Naturwiss., 1950, *37*, 256–272.

M. Spreng

Reaktion, ein Grundbegriff der Lern- und Verhaltenspsychol., der definierte Verhaltenseinheiten des Organismus bezeichnet, die mit genau beschriebenen Umweltgegebenheiten in kausale Beziehung gebracht werden können (im Ggs. dazu: *Aktionen* bzw. *Spontanaktivitäten*). Ist die Beziehung angeboren, spricht man von *unbedingten,* ist sie erlernt, von *bedingten* R.en (↗Konditionierung; ↗Lerntheorie). Die Zeit, die zwischen Auftreten des Reizes und Einsetzen der R. verstreicht, wird ↗*Reaktionszeit* genannt. Im Falle extrem langer R.zeit spricht man von *verzögerter,* im Falle extrem kurzer von *vorzeitiger* Reaktion. Sofern die R. aus einer Anzahl gleichartiger Einheiten besteht, wird die Anordnung dieser Einheiten auf dem Zeitkontinuum als *Reaktionsverlauf* bezeichnet. *H. Roth*

Reaktionsbildung ist ein (innerer) ↗Abwehrmechanismus, in dem ein nicht mehr oder nur unter Strafe befriedigbares Motiv durch ein Motiv am anderen Ende des betreffenden Motivkontinuums ersetzt wird. Nicht mehr wie bisher befriedigbare primitive Manipulationswünsche (z. B. Schmieren) werden durch zwanghafte Berührungswünsche (die wegen ihres geringeren Befriedigungswertes viel häufiger auftreten) abgelöst, Verschwendungssucht durch Sparsamkeit, Unflätigkeit durch extreme Etikette, enttäuschte Liebe durch haßerfülltes Verfolgen der geliebten Person. Charakteristika von R. sind das Fehlen der mittleren durchschnittlichen Formen der Motivbefriedigung sowie das Unvermögen, sich der Vielfalt der Befriedigungsmöglichkeiten im Wechsel der Situationen anders als durch starres Festhalten an den Extremformen der Befriedigung zu bedienen.

Lit.: Freud, A.: Das Ich und die Abwehrmechanismen. Wien, 1936; **Freud, S.:** Vorlesungen zur Einführung in die Psychoanalyse (1916/17). Ges. Werke Bd. 11, London, 1940; **Toman, W.:** Motivation, Persönlichkeit, Umwelt. Göttingen, 1968.

W. Toman

Reaktionseinstellung ↗Response-Set.

Reaktionsgeneralisation. Nach der Verstärkung einer Reaktionsklasse oder eines Operanten unter besonderen Bedingungen wird das Subjekt dazu neigen, ähnliche, aber unverstärkte Reaktionen unter jenen Bedingungen hervorzubringen. Beispiel: Bechterew fand heraus, daß ein Hund, dazu konditioniert, auf einen Reiz hin einen Fuß zu heben, einen andern Fuß hob, wenn der erste zurückgehalten wurde. Dieses Phänomen entspricht der Generalisation von einem Reiz auf einen andern.

J. C. Leslie

Reaktionspotential ($_SE_R$). ↗Intervenierende Variable in der ↗Lerntheorie von ↗Hull. Es gibt die Stärke der Tendenz eines ↗Reizes an, eine spezifische ↗Reaktion auszulösen. Nach Abzug der Werte für die ↗reaktive (I_R) und die ↗konditionierte Hemmung ($_SI_R$) ergibt sich daraus das *effektive R.* ($_S\bar{E}_R$), das die Reaktionsschwelle ($_SL_R$) überschreiten muß, um zu einer Reaktion zu führen. Zusätzliche Bedeutung hat das *generalisierte R.* ($_S\underline{E}_R$).

J. P. Gösslbauer

Reaktionssimulator, ein Gerät, das als Gegenstück zum Reizsimulator nicht die Anregungsbedingungen einer natürlichen Umgebung nachbildet, sondern Substitute der natürlichen Reaktionen erzeugt. Im weiteren Wortsinn fallen darunter alle umgebungsbezogenen Simulationsprogramme, die die Verlaufstruktur psychischer Vorgänge und ihrer Grunlagen isomorph auf logischen Automaten darstellen; im engeren Wortsinn sind damit Apparate gemeint, die die organismische Reaktion hinsichtlich bestimmter Informationszwecke auch im natürlichen Kontext ersetzen können, z. B. Trainingsmaschinen, die den Schüler in Analogie zum verbalen Tadel des Lehrers bei Fehlreaktionen mit elektrischen Schlägen traktieren. *A. Vukovich*

Reaktionszeit, die Zeitspanne, die eine Vp braucht, um auf einen Reiz zu reagieren. Im klassischen Experiment reagiert die Vp vorbestimmt (gewöhnlich, indem es seinen Finger von einer Telegraphentaste wegnimmt) so schnell wie möglich beim Erkennen eines vorgegebenen Signals (z. B. das Aufleuchten eines Lichts). Der Abstand zwischen Reiz und Reaktion wird durch Chronometer gemessen, heutzutage meist mit einem elektronischen Zeitmesser.

Einfache R. umfaßt nur einen Reiz und eine vorgeschriebene Reaktion. Von den verschiedenen Formen der *komplexen R.* schließt die *Unterscheidungs-R.* alternative Reize ein, mit Reaktion auf einige von ihnen, jedoch nicht auf alle; *Wahl-R.* bezieht sich auf eine Situation von sowohl alternativen Reaktionen wie auch alternativen Reizen. Die Vpn können in *Reaktionstypen* klassifiziert werden, die sich durch charakteristische Aufmerksamkeitsrichtungen auszeichnen. Der *motorische Typ* konzentriert sich auf die Reaktion, die zu leisten ist, hat kürzere R., aber eine größere Zahl von falschen Reaktionen, während der *sensorische Typ* darauf angelegt ist, die Reize einzuordnen. Eine wichtige Variable in der Bestimmung der Reaktionszeit ist das *vorbereitende Intervall,* d.h. die Zeitspanne zwischen der Vorwarnung der Vp, bereit zu sein, und dem tatsächlichen Einsatz des Reizes.

Das R.experiment wurde anfänglich zur ungefähren Berechnung der Geschwindigkeit der Nervenübermittlung eingesetzt, indem man die Gesamtdistanz schätzte, welche die Mitteilung und der Befehl zwischen Empfangsorgan und Muskeln zu durchlaufen hat. Die frühere Hypothese, daß die R. ein fundamentales Maß an Intelligenz voraussetzt, konnte nicht aufrechterhalten werden, und es ist sogar zu bezweifeln, daß im Labor gemessene R.en irgendwelche Gültigkeit haben für die Voraussage entsprechender Reaktionen in realen Lebenssituationen, z.B. beim Abbremsen eines Autos im Falle einer unvorhergesehenen Notlage. *G. D. Wilson*

Reaktion-Testgeräte, Testgeräte zur Prüfung des reaktiven Verhaltens des Pb auf dargebotene Reize. Es gibt eine Vielzahl von *Reaktionszeitmeßgeräten,* mit deren Hilfe die Zeit zwischen Reiz und Reaktion bei einfachen Reaktionen, Wahl- und Unterscheidungsreaktionen gemessen werden kann. Zur Ermittlung zeitgebundener Reaktionsleistungen sind das von Mierke entwickelte Reaktionsgerät (auch *„Kieler Determinationsgerät“* genannt) und das diesem sehr ähnliche *„Wiener Determinationsgerät“* im Gebrauch. Die Aufgabe des Pb besteht darin, auf eine variable Anzahl optischer Reize (z. B. verschiedenfarbige oder aus unterschiedlichen geometrischen Mustern gebildete Reize) und akustischer Reize (hoher und tiefer Ton) mit einer spezifischen Reaktion in einer festgelegten Zeitspanne zu antworten. Dabei können die Anzahl der gebotenen Signale und die Geschwindigkeit der Signalfolge variiert werden. Die Anzahl der erreichten Treffen innerhalb einer Prüfserie dient als Leistungskriterium. In der ↗Verkehrs-, ↗Arbeits-, ↗Pharmako- und ↗klinischen Psychol. werden die Reaktions- bzw. Determinationsgeräte zur Feststellung der Sicherheit und Genauigkeit bei der Ausführung von Mehrfachreaktionen, der Höhe und Belastbarkeit der individuellen Leistungsfähigkeit, des individuellen Verhaltens unter Risiko- und Stressbedingungen und allg. psychischer Faktoren des Arbeitsverhaltens, wie ↗Ermüdung, Ablenkung, Aufmerksamkeitsverteilung u. a. angewandt.

Lit.: Mierke, K.: Wille und Leistung. Göttingen, 1955; **Müller, A. & D. v. Uslar:** Ergebnisse mit dem Determinationsgerät nach Mierke bei Fahrtauglichkeitsuntersuchungen. Diagnostica, 1963, 9, 156–170. *A. Thomas*

Reaktive Hemmung, die von Hull (1943) in seiner „hypothetico-deduktiven" ↗Lerntheorie postulierte Tendenz jeder Reaktion, im Organismus einen (ermüdungsähnlichen) Zustand hervorzurufen, der der Wiederholung dieser Reaktion entgegenwirkt. Die r. H. (I_R) wird als „negativer Trieb" aufgefaßt, d.h., ihre Reduktion (durch Beendigung der betreffenden Tätigkeit) hat Verstärkungscharakter und kann daher selbst zur Grundlage von Lernvorgängen werden (vgl. ↗konditionierte Hemmung).

Lit.: Hull, C. L.: Principles of behavior. New York, 1943.

L. Blöschl

Realangst. S. ↗Freud unterscheidet R. vor neurotischer ↗Angst; letztere entsteht aus inneren Auslösern, erstere aufgrund äußerer Gegebenheiten. Der zivilisierte Mensch muß nach Freud zur R. erzogen werden, Kinder zeigen solche zunächst nicht. Die R. des Kindes vor erzieherischer Bestrafung sieht Freud als Vorläufer der späteren Gewissensangst (↗Gewissen). Die Tatsache sowohl unterschiedlicher Wahrscheinlichkeit als auch Intensität von Vermeidungsreaktionen auf gleichartige Objekte oder Situationen bei verschiedener Gelegenheit oder verschiedenen Individuen läßt eine Isolierung des Begriffes R. problematisch erscheinen. Lerntheoretisch ist eine Abgrenzung von R. nur auf dem Wege über ↗soziale Normen der Effizienz eines jeweiligen Angstbetrages denkbar, wohl läßt die Theorie O. H. Mowrers eine Unterscheidung von äußeren und inneren (sekundären) Angstauslösern zu (↗Schuldgefühle), trifft so jedoch keine Aussage über die Angepaßtheit einer Vermeidungsreaktion. *U. H. Schindler*

Realdefinition ↗Definition.

Realisierung, von O. Külpe begründete Wissenschaftsmethode. Reales wird als Wirkliches anerkannt bzw. gesetzt. Die Bedeutung der ↗Wahrnehmung als Erfahrungsgrundlage wird betont: das ↗Denken ist Vermittler der Strukturen und Gesetzmäßigkeiten des Wahrgenommenen. ↗Würzburger Schule.

H. Wagenknecht

Realismus. Allgemein verstanden ist der R. eine Haltung, nach welcher die Wirklichkeit unabhängig von der Tätigkeit, durch welche man sie kennt, besteht. Im Gegensatz zum „Idealismus" nimmt der R. an, daß Formen und Wahrheiten in der objektiven Wirklichkeit bestehen und verborgen sind, *vor* jeder menschlichen Erkenntnis. Der R. geht von den Dingen zum Denken. *D. Schulthess*

Realität, die bewußtseinsunabhängige Welt. Im weiteren Sinn umfaßt der Begriff auch die *erlebte Welt;* sie wird als subjektive R. der objektiven gegenübergestellt. Vielfach dient der Begriff auch dazu, bestimmte Teile der erlebten Welt gegenüber anderen auszuzeichnen; so z.B. das unmittelbar Angetroffene gegenüber dem bloß Vergegenwärtigten.

Lit.: Metzger, W.: Psychologie. Darmstadt, [4]1975.

P. Tholey

Realitätsleugnung ↗Leugnung der Realität.

Realitätsprinzip steht nach Freud (1911) im Ggs. zum ↗Lustprinzip. Es regelt die psychischen ↗Sekundärvorgänge. Damit sind durch Erfahrung und ↗Lernen (nach Freud durch ↗Objektbesetzung und Objektgegenbesetzung) modifizierte und adaptabel gewordene ↗Primärvorgänge gemeint. Während die psychischen Primärvorgänge eher dem ↗Es zugezählt werden, gehören die Sekundärvorgänge nach Freud dem ↗Ich an.

Lit.: Freud, S.: Formulierungen über die zwei Prinzipien des psychischen Geschehens (1911). Ges. Werke. Bd. 8. London, 1943.

W. Toman

Realitätstherapie, eine von William Glasser 1960 entwickelte alternative psychiatrische Behandlung; betrachtet Patienten als an der Unfähigkeit leidend, ihren Bedarf an Liebe und Zuneigung zu erfüllen, was Ablehnung der Realität zur Folge hat. Die Behandlung zielt darauf ab, ihnen zur besseren Erfüllung ihrer Bedürfnisse zu verhelfen. Angewandt wurde die R. in der Erziehung, bei der Behandlung inhaftierter Straftäter und bei Patienten in psychiatrischen Krankenhäusern.

Lit.: Bassin, A., Bratter, T. E. & R. L. Rachin: (Hrsg.): The Reality Therapy Reader. New York, 1976; **Glasser, W.:**

Reality Therapy. New York, 1965; **ders.:** The Identity Society. New York, 1975. *V. Rippere*

Recency-Effekt ↗Primacy-Recency-Effekt.

Rechenschwäche, Schwierigkeit in der Auffassung, dem Verstehen und der Handhabung von Zahlen. Der Patient kann beim Lesen von Zahlen Schwierigkeiten haben (z. B., indem er „6" als „9" oder „3" als „8" ansieht), wobei hier ein visuell-perzeptiver Ausfall zugrunde liegen kann. Es kann eine Störung bezüglich der Zahlenvorstellung vorliegen, so daß die Antwort lächerlich groß oder klein sein kann, wenn verlangt wird, die Zahl von Gegenständen einer Menge zu schätzen. Schließlich können auch Schwierigkeiten beim Lösen mathematischer Aufgaben, die Zahlen beinhalten, bestehen; in diesem Fall ist das Defizit im Grunde praktisch eine ↗Akalkulie. *G. Powell*

Rechentests, ↗Tests, die die individuellen, zumeist auf das entsprechende Schulfach bezogenen Rechenleistungen erfassen (vgl. auch Subtests von ↗Mehrfächertests). Die Vergleichbarkeit der Ergebnisse über verschiedene Schulen und Schultypen hinweg als eine zentrale Funktion von Schultests ist bei Rechentests wegen der Umstellung vieler Lehrpläne auf mengentheoretisch orientierte ↗Curricula eingeschränkt. Nach Altersstufen geordnet liegen die folgenden Verfahren vor, die alle hinreichend reliabel, an einer relativ großen Stichprobe normiert und von der Verwendung bestimmter Schulbücher unabhängig sind sowie (bis auf den FTF-M) in mindestens zwei Parallelformen existieren: *Der Frankfurter Test für Fünfjährige – Mengen* – (FTF- M) erfaßt das Zahlenverständnis von Kindern im Vorschulalter. Das Kind hat bei 18 Items aus jeweils vier Mengen diejenige mit einer bestimmten Anzahl von Elementen auszuwählen. Der *Rechentest für 2. Klassen* (RT 2) besteht aus den fünf Subtests „Addition/Subtraktion, Multiplikation, Enthaltensein, Zahlenraum, Textaufgaben". Er bezieht sich nicht auf Lernziele im Bereich der Mengenlehre und Geometrie. Der *Diagnostische Rechentest für 3. Klassen* (DRE 3) besteht aus 40 Aufgaben zu den vier Grundrechenarten und vier Textaufgaben. Eine Rechenfehleranalyse ist anhand eines Fehlerprofils möglich.

Der Test *Mathematische Sachzusammenhänge* liegt in zwei Versionen für die 3. und 4. Klassenstufe vor und besteht aus verbal eingekleideten Rechenaufgaben. Der *Test für operatives Rechnen* (TOR 5) wurde entwickelt, um zu Beginn der 5. Klasse die auf der Grundschule erworbenen Rechenfähigkeiten der Schüler zu testen. Er umfaßt Aufgaben zu Zahlenfolgen, Umkehroperationen der Grundrechenarten, Brüchen und Sachzusammenhängen. Der Test *Mathematische Denkaufgaben* 6 + für die 6. Klassenstufe erfaßt mit 25 Denkaufgaben, deren rechnerische Lösung allein die vier Grundrechenarten erfordern, mehr das mathematische Verständnis als numerische Rechenfertigkeiten.

Der *Rechentest* RT 8 + wurde zur Ermittlung des Leistungsstandes am Ende der Hauptschule bzw. zu Beginn der Berufs- oder Berufsfachschule entwickelt. Er umfaßt sechs Subtests zu verschiedenen Aufgabentypen wie Prozentrechnen oder Rechnen mit gemeinen Brüchen. Der *Mathematiktest für Abiturienten und Studienanfänger* (MTAS) wurde für Zwecke der Studienberatung und Hochschuldidaktik entwickelt und besteht aus den drei Untertests „Algebra", „Geometrie" und „Funktionen". Die Normen basieren auf Daten von Abiturienten und Studienanfängern des Faches Psychologie.

Lit.: Fisch, E., Hylla, E. & F. Süllwold: Rechentest (RT 8 +). Weinheim, 1965; **Glück, G. & U. Hirzel:** Rechentest für 2. Klassen (RT 2). Weinheim, 1972; **Kopka, H.:** Mathematische Sachzusammenhänge 4. Weinheim; **Lienert, G. A. & M. Hofer:** Mathematiktest für Abiturienten und Studienanfänger (MTAS). Göttingen – Braunschweig, 1972; **Möhling, R. & U. Raatz:** Frankfurter Tests für Fünfjährige – Mengen – (FTF – M). Weinheim, 1972; **Müller, L.:** Mathematische Denkaufgaben 6 +. Weinheim; **Samstag, K., Sander, A. & R. Schmidt:** Diagnostischer Rechentest (DRE 3). Weinheim, 1971; **Stark, G. & H. Thyen:** Mathematische Sachzusammenhänge 3. Weinheim; **Viet, U.:** Test für operatives Rechnen (TOR 5). Weinheim. *J. Rost*

Rechnerunterstütztes Lehren, *Rechnerunterstützter Unterricht (CAI = computer assisted instruction),* eine Form des Lehrens, bei welcher mindestens ein Teil der Lehrfunktionen von einem Rechner (↗Computer) übernommen wird. *H. Frank*

Rechtschreibtests, Tests zur Feststellung der Rechtschreibleistung. Aus Gründen der zeitlichen Ökonomie sind sie in aller Regel so konzipiert, daß die Items, Testwörter, diktiert und von den Pbn in Lückentexte eingetragen werden. Die Ergebnisse von R. sind zunächst *quantitativer* Art, wobei die Anzahl falsch geschriebener Wörter und nicht die Gesamtzahl der orthographischen Verstöße maßgebend ist. Diese Fehlerzahl kann in einen Prozentrang-Wert (und einen T-Wert) umgewandelt werden. R. für niedrige Altersstufen bieten in fast allen Fällen darüber hinaus auch die Möglichkeit einer *qualitativen* Auswertung. Zu diesem Zweck wurden Fehlertypologien entwickelt, die jedoch von Autor zu Autor variieren. Beispiele für Fehlerarten: Weter statt Wetter ist Regelverstoß, backen statt packen ist Wahrnehmungsungenauigkeit, Saht statt Saat ist falsche Regelanwendung oder Merkfehler. Die vorhandenen R. sind in Darbietung und Auswertung objektiv. *H.-P. Trolldenier*

Die Reliabilitäten liegen bei allen Tests über 0.9. Bei DRT2 und 3 sowie beim RST8+ und beim RT wurden mehrere Methoden zur Reliabilitätsbestimmung angewendet (split-half, Retest, Paralleltestmethode), bei den übrigen Verfahren nur eine: DRT4–5 und RST4+ Paralleltestmethode, MRT die Retestmethode. Die Validitätsbestimmung erfolgte bei den Schultests anhand von Außenkriterien wie Deutschnote und Lehrerurteil. Die Koeffizienten von DRT2, 3 und 4–5 liegen über 0.7. Bei RST4+ und 8+ begnügen sich die Autoren mit der Aussage, daß die logische Gültigkeit der Tests evident sei. Der MRT korreliert mit verschiedenen sprachgebundenen Intelligenztests und Konzentrationstests mit 0.24 bis 0.48, mit dem RT mit 0.87. Die kriterienbezogene (Deutschnote) Validität des RT beträgt 0.83. MRT und RT sind ab dem 13. Lebensjahr anwendbar, bei den Schultests gibt die Zahl hinter der Testbezeichnung die Klasse an, in der die Tests angewendet werden können. Alle Tests können als Gruppen- oder Einzeltests durchgeführt werden. *U. Grauberg*

Die Normierung bei den R. für höhere Altersstufen ist nach Alter bzw. Altersgruppen vorgenommen, für niedrigere nach schulischen Jahrgängen. In den Verfahren für die niedrigen Altersstufen ist das Ende des Schuljahres zur Durchführung vorgeschrieben. Ähnlich wie bei den ↗Lesetests sind auch hier eigene Verfahren für unterschiedliche Lehrpläne zu fordern. Der *Einsatz* von R. wird, je nach Art, entweder zur Feststellung der Berufseignung vorgenommen (gültige Kriterien fehlen hier weitgehend) oder, und das ist der Haupteinsatzbereich, als Schulleistungstests. Dabei dienen sie einerseits zur allgemeinen Unterstützung des Lehrerurteils und zur langfristigen (im Gegensatz zu kriterienorientierten Tests) unterrichtlichen Erfolgskontrolle, andererseits werden sie neben anderen Verfahren zur Diagnose der ↗Legasthenie verwendet. Bei dem zuletzt genannten Aufgabenbereich geht es zunächst um das quantitative Ergebnis, das mit unterschiedlichen Diagnosegrenzen gehandhabt wird. Die Fehlerverteilung findet nach heutiger Auffassung fast überall nur noch als Grundlage für den symptomgeleiteten Teil der Legasthenie-Therapie Verwendung.

Lit.: **Damm, H., Hylla, E. & K. Schäfer:** Rechtschreibtest (RST8+). Hrsg. vom Deutschen Institut f. Intern. Pädagog. Forschg. Weinheim, 1965; **Hylla, E., Süllwold F. & G. Wicht:** Rechtschreibtest (RST4+). Hrsg. vom Deutschen Institut für Intern. Pädagog. Forschg. Weinheim, 1970; **Jäger, R. & E. Jundt:** Mannheimer Rechtschreibtest (MRT). Göttingen – Braunschweig, 1973; **Meis, R.:** Diagnostischer Rechtschreibtest (DRT4–5). Hrsg. von **K. Ingenkamp.** Weinheim, 1970; **Müller, R.:** Diagnostischer Rechtschreibtest (DRT2). Hrsg. von **K. Ingenkamp.** Weinheim, 1970; **ders.:** Diagnostischer Rechtschreibtest (DRT3). Hrsg. von **K. Ingenkamp.** Weinheim, 1971; **Portmann, R. & G. Stark:** Rechtschreibung 3. Weinheim, 1974; **dies.:** Rechtschreibung 4. Weinheim, 1975; **Rathenow, P. & U. Raatz:** Rechtschreibtest RST 1. Weinheim, 1973. *H. P. Trolldenier*

Recht und Psychologie. Die Psychologie ist im Gefolge ihrer Entwicklung und ihrer zunehmenden Bedeutung für die Praxis in den verschiedensten Lebensgebieten sowohl in der Gesetzgebung wie in den Verwaltungsvorschriften immer mehr verankert worden. Dadurch wurde die Relevanz der Psychologie für die Gesellschaft immer deutlicher.

1) Die für die Psychologie wichtigsten *Gesetze:*

Das *Grundgesetz für die Bundesrepublik Deutschland* (1949) macht dies bereits in den Grundrechten deutlich: z. B. Menschenwürde, freie Entfaltung der Persönlichkeit, Gleichheit (vor dem Gesetz), Gleichberechtigung, Glaubens-, Gewissens- und Bekenntnisfreiheit, Meinungsfreiheit, Berufsfreiheit, Asylrecht u. a..

Im *Strafgesetzbuch* (1975) bes. die Bestimmungen über die ↗*Schuldfähigkeit:* § 20: Schuldunfähigkeit wegen seelischer Störungen. Ohne Schuld handelt, wer beim Begehen der Tat wegen einer krankhaften seelischen Störung, wegen einer tiefgreifenden Bewußtseinsstörung, wegen Schwachsinns oder einer schwereren anderen seelischen Abartigkeit unfähig ist, das Unrecht der Tat einzusehen oder nach dieser Einsicht zu handeln.

§ 21 verminderte Schuldfähigkeit ist die verminderte Fähigkeit des Täters, das Unrecht der Tat einzusehen und nach dieser Einsicht zu handeln.

Im *Jugendgerichtsgesetz* (1974), insbesondere § 105: „Anwendung des Jugendstrafrechts auf Heranwachsende. (1) Begeht ein Heranwachsender eine Verfehlung, die nach den allgemeinen Vorschriften mit Strafe bedroht ist, so wendet der Richter die für einen Jugendlichen geltenden Vorschriften der §§ 4 bis 8,9 Nr. 1, §§ 10, 11 und 13 bis 32 entsprechend an, wenn

1. die Gesamtwürdigung der Persönlichkeit des Täters bei Berücksichtigung der Umweltbedingungen ergibt, daß er zur Zeit der Tat nach seiner sittlichen und geistigen Entwicklung noch einem Jugendlichen gleichstand, oder
2. es sich nach der Art, den Umständen oder den Beweggründen der Tat um eine Jugendverfehlung handelt." ↗Verantwortungsreife.

Von Bedeutung sind ferner das Gesetz zum *Schutz der Jugend* in der Öffentlichkeit (1957), das Gesetz über die Verbreitung jugendgefährdender Schriften (1961), das Gesetz zum Schutz der arbeitenden Jugend (Jugendarbeitsschutzgesetz 1976) sowie das Jugendhilfegesetz (Entwurf 1973) betreffend Recht auf Erziehung und Bildung, Anspruch auf Erziehungshilfe und Arten derselben.

2) Für die Psychologie wichtige *Verwaltungsvorschriften* sind u. a. die Vorschriften für die Berufsberatung (1953) und die *Oberstufenreform:* Empfehlungen zur Arbeit in der Gymnasialoberstufe gemäß Vereinbarung zur Neugestaltung der Gymnasialoberstufe in der Sekundarstufe II der Kultusministerkonferenz vom 7. Juli 1972 und 2. Dezember 1977. Sie betrifft Persönlichkeitsbildung, selbständiges Lernen, Kommunikationsfähigkeit, Wertung, Formen des Lernens, Aufgabenbereiche der Beratung, Formen derselben, Lernen, Erziehen.

Lit.: Akademie für Politik und Zeitgeschehen der Hanns-Seidel-Stiftung e. V.: Reform der Oberstufenreform – Wiedergewinnung der allgemeinen Bildung. München, 1979; **Arnold, W.:** Person, Charakter, Persönlichkeit. München, [4]1975; **ders.:** Person und Schuldfähigkeit. In: Würzburger Universitätsreden, Heft 43. Würzburg, 1965; **Ribbert, F.:** Jugendrecht, Jugendhilfe. Paderborn, 1976; Richtlinien für den Psychologischen Dienst in der Bundesanstalt für Arbeit. Dienstblatt der **Bundesanstalt für Arbeit,** Ausg. B 2, 20. Jahrg. Nr. 52 v. 13. 8. 71; **Rother, W.:** Recht u. Bewußtsein. Ebelsbach, 1979.

W. Arnold

Rechtshändigkeit ↗Laterialität.

Reduktion, Zurückführung eines Komplexen auf ein Einfacheres; 1) in der Logik: Schluß hypothetischen Charakters auf intensionaler Grundlage bzw. Aufsuchen geeigneter Prämissen, die eine Folgerung stützen; 2) in der Wissenschaftstheorie: der Versuch, die Begriffe und Gesetze einer empirischen Theorie in einer anderen, die als fundamentaler angesehen wird, zu begründen; 3) in der Phänomenologie: a) als eidetische R. die Zurückführung des Tatsächlichen auf sein Wesen, b) als transzendental-phänomenologische R. die methodische Ausschaltung des Glaubens an die Realität der Wirklichkeit. *H. Drüe*

Reduktionismus. Dieser Begriff bezeichnet eine ↗Einstellung, die im Bereich der Wissenschaft einschließlich der Philosophie darin besteht, etwas Höheres durch das Niedrigere zu begründen. Dabei wird eine Kausalitätsbeziehung zwischen den verschiedenen Ebenen der

Realität angenommen, die bezüglich ihrer Eigenheiten von keiner anderen Erklärung abhängen sollten als von der, die ihnen eigen ist. Der Materialismus, der den Geist auf die Materie zurückführt, ist eine der Formen von R., ebenso der ↗Empirismus und der ↗Psychologismus, die Probleme der Gültigkeit auf Tatsachen zurückführen. Ebenso verhält es sich mit den Theorien, die die geistigen Phänomene durch biol. Steuerungen oder durch psychochem. Mechanismen (Reflexbogen) erklären oder die die menschliche Gesellschaft (das Kulturelle) als eine Weiterentwicklung des „Naturzustands" tierischer Gemeinschaft auffassen oder die deren Vielfältigkeit ausschließlich durch die physik. Umweltbedingungen erklären. *M. J. Borel*

Redundanz, informationstheoretischer Begriff, welcher die mögliche Kürzung einer Zeichenfolge bei Verwendung einer optimalen Kodierung (↗Kode) und desselben Zeichenrepertoires (↗Repertoire) quantitativ beschreibt.

Ist Z eine endliche Zeichenfolge mit u(Z) Gliedern, H(Z) die über diese Folge definierte mittlere Information (↗Entropie), dann ist die *absolute R.:*

$$R(Z) = \mathrm{ld}\, u(Z) - H(Z).$$

Relative R. heißt der Quotient.

$$r(Z) = \frac{R(Z)}{\mathrm{ld}\, u(Z)} = 1 - \frac{H(Z)}{\mathrm{ld}\, u(Z)}.$$

Durch Übergang zu einem redundanzfreien Kode kann die Länge einer Zeichenfolge Z um den Bruchteil r(Z) komprimiert werden, ohne daß ein Informationsverlust eintritt.

P.-B. Heinrich

Redundanzausnutzung. Die ↗Redundanz eines ↗Kodes ermöglicht die Sicherung der ↗Informationsübertragung gegen Störungen, durch Erkennung oder gar Behebung der entstandenen Fehler. Die Redundanz der relativ störungssicheren menschlichen Sprache liegt bei 0,7–0,8. *P.-B. Heinrich*

Reduzierte Farbe ↗Flächenfarbe.

Reduzierter Wechsler Intelligenztest ↗WIP.

REFA, Abkürzung für „Verband für Arbeitsstudien (REFA) e. V."; ursprünglich 1924 „Reichsausschuß für Arbeitszeitermittlung", ab 1936 „Reichsausschuß für Arbeitsstudien"; 1951 neu gegründet; 50 000 Mitglieder (1974); umfangreiche Lehr- und Ausbildungstätigkeit in allen größeren Orten der BRD und in überregionalen Ausbildungsstätten (v. a. Institut f. Arb. Wiss./Darmstadt). „Die Verbandsarbeit soll sowohl dem Aufbau und der Erhaltung einer leistungs- und wettbewerbsfähigen Wirtschaft als auch dem arbeitenden Menschen dienen, für den die richtige Bewertung von Arbeit und Leistung eine wesentliche Voraussetzung zur Erhaltung der Arbeitskraft und Arbeitsfreude schafft" (Satzung § 2). ↗Zeitstudie. *G. Marschner*

REFA-Normalleistung. Unter REFA-Normalleistung wird eine Bewegungsausführung verstanden, die dem Beobachter hinsichtlich der Einzelbewegungen, der Bewegungsfolge und ihrer Koordinierung bes. harmonisch, natürlich und ausgeglichen erscheint. Sie kann erfahrungsgemäß von jeder in erforderlichem Maße geeigneten, geübten und voll eingearbeiteten Person auf die Dauer und im Mittel der Schichtzeit erbracht werden, sofern sie die für die persönlichen Bedürfnisse und gegebenenfalls auch für die Erholung vorgegebenen Zeiten (↗Zeitstudie) einhält und die freie Entfaltung ihrer Fähigkeiten nicht behindert wird.

Lit.: REFA-Methodenlehre des Arbeitsstudiums (Teil 2: Datenermittlung). München, 1971. *G. Marschner*

Reference Group ↗Gruppe.

Reflektoplastik, Bilder, die aus zwei ähnlichen Blickrichtungen aufgenommen wurden und sich teilweise überlagern, um die retinale Disparation, wie sie beim normalen binokularen Sehen auftritt (Querdisparation), zu simulieren. Betrachtet man diese Bilder durch eine Brille, daß jedes Auge nur ein Bild sehen kann, entsteht räumlicher Eindruck. ↗Stereoskop.

G. D. Wilson

Reflex. Der R. ist die unwillkürliche automatisch ablaufende Antwort auf Umweltsänderungen, die als Reiz auf den Organismus einwirken. Diese Antwort ist meist mot. Art und äußert sich in einer *Reflexbewegung* eines Muskels oder einer Gliedmaße. Die dabei auftretende nervöse Erregung durchläuft in einer fest vorgeschriebenen Bahn den *Reflexbogen,* dessen Eingang der Fühler darstellt, der den Reiz aus der Umwelt in Nervenerregung übersetzt. Über afferente zentripetale Nerven gelangt die Erregung in das R.zentrum, das je nach Art der R. aus einer einfachen ↗Synapse oder aus einem komplizierten System von Nervenzellen mit vielen Synapsen und Schaltneuronen besteht. Über efferente zentrifugale Fasern erreicht die Erregung dann das Erfolgsorgan. Es werden dabei ↗Eigen- und ↗Fremdreflexe unterschieden und von den angeborenen Verhaltensweisen und bedingten ↗Reaktionen abgetrennt. *E. David*

Reflexhemmung geschieht durch ↗Aktivation von Neuronen, die andere Nervenzellen hemmen oder deren Aktivität graduell ausgleichen, und ist Voraussetzung für die Koordination des Verhaltens, das als Ergebnis jeweils abgestufter ↗Aktivation aller dem Individuum verfügbaren unbedingten und n-ter Ordnung bedingten Reaktionen (↗Konditionierung) vorstellbar ist.

Reflexlosigkeit, *Areflexie,* das Fehlen von Reflexen im Stadium tiefer Bewußtlosigkeit; ein Zeichen des Ausfalls in den Spinalganglien.

Reflexionspsychologie. K. ↗Bühler (Krise der Psychologie, 1927) teilte die Gebiete der Psychol. ein in Erfahrungspsychol., Verhaltenspsychol. und Werkpsychologie. Die erste hat notwendigerweise als Methode eine Form der Reflexion, durch die man Zugang zum Erlebten gewinnt und Bedingungen des Möglichen aufzeigen kann. Dieser Ansatz ist sowohl mit der ↗geisteswissenschaftlichen Psychologie und der Phänomenologie als auch mit der ↗existentiellen Psychol. verwandt. *P. Muller*

Refraktärphase ist die an die Aktivitätsphase einer erregbaren Zelle anschließende *Zeit der Nichterregbarkeit.* Sie dient der Wiederauffüllung verbrauchter Energiereservoire und ist je nach Stoffwechselgeschwindigkeit von sehr unterschiedlicher Dauer. Während Nerv und Skelettmuskel nur einige wenige Millisek. nach Erregungsbeginn refraktär sind, ist der Herzmuskel für die ganze Dauer seiner Aktion refraktär, und zwar *absolut refraktär* während seiner *Kontraktion* und *relativ* während der *Erschlaffung.* In dieser relativen R. ist das Herz nur durch übernormal große Reize erregbar, ein Umstand, der zu Extrasystolen führt. *E. David*

Refraktärzeit, sexuelle, nach Masters & Johnson (1966) nur beim Mann beobachtbarer Teil der ↗Rückbildungsphase im sexuellen Erregungszyklus. Die s. R. beginnt nach der Ejakulation und endet mit der Abnahme der sexuellen Erregung. Sie ist durch Erschlaffen des Penis und geringe psycho-physiol. sexuelle Stimulierbarkeit gekennzeichnet. – Bei der Frau hingegen schließt sich an die ↗Orgasmusphase eine neue ↗Plateauphase an, aus der heraus sie bei ausreichender sexueller Stimulation zu weiteren ↗Orgasmen fähig ist.

Lit.: Masters, W. H. & V. E. Johnson: Human sexual response. Boston, 1966; Dt.: Die sexuelle Reaktion. Frankfurt, 1967. *J. Friedrichs*

Refraktion, *Brechkraftverhältnisse* für Lichtstrahlen am Auge. Das normalsichtige (emmetrope) Auge besitzt eine Brechkraft von 58 Dioptrien, die aus der Oberflächenform und den Brechungsindices der brechenden Medien (↗Cornea, Kammerwasser, Linse, Glaskörper) resultieren. Mit diesen 58 Dioptrien vermag das Auge bei einer normalen Bulbuslänge von 24 mm einen Gegenstand, der im Fernpunkt liegt, auf der ↗Retina so abzubilden, daß er scharf gesehen wird. Der sog. *Fernpunkt* befindet sich in einem Abstand von mehr als 4 m vom Auge; Lichtstrahlen, die von ihm ausgehen, treffen das Auge (praktisch) achsenparallel. Durch die ↗Akkommodation mittels der Linse kann das Auge seine Brechkraft um weitere 14 Dioptrien auf 72 Dioptrien erhöhen. Abweichungen von diesen Normalverhältnissen nennt man *Refraktionsanomalien.* ↗Ametropie. *R. Rix*

Regel, Häufigkeitsbegriff, der im allgemeinen Sprachgebrauch gewisse Unbestimmtheitsrelationen beinhaltet; damit wird R. abgesetzt vom Begriff des Gesetzes, insbesondere vom *Naturgesetz,* das als allgemein gültig angesehen wird, obwohl dies zumindest wissenschaftlich „absolut" nicht bewiesen werden kann.

Die *normative* Gesetzeskonzeption geht vom Prinzip der Allgemeinverbindlichkeit aus: Normative Gesetze werden „in der Regel" befolgt. Für den psychologischen Bereich gilt der Satz: keine Regel ohne Ausnahme (↗Variation).

Im Zeitalter der *Kybernetik* wird der Begriff R. innerhalb eines geschlossenen Systems als mögliche Anpassung von Ist-Werten an Soll-Werte verstanden. Im Prinzip wird hierbei zwischen mechanischen R.systemen und biologischen Systemen (z.B. Temperaturregulation eines organischen Körpers) unterschieden; es gibt ferner personelle (psychisch geistige) R.prozesse (z.B. Gewissensentscheidung, psychisch-geistige Schuldregulation). Im letzteren Fall liegt eine informationelle Unzulänglichkeit des Menschen (K. Steinbuch) zu Grunde.

Lit.: Arnold, W.: Psychologische Probleme der Kybernetik. Universitas, 1965.

W. Arnold

Regelkreis, selbsttätiger, ursprünglich ein technischer Begriff, heute – durch Anwendung auf biol. Zusammenhänge – auch ein Grundbegriff der Kybernetik. Der dt. Normenausschuß definierte (Normblatt DIN 19226): „Die *Regelung* ist ein Vorgang, bei dem der vorgegebene Wert einer Größe fortlaufend durch Eingriff auf Grund von Messungen dieser Größe hergestellt und aufrechterhalten wird . . . *eine Regelung heißt selbsttätig,* wenn sie einer Mitwirkung des Menschen nicht bedarf." Bekannte Beispiele aus der Technik sind der Thermostat zur Konstanthaltdng der Temperatur oder der Fliehkraft-Regler der Dampfmaschine; wird die Temperatur eines Kühlschrankes oder Bügeleisens zu hoch, so unterbricht ein sich krümmender Metallstreifen oder die Quecksilbersäule (der „Meßfühler") die Zufuhr des elektrischen Stromes, so daß die Temperatur sinkt, dadurch sinkt auch die Quecksilbersäule, wodurch sie an einer bestimmten Stelle den Strom wieder einschaltet, so daß die Temperatur wieder steigt und durch den Wechsel von Einschalten und Ausschalten innerhalb eines bestimmten Spielraumes konstant bleibt („Konstanthaltungs-Regler"). Wenn man darauf verzichtet, für die Messungen Zahlenwerte zu fordern, kann man in der Selbstbeobachtung Erlebnisreihen feststellen, die sich als s. R. zur Konstanthaltung psychischer Zustände interpretieren lassen. Als Beispiel wurden die psychischen Wirkungen einer ↗Frustration als automatisch auftretende Maßnahmen zur Aufrechterhaltung des Selbstwertgefühls angeführt: jede Minderung des Selbstgefühls durch eigenes Versagen oder Mißerfolge führt „selbsttätig" zu kompensierenden Erlebnissen wie ↗Rationalisierung („ich war sehr müde"), ↗Aggression („schuld ist mein dummer Partner"), Ersatzbefriedigung („diese mathematische Aufgabe habe ich zwar nicht lösen können, dafür bin ich in Fremdsprachen allen überlegen") usw. Da diese Erlebnisse zweifellos die Wiederherstellung des Selbstgefühls erreichen sollen, kann man von einem psychischen s. R. zur automatischen Selbstwert-Konstanthaltung sprechen (Rohracher, 1963). An der „Selbsttätigkeit" besteht kein Zweifel, weil die Folgen der Frustration ohne Mitwirkung des ↗Bewußtseins, ganz von selbst, auftreten – auch dann, wenn man sie als Scheingründe durchschaut. Die Problematik der *„psychischen Regelkreise"* liegt in der Immaterialität des bewußten Erlebens, die von manchen Kybernetikern vollkommen ignoriert wird. Echte R. gibt es nur in der Technik und im organischen Geschehen (z. B. Blutdruck), wo „Meßfühler" und „Stellwerke" aus Materie vorhanden sind; die psychischen Vorgänge sind aber immateriell im vollen Sinne des Wortes (sie bestehen nicht aus Atomen oder Elementarteilchen oder aus Schwingungen, die durch Bewegungen von Atomen oder Molekülen entstehen); daher können psychische Vorgänge auch nicht mit technischen Methoden gesteuert werden. Daraus folgt ein weiterer Einwand gegen den kybernetischen Charakter dieser Vorgänge: sie sind prinzipiell unsimulierbar. Nach unserem gegenwärtigen Wissen besteht keinerlei Möglichkeit, jemals bewußte Erlebnisse in einer Maschine zu erzeugen. Kybernetische Prozesse sollen aber wenigstens im Prinzip technisch nachahmbar sein. Sicher bestehen biol. R. im Erregungsgeschehen im Gehirn (z. B. zur Erhaltung der Körpertemperatur oder zur Regelung der Pupillenweite nach der jeweiligen Lichtmenge). Da allen bewußten Erlebnissen Erregungsprozesse in den Ganglienzellen der Hirnrinde (↗Cortex) zugrunde liegen, ist anzunehmen, daß dort auch die materiellen Grundlagen der selbsttätigen Regelungen vorhanden sind, deren unkörperliche Auswirkung wir z. B. als Frustrationsfolgen erleben. Um der Unkörperlichkeit des psychischen Geschehens gerecht zu werden, empfiehlt es sich, von „sogenannten" psychischen Regelkreisen oder von „kybernetioden psychischen Prozessen" zu sprechen. ↗Kybernetik und Psychologie.

Lit.: Cube, F. v.: Was ist Kybernetik? München, [3]1971; **Erismann, T. H.:** Grundproblem der Kybernetik. Zwischen Technik und Psychologie. Berlin, [2]1972; **Frank, H.:** Kausalität und Information als Problemkomplex einer Philosophie der Kybernetik. Grundlagenstudien Kybernet. Geisteswissenschaft, 1962; **Günther, G.:** Das Bewußtsein der Maschinen. Eine Metaphysik der Kybernetik. Krefeld, 1957; **Haseloff, O. W.** (Hrsg.): Grundfragen der Kybernetik, Forschung und Information. Bd. 1. Berlin, 1967; **Hassenstein, B.:** Biologische Kybernetik. Biolog. Arbeitsbücher 4, Heidelberg, [4]1973; **Mittenecker, E.:** Kybernetische Modelle in der modernen Psychologie. Bericht ü. d. 23. Kongreß d. DGP, Göttingen, 1964; **Rohracher, H.:** Psychol. Regelprobleme. Z. exp. angew. Psychol., 1959, *6*, 95; **ders.:** Regelprozesse im psychischen Geschehen. Forsch. Fortschr., 1963, *37*, 48; **ders.:** Die Arbeitsweise des Gehirns und die psychischen Vorgänge. München, [4]1967; **Steinbuch, K.:** Automat und Mensch. Berlin, [4]1971.

H. Rohracher

Regelung ↗Regelkreis, selbsttätiger.

Regenbogenhaut ↗Iris.

Regeneration, Prozeß der Wiederherstellung beschädigter oder entfernter Zellen oder Gewebe, z. B., wenn der Eidechse ein neuer Schwanz wächst, wenn der ursprüngliche abbricht. Bestimmte Zellen, z. B. die Nervenzellen höherer Lebewesen, regenerieren nicht.

G. Powell

Regio olfactoria ↗Sinnesorgane: Der Geruch.

Regression. I. R. ist ein innerer ↗Abwehrmechanismus, der in der Regel dann auftritt, wenn andere Abwehrmechanismen nicht ausreichen, um einen von der realen oder psychisch introjizierten Umgebung aufgenötigten Befriedigungsverzicht zu erzielen und aufrecht zu erhalten. Sie besteht in der Rückkehr der Person auf frühere Phasen der Motiventwicklung. Nach S. ↗Freud und seinen Schülern sind psychische Krankheiten als R. auf frühere Phasen der psychischen oder Motiventwicklung aufzufassen, und zwar jeweils auf jene Phasen, in denen Traumatisierungen erfolgten, aber Abhilfen (Ersatzbefriedigungen) gefunden werden konnten, oder auf jene Phasen, die der traumatischen unmittelbar vorangingen. – Alle Zustände der extremen ↗Deprivation oder ↗Frustration, in denen Abwehrmechanismen im Begriff der Bildung, aber noch nicht fertig eingerichtet sind, stellen Zustände der vorübergehenden R. dar (Toman, 1954; 1968). ↗Angst und ↗Aggression sind für ihre Dauer als R.zustände auffaßbar. Auch Zustände der Müdigkeit, der körperlichen Schwäche durch Krankheit bewirken R.zustände der Motivbefriedigung (nach des langen Tages Arbeit kann man z. B. am Abend nur mehr leichte Unterhaltung vertragen). – R. als ein Teil des schöpferischen Prozesses wurde von Freud und Kris (1952) beschrieben. Vor neuen wiss. und künstlerischen Leistungen befinden sich ihre Autoren oft in Zuständen primitiverer Realitätsbezüge. Sie verlassen vorübergehend konventionelle und etablierte Vorstellungsbahnen und stoßen auf unerwartete, mit den geläufigen Vorstellungen nicht ohne weiteres übereinstimmende Ideen oder Gedanken. Die Autoren finden aber nach dieser R.- (oder ↗Inkubations-)Phase wieder den Zugang zur vollen und komplizierten Wirklichkeit ihres Tätigkeitsbereiches. R. als Teil des schöpferischen Prozesses kann daher als „Regression im Dienste des Ego" (Kris, 1952) bezeichnet werden. Auch R. als Teil eines psychopathologischen Prozesses steht im Dienste des ↗Ich, kann allerdings nicht so leicht wieder aufgehoben werden und zieht das Ego selbst in länger dauernde Mitleidenschaft.

Lit.: Freud, A.: Das Ich und die Abwehrmechanismen.

Wien, 1936; **Freud, S.:** Vorlesungen zur Einführung in die Psychoanalyse (1916/17). Ges. Werke Bd. 11. London, 1940; **Kris, E.:** Psychoanalytic Explorations in Art. New York, 1952; **Toman, W.:** Dynamik der Motive. Wien – Frankfurt, 1954; **ders.:** Introduction to Psychoanalytic Theory of Motivation. London – New York, 1960; **ders.:** Motivation, Persönlichkeit, Umwelt. Göttingen, 1968.

W. Toman

II. R. bezeichnet *in der Statistik* die Tatsache, daß geschätzte bzw. vorhergesagte Standardwerte einer abhängigen Variablen näher dem Stichprobenmittelwert liegen als die entsprechenden Standardwerte der unabhängigen Variablen. R. wurde von F. ↗Galton eingeführt *(law of filial regression).* *G. Mikula*

Regression, atavistische ↗Atavistische Regression.

Regressionsanalyse, stat. Analyse der funktionalen Abhängigkeit einer Zufallsvariablen von einer oder mehreren unabhängigen Variablen. Die R. ermöglicht die Vorhersage unbekannter Werte der abhängigen Variablen aufgrund der Kenntnis der entsprechenden Werte der unabhängigen Variablen. Sowohl abhängige als auch unabhängige Variablen müssen auf ↗Intervallskalen gemessen sein. Je nach der Zahl der unabhängigen Variablen unterscheidet man zwischen einfacher und multipler R., nach der Gleichung der ↗Regressionslinie zwischen linearer und kurvilinearer (nichtlinearer) Regressionsanalyse. *G. Mikula*

Regressionsgleichung. Die R., Gleichung der ↗Regressionslinie, ermöglicht die Vorhersage des Wertes der abhängigen Variablen aufgrund eines beliebigen (auch nicht beobachteten Zwischen-) Wertes der unabhängigen Variablen. Sie lautet im Falle einfacher linearer Regression

$$Y' = a + bX = \bar{Y} + r_{XY}\left(\frac{s_Y}{s_X}\right)(X - \bar{X}),$$

wobei r_{XY} die Korrelation der beiden Variablen, X und s_X Mittelwert und Standardabweichung der unabhängigen Variablen und $\bar{Y}$ und s_y die entsprechenden Statistiken der abhängigen (vorherzusagenden) Variablen bezeichnen. *G. Mikula*

Regressionskoeffizient. Als R. bezeichnet man die beiden Koeffizienten a und b der ↗Regressionslinie, gewöhnlich ist aber nur b damit gemeint. Im Falle linearer ↗Regression bezeichnet a den Abstand des Schnittpunktes der Regressionsgeraden mit der Ordinate vom Koordinatenursprung, b die Steigung der Regressionsgeraden. Ihre Bestimmungsgleichungen lauten im Falle einfacher, linearer Regression

$$a_{YX} = \bar{Y} - \bar{X}b_{YX} \cdot b_{YX} = r_{YX}\left(\frac{s_Y}{s_X}\right).$$

G. Mikula

Regressionslinie. Als R. wird im Falle einfacher ↗Regression jene Linie bezeichnet, die nach der ↗Methode der kleinsten Quadrate so gelegt wird, daß die Summe der Abweichungen der empirischen Werte von ihr ein Minimum ist. Sie ist bei linearer Regression eine Gerade. Der Winkel, den die beiden R.n einer bivariaten Verteilung miteinander einschließen, kennzeichnet die Höhe der Korrelation, die zwischen beiden Variablen besteht. Bei einer Korrelation $r = \pm 1$ fallen beide R.n zusammen. ↗Produktmoment-Korrelation.

G. Mikula

Rehabilitation, Behebung oder Verringerung einer körperlichen (↗Körperbehinderte), seelischen oder sozialen Behinderung (↗Geistige Behinderung), Entfaltung der verbliebenen Möglichkeiten und daher Bemühen, eine Person in die Lage zu versetzen, über ihre körperlichen und seelischen Funktionen voll zu verfügen, ihre Ziele selbständig zu erreichen und die Belange der Gesellschaft dabei zu berücksichtigen oder, sofern sich dies nicht oder nur unter übermäßigen Belastungen verwirklichen läßt, mit den notwendigen Hilfen zu leben. *Zur R. gehören:* (Wieder)herstellung oder Ersatz vor allem der für das tägliche Leben notwendigen körperlichen und seelischen Funktionen, auf die spezielle Behinderung abgestimmte Erziehung, (vor)schulische und berufliche (Aus)bildung, Erlangen und Behalten von lebensgerechtem Arbeitsplatz, Wohnung, Fahrzeug usw., Gründung und Fortsetzung befriedigender sozialer Kontakte, notfalls finanzielle Versorgung und Pflege. Von R. wird beim Vorliegen einer Behinderung gesprochen, d. h. einer Erkrankung oder Schädigung, die einen Einschnitt in das soziale Leben bedeutet und eine Umstrukturierung des Rollengefüges bzw. bei Schädigung seit Geburt eine bes. ↗Rolle aufzwingt. R. ist Betreuung des Behinderten in allen seinen Belangen und wird daher von allen zuständigen Fachleuten gemeinsam geplant und durchgeführt, in jedem Fall von Facharzt, Psychologe und möglichst Soziologe, daneben je nach Fall von Heilpädagoge, Sonderschullehrer, Berufsberater, Schwerbeschädigtenvermittler, Sozialarbeiter, Vertreter der Kostenträger, Fachlehrer, Beschäftigungstherapeut, Krankengymnast, Sportlehrer. Die praktischen Aufgaben des Psychologen in der R. sind: Erziehungs-, schulische, Berufs- und Eheberatung, allg. Abklärung und Behebung die R. hemmender und Aktivierung fördernder psychosozialer Faktoren beim Behinderten, seiner Umwelt und der Gesellschaft mittels Untersuchung, Einzel- und Gruppengespräch mit dem Behinderten und seinen Angehörigen, anderen psychagogischen Verfahren (↗Psychagogik), ↗Verhaltens- und ↗Psychotherapie, Information und Beeinflussung der Gesellschaft. Die wiss. Psychol. der R. sucht nach den psychischen Determinanten des R.erfolges in ihrer Verflechtung mit den körperlichen und sozialen und bemüht sich um Schaffung von Verfahren zu ihrer Diagnose und zur Prognose und Verbesserung des R.erfolges. Vor allem in den USA erscheinen Einzelarbeiten, doch fehlt es an integrierenden Darstellungen und umfassenden Forschungen. In der BRD ist zuständig: Dt. Vereinigung f. d. R. Behinderter e. V. *H. D. Loewer*

Reids Bewegungstäuschung, eine kinästhetische Täuschung. Eine Person wird aufgefordert, einen Stock von links nach rechts und dann im rechten Winkel dazu, aber über die objektiv gleiche Distanz, zu bewegen. Die erste Strecke wird dabei im Vergleich zur letzteren unterschätzt. *C. D. Frith*

Reife, Zustand der Vollendung und Festigung der somatischen, psychischen und geistigen Differenzierung und Integrierung (↗Reifung), sowie das Bereitsein zur Erfüllung der dem einzelnen Menschen gestellten Aufgaben und zur Bewältigung der Lebensanforderungen.

Während in Mitteleuropa die Geschlechts-R. bei Mädchen mit fünfzehneinhalb und bei Jungen mit sechzehn Jahren erreicht ist, kann die komplette *somatische* R. normalerweise erst mit siebzehn bzw. einundzwanzig Jahren festgestellt werden.

Die *psychische* R. ist bei weiblichen Jugendlichen mit siebzehn und bei männlichen mit achtzehn Jahren dadurch gekennzeichnet, daß Strebungen und Wille eine nachhaltende Stabilität erreicht haben und die Suche nach der Daseinsthematik beendet ist.

Die *soziale* R. ist bei weiblichen Heranwachsenden mit zweiundzwanzig und bei männlichen mit vierundzwanzig Jahren erreicht. Sie ist gekennzeichnet durch das Erwachen des Schaffensdranges im positiven Sinne und das Erkennen der überindividuellen Ordnungen des gesellschaftlich-politischen Lebens, schließlich noch durch die endgültige Zielbestimmung und Verschmelzung von Sexus und Eros. Der Ablösevorgang von den Eltern und das Noch-Ausgeschlossensein aus der zivilisatorisch komplizierten Mitwelt der Erwachsenen sowie die Gruppenbildungen tyrannischer und nivellierender Subkultur sind überwunden. Das körperlich, seelisch und geistig differenzierte und zu einem personalen Ganzen integrierte Individuum ist bereit für die Gemeinschaft und den jeweiligen Kulturkreis und -stand. – Seit jeher wurde in Europa das „vollkommene Alter" mit Vollendung des vierundzwanzigsten Lj. erreicht; z. B. die legitima aetas für das Presbyterat der r.-kath. Kirche, die Berechtigung des Handwerksmeisters zur Lehrlingsausbildung oder die Vollmitgliedschaft bei Zünften, Gilden und Bruderschaften.

Das Erreichen bestimmter R.grade wurde von den Menschen aller bisher bekannten Kulturen stets bes. gekennzeichnet (Firmung, Ritterschlag usw.).

Sozial-Organismen, -Kolligationen und -Organisationen haben auf Grund von Erfahrungen immer bestimmte R.grade mit festen Lebensaltern verbunden, z. T. jedoch auch willkürliche Festsetzungen vorgenommen, wie z.B. Herabsetzung des Wahlalters oder des Alters der „Volljährigkeit". So sind im Zivilrecht gemäß § 828 BGB erst das siebenjährige Großkind bedingt und der achtzehnjährige Jugendliche voll *deliktfähig;* gemäß § 104, Abs. 1, BGB beginnt die *Geschäftsfähigkeit* mit Vollendung des siebten Lj. Nach § 1 EG (Ehe-Gesetz) wird die Ehemündigkeit mit Vollendung des achtzehnten Lebensjahres angenommen, auf besonderen Antrag hin kann jedoch das Vormundschaftsgericht auch einen Partner ehemündig erklären, wenn er das sechzehnte Lebensjahr erreicht hat. Der § 3 JGG verlangt für die *strafrechtliche Verantwortlichkeit des* vierzehn- bis achtzehnjährigen *Jugendlichen,* daß er nach seiner „geistigen und sittlichen Entwicklung reif genug ist", das Unrecht von Taten einzusehen und nach dieser Einsicht zu handeln; er muß also den Ernst sittlicher Forderungen verstehen können. Für den achtzehn- bis einundzwanzigjährigen *Heranwachsenden* ist im § 105, Abs. 1, JGG festgesetzt, daß er nach dem Jugend-Gerichts-Gesetz (JGG) verurteilt wird, wenn die Gesamtwürdigung seiner Person ergibt, daß er zur Zeit der kriminellen Handlungen (trotz Volljährigkeit) nach seiner „geistigen und sittlichen Entwicklung" noch einem Jugendlichen gleichstand. Die *Volljährigkeit* tritt in der BRD gemäß § 2 BGB mit Vollendung des achtzehnten Lj. ein und ist damit der Gesetzgebung in der DDR angeglichen worden; in der Schweizerischen Eidgenossenschaft wird sie nach wie vor erst mit zwanzig Jahren erreicht. Schließlich besagt der Artikel 38, Abs. 2, GG (Grundgesetz), daß zur *Wahlberechtigung* und zur *Wählbarkeit* (in den Bundestag) lediglich das achtzehnte Lj. erreicht sein muß, während gem. Artikel 54, Abs. 1, GG der *Bundespräsident* das vierzigste Lj. vollendet haben muß.

Lit.: Brock, J.: Biologische Daten für den Kinderarzt (3 Bände). Berlin, 1932–1939; **Engels, H. J.:** Selbsterfundene Fabeln als thematisch-diagnostisches Hilfsmittel in der Kinder- und Jugendpsychiatrie. Psychiatria et Neurologia, 1964, *148,* 271–289; **ders.:** Erbfolge und Wappen der Fischerei-Bruderschaft zu Bergheim an der Sieg. Mitteilungen der Westdeutschen Gesellschaft für Familienkunde, 1965, *22,* 113–128; **Rösen, H.:** Vormundschaft und Mündigkeit in den gemeinen kaiserlichen Rechten und in den alten rheinpreussischen Landrechten. Mitteilungen der Westdeutschen Gesellschaft für Familienkunde, 1959, *19,* 541–568.

H. J. Engels

Reifikation ↗Hypostase.

Reifung. Autonomer Prozeß der somatischen, psychischen und geistigen Differenzierung und Integrierung über sich in der Zeitfolge bedingende, überbauende Entwicklungsstufen und -phasen, der zur somatischen, seelisch-geistigen und sozialen Vollendung und Verfestigung (↗Reife) des Individuums führt und dadurch seine Lebensanpassung vermittelt; dabei werden für jeden Entwicklungsabschnitt vier Phänomene festgestellt: latente Anlage, Knospung, eigentliches Heranwachsen, Einordnung in eine im Ganzen wirksame Organisation. Im Werden von Organ- und Funktionssystemen sowie von Fähigkeiten und Fertigkeiten bleibt der Wirkzusammenhang des Organismus und die Ganzheit der Person erhalten.

Im Verlauf des menschlichen Lebens werden dabei unterschieden: *Neugeborenes* (die ersten vier Lebens-Wochen), *Säugling* (bis zur Vollendung des 1. Lj.), *Kleinkind* (bis $5^1/_2$ J.), *Großkind* (bis 12 J.), *Jugendlicher* (weiblich: bis 17 und männlich: bis 18 Jahre), *Heranwachsender, Erwachsener* und *Alter.*

Somatische, psychische, geistige und soziale Entwicklungen gehen dabei parallel bzw. korrespondieren miteinander, wobei durch die neuesten Forschungsergebnisse der ↗Psychol. des Alterns und der ↗Geriatrie (↗Gerontologie) die bisher überkommenen Vorstellungen von der somato-psychischen Desintegration und des Altersabbaues korrigiert werden müssen. Dabei zeigen sich in der Ontogenese des Menschen artspezifische Verschiebungen. Der Stillstand der Entwicklung der Hoden bzw. der Eierstöcke vom dritten bis zum zehnten bzw. zwölften Lj. bei fortschreitender psychischer Differenzierung gibt dem Menschen z. B. seine Kindheit; die hormonal bedingte Verzögerung zwischen Körperwachstum und Geschlechtsreife im Jugendlichen- und Heranwachsenden-Alter gibt dem Menschen Zeit zum Lernen und zur sozialen Anpassung als Vorbedingungen der Kulturentfaltung. Die Perioden der *Unselbständigkeit* und der *Dysharmonie* in allen Bereichen dienen der psychophysischen Humanisierung, dem Spracherwerb und dem Aufbau mitmenschlicher Beziehungen, sie sind gravierende Faktoren der Individualentwicklung und der anthropologischen Struktur.

Bei der menschlichen ↗Entwicklung müssen autonome R. und exogene Erziehung bzw. Lernvorgänge harmonisch ineinanderwirken. So ist z. B. das Laufen-Lernen des Kleinkindes abhängig von der Reife bestimmter Organe oder die Fähigkeit des ↗Denkens von den jeweils abgeschlossenen Reifestufen der symbolischen, anschaulichen, konkreten und formalen Denkvollzüge (↗Entwicklung).

R.*beschleunigungen* (somatische oder psychische ↗Akzeleration) oder R.*verzögerungen* (↗Retardation, Dezeleration) führen oft zu Diskrepanzen und Dysharmonien in der körperlichen und der seelisch-geistigen Entwicklung, wie auch einzelne R.phasen endogen überprofiliert sein können und dadurch zu erheblichen Störungen des sozialen Angepaßtseins führen können (↗Phasopathie).

Lit.: Bennholdt-Thomsen, C.: Die Entwicklungsbeschleunigung der Jugend. Ergebnisse der inneren Medizin und Kinderheilkunde, 1942, *62*, 1153–1237; **ders.:** Biologische und pathologische Folgen aus der Entwicklungsbeschleunigung der Jugend. Archiv für Kinderheilkunde, 1943, *128* 110–119; **Grünthal, E.:** Neuere Ergebnisse vergleichend anatomischer Untersuchungen des Zwischenhirns der Säuger und das spezifisch Menschliche in seinem Bau. Die Naturwissenschaften, 1933, *21*, 521–525; **Kretschmer, W.** Die Neurose als Reifungsproblem. Stuttgart, 1952; **Lorenz, K.:** Einige psychol. Gesichtspunkte zu den Ausführungen von Versluys. In: **J. Versluys** (Hrsg.): Hirngröße und hormonales Geschehen bei der Menschwerdung. Wien, 1939, 43–50; **Remplein, H.:** Die seelische Entwicklung des Menschen im Kindes- und Jugendalter. München, [17]1971; **Winicott, D. W.:** Reifungsprozesse und fördernde Umwelt. München, 1979.

H. J. Engels

Reihenfotografie. Fototechnisches Verfahren, um Bewegungen darzustellen:
1. durch *Aneinanderreihung* (↗Zyklogramm),
2. durch *Übereinanderkopieren* von mehreren Einzelaufnahmen; arb.wiss. Bedeutung der R. wie ↗Zyklographie. Außerdem werden beide Verfahren heute von den Medien der visuellen ↗Kommunikation (z. B. ↗Fernsehen, Werbegraphik) für bes. Effekte verwandt. Durch Übereinanderkopieren ermittelte ferner Sheldon (1940) seine ↗Konstitutions-Typen.

Lit.: Sheldon, W. H.: The varities of human physique. New York/London, 1940.

G. Marschner

Reinforcement ↗Bekräftigung.

Reinlichkeitserziehung ↗Reinlichkeitsgewöhnung.

Reinlichkeitsgewöhnung. Das Trainieren der Fähigkeit, die Ausscheidungsfunktion selbständig zu kontrollieren. Der Beginn der R. sollte zwischen dem 1. und 3. Lj. zu individuell günstigem Zeitpunkt liegen; bei einer vorzeitigen und strengen R. können nach Metzger (1961) Störungen des Geborgenheitsbedürfnisses resultieren. Nach S. ↗Freud besteht eine enge Beziehung zwischen R. und Charakterentwicklung („anale Trias"). – Noch 10 bis 15% der 5jährigen nässen nach J. Apley und R. McKeith nachts ein. Es existieren einige erfolgreiche Therapiemethoden für Kinder mit ↗Enuresis (z. B. O. H. Mowrer).

Lit.: Metzger, W.: Erziehung zur Reinlichkeit. München, [2]1961; **Whiting, J. W. M., & I. L. Child:** Child training and personality: A cross-cultural study. New Haven, 1953.

H. Meister

Reiz. Physikalisch-energetische Veränderung innerhalb oder außerhalb eines Organismus, welche auf das afferente ↗Nervensystem über die sog. Rezeptoren einwirken kann (falls entsprechende ↗Rezeptoren vorhanden sind) oder (enger definiert) welche einen Rezeptor aktiviert *(Reiztransformation)*. Beachtet man den Unterschied dieser Definitionen nicht und geht davon aus, daß jedem äußeren R. eine ↗Empfindung entsprechen müsse, so ergibt sich eine Fehlerquelle der Untersuchung *(Reizirrtum)*. – Der Gesamtvorgang von der Aktivierung des Rezeptors bis zur Empfindung heißt *Reizverarbeitung*. – Um einen Rezeptor zu aktivieren, muß der R. sowohl zwischen den *Reizintensitätsschwellen* als auch innerhalb der *Reizqualitätsschwellen* liegen (↗Psychophysik). – Von *Reizgeneralisation* spricht man, wenn eine bedingte ↗Reaktion nicht eindeutig auf eine eng abgegrenzte R.größe erfolgt, sondern auf einen gewissen Bezirk auf dem R.kontinuum; von *Reiz-Reaktions-Generalisation* dagegen, wenn jeder R. eines bestimmten Bereiches des Reizkontinuums eine bestimmte Reaktion aus einem Bereich von ähnlichen Reaktionen hervorrufen kann. – Reicht ein einzelner R. nicht aus, eine Empfindung oder einen Reflex auszulösen, so kann wiederholte Reizung über einen gewissen Zeitraum hinweg oder Kombination von Einzelreizen im Sinne von *Reizsummation* den Vorgang schließlich in Gang bringen. Es kann aber auch z. B. bei wiederholter Darbietung zur Abschwächung der R.wirkung durch *Reizabnutzung (Reizgewöhnung)* kommen. ↗Nervensystem; ↗Lernen; ↗Konditionierung. *H. Roth*

Reizhaar *(Haar-Ästhesiometer)*. Ein Haar (vom Menschen oder vom Pferd), das als feiner taktiler Reiz bei Untersuchungen zu Hautempfindungen verwandt wird. Ein klassisches Exp. wird durchgeführt, um die verschiedenen Hautpunkte, die für Hitze, Kälte, Schmerzen und Druck empfindlich sind, zu ermitteln. Die Reizung mit R. führt zu einer der vier genannten ↗Empfindungen, je nachdem, an welcher Stelle gereizt wird. *G. D. Wilson*

Reiz-Reaktions-Modell ↗S-R-Modell.

Reiz-Reaktions-Psychologie ↗S-R-Psychologie.

Reiz, subliminaler ↗Subliminal.

Reizsummation, physiologischer Prozeß, bei dem gleichzeitig oder fast gleichzeitig am gleichen Ort applizierte Reize (zeitliche R.) sich in ihrer Wirkung entweder gegenseitig verstärken oder abschwächen. Ein entsprechender Vorgang kann sich bei gleichzeitiger Reizung verschiedener Stellen (räumliche R.) abspielen. Auf diese Weise können für sich unterschwellige Reize wirksam werden.
S. Morley

Reizsummenregel (A. Seitz). *Attrappenversuche* lehren, daß äußere und innere Reize und Erregungen gleichwertig verrechnet werden. So genügen bei hoher Bereitschaft geringfügige Außenreize wie merkmalsarme ↗Attrappen. Bewegung pflegt wenig wirksame Attrappen bedeutend aufzubessern. Der genaue Verrechnungsmodus ist unbekannt, doch handelt es sich nicht um einfache Summation (↗Integration).

Lit.: Seitz, A.: Die Paarbildung bei einigen Cichliden. I. Z. Tierpsychol., 1940, *4*, 40–84.
K. Fiedler

Reizüberflutung ↗soziale Wahrnehmung.

Reizüberflutungstherapie. Oberbegriff für verhaltenstherapeutische Methoden, die stark verlängerte, direkte Konfrontation mit Problemsituationen sowie striktes Verhindern von Flucht- und Vermeidungsverhalten gemeinsam haben. Die Art der Konfrontation läßt sich unterscheiden nach in-sensu (in der Vorstellung) vs. in-vivo (in der Realität) und graduiert (hierarchisch abgestuft) vs. massiert (unmittelbare Darbietung der extremsten Problemsituation). Indiziert vor allem bei Phobien und Zwängen an Hand funktionaler Problemanalyse. Bekannte Verfahren: Implosion (in-sensu, massiert, z. T. unrealistisch übersteigert), Flooding (in-vivo, massiert), Habituationstraining (in-vivo, graduiert). Die theoretische Fundierung erfolgte zunächst psychoanalytisch (Implosion), später lerntheoretisch. Das Erklärungsmodell ‚Löschung' wurde abgelöst durch neuropsychologische, zuletzt vor allem kognitive Ansätze (z. B. Habituationstheorie nach Birbaumer, Theorie der Intensitätsmodulation nach Epstein, Emotionstheorie nach R. S. Lazarus), jedoch steht eine hinreichend theoretische Fundierung zur Erklärung der guten Wirksamkeit noch aus.

Lit.: Ullrich, R. & L. Ullrich de Muynck: Implosion, Reizüberflutung, Habituationstraining. In: **Kraiker, Ch.** (Hrsg.): Handbuch der Verhaltenstherapie. München, 1974, 369–400.
S. Fliegel

Reizvariable, in der psychologischen Forschung allgemein die unabhängige Variable als meßbare Größe eines Reizkomplexes; in ähnlicher Bedeutung eine Variable in der Psychophysik, welche mit einem Standardreiz verglichen wird. *G. Eberle & K.-L. Holtz*

Reizwort, der Vp akustisch oder optisch dargebotenes Wort, auf das sie eine Reaktion geben soll. ↗Assoziation. *H. Roth*

Reklame ↗Werbung.

Reklamepsychologie. Veraltete Bezeichnung für ↗Werbepsychologie (↗Werbung).

Rekonstruktionsmethode. Methode der Gedächtnisforschung, die das Behalten von Strukturen prüft. In einer bestimmten Reihenfolge zuvor gelernte Daten werden der Vp in einer regellosen Anordnung vorgelegt, mit der Aufgabe, sie in die ursprüngliche Reihenfolge zu bringen. Als Maß der Behaltensleistung gilt die Anzahl der richtigen Lokalisationen. ↗Gedächtnis. *E. Heineken*

Relationstheorie. Die Wahrnehmung einer Gestalt ist stärker von der Auffassung von *Beziehungen* (Relationen) abhängig als von den Teilkomponenten, zwischen denen Beziehungen bestehen. ↗Ganzheit, Gestalt, Struktur. *C. D. Frith*

Relative Häufigkeiten sind die auf den Gesamtstichprobenumfang bezogenen Klassenfrequenzen einer ↗Häufigkeitsverteilung. Zur graphischen Darstellung von r. H. werden meist ↗Säulen- oder Sektordarstellungen verwendet. *G. Mikula*

Relative Unterschiedsschwelle ↗Unterschiedsschwelle.

Relativität, linguistische ↗Whorf-Hypothese.

Relativitätssatz *(-prinzip).* Die Tatsache, daß jeder Aspekt des Verhaltens oder der Erfahrung nur in einem größeren Zusammenhang verstehbar wird (Reize aus der Umgebung, vorhergehende Bedingungen usw.). Die Gestaltpsychol. und die Theorie der Adaptationsebene (H. Helson) im Rahmen der ↗Wahrnehmung und der ↗Psychophysik verweisen auf die Bedeutung der Relativität. Das ↗Fechnersche Gesetz wurde hie und da das Prinzip der Relativität genannt, wenn auch nur als Spezialfall. *Kulturelle Relativität:* die Erkenntnis, daß menschliches Verhalten ganz allg. Begriffe wie Moral und Normabweichung im besonderen sehr stark von den betreffenden kulturellen Bedingungen einer Gesellschaft abhängen. *G. D. Wilson*

Relaxantien, unspezifische und ungenaue Bezeichnung für entspannende Pharmaka. Je nach Funktionsbereich, auf die sich die Entspannung beziehen soll, sind Spezifikationen möglich, etwa Muskelrelaxantien, Psychorelaxantien (Synonym für ↗Tranquilizer). *W. Janke*

Relaxationstherapie. Behandlung psychischer und psychosomatischer (↗Psychosomatik) Leiden durch Entspannung, wobei meist regelmäßig und stufenweise autosuggestive „Einstellungen" geübt werden (progressive Relaxation nach E. Jacobson, ↗autogenes Training nach J. H. Schultz).

Lit.: Stokvis, B. & E. Wiesenhütter: Der Mensch in der Entspannung. Stuttgart, [3]1971. *W. Schmidbauer*

Releasing Factors, im ↗Hypothalamus nachgewiesene ↗Neurohormone (auch ↗Hormone), chem. Polypeptide, die an der Ausschüttung der ↗glandotropen Hormone beteiligt sind. Die chem. Strukturen und Funktionen der R. F. sind bislang noch nicht exakt aufgeklärt. Wahrscheinlich regen die R. F. die Synthese der glandotropen Hormone an.

Lit.: Bajusz, E. & G. Jasmin (Eds.): Major problems in neuroendocrinology. Basel, 1964; weitere Lit. ↗Hormone, ↗Neuroendokrinologie. *W. Janke*

Reliabilität oder *Zuverlässigkeit* einer Meßmethode bezeichnet die Genauigkeit, mit der diese Methode ein Merkmal mißt. Sie wird durch das Verhältnis zwischen ↗Fehlervarianz und Gesamtvarianz der Meßwerte ausgedrückt. Es lassen sich verschiedene Aspekte der R. unterscheiden, die sich auch in den Methoden der R.bestimmung äußern: 1. die *Stabilität eines Meßverfahrens,* sie wird durch die Re-Test- oder Testwiederholungsmethode bestimmt; 2. die *Paralleltestreliabilität,* die aufgrund der Korrelation der Messungsergebnisse mit zwei äquivalenten Meßmethoden bestimmt wird; 3. die innere ↗Konsistenz, zu deren Bestimmung die ↗split-half-Methode und die Konsistenzanalyse (z. B. ↗Kuder-Richardson-Formel 20) verwendet werden. ↗Testtheorie.

Lit.: Fischer, G.: Psychologische Testtheorie. Bern, 1968; **Guilford, J. P.:** Psychometric Methods. New York, 1954;

Lienert, G. A.: Testaufbau und Testanalyse. Weinheim, [3]1969.

G. Mikula

Religionspsychologie. I. BEGRIFF. Die R. erforscht die psychol. Gesetzmäßigkeiten der Frömmigkeit, fragt also nicht nach der göttlichen Wahrheit (Theologie), sondern nach der menschlichen Wirklichkeit, in der der Glaube an eine göttliche Offenbarung vorkommt. Je nach ihrer Funktion stellt die R. daher einen Aspekt der vergleichenden Religionswissenschaft, der Religionsphänomenologie, der Theologie (theologische Anthropologie, Pastoralpsychol.) oder ganz allgemein der Psychol. im Kontext der Humanwissenschaften dar.

Als *Pastoralpsychologie* tritt die R. in den – durchaus kritischen – Dienst von Kirche und Religion und ihrer seelsorglichen Individual- wie Gesellschaftsdiakonie. Zu den Wegbereitern einer modernen Pastoralpsychol. zählen A. T. Boisen, S. Hiltner, C. A. Wise, P. E. Johnson, O. Pfister und W. Gruehn (vgl. Lit.).

GESCHICHTE. Mit zunehmender Bewußtseinsdifferenzierung und damit einhergehender gesonderter Wahrnehmung des psychischen Aspekts menschlicher Existenz entstand im Zuge von Selbstbeobachtung und Selbstreflexion psychol. – und damit auch religionspsychol. – Interesse. Die R. ist daher so alt wie der Begriff der ↗„Seele".

In der frühchristlichen Literatur zeigt sich eine religionspsychol. Sichtweise u. a. bei Paulus (Briefe, ca. 49–56), Tertullian (De anima, ca. 210/211), Gregor von Nyssa (Gespräch mit Makrina über Seele und Auferstehung, ca. 380) und Augustinus (Confessiones, ca. 400). Besonders die Mystiker der verschiedensten Epochen dürfen als Vorläufer der R. im heutigen Sinne betrachtet werden. Freilich wird die religionspsychol. Perspektive zunächst nicht reflektiert und nicht von der theologischen unterschieden, empirische und metaph. Aussagen gehen ineinander über. Dies zeigt sich bes. bei Luther, dessen zahlreiche religionspsychol. Beobachtungen für ihn selbst stets zugleich theologische und anthropol. Qualität besitzen: „Sicut de Deo cogitas, sic ipse." Von Luther führt eine direkte Linie zu S. Kierkegaard (Entweder – oder, 1843; Der Begriff der Angst, 1844) und u. a. *auch* zu L. Feuerbach (Das Wesen des Christentums, 1841; Das Wesen der Religion, 1851). Auch Luthers Mitstreiter P. Melanchthon schrieb „Über die Seele" (De anima, 1540). Zu nennen sind ferner B. Pascals „Pensées" (1670) und F. D. Schleiermachers „Reden über die Religion" (1799). F. Nietzsche ist ebenfalls unter die Vorläufer moderner R. einzureihen.

Am Anfang einer intentional-wissenschaftlichen R. im heutigen Sinne steht die sog. völkerpsychol. Methode W. ↗Wundts (1832 bis 1920). Dieser stellte die Hypothese von den vier Stadien der Entwicklung der Religion (aus dem primitiven über das totemistische zum Stadium der Helden- und Götterverehrung und schließlich der Humanität) auf. In den Zusammenhang der ethnologisch-genetischen Sichtweise gehören auch die religionsgeschichtlichen Konzeptionen von N. Söderblom (Das Werden des Gottesglaubens, 1915), F. Heiler (Das Gebet, 1918), R. Otto (Das Heilige, 1917), T. Andrae (Die letzten Dinge, 1940) u. a.

In den USA entstand die empirisch-experimentelle R., deren Hauptvertreter sind G.S. Hall (Untersuchung des Phänomens der Bekehrung, 1881), E. D. Starbuck (The psychology of religion, 1899), G. A. Coe (The spiritual life, 1900; The psychology of religion, 1916), W. James (The varieties of religious experience, 1902, E. S. Ames (The psychology of religious experience, 1910), G. M. Stratton (Psychology of the religious life, 1911) und J. H. Leuba (A psychological study of religion, 1912). 1920 erschien J. B. Pratts „The religious consciousness", das wie James' „Varieties" zu den Klassikern moderner R. gehört. Auf dem Kontinent wurde die expt. R. durch die ↗Würzburger Schule (O. Külpe, K. Bühler, K. Marbe; W. Stählin, K. Girgensohn, W. Gruehn) bekannt. Ausgewertet wurden vor allem ↗Fragebogen und ↗Interviews, Tagebücher und andere autobiographische Materialien; Forschungsgegenstand waren zunächst auffällige religiöse Phänomene (Bekehrung, Mystik), später auch alltägl. Erscheinungen.

Unabhängig von der Würzburger Schule erschienen auf dem Kontinent u. a. die Arbeiten Durkheims (1912), Beths (1926), Dehns (1923), W. Frühaufs und E. Eicheles. Zahlreiche Untersuchungen in den USA und auf dem Kontinent befaßten sich mit der Religion von Kindern und Jugendlichen. Hier wird ein intensiver Wechselbezug von R. und Entwicklungspsychol. (↗Entwicklung) deutlich (vgl. u.a. die Arbeiten Piagets, 1945, und Goldmans, 1964.

Der Beitrag der ↗Tiefenpsychologie zur R. wurde bisher meist zu gering eingeschätzt. Den Arbeiten S. ↗Freuds und seiner Schule (u. v. a. Jones, 1970; Pfister, 1944) bis hin zu Fromm (1965) und E. H. Erikson kommt jedoch erhebliche Bedeutung für die R. zu, ebenso den Untersuchungen C. G. ↗Jungs und der von ihm beeinflußten Autoren (z. B. Schär, 1950; Rudin, 1960). Auch A. ↗Adlers ↗Individualpsychologie hat (vor allem durch Künkel, 1957) Einfluß auf heutige religionspsychol. Vorstellungen.

METHODEN. Geht man von der Annahme aus, daß es sich beim Phänomen der Religion in all seinen ethnologischen und biographischen Ausprägungen um einen empirisch beschreibbaren und analysierbaren Sachverhalt handelt, so stehen dem jeweiligen Forschungsinteresse grundsätzlich alle heute bekannten humanwissenschaftlichen Methoden zur Verfügung. Dabei wird man die Korrelation und Interdependenz von med., soziologischer, ethnologischer, historisch-genetischer und psychol. Perspektive – um nur einige zu nennen – beachten müssen. Nur die Zusammenarbeit der verschiedensten anthropol. Forschungszweige ermöglicht eine angemessene R., wie sich auch die R. nur als Aspekt bzw. Faktor des gesamten anthropol. Feldes sinnvoll verstehen und motivieren läßt. Ob es fachspezifische *religions*psychol. Methoden gibt, ist zu bezweifeln. Jedoch wird eine Psychol., welche den hermeneutischen Zirkel berücksichtigt (W. Dilthey, E. Spranger), dem Gegenstand der R. angemessener sein als eine einzelne Fakten und Erscheinungen isolierende Test- und Experimentalpsychol., die freilich als Hilfswissenschaft der R. nicht zu unterschätzen ist.

Die gegenwärtige R. kann auf tiefenpsychol. Konzepte ebensowenig verzichten wie auf die Erkenntnisse der ↗Sozialpsychologie, vor allem der ↗Gruppendynamik, und der Medizin. Man bemüht sich, den empirisch zugänglichen Aspekt der Religion als durch die Sozialität des Menschen bedingte *und* veränderbare Erscheinung zu verstehen und in ihrer psychosomatischen Korrelation als Urheber sowohl wie als Folge u. v. a. auch chemophysiologischer Vorgänge (vgl. das aktuelle Problem halluzinogener Drogen!) zu analysieren.

Bisher richtete sich das Interesse vorwiegend auf genetische Probleme. Man fragte nach der Entstehung der Religion in der Menschheitsgeschichte (W. ↗Wundt, S. ↗Freud, Religionsgeschichtler) wie in der Biographie des einzelnen und des Kindes (sog. genetische R.: H. Clavier, 1913; Goldman, 1964; Piaget, 1945; J. M. Jaspard). Grønbaek (1969) weist jedoch mit Recht auf die Notwendigkeit einer Berücksichtigung *aller* Altersstufen hin, zumal die menschliche Religiosität deutlich altersspezifische Charakteristika in allen Lebensphasen aufweist. Auch berufsspezifische Untersuchungen (Dehn, 1923; Demal, 1953; Piechowski, 1927; Rudin, 1966; Rey, 1969, u. a.) dürften ebenso wichtige Aufschlüsse erbringen wie z. B. konfessionsspezifische (so wäre u. a. die Affinität des Katholizismus zur Oralität und des Protestantismus zur Analität ein interessanter Forschungsgegenstand) oder geschlechtsspezifische (Hainz, 1932, u. a.). Die R. muß hier eng mit der Soziologie (Religionssoziologie) zusammenarbeiten. Da man die Frömmigkeit des einzelnen nicht losgelöst von seinen Bezugsgruppen betrachten kann, sind repräsentative Ergebnisse heute weniger von der expt. (Reizwort-)Methode der Würzburger Schule zu erwarten als von sozial- und tiefenpsychol. Methoden. Dabei ist die Tatsache zu berücksichtigen, daß in einer pluralistischen Gesellschaft auch die verschiedensten religiösen Entwicklungsstufen nebeneinander existieren, von der primitiv-animistischen über institutionalisierte Formen der sog. Hochreligionen bis hin zu einsam verantworteter Autonomie, die sich als „jenseits aller Religion“ stehend begreift, von Tabugehorsam und magischen Vorstellungen über einen religiösen Moralismus bis hin zu intellektuell hochstehenden liberalen Weltanschauungsverbänden. So finden sich heute gleichzeitig in ein und derselben Gesellschaft, ja sogar innerhalb ein und derselben Konfession, alle Entwicklungsstufen und Ausprägungen der Religionsgeschichte wieder. Das gilt auch für die religiösen „Stile" wie die Sinnenfreude ganzheitlich-magischer Bilderverehrung und den düsteren Ernst bilderstürmerischer Askese, Pietismus, Liberalismus und Orthodoxie oder ähnliche – offenbar gewissen Grundstrukturen menschl. Bedürfnisse entsprechende – sich in allen Religionen wiederfindende Ausdrucksformen religiöser Gruppennormen (vgl. auch ↗Meditation).

Aufgaben und Forschungsgegenstände. Eine der wichtigsten Aufgaben der R. ist die Religionskritik. Diese darf als ein Sonderfall der Ideologiekritik gelten, die wiederum als eine Art säkularisierter Religionskritik angesehen werden kann. Denn die R. muß sich heute auch mit den Säkularisationsformen menschlicher Religiosität befassen, etwa mit politischem Massenwahn, Gesinnungsmanipulation bzw. unkritischer Idolverehrung, nicht durchschauter Autoritätsgläubigkeit, mannigfachen unbewußten Abhängigkeiten usw. Kritischer Aufmerksamkeit bedarf auch die politische Indienststellung der Religion, z.B. durch ein Konzept „psychologischer Verteidigung" oder durch die Ausnutzung primitiver Stadien der Religiosität (↗Angst), z.B. vor Gericht (Kruzifixe, Eid) oder bei anderen Anlässen, die Menschen binden und verpflichten sollen. Man darf von einem politischen Mandat der R. sprechen. Hier werden die Ergebnisse der historischen R., die sich der Erforschung der psychol. Hintergründe von Kreuzzügen, Glaubenskriegen, Hexenwahn, Zwangsbekehrungen usw. widmet, relevant, indem Strukturen aufgezeigt werden, die heute immer noch am Werk sind.

Zu diesen Strukturen gehören der Projektions- und Wunschcharakter der Religionen und die Rationalisierungsfunktion der den jeweiligen – meist unbewußten – Interessen entsprechenden Theologien, wobei wiederum stets individuelle und kollektive Bedürfnisse gemeinsam motivierend wirken. Zu diesen Strukturen gehören ferner ↗Tabu, ↗Vorurteil und Dogma sowie alle ↗Abwehrmechanismen, die sich in mannigfacher Form in Religionen finden, um Angst zu bewältigen. Das Grundphänomen der Angst ist daher ein Hauptforschungsgegenstand der Religionspsychologie. In diesem Zusammenhang sind weiter zu nennen: im Kontext der Religion auftretende anthropol. Phänomene, wie Fanatismus, Toleranz bzw. Intoleranz und Mission, Askese, Mönchtum, Hedonismus, Sublimationsformen (wie Jesusminne und Marienmystik oder Heiligenverehrung), das als Forschungsobjekt am Anfang der modernen R. stehende Phänomen der Bekehrung, Auditionen und Visionen, religiös rationalisierte ↗Kastration und ↗Prostitution, Märtyrertum und ↗Sadomasochismus, Tempelschlaf, Ekstase, kultische Verehrung der Geschlechtsorgane, der Ahnen usw. Auch die Neigung zur monistischen oder dualistischen Denkweise wäre psychologisch zu untersuchen.

Im Zusammenhang mit den Erscheinungen des Dogmatismus und ideologisch gewandeter Sicherungstendenzen sind die Kategorien von Gesetz und Evangelium (Paulus, Luther) psychologisch interessant, ferner einzelne dogmatische Aussagen sowie deren kollektiv-mythologischer Hintergrund und Bedeutungsgehalt (z. B. Jungfrauengeburt, Auferstehung und Trinitätsdogma), ferner der Bedeutungswandel und die Funktion von Dogmen im psychischen System einzelner Gläubiger, z. B. „großer" Theologen, deren Biographien keineswegs von ihrer Theologie abstrahiert werden dürfen (und umgekehrt). Zu denken wäre z. B. an die Rechtfertigungslehre im Kontext von Luthers Lebensschicksal und an ihre unterschiedliche Funktion bei Melanchthon oder Osiander sowie bei den sog. orthodoxen Lutheranern oder bei Karl Barth, zu denken wäre auch an Kategorien wie Gehorsam und Mündigkeit, an die Rolle der Frau in der christlichen Tradition (inklusive der Frage ihrer Kultfähigkeit), an die individual- und sozialhygienische Funktion von Beichte und Absolution sowie die religionspsychol. Durchleuchtung und den religionswissenschaftlichen Vergleich der Beziehung des einzelnen zum Kollektiv (und umgekehrt) in den Kategorien von Schuld, Sünde (Sonderung), Gewissen, Moral usw.

Schließlich ist die Apokalyptik – auf deren Verwandtschaft zu den Vorstellungen sog. Schizophrener (↗Schizophrenie) bes. Boisen (1936) aufmerksam gemacht hat – ein ebenso wichtiges Forschungsgebiet der R. wie die christliche und nichtchristliche Eschatologie (inklusive marxistischer Säkularisationsformen) bzw. die Bedeutung von Zielprojektionen und „Realutopien" (E. Bloch) für menschliche Lebensgestaltung. Auch die Art und Weise, wie in Religionen Glaubenserfahrung verobjektiviert wird – z. B. mythologisch-dichterische Aussagen, religiöse Kunst, Dogmen, Messiasse, heilige Texte, Personen, Gegenstände, Metaphysik oder Tendenzen ihrer Vermeidung –, ist Forschungsobjekt der R.; dazu gehören auch alle kultisch-rituellen Ausformungen „religiöser" Erfahrung, heilige Mahle, Waschungen, Zeremonien usw. Auch die religiösen Funktionsträger und auf sie gerichtete Erwartungshaltungen der Gläubigen müssen untersucht werden (Vaterfiguren: Patres, Starzen; obligatorische Barttracht, Zölibat; ↗Archetypen und „Stellvertreter" von Gottheiten; Bruder- und Schwesternschaften; Vater- und Muttergottheiten, kultische Gemeinschaften als „Familien" usw.).

Die Erforschung der Funktion von Tieren und Tiersymbolen gehört ebenfalls zu den Aufgaben der Religionspsychologie. – Endlich hat sie auch die Grunderfahrung der menschlichen Sinnfrage zu untersuchen, die wie die ↗Angst – psychologisch gesehen – zu den Wurzeln der Religiosität gehört. Ferner kann es der R. nicht gleichgültig sein, daß alle Menschen in irgendeiner Form transzendieren und „glauben", daß von der Art ihrer Religiosität, also einer besonderen Weise ihrer Konfliktverarbeitung, auch ihre Gesundheit abhängt und daß die Religionen Einfluß auf die Beziehungen menschlicher Gruppen, ja ganzer Völker (Glaubenskriege, Beistandspakte usw.) haben. Es ist noch nicht eindeutig geklärt, ob gewisse Dogmen, die z. B. ↗Aggressionen hemmen bzw. einen Aggressionsstau bewirken, in ihrer scheinbaren Intention, Frieden zu stiften, nicht genau das Gegenteil bewirken. Auch hier zeigt sich das politische Mandat der Religionspsychologie.

ZUKUNFTSASPEKTE. Die R. ist eine als eigenständige und intentionale Wissenschaft junge Disziplin, deren Chance in der Zukunft liegt. Religionspsychol. Lehrstühle sind noch selten. Als konstruktiv-kirchenkritische und -analytische Pastoralpsychol. kann die R. wesentlich zur Überwindung der Identitätskrise der Kirchen, ja der Religionen beitragen, insofern sie deren unbewußte Grundlagen bewußt macht und neue Wege der Kommunikation eröffnet. Die R. kann einen Beitrag dazu leisten, daß Freiheit und Kreativität lebendig werden, wo Zwänge und Gesetzlichkeit, Konservatismus und Dogmatismus Denk- und Fühlverbote gesetzt haben.

Für die Ökumene bedeutet die Arbeit der R. eine Möglichkeit der Überwindung von Konfessionsgrenzen durch vermehrtes Selbstverständnis der geschichtlichen Identitäten der einzelnen Denominationen. Ähnliches gilt für historisch bedingte Grenzen zwischen den Hochreligionen, aber auch für die Überwindung von religionsgeschichtlichen Entwicklungsstufen. Die R. steht somit im Dienst nicht einer destruktiven, positivistischen Religionskritik, sondern einer schöpferischen Scheidung der Geister mit dem Ziel menschlicher Emanzipation.

Lit.: Archiv für R., begr. von **W. Stählin,** 1914 ff.; **Berggrav, E.:** Religionens terskel. 1924 (dt.: Der Durchbruch der Religion im menschlichen Seelenleben. 1929); **Berguer, G.:** Traité de la Psychologie de la Religion. Genf, 1946; **Bernet, W.:** Inhalt und Grenzen der religiösen Erfahrung. 1955; **Beth, K.** (Hrsg.): Zeitschrift f. R., 1926 ff.; **Birk, K.:** Sigmund Freud und die Religion. Münsterschwarzach, 1970; **Boisen, A. T.:** The exploration of inner world. Chicago, 1936; **ders.:** Religion in crisis and custom. New York, 1955; **ders.:** Out of the depths. New York, 1960; **Canziani, W.:** R. als empirische Wissenschaft. In: Der Psychologe, Bd. 2. (1959), 409–480; **Clark, W. H.:** The psychology of religion. New York, 1958 (Lit.!); **Deconchy, J. P.:** Structure génétique de l'idée de Dieu chez des catholiques français Garçons et filles de 8 à 16 ans. Brüssel, 1967; **Dehn, G.:** Die religiöse Gedankenwelt der Proletarierjugend. Leipzig, 1923; **Demal, W.:** Praktische Pastoralpsychologie. Wien, [2]1953; **Durkheim, É.:** Les formes élémentaires de la vie religieuse. Paris, 1912; **Freud, S.:** Totem und Tabu. Ges.

Werke, Bd. 9. London, 1940; **ders.:** Der Mann Moses und die monotheistische Religion. Ges. Werke, Bd. 16. London, 1950; **Fromm, E.:** Das Christus-Dogma und andere Essays. München, 1965; **ders.:** Psychoanalyse und Religion. München, 1978; **Girgensohn, K.:** Der seelische Aufbau des religiösen Erlebens. Gütersloh, 1921; **Glasenapp, H. v.:** Die fünf Weltreligionen. Düsseldorf, 1979; **Goldman, R.:** Religious thinking from childhood to adolescence. London, 1964; **Grensted, L. W.:** The psychology of religion. 1952; **Griesl, G.:** Pastoralpsychologische Studien. Innsbruck, 1966; **Grønbaeck, V.:** Religionspsykologi. Kopenhagen, 1958; **ders.:** Seelsorge an alten Menschen. Göttingen, 1969; **Gruehn, W.:** Das Werterlebnis. Gütersloh, 1924; **ders.:** Religionspsychologie. Breslau, 1926; **ders.:** Die Frömmigkeit der Gegenwart. Münster, 1956; **Hainz, J.:** Das religiöse Erleben der weiblichen Jugend. Düsseldorf, 1932; **Harsch, H.:** Das Schuldproblem in Theologie und Tiefenpsychologie. Heidelberg, 1965; **Heimbrock, H. G.:** Phantasie und christlicher Glaube. München, 1977; **Hellpach, W.:** Grundriß der Religionspsychologie. 1951; **Hermann, W.:** Zur Frage des religionspsychol. Experiments. In: Beiträge zur Förderung Christlicher Theologie, 1922, *26*, 5; **Hiltner, S.:** Religion and health. New York, 1943; **Hollweg, A.:** Theologie und Empirie. Stuttgart, [3]1974; **Hostie, R.:** C. G. Jung und die Religion. Freiburg, 1957; **Johnson, P. E.:** Psychology of religion. New York, 1945; **Jones, E.:** Zur Psychoanalyse der christlichen Religion. Frankfurt, 1970; **Jung, C. G.:** Zur Psychologie westlicher und östlicher Religion. Ges. Werke, Bd. 11. Zürich, 1963; **Keilbach, W.:** Die Problematik der Religionen. Paderborn, 1936; **Kietzig, O.:** Religiös, kirchlich, gläubig. Göttingen, 1934; **Kretschmer, W.:** Psychologische Weisheit der Bibel. München, 1955; **Künkel, F.:** Die Schöpfung geht weiter. Eine psychologische Auslegung des Matthäus-Evangeliums. Konstanz, 1957; **Langeveld, M. J.:** Das Kind und der Glaube. Braunschweig, 1959; **Läpple, V. & J. Scharfenberg** (Hrsg.): Psychotherapie und Seelsorge. Darmstadt, 1977; **van der Leeuw, G.:** Phänomenologie der Religion. Tübingen, 1933; **Leitner, H.:** Psychologie jugendlicher Religiosität innerhalb des deutschen Methodismus. München, 1930; **McKenzie, J. G.:** Souls in the making. New York, 1929; **Mensching, G.:** Die Religion. Stuttgart, 1959; **Moser, T.:** Gottesvergiftung. Frankfurt, 1976; **Müller-Freienfels, R.:** Psychologie der Religion, 2 Bde. 1920; **Müller-Pozzi, H.:** Psychologie des Glaubens. München, 1975; **Nase, E. & J. Scharfenberg:** Psychoanalyse und Religion. Darmstadt, 1977; **Oates, W. E.:** The religious dimensions of personality. New York, 1957; **Pfister, O.:** Das Christentum und die Angst. Zürich, 1944; **Piaget, J.:** La formation du symbole chez l'enfant. Neuchâtel – Paris, 1945; **ders.:** Das moralische Urteil beim Kind. Frankfurt a. M., 1973; **Piechowski, P.:** Protestantischer Glaube. Berlin, 1927; **Pöll, W.:** Religionspsychologie. München, 1965; **Potempa, R.:** Persönlichkeit und Religiosität. 1958; **Pratt, J. B.:** The religious consciousness. New York, 1920; **Preuss, H. G.:** Illusion und Wirklichkeit. Stuttgart, 1971; **Pruyser, P. W.:** A dynamic psychology of religion. New York, 1968; **Rey, K. G.:** Das Mutterbild des Priesters. Zürich, 1969; **Richter, L.:** Zum Situationsbewußtsein der gegenwärtigen Religionspsychologie. In: ThLZ, 1960, *85*, 333–342; **Rudin, J.:** Psychotherapie und Religion. Olten, 1960; **ders.:** Fanatismus. Olten, 1961; **Schär, H.:** Erlösungsvorstellungen und ihre psychol. Aspekte. Zürich, 1950; **ders.:** Religion und Seele in der Psychol. C. G. Jungs. Zürich, 1956; **ders.:** Was ist Wahrheit? Zürich, 1970; **Scharfenberg, J.:** Sigmund Freud und seine Religionskritik als Herausforderung für den christlichen Glauben. Göttingen, [3]1971; **Schmid, L.:** Religiöses Erleben unserer Jugend. Zollikon, 1960; **Spinks, G. S.:** Psychology and religion. London, 1963; **Spranger, E.:** Die Magie der Seele. Gotha, 1947; **Stewart, C. W.:** Adolescent religion. New York, 1966; **Stollberg, D.:** Therapeutische Seelsorge. München, 1969; **ders.:** „Religionspsychologie pädagogisch". In: Pädagogisches Lexikon. Stuttgart, [5]1971; **Sundén, H.:** Die Religion und die Rollen. Berlin, 1966; **Thun, T.:** Die Religion des Kindes. Stuttgart, [2]1964; **ders.:** Die religiöse Entscheidung der Jugend. Stuttgart, 1963; **ders.:** Das religiöse Schicksal des alten Menschen. Stuttgart, 1969; **Trillhaas, W.:** Die innere Welt. München, 1946; **ders.:** „Religionspsychologie". In: RGG[3], Bd. 5 (1961), 1023–1025; **ders.:** „Religionspsychopathologie", ebd. 1025–1027; **Vergote, A.:** Psychologie religieuse. Brüssel, 1966 (dt.: Religionspsychologie. Olten, 1970); **Wiemann, H. N. & R. W.:** Normative psychology of religion. New York, 1935; **Wise, C. A.:** Religion in illness and health. New York, 1942; **Wobbermin, G.:** Systematische Theologie nach religionspsychol. Methode, 2 Bde. Leipzig, 1921/22; **ders.:** Methoden der religionspsychol. Arbeit. In: **Abderhalden** (Hrsg.): Hdb. der biol. Arbeitsmethoden, Bd. 6. 1921; **Wolff, H.:** Jesus der Mann. Stuttgart, 1975; **Wunderle, G.:** Das religiöse Erleben. 1922.

D. Stollberg

II. R. als WISS. METHODISCHE ERFORSCHUNG des religiösen Erlebens stellt sich gegen Ende des 19. Jh. ein, wohl als Folge des Aufblühens der vergleichenden Religionswissenschaft und der immer mehr an Boden gewinnenden erfahrungswiss. betriebenen Psychol. Um zur seelischen Erhellung des factum religiosum (religiöser Erlebnisse) beizutragen, bedient sich die R. der in der empirischen und ↗geisteswissenschaftlichen (durch rein empirische Forschung können nicht alle Fragen des religiösen Erlebens erschöpfend beantwortet werden) Psychol. angewandten bzw. anwendbaren Methoden.

In der Entwicklung der *Methodenfrage* lassen sich folgende Etappen unterscheiden. W. Wundt (1832–1920) forderte in Anlehnung an den damaligen Evolutionismus die Anwendung der sog. völkerpsychol. Methode, ein Verfahren, welches nicht den Ablauf religiösen Erlebens in der gegenwärtigen Wirklichkeit zu untersuchen bestrebt war, sondern sich vorwiegend mit den geschichtlich entstandenen geistigen Gebilden von Religion und den verdinglichten Formen religiöser Riten beschäftigte. Das von ihm zusammengetragene Material ist enorm; es stammt aus zweiter Hand und erfuhr in der Überprüfung manche Korrektur. Wundts Vierstadiengesetz (Ära des primitiven Menschen, des Totemismus, der Helden und Götter, der Entwicklung in Humanität) ist nicht Ergebnis, sondern vorgefaßtes Schema seiner Forschung. – In Amerika haben E. D. Starbuck (1866–1947) und W. James (1842–1910) der R. zu großem Ansehen verholfen; ersterer durch die sog. Fragebogenmethode und die Untersuchung des Phänomens „Bekehrung", letzterer durch die Beschreibung sog. idealer Fälle und biographischer Daten der „Bekehrung". Die Interpretation des erhobenen Materials stand aber noch sehr unter der Bevormundung der Philosophie; immanentistisch-biologistische wie pragmatistische Tendenzen sind unverkennbar. – In der frz. Schweiz bediente sich T. Flournoy (1854–1920) eines schlichten Beobachtungsverfahrens, suchte aber seinen Gegenstand vorwiegend im Bereich des Krankhaften und Exzentrischen. Seine positivistisch-pathologische Einstellung führte dazu, daß er Mystik als Schwestererscheinung von Epilepsie und ↗Hysterie betrachtete und an parapsychischen Erscheinungen mehr Interesse fand als an natürlich-spontanen religiösen Erlebnissen. Im Bereich der evangelischen Theologie kam es zu Versuchen, die systematische Theologie nach religionspsychol. Methode nicht nur zu entfalten, sondern geradezu zu begründen, z. B. bei G. Wobbermin (1869–1943). Der Ausdruck „transzendentale R." verrät, daß die Methode mehr an der Philosophie als an der Empirie orientiert ist. – In Anpassung der denkpsychol. Verfahrensweise O. ↗Külpes an die Besonderheiten der religiösen Erfahrung als des zu untersuchenden Gegenstandes haben bes. Karl Girgensohn (1875–1925) und W. Gruehn (1887–1961) auf expt. Grundlage das religiöse Grunderlebnis erforscht. Sie stimmen darin überein, daß es ein elementares religiöses Gefühl nicht gibt, daß das religiöse Erlebnis genaugenommen ein komplexes Gebilde ist, ein Vorgang, in welchem ein *intellektuelles Moment* vorherrscht und eine Ganzheitsbezogenheit (Ich-Funktion) wirksam zu sein scheint. Die Gültigkeit dieser These wird vielfach bezweifelt und der emotionalen Seite bei religiösen Erlebnissen mehr Bedeutung beigemessen als der intellektuellen; sie kann nur so verstanden werden, daß das religiöse nicht mit einem einzigen elementaren Gefühl gleichzusetzen ist. Zur Erhellung der Frömmigkeit als seelischer Tatsache haben auch beigetragen: S. ↗Freud durch die ↗Psychoanalyse, A. ↗Adler durch die ↗Individualpsychol. und C. G. ↗Jung durch die Analytische oder ↗Komplexe Psychologie (Religionspsychol. III.). Ihre Forschungsarbeiten stießen z. T. auf heftigen Widerspruch, weil sie den empirisch-therapeutischen Aspekt ihres Materials von der apriorisch-metaphysischen Deutung nicht hinreichend absicherten. Freud sah in der Religion eine vergängliche „menschliche Zwangsneurose"; Adler versuchte, Gott vom Trieb her in ausschließlicher Immanenz zu deuten. Jung stellte Religion und Gott als bloß funktional zu verstehende Archetypen (Urbilder) bzw. Seelenengramme dar. – Die von V. E. Frankl vertretene ↗Logotherapie oder ↗Existenzanalyse sieht ihre therapeutische Aufgabe weitgehend in theoretischer Auseinandersetzung mit den *geistigen Problemen* des Patienten, um in diesem den Willen zur Verantwortung zu wecken, ohne ihm die Entscheidung selbst abzunehmen.

Neue Aufgaben sieht die R. vor allem darin, auf einer breiten methodischen Basis zu arbeiten und Methoden zu erproben, die sich in anderen Zweigen der expt. Psychol. bewährt haben. Die religionspsychol. Forschung wird gegenwärtig bes. durch die ↗Sozialpsychol. (↗Einstellung, ↗Rolle, ↗Gruppendynamik, ↗Vorurteil, ↗Autoritäre Persönlichkeit) und die ↗*Persönlichkeitsforschung* angeregt.

Was die Forschungsgegenstände betrifft, steht im Hinblick auf den zunehmenden Genuß halluzinogener Drogen die Frage nach der Echtheit des religiösen Erlebens heute im Vordergrund und damit auch das Problem der ↗Manipulation des Menschen durch Religion. Steigende Beachtung finden Todesbedrohung und Sterben.

Im Jahre 1914 wurde auf Betreiben von O. Külpe, W. Stählin, G. Wunderle u.a. in Nürnberg die *Gesellschaft für R.* gegründet und die in loser Folge erscheinende Zeitschrift „Archiv für R.".

Lit.: Berguer, G.: Traité de la Psychologie de la Religion. Genève, 1946; **Cancik, H.** (Hrsg.): Rausch – Ekstase – Mystik. Düsseldorf, 1978; **Clark, W. H.:** The Psychology of Religion. New York, [5]1963; **ders.:** Chemical Ecstasy. New York, 1969 (dt.: Chemische Ekstase. Salzburg, 1971); **Faber, H.:** Cirkelen om een geheim. Meppel, 1972 (dt.: Religionspsychologie. Gütersloh, 1973); **Frankl, V. E.:** Ärztliche Seelsorge. Wien, [6]1952; **Gilen, L.:** Zur Psychologie der religiösen Persönlichkeit. Regensburg, 1977; **Girgensohn, K.:** Der seelische Aufbau des religiösen Erlebens. Gütersloh, [2]1930; **Godin, A.** (Hrsg.): Mort et présence. Bruxelles, 1971; **Griesl, G.:** Pastoralpsychol. Studien. Innsbruck – Wien – München, 1966; **Gruehn, W.:** Die Frömmigkeit der Gegenwart. Konstanz, [2]1960; **Hole, G.:** Der Glaube bei Depressiven. Stuttgart, 1977; **Hostie, R.:** C. G. Jung und die Religion. Freiburg – München, 1957; **James, W.:** The Varieties of Religious Experience. New York, 1902 (dt.: Die religiöse Erfahrung in ihrer Mannigfaltigkeit. Leipzig, [4]1925); **Johnson, P. E.:** Psychology of Religion. New York, 1959; **Josuttis, M. & Leuner, H.:** Religion und die Droge. Stuttgart, 1972; **Keilbach, W.:** Die Problematik der Religionen. Paderborn, 1936; **ders.:** Religiöses Erleben. Paderborn, 1973; **Leuner, H.:** Die toxische Ekstase. Bibl. psychiat. neurol. 1968, *134*, 73–114; **Mann, U.:** Einführung in die Religionspsychologie. Darmstadt, 1973; **Müller-Pozzi, H.:** Psychologie des Glaubens. München – Mainz, 1975; **Pöll, W.:** Religionspsychologie. München, 1965; **ders.:** Das religiöse Erlebnis und seine Strukturen. München, 1974; **Pruyser, P. W.:** A Dynamic Psychology of Religion. New York, 1968 (dt.: Die Wurzeln des Glaubens. Bern – München – Wien, 1972); **Rudin, J.:** Psychotherapie und Religion. Olten – Freiburg, 1960; **Schüttler, G.:** Die Erleuchtung im Zen-Buddhismus. Freiburg – München, 1974; **Starbuck, E. D.:** The Psychology of Religion. London, 1899 (dt.: Religionspsychologie, 2 Bde. Leipzig, 1909); **Sundén, H.:** Die Religion und die Rollen. Berlin, 1966; **Thomas, K.:** Die künstlich gesteuerte Seele. Stuttgart, 1970; **Thun, T.:** Die Religion des Kindes. Stuttgart, 1959; **ders.:** Die religiöse Entscheidung der Jugend. Stuttgart, 1963; **ders.:** Das religiöse Schicksal des alten Menschen. Stuttgart, 1969; **Trillhaas, W.:** Die innere Welt. München, [2]1953; **Vergote, A.:** Psychologie religieuse. Bruxelles, 1966 (dt.: Religionspsychologie. Olten, 1970); **Wittkowski, J.:** Tod und Sterben. Ergebnisse der Thanatopsychologie. Heidelberg, 1978; **Zeitschriften:** Archiv für Religionspsychologie (seit 1914); Psychologie religieuse. Bruxelles (ab 1957).

W. Keilbach

III. ÜBER DEN URSPRUNG DES RELIGIÖSEN ERLEBENS. Die Religion ist ein universales Phänomen, dem Motivationen zugrunde liegen, die den Menschen auf allen Kulturstufen ebenso gemeinsam sind wie die der Sexualität. Die Religion existierte mehrere Jahrtausende lang, bevor irgendeine der großen Religionen (Hinduismus, Buddhismus, Konfuzianismus, Christentum, Islam) entstand. Trotz einiger Unterschiede halten alle Religionen an grundsätzlichen Glaubensartikeln fest, wie z. B. an einem oder mehreren übernatürlichen Wesen, an der Unsterblichkeit der Seele, an moralischen Gesetzen und an einer Bewertung des Lebens des einzelnen nach dem Tode. Diese Feststellungen deuten darauf hin, daß alle Religionen eine gemeinsame psychol. Basis besitzen und von derselben psychol. Natur sind. Die Ansichten verschiedener Autoren (z. B. W. James, S. Freud, C. G. Jung, J. B. Pratt u. a.) über die Religion gehen jedoch weit auseinander. J. H. Leuba (1912) sammelte 48 verschiedene Definitionen von Religion. J. B. Pratt (1930) stellte die These auf, daß die Religion kein abgetrennter Teil des psychischen Lebens ist, sondern den ganzen Menschen einbezieht.

Nach S. Freud (1913) steht der ↗Ödipuskomplex mit den Ursprüngen der Religion in engem Zusammenhang. I. Suttie (1939) wies jedoch darauf hin, daß der Ödipuskomplex, im Ggs. zur Meinung Freuds, nicht universal sei. Die matriarchalischen Formen der Religion gingen nämlich den patriarchalischen voraus. B. Malinowski (1937) behauptete, der Ödipuskomplex sei in matrilinearen Gesellschaften in anderen Formen als in patrilinearen Gesellschaften vorhanden. Alle Religionen haben ihre männlichen und weiblichen psychol. Aspekte.

Der Begriff ↗„Archetyp" ist einer der wichtigsten Beiträge C. G. Jungs zur R. Nach Jung sind die primitiven, nicht persönlichen, zeitlosen, der ganzen Menschheit gemeinsamen Archetypen das Mittel, wodurch der Gehalt der Dogmen und Doktrinen am wirkungsvollsten ausgedrückt wird. Die Instinkt-Gefühls-Verknüpfungen, welche in der Religion vorherrschend sind, rufen eine elementare Gefühlsausrichtung (Gesinnung) hervor, die eher unbewußt und instinktiv als bewußt und intellektuell ist. Auf diese Weise stellt die Psychol. fest, daß die Religion in vielen Beziehungen eher eine Sache des Gefühls als der Vernunft darstellt, obgleich die Vernunft mit dem religiösen Gefühl übereinstimmend sein kann. Vgl. auch ↗Meditation.

Lit.: Eliade, M.: Patterns in Comparative Religion. London, 1958; **Freud, S.:** Totem und Tabu. Ges. Werke, Bd. 9, London, 1940; **ders.:** Der Mann Moses und die monotheistische Religion. Ges. Werke, Bd. 16, London, 1950; **Fromm, E.:** Psychoanalyse und Religion. München, 1978; **James, W.:** The Varieties of Religious Experience. London, New York, 1902; **Jung, C. G.:** Das Seelenproblem des modernen Menschen. Psychologische Abhandlungen, Bd. III, Zürich, 1931; **ders.:** Psychologie und Religion. Freiburg i. Br., [5]1971; **Pratt, J. B.:** The Religious Consciousness. London, 1930; **Spinks, G. S.:** Psychology and Religion. London, 1963.

G. S. Spinks

IV. Genetische Religionspsychologie. Die ersten positiven religionspsychol. Untersuchungen bei Kindern (H. Clavier, 1913) befaßten sich mit der Genesis der Gottesidee: materieller Anthropomorphismus (6–7 Jahre), gemischter Anthropomorphismus (8–11 Jahre) und Spiritualisation (ab 12 Jahre) als Kennzeichen des kindlichen Gottesbildes wurden später unter dem Einfluß von J. Piaget gründlich erforscht.

Nach R. Goldman vollzieht sich die Entwicklung der Gottesidee von der *intuitiven* (bis 7–8 Jahre) über die *konkrete* (von 7–8 Jahre bis 13–14 Jahre) zu der *formellen Idee* (nach 13–14 Jahre). J. P. Deconchy differenziert auf Grund der Untersuchung freier Assoziationen zwischen der *Zuerkennungsphase* (9–10 Jahre), der *Personalisierungsphase* (12–13 Jahre), und der *Verinnerlichungsphase* (15–16 Jahre).

Das Löwener Zentrum für R. hat Untersuchungen über den Zusammenhang zwischen Gottesbild und Elternbildern bei Kindern und Jugendlichen durchgeführt und stellte fest: *Spezifizität* der symbolischen Vater- und Mutterbilder, *umgreifende Natur* des Gottesbildes, *Differenzierung* zwischen verschiedenen Gruppen. Von J. Piaget ausgehend hat man den Zusammenhang zwischen dem Erwachen des moralischen Bewußtseins (↗Gewissen) und dem Glauben an Gott untersucht. Weiterhin wurden Untersuchungen über die Perzeption der symbolischen Vermittlungen der religiösen Einstellung im Ritus zwischen 6 und 12 Jahren durchgeführt (J. M. Dumoulin, J. M. Jaspard).

Der Zusammenhang zwischen den Typen von religiöser Haltung und den ↗*Persönlichkeits*strukturen war Gegenstand verschiedener Untersuchungen, bes. klinischer und psychosozialer Art, so z. B. die Gegenüberstellung der „autoritären" oder „dogmatistischen" Religion zu der „liberalen" oder „humanistischen". Nur wenige Arbeiten befaßten sich bisher mit der Varietät der religiösen und atheistischen Haltung in Beziehung zu verschiedenen Persönlichkeitsfaktoren.

Lit.: Deconchy, J. P.: Structure génétique de l'idée de Dieu chez des catholiques français. Garçons et filles de 8 à 16 ans. Brüssel, 1967; **Goldman, R.:** Religious thinking from childhood to adolescence. London 1964; **Vergote, A.:** Religionspsychologie. Olten, 1970.

A. Vergote & J. M. Jaspard

Religiöser Typus ↗„Lebensformen".

REM ↗Schlaf.

Reminiszenz kann definiert werden als eine auf die Ruhepause zurückzuführende Leistungsverbesserung einer teilweise erlernten Aufgabe (verbale, mot.). Der grundlegende expt. Plan für das Studium der R. ist folgender:

Experimentiergruppe	Übung	Pause	Erinnern
Kontrollgruppe	Übung	keine Pause	Erinnern

Wenn die Versuchsgruppe beim Erinnern mehr leistet als die Kontrollgruppe, dann handelt es sich um R.

Die R. ist ein Spezialfall eines schon lange bekannten Phänomens. Sehr oft konnten bei *„verteilter Übung"* bessere Leistungen als bei *„massierter Übung"* erzielt werden. Die Vorzüge der „verteilten Übung" ergeben sich durch die *Interpolation einer Folge von Pausen,* während R. als die Wirkung einer *einzigen* Pause definiert wird. Weil es sich um ein einfaches, begrenztes Beispiel einer Reihe von Erscheinungen handelt, wird der R.forschung eine beträchtliche theoretische Bedeutung beigemessen.

Die R. als ein von den Effekten „verteilter Übung" unterschiedliches Phänomen wurde erst durch Ballards (1913) Untersuchung zum Auswendiglernen der Poesie durch Kinder erfaßt (↗Ballard-Williams-Phänomen). Sorgfältige Untersuchungen der R. in der verbalen Lernsituation, wie die von Ward (1937) und Hovland (1938), bewiesen kleine R.gewinne über Pausenintervalle, die nicht länger als wenige Minuten dauern durften (↗Ward-Hovland-Phänomen). Obwohl der R.effekt in verbalen Lernsituationen klein und flüchtig zu sein pflegt, werden große R.vorteile in mot. Lernsituationen gefunden (Bell, 1942). Es hat sich gezeigt, daß diese Gewinne auch über einen Zeitraum von bis zu zwei Jahren stabil sind (Koonce, Chambliss und Irion, 1964).

Die R. ist eine Funktion mehrerer Variablen und Bedingungen:

1) Länge des Pausenintervalls: Die R. steigert sich zu einem Maximum bis zu der optimalen Pausendauer und verringert sich dann, wenn die Dauer der Pause zunimmt (Ward, 1937; Ammons, 1947). Die optimale Länge der Pause ist beim mot. Lernen viel größer als beim verbalen Lernen.

2) Übungsausmaß vor der Ruhephase: Nimmt die Menge der Übung zu, so steigert sich zuerst die R. und fällt dann ab (Ammons, 1947; Irion, 1949).

3) Vorhergehende Verteilung der Übung: Die R. ist nach massiertem ↗Lernen vor der Ruhephase stärker als nach verteiltem Lernen (Hovland, 1938). Wenn die Übungen vor der Ruhephase zeitlich sehr weit auseinanderlagen, ist es wahrscheinlich, daß die Einführung einer einzigen zusätzlichen Pause überhaupt keine Wirkung hat.

4) Lebens- und Intelligenzalter: Die R. scheint als eine Funktion des Lebensalters zu steigen und dann abzunehmen. Im frühen Erwachsenenalter, in dem optimale R. festzustellen ist, scheint das Ausmaß der R. eine lineare Funktion des Intelligenzalters zu sein (Thumin, 1962).

Frühe Erklärungen der Steigerung der Behaltensleistung durch verteilte Übung und R. gruppieren sich um verschiedene Darstellungsweisen zweier Theorien, der *Ermüdungstheorie* und der *Perseverationstheorie.* In einfachster Form ausgedrückt behauptet die Ermüdungstheorie, daß der Lernende während der Übung müde wird. Ruhe erlaubt ihm, sich von der Ermüdung zu erholen, und seine Leistung bessert sich. Die Perseverationstheorie wurde zuerst von Müller und Pilzecker (1900) formuliert. Sie behauptet, daß nach der Beendigung formaler Übung eine gewisse Art von Lernprozeß fortfährt zu wirken, der in der Tat dem Lernenden zusätzliche, unbeabsichtigte Übung vermittelt. Zu diesen beiden allg. theoretischen Auffassungen kann die *differentielle Vergessenstheorie* hinzugefügt werden, nach der der Lernende während der Übung zwei Arten von ↗Gewohnheiten erwirbt, *richtige* und *fehlerhafte* (mit den richtigen konkurrierende). Es wird weiter behauptet, daß während einer Pause alle Gewohnheiten durch Vergessen an Stärke verlieren, aber daß „schwache" Gewohnheiten schneller als „starke" Gewohnheiten vergessen werden. Da Übungssituationen gewöhnlich so gestaltet werden, daß die korrekten Gewohnheiten stärker sein werden als die fehlerhaften, sollte eine Ruheperiode die störenden Gewohnheiten mehr schwächen als die korrekten. Dieses „differentielle Vergessen" würde auf eine *geringere ↗Interferenz* hinauslaufen und auf bessere Leistung nach einer Pause.

In neuerer Zeit hatte Hulls Theorie einen starken Einfluß auf die Interpretation der R. Hull (1943) führte zwei „Hemmungskonstrukte" ein: die *↗reaktive Hemmung* und die *↗konditionierte Hemmung.* Die reaktive Hemmung hat die Eigenschaft, als Funktion der Arbeitsmenge, die während der Übung verrichtet wurde, zu wachsen und sich von selbst während der Ruheperioden aufzulösen. Obwohl „reaktive Hemmung" genauer definiert ist als „Ermüdung", besitzt sie Eigenschaften, die denen ähnlich sind, die intuitiv der Ermüdung zugeschrieben werden. Die Leistung wird im Verhältnis zur Menge der reaktiven Hemmung, die sich angesammelt hat, vermindert. Konditionierte Hemmung wirkt ebenfalls leistungsvermindernd, aber man glaubt, daß konditionierte Hemmung beständiger ist als reaktive. Da sich konditionierte Hemmung nicht von selbst rechtzeitig auflöst, würde eine Akkumulation zu einem Ausbleiben der R. führen.

Hulls Theorie wurde durch eine Anzahl von

Exp. überprüft. Kimble und Horenstein (1948) verfolgten das Anwachsen der R. in der Zeit und verglichen diese Daten mit Hulls theoretischer Voraussage über die Abnahme der reaktiven Hemmung. Ferner zeigte ein Exp. von Adams und Reynolds (1954), daß fast alle R.gewinne in einer mot. Lernsituation durch die Abnahme eines *einzigen* Hemmungsfaktors (wie die reaktive Hemmung) erklärt werden konnten. Diese Entdeckung ist von mehreren namhaften Forschern bestätigt worden.

Einige der anderen theoretischen Erklärungen der R. bleiben dennoch akzeptabel, z. T. wegen ihrer logischen Stringenz, z. T. weil sie Meßwerte erklären, die man in bes. Situationen erhielt, und z. T., weil die theoretischen Konstrukte in anderem Zusammenhang Gültigkeit zu haben scheinen (als Beweis die Nützlichkeit der Perseverations- oder Konsolidierungshypothese in zeitgenössischen Untersuchungen zum Kurzzeitgedächtnis – vgl. ↗Gedächtnis). Eysenck (1965) hat eine Dreifaktorentheorie der R. vorgeschlagen, die die Begriffe der ↗Perseveration, der reaktiven Hemmung und der konditionierten Hemmung anwendet. Möglicherweise wird man auf eine derartig komplexe Erklärung der R.phänomene zurückkommen, wenn alle Lernsituationen, bei denen die R. untersucht worden ist, in Betracht gezogen wurden. Vielleicht wird z. B. die reaktive Hemmung die meisten R.effekte in mot. Lernsituationen erklären, während die Perseveration eine führendere Rolle in der Erklärung der R. in verbalen Situationen des Auswendiglernens spielen könnte.

Weiteres Material und ausführliche Literaturberichte finden sich bei Bilodeau (1961), Irion (1966) und bei McGeoch und Irion (1952).

Lit.: Adams, J. A. & B. Reynolds: Effect of shift in distribution of practice conditions following interpolated rest. J. Exp. Psychol., 1954, *47*, 32–36; **Ammons, R. B.:** Acquisition of motor skill: II. Rotary pursuit performance with continuous practice before and after a single rest. J. Exp. Psychol., 1947, *37*, 393–411; **Ballard, P. B.:** Obliviscence and reminiscence. Brit. J. Psychol., Monogr. Suppl., 1913, *1*, No. 2; **Bell, H. M.:** Rest pauses in motor learning as related to Snoddy's hypothesis of mental growth. Psychol. Monogr., 1942, *54*, No. 1, No. 243; **Bilodeau, E. A. & I. McD. Bilodeau:** Motor-skills learning. Annu. Rev. Psychol., 1961, *12*, 243–280. **Eysenck, H. J.:** A three-factor theory of reminiscence. Brit. J. Psychol., 1965, *56*, 163–181; **Hovland, C. I.:** Experimental studies in rote-learning theory. I. Reminiscence following learning by massed and distributed practice. J. Exp. Psychol., 1938, *22*, 201–224; **Hull, C. L.:** Principles of behavior. New York: D. Appleton-Century, 1943. **Irion, A. L.:** Reminiscence in pursuit-rotor learning as a function of length of rest and of amount of pre-rest practice. J. Exp. Psychol., 1949, *39*, 492–499; **Irion, A. L.:** A brief history of research on the acquisition of skill. In: **E. A. Bilodeau** (Ed.): Acquisition of skill. New York, 1966; **Kimble, G. A. & B. R. Horenstein:** Reminiscence in motor learning as a function of length of interpolated rest. J. Exp. Psychol., 1948, *38*, 239–244; **Koonce, J. M., Chambliss, D. J. & A. L. Irion:** Long-term reminiscence in the pursuit-rotor habit. J. Exp. Psychol., 1964, *67*, 498–500; **McGeoch, J. A. & A. L. Irion:** The psychology of human learning (Rev. Ed.). New York, 1952; **Müller, G. E. & A. Pilzecker:** Experimentelle Beiträge zur Lehre vom Gedächtnis. Z. Psychol., 1900, *1*, 1–300; **Thumin, F. J.:** Reminiscence as a function of chronological and mental age. J. Geront., 1962, *17*, 392–396; **Ward, L. B.:** Reminiscence and rote learning. Psychol. Monogr., 1937, *49*, whole No. 220.

A. L. Irion

REM-Phase ↗Traum; ↗Schlaf.

Rentenneurose. Es handelt sich um anomale Erlebnisreaktionen bei Unfällen, Verletzungen etc. Das Charakteristische an diesen R.en ist, daß ein Wunsch nach einer Befriedigung auftritt, wobei es sich nicht allein um den Wunsch nach einer Rente oder anderer Entschädigung handelt. Vielmehr wird eine Nichtentschädigung als Beleidigung oder Entrechtung der Person angesehen. Solche Fälle hat man deshalb auch *„Rechtsneurosen"* genannt. Einige Male wurde beobachtet, daß sich bei Verletzten oder Unfallgeschädigten aus diesem Grund Krankheitsbilder paranoider (↗Paranoia) Art entwickelt haben. ↗Neurosen.

J. López Ibor

Reperkussion. Auswirkung emotionaler Vorgänge auf vegetative Abläufe (z. B. Schweißausbruch, Gefäßdilatation). ↗Gefühle; ↗Stress.

H. Wagenknecht

Repertoire, *Zeichenvorrat,* in der ↗Informationstheorie die Menge der definierten, innerhalb eines ↗Kodes zulässigen Zeichen oder allg. eine Menge paarweise unverträglicher Ereignisse.

P.-B. Heinrich

Replikation, wiederholte Beobachtung unter konstanten Reizbedingungen, Wiederholung ganzer Untersuchungen; Maßnahme zur Steigerung der Zuverlässigkeit (↗Reliabilität), mit der ein psychologischer Sachverhalt festgestellt werden kann. *R. Richter*

Repräsentativ. Als r. werden ↗Stichproben bezeichnet, die in ihrer Zusammensetzung der Population entsprechen, der sie entnommen wurden. Zur Herstellung r. Stichproben können Zufallsverfahren (↗Zufalls-Stichprobe, Zufallszahlen) oder gesteuerte Verfahren (↗Organisierte Stichprobe) verwendet werden. Aufgrund von Stichprobenergebnissen lassen sich nur dann Schlüsse auf die Population ziehen, wenn die Stichproben für die Population r. sind. ↗Stichprobenverfahren; ↗Meinungsforschung. *G. Mikula*

Repräsentativbefragung. Befragung auf der Basis einer Teilstichprobe, die in ihren wesentlichen Strukturmerkmalen der Grundgesamtheit, aus der sie erhoben wurde, entspricht. Im ↗*Repräsentativschluß* unterstellt man, daß die Ergebnisse der Befragung auch für die Grundgesamtheit (z. B. für die gesamte Bevölkerung) gültig sind. ↗Stichprobenverfahren.

Lit.: Kisch, L.: Survey sampling. New York, 1965.

H. Haase

Repräsentativschluß ist ein Schluß, der aufgrund einer ↗repräsentativen Stichprobe auf die zugrunde liegende Population gezogen wird. So wird z. B. aufgrund einer ↗Statistik ($\bar{X}$, s) auf die Größe des entsprechenden ↗Parameters der Population (μ, σ) geschlossen. *G. Mikula*

Repression ist in der Regel mit ↗Verdrängung identisch, wird aber manchmal auch als Unterdrückung von ↗Motiven verstanden. In diesem Falle, der gleichbedeutend mit Aufschub der Motivbefriedigung bzw. mit dem Ertragen von (als Funktion der Zeit wachsenden) Motivintensitäten ist, kommt es nicht zur Verdrängung oder einem anderen ↗Abwehrmechanismus, da kein endgültiger Verzicht nötig ist. *W. Toman*

Reproduktion *(Wiedervergegenwärtigen)* ↗Reproduktionsmethode.

Reproduktionsmethode. Umfassender Begriff für eine Reihe gedächtnispsychol. Methoden, bei denen im Ggs. zu *Wiedererkennungsmethoden* eine freie Reaktivierung des Behaltenen *(Reproduktion)* verlangt wird. Die wichtigsten R.n sind: *Erlernungsmethode, Ersparnismethode, Methode der behaltenen Glieder, Treffermethode* und *Methode der Hilfen.* ↗Gedächtnis. *E. Heineken*

Reproduktive Hemmung ↗Gedächtnishemmungen.

Residuum. 1) R. ist im Sinne einer *Spur* oder eines *Engrammes* zu verstehen, die – nach der Assoziationspsychol. und der klassischen Gedächtnispsychol. – eine jegliche Erfahrung hinterläßt und das Substrat für die Reproduktion und Wiedergabe dieser Erfahrung bildet (↗Engramm; ↗Erinnerung; ↗Gedächtnis).

2) ↗*Faktorenanalyse:* Restkorrelation, die bei extrahierten Faktoren zurückbleibt.

F.-C. Schubert

Resignation, Verzicht, ein Ziel zu erreichen, das als erstrebenswert galt, aber nicht mehr erreichbar erscheint; Schicksalsergebenheit.

Resonanztheorie. Die von H. v. ↗Helmholtz erstmals geäußerte Annahme, beim Hörvorgang erfolge die Zerlegung eines Klanges in seine Komponenten dadurch, daß sich die Fasern der Basilarmembran zusammen mit der sie umgebenden Flüssigkeit wie ein Satz von Resonatoren verschiedener Eigenfrequenz verhalten. Die Resonanzfrequenz der Fasern nimmt nach dieser Theorie von der Basis zur Spitze der Basilarmembran ab, da die Faserlänge sowie die Belastung durch die Flüssigkeitssäule in Richtung zur Spitze größer wird und die Faserspannung abnimmt.

Die R. wurde von G. v. Békésy und O. F. Ranke kritisiert und durch die sog. *Dispersions-* oder *Hydrodynamische* Theorie ersetzt. ↗Sinnesorgane: Das Ohr.

Lit.: Ranke, O. F. & H. Lullies: Gehör, Stimme, Sprache. Berlin – Göttingen – Heidelberg, 1953.

W. Pieper

Resonanzverfahren. Im Ggs. zum ↗Indizienverfahren eine ganzheitliche (globale) Weise des Wahrnehmens (v. a. von Ausdruckserscheinungen, bezüglich derer dieser Terminus von K. Bühler vorgeschlagen wurde). Das R. ist gekennzeichnet durch ein mehr „intuitives“, auf Eindrucksebene („Anmutung“) basierendes Vorgehen; auch – im Zusammenhang mit „Einfühlung“ – als Methode der Erschließung von Persönlichkeitscharakteristika aus Werkgestaltungen bezeichnet (W. Stern). ↗Ausdruck; ↗Eindruck.

Lit.: Thumb, N.: Wahrnehmung und Ausdruck im Lichte des Zuordnungsexperimentes von Körperbau und Stimme. Diss. Wien, 1934; **Tursky, H.:** Zur Phänomenologie des Zuordnungsaktes von Stimme und Persönlichkeit. Diss. Wien, 1932.

D. Görlitz

Resonator. Ein hohler Gegenstand (z. B. ein Zylinder oder ein Kasten), an einem Ende offen, der verwandt wird, die Lautstärke eines Tons bei gleichbleibender Frequenz zu erhöhen.

G. D. Wilson

Response ↗Reaktion.

Response-Set oder *Antworttendenz* ist die Bezeichnung für alle jene Einflüsse, die sich durch bestimmte Antwortstereotypen der Testperson verfälschend auf die intendierte Dimension eines ↗Tests auswirken. Es werden dabei zwei grundlegende Formen unterschieden: 1. *Formale* R.s umfassen alle jene Tendenzen, die durch die spezielle Form der Antwortvorgabe bedingt sind. Einige der wichtigsten sind: Acquiescence oder Ja-sage-Tendenz, Raten, zufällige Beantwortung, Positionseffekte, Extremitätseffekte, Neutralitätseffekte (zentrale Tendenz). 2. *Inhaltliche* R.s sind jene Tendenzen, die eine verfälschende Antwort aufgrund des spezifischen Inhalts eines ↗Items oder eines Tests hervorrufen. Es handelt sich dabei weitgehend um fassadäre Tendenzen. Die wichtigsten Tendenzen dieser Art sind: Simulation und Dissimulation, defensive ↗Einstellung, ↗soziale Erwünschtheit, Abweichungsreaktionen, Lügen.

Der Einfluß solcher R.s kann unter Umständen einen erheblichen Teil der ↗Varianz eines Testverfahrens ausmachen, wobei deren Bedeutung in starkem Maß von den Konstruktionsmerkmalen eines Tests (vorwiegend formale R.s) und den Umständen der Testaufnahme (vorwiegend inhaltliche R.s) abhängt. Die Berücksichtigung möglicher R.einflüsse ist daher ein wichtiger Gesichtspunkt bei der ↗Testkonstruktion. Zur Kontrolle inhaltlicher R.s wurde eine Reihe von Skalen entwickelt (K-Skala im ↗MMPI für Simulation-Dissimulation, Social Desirability Scale von A. L. Edwards oder von O. P. Crowne & P. Marlowe; ↗Lügentests).

Lit.: Adams, G. S.: Techniques de minimisation ou d'exploitation des tendances de réponse dans les inventaires structurés d'auto-évaluation. Res. de Psychol. appl., 1961, *11,* 233–262 und 303–341.

P. Zimmermann

Ressentiment, das Wiedererleben eines meist schmerzlichen Gefühls (z. B. Unterlegenheit) gegenüber bestimmten Personen oder auch Werten (z. B. R. gegen Christentum). R. strebt nach Entwertung oder Zerstörung.

E. Stephan

Restitution psychischer Funktionen. Die Wiederherstellung von Funktionen nach Gehirnverletzungen (↗Gehirnpathologie) ist eines der Hauptprobleme der ↗Neuropsychologie.

Die klassischen Vorstellungen, wonach die psychischen Prozesse Funktionen isolierter Gehirnabschnitte sind, führten zu dem Schluß: Weil die zerstörten Nervenzellen der Gehirnrinde sich nicht regenerieren, sind die Funktionen, welche aufgrund von Herdschädigungen des Gehirns gestört sind, auf immer verloren und können nicht wiederhergestellt werden (↗Lokalisation psychischer Funktionen).

Die klinische Praxis hat jedoch gezeigt, daß Funktionen, die aufgrund von Gehirnverletzungen gestört sind, in gewissen Grenzen wiederhergestellt werden oder eine „Rückentwicklung“ durchmachen können. Diese Tatsache verlangte nach einer Erklärung, die durch eine Reihe von Arbeiten in der Neurologie und Neuropathologie in den letzten Jahrzehnten gegeben wurde.

Herdschädigungen des Gehirns können zu zwei Hauptformen von Funktionsstörungen führen: der pathologische Herd kann entweder *zeitweise* das Zellgewebe des Gehirns in einen Zustand der Inaktivität versetzen, oder es *unwiderruflich zerstören.*

Im ersten Fall führt der pathologische Zustand zur Störung der synaptischen Leitfähigkeit einer Erregung; diese Störung ist bedingt durch biochem. Veränderungen – vor allem durch eine verminderte Ausscheidung des ↗Acetylcholins, welches die Übertragung der Erregung in der ↗Synapse gewährleistet (↗Nervensystem); möglicherweise handelt es sich auch um einen Mechanismus der reflektorischen (oder infolge der ↗Irradiation) Hemmung von Funktionen des verletzten Nervengewebes. Eine solche zeitweise Hemmung kann sowohl in Rindenabschnitten auftreten, die direkt an den Herd der Verletzung angrenzen, wie auch an weit entfernten, aber im Nervensystem mit dem Herd verbundenen Rindenarealen (die z. B. zum Herd symmetrisch angeordnet sind), oder auch an tieferen subkortikalen Bildungen. Eine solche zeitweise Hemmung von Funktionen hat C. v. Monakov unter der Bezeichnung *„Diaschisis"* beschrieben.

Um die zeitweise gehemmte Funktion wiederherzustellen, muß man die synaptische Leitfähigkeit der Zellen wiederherstellen, welche sich im Zustand der Diaschisis befinden. Zu diesem Zweck kann man Stoffe nehmen, welche den Antagonisten des Acetylcholins, die ↗Cholinesterase, unterdrücken und somit die aktive Wirkung des Acetylchonins wiederherstellen. Solche Stoffe sind Eserin, Prostigmin und Galantamin u. a. Die Erfahrung der Kriegszeit hat gezeigt, daß die Einführung dieser Stoffe in die Blutbahn zur Enthemmung der zeitweise gehemmten Funktionen (z. B. der Bewegung) führt, wenn sie auch keinen Einfluß auf die Funktionen hat, welche durch die Verletzung der Nervenzellen gestört sind. Bei einer einseitigen Lähmung z. B., die aufgrund einer Verletzung des kortikalen Bewegungsareals des Armes auftritt, stellt die Einführung dieser Stoffe die zeitweise gelähmten Bewegungsfunktionen des Beines wieder her, bringt jedoch keine Wiederherstellung der Funktionen des Armes. Eine wesentliche Rolle bei der Beseitigung des Hemmungszustandes spielt auch *die Übung* der entsprechenden Funktionen, die zur Wiederherstellung der Tätigkeit der unversehrten, aber zeitweise gehemmten Zellen beiträgt. In all diesen Fällen wird die gestörte Funktion in ihrer früheren Form wiederhergestellt.

Die zweite Art der Störung von Funktionen ist ihre Störung aufgrund einer *Zerstörung* der entsprechenden Nervenapparate (oder Areale des ↗Cortex cerebri). Auch in diesen Fällen können jedoch die gestörten Funktionen wiederhergestellt werden.

Das erklärt sich daraus, daß die höchsten kortikalen Funktionen (Wahrnehmung, Handlung, Sprechen, Schreiben, Rechnen usw.) niemals eine Funktion isolierter, begrenzter Gehirnabschnitte sind (vgl. ↗Lokalisation psychischer Funktionen). Demnach wird durch eine Herdschädigung des Gehirns zwar nur eine der Bedingungen gestört, die notwendig sind für die normale Arbeit des gesamten funktionalen Systems (z. B. die Synthese der Erregungen zu einer ganzen simultanen oder sukzessiven Struktur, räumliche und zeitliche Analyse und Synthese, der Gesamttonus der Rinde usw.) und führt jedoch sekundär zum Ausfall des ganzen Systems. Eine solche Auslegung einer Störung der höchsten kortikalen Funktionen bei lokalen Verletzungen des Gehirns macht verständlich, warum die gestörten Funktionen wiederhergestellt werden können, und läßt einen Weg zu ihrer Wiederherstellung finden. In diesem Sinne kann eine Wiederherstellung der gestörten Funktion nur mit Hilfe des *funktionellen Umbaus* des Systems erreicht werden; anders ausgedrückt, das zerstörte Glied des funktionellen Systems muß durch irgendein unversehrtes Glied ersetzt werden. Auf dieses Prinzip gründet sich die *Umerziehung* der Kranken mit Herdverletzungen des Gehirns zur R. p. F.

Als Beispiel einer solchen Umerziehung möge die Wiederherstellung des Sprechens oder Schreibens bei Kranken mit einer Verletzung des Rindenareals (↗Brocasche Windung) für das Sprachhören dienen, bei der das gestörte Sprach- (phonematische) Hören durch die *visuelle oder kinästhetische Analyse* der wahrgenommenen Sprache ersetzt wird, oder die Wiederherstellung der räumlichen Orientierung, welche aufgrund einer Verletzung der Scheitel-Hinterhaupt-Abschnitte der Rinde gestört ist, mit Hilfe der sukzessiven verbal-logischen Analyse von räumlichen Beziehungen.

Es ist unschwer zu erkennen, daß diese Umerziehung, welche Funktionen wiederherstellen soll, die durch verschieden lokalisierte Verletzungen des Gehirns entstanden sind, *differenziert* und auf spezielle Programme gestützt sein muß, welche von der neuropsychol. Analyse der Störung ausgehen.

Lit.: Bethe, A.: Plastizität und Zentrumlehre. In: **A. Bethe** (Hrsg.): Handbuch der normalen und pathologischen Physiologie. Bd. 15, Berlin, 1931; **Goldstein, K.:** Aftereffects of brain injuries in war. New York, 1942; **Luria, A. R.:** Restoration of functions after brain trauma. Oxford, 1963; **ders. et al.:** Restoration of higher cortical functions following brain damage. In: **P. J. Vinken & G. W. Bruyn** (Eds.): Handbook of clinical neurology. Amsterdam, Vol. 3, 368–433; **Monakow, C. v.:** Lokalisation im Großhirn und der Abbau der Funktionen durch lokale Herde. Wiesbaden, 1914.

A. R. Luria

Restorffeffekt, Behaltensvorteil strukturell ausgezeichneter Glieder eines Lernstoffes: Unterscheiden sich die Daten einer Lernreihe ihrer Materialart nach voneinander, so werden diejenigen Glieder, welche sich ihrer Art nach von der Mehrzahl der anderen abheben (isolierte Glieder), besser behalten als jene, welche ihrer Art nach der Mehrzahl der anderen gleichen (homogene Glieder).

Lit.: Restorff, H. v.: Analyse von Vorgängen im Spurenfeld: I. Über die Wirkung von Bereichsbildung im Spurenfeld. Psychol. Forsch., 1933, *18*, 299–342.

E. Heineken

Restvarianz. Als R. wird jener Teil der Gesamtvarianz von Daten bezeichnet, der nicht auf systematische, expt. Variation zurückzuführen ist. Die R. stellt bei der Berechnung der ↗Varianzanalyse die Prüfgröße *(error term)* dar, mit der die *„Varianz zwischen"* verglichen wird, wenn keine direkte Schätzung der ↗Fehlervarianz *(„Varianz innerhalb")* möglich ist.

G. Mikula

Resultante, die Summe gerichteter Größen oder ↗Vektoren.

Retardation, die Verzögerung einer Entwicklung. R. wird zumeist zur Kennzeichnung des Abstandes der Intelligenzleistung (seltener der Schulleistung) von der stat. Altersnorm (ca. -2σ bis -1σ) verwendet (↗Intelligenz). Manche Autoren zählen auch temporäre „Entwicklungshemmungen" und disharmonische ↗*Reifungs*abläufe im körperlichen Bereich zur R. Der Begriff sagt nichts über Ursachen einer R. aus: z. B. emotionale Störungen, Erziehungsbedingungen, kulturelle Deprivation, sensorische und mot. Handikaps, Krankheiten, Erbfaktoren, hirnorganische Schädigungen. Vgl. auch ↗geistige Behinderung.

Lit.: Heber, R.: Manual on terminology and classification in mental retardation. Amer. J. ment. Defic. Monogr. Suppl., 1959, *64*, No. 2; **Zigler, E.:** Mental retardation: Current issues and approaches. In: **M. L. Hoffmann & L. W. Hoffman:** Child development research. Vol. II., New York, 1966, 107–168.

H. Meister

Retention *(Zurückhaltung).* 1. Das gedächtnismäßige Bewahren früher aufgenommener Informationen (Erlebnis- und Lerninhalte) ohne zusätzliche Lernmöglichkeit. R. wird dabei mehr im Sinne einer statischen Speicherung gebraucht (↗Behalten). – 2. Nach E. Kretschmer: Bezeichnung für die Verhaltung von nicht verarbeiteten Erlebnissen. – 3. Nach H. Schultz-Hencke: Bezeichnung für den durch mangelnde Äußerungs- und Hingabefähigkeit gekennzeichneten Persönlichkeitszug. – 4. Nach E. Husserl: das Im-Blick-Behalten des soeben Vergangenen in jedem Denkakt.

F.-C. Schubert

Retest-Methode ↗Reliabilität, ↗Test.

Retikuläres System ↗ARAS.

Retina = *Netzhaut* des ↗Auges. Sie stellt die innerste Schicht der Augenwandung dar. In der Nähe des Ziliarkörpers (s. Linse) befindet sich der lichtunempfindliche Teil (Pars caeca retinae); er wird durch eine gezackte Linie (Ora serrata) deutlich von dem übrigen weitaus größeren lichtempfindlichen Teil (Pars optica retinae) abgegrenzt. Die R. liegt normal lose dem Pigmentepithel an und wird durch den Glaskörper angedrückt. Nur am ↗Blinden Fleck (Sehnervenpapille) und an der Ora serrata ist die R. fixiert. Der schwach rötliche Ton der R. wird durch den Sehpurpur (↗Rhodopsin) hervorgerufen. In der Gegend des hinteren Augenpoles liegen der ↗Blinde Fleck und die ↗Macula lutea (Gelber Fleck), deren Zentren etwa 4 mm voneinander entfernt sind.

Nach ihrem anatomischen Aufbau zeigt die R. 10 Schichten. Zweckmäßiger ist aber die Einteilung nach der Funktion: 1. Pigmentepithel. 2. Stäbchen und Zapfen (I. Neuron). 3. Bipolare Ganglienzellen (II. Neuron) oder Ganglion retinae. 4. Große Ganglienzellen (III. Neuron) oder Ganglion fasciculi optici (von außen nach innen). Dazwischen erstreckt sich ↗*Glia*gewebe (Stützgewebe). Das Licht muß zunächst einen Teil der R.schichten durchwandern, bis es die lichtempfindlichen ↗Stäbchen und ↗Zapfen erreicht. Die R. entsteht entwicklungsgeschichtlich aus einer Ausstülpung des Gehirns.

In der Netzhaut werden die Reize (physiologischer Reiz ist das Licht) über chem. Reaktionen in nervöse Impulse verwandelt, welche dann im Fasciculus opticus den ↗Sehzentren zugeleitet werden. Die Netzhaut weist ein elektrisches Potential auf, das als ↗ERG am intakten Auge nachgewiesen werden kann.

Retroaktive Hemmung ↗Gedächtnishemmungen.

Retrograde Amnesie. ↗Amnesie (Gedächtnisverlust) für Ereignisse, die vor der Ursache der Amnesie eintraten. So kann r. A. z. B. für Ereignisse eintreten, die zu einem Unfall mit Kopfverletzungen (↗Gehirnpathologie) führten, deren eine Folge die Amnesie ist.

R. Hetherington

Retrospektiv *(rückblickend).* Inhalte des ↗Gedächtnisses betreffend.

Reue ist das Gefühl – in besonderen Fällen ein Affekt – der Unzufriedenheit, der Abscheu, des Schmerzes und Bedauerns über fehlerhaftes Tun und Lassen, verbunden mit dem Bewußtsein von dessen Unwert und Unrecht, sowie mit dem Willensvorsatz zur eventuellen Genugtuung und Besserung. Im religiös-christlichen Sinn ist R. natürlich, wenn sie aus diesseitigen Beweggründen der Benachteiligung, übernatürlich, aber unvollkommen, wenn sie aus Furcht vor göttlicher Strafe, übernatürlich-vollkommen, wenn sie aus Liebe zu Gott als höchstem Gut erwächst. R. ist nicht zu verwechseln mit analytisch aufgemachten Schocks und Depressionen. R. als bewußte und entschiedene Absage an das Böse ist Bedingung zur Umkehr, im christlichen Sinn ist sie ein Moment der Buße und Versöhnung mit Gott und so zugleich Basis eines besseren zwischenmenschlichen Verhaltens.

Lit.: Esser, A.: Das Phänomen der Reue, 1963.

J. Hasenfuß

Reutlinger Test für Schulanfänger (RST) ↗Einschulungstests.

Reversion oder Verkehrung ins Gegenteil ist ein innerer ↗Abwehrmechanismus, in dem angesichts der Unmöglichkeit oder der Furcht vor einer bestimmten Form der Motivbefriedigung angeblich das „Gegenteil" gesucht wird. Sofern R. nicht Reaktionsbildung ist, gilt sie als unklarer definiert und von geringerem Erklärungswert als andere Abwehrmechanismen. In Träumen wäre bei Verkehrungen ins Gegenteil, etwa von Personenmerkmalen (ein kleiner dunkler, für den Träumer belangloser Mann tritt z. B. an die Stelle eines großen, hellen und für den Träumer wichtigen Mannes) – sofern der ↗Traum überhaupt richtig gedeutet ist –, die Wahl der Merkmale, die vertauscht wurden, weiterhin erklärungsbedürftig.

W. Toman

Reversion, Reversionsfiguren. R. bedeutet ganz allg. „Umkehr", „Umschlag". Bekanntes Phänomen in der Wahrnehmung von Inversions-, Kippifiguren. *R.figuren:* Eine Gruppe von Figuren, für die es mehr als eine Auffassungsmöglichkeit gibt. Es bieten sich in diesen Fällen nicht alle Möglichkeiten gleichzeitig an, sondern eine Möglichkeit der Auffassung folgt abrupt auf eine andere. Dieser Wechsel der Auffassung wird *optische Inversion* genannt.

Eine Gruppe von R.-Figuren schließt den ↗Neckerschen Würfel und die ↗Schrödersche Treppe ein, für die es zwei dreidimensionale Auffassungsmöglichkeiten der zweidimensionalen Abbildung gibt. Eine andere Gruppe umfaßt z. B. ↗Rubins Figur, bei der die Inversion einen Wechsel des Sehens von Figur und Grund einschließt (↗Figur-Grund-Verhältnis). *C. D. Frith*

Revisionstest (Rev.-T.). Der R. ist ein allgemeiner Leistungs- bzw. Konzentrationstest, der die Überprüfung von einstelligen Additionsaufgaben verlangt, die den Pbn auf Testbogen im Format DIN A 3 vorgelegt werden. Die innere Konsistenz der Leistungsmenge ist erwartungsgemäß hoch. Reliabilitätsschätzungen anderer Testwerte fehlen. Validierungsansätze sind unternommen worden. Netto-Testzeit: 7,5 Minuten.

Lit.: Marschner, G.: Revisions-Test (Rev.-T.) nach Stender. Göttingen, 1972. *R. Brickenkamp*

Rezeptoren. In der älteren Lit. findet man den Begriff R. oft gleichbedeutend mit ↗Sinnesorganen bzw. Sinnesorganteilen (z. B. ↗Retina). Man postulierte früher R. für verschiedene Sinnesqualitäten, d. h. Aufnahmeorgane für Reize, die mit bestimmten subjektiven Qualitäten belegt werden können. In der Sinnesphysiologie, insbes. der „objektiven" Sinnesphysiologie ist der Begriff „Rezeptor" dem Umfang nach weiter, dem Inhalt nach enger gefaßt. Es wird ein sensorisches Organ, d. h. ein signal-, ein reizaufnehmendes Organ auch dann als R. bezeichnet, wenn durch seine Aktivität *keine* phänomenalen (perzeptiven) Erlebnisse entstehen (z. B. Pressorezeptoren des Carotissinus, Hensel, 1966, S. 65). J. P. ↗Pawlow sprach – im Rahmen der Reflexologie – von Analysatoren des *primären Signalsystems*, durch welche die R. gemeint sind und definierte diese als Kontaktstellen zwischen physik. Umwelt und psychischer Tätigkeit.

Im allg. Gebrauch des Begriffs R. wird der Einfluß kybernetischer und informationstheoretischer Modellvorstellungen immer größer, nach welchem R. weniger ein Organ oder Organteil, sondern vielmehr eine biol.-kybernetische (biokybernetische) Funktion ist. In der Regel zeigt sich jedoch, daß solchen R.-Funktionen auch spezialisierte Organe entsprechen (↗Psychophysik). R. ist demnach ein Informationswandler, eine Transformationsfunktion, die ein Signal, einen Reiz bzw. physik. meßbares Ereignis in eine für das Nervensystem spezifische Erregung transformiert, bzw. in der Lage ist, ersteres in letzteres zu wandeln. Die R. kann man einteilen:

1. *Exterozeptoren* – Informationswandler für Außenweltreize;

2. *Interozeptoren* – Informationswandler für körperinnere Reize, wie z. B.: *Propriozeptoren* für Spannungszustände, Änderungen von Muskelspannungen, Sehnenspannungen, Lageänderungen und Stellungen von Gelenken; *Viszerozeptoren*, die Signale über innere Organe, wie Blutgefäße, Herz usw., übertragen. Viel schwieriger und derzeit problematischer ist die Zuordnung bestimmter R. zu Erlebnisqualitäten (so z. B. bei R. der Haut). ↗Sinnesorgane.

Lit.: Field, J., Magoun, H. W. & V. E. Hall (Eds.): Handbook of Physiology. Vol. 1., Neurophysiology. Baltimore, 1959; **Hensel, H.:** Allgemeine Sinnesphysiologie: Hautsinne, Geschmack, Geruch. Berlin, Heidelberg, New York, 1966, 65ff. *A. Hajos*

Rezessiv ↗dominant.

Reziproke Hemmung. An den neurophysiol. Begriff der gegenseitigen Hemmung (Reziproke Innervation) von Reflexen bei Sherrington (1906) anschließend, entwickelte Wolpe (1958) Theorie und psychotherapeutische Methode der r. H. als einer Möglichkeit zum Verlernen inadäquater Verhaltensweisen. Das Prinzip besteht darin, zum Zeitpunkt des Auftretens einer unerwünschten Reaktion eine andere Reaktion hervorzurufen, die mit der unerwünschten Verhaltensweise *grundsätzlich nicht vereinbar* ist (z. B. Entspannung bei Angstreaktionen) und sie daher hemmt. Bei mehrmaliger Wiederholung der Koppelung wird die zu eliminierende Reaktion zunehmend abgeschwächt und schließlich zum Verschwinden gebracht. Die Methode hat in den letzten Jahren vorwiegend in der ↗Psychotherapie von ↗Phobien, jedoch auch zur

Behandlung zahlreicher anderer Verhaltensstörungen Anwendung gefunden (↗Verhaltenstherapie).

Lit.: Sherrington, C. S.: Integrative action of the nervous system. New Haven, 1906; **Wolpe, J.:** Psychotherapy by reciprocal inhibition. Stanford, 1958.

L. Blöschl

Rhathymie. Durch die R-Scale des ↗Guilford-Zimmerman-Temperament Survey (1947) repräsentierte, faktorenanalytisch begründete Temperamentsdimension nach Guilford (1959). R. äußert sich in einer unbekümmert-sorglos-fröhlichen Lebenseinstellung; Gegenpol: vorausschauende Ernst- und Gewissenhaftigkeit. R. korreliert hoch mit der Dimension Extraversion-Introversion nach H. J. Eysenck.

Lit.: Guilford, J. P.: Personality. New York, 1959 (dt.: Persönlichkeit. Weinheim, [6]1974).

H. Haase

Rheobase-Chronaxie sind Meßgrößen bei der Funktionsprüfung peripherer Nerven. Es werden dazu Reizelektroden über die Nervenregion gelegt oder direkt in den Nerv eingestochen und dieser mit elektrischen Rechteckimpulsen unterschiedlicher Dauer (0,01–8 msec) und Intensität gereizt. Für die Reizschwelle (kleinster Reiz, der eben eine Erregung, z. B. Zuckung des zugehörigen Muskels, erzeugt) gilt das Nernstsche Gesetz: $I \cdot \sqrt{t} = \text{const.}$ Diese Beziehung wird als *Reizzeitspannungskurve* dargestellt und ist für jeden Nerv individuell verschieden. Um diese Funktion zu charakterisieren, wird die kleinste noch wirksame Reizstromstärke bei beliebig langer Rechteckreizdauer als *Rheobase* und die kürzeste noch erregende Rechteckreizdauer bei doppelter Rheobase als *Chronaxie* angegeben.

E. David

Rhine, *Joseph Banks.* *29. 9. 1895 Tuniata (Penn.). Direktor des Instituts für ↗Parapsychologie und geschäftsführender Direktor der „Foundation for Research on the Nature of Man" in Durham (N. C.). Zuvor 1928 instructor für Philosophie und Psychologie, 1930 assistant professor, 1934 associate professor und von 1937 bis 1950 full professor und Direktor des parapsychol. Laboratoriums an der Duke University. Gründete 1937 mit W. ↗McDougalls Unterstützung das „Journal of parapsychology".

Führte Forschungen in den verschiedensten Teilbereichen der ↗Parapsychol. durch: Begann 1928 unter der Leitung McDougalls mit der wiss. Erforschung der Hypothese des Weiterlebens nach dem Tode, stellte diese Forschungen jedoch 1935 ein und widmete sich bis 1940 vorwiegend der Untersuchung des ↗Hellsehens. Beschäftigte sich anschließend verstärkt mit Fragen der Präkognition und der ↗Psychokinese sowie ab 1945 mit Problemen der ↗Telepathie. Zur Erklärung der paranormalen Phänomene nimmt er eine psychische Funktion an (↗Psi-Funktion), die außerhalb der eigentlichen physik. Gesetzmäßigkeiten wirksam sein soll und deren Wirkungsweise er seit 1950 auch in Tierexperimenten zu erforschen sucht.

Schr.: Extra-sensory perception, 1934; Extra-sensory perception after sixty years, 1940; The reach of the mind, 1947; Parapsychology: From Duke to FRNM, 1965; Parapsychology today, 1968 (co-ed.).

W. Wittling

Rhinencephalon, *Riechhirn,* umfaßt das Palaeopallium, den entwicklungsgeschichtlich ältesten Teil des Telencephalons (Endhirn, Großhirn), den Bulbus olfactorius und den anschließenden Palaeocortex. Bei primitiven Säugetieren stellt das Palaeopallium mit dem Bulbus olfactorius und dem Lobus piriformis den größten Teil der Großhirnhemispären dar. Zum Riechhirn gehören z. B. Bulbus olfactorius, Tractus olfactorius, Indusium griseum, Fornix und Hippocampus. Beim Menschen ist das Riechhirn in den medialen und basalen Bereich des Großhirns verdrängt durch Striatum und Neopallium (neuere Hirnteile).

Lit.: Schiebler, T. H.: Lehrbuch der gesamten Anatomie des Menschen. Berlin – Heidelberg – New York, 1977.

G. Arnold

Rhodopsin, auch ↗*Erythropsin* oder *Sehpurpur:* lichtempfindlicher Farbstoff der ↗Stäbchen von rot-violetter Farbe, die in erster Linie die Rotfärbung des Augenhintergrundes bestimmt. Es handelt sich um ein Chromoproteid, also um die Kombination des Proteins (Eiweißkörpers) „Opsin" mit der „prosthetischen (= hinzugefügten Nichteiweiß-) Gruppe" „Neoretinal b". Neoretinal b ist chemisch „11-cis-Retinal", das sich stereoisomer vom „all-trans-Retinal", dem Vitamin-A-Aldehyd herleitet. Opsin vermag nur Retinal in der cis-Form zu binden und damit R. zu bilden. Wird diese Verbindung belichtet, dann kommt es zur cis-trans-Umkonfiguration des Retinal; das entstandene trans-Retinal wird vom Opsin losgelöst. Die lichtquanten-abhängige Stereo-Umkonfiguration und die Abspaltung bewirken: a) Membrandepolarisation und damit Erregung des Stäbchens, b) Ausbleichung des Sehpurpurs zum Sehweiß. Vitamin-A-Mangel beeinträchtigt die Regeneration zu R. und führt damit zu ↗Hemeralopie. *K.-H. Plattig*

Rhombencephalon *(Rautenhirn)* ist ein Oberbegriff, der das Hinterhirn (Metencephalon) und Nachhirn (Myelencephalon) umfaßt. Das Metencephalon besteht aus Brücke (↗Pons) und Kleinhirn (↗Cerebellum). Oben grenzt das Rautenhirn an das Mittelhirn (Mesencephalon) und unten an das Rückenmark. – Der Begriff Rautenhirn kennzeichnet einen entwicklungsgeschichtlichen Vorgang. Am Hirnende des Neuralrohres entstehen zunächst zwei hintereinander liegende Hauptabschnitte, das ↗Prosencephalon und das R., die sich dann weiter differenzieren. ↗Neuroanatomie.

Lit.: Clara, M.: Entwicklungsgeschichte des Menschen. Leipzig, 1966.
G. Arnold

Rhythmus. 1) Allg.: die Zeitstruktur einer Veränderungsreihe. 2) Bei biol. Systemen bes. die natürliche (autonome) Zeitstruktur eines Funktionsablaufes (z.B. bioelektrische Vorgänge bei der Erregungsleitung, Atem- und Pulsfrequenz, Körperbewegungen, Menstruationszyklus; Aufmerksamkeitsschwankungen). Biol. R. erklären sich z. T. aus der existenznotwendigen Anpassung biol. Funktionsabläufe an rhythmische Vorgänge in der physik. Umwelt (u. a. jahreszeitliche Schwankungen der UV-Einstrahlung, tageszeitliche Änderung der Lichtverhältnisse) und – vor allem beim Menschen – auch der sozialen Umwelt (bestimmte zeitliche Konventionen); z. T. repräsentieren sie die homöostatisch geregelte Ausnutzung natürlich begrenzter Organkapazitäten, d. h. allg. den ständigen Wechsel von Arbeit und Ruhe, von *ergotropen* und *trophotropen* Funktionslagen. Rhythmische Vorgänge bilden die Grundlage zeitlicher Orientierungsleistungen (Zeitsinn, „biologische Uhr"; Zeitgeber, Zeitbewußtsein; ↗Psychol. der Zeit). Für die Arbeitsgestaltung empfiehlt sich vor allem die Berücksichtigung tagesrhythmischer Schwankungen (circadianer R.) der „physiologischen Leistungsbereitschaft" (O. Graf). R.störungen und Desynchronisationen verschiedener interner und externer Rhythmen stellen ein wichtiges Diagnostikum dar. *J. Nitsch*

Ribonukleinsäure(n). I. RNS wurde in den Kerneiweißsubstanzen als wichtiger Bestandteil der ↗Chromosomen gefunden und gilt als Überträger der Erbeigenschaften auf die Aminosäuresequenzen der spezifischen Eiweißkörper. Vgl. ↗Desoxyribonukleinsäure.
E. David

II. Hochmolekulare Stoffe (Nukleinsäuren), in allen Zellen (vorwiegend Cytoplasma), auch in Viren und Bakterien, vorkommend. Die R. ist von grundlegender Bedeutung für die *Eiweißsynthese.* Mindestens 3 Arten sind zu unterscheiden: *Ribosomale* RNS (rRNS), die ca. 80–90% der Zell-RNS darstellt, *Boten*-RNS (meist als *Messenger*-RNS, mRNS, bezeichnet) und *Transfer*-RNS (tRNS). Die 3 RNS bilden verschiedene Stufen in der *Proteinsynthese.* Die mRNS bildet die erste Stufe, indem sie die in der ↗Desoxyribonukleinsäure (DNS) deponierten „Informationen" für die Proteinsynthese an die rRNS liefert. Die tRNS stellt die angeforderten spezifischen Aminosäuren für den Eiweißaufbau zur Verfügung. Seit Versuchen von McConnell mit Planarien steht RNS im Mittelpunkt biochem. Lernforschung. Aus den Gehirnen von konditionierten Tieren extrahierte RNS führt, in das Gehirn naiver Tiere injiziert, zu Verhalten, das dem der trainierten entspricht (↗Pharmakopsychologie). Außer bei Planarien wurden bei zahlreichen Tierarten (Goldfische, Ratten,

Mäuse u. a.) Übertragungen von Gehirnextrakten durchgeführt. Viele dieser Exp. sind negativ ausgefallen, bei sorgfältig kontrollierten Bedingungen überwiegen jedoch positive Befunde. Versuche mit Zufuhr von Hefe-RNS führten zu unterschiedlichen Ergebnissen. Als abhängige Variable wurde RNS insbes. durch die Arbeitsgruppe von Hyden benutzt. Danach ergibt sich, daß ↗Lernen zu erhöhter RNS-Synthese führt (↗Gedächtnis). Störungen der RNS-Synthese durch Antibiotika verschlechtern das Behalten von Lernmaterial. Gegenwärtig ist noch nicht geklärt, welche von den folgenden Hypothesen zur Bedeutung von RNS zu akzeptieren ist: 1) RNS hat über die übliche Proteinsynthese hinaus eine spezifische Bedeutung für das Lernen und Behalten. 2) RNS hat eine spezifische Bedeutung für Lernen und Behalten nur als „Zwischenglied". 3) RNS besitzt nur für das Behalten eine spezifische Rolle, nicht für das Lernen. 4) RNS hat keine spezif. Rolle für Lernen und Behalten.

Lit.: Cantoni, G. L. & D. R. Davies: Procedures in nucleic acid research. New York, 1966; **Corning, W. C. & S. C. Ratner:** Chemistry of learning. New York, 1967; **Domagk, G. F. & H. P. Zippel:** Biochemie der Gedächtnisspeicherung. Naturwiss., 1970, *57*, 152–162; **Gaito, J.:** Molecular psychobiology. Springfield, 1971; **Gaito, J.:** Macromolecules and learning. In: **J. H. Bourne** (Ed.): The structure and function of nervous tissues. New York, 1969; **Glassman, E.:** The biochemistry of learning: an evaluation of the role of RNA and protein. Ann. Rev. Biochem., 1969, *38*, 605–646; **Glassman, E.:** The biochemistry of learning: an evaluation of the rôle of RNA and protein. Ann. Rev. Biochem., 1969, *38*, 605–646; **Stewart, P.R. & D.S.Letham** (Hrsg.): The Ribonucleic Acids. Berlin – Heidelberg – New York, [2]1977; **Walas, O.** (Ed.): Molecular basis of some aspects of mental academy. London, 1966.

W. Janke

Ribot, *Théodule,* * 18. 12. 1839 in Guingamp, † 9. 12. 1916 in Paris. Seit 1889 Professor für expt. Psychol. am Collège de France in Paris. R. wird als Begründer der französischen Psychol. angesehen. Er versuchte erstmals in Frankreich die Psychol. von der Philosophie loszulösen und die Prinzipien der expt. Psychol. einzuführen. In seinen beiden frühen Monographien „La psychologie anglaise contemporaine" (1870) und „La psychologie allemande contemporaine" (1879) machte er seine Landsleute mit dem engl. Assoziationismus und den Entwicklungstendenzen der dt. expt. Psychol. zur Zeit W. ↗Wundts vertraut. Zu seinen Schülern zählten u. a. Pierre ↗Janet, sein Nachfolger am Collège de France, und Georges Dumas.

Wenngleich R. die expt. Psychol. in Frankreich einführte, war er doch kein Experimentalpsychologe im Sinne Wundts. Er war im Grunde ein reiner Theoretiker, der weder ein psychol. Laboratorium besaß noch seine Theorien durch expt. Untersuchungen untermauerte. Selbst seine Veröffentlichungen in seinem Hauptarbeitsbereich, der Psychopathologie, gründeten sich kaum auf klinische Erfahrungen, so daß er Janet und Dumas gegenüber eingestehen mußte, die Psychopathologie gelehrt zu haben, ohne den Kranken gesehen zu haben (Misiak & Sexton, 1966).

Seine Werke beschäftigten sich einerseits mit pathologischen Erscheinungsformen des ↗Gedächtnisses („Les maladies de la mémoire", 1881), des ↗Willens („Les maladies de la volonté", 1883) und der ↗Persönlichkeit („Les maladies de la personnalité", 1885). Dabei versuchte er diese Abnormalitäten auf Störungen der Hirnfunktionen zurückzuführen. In seinen späteren Veröffentlichungen setzte er sich in stärkerem Maße mit der Psychol. affektiver und emotionaler Zustände auseinander („Psychologie des sentiments", 1896; „La logique des sentiments", 1905; „Essai sur les passions", 1907; „Problèmes de psychologie affective", 1910).

Lit.: Misiak, H. & U. S. Sexton: History of psychology: An overview. New York, 1966.

W. Wittling

Ribotsches Gesetz, von dem frz. Psychologen ↗Ribot (1839–1916) formulierte Gesetzmäßigkeit, wonach der Abbau von Gedächtnisinhalten im hohen Alter bzw. bei organischen oder traumatischen ↗Gedächtnisstörungen in umgekehrter Reihenfolge wie der Aufbau erfolgt: spät erworbene Gedächtnisinhalte (Erfahrungen, Verhaltensweisen, Lerninhalte) werden zuerst, (ontogenetisch) früh erworbene (z. B. Kindheitserinnerungen) und primitive Emotionen zuletzt abgebaut.

Lit.: Ribot, T.: Les maladies de la mémoire. Paris, 1881 (dt.: Das Gedächtnis und seine Störungen. Hamburg – Leipzig, 1882).

F.-C. Schubert

Richtungshören ↗Gehörswahrnehmung.

Riechzellen. Im Riechepithel der Regio olfactoria kann man zwei Zelltypen differenzieren, die *Stützzellen* und die eigentlichen R. Die R. tragen *Cilien* an ihrer freien Oberfläche und stellen gleichzeitig ↗Rezeptor und Nervenzelle dar. Die Neuriten der R. ziehen als Fila olfactoria durch die Lamina cribriformis zum Bulbus olfactorius. Die Art und Weise, wie der Reiz in der R. in eine fortgeleitete Erregung verwandelt wird, ist noch nicht eindeutig geklärt. Bei einer geringen Konzentration des Riechstoffes erreicht man zunächst die „Empfindungsschwelle", d. h., man riecht „etwas", erst bei einer Steigerung der Konzentration kann man die Art des Geruchstoffes bestimmen (spezifische Schwelle; ↗Geruchsintensität). *R. Rix*

Rigidität. Ein Mensch wird als rigide bezeichnet, wenn er noch immer *hartnäckig* an ↗Gewohnheiten, ↗Einstellungen oder Handlungen festhält, obwohl eigentlich schon andere Reaktionen erforderlich wären. Der Begriff R. ist nicht eindeutig, und es hat sich herausgestellt, daß verschiedene Arten von R. zu unterscheiden sind. Cattell und Tiner (1949) z. B. fanden aufgrund von 17 Tests zwei Faktoren:

1) *Habituelle R.* (dispositional rigidity) (Beharren bei einer Reaktion *aus Unfähigkeit,* zu einer anderen zu wechseln) und 2) Trägheit psychischer Prozesse (Unfähigkeit, Wahrnehmungs- oder Denkgewohnheiten aufzugeben). Habituelle R. ist identisch mit ↗Perseveration (psychische Trägheit). Dieser Begriff wurde von Neisser (1894) eingeführt und auch als „Sekundärfaktor" bezeichnet (E. Wiersma, 1906). J. P. Guilford (1957) unterscheidet (als Gegenpol zu R.) *adaptive Flexibilität* (d. h. Fähigkeit, eine Einstellung zu ändern, wenn die Situation es erfordert) und *spontane Flexibilität* (Vielfalt von Ideen in unstrukturierten Situationen). Bei Gehirnverletzungen unterscheidet K. Goldstein (1943) *„primäre R."* (Unfähigkeit, die Einstellung zu ändern) und *„sekundäre R."* (bei einer zu schwierigen Aufgabe verharrt die Vp bei einer weniger schweren. Rokeach (1960) unterscheidet *dogmatisches Denken* (Weigerung, einzelne Überzeugungen zu ändern) und *rigides Denken* (Weigerung, ein ganzes System von Überzeugungen oder Einstellungen zu ändern). R.tests enthalten Messungen der Einstellungsfixierung (A. S. Luchins, 1942); ↗Neckerscher Würfel (W. McDougall, 1929); Gottschaldts ↗eingebettete Figuren; Karten sortieren; und Papier-und-Bleistift-Tests (z. B. Gough-Sanford-Scale, 1952). Ergebnisse solcher Tests und Aufgaben machen eine operationale Definition der R. möglich. Die kalifornische Skala zur Messung des ↗Autoritarismus (F-Skala) wurde zur Messung einer rigiden Persönlichkeitsstruktur verwendet.

Semantische und empirische Probleme sind in diesem Forschungsgebiet noch zahlreich.

Lit.: Cattell, R. B. & L. G. Tiner: The varieties of structural rigidity. J. Personal., 1949, *17,* 321–341; **Chown, S. M.:** Rigidity – a flexible concept. Psychol. Bull., 1959, *56,* (3), 199–223; **Rokeach, M.:** The open and closed mind. New York, 1960; **Brengelmann, J. C.:** Extraversion, neurotische Tendenz und Rigidität im Umkehrversuch. Z. exp. angew. Psychol., 1957, *4,* 337–362; **Eyferth, K.:** Starrheit und Integration. Psychol. Rundsch., 1959, *10,* 159–169; **Hörmann, H.:** Zum Problem der psychischen Starrheit, Z. exp. angew. Psychol., 1955/56, *3,* 662–683. *P. McKellar*

Rigor, Erhöhung des Muskeltonus; „wächserne" Steifigkeit. Besteht bei passiver Bewegung gleichmäßig von Anfang bis Ende der Untersuchung. Symptom gewisser Erkrankungen des extrapyramidalen Systems, bes. bei ↗Parkinsonismus und ↗Parkinson-Krankheit. *H. Wagenknecht*

Rindenblindheit, selten auftretende Amaurose (vollständige Erblindung) bei beidseitigem Ausfall der Sehrinde. ↗Agnosie. *Red.*

Rindentaubheit. Diese Bezeichnung wird heute nicht oft verwandt, sie bezog sich einst auf eine Form *rezeptiver* ↗Aphasie, bei der wohl Geräusche gehört werden, jedoch keine Worte identifiziert oder verstanden werden können. ↗Agnosie. *B. Brooker*

Ringsektorentäuschung, eine Täuschung, die durch die Wirkung des *Farbkontrasts* entsteht. Ein Ring einfachen Graus liegt auf einer zur

Hälfte roten und zur Hälfte grünen Tafel. Verdeckt man die Grenze zwischen Grün und Rot durch einen dünnen Streifen, wirken die beiden Hälften des grauen Rings wegen des Kontrasts mit der farbigen Umgebung verschieden dunkel. *C. D. Frith*

Rinne-Versuch, schnelle Orientierungshilfe zur Unterscheidung zwischen Mittel- und Innenohrschwerhörigkeit. Dabei wird eine angeschlagene Stimmgabel zuerst in mechanischen Kontakt mit dem Warzenfortsatz gebracht (Knochenleitung und Luftleitung), und nachdem sie von dort nicht mehr hörbar ist, vor das Ohr gehalten (nur Luftleitung). In beiden Fällen wird stets durch die empfindlichere Luftleitung gehört. Ist jedoch eine Schalleitungsstörung (Mittelohrerkrankung) vorhanden, dann kann der R. negativ sein und nur im ersten Falle über *Knochenleitung* ein Ton gehört werden. ↗Sinnesorgane: Das Ohr. *M. Spreng*

Risiko I ↗Gegenwahrscheinlichkeit.

Risikoverhalten. EINFÜHRUNG. Trotz der ausgedehnten Untersuchungen, die etwa während der letzten 15 Jahre über das R. angestellt wurden, ist der Begriff als solcher ziemlich schwer zu fassen – ja, er ist nicht einmal exakt zu definieren. Tatsächlich beschreiben Kogan und Wallach (1967) das R. auf der Grundlage von solchen Situationen, in denen es am wahrscheinlichsten erfaßt werden kann. Für jene Autoren vollzieht sich ein Verhalten, das Dispositionen des R. aufweist, in „Situationen, in denen es *ein erstrebenswertes Ziel gibt und es zugleich an Gewißheit fehlt, daß dieses Ziel erreicht werden kann.* Die Situation könnte etwa die Form annehmen, bei der zwischen einem mehr und einem weniger erstrebenswerten Ziel zu wählen ist und wobei das erstere mit geringerer Wahrscheinlichkeit erreicht werden kann als das letztere. Ein weiteres mögliches, nicht aber notwendiges Merkmal solcher Situationen sind die *drohenden negativen Folgen beim Versagen,* so daß sich das Individuum nach der Entscheidung in einer schlimmeren Lage befindet als vorher" (S. 115). Die folgenden Abschnitte befassen sich mit den verschiedenen Einflüssen, die auf den Bereich des R. einwirken. Dazu gehören der Zusammenhang zwischen Aufgabe und situationsbedingten Faktoren, persönliche Merkmale und Einflüsse, die auf Wechselwirkungen innerhalb der Gruppe zurückzuführen sind.

DER ZUSAMMENHANG VON AUFGABE UND SITUATIONSBEDINGTEN EINFLÜSSEN. Entscheidungssituationen verändern sich in dem Maß, in dem die Folgen vom Zufall und von der Fähigkeit des einzelnen abhängen. Über die „Zufallsaufgaben" – also um Entscheidungen beim Spiel (↗Spieltheorie) – wurde die umfassendste Arbeit von Slovic (1962) und seinen Mitarbeitern geleistet. Auf der Grundlage mehrerer empirischer Untersuchungen sehen Slovic und Lichtenstein (1968) die Ergebnisse der Entscheidungen beim Spiel in zwei grundlegenden Prozessen: 1. in der relativen Bedeutung, die Personen der möglichen Wahrscheinlichkeitskomponente und den Gewinnchancen bei einer Wette beimessen; 2. in der eingeschränkten Fähigkeit, Informationen zu verarbeiten. Sie führt dazu, daß eine Person, die eine Entscheidung trifft, sich auf ganz bestimmte Komponenten einer Wette konzentriert und andere Komponenten unberücksichtigt läßt.

Der britische Psychologe J. Cohen (1960) sah eine wesentliche Aufgabe darin, festzustellen, inwieweit Entscheidungsvorgänge vom Zufall und von der Fähigkeit des einzelnen bestimmt werden. Bei Entscheidungssituationen, die sowohl eine Lösung durch Zufall als auch durch eigenen Einsatz zulassen, neigen Personen dazu, die letztere Möglichkeit vorzuziehen. Vermutlich sind gleiche objektive Wahrscheinlichkeiten nicht auch subjektiv gleich. Offensichtlich überschätzen Individuen die Wahrscheinlichkeit, sobald sie glauben, sich der Ergebnisse bereits sicher zu sein.

Anders als bei Wetten, bei der alle notwendige Information dem Individuum zugänglich ist, sind für viele Entscheidungen eine Menge zusätzlicher Informationen nötig. Die Menge der zusätzlich benötigten Information steht dabei im Verhältnis zum Gewicht der Entscheidung (d. h. zur Art der positiven oder negativen Folgen), zum Aufwand, der nötig ist, um diese Information zu erhalten, und zum Gehalt der gesammelten Information (Irwin Smith, 1957). Untersuchungen dieser Art sind für das R. äußerst bedeutsam, denn das Individuum muß entscheiden, wann angesichts ständig steigender Kosten und eines an Stärke verlierenden Motivs eine Entscheidung am günstigsten ist. Eine weitgestreute Variationsbreite, die die unterschiedlichsten Dispositionen beim R. abwägt, scheint ein wesentliches Merkmal für den Informationserwerb zu sein (z. B. Lanzetta & Kanareff, 1962).

Ein zentrales Problem bei Untersuchungen über das R. ist in der Tatsache zu sehen, daß relativ oft der Gedanke vorherrscht, bei größtmöglichem Gewinn möglichst wenig zu verlieren. Rettig und Rawson (1963), die mit hypothetischen moralischen Konfliktsituationen gearbeitet haben, zeigten, daß strenger Tadel dann, wenn er bei einem unmoralischen Akt erfolgt, mehr Einfluß besitzt als der mögliche Gewinn durch eine Vorhersage und das schließliche Eintreffen eines unmoralischen („riskanten") Verhaltens. Ähnliche Ergebnisse bei Untersuchungen mit anderen Entscheidungssituationen, von denen einige finanziellen Gewinn oder Verlust einschlossen (z. B. Atthowe, 1960), bekräftigen die Schlußfolgerung, daß Studenten bei ihren „Risiko-Entscheidungen" zu Konservatismus (geringe Risikobereitschaft) neigen.

Betrachten wir als nächstes das Problem, inwieweit sich frühere Erfolge oder Mißerfolge auf spätere Entscheidungen auswirken. Entgegen der Behauptung von Edwards (1962), wonach frühere Erfahrungen nur einen geringfügigen Einfluß besitzen, stellte McGlothlin (1956) in einer Untersuchung über Wetten bei Pferderennen fest, daß frühere Mißerfolge ein riskanteres Verhalten begünstigen (erhöhen Risikobereitschaft), während frühere Erfolge den Konservatismus erhöhen. Kogan und Wallach (1964) kamen bei Laborversuchen zu ähnlichen Ergebnissen.

Vergleiche des R. in konkreten Lebenssituationen und bei Laborversuchen deuten darauf hin, daß man bei ersteren ein höheres Maß an Risiko eingeht. Diese Unterschiede kann man darauf zurückführen, daß in lebensnahen Situationen Wettbewerbselemente eine Rolle spielen. Baut man nämlich auch bei Laborversuchen Wettbewerbselemente ein (Preston & Baratta, 1948), so erzielt man einen ähnlich hohen Anteil an riskantem Verhalten wie bei den Felduntersuchungen.

Die Bedeutung persönlicher Merkmale. Es wurde berichtet, daß beim R. Unterschiede hinsichtlich Geschlecht, Alter und sozialer Stellung bestehen. Geschlechtliche Unterschiede, die auf ein größeres Risikoverhalten bei Männern hinweisen, wurden bei Versuchen mit Kindern festgestellt (z. B. Kass, 1964); sie scheinen sich bei Erwachsenen zu verringern (Kogan & Wallach, 1964). Weniger weiß man über altersspezifische Unterschiede, weil Psychologen das R. noch nicht über eine ganze Lebensspanne hinweg untersucht haben. Wallach und Kogan (1961) stellten bei Studenten einen höheren Anteil an R. fest als bei älteren Personen vergleichbarer Erziehung. Vergleiche von Personen, die unterschiedlichen sozialen Schichten angehören – beispielsweise von Studenten und einfachen Soldaten – ließen bei letzteren eine stärkere Veranlagung zu R. erkennen (Scodel, Ratoosh & Minas, 1959).

Die Unmenge von Untersuchungen über die Persönlichkeit und die motivierenden Korrelate des R. befaßten sich hauptsächlich mit der ↗Leistungsmotivation (z. B. Atkinson, 1957). Dabei muß darauf hingewiesen werden, daß sich diese Arbeit mit der Entwicklung einer Theorie der Leistungsmotivation, nicht aber mit einer Theorie des R. als solcher befaßt und deshalb an dieser Stelle nicht behandelt werden kann.

Ein zentrales Problem der Psychol. des R. liegt in der Frage, inwieweit dabei ein allg. Persönlichkeitsmerkmal (↗Eigenschaft) oder ein spezifisches Einzelverhalten zu erkennen ist. Ein erster empirischer Versuch von Slovic (1962), dieses Problem der „konvergierenden Validierung" zu lösen, erbrachte nur geringe Generalitätswerte über verschiedene R.messungen. Auch einer folgenden umfangreichen Untersuchung von Kogan und Wallach (1964), die sich mit dem gleichen Problem befaßte, gelang es nicht, eine weitgehende generelle Risikobereitschaft nachzuweisen; es gelang ihnen jedoch, mit Hilfe einer weiteren Variablenanalyse für einige Individuen ein generelles R. und für andere ein spezifisches aufzuzeigen. Ein generelles R. war sehr typisch bei solchen „motivationsgestörten" Personen, die eine starke Prüfungsangst und eine Abwehrhaltung zeigten. Im Ggs. dazu bewiesen Personen mit geringer ↗Prüfungsangst und Abwehrhaltung einen höheren Grad von spezifischer Risikobereitschaft in dem Sinne, daß der Grad der Risikobereitschaft während verschiedener Entscheidungssituationen nicht konstant blieb. Die Untersuchung von Kogan und Wallach demonstriert auch eine nicht anpassungsfähige Vernunftwidrigkeit in der Teilgruppe, die am stärksten „motivationsgestört" war. Diese Personen hielten beispielsweise trotz einer großen Anzahl von Mißerfolgen weiterhin an der Risiko-Strategie fest.

Risikoverhalten und Gruppeninteraktion. Ein dauerhaftes und oft zitiertes sozialpsychologisches Phänomen – der *„risky-shift-effect"* – hat während der letzten 10 Jahre sehr viele Untersuchungen und theoretische Auseinandersetzungen ausgelöst. Dieser Effekt besagt, daß die Gruppeninteraktion auf frühere individuelle Entscheidungen einen *risikoerhöhenden* Einfluß ausübt. Diese gruppenbedingte Erhöhung des R. wurde im Zusammenhang mit mannigfaltigen Entscheidungssituationen und in zahlreichen Ländern aufgezeigt, obwohl man bemerken sollte, daß manchmal nur Veränderungen zu einem vorsichtigen Verhalten hin auftreten.

Man versuchte den „risky-shift-effect" auf die verschiedenste Weise zu erklären: 1. *Das Aufteilen der Verantwortung.* Entscheidungen, die von der Gruppe beeinflußt werden, sind risikoreicher, weil die Schuld für das Versagen bei einer riskanten Entscheidung nicht den einzelnen trifft, sondern sich auf alle Mitglieder der Gruppe überträgt (Wallach und Kogan, 1965). – 2. *Der Gruppenführer zeigt Risikoverhalten.* Ganze Gruppen handeln riskanter, weil deren Führer stärker zum Risiko neigen und sie dabei die anderen Gruppenmitglieder überreden, diesem Kurs zu folgen (Hoyt & Stoner, 1968). – 3. *Die These von der Gewöhnung.* Gründliches individuelles Durchdenken der Entscheidungssituation bewirkt eine Veränderung zum Risiko hin. Daher ist der „risky-shift-effect" in Wirklichkeit kein Gruppenphänomen (Bateson, 1966). – 4. *Das Risiko als ein kultureller Wert.* In der westlichen Gesellschaftsordnung mißt der einzelne einem risikoreichen Verhalten einen höhreren Wert bei als einem vorsichtigen Vorgehen, und er ist der Meinung, daß er nicht weniger riskant lebt als andere. Innerhalb der Gruppe entdeckt er aber, daß einige Gruppenmitglieder riskanter leben als er selbst. Dadurch liefern diese aber einen guten Grund, in Zukunft auch größere Risiken einzugehen.

Die zuletzt angeführte Erklärung, die zuerst von Brown (1956) aufgestellt wurde, hat teilweise die größte Anerkennung gefunden. Mit ihr war es nämlich möglich, in Gruppen nicht nur eine Tendenz zum Risikoverhalten, sondern auch zu vorsichtigem Vorgehen hin zu erklären (z. B. Stoner, 1968). Ein Überblick über die „risky-shift"-Literatur findet sich bei Kogan und Wallach (1967).

Lit.: Atkinson, J. W.: Motivational determinants of risk-taking behavior. Psychol. Rev., 1957, *64*, 359–372; **Atthowe, J. M.:** Types of conflict and their resolution: A reinterpretation. J. Exp. Psychol., 1960, *59*, 1–9; **Bateson, N.:** Familiarization, group discussion, and risk taking. J. exp. soc. Psychol., 1966, *2*, 119–129; **Brown, R.:** Social psychology. New York, 1965; **Cohen, J.:** Chance, skill, and luck. Baltimore, 1960; **Dion, K. L., Baron, R. S. & N. Miller:** Why do groups make riskier decisions than individuals? In: **L. Berkowitz** (Ed.): Advances in experimental social psychology, Vol. 5, New York, 1970; **Edwards, W.:** Subjective probabilities inferred from decisions. Psychol. Rev., 1962, *69*, 109–135; **Hoyos, C.:** Zur Erfassung des habituellen Risikoverhaltens. Psychol. u. Praxis, 1967, *11*, 145–162; **Hoyt, G. C. & J. A. F. Stoner:** Leadership and group decisions involving risk. J. exp. soc. Psychol., 1968, *4*, 275–284; **Irwin, F. W. & W. A. S. Smith:** Value, cost, and information as determiners of decision. J. Exp. Psychol., 1957, *54*, 229–232; **Kass, N.:** Risk in decision-making as a function of age, sex, and probability preference. Child Develpm., 1964, *35*, 577–582; **Kogan, N. & M. A. Wallach:** Risk taking: A study in cognition and personality. New York, 1964; **dies.:** Risk taking as a function of the situation, the person, and the group. In New directions in psychology III. New York, 1967, 111–278; **Lanzetta, J. T. & V. T. Kanareff:** Information cost, amount of payoff, and level of aspiration as determinants of information seeking in decision making. Behav. Sci., 1962, *7*, 459–473; **McGlothlin, W. H.:** Stability of choices among uncertain alternatives. Amer. J. Psychol., 1956,

69, 604–615; **Preston, M. G. & P. Baratta:** An experimental study of the auction-value of an uncertain outcome. Amer. J. Psychol., 1948, *61*, 183–193; **Rettig, S. & H. E. Rawson:** The risk hypothesis in predictive judgments of unethical behavior. J. abnorm. soc. Psychol., 1963, *66*, 243–248; **Scodel, A., Ratoosh, P. & J. S. Minas:** Some personality correlates of decision making under conditions of risk. Behav. Sci., 1959, *4*, 19–28; **Slovic, P.:** Convergent validation of risk taking measures. J. abnorm. soc. Psychol., 1962, *65*, 68–71; **Slovic, P. & S. Lichtenstein:** Relative importance of probabilities and payoffs in risk taking. J. exp. Psychol. Monogr., 1968, *78* (No. 3, Part 2); **Stoner, J. A. F.:** Risky and cautious shifts in group decisions: The influence of widely held values. J. exp. soc. Psychol., 1968, *4*, 442–459; **Wallach, M. A. & N. Kogan:** Aspects of judgment and decision-making: Interrelationships and changes with age. Behav. Sci., 1961, *6*, 23–36; **dies.:** The roles of information, discussion, and consensus in group risk taking. J. exp. soc. Psychol., 1965, *1*, 1–19.

N. Kogan

Risus sardonicus, Syn. *Facies tetanicus.* Verkrampftes Gesicht mit eigenartig verzerrtem Grinsen. ↗Lachen. *Red.*

Ritualisation *(Formalisierung von Instinkthandlungen).* Begriff stammt von A. Huxley (1914) und bezeichnet jede Veränderung einer Verhaltensweise im Dienste der Signalfunktion. Viele Möglichkeiten führen dazu: Änderung der Außenreize, der Motivation, der Orientierungskomponente, der Bewegungsabfolge, der Koordination, Intensität und Geschwindigkeit der Bewegungen, es bilden sich auffällige Form- und Farbmerkmale usw. Wickler (1967) schlägt die Bezeichnung *Semantisierung* vor. *Sendeseitige* Semantisierung ist die Verdeutlichung eines Signals, *empfangsseitige* Semantisierung die Ausbildung von Sinnesorganen, Auslöseapparaten und Lernmechanismen. Positive Semantisierung verbessert, negative verschlechtert die Kommunikation bis zur Entsemantisierung. Es gibt ontogenetische und phylogenetische Semantisierung. R. im alten Sinne ist phylogenetische sendeseitige Semantisierung.

Lit.: Wickler, W.: Vergleichende Verhaltensforschung und Phylogenetik. In: **G. Heberer** (Hrsg.): Die Evolution der Organismen. Stuttgart, [3]1967, 420–508; **ders.:** Stammesgeschichte und Ritualisierung. München, 1975; **Tinbergen, N.:** „Derived" activities, their causation, biological significance, origin and emancipation during evolution. Quart. Rev. Biol., 1952, *27*, 1–32.

K. Fiedler

RNS, Abk. für ↗Ribonukleinsäure.

Roborantien, Substanzen, die als *Stärkungsmittel* verabreicht werden. Sie sollen psychische und physische „Kräfte" (robur = Kraft) steigern. Bisweilen benutzte Bezeichnung für ↗Stimulantien oder Neurodynamika.

K.-D. Stoll

Robustheit von Prüfverfahren bezeichnet das Ausmaß, in dem stat. Prüfverfahren anfällig gegen eine Verletzung ihrer Voraussetzungen sind. Sie bezeichnet also den Grad, in dem die zu ziehenden Wahrscheinlichkeitsschlüsse durch Nichterfüllen der Voraussetzungen verfälscht werden. Zum Beispiel ist die ↗Varianzanalyse ziemlich robust gegen Abweichungen von der ↗Normalverteilung, etwas weniger gegen solche von der Varianzhomogenität. *G. Mikula*

Rohwerte sind jene Maßzahlen, die ursprünglich bei einer Messung erzielt werden und nicht algebraisch umgeformt sind. Die Größe der stat. Kennwerte von R.n wird nur durch diese bestimmt und unterliegt keiner äußeren Konvention, wie dies z. B. bei ↗Standardwerten der Fall ist. ↗Testnormen. *G. Mikula*

Rolle. Dieser Begriff ist hauptsächlich in der ↗*Sozialpsychologie* gebräuchlich, wo er in seinem spezifischen Sinn als „*soziale Rolle*" verwendet wird. Er befindet sich damit im eigentlichen Zentrum des Bereiches, in dem sich Soziologie und Psychol. begegnen, da er zugleich sozial bestimmte *individuelle* Verhaltensweisen und *soziale* Modelle – definiert und aktualisiert durch konkrete Personen – impliziert.

Ursprung des Begriffs. Etymologisch bedeutet der Begriff der R. einerseits „ein gerolltes Blatt mit einer Niederschrift", andererseits „was ein Schauspieler in einem Theaterstück aufzusagen hat". Seit dem 11. Jh. ist er im Sinne von „sozialer Funktion, Beruf" gebraucht worden.

Schon zu diesem frühen Zeitpunkt wurde also der Begriff R. gleichzeitig im Sinne eines Modells, der Auslegung eines Modells, der individuellen Verhaltensweise und der sozialen Funktion verwendet; im Sprachgebrauch sind neben diesen ersten Bedeutungen auch andere, abgewandelte Bedeutungen üblich geworden: die R. als meist nicht authentische Haltung eines Individuums („er spielt nur eine Rolle") – und die R., die dem Individuum auf Grund seiner Bedeutung (Wichtigkeit) in einem sozialen Zusammenhang zukommt („er spielt eine Rolle im politischen Leben"). Diese verschiedenen geläufigen Bedeutungen des Begriffs R. (dramatisch, persönlich, sozial) finden sich wieder als Filigran in ihren sozialpsychol. Definitionen, daher ihre Verschiedenartigkeit und Gegensätzlichkeit.

Geschichtliches. In der Psychol. ist die Aufmerksamkeit auf den Begriff R. in dem Augenblick gelenkt worden, wo der Mensch als *eine ↗Person im Zusammenhang mit anderen oder in der ↗Gruppe* betrachtet wurde. Oft ist es der „dramatische" Aspekt der menschlichen Person, die Distanz zwischen dem „Sein" und dem „Scheinen" oder die Bedeutung der Mitmenschen in der Bestimmung des Selbst, die hervorgehoben werden. Die Soziologen kommen durch die Funktion und die Pflichten des Individuums in der sozialen ↗Gruppe zu diesem Begriff.

Nach dieser ersten Annäherung an den Begriff ist der Ausdruck der R. selbst systematisch von Mead (1934) gebraucht worden. Dieser Autor untersucht die Werdegänge der Kommunikation aufgrund der „Annahme einer Rolle" (rôle-taking), d. h. die Tatsache, sich geistig an die Stelle des Partners zu setzen und seine ↗Einstellung einzunehmen. Diese „Annahme einer Rolle" erlaubt es, die Aktionen anderer vorauszusehen, um daraus seine eigene Haltung zu adaptieren; gegen sich selbst gekehrt, enthüllt sie jedoch das ↗Ich, wie es den anderen erscheint. Die Persönlichkeit bildet sich im Durchlaufen einer ganzen Reihe von „Rollenannahmen", welche es gestatten, nach und nach die zunächst zerstückelten R., die in der Umwelt des Kindes erscheinen, zu integrieren. Alle geistigen Aktivitäten, die auf einer inneren Zweiteilung beruhen – wie die ↗Reflexion, die Selbstbeobachtung –, gründen sich auf solche R.annahmen. Die Bedeutung der R., wie sie Mead definiert – nahe der der Einstellung –, lokalisiert sich in einer hauptsächlich horizontalen, interpersonellen Dimension.

Es war das verdienst von Linton (1945), die R. nicht nur in ihrer Relation zum Nächsten, sondern auch zur Gruppe zu untersuchen. Für ihn verbindet sich der Begriff der R. mit dem des *↗Status,* der sozialen Position innerhalb eines bes. Systems. Die R. erscheint als Aktualisation, als dynamischer Aspekt des Status oder als das den Individuen auf der Basis ihres Status *vorgeschriebene* Verhalten.

Wenn Linton den Begriff der R. an soziologische Vorstellungen knüpft, so verweist ihn Newcomb (1940) noch deutlicher in den soziologischen Bereich. Für ihn muß dieser Begriff genau das theoretische Modell bezeichnen, welches reale Individuen in ihren Aktionen mehr oder minder zuverlässig in „Rollen" übersetzen. Wenn diese Modelle – gebunden an soziale Positionen – für das Individuum unnatürlich (erzwungen) sind, so ist dies der Übereinstimmung oder dem Konsensus der Individuen in der Gruppe zuzuschreiben, die eine bestimmte Haltung von allen erwarten, die einen gegebenen Status einnehmen.

Moreno (1934) faßt die R. nicht nur als starres und erzwungenes Modell auf, sondern als das der eigenen Spontaneität des Individuums entstammend, welches die R. kreiert und erfindet. Sie erscheint bei diesem Autor erfüllt von ihren *persönlichen, dramatischen* und *sozialen* Aspekten und wird hervorgehoben durch die Wirbel zwischen Positionen und Handlungsweisen (Rollenspiel).

Unter diesen ersten Theoretikern der R. könnte man noch Parsons (1954) aufführen, der den Begriff im sozialen System – wobei die Verbindungen zwischen den Akteuren durch R. strukturiert sind – und im System der Persönlichkeit, welche die verschiedenen R. beinhalten kann, analysiert.

Definition der Rolle. Der Begriff der R. ist von vielen Autoren aufgegriffen worden, jedoch stimmen die abgegebenen Definitionen nicht überein und weichen vor allem in den folgenden Punkten voneinander ab:

1) hinsichtlich der *Abgrenzung* der psychosozialen Realität, auf die sich die R. bezieht; das Individuum, die Gruppe oder die Interaktion selbst;

2) hinsichtlich der *Ausdehnung:* manchmal umfaßt die R. einen sehr begrenzten Bereich (in einer seiner Definitionen verweist Linton nur auf die Aktualisation der – an den Status gebundenen – Rechte und Pflichten); manchmal umfaßt sie alle sozial bestimmten Verhaltensweisen;

3) hinsichtlich des *Abstraktionsniveaus:* Für einige Autoren ist die R. ein theoretisches Modell, welches von außen das konkrete Verhalten des Individuums bestimmt, für andere bezeichnet sie die sichtbaren Aktionen selbst.

Eine zusätzliche Schwierigkeit erwächst aus den dramatischen oder eigentlich psychol. Bedeutungen dieses Begriffes, die manchmal in den sozialen Kontext integriert sind, manchmal aber auch kategorisch zurückgewiesen werden. Von dieser Verschiedenartigkeit der Definitionen können einige allg. Aspekte unberücksichtigt bleiben; die R. erscheint dann als ein organisiertes Modell von Verhaltensweisen, relativ zu einer gewissen Position des Individuums in einem interaktionalen Gefüge; als ein Satz von Erwartungen (↗Rollenerwartungen) bezüglich des Inhabers einer Position. Von hier aus können mehrere bes. Fälle beobachtet werden:

a) *Die soziale R.:* Die „Position" (endet in einem Gefüge sozialer Beziehungen) wird zum Status; das Modell der Verhaltensweisen wird bestimmt durch den Konsensus der Mitglieder der Gruppe (↗Rollenerwartungen) und besitzt für diese einen funktionellen Wert.

b) *Die dramatische R.:* Die Position wird bestimmt durch das Thema des Stückes; das Modell, welches das Spiel des Akteurs bestimmt, ist vom Autor des Dramas geschaffen worden. – Vgl. auch ↗Psychodrama.

c) *Die persönliche R.:* Das Individuum bestimmt seine R. in bezug auf andere selbst und handelt entsprechend einem eigenen Verhaltensmodell, welches es in Funktion intersubjektiver Beziehungen aufgestellt hat.

STELLUNG DES ROLLENBEGRIFFS. Die *Randposition* des Begriffs, der sich zwischen der Psychol. und der Soziologie befindet, deckt zahlreiche Probleme auf: Ist die R. eine soziale Funktion oder das ↗Selbst (als Prinzip des Handelns und Verhaltens), das vom Individuum angenommen wird? Welches ist die Verbindung zwischen sozialer und persönlicher R., zwischen vorgeschriebener und gespielter R., zwischen R. und Status?

Auf alle Fälle erscheint es nützlich, bei der Untersuchung dieses Begriffs zwischen mehreren Perspektiven zu unterscheiden: zwischen der soziologischen (Modell, theoretische R.), interaktionistischen, wo soziale und persönliche Faktoren das *Rollenverhalten* beeinflussen, und schließlich der psychol. Perspektive der Persönlichkeit, welche die R. wahrnimmt und interpretiert und sie sogar verinnerlichen kann.

Gegenwärtig bezieht man sich mehr und mehr auf die ↗„Rollentheorie", wobei man darunter nicht einen einzigen Begriff versteht, sondern einen Komplex zusammenhängender und um den Begriff der R. gruppierter Ausdrücke (wie Norm, Modell, Status, Konsensus). Interessante Versuche zielen darauf ab, diese Theorie in einem mathematischen Modell zu formalisieren.

Wie dem auch sei, man kann sagen, daß dieser Begriff „ein Verbindungsglied zwischen den Analysen des Gruppenverhaltens (↗Gruppendynamik) der Anthropologen und Soziologen und jener der individuellen ↗Motivation der Psychologen und Psychiater" (C. Kluckhohn und H. A. Murray) darstellt, was ihn zu einem nützlichen Konzept in der Gesamtheit der Humanwissenschaften (Anthropologie, Soziologie, Psychol.) macht.

Lit.: Banton, M.: Roles: An introduction to the study of social relations. London, 1965; **Biddle, B. J.:** Role theory: Concepts and research. New York, 1966; **Dahrendorf, R.:** Homo sociologicus: Ein Versuch zur Geschichte, Bedeutung und Kritik der Kategorie der sozialen Rolle. Kölner Z. Soziol. Soz.-psychol., 1958, *2*, 178–208; *3*, 345–378; **Gross, N., Mason, W. S. & A. W. McEachern:** Explorations in role analysis. New York, 1958; **Linton, R.:** The cultural background of personality. New York, 1945; **Mead, G. H.:** Mind, self and society. Chicago, 1934; **Moreno, J. L.:** Who shall survive? A new approach to the problem of human interrelations. Washington, 1934; **Newcomb, T. M.:** Social psychology. New York, 1950; **Parsons, T.:** Essays in sociological theory, pure and applied. Glencoe, Ill., 1954; **Ro-**

cheblave-Spenlé, A. M.: La notion de rôle en psychologie sociale. Paris, 1962. **Sader, M.:** Rollentheorie. In: **C. F. Graumann** (Hrsg.): Hdb. der Psychol., Bd. 7. Göttingen, [2]1975; **Sarbin, T. R.:** Role theory. In: **G. Lindzey** (Ed.): Handbook of social psychology. New York, 1954, 223–266.

A. M. Rocheblave-Spenlé

Rollenerwartungen, bestimmte Vorstellungen über das Verhalten eines Individuums, das in einer Gruppe eine *formell* oder *informell* definierte Position einnimmt. Man unterscheidet zwischen Erwartungen bei a) vorgeschriebenem, b) vorhergesagtem Rollenverhalten. R. spiegeln demnach a) Normen und Ziele der ↗Gruppe wider; sie beschreiben, wie sich der Inhaber einer ↗Rolle in bestimmten Situationen zu verhalten hat. b) Sie beziehen sich auf Wahrscheinlichkeiten, mit denen sich der Inhaber einer Rolle in bestimmten Situationen tatsächlich verhalten wird. Beide Arten von R. beziehen sich sowohl auf Erwartungen gegenüber dem Verhalten anderer Individuen in der Gruppe als auch auf solche gegenüber dem eigenen Verhalten in der Gruppe. ↗Gruppendynamik.

Lit.: Thibaut, J. W. & H. H. Kelley: The social psychology of groups. New York, 1959.

A. Schmidt-Mummendey

Rollenkonflikte, zeitweise oder dauernd auftretende, sich widersprechende oder konkurrierende ↗Rollenerwartungen einem Individuum gegenüber, die aus der Mitgliedschaft dieses Individuums in mehreren verschiedenen ↗Gruppen resultieren und die ein den einzelnen Rollenerwartungen angemessenes Verhalten des Individuums erschweren.

A. Schmidt-Mummendey

Rollenspiele, Form des kindlichen Spiels, in dem gruppenweise (z. B. Räuber und Gendarm) oder auch einzeln vom Kind verschiedene soziale ↗Rollen imitiert werden. Wichtiges Element im Sozialisierungsprozeß (↗Sozialisierung) einer Gesellschaft mit differenzierter Struktur. R. werden im ↗Psychodrama (Moreno, 1959) zu psychotherapeutischen Zwecken eingesetzt, wobei der Patient u. a. im Rolltentausch die Motivation seiner Gegenspieler besser erkennen lernt und Emotionen kathartisch abreagiert.

Lit.: Hartung, J.: Verhaltensänderung durch Rollenspiel. Düsseldorf, 1977; **Moreno, J. L.:** Gruppenpsychotherapie und Psychodrama. Stuttgart, 1959; **Schützenberger, A.:** Einführung in das Rollenspiel. Stuttgart, 1976.

W. Schmidbauer

Rollentheorie, nach Sarbin (1954) eine interdisziplinäre Theorie aus Kulturanthropologie, Soziologie und Psychologie. Sie versucht, menschliches Verhalten bzw. soziale Interaktionen auf relativ komplexem Niveau zu erfassen. Die R. besteht aus Aussagen über die Verknüpfungen der Begriffe ↗„Rolle", „Position" als System von ↗Rollenerwartungen, und ↗„Selbst".

Ein Überblick über den gegenwärtigen Stand der Arbeiten auf dem Gebiet der sozialen Interaktion, die Rollenkonzepte verwenden, läßt allerdings ein Aussagen-System, das die Bedingungen für eine Theorie erfüllte, vermissen (Sader, 1969).

Lit.: Sader, M.: Rollentheorie. In: **C. F. Graumann** (Hrsg.): Hdb. der Psychol., Bd. 7. Göttingen, 1969, 204–231; **Sarbin, T. R.:** Role theory. In: **G. Lindzey** (Ed.): Handbook of social psychology, Vol. I. Cambridge (Mass.), 1954, 223–258; **Wiswede, G.:** Rollentheorie. Stuttgart, 1977.

A. Schmidt-Mummendey

Rombergsches Phänomen. Wenn ein Individuum mit geschlossenen Füßen und offenen Augen stillstehen kann, mit geschlossenen Augen jedoch zu schwanken beginnt, spricht man vom R. P. Es ist ein Zeichen von *tabes dorsalis,* kann jedoch auch bei anderen Rükkenmarkserkrankungen und bei ↗Hysterie angetroffen werden. *J. Price*

Rorschach-Test(s), ein von H. Rorschach (1922) entwickeltes Verfahren, das aus zehn teils mit bunten, teils mit unbunten Tintenklecksen bedruckten Tafeln besteht, die von der Vp frei zu deuten sind. Die Deutungen werden mit Hilfe eines differenzierten Signierungssystems nach ihrer Lokalisation, ihrer Determination durch Form, Farbe, Bewegung usw., Häufigkeit und ihrem Inhalt verschlüsselt und unter einer allg. Projektionshypothese persönlichkeitsdiagnostisch interpretiert (↗„Projektive Verfahren"). Es liegt eine Reihe von ↗Parallelformen und Modifikationen von S. Behn, C. Drey-Fuchs, H. Zulliger, M. R. Harrower und M. E. Steiner, W. H. Holtzman u. a. vor.

Lit.: Beizmann, C.: Leitfaden der Rorschachdeutung. München, 1975; **Bohm, E.:** Lehrbuch der Rorschach-Psychodiagnostik für Psychologen, Ärzte und Pädagogen. Stuttgart – Bern, [4]1972; **ders.:** Der Rorschach-Test. Stuttgart – Bern, 1974; **Bottenberg, E.:** Der Rorschach-Test. In: **R. Pauli & W. Arnold** (Hrsg.): Psychol. Praktikum. Stuttgart, [7]1972; **Klopfer, B. et al.:** Developments in the Rorschach Technique, Vol. I and II. Yonkers on Hudson, 1954/1956; **Spitznagel, A. & H. Vogel:** Formdeuteverfahren. In: **R. Heiß** (Hrsg.): Hdb. der Psychol., Bd. 6. Göttingen, [3]1971.

H. Haase

Rosenthaleffekt (auch *Pygmalioneffekt*), spezielle Form des Versuchsleitereffekts (experimenter effect), die sich in unbeabsichtigter Beeinflussung von Versuchsergebnissen im Sinne der Erwartungen, Hoffnungen, Hypothesen etc. des Vl über den Ausgang einer (experimentellen) Intervention manifestiert (experimenter bias); gelegentlich auch als Sich-↗Selbsterfüllende Prophezeiung bezeichnet.

Lit.: Rosenthal, R. A. & R. L. Rosnow (Eds): Artifact in Behavioral Research. New York, 1969.

H. Haase

Rosenzweig-P.-F.-Test ↗Picture Frustration Test.

Rossolimo-Profil ↗Profil.

Rotation. Als R. bezeichnet man die analytische oder graphische Transformation einer Faktormatrix zum Zweck einer inhaltlichen Interpretation der extrahierten Faktoren. Das meistverwendete R.kriterium ist das *der faktoriellen ↗Einfachstruktur* von L. L. ↗Thurstone. Es fordert, daß die Faktoren derart rotiert werden, daß auf (oder nahe) ihnen möglichst viele Endpunkte der Merkmalsvektoren liegen. Bei graphischer (visueller) R. geschieht dies durch subjektive Beurteilung der Faktorenstruktur, bei analytischer R. durch die mathematische Definition von Maximum- oder Minimum-Optimalwerten. R.-Methoden lassen sich nach dem Winkel, den die Faktoren miteinander einschließen, in *orthogonale* und *schiefwinkelige* R. unterteilen. ↗Faktorenanalyse. *G. Mikula*

Rotationstachistoskop, Gerät zur kurzzeitigen Darbietung visueller Reize. Im Unterschied zum ↗Tachistoskop erfüllt beim R. eine durchbrochene rotierende Scheibe (Sektorenscheibe) die Funktion des Momentverschlusses. Das R. wird verwendet, um visuelle Eindrücke mehrmals hintereinander in festgelegten Intervallen hervorzurufen. *F. Mattejat*

Rot-Grün-Blindheit = *Farbenblindheit,* bei der Rot und Grün verwechselt werden. Meist handelt es sich um Protanopie, seltener um Deuteranopie. ↗Farbenfehlsichtigkeit.

K.-H. Plattig

R-p-Diagramm (Traxel, 1964), graphische Darstellung von Untersuchungsergebnissen bei Schwellenuntersuchungen in der ↗Psychophysik (↗Psychometrie). Das Verfahren kommt bei der Anwendung der ↗Konstanzmethode in Betracht, unabhängig davon, ob es sich um die Bestimmung von absoluten Schwellen oder ↗Unterschiedsschwellen handelt. Das R-p-D. stellt die Verteilung der Urteilskategorien (z. B. wahrgenommen/nicht wahrgenommen oder größer/kleiner als der Bezugsreiz) dar. Dazu werden in einem cartesischen Koordinatensystem auf der Abszisse die Werte der Reizgrößen (R-Werte) und auf der Ordinate die Häufigkeiten der Urteile (p-Werte) abgetragen. Die im Diagramm abgetragenen empirischen Punkte werden durch eine Kurve angenähert. Meistens entspricht ihr Verlauf dem einer Ogive (↗Summenkurve). Durch das R-p-D. können zufällige Abweichungen ausgeglichen werden. Darüber hinaus kann man aus dem R-p-D. die relative Häufigkeit der Urteile für jede andere Reizgröße, die zwischen den dargebotenen Stufen liegt, entnehmen. Ist die Lage der empirischen Punkte im Diagramm unregelmäßiger, empfiehlt es sich, die p-Werte in z-Werte (↗z-Skala) zu transformieren. Für diese ist die zugehörige Funktion keine Ogive mehr, sondern eine Gerade. Die empirischen Punkte können dann durch eine Gerade angenähert werden. In diesem Fall erhält man ein *R-z-Diagramm.* ↗Häufigkeitsverteilungen.

Lit.: Traxel, W.: Einführung in die Methodik der Psychologie. Bern, 1964.

F. Mattejat

R-R-Beziehung, Verbindung zwischen zwei Reaktionsereignissen, wobei die erste ↗Reaktion eine der Bedingungen der zweiten Reaktion darstellt. *F. Mattejat*

RST (Reutlinger Test für Schulanfänger) ↗Einschulungstests.

R-Technik. In der R-T. der ↗Faktorenanalyse wird eine Interkorrelationsmatrix faktorisiert, deren Koeffizienten durch Korrelation von m Merkmalen über n Individuen berechnet wurden, wobei n > m. Sie stellt die allgemeinste Art der Korrelations- bzw. Faktorenanalysetechnik dar und ist zur ↗Q-Technik insofern reziprok, als ihre Faktormatrix der Faktorenwertmatrix der Q-Technik entspricht. Die aufgrund einer R-T. extrahierten Faktoren werden als *Merkmalsfaktoren* interpretiert. *G. Mikula*

Rubinsche Figur, von Edgar Rubin (1886–1951) entworfene Figuren (z.B. Rubinsche Vase) mit einer zweideutigen Figur-Grund-Differenzierung. Mit solchen Figuren untersuchte Rubin die Faktoren, die uns erlauben, Figur und Grund in den Gegenständen unseres normalen Sehfeldes zu unterscheiden. ↗Figur-Grund. *C. D. Frith*

Rückbildungsphase, nach Masters & Johnson (1966) vierte und letzte Phase im sexuellen Reaktionszyklus nach ↗Erregungsphase, ↗Plateauphase und ↗Orgasmusphase. Kennzeichen dieser Phase sind bei beiden Geschlechtern: Rückkehr zu normalem Blutdruck und normaler Herzfrequenz; zusätzlich bei der Frau u. a.: Rückgang des ↗sex flush, Abschwellen des Brustwarzenhofes; Verringerung der kleinen Schamlippen, Rückkehr der großen Schamlippen, der Clitoris und des Uterus in Ausgangslage; Abschwellen der orgastischen Manschette in der Vagina; beim Mann u. a.: Abschwellen des Penis in zwei Stadien, Hoden verlieren an Größe und kehren in Normallage zurück. ↗Refraktärphase.

Lit.: Masters, W. H. & V. E. Johnson: Human sexual response. Boston 1966 (dt.: Die sexuelle Reaktion. Frankfurt, 1967). *J. Friedrichs*

Rückenmark ist der im R.kanal der Wirbelsäule gelegene Teil des ZNS (Medulla spinalis). Seine Aufgabe ist einerseits die Herstellung der nervösen Leitungsverbindungen zwischen ↗Gehirn und Körperperipherie und andererseits die Bildung von Reflexzentren sowie Schaltneuronen zur Koordination einfacher mot. Bewegungsabläufe. Dementsprechend besteht es aus *weißer* (Leitungsbahnen) und *grauer Substanz* (Nervenzellansammlungen), die gegeneinander und untereinander streng abgetrennt sind. Im R.querschnitt, der etwa die Größe einer kleineren Münze hat, lassen sich die Leitungsbahnen außerhalb der schmetterlingsähnlichen grauen Substanz leicht erkennen und den verschiedenen Strängen (z. B. Pyramidenvorder- und -hinterstrang, Flechsig-, Gower-, Burdach- und Goll-Strang) zuordnen. ↗Nervensystem; Neuroanatomie. *E. David*

Rückfallkriminalität, wiederholte Begehung einer Straftat durch einen Vorbestraften. Die ↗Kriminalpsychologie untersucht die Bedingungen der R.; die ↗forensische Psychologie setzt sich mit der R. im Rahmen der Kriminalprognostik auseinander. Rückfallprognosen werden im deutschen Strafrecht bes. bei der Entscheidung über die „Strafaussetzung zur Bewährung“ und die „bedingte Entlassung“ benötigt. Nach dem meth. Vorgehen unterscheidet man die klinische und die stat. Rückfallprognose (nach sog. Prognosetafeln). ↗Prognose.

Lit.: Brauneck, A. E.: Die Entwicklung jugendlicher Straftäter. Hamburg, 1961; **Frey, E.:** Der frühkriminelle Rückfallsverbrecher. Basel, 1951; **Glueck, S. & E. T.:** Ventures in criminology. London, 1964; **Mey, H.-G.:** Prognostische Beurteilung des Rechtsbrechers. Die deutsche Forschung. In: **U. Undeutsch** (Hrsg.): Hdb. der Psychol., Bd. 11. Göttingen, 1967; **Schneider, H. J.:** Prognostische Beurteilung des Rechtsbrechers. Die ausländische Forschung. In: **U. Undeutsch** (Hrsg.): Hdb. der Psychol., Bd. 11. Göttingen, 1967. *F. Mattejat*

Rückkopplung ↗Feedback.

Rückwirkende Hemmung ↗Gedächtnishemmung.

Ruffini-Körperchen, auch *Ruffinische Endbüschel* genannt, bestehen aus geflecht- und knäuelartig angeordneten marklosen Nervenfasern mit einer bindegewebigen Hülle. Die Länge eines R.-K. beträgt 0,25 bis 1,5 mm. Sie sind bei histologischer und elektronenmikroskopischer Untersuchung zu beobachten in der Haut (Corium), im Unterhautgewebe (Tela subcutanea), der harten Hirnhaut (Dura mater encephali), im intermuskulären Bindegewebe und unter Schleimhäuten. Die R.-K. gehören zum allgemein somatisch afferenten System. Die aus ihnen abgehenden Nervenfasern sind markhaltig und leiten Rezeptorpotentiale. Es ist noch nicht bekannt, ob die R.-K. Mechanorezeptoren oder Wärmerezeptoren darstellen.

G. Arnold

Ruleg. Als R. *(Rule-Example)*-Technik wird die von J. L. Evans, L. Homme und R. Glaser 1960 entwickelte didaktische Programmierungsstrategie bezeichnet, die den Lehrstoff in *Regeln* (rules) und *Beispiele* (examples) aufgliedert. Es werden auch unvollständige, vom Schüler selbst zu vervollständigende und negativ ausgedrückte Beispiele und Regeln formuliert. Ein Lehrschritt enthält jeweils entweder ein Element (Regel oder Beispiel) oder eine Kombination aus 2 oder 3 Elementen. ↗EGRUL; ↗Programmierte Instruktion.

Lit.: Glaser, R.: Teaching Machines and Programmed Learning, II. Washington, 1965; **Corell, W.:** Programmiertes Lernen und schöpferisches Denken. München, [6]1971.

H. Illner

Rundfunk *(Radio), ↗Massenmedien*, dessen Bedeutung vor allem in der direkten Übermittlung allerneuester Information gesehen wird. Obgleich durch die Konkurrenz audiovisueller Media (insbesondere bei Unterhaltungssendungen) in der Nutzung stark rückläufig, bleibt seine Vorrangigkeit in bezug auf „live"-Übertragungen, Sendung neuester Nachrichten (z.B. Sport, Politik, Krisen und Katastrophen) und Hintergrund-Unterhaltung bestehen. Durch R. vermittelte Informationen werden unter sonst gleichen Bedingungen weniger gut aufgenommen und behalten als bei persönlicher und audiovisueller Kommunikation, aber besser als bei nur visueller (durch Gedrucktes).

H. D. Schmidt

Russische Psychologie. I. Entwicklung und Eigenarten. In der UdSSR wird Psychol. definiert als die Wissenschaft von der geistigen (psychischen) Aktivität, die als Funktion des Gehirns durch die alltäglichen Bedingungen des Lebens determiniert wird, die die objektive Realität reflektiert und die in die Interaktion zwischen Mensch und Umwelt bestimmend eingreift. Die Definition impliziert: das Konzept des dialektischen Materialismus von der Einheit des Geistigen und des Körperlichen, die Untrennbarkeit des Geistes von den physiol. Prozessen im Gehirn und die äußerst wichtige Rolle des Geistes. Das ↗Bewußtsein eines Menschen wird als ein Produkt einer historischen Entwicklung angesehen, in der die Arbeit des Menschen und seine verbale Kommunikation von entscheidender Wichtigkeit waren (Kostjuk, 1966).

Den Ergebnissen der psychol. Forschung wird sowohl praktisch als auch theoretisch große Bedeutung zugeschrieben. Die wiss. Erforschung des Geistes (psikhika – „Psyche") spielt eine bedeutende Rolle für das Verständnis des menschlichen Wesens. Die Psychol. liefert einen wichtigen Beitrag zur Erkenntnistheorie und der Formulierung eines phil. Weltbildes. Sie hat Anteil an der wiss. Organisation menschlicher Arbeit, und sie ist ein wesentlicher Bestandteil der Theorie und Praxis der Erziehung, was den Erwerb von Informationen und Fertigkeiten (obučenie) und die Entwicklung der Persönlichkeit (vospitanie) betrifft.

Obwohl sie anfänglich ein Zweig der europäischen Psychologie war (hinsichtlich der Methoden und des Gegenstandes kaum verschieden von der Psychol. in Deutschland oder in den USA), entwickelte sich die r. P. in einer anderen intellektuellen, politischen und sozioökonomischen Umgebung. Im intellektuellen Bereich war diese Umgebung charakterisiert durch den langen Streit zwischen Materialismus und Idealismus. Historisch gesehen, galt in Rußland der Idealismus als metaphysische Spekulation, der Materialismus als phil.

Grundlage der Naturwissenschaften. Diese Dichotomie entspricht der russischen Tradition, die zurückverfolgt werden kann bis auf M. V. Lomonosow (1711–1765), einen vielseitigen Naturforscher und gelehrten Geisteswissenschaftler, und auf A. N. Radiščew, einen Verfasser revolutionärer Schriften. Im 19. Jh. war der Materialismus das phil. Glaubensbekenntnis der einflußreichen Gruppe der „revolutionären Demokraten" (A. J. Herzen, V. G. Belinskij, N. A. Dobroljubov, N. G. Černyševskij) und ebenso einflußreicher Wissenschaftler wie I. M. Sečenow (1829–1905), „Vater der russischen Physiologie", der ein Vorläufer der physiol. orientierten Psychol. war (1863, Reflexe des Gehirns). Der historische und der dialektische Materialismus ist eine der Grundthesen des Marxismus-Leninismus, der zur offiziellen und einzigen Philosophie der UdSSR wurde. Die Frage, was *wirklich eine marxistisch-leninistische Psychol.* ausmacht, wurde in der Sowjetunion nicht sofort einheitlich beantwortet. Die heutige r. P. ist das Ergebnis vielen Suchens und vieler Debatten, die oft heftig verliefen und sich über Jahre erstreckten. Es gab eine ganze Reihe von Ansätzen, einschließlich vieler Varianten der *„objektiven Psychol.":* z.B. V. M. Bechterews Reflexologie, H. Wagners Biophysiologie (menschliche Psychol. als Teil einer umfassenden vergleichenden Psychologie), P. A. Blonskijs menschliche Verhaltenspsychologie und K. N. Kornilows „Reaktologie".

In den Jahren zwischen 1920 und 1930 bestand die Tendenz, J. P. ↗Pawlows und I. M. Sečenows Ansichten über die Reflexnatur des Geistes als mechanistisch zu verwerfen. Erst später wurde Pawlows Konzept des *zweiten Signalsystems* nicht nur als wesensverwandt mit dem Marxismus-Leninismus angesehen, sondern es wurde sogar zu einer Prämisse (predposylka) für die Interpretation des Geistes (psikhika) im System des (sowjetischen) dialektischen Materialismus. Man argumentierte jedoch, daß das R in der S-R Formel (stimulus-response) eine künstliche Heraushebung *eines* Elementes aus einem ganzheitlichen Prozeß sei. Folglich widerspreche dieses Konzept doch den Prinzipien des dialektischen Materialismus. Es war der Physiologe P. K. Anochin (1935), der das kybernetische Modell der *Rückkoppelung* vorwegnahm und darauf hinwies, daß nach jedem R wiederum afferente Impulse auftreten (↗Reafferenz), die eine Information übermitteln über die Art der Ausführung einer Reaktion. Ungefähr zur gleichen Zeit formulierte N. A. Bernstein die Hypothese des „Reflexkreises", welcher an die Stelle des traditionellen Reflexbogens trat. Dies waren wichtige neue Ideen in der Verhaltensphysiologie, aber es verging einige Zeit, bevor sie voll in die r. P. integriert werden konnten.

Nach 1930 betrachtet man das ↗ *Bewußtsein* offiziell als den *Gegenstand* der orthodoxen marxistischen Psychol. In diesen Jahren begannen die sowjetischen Psychologen ernsthaft die Konsequenzen für die Psychol. zu erwägen, die sich aus den Gedanken V. I. Lenins ergaben, bes. wie er sie in seinen wichtigen Werken „Materialismus und Empiriokritizismus" und „Philosophische Notizen" geäußert hatte. Zum Teil ist es tatsächlich die ausdrückliche Übernahme von Lenins „Theorie der Reflexion" als phil. Basis der Psychol., die zu *der Einzigartigkeit* der r. P. beiträgt. Diese Theorie, die nicht mit der von I. P. ↗Pawlow über den bedingten Reflex verwechselt werden sollte, sieht den Geist an als aktive (nicht passive, spiegelartige) Reflexion der äußeren Realität.

Ebenfalls in der Zeit um 1930 betonte S. L. Wygotsky eine historische, sozio-kulturelle Betrachtungsweise für die Erforschung des menschlichen Geistes. Die These der sozio-historischen Bedingtheit des menschlichen Bewußtseins wurde daraufhin zu einem der wichtigsten Lehrsätze der r. P. 1940 veröffentlichte S. L. Rubinstein seine „Grundsätze der allgemeinen Psychologie", worin er die dialektische Einheit von Bewußtsein und Aktivität darlegte. (Seine Begründung lautet, daß sich nicht nur alle geistigen Prozesse in der Aktivität manifestieren, sondern darin auch ihren Ursprung haben.) In der Formulierung von Payne (1968, S. 168) bedeutete diese Ausformulierung der r. P. allerdings nicht nur die Anerkennung der marxistisch-leninistischen Prinzipien, sondern die wortwörtliche Akzeptierung der auf die Gegenstände der Psychol. bezogenen Aussagen der großen Klassiker Marx, Engels und Lenin. Dies wirkte sich hemmend aus auf die Fortentwicklung der psychol. Theorie. Die r. P. wurde dadurch in eine theoretische Zwangsjacke gezwungen und mußte sich mit einer großen Menge rein „exegetischer" Probleme beschäftigen. Umgekehrt war – nach der Meinung von Petrowskij (1967) – Marxismus-Leninismus die einzige Plattform, die den chaotischen Streit zwischen den „Schulen" der Psychol. beenden konnte. Eine unparteiische umfassende Untersuchung der Wirkungen, die das Festhalten an ideologischer Einheitlichkeit und Orthodoxie auf die Entwicklung der Psychol. in der Sowjetunion hat, steht noch aus. Mitte der dreißiger Jahre begann das Aufsehen, das die Psychologen erregt hatten, wieder abzunehmen. Das Erscheinen einer psychol. Zeitschrift nach der anderen wurde eingestellt. Die Verfügung des ZK der kommunistischen Partei vom 4. Juli 1936, die sich gegen die „Pädologie" richtete, hatte ganz allg. verheerende Wirkungen auf die angewandte Psychol. und unterband jegliche Untersuchungen mit psychometrischen Methoden für einige Jahrzehnte. Da die Psychologen zwanzig Jahre hindurch keine eigene Zeitschrift mehr zur Verfügung hatten, suchten sie ihre Veröffentlichungen in Zeitschriften für Erziehung und Philosophie unterzubringen. Zu Anfang der fünfziger Jahre rief die beharrliche Pawlowisierung der Psychol. noch weitere Verwirrung hervor. Während dieser „allgemein-methodologischen" Krise drohte der dogmatische Pawlowismus die Psychol. zu „liquidieren", denn es wurde behauptet, daß der Psychol. ein gültiger Gegenstand fehle. Aus ideologischen Gründen wurden große Bereiche der Psychol. (wie ↗Sozialpsychol. und ↗Tierpsychol.) unterdrückt mit der Begründung, sie seien reaktionär und wenig aussichtsreich. Der Tierpsychologie warf man vor, daß sie den Prinzipien Pawlows zuwiderlaufe.

Stalins Tod 1953 brachte Erleichterung von dem Druck des „Persönlichkeitskults". Die äußeren Anzeichen der gewandelten Situation waren die Gründung einer wiss. *Zeitschrift für Psychol.* (Voprosy psichologii, 1955) und einer *wissenschaftlichen Gesellschaft* für Psychol. (Obščestvo psikhologov, 1957). Der erste sowjetische psychol. Kongreß fand 1959 statt (der 2. Kongreß 1963 in Leningrad, der 3. 1968 in Kiew und der 4. Kongreß 1971 in Tbilisi), und ein zweibändiges historisch orientiertes Handbuch wurde herausgegeben, das die Leistungen der sowjetischen Psychol. rückschauend zusammenfaßte (Ananjev et al., 1959; 1960). Der Höhepunkt dieser Entwicklung, in der sich die r. P. „dem Westen öffnete" (und auch der Westen sich für die sowjetischen Forschungen zu interessieren begann), bildete der achtzehnte internationale Kongreß für Psychol., der im August 1966 in Moskau stattfand. Im selben Jahr noch wurden in Moskau und in Leningrad die ersten Fakultäten für Psychol. eingerichtet, und es waren nicht nur die ersten in der Sowjetunion, sondern auch die ersten in der ganzen Welt. Einen bedeutenden Fortschritt in Stand und Ansehen der Psychol. stellt die Schaffung *akademischer Grade* (Kandidat und Doktor) *für Psychol.* im Jahre 1968 dar. Vorher konnten die Psychologen nur einen Doktortitel in „pädagogischen Wissenschaften mit Spezialausbildung in Psychologie" erwerben. Das Gesetz, das 1968 akademische Grade für Psychol. einführte, kann als die staatliche „Volljährigkeitserklärung" dieser Wissenschaft angesehen werden.

Lit.: Ananjev, B. G., et al. (Eds.): Psichologičeskaja nauka v SSSR. Moskva, Vol. 1, 1959; Vol. 2, 1960 (engl.: Psychological science in the USSR. Washington, D. C., Vol. 1, 1961; Vol. 2, 1962); **Bauer, R. A.:** The new man in Soviet psychology. Cambridge, Mass., 1952; **ders.:** (Ed.): Some views on Soviet psychology. Washington, D. C., 1962; **Brožek, J.** (Ed.): Fifty years of Soviet psychology: An historical perspective. Soviet Psychology, 1968, *6* (3–4), 1–127 und *7* (1), 1–72; **ders.** (Ed.): Special issue on Georgian psychology. Soviet Psychology, 1968/69, 7 (2), 1–55; **ders.:** Spectrum of Soviet psychology: 1968. Model. Amer. Psychologist, 1969, *24*, 944–946; **Cole, M. & I. Maltzman:** A handbook of contemporary Soviet psychology. New York, 1969; **Kostjuk, G. S.:** Psichologija (Psychologie). In: Vol. 3, Pedagogičeskaja enciklopedija (Pädagogische Enzyklopädie). Moskva, 1966; **Molino, J. L.:** Is there a new Soviet psychology? In: **A. Simirenko** (Ed.): Social thought in the Soviet Union. Chicago, 1969, 300–327; **O'Connor, N.** (Ed.): Present-day Russian psychology. Oxford, England, 1966; **Payne, T. R.:** S. L. Rubinstein and the philosophical foun-

dations of Soviet psychology. New York, 1968; **Petrovskij, A. V.**: Istorija sovetskoi psichologii (Geschichte der sowjetischen Psychol.). Moscow, 1967; **Razran, G.**: Russian physiologists' psychology and American experimental psychology. Psychol. Bulletin, 1965, *63*, 42–64; **Rubinštein, S. L.**: Psychology. In: Social Sciences in the USSR. New York, 1965, 120–126; **Slobin, D. I.** (Ed.): Handbook of Soviet psychology. Soviet Psychology and Psychiatry, 1966, *4*, (3–4), 1–146; **Wolman, B. B.** (Ed.): Historical roots of contemporary psychology. New York, 1968.
J. Brožek

II. Die Hauptaufgabe *der Psychol.*, wie sie sich in der UdSSR entwickelt hat, ist die wiss. (materialistische) Erforschung der *höchsten Formen psychischer Tätigkeit* des Menschen, deren Ausbildung im Prozeß der gesellschaftshistorischen Entwicklung sowie der *Grundgesetze* ihres Ablaufs. Deshalb hat die Psychol. in der UdSSR immer in enger Beziehung zu den Gesellschaftswissenschaften einerseits und zur Physiologie der höheren Nerventätigkeit andererseits gestanden und sich von der Philosophie des dialektischen und historischen Materialismus leiten lassen.

Die wichtigste Aufgabe der Psychol. in der UdSSR war stets die Erforschung des Prozesses der *Entwicklung der höchsten Formen psychischer Tätigkeit,* anders ausgedrückt, ihrer Ausdifferenzierung im Prozeß der gesellschaftshistorischen Entwicklung. Eine entscheidende Rolle bei der Lösung dieser Aufgabe haben die Arbeiten des hervorragenden sowjetischen Psychologen L. S. Vygotsky (1896–1934) gespielt, der die wiss. Analyse der Entwicklung der höchsten psychischen Prozesse begründet.

Die Ausgangsthese Vygotskys, welche die weitere Entwicklung der Psychol. in der UdSSR entscheidend beeinflußt hat, war die Erkenntnis, daß die höchsten psychischen Prozesse des Menschen *als komplizierte funktionale Systeme* anzusehen sind, die dem Ursprung nach *sozialhistorisch*, dem Aufbau nach *vermittelt* (auf entsprechenden Hilfsmitteln, z. B. Sprache beruhend) und der Methode ihrer Tätigkeit nach *selbstregulierend* sind. Ein Kind entwickelt sich immer im Verkehr mit Erwachsenen. Sogar die Beziehungen zu Dingen sind für es mittelbar durch die Beziehungen zu den Erwachsenen. Durch das Lernen der Sprache beginnt das Kind, das eigene Verhalten zu organisieren. Es entstehen die höchsten psychischen Funktionen, die ihrem Ursprung nach sozial sind und auf einem System von Zeichen, welches im Prozeß des menschlichen Verkehrs entstanden ist, und vor allen Dingen auf der Sprache aufbauen.

Im weiteren Verlauf der Entwicklung interiosiert das Kind langsam entfaltete Handlungen, d. h. sie beruhen nun statt auf äußeren Hilfsmitteln und der äußeren, hörbaren Sprache auf der *inneren Sprache* und dem in der Sprache gebildeten Begriffssystem. Es beginnt ein Prozeß der Aneignung allgemeinmenschlicher Kenntnisse und Verhaltensmittel, welche sich in der Geschichte herausgebildet haben und jetzt zu den wichtigsten Verhaltensmustern des Menschen werden. Dieser Forschungsansatz ist durch eine große Zahl von Untersuchungen weiter ausgebaut und bereichert worden, welche in der r. P. unter der Leitung von A. N. Leontjew, A. V. Zaporožec, P. J. Galperin und D. B. Ėlkonin durchgeführt wurden. Diese haben die Theorie vom Aufbau der menschlichen Tätigkeit mit seinen komplizierten Motiven und Bedürfnissen sowie Hilfsoperationen, die zur Herausbildung von komplizierten „inneren Handlungen" führen, wesentlich erweitert. Die Untersuchung der verschiedenen Stadien in der stufenweisen ↗Entwicklung der „inneren Handlungen" erwies sich als sehr produktiv nicht nur für die Theorie, sondern auch für *die pädagogische Praxis* und wurde zur Grundlage einer wiss. begründeten Umgestaltung der pädagogischen Verfahrens, das in einer Reihe sowjetischer Schulen angewandt wird. Die psychol. Theorie der stufenweisen Entwicklung der geistigen Handlungen und Begriffe liegt auch den Prinzipien des programmierten Lernens (↗Programmierte Instruktion) zugrunde, die in der r. P. erarbeitet worden sind.

Das zweite charakteristische Merkmal der Psychol. in der UdSSR ist die ständige Suche nach den *physiologischen Mechanismen komplizierter psychischer Prozesse.* Diese Forschungsrichtung wurde von I. M. Sečenow begründet und in den Untersuchungen I. P. ↗Pawlows, A. A. Uchtomskijs und V. M. Bechterews, welche die Lehre von der reflektorischen Grundlage der psychischen Prozesse ausgearbeitet haben, verwirklicht. In den letzten Jahrzehnten haben eine Reihe von Physiologen und Psychologen aktiv auf diesem Gebiet weitergearbeitet. P. K. Anochin hat eine Theorie funktionaler Systeme und eines Handlungsakzeptors entwickelt, welche aktiv an der Regulierung komplizierter Verhaltensakte teilhaben. S. V. Krawkow erarbeitete eine Theorie der Organisation sensorischer Prozesse und ihrer Wechselwirkung, L. A. Orbeli wiederum begründete die Lehre von der Wechselwirkung afferenter Systeme, welche von seinen Schülern weiterentwickelt wurde, insbes. von G. V. Geršuni, der außerordentlich sorgfältig eine Theorie vom Aufbau sensorischer (vor allem der Gehör-) Funktionen ausgearbeitet und als erster die wiss. Grundlage geschaffen hat für eine objektive Erforschung subsensorischer Prozesse. Eine bedeutende Rolle bei der Erforschung der reflektorischen Grundlagen sensorischer Prozesse spielten die Untersuchungen über den ↗Orientierungsreflex von E. N. Sokolov sowie diejenigen der komplizierten Formen des orientierungs- und informationssuchenden Verhaltens von A. V. Zaporožec und seinen Mitarbeitern.

Wichtig für die Entwicklung der sowjetischen ↗Psychophysiologie waren auch die Forschungen von B. M. Teplov und Mitarbeitern, welche genaue Methoden zur Untersuchung der Haupteigenschaften der Nervenprozesse erarbeitet und ein Konzept für die objektive Untersuchung der Typen der Nerventätigkeit des Menschen und der interindividuellen Unterschiede entwickelt haben.

Große Bedeutung hat auch ein neuer Zweig der Psychophysiologie erworben, die von A. R. Luria und Mitarbeitern erarbeitete ↗Neuropsychologie, welche sich mit der Untersuchung jener Veränderungen in den psychischen Prozessen befaßt, welche bei lokalen Verletzungen des Gehirns (↗Gehirnpathologie, ↗Restitution psychischer Funktionen) auftreten.

Weitere wichtige Beiträge zur Entwicklung der Psychol. in der UdSSR haben außerdem Gelehrte wie P. A. Blonskij, S. L. Rubinštejn, A. A. Smirnow und B. G. Ananjev geleistet.

Die heutige Psychologie in der UdSSR stellt sich dar als ein kompliziertes und differenziertes Forschungssystem in der ↗allgemeinen Psychol. (A. N. Leontjev, A. A. Smirnow, B. G. Ananjev, A. N. Sokolov u. a.), der genetischen und ↗Kinderpsychol. (A. V. Zaporožec, L. I. Božovič, N. A. Menčinskaja, D. B. Ėlkonin), den geistig-körperlichen Störungen (J. M. Solowjew, M. I. Zemcowa, Ž. Š. Sif), der medizinischen Psychologie (B. V. Zeigarnik), der Psychophysiologie (E. N. Sokolov, V. D. Nebylicyn) und der Ingenieurpsychologie (B. D. Lomow, V. D. Zinčenko).

Auf dem Gebiet der Psychol. werden die wichtigsten Arbeiten im *Institut für Psychol. der Akademie der pädagogischen Wissenschaften* in Moskau und an der psychol. Fakultät der Moskauer und der Leningrader Universität durchgeführt. Originelle Arbeit wird auch geleistet in Grusien – im D. N. Uznadze-Institut für Psychol. an der Akademie der Wissenschaften der Grusinischen SSR und vom Lehrstuhl für Psychol. an der Universität von Tiflis. Ein wichtiges Zentrum ist darüber hinaus das Institut für Psychol. des Erziehungsministeriums der Ukraine in Kiew.

Lit.: Leontjew, A. N., Luria, A. R. & A. Semivnow (Eds.): Psychological Research in the UdSSR. Moscow, 1966; **Masucco Costa, A.:** Psicologica Sovietica. Torino, 1963; Psichologičeskaja nauka v. SSSR, T. 1–P. Hrsg. von der Akademie pädagogischer Wissenschaften. Moskau; Weitere Lit. vgl. ↗Russische Psychologie I.

A. R. Luria

Ein bedeutendes Ereignis der frühen siebziger Jahre war die Gründung des Psychologischen Instituts, das der Akademie der Wissenschaften der UdSSR angegliedert wurde (Brožek und Mecacci, 1974). Die Errichtung des Instituts ist ein sichtbares Zeichen der Anerkennung auf höchster Ebene für den wissenschaftlichen Status, den die Psychologie in der UdSSR erreicht hat. Mit B. F. Lomov (geb. 28. 1. 1927) als Direktor des Instituts tritt die jüngere Generation von sowjetischen Psychologen in den Vordergrund. Der Tod von A. R. Luria (am 14. 8. 1977), dem Begründer der sowjetischen Neuropsychologie, ist ein weiteres Ereignis, das die „Wachablösung“ kennzeichnet. Eine historisch akzentuierte systematische Übersicht in deutscher Sprache

(Kußmann, 1974) wurde durch zwei Sammelbände ergänzt, die ein repräsentatives Bild der jüngsten sowjetischen Forschung und Denkweise liefern (Kußmann, 1971; Kußmann und Kölling, 1971).

Lit.: **Brožek, J. & L. Mecacci:** New Sovjet Institute of Psychology. Amer. Psychologist, 1974, *29*, 475–478; **Hiebsch, H.** (Hrsg.): Ergebnisse der sowjetischen Psychologie. Stuttgart, 1969; **Kußmann, T.** (Hrsg.): Bewußtsein und Handlung: Probleme und Ergebnisse der Sowjetischen Psychologie. Bern, 1971; **ders.:** Sowjetische Psychologie: Auf der Suche nach der Methode. Bern, 1974; **ders. & H. Kölling** (Hrsg.): Biologie und Verhalten: Ein Reader zur Sowjetischen Psychophysiologie. Bern, 1971.

J. Brožek

Rutz-Typen, an Körperform, Körperhaltung und Muskelspannung anknüpfende Ausdruckstypol., die auf künstlerische Darstellungen einschließlich des Sprechens anwendbar sein soll. 1. *Sphärischer Typ:* Cäsarentyp, gedrungener Körperbau, „leicht erregbar, heißblütig, ohne Dauer", geschmeidig, wandlungsfähig, außenabhängig. 2. *Parabolischer Typ:* klein, schlankwüchsig, „Beharrlichkeit u. Einförmigkeit", wenig beeinflußbar, Verstandesnatur, Ordnung. 3. *Pyramidischer Typ:* hart, „ruckweise, nicht biegsam", kühl, heftig; betonter Lendeneinschnitt, rückgewinkeltes Kreuz.

Lit.: **Rutz, O.:** Neue Wege zur Menschenkenntnis. Kampen, 1935.

W. Kretschmer

Rybakoff-Figuren, von T. Rybakoff 1910 entwickelte unregelmäßige geometrische Figuren, die in der Vorstellung jeweils durch einen einzigen Schnitt (einzuzeichnende Gerade) so zu teilen sind, daß sich die Hälften zu Quadraten, Kreisen, Dreiecken oder ähnlichen regelmäßigen Figuren zusammenlegen lassen. R.-F. sind Aufgaben in einer Reihe von Tests zur Prüfung des räumlichen Vorstellungsvermögens.

Lit.: **Meili, R. & H. J. Steingruber:** Lehrbuch der psychol. Diagnostik. Bern–Stuttgart, [6]1978.

H. Haase

S

S, Zeichen für Stimulus, Reiz, Situation (Lerntheorie).

Sacculus ↗Statolithenorgan.

Sachdenkprobe. Ein von E. Zilian 1934 erstmals publizierter sprachfreier ↗Intelligenztest, der von W. Arnold inzwischen zum *„Auffassungs- und Kombinationstest"* erweitert worden ist. Als Testmaterial dienen 32 Holzkörper, die jeweils durch 6 variable Merkmale gekennzeichnet sind. Der Prüfling steht zunächst vor der Aufgabe, bei unterschiedlichen serienmäßigen Anordnungen der Körper die zugrunde liegenden Reihengesetze herauszufinden, und schließlich soll er selbst verschiedene Serien herstellen. In der Auswertung der Testergebnisse liegt das Hauptgewicht auf der Verhaltensbeurteilung, während einer quantifizierenden Aussage nur sekundäre Bedeutung beigemessen wird.

Lit.: Pauli, R. & W. Arnold: Psychol. Praktikum. Stuttgart, [7]1972.

P. Steck

Sachverständige, psychologische. Der Begriff des *Sachverständigen* entstammt der Rechtssprache; er bezeichnet jene Personen, die durch ihre Fachkenntnis (= Sachverstand) das Gericht in der Wahrheitsfindung unterstützen. Die Position des Sachverständigen entspricht nach bundesdeutschem Recht der eines Zeugen (vgl. §§ 72 StPO, 402 ZPO); der gerichtlichen Aufforderung zur Gutachtenerstellung muß er Folge leisten (§§ 75 StPO, 407 ZPO).

Der Einsatz des ↗Psychologen als Sachverständigen vor Gericht oder Verwaltung ist erst in jüngster Zeit allg. üblich geworden. In der Regel wird er beauftragt, Einzelpersonen unter einer bestimmten Fragestellung psychodiagnostisch zu untersuchen und zu begutachten. Schwerpunkte forensischer psychol. Gutachtertätigkeit sind: Glaubwürdigkeit von kindlichen und jugendlichen Zeugen, strafrechtliche Verantwortlichkeit von Angeklagten (in Zusammenarbeit mit dem Psychiater), Regelung der elterlichen Gewalt über Kinder aus geschiedenen Ehen, Tauglichkeit zum Führen von Kraftfahrzeugen. ↗Jugendgerichtshilfe; ↗Gutachten, psychologisches; ↗Forensische Psychologie.

Lit.: Arnold, W.: Der Psychologe. Gütersloh, [2]1960.

P. Steck

Sadismus ist eine sexuelle Anomalie, wobei die sexuelle Befriedigung durch das Zufügen von Schmerzen erreicht wird. ↗Sadomasochismus.

Sadomasochismus, sexualwissenschaftlicher Begriff (1907 von v. Krafft-Ebing eingeführt), der aus den Erzählungen und Novellen des französischen Schriftstellers Marquis de Sade (1740–1814) und des österreichischen Novellisten Ritter v. Sacher-Masoch (1836–95) abgeleitet wurde. S. bezeichnet zunächst einmal *sexuell deviante Verhaltensweisen,* die relativ selten vorkommen (z. B. im Vergleich zur ↗Homosexualität), relativ schwache gesellschaftliche Sanktionen hervorrufen und keine Tendenzen zur Bildung sexueller Subkulturen zeigen (Simon & Gagnon, 1970). *Sadomasochistische Darstellungen* gehören teils in den Bereich der Pornographie (Filme, Bilder, sadomasochistische Geräte und Werkzeuge) und teilweise in den der Kunst.

Allgemein kann verstanden werden unter 1) ↗*Sadismus* (Sd.): sexuelle Erregung und Befriedigung, die durch Schmerzzufügung, Mißhandeln und Erniedrigung bei demjenigen eintritt, der diese Handlungen an einem Partner vornimmt. Im erweiterten Sinne: Lustgewinn durch Quälen und Demütigen anderer Menschen. Ätiologie: Abwehr von (unbewußten) ↗Kastrationsängsten; unter 2) ↗*Masochismus* (M.): sexuelle Erregung und Befriedigung durch Erleiden, Erdulden von Schmerz, Qual und Erniedrigung. Im erweiterten Sinne: jeder Lustgewinn, der von Schmerzen, Zurücksetzung, Enttäuschung oder Erniedrigung stammt.

Das Charakteristische dieser sexuell devianten Verhaltensweisen ist der Gesamtverlauf der sadistischen, masochistischen, meist sadomasochistischen Interaktion, auf deren „spielerischen" Zug bereits Freud (1924), in neuerer Zeit Schorsch (1971) hingewiesen haben. Phänomenologisch ist die Psychopathologie des sadomasochistischen Arrangements im Rollenverhalten durch folgende typische Merkmale gekennzeichnet: es hat Spielcharakter mit Spielregeln und „Rollen" (z. B. „Herr" u. „Sklavin"), die alle Voraussetzungen des Fiktiven erfüllen (sie sind verfügbar, lassen sich beliebig wieder abstreifen, Fehlen von Engagement und Verbindlichkeit, Kühle und Affektfreiheit beim „Strafen"), wobei das Fiktive des Rollenhaften immer bewußt bleibt. „Das Entscheidende ist dabei die Fiktion des völligen Ausgeliefertseins bzw. Beherrschens; das Zufügen oder Erleiden von physischem Schmerz kann auch fehlen" (Schorsch, 1971, 41). Die überragende Bedeutung der Phantasie für den Sd., M., S. wurde früh erkannt, jedoch verschieden erklärt: in neuerer Zeit von psychiatrisch-sexualwissenschaftlicher Seite aus dem „fiktiven Charakter solcher Spiele" (Schorsch, 1971), von psychoanalytischer Seite aus der Psychogenese und Psychodynamik der Persönlichkeit; die masochistischen Masturbationsphantasien vor allem als Abwehr der Ängste und Schuldgefühle, die die „Endlust" blockieren (Fenichel, 1960, 358–365).

Kriminologisch tritt der S. relativ selten in Erscheinung. Bei den umfangreichen Sexualdelinquenten-Untersuchungen des Kinsey-Instituts fand sich kein einziger „moderner Sade" (Gebhard u. a., 1965, 134). Der S. – eng definiert – als Interdependenz und Interaktion im fiktiven Rollenspiel von Sadisten und Masochisten ist eine sexuelle Devianz, die in der Regel nicht gleichzusetzen ist mit sexueller Aggressivität, Brutalität bei Notzuchtsdelikten oder sadistischen Tötungsdelikten. Mord als integrativer Bestandteil sexueller Befriedigung (z. B. an einem Kind) wird von sexualwissenschaftlicher Seite als ein Phänomen im Verhältnis von 1 : 1 Million geschätzt (Gebhard, 1965, 134). Sadistische oder masochistische Masturbationsphantasien finden sich – verglichen mit anderen Sexualdelinquentengruppen – offensichtlich am häufigsten (9 bis 17%) bei Sexualdelinquenten, die das Delikt gewaltsam oder mit Drohungen begangen haben (Gebhard et al., 1965, 504).

Ätiologie: Freud sah im Sd. und M. eine sexuelle ↗Perversion infolge einer schuldgefühlsbedingten oder durch Kastrationsängste verursachten Fixierung an eine ursprünglich normale aktive bzw. passive Einstellung zum Sexualleben und Sexualobjekt, die dann übertrieben wird und Ausschließlichkeitscharakter erlangt. Er nahm ursprünglich an, daß der M. aus dem Sd. – via Regression vom Objekt auf das eigene Ich und auf prägenitale Stufen der frühkindlichen Sexualentwicklung – hervorgehe und nichts anderes sei „als eine Fortsetzung des Sd. in Wendung gegen die eigene Person, welche dabei zunächst die Stelle des Sexualobjekts vertritt" (Freud, Bd. 5). Spätere Revision und Differenzierung des M. von drei Hauptformen mit komplizierten Hypothesen (Freud, Bd. 13, 1924): a) *erogener M.* = „Schmerzlust" = Teil des im Organismusinnern verbleibenden „Todestriebs", der libidinös gebunden ist und alle Phasen der Libido-Entwicklung durchmachen kann; der erogene M. liegt den beiden übrigen Formen zugrunde; b) *femininer M.* = Ausdruck einer „für die Weiblichkeit charakteristischen Situation" und femininen „Wesens" (= „Kastriertwerden, Koitiertwerden oder Gebären"); c) *moralischer M.* (wichtigste Form) = Befriedigung eines unbewußten Schuldgefühls bzw. „Strafbedürfnis" des „Ich"; der moralische M. bleibt der Person in der Regel verborgen, die Beziehung zur ↗Sexualität ist gelockert, auf das Leiden selbst, auf Erniedrigung, Demütigung oder Selbstkasteiung kommt es an, und zwar ganz gleich, ob diese von einer geliebten, gleichgültigen Person oder von anonymen Mächten „verhängt" werden (Affinität zum Asketizismus); in schweren Fällen von moralischem M., in denen überhaupt keine Verbindung zur Sexualität nachweisbar und das Selbstquälen der betreffenden Person überhaupt nicht bewußt ist, kann nicht von sexueller Perversion gesprochen werden (Fenichel, 1960, 364).

Das ätiologische Konzept des Sd., M. und S. ist eng verbunden mit der psychoanalytischen Theorie der frühkindlichen Sexualität (s. auch: ↗prägenital; sexuelles ↗Trauma) und der psychoanalytischen Neurosenlehre (Übersicht: Fenichel, 1960). Im Grunde ist das Wissen über die Entstehung des Sd., M. oder auch S. – trotz psychoanalytischer Theorie – noch sehr gering.

Lit.: Fenichel, O.: The psychoanalytical theory of neuroses. London, 1960; **Freud, S.:** Ges. Werke, Bd. 1, 5, 12, 13. London, 1940–1952; **Gebhard, P. G.,** et al.: Sex offenders. London, 1965; **Giese, H.:** Psychopathologie der Sexualität. Stuttgart, 1962; **Schorsch, E.:** Sexualstraftäter. Stuttgart, 1971; **Schorsch, E. & N. Becker:** Angst, Lust, Zerstörung. Sadismus als soziales und kriminelles Handeln. Reinbek, 1977; **Simon, W. & J. H. Gagnon:** Sexuelle Außenseiter. Hamburg, 1970.

H. Maisch

Sagittal. Im medizinischen Sprachgebrauch bedeutet s., daß eine Richtung von vorn her senkrecht steht auf der Menge der Frontalebenen des menschlichen Körpers. So spricht man z.B. in der Röntgenologie vom sagittalen Strahlengang, wenn die Röntgenstrahlen den Körper von vorn in der Weise treffen, daß sie die gedachten Frontalebenen senkrecht durchdringen. Alle Sagittalebenen sind Parallelebenen zur Medianebene (Symmetrieebene). Die Madianebene wird gelegentlich mediale Sagittalebene genannt. *G. Arnold*

Sakkade. Ruckartige Bewegung des Auges von relativ kurzer Dauer (0,01 bis 0,07 Sekunden) und hoher Winkelgeschwindigkeit (bis etwa 450 Grad pro Sekunde), während deren Ablauf keine Korrekturen mehr möglich sind und die Informationsaufnahme weitgehend herabgesetzt ist. S.n treten auf bei willkürlichen und unwillkürlichen ↗Augenbewegungen, aber auch beim Lesen und Bildbetrachten, in einer relativ konstanten Frequenz von 4–5 pro Sekunde in einer variablen Amplitude, die jedoch unter normalen Bedingungen 20 Winkelgrad nicht überschreitet. Als *Mikrosakkaden* werden kurze Sprünge bezeichnet (die Angaben verschiedener Autoren schwanken von 15 Bogensekunden bis 20 Bogenminuten). *R. Groner*

Salpétrière-Schule. Der Begründer der S.-S. J. M. Charcot war als Neurologe vor allem daran interessiert, alle Kranken mit Konvulsionen aus verwaltungstechnischen Gründen in einen eigenen Betreuungsdienst zusammenzufassen. Die meisten Patienten waren Epileptiker (↗Epilepsie) und Hysteriker (↗Hysterie). Das Studium der hysterischen Krankheitsbilder war schon von jeher das Bestreben der frz. Medizin. Beim hysterischen Anfall beschrieb er vier Phasen und begründete so eine gewisse Analogie mit dem epileptischen Anfall. Andererseits bestand er darauf, daß die ↗Hysterie kein weibliches Leiden ist, sondern auch bei Männern auftreten kann. Als Therapie wendete er die ↗Hypnose und andere Suggestivmethoden an. Die Salpétrière war ein Hauptspital, das früher neben Kranken auch noch Prostituierte, Verbrecher und andere Arten von Asozialen aufgenommen hatte. Später, unter der Leitung von Ph. Pinel verwandelte sich die Salpétrière in eine psychiatrische Klinik. *J. López Ibor*

SAM. Abk. für *Satz-Assoziations-Methode;* allg. Bezeichnung für ↗*Satzergänzungstests.* *H. J. Aebi*

SAM *(sexual arousal mechanism),* sexualwissenschaftlicher Begriff der tierexpt. ↗Verhaltensforschung und Bestandteil einer Theorie über die Mechanismen des Sexualverhaltens bei männlichen Labor-Tieren: bezeichnet hypothetischen Mechanismus, der für die Einleitung bzw. den Beginn sexuellen Verhaltens verantwortlich sein soll (AM = arousal mechanism). Das Maß des AM ist die Zeitdauer vom Ansichtigwerden eines brünstigen weiblichen Tieres bis zur Besteigungs- und Intromissionsreaktion des männlichen Tieres (= ML = „mount latency“: Beach & Whalen, 1959). Durch sukzessive Intromission wird der AM und CM (= Kopulationsmechanismus) sensibilisiert und auf vollem Erregungsniveau gehalten, bis die Ejakulationsschwelle nach einer kritischen Zeitspanne erreicht ist und die männliche Ejakulation erfolgt. Von anderen Forschern wird ein weiterer Mechanismus postuliert (EM = Ejakulationsmechanismus, der bei der Ejakulation ausgelöst wird), der auf den AM ebenfalls einen Einfluß ausübt und eine sofortige, erneute Sensibilisierung des AM bis zur Erholungsphase des EM verhindert (McGill, 1965). Bei erneuter Präsentation eines brünstigen Weibchens manifestiert sich dann die Sensibilisierung des AM (und CM) in einer verkürzten ML und reduzierten genitalen Stimulation bis zur zweiten Ejakulation. Experimentelle Untersuchungen zeigen, daß der AM (wie die anderen Mechanismen) in starkem Maße genotypisch abhängig ist. ↗Intromissions-Kopulations-Ejakulationsmechanismus.

Lit.: ↗Intromissions-Kopulations-Ejakulationsmechanismus.

H. Maisch

Sample ↗Stichprobe.

Sampling-Theorie der Intelligenz ↗Thomson, G. H.

Sandersche Täuschung ↗Parallelogrammtäuschung.

Sanguinischer Typus. An Galen anknüpfender, vermutlich erst in der Neuzeit psychol. definierter Temperamentsbegriff: rasches ↗Temperament, leicht ansprechbar, unbeständig. Der Ausdruck *„sanguinisch“* ist seit dem 16. Jh. gebräuchlich. *W. Kretschmer*

Sapir-Whorf-Hypothese ↗Whorf-Hypothese.

Sapphismus. *Tribadie* (↗Lesbische Liebe). Weibliche ↗Homosexualität. (Nach der antiken gr. Dichterin *Sappho*, Königin der Insel Lesbos.) *G. D. Wilson*

SASKA, sprachlicher Leistungstest; verbaler Intelligenztest, der bestimmte Aspekte der Sprachbeherrschung erfaßt. Kernstück ist der Synonymtest (3 Parallelformen). Ergänzt wird er durch jeweils einen Analogie-, Antonym-, Klassifikations- und Selektionstest. Hinzu kommt ein Subtest mit gemischten Aufgaben. Die innere Konsistenz der Subtests ist mäßig, ihre Stabilität relativ hoch. Normwerte für Altersgruppen von 16–99 Jahren.

Lit.: **Riegel, K. F.:** Der sprachliche Leistungstest (SASKA), Göttingen, 1967.

R. Brickenkamp

Sättigung. Unter S. (in der ↗Farbwahrnehmung) versteht man den Grad der Fülle, mit dem ein „Farbton“ bei einem Farbeindruck vorhanden ist. Sie kann von ganz geringer Intensität, bei der eine bestimmte Farbe eben noch als solche unterscheidbar ist und sich nur mit Mühe vom Grau abhebt, bis zu einem Maximum reichen, bei dem diese Farbe ihre ganze Stärke und Lebendigkeit zeigt. In diesem Sinn kann der *S.grad* einer Farbe auch als ihre „Distanz“ vom Grau definiert werden, d. h. vom Fehlen an Farbigkeit im engen Sinn. Die S. steht im Verhältnis zu der Zusammensetzung des Spektrums des Reizes: je größer die Reinheit der Strahlung, um so höher ist die phänomenische S. ↗Farbwahrnehmung.

Lit.: **Pauli, R. & W. Arnold:** Psychol. Praktikum, Bd. 1. Stuttgart, 7 1972.

G. Kanizsa

Sättigung, psychische. P. S. bezeichnet einen Zustand der affektgeladenen Abneigung gegen eine wiederholt ausgeführte Handlung oder lange andauernde einförmige Situation. Sie ist zu unterscheiden von ↗Ermüdung, die nicht primär p. S. verursacht, wenn sie auch als Begleitumstand während des S.prozesses auftreten kann (Lewin, 1928; Karsten, 1928). Auch eine anfänglich lustbetonte Handlung führt, wenn sie mehrmals identisch wiederholt wird, keineswegs immer zu einer stärkeren Fixation von Lust, sondern bringt Unlust mit sich. Anstelle einer Befriedigung und der Neigung, die Handlung zu wiederholen, tritt p. S.

ein, der positive Aufforderungscharakter schwindet und macht einem negativen Aufforderungscharakter Platz.

In Exp. mit einfachen Wiederholungsaufgaben wurde beim Sättigungsverlauf beobachtet (Karsten, 1928): Variieren der Ausführung, Ausführung als Nebenhandlung, Gliederung der Aufgabe in Unterganze, Aus-dem-Felde-Gehen, physische Ermüdung, Leistungsverschlechterung, Gestaltzerfall und Sinnloswerden, das Gefühl des Auf-der-Stelle-Tretens, affektive Ausbrüche und schließlich Abbrechen. Die zunehmende affektive Spannung breitet sich auf Nachbarbereichen angehörenden Handlungen aus (Mit-Sättigung), die Abneigung richtet sich nicht nur gegen das Striche-Zeichnen, sondern gegen Zeichnen überhaupt.

In dem Maße, wie der Aufforderungscharakter der Aufgabe negativ wird, erhalten andere, möglichst „konträre Aufgaben" einen positiven Aufforderungscharakter. Oder die p. S. wird dadurch aufgehoben, daß die Aufgabe in einen neuen Sinnzusammenhang eingebettet, ein neues Ziel gesetzt wird (Geld verdienen, Konkurrenzkampf), die schon gesättigte Arbeit wird frisch fortgesetzt.

Lit.: Karsten, A.: Psychische Sättigung. Psychol. Forsch., 1928, *10*, 142–254; **Kounin, J. S.:** Experimental studies of rigidity. Character and Pers., 1941, *9*, 251–282; **Lewin, K.:** Bedeutung der psychischen Sättigung für einige Probleme der Psychotechnik. Psychotechn. Z., 1928, *3*, 182–188; **Rivera, J. de** (Ed.): Field Theory as Human Science. New York, 1976.

A. Karsten

Sättigung, semantische, syn. *verbale S.* Häufiges, schnell aufeinanderfolgendes monotones Aussprechen eines Wortes führt zu (mit dem ↗semantischen Differential gemessenen) Verminderung oder Verlust der Bedeutung. In der Verhaltenstherapie operante Methode zur Behandlung von Phobien („Hund") oder chronischen Schmerzen („Schmerz"). ↗Übersättigungstherapie. *R. Richter*

Satyriasis *(Satyromanie).* Abnorm starkes heterosexuelles Begehren beim Manne. Vgl. Nymphomanie als weibliches Äquivalent.

G. D. Wilson

Satz, Begriff und Untersuchungsgegenstand der Grammatik bzw. Syntax sowie der Sprachpsychologie. Eine allgemein akzeptierte Satzdefinition steht noch aus. S. läßt sich unter anderem definieren als spezifische Anordnung von Inhalts- und Funktionswörtern nach den Regeln der Syntax. Sätze werden in Satzteile zergliedert, die aus einem oder mehreren Wörtern bestehen können. Die wichtigsten Satzteile sind Subjekt und Prädikat. Einfache Sätze können zu Satzgefügen zusammengesetzt werden.

Lit.: Engelkamp, J.: Satz und Bedeutung. Stuttgart, 1976.

J. Engelkamp

Satzergänzungstests. Die fast ausschließlich im anglo-amerik. Raum veröffentlichten S. (engl. *„Sentence-Completion-Test"*) zählen zur Gruppe der verbalen Ergänzungsmethoden (u. a. projektive Fragen, angefangene Geschichten) und basieren auf dem Konzept der ↗Projektion. Es wird angenommen, daß die spontane Ergänzung von unvollständigen Sätzen Einstellungen, Neigungen, Bedürfnisse des Pb offenbar werden läßt. Nach expt. Untersuchungen (A. C. Carr, 1956) stehen die S. hinsichtlich ihres Reizmaterials (Projektion von unbewußtem Material) zwischen den Persönlichkeitsfragebögen und den Bilddeuteverfahren. Bei den meisten S. werden die Ergebnisse subjektiv interpretiert (z. B. A. E. Payne, 1928; A. D. Tendler, 1930; OSS Assessment Staff, 1948). Bei einigen liegen objektive Auswertungskriterien vor (z. B. A. R. Rohde und G. H. Hildreth, 1947; J. B. Rotter et al., 1949)

Lit.: Hiltmann, H.: Wortassoziation und verbale Ergänzungsverfahren. In: **R. Heiss** (Hrsg.): Hdb. der Psychol. Bd. 6. Göttingen, [3]1971.

P. Graw

Sauberkeitsgewöhnung ↗Reinlichkeitsgewöhnung.

Säuglingsalter. Zeitabschnitt, in welchem das Kind noch nicht spricht, von der Geburt bis zum 12. oder 13. Monat. Kennzeichen dieses Zeitabschnitts sind: Entwicklung des Körpers und der Körperhaltung, der ↗Sensumotorik und Ausbildung gefühlsmäßiger Einstellungen (Zuneigung zur Mutter, Angst) sowie die Unfähigkeit des Säuglings, sich selbständig fortzubewegen, sein Verhalten willkürlich zu kontrollieren, zu sprechen, und die noch nicht vorhandene autonome ↗Adaptation. Diese Periode ist bei Menschen länger als bei anderen Lebewesen.

Als Fortsetzung der biol. Entwicklung des Embryos ist der *Reifungsprozeß* des Nervensystems der bestimmende Faktor folgender Entwicklung: 1. Abnahme der Schlafperioden (von 6–7 Perioden pro 24 Stunden im ersten Monat bis 3 mit einem Jahr); 2. Übergang von der Haltung mit gebogenen Gliedern zur Haltung mit gestreckten Gliedern; 3. Rückgang der „archaischen" Reflexe unter dem Einfluß der Kortikalisation; 4. Beginn des Sitzens mit Stütze um den 4. Monat, ohne Stütze im 7. Monat, des Stehens mit Hilfe im 8. Monat, ohne Hilfe im 13. Monat, des Gehens mit Aufstützen gegen 11. Monat, ohne Stützen gegen 15. Monat.

Das Greifen geschieht zunächst mit der Handfläche, die Gegenüberstellung des Daumens erfolgt ca. im 4. Monat. Die binokulare Sicht wird ungefähr im 6. Monat vollständig erreicht, die Drehung des Kopfes zu einer Schallquelle entwickelt sich ebenfalls mit 6 Monaten.

Nach einem Monat erscheinen die visuelle Fixierung bewegter Gestalten, die ersten bedingten Reaktionen bezüglich des Stillens, das Anlächeln von Gesichtern; nach 2 Monaten das Erwarten von Personen. Von 3 bis 6 Monaten lernt das Kind, seine Hände in Bewegung zu betrachten, Dinge, die es sieht und die seine Begierde erwecken, zu ergreifen; mit ungefähr 4 Monaten beobachtet man auf die Mitmenschen bezogene (soziale) Lautäußerungen und gegen 5 Monate „Reklamationen". Vom 6. bis zum 11. Monat beginnt die Erforschung von Dingen – zunächst impulsiv – und das In-Beziehung-Setzen ihrer verschiedenen empfindungsmäßigen und räumlichen Eigenschaften (Oberfläche, relative Position); das Erstaunen in Gegenwart von Fremden und der freudige Empfang von Familienangehörigen erscheint mit 7 Monaten, gleichzeitig mit unwillkürlichen Nachahmungen. Von 10 bis 13 Monaten, nachdem das Kind einen Gegenstandsbegriff entwickelt hat, die „Permanenz" von Gegenständen entdeckt hat (es sucht sie, auch wenn sie hinter einer Abschirmung verschwunden sind), setzt es Objekte gegenseitig in Beziehung, organisiert es seine Bewegungen entsprechend der gemachten Erfahrungen, an die es sich erinnert, es erscheint die „instrumentale (praktische) Intelligenz"; die mot. und Laut-Imitationen werden willkürlich und führen gegen 13 Monate zum „so tun als ob", erstes Anzeichen des Eintritts in das Stadium der symbolischen Imitationen.

Mechanismen der Entwicklung. In Frage steht das Zusammenwirken und die Bedeutung der *Instinkte,* der körperlichen *Reifung,* des *Lernens* und der zwischenmenschlichen Beziehungen. Saugen, Gehen, Greifen, Haltung haben eine instinktive Komponente, erfordern jedoch Adaptationsübungen und soziale Anregungen und können sich deshalb sehr verschieden äußern (z. B. bei ↗Wolfskindern). Früher hatte man angenommen, daß das Lächeln anderen gegenüber und gewisse Echopraxien des 1. Monats einen *sozialen Instinkt* andeuten würden. Es ist jedoch schwierig, zwischen Einflüssen der Instinkte, der Reifung, der ↗Konditionierung zu unterscheiden. Die Konditionierung ist möglich schon ab dem 2. Monat: Situationen, die mit angenehmen Gefühlen (bes. der Zufriedenheit) verknüpft sind, werden bekräftigt oder mit Furcht belegt, wenn sie unangenehme Gefühle hervorgerufen haben.

Das Erkennen von Gegenständen und Personen, das Erkundungsverhalten, das Anbringen von Wünschen und das erste Verständnis gründen auf diesem Mechanismus. Man muß jedoch auch die Rolle der *zirkulären Reaktionen* (J. M. Baldwin) in Betracht ziehen: Die Beobachtung eines durch Bewegungen des Säuglings hervorgerufenen Geschehens erzeugt eine Erregung, welche zur Wiederholung derselben Bewegung führt. Im Alter von 6 Monaten gehorchen auch komplexe Reaktionen dem Gesetz der Zirkularität (J. Piaget); das Nachahmungsverhalten entwickelt sich nach demselben Prinzip, und zwar aus dem Laut- und Bewegungsspiel mit Erwachsenen. Die Zirkulärreaktionen sind also eine wichtige Quelle von Differenzierungen und von

Entdeckungen in der Erforschung der Umwelt.

Andererseits spielt auch die Affektivität eine dynamogene und regulierende Rolle. Sie entwickelt sich in interpersonellen Reaktionen, vor allem mit der Mutter (↗Hospitalismus) (A. Freud, R. A. Spitz, J. Bowlby). Die Mutter beschwichtigt beunruhigende Bedürfnisse, stimuliert die Aktivität durch Sehenswürdigkeiten und Spiele, erweckt Erwartung, Ungeduld und Lachen (bei 0;6); sie fördert gezieltes Verhalten durch das Bereitstellen von Abrichtungen und Modellen (gegen 0;9). Jedoch frustriert sie auch, verbietet und provoziert. Vom 6. Monat an verursacht der Fremde Erstaunen, dann Angst. Die Psychoanalytiker (N. Hartmann) nehmen an, daß die ↗Objektbesetzung über den primären ↗Narzißmus der ersten 3 Monate hinaus durch zwei große Phasen führt: das Interesse an Personen (und für Situationen, die diese „Objekte" ankündigen), anschließend Zuneigung und Kommunikation mit anderen. Diese Objektbesetzungen sind wesentlich für die Bildung des ↗Ich in seiner Opposition zur Welt, für dessen Funktionieren und Gleichgewicht. Diese Reaktionen der ersten 10 Monate sind grundlegend für die Ausbildung von dauerhaften Verhaltensweisen; so wird z. B. (1) die Begierde, Dinge zu erforschen, durch die Verbindung mit dem Saugverhalten und später mit der Motorik verstärkt; (2) das zunehmende Interesse für die sensumotorische Kontrolle führt nach 10 Monaten zu der Betrachtung des Eigenbildes im Spiegel, ohne daß jedoch dessen Bedeutung klar erfaßt wird; (3) die Abhängigkeit von der Mutter kann von ↗Frustrationen in ↗Aggressivität umschlagen; (4) die Bestätigung des Selbst (↗Ich) gegenüber Dritten in Form von Beanstandungen und – nach 10 Monaten – in Form von beabsichtigten Provokationen wird zum Vorläufer der Sprache.

Die Bildung und die Rolle dieser Verhaltensweisen variieren von Kind zu Kind (Meili, 1957; Escalona, 1968); Unterschiede im Aktivationsniveau bedingen eine mutige bzw. schüchterne Annäherung gegenüber der Umgebung und rufen insofern verschiedene Antworten der familiären Umgebung hervor: auf diese Weise werden bestimmte charakterliche Züge hervorgehoben.

Das Verhalten der Erzieher und erzieherische Methoden sind jedoch auch von der Kultur und der Tradition abhängig: A. Kardiner, M. Mead, J. W. M. Whiting und E. H. Erikson weisen auf die Persönlichkeitsunterschiede hin, die durch die Strenge oder den Liberalismus der ersten Pflege hervorgerufen werden. Die Faktoren, die das Säuglingsverhalten bestimmen, sind zahlreich, sie sind komplementär oder auch gegenläufig. Es geht dabei einerseits um die Reifung des Körpers (vor allem des Nervensystems) (Gesell, 1934), andererseits um den Einfluß gefühlsmäßiger Beziehungen. Im weiteren sind es aber auch ↗Konditionierungen (Lernpsychologie) und aktive Initiativen des Kindes, sei es auf der Ebene motorischen Verhaltens (Piaget, 1935) oder gefühlsmäßiger Äußerungen (Wallon, 1934). Die Wechselwirkung dieser Faktoren muß allerdings noch genauer abgeklärt werden. ↗Entwicklung.

Lit.: Escalona, S. K.: The roots of individuality. Chicago, 1968; **Foos, B. M.** (Ed.): Determinants of infant behavior. New York, 1961, 1963, 1965, 1969; **Fornari, F.:** Psychoanalyse des ersten Lebensjahres. Frankfurt a. M., 1970; **Gesell, A. & H. Thompson:** Infant behavior. New York, 1934; **Gouin Decarie, T.:** Intelligence et affectivité. Neuchâtel, 1962; **Grégorie, A.:** L'apprentissage du langage. Paris, 1937; **Lewin, K.:** A dynamic theory of personality. New York, 1935; **Malrieu, P.:** Les émotions et la personnalité de l'enfant. Paris, 1967; **Meili, R.:** Anfänge der Charakterentwicklung. Bern, 1957; **Piaget, J.:** La naissance de l'intelligence chez l'enfant. Neuchâtel, 1935 (dt.: Das Erwachen der Intelligenz beim Kinde. Stuttgart, [2]1973); **Pratt, K. C.:** The neonate. In: **L. Carmichael** (Ed.): Manual of child psychology. New York, 1954, 215–291; **Spitz, R.:** The first year of life. New York, 1965; **Stirnimann, F.:** Psychol. des neugeborenen Kindes. München, [2]1973; **Wallon, H.:** Les origines du caractère. Paris, 1934; **Whiting, J. W. & I. L. Child:** Child training and personality. New Haven, 1953.

P. Malrieu

Säulendarstellung. Graphische Darstellung einer ↗Häufigkeitsverteilung.

Scale ↗Skalierung.

Scanning, in der Elektronik, Datenverarbeitung und Videotechnik gebrauchter Begriff für

Such- und Abtastprozesse. Beispielsweise werden in der maschinellen Zeichenerkennung in Analogie zu der Arbeitsweise der ↗Retina Bildvorlagen zunächst in Rasterelemente zerlegt, denen verschiedene Grauwerte zugeordnet sind und nach einem Abtastprogramm abgetastet werden. *B. Rollett*

Sceno-Test. Der S.-T. wurde von der Kinderpsychotherapeutin G. von Staabs 1939 entwickelt. Der tiefenpsychol. Konzeption des Tests nach provoziert das Bauen von Szenenbildern vermittels ↗Projektionen und ↗Identifikationen des Kindes eine Darstellung seiner (unbewußten) Konflikte. Das Kind soll mit den biegsamen Figuren (potentielle Repräsentanten von wirklichen Beziehungspersonen) und mit den Tieren, Pflanzen, Bausteinen etc. etwas bauen. Der Verlauf und die fertige Szene, die vom Kind auch kommentiert werden soll, wird protokolliert. Die nicht standardisierte Auswertung und Interpretation erfolgt inhaltlich-qualitativ. Als Interpretationshilfen werden benutzt: Symboldeutungen (nach tiefenpsychol. Kriterien) und das reichhaltige veröffentlichte kasuistische Material (z. B. entwicklungsspezifische Merkmale von Szenen von H. Engels [1957] und E. Höhn [1951]). Als Validierungskriterium verwendet von Staabs die Anamnese.

Lit.: Staabs, G. v.: Sceno-Test, Bern–Stuttgart, [5]1978.

P. Graw

Schädellehre ↗Gallsche Lehre.

Schafer-Murphy-Effekt. Der Effekt, daß eine Belohnung die Wahrnehmung einer mehrdeutigen Figur bestimmen kann. Werden normalerweise zwei Aspekte einer zweideutigen Figur *gleich häufig* gesehen, wird ein Aspekt, wenn er mit einer Belohnung verbunden wird, später *häufiger* gesehen werden. *C. D. Frith*

Schall. Physikalisch handelt es sich beim S. um mechanische Schwingungen, die in einem vermittelnden Medium (z. B. Luft) in Form von longitudinalen Wellen Energie weiterleiten.

Eine *S.empfindung* ergibt sich für den Menschen innerhalb eines bestimmten Frequenz- (16–20000 Hz) und eines bestimmten Amplitudenbereiches (untere und obere Hörschwelle). Je nach Anzahl der Frequenzen und je nach Regelmäßigkeit der Phasenschwingungen ergeben sich Töne, Klänge oder Geräusche. Die *Amplitude* des S. läßt sich durch vier Maßsysteme ausdrücken: Schalldruck (dyn/cm^2); Schallstärke (dB); Lautstärke (Phon) und Lautheit (Sone), wobei die beiden letzten Maßsysteme psychol. Skalen darstellen. ↗Sinnesorgane: Das Ohr.

Unter *Schall-Lokalisation* versteht man die Entfernungs- und Richtungslokalisation einer S.quelle.

Zur Entfernungsbestimmung einer S.quelle werden zwei Hilfsinformationen benutzt: a) der ungleiche Abfall von S.druck und S.schnelle (bis 1 m); b) frequenzabhängige Dämpfung des S. (ab 1 m).

Die Richtungslokalisation einer Schallquelle wird ermöglicht: a) durch die Zeitdifferenz zwischen beiden Ohren; b) durch die Intensitätsdifferenz links-rechts. ↗Gehörswahrnehmung.

Lit.: Ranke, O. F. & H. Lullies: Gehör, Stimme, Sprache. Berlin, 1953; **Keidel, W. D.:** Kurzgefaßtes Lehrbuch der Physiologie. Stuttgart, [4]1975.

M. Brambring

Schallbildertheorie. Die S. ist die von G. Ewald formulierte Theorie der ↗Gehörswahrnehmung. Ewald spannte Gummimembranen auf einen Rahmen und versetzte diese mittels einer Stimmgabel in Schwingung. Auf den Membranen bildeten sich Wellen, die zusammen ein für einen bestimmten Ton charakteristisches Bild, das sog. *Schallbild* ergaben. Ewald nahm an, daß die Basilarmembran (↗Sinnesorgane: Das Ohr) auf gleiche Weise funtioniere, geeignete Rezeptoren die Struktur der Schwingungen ins Gehirn führten, wo durch eine zentrale Verarbeitung die einzelnen Schallbilder differenziert würden.

Lit.: Fröbes, J.: Lehrbuch der expt. Psychol. Freiburg i. Br., 1923; **Pauli, R. & W. Arnold:** Psychol. Praktikum, Bd. 1. Stuttgart, [7]1972.

R. Hänni

Schallokalisation ↗Gehörswahrnehmung, ↗Sinnesorgane: Das Ohr.

Schallschlüssel. Ein Gerät zur Erfassung der Reaktionszeiten bei sprachlichen Reaktionen. Der S. hat in Reaktions- und Assoziationsversuchen den veralteten ↗Lippenschlüssel abgelöst. Über ein Mikrophon wird, sobald die Vp auf ein verabredetes Signal hin zu sprechen beginnt, ein elektrischer Impuls ausgelöst, der ein Kurzzeitmeßgerät mit einer Genauigkeit bis zu 1 ms steuert. *A. Thomas*

Scham. Der Begriff S. ist mehrdeutig: In *ethischer* Sicht meint S. ein auf Schutz und Distanz bedachtes Sozialverhalten, das die Personwürde und die Unantastbarkeit der Intimsphäre sichert. Die durch S. gesetzten Tabuschranken beziehen sich vornehmlich auf die Sexualität; es gibt aber auch eine „soziale S.", durch die der selbstkritische Mensch seine Blößen im Wissen und Können, in seinem Beruf und seinem Bildungsstand abdeckt. – Die *päd.* Dimension der S. äußert sich z. B. darin, daß eine „Schwellenangst" den seine Bildungsdefizite spürenden Menschen vom Besuch jener Bildungsstätten abhält, die nach seiner Meinung „hohe" Bildung vermitteln, welche ihm fremd ist.

S.gefühl als *psycholog.* Qualität wird heute oft als bloß angelernt betrachtet, kann hingegen aber auch als Kriterium von Personalität gewertet werden. S.gefühl ist ein unerläßlicher Indikator für individuelles Selbstwertgefühl.

Lit.: Lersch, Ph.: Der Aufbau der Person. Berlin – Heidelberg, [11]1970; **Pöggeler, F.:** Sexualerziehung vor dem Anspruch eines päd. Minimums. In: **Ph. Eggers & F. Steinbacher** (Hrsg.): Sexualpädagogik. Bad Heilbrunn, 1976; **Scheler, M.:** Über S. und S.gefühl. In: Schriften aus dem Nachlaß, Bd. I. Ges. Werke, Bd. 10. München, [2]1957.

F. Pöggeler

Schatten. In der ↗Komplex-Psychol. C. G. ↗Jungs Gesamtheit der persönlichen und kollektiv-unbewußten Dispositionen (↗Unbewußtes), die mit der bewußten Lebensform nicht vereinbar sind und deshalb nicht in das ↗Ich integriert werden. Der S. fungiert als relativ autonome Teilpersönlichkeit, die kompensatorisch zum ↗Bewußtsein eingestellt ist, aber nicht nur negativ-verdrängte Impulse verkörpert, sondern auch zukunftsweisende Tendenzen. Den S. bewußt zu machen ist die erste Aufgabe einer Jungschen Analyse.

W. Schmidbauer

Schätzfehler. 1. Fehler bei der *subjektiven* Beurteilung. – 2. *Statistischer* Fehler bei der ↗Schätzung von Parametern aus Statistiken. – Während sich Fehler der erstgenannten Art nur schwer kontrollieren lassen, sind über statist. S. genaue Angaben möglich. Als Maß für den S. wird häufig der ↗*Standardfehler* (↗Stichprobenfehler) oder der ↗wahrscheinliche Fehler verwendet. – 3. Seien Y beobachtete Werte und $\hat{Y}$ aufgrund einer anderen Variablen X geschätzte Werte, so versteht man unter dem Standardschätzfehler $s_{Y\hat{Y}}$ die Standardabweichung der Y bezüglich der $\hat{Y}$. Mit der Standardabweichung s_Y der Y-Werte und der Korrelation r_{XY} besteht der Zusammenhang

$$s_{Y\hat{Y}} = s_Y \sqrt{1 - r^2_{XY}}.$$

A. Rausche

Schätzskala (engl. rating scale). Unter einer S. versteht man eine mehrstufige Skala, auf der von einem Rater Ausprägungen eines Merkmals subjektiv eingeordnet werden. S. sind meist 5-, 6- oder 7stufig. Die Stufen können verbal formuliert oder durch Zahlen gekennzeichnet sein. S. finden z. B. beim ↗Q-Sort und beim Polaritätenprofil Anwendung. Sie haben das Niveau von ↗Ordinalskalen und bilden den Ausgangspunkt für direkte Skalierungsverfahren (↗Sukzessive Intervalle), durch die sie in höherwertige Skalen übergeführt werden können. ↗Skalierung.

A. Rausche

Schätzung. 1. Verfahren zur subjektiven Merkmalsbeurteilung (↗Rating). – 2. Ergebnis eines statist. ↗Schätzverfahrens. Man unterscheidet *Punkt-* und *Intervall-*S. Bei Punkt-S. wird für einen Parameter genau ein Wert angegeben, bei Intervall-S. Grenzwerte (↗Vertrauensgrenzen), zwischen denen der gesuchte Parameter mit einer vorgegebenen ↗statist. Sicherheit liegt. Häufig liegt die Punkt-S. eines Parameters genau in der Mitte des ↗Vertrauensintervalls. Seine Länge nimmt mit wachsender statist. Sicherheit zu.

An Punkt-S. werden seitens der mathemat. Statistik folgende Anforderungen gestellt: a) Erwartungstreue (Mittelwerte der Schätzwerte konvergieren mit wachsendem Stichprobenumfang gegen den wahren Wert), b) Konsistenz (Schätzung konvergiert mit wachsendem Stichprobenumfang gegen den wahren Wert), c) Effizienz (Schätzwert hat den kleinstmöglichen Schätzfehler), d) Suffizienz (es existiert keine weitere Schätzung, die mehr Information über den zu schätzenden Parameter liefert). *A. Rausche*

Schätzverfahren. Methoden zur Schätzung von Parametern aufgrund von aus Stichproben berechneten ↗Statistiken. Die bekanntesten Schätzverfahren der mathemat. Statistik sind die ↗Maximum-Likelihood- und die Minimum-Chi-Quadrat-Methode. Die erste führt bei Anwendung auf normalverteilte Meßwerte auf die Methode der kleinsten Quadrate. *A. Rausche*

Schau ↗Verstehende Psychologie.

Schautrieb ↗Partialtriebe.

Scheinbewegung, eine Bewegungswahrnehmung ohne adäquate Reizgrundlage. In einer typischen Anordnung zur Erzeugung von S. wird ein Objekt nacheinander in den Positionen A und B dargeboten. Bei richtiger Wahl der Länge des zeitlichen Intervalls (0,04–0,08 sec.) entsteht der Eindruck einer Objektbewegung von A nach B, die als ↗Beta-Bewegung bezeichnet wird. Man unterscheidet daneben zwischen ↗Alpha-, ↗Gamma-, ↗Delta- und ↗Epsilon-Bewegungen.

M. ↗Wertheimer sprach bei der S. vom ↗Phi-Phänomen, d. h. von einer elementaren (irreduziblen) Qualität der Bewegungswahrnehmung.

Eine Reihe von Theorien zu den S.en stammen von K. Marbe, M. Wertheimer, K. Koffka, P. F. Linke, Th. Erismann u. a.

Lit.: **Graham, C. H.:** Visual perception. In: **S. S. Stevens** (Ed.): Handbook of experimental psychology. New York – London, 1963; **ders.:** Perception of movement. In: **C. H. Graham** (Ed.): Vision and visual perception. New York – London – Sydney, 1966; **Pauli, R. & W. Arnold:** Psychol. Praktikum, Bd. 1. Stuttgart, [7]1972. *W. Pieper*

Scheinsubstanz. Syn. für ↗Placebo.

Scheitellappen. *Lobus parietalis* bildet den mittleren Teil des Hirnmantels (↗Pallium) und grenzt sich durch den Sulcus centralis gegen den Stirnlappen, den Sulcus parietooccipitalis gegen den Hinterhauptslappen und den Ramus posterior des Sulcus lateralis gegen den Schläfenlappen ab. Er besteht aus vielen Hirnwindungen, deren Funktionen nur teilweise geklärt sind. Insbesondere ist der ↗Gyrus postcentralis als die Körperfühlsphäre erkannt. ↗Cortex cerebri; ↗Neuroanatomie. *E. David*

Schema (Plural: *Schemata*). Darstellung eines Sachverhalts in seinen wichtigsten Aspekten. Dieser allgemeine Begriff ist in der spezialisierten Form eines subjektiv-konstruktiven Organisationsprinzips in die kognitive Psychologie eingegangen (Bartlett, Piaget, Inhelder, Posner, Rumelhart, Neisser).

Definitionen und Verwendung sind uneinheitlich. In allen Fällen sind Schemata subjektiv, nicht direkt beobachtbar, aber im Prinzip *objektivierbar* als das, was vielen „äquivalenten" Verhaltensweisen als gemeinsam unterlegt wird; Schemata haben immer die Funktion, Invarianz und *Ordnung* in die konkrete Welt von singulären Ereignissen zu bringen; sie werden immer *strukturiert* verstanden, d. h., sie stehen untereinander in nicht-beliebiger Beziehung (Reversibilität, ↗Gleichgewicht).

Als Wirkung von Schemata gilt z. B., daß wahrnehmbare Ereignisse überhaupt und so und nicht anders *wahrgenommen* werden *(Antizipationsschemata)*. Schemata determinieren auch die ↗Gedächtnistätigkeit (Auswahl, Anordnung, Priorität bei Einprägungsaktivitäten, Priorität und Reihenfolge beim Abrufen und Wiedergeben, Leitlinien für die Rekonstruktion). Schließlich gibt es auch Schemata für (planmäßiges) *Handeln;* sie gestatten die Vorhersage des voraussichtlichen Handlungsergebnisses in einer bestimmten Situation, manifestieren sich in der zweckmäßigen Organisation der Einzelhandlungen (Subschemata) und bieten Standards *(↗Regelung)* für den Entscheid über Abschluß, Fortführung oder Korrektur der Handlung.

Es gibt *angeborene Schemata* (↗Reflexe, ↗Instinkte); die meisten aber sind *erlernt* durch Differenzierung und Spezialisierung *(↗Akkommodation)*. Akkommodation wird angestrebt, wenn zwischen den Ergebnissen verschiedener *(↗Assimilations-)*Schemata Widersprüche wahrgenommen werden oder wenn die anfänglich lustvolle Repetition von relativ neuen Schemata zwecks Gewinnung weiterer Information spontan variiert wird. Da ohne ↗Lernen ein Lebewesen seine Effizienz und Unabhängigkeit in der Auseinandersetzung mit der Welt nicht steigern könnte, muß die Schemahaftigkeit der Erfahrung den Umstand überbrücken, daß jede Situation in jedem Augenblick in irgendeiner Weise einmalig ist. Verwandte Begriffe: *Rahmen* (engl. frame – Minsky), *Script* (Schank).

Lit.: Bartlett, F. C.: Remembering. Cambridge, 1932; **Inhelder, B.:** Gedächtnis und Intelligenz beim Kind. In: **B. Inhelder & H. Chipman** (Hrsg.): Von der Kinderwelt zur Erkenntnis der Welt. Wiesbaden, 1978, 147–170; **Minsky, M.:** A framework for representing knowledge. In: **P. Winston** (Ed.): The psychology of computer vision. New York, 1975, 211–280; **Neisser, U.:** Cognition and reality. San Francisco, 1976; **Piaget, J.:** La naissance de l'intelligence chez l'enfant. Neuchâtel, 1936 (dt.: Das Erwachen der Intelligenz beim Kinde. Stuttgart, [2]1973); **ders.:** L'équilibration des structures cognitives. Paris, 1975; **Posner, M. I.:** Cognition. Glenview (Ill.), 1974; **Rumelhart, D. E.:** Notes on a schema for stories. In: **D. G. Bobrow and A. Collins** (Eds.): Representation and understanding. New York, 1975, 211–236; **Schank, R. C. & Abelson, R.:** Scripts, plans, goals, and understanding. Hillsdale (N. J.), 1977.

A. Flammer

Schema, auslösendes. Nach J. v. Uexküll (1909) liegt die gesamte Umwelt eines Tieres in nervösen Schemata als vereinfachte Abbilder in seinem Gehirn bereit. K. Lorenz (1935) betrachtete als „angeborenes a. S." das „rezeptorische Korrelat", also die Bereitschaft, auf eine bestimmte Schlüsselkombination anzusprechen. N. Tinbergen (1942) übersetzte das angeborene a. S. mit „innate releasive mechanism" und (1948) zurück als „Angeborener Auslösemechanismus" (↗AAM). Schleidt (1962) versteht unter Auslösemechanismus (AM) eine Instanz, die eine bestimmte Reaktion unmittelbar auslöst und folgende Leistungen erfüllen kann: Selektivität für bestimmte Reize, Integration verschiedener Reize, Verknüpfung zwischen Reiz und Reaktion, Abhängigkeit von Stimmungen, Ankoppelung von Lernmechanismen. AAM (= IRM = innate releasing mechanism) ist ein AM, der durch phylogenetische Anpassung selektioniert wurde, also angeboren. EAM = *erworbener Auslösemechanismus* (ARM = acquired releasing mechanism) wird vom Individuum ontogenetisch erworben. Der EAAM (= IRME = IRM modified by experience) ist ein durch Gewöhnung und Lernen ergänzter AAM. Reagiert ein erfahrenes Tier auf einfache ↗Attrappen, dann spricht dies für einen AAM, reagiert es selektiv, so liegt ein EAM oder EAAM nahe wie wohl meist bei Wirbeltieren. Der AM als neurosensorischer Apparat harrt noch der Lokalisation.

Lit.: Schleidt, W.: Die historische Entwicklung der Begriffe „Angeborenes auslösendes Schema" und „Angeborener Auslösemechanismus". Z. Tierpsychol. 1962, *19*, 697–722. **Tembrock, G.:** Grundriß der Verhaltenswissenschaften. Grundbegriffe der modernen Biologie Bd. 3. Stuttgart, [2]1973.

K. Fiedler

Schetismus, Artikulationsstörung der sch-Laute.

Schichtenlehren. Das *Schichtenkonzept* wurde in die Psychol. um 1920 eingeführt nach dem Prinzip der Platonischen Seelenlehre, in der der Logos dem Kopf, der Thymos (d. h. das Gemüt) der Brust, die Epithymia (die Begierde) dem Unterleib zugeordnet werden. Scheler (1923) unterschied schon 1916 in der umgekehrten Reihenfolge eine *Vital-* oder *Leibschicht*, eine *psychovitale Schicht der Gefühle* und Strebungen und eine Schicht der *geistigen Akte*. S. ↗Freud pflegte zwar das Bild der Schicht nicht zu verwenden, aber schon in der anschaulichen Bezeichnung eines *Unter-*, nicht bloß *Un*-Bewußten wird ein Konzept von Stockwerken implizite vorausgesetzt, die auch als ↗„Es" und ↗„Ich" bezeichnet werden. Ähnlich verfährt L. Klages, der gleichfalls kein expliziter Schichtentheoretiker ist. Zwei Personen in einer postulierte der Wiener Kraus (1926): die *„Tiefenperson"*, die von den genetisch älteren urtümlicheren „Abschnitten" des ZNS getragen, die *„Kortikalperson"*, die von dem genetisch spätesten zentralnervösen Gebiet, dem ↗Cortex, gesteuert wird. Die Ansätze von Scheler und Kraus oder auch Freud vereinbarend setzt Lersch (1938) in seiner Theorie des Charakters bzw. der Person „endothymen (nach Platon) Grund" gegen „noetischen" oder (weiter gefaßt) „personellen Oberbau" (1942). Später (1951) nimmt er, wie Scheler, noch einen *Vitalgrund* „unterhalb" des endothymen Grunds hinzu. Ins Extrem getrieben wurde das Konzept der Aufschichtung (nach dem Modell der Geologie) von dem Scheler-Schüler Rothacker (1938), der zunächst von der Doppelung der Person bei Kraus seinen Ausgang nimmt, aber weiter unterteilt. Die *„Tiefenperson"* untergliedert Rothacker in Leben in mir, Tier in mir, Kind in mir, Emotionalschicht; die *„Kortikalperson"* in Person- oder Charakterschicht, Ichschicht, wobei letztere sich als ein bloßes Organisationszentrum, anschaulich ausgedrückt, als ein Ich-Punkt herausstellt. Rothacker legt den Akzent darauf, daß die Aufschichtung ein Entwicklungsgeschehen darstellt, worin die frühen Stufen der Person nicht etwa durch spätere abgelöst oder ersetzt, sondern überlagert, in ihrer Wirkweise erhalten, bestenfalls überformt werden. Dementsprechend muß nach ihm die „Tiefenperson" (das „Es", das „Unbewußte") „wie ein selbständiges Lebewesen betrachtet werden, das, zwar durch höhere Zentren überschichtet, dennoch innerhalb der Verhaltung der Gesamtperson in zahllosen Fällen noch unmittelbar sich auslebt". Damit gerät er, wie er selbst einräumt, in einen gewissen Konflikt mit der Annahme von der Einheit oder Ganzheit der Person.

In diesen neueren Fassungen ist die dt. Schichtentheorie zum Teil auch von nordamerik. Autoren akzeptiert worden, so von G. W. ↗Allport und besonders A. Gilbert. Von A. Wellek wurde schon 1941 darauf hingewiesen, daß das Bild vom Schichtenbau der ↗Persönlichkeit nicht mit Selbstverständlichkeit eindeutig und einseitig auf die Analogie der Erdschichtung bezogen werden muß, sondern ebensowohl auf das Bild der Zwiebelschichtung (Schalenmodell). Hier wurde bereits ausgesprochen, daß die sog. Tiefenschichten (im gängigen Sinne) besser *Primitivschichten* heißen sollten; es folgt, daß auch statt „Tiefenperson" – wenn überhaupt „Person!" – *Primitivperson* zu sagen wäre. Der letztere Terminus ist seither von L. Holzschuher einer „Praktischen Psychologie" theoretisch zugrunde gelegt worden, wobei allerdings noch beide Versionen („Tiefen-" und „Primitivperson") nebeneinander gebraucht werden.

Wellek akzentuiert entsprechend dem Modell der Zwiebelschichtung einen *„Charakterkern"*, den er modellhaft in 4 Bereiche gegliedert denkt: *Gemüt* und *Gewissen*, *„Gespür"* und *Geschmack*. Die „Existenz" solcher „Kerne" läßt sich nach ihm an der Tatsache einer „Charakterschranke", diese im ↗Hypnose-Exp. demonstrieren, wenn ein Konflikt zwischen dem Hypnotiseur und dem Hypnotisierten provoziert wird und der Hypnotisierte auf eine charakterlich unzumutbare, bes. eine verbrecherische oder auch nur geschmackswidrige ↗Suggestion hin aus einem noch so tiefen Rapport ausbricht. Die Tatsache des Gemüts läßt sich nicht damit abtun, daß man sagt, der Mensch lebe aus der Tiefen- bzw. Primitivperson oder aus der dieser „zuoberst" eingeordneten Emotionalschicht. Sie ist aber auch keine Tatsache des „höheren Seelenlebens" in diesem quasi vertikalen Sinne. Der charakterologische Tatbestand der Gemütslosigkeit oder der Gemütskälte bedeutet weder einen Mangel an kortikaler Steuerung noch einen Mangel an Emotionalität. Z. B. im Falle eines Mörders ist weder die sog. Tiefenperson noch die Kortikalperson verantwortlich zu machen; d. h., es fehlt weder an Steuerung – diese kann im Gegenteil, bes. im Falle der „Heimtücke", sehr gut sein – noch an der Emotionalität, ganz zu schweigen von noch „tieferen", d. h. niederen, „Schichten". Zumal die Affekte können selbst beim scheinbar „kalten" Täter sozusagen unterirdisch brodeln; er kann übelnehmerisch, mißtrauisch, mißgünstig, eifersüchtig, geltungssüchtig, gehässig, jähzornig und sogar – in bestimmten

Zusammenhängen – sentimental sein. Im konventionellen („eindimensionalen") Sinne schichtenmäßig betrachtet, können solche Menschen – vor allem auch die unbedeutenden Alltagsverbrecher – einen nicht defekten Eindruck machen. Der Ausfall – das „Loch" in der Struktur –, worum es sich offensichtlich handelt, entzieht sich dem einfachen Schema. Mit diesem ist hier also auch diagnostisch nichts anzufangen, da man den diagnostisch entscheidenden Punkt gar nicht in die Sicht bekommt.

Bei der Doppelschichtigkeit handelt es sich nicht nur um Beteiligung zweier (oder mehrerer) verschiedener Schichten, sondern diese liegen auch noch in zwei verschiedenen Dimensionen: die Doppelschichtigkeit ist „zweidimensional", nämlich (immer im Bild!) vertikal – horizontal. Denn die „Überbauung", „Beseelung", „Verinnerlichung" und eben Vertiefung kommt nicht aus der „Kortikalperson" oder dem Oberbau im heute konventionell gewordenen Sinne, sondern eben aus dem „Gemüt", dem Persönlichkeits-„Kern". Und dieser ist überdies nichts restlos individualpsychol. Verstehbares, sondern geht über in Gemeinschaftsstrukturen. Bei Rothakker wie bei den meisten anderen Schichtentheoretikern findet sich eine unüberprüfte Gleichsetzung der Tiefen-, d. h. Primitivschichten mit dem sog. ↗Unbewußten. Gewiß sind die „Tiefenschichten" im Sinne Rothakkers und schon Schelers weniger durchhellt, weniger bewußtseinsnahe; auch steht das ↗Bewußtsein ihnen vielfach abwertend, ja feindlich gegenüber, wie dies vor allem S. Freud im Auge hat. Das letztere gilt aber nicht für die Kernsphäre: das Gemüt, vollends Gewissen und Geschmack (die beide mit dem Gemüt zusammenhängen) sind in einer wohlgebildeten Persönlichkeit bewußt gehegte und gepflegte, wertgehaltene Bezirke. Gemüt und „Gespür" greifen aber z. T. in die Rothackerschen Tiefenbezirke funktional mit ein, wie etwa das Beispiel des Zärtlichkeitsbedürfnisses lehrt. Auch umgekehrt gehören die von Rothacker selbst anvisierten Funktionen einer „Kortikalperson" keineswegs bloß und notwendig dem Bewußtsein zu oder müssen, wenn sie un- oder vorbewußt ablaufen, darum doch noch nicht, wie die Schichtentheoretiker meist meinen, in die „Tiefenperson" abgerutscht oder versetzt sein. Gewiß ist etwa das „Fühldenken" eine im vertikalen Sinne „tiefer", d. h. also niedriger angesetzte Funktion; aber schon von der Intuition und Divination ein Gleiches zu sagen dürfte gewagt sein, desgleichen von der von L. Klages, M. Dessoir u. a. gern für die Leistungen des Unbewußten herangezogenen „physiol. Uhr". Das Aufwachen zu genauer Zeit nach bewußter Vornahme ist zweifellos eine Leistung des Unbewußten. Ist aber zu folgern, daß die Vornahme der bewußten (Kortikal-)Person dieser als solchen entfremdet und in einen anderen, „tieferen" Personbereich abgeglitten, von diesem übernommen ist? *Ex definitione* sollen diese niederen Schichten nicht imstande sein, „prospektive" Vornahmen zu fassen oder auch nur zu übernehmen und termingerecht auszuführen. Der Ort der Vornahme ist der *Ort der Einsicht,* das ↗Ich; dasselbe gilt für das termingerecht gesteuerte Handeln.

Als Interpretationsmodell ist das „Schichtendenken" auch sonst in vielerlei Richtung fruchtbar geworden. So wird Echtheit und Unechtheit des ↗Ausdrucks und – bei Dauer – auch des Charakters von Lersch auf die Übereinstimmung oder Nichtübereinstimmung zwischen Grund und Oberbau zurückgeführt, von Wellek auf die zwischen Kern und Mantel, Tiefe und Oberfläche. Auch das Konzept der *„identity"* in jüngsten amerik. Theorien setzt die Deckung oder doch Versöhnung von Bewußtsein und Unterbewußtsein voraus, hier jedoch wiederum nicht streng im Sinne eines anschaulich gedachten Schichtenmodells. Ausdrücklich schichtentheoretisch gefaßt wird der gleiche Ansatz bei A. Gilbert in dem *Konzept der „Schichtendiskrepanz",* welche nach diesem Autor mit ↗Neurotizismus übereinkommt. Der gegenwärtige Stand der Schichtendiskussion in der ↗*Persönlichkeits*theorie läßt sich in folgenden Punkten zusammenfassen:

1. Die Schichtentheorie ist eine *genetische* Theorie: die Schichten entwickeln sich auseinander.

2. Es sind zwei grundverschiedene Begriffe von „*Tiefe*" in Gebrauch. Legitim ist nur der ältere, der *Kernhaftigkeit* meint.

3. Bei gleicher Berücksichtigung beider Dimensionen der (z. T. fälschlich so genannten) Tiefe ergibt sich eine sozusagen zweidimensionale S., die *Vertikale* und *Horizontale* vereint.

4. Eine bloß *eindimensionale*, „vertikale" Schichteneinteilung *(Aufschichtungstheorie)* wird den entscheidendsten charakterologischen Tatsachen nicht gerecht.

5. Im konventionellen Konzept der „*Tiefenperson*" werden Tatbestände der vertikalen und der horizontalen Schichtung ungeschieden vermengt.

6. Auch mit dem *Unbewußten* ist die (angebliche) Tiefe einer Tiefen-, d. h. Primitivperson *nicht identisch.* Die Primitivschichten und ihre Leistungen können bewußt, die hohen wie auch die Kernschichten und deren Leistungen können unbewußt sein.

7. Sogar in tiefer ↗Hypnose, ebenso wie in tiefem Schlaf, ist die „kortikale Person" am Werke.

8. Es besteht Einigkeit darüber, daß der Begriff der „*Schicht*" *nur ein Bild* von beschränktem Gebrauchswert darstellt.

Lit.: David, H. P. & H. v. Bracken (Eds.): Perspectives in personality theory. New York, 1957 (dt.: Perspektiven der Persönlichkeitstheorie. Bern, 1959); **Kraus, F.:** Allgemeine und spezielle Pathologie der Person, II. Leipzig, 1926; **Lersch, P.:** Aufbau des Charakters. Leipzig, 1938 (ab 1951: Aufbau der Person. München, [11]1970); **Rothacker, E.:** Die Schichten der Persönlichkeit. 1938; Bonn, [8]1969; **Scheler, M.:** Wesen und Formen der Sympathie, 1923; Ges. Werke, Bd. 7. Bern – München, 1973; **Wellek, A.:** Die Polarität im Aufbau des Charakters. Bern, 1950; [3]1966; **ders.:** Das Schichtenproblem in der Charakterologie. Stud. Gen. 1956, 9.

A. Wellek

Schichten, soziale ↗Klassen, soziale.

Schichtneurose nannte J. H. Schultz 1918 unabhängig von der Vielfalt aller möglichen Symptome eine durch unverarbeitete Erlebnisse bedingte Fehlhaltung in der Tiefe zwischen gewohnheitsbedingten Randneurosen und ↗Kernneurosen. Schwere Formen bedürfen psychoanalytischer Therapie (↗Psychoanalyse); die häufigen leichten lassen sich meist mit aktiv-klinischen Methoden (↗Hypnose, ↗Autogenem Training, med.-psychol. Beratung) heilen. *K. Thomas*

Schicksalsanalyse. Durch Szondi (1948) eingeführte Bezeichnung, welche die Geheimnisse des Schicksals in der Persönlichkeit auffinden will, sozusagen neben dem persönlichen Unbewußten das *familiäre ↗Unbewußte* und die damit verbundenen Umstände (Berufswahl, Wahl von Freundschaften etc.), welche jedes Menschenleben beeinflussen. Seine wesentliche Arbeitsmethode stützte sich neben Familienforschung auf den Szondi-Test. Der S. allg. und dem Szondi-Test liegt folgende These zugrunde: Zwei Menschen, die in ihrem Erbgut analoge, zurückkehrende Erbanlagen verborgen tragen, ziehen sich gegenseitig an. Von dieser These leitete Szondi (1948) die „*erbgelenkten, genotropen Wahlhandlungen*" ab, die neben den „*ich-gelenkten*" das Schicksal bestimmen.

Lit.: Szondi, L.: Experimentelle Triebdiagnostik, 2 Bde. Bern, 1960; **ders.:** Schicksalsanalyse. Basel, [2]1948; **ders.:** Schicksalsanalytische Therapie. Bern, 1963.

J. López Ibor

Schiefe. Maß für die Abweichung einer Verteilung von der Symmetrie. Am gebräuchlichsten ist der *Momentenkoeffizient* $a_3 = m_3/m_2^{3/2}$ (m_2 und m_3 sind das 2. und 3. Potenzmoment der Verteilung bezogen auf das arithmetische Mittel). Nur noch historische Bedeutung haben die *Pearsonschen* Schiefekoeffizienten, wogegen in neuerer Zeit die *Perzentilkoeffizienten* häufiger Verwendung finden, z. B. der Quartilschiefekoeffizient QS $= (Q_3-2Q_2+Q_1)/(Q_3-Q_1)$; Q_1, Q_2, Q_3 = 1., 2., 3. Quartil.

Schiefe Verteilungen. Unter s. V. versteht man Verteilungen, deren grafische Darstellung nicht achsensymmetrisch ist. Bei s. V. fallen arithmetisches Mittel und Median nicht zusammen. Liegt der Median links vom arithmetischen Mittel, so spricht man von positiv oder linksseitig s. V., im umgekehrten Fall von negativ oder rechtsseitig s. V. Sie treten z. B. bei Reaktionszeitmessungen auf. S. V. können in manchen Fällen durch einfache Skalentransformationen (z. B. Logarithmus-, Wurzel-

oder Reziproken-Transformation) in symmetrische übergeführt werden. *A. Rausche.*

Schielen *(Strabismus).* Fixiert man einen Gegenstand, so richtet man die Sehachsen beider Augen auf den Gegenstand. Dadurch treffen die abbildenden Strahlen ↗ *identische Netzhautstellen.* Besteht eine Unfähigkeit, die Sehachsen beider Augen zugleich auf einen fixierten Gegenstand zu richten, so spricht man von S. – S. kann sowohl bei Normallage als auch bei pathologischer Lage (verursacht durch Tumoren) der Drehpunkte beider Augen auftreten. Bei den folgenden 4 Arten des S. befinden sich die Drehpunkte beider Augen und somit beide Augen in Normallage zur Orbita: 1. *„Exzentrische Fixation“*; identische Netzhautstellen, bes. die beiden Foveae liegen anomal. 2. *„Einfaches S.“*. 3. *„Lähmungsschielen“* (Strabismus paralyticus) durch Lähmung oder Kontraktur (Verkürzung) eines oder mehrerer Muskeln. 4. *Anomaler Ansatz der Muskeln am Bulbus,* wodurch der Zug der Augenmuskeln an unphysiol. Stelle wirkt.

Die Augenachsen können sowohl in *horizontaler* als auch *in vertikaler* Richtung voneinander abweichen. Bei der Abweichung in der horizontalen Ebene unterscheidet man das *Einwärtsschielen* (Strabismus convergens) vom *Auswärtsschielen* (Strabismus divergens). In der Vertikalebene (Höhenschielen) kann die eine Augenachse *nach oben* (Strabismus ascendens) oder *nach unten* (Strabismus descendens) abweichen. – Meist wird die Sehachse eines Auges korrekt auf den fixierten Gegenstand gerichtet (führendes Auge), während die Sehachse des anderen Auges abweicht. *Wechselt das führende Auge,* so spricht man von Strabismus alternans. Beim Strabismus binocularis schielen beide Augen. Der Strabismus concomitans tritt bei ↗Hyperopie und ↗Myopie auf. Das Auge versucht z. B. die Hyperopie durch Nahakkommodation (↗Akkommodation) auszugleichen. Bei der Nahakkommodation kommt es aber durch die nervöse Verschaltung gleichzeitig zu einer Einwärtsstellung der Sehachsen (↗Konvergenz).

Das schielende Auge ist häufig schwachsichtig (↗Amblyopie). Diese Amblyopie kann entweder die Ursache (Fehlen des Fusionsreizes) oder die Folge des S. sein.

Beim Strabismus latens besteht eine Neigung zum S. Das S. ist unregelmäßig und von wechselndem Ausmaß. Man spricht dann auch von *Heterophorie;* von Esophorie (Einwärtsstellung), Exophorie (Auswärtsstellung), Hyperphorie oder Hypophorie (Abweichung nach oben oder nach unten). *R. Rix*

Schilddrüse, auch *Glandula thyreoidea,* ist eine an der Vorderseite des Halses rechts und links vom Kehlkopf gelegene paarige innersekretorische Drüse, die das Hormon Thyroxin unter dem Einfluß des im HVL (↗Hypophyse) gebildeten Thyreotropins bildet. *E. David*

Schirm-Effekt. 1. *Statischer S.-E.* Ein Effekt, daß wir die Fortsetzung von Objekten hinter einem Schirm „sehen“, auch wenn kein unmittelbarer oder objektiver Anlaß für diese Form der Fortsetzung, die wir sehen, besteht. Z. B. sehen wir die verdeckte Figur A als Dreieck, obwohl es ebensogut Figur B sein könnte.

2. *Kinetischer S.-E.* ↗Tunnel-Phänomen.

C. D. Frith

Schizoidie *(schizoid).* Bleuler (1922) definiert: Der Schizoide „behält seine Selbständigkeit gegenüber der Umwelt . . . sucht sich den affektiven Einflüssen der lebenden und toten Umgebung zu entziehen und seine eigenen Ziele zu verfolgen“. „Die Respektlosigkeit vor der Realität und dem Bestehenden führt einerseits zur Bestrebung, dieses irgendwie zu ändern, andererseits sich nach innen zu wenden.“ Nach Kretschmer (1970): In der psychästhetischen Proportion liegende extreme Temperamentsverfassung, die häufig mit dem ↗leptosomen und asthenischen Körperbau korreliert (vgl. auch Anästhetiker, ↗Hyperästhetiker, ↗Autismus). Vor und nach schizophrener ↗Psychose und im familiären Umkreis Schizophrener geläufiger Typus.

Lit.: Bleuler, E.: Die Probleme der Schizoidie und der Syntonie. Z. ges. Neur. Psychiatr., 1922, *78*, 375; **Kretschmer, E. & W.:** Medizinische Psychologie. Stuttgart, [13]1970.

W. Kretschmer

Schizophrenie. Der Begriff umfaßt eine Gruppe schwerer, weitverbreiteter und häufig zur Pflegebedürftigkeit (Anstaltsunterbringung) führender ↗Psychosen, die sich auch in einer Reihe psychol. Symptome und abnormer Verhaltensweisen manifestieren und von denen man annimmt, daß sie genügend Gemeinsamkeiten aufweisen, um sie in einer Gruppe zusammenzufassen. Die Gesamtzahl der in der ganzen Welt an S. Erkrankten beträgt ca. 9 Millionen.

GESCHICHTE. Der Begriff S. wurde 1911 von E. Bleuler geprägt, vorher hatte jedoch E. ↗Kraepelin unter *„Dementia praecox“* F. Morels „démence précoce“, K. Kahlbaums „Katatonie“ und R. Heckers „Hebephrenie“ zusammengefaßt (Kraepelin, 1899). Kraepelin zeigte, daß diese Gruppe von Krankheitsbildern von manisch-depressiven Erkrankungen durch die besonderen Symptome und die schlechtere Prognose unterschieden werden konnten. Im allg. erholt sich die Mehrzahl der ↗Manisch-Depressiven vollständig von der Krankheit zwischen den einzelnen Phasen, im Ggs. zu den meisten S.n, bei denen Symptome wie emotionale Abstumpfung und Verlust von Antrieb und Initiative zurückbleiben. Diese Differenzierung ist noch die Grundlage für die derzeitige internationale Klassifikation von ↗Psychosen und anderen Geisteskrankheiten (WHO, 1965).

KLINISCHE MERKMALE. (Die hier angegebenen Beschreibungen basieren auf dem britischen Wörterbuch, 8th Rev. des I. C. D. [WHO, 1965] und sind wahrscheinlich den geläufigen deutschen und skandinavischen Bezeichnungen ähnlich.) Die Störung, von der man annimmt, daß sie den verschiedenen Formen der S. zugrunde liegt, zeigt sich in einer völlig fremdartigen, bei völligem Bewußtsein aufkommenden Erfahrung der Kranken, die darin besteht, daß sie empfinden, ihre innersten Gedanken, Gefühle und Handlungen seien anderen bekannt, von ihnen geteilt oder ausgelöst. Diesem Erlebnis folgen oder es wird oft begleitet von ↗Wahnvorstellungen, daß Lebewesen, Organisationen, natürliche oder übernatürliche Kräfte (z. B. Fernsehen, ↗Hypnose, Hexerei) dafür verantwortlich sind. Gewöhnlich treten ↗Halluzinationen auf, bes. im auditiven Bereich, als Stimmen in der dritten Person oder von solchen Personen, die das Denken und Handeln des Patienten kommentieren. Die Gedankenprozesse können gestört sein, so daß das Denken unbestimmt wird, mit ungewöhnlicher Logik und idiosynkratischer Verwendung von Wörtern oder Gedankenassoziationen. Es kann zu plötzlichen Unterbrechungen des Gedankenablaufs oder der Sprache kommen, letztere kann völlig unverständlich werden. Die ↗Wahrnehmung kann derart gestört sein, daß normalerweise irrelevante Merkmale einer Wahrnehmung bedeutend werden und zu einem ↗Beziehungswahn führen können, in dem der Patient glaubt, daß alltägliche Objekte oder Situationen (z. B. Berichte im Fernsehen oder in der Presse) eine besondere, gewöhnlich unheilvolle Bedeutung besitzen, die gegen ihn selbst gerichtet ist. Die Stimmung kann launisch und unausgewogen sein, und es können extreme Abnormitäten des mot. Verhaltens auftreten, wie ↗Stupor oder Hyperaktivität. Eine große Vielfalt anderer Symptome von geringerer diagnostischer Bedeutung kann vorkommen, und alle diese können bei jemandem zur gleichen Zeit beobachtet werden.

KLASSIFIZIERUNG. Viele Kliniker folgen noch in traditioneller Weise Kraepelin und teilen die S. in verschiedene Unterformen ein. Dabei ist die *paranoide* Form die häufigste. Hier bestimmen Wahnvorstellungen (häufig Verfolgungswahn) und Halluzinationen das Krankheitsbild. Bei der *hebephrenen* Form herrschen Gedankenstörungen und launische Affekte vor, wie etwa albernes Kichern. Die *katatone* Form ist hauptsächlich durch psychomotorische Symptome charakterisiert, wie ↗Hyperkinese, ↗Stupor, Bewegungsstereotypie oder Befehlsautomatismen. Andere Varianten wurden als *Schizophrenia simplex, latente* S. und *residuelle* S. beschrieben; die Brauchbarkeit dieser Einteilung bleibt fragwürdig. Die Bezeichnung „schizo-affektiv“ verwendet man zur Beschreibung einer kleinen Minderheit von Patienten, die Symptome sowohl der S. als auch der manisch-depressiven ↗Psychose zeigen. *Paraphrenie* ist ein durch Kraepelin (1899) eingeführter Begriff zur Klassifizierung von Patienten, deren Krankheitsbild zwischen seinen Kategorien ↗Dementia praecox und ↗Paranoia liegt; die vorherrschende Wahnkrankheit entwickelt sich später und bringt weniger soziale Auffälligkeit mit sich als bei Dementia praecox, das Vorhandensein von Gehörshalluzinationen schließt jedoch die Einstufung unter die Kategorie Paranoia aus. Die geschichtliche Entwicklung des Konzepts S. blieb immer eng verbunden mit dem der Paranoia (Lewis, 1970).

Kleist und Leonhart (1961) entwickelten kompliziérte Klassifizierungen der S. in Untergruppen im Hinblick auf genau beschriebene Symptome. Langfeld (1956) hat eine einfachere und weiter akzeptierte Einteilung in eine Kerngruppe mit typischen Symptomen und schlechter Prognose und eine schizophrenieartige Gruppe mit weniger typischen Symptomen und wesentlich besserer Prognose vorgeschlagen.

DIAGNOSE. In Europa war K. Schneider bes. einflußreich mit seiner Auffassung, daß die Diagnose auf einer einfachen Beschreibung der Symptome beruhen sollte (Schneider, 1958). Dieses Konzept steht im Ggs. zu Bleulers (1950) Vorschlag, daß die Diagnose abhängen solle vom Vorhandensein von vier abgeleiteten Primärprozessen, die den beobachteten Symptomen zugrunde liegen: 1) Verlust der Gedankenassoziationen, 2) Störungen der Affektivität, 3) ↗Autismus, 4) Ambivalenz. Diese Begriffe wurden niemals klar definiert, und die Schüler Bleulers tendieren dazu, ein umfassenderes Konzept der S. zu entwickeln unter der Beeinflussung von prominenten amerik. Lehrern, wie A. Meyer und H. S. Sullivan, die S. als das Endergebnis einer stufenweise sich entwickelnden Reaktion auf Lebenserfahrungen und interpersonale Beziehungen betrachten.

Die Diagnose der S. stützt sich völlig auf Beschreibungen aus der Lebensgeschichte des Patienten, auf seinen Geisteszustand und sein Verhalten, da die neurophysiol. oder biochem. Mechanismen als Ursachen der S. weiterhin ungesichert sind und eine strukturelle Abnormität des Gehirns nie zuverlässig gezeigt werden konnte. Dieses Fehlen zuverlässiger quantifizierbarer Ergebnisse ermöglichte es, verschiedene Annahmen über die Natur der S. aufzustellen, und ist mitverantwortlich für die diagnostische Unsicherheit.

EPIDEMIOLOGIE. Europäische Statistiken besagen, daß der jährliche Anteil von neuen Krankheitsfällen etwa 150 pro 100000 der Bevölkerung beträgt. Etwa 1% der Bevölkerung wird irgendwann im Leben als schizophren diagnostiziert. Der Gipfel des Krankheitsausbruchs liegt zwischen 25 und 35 Jahren. Die S. tritt bei allen Rassen und in allen Kulturen auf (Mischler & Scott, 1963), am verbreitetsten ist sie bei niedrigen sozialen Schichten in den Slums großer Städte. Ein sozialer Abstieg, verantwortlich für die bleibenden Symptome und die Lebensuntüchtigkeit, ist die wahrscheinliche Ursache hierfür (Goldberg & Morrison, 1963).

ÄTIOLOGIE UND MECHANISMEN. Es ist keine allg. Ursache für die S. bekannt. Sowohl ↗Stress von außen als auch genetische Disposition scheinen bei vielen Patienten eine Rolle zu spielen, bei anderen wiederum ist keiner dieser Einflüsse evident.

Genetische Prädisposition: Die nahen Verwandten von Schizophrenen haben einen weit höheren Anteil (etwa 12% bei Geschwistern) als die normale Population. Eineiige Zwillinge zeigen eine sehr viel höhere Übereinstimmung (etwa 60%) als zweieiige. Zuordnungsfehler erschweren die Interpretation der Beobachtungen bei Zwillingen (Rosenthal, 1962), jedoch wird die genetische Komponente bei der S. allgemein als wichtig anerkannt, wahrscheinlich erfolgt die Vererbung auf polygene (Ausbildung eines Merkmals durch mehrere ↗Gene) Art (Shields, 1967).

Familie und Umwelt: Die neueren Arbeiten aus den USA gehen von der Annahme aus, daß die Ursache für die S. bei den Eltern liegt, die das Kind konfliktträchtigen emotionalen Beziehungen und unlogischen, verwirrenden Verhaltensweisen in der verbalen und nichtverbalen Kommunikation unterwerfen. Dieser Ansatz bleibt theoretisch, da sich der angenommene abnorme Kommunikationsstil als nicht spezifisch für die S. erwiesen hat (Mischler & Waxler, 1965). Der Ansatz wird allerdings gestützt durch die Beobachtung, daß schizophrene Ausbrüche durch ↗Stress-Bedingungen begünstigt werden (Brown & Birley, 1968).

Biochemische Ursachen: Von einigen Erbanlagen weiß man, daß sie mit metabolischen Anomalien verknüpft sind, die aus dem Fehlen oder der Dysfunktion spezifischer Enzyme entstehen. In breitangelegten Untersuchungen wurde große Aufmerksamkeit auf die metabolischen Möglichkeiten des ↗Noradrenalins gerichtet, einer wichtigen Substanz, die man in allen Teilen des NS gefunden hat. Es hat eine erstaunliche Ähnlichkeit mit ↗Meskalin und anderen Verbindungen, die ↗Halluzinationen und andere Sinnestäuschungen verursachen können. Das Hautpigment Melanin, das Aminosäure-Methionin und Transmethyl-Reaktionen standen neuerdings im Mittelpunkt des Interesses. Leider müssen aber die negativen Schlußfolgerungen aus Ketys Überblick (1959) weiterhin aufrechterhalten bleiben.

Psychophysiologisch: Eine Verlangsamung ist für viele chronische Schizophrene charakteristisch. Dies führte zur Erforschung ihrer Reaktionszeit und ihres Erregungspotentials, ausgedrückt durch das Niveau des Hautpotentials, sowie der Verschmelzungsfrequenz für auditive und visuelle Reize. Es ergaben sich deutliche Hinweise, daß – im Ggs. zur Erwartung – soziale Zurückgezogenheit im Zusammenhang mit überstarker kortikaler Erregung auftritt (Kornetsky & Mursky, 1966: Venables, 1968). Das könnte bedeuten, daß chronisch Schizophrene entweder reaktive ↗Hemmungen schnell aufbauen oder langsam abbauen.

Kognitive Störung: Frühe deskriptive Forschungen bei schizophrenen Denkstörungen nahmen eine Unfähigkeit an, abstrakte Begriffe zu bilden („konkretes Denken"), und dazu eine Unfähigkeit, die begrifflichen Grenzen zu wahren („übergeneralisierendes Denken"; over-inclusive-thinking, Cameron, 1954). Auf diesen Erkenntnissen basieren die Theorie schizophrener kognitiver Störungen von Payne (1960) und der komplexere Ansatz von Bannister (1965).

ANDERE THEORIEN DER SCHIZOPHRENIE. Psychoanalytische Auffassungen haben wenig Hilfe leisten können, weder zum Verständnis noch zur Behandlung der S. In psychoanalytischen Begriffen wird die S. als eine Störung der ↗Ich-Organisation und der Objekt-Beziehungen betrachtet, die aus abnormen frühen Beziehungen zwischen Mutter und Kind resultiert (↗Psychoanalyse). Federn (1952) und Klein (1952) haben moderne Varianten psychoanalytischer Theorien entwikkelt, aber auch überzeugte Psychoanalytiker gestehen im allg. ein, daß eine interpretative ↗Psychotherapie bei schizophrenen Patienten nutzlos ist – ein Gesichtspunkt, der durch eine große Anzahl klinischer Untersuchungen abgesichert ist (May, 1968). Kretschmer (1925) legte eine Konstitutionstheorie der Geisteskrankheiten vor, in der S. ein Extrem auf einem Kontinuum darstellt, dessen anderes Ende die Normalität ist, eine schizoide Persönlichkeitsstörung liegt dann zwischen beiden Extremen. Existentielle Theorien und Therapie entstanden unlängst in Deutschland, sind aber nicht weit verbreitet oder angewendet worden (Binswanger, 1958).

BEHANDLUNG DER SCHIZOPHRENIE. Die moderne Behandlung der S., die sich in den letzten 15 Jahren entwickelte, ist empirisch orientiert und besteht aus Phenothiazin-Medikamenten für die akuten Phasen (im allg. Chlorpromazin und Trifluorperazin), denen durchdachte Programme sozialer Stimulation und Arbeitstherapie folgen, häufig darauf ausgerichtet, ein weniger ehrgeiziges Niveau als vor dem Ausbruch zu erreichen. Es muß dabei ein positiver Kontakt mit dem Patienten beibehalten werden, um das Absinken in eine isolierte, abschweifende und institutionalisierte Existenz zu vermeiden. Dieses Konzept der Gemeinschaftsfürsorge hat die Prognose aller Formen der S. gewaltig verbessert, und selbst bei den im allg. begrenzten Möglichkeiten bleibt nur noch ein geringer Teil der Patienten länger als zwei Jahre in der Klinik, während die Mehrzahl innerhalb von 6 Monaten entlassen werden kann. Leicht kann man die Rolle der Phenothiazine für diese verbesserte Prognose überschätzen, denn es gibt gute Gründe für die Annahme, daß die Verbesserungen der täglichen sozialen Fürsorge und der Lebensbedingungen in den Kliniken für Geisteskrankheiten ebenso bedeutsam sind (Hoenig, 1967; Wing & Brown, 1970).

Die elektrische Schocktherapie ist bei den akuten katatonen Formen der S. wirksam, ihre Anwendung bei anderen Formen ist jedoch umstritten. Insulinkoma und Leukotomie werden nicht mehr in so großem Umfang wie zwischen 1935 und 1955 eingesetzt.

Die neuere Entwicklung in der Therapie, deren Grundlage die modernen ↗Lerntheorien sind, resultiert aus einer erfolgversprechenden Anwendung der Techniken des operanten ↗Konditionierens und der Berücksichtigung sowohl des verbalen als auch des sozialen Verhaltens chronischer Schizophrener (z.B. Allyon & Azrin, 1968).

Ursachen und Mechanismen. Viele möglichen Ursachen und Mechanismen der S. wurden erforscht, aber bislang resultierten daraus nur Theorien. Die folgenden Arbeiten, in der Hauptsache Übersichtsreferate, geben Auskunft zu Detailfragen: *Auswirkungen der Familienbeziehungen:* Mischler & Waxler, 1965; *Biochemische Abnormitäten:* Kety, 1959; Smythies, 1967; *Erforschung von Aufmerksamkeit und Erregung:* Kornetsky & Mursky, 1966; Venables, 1968; *Kognitive Störungen:* Payne, 1960; Bannister, 1965; McGhie, 1967; *Psychoanalytische Theorie:* Federn, 1952; Klein et al., 1952; *Existentialanalyse:* Binswanger, 1958; *Zusammenhang mit Persönlichkeitstyp:* Kretschmer, 1925.

Lit.: Allyon, T. & N. Azrin: The token economy: a motivational system for therapy and rehabilitation. New York, 1968; **Bannister, D.:** The genesis of schizophrenic thought disorder. Brit. J. Psychiat., 1965, *111*, 377; **Binswanger, L.:** Schizophrenie. Pfullingen, 1958; **Bleuler, E.:** Dementia praecox oder die Gruppe der Schizophrenen. Leipzig – Wien, 1911 (Nachdruck München 1978); **Brown, G. W. & J. L. T. Birley:** Crises and life changes and the onset of schizophrenia. J. of Health and Social Behaviour, 1968, *9*, 203; **Cameron, N.:** Experimental analysis of schizophrenic thinking. In: **Kasanin** (Ed.): Language and thought in schizophrenia. California, 1944; **Cancro, R., Fox, N. & L. E. Shapiro:** Behandlungstechniken bei Schizophrenen. München, 1978; **Federn, P.:** Ego psychology and the psychoses. London, 1952; **Goldberg, E. M. & S. L. Morrison:** Schizophrenia and social class. Brit. J. Psychiat., 1963, *109*, 785–802; **Hoenig, J.:** The prognosis of schizophrenia. Brit. J. Psychiat., Special Publ., Nr. 1, 1967; **Kety, S. S.:** Biochemical theories of schizophrenia. Science, 1959, *129*, 1528–1596; **Klein, M.,** et al.: Developments in psychoanalysis. London, 1952; **Kleist, K.:** Schizophrenic symptoms and cerebral pathology. J. Ment. Sci., 1960. *106*, 246; **Kornetsky, C. & A. F. Mursky:** On certain psychopharmacological and physiological differences between schizophrenic and normal persons. Psychopharmacologia, 1966, *8*, 309–318; **Kraepelin, E.:** Lehrbuch der Psychiatrie. Leipzig, [8]1899; **Kretschmer, E.:** Körperbau und Charakter. Berlin – Göttingen – Heidelberg, [26]1977; **Langfeld, G.:** The prognosis in schizophrenia. Acta Psychiat. Scand. Suppl., 1956, *110*; **Leonhard, K.:** Cycloid psychoses – endogenous psychoses which are neither schizophrenic nor manic depressive. J. Ment. Sci., 1961, *107*, 633; **Lewis, A. J.:** Paranoia and paranoid – a historical perspective. Psychological Medicine, 1970, *1*, 2–12; **May, P. R. A.:** Treatment of schizophrenia – a comparative study of five treatment methods. New York, 1968; **McGhie, A.:** Studies of cognitive disorder in schizophrenia. Brit. J. Psychiat., Special Publ., Nr. 1, 1967; **Mischler, E. G. & N. A. Scotch:** Socio-cultural factors in the epidemiology of schizophrenia. Psychiatry, 1953, *26*, 315; **Mischler, E. G. & N. E. Waxler:** Family interaction process and schizophrenia – a review of current theories. Merrill-Palmer Quart., 1965, *2*, 269; **Payne, R. W.:** Cognitive abnormalities. In: **H. J. Eysenck** (Ed.): Handbook of abnormal psychology. London, 1960, 193–261; **Rosenthal, D.:** Problems of sampling and diagnosis in the major twin studies of schizophrenia. Psychiat. Res., 1962, *1*, 116–134; **Schneider, K.:** Klinische Psychopathologie. Stuttgart, [10]1973; **Shields, J.:** The genetics of schizophrenia in historical context. Brit. J. Psychiat., Special Publ., Nr. 1, 1967; **Smythies, J. R.:** Recent advances in the biochemistry of schizophrenia. Brit. J. Psychiat., Special Publ., Nr. 1, 1967; **Süllwold, L.:** Symptome schizophrener Erkrankungen. Berlin – Heidelberg, 1977; **Venables, P. H.:** Experimental psychological studies of chronic schizophrenia. In: **J. L. Shephard & E. Davies** (Eds.): Studies in psychiatry. London, 1968; **WHO:** International statistical classification of diseases (section V). 8th Revision, WHO, Geneva, 1965; **Wing, J. K. & G. W. Brown:** Institutionalism and schizophrenia. Cambridge, 1970.

J. E. Cooper

Schizothymer Typus. An den ↗leptosomen, ↗asthenischen Habitus angelehntes konstitutionstypisches Temperament, bei dem ↗Introversion und ↗psychästhetische Proportion betont sind. Charakteristisch für den s. T. sind: „abgegrenzte Individualzone", „bewußter Gegensatz zwischen Ich und Außenwelt", „empfindsames oder gleichgültiges Sichzurückziehen von der Masse der Mitmenschen", Vorrang von „Traum-, Ideen- oder Prinzipienwelt". *W. Kretschmer*

Schlaf ist ein regelmäßig wiederkehrender Zustand, in dem der Organismus sich in Ruhe befindet und kaum auf Außenreize reagiert. Beobachtbare und innerorganismische Reaktionen, die mit der Wahrnehmungstätigkeit einhergehen, lassen sich in diesem Zustand weniger leicht provozieren. S. muß man von *hypnotischer ↗Trance* (vgl. auch ↗Hypnose) unterscheiden, bei der die Reaktion auf äußere Stimuli nicht eingeschränkt, der physiol. Zustand des Organismus dem des Wachseins gleich ist.

Untersuchungen haben ergeben, daß es zwei verschiedene Arten des S. gibt (Oswald, 1962). Bei Menschen und anderen Säugetieren treten diese beiden S.typen innerhalb einer S.periode abwechselnd auf. Das normale Individuum gleitet vom Wachzustand in den *„orthodoxen"* S. und später in die Phase des *„paradoxen"* S. Offenbar wird der Organismus von einem kontinuierlichen physiol. und psychol. ↗Rhythmus beherrscht, der angespannte Aktivität, entspannte Wachheit, Müdigkeit und das daran anschließende Stadium des „orthodoxen" S. umfaßt. Der Übergang in den „paradoxen" S. vollzieht sich jedoch meist abrupt und diskontinuierlich.

HISTORISCHER ÜBERBLICK UND METHODEN. Der S. kann durch einfache Beobachtung untersucht werden (Hediger, 1969). Außerdem ermöglichen ↗Fragebogen das Erfassen von subjektiven Einschätzungen über die Zeitdauer, die vom Zubettgehen bis zum Einschlafen verstreicht, über die Dauer des S., die Häufigkeit des Aufwachens u.a.m. Die Methode, die Vp während des S. bestimmten Reizen auszusetzen, auf die sie reagieren soll, hat den Nachteil, daß sie sehr wahrscheinlich in den S.vorgang eingreift und somit den natürlichen Ablauf stört. Die Bewegungen, die während des S. ausgeführt werden, wurden lange Zeit intensiv untersucht und als äußerst wichtig angesehen; vor allem seit der Erfindung der ↗Elektroencephalographie (EEG) wurden die Wissenschaftler zu intensiver S.forschung angeregt.

In Tierversuchen hat Bremer (1935) die untere ↗Medulla oblongata einer Katze durchtrennt und damit ein *„encéphale isolé"* (sozusagen ein vom Körper abgetrenntes Gehirn) geschaffen und gezeigt, daß auch in diesem Zustand EEG-Veränderungen und die Augenbewegungen des S.- und Wachzustandes andauerten. Ein Schnitt durch das obere ↗Mesencephalon ergibt das sog. „cerveau isolé", bei dem das EEG dem des Dauerschlafes ähnelt. Die Auffassung von Bremer, daß diese Anzeichen der Wachheit ausschließlich von vermehrten afferenten Impulsen abhängig seien, wurde durch die Befunde von Moruzzi und Magoun (1949) fragwürdig, die das Zentrum des Hirnstamms elektrisch reizten und auf diese Weise alle Anzeichen des Wachzustandes hervorriefen, die solche des S. beim „encéphale isolé" ersetzten. Delafresnaye (1964) postulierte eine funktionelle Einheit im Gehirn, die er „aufsteigendes retikuläres Aktivierungssystem" (↗ARAS) nannte. Die Impulse des Retikulärsystems übermitteln keine spezifischen Informationen, sondern erhöhen die ↗Vigilanz und Leistungsfähigkeit des ↗Cortex, ermöglichen ↗Wahrnehmung und kontrollierte Reaktionen (↗Aktivation).

S. würde dadurch entstehen, daß nur noch wenige aktivierende Impulse von dem Retikulärsystem in den Cortex aufsteigen.

Die Theorie der aktivierenden Funktion des Retikulärsystems ist noch immer gültig für den „orthodoxen" S., nicht aber für den „paradoxen" S., dessen Kontrollmechanismen in der ↗Brücke zu lokalisieren sind (Jouvet, 1965). Man erklärte sich früher die Wirkung von schlaferzeugenden Drogen, z. B. ↗Barbituraten, derart, daß sie die aktivierende Funktion des Retikulärsystems hemmen. Heute weiß man aber, daß solche Medikamente zwar eine Steigerung des orthodoxen S. bewirken, den paradoxen S. aber unterbinden. Eine umfassende Theorie der Funktionsweisen des S. existiert heute noch nicht. Eine zufriedenstellende Theorie müßte Phänomene erklären wie: rasche S.erzeugung durch intensive, sich wiederholende sensorische Reize und durch elektrische Reizung von Teilen des Stirnhirns; den circadianen Rhythmus des S.bedürfnisses und die Wahrscheinlichkeit, daß zwischen den beiden verschiedenenen Arten des S. ein empfindliches Gleichgewicht besteht.

Der gegenwärtige Stand der Forschung. Aufgrund charakteristischer EEG-Muster werden 4 Stadien des *orthodoxen* S. unterschieden (oder NREM-Phasen: langsame Wellen oder synchronisierter S.). *Paradoxer* S. (oder REM-Phasen: desynchronisierter oder aktivierter S.) wird durch ein EEG hoher Spannung, mit 4–10 Schwingungen/sec. und plötzlich und oft auftretende schnelle Augenbewegungen gekennzeichnet.

Beim orthodoxen S. sind Atmung, Herzschlag und Blutdruck regelmäßig, die Durchblutung und Temperatur des Gehirns sind leicht reduziert. Die Skelettmuskulatur behält einen gewissen Tonus bei, und der Penis ist schlaff. Die Aktivationsschwelle und die respiratorische Reaktion auf Kohlendioxyd sind erhöht, an den unteren Gliedmaßen kann man immer noch durch elektrische Reize Reflexe auslösen.

Paradoxer S. tritt beim Menschen ungefähr fünfmal in der Nacht auf und macht ca. 20–25% des gesamten S. aus. Die erste Phase, die nach ungefähr einer Stunde orthodoxen S. auftritt, ist kurz. Spätere Phasen sind länger und dauern 20–40 Min. Beim paradoxen S. sind Atmung, Herzschlag und Blutdruck unregelmäßig, und es sind sehr kurze Körper- und Gesichtsbewegungen zu beobachten. Wenn nicht ein schwerer Angsttraum auftritt, ist der Penis erigiert und die Skelettmuskulatur erschlafft (Karacan et al., 1966). Durch die absteigenden inhibitorischen Impulse im Rückenmark, die in den Phasen schneller Augenbewegungen am stärksten sind, können in den Gliedmaßen keine Reflexe mehr ausgelöst werden. Die Hirndurchblutung ist besser als im Wachzustand, und die Gehirntemperatur steigt an. Die Durchblutung der glatten Muskulatur hingegen ist stark reduziert. Die Gesamtdauer des S. beträgt beim Säugling etwa 14 Stunden. Der Anteil des paradoxen S. ist kurz vor der Geburt am größten, nimmt in den Wochen nach der Geburt ab, verringert sich stufenweise im Alter und ist niedrig bei ↗Psychosen.

Im Wachzustand tritt die HGR (↗Hautwiderstand) „spontan" auf, nimmt im Zustand der Schläfrigkeit ab und tritt im Stadium 2 des orthodoxen und im paradoxen S. nur gelegentlich auf.

Völliger Schlafentzug mindert die Konzentrationsfähigkeit (Williams et al., 1959) und führt nach ungefähr 60 Stunden zu visuellen und auditiven ↗Halluzinationen und paranoiden Vorstellungen (↗Wahn). Selektiver Entzug des paradoxen S. bewirkt dessen Verlängerung und Intensitätssteigerung; ähnliches gilt auch für selektive Deprivation der Stadien 3 und 4 des orthodoxen S.

Psychol. Merkmale des S. Die Begriffe „leichter" und „tiefer" S. sind nicht mehr gültig: diese Differenzierungskriterien sind bes. auf den paradoxen S. nicht anwendbar.

Das Fortschreiten vom Zustand der Wachheit bis zu den Stadien 1 bis 4 des orthodoxen S. ist mit einem schrittweisen *Nachlassen der Reaktionsbereitschaft* auf auditive Stimuli verbunden; im paradoxen S. richten sich die Reaktionen des Organismus nach dem Bedeutungsgehalt der einwirkenden Reize (Williams et al., 1966). Bedeutende Reize werden sehr oft in den ↗Traum eingebaut, und zwar in Übereinstimmung mit seinem Inhalt; durch solche Reize wird der Schläfer nicht aufgeweckt (Berger, 1963). Während des S. ist es sogar möglich, zwischen komplexen auditiven Reizen zu unterscheiden und auf sie selektiv zu reagieren (Oswald et al., 1960).

Erinnerungen an psychische Vorgänge im S. oder an die während des S. auftretenden Umweltreize sind spärlich (Hoskovec und Cooper, 1967) und normalerweise nur für jene psychischen Erlebnisse gegeben, die unmittelbar vor dem Aufwecken auftraten. Im Zustand der Müdigkeit können *hypnagoge ↗Halluzinationen* auftreten, kurz dauernde, zusammenhanglose, oftmals bizarre sensorische Erlebnisse, mit denen lautloses inneres Sprechen einhergeht ähnlich dem bei ↗Schizophrenie. Vpn, die in der NREM-Phase geweckt wurden, lieferten meistens fragmentarische Berichte und bezeichneten die beschriebenen Vorgänge oft als „Denken", wogegen die Vpn, die in der REM-Phase geweckt wurden, oft ausgedehnte farbige und ereignisreiche Schilderungen von Vorgängen geben, die sie als „Träumen" (↗Traum) bezeichnen (Dement &

Kleitman, 1957). Der erfahrene Beobachter kann aus dem Traumbericht auf den Schlaftypus schließen (Monroe et al., 1965).

PATHOLOGIE DES S. Die häufigste *Schlafstörung* ist die S.losigkeit. Sie tritt vermehrt im Alter auf, bes. bei Frauen, bei introvertierten, ängstlichen und depressiven Menschen oder in euphorischen Zuständen, die entweder spontan auftreten können oder durch Drogen wie ↗Amphetamine hervorgerufen werden. Viele ↗Psychopharmaka einschließlich des Alkohols unterdrücken den paradoxen S.; hat sich ein Individuum an eine solche Droge gewöhnt und wird ihm diese plötzlich entzogen, so kommt es zu einem steigenden Nachholbedarf an paradoxem S., der nach etwa 2 Monaten wieder abklingt. Nach dem Entzug von ↗Hypnotika treten in dieser Phase auch Schlaflosigkeit, unruhiger S. und lebhafte Träume auf.

Schlafwandeln, Sprechen im S. und *Bettnässen* sind Phänomene, die im orthodoxen S. auftreten; Hin- und Herwerfen des Kopfes und des Körpers und Alpträume können in beiden Arten des S. auftreten. Das Individuum kann sich aber nur an Alpträume erinnern und an einen lähmenden Zustand während des paradoxen S. ↗Narkolepsie ist dadurch gekennzeichnet, daß das Individuum auch am Tag mehrmals ein unwiderstehliches Schlafbedürfnis verspürt, und durch Anfälle von ↗Katalepsie, die von plötzlichem Verlust des Muskeltonus begleitet sind und nach einer für das Individuum ganz spezifischen emotionalen Situation auftreten. Die Kataplexie ist vermutlich dem paradoxen S. ähnlich.

Die Erforschung der Schlafphänomene ist für die Psychologie von großer Bedeutung; sie hat mit zu dem Nachweis beigetragen, daß die Reaktionen von dem Aktivationsniveau des Nervensystems abhängen, der zwischen äußerster Wachheit und tiefster Bewußtlosigkeit variieren kann (↗Aktivation). Welche Rolle der S. im physiol. Haushalt spielt, weiß man noch nicht, aber vermutlich haben beide S.typen verschiedene Erholungsfunktionen. Wahrscheinlich ist der paradoxe S., mit dem intensive Hirndurchblutung einhergeht, verantwortlich für chemische Synthesen, die für Anpassungs-, Wachstums- und Regenerationsvorgänge im Gehirn wichtig sind (Oswald, 1969).

Lit.: Berger, R. J.: Experimental modification of dream content by meaningful verbal stimuli. Brit. J. Psychiat., 1963, *109*, 722–740; **Bremer, F.:** Cerveau isolé et physiologie du sommeil. C. R. Soc. Biol. (Paris), 1935, *118*, 1235–1241; **Clemente, C. D. & M. B. Sterman:** Basal forebrain mechanisms for internal inhibition and sleep. Res. Publ. Ass. nerv. ment. Dis., 1967, *45*, 127–147; **Delafresnaye, J. F.** (Ed.): Brain mechanisms and consciousness. Oxford, 1954; **Dement, W. C. & N. Kleitman:** The relation of eye movements during sleep to dream activity, an objective method for the study of dreaming. J. exp. Psychol., 1957, *53*, 339–347; **Fisher, K. C. et al.** (Eds.): Mammalian hibernation III. Edinburgh, 1967; **Foulkes, D.:** The psychology of sleep. New York, 1966 (dt.: Die Psychologie des Schlafs. Frankfurt a. M., 1969); **Hediger, H.:** Comparative observations on sleep. Proc. roy. Soc. Med., 1969, *62*, 153–156; **Hoskovec, J. & L. M. Cooper:** Comparison of recent experimental trends concerning sleep learning in the USA and the Soviet Union. Activ. nerv. sup. (Praha), 1967, *9*, 93–96; **Jouvet, M.:** Paradoxical sleep. In: **K. Akert et al.** (Eds.): Sleep mechanisms. Amsterdam, 1965, 20–62; **Kales, A.** (Ed.): Sleep: Physiology and pathology. Philadelphia, 1969; **Karacan, I. et al.:** Erection cycle during sleep in relation to dream anxiety. Arch. gen. Psychiatr., 1966, *15*, 183–189; **Monroe, L. J. et al.:** Discriminability of REM and NREM reports. J. pers. soc. Psychol., 1965, *2*, 456–460; **Moruzzi, G. & H. W. Magoun:** Brain stem reticular formation and activation of the EEG. Electroenceph. clin. Neurophysiol., 1949, *1*, 455–473; **Oswald, I.:** Sleep mechanisms: Recent advances. Proc. roy. Soc. Med., 1962, *55*, 1910–1912; **ders.:** Human brain protein, drugs and dreams. Nature, 1969, *223*, 893–897; **ders.:** Sleep. Harmondsworth, 1970; **Oswald, I., Taylor, A. M. & M. Treisman:** Discriminative responses to stimulation during human sleep. Brain, 1960, *83*, 440–453; **Rechtschaffen, A. L. & A. Kales** (Ed.): A manual of standardized terminology, techniques and scoring system for sleep stages of human subjects. Washington, D. C., 1968; **Williams, H. L., Lubin A. & J. J. Goodnow:** Impaired performance with acute sleep loss. Psychol. Monogr., 1959, *73*, no. 14; **William, H. L., Morlock, H. C. & J. V.:** Discriminative responses to auditory signals during sleep. Psychophysiology, 1966, *2*, 208–215; **Baust, W.** (Hrsg.): Ermüdung, Schlaf und Traum. Stuttgart, 1970; **Bürger-Prinz, H. & P. A. Fischer** (Hrsg.): Schlaf, Schlafverhalten, Schlafstörungen. Stuttgart, 1967; **Finke, J. & W. Schulte:** Schlafstörungen, Ursachen und Behandlung. Stuttgart, 1970; **Foulkes, D.:** Die Psychologie des Schlafes. Frankfurt, 1969; **Jovanović, U. J.:** Schlafforschung und ihre klinischen Aspekte. Nervenarzt, 1970, *41*, 5–23; **ders.:** Der Schlaf. Neurophysiologische Aspekte. München, 1969; **ders.:** Schlaf und Traum. Stuttgart, 1974; **Koella, W.:** Physiologie des Schlafes. Stuttgart, 1974; **Othmer, E.:** Persönlichkeit und Schlafverhalten. Meisenheim, 1965; **Schubert, F.-Ch.:** Psychophysiologisches Schlafverhalten in differentieller Abhängigkeit von Stimmungslagen und Persönlichkeitseigenschaften. Frankfurt a. M. – Bern – Las Vegas, 1978.

I. Oswald

Schlafentzug ↗Schlaf.

Schlafmittel ↗Hypnotika.

Schlafstörungen ↗Schlaf.

Schlaftiefe ↗Schlaf.

Schlafwandeln ↗Nachtwandeln.

Schlafzentrum. Aus neurophysiol. Exp. wurde bis ca. 1960 auf ein definiertes, kompaktes Schlaf-Wach-Steuerungszentrum im medialen Thalamus geschlossen. Diese Annahme ist heute widerlegt. An der S-W-Regulierung sind viele Hirnstrukturen und Hormonsysteme mit unterschiedlichen Funktionen (für die versch. Schlafstadien und -phasen) beteiligt. ↗Schlaf.

F.-Ch. Schubert

Schlüsselreiz ist ein Reiz, der über den ↗AAM eine Instinkthandlung auslöst. Die relevanten Merkmale des Reizobjekts werden im Attrappenversuch ermittelt. Beispiel: Im Frühjahr greift der Stichling nur Rivalen im Prachtkleid (roter Bauch) an. Naturgetreue Stichlingsattrappen ohne Rotfärbung lösen keinen Angriff aus, wohl aber nur entfernt fischähnliche Gebilde mit roter Unterseite. ↗Instinkt; ↗Tierpsychol.; ↗Verhaltensforschung, vergleichende.

I. Lindner

Schmerz. Von der subjektiven Empfindung des Leidens abgesehen, besteht der S., objektiv betrachtet, in der Gesamtreaktion, die ein schädigender Reiz bei einem Individuum auslöst. Diese Reaktionen können in neurologischer, physiol., behavioristischer oder psychotherapeutischer Terminologie beschrieben werden.

Neurologisch gesehen, bedeutet eine Änderung der physischen Energie, die groß genug ist, Schaden tatsächlich zu verursachen oder in Aussicht zu stellen, einen zureichenden Reiz für den S. Die Erregung erfolgt in den freien Nervenendungen und wird über Aδ- und C-Fasern zum Rückenmark weitergeleitet. Normalerweise wird die Nervenerregung über ↗Synapsen – und über den lateralen spinothalamischen Trakt an die parafascicularen und intralaminaren thalamischen Kerne projiziert, jedoch mit einer derartigen Überschneidung und Abzweigung von Verbindungsbahnen, daß keine konstante Beziehung zwischen Reiz und Reaktion nachweisbar ist. Melzack und Wall (1965) weisen auf einen Tormechanismus der Zellen der substantia gelatinosa hin, der die Membranpotenzen der Endungen der afferenten Fasern modifiziert, bevor diese auf die ersten zentralen Verbindungsbahnen im Rückenmark einwirken. Das Muster der physiol. Reaktionen erleichtert das Flucht- oder Vermeidungsverhalten. Die gastrointestinalen Bewegungen werden gehemmt, und es läßt sich eine zunehmende pulmonäre alveolare Ventilation sowie ein zunehmender Verbrauch von Sauerstoff feststellen. Die quergestreiften Muskeln zeigen größere Tätigkeit, wobei der Muskeltonus und die Blutzirkulation in der gereizten Gegend sich verstärken. Cardiovasculäre Reaktionen sind kompliziert und veränderlich, während sich der systolische und der diastolische Druck, die Geschwindigkeit und das Volumen des Pulsschlags und die periphere Vasokonstriktion erhöhen.

Vom behavioristischen Standpunkt aus besitzen jene Individuen die größte Schmerztoleranz, die zur Unterschätzung wahrgenommener Reize neigen und deren Körperimage klar definiert ist. Sie sind extravertiert, nicht neurotisch und haben eine hohe Angstschwelle. Die Toleranz nimmt mit vermindertem sinnlichen Input und bei häufigen Schmerzenserlebnissen ab. Sie nimmt dagegen zu mit der ↗Motivation, mit der willentlichen Schmerzannahme, mit der Hinwendung der ↗Aufmerksamkeit auf eine andere Aufgabe und mit der Verminderung der ↗Angst.

Schmerzbeschwerden als Symptom treten normalerweise bei älteren, neurotischen und intropunitiven Patienten auf, die aus größeren Familien der Arbeiterklasse stammen und eine Reihe von Schmerzenserlebnissen hinter sich haben. Einige ethnische Gruppen betonen den ↗Ausdruck des Schmerzes, bei anderen wird er unterdrückt. „Übertriebener" Schmerzausdruck, der mit Extravertiertheit sowie mit der ethnischen Gruppe assoziiert wird, steht mit der Schmerztoleranz in keinem Zusammenhang. Die Reaktionen auf S. schützen nicht nur den Körper, sondern drücken auch Affekte aus und beeinflussen interpersonale Beziehungen. Frühe, mit ↗Strafe und mit Verlust an Elternliebe assoziierte Schmerzenserlebnisse erscheinen in den späteren Schmerzreaktionen, die Angst und Schuldgefühle ausdrücken, indem sie dem Verhalten eines bestraften Kindes ähnlich sind. Umgekehrt kann die Sorge um einen Verlust oder ein Schuldgefühl Schmerzempfindungen hervorbringen. Merskey und Spear (1967) beschreiben derartige psychiatrische Modellfälle.

Sternbach (1968) analysiert die neurologischen, physiol., verhaltenspsychol. und psychotherapeutischen Beschreibungen von S.reaktionen sowie eine Anzahl von paradoxen Phänomenen in diesem Bereich und stellt eine Synthese im Hinblick auf ↗Konditionierung, sensorische Modulation und Stile der Wahrnehmungsanpassung vor samt den Implikationen für die weitere Forschung sowie die klinische Behandlung. Vgl. auch ↗Sinnesorgane: Der Schmerzsinn.

Lit.: Melzack, R. & P. D. Wall: Pain mechanisms: A new theory. Science, 1965, *150*, 971–979; **Merskey, H. & F. G. Spear:** Pain: Psychological and psychiatric aspects. London, 1967; **Sternbach, R. A.:** Pain: a psychophysiological analysis. New York – London, 1968; **Auersperg, A. P.:** Schmerz und Schmerzhaftigkeit. Berlin–Göttingen, 1963; **Hausmann, H.:** Psychologie des Schmerzes und Schmerzmittelmißbrauches. Bern – Stuttgart, ²1970; **Sauerbruch, F. & H. Wenke:** Wesen und Bedeutung des Schmerzes. Frankfurt, ²1961.

R. A. Sternbach

Schmerzempfindung ↗Schmerz; ↗Sinnesorgane: Der Schmerzsinn.

Schmerzmittel, Syn. für ↗Analgetika.

Schmerzpunkte, ein kleines Gebiet der Haut, das spezifisch schmerzempfindlich ist. Die Reizung zwischen solchen Punkten führt nicht zu Schmerzempfindung. Von Frey benutzte dies als Beweis für spezifische Schmerzrezeptoren im Unterschied zu Schmerz, der durch zu starke Reizung jeder anderen Sinnesmodalität erzeugt werden kann. *S. Morley*

Schmerzschwelle, die geringste Reizintensität, bei der man Schmerz empfindet. Die Schwelle ist nicht konstant, sondern verändert sich bei der gleichen Person mit der Zeit und bei verschiedenen Personen in Abhängigkeit von verschiedenen Faktoren, z. B. Geschlecht, Persönlichkeit und circadianem Rhythmus.

S. Morley

Schmerzsinn ↗Sinnesorgane: Der Schmerzsinn.

Schnecke ↗Sinnesorgane: Das Ohr.

Schnelligkeitstests ↗Speed-Test.

Schock, durch eine plötzliche, starke Einwirkung auf den Organismus verursachtes, komplexes ↗Syndrom mit physischen und psychischen Komponenten. Hauptkennzeichen des S. ist die Gefäßkrise (akute Kreislaufinsuffizienz). Häufig tritt beim S. eine Bewußtseinstrübung oder ein Bewußtseinsverlust auf. Man unterscheidet zwei Grundformen des S.: den *Organschock* (z. B. bei Herzinfarkt, Commotio cerebri) und den S. als Allgemeinreaktion (z. B. der anaphylaktische S. – hervorgerufen durch artfremdes Eiweiß; der Insulin- bzw. hypoglykämische S. – Zuckerverarmung im Blut; der psychische S.).

Da durch einen S. auch längerdauernde Veränderungen, bes. im psychischen Bereich, verursacht werden können, wird er in der ↗*Schocktherapie* zur Behandlung von ↗Psychosen künstlich hervorgerufen. Die wichtigsten S.methoden sind die Insulinschockbehandlung, die Elektrokrampfbehandlung und die pharmakologische Krampfbehandlung (z. B. Cardiazolbehandlung).

Lit.: Baeyer, W. v.: Die moderne psychiatrische S.behandlung. Stuttgart, 1951; **Bock, K. D.** (Hrsg.): Schock. Internat. Symposium. Berlin, 1962; **Emmrich, R. & W. Lembecke:** S. und S.behandlung. Leipzig, 1970; **Gersmeier, E. F.:** S.- und Kollapsfibel. Stuttgart, 1970; **Kalinowski, L. B. & P. H. Hoch:** S.behandlungen, Psychochirurgie. Bern – Stuttgart, 1952.

F. Mattejat

Schocktherapie. Behandlung schwerer ↗Psychosen durch Applikation eines Schocks auf das Nervensystem. Früher wurden zu diesem

Zweck ↗Drogen verwandt, die einen epileptischen (↗Epilepsie) Anfall induzieren. Seit Ende der dreißiger Jahre stellte sich heraus, daß ein elektrischer Strom durch das Gehirn denselben Effekt hervorruft, jedoch mit weniger unangenehmen Folgen für den Patienten. S. findet hauptsächlich bei schwerer ↗Depression Verwendung, weniger bei ↗Schizophrenie oder ↗Manie. *B. Brooker*

Scholl-Test, relativ sprachfreier Einzeltest, der das Intelligenzniveau bei geistig retardierten, vor allem taub- und hörstummen Kindern im Alter von 3 bis 10 Jahren sowie bei nichtbehinderten Kindern im Alter von $1^{1}/_{2}$–$3^{1}/_{2}$ erfassen soll. Die Objektivität des Tests erscheint problematisch, zur Reliabilität und Validität liegen keine Angaben vor.

Lit.: Scholl, R.: Scholl-Test, Kindertest. Stuttgart, 1953.

K.-L. Holtz & G. Eberle

Schöpferisches Denken ↗Produktives Denken.

Schöpferische Synthese (Prinzip der psychischen Resultanten), nach W. ↗Wundt ein allg. Prinzip psychischen Geschehens. Es besagt, daß ein „psychisches Gebilde" mehr als die Summe seiner Elemente („reine Empfindungen" oder „einfache Gefühle") darstellt. Das aus mehreren Elementen entstandene Produkt ist im Verhältnis zu seinen Teilen etwas völlig Neues, mit einem „Wertcharakter höherer Stufe". Das Prinzip der s. S. bezieht sich nicht auf obj. Gegebenheiten, sondern auf subj. Werte und Zwecke; es steht deshalb nicht im Widerspruch zu physik. Gesetzen (z. B. Satz von der Erhaltung der Energie). Am deutlichsten kommt die s. S. bei den „höheren" psychischen Vorgängen („apperzeptive Synthese") zum Ausdruck.

Lit.: Wundt, W.: Grundriß der Psychologie. Leipzig, ^{12}1914; **ders.:** Grundzüge der physiologischen Psychologie. Leipzig, 1874 (Reprint 1978). *F. Mattejat*

Schreck, physiologisch meßbare Reaktion des Organismus auf einen unerwarteten, häufig bedrohlichen Reiz. Die *Schrecksekunde* ist die Zeitspanne zwischen der Wahrnehmung eines (Schreck-)Reizes und der Reaktion auf diesen Reiz. Sie ist individuell und situationsbedingt variabel. *F. Mattejat*

Schreckstoffe. Chem. Substanzen, die abgegeben werden, um Artgenossen oder Artfremde vor einem Freßfeind zu warnen bzw. diesem die Beute für die Zukunft zu verleiden. Elritzen sondern bei Verletzungen einen S. ab, der andere Fische warnt. Viele Käferarten pressen bei Bedrohung übelriechende Körperflüssigkeit durch ihre Extremitätengelenke bzw. spucken ätzende Verdauungsflüssigkeit, die sie als Beute ungenießbar machen. *V. Preuss*

Schreibkrampf, früher als *Schreiblähmung* bezeichnet. Ein Zustand, in dem verschiedene am Schreibvorgang beteiligte Muskeln ↗spastisch werden, sowie der Patient zu schreiben versucht oder nachdem er kurze Zeit geschrieben hat. Dies ist einer von vielen berufsspezifisch auftretenden Krämpfen wie auch der Violinspielerkrampf. *P. Ley*

Schreibmotorik ↗Graphologische Begriffe.

Schreibschwäche ↗Agraphie; ↗Legasthenie.

Schreibwaage. Von E. ↗Kraepelin eingeführte Vorrichtung zur mechanischen *Registrierung des Schreibdruckverlaufs;* von Steinwachs (1962) elektronisch weiterentwickelt. Erfaßt den feinmot. Stil, zugleich den konstitutionsgebundenen elementaren dynamischen Einsatz (↗Temperament).

Lit.: Steinwachs, F.: Körperlich-seelische Wechselbeziehungen in der Reifezeit. Basel, 1962. *W. Kretschmer*

Schrittgröße ↗Programmierte Instruktion.

Schrödersche Treppe. Eine ↗Reversions-Figur, die uns alternierend als Blick von oben auf

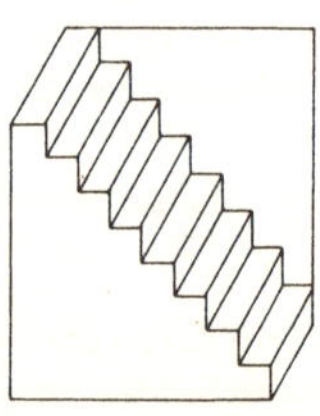

eine Treppe und Blick von unten unter eine Treppe oder überhängende Mauer erscheint.

C. D. Frith

Schub, schizophrener. Bez. für prognostisch ungünstige Verlaufsform vieler schizophrener Psychosen, bei denen der Krankheitsprozeß stufenförmig in Sprüngen fortschreitet und zur Persönlichkeitsveränderung mit Niveaueinbuße führt. Ein s. S. kann mit stürmischen psychotischen Erscheinungen beginnen, die nach einer Weile wieder abklingen, jedoch einen unspezifischen oder spezifischen „schizophrenen Defekt" hinterlassen, der sich von S. zu S. vertieft. Im Gegensatz hierzu wird eine zu vollständiger Gesundung führende psychotische Erkrankungsepisode (bes. bei Erkrankungen des manisch-depressiven Formenkreises) als Phase bezeichnet.

Lit.: Benedetti, G.: Schizophrenie. In: **Ch. Müller** (Hrsg.) Lexikon der Psychiatrie. Berlin – Heidelberg – New York, 1973, 440–458; **Bleuler, M.:** Lehrbuch der Psychiatrie. Berlin – Heidelberg – New York, 1972.

J. Böning

Schulabschluß- und Berufseintrittstest (SABET 8+), kombinierter Gruppentest, der Teilbereiche der Intelligenz und der Schulleistung erfaßt. Er besteht aus den Subtests Zahlenreihen und Figurenreihen, welche „induktiv-logisches Denken" erfassen, und den Subtests Rechnen, Rechtschreibung und Raumlehre. Gütekriterien: Die Objektivität in Darbietung und Auswertung ist sehr hoch. Die Reliabilität nach der Testhalbierungsmethode ist hoch, ebenso die Parallelität der beiden vorhandenen Formen. Zur Validierung wurden Korrelationen mit spezielleren Testverfahren in unterschiedlicher Höhe errechnet. Angaben zur Übereinstimmung mit Schulerfolg fehlen; nur Hinweis auf logische Gültigkeit. Die Eichung wurde an einer sehr großen Stichprobe von Hauptschülern der 8. und 9. Klasse und von Berufsschülern vorgenommen. Entsprechend ist auch der Einsatzbereich von SABET 8+.

Lit.: Horn, H., u. a.: Schulabschluß- und Berufseintrittstest SABET 8+. Weinheim, 1972.

H.-P. Trolldenier

Schulangst ist das Erleben des Bedrohtseins durch Faktoren, welche direkt oder indirekt im Zusammenhang mit der Schule stehen. Hierzu zählen überhöhte Lehrerforderungen, allgemeiner Leistungsdruck, Verachtung oder Bedrohung durch Mitschüler und Repressalien der Eltern bei Schulversagen. S. ist daher eine passive Reaktion auf allgemeine Überforderung in der Schule. Sie bewirkt eine Hemmung in der Leistungs-, Fähigkeits- u. Persönlichkeitsentfaltung und manifestiert sich im körperlichen Bereich als Magenschmerzen, Kopfweh, Bettnässen, Nervosität, morgendliches Erbrechen und Appetitlosigkeit. Verängstigte Schüler zeigen meist Verhaltensformen des Bedrohtseins und der Abwehr, aber auch als Kompensation Aggressivität, Zerstörungswut, auflehnendes und provokatorisches Verhalten. Nicht selten kommt es zur Flucht in Alkohol und Drogen. In übersteigerter Form kann S. durch Kurzschlußhandlung zu Selbstmord führen. Als päd. Gegenmaßnahmen dienen Berücksichtigung individueller Fähigkeiten bei der Leistungsforderung, Vermittlung von Erfolgserlebnissen, Vermeidung von Diskriminierung und Repressalien bei Leistungsversagen sowie ein vertrauensvolles Verhältnis zwischen Schüler und Erzieher.

Lit.: Fürntratt, E.: Angst und instrumentelle Aggression. Weinheim, 1974. **Huber, S. K.:** Anti-Angsttraining. München, 1975. **Krohne, H. W.:** Theorien zur Angst. München, 1976. **Rachmann, E.:** Angst. Formen, Ursache, Therapie. München, 1975. **Schwarzer, R.:** Schulangst und Lernerfolg. Düsseldorf, 1975. **Singer, K.:** Verhindert die Schule das Lernen? München, 1973.

H. Schröder

Schuldfähigkeit. Von S. kann man nur unter der Voraussetzung sprechen, daß es *menschliche Schuld*, die wenigstens in gewissen *Grenzen auch erkennbar ist, gibt.* Begriff und Wesen der Schuld, die sich nicht in den empirisch psychol. oder psychopathologischen Phänomenen des *Schuldbewußtseins* oder der *Schuldgefühle* erschöpfen, sind von der phil. Anthropologie, der Ethik und der Jurisprudenz zu definieren. „Der Mensch ist das Wesen, das fähig ist, schuldig zu werden, und das fähig ist, seine Schuld zu erhellen ..." (M. Buber).

Das deutsche StGB i. d. F. v. 2. 1. 1975 hat die bisherige *Zurechnungsfähigkeit* durch den präziseren Begriff S. ersetzt. Analoge Begriffe aus dem Zivilrecht mit ähnlichen Beurteilungskriterien sind die *Geschäftsfähigkeit* (§§ 104, 105 BGB), die *Deliktfähigkeit* (§ 827 BGB), die *Testierfähigkeit* (§ 2229 BGB). S. bedeutet *Freiheit zu sinngemäßer Selbstbestimmung,* Fähigkeit zu *verantwortl. Verhalten,* zur *Übernahme von Verantwortung.* Die Konzeption eines Schuldstrafrechts impliziert die Willensfreiheit des „normalen" Staatsbürgers als Prinzip. Bei der hier gemeinten Freiheit als Voraussetzung jeder rechtsstaatlichen Ordnung überhaupt geht es nicht um diejenige Freiheit, über die sich die Philosophen verschiedenster Provenienz im Laufe der Jh. noch nie einigen konnten. Durch die Tatsache, daß ein „normaler" Staatsbürger vor der auf Rot geschalteten Verkehrsampel anhalten „kann", daß er ein Stopsignal keineswegs ignorieren „muß", dürfte *diejenige „Freiheit"* eines Bürgers, die unerläßliche und wiss. unangreifbare Voraussetzung jeder Rechtsordnung ist, völlig ausreichend gekennzeichnet sein. Selbstverständlich ist das verkehrsgerechte oder verkehrswidrige Verhalten des Bürgers kausal und final motiviert, wie jede Handlung, Entscheidung oder Willensentschließung eines Menschen. Für die Beurteilung der strafrechtlichen Verantwortlichkeit spielt es gar keine Rolle, ob man in der Willensfreiheit eine metaphysische Prämisse oder aber eine erweisbare ontologische Grundvoraussetzung sieht. *Hier geht es immer nur um die empirisch faßbaren Bedingungen der Möglichkeit von Unfreiheit.* In den Merkmalen der *Einsichtsfähigkeit* und der *Fähigkeit zu einsichtsgemäßem Handeln* sind die im Einzelfall näher zu untersuchenden Bedingungen bereits vom Gesetzgeber präzisiert. Unser diagnostisches Bemühen gilt immer der Determinationsstruktur des Verhaltens eines Menschen. Durch körperliche und psychische Untersuchungen versuchen wir eine Abklärung der Verhaltensdeterminanten eines Pb, insbes. z. Z. der in Rede stehenden Tat, aber auch im Hinblick auf die soziale und kriminelle ↗ *Prognose.* Unser Vorgehen kann dabei immer nur empirisch sein. Die Sollensnormen der Ethik und des Rechts ermöglichen die soziale Bewertung eines bestimmten Verhaltens, und insoweit sind sie ein Maßstab für die Schuld. Ethische und rechtliche Normen ermöglichen die Feststellung, *daß* ein Verhalten nicht normgemäß ist. Die Frage nach dem *Warum,* nach den Bedingungen abnormen Verhaltens, liegt auf einer anderen Erkenntnisebene, muß empirisch-biol.-psychol. geklärt werden.

Die Beurteilung einer Beeinträchtigung der S. erfolgt in den deutschsprachigen Ländern nach der *biol.-psychol.* oder *gemischten Methode.* Gemäß §§ 20, 21 StGB sind sog. biol. Merkmale: krankhafte seelische Störung, tiefgreifende ↗Bewußtseinsstörung, ↗Schwachsinn, schwere andere seelische Abartigkeit. Die Einsichtsfähigkeit oder/und die Fähigkeit zu einsichtsgemäßem Handeln kann aufgehoben oder erheblich vermindert sein durch: 1. *Krankhafte seelische Anomalien* in Form von a) körperlich begründbaren, d. h. auf Krankheit, Mißbildung, Verletzung, Intoxikation oder dergl. beruhenden schweren seelischen Störungen, b) Geisteskrankheiten i. S. von *endogenen ↗Psychosen* aus dem zyklothymen (manisch-depressiven) oder schizophrenen Formenkreis, deren Krankhaftigkeit bzw. körperliche Begründbarkeit, z. Z. nur, wenn auch mit guten Gründen, „postuliert" ist. 2. *„Normalpsychol." Beeinträchtigungen des ↗Bewußtseins* oder vorübergehende und tiefgreifende Bewußtseinsstörungen im Sinne von nicht-krankhaft bedingten Zuständen der Erschöpfung und Übermüdung, der Schlaftrunkenheit, des „Affektsturms", der ↗Hypnose und dergl., die in ihren Auswirkungen auf Persönlichkeitsgefüge und Sozialverhalten einer schweren krankhaften Bewußtseinsstörung gelegentlich und durch das Hinzutreten „konstellativer Faktoren" somatischer, psychischer oder situativer Art vergleichbar sein können. 3. *Seelische Abartigkeiten* in Form von a) *Artungs-Anomalien* im Sinne von schweren, den „Persönlichkeitskern" (↗Schichtenlehren) oder die „Sinngesetzlichkeit des Lebens" tangierenden Normvarianten der Persönlichkeit, wie z. B. höhergradige Formen des Schwachsinns unbekannter Ursache oder ausgeprägte ↗ *Psychopathien;* b) *Haltungs-Anomalien* als im späteren Leben entstandene oder manifest gewordene schwere neurotische Entwicklungen oder konfliktmotivierte Störungen der Erlebnisverarbeitung und des Verhaltens, die in forensisch relevanter Eigenart und Ausprägung als Kern- oder Charakterneurosen eine anlagemäßige Abartigkeit als konstitutionelle Voraussetzung (Disposition) haben.

Mit dem Nachweis des Vorliegens einer der biol. Voraussetzungen ist die Frage nach der S. noch nicht beantwortet. Es bedarf der Klärung, ob und wieweit die festgestellte seelische Störung die Einsichtsfähigkeit oder/und die Steuerungsfähigkeit des Täters z. Z. der Tat beeinträchtigt hat. Auch dieser zweite Teil der Frage, betreffend die psychol. Merkmale, erfordert eine Antwort aus empirisch-psychol. bzw. empirisch-klinischer Sicht, er kann nicht vom Richter nur als Rechtsfrage entschieden werden. Für das Gericht, das hier letztlich zuständig ist, handelt es sich primär und entscheidend um eine *Tatfrage oder Sachfrage*. Eine Aufspaltung dieser Frage in einen tatsächlichen und einen normativen Teil widerspricht der Realität des Lebendigen. Einsicht und Steuerung als seelische Fähigkeiten sind keine normativen Gegebenheiten. Die Identifizierung mit sittlichen Werten ist sogar recht bedenklich, weil damit *fähig-gesund* = *gut* und *unfähig-krank* = *schlecht* gesetzt würde. Fähigkeiten oder Unfähigkeiten eines Menschen sind aber aus ganz grundsätzlichen Erwägungen einer primär und allein normativen Beurteilung entzogen. Erst die Betrachtung der Relation zwischen bestimmten seelischen Fähigkeiten und ebenso bestimmten Ansprüchen der Gemeinschaft erfordert normative Kriterien. Dieser gleichsam „zweite Akt" der Urteilsbildung liegt jenseits naturwiss. und psychol. Empirie. Er entfällt bei einer nachweisbaren Unfähigkeit, weil es zwischen dieser und einem staatlichen Normenanspruch keine rechtlich beachtliche Relation geben kann. Schwieriger ist es bei der verminderten S. Ob ein bestimmter Grad der Alkoholisierung oder andere seelische Störungen, die in der empirischen Analyse eine Verminderung der Einsichts- oder der Steuerungsfähigkeit begründen, auch im Rechtssinne „erheblich und damit forensisch beachtlich sind, kann gelegentlich auch eine normativ zu entscheidende Frage der *Zumutbarkeit* und nicht nur eine empirisch zu klärende Frage der *Zurechenbarkeit* sein. In diesen Grenzfällen bedarf es bes. guter Zusammenarbeit zwischen Richter und Sachverständigem.

Lit.: Arnold, W.: Person, Charakter, Persönlichkeit. München, [4]1975; **ders.:** Person und Schuldfähigkeit. Univ.reden, Heft 43, Würzburg, 1965; **Bockelmann, P.:** Schuld und Sühne. Göttingen, [2]1958; **Buber, M.:** Schuld und Schuldgefühle. Heidelberg, 1958; **Ebbinghaus, J.:** Die Strafen für Tötung eines Menschen nach Prinzipien einer Rechtsphilosophie der Freiheit. Bonn, 1968; **Engisch, K.:** Die Lehre von der Willensfreiheit in der strafrechts-philosophischen Doktrin der Gegenwart. Berlin, [2]1965; **Ehrhardt, H.:** Psychiatrie (Psychopathologie, Begutachtung). In: **R. Sieverts** (Hrsg.): Handwörterbuch der Kriminologie, Bd. II. Berlin, [3]1975; **Eysenck, H. J.:** Crime and Personality. London, 1964; **Frey, E. R.** (Hrsg.): Schuld, Verantwortung, Strafe. Zürich, 1964; **Glueck, Sh.:** Law and Psychiatry. Baltimore, 1962; **Guttmacher, M. S.:** The Role of Psychiatry in Law. Springfield, 1968; **Kaufmann, A.:** Schuld und Strafe. Köln, 1966; **Keller, W.:** Das Problem der Willensfreiheit. Bern, 1965; **Krümpelmann, J.:** Die Neugestaltung der Vorschriften über die Schuldfähigkeit durch das 2. StrRG v. 4. 7. 69. ZStW, 1976, *88*, 6; **Ricœur, P.:** Philosophie de la volonté. Tom. I, Paris, 1949; **Schreiber, H.-L.:** Was heißt heute strafrechtliche Schuld u. wie kann der Psychiater bei ihrer Feststellung mitwirken? Nervenarzt, 1976, *48*, 242; **Thomae, H.:** Der Mensch in der Entscheidung. München, 1960; **Welzel, H.:** Gedanken zur „Willensfreiheit". In: Festschr. f. K. Englisch. Frankfurt/M., 1969

H. Ehrhardt

Schuldgefühle (↗Gewissen), Erlebnisse, die im Zusammenhang mit unerlaubten Verhaltensweisen auftreten können (bes. Verletzung sozialer ↗Normen). Mowrer (1960) unterscheidet zwischen *Schulderlebnissen* (guilt) und *Versuchungserlebnissen* (temptation). S. treten auf, nachdem ein vorher bestrafter Akt begangen wurde, Versuchungserlebnisse entsprechen der Furcht und dem Konflikt vor der Durchführung verbotener Akte. Von S.n kann nur gesprochen werden, wenn sie unabhängig von der unmittelbaren Bedrohung durch eine äußere ↗Strafe auftreten. Sind entsprechende Gefühle an die Anwesenheit einer äußeren Strafquelle gebunden, so spricht man von *Scham*. In Analogie zur unrealistischen Furcht bei psychischen Störungen und Krankheiten können unbegründete S. von begründeten unterschieden werden.

Lit.: Mowrer, O. H.: Learning theory and the symbolic processes. New York, 1960.

F. Mattejat

Schuleingangsdiagnose. Das Insgesamt der pädagogisch-psychologischen Theorien, Modelle und Methoden, die im zeitlichen Umfeld des Schulbeginns eingesetzt werden, um Handlungen oder Entscheidungen in der Grundschule (Primarstufe) vorbereiten, unterstützen oder begründen zu können. In der Diskussion über Aufgaben der Schuleingangsdiagnostik lassen sich unter entscheidungstheoretischem Gesichtspunkt zwei Ziele einander gegenüberstellen: 1) Die Differenzierung schulreifer und schulunreifer Kinder im Rahmen der selektiven Aufnahmeentscheidung und 2) die Analyse individueller und situativer Lernvoraussetzungen für die differenzierende Gestaltung des Primarunterrichts. Da in der Primarstufe viele Gründe gegen die selektive Aufnahmeentscheidung und die laufbahnorientierte Differenzierungsentscheidung (äußere Differenzierung) sprechen, bietet die innere Differenzierung einen gangbaren Weg, um die mit den Unterschieden in den Leistungsvoraussetzungen der Schulanfänger fertig zu werden. Als innere Differenzierungsannahmen im Rahmen eines adaptiven Unterrichts können die Lernweg- und Methodendifferenzierung angesehen werden. Während Lernwegdifferenzierung dafür sorgt, daß die einzelnen Curriculumeinheiten den individuellen Lernvoraussetzungen entsprechend angeordnet werden (z.B. Lernzielhierarchien/ Lehrstoffstruktur), stellt sich bei der Methodendifferenzierung die Frage, nach welcher Methode der Lehrstoff der Curriculumeinheit vermittelt werden soll (= Aptitude-Treatment-Interaction).

Lit.: **Krapp, A. & H. Mandl:** Einschulungsdiagnostik. Weinheim, 1977; **Mandl, H. & A. Krapp:** Schuleingangsdiagnose. Göttingen, 1978.

H. Mandl

Schuljugendberater. Der S. berät sowohl die Erziehungsberechtigten der Schuljugend als auch die Jugendlichen selbst. Den Eltern und Lehrern hilft er bei bedeutsamen Entscheidungen der Einschulung und Schullaufbahn sowie der Behebung von Erziehungs- und Schulschwierigkeiten. Der Jugendliche erhält entsprechend seinen spezifischen Fähigkeiten Rat bei der Auswahl der Kursfächer, der Berufsentscheidung sowie bei auftretenden Schwierigkeiten der Leistungs- und Persönlichkeitsentfaltung. Die Fülle der Aufgaben macht für den Beratungsdienst ein in Psychol., Pädagogik und Lehrtätigkeit umfassend ausgebildetes und erfahrenes Personal erforderlich.

H. Schröder

Schulleistungstests für Lernbehinderte erfassen das schulische Leistungsniveau lernbehinderter Schüler. Verwendung: 1) Einsatz *bei der Erstdiagnose* von Lernbehinderung; dabei werden S.f.L. durchgeführt zur objektiven Überprüfung des schulischen Versagens in der Volksschule in Ergänzung der Leistungsbeurteilung durch den Lehrer und gleichzeitig zur Zuordnung in das Jahrgangs- oder Kurssystem der aufnehmenden Sonderschule. 2) Einsatz finden S.f.L. auch zur objektiven Überprüfung von Schulleistungen *bei Schülern in Sonderschulen.* Hierbei gibt es zwei ineinander übergehende Fragestellungen: Ist ein Schüler innerhalb der Sonderschule richtig plaziert? Ist ein Schüler überhaupt in dem für ihn passenden Schultyp? Die 3 bisher publizierten S.f.L. sind: H. Kautter und L. Storz: „Schulleistungstestbatterie für L. und für leistungsschwache Grundschüler" (SBL 1 und SBL 2) und A. Reinartz: „Schulleistungstest lernbehinderter Schüler" (SLS). Sie sind hinsichtlich der Gütekriterien und der Normierung als zufriedenstellend zu betrachten. Die mit ihnen überprüften Leistungsinhalte im Lesen, Schreiben und Rechnen beziehen sich auf den Stoff der unteren Grundschulklassen und entsprechender Klassen der Sonderschule. Außerhalb dieses Bereichs finden an Stelle spezieller S.f.L. allgemeine Ein- oder Mehrfächertests Verwendung, deren Normierungssystem dann den individuellen Gegebenheiten angepaßt werden muß.

Lit.: **Zimmermann, K.:** Psychodiagnostische Verfahren zur Untersuchung von Lernbehinderten. Berlin, [2]1974.

H.-P. Trolldenier

Schulneurose. Unter S. versteht man ein neurotisches Fehlverhalten, das sich im Bereich der Schule manifestiert oder durch die Schule als Auslöser verursacht wird. Gelegentlich zeigen sich die Formen dieser Verhaltensstörung nur während des Schulbesuches (Schulmutismus, Schulkrampf, Schulphobie, Schulaphasie), doch meist treten sie sowohl im schulischen als auch im außerschulischen Bereich auf (Trennungsangst, Leistungsangst, Lernschwierigkeiten, Konzentrationsschwäche, Kontaktstörungen). Die Behebung schulneurotischen Verhaltens ist eine der Aufgaben des ↗Schulpsychologen und ↗Schuljugendberaters. ↗Neurose. *H. Schröder*

Schulpsychologe. Der S. ist in der Regel einer Schulaufsichtsbehörde oder einer größeren Schule zugeordnet zur Feststellung der Schuleignung (↗Schulreife), zur Ermittlung der Ursache von ↗Schulversagen und zur Erfassung spezifischer Begabungsrichtungen (↗Begabung) und ↗Fähigkeiten der Schüler. Neben diesen vornehmlich diagnostischen Aufgaben wird der S. meist auch ↗Prognosen erstellen (Schullaufbahnlenkung) und beratend wirken (↗Schuljugendberater). *H. Schröder*

Schulreife. Während in der BRD bis in die Mitte der 60er Jahre die These von der Reifungs- und Altersabhängigkeit der sog. S. dominierend war, ist man sich heute weitgehend einig, daß die theoretischen Annahmen, auf denen das Schulreifekonzept beruht, ungültig sind und einer gründlichen Revision bedürfen. Gegenüber dem ursprünglich individuumzentrierten Erklärungsversuch, Reifungsrückstände des Kindes als primäre Bedingung für Schulversagen anzusehen, haben sich heute Erklärungsmodelle durchgesetzt, die den Bedingungen der Lernumwelt entscheidende Bedeutung beimessen. Je nach Anforderungsnorm läßt sich S. auf unterschiedlicher Distanz zur individuellen Leistungsfähigkeit festlegen. In zunehmendem Maß spricht man anstelle von S.diagnose lieber von Einschulungs-, ↗Schuleingangs- oder Schulfähigkeitsdiagnose bzw. Einschulungstests, Schuleignungstests oder Schulfähigkeitstests. Die aufgrund des Reifekonzepts vertretene Strategie der Zurückstellung ist nach dem lernorientierten Entwicklungskonzept nicht mehr vertretbar.

Lit.: Gutjahr, W. u. a.: Verfahren zur Diagnostik der Schulfähigkeit. Berlin, [2]1977; **Krapp, A. & H. Mandl:** Einschulungsdiagnostik. Weinheim; 1977; **Löschenkohl, E.:** Über den prognostischen Wert von Schulreifetests. Stuttgart, 1975; **Mandl, H. & A. Krapp:** Schuleingangsdiagnose. Göttingen, 1978; **Rüdiger, D., Kormann, A. & H. Peez:** Schuleintritt und Schulfähigkeit. Stuttgart, 1976. *H. Mandl*

Schulreifetest Form B ↗Einschulungstests.

Schulreifetests ↗Einschulungstests.

Schulversager sind solche Schüler, deren Leistungen den Minimalforderungen der Schule nicht entsprechen. Als Ursache hierfür kommen mangelhafte Ausprägung des Leistungsvermögens, aber auch gestörte Anpassung, mangelnde Leistungsbereitschaft oder neurotisches Fehlverhalten (↗Schulneurose) in Betracht. Ermittlung der Ursachen und Möglichkeiten der Behebung schulischen Versagens sind vorwiegend Aufgaben des ↗Schulpsychologen und ↗Schuljugendberaters. Schulreifeuntersuchungen (↗Schulreife) für die Grundschule und Übergangstests für Realschule und Gymnasium sollten durch eine Vorauslese noch nicht schulreifer und ungeeigneter Kinder schulisches Versagen vermeiden helfen.

Lit.: Bundschuh, K.: Der intelligente Schulversager. Zum Problem der Pseudodebilität. Ein empirischer Beitrag. Neuburgweier, 1975; **Kleber, E. W.:** Lernverhalten von Schulversagern. Weinheim, 1973; **Pinkert, E.:** Schulversagen und Verhaltensstörungen in der Leistungsgesellschaft. Neuwied – Berlin, [2]1974; **Sigrell, B.:** Problemkinder in der Schule. Weinheim, [5]1975; **Topsch, W.:** Grundschulversagen und Lernbehinderung. Essen, 1975; **Wiest, U.:** Schulerfolg – Schulversagen. Stuttgart, 1975; **Wittach, M.:** Unterricht mit Schulversagern. Vorschläge zur Förderung von Lernprozessen. Köln, 1976. *H. Schröder*

Schutzhemmung ↗Überbelastungshemmung.

Schwachsinn. Angeborenes oder frühzeitig erworbenes Leistungsdefizit in den für die Bewältigung der Anforderungen einer Kultur notwendigen geistigen Funktionen. Von S. spricht man bereits dann, wenn die intellektuelle Begabung trotz vorhandener Gelegenheiten nicht zum Erwerb einer Volksschulbildung und der Ausübung eines gelernten Berufes ausreicht, was meist einem ↗IQ von unter 70 entspricht. Innerhalb des S. sind die Grenzen zwischen den einzelnen Schweregraden (↗Debilität, ↗Imbezillität, ↗Idiotie) ebensowenig scharf zu ziehen wie hinsichtlich des Überganges zur Norm, da neben den intellektuellen auch emotionale und Temperaments-Faktoren zu berücksichtigen sind.

M. Amelang

Schwangerschaftsunterbrechung ↗Abort.

Schwankung. Maß für die Variabilität von Meßwerten. Der S.sbereich wird im allg. durch den höchsten und niedrigsten aufgezeichneten Meßwert definiert (↗Streubreite, Variationsbreite); manchmal versteht man unter S.sbereich auch den Bereich, der durch die kleinste und die größte Differenz aufeinanderfolgender Beobachtungen einer Zeitreihe eingegrenzt wird. – Beim ↗*Pauli-Test* wird die S. als Maß für die Änderung der Teilzeitleistungen verwendet.

Lit.: Arnold, W.: Der Pauli-Test. München, ^{5}1975.

A. Rausche

Schwannsche Scheide ↗Neurilemm.

Schwarmverhalten. Tierverbände aus wenigstens 2 bis zu Tausenden von Individuen können synchrones Verhalten besonders bei Schwimm- und Flugmanövern zeigen. Meist halten die Individuen eines Schwarmes einen bestimmten Individualabstand, der bei Gefahr enger zu werden pflegt. Fisch- und Vogelschwärme, z. B. Stare, können Raubfeinde in „Vakuolen" einschließen und sie so am Angriff hindern. Der Überlebenswert von Schwarmformationen liegt vor allem darin, daß gezielte Angriffe auf Einzeltiere erschwert werden. Es gibt keine Schwarmkommandanten, sondern man exerziert meist durch optische Stimmungsübertragung, die durch auffallende Muster verbessert wird.

Lit.: Eibl-Eibesfeldt, I.: Grundriß der vergleichenden Verhaltensforschung. Ethologie. München, ^{5}1978; **Horstmann, E.:** Schwarm und Phalanx als überindividuelle Lebensformen. J. Forsch. Spiekeroog; **ders.:** Schwarmstudien unter Ausnutzung einer optomotorischen Reaktion bei Mugil cephalus (CUV.) Pubbl. Staz. Zool. Napoli, 1967, *XXXI/I, 25–35.*

K. Fiedler

Schwebung, die periodische Verstärkung von zwei zusammenklingenden und zusammengehörten Tönen, deren Schwingungszahlen sich kaum unterscheiden; die Frequenz der Schwebung entspricht der Differenz beider Tonfrequenzen.

Schweigepflicht des Berufspsychologen. Die Verletzung des Schweigegebots durch einen Psychologen kann zivilrechtliche und strafrechtliche Folgen nach sich ziehen. Der Bundesgerichtshof hat aus den Grundrechten des Menschen auf Achtung seiner Würde und freie Entfaltung seiner Persönlichkeit (Art. 1 und 2 des GG) ein allg. Persönlichkeitsrecht abgeleitet, das im Rahmen des § 823 des BGB ein absolutes Recht darstellt, dessen schuldhafte Verletzung zum Ersatz des daraus entstandenen materiellen und immateriellen Schadens verpflichtet. Strafrechtlich unterliegt der Psychologe der Schweigepflicht des § 203 des StGB. Nach dieser Vorschrift wird mit Freiheitsstrafe bis zu einem Jahr oder mit Geldstrafe bestraft, wer unbefugt ein fremdes Geheimnis oder ein Betriebs- oder Geschäftsgeheimnis offenbart, das ihm als Berufspsychologen mit staatlich anerkannter wissenschaftlicher Abschlußprüfung anvertraut worden oder sonst bekanntgeworden ist. Berufspsychologe ist nur, wer auf mindestens einem der Hauptanwendungsgebiete der Psychologie hauptberuflich tätig ist, nicht dagegen, wer eine psychologische Tätigkeit lediglich aus Liebhaberei oder als Hilfswissenschaft neben oder bei einem anderen Hauptberuf ausübt. Als Täter kommen damit außer den z. B. in der Psychotherapie tätigen Psychologen auch Werbe- und Verkehrspsychologen in Betracht, wenn sie z. B. durch Tests, auf deren Grundlage sie ihre Vorschläge erarbeiten, fremde Geheimnisse erfahren (Lenckner in Schönke-Schröder, § 203 Anmerkung 5b, Randzeichen 36). Der psychol. Sachverständige, der aufgrund eines gerichtlichen oder staatsanwaltschaftlichen Auftrags sein Gutachten abgibt, enthüllt keine ihm anvertrauten oder bekanntgewordenen Geheimnisse. Denn er ist nicht Vertrauensperson des Pb, sondern Erkenntnisgehilfe des Gerichts oder der

Staatsanwaltschaft. Als solcher nimmt er eine öffentliche Aufgabe wahr, die allerdings nur insoweit zur Aufdeckung von Geheimnissen berechtigt, wie sie selbst reicht. Die strafrechtliche Schweigepflicht des Berufspsychologen nach § 203 StGB sollte ihr Gegenstück im Zeugnisverweigerungsrecht nach § 53 StPO haben, das Berufsgeheimnisträgern ein Schweigerecht vor Gericht gewährt. Der Berufspsychologe besitzt ein solches Schweigerecht nur als Hilfsperson einer nach § 53 StPO berechtigten Person – also z. B. als Gehilfe eines Arztes (Kleinknecht § 53 Anmerkung 6 A, Randzeichen 15). Das ist eine ungerechtfertigte Benachteiligung des Berufspsychologen.

Lit.: Dreher, E.: Strafgesetzbuch. München, [37]1977; **Kleinknecht, Th.:** Strafprozeßordnung. München, [33]1977; **Peters, K.:** Die prozeßrechtliche Stellung der psychologischen Sachverständigen. In: **U. Undeutsch** (Hrsg.): Hdb. der Psychol., Bd. 11. Göttingen, 1967, 768–800; **Schneider, H. J.:** Zur strafrechtlichen Schweigepflicht des Berufspsychologen. Psychol. Rdsch. 1963, *14*, 203–210; **Schönke, A. & Schröder, H.:** Strafgesetzbuch. München, [19]1978.

H. J. Schneider

Schwelle, das Ausmaß einer quantitativen Variablen (z. B. Lautstärke), bei der ein Reiz gerade noch wahrnehmbar ist *(absolute S.)* oder die minimale Differenz zwischen zwei Reizen, entweder einer quantitativen oder qualitativen Variablen (z. B. Farbe), die erkennbar ist *(↗Unterschiedsschwelle)*. In beiden Fällen ist es erforderlich, die Schwelle als stat. Mittel nur für ein Individuum zu bestimmen; auch *Limen* genannt, abgekürzt AL für *absolutes* Limen und DL für *differentielles* Limen.

Die psychophysischen Methoden wurden ursprünglich zur Schwellenbestimmung entwickelt. Siehe auch ↗Signal-Detektionstheorie (signal-detection theory), ein moderner Ansatz des Problems, sensorische Schwellen zu bestimmen. ↗Grenzverfahren; ↗Psychophysik. *G. D. Wilson*

Schwereempfindung. Gewichtsempfindungen hängen ab sowohl von haptischen als auch von kinästhetischen Sinnesempfindungen. Ein passiv gefühltes Gewicht ist abhängig vom Tastsinn, ähnlich wie Druck, während ein aktiv gehobenes Gewicht abhängig ist von kinästhetischen Sinnesempfindungen der Bewegung und Muskeldehnung. *C. D. Frith*

Schwererziehbarkeit. Uneinheitlich gebrauchte Sammelbezeichnung für eine Reihe von Verhaltensstörungen bei Kindern und Jugendlichen, die bes. Therapie erfordern. Vom Wort S. her liegt die Betonung auf der Tatsache, daß das Kind Schwierigkeiten macht und nicht, daß es selbst Schwierigkeiten hat. Ursachen für S. sind z. B. Erziehungsbedingungen, ↗Konflikte, Handikaps verschiedener Art (↗Kriminalität, ↗Neurose, ↗Verwahrlosung, ↗Psychopathien).

Lit.: Klink, J.-G.: Schwererziehbarkeit und Erziehungsschwierigkeit in der Schule. Hamburg, 1962.

H. Meister

Schwerhörigkeit. Die Schwerhörigkeit kann verschiedene Ursachen haben. Bei Schalleitungsstörungen ist die Übertragung der Schallschwingungen im äußeren Gehörgang, am Trommelfell, im Bereiche der Hörknöchelchen oder des ovalen Fensters (Fenestra vestibuli) beeinträchtigt. Schallempfindungsstörungen sind durch pathologische Prozesse des Innenohres oder der zugeordneten Nervenbahnen bedingt. Bei Schalleitungsstörungen werden die tiefen Töne schlecht gehört, bei Schallempfindungsstörungen im Innenohr die hohen. Die Ursache der Altersschwerhörigkeit (Presbyakusis) ist eine Minderdurchblutung des Innenohres aufgrund angiopathischer Veränderungen. *G. Arnold*

Schwerin-Kurve, graphische Darstellung der Behaltensleistung von (Werbe-)inhalten in Abhängigkeit vom ‚Gefühlston' dieser Inhalte. U-förmige Beziehung: angenehme und unangenehme Inhalte werden besser behalten als neutrale. *H. Haase*

Schwermut ↗Depression. ↗Melancholischer Typus.

Schwierigkeit. Unter S. oder S.index einer psychol. Testaufgabe (↗Item) versteht man den relativen Anteil von Vpn, die eine gegebene Aufgabe lösen; eine leichte Aufgabe hat also einen hohen S.index und eine schwere einen niedrigen. Dieser Widerspruch zur Anschauung verliert seine Bedeutung, wenn es sich bei den Items z. B. um solche aus einem Persönlichkeitsfragebogen (↗Fragebogen) handelt. Die S. kann als Wahrscheinlichkeit dafür interpretiert werden, daß eine zufällig ausgewählte Vp eine Aufgabe in einer vorbestimmten Richtung beantwortet. Untersucht man die Abhängigkeit der S. von der Fähigkeit der Vpn, ein bestimmtes Item zu lösen, so ergibt sich über die Itemcharakteristik eine Verkoppelung der S. mit der ↗Trennschärfe. – Die S. wird meist entsprechend ihrer Definition bestimmt, für bestimmte Untersuchungen ist es jedoch zweckmäßig, eine Korrektur für das Raten des Ergebnisses anzubringen, die sog. Zufallskorrektur. ↗Itemanalyse; ↗Test; ↗Testtheorie.

Lit.: Fischer, G.: Psychologische Testtheorie. Bern, 1968; **Lienert, G. A.:** Testaufbau und Testanalyse. Weinheim, [3]1969.

A. Rausche

Schwindel ist gekennzeichnet durch ein Gefühl des gestörten Gleichgewichts, des Eindruckes einer schwankenden, sich drehenden Umwelt, verbunden mit Fallneigung, Unwohlsein, Brechreiz, Schweißausbruch und anderen vegetativen Störungen. Beim labyrinthären Schwindel dominieren Drehgefühl, Fallneigung und einige charakteristische Erscheinungen wie ↗Nystagmus (ruckartige Augenbewegungen) und Schrägstellung von Kopf und Rumpf. Sie sind die Folge einer falschen Information vom ↗Gleichgewichtsorgan im knöchernen Labyrinth des Felsenbeins. Ähnliche Erscheinungen erzeugen Störungen wie Entzündungen und Tumoren im nervösen Verarbeitungsapparat z. B. im Kleinhirn (↗Cerebellum) oder Hirnstamm. Kreislaufbedingte S.anfälle sind als Begleiterscheinung einer Funktionsverminderung der Hirntätigkeit zu werten, während bei Hirndruckerscheinungen S.gefühle zugunsten anderer vegetativer Störungen zurücktreten. Da die Ursachen sehr vielfältiger Natur sein können, ist die Behandlung entsprechend schwierig. *E. David*

Scientific management ↗Taylor System.

Score (engl.), Zahlen-, meist Punktwert, der einem Individuum aufgrund einer objektiven Messung (z.B. Test) oder eines subjektiven Urteils (↗Rating) zugeordnet wird. ↗Skalierung. *A. Rausche*

Screening, Verfahren zur Selektion von Personen oder Items zwecks weiterer Analyse. Insbesondere wird bei einem sequentiellen Vorgehen die erste Phase einer Grobauslese als S. oder „Siebtestmethode“ bezeichnet. In einem S.-Index kann der Prozentsatz jener Merkmalsträger oder Items, die im S.-Verfahren selektiert wurden, quantifiziert werden.

K.-L. Holtz & G. Eberle

SD ↗Standardabweichung.

Séance. Eine Zusammenkunft von Personen unter der bes. Mitwirkung eines ↗*Mediums.* Auch Sitzung (engl. ‚sitting‘ oder ‚session‘) genannt. *J. Beloff*

Seashore-Test ↗Musikbegabungstest.

Sedativa. Substanzen, die in höheren Dosen als ↗Hypnotika, in niedrigeren zu affektiver und mot. Dämpfung therapeutisch verwendet werden. Wegen der häufig müdemachenden und leistungsmindernden Wirkungen ist ihre Anwendung seit Entwicklung der ↗Tranquilizer stark zurückgegangen. Sie haben mit ihnen pharmakologisch jedoch mehr Gemeinsamkeiten als mit den ↗Neuroleptika.

E. Lehmann

Sedierungsschwelle. Von Shagass (1957) eingeführter und als Diagnostikum und Prognostikum vorgeschlagener pharmakopsychol. Test. Das ↗Barbiturat Amobarbital Natricum (Sodium Amytal®) wird intravenös mit einer Geschwindigkeit von 0.5 mg/kg Körpergewicht pro 40 sec verabreicht. Während der Injektion wird frontal ein EEG abgeleitet. Die S. ist definiert als die Amobarbital-Menge (in mg/kg Körpergewicht), bei der schnelle Wellen im Bereich von 17 bis 25 Hz eine starke Zunahme der Amplituden erfahren. Hiermit korreliert grob das Auftreten verwaschener

Sprache (slurred speech). Die Wiederholungszuverlässigkeit und Objektivität des Verfahrens sind hoch. – Die S. korreliert u. a. mit manifester ↗Angst, sie ist höher bei reaktiven als bei endogenen ↗Depressionen, niedriger bei hysterischen (↗Hysterie) als bei dysthymen (↗Dysthymie) Pbn (sensu H. J. Eysenck).

Lit.: Shagass, C.: A neurophysiological test for psychiatric diagnosis: results in 750 patients. Amer. J. Psychiatr., 1957, *114*, 1002–1010; **ders.:** Sedation threshold: technique and concept. In: **H. Brill,** (Ed.): Proceed. 5. Intern. Congr. Neuro-Psycho-Pharmacology. Amsterdam, 1967.

W. Janke

Seekrankheit ist eine durch die Bewegung des Schiffes ausgelöste Kinetose (Bewegungskrankheit), die sich in ↗Schwindel, Nausea (Unwohlsein), Brechreiz und anderen vegetativen Störungen wie Schweißausbruch, Schwäche und Blässe äußert. Sie wird verursacht durch starke Erregung des Vestibularapparates. Ihr Auftreten wird gefördert durch das Fehlen optischer Information über die Bewegung, z. B. im Schiffsinneren. Sie kann deshalb als Schutzmechanismus auf widrige Umweltverhältnisse, insbes. bei Diskrepanz von Sinneseindrücken nach der Art eines Totstellreflexes bei Insekten, angesehen werden.

E. David

Seele. Bis zur Begründung einer an der Naturwissenschaft orientierten Psychol. galt das psychol. Fragen und Denken der S., ihrer Substantialität, Geistigkeit und Unsterblichkeit. Schon indem man von S. spricht, unterscheidet man sie vom Leib, dem sie verbunden ist. Darum wird mit der S.lehre das ↗Leib-Seele-Problem aufgeworfen. Das Fragen nach der S. und ihrer Beziehung zum Leib war die spezielle Aufgabe einer rationalen oder metaphysischen Psychol., die ein Teilgebiet der Philosophie war (ist). Als die Psychol. um die Mitte des 19. Jh. sich von der Philosophie löste und der Naturwissenschaft und deren Methodik verschrieb, betrachtete sie als ihren Gegenstand die psychischen Vorgänge, deren Gesamtheit W. Wundt in seinem *aktualistischen Seelenbegriff* zu erfassen suchte. Die von F. A. ↗Lange geprägte Rede von einer „Psychologie ohne S." trifft auf die moderne wiss. Psychol. im ganzen zu. Dennoch bleibt die Frage nach dem eigentlichen Kern des S.problems: Die S. hatte die *Funktion eines Unterscheidungsbegriffes zum Leibe hin,* die Funktion eines bleibenden Substrates der psychischen Prozesse und *die Funktion des Einheitsgrundes des psychischen Lebens* im Sinne von Kontinuität des Verlaufes, Identität des Subjektes und Konstanz des Objekterkennens. Heute sind diese Grundfunktionen auf die Begriffe ↗*„Person"* und ↗*„Persönlichkeit"* übergegangen. Sie haben gegenüber dem S.begriff den Vorteil, daß sie den Leib- und Weltbezug des psychischen Lebens einbegreifen. Im ganzen: Die Psychol., sofern sie sich als „reine" empirische Wissenschaft versteht, kann das S.problem nicht entscheiden, hat aber auf jeden Fall mitzuentscheiden. ↗Leib-Seele-Problem.

Lit.: Blum, G.: A model of the mind. New York, 1961; **Fischl., W.:** Struktur und Dynamik der Psyche. Bern – Stuttgart, 1962; **Pongratz, L. J.:** Problemgeschichte der Psychologie. Bern – München, 1967; **Strasser, S.:** Seele und Beseeltes. Wien, 1955; **Uslar, D. V.:** Die Wirklichkeit des Psychischen. Pfullingen, 1969; **Wellek, A.:** Das Problem des seelischen Seins. Meisenheim – Wien, [2]1953.

L. J. Pongratz

Seelenanästhesie, Tastblindheit. Verlust der Fähigkeit, etwas durch Betasten zu erkennen. ↗Agnosie.

Seelenblindheit, -taubheit ↗Agnosie.

Segmentinnervation. Die gesamte menschliche Körperoberfläche läßt sich in Hautareale *(Dermatome, Headsche Zonen)* einteilen, deren jede von ein und demselben *Rückenmarkssegment* (↗Rückenmark) aus sensibel innerviert wird. Auch die inneren Organe lassen sich Rückenmarkssegmenten zuordnen, so daß bei schmerzhaften Organerkrankungen nicht selten auch entsprechende Dermatome schmerzhaft irritiert sind. *E. David*

Segmenttäuschung. Setzt man zwei gleiche Kreissegmente übereinander, erscheint das obere größer, und bei einäugiger Betrachtung das untere näher. Entsprechendes gilt für die Trapeztäuschung, wo die Kreissegmente durch Trapeze ersetzt werden. *C. D. Frith*

Sehachse ↗Auge.

Sehbahn. Die S. verbindet die ↗Retina mit den ↗Sehzentren. In der Retina, die entwicklungsgeschichtlich als Hirnteil aufzufassen ist, liegen die ersten drei Neurone der S. Die Fasern des dritten Neurons vereinigen sich und treten am ↗blinden Fleck als Fasciculus opticus (↗Nervus opticus) aus dem ↗Bulbus aus. Als Hirnteil ist der Fasciculus opticus von Hirnhäuten (Pia mater et dura mater) umgeben. An der Sella turcica kreuzen sich die beiden Fasciculi im ↗*Chiasma opticum* (Abb. s. dort) und verlaufen als ↗*Tractus optici* weiter. Die Fasern, die aus den nasalen Netzhauthälften beider Augen kommen, kreuzen hier, die Fasern der *temporalen Retinahälften verlaufen ungekreuzt weiter,* während die Fasern der ↗Foveae centrales teilweise kreuzen. Die beiden sich daraus bildenden Faserbündel verlassen das Chiasma opticum beidseits im Tractus opticus. In der Höhe der Hirnschenkel teilt sich der Tractus opticus in die Radiatio tractus optici auf, die Fasern zum Corpus geniculatum laterale und zum vorderen Vierhügel sendet. Die S. geht in der Gratioletschen Sehstrahlung (Radiatio optica) weiter zum Sehzentrum in der Area striata im ↗Cortex. Die Ganglienzellen des Corpus geniculatum laterale und ihre Neuriten bilden das vierte Neuron der S. *R. Rix*

Sehen. Fähigkeit des Gesichtssinns (↗Sinnesorgane: Das Auge); Sinnesempfindungen, die durch die Augen vermittelt werden. ↗Gesichtswahrnehmung. *C. D. Frith*

Sehfeld ↗Gesichtsfeld.

Sehhügel. Deutsche Bezeichnung für den *Thalamus* wegen seiner Beziehung zur ↗Sehbahn. Der S. ist die größte graue Kernmasse des Zwischenhirns (↗Diencephalon) und setzt sich zusammen aus verschiedenen Kernen, die morphologisch und funktionell abgrenzbar sind. Die beiden Thalami bilden die Seitenwände des *dritten Ventrikels.* Den Thalamus erreichen im Nucleus ventralis posterior afferente Bahnen aus der Schmerz- und Temperaturrezeption. Druck-Berührungsrezeption, Muskel-Gelenkrezeption (↗Sinnesorgane). Er bekommt Efferenzen aus den Impulsen des ↗Cortex. Anteile der ↗Sehbahn (Corpus geniculatum laterale) und der Hörbahn (Corpus geniculatum mediale) ziehen über den Thalamus; im Nucleus ventralis posterior besteht eine Verbindung zum Kleinhirn (↗Cerebellum).

Von der *Funktion* her teilt man die verschiedenen Kerne in *vier Kerngruppen* auf: 1. *Projektionskerne:* (Corpus geniculatum laterale, Corpus geniculatum mediale, Nucleus ventralis posterior). Diese Projektionskerne sind nicht nach Sinnesmodalitäten, sondern nach *Körperregionen gegliedert.* Von den Projektionskernen gehen Impulse zum Cortex und zu den Assoziationskernen. 2. *Assoziationskerne:* (Nucleus dorsomedialis, Nuclei laterales, Pulvinar). Sie geben ihre Impulse zu den Assoziationsfeldern des Cortex. Die Assoziationskerne erhalten ihre Impulse aus den Projektionskernen des Thalamus und den Assoziationsfeldern des Cortex; direkte Impulse aus der Peripherie erreichen diese Zentren nicht. Durch diese Kopplungen entstehen ↗Regelkreise, die in der unbewußten Verarbeitung und Koordination der Sinneserregungen eine große Rolle spielen. 3. *Retikuläre Kerne:* (Nuclei intralaminares, Kerne der Mittellinie, Nucleus ventralis anterior). Sie stellen eine Verbindung zur ↗Formatio reticularis dar, deren Impulse sie zum ↗Hypothalamus, zum limbischen System und zum Neocortex weiterleiten. Durch die retikulären Kerne ist eine Einwirkung der Affekte (Lust-Unlustempfindung) auf die Sinneseindrücke möglich. 4. *Vegetative Kerne:* (Nuclei anteriores).

Der S. stellt kein einheitliches Kerngebiet dar, er erhält afferente und efferente Impulse der Sinneswahrnehmung oder stellt deren Schaltstelle dar. In ihm erfolgt sowohl eine Umschaltung als auch Koordination der Sinneseindrücke. Die Koordination läuft weitgehend selbständig und unbewußt ab. ↗Neuroanatomie.

Lit.: **Keidel, W.** (Hrsg.): Kurzgefaßtes Lehrbuch der Physiologie. Stuttgart, [4]1975.

R. Rix

Sehnsucht ist eine innere Bewegtheit der gesamten Existenz des Menschen ohne

Objektbezug über Zeit und Raum hinweg; sie kann als Grundlage für die Manifestation von Wünschen betrachtet werden (eine emotionale Bezogenheit auf einen begrenzten, bestimmten Gegenstand) und muß noch keinen klaren Sinnwert in sich tragen. *W. Tisch*

Sehprobe. Bestimmung der Sehschärfe. Zur S. dienen Tafeln mit Buchstaben (Heßsche, ↗Snellensche Tafeln), ↗*Landoltsche* Ringe, Tierbilder oder Bilder leicht erkennbarer Gegenstände unterschiedlicher Größe. Die S. wird in einer genormten Entfernung (3–5 m) und bei einer genormten Beleuchtung (nach H. Schober 1000 lx) durchgeführt. Die Sehschärfe wird angegeben in einem gemeinen Bruch, dem „Visus". Im Nenner steht die Entfernung (in Metern), auf die die S. normal gesehen werden sollte, der Zähler gibt die Entfernung an, auf die die S. von der untersuchten Person wirklich gesehen wird. Die normale Sehschärfe ist demnach gleich 1, entsprechend einem ↗Sehwinkel von 1 Bogenminute.

Lit.: Pauli, R. & W. Arnold: Psychol. Praktikum. Stuttgart, [7]1972. *R. Rix*

Sehpurpur ↗Rhodopsin.

Sehschärfe, Fähigkeit, Einzelheiten im Gesichtsfeld zu unterscheiden. ↗Gesichtswahrnehmung.

Sehwinkel. Zwei Punkte eines Gegenstandes erscheinen in einem optischen System unter einem bestimmten Winkel (S.), dessen Größe von dem Verhältnis Gegenstandsgröße (Punktabstand) zur Gegenstandsweite abhängig ist. Der S. wächst also mit der Entfernung beider Punkte voneinander (Gegenstandsgröße) und verkleinert sich mit zunehmender Distanz des Gegenstandes.

Der kleinste S., unter dem zwei Punkte stehen können, wenn sie noch getrennt gesehen werden sollen, wird als *Auflösungsvermögen eines optischen Systems* bezeichnet. Das Auflösungsvermögen des Auges *(Sehschärfe)* hängt ab sowohl von der Größe der ↗Rezeptoren (↗Stäbchen und ↗Zapfen) als auch von der Beugung an der Pupille; es beträgt eine Bogenminute. *R. Rix*

Sehzentrum. Ende der ↗Sehbahn in den Arealen der *Fissura calcarina.* Als primäres S. bezeichnet man auch das Corpus geniculatum laterale (↗Sehhügel). In diesen Zentren werden die Informationen aus der ↗Gesichtswahrnehmung verarbeitet.

Über den Tractus opticus werden die Impulse zum Corpus geniculatum laterale als erster Station geleitet. Aus den vier oberen Schichten des Corpus geniculatum laterale gehen die Impulse in den Sehstrahlen zur Sehrinde *(Area striata)* beidseits des Sulcus calcarinus. Die Fasern der beiden unteren Schichten des Corpus geniculatum laterale ziehen zu den oberen *Vierhügeln* (Colliculi superiores). Von dort bestehen Verbindungen zu den Augenmuskelkernen. Die Fasern, die direkt aus dem Corpus geniculatum laterale zur Area striata (Brodmann-Feld 17; primäres Sehfeld; V 1, wobei V für „visual" steht) gelangen, ziehen weiter zu den sekundären Sehfeldern (V 2) in der Area occipitalis (Feld 18) und Area praeoccipitalis (Feld 19). Die Netzhaut (↗Retina) projiziert sich Punkt für Punkt in die Area striata. Dabei nimmt die Projektion der ↗Fovea centralis den weitaus größten Teil ein. *R. Rix*

Sekretion. *Ausscheidung, Absonderung* von Produkten der ↗Drüsen. Es wird eine *äußere S.* bei exokrinen Drüsen wie Speichel-, Verdauungs-, Tränen- und Schweißdrüsen von einer *inneren S.* bei ↗endokrinen oder Hormondrüsen unterschieden. *E. David*

Sekundäreigenschaften ↗Sekundärfaktoren.

Sekundärfaktoren, auch *Faktoren zweiter Ordnung,* Faktoren, die aus Faktorenanalysen über die Interkorrelationen von schiefwinklig rotierten Primärfaktoren gewonnen wurden. Demzufolge repräsentieren S. die untersuchten Variablen auf einem höheren Allgemeinheits- oder Abstraktionsniveau als die Primärfaktoren. *J. Bortz*

Sekundärgruppe, ↗Gruppen.

Sekundär-, Primärfunktion. Bei der Aufmerksamkeitshaltung zu beobachtende gegensätzliche Abläufe: Die Fluktuation (Oszillation) wird als *Primär-*, die ↗Perseveration als *Sekundärfunktion* bezeichnet (K. Gross, G. Heymans). *H. Wagenknecht*

Sekundärpersönlichkeiten. Nach Schjelderup sind S. in gewisser Weise der echten Persönlichkeit konträr und komplementär, es liegt nahe, sie als Dramatisierung verdrängter Tendenzen aufzufassen. Das sekundäre Ich ist u. U. zu großartigen Leistungen fähig (↗Inspiration); berühmt wurde der Fall Patience Worth, welcher vor allem von Ch. Cory, W. F. Prince und G. H. Estabrooks untersucht wurde. S. können sich auch bei Fällen von ↗Besessenheit (Jèkyll-Hyde-Phänomen) und ↗mediumistischen Psychosen manifestieren, wo sie pathologischen Charakter aufweisen.

Lit.: **Cory, Ch.:** Patience Worth. Psychol. Rev. 1919. Vol. 26; **Estabrooks, G. M.:** Spiritism. 1947; **Janet, P.:** Les actes inconscients et le dédoublement de la personnalité. Revue Philosophique, vol. XI. Paris, 1886. *E. Ullrich*

Sekundärtriebe, Beweggründe menschlichen Verhaltens, die nicht angeboren *(Primärtriebe)*, sondern erlernt sind. Die Lernpsychologen erklären ihre Entstehung wie folgt: Situationen, die häufig gemeinsam mit dem Zustand der Reduktion primärer Triebe zusammen auftreten, können diesen Zustand schließlich auslösen und werden wegen dieser Eigenschaft von den Organismen angestrebt. Neben dieser ↗Konditionierungserklärung gibt es noch die Erklärung durch die sog. „stellvertretende Bekräftigung" (vicarious reinforcement) im Prozeß des sozialen ↗Lernens. Man nennt diesen Prozeß der Entstehung von S. auch *Introjektion.* Sie dient der Weitergabe ethischer und ästhetischer Werte im Prozeß der ↗Erziehung. ↗Trieb.

Lit.: **Freud, S.:** Triebe und Triebschicksale (1915). Ges. Werke, Bd. X. London, 1942–1952; **Graumann, C. F.:** Einführung in die Psychologie, Bd. 1. Motivation. Bern und Stuttgart, 1969; **Thomae, H.:** Die Motivation menschlichen Handelns. Köln, [5]1969. *H. Roth*

Sekundärvorgänge sind nach S. Freud im Ggs. zu *Primärvorgängen* ↗Motive und ↗Vorstellungen eines Menschen, die im Einklang mit seiner Wirklichkeit und in realen Situationen angestrebt bzw. befriedigt werden können. Sie werden vom ↗*Realitätsprinzip* gesteuert. *W. Toman*

Selbst, das Individuum als Subjekt eigener Betrachtung oder Handlung. Zur Interpretation des Begriffs: ↗Ich I.; als Begriff der Persönlichkeitsforschung: ↗Ich II.

Selbstbehauptungstraining, Behandlungsverfahren, das auf Verbesserung der Fähigkeit zur Selbstbehauptung abzielt. Behauptung kann definiert werden als Fähigkeit a) nein zu sagen, b) Hilfe zu erbitten oder Wünsche zu äußern, c) allgemeine Gespräche zu beginnen, fortzuführen und zu beenden, d) positive und negative Gefühle auszudrücken (Lazarus, 1973). Die Bestandteile einer selbstbehauptenden Reaktion schließen Augenkontakt, Körperhaltung, Gestik, Gesichtsausdruck und entsprechenden Ausdrucksinhalt ein. Der letzte Punkt Inhalt ist am schwierigsten zu definieren, da er vom Situationskontext und den persönlichen Werten des Patienten und des Therapeuten abhängt. S. selbst kann mehrere Komponenten haben: a) Lernen neuer Verhaltensweisen durch Nachahmung oder nach mündlicher Instruktion; b) Einüben neuer Verhaltensweisen durch Rollenspiel, offen beobachtbares und verdecktes (imaginatives) Einüben; c) Verfeinerung neuer Verhaltensweisen durch verbales Feedback, Videoaufnahmen, Feedback durch die Gruppe und Selbstkritik; d) kognitive Rekonstruktion der Situation, um den Patienten zu überzeugen, daß Behauptung gut, gesund und wünschenswert ist; e) Generalisationstechnik, um das Verhalten von der therapeutischen Sitzung in das reale Leben zu übertragen, hauptsächlich durch die Verwendung gelenkt zugewiesener Hausaufgaben und Selbstbeobachtungs-Techniken. Der Erfolg des S. kann gemessen werden mit Fragebogen, wie z. B. dem „Conflict Resolution Inventory" (McFall und Lillesand, 1971) oder durch direkte Verhaltensmessungen, wie sie von Friedmann angewandt wurden (1968).

Lit.: **Friedmann, P. H.:** The effects of modeling and role playing on assertive behaviour. In: **Rubin, R. D., Fenster-**

heim, H., Lazarus, A. A. & C. M. Franks (Hrsg.): Advances in Behaviour Therapy. New York, 1971; **Lazarus, A. A.**: On assertive behaviour: A brief note. Behaviour Therapy, 1973, *4*, 697–699; **McFall, R. M. & D. C. Lillesand:** Behaviour rehearsal with modeling and watching, in assertion training. I. Abh. Psychol.. 1971, *77*, 313–323; **Rich, A. R. & H. E. Schroeder:** Research issues in assertiveness training. Psychol. BuU., 1976, *83*, 1081–1096.

G. Powell

Selbstbeherrschung, charakterliche Eigenschaft, die wesentlich von Willensstärke und Entschlußfähigkeit bestimmt ist und dem Individuum gestattet, seine Affekte und Triebe ständig zu kontrollieren. S. stützt sich vor allem auf Vernunft und ermöglicht auswählende und unterdrückende Einwirkung auf impulsive Verhaltensweisen. ' Die moderne Psychol. denkt bei S. zugleich an die Verdrängung natürlicher Kräfte, deren Widerstand Aggressionstriebe fördern kann. Deswegen wird heute statt S. Selbsterziehung gefordert, der eine tiefere Selbsterkenntnis vorausgeht.

W. Tisch

Selbstbeobachtung, *(Introspektion)* ↗Beobachtung.

Selbstbewußtsein ↗Ich-Bewußtsein.

Selbstbildtest. Der S. soll in Anlehnung an den Selbstdarstellungsversuch von Busemann vorsichtige Schlüsse auf den Entwicklungsstand von Kindern und Jugendlichen erlauben, der theoretische Zusammenhang wird jedoch nur unzureichend begründet. Auf Objektivität in bezug auf Durchführung ist geachtet worden. Auswertungs- und Interpretationsobjektivität genügen kaum gängigen wissenschaftlichen Standards, Angaben zur Reliabilität und Validität fehlen.

Lit.: Kratzmeier, H.: Selbstbildtest. Esslingen, 1964.

K.-L. Holtz & G. Eberle

Selbsteinsicht, unmittelbares, nicht erklärend vermitteltes Verstehen des Selbst in seinem innersten Wesen. Kann sich als Durchschauen ganzheitlich erfahrenen inneren Erlebens der eigenen Person in ihren Möglichkeiten und Grenzen ergeben. S. ist dort von Bedeutung, wo in pädagogischen, psychologischen oder ethisch-religiösen Zusammenhängen Stellungnahme zum Selbst erforderlich wird oder ermöglicht werden soll.

B. Schwarz

Selbstentfremdung ↗Entfremdung.

Selbsterfahrung. Unter S. versteht man ein Weltverhältnis zur Gewinnung persönlicher Identität (Selbstfindung). Man erlebt sich besonders unmittelbar angesichts von Grenzerfahrungen (Erlebnis der Schwelle) und wenn man um Entfaltungschancen ringt. Als praktische Hilfe (erzieherisch, therapeutisch oder autonom gegeben) erwies sich eine Form der Selbstbeobachtung, welche die Objektivierung der Erfahrung ermöglicht (Formulierung von Kriterien zur Verhaltensbeurteilung, von Rückmeldeinstanzen und von Interpretationshilfen). Entscheidend ist die Reflexion des Lebenszusammenhanges. Hierbei bedürfen die persönlichen Maßstäbe als individuelle Wertverwirklichungsansprüche einer allgemeinen sittlichen Rechtfertigung.

Ch. Olbrich

Selbsterfahrungsgruppen sind regelmäßige Treffen bei gleicher Zusammensetzung der Teilnehmer, in denen verschiedene Interpretationen der Gruppensituation oder des Verhaltens einer oder mehrerer Personen im Mittelpunkt stehen. In manchen S. spielt sich das Gruppengeschehen rein auf der verbalen Ebene ab. Leiterlose Gruppen werden Selbsthilfegruppen genannt, z.B. ↗AA, Synanon oder Frauengruppen. Der Begriff wird inhaltlich häufig mit Encounter-Gruppen synonym verwandt. ↗Gruppe, ↗Gruppendynamik, ↗Transaktionsanalyse.

G. Röper

Selbsterfüllende Prophezeiung, von dem Soziologen Merton eingeführter Begriff, bezieht sich auf Situationen, in denen eine Person, die von einer bestimmten Sache glaubt, daß sie wahr ist, sie durch ihre eigene Handlung zustande bringt, das heißt, ihre Prophezeiung erfüllt. Einflußreiche, aber methodisch suspekte Untersuchungen von Rosenthal und Jacobsen haben gezeigt, daß Lehrer, die experimentell dazu bewegt wurden, ein Kind als dumm einzuschätzen, durch ihr Verhalten tatsächlich dessen Entwicklung verzögern konnten. ↗Rosenthaleffekt. *K. Wheldall*

Selbsterhaltungstrieb, jeder Trieb, der dem Überleben des Organismus dient, z.B. Hunger oder Durst. S. Freud stellt den Selbsterhaltungstrieben die Arterhaltungstriebe (Sexualität) gegenüber. W. Stern postuliert neben dem allen Organismen gemeinsamen Ziel der Selbsterhaltung ein dem Menschen spezifisches Ziel, das der Selbstgestaltung oder ↗Selbstverwirklichung. *J. A. Keller*

Selbsterkenntnis. I. S. als Begriff der phil. Fachsprache bezeichnet zugleich ein psychol. Anliegen: ↗Ich-Erfassung bei sich selbst. I. Kant sah in der S. aller menschlichen Weisheit Anfang. J. W. v. Goethe äußerte mehrere Bedenken, was die Möglichkeit der S. betrifft, doch Pascal vermerkt überzeugend: „Man muß sich selbst kennen: dient das nicht dazu, die Wahrheit zu finden, so dient es zum mindesten dazu, unser Leben zu leiten, und Richtigeres gibt es nicht."

Akademische Psychol. dt. Sprache um 1970 zählt S. nicht zu ihren fachlichen Grundbegriffen; S. als Stichwort fehlt in gängigen psychol. Wörterbüchern. Eine Ausnahme bildet von Sury 1967, dessen Wörterbuch den Begriff der S. mit einem Satz behandelt. Dem entspricht, daß die Ausbildung zum Diplom-Psychologen Übungen in S., etwa in Form eines autobiographischen Seminars, nicht vorsieht. Der Versuch der psychol. Erfassung anderer Personen *(Fremdbeurteilung, Fremderkenntnis)* ist Hauptinhalt der Psychologie. Nur die tiefenpsychol. Schulen bestehen noch darauf, daß der, wer andere analysieren will, zuvor in einer ↗Lehranalyse selbst analysiert wird. Die Beurteilung anderer setzt vernünftigerweise S. voraus. Ein Mangel an S. pflegt zu mitmenschlichen Verschätzungen und zu Unfrieden zu führen, im Alltag, in der Geschichte und auch in der Wissenschaft.

Die ↗geisteswissenschaftliche Psychol. (↗Verstehende Psychol.) wußte um die Erkenntnisquelle der Autobiographie, von W. Dilthey „die höchste und am meisten instruktive Form, in welcher uns das Verstehen des Lebens entgegentritt", genannt. Nach Hector (1971) ist die S. eines der beiden Standbeine der Psychol. Ihre theoretisch voraussetzungslose Pflege unterscheidet sich von der ↗Tiefenpsychologie dadurch, an kein Lehrsystem gebunden zu sein. Jede Selbsterkenntnisbemühung, die unter Anleitung unternommen werden sollte, führt dazu, daß ein Mensch ein neues Verhältnis zu sich selbst gewinnt. Versuch einer definitorischen Umschreibung: S. beginnt mit Übersicht über den eigenen Lebenslauf. Solche Übersicht betrifft äußere Stationen und innerseelische Umstände. Sie ermöglicht ein Verständnis der persönlichen Entwicklung. Des weiteren ermöglicht sie eine kritische Beurteilung der Besonderheiten des eigenen gegenwärtigen seelischen Seins.

Die wissenschaftstheoretische Frage nach Wahrheit und Irrtum der S. kann nur flexible Antworten ergeben, da dies in der Natur des subjektiven Sachverhalts liegt. Die Möglichkeit besteht, ein solches Bild von sich selbst zu gewinnen, das in wesentlichen Zügen eine Verkennung darstellt *(Selbsttäuschung)*. Die Wahrscheinlichkeit grober Verkennung seiner selbst sinkt jedoch, wenn die Besinnungen psychol. geleitet werden. Dennoch gilt erkenntnistheoretisch nur die einleitend zitierte Logik von Port Royal, nach der die Wahrheit letztlich offenbleiben mag, während der sichere Sinn bereits in der Bemühung liegt. Sich um S. bemüht zu haben ist psychol. definitiv unerläßlich.

Lit.: **Brockdorff, C. v.:** Die wiss. Selbsterkenntnis. Braunschweig, [2]1908; **Driesch, H.:** Selbstbesinnung und Selbsterkenntnis. Leipzig, [2]1942; **Hector, H.:** Selbsterkenntnis als fehlender Psychologie-Begriff. Praktische Psychol., 1971, *25*, 97–98; **Kanthack, K.:** Vom Sinn der Selbsterkenntnis. Berlin, 1958; **Litt, T.:** Die Selbsterkenntnis des Menschen. Leipzig, 1938. *H. Hector*

II. Für die Psychol. des 20. Jh. – als es endgültig feststand, daß es keine S. ohne Selbsttäuschung gibt – wurde S. zu einem vorwissenschaftlichen (laienhaften) Ausdruck für enger gefaßte (auch operational definierbare) psychol. Begriffe wie: *Selbstbeurteilung, Selbsteinschätzung* (mit Hilfe der ↗Q-Technik), *Selbstdarstellung* und z.T. für ↗*Selbstkonzept*. Die Selbstkonzeptforschung hat festgestellt, daß das, was jeder einzelne von sich weiß und wie er sich selbst sieht, der Art und Weise entspringt, wie er von anderen angesprochen und in Anspruch genommen wurde (↗Rolle, Rollenerwartungen, Spiegelselbst nach C. Cooley). Die erkannte eigene Form ist selbst eine ↗Rolle im Interdependenzsystem allg. Rollen. Wird das eigene Selbst falsch eingeschätzt (Selbsttäuschung), so führt dies zu Schwierigkeiten und ↗Konflikten mit der Mit- und Umwelt. Der therapeutische Effekt des psychol. Gesprächs (Lattke, 1969), der ↗Psychoanalyse und vor allem der ↗Nichtdirektiven-Therapie besteht letztlich darin, daß die Klienten im Verlauf der ↗Psychotherapie das fehleingeschätzte Selbstbild korrigieren und so eine persönliche und soziale Harmonie wieder erreicht wird.

Lit.: Arnold, W.: Person, Charakter, Persönlichkeit. München, [4]1975; **Cohen, R.**: Systematische Tendenzen bei Persönlichkeitsbeurteilungen. Bern – Stuttgart, 1969; **Hector, H.**: Selbsterkenntnis als fehlender Psychologie-Begriff. Praktische Psychol., 1971, *25*, 97–98; **Hofstätter, P. R.**: Über Selbsterkenntnis. Z.f.exp. u. angew. Psychol. 1959, *6*, 22–40; **Schmidt, H.** (Begründer): Philosophisches Wörterbuch. Stuttgart, [19]1974.

F. Novak

Selbstkonzept. Das Insgesamt von ↗Einstellungen, Urteilen und Werthaltungen eines Individuums bezüglich seines Verhaltens, seiner ↗Fähigkeiten und ↗Eigenschaften. Das S. beinhaltet sowohl die Wahrnehmung dieser Variablen des ↗Selbst als auch deren Bewertung. Operational hat man das S. u. a. mit Hilfe der ↗Q-Sort-Methode zu erfassen gesucht, wobei der erste Aspekt als *Real-Selbstbeschreibung,* der zweite als *Diskrepanz* zwischen dieser und *einer Ideal-Selbstbeschreibung* definiert wurde (Selbst-Ideal-Diskrepanz).

Persönlichkeitstheoretische Formulierungen über das Selbst und das S. wie u. a. die von C. Rogers, dessen Behandlungsform der klienten-zentrierten ↗Psychotherapie (↗Nicht-direktive Therapie) auf selbst-theoretischen Überlegungen beruht, haben eine Fülle empirischer Arbeiten über das S. angeregt, die z. B. zeigen, daß das elterliche Erziehungsverhalten einen großen Einfluß auf die Entstehung des S. ausübt und daß das Ausmaß der Selbst-Ideal-Diskrepanz bedeutsame Zusammenhänge mit Maßen der Fehlangepaßtheit aufweist. ↗Ich.

Lit.: Byrne, D.: An introduction to personality. A research approach. Englewood Cliffs (New Jersey), 1966; **Filipp, S.-H.** (Hrsg.): Selbstkonzept-Forschung. Stuttgart, 1979.

D. Bartussek

Selbstmord. Rund 1000 Menschen töten sich täglich selbst, mindestens 5000 versuchen es. S. zählt fast überall zu den 10 häufigsten Todesursachen, doch weisen auch *amtliche Statistiken* Fehler auf, z. B. durch hohe Dunkelziffern. Sie zeigen die relative Häufigkeit des S. in Großstädten, bes. Berlin und einigen Ländern (Österreich, Schweiz und Schweden).

Eindeutig sind die *S.-Methoden* (bei S.-Versuchen meist Tabletten, bei vollendetem S. 40% durch Erhängen).

Phil. *Theorien* wollen das Geheimnis des „Freitodes" (in Wahrheit einer krankhaften Zwangshandlung) erklären, psychoanalytische, soziologische, pathologisch-anatomische und theologische Theorien bieten nur Ansätze. S.gefährdete folgen z. B. nicht einem „Todestrieb" nach S. ↗Freud, sondern „schreien" fast alle (96%!) mit übermächtigem Selbsterhaltungstrieb „um Hilfe".

E. Ringel vertritt die psychiatrische These des *präsuicidalen Syndroms* (Einengung, Aggression, Flucht in die Irrealität) bes. in seiner *„Internationalen Vereinigung für S.-Prophylaxe"*.

Universitäten der USA lehren die Wissenschaft vom S., *„Suicidology"*.

S. ist die einzige vernichtende Handlung, bei der Täter und Opfer identisch sind. Als Täter ist fast jeder S.gefährdete seelisch krank (also nicht verantwortlich oder sündhaft); als Opfer bedarf er des Schutzes vor sich selbst. So ist das wichtigste Problem des S. seine *Verhütung.*

Unter 5000 S.gefährdeten fanden wir 50% depressiv, 33% neurotisch, den Rest schizophren, suchtkrank, „psychopathisch" u. a. Fast alle stehen zusätzlich in Konflikten, über 50% durch Liebe, Ehe und Sexualität, die anderen durch Autoritäts-, Familien-, Geld-, Rechts-, Berufs- u. a. Probleme. Viele suchen religiöse, phil. u. a. Antworten (Sinn des Lebens und Sterbens, Vergebung von Schuld usw.).

S.verhütung heißt also: psychiatrische, psychotherapeutische Behandlung, dann psychol. Konfliktbereinigung, aber auch Seelsorge. (Telefonseelsorge knüpft leicht Kontakt an, kann aber nicht behandeln.) *K. Thomas*

Selbstsuggestion ↗Autosuggestion.

Selbstverständlichkeiten, Bezeichnung P. R. Hofstätters für soziale ↗Normen, d. h. meist implizierte Verhaltensvorschriften, die in ↗Gruppen bzw. in der Gesellschaft oder einzelnen ↗Gesellschaften *Selbstverständlichkeit* erlangen, ohne daß es üblich ist, deren Berechtigung nachzuweisen oder zu prüfen; beschrieben werden u. a. Sitten und Gebräuche, Moden, ↗Tabus, usw. *H. D. Schmidt*

Selbstvertrauen, eine lebenswichtige Charaktereigenschaft, die in ganz verschiedenen Formen und Stärkegraden auftreten kann. Das S. muß, wenn es echt und solid ist, in verschiedenen Erlebnisbereichen fundiert sein: ↗Vitalität, ↗Seele, ↗Geist; das S. kann auch geistlich und transzendental verankert sein. Ist das S. in einem dieser Bereiche nicht verankert, kommt es darin zu Erlebnisweisen, die einen Krisenherd aufzeigen. In der modernen Industriegesellschaft ist mindestens bei 40% der Menschen das S. schwach entwickelt, gestört oder gar zerstört (Neurotiker, Psychopathen). Ein Gesundungsprozeß für mangelndes S. muß insbesondere um die gestörten Funktionskreise bemüht sein; dabei ist stets zu berücksichtigen, daß es sich um ein komplexes, fundamentales und tragendes charakterliches ↗Syndrom handelt. ↗Ich; ↗Person; ↗Persönlichkeit.

Lit.: Bodamer, J.: Vertrauen zu sich selbst. Menschen im technischen Zeitalter. Freiburg, [2]1977; **Knaak, L.:** Selbstbehauptung-Selbstachtung. Zug, 1958; **Seiß, R.** (Hrsg.): Beratung und Therapie im Raum der Schule. Praxis der Einzelfallhilfe im Bereich der Lern- und Verhaltensstörungen. Bad Heilbrunn, 1976. *W. Arnold*

Selbstverwirklichung. In der Psychol. wird Selbstverwirklichung oder Selbstaktualisierung verstanden als autonome Entwicklung und Entfaltung aller in einem Individuum angelegten physischen, psychischen und sozialen Potenzen. Vor allem im Kreis der sog. Humanistischen Psychol. spielt das Konzept der Selbstverwirklichung eine zentrale Rolle, und zwar als zusammenfassender Beschreibungsbegriff höherer menschlicher Motive (Maslow), als Erziehungsziel (Bühler) und als Therapieziel (Rogers, Fromm). Maslow zufolge steht Selbstaktualisierung an oberster Stufe der Motivhierarchie, d.h., daß sie sich erst dann entfaltet, wenn alle rangniedrigeren Bedürfnisse befriedigt sind. Obwohl das Bemühen um Operationalisierung eines so komplexen Begriffs wie S. auf grundsätzliche Schwierigkeiten stößt, gibt es Versuche, Meßinstrumente für S. zu entwickeln (Shostrom; Bottenberg & Keller).

Lit.: Bottenberg, E. H. & J. A. Keller: Beitrag zur empirischen Erfassung von Selbst-Aktualisierung. Zeitschr. für Klin. Psychol. u. Psychotherapie, 1975, *23*, 21–53; **Maslow, A. H.:** Motivation and personality. 2nd Ed. New York 1970; **Rogers, C. R.:** On becoming a person. Boston 1961. **Shostrom, E. L.:** Manual of the Personal Orientation Inventory (POI). San Diego (Calif.), 1966. *J. A. Keller*

Selbstwahrnehmung, ein Sonderfall der Wahrnehmung überhaupt, verarbeitet Empfindungen der Exterozeptoren (Gesichts-, Gehörsinn usw.), insbesondere der Propriozeptoren (Muskel-, Schmerzsinn usw.) sowie Informationen der Introspektion. In der Erfahrung des eigenen Körpers durch Doppelberührung im Spiel mit den eigenen Gliedern erlebt das Kleinkind zuerst sein Körper-Ich, aus dem sich Selbstbewußtsein und body image entfalten. Zugleich formt sich durch weitere Lernprozesse in sozialen Interaktionen das Selbstkonzept aus. Die aktuale Selbstwahrnehmung vermittelt das Befindlichkeitsbewußtsein, das einem ständigen Wechsel der kognitiven Inhalte und Stimmungen sowie der Strebungen unterworfen ist, die weitgehend durch Attribution von Kausalität für eigenes Verhalten an die eigene Person statt an externe Faktoren in der Selbstwahrnehmung charakterisiert sind. Auch die Selbstwahrnehmung kann Verzerrungen und Verdrängungen unterliegen, die zu Selbsttäuschungen und sozialen Schwierigkeiten führen. Man unterscheidet zwischen „objektivem" und „subjektivem" Selbstgewahrwerden (self awareness); im ersten Fall richtet sich die Aufmerksamkeit auf das eigene Bewußtsein, die persönliche Geschichte oder den eigenen Körper wie auf Objekte, im zweiten Fall wird man sich selbst als Quelle von Handlungen inne.

Lit.: Bem, D. J.: Self-Perception Theory. In: **Berkowitz, L.** (Ed.): Advances in Experimental Social Psychology. Vol. 6. New York, 1972. **Duval, S. & R. A. Wicklund:** A Theory of Objective Self Awareness. New York, 1972. *F. Kiener*

Selbstwerdung ↗Individuation.

Selbstwertgefühl. Einschätzung der eigenen körperlich-seelischen Individualität; das S. ist nicht nur Gefühlston, sondern stets inhaltlich vom positiv oder negativ Beurteilten (z. B. Organminderwertigkeit, Leistungs- und Erlebnisfähigkeit, Vergleich mit andern) bestimmt. Gemindertes S. kann mit Beschämungserlebnis und Ressentiment einhergehen oder mit Beachtungs- und Machtstreben, Rachegelüsten kompensiert werden. *W. Kretschmer*

Selektion, 1) *natürliche Auslese:* I. e. S. Begriff aus der ↗Genetik. S. spielt in der Entwicklung der Arten zusammen mit ↗Mutationen eine entscheidende Rolle. S. basiert auf der Tatsache, daß Lebewesen, die unter den Bedingungen ihrer Umwelt am besten zum Überleben geeignet sind, mehr Nachkommen haben als die weniger angepaßten. S. i. w. S. meint nicht nur Auslese bestimmter genetischer Typen in der Stammesentwicklung, sondern *Auswahl bestimmter Persönlichkeitsmerkmale* bei der ↗Entwicklung der Anlagen eines Individuums. *W. Laukhuff*

2) In der ↗Angewandten Psychol. und ↗Entscheidungstheorie Auswahl (Auslese) einer begrenzten Zahl von Pbn aus mehreren Bewerbern (↗Quote) für ein bestimmtes ↗treatment. S. ist dabei ein Spezialfall der Klassifikation (↗Klassifizierung) mit den zwei Alternativklassen Zulassung und Ablehnung. Die Entscheidung kann einmalig und endgültig oder sequentiell erfolgen (↗Sequentielle Strategie) und die verwendete Information (z. B. Lebenslaufdaten, Testwerte usw.) ein- oder mehrdimensional sein. Die Zahl der Fehlurteile (Ablehnung von Geeigneten, Zulassung von Ungeeigneten) ist bei gegebener ↗Quote abhängig von der Bewerberzahl, der ↗Validität der Information und dem ↗Kriterium.

J. P. Gösslbauer

Selektive Wahrnehmung ↗Soziale Wahrnehmung.

Semantik. Das Wort „Semantik", hergeleitet von dem gr. Adjektiv σημαντικός („bezeichnend"), im Sinne der Wissenschaft vom Sinngehalt oder der Bedeutung, ist eine moderne Schöpfung. Der Begriff wird von verschiedenen Autoren in einem weiten Bereich von Nebenbedeutungen gebraucht. Einige verwenden ihn synonym zu ↗„Semiotik", der allgemeinen Lehre von den Zeichen, insbes. sprachlicher; andere zur Bezeichnung nur jenes Teilbereichs der Semiotik, der sich mit den Beziehungen von Zeichen zu außersprachlichen Gegenständen beschäftigt – wie die Bedeutungsbeziehung u. a.; „Pragmatik" behandelt die Beziehungen von Zeichen und deren Benutzern, während „Syntax" die Beziehungen von Zeichen untereinander betrifft. Synonyme für S. im engeren Sprachgebrauch sind „Semiologie", „Semasiologie" und „Semantologie".

In der *logischen* S. unterscheidet man häufig – mit J. St. Mill – zwischen Denotation und Konotation oder – mit G. Frege und Quine (1970) – zwischen Bedeutung und Sinn oder – mit R. Carnap – zwischen Extension und Intension. Carnap unterscheidet auch zwischen deskriptiver S., der empirischen Erforschung der Bedeutung natürlicher Sprachen, und reiner S., der Analyse der Bedeutung künstlicher Sprachsysteme. Ist die *deskriptive* S. das Ergebnis einer Abstraktion von deskriptiver Pragmatik, der psychol., soziologischen und ethnologischen Erforschung aktuellen Sprachverhaltens, so ist die *reine* S. von der Pragmatik unabhängig, obwohl die Auswahl von Regeln für semantische Systeme, die untersucht werden sollen, durch pragmatische Fakten bestimmt sein können; dies gilt ganz allg. für solche Systeme, von denen man annimmt, daß sie in einem „engen Zusammenhang" mit natürlichen Sprachen stehen.

In der *Linguistik* (↗Psycholingustik;

↗Sprache) steht die Entwicklung einer *theoretischen* S. noch ganz am Anfang. Sie wurde lange durch bestimmte philosophische, bes. ontologische Vorannahmen behindert, denen viele Sprachwissenschaftler durch den Rückzug auf das Studium des Bedeutungswechsels und der Etymologie zu entgehen gedachten – Forschungsgegenständen, die noch häufig mit S. ganz allg. gleichgesetzt werden. Selbst über die grundlegenden Prinzipien der theoretischen S. besteht noch wenig Übereinstimmung, etwa ob Wörter (oder Morpheme) als die fundamentalen Bedeutungsträger anzusehen sind, so daß die Bedeutung größerer Einheiten (bis zu Sätzen) verstanden werden muß als Resultat der Bedeutung der zusammengesetzten Wörter (wobei die Zusammensetzung aufgrund einiger Kombinationsregeln – manchmal als Projektionsregeln bezeichnet – erfolgt) oder ob Sätze die fundamentalen Bedeutungsträger darstellen, wobei die Wörter als Komponenten einige der Funktionen der Sätze, in denen sie auftreten, erfüllen.

In angemessener Weise funktioniert die Komponenten-Analyse der Bedeutung in einigen einfachen Fällen. So scheint es nicht falsch zu sein, die Bedeutung von „Vater", „Mutter", „Sohn" und „Tochter" als einfache Verbindung der Bedeutungen von „Eltern" und „männlich", „Eltern" und „weiblich", „Kind" und „männlich", sowie „Kind" und „weiblich" zu sehen. Inwieweit es vorteilhaft ist, diese Form der Analyse durchzuführen, und wie umfassend sie ist, steht noch zur Diskussion. Es scheint, daß die Behandlung semantischer Felder (im Sinne von Trier und Weisgerber) nicht nur Komponenten-Regeln erfordert, sondern auch Regeln ganz verschiedener Art und verschiedenen Universalitätsgrades, wie die Regel, daß „Eltern von" und „Kind von" konverse Beziehungen anzeigen, gleich wie „größer als" und „kleiner als", „verkaufen an" und „kaufen von" oder die Regeln, daß „männlich" und „weiblich" Antonyme, „Sohn von" und „Kind von" Hyponyme sind, sowie verschiedene andere Regeln noch komplexerer Natur.

Die Bedeutungen metaphorischer und idiomatischer Ausdrucksweisen stellen deutliche Beispiele für solche Fälle dar, die nicht ausschließlich mit einfachen kombinatorisch-komponentiellen Techniken behandelt werden können. Andere Phänomene, die häufig Kommunikationsschwierigkeiten zur Folge haben, sind semantische Ambiguität (durch Zufall – Homonymie – oder essentiell – Polysemie), Vagheit und Unbestimmtheit. Über die Möglichkeiten, diese Schwierigkeiten zu überwinden, durch Einbeziehung des sprachlichen oder außersprachlichen, situationalen Kontexts, ist noch wenig bekannt.

Bislang versteht man auch noch nicht hinreichend das Funktionieren indexikalischer (kotext- oder kontextabhängiger) Äußerungen, ob deiktischer („Ich", „Du", „jetzt", „hier" usw.), anaphorischer (Pro-Elemente jeder Art: Pro-Nomina, Pro-Verben, Pro-Adjektive, Pro-Sätze, usw.) oder noch anderer Art. Deren Behandlung übersteigt den Bereich der S. und gehört mehr zur Pragmatik, da für das Verstehen ihrer Bedeutung bei der ↗Kommunikation Kotext und Kontext der Äußerung berücksichtigt werden müssen.

In der gegenwärtig modernen generativen transformationellen Sprachtheorie (beginnend mit N. Chomsky) wird die semantische Komponente der gesamten ↗Grammatik einer Sprache angesehen, als funktioniere sie aufgrund bestimmter Strukturen, die durch die syntaktische Komponente – manchmal als Tiefenstrukturen bezeichnet – erzeugt werden. Anders ausgedrückt: die Strukturen der syntaktischen Komponenten werden mit einer oder mehreren semantischen Repräsentationen versehen, während die phonologische Komponente andere, von der syntaktischen Komponente erzeugte Strukturen – manchmal als Oberflächenstrukturen bezeichnet – einschließlich ihrer phonologischen Repräsentationen bereitstellt (↗Sprache).

In einer anderen Version dieser Theorie nimmt man an, daß die semantische Komponente selbst direkt die semantischen Repräsentationen erzeuge. Es sollte erwähnt werden, daß bei dieser Version die Repräsentationen oft in Übereinstimmung zu Normen gebildet werden, die aus logischen Systemen stammen, die unabhängig von modernen symbolischen Logikern für math. und phil., aber nicht unbedingt für linguistische Zwecke erstellt wurden. Diese Entwicklungen lassen das Problem des genauen Zusammenhangs zwischen S. und Logik in einem neuen Licht erscheinen und können Versuche (z. B. von Bar-Hillel, 1970) stützen, Logik mit universeller (oder transzendentaler) S. gleichsetzen.

Da sich alle diese Theorien noch im Entwicklungsstadium befinden, kann eine abschließende Stellungnahme über die *Beziehungen von Tiefenstrukturen, semantischen Repräsentationen* und *kognitiven Inhalten* nicht abgegeben werden.

Ein neuer Teilbereich *angewandter* S. ist die Computer-S., in der die Verwendung von ↗Computern für die Bestimmung semantischer Repräsentation(en) von Sätzen natürlicher, aber auch künstlicher Sprachen untersucht wird.

Wegen des Fehlens adäquater semantischer Theorien steht der Bereich der Psychosemantik, jener Zweig der ↗Psycholinguistik, der sich mit psychol. Aspekten der Bedeutung beschäftigt, noch ganz am Anfang seiner Entwicklung. Hier gingen expt. Untersuchungen unter Verwendung quantitativer Techniken noch nicht weiter als bis zu Arbeiten über die Stärke von Bedeutungsassoziationen verschiedener Ausdrucksweisen, gewöhnlich einzelner Wörter oder kleiner Sätze (Osgoods ↗„Semantisches Differential").

Verschiedene Maße des Bedeutungsgehalts oder der semantischen Information von Aussagesätzen in natürlichen und künstlichen Sprachen, die von absoluten oder bedingten logischen Wahrscheinlichkeitsmaßen dieser Sätze ausgehend definiert wurden (nicht zu verwechseln mit den statistischen Häufigkeiten der Verwendung dieser Sätze), wurden vorgeschlagen (z. B. von R. Carnap und Y. Bar-Hillel), aber bislang kaum praktisch angewandt.

Lit.: Bar-Hillel, Y.: Language and information. Reading (Mass.) – Jerusalem, 1964; **ders.:** Aspects of language. Amsterdam – Jerusalem, 1970; **Carnap, R.:** Replies and expositions, III. In: **P. A. Schlipp** (Ed.): The philosophy of Rudolf Carnap. La Salle (Ill.), 889–944; **Chomsky, N.:** Aspekte der Syntax-Theorie. Frankfurt a. M., 1973; **Cohen, L. J.:** The diversity of meaning. London, 1962; **Creelman, M. B.:** The experimental investigation of meaning. New York, 1966; **Hayakawa, S. I.:** Semantik. Darmstadt, [3]1969; **Hundsnurscher, F.:** Neuere Methoden der Semantik, Tübingen, [2]1971; **Katz, J. J.:** Die Philosophie der Sprache. Frankfurt a. M., 1971; **Lakoff, G.:** Generative semantics. New York, 1972; **Lorenz, K.:** Elemente der Sprachkritik. Frankfurt a. M., 1970; **Lyons, J.:** Einführung in die moderne Linguistik. München, [4]1975; **Quine, W. V. O.:** Word and object. New York – London, 1970; **Schaff, A.:** Introduction to semantics. Oxford – Warszawa, 1962 (dt.: Einführung in die Semantik. Frankfurt, 1969); **Stiehl, U.:** Einführung in die allgemeine Semantik. Berlin – München, 1970; **Ullmann, S.:** Grundzüge der Semantik. Berlin, [2]1972; **Weinreich, U.:** Explorations in semantic theory. In: **T. A. Sebeok et al.** (Eds.): Current trends in linguistics, III. The Hague, 1966, 395–477; **Ziff, P.:** Semantic Analysis. Ithaca (N. Y.), 1960.

Y. Bar-Hillel

Semantisches Differential. Das S. D. *(Polaritätenprofil)* ist eine von C. E. Osgood (1952; 1957) und Hofstätter (1955; 1957) entwickelte Methode, den *subjektiven Bedeutungsgehalt* einer Vorstellung, eines Begriffs, eines Gegenstandes quantitativ verfügbar zu machen. Hierzu bedient man sich einer Reihe von Gegensatzpaaren (z. B. weich–hart; stark–schwach), die je in Stufen (meist 7) graduiert sind. Die vom Pb vorgenommenen Einstufungen eines Begriffs lassen sich zu einem *„Polaritätenprofil"* verbinden. Die Durchschnittswerte von einem solchermaßen eingestuften Begriff von vielen Pbn spiegeln die Vorstellung, Meinung einer Gruppe, wider (↗„Stereotypen"). Solche bekannte „Stereotypen" sind z. B. die Geschlechterrollen, die Nationalcharaktere. Korrelationsstat. läßt *sich das Ähnlichkeitsmaß von 2 Begriffen bestimmen* (z. B. „Liebe" und „rot", r = + .89). Die faktorisierten Matrizen von Ähnlichkeits-Korrelationen mehrerer eingestufter Begriffe aus dem Persönlichkeitsbereich führen nach Hofstätter zu 3 Faktoren, die er folgendermaßen interpretiert: F_1 = *Positive Zuwendung nach außen;* F_2 = *Negative Zuwendung nach außen;* F_3 = *Wendung nach innen.* Die von Osgood gefundenen Faktoren des semantischen Umfelds von Persönlichkeitsbegriffen sind: „potency", „activity" und „evaluation". ↗Einstellung; ↗Psycholinguistik.

Lit.: Hofstätter, P. R.: Psychologie. Frankfurt, 1957; **Osgood, C. E.:** The nature and measurement of meaning. Psychol. Bull., 1952, 49, 197–237.

P. Graw

Semantisierung ↗Ritualisation.

Semiotik. Unter S. versteht man die allg. Lehre von den Zeichen. Diese können natürlichen und künstlichen Sprachen entstammen. Gewöhnlich werden drei Aspekte unterschieden:

Die *Syntax* beschäftigt sich mit den Beziehungen zwischen Zeichen und anderen Zeichen oder Zeichenreihen. Durch die syntaktischen Regeln einer Sprache werden die zulässigen Verknüpfungen ihrer Grundelemente zu komplexeren Gebilden (Sätzen) festgelegt. (So ist die Verbindung „die Student" in der deutschen Sprache nicht erlaubt.) ↗Grammatik.

Die ↗*Semantik* untersucht die Beziehung zwischen Zeichen und ihren Bedeutungen.

Die *Pragmatik* bezieht sich auf das Verhältnis zwischen den Sprachzeichen und ihren Benutzern, den menschlichen Sendern und Empfängern von Nachrichten. Nach dem Bühlerschen Organomodell der Sprache sind es vor allem die Signal- und die Symptomfunktion, die in den Rahmen der Untersuchungsgegenstände der Pragmatik fallen. Der mit Hilfe des ↗semantischen Differentials erfaßbare Faktor der „Bewertung" (gut – schlecht, schön – häßlich usw.) fällt ebenso in diesen Bereich. Wichtige Grundlagen der Pragmatik werden mithin in der Sprachpsychol., in der ↗Psycholinguistik und Soziolinguistik erarbeitet. ↗Symbol und Zeichen.

Lit.: Hörmann, H.: Psychologie der Sprache. Berlin – Heidelberg, ²1977.

B. Rollet

Sender, Begriff aus der Datenverarbeitung, der die Stelle der „Verschlüsselung" markiert.

Seneszenz *(Altersschwäche)* ↗Psychologie des Alterns.

Senilität, Greisenhaftigkeit, Vergreisung.

Sensation ↗Empfindung.

Sensibilität. 1) *Im psychol. Sinne* ist S. Empfindsamkeit, Gefühlsansprechbarkeit, Feinfühligkeit. ↗Empfindlichkeit.

2) *Physiol.* bedeutet S. die Fähigkeit, Sinnesreize zu empfinden und zu verarbeiten. Man unterscheidet Oberflächen- (Druck, Temperatur, Schmerz) und Tiefen-Sensibilität (Muskeltonus u. a.). ↗Sinnesorgane.

S.*störungen.* Physiol. sind drei Formen zu unterscheiden: a) ↗*Anästhesie:* fehlende S. b) *Hypästhesie:* herabgesetzte S. c) ↗*Hyperästhesie:* übersteigerte S. (vgl. auch ↗Analgesie).

H. J. Aebi

Sensitiver. Eine Person mit besonderen Fähigkeiten für ASW. In der expt. ↗Parapsychol. auch oft als „high scorer" (dt. = Person, die hohe Resultate bzw. Treffer erzielt) bezeichnet.

J. Beloff

Sensitiver Reaktionstyp. Der ↗Schizoidie nahestehender Charakter. Manifestiert sich in überempfindlicher Eindrucksfähigkeit für Erlebnisreize, mangelhafter, unebenmäßiger Ausdrucksfähigkeit, Verhaltung, d.h. bewußter Komplexbildung. Der Einschlag von sthenischem Empfinden, von Stolz und Strebsamkeit stachelt trotz ihren Insuffizienzgefühlen (Insuffizienzerlebnis) zum Kampf mit dem quälenden Erlebnis. Die Selbstquälerei, der ethische Skrupel sind die typische Antwort auf die „beschämende Insuffizienz" und die „ethische Niederlage". Entwicklung zum sensitiven ↗Beziehungswahn möglich.

Lit.: Kretschmer, E. & W.: Medizinische Psychol. Stuttgart, ¹⁴1975.

W. Kretschmer

Sensitivität ↗Empfindlichkeit.

Sensitivity Training. Der ↗Gruppentherapie nahestehende Methode, die Eingang in die Betriebspsychol. gefunden hat und als wichtiger Schritt zu einer breitgestreuten Erwachsenenerziehung über die reine Vermittlung von Wissen hinaus angesehen werden muß. Das S.T. vollzieht sich heute in gruppentherapeutischen Sitzungen, wo völlig freie Aussprache über die eigenen emotionalen Reaktionen auf sämtliche anderen Teilnehmer ermutigt wird. Auf diese Weise lernen die Trainierten, *wie sie selbst sich geben und wie andere Menschen auf sie reagieren.* So wird es möglich, starre Reaktionsschemata (↗Übertragung, ↗Gefühlsübertragung) gegenüber anderen Menschen abzubauen und soziale Sensitivität (R. Tannenbaum et al., 1953) zu gewinnen.

Lit.: Tannenbaum, R. Wechsler, I. R. & F. Massarik: Leadership and organisation. New York, 1953; **Corsini, R. J.:** Methods of group psychotherapy. New York, 1957.

W. Schmidbauer

Sensomotorik ↗Sensumotorik.

Sensorisch *(Sensorische Nerven, Sensorium).* Das s. System der Organismen *(Sensorium)* bestehend aus peripheren ↗Rezeptoren, s. Nerven und zentralnervösen Verarbeitungsebenen dient der Aufgabe der Informationsübermittlung zwischen physikal. Umwelt und ZNS. Durch zahlreiche informationsverarbeitende Prozesse kommt es zu speziellen zentralnervösen Erregungsmustern, die, in Assoziationszentren verglichen, letztlich als primäre Erkenntnisakte bewußt werden. ↗Gehirn.

M. Spreng

Sensualismus. Bezeichnung für die Lehre, nach der alle unsere Erkenntnis, einschließlich der rationalen, ihren Ursprung in der ↗Wahrnehmung haben. Er ist eine der möglichen Formen des ↗Empirismus. (B. de Condillac, 1715–1780, J. Dewey, 1859–1952).

M. J. Borel

Sensumotorik (auch *Sensomotorik).* Gegenstandsbereich der zum Teil behavioristisch, neuerlich aber mehr kybernetisch orientierten Forschungen über den *Zusammenhang zwischen dem ↗sensorischen* und *motorischen System.* Hauptprobleme der S. sind: 1. Durch welche Prozesse werden sensorische und mot. Informationen miteinander verknüpft *(sensumot. Koordinationen,* z. B. zwischen Gesichtssinn und Okulomotorik, Gesichtssinn und Handmotorik, Hautsinne, sowie Propriozeptoren der Hand usw.)? 2. Welche *Stabilisierungsprozesse* garantieren, daß die durch das *Sensorium erstellten Informationen zum Erfolg* der mot. Aktion führen *(Sensumot. Adaptationsprozesse)?* 3. Welche *Rolle hat die Bewegung* (mot. Aktion) für das Wahrnehmen – für die Perzeption – usw.?) ↗Motorik; ↗Sinnesorgane.

Lit.: Ashby, W. R.: Design for a brain. London, 1960; **Kohl, K.:** Zum Problem der Sensumotorik. Frankfurt a. M., [2]1973; **Taylor, J. G.:** The behavioral basis of perception. New Haven – London, 1962.

A. Hajos

Sentence-Completion-Test. Engl. für *↗Satzergänzungstest.*

Sentiment, *Gefühl, Gesinnung* (W. McDougall). In der faktorenanalytischen Motivationsforschung R. B. Cattells gleichbedeutend mit einem Motivziel, an dem verschiedene ↗Motive befriedigt werden können (z. B. das ↗Selbst, die Eltern, der Ehepartner, der eigene Beruf usw.). ↗Erg.

K. Pawlik

Sentimentalität ist eine übertrieben gefühlsbetonte Persönlichkeitseigenschaft bzw. Einstellung, die durch affektive Erregbarkeit und Rührseligkeit gekennzeichnet ist. In der Umgangssprache wird S. als Gefühlsübermaß eindeutig negativ gesehen. Chronisch sentimental sind Menschen, die dauernd ein Übermaß von unecht wirkendem Gefühl zur Schau tragen; sie lieben ihre eigene „Empfindsamkeit", sind gefühlsselig und äußern dies oft in kitschiger Weise. Chronische S. ist keine harmlose Form der Gefühlsstörung: Sie kann die Kehrseite oder die Maske erschreckender Brutalität sein. Vorübergehende sentimentale Anwandlungen dagegen dürften zum normalen Gefühlsleben aller Menschen gehören.

W. Tisch

Sequentielle Strategie. 1) In der *↗Statistik:* ↗Sequentielle Tests. **2)** In der *↗Entscheidungstheorie:* Vorgehensweise, bei der im Gegensatz zu einmaligen und endgültigen Entscheidungen nach jedem Entscheidungsschritt einer Entscheidungssequenz gezielt zusätzliche Informationen über die Pbn erhoben und im nächsten Schritt berücksichtigt werden. Wesentlichste Vorteile: a) Möglichkeit, Veränderungen der Pbn zu berücksichtigen; b) Bessere Anpassung der ↗treatments an die Pbn; c) Auch Informationen mit geringer ↗Validität können in den ersten Entscheidungsschritten nutzvoll sein. *J. P. Gösslbauer*

Sequentielle Tests (syn. Sequentialanalyse). Unter s. T. versteht man eine im 2. Weltkrieg von A. Wald entwickelte Art von statist. Tests, deren Grundprinzip darin besteht, daß nach Festlegung der Fehler 1. *und* 2. Art bei gegebenem Unterschied der betrachteten Populationen der Stichprobenumfang, der zur statist. Sicherung dieses Unterschieds notwendig ist, zur Zufallsvariablen mit bestimmtem Erwartungswert gemacht wird. Dadurch kann der zur Entscheidung notwendige Stichprobenumfang minimalisiert werden. Bei den s. T. wird eine Beobachtung nach der anderen gesammelt und nach jeder Beobachtung eine der drei folgenden Entscheidungen getroffen: a) H_0 akzeptieren, b) H_1 akzeptieren, c) eine weitere Beobachtung durchführen. Dabei werden die Beobachtungen so lange fortgesetzt, bis die Entscheidung entweder zugunsten von H_0 oder zugunsten von H_1 ausfällt. ↗Statist. Tests; Nullhypothese; Alternativhypothese.

Lit.: Wald, A.: Sequential Analysis, New York, 1947.

A. Rausche

SER ↗Hull.

Serviettenringfigur. In erster Linie eine der ↗Reversionsfiguren, die von W. ↗Wundt verwendet wurde. Jede der runden Begrenzungen

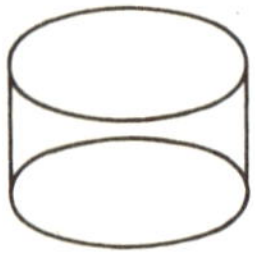

kann als zum Betrachter gerichtet gesehen werden (s. Abb.). Wittmann schätzt, daß es 60 verschiedene Auffassungsmöglichkeiten dieser Figur gibt. *C. D. Frith*

SET ↗Einstellung.

Set. 1. Eine zeitweilige Orientierung oder Erwartung, eine Bereitschaft, in spezieller Weise auf eine spezielle Reizsituation zu reagieren. Z. B. *Wahrnehmungs*-S.: die Bereitschaft, die Umgebung in bes. Weise wahrzunehmen; *motorischer* S.: Bereitschaft, eine spezielle muskuläre Reaktion auszuführen; *neuraler* S.: die zeitweilige Sensitivierung eines bestimmten Nerven-Schaltkreises (normalerweise hypothetisch); *Instruktionsset:* eine wahrnehmungsmäßige, kognitive oder mot. Orientierung, die durch VI-Instruktionen induziert wurden. (Vgl. ↗Einstellungen und ↗Gewohnheiten, die relativ dauerhafte Dispositionen darstellen.)

2. Eine feste oder rigide Reaktionsweise.

3. Eine Gruppe oder Menge. In der mathematischen Mengenlehre die Gesamtheit aller Objekte oder Elemente, die eine gegebene Bedingung erfüllen. *G. D. Wilson*

Setting, *allg.:* die objektive (physisch-soziale) Umgebung eines Ereignisses, *speziell* als *behavior setting* Analyseeinheit der ↗Ökologischen Psychologie.

Lit.: Barker, R.: Ecological psychology. Stanford (Cal.), 1968.

L. Kruse

sex flush, Rötung bestimmter Hautbezirke, wie z. B. Bauch, Brust, Gesicht, Rücken, infolge vermehrter Durchblutung bei einer sexuellen Stimulation. Der s. f. wurde häufiger bei Frauen als bei Männern beobachtet.

Lit.: Masters, W. H. & V. E. Johnson: Human sexual response. Boston, 1966 (dt.: Die sexuelle Reaktion. Frankfurt a. M., 1967; Reinbek, 1970). *V. Sigusch*

sex skin-Phänomen, Verfärbung der kleinen Schamlippen von einem Rosa bis zu einem Hell- oder Dunkelrot infolge vermehrter Durchblutung bei sexueller Stimulation. Wegen dieser Reaktion, die in der Plateauphase des ↗sexuellen Reaktionszyklus auftritt und charakteristisch für den bevorstehenden ↗Orgasmus ist, wurden die kleinen Schamlippen als *sex skin („Sexualhaut")* bezeichnet.

Lit.: vgl. ↗sex flush. *V. Sigusch*

Sexualdelinquenz. Sammelbegriff für alle gegen die jeweiligen Sexualstrafrechtsnormen eines Staates/Landes verstoßenden Handlungen strafmündiger Personen. Strafrechtlich, kriminologisch und sozial handelt es sich dabei um äußerst heterogene Handlungen, die von gewaltsam erzwungenen Beziehungen bis zur – höchst fraglich sozial schädlichen – „Verbreitung unzüchtiger Schriften" reichen. Im Mittelpunkt von forensisch-psychiatrisch-psychol. Praxis und Forschung steht der vorwiegend männliche Delinquent: Persönlichkeitsmerkmale, Lebensgeschichte (soziale Herkunft, psychische, sexuelle, soziale Entwicklung), spezifische sexuelle Deliktformen und ihre Beziehungen zum Alter des Delinquenten/Opfers und zu anderen Variablen (z. B. Tatumstände, Einleitungs- und Nachhandlungen usw.), Rückfall- und Resozialisierungsprognose, prädelinquente ↗Prognose. In Forschung und Praxis sind verschiedene wiss. Disziplinen beteiligt: Psychol., Psychiatrie, Soziologie, Kriminologie. In der BRD mangelt es bisher an systematischen, methodisch fundierten Untersuchungen, wie sie z. B. in den USA Gebhard (1965) u. a. durchgeführt haben.

Lit.: Gebhard, P. H.: Sex offenders. London, 1965; **Karpman, B.:** The sexual offender and his offenses; etiology, pathology, psychodynamics and treatment. New York, 1954; **Schorsch, E.:** Sexualstraftäter. Stuttgart, 1971.

H. Maisch

Sexualerziehung ↗Geschlechtserziehung.

Sexualhormone ↗Keimdrüsenhormone.

Sexualität. Biol. ist die S. definiert als der Eigenschaftskomplex, der zwischen den beiden Arten oder Teilen der Organismen differenziert, die sich durch die Fusion der Gameten vermehren und von daher auch die Verbindung genetischen Materials aus zwei verschiedenen Quellen herstellen. Weibliche Gameten werden Eier genannt, männliche Gameten heißen Samen. Sie können von einem einzelnen Individuum (Hermaphrodit) oder von den einzelnen Geschlechtern hervorgebracht werden.

Psychol. ist die S. das unmittelbar mit dem Begegnen der zwei Geschlechter – und bei manchen Arten mit der Kopulation – assoziierte Verhalten, das zur Befruchtung führen kann. Bei den Menschen kann sich die S. spezifisch auf den Kopulationsakt, auch heterosexueller Geschlechtsverkehr genannt, beziehen; ihr Bereich aber dehnt sich auch aus auf das ähnliche sexuelle Verhalten zweier Individuen gleichen morphologischen Geschlechtes (↗Homosexualität).

Genetisch wird die S. durch das kleinere Y-↗Chromosom im jeweiligen Chromosomenpaar bedingt. Unter den Säugetieren (einschließlich des Menschen) tragen die Weibchen das XX-Chromosomenpaar und die Männchen die XY-Form (↗Geschlechtschromosom).

Die Bestimmung des Geschlechtes ist bei manchen Arten unmöglich, bei anderen eindeutig, wie normalerweise beim Menschen. Es gibt fünf Methoden der Bestimmung von Geschlechtsangehörigkeit: 1. Bewertung des Chromatininhalts der Zellkerne (das zweite X-Chromosom der Frau bildet einen identifizierbaren Chromatinkörper, der bei Männern [Y-Chromosom] nicht zu finden ist); 2. Untersuchung der äußeren Geschlechtsorgane; 3. Untersuchung der akzessorischen Geschlechtsorgane; 4. Untersuchung der ↗Gonaden; 5. Untersuchung des Hormonhaushalts. Da die Menschen aufgrund der sekundären ↗*Geschlechtsmerkmale* zwei klare Typen bilden, treten Irrtümer bei der Feststellung der Geschlechtszugehörigkeit selten auf. Genetisch bedingte Anomalien hingegen sind anzutreffen. Daher gibt es ein Kontinuum zwischen Männlichkeit und Weiblichkeit und Individuen, bei denen die Feststellung des Geschlechtes durch die oben angeführten Methoden nur inkonsistent vollzogen werden kann. Diese schwierigen Fälle ermöglichen dem Forscher Einsicht in die Entwicklung der psychol. Auffassung der S.

Entwicklung sexuellen Verhaltens. Da das Sexualverhalten der niederen Tiere für instinktiv (↗Instinkt) gehalten wird und da es aufgrund von Prüderie und Unwissenheit wenig sachlichen Unterricht über Sexual- und Fortpflanzungsverhalten gibt, hat man auch das menschliche Sexualverhalten als instinktiv angesehen. Das Sexualverhalten bei den Säugetieren wird jedoch im allg. mit zunehmender Erfahrung differenzierter – auch hier gelten Prinzipien der ↗Lerntheorie.

Freud (1915) benutzte den Begriff des Instinkts in seiner Theorie der infantilen sexuellen Entwicklung und der normalen und anormalen Persönlichkeitsbildung. Sein Hauptverdienst war die Wiedereinführung des Konzepts einer kontinuierlichen Sexualentwicklung einschließlich der „latenten Periode" (↗Latenzphase). Die früheste Phase der infantilen Sexualentwicklung ist gekennzeichnet durch die Lust an der oralen Betätigung (↗orale Phase). Mit zunehmender Empfindlichkeit der analen Region treten die analen und aggressiven Reaktionen auf (↗Sadismus; anale Phase). In der letzten Phase der Entwicklung wird das sexuelle Interesse auf die Geschlechtsorgane verlegt (↗genitale Phase).

Freuds Theorie der Fehlentwicklung, die nach ihm auf eine ↗Fixierung oder ↗Regression auf die oben beschriebenen Phasen der Sexualentwicklung zurückgeht, ist in der wiss. Forschung bestritten geblieben. Vieles bleibt spekulativ oder wurde wegen Mangels an Beweisen in Frage gestellt. Das Fehlen auffallender sexueller Anormalität bei neurotischen Patienten z. B. spricht gegen die Freudsche Auffassung.

Da dem expt. Vorgehen bei Menschen Schwierigkeiten entgegenstehen, können Studien mit Tieren unsere Kenntnisse über die Entwicklung des Sexualverhaltens vertiefen. Tiere, die in sozialer Isolierung aufgezogen werden, weisen später Unzulänglichkeiten im Sexualverhalten auf. H. Harlow zog Rhesusaffen auf, die er sowohl von ihren Altersgenossen als auch von der Mutter isolierte. Die Isolierung von den Altersgenossen erwies sich für das spätere sexuelle Sozialverhalten als viel schwerwiegender als die Isolierung nur von der Mutter. Bei völliger Isolierung zeigten weder Weibchen noch Männchen das normale sexuelle Appetenz- und Paarungsverhalten. Weibchen, die mit normalen Männchen gepaart wurden, konnten zwar empfangen und gebären, erwiesen sich jedoch bei der Pflege der Jungen als unfähig und grausam. Wenigstens bei den Menschenaffen stellt der Kontakt mit Altersgenossen ebenso wie frühkindliche sexuelle Spiele eine notwendige Vorbedingung der normalen Entwicklung des Sexualverhaltens dar.

Erkenntnisse über menschliches Sexualverhalten. Trotz der Schwierigkeiten, die der Erforschung der intimen und lange Zeit weitgehend tabuisierten Bereiche der menschlichen S. entgegenstehen, ging man allmählich zu vagen klinischen Verallgemeinerungen über zu großaufgelegten Erhebungen, die sachliche Information lieferten. Die Daten des ↗*Kinsey*-Reports, die hauptsächlich sexuelle Tatbestände wie Geschlechtsverkehr (↗Orgasmus), ↗Onanie, nächtliche Pollutionen und ↗Perversionen stat. belegen, zeigen eine markante Diskrepanz zwischen sozialen Erwartungen und tatsächlichem Verhalten. (Vgl. auch ↗Homosexualität, ↗S., außereheliche, ↗Orgasmus, ↗Sexueller Reaktionszyklus.)

Aussereheliche (a.), nacheheliche (n.), voreheliche (v.) Sexualität. *A. S.* gilt in vielen Gesellschaften, zumal denen mit der Forderung nach monogamer Ehe, trotz ihres Auftretens, als verwerflich. Wo sie gestattet ist, werden fast immer dem Mann mehr Vorrechte als der Frau eingeräumt. Nach den Befunden von Kinsey und Mitarbeitern *(↗Kinsey-Report)* ist a. ↗Petting relativ häufig, ↗Koitus etwas seltener: bei rund 50% der verheirateten Männer und rund 25% der verheirateten Frauen bis zum 40. Lj. Bei den Männern nimmt der a. Koitus in den unteren sozialen Schichten mit steigendem Alter ab (von 45% bei den 21–25jährigen auf 27% bei den 36–40jährigen), in der Mittel- und Oberschicht dagegen zu (20% auf 30%). Bei den Frauen erwiesen sich Bildungs- und Schichtunterschiede nicht als relevant. – Der Prozentsatz der Frauen mit a. Sexualkontakten war bei den Frauen mit vorehelichen Erfahrungen doppelt so hoch wie bei denen ohne Erfahrungen, was sich wahrscheinlich auf eine (gelernte) höhere Appetenz und freizügigere Einstellung zurückführen läßt. – ↗Prostitution.

Unter *n. S.* werden Sexualverhalten und Einstellungen getrennt lebender Ehepartner, Geschiedener und Verwitweter verstanden. Nach den von Kinsey und Mitarbeitern vorgelegten Ergebnissen ist das n. Sexualverhalten vom ehelichen nicht sehr verschieden, die durchschnittlichen Koitusfrequenzen lagen zwischen denen der Ledigen und denen der Verheirateten (je nach Alter hatten 85%–54% der Frauen und 96%–82% der Männer Koitus). Die *Masturbations*häufigkeit lag über der Verheirateter (29%–13% bei den

Frauen, 56%–33% bei den Männern). ↗*Homosexualität* trat bei 10% der Frauen und bis zu 28% der Männer auf. Insgesamt erwies sich das n. Sexualverhalten am stärksten vom Alter abhängig.

Mit *v. S.* wird das Sexualverhalten vor der Ehe bezeichnet. Aufgrund der im Ausdruck implizierten Fixierung von Sexualität auf die Ehe wird heute eher von Kindersexualität oder *Jugendsexualität* gesprochen, obgleich der Terminus alle Ledigen aller Altersgruppen umfaßt.

STÖRUNGEN DES MENSCHLICHEN SEXUALVERHALTENS. Die öffentliche Meinung zählt die ↗Homosexualität zu den bedeutenden Störungen des Sexualverhaltens, jedoch konnte Kinsey (1948, 1953) klar nachweisen, daß sie sehr verbreitet ist (37% der Männer) und daß es keinen krassen Unterschied gibt zwischen dem Homosexuellen und dem Heterosexuellen. Die Ergebnisse lassen vermuten, daß ein Kontinuum von reiner Homosexualität zu reiner Heterosexualität besteht und daß die Mehrheit der Männer für beide Richtungen Interesse zeigt. Das gleiche ist bei weiblichen Homosexuellen oder Lesbierinnen der Fall (↗Homosexualität, ↗Perversionen).

FORSCHUNG. Die Sexualforschung befindet sich noch im Anfangsstadium. Das ernsthafte Interesse nimmt ständig zu, und die wiss. Forschung (↗Fragebogen, ↗Interview) wird geschickter betrieben als früher; theoretische und experimentalmethodische Probleme bleiben auch weiterhin bestehen. Bisher sind wenig gültige Untersuchungen durchgeführt worden; dennoch läßt die Anwendung der Erkenntnisse der vergleichenden und der allg. Psychol. in der Therapie Hoffnung auf weitere schnelle Entwicklungen zu. ↗Geschlechterrolle.

Lit.: Beach, F. A. (Ed.): Sex and behavior. New York, 1968; **Bell, R. R.:** Voreheliche Sexualität. Reinbek, 1968; **Bornemann, E.:** (Hrsg.): Sexualität. Weinheim, 1978; **Broadhurst, A.:** Abnormal sexuality: female. In: **H. J. Eysenck** (Ed.): Handbook of abnormal psychology. London, ²1971; **Diamond, M.:** A critical evaluation of the ontogeny of human sexual behavior. Quart. Rev. Biol., 1965, *40*, 147–175; **Ellis, H. & A. Abarbanel** (Eds.): The encyclopedia of sexual behaviour. 2 vols., New York, 1961; **Feldman, M. P.:** Abnormal sexuality: male. In: **H. J. Eysenck** (Ed.): Handbook of abnormal psychology. London, ²1971; **ders. & M. J. MacCulloch:** Homosexual behaviour: therapy and assessment. Oxford, 1970; **Freud, S.:** Triebe und Triebschicksale. Ges. Werke, Bd. X. London, 1947ff; **Gagnon, J. H.:** Sexuality and sexual learning in the child. Psychiatry, 1965, *28*, 212–227; **Gebhard, P. H. et al.:** Pregnancy, birth, and abortion. New York, 1958; **Green, R. & J. Money** (Eds.): Transsexualism and sex reassignment. Baltimore, 1969; **Harris, G. W. & S. Levine:** Sexual differentiation and its experimental control. J. Physiol., 1965, *181*, 379–400; **Kenyon, F. E.:** Homosexuality in the female. Brit. J. Hosp. Med., 1970, *3*, 183–206; **Kinsey, A. C. et al.:** Sexual behavior in the human male. Philadelphia, 1948 (dt.: Das sexuelle Verhalten des Mannes. Berlin – Frankfurt, 1954); **dies.:** Sexual behavior in the human female. Philadelphia, 1953; dt.: Das sexuelle Verhalten der Frau. Berlin – Frankfurt, 1954; **Maccoby, E. E.** (Ed.): The development of sex differences. London, 1967; **Masters, W. H. & V. E. Johnson:** Human sexual response. London, 1966; (dt.: Die sexuelle Reaktion. Reinbek, 1970); **Reich, W.:** Die sexuelle Revolution. Frankfurt a. M., ⁶1976; **Rheingold, H. L.:** Maternal behavior in mammals. New York, 1963; **Sackett, G. P.:** Abnormal behavior in laboratory-reared rhesus monkeys. In: **M. W. Fox** (Ed.): Abnormal behavior in animals. Philadelphia, 1968, 293–331; **Schorsch, E. & G. Schmidt** (Hrsg.): Ergebnisse der Sexualforschung. Köln, 1975; **Winokur, G.** (Ed.): Determinants of human sexual behavior. Springfield (Ill.), 1963.

A. Broadhurst

Sexuallockstoffe ↗Pheromone.

Sexualneurose, Form der ↗Neurose, bei der die sexuellen Funktionen gestört und damit Gegenstand des Leidenserlebnisses sind. Der seiner ↗Sexualität unsicher gewordene Patient reagiert überempfindlich auf die Forderung sexueller Leistungen. Dabei kann der Forderungscharakter von der Situation, vom Partner oder vom Patienten selbst ausgehen. Häufigstes Symptom von S.n sind ↗Potenzstörungen. Sie gehen meist einher bzw. werden zurückgeführt auf eine pathogen übersteigerte Reflexion des Sexualaktes. ↗Sexualstörungen.

Lit.: Frankl, V. E.: Grundriß der Existenzanalyse und Logotherapie. In: **V. E. Frankl** et al. (Hrsg): Hdb. der Neurosenlehre und Psychotherapie, Bd. 3. München, 1959; **Schultz, J. H.:** Die perverse Fehlhaltung. In: **V. E. Frankl** et al. (Hrsg.): Hdb. der Neurosenlehre und Psychotherapie, Bd. 2. München 1959; **Wolman, B. B.:** Handbook of Clinical Psychology. New York – London, 1965.

F. Mattejat

Sexualökonomie, von W. Reich (1897–1957) in Anknüpfung an die ↗Psychoanalyse entwickelte Theorie der ↗Sexualität. Die S. ist nach Reich eine selbständige Disziplin, in der psychol. und physiol., biol. und soziologische Betrachtungsweisen zusammenfließen. Im engeren Sinn bezeichnet S. die Regelung des Energiehaushaltes des Organismus (Regelung der „Lebensenergie" bzw. „Sexualenergie"). Zentrale Bedeutung für den Energiehaushalt hat der ↗Orgasmus. Eine verminderte Liebesfähigkeit („orgastische Potenz") bewirkt eine Störung des gesamten Energiehaushaltes, die Folgen sind einzelne neurotische Störungen bzw. eine deformierte Charakterstruktur. Die psychotherapeutische Technik der S. ist die „charakteranalytische Vegetotherapie". Die Bedeutung Reichs liegt in seiner Darstellung der gesellschaftlichen Bedingtheit seelischer Störungen.

Lit.: Reich, W.: Die Funktion des Orgasmus. Köln – Berlin, [4]1970.
F. Mattejat

Sexualpädagogik ↗Geschlechtserziehung.

Sexualstörungen, Störungen der Fortpflanzungsfähigkeit (↗Impotentia generandi) und Störungen beim sexuellen Vollzug (↗Impotentia coeundi). Häufig treten beide Beeinträchtigungen kombiniert auf, für die Psychol. sind jedoch nur die Störungen beim sexuellen Vollzug (funktionelle sexuelle Störungen) relevant. Diese lassen sich in zwei große Gruppen unterteilen (Fischer, 1969):
1. *morbogene* S. (Symptome körperlicher und psychischer Krankheiten),
2. *kommunikative* S. (Symptome gestörter Partnerbeziehungen).

Die wichtigsten funktionellen S. sind: krankhafte Libidosteigerung, isolierte Libidominderung (↗Libido; ↗Lust), Störungen der ↗Erektion, Störungen der ↗Ejakulation, ↗Anorgasmie und ↗Impotentia satisfactionis. Die funktionellen S. werden häufig auch unter den Oberbegriffen Impotenz (beim Manne; ↗Potenz) und ↗Frigidität (bei der Frau) zusammengefaßt. Im allg. werden die S. von regelwidrigem Sexualverhalten (↗Perversionen) abgegrenzt. ↗Sexualität.

Lit.: Fischer, P.-A.: Diagnostik und Therapie funktioneller sexueller Störungen. In: Schriftenreihe der Bayerischen Landesärztekammer, Bd. 15. München, 1969; **Fleck, F. & M.:** Organische und funktionelle Sexualerkrankungen. Berlin, 1968; **Giese, H. & A. Willy** (Hrsg.): Mensch, Geschlecht, Gesellschaft. Paris, 1954; **Masters, W. H. & V. Johnson:** Beratung bei sexuell gestörten Ehen. In: **Brecher, E. & R.** (Hrsg.): Sexualität. Frankfurt, 1969.
F. Mattejat

Sexualverbrechen ↗Sexualdelinquenz.

Sexualwissenschaft. Die Anwendung des wiss. Ansatzes (objektiv, logisch, empirisch und gewöhnlich quantitativ) auf das Studium der physiol. und psychol. Aspekte der ↗Sexualität. Auch als *Sexologie* bezeichnet. *G. D. Wilson*

Sexualzyklus der Frau ↗Menstruation.

Sexuell ↗Sexualität.

Sexuelle Deviationen ↗Deviation, sexuelle.

Sexueller Reaktionszyklus (engl. *sexual response cycle*). Nach Masters und Johnson laufen die physiol. Reaktionen bei einer sex. Betätigung, wie Koitus u. Masturbation, als s. R. ab, der willkürlich in 4 aufeinanderfolgende Phasen eingeteilt werden kann: *↗Erregungsphase, ↗Plateauphase, ↗Orgasmusphase, ↗Rückbildungsphase.* Die Phasen sind bis auf die Orgasmusphase weder durch objektive Reaktionen noch durch subjektive Empfindungen exakt definiert.

Lit.: Masters, W. H. & V. E. Johnson: Human sexual response. Boston, 1966 (dt.: Die sexuelle Reaktion. Frankfurt a. M., 1967; Reinbek, 1970); **Sigusch, V.:** Exzitation und Orgasmus bei der Frau. Stuttgart, 1970.
V. Sigusch

Sexueller Sozialisierungsprozeß. ↗Sozialisation ist das Hineinwachsen des Individuums in die Gesellschaft durch Verinnerlichung ihrer Werte und Erlernen der ihr angemessenen Verhaltensweisen. Der s. S. ist erschwert durch die Diskrepanz zwischen dem Alter bei Erreichen der Pubertät und dem bei Erreichen des sozialen Erwachsenenstatus, die jugendliches Sexualverhalten (als „voreheliches") zu abweichendem Verhalten werden läßt. Der s. S. ist weiter erschwert durch die Diskrepanz zwischen dem sexuellen Normensystem einer bürgerlichen Gesellschaft (Tabuierung der

↗Sexualität, Forderung nach Triebverzicht, Monopolisierung der Sexualität auf die Ehe u. a.) und dem im Jugendalter bes. starken Bedürfnis nach Triebbefriedigung. Paradox ist die Erziehungssituation, in der einerseits diese inhibierenden Normen für die Zeit vor der Ehe und andererseits die Forderung nach vollem Ausleben der Sexualität in der Ehe aufgestellt werden, d. h., man soll von einem bestimmten Zeitpunkt an eine Fähigkeit beherrschen, die man nicht erlernen durfte. Entsprechend ambivalent sind die Ansätze der Sexualaufklärung und Sexualpädagogik (↗Geschlechtserziehung).

Lit.: Dawkins, J. & H. Herzog: Leitfaden für die Sexualerziehung in Schule und Elternhaus. Hamburg, 1969; **Freyberg, D. v. & Th.:** Zur Kritik der Sexualerziehung. Frankfurt, 1971; **Kentler, H.:** Sexualerziehung. Reinbek, 1970; **Kentler, H., u. a.:** Für eine Revision der Sexualpädagogik. München, [5]1971; **Seelmann, K.** (Hrsg.): Lehrer und Geschlechtserziehung. München, 1969; **ders.:** Kind, Sexualität und Erziehung. München, 1972.

N. Schmidt-Relenberg

Sexuelles Trauma. *Allg. Definition:* Ein T. ist ein Erlebnis oder Ereignis, das sich im psychischen oder/und psychosexuellen Bereich (direkt oder indirekt) schädigend auswirkt. Der Begriff des s. T. wird in zwei Wissenschaftszweigen mit etwas unterschiedlicher Bedeutung verwandt: in der ↗Psychoanalyse, wo er im Rahmen der Neurosenlehre empirisch und theoretisch verschiedene Modifikationen erfahren hat, und im Rahmen von ↗forensischer Psychologie und Psychiatrie, wo er auf dem speziellen Sektor der ↗Victimologie minderjähriger „Opfer“ von Sexualdelikten Gegenstand empirischer Forschung ist.

1) *Psychoanalyse:* Der Begriff des s. T. wurde von S. ↗Freud erstmals ausdrücklich 1896 eingeführt („Weitere Bemerkungen über die Abwehr-Neuropsychosen“). Freud nahm damals (aufgrund von 13 Hysterie-Analysen) an, daß durch reale sexuelle Erlebnisse in der frühen Kindheit (zwischen 2. und 10. Lebensjahr) eine Neurosendisposition entsteht. Die traumatische Wirkung sah er jedoch nicht in den frühen Erlebnissen selbst, sondern in deren postpubertärer Wiederbelebung als Erinnerung, die nicht bewußt wird, sondern zur Affektentbindung und ↗Verdrängung führt (Freud, 1952). Diese sexuellen Kindertraumen, die mit einer „wirklichen Irritation der Genitalien“ verknüpft sein sollten, bestanden bei der ↗Hysterie in sexueller Passivität des Kindes (das sexuell verführt wurde: gehäuft Geschwister-↗Inzest) und bei der ↗Zwangsneurose in sexueller Aktivität des Kindes, d. h. in „mit Lust ausgeführten ↗Aggressionen und mit Lust empfundene(r) Teilnahme an sexuellen Akten“ (Freud, 1952, 380f.).

Die Lehre vom frühkindlichen s. T. als ätiologischer Unterbau der Abwehrneurosen mußte jedoch mit zunehmender Analyse-Erfahrung aufgegeben werden: Freud wurde klar, daß diesen Kindheitserinnerungen seiner erwachsenen Patienten keine historische Wirklichkeitstreue zukam. Bei diesem in Analysen immer wieder auftauchenden pathogenen Erinnerungsmaterial handelt es sich um (Wunsch-)Phantasien, die aus einem Gemisch von Realität und Phantasie bestehen. Die realen Stücke dieser Phantasien sind Ereignisse, für die das Kind noch keine Verständigungsgrundlage besitzt: a) „Mit der *Verführungsphantasie,* wo keine Verführung stattgehabt hat, deckt das Kind in der Regel die autoerotische Periode seiner Sexualbetätigung. Es erspart sich die Beschämung über die Masturbation, indem es ein begehrtes Objekt in diese frühesten Zeiten zurückphantasiert“ (Freud, 1948, 385). b) Die *Kastrationsdrohung* entnimmt das Kind aus Andeutungen „mit Hilfe seines Wissens, daß die autoerotische Befriedigung verboten ist, und unter dem Eindruck seiner Entdeckung des weiblichen Genitales“, und setzt dies in der Phantasie zusammen (Freud, 1948, 384). c) Die *Urszene* = Beobachtung des elterlichen Geschlechtsverkehrs wird als historisches Faktum gewertet, ihre Ausgestaltung in der Phantasie als „Anlehnung . . . an die Beobachtung des Verkehrs von Tieren (Hunden) und die Motivierung derselben durch die unbefriedigte Schaulust des Kindes in den Pubertätsjahren“ erklärt (Freud, 1948, 384–385). Das auslösende Motiv des Traumas entspringt immer einem Konflikt zwischen Triebregungen und triebhemmenden Vorstellungen. Der Versuch, die traumatische Libidoüberschwemmung durch Wiederholung zu bewältigen, um die Befriedigung auf einer vorhergehenden lustvoll erlebten Stufe der ↗Libido-Entwicklung wiederherzustellen, bleibt aussichtslos und trägt entscheidend zur neurotischen Entwicklung bei.

2) *Victimologie:* Obgleich eine Reihe von Fallstudien zur Frage der schädigenden Auswirkungen von Sexualdelikten an Minderjährigen vorliegt, fehlt es bislang an methodisch fundierten Untersuchungen über s. T.en und ihre Folgen bei Sexualdelikten. Die bisherigen Ergebnisse sind widersprüchlich und von unterschiedlichem Wert (Sloane & Karpinski, 1942; Holder, 1949; Geisler, 1959; Friedemann, 1965; Wallis, 1965; Lempp, 1968; Maisch, 1968).

Lit.: Freud, S.: Ges. Werke, Bd. 1, London, 1952; Bd. 11, London, 1948; Bd. 16, London, 1950; **Friedemann, A.:** Spätschäden bei Kindern und Jugendlichen. Beitr. z. Sexualforschung, Heft 33. Stuttgart, 1965; **Geisler, E.:** Das sexuell mißbrauchte Kind. Beiheft z. Kinderpsychiat. u. Kinderpsychologie. Göttingen, 1959; **Holder, H.:** Zum Problem der Blutschande. Schweiz. Arch. Neurol. Psychiat., 1949, *64*, 175; **Lempp, R.:** Seelische Schädigung von Kindern als Opfer von gewaltlosen Sittlichkeitsdelikten. Neue Jur. Wo.schrift, 1968, *49*, 2265–2268; **Maisch, H.:** Inzest. Hamburg, 1968; **ders.:** Folgen und Maßnahmen für das betroffene Kind nach einem Sexualdelikt. Jugendschutztage, Hamburg-Reinbek, 1971, unveröffentlicht; **Sloane, P. & E. Karpinski:** Effects of incest on participants. Amer. J. of Orthopsychiat. 1942, *12*, 666; **Wallis, H.:** Die Behandlung der kindlichen und jugendlichen Opfer von Sittlichkeitsstraftaten. Beitr. z. Sexualforschung, Heft 33. Stuttgart, 1965.

H. Maisch

S-Faktor ↗Spearman.

s-Faktor ↗Generalfaktor.

Shannon-Wienersche Entropieformel ↗Information.

Sheldon-Typen. Sheldon (1942) unterscheidet drei Dimensionen der physischen Konstitution (a) – nach der Entwicklung der Keimblätter –, denen er drei Dimensionen zur Charakterisierung der Psyche (b) zuordnet; diese Temperamentsdimensionen werden durch Leitbilder veranschaulicht. 1. *Endomorphie* (a) (Verdauung, Atmung): Vorherrschen weicher, runder Formen; *Viscerotonie* (b): Mangel an Temperament, schlaffe Körperhaltung und Bewegung, Freude am Essen und Verdauen, Verlangen nach Zuneigung, Leitbild: Kindheit und Familienbeziehung. 2. *Ektomorphie* (a) (Nerven, Sinnesorgane): schwache Ausbildung der Muskeln, dünne Knochen; *Somatotonie* (b) energiegeladen, ausgeprägter Machttrieb, rücksichtslos, robust, Leitbild: Ziele und Treiben des Jugendalters. 3. *Mesomorphie* (a) (Kreislauf, Muskeln): Vorherrschaft von Muskeln, Knochen und Sehnen; *Cerebrotonie* (b): scheue Haltung, gehemmte Bewegungen, überschnelle Reaktionen, Zurückgezogenheit, Verbergen der Gefühle, Überempfindlichkeit, sehr starke Aufmerksamkeit, Leitbild: späteres Lebensalter.

Die S.-T. sind in etwa vergleichbar mit den Körperbau-Typen von E. ↗Kretschmer. Die Dimension Endomorphie-Viscerotonie entspricht dem pyknischen Körperbau mit cykloidem Temperament, Ektomorphie-Cerebrotonie dem leptosomen Typus mit schizoidem Temperament und Mesomorphie-Somatotonie dem athletischen Typus mit viskösem Temperament.

Lit.: Sheldon, W. H.: The varieties of temperament. New York – London, 1942.

M. Henke

Sheppardsche Korrektur. Bei der Berechnung von geradzahligen Verteilungsmomenten aus klassifizierten Daten kann ein systematischer Fehler entstehen, der darauf zurückzuführen ist, daß alle Abweichungen $X-\bar{X}$ mit positivem Vorzeichen in die Rechnung eingehen. Dieser Fehler ist von der Klassenbreite abhängig; er kann für stetige, annähernd normalverteilte Variable durch eine von Sheppard angegebene Korrektur ausgeglichen werden. Sei h die Klassenbreite, s^2 das 2. Moment, so gilt für den korrigierten Wert $s^2_c = s^2 - h^2/12$. Ähnliche Formeln existieren für höhere Momente. Für asymmetrische, U- oder J-Verteilungen ist diese Korrektur nicht anwendbar.

Lit.: Sheppard, W. F.: Proc. of the London Math. Soc., *29*, 1898, 353.

A. Rausche

Shock-Absorber ↗Pufferreiz.

Sicherheit. Allg. menschliches Bedürfnis nach Beständigkeit im Dasein; umstritten, ob *vitales Bedürfnis* (wie Hunger und Durst-↗Motiva-

tion) oder sozio-kultureller Natur (↗Leistungsmotivation); die Liste der „Grundthemen menschlicher Hoffnungen und Befürchtungen“ von Cantril (1965) aufgrund von Befragungen (20000 Pers. aus 13 Ländern) beginnt mit:
„1. Befriedigung der auf das ‚Überleben‘ bezogenen Bedürfnisse
2. Sicherung des bisher Erreichten
3. Streben nach Ordnung und Gewißheit im eigenen Leben, nach Übersichtlichkeit und Berechenbarkeit des Daseins“ (Zit. n. Thomae, 1968, S. 285).

„Die Sorge um die Befriedigung der auf die Erhaltung der *bloßen Existenz bezogenen Bedürfnisse* („survival needs“) ist eine allumfassende Erfahrung, welche alle Energien und Gedanken der Menschen, die unter solchem Druck stehen, in Anspruch nimmt“ (Cantril, 1965, S. 264; Zit. n. Thomae, 1968, S. 529).

Im Grundgesetz f. d. BRD (1949) in Art. 2 (2) verankert („Jeder hat das Recht auf Leben und körperliche Unversehrtheit. Die Freiheit der Person ist unverletzlich“), ferner in den Landesverfassungen (z. B. NRW [1950] Art. 24; 1). „Das Bedürfnis nach S. in allen Lebensbereichen veranlaßt die Menschheit, vielfältige Methoden zur ‚anticipatorischen Störungsregulation“ (Thomae, 1968) zu entwickeln; in Industriegesellschaften (↗Leistungsgesellschaft) v. a. als „soziale S.“ (S. der wirtschaftlichen Existenz), „Versicherungswirtschaft“, „Arbeits-S.“ (S. am Arbeitsplatz, ↗Unfall).

Lit.: Cantril, H., The pattern of human concerns. New Brunswik, N. J., 1965; **Thomae, H.,** Das Individuum und seine Welt. Göttingen, 1968.
G. Marschner

Sicherheitsgrenze ↗Vertrauensgrenzen.

Sigma. Griechischer Buchstabe. 1. Σ wird als Summensymbol verwendet. – 2. σ ist Symbol für die Standardabweichung einer Verteilung. – 3. σ steht für $^{1}/_{1000}$ sec. *A. Rausche*

Sigmatismus. Fehlerhafte Bildung des S-Lautes. Häufigste Formen: S. *interdentalis* (Zunge zwischen den Zahnreihen), S. *addentalis* (Zunge an oberer Zahnreihe), S. *lateralis* (Luft entweicht seitlich der Zunge). Die Bildung des SCH-Lautes ist beim S. in der Regel fehlerhaft. S. lateralis ist am schwersten zu therapieren. ↗Lispeln.

Lit.: Luchsinger, R. & G. E. Arnold: Handbuch der Stimm- und Sprachheilkunde. Wien – New York, 1970, Bd. II, S. 478.
H. Brenninger

Signal. Ein Reiz jeder Modalität, der Informationen enthält, oft verwendet im Ggs. zu ↗Rauschen, das keine Information beinhaltet. ↗Information. *C. D. Frith*

Signal *(Zeichenträger).* Physik. Vorgang oder Zustand, der zur räumlichen oder zeitlichen Übertragung von Nachrichten dient.

S.e sind physik. oder physiol. Träger eines ↗„Zeichens“. *P.-B. Heinrich*

Signaldetektions-Theorie, die Theorie, daß die Feststellung eines sensorischen Signals bestimmt wird durch die Erregung, die Reizsignal und Geräusch auslösen. Ein Geräusch, das von inneren und äußeren Faktoren verursacht wird, kann manchmal allein mehr Erregung erbringen, als durch Signal plus Geräusch erzeugt wird. Deshalb erfordert Signalfeststellung eine statistische Entscheidung. Alle Erregungen, die größer als ein Kriteriumswert sind, lösen eine Feststellungsreaktion aus, und eine solche Reaktion kann eintreten, wenn ein Signal (ein „Stoß“) erfolgt ist oder wenn kein Signal eintrat (ein „falscher Alarm“). Von der Wahrscheinlichkeit des Auftretens von Signalen und falschen Alarmen her erlaubt die Theorie die getrennte Berechnung des Kriteriums und des relativen Erregungseffekts des Signals. Experimentelle Handhabung des Kriteriums verursacht Kovariation von Stoß- und Falschalarmwahrscheinlichkeiten, und die daraus resultierende Funktion wird für ein fixes Reizsignal „receiver operating characteristic“ genannt.

Diese Theorie hat ihren Ursprung in der Kommunikationstechnik und wurde in die Psychophysik durch W. P. Tanner und J. A. Swets eingeführt. Sie ähnelt einer früheren Theorie, dem „Gesetz der vergleichenden Entscheidung“ L. L. Thurstones.

Lit.: **Green, D. M. & J. A. Swets:** Signal detection theory and psychophysics. New York, 1966; **Swets, J. A.** (Hrsg.): Signal detection and recognition of human observers. Contemporary Readings. New York, 1964.

A. B. Kristofferson

Signale *(beim Tier)* sind körperliche Strukturen, Lautäußerungen, Duftstoffe und spezifische Verhaltensweisen, die der inner- oder/ und zwischenartlichen Kommunikation dienen. S. haben meistens Auslöserfunktion. So löst z.B. die rote Brust des Rotkehlchens Aggression bei Männchen dieser Art aus. Werden S. von Artfremden nachgeahmt, spricht man von *Mimikry*. Nichtstechende Hymenopteren werden wie Wespen gemieden, wenn sie einen schwarz und gelb geringelten Hinterleib besitzen. *V. Preuss*

Signaltransformation, umkehrbar eindeutige Umformung eines gegebenen ↗Signals in ein anderes. S.en sind z.B. erforderlich, um die Signale eines Senders einem vorgegebenen Übertragungskanal anzupassen.

P.-B. Heinrich

Signifikant. Entspricht einer Größe, die unter Annahme der Richtigkeit einer Hypothese aus beobachteten Daten berechnet wurde, eine Zufallswahrscheinlichkeit, die geringer ist als das ↗Signifikanzniveau, so nennt man sie s. auf dem angegebenen Niveau. Übliche Bezeichnungen: 5 $^0/_0$ s., 1 $^0/_0$ sehr s., 1 $^0/_{00}$ hochs.

A. Rausche

Signifikanz. ↗Statist. Tests nennt man auch Signifikanztests, da sie z. B. die S. (= Bedeutsamkeit) von Unterschieden prüfen. Man unterscheidet zwischen *statist.* und *praktischer* S.; dabei ist die statist. S. (prüfbar durch einen Test) notwendige, aber nicht hinreichende Bedingung für praktische S. Durch hinreichend große Stichproben lassen sich auch sehr kleine, praktisch nicht bedeutsame Unterschiede statist. absichern. Deshalb ist es unzweckmäßig, mit im Verhältnis zur Merkmalsstreuung sehr großen Stichproben zu arbeiten, da praktisch bedeutsame Differenzen auch mit einer kleineren Stichprobe erfaßt werden können.

A. Rausche

Signifikanzgrenzen. Unter S. versteht man Zahlenwerte von Prüfstatistiken, die bei gegebenem ↗Signifikanzniveau über- oder unterschritten werden müssen, um diese als ↗signifikant zu erweisen. *A. Rausche*

Signifikanzniveau. Unter S. (Bez. meist α) versteht man bei einem ↗statist. Test die Wahrscheinlichkeit, mit der man einen ↗Fehler 1. Art riskieren will. In der Psychol. wird α meist auf 5 $^0/_0$ festgesetzt. Üblich sind noch 1 $^0/_0$ und 1 $^0/_{00}$. ↗signifikant. *A. Rausche*

Signifikanztests ↗Statistische Tests.

Simulation psychischer Vorgänge kennzeichnet den Vorgang, mit dem aus einer abstrakten psychol. Theorie pseudo-empirische Daten erzeugt werden. Die geläufigen Darstellungen von psychol. Gesetzmäßigkeiten als Kurven in einem kartesischen Koordinatensystem repräsentieren aus Beobachtungen *bereits errechnete Statistiken* und *nicht die Daten selbst* (Beispiel: ↗Lernkurven). Die Einzelbeobachtungen streuen in einer meist nicht näher betrachteten Weise um diese Mittelwerte. Alle Gegenüberstellungen von Theorie und Beobachtung erschöpfen sich meist im Vergleich der theoretischen mit den empirischen Statistiken. Mit Hilfe von S. p. V. können nun z. B. beliebig viele individuelle Lernkurven erzeugt werden. Ihre Punkte heißen pseudo-empirisch, weil sie einen Datensatz darstellen, der, obgleich theoretisch erzeugt, den expt. Daten entsprechen soll. Daraus ist ersichtlich, daß S. p. V. bes. zur Validierung von Theorien herangezogen werden kann. Die erzeugten pseudo-empirischen Daten können Stück für Stück den expt. Daten gegenübergestellt werden. Voraussetzung zur Anwendung von S. p. V. ist eine in sich widerspruchsfreie Formulierung der psychol. Theorie. Dies ist im allg. bei der Beschränkung auf natürliche Sprachen (Deutsch, Englisch usw.) nicht möglich. Man bedient sich deshalb zur Formulierung von Theorien spezieller Sprachen, wie Mathematik (vgl. Atkinson, Bower & Crothers, 1965) oder einer ↗Programmiersprache (Algol, Fortran usw.). Eine S., deren Satz von pseudo-empirischen

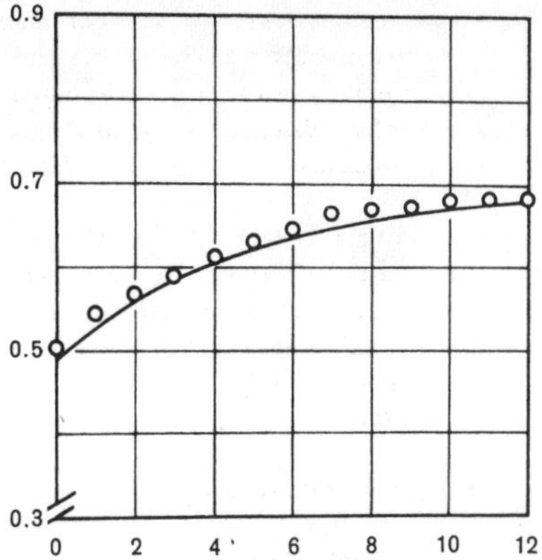

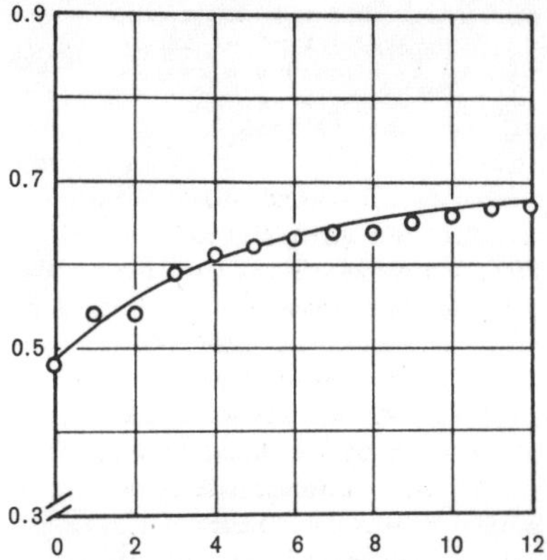

Gegenüberstellung von empirischen Ergebnissen (Abb. links) mit Simulationsdaten (Abb. rechts) zu einem Lernexperiment. In der Ordinatenrichtung ist der kumulative Anteil durch die Versuchsperson spontan verbesserter Fehler gegen die Fehler selbst (Abszisse) abgetragen. Die Simulationsdaten sind mit Hilfe des BUSH-MOSTELLER-Modells unter Verwendung der aus den Experimentierdaten geschätzten Parameter erzeugt (Drösler, 1964).

Daten auch durch Experten nicht von einem Satz echter Experimentaldaten unterschieden werden kann, hat den *„Turing-Test“* bestanden.

Über die Verwendung als Instrument zur Validierung einer Theorie oder zur ↗Prognose hinaus findet S. p. V. als *Medium der Theorienkonstruktion selbst Anwendung.* Oft lassen sich psychol. Gesetzmäßigkeiten mathematisch nicht in geschlossener Form darstellen. In den Bereichen der Denk- (↗Denken) und der ↗Sozialpsychol. beispielsweise verfolgt man dann die theoretischen Konsequenzen eines Aggregats von mathematisch-logischen Einzelaussagen durch S. p. V. Newell, Shaw & Simon (1957) stellten ihre Überlegungen zum Prozeß der Lösung einfacher logischer Probleme zusammen. Das System zeigt einen so hohen Grad an Komplexität, daß es in seinen Konsequenzen nur durch S. überschaubar ist. Derart umfangreiche theoretische Konstruktionen lassen den Einsatz von elektronischen Datenverarbeitungsanlagen (↗Computer) zweckmäßig erscheinen. Häufig wird S. p. V. mit vorwiegend pragmatischer Zielsetzung betrieben: Menschliche Arbeitsleistungen sollen für wirtschaftliche Zwecke mechanisiert werden. Hier liegt das Kriterium für die Verwirklichung allein im Erfolg der Automatisierung, während der Psychologe ebenso an den Fehlern des Automaten interessiert ist, um diese qualitativ mit denen von Vpn zu vergleichen. So wird bei S. von Buchstabenerkennung nicht nur der Erfolg in Form der Trefferwahrscheinlichkeit, sondern auch alle vorkommenden Verwechslungen betrachtet. Diejenige psychol. Theorie ist gesucht, bei deren Realisierung durch S. p. V. eine *Verwechslungsmatrix* entsteht, die *von einer empirischen nicht zu unterscheiden ist.*

Die ersten Versuche von S. bezogen sich auf das Verhalten von Teilen des Organismus (einzelne Nervenzellen [„Neuronenmodelle“], Reflexe). Zur Realisierung der S. dienen hier elektronische Schaltkreise. Später wurden elektromechanische S. der bedingten Reaktion erstellt. Erst die Verfügbarkeit elektronischer Datenverarbeitung machen globale Verhaltensformen wie ↗Wahrnehmung, ↗Lernen und ↗Denken einer S. zugänglich. Die Verfolgung der weitverzweigten Konsequenzen eines verwickelten Simulationsmodells hat selbst beinahe den Charakter empirischer Arbeit. Dies mag dazu geführt haben, daß bei Veröffentlichungen zur S. p. V. gelegentlich das expt. Pendant zu kurz kommt.

Der *Schwerpunkt* der gegenwärtigen Forschung liegt im *Bereich der Wahrnehmungs-*

und Denkpsychol. In der Wahrnehmung steht die *Zeichenerkennung* im Vordergrund (vgl. Uhr, 1966). Der Anreiz dafür ist darin zu sehen, daß bislang noch jede Information manuell aufbereitet werden muß, ehe sie der elektronischen Datenverarbeitung zugänglich ist und deshalb in Wirtschaft und Verwaltung ein Heer von Arbeitskräften an diese Tätigkeit gebunden ist. Der psychol. Ertrag der S. zur Zeichenerkennung ist bislang gering, da die verwendeten Verfahren mehr nach technologischen als nach psychol. Gegebenheiten ausgerichtet sind. In der Denkpsychologie haben die Ansätze zur S. dazu geführt, daß weite Bereiche erstmals exakt formuliert wurden. Dadurch wurden die Zusammenhänge zwischen Lernen, Begriffslernen und ↗Problemlösen deutlich (Hunt, 1966). Mit Hilfe von S. p. V. ist beispielsweise eine exakte Analyse des heuristischen Verhaltens überhaupt erst möglich. Die Verwirklichung von derartigen Programmen auf elektronischen Rechenanlagen führt zu Pseudodaten auf Gebieten, die vor kurzem noch gänzlich undurchschaubar waren: z. B. das Führen von Beweisen der elementaren Logik oder der ebenen Geometrie, das Beantworten von Fragen aus weitgefaßten Sachbereichen, das Lösen von eingekleideten Aufgaben oder die Führung von Dialogen. Entwicklungen dieser Art werden gelegentlich mit dem Schlagwort *„Künstliche Intelligenz“* gekennzeichnet, obwohl dies irreführend ist und vom wiss. Ziel der S. p. V. abzulenken droht.

Fehlschlüsse werden durch S. provoziert, sobald Aspekte des pseudo-empirischen Datensatzes in unkritischer Weise generalisiert werden. Auf diese Weise werden leicht Eigenarten, die nur dem Simulationsvorgang zukommen, für psychol. Gesetzmäßigkeiten gehalten. Man schützt sich dagegen, indem die pseudo-empirischen Daten in möglichst vielen Aspekten mit expt. Ergebnissen verglichen werden. Diese Forderung wird heute oft nicht beachtet. Deshalb ist es manchmal schwer, den psychol.-theoretischen Gehalt von Ergebnissen zur S., wie sie in der Literatur berichtet werden, abzuschätzen. Trotzdem wird der heuristische Wert von S. p. V. hoch bemessen (Gregg & Simon, 1967).

Lit.: Atkinson, R. C., Bower, G. H. & E. J. Crothers: An introduction to mathematical learning theory. New York, 1965; **Bush, R. R. & F. Mosteller:** Stochastic models for learning. New York – London, 1955; **Drösler, J.:** Ein besonders empfindlicher Indikator für den Lernfortschritt und der Bush-Mosteller-Operator. Z. f. exp. angew. Psychol., 1964, *11*, 238–253; **ders.:** Künstliche Intelligenz. In: **M. Irle**, (Hrsg.): Bericht über den 26. Kongreß der DGP. Göttingen, 1969, 37–52; **Gregg, L. W. & H. A. Simon:** Process models and stochastic theories of simple concept formation. J. of mathematical Psychol., 1967, *4*, 246–276; **Hunt, E. B., Marin, J. & P. J. Stone:** Experiments in induction. New York – London, 1966; **Minsky, M.:** Artificial intelligence. Scientific American. 1966, *215;* 246–263.

J. Drösler

Simultanauffassung. *Kollektive Auffassung* simultaner Eindrücke. ↗Kollektive Auffassung.

Simultankontrast ↗Kontrast.

Simultanschwelle, die zeitliche Trennung von zwei kurzen Reizen, die, sofern der Zeitabstand zwischen ihnen vergrößert wird, als aufeinanderfolgend wahrgenommen werden können. Dies wird bisweilen als Ausdruck zeitlicher Strukturierungsmöglichkeiten des Gehirns aufgefaßt. S. ist unter bestimmten Umständen eingeschränkt durch die für Aufmerksamkeitsschwankungen benötigte Zeit. Verwandte Phänomene sind: Unterschiedsempfindlichkeit für Zeitstrecken, Zeitdauerunterscheidung, Erkennen von Zeitlücken.

A. B. Kristofferson

Sinne ↗Sinnesorgane.

Sinnesenergie ↗Gesetz von den spezifischen Sinnesenergien.

Sinnesorgane. Im Universum gibt es Atome und Moleküle, die durch ständige Bewegungen Schwingungen und Strahlungen hervorrufen; sie werden als Reize bezeichnet, sofern sie auf die S. wirken. Die S. enthalten spezifisch reagierende ↗Rezeptoren (Selektion der Reize), in denen die (adäquaten) Reize ein Potential hervorrufen, das sich innerhalb des Rezeptors ausbreitet. Überschreitet es einen kritischen Wert, kommt es zu einer Gesamtdepolarisation und zu Aktionspotentialen in der Nervenfaser. In Analogie zur Nachrichtentechnik kann man den Reiz als Information auffassen, die mittels eines Frequenzcodes verschlüsselt über den Nerven weitergegeben wird. Die Informationsgröße ist durch die Impulsfrequenz und die Zahl der Rezeptoren gegeben.

DAS AUGE. Die meisten Informationen über die Umwelt vermittelt das ↗*Auge,* das auf seiner lichtempfindlichen Schicht, der Netzhaut (↗Retina), ein Bild der Umwelt entwirft. Da es sich beim Auge um ein lebendes Gebilde handelt, kommen zu den physik. bedingten Fehlern weitere hinzu, die die Abbildung verzerren. Der Korrektur des Bildes dient der „physiologische" ↗*Kontrast* (vgl. Abb. 1): Die vom Lichtreiz getroffenen Netzhautelemente rufen in ihrer Umgebung eine gegensätzliche Wirkung (Hemmung) hervor; dadurch wird der Unterschied zwischen dem Gegenstand und seiner Umgebung vergrößert; der Kontrast kompensiert weitgehend die dioptrischen Unvollkommenheiten und schafft damit die Voraussetzung für die Leistung des Auges.

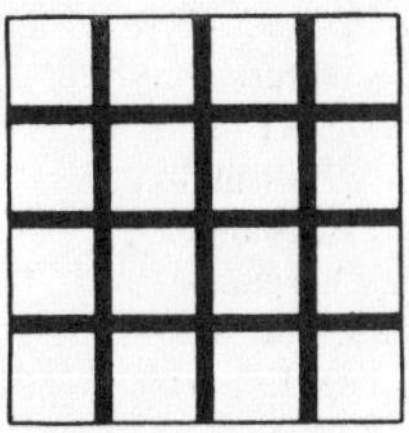

Abb. 1. Stabgitterkontrast nach L. Hermann. An den Kreuzungsstellen der schwarzen Linien erscheinen helle Flecke.

Der Raumsinn des Auges ist gegeben durch seine Fähigkeit, 2 Punkte getrennt wahrzunehmen (↗korrespondierende Netzhautpunkte; ↗Raumwahrnehmung). Das Auflösungsvermögen oder die ↗*Sehschärfe* ist am größten in der ↗*Fovea centralis.* Die Grenze der Sehschärfe ist gegeben, wenn 2 Zapfen erregt werden, die durch ein um 25% weniger erregtes Element getrennt sind. Da nach neueren anatomischen Untersuchungen der Durchmesser eines ↗*Zapfens* geringer ist, als man früher angenommen hatte, vermutet J. J. Oppel, daß nicht der einzelne Zapfen durch eine gesonderte Faser mit dem Zentrum verbunden ist, sondern daß mehrere Zapfen zu einem Aggregat vereinigt sind, die möglicherweise für verschiedene Farben empfindlich sind. So wäre es gut zu verstehen, daß die Sehschärfe von der Farbe der Prüfzeichen unabhängig ist.

Bei dem auf ∞ eingestellten Auge wird die Sehschärfe in einem Abstand von 5 m gemessen, weil die lichtempfindliche Schicht der Zapfen eine gewisse Dicke hat, die eine Verschiebung des Objektes in Grenzen erlaubt. Zudem sind die Zerstreuungskreise in 5 m Abstand noch zu gering, um die physiol. Korrektur durch den Kontrast wesentlich zu stören. Das Auflösungsvermögen des Auges ist auch bei geringerem Abstand stets gleich, wenn die Untersuchungsbedingungen konstant gehalten werden. Es ist optimal, wenn die Beleuchtung 1000 lx überschreitet (König).

In der Netzhautperipherie nimmt die Sehschärfe schnell ab (auf 1/3 bei einer Entfernung von der Netzhautmitte von 5° und auf 1/5 bei 10°). Das Absinken wird kleiner, wenn die Darbietungszeit verkürzt wird, weil mit dem Reiz auch eine Gegenwirkung eintritt; dadurch weicht die Schwelle aus (Lokaladaptation). Der Einfluß der Darbietungszeit ist auch beim fovealen Sehen nachweisbar; das Produkt aus dem Sehwinkel und der Darbietungszeit ist konstant (photochem. Grundgesetz von R. Bunsen und H. E. Roscoe). Im Auge spielen sich demnach ähnliche Vorgänge ab wie auf der fotografischen Platte. – Bewegt sich ein Objekt relativ zum Beobachter in horizontaler Richtung, nimmt die Sehschärfe zunächst zu, dann aber stark ab (Schnellverkehr). Bei Kreisbewegungen des Objektes (Radargerät) sinkt sie schon bei geringer Geschwindigkeit ab; zwischen ihr und der Zahl der Umdrehungen besteht ein gesetzmäßiger Zusammenhang.

Nähert sich ein Gegenstand dem Beobachter (< 5 m), wird sein Bild auf der Netzhaut bald so unscharf, daß der Kontrast nicht mehr zur Kompensation ausreicht. Den Abstand zwischen Linse und Netzhaut zu ändern ist nur niederen Tieren (Tintenfischen) möglich. Bei Säugetieren und jungen Menschen ist die ↗Linse weich und elastisch; sie kann sich, kolloidalen Kräften folgend, der Kugelform nähern, wenn der Zug eines an ihrem Äquator angreifenden Faserkranzes nachläßt (↗Akkommodation). Der Krümmungsradius der (unelastischeren) Linsenvorderfläche nimmt dabei etwa um die Hälfte (von 10 auf 5,33 mm), der der Hinterfläche nur um 0,67 mm ab. Das bedeutet jedoch nicht, daß die Hinterfläche an dem Akkommodationsvorgang unbeteiligt ist. Da sich das Volumen der Linse nicht ändern kann, kann ihre Vorderfläche bei der Ferneinstellung des Auges nur dann flacher werden, wenn die Linsenmasse gegen die (elastischere) Hinterfläche ausweichen kann. Die Hinterfläche wird deshalb bereits bei der Ferneinstellung gedehnt. – Nach Gullstrand genügt die Änderung der Linsenform nicht, um die gesamte Brechkraftzunahme des jugendlichen Auges zu erklären. Ein Drittel von ihr führt er auf eine Verschiebung stärker brechender Massen innerhalb der Linse von der Peripherie zur Mitte zurück (Intrakapsulärer Akkommodationsmechanismus).

Die Entspannung der Zonulafasern kommt durch die Kontraktion des Ziliarmuskels zustande. Diese Kontraktion erfolgt bei Erregung des Nervus oculomotorius, der dem parasympathischen Nervensystem angehört. Daß die Radiärfasern im Ziliarmuskel durch ihre Kontraktion die Ferneinstellung des Auges wiederherstellen würden, hielt H. v. Helmholtz für unwahrscheinlich. Neuerdings ist jedoch das Vorhandensein sympathischer Nervenfasern zwischen den kleinen Muskelzellen des Ziliarmuskels beschrieben worden. Der Einfluß des Sympathikus ist experimentell von Meesmann, Monjé, Siebeck u.a. untersucht worden und kann heute als gesichert gelten. Man sollte deshalb die Einstellung des Auges auf ∞ nicht als Akkommodationslosigkeit bezeichnen und statt dessen lieber von Nah- und Fernakkommodation sprechen.

In der Ruhe stellt sich das Auge auf eine endliche Entfernung ein, wie bei der Kurzsichtigkeit (↗Myopie), z. B. im Nebel, bei Dunkelheit, wenn sich kein Anhalt zur Fixation bietet (Myopie des leeren Raumes; Nachtmyopie).

Da die Linse während des ganzen Lebens ständig wächst, wie Haare und Nägel, sie das alte Material aber nicht abstoßen kann, verdichtet sich die Linsensubstanz und bildet den unelastischen Linsenkern, der mit dem Alter zunimmt und die Linse fortlaufend unelastischer macht. Die Fähigkeit, das Auge auf die Nähe einzustellen, nimmt daher fortlaufend ab, die Akkommodationsbreite wird kleiner; sie beträgt bei Jugendlichen 10–14 dpt und sinkt mit 60 Jahren auf 1 dpt ab.

Mit dem *Akkommodationsvorgang* sind zwei weitere verknüpft: die *Konvergenzbewegung der Augen* und die *Verengerung der Pupillen.* Um einen in der Nähe befindlichen Gegenstand mit beiden Augen einfach sehen zu können, ist es notwendig, ihn beiderseits in den Foveae centrales zur Abbildung zu bringen. Dazu ist erforderlich, daß die Sehachsen beider Augen auf den Gegenstand gerichtet werden; die Augen müssen eine Konvergenzbewegung ausführen (*↗Konvergenz*). Tun sie das nicht, entstehen Doppelbilder. Ob die Konvergenzbewegung oder die Akkommodationseinstellung der primäre Vorgang ist, ist noch nicht geklärt. – Das Ausmaß der Konvergenz ist im Ggs. zur Akkommodationsbreite vom Alter praktisch unabhängig; der Konvergenznahpunkt liegt 10 cm vom Auge entfernt. – Mit der ↗Konvergenz ist die Veränderung der Pupillenweite (↗Pupillenreflex) verknüpft. Die Pupille wird von der Regenbogenhaut gebildet; sie gibt durch ihr Pigment dem Auge die Farbe. Ähnlich einer Blende schirmt sie die Randstrahlen ab und verringert den Einfluß der Linsenfehler. Sie verengert sich, wenn die Augen konvergieren und auf die Nähe eingestellt werden, und unterstützen dadurch die Nahakkommodation. Bei enger Pupille nimmt die Schärfentiefe zu; sie beträgt bei einer Pupillenweite von 2 mm in der Leseentfernung 3 cm; bei Naharbeit ist also kein Wechsel der Einstellung des Auges erforderlich. Die Weite der Pupille wird ferner vom Lichteinfall (auch des zweiten Auges) und vom Alter beeinflußt. Da ihre Weite ständig schwankt, liegt es nahe, das Pupillenspiel als Ergebnis eines *selbsttätigen ↗Regelkreises* aufzufassen und nicht als Reflex auf den Lichtreiz. Die Netzhaut dient dabei als Fühler, das Pupillenzentrum als Regelwerk. – Der Durchmesser der Pupille schwankt zwischen 8 und 2 mm, der Lichteinfall also im Verhältnis von 16 : 1. Bei sehr großer Helligkeit kann sich die Pupille krampfhaft zusammenziehen und dadurch den Blendungsschmerz auslösen. – Der maximale Pupillendurchmesser nimmt mit dem Alter ab. Die Verengerung der Pupille nach Lichteinfall dauert 4″, die Erweiterung 16″. Die Erweiterung ist der erste Schritt der Dunkelanpassung (↗Dunkeladaptation).

Die Gesamtheit aller Gegenstände, die bei unbewegtem Auge gleichzeitig wahrgenommen werden können, bezeichnet man als ↗*Gesichtsfeld.* Das Gesichtsfeld wird durch das Orbitaldach, den Nasenrücken und die Wange begrenzt. Die Peripherie ist farbenblind, dann kommt eine Zone, in der Blau und Gelb erkannt werden; am weitesten zentral liegt die Grenze für Rot und Grün. Die Gesichtsfeldgrenzen, besonders die für Farben, sind abhängig von der Helligkeit der Prüfmarke, von ihrer Größe und ↗Sättigung. Diejenige Stelle, an der die Nervenfasern (↗Sehbahn) das Auge verlassen (Papilla nervi optici), ist blind; sie liegt im Gesichtsfeld zwischen 10 und 20° temporal von der Mitte der Netzhaut entfernt. Auch beim Sehen mit einem Auge wird der ↗Blinde Fleck nicht bemerkt, weil seiner Umgebung ein zu geringes Gewicht zukommt. – Außer den Gesichtsfeldgrenzen kann man mit der Methode der *Lichtsinnperimetrie* die Empfindlichkeit an einzelnen Stellen der Netzhaut messen. Refraktionsanomalien lassen sich dabei leicht ausgleichen. *Gesichtsfeldausfälle* helfen dem Arzt bei der Lokalisation z. B. von Tumoren.

Das Dämmerungs- und Nachtsehen. Eine Druckschrift auf weißem Papier erscheint uns schwarz, auch wenn die Buchstaben in der Mittagssonne dreimal so viel Licht in unser Auge zurückwerfen wie das Papier in der Morgendämmerung. Der Grund ist das *Anpassungsvermögen des Auges an die verschiedenen Beleuchtungsverhältnisse.* Mit abnehmender Helligkeit steigt die Empfindlichkeit des Auges (↗Dunkeladaptation). Ihre Zunahme kann, wenn das Auge vorher an die Tageshelligkeit angepaßt war, nach längerem Aufenthalt in völliger Dunkelheit das 10 000fache überschreiten. Den Kurvenverlauf gibt man deshalb zweckmäßig im logarithmischen Maßstab an. Er ist abhängig vom Netzhautort. Die größte Zunahme der Empfindlichkeit findet man in einem Bereich, der 10 bis 20° von der Netzhautmitte entfernt ist, die kleinste im Zentrum selber. Weiter ist die Zunahme abhängig von der Farbe des Lichtreizes (am geringsten bei Rot, am größten bei Grün), von der Größe der Prüfmarke (Anzahl der Elemente) und vom Alter des Pb. Die Dunkelanpassung nimmt mit zunehmendem Alter ab, wie die Nahakkommodation, nicht erst nach dem 50. Lj. Binokular ist sie größer als monokular, doch beeinflußt die Adaptation des einen Auges nicht den Adaptationsverlauf des anderen. Die Dunkelanpassung wird eingeleitet durch die Erweiterung der Pupille; in der folgenden Phase von 5 bis 10 Min. muß zunächst die Nachwirkung der vorangehenden Helladaptation überwunden werden (sie hat nichts mit dem Übergang vom Zapfen- auf das Stäbchensehen zu tun!). Nach 45 Minuten hat sich das Auge der Dunkelheit praktisch angepaßt; bei längerem Aufenthalt ist die Empfindlichkeitszunahme nur noch gering. Die Geschwindigkeit des Anpassungsvorgangs läßt keine Rückschlüsse auf den Grad der Empfindlichkeit zu, der nach völliger Anpassung erreicht wird. Offenbar sind die Geschwindigkeit der Anpassung und der erreichte Endzustand zwei verschiedene, voneinander unabhängige Vorgänge. Die Empfindlichkeit bei verschiedenen Adaptationszuständen läßt sich mit der erwähnten Methode der Lichtsinnperimetrie untersuchen.

Mit der Entdeckung des Sehpurpurs durch L. Kühne im vorigen Jh. schien die Dunkeladaptation ihre Erklärung gefunden zu haben. ↗*Rhodopsin* kommt hauptsächlich in den Netzhautstäbchen vor; deshalb ist auch das Adaptationsvermögen der Netzhautmitte gering. Man nimmt heute an, daß nur ein Teil des Adaptationsverlaufs, der vielleicht nicht einmal der größte ist, durch den Sehpurpur (↗Rhodopsin) zustande kommt.

In der Netzhaut des Menschen gibt es 2 Arten lichtempfindlicher Rezeptoren: ↗*Zapfen* und ↗*Stäbchen.* Daraus entwickelte sich die Lehre von der Doppelfunktion der Netzhaut, der *Duplizitätstheorie,* die besagt, daß die Stäbchen das Nachtsehen vermitteln, die Zap-

Sinnesorgane

fen das Tages-(und Farben-)Sehen. Viele Beobachtungen, die früher im Sinne der Duplizitätstheorie ausgelegt wurden, lassen sich auch anders deuten. Daher steht man heute auf dem Standpunkt, daß die Duplizitätstheorie weniger kraß aufgefaßt werden sollte. Zapfen und Stäbchen arbeiten so zusammen, daß die Informationen über ein Minimum an Leitungsbahnen dem Gehirn zugeleitet werden (Synergismus der Funktion beider Elemente).

Von jedem lebenden Gewebe lassen sich elektrische Potentiale ableiten. Aus der Potentialdifferenz zwischen Netzhaut und Hornhaut entsteht der Ruhestrom, auf den sich bei Belichtung ein Aktionsstrom, das *Elektroretinogramm* (ERG; ↗Elektroretinographie), aufsetzt. Das ERG hat einen komplizierten Verlauf, dem verschiedene Prozesse zugrunde liegen. Die Hoffnung, einen dieser Prozesse den Zapfen, einen anderen den Stäbchen zuordnen zu können, ist bis heute nicht erfüllt. Es ist bisher nicht gelungen, beim Menschen das Aktionspotential von den Sinneszellen selbst abzuleiten. In der Medizin spielt das ERG bei der Diagnosestellung eine besondere Rolle.

Über die Lichtempfindung. Zwischen der Einwirkung eines Reizes auf das Auge und dem Auftreten der Empfindung vergeht eine Zeit von mindestens 0,035 sec (*Empfindungszeit* [EZ], Fröhlich, 1929). Ihre Dauer ist abhängig vom zeitlichen Verlauf des Lichtreizes, seiner Dauer und Stärke, dem Adaptationszustand des Beobachters und seiner Aufmerksamkeit und kann über 2 sec anwachsen. Als Teil der Reaktionszeit spielt sie für den Autofahrer und beim Schnellflug eine Rolle. – Abb. 2 zeigt, daß die genannten Faktoren auch die Dauer der Empfindung und ihren zeitlichen Verlauf beeinflussen. Das Empfindungsmaximum liegt nicht im Beginn der Empfindung, seine Lage und die Dauer der Empfindung spielen eine Rolle bei der Verschmelzung zweier Reize, die sich mit dem Logarithmus der Intensität des Lichtreizes ändert. Bei Tageslicht beträgt die Verschmelzungsfrequenz 60, in der Dämmerung dagegen verschmelzen bereits 20 Reize/sec. Die Helligkeit entspricht dabei der Summe der Helligkeiten der verschmolzenen Reize (Talbot-Plateausches Gesetz).

Über die Eigenarten und Theorien der *Farbenempfindung* vgl. ↗*Farbwahrnehmung,* ↗*Farbensichtigkeit* und ↗*Farbenfehlsichtigkeit.*

Die Augenbewegungen. Dem Auge ist durch seine Kugelgestalt die Möglichkeit gegeben, sich auch ohne Kopfbewegung einem Gegenstand zuzuwenden, der sich in der Netzhautperipherie abbildet (↗Peripheres Sehen). Die Gesamtheit aller Gegenstände, die ohne Kopfbewegung im direkten Sehen erfaßt werden können, bezeichnet man als *Blickfeld.* Die *Bewegung* der Augen erfolgt durch drei Muskelpaare. Nach außen lassen sich die Augen um 50–60° drehen, nach innen um 70–80°. Mit dem Alter nimmt die Exkursionsfähigkeit kontinuierlich ab, nur die nach innen und unten nimmt bis zum 30 Lj. zu und bleibt von da an konstant. Gewöhnlich werden von den Bewegungsmöglichkeiten nur 18° ausgenutzt; durch das Hinzukommen von Kopfbewegungen wird das Blickfeld erweitert. Durch die schrägen Augenmuskeln ist weiter eine Drehung des Auges um seine Achse (Blicklinie) möglich. Zu einer bestimmten Lage der Blicklinie gehört aber stets die gleiche Lage des Au-

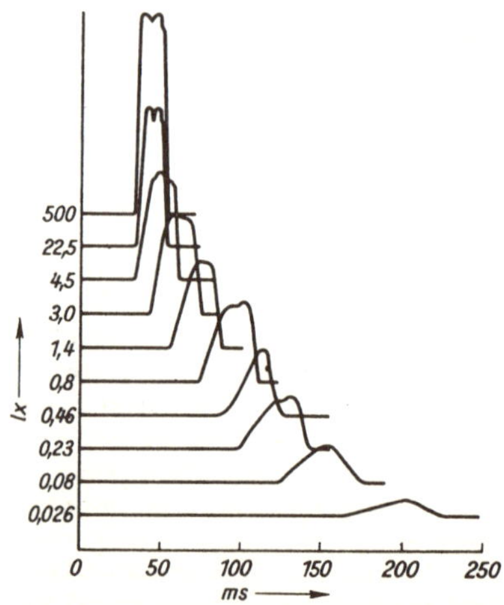

Abb. 2. Zeitlicher Verlauf der Gesichtsempfindung in Abhängigkeit von der Reizintensität. Die Abszissen geben die Zeit in msec, die Ordinaten die Helligkeit an.

ges *(Gesetz der konstanten Orientierung* nach Donders). Über diese Lage gibt das Gesetz von Listing (↗Listingsches Gesetz) Auskunft. – Bei den *Augenbewegungen* ist zwischen denen, die *willkürlich* ausgeführt werden, und den *unwillkürlichen* zu unterscheiden. Die bei Betrachtung eines Gegenstandes ausgeführten Augenbewegungen lassen keine Beziehungen zu dem Gegenstand erkennen. Anders beim Verfolgen von Konturen. Hierbei werden die Bewegungen durch gelegentliche Pausen und *ruckartige Sprünge (Sakkaden)* unterbrochen. Ähnliche Augenbewegungen finden beim Lesen statt: eine Zeile von 12 cm wird im Leseabstand in 5 Sprüngen abgetastet. Dabei wird nur die Hälfte scharf gesehen (in der Fovea abgebildet). Die unscharf gesehenen Buchstaben werden ergänzt, Druckfehler daher leicht übersehen. Unter physiol. Bedingungen sind gleichmäßige Augenbewegungen (möglich bis 30°) ungewöhnlich. Während der Pausen adaptiert sich das Auge sehr schnell an die Helligkeitsunterschiede *(Lokaladaptation)*. Die rhythmischen Bewegungen werden mit Innervationen der Augenmuskeln in Zusammenhang gebracht. Bei der bloßen Vorstellung von Gegenständen und im ↗Traum sollen ähnliche Bewegungen beobachtet worden sein. Eine wenigstens im Anfang willkürliche Bewegung führt *zum Fixieren* eines Gegenstandes. Fixiert wird mit einem zentralen Bezirk der Fovea von etwa 100 nm. Durch ruckartige Augenbewegungen, die etwa 20 msec dauern und häufig zu Gruppen zusammengefaßt sind, wird ein Auswandern des Blickes durch langsame Deviationen vermieden. Fixationsort und der Beginn gröberer Korrekturbewegungen sind vom Aussehen des Objektes abhängig. Die Bewegungen beim Fixieren stehen mit rhythmischen Kopfbewegungen in Zusammenhang. Unwillkürliche Bewegungen treten auf, wenn das Auge nicht mehr imstande ist, den angeblickten Gegenstand nicht mehr festzuhalten. Es macht dann eine ruckartige Bewegung (↗Nystagmus) und sucht einen neuen Blickpunkt. (↗Akkommodation usw.) Der Nystagmus wird von optischen und psychischen Faktoren (↗Aufmerksamkeit) beeinflußt (psychooptischer Reflex). Er wird zur objektiven Untersuchung der Dunkelanpassung und der Sehschärfe benutzt. Ähnliche Augenbewegungen können unabhängig vom optischen Reiz vom Vestibularapparat ausgelöst werden. – Beim ↗Schlaf bewegen sich die Augen nach außen und oben (Bellsches Phänomen), sie werden dadurch vor Lichteinfall geschützt, und der Druck der Augenlider auf das Auge wird vermindert.

Die Lokalisation ruhender Objekte ist gegeben durch den Netzhautort. Ändert sich dieser, so entsteht die Empfindung einer Objektbewegung. Obwohl eine gleiche Bewegung des Bildes auf der Netzhaut auch durch Augenbewegungen hervorgerufen sein kann, kann man beide gut voneinander trennen. Irrtümmer sind selten, denn die Bildverschiebung auf der Netzhaut erfolgt entweder auf einen vom Zentrum kommenden Impulsstrom *(Efferenz)*, der dann die durch die Bewegung entstandene *Rückmeldung* (↗Reafferenz) ausgleicht, oder dieser Ausgleich fehlt, und die Rückmeldung gelangt zum Zentrum. Im ersten Fall hat sich das Auge, im zweiten der Gegenstand bewegt.

Augenbewegungen liegen auch der Fähigkeit zugrunde, die Höhe und Breite eines Gegenstandes zu schätzen. Man spricht vom ↗*Augenmaß*, wenn ein Vergleichsmaßstab fehlt. Bekanntlich ist die Genauigkeit, mit der man beurteilen kann, ob zwei Linien parallel verlaufen. Augenbewegungen können jedoch auch zu „Täuschungen" führen. Ungeteilte Strecken, Flächen oder Winkel werden für kleiner gehalten als unterteilte. Auf Augenbewegungen läßt sich nach Fröhlich (1929) auch die ↗Müller-Lyersche Täuschung zurückführen. Andere „Täuschungen" (↗Kundtsche und ↗Münsterbergsche Täuschung) lassen sich durch verschiedene Breitenwerte der Netzhauthälften erklären. Ähnlich ist es mit der mit Hilfe einer Leuchtlinie im Dunkeln eingestellten subjektiven Vertikalen, die mit ihrem oberen Ende im Mittel um 1° nach außen abweicht. Alle derartigen Täuschungen lassen sich aufgrund physiol. Umstände deuten (↗Geometrisch-opt. Täuschungen).

Ein Gegenstand wird mit beiden Augen einfach gesehen, wenn er auf *„identischen"* Stellen abgebildet wird.

Bilden sich die Gegenstände nicht auf ↗*identischen Netzhautstellen* ab, werden sie doppelt gesehen. Eine Ausnahme machen Gegenstände, die in der Horizontalen nur bis zu 9 Bogenminuten voneinander abweichen (Panumareal).Querdisparate Abweichungen in diesen Grenzen führen in der Regel nicht zu Doppelbildern, sie werden vielmehr in einen Raumeindruck umgedeutet. Die beidäugige Bildverschiedenheit sollte nach C. Wheatstone die Ursache für die *Tiefenwahrnehmung* (↗Tiefensehen) sein. Da diese Theorie nicht in der Lage ist, die Abhängigkeit der Tiefensehschärfe von der Zeit und viele andere Beobachtungen zu erklären, nimmt M. Monjé an, daß Augenbewegungen oder deren Intention der eigentliche Grund des Tiefensehens sind, wobei die ↗Querdisparation der anregende Faktor sein kann. Dem „Betasten" auf haptischem Gebiet würde auf optischem das „Besehen" entsprechen (dynamische Theorie des Sehens). Das Auge hat demnach keine Sonderstellung; es arbeitet nach dem gleichen Prinzip, nach dem auch andere Sinnesorgane (Geschmack, Tastsinn) arbeiten. Vgl. auch ↗Gesichtswahrnehmung.

Das Ohr. Ähnlich dem Auge vermittelt das Ohr Informationen, deren Ursache wir in die Umwelt lokalisieren. Es gehört, wie auch das Auge, zu den *Exterozeptoren*. Seine Hauptaufgabe ist die Vermittlung der Sprache, die ohne die ständige Kontrolle durch das Ohr nicht möglich ist (↗Taubstummheit). Die adäquaten Reize sind longitudinale Schwingungen, in die die Luft durch die Schallquellen versetzt wird. Auch der menschliche Kehlkopf gehört zu diesen Schallquellen. – Das eigentliche Hörorgan liegt *im Labyrinth*, das aus der harten Substanz des Felsenbeins ausgespart und mit Flüssigkeit *(Perilymphe)* gefüllt ist. Da der Schallwellenwiderstand der Perilymphe ungefähr 3500mal höher ist als der der Luft, müssen die Luftwellen zunächst den Verhältnissen der Perilymphe angepaßt werden. Der Schall gelangt durch die *Ohrmuschel* (Schalltrichter) in den *äußeren Gehörgang*, der am Ende durch das *Trommelfell* verschlossen ist (gedackte Pfeife; Eigenton 2000 Hz). Das Trommelfell schwingt als starre Masse um eine Achse, die an seinem oberen Rand liegt. Es überträgt seine Schwingungen auf einen Winkelhebel, gebildet von den 3 *Gehörknöchelchen*. Der lange *Stiel des Hammers* ist mit dem Trommelfell verwachsen. Er steht zum Fortsatz *des Ambosses*, der die Schwingung auf die *Steigbügelplatte* überträgt, im Verhältnis von 1,3 : 1. Da sich weiter der wirksame Teil des Trommelfells zur Fläche der Steigbügelplatte wie 17 : 1 verhält, wird die Kraft auf das 22fache verstärkt, dabei die Bewegungsamplitude gleichzeitig vermindert. Die Eigenfrequenz des gesamten Systems liegt zwischen 1200 und 1400 Hz, das System ist stark gedämpft und besonders geeignet zur Übertragung von niederen Frequenzen im Bereich der menschlichen Sprache (80–600 Hz). Da das Trommelfell bei Frequenzen von 2000 Hz aufhört, als Ganzes zu reagieren, nimmt die Übertragung der Energie bei dieser Frequenz jäh ab; an die Stelle der Luftleitung tritt die Knochenleitung. Durch die Muskeln des Mittelohres wird nicht die Spannung des Trommelfells geändert, sondern die Gehörknöchelchenkette versteift und ihre Schwingung gedämpft. – Der Teil des Labyrinths, der dem Hören dient, wird wegen seiner Form als *Schnecke* bezeichnet. Um den knöchernen Achsenstab steigt in 3 Windungen die *Skala vestibuli* vom ovalen Fenster (Steigbügelplatte) zur Spitze der Schnecke und geht in die *Skala tympani* über. Beide sind getrennt durch einen viskösere Endolymphe enthaltenden Schlauch, dessen Grundlage die die Sinneszellen tragende ↗*Basilarmembran bildet*. Die Basilarmembran hat eine Länge von 33,5 mm; an der Spitze hat sie eine Breite von 0,5 mm, die kontinuierlich auf 0,04 mm in der Gegend der Steigbügelplatte abnimmt. – Da zur Zeit von H. v. ↗Helmholtz kein anderes Prinzip der Frequenzanalyse bekannt war als das der Resonanz, nahm Helmholtz an, daß es auch auf die Basilarmembran des Ohres zuträfe. Erst durch O. F. Ranke und G. v. Békésy wurde der Tatsache Rechnung getragen, daß das Innenohr mit Flüssigkeit gefüllt ist. Da die Kanaltiefe in der Nähe der Steigbügelplatte im Vergleich zu den Wellenlängen des Schalls klein ist, werden diese zunächst gleichmäßig fortgepflanzt; doch wird die Kanaltiefe schon sehr bald der kürzesten Wellenlänge gleich. Es kommt durch das Hinzutreten einer zusätzlichen Kraft vom Boden senkrecht zur Fortbewegungsrichtung zur Wirbelbildung („Brandung"); diese erfolgt um so später, je kleiner die Frequenz ist, am spätesten bei der tiefsten Frequenz, die in die Gegend der Schneckenspitze zu lokalisieren ist. Hinzu kommt, daß die Basilarmembran in der Gegend des ovalen Fensters am schmalsten und deshalb am härtesten ist und weicher wird mit zunehmender Breite. Damit nimmt aber auch ihre Dehnbarkeit zu. Von der Dehnbarkeit hängt aber wieder die Frequenz der fortgeleiteten Welle ab. – Da Energie nicht verlorengehen kann, führt sie an der Stelle *der „Brandung" zu einer maximalen Ausbuchtung* der Basilarmembran und damit zur *maximalen Erregung* der auf ihr angeordneten Haarzellen. Die Messung der Lage des Maximums am Leichenohr ergibt eine annähernd logarithmische Abhängigkeit der Schwingungszahl vom Reizort, d. h., die Erhöhung eines Tones um einen gewissen Prozentsatz bedeutet einen bestimmten Abstand des neuen Reizortes von dem ursprünglichen, bei einer Oktave 2,6 mm. Da die Basilarmembran 30 mm lang ist, lassen sich, dem Hörbereich entsprechend, 11 $^1/_2$ Oktaven darauf unterbringen.

Bei Wellen bis zu 800 Hz schwingt der Kopf als Ganzes, bei kürzeren Wellenlängen liegt er im Schwingungsbauch. Durch rhythmische Kompression der Labyrinthwände kommt es zu Kompressionswellen, die ähnlich den durch die Steigbügelplatte angeregten zu einer Ausbuchtung der Basilarmembran führen (Knochenleitung). Ursache ist die Verschiedenheit der Volumina beider Skalen und ihrer Elastizität.

Der adäquate Reiz für die *Erregung der Sinneszellen* ist *deren Verbiegung*. Die inneren Haarzellen sitzen noch auf der Knochenleiste in einer Reihe und haben eine isolierte Verbindung zum Hörzentrum. Jeder Zelle entspricht eine Reihe von 3 äußeren Haarzellen; sie stehen „auf Lücke". Eine Nervenfaser verbindet Zellen über 1–2 mm der Basilarmembran. Benachbarte Gebiete überlappen sich. Sie sind empfindlicher als die inneren Haarzellen, können aber nur eine grobe Lokalisation vermitteln; den inneren Haarzellen wird dagegen die einer Punkt-für-Punkt-Verbindung mit dem Zentrum zugeschrieben. Sie lassen sich mit den Zapfen des Auges vergleichen. Die Haarzellen sind nicht gleichmäßig über die Basilarmembran verteilt, ihre Zahl ist im mittleren Bereich am größten. Dem entspricht die Trennschärfe für Frequenzen. Vgl. ↗Cortisches Organ.

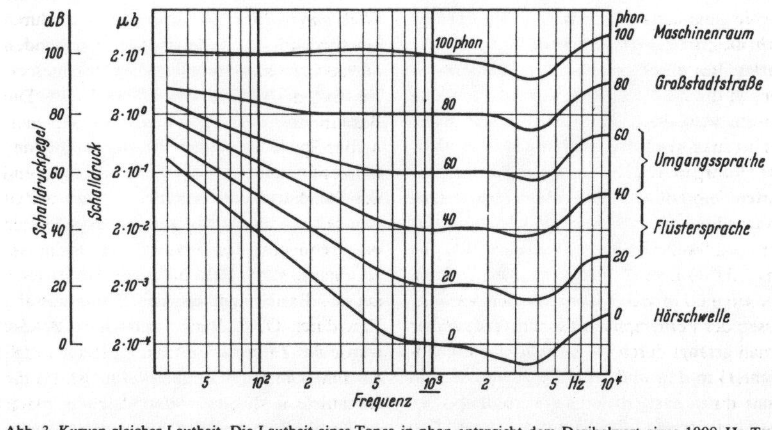

Abb. 3. Kurven gleicher Lautheit. Die Lautheit eines Tones in phon entspricht dem Dezibelwert eines 1000-Hz-Tones („Normalton"), der gleich laut klingt (nach E. Schütz).

Man muß unterscheiden die *Intensitätsschwelle* und das Unterscheidungsvermögen für *Tonstärken* von dem Unterscheidungsvermögen von Tönen verschiedener Frequenz, der Trennschärfe. Die *Absolutschwelle* für verschiedene Töne ist frequenzabhängig. Bei 18 Hz wird ein Druck von 1 dyn/cm² benötigt, um eine Tonempfindung auszulösen. Mit anwachsender Frequenz sinkt der Druck, der zum Erreichen der Schwelle notwendig ist, bei 1000 Hz auf $2 \cdot 10^{-4}$ dyn/cm². Dieser Wert entspricht einer Schallintensität von 10^{-16} Watt. (Vgl. Abb. 3.) Da der Hörbereich bei 1000 Hz das 10^{13}fache der Energie umfaßt, wählt man mit Vorteil ein logarithmisches Vergleichssystem. Als Einheit dient das *Bel* (nach A. G. Bell). Wir verstehen darunter das logarithmische Verhältnis der Schalleistungen, bezogen auf die Absolutschwelle bei 1000 Hz (1 *Dezibel* [db] = 1/10 Bel). Die obere Frequenzgrenze liegt für den Jugendlichen bei 22000 Hz; mit fortschreitendem Alter sinkt die obere Grenze ständig ab (bis zu einer Oktave) und liegt bei 70jährigen schließlich bei 10000–12000 Hz. Die Trennschärfe ist am größten im Sprachbereich, wenn man die Dauer der Töne und ihre Zwischenpausen auf 1" begrenzt. Im Bereich von 500 bis 2000 Hz ist sie optimal (0,3%) und sinkt nach oben und unten ab. Da das Maximum auf der Baslarmembran sehr breit ist, kann diese Trennschärfe nur durch einen physiol. Prozess (Kontrast) erreicht werden. Man kann 1500 Einzeltöne unterscheiden. – Die Unterschiedsschwelle für 2 Töne gleicher Frequenz beträgt ungefähr 10% (= 1 db). Die obere Grenze des Tonbereichs ist nicht eigentlich eine Hör-, sondern eine *Schmerzgrenze.* Das gesamte Hörfeld umfaßt 340000 Töne. – Die ↗„Lautheit" einer Schallempfindung wird in Phon gemessen. Die *Phon-Skala* unterscheidet sich von der *Dezibel-Skala* darin, daß letztere unabhängig von der Frequenz ihren Nullpunkt bei einem Schalldruck von $2 \cdot 10^{-4}$ dyn/cm² hat, während die Phon-Skala von der Frequenz abhängt; ihre Nullage entspricht bei jedem Ton der absoluten Schwelle (vgl. Abb. 4). Bei 1000 Hz stimmen beide Skalen überein. – Die Lautheit der Flüstersprache beträgt 20, die der Umgangssprache 40–60 Phon; 90 Phon sind bei einer Autohupe (in 1 m Entfernung) noch zulässig. Bei einer Dauerbelastung von 65 Phon werden die natürlichen Schutzeinrichtungen des Ohres bereits überfordert; wenn 95 Phon überschritten werden, sind Schutzmaßnahmen notwendig (↗Lärmbelastung). – An einen längere Zeit dauernden Schall kann sich das Ohr adaptieren. Die *Adaptation* ist nicht zu verwechseln mit ↗Ermüdung. Vielmehr wird der Erregungsstoffwechsel bei der *Adaptation* derart verschoben, daß die Intensitätsschwelle am kleinsten, mithin die Unterschiedsschwelle unter den gegebenen Bedingungen am größten ist. Der Umfang der Adaptation beträgt beim Ohr nur 1–2 Zehnerpotenzen, er ist also wesentlich geringer als beim Auge.

Die *Empfindungszeit,* die zwischen der Einwirkung eines Reizes und dem Auftreten der Empfindung vergeht, liegt in der gleichen Größenordnung wie beim Auge, sie ist in Abhängigkeit von der Schallintensität zwischen 35 und 150 msec. Da der mot. Anteil einer Reaktion durch den Sinnesreiz nicht beeinflußt wird, muß auch die Reaktionszeit unter vergleichbaren Verhältnissen in der gleichen Größenordnung liegen. Ein Unterschied besteht im Verhalten des zeitlichen Verlaufs. Während beim Auge nicht nur der Beginn, sondern auch das Maximum der Empfindung einer logarithmischen Gesetzmäßigkeit folgt (vgl. Abb. 2), folgt beim Ohr nur die EZ einer solchen, das Maximum der Empfindung wird bei allen Reizstärken nach 180 msec. erreicht (Monjé, 1926).

Einohrig läßt sich *die Richtung,* aus der der Schall kommt, feststellen, indem man die Schallquelle anpeilt. In den beiden Ohren unterscheidet sich ein nicht aus der Medianebene kommender Schall durch seine *Intensität* und *die Zeit des Eintreffens.* Da die EZ auf beiden Ohren keine Rolle spielt, führt Monjé (1935) die *Lokalisation auf die Verschiebung der Empfindungsmaxima* zurück. – Die Entfernung einer Schallquelle läßt sich mit großer Sicherheit unabhängig von ihrer Intensität durch die Verschiedenheit des Frequenzspektrums erkennen. Die Strömungsgeschwindigkeit der

Luft ist bei nahen Schallquellen merklich, bei fernen nicht. Das Ohr reagiert demnach mehr auf die Qualität als auf die Quantität. Vgl. ↗Gehörswahrnehmung.

DIE HAUTSINNE. 1. *Der Tastsinn.* Unter dem Begriff „Hautsinne“ sind mehrere Sinne zusammengefaßt, die in der Regel zusammenwirken (vgl. Abb. 4). Beim Betasten eines Gegenstandes kommt es gleichzeitig zu einer *Erregung der Druck- und Berührungsrezeptoren,* der *Temperatur-* und evtl. auch noch der *Schmerzsinnesorgane.* – Die Tastempfindung wird durch ein Nervengeflecht in der Gegend der Haarbälge vermittelt *(Tasthaare).* Vorwiegend an haarlosen Hautstellen befinden sich in den Lederhautpapillen die *Meißnerschen Tastkörperchen.* Ihre Zahl ist besonders groß an den „Spitzen“ des Körpers, der Zungenspitze, den Lippen, den Fingerspitzen, klein dagegen z. B. in der Rückenhaut. Im Alter nimmt ihre Zahl ab. Nachdem der Raumsinn durch die Fähigkeit gegeben ist, 2 Punkte getrennt wahrzunehmen, muß er an den Spitzen des Körpers bes. groß sein. Der Drucksinn vermittelt zahlreiche Informationen über die Umwelt. Druck und Berührung werden weiter durch *Merkelsche* und durch *Vater-Pacinische Körperchen* vermittelt, evtl. auch durch *freie,* an unbehaarten Hautstellen vorkommende *Nervenendigungen.* – Die Absolutschwelle beträgt 0,03 erg, die Unterschiedsschwelle 3%; erstere ist also im Vergleich zu anderen Sinnesorganen sehr gering, letztere liegt zwischen der des Auges und des Ohres. – Für den schnell verlaufenden (elektrischen) Hautreiz liegt die zur Entstehung der Empfindung notwendige Zeit (EZ) in der gleichen Größenordnung wie beim Auge und beim Ohr; sie ist dem Logarithmus der Reizintensität umgekehrt proportional (Fröhlich, 1929).

Neben Beiträgen zur *Raumempfindung* liefert der Tastsinn zahlreiche *Informationen über den Zustand des Körpers.* Dabei spielt die Deformation der Haut als Reiz die Hauptrolle. An einen Dauerreiz vermag sich der Organismus sehr schnell zu adaptieren. Von der *Adaptation* wird bes. die Berührungsempfindung betroffen; aus elektrophysiol. Versuchen ergibt sich, daß die dünneren markarmen

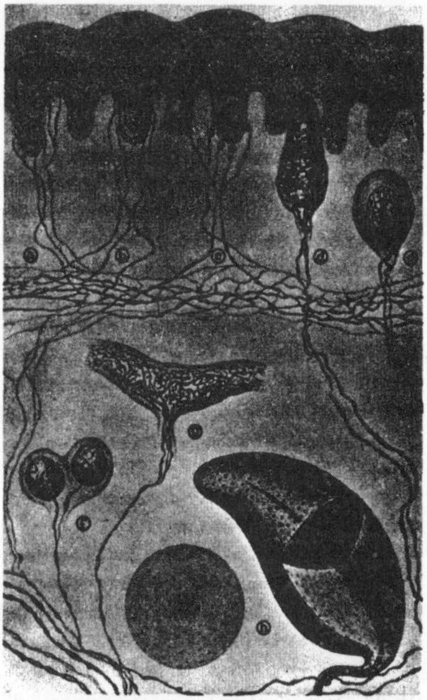

Abb. 4. Die Sinnesorgane der Haut (nach Kahn). **a** Freie Nervenendigungen (Schmerz); **b** Tastzellen der Oberhaut; **c** Tastzellen in der Unterhaut; **d** Tastapparat (Druckempfindung); **e** Krausescher Endkolben (Kälte); **f** Golgi-Mazzonischer Endkörper (Kitzel?); **g** Ruffinischer Körper (Wärme?); **h** Lamellen-Körper: links Querschnitt, rechts halbgeöffnet (Zug?).

Nervenfasern, die die Druckempfindungen vermitteln, nach anfänglicher Adaptation weiterfeuern.

Rhythmische Reize führen zu einer eigenartigen Empfindung, dem *Prickeln* (Vibrationsempfindung). Ein wenig überschwelliger, über die Haut wandernder Reiz ruft eine *Kitzelempfindung* (bes. an Lippen, den Handflächen und den Fußsohlen) hervor.

Die *Tiefensensiblität* wird durch die *Vater-Pacinischen Körperchen,* den *Golgi-Apparat* und die ↗Rezeptoren vermittelt, die sich mit ihren marklosen baumartigen Verästelungen in den Muskelhüllen verzweigen und die Sehnen umspinnen (nicht durch die Muskelspindeln!). Sie arbeiten als P-D-Regler. Die durch sie ausgelöste *Kraftempfindung* hat eine Unterschiedsschwelle von nur 0,5%. Die *Gliederstellung* wird nicht durch den Kraftsinn vermittelt, sondern vorwiegend durch die Sinnesorgane der Haut und die Pacinischen Körperchen.

2. *Der Schmerzsinn.* Eine Verschiebung von Zellstoffwechselvorgängen ins Pathologische, sei sie durch eine Verletzung der Haut hervorgerufen oder durch chem. Substanzen, führt durch Depolarisation in feinen, in den oberen Schichten des Epithels liegenden Nervenfasern zur Schmerzempfindung. Der ↗*Schmerz* wird nicht durch eigentliche Sinnesorgane vermittelt; es gibt daher keinen spezifischen Reiz (wie etwa Licht beim Auge). Die Auslösung der Schmerzempfindung erfordert eine wesentlich höhere Energie; es gibt auch *keine Summation und keine Anpassung an den Schmerz,* seine EZ ist lang.

Man unterscheidet 2 Arten des Schmerzes, den *Oberflächenschmerz* (hell und stechend; epikritisches System) und den *Tiefenschmerz* (dumpf, unlustbetont und quälend; protopathisches System). Ersterer wird durch markhaltige Nervenfasern mit einer mittleren Geschwindigkeit von 20 bis 30 m/sec fortgeleitet, der Tiefenschmerz durch markarme, langsam leitende, dünne Fasern. Der Oberflächenschmerz ist besser zu lokalisieren als der Tiefenschmerz, denn die Dichte der Nervenfasern ist in der Tiefe geringer als auf der Oberfläche, daher ist die Möglichkeit der Kontrastbildung geringer. – Die Empfindungen im Innern des Körpers sind nicht so fein wie auf der Haut. Sie hemmen in erster Linie die Willkürmotorik und bewirken dadurch Ruhigstellung oder Schutz erkrankter Organe. Wesentlich ist die Verschiebung der vegetativen Tonuslage; es kommt zum Überwiegen des Tonus des Sympathikus (↗Autonomes Nervensystem), und damit zur Erhöhung des Blutdrucks und der Herzfrequenz, zur Steigerung der Bewußtseinshelligkeit und Erhöhung der Abwehr und Fluchtbereitschaft. – Eine bes. Rolle spielt beim Tiefenschmerz der zeitliche Verlauf des Reizes. Magen, Darm und Blase sind z. B. gegen einen Schnitt unempfindlich, dagegen sprechen sie stark an auf Dehnung, Spasmen und Sauerstoffmangel.

Werden Schmerznerven zerstört, kommt es zu verminderter Schmerzempfindlichkeit *(Hypaesthesie),* häufig verknüpft mit einer erhöhten Schmerzhaftigkeit *(Hyperpathie),* dann folgt bei der Regeneration ein Stadium veränderter Empfindlichkeit *(Paraesthesie).* Vgl. ↗*Schmerz.*

Keine bes. Sinnesorgane hat man bisher für die Empfindung des *Juckens* gefunden. Es spricht viel für die Annahme, als Ursache des Juckens eine Kombination von schwachen Schmerzreizen und Berührungsreizen anzunehmen. Auch ist seine Entstehung mit dem protopathischen Schmerz in Beziehung gebracht oder auf eine mittels eines Axonreflexes gebildete, bisher noch unbekannte „Mediatorsubstanz" zurückgeführt, die dann erst eine Änderung des Gewebschemismus bewirkt. Zwischen Schmerz und Jucken bestehen trotz mancher Ähnlichkeit große Unterschiede; Schmerz führt zur Abwehr, Jucken und Kratzen. Morphium hebt den Schmerz auf, fördert das Jucken; umgekehrt bereitet Hitze Schmerzen, hindert aber das Jucken.

3. *Der Temperatursinn.* Zur Sicherung der Konstanz der Körpertemperatur dienen die Kalt- *(Krausesche Endkolben)* und Warmrezeptoren *(Ruffinische Körperchen),* Sinnesorgane, von denen erstere 0,1 mm, letztere 0,5 mm tief in der Haut liegen. Heute nimmt man allerdings an, daß an Stelle der Endkörperchen vorzugsweise *freie Nervenendigungen* als Rezeptoren in Frage kommen (H. Hensel). Kältereize lassen sich, da sie nicht so tief in der Haut liegen, leichter lokalisieren; ihr Beitrag am Aufbau der Umwelt ist größer als der der Warmrezeptoren. Bei Temperaturen oberhalb der Indifferenztemperatur reagieren die Wärme-, unterhalb die Kälteempfänger. Plötzliche Änderungen führen zu einer überschießenden Reaktion, die dann auf einen konstanten Wert absinkt (Adaptation). „Brennend heiß" und „schneidend kalt" sind keine reinen Temperatur-, sondern Mischempfindungen an den Grenzen der Temperaturskala. Die Unterschiedsempfindlichkeit ist von der Fläche abhängig (räumliche Summation) und von der Änderungsgeschwindigkeit (zeitliche Summation). Daher fühlt sich Holz wär-

mer an als Metall gleicher Temperatur; Wasser scheint bei gleicher Temperatur kälter zu sein als Luft. (Bei Abkühlung kleiner Hautflächen durch Zugluft kann die Gegenreaktion des Körpers fehlen, sie kann dadurch zur Erkältung führen.) Das Leibesinnere scheint temperaturunempfindlich zu sein.

DER GESCHMACK. Das Spektrum der Geschmacksempfindung besteht aus 4 Grundqualitäten: süß (Zungenspitze), salzig und sauer (Zungenrand) und bitter (Zungengrund). Aus der Mischung lassen sich weitere Empfindungen kombinieren. Einen weiteren Beitrag zum Geschmack liefern der Geruch und die Mitreizung von Berührungs-, Temperatur- und Schmerzrezeptoren. Die Geschmacksknospen sind in Papillen der Zunge eingebettet. Jede der etwa 20 in einer Knospe vereinigten Sinneszellen trägt einen stark lichtbrechenden Stift, der in eine kleine Höhle hineinragt. Damit die Schmeckstoffe in diese Höhle gelangen können, müssen sie wasserlöslich und diffusibel sein. Es ist jedoch bis heute nicht möglich, alle Grundempfindungen aus ihren physik.-chem. Eigenschaften zu verstehen. Die *Empfindung sauer* ist mit der Anwesenheit von *H-Ionen* verknüpft, *salzig* schmeckt Kochsalz. Andere Salze, z. B. das Magnesiumsulfat, rufen an der Zungenspitze die Empfindung salzig, am Zungengrund aber bitter hervor. Die *Bitterempfindung* allein wird durch Chinin bewirkt. Die *Süßempfindung* kann sowohl durch anorganische (verdünnte Bleilösung) als auch durch ganz verschiedenartige organische Verbindungen (Rohrzucker, Saccharin) ausgelöst werden. Links drehende Aminosäuren schmecken süß, rechts drehende bitter, oder sie sind geschmacklos. Man hat deshalb daran gedacht, daß der Süßgeschmack dann entsteht, wenn benachbarte Hydroxylgruppen überschüssige Bindungskräfte besitzen, die sich wegen des geometrischen Baues des Moleküls nicht neutralisieren können und mit Atomgruppen in den Nervenenden der Geschmacksknospen reagieren (R. S. Schallenberger). – Man kann beim Geschmack vom *Kontrast* sprechen, von einem *Nachgeschmack,* von der *Umstimmung* (z. B. durch *2%ige* Schwefelsäure) und von *Geschmacksblindheit* (von Bedeutung für das Nahrungsmittelgesetz). – Die einzelnen Anteile der Zunge werden von *verschiedenen Nerven versorgt* (vgl. ↗ *Geschmacksnerven*); nach neueren Befunden werden die Erregungen für salzig, sauer und bitter über verschiedene Nerven, jedoch in quantitativ verschiedenem Ausmaß fortgeleitet. Bei süß ist die individuelle Reaktion am größten; an ihr sollen auch die sensorischen Nerven des weichen Gaumens beteiligt sein. – Aus elektrophysiol. Untersuchungen läßt sich schließen, daß man zwischen Rezeptoren mit engem und solchen mit weitem Bereich unterscheiden muß. Zu erwähnen ist schließlich noch die Bedeutung der Geschmacksbereiche für die Zusammensetzung des Speichels.

DER GERUCH. Obwohl der Geruchssinn entwicklungsgeschichtlich zu den ältesten Sinnesfunktionen zu rechnen ist, ist es bis heute nicht gelungen, alle physiol. Vorgänge zu klären. In der *Regio olfactoria,* einem beim Menschen ca. 25 mm² großem Gebiet des Nasendachs, liegen zwischen gelblich pigmentierten Stützzellen die Ausläufer der ↗ *Riechzellen;* sie tragen 6–8 geißelartige Härchen und sind bedeckt von einem besonderen, fermenthaltigen, dünnflüssigen Schleim, der außer der Spülfunktion vielleicht auf die Auswahl von Riechstoffen wirken könnte. Da die Atemluft vorwiegend an der 2. und 3. Nasenmuschel vorbeistreicht, ist die Luftbewegung an der Regio olfactoria nur gering; diese wird dadurch vor zu starker Konzentration der Riechstoffe und zu niedriger Temperatur der Luft geschützt. Die Bewegung kann vermehrt und beschleunigt werden durch Schnüffeln. Von den Elementen riechen nur die Halogene und ca. 30 anorganische Verbindungen, im übrigen riechen organische Verbindungen. Kohlenoxyd und Ammonium riechen nicht. Wir unterscheiden etwa 10000 *Empfindungsqualitäten.* Daß dieser Vielzahl nicht eine gleich große Zahl von Rezeptoren entspricht, sondern daß sie durch Mischung und Erregungsmuster bedingt ist, ist sicher. Andererseits muß es eine gewisse Spezifität der Geruchszellen geben, denn es ist möglich, sich an einzelne Geruchsstoffe zu adaptieren. H. Henning hat 6 Grundgerüche angenommen (↗Geruchsprisma). Auch *die stereochem. Theorie*, die von der Molekularstruktur der Riechstoffe ausgeht (Stekker und Steckdose), nimmt eine ähnliche Zahl von Grundgerüchen an, die sich jedoch nicht ganz mit denen von H. Henning decken. Man kann bei den Geruchsempfindungen wie bei den Farben eine absolute von der spezifischen Schwelle unterscheiden. Geruchsempfindungen lassen sich mischen, der Geruch ändert sich mit der Konzentration des Stoffes und der Dauer der Einwirkung (↗Geruchsintensität). Die *↗Adaptation* an einen Geruch erfolgt zunächst rasch, dann langsam. Es gibt *Hyp-* und *↗Anosmien.*

Berührungs- und Tastempfindungen, Schmerz, Temperaturempfindung und der Geschmack haben keine nach Sinnesorganen aufgeteilte *Projektionsgebiete,* vielmehr ist die primäre sensible Rinde nach Organen aufgeteilt, so daß sich z. B. Berührungs- und Geschmacksreize weitgehend überlappen, Verwechslungen sind dadurch nicht ausgeschlossen.

Lit.: Bauer, I.: Unsere gegenwärtigen Kenntnisse über den Geruchssinn und deren Prüfung. Diss. Med. Fak., Kiel, 1962; **Fröhlich, F. W.:** Die Empfindungszeit. Jena, 1929; **Hensel, H.:** Allg. Sinnesphysiologie. Hautsinne, Geschmack, Geruch. Berlin, 1969; **Keidel, W. D.:** Physiologie der Hautsinne. In: Hdb. d. Haut- und Geschlechtskrankheiten, Ergänzungswerk, Bd. I, Teil 3. Berlin, 1963, 157; **Monjé, M.:** Empfindungszeit und zeitlicher Verlauf der Gehörempfindung bei Verwendung kurzdauernder Schallreize. Z. Biol., 1926, *85*, 349; **ders.:** Ein Beitrag zur Frage der Richtungslokalisation von Schallreizen. Z. Sinnesphysiol., 1935, *66*, 7; **ders.:** Physiologie des Auges. In: Hdb. d. Zoologie, Bd. 8 (2). Berlin, 1968; **ders.:** Lichtsinn. Physiologie des Auges. In: **K. Velhagen** (Hrsg.): Der Augenarzt. Bd. 1, Leipzig, [2]1969, 173; **Polyak, S.:** The Retina. Chicago, 1941; **Ranke, O. F. & H. Lullies:** Gehör, Stimme, Sprache. Berlin, 1953; **Schober, H.:** Das Sehen. Leipzig, [3]1960 (Bd. 1); 1964 (Bd. 2); **Trendelenburg, W.:** Der Gesichtssinn. 2. Aufl. bearbeitet von M. Monjé, I. Schmidt, E. Schütz. Berlin, 1961; **Trincker, D.:** Physiologie des Hörens und die Reiztransformation im Innenohr. J. Audiological Technique, 1967, *6*, 158.

M. Monjé

Sinnestäuschung ↗Wahrnehmungstäuschungen.

Sinnestypus ↗Vorstellungstypen.

Sinnlose Silben. Von ↗Ebbinghaus (1885) erstmals verwendete und bei Untersuchungen zum verbalen ↗Lernen eingesetzte *künstliche Silben,* bestehend aus einem Vokal zwischen zwei Konsonanten (sog. CVC), z. B. *gem, joz, lur, wam, vob.* In Lernexp. werden Listen (beim seriellen Lernen) oder Paare (beim Paar-Assoziationslernen) von s. S. auswendig gelernt und später reproduziert. Ihre *„Sinnlosigkeit"* soll gewährleisten, daß die untersuchten Lern- und Gedächtnisvorgänge möglichst rein, d. h. unabhängig von individuell unterschiedlichen Reaktionen auf bekanntes Material, erfaßt werden können. ↗Gedächtnis.

S. S. sind nur *mehr oder weniger sinnfrei.* Die *Bedeutungshaltigkeit* von s. S. wird häufig durch den „Assoziationswert" bestimmt, der durch die Zahl der ↗Assoziationen definiert werden kann, die einer Vp innerhalb eines bestimmten Zeitraumes zu einer Silbe einfallen. Es wurden auch andere Variablen von s. S. untersucht, so z. B. deren *Aussprechbarkeit.* Im allg. zeigt sich, daß Silben um so leichter gelernt werden können, je höher die Werte für diese Variablen sind.

Neben s. S. verwendet man bei Untersuchungen zum verbalen Lernen häufig *Digramme* (Zweibuchstaben-Kombinationen), *Trigramme* (Dreibuchstaben-Kombinationen) und *Doppelsilben.*

Lit.: Albert, D. & G. M. Murch: Eichung von sinnlosen Silben. Z. exp. angew. Psychol., 1968, *15*, 381–403; **Ebbinghaus, H.:** Über das Gedächtnis. Leipzig, 1885; **Underwood, B. J. & R. W. Schulz:** Meaningfulness and verbal learning. Chicago, Philadelphia, New York, 1960.

M. Hofer

SIR, engl. Stimulus, Inhibition, Response. ↗Konditionierte Hemmung.

Situationismus, Bewegung in der Psychologie, die als wesentliche Varianzquelle für menschliches Verhalten die verschiedenen Situationen ansieht. Gegen den Personalismus führt er die niedrigen Validitäten von Fragebogen an (Endler et al., 1962). Die generelle Bedeutung der Situation wird aber z. B. von Alker (1972) zurückgewiesen, der dies nur für wenig gefestigte Persönlichkeiten zuläßt. Die Analyse der Situation gewinnt möglicherweise immer dann an Bedeutung, wenn gesellschaftliche Veränderungen Diskrepanzen zwischen Bewertung von Situation, gelerntem Verhalten und introjizierten Persönlichkeitszügen entstehen lassen. Deshalb in der Sozialisationsforschung gegenwärtig die Suche nach Situationsstilen anstelle von Persönlichkeits- oder Verhaltensstilen. Eine Integration dieser Ansätze findet sich im Interaktionalismus.

Lit.: Alker, H. A.: Is personality situationally specific or intrapsychically consistent? J. Person. 1972, *40,* 1–16; **Endler, N. S., Hunt, J. McV. & A. J. Rosenstein:** An S-R-inventory of anxiousness. Psychol. Monogr., 1962, *76,* Nr. 536; **Sarason, J. G.** Personality research: Components of variance attributable to the person and the situation. J. Pers. Soc. Psychol. 1975, *32,* 199–204.

F. Baumgärtel

Situation, soziale. Allg. Bezeichnung für das *Bezugsfeld* (Reize, Gegenstände, Mitmenschen, Gruppen, Werte einschließlich des eigenen ↗Selbst) *der Orientierung des sozial Handelnden.* Aus dieser Sicht ist die s. S. durch drei Klassen von Gegebenheiten und ihrer Verknüpfung definierbar: (1) Die tatsächlichen Gegebenheiten, die auf den Handelnden einwirken, (2) die ↗Einstellungen, die zum Zeitpunkt des Handelns aktualisiert werden und (3) der Grad der Anteilnahme (ego involvement) bzw. der Bewußtheit der tatsächlichen Gegebenheiten und Einstellungen beim Handelnden. T. Parsons and E. A. Shils bezeichnen alle diejenigen Gegebenheiten der Umwelt, die für den Handelnden etwas bedeuten, als Konstituenden der s. S.

W. D. Fröhlich

Sixteen Personality Factor Questionnaire (16 PF) ist der repräsentative Test der faktorenanalytischen Persönlichkeitsforschung mit subjektiven (Durchschaubarkeit sensu R. B. Cattell) Tests von R. B. Cattell. Zu den mit den Buchstaben A–O (ohne D) und Q_1–Q_4 bezeichneten 16 Faktoren gehören z. B.: B = *Intelligenz;* C+ = *Emotionale Stabilität*; E+ = *Dominanz*; O+ = *Vertrauen*; L+ = *Innere Ruhe*; N+ = *Naivität.* Jeder Faktor ist durch 20–26 Items vertreten. Die Standardform für Erwachsene besteht aus den Formen A und B (von 6 möglichen Formen A–F) mit je der Hälfte Items. Die Formen A und B können als *Paralleltests* aufgefaßt werden. (Äquivalenzkoeffizienten zwischen r = .34–.76 bei N = 230.) Für die pro Faktor errechneten Testwerte stehen verschiedene Normen zur Verfügung. Für die Interpretation der Faktoren kann man auf Beschreibungen dieser im Manual zurückgreifen. Über eine bes. Verrechnung kann man auch Werte für die 4 Sekundärfaktoren (I. Anxiety; II. Introversion/Extraversion; III. Emotionalität; IV. Unterwerfung vs. Unabhängigkeit) gewinnen. Die *Test-Retest Reliabilitäten* der Faktoren bewegen sich zwischen r = .78–.93 (6 Tage; N = 146) und r = .63–.88 (2 Monate; N = 132), die *Halbierungsreliabilitäten* zwischen r = .06–.78 (Form A), r = .12–.81 (B) bei N = 218. Die faktoriellen *Validitäten* (multiple Korrelation der ↗Items mit dem sie repräsentierenden Faktor) liegen zwischen r = .74–.92.

Lit.: Cattell, R. B. & H. W. Eber: Manual for Forms A and B Sixteen Personality Factor Questionnaire (16 PF). Champaign, Ill., [5]1962.

P. Graw

Skaggs-Robinson-Hypothese. Von E. B. Skaggs und E. S. Robinson formulierte Hypothese über die *Auswirkung der Ähnlichkeit zweier* (sukzessiv dargebotener) *Lerninhalte* auf die Behaltensleistung (Retroaktive ↗Hemmung). Der Effekt der Hemmung auf die Behaltensleistung ist maximal bei „mittlerer Ähnlichkeit" zwischen interpoliertem und ursprünglichem Lernstoff und nimmt ab gegen die Pole maximaler und minimaler Ähnlichkeit, wobei die Behaltensleistung bei minimaler Ähnlichkeit nicht die bei maximaler erreicht.

Lit.: Skaggs, E. B.: Further studies in retroactive inhibition. Psychol. Monogr., 1925, *34* (whole No. 161); **Robinson, E. S.:** The „similarity" factor in retroaction. Amer. J. Psychol. 1927, *51,* 297–312.

F.-C. Schubert

Skalierung. Als S. (Eindeutschung von engl. „scaling") wird in der Psychol. die Theorie und Praxis der Zuordnung von Zahlen zu Objekten verstanden. Da die Eigenschaften psychol. Objekte (z. B. relative Stärken der Kooperationsbereitschaft) überwiegend raumzeitlich nicht fixiert sind, ist die S. Grundlage jeder vergleichenden psychol. Aussage. Eine strikte Definition von S. muß auf die Meßtheorie zurückgreifen:

Messen einer Eigenschaft bedeutet Abbildung einer Objektmenge in eine Teilmenge der reellen Zahlen, wobei die Relationen der zugeordneten Zahlen den Relationen der untersuchten Eigenschaften der Objekte entsprechen müssen. M sei eine Menge von Objekten und R eine Relation auf M, dann heißt (M, R) ein empirisches relationales System (Tarski, 1954). Beispiel: M ist eine Schulklasse, R bezeichnet die Objekteigenschaft „kooperativer als". Ist nun M eine Teilmenge der reellen Zahlen, so spricht man von einem numerischen relationalen System.

Messen besteht in der Abbildung eines empirischen auf ein numerisches relationales System. Eine eineindeutige Abbildung f eines relationalen Systems (M, R) auf ein anderes (N, S) heißt ein Isomorphismus, wenn aRb dann und nur dann gilt, wenn auch f(a) S f(b) erfüllt ist, d. h., wenn beide Systeme gleiche Strukturen besitzen. Ist $\mathfrak{M} = (M, R)$ ein empirisches relationales System und $\mathfrak{N} = (N, S)$ ein numerisches und ist f ein Isomorphismus von $\mathfrak{M}$ auf $\mathfrak{N}$, dann heißt $(\mathfrak{M}, \mathfrak{N}, f)$ eine Skala. S. ist definiert als Erstellung einer Skala.

Bei der S. ist die Existenz und Eindeutigkeit der Abbildung f zu zeigen. Hierzu geht man von einem relationalen System aus, in dem die geforderten Bedingungen (Axiome) als erfüllt gelten. Aus den Axiomen werden Existenz- und Eindeutigkeitsaussagen hergeleitet. Dies ist eine theoretische, einmal zu leistende Aufgabe. Bei der praktischen S. hat man zu prüfen, ob die Axiome für das untersuchte empirische relationale System erfüllt sind, und man hat eine S.vorschrift zu befolgen, welche den Objekten Skalenwerte zuordnet.

Beispiel: Thurstone (1927) postulierte, daß jeder Reiz aus einem zu skalierenden Kollektiv von Reizen bei wiederholter Darbietung auf dem Kontinuum der Empfindungen oszillierende Einstufung erfahre. Die Wahrscheinlichkeitsdichte der Einstufungen entspreche einer ↗Normalverteilung. Die ↗Streuungen für die zu untersuchenden Reize seien gleich. Hieraus folgt, daß die Häufigkeit, mit der Reiz a in Hinsicht auf eine Eigenschaft als größer eingestuft wird als Reiz b, der subj.Distanz zwischen a und b entspricht *(law of comparative judgment)*. Können Normalverteilung und einige zusätzliche Axiome für die Reizeinstufung als zutreffend angenommen werden, so gewinnt man mit der Thurstone-S. aus dem Größenvergleich von Paaren eine Skala relativer subj. Distanzen der beurteilten Objekte.

Ist die Abbildung eindeutig bis auf	so spricht man von einer
Identität	Absolutskala
Multiplikation mit einer Konstanten	Verhältnisskala
lineare Transformation	Intervallskala
monotone Transformation	Rangskala
eineindeutige Transformation	Nominalskala

Aus dem Skalenniveau kann man ableiten, welche Aussagen über die Skalenwerte sinnvoll sind. Eine Aussage heißt sinnvoll, wenn ihr Wahrheitswert unter den zulässigen ↗Transformationen konstant bleibt, andernfalls heißt sie sinnlos. Unter Umständen genügen auch Rangrelationen, um zu einer Messung auf ↗Intervallskalen-Niveau zu kommen. Suppes und Winet (1955) wiesen nach, daß man eine Intervallskala auf Rangordnungen von Differenzen gründen kann („higher ordered metric scales").

Besondere Erwähnung verdient das BTL-System (Bradley-Terry-Luce) der S., das auf dem Wahlaxiom von Luce (1963) aufbaut. Die Wahrscheinlichkeit, daß Reiz a gegenüber b bevorzugt wird, sei p_{ab}. Dann heißt (B, p) ein BTL-System genau dann, wenn für alle a, b, c aus B gilt

$$\frac{p_{ab}}{p_{ba}} \cdot \frac{p_{bc}}{p_{cb}} = \frac{p_{ac}}{p_{ca}}.$$

Ist diese Eigenschaft erfüllt, so existiert eine Abbildung v von B in die reellen Zahlen mit der Eigenschaft, daß

$$\frac{v(a)}{v(a) + v(b)} = p_{ab}.$$

Diese Abbildung ergibt eine Verhältnisskala. Die BTL-S. bildet eine Brücke zur Theorie der „signal detection" und zu Entwicklungen auf dem Gebiet probabilistischer Lernmodelle.

Weitere Einteilungen der S.methoden treffen folgende Unterscheidungen: *Reizzentrierte* S. betrachtet nur die Unterschiede zwischen zu beurteilenden Gegenständen, während *reak-*

tionszentrierte S. sowohl Urteilende wie deren Urteile berücksichtigt. Die erstere Gruppe (z. B. Anwendung des „law of comparative judgment" nach Thurstone, 1927) stammt vorwiegend aus der ↗Psychophysik, während die letztere (z. B. Guttman-Skalen) wesentlich von sozialpsychol. Anwendung her bestimmt wurde. – *Direkte* S. unterscheidet sich von *indirekter* dadurch, daß sie von den Urteilenden verlangt, ihr Urteil unmittelbar in Zahlen abzugeben. Für diese Verfahren (z. B. Kategorial- und Größenskalen) fehlen zufriedenstellende Meßmodelle, während die indirekten Verfahren, die zumeist Urteilshäufigkeiten zur Grundlage nehmen, z. T. axiomatisch begründet werden. – *Deterministische* S. sucht eine strikte Transformation vom empirischen in das numerische System, während die *probabilistische* S. Wahrscheinlichkeitsfunktionen zwischenschaltet. – Bedeutsam ist die Trennung von *ein-* und *mehrdimensionalen* Verfahren der S.; im ersteren Fall wird für die Unterscheidung der Objekte ein einziges subj. Urteilskontinuum postuliert, während im letzteren Fall mehrere voneinander unabhängige Unterscheidungsmerkmale angenommen werden. Die Axiomatisierung mehrdimensionaler S. ist bislang noch nicht vollständig gelöst. Torgerson (1958) schlug eine Verallgemeinerung des Thurstoneschen Modells für multidimensionale S. vor, welches jedoch Widersprüche in sich selbst enthält. Shepard (1966) entwickelte Grundlagen einer mehrdimensionalen S., die lediglich Rangurteile zur Grundlage hat, aber dennoch zu einer Darstellung auf Intervallniveau gelangt. Von hier aus erschließen sich auch Ansätze zum „*conjoint measurement*" (Luce & Tukey), welches neuerdings versucht, die Wirkung mehrerer Einflußgrößen simultan zu erfassen. ↗Mathematische Psychologie; ↗Testtheorie.

Lit.: Coombs, C. H.: A theory of data. New York, 1964; **Luce, R. D.,** et al. (Hrsg.): Handbook of mathematical psychology, Bd. 1. New York, 1963; **Pfanzagl, J.:** Theory of measurement. Würzburg – Wien, 1968; **Shepard, R. N.:** Metric structures in ordinal data. Journal of Mathematical Psychol., 1966, *3,* 280–315; **Sixtl, F.:** Meßmethoden der Psychologie. Weinheim, 1967; **Suppes P. & M. Winet:** An axiomalization of utility based on the notion of utility differences. Management Science, 1955, *1,* 259–270; **Tarski, A.:** Contributions to the theory of models. Indagationes Mathematicae, 1954, *16,* 572–581; **Torgerson, W. S.:** Theory and methods of scaling. New York, 1958; **Thurstone, L. L.:** A law of comparative judgement. Psychol. Review, 1927, *34,* 273–286.

K. Eyferth

Skalogrammanalyse. Methode zur Konstruktion einer Einstellungsskala (attitude scale) aus Items in akkumulierter Form (nach L. A. Guttman) mit dem Ziel der *Eindimensionalität der Skala.* Dieses Ziel ist dann erreicht, wenn auf jedes einzelne ↗Item von einer Person mit einer extremeren ↗Einstellung eine Antwort gegeben wird, die extremer (oder mindestens gleich ausgeprägt) derjenigen einer Person mit weniger extremer Einstellung ist. Somit drückt sich der Grad der zu messenden Einstellung in der Reaktion auf jedes einzelne Item aus; gleichzeitig ist im Idealfall aus jedem Einstellungs-Skalenwert (Gesamtwert) die Konstellation der Antworten reproduzierbar. Die Guttman-Skala erscheint um so problematischer, je inhaltlich komplexer die zu messenden Einstellungen erscheinen. ↗Skalierung.

H. D. Schmidt

Skandieren, langsame, abgehackte, einzelne Silben betonende, explosive Sprechweise bei Kleinhirnerkrankungen und bei multipler Sklerose. *H. J. Engels*

Skedastizität, wenig gebräuchlicher Ausdruck für Streuung bzw. Varianz. Haben Verteilungen gleiche Streuungen, so spricht man von *Homoskedastizität,* unterscheiden sich hingegen die Streuungen, so spricht man von *Heteroskedastizität* von Verteilungen. Bei varianz- und regressionsanalytischen Ansätzen stellt Homoskedastizität eine Voraussetzung für die Überprüfung von Hypothesen dar und sollte daher getestet werden. *H. Appelt*

Skeptizismus. Name einer Schule der gr. Philosophie, deren Lehre von M. de Montaigne und P. Charron (Was weiß ich?) und später von L. Klages, F. G. Jünger u. a. wiederaufgenommen wurde. Der *absolute* S. sieht den Menschen als unfähig an, zur Wahrheit zu gelangen, in welchem Bereich es auch immer sei; seine Anhänger empfehlen die Aufhebung jeglichen Urteils. Der *relative* S. schließt aus einigen Bereichen jede Wahrheitsfindung aus (metaphysischer, religiöser, wissenschaftlicher S. usw.). Im allg. Wortgebrauch: Haltung eines Menschen, der eine bestimmte Gegebenheit nicht als sicher anerkennt, Grundhaltung eines zum Zweifel neigenden Geistes.

M. Reinhardt

Skinner-Box. Ein Holzkasten für Versuche mit Tieren zur *operationalen* ↗Konditionierung. In ihm ist eine Hebelvorrichtung angebracht, durch deren Betätigung ein Futterkügelchen in den Käfig fällt bzw. eine Tür geöffnet wird, durch die das Vt entkommen kann. Die S.-B. ist eine Variante des von E. L. ↗Thorndike entwickelten Versuchs-, ↗Vexier- oder Problemkäfigs und erhielt ihren Namen nach dem amerik. Verhaltens- und Lernforscher B. F. Skinner. *H. Roth*

Sklerose, krankhafte Organverhärtung. ↗Multiple Sklerose.

Skotom. Ein blinder oder teilweise blinder Teil des ↗Gesichtsfeldes; im Unterschied zum anat. bedingten ↗blinden Fleck kann ein S. durch Zerstörung der ↗Retina oder der Gehirnregionen entstehen. *C. D. Frith*

Skotopisches Sehen, Dämmerungssehen aufgrund der Erregung der Stäbchen. ↗Sinnesorgane, Das Auge.

Sleeper(„Spätzünder")-Effekt, mittel- bis langfristige, relative Wirkungszunahme (z.B. Meinungswandel, Akzeptanz) einer Kommunikation aus unglaubwürdiger Quelle; ein Erklärungsansatz für den S.: Dissoziation von Inhalt und Quelle (Kommunikator) im Laufe der Zeit; negative Anfangseffekte mangelnder Glaubwürdigkeit des Kommunikators nehmen ab, damit relativ die Überzeugungskraft der Argumente zu. *H. Haase*

Snellensche Tafeln. Tafeln mit Buchstaben verschiedener Größe und bestimmter Form zur *Prüfung der Sehschärfe* (↗Sehprobe).

R. Rix

Snijders-Oomen Nichtverbale Intelligenztestreihe, sprachfreier Intelligenztest mit separaten Instruktionen und Normen für Hörende und Hörgeschädigte (3–16 Jahre), in den Niederlanden entwickelt, aber international verwendbar. 2 (parallele) Testreihen zu je 4 Subtests (Form, Anschaulicher Zusammenhang, Abstraktion, Unmittelbares Gedächtnis) mit insgesamt befriedigender Reliabilität und Validität. Vereinfachtes Stufensystem, mit leichteren Aufgaben für Leistungsschwache oder jüngere Kinder.

Lit.: Snijders, J. Th. & N. Snijders-Oomen: Snijders-Oomen Nichtverbale Intelligenztestreihe. Groningen, 1970.

E. Plaum

Social desirability ↗Soziale Erwünschtheit.

Social perception ↗Soziale Wahrnehmung.

Sodomie, *im dt. Sprachraum:* sexuelle Beziehungen zwischen Mensch und Tier (gelegentliches Synonym für S.: Bestialität). Im *angloamerik. Sprachraum* wird der Begriff S. auch für homosexuellen Analkoitus gebraucht. *Juristisch:* Seit alters her (Gesetzbuch der Hethiter, Altes Testament, Talmud) wird S. ausdrücklich tabuiert, im Mittelalter und bis ins 18. Jh. sogar noch mit dem Tode bestraft. Strafgesetze der meisten Staaten verbieten S. mit dem Hinweis auf gesellschaftlich-moralische, letztlich religiöse Mißbilligung. Ein eigentliches staatliches Rechtsgut fehlt jedoch. Deshalb hat eine Reihe von europäischen Staaten auch den S.paragraphen gestrichen (u. a. Frankreich, Belgien, Italien, Portugal, Holland, Rußland, neuerdings auch die BRD). Auch in einigen schriftlosen Stammeskulturen (Hopi, Kupfer-Eskimo, Massai, Kusaia u. a.) wird S. weder verboten noch gesellschaftlich verurteilt.

Seit den Untersuchungen des Kinsey-Instituts ist bekannt, daß die S. auch in unserem Kulturkreis nichts Ungewöhnliches darstellt. Danach haben ca. 8% aller Männer und ca. 3,6% aller Frauen in den USA irgendwann einmal S. betrieben. Am verbreitetsten ist S. bei der männlichen Landbevölkerung (40–50% der Farmerjungen, meistens in der

Nachpubertät). Während es bei Frauen extrem selten zu einem sodomitischen Koitus kommt (meistens oral-genitale Kontakte), ist die bevorzugte Kontaktform der Männer der vaginale Koitus. Von allen Formen der sexuellen Betätigung des Menschen stellt die S. den geringsten Prozentsatz der Gesamt-Triebbefriedigung der Bevölkerung dar.

Lit.: Ford, C. S. & F. A. Beach: Formen der Sexualität. Hamburg, 1968; **Gebhard, P. H., et al.:** Sex offenders. London, 1965; **Giese, H.:** Zur Psychopathologie der Sexualität. Stuttgart, 1973; **Hanack, E.-W.:** Zur Revision des Sexualstrafrechts in der Bundesrepublik. Hamburg, 1969; **Hentig, H. v.:** Soziologie der zoophilen Neigung. Beitr. z. Sexualforschung, 1962, *25;* **Jäger, H.:** Strafgesetzgebung und Rechtsgüterschutz bei Sittlichkeitsdelikten. Beitr. z. Sexualforschung, 1957, *12;* **Kinsey, A. C.:** Das sexuelle Verhalten der Frau. Berlin – Frankfurt a.M., 1963; **ders.:** Das sexuelle Verhalten des Mannes. Berlin – Frankfurt a.M., 1964.

H. Maisch

Solipsismus, Erkenntnistheoretische Auffassung, nach der die Realität nur in der Erkenntnis des einzelnen Individuums besteht. Alleine das individuelle ↗Ich und seine psychischen Zustände existieren wirklich; weder andere noch die Außenwelt besitzen Realität. Der berühmteste Solipsist ist Max Stirner („Der Einzige und sein Eigentum"). Dieser Standpunkt erscheint wieder im neo-positivistischen (↗Neopositivismus) Begriff der *elementaren Erfahrung.* *M. Reinhardt*

Sollwert ↗Regelung.

Somästhesie, das Gesamt der Haut- und Tiefensensibilität (Druck, Wärme, Kälte, Schmerz etc.).

Somatisch, auf den Körper bezogen, körperlich; Ggs.: psychisch, seelisch, auf die Psyche bezogen. *H. Wagenknecht*

Somatisierung. Man nimmt an, daß die „Umwandlungsreaktion", die „Konversionsreaktion" (↗Konversion), die Transformation eines Erlebnisses mitsamt seiner emotionellen Aufladung in eine somatische Veränderung voraussetzt. Diese kann in einer Veränderung im NS bestehen, wenn z. B. eine hysterische Lähmung auftritt, oder in einer psychosomatischen Störung, z. B. Durchfall, Dysurie, Asthma usw. Der Ausdruck S. wird bevorzugt für diese Art von Relationen zwischen den psychischen Ereignissen und den begleitenden somatischen Korrelaten angewendet. ↗Psychosomatik. *J. López Ibor*

Somatogen, *biol.:* von Körperzellen (nicht aus der Erbmasse) gebildete Veränderungen an Individuen; *Med., psychol.:* Durch körperliche Ursachen bedingt, verursacht. Ggs.: *psychogen,* seelisch bedingt, verursacht.

H. Wagenknecht

Somatologie, Lehre von den allg. Eigenschaften und Merkmalen des Körpers. Ggs.: Psychologie. *H. Wagenknecht*

Somatopsychologie, Zweig der Psychol., der die körperlichen Begleit- und Folgeerscheinungen psychischer Ereignisse erforscht. ↗Psychosomatik. *H. Wagenknecht*

Somatotherapie. Es handelt sich hier um eine Therapie der somatischen Störungen, welche krankhafte psychische Veränderungen mit sich bringen können, wie es z. B. bei den exogenen ↗Psychosen der Fall ist. Auch bei endogenen Psychosen wird sie angewendet, wenn eine somatische Ursache zwar nicht bekannt, aber zumindest angenommen wird. Auch bei ↗Neurosen werden gegenwärtig somatotherapeutische Methoden verwendet, neben der ↗Psychotherapie, wie z. B. bei der Aversionstherapie (↗Verhaltenstherapie) und in der Verwendung von speziellen ↗Psychopharmaka, wie Ataraktika (↗Tranquilizer) und Thymeretika (↗Antidepressiva).

J. López Ibor

Somatotonie ↗Sheldon-Typen.

Somatotropes Hormon, *Somatotropin, Wachstumshormon,* Abk. STH. Polypeptid, gebildet im HVL *(↗Hypophyse)* und von dort über das Blut in peripheres Gewebe transportiert. ↗Hormone.

Somnambulismus ↗Nachtwandeln.

Somnolenz ↗Bewußtseinsstörungen.

Sonderschule, Einrichtung staatlicher oder privater Art zur heilpäd. Betreuung und Förderung von Kindern und Jugendlichen, die wegen eines organischen oder psychischen Defekts durch den normalen Volksschulunterricht nicht oder nur ungenügend gefördert werden können, aber *bildungsfähig sind.* Die Bezeichnung S. umfaßt Schulen verschiedenster Art, wie *Gehörlosen-* und *Schwerhörigenschulen, Sprachheilschulen, Blinden-* und *Sehschwachenschulen,* S. für *Lernbehinderte* und *geistig Behinderte* (↗Geistige Behinderung) sowie Einrichtungen für Verhaltensgestörte, ↗Schwererziehbare, Jugendliche im Strafvollzug, Körperbehinderte und Kranke. Die ersten S.n waren Gehörlosenschulen (de l'Epée, Paris 1770, S. Heinicke, Leipzig 1778), welche die Grundgedanken des spanischen Franziskaners Pedro Ponce de León († 1584) in die Tat umsetzten. Etwas später wurden die Blindenasyle zu Zentren pädagogischer Arbeit (M. Paradeis, Wien 1780; V. Hauy, Paris 1784). Die Einrichtungen für Lernbehinderte nahmen erst um 1900 feste Form an, als Folge der psychol. und psychiatrischen Erkenntnisse des 19. Jh. Schulen im Strafvollzug bestehen seit 1921. In neuester Zeit sind weitere Differenzierungen erfolgt (z. B. Schwerhörigenschulen, Sehschwachenschulen, Schulen für lebenspraktisch Bildbare u. a.). Die Organisation des S.wesens ist verschieden, es bestehen für einige Typen Vorschuleinrichtungen, Grund- und Hauptschulen, Aufbauzüge, Berufsschulteile und Kurse für Erwachsenenbildung. Der Anteil der sonderschulbedürftigen Kinder in der Bundesrepublik beträgt um 7,5% aller Schulpflichtigen. Der Unterricht an S.n ist ein päd. Problem erster Ordnung, da er an die Lehrkraft sehr hohe didaktische Anforderungen stellt und erstklassige menschliche Qualitäten erfordert (Leitbilder). In diesem Zusammenhang hat die sonderpäd. Psychol. (P. R. Hofstätter 1959; U. Bleidick, 1959; M. Siguán-Soler, 1969) größte Bedeutung gewonnen.

Lit.: Aab, J. et al.: Sonderschule zwischen Ideologie und Wirklichkeit. München, 1974; **Anders, M.:** Problem Sonderschule. Köln, 1974; **Bach, H.:** Geistig Behinderte unter pädagogischem Aspekt. Stuttgart, 1974; **Bleidick, U.:** Pädagogik der Behinderten. Berlin, 1978; **Bleidick, U. & S. Ellger-Rüttgard:** Lehrer für Behinderte. Monographien f. Sonderschullehrer. Stuttgart, 1978; **Bleidick, U. & M. Hagemeister:** Einführung in die Behindertenpädagogik. Allg. Theorie und Bibliographie. Stuttgart, 1970; **Kirk, S.:** Lehrbuch der Sondererziehung (Educ. exceptional children). Berlin, 1971; **Kluge, K. J.** (Hrsg.): Einführung in die Sonderschuldidaktik. Darmstadt, 1976; **Kluge, K. J. & W. Benzel:** Schulen für Verhaltensauffällige. Berlin, 1974; **Sauter, A.:** Die Sonderschulen im geteilten Deutschland. Berlin, 1969; **Trüper, H. & J.:** Ursprünge der Heilpädagogik in Deutschland. Stuttgart, 1978; **Williams, H., Connor, P. & J. Brewer:** Das geistig behinderte Kind in der Sonderschule (Education of the severly retarded Child). Berlin, [2]1971.

E. Ullrich

Sophistik. Dieser Begriff wird meist in adjektivischer Form *(sophistisch)* gebraucht, und zwar mit folgenden drei Bedeutungen:

1. *Sophistisches Argument* (Sophismus) – i. e. S.: Eine falsch gezogene Schlußfolgerung, die aber mit Täuschungsabsicht als korrekt ausgegeben wird; i. w. S.: *„Paralogismus"*, unabsichtlich falsch gezogene Schlußfolgerung, oder *„Paradox"*, von korrekten Voraussetzungen ausgehende, richtig gezogene Schlußfolgerung, die jedoch zu einem unannehmbaren und unwiderlegbaren Schluß führt.

2. *Sophistische Haltung* (Sophist) – dies ist die Haltung desjenigen, der a) geschickt die Künste der Sprache beherrscht, b) sich dazu bekennt, die Weisheit zu lehren, und c) Sophismen verwendet, ein Scharlatan, der eher versucht zu überreden als die Wahrheit zu finden.

3. *Sophistische Schule* – ihre Lehre strebt unter Verwendung der ↗Sprache (formale Wissenschaft der Sprache) die praktische (politische) Wirksamkeit mit einer skeptischen und pragmatischen Perspektive an (5. bis 4. Jh. v. Chr.). *M. J. Borel*

Sopor, Bewußtseinsstörung mit starker Benommenheit und Schläfrigkeit, liegt zwischen Somnolenz und Koma. ↗Bewußtseinsstörungen.

Soziabilität ↗Geselligkeit.

Sozialanthropologie, eine bes. in den angloamerik. Ländern oftmals mit ↗*Kulturanthropologie* (cultural anthropology), ↗*Ethnologie* und ↗*Ethnographie* in Zusammenhang stehende Bezeichnung für die Beschäftigung mit der Frühgeschichte menschlicher Gesellschaftsformen. Unter dem Einfluß von É. Durkheim bezeichnet sie i.e.S. und in Abhebung von der Ethnologie die Wissenschaft von den allg. Gesetzen, die hinter der Entwicklung von Kulturen stehen. (Synonym: sozio-kulturelle Anthropologie.) *W. D. Fröhlich*

Sozialarbeit, gesellschaftlich organisierter, helfender Prozeß. Sein Schwerpunkt hat sich von der unmittelbaren Linderung materieller Not deutlich auf eine *psycho-soziale Lebenshilfe* verlagert. So sind auch die 3 Grundarten der S. zu verstehen: soziale Einzelfallhilfe, soziale Gruppenarbeit und soziale Gemeinwesenarbeit. Die Verwissenschaftlichung der S. führt zu eigener Theoriebildung und zur Weiterentwicklung der „Methoden der S.".
H.-P. Trolldenier

Soziale Bewertungstheorie, zusammenfassender Begriff für eine Reihe sozialpsychol. Theorien, die sich mit Phänomenen befassen wie soz. Vergleich, Statusausgleich, Bezugsgruppenvergleich, ausgleichende Gerechtigkeit, etc. Die Grundannahme der Theorie ist, daß sich Menschen über sich selbst informieren, indem sie sich mit anderen vergleichen, und daß diese positiven, negativen oder neutralen Selbsteinschätzungen das soz. Verhalten in ganz spezifischer Weise beeinflussen.
J. A. Keller

Soziale Entwicklung ↗Sozialisierung.

Soziale Erwünschtheit ist eine der wichtigen, inhaltlichen ↗Response-Sets. Sie beinhaltet die Tendenz, ein ↗Item unabhängig von der individuell zutreffenden Antwort in der Richtung zu beantworten, die – nach Auffassung des Pb – nach den sozialen Normen die erwünschteste ist. Zur Kontrolle dieser Antworttendenz wurden in der anglo-amerik. Psychol. entsprechende Skalen der *Social Desirability* (SD) konstruiert, so die SD-Scales von A. L. Edwards und von O. P. Crowne & D. Marlowe. *P. Zimmermann*

Soziale Isolation ↗Deprivation, soziale.

Soziale Motivation, individuelle Antriebskraft, welche ein Verhalten in einem sozialen Feld bewirkt, das eine Wirkung (Nutzen oder Schaden) auf andere und reziprok auf den Handelnden im Feld und die möglichen Reaktionen berücksichtigt. Für das Leben in der Gemeinschaft ist es notwendig, Verhaltensnormen der jeweiligen Lebensbereiche zu lernen. Diese helfen, die Antriebskräfte in sozial akzeptierte Bahnen zu lenken.

Eine s. M. ist nicht gegeben, wenn die im sozialen Feld herrschenden Kräfte (Bedürfnisse und Normen der anderen) nicht differenziert wahrgenommen oder anerkannt werden und die eigene Bedürfnisbefriedigung als einzige Motivation des Handelns vorherrscht. Die s. M. kann dazu führen, sich einer Gemeinschaftsaufgabe zu widmen. *A. Karsten*

Sozialer Austausch. Als sozialer Austausch wird das Phänomen bezeichnet, daß alles soz. Verhalten zwischen Individuen und/oder Gruppen auf dem wechselseitigen Geben und Nehmen materieller und nichtmaterieller Güter basiert. Erweitert man dieses relativ einfache Grundschema soz. Verhaltens um die Annahme, daß dieser gegenseitige Austausch von Gratifikationen nach einem allgemeinen Lohn-Kosten-Prinzip erfolgt, d.h., daß sich die aufgewendeten Kosten mit dem erhaltenen oder zu erwartenden Lohn die Waage halten, dann ergeben sich weitreichende Implikationen der Austauschtheorie für Themenbereiche wie Interaktion und Kommunikation, soz. Macht und Kontrolle, sowie Altruismus. Problematisch ist vor allem die Operationalisierung des Konzepts, d.h. eine Wertbestimmung materieller und nichtmaterieller Gratifikationen. Bei der Wertrelativität solcher Austauschobjekte dürfte das ein nahezu aussichtsloses Unterfangen darstellen.

Lit.: Blau, P. M.: Exchange and power in social life. New York, 1964; **Homans, C. G.:** Social behavior. Its elementary forms. New York, 1961; **ders.:** Fundamental social processes. In: **Smelser, N. J.** (Ed.): Sociology. New York, 1967, 30–78.
J. A. Keller

Sozialer Motivationstest (SMT), von Müller 1966 publiziertes Verfahren zur Diagnostik des Aufbaus und der Struktur sozialer Motivationen und sozialen Wertbewußtseins bei 9- bis 14jährigen Kindern. Das in 2 Parallelformen vorliegende Verfahren besteht aus 24 ↗Items, in denen soziale Problemsituationen unterschiedlicher Anschaulichkeit und Erlebnisnähe verbalisiert sind. Durch Mehrfachwahlreaktionen ist eine objektive Auswertung nach 6 verschiedenen Motivationsformen gewährleistet. Differentielle Normen in Prozenträngen und T-Werten. Objektivität der Auswertung und Interpretation: *Paralleltestreliabilität* bei N = 309 ist r = .71. Bei hoher *Inhaltsvalidität* erste Hinweise zur ↗Konstruktvalidität durch alters- und geschlechtsspezifische Differenzen.

Lit.: Müller, R.: Der soziale Motivationstest. Weinheim, 1966.

G. Prystav

Sozialer Typus ↗Lebensformen.

Soziales Aggregat ↗Aggregat, soziales.

Soziales Lernen ↗Sozialisierung, ↗Nachahmung.

Soziale Wahrnehmung *(social perception).* Der Bereich der s. W. als Teilgebiet der ↗Sozialpsychologie kann enger oder weiter definiert werden: die engere Definition setzt als Thema die Beeinflussung durch personale und soziale Faktoren an, während die weitere Definition, darüber hinausgehend, nicht nur die Abhängigkeit der Wahrnehmung von der sozialen Umwelt, sondern auch ihre Bezogenheit auf sie (bes. auf den Menschen, person perception) als Inhalt definiert. Die Diskrepanz zwischen den beiden Definitionen setzt sich fort in der Interpretation des Begriffes der ↗„Wahrnehmung". Während in der engeren Definition trotz aller meth. Schwierigkeiten der Akzent doch mehr auf den unmittelbaren Sinneserfahrungen liegt, gebraucht die weitere Definition den Begriff der Wahrnehmung eingestandenermaßen nur noch in einem sehr losen Sinne und schließt alle Prozesse der Informationsgewinnung und -verarbeitung bis hin zu den kompliziertesten Urteilsprozessen ein. In der weiteren Fassung stellt die s. W. somit ein recht vages Gebiet dar.

Aber selbst wenn man die engere Definition zugrunde legt, wird der Bereich der auf unmittelbare Erfahrung gestützten Wahrnehmung oftmals verlassen. Allport (1955) verweist darauf, daß unter Wahrnehmung im Bereich der s. W. oftmals ganz global des Individuums Verständnis seiner sozialen Situation verstanden wird. Die Schwierigkeit der Abgrenzung hat Taijfel (1969, S. 316) treffend beschrieben: „Der Übergang von der Wahrnehmung zu solchen kognitiven Aktivitäten wie Schlußfolgern, Kategorisieren oder Urteilen war immer schwierig zu bestimmen. Es handelt sich hier um ein Kontinuum ohne scharfe Abschnitte. Im mittleren Bereich werden Versuche zu einer klaren Trennung zwischen Wahrnehmung und Nicht-Wahrnehmung wahrscheinlich ohne Erfolg bleiben, dies um so mehr, da die Rolle der Schlußfolgerung und der Kategorisierung in den letzten Jahren als zentral bedeutsam für den Wahrnehmungsakt angesehen wurde." Dies hat zur Folge, daß bei vielen Untersuchungen der genaue Bezugspunkt nicht identifiziert werden kann (so stellt sich z. B. bei vielen Untersuchungen zur Wahrnehmungsverfälschung die Frage, ob es sich tatsächlich um Wahrnehmungsverfälschung und nicht etwa um Erinnerungsverfälschung handelt). Es mag dies wohl mit einer der Gründe dafür sein, daß viele Untersuchungen nicht in den Bereich der s. W. eingeordnet, sondern primär unter dem Aspekt der sozialen Variablen diskutiert werden. Beispiel: Das von Asch (1952) aufgeworfene Problem der Wahrnehmungsverzerrung unter Gruppendruck ist sicher ein Problem der s. W., wird aber oftmals unter dem Stichwort der „conformity" abgehandelt, also als ein besonderes Beispiel für die Beeinflussung des Individuums durch die ↗Gruppe, und es werden bei diesem genuinen Beispiel aus dem Wahrnehmungsbereich die gleichen Erklärungsmuster angewendet wie etwa bei der Frage der ↗Einstellungsänderung durch Gruppendruck (↗Gruppendynamik). Die mangelnde Integration des Gegenstandsbereiches zeigt sich bei einem bes. wichtigen Gebiet, das in der Regel gesondert abgehandelt wird, nämlich dem der ↗Sprache. Hier stammt von B. L. Whorf die

Soziale Wahrnehmung

These, daß die Sprache die Wahrnehmung der Umwelt gestalte (↗Whorf-Hypothese): „Wir werden somit auf ein neues Relativitätsprinzip hingewiesen, das besagt, daß die Beobachter durch die gleiche physik. Evidenz nicht zu den gleichen Bildern des Universums gelangen, es sei denn, ihr sprachlicher Hintergrund wäre ähnlich oder könnte auf irgendeine Weise geeicht werden" (Whorf, 1940; In: Maccoby et al., 1958, S. 5, Übers. vom Verf.). Doch die Mehrzahl der Untersuchungen, die hier vorliegen, differenzieren wieder nicht zwischen ↗Kognition und ↗Wahrnehmung. Während es unzweifelhaft feststeht, daß verschiedene Sprachen die Umwelt verschieden darstellen (z. B. verschiedene Farbdifferenzierungen haben), ist damit jedoch noch keineswegs gesagt, daß dadurch auch die Wahrnehmungen selbst verschieden sein müssen. Ein Beleg für die Whorfsche These kann jedoch in der klassischen Arbeit von Brown und Lenneberg (1958) gesehen werden, die einen Zusammenhang zwischen Kodierbarkeit von Farben (der Zuordnung von Farben zu Farbnamen) und der Wiedererkennung dieser Farben zeigte, also einen positiven Zusammenhang zwischen sprachlichem und nichtsprachlichem Verhalten bestätigte.

Die s. W. wurde von vielen Autoren in bezug auf ihre Zeit (vierziger und fünfziger Jahre) als „new look" bezeichnet, da sie in Frontstellung gegenüber der Gestaltpsychol. die bis jetzt in der Wahrnehmungspsychol. wenig berücksichtigten motivationalen Faktoren in den Vordergrund stellte. Wie stark der Wandel gegenüber einer an autochthonen Faktoren des Wahrnehmungsprozesses (wie Reiz, Nervenerregung usw.) orientierten Theorie war, zeigen einige der Hypothesen, die in diesem Zusammenhang entwickelt wurden:

1) Körperliche Bedürfnisse bestimmen mit, was wahrgenommen wird. Untersuchungen zeigten jedoch, daß die physiol. Bedürfnisse die Wahrnehmung zwar beeinflussen, dieser Einfluß jedoch nicht beliebig steigerbar ist, vielmehr mit stärker werdendem Bedürfnis u. U. eine Reduktion des Einflusses gegeben sein kann.

2) Die für das Individuum charakteristischen Werte beeinflussen die Geschwindigkeit, mit der Worte, die mit diesen Werten verbunden sind, wahrgenommen werden. Einige Autoren versuchten jedoch, die Bedeutung von Werten auf die Variable der Worthäufigkeiten zu reduzieren, wonach die Wertstruktur eines Individuums zu einer verstärkten Beschäftigung mit den relevanten Reizen und damit zu einem höheren Bekanntheitsgrad dieser Reize führt. Eine neuere Untersuchung (Johnson et al., 1960) zeigte jedoch sowohl den Einfluß des Bekanntheitsgrades wie den des Wertes für die Herabsetzung der Erkenntnisschwellen. Gleichzeitig zeigte diese Untersuchung einen deutlichen Zusammenhang zwischen dem Wert eines Wortes und der Häufigkeit des Gebrauches dieses Wortes in einem Land.

Der Einfluß des Wertes zeigte sich auch im Bereich der Wahrnehmungsverzerrung. So wurden z. B. Autoritätspersonen im Vergleich zu Nicht-Autoritätspersonen in einem Wahrnehmungsexperiment von Wittreich und Radcliffe (1956) weniger verzerrt, wobei die Variable der Bekanntheit kontrolliert war.

3) Verbale Reize, die emotional störend oder bedrohend für das Individuum sind, benötigen eine längere Wahrnehmungszeit als neutrale Wörter, werden z. T. so stark verfälscht wahrgenommen, daß sie ihre Bedeutung radikal verändern, und rufen charakteristische emotionale Reaktionen hervor, bevor sie wahrgenommen wurden. Dieses Phänomen nahm in der Diskussion um die s. W. eine zentrale Stelle ein und führte zu dem Begriff der ↗Wahrnehmungsabwehr (perceptual defense). Während das Phänomen der ↗Abwehr von Gedächtnisinhalten aus der ↗Tiefenpsychologie geläufig war, stellte sich hier im Bereich der exakt definierten Wahrnehmungspsychol. das Problem in einer paradoxen Formulierung: Wie ist es möglich, daß ein Individuum Wahrnehmungen unterdrückt, verzerrt oder verzögert, die es noch gar nicht wahrgenommen hat? In dieser Fassung fordert die Frage eine Art Zensor im Wahrnehmenden selbst, der die Wahrnehmungsinhalte erst prüft, bevor er sie zur „Wahrnehmung" frei-

gibt. Um dieses Dilemma zu umgehen, wurden Hypothesen entwickelt, die im wesentlichen wieder auf der Verfügbarkeit von Reaktionsmustern aufbauten und expt. bestätigt wurden.

Eine der wenigen übergreifenden Theorien in der s. W. stammt von J. S. Bruner und L. Postman, in der neben motivationalen Faktoren auch wahrscheinlichkeitstheoretische Überlegungen berücksichtigt sind (vgl. hierzu das zusammenfassende Referat von Allport, 1955). Der grundlegende Gedanke, der dieser Hypothesen-Prüfungstheorie zugrunde liegt, ist, daß die Wahrnehmung im wesentlichen ein Testen von bestimmten Hypothesen ist. Der Wahrnehmung liegt ein Erfahrungsprozeß zugrunde, der bestimmte Gegenstände und eine bestimmte Beschaffenheit dieser Gegenstände erwarten läßt. Nach dieser Theorie wird die Stärke einer Hypothese bestimmt durch:

a) die Häufigkeit der erfolgten Bestätigung;
b) die Zahl der gleichzeitig verfügbaren Hypothesen;
c) die motivationale Unterstützung;
d) die kognitive Unterstützung.

Während es sich hierbei um Determinanten der Hypothesenstärke handelt, wird die Hypothesenstärke selbst durch die Menge entsprechender Reizinformationen definiert, die zur Bestätigung oder zur Verwerfung der Hypothese notwendig ist.

Die *Kritik* an der s. W. kann in drei Punkte gegliedert werden:

1) Die meisten Untersuchungen berücksichtigten keine Persönlichkeitsunterschiede, während differentialpsychol. (↗Differentielle Psychologie) Untersuchungen den Nachweis zu erbringen versuchten, daß es unter den Vpn sowohl „sensitizers" (= Vpn, die mit erhöhter ↗Aufmerksamkeit reagieren, die also sensitiviert sind) wie auch „repressors" (= Vpn, die zur ↗Wahrnehmungsabwehr neigen) gibt. Eine Integration des allgemeinpsychol. und des differentialpsychol. Ansatzes steht noch aus.

2) Jones und Gerald (1967) haben neben anderen darauf verwiesen, daß die bisherigen Untersuchungen im Bereich der perceptual defense die besondere Experimentalsituation nicht hinreichend in der Interpretation berücksichtigt haben. Nach ihrer Meinung ist die Wahrnehmungsabwehr nur dann naheliegend, wenn die Wahrnehmung selbst das endgültige Ziel ist; wenn jedoch die Wahrnehmung eine instrumentelle Funktion für eine Handlungsentscheidung hat, dann werden für den Beobachter sowohl die Kategorien für die bevorzugten wie für die abgelehnten Werte im Vergleich zu den neutralen eine erhöhte Verfügbarkeit haben, also die Wahrnehmungsschwelle sowohl für positive wie für negative Werte im Vergleich zu neutralen herabgesetzt sein. Diese These kann durch Exp. gestützt werden.

3) Der dritte Kritikpunkt betrifft die Einordnung der Theorie der sozialen Wahrnehmung. Man muß dabei berücksichtigen, daß die Theorie der s. W. Wahrnehmung selbst nicht erklären kann, sondern diese voraussetzt und nur eine Theorie für die soziale Beeinflußbarkeit von Wahrnehmung aufstellen kann. In vielen Exp. liegt daher der Akzent ganz eindeutig nicht auf der Wahrnehmung und deren Richtigkeit, sondern auf den beeinflussenden sozialen Faktoren. Im Extrem geschieht dies bei dem ↗autokinetischen Effekt von Sherif, wo die Vpn im Dunkeln ohne Strukturierungshilfe die Lage eines Punktes beschreiben müssen, der sich zwar nicht bewegt, aber durch die Versuchsanordnung von allen als bewegt erlebt wird; in einer solchen Situation können die sozialen Einflüsse eindeutig dominant werden. Um den sozialen Faktoren einen Wirkungsraum zu sichern, wird der Wahrnehmungsprozeß oftmals erheblich erschwert und müssen z. B. Bilder aus der Erinnerung rekonstruiert werden, was dann letztlich bei vielen Untersuchungen die Frage aufwirft, welche psychische Funktion denn überhaupt getestet wurde. Viele Untersuchungen wurden darüber hinaus von vornherein durchgeführt, um den Einfluß der sozialen Faktoren nachzuweisen, und sind auch in diesem Zusammenhang eingeordnet. Dies deutet letztlich darauf hin, daß die Theorie der s. W. im Augenblick nicht mehr so aktuell ist und die Phänomene unter die sozialen Faktoren subsumiert werden (z. B. reference group, ↗Stereotyp, ↗Vorurteil, ↗Konformität usw.).

Lit.: Allport, F. H.: Theories of perception and the concept of structure. New York, 1955; **Asch, S. E.:** Social psychology. Englewood Cliffs, 1952; **Brown, R. W. & E. H. Lenneberg:** Studies in linguistic relativity. In: **N. Maccoby, T. Newcomb & E. L. Hartley** (Eds.): Readings in social psychology. New York, [3]1958; **Carpenter, B., Wiener, M. & J. T. Carpenter:** Predictability of perceptual defense behavior. J. Abn. Soc. Psychol., 1956, *52*, 380–383; **Eriksen, C. W.:** Defense against ego threat in memory and perception. J. Abn. Soc. Psychol., 1952, *47*, 230–235; **Graumann, C. F.:** Social perception. Z. Exp. Angew. Psychol., 1956, *3*, 605–661; **Hörmann, H.:** Psychol. der Sprache. Berlin, [2]1977; **Johnson, R. C., Thomsen, C. W. & G. Frincke:** Word values, word frequency, and visual duration thresholds. Psychol. Rev., 1960, *67*, 332–342; **Jones, E. E. & H. B. Gerald:** Foundations of social psychology. New York, 1967; **McDavid, J. W. & H. Harari:** Social psychology. New York, 1968; **Secord, P. F. & C. W. Backman:** Sozialpsychologie. Frankfurt a.M., 1976; **Sherif, M.:** Group influences upon the formation of norms and attitudes. In: **N. Maccoby, T. Newcomb & E. L. Hartley** (Eds.): Readings in social psychology. New York, [3]1958; **Taijfel, H.:** Social and cultural factors in perception. In: **G. Lindzey & E. Aronson** (Eds.): Handbook of social psychology. Vol. 3. Reading (Mass.), 1969; **Whorf, B. L.:** Science and linguistics. In: **N. Maccoby, T. Newcomb & E. L. Hartley** (Eds.): Readings in social psychology. New York, [3]1958; **Wittreich, W. J. & K. B. Radcliffe:** Differences in the perception of an authority figure and a non-authority figure by Navy recruits. J. Abn. Soc. Psychol., 1956, *53*, 383–384.

J. Schenk

Sozialhygiene, Lehre der Gesundheit im sozialen Leben. ↗Psychohygiene; ↗Neurosen.

W. Schmidbauer

Sozialisierung *(Sozialisation).* Der Begriff „*Sozialisierung*" bezieht sich auf den Prozeß, durch den Individuen jene Qualitäten entwikkeln, die für ein wirksames Bestehen in der ↗Gesellschaft, in der sie leben, wesentlich sind. Wie aus dieser Definition hervorgeht, betrifft S. sowohl die ↗Eigenschaften, die die Individuen erwerben, als auch die psychol. Mechanismen, die ihnen zugrunde liegen.

Ergebnisse der Sozialisierung. 1. *Primäre S.* Während der frühen Kindheit richten sich die Bemühungen um S. hauptsächlich darauf, beim Kind grundlegende psychol. Funktionen zu entwickeln, die für den Erwerb differenzierterer Verhaltensmuster notwendig sind. Unter anderem müssen Kinder kognitive Fertigkeiten ausbilden, die sie befähigen, vernünftig mit den komplexen und sich wandelnden Erfordernissen des täglichen Lebens umzugehen; sie müssen die verbale Kommunikation erlernen, durch die sie auf andere Einfluß nehmen und selbst von anderen beeinflußt werden können; sie müssen komplizierte soziale Verhaltensweisen kennenlernen, die den wechselseitig befriedigenden Beziehungen dienen; und sie müssen den Wert sozialer Anerkennung and anderer symbolischer Belohnungen schätzen lernen, die eine effektive soziale Beeinflussung ermöglichen. Sobald die Kinder selbständiger werden, geraten ihre Wünsche unweigerlich in Konflikt mit denen anderer Gruppenmitglieder. Sie können ihre Wünsche und Forderungen nicht mehr vorbringen und durchsetzen, wann und wo sie wollen, sondern sie müssen lernen, ihre Handlungen zu steuern, teilweise unter Berücksichtigung der Folgen, die aus ihnen für andere entstehen. Während Selbstkontrolle zum Wohlergehen anderer Personen beiträgt, vermindert sie im allg. die Belohnungen des Individuums selbst. Z. B. beinhaltet Selbstkontrolle häufig den Verzicht auf solche Mittel, die eine Erreichung der Befriedigung leicht ermöglichen, weil sie aus dem einen oder anderen Grund sozial verboten sind. Infolge der unmittelbaren unangenehmen Konsequenzen, die mit der Selbstkontrolle des Verhaltens verbunden sind, ist es schwierig, deren Verfestigung zu erreichen, obwohl es auf lange Sicht allen Gruppenmitgliedern – wenn auch in unterschiedlichem Ausmaß – nützen mag.

2. *Internalisierung und Selbststeuerungsprozesse.* Das wichtigste Endziel erfolgreicher S. ist die *Ersetzung externer Sanktionen durch interne Kontrollen.* Ist dieses Entwicklungsniveau erreicht, so richtet sich das Individuum nach den ↗Normen der Gesellschaft, auch wenn kein Druck von außen und keine soziale Überwachung gegeben ist. Gewöhnlich wird angenommen, daß Selbststeuerungssysteme durch Internalisierung von *↗Einstellungen und Werten* entstehen. Diese Auffassung erklärt jedoch kaum näher die Art und Weise, in der Einstellungen die Handlungen steuern. Es ist noch nicht geklärt, ob Einstellungen das Verhalten kontrollieren oder ob eine Verhaltensänderung eine Anpassung der Einstellungen nach sich zieht. Expt. Befunde (Festinger, 1964; Bandura, 1969a) sprechen eher für die

zuletzt genannte Kausalverknüpfung. Manchmal spricht man auch von internalisiertem Verhalten. In der Tat kann das Verhalten nicht noch weiter nach „innen" verlegt werden. Der Prozeß des Internalisierens betrifft daher *weniger den Ort des Verhaltens* (Verhaltenssteuerung) als vielmehr die *Art und Weise,* in der es aufrechterhalten wird. Nach der Theorie des sozialen ↗Lernens (Bandura, 1970) basiert internalisierte Kontrolle weitgehend auf den antizipierten Konsequenzen zukünftiger Handlungen. Diese „selbstverursachten" Folgen führen aufgrund erfahrungsgemäßer Verbindungen mit verschiedenen Verhaltensmustern zu der Erwartung, daß eine bestimmte Verhaltensweise belohnt, ignoriert oder bestraft wird. Antizipation von Belohnung erleichtert das Auftreten von Verhaltensweisen, wohingegen antizipierte Bestrafung sich gewöhnlich hemmend darauf auswirkt. Durch sinnbildliche Vorstellung können zukünftige Folgen vergegenwärtigt werden und dadurch in funktioneller Hinsicht den tatsächlichen Handlungsfolgen in ihrer Fähigkeit, Handlungen zu beeinflussen, gleichen. Die Selbststeuerung des Verhaltens kann nicht nur infolge antizipierter externer Konsequenzen, sondern auch aufgrund der Selbstbewertung (self-evaluation) der eigenen Handlungen erfolgen. Die Menschen auferlegen sich selbst bestimmte Verhaltensnormen und reagieren auf ihre eigenen Verhaltensweisen mit Selbstbelohnung oder Selbstbestrafung entsprechend den an sich selbst gestellten Anforderungen. Antizipation von Selbsttadel für persönlich verurteilte Handlungen gewährleistet einen zusätzlichen motivierenden Einfluß, das Verhalten nach akzeptierten Normen auszurichten. Vom Selbst und von außen verursachte Folgen geraten häufig in Konflikt, z. B. wenn bestimmte Verhaltensweisen durch andere gebilligt und ermutigt werden, die aber, wenn ausgeführt, zu Selbstkritik und Selbstverurteilung führen würden. Unter diesen Umständen kann sich die Selbstbekräftigung gegen Einflüsse von außen durchsetzen, oder Reaktionsmuster können bei Selbstbelohnung auch unter Bedingungen beibehalten werden, die nur minimale Unterstützung durch die Umwelt bieten. Es ist nicht schwierig zu erklären, wieso Individuen sich für lobenswerte Taten selbst belohnen. Schwieriger zu beantworten ist jedoch die noch nicht hinreichend erforschte Frage, warum sie sich selbst bestrafen für Vergehen oder Handlungen, die sie als nicht angebracht beurteilen. Es gibt verschiedene Faktoren, die Individuen zur Selbstbestrafung veranlassen können. Tadelnswerte Handlungen wecken peinvolle Gedanken, die wahrscheinlich so lange bestehenbleiben, bis die Handlungen wiedergutgemacht sind. Selbstbestrafung kann auf diese Weise Erleichterung für selbstverursachte Qualen bringen, die langdauernd und oft schlimmer sind als die selbstauferlegte Strafe. Wenn sich Individuen selbst für unerwünschte Handlungen kritisiert oder bestraft haben, so hören sie wahrscheinlich auf, sich über dieses Verhalten beunruhigende Gedanken zu machen (↗Gewissen). Obwohl selbstbestrafendes Verhalten teilweise deshalb beibehalten wird, weil es selbstverursachte Leiden beseitigen kann, erfährt es häufig ebensogut Unterstützung von außen. Selbstzensur kann als wirksames Mittel dafür dienen, Tadel von anderen zu reduzieren, der evtl. noch unangenehmer sein könnte. In diesem Falle ist Selbstbestrafung das kleinere von zwei Übeln. Darüber hinaus wird das Festhalten an hochgesteckten Verhaltensnormen unterstützt durch ein weites System von sozialen Belohnungen, wohingegen Menschen, die sich selbst für tadelnswerte Handlungen belohnen, wenig soziale Anerkennung ernten. Selbstregulatives Verhalten wird am effektivsten aufrechterhalten, wenn die bezüglich der Selbstverstärkung zu eigen gemachten Normen zu selektiver Verbindung mit Personen führen, die nach ähnlichen Verhaltensnormen handeln, und somit soziale Unterstützung für das eigene System der Selbstbewertung verschaffen.

Sozialisierung als wechselseitiger Beeinflussungsprozess. Wenn S. nur im Hinblick auf die beim Lernenden auftretenden psychol. Veränderungen diskutiert wird, so begünstigt dies eine einseitige Auffassung dieses Prozesses, die irrtümlich zu dem Eindruck führen kann, daß Individuen lediglich lernen, sich den gesellschaftlichen Forderungen konform zu verhalten. Mehrere Autoren (Cottrell, 1969; Goslin, 1969; Inkeles, 1968) betonten daher, daß S. ein zweiseitiger Prozeß ist. Obwohl Verhalten bis zu einem gewissen Grad durch Umwelteinflüsse geseuert wird, spielen die Individuen gleichwohl auch eine aktive Rolle bei der Veränderung ihrer Umwelt. Wegen der wechselseitigen Kontrolle stößt die Gesellschaft häufig auf enorme Schwierigkeiten beim Versuch, ihren Mitgliedern die als wertvoll angesehenen Charakteristika einzuimpfen. Nicht selten versagt das soziale System, wenn es gilt, die Gegenkontrolle durch seine Mitglieder zu überwinden, und es wird dann selbst in Übereinstimmung mit deren Wünschen abgeändert.

Vermittlung kulturadäquater Verhaltensmuster durch familiäre und andere soziale Systeme. S. wird oft als ein Prozeß beschrieben, der weitgehend in der Kindheit abgeschlossen wird, wobei die Familie als Haupt-Agens angesehen wird. Tatsächlich aber ist S. ein das ganze Leben hindurch andauernder Prozeß, in dem eine Vielzahl von sozialen Wirkfaktoren eine einflußreiche Rolle spielt. Wie es Brim & Wheeler (1966) herausgestellt haben, bereiten die in der Kindheit gesammelten Erfahrungen das Individuum nicht adäquat darauf vor, den Erfordernissen des Erwachsenenlebens erfolgreich zu begegnen. Neue Verhaltensweisen müssen gelernt werden, wenn die Individuen durch Heirat, Beruf usw. neue soziale Rollen übernehmen. Selbst im Erwachsenenalter müssen infolge der raschen sozialen und technologischen Veränderungen Verhaltensmuster, die einmal durchaus zweckmäßig waren, durch neue, den veränderten Umständen angepaßte Fertigkeiten ersetzt werden. Darüber hinaus verlangen kulturell bedingte Einübungs-Diskontinuitäten, daß das frühe soziale Lernen in späteren Jahren modifiziert wird, z. B. vor allem auf dem Gebiet der ↗Sexualität (kindliches Sexualverhalten wird negativ sanktioniert, aber von Erwachsenen wird erwartet, daß sie angemessene sexuelle Aktivitäten ohne Angst und Schuldgefühle entwikkeln), auf dem Gebiet der Abhängigkeit, der ↗Aggression und des affektiven Verhaltens (Hsu, 1961). Je nach Kultur werden auf diesen Gebieten entsprechende Resozialisierungserfahrungen notwendig sein. Neben der Familie tragen verschiedene soziale, rechtliche, erzieherische und religiöse Organisationen, Massenmedien und andere außerfamiliäre Institutionen in unterschiedlichem Ausmaß dazu bei, welche Arten von Werten und Reaktionsmustern von den Gruppenmitgliedern internalisiert und befolgt werden. S. wird auch dadurch komplizierter, daß diese vielfältigen Beeinflussungsquellen häufig in Richtungen agieren, die miteinander unvereinbar sind.

Modi der Sozialisierung. Die Ergebnisse des S.prozesses werden durch eine Vielzahl von Mitteln erreicht.

1. *Differentielle Bekräftigung.* Es konnte in der psychol. Forschung schon vielfach nachgewiesen werden (Bandura, 1969a; Staats & Staats, 1963), daß das menschliche Verhalten weitgehend durch seine Folgen kontrolliert wird. Verhaltensweisen, die Belohnung erzeugen, werden angenommen, während bestrafte oder nicht beachtete allg. aufgegeben werden. Differentielle ↗Bekräftigung wird daher von den Vermittlern angewandt, um die Entwicklung erwünschter Verhaltensmuster zu unterstützen.

2. *Stellvertretende (vicarious) Bekräftigung.* Die Beobachtung von Belohnung oder Strafe, die andere als Folge ihrer Handlungen erfahren haben, kann eine einflußreiche Rolle bei der Verhaltensregulierung spielen, fast in derselben Weise wie Folgen, die direkt erfahren wurden (Bandura, 1970; Kanfer, 1965). Beobachtete Konsequenzen sorgen auch für eine Bezugsnorm, die festlegt, ob eine bestimmte Verhaltenssequenz positiven oder negativen Wert annimmt. Dasselbe Kompliment z. B. ist wahrscheinlich bestrafend für Personen, die gesehen haben, daß ähnlichen Leistungen anderer viel Beifall gezollt wurde, aber belohnend, wenn andere weniger großzügig gelobt wurden. Solche Beobachtungen können die Wirksamkeit direkter Bekräftigung drastisch verändern.

3. *Verbale Führung.* S. wäre extrem mühselig, wenn sich Individuen die adäquaten kulturellen Verhaltensmuster allein auf dem Wege

der Versuch- und Irrtum-Reaktionen und der mit ihnen assoziierten Folgen erarbeiten müßten. Daher wird, nachdem das Kind sprachliche Fertigkeiten erworben hat, verbale Führung benutzt, um dem Kind vorteilhafte Verhaltensweisen und die gesellschaftlichen Regeln und Verbote schneller beizubringen. Instruierende Kontrolle und bekräftigende Sanktionen sind am effektivsten, wenn sie miteinander kombiniert werden. Die Macht von Sanktionen wird oft noch vergrößert, wenn die Bekräftigungskontingenz verbal spezifiziert wird (Aronfreed, 1968); umgekehrt haben Instruktionen keine dauerhafte Wirkung, oder sie bleiben unbeachtet, wenn sie nicht durch angemessene Sanktionen unterstützt werden.

4. *Lernen am Modell.* Die Forschung im Rahmen der Theorie sozialen Lernens (Bandura, 1969a, Flanders, 1968) zeigt, daß im wesentlichen alle Lernphänomene, die aus eigener Erfahrung resultieren, auch auf der Grundlage der stellvertretenden Beobachtung des Verhaltens anderer Individuen und seiner Folgen für sie auftreten können. Komplizierte Reaktionsmuster können erworben werden durch Beobachtung der Aktionen lebender oder symbolischer Modelle; emotionale und Einstellungsreaktionen können auf dem Weg der Beobachtung entwickelt werden, indem man Zeuge der affektiven Reaktionen anderer ist, die schmerzliche oder angenehme Erfahrungen machen; Angst- und Abwehr-Verhalten kann eliminiert werden, durch das stellvertretende Beobachten, wie andere (Modelle) die gefürchteten Handlungen ausführen, ohne daß sie irgendwelche negativen Folgen erleben; Hemmungen können induziert werden dadurch, daß das Individuum Zeuge der Bestrafung des Verhaltens anderer ist; und schließlich kann das Engagement von Gruppenmitgliedern bei irgendwelchen Aktivitäten durch die Aktionen einflußreicher Modelle sozial reguliert werden.

Die Bereitstellung von Modellen dient nicht nur der Beschleunigung des Lernprozesses, sondern wird in den Fällen, wo es darauf ankommt, Fehler auf jeden Fall zu vermeiden, ein äußerst wichtiges Mittel zur Übermittlung von Verhaltensmustern. Soziales Verhalten wird natürlich am schnellsten erworben und modifiziert durch den kombinierten Einfluß von Modellen, verbaler Führung und differentieller Bekräftigung. ↗Nachahmung; ↗Gruppendynamik.

Lit.: Aronfreed, J.: Conscience and conduct. New York, 1968; **Bandura, A.:** Principles of behavior modification. New York, 1969a; **ders.:** Social-learning theory of identificatory processes. In: **D. A. Goslin** (Ed.): Handbook of socialization theory and research. Chicago, 1969b, 213–262; **ders.:** Vicarious and self-reinforcement processes. In: **R. Glaser** (Ed.): The nature of reinforcement. Columbus (Ohio), 1970; **Brim, O. G. & S. Wheeler:** Socialization after childhood: two essays. New York, 1966; **Cottrell, L. S.:** Interpersonal interaction and the development of self. In: **D. A. Goslin** (Ed.): Handbook of socialization thory and research. Chicago, 1969, 543–570; **Festinger, L.:** Behavioral support for opinion change. Publ. Opin. Quart., 1964, *28*, 404–417; **Flanders, J. P.:** A review of research on imitative behavior. Psychol. Bull., 1968, *69*, 316–337; **Goslin, D. A.:** Handbook of socialization theory and research. Chicago, 1969; **Hsu, F. L. K.:** Psychological anthropology. Homewood (Ill.), 1961; **Inkeles, A.:** Society, social structure, and child socialization. In: **J. Clausen** (Ed.): Socialization and society. Boston, 1968, 74–129; **Kanfer F. H.:** Vicarious human reinforcement: A glimpse into the black box. In: **L. Krasner & L. P. Ullmann** (Eds.): Research in behavior modification. New York, 1965, 244–267; **Staats, A. W. & C. K. Staats:** Complex human behavior. New York, 1963; **Fend, H.:** Sozialisierung und Erziehung. Weinheim – Berlin – Basel. 1969; **Gottschalch, W.:** Soziales Lernen und politische Bildung. Frankfurt, [6]1972; **Lidz, T.:** Familie und psychosoziale Entwicklung. Frankfurt, 1971; **Marmet, O.:** Soziales Lernen. Zürich, 1968; **Müller, H.:** Sozialisation und Individualität. München, 1977; **Schmerl, C.:** Sozialisation und Persönlichkeit. Stuttgart, 1978; **Wurzbacher, G., et al.** (Hrsg.): Die Familie als Sozialisationsfaktor. Stuttgart, [2]1977; **ders.** (Hrsg.): Sozialisation und Personalisation. Stuttgart, [3]1974.

A. Bandura

Sozialmedizin. Vieldeutig verwendeter Terminus. In den „Vorlesungen über Aufgaben u. Ziele der S." von L. Teleky (1909) vorwiegend als ↗Sozialhygiene verstanden, in England mit „social medicine" gleichgesetzt, in den USA unter „preventive medicine" subsumiert. – Dt. Lit.: Einschränkung auf die „Sozialversicherung", neuerdings erweitert auch auf „Privatversicherung". Oft wird darunter, im Ggs. zur Individualmedizin, „öffentliche Gesundheitspflege", „allg. Hygiene" verstanden. – *Soziologisch:* S. umfaßt soziale Sicherung des Individuums gegen Invalidität, Krankheit, Unfall.

H. Wagenknecht

Sozialpädagogik, Zweig der Pädagogik, behandelt i. w. S. Zusammenhänge zwischen Erziehung und Gesellschaft, i. e. S. die Erziehung außerhalb von Familie und Schule. Dazu gehören Handlungsfelder von der Kinder- und Jugendhilfe bis hin zur Altenfürsorge. Ausbildung an Fachhochschulen (Graduierung) und Universitäten (Diplom-Pädagogik).

U. Hensle

Sozialpsychiatrie. Zunehmendes Wissen um die komplexe Bedingtheit seelischer Störungen zwingt dazu, nicht nur biologische und psychologische, sondern auch soziale Faktoren bei der Entstehung, dem Verlauf und dem Ausgang psychischer Leiden zu berücksichtigen. S. ist jene – zwischen den Sozialwissenschaften und der (naturwissenschaftlichen) klinischen Psychiatrie angesiedelte – Disziplin, die sich der systematischen Erforschung dieser Zusammenhänge widmet. Ihre vorrangigen Ziele sind derzeit a) Entwicklung und Anwendung psychosozialer Methoden zur Behandlung und Prävention psychischer Krankheiten, b) Verbesserung der institutionellen Rahmenbedingungen (sozial-)psychiatrischer Praxis (Dezentralisierung und Differenzierung der psychiatrischen Großkrankenhäuser; gemeindenahe [sektorisierte] Psychiatrie; [sozial-]rechtliche Gleichstellung körperlich und seelisch Kranker; Akzentuierung teilstationärer und ambulanter Behandlung unter Einbeziehung nicht-ärztlicher Berufsgruppen), c) Versuch zur Integration psychisch Leidender in die Gemeinschaft als Gegenbewegung zu deren „Ausgrenzung". Forschungsschwerpunkte ergeben sich im Schnittpunkt der „sozialen Frage" mit der Psychiatrie. 1) *Epidemiologische Untersuchungen* haben gezeigt, daß sozialen Faktoren (Schicht) wesentlicher Einfluß bei Genese, Verlauf und angewandten Behandlungsmethoden zukommt. 2) Die (sozial-)psychiatrische *Institutionalismusforschung* ergab, daß viele „Symptome" chronisch Kranker (insbesondere schizophrener) in Anstalten nicht Ausdruck der Erkrankung selbst, sondern künstliche Folge der Isolierung und Institutionalisierung sind. 3) Die Erforschung *gruppendynamischer Zusammenhänge* ließ die Vorzüge von entlang gemeinschaftstherapeutischer Prinzipien organisierten psychiatrischen Einrichtungen erkennen. 4) Der insbesondere in den USA und Frankreich gepflegten *kulturanthropologischen Forschung* (= transkulturelle Psychiatrie = Ethno-Psychiatrie) geht es um die vergleichende Betrachtung geistig-seelischer Krankheit und Gesundheit (kulturelle Relativität von Erkrankungen). Weitere (interdisziplinäre) Forschungsschwerpunkte: Einstellungs- bzw. Vorurteilsforschung; Evaluation psychiatrischer Einrichtungen und ganzer „Versorgungssysteme"; Ausbildungsforschung; Rehabilitationsforschung; Familien(therapie)forschung; historisch-kritische Psychiatrieforschung u. a.

Lit.: **Bach, O., Feldes, D., Thom, A. & K. Weise:** Sozialpsychiatrische Forschung und Praxis. Leipzig, 1976; **Battegay, R. u. a.:** Grundlagen und Methoden der Sozialpsychiatrie. Göttingen – Zürich, 1977; **Bauer, M.:** Sektorisierte Psychiatrie. Stuttgart, 1977; Bericht über die Lage der Psychiatrie in der Bundesrepublik Deutschland (Psychiatrie-Enquête-Bericht) Bundestagsdrucksache 7/4200, 1975; **v. Cranach, M. & A. Finzen:** Sozialpsychiatrische Texte. Berlin – Heidelberg – New York, 1972; **Dörner, K. & U. Plog** (Hrsg.): Sozialpsychiatrie. Neuwied – Berlin, 1972; **Kisker, K.P., Meyer, J.E., Müller, C. & E. Strömgren** (Hrsg.): Psychiatrie der Gegenwart. Band III. Soziale und angewandte Psychiatrie. Berlin – Heidelberg – New York, 1975; **Strotzka, H.:** Einführung in die Sozialpsychiatrie. Reinbek b. Hamburg, 1972; **Wulff, E.:** (Hrsg.): Ethnopsychiatrie. Wiesbaden, 1978.

M. Bauer

Sozialpsychologie. I. S. ist sowohl ein Zweig der Psychol. als auch der ↗Soziologie. Anthropologen beschäftigen sich ebenfalls mit diesem Bereich, wobei sie ihn im allg. die Erforschung von „Kultur und ↗Persönlichkeit" nennen. Die S. wurde sehr unterschiedlich definiert, abhängig von der vorherrschenden Konzeption der Natur des Menschen oder der theoretischen Orientierung des einzelnen Autors. Wurde menschliches Verhalten als im wesentlichen physiologisch determiniert gedacht, war S. die Analyse sozialer Faktoren, die das Individuum beeinflussen – etwa im Zusammenhang mit der Erbe-Umwelt-Kontroverse im Rahmen der Intelligenzforschung. Stärker soziologisch Orientierte sehen die S. als die Wissenschaft von solchen Aspekten des Verhaltens, die sich durch die Teilnahme des Individuums an einer strukturierten Gesellschaft herausgebildet haben. Mehr behavioristisch ausgerichtete Forscher betonen das Studium von Interaktionen oder von Reaktionen auf soziale Stimuli. Im wesentlichen kann man den Bereich der S. operational durch die Nennung der folgenden Themenkreise definieren: soziale Einflüsse auf ↗Begabung und Verhalten, ↗Einstellungen, soziale ↗Normen, ↗Gruppendynamik, ↗Kommunikation, ↗Rolle und Status, Führungsstil, ↗Konflikt und Kooperation, Beziehungen zwischen Gruppen, Verbrechen und ↗Kriminalität, ↗Autoritarismus und Machiavellismus, Glaubenssysteme und Wertorientierung, ↗Sozialisierung, Personwahrnehmung, soziales ↗Lernen und ↗Konformität.

Wie in anderen Bereichen der Psychol. findet man Autoren, die einen molekularen, andere, die einen molaren Ansatz haben; einige stellen ↗Lerntheorien in den Vordergrund, andere gehen von einem kognitiven Ansatz aus, während eine dritte Gruppe das Schwergewicht auf konative Prozesse legt, um ein Verhalten zu erklären. Im Augenblick besteht wenig Interesse an Sozialphilosophie oder theoretischen Erörterungen. Um zuverlässige Informationen anstelle von Meinungen zu wichtigen Themen zu bekommen, ist die am weitesten verbreitete Methode die der empirischen Analyse von Problemen, vorzugsweise durch Einsatz expt. Methoden (↗Experiment). Hier gibt es selbstverständlich sowohl Feldforschungen wie auch Laboratoriumsexperimente, Korrelations- wie expt. Analysen, Simulationsforschungen und die Erforschung bestehender sozialer Prozesse und Zusammenhänge. Wie zu erwarten, liegt ein beträchtlicher Schwerpunkt auf den praktischen Aspekten der S., aber auch auf der Entwicklung wiss. Prinzipien.

SOZIALE EINSTELLUNGEN. Die frühen Entwicklungen der modernen Psychol., die auch die expt. Analyse der ↗Reaktionszeit umfaßten, haben die Bedeutung der ↗*Einstellung* (set) als Leistungsdeterminante deutlich aufgezeigt. Richteten die Vpn ihre ↗Aufmerksamkeit auf die mot. Reaktion, die sie auszuführen hatten (↗Response-Set), reagierten sie schneller als die Vpn, die sich auf den Reiz, der die Reaktion auslösen sollte, konzentrierten (Stimulus-Set). Die frühen Untersuchungen zur Zuverlässigkeit von Zeugenaussagen (↗Zeugentüchtigkeit) zeigten, daß Leute das „sahen", worauf sie eingestellt worden waren. In diesem Zusammenhang ist es nicht überraschend, daß in den ersten Jahrzehnten des 20. Jh. das Konzept „Einstellung" als zentrales Thema der S. angesehen wurde. Einstellungen waren die Determinanten des Verhaltens. Sie wurden als überdauernde Sets angesehen, die eine Beständigkeit des Verhaltens bewirken. War Verhalten nicht beständig oder stand es nicht in Einklang mit verbalisierten Einstellungen, erklärte man dies damit, daß Einstellungen in der betreffenden Situation nicht ausgedrückt werden könnten. In den dreißiger Jahren waren verschiedene Methoden der *Einstellungsmessung* entwickelt, veröffentlicht und im Rahmen der Forschung angewandt worden. Die steigende Aufmerksamkeit, die man der Psychol. während der Wirtschaftskrise dieser Zeit schenkte, führte zu einem weiten Anwendungsbereich der neuen Techniken in vielen verschiedenen Forschungsbereichen. Arbeiten zur Arbeitsmoral, über Rassenvorurteile und zur Problematik Liberalität–Konservativismus in Wirtschaft und Politik wurden mit obj. Meßmethoden durchgeführt. Während des Zweiten Weltkrieges wurden, ausgehend von den praktischen Problemen, neue Forschungsvorhaben durchgeführt und neue Meßmethoden entwikkelt. Es blühte die ↗Meinungsforschung, die jedoch rein deskriptiv und ohne theoretische Unterbauung arbeitete.

Mit dem Nachkriegstrend zu einer Betonung beobachtbaren Verhaltens gegenüber kognitiven Vorgängen nahm die Bedeutung der Einstellungsforschung ab. Die Neobehavioristen hatten für dieses Konstrukt kaum Verwendung. Konativ Orientierte tendierten zur Betrachtung von Einstellungen als Form von Ego-Defense-Mechanismen (↗Abwehrmechanismen); diejenigen, die kognitive Prozesse in den Vordergrund stellten, setzten Einstellungen oft als eine andere Möglichkeit ein, das wahrnehmungsmäßige Strukturieren eines Feldes zu erklären (↗Wahrnehmung). Daß Images von der Bevölkerung anderer Nationen (oder ↗Stereotypen) bestanden, stand außer Frage. Welche Bedeutung aber solchen Stereotypen im Rahmen einer psychol. Theorie zukam, war völlig unbekannt. Die vorherrschende Betonung empirischer Forschung konnte nicht von selbst zu einer ermutigenden Vertiefung der Definition von Einstellungen als solchen führen. An deren Stelle entwickelten sich Untersuchungen zur *Einstellungsänderung* – die Frage, was eine Einstellung ist, wurde der Frage, auf welche Weise Einstellungen verändert werden können, untergeordnet.

Besonders die Lerntheoretiker legten den Schwerpunkt auf die Analyse der Einstellungsänderung. Untersuchungen demonstrierten die Bedeutung der klassischen ↗Konditionierung und des Bekräftigungs-Modells. In ähnlicher Weise konnten die Feldtheoretiker (↗Feldtheorie) die Modifizierung von Einstellungen durch Veränderung von Feldkräften, die auf das Individuum einwirken, aufzeigen. Psychoanalytisch Ausgerichtete arbeiteten die Bedeutung der Spannungsreduktion aus sowie die Funktionen von Einstellungen beim Erleichtern von Reaktionen, die Spannungen reduzieren und ↗Konflikte zwischen Motiven lösen. Insbesondere unter dem kognitiven Aspekt jedoch gewannen Arbeiten zur Einstellungsänderung die größte Bedeutung, da hier eine motivationale Komponente im kognitiven Bereich Berücksichtigung fand. Hier lautet der fundamentale Lehrsatz, daß inkonsistente Kognitionen zu Aktivitäten führen, die zur Reduzierung der Inkonsistenz beitragen und Konsistenz schaffen. Es gibt verschiedene Theorien zur Inkonsistenz, die unter verschiedenen Bezeichnungen bekannt wurden, z. B. kognitive Inbalance, Kongruenztheorie und kognitive ↗Dissonanz. Die durch die Inkonsistenztheorien ausgelösten Forschungsarbeiten waren umfassend und erbrachten ein besseres Verständnis für einen weiten Bereich sozialen Verhaltens. Unter dem Gesichtspunkt Einstellungsänderung wurden solche Fragen wie Auswirkung von Information auf die Veränderung der eigenen Einstellung zu einem Problem (verändert sie sich zu stark, verliert sie an Glaubwürdigkeit), die Auswirkungen der Übernahme einer allgemein geäußerten Ansicht auf die persönliche Meinung (unter welchen Bedingungen verändert sich die eigene Meinung?), die Auswirkungen von Fehlschlägen von Wahlprognosen usw. erforscht.

GRUPPENPROZESSE. Die Erforschung des kollektiven Verhaltens ist eine Spezialität der Soziologie. Die Erforschung von Gruppendifferenzierung, des Verhaltens eines Individuums in einer sozialen ↗Gruppe, die Analyse der Auswirkungen von Gruppenzugehörigkeit auf das Individuum und die Entwicklung von Gruppennormen und der Gruppenproduktivität kennzeichnen das Anliegen der Sozialpsychologie. In den dreißiger Jahren führte J. L. Moreno die ↗Soziometrie als eine Technik der Registrierung zwischenmenschlicher Kontakte (Sympathie und Ablehnung) ein. Sie ermöglichte die Erforschung „realer" Gruppen und die Analyse ihrer psychol. Strukturen. Etwa zur gleichen Zeit dehnte Lewin (1963) seinen feldtheoretischen Ansatz durch Herstellung kleiner Gruppen im Laboratorium aus, wo er diese Gruppen den verschiedenen Möglichkeiten expt. Beeinflussung aussetzte. Die Arbeiten beider waren profunde Ansätze für die spätere Entwicklung der Sozialpsychologie. Morenos Arbeiten, zusammen mit seinen Beiträgen zur Gruppenpsychotherapie, fanden ihren Platz bes. im Bereich der ↗klinischen Psychologie, während sich Lewins Schüler weiter mit sozialpsychol. Fragestellungen beschäftigten und Beiträge zur Fundierung des Spezialgebiets ↗*Gruppendynamik* lieferten.

Eine Anzahl von Individuen, die zusammenarbeiten, um ein bestimmtes Ziel zu erreichen, bildet eine Gruppe. Im Laufe der Zeit stabilisiert sich der Differenzierungsprozeß innerhalb einer Gruppe, und es entwickeln sich ganz bestimmte Beziehungen, die die Gruppenstruktur ausmachen. Das Verhalten, das von einem Individuum, das eine genau definierte Stellung in der Gruppe einnimmt, erwartet wird, bezeichnet man als soziale ↗Rolle. Einige Rollen werden festgelegt durch die notwendigen Aktivitäten, um das Gruppenziel zu erreichen (task roles), andere Rollen haben die Aufgabe, den Zusammenhalt einer Gruppe zu gewährleisten (maintenance roles). Die verschiedenen Rollen innerhalb einer Gruppe stellen eine Hierarchie von Prestige und Status dar, einige Individuen erreichen einen relativ hohen, andere einen niedrigeren Status. Diese Schichtung in kleinen Gruppen entspricht der in der Gesamtbevölkerung, etwa in Form von Rangordnung der Berufe, aufgrund verschiedener ethnischer Abstammung oder Religionszugehörigkeit, als Folge der Eigentumsverhältnisse und Bildung.

Die Schwierigkeit, ein fundiertes Verständnis der Gruppenprozesse zu erreichen, wird durch die Anstrengungen gekennzeichnet, die praktischen Probleme der Führerauswahl in Wirtschaft und Industrie, in Militär und Schule usw. zu bewältigen. Frühere Arbeiten untersuchten Führerpersönlichkeiten (↗Führer), um ↗Eigenschaften zu identifizieren, durch die sie sich von anderen Menschen unterscheiden und die für ihren Erfolg verantwortlich zu machen sind. Hunderte von Veröffentlichungen und Arbeiten blieben ohne greifbaren Erfolg. Nicht vor den vierziger Jahren führte die theoretische Konzeption der Gruppenstruktur und -funktion – in Verbindung mit dem Scheitern der früheren Versuche – zur Anerkennung der Tatsache, daß man ohne Gefolgsleute kein Führer sein kann. Es wurde klar, daß die Frage nach den Führungsqualitäten z. T. eine Frage nach den Erwartungen der Geführten ist. Deshalb wandte man sich vom Studium der Eigenschaften von Individuen der Analyse von Prozessen zu, mit dem Schwergewicht auf den Folgen des Führungsverhaltens für die Gruppe.

Kommunikation. Frühe Arbeiten befaßten sich mit der Entwicklung der kindlichen Sprache, mit verbalen Vorstellungen in kognitiven Inhalten, Zweisprachigkeit und ↗Intelligenz, ↗Sprache und ↗Denken, dem Einfluß der Benennung auf die ↗Wahrnehmung und der Beeinflussung von ↗Einstellungen durch ↗Propaganda. Nur selten wurde die Kommunikation als selbständiger Forschungsbereich angesehen. Wie aufgrund der Heterogenität der Sozialpsychologen nicht anders zu erwarten ist, wurde ein so komplexer Sachverhalt wie Kommunikation nicht einfach und einheitlich abgehandelt. In einigen Ausführungen wird Kommunikation als kybernetisches Modell, das einen Rückkopplungsmechanismus in den zwischenmenschlichen Beziehungen darstellt, angesehen; andere Ansätze prüfen die Vielfältigkeit von Kommunikationsmaterial, um deren soziale Einflüsse zu untersuchen. Eine dritte Gruppe verwendet math. Modelle und setzt die ↗Informationstheorie mit einer Reduzierung von Unsicherheit als ihren Ausgangspunkt an. Selbstverständlich gibt es die Sprachforschung, ↗Psycholinguistik (sowie ↗Soziolinguistik und Ethnolinguistik) und ↗Semantik. Die Probleme des Überzeugens während der ↗Kommunikation im Rahmen der Anwendungsbereiche ↗Werbung, Wahlkampf und internationale Verhandlungen haben zu einem beträchtlichen Forschungsaufwand geführt. Starke Aufmerksamkeit wurde in den letzten Jahren auf die Auswirkungen der ↗Massenmedien auf die Gestaltung der Wahrnehmung, von Werthaltungen und Verhaltensweisen des Publikums, bes. bei Kindern, gerichtet. Inhaltsanalysen der Medien zeigen einen hohen Anteil an Gewalttätigkeiten in den angebotenen Programmen. Der Laie ist leicht geneigt, anzunehmen, daß solche Darbietungen die Zuschauer brutalisieren und Kinder zu entsprechendem Verhalten anregen. Einige kontrollierte Untersuchungen im Laboratorium haben eine formende Wirkung gezeigt, die die Annahme stützen, dargestellte Gewalttätigkeit könne aggressives Verhalten des Publikums steigern. Feldforschungen zeigen beim normalen Kind jedoch keine dieser Auswirkungen, und sorgfältige Analysen der Laboratoriumsexperimente zeigen einige signifikante Unterschiede zwischen der natürlichen Umgebung, in der Programme normalerweise gesehen werden, und den kontrollierten Laboratoriumsbedingungen.

Methodologie. Das Problem der Extrapolation vom Laboratorium auf die Gesellschaft wurde unter verschiedenen Aspekten diskutiert, jedoch noch nicht gelöst. Laboratoriumsuntersuchungen sozialer Einstellungen ergeben, daß sie bequem zu manipulieren und leicht zu beeinflussen sind. Die Feldstudien, vor allem im politischen und ökonomischen Bereich, ergeben dagegen, daß Einstellungen außerordentlich resistent gegen Veränderung sind. Laboratoriumsuntersuchungen zur Gruppendynamik können oft nicht bestätigt werden, wenn die Ergebnisse auf die Gesellschaft verallgemeinert werden. Offenbar gibt es eine S. des Exp., die weiter untersucht werden muß, um die wirkliche Bedeutung der Ergebnisse völlig zu verstehen. Es mag tatsächlich eine „Versuchskaninchenrolle" geben, die von Vpn im ↗Experiment angenommen wird und dann die Beziehungen verändert, die auftreten würden, spielten diese Vpn eine andere Rolle. Es kommt hinzu, daß sich die Ichbeteiligung bei wirklichen Entscheidungen nur andeutungsweise bei Entscheidungssituationen im Laboratorium realisieren läßt. Methodologischer Fortschritt wurde in verschiedener Hinsicht angestrebt. Im Laboratorium wurde der technologische Fortschritt für die instrumentelle Ausstattung nutzbar gemacht. Großer Einfallsreichtum wurde auf die Konstruktion von „Spielen" und sozialen Simulationen verwendet, um Analogien für die Prozesse zu finden, die für die größere Gesellschaft bedeutsam zu sein scheinen.

Die Entwicklung der Feldforschung ging in zwei wichtige Richtungen. Einmal wurden einfallsreiche Exp. in natürlicher Umgebung entwickelt – manchmal durch Teilnahme an einer Sozietät und manchmal durch völlig formale expt. Gestaltung. Eine andere Weiterentwicklung von besonderem Interesse ist die Verwendung unaufdringlicher Verhaltensmessungen. Bei diesen Arbeiten liegt das Schwergewicht auf ↗Beobachtung und Datenerfassung in der natürlichen Umgebung, doch ohne die Auswirkungen von Hemmungen seitens der Vpn, ausgelöst durch die Beobachtung.

Eine andere vielversprechende Entwicklung ergab sich im Rahmen der sog. „cross-cultural"-Forschung. Obwohl die Verwendung von Vpn aus verschiedenen Kulturkreisen ein alter Gesichtspunkt in der Geschichte der Pschol. ist, beinhaltet der neue Ansatz doch eine größere meth. Klarheit. Obgleich immer noch Interesse an einfachen vergleichenden Untersuchungen besteht, wird eine Anzahl von Untersuchungen durchgeführt, um soziale Variablen in einer Umgebung zu ermitteln, wo sie vielleicht noch nicht so verwischt sind wie in den westlichen Gesellschaftssystemen.

In den siebziger Jahren wird die Friedens- und Konfliktforschung allgemein als zentrales Anliegen der S. akzeptiert werden. In der Vergangenheit hatte sich die S. selbst auf die Erforschung von Wettbewerb und Kooperation, Formen industrieller Konflikte, Rassenbeziehungen und auch rechtzeitig auf die Krise der Probleme der menschlichen Natur und der Erhaltung des Friedens festgelegt. Es waren dies jedoch relativ vergängliche und spezielle Anliegen. In den letzten Jahren entwickelte sich jedoch eine ständig wachsende Bewegung im Rahmen der Friedensforschung. Akademiker in steigender Zahl widmen sich der systematischen Arbeit in diesem Bereich. Sozialpsychologen sind dabei, ihren traditionellen Arbeitsbereich auszudehnen, und beschäftigen sich mit der systematischen Analyse der Lösung von Konflikten bei Problemen in den internationalen Beziehungen.

Lit.: Asch, S. E.: Social psychology. Englewood Cliffs, [8]1965; **Bales, R. F.:** Interaction process analyses. Cambridge Cliffs, 1952; **Deutsch, M., Katz, J. & A. R. Jensen:** Social class, race and psychological development. New York – London, 1968; **Deutsch, M. & R. M. Krauss:** Theorien der Sozialpsychol. Frankfurt a. M., 1976; **Dexter, L. A. & D. M. White:** People, society and mass communications. London, 1964; **Edward, E. J. & B. G. Harold:** Foundations of social psychology. New York – London, 1967; **Eysenck, H. J.:** The psychology of politics. London, 1963; **Feldman, S.:** Cognitive consistency. New York – London, 1966; **Fiedler, F. E.:** A theory of leadership effectiveness. New York – London, 1967; **Flavell, J. H.:** The development of role taking and communication skills in children. New York – London, 1968; **Freedman, J. L., Carlsmith, J. M. & D. O. Sears:** Social psychology. London – Toronto, 1970; **Frey, D.:** Kognitive Theorien in der Sozialpsychologie. Bern, 1978; **Graumann, C. F.** (Hrsg.): Hdb. der Psychol., Bd. 7, 1. Halb-Bd. Göttingen, [2]1975; **Greenstein, F. J.:** Personality and politics. Chicago, 1969; **Greenwald, A. G., Brock, T. C. & T. M. Ostrom:** Social status and psychological disorder: A causal inquiring. New York – London, 1969; **Grey, A. L.:** Class and personality in society. New York, 1969; **Guetzkow, H.:** Groups, leadership and man. New York, 1963; **Hartley, E. L. & R. E.:** Grundlagen der Sozialpsychologie. Berlin, [2]1969; **Harvey, O. J.:** Motivation and social interaction. New York, [4]1963; **Heider, F.:** Psychol. der interpersonalen Beziehungen. Stuttgart, 1977; **Hofstätter, P. R.:** Einführung in die Sozialpsychologie. Stuttgart, [5]1973; **Irle, M.:** Lehrbuch der Sozialpsychol. Göttingen, 1975; **Krech, D. S. & R. S. Crutchfield:** Theory and problems of social psychology. New York – London, 1948; **Lewin, K.:** Feldtheorie in den Sozialwissenschaften. Stuttgart, 1963; **Lindgren, H. C.:** Contemporary research in social psychology. London – New York, [2]1973; **Lindzey, G. & L. J. Aronson:** The handbook of social psychology, Bd. 1–5. Reading (Mass.) – London, [2]1969f; **Mead, G. H.:** Sozialpsychol. Neuwied, [2]1975; **Newcomb, T.:** Sozialpsychologie. Meisenheim, 1959; **Proshansky, H. & B. Seidenberg:** Basic studies in social psychology. London – New York, 1969; **Secord, P. F. & C. W. Backman:** Sozialpsychol. Frankfurt a.M., 1976; **Sherif, M. & C. W. Sherif:** An outline of social psychology. New York, 1956.

E. L. Hartley

II. GESCHICHTE UND FORSCHUNGSGEBIETE. Ein sehr umfangreiches Schrifttum nimmt heute die Bezeichnung *Sozialpsychologie* für sich in Anspruch. Man kann ihm zahlreiche Definitionen entnehmen, die auf recht verschiedene Weise diese Disziplin gegenüber anderen abgrenzen. Es ist daher nicht leicht, für die S. eine Definition zu finden, die alle Vertreter dieses Gebietes völlig befriedigen könnte. Dennoch würde die Mehrzahl der Fachleute darin übereinstimmen, daß der wesentlichste Gegenstand der S. die Untersuchung von Interaktionsprozessen darstellt: der Interaktion zwischen Individuen (z. B. Kommunikationsaustausch während einer Gruppendiskussion), zwischen den Individuen und den ↗Gruppen (z. B. Einstellungen und Meinungen) und zwischen den Gruppen (z. B. Zusammenarbeit oder Wettbewerb zwischen zwei oder mehreren Gruppen) selbst.

Tatsächlich jedoch treten diese drei Arten von Interaktionen, die hier etwas willkürlich unterschieden wurden, gleichzeitig auf: ihre Wirkungen überschneiden sich, wirken zusammen oder einander entgegen. Man erkennt mit das Ausmaß und die Komplexität der Probleme, denen sich der Sozialpsychologe gegenüber sieht, und versteht, warum sich die S. so spät und mit so großen Schwierigkeiten als autonome Wissenschaft etablieren konnte.

1. *Geschichte der Sozialpsychologie.* Der Begriff „Sozialpsychologie" stammt aus dem Anfang dieses Jahrhunderts. Man findet ihn etwa in den Schriften von Durkheim (1858–1915): „Fragen nach den Gesetzen eines kollektiven Bewußtseins sind bis jetzt völlig außer acht gelassen worden. Die S., deren Aufgabe es sein sollte, diese zu bestimmen, ist nur ein Wort, das alle möglichen Arten an verschiedenen und unpräzisen allgemeinen Gedanken ohne einen festen Gegenstand bezeichnet" (Règles de la méthode sociologique, Vorwort zur 2. Aufl., Paris 1901). So sind dann auch die ersten Bücher, die diesen Titel tragen, im Jahr 1908 erschienen (E. A. Ross: Social-psychology. An outline and sourcebook, New York; W. McDougall: Introduction to social psychology, London). Jene Arbeiten jedoch, an die die heutigen Forschungen anknüpfen können, wurden alle nach 1925 veröffentlicht. Die S. wurde lange nur als Anhängsel entweder der Psychol. oder der Soziologie angesehen. Diese Situation hemmte die Entwicklung der Forschung in den eigentlichen sozialpsychol. Fragen; denn die meisten dieser Fragen liegen im Zwischenbereich von Psychol. und Soziologie. Ihre Erforschung hätte daher einer engen Zusammenarbeit der Vertreter der beiden Disziplinen bedurft. Psychologen und Soziologen arbeiteten jedoch ohne genaue Kenntnis voneinander und selbst in Opposition zueinander im Namen eines angeblichen Vorranges des Individuums für die einen und des Sozialen für die anderen.

Damit die S. als selbständige Wissenschaft entstehen konnte, mußte erst der gegenseitigen Verständnislosigkeit und der unfruchtbaren Rivalität ein Ende gesetzt werde. Der Konflikt erlosch mit der berühmten Abhandlung des französischen Soziologen Marcel Mauss (1872–1950), die er 1924 an die *Société française de psychologie* unter dem Titel „Rapports réels et pratiques de la psychologie et la sociologie" richtete (In: Journal de psychologie normale et pathologigue, 1924). Psychologie und Soziologie haben einen bedeutsamen Teil gemeinsam, sagte Mauss, und auf diesem gemeinsamen Gebiet ist eine enge Zusammenarbeit zwischen Psychologen und Soziologen nicht nur möglich, sondern notwendig.

Etwa zur gleichen Zeit weisen die Arbeiten

von Max Weber (1864–1920) oder von Max Scheler (1874–1928) in Deutschland, von Charles H. Cooley (1867–1929) und von George H. Mead (1863–1931) in den USA auf ähnliche Sorgen über die Koordination psychologischer und soziologischer Gesichtspunkte hin. Der Beitrag von Mead war in dieser Hinsicht bes. bedeutsam: Seine Gedanken erwiesen sich als fruchtbar in dem Bereich der empirischen Forschung, und der Einfluß, den sein posthum erschienenes Werk (Mind, self and society. Chicago, 1934) bis in die heutige Zeit auf die amerik. Forschung ausgeübt hat, ist beträchtlich. Die Wirkung seiner Ideen ist sicher für den Vorsprung der amerik. Sozialpsychologen vor den europäischen mitverantwortlich.

Tatsächlich sind die expt. Arbeiten, die am entscheidendsten zum Bewußtwerden der Autonomie der S. beigetragen haben, Amerikanern zu verdanken oder Forschern, die zumindest in den USA gelebt und gearbeitet haben. Es ist schwer, diese „Bewußtwerdung" genau zu datieren; sie scheint nach 1930 eingetreten zu sein, dem Zeitpunkt, da die erste soziometrische Untersuchung von Jacob Levy Moreno (geb. 1892) in einem Heim für straffällige Jugendliche (die Anstalt Hudson bei New York) durchgeführt wurde. Etwa zur selben Zeit wurden die Untersuchungen über die menschlichen Beziehungen in den Hawthorne-Werken der Western Electric Company in der Nähe von Chicago von Elton Mayo (1880–1949) durchgeführt sowie die Untersuchung aggressiven Verhaltens in vier Gruppen von je fünf zehnjährigen Kindern von Kurt Lewin (1890–1947) und seinen Mitarbeitern (deren Ergebnis 1939 veröffentlicht wurde). Schließlich wurden die ersten Meinungsumfragen um 1936 durchgeführt. Das Bemühen dieser Pioniere der S. galt hauptsächlich der Erarbeitung angemessener Begriffe, Methoden und Techniken für die Untersuchung der speziellen Fragen dieser jungen Wissenschaft. Mit einem solchen Begriffssystem und eigenen Forschungsinstrumenten kann die S. seit dieser Zeit als eigenständige Humanwissenschaft gelten.

2. *Forschungsgebiete der heutigen Sozialpsychologie.* Die oben genannte allg. Definition zeigt, daß alle Ebenen und Aspekte menschlicher Aktivität der S. als Forschungsobjekt dienen können. Die Mannigfaltigkeit der Probleme führte zu einer Vielfalt der Methoden, und es ist heute erlaubt, innerhalb der S. einzelne Bereiche zu unterscheiden (aus einer methodologischen Perspektive), deren Grenzen sich allerdings mit dem Standpunkt, den man selbst einnimmt, verändern.

(1) Die ↗ *Soziometrie:* Sie verfügt über zwei spezifische Vorgehensweisen:

a) den *soziometrischen Test,* eine quantitative Technik, die es mit Hilfe statistischer Verfahren erlaubt, Sympathie und Antipathie sowie Indifferenz zwischen Individuen einer begrenzten Gruppe festzuhalten; b) das ↗ *Psychodrama* und das *Soziodrama,* psychotherapeutische Techniken, in der eine Gruppe von Individuen unter Leitung eines erfahrenen Klinikers das wesentliche Instrument der Behandlung darstellt.

(2) Die ↗ *Gruppendynamik:* Sie untersucht das Kräftespiel unter Berücksichtigung der Bildung und Transformation von Gruppen begrenzter Größe. Sie greift auf Begriffe der Gestaltpsychologie zurück und verwendet mathematische Modelle. Die zum größten Teil aus ihr hervorgegangene Praxis der Gruppenführung und Gruppendiskussion hat diesen Zweig der S. weithin bekanntgemacht. Einige Spezialisten der Gruppendynamik beziehen sich heute weitgehend auf psychoanalytische Ansätze.

(3) Die ↗ *Meinungs-* und ↗ *Einstellungsforschung:* Sie macht sich die Arbeiten der Psychologen über die Einstellungsskalen und die der Statistiker über Stichprobenverfahren zunutze.

(4) Die ↗ *Kommunikationsforschung:* Sie wird durch die ↗Informationstheorie begründet und stellt zweifellos den vielversprechendsten Zweig der modernen S. dar.

Je nach Inhalt des Forschungsgegenstandes lassen sich nach dem französischen Sozialpsychologen Jean Stoetzel (geb. 1910) folgende großen Interessengebiete unterscheiden:
– Fragen der Beziehung zwischen Individuum und Kultur;

– Erforschung psychologischen Verhaltens unter sozialen Bedingungen;
– die Persönlichkeit vom sozialpsychol. Standpunkt aus betrachtet;
– Untersuchung der verschiedenen Aspekte der Interaktion zwischen Personen;
– Verhalten in Großgruppen.

Diese aufgeführten Gebiete betreffen hauptsächlich die Grundlagenforschung; jedoch beschränkt sich das Bemühen der S. nicht allein auf den Erwerb theoretischen Wissens, sondern sie sucht auch praktische Kenntnisse zu erwerben, die es dem Menschen erlauben, konkrete Probleme zu lösen. Neben der *allgemeinen* S. besteht eine *angewandte S.*, deren Bereich sich praktisch auf alle wesentlichen Äußerungsformen des heutigen sozialen Lebens erstreckt: Politik, Verwaltung, Medizin, Religion, Massenmedien, Freizeitgestaltung, Konsum, Reklame usw.

Abschließend sei die außerordentliche Vielfalt der heutigen S. betont und darauf hingewiesen, daß die S. von allen Gebieten der Psychol. heute das vitalste ist und dasjenige, welches am meisten Fortschritte macht. Diese Dynamik ist wohl auf das Zusammenwirken von zwei Faktoren zurückzuführen: erstens auf die noch in den Anfängen steckende Forschung in diesem Gebiet, trotz der erwähnten historischen Vorläufer; zweitens auf die Vielfalt der Instrumente, über die die S. verfügt. Durch ihr spätes Auftreten kann die S. neben ihren eigenen Methoden auch über die anderer Disziplinen – speziell der Psychol. und Soziologie – verfügen.

Lit.: Lazarsfeld, P. F., Berelson, B. & H. Gaudet: The people's choice. New York, 1948; **Lindzey, G. & E. Aronson** (Eds.): Handbook of social psychology. Vol. 1–4. New York, [2]1968ff; **Mead, G. H.:** Mind, self and society. Chicago, 1934; **Moreno, J. L.:** Who shall survive. New York, [2]1953; **Stoetzel, J.:** La psychologie sociale. Paris, 1963.

D. Victoroff

Sozialquotient ↗Vineland Social Maturity Scale.

Sozialstruktur *(betriebliche)*, Gesamtheit aller sozialen Beziehungen *formeller* (↗Organisation) und *informeller* (↗Gruppendynamik) Natur zwischen Individuen und ↗Gruppen in Unternehmen (Produktions-, Fertigungs- oder Dienstleistungs-Unternehmen). ↗Menschenführung.

Lit.: Fürstenberg, F.: Die betriebliche Sozialstruktur. In: **A. Mayer & B. Herwig** (Hrsg.: Hdb. d. Psychol., Bd. 9, Göttingen, 1961, 419–436).

G. Marschner

Sozialtherapie, durch einschneidende Veränderungen der Umweltbedingungen bzw. der Lebensbedingungen eines Patienten eingeleitete Therapie (Synonym *Milieu- oder Situationstherapie).* Manchmal auch im Sinne von *↗Gruppentherapie* oder *↗Psychodrama* gebraucht.

W. D. Fröhlich

Sozialverhalten, Verhalten, das zwei oder mehr Individuen einbezieht. Für den Menschen ist die Abgrenzung gegenüber anderen Verhaltensbereichen schwer, weil fast alle deutlich in sein Sozialverhalten integriert sind, z. B. essen, trinken, Sexualverhalten, Entwicklung und intellektuelles Lernen, Eltern-Kind-Beziehung, Aggression und so weiter. Systematische Aspekte untersucht die experimentelle Gruppendynamik, z. B. bei Leistungen des Suchens, Findens und Bestimmens. Die Art der Beziehung zwischen verschiedenen Individuen ist durch unterschiedliche Qualitäten gekennzeichnet; ihre Erforschung, ihre Determinanten, ihre Entwicklungsbedingungen und ihre wechselseitigen Wirkungen sind der Forschungsgegenstand. Die vergleichende Forschung sozialer Systeme orientiert sich dabei an Kriterien phylogenetischer Anpassung verschiedener Arten, bzw. gleicher Arten unter verschiedenen Lebensbedingungen. Die Sozialpsychologie orientiert sich eher am Verhalten von Menschen im sozialen Kontext. Die „dynamische Stabilität" von Beziehungen wird auf 3 Ebenen erforscht: der Interaktion (Was tun die Teilnehmer, und wie tun sie es?), der Beziehung (raum-zeitliche Zusammenhänge von Interaktionen) und der Sozialstruktur (Regeln für Interaktionen und Beziehungen).

Lit.: Bennis, W. G., Benne, K. D. & R. Chin (Hrsg.): Änderung des Sozialverhaltens. Stuttgart, 1975; **Hinde, R. A.:** Biological Bases of Human Social Behavior. New York, 1974; **Hinde, R. A. & J. Stevenson-Hinde:** Towards understanding relationships. In: **P. P. G. Bateson & R. A. Hinde**

(Eds): Growing Points in Ethology. Cambridge, 1976, S. 451–479; **Secord, P. F. & C. W. Backman:** Sozialpsychologie. Frankfurt, 1976.
K. E. Großmann

Sozialwissenschaften. Dieser Begriff bezeichnet das Gesamt der Wissenschaften, die die expt. Methoden auf das Verhalten des Menschen in der Gesellschaft anzuwenden versuchen. Historisch wurde ihre Arbeit durch das Werk der Humanisten und die großen Synthesen des 19. Jh. vorbereitet. Ihren wiss. Rang erlangen sie jedoch erst im 20. Jh., im bes. unter dem Einfluß des 2. Weltkriegs (industrielle Entwicklung, ideologische Bedingungen, Integration der Minoritäten, Dekolonisation usw.): ihre Methoden verfeinern sich (quantitative Methoden, Feldforschung), ihre Bereiche spezialisieren sich (Ökonomie, politische Wissenschaften, Soziologie, Sozialpsychologie, Ethnologie, naturwiss. Anthropologie, Linguistik usw.). Heute nähern sich diese Teildisziplinen einander wieder an, da der Mensch immer mehr als Ganzheit gesehen wird. *M. J. Borel*

Sozialwissenschaften und Psychologie. Auf der Grundlage gemeinsamer methodischer Probleme, denen sich sowohl die Sozialwissenschaften als auch die Psychologie stellen müssen, werden die Besonderheiten der Sozialwissenschaften herausgearbeitet, durch die sie von der Psychologie unterschieden sind. Gemeinsam ist den Disziplinen, die den sich in seinem Handeln sinnhaft äußernden Menschen studieren, die Schwierigkeit, von der Erscheinung auf das Wesen eines Phänomens zu schließen. Unterscheiden muß man die Fachgebiete nach dem theoretischen Bezugsrahmen, durch den festgelegt wird, was als Wirklichkeit gelten soll. Die Spannungsrelation zwischen Erscheinung und Wesen und das Nebeneinander verschiedener Ebenen des Wirklichkeitsverständnisses stellen die beiden Koordinaten dar, in die Sozialwissenschaften und Psychologie eingezeichnet werden.

Der Sinngehalt einer Erscheinung läßt sich durch Bezugnahme auf ihr Wesen verstehen. Georg Simmel spricht von der Synthese der empirisch gegebenen Erscheinung, „die als solche noch nicht verstanden ist", und dem verstehenden Gedanken als einem seelischen Element, der auf das Wesen der Erscheinung verweist. Die Erscheinung ist eine menschliche Lebensäußerung, der das handelnde Subjekt einen Sinn geben wollte. Richtig verstanden ist sie erst dann, wenn der verstehende Gedanke des forschenden Ich den Akt der Sinngebung des zu verstehenden Du nachvollzieht. Die beschreibbaren und nachprüfbaren Leistungen des Wissenschaftlers schließen demnach die Auswahl oder gedankliche Konstruktion jenes Du ein, als dessen Lebensäußerung die zu studierende Erscheinung sinnhaft gedeutet werden kann.

Der verstehende Nachvollzug von Akten der Sinngebung eröffnet als Methode der Entwicklungspsychologie oder der Sozialisationstheorie den Zugang zum Prozeß der Identitätsgewinnung. Nach dem Konzept des Spiegelselbst von Cooley, macht das Ich sich eine Vorstellung davon, als wer es im Bewußtsein seines Du erscheint. Ego hat dann *in* sich eine Vorstellung von der Vorstellung, die alter *von* ihm hat. Das Ergebnis ist das Spiegelselbst als das am Du gewonnene Ich. Freilich hängt alles davon ab, welches Du zum Spiegel wird. G. H. Mead nennt die entscheidenden Dus die *significant others*. Für die vom Ich übernommene Blickrichtung des Du prägt Mead den Begriff der *Perspektive. Taking the role of the other* ist Perspektivenübernahme als Sichhineinversetzen in die wertenden Sichtweisen des Du.

Mit der Metamorphose des Du vom Individuum zur Kleingruppe geschieht die Grenzüberschreitung zur Sozialpsychologie. Beim Übergang vom kindlichen Spielen (play) zum sportlichen Wettkampf (game) lernt der junge Mensch, von den individuellen Perspektiven individueller Adressaten zu abstrahieren und sich mit einem *generalized other* zu identifizieren, der in der sozialwissenschaftlichen Literatur *Bezugsgruppe* genannt wird. Bei Shibutani ist Perspektive die geordnete Sicht der Welt, die für eine Bezugsgruppe charakteristisch ist. Sie stellt die Matrix dar, mit deren Hilfe der Mensch seine Umwelt wahrnimmt. So werden Werturteile aus Perspektiven ableitbar.

Ist das auszuwählende oder gedanklich zu konstruierende Du nicht eine Kleingruppe, sondern ein soziales Großgebilde, so ist auch der Bereich der Sozialpsychologie verlassen und der Übergang zur Sozialwissenschaft vollzogen. In modernen Massengesellschaften handeln Menschen zuweilen aufgrund von Wertungen, die sie Gruppenperspektiven entnommen haben, obwohl sie der betreffenden Gruppe nicht angehören, obwohl sie womöglich in ihrem Leben niemals direkt zu der betreffenden Gruppe in Verbindung standen, ja obwohl sogar die betreffende Gruppe empirisch gar nicht existiert (Simmel: fingiertes Subjekt).

Damit stellt sich das Problem der Wirklichkeit. William James hat 1869 in der Zeitschrift *Mind* zum Thema „The Perception of Reality" die fundamentale Frage formuliert: „Under what circumstances do we think things are real?" Wir halten für wirklich das, was uns erfahrbar erscheint, doch damit verschiebt sich das Problem auf die Frage: was ist Erfahrung? Der experimentell arbeitende Psychologe, der Soziometriker in der Tradition Morenos und der mikrosoziologisch arbeitende Empiriker machen Erfahrungen mit Individuen und Kleingruppen. Sie machen Tonbandaufzeichnungen, lassen Filmkameras laufen und dokumentieren so auf ihrer Erfahrungsebene das, was ihnen als Wirklichkeit gilt. Doch anderen Erfahrungsebenen entsprechen andere Verständnisse von Wirklichkeit.

Vier Erfahrungsebenen mit je ihnen entsprechenden Begriffen von Wirklichkeit lassen sich unterscheiden: 1) Der *Mikro-Sozialbereich* als Ebene höchster Realität in dem Sinne, daß der Mensch die Welt in seiner physischen Reichweite auf eigene Faust erschließen kann. Er lernt dies durch normale Sozialisation in Herkunftsfamilie und Freundeskreis. 2) Die Ebene der *introspektiven Selbsterfahrung*, die erst in einem außeralltäglichen Lernprozeß über den Zugang zu fachpsychologischen, insbesondere analytischen Kategorien erschlossen werden kann. Dem einen gilt die Spannung zwischen Ich, Über-Ich und Es als Realität, dem anderen eben nicht. 3) Der *Makro-Sozialbereich* gesellschaftlicher Großgebilde als das ureigenste Forschungsgebiet der Sozialwissenschaften. Die politische Partei, die der Politologe untersucht, die Volkskirche als Forschungsobjekt des Religionssoziologen setzen einen anderen Begriff von Wirklichkeit voraus als die Kleingruppe in der Optik des Sozialpsychologen. Dazu gehört ein eigener makro-sozialer Erfahrungsbegriff. Erfahrbarkeit ist auf dieser Ebene nur noch symbolisch-repräsentativ möglich. Darum ist der Angriff auf die sozialen Symbole z. B. des Staates, der Kirche, der Universität in diesem Bereich identisch mit dem Angriff auf die Existenz des Großgebildes selbst. 4) Endlich bleibt der *Bereich der Transzendenz*, der religiöser Erfahrung vorbehalten ist und dem eine eigene Wirklichkeit entspricht, die natürlich nicht innerhalb der Wissenschaft liegt, die jedoch der Wissenschaft als Anknüpfungspunkt vielfältiger menschlicher Handlungen zu erforschen aufgegeben ist. Die Bezugsgruppe wird auf dieser vierten Erfahrungsebene zu einem Plural, dem schon Verstorbene und daher auf den drei anderen Ebenen der Erfahrung nicht mehr zugängliche Individuen als Dauermitglieder angehören.

Ein methodologisches Gesamtkonzept, das Psychologie und Sozialwissenschaften umgreift, wäre auf der Grundlage phänomenologischer und verstehender Vorarbeiten zu entwickeln. Es würde die arbeitsteilige Kooperation zwischen den Disziplinen fördern helfen.

Lit.: Cooley, C. H.: Looking-Glass Self. In: **J. G. Manis & B. N. Meltzer** (Hrsg.), Symbolic Interaction. Boston, [2]1972; **Goffman, E.:** Frame Analysis. Cambridge (Mass.), 1974; **Helle, H. J.:** Verstehende Soziologie und Theorie der Symbolischen Interaktion. Stuttgart, 1977; **ders.:** Soziologie und Symbol. Berlin, [2]1980; **Simmel, G.:** Vom Wesen des historischen Verstehens. Berlin, 1918; **Tamotsu Shibutani:** George Herbert Mead. In: International Encyclopedia of the Social Sciences, Bd. 10. New York, 1968, S. 83–87; **ders.:** Reference Groups as Perspectives. In: American Journal of Sociology, Bd. 60, Mai 1955, S. 562–569.

H. J. Helle

Soziatrie. Dieser Begriff wird in jenem Teilgebiet der ↗Psychiatrie verwendet, welcher speziell sozialpsychol. bedingte Konflikte untersucht. Im 2. Weltkrieg wurde S. wie eine Art „geistliche Führung" von med. Seite her verstanden. Gegenwärtig erlebt die S. eine außerordentlich lebhafte Entwicklung in dem Sinne, daß sozialpsychol.-soziologische Gesichtspunkte in die Psychiatrie eindringen, z. B. bei der Untersuchung psychiatrischer Gemeinschaften (Kliniken, Heil- und Pflegeanstalten, Krankenhäuser) und daß die Psychiatrie in ihrer Forschung und Praxis immer mehr die sozialpsychol.-soziologischen Gedanken berücksichtigt. *J. López Ibor*

Soziodrama ↗Psychodrama.

Soziogramm, *Schaubild* oder *Diagramm* zur Darstellung der Ergebnisse des „soziometrischen Tests" (Moreno, 1953), nämlich der (gewünschten) Beziehungen positiver und negativer Art oder Interaktionshäufigkeiten der Mitglieder einer ↗Gruppe untereinander *(↗Soziometrie).*

Im S. werden die Individuen durch Kreise oder Quadrate dargestellt, die untereinander mit Linien oder Pfeilen unterschiedlicher Länge verbunden sind. Die Länge der Linien oder Pfeile steht in Analogie zur sozialen (emotionalen) Distanz zwischen zwei Individuen. Die Pfeile zeigen die Richtung der Wahlen an. Auf diese Weise werden einige Merkmale der soziometrischen Struktur einer Gruppe (z. B. *Außenseiter, zentrale Figuren, Cliquenbildung, Gruppenkohäsion* usw.) veranschaulicht.

Bei großen Gruppen wird die Darstellung mittels S. unübersichtlich, daher werden in diesen Fällen andere Darstellungsmethoden (*matrix analysis, index analysis*) vorgezogen.

Lit.: Moreno, J. L.: Who shall survive? New York, ²1953; **Proctor, C. H. & C. P. Loomis:** Analysis of sociometric data. In: **M. Jahoda, M. Deutsch & S. W. Cook** (Eds.): Research methods in social relations. Vol. 2. New York, 1951.
A. Schmidt-Mummendey

Soziolinguistik. Versuche, die S. als Teil der *Sprachsoziologie* (und diese wiederum als Teil der *Linguistik)* einzuordnen und auf die Erforschung des schichtenspezifischen Sprachgebrauchs einzugrenzen (Fishman), haben sich nicht durchgesetzt. Häufig versteht sich S. nur als interdisziplinäre Forschungsrichtung neben anderen mehr an der Fachsystematik orientierten, die ebenfalls zumindest implizit Aussagen über den Zusammenhang von Sprache, Denken und Gesellschaft machen.

Als Begründer der S. wird im allgemeinen der Engländer B. Bernstein angesehen, der Ende der 50er Jahre vereinzelte empirische Untersuchungen vor allem nordamerikanischer Forscher durch eigene ergänzte und deren Ergebnisse durch die *Defizittheorie* (Bernstein spricht von der *Kodetheorie)* zu erklären suchte. Nach dieser Theorie werden die Kinder von Arbeitern in der Regel deswegen wieder Arbeiter, weil sie in den entscheidenden vorschulischen Jahren ihrer Sprachsozialisation einen Kode erworben haben, der ihre schulischen Leistungen vor allem in den sprachlichen Fächern stark beeinträchtigt. Diesen Kode nennt er *öffentlich* oder *restringiert* gegenüber einem *formalen* oder *elaborierten Kode,* den die oberen Schichten zumeist darüber hinaus erlernen.

Ende der 60er Jahre entwickelte sich in den USA eine Gegenbewegung, deren Hauptvertreter Labov der *Defizit-* eine *Differenztheorie* entgegensetze. Nach dieser Theorie ist die Sprechweise der Arbeiter der der höheren Schichten funktional gleichwertig. Die schulischen Nachteile der Arbeiterkinder seien vornehmlich das Ergebnis der Vorurteile der (mittelschichtigen) Lehrer. Eine scharfe Kritik hat die Differenztheorie durch Ammon erfahren, der zentral auf Grund historischer Studien die in der Neuzeit rapide zunehmende Entgeistigung der körperlichen Arbeit und die ihr korrespondierende Entkörperlichung der geistigen Arbeit auch in der Sprechweise reflektiert sieht.

Lit.: Ammon, U.: Probleme der Soziolinguistik. Tübingen, ²1977; **Bernstein, B.:** Class, Codes and Control. 3 Bde. London, 1971ff.; **Hager, F., Haberland, H. & P. Paris:** Soziologie und Linguistik. Stuttgart, 1973; **Labov, W.:** Language in the Inner City. Philadelphia, 1972; **Simon, G.:** Bibliographie der Soziolinguistik. Tübingen, 1974. *G. Simon*

Soziologie *(Gesellschaftslehre).* Ihr Name und erstes System stammen von A. Comte; die Überschneidungen ihres Arbeitsgebietes mit der ↗Sozialpsychol. sind so zahlreich, daß man beide Disziplinen als zwei Seiten einer Fragestellung auffassen sollte. Die Sozialpsychol. geht vom Individuum aus und sucht zu erfassen, wie dieses auf seine Umwelt reagiert, andere Menschen beeinflußt und von ihnen beeinflußt wird, während die S. von der ↗Gruppe, ihren spezifischen Formen, Strukturen und ↗Normen her die Gesetze des menschlichen Zusammenlebens schlechthin in den Griff bekommen will. Eng sind auch die Verbindungen der S. zur ↗Kulturanthropologie und Völkerkunde. Man kann die S. als Kulturanthropologie der Industriestaaten auffassen, während sich andererseits die Kulturanthropologie vielfach als auf schriftlose Gesellschaften (die sog. Primitiven) angewandte S. versteht.

Lit.: Eberlein, G.: Theoretische Soziologie heute. Stuttgart, 1971; **Eberlein, G. & H.-J. v. Kondratowitz** (Hrsg.): Psychol. statt Soziologie? Frankfurt a.M., 1977; **Rex, J.:** Grundprobleme der soziologischen Theorie. Freiburg, 1970; **Rüegg, W.:** Soziologie. Frankfurt, 1970; **Tönnies, F.:** Einführung in die Soziologie. Stuttgart, 1965; **Wallner, E. M.:** Soziologie. Heidelberg, [6]1979; **Wiese, L. v.:** Geschichte der Soziologie. Berlin, [9]1971.

W. Schmidbauer

Soziologismus. Mit der Ausweitung ihres wissenschaftlichen Spektrums ist die Soziologie nicht vor der Gefahr gefeit, den analytischen Wert ihrer empirischen Erforschung des gegenwärtigen gesellschaftlichen Lebens in falscher normativer Absolutsetzung (Normativität des Faktischen) oder auch in abstrakter Theoriebildung zu verkehren. Die Soziologie nimmt damit keine Ausnahmeposition ein. Auch Pädagogismus oder Psychologismus drohen immer dann, wenn das partikulare erkenntnisleitende Interesse die Gesamtschau menschlichen Lebens *als ens individuale et sociale* verdeckt. *W. Dreier*

Soziometrie, Sammelbegriff für Techniken, vornehmlich die des *„soziometrischen Tests“* (Moreno, 1953), mit Hilfe deren meist auf der Grundlage gegenseitiger Wahlen der Mitglieder die emotionale Struktur einer ↗Gruppe (das, was die Mitglieder einer Gruppe über die jeweils anderen fühlen und denken) quantitativ analysiert werden kann.

Für die Ergebnisse des „soziometrischen Tests“ sind zwei Komponenten entscheidend: 1. die vorgeschriebene Art der Wahlen und 2. das Kriterium, nach dem gewählt wird. Die resultierende emotionale Struktur ist Funktion des jeweils verwandten Kriteriums.

Gegenwärtig wird der Begriff außer für die des emotionalen auch für die Analyse anderer Aspekte der Beziehungen von Mitgliedern einer Gruppe (↗Gruppendynamik) untereinander verwendet. ↗Soziogramm.

Lit.: Moreno, J. L.: Who shall survive? New York, [2]1953.

A. Schmidt-Mummendey

Soziopath. Eine oft synonym mit Psychopath (↗Psychopathie) verwandte Bezeichnung, die jedoch nahelegt, daß antisoziales Verhalten primär durch soziokulturelle Faktoren verursacht wird, weniger durch konstitutionelle Elemente. Es sind zwei Hauptarten von S.en beschrieben worden. Die erste Gruppe ist von extravertierter ↗Persönlichkeit und hat Schwierigkeiten bei der Ausbildung konditionierter (↗Konditionierung) Reaktionen. Die zweite ist normal konditionierbar, ist aber einer abnorm kriminellen Subkultur ausgesetzt, die ihr Verhalten antisozial formt. ↗Psychopathie. *D. Eaves*

Spaltungsgesetz ↗Mendelsche Regeln.

Spaltungsirresein ↗Schizophrenie.

Spannung, psychische, psychoanalytische (↗Psychoanalyse) Bezeichnung für einen Zustand hoher Erregung, ↗Angst, Ruhelosigkeit und ungerichteten Antriebs. Ähnlich den populären Konzepten von nervöser oder emotionaler Spannung. *G. D. Wilson*

Spannung, soziale ↗Konflikt.

Spannungsirresein ↗Katatonie.

Spasmus *(Krampf),* vermehrter, länger andauernder unwillkürlicher Spannungszustand (*tonischer* S.) und/oder rasch aufeinanderfolgende, ungeordnete unwillkürliche Kontraktionen (*klonischer* S.) eines Muskels oder einer Muskelgruppe, besonders bei Gehirn- oder Rückenmarkkrankheiten (Pyramidenbahnläsion). *F.-C. Schubert*

Spastisch *(krampfartig),* nach Art des ↗Spasmus krampfend. Mangel an normaler Bewegungskoordination.

Spastische Lähmung: Lähmung, bei der die Willkürbewegung der großen Skelettmuskulatur aufgehoben ist, der Muskel jedoch nicht schlaff, sondern tonisch kontrahiert ist (tonischer Spasmus). *F.-C. Schubert*

Spätentwickler. Bezeichnung für Kinder und Jugendliche, die durch langsamere ↗Entwicklung auffallen, jedoch noch ein durchschnittliches Endniveau erreichen. Die Bezeichnung S. beschreibt sehr unterschiedliche und multipel determinierte Sachverhalte nur ungenau.

Lit.: Benton, A. L.: The concept of pseudofeeble-mindedness. In: **E. P. Trapp & P. Himelstein:** Readings on the exceptional child. New York, 1962, 82–95. *H. Meister*

Spearman, *Charles Edward.* LEBEN UND WERKE. *10. 9. 1863 in London, † 17. 9. 1945 in London. Kam erst relativ spät, 1897, nach seinem Ausscheiden aus der britischen Armee, wo er als Offizier an den Kolonialkriegen des ausgehenden 19. Jh. teilnahm, zur Psychologie. Verbrachte daraufhin einen mehrjährigen Aufenthalt in Deutschland, und zwar zunächst bei W. ↗Wundt, unter dem er 1904 auch mit einer Untersuchung zur ↗Raumwahrnehmung promovierte, sowie anschließend an den Universitäten Würzburg, Göttingen und Berlin, wo er seine Ausbildung in Physiologie, Experimentalpsychol. und Philosophie vervollständigte. Während dieses Aufenthaltes in Deutschland veröffentlichte er u. a. auch 1904 seinen berühmten Artikel „General intelligence objectively determined and measured", in dem er erstmals die Grundgedanken der ↗Faktorenanalyse klar darlegte. 1907 erhielt S. einen Lehrauftrag und 1911 einen Lehrstuhl am University College, London, den er bis 1931 innehatte.

S.s historische Bedeutsamkeit ist in zwei miteinander eng zusammenhängenden Tatsachen zu sehen: einerseits die Entwicklung der faktorenanalytischen Methode, für die sich zwar schon Ansatzpunkte in K. ↗Pearsons Arbeiten finden, die aber erst von S. erstmals explizit dargelegt wurde, und andererseits die Erstellung seiner 2-Faktoren-Theorie der ↗Intelligenz, die zusammen mit A. ↗Binets Arbeit den Ausgangspunkt für die Entwicklung der Theorie und Messung der Intelligenz im 20. Jh. darstellt. Die Grundannahme der 2-Faktoren-Theorie besteht darin, daß jede kognitive Leistung eine Funktion zweier Faktoren darstellt: (a) eines *allg. Intelligenzfaktors g* (↗g-Faktor), der allen Intelligenzleistungen zugrunde liegt, und (b) *spezifischer Begabungsfaktoren s* (↗s-Faktor), die jeweils nur bei bestimmten Aufgabenarten beteiligt sind. In späteren Revisionen seiner Theorie erkannte S. darüber hinaus auch die Existenz einzelner Gruppenfaktoren an, ohne jedoch sein grundlegendes Konzept der g- und s-Faktoren aufzugeben.

Weitere bedeutsame Beiträge S.s waren u. a. die Entwicklung der Spearmanschen ↗Rangkorrelation und der „Spearman-Brown prophecy formula". Demgegenüber müssen seine Bemühungen, fundamentale ↗Gesetze der Psychol. und des menschlichen Geistes auf der Grundlage seines g-Faktor-Konzeptes zu erstellen („The nature of intelligence and the principles of cognition" 1923; „G and after – a school to end schools" 1930), als übertrieben und gescheitert angesehen werden.

Weitere Schr.: The abilities of man, their nature and measurement (1927); Creative mind (1930); Psychology down the ages (1937).

Lit.: Murchison, C. (Ed.): A history of psychology in autobiography, Vol. 1. Worcester (Mass.), 1930, 299–333.

W. Wittling

Spearman-Brown-Formel. Ist die ↗Reliabilität r_{tt} eines Tests gegebener Länge bekannt, so kann die Reliabilität eines n-fach verlängerten Tests nach der S.-B.-F. berechnet werden. Es ist

$$r_{nn} = \frac{n \cdot r_{tt}}{1 + (n-1)\, r_{tt}}.$$

Besonders wichtig ist der Fall n = 2, der bei der Berechnung der Reliabilität nach der ↗Split-half-Methode auftritt.

Lit.: Fischer, G.: Psychologische Testtheorie. Bern, 1968; **Guilford, J. P.:** Psychometric Methods. New York, 1954; **Lienert, G. A.:** Testaufbau und Testanalyse. Weinheim, ³1969.

A. Rausche

Spearmanscher Korrelationskoeffizient, verteilungsfreies Korrelationsmaß, das aus Rangplätzen berechnet wird. Es ergibt sich aus der Produkt-Moment-Formel, wenn in diese Rangzahlen eingesetzt werden. Es gilt:

$$\rho = 1 - \frac{6\,\Sigma D^2}{N^3 - N}, \text{ mit N = Zahl der Rangpaare,}$$

D = Differenz der Ränge eines Maßzahlenpaares. Die Summation erstreckt sich über alle Paare. Der S. K. kann nur angewendet werden, wenn die Abstände der einzelnen Rangplätze annähernd gleich groß bzw. nur zufällig verschieden sind. ↗Korrelationstechniken.

Lit.: Kendall, M. G.: Rank Correlation Methods. London, 1962.

A. Rausche

Speed-Test = *Schnelligkeitstest.* Es handelt sich um eine psychol. Leistungsprüfung, bei der die Geschwindigkeit, mit der eine oder mehrere Aufgaben gelöst werden, das entscheidende Kriterium bildet. Der Schwierigkeitsgrad der Aufgaben soll möglichst keine Rolle spielen und wird deshalb in solchen Tests gleichmäßig niedrig gehalten. Für die Ermittlung des Leistungsmaßes ergeben sich zwei Möglichkeiten: entweder die benötigte Zeit für eine bestimmte Aufgabenmenge oder die bewältigte Aufgabenmenge pro Zeiteinheit. Die gegenwärtig gebräuchlichen Tests dieser Art wählen überwiegend den zweiten Weg (z. B. ↗Pauli-Test, Test d 2). S.s werden gewöhnlich zur Diagnostik der ↗Aufmerksamkeit und Konzentration, der Ausdauer sowie der mot. Geschicklichkeit verwendet.

Lit.: Lienert, G. A.: Testaufbau und Testanalyse. Weinheim, [3]1969.

P. Steck

Speichelreflex, ein angeborener physiol. Mechanismus, der der Nahrungsaufbereitung dient. Durch Reizung der Mund- oder der Nasenschleimhaut wird Speichel direkt (unkonditioniert) abgesondert. Eine indirekte (konditionierte) Auslösung des S. kann durch Wahrnehmung oder Vorstellung der Nahrung, deren Zeichen oder Symbole erfolgen. Für die Lernpsychol. erlangte der S. Berühmtheit, weil der russische Physiologe I. P. ↗Pawlow an diesem den Prozeß des *klassischen ↗Konditionierens* entdeckt und studiert hat.

H. Roth

Speicher *(Speicherung).* S. dienen der Aufbewahrung und dem Abrufen von Information. In ihrer Funktion entsprechen sie dem ↗Gedächtnis. Man unterscheidet *analoge S.* von *digitalen S.n.* In ersteren werden ↗Informationen als analoge Meßgrößen, in letzteren als Ziffernfolgen aufbewahrt. Die Zugriffszeit gibt an, welche Zeit zwischen Aufruf und Verfügbarkeit eines S.inhalts verstreicht. Zugriffszeit und Speicherkapazität stellen wichtige Güteziffern eines S. dar.

B. Rollett

Spekulation. Denken, das a) das in Wahrnehmung und Erfahrung Gegebene überschreitet und sich auf die transphänomenalen Zusammenhänge richtet, um sie als die metaphysischen Grundlagen der Wirklichkeit zu deuten, oder das b) auf die Erfahrbarkeit des Bedachten überhaupt verzichtet und intuitiv oder konstruktiv vorgeht, um das Absolute der Metaphysik zu erhellen oder sogar zu begreifen. – In der Scholastik wurden die theoretischen Wissenschaften („scientiae speculativae") als spekulativ bezeichnet. Kant nennt eine theoretische Erkenntnis „spekulativ, wenn sie auf einen Gegenstand oder solche Begriffe von einem Gegenstand geht, zu welchem man in keiner Erfahrung gelangen kann". Hegel versteht unter Spekulation das dialektische Denken, in dem das einander Entgegengesetzte in seiner Einheit erfaßt wird. – Heute wird S. oft in abschätziger Bedeutung verwendet („bloße Phantasterei ohne Fundament in der Erfahrung").

H. Drüe

Spekulative Psychologie. Richtung in der phil. Psychol., die unter Verzicht auf ↗Experimente und systematische Beobachtungen die wesentlichen Dimensionen des geistigen Lebens im Zusammenhang mit einem umfassenden phil. System beschreibt. So beinhaltet z. B. der Thomismus eine s. P. ↗Philosophie und Psychologie.

P. Muller

Spence, *Kenneth Wartinbee,* * 1907 in Chicago, † 12. 1. 1967 in Texas. „Von anderen fordernd . . ., doch viel mehr von sich selbst", eine Persönlichkeit „in scharfen Konturen gezeichnet; feste Haltung, einflußreiche Meinung, von erstaunlicher Schaffenskraft" (Kendler, 1967). S. wuchs in Kanada auf, wurde ausgebildet an der McGill-Universität in Montreal (BA 1929, MA 1930) und in Yale

(Ph. D. 1933). Er arbeitete als Mitarbeiter des National Research Council der Yale-Laboratorien für die Biologie der Primaten in Orange, Florida (1933–37), an der Universität von Virginia (1937–38) und der Universität von Iowa (1938–64; Professor und Abteilungsleiter seit 1942). Ab 1964 lehrte er als Professor an der Universität von Texas. S.s kritische Haltung schlägt sich in einem sorgfältigen theoretischen Fortschritt von der Identifizierung einheitlicher und elementarer Phänomene zur Theorie, die ausgeweitet werden kann auf komplexere, „höhere" Verhaltensweisen. Oft als Überarbeiter von C. L. Hulls ↗Lerntheorie angesehen, erscheint S. doch – bes. im Zusammenhang mit seinen Arbeiten zur *Kontiguität* und *Bekräftigung* (1960, 185–201) – mehr als bedeutender Theoretiker. Seine hervorstechendsten Lehrbeiträge sind seine Silliman-Vorträge (Behavior und Conditioning, 1956) und die spätere Sammlung Behavior Theory and Learning (1960). Letztere umfaßt Methodologie (5 Beiträge), ↗Lerntheorie in ihrer Anwendung, z. B. auf ↗Angst (10 Beiträge) und Unterscheidungslernen (7 Beiträge), einschließlich einer hervorragenden Abhandlung zur ↗intervenierenden Variablen. In seiner Unterscheidung zwischen früherem und späterem ↗Behaviorismus (1960, 40), bei der Darstellung der Entwicklung der Einstellung zum Hauptanliegen der Psychol. (1960, 72) und dem Wechsel des Interesses vom komplexen zum einfachen Lernen (1959, 89) zeigt er tiefere historische Einsicht als im allgemeinen anerkannt. S. war ausdrücklich am Arbeiten im Laboratorium orientiert, aber er erscheint interessierter an ↗angewandter Psychologie und flexibler in seiner Grundhaltung, als man von ihm häufig annahm. Ausgewogene Beiträge verdienen eine ausgewogene Bewertung: Spences Bedeutung in der Psychol., ob in einer naturwissenschaftlichen oder humanistischen, erscheint gesichert.

Schr.: „Behavior theory and conditioning" (1956); „The relation of learning theory to the technology of education" (1959); „Behavior theory and learning" (1960).

Lit.: Kendler, H. H.: Kenneth W. Spence. Psychol. Rev., 1967, *74*, 335–341.

J. A. Cardno

Sperrung, plötzlicher Abbruch des Gedankenganges bei klarem Bewußtsein. Sperrungen bei Schizophrenen stehen in Zusammenhang mit der Ich-Aktivitätsstörung. Sperrungen kommen auch im Schreck, im Gefühl innerer Leere (Depression), in plötzlich einsetzender Ratlosigkeit vor. *Ch. Scharfetter*

Spezies ↗Art.

Spezifischer Faktor ↗Spearman.

Spezifische Sinnesenergie, Gesetz der ↗Gesetz von den spezifischen Sinnesenergien.

Sphygmographie. Technik der Aufzeichnung von Pulskurven mit Hilfe geeigneter Pulsabnehmer und teils mechanischer, teils pneumatischer, teils elektrischer oder optischer Übertragung der Blutdruckschwankungen auf ein Schreibsystem. ↗Polygraph.

Sphygmograph ist ein Gerät zur automatischen Aufzeichnung der arteriellen Pulskurve.

Sphygmomanometer ist ein Druckmeßinstrument zur Registrierung der pulsatorischen Blutdruckschwankungen.

Sphygmogramm stellt die mittels eines Sphygmographen gewonnene Aufzeichnung pulsatorischer Blutdruckschwankungen dar.

E. David

Spiegelschrift. Das spiegelbildliche Schreiben, das meistens mit Umkehrung der Schreibrichtung verknüpft ist, wird leichter mit der linken Hand und mit zunehmendem Alter. Als Fähigkeit steht das Schreiben eher mit räumlichen als mit motorischen Variablen in Zusammenhang. Spontane Spiegelschrift tritt meist bei Linkshändern und Ambidextern auf. Als Symptom weist sie u. a. auf ↗Legasthenie oder Verletzung der linken Hemisphäre hin.

A. Cohen

Spiegelzeichengerät, Testgerät zur Untersuchung der Augen-Hand-Koordination unter erschwerten optischen Bedingungen. Der Pb muß eine mehr oder weniger komplizierte, vorgezeichnete Spur nachfahren (meist ein aus zwei parallelen Linien gezeichnetes geometrisches Muster), die er nicht direkt, sondern nur in einem Spiegel, als seitenverkehrt, betrachten kann. Zur Leistungsmessung werden im Regelfall die Zeit bis zum vollständigen Durchfahren der Figur und die Anzahl der Berührungen bzw. Überschreitungen der vorgezeichneten Spur herangezogen.

Lit.: **Pauli, R. & W. Arnold:** Psychol. Praktikum, Bd. 1. Stuttgart, [7]1972.

A. Thomas

Spiel(e). Während der ersten Kinderjahre nimmt das S. die Hauptzeit und -aktivität des Kindes in Anspruch. S. wird definiert als eine lustvolle körperliche oder geistige Tätigkeit, die sich selbst genügt und keine außer ihrer selbst liegenden Ziele verfolgt (Rüssel, 1959). Das Kind hat einen Drang, sich zu betätigen und zu spielen, man könnte daher von einem *Spieltrieb* sprechen. Von den verschiedenen „Spieltheorien" fand wohl die von K. Groos (1898), das S. diene der Einübung wichtiger Fertigkeiten und der Ausbildung von Funktionen, die meiste Anerkennung.

Gemäß dem spielerischen Inhalt unterteilt C. Bühler (1967) die S.e nach: Funktions-, Fiktions-, Rezeptions- und Konstruktionsspiel. Entwicklungspsychol. steht das *Funktionsspiel* an erster Stelle. Es tritt bereits im 1. Lj. auf und dient der Formung und Übung einer Funktion (z. B. Bewegen der Gliedmaßen, Aus- und Einräumen von Spielgegenständen), charakteristisch ist die Funktionslust. Um die Mitte des 2. Lj. kommen die sog. *Fiktions-* oder *Illusions-* bzw. *Rollenspiele* hinzu. In ihnen versetzt sich das Kind oder den Gegenstand, mit dem es spielt, in eine bestimmte ↗Rolle, dem S. liegt eine Illusion zugrunde (am Finger rauchen, die Puppe füttern und schlafen legen). Die ↗Nachahmung der Umwelt und die Reproduktion eigener Erlebnisse sind Grundlage der S.e. Etwa gleichzeitig finden sich die *Rezeptionsspiele* (Bilder betrachten, Anhören von Märchen u. ä.). Ebenfalls im 2. Lj. kommen die *Konstruktionsspiele* hinzu, die dem sich ständig differenzierteren Gestalten dienen (Turmbauen, Zeichnen, Bearbeiten von Sand, Ton usw.).

Etwa gegen Ende des 1. Trotzalters, dem Eintritt der Kindergartenreife, wird das Kind für *Regelspiele* reif. Ihr Merkmal ist, daß sie an feste Regeln gebunden sind („Katz und Maus", Versteck- und Ballspiele). Der Höhepunkt des Spielens liegt etwa im 7. Lj., wobei die einzelnen Spielarten zu unterschiedlichen Zeitpunkten zu- oder abnehmen.

Lit.: **Bühler, C.:** Kindheit und Jugend. Göttingen, 1967, 134–135; **Garvey, C.:** Spielen. Stuttgart, 1978; **Millar, S.:** Psychol. des Spiels. Ravensburg, 1974; **Rüssel, A.:** Spiel und Arbeit in der menschlichen Entwicklung. In: **H. Thomae** (Hrsg.): Hdb. d. Psychol., Bd. 3. Göttingen, [2]1959, 502ff.; **Scheuerl, H.** (Hrsg.): Theorie des Spiels. Weinheim, [10]1975.

M. Sachs

Spielerische Gestaltungsverfahren, auch *Spieltests* (allg. Spieldiagnostik), projektive Tests, bei denen der Pb (Kinder von 2 Jahren an, seltener Jugendliche oder Erwachsene) in der Regel die Instruktion erhält, das vorgegebene, bei den meisten Verfahren standardisierte Material (Spielsachen) aufzubauen bzw. zu gruppieren. Obwohl s. G. als Persönlichkeitstests konzipiert sind, bieten einige Verfahren zusätzlich entwicklungsdiagnostische Auswertungsmöglichkeiten. Die *Anwendung* erstreckt sich meistens auf Unterstützung oder Spezifizierung der Diagnose von kindlichen Neurosen und sogar Psychosen, Erziehungsschwierigkeiten, Konflikten u. a. m. Bei verschiedenen Autoren gehen s. G. in Spieltherapie über. Die Auswertung bei s. G. geschieht entweder auf psychoanalytischer Grundlage oder mit direkteren Deutungsansätzen. Standardisierung der Auswertung ist kaum möglich.

Lit.: **Bühler, Ch.:** The World Test. A measurement of emotional disturbance. New York, 1941; **Harding, G.:** Spieldiagnostik. Weinheim, 1972; **Lowenfeld, M.:** The nature and use of Lowenfeld World Technique in work with children and adults. The Journal of Psychology, 1950, *30*, 325–331; **Staabs, G. v.:** Der Szeno-Test. Stuttgart, [5]1978.

H.-P. Trolldenier

Spieltheorie ist eine mathematische Theorie, die als Modell für Entscheidungsverhalten dient, sofern das Resultat des Verhaltens stets von mehreren Entscheidungseinheiten (Einzelmenschen, Gruppen, Gesellschaften usw.) bestimmt wird.

Ein „Spiel" liegt vor, wenn aus den Entscheidungen (bzw. Abfolgen von Entscheidungen) von mindestens zwei Organismen für jeden Beteiligten eine Konsequenz resultiert, die bei mindestens einem der Betroffenen nicht unabhängig vom Verhalten mindestens eines der übrigen ist. Die numerischen Bewertungen der Konsequenzen werden als „Payoffs" bezeichnet. Da insbes. Spiele betrachtet werden, bei denen die Erhöhung des Payoffs eines Beteiligten mit der Verringerung bei einem Gegenspieler gekoppelt ist, kann die Theorie auch als Modell bestimmter sozialer ↗Konflikte dienen.

Lit.: Shubik, M. (Ed.): Game theory and related approaches to social behavior. New York – London – Sydney, 1964 (dt: Spieltheorie und Sozialwissenschaften. Hamburg, 1965).

W. H. Tack

Spieltherapie. Spiel wird als natürliches Ausdrucksmittel des Kindes angesehen. Die Pädagogik nutzt dies, indem sie gezielt das Spiel als Sozialisationsinstrument einsetzt. Fehlgeleitete oder unvollständige Prozesse werden durch S. korrigiert, indem die Funktionen der Angstabwehr, Alternativbefriedigung und Ich-Synthese (Hartmann) im Vordergrund stehen. Die S. kann auch als Bestandteil der Kinderpsychotherapie eingesetzt werden. Sie hat dort das Ziel, pathogene Konflikte aufzudecken, diese dramatisch zu agieren, abzuwandeln und zu lösen. Das Kind soll Triebe kultiviert befriedigen oder sublimieren. Milieubedingte Defizite und Erkrankungen sollen beseitigt werden (Zulliger).

Lit.: Baumgärtel, F.: Theorie und Praxis der Kinderpsychotherapie. München, 1976; **Hartmann, K.:** Über psychoanalytische Funktionstheorien des Spiels. Jahrb., Psychoanal., 1962, 2, 143–157; **Zulliger, H.:** Heilende Kräfte im kindlichen Spiel. Stuttgart, 1952.

F. Baumgärtel

Spike ↗Spitzenpotential.

Spike-Potential ↗Spitzenpotential.

Spinal, zur Wirbelsäule bzw. zum ↗Rückenmark gehörig.

Spinalganglion ↗Ganglion.

Spiritismus *(Spiritualism),* ein Kult, in dessen Mittelpunkt der Glaube an das Weiterleben nach dem Tode sowie die Herstellung von Verbindungen mit Verstorbenen durch ein ↗*Medium* stehen. *Spiritist:* ein Anhänger des Spiritismus.

J. Beloff

Spitzenpotential. Syn.: *Spike, Spike-Potential, Nervenaktionspotential (NAP), Nervenimpuls oder -entladung,* schnelle, fortgeleitete Potentialänderung auf der Axonmembran; die NAP-*Frequenz* korreliert mit der *Erregungsintensität.* Erregungsfähige Zellen (Nerven-, Sinnesrezeptor-, Muskel- und Drüsenzellen) haben in Ruhe ein *Ruhemembranpotential (RP)* aufgrund komplexer zellulärer Stoffwechselprozesse (Natrium-Kalium-Pumpe, unterschiedliche Permeabilität der lebenden Zellmembran in Ruhe für Na^+ und K^+) als Negativierung der Membraninnen- gegenüber der Membranaußenseite (Zelloberfläche) um 40–95 mV. Bei Erregung einer solchen biologischen Membran ändert sich dieses RP. Erreicht es ein von Zelle zu Zelle unterschiedliches *Schwellenmembranpotential (firing level),* „feuert" die Membran innerhalb von Mikrosekunden bis zur Potentialumkehr (Zelloberfläche negativ gegenüber dem Zellsoma = De- und Umpolarisation). In der anschließenden *Repolarisation* wird das RP wieder aufgebaut. De-, Um- und Repolarisation zusammen bilden das dem Alles-oder-Nichts-Gesetz folgende NAP.

K.-H. Plattig

Split-half-Methode (Synonym *Halbierungsmethode*), Verfahren zur Schätzung der ↗Reliabilität eines psychometrischen ↗Tests. Dazu werden seine Items nach Zufall in zwei gleiche Teile aufgespalten (z.B. bei der odd-even-Methode alle geradzahligen und alle ungeradzahligen Items) und für jede Testhälfte ein eigener Score berechnet. Die Korrelation zwischen den beiden Testhälften liefert eine Schätzung für die Reliabilität eines Tests, der halb so lang ist wie der ursprüngliche. Mit Hilfe der ↗Spearman-Brown-Formel wird diese Reliabilität auf die volle Testlänge umgerechnet. Das Verfahren ist nur für Power-Tests brauchbar. Die so berechnete Reliabilität bezeichnet man als *Halbierungszuverlässigkeit.* ↗Testtheorie.

Lit.: **Guilford, J. P.:** Psychometric Methods. New York, 1954; **Lienert, G. A.:** Testaufbau und Testanalyse. Weinheim, ³1969.

A. Rausche

Spontaneität. 1) Unabhängigkeit eines Verhaltens von Fremdbestimmung und äußeren Auslösern, 2) Unmittelbarkeit, Unreflektiertheit, 3) Überraschende Neuartigkeit und Einzigartigkeit eines Verhaltens, das den Verhaltenserwartungen nicht entspricht.

H. A. Müller

Spontanerholung. Das Phänomen des Wiederauftretens einer vorher bereits gelöschten bedingten ↗Reaktion nach einer Pause, d.h. längerer Abwesenheit des bedingten ↗Reizes. ↗Konditionierung; ↗Löschung.

J. P. Gösslbauer

Sportpsychologie. Wesen der S. Die S. untersucht die psychischen Vorgänge und ihre Erscheinungen, die sich beim Menschen vor, während und nach sportlicher Tätigkeit abspielen. Ebenso will sie die Ursachen und Wirkungen dieser Vorgänge erforschen, aber nicht den Sport selbst. Der Begriff *„Sportpsychologie"* trifft diesen Sachverhalt besser als der Begriff *„Psychol. des Sportes"*.

An jeder sportlichen Leistung ist die ↗Persönlichkeit als Ganzes beteiligt, sowohl mit *physischen* und *psychischen Faktoren* der *Leistungsfähigkeit* als auch mit *affektiven und volitiven Faktoren der Leistungsbereitschaft* (↗Motivation). Jede Sporttätigkeit ist aber auch Verhalten eines Individuums in der ↗Umwelt.

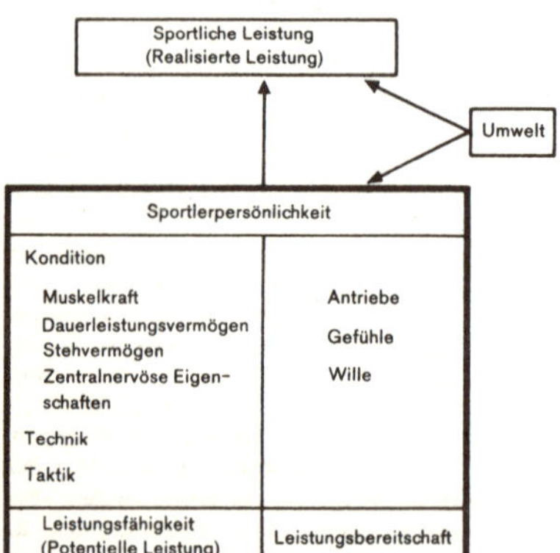

Die sportliche Leistung ist das Resultat einer Gesamtpersönlichkeit. Die Umwelt beeinflußt die Persönlichkeit und die Leistung.

Die psychosomatische Medizin und die ↗päd. Psychol. beschäftigten sich schon immer mit dem grundsätzlichen ↗Leib-Seele-Problem, das uns bei jeder Sporttätigkeit entgegentritt. Neue Impulse ergaben sich aus dem Bestreben des Menschen, die sportlichen Leistungen ständig zu verbessern, indem man die sportliche Tätigkeit vervollkommnet (Hochleistungssport). Die Sportmedizin hat bereits viel zu dieser Vervollkommnung beigetragen, doch nähert sich die physische Vorbereitung der „Spitzenathleten" einem Optimum. Auch die sportliche Technik (Biomechanik, Anlagen und Geräte) nähert sich der Perfektion. Die S. soll nun mittels der Erkenntnisse der ↗allg. Psychol. und ihrer eigenen Forschung mithelfen, die potentielle Leistungsfähigkeit eines Sportlers und seine Leistungsbereitschaft voll zu entwickeln, so daß er im entscheidenden Moment die sportliche Leistung zu realisieren vermag.

Die Beziehungen zwischen Sportpraxis und Psychol. sind jedoch wechselseitig. Mit den Erkenntnissen der Psychol. läßt sich die Sportpraxis vervollkommnen; andererseits ermöglicht der Sport, die Erkenntnisse der Psychol. zu erweitern. Im Sport treten nämlich Dinge in Erscheinung, die im übrigen Alltag nicht ohne weiteres beobachtet werden können. Die Fragen der Geschicklichkeit (Psychomotorik) z. B. oder auch die sozialpsychol. Probleme der ↗Gruppendynamik sind im Sport von großer Bedeutung. Bes. im Hochleistungssport erlebt der Athlet seelische Extremzustände mit entsprechenden Triebempfindungen, wie ↗Aggression, Selbstwertgefühl und ↗Angst. Der Sportler unterzieht sich im Training und Wettkampf Belastungen (↗Stress) und stellt an sich selber Ansprüche (↗Anspruchsniveau), die im Grenzbereich der persönlichen Leistungsfähigkeit liegen. „Weder bei der Berufsarbeit noch bei allg. psychol. Untersuchungen findet eine derart restlose Hingabe aller Kräfte statt, und zwar nicht nur der körperlichen, sondern auch der seelischen (Feige,

1964, S. 112). Es gehört zum Wesen der S., „das psychische Geschehen und Kräftespiel im Grenzbereich der normalen Leistungsfähigkeit zu erforschen" (Feige, 1964, S. 112). Diese spezifischen Aufgabenbereiche und Möglichkeiten der S. weisen sie einerseits als ein besonderes Fachgebiet der Psychologie und andererseits aber auch als Disziplin der Sportwissenschaft aus.

METHODEN. Die S. bedient sich der in der allg. Psychol. üblichen Methoden, zum Teil muß sie aber auch eigene Verfahren entwikkeln.

In unmittelbarer Verbindung mit sportlicher Tätigkeit lassen sich ↗Experimente und Tests (↗Psychodiagnostik, ↗Test, ↗Intelligenztests I) als bes. Form der Beobachtung durchführen. Experimente und Tests im Laboratorium sind immer durch Felduntersuchungen zu ergänzen, da die sportliche Wettkampfsituation im Laboratorium auch nicht annähernd reproduzierbar ist.

AUFGABEN DER S. Sportpsychol. *Grundlagenforschung* soll in nicht-praxisorientierten Arbeiten zum tieferen Verständnis der psychischen Phänomene im Zusammenhang mit Sporttätigkeit beitragen. Zu den Forschungsgebieten gehören das ↗Leib-Seele-Problem, die Entwicklungspsychol. (↗Entwicklung, ↗Reifung) und die Psychomotorik (↗Motorik), die Psychol. der Höchstleistung und die ↗Tiefenpsychol., also Gebiete aus dem Grenzbereich zwischen Biologie und Physiologie einerseits und der Psychol. andererseits.

In der *angewandten Forschung,* die durch praxisorientierte Arbeiten zum tieferen Verständnis der sportpsychol. Phänomene beitragen soll, stehen wie in ähnlichen Fachgebieten, z. B. in der ↗Verkehrspsychol., in der ↗Arbeitspsychol. oder in der ↗Wehrpsychol., vor allem Fragen der Eignung (↗Persönlichkeit der Sportler, Motivation zum Sport), der Leistung und sozialpsychol. Probleme im Vordergrund des Interesses. Der Übergang zwischen Grundlagenforschung und angewandter Forschung ist fließend, die beiden Bereiche überlappen sich. Von eminenter Wichtigkeit ist aber die Koppelung von Praxis und Forschung. Einerseits soll sich die S. – speziell für die Fragen der angewandten Forschung – an der Praxis orientieren, und andererseits soll sie aber die psychischen Erscheinungen nicht nur beschreiben, sondern auch erklären und die gewonnenen Erkenntnisse in die Sportpraxis übertragen. Lehre und Unterricht kommt dabei eine Vermittlerrolle zu.

Im *Unterrichtsfach* „Sportpsychologie" wird den Sportlehrern und Trainern ein psychol. Grundwissen vermittelt. Auch wird ihnen gezeigt, welche psychischen Faktoren am Zustandekommen einer sportlichen Leistung beteiligt sind. Man will in ihnen die Aufmerksamkeit, Ansprechbarkeit und Sensibilität für sportpsychol. Probleme wecken.

Neben den Aufgaben in Forschung und Lehre stellen sich der S. aber auch noch direkte Aufgaben in der Sportpraxis, vor allem auf dem Gebiet der *Betreuung* und *Beratung.* Dabei stehen als Aufgaben im Vordergrund: Anleitung für „psychisches Training" (meist Modifikationen des ↗autogenen Trainings), ↗Psychotherapie und psychol. Beratung. Diese Beratertätigkeit kann sich auf einzelne Sportler beschränken und im Sinne einer „Karriereberatung" durchgeführt werden. Aber auch Sportverbände und Sportmannschaften möchten betreut werden, was im Sinne der Unternehmensberatung oder der ↗Gruppentherapie erfolgen kann.

Lit.: Antonelli, F. & A. Salvini: Psicologia dello Sport. Rom, 1978; **Essing, W., Bertram, W. & Ch. Meckbach:** Monographien, Kongreßberichte und Sammelwerke zur Psychologie des Sports. Münster, 1977; **Feige, K.:** Aufgaben und Bedeutung der Sportpsychologie für die Theorie der Leibeserziehung. Die Leibeserziehung. 1964, *4,* 111–125; **ders.:** (Hrsg.): The Development of Sport Psychology. Kiel, 1977; **Gabler, H.:** Sportpsychologie. In: **F. Dorsch** (Hrsg.): Psychologisches Wörterbuch. Bern – Stuttgart – Wien, 1976; **Geron, E.:** Methoden und Mittel zur psychischen Vorbereitung des Sportlers. Schorndorf, 1975; **Kemmler, R.:** Psychologisches Wettkampftraining. München – Bern – Wien, 1973; **Kunath, P.:** Sportpsychologie. In: **G. Clauss** (Hrsg.): Wörterbuch der Psychologie. Leipzig, 1976; **Murphy, M. & R. White:** The Psychic Side of Sports. London, 1978; **Pilz, G. & G. Schilling** (Hrsg.): Sportpsychologie – wofür? – Psychologie sportive – pourquoi?. Basel, 1974; **Singer, R.:** Myths and Truths in Sports Psychology. New York – London, 1975; **Vanek, M. & B. J. Cratty:** Psychology and the Superior Athlete. London, 1970; **Whiting, H. T. A.:** Psychologie sportive. Paris, 1976.

G. Schilling

Sprachbarriere, in der Bildungsdiskussion der 60er Jahre geprägte Bezeichnung für die geminderten sozialen Aufstiegschancen von Kindern aus niedrigeren Sozialschichten als Folge beschränkter sprachlicher Kommunikationsfähigkeit. ↗Soziolinguistik.

Sprache. Mit S. wird nicht ein klar abgrenzbarer Phänomenbereich bezeichnet. Von dem Linguisten F. de Saussure stammt die begriffliche Differenzierung in *langue* (S. als System), *parole* (S. als aktueller Vorgang) und *langage* (allg. Sprachvermögen). Zahlreiche relativ eigenständige Denkansätze befassen sich in noch weiter unterscheidbarem Sinne mit „S." Sie sind in der Regel durch ein bestimmtes Ausgangsfeld, eigene Begriffe, Voraussetzungen und Methoden gekennzeichnet, teils auch durch spezifische Problemstellungen. Scheinen sich durch Erweiterungen in andere Problembereiche hinein übergreifende, analoge Fragestellungen zu ergeben, erweisen sie sich bei näherem Hinsehen wegen der Unterschiedlichkeit in den Grundvoraussetzungen oft als nicht kongruent. Teils werden verschiedene Ansätze vermischt, teils einzelne verabsolutiert, so daß andere jeweils nur mehr als Sonderfälle erscheinen. Für die innerhalb der Ansätze bzw. quer durch sie hindurch auftretenden unterschiedlichen theoretischen Richtungen gilt ähnliches wie für die Ansätze selbst, die sich in einigen thematischen Gruppen zusammenfassen lassen:

S. ALS SYSTEM. Die *Linguistik* geht von Objektivationen je bestimmter natürlicher S.n aus (Bierwisch, 1966; Hörmann, 1977; Miller & McNeill, 1969) und versucht einerseits, den mehrschichtigen Regelkanon (*↗Grammatik)* systematisch zu beschreiben, dem sprachliche Produktionen gehorchen (synchronischer Aspekt), andererseits die historischen Änderungen des Regelkanons (diachronischer Aspekt). Regelhaftigkeiten der Abfolge (syntagmatische Beziehungen) und Verwandtschafts- oder Entsprechungsbeziehungen (paradigmatische Beziehungen) können für Spracheinheiten verschiedener Ebenen untersucht werden: für Lautgebilde (↗Phonemik) bzw. Schriftzeichen (Grapheme), sinntragende Elementareinheiten (Morpheme, Wörter), Phrasenstrukturen, Sätze, Satzgefüge usw. Dementsprechend wird zwischen phonetisch/phonematischen, semantischen (↗Semantik), syntaktischen Fragestellungen unterschieden. Linguistische Analyse kann auf die Auffindung allgemeinster, allen natürlichen S.n gemeinsamer Charakteristika (Universalien) zielen (Greenberg 1966), aber auch auf die Differenzierung spezifischer sprachlicher Codes innerhalb einzelner Sprachsysteme (↗Soziolinguistik; Ervin-Tripp, 1969; Herrmann & Stäcker, 1969). – Die Theorie der *generativen transformationellen Grammatik* (Chomsky, 1970) hat die Beziehungen zwischen Linguistik und Psychol. (↗Psycholinguistik) außerordentlich belebt, so daß z. B. die zunächst linguistisch gemeinten Vorstellungen über das durch bestimmte Sprachkompetenz geregelte Generieren (Hervorbringen) von Sätzen zur Grundlage psychol. Hypothesen über sprachliches Verhalten (Performanz; ↗Sprechen) zu werden scheinen und darüber hinaus möglicherweise zur Grundlage einer allg. Verhaltenstheorie (Bierwisch, 1966; Dixon & Horton, 1968; Miller & McNeill, 1969). Die Auffassung, daß das Kind beim Erlernen der Mutter-S. im Prinzip vor einer ähnlichen Aufgabe steht wie der Linguist (an vorfindbarer S. die Regeln elaborieren, nach denen normgerechte Sprachäußerungen generiert werden können), hat die Analyse der ontogenetischen Sprachentwicklung wesentlich befruchtet. – Mehr und mehr gewannen sowohl in der Linguistik selbst als auch in ihrem Einfluß auf die Psychologie *semantische* und *pragmatische* Aspekte der Sprachverwendung und der Sprachentwicklung an Gewicht (Bellugi & Brown, 1964; Brown, 1973; Campbell & Smith, 1978; Engelkamp, 1977; Grimm, 1977; Hörmann, 1976; Lenneberg & Lenneberg, 1975; Menyuk, 1969; Miller & McNeill, 1969; Smith & Miller, 1966).

Im Aspekt der *Logik* wirken natürliche S.n sehr mängelreich (Stegmüller, 1968). Den Anforderungen logischer Analyse genügende Sprachsysteme erscheinen dem Linguisten hingegen künstlich und nur begrenzt theoretisch brauchbar (Bierwisch, 1966).

Die *Mathematik* bietet für die Beschreibung der ↗Grammatik auch natürlicher Sprachsysteme algebraische Formalstrukturen an (Miller & McNeill, 1969; Schnelle, 1968). Die allgemeinsten Regelhaftigkeiten von ↗Programmiersprachen sind aus angewandt-mathematischem Umgang mit logischen Automaten hervorgegangen. Aus Theorie und Praxis der *Artifiziellen Intelligenz* entstanden gewichtige Anregungen auch für das Modellieren von Sprachfunktionen (Schank & Colby, 1973).

↗*Kulturanthropologie* (↗Ethnologie) und ↗*Soziologie* betrachten eine S. von vornherein als ein System, das mit sozial-kulturellen Äußerungsformen einer Kulturgemeinschaft, wie Brauchtum, sozialer Gliederung, religiösen Anschauungen u.a., eng verflochten ist (Ervin-Tripp, 1969; Hymes, 1969; Terbuyken, 1976; ↗Whorf-Hypothese).

S. IM GEGENSTANDSBEZUG. Sprachliche Gebilde verschiedenster Art und Umfänglichkeit können als ↗Zeichen aufgefaßt werden, als Repräsentationen, die für anderes stehen. Die ↗*Semiotik* behandelt in allgemeinster Form außer dieser semantischen Beziehung (↗Semantik), für deren Zustandekommen sich auch die Psychol. interessiert (Hörmann, 1977, 94ff.), die (syntaktischen) Beziehungen der Zeichen untereinander und die (pragmatischen) Beziehungen zwischen Zeichen und Zeichenbenutzern. Darüber hinaus wirft ↗*Semantik* philosophisch-erkenntnistheoretischer Provenienz die Frage der Wahrheit auf (Stegmüller, 1968). Die „allgemeine Semantik" (Hayakawa, 1967) macht nachdrücklich auf die Beliebigkeit der Zuordnung von sprachlichen Zeichen und Gegenständen aufmerksam und bekämpft Wortmagie. – In der Sprachschicht der lautlichen Realisationen sind die mit Onomatopöie und Lautsymbolik (Phonemik) verknüpften Probleme angesiedelt.

S. UND KOMMUNIKATION. Grundschema ist hier der wechselseitige Informationsaustausch zwischen Sendern und Empfängern. Im Aspekt der *informationstheoretisch* (↗Informationstheorie) fundierten Kommunikationsforschung, die auf dem Modell des Übertragungskanals aufbaut, erscheint S. als ein Code, mittels dessen Übertragungswürdiges encodiert und die entsprechende Nachricht decodiert wird. Damit wird nahegelegt, sprachliches Geschehen jeweils auf verschiedenen Ebenen als Markoff-Prozeß aufzufassen und seine stochastischen Eigenschaften mit sprachstatistischen Methoden zu analysieren (Herdan, 1960; Hörmann, 1977; Schnelle, 1968).

↗Kommunikation – in einem vageren Sinne verstanden – findet jedoch auch *„nonverbal"*, über andere Kanäle statt: über Blicke, Gesten, Gebärden, Körperhaltungen (kinesics; Argyle, 1969, 1975; Hall, 1959; Harper, Wiens & Matarazzo, 1978; Sebeok u.a., 1964; Siegman & Feldstein, 1978) und selbst bei sprachlicher Verständigung auch durch Intonation, Akzentuierungen, Pausen usw. *(paralinguistische Kommunikation;* Miller & McNeill, 1969; Moscovici, 1967; Wiener & Mehrabian, 1968).

Die Anwendung des Begriffs S. auf das *Kommunizieren von Tieren* wurde vielfach umstritten (Sebeok, 1968), aber auch durch aufwendige Untersuchungen zu rechtfertigen gesucht (Rumbaugh, 1977).

Kommunikationsforschung in einem noch weiteren Sinne behandelt sprachliches Kommunizieren im erkundenden ↗Interview, im therapeutischen oder pädagogischen Gespräch, innerhalb von Kleingruppen (z.B. als persuasive Beeinflussung), ferner das Weitergeben sprachlicher Information durch ↗Massenmedien (z.T. unter rhetorischen Aspekten) u.ä.m. (Dieckmann, 1969; Ellingworth & Clevenger, 1967; Ervin-Tripp, 1969; Herrmann & Stäcker, 1969; Jaffe & Feldstein, 1970; Moscovici, 1967; Thayer, 1967). Kommunikative Regelhaftigkeiten innerhalb *alltäglicher Konversation* erfahren zunehmende Beachtung in Soziologie und Psychologie (Duncan & Fiske, 1977; Lofland, 1976; Schenkein, 1978).

S. UND HANDELN. Die *Psychol.* (↗Psycholinguistik) erfaßt sprachliches Geschehen primär unter dem Aspekt individuellen Erlebens und Verhaltens und ihrer Bedingungen im Individuum (Dixon & Horton, 1968; Hörmann, 1977; Kainz, 1941–1969; Miller & McNeill, 1969). Aufnehmen, gedankliches Verwenden und Produzieren von S. (↗Sprechen) werden als spezifische Weisen des Wahrnehmens, des kognitiven Operierens und des produktiven Tätigseins aufgefaßt, die durch bestimmte (großenteils erworbene) dispositionelle Grundlagen ermöglicht werden. Diese Grundlagen und ihre Modifikation in Lernprozessen (↗Sprache: Etablierung und Modifikation des Verbalverhaltens) müssen in Exp. (Glucksberg & Danks, 1975; Jakubowicz, 1970; Miller & McNeill, 1969) und freierer Beobachtung (Ervin-Tripp, 1969) von aktuellem Verhalten her bzw. durch inhaltsanalytische Methoden (Herrmann & Stäcker, 1969) von sprachlichen Objektivationen her erfahrungswissenschaftlich erschlossen werden. Das kann unter allgemein-psychol., auf durchgängige Regelhaftigkeiten abzielenden Fragestellungen geschehen wie auch unter differentiell-psychol. und individuell-diagnostischen (Gottschalk & Gleser, 1969; Guilford, 1967). Dabei werden auch die Beziehungen zwischen sprachlichem und anderem Verhalten (↗Wahrnehmen, ↗Problemlösen, schlußfolgerndem Denken, ↗Motorik u.a.; Herrmann & Deutsch, 1976; Kleinmuntz, 1966; McGuigan, 1966; Miller & Johnson-Laird, 1976; Wathen-Dunn, 1967; Wygotski, 1969) behandelt (↗Sprache, innere; ↗Whorf-Hypothese), für den Fall der Beherrschung mehrerer Sprachsysteme (Bilingualismus, Multilingualismus) auch deren funktionelles Interagieren beim Sprachbenutzer (Hörmann, 1977, 117ff.; Hornby, 1977).

S. UND BIOLOGISCHES SUBSTRAT. Das höchst komplizierte menschliche Sprachverhalten setzt Vorhandensein und Funktionstüchtigkeit einer Vielfalt von Organsystemen voraus (Lamendella, 1977; Lenneberg, 1967; McGuigan & Schoonover, 1973; Rieber, 1976), deren phylogenetische Entwicklung jeweils in Korrespondenz zu verschiedenen Sprachleistungen verfolgt (Révész, 1946) und unter morphologischen und physiol. Aspekten beschrieben werden kann (z.B. S. als zweites Signalsystem). Wichtiger Aufschluß ergibt sich auch aus pathologischen Verhältnissen morphologischer und funktioneller Art (↗Aphasie; Furth, 1966; de Reuck & O'Connor, 1964; Schwartz, 1978; Shewan, 1978; Travis, 1963).

Lit.: **Argyle, M.:** Social interaction. London, 1969 (dt.: Soziale Interaktion. Köln, 1972); **ders.:** Bodily communication. London, 1975; **Bellugi, U. & R. Brown** (Eds.): The acquisition of language. Monogr. Soc. Res. Child Devel., 1964, *29*, Ser. No. 92; **Bierwisch, M.:** Strukturalismus. Kursbuch, 1966, *5*, 77–152; **Brown, R.:** A first language. Cambridge (Mass.), 1973; **Campbell, R. N. & P. T. Smith** (Eds.): Recent advances in the psychology of language. Language development and mother-child interaction. New York, 1978; **Chomsky, N.:** Sprache und Geist. Frankfurt, 1970; **Dieckmann, W.:** Sprache in der Politik. Heidelberg, 1969; **Dixon, Th. R. & D. L. Horton** (Eds.): Verbal behavior and general behavior theory. Englewood Cliffs (N. J.), 1968; **Duncan, S. Jr. & D. W. Fiske:** Face to face interaction: Research, methods, and theory. New York, 1977; **Ellingworth, H. W. & T. Clevenger:** Speech and social action. Englewood Cliffs (N. J.), 1967; **Engelkamp, J.:** Sprache. In: **T. Herrmann, P. R. Hofstätter, H. P. Huber & F. E. Weinert:** Handbuch psychologischer Grundbegriffe. München, 1977; **Ervin-Tripp, S. M.:** Sociolinguistics. In: **L. Berkowitz** (Ed.): Advances in experimental social psychology, Bd. 4. New York, 1969, 91–165; **Furth, H. G.:** Thinking without language. New York, 1966; **Glucksberg, S. & J. H. Danks:** Experimental psycholinguistics. Hillsdale (N. J.), 1975; **Greenberg, J. H.** (Ed.): Universals of language. Cambridge (Mass.), 1966; **Gottschalk, L. A. & G. C. Gleser:** The measurement of psychological states through the content analysis of verbal behavior. Berkeley, 1969; **Guilfold, J. P.:** The nature of intelligence. New York, 1967; **Grimm, H.:** Psychologie der Sprachentwicklung. 2 Bde. Stuttgart, 1977; **Hall, E. T.:** The silent language. New York, 1959 (dt. 1976); **Harper, R. G., Wiens, A. N. & J. D. Matarazzo:** Nonverbal communication. New York, 1978; **Hayakawa, S. J.:** Semantik. Darmstadt, ²1967; **Herdan, S.:** Type-token mathematics. 's-Gravenhage, 1960; **Herrmann, T. & W. Deutsch:** Psychologie der Objektbenennung. Bern, 1976; **Herrmann, T. & K. H. Stäcker:** Sprachpsychologische Beiträge zur Sozialpsychologie. In: **C. F. Graumann** (Hrsg.): Hdb. der Psychologie, Bd. 7. Göttingen, 1969, 398–474; **Hörmann, H.:** Meinen und Verstehen. Grundzüge einer psychologischen Semantik. Frankfurt, 1976; **Hörmann, H.:** Psychologie der Sprache. Berlin, ²1977; **Hornby, P. A.** (Eds.): Bilingualism. Psychological, social and educational implications. New York, 1977; **Hymes, D.** (Ed.): Language in culture and society. New York, 1964; **Jaffe, J. & S. Feldstein:** Rhythms of dialogue, New York, 1970; **Jakubowitz, C.:** Recherches récentes en psycholinguistique. L'année psychol., 1970, *70*, 247–293; **Kainz, F.:** Psychologie der Sprache. 5 Bde. Stuttgart, 1941–69; **Kleinmuntz, B.** (Ed.): Problem solving: research, method and theory. New York, 1966; **Lamendella, J. T.:** The limbic system in human communication. In: **H. Whitaker & H. A. Whitaker** (Eds.): Studies in neurolinguistics. Vol. 3. New York, 1977; **Lenneberg, E. H.:** Biological foundations of language. New York, 1967 (dt. 1972); **ders. & E. Lenneberg** (Eds.): Foundations of language development: A multidisciplinary approach. Volume 1 & Volume 2. New York, 1975; **Lofland, J.:** Doing social life. The qualitative study of human interaction in natural settings. New York, 1976; **McGuigan, F. J.:** Thinking: studies of covert language processes. New York, 1966; **ders. & R. A.**

Schoonover: The psychophysiology of thinking. New York, 1973; **Menyuk, P.:** Sentences children use. Cambridge (Mass.), 1969; **Miller, G. A. & P. N. Johnson-Laird:** Language and perception. Cambridge (Mass.), 1976; **Miller, G. A. & D. McNeill:** Psycholinguistics. In: **G. Lindzey & E. Aronson** (Eds.): Handbook of Social Psychology, 3. Reading (Mass.), 1969, 666–794; **Moscovici, S.:** Communication processes and the properties of language. In: **L. Berkowitz** (Ed.): Advances in experimental social psychology, Vol. 3. New York, 1967, 225–270; **de Reuck, A. V. S. & M. O'Connor** (Eds.): Disorders of language. London, 1964; **Révész, G.:** Ursprung und Vorgeschichte der Sprache. Bern, 1946; **Rieber, R. W.** (Ed.): The neuropsychology of language. New York, 1976; **Rumbaugh, D. M.** (Ed.): Language learning by a chimpanzee. The Lana project. New York, 1977; **Schank, R. C. & K. M. Colby** (Eds.): Computer models of thought and language. San Francisco, 1973; **Schenkein, J.** (Ed.): Studies in the organization of conversational interaction. New York, 1978; **Schnelle, H.:** Methoden mathematischer Linguistik. In: Enzyklopädie der geisteswissenschaftlichen Arbeitsmethoden: Methoden der Sprachwissenschaft. München, 1968, 135–160; **Schwartz, S.** (Ed.): Language and cognition in Schizophrenia. Hillsdale (N. J.), 1978; **Sebeok, T. A.** (Ed.): Animal communication. Bloomington, 1968; **ders., Hayes, A. S. & M. C. Bateson:** Approaches to semiotics. The Hague, 1964; **Shewan, C. M.** (Ed.): Speech and language disorders. New York, 1978; **Siegman, A. W. & S. Feldstein** (Eds.): Nonverbal behavior and communication. Hillsdale (N. J.), 1978; **Smith, F. & G. A. Miller** (Eds.): The genesis of language. Cambridge (Mass.), 1966; **Stegmüller, W.:** Das Wahrheitsproblem und die Idee der Semantik. New York, 1968; **Terbuyken, G.:** Sprechform, Sozialstruktur und Verstehensprozeß. Bochumer Studien zur Publizistik- und Kommunikationswissenschaft. Bd. 6. Bochum, 1976; **Thayer, L.** (Ed.): Communication; theory and research. Springfield (Ill.), 1967; **Travis, L. E.** (Ed.): Handbook of speech pathology. London, 1963; **Wathen-Dunn, W.** (Ed.): Models for the perception of speech and visual form. Cambridge (Mass.), 1967; **Wiener, M. & A. Mehrabian:** Language within language. New York, 1968; **Wygotski, L. S.:** Denken und Sprechen. Frankfurt a.M., 1969.

G. Kaminski

Sprache: *Etablierung und Modifikation des Verbal-Verhaltens.* Auch verbales Verhalten unterliegt Skinners (1957) dreigeteiltem Kontingenzschema. Verhalten, sei es verbaler oder anderer Art, wird in folgenden Begriffen erfaßt: In einer gegebenen *Reizkonstellation* wird eine Handlung ausgeführt, die Folge ist eine *Veränderung in der Umwelt* des handelnden Organismus. Im Ggs. zu den Verhaltensweisen des Organismus mit *direktem* Einfluß auf die physische Umwelt (sich bewegende Objekte) kommen die Umweltveränderungen, die das Verbalverhalten bewirkt, durch die Tätigkeit anderer Organismen mit entsprechendem Sprachrepertoire zustande. Da die Wahrscheinlichkeit für das Auftreten einer Handlung in einer bestimmten Situation von den Folgen abhängt, erlaubt die Untersuchung dieser Handlungskonsequenzen eine Voraussage und Kontrolle der Wahrscheinlichkeit für das Wiederauftreten einer Handlung in einer gegebenen Reizkonstellation. Die Wahrscheinlichkeit und Topographie des Verhaltens sind somit eine Funktion der Beziehung zwischen gegebenem *Reizmuster,* dem *Handlungsvollzug* und dessen *Folgen.* Wichtig ist die Unterscheidung zwischen zwei Arten von Verbalrepertoires: das *rezeptive Verbalrepertoire* von Verhaltensweisen *aller möglichen* Klassen tritt auf als Stimuluskontrolle des Verbalverhaltens eines anderen Organismus und das *produktive Verbalrepertoire,* das das Verhalten eines jeden Organismus mit korrespondierendem, rezeptivem Repertoire kontrolliert. Diese Unterscheidung erlaubt es, Inhalte des rezeptiven Repertoires als Problem aufzufassen, wie Verhalten unter die spezifische verbale Stimuluskontrolle *(Verstehen)* gestellt werden kann, und Inhalte des produktiven Repertoires *(Sprechen)* als Fragestellungen, wie das Verbalverhalten als Aktionsfunktion in einer Sprachgemeinschaft gestaltet werden soll. Zu den wichtigsten Prinzipien zählen: die Analyse von Reaktionstopographien sollte eher in Termini der *Funktion* statt der *Form* erfolgen; die Reizmuster und Konsequenzen verbalen Verhaltens müssen sehr genau definiert und manipuliert werden; es muß eine sorgfältige Analyse des Endverhaltens in Termini des *vorangehenden* Verhaltens durchgeführt werden; komplexe Verhaltensweisen werden durch die sukzessive Etablierung vorhergehender Verhaltensweisen gebildet.

Lit.: Sapon, S. M.: Operant studies in the expansion and refinement of verbal behavior, Rochester (N. Y.), 1969; **Skinner, B. F.:** Verbal behavior. New York, 1957.

S. M. Sapon

Sprache, innere. I. S. ist eine tonlose Sprache, welche die Grundform des Denkens in Worten darstellt. Schon im Altertum hatte man festgestellt, „Denken heißt schweigend zu sich selbst sprechen". Viele Philosophen, Linguisten und

Psychologen haben – beginnend mit Plato – diesen Gedanken weiterentwickelt, der in seiner extremsten Form zur ungerechtfertigten Gleichsetzung des ↗Denkens mit dem ↗Sprechen und in der behavioristischen Deutung zur Definition des Denkens als „subvokale" Prozesse im Kehlkopf (Watson, 1919) führte.

Frühe Erforschungen der i. S. basierten auf Introspektion und klinischen Beobachtungen von Sprachstörungen bei verschiedenen Arten der ↗Aphasie. Ausgehend von diesen Beobachtungen, betrachtete man die i. S. als „Wortbilder" verschiedener Modalität (akustische, motorische und optische), mit deren Ausfall sich auch einige mit der Aphasie verbundene Funktionsstörungen des Intellekts erklären ließen (Störungen des Sprachverständnisses bei der sensorischen und der Spracherinnerung bei der motorischen Aphasie). Es wurden mehrere Theorien entwickelt: von der motorischen Grundlage des inneren Sprechens (S. Stricker, 1880), von der auditiven (V. Egger, 1881) oder von einer gemischten Grundlage (G. Ballet, 1886). Darüber hinaus beschrieb man visuelle Formen der i. S. als optische Bilder von Buchstaben und schematische visuelle Bilder von Objekten (A. Lemaitre, 1905). Die Würzburger Psychologen (K. ↗Bühler, 1907–08) bestritten jedoch die Notwendigkeit anschaulicher ↗Vorstellungen und Wortbilder für das ↗Denken und erklärten diese zu sporadischen Phänomenen.

Die expt. Erforschung der i. S. ist aufgrund der Verborgenheit aller ihrer Prozesse mit großen Schwierigkeiten verbunden. Die größten Möglichkeiten bietet eine Untersuchung der motorischen (kinästhetischen) Komponente. Anfangs (1900–25) versuchte man, mit wenig empfindlichen pneumatischen und mechanischen Geräten die Mikrobewegungen der Sprechorgane zu registrieren (H. Curtis, A. Wyczoikowska, A. Thorson u. a.). Auch wurden verschiedene Methoden der Unterdrükkung oder Hemmung der äußeren und inneren Artikulation angewandt (A. Binet, E. Meumann, R. Pintner). Die Ergebnisse dieser Exp. waren nicht eindeutig, und so betrachtete man die verborgene Artikulation nicht als allgemeinen, sondern nur als individuellen Faktor des Denkens. Die Verwendung empfindlicherer Registrierungsgeräte (anfangs Saitengalvanometer, dann auch Elektronenmyographen; Elektromyographie [EMG] = Registrierung von muskulären Tonusschwankungen) erbrachte jedoch genauere Ergebnisse, die auf eine Hebung des Tonus der Sprechmuskulatur während der Erfüllung aller verbalen Aufgaben hinwiesen, wenn diese Denkschwierigkeiten enthielten. Auch wurde festgestellt, daß die dabei registrierten EMG-Potentiale lokal-sprachlich sind und nicht nur eine Folge diffuser Irradiation des Muskeltonus. Pionier dieser Untersuchungen war E. Jacobson (1929–32). Im weiteren Verlauf wurde die EMG-Methode zur Erforschung des Denkens bei Gehörlosen (L. Max, 1937), von akustischen ↗Halluzinationen bei ↗Schizophrenie (L. Gould, 1948-49), des aufmerksamen Hörens (A. Smith, R. Malmo und C. Shagass, 1954; H. Wallerstein, 1954), des tonlosen Lesens (K. Faaborg-Andersen und A. Edfeldt, 1957–59; C. Hardyck und Mitarbeiter, 1966) sowie zur Lösung verbaler und anschaulicher Aufgaben (A. N. Sokolov, 1957–68) angewandt.

Die Ergebnisse dieser neuen Forschungen deuten auf eine große Variation der sprachlichen EMG-Reaktionen hin – abhängig von einer Reihe von Faktoren: der Schwierigkeit und Neuheit der zu lösenden Denkaufgaben, dem Grad der Automatisierung der zu erfüllenden Denkoperationen, der Einbeziehung von anschaulichen Bildern (Wahrnehmungen und Vorstellungen) in die Denktätigkeit und der individuellen Neigung zu einem bestimmten Gedächtnistyp. Sprechmot. Impulse sind nicht nur bei verbal-abstraktem, sondern auch bei anschaulichem Denken feststellbar, wenn sie auch weniger stark und vielleicht gehemmt oder reduziert sind in Momenten intensiver visueller Analyse von Objekten. Danach aber kommt die Phase der verborgenen sprechmot. Reaktionen, mit denen der Denkprozeß entweder abgeschlossen oder korrigiert wird. Ausgehend von den EMG-Daten, kann man annehmen, daß die Hauptfunktion der sprechmot. (propriozeptiven und taktilen) Afferenz beim Denken vielleicht die mot. Verstärkung oder „Aktivierung" der Sprachmechanismen des Gehirns nach dem Prinzip der „Rückkoppelung" ist. Das entspricht den Vorstellungen I.P. Pawlows von Sprachkinästhesien als „Basal"-komponente des zweiten Signalsystems (der Sprache).

In der sowjetischen Psychol. ist das Problem des inneren Sprechens im Zusammenhang mit der Kritik der behavioristischen sowie der Würzburger Konzeption des Denkens (↗Würzburger Schule) eingehend erörtert worden. Ein allg. Überblick über dieses Problem und die Ergebnisse seiner expt. Erforschung ist in den Arbeiten Sokolovs (1968, 1969) zu finden. ↗Sprache.

Lit.: Ballet, G: Le langage interieur. Paris, 1886; **Edfeldt, Å.:** Silent speech and silent reading. Stockholm, 1959; **Jacobson, E.:** Progressive relaxation. Chicago, ²1956; **Luria, A. R.:** The role of speech in the regulation of normal and abnormal behavior. NewYork, 1961; **Sokolov, A. N.:** Internal speech and thought. Moscow, 1968; **ders.:** Studies of speech mechanisms of thinking. In: A handbook of contemporary soviet psychology. New York – London, 1969. **Wygotskij, L. S.:** Thought and speech. Moscow, 1934 (dt.: Denken und Sprechen. Frankfurt a.M., 1971).

N. Sokolov

Sprachentwicklung *(Spracherwerb, sprachliche Ontogenese),* Problemkreis innerhalb der Entwicklungspsychologie, insbesondere der Psycholinguistik: meint die allmähliche Ausbildung jener Fertigkeit (Kompetenz) in der Sprachperzeption (-wahrnehmung) und Sprachproduktion, die die sprachliche Kommunikation auf dem Fertigkeitsniveau einer erwachsenen Gemeinschaft ermöglicht. Das zu diesem Sprachverhalten vorauszusetzende, im Gedächtnis verankerte Kenntnissystem wird zum wesentlichen Teil in einer grammatisch charakterisierten Sprachstruktur (orientiert im folgenden vor allem an der Sprachproduktion) dargestellt.

Der Spracherwerb verläuft grob in drei Phasen: 1) Lall- oder Brabbelphase mit motorischer Einübung der Sprechorgane, aber noch ohne sinnvolle Äußerungen; (beginnend nach 12 Monaten) Phase der Einwortsätze mit sinnvollen, auf Einzellexeme eingeschränkten Äußerungen, wo vor allem das Artikulationsinventar bereits sprachlich kontrolliert ist. 2) (Zwischen 18 und 24 Monaten bis 5 Jahre) Phase der syntaktischen Kombinierung zu 3-oder-mehr-Wort-Äußerungen, die semantische Grundbeziehungen spiegeln, sowie Ausbildung morphologischer Unterscheidungen (Plural beim Nomen, Verbalformen) und referenz-deiktischer Elemente (*du* vor *ich*) bis zu einem phonologisch-morphologisch und syntaktisch relativ vollständigen Grundrepertoire. 3) Perfektionierungs- und Stabilisierungsphase: Ausdifferenzierung syntaktisch komplizierter Zusammenhänge, Vervollständigung der morphologischen Kenntnisse. Der Aufbau und die Gliederung des Wortschatzes (Lexikons) erfolgen unabhängig davon schubweise mit mehreren Umordnungen der Relationen, die zwischen den Einzelelementen bestehen.

Die sprachliche Umgebung des reifenden Kindes setzt wohl die nötigen Reize, die S. kann jedoch nicht als Lernen durch sich stets weiter vervollkommnende Nachahmung erklärt werden. Vielmehr baut das Kind diese meist unvollkommenen Reizangebote reifebedingt, schrittweise und häufig auch ohne Übungsstrategien zu verfolgen zu eigenen sukzessiven Grammatiksystemen aus, deren Verhältnis untereinander und deren steuernde Prinzipien (auf der Ebene der Phonetik, Morphologie, Syntax und Semantik) von der Psycholinguistik untersucht werden (McNeill, Slobin). S. ist artspezifisch für den Menschen, das Kind kann jede natürliche Weltsprache gleich leicht und perfekt erlernen.

Je nach Annahme von eher biologisch zentral verankerten Grundvoraussetzungen oder einer eher stimulusbedingten Auflösung von Assoziationsschemata lassen sich verschiedene theoretische Positionen zur Frage der S., im besonderen die folgenden zwei Grundpositionen finden: eine allgemein lerntheoretische (extrem etwa die behavioristische Konditionierungstheorie des Spracherlernens auf der Grundlage von Reizklassifikation und Assoziationsbildung: Skinner) mit vielschichtigen Lernstrategien, die typisch für den Menschen sind, und andererseits eine, die von innaten (biologisch fertigen, angeborenen) formalen Grundkompetenzen ausgeht (Chomsky); diese legen ein Inventar an möglichen Grammatikkompetenzen fest, aus denen das Kind je nach seinem Sprachangebot eine Auswahl trifft.

Daneben ist zu unterscheiden zwischen einerseits reinem (primärem) Sprachlernen, das die sich entwickelnde sprachliche Kompetenz an allgemein kognitive Denkprozesse bindet, und andererseits praktisch-sozialen Kenntniserweiterungsprozessen, die ab dem Schulalter zunehmen und späteres (sekundäres) Sprachlernen (besonders von Fremdsprachen) in entscheidendem Maße determinieren.

Lit.: Bloom, L.: One word at a time. The use of single word utterances before syntax. The Hague, 1973; **Clark, E. V.:** The ontogenesis of meaning (Linguistische Forschungen 27). Wiesbaden, 1979; **Lenneberg, E. H.:** Biological foundations of language. With appendices by Noam Chomsky and Otto Marx. New York, 1967; **Levelt, W. J. M.:** What became of LAD?. In: **W. Abraham** (Hrsg.): Ut videam: Contributions to an understanding of linguistics. Lisse, 1975, 171–190; **Luria, A. R.:** Die Funktion der Sprache in der geistigen Entwicklung des Kindes. Düsseldorf, [3]1973; **McNeill, D.:** The acquisition of language. The study of developmental psycholinguistics. New York, 1970; **Osgood, Ch. E. & Th. A. Sebeok** (Hrsg.): Psycholinguistics. Bloomington-London, 1965 (1969); **Piaget, J.:** Sprechen und Denken des Kindes. Düsseldorf, [3]1976; **Schönpflug, U.:** Psychol. des Erst- u. Zweitspracherwerbs. Stuttgart, 1977; **Slobin, D. I.:** Kognitive Voraussetzungen der Sprachentwicklung. In: **H. Leuninger, M. H. Miller & F. Müller** (Hrsg.): Linguistik und Psychologie. Wiesbaden, 1974, 122–166; **Wygotski, L. S.:** Denken und Sprechen. Frankfurt, 1971.

W. Abraham

Sprachfreie Tests, Bezeichnung für eine Gruppe von ↗Intelligenztests, die keine Anforderungen an das mündliche oder schriftliche Sprachverständnis (Verbal-Tests) stellen und zur Anwendung bei Ausländern, Tauben und Analphabeten geeignet sind. Bekannte Tests sind z. B. Snijders-Oomen nicht-verbale Intelligenztestreihe 1964, IPAT ↗Culture Free Intelligence Test by Cattell 1950, ↗Progressive Matrices by Raven 1938, 1956. I. w. S. werden alle Tests mit nicht-verbalem Inhalt und sprachfreien Reaktionsweisen als s. T. bezeichnet. *E. Furch-Krafft*

Sprachlabor. Das S. ist eine wichtige Hilfe für den Fremdsprachenunterricht. Sein Hauptzweck besteht im Einüben von Sprech- und Sprachgewohnheiten. Durch Zweispur-Tonbandgeräte können Lehrer und Schüler wechselseitig das Tonband besprechen und abhören und auf diese Weise die Leistungen ständig überprüfen. Man unterscheidet hauptsächlich 3 Systeme: a) System für Gruppenarbeit (broadcasting), b) System für Einzelarbeit, c) gemischte Systeme.

Bei System a) haben die Schüler nur Mikrophone und Kopfhörer und bearbeiten gemeinsam ein Programm; nur der Lehrer kann einzelne Schüler auf Band nehmen. Bei System b) kann jeder Schüler in seiner Kabine mit seinem Tonbandgerät individuell an einem Programm arbeiten; der Lehrer kann sich jederzeit einschalten. Als gemischte Systeme c) bezeichnet man Anlagen mit unterschiedlich ausgestatteten Schülerplätzen. Möglichkeiten: (1) nur Hören, (2) Hören und Sprechen, (3) Hören, Sprechen und Aufnehmen, die aber von einem zentralen Steuerpult überwacht werden können.

Lit.: Freudenstein, R.: Unterrichtsmittel Sprachlabor-Technik, Methodik, Didaktik. Bochum, [4]1975; **Stack, E. M.:** Das Sprachlabor im Unterricht. Berlin, 1966.

H. Illner

Sprachproduktion ↗Sprechen.

Sprachpsychologie ↗Sprache; ↗Psycholinguistik.

Sprachrezeption ↗Sprechen.

Sprachschwäche. Familiäre, konstitutionelle und erbliche Störung der Sprachfähigkeit in verschiedenen Kombinationen (sog. Sprachschwächesyndrom): verzögerte Sprachentwicklung, Stammeln und Dysgrammatismus über den normalen Zeitraum hinaus, Lese-Rechtschreib-Schwäche, überstürzte Redeweise bis hin zum ↗Poltern; oft Unmusikalität. Häufig verzögerter Erwerb der Händigkeit als Symptom der gestörten psychomotorischen Entwicklung. *Ch. v. Deuster*

Sprachstörungen, Sammelbegriff für totale oder partielle Beeinträchtigungen der Sprache bezüglich jeder ihrer Leistungen. Bei S. bestehen häufig auch Störungen der akustisch-optischen, motorisch-kinästhetischen, psychomotorischen oder allgemein körperlich-geistigen

Entwicklung und treten oft zusammen mit ↗Teilleistungsschwächen auf. *Häufige Ursachen:* Schädigungen und Störungen des ZNS einschließlich zentraler und peripherer Leitungsbahnen, stärkere Abweichungen hinsichtlich Beschaffenheit und Funktion der Artikulationsorgane, Hörstörungen (peripher und zentral), Intelligenzdefekte (angeboren oder erworben), unsachgemäße Sprachpflege und andere psychische Faktoren. Vorkommen auch im Rahmen der ↗Legasthenie. *Wichtigste S.: verzögerte Sprachentwicklung* (verspäteter Beginn, verlangsamter Verlauf); *Stammeln* (Dyslalie, Störungen der Artikulation bes. durch Laut- oder Silbenauslassungen, -vertauschungen oder -verzerrungen; Extrem: Gehörlosensprache); ↗Dysgrammatismus; ↗Stottern; ↗Poltern; Näseln (Rhinolalie, Rhinophonie, Störung der nasalen Resonanz, vermehrt: offenes Näseln, vermindert: geschlossenes Näseln. Kombinationsform: gemischtes Näseln; bei allen Formen gibt es organische und funktionelle Ursachen); *Aphasien* (Dysphasien, gradueller Unterschied, jedoch meist synonym gebraucht, Störungen der bereits erworbenen Sprache durch Schädigung von Sprachzentren im Großhirn); *Hörstummheit* (Ausbleiben einer nennenswerten Sprachentwicklung trotz nicht stärker beeinträchtigten peripheren Hörvermögens. Begriff umstritten, neuer Vorschlag: motorisch-sensorisch bedingter expressiv-impressiver Sprachentwicklungsrückstand (E. Loebell); ↗Dysarthrie; ↗Dysglossie; ↗Dysphrasie; ↗Dyslogie; *Mutismus* (psychogene Stummheit, selektiv oder total).

Lit.: Kaiser, E.: Zur Aetiologie und Therapie des motorisch-sensorisch bedingten expressiv-impressiven Sprachentwicklungsrückstandes bei Kindern. Hörgeschädigten-Pädagogik, 1978, *32,* 2–17; **Luchsinger, R. & G. Arnold:** Handbuch der Stimm- und Sprachheilkunde, Bd. 2. Heidelberg. 1970; **Seeman, M.:** Sprachstörungen bei Kindern. Berlin, 1969; **Westrich, E.:** Sprach- und Sprechstörungen (Sprachbehinderungen). In: **Pongratz, L. J.** (Hrsg.): Hdb. d. Psychol., Bd. 8, 2. Halbbd. Göttingen, 1978.

Ch. v. Deuster & H. Buchta

Sprachtheorie. 1) Allgemein ist S. Gegenstand von Untersuchungen seit Platon (Sprache als Organon, um dem anderen etwas mitzuteilen) bis zur modernen Sprachforschung (↗Linguistik; ↗Psycholinguistik) über das Wesen und das Entscheidende der Sprache, nämlich wie sie in die Lage versetzt wird, ihre zahlreichen Leistungen zu vollbringen, z. B. als Werkzeug allen kulturellen Schaffens, als Denk- und Erkenntnisform, als Lebensraum und Existenzsphäre für geistig-kulturelle Schöpfungen. Die S. geht nach Bühler und Kainz also über eine alleinige psychologische Analyse der Sprache als Tätigkeit und Funktion des Menschen weit hinaus. **2)** Spezieller Begriff von K. Bühler (1934) für seine Theorie der menschlichen Sprache. Er verstand Sprache als Werkzeug (= Organon) zur Regulierung der sozialen Kommunikation und betrachtete Sprachentwicklung als Aneignung der Werkzeugfunktionen. In seinem „Organonmodell", das die Kommunikationsfunktionen der Sprache darstellt, nennt Bühler als die 3 kennzeichnenden Leistungen die Darstellung (sprachliches Zeichen als Symbol in der Darstellung von Gegenständen/Sachverhalten), den Ausdruck (Symptom im Ausdruck der Sprecherbefindlichkeit) und den Appell (Signal an den Empfänger/Hörer, dessen Verhalten das Zeichen steuern soll).

Lit.: Bühler, K.: Sprachtheorie. Stuttgart, ²1965; **Hörmann, H.:** Psychologie der Sprache. Berlin, ²1979; **Kainz, F.:** Psychologie der Sprache. 5 Bde. Stuttgart, ¹⁻⁴1967–70.

Ch. v. Deuster & H. Buchta

Sprachtherapie, eine relativ junge Disziplin, die sich auf Bewertung, Diagnose und Behandlung aller Kommunikationsstörungen sowohl bei Kindern wie bei Erwachsenen spezialisiert. Sprachstörungen können die Artikulation von Sprachklängen, den Umfang und Gebrauch ausdrucksvoller Sprache, die Qualität der Stimme und den Redefluß beeinträchtigen. Diese Probleme können von angeborenen, entwicklungsbedingten, psychologischen, emotionalen, physiologischen oder traumatischen Faktoren herrühren. Sprachtherapeuten werden in Krankenhäusern wie auch in den Gemeinden eingesetzt. In den Krankenhäusern arbeitet der Sprachtherapeut in neurologischen, pädiatrischen, physiotherapeutischen und beschäftigungstherapeutischen Abteilungen. Die Hauptbetreuungslast schließt Schlaganfallpatienten, Stimmstörungen (darunter

Fälle mit Kehlkopfentfernung) und Stotterer ein. In den Gemeinden sind die meisten Patienten Kinder, die in Krankenhäusern, Schulen, Sonderschulen oder Heimen für Taube, Körperbehinderte oder Minderbegabte) auffallen. Hier wird mit dem Lehrpersonal, den Gesundheitsämtern, Schulärzten und Krankenschwestern, Gehörspezialisten und Erziehungspsychologen zusammengearbeitet und zusätzliche Elternberatung durchgeführt sowie die Einbeziehung der Eltern in die Therapie versucht. Neuere Bestrebungen laufen auf eine größere Spezialisierung in der Therapie und die Entwicklung von intensiven Behandlungsprogrammen hinaus, mit einem wachsenden Interesse für Linguistik, Psycholinguistik und Phonetik, besonders für die Behandlung der Sprech- und Sprachprobleme der Kinder.

G. Powell

Sprach- und Sprechstörungen. Von der Lalopathia sind scharf zu trennen auf der einen Seite die Stimmstörungen (Vocipathia) infolge von Mißbildungen oder Erkrankungen im Mund-, Rachen-, Nasenraum bzw. am Kehlkopf sowie infolge funktioneller Störungen des Sprechapparates, wie z.B. Heiserkeit (Raucitas), Lallen (Lallatio), tonlose Sprache (Aphonia), verzerrte Sprechweise (Dysphonia); auf der anderen Seite von den hörbedingten phonatorischen und verbalen Kommunikationsstörungen bei Schwerhörigkeit (Hebetudo auris), Taubstummheit (Surdomutitas) und Hörstummheit (Audimutitas) sowie von den Sprach- und Sprechstörungen bei neuropsychiatrischen Krankheiten, wie z. B. Verlust der Sprache (Aphasia), Artikulationsstörungen (Dysarthria), krankhaftes Schweigen (Mutismus). Bei den Sprach- und Sprechstörungen in sensu strictiori treten auf die erbliche ↗Sprachschwäche, die endogen verzögerte Sprachentwicklung, Sprachentwicklungsverzögerung infolge unzureichender Anregung (Deprivations-Syndrom), die Unfähigkeit, grammatisch und syntaktisch korrekte Sätze zu sprechen (Dysgrammatismus), Stammeln (Dyslalia), Lispeln (Sigmatismus), Näseln (Rhinolalia), Stottern (Spasmophenia) und Poltern (Tachyphemia).

Lit.: Böhme, G.: Stimm-, Sprech- und Sprachstörungen. Stuttgart, 1974.

H. J. Engels

Sprachzentrum, Rindenfeld in der linken Großhirnhemisphäre (bei Rechtshändern), dessen Zerstörung zur Unfähigkeit zu sprechen führt (↗Aphasie). Das mot. S. wurde von P. Broca (↗Brocasche Windung) in der Pars opercularis der unteren Stirnwindungen beschrieben. Seine Zerstörung führt zu mot. Aphasie mit der Unfähigkeit, Gedanken in gesprochene Worte umzusetzen. Das sensorische S. wurde von K. Wernicke im hinteren Bereich der Stirnwindung entdeckt. Seine Zerstörung führt zu sensorischer Aphasie, der Unfähigkeit, Worte zu verstehen. ↗Lokalisation psychischer Funktionen.

E. David

Sprechangst, *Sprechscheu, Lampenfieber,* bisweilen auftretende geringfügige Hemmungen der Rede infolge subjektiver Sprechfurcht. Durch übermäßige Fixierung der Aufmerksamkeit auf das Ausführungsorgan macht sich die Hemmung bemerkbar und stört die Funktion der an sich gesunden Organe. Die S. ist unbedingt vom ↗Stottern abzugrenzen.

Ch. v. Deuster

Sprechen *(Sprechhandlung).* In alltagssprachlicher Bedeutung erscheint S. als klar abgrenzbare Verhaltensart. Im Rahmen verschiedener Auffassungen von ↗Sprache wird S. jedoch – insgesamt oder in Teilaspekten – unterschiedlich theoretisch beschrieben, benannt, eingeordnet und mit je verschiedenen anderen Vorgängen zusammen behandelt: z.B. als Emittieren von Verbalresponses, als Encodieren, Kommunizieren, als Performanz (↗Psycholinguistik).

Der linguistische Begriff Kompetenz vereinigt die derzeit differenziertesten Vorstellungen über die dispositionellen Grundlagen der Sprachbeherrschung (↗Grammatik; Miller & McNeill, 1969). Der dazu komplementäre Begriff *Performanz* (Sprachverwendung) meint jegliches prozessuale Wirksamwerden der Kompetenz im S. oder im Aufnehmen sprachlicher Äußerungen; er nötigt zu entsprechend differenzierten Vorstellungen über S. und Sprachwahrnehmung (Bierwisch, 1966; Wales

& Marshall, 1966). Eine psychol. *Theorie* sprachlicher Performanz müßte demgemäß mindestens folgende Teilleistungen je für sich und in ihren funktionalen Wechselbeziehungen konsistent interpretieren (Hörmann, 1977; Osgood & Sebeok, 1965): Bei *Sprachproduktion:* Aktualisieren von Bedeutungen und bedeutungtragenden sprachlichen Einheiten (↗Semantik), Selektion, Ausformung und Zusammenordnung solcher Einheiten nach grammatischen Regeln (↗Grammatik), lautliche Realisierung der bereitgestellten sprachlichen Strukturen (↗Phonemik) im Zusammenwirken von Respiration, Phonation und Artikulation (bzw. graphische Realisierung mittels Schreibmotorik). Bei *Sprachwahrnehmung:* Perzipieren von Lautfolgen (bzw. von Schriftzeichen) und ihre Decodierung zu Phonemfolgen (bzw. Graphemfolgen), Konstituierung von bedeutungtragenden Einheiten (Morphemen, Wörtern) einschließlich der Aktualisierung von Bedeutungen, Decodierung ihrer grammatischen Beziehungen, Aufbau integrativer Sinnzusammenhänge (z.B. von Sätzen und umfangreicheren sprachlichen Strukturen).

Psychol. Theorien und *Untersuchungen* befassen sich jedoch vorerst bestenfalls mit jeweils einigen dieser Performanzkomponenten (Carterette & Friedman, 1976; Fant & Tatham, 1975; Goodman, 1968; Kavanagh u.a., 1975; Kess, 1976; Lashley, 1951; Morse, Ballentine & Dixon, 1968; Wathen-Dunn, 1967), außerdem mit bestimmten Aspekten des S. und der Sprachwahrnehmung, die linguistischer Sprachauffassung ferner liegen, wie Auswirkung affektiver Zuständlichkeiten und/oder sozialer Interaktionsbeziehungen auf verschiedenste formale und inhaltliche Parameter des S., Wechselbeziehungen zwischen S. und nichtverbalen Kommunikationsweisen (Körperhaltungen, -bewegungen, Blickkontakt), zwischen S. und Denken (↗Sprache, innere) bzw. Erfassung affektiver Zustände, sozialer und individualspezifischer Charakteristika beim Kommunikationspartner vermittels wahrgenommener Sprachäußerungen und/oder ihrer Unterbrechungen und Störungen (Argyle, 1969; Davitz, 1964; Ellingworth & Clevenger, 1967; Ertel, 1976; Ervin-Tripp, 1969; Goldman-Eisler, 1968; Herrmann & Deutsch, 1976; Knapp, 1963; Paivio, 1965; Wiener & Mehrabian, 1968), Auswirkungen der Begrenztheit von Aktualspeicherungskapazität und Verarbeitungsgeschwindigkeit auf sprachliche Performanz. – S. und Sprachwahrnehmung werden aus methodischen und theoretischen Gründen z.T. zusammen bearbeitet, da beide Vorgänge gemeinsame Teilprozesse zu enthalten bzw. sich teilweise wechselseitig zu implizieren scheinen. – Unter *differentiell*-psychol. und individualdiagnostisch-pathognostischen Aspekten finden neben inhaltlichen (Gottschalk & Gleser, 1969) auch verschiedenste formale Charakteristika der Sprachproduktion und ihrer stimmlichen (oder graphischen) Realisierung Verwendung, wie Sprechtempo, Länge, zeitlicher Anteil und Art von Sprechpausen und -störungen, Tonhöhe, Lautstärke, Klang der Stimme, Intonationsverlauf, Akzentsetzungen, Atemcharakteristik u.a.m. (Ellingworth & Clevenger, 1967; Giles & Powesland, 1975; Rudert, 1965). Die formalen Variablen graphischer Realisierung werden in der Schriftpsychol. (↗Graphologie) bearbeitet.

Lit.: Argyle, M.: Social interaction. London, 1969; **Bierwisch, M.:** Strukturalismus. Kursbuch, 1966, *5*, 77–152; **Davitz, J.R.:** The communication of emotional meaning. New York, 1964; **Ellingworth, H. W. & T. Clevenger:** Speech and social action. Englewood Cliffs, N.J., 1967; **Ertel, S.:** Der Satz als Handlung. Bericht über den 30. Kongreß der Deutschen Gesellschaft für Psychologie. Göttingen, 1976, 185–186; **Ervin-Tripp, S.M.:** Sociolinguistics. In: **L. Berkowitz** (Ed.): Advances in experimental social psychology, 4. New York, 1969, 91–165; **Fant, G. & M.A.A. Tatham** (Eds.): Auditory analysis and perception of speech. London, 1975; **Giles, H. & P.F. Powesland:** Speech style and social evaluation. London, 1975; **Goldman-Eisler, F.:** Psycholinguistics. London, 1968; **Goodman, K.S.** (Ed.): The psycholinguistic nature of the reading process. Detroit, 1968; **Gottschalk, L.A. & G.C. Gleser:** The measurement of psychological states through the content analysis of verbal behavior. Berkeley, 1969; **Herrmann, T. & W. Deutsch:** Psychologie der Objektbenennung. Bern, 1976; **Hörmann, H.:** Psychologie der Sprache. Berlin, [2]1977; **Kavanagh, J.F. u.a.** (Eds.): The role of speech in language. Cambridge (Mass.), 1975; **Kess, J.F.:** Psycholinguistics. New York, 1976; **Knapp, P.H.** (Ed.): Expression of the emotions in man. New York, 1963; **Lashley, K.S.:** The problem of serial order in behavior. In: **L.A. Jeffress** (Ed.): Cerebral mechanisms in behavior. New York, 1951; **Miller, G.A. &**

D. McNeill: Psycholinguistics. In: **G. Lindzey & E. Aronson** (Eds.): Handbook of social psychology, 3. Reading (Mass.), 1969, 666–794; **Morse, W. C., Ballantine, F. A. & W. Dixon:** Studies in the psychology of reading. New York, 1968; **Osgood, C. E. & T. A. Sebeok** (Eds.): Psycholinguistics. Bloomington, 1965; **Paivio, A.:** Personality and audience influence. In: **B. A. Maher** (Ed.): Progress in experimental personality research, 2. New York, 1965, 127–173; **Rudert, J.:** Vom Ausdruck der Sprechstimme. In: **R. Kirchhoff** (Ed.): Hdb. d. Psychol., Bd. 5. Göttingen, 1965, 422–464; **Wales, R. J. & J. C. Marshall:** The organisation of linguistic performance. In: **Lyons, J. & R. J. Wales** (Eds.): Psycholinguistic Papers. Edinburgh, 1966, 29–80; **Wathen-Dunn, W.** (Hrsg.): Models for the perception of speech and visual form. Cambridge (Mass.), 1967; **Wiener, M. & A. Mehrabian:** Language within language. New York, 1968.

G. Kaminski

Sprechtypen, Gliederung der Sprechweise nach Körperhaltung, Rhythmus, Klang, Spannung, u. ä. Sievers (1912) unterscheidet: 1. *Abdominal*-Typus, weichfühlend; 2. *Thorakal*-T., kühl; 3. *Deszendenz*-T., Rumpfspannung, energisch-kalt; 4. *Aszendenz*-T., aufsteigend gespannte Muskulatur, energisch-heiß.

Drach (1928) deduziert aus Ausdrucksantrieb und -hemmung 4 Typen: 1. antriebsstark, ungehemmt (Motoriker); 2. antriebsstark, gehemmt (mot.-visueller T.); 3. antriebsschwach-ungehemmt (einseitiger Vorstellungs-T.); 4. antriebsschwach-gehemmt (visueller T.). Motorische Einfühlung und damit Sprechbegabung nehmen von 1 bis 4 ab.

Lit.: Drach, E.: Sprechausdruck und Charakterkunde. Päd. Zbl., 1928; **Sievers, E.:** Rhythmisch-melodische Studien. Heidelberg, 1912.

W. Kretschmer

Spuk *(Haunt), Erscheinungen* und Ereignisse, die im näheren Umkreis einer Örtlichkeit (z. B. Haus) auftreten, oder (ähnliche) Geschehnisse, die mit früheren (verstorbenen) Bewohnern im Zusammenhang stehen. Diese Art von S. wird im Deutschen oft als „ortsgebundener S." bezeichnet, im Ggs. zum „personengebundenen S." = ↗*Poltergeist.* ↗Parapsychologie. *J. Beloff*

Spuren ↗Engramm.

Spurenfeld, die Gesamtheit der in dynamischem Zusammenhang stehenden Spuren (↗Engramm). Nach gestaltpsychol. Auffassung kann jede Spur die übrigen beeinflussen und ist ihrerseits auch mit von diesen abhängig. Darüber hinaus wird eine dynamische Wechselbeziehung zwischen dem S. und dem phänomenalen Feld postuliert.

Lit.: Koffka, K.: Principles of Gestalt-Psychology. New York, 1935.

P. Tholey

S-R-Modell, S-R-S-Modell und S-S-Modell. Im *S-R-Modell* wird versucht, das gesamte Verhalten der Organismen als Reaktion auf vorausgehende Reizung zu erklären. Es bildet die Grundlage aller behavioristischen ↗Lern- und Verhaltenstheorien. Die Grundeinheiten der S-R-Theorie sind die angeborenen S-R-Verbindungen, die als *unbedingte Reflexe* bezeichnet werden. Wird die Verbindung von S und R dadurch hergestellt, daß sie wiederholt gemeinsam bzw. in *zeitlicher Nähe* zueinander auftreten, dann entsteht ein bedingter Reflex auf dem Wege der klassischen ↗Konditionierung. Das Modell, das zur Erklärung des Zustandekommens der Verbindung auf diese Weise herangezogen wird, bezeichnet man als *S-R-Kontiguitäts-Modell.* Erklärt man das Zustandekommen der Verbindung dadurch, daß auf das gemeinsame Auftreten von S und R eine Belohnung folgt, dann spricht man von einem *S-R-Verstärkungs-Modell* oder – zumal die Verstärkung eine Reizeinwirkung darstellt – als *S-R-S-Modell.* Nach der sog. *S-S-Theorie* von E. C. ↗Tolman werden nicht die Verbindungen zwischen dem S und der R gelernt, sondern zwischen den äußeren Reizen auf dem Wege zur Belohnung (S_1) und dem angestrebten Reiz der Belohnung (S_2). Berühmte Vertreter der S-R-Kontiguitäts-Theorie ist E. R. Guthrie, der S-R-Verstärkungstheorie C. L. ↗Hull. ↗Lerntheorien.

Lit.: Foppa, K.: Lernen, Gedächtnis, Verhalten. Köln – Berlin, [6]1970.

H. Roth

S-R-Psychologie, zusammenfassende Bezeichnung der meisten naturwiss. orientierten psychol. Forschungsrichtungen. Diese Bezeichnung erhielten sie nach ihrem gemeinsamen theoretischen Grundmodell, wonach alles Verhalten als Reaktion (R) auf bestimmte Stimuli (S) erklärt wird. *H. Roth*

Staatenbildende Insekten. Einige Insektenarten der Ordnung Hymenoptera und Isoptera leben in staatenähnlichen Sozialgebilden mit ausgesprochener Arbeitsteilung und längerem Bestand. Man kann sie mit Organismen vergleichen, die nicht aus Zellen, sondern aus Individuen aufgebaut sind und deren Verhalten mittels komplizierter Instinktleistungen auf die Erhaltung des Ganzen hin orientiert ist (Bienen, Ameisen, Hummeln, Wespen, Termiten). Menschlicher Lebensweise analog finden sich bei st. I. Landwirtschaft (Pilzkulturen von Atta cephalotes), Viehzucht (Formica rufa u. a.), Jagd (Formica, Camponotus, Vespa) und Sammeln (Messor, Apis, Phaidole, Bombus). Bei einigen Arten sind Sklavenhaltung (Polyergus, Raptiformica/Formica fusca) und Gastverhältnisse (Formicoxenus) bekannt, sogar „Diebstahl" kommt vor (Solenopsis). Bei manchen st. I. existieren komplizierte Symbiosen mit anderen Insekten (Claviger, Atemeles, Lomechusa), deren Larven miternährt werden. Die Arbeitsteilung als Geschlechtstiere (Königin, Drohnen) und Tiere mit rudimentären Geschlechtsorganen (Arbeiterinnen, Soldaten) wird teils durch spezielle Eiablage (befruchtete und unbefruchtete Eier in bestimmten Nestgebieten), teils durch spezielle Aufzuchtnahrung (gelée royale) und andere äußere Umstände (meteorolog. Bedingungen) determiniert. Vielfach sind solche „Staaten" matriarchal organisiert, ihr Bestand hängt von Verhalten und Existenz des Muttertieres ab, ohne daß dieses eine bestimmte „Regierungsfunktion" ausübt. Zwischen den Individuen besteht ein reger Informationsaustausch (Schwänzeltänze, Fühlerbewegungen). Diese wie auch die Farbwahrnehmung der Bienen wurden durch die Untersuchungen von K. v. Frisch bekannt. Das spezielle Jagdverhalten einiger Ameisenarten hat für den Umweltschutz (Waldhygiene) große Bedeutung gewonnen (K. Gösswald). So erlebt Formica rufa z. Z. eine Art Domestizierung wie früher die Honigbiene (K. Gösswald, G. Kneitz, G. Hölldobler).

Lit.: Bastin, H.: Insect Communities. Cambridge (Mass.), 1957; **Frisch, K. v.:** Aus dem Leben der Bienen. Berlin, 1964; **ders.:** Tanzsprache und Orientierung der Bienen. Berlin – Heidelberg – New York, 1965; **ders.:** The Dancing Bees: Account of the Life and Senses of the Honey Bees. New York, 1954; **Goetsch, W.:** Vergleichende Biologie der Insektenstaaten. Leipzig, 1953; **Gösswald, K.:** Unsere Ameisen. Stuttgart, 1955; **Hanson, A.:** Lauteerzeugung und Lautauffassungsvermögen der Bienen. Lund, 1945; **Ribbauds, G. R.:** The Behaviour and the Social Life of the Honeybee. New York, 1953; **Wilson, E. O.:** The Insect Societies. Cambridge (Mass.), 1971.

K. Gösswald & E. Ullrich

Stäbchen, lichtempfindliche, aber farbenuntüchtige Elemente (Photorezeptoren) der ↗Retina, ca. 60 μ lang mit ca. 1–2 μ Durchmesser, aus einem Außen- und einem Innenglied bestehend, mit (beim Primaten sehr) geringer Fähigkeit zum Form- und Ortswechsel. An das S. schließt sich nach dem Augapfelinneren die mit einer kernhaltigen Anschwellung versehene S.faser an; beide zusammen bilden die S.zelle, von denen im menschlichen Auge ca. $120 \cdot 10^6$ rund um die selbst stäbchenfreie ↗Fovea centralis angeordnet sind, wobei ihre räumliche Dichte nach der Netzhautperipherie zunimmt. Daß ihr räumliches Auflösungsvermögen damit nicht gleichlaufend zunimmt, ist dadurch bedingt, daß in der Netzhautperipherie eine größere Zahl von S. an eine Nervenfaser angeschlossen ist.

Die S. enthalten als lichtempfindlichen Farbstoff das ↗Rhodopsin, mit dessen Hilfe Grauwerte (Intensitätsstufen der Helligkeit) in reizintensitätsanaloge Membrandepolarisationen der S.zelle umgesetzt werden. Dabei können von der Gesamtheit der S. ca. 10^3 Reizintensitätseinheiten (z. B. Apostilb bzw. Lux) übermittelt werden. Die Empfindlichkeit der S. ist größer, ihre Schwelle liegt niederer als die der farbempfindlichen ↗Zapfen. Ihre Funktionseinschränkung, z. B. durch Mangel an Vitamin A, führt zur Nachtblindheit (↗Hemeralopie); physiologisch ist das „zentrale Skotom" (= zentraler Gesichtsfeldausfall), das stets beim Unterschreiten der zur Zapfenerregung nötigen Umfeldleuchtdichten auftritt, da die ↗Fovea centralis nur ↗Zapfen, aber keine S. enthält. ↗Sinnesorgane: Das Auge. *K.-H. Plattig*

Stabilisiertes Netzhautbild. Bei Verwendung spezieller expt. Techniken (z. B. eines extrem hellen Lichts, das lange ↗Nachbilder bewirkt) ist es möglich, ein visuelles Bild zu *stabilisieren,* so daß nur ein bestimmter Teil der ↗Retina stimuliert wird. Unter diesen Bedingungen betrachtet, verschwindet das visuelle Bild innerhalb weniger Sekunden. Die genaue Art dieses Verschwindens ist abhängig von der Struktur des Reizes; einige Teile des Reizes bleiben länger sichtbar als andere. Diese Ergebnisse zeigen, daß normales Sehen von kontinuierlichen, geringfügigen Augenbewegungen abhängig ist, was auf eine besondere Unzulänglichkeit der Analogie zwischen ↗Auge und einer Kamera hinweist. *C. D. Frith*

Stabilität ↗Reliabilität.

Stabilität. Syn. Begriff für Konstanz, Irreversibilität, Verhaltenskonsistenz, Widerstand gegen Situationsdruck. Anfälligkeit bei psychischer und moralischer Belastung, ↗Neurotizismus, Strukturzerfall wird als *Labilität* bezeichnet. *A. Kormann*

Stammeln *(Dyslalie)* besteht in einer fehlerhaften Bildung eines oder mehrerer Laute. Der richtige Laut ist entweder fehlerhaft gebildet (= Dyslalie) oder durch einen anderen derselben Sprache ersetzt (= Paralalie). Selten wird ein Laut ganz ausgelassen (= Mogilalie). Häufigster Stammelfehler ist der ↗*Sigmatismus.* Ursache der Dyslalie kann in einer Verzögerung der Sprachentwicklung, in einer Schwerhörigkeit oder cerebralen Minderfunktion zu suchen sein.

Die Klassifikation der Stammelfehler erfolgt nach dem gr. Alphabet, z.B. falscher S-Laut (= Sigmatismus), falscher R-Laut (= Rhotazismus).

Lit.: Luchsinger, R. & G. E. Arnold: Hdb. der Stimm- und Sprachheilkunde, Bd. II. Wien–New York, 1970, S. 450.

H. Breuninger

Stammesgeschichte ↗Phylogenese.

Stammhirn, umfaßt die im Inneren und der Basis des ↗Großhirns gelegenen grauen Substanzen, die sich im wesentlichen in ↗Striatum, Nucl. hypothalamicus, Nucl. ruber, Substantia nigra und andere Teile des ↗extrapyramidalen Systems gliedern lassen. Störungen des S. z. B. nach ↗Encephalitis führen zu Störungen der ↗Motorik, der Mimik, aber auch des Antriebs und des affektiven Verhaltens. ↗Gehirn.

E. David

Standard, Bezeichnung für Durchschnittsmaß oder ↗Norm.

Standardabweichung (Synonym: *Streuung, mittlere quadratische Abweichung*) ist ein Maß für die Dispersion einer Verteilung um das arithmetische Mittel. Bezeichnung: σ für Populationen, s für Stichproben. Es gilt:

$$s = \overset{+}{\sqrt{\frac{\Sigma\,(X - \bar{X})^2}{N}}}$$

Sie ist die positive Quadratwurzel aus der ↗Varianz. Für ↗Test-Normen wird die S. oft als Maßeinheit verwendet. ↗Standardwert; ↗Testnormen. *A. Rausche*

Standardfehler, Maß für den ↗Stichprobenfehler. Er ist die ↗Standardabweichung einer aus einer Stichprobe gegebenen Umfangs N berechneten ↗Statistik. Es gelten oft einfache Beziehungen zwischen der Standardabweichung eines Merkmals in der Population, dem Stichprobenumfang N und dem S. (z. B. bei unendlichen Populationen gilt für den S. $\sigma_{\bar{X}}$ des ↗arithmetischen Mittels $\sigma_{\bar{X}} = \sigma / \sqrt{N}$.).

A. Rausche

Standardisierung, manchmal syn. für *Normierung;* Transformation von Rohdaten in Maßzahlen, die bestimmte Bedingungen erfüllen (z. B. gegebenen Mittelwert und gegebene Streuung haben). Dadurch wird Vergleichbarkeit von Beobachtungen aus unterschiedlichen Rohskalen erreicht. ↗Standardwert.

A. Rausche

Standardmeßfehler, Syn.: *Meßfehler.* Man unterscheidet u.a. zwischen dem spezifischen Meßfehler und dem Testuniversum-Meßfehler. Der *spezifische Meßfehler* gibt die Abweichungen der Testwerte einer Versuchsperson von dem durchschnittlichen Testergebnis dieser Person an.

Der *Testuniversum-Meßfehler* gibt die Abweichungen der Testergebnisse einer Versuchsperson von dem durchschnittlichen Gesamttestergebnis dieser Person an.

P. K. G. Günther

Standardreiz, Begriff aus der Psychophysik; bezeichnet den im Konstanzverfahren konstant gehaltenen Normalreiz.

Standards, sexuelle, ↗Einstellungen und Werte, die das Handeln im sexuellen Bereich bestimmen. Begriff und Klassifikation von s. S. stammen von Reiss (1960) und basieren auf Einstellungsdaten aus empirischen Erhebungen in den USA. Reiss unterscheidet vier s. S.: 1. ↗*Abstinenz,* 2. orthodoxe und transitionelle ↗*Doppelmoral,* 3. *Freizügigkeit bei Liebe* (permissiveness with affection): Heterosexuelle Beziehungen werden aufgrund von Liebe gestattet, ohne direkt an eine Ehe gebunden sein zu müssen. 4. *Freizügigkeit ohne Liebe* (permissiveness without affection): Heterosexuelle Beziehungen werden bedingungslos akzeptiert. – In einer späteren Publikation hat Reiss (1967) die Standards zu einer eindimensionalen Skala „Restriktivität – Permissivität" aufgelöst.

Lit.: Friedrichs, J.: Aufklärung und sexuelle Standards. In: **E. Pfeil et al.** (Hrsg.): Die 23jährigen. Tübingen, 1968; **Giese, H. & G. Schmidt:** Studenten-Sexualität. Hamburg, 1968; **Reiss, I. L.:** Premarital sexual standards in America. Glencoe (Ill.), 1960; **ders.:** The social context of premarital sexual permissiveness. New York, 1967; **Schmidt, G. & V. Sigusch:** Arbeiter-Sexualität. Neuwied – Berlin, 1971.

J. Friedrichs

Standardschätzfehler ↗Schätzfehler.

Standardwert, Synonym *Standardscore, z-Wert.* Aus einem Rohwert abgeleiteter Zahlenwert, der in der Testkonstruktion eine wichtige Rolle spielt. S.e haben den Mittelwert 0 und die ↗Standardabweichung 1, sie sind dimensionslos. Sei X ein Rohwert, $\overline{X}$ das ↗arithmetische Mittel der Verteilung der X und s ihre Stadardabweichung, so gilt: $z = (X - \overline{X})/s$. S.e erlauben den Vergleich von Leistungen aus verschiedenen Tests, allerdings nur bezüglich der zur Berechnung von $\overline{X}$ und s verwendeten Eichstichprobe, sie sind also verteilungsabhängig. ↗Testnormen. *A. Rausche*

Stanford-Binet-Test, eine Revision des ↗Binet-Simon-Tests.

Stanford-Intelligenz-Test, von H. R. Lückert besorgte dt. Bearbeitung des ↗Stanford-Binet-Tests in der Fassung von 1937. Das Verfahren verwendet das bekannte Binetsche Modell der Aufgabenanordnung nach Altersstufen. Die Berechnung des Intelligenzalters und des Intelligenz-Quotienten erfolgt ebenfalls in der traditionellen Form. Der Geltungsbereich des Tests erstreckt sich auf die Altersstufen 3 bis 14 sowie ohne differenziertere Angabe auf das Jugend- und Erwachsenenalter.

Lit.: Lückert, H. R.: Stanford-Intelligenz-Test. Göttingen, 1957

P. Steck

Stanine ↗Testnormen.

Starrheit ↗Rigidität.

Stasophobie, Angst, nicht stehen und sich nicht erheben zu können.

Statischer Sinn ↗Sinnesorgane; ↗Gleichgewichtsorgan.

Statistik. Ist eine Menge von Elementen und eine Variable gegeben, betritt man, wenn man es versteht, jedem Wert der Variablen eine gewisse Anzahl oder einen gewissen Prozentsatz von Elementen der Menge so zuzuordnen, daß einem Element nur ein Wert der Variablen entspricht, das Gebiet der Statistik. – Man unterscheidet *deskriptive* und *induktive* (analytische) S. bzw. S. der Stichproben; in der ersteren beschreibt man endliche Mengen der Realität, z. B. man gibt die Anzahl der Arbeiter eines Landes bezüglich der Berufe oder Regionen an; in der zweiten betrachtet man die tatsächlichen Mengen als ↗Stichproben, die aus einer Grundmenge ausgezogen wurden, und zwar als ↗Zufallsstichproben, um die Anwendung von Methoden der Wahrscheinlichkeitsrechnung zu ermöglichen.

In der *Geschichte* der S. sollte man die Bedeutung erwähnen, die der Theorie der Meßfehler zukommt, deren Formulierung als Gesetz von P. S. Laplace und F. K. Gauß versucht wurde, ferner den Beitrag von F. ↗Galton, der die Anwendung von stat. Begriffen auf die biol. Wissenschaften betrifft, und schließlich die theoretische Erneuerung durch Fisher. Heute tragen die durch den ↗Computer eröffneten Möglichkeiten zur Entwicklung komplexer Verfahren bei.

KLASSISCHE KAPITEL DER STATISTIK:

1. *Verteilungen einer Variablen.* Ist eine Menge von Elementen E und eine Variable x gegeben, so stellt man die Verteilung von x in E graphisch dar, indem man das Histogramm konstruiert; man nimmt an, die Werte seien diskontinuierlich, sei es, daß sie es von Natur aus tatsächlich sind, sei es, daß man sie in Klassen eingeteilt hat. Man trägt die Werte auf einer Achse auf, wobei jedem ein Segment entspricht, welches die Grundseite eines Rechtecks bildet, dessen Höhe zum Anteil der zugeordneten Elemente von E proportional ist. Man bezeichnet als S. (Begriff von Fisher vorgeschlagen, oft auch Parameter genannt) eine Zahl, die aus den Werten X in E errechnet wird. Wenn es sich um eine *Kardinal*-Variable handelt, ist die häufigste S. das *Mittel* $\overline{X}$ der Werte von X aus allen Elementen von E. Wenn sie *ordinal* ist, betrachtet man den ↗*Median* (Zentralwert), d.h. denjenigen Wert von X, neben dem ebenso viele kleinere wie größere Werte liegen. Diese ↗Statistiken werden Maße der zentralen Tendenz genannt. Daneben gibt es Statistiken der ↗Dispersion (Streuungsmaß); die ↗Varianz ist der mittlere Wert der Quadrate der Abweichungen vom Mittel; seine Quadratwurzel, die den Vorteil hat, daß sie sich in der gleichen Einheit wie die Variable ausdrückt, ist die ↗Standardabweichung σ; wenn es sich nicht um eine Kardinal-Variable handelt, muß man andere Streuungsmaße anwenden, z.B. im Fall einer ↗Nominal-Variablen die Entropie (↗Informationstheorie) $H = -\Sigma f_i \log f_i$, wobei die f_i die Häufigkeiten der Werte von X sind; allein diese Zahl besitzt die Eigenschaften, die man von einem Maß der Dispersion in diesem Fall erwartet. Weiter kann man für eine Kardinal-Variable deren zentrales Moment definieren; das zentrale Moment der Ordnung r ist der mittlere Wert der r-ten Potenz der Abweichungen vom Mittel, d. h. μ_r; der Quotient μ_3/σ^3 wird oft für das Maß der Asymmetrie der Verteilung (Gestaltparameter) genommen. Betrachtet man vom Standpunkt der induktiven S. E als eine Zufallsstichprobe, extrahiert aus einer Grundmenge U, so definiert man die Verteilung von X in U, indem man von einer Häufigkeitsverteilung ausgeht, bei der die Fläche, die sich zwischen der Kurve und den Ordinaten zweier beliebiger Punkte X_1 und X_2 der Abszisse befindet, der Proportion der Elemente X von U, für die X zwischen X_1 und X_2 liegt, entspricht (Fall einer kardinalen und kontinuierlichen Variablen). Man definiert dann das Mittel μ als math. Erwartung von X, die Varianz als diejenige von $(X-\mu)^2$, das zentrierte Moment der Ordnung r als Erwartung von $(X-\mu)^r$. Diese Begriffe lassen sich auch auf den diskontinuierlichen Fall übertragen, indem jedem Wert X seine Häufigkeit zugeordnet wird. Unter den ↗Häufigkeitsverteilungen nehmen die ↗Normalverteilungen einen privilegierten Platz ein. Ihre Dichtefunktion ist abhängig von den beiden Parametern μ (↗Mittelwert) und σ (↗Standardabweichung); μ ist auch die Abszisse der Symmetrieachse der Verteilung und $\mu \pm \sigma$ die Abszisse ihrer Wendepunkte. Die Kurve ist asymptotisch zur X-Achse. Wenn man die Variablen X durch die Variablen $\frac{X-\mu}{\sigma}$ ersetzt, erhält man die standardisierte Normalverteilung (Mittel = O, Standardabweichung $\sigma = 1$), von der man Tabellen aufstellt, in denen man etwa nachlesen kann, daß 95% der Elemente Werte zwischen −1,96 und +1,96 und 99% der Elemente Werte zwischen −2,58 und +2,58 besitzen. – Von den Normalverteilungen leitet man andere sehr wichtige Verteilungen ab: die Summe der Quadrate von ν standardisierten unabhängigen Normalvariablen wird χ^2-Verteilung mit ν Freiheitsgraden genannt; wenn χ^2_ν mit ν Freiheitsgraden und $\chi^2_{\nu'}$ mit ν' Freiheitsgraden unabhängig verteilt sind, wird die Funktion

$$F(\nu, \nu') = \frac{\chi^2_\nu / \nu}{\chi^2_{\nu'} / \nu'}$$

Snedecorsche Verteilung mit ν und ν' Freiheitsgraden genannt; die Verteilung der Variablen $t = \sqrt{F(1,\nu)}$ ist eine Student-Verteilung mit ν-Freiheitsgraden.

2. Besondere *diskontinuierliche Verteilungen.* Wenn man n Kugeln aus einer Urne mit zwei Farben und unveränderlicher Zusammensetzung zieht, ist die Wahrscheinlichkeit, r Kugeln einer Farbe mit Proportion p in der Urne zu ziehen, $C_n^r p^r q^{n-r}$, wobei $q = 1 - p$; die Verteilung des Wertes r wird ↗ Binomial-Verteilung genannt; ihr Mittel ist np und ihre Varianz npq. Eine andere bemerkenswerte Verteilung ist die ↗Poisson-Kurve. Man erhält sie, indem man annimmt, daß $p = \frac{m}{n}$ mit m konstant und n nach Unendlich tendierend ist; man sieht dann, daß

$$C_n^r p^r q^{n-r} \longrightarrow \frac{m^r e^{-m}}{r}$$

Das Mittel und die Varianz einer Poisson-Verteilung sind beide gleich m.

In der ↗angewandten Psychologie wendet man auf empirische Verteilungen oft besondere *Standardisierungsmethoden* an (Stufenskalierung); die Variablen, z.B. Testleistungen, sind oft nur ordinal; man nützt dies aus, um die Form der Verteilung durch geeignete Transformationen in eine Stufenskala zu verwandeln. Wenn diese Form der erhaltenen Verteilung rechteckig ist und wenn man sich mit 10 Unterteilungen begnügt, erhält man eine Dezil-Skala. Man erhält sie, indem man die Note X_1 so bestimmt, daß 10% der Vpn eine bessere Note haben, X_2 so, daß 20% der Vpn eine bessere Note haben usw.; man kann selbstverständlich mit einer Centil-Skala nach mehr Feinheit streben. Wenn die gewählte Form eine Normalverteilung ist, erhält man eine normalisierte Skala, man würde z.B. mit der folgenden Prozentuierung 4,0%; 10,6%; 22,7%; 40,2%; 59,8%; 77,3%; 89,4%; 96,0% eine normalisierte Skala mit 9 Klassen (Stufen) erhalten. Unter anderem erlaubt dieser Vorgang, das *Profil* einer Person in einer Gesamtheit von Variablen aufzuzeichnen. Der Vergleich der Leistungen für 2 Variablen hat tatsächlich einen Sinn, da er die Einstufung in einer gleichen Population ausdrückt. Die Stufenskala liefert eine Interpretation einer isolierten Note unter Bezug auf eine Gesamtbevölkerung.

3. *Verteilungen von mehreren Variablen.* Betrachten wir zuerst einmal den Fall mit zwei Variablen X und Y. In der Ebene der (X, Y) ist jedes Element der Menge E durch einen Punkt M dargestellt, die resultierende Punktwolke ist das Streuungs- oder Korrelationsdiagramm. Die Verteilung der Y, die einem gegebenen Wert X entsprechen, heißt *partielle* Verteilung der Y für diesen Wert X; die Verteilungen der Menge aller X oder aller Y heißen *Marginalverteilungen.* Gegeben sei eine Gerade D auf der Fläche, nun betrachtet man die Entfernung Mm, d.h. von M bis zu dieser Geraden gerechnet parallel zu OY, und nennt diejenige Gerade, für die $\Sigma\, Mm^2$ am kleinsten ist, *Gerade der kleinsten Quadrate;* ihre Steigung ist:

$$a = \frac{\Sigma (X - \bar{X})(Y - \bar{Y})}{\Sigma (X - \bar{X})^2},$$

wobei $\bar{X}$ und $\bar{Y}$ die Mittel der Marginalverteilungen sind, und wird *Regressionskoeffizient* von Y auf X genannt. Wenn die Varianz der Verteilung der Y gegeben ist, ist die Anpassung der Geraden der kleinsten Quadrate um so besser, je näher der absolute Wert von

$$r = \frac{\Sigma (X - \bar{X})\ (Y - \bar{Y})}{\sqrt{\Sigma (X - \bar{X})^2\ \Sigma (Y - \bar{Y})^2}}$$

an 1 herankommt. r wird *Korrelationskoeffizient* genannt. – Vom Standpunkt der induktiven S. aus unterscheidet man die Fläche der ↗Häufigkeitsverteilung der (X, Y), die partiellen Verteilungen und die Marginalverteilungen. Wenn $\bar{Y}_x$ das Mittel der partiellen Verteilung der Y für einen Wert von X ist, so ist die Gleichung $\bar{Y}_x = f(X)$ die *Regressionsgleichung von Y auf X* und ihre darstellende Kurve die Regressionslinie von Y auf X. Die wichtigste Verteilung von zwei Variablen ist die bivariate Normalverteilung. – Neben den obengenannten ↗Produkt-Manent-Korrelationskoeffizienten gibt es noch andere Abhängigkeitsmaße, z.B. die biserialen, tetrachorischen und Spearmanschen Korrelationskoeffizienten (↗Korrelationstechniken). Die Regressionsgleichung von Y auf X ergibt auch die *Voraussage* von Y, wenn man von X ausgeht. Wenn die ↗Regression linear ist, wird die Güte der Voraussage durch den Korrelationskoeffizienten r gemessen. Man verallgemeinert zum Fall der Voraussage einer Variablen z – ausgehend von n Variablen –, wenn die Verteilungen dieser Variablen standardisiert sind und die Regression linear ist. Die Koeffizienten der Regressionsgleichung sind die standardisierten Koeffizienten der *partiellen Regression,* und die Güte der Voraussage wird durch den *multiplen Korrelationskoeffizienten* gemessen. Man definiert auch *partielle Korrelationskoeffizienten,* die den Zusammenhang zweier Variabler messen, wenn der Einfluß von einer oder mehreren Variablen eliminiert ist. – Gegeben seien n Variablen in einer Menge von N Elementen (wir werden diese als Subjekte bezeichnen). Unter Verwendung der Matrix-Terminologie sei nun Z die Matrix (n, N) der Werte der standardisierten Variablen und R die Matrix der Interkorrelationen (mit 1 in allen Feldern der Diagonalen). Man erhält nun $R = \frac{ZZ'}{N}$ (X′ ist die Transponierte von X). Sei R* eine symmetrische reelle Matrix der Ordnung (n, n) des Ranges r (die nicht unbedingt nur 1 in der Diagonalen enthält), dann versteht man unter dem Faktorisieren von R das Aufsuchen einer reellen Matrix F, so daß $FF' = R^*$. F ist notwendigerweise vom Rang r. In der Faktorenanalyse sucht man nach diagonalen Elementen, die r auf ein Minimum herabsetzen. L. L. Thurstone und H. Hotelling haben Lösungen der vorigen Gleichung angegeben. Man erhält danach durch lineare ↗Transformation, die sog. *Rotation* der Achsen, die Lösungsmenge.

4. *Schätzverfahren.* Wir werden uns von hier an immer der S. der Stichproben zuwenden. Nehmen wir z. B. eine Grundmenge an, auf der eine Variable X normal verteilt ist, mit einem Mittelwert μ und einer Standardabweichung σ. Dies sind ↗*Parameter,* die wir zu *schätzen* wünschen, indem wir von einer Stichprobe von N Elementen ausgehen. Diese Stichprobe gehört zur Menge der zufälligen Stichproben von N Elementen, die man aus der betrachteten Grundmenge entnehmen kann. Es sei $\bar{X}$ der (statistische) Mittelwert einer solchen Stichprobe. Man zeigt, daß für die Gesamtpopulation $\bar{X}$ normal um den Mittelwert μ verteilt ist – mit einer Standardabweichung $\frac{\sigma}{\sqrt{N}}$. Wenn N unendlich groß wird, strebt $\bar{X}$ gegen μ. In einem solchen Fall sagt man, daß $\bar{X}$ eine *konsistente* ↗Schätzung von μ ist. Hinzu kommt, daß der Mittelwert der Verteilung der $\bar{X}$ der Parameter μ ist. In einem solchen Fall sagt man, daß X eine *erwartungstreue* Schätzung von μ ist. Die Standardabweichung $\frac{\sigma}{\sqrt{N}}$ heißt mittlerer Fehler (↗Standardfehler) des Mittelwertes und informiert über die Effektivität der Schätzung. Für 95 % der Stichproben enthält das Intervall $(\bar{X} - 1{,}96 \frac{\sigma}{\sqrt{N}}, \bar{X} + 1{,}96 \frac{\sigma}{\sqrt{N}})$ den Parameter μ. Dieses Intervall heißt *Vertrauensbereich* mit einer Schwelle von P = .05, und seine Grenzen heißen ↗Vertrauensgrenzen auf dieser Schwelle. In der Praxis errechnet man diese Grenzen, indem man σ durch seine Abschätzung $\hat{\sigma}$ ersetzt. Fisher hat eine Technik entwickelt, das Verfahren der größten Verläßlichkeit (↗Maximum-Likelihood-Prinzip), um die wirkungsvollste S. zu erhalten, falls diese existiert. Man zeigt z. B., daß man, um eine erwartungstreue Schätzung der Varianz σ zu erhalten, $\Sigma (X-\bar{X})$ durch N – 1 und nicht durch N teilen muß.

5. *Statistische Signifikanztests:* ↗Statistische Tests.

Lit.: Claus, G. & H. Ebner: Grundlagen der Statistik für Psychologen, Pädagogen und Soziologen. Berlin, 1972; **Cramer, H.:** Mathematical methods of statistics. Princeton, 1945; **Faverge, J. M.:** Statistische Methoden in der Psychol. Bern – Stuttgart, 1977; **Fisher, R. A.:** Statistical methods for research workers. Edinburgh, 1954; **Guilford, J. P.:** Fundamental statistics in psychology and education. New York, 1958; **Haagen, K. & R. Pertler:** Methoden der Statistik, 2 Bde. Stuttgart, 1975–78; **Hofstätter, R. P. & D. Wendt:** Quantitative Methoden der Psychologie. München, [4]1974; **Kendall, M. G. & A. Stuart:** The advanced theory of statistics. London, Vol. 1, 1963, Vol. 2, 1961, Vol. 3, 1966; **McNemar, Q.:** Psychological statistics. New York, 1955; **Mittenecker, E.:** Planung und stat. Auswertung von Experimenten. Wien, [8]1970; **Moore, D. S.:** Statistics. Concepts and Controversies. Oxford, 1977; **Phillips Jr., J. L.:** Statistical Thinking. A Structural Approach. Oxford, 1973.

J. M. Faverge

Statistiken sind Maßzahlen, die sich aus Stichprobenbeobachtungen berechnen lassen. In der Population entsprechen den S. die ↗Parameter, die durch S. geschätzt werden können. Häufig verwendete S. sind z. B. das arithmetische Mittel $\bar{X}$ und die ↗Standardabweichung s.

A. Rausche

Statistische Inferenz, Bezeichnung für jenen Zweig der math. ↗Statistik, der sich mit den

Schlußfolgerungen beschäftigt, die aufgrund von Stichprobenbeobachtungen für die Population möglich sind. Dazu gehören z. B. Verfahren zur Angabe von ↗Vertrauensintervallen und zur Hypothesenprüfung. ↗Statistische Tests. *A. Rausche*

Statistische Sicherheit. Unter s. S. versteht man die Wahrscheinlichkeit, mit der eine aufgrund stat. Methoden gemachte Angabe oder Aussage richtig ist. Der s. S. gegenüber steht die ↗Irrtumswahrscheinlichkeit; sie ergänzen sich gegenseitig auf 100%. ↗Statistische Tests; ↗Vertrauensintervall. *A. Rausche*

Statistische Tests, Synonym: *Signifikanztests, Hypothesentests,* Methoden zur zufallskritischen Prüfung von Hypothesen aufgrund von ↗Zufallsstichproben. – 1. *Prinzip:* (Ausnahme: ↗Sequentielle Tests): Es werden die ↗Nullhypothese H_0 und eine ↗Alternativhypothese H_1 gegenübergestellt und unter der Annahme, H_0 sei richtig, aus den beobachteten Daten eine Prüfgröße mit bekannter Wahrscheinlichkeitsverteilung oder direkt eine Wahrscheinlichkeit errechnet. Ist diese kleiner als das ↗Signifikanzniveau, so entscheidet man zugunsten von H_1, andernfalls behält man H_0 bei. Man nennt die Menge der Werte einer Prüfgröße, für die H_0 verworfen wird, den Rückweisungsbereich (kritischen Bereich, Signifikanzbereich), die zugehörige Komplementärmenge den Annahmebereich. Liegt der Rückweisungsbereich nur auf einer Seite des Mittelwerts der Prüfverteilung, so spricht man von einem einseitigen, andernfalls von einem zweiseitigen Test. – 2. *Eigenschaften:* Bei einer Testentscheidung kann man zwei Fehler machen, den ↗Fehler erster Art (α-Fehler, Risiko I), nämlich H_0 verwerfen, obwohl sie richtig ist, und den ↗Fehler zweiter Art (β-Fehler, Risiko II), nämlich H_0 beizubehalten, obwohl H_1 zutrifft. Diese beiden Risiken sind nicht unabhängig: je geringer das eine, desto größer ist das andere; sie nehmen mit wachsendem Stichprobenumfang ab. Bei konstantem N und α ist β eine Funktion des tatsächlichen Unterschiedes Δ, auf den sich H_0 und H_1 beziehen, und einer Eigenschaft des s. T., seiner *Teststärke* (Nachweiskraft). Ein Test ist um so stärker, je kleiner β bei gegebenem N, α und Δ ist. Der Zusammenhang zwischen β und Δ bei gegebenem N und α wird durch die Teststärkefunktion *(operating characteristic)* beschrieben. Bei einem einseitigen s. T. ist die Teststärke größer als bei dem entsprechenden zweiseitigen, wenn der tatsächliche Unterschied in der angenommenen Richtung liegt. Der Vergleich von Tests unterschiedlicher Stärke führt zum Begriff der (relativen) *Effizienz* E. Sei N_o der Stichprobenumfang, der notwendig ist, um mit einem Bezugstest bei gegebenem α und β einen Unterschied Δ nachzuweisen, und N_1 entsprechend bei einem anderen Test, so ist $E = N_o/N_1$. Außer möglichst hoher Effizienz werden von einem s. T. noch *Konsistenz* (β geht mit wachsendem Stichprobenumfang unabhängig von α gegen Null) und *Unverzerrtheit* (das Minimum der Teststärke liegt bei $\Delta = 0$) verlangt. – 3. *Einteilungen:* S. T. werden häufig nach der verwendeten Prüfgröße (X^2-, t-Test) oder nach ihrem Entdecker (Lord-McNemar-Test) benannt. Grundsätzlich unterscheidet man zwischen parametrischen und ↗verteilungsfreien Tests. Bei ersteren müssen bestimmte Voraussetzungen über die Populationsverteilung erfüllt sein, außerdem sind sie nur bei metrischen Variablen anwendbar, während für verteilungsfreie (nicht-parametrische) Tests diese Einschränkungen nicht gelten. Bei Vorliegen der Voraussetzungen sind parametrische Tests effizienter als verteilungsfreie; in der psychol. Praxis sind die letztgenannten meist stärker, da die Voraussetzungen für die Anwendung parametrischer Verfahren in irgendeiner Weise fehlen. Weitere Unterteilungsmöglichkeiten ↗verteilungsfreie Tests. ↗Statistik.

A. Rausche

Statoakustisches Sinnesorgan. Die flüssigkeitsgefüllten Systeme des Innenohres (Schnecke mit Basilarmembran) und des ↗Gleichgewichtsorgans (↗Bogengänge, Sacculus und Utriculus) werden als s. S. bezeichnet. Von den jeweiligen Sinneszellen (Ohr: Kortisches Organ; Gleichgewichtsorgan: Kristae bzw. Maculae) ausgehend, vereinigen sich

Zusammenfassung wichtiger statistischer Verfahren. (Zu *Datenniveau* vgl.: ↗Skalierung, ↗Methoden der Psychologie; zu *Fragestellung:* ↗Statistik, ↗Methoden der Psychologie, ↗Häufigkeitsverteilungen; zu *Prüfverfahren:* ↗Korrelationstechniken, ↗Verteilungsfreie Tests; zu *Bemerkungen, Voraussetzungen:* ↗Methoden der Psychologie, ↗Faktorenanalyse, ↗Stichprobenverfahren, ↗Normalverteilung, ↗Variable.)

I. Deskriptive Statistik

A. Eindimensionale ↗Verteilungen

Datenniveau (↗Skalierung)	↗*Maßzahlen*	*grafische Darstellungen*
nominal	↗Häufigkeiten, relative Häufigkeiten, Klasse mit höchster und niedrigster Häufigkeit	Histogramm (Säulen voneinander abgesetzt) Kreis-(Sektor-)diagramm
ordinal	wie nominal; Summenhäufigkeiten Summenprozenthäufigkeiten, Quantile (z. B. ↗Median, Quartilabweichung), ↗Modus	Histogramm, ↗Summenfrequenzpolygon
intervall	wie ordinal; Verteilungsmomente; ↗arithmethisches, ↗geometrisches, ↗harmonisches Mittel, ↗Standardabweichung	wie ordinal; Häufigkeitspolygon (↗Häufigkeitsverteilungen)
rational	wie intervall; ↗Variabilitätskoeffizient	wie intervall

B. Mehrdimensionale ↗Verteilungen: siehe Prüfverfahren (induktive Statistik).
Grafische Darstellung einer zweidimensionalen Verteilung: Streuungsdiagramm

II. Induktive Statistik

A. Fragestellungen bei eindimensionalen Verteilungen (meist Prüfungen von Unterschieden oder Abweichungen)

1. eine Stichprobe

Datenniveau	*Fragestellung*	*Prüfverfahren*	*Bemerkungen, Voraussetzungen*
alternativ	Ist die Aufeinanderfolge der Alternativen zufällig?	↗Iterationstest	kann auch bei metrischen Daten nach Dichotomisieren am ↗Median durchgeführt werden
	Stammt die ↗Stichprobe mit der beobachteten relativen Häufigkeit p aus einer Population mit der Wahrscheinlichkeit π?	Binomialtest	Wahrscheinlichkeiten können über ↗F-Verteilung berechnet werden
		↗χ^2 – und ↗z-Test	große ↗Stichproben: Np und N (1 – p) beide größer als 10

Datenniveau	*Fragestellung*	*Prüfverfahren*	*Bemerkungen, Voraussetzungen*
alternativ	In welchem Intervall um den Stichprobenanteil p eines Merkmals liegt mit vorgegebener Sicherheitswahrscheinlichkeit der Populationsanteil π?	↗Vertrauensintervall für relative Anteile	bei kleinen Stichproben Berechnung über ↗F-Verteilung, bei großen Näherung durch Norm.-Vert.
mehrkategorial	Entsprechen die beobachteten Häufigkeiten einem theoretisch erwarteten Häufigkeitsverhältnis?	χ^2-Anpassungstest	keine erwartete Häufigkeit < 5
		2I-Anpassungstest	
metrische	Stammt eine ↗Stichprobe mit ↗Mittelwert $\overline{X}$ aus einer Population mit Mittelwert μ und bekannter ↗Standardabweichung σ?	↗z-Test	↗Normalverteilung in der Population
	Gleiche Frage bei unbekannter Populationsstandardabweichung	↗t-Test	Normalverteilung in der Population
	In welchem Intervall um den Stichprobenmittelwert $\overline{X}$ liegt mit vorgegebener Sicherheitswahrscheinlichkeit der Populationsmittelwert μ?	↗Vertrauensintervall für ↗Mittelwerte (über ↗t-Verteilung)	Normalverteilte Population
	Stammt die Stichprobe mit der ↗Varianz s^2 aus einer Population mit Varianz σ^2?	↗χ^2-Test	Normale Population
	Läßt die Stichprobe den Schluß auf eine bestimmte Verteilung der Population zu?	↗Kolmogoroff-Smirnoff-Test	
		χ^2-Anpassungstest	große Stichproben
	Ist die Population normalverteilt?	Momentenverfahren	

2. Zwei unabhängige (korrelierende) ↗Stichproben			
Datenniveau	*Fragestellung*	*Prüfverfahren*	*Bemerkungen, Voraussetzungen*
	Unterscheiden sich zwei Grundgesamtheiten hinsichtlich der Wahrscheinlichkeit eines Merkmals?	↗χ^2-Test von ↗Mc-Nemar	große ↗Stichproben
		Anwendung des Binomialtests	
mehrkategorial	Unterscheiden sich zwei Populationen hinsichtlich der Wahrscheinlichkeiten der einzelnen Merkmalskategorien?	Symmetrietest von Bowker	
ordinal	Unterscheiden sich die beiden Populationen hinsichtlich der zentralen Tendenz?	↗Vorzeichentest	Anwendungsform des Binomialtests
metrisch	Unterscheiden sich die beiden Populationen hinsichtlich der zentralen Tendenz?	↗Wilcoxon-Test für Paardifferenzen	sehr effizient, verliert aber bei Rangteilungen sehr rasch an Effizienz
		Fisher-Pitman-Test für Paardifferenzen	nur bei kleinen Stichproben ökonomisch
		↗t-Test für korrelierende Stichproben	↗Normalverteilung
	Unterscheiden sich die beiden Populationen hinsichtlich der Dispersion?	Dispersionstest für Paardifferenzen	Anwendungsform des ↗Vorzeichen-Tests
		t-Test nach Ferguson	Normalverteilung
3. Zwei unabhängige ↗Stichproben			
alternativ	Hat das untersuchte Merkmal in beiden Grundgesamtheiten dieselbe Wahrscheinlichkeit?	↗Fisher-Yates-Test	nur bei kleinen Stichproben ökonomisch
		↗4-Felder-χ^2-Test	alle Häufigkeiten > 5
mehrkategorial	Entsprechen den Merkmalskategorien in beiden Grundgesamtheiten dieselben Wahrscheinlichkeiten?	$k \times 2$-Felder-χ^2-Test	alle Häufigkeiten > 5
		G-Test	Sonderform des 2I-Tests

Datenniveau	*Fragestellung*	*Prüfverfahren*	*Bemerkungen, Voraussetzungen*
ordinal	Stammen die ↗Stichproben aus Populationen mit gleichem ↗Median?	Mediantest	ineffizienter Test
	Stammen die Stichproben aus Populationen mit verschiedener Dispersion?	↗Quartiltest	Erweiterung des Mediantests
metrisch	Haben beide Populationen gleiche Verteilungsform?	↗Kolmogoroff-Smirnoff-Test	
	Unterscheiden sich beide Populationen hinsichtlich der zentralen Tendenz?	↗U-Test	
		↗X-Test von van der Waerden	erfordert spezielle Tabellen
		↗t-Test	↗Normalverteilung, ↗Varianzhomogenität
	Unterscheiden sich die beiden Populationen hinsichtlich der Dispersion?	Moses-Test	nur bei kleinen Stichproben ökonomisch
		↗F-Test	Normalverteilung der Population
4. mehrere abhängige Stichproben			
alternativ	Stammen die Stichproben aus Populationen mit unterschiedlichen Häufigkeitsverhältnissen?	Q-Test von Cochran	
Meßwerte	Haben die Populationen eine unterschiedliche zentrale Tendenz?	Rangvarianzanalyse nach Friedman	Multiple Vergleiche nach Wilcoxen und Wilcox
		Zweiweg-↗Varianzanalyse	Normalverteilung. Multiple Vergleiche nach Newman-Keuls

5. Mehrere unabhängige Stichproben

Datenniveau	*Fragestellung*	*Prüfverfahren*	*Bemerkungen, Voraussetzungen*
mehrkategorial	Unterscheiden sich die Populationen in den Häufigkeitsverhältnissen der Merkmalskategorien?	2-I-Test (Informationsanalyse)	
		↗χ^2-Test)	Häufigkeiten in den Kategorien > 5
ordinal	Unterscheiden sich die Populationen hinsichtlich des Medians?	Erweiterter Median-Test	Anwendung des k×2 Felde-χ^2-Tests
metrisch	Unterscheiden sich die Populationen hinsichtlich der zentralen Tendenz?	H-Test nach Kruskall-Wallis	
		Einfache ↗Varianzanalyse	Normalverteilung, Varianzhomogenität; Multiple Vergleiche nach ↗Duncan, Scheffé oder Newman-Keuls
	Unterscheiden sich die Populationen hinsichtlich der ↗Varianz?	↗Bartlett-Test	Normalverteilung

B. Fragestellung über korrelative Zusammenhänge von 2 Variablen X und Y

Datenniveau X	*Datenniveau Y*	*Zusammenhangsmaß und Prüfverfahren*	*Bemerkungen, Voraussetzungen*
metrisch	metrisch	↗Produkt-Moment-Korrelation r (ρ). Prüfungen folgender Hypothesen: $\rho = 0$? : ↗t-Test } (eine Stichprobe) $\rho = \rho_o$? : ↗z-Test nach Fisher } (eine Stichprobe) $\rho_1 = \rho_2$? : z-Test nach Fisher (zwei unabh. Stichproben)	linearer Zusammenhang, bivariable ↗Normalverteilung
	ordinal	X auf Ränge reduzieren	siehe ordinal-ordinal
	mehrkategorial	η(Eta)-Verhältnis. Prüfung von $\eta = 0$ mit ↗F-Test	allgemeinste Form des Zusammenhangs, varianzanalytisches Verfahren
	alternativ	↗Punkt-biserale Korrelation r_{pbi} : Prüfung von $\rho_{pbi} = 0$ mit t-Test	X normalverteilt, Y echt alternativ, eigentlich ↗Produkt-Moment-Korrelation
		↗Biseriale Korrelation	Y eigentlich normalverteilt, aber nur dichotom gemessen

Datenniveau X	Datenniveau Y	Zuhammenhangsmaß und Prüfverfahren	Bemerkungen, Voraussetzungen
ordinal	ordinal	↗Spearmanscher Rangkorrelationskoeffizient r_s Prüfung von $\rho_s = 0$ bei kleinen Stichproben über eigene Tafel, bei größeren über ↗t-Test	↗Produkt-Moment-Korrelation von Rängen, deshalb Annahme gleicher oder nur zufällig verschiedener Rangabstände
		↗Kendalls τ, Prüfung von $\tau = 0$ bei kleinen Stichproben über spezielle Tafeln, bei größeren über Normalverteilung	Im Gegensatz zu r_s echt parameterfrei, numerisch niedriger r_s
	mehrkategorial	Einteilung von X in Kategorien	wie mehrkategorial-mehrkategorial
	alternativ	Biserialer ↗Rangkorrelationskoeffizient nach Kendall. Prüfung wie Kendalls τ	Y kann echt diskret oder dichotomisch sein
mehrkategorial	mehrkategorial	↗Kontingenzkoeffizient C. Prüfung von $C = 0$? χ^2-Test auf Unabhängigkeit Informationsanalyse. Prüfung, ob Zusammenhang in Form eines ↗Trends: Trendtest nach Pfanzagl	nicht mit r vergleichbar. große Stichprobe
	alternativ	wie mehrkategorial-mehrkategorial	
alternativ	alternativ	↗Punkt-Vierfelder-Korrelation r_φ Interspezifischer ↗Assoziationskoeffizient r_A Prüfung beider Koeffizienten auf Abweichung von Null mit χ^2	r_φ ist ein Produkt-Moment-Korrelations-koeffizient für Alternativen. r_A geht aus r_φ durch Relativierung hervor
		↗tetrachorischer Korrelationskoeffizient r_{tet}	beide Variable sind Dichotomien einer ↗Normalverteilung

C. Multiple Verfahren bei metrischen Variablen		
Fragestellung	*Verfahren*	*Bemerkungen*
Wie groß ist der Einfluß einer Variablen S auf die Korrelation zwischen zwei Variablen X und Y?	↗Partielle Korrelation, kann über t geprüft werden	Durch sukzessive Anwendung des Verfahrens können mehrere Einflüsse auspartialisiert werden
Wie groß ist der Zusammenhang zwischen einer optimalen Kombination von mehreren Prediktorvariablen und einem Kriterium?	↗Multiple ↗Korrelation, multiple ↗Regression zur Darstellung der optimalen Vorhersagegleichung	↗linearer Zusammenhang, alle Variablen normalverteilt
Wie groß ist der maximale Zusammenhang zwischen einer Kombination von Prediktorvariablen und einer Kombination von Kriterien?	Kanonische Korrelation. Erweiterung: Kanonische Faktorenanalyse	↗lineare Zusammenhänge bzw. lineares Modell
Lassen sich mehrere Variablen durch eine geringere Zahl gemeinsamer Faktoren erklären?	↗Faktorenanalyse	Im allgemeinen lineares Modell, Lösung nicht eindeutig, hat meist nur heuristischen Wert
Wie wirken sich Kombinationen von verschiedenen Bedingungen auf den Mittelwert einer Zufallsvariablen aus, besteht eine Wechselwirkung zwischen den Bedingungen?	↗Varianzanalyse	sehr viele verschiedene ↗Versuchspläne
Durch welche Linearkombination(en) von beobachteten Variablen lassen sich Gruppen aus verschiedenen Grundgesamtheiten mit geg. statistischer Sicherheit trennen?	↗Diskriminanzanalyse	

Nervenfasern (N. cochlearis und N. vestibularis) zum N. *statoacusticus,* dem VIII. Hirnnerven. Die zentralnervösen Verarbeitungsgebiete sind jedoch für Gleichgewichtssinn und Gehör verschieden. ↗Sinnesorgane: Das Ohr. *M. Spreng*

Statolithenorgan ist Teil des ↗Vestibularapparates und stellt das Sinnesorgan für Linearbeschleunigung (Erdbeschleunigung) dar. Es besteht aus einem Sack (Sacculus) im Felsenbein des Schädels, der mit dem Bogengangsystem in Verbindung steht und mit *Statolithen* (Steinchen auf den Sinneshaaren des S.) gefüllt ist. Diese drücken bei senkrechter Stellung des Kopfes auf die Sinneshaare ihrer Unterlage am Boden des Sackes. Bei Schrägstellung des Kopfes werden diese Sinneshaare zugunsten ihrer Nachbarn entlastet, und es entsteht der entsprechende Sinneseindruck. *E. David*

Status. Durch Alter, Geschlecht und sozialen S. wird im wesentlichen die Position eines Individuums innerhalb einer Gesellschaft festgelegt. S. bezieht sich dabei auf die soziale Schichtung entlang einer höher-tiefer-Dimension. Als S.-Indikatoren dienen vorwiegend Beruf, Ausbildungsniveau und Einkommen, die vielfach ohnehin eng korrelieren (Statuskristallisation). *U. Hensle*

Status orgasticus (engl. *status orgasmus*). Als S. o. bezeichnete Sigusch eine erstmals von Masters und Johnson physiol. registrierte orgastische Reaktionsform, die objektiv und subjektiv mit der höchsten Intensität einhergeht. Der S. o. wurde nur bei Frauen beobachtet, dauert 20 bis mehr als 60 Sekunden und ist entweder als eine Serie schnell aufeinanderfolgender ↗Orgasmen oder als eine lang hingezogene orgastische Episode aufzufassen.

Lit.: Masters, W. H. & V. E. Johnson: Human sexual response. Boston, 1966 (dt.: Die sexuelle Reaktion. Frankfurt a. M., 1967; Reinbek, 1970); **Sigusch, V.:** Exzitation und Orgasmus bei der Frau. Stuttgart, 1970. *V. Sigusch*

S-Technik, Anwendungsvariante der Faktorenanalyse. Wird an n Vpn eine Variable zu t Zeitpunkten (Situationen) erhoben, wobei $t > n$ ist, die Individuen über die Zeitpunkte korreliert und faktorisiert, resultieren Veränderungsfaktoren, auf denen jeweils Vpn laden, die ähnliche Veränderungsverläufe aufweisen. *J. Bortz*

Stehlsucht ↗Kleptomanie.

Steigerungsphänomen, das Phänomen, daß in der Erinnerung bestimmte Eindrücke stark verzerrt erscheinen, bes. in Richtung auf das Schreckliche, Gefährliche, Wunderbare. Die künstlerische Darstellung hebt die verzerrten Züge oft verstärkt hervor.

Lit.: Kainz, F.: Das Steigerungsphänomen als künstlerisches Gestaltungsprinzip. 1925; **Selz, O.:** Gestalten und Steigerungsphänomen. Archiv f. d. ges. Psychol. 1934.

H. Wagenknecht

Steilheit wird bei ↗Häufigkeitsverteilungen durch den ↗Exzeß ausgedrückt. Ist eine Kurve spitzer (steiler) als die ↗Normalverteilung, so spricht man von postivem Exzeß, im umgekehrten Fall von negativem. Die S. einer Kurve im Punkt P wird durch die Steigung der Tangente in P gemessen. Dies setzt voraus, daß die Kurve in P differenzierbar ist. *A. Rausche*

Stellungsmittel ↗Median.

Stencil Design Test, nicht-verbaler Intelligenztest (Individualtest) von G. Arthur. Der S. D. T. kann vom 6. Lebensjahr an durchgeführt werden. Er ist in verschiedene Schwierigkeitsgrade gestaffelt. Der Pb hat die Aufgabe, geometrische Muster (designs) durch Übereinanderlegen von Papierschablonen (stencils) nachzubilden. Es existieren zwei Testformen: eine mit farbigem und eine mit schwarz-weißem Testmaterial. ↗Testnormen sind für jede Altersstufe vorhanden.

F. Mattejat

Stereoagnosie ↗Agnosie, taktile.

Stereoanästhesie, Unfähigkeit, Gegenstände durch Betasten zu erkennen. ↗Stereognostik.

Stereognostik, Fähigkeit, Gegenstände durch Betasten zu erkennen (bei geschlossenen Augen).

Stereokinese, dreidimensionale (körperliche) ↗Wahrnehmung bei Darbietung von zweidimensionalen *bewegten* Objekten. Der auf einen Schirm projizierte Schatten eines Körpers (z. B. Drahtgestell) wird als dreidimensionales Objekt wahrgenommen, wenn man den Körper bewegt (z. B. Rotation um eine Achse); dagegen erzeugt der Schatten desselben Körpers in Ruhe nur eine zweidimensionale Wahrnehmung (Wahrnehmung einer Fläche). Die wichtigste Voraussetzung für das Auftreten des stereokinetischen Effektes ist die *gleichzeitige Längen- und Richtungsänderung der Schattenlinie.* Die S. gehört zu den Erscheinungen der *einäugigen Tiefenwahrnehmung.*

Lit.: Metzger, W.: Tiefenerscheinungen in optischen Bewegungsfeldern. Psychol. Forsch., 1934, *20,* 195–260; **ders.:** Das einäugige Tiefensehen. In: **W. Metzger** (Hrsg.): Hdb. der Psychol., Bd. 1, 1. Halb-Bd. Göttingen, [2]1974.

F. Mattejat

Stereophonie. Das Richtungshören beruht auf der Laufzeitdifferenz der Töne und vermittelt die Dreidimensionalität des Tonerlebnisses. So kann die Illusion eines völlig dreidimensionalen Tons (stereophoner Ton) durch Töne aus zwei verschiedenen Tonquellen vermittelt werden, indem Töne, von zwei Mikrophonen – die die beiden Ohren simulieren – aufgenommen, wiedergegeben werden. ↗Gehörswahrnehmung. *C. D. Frith*

Stereoskop, ein Betrachtungsinstrument, bei dem zwei verschiedene Reize (z. B. Bilder) simultan gezeigt werden können, so daß von jedem Auge nur das ihm entsprechende Bild gesehen wird. Sind die beiden Reize *Anaglyphen, d. h. in der gleichen Weise disparat* wie die beiden Abbilder auf der ↗Retina, wenn ein dreidimensionales Bild gesehen wird, entsteht ein Tiefeneindruck. Die einfachste Möglichkeit, Anaglyphenbilder herzustellen, ist die Verwendung einer stereoskopischen Kamera, die zwei wenig verschiedene Bilder der gleichen Szene simultan durch zwei Linsen, deren Abstand dem der Augen gleicht, aufnimmt.

Lit.: Pauli, R. & W. Arnold: Psychol. Praktikum, Bd. 1. Stuttgart, [7]1972.

G. D. Wilson

Stereotaktische Eingriffe. *Stereotaxie* ist eine Methode, mit der in der humanmed. Diagnostik und Therapie von vorausberechenbaren Strukturen, durch eine Sonde angezielt, Potentialänderungen abgeleitet und diese ausgeschaltet werden können.

Die Methode basiert auf einer tierexpt. Anordnung, die um 1910 von Horsley und Clark entwickelt und für die Humanmedizin von Spiegel und Wycis 1947 eingeführt wurde.

Als Basisinformation s. E. dienen Hirnatlanten, denen genormt aufgearbeitete Hirne zugrunde liegen mit Schnittbildern in allen drei Ebenen des Raumes. Aus diesem Atlas kann man Zielpunkte aussuchen, die auf bestimmte Basislinien bezogen werden. Nun werden bei dem Patienten, nach Luftfüllung der Hirnkammern bei genormten Röntgenaufnahmen Zielpunkt-Basis-Linien, Relationen, bestimmt. Patienten- und Atlashirn in Relation gesetzt, ergeben die wahren Werte für den Patienten-Zielpunkt. Zwei bes. Fortentwicklungen der stereotaktischen Methode sind:

a) die *focussierte Protonenstrahl-Ausschaltung* eines Zielpunktes, die in der Genauigkeit den üblichen stereotaktischen Verfahren ähnelt, ohne daß noch ein chirurgischer Eingriff nötig wäre;

b) die sog. *chronisch implantierten Elektroden,* bei denen eine Vielzahl von Elektroden, bis zu 60 pro Hirn, mit je einem Durchmesser um 100 μ + im Gehirn bis zu zwei Jahren belassen werden können. Während dieser Zeit können die elektrischen Hirnströme, in Korrelation zum Verhalten, beobachtet werden, die Ausschaltungen können damit gestuft werden und exakter erfolgen.

In jüngster Zeit ist von solchen tiefen Elektroden telemetrisch, d. h. ohne Drahtverbindung, stimuliert und abgeleitet worden, die Patienten befanden sich also unter völlig natürlichen Bedingungen.

Die *Indikationen* stellen in erster Linie sog. „Schüttellähmungen" (↗Parkinsonismus) dar. Bei dieser Krankheit lassen sich ↗Tremor und ↗Rigor etwa gleich gut beseitigen, nicht jedoch die Antriebsstörung. Auch andere Bewegungsstörungen, wie Torticollus spasticus, Hemiballismus, Choreoatetose, essentieller Tremor, sind mehr oder weniger gut mit der stereotaktischen Methode angehbar. Schon bald wurde das Verfahren bei psychiatrischer Indikation verwandt, und zwar bei ↗Schizophrenien, Zwangskrankheiten, Aggressivität bei verschiedenster Grundkrankheit. Zu einem Teil besteht der unspezifische Therapieeffekt hierbei in einer sog. „zurückgenommenen" Leukotomie: Es werden die Ursprungskerne der Bahnen, die bei der Leukotomie durchschnitten werden, zerstört. Zum Unterschied von der Leukotomie sind die Nebenwirkungen bei den s. E. geringer, bei etwa gleichem therapeutischem Erfolg. Die Eingriffsmöglichkeiten bei psychiatrischen Indikationen beruhen aber schon auf spezifischer Wirkung in relativ gut isolierbaren funktionellen Hirnstrukturen, beispielsweise innerhalb des sog. limbischen Systems bei Ausschaltungen im Amygdalum und Fornix u. a. Zielpunkten.

Aller Voraussicht nach werden die psychiatrischen Indikationen in der nächsten Zeit zunehmen, wobei insbesondere die Methode der chronischen Implantation mit ihrer Unabhängigkeit von der Operationssituation und der Möglichkeit der Beobachtung des Patienten unter natürlichen Bedingungen adäquate Voraussetzungen einer psychiatrischen Methode bietet. So wurden z. B. Anordnungen konstruiert, in denen sich die Patienten selbst in den verschiedensten Hirnregionen reizen konnten, nach der tierexpt. Methode von Olds. Hierbei fand man Lust- und Unlustzentren, ähnlich wie bei den Tierexperimenten, jedoch ohne das Auftreten exzessiver suchtartiger Reizungen. Ferner wurden mit Mikrokanülen, die chronisch implantiert wurden, Pharmaka (↗Pharmakopsychologie) injiziert und gleichzeitig mit Dauerelektroden aus den verschiedensten Hirnregionen abgeleitet. Die vielen Einzelergebnisse dieser Arbeiten zeigen bereits erste Ansätze einer verbindenden Theorie (Heath & Mickle, 1960).

Überraschenderweise sind die Nebenwirkungen dieser Eingriffe gering und bestehen im wesentlichen in unbedeutenden passageren Gedächtnisstörungen sowie in der Möglichkeit des Auftretens einer Blutung, die nach den bisherigen Erfahrungen (über 10000) unterhalb von 1% liegt. Es wird angegeben, daß Nebenwirkungen bei chronischen Implantationen eher geringer als bei der üblichen stereotaktischen Behandlung sind (Bechterewa et al., 1969). Es können von diesen diagnostischen und therapeutischen Eingriffsmöglichkeiten, neben den unmittelbaren klinischen Wirkungen, auch neue Impulse der Konzeption über das ↗Gehirn ausgehen. Hier sind anatomische, neurophysiol. und psychol. Strukturbereiche unmittelbar miteinander verknüpft, und es stellen sich bereits heute Strukturäquivalenzen zwischen neurophysiol. und psychol. Bereichen dar, beispielsweise in dem Sinn, daß auf beiden Seiten Relationen bestehen, die eher Wahrscheinlichkeitsfunktionen als deterministischen Schaltungen gehorchen. Damit dienen exakt formalisierbare monistische Anschauungen als Grundlage klinischer und expt. „Leib-Seele"-Forschung (↗Leib-Seele-Problem).

Lit.: **Bechterewa, N. P., Bondartschuk, A. N., Smirnow, W. M. & A. J. Trochatschow:** Physiologie und Pathophysiologie der tiefen Hirnstrukturen des Menschen. Berlin, 1969; **Heath, R. G. & W. A. Mickle:** Evaluation of seven years experience with depth electrode studies in human patients. Electr. Studies on the unaesth. brain. New York, 1960; **Mundinger, F. & T. Riechert:** Die stereotaktischen Hirnoperationen zur Behandlung extrapyramidaler Bewegungsstörungen und ihre Resultate. Fortschr. Neurol. Psychiat., 1963, *31*, 1–20; **Mundinger, F.:** Stereotaktische Operationen am Gehirn. Stuttgart, 1975; **Spiegel, E. A. & H. T. Wycis:** Stereoencephalotomy. New York, 1962; **Umbach, W.:** Elektrophysiol. und negative Phänomene bei stereotaktischen Hirnoperationen. Berlin – Heidelberg – New York, 1966.

M. Adler

Stereotyp ist ein Begriff, der uneinheitlich benutzt wird. Am allgemeinsten ist u. a. die Formulierung von M. Jahoda, nach der ein S. Meinungen über Klassen von Individuen, Gruppen oder Objekten bezeichnet, die „vorgefaßt" sind, d. h., die nicht aus neuen Beurteilungen jedes einzelnen Phänomens stammen, sondern die schablonenhafte Weisen des Wahrnehmens und Urteilens sind. So sind dann z. B. die Deutschen fleißig, Neger musikalisch usw. Über diesen gemeinsamen Nenner hinaus werden jedoch dann die Akzente verschieden gesetzt.

S.e können nun 1. auf ihre Entstehung hin befragt werden und werden dann ausdrücklich als *Gruppenurteile definiert,* d. h., es sind Urteile, auf die sich eine genügend große Zahl der Mitglieder einer ↗Gruppe oder einer sozialen Kategorie geeinigt hat (von Sherif & Sherif [1969] deshalb von vornherein als *group stereotyps* bezeichnet und in den Kontext der Beziehungen zwischen Gruppen gestellt).

Der Akzent kann 2. auf den *Wahrheitsgehalt* des S. gelegt werden. Hierbei werden S.e oftmals als übervereinfachte Konzepte definiert, die eben schon deshalb falsch seien, weil sie übergeneralisiert sind (Allport, 1955; Katz & Stotland, 1959; Lindgren, 1969; Hilgard & Atkinson, 1967; Morgan & King, 1966). Diese oftmals ins Zentrum der Definition gestellte Aussage ist sehr umstritten. Als Gründe dagegen werden angeführt:

a) Ob eine Meinung falsch ist, kann nur bei dem nötigen Wissen entschieden werden. Dieses Wissen fehlt jedoch häufig! Sicher ist jedoch, daß alle Vorstellungen von Menschen, soweit sie verallgemeinert sind, mehr oder weniger falsch sind. Man könnte jedoch an der Bewertung von Meinungen trotz fehlenden Wissens unter dem Aspekt festhalten, daß in der Regel das gesicherte Wissen um einen Gegenstand zu gering ist bzw. die allg. Erfahrung zeigt, daß die beurteilten Gegenstände in der Regel zu variabel sind, um ein relativ einfaches und invariantes Urteil in Form eines S. zu rechtfertigen (Katz & Stotland, 1959). Allerdings wird der Begriff dann inflationär, da er für alle alltäglichen Meinungen zutrifft.

b) Untersuchungen zeigen jedoch, daß S.e nicht notwendigerweise falsch sein müssen. So zeigten Vergleiche von Intelligenzuntersuchungen in den USA, daß amerik. Neger im Durchschnitt einen niedrigeren ↗IQ haben als Weiße (Shuey, 1958). Freilich zeigen differenzierendere Untersuchungen, daß dieses Ergebnis nicht auf die Rasse zurückzuführen ist, sondern u. a. auf die Lebensbedingungen der Vpn, die in der Regel für Neger weit ungünstiger waren. In diesem Zusammenhang spricht Pettigrew (1964) völlig zu Recht von einer sich selbst erfüllenden Prophezeiung (self-fulfilling prophecy): Die Meinung über eine Bevölkerungsgruppe beeinflußt das Verhalten gegenüber dieser Gruppe, und dieses Verhalten wiederum provoziert bei der Gruppe das behauptete Verhalten. Beispiel: Weil Neger angeblich dümmer seien, brauchen sie keine so guten Schulen, und weil sie keine so guten Schulen bekommen, haben sie weniger Entwicklungschancen und bleiben dümmer. Damit ist klar, daß einerseits Meinungen über andere durchaus richtig sein können, wie aber auch, daß die öffentliche Meinung und die daraus sich ergebenden Verhaltensweisen das Verhalten der relevanten Gruppe mitprägen, also direkt in das soziale System beeinflussend eingreifen.

c) Ob ein S. angemessen ist, zeigt sich nicht nur an der Übereinstimmung mit einer fiktiven „Realität“, sondern ist abhängig von dem Beurteilungsrahmen, den man anlegt. Für bestimmte Fragestellungen mag die genaue Kenntnis eines bestimmten Gegenstandes notwendig sein, für andere Fragestellungen mag sie überflüssig, ja sogar störend sein. Sicher ist, daß jeder Mensch verallgemeinern muß, denn „Ereignisse oder Personen in all ihren Details kehren nicht wieder, jedoch solange wir keine Wiederholungen entdecken können, können wir nicht in die Zukunft planen und sie antizipieren“ (Brown, 1965, S. 177). Wie scharf die einzelnen Objekte abgebildet sein müssen, muß daher von den Zielen des handelnden Individuums bestimmt werden. Im Extremfall kann es dann sein, daß ein S. alleine als Rechtfertigung für die Unterdrückung einer bestimmten sozialen Gruppe gedacht ist und man hier, je nachdem ob man von der Realitätsangemessenheit des Urteils oder von seinem Rechtfertigungscharakter her urteilt, zu sehr verschiedenen Bewertungen kommen kann.

Empirische statistische Untersuchungen beruhen in der Regel dominant auf dem gruppenpsychol. Ansatz (Katz & Braly, 1933; Gilbert, 1951; Buchanan, 1953; Sodhi & Bergius, 1953), gegen den jedoch schwerwiegende Kritik geäußert wurde. (1) Eysenck (1950) zeigte an einer Untersuchung, die sich an der klassischen Arbeit von Katz und Braly (1933) orientierte, daß viele Vpn behaupten, nur Klischees wiederzugeben, die sie jedoch selbst nicht teilen. Tatsächlich ist selbst die Übereinstimmung der Aussagen einer Bevölkerungsgruppe kein Beweis dafür, daß das entsprechende Urteil weitgehend geteilt wird. (2) Wie Asch (1965) zeigte, führt die Fragestellung zu keiner eindeutigen Aussage. So kann sich die Aussage auf alle Mitglieder einer Kategorie beziehen, sie kann sich jedoch z. B. auch nur auf einen in bestimmter Hinsicht höheren Prozentsatz in der Gruppe beziehen.

S.e werden gewöhnlich im Rahmen der Einstellungstheorie als die kognitive Komponente angesehen. Geht man davon aus, daß man an ↗*Einstellungen* drei Komponenten unterscheiden kann (konative, kognititve, evaluative), die alle drei eine Beziehung zu dem Objekt definieren, ohne daß dadurch jedoch eine bestimmte Interdependenz mitdefiniert sein muß, so ist das S. immer Bestandteil einer Einstellung. Nur dort, wo über die einzelne Situation hinausgehende Verhaltensmuster sich gebildet haben – was S. zur Voraussetzung hat –, spricht man von Einstellung. Da es beim gegenwärtigen Stand des Wissens nicht möglich ist, zwischen angemessenen und unangemessenen Einstellungen in systematischer Form zu unterscheiden, fällt somit die Unterscheidung von Einstellung und S. weg. Das S. ist vielmehr die generelle Voraussetzung für alle Einstellungen.

Lit.: Allport, G. W.: The nature of prejudice. Boston, 1955; **Asch, S. E.:** Social psychology. Englewood Cliffs, [8]1965; **Brown, R.:** Social psychology. New York, 1965; **Buchanan, W. & H. Cantril:** How nations see each other. Urbana, 1953; **Duiker, H. & N. Frijda:** National character and national stereotype. Amsterdam, 1960; **Eysenck, H. J. & S. Crown:** National stereotype: an experimental and methodological study. Int. J. Opinion Attitude Res. 1948, *2*, 1–14; **Eysenck, H. J.:** War and aggressiveness. In: **T. H. Pear** (Ed.): Psychological factors of peace and war. London, 1950; **Gilbert, G. M.:** Stereotype persistence and change among college students. J. abn. soc. Psychol., 1951, *46*, 245–254; **Hilgard, E. R. & R. C. Atkinson:** Introduction to psychology. New York, [4]1967; **Hofstätter, P. R.:** Einführung in die Sozialpsychologie. Stuttgart, [5]1973; **Jahoda, M.:** Stereotype. In: **J. Gould & W. L. Kolb** (Eds.): A dictionary of the Social Sciences. New York, [3]1965; **Katz, D. & K. W. Braly:** Racial stereotypes of one hundred college students. J. Abn. Soc. Psychol., 1933, *28*, 175–193; **Katz, D. & E. Stotland:** A preliminary statement to a theory of attitude structure and change. In: **S. Koch** (Ed.): Psychology: A study of a Science. Vol. 3, 1959; **Lindgren, H. C.:** Psychology of personal development. New York, [2]1969; **Lippmann, W.:** Public opinion. New York, 1922; **McDavid, J. W. & H. Harari:** Social psychology. New York, 1968; **Morgan, C. T. & R. A. King:** Introduction to psychology. New York, [3]1966; **Pettigrew, T. F.:** A profile of the Negro American. Princeton, 1964; **Rice, S. A.:** Stereotypes; a source of error in judging human characters. J. Pers. Res., 1926, *5*, 267–276; **Sherif, M. & C. W. Sherif:** Social Psychology. New York – London, 1969; **Shuey, A. M.:** The testing of Negro intelligence. Lynchburg, 1958; **Sodhi, K. S. & R. Bergius:** Nationale Vorurteile. Berlin, 1953; **Wells, W. D., Goi, F. J. & S. A. Seader:** A change in a product image. J. Appl. Psychol., 1958, *42*, 120–121.

J. Schenk

Sterilisation ↗Sterilisierung.

Sterilisierung. 1. *Aseptisch* (keimfrei) machen, einen Teil der Umgebung von Bakterien und anderen lebenden Mikroben befreien.

2. *Unfruchtbarmachung.* Einen Organismus der geschlechtlichen Fortpflanzung durch chirurgischen Eingriff mehr oder minder permanent unfähig machen. Die einfachsten der häufig angewandten Methoden sind Unterbindung der Samenleiter beim Mann bzw. der Eileiter bei der Frau, doch verhindern auch ↗Kastration (Entfernung der ↗Gonaden, speziell der Hoden) und Hysterektomie (Entfernung des Uterus) die Fortpflanzung. Nur die ersten beiden dieser Methoden werden beim Menschen als Technik der ↗Geburtenkontrolle verwandt, keine interferiert in irgendeiner Weise mit sexueller Aktivität oder den mit ihr verbundenen Lustempfindungen.

G. D. Wilson

Stern, *William Louis.* LEBEN. *29. 4. 1871 in Berlin, †27. 3. 1938 in Durham (North Carolina). S. studierte in Berlin, habilitierte sich in Breslau und war dort bis 1916 a. o. Professor. 1916 folgte er dem W. ↗Wundt-Schüler E. Meumann am Hamburger „Vorlesungswesen", wirkte bei der Gründung der Hamburger Universität 1919 maßgebend mit, errichtete das „Psychologische Seminar und Laboratorium der Hamburgischen Universität" (ab 1930: „Psychologisches Institut der Hamburgischen Universität") und leitete es bis 1933. Dann mußte er aus rassischen Gründen in die USA emigrieren; er lehrte an der Harvard und Duke University.

WERKE. S. ist einer der großen Pioniere der modernen Psychol. Sein dreibändiges Werk

„Person und Sache“ (1906, 1918, 1924) ist – wie der erweiterte Titel „System der Philosophischen Weltanschauung“ besagt – zwar primär phil. Natur, bildet aber die Grundlage seines psychol. Denkens; seine „Allgemeine Psychologie auf personalistischer Grundlage“ (1935) belegt dies. S. versucht eine Synthese zwischen der expt. und der geisteswiss. Psychol., bestimmt in Abhebung vom ↗Behaviorismus die Psychol. als „die Wissenschaft von der erlebenden und erlebnisfähigen Person“, trägt durch seine Personlehre zur Lösung des Seelen- und ↗Leib-Seele-Problems wesentlich bei, überwindet die Vermögenslehre durch seinen Dispositionsbegriff endgültig, entscheidet das Anlage-Umwelt-Problem durch seine Konvergenztheorie, schlägt eine Brücke zwischen Elementarismus und Ganzheitsdenken, zwischen Naturwissenschaft und Philosophie. – Nicht weniger hervorragend sind seine Pionierleistungen auf anderen Zweigen der Psychol.: Er ist der Begründer der „Differentiellen Psychologie“ (1900, 1911); der Ausdruck „Intelligenzquotient (↗IQ)“ stammt von ihm. Die entwicklungspsychol. Forschung initiierte er zusammen mit C. Stern durch eine Untersuchung über „Die Kindersprache“ (1907) und die „Psychologie der frühen Kindheit“ (1914). S. gilt als der Begründer der ↗„Angewandten Psychologie“: In die Gründungsgeschichte der ↗„Forensischen Psychologie“ gehören die zwei Bände über „Beiträge zur Psychologie der Aussage“ (1903), die ↗„Pädagogische Psychologie“ forderte er durch die Mitarbeit an der „Zeitschrift für pädagogische Psychologie“ (Mithrsg. 1916), die Arbeits- und Berufspsychologie durch seine Teilnahme an der Herausgabe der „Schriften zur Psychologie der Berufseignung und des Wirtschaftslebens“ (1918).

Lit.: Stern, W.: Selbstdarstellung. In: **R. Schmidt** (Hrsg.): Die Philosophie in Selbstdarstellungen. Bd. 6, 1927; Das Psychologische Institut der Hamburgischen Universität in seiner gegenwärtigen Gestalt. Leipzig, 1931; William Stern, Festschrift. Leipzig, 1931; **Stern-Anders, G.:** Bild meines Vaters, und: **Cassirer, E.:** William Stern. In: **Stern, W.** (Hrsg.): Allgemeine Psychologie. Haag, [2]1950; **Pongratz, L. J.:** Problemgeschichte der Psychologie. Bern – München, 1967, 43ff., 65ff.

L. J. Pongratz

Stetige Variable können im Ggs. zu diskreten Variablen (↗diskreter Maßstab) innerhalb eines bestimmten Intervalls der reellen Zahlengeraden jeden Wert annehmen. In der Praxis ist die Unterscheidung zwischen s. und diskreten V. eher graduell als prinzipiell, da auch s. V. aufgrund der Meßungenauigkeit nur in Stufen gemessen werden können. Bei s. Zufalls-V. erhält man die Wahrscheinlichkeit dafür, daß ein Wert X innerhalb eines Intervalls (a, b) liegt, durch Integration der Wahrscheinlichkeitsdichte über dieses Intervall. ↗Statistik.

A. Rausche

Steuerung. Als S. bezeichnet man die Einstellung, Erhaltung oder Veränderung der Zustände eines Systems durch externe Festlegung der Eingangsgrößen ohne Rückkopplung. Beispiele: S. eines ↗Computers durch ein ↗Programm, Lernsteuerung durch Film, Rundfunkvortrag *K.-D. Graf*

Stevens-Gesetz ↗Psychophysik.

STH, Abk. für ↗*somatotropes Hormon.*

Sthenischer Reaktionstyp, „vorwiegendes Gefühl der Überlegenheit, der Kraft, des Beherrschens und Handelns. Neigung zu Selbstüberschätzung, Aktivität, Rücksichtslosigkeit, Aggressivität“. Konflikte werden direkt zugreifend angegangen. Ggs.: ↗asthenisch.

Lit.: Kretschmer, E. & W.: Medizinische Psychologie. Stuttgart, [14]1975.

W. Kretschmer

Stichprobe. Sei G. eine Menge von gleichartigen Objekten, die ↗Grundgesamtheit, so ist eine S. eine nach bestimmten Kriterien aus G. ausgewählte Teilmenge. Die Anzahl der Elemente dieser Teilmenge nennen wir den S.umfang N. In der ↗Statistik betrachtet man ↗Zufalls-S.n, weil nur bei diesen der ↗S.fehler angebbar ist. In der Versuchsplanung unterscheidet man unabhängige und ↗abhängige S. Bei abhängigen (korrelierenden) S.n werden zur Verminderung des S.fehlers dieselben oder aufgrund eines Kontrollmerkmals annähernd gleichwertige (↗Parallelstichproben) Objekte unter verschiedenen Bedingungen untersucht.

Zur Gewinnung von S. bedient man sich der ↗S.verfahren. ↗Meinungsforschung.

A. Rausche

Stichprobenbeobachtung ↗Time-Sampling.

Stichprobenfehler, Abweichung der ↗Schätzung eines Parameters aufgrund von Stichprobenergebnissen vom wahren Wert. Der S. kann systematisch (↗Bias) oder zufällig sein. Der zufällige S. nimmt mit wachsendem Stichprobenumfang ab. Er kann durch den ↗Standardfehler abgeschätzt werden. – In der ↗Varianzanalyse bezeichnet man die Varianz zwischen den Gruppen als S.

A. Rausche

Stichprobenverfahren nennt man Methoden zur Erhebung von ↗Stichproben. Von der Art des S. hängt es ab, inwieweit und wie präzise die Messungen in der Stichprobe auf die ↗Grundgesamtheit übertragen werden können. Bei allen S. kann höhere Präzision durch Vergrößerung der Stichprobe erreicht werden, allerdings ist für doppelte Präzision eine Vervierfachung des Stichprobenumfangs notwendig, so daß die Wahl des jeweiligen S. auch eine Kostenfrage ist. – Die S. kann man einteilen nach dem Prinzip der *Zufalls*auswahl (random, probability sampling) und dem der *bewußten* Auswahl (non-random, non-probability sampling). Die letztgenannte erfolgt meist von Experten nach Gutdünken, während bei den ↗Zufallsstichproben für jedes Element der Population eine bekannte Wahrscheinlichkeit besteht, in die Stichprobe aufgenommen zu werden. Obwohl es denkbar ist, daß bei bewußter Auswahl präzisere Ergebnisse erzielt werden, wird dies von der Praxis im allg. nicht bestätigt; entscheidend ist aber, daß nur bei Zufallsauswahl eine Angabe über die Genauigkeit der Ergebnisse gemacht werden kann.

Die *Zufallsverfahren* lassen sich einteilen in *einfache, eingeschränkte* und *mehrstufige* Methoden. Beim einfachen Verfahren hat jedes Element der Population die gleiche Chance, in die Stichprobe aufgenommen zu werden. Es kann z. B. durch Auslosen oder Simulation durch Zufallszahlen verwirklicht werden. Manchmal rechnet man auch noch die *systematische* Auswahl zu den einfachen Zufallsstichproben, bei der jedes p.-te Individuum aus einer Liste gewählt wird, in der alle Elemente der Population aufgeführt sind. – Die wichtigsten S. mit eingeschränkter Zufallsauswahl sind das *geschichtete* (stratified) S. und das *Klumpen-*(cluster-)S. Beim geschichteten S. wird die Grundgesamtheit in möglichst homogene Schichten (strata) zerlegt, innerhalb derselben erfolgt dann die Auswahl nach einem reinen Zufallsverfahren. Die Zahl der aus jeder Schicht gewählten Individuen muß nicht dem Anteil entsprechen, den die Schicht an der Grundgesamtheit hat; ist dies jedoch der Fall, so spricht man von einer *proportionalen* Stichprobe. – Bei einer Klumpenstichprobe bezieht man sich auf in der Population schon von vornherein vorhandene Gruppierungen (z. B. Schulklassen, Häuser, Städte), die möglichst inhomogen sein sollen. Aus diesen sog. Klumpen werden zufällig bestimmte ausgewählt, die dann vollständig als Stichprobe erhoben werden. – Geschichtete Stichproben bringen gegenüber reinen Zufallsstichproben eine Erhöhung der Präzision, die um so größer ist, je homogener die Schichten und je deutlicher sie voneinander getrennt sind. Dagegen wird beim Klumpenverfahren geringere Präzision als beim reinen Zufallsverfahren erreicht; der Präzisionsverlust ist um so kleiner, je inhomogener die Klumpen zusammengesetzt und je kleiner die Unterschiede zwischen den einzelnen Klumpen sind. Das Klumpenverfahren zeichnet sich durch geringe Erhebungskosten aus. – Das mehrstufige S. wird meist als Aufeinanderfolge von Klumpenauswahlen praktiziert, z. B. werden zuerst Dörfer und aus diesen wieder zufällig Häuser ausgewählt. Es sind auch Kombinationen von Schichten- und Klumpenverfahren möglich. – Bei den bewußten S. spielt das *Quotenverfahren* eine wesentliche Rolle, da es von Meinungsforschungsinstituten (↗Meinungsforschung) bevorzugt und mit Erfolg angewendet wird. Dabei soll jeder Interviewer eine Anzahl (Quote) von Personen befragen, die Eigenschaften haben, die nach einem bestimmten Schlüssel ausgewählt sind, also z. B. eine ganz bestimmte Zahl eines

Geschlechts mit bestimmten Einkommen, bestimmter politischer Einstellung usw. Die Quotenbildung erfolgt proportional den Verhältnissen in der Population, sofern diese bekannt sind. In gewisser Weise ähnelt das Quotenverfahren also dem geschichteten S., mit dem wesentlichen Unterschied, daß innerhalb der Quoten die Auswahl dem Geschick des Interviewers überlassen ist. Fehler, die dabei auftreten, sind z. B., daß bevorzugt intelligente Personen befragt werden, da bei diesen mit einer rascheren Beantwortung der Fragen zu rechnen ist; daß Telephonbesitzer ausgewählt werden, da leicht vorherige Anmeldung möglich ist und somit Zeitverlust vermieden wird, usw. Wegen solcher Verzerrungen können die Quotenstichproben nicht zu den Zufallsverfahren gerechnet werden. – Ein weiteres bewußtes S. wird gerne bei Voruntersuchungen gewählt, indem man eine Stichprobe erhebt, die ohne großen Aufwand greifbar ist; z. B. untersucht man die gerade an einem psychol. Institut Studierenden. Eine solche Stichprobe bezeichnet man als *Gelegenheits*stichprobe. Die daraus gewonnenen Ergebnisse lassen sich kaum verallgemeinern.

Eine besondere Art der Stichprobenerhebung ist das *sequentielle* Verfahren (↗Sequentielle Tests), das bes. dann Vorteile bringt, wenn die Untersuchung eines Individuums sehr hohe Kosten verursacht oder nur selten möglich ist (z. B. in der Medizin).

Lit.: Cochran, W. G.: Sampling Techniques. New York, 1953; **Kellerer, H.:** Theorie und Technik des Stichprobenverfahrens. Einzelschriften der Dtsch. Statist. Ges. Nr. 5. München, 1963; **Menges, G.:** Stichproben aus endlichen Gesamtheiten. Theorie und Technik. Frankfurt a. M., 1959; **Pfanzagl, J.:** Allgemeine Methodenlehre der Statistik, Bd. 1. Berlin, [5]1972.

A. Rausche

Stigma. 1. *Allg. Funktionsstörung* des Kreislaufs oder einzelner Organe, bedingt durch abnorme Sensibilität und Auffälligkeit des VNS (z. B. Neigung zu Ohnmacht), durch hysterische Reaktionen (↗Anästhesie, Lähmung, Krämpfe u. a.) oder durch suggestive hypnotische Einwirkung (Hautblutungen, Brandblasen u. a.).

Stigmatisation: Spezielle hysterische Reaktionen in Form bestimmter, äußerlich sichtbarer Körpermerkmale (z. B. Hautblutungen), die oft als Identifikationsprodukt – im christlichen Kulturkreis meistens mit dem Gekreuzigten und seinen Wundmerkmalen – erscheinen und im Kreis der Gläubigen als übernatürlichen Ursprungs (z. B. bei Heiligen) angenommen werden.

2. *Berufszeichen* infolge spezifischer organischer Veränderungen durch fortgesetzte, gleichbleibende Beanspruchung (z. B. Schwielen).

3. *Entartungs-*(Degenerations-)*Zeichen* (z. B. Hasenscharte).

Lit.: Biot, R.: Das Rätsel der Stigmatisierten. Aschaffenburg, 1957.

F.-C. Schubert

4. In der soziologischen und sozialpsychologischen Randgruppentheorie bezeichnet S. den „Sonderfall eines sozialen Vorurteils gegenüber bestimmten Personen, durch das diesen negative Eigenschaften zugeschrieben werden“ (Hohmeier); ein einzelnes negativ bewertetes Merkmal führt dabei zur Diskreditierung der gesamten Person. Goffman unterschied physische (Behinderung), charakterliche (z. B. Sucht, Homosexualität) und phylogenetische (Rasse, Religion) S.ta; sein Hauptinteresse galt dem individuellen S.-Management.

Spätere Vertreter des Stigmatisierungsansatzes betrachteten die Einflüsse sozialer Kontrollinstanzen (z. B. Justiz, Fürsorge) bei der Erzeugung und Durchsetzung von S.ta (die „Karriere“ des S.tisierten); dabei standen S.ta wie Kriminalität und psychische Krankheit nunmehr im Vordergrund. Der S.tisierungsansatz (nahezu synonym dazu: Etikettierungs-, Definitions-, prozessualer Ansatz, labeling approach, social reaction approach) wird damit zur Devianztheorie, die abweichendes Verhalten durch S.tisierung statt durch Persönlichkeit, Milieu oder Subkultur zu erklären sucht. Bei anerkanntem Erklärungswert wird gelegentlich die geringe empirische Untermauerung des Ansatzes beklagt.

Lit.: Brusten, M. & J. Hohmeier (Hrsg.): Stigmatisierung. 2 Bde. Neuwied, 1975; **Goffman, E.:** Stigma. Über Techniken der Bewältigung beschädigter Identität. Frankfurt, 1967; **Keupp, J.:** Psychische Störungen als abweichendes Verhalten. München, 1972.

U. Hensle

Stil, Art der Darstellung; spezifische Bedeutung in A. ↗Adlers ↗Individualpsychol. als Lebensstil = Art der Handhabung von ↗Minderwertigkeitsgefühlen. Versuche, den persönlichen S. zu operationalisieren und ihn danach zu erforschen, wurden intensiver nur beim verbalen S. unternommen (↗Sprechen). Bekannt ist der Aktionsquotient (A. Busemann), z. B. Verbzahl/Adjektivzahl, der interindividuell altersabhängig ist. E. Mittenecker versuchte, den Perseverationsgrad des S. als klinisches Diagnoseinstrument zu entwickeln.

B. Heinze

Stillingsche Farbtafeln ↗Farbtüchtigkeitstests.

Stimmstörung ↗Dysphonie.

Stimmung, länger andauernder Gefühlszustand, an dem die Gefühlsqualität (S.lage: heitere, traurige, optimistische S.) und die Veranlagung zur Ausgeglichenheit oder Schwankungen dieser Qualität unterschieden werden. Faktorenanalytisch wurde ein Faktor der *S.stabilität* gefunden, der zu den Temperamentsfaktoren zählt.

Lit.: Bollnow, O.: Das Wesen der Stimmungen. Frankfurt/M., [4]1968; **Guilford, J. B.:** Persönlichkeit. Weinheim, [6]1974.

G. Kaulfush

Stimmungsübertragung. Das Verhalten eines Tierschwarms wird durch S. beeinflußt. Hierzu sind oft nur dieser Funktion dienende Ausdrucksbewegungen entwickelt worden. Sind Graugänse in Abflugstimmung, beginnen sie zu wandern, schütteln den Kopf bei gestrecktem Hals und rufen, bis der ganze Schwarm von dieser Stimmung ergriffen wird und gemeinsam auffliegt. Das Gähnen hat ebenfalls eine ansteckende, schläfrig machende Wirkung. ↗Lautäußerung.

V. Preuss

Stimulantien, Synonyme: *Energetika, Excitantia, Psychoanaleptika, Psychotonika, Psychostimulantien.* – ↗Psychopharmaka mit allg. *aktivierender,* insbes. *subjektiv belebender, schlafaufschiebender* und die *psychophysischen Leistungen* vorwiegend *verbessernder Wirkung.* Bezüglich des raschen Wirkungseintritts und der zeitlich über Stunden begrenzten Wirkungsdauer unterscheiden sie sich von den allmählich und langfristig wirkenden Neurodynamika. In höheren Dosierungen reduzieren S. den Appetit, erhöhen den ↗Tremor und können zu längerer Schlaflosigkeit, bei chronischer Applikation zu Abhängigkeit (↗Drogenabhängigkeit, ↗Sucht) und psychotischen (↗Psychosen) Zuständen führen. In Überdosierung wirken sie z. T. als Krampfgifte. S. besitzen chem. uneinheitliche Struktur und sind daher schwer klassifizierbar; die wichtigste Gruppe stellen die ↗Amphetamine dar (z. B. Methamphetamin = ®Pervitin, Amphetamin = ®Benzedrin). Einzelsubstanzen anderer Gruppen sind ↗Pemolin (®Tradon), ↗Koffein, Methylphenidat (®Ritalin), Phenmetrazin (®Preludin), Fenetyllin (®Captagon). S. haben unterschiedliche Wirkungsansätze im ZNS. Viele S. haben neben ZNS- auch VNS-Effekte, wobei das Verhältnis von psychischen zu peripher-vegetativen Wirkungen sehr unterschiedlich ist. Präparate, bei denen die kreislauf- und atmungsanregenden Wirkungen im Vordergrund stehen, werden als ↗Analeptika bezeichnet. Auch Substanzen, die zwar ZNS-erregend wirken, aber bereits in relativ niedrigen Dosen konvulsiv wirken (z. B. Strychnin), werden nicht zu den Psychostimulantien gerechnet. – S. wurden vor Entwicklung der ↗Antidepressiva therapeutisch zur Stimmungsverbesserung und Antriebssteigerung bei depressiven Patienten verwendet. Heute werden S. vorwiegend von gesunden Personen zur akuten Leistungssteigerung (z. B. als Dopingmittel) und zur vorübergehenden Unterdrückung von Müdigkeit und Schlaf eingesetzt oder als Appetitzügler. – *Psychol. Untersuchungen* mit S. (z. B. Koffein) wurden zu Beginn der ↗Pharmakopsychol. häufig durchgeführt, traten seit der Entwicklung antipsychotischer und -neurotischer Substanzen etwas zurück und gewinnen neuerdings im Rahmen der Lern- und Gedächtnisforschung wieder an Bedeutung (↗Pharmakopsychologie). – Ergebnisse bei gesunden Personen nach einmaliger Applikation: vorwiegend subjektive ↗Aktivierung; Stimmungsverbesserung; Gefühl der Leistungssteigerung, auch bei objektiv nicht gesteigerten Leistungen (Überschätzung der eigenen Leistungen); objektive Leistungssteigerungen werden eher in ↗Speed- als in Powertests, vorwiegend in Tests zur Erfassung von Konzentrationsleistungen (z.B. Vigilanzaufgaben, Clerical-Tests) gefunden; im sensumotorischen (↗Sensumotorik) Bereich ist das Wirkungsbild uneinheitlich. Bei reinen sensorischen Leistungen (z.B. Flimmerverschmelzungsfrequenz, Nachbildempfindlichkeit) lassen sich Aktivierungen am ehesten zeigen. Je größer der Anteil der geforderten mot. Sicherheit (z.B. Handruhe) und je höher die S.dosierungen werden, desto weniger treten Leistungssteigerungen, eher Leistungsverminderungen auf. – S.wirkungen sind abhängig von der Ausgangslage, insbes. vom Grad der vorangegangenen Beanspruchung und Menge des Schlafentzugs (↗Schlaf). Von habituellen Persönlichkeitsmerkmalen scheinen die Wirkungen von S. jedoch weniger abhängig zu sein als die Wirkungen von ↗Tranquilizern und ↗Neuroleptika (↗Differentielle Pharmakopsychologie).

Lit.: Ehlers, T.: Zur quantitativen Differenzierung pharmakonbedingter Leistungsmotiviertheit. Arzneimittelforsch., 1966, *16*, 306–308; **Wenzel, D. G. & C. Rutledge:** Effects of centrally acting drugs on human motor and psychomotor performance. J. Pharmaceut. Sci., 1962, *51*, 631–644.

K.-D. Stoll

Stimulation, Bezeichnung für den Vorgang der Einwirkung eines inneren oder äußeren Reizes auf das Nervensystem, wodurch dies aktiviert wird. Als unabhängige Variable in Lernexp. wurde zuweilen die zusätzliche S. des Gehirns mittels Mikroelektroden angewandt. *H. Roth*

Stimulus ↗Reiz.

Stimulus-Response-Schema ↗S-R-Modell.

Stirnhirnsyndrom, Veränderungen von Antrieb und Affektivität, die neben Denkstörungen und Schädigungen der ↗Frontallappen auftreten. Je nach Lokalisation der Schädigung Verminderung von ↗Spontaneität und Initiative oder affektive Enthemmung, Witzelsucht und Distanzlosigkeit. *E. Perret*

Stirnlappen ↗Frontallappen.

Stochastische Abhängigkeit. Unter s. A. versteht man den Zusammenhang zwischen zwei oder mehreren Zufallsvariablen (↗Stochastischer Prozeß). Die Untersuchung von s. A. führt in das Gebiet der Regressions- und Korrelationsanalyse. – Zwei zufällige Ereignisse A und B heißen stochastisch unabhängig, wenn für die Wahrscheinlichkeit ihres Eintreffens gilt: $P(AB) = P(A)P(B)$. *A. Rausche*

Stochastischer Prozeß *(Zufallsprozeß).* Ein Prozeß heißt stochastisch, wenn die Abfolge der Ereignisse oder Vorgänge durch Wahrscheinlichkeitsgesetze geregelt wird. Die Ereignisse können dabei stochastisch unabhängig (Beispiel: radioaktiver Zerfall) oder stochastisch abhängig (Beispiel: Wahrscheinlichkeit für einen Konsonanten nach vorausgegangenem Vokal) sein. In der ↗Informationstheorie wird die Erzeugung von Zeichenfolgen durch s. P.e analysiert. Zeichenfolgen, bei denen je *r* vorausgehende ↗Zeichen die Wahrscheinlichkeit des darauffolgenden Zeichens mitbestimmen, bilden eine *Markoff-Kette r. Ordnung.* A. Markoff hat 1913 stat. Untersuchungen über Buchstabenverkettungen in Drucktexten angestellt. Verkettungen der Buchstabenfolgen wie der Wortfolgen werden durch grammatische Bindungen (syntaktische Verkettungsordnung) oder inhaltliche Bindungen (semantische Verkettungsordnungen) hervorgerufen.

S. P.e kennzeichnen stochastische Automaten, deren Verhalten nicht eindeutig durch den augenblicklichen Zustand und die Eingabesignale bestimmt ist, so daß die Ausgabesignale zu einem mehr oder weniger großen Teil durch Zufallsprozesse bestimmt werden. Verschwindet der Anteil der Zufallsprozesse, geht der stochastische Automat in einen determinierten Automaten über.

Die Theorie der s. P.e und der stochastischen Automaten ist für die Psychol. insofern von Bedeutung, als mit ihrer Hilfe Modelle aufgestellt werden können, durch die das Verhalten ihrer Untersuchungsobjekte approximiert wird. *K. Weltner*

Störbarkeit, Ausmaß, in dem die (passive, unwillkürliche) ↗Aufmerksamkeit eines Individuums gegen seinen Willen durch störende Einflüsse (Gegenstände, Vorstellungen, Gedanken) von einem bestimmten Inhalt abgezogen wird. *H. Wagenknecht*

Störungsexperimente, eine Form des Exp., zuerst von G. M. Stratton angewandt, in dem die ↗Wahrnehmung gestört wird, z. B. durch das Tragen von Umkehrbrillen. ↗Brillenversuche. *C. D. Frith*

Störvariable (Synonym: *Störfaktor).* Allg.: Einfluß von nicht unmittelbar meßbaren, zufälligen, die eigentliche Beobachtung störenden Größen auf Versuchsergebnisse. S. können durch geeignete Versuchspläne (z.B. ↗Kovarianzanalyse bei bekannten quantitativ meßbaren S.; Blockbildung bei bekannten nicht meßbaren S.; Gruppeneinteilung nach Zufall bei unbekannten S.) kontrolliert werden. *A. Rausche*

Stottern ist eine Störung des zusammenhängenden Redeflusses. Betroffen ist der gesamte Sprechapparat, der von tonischen oder klonischen Krämpfen betroffen ist. Die Ursache des Fehlers ist einerseits in frühkindlichen Hirnschäden oder einer bes. seelischen Disposition bei entsprechendem exogenen Einfluß zu suchen.

Die *Behandlung* ist nicht immer erfolgreich. Je nach Art und auslösender Ursache kann zur Therapie eine Regulierung der Atmung durchgeführt werden. Eine eigentliche Sprachübungsbehandlung ist nicht sinnvoll, da jede Zuwendung zur Sprache die Symptomatik verschlimmert. Psychische Führung, ↗Psychotherapie und Milieuwechsel, in Sonderfällen Unterstützung der Behandlung durch medikamentöse Maßnahmen werden häufig angewandt. Die Behandlung muß individuell erfolgen und setzt große Erfahrung voraus.

Lit.: Luchsinger, R. & G. E. Arnold: Hdb. der Stimm- und Sprachheilkunde, Bd. II. Wien – New York, 1970, S. 749.
H. Breuninger

Strabismus ↗Schielen.

Strafe. S. kann definiert werden als das Präsentieren eines aversiven Ereignisses in Verbindung mit einer Reaktion oder als ein Ereignis, das die Auftretenswahrscheinlichkeit der Reaktion herabsetzt. Neben den eindeutig aversiven Reizen kann auch der Entzug einer positiven Bekräftigung im Zusammenhang mit einer Reaktion S. bedeuten – entsprechend der üblichen funktionalen Definition einer positiven Bekräftigung. Obwohl einige Theorien der Bestrafung eine symmetrische Gegenüberstellung von S. und positiver Bekräftigung betonen, wird der Ausdruck „negative Bekräftigung“ nicht mehr als Synonym für S. benutzt, sondern als Bezeichnung für das Ausbleiben eines aversiven Reizes in Verbindung mit einer Reaktion (z. B. bei der Vermeidungsreaktion). Der Gebrauch des Ausdrucks „Strafe“ in der psychol. Terminologie ist eng verwandt mit dem in der Alltagssprache, es sollte jedoch beachtet werden, daß das aversive Ereignis nicht durch einen Menschen herbeigeführt werden muß, und es soll nicht als Vergeltung aufgefaßt werden.

Geschichte. S. wurde hauptsächlich zu zwei Zwecken benutzt. Einmal, um den Erwerb neuer Reaktionen zu erleichtern, und zum andern, um bereits erworbene Verhaltensweisen zu unterdrücken. Die frühe Forschung über das Unterscheidungslernen bei Ratten zeigte, daß die Bestrafung falscher Reaktionen das Lernen begünstigt. Außerdem kann S. auch gewohnheitsmäßige Verhaltensweisen unterdrücken. Die Unterdrückung geht bes. schnell vor sich, wenn gleichzeitig eine alternative Verhaltensweise belohnt wird. Man muß allerdings das Auftreten unerwünschter Nebeneffekte der S., bes. bei der Kindererziehung, beachten.

Strafmaß. Die Härte der S. kann als Funktion ihrer Intensität, Dauer oder Häufigkeit bestimmt werden. Bei einer äußerst milden S. (z. B. eine ↗äußere Hemmung im Sinne I. P. ↗Pawlows) ist die Unterdrückung der Reaktion vielleicht nur vorübergehend, die Wirkungen einer harten S. jedoch sind permanent.

Beziehung zwischen Reaktion und einem aversiven Ereignis. Ein aversives Ereignis, das mit einer Reaktion in Verbindung steht

(Strafe), ist von größerer Wirkung auf diese Reaktion als ein aversives, von dieser Reaktion unabhängiges Ereignis. Außerdem ist die Kontiguität (räumliche, zeitliche Nähe) von Bedeutung. Je kürzer das zeitliche Intervall zwischen Reaktion und aversivem Ereignis, desto größer ist die Auswirkung der S. auf die Reaktion (der „delay-of-punishment-gradient"). Im Ggs. dazu gibt es einige Beweise dafür, daß verschiedene Messungen emotionaler Erregung (Magengeschwüre, Interferenz mit gelernten Diskriminationen usw.) einen größeren Wert annehmen, wenn das Auftreten eines aversiven Ereignisses nicht vorausgesagt und nicht kontrolliert werden kann.

Paradoxe Auswirkungen der Strafe. Unter bestimmten Bedingungen kann eine S. die Reaktion, die sie eigentlich unterdrücken sollte, paradoxerweise bekräftigen. Z. B. kann eine milde Bestrafung der richtigen (belohnten) Reaktion in einer relativ schwierigen Alternativentscheidung das Unterscheidungslernen erleichtern. Die Bestrafung einer Flucht- oder Vermeidungsreaktion kann ebenfalls eine Lernerleichterung zur Folge haben. Solche paradoxen Wirkungen der S. führen zu der Erkenntnis, daß ein bestrafendes Ereignis verschieden wirken kann (es dient als diskriminationsfördernder Stimulus, als furchterregender Stimulus, es bewirkt verschiedene einander entgegenwirkende motorische Reaktionen usw.).

Anwendung von Strafe in der Verhaltenstherapie. Die grundlegenden Forschungen über die Prinzipien der Bestrafung und der konditionierten emotionalen Reaktion haben eine bedeutende Anwendung in der Entwicklung wirkungsvoller Verhaltenstherapie-Praktiken gefunden. Die bedeutendsten sind diejenigen Methoden der ↗Verhaltenstherapie, die auf Bestrafungstechniken basieren und vorwiegend der Unterdrückung fehlangepaßten Verhaltens dienen. Bei der Verhaltensmodifikation mit therapeutischem Ziel sind Bestrafungsprozesse vorherrschend, die dazu dienen, schlechtangepaßte Verhaltensweisen zu unterdrücken. Zahlreiche Fallstudien zeigen, daß durch aversionstherapeutische Maßnahmen bedeutende Besserungen von Verhaltensstörungen, wie ↗Stottern, Schreibkrampf, ↗Ticks und bei ↗Fetischismus, zu erreichen sind.

Lit.: Azrin, N. H. & W. C. Holz: Punishment. In: **W. K. Honig** (Ed.): Operant behavior: Areas of research and application. New York, 1966, 380–447; **Bandura, A.:** Principles of behavior modification. New York, 1969; **Boe, E. E. & R. M. Church:** Punishment: Issues and experiments. New York, 1969; **Brush, F. R.:** Aversive conditioning and learning. New York, 1971; **Campell, B. A. & R. M. Church:** Punishment and aversive behavior. New York, 1969; **Church, R. M.:** The varied effects of punishment on behavior. Psychol. rev., 1963, *70*, 369–402; **Guss, K.:** Lohn und Strafe. – Ansätze und Ergebnisse psychol. Forschung. Bad Heilbrunn, 1979; weitere Lit. vgl. ↗Konditionierung, ↗Lernen.

R. M. Church

Strafvollzugspsychologie. Die S. beschäftigt sich zunächst mit den psychischen Auswirkungen des Freiheitsentzugs. Sie versucht darüber hinaus, Behandlungsmethoden zu entwickeln, um die negativen psychischen Auswirkungen der Strafanstalt zu beseitigen und um Rückfälle nach der Entlassung zu verhindern. Nach der Verschiedenartigkeit der Therapieformen differenziert die S. die Strafvollzugssysteme. Eine oder mehrere Klassifikationsanstalten dienen in jedem Strafvollzugssystem dazu, daß jeder Strafgefangene der Strafanstalt oder der Abteilung innerhalb der Strafanstalt überwiesen wird, die seinen Behandlungsbedürfnissen am ehesten entspricht. In den Klassifikationsanstalten werden zu diesem Zweck kriminalpsychol. Diagnose- und ↗Prognoseverfahren angewandt. Da sich die verschiedensten Therapieformen in den Strafanstalten im Hinblick auf eine Verringerung der Rückfälligkeit als unwirksam erwiesen haben (R. Martinson), geht man in zunehmendem Maße dazu über, nach Alternativen für den Freiheitsentzug in Strafanstalten zu suchen. Das Konzept der „Behandlung in Freiheit" wird hierbei zukunftsweisend sein (H. J. Schneider, 1976).

Lit.: Martinson, R.: What works? Questions and answers about prison reform. The public Interest 1974, S. 22–54; **Schneider, H. J.:** Kriminologie, Jugend-Strafrecht, Strafvollzug. München, 1976; **Sieverts, R.:** Die Wirkungen der Freiheitsstrafe und Untersuchungshaft auf die Psyche der Gefangenen. Mannheim – Berlin – Leipzig, 1929.

H. J. Schneider

Strahlenfigur, eine der ↗geometrisch-optischen Täuschungen, deren Wirkung auf die gleiche Weise wie die der ↗Heringschen Täuschung erreicht wird. Die parallelen Linien scheinen durch die Strahlen abgelenkt zu werden (s. Abb.).

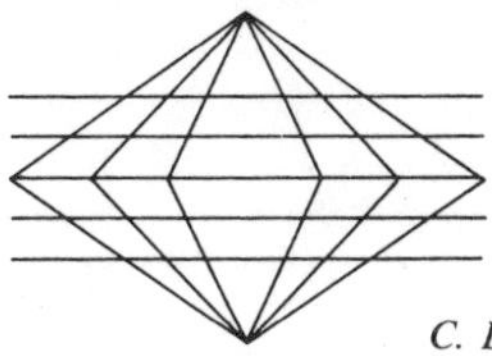

C. D. Frith

Strategie, *Denkstrategie.* In Analogie zur ursprünglichen Bedeutung des Wortes (griech. für Feldherrenplan) wird dieser Begriff in der kognitiven Psychol. für eine geordnete Folge von Operationen zum optimalen Erreichen einer bestimmten Leistung verwendet. Bruner, Goodnow & Austin (1956), welche diesen Begriff in die Denkpsychologie einführen, definieren S. als „Sequenz von Entscheidungen in der Aufnahme, Speicherung und Verfügbarmachung von Information, welche bestimmten Zielen dient" (Bruner et al., 1956, S. 54), und sie geben eine Reihe optimaler S.n für die Bildung neuer ↗Begriffe an. Sofern eine S. ihr Ziel starr und mit Sicherheit erreicht, wird sie auch als ↗Algorithmus, falls nur mit einer gewissen Wahrscheinlichkeit, als ↗Heuristik bezeichnet. H. A. Simon vergleicht menschliche Denkstrategien mit Computerprogrammen: beide sind ‚artifiziell' in dem Sinne, daß sie nicht nur von der Struktur des zugrunde liegenden physikalischen oder physiologischen Systems abhängen, sondern auch von den Programmen, welche das System assimiliert hat" (Simon, 1978, S. 90). Die empirische Basis zur Erschließung von Denkstrategien wird meistens in sog. Lautlösungsprotokollen, gelegentlich auch in ↗Augenbewegungen beim Lösen visuell präsentierter Aufgaben gesucht.

Lit.: Bruner, J. S., Goodnow, J. J. & G. A. Austin: A study of thinking. New York, 1956; **Simon, H. A.:** What the knower knows: alternative strategies for problem-solving tasks. In: **F. Klix** (Ed.): Human and artificial intelligence. Berlin, 1978.

R. Groner

Stratifizierte Stichprobe ↗Stichprobenverfahren.

C. D. Frith

Strattonscher Versuch, ein klassisches Exp. zum Orientierungslernen, das von G. E. Stratton durchgeführt wurde, wobei er selbst Vp war. Viele Tage trug er eine Umkehrbrille. Eines der bedeutendsten Ergebnisse war, daß er ein Stadium erreichte, in dem die Umgebung nicht mehr auf dem Kopf stand, er konnte sich wieder orientieren, und die visomotorische Koordination stellte sich wieder ein. Entfernte er schließlich die Brille, stellte sich zu einem bestimmten Ausmaß wieder eine Desorientierung ein. Strattons Technik wurde seitdem weithin als Ansatz der Erforschung von Entwicklungsumständen der ↗Wahrnehmung eingesetzt. ↗Brillenversuche.

G. D. Wilson

Strebungen, nach Lersch (1954) Antriebe des Menschen, die dem ↗endothymen Grund entstammen und auf das Erreichen bestimmter Ziele gerichtet, d. h. keine unbestimmten Triebimpulse sind. Lersch spricht von S. als oberster Stufe der Antriebserlebnisse (↗Normative Strebungen).

Lit.: Lersch, P.: Aufbau der Person. München, [11]1970.

B. Heinze

Streckenhalbierungstäuschung ↗Kundtsche Täuschung.

Streß. Der Begriff S. wurde häufig und in verschiedenen Bedeutungen gebraucht. Am präzisesten wurde er von Selye (1950) definiert. Selye beschränkt den Begriff S. auf eine charakteristische physiol. Reaktion, wobei er zwischen S. und Stressoren als den S. auslösenden Faktoren unterscheidet.

Die körperliche (physiologische) Reaktion auf S. zeigt sich in den Symptomen eines allgemeinen *Adaptationssyndroms.* Bei lang anhaltendem S. besteht dieses Syndrom aus drei typischen Phasen: 1) *Alarmreaktion,* die aus einem Initialschock mit verringerter Widerstandskraft sowie der anschließenden Mobilisierung körperlicher Abwehrmechanismen besteht; 2) Resistenz mit optimaler Anpassung; 3) Erschöpfung, gekennzeichnet durch den Zusammenbruch des Anpassungsverhaltens.

Die einzelnen Merkmale dieser Reaktion entstammen einem komplexen Zusammenwirken von kortikalen, hypophysären und adrenalen Komponenten. Selye beschreibt eine Triade der Alarmreaktion, die in einer Vergrößerung der Nebennieren, einer Schrumpfung der Thymusdrüse und der Lymphknoten und einer gastrointestinalen Ulceration besteht.

Dieses Konzept steht ähnlich wie Cannons (1932) früherer Vorschlag, S. als eine Reaktion des sympathischen Nervensystems und des Nebennierenmarks aufzufassen, im Rahmen eines Gleichgewichtsmodells. Die allgemeinen Auswirkungen des S.syndroms sind Veränderungen aktivierender Körperfunktionen, die normalerweise in Reserve gehalten werden oder andere Funktionen erfüllen, wie z.B. die Aufrechterhaltung von Verdauung oder Stoffwechsel.

Selye beschreibt Vorläufer des S.konzepts in der Hippokratischen Sicht von Krankheit nicht nur als Leiden, sondern auch als mühselige Arbeit des Körpers, sich selbst zu restaurieren. Immer wieder wird erwähnt, daß nur eine begrenzte Menge von „Adaptationsenergie" vorhanden sei, die „aufgebraucht wird" (Selye, 1950) von physischen und psychischen Integrationskräften, die bis zu ihrer Erschöpfung in Anspruch genommen werden können.

Die vielfältige Beteiligung des endokrinen Systems wurde ausführlich von Mason (1968) diskutiert, der die wechselseitige Abhängigkeit verschiedener endokriner Systeme und ihren weiten Wirkungsbereich auf metabolische Prozesse und Gewebe betont.

Versuche, Selyes S.begriff zu verändern, um psychologische Aspekte miteinbeziehen zu können, erwiesen sich als sehr problematisch. Stressoren sind ihrer Art nach sehr vielfältig. Selye nennt als Stressoren Hitze, Kälte, Infektionen, Vergiftungen, Verletzungen, Schockeinwirkungen und Traumata infolge chirurgischer Eingriffe. Levi (1974) hat Selyes Konzept erweitert, um psycho-soziale Reize einbeziehen zu können. Diese wirken nur dann als Stressoren, wenn das Individuum sie als Bedrohung für sein Leben oder seine Integrität wahrnimmt. Cofer und Appley (1964) definieren S. als „den Zustand eines Organismus, der dann eintritt, wenn das Individuum erkannt hat, daß sein Wohlbefinden (oder seine Integrität) in Gefahr ist und daß es alle verfügbare Energie zu seinem Selbstschutz und seiner Selbstverteidigung aufwenden muß" (S. 453). So sind gewichtige Veränderungen der Lebensbedingungen, die erst vor kurzem eingetreten waren, mit dem Auftreten von Krankheiten in Verbindung gebracht worden (Rahe & Arthur, 1968).

Jahrzehntelange Forschung hat zur Erkenntnis der Vielschichtigkeit von S.reaktionen geführt, wie man sie bei psycho-somatischen Krankheiten antrifft. Individuelle Unterschiede in der genetischen Ausstattung, in physiologischer Reagibilität, in Einstellungen und Bewältigungstrategien – alle diese Merkmale scheinen an S.schwelle und S.toleranz beteiligt zu sein.

Zentrale Probleme beim psychol. S. sind die Bedingungen und Prozesse, die einerseits dazu führen, daß das Individuum zwischen nützlichen und schädlichen Bedingungen unterscheiden kann und die andererseits die Art des nachfolgenden Abwehrverhaltens bestimmen. Neuere Analysen betonen die Rolle der kognitiven Bewertung (Lazarus, 1966). Sobald ein Stimulus als bedrohlich erkannt worden ist, können verschiedene Methoden angewandt werden, um der Gefahr adäquat entgegenzuwirken. Pribram (1967) nimmt an, daß kognitive Prozesse zur Wiedereinschätzung einer Situation bezüglich der Notwendigkeit zu offener Anpassung des Verhaltens an die Situation eine vorbeugende Funktion haben können. Mit anderen Worten, schätzt ein Individuum eine Situation richtig ein, kann es dadurch das Ausmaß der S.reaktion vermindern.

Will man die S.reaktion im psychol. Kontext untersuchen, muß man deshalb sowohl komplexe kognitive Prozesse als auch physiol. Reaktionen und die Rückmeldung der Auswirkungen dieser Reaktionen in die Überlegung mit einbeziehen, und zwar nicht nur hinsichtlich der beteiligten Komponenten, sondern auch bezüglich ihrer Interaktionen und ihrer zeitlichen Abfolge.

Wir sollten unterscheiden zwischen der unmittelbaren physiol. Störung, die durch einen einzelnen Reiz hervorgerufen wird, und einer chronischen, lang anhaltenden S.reaktion, die grundlegende physiol. Veränderungen verursacht, welche wiederum zu einer äußerst schädigenden Verschiebung der Homöostase des Organismus führen. Die Folge einer langandauernden S.reaktion kann psychische oder physische Krankheit sein, wenngleich die Mechanismen individueller Anfälligkeit nach wie vor unklar sind. Psychologischer S., dem der Organismus nicht ausweichen und den er auch nicht bewältigen kann, kann zu einer permanenten S.reaktion führen, die sich in Gewebeschädigungen, Störungen der Funktion der Nebennierenrinde und psycho-somatischen Erkrankungen manifestiert (↗Psychosomatik). Solche S.reaktionen unterscheiden sich von einer neurotischen Reaktion, bei welcher anhaltende Gewebeschädigungen durch irgendein situationslösendes Verhalten, z.B. mittels eines ↗Abwehrmechanismus, vermieden werden.

Lit.: Baumann, R. & K. Hecht (Hrsg.): Streß, Neurose und Herz-Kreislauf. Berlin, 1977; **Bösel, R. u.a.:** Streß – Eine Einführung in die psychosomatische Belastungsforschung. Hamburg 1978; **Cannon, W. B.:** The wisdom of the body. New York, 1932; **Cofer, C. N. & N. H. Appley.:** Frustration, conflict and stress. In: Motivation: Theory and Research. New York, 1964. 412–465; **Lazarus, R. S.:** Psychological stress and the coping process. New York, 1966; **Levi, L.:** Psychosocial stress and disease: a conceptual model. In: **Gunderson, E. K. & R. H. Rahe** (Eds.): Life stress and illness. Springfield, 1974; **Mason, J. W.:** ‚Over-all' hormonal balance as a key to endocrine organization. Psychosom. Med., 1968, *30*, 791–808; **Pribram, K. H.:** The new neurology and the biology of emotion: A structural approach. Amer. Psychol. 1967, *22*, 830–838; **Rahe, R. H. & R. J. Arthur:** Life changes surrounding illness experience. J. Psychosom. Res., 1968, *11*, 341–345; **Selye, H.:** Stress. Montreal, 1950.

J. Martin

Streuung, allg. das Auftreten von unterschiedlichen Versuchsergebnissen, Beobachtungen, Leistungen, Qualitäten usw., meist als Abweichung vom Mittelwert verstanden. Auch syn. für ↗Standardabweichung. ↗Streuungsmaße.

A. Rausche

Streuungsbreite (engl. *range;* Synonym: *Spannweite, Extrembereich, Variationsbreite, Schwankungsbereich*) ist die Differenz zwischen dem höchsten und dem niedrigsten beobachteten Wert innerhalb einer Stichprobe. Sie liefert mit wachsendem Stichprobenumfang immer weniger Information über die Streuungsverhältnisse. Die ↗Lord-Tests verwenden die S. anstelle der ↗Standardabweichung.

A. Rausche

Streuungsdiagramm, graphische Veranschaulichung korrelativer Zusammenhänge, vor allem für ↗bivariate Verteilungen. Während die Art und Stärke des Zusammenhangs nur schwer aus den numerischen Werten zu erkennen ist, bietet das S. ein entsprechend informatives Bild, noch ohne Berechnung eines ↗Korrelationskoeffizienten: In einem rechtwinkeligen Koordinatensystem wird jedes Wertepaar durch einen Punkt repräsentiert. Je enger und

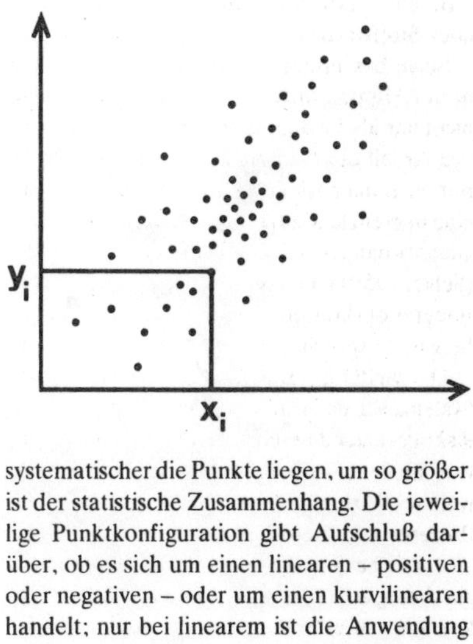

systematischer die Punkte liegen, um so größer ist der statistische Zusammenhang. Die jeweilige Punktkonfiguration gibt Aufschluß darüber, ob es sich um einen linearen – positiven oder negativen – oder um einen kurvilinearen handelt; nur bei linearem ist die Anwendung herkömmlicher Korrelationstechniken angebracht. ↗Abhängige Variable, ↗Statistik.

K. D. Kubinger

Streuungsmaße, Maßzahlen zur Charakterisierung der Abweichungen der Einzelwerte vom Mittelwert einer Beobachtungsreihe. Gebräuchliche S. sind: die ↗Standardabweichung, ↗Varianz, ↗mittlere Variation, ↗Streuungsbreite, der Hälftespielraum (Abstand des 1. und 3. Quartils) und der Interdezilbereich (Abstand des 1. und 9. Dezils). *A. Rausche*

Streuungszerlegung, seltene Bezeichnung für ↗Varianzanalyse.

Striatum. Corpus s. oder *Streifenkörper* umfaßt den Nucleus lentiformis (Linsenkern) mit seinen Teilen Putamen und Globus pallidus und den Nucleus caudatus (Schweifkern) und bildet somit einen Teil des ↗Stammhirns. ↗Neuroanatomie. *E. David*

Stroboskop, ein Gerät zur Erzeugung und Beobachtung stroboskopischer Effekte, d. h. Bewegungstäuschungen, verursacht durch unterbrochene Reizgebung, wie durch ein Licht, das an und aus geht. Das bekannteste Beispiel dieses Effekts sieht man in Western-Filmen, wenn sich die Wagenräder scheinbar rückwärts drehen. Dies geschieht, weil das Intervall zwischen den Einzelbildern so bemessen ist, daß jede Stellung der Speichen so gesehen wird, als sei sie hinter und nicht vor der vorhergehenden. Der stroboskopische Effekt kann verwendet werden, um die Rotationsgeschwindigkeit eines Objekts zu bestimmen, z. B. ermöglicht ein Ring radialer Streifen auf einigen Schallplatten, die Geschwindigkeit des Plattentellers einzustellen. ↗Scheinbewegung.

Lit.: Pauli, R. & W. Arnold: Psychol. Praktikum, Bd. 1. Stuttgart, [7]1972. *G. D. Wilson*

Strom des Bewußtseins, *stream of consciousness,* ↗Bewußtseinsstrom.

Strong Vocational Interest Blank, einer der verbreitetsten amerik. *Berufsinteressentests,* dessen 399 Items (Berufe, Vorlieben, berufsbezogene Tätigkeiten usw.), die zumeist nach dem Like-Dislike-Typ beantwortet oder in Präferenzrangreihen gebracht werden müssen, auf der Grundlage ihrer Korrelation mit den relativen Antwortrichtungen einer Vielzahl verschiedener Berufsgruppen diagnostisch verwertet werden.

Lit.: Strong, E. K. & D. P. Campbell: Manual for Strong Vocational Interest Blanks. Stanford, 1966. *H. Haase*

Stroop-Verfahren ↗Farb-Wort-(Interferenz-)Versuch.

Stroop-Word-Color-Test ↗Farb-Wort-(Interferenz-)Versuch.

Struktur ↗Ganzheit – Gestalt – Struktur.

Strukturalismus. Eine allgemeine Perspektive oder Weltsicht, die an der Oberfläche Beobachtbares dadurch erklärt, daß sie die zugrunde liegende Organisation von Variablen oder/und Ursachen ermittelt.

Sein Inhalt kann sehr verschieden sein – er reicht von der Biologie (z.B. die Strukturen von Molekülen) bis zur Struktur der Sprache (Chomsky), der Gesellschaft (Lévi-Strauss), der Philosophie (Merleau-Ponty, Foucault) oder des Kosmos (Laszlo). Seine allgemeinste Form ist die Systemtheorie (von Bertalanffy, A. Rapaport und J. G. Miller). Der S. tauchte innerhalb der gesamten Geschichte der Psychologie auf, besonders in Verbindung mit einem expliziten oder impliziten Funktionalismus. Man kann zwei Hauptformen unterscheiden, den holistischen S. (z.B. Gestaltpsychologie, Piaget, 1973) und den elementaristischen S. (z.B. Titchener; Faktorenanalyse). Heutige Entwicklungen in der Psychologie bemühen sich um umfassende Teil-Ganzes- (d.h. Elementarismus-Holismus) und Struktur-Prozeß- (d. h. Strukturalismus-Funktionalismus)Synthesen. Sie umfassen das Zusammengehen der kognitiven Wissenschaften mit der Biopsychologie und den Versuch, die zwei Wissenschaften der Psychologie (experimentelle und differentielle Psychologie) zu integrieren (Royce & Buss, 1976; Royce & Powell, 1979).

Lit.: DeGeorge, R. & F. DeGeorge (Hrsg.): The Structuralists: From Marx to Levi-Strauss. Garden City (N.Y.) 1972; **Piaget, J.:** Der Strukturalismus. Olten, 1973; **Royce, J. R. & A. Buss:** The role of general systems and information theory in multi-factor individuality theory. Canadian Psychological Review, 1976, *17*, 1–21; **Royce, J. R. & A. Powell:** An overview of multifactor-system theory. Center Paper in Progress, 1979. *J. R. Royce*

Strychnin, Kreislauf- und atmungsanregende Substanz, Alkaloid, aus dem Samen der

Brechnuß, führt in *stärkeren Dosen zu Krämpfen.* S. ist wegen Konvulsionsgefahr von geringer therapeutischer Bedeutung. S. hat eine stark erregende Wirkung auf das ZNS, wahrscheinlich durch Blockade von Hemmungssystemen. Neuerdings wurde für S. in subkonvulsiven Dosen gezeigt, daß die Behaltensleistung bei Ratten verbessert wird. Der Mechanismus dieser Behaltensverbesserungen ist bislang unklar.

Lit.: **Dusser de Barenne, J. G.:** Mode and side of action of strychnine in nervous system. Physiol. Rev., 1933, *13*, 325–335; **McGaugh, J.:** Drug facilitation of memory and learning. In: **D. Efron** (Ed.): Psychopharmacology, 1957–1967. Washington, 1968.

W. Janke

Student-Verteilung ↗t-Verteilung.

Study of Values. Der S. o. V. wurde von G. W. ↗Allport und P. E. Vernon 1931 konzipiert. Er erfaßt die Interessen-, Einstellungs- und Werthaltung eines Menschen. Dem Test liegt die Wertphilosophie E. Sprangers (Lebensformen, 1925) mit seinen 6 a-priori-Werthaltungen zugrunde: die theoretische, soziale, ökonomische, politische, ästhetische und religiöse. Der Test besteht aus 2 Teilen mit 30 bzw. 15 alternativ oder multiple choice Fragen. Die 6 zu einem Profil zusammenstellbaren Testwerte werden nach standardisierten Normen interpretiert. Die Test-Retest *Reliabilitäten* liegen zwischen r = .84 und r = .93. Als *Validitätshinweise* sind aufzufassen: die klare Diskriminierung von ausgewählten Berufen durch den Test und erfolgreiche Voraussagen des Verhaltens von Pbn in verschiedenen Tests.

Lit.: **Allport, G. W., Vernon, P. E. & G. Lindzey:** Study of Values. Boston, 1960 (dt.: Der Werteinstellungs-Test. Bern – Stuttgart, 1972).

P. Graw

Stumpf, *Carl.* LEBEN UND WERKE. *21. 4. 1848 in Wiesentheid, †25. 12. 1936 in Berlin. Studierte Philosophie bei F. ↗Brentano in Würzburg und H. Lotze in Göttingen; promovierte 1868 in Göttingen; war von 1870 bis 1873 Privatdozent in Göttingen; hatte anschließend folgende Stellen inne: 1873 Professor in Würzburg; 1879 Professor für Philosophie in Prag; 1884 in Halle; 1889 in München; 1894 bis 1921 in Berlin; gründete in Berlin mit F. Schumann und N. Ach als Assistenten das psychol. Institut der Universität und hatte nach seinem Ausscheiden 1921 in W. ↗Köhler seinen Nachfolger.

S., der in starkem Maße von Brentanos ↗Aktpsychologie beeinflußt war, war in seiner theoretischen Ausrichtung der direkte Gegenspieler der Psychol. W. ↗Wundts und gilt mit Brentano zusammen als Begründer der *funktionalen Psychologie.* Er unterschied zwischen dem Akt des Hörens und dem gehörten Inhalt. Nur die Untersuchung der Funktionen fällt seiner Meinung nach in den Bereich der Psychol., während die Untersuchung der Inhalte eher der Phänomenologie zukommt. Über Brentano hinausgehend unterwarf er die Akt-Psychologie erstmals den Methoden des Experimentierens. Verständlicherweise stand er mit seinem funktionalen Ansatz im strikten Ggs. zur inhaltlich ausgerichteten Psychol. Wundts, mit dem er sich in ständigen Kontroversen befand. Anlaß einer solchen Kontroverse waren u. a. auch unterschiedliche Auffassungen bezüglich der Art der angewandten introspektiven Methode (↗Introspektion).

S.s bedeutsamste wiss. Beiträge liegen auf dem Gebiet der ↗Musikpsychologie und vergleichenden Musikwissenschaft, als deren Begründer er gilt. Insbes. seine Abhandlung über die „Lieder der Bellakula-Indianer" (1886), eine Pionieruntersuchung der vergleichenden Musikwissenschaft, sein zweibändiges Hauptwerk über die „Tonpsychologie" (1883–1890) sowie seine spätere Arbeit über „Die Anfänge der Musik" erbrachten ihm bes. Anerkennung. Seine sonstigen psychol. Beiträge sind dagegen weniger bedeutsam. Er schrieb u. a. eine Abhandlung „Über den psychologischen Ursprung der Raumvorstellung" (1873) und erstellte eine Gefühlstheorie, in der er im Anklang an die ↗James-Langesche Gefühlstheorie die Gefühle auf eine spezielle Form organischer Empfindungen, sog. „Gefühlsempfindungen", reduzierte.

Zu den Schülern S.s, von denen jedoch viele seiner grundlegenden wiss. Position sehr kritisch gegenüberstanden, zählten u. a. W. ↗Köhler, K. ↗Koffka, M. ↗Wertheimer, C. J.

von Allesch, W. Poppelreuter und H. S. Langfeld.

Weitere Schr.: Psychologie und Erkenntnistheorie (1891); Erscheinungen und psychische Funktionen (1907); Die Sprachlaute: Experimentell-phonetische Untersuchungen nebst einem Anhang über Instrumental-Klänge (1926); Gefühl und Gefühlsempfindung (1928); Erkenntnislehre (1939–1940, 2 Bde, hrsg. v. F. Stumpf).

Lit.: Langfeld, H. S.: Carl Stumpf: 1848–1936. Amer. J. of Psychol., 1937, *49*, 316–320; **Murchison, C.** (Ed.): A history of psychology in autobiography. Vol. 1. Worcester, Mass., 1930, 389–441. *W. Wittling*

Stupor, aus psychischen Gründen eingeschränkte oder fehlende Reaktionsbereitschaft bei klarem ↗Bewußtsein (und nachweisbaren Reflexen). Dem äußeren Erscheinungsbild können verschiedenste innere Zustände zugrunde liegen: Apathie, Hemmungen, Schreckzustände, aber auch hochgradige Ambivalenz und Ambitendenz. Recht bekannt ist der Examensstupor (↗Prüfungsangst, neurotische). Stuporöse Zustandsbilder treten reaktiv und psychogen bedingt auf, aber auch bei Hirnkrankheiten, Epilepsien, ↗Depressionen und vor allem bei ↗Schizophrenien.

A. Hicklin

S-Typus ↗Integrationspsychologie (Jaensch).

Subception ↗Subliminal.

Subjektive Tests, Testverfahren, deren Intention vom Pb grundsätzlich durchschaut werden kann und deren Ergebnis er absichtlich oder unbewußt beeinflussen bzw. verfälschen kann (↗Response Set). „Subjektiv" bezieht sich dabei nur auf diesen Aspekt der Beeinflußbarkeit durch den Pb, nicht jedoch auf das davon unabhängige Testgütekriterium ↗Objektivität. ↗Objektive Persönlichkeitstests; ↗Test.

J. P. Gösslbauer

Subjektives Zeitquant. Unter s. Z. versteht H. Frank die Zeitdauer, die zur Vergegenwärtigung von 1 bit ↗Information benötigt wird. Nach seinem ↗Psychostrukturmodell beträgt das (altersabhängige) s. Z. mindestens 1/16 sec. *B. Rollett*

Subjektivität, das Gegebensein eines Inhalts oder Sachverhalts jeweils nur in einem individuellen Bewußtsein. Alle Erlebnisse (Wahrnehmungen, Gedanken, Gefühle usw.) sind insofern subj., als sie nur ihrem Träger direkt zugänglich sind und nicht „von außen" beobachtet werden können. Man hat daher die S. als allg. Merkmal der psychischen Prozesse herausgestellt. Theoretische und methodologische Auseinandersetzungen um die S. führten zu verschiedenen Entwürfen einer ↗objektiven Psychologie (↗Behaviorismus), wobei es jedoch nicht gelang, das Erleben aus dem Gegenstandsbereich der Psychol. faktisch auszuschließen. – In einem spezielleren Sinn spricht man in der Psychol. von der „S. der Gefühle" und meint damit, daß in Emotionen nicht wie in Wahrnehmungen, Vorstellungen und Gedanken etwas Gegenständliches gegeben sei, sondern vielmehr ein Zumutesein, Sich-Befinden des Subjekts selbst. – Die Umgangssprache versteht unter S. häufig eine sachfremde, selbstbezogene Haltung im Denken und Urteilen. Diese Bedeutung entspricht nicht dem wissenschaftlichen Sprachgebrauch.

Lit.: Pauli, R. & W. Arnold: Psychol. Praktikum. Bd. I. Stuttgart, [7]1972; **Traxel, W.:** Grundlagen und Methoden der Psychol. Stuttgart – Bern, [2]1974. *W. Traxel*

Subjektstufe in der ↗Traumdeutung ist nach C. G. ↗Jung die Deutung von Traumfiguren und Traumereignissen als Abbilder innerer Faktoren und Situationen des Träumers (↗Objektstufe). *W. Toman*

Sublimation, Sublimierung, ist nach S. ↗Freud ein psychischer Prozeß, nach A. Freud ein innererer ↗Abwehrmechanismus, durch den primitivere und sozial weniger akzeptable Formen der Motivbefriedigung durch sozial akzeptablere Formen ersetzt und weiterentwickelt werden. So kann auch aus einem Schmierer ein Maler, aus einem neugierigen Spielzeugzerleger ein Chirurg, aus einem Schreihals ein Sänger werden. Wenn unter S. nicht einfach der Prozeß der ununterbrochenen Motivdifferenzierung und Korrektur dieses Prozesses durch die Personen der Umgebung verstanden werden soll, dann müssen nachweisbare stärkere Verzichte auf bestimmte Formen von Motivbefriedigungen etwa mit bes. ungewöhnlichen Formen oder Graden der S. verbunden sein. Der Nachweis dafür ist in den Fällen, in denen von S. gesprochen wird, praktisch oft nicht möglich. S. ist dem soziologischen Begriff der ↗Sozialisation und Enkulturation verwandt.

Lit.: Freud, A.: Das Ich und die Abwehrmechanismen. Wien, 1936; **Freud, S.:** Vorlesungen zur Einführung in die Psychoanalyse (1916/17). Ges. Werke, Bd. 11. London, 1940; **Toman, W.:** Motivation, Persönlichkeit, Umwelt. Göttingen, 1968.

W. Toman

Subliminal *(unterschwellig)* sind Reize, die unter den gegebenen Umständen nicht wahrgenommen bzw. unterschieden werden können; insbes. Reize, die zwar nicht bewußt aufgefaßt bzw. benannt werden können (z. B. weil zu kurzzeitig exponiert), trotzdem aber reizspezifische bewußte oder unbewußte Effekte zeitigen (subception).

Lit.: McConnell, J. V., et al.: Subliminal stimulation: an overview. American Psychologist, 1958, *13*, 229–242.

W. Haase

Substanz. GESCHICHTE DES S.PROBLEMS. Schon seit den griechischen Naturphilosophen treten von Zeit zu Zeit verschiedene Aspekte vordergründig auf: das materiale Element als substantieller Träger; Bewegung, Veränderung und Entwicklung, besonders im Hinblick auf Lebewesen; die Wesensfrage (οὐσία). Neben der S.lehre wurde in der Geschichte der Philosophie auch eine Substratlehre vertreten. So spricht bereits Heraklit von einem substratlosen Geschehen und sieht es am deutlichsten verkörpert in der züngelnden Verwandlung des Feuers. Parmenides dagegen unterscheidet Sein und Bewußtsein, wobei er Denken und Sein für völlig identisch erklärt. Bekannt ist, daß Descartes zwischen bewußten und räumlichen Substanzen unterscheidet, daß der Empirist J. Locke die S. als unerkennbar herausstellt, daß sie bei Kant als Kategorie auftritt und auch metaphysischen Charakter hat, während sie in Fichtes Ideenlehre eine Sekundärposition zugeteilt bekommt.

S. UND SUBSTRAT. Eine Wendung in der Auffassung der S.lehre brachte W. ↗Wundt, der das S.problem ganz in die Naturwissenschaften verwies. Im Bereich der Physik und Chemie ist der Begriff S. geläufig für jede Art von Stoff. Ein Beispiel dafür ist die Bezeichnung „Substanzformeln" für die Atomzahl-Verhältnisformeln, die das Zahlenverhältnis der Atome in einer Verbindung und damit das Massenverhältnis der Elemente zum Ausdruck bringen. Es handelt sich bei diesen materiellen S.en, seien es Atome, Moleküle oder beliebige Mischungen, immer um Einheiten. In der Biochemie werden S.en, die im Stoffwechsel der Zelle durch chemische Reaktionen unter der katalytischen Wirkung von Enzymen verändert werden, als Substrate bezeichnet. Für die Psychologie sind vor allem die Substrate der Gehirn- und Nervenzellen bedeutsam.

AKTUELLE PROBLEMATIK. In neuerer Zeit wird das substantielle Sein im anorganischen, im organischen wie im seelischen Bereich näher in Zusammenhang gebracht. Die Physik begnügt sich nicht allein mit der Auffindung von Elementarteilchen, deren reale Existenz durch geeignete Methoden sichtbar gemacht werden kann. Sie stößt in ihrer Forschung immer wieder an Grenzen, die nur durch den Ansatz noch kleinerer hypothetischer Teilchen übersprungen werden können (z. B. das Quark). Es ist ein Suchen nach dem, was dahintersteht, nach der S.

In ähnlicher Weise verfährt die Biochemie bei ihrer Suche nach den Bausteinen der lebendigen S. Durch die moderne Genforschung wurde die fundamentale Bedeutung der ↗Desoxyribonukleinsäure (DNA) für die individuelle Entwicklung aller Lebewesen erkannt und damit eine tragende Grundlage für biologisches wie psychologisches Geschehen gefunden. Aber auch hierbei mußte nach weiteren Grundlagen gefragt werden, weil die DNA, wie jede andere chemische Verbindung, nur durch Zufuhr von Energie zustande kommt. So wurde bisher bei allen Forschungsbemühungen um die Feststellung des nicht hintergehbaren Ersten im Sinne der seinsmäßigen S. immer wieder eine Grenze erreicht. Dies ist der Grund, daß in der modernen Psychol. das S.problem bisweilen ad acta gelegt wurde, während es existentiell trotzdem weiterbesteht und den forschenden Geist herausfordert. Weil am Nervensubstrat Eigenschaften festgestellt worden sind, die zur Erklärung von Persönlichkeitseigenschaften dienen, und diese Eigenschaften allgemeinen Charakter haben, in somatologischer wie in psychologischer Hinsicht, stellt sich nunmehr das S.problem für beide Bereiche in neuer Form, nämlich gleichzeitig. Neue Forschungsergebnisse der sowjetischen Psychologie unter B. Teplow bringen das zum Ausdruck: „Während in der Pawlowschen Schule 3 Haupteigenschaften des Nervensystems ermittelt wurden: Stärke, Beweglichkeit und Ausgeglichenheit, mit Erregungs- und Hemmungsprozessen“, setzte sich in neuerer Zeit „die Auffassung von der Ausgeglichenheit des Erregungs- und des Hemmungsprozesses als Verhältnis der zwei Stärke-Charakteristika des Nervensubstrats“ durch. Dieses Nervensubstrat wird als psychophysiol. Modell der ↗Persönlichkeit angesehen. Ihm werden die Eigenschaften der Stärke, Beweglichkeit (Leichtigkeit und Schnelligkeit, Erregung und Hemmung) und der Ausgeglichenheit zugeordnet.

Unabhängig von dieser russischen Forschung wurde von W. Arnold 1970 eine Formel veröffentlicht, die im motivationalen Bereich zu den gleichen Grundfaktoren kommt: emotionale Spannung (Anmutungsqualität, E), Antriebsstärke (I), Hemmung (R). Daraus ergibt sich die Formel $I = \frac{E}{R}$, die in verschiedenen Modalitätsbereichen nachprüfbar ist. Die Tatsache, daß diese drei Faktoren bei neuropsychol. Untersuchungen, also in der Empirie, und bei theoretischen Überlegungen aus der ↗Psychophysik heraus in dieselbe Richtung laufen, ja nominell sogar übereinstimmen, läßt die Vermutung aufkommen, daß die verschiedenen wissenschaftlichen Aspekte auf ein und dieselbe substantielle Einheit und Ganzheit zurückgehen, die bestimmten Regeln innerhalb ein und desselben Ordnungssystems genügt, von dem im Laufe der Zeit den Forschern verschiedener Richtungen jeweils verschiedenartige Aspekte zugänglich werden.

Selbst – Person – S. Die dynamische Psychol. hat den substantiellen Ansatz der Psychol. nicht mehr beachtet. In Wirklichkeit konnte weder die funktionale noch die motivational orientierte Psychol. nur auf Erlebnis- und Verhaltensweisen achten, ohne Rücksicht zu nehmen auf die diese Geschehensweisen tragende Grundlage. Verhaltensweisen, Erlebnisse und Verantwortlichkeiten sind ohne S. und Substrat nicht einmal theoretisch denkbar. Auch heute ist der Mensch gegenüber dem S.problem ein Fragender und Suchender. Daß und wie er fragt, ist eine psychol. Feststellung, warum er fragt, ist eine philosophische Prinzipienfrage. Der Mensch sucht nach Ursachen und Gründen des Seins und Geschehens, psychol. gesprochen nach der tragenden Grundlage des Erlebens und Verhaltens. So gesehen, konnte es nicht genügen, nur den Trieb, etwa den Geschlechtstrieb, als seelische Radikale, aus der alles Erleben und Verhalten herauswachsen könnte, anzusehen, noch genügten dafür die Reflexe oder die Primärmotive, auch nicht die Strebens- und Verhaltensdispositionen. Auf der anderen Seite hat der ↗Behaviorismus, weder als molarer noch als molekularer, befriedigen können. Hier wie dort wurde also weiter reflektiert und „selbst beobachtet“, um das Dahinterstehende zu entdecken. So vollzog sich die Wendung und der Zusammenfluß dieses psychol. Denkens in Richtung der Bewußtseinspsychol. und der Persönlichkeitspsychol. In der ↗Humanistischen Psychol. wird als konstitutionelle Basis die ↗Person (W. Stern, Ch. Bühler) mit dem alle Erlebnisse tragenden Selbst identifiziert.

Was darf also heute unter S. in der Psychol. verstanden werden? Eine tragende Grundlage für das jeweils individuelle Sein und Geschehen, jene Einheit, die alle Verhaltensweisen und Funktionen, alle ↗Triebe und Triebfedern, alles Tun und Lassen zusammenfaßt und in der räumlichen und zeitlichen Wirklichkeit beobachtbar macht. Sie ist im wahrsten Sinne des Wortes konsistent. Innerhalb dieser Konsistenz stehen all diese Ereignisse und Geschehnisse affin oder diffug zueinander. In den durch die Psychol. beobachteten und beschriebenen Erscheinungen bleibt eines bestehen: die individuelle Person mit ihrem Sosein (Grundcharakter) und ihrer spezifischen Konstitution, mit ihrer Selbst-Ständigkeit, mit ihrer individuell spezifischen Kommunikation mit der Welt anderer, der Mitwelt, und der Welt der Gegenstände, der Umwelt. Die vielen Eigenschaften, die dabei das individuelle personale Sein zeigt, sind im Grunde genommen Äußerlichkeiten, Verhaltensweisen, die aber nicht möglich wären ohne eine sie tragende Grundlage: Substantia est id, quod substat accidentibus.

Lit.: Arnold, W.: Person, Charakter, Persönlichkeit. München, [4]1975; **ders.,** Ein vorläufig-theoretisches Motivationsmodell more psycho-physico. Psychol. Beitr., 1970, *12*, H. 2; **Christen, H. R.:** Chemie. Frankfurt a. M. – Hamburg, [11]1977; **Jordan, P.:** Schöpfung und Geheimnis. Oldenburg – Hamburg, 1978; **Monod, J.:** Zufall und Notwendigkeit. München, [5]1973; **Nebylizyn, W.:** Die Haupteigenschaften des Nervensystems. Ideen des exakten Wissens, Wissenschaft und Technik in der Sowjetunion. Stuttgart, 8/1971, 545–554; **Pongratz, L.:** Problemgeschichte der Psychologie. Bern – München, 1967; **Rombach, H.:** Substanz, System, Struktur. Freiburg, 1965.

W. Arnold

Substitution ↗Ersatzbildung.

Substitutionstherapie, Behandlung durch Ersatz von fehlenden körpereigenen Substanzen, z. B. bei ↗Kretinismus durch Gabe von ↗Thyroxin. *E. David*

Subtraktive Farbenmischung ↗Farbenmischung.

Subvokales Sprechen ↗Sprache, innere.

Succubus ↗Incubus.

Suchmethode ↗Ach-Vygotsky-Methode.

Sucht. *Definition.* Sucht *(↗Drogenabhängigkeit)* wird definiert als ein psychischer und manchmal auch physischer Zustand, der aus der Interaktion zwischen einem lebenden Organismus und einer ↗Droge resultiert und gekennzeichnet ist durch Verhaltensweisen und andere Reaktionen, die immer mit einem Zwang verbunden sind, die Droge ständig oder in periodischen Abständen einzunehmen, um ihre psychischen Auswirkungen zu erleben und manchmal um den unangenehmen Zustand zu vermeiden, der auftritt, wenn die Droge längere Zeit nicht genommen wird. „Ein Mensch kann von mehr als nur einer Droge abhängig werden" (World Health Organization Expert Committee, 1969, S. 6).

Die physische Abhängigkeit ist ein Zustand, in dem der Organismus die Droge zur Aufrechterhaltung seiner ↗Homöostase braucht. Bei Entzug tritt ein abgrenzbares, charakteristisches Abstinenz-Syndrom auf. Die Definition der WHO impliziert psychische Faktoren bei allen Formen der Sucht. Manche Wissenschaftler jedoch möchten die Begriffe psychisch, psychol. oder psychogen auf Zustände der Abhängigkeit beschränkt wissen, in denen der Organismus die Droge aus anderen Gründen und nicht zur Erleichterung des physischen Abstinenz-Syndroms braucht (↗Drogenabhängigkeit). Der Begriff „Drogenabhängigkeit" ersetzt die früher gebräuchlichen Bezeichnungen „Rauschgiftsucht" und „-gewöhnung", die – ohne Erfolg – Intensitätsunterschiede der Abhängigkeit von Drogen festzuhalten versuchten.

Tieruntersuchungen. Über verschiedene Exp. geben Schuster und Thompson (1969) und Teasdale (im Druck) Überblick. Es hat sich gezeigt, daß die meisten von Menschen verwendeten Drogen als Bekräftiger zur Erzeugung wirksamer Verhaltensweisen (operant habits) bei Affen und Ratten verwendet werden können. Solche Habits können sehr dauerhaft sein, und man kann sagen, daß bei Tieren die Anzeichen einer S. auftreten. Ein „Rückfall" in Habits, die mit Morphin verstärkt wurden, kann noch lange Zeit nach Entzug der Droge auftreten, vor allem in Situationen, die an die Drogeneinnahme erinnern. Jüngere Ratten sind stärker für S. anfällig als ältere. Vermutlich besteht eine genetisch bedingte individuelle Variation bei der Suchtanfälligkeit. Die bekräftigende Wirkung der Drogen scheint entweder darin zu bestehen, daß ein unangenehmer, durch Entzug provozierter Zustand aufgehoben wird, oder die Droge selbst hat eine primäre bekräftigende Wirkung. Sekundäre Bekräftigung kann durch das Verknüpfen von neutralen Reizen mit der Entzugs-S. (↗Konditionierung) ausgelöst werden. Die Untersuchungen der Wirkung von Variationen des Verstärkungsplans und des Ausmaßes der Verstärkung haben gezeigt, daß es schwerwiegende Verhaltensfaktoren gibt, die das Verlangen nach Drogen aufrechterhalten. Solche Faktoren sind vermutlich in gleicher Weise bei süchtigen Menschen wirksam; hinzu kommen alle möglichen persönlichen und anderen Probleme. Wikler (1968) befaßte sich mit der Bedeutung der Tieruntersuchungen für den Menschen.

Untersuchungen am Menschen. Die Auswirkungen auf das Individuum sind nicht bloß eine Funktion der Droge, sondern auch von der Menge, der Häufigkeit der Einnahme, der Art der Anwendung abhängig, weiterhin von der Persönlichkeitsstruktur des Individuums, seinen früheren Erfahrungen, seinem gegenwärtigen Zustand und nicht zuletzt vom sozialen Umfeld, in dem es die Droge nimmt. Die Auswirkung von suchterzeugenden Mitteln auf den Menschen haben Trouton und Eysenck (1960) untersucht. Haertzen (1965) beschäftigte sich mit den subjektiven Auswirkungen suchterzeugender Pharmaka und zeigte, daß oft erhebliche Überschneidungen mit der Wirkungsweise anderer Medikamente bestehen. Untersuchungsergebnisse von Oswald, Evans und Lewis (1969) weisen darauf hin, daß Drogen den paradoxen Schlaf unterdrücken (REM-Phase) und bei Entzug zu einer Erhöhung „rebound" führen (↗Schlaf). Weil, Zinberg und Nelsen (1968) haben die Wirkung von Cannabis an naiven Vpn und solchen, die bereits einige Erfahrung damit haben, verglichen und betonen die Bedeutung vorangegangener Erfahrung als Determinante der Drogenwirkung.

Persönlichkeitsfaktoren. Es scheint keine einzigartige „Sucht-Persönlichkeit" zu geben, die allen, die Drogen nehmen, gemeinsam ist und bei anderen diagnostischen Gruppen nicht auftritt. Zur Identifizierung einer Anzahl von Typen in der Stichprobe der Süchtigen (z. B. Soziopathen, Neurotiker) wurden Tests wie der Minnesota Multiphasic Personality Inventory (↗MMPI) verwendet. Einige dieser Persönlichkeitstypen ähneln denen, die man auch unter Alkoholikern, Delinquenten und Kriminellen findet (Hill, Haertzen und Davis, 1962). Felsinger u. a. (1955) zeigten, welche Rolle interindividuelle Differenzen bei der Wirkungsweise der Drogen spielen, indem sie Süchtige mit Nicht-Süchtigen und Gruppen von normalen Individuen verglichen.

Chein u. a. (1964) geben psychodynamische Beschreibungen der Persönlichkeit von untersuchten Süchtigen und setzen dies in Beziehung zum jeweiligen familiären Hintergrund.

Die meisten Wissenschaftler sehen einen ursächlichen Zusammenhang zwischen Sucht und Defekten der Persönlichkeitsstruktur und Drogenabhängigkeit. Dole und Nyswander (1967) hingegen glauben, daß Sucht eher eine Folge als eine Ursache des Gebrauchs von Drogen sei und durch eine Stoffwechselanomalie hervorgerufen würde. Vaillant (1969) weist jedoch nach, daß Süchtige auch schon vor Drogengebrauch unangepaßt waren.

Behandlung von Süchtigen. Die meisten Arten der Behandlung zielten darauf ab, die persönlichen Probleme des Süchtigen zu vermindern und ihn wieder in die Gemeinschaft zu integrieren. Gewöhnlich wurden „Milieutherapie", ↗Psychotherapie und andere Verfahren zur Rehabilitation miteinbezogen. Diese Versuche waren wenig erfolgreich (z. B. Vaillant, 1969), mit Ausnahme von therapeutischen Gruppen, die von ehemaligen Süchtigen geleitet wurden (z. B. Rosenthal, 1969). Mit Hilfe solcher Gruppen soll man beträchtlichen Erfolg erzielen; es fehlt aber ausreichendes Beweismaterial. Andere Behandlungsarten (z. B. Dole und Nyswander, 1967) umfassen Maßnahmen, die sich direkt an den Süchtigen wenden und ziemlich erfolgreich zu sein scheinen. Ebenfalls günstigen Einfluß hat die Überwachung einer Gruppe von Süchtigen durch einen Bewährungshelfer (Vaillant, 1969). Bei einem Teil der Süchtigen scheint mit zunehmendem Alter das Verlangen nach der Droge nachzulassen (Vaillant, 1969).

Lit.: Battegay, R.: Vom Hintergrund der Süchte. Wuppertal, [2]1972; **Chein, I., et al.:** Narcotics, delinquency and social policy: The road to H. London, 1964; **de Alacron, R.:** The spread of heroin abuse in a community. Bulletin of Narcotics, 1969, *21*, 17–22; **Dole, V. P. & M. E. Nyswander:** Heroin addiction a metabolic disease. Arch. Internal. Med., 1967, *120*, 19–24; **Felsinger, J. M., Lasagna, L. & H. K. Beecher:** Drug-induced mood changes in man: 2. Personality and reaction to drugs. J. American medical association, 1955, *157*, 1113–19; **Feuerlein, W.:** Sucht und Abhängigkeit. Hamburg, [2]1974; **Haertzen, C. A.:** Subjective drug effects: a factorial representation of subjective drug effects on the addiction research center inventory. J. nervous and mental disease, 1965, *140*, 280–289; **Hill, H. E., et al.:** An

MMPI factor analytic study of alcoholics, narcotic addicts and criminals. Quart. J. Stud. Alcohol, 1962, *23*, 411–431; **Oswald, I., Evans, J. I. & S. A. Lewis:** Addictive drugs cause suppression of paradoxical sleep and withdrawal rebound. In: **H. Steinberg** (Ed.): Scientific basis of drug dependence. London, 1969; **Rosenthal, M. S.:** The phoenix house therapeutic community: An overview. In: **H. Steinberg** (Ed.): Scientific basis of drug dependence. London, 1969; **Schuster, C. R. & T. Thompson:** Self-Administration of and behavioral dependence on drugs. Annual Rev. Pharmacology, 1969, *9*, 483–502; **Steinberg, H.** (Ed.): Scientific basis of drug dependence. London, 1969; **Steinbrecher, W. & H. Solins** (Hrsg.): Sucht und Mißbrauch. Stuttgart, [2]1975; **Teasdale, J. D.:** Drug dependence. In: **H. J. Eysenck** (Ed.): Handbook of abnormal psychology. London, 1960; **Trouton, D. & H. J. Eysenck:** The effects of drugs on behavior. In: **H. J. Eysenck** (Ed.): Handbook of abnormal psychology. London, 1960; **Vaillant, G. E.:** The natural history of urban drug addiction – some determinants. In: **H. Steinberg** (Ed.): Scientific basis of drug dependence. London, 1969; **Weil, A. T., Zinberg, N. E. & J. M. Nelsen:** Clinical and psychological effects of marihuana in man. Science, 1968, *162*, 1234–42; **Wikler, A.** (Ed.): The addictive states. Association for research in nervous and mental disease. Volume XLVI. Baltimore, 1968; **Wilner, D. M. & G. G. Kassebaum** (Eds.): Narcotics. New York, 1965; World Health organization expert committee on drug dependence: Sixteenth report. World health organization technical report series, No. 407, 1969.

J. D. Teasdale

Suchtgifte ↗Drogenabhängigkeit, ↗Rauschmittel.

Suggestibilität. I. Individueller Grad der Beeinflußbarkeit durch ↗Suggestion und ↗Hypnose. Bisher lassen die korrelativen Zusammenhänge zwischen S. und Persönlichkeit keine eindeutigen Schlüsse auf bestimmte S.dimension zu. H. J. Eysenck (1947) hat drei Faktoren vorgeschlagen: *primäre S.* auf Ataxieproben, *sekundäre S.* auf Erwartungstäuschungen und *„Prestige-S."* (Übernahme prestigegeladener, autoritärer Auffassungen). Zustände erhöhter S. können durch Hypnose und ↗Drogen hervorgerufen werden. Wenn man unter Suggestion ein Einschleusen von Vorstellungen ins Unbewußte versteht, so kann S. durch feierliches Ritual, durch den Carpenter-Effekt (Massensuggestion), durch hartes, dauerndes Einhämmern der gleichen Parolen (Hitler, Stalin) oder durch Einreden unter weichen, gemütansprechenden Umständen (Musik, Farben), durch Appell an die Sexualität (sex-appeal) u. a. wachgerufen und gesteigert werden, was sich politische und kommerzielle ↗Propaganda zunutze machen. In der Medizin wird S. bei der Prüfung von Arzneimitteln durch den ↗Placebo-Effekt ausgeschaltet. Beim Zusammenwirken von S. und Gläubigkeit (auch Aberglaube und Magie) können Wunderheilungen auftreten (↗Mana, ↗Horoskop). Wahrscheinlich sind mit der S. Lernvorgänge verbunden.

Lit.: Guilford, J. P.: Persönlichkeit. Weinheim, [6]1974; **Hull, C. L.:** Hypnosis and suggestibility. New York, 1933; **Schjelderup, H.:** Das Verborgene in uns. Stuttgart – Bern, 1964; **Schmitz, K.:** Was ist, was kann, was nützt Hypnose? München, 1964.

E. Ullrich

II. *Primäre Suggestibilität* bezeichnet eine Beeinflußbarkeit des Pb durch (Auto- und) Heterosuggestion, die z. B. durch den Körper-Schwank-Test (body-sway-test nach C. L. Hull), den Chevreulschen Pendel-Test, den „Press- and Release"-Test angezeigt wird.

Sekundäre Suggestibilität bezeichnet eine Beeinflußbarkeit des Pb durch Heterosuggestion, wie sie z. B. durch den Tintenklecks-Suggestions-Test, die Riechprobe von Lindberg, den Bild-Report-Test, den Binet-Test der progressiven Linien und Gewichte, den Hitze-Illusions-Test angezeigt wird.

Lit.: Eysenck, H. J. & W. D. Furneaux: Primary and secondary suggestibility: an experimental and statistical study. J. exp. Psychol., 1945, *35*, 485–502; **Ferguson, L. W.:** An analysis of the generality of suggestibility to group opinion. Char. and Person., 1944, *12*, 237–244; **Hull, C. L.:** Hypnosis and suggestibility, New York, 1933; **Stukát, K. G.:** Suggestibility – A factorial and experimental analysis. Stockholm, 1958.

S. M. Deusinger

Suggestion, S.therapie, zwischenmenschliche Einflußnahme, wobei gefühlsbetonte Vorstellungen ohne rationale Begründung dem Partner „unterschoben" (subgerere) werden; Voraussetzungen sind Vertrauen und ein „Gemeinschaftserlebnis" (B. Stokvis). Durch S. lassen sich viele psychische und körperliche Vorgänge eingreifender beeinflussen als durch bewußte Absicht (↗Hypnose), worauf sich die *Suggestionstherapie* stützt. Sie besteht darin, dem Kranken positive Vorstellungen zu vermitteln, welche sein Befinden entsprechend verändern. Therapeutische S.en müssen stets positiv formuliert werden (bei einem Kettenraucher also nicht „Keine Zigarette mehr anrühren", sondern „Zigaretten ganz gleichgültig" o. ä.). Eine weniger passive Haltung des Kranken als in der reinen (Hetero-) S.therapie wird in den autosuggestiven Verfahren (↗Relaxationstherapie, ↗Autosuggestion) angestrebt, die oft mit formelhaften Autosuggestionen gekoppelt werden (z. B. ↗Autogenes Training). Die S. ist zweifellos die älteste Form seelischer Krankenbehandlung; sie hat eine sehr enge Beziehung zum ↗magischen Denken. Die Magie kann als außerhalb des Individuums verlegte S., und die S. als auf die Reichweite eines individuellen Nervensystems beschränkte Magie aufgefaßt werden.

Lit.: Katzenstein, A.: Suggestion und Hypnose in der psychotherapeut. Praxis. Jena, 1978; **Schmidbauer, W.:** Schamanismus und Psychotherapie. Psychol. Rdsch., 1969, *20*, 29–47; **Schultz, J. H.:** Die seelische Krankenbehandlung. Stuttgart, 1963.

W. Schmidbauer

Suizid ↗Selbstmord.

Suizidalität, Neigung zum Selbstmord.

Sukzessiv, S.kontrast, S.gestalten. *Sukzessiv* = aufeinanderfolgend, nacheinander.

Sukzessivkontrast. Im Sinne des ↗Kontrastes erfolgende Beeinflussung eines Phänomens durch eine zeitlich unmittelbar vorausgehende Wahrnehmung. Z. B. das in der Gegenfarbe einer zuvor wahrgenommenen Vorlage erscheinende ↗*Nachbild.*

Sukzessivgestalten, Sukzessionen, deren Eigenschaften von dem spezifischen zeitlichen Ordnungsgefüge ihrer Glieder mitbestimmt werden. Z. B. die durch eine Tonfolge sich ergebende Melodie. *E. Heineken*

Sukzessive Intervalle (Synonym: *sukzessive Kategorien, Methode der absoluten Skalierung*), Verfahren zur ↗Skalierung, bei der eine Vp aufgefordert wird, Reize in eine Reihe vorgegebener Kategorien einzusortieren. Dabei wird angenommen, daß diese Kategorien geordnet sind. Die Versuchsanordnung entspricht der bei der Methode der gleich erscheinenden Intervalle. Es wird jedoch nicht angenommen, daß die Kategorien gleich große Bereiche des subjektiven Kontinuums abdekken. Das Verfahren beruht auf dem „Law of Comparative Judgement" und wird von Stevens zu den Konfusionsmethoden gerechnet. ↗Mathematische Psychologie; ↗Psychophysik.

Lit.: Sixtl, F.: Meßmethoden der Psychologie. Weinheim, 1967; **Torgerson, W. S.:** Theory and Methods of Scaling. New York, 1958.

A. Rausche

Sulcus. Die Sulci cerebri *(Großhirnfurchen)* sind rinnenförmige Vertiefungen zwischen den Hirnwindungen. Sie entstehen beim Menschen von der zweiten Hälfte der Embryonalzeit an. Die Großhirnrinde wird dadurch erheblich vergrößert. Am Kleinhirn (↗Cerebellum) beobachten wir spaltenförmige Vertiefungen, Fissurae cerebelli. Der *S. centralis* (Zentralfurche) läuft in transversaler Richtung über die Großhirnhemisphären. In der Umgebung des *S. calcarinus* befindet sich im Hinterhauptslappen die Sehrinde (↗Sehzentrum). ↗Neuroanatomie.

Lit.: Sidman, R. L., Sidman, M. & G. Arnold: Neuroanatomie programmiert. Berlin – Heidelberg – New York, 1971.

G. Arnold

Summated Rating ist eine Testform, bei der für die ↗Items eine abgestufte Zustimmung bzw. Ablehnung als Antwortvorgabe gegeben ist. Die Items stellen dabei Indikatoren für das Vorhandensein oder die Ausprägung eines bestimmten Merkmals dar, ohne das sie im allgemeinen eindeutig auf einem zugrundeliegenden Kontinuum anzuordnen wären. Rein methodisch sind die Meßeigenschaften einer solchen Skala kaum zu begründen. Die S. R.s werden vor allem als ↗Einstellungsskalen nach dem Likert-Typ (↗Likert-Skala), als Beurteilungsskalen von Personen und anderem, selten als ↗Interessen- oder Persönlichkeitstest verwandt. *P. Zimmermann*

Summation der Reize ↗Reizsummation.

Summationston, beim Zusammenklang zweier Töne (↗Grund- oder ↗Obertöne) entstehender Kombinationston mit einer Frequenz, welche der Summe der Frequenzen der Primärtöne entspricht. Entdeckt wurden die S.e 1857 von H. v. ↗Helmholtz.

Lit.: Helmholtz, H. v.: Die Lehre von den Tonempfindungen. Braunschweig, [6]1913.

B. Schmidt

Summativität ↗Teil-Ganzes-Beziehung.

Summenfrequenzpolygon, ↗Graphische Darstellung der Summenhäufigkeiten (↗Häufigkeitsverteilungen). Die Summenhäufigkeiten werden an den Intervallenden aufgetragen, da angenommen wird, daß sich die Beobachtungen gleichmäßig über ein Intervall verteilen. Bei echt diskreten Variablen hat das S. die Form einer Treppe (Treppenfunktion).
A. Rausche

Summenkurve, Synonym: *Ogive,* graphische Darstellung der Verteilungsfunktion bei ↗stetigen Zufallsvariablen; auch Synonym für ↗Summenfrequenzpolygon verwendet. Die S. ist monoton steigend. Bei der ↗Normalverteilung ist sie S-förmig, bei Verwendung von Wahrscheinlichkeitspapier stellt sie sich als Gerade dar. Aus S.n lassen sich Mittelwerte und Streuungen ablesen sowie Abweichungen von der Normalität erfassen, außerdem können Mischverteilungen erkannt und getrennt werden. *A. Rausche*

Sündenbock-Theorie. Basierend auf der Frustrations-Aggressions-Hypothese und dem Freudschen Konzept des Abwehrmechanismus, versucht die – heute sehr umstrittene – S. die Entstehung von Vorurteilen zu erklären: Die aufgrund von Frustrationen entstandenen Aggressionen in einer Gruppe werden auf die Mitglieder einer Außengruppe verschoben, wenn die Aggressionen gegen den Verursacher nicht möglich sind. Die Mitglieder der Außengruppe fungieren dann als die wehrlosen „Sündenböcke“, denen gegenüber die gezeigten Aggressionen rationalisiert und durch Beschuldigungen, Stereotypisierungen und Projektionen gerechtfertigt werden. *B. Six*

Super-ego ↗Über-Ich.

Superierung bezeichnet die Bildung von ↗*Superzeichen.* Durch S. wird aufgrund der Informationsverringerung einerseits die Verkürzung von Reaktionszeiten, andererseits das Überschauen relativ komplexer Nachrichten trotz der Enge des ↗Bewußtseins ermöglicht.
H. Riedel

Superpositionseffekt. E. v. Holst (1941) entdeckte, daß die rhythmischen Flossenbewegungen der Fische über eine eigene Automatie verfügen. Die einzelnen Rhythmen können durch relative Koordination miteinander gekoppelt sein. So sind die Rhythmen der Brustflossen unabhängig und beeinflussen die Schlagfrequenz der Rückenflosse durch *Überlagerung* (Superposition). Der unabhängige Rhythmus vermag den abhängigen bis zu nahezu völliger Dominanz einzufangen.

Lit.: Holst, E. v.: Entwurf eines Systems der lokomotorischen Periodenbildungen bei Fischen. Ein kritischer Beitrag zum Gestaltproblem. Z. vergl. Physiol., 1941, *26,* 481–529.
K. Fiedler

Superzeichen. Ein S. entsteht durch Zusammenfassung mehrerer ↗Zeichen eines einfacheren Zeichenrepertoires seitens des Empfängers. Beispielsweise werden Laute oder Buchstaben durch Komplexbildung zu einem Wort als einem S. superiert. Verschiedene Drucktypen eines Buchstabens werden beim Lesen nicht unterschieden, sondern unbewußt zu einer Klasse superiert und als ein und derselbe „Buchstabe“ wahrgenommen. Das S. „Terz“ entsteht durch ↗Superierung aller Zweiklänge mit entsprechendem Schwingungsverhältnis. Die ↗Information des S. ist in jedem Falle geringer als die Summe der Information der Unterzeichen. *H. Riedel*

Suppressorfelder, umschriebene Regionen der Großhirnrinde (z.B. gyrus cingularis), deren Reizung (elektrisch, chemisch oder mechanisch) (1) zu einer *Hemmung* bzw. Unterdrükkung einer *gleichzeitig* durch Reizung ausgelösten mot. Aktivität und (2) zu einer *kurz darauf* einsetzenden vorübergehenden Hemmung oder Verringerung der spontanen, lokalen elektrischen Aktivität des ↗Cortex führt. Die Annahme solcher Regionen und deren Effekt geht auf Dusser de Barenne (1941) und seine Schule, insbes. auf McCulloch (1944), zurück, doch ist die expt. Evidenz der Regionen in Frage gestellt worden (Meyers & Knott, 1953). Neurologisch wird der Suppressoreffekt als Regulation der Rindenaktivität interpretiert (Epilepsie), psychol. als Mechanismus der ↗Aufmerksamkeit (Hemmung der Empfänglichkeit für andere sensorische Eindrücke).

Lit.: Dusser de Barenne, J. C. & W. S. McCulloch: Suppression of a motor response obtained from area 4 by stimulation of area 4 S. J. Neurophysiol., 1941, *4*, 311–323; **McCulloch, W. S.:** Cortico-cortical connections. In: **P. C. Bucy** (Ed.): The precentral motor cortex. Univ. Illinois Press, Urbana 1944, 211 ff; **Meyers, R. & J. Knott:** On the question as to existence of a suppressor mechanism. Vth Intern. Neurol. Congr., Lisbon, vol. 2, 1953. *F.-C. Schubert*

Suppressor-Test (oder *Suppressor-Variable*), ein ↗Test in einer Testbatterie, der hohe Korrelation mit einem Teiltest, keine Korrelation mit dem Kriterium aufweist. Dadurch unterdrückt er einen Teil der ↗Varianz, die im Kriterium ohne Bedeutung ist; der multiple Korrelationskoeffizient mit dem Kriterium kann so erhöht werden.

Lit.: Lienert, G.: Testaufbau und Testanalyse. Weinheim, [3]1969. *R. Meili*

Supranormale Objekte ↗Überprägnante Auslöser.

Survey Research ↗Demoskopie.

Suszeptibilitätstests sind Tests zur Messung der Hypnotisierbarkeit von Pbn. ↗Hypnoseforschung, experimentelle.

Symbiose, das enge Zusammenleben zweier meist ganz verschiedener Organismenformen, wobei beide Nutzen aus dieser Vergesellschaftung ziehen. Z.B. leben im Darm von Termiten Einzeller, die zellulosespaltende Fermente erzeugen; mit deren Hilfe ist es den Termiten möglich, ihre Hauptnahrung Holz zu verdauen, während der Darmtrakt der Termiten für die Einzeller ein Schlaraffenland mit idealen Umweltsbedingungen und genügend Nahrungszufuhr darstellt. *H. Schmalfuß*

Symbol, im Rahmen der ↗*Informationstheorie* meist synonym zu ↗Zeichen.

Symbolfunktion ↗Piaget.

Symbolischer Interaktionismus. Der s. I. ist ein *soziologischer*/sozialpsychologischer Denkansatz. Ihn kennzeichnen folgende Annahmen: 1) Für soziologische Theorien ist die Analyse des *Lebensalltags* grundlegend. Dieser ist zu finden im *Interagieren* einzelner Menschen. 2) Menschen unterstellen einander, daß ihr Tun *bedeutsam* ist, d.h.: zielgerichtet, situationsbedacht, geplant. Die sich wechselseitig unterstellten Bedeutungs- oder *Symbolgehalte* von Handlungen steuern das Interagieren. 3) Gelingendes Interagieren setzt voraus, daß die wechselseitigen Fremddeutungen mit den entsprechenden Selbstdeutungen übereinstimmen. Unstimmigkeiten fordern das *Aushandeln* einvernehmlicher Bedeutungen. 4) Alle Deutungskategorien entstehen in solchen Interaktionen und verändern sich laufend durch solche. Die Bedeutung eines Objekts ist *interaktionsabhängig.* 5) Menschen leben in den Welten, die sie sich durch ihre Deutungen *konstruieren.* 6) Um den alltäglichen zwischenmenschlichen Umgang zu *verstehen,* muß man die Prozesse der Bedeutungszuschreibung *(re-)konstruieren.*

Lit.: Blumer, H.: Der methodologische Standpunkt des symbolischen Interaktionismus. In: Alltagswissen, Interaktion und gesellschaftliche Wirklichkeit. Bd. 1. Hamburg, 1973, 80–144; **Mead, G. H.:** Mind, self and society. Chicago, 1934; **Steinert, H.** (Hrsg.): Symbolische Interaktion. Stuttgart, 1973. *U. Laucken*

Symbolkapazität ↗Kanalkapazität.

Symbol und Zeichen sind Informationsträger, die vermittels ihrer Bedeutung für das stehen, was sie symbolisieren oder bezeichnen; sie sind *Repräsentanten ihres Designatums.* Gelegentlich werden beide Termini synonym, gelegentlich in verschiedenem Sinn gebraucht, aber weder über ihre Definition noch über ihre psychol. Funktion besteht Einigkeit zwischen den verschiedenen Forschungstraditionen.

Behaviorismus. S. u. Z. werden vorwiegend in Hinblick auf ihre *Signalfunktion* bebetrachtet. Beeinflußt von J. P. ↗Pawlows erstem und zweitem Signalsystem, bezeichneten z. B. H. Mead und O. H. Mowrer jene Reize, welche Reaktionen auslösen, als Zeichen und jene Reize, welche für Reaktionen auslösende Reize stehen, z. B. Worte, als Symbole. Nach C. E. Osgood wird ein Reiz zum Zeichen eines

Reizobjekts, wenn er eine vermittelnde, fraktionelle Reaktion auslöst, d. h. einen Teil der Reaktion, die ursprünglich durch das Reizobjekt ausgelöst wurde. Zeichen, die für andere Zeichen stehen, nennt er „Assigns". Im Neo-↗Behaviorismus wird betont,daß die durch ein Symbol ausgelöste Teilreaktion kein Instrumentalakt ist, sondern lediglich als Stimulanz weiterer Reaktionen dient (D. E. Berlyne). Produktion und Verknüpfung solcher symbolisierender Teilreaktionen werden als symbolische Prozesse bezeichnet und zur Erklärung von Informationsbearbeitung bei Lern- und Denkakten herangezogen.

TIEFENPSYCHOLOGIE. Symbole werden als isomorphe, meist bildliche Manifestation des Unbewußten angesehen und zwecks Analyse von pathologischen Zuständen, Träumen (↗Traumdeutung) und ↗Mythen studiert. Für S. ↗Freud ist das Symbol 1. seelische Repräsentation körperlicher Prozesse z. B. hysterisches Symptom (↗Hysterie), 2. verhüllender Ausdruck verdrängter Objekte und Wünsche (↗Verdrängung), bes. in infantilem, primitivem oder regrediertem Denken (O. Rank, T. Reik, W. Stekel, M. Klein). Für C. G. ↗Jung ist das Symbol die individuelle Konkretisierung eines ↗Archetypus und dient nicht bloß der Maskierung, sondern der Vereinigung von Bewußtem und Unbewußtem, dem Produktivität steigernden Fluß der ↗Libido und der Manifestation phylogenetischer Erfahrungen.

KOGNITIVE PSYCHOLOGIE. S.en u. Z. wird große Bedeutung für ↗Wahrnehmung, ↗Denken und ↗Gedächtnis beigemessen, und sie gelten sowohl als Mittel zum Verständnis dieser Prozesse wie auch als Charakteristika verschiedener Denk- und Abstraktionsniveaus. Während der Terminus Zeichen meist für Repräsentanten mit denotativer, konventionell festgelegter Bedeutung gebraucht wird, dient der Symbolbegriff zur Bezeichnung von Repräsentation vermittels Konvention, Isomorphismen, expressiver Merkmale, Assoziationen usw. Piaget (1959) z. B. spricht von sozialen Symbolen, deren Bedeutung erlernt wird, und von privaten Symbolen, die verstanden werden, da sie ein Teil des Designatums sind oder ihm ähneln. K. Goldsteins Klassifikation (konkretes, asymbolisches und abstraktes, symbolisches Denken) erweiternd, unterscheidet J. S. Bruner zwischen enaktiver Repräsentation, die Teil einer Handlung ist und weitere Handlungen steuert, ikonischer Repräsentation, die konkreter Beschreibung und Erfassung dient, und symbolischer Repräsentation, nämlich Zeichen zur Darstellung abstrakter Beziehungen. Gestaltpsychologen (W. ↗Köhler, H. Werner) berücksichtigen bes. die denkpsychol. Implikationen der Fusion zwischen Symbol und Symbolisiertem in konkreten Repräsentationen und betrachten selbst abstrakte Symbole als Ausdrucksträger. Abstraktionsniveau des Designatums (Kahns Symboltest) oder seiner Repräsentanz (R. Brown) werden zur Klassifikation von Denkprozessen verwendet. Vgl. auch ↗Sprache, ↗Grammatik, ↗Semantik.

SYNTHESE. Das Einverständnis in bezug auf den Zeichenbegriff und das definitorische Chaos im Gebrauch des Symbolbegriffs scheinen u. a. dadurch verursacht, daß Symbole als Träger konnotativer Bedeutung gelten, wodurch einerseits ein bestimmtes Symbol Verschiedenes symbolisiert, andererseits ein bestimmtes Designatum verschieden symbolisiert werden kann. Die hierdurch bedingte Vielzahl der Symbolisationsformen ermöglichte es den Forschern, nur jene Symbolarten zu berücksichtigen, die ihrem Anliegen entsprechen. Zwecks einheitlicherer Klassifikation verschiedener Symbolformen und Studium ihrer Beziehungen zueinander wurden aufgrund von Symbolisationsexperimenten die jeweils angewandten Symbolisationsmittel analysiert und ergaben 10 Symbolkategorien (Kreitler, 1965). Dem Zeichen am ähnlichsten sind Symbolisationen, deren Bedeutung durch lexikalische Erklärungen gegeben ist (Kategorie 1), etwa Osgoods assign, Piagets soziales Symbol, Goldsteins und Bruners abstrakte Symbole usw. Vorwiegend isomorphe Symbolisationen, z. B. durch Darstellung des Referendums vermittels eines Einzelfalls oder Details, einer Situation, einer szenischen Aktion oder realen Folgen (Kategorien 2, 3, 4 u. 6) entsprechen Bruners enaktiven und ikonischen, Piagets privaten und von Domarus'

Pars-pro-toto-Symbole. Symbolisierung vermittels der vom Referendum ausgelösten Empfindungen (Kategorie 7) entspricht gestaltpsychol. Symbolkriterien. Die von Freud als Symbol aufgefaßten hysterischen Symptome sind Symbolisationen vermittels körperlichen Ausdrucks (Kategorie 5), während seine Traumsymbole isomorphe Allegorien (Kategorie 9) sind. Jungs archetypische Symbole sind zum Teil verbale oder bildliche Deutungen (Kategorie 8) individueller oder kollektiver Verhaltensweisen, zum Teil Zusammenfassung eines Widerspruchs und seiner Lösung in eine gute Gestalt (Kategorie 10) als Repräsentation immanenter Dynamik.

Lit.: Jacobi, J.: Komplex, Archetypus, Symbol in der Psychologie C. G. Jungs. Zürich–Stuttgart, 1957; **Kreitler, S.:** Symbolschöpfung und Symbolerfassung. München–Basel, 1965; **Piaget, J.:** La formation du symbole chez l'enfant. Neuchâtel, [2]1959; **Phillips, J. H.:** Psychoanalyse und Symbolik. Bern – Stuttgart, 1962; **Werner, H. & B. Kaplan:** Symbol formation. New York, 1963.

S. Kreitler und *H. Kreitler*

Symmetrie-Täuschung. Computergenerierte Zufallsmuster werden auch dann als symmetrische wahrgenommen, wenn Symmetrie lediglich nahe den Hauptachsen auftritt. Bei Umsprungfiguren dient meist die vertikale Achse als die Stelle, an der die Figur ihre Orientierung ändert. Bei spiegelbildlicher Betrachtung von manchen Gemälden kann sich der phänomenale Eindruck von z.B. Interaktionen zwischen den abgebildeten Personen, vorgestellten Bewegungen etc. ändern.

A. Cohen

Symmetrische Verteilung, ↗Häufigkeits- oder Wahrscheinlichkeitsverteilung, bei der gilt: $f(X-\overline{X}) = f(\overline{X}-X)$. Bei s. V. fallen arithmetisches Mittel $\overline{X}$ und ↗Median zusammen (Beispiel ↗Normalverteilung). Nichtsymmetrische V. nennt man ↗schiefe Verteilung.

A. Rausche

Sympathie bezeichnet in der deutschen psychologischen Literatur ein spontanes Gefühl der Zuneigung. In der englischsprachigen Psychologie meint S. das Mitfühlen bzw. Mitleiden.

E. Stephan

Sympathikolytisch, Synonym: *sympatholytisch,* Wirkungsart chem. Substanzen, die die Sympathikusaktivität hemmen oder blockieren.

Sympathikomimetisch, Wirkungsart chem. Substanzen, die den Sympathikus erregen.

Sympathikotonie, von Eppinger & Hess (1910) beschriebenes klinisches Syndrom: Eine durch einseitige Tonuserhöhung des Sympathikus bedingte Verschiebung des Gleichgewichtes des ↗autonomen Nervensystems zur sympathischen Seite mit erhöhter sympathischer Erregbarkeit, so daß normalerweise unterschwellige, sympathisch erregend wirkende Reize abnorm gesteigerte Reaktionen bewirken (vermehrte vasomotor. Erregbarkeit mit weiten Pupillen, ↗Tachykardie, verstärkte Schweißabsonderung), die mit psychischen Merkmalen korrelieren (nach Birkmeyer & Winkler: erhöhte psychische Erregbarkeit und Affektlabilität, Konzentrations- und ↗Schlafstörungen, Neigung zu Angstzuständen). Ggs. ↗Vagotonie.

Lit.: Eppinger, H. & L. Hess: Die Vagotonie. Berlin, 1910.

F.-C. Schubert

Sympathikus ↗autonomes Nervensystem.

Sympathisches Nervensystem ↗autonomes Nervensystem.

Symptom im psychol. Sinn ist ein Verhalten, ein Gedanke oder ein Erlebnis, das mehr oder anderes als nur sich selbst anzeigt. In der Regel werden durch S.e unbewußte, aber nicht völlig verdrängte (↗Verdrängung) Wünsche und Motive angezeigt (Freud, 1916/17). So können etwa plötzliche Angstzustände andeuten, daß der Betreffende sich in erhöhter Versuchungssituation in bezug auf ein verbotenes Motiv befindet oder daß er in der üblichen Vermeidung solcher Situationen oder in den zusätzlich notwendigen inneren Abwehrhandlungen bei solchen Situationen behindert wurde. Ein Waschzwang kann aggressive und Beschmutzungsimpulse, ↗Stottern einen Machtkonflikt mit primären Bezugspersonen, eine hysterische Lähmung den (verbotenen) Wunsch, eine bestimmte Person zu berühren, anzeigen.

Symptomhandlungen sind Handlungen, die mehr und anderes als nur das bewußte und beabsichtigte Handlungsziel andeuten. Unbewußte Motive und Impulse haben an ihrem Entstehen mitgewirkt. Auch ↗Fehlleistungen sind in diesem Sinne S.handlungen. ↗Syndrom.

Lit.: Fenichel, O.: Psychoanalytische Neurosenlehre. 3 Bde. Freiburg i. Br., 1974–77; **Freud, S.:** Vorlesungen zur Einführung in die Psychoanalyse (1916/17). Ges. Werke, Bd. 11. London, 1940.

W. Toman

Symptomhandlung ↗Symptom, ↗Fehlleistungen.

Synapse, an mehreren Stellen des Nervenzellkörpers (Neuron) und an den Dendriten endigenden Nervenfasern (Axon) von anderen Nervenzellen oder ↗Rezeptoren. Sie übertragen die in ihnen geleitete Erregung über S.; ebenso ist die Verbindung zwischen Nerv und Muskel durch eine Art S. (motorische Endplatte) gegeben. Ein Neuron kann grundsätzlich von mehreren bis zu einigen hundert S.n angesteuert werden. Strukturell unterscheidet man bei dieser Übertragungsstelle zwischen der in einer Verbreiterung am Zellkörper endigenden *präsynaptischen Faser,* der *subsynaptischen Membran* (Membranteil der Zelle) und dem zwischen beiden befindlichen *schmalen Spaltraum* (Breite 200 bis 300 Å). ↗Nervensystem.

Lit.: Eccles, J. C.: The mechanism of synaptic transmission. Ergebnisse der Physiologie, 1961, *51,* 300–429.

M. Spreng

Synästhesie. Bei manchen Menschen (Synästhetiker) werden andere sensorische Systeme als die gerade stimulierten an der Wahrnehmung eines Reizes beteiligt. So können musikalische Klänge Anlaß sein zur Wahrnehmung von Farben oder Gerüchen.

Argelander, A.: Das Farbenhören und der synästhetische Faktor der Wahrnehmung. Jena, 1927; **Bleuler, E. & K. Lehmann:** Zwangsmäßige Lichtempfindungen durch Schall. Leipzig, 1881; **Mayer-Gross, W.:** Über Synästhesien im Meskalinrausch. Farbe-Ton-Fschg., 1931, *3.* *C. D. Frith*

Synchronizität. C. G. ↗Jung führte den Begriff der S. ein, um die Korrelation zwischen äußeren und inneren Tatsachen zu bezeichnen, welche nicht vom kausalen Gesichtspunkt her erklärt werden können. Nach Jung hat diese Korrelation ihre Grundlage in den ↗Archetypen. Wie man bemerken kann, gibt es immer wieder Koinzidenzen zwischen Faktoren des individuellen Lebens und mythologischen Mustern, wo man auf den ersten Blick auf das Bestehen einer Kausalität schließen könnte. Es handelt sich jedoch nicht um strenge Kausalität, sondern um eine spezielle Abart, die synchronisch auftritt. Jung und seine Schüler, vor allem E. Neumann, gaben der Theorie eine zeitliche Dimension mit evolutiven Aspekten.

J. López Ibor

Syndrom, Zusammentreffen einer Anzahl abnormer Zeichen und/oder ↗Symptome. S.e werden entweder mit Namen deskriptiver Natur oder mit dem Namen des/der Wissenschaftler belegt, die das S. aufgestellt haben.

J. Price

Synopsie, Unterart der ↗*Synästhesie,* bei der der Gesichtssinn durch nicht-visuelle Reize oder ↗Vorstellungen beeinflußt wird.

Lit.: Werner, H.: Intermodale Qualitäten (Synästhesien). In: **W. Metzger** (Hrsg.): Hdb. der Psychol. Bd. 1, 1. Halb-Bd. Göttingen ²1974.

F. Mattejat

Syntax ↗Semiotik.

Syntonie *(Syntoner),* von Bleuler (1922) an die Stelle von Zyklothymie gesetzte Bezeichnung, die meint, daß „die Affektivität ... nach außen mitklingt mit der der umgebenden Menschen und den Verhältnissen der Außenwelt entspricht; die aktuellen ↗Gefühle alle innerlich zusammenklingen und wie die ↗Strebungen einheitlich sind".

Lit.: Bleuler, E.: Die Probleme der Schizoidie und Syntonie. Zschr. ges. Neur. Psychiatr., 1922 *78*, 373ff; **Kretschmer, E. & W.:** Medizinische Psychologie. Stuttgart, [14]1975.

W. Kretschmer

System (offenes/geschlossenes) ist durch den Zusammenhang aller eingegangenen Teile, Elemente, Komponenten, Variablen etc. gekennzeichnet, die in wechselseitigem Beeinflussungszusammenhang stehen. Im Extremfall kann der Einfluß eines Teils gegen Null streben (einseitige Abhängigkeit). Von S.n spricht man in den verschiedensten Zusammenhängen: logische S.e, Ordnungssysteme (Linné), technische, biologische, soziale, astronomische. In den Sozialwissenschaften wird S. oft synonym mit in Funktion befindlicher Struktur gleichgesetzt.

Begriffe wie Gestalt, Feld, Bezugssystem sind Systembegriffe, wobei insbes. bei K. Lewin das Feld ein *geschlossenes* S. ist, in dem aufgrund des aktuellen Zustandes der zukünftige Zustand eindeutig vorhergesagt wird. Die Vorhersage führt aber oft zu Schwierigkeiten, weil S.e Energie speichern können, wodurch negative Entropie und damit Mehrdeutigkeit der zukünftigen Ereignisse entsteht. Darum wird neuerdings sowohl in den Sozialwissenschaften als auch in der Automatentheorie (Kybernetik) das von dem Biologen von Bertalanffy 1950 entwickelte theoret. *offene* S. benutzt, das Energie speichert. Es besteht also darum weder nach innen, noch nach außen zur Umwelt ein völlig vorhersagbarer Zusammenhang. Offene S.e haben folgende Charakteristika:
– sie nehmen Energie aus der Umwelt auf
– haben Durchgangsprozesse (through put), durch die die aufgenommene Energie umgewandelt wird.
– exportieren ein „Produkt" in ihre Umwelt, das seinerseits für andere S.e (brauchbarer) Input oder (nicht brauchbar) Abfall ist.
– bestehen aus zyklischen Ereignissen. Der Systemoutput schafft die Voraussetzungen für die Aufnahme neuen Inputs (Wiederholung der Zyklen). In sozialen S.en ist darum das S., durch die zusammenhängenden Ereignisse, als Aktivitätszyklen bestimmt, die in sich zurücklaufen.
– zeigen negative Entropie. Sie nehmen mehr Energie auf als sie abgeben.
– neben dem energetischen Input besteht ein Informations-Input, der systemkonform ist und einen spez. Codierungsprozeß hat, wodurch Orientierung in die interne Funktionsweise und in die Beziehung zur Außenwelt kommt.
– sind durch stete (quasi stationäre) Zustände gekennzeichnet, die dynamischen homöostatischen Charakter haben. Dies sind labile Gleichgewichte und zwar der Subsysteme des S. im Verhältnis zum S. und zur Systemumwelt.

Durch proportionale Veränderung der Kräfte wird das Gleichgewicht bis zu einer bestimmten Grenze aufrechterhalten, um dann über eine dynamische Phase zu einem anderen Gleichgewicht zu gelangen.
– tendieren auf Differenzierung und progressive Mechanisierung. Dynamische Regulation geht in mechanische (starre) Regulation über bei Verlust an Anpassung an sich verändernde Umwelten.
– zeigen gleichzeitig Integration, d. h. Zusammenfassung von Einzelfunktionen und Koordination von Funktionen insbes. durch Kontrollmechanismen, welche die Koordination garantieren.
– zeigen Äquifinalität. Von einem Ausgangszustand kann über verschiedene Wege derselbe Endzustand erreicht werden und gleiche Ausgangszustände führen nicht notwendigerweise zu demselben Endzustand.

Diese Prinzipien lassen sich nach der Automatentheorie in Automaten einbauen. In der psychologischen Signalerkennungstheorie wird vom o. S. breiter Gebrauch gemacht. Sie bildet die Grundlage für eine Handlungstheorie. Die operationale Kette: Wahrnehmung-Wahrnehmungsverarbeitung – zentrale Verarbeitung, Speicherung in Kurz- und Langzeitspeichern (Gedächtnis und Lernen) mit codierter Information und Übersetzung in

Handlungsmuster (nach W. Hacker auch operative abbildende S.e [OAS] genannt), die in der zeitlich und räumlich geordneten (motorischen) Handlung als Output in die Umwelt abgegeben werden.

Lit.: Hacker, W.: Allgemeine Arbeits- und Ingenieurpsychologie. Bern – Stuttgart, ²1977; **Katz, D. & R. L. Kahn:** The Socialpsychology of Organizations. Chichester, ²1978; **Welford, A. T.:** Fertigkeiten und Leistung. Bern –Stuttgart, 1980.

W. Lohr.

System, soziales, durch die Art und Form der wechselseitigen Beziehungen (Interaktionen) der Mitglieder einer ↗Gruppe oder größerer Gemeinschaften bestimmtes System des Handelns, in dessen Kontext sich die einzelnen Gruppenmitglieder als Handelnde an verbindlichen Normen bzw. an diese geknüpften Erwartungen orientieren. Bes. bei Parsons und Shils (1951) tritt dieser Begriff auf und umgreift dort Interaktion, die Orientierung am anderen mit seinen Zielen und Normen sowie den Konsens hinsichtlich der Normen und Erwartungen zwischen dem oder den Handelnden und den anderen. ↗Normen und Normerwartungen definieren die ↗*Rollen* der Handelnden, so daß sich das s. S. als *Rollengefüge* darstellen läßt. ↗Gruppendynamik.

Lit.: Parsons, T. & E. A Shils: Toward a general theory of action. Cambridge (Mass.), 1951.

W. D. Fröhlich

Systematische Fehler ↗Bias.

Systole – Diastole. *Systole:* Zusammenziehung eines muskulären Hohlorgans, insbes. des Herzens. Teil der Herzrevolution; mit der Diastole rhythmisch abwechselnde Kontraktion des Herzmuskels, Austreiben des Blutes.

Diastole: mit der Systole abwechselnde Erweiterung des Herzmuskels, Phase der Blutauffüllung.

H. Wagenknecht

Szeno-Test ↗Sceno-Test.

Szondi-Test ↗Experimentelle Triebdiagnostik.

T

Tabelle, arithmetische Darstellung von stat. Maßen. Waagerechte Anordnungen heißen Zeilen, senkrechte Spalten. Gliederungsangaben stehen in Fächern oder Feldern. In T.n können Zeit- und Frequenzreihen dargestellt werden. Den Flächenbereich, der bestimmten Reihen und Spalten gemeinsam ist, bezeichnet man als Zelle. Mit einer Legende und der Überschrift soll eine T. ohne Rückgriff auf den Text lesbar sein. *D. W. Eggert*

Tabes dorsalis, *Rückenmarksschwindsucht,* ist das 3. Stadium der Syphiliserkrankung, 5–15 Jahre nach der Erstinfektion mit Spirochaeta pallida auftretend und durch Degeneration der Rückenmarkshinterstränge gekennzeichnet. Charakteristische Symptome sind: Pupillenstörungen, Störungen der Sensibilität, wie lanzinierende Schmerzen, regionale ↗Analgesien, umschriebene Hitzegefühle, Gangstörungen (↗Ataxie) durch fehlende Rückmeldung über Stellung der Glieder und Berührung der Fußsohlen mit dem Boden, Fehlen der Sehnenreflexe und Veränderungen der ↗Persönlichkeit. Der Krankheitsverlauf ist schleichend und führt nach Jahren zu Taboparalyse mit Dementia paralytica. *E. David*

Tabu, ursprünglich die Bezeichnung für ein bei sog. Primitiven übliches feierliches Verbot, bestimmte Handlungen zu begehen (z. B. bestimmte Gegenstände oder Personen anzublicken, zu berühren usw.). Dabei besteht der magisch-religiöse Glaube, eine Übertretung des T.s bringe der Gemeinschaft Schaden; Strafe bei Übertretung eines T.s ist häufig der gewaltsame Ausschluß aus der (Stammes-) Gruppe oder Tod.

Sozialpsychologisch wird der Begriff T. auf gewisse, meist inoffizielle, aber in einer ↗Gruppe oder ↗Gesellschaft höchst wirksame ↗Normen angewendet, vor allem auf soziale Verbote mit irrationaler Grundlage und Strafandrohung bei Übertretung. Dabei ergeben sich vielfach Ähnlichkeiten von Gegenständen, die in einer modernen Gesellschaft „tabu" sind, mit entsprechenden Bereichen in primitiven Gesellschaften (z. B. Tabuisierung bestimmter vegetativer Funktionen, etwa bei Eß-, Trink-, Ausscheidungsvorschriften, sexuellen T.s; ferner Personen-T.s, Eigentum-T.s usw.).

Während S. ↗Freud das Auftreten von T.s durch einen Triebkonflikt mit folgender Abdrängung der attraktiven, aber verbotenen Handlungstendenzen ins sog. ↗Unbewußte erklärt und Parallelen zu neurotischen Nicht-Berührungs-Zwängen aufzeigt, sieht die ↗Sozialpsychologie T.s als Sonderfall von Gruppennormen, mit denen eine Gemeinschaft das Verhalten von Individuen zuweilen sehr wirkungsvoll steuern kann (z. B. Stärkung der Effektivität einer religiösen oder militärischen Gruppe durch bestimmte Sexual-T.s. ↗Inzest.

Lit.: Freud, S.: Totem und Tabu (1913). Ges. Werke, Bd. 9. London, 1940; **Hofstätter, P. R.:** Einführung in die Sozialpsychologie. Stuttgart, [5]1973. *H. D. Schmidt*

Tachistoskop, ein Gerät, um visuelle Reize für eine genau bestimmte und sehr kurze Zeitspanne zu zeigen. Es wurden verschiedene Geräte entwickelt, die meisten arbeiten mit einem Verschluß wie dem einer Kamera oder auf dem Prinzip trennscharfer Beleuchtung. Das Gerät findet im Bereich der Wahrnehmungsforschung breite Anwendung, am bekanntesten wurde es durch die Arbeiten zur Mustererkennung und zum Einfluß der ↗Motivation auf die Wahrnehmung, z. B. ↗Wahrnehmungsabwehr. – *Projektionstachistoskop,* ein Diaprojektor mit Verschluß zur kurzfristigen Darbietung von Bildern auf einem Schirm und auch zur Zeitbestimmung des Intervalls zwischen zwei Bildern. Vgl. auch ↗Rotationstachistoskop.

Lit.: Pauli, R. & W. Arnold: Psychol. Praktikum, Bd. 1. Stuttgart, [7]1972.

G. D. Wilson

Tachykardie, Steigerung der Herzfrequenz über 100 Schläge pro min. ist normal bei körperlicher Anstrengung und im Kindesalter. T. besitzt Krankheitswert bei anfallsweisem Auftreten (paroxysmale T.), bei akutem oder chronischem Auftreten durch psychische Erregung, Herzschwäche, Endocarditis und Myocarditis, bei Intoxikation durch ↗Hormone, Medikamente und Genußmittel oder bei langdauernden Infektionen. Der Übergang zu Kammerflattern und dem tödlichen Kammerflimmern ist fließend. *E. David*

Tachylalie, schnelles, überstürztes Sprechtempo. Vorkommen beim ↗Poltern, bei ↗Dyslogien, ↗Dysarthrien, neurologischen Erkrankungen. *Ch. v. Deuster*

Tachyphemie. Von den meisten Autoren synonym für ↗Poltern gebraucht. Seeman versteht unter T. ein Zeichen der Sprechbeschleunigung bei extrapyramidalen Erkrankungen. *Ch. v. Deuster*

Tagblindheit ↗Nyktalopie.

Tagesreste wirken nach Freud (1900) zusammen mit frühen und unbewußten Wünschen eines Menschen am Zustandekommen eines ↗Traumes mit. Sie sind Erinnerungen an Ereignisse des vergangenen Tages, in denen ähnliche Wünsche wie die frühen unbewußten Wünsche aktiviert wurden und in der Regel nicht befriedigt werden konnten. Die Situation des vergangenen Tages, aus dem der T. stammt, wurde vom Träumer schon im wachen Zustand in Analogie zu frühen Versuchs- und Versagungssituationen aufgefaßt. Die neuerliche, obschon oft belanglose ↗Frustration des vergangenen Tages aktiviert im Traum primitivere Formen solcher Wünsche und Frustrationen, die dann durch die sekundäre Traumarbeit in den manifesten Trauminhalt umgestaltet werden (↗Traum).

Lit.: Freud, S.: Traumdeutung (1900). Ges. Werke, Bd. 2/3, London, 1948.

W. Toman

Tagesschwankungen, *periodischer Tagesverlauf.* Im Rahmen der ↗Arbeitspsychologie versteht man darunter von der Tageszeit abhängige Veränderungen physiologischer Funktionen, bes. von Körpertemperatur, Blutdruck, Atemfrequenz und ↗Hautwiderstand, verbunden mit Zu- und Abnahme der physiol. und psychol. Leistungsbereitschaft. Untersuchungen zeigen, daß allgemein innerhalb des 24-Stunden-Rhythmus jeweils ein Leistungsminimum gegen 3 und 15 Uhr und ein Leistungsmaximum gegen 9 und 18 Uhr angenommen werden kann. Tageszeitliche Änderungen physiologischer Funktionen sind durch sog. „Zeitgeber" bedingt, wobei bes. metereologische Einflüsse (Tag–Nacht), aber auch soziologische und ökologische Einflüsse und auch das Zeitbewußtsein als Zeitgeber wirksam sind. ↗Rhythmus.

Lit.: Ulich, E.: Periodische Einflüsse auf die Arbeit. In: **A. Mayer & E. Herwig** (Hrsg.): Hdb. der Psychol., Bd 9. Göttingen, [2]1970, 278–288.

W. Laukhuff

Tagtraum ↗Wachtraum.

Talbot-Plateau-Gesetz. Wenn das Auge durch intermittierendes Licht in einer Frequenz, die über der Flimmerverschmelzungsfrequenz liegt, gereizt wird, ist die Helligkeit, die durch das intermittierende Licht erzeugt wird, gleich der, die man erzielen würde, wenn der gesamte Lichtstrom gleichförmig über die ganze Dauer der Unterbrechung hin ausgestrahlt würde. Mit anderen Worten: ein Licht von der Intensität *a,* wirksam für die Zeit *t,* erzielt die gleiche Wirkung wie ein Licht von der Intensität *a/n,* wirksam für die Zeit *nt.* Falls die intermittierenden Lichter farbig sind, d. h. von verschiedener Wellenlänge, ist der sich daraus ergebende Farbenton so, wie man ihn aus einer summativen ↗Farbenmischung erwarten muß, und seine ↗Helligkeit ergibt sich aus dem Talbotschen Gesetz. *G. Kanizsa*

Talent, hohe Begabung, hervorragende Fähigkeit. ↗Hochbegabtenforschung. *K. Pawlik*

Talisman, Gegenstand, der seinem Besitzer oder Träger Glück bringen oder Schutz gewähren soll. ↗Fetischismus. *J. Lindner*

Tangorezeptoren, Rezeptoren für ↗Berührungsempfindung. ↗Drucksinn; ↗Sinnesorgane: Hautsinne.

Tanzsprache. Auf der Grundlage der Theorien und Experimente von Frisch und Lindauer (z.B. mit einem gläsernen Bienenkorb und farbig markierten Bienen) hat man festgestellt, daß Bienen einander Informationen – z.B. bezüglich Entfernung, Richtung, Art des Futters, für den Flug erforderliche Energie – mittels sorgfältig beschriebener Figuren oder „Tänzen" übermitteln, die manchmal in der Dunkelheit im Bienenstock weitergehen. Manche Forscher haben angeborene und/oder erworbene Eigenschaften als für dieses Kommunikationssystem verantwortlich angenommen. Man hat festgestellt, daß das Tempo von Rasse zu Rasse sich unterscheidet; einem Forscher (Steche) ist es gelungen, Bienen künstlich zu instruieren. Lindauer zeigte, daß Bienen die Entscheidung, wohin sie fliegen, um ein neues Nest zu finden, durch einen „Debattier"-prozeß treffen in Form von wiederholten Inspektionen verschiedener Plätze und getanzten Berichten, bis Einstimmigkeit erzielt ist.

Lit.: Frisch, K. v.: Der Farbensinn und Formensinn der Biene. Zool. Jahrb. Allg. Zool. Physiol., 1914, *35*, 1–188; **ders.:** Aus dem Leben der Bienen. Heidelberg, [5]1953; **Lindauer, M.:** Communication among social bees. Cambridge (Mass.), [2]1971.

J. Cumming

TAOT. Der verkehrsfreie tachistoskopische Auffassungsversuch TAOT gehört neben dem ↗TAVT zur „Kölner optische Orientierungsserie", einer Testbatterie für Verkehrstauglichkeit, ist aber unabhängig von Verkehrserfahrung. Er stellt auf 16 Dias Objekte aus dem Alltagsleben dar (Darbietungszeit: 1/10 Sek.). Der Pb kann zwischen 3 vorgegebenen Antworten wählen. Gemessen werden Schnelligkeit der opt. Gestalterfassung und Reproduzierbarkeit von anschaulichen Gedächtnisinhalten. Reliabilität (split-half): .72.

Lit.: Schubert, G., Müller, A. & E. Senf: Testserie zur Untersuchung der optischen Orientierung bei Kraftfahrertauglichkeitsuntersuchungen. Psychol. Praxis 1962, *6*, 147–153.

H. Buchta

Tapping, ein aus der angelsächsischen Psychol. übernommener Begriff zur Bezeichnung eines expt. bzw. testpsychol. Verfahrens, in dem der Pb die Aufgabe hat, so schnell wie möglich oder in einem ihm angenehmen Tempo mit den Fingern und Händen einfache Klopfbewegungen auszuführen oder Tasten niederzudrükken. Als psychomotorischer Test ist das T. in verschiedenen Variationen eingeführt, so u. a. als *einfaches Tapping* (Klopfen mit dem bloßen Finger, einem Stift auf eine Papierunterlage usw.) und als *Zieltapping,* auch unter dem Namen *Zielpunktieren* und *Dotting* bekannt, wobei der Pb bestimmte Zielpunkte (Kreise, Figurteile u. a.) unter vorgegebenem oder beliebigem Arbeitstempo zu treffen hat. Gewöhnlich wird der *T.-Test* zur Feststellung des „persönlichen Tempos", also der individuell bevorzugten Arbeitsgeschwindigkeit, und zur Prüfung der feinmot. Präzision durchgeführt.

Lit.: Pauli, R. & W. Arnold: Psychol. Praktikum. Stuttgart, [7]1972; **Whipple, G. M.:** Manual of mental and physical tests. New York, 1973.

A. Thomas

TAQ *(Test Anxiety Questionnaire),* **TASC** *(Test Anxiety Scale for Children).* Von S. B. Sarason et al. entwickelte ↗Fragebogen zur Erfassung des Ausmaßes von Angstreaktionen, wie sie in Prüfungs- und intellektuellen Lebenssituationen auftreten. Beim TAQ (1952) verzeichnet die Testperson ihre frühere subjektive Erfahrung in Leistungssituationen je auf einer 15 cm langen Skala. Der TAQ umfaßt 42 Angstitems und 25 sog. Pufferitems. Der Test wurde nie vollständig ausgearbeitet. Der TASC (1958) besteht aus 30 Items mit Ja-Nein-Beantwortungsmodus, die vor allem nach affektiven, physiol. und motorischen Manifestationen der Angst fragen. Nickel und Schlüter übersetzten und analysierten die TASC an Hamburger Schülerstichproben. Reliabilität: KR8 .94, split-half .86, Retest (1 Monat) .55–.91. Gärtner verwendete für ihre Schulangstfragebogen FS 5–10, 11–13 den größten Teil der TASC-Items.

Lit.: Wieczerkowski, W. et al.: Angstfragebogen für Schüler AFS. Braunschweig, 1974.

R. Krebs

Tarchanow-Effekt, biphasische Verschiebung des elektrischen Hauptpotentials um ungefähr 5 mV. Wie der ↗Feré-Effekt ist T. Bestandteil des ↗Orientierungsreflexes. *H. Sorgatz*

Tastsinn *(Haptik)*, ↗Berührungsempfindung; ↗Sinnesorgane: Hautsinne.

TAT, Abk. für *Thematic Apperception Test*, ein von Morgan und Murray entwickeltes und 1935 veröffentlichtes Verfahren der ↗Psychodiagnostik, dem die Hypothese zugrunde liegt, daß ein Pb in Phantasiegeschichten zu mehrdeutigem Bildmaterial persönlichkeitsrelevante ↗Motive, ↗Bedürfnisse, ↗Einstellungen, ↗Konflikte usw. äußert. Verfahren dieser Art werden als „thematische Apperzeptionstechniken" (Kornadt, 1966) bezeichnet. Das Testmaterial der 1943 von Murray herausgegebenen und weitverbreiteten Revision des TAT (Murray, 1943) besteht aus einem Manual (Testbeschreibung, -anwendung und -auswertung) und 30 Bildtafeln mit schemenhafter Schwarzweißdarstellung meist sozialer menschlicher Situationen sowie einer Leertafel. Die Tafeln sind nach einer nicht genau definierten klinischen Ergiebigkeit ausgewählt, und ein Teil ist für bestimmte Bezugsgruppen (männlich/weiblich – unter 14 Jahre/über 14 Jahre) vorgesehen und entsprechend gekennzeichnet. Eine Anwendung des TAT wird bei Pbn von ca. 8 Jahren an für möglich gehalten (Revers & Taeuber, 1968). In zwei Sitzungen werden dem Pbn je 10 Bildtafeln in festgelegter Reihenfolge mit der Aufforderung, zu jedem Bild eine spannende Geschichte zu erzählen, vorgelegt; zwischen beiden Sitzungen soll ein Zeitraum von mindestens 24 Stunden liegen. Aus zeitökonomischen Gründen wird in der Praxis oft nur eine begrenzte Tafelauswahl verwendet (Bell, 1948 u. a.). Zur *Auswertung* von TAT-Geschichten sind sehr unterschiedliche Techniken entwickelt worden, die man unter drei Gruppen zusammenfassen kann: 1. *inhaltliche Auswertung*, 2. *formal-inhaltliche Auszählmethoden*, 3. *rein formale Auszählmethoden*. Verfahren der ersten Kategorie werden in der Praxis meist gewählt, während Methoden der zweiten und dritten Art vor allem forschungsrelevant geworden sind.

Zu 1.: Murray selbst hat eine inhaltliche Auswertungsmethode vorgeschlagen, die auf ein von ihm konzipiertes allgemeines Persönlichkeitsmodell zurückgeht (Murray 1938) und als „need-press-analysis" bekannt geworden ist: Die ↗Bedürfnisse, Gefühle, Wünsche usw. *(„needs")* der Hauptfigur jeder Geschichte und die Umwelteinflüsse *(„press")*, denen diese ausgesetzt ist, werden mit zahlenmäßiger Gewichtung registriert; die Summe dieser Gewichtungen über den Gesamttest ergibt dann für jede Variable einen Zahlenwert, der Ausdruck ihrer Ausprägung ist. Andere Auswertungstechniken inhaltlicher Art wurden u. a. von Tomkins (1947), Stein (1955) und Rapaport (1943) vorgeschlagen. Dem Bedürfnis nach einer zeitlich weniger aufwendigen Interpretation kam Bellak mit seiner „inspection-technique" (Bellak, 1954) und dem Entwurf eines Auswertungsformulars (Bellak, 1947) entgegen. Ein Vorschlag zur Kurzauswertung stammt von Revers (Revers, 1958, und zusammen mit Taeuber, ²1968).

Zu 2.: Vorschläge zur formal-inhaltlichen Auszählmethode wurden u. a. von Dana (1959) und McClelland et al. (1953) gemacht. Die Technik der Motivmessung – vor allem in Bereich der Leistungsmotivation –, von McClelland et al. entwickelt, wurde im deutschsprachigen Raum u. a. von Heckhausen (1963), Sader & Keil (1968) und Vontobel (1970) aufgenommen und weitergeführt.

Zu 3.: Die rein formalen Auszählmethoden schließen inhaltliche Gesichtspunkte bei der Geschichtenauswertung aus und beziehen sich nur auf strukturelle Merkmale. Einer der extremsten Vorschläge in dieser Richtung kommt von Balken & Masserman (1940).

Die Entwicklung von *Normen* wurde in bezug auf den TAT lange Zeit vernachlässigt (Kornadt, 1966), obwohl schon Murray (1943) Normen zu seiner „need-press"-Analyse mitteilt; andere Normierungsversuche richteten sich auf die Formulierung von „common-stories", häufigen Geschichten, zu bestimmten Tafeln (Stein, 1948 u. a.) und die Feststellung von Klischeegeschichten und Abweichungen von diesen (Rapaport, 1943).

Die Ergebnisse von Untersuchungen zur *Reliabilitätsbestimmung* und *Validierung* von TAT-Befunden sind uneinheitlich (Kornadt, 1966) und so stark beeinflußt von der jeweils untersuchten Fragestellung bzw. Bildauswahl, daß allg. Aussagen zu diesem Punkt nicht möglich sind.

Lit.: Balken, E. R. & J. H. Masserman: The language of phantasy. J. Psychol., 1940, *10*, 75–86; **Bell, J. E.:** Projective techniques. New York, 1948, 207–238; **Bellak, L.:** Thematic apperception test blank. Psychological Corporation, New York, 1947; **ders.:** The thematic apperception test and the children's apperception test in clinical use. New York, 1954; **Dana, R. H.:** Proposal for objective scoring of the TAT. Perceptual and Motor Skills, 1959, *9*, 27–43; **Heckhausen, H.:** Hoffnung und Furcht in der Leistungsmotivation. Meisenheim, 1963; **Kornadt, H. J.:** Thematische Apperzeptionsverfahren. In: **R. Heiß** (Hrsg.): Hdb. der Psychol., Bd. 6. Göttingen, [2]1966; **McClelland et al.:** The achievement motive. New York, 1953; **Morgan, C. D. & H. A. Murray:** Method of investigating fantasies: the Thematic Apperception Test. Arch. Neurol. Psychiatr., 1935, *34*, 289–306; **Murray, H. A.:** Explorations in Personality. New York, 1938; **ders.:** Thematic Apperception Test Manual. Cambridge, 1943; **Rapaport, D.:** The clinical application of the Thematic Apperception Test. Bull. Menninger Clin., 1943, *7*, 106–113; **Revers, W. J. & K. Taeuber:** Der Thematische Apperzeptionstest. Bern, [2]1968; **Sader, M. & W. Keil:** Faktorenanalytische Untersuchungen zur Projektion der Leistungsmotivation. Arch. Ges. Psychol., 1968, *120*, 25–53; **Stein, M. I.:** The Thematic Apperception Test. Cambridge, 1948; **Tomkins, S. S.:** The Thematic Apperception Test. New York, 1947; **Vontobel, J.:** Leistungsbedürfnis und soziale Umwelt. Bern – Stuttgart – Wien, 1970.

F. J. Blumenberg

Taubheit, hochgradiger oder vollständiger Verlust des Hörvermögens infolge (rezessiver) Vererbung, perinataler Schädigung, Krankheit oder Verletzung, manchmal auch hysterisch bedingt. Defekt im Schalleitungsapparat (Außen-, Mittel-, Innenohr) und/oder im neuralen Bereich (Nervenfasern, Ganglienzellen im ↗Cortischen Organ und/oder kortikalen Hörzentrum) anzutreffen (↗Sinnesorgane: das Ohr). T. wirkt sich allgemein auch mittelbar in Veränderungen der Persönlichkeit aus (häufig Ausbildung paranoider Persönlichkeitszüge). *F.-C. Schubert*

Taubstummenblindheit, Blindheit und ↗Taubheit in Verbindung mit Stummheit oder hochgradiger Sprachminderleistung. Die Mehrfachdefekte sind meist durch Krankheit (Gehirninfektion) erworben, in den seltensten Fällen in ihrer Gesamtheit angeboren. Stummheit häufig als Folge der Taubheit (↗Taubstummheit). Hohe Sterblichkeitsquote infolge der starken Hirnschädigung und der erhöhten Unfallgefahr aufgrund des Verlustes der beiden Fernsinne. *F.-C. Schubert*

Taubstummenpädagogik. Taube Kinder verstummen nach der Lallphase. Die fehlende sprachliche ↗Kommunikation beeinträchtigt die allg. psychische, bes. die intellektuelle ↗Entwicklung. Eine möglichst frühzeitig einsetzende Sonderbehandlung muß versuchen, eine nicht akustische ↗Sprache bzw. ein Ersatzzeichensystem aufzubauen. Bilder, Schrift, Handzeichen und Ablesen vom Mund sollen die fehlende Lautsprache kompensieren. Überdies ist es technisch möglich, die gesprochene Sprache in ihre Schwingungen zu zerlegen und diese als Vibrationen auf die Haut zu übertragen oder in optische Zeichen umzusetzen (↗Taubstummensprache). So gelingt es, Sprache auch über nicht akustische Sinneskanäle wahrzunehmen.

Lit.: ↗Taubstummensprache. *G. Bachmair*

Taubstummensprache. Der Gehörlose (↗Taubheit) kann auf natürlichem Wege die ↗Sprache nicht erlernen, wenn das Gehör vor dem Spracherwerb ausgefallen ist. Nach entsprechender Ausbildung klingt die Sprache noch undeutlich, wenn auch die erlernte Artikulation überbetont ist. Vor allem die Vokalbildung ist ohne Gehör kaum einwandfrei erlernbar, häufig ist die Sprechtonlage zu hoch, die Lautstärke der Sprache wechselnd oder zu laut. Insgesamt klingt die Sprache unmelodiös.

Lit.: Luchsinger, R. & G. E. Arnold: Handbuch der Stimm- und Sprachheilkunde, Bd. II. Wien–New York, 1970, 48–53.
H. Breuninger

Taubstummheit, *deaf-mutism*, primär von Geburt vorgegebene oder sekundär eingetretene Unfähigkeit zu sprechen infolge angeborener oder früh erworbener akustischer Taubheit (Gehörlosigkeit). Ursachen: Perinatale Hirnschädigung, Trauma, Noxen u.a. Trotz angeborener oder vor dem Spracherwerb eintretender Gehörlosigkeit ermöglichen sprachtherapeutische Hilfen (Gehörlosenschulung nach optischem und taktilem Prinzip mit Erlernen einer Symbolsprache) eine Sprachentwicklung. Andererseits kann Spätertaubung im Kindesalter bei fehlender Unterstützung zum Verlust der bereits erworbenen Sprache führen. „Taubstummheit" kann, muß aber nicht mit intellektueller Minderbegabung oder anderen cerebralen Störungen verbunden sein. In der Regel bleibt Funktionstüchtigkeit der einzelnen Sprachzentren im Gehirn des Individuums bestehen.

Lit.: Deaf-mutism and psychiatry. Acta psychiat. scand. Suppl. 210. Copenhagen, 1969.
G. Powell

Tau-Koeffizient ↗Kendalls τ.

Tau-Phänomen, Synonym für ↗Gelbsches Phänomen.

Täuschungen ↗Wahrnehmungstäuschungen; ↗Geometrisch-optische Täuschungen.

Täuschungsverhalten, auch *proteanisches Verhalten* genannt, lenkt den Feind von seiner Beute ab. Wird eine Eidechse ergriffen, wirft sie häufig ihren Schwanz ab, der sich dann heftig ringelt und so die Aufmerksamkeit auf sich lenkt, so daß das bedrohte Tier fliehen kann. Viele – meist bodenbrütende – Vögel stellen sich flügellahm, wenn sich ein Raubtier dem Nest nähert, und locken es so fort. Eine Reihe von „menschlich" anmutenden Täuschungsmanövern ist von höheren Säugern bekannt. Vgl. auch ↗Mimikry. *V. Preuss*

TAVT. Der verkehrsgebundene Tachistoskopische Auffassungs-Versuch – 1962 entwickelt und nach der Änderung der StVO revidiert – gehört zu den am häufigsten bei Fahreignungsuntersuchungen verwendeten Tests. Es handelt sich um einen in der Gruppe durchführbaren Wahrnehmungstest, der besonders gut im unteren für die Fahreignung relevanten Leistungsbereiche differenziert und nur wenig von Fahrerfahrung abhängig ist. Er stellt auf 20 Dias (+2 Übungsdias) Verkehrssituationen dar, bei denen der Pb zwischen jeweils 5 Wahlantworten wählen kann. Die Darbietungszeit der Dias beträgt 1 Sekunde. Eichung: N = 17 000 Pers.; Trennschärfewerte: r_{it} = .20 bis .60; hohe Objektivität; Reliabilitätskoeffizient: r_{tt} = .79; Validitätsstudien fehlen.

Lit.: Hampel, B.: Neugestaltung des verkehrsgebundenen Tachistoskopischen Auffassungs-Versuchs (TAVT). Med.-Psychol. Inst. des TÜV-Rheinland, Köln, 1976; **Schubert, G., Müller, A. & E. Senf:** Testserie zur Untersuchung der optischen Orientierung bei Kraftfahrtauglichkeitsuntersuchungen. Psychol. Praxis 1962, *6*, 147–153.
H. Buchta

Taxis (Plural: *Taxien*), Raumorientierungsreaktion frei beweglicher Lebewesen auf Außenreize. Einteilung der Unterformen:

1. Nach der Grundtendenz der Bewegung:
a) positive T. (Aufsuchen, Hinwenden);
b) negative T. (Meiden, Abwenden), Pathie.
2. Nach Art der richtenden Reizqualität:
a) Photo-T. – Lichteinstrahlung;
b) Chemo-T. – Konzentration diverser Stoffe;
c) Thermo-T. – Temperatur bzw. -gefälle;
d) Geo-T. – Schwerkraft;
e) Rheo-T. – Strömungsrichtung;
f) Thigmo-T. – taktiler Kontakt mit festen Körpern u. a. m.

3. Nach der Art der ausgelösten Bewegung bzw. der erstrebten Relation des Organismus zur Reizquelle:

a) Phobo-T. – Fluchtbewegung nach dem Prinzip von Versuch und Irrtum aufgrund eines zeitlichen Intensitätsunterschiedes. Erfolg ist der Aufenthalt in einer Zone optimaler Bedingungen (Praeferendum);

b) Topo-T. – im Reizfeld gerichtete Bewegung aufgrund eines räumlichen Intensitätsunterschiedes. Nach der erstrebten Endstellung des Körpers zur Reizquelle unterscheidet man Untergruppen, u. a. (1) Tropo-T. – Ziel ist ein Erregungsgleichgewicht zwischen zwei spiegelbildlich symmetrisch angeordneten ↗Rezeptoren (z. B. linkem und rechtem Auge), (2) Telo-T. – gradliniges Ansteuern eines fixierbaren Zieles, (3) Meno-T. – Ziel ist die Einhaltung eines bestimmten Winkels zwischen Körperachse und Richtung der Reizeinwirkung. Ist der richtende Reiz Licht bzw. Sonneneinstrahlung, spricht man auch von Lichtkompaßreaktion (z. B. bei Bienen), (4) Mnemo-T. – die Orientierungsbewegung richtet sich nach einer Mehrzahl von Reizquellen (z. B. Wegmarken), die sukzessiv angesteuert werden und deren räumliches und zeitliches Zueinander im Gedächtnis gespeichert wird. – Ob so komplexes Orientierungsverhalten noch als T. bezeichnet werden sollte, ist umstritten.

Während Taxien ursprünglich als reflexartige Bewegungsabläufe mit richtender Funktion angesehen wurden, trennt die neuere Verhaltensforschung die richtende Komponente, T. im engeren Sinn, von der zentralnervös gesteuerten automatisierten Bewegung. Erst die Kombination beider (sukzessiv oder simultanverschränkt) ergibt die raumorientierte Handlung.

Lit.: Kühn, A.: Die Orientierung der Tiere im Raum. Jena, 1919; **Tinbergen, N.:** Instinktlehre. Berlin [6]1979.

I. Lindner

Taxonomie *von Lernzielen* ist ein Klassifikationsschema, um Lernziele zu ordnen. ↗Unterrichtstechnologie. *G. Bachmair*

Taylor-System, von Taylor (1903) entwickelte Verfahren und Organisationsprinzipien einer „wiss. Betriebsführung" (Scientific management); erster Versuch eines Gesamtkonzepts zur Lösung der menschlichen Probleme in der Großindustrie. Entwicklungsphasen: 1) Steigerung der individuellen Produktivität durch ein Differentiallohnsystem (bis 1895); 2) Untersuchung der Arbeitsausführung durch Zeit- und Bewegungsstudien (Messung von Teilzeiten, jedoch an bes. ausgewählten Personen!); Neuorganisation und Arbeitsteilung zwischen Werkstatt und Büro nach funktionalen Gesichtspunkten (bis 1903); 3) Änderung der betrieblichen Gesamtorganisation durch Ablösung der Werkmeister durch ein System von mehreren spezialisierten Funktionsmeistern für Arbeitsplanung und Arbeitsausführung.

Taylorismus: Weiterentwicklung des T.-S. vor allem durch F. B. Gilbreth, H. L. Gantt, J. Hopkins, C. G. Barth, H. K. Hathway u. a.; bedeutsame Auswirkungen auf moderne Systeme wie ↗REFA, MTM usw.

Lit.: Taylor, F. W.: Shop management. New York, 1903 (dt.: Die Betriebsleitung, Berlin, 1909); **ders.:** Principles of scientific management. New York, 1911 (dt.: Die Grundsätze wissenschaftlicher Betriebsführung, München – Berlin, 1919). *W. F. Neubauer*

T-Daten *(test data)* sind nach einem Klassifizierungsvorschlag von Cattell im Unterschied zu ↗Q- und ↗L-Daten solche Meßdaten zur Beschreibung eines Individuums, die objektiv aus dem Verhalten eines Individuums angesichts einer standardisierten Testsituation als quantitative und/oder qualitative Indizes abgeleitet sind. T-Daten resultieren z. B. aus der Anwendung psychologischer Tests, physiologischer und psychophysiologischer Messungen. Das Individuum wird weder von Dritten beschrieben (L-) noch beschreibt es sich selbst (Q-), sondern es charakterisiert sich in seinem Verhalten. *H. Haase*

Teamwork. 1) Angloamerikanische Bezeichnung für jede ↗Gruppenarbeit. – 2) Besondere Form unmittelbarer Zusammenarbeit, wenn jedes Gruppenmitglied Spezialist, aber auf Koordination und Kommunikation mit den anderen ständig angewiesen ist (z. B. Operationsteam) und der Arbeitserfolg von keinem allein für sich erreicht werden kann. ↗Kooperation.

Lit.: Hofstätter, P. R.: Einführung in die Sozialpsychologie. Stuttgart, [5]1973. *G. Marschner*

Technisches Verständnis wird von verschiedenen Autoren als eine deskriptiv gut abgrenzbare Einzelfähigkeit angesehen, deren Komponenten und Bedingungen jedoch relativ ungeklärt sind. Nicht selten wird t.V. als ein spezieller Aspekt der praktischen Intelligenz angesehen. Die unterschiedliche Auffassung über ihre Komponenten findet ihren Niederschlag in der Bevorzugung bestimmter Aspekte in einschlägigen Tests. So wird sowohl die Kenntnis mechanisch-technischer Sachverhalte, die Fähigkeit, abgebildete Objekte in ihrem räumlichen Zusammenhang zu verstehen, technisch-konstruktives sowie technisch-praktisches Handeln akzentuiert. Hinzu kommt, daß die Tests entweder als konkrete Aufgabe (z.B. Manipulieren an Apparaten = Arbeitsproben) oder als Papier- und Bleistift-Tests präsentiert werden. Hierdurch erklären sich wohl auch die lediglich geringen bis mittleren Korrelationen zwischen diesen Instrumenten. *G. Eberle & K.-L. Holtz*

Technopsychologie ↗Psychotechnik.

Tectum opticum, *Mittelhirndach,* bei Fischen, Amphibien, Reptilien und Vögeln Endstation der ↗Sehbahn. Hier werden optische, olfaktorische, statische und somatische Informationen integriert und in Verhaltensmuster umgesetzt. Bei den Säugern dominiert der visuelle Cortex über das Tectum opticum. Die Retinaquadranten projizieren Punkt zu Punkt auf bestimmte Flächen der kontralateralen Tectumkalotte. Andererseits lassen sich senkrechte Säulen denken, die äquipotentielle Schaltkreise für Verhaltensmuster darstellen könnten. Erstaunlich ist die hohe Regenerationsfähigkeit des T. o. bei Fischen.

Lit.: Kirsche, W.: Regenerative Vorgänge im Gehirn und Rückenmark. Erg. Anat. Entw.-Gesch., 1965, *38*, 143–194; **Arora, H. L. & R. W. Sperry:** Color discrimination following optic nerve regeneration in the fish Astronotus ocellatus. Devl. Biol., 1963, *7*, 234–243. *K. Fiedler*

Teichopsie, *Dämmerungssehen.* T. wird im Unterschied zum Tagessehen vor allem durch die ↗Stäbchen und weniger durch die ↗Zapfen ermöglicht. Die Existenz dieser beiden Systeme zeigt sich an der Diskontinuität der Dunkeladaptationskurve (↗Adaptation). Beim Dämmerungssehen ist der Mensch unempfindlich für Farben. ↗Sinnesorgane: das Auge. ↗Purkinjesches Phänomen.

C. D. Frith

Teil-Ganzes-Beziehung. Für die Psychol. bedeutsam wurde die T.-G.-B. durch den Nachweis der Gestaltpsychol., daß es Ganze gibt (man denke an eine melodische Tonfolge), die nicht mit der „Summe" ihrer isolierten Teile (der einzeln dargebotenen Töne) gleichzusetzen sind. Die Nichtsummativität eines Ganzen besteht darin, daß bei Änderung oder Abtrennung eines seiner Teile auch die übrigen Teile betroffen werden. ↗Ganzheit – Gestalt – Struktur.

Lit.: Rausch, E.: Über Summativität und Nichtsummativität. Psychol. Forsch., 1937, *21*, 209–289. *P. Tholey*

Teilleistungsschwächen. Allgemeiner Begriff für neurogene Leistungsminderungen oder -ausfälle in Teilbereichen von impressiven, expressiven oder Vermittlungs- einschließlich von Integrationsprozessen, bei normaler oder guter intellektueller Begabung. T. ist abzugrenzen von allgemeiner Lernunfähigkeit infolge Minderbegabung, da bei T. andere, leistungsfähigere Teilbereiche zu finden sind. Der Begriff sagt nichts über die Ätiologie aus (Graichen). Nach Berger soll es sich um Erscheinungsformen der Minimalen Cerebralen Dysfunktion (MCD) handeln. Zur Beseitigung von T. ist der gezielte Einsatz funktioneller therapeutischer Übungen erforderlich (z.B. von Bush & Giles, 1976; Reinartz, 1977; Arnoldy, 1977), die auf neuropsychologischer Differentialdiagnostik (z.B. Psycholinguistischer Entwicklungstest PET von Angermaier, Heidelberger Sprachentwicklungstest H-S-E-T von Grimm und Schöler, Frostigs Entwicklungstest der visuellen Wahrnehmung FEW von Lockowandt, Lincoln-Oseretzky-Skala LOS KF 18 von Eggert) beruhen.

Lit.: Berger, E. (Hrsg.): Teilleistungsschwächen bei Kindern. Bern, 1977; **ders.:** Minimale cerebrale Dysfunktion bei Kindern. Bern, 1977; **Graichen, J.:** Teilleistungsschwächen, dargestellt an Beispielen aus dem Bereich der Sprachbenützung. Z. f. Kinder- und Jugendpsychiat., 1973, *1*, 113–143; **Lempp, R.** (Hrsg.): Teilleistungsstörungen im Kindesalter. Bern, 1979. *H. Buchta*

Telekinese. In der ↗Parapsychologie wird hierunter die psychische Beeinflussung externer Materie verstanden. Driesch (1967) rechnet die T. zur Gruppe der sog. „physikalischen" paranormalen Phänomene (↗Materialisation; ↗Spuk) und unterscheidet hiervon die sog. „intellektuellen" paranormalen Phänomene (↗Hellsehen; ↗Telepathie). Rhine (1962) hat in seinen Untersuchungen individuelle telekinetische Tätigkeiten nachzuweisen versucht, wobei mit Hilfe sog. Psychokinesetests z. B. beim Fallen von Würfeln oder beim Rollen von Kugeln eine signifikante Abweichung von der Zufallshäufigkeit festgestellt werden sollte, deren Zustandekommen durch psychische Beeinflussung zu erklären wäre.

Lit.: Bender, H.: Parapsychologie. Entwicklungen, Ergebnisse, Probleme. Darmstadt, [4]1976; **Driesch, H.:** Parapsychologie. München, 1967; **Rhine, J. B. & J. G. Pratt:** Parapsychology. Springfield, 1962.

K. E. Pelzer

Telencephalon. Das menschliche ↗Gehirn wird in fünf Abschnitte eingeteilt: Telencephalon (Endhirn), ↗Diencephalon (Zwischenhirn), ↗Mesencephalon (Mittelhirn), Metencephalon (Hinterhirn, bestehend aus Pons [↗Brücke] und ↗Cerebellum [Kleinhirn]) und Myelencephalon (↗Medulla oblongata). Entwicklungsgeschichtlich ist das T. am weitesten fortgeschritten und erreicht beim Menschen die stärkste Ausprägung. Wir unterscheiden an ihm eine Pars basalis (↗Basalhirn) und Pars palliaris (↗Pallium). Im einzelnen besteht das T. aus den Großhirnhemisphären, Balken, Gewölbe, Seitenventrikeln und Streifenkörper. Zwischen den beiden Großhirnhemisphären liegt die tief einschneidende Längsspalte des Gehirns, Fissura longitudinalis cerebri. ↗Neuroanatomie.

Lit.: Pernkopf, E.: Atlas der topographischen und angewandten Anatomie des Menschen, Bd. 1. München – Berlin, [2]1979.

G. Arnold

Teleologie. I. In der Philosophie bezeichnet dieser Begriff im eigentlichen Sinn die Wissenschaft von der *Finalität.* Im weiteren Sinn meint er auch die *Finalität* selbst, d.h. die Tatsache, nach einem Ziel zu streben, nach einem Zweck – sei es intentional (Wille) oder nichtintentional (Entelechie – Zweck, der durch die organische Entwicklung verwirklicht wird, Anordnung der Teile in einem Ganzen, Anordnung der Dinge zum Wohl der anderen). Dieser Begriff bedeutet auch *Finalismus,* d.h. die Lehre, nach der die Welt als ein System von Beziehungen zwischen Mitteln und Zweck aufgefaßt wird. In der Theorie der „vier Ursachen" von Aristoteles verweist dieser Ausdruck auf den Begriff der „causa finalis" (Zweckursache). Der Vitalismus ist eine der Formen des Finalismus (H. Bergson). Er steht im Ggs. zu den mechanistischen Auffassungen.

M. J. Borel

II. Im Sinne des dialektischen Materialismus wird die T. als idealistische philosophische Lehre betrachtet, die behauptet, daß alles Geschehen in Natur und Gesellschaft zweckmäßig und zielgerichtet ist, wobei nicht materielle, sondern geistige Gesetzmäßigkeiten zugrunde liegen. Diese sollen einen idealen endgültigen Zustand festlegen. Diese teleologische Betrachtungsweise wurde später durch die kausale Erklärung der Objekte und Phänomene ersetzt. Doch bleibt die Tatsache bestehen, daß viele Erscheinungen rein kausal nicht zu erklären sind, die Finalität ist offenbar. Der dialektische Materialismus will mit Hilfe der Kybernetik die T. ad absurdum führen; er behauptet, daß alle materiellen Systeme, welche die Eigenschaft der Finalität aufweisen, dynamische selbstregulierende bzw. selbstoptimierende Systeme sind. So ist die Zweckmäßigkeit im Bereich des Lebens nichts anderes als ein Einpendeln in einen stabilen Zustand, der den Umweltbedingungen des Lebewesens am besten entspricht.

Lit.: Oerter, R.: Psychologie des Denkens, Donauwörth, 1971; **Klaus, G.:** Wörterbuch der Kybernetik, Frankfurt/Hamburg, 1969.

E. Ullrich

Telepathie, eine Art der ↗außersinnlichen Wahrnehmung, in der die Vp Informationen aus der Psyche oder dem Gehirn einer anderen Person empfängt (↗Hellsehen). Dieser Begriff wurde von F. Myers eingeführt und ersetzt ältere Fachausdrücke wie „Gedankenübertragung" (engl. = „thought-transference") oder „Telaesthesia" = Fernwahrnehmung. ↗Parapsychologie.

J. Beloff

T-E-Lernen (Trial-and-error-learning) ↗Lernen durch Versuch und Irrtum.

Temperament, fundamentale, ganzheitliche Persönlichkeitscharakteristik. Die klassischen

Temperamentsbezeichnungen melancholicus, phlegmaticus, cholericus, sanguineus stammen aus der antiken Kosmologie und Pathologie. – Nach Kretschmer ([14]1975) meint T. „die für eine Individualität charakteristische Gesamthaltung der Affektivität nach … Affizierbarkeit und Antrieb“, d.h. das „Profil der Energetik und Affizierbarkeit, die vorzugsweisen Schwingungsbereiche und Ablaufsformen“. Es entfaltet sich aus dem „Ineinandergreifen der affektiven, vegetativen, humoralen und morphologischen Anlagen“. Wellek (1966) bestimmt das T. als „Typus im dynamischen Aspekt“, welcher tiefere ↗„Strebungen und Antriebe“ umfaßt.

Lit.: Arnold, W.: Person, Charakter, Persönlichkeit. München, [4]1975; **Kretschmer, E. & W. Kretschmer:** Medizinische Psychologie. Stuttgart, [14]1975; **Wellek, A.:** Die Polarität im Aufbau des Charakters. Bern, 1966.

W. Kretschmer

Temperaturempfindung ↗Sinnesorgane: Der Temperatursinn.

Temporallappen. Der T. *(Lobus temporalis)* ist der *Schläfenlappen* des ↗Gehirns. Er liegt in der mittleren Schädelgrube. Nach oben wird er von der seitlichen Hirnfurche *(Sulcus lateralis)* begrenzt, nach hinten-oben und hinten schließen sich Scheitel- und Hinterhauptslappen an. Die Hirnwindungen des T. sind *Gyrus temporalis superior, medius et inferior* (obere, mittlere und untere Schläfenwindung) sowie die *Gyri temporales transversi* (quere Schläfenwindungen = Heschlsche Windungen). In ihnen endet die Hörbahn. Im Gyrus temporalis superior liegt das sensorische Sprachzentrum (↗Brocasche Windung, ihr Ausfall bedingt ↗Aphasie). Bei Rechtshändern liegt es linksseitig und bei Linkshändern im rechten Gyrus temporalis superior. ↗Neuroanatomie.

Lit.: Wyke, B.: Principles of general neurology. Amsterdam – London – New York, 1969. *G. Arnold*

Tenazität (wörtlich: *Zähigkeit,* und zwar: der ↗Aufmerksamkeit) bezeichnet individuelle Unterschiede in der Zeitdauer, während derer eine hohe Aufmerksamkeit erfordernde Tätigkeit fehlerfrei druchgeführt werden kann. Die T. der Aufmerksamkeit wird herkömmlicherweise mit ↗Durchstreichtests vom Typ des Bourdon-Tests geprüft.

Lit.: Meili, R. & H.-J. Steingrüber: Lehrbuch der Psychologischen Diagnostik. Bern – Stuttgart, [6]1978. *K. Pawlik*

Tendenzen, *determinierende, antizipatorische, perseverative.* 1) *Determinierende T.:* Von N. Ach eingeführter Begriff der Denk- und Willenspsychologie. ↗Denken breitet sich nicht wie ↗Assoziationen richtungslos aus, sondern wird durch Zielvorstellungen einer Aufgabe oder ↗Einstellung entscheidend gesteuert, die teils anschaulich-erlebnishaft, teils unanschaulich, auch unbewußt sind.

2) *Antizipatorische T.:* Zerlegt man einen Lernprozeß in eine Sequenz einzelner Verbindungen, so zeigt sich, daß die Schritte dieser Folge nicht unabhängig voneinander sind: Wurde z. B. beim Erlernen sinnloser Silben eine bestimmte Reaktion auf einen Reiz gelernt, so zeigt sich die Tendenz, bei Aufforderung zur Reaktion schon vor Erscheinen des Reizes zu reagieren.

3) *Perseverative T.:* Reproduktionstendenz; Abhängigkeit eines Schrittes im Lernprozeß von den vorhergehenden. Zeigt sich bei Versuchen mit sinnlosen Silben darin, daß eine vor kurzem gebotene Silbe anstelle der richtigen, früher gebotenen genannt wird.

Lit.: Ach, N.: Analyse des Willens. Berlin, 1935.

H. Wagenknecht

Tender-mindedness, idealistische ↗Einstellung zu sozialen, politischen und philosophischen Problemen; Ggs.: *tough-mindedness.* Während die tender-minded person ihre Urteile und Handlungen nach Prinzipien richtet und Probleme durch Denken oder Glauben zu lösen versucht, orientiert sich die tough-minded person nach Fakten und versucht, Probleme durch Manipulation oder Gewaltanwendung zu lösen (Pragmatiker). Eysenck (1963) konstatiert einen Zusammenhang zwischen T. (tough-mindedness) und ↗Introversion (Extraversion).

Lit.: James, W.: Pragmatism. New York, 1907; **Eysenck, H. J.:** The psychology of politics. London, [4]1963.

I. Lindner

Tension, *Spannung.* 1) *Muskelspannung* (Hyper-T.: erhöhte Spannung; Hypo-T.: herabgesetzte Spannung). – 2) *Zustand eines Organismus:* rastlose, gespannte Aktivität (↗Stress). – 3) Emotionaler Zustand infolge unbefriedigter Bedürfnisse oder blockierten Zielverhaltens. ↗Konflikt; ↗Frustration. *F.-C. Schubert*

Terman, *Lewis Madison.* LEBEN UND WERKE. *15. 1. 1877 Johnson County (Ind.), †21. 12. 1956 Stanford. PhD 1905 unter Stanley Hall an der Clark University; 1910 assistant professor im Department of Education an der Stanford University; 1916 full professor; von 1922 bis zu seinem Tod Professor für Psychol. an der Stanford University.

T. war ein sehr produktiver Wissenschaftler, dessen Bibliographie über 200 Publikationen verzeichnet. Sein Name ist jedoch fest verbunden mit seinen bekannten Untersuchungen zur Intelligenzmessung und -entwicklung (↗Intelligenz).

In seinem 1916 erschienenen Buch „The measurement of intelligence: An explanation of and a complete guide for the use of the Stanford revision and extension of the Binet-Simon Intelligence Scale" nahm er eine Neubearbeitung des ↗Binet-Simon-Intelligenztests vor und paßte ihn nordamerik. Verhältnissen an. Besondere Bedeutung erlangte diese Stanford-Revision, die in der Folgezeit wiederholt überarbeitet wurde, vor allem durch ihre Anwendung bei der Begabtenauslese der US-Armee während des Ersten Weltkrieges. ↗Intelligenztests.

Neben der Intelligenztestentwicklung beschäftigte sich T. bes. mit der Untersuchung berühmter und genialer Menschen. Im 2. Band seiner „Genetic studies of genius" (1926) untersuchte er zusammen mit U. Miles 300 Biographien berühmter historischer Personen und ordnete ihnen aufgrund von Schätzungen, die auf Briefen, Äußerungen, Handlungen usw. dieser Personen basierten, Intelligenzquotienten (↗IQ) zu (z. B. Goethe: IQ 210, Descartes: IQ 180, Napoleon: IQ 145). Die restlichen 4 Bände der „Genetic studies of genius" (1925–59) stellen eine ↗Längsschnittuntersuchung der ↗Entwicklung von über 1000 hochbegabten Kindern mit IQ über 140 bis ins Erwachsenenalter (45 Jahre) dar. Die Ergebnisse dieser Untersuchungen faßte T. u. a. dahingehend zusammen, daß hochbegabte Kinder im Ggs. zu bestehenden Vorurteilen aufgeschlossen, effektiv und sozial aktiv sind und diese Eigenschaften auch im Verlaufe ihrer Entwicklung beibehalten.

Weitere Untersuchungen T.s befaßten sich u. a. mit dem Verhältnis ↗Maskulinität–Femininität bei verschiedenen Geschlechts-, Alters- und Berufsgruppen (Sex and personality, 1936) sowie mit der Ermittlung von psychol. Faktoren der ehelichen Zufriedenheit (Psychological factors in marital happiness, 1938). In der Darstellung der Untersuchungsergebnisse verblieb T. in der Regel auf rein deskriptivem Niveau, ohne weitreichende theoretische Erörterungen anzuschließen.

Lit.: Boring, E. G.: Lewis Madison Terman: 1877–1956. In: National Academy of Sciences, Biographical Memoirs, Vol. 33. Washington, 1959, 414–461; **Hilgard, E. R.:** Lewis Madison Terman: 1877–1956. Amer. J. of Psychol., 1957, *70*, 472–479; **Lewis, W. B.:** Professor Lewis M. Terman. Brit. J. of Stat. Psychol., 1957, *10*, 65–68. *W. Wittling*

Termineingebung, terminmäßige Fixierung einer ↗Suggestion, deren Realisation und Ausführung nach der ↗Hypnose zu einem bestimmten Termin erfolgen soll (z. B. bei Wecksuggestionen während der Behandlung einer ↗Enuresis nocturna). Der Termin kann u. U. sogar bis zu einem Jahr betragen, was therapeutisch von Bedeutung sein kann.

H.-N. Genius

Test. DEFINITION. Der Begriff „Test" (= Probe) hat in der Psychol. mehrere Bedeutungen. Neben bestimmten mathematisch-stat. Prüfverfahren (↗Statistik), der Gesamtheit der Untersuchungsrequisiten (Testmaterial), dem Vorgang des Untersuchens (Testen) kommt dem psychodiagnostischen T. (↗Psychodiagnostik) die größte Bedeutung zu. Lienert (1967, 7) definiert diesen als „. . . ein wissenschaftliches Routineverfahren zur Untersuchung eines oder mehrerer empirisch abgrenzbarer Persönlichkeitsmerkmale mit dem Ziel einer möglichst quantitativen Aussage über den relativen Grad der individuellen

Merkmalsausprägung". In diesem Sinne ist der psychodiagnostische T. eine spezifische Form des psychol. ↗Experiments.

Geschichte. Die diagnostische Psychol., die sich der T.s als Hilfsmittel bedient, ist nicht durch eine Person oder durch eine bestimmte Veröffentlichung begründet worden. Es war vielmehr das Interesse an ↗differentieller Psychologie, das einige Forscher des späten 19. Jh. Meßinstrumente zur Erfassung interindividueller Unterschiede entwickeln und anwenden ließ; Differenzierungen vor allem im intellektuellen Bereich (↗Intelligenz) und damit ↗Intelligenztests stehen zunächst im Vordergrund – aus päd. (McK. ↗Cattell, 1890; H. Münsterberg, 1891; H. Ebbinghaus, 1897; A. Binet, 1905; u. a.), psychopathologischem (C. Rieger, 1888; E. ↗Kraepelin, 1896; T. Ziehen, 1897; u. a.) oder philanthropischem (F. ↗Galton, 1883, der bereits stat. Grundlagen in seine Arbeit mit einbezog) Interesse. Bezeichnend ist, daß viele dieser Forscher direkt (wie Cattell, Kraepelin und Münsterberg) oder indirekt (wie Binet durch seinen Mitarbeiter V. Henri) durch W. ↗Wundt und dessen expt. Psychol. beeinflußt waren. Insbesondere waren es die Arbeiten Binets, dessen Prüfverfahren („échelle métrique" als Individualprüfung) in vielen Ländern (USA, Deutschland, Schweiz, Schweden u. a.) Verwendung fanden, und die sich ab 1917 durchsetzende Entwicklung von Gruppenprüfverfahren (↗Army-Alpha-Test; ↗Army-Beta-Test) in den USA (L. M. Terman, G. M. Whipple, R. M. Yerkes u. a.) und deren Bewährung bei der Auslese von Soldaten, die der Leistungsdiagnose durch T.s den Weg zur Anerkennung bahnten. Die gleichzeitig einsetzende Entwicklung der sog. klassischen ↗Testtheorie (H. O. Gulliksen) machte eine sorgfältige theoretische Fundierung dieser Verfahren möglich.

Die Entwicklung von Verfahren zur Erfassung emotionaler, motivationaler, im weitesten Sinne charakterologischer Komponenten (↗Projektive Verfahren; Entfaltungs-T.s) geht vor allem auf Anstöße der ↗Psychoanalyse zurück. C. G. ↗Jungs Wort-Assoziations-T. (1904) kann hier als Ausgangspunkt einer Entwicklung angesehen werden, die in ↗Rorschachs Formdeuteverfahren (1921) bereits einen frühen Höhepunkt fand.

Heute sind psychodiagnostische T.s aus der psychol. Praxis wie aus der wiss. Psychol. nicht mehr wegzudenken. Dienen sie im erstgenannten Bereich bes. der Individualdiagnostik, macht man sie sich im akademischen Bereich der Theorienbildung, deren Verifikation oder Falsifizierung zunutze. Über die gebräuchlichen T.verfahren und deren Anwendungsbereiche informiert Hiltmann (1966).

Klassifizierung psychodiagnostischer Tests. Die Gesamtheit der psychodiagnostischen T.s läßt sich nach einer Vielzahl inhaltlicher bzw. formaler Faktoren klassifizieren. Häufig stellt man dabei Leistungs-T. den Persönlichkeits-T. gegenüber, obwohl man diese Dichotomie in der Persönlichkeitspsychol. sonst kaum findet. Dieser Zweiteilung entspricht Cronbachs (1964) Gegenüberstellung von T.s der *maximalen Leistung* (maximum performance) und T.s des *typischen Verhaltens* (typical performance) oder die Gegenüberstellung *objektivierende Funktionsmethoden – motivierende Subjektdiagnosen* bei W. Arnold (1971). Eine häufig gebrauchte Klassifikation in ↗psychometrische vs. ↗projektive Verfahren berücksichtigt nicht, daß verschiedene Einteilungsgesichtspunkte Verwendung finden und sich diese beiden Möglichkeiten keineswegs grundsätzlich ausschließen. Klarere Klassifizierungen lassen sich aufgrund formaler Kriterien treffen. Lienert (1967) nennt hier eine Reihe von Möglichkeiten, von denen einige erwähnt seien: standardisierte – nicht standardisierte T.s, eindimensionale – mehrdimensionale T.s., Geschwindigkeits-(Speed-)T.s – Niveau-(Power-)T., Individual-T. – Gruppen-T. u. v. a.

Lit.: Anastasi, A.: Psychological testing. New York, ^{2}1966; **Brengelmann, J. C.:** Wert und Grenzen von Persönlichkeits-T.s in der Neurose und Psychopathie. In: **V. E. Frankl** et al. (Hrsg.): Hdb. der Neurosenlehre und Psychotherapie; Bd. 1. München, 1959, 462–482; **Cattell, R. B.:** Personality and motivation: Structure and measurement. New York, 1957; **Cronbach, L. J.:** Essentials of psychological testing. London, ^{2}1964; **Franzen, E.:** Testpsychologie. Berlin, ^{10}1969; **Haase, H.:** Tests im Bildungswesen. Göttingen, 1978; **Hiltmann, H.:** Kompendium der psychodiagnostischen Tests. Bern – Stuttgart, ^{2}1966; **Ingenkamp, K.-H.**

(Hrsg.): Tests in der Schulpraxis. Weinheim, 1976; **Lienert, G. A.:** T.aufbau und T.analyse. Weinheim – Berlin, ²1967; **Meili, R. & H. J. Steingrüber:** Lehrbuch der psychol. Diagnostik. Bern – Stuttgart, ⁶1978; **Michel, L.:** Allgemeine Grundlagen psychometrischer Tests. In: **R. Heiss** (Hrsg.): Hdb. der Psychol., Bd. 6. Göttingen, ³1971, 19–70; **Pauli, R. & W. Arnold:** Psychologisches Praktikum, Bd. 2. Stuttgart, ⁷1972; **Schmidtchen, S.:** Psychol. Tests für Kinder und Jugendliche. Göttingen, 1975; **Thorndike, R. L.:** Personnel selection, test, and measurement methods. New York, 1949; **Watson, R. I.:** Historical review of objective personality testing: The search for objectivity. In: **B. M. Bass & I. A. Berg** (Eds.): Objective approaches to personality assessment. New York, 1959, 1–23; **Weise, G.:** Psychol. Leistungstests. Göttingen, 1975.

D. Pfau

Testbatterie, eine Gruppe von verschiedenen Tests, die in ihrer Gesamtheit eine umfassende Fähigkeit (allg. Intelligenzgrad, Eignung für bestimmte Schulen oder Berufe usw.) prüfen sollen. Die Interkorrelationen zwischen den Einzeltests sollen nicht zu hoch sein, diejenigen des Gesamtresultats mit dem Kriterium aber höher als die eines Einzeltests. *R. Meili*

Testbatterie für geistig behinderte Kinder (TBGB). 1963/68 in Hamburg entwickelt und an 1200 geistig Behinderten (7–12 Jahre) sowie 450 Lernbehinderten (9–12 Jahre) standardisiert. Die Anwendung erfordert mehrere Sitzungen mit insgesamt mindestens 2 Stunden; jedoch sind auch Kurzformen möglich, da nur ein Profil, kein Gesamtwert ermittelt wird. Die sechs Einzeltests prüfen Allgemeinintelligenz und Denkfähigkeit (CMM, BM+CM), Wortschatz (PPVT), Merkfähigkeit (BA) und Motorik (KP, LOS); zusätzlich wird vom Betreuer der soziale Entwicklungsstand erhoben (VSMS). Faktorenanalytisch zeigt sich neben einem starken Generalfaktor besonders ein motorischer Faktor.

Lit.: Bondy, C., Cohen, R., Eggert, D. & G. Lüer: TBGB. Weinheim, ²1971; **Eggert, D.** (Hrsg.): Zur Diagnose der Minderbegabung. Weinheim, 1972; **ders.:** Tests für geistig Behinderte. Weinheim, 1970.

U. Hensle

Testeichung ↗Eichung.

Test für medizinische Studienfächer ↗Medizinertest.

Testikel *(Testes, Testiculi), Hoden,* männliche Keimdrüse. ↗Gonaden; ↗Keimdrüsenhormone.

Testikuläre Feminisierung ↗Hermaphroditismus.

Test, informeller, Test, der noch standardisiert werden muß.

Testkonstruktion. Die vielfältigen theoretischen und technischen Probleme der Testkonstruktion können hier nicht detailliert dargestellt werden (siehe hierzu Lienert, 1967; Vukovich, 1964; Ekman, 1955), es seien nur die einzelnen Schritte der Konstruktion umrissen: a) *Planung* umfaßt Probleme der Auswahl des dem Untersuchungsziel angemessenen Aufgabentyps (richtig–falsch, freie Beantwortung, multiple choice u. a.), der Testzeit und -länge. – b) *Testentwurf.* Unter Berücksichtigung des Geltungsbereichs des Tests (der die Form der Validierung mitbestimmt) gilt es den Plan vorläufig zu realisieren. Hier kommt der inhaltlichen Gestaltung der Testaufgaben, der strukturellen Gestaltung des Tests (Fragebogen, Testbatterie), der Testinstruktion u. Fragen der Aufgabenbewertung die größte Bedeutung zu. – c) *Konstruktion der Aufgaben.* Es werden Aufgabenkonzepte im Hinblick auf das Untersuchungsziel entworfen und dann in konkrete Einzelaufgaben zerlegt. Diese werden dann zu einer ersten provisorischen Testform zusammengefügt. – d) *Aufgabenanalyse.* An einer Analysestichprobe werden die Testaufgaben auf ihre Brauchbarkeit (im Hinblick auf Reliabilität und Validität) hin untersucht. Als Kriterien einer guten Aufgabe gelten ↗Schwierigkeit (Schwierigkeitsindex), ↗Trennschärfe (Trennschärfeindex) und (seltener) Validität (Validitätskoeffizient; Zusammenhang zwischen Einzelaufgabe und Merkmalsausprägung). Durch die Aufgabenanalyse (↗Itemanalyse) werden ungeeignete Aufgaben ausgeschieden, die Aufgaben insgesamt revidiert, soweit dies erforderlich ist. Die Instruktion wird hier ebenfalls in der Anwendung erprobt. – e) *Verteilungsanalyse der Rohwerte.* Im allg. wird eine ↗Normalverteilung angestrebt, in besonderen Fällen kann wegen der besseren Differenzierungsfähigkeit in bestimmten Bereichen auch eine schiefe Verteilung erwünscht sein. – f) *Erstellung der end-*

gültigen Testform. Materialbeschaffenheit, Aufgabenordnung, Testzeit u. -instruktion, Durchführungs- und Auswertungsvorschriften werden detailliert festgelegt. – g) *Kontrolle der Gütekriterien* Reliabilität und Validität durch verschiedene Methoden des Vorgehens. – h) *Testeichung.* Als letzter Schritt der Standardisierung eines Tests erfolgt die Durchführung an einer Eichstichprobe, deren Ergebnisse zur Erstellung von ↗Testnormen führen.

Lit.: Brandstätter, H.: Der psychol. Test. Stuttgart, 1971; **Ekman, G.:** Konstruktion und Standardisierung von Tests. Göttingen, 1955; **Klauer, K. J. u.a.:** Lehrzielorientierte Tests. Düsseldorf, 1973; **Lienert, G. A.:** T.aufbau und T.analyse. Weinheim – Berlin, [2]1967; **Pauli, R. & W. Arnold:** Psychologisches Praktikum, Bd. 2. Stuttgart, [7]1972; **Vukovich, A. F.:** Die Konstruktion psychol. Tests. In: **R. Heiss** (Hrsg.): Hdb. der Psychol., Bd. 6. Göttingen, 1964, 113–144.

D. Pfau

Testkriterien. In der einschlägigen Lit. (Lienert, 1967; Anastasi, 1966; Cronbach, 1964; Michel, 1964; u. v. a.) werden Kriterien aufgeführt, denen ein Test (T.) genügen soll:
a) *Standardisierung.* T.material, Instruktion und Untersuchungssituation sollen so weit standardisiert sein, daß jeder Untersuchte die gleichen Bedingungen antrifft, sein Verhalten die einzige veränderliche Variable darstellt und somit die interindividuelle Vergleichbarkeit der T.ergebnisse gewährleistet ist. – b) *Normierung.* Zu einer quantitativen Aussage über den individuellen Ausprägungsgrad eines Merkmals sind vergleichbare Ergebnisse anderer Individuen erforderlich, um die relative Position eines Individuums auf einer Skala zu bestimmen. In der Psychodiagnostik sind verschiedene Normskalen (↗Testnormen) gebräuchlich. Der Forderung nach Normierung genügen nur ↗psychometrische Tests, d. h. T.verfahren, die eine Messung (zahlenmäßige Bestimmung) eines Merkmals ermöglichen. – c) *Objektivität* (nach Lienert, 1967, als eines der Hauptgütekriterien neben ↗Reliabilität und ↗Validität) eines T. wird in der Literatur verschieden definiert. Lienert versteht darunter den Aspekt der Auswerter-Übereinstimmung, d. h., daß verschiedene Auswerter zum gleichen Ergebnis gelangen; dagegen fordert Watson (1959), daß das T.material für jeden Pb den gleichen Anreizwert haben soll, während z. B. Cattell (1957) oder Brengelmann (1959) subjektive, verfälschende Einflüsse seitens des Pb ausgeschaltet wissen wollen. – d) ↗*Reliabilität (Zuverlässigkeit).* Für eine zutreffende Interpretation eines T.wertes ist es zunächst erforderlich, daß dieser für ein Individuum charakteristisch ist. Reliabilität bestimmt dabei die Genauigkeit der Messung, unabhängig davon, was gemessen wird (Lienert, 1967; Ekman, 1955; u. v. a.). Die Reliabilität (im allg. durch einen Reliabilitäts-Koeffizienten zahlenmäßig dargestellt) kennzeichnet den Anteil der interindividuellen Streuung eines T.ergebnisses, der durch „wahre" interindividuelle Unterschiede erklärt ist, gegenüber dem Anteil der Gesamtvarianz, der auf Meßfehler und Störfaktoren bei der T.aufnahme zurückzuführen ist (im allg. als „Fehler"-Varianz bezeichnet). Hier sind bes. zwei Arten von Fehlermöglichkeiten zu berücksichtigen, einmal die Ungenauigkeit eines T. als Meßinstrument (mangelnde Konsistenz und unzureichende Auswertungsobjektivität), zum anderen Veränderungen in den T.durchführungsbedingungen (mangelnde Durchführungsobjektivität: motivationale Einflüsse, situationale Störquellen u. v. a.). Bei verschiedenen operationalen Möglichkeiten der Bestimmung eines Reliabilitäts-Koeffizienten wirken sich diese Fehlerquellen in unterschiedlicher Stärke aus. Bei der T.wiederholung mit derselben oder einer äquivalenten T.form (↗Paralleltest) wirken sich beide Fehlerquellen aus, während bei der Bestimmung der Reliabilität durch irgendeine Methode der T.halbierung die Durchführungsbedingungen als nahezu konstant angesehen werden können, sich hier also bes. mangelnde Konsistenz und Auswertungsobjektivität auswirken. Letztere Technik ergibt somit eine optimistischere Schätzung der Zuverlässigkeit als die Bestimmung der Wiederholungs-Reliabilität. Von *der* Reliabilität eines T. kann demnach nicht gesprochen werden.

Zusammenfassende Darstellung der gebräuchlichen Techniken zur Reliabilitäts-Bestimmung:

1) *Testwiederholung:*

α) mit derselben T.form (Test-Retest),

β) mit äquivalenter T.form (Parallel-T.);

2) *Halbierungstechniken* (split-half):
   α) Halbierung nach T.zeit (bei Speed-T.),
   β) Halbierung nach Zufall,
   γ) odd-even-split-half (Aufteilung in Items mit gerader und ungerader Kennziffer),
   δ) Halbierung aufgrund von Analysedaten (in jeder T.hälfte Items gleicher ↗Trennschärfe und ↗Schwierigkeit) (Inter-Item-Konsistenz).

In der anglo-amerik. Literatur werden Reliabilitäts-Koeffizienten, die durch Halbierungstechniken ermittelt wurden, im allg. als Konsistenz-Koeffizienten (consistency) bezeichnet, aus Wiederholung mit derselben T.form resultierende als Stabilitäts-Koeffizienten (stability), während bei Wiederholung mit einer Parallelform von Äquivalenz (equivalence) gesprochen wird.

Reliabilitäts-Koeffizienten ermöglichen die Berechnung des ↗*Standardmeßfehlers* einer Messung und daraus (neben ↗Mittelwert und ↗Streuung des T.) die Schätzung eines ↗Vertrauensintervalls, in dem ein „wahrer" T.wert mit einer bestimmten Wahrscheinlichkeit zu erwarten ist (s. Lienert, 1967, 451ff.).

e) ↗ *Validität (Gültigkeit).* Betrifft Reliabilität nur die formale Genauigkeit von Messungen, so bestimmt Validität den „Grad der Genauigkeit, mit dem ein T. das mißt, was er messen soll" (Ekman, 1955; ähnlich definieren Lienert, 1967; Anastasi, 1966; u. v. a.). Man unterscheidet (so Lienert, 1967; APA, 1954) drei verschiedene Validierungskonzepte: kriteriumsbezogene Validität, Inhaltsvalidität, ↗Konstruktvalidität; das für die diagnostische Praxis bedeutsamste ist die *kriteriumsbezogene Validität.* Diese empirische Validität definiert Validität als Korrelation mit einem Kriterium, wobei als Kriterium die verschiedensten Vergleichsmöglichkeiten in Frage kommen können, von obj. Leistungsnachweisen (z. B. Produktionszahlen) bis zu subj. Beurteilungen (etwa durch einen Vorgesetzten). Auf die Problematik „Validität des Validitätskriteriums" kann an dieser Stelle nicht eingegangen werden (s. Lienert, 1967; Thorndike, 1949).

Bei der kriteriumsbezogenen Validierung unterscheidet man zwischen Übereinstimmungsvalidität (concurrent validity) und Vorhersagevalidität (predictive validity). Bei der *Übereinstimmungsvalidierung* werden die T.werte simultan mit den Kriteriumswerten erhoben, was eine Diagnose ermöglicht. Eine Prognose auf ein zu erwartendes Verhalten ist aufgrund dieser Validierung nicht möglich. Im Ggs. dazu dienen psychol. T.ergebnisse bei der *Vorhersagevalidität* der Prognose von Kriterienwerten, die zeitlich nach den T.werten aufgenommen werden. Der Zeitraum der Vorhersage kann dabei stark variieren, ebenso die ermittelten Validitätskoeffizienten bei verschiedenen Zeitintervallen. Unter bestimmten Umständen kann man auf die Validierung eines T. verzichten, dann nämlich, wenn die Gültigkeit eines T. logisch oder psychologisch evident ist (z. B. Rechtschreib-T. für das Kriterium Orthographie), wenn ein T. zulänglicher ist als ein Kriterium (die Aufgabe, Zahlenreihen fortzusetzen, trifft das Merkmal „Abstraktionsfähigkeit" z. B. besser als die Mathematiknote), wenn kein brauchbares Kriterium existiert (z. B. bei Interesse-Fragebogen) oder wenn das Kriterium erheblich unzuverlässiger ist als der T. (z. B. Lehrerurteil hinsichtlich Intelligenz). In allen diesen Fällen wird angenommen, daß die T.aufgaben selbst das bestmögliche Kriterium darstellen. Man spricht hier von *Inhaltsvalidität* (content validity).

Ein drittes, mehr theoretisch als pragmatisch orientiertes Konzept der Validierung ist das der ↗*Konstruktvalidität.* Diese zielt weniger ab auf eine praktisch-diagnostische Verwertbarkeit als auf eine Klärung dessen, was ein T. mißt.

Neben diesen Hauptgütekriterien fordert Lienert als Nebengütekriterien (neben der genannten Normierung), daß ein T. *vergleichbar, ökonomisch* und *nützlich* sein müsse.

Lit.: Anastasi, A.: Psychological testing. New York, [2]1966; **Brengelmann, J. C.:** Wert und Grenzen von Persönlichkeits-T.s in der Neurose und Psychopathie. In: **V. E. Frankl** et al. (Hrsg.): Hdb. der Neurosenlehre und Psychotherapie; Bd. 1. München, 1959, 462–482; **Cattell, R. B.:** Personality and motivation: Structure and measurement. New York, 1957; **Cronbach, L. J.:** Essentials of psychological testing.

London, [2]1964; **Ekman, G.:** Konstruktion und Standardisierung von Tests. Göttingen, 1955; **Fricke, R.:** Kriteriumsorientierte Meßmethoden. Stuttgart, 1974; **Hilke, R.:** Grundlagen normorientierter und kriteriumorientierter Tests. Bern – Stuttgart, 1979; **Lienert, G. A.:** T.aufbau und T.analyse. Weinheim – Berlin, [2]1967; **Meili, R.:** Lehrbuch der psychol. Diagnostik. Bern – Stuttgart, [5]1965; **Michel, L.:** Allgemeine Grundlagen psychometrischer Tests. In: **R. Heiss** (Hrsg.): Hdb. der Psychol., Bd. 6. Göttingen, 1964, 19–70; **Pauli, R. & W. Arnold:** Psychologisches Praktikum, Bd. 2. Stuttgart, [7]1972; **Thorndike, R. I.:** Personnel selection, test, and measurement methods. New York, 1949; **Watson, R. I.:** Historical review of objective personality testing: The search for objectivity. In: **B. M. Bass & I. A. Berg** (Eds.): Objective approaches to personality assessment. New York, 1959, 1–23.

D. Pfau

Testnormen. Mit „Normen" sind in methodischem Zusammenhang gewöhnlich die sog. T. (= standardisierte Rohpunktwerte) gemeint. In psychol. inhaltlicher Hinsicht dagegen bezieht sich der Normbegriff auf verschiedene Aspekte der Verhaltens-„Normalität" (vgl. zusammenfassend Hofstätter, 1957). ↗Normen.

BEDEUTUNG DER TESTNORMEN. Die bei einer Testauswertung zunächst anfallenden Punktwerte (Rohwerte) besitzen willkürliche Einheiten mit ebenfalls willkürlichem Nullpunkt. Die Rohwerte eines Testes A sind mit denen eines Testes B nicht direkt vergleichbar. Auch läßt sich an Rohwerten gewöhnlich nicht sofort die relative Position eines Pb innerhalb seiner Gruppe erkennen. Zur Behebung dieser Nachteile hat die Testpsychologie Transformationsverfahren entwickelt, mittels derer die Rohwerte in normierte Werte umgewandelt werden. Fragen der Normengewinnung gehören zu den Hauptaufgaben der *Eichung* als der letzten Testkonstruktions-Phase. Zu beachten ist, daß den T. nur dann eine besondere Bedeutung zukommt, wenn die ↗Reliabilität des ↗Testes ausreichend hoch ist, da sich nur so die inter- und intraindividuellen Differenzen entlang einer Testskala statistisch sichern lassen. Je geringer die empirische Zuverlässigkeit, desto gröber ist der Eichmaßstab zu wählen und umgekehrt.

EINTEILUNG DER TESTNORMEN. Je nach Fragestellung können die T. verschieden eingeteilt werden (vgl. z. B. Lienert, 1967):

A. *Einfach- und Mehrfachnormen:* Sofern für die Gesamtstichprobe (Eichstichprobe) oder/und für einzelne ihrer Untergruppen *getrennt* normiert wird, spricht man von Einfachnormen. Sofern sowohl Gesamt- als auch Gruppennormen gebildet werden, spricht man von Mehrfachnormen. Gerade für die Gruppennormierung ist das Problem der Repräsentativität (wegen kleiner ↗Stichproben) zu beachten.

B. *Äquivalent- und Variabilitätsnormen:* Während sich die Äquivalentnormen auf die Mittelwerte von verschiedenen Gruppen beziehen, welche sich nach einem soziologisch sinnvollen Kriterium (z. B. nach Lebensalter, Schulklasse usw.) aufteilen lassen, orientieren sich die meist benutzten Variabilitätsnormen an der Variabilität innerhalb ein und derselben Eichstichprobe.

C. *Verteilungsfreie und verteilungsgebundene Normen:* Nach diesem formalen Gesichtspunkt können die T. bezüglich des ihnen zugrunde liegenden Transformationsverfahrens voneinander unterschieden werden (Lienert, 1962).

1. *Verteilungsfreie* Normen werden bei statistisch nicht normalverteilten Testrohwerten verwendet. – *Prozentrangnormen* erhält man durch Umwandlung der Rohwerte in Rangplätze von 1 bis 100. Obwohl noch heute z. T. verwendet, haben sie den Nachteil, die tatsächlichen individuellen Testdifferenzen im mittleren Skalenbereich zu stark, dagegen in extremen Bereichen zu wenig hervortreten zu lassen. Daher werden die Prozentränge (unter Normalverteilungspostulat) einer weiteren ↗Transformation unterworfen: a) *T-Normen* setzen statistisch lediglich eine asymptotische Rohpunktverteilung voraus. Aus den Prozentrangzahlen resultieren sie dadurch, daß diese als Teilflächen unter der Normalverteilung mit $N = 100$, $\mu = 50$, $\sigma = 10$ aufgefaßt werden, welchen dann Abszissenwerte (T-Werte) zugeordnet sind. – b) Die *Stanine-Normen* entsprechen vergröberten T-Normen; die Normwerte variieren nur zwischen Punktwerten von 1 bis 9 ($\mu = 5$, $\sigma = 1{,}96$). Bei weniger zuverlässigen Tests sind Stanine-Normen vorzuziehen.

2. *Verteilungsgebundene* Normen werden bei statistisch normalverteilten (↗Normalver-

teilung) Testwerten, wie sie üblicherweise in gut durchkonstruierten psychometrischen Verfahren anfallen, verwendet. Diese linearen Transformationsverfahren beziehen sich alle auf eine Grundverteilung, und zwar auf die *Standard- oder z-Transformation* nach der bekannten Gleichung $z = (x - \bar{x}) / s$. Zur Vermeidung von negativen Werten werden folgende T. bevorzugt: a) die *Z-Normen,* erhältlich über $Z = 100 + 10z$; b) die *IQ-(Intelligenzquotienten-)Normen* erhältlich über $IQ = 100 + 15z$; c) die *Schulnoten-Normen,* erhältlich über $SN = 3z$. ↗Test; ↗Testtheorie.

Lit.: **Hofstätter, P. R.:** Psychologie. Frankfurt a. M., 1957; **Lienert, G. A.:** Testaufbau und Testanalyse. Weinheim, [2]1967; **ders.:** Über die Anwendung von Variablen-Transformationen in der Psychologie. Biometrische Zeitschrift, 1962, *4,* 145–179. *V. Sarris & G. A. Lienert*

Testökonomie ist eines der *sekundären Gütekriterien* eines Tests. Man unterscheidet dabei drei wesentliche Formen: die *Durchführungs-, Auswertungs-* und *Interpretations*ökonomie. Im allg. sind alle drei Ökonomiebedingungen für metrische Tests (↗Objektive Tests) höher als für ↗projektive Verfahren. Sie sind vor allem ein wichtiges Kriterium der Testauswahl bei Routine- und Gruppentests. ↗Test.

P. Zimmermann

Testosteron, wichtigstes männliches Sexualhormon (↗Keimdrüsenhormone; ↗Androgene; ↗Hormone).

Testprofil ↗Profil.

Test projectif d'Intérêts vocationnels, Test von F. Bemelmans zur Abklärung von Berufsinteressen. Der Test ist nach dem Prinzip des ↗TAT aufgebaut. Er besteht aus zwei nach Geschlecht der Vp verschiedenen Serien von 30 kleinen Photographien, zu denen die Vp 6 Fragen über die Tätigkeit der abgebildeten Personen zu beantworten hat.

Lit.: **Bemelmans, F.:** Test projectif d'Intérêts vocationnels: Schweiz. Z. f. Psychol., 1953, *12,* 283–294. *H. J. Aebi*

Tests of primary mental abilities ↗Primary mental abilities tests.

Tests, statistische ↗Statistische Tests.

Testtheorie. Versuch einer Definition. Der Begriff „Testtheorie", wie er in der Psychol. und verwandten Wissenschaften Verwendung findet, hat eine Reihe ganz bestimmter Nebenbedeutungen. Kernpunkte der am meisten verbreiteten Definitionen sind jedoch die Bedingungen für die Zuordnung von Zahlen zu Objekten so, daß diese Zahlen möglichst zuverlässig (reliabel) und gültig (valide) die Ausmaße (z. B. Größe) einer Eigenschaft dieser Objekte darstellen. Zur Spezifizierung dieser Bedingungen wurden viele Theorien ausgearbeitet: so umfaßt T. eine Zusammenstellung ausgearbeiteter Theorien, die mit Begriffen wie ↗Reliabilität, ↗Standardisierung, ↗Validität, Itemcharakteristiken, Korrektur eines Zufallswerts, ↗Skalierung und ↗Normen arbeiten. Zwar spricht man von T., aber die Teilbereiche sind ganz verschiedenartig, teilweise in Konkurrenz zueinander, und stellen kein geschlossenes, einigendes System dar, so daß die Annahme irreführend ist, es gäbe *eine* (einzige) Testtheorie. Hier kann der Begriff durch Darstellung einiger wichtiger oben genannter Theorien definiert werden.

Axiome und Skalenniveau. Bei einigen wichtigen testtheoretischen Erwägungen steht das Spezifizieren der fundamentalen Beziehungen zwischen Meta-Theorien der Mathematik und den Methoden, Zahlen den Objekten zuzuordnen, im Ausprägungsgrade einer Eigenschaft darzustellen, im Vordergrund. Diese Theorien stützen sich implizit auf die Grundsätze formaler Axiomatik. Man geht davon aus, daß Zahlensysteme und -operationen, definiert in math. Teildisziplinen, ganz unabhängig von empirischen Beobachtungen (einschließlich derer, die – historisch gesehen – zur Entwicklung des math. Systems führten) existieren. Die Aufgabe des Messens wird daher in der Herstellung einer Punkt-zu-Punkt-Beziehung (Isomorphie) zwischen Ausprägungsgraden einer Eigenschaft und den Zahlen eines bestimmten Zahlensystems gesehen. Mit dieser Thematik beschäftigt sich bes. die Theorie der ↗Skalierung.

Vier Charakteristika des Zahlensystems

skalarer Algebra wurden ausgewählt, weil ihnen besondere Relevanz für das Wesen des Messens zukommt. Es sind dies die Merkmale der *Identität,* der *Rangordnung,* der *Rangordnung von Differenzen* und des *absoluten Nullpunktes.* Identität bedeutet, daß ein Zahlensymbol – wie z. B. 5 – sich von allen anderen unterscheidet und immer das gleiche bedeutet, unabhängig vom Zusammenhang, in dem es auftritt. Das Merkmal der *Rangordnung* beinhaltet die Tatsache, daß von zwei beliebigen voneinander verschiedenen Zahlen eine kleiner oder größer als eine andere sein soll. Die *Rangreihe der charakteristischen Differenzen* bezeichnet die Tatsache, daß Differenzen (und Summen) der Ausprägung explizit als Zahlen definiert sind, die – wie alle anderen Zahlen – geordnet sind. Das *Nullcharakteristikum* bezeichnet den Sachverhalt, daß das Zahlensystem genau eine Zahl enthält, die für den Gedanken des „nicht ausgeprägt" steht – oder keine der Eigenschaften, die durch die anderen Zahlen dargestellt werden.

Skalenniveaus werden so definiert, daß spezifiziert bzw. üblicherweise angenommen wird, welche dieser Eigenschaften eines Zahlensystems Ausprägungsgraden von Eigenschaften eines Objektes isomorph verwandt sind. Vorausgesetzt, daß alle Elemente einer Menge von Objekten den gleichen Ausprägungsgrad einer Eigenschaft zeigen, wird durchgehend die gleiche Zahl zugeteilt und das Merkmal Identität verwendet. Wird nur dieses Merkmal verwendet, spricht man von einer Nominalskala. Bei Anwendung des Merkmals Rangordnung ist es erforderlich, daß die Rangreihe der Zahlen, die Objekten zugeteilt sind, genau die gleiche (oder genau entgegengesetzte) ist wie die Rangreihe des Ausprägungsgrades der Eigenschaft. Diese Form der Zahlenzuteilung bezeichnet man als Ordinalskala. Die Rangordnung der Differenzen wird dann verwendet, wenn Zahlen Objekten in der Weise zugeordnet werden, daß die Reihenfolge der Zahlendifferenzen durchgängig der Reihenfolge der Unterschiede im Ausprägungsgrad einer Eigenschaft des Objekts entspricht. Werden Zahlen auf diese Weise zugeteilt, so spricht man von einer Intervallskala. Tritt bei einem Objekt eine Eigenschaft nicht auf oder kann man das Objekt als eine Extrapolation aus Beobachtungen ansehen, dem die Zahl Null zugeteilt wurde, verwendet man entweder eine Ordinalskala mit einem absoluten Nullpunkt oder eine Intervallskala mit absolutem Nullpunkt. Letztere bezeichnet man im allg. als Rationalskala (Verhältnisskala). Vgl. auch ↗Psychophysik.

KOMBINATIONSMODELLE UND ITEMCHARAKTERISTIKEN. Grundprinzip der Mehrzahl psychol. Messungen ist das Reiz-Reaktions-Prinzip. Nur eine Reaktion auf einen bestimmten Reiz ist selbstverständlich im allgemeinen eine zu kleine Stichprobe aus dem Repertoire möglicher Reaktionsmöglichkeiten, um ein reliabler und valider Indikator des Ausprägungsgrades einer Eigenschaft sein zu können: eine einzige Antwort ist im allg. ein sehr instativer, komplexer und trivialer Indikator mehrerer Eigenschaften. Bei Verhaltensmessungen ist es daher erforderlich, verschiedene Antworten zusammenzufassen. Hierzu gibt es viele Möglichkeiten und darum viele Kombinationsmodelle. Die bislang am häufigsten verwendete Methode besteht darin, einfach die Zahl der Antworten einer bestimmten Art (z. B. „richtige Antworten") auf eine Reihe Stimuli hin zu zählen – auf Reize, von denen man annimmt, daß sie Antworten provozieren, die auf die fraglichen Eigenschaften hindeuten. Die resultierende Messung (Auszählen der richtigen Lösungen) ist typisch für Leistungstests. Diese Methode ist Bestandteil des (häufig so bezeichneten) *Summationsmodells.*

Eine Theorie über den Zusammenhang zwischen der Wahrscheinlichkeit, auf einen Reiz in einer bestimmten Weise zu reagieren, und dem Ausprägungsgrad einer Eigenschaft nennt man *Itemcharakteristik-Theorie.* Verschiedene dieser Theorien werden in testtheoretischen Veröffentlichungen abgehandelt. Sie werden im allg. durch folgende Eigenschaften klassifiziert: monoton v/s. nicht monoton und probabilistisch vs. deterministisch. Die Theorie im Zusammenhang der meisten Summationsmodelle gehört zur Gruppe der monoton-probabilistischen Theorien. Diese Theorie impliziert, daß mit steigendem Ausprägungsgrad einer Eigenschaft die Wahrscheinlichkeit einer Antwort, die diese Eigenschaft indiziert, zunimmt: werden verschiedene Reaktionen auf einen Reiz hin registriert und mit verschiedenen Zahlen (wie z.B. mit 1, 2, 3, 4) bezeichnet, bevor diese mit Zahlen, die Reaktionen auf andere Reize darstellen, zusammengefaßt werden, dann sollte eine positive monotone Beziehung zwischen den zugeteilten Itemzahlen und dem Gesamtwert bestehen.

FEHLERTHEORIE UND RELIABILITÄTSKONZEPTE. Sind die Voraussetzungen des Summationsmodells und die einer monotonen Itemcharakteristik gegeben, besteht Veranlassung zu der Annahme, daß bei einer Addition der Antworten Indikationen irrelevanter Eigenschaften Zufallsfehler sind, die herausfallen, und daß sich eine Informationszunahme durch den nicht-zufälligen Einfluß, dargestellt durch die positive Beziehung zwischen Reiz, Reaktion und Gesamtwert, ergeben wird. Dieser Gedanke der Reduktion von Zufallseinflüssen und der Konvergenz nichtzufälliger Einflüsse ist die Grundlage für viele Reliabilitätstheorien. Bei der hier dargestellten Theorie wird Bezug auf den Aspekt „innere Konsistenz" der ↗Reliabilität genommen: Eine Reihe von Reizen – so nimmt man an – ist intern konsistent, wenn eine Reaktion auf jeden einzelnen Reiz zuverlässig die gleiche Eigenschaft indiziert wie die Reaktion auf alle anderen Reize dieser Reizserie. Eine Meßoperation kann in diesem Sinne reliabel sein, ohne daß eine Reliabilität in dem anderen Sinne, daß nämlich eine Pb an einem Tag einen hohen Wert, an einem anderen Tag einen entsprechenden Wert erreicht, besteht. Konsistenz von Messungen, die zu verschiedenen Zeitpunkten durchgeführt werden, wird als Stabilität bezeichnet, Messungen des Durstes z. B. können hohe innere Konsistenz, aber nur geringe Stabilität aufweisen. Eine Konsistenz von Messungen mit Hilfe verschiedener Meßmethoden – wie z. B. verschiedene Testverfahren – gibt die Äquivalenz im Rahmen der Reliabilität an. Sind Messungen abhängig von komplexen Beurteilungen verschiedener Rater, bestimmt man gewöhnlich die Übereinstimmung der Beurteiler. Man bezeichnet diese als „Inter-Rater"- oder „Conspeck"-Reliabilität (Übereinstimmungsreliabilität). Übereinstimmungsreliabilität und Äquivalenz können hoch sein, auch wenn interne Konsistenz und Stabilität nur gering sind. Vgl. auch ↗Konstruktvalidität.

DYNAMISCHE NATUR DER TESTTHEORIE. Diese Zusammenstellung einiger der grundlegenden Prinzipien der T. kann nur den Umriß eines weiten und komplexen Bereichs im Rahmen der Verhaltenswissenschaften schwach andeuten. Es gibt in diesem Bereich sehr starke Aktivität und manche Veränderung. Drei Voraussetzungen, die oben umrissen wurden, werden von einer wachsenden Zahl von Wissenschaftlern immer sorgfältiger beachtet: eine Vielzahl nicht-linearer, nichteuklidischer und multivarianter Methoden zur Vorstellung von Antworten beim Messen wird untersucht, ganz ungewöhnliche Fehlertheorien sind in der Erprobung, es werden Versuche unternommen, die erforderlichen Bedingungen klarer zu spezifizieren, um rationale Maßskalen zu erreichen, sowie viele andere Fragen stehen zur Diskussion. Es scheint jedoch, daß diese Aktivität den Trend zu einer zusammenfassenden Integration wenig verwandter Bereiche erkennen läßt. T., ein vielfältiges Potpourri wenig verwandter Theorien, entwickelt sich zu einem zwar komplexeren, vielleicht jedoch symphonisch arrangierten theoretischen Bereich.

Lit.: Cattell, R. B.: Validity and reliability: A proposed more basic set of concepts. J. Educ. Psychol., 1964, *55*, 1–22; **Cattell, R. B. & B. Tsujioka:** The emportance of factor-trueness and validity versus homogeneity and orthogonality, in test scales. Educational and Psychological Measurement, 1964, *24*, 3–30; **Fischer, G.:** Psychologische Testtheorie. Bern, 1968; **ders.:** Einführung in die Theorie psychol. Tests. Bern – Stuttgart, 1975; **Ghiselli, E. E.:** Theory of psychological measurement. New York, 1964; **Gullicksen, H.:** Theory of mental tests. New York, 1950; **Hilke, R.:** Grundlagen normorientierter und kriteriumorientierter Tests. Bern – Stuttgart, 1979; **Horn, J. L.:** Equations representing combinations of components in scoring psychological variables. Acta Psychologica, 1963, *21*, 184–217; **ders.:** Integration of concepts of reliability and standard error of measurement. Educational and Psychological Measurement, 1971, *31*; **Horst, P.:** Messung und Vorhersage. Weinheim, 1971; **Lienert, G.:** Testaufbau und Testanalyse. Weinheim, [3]1969; **Lord, F. M.:** A theory of test scores. Psychometric Monographs, 1952, *7;* **ders.:** An approach to mental test theory. Psychometrika, 1959, *24,* 283–302; **Nunnally, J. C.:** Psychometric Theory. New York, 1967; **Sixtl, F.:** Meßmethoden der Psychologie. Weinheim, 1967.

J. L. Horn

Test zur Untersuchung des praktisch-technischen Verständnisses ↗PTV.

Tetanus. 1. T. heißt die unter Normalbedingungen stattfindende rhythmische *Zusammenziehung des quergestreiften Skelettmuskels.* Je nach der Kontraktionsfrequenz unterscheidet man einen unvollkommenen T. mit sichtbaren Zitterbewegungen und einen vollkommenen oder verschmolzenen T. mit gleichmäßig fließenden Bewegungsabläufen.

2. *Wundstarrkrampf,* akute, schwere, durch das Toxin der T.bazillen ausgelöste Infektionskrankheit mit tonischen Muskelkrämpfen, die im Gesicht beginnen (↗Risus sardonicus) und sich über die gesamte Muskulatur ausbreiten, so daß Erstickungsgefahr besteht und es zu Knochenbrüchen kommen kann. Passive und aktive Schutzimpfung ist möglich und ratsam.

E. David

Tetrachorischer Korrelationskoeffizient. Der t. K. ist ein Maß für den Zusammenhang zweier an sich normal verteilter Variablen, die aber dichotomisiert wurden (es werden nur je 2 Klassen unterschieden). Der t. K. ist ein ↗Vierfelderkorrelationskoeffizient, der nicht als Assoziationskoeffizient anzusehen ist. Die exakte Berechnung ist kompliziert, bei annähernd gleich großen Klassen kann die sog. cos π-Formel

$$r_{tet} = \cos\left(180° \frac{\sqrt{bc}}{\sqrt{bc} + \sqrt{ad}}\right)$$

mit a, b, c, d als absoluten oder relativen Vierfelderhäufigkeiten angewendet werden.

D. W. Eggert

Thalamus ↗Sehhügel.

Thanatophobie, übersteigerte Angst vor dem Tod.

Thanatopsychologie. Im Rahmen einer multidisziplinären Thanatologie hat die T. die subjektive Realität von Tod und Sterben bei Menschen in der Endphase ihres Lebens wie auch bei Menschen, die von ihrem Tod noch weit entfernt sind, zum Gegenstand. Forschungsschwerpunkte der T. sind die Intensität gedanklicher Beschäftigung mit und die Angst vor Tod und Sterben, die Entwicklung des Todeskonzepts beim Kind, Abwehrmechanismen als Reaktion auf Tod und Sterben sowie die psychische Verfassung Sterbender. Besonders die beiden erstgenannten Aspekte werden zu soziographischen (z.B. Geschlecht), Hintergrund- (z.B. Religiosität) und Persönlichkeitsvariablen in Beziehung gesetzt. Praktische Bedeutung erlangen Erkenntnisse der T. im Rahmen psychologischer Sterbehilfe, der es um Förderung und Begleitung realitätsbezogener Auseinandersetzung mit dem eigenen Tod geht.

Lit.: Kastenbaum, R. & R. Aisenberg: The Psychology of Death. New York, 1972; **Schulz, R.:** The Psychology of Death, Dying and Bereavement. Oxford, 1978; **Thomas, K.:** Warum Angst vor dem Sterben? Freiburg i. Br., 1980; **Voigt, D.:** Gesundheitsverhalten. Stuttgart, 1978; **Wittkowski, J.:** Tod und Sterben. Ergebnisse der Thanatopsychologie. Heidelberg, 1978.

J. Wittkowski

Thanatostrieb ↗Todestrieb.

Thematic Apperception Test ↗TAT.

Thematische Zeichentests, Bezeichnung für Tests, in denen der Pb eine Zeichnung mit bestimmtem Inhalt (z.B. Baum, Männchen, Familie, Haus, Person usw.) zu verfertigen hat. Je nach Test wird daraus unter der Annahme der ↗Projektion auf die ↗Persönlichkeit, das soziale Verhalten, die ↗Intelligenz u.a. des Pb geschlossen.

H. J. Aebi

Themenzentrierte Interaktion. Ruth Cohn stellt in der themenzentrierten Interaktion (TZI) eine komplexe, von Gestalt- und Gesprächstherapie beeinflußte Methode vor, mit deren Hilfe Unterricht „humanisiert" werden kann; d.h., es soll effiziente sachliche Arbeit in persönlich befriedigender Atmosphäre stattfinden. Angestrebt wird ein Gleichgewicht zwischen dem sachlichen Anliegen (dem Thema), den individuellen Bedürfnissen (dem Ich) und dem Interaktionsklima (dem Wir). Bestimmte Spielregeln instruieren, wie sich

Gruppenmitglieder am besten „einbringen". Im Gegensatz zu verschiedenen gruppendynamischen Trainings bleibt das Thema zentral, im Gegensatz zu üblichen Seminaren wird die Zufriedenheit der Teilnehmer gefördert.

Lit.: Cohn, R. C.: Von der Psychoanalyse zur themenzentrierten Interaktion. Stuttgart, 1975. *H. Selg*

Theomanie, Wahn mit religiösem Inhalt.

Theoretische Intelligenz zielt im Gegensatz zur ↗praktischen Intelligenz auf den Umgang und das Verständnis abstrakter Begriffe und Beziehungen. Obwohl das Konstrukt eher eine wissenschaftlich unscharfe Kategorie darstellt, wird sein Nutzen in Beratungs- und Entscheidungssituationen (z. B. Bildungsberatung) betont. *G. Eberle & K.-L. Holtz*

Theoretischer Typus ↗Lebensformen.

Theorie. In der Philosophie bezeichnet dieser Begriff eine durch die Intelligenz logisch abgeleitete und von der Handlung losgelöste Konstruktion, ein Gesamt von Begriffen und aus Prinzipien abgeleiteten Aussagen, methodisch und systematisch aufgebaut und losgelöst von ihrer Anwendung. In der Wissenschaft bezeichnet dieser Begriff die in synthetischen Gebilden gefaßten Gesetze, die auf Beobachtung beruhen und so lange wahr bleiben, als sie nicht durch neue Gegebenheiten entkräftet werden, und die somit von einem bestimmten Erkenntnisstand abhängen. Das Ziel einer T. ist nicht allein die Erklärung des Bekannten, sondern auch die Vorhersage des Unbekannten. Im engeren Sinn ist eine T. ein System mathematischer Aussagen, die axiomatisch aufgebaut sind und als „Modell" für ein Gesamt empirischer Gesetze dienen (hypothetico-deduktive Theorie). *M. J. Borel*

Theorie der Spiele ↗Spieltheorie.

Therapie ↗Psychotherapie.

Thermischer Sinn *(Temperatursinn)* ↗Sinnesorgane: Temperatursinn.

Thermorezeptoren ↗Sinnesorgane: Temperatursinn.

Thomson, *Godfrey Hilton,* 1881–1955. PhD 1906 an der Universität Straßburg; von 1925 bis 1951 Professor für Erziehungswissenschaft an der Universität Edinburgh und Direktor des Moray House Training College in Edinburgh. War während dieser Zeit maßgeblich verantwortlich für die Entwicklung der Moray House Tests, einer Schultestreihe für die Begabtenauslese. Wurde neben seinen Untersuchungen zur ↗Begabtenauslese vor allem durch sein faktorenanalytisches Modell der ↗Intelligenzstruktur bekannt, das als *Sampling-Theorie der ↗Intelligenz* der Zwei-Faktoren-Theorie C. ↗Spearmans und der multiplen Faktorentheorie L. L. ↗Thurstones gegenübersteht. Er vertritt darin die Auffassung, daß alle kognitiven Leistungen durch eine große Anzahl unabhängiger elementarer Begabungsfaktoren bestimmt werden, von denen aber jeweils immer nur eine begrenzte Stichprobe in eine einzelne Leistung eingeht. Die Höhe der Korrelation zwischen verschiedenen Leistungen hängt davon ab, in welchem Maße in ihnen gleiche Elementarfaktoren wirksam sind.

Schr.: The essentials of mental measurement (1911) (mit W. Brown); The factorial analysis of human ability (1939). *W. Wittling*

Thorndike, *Edward Lee.* LEBEN UND WERKE. * 31. 8. 1874 Williamsburg (USA), † 10. 8. 1949 Montrose (N. Y.). Studierte unter W. ↗James in Harvard, wo er mit seinen Untersuchungen zum tierischen Lernen begann; führte seine Lernexperimente an Katzen und Hunden mit Hilfe von ihm erstmals konstruierter „Problemkäfige" auf Anregung J. McK. ↗Cattells an der Columbia University in New York fort und faßte die Ergebnisse 1898 in seiner Dissertation mit dem Thema „Animal intelligence; An experimental study of the associative processes in animals" zusammen. Die dort dargestellte ↗Lerntheorie war nahezu 50 Jahre lang die beherrschende Theorie in Amerika und beeinflußte die Entwicklung der amerik. Lerntheorie entscheidend. Seit 1899 arbeitete T. am Teachers College Columbia, wo er sich mehr und mehr mit Fragen des menschlichen Lernens, der Erziehung und der Intelligenzuntersuchung befaßte. Seine Bibliographie umfaßt insgesamt 507 Publikationen, worunter eine Reihe bedeutsamer Monographien zu finden ist: „Mental social measurements" (1904); „The psychology of learning" (1913); „The psychology of arithmetic" (1922); „The measurement of intelligence" (1926); „The fundamentals of learning" (1932); „The psychology of wants, interests, and attitudes" (1935); „Man and his work" (1943).

LERNTHEORIE. Grundlage des ↗Lernens, d.h. der Bildung von Verhaltensgewohnheiten, ist die ↗Assoziation von Reizen und Reaktionen (S-R-Theorie). Die charakteristische Form des Lernens ist das ↗Lernen durch Versuch und Irrtum, wobei das Individuum, das sich in einer Problemsituation befindet (z.B. Problemkäfig), sein bisheriges Verhaltensrepertoire ausprobiert, bis eine Verhaltensweise zufällig zum Erfolg führt. Für die Auswahl einer Reaktion und ihre Assoziation mit der Reizsituation sind 3 Gesetze verantwortlich:

Das *Gesetz des Effektes* (↗Effektgesetz) besagt in seiner ursprünglichen Fassung, daß die Stärke einer zwischen einer Reizsituation und einer Reaktion zustande gekommenen Verknüpfung (connection) erhöht wird, wenn diese von einem befriedigenden Zustand gefolgt ist, daß die Stärke der Verknüpfung aber abnimmt, wenn sie von einem unbefriedigenden Zustand gefolgt ist.

Das *Gesetz der Bereitschaft* enthält lediglich physiologisch formulierte Ergänzungen zum Effektgesetz und beschreibt die Umstände, unter denen ein befriedigender oder unbefriedigender Gesamtzustand eintritt.

Im *Gesetz der Übung* behauptet T. schließlich, daß unabhängig von ihren Konsequenzen, S-R-Konnexionen auch ausschließlich durch Übung gestärkt werden können, während sie ohne Übung schwächer werden.

In seinen Publikationen nach 1930 nimmt T. einige Revisionen seiner Theorie vor. Das Gesetz der Übung wird praktisch verworfen. Ebenso wird auch das Effektgesetz dahingehend umformuliert, daß die Wirkung der negativen Verhaltenskonsequenzen gegenüber den positiven weitgehend abgeschwächt wird und Bestrafungen als nicht geeignet erscheinen, Konnexionen substantiell zu schwächen: „Akte, auf die Zustände folgen, die ein Lebewesen nicht zu vermeiden, sondern evtl. herbeizuführen und zu erhalten trachtet, werden ausgewählt und fixiert."

Darüber hinaus führt T. einige zusätzliche Prinzipien zur Erklärung der Lernmechanismen ein, so vor allem das *Prinzip der Zusammengehörigkeit* („belongingness"), wonach eine Reiz-Reaktions-Verbindung um so leichter gelernt wird, je enger und natürlicher die Reaktion zur Reizsituation und die Verhaltensfolge zur Reaktion gehört, sowie das *Prinzip der Streuung des Effektes* („spread of effect"), welches besagt, daß sich der Einfluß eines befriedigenden Zustandes nicht nur auf die Konnexion auswirkt, der er unmittelbar nachfolgt, sondern darüber hinaus auf zeitlich benachbarte Reiz-Reaktions-Verbindungen.

W. Wittling

Thurstone, *Louis Leon.* LEBEN UND WERKE. * 29.5.1887 Chicago, † 29.9.1955 Chapel Hill. T. studierte zuerst Elektrotechnik an der Cornell University und arbeitete anschließend als Assistent Thomas Alva Edisons in dessen Laboratorium in East Orange (New Jersey); begann 1914 mit dem Psychologiestudium in Chicago und am Carnegie Institute of Technology, wobei seine Interessen insbes. bei der expt. Lernforschung lagen; arbeitete 1923 ein Jahr im Institute of Government Research in Washington und kehrte 1924 als associate professor für Psychol. an die Universität Chicago zurück, wo er drei Jahre später full professor wurde und ein psychometrisches Laboratorium errichtete. T. zählte zu den Gründern der „Psychometric Society" und deren Zeitschrift „Psychometrika"; er war über 24 Jahre Herausgeber der „American Council on Education Psychological Examinations", war 1932 Präsident der APA und 1936 erster Präsident der „Psychometric Society".

T. war in erster Linie Psychometriker und leistete als solcher wertvolle Beiträge zu zahlreichen Bereichen der Psychologie. Auf dem Gebiet der Intelligenzforschung wurde T. vor allem durch seine faktorenanalytische Intelligenztheorie bekannt (↗Intelligenz), in der er sich gegen C. ↗Spearmans g-Faktor-Konzept aussprach und statt dessen die kognitiven Leistungen auf mehrere Gruppenfaktoren zurückzuführen suchte. Aufgrund mehrerer faktorenanalytischer Untersuchungen gelangte er schließlich zur Aufstellung seiner bekannten sieben Primärfähigkeiten („primary mental abilities"): verbal comprehension, numerical ability, spatial visualization, perceptual ability, memory, reasoning und word fluency (The vectors of mind, 1935; Primary mental abilities, 1938). Ähnliche Faktoren konnte er in entsprechenden Untersuchungen auch in anderen Bereichen, wie z.B. der ↗Wahrnehmung, extrahieren (A factorial study of perception, 1944).

Über das Gebiet der Intelligenzforschung hinaus wurde T. vor allem bekannt durch seine Arbeiten zur „simple structure" und durch viele weitere Beiträge zur Entwicklung der multiplen ↗Faktorenanalyse (An analytical method for simple structure, 1954; A method of factoring without communnalities, 1955; Multiple factor analysis, 1947) sowie bes. durch die Konstruktion moderner Skalierungstechniken und ihre Anwendung auf den Bereich der ↗Einstellungsmessung (The measurement of attitude: a psychophysical method and some experiments with a scale for measuring attitude toward the church, 1929; The measurement of values, 1959). ↗Skalierung.

Lit.: Atkins, D. C.: Louis Leon Thurstone: Creative thinker, dedicated teacher, eminent psychologist. In: **N. Frederiksen & H. Gulliksen** (Eds.): Contributions to mathematical psychology. New York, 1964, 1–39. *W. Wittling*

Thurstone-Skala ↗Skalierung.

Thymeretika, Bezeichnung für eine Untergruppe der ↗Antidepressiva. *W. Janke*

Thymoleptika, Bezeichnung für eine Untergruppe der ↗Antidepressiva. *W. Janke*

Thymologie ↗Gemüt.

Thymopath, Thymopathie. Ungebräuchlich gewordene Bezeichnung jener abnormen „psychopathischen" oder akzentuierten Persönlichkeiten, die insbesondere in ihren affektiv-emotional determinierten Verhaltensweisen von einer uns vorschwebenden Durchschnittsbreite der Norm abweichen. Thymopathie wurde im vergangenen Jahrhundert auch synonym mit „Manisch-depressives Kranksein" gebraucht. *J. Glatzel*

Thymus, auch *Bries* beim Tier genannt, stellt als sog. Jugenddrüse ein innersekretorisches Organ (↗Endokrine Drüsen) hinter dem Brustbein dar, das nur bis zur Geschlechtsreife des Individuums wächst und sich dann langsam zurückbildet und zu Fettgewebe umwandelt. Seine Funktion hat Beziehungen zum Wachstum, zum Kalkhaushalt, zur Entwicklung der Keimdrüsen (↗Gonaden) und des gesamten lymphatischen Systems und scheint nach neuesten Ergebnissen zusammen mit den Gaumenmandeln und dem Blinddarmfortsatz große Bedeutung für die Ausbildung von Immunitäten zu haben. *E. David*

Thyreoidea ↗Schilddrüse.

Thyreotoxikose ↗Basedowsche Krankheit.

Tic, ein kurzes Muskelzucken, gewöhnlich in den oberen Körperregionen, wie Gesicht, Hals oder Schulter. T.s können psychische Ursache haben, aber auch als Begleiterscheinungen von Gehirnläsionen auftreten. *P. Ley*

Tiefenlokalisation ↗Raumwahrnehmung.

Tiefenpsychologie. EINFÜHRUNG. T. ist ein Begriff, der in den letzten 60 Jahren auf dem europäischen Kontinent weithin gebräuchlich war, weniger dagegen in amerik. und engl. Veröffentlichungen. Einige Autoren setzen ihn einfach mit ↗Psychoanalyse gleich (s. z.B. Rycroft, 1968), andere hingegen geben ihm eine weitere Bedeutung, so English & English (1958, 145) die unter T. „jede Psychol., die dynamische, psychische Aktivitäten annimmt, die unbewußt sind", verstehen, während Heiss (1956), Wyss (1961) u. a. unter dem Titel T. nicht nur S. ↗Freuds Werk, sondern auch die Arbeiten von A. ↗Adler, O. Rank, E. Fromm, L. Binswanger u. v. a. würdigen. Hier zeigt sich, daß der Begriff ungefähr mit *Psychodynamik* gleichgesetzt wird – ein heute gebräuchlicher Begriff zur Beschreibung unbewußter Wünsche und Konflikte, ohne irgendeine bestimmte Theorie, sei es die Freudsche oder eine andere, über Art und Ursprung zugrunde zu legen. Hier soll eine Betrachtung über die Vielzahl der Möglichkeiten vorgenommen werden, wie diese *„tieferen"* Aspekte der menschlichen ↗Persönlichkeit in der Forschung angegangen wurden.

Eine hilfreiche Kritik des Begriffs „Tiefe" in der ↗klinischen Psychologie wurde von Levy (1963) gegeben.

FORSCHUNGSMETHODEN. 1. Eine der wichtigsten Forschungsmethoden war das *therapeutische Interview;* unter dieser Bezeichnung ist nicht nur die gesamte ↗ *Psychoanalyse* eingeschlossen, wie sie von S. Freud (1856–1939) und seinen Mitarbeitern verstanden wurde, sondern auch Behandlungsmethoden, die von Forschern entwickelt wurden, die mehr oder weniger weit von der ursprünglichen Freudschen Tradition abweichen, z.B. C. G. ↗Jung (1875–1961), A. ↗Adler (1870–1937), K. Horney (1885 bis 1952) und M. Klein (1882–1960) (Beispiele des Vorgehens bei Freud, 1948; Jung, 1958; Adler, 1928; Horney, 1954; Klein, 1932). „Tiefen"-Interpretationen werden manchmal auch vorgenommen, selbst wenn keine vollständige ↗Psychotherapie durchgeführt wird. Dies wurde von Malan (1963) und in einigen sozialpsychiatrischen Arbeiten (z.B. Irvine, 1956) aufgezeigt. In allen diesen Fällen werden einzelne Verhaltensweisen seitens des Patienten (z.B. verbale Äußerungen über gegenwärtige und vergangene Anpassungsschwierigkeiten) durch einen Therapeuten interpretiert, der aufzuzeigen versucht, was ihm die tiefere emotionale Bedeutung zu sein scheint. Kriterien für die Richtigkeit der Interpretationen wurden von verschiedenen Autoren diskutiert, z.B. von Isaacs (1948) und Farrell (1962). Im großen und ganzen ereignet sich bei der ↗Gruppentherapie das gleiche (z.B. Foulkes & Anthony, 1957), nur daß bis zu ungefähr neun Patienten mit dem Therapeuten anwesend sind. Andere Formen tiefenorientierten Arbeitens mit Gruppen wurden von Balint (1957), Bion (1961) und Rice (1965) beschrieben.

2. Eine zweite Methode, diese „tieferen" Aspekte der Persönlichkeit zu erforschen, besteht in der Verwendung der ↗ *projektiven Verfahren.*

3. Zum dritten wurden Versuche unternommen, die „untergründigen" Spannungen im *industriellen Bereich* zu erforschen. Ein Pionier war hier Jaques (1961). Er beschreibt seine Rolle als die eines „Sozialanalytikers". Seine grundlegende Untersuchungsmethode war, an Gewerkschaftssitzungen und Diskussionen im industriellen Bereich teilzunehmen und die tiefere Bedeutung von Bemerkungen und emotionalen Äußerungen zu prüfen, z.B. bei Streitigkeiten über Lohnzahlungen. Hier schien sich eine untergründige Unzufriedenheit oder Statusunsicherheit auszudrücken. Darüber hinaus gibt Jaques zu verstehen, daß mit entsprechenden Einschränkungen die Formel „Zeitraum des Tragens von Verantwortung" (oder „Zeitspanne") als Grundlage verwendet werden kann, Gehalts- und Lohnzahlungen zu bemessen, die von den Menschen selbst als angemessen empfunden werden.

4. Viertens wurde die *Methode der systematischen Tonbandaufzeichnung* angewandt, bes. im Hinblick auf das Verhalten von Kindern. Beispiele: a) Isaacs (1948) hat Stichproben sozialen Verhaltens von Kindern im Kindergarten aufgenommen, in der Mehrzahl zwischen 3 und 6 Jahren alt. Sie erhebt den Anspruch, daß diese Aufnahmen das Vorhandensein der „tieferen Ursprünge von Liebe und Haß" beweisen, etwa durch kindliche Phantasien über orale und anale Aggressivität (↗Orale Phase; ↗Anale Phase), sowie deren Schuldgefühle über die eigenen „schlechten" Impulse.

b) Bowlby (1966) hat viele Hinweise verglichen mit dem Ziel, bei Kleinkindern die Auswirkungen des Entzugs der Mutter aufzuzeigen (↗Hospitalismus). Aufgrund dieser Hinweise postuliert er: „Der längere Entzug des Kindes von der mütterlichen Pflege kann schwere und weitreichende Auswirkungen auf den Charakter und so auf die Gesamtheit seines zukünftigen Lebens haben" (S. 46).

5. Letztlich sollte eine Gruppe mehr spekulativer Aussagen, die den Begriff der „Tiefe“ verwenden, erwähnt werden. Diese Beispiele umfassen die Anwendung von Tiefenprinzipien zur Erforschung des politischen Verhaltens durch Money-Kyrle (1951), die Verwendung des „Tiefeninterviews“ zu Werbezwekken, wie von Packard (1958) beschrieben, sowie Versuche, die „tieferen“ Ursachen der künstlerischen Schöpfung zu verstehen, wie in Freuds Studie über Leonardo da Vinci (1910). Das Grundprinzip in allen diesen Fällen ist die Anwendung von Gedanken, die aus der klinischen Praxis auf Situationen des täglichen Lebens übertragen werden.

KRITIK. Exakte Beweise in diesem Bereich beizubringen ist nicht leicht. Es ist jedoch zu berücksichtigen, daß die „tieferen“ Aspekte der Persönlichkeit von solch fundamentaler Bedeutung und so großem Interesse sind, daß selbst nur unzulänglich überprüfte Exp. von größerem Wert sind als genaue Exp. zu trivialeren Gegebenheiten. Andererseits besteht die Gefahr, daß einfallsreiche, doch zweifelhafte Spekulationen leicht dazu führen können, einen Zustand etablierter Tatsachen anzunehmen, die zur Sache selbst nichts beitragen.

1. Die vorliegende Diskussion wird sich auf einige Hauptbemerkungen über die Gültigkeit der Ergebnisse beschränken, die aus allen Formen der ↗Psychotherapie abgeleitet wurden. Für wiss. Zwecke ist es erforderlich, solche Faktoren der Stimulus-Situation zu isolieren, die, in Verbindung mit früheren Stimuli, eine einzelne Reaktion beeinflussen. Wenn etwa eine Interpretation in Begriffen aggressiver Wünsche vorgenommen wird, könnte es sein, daß die interessanten Verhaltensänderungen, die sich daraus ergeben, nicht aus der Einsicht des Patienten über diese aggressiven Wünsche resultieren, sondern aus der Tatsache, daß der Therapeut zu erkennen gibt, sie zu tolerieren, und daß sie nicht verhängnisvoll destruktiv sind. Im allg. ist es diskutabel, daß eine Wiedergabe des Therapeuten in der Sprache des operanten ↗Konditionierens vorteilhaft wäre. Es würde zunächst die Forscher anregen, sich ernsthaft mit dem Problem zu beschäftigen, die Stimulus-Situation in ihre Komponenten zu zerlegen, zweitens würden interessante Parallelen zu Laboratoriumsergebnissen sofort aufscheinen, und es würde ein umfassenderes theoretisches Verständnis ermöglicht, warum eine bestimmte Interpretation in einem bestimmten Zusammenhang eine bestimmte Wirkung zeigt. Seitdem Untersuchungen im Laboratorium überzeugend gezeigt haben, daß verbale Äußerungen wie „gut“ und „hm“ manchmal als Bekräftiger wirken können (z.B. Greenspoon, 1962), sollten die Therapeuten angeregt worden sein, sicherzustellen, daß sie selbst nicht unwissentlich bestimmte Verhaltenseigenarten verstärken (z.B. Antworten, die den Sexualbereich der Freudschen Analyse betreffen); ebenfalls würden sie in der Lage sein, eine rationalere Kontrolle auszuüben über Häufigkeit und Zeitpunkt bestimmter Interpretationsformen im Licht dessen, was man über Bekräftigung in anderen Zusammenhängen weiß. Was unter diesem Gesichtspunkt zu fordern ist, ist nicht ein Ersetzen der Psychotherapie durch Therapien, die auf Konditionierungsprinzipien basieren (z.B. ↗Verhaltenstherapie), sondern eine Synthese als Ergebnis dessen, was Experten verschiedener Bereiche voneinander lernen können (vgl. Skinner, 1956; Miles, 1966).

2. Der wiss. Status der ↗projektiven Verfahren steht weiterhin zur Diskussion; es erscheint jedoch gesichert, zu sagen, daß Testresultate manchmal auf unterschiedliche Weise dazu beitragen können, zu angemessenen praktischen Entscheidungen zu gelangen. Die theoretische Fundierung des Begriffs ↗„Projektion“ ist jedoch fragwürdig, und der Anspruch, diese Tests befähigten uns, die „Tiefe“ der Persönlichkeit zu erforschen, wird keineswegs allg. akzeptiert.

3. Die Arbeit im industriellen Bereich von Jacques (1961) könnte sich als bedeutsam erweisen, es fehlt auch nicht an überprüfbaren Hypothesen (z.B. S. 142ff. und 216ff.). Die ↗Validierung in einem größeren Zusammenhang ist noch nicht versucht worden.

4. Isaacs Arbeit (1948) ist ein Beispiel für den Wert biographischer Methoden, wenn diese richtig eingesetzt werden (vgl. auch ↗Lebenslaufanalyse; ↗Längsschnittuntersu-

chungen). Das Ergebnis der Untersuchungen über Mutterentzug wurde in Frage gestellt (z.B. Wooton, 1959, Kap. IV; Andry in Bowlby, 1966, 223–235; Munro, 1966), aber die Feststellung, daß Kinder durch den Entzug der Mutter gefährdet sind, läßt sich schwerlich zurückweisen.

5. Die Hauptschwierigkeit der mehr spekulativen Gedanken besteht im Mangel irgendeiner klaren Methode der Bewertung. Nicht daß eine solche schlechterdings unmöglich wäre, dies zeigte Farrell (1962) in seinen interessanten Ausführungen zu Freuds Leonardo da Vinci (Freud, 1948); was aber für oder gegen bestimmte Annahmen spricht, steht weiterhin zur Diskussion, und die Ergebnisse aus diesen Bereichen reichen nicht aus, irgendein gesichertes Urteil zuzulassen.

Ganz allg. kann über die Funktion des Begriffs „Tiefenpsychologie" gesagt werden, daß er der Orientierung und Lenkung dient; er empfiehlt bestimmte Bereiche der Persönlichkeitsforschung als des Studiums wert und betont die Gefahr der „Oberflächlichkeit", wenn diese Bereiche unbeachtet bleiben. Auch wenn in der Zukunft die lose Metapher der „Tiefe" verdrängt und eine genauere Formulierung erreicht wird, sollte eine kritische Einstellung beibehalten werden.

Lit.: Adler, A.: Die Technik der Individualpsychologie. München, 1928; **Balint, M.:** The Doctor, his patient, and the illness. London, 1957; **Bellak, L.:** The TAT and CAT in clinical use. New York, 1954; **Bion, W. R.:** Experience in groups and other papers. London, 1961; **Bowlby, J.** et al.: Maternal care. New York, 1966; **Elhardt, S.:** Tiefenpsychologie. Stuttgart, [6]1978; **English, H. B. & A. C. English:** A comprehensive dictionary of psychological and psychoanalytical terms. New York – London, 1958; **Farrell, B. A.:** The criteria for a psychoanalytic interpretation. Aristotelian Society, 1962, Suppl. vol. *36,* 77–100; **Foulkes, S. H. & E. J. Anthony:** Group psychotherapy. Harmondsworth, 1957; **Freud, S.:** Vorlesungen zur Einführung in die Psychoanalyse. Ges. Werke, Bd. 14. London, 1948; **ders.:** Eine Kindheitserinnerung des Leonardo da Vinci (1910). Ges. Werke, Bd. 11. London, 1948; **Greenspoon, J.:** Verbal conditioning and clinical psychology. In: **A. J. Bachrach** (Ed.): Experimental foundations of clinical psychology. New York, 1962, 510–553; **Horney, K.:** Unsere inneren Konflikte. Stuttgart, 1954; **Irvine, E. E.:** Transference and reality in the casework relationship. Brit. J. Psychiat. Soc. Work, 1956, *3,* 1–10; **Isaacs, S.:** Social development in young children. London, 1933; **ders.:** Childhood and after. London, 1948; **Jacques, E.:** Equitable payment. London, 1961; **Jung, C. G.:** Praxis der Psychotherapie. Zürich – Stuttgart, 1958; **Klein, M.:** Die Psychoanalyse des Kindes. Wien, 1932; **Klopfer, B. & H. H. Davidson:** Das Rorschach-Verfahren. Eine Einführung. Stuttgart, 1967; **Levy, L. H.:** Psychological interpretation. New York, 1963; **Malan, D. H.:** A study of brief psychotherapy. London, 1963; **Miles, T. R.:** Eliminating the unconscious. Headington, 1966; **Money-Kyrle, R. E.:** Psychoanalysis and politics. London, 1951; **Munro, A.:** Parents deprivation in depressive patients. Brit. J. Psychiat., 1966, *112,* 443–457; **Pakkard, V.:** Die geheimen Verführer. Düsseldorf, 1958; **Phillipson, H.:** The object relations technique. London, 1955; **Pokorny, R. R.:** Grundzüge der Tiefenpsychol. München, [2]1977; **Rice, A. K.:** Learning for leadership: interpersonal and intergroup relations. London, 1965; **Rycroft, C.:** A critical dictionary of psychoanalysis. London, 1968; **Schraml, W.:** Einführung in die T. Stuttgart, [4]1971; **Skinner, B. F.:** Critique of psychoanalytic concepts and theories. In: The foundations of science and the concepts of psychology and psychoanalysis. Minnesota, 1956, 77–87; **Toman, W.:** Tiefenpsychol. Stuttgart, 1978; **Wootton, B.:** Social science and social pathology. London, 1959; **Wyss, D.:** Die tiefenpsychologischen Schulen von den Anfängen bis zur Gegenwart. Göttingen, 1961.

T. R. Miles

Tiefensehen, Bezeichnung für die Tiefenlokalisation mittels der ↗Gesichtswahrnehmung. Das T. erfolgt *monokular* (Metzger, 1966) unter Verwendung der Perspektive, der Überschneidung von Linien, der Bewegungsparallaxe (Gibson, 1950), der Luftperspektive, der Verteilung von Licht und Schatten, der Sehgröße (bei bekannter absoluter Größe) und der ↗Akkommodation (umstritten).

In genauerem Maße erfolgt das T. *binokular* bei der egozentrischen Tiefenlokalisation, außer mit Hilfe der oben genannten Mittel, durch die Berücksichtigung der ↗Konvergenz der Blicklinien und bei der relativen Tiefenlokalisation aufgrund der ↗Querdisparation. ↗Raumwahrnehmung.

Lit.: Gibson, J.: The perception of the visual world. Boston, 1950; **Metzger, W.:** Das einäugige Tiefensehen. In: **W. Metzger** (Hrsg.): Hdb. der Psychol., Bd. 1, 1. Halb-Bd. Göttingen, 1966; **Pauli, R. & W. Arnold:** Psychol. Praktikum, Bd. 1. Stuttgart, [7]1972; **Trendelenburg, W.:** Der Gesichtssinn. Berlin – Göttingen – Heidelberg, 1961.

W. Pieper

Tiefensensibilität ↗Sinnesorgane: Die Hautsinne.

Tiefenstruktur ↗Grammatik.

Tiefenwahrnehmungsapparat, Vorrichtung zur Durchführung des ↗Heringschen Fallversuchs. Der T. besteht aus einem Kasten ohne Seitenwände (Lichteintritt). Die vordere Wand hat eine Öffnung, durch die der Pb in den T. blickt. In der oberen Wand befinden sich Löcher in bestimmten Abständen, durch die der Vl die Kugeln fallen läßt. Als Fixationspunkt ist ein weißer Knopf an einem Stab vor der schwarzen Rückwand befestigt. Durch den T. werden die Versuchsbedingungen des Kugelfallversuches standardisiert. Die Standardisierung schafft Vergleichsmöglichkeiten zwischen den Leistungen der Pbn und damit die Voraussetzung zur Aufstellung allgemeiner Normen.

Lit.: Pauli, R. & W. Arnold: Psychologisches Praktikum, Bd. 1. Stuttgart, [7]1972.

F. Mattejat

Tierpsychologie gilt mancherorts als antiquiert. Heute ist vor allem *Ethologie* aktuell, die sog. *objektive Verhaltensforschung.* Verschiedene Tierpsychologen sind in den letzten Jahren mehr oder weniger plötzlich Ethologen geworden. In Wirklichkeit ist Ethologie durchaus nicht so neu. Ethologie figuriert z. B. bereits in dem von Knottnerus-Meyer 1920 herausgegebenen Wörterbuch als „Lehre von der Lebensweise, den Sitten der Tiere" (Hediger, 1963). Heinroth, der Vater der heutigen Ethologie, hat 1910 seine grundlegende Arbeit über „Beiträge zur Biologie, namentlich Ethologie und Psychol. der Anatiden" veröffentlicht. Es ist außerordentlich bezeichnend, daß der „Zs. f. Tierpsychologie" 1969, also mit dem 26. Jahrgang, der Untertitel „Journal of Comparative Ethology" beigefügt wurde. Das letzte große umfassende Werk über T. ist das von Hempelmann (1926). Ihm entspricht im anglo-amerik. Sprachraum das von Maier und Schneirla (1935), welches noch 1964 eine erweiterte Neuauflage erlebt hat. Allerdings handelt es sich bei diesen „Principles of animal psychology" mehr um den für Amerika und England während langer Zeit bezeichnenden ↗Behaviorismus, welcher Tier und Mensch als einen mehr oder weniger komplizierten Reizbeantwortungsmechanismus auffaßte.

Die T. hat keine harmonische, lineare Entwicklung aufzuweisen. Die beiden Extreme werden gebildet durch den Cartesianismus, d. h. die von Descartes (1596–1650) vertretene Maschinenauffassung vom Tier einerseits und die übertriebene Vermenschlichung der Tiere andererseits. Auch die bis in die erste Hälfte des 20. Jh. lebendige sog. anekdotische Phase der T. war noch durch eine starke Vermenschlichungstendenz ausgezeichnet. Diese wurde dann durch eine expt. obj. Methode abgelöst, welche sich sozusagen nur für quantifizierbares Verhalten interessiert.

Gegenwärtig herrscht ein starker Trend, den Menschen lediglich als ein Tier aufzufassen (Hill, 1957; Morris, 1967) und damit in die allg. Ethologie einzubeziehen, also von allem Subjektiven und Psychischen abzusehen (Eibl-Eibesfeldt, 1967) und ihn letztlich rein neurophysiologisch bzw. mechanistisch zu betrachten (Tinbergen, 1952). Die früher üblich gewesene Trennung von T. und Menschenpsychol. wird schon seit mehr als 100 Jahren verdrängt durch eine ↗vergleichende Psychol., welche die der Tiere und des Menschen umfaßt. Die Pioniere auf diesem Gebiet sind P. Scheitlin (1840) und C. G. Carus (1866) gewesen. „Von der vergleichenden Anatomie zur vergleichenden Psychol. ist nur ein Schritt!" Diesen Schritt hat Carus vollzogen. Diese Betrachtungsweise untersucht die Analogien und Homologien (↗Ausdruck), aber auch die wesentlichen Unterschiede zwischen den einzelnen Gruppen.

Die *Geschichte* der T. läßt sich weitgehend als die Geschichte des Kampfes gegen die Vermenschlichung charakterisieren. Vermenschlichung führte u. a. dazu, daß man der Spinne wegen ihres kunstvollen Netzbaus ein hohes Maß von (menschlicher) Intelligenz zuschrieb, dem Polizeihund berufsmäßigen Eifer bei der Verfolgung von Verbrechern usw. Die *Vermenschlichungstendenz* (Anthropomorphismus) ist deswegen eine so hartnäckige Fehlerquelle, weil sie als Angleichungstendenz in allen höheren Lebewesen stammesgeschichtlich tief verankert ist und sich beim Tier als Vertierlichungstendenz (Zoomorphismus) manifestiert. Die Angleichungstendenz führt dazu, daß artfremde Lebewesen als Artgenossen betrachtet und konsequent als solche behandelt werden. So vertierlicht der Zirkuslöwe den Dompteur, der Hund seinen Herrn; dieser wiederum vermenschlicht seinen Hund, gibt ihm einen menschlichen Namen, spricht mit ihm wie mit einem Menschen usw. Um solchen Fehlbeurteilungen zu steuern, wurde zur Blütezeit der anekdotischen und vermenschlichenden Phase der T. der sog. Morgansche Kanon etabliert, d. h. die Forderung, eine tierliche Leistung, wie etwa den Wabenbau der Biene, nicht auf höhere Fähigkeiten (↗Intelligenz) zurückzuführen, wenn es möglich ist, sie auf einfachere Weise (z. B. als ↗Instinkthandlung) zu erklären. Bierens de Haan (1940) sah sich bezeichnenderweise veranlaßt, zu betonen, es komme nicht so sehr darauf an, tierliches Verhalten so sparsam wie möglich, sondern so richtig wie möglich zu erklären. Im übrigen empfiehlt sich das Prinzip der Sparsamkeit nicht erst bei der Deutung tierlichen Verhaltens, sondern bereits bei der Fragestellung: Zu oft werden Tiere in komplizierte Versuchsanordnungen gebracht, bevor wir ihr Normalverhalten einigermaßen kennen. Die Ethologie verlangt von jeder Tierart einen *Verhaltenskatalog,* ein *Ethogramm* (Eibl-Eibesfeldt, 1967). Bis heute liegt noch kein vollständiges vor. Mit den beiden Stichworten Instinkt und Intelligenz wird eine Phase der T. bzw. der Thematik umschrieben, die ein halbes Jh. lang – bes. in Europa – im Mittelpunkt der Diskussion gestanden hat. Die zur Verteidigung der tierlichen Intelligenz ins Feld geführten Anekdoten wurden mit Recht zurückgewiesen, doch schoß man auch hier über das Ziel hinaus, indem Verhaltensweisen als Märchen deklariert wurden, die sich später als tatsächlich existierend erwiesen, wie z. B. der Jungentransport auf den Armen der Eltern beim Biber (Hediger, 1970), auf dem Rücken der Mutter beim Lippenbären, das Füttern ihrer Aktinie durch Amphiprion-Fische u. a. Immer wieder kolportierte, als unwahr erwiesene Tierlegenden – wie z. B. das Kopf-in-den-Sand-Stecken beim Strauß – führten zu einer verhängnisvollen Überkompensation. Das klassische Beispiel bilden die sog. denkenden Pferde und Hunde, die vor, während und nach dem Ersten Weltkrieg ein weltweites Aufsehen erregt haben (Krall, 1912). Sie waren angeblich imstande, durch eine besondere Klopfsprache menschliche Gedanken auszudrücken und komplizierte Rechnungen zu bewältigen. Alle diese Scheinleistungen ließen sich auf minime unwillkürliche Zeichengebung durch die Vl zurückführen. Anstatt dieses hochinteressante Ergebnis zum Gegenstand intensiver Forschung zu machen, wurde daraus lediglich die negative Konsequenz gezogen, nämlich die, in wissenschaftlich anerkannten Exp. den Einfluß des Menschen mit allen Mitteln auszuschalten. Koehler (1937, 24) hat bezeichnenderweise die Forderung aufgestellt, daß während des Versuchs jeglicher Kontakt zwischen Vl und Tier strengstens zu unterbleiben hat. Das spezifisch Menschliche in der Versuchsanordnung wurde dadurch allerdings nicht aufgehoben. Die Kommunikationswissenschaft und die mit ihr eng verbundene ↗Semiotik (Osgood & Sebeok, 1965) zwingen uns, die Beziehungen zwischen Vt und Vl mit allen uns heute zur Verfügung stehenden gedanklichen und instrumentellen Mitteln neu zu überprüfen. Hier sind die grundsätzlich wichtigen Untersuchungen von Rosenthal (1966) von Bedeutung: Sehr oft findet der Vl genau das, was er im Exp. (evtl. unbewußt) erwartet. Das gilt z. T. auch für die während Jahrzehnten mit einem unerhörten Aufwand betriebenen ↗Labyrinth-Experimente. Sie dienten vor allem dem Studium des Intelligenz- bzw. des Lernverhaltens und der Orientierung. Dazu hat 1937 der 1958 verstorbene holländische Tierpsychologe J. A. Bierens de Haan festgestellt: „Tausende und abertausende Lebewesen – von Kindern bis Kröten und Küchenschaben – hat man seit den Versuchen Smalls (um 1900) unzählbare Labyrinthe durchlaufen, durchwaten, durchschwimmen lassen. Man hat die Tiere dabei hungern und dürsten lassen, ihnen Nerven durchschnitten und Sinnesorgane exstirpiert, Gifte eingespritzt und Vitamine vorenthalten, ihr Gedächtnis und ihr Vermögen, das Gelernte auf andere Labyrinthe zu übertragen, geprüft usw. Besonders in Amerika ist das Labyrinth im Laufe der Jahre fast zu einem Normalapparat aller tierpsychol. Forschung geworden . . .“

Dazu meint Fischel (1932, 292), daß die so gewonnenen Ergebnisse die aufgewendete Mühe nicht wert gewesen seien. Dem Labyrinth-Versuch in seinen hundertfältigen Variationen lag der Wunsch zugrunde, die psychische Leistungsfähigkeit der verschiedensten Individuen und Arten quantitativ und unmittelbar vergleichbar auf obj. Weise zu erfassen. Um dasselbe Ziel bemüht sich im Prinzip auch die Methode der ↗Skinner-Box (Forster & Skinner, 1957). Beiden geht es wesentlich um direkt Vergleichbares, Quantitatives. Das direkt Meßbare, in Zahlen und Kurven Darzustellende steht auch bei der Ethologie im Vordergrund, ja es erhebt dort Anspruch auf das allein Geltende, das allein Interessante, obgleich – wie zuweilen in der Psychiatrie – dem Einzelfall, dem Besonderen, der Ausnahme eminentes Interesse zukommt. Die Ethologie interessiert sich mehr für das durchschnittliche Verhalten der Art, nicht für das Verhalten einzelner Individuen, um deren möglichst weitgehendes Verständnis sich die T. bemüht, der Tiergartenbiologe sogar verpflichtet ist. Der Ethologie geht es um das kausale Verstehen von Mechanismen, sie beschäftigt sich nicht mit Einzelschicksalen („Persönlichkeiten"), sondern eher mit dem angeborenen Durchschnittsverhalten. Tinbergen (1952) versteht unter Verhalten „alle Bewegungen des gesunden, unverletzten Tieres". Der Tierpsychologe kümmert sich aber auch um kranke, verletzte, operierte, außergewöhnlichen Situationen ausgesetzte Tierindividuen. Er glaubt, sich verstehend, in gewissem Sinne mitempfindend in die Situation eines Individuums einfühlen zu können, nicht zuletzt aufgrund ethologischer Daten und aufgrund genauer Kenntnisse der betreffenden Umwelt, zu welcher Uexküll (1928) den Schlüssel geliefert hat. Diese Methode des Tierpsychologen kann völlig frei sein von Vermenschlichung und ist der kritischen Kontrolle durchaus zugänglich: Aufgrund seiner biologisch fundierten Einfühlung muß er in der Lage sein, für jedes Tier in jeder Situation Verhaltensprognosen zu stellen. Die Richtigkeit dieser Prognosen läßt sich genau überprüfen. Stand früher die vergleichende Beurteilung der Intelligenz, des erworbenen Verhaltens bzw. der Lernfähigkeit im Vordergrund, so ist es in den letzten Jahrzehnten das angeborene, das instinktive Verhalten (↗Instinkt). Lediglich einige Sonderformen des Lernens, die als sog. ↗*Prägung* innerhalb ganz kurzer Zeiträume erfolgten und unter Umständen für das ganze spätere Leben des betreffenden Individuums entscheidend sein können (z. B. Fixierung des Folgetriebes bei frisch geschlüpften Graugänsen oder neugeborenen Huftieren), sind Gegenstand umfassender Untersuchungen geblieben (Thorpe, 1956, Lorenz, 1965; Sluckin, 1964).

Die Problematik der vorher erwähnten „dichotomen" Gegenüberstellung von angeborenem und erworbenem Verhalten, also von ↗Instinkt und ↗Intelligenz, wurde bes. von Lehrman (1953) betont. Instinkthandlungen galten als starr, Lernhandlungen hingegen als plastisch. Instinkthandlungen wird daher taxonomische Bedeutung zugemessen, ganz entsprechend wie morphologischen Merkmalen. Diese Auffassung wurde teilweise übertrieben. Schließlich sind ja auch Knochen und andere Organe nicht absolut starr, sondern ebenfalls der Evolution unterworfen (Hediger, 1963).

Längere Zeit waren die Verhaltensforscher – bes. die europäischen –, zu denen Ethologen wie Tierpsychologen zu rechnen sind, gewissermaßen in zwei Lager geteilt. Bierens de Haan (1940) verteidigte die These, daß auch der Instinkt bzw. Instinkthandlungen in gewissem Sinne plastisch seien, während die Ethologen an der These der absoluten Starrheit festhielten. Eine Art Kompromiß fanden die Ethologen – bes. Lorenz und Tinbergen – darin, daß sie die einzelne Instinkthandlung zerlegten in ↗Appetenzverhalten und ↗Endhandlung. Nach dieser Auffassung besteht z. B. beim Vogel die Wahl des Nistortes und des Nistmaterials auf einem plastischen, den jeweiligen Bedingungen Rechnung tragenden Appetenzverhalten. Die spezielle Art des Nestbaus, die Endhandlung, hingegen ist völlig starr; sie erfolgt nach festen, angeborenen Rezepten. Schneirla (in Maier & Schneirla, 1964, 643) glaubte diese entscheidende Dichotomie von starrem, angeborenem und plastischem, erworbenem Verhalten mit den Leistungen des Computers als analog vergleichen zu können: Er sieht in der ererbten Fähigkeit zu einem bestimmten Verhalten und in dem in einer speziellen Situation jeweils aktuellen Verhalten eine Analogie zu dem, was der ↗Computer gespeichert hat, und der Aufgabe, die er im Augenblick beantworten soll. Gegensätzliche Auffassungen bestehen z. Z. auch hinsichtlich der Stellung des Menschen, der – wie erwähnt – in die vergleichende Psychol. oder Ethologie einzubeziehen ist. Die Gemeinsamkeiten des Menschen mit dem Tier wurden unter C. Darwins Einfluß (↗Darwinismus) während langer Zeit überbetont, das Trennende hingegen übersehen oder zumindest bagatellisiert.

Jahrzehntelang wurden dem Tier, selbst der Biene, geistige Eigenschaften zuerkannt. Wenn man als das Geistige Sprache, Geschichte, Religion, Kunst usw. versteht, muß man zwischen Tier und Mensch bedeutende, offenbar grundsätzliche Unterschiede feststellen. Noch nie ist es beispielsweise gelungen, den dem Menschen am nächsten stehenden Tieren, nämlich den Anthropoiden, mehr als drei Worte beizubringen. Es fehlt ihnen das entscheidende Sprachzentrum im Gehirn. Deshalb werden neuerdings Versuche unternommen, dieses zu umgehen durch Anwendung der ASL (American Sign Language), also einer Taubstummensprache (Gardner, 1969). Es gibt jedoch, abgesehen vom Geistigen, andere tiefgreifende Unterschiede zwischen Tier und Mensch, z. B. die Beherrschung des Feuers. In der Stammesgeschichte des Menschen ist die nur ihm zukommende Verwendung des Feuers von grundsätzlicher Bedeutung.

Lorenz (1967) stellt neuerdings das Geistige als ein menschliches Monopol dar und distanziert sich zudem von der Allmacht des Zufalls in der Phylogenese der Tiere und des Menschen. Vorher galten Zufallsmutationen und Selektion als die Alleinverantwortlichen für alle ↗Evolution. Jetzt ist auch Lorenz von der Annahme einer Allmacht des Zufalls im biol. Geschehen abgerückt: „Es ist ein Mißverständnis, zu glauben, daß der ‚reine Zufall' das Werden der Organismen regiere."

Lit.: Bierens de Haan, J. A.: Die tierpsychol. Forschung, ihre Wege und Ziele. Leipzig, 1935; **ders.:** Labyrinth und Umweg. Leiden, 1937; **ders.:** Die tierischen Instinkte und ihr Umbau durch Erfahrung. Leiden, 1940; **Carus, C. G.:** Vergleichende Tierpsychologie. Wien, 1866; **Eibl-Eibesfeldt, I.:** Grundriß der vergleichenden Verhaltensforschung. München, 1967; **Forster, C. B. & B. F. Skinner:** Schedules of reinforcement. New York, 1957; **Fischel, W.:** Methoden zur psychol. Untersuchung der Wirbeltiere. Hdb. biol. Arbeitsmeth., Abt. VI, Teil D. 1932; **Gardner, R. A. & B. T. Gardner:** Teaching sign language to a chimpanzee. Science, 1969, *165*, 664–672; **Hediger, H.:** T. im Zoo und im Zirkus. Basel, 1961; **ders.:** T. und Ethologie. Schweiz. Arch. Neurol. Neurochir. u. Psychiatrie (Festschr. M. Bleuler), 1967, *91*, 281–290; **ders.:** Verstehens- und Verständigungsmöglichkeiten zwischen Mensch und Tier. Schweiz. Z. Psychol. 1967, *26*, 234–255; **ders.:** Zum Fortpflanzungsverhalten des Kanadischen Bibers. Forma et Functio, 1970, *2*, 336–351; **Heinroth, O.:** Beiträge zur Biologie, namentlich Ethologie und Psychol. der Anatiden. Vortr. 5. Intern. Ornithol. Congr. Berlin, 1910; **Hempelmann, F.:** T. vom Standpunkte des Biologen. Leipzig, 1926; **Hill, O. W. C.:** Man as an animal. London, 1957; **Knottnerus-Meyer, T.:** Zoologisches Wörterbuch. Leipzig – Berlin, 1920; **Koehler, O.:** Die „zählenden" Tauben und die „zahlsprechenden" Hunde. Der Biologe 1, München, 1937; **Krall, K.:** Denkende Tiere. Leipzig, 1914; **Lehrman, D.:** A critique of Konrad Lorenz's theory of instinctive behavior. The Quarterly Rev. Biol. 1953, *28*, 337–363; **Lorenz, K.:** Über tierisches und menschliches Verhalten. Gesammelte Abhandlungen. München, 1965; **ders.:** Die instinktiven Grundlagen menschlicher Kultur. Die Naturwiss., 1967, *54*, 377–388; **ders.:** Vergleichende Verhaltensforschung. Berlin – Wien, 1978; **Maier, N. R. F. & T. C. Schneirla:** Principles of animal psychology. New York, 1935; **ders.:** Principles of animal psychology. New York, 1964; **Morris, D.:** The naked ape. London, 1967; **Osgood, C. E. & T. A. Sebeok:** Psycholinguistics. Indiana, 1965; **Rosenthal, R.:** Experimental effects in behavioral research. New York, 1966; **Scheitlin, P.:** Versuch einer vollständigen Thierseelenkunde. Stuttgart – Tübingen, 1840; **Sluckin, W.:** Imprinting and early learning. London, 1964; **Tembrock, G.:** Grundlagen der Tierpsychologie. Braunschweig, [3]1971; **Thorpe, W. H.:** Learning and instinct in animals. London, 1956; **Tinbergen, N.:** Instinktlehre. Berlin – Hamburg, 1952, [5]1972; **Uexküll, J.:** Theoretische Biologie. Berlin, 1928.

H. Hediger

Tiersprache ↗Kommunikation, tierliche.

Time-and-Motion-Study, anglo-amerik. Bezeichnung für *Zeit- und Bewegungsstudien:* methodische Untersuchung (Analyse und Synthese) von Bewegungen, oft unter Anwendung bildtechnischer Hilfsmittel, während eines Arbeitsablaufs. ↗Zeitstudie. *G. Marschner*

Time-sampling, auch *fraktionierte Beobachtung, systematische Kurzzeitbeobachtung,* eine

Verhaltensbeobachtungsmethode, bei der jeweils eine Vp im Verlauf einer längeren Untersuchung nach einem festgelegten Zeitplan mehrmals kurzfristig (einige Minuten) beobachtet und das beobachtete Verhalten gleichzeitig oder anschließend protokolliert wird. Bei der Verteilung der Beobachtungszeitpunkte für jede Vp wird die Vergleichbarkeit der Bedingungen in der Beobachtungssituation berücksichtigt. Durch vielfache kurzzeitige Beobachtungen wird eine hohe Zuverlässigkeit der Daten erreicht. ↗Beobachtung.

Lit.: Cronbach, L. J.: Essentials of psychological testing. New York, [2]1960. *J. Osterland*

Titchener, *Edward Bradford.* Leben und Werke. * 11.1.1867 Chichester (Engl.), † 3.8. 1927 Ithaca (USA). „T. zog seinen Arbeitsmantel an, der Assistent bürstete die Asche der allgegenwärtigen Zigarre Titcheners von seiner Jacke, die Hilfskraft ging zur Tür hinaus, um Geräte zu holen, und setzte sich in die erste Reihe. Dann erschien Titchener in der Bürotüre und schritt zum Rednerpult" (Boring, 1927). Das war T. an der Cornell University, wo er von 1892 bis zu seinem Tode die Psychol. schlechthin verkörperte. Seine Psychol. war rein intellektuell und absichtlich nonkonformistisch. T. hinterließ keine Schule, obgleich er viele amerik. Psychologen tief beeinflußt hat. Sein intellektuelles Schaffen wurde sehr stark durch die Zeit, die er in Leipzig bei W. ↗Wundt (1890–92) verbracht hat, beeinflußt. Obwohl er mehrere Jahre in Oxford gelebt hatte (1875–90), wo er Philosophie und klassische Philologie und Physiologie studierte, war diese Periode eher für den Hintergrund als für die endgültige berufliche Richtung bestimmend. Seine wiss. Exaktheit kam in seiner *Experimentalpsychologie* (1901–05) zum Vorschein. Boring (1927) war geneigt, dieses Buch als „das gelehrteste psychol. Werk in engl. Sprache" und als „erstaunlich zutreffend" zu bezeichnen. Es war wahrscheinlich T.s fruchtbarstes Theorem, daß die Perspektive das Wesentliche an der Psychol. bilde und daß in ihr das Erlebnis „in Abhängigkeit vom erlebenden Einzelnen" (1950, S. 417) behandelt wird. Der Psychologe also, der den Standpunkt des empfindenden Subjekts außer acht läßt, begeht den „Reizfehler". Seine Beiträge zur Empfindungs-, Aufmerksamkeits- und Gedankenlehre waren bemerkenswert. Unter T.s zahlreichen Arbeiten (7 Bücher, 216 Artikel, 176 Veröffentlichungen aus dem Labor in Cornell, 54 betreute Dissertationen) gibt das *Lehrbuch* (1909–10) einen umfassenden Abriß seiner Lehre. Sein beabsichtigtes systematisches Werk ist nie erschienen, aber es ist H. P. Weld gelungen, seine *Prolegomena* zusammenzustellen (1927). Der erste Teil davon über W. Wundt und F. ↗Brentano (auch erschienen im Americ. J. of Psychol., 1921) gilt heute als historisch bedeutsam. T., der selbst ein renomierter Übersetzer (z. B. von O. Külpe und W. Wundt) war, wurde vielfach übersetzt. Sein Leben und sein Werk erscheinen als eine Serie von Dualismen: Psychol. und Nichtpsychol., geistiger Prozeß und geistige Bedeutung, Struktur und Funktion, Anmut und Herrschaft, Disziplin und die Freude an der Musik und am Tennis – die Münzkunde nicht zu vergessen –, amerik. Wohnsitz und engl. Staatsangehörigkeit (dazu sah er wie ein Deutscher aus), eine gewisse Exklusivität und eine umstrittene Laufbahn als Herausgeber sowie die informelle Führung der Gruppe der „Experimentalpsychologen": ein paradoxer und großer Mensch.

Lit.: Boring, E. G.: Edward Bradford Titchener, 1867–1927. Amer. J. Psychol., 1927, *38*, 489–506; **ders.:** A history of experimental psychology. New York, [2]1950, 410–420, 435–437. **Schr.:** A primer of psychology, 1903; Systematic psychology: prolegomena, hrsg. von H. P. Weld, 1927. *J. A. Cardno*

Titchenersche Täuschung, ein Kontrastphänomen. Zwei gleich große Kreise sind von größeren bzw. von kleineren Kreisen umgeben.

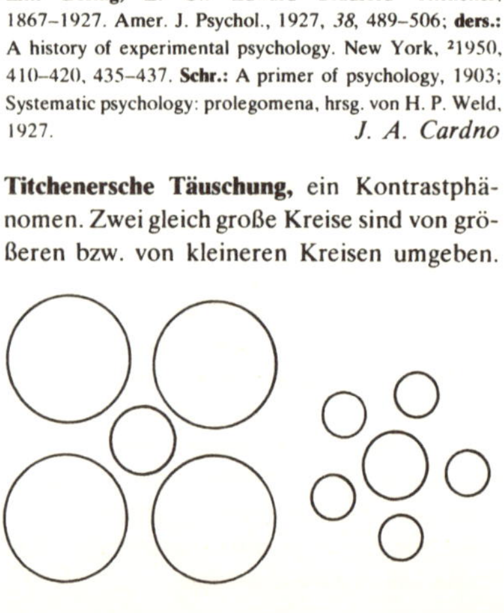

Der von größeren Kreisen umgebene erscheint kleiner (s. Abb.). *C. D. Frith*

T-Koeffizient ↗Kendalls τ.

TL, Abk. für „Testleiter".

T-Norm ↗T-Wert, ↗Testnormen.

Tod, im Sinne von „tot", ist jederlei psychologischer Forschung ganz und absolut unzugänglich. T. ist nämlich das unempirische Empirikum. Er ist die Aufhebung aller Kommunikation, die Vernichtung aller innerweltlichen Beziehungen, ja sogar – wie von der Psychologie des Sterbens her vermutet werden kann – Verlust der persönlichen Würde des Selbst als Subjekt aller Motivationen und Erfahrungen. Er ist die Erfahrung des endgültigen Versagens aller Abwehrmechanismen und die Vernichtung des letzten Bollwerks der Selbst-Liebe. Die Erfahrung des T. durch Negation scheint die Erfahrung der Unvermeidlichkeit der Selbst-losigkeit.

Von daher ist es verständlich, daß kein Tier, sondern nur der Mensch als liebesfähiges Subjekt sterben kann. Weil der Mensch grundsätzlich sterblich ist, ist er seinem tiefsten Grund nach altruistisch.

T. als Erfahrung der Vernichtung des Selbst (nicht unbedingt der Person als solcher) und Verwirklichung selbstloser Liebe machte die Einführung einiger psychologischer Grundbegriffe wie Selbst, Person, Leben, Zeit, selbstlose Liebe in psychologische Systeme notwendig.

Lit.: Scherer, G.: Das Problem des Todes in der Philosophie. Darmstadt, 1979. *T. Horvath*

Todestrieb (oder *Thanatostrieb*) ist nach Freud (1920) der „Gegenspieler" des *Lebens-* oder *Liebestriebes* (der ↗Libido). Freud behauptet, daß der Organismus eine angeborene Tendenz zur Rückkehr in den Ausgangszustand habe. Dieser Trieb, der zur Selbstdestruktion führen würde, muß vom heranwachsenden Organismus erst nach außen abgelenkt werden. Der T. widerspricht dem ↗Lustprinzip und wird vom Wiederholungszwang gesteuert.

Der T. kann neutraler als Aggressionstrieb bezeichnet werden (z. B. Hartmann, 1949; Rapaport, 1959) und stellt damit eine der beiden großen ↗Trieb- und Motivklassen dar, unter denen für Psychoanalytiker (↗Psychoanalyse) alles Motivationsgeschehen subsumierbar ist.

Lit.: Freud, S.: Jenseits des Lustprinzips (1920). Ges. Werke, Bd. 13. London, 1947; **Hartmann, H., Kris, E. & R. M. Loewenstein:** Notes on the theory of aggression. Psychoanalytic Study of the Child, 1949, *3/4,* 9–36; **Rapaport, D.:** Die Struktur der psychoanalytischen Theorie. Stuttgart, 1959; **Toman, W.:** Introduction to psychoanalytic theory of motivation. London – New York, 1960. *W. Toman*

Token. Der Terminus wird in mehreren Zusammenhängen gebraucht wie z.B. ↗token economy oder type-token ratio. Im ersten Fall (token economy) bedeutet T. Münze, die als Verstärker gebraucht wird. Im zweiten (type-token ratio) bedeutet T. die Gesamtzahl der gebrauchten Wörter in einem Text der Standardlänge von 100, 200, 500 oder N Wörter. Die type-token ratio (TTR) ist ein Quotient, gebildet aus der Anzahl der verschiedenen Wörter und der Gesamtzahl der gebrauchten Wörter; er gilt als Maß der Wortschatzvariabilität eines Textes. *L. Alberti*

Token-economy-system. Das T-E-S (Münzverstärkungssystem) ist ein strukturiertes operantes Verfahren der ↗Verhaltensmodifikation in Therapie, ↗Rehabilitation und (Heim-)Erziehung. Oft ist das Vorgehen intermediär: Laien sind Hilfs-Therapeuten. Für definiertes Zielverhalten werden ↗Tokens (Spielmarken, Münzen u. ä.) als generalisierte konditionierte Verstärker gegeben, die gegen eine Vielzahl sog. primärer Verstärker eingetauscht werden können. Interindividuelle Unterschiede in der Bevorzugung einzelner Verstärker (im Gruppenvorgehen), aber auch zeitliche Schwankungen (bei Langzeitanwendung) können so ausgeglichen werden.

W. B. Emminghaus

Toleranz, Beschreibung sozialer ↗Einstellungen und/oder Verhaltensweisen eines Individuums, die – im Unterschied zu intoleranten Einstellungen oder Verhaltensweisen – an Meinungen, Einstellungen usw. anderer Individuen (z. B. Angehöriger von Minderheiten), welche in Inhalt und Zielsetzung von den eigenen oder denen der Mehrheit divergieren, keinen Anstoß nehmen und darüber hinaus aktiv die Ablehnung oder Bekämpfung von Anders- oder Fremdartigkeiten zu verhindern suchen.

Der von Frenkel-Brunswik (1949) eingeführte Begriff der *Toleranz bzw. Intoleranz gegen Mehrdeutigkeit* (tolerance/intolerance of ambiguity) steht eingeschränkt für einen besonderen kognitiven Stil, der durch eine mehr oder weniger eingeschränkte Fähigkeit, in mehrdeutigen Situationen Urteile zu nuancieren und in der Schwebe zu halten, charakterisiert ist. Intoleranz gegen Mehrdeutigkeit drückt sich unter anderem in der Tendenz aus, sich im Sinne von ↗Vorurteilen vorschnell festzulegen, sich eher zurückzuziehen oder die Lösung von einer Autorität zu verlangen, als selbst zu versuchen, die Situation zu verstehen und mit ihr fertig zu werden.

Ergebnisse verschiedener Untersuchungen weisen positive Beziehungen zwischen Intoleranz gegen Mehrdeutigkeit und Merkmalen der ↗„autoritären Persönlichkeit" auf; dies konnte allerdings bisher nicht eindeutig bestätigt werden.

Lit.: Frenkel-Brunswik, E.: Intolerance of ambiguity as an emotional and perceptual personality variable. J. Pers., 1949, *18*, 108–143; **Martin, J. G.:** The tolerant personality. Detroit, 1964. *A. Schmidt-Mummendey*

Tolman, *Edward Chace.* LEBEN UND WERKE. * 14.4.1886 Newton (Mass.), † 19.11.1959 Berkeley. Promovierte 1915 an der Harvard University: hatte anschließend bis 1918 einen Lehrauftrag an der Northwestern University, wo er sich mit Fragen des vorstellungsfreien Denkens, der retroaktiven Hemmung und ähnlichen Gedächtnisphänomenen befaßte; war seit 1918 mit nur kurzzeitigen Unterbrechungen, während deren er an der Harvard University und an der University of Chicago lehrte, Professor an der University of California at Berkeley; wurde durch seine Untersuchungen zum ↗*Lernen* und *zielgerichteten Verhalten* zu einem der namhaftesten Vertreter des Neobehaviorismus und der amerik. Lernpsychologie; 1937 Präsident der APA.

KOGNITIVE LERNTHEORIE. T.s kognitive Lerntheorie unterscheidet sich von den übrigen behavioristischen ↗Lerntheorien in einer Reihe von Punkten: 1) Sie beschreibt das Verhalten nicht auf molekularer, sondern auf molarer Ebene, 2) alles Verhalten wird als zielgerichtet angesehen, 3) das Individuum lernt nicht Bewegungsfolgen, sondern Erwartungen, d. h. Bedeutungszusammenhänge zwischen zwei Reizgegebenheiten, der gegenwärtigen Situation S_1 (Zeichen) und der sich im Verlauf der Handlung einstellenden Situation S_2 (Bezeichnetes, Ziel), 4) an die Stelle des reinforcement tritt das Prinzip der Bestätigung (confirmation).

Neben den objektiv meßbaren Reiz- und Reaktionsvariablen postuliert T. eine Reihe hypothetischer, nicht direkt beobachtbarer Faktoren, sog. ↗intervenierende Variablen, die als interne Prozesse im Organismus die Verbindung zwischen den Faktoren der Reizsituation und der Reaktion herstellen: das Bedürfnissystem, die ↗Überzeugungs-Wert-Matrix und der unmittelbare konkrete Verhaltensraum.

Im Ggs. zu C. L. ↗Hull, der vorwiegend an Problemkäfigen und Laufgängen experimentierte, benutzte T. in seinen Untersuchungen die verschiedenartigsten Labyrinthsituationen. Dabei ist die Situation für ein sich im Labyrinth befindliches Individuum durch verschiedene sog. „Zeichen" (z. B. „choice points"), die den Weg zum Ziel bezeichnen und anhand deren es sich orientiert, untergliedert. Bei wiederholtem Durchlaufen der Strecke entwickelt das Tier für die verschiedenen Zeichen bestimmte „Erwartungen", d. h. Unterscheidungen der Wahrscheinlichkeit, mit der bestimmte Verhaltensweisen in dieser Situation zum Ziel führen. Wird die Erwartung dadurch „bestätigt", daß der eingeschlagene Weg zum Ziel führt, wird die Wahrscheinlichkeit ihres Vorkommens und damit indirekt auch die Wahrscheinlichkeit der gezeigten Verhaltensweise erhöht. Wird die Erwartung nicht bestätigt, wird ihre Wahrscheinlichkeit verringert. Für die Bestätigung ist lediglich das Erreichen des Zieles erforderlich, nicht aber eine Reduktion der Bedürfnisspannung im Sinne Hulls.

Die auf dem Weg zum Ziel liegenden Zeichen werden durch die Bestätigung akzentuiert (emphasized) und werden zu Subzielen, die selbst in der Lage sind, Erwartungen zu bestätigen. Letzten Endes entwirft der Organismus in einer „Zentrale" von allen in der Labyrinthsituation befindlichen Zeichen und ihren Bedeutungen eine Art „kognitive Karte" (cognitive map), nach der er sein Verhalten ausrichtet.

Schr.: Purposive behavior in animals and men, 1932; Drives toward war, 1942; Collected papers in psychology, 1951.

W. Wittling

Tönesehen, Spezialfall der ↗Synästhesie, bei dem akustische ↗Empfindungen, ↗Wahrnehmungen oder ↗Vorstellungen spontan mit visuellen verbunden werden.

Lit.: **Werner, H.:** Intermodale Qualitäten (Synästhesien). In: **W. Metzger** (Hrsg.): Hdb. der Psychol., Bd. 1/1. Göttingen, [2]1974.

F. Mattejat

Tonpsychologie, Lehre von den psychophysischen Voraussetzungen und Abläufen der ↗Gehörswahrnehmungen und -erlebnisse, die aufgrund von Schalleindrücken jeder Art, im besonderen jedoch solcher der einfachen musikalischen Reizstrukturen (wie z.B. ↗Klang, Intervall, rhythmische Einheiten), entstanden sind. Hierzu gehören auch die spezifischen Eigenarten des Musikhörens, soweit sich dieses aus bestimmten Hörfunktionen (z.B. das absolute oder relative Gehör) ableitet.

Die T., durch H. v. ↗Helmholtz (1863) entscheidend vorbereitet, wurde von Carl Stumpf (1883; 1890) begründet. Der Einseitigkeit der psycho-akustischen Betrachtungsweise jener Zeitepoche folgte nach der Jahrhundertwende die Entwicklung der ↗Musikpsychologie (Kurth, 1930), welche die Musik und deren Wirkungszusammenhang als komplexes Ganzes betrachtete und dadurch eine physiologisch-psychologisch orientierte T. zeitweise in Frage stellte. In der Folgezeit gewann die T. jedoch wieder an Bedeutung: einmal als notwendige Basis für die auf sie bezogene Musikpsychol. (zur klareren begrifflichen Abgrenzung führte A. Wellek hierfür den Namen Gehör- oder Hörpsychol. ein), zum zweiten als relativ eigenständige Disziplin, die den verschiedensten Denkansätzen der Phänomenologie, ↗Informationstheorie, Kybernetik (↗Kybernetik med. Psychologie) u.a. offensteht.

Lit.: **Bekesy, G. v.:** Experiments in hearing. New York, 1960; **Stevens, S. S.:** Bibliography on hearing. Cambridge (Mass.), 1955; **Stevens, S. S. & F. Warshossky:** Schall und Gehirn. Reinbek, 1970; **Stumpf, C.:** Tonpsychologie, 2 Bde. Leipzig, 1883–90 (Neudruck 1965).

B. Schmidt

Tonus, *Spannungszustand* der Muskulatur. Beim quergestreiften Skelettmuskel spricht man vom *kontraktilen* T., der durch tetanische Kontraktion, d. h. durch rhythmische Zusammenziehungen der einzelnen Muskelfasern, erzeugt wird. Der T. hängt dabei von der Zahl der vom Rückenmark kommenden Nervenimpulse ab, ist im Wachzustand und bes. bei Erregung erhöht und im ↗Schlaf vermindert. Beim glatten Muskel des Darmes, der Gebärmutter, der Harnblase, des Gallengangsystems und der Blutgefäße spricht man vom *plastischen* T., der vom eigenen Erregungszustand der einzelnen Muskelfasern und von deren gegenseitiger Lage abhängig ist.

E. David

Topologische Mnemonik (topisches Lernen), Gedächtniskunst, in der räumlich-örtliche Vorstellungen als Hilfe zum Einprägen von Inhalten benutzt werden. Der zu erlernende Stoff gewinnt durch (in Vorstellung oder Realität vorhandene) räumliche Anordnung größere Übersichtlichkeit oder wird durch die Verknüpfung mit der Vorstellung räumlicher Gegebenheiten leichter einprägbar (Beispiel: Schemata, Diagramme).

H. Wagenknecht

Topologische und Vektorpsychologie (T. u. V.), von K. ↗Lewin erarbeitete umfassende Theorie des Verhaltens.

GRUNDLAGEN. Ausgehend von der Gestaltpsychol., entwickelte Lewin seine ↗Feldtheorie, die er als eine „Methode zur Analyse von Kausalbeziehungen und der Synthese wissenschaftlicher Konstrukta" charakterisiert.

Ein wesentlicher Bestandteil dieser Theorie ist Lewins „konstruktive" oder „genetische Methode" der Begriffsbildung: Im Gegensatz zur klassifikatorischen Methode versucht sie, die Phänomene aus ihren Bedingungen heraus zu erklären und nach Bedingungen zu gruppieren; d. h., die „genotypische Identität" wird der Begriffsbildung zugrunde gelegt. Damit gelangt man zu Funktionsbegriffen („Funktion" ist hier als Relationsbegriff – analog dem math. Begriff der Funktion – zu verstehen), die das dynamische Moment enthalten und mathematisch darstellbar sind. Außerdem gelingt es hiermit, die Kluft zwischen Allgemeinem und Besonderem zu überbrücken, da das Wesen der konstruktiven Methode „in Darstellung eines individuellen Falles mit Hilfe einiger weniger Konstruktionselemente" liegt. Lewin strebt nach autochthon-psychol. Begriffen, die nicht die „objektiven" (physikalischen), sondern die verhaltensrelevanten Fakten adäquat erfassen.

Bei der Konstruktion seiner Theorie orientiert sich Lewin an den Ergebnissen der „Philosophy of science".

Danach wird einem bestimmten Formalsystem durch koordinierende Definitionen ein System empirischer Konstrukta zugeordnet. Als Formalsystem verwendet Lewin einige Grundbegriffe aus der Topologie und der Vektormathematik. Speziell für seine Zwecke entwirft er die „Hodologie" („Lehre vom Weg").

1. Die *Topologie* ist die „allgemeinste Wissenschaft von den räumlichen Beziehungen", die auf dem „Verhältnis von ‚Teil' und ‚Ganzem'" begründet ist. Sie befaßt sich mit den Lageverhältnissen von Bereichen (Regionen) zueinander. Mit Hilfe der Topologie erfaßt Lewin die Struktur eines psychol. Feldes.

2. Um die Veränderungen und damit die dynamischen Eigenschaften eines psychol. Feldes zu klären, bedient sich Lewin vornehmlich der Begriffe der *Vektormathematik*. Gebundene Vektoren sind durch Größe (Betrag), Richtung und Angriffspunkt bestimmt. Die psychol. Kräfte, auf die Veränderungen der Feldstruktur zurückzuführen sind, werden Vektoren zugeordnet.

3. Eine inhaltliche Verbindung beider formaler Systeme stellt die *Hodologie* dar. Sie ergänzt die Topologie, da in ihr die (topologisch nicht erfaßbaren) Begriffe „Richtung" und „Entfernung" definiert werden.

Topologie des Lebensraumes. 1. *Struktur.* Das Verhalten (V) einer Person ist abhängig (eine Funktion) von der Gesamtheit der psychol. Gegebenheiten, dem *psychol. Feld* oder ↗ *Lebensraum* (L): V = f(L).

Der Lebensraum einer Person umfaßt alles, was für diese Person zu einem bestimmten Zeitpunkt „psychol. Existenz" besitzt, (psychol.) „wirklich ist, was wirkt". Der Lebensraum (L) ist eine Funktion aus Person (P) und Umwelt (U):

L = f(PU); auf das Verhalten bezogen:

V = f(L) = f(PU)

L gliedert sich in einzelne *Regionen* (Bereiche). Die Regionen stellen mögliche Geschehnisse (in den meisten Fällen handelt es sich um Verhaltensmöglichkeiten) dar. L kann deshalb auch als Inbegriff aller möglichen Geschehnisse bezeichnet werden.

2. *Strukturänderung und Dynamik.* Bewegt sich die P von einer Region in die andere, so spricht Lewin von psychol. *Lokomotion.* Es sind jedoch auch andersartige Umstrukturierungen möglich, z. B. solche, in denen andere Bereiche bewegt werden. Diese sind der Lokomotion äquivalent. Die Lokomotion ist die wichtigste Strukturveränderung des Lebensraumes. Sie ist abhängig vom Bewegungsspielraum des Individuums. Innerhalb des Bereiches der Bewegungsfreiheit sind die *Grenzen* zwischen den einzelnen Regionen relativ leicht zu überschreiten. Der Bewegungsspielraum selbst ist aber durch „besonders starre und fast unpassierbare Grenzen", sog. *Barrieren,* bestimmt. Eine Barriere ist definiert durch den Widerstand, den sie einer Lokomotion entgegensetzt. Der Grad des Widerstandes einer Barriere ist je nach Lokomotionsart und Angriffspunkt an der Barriere verschieden und außerdem abhängig von der Richtung, in der die Barriere überschritten werden soll. Barrieren und damit die Bewegungsfreiheit sind hauptsächlich durch zwei Momente bedingt: Bestimmte Ziele können nicht erreicht werden, 1) weil sie verboten sind (die Strenge des Verbotes bestimmt die Grenzfestigkeit, der Umfang des Verbotes den unzugänglichen Bereich) und 2) aus „Mangel an geistiger und körperlicher Fähigkeit".

Die unmittelbare Ursache einer Lokomotion ist die „Kraft", mit der ein Individuum ein Ziel anstrebt. Diese Kraft ist die Resultante aller Feldkräfte, die zu einem gegebenen Zeitpunkt auf das Individuum einwirken. Die Kraft wird mathematisch durch den *Vektor* repräsentiert. Angriffspunkt und Richtung ergeben sich aus der topologischen Struktur, der Betrag der Kraft aus der „Valenz" des Zielobjektes und der (psychol. bzw. topol.) Entfernung.

Eine Region besitzt dann Valenz („Aufforderungscharakter"), wenn sie die Person anzieht oder abstößt (positive oder negative Valenz, symbolisiert durch „+" oder „−"). Die Valenz ist bestimmt durch die wahrgenommene Qualität der Zielregion und den Gesamtzustand der Person (Spannungsverhältnisse innerhalb der Person).

TOPOLOGIE DER PERSON. 1. *Struktur.* Die personale Struktur kann wie die der Umwelt topologisch dargestellt werden. Dies ist notwendig, da das Verhalten nicht nur umwelt-, sondern in gleichem Maße personbedingt ist. Lewin unterscheidet zwischen dem *„innerpersonalen"* und dem *„sensomotorischen"* Bereich. In der topologischen Darstellung bildet der sensomotorische Bereich die Übergangszone zwischen dem innerpersonalen Bereich und der Umwelt. Zum sensomotorischen Bereich gehören z. B. „– efferent – die Sprache, der Ausdruck und – afferent – das gesamte Wahrnehmungssystem". Im innerpersonalen Bereich unterscheidet Lewin zwischen zentralen (z. B. Triebe, Gefühle) und peripheren (z. B. Gedanken, Einstellungen) Regionen.

2. *Strukturänderung und Dynamik.* Im Gegensatz zur Umwelt kommt bei der Person die Lokomotion nicht als grundlegende dynamische Größe (zur Strukturbestimmung) in Betracht. Bei der Person wird ein anderes dynamisches Verhältnis, der *„Grad der dynamischen Abhängigkeit"* („Kommunikationsgrad"), verwendet. Die dynamische Abhängigkeit ist um so größer, je stärker der Zustand des einen Bereiches auf den anderen einwirkt. Die dynamischen Eigenschaften der einzelnen personalen Bereiche erfaßt Lewin als *„Spannung"*. „Spannung ist der Zustand eines Bereiches, der zum Zustand eines anderen Bereiches in Beziehung steht." Die Spannung ist u. a. abhängig von ↗Bedürfnissen und ↗Quasi-Bedürfnissen.

3. *Interindividuelle Unterschiede.* Die wichtigsten topologisch erfaßbaren interindividuellen Unterschiede ergeben sich aus dem *Differenzierungsgrad* der Person (ein Kind besitzt z. B. im Verhältnis zum Erwachsenen weniger Teilbereiche) und aus der *„Strukturart der Person"* (Anordnung der Teilbereiche und Stärke ihres Zusammenhangs).

KRITIK. 1. *Kritik der mathematischen Grundlagen.* Ein häufiger Einwand gegen die T. u. V. besteht darin, daß in ihr nur einige Begriffe, nicht aber die Sätze der Topologie benutzt werden (London, 1944). Im Grunde verwendet Lewin ein von ihm selbst konstruiertes, unvollständiges formales System (Madsen, 1958), das aber nicht explizit dargestellt ist (Koch, 1941). Nach Lewin (1963) kommt es jedoch nicht darauf an, inwieweit ein formales System zur Interpretation herangezogen wird, vielmehr kommt es auf die Fruchtbarkeit (z. B. Vorhersagewert) der vorgenommenen Zuordnungen (Koordinationen) an.

2. *Formale Kritik der T. u. V.* Die Kritik in diesem Bereich bezieht sich auf die Begriffe wie auf das gesamte Aussagensystem. Die Kernbegriffe der T. u. V. sind nicht präzise genug (Deutsch, 1954), da ihnen weitgehend die empirische Verankerung (Estes, 1954) fehlt. Die Einzelaussagen können nicht eindeutig abgeleitet werden (London, 1944; Estes, 1954).

3. *Inhaltliche Kritik der T. u. V.* Die Leistungsfähigkeit des Lebensraumkonzeptes wird angezweifelt, da kaum alle verhaltensrelevanten Fakten als Lebensraumkomponenten dargestellt werden können (London, 1944). Brunswick (1943) kritisiert die mangelnde Berücksichtigung äußerer (physikalischer) Faktoren. Er nennt den Lebensraum „post-perceptual" und „pre-behavioral" und weist damit auf die Gefahr der phänomenalen „Einkapselung" des Feldes hin. Dieser Kritik begegnet Lewin, indem er selbst die Notwendigkeit einer psychol. *Ökologie* betont. Diese hat die Aufgabe, die Randzone des Lebensraumes (bzw. der Person) zu bestimmen, d. h.,

alle äußeren Faktoren in ihrer Relevanz für den Lebensraum zu erfassen.

Lit.: Brunswick, E.: Organismic achievement and environmental probability. Psychol. Rev., 1943, *50,* 225–272; **Cartwright, D.:** Lewinian theory as a contemporary systematic framework. In: **S. Koch** (Ed.): Psychology – a study of a science, Vol. II. New York, 1959; **Deutsch, M.:** Field theory in social psychology. In: **G. Lindzey** (Ed.): Handbook of social psychology. Reading (Mass.), 1954; **Estes, W. K.:** Kurt Lewin. In: **W. K. Estes, et al.** (Eds.): Modern learning theory. New York, 1954; **Koch, S.:** The logical character of the motivation concept. Psychol. Rev., 1941, *48,* 15–38; **Lewin, K.:** Der Richtungsbegriff in der Psychologie: Der spezielle und der allg. hodologische Raum. Psychol. Forsch., 1934, *19,* 249–299; **ders.:** Dynamic theory of personality. New York – London, 1935; **ders.:** The conceptual representation and the measurement of psychological forces. Contr. Psychol. Theory, Vol. I. (1938); **ders.:** Feldtheorie in den Sozialwissenschaften. Bern – Stuttgart, 1963; **ders.:** Grundzüge der topolog. Psychologie. Bern – Stuttgart, 1969; **London, I. D.:** Psychologist's misuse of the auxiliary concepts of physics and mathematics. Psychol. Rev., 1944, *51,* 266–291; **Madsen, K. B.:** Theories of motivation. Kopenhagen, [4]1968; **Marx, M. H. & W. A. Hillix:** Systems and theories in psychology. New York – San Francisco – Toronto – London, [2]1973.

F. Mattejat & E. G. Wehner

Topophobie, zwanghaftes Bestreben, bestimmte Orte und Plätze zu meiden.

TOTE-Einheiten. Die TOTE-E. (TOTE-Units) stellen nach Miller et al. (1960) Elemente des Verhaltensablaufes dar und wurden in Anlehnung an kybernetische Vorstellungen postuliert. Als Alternative zum Reflexbogen können sie als flexiblere „Bausteine" in der hierarchischen Struktur des Verhaltens verstanden werden. TOTE ist die Abkürzung für den charakteristischen Geschehensablauf *„Test Operate Test Exit"*. Dabei bedeutet „Test" den Vergleich eines Ist-Wertes („state of organism") mit einem Soll-Wert („state to be tested"). Im Falle der Inkongruenz der beiden Stadien (z. B. Reaktionsanlage und Reaktionsplan) erfolgt eine Korrektur in Richtung einer Reduktion der Differenz (Operate), neuerlicher Test und im Falle hinreichender Übereinstimmung die Endreaktion (Exit).

Die TOTE-E. werden bei der Analyse des Verhaltens auf unterschiedlichen Abstraktionsniveaus, von der Funktionsweise einfacher Zellverbände bis zu kognitiven Prozessen, angewendet. ↗Kybernetik und Psychologie.

Lit.: Miller, G. A., Galanter, E. & K. H. Pribram: Plans and Structure of Behavior. New York, 1960.

W. H. Butollo

Totem *(Totemismus),* Prinzip der sozialen Organisation bei Naturvölkern. Die Zusammengehörigkeit einer Gruppe (Sippe) wird auf einen mythischen Vorfahren in Tiergestalt (seltener auch Pflanze oder sonstiges Naturobjekt) zurückgeführt. Die Mitglieder der Gruppe stehen unter dem Schutz des T., sofern sie gewisse Gebote (z. B. Exogamie) und Verbote (z. B. Verbot der Tötung des T.tieres) befolgen. ↗Tabu; ↗Kulturpsychologie. *I. Lindner*

Totstellreflex ↗Totstellverhalten.

Totstellverhalten, angeborene Verhaltensweise, die den Freßfeind irreleitet. Jungtiere – vorwiegend nestflüchtender Vögel und Säuger – stellen bei Gefahr oder auf einen Warnruf der Eltern jegliche Lokomotion ein und verschmelzen dank ihrer Tarnfärbung optisch mit dem Untergrund, so daß der Freßfeind sie nur schwer fixieren kann. Käfer ziehen bei Störung die Beine ein und lassen sich zu Boden fallen, wo sie kaum aufzufinden sind.

Lit.: Lorenz, K.: Über tierisches und menschliches Verhalten. München, Bd. 1; [15]1972; Bd. 2: [10]1973.

V. Preuss

Tötungshemmung. Ein von Lorenz verwendeter Begriff, der solche Verhaltensweisen von Individuen sozial lebender Arten bezeichnet, die im Falle intraspezifischer Aggression das stärkere Tier daran hindern, das unterlegene zu verletzen oder zu töten. Beschwichtigungsgebärden sind oft ritualisierte kindliche oder sexuelle Verhaltensmuster, z. B. Bettelverhalten oder die weibliche Begattungsaufforderung; dadurch werden Verhaltensweisen aktiviert, die mit einem Angriff unvereinbar sind. Demutsgebärden auf seiten des unterlegenen Tieres haben auf den Angreifer eine aggressionshemmende Wirkung. *K. E. Großmann*

Tough-mindedness, Ggs. von ↗Tender-mindedness.

Tourismusforschung, psychologische. Während die vor etwa 50 Jahren begründete Tourismusforschung sich zunächst hauptsächlich wirtschaftswissenschaftlichen Fragestellungen zugewandte, setzte im Gefolge der eskalierenden Entwicklung des modernen Tourismus seit den fünfziger Jahren auch ein wachsendes Interesse an einer psychologisch und sozialwissenschaftlich orientierten T. ein. In der BRD erhält dieser Forschungszweig seit 1961 vom „Studienkreis für Tourismus", Starnberg, wichtige Impulse.

Gegenstand der psychol. Reiseforschung ist nicht nur die Reise als solche, sondern vielmehr die gesamte jene mit einschließende „psychische Reisezeit" (W. Böhm), welche jegliche Art von reisebedingter Aktivität und Beeinflussung vor und nach dem Verreisen umfaßt. Hieraus ergeben sich die vielfältigsten Fragenkomplexe, die sich schwerpunktmäßig folgendermaßen gruppieren lassen: a) Analyse der *Bedingungen für Reiseaktivität* (unter Berücksichtigung der verschiedenen motivationspsychol. und gesellschaftlichen Bezüge); b) *Verlaufsanalyse* hinsichtlich des *Erlebens und Verhaltens* während des Reisens (Urlaubserwartungen, Reiseaktivitäten, Urlaubsgewohnheiten; Einfluß von Reiseleitung, Animation, Gruppendynamik usw.); c) *Wirkungen des Reisens* (u.a. auf den Bildungs-, Freizeit- und Konsumbereich; Änderungen in der ↗Einstellung zu fremden Völkern; Änderungen im Selbsterleben).

Über diese rein individual- und sozialpsychol. Fragestellungen hinaus ist die psychol. Hilfestellung für touristische Probleme anderer Disziplinen unerläßlich, so z.B. für die Medizin (psycho-physischer Gesundheitswert des Reisens; Reisetherapie), Soziologie, Pädagogik (bes. bei Fragen des Jugendtourismus), Wirtschaft (Marketing und Werbung).

Lit.: Finger, K., Gayler, B., Hahn, H. & K. D. Hartmann: Animation im Urlaub. Starnberg, 1975; **Hahn, H.** (Hrsg.): Motive – Meinungen – Verhaltensweisen. Starnberg, 1969; **Hartmann, K. D.:** Motive – Erwartungen – Verhalten junger Urlaubsreisender. Starnberg, 1975; **Schmitz-Scherzer, R.** (Hrsg.): Reisen und Tourismus. Darmstadt, 1976.

B. Schmidt

Toxiphobie, krankhafte Angst vor Vergiftungen.

Tracing-Test, ein Test zur Prüfung der Feinmotorik und Koordination: Aufgabe ist es, eine Linie nachzuziehen, Abweichungen werden registriert. ↗Motorik. *C. D. Frith*

Tractus opticus ↗Sehbahn.

Tradition, Gesamtheit von Meinungen, ↗Einstellungen, ↗Gewohnheiten und Gebräuchen, die – vorwiegend informell – durch mündliche Mitteilung oder ↗Nachahmung überliefert von Generation zu Generation mitgeführt werden, wobei mit dem Alter solcher Überlieferungen gewöhnlich deren Selbstverständlichkeit und Wertschätzung wächst.

Der Begriff *Traditionalismus* steht für Tendenzen, solche mit T. verbundenen Inhalte überzubewerten bzw. sie der bewertenden Beurteilung unter möglicherweise rationalen Gesichtspunkten zu entziehen.

A. Schmidt-Mummendey

Training, systematische und andauernde ↗Übungen, um einen Zustand optimaler körperlicher, manueller und/oder geistig-seelischer Leistungsfähigkeit herbeizuführen und/oder zu erhalten (z.B. Konditionstraining im Hochleistungssport; Schreibmaschinenschnellschreiben).

Training on the job: kurzes, aber intensives, systematisches Einarbeiten am Arbeitsplatz unter Anleitung (↗Unterweisung).

Lit.: Stegemann, I.: Leistungsphysiologie. Stuttgart, ²1977.

G. Marschner

Training, autogenes ↗Autogenes Training.

Trainingsgruppe ↗Encounter group therapy.

Trait. In der Persönlichkeitstheorie von Eysenck werden die aus ↗Faktorenanalysen erster Ordnung resultierenden Beschreibungsdimensionen als „traits" bezeichnet; allgemein wird darunter jedes dispositionale Persönlichkeitsmerkmal verstanden. *M. Amelang*

Traktion-Effekt ↗Phänomenale Kausalität.

Trance, Übergang (lat. transitus) in einen psychischen Ausnahmezustand, der durch Aufgabe der Realitätsprüfung, eingeengtes ↗Bewußtsein und vielfach nachfolgende ↗Amnesie gekennzeichnet ist. Experimentell – vor allem im Zusammenhang mit der ↗Hypnose untersucht – entsteht T. durch Konzentration auf einen Ausschnitt des Erlebens, wobei monoton-rhythmische Stimulierung, körperliche Erschöpfung und emotionale Anspannung bzw. Erwartungshaltung zusammenwirken können, wie es auch bei den von M. Eliade beschriebenen „archaischen Ekstasetechniken" der Fall ist (Tanz zur Trommel oder zu rhythmischem Gesang). Die T. hat eine enge Beziehung zur religiösen Verzückung und zu visionären Erlebnissen (↗Meditation); funktionell gesehen, verhält sie sich zum normalen, realitätsorientierten Zustand wie die Mutation zur Vererbung. Sie ermöglicht es dem Betroffenen, sich von allem bisher Gelernten zu lösen, und erlaubt ihm – seelisch wie körperlich – Leistungen, an die er sich sonst nicht wagen würde.

Lit.: Ludwig, A. M.: Trance. Comprehensive Psychiatry, 1967, *8*, 7–15; **Schmidbauer, W.:** Zur Psychol. des Orakels. Psychol. Rdsch., 1970, *21*, 88–98. *W. Schmidbauer*

Tranquilizer (Synonyme: *Beruhigungsmittel, Anxiolytika, Ataraktika, Relaxantien*). T. sind ↗Psychopharmaka, die in der ↗Pharmakotherapie und in ↗Stress-Situationen wegen anxiolytischer und relaxierender Wirkungen eingesetzt werden. Im Ggs. zu den in niedrigen Dosierungen zwar auch tranquilisierend, aber in höheren Dosen vorwiegend antipsychotisch wirkenden ↗*Neuroleptika* (engl.: *major tranquilizers*) finden die T. (engl.: *minor tranquilizers*) hauptsächlich bei neurotischen Personen und bei gesunden unter emotionalen Belastungsbedingungen Verwendung. T. haben z.T. Ähnlichkeit mit niedrig dosierten Hypnotika, die als ↗Sedativa früher die Funktion der heutigen T. und Neuroleptika erfüllten. Wesentlicher Unterschied ist die fehlende schlaferzwingende, lediglich anstoßende Wirkung der T. in hoher Dosierung. – Chemisch gliedern die T. sich in die therapeutisch wichtigen Glykolabkömmlinge (z. B. ↗Meprobamat, Tybamat, Phenylglycodol) und Benzodiazepine (z.B. ↗Chlordiazepoxyd, Oxazepam, Diazepam, Medazepam, Nitrazepam) sowie in die weniger wichtigen Glyzerinderivate (z.B. Mephenesin), Diphenolmethanderivate (z.B. Phenyltoloxamin, Captodiamin, Hydroxycin) und die Carbinole (z. B. Emylcamat). – Neurophysiologisch erfolgt vorwiegend eine Erregungsdämpfung im limbischen und/oder thalamischen System, in hohen Dosen eine Ausbreitung auf andere Strukturen, jedoch keine Narkotisierung. Vegetative Wirkungen treten kaum auf. Häufig sind zentral muskelrelaxierende und spasmolytische Wirkungen. Psychologische Untersuchungen an gesunden Personen sind zahlreich für ↗Meprobamat und ↗Chlordiazepoxyd. Bei niedrigen bis mittleren Dosen sind keine oder nur geringe Leistungsbeeinträchtigungen, z.T. Verbesserungen in mot. Funktionen (Tremorreduktion) sowie emotionale Stabilisierung ohne oder mit nur geringer Müdigkeit festzustellen. Die Wirkungen kovariieren mit Persönlichkeitsmerkmalen (u.a. ↗Neurotizismus, Extraversion) und situativen Bedingungen (↗Stress, psychische Beanspruchung), was u.a. zur Annahme einer tranquilisierenden und sedierenden Wirkkomponente geführt hat. Tranquilisierung wird verstärkt bei Verschiebung der individuellen Ausgangslage habituell oder situativ in Richtung emotionaler Labilität. Sedierung tritt in den Vordergrund bei psychischer Beanspruchung (↗Differentielle Pharmakopsychologie). – Für den Nachweis von inter- und intraindividuellen Differenzen werden faktorielle Versuchspläne benutzt: z.B. Bildung von medianhalbierten oder Extremgruppen aufgrund durch ↗Fragebogen erfaßter Persönlichkeitsvariablen, Variation von Stress, z.B. induziert durch elektrische Schmerzreize, simulierte Prüfungssituation, „Delayed auditory feedback" und ↗Lärm, Variation der psychischen Beanspruchung durch unterschiedliche Testdauer und -schwierigkeit.

Lit.: Barret, J. E. & A. Di Mascio: Comparative effects on anxiety of the „minor tranquilizers" in „high" and „low" anxious student volunteers. Dis. nerv. Syst., 1966, *27*, 483–486; **Berger, F. M.:** The relation between the pharmacological properties of meprobamate and the clinical usefulness of the drug. In: **D. H. Efron** (Ed.): Psychopharmacology 1957–1967. Washington, 1968; **Berger, F. M. & J. Potterfield:** The effect of antianxiety tranquilizers on the behavior of normal persons. In: **W. O. Evans & N. S. Kline** (Eds.): The psychopharmacology of the normal human. Springfield, 1969; **Eysenck, H. J.:** Experiments with drugs. Oxford, 1963; **Janke, W.:** Expt. Untersuchungen zur Abhängigkeit der Wirkung psychotroper Substanzen von Persönlichkeitsmerkmalen. Frankfurt, 1964; **Janke, W. & G. Debus:** Experimental studies on antianxiety agents with normal subjects. Methodological considerations and review of the main effects. In: **D. H. Efron** (Ed.): Psychopharmacology 1957–1967. Washington, 1968; **Rickels, K.:** Antineurotic agents: specific and non-specific effects. In: **D. H. Efron** (Ed.): Psychopharmacology 1957–1967. Washington, 1968; **Zbinden, G. & L. O. Randall:** Pharmacology of benzodiazepines: laboratory and clinical correlations. In: **S. Garattini & P. A. Shore** (Eds.): Advances in pharmacology, 1967, *5*, 213–291.

G. Debus

Transaktionsanalyse, beinhaltet nach E. Berne (1967) die Analyse des Verhaltens und Empfindens einer Person sowie ihrer kommunikativen Transaktionen mit anderen, anhand ihrer 3 Ich-Zustände (Kinder-, Erwachsenen- und Eltern-Ich). Negative Transaktionen sollen durch Bewußtmachung aufgehoben werden. Die im Lebensplan enthaltenen Einschränkungen – auf elterlichen Botschaften und kindlichen Entscheidungen beruhend – werden durch erarbeitete „Erlaubnisse" und therapeutische Verträge stufenweise aufgehoben. Ziel der Therapie ist das Akzeptieren der eigenen Person („Ich bin O.K."), das für Berne Voraussetzung für Liebes- und Beziehungsfähigkeit darstellt.

Lit.: Harris, Th. A.: Ich bin o.k. – Du bist o.k. Reinbek, 1975; **James, M. & L. M. Savary:** Befreites Leben. München, 1977; **Rogoll, R.:** Nimm dich, wie du bist. Eine Einführung in die Transaktionsanalyse. Freiburg, 1974.

G. Röper

Transaktion, soziale. Im Zusammenhang mit *Interaktion* bezeichnet s. T. solche Prozesse, die hinsichtlich ihres Ingangkommens und aller Charakteristika durch die aktive Teilnahme oder aktive Auseinandersetzung des Handelnden mit einem anderen oder den Feldgegebenheiten zureichend bestimmt sind. S. T. setzt die Eigendynamik voraus, was bei Interaktion nicht notwendigerweise der Fall ist.

W. D. Fröhlich

Transfer. Von T. (oder ↗*Mitübung, Übertragung*) spricht man dann, wenn das Erlernen eines Inhalts (Material B) von dem vorhergehenden Lernen eines anderen Inhalts (Material A) beeinflußt wird.

Bei der *Messung* von T.wirkungen bedient man sich im einfachsten Fall der folgenden Versuchsanordnung:

Experimentalgruppe	Material A	Material B
Kontrollgruppe	pausiert	Material B

Das *Ausmaß* des T. kann in der Differenz der Lernleistung der beiden Gruppen hinsichtlich der Lernleistung bei B ausgedrückt werden. Der Einfluß des zuerst gelernten Inhaltes auf den zweiten kann in einer *Erleichterung (positiver* T.) oder in einer *Erschwerung* (*negativer* T.; ↗Gedächtnishemmung) bestehen. Der *positive* T.effekt ist um so deutlicher, je *ähnlicher* die Lerninhalte einander sind. Ein *negativer* T. stellt sich dann ein, wenn die Reizsituation bei beiden Materialien zwar ähnlich ist, aber unterschiedliche Reaktionen gefordert werden (Osgood, 1953). Ein negativer T. macht sich z. B. dann bemerkbar, wenn eine neue, ähnliche Aufgabe anders zu lösen ist als die vorhergehende. Allerdings wird die „Ähnlichkeit" von Lernmaterialien sehr unterschiedlich definiert (Butollo, 1968).

Für den Fall des konditionierten ↗Lernens ist der Begriff des positiven T. identisch mit dem Begriff der *Reizgeneralisation*. ↗Konditionierung.

Man kann unterscheiden zwischen dem T. von *Elementen* (z. B. beim seriellen Lernen), bei dem die Elemente eines zuerst gelernten Materials das Lernen des zweiten erleichtern, und dem T. von *Regeln* (z. B. beim Problemlösen), bei dem das Lösungsprinzip einer Aufgabe auf die andere übertragen wird („learning set"). Von diesen spezifischen T.effekten sind unspezifische zu trennen, die lediglich in einer erhöhten allg. Lernbereitschaft bestehen (↗Warm-up-Effekt, „learning to learn").

Die unbewiesene Theorie von der *formalen Bildung* führt positiven T. auf die Verbesserung der Funktionen des Individuums zurück, etwa auf die Ausbildung des ↗Gedächtnisses, des ↗Willens, des ↗logischen Denkens.

Nach der „Theorie der ↗identischen Elemente" (Thorndike, 1922) kann die Übung einer spezifischen Fertigkeit nicht einfach eine leistungssteigernde Wirkung auf eine andere Fertigkeit ausüben, wenn nicht eine gewisse „Identität des Stoffes" und „Identität des Verfahrens" vorhanden ist.

Lit.: Butollo, W.: Subjektive und obj. Ähnlichkeit im verbalen Lernen. Wien, 1968; **Kintsch, W.:** Learning, memory and conceptual processes. New York, 1970; **Osgood, C. E.:** Method and theory in experimental psychology. New York, 1953; **Thorndike, E. L.:** Psychol. der Erziehung. Jena, 1922.

M. Hofer

Transfert. Nach J. M. Charcot besteht die Behandlung der ↗Hysterie aus einer Änderung des moralischen Mediums, der geistigen Hygiene usw. und in einer physischen Therapie, wobei bes. Charcot die Hydrotherapie, Balneotherapie u. a. herausstellte. Es erschien ihm auch evident, daß unter solchen Maßnahmen die Behandlung mit statischer Elektrizität ihren festen Platz habe. Die Grundidee Charcots bestand in einer Herstellung von Analogie (Transfert) zwischen der ↗Suggestion und ↗Hypnose zu diesen erwähnten Therapien. Dieser Begriff darf nicht mit dem Terminus „Transfert" verwechselt werden, welcher in der dt. Bezeichnung ↗„Übertragung" in der gegenwärtigen ↗Psychotherapie eine große Rolle spielt.

Die Grundidee des T. geht auf eine vermutete Existenz eines psychischen Fluidums zurück, dessen Vorkämpfer F. A. ↗Mesmer gewesen ist. In der Psychol. wird die Bezeichnung T. auch in anderen Zusammenhängen gebraucht, so im Sinne eines „sensoriellen Transfert" (Übertragung einer Perzeption eines sensoriellen Faktors auf einen anderen). T. ist zu unterscheiden vom ↗ *Transfer* beim Lernen. *J. López Ibor*

Transformation, Umformung von Daten nach einer Vorschrift (meist einfache Funktionen), wobei jedem Ausgangswert ein entsprechender transformierter Wert zugeordnet wird. Ziel einer T. ist eine Veränderung der Meßskala, meist um empirische Daten im Sinne der Voraussetzungen des gewählten math. Modells zur Vereinfachung der Datenverarbeitung zu korrigieren, vor allem beim Vergleich relativer Häufigkeiten mit theoretischen Häufigkeiten. – *Lineare T.en* gehen von der z-Skala aus, zu der alle Multiplikationen oder alle Additionen der Punktwerte mit einer Konstanten zählen, wenn die Ausgangsmessungen normal verteilt waren (↗Transformierte Standardwerte). – Gebräuchliche *nicht-lineare* T.en sind: *Wurzeltransformation, logarithmische Transformation, Reziprokentransformation, Winkeltransformation.* Ergebnis dieser T.en ist im wesentlichen eine Stabilisierung der Varianzen als Voraussetzung für die Durchführbarkeit von ↗parametrischen Tests, insbes. von ↗Varianzanalysen. T.en i. w. S. sind auch Flächen-T.en, die von ↗Prozentrangnormen anormaler Verteilungen ausgehen, die dann in Standardwert-Äquivalente umgewandelt werden (Quasi-Normalverteilung). ↗Testnormen. *D. W. Eggert*

Transformationsgrammatik ↗Grammatik.

Transformierte Standardwerte erhält man aus der ↗z-Skala (Standardskala) durch lineare ↗Transformation. Ziel ist neben einer Vermeidung von negativen und nicht-ganzzahligen Werten der Vergleich von Messungen mit unterschiedlichen Mittelwerten und Streuungen. Gebräuchlichste t. S. sind Z-, T-, C- und ↗IQ-Werte. ↗Testnormen. *D. W. Eggert*

Transinformation, der Anteil der ↗Information, der bei der Nachrichtenübertragung richtig empfangen wird, also die gemeinsame Information der gesendeten und empfangenen Zeichenfolge. Bei Abwesenheit von Störungen oder ↗Rauschen kann die T. gleich der gesendeten Information sein, wobei der T.fluß durch die ↗Kanalkapazität begrenzt wird. Allgemein bezeichnet T. die Information, die in einem Ereignisfeld X über ein von diesem stochastisch abhängiges Ereignisfeld Y enthalten ist.

Semantische T. ist die Information der bei Nachrichtenübertragung richtig übertragenen Bedeutung. Sonderfall der semantischen T. ist in der ↗kybernetischen Pädagogik die *didaktische T.,* die durch Unterrichtsmaßnahmen übertragene und beim Schüler eingelernte didaktische ↗Information. Die didaktische T. wird als informationstheoretisches Maß für ↗Lernerfolg und ↗Lernzuwachs praktisch mittels der ↗Transinformationsanalyse bestimmt. *K. Weltner*

Transinformationsanalyse, allg. Verfahren zur Ermittlung der ↗Transinformation durch empirische Bestimmung der subj. ↗Information einer Nachricht im allg. Sinn durch ↗Ratetests und anschließende Differenzbildung (↗Weltner-Verfahren). *K. Weltner*

Transitive Strebungen ↗Strebungen.

Transmitter-Substanzen, sog. *Überträgersubstanzen,* auch als Neurohormone bezeichnet. T. sind im Organismus gebildete Stoffe, die eine Übertragung und/oder Weiterleitung nervöser Erregung im VNS oder ZNS ermöglichen oder unterstützen (↗Nervensystem). *W. Janke*

Transparenz, *Durchsichtigkeit,* im übertragenen Sinn die Durchschaubarkeit der Intention eines ↗Items oder eines ↗Tests durch den Pb. Sie kann zu unerwünschten Antworttendenzen (↗Response set) führen. ↗Subjektive Tests. *J. P. Gösslbauer*

Transpersonale Psychologie, jener Bereich der Psychologie, der das Innenleben der Einzelperson und das Zusammensein sowie das Miteinander(geschehen) im Wesentlichen betrifft; er übersteigt deshalb den konstitutionellen Körperbereich und umgreift insbesondere ↗Seele und ↗Geist (↗Pneumatiker). *W. Arnold*

Transport-Phänomen ↗Phänomenale Kausalität.

Transsexualismus, Bezeichnung für körperlich Normale, welche die Überzeugung haben, dem entgegengesetzten Geschlecht anzugehören. Sie werden von einem Zwang getrieben, ihre Geschlechtsorgane, körperliche Erscheinung und soziale Position in die des anderen Geschlechts umzuwandeln. Viele Transsexuelle sind keine Homosexuellen, viele finden wenig Interesse an sexueller Betätigung. Die Behandlung mit ↗Hormonen und die psychol. Betreuung sind gewöhnlich erfolgreich. In geeigneten Fällen führt eine plastisch-chirurgische Umgestaltung des Geschlechtsorgans (nach der ↗Kastration des Mannes) zu befriedigenden Ergebnissen. In verschiedenen Ländern haben solche Patienten nach der Kastration und der plastischen Chirurgie amtlich ihren Namen geändert. Es sind einige Fälle bekannt, wo die Betroffenen nach einem solchen Eingriff als weibliche Partner eine Ehe eingegangen sind.

Lit.: Green, R. & J. Money: Transsexualism and sex reassignment. Baltimore, 1969; **Hamburger, C., Stürup, G. K. & E. Dahl-Iversen:** Transvestism. Hormonal, psychiatric and surgical treatment. J. A. M. A., 1953, *152,* 391–396.
G. K. Stürup

Transvestitismus (Travestie), die Lust am Tragen der Kleidung des entgegengesetzten Geschlechts. In der Praxis bezieht sich diese Bezeichnung hauptsächlich auf den Mann, der Frauenkleidung benutzt. Zuerst von Hirschfeld (1910) beschrieben, von Ellis (1928) nach dem Chevalier d'Éon de Beaumont (bekannter französischer Transvestit, 1728–1810) Eonismus genannt. Das Bedürfnis, sich auf diese Weise anzukleiden, ist nicht immer gleich stark und wird oft durch einen sexuellen Reiz ausgelöst. Es gibt heterosexuelle sowie homosexuelle Transvestiten. T. darf nicht mit ↗Fetischismus verwechselt werden oder mit der Verwendung von Kleidern des entgegengesetzten Geschlechts bei Homosexuellen als Element in erotischen Situationen. ↗Transsexualismus.

Lit.: Ellis, H.: Eonism. Studies in the psychology of sex, Vol. 7. Philadelphia, 1928; **Hirschfeld, M.:** Die Transvestiten. Eine Untersuchung über den erotischen Verkleidungstrieb. Berlin, 1910.
G. K. Stürup

Trapeztäuschung ↗Segmenttäuschung.

Trauer ist nach Freud (1916) die Reaktion auf einen Objekt- oder Personenverlust. T. als Affekt ist ähnlich einer depressiven Verstimmung, als Prozeß die Arbeit der ↗Verdrängung aller Einzelaspekte des verlorenen

Objekts sowie der Verdrängung der Erwartung der Präsenz des Objekts in allen jenen Situationen, in denen das Objekt nicht mehr erscheinen kann. In dem Ausmaß, als diese Verdrängungen vollzogen sind, nimmt der Affekt der T. ab. Der Verlust ist überwunden, wenn das verlorene Objekt nirgends mehr unwillkürlich erwartet wird und wenn auch die Vorstellung und Erinnerung an das Objekt keinen T.effekt, keine Tränen mehr auslöst.

Lit.: Freud, S.: T. und Melancholie (1916). Ges. Werke, Bd. 10. London, 1949; **Toman, W.:** Familienkonstellationen. München, [2]1974; **ders.:** Motivation, Persönlichkeit, Umwelt. Göttingen, 1968.

W. Toman

Traum. Der T. ist ein Erlebnis im ↗Schlaf und ein Bestandteil der Phantasiewelt. Im Ggs. dazu sind hypnagoge ↗Halluzinationen kurze sensorische Erlebnisse während des Eindämmerns, wobei die betreffende Person nur die Rolle eines unbeteiligten Beobachters spielt. Alle Sinnesmodalitäten und unausgesprochene Kommunikationen, Launen und Gefühle können zum T. beitragen. Die T.e der Menschen, denen Erfahrungen mit einer Sinnesmodalität fehlen (z. B. bei Blinden von Geburt an), sind normalerweise ohne die entsprechende Sinnesmodalität. Ob man ein Phantasiegebilde „Traum" nennt oder nicht, bleibt jedem einzelnen überlassen; so bezeichnen manche Menschen nur ganz bizarre Erlebnisse als „Traum" und verwenden lieber den Begriff „Denken" für ihre Erlebnisse im Schlafzustand, da diese trotz der räumlichen und zeitlichen Verschiebung in sich völlig konsistent sind.

Geschichte und Methoden. Jahrtausendelang wurden T.e nur als Vorhersagen der Zukunft gedeutet. S. ↗Freud (1856–1939) sah dann in der T.symbolik eine Möglichkeit, die Motive eines Individuums verstehen zu lernen. Nach seiner Meinung entsteht der *latente* T. aus unbewußten Impulsen des ↗Es und aus Gedächtnisinhalten, die infolge von ↗Verdrängungen unbewußt geworden sind. Der latente T.inhalt bedeutet immer eine Wunscherfüllung. Das ↗Ich transformiert dann diesen latenten T.inhalt durch *Traumarbeit* in den *manifesten* Traum. Durch diese T.verzerrung verliert der T. seinen bedrohlichen und angsterweckenden Charakter weitgehend, so daß der Schlaf durch ihn nicht gestört wird. So konnte Freud (1900) sagen, der T. sei der *Hüter des Schlafes* auch insofern, als er Stimuli, die von außen kommen, zu T.komponenten umwandelt und in den T.inhalt einbaut. Die Verdrängungsmechanismen sind beim Träumen weniger wirksam als im Wachzustand, und daher können im T. Dinge, wie z.B. Inzestwünsche, enthalten sein, die nur noch wenig verschleiert sind oder auch ganz offen zum Ausdruck kommen. Der Psychoanalytiker versucht bei seiner T.interpretation den latenten T.inhalt aufzudecken.

Nach Freud enthalten T.e auch Material, das dem ererbten *archaischen ↗ Unbewußten* entstammt und sich aus den Erfahrungen der Vorfahren des Patienten konstituiert. Nach C. G. ↗Jung (1875–1961), der diese Auffassung bes. betonte, tauchen im T. häufig gewisse spezifische Symbole auf, die er *↗Archetypen* nennt (z. B. der Archetypus der Wiedergeburt) und die dem *kollektiven* ↗Unbewußten entstammen.

T.interpretationen stützten sich ursprünglich hauptsächlich auf den T.inhalt, der am Tage nach der T.nacht noch reproduziert werden konnte. Gegen Ende des 19. Jh. jedoch machten zahlreiche Psychologen Selbstversuche, indem sie sich nachts durch Alarmglocken aufwecken ließen, um so einen gerade geträumten T. in frischer Erinnerung festhalten zu können. In den fünfziger Jahren wurde diese Methode zu einer verläßlicheren Technik ausgebaut. E. Aserinsky und N. Kleitman machten die Beobachtung, daß während des Schlafes wiederholt Perioden auftreten, die durch eine Veränderung des EEG, verstärkte Mimik und schnelle Augenbewegungen gekennzeichnet waren. Sie nahmen an, daß in diesen Schlafperioden geträumt wird. Später ergaben die Untersuchungen von Dement und Kleitman (1957), daß sich 80% der Vpn, die während dieser REM-Perioden (rapid-eye-movement; ↗Schlaf) geweckt wurden, an den Traum erinnern konnten (paradoxer ↗Schlaf), und nur 7% berichteten, auch während der Non-REM-Perioden geträumt zu haben (orthodoxer Schlaf).

Der heutige Stand der Forschung. Es wurde festgestellt, daß das Träumen wie der paradoxe Schlaf mindestens ein Viertel der Schlafzeit einnimmt. Viele alte Vorstellungen mußten aufgegeben werden, so z. B., daß lange T.e blitzartig ablaufen, daß Gehirnverletzungen das Träumen unterbinden, daß T.e im allg. schwarzweiß und nie farbig sind und daß manche Menschen überhaupt keine T.e hätten. Heute weiß man, daß jeder, wenn er zum richtigen Zeitpunkt geweckt wird, T.e berichten kann.

Werden die Vpn während des orthodoxen Schlafes geweckt, berichten sie, ihr geistig-seelischer Zustand sei eher auf Denken als auf Träumen eingestellt gewesen. Trotzdem werden während des Einschlafens auch beim orthodoxen Schlaf oft typische T.erlebnisse berichtet. Alp-Träume können in beiden Arten des Schlafens auftreten. Die Anzahl der schnellen Augenbewegungen in einer gegebenen Zeiteinheit während des paradoxen Schlafes steht in linearer Beziehung zum T.inhalt, d. h., je größer die Bewegungsaktivität ist, desto dynamischer sind die T.erlebnisse. ↗Barbiturate reduzieren sowohl die Frequenz der Augenbewegungen als auch die Lebhaftigkeit des T.inhalts.

In den Experimenten von Dement (1960) zur „Traumdeprivation" wurden die Vpn mehrere Nächte hintereinander immer dann geweckt, sobald sie in eine Phase des paradoxen Schlafes eintraten. In der darauffolgenden ungestörten Nacht verblieben die Vpn über das normale Zeitmaß hinaus in der Phase des paradoxen Schlafes. Dies trat jedoch nicht ein, wenn die Vpn in den vorangegangenen Nächten während des orthodoxen Schlafes geweckt worden waren. Auf die selektive Verhinderung der REM-Phasen folgen bes. lebhafte T.e, begleitet von schnellen Augenbewegungen. Die ursprüngliche Behauptung, daß selektives Aufwecken zu Beginn der REM-Phase zu psychol. Abnormitäten führt, konnte nicht bestätigt werden. Es herrscht heute allgemeine Übereinstimmung darüber, daß der Mensch den paradoxen Schlaf unbedingt braucht und den aufgetretenen Verlust kompensiert; es konnte jedoch bis heute experimentell noch nicht nachgewiesen werden, daß T.e nur auf ein rein psychol. Bedürfnis zurückzuführen sind.

Die Umwelt beeinflußt den T.inhalt. So hat man beobachtet, daß nach angsterregenden Filmen das Ausmaß der Augenbewegungen in den REM-Phasen ansteigt. Auch die T.e enthalten dann mehr angstbesetzte Thematik, wobei Elemente aus den Filmen in den T.inhalt einbezogen werden. T.e, die im Laboratorium geträumt werden, sind, verglichen mit den T.en zu Hause, inhaltlich viel ärmer. Meistens sind Phasen allg. Lebensangst oder ↗Depression verbunden mit angstbesetzten und depressiven Träumen. Im Wachzustand bewirkt ↗Angst eine vermehrte Ausschüttung von ↗Adrenalin. Dieselbe Reaktion ist auch während der Angstträume zu beobachten. Die Erektionen, die beim Mann normalerweise jede Phase des paradoxen Schlafes begleiten, treten bei schweren Angst-T.en vermindert auf. Sexuell gefärbte T.e werden von Ejakulationen mit starkem Anschwellen des Penis begleitet. Vermehrte sexuelle und aggressive T.e charakterisieren die Zeit der ↗Menstruation. Wenn während einer REM-Phase sensorische Reize auf den Organismus einwirken, ohne ein Erwachen zu verursachen, werden sie meist in den T.inhalt miteingeflochten. Akustische Reize werden nach der Klangähnlichkeit in den T. übernommen, so führte z. B. in den kontrollierten Exp. von Berger (1963) das Reizwort „Sheila", ein englischer Mädchenname, zu dem T.bericht über ein „Buch von Schiller".

Wenn man die Vpn ungefähr am Ende einer REM-Periode weckt, ist die nachfolgende T.erzählung länger; sie wird wesentlich kürzer, wenn das Aufwecken nach der eben begonnenen Phase des orthodoxen Schlafes erfolgt. An T.e, die in der Nacht sofort nach dem Aufwekken berichtet wurden, erinnert man sich am nächsten Tag nur noch sehr schwach, bes. dann, wenn man nach der Berichterstattung schnell wieder eingeschlafen ist oder das Ausmaß der schnellen Augenbewegungen nur gering war. Die aufeinanderfolgenden T.e einer einzigen Nacht zeigen eine gewisse inhaltliche Kontinuität. Das erhöhte Interesse für T.e hat dazu geführt, daß die meth. Erfassung der T.inhalte, wie ↗Angst, ↗Aggression und ↗Sexualität, sehr verfeinert wurde. Insbesondere muß hier die Technik der T.inhaltsanalyse nach Hall und Van de Castle (1966) erwähnt werden. Bei Alkohol- oder Barbituratsüchtigen führt der Entzug der ↗Suchtmittel zu einem ↗Delirium. Während dieses Deliriums kann man vermehrte und intensive REM-Phasen beobachten, die oft auch den Wachzustand unterbrechen. Verschiedene Umstände geben Anlaß zu der Annahme, daß die Erlebnisse während des Deliriums ihrem Wesen nach T.e sind. Trotz der Ähnlichkeit zwischen den T.en und den Erlebnissen Schizophrener (↗Schizophrenie) konnte die moderne T.forschung keinen Bezug zwischen Schizophrenie und irgendwelchen Abnormitäten des paradoxen Schlafes feststellen. Paradoxer Schlaf, Intoxikationszustände nach Einnahme von Drogen, wie ↗Cannabis, ↗Meskalin oder ↗Amphetamin, oder auch einfaches Tagträumen sind Zustände veränderten ↗Bewußtseins. Während dieser Zustände findet ein von der Realität abgetrenntes Denken statt, das man mit Ausdrücken wie „traumähnlich", „autistisch", „phantastisch", „verträumt" beschreiben könnte, ohne daß eine scharfe Trennung zwischen den Bedeutungsgehalten dieser Begriffe möglich wäre.

Lit.: Aeppli, E.: Der T. und seine Deutung. Zürich, [7]1977; **Baekeland, F. & R. Lasky:** The morning recall of rapid eye movement period reports given earlier in the night. J. nerv. ment. Dis., 1968, *147*, 570–579; **Berger, R. J.:** Experimental modification of dream content by meaningful verbal stimuli. Brit. J. Psychol., 1963, *109*, 722–740; **Berger, R. J. & I. Oswald:** Eye movements during active and passive dreams. Science, 1962, *137*, 601; **Bonime, W.:** The clinical use of dreams. New York, 1962; **Boss, M.:** Der T. und seine Auslegung. München, 1974; **Carroll, D., Lewis, S. A. & I. Oswald:** Barbiturates and dream content. Nature, 1969, *223*, 865–866; **Dement, W. C.:** The effect of dream deprivation. Science, 1960, *131*, 1705–1707; **Dement, W. C. & N. Kleitman:** The relation of eye movements during sleep to dream activity, an objective method for the study of dreaming. J. exp. Psychol., 1957, *53*, 339–346; **Dement, W. C. & E. A. Wolpert:** The relation of eye movements, body motility and external stimuli to dream content. J. exp. Psychol., 1958, *55*, 543–553; **Fisher, C.:** Psychoanalytic implications of recent research on sleep and dreaming. J. Amer. psychoanal. Ass., 1965, *13*, 197–303; **ders.:** Dreaming and sexuality. In: **M. Schur et al.** (Eds.): Psychoanalysis – a general psychology. New York – London, 1966, 537–569; **Foulkes, D.:** Die Psychol. des Schlafes. Frankfurt a.M., 1969; **Freud, S.:** Die Traumdeutung (1900). Ges. Werke, Bd. 2/3. London, 1942; **Hall, C. & R. Van de Castle:** The content analysis of dreams. New York, 1966; **Jung, C. G.:** Über psychische Energetik und das Wesen der Träume. Freiburg i. Br., [4]1971; **Karacan, I., et al.:** Erection cycle during sleep in relation to dream anxiety. Arch. gen. Psychiat., 1966, *15*, 183–189; **Kemper, W. W.:** Der Traum und seine Be-Deutung. München, 1977; **Kramer, M.** (Ed.): Dream psychology and the new biology of dreaming. Springfield (Ill.), 1969; **Leonhard, K.:** Gesetze und Sinn des Träumens. Stuttgart, 1951; **Oswald, I.:** Sleeping and waking; physiology and psychology. Amsterdam, 1962; **ders.:** Sleep. Harmondsworth (Middlesex), 1970; **Pivik, T. & D. Foulkes:** 'Dream deprivation': effects on dream content. Science, 1966, *153*, 1282–1284; **Riess, L. E. & B. F.** (Eds.): Progress in clinical psychology, vol. 8: Dreams and dreaming. New York – London, 1968; **Siebenthal, W. v.:** Die Wissenschaft vom Traum. Berlin – Göttingen – Heidelberg, 1953; **Swanson, E. M. & D. Foulkes:** Dream content and the menstrual cycle. J. nerv. ment. Dis., 1968, *145*, 358–363.

I. Oswald

Trauma, psychisches. Ein p. T. kann jede schmerzhafte Erfahrung eines Individuums sein, bes. wenn diese Erfahrung mit bleibenden Veränderungen in der Umgebung verknüpft ist. In der Regel handelt es sich bei p. T.en um Verluste von Motivbefriedigungsmöglichkeiten. Diese sind „schmerzhaft", d.h., sie lösen einen Angst-Aggressionszustand aus, der nur entweder durch aggressive Rückgewinnung der bedrohten Befriedigungsmöglichkeiten oder durch die Einrichtung von inneren ↗Abwehrmechanismen und den schließlichen Verzicht auf die Befriedigungsmöglichkeiten beendet werden kann (↗Objektbesetzung; ↗Verlust). ↗Sexuelles Trauma. *W. Toman*

Traumatische Neurosen sind ↗Neurosen, die auf meist unerwartete und kurzdauernde, schreck- oder schmerzhafte Umwelteinwirkungen zurückzuführen sind (z.B. Unfallneurosen, Kriegsneurosen, Tierphobien usw.). Trotz der Kürze der Umwelteinwirkung und der baldigen Wiederherstellung des ursprünglichen obj. Zustandes bleibt die schreck- oder schmerzhafte Erfahrung und die Erwartung weiterer solcher Erfahrungen bestehen (z.B. daß jeden Moment wieder ein Unfall passieren, eine Granate einschlagen, ein Hund beißen kann). Gefördert wird das neurotische

Verhalten (etwa eine hysterische Lähmung, übertriebene Angstreaktion gegenüber jeder Art von Lärm oder vor Hunden) durch sekundäre ↗Krankheitsgewinne (bemitleidet werden, krank und pflegebedürftig sein dürfen, eine Rente beziehen usw.; ↗Abwehrmechanismen; ↗Objektbesetzung; ↗Psychopathologie, psychoanalytisches Schema der).

Freud (1894) nahm anfangs an, daß allen Psychoneurosen traumatische Ereignisse (einschließlich unerwarteter und später verdrängter Verführungen) als Auslöser vorangingen (Trauma-Hypothese). Diese Annahme verwarf er zugunsten der „Wunsch-Theorie" der Neurose, nach welcher infantile Wünsche nach solchen (später) verpönten Verführungen und anderen traumatischen Ereignissen Psychoneurosen einleiten können. Hier ist allerdings fraglich, wieso manche Personen solche infantilen Wünsche und im Anschluß Neurosen entwickeln und andere Personen nicht.

Heute nimmt man an, daß auch am Anfang der Psychoneurosen traumatische Bedingungen stehen, daß aber die Schwere des ↗Traumas von dem Ausmaß an bleibenden schmerzhaften Veränderungen in der Umgebung des Individuums abhängt. ↗Familie; ↗Psychoanalyse; ↗Tiefenpsychologie.

Lit.: Freud, S.: Die Abwehr-Neuropsychosen (1894). Ges. Werke, Bd. 1. London, 1952; **ders.:** Vorlesungen zur Einführung in die Psychoanalyse (1916/17). Ges. Werke, Bd. 11. London, 1948; **Toman, W.:** Motivation, Persönlichkeit, Umwelt. Göttingen, 1968.

W. Toman

Traumatische Psychose ↗Psychose, akute, traumatische.

Traumdeutung geschieht im Verlauf psychotherapeutischer Behandlungen zur ergänzenden Aufhellung unbewußter Motive im Patienten (↗Psychoanalyse). Die im Schlaf aktivierten unbewußten Motive werden, wenn sie durch die geschwächte innere Kontrolle oder Zensur des Schläfers nicht abgewehrt bzw. unterdrückt werden können, in den manifesten Trauminhalt umgestaltet, ihre teilweise Befriedigung im ↗Traum versucht und dadurch nach Freud (1900) der ↗Schlaf im allgemeinen erhalten (Traum als Hüter des Schlafes). Was der Träumer über einen Traum erzählt, gilt als der *manifeste Trauminhalt.* Mittels der Einfälle des Patienten zu den einzelnen manifesten Trauminhalten versuchen Therapeut und Patient, die unbewußten Motive (den *latenten Trauminhalt*) und, wenn möglich, ihre ontogenetische Herkunft zu erkennen und dem Patienten eine bessere Kontrolle über sie zu ermöglichen.

Lit.: Freud, S.: Die Traumdeutung (1900). Ges. Werke, Bd. 2/3. London, 1948; **Toman, W.:** Motivation, Persönlichkeit, Umwelt. Göttingen, 1968.

W. Toman

Traumzensor ↗Zensor.

Travestie ↗Transvestitismus.

Treatment. 1) Im ↗Experiment und in der ↗Versuchsplanung Bezeichnung für Maßnahmen zur systematischen ↗Variation expt. Bedingungen. **2)** *Behandlung.* In der ↗Entscheidungstheorie allg. jede Entscheidungsmöglichkeit oder Handlungsalternative, also nicht nur therapeutische oder pädagogische Behandlungen i. e. S.

J. P. Gösslbauer

Treffermethode, Methode der Behaltensprüfung eines in der Lernphase paarig dargebotenen Materials. Zu dem in der Prüfphase jeweils vorgegebenen Glied eines Paares ist das Komplement zu reproduzieren. Die Zahl der Treffer gilt als Maß der Behaltensleistung. ↗Gedächtnis.

Lit.: Müller, G. E. & A. Pilzecker: Experimentelle Beiträge zur Lehre vom Gedächtnis. Z. Psychol., Erg.-Bd. 1, 1900.

E. Heineken

Tremograph, Tremometer. Der Tremograph und das Tremometer sind Testgeräte zur Prüfung und Messung des ↗Tremors. Beim *Tremographen* werden die Zitterbewegungen mit Hilfe eines am Bewegungsorgan angebrachten Schreibstiftes als Zitterkurve auf einen Kymographen übertragen und aufgezeichnet. Beim *Tremometer* muß ein Stift durch eine dünne Spur geführt oder in eng dimensionierten Löchern so gehalten werden, daß er die Ränder nicht berührt. Die Anzahl der Randberührungen ist ein Maß für die Stärke des ↗Tremors des betreffenden Bewegungsorgans. Fleishman (1958) konnte in seinen faktorenanalytischen Untersuchungen zur Ermittlung psychomotorischer Grundfähigkeiten mit Hilfe von Tremometern einen Faktor „Arm-Hand-Ruhe“ (Arm-Hand-Steadiness) isolieren.

Lit.: Fleishman, E. A.: Dimensional analysis of movement reactions. J. exp. Psychol., 1958, *55* (5), 438–453; **Moede, W.:** Lehrbuch der Psychotechnik. Berlin, 1930.

A. Thomas

Tremor, Zitterbewegungen einzelner Körperteile, verursacht durch abwechselnde Kontraktion antagonistischer Muskelgruppen. Wird je nach der Zitterfrequenz als grob-, mittel- oder feinschlägig bezeichnet. T. tritt beim Frieren, starker Ermüdung, Erregung, im Greisenalter als T. senilis und bei verschiedenen Vergiftungen (Alkohol-, Blei-, Quecksilber- und Nikotinvergiftung) auf, kann erblich sein und ist Symptom verschiedener Erkrankungen, wie ↗Parkinsonismus, Paralysis agitans, ↗multipler Sklerose, Kleinhirnerkrankungen und ↗Basedowscher Erkrankung.

E. David

Trend. Ein T. ist eine systematische Veränderung einer Grundgesamtheit in der Zeit, indem sie ansteigt, abfällt, sich stetig oder sprunghaft, monoton oder phasisch verändert. Auch Streuungen und andere Parameter können einem T. unterliegen.

Trendanalyse ist eine Möglichkeit der Zeitreihenanalyse. Sie stützt sich im parametrischen Fall auf die Regressionstechnik; nichtparametrische T.n verwenden Rangdaten. Sie dient der Überprüfung der Signifikanz eines Trends. *D. W. Eggert*

Trennschärfe. Unter T. versteht man die Eigenschaft eines Testitems, zwischen Vpn mit unterschiedlichen Ausprägungen eines Merkmals zu differenzieren. Die T. wird häufig als Korrelation eines Testitems mit dem Gesamtpunktwert definiert. Damit kann die T. auch als Homogenitätsindex eines ↗Items bezüglich des ganzen ↗Tests interpretiert werden. – Betrachtet man den funktionalen Zusammenhang, die sog. *Itemcharakteristik* p(ξ), zwischen Merkmalsausprägung ξ und Wahrscheinlichkeit p, daß ein Item von einer Vp mit der Fähigkeit ξ gelöst wird, so ist an einer Stelle ξ dasjenige Item das trennschärfste, dessen Itemcharakteristik dort die größte Steigung hat. – Man unterscheidet zwischen monotonen und nicht-monotonen Itemcharakteristiken. Letztere sind für die Testkonstruktion nicht wünschenswert, treten aber vor allem im Bereich der ↗Einstellungsmessung auf. Einen Sonderfall bilden die sog. *Guttman*-Items (↗Skalierung), deren Itemcharakteristik an einer Stelle ξ von Null auf Eins springt, die also von keiner Vp mit einer Fähigkeit kleiner als ξ gelöst werden, aber von allen Vpn mit einer Fähigkeit größer oder gleich ξ. Hier besteht also ein eindeutiger Zusammenhang zwischen ↗Schwierigkeit und T. ↗Itemanalyse; ↗Test; ↗Testtheorie.

Lit.: Fischer, G.: Psychologische Testtheorie. Bern, 1968; **Liener, G. A.:** Testaufbau und Testanalyse. Weinheim, [3]1969.

A. Rausche

Treue als Beständigkeit der eigenen Haltung und im Verhältnis zum andern ist seit der 2. Hälfte unseres Jahrhunderts in Frage gestellt worden, weil zu viel Unmenschliches trotz eingegangener T.bindungen geschah. Viele Menschen ziehen sich auf sich selbst zurück, zum Teil errichten sie einen Wall von Selbstsicherungen um sich, um sich selbst treu zu bleiben. Da aber der Mensch ein soziales Wesen ist, fordert T. im vollen Sinn auch Beständigkeit in den personalen Beziehungen zum anderen in den verschiedenen menschlichen Gemeinschaftsformen; in ihnen kann der Mensch zur Persönlichkeit reifen. *J. Hasenfuß*

Triadenmethode, Verfahren der ↗Skalierung, das zu einer mehrdimensionalen Ordnung (Tönen, Behauptungen etc.) führt. Es werden je drei Reize geboten, wobei Urteile gefordert sind, wie „Reiz k ist dem Reiz i ähnlicher als Reiz j“. Mit Hilfe des ↗Gesetzes des komparativen Urteils von Thurstone werden die Häufigkeiten der Ähnlichkeitsurteile in Distanzen zwischen allen beurteilten Reizpaaren umgerechnet. Die Distanzmatrizen werden faktorenanalytisch zerlegt. *K. Eyfert*

Trial and error learning ↗Lernen durch Versuch und Irrtum.

Tribadie, Synonym für ↗lesbische Liebe, Saphismus, weibliche Homosexualität.

Trichotillomanie ↗Haarausreißen.

Trichromaten sind Personen mit normaler Farbensicht.

Trieb. Das Wort „drive" wurde zum erstenmal von Woodworth 1918 zur Beschreibung einer hypothetischen Kraft oder Energie benutzt, von der man gemeinhin angenommen hat, daß sie nicht erlernt und hinsichtlich der Situation, in der sie auftritt, unspezifisch ist, daß sie eine allg. physiol. Grundlage hat und auf keine bestimmte Art des Verhaltens ausgerichtet ist, jedoch das Verhalten von Tieren und Menschen aktiviert (motiviert). Dieselbe Energie wurde vor 1918 mit dem Begriff ↗„Instinkt" bezeichnet. Für McDougall, den Verfasser der ersten – auf hormischem Prinzip aufgebauten – Sozialpsychologie (1908) war Instinkt (später „Neigung", Triebkraft genannt) „eine ererbte oder angeborene Disposition, die ihren Inhaber dazu determiniert, ... bezüglich des Objekts in einer besonderen Weise zu handeln, zumindest aber einen entsprechenden Handlungsimpuls zu verspüren" (1908, S. 30). Die heutige Ethologie faßt den Begriff ↗Instinkt weit enger. Die vielen Instinktlisten und die Popularität des Instinktbegriffs haben sicher dazu beigetragen, daß Freuds Triebbegriff anfänglich ins Englische mit „instinct" übersetzt wurde. Den deutschen Ausdruck „Trieb" als Äquivalent zu „drive" hatte Freud schon 1915 in der im wesentlichen gleichen Bedeutung verwendet. Innerhalb weniger Jahre war es so weit gekommen, daß praktisch jeder Forscher sich ein T.konzept zurechtgelegt hatte. Das Konzept wurde erweitert und schloß nun auch nicht-physiol. Motivationsquellen, gelernte T.e, soziale T.e, höhere T.e und andere mehr, ein. Es existierten keine überzeugenden Erklärungen für den Prozeß der Aneignung solcher erlernten T.e, aber man zweifelte nur wenig an der Gültigkeit oder Nützlichkeit dieses Ansatzes. Das T.konzept wurde ebenso bereitwillig auf menschliches Sozialverhalten wie auf das ↗Instinkt-Verhalten der niederen Tiere angewandt. Diese Auffassungen wurden schließlich in Veröffentlichungen von ↗Hull (1943) und von Brown (1961) miteinander verbunden und in ein System gebracht. Hull hatte dabei die Gesetzmäßigkeit des T.konzeptes bes. hervorgehoben. Obwohl es viele potentielle Antriebsquellen gebe, trügen sie alle in gleichem Maße zu dem energetischen Gesamtreservoir bei. Der daraus resultierende „drive" (D) versorge das Verhalten mit Energie (löst die im Organismus gespeicherte Energie in bestimmter Menge aus), bestimme aber nicht die Richtung. Die Richtung würde von den verschiedenen „habits" (↗Gewohnheit) gewiesen, die in einer gegebenen Situation wirksam werden, und „D" unterstützt dann lediglich den stärksten „habit". „D" steht im Ggs. zu einem anderen motivationalen Konzept, dem des *Anreizes* (incentive), das Hull früher eingeführt hatte. Der Antrieb „D" ist nicht erlernt, bedeutet eine allg. Aktivität und beruht auf einer hypothetischen physiol. Grundlage. Im Ggs. dazu sind die Anreize (incentives) nach Hull erworben, spezifisch auf bestimmte ↗Bekräftigungen ausgerichtet, treten nur in besonderen Situationen auf und besitzen keine feststellbare physiol. Basis. Diese beiden Konzepte führten zu dem fundamentalen Problem, das in der folgenden Frage besteht: Zu welchem Anteil ist die in einer gegebenen Situation auftretende Gesamtmotivation auf „D" zurückzuführen, und wieviel davon ist den erlernten T.federn zuzuschreiben? In einem neueren Bericht (Bolles, 1967) über relevante Untersuchungen wird festgestellt, daß „D" im Vergleich zum Anreiz relativ unwichtig sei. Viele der allg. und nicht erlernten motivationalen Verhaltensbedingungen, die Hulls Theorie vorhersagte, haben sich weder als nicht erlernt noch als allg. (unspezifisch) herausgestellt. Zum Beispiel kann die frühe Entdeckung, daß hungrige Ratten in Laufrädern mehr Aktivität entfalten, jetzt vernachlässigt werden, weil man kürzlich herausgefunden hat, daß dieser Effekt relativ spezifisch für „Ratte", „Hunger" und „Laufrad" ist. Andere Tiere zeigen unter anderen Deprivationsbedingungen und in anderen Situationen sowohl vermehrte als auch verminderte oder auch unveränderte Aktivität (Campbell et al., 1966). Viele andere Hypothesen, die von T.theoretikern zur Unterstützung des T.konzepts vorgeschlagen wurden, konnten nicht experimentell bestätigt werden. Unterschiedliche T.quellen – wie Nahrungs- oder Wasserentzug – sind nicht untereinander vertauschbar und summieren sich nicht, um so zu einem Leistungsanstieg zu führen. Auch die Idee, daß die aus einer bestimmten Motivationsquelle gewonnene „Energie" derart anwachsen kann, daß sie ein irrelevantes Verhaltensmuster aktiviert („displacement"), wurde durch Laborexperimente nicht gestützt. Die mechanistische Philosophie, die dem ursprünglichen T.konzept zugrunde lag, ist heute veraltet. Auch die Meinung, daß ein Tier inaktiv sei und erst zur Aktivität angetrieben werden müßte, wird nicht mehr vertreten. Das T.konzept stimmt mit den Tatsachen nicht überein, selbst in dem Fall der hungrigen Ratte nicht, für den es als gültig bezeichnet wurde.

Die meisten Psychologen haben die Hoffnung aufgegeben, soziale Motive mit Hilfe von erworbenen T.en zu erklären. Es wurde noch ein ernsthafter Versuch unternommen, gelernte Angst als erworbenen T. zu interpretieren, aber es mangelte an der zwingenden Beweiskraft für diese Interpretation, und es waren immer alternative Erklärungen möglich. Einige Psychologen ziehen es vor, Verhalten in Termini der „angestrebten Ziele" oder „vorausgegangenen Bekräftigungen" anstatt mit Begriffen wie „Motive" zu erklären. Wieder andere betonen die Bedeutung assoziativer Faktoren beim motivierten Verhalten. Dem Konzept der ↗Motivation selbst scheint heute weniger Gewicht beigemessen zu werden als früher. Wir scheinen also einer Zeit entgegenzugehen, in der im wesentlichen niemand mehr an irgendein T.konzept glaubt. Das Wort „Trieb" jedoch wird noch weiterhin gebraucht. Man wird es wahrscheinlich noch eine Zeitlang in der Bedeutung benutzen, die es ursprünglich hatte, d.h., um die Existenz oder Wirkung einiger Motivationssysteme mit physiol. Basis zu beschreiben. Aber in diesem Sinne besagt dieser Begriff nur wenig – hauptsächlich wegen der mangelnden Anschaulichkeit –, denn es hilft letzten Endes nicht weiter, wenn man sich auf den Hungertrieb einer Ratte bezieht, der in der Aussage, „Die Ratte ist hungrig", ohnehin schon impliziert ist.

Lit.: Bolles, R. C.: Theory of motivation. New York, 1967; **Bowlby, J.:** Theorien über den „Trieb" und die „Triebreaktionen". In: **H. Thomae** (Hrsg.): Die Motivationen menschlichen Handelns. Köln, ^{3}1966, 113–120; **Brown, J. S.:** The motivation of behavior. New York, 1961; **Campbell, B. A.:** Species differences in activity during hunger and thirst. J. Comp. Physiol. Psychol. 1966, *61*, 125–127; **Freud, S.:** Drei Abhandlungen zur Sexualtheorie (1904/05). Ges. Werke, Bd. 5. London, 1949; **ders.:** Trieb und Triebschicksal (1913/17). Ges. Werke, Bd. 10. London, 1949; **Graumann, C. F.:** Einführung in die Psychologie, Bd. 1, Motivation. Frankfurt – Bern – Stuttgart, 1969; **Hull, C. L.:** Principles of behavior. New York, 1943; **McDougall, W.:** Introduction to social psychology. London, 1908; **ders.:** Aufbaukräfte der Seele. Stuttgart, ^{2}1947; **Mitscherlich, A. & H. Vogel:** Psychoanalytische Motivationstheorie. In: **H. Thomae** (Hrsg.): Hdb. der Psychol., Bd. 2. Göttingen, ^{2}1970; **Szondi, L.:** Triebpathologie. Bd. 1. Bern – Stuttgart, ^{2}1977; **Thomae, H.** (Hrsg.): Motivation. Hdb. der Psychol., Bd. 2. Göttingen, ^{2}1970; **Woodworth, R. S.:** Dynamic psychology. New York, 1918.

R. C. Bolles

Triebdiagnostik, experimentelle ↗Experimentelle Triebdiagnostik.

Triebfedern. Nach Klages (1948) sind T. Richtungseigenschaften (neben Neigungen, Interessen u.a.). Das System der T. umfaßt *geistige, personelle* und *sinnliche* T., jeweils mit den Qualitäten der Lösung oder Bindung (von Lebensvorgängen). Inhaltlich stimmen sie teilweise mit P. Lerschs ↗Strebungen überein.

Lit.: Klages, L.: Die Grundlagen der Charakterkunde. Bonn, ^{10}1948.

B. Heinze

Trieblehre ist im allg. die Postulierung von Grund- oder Elementartrieben im menschlichen oder tierischen Handeln sowie die Angabe von Differenzierungs- oder Entwicklungskriterien. S. ↗Freud nahm zuerst den Sexualtrieb als einzige Motivationsquelle an, später auch die Selbsterhaltungs- oder Ichtriebe, und schließlich statt dessen die beiden Triebklassen der ↗Libido (des Lebens- oder Liebestriebes) einerseits und des ↗Todestriebes andererseits. C. G. ↗Jung nahm Libido als Grundtrieb an, betonte aber den Prozeß der fortschreitenden Desexualisierung derselben im Laufe der Entwicklung des Individuums. A. ↗Adler nahm den ↗Machttrieb oder das Sicherheitsstreben als Grundtrieb an. ↗Trieb.

Lit.: Thompson, C.: Die Psychoanalyse: Ihre Entstehung und Entwicklung. Zürich, 1952; **Toman, W.:** Dynamik der Motive. Darmstadt, [2]1970; **Wyss, D.:** Die tiefenpsychol. Schulen von den Anfängen bis zur Gegenwart. Göttingen, [5]1977.

W. Toman

Triolenverkehr, hetero- oder/und homosexuelle Kontakte zwischen drei Personen = *Dreiecksverkehr.* Dabei kann ein Partner sich u. U. auch *voyeuristisch* (↗Voyeurtum) betätigen. Im engeren Sinne wurde der Begriff von Hirschfeld (o. J.) verwendet: Dreiecksbeziehung, bei welcher der heterosexuell gewählte Partner homosexuell ist, sich mit einem Partner desselben Geschlechts sexuell betätigt, während die erste Person zuschaut. Die Verbindung von T. und Voyeurismus findet sich nicht selten bei echten perversen Entwicklungen; T. ist jedoch an sich noch nicht pervers (↗Perversion), sondern eine Variante sexueller Betätigung, die starken gesellschaftlichen ↗Tabus unterliegt und deshalb weniger bekannt wird.

Lit.: Hirschfeld, M.: Geschlechtsanomalien und Perversionen. Villefranche – Nice, o. J.; **Maisch, H.:** Inzest. Hamburg, 1968.

H. Maisch

Triplo-X-Syndrom, eine ↗Geschlechtschromosomen-Anomalie, bei der sich ein zusätzliches X-Chromosom in der üblichen XX-Struktur der Frau findet. Tritt bei ca. 12% aller Frauen auf und tendiert dazu, mit geistiger ↗Retardation einherzugehen. Es sind noch mehr X möglich (z. B. XXXX), und mit jedem X steigt die Wahrscheinlichkeit einer Retardation. Bisher sind nur zwei Fälle einer Fünf-X-Chromosomenstruktur bekannt. ↗Chromosomen-Aberration. *G. D. Wilson*

Trisomie ↗Chromosomen-Aberration.

Tritanomalie ↗Farbenfehlsichtigkeit.

Trommelfell ↗Sinnesorgane: das Ohr.

Tropismus, richtende Reaktion eines Organismus auf einen Reiz bzw. eine Reizquelle hin. Maßgebend ist dabei weniger die absolute Reizstärke als vielmehr das räumliche oder zeitliche Intensitätsgefälle. Man unterscheidet *positiven* T. (Hinwendung) und *negativen* T. (Abwendung); ferner nach der Art des Reizes: Ausrichtung nach der Lichteinstrahlung = *Phototropismus,* dem Sonnenstand = *Heliotropismus,* der Konzentration verschiedener Substanzen = *Chemotropismus,* der Temperatur = *Thermotropismus,* der Schwerkraft = *Geotropismus* (Funktion: Einhaltung einer normalen Raumlage) u. a. m. Der Begriff T. wird meist für die richtende Bewegung *ortsgebundener* Lebewesen (Pflanzen, festsitzende Tiere) gebraucht, bei *frei beweglichen* Organismen spricht man von ↗*Taxis.* Verschiedentlich werden beide Bezeichnungen aber auch synonym verwendet. *I. Lindner*

Trotzalter. In der älteren dt. Entwicklungspsychol. wird die Zeit vom 3. bis 5. Lebensjahr als „1. Trotzphase" und vom 12. bis 15. als „2. Trotzphase" bezeichnet. Man kann in diesen Perioden vermehrt Verhaltensweisen beobachten, die sich durch stark affektive und mot. Widerstandsreaktionen gegen Personen und Dinge auszeichnen (Aufstampfen, Schreien, Verweigerung des Gehorsams, Wutausbrüche, Schmollen, Schweigen, Passivität, „negativistische Haltung"). In der Lit. finden sich als Deutungen solchen Verhaltens: Wollen an sich; Wollenwollen; erste Abhebung des Ich vom Nicht-Ich; probierendes Durchbrechen der physiognomischen Schranke; erste Affektkrise; Stimmungslabilität infolge von Umstellungsprozessen der innersekretorischen Systeme; Kompensation des ↗Minderwertigkeitsgefühls gegenüber weiblichen Zügen, elterlicher Autorität und der Einschränkung des Lustgewinns durch die Gesellschaft usw. Wesentliche Richtigstellung vermittelten systematische Untersuchungen frühkindlichen Trotzes (Kemmler, 1957). Allmählich setzt sich die Auffassung durch, daß Trotz nicht in erster Linie eine allg. und endogen bedingte Erscheinung ist; ein T. findet sich nicht bei jedem Kind, und der Zeitraum des Auftretens ist großen interindividuellen Schwankungen unterworfen. Vereitelung von Bedürfnissen (nach Unabhängigkeit und Selbständigkeit z. B.) und erlebte Diskrepanz zwischen bisher Erlaubtem und eigenem Probierenwollen sowie Unfähigkeit zur adäquaten Bewältigung können erstmals „Trotz“ (als eine Art Panikreaktion) bedingen. Durch Reaktionen von Erwachsenen kann „Trotz“ bekräftigt und so zu einer erlernten Bewältigungsform werden. Die Erfahrungen des Kindes in solchen Situationen sind für die gesamte Persönlichkeitsentwicklung relevant.

Lit.: Kemmler, L.: Untersuchungen über den frühkindlichen Trotz. Psychol. Forsch., 1957, *25*, 279–338.

H. Meister

Trugwahrnehmung ↗Wahrnehmungstäuschungen.

Truth drug, *Wahrheitsdroge,* chem. Substanz, die jedermann zwingen soll, alle ihm verfügbaren Informationen preiszugeben. – Experimentelle Studien zur ↗Validität der Angaben sich widersetzender Informanden stehen der Auffassung von der Existenz solcher Drogen entgegen. R. House hatte 1922 von dem dem ↗Atropin verwandten Scopolamin behauptet, eine unter seinem Einfluß stehende Person könne nicht lügen, und den Terminus „truth drug“ initiiert. ↗Narkoanalyse; ↗Plauderdroge. *E. Lehmann*

Tsédek-Test, Test von H. Baruk zur Erfassung der moralischen Einsicht. Der Pb hat das Verhalten von Personen in einer Serie von kurz geschilderten Alltagssituationen vom Standpunkt seiner Moral aus zu beurteilen. Aufgrund der Urteile wird auf die moralische ↗Einstellung (m.E. auch auf das moralische Verhalten) des Pb geschlossen. *H. J. Aebi*

T-Technik, eine ↗Faktorenanalyse-Technik, die von Korrelationskoeffizienten ausgeht, die aufgrund der Korrelation der Messungen eines Merkmales zu t verschiedenen Zeitpunkten über n Individuen bestimmt wurden, wobei n>t. Die extrahierten Faktoren werden als Situationsfaktoren interpretiert. Anwendungen der T-T. finden sich in entwicklungspsychol. Untersuchungen und Verlaufsanalysen (z. B. Lernverläufe). ↗Faktorenanalyse. *G. Mikula*

t-Test. Der t-T. ist ein parametrischer ↗statistischer Test zur Prüfung der ↗Signifikanz der Mittelwertsunterschiede bei 2 Stichproben. Der t-T. wird für folgende Fälle eingesetzt: Überprüfung der Mittelwertsdifferenzen bei 2 normalverteilten unabhängigen ↗Stichproben bei homogenen oder heterogenen Varianzen und Prüfung der Mittelwertsunterschiede bei 2 abhängigen Stichproben über die Differenzen (t-T. für Paardifferenzen). Darüber hinaus gibt es noch eine Reihe von Statistiken, deren Stichprobenverteilung ebenfalls annähernd einer t-Verteilung entspricht. Auch bei der Prüfung dieser Statistiken spricht man von einem t-Test. ↗Varianzanalyse. *D. W. Eggert*

Tunnel-Phänomen. Ein Beispiel für kinetische Schirmwirkung, ähnlich dem ↗Piston-Effekt. Zwei Lichter leuchten nacheinander an etwas entfernten Stellen auf. Zwischen und vor den Lichtern befindet sich ein Schirm. Unter diesen Voraussetzungen sehen Betrachter ein Licht von einer Seite des Schirms auf die andere fahren, d. h., das Licht verschwindet hinter dem Schirm und taucht auf der anderen Seite wieder auf, wie beim Durchgang durch einen Tunnel. Diese Wirkung bleibt auch, wenn der Schirm entfernt wird. Wenn der Betrachter von dem Vorhandensein des Schirms nichts weiß, stellt sich die Wirkung nicht ein. ↗Scheinbewegung. *C. D. Frith*

Turner-Syndrom (Synonyme: *Albright-T., Morgagni-T., Ullrich-T., XO-Syndrom*), nach dem amerik. Arzt H. H. Turner (*1892) benanntes intersexuelles Krankheitsbild mit Dysgenesie (= Unterentwicklung) oder Agenesie (= völliges Fehlen) der Keimdrüsen (↗Gonaden). Die klassische genetische Geschlechtschromosomenkonstitution ist XO; es kommen aber auch Mosaikstrukturen vor (XO/XX, XO/XY). Zu der ↗Chromosomen-Aberration kommt es infolge Nondisjunktion bei der Reifeteilung der Spermiogenese. Weitere Symptome: meist weiblicher Habitus; inneres und äußeres Genitale meist weiblich, aber infantil; sekundäre ↗Geschlechtsmerkmale oft unterentwickelt; Geschlechtschromatin häufiger negativ (männl.)

als positiv (weibl.); Minder- oder ↗Zwergwuchs; multiple Mißbildungen; Pterygium colli (= Faltenhals); primäre ↗Amenorrhoe; oft gesteigerte ↗Gonadotropin- und verminderte ↗Östrogenausscheidung im Urin; durchschnittliche ↗Intelligenz.

Lit.: Jores, A. & H. Nowakowski: Praktische Endokrinologie. Stuttgart, [4]1976; **Labhart, A.:** Klinik der inneren Sekretion. Berlin, [3]1978; **Leiber, B. & G. Olbrich:** Die klinischen Syndrome. München – Berlin – Wien, [5]1972; **Overzier, C.:** Intersexuality. New York, 1963; **Williams, R. H.** (Ed.): Textbook of endocrinology. Philadelphia – London – Toronto, [4]1969.

V. Sigusch

t-Verteilung, von W. S. Gosset 1908 unter dem Pseudonym Student abgeleitete Verteilung für die Mittelwerte von Stichproben aus normalverteilten Populationen. Die t-V. ermöglicht u.a. die Signifikanzprüfung von Mittelwertsdifferenzen bei kleineren Stichproben. Die Stichprobengröße wird in der Anzahl der ↗Freiheitsgrade berücksichtigt. Die t-V. nähert sich mit zunehmenden df der ↗Normalverteilung. ↗t-Test. *D. W. Eggert*

T-Wert, von McCall (1939) nach L. Terman (T) benannter normalisierter Standardwert aus nicht-normalen Verteilungen (↗Transformation). Geht von ↗Prozenträngen nichtnormaler Verteilungen aus (↗Flächentransformation), die in Äquivalente transformierter Standardwerte umgewandelt werden. Aus normalverteilten ↗z-(Standard-)Werten errechnen sich T-W.e nach folgender Formel: $T = 50 + 10\,z$. ↗Testnormen.

Lit.: McCall, W. A.: Measurement. New York, 1939.

D. W. Eggert

Typ I Fehler ↗Fehler erster Art; ↗Statistische Tests.

Typ II Fehler ↗Fehler zweiter Art; ↗Statistische Tests.

Typologie. Die Begriffe *„Typ"* und ↗*„Eigenschaft"* werden ganz allgemein als fast gleichbedeutend benutzt. Man kann von einem Menschen sagen, daß er die Eigenschaft der Geselligkeit besitze oder daß er ein *„geselliger Typ"* sei; gemeint ist in beiden Fällen, daß er gesellig ist, d.h., sich auf gesellige Weise verhält. Viele Psychologen, bes. in den USA, machen in der Verwendung dieser Termini kaum Unterschiede, es sei denn, sie nehmen die hypothetische Einteilung eines bestimmten Verhaltens vor. Man sagt oft, daß der Begriff *„Typ"* eine bimodale Verteilung der Testscores oder sogar eine klare Trennung zwischen Personen von den sich gegenüberstehenden Polen der T. erfordert, während der Begriff der „Eigenschaft" eine unimodale und wahrscheinlich sogar eine ↗Normalverteilung verlangt. Gegenwärtig wird sicherlich klar zwischen den beiden Begriffen differenziert, aber trotzdem läßt sich vieles, was über ↗Eigenschaften gesagt wurde, auch auf die Typen anwenden, und die beiden Artikel sollten zusammenhängend gelesen werden, um alle relevanten Punkte zu klären.

Man könnte sagen, daß die T. im 2. Jh. n. Chr. mit Galens Theorie von den vier Temperamenten (cholerisch, sanguinisch, phlegmatisch und melancholisch) begonnen hat, obwohl der Ursprung dieser T. auf Hippokrates zurückgehen soll und ihre Spuren gewiß schon im alten Griechenland zu finden sind (Roback, 1931). Kant übernahm diese Lehre, verarbeitete sie in seiner *Anthropologie,* und so wurde seine Version zur offiziellen Doktrin bis zum Ende des 19. Jahrhunderts. Ein wesentlicher Zug dieser T. war ihr kategorialer Charakter; eine Person gehörte entweder dem einen oder dem anderen Typ an, Mischungen waren nicht zugelassen. Eben dieses Merkmal der Galen-Kantschen Sichtweise bewirkte die falsche Vorstellung, die Verteilung der Scores unterscheide zwischen Typen und Eigenschaften. Dies ist nur richtig, wenn man den kategorischen Charakter der Typenbegriffe akzeptiert. Wie wir sehen werden, hat keiner der bekannten Repräsentanten der modernen T. (Jung, 1921; Kretschmer, 1967) tatsächlich einen solchen Standpunkt eingenommen.

Der *dimensionale* Gesichtspunkt als die Alternative zu dem *kategorialen* scheint schon von Wundt (1903) entworfen worden zu sein, der postulierte, daß zwei der vier Typen durch *starke Emotionalität* (↗Choleriker und ↗Melancholiker) und die anderen beiden durch *ge-*

ringe Emotionalität gekennzeichnet seien; somit führte er eine Dimension der „Emotionalität" ein, auf welcher die Menschen kontinuierlich eingestuft werden konnten. Er stellte eine zweite – von der ersten unabhängige – Dimension auf, indem er Choleriker und Sanguiniker als „wandelbar", Melancholiker und Phlegmatiker als „unwandelbar" bezeichnete. Auf diese Weise lokalisierte Wundts Dimensionssystem die vier Temperamente in die vier Quadranten, die durch diese zwei Dimensionen gebildet werden. Sie haben ihren kategorischen Charakter verloren, und Normalverteilungen entlang der beiden Dimensionen würden – obwohl sie kein notwendiges Merkmal des Modells darstellen – Wundts Denken bestimmt nicht entgegenstehen. Die Kombination aus Kants Beschreibung der für die vier Temperamente charakteristischen Persönlichkeitseigenschaften und dem Dimensionssystem von Wundt ergibt ein Bild davon, was *„klassische Typologie"* genannt werden könnte (Abb. 1; Eysenck, 1967).

Die Verteilung der Scores ist somit kein Unterscheidungsmerkmal zwischen Typ- und Eigenschaftsbegriffen; das Argument von uni-, bimodalen Verteilungen ist – schon rein statistisch gesehen – in jedem Fall bedeutungslos und ermöglicht keine Schlußfolgerungen (Eysenck, 1970). Aus diesem Grund

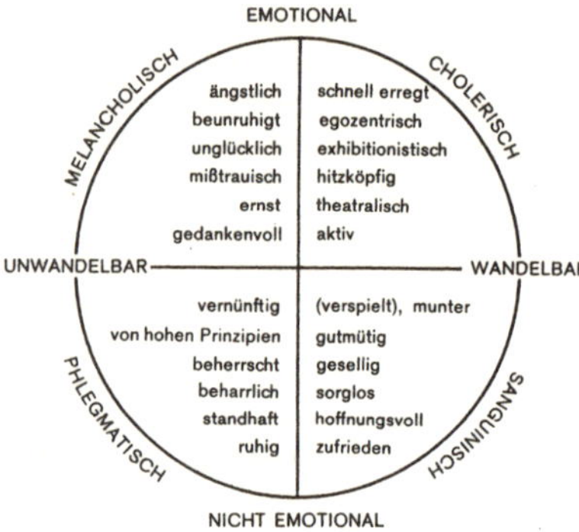

Abb. 1: Die graphische Darstellung zeigt eine Kombination der Galen-Kant-Theorie von den vier Temperamenten mit Wundts dimensionaler Hypothese.

hat Eysenck (1947) angeregt, daß Eigenschaften den untergeordneten Begriff bilden, Typ den übergeordneten. T.n werden als Begründungen der beobachteten Interkorrelationen zwischen den Eigenschaften aufgestellt. Dieser Vorschlag bildet einen Teil eines allg. hierarchischen Konzepts der Persönlichkeitsstruktur, welches in Abb. 2 graphisch dargestellt ist, wobei der Typ „Extraversion" als Beispiel verwendet wird.

Die statistische Technik, die sich am besten zur Erforschung von typologischen Hypothesen – wie auch von ↗Eigenschaften – eignet, ist die ↗Faktorenanalyse. Thurstones Technik

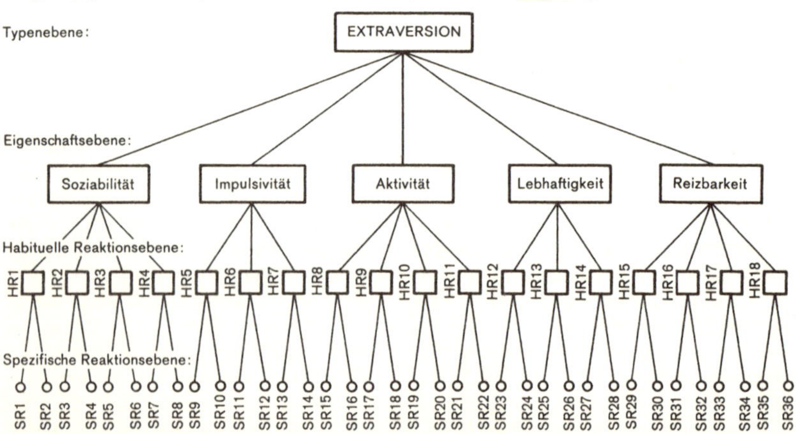

Abb. 2: Die graphische Darstellung zeigt die hierarschische Hypothese der Typen- und Eigenschaftsbegriffe.

der Anwendung von obliquen Primärfaktoren, deren Interkorrelationen – erneut faktorisiert – Faktoren zweiter Ordnung ergeben, erfaßt den Sachverhalt sehr gut. Eigenschaften sind Primärfaktoren und Typen Faktoren zweiter Ordnung; beide Faktorenebenen können mit Hilfe moderner Computer-Rotationsmethoden gleichzeitig erforscht werden (↗Faktorenanalyse).

Historisch gesehen, waren Heymans und Wiersma (1906–09) die ersten, die zur Aufstellung eines Beschreibungssystems der Persönlichkeit quasi-statistische Methoden anwandten. Auf der Grundlage von Ratings über 2523 Personen durch ihre Ärzte hinsichtlich verschiedener Persönlichkeitseigenschaften erarbeiteten sie ein Klassifikationssystem unter Berücksichtigung von Hauptdimensionen: Emotionalität, Aktivität und die Primärfunktion als Ggs. zur Sekundärfunktion. Diese letzte Dimension ähnelt der Extraversion–Introversion und basiert auf bestimmten pseudophysiol. Spekulationen des österreichischen Psychiaters O. Gross (1902).

Bekannter als Heymans' und Wiersmas T. (welche zur Zeit nur in Südafrika in größerem Umfang angewandt wird) sind die Werke von Jung (1921) und Kretschmer (1967). Jungs ausschließlich theoretische und spekulative Schrift wurde von empirischen Untersuchungen nicht beeinflußt, und seine besonderen Hypothesen gaben keinen Anlaß zur weiteren expt. Arbeit. Kretschmers erstes Buch erschien 1921 und erreichte bis 1967 25 Auflagen. Es hat ein ungeheures Ausmaß an empirischer Forschung ausgelöst und wurde selbst in vielerlei Hinsicht durch die Ergebnisse dieser Untersuchungen abgeändert, woran Kretschmer und seine Schüler wesentlich beteiligt waren. Ein detaillierter Überblick über diese Theorien ist von Eysenck (1970) und von Hall und Lindzey (1957) veröffentlicht worden. Letztgenannte Autoren geben Sheldons Version von Kretschmers Lehren (1940, 1942) den Vorzug, obwohl diese mit Jungs Vorstellungen vermischt ist und Kretschmers bahnbrechenden Forschungen kaum gerecht wird.

Jungs System ist sehr komplex. Es postuliert nicht nur Extraversion und Introversion als die beiden Richtungen der ↗Libido, sondern auch vier psychol. ↗Hauptfunktionen: Denken, Fühlen, Empfinden und Intuieren (↗Jung). Jung gab zu verstehen, daß von den beiden Arten neurotischer Erkrankungen, die sich aus P. ↗Janets Untersuchungen ergaben (Hysterie und Psychasthenie), die eine bei extravertierten und die andere bei introvertierten Persönlichkeiten auftritt. Diese Behauptung wurde durch Eysenck (1947) bestätigt. In derselben Arbeit überprüfte Eysenck eine weitere Annahme, die stillschweigend Jung zugeschrieben wurde, aber effektiv nie von ihm diskutiert worden ist. Wenn zwei Typen neurotischer Erkrankungen an den entgegengesetzten Polen des Kontinuums von Extraversion–Introversion gegeben sind, dann muß man noch eine weitere Dimension – orthogonal zur ersten – aufstellen, die von neurotisch bis stabil reicht. Diese Dimension wurde ↗„Neurotizismus" genannt und ist Wundts Emotionalität sehr ähnlich. Dementsprechend fallen Psychastheniker (jetzt allgemein „Dysthymiker" genannt; es handelt sich um Menschen mit Angstzuständen und reaktiven ↗Depressionen, um Zwangsneurotiker und Phobiker) in den „melancholischen" Quadranten, Hysteriker und Psychopathen in den „cholerischen" Quadranten, ebenso auch Kriminelle. Somit stützen empirische Ergebnisse die Lehre Wundts und bringen diese in Übereinstimmung mit Jungs Hypothese (in dieser ziemlich oberflächlichen Form), so daß beide in ein und demselben Schema dargestellt werden können.

Kretschmer schlug eine Persönlichkeitsdimension vor, die sich von dem Pol schizophrener Erkrankungen bis zum Pol manisch-depressiver Erkrankungen erstreckt. Dazwischen liegen normale Persönlichkeiten, die jedoch den Extremen in ihrer Art der Anpassung und des Verhaltens ähneln. Abb. 3 zeigt die wesentliche Beschaffenheit dieses Kontinuums. Die von Kretschmer erwähnten und für seine zwei Typen charakteristischen Persönlichkeitseigenschaften weisen auf eine starke Ähnlichkeit zwischen dem schizothymen und dem introvertierten sowie zwischen dem zyklothymen und dem extravertierten

Typ hin. (Schon Jung hatte die Aufmerksamkeit auf die Affinität zwischen Introversion und Schizophrenie gelenkt.) Auch hier wird deutlich, daß das Vorhandensein von psychotischen Patienten an beiden Polen des Kontinuums eine neue Dimension erfordert, die orthogonal zur ersten von der ↗Psychose bis zur Normalität reicht. Diese Dimension – für deren Gültigkeit beachtliche Beweise sprechen – kann als ↗„Psychotizismus" bezeichnet werden (Eysenck & Eysenck, 1968).

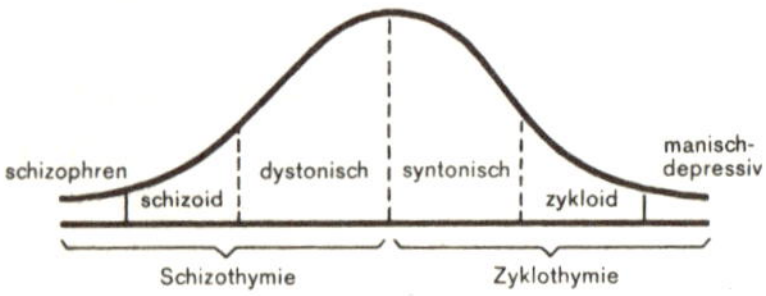

Abb. 3: Die graphische Darstellung zeigt Persönlichkeitsdimensionen nach Kretschmer.

Wenn man – wie es wahrscheinlich zulässig ist – Introversion mit Schizothymie und Extraversion mit Zyklothymie gleichsetzen kann, dann bleibt noch die Frage, ob man, wie es die Freudianer täten, Neurotizismus als identisch mit Psychotizismus erklären kann, indem man die psychotische Erkrankung als eine ernstere Form der neurotischen Krankheit betrachtet. Die empirischen Beweise sprechen deutlich gegen diese Hypothese und belegen, daß die beiden Dimensionen wirklich orthogonal sind (Eysenck, 1964; Cattell & Scheier, 1961). Im allg. differenzieren Tests, die Normale von Psychotikern abgrenzen, nicht zwischen Normalen und Neurotikern und umgekehrt; diskriminierende Funktionsanalysen ergeben immer wieder die Existenz von zwei signifikanten latenten Wurzeln. So scheint auf der Ebene der Typen ein Minimum von drei unabhängigen Dimensionen zur Einordnung der menschlichen Persönlichkeit erforderlich zu sein: *Extraversion, Emotionalität – Neurotizismus* und *Psychotizismus.* (Die Dimension der *Aktivität* von Heymans und Wiersma könnte dem Psychotizismus ähnlich sein; die Trägheit und Verlangsamung der Psychotiker könnte das Gegenteil von Aktivität darstellen.)

Kretschmer führte den Begriff des Körperbaus in sein System ein und verband leptosomen, geradlinigen Körperbau mit Schizothymie und pyknischen, breiten Körperbau mit Zyklothymie. Es gibt wahrscheinlich eine geringe Korrelation von .3 bis .4 zwischen Introversion und leptosomem Körperbau, aber die Assoziation mit psychotischen Erkrankungen ist weitgehend ein expt. Artefakt, bedingt durch die verschiedenen Altersstufen, in denen schizophrene und manisch-depressive Krankheiten vorwiegend zum Vorschein kommen. Der Körperbau wird mit zunehmendem Alter pyknischer, und manisch-depressive Patienten sind beträchtlich älter als schizophrene. Sheldon fand eine sehr hohe Korrelation zwischen Körperbau und Temperament, die jedoch von anderen Forschern nicht bestätigt wird und mit großer Sicherheit auf die Verfälschung des Meßwerts durch die Kenntnis des anderen zurückzuführen ist.

Giese (1939), der sich der Vielzahl der T.n bewußt war, plädierte für eine einzige Typologie. Sein Wunsch wird allmählich Wirklichkeit, da expt. Untersuchungen und verfeinerte stat. Techniken viele Hindernisse überwinden konnten, die bisher einem solchen einheitlichen Darstellungsversuch der menschlichen T. im Wege standen. Cattell, Guilford und Eysenck fanden in ihren Untersuchungen Beweise für Extraversion–Introversion und Emotionalität–Stabilität (Eysenck & Eysenck, 1969); sowohl hinsichtlich des Psychotizismus als auch der Stellung von verschiedenen psychiatrisch-diagnostischen Gruppen in diesem Dimensionssystem herrscht eine gute Übereinstimmung.

Die empirische Forschung über T. macht von denselben Methoden Gebrauch wie die Arbeit über ↗Eigenschaften: Ratings, Selbst-Ratings (↗Fragebogen), Miniatur-Situations-Tests und Laboraufgaben, die auf theoretischen Systemen und ihren Folgerungen basieren, werden ebenso wie auch physiol. Aufzeichnungen benutzt. Wie bei Eigenschaften ergibt sich auch hier die Frage, ob die Position, die eine Person auf einer typologischen Dimension einnimmt, mehr durch erbliche oder mehr durch umweltbedingte Ursachen bestimmt wird. Einen eingehenden Überblick über das Beweismaterial vermittelt Eysenck

(1967) und nimmt aufgrund der Ergebnisse an, daß zur Zeit im westlichen Kulturbereich der durchschnittliche Anteil der Vererbung an individuellen Unterschieden in der Extraversion, Emotionalität und dem Psychotizismus ungefähr 60–80% beträgt, wobei die Mehrzahl der gut geplanten Untersuchungen Werte um 75% ermittelt, ein annähernd gleicher Wert, der auch bei ↗Intelligenztests gefunden wurde. Außer den Untersuchungen an eineiigen und zweieiigen Zwillingen (↗Zwillingsforschung) sind sehr viele verschiedene Methoden im Umlauf, deren Ergebnisse gut übereinstimmen. Dasselbe kann über Konkordanzuntersuchungen an neurotischen, psychotischen und kriminellen Zwillingen gesagt werden. Die Übereinstimmung von eineiigen Zwillingen ist beträchtlich größer als die von zweieiigen Zwillingen.

Ein zentrales Problem bei genetischen Studien dieser Art konzentriert sich um die Frage: Was ist ererbt? Natürlich kann man keine Funktion erben, sondern nur die Struktur. Daraus ergibt sich das fundamentale Problem der Kausalität: Typen, wie auch Eigenschaften, sind rein deskriptiv. Doch würde man gern genauer wissen, warum sich eine bestimmte Person am extravertierten Pol des Kontinuums, am stabilen oder am psychotischen Ende befindet. Solche Fragen sind schwer zu beantworten, und es wurden Versuche unternommen, die entweder psychol. Konzepte, wie Hulls „reaktive ↗Hemmung" (Eysenck, 1957) oder Pawlows „Erregungshemmung" (Gray, 1964) verwendeten oder physiol. Begriffe, wie das aufsteigende retikuläre Aktivierungssystem (↗ARAS) und das ↗autonome Nervensystem (Eysenck, 1967) herangezogen haben. Hypothesen solcher – bes. der physiol. – Theorien wurden in vielen Exp. einer Verifikationsprüfung unterworfen. Das meth. Vorgehen nimmt entweder einen physiol. oder psychol. Ausgangspunkt ein. Als Beispiel für den ersten Typ betrachte man die Hypothese, daß Extravertierte höhere Schwellen von ARAS-Aktivität besitzen, so daß die kortikale Erregung bei ihnen niedriger sein wird. Dies führt unmittelbar zu der Folgerung, daß die EEG-Alpha-Aktivität eine größere Amplitude und charakteristischerweise eine niedrigere Frequenz haben wird. Auf ähnliche Weise kann vorausgesagt werden, daß die Beruhigungsschwellen bei Extravertierten niedrig sind und hoch bei Introvertierten. Beide Prognosen haben tatsächlich starke Unterstützung erhalten. Psychologische Voraussagen entspringen der Kenntnis von Verhaltenskonsequenzen hoher und niedriger Aktivationszustände. Die ↗Konditionierung wird erleichtert durch hohe kortikale Aktivation und erschwert durch geringe Aktivierung. Introvertierte zeigen, wie vorhergesagt, beim Lidschlußreflex eine bessere Konditionierbarkeit als Extravertierte. Viele andere Voraussagen, so z.B. in bezug auf ↗Orientierungsreaktionen, figurale Nachwirkungen, sensorische Schwellen, Erinnerung, Blockierung, ↗Vigilanz, Toleranz bei Schmerz und sensorischer Deprivation, ↗Wahrnehmungsabwehr, ↗Motorik, ↗Anspruchsniveau, autonome Reaktionen usw., wurden in vielen Untersuchungen überprüft, um Beweise für die erwähnte kausale Hypothese zu erhalten, und erbrachten im allg. positive Ergebnisse (Eysenck, 1967). Es erscheint wahrscheinlich, daß die Forschung unter Verwendung der hypothetisch-deduktiven Methode letzten Endes Erfolg haben und das gesamte Studium der T. auf eine höhere Ebene stellen wird, als das beim hauptsächlich intuitiven und subjektiven Vorgehen der früheren Autoren der Fall war. Der gegenwärtige Stand der Forschung ist gekennzeichnet durch eine ziemlich große Anzahl von gut gesicherten Tatsachen, aber ebenso auch durch eine Menge verwirrender Widersprüche; es herrscht gute Übereinstimmung über den Umriß des allg. Bildes, aber es bestehen verschiedene Ansichten über spezifische Punkte. Die Lösung dieser Meinungsverschiedenheiten wird die nächste Etappe in der Entwicklung typologischer Theorien sein.

Lit.: Arnold, W.: Person, Charakter, Persönlichkeit. München, [4]1975; **Cattell, R. B. & I. H. Scheier:** The meaning and measurement of neuroticism and anxiety. New York, 1961; **Eysenck, H. J.:** Dimensions of personality. London, 1947; **ders.:** The dynamics of anxiety and hysteria. London, 1957; **ders.:** Principles and methods of personality description, classification and diagnosis. Brit. J. Psychol., 1964, *55*, 284–294; **ders.:** The biological basis of personality. Springfield, 1967; **ders.:** The structure of human personality. London, 1970; **Eysenck, H. J. & S. B. G. Eysenck:** Structure and measurement of personality. London, 1969; **Eysenck, S. B. G. & H. J. Eysenck:** The measurement of psychoticism: a study of factor stability and reliability. Brit. J. soc. clin. Psychol., 1968, 7, 286–294; **Giese, F.:** Lehrbuch der Psychologie. Tübingen, 1939; **Gray, J. A.:** Pavlov's typology. Oxford, 1964; **Gross, O.:** Die cerebrale Sekundärfunktion. Leipzig, 1902; **Hall, C. S. & G. Lindzey:** Theories of personality. New York, 1957; **Heymans, G. & E. Wiersma:** Beiträge zur speziellen Psychologie aufgrund einer Massenuntersuchung. Z. Psychol. 1906, *2,* 81–127; *43,* 321–373; 1907, *45,* 1–42; 1908, *47,* 321–333; *49,* 414–439; 1909, *51,* 1–72; **Jung, C. G.:** Psychologische Typen. Zürich, 1921; **Kretschmer, E.:** Körperbau und Charakter. Berlin, [25]1967; **Roback, A. A.:** The psychology of character. New York, 1931; **Sheldon, W. H.:** The varieties of temperament. New York, 1942; **ders.:** The varieties of human physique. New York, 1940; **Wundt, W.:** Grundzüge der physiologischen Psychologie, Bd. 3. Leipzig, 1903.

H. J. Eysenck

U

Überbelastungshemmung oder *Schutzhemmung,* in der Verhaltenstheorie von I. P. ↗Pawlow die Abnahme der Wirkung eines Reizes, wenn dessen Stärke einen bestimmten Grad überschritten hat; von Pawlow hypothetisch auf einen Hemmungsprozeß zurückgeführt, der übermäßigen funktionellen Abbau der Rindenzellen verhindern soll. Neuere hirnphysiol. Ergebnisse sprechen jedoch gegen diese Interpretation des Phänomens, was in der Weiterführung der Pawlowschen Lehre zu entsprechenden Modifikationen geführt hat (vgl. Pickenhain, 1959). Die Ü. wird als eine Form der ↗unbedingten Hemmung aufgefaßt.

Lit.: Pawlow, I. P.: Sämtliche Werke, Bd. 3. Berlin, 1953; **Pickenhain, L.:** Grundriß der Physiologie der höheren Nerventätigkeit. Berlin, 1959.

L. Blöschl

Überdetermination von neurotischen Symptomen, aber auch von ↗Träumen und Fehlleistungen bedeutet ihre Determination durch mehrere voneinander unterscheidbare (unbewußte) Wünsche und Motive. So kann die Fehlleistung des Versäumens eines Termines etwa die Vermeidung einer schwierigen Besprechung, aber zugleich eine Selbstbestrafung durch die Konsequenzen dieses Versäumnisses bedeuten. Ein neurotischer Waschzwang kann nicht nur die Bedürfnisse nach Reinigung von allen unbewußten Sudelbedürfnissen, sondern auch die (obschon bescheidene) Befriedigung dieser Sudelbedürfnisse selbst bedeuten (etwa durch das Sudeln mit Seife und Wasser oder durch das Gefühl, sich vorher offenbar doch beschmutzt haben zu müssen).

Lit.: Freud, S.: Vorlesungen zur Einführung in die Psychoanalyse (1916/17). Ges. Werke, Bd. 11. London, 1948.

W. Toman

Überempfindlichkeit ↗Allergie.

Überflutungstherapie ↗Implosive Therapy.

Überformung, im Zusammenhang mit der ↗*Sozialisation* (auch *Akkulturation* und *Enkulturation*) gebrauchte Bezeichnung für die im Verlauf oder als Ergebnis der Aneignung sozio-kultureller Normen erscheinenden Veränderungen von Handlungs- und Erlebnisarten und -formen. Besonders deutlich wird Ü. nach H. Thomae, wenn man die Bedingungen für menschliche Entscheidungen in Abhängigkeit von sozio-kulturellen ↗Normen betrachtet.

W. D. Fröhlich

Über-Ich bildet eine der Instanzen der ↗Persönlichkeit, welche S. ↗Freud in seiner zweiten Theorie des psychischen Geistes beschrieben hat. Seine Rolle ist vergleichbar mit der eines Richters oder ↗Zensors im Hinblick auf das ↗Ich. Zu seinen Funktionen rechnet Freud die Bildung des moralischen ↗Gewissens, ferner die der Ideale und der Selbstbeobachtung. Es ist ein Erbe des ↗Ödipus-Komplexes, da es sich konstituiert durch die Verinnerlichung aller elterlichen Verbote. Klein (1948) behauptet, daß sich die Bildung des Ü. in präödipalen Stadien vollzieht.

Lit.: Freud, S.: Das Ich und das Es (1923). Ges. Werke, Bd. 13. London, 1940; **Klein, M.:** The importance of symbolformation in the development of the Ego. London, 1948.

J. López Ibor

Überkompensation. Ursprünglich umschrieb der von A. ↗Adler geprägte Begriff die überdurchschnittliche Leistung eines primär minderwertigen Organs (Beispiel: Demosthenes, der sein Stottern überwand und zum größten Redner seiner Zeit wurde). Später mit dem Begriff der ↗Kompensation zusammen erweitert, bezeichnet er heute jede positive Leistung über den reinen Ausgleich hinaus, gleichgültig, ob jetzt eine „Organminderwertigkeit" oder ↗Minderwertigkeitsgefühle vorliegen.

Lit.: Bleidick, U.: Die Individualpsychol. und Pädagogik Adlers und seiner Schule. München – Basel, 1961.

W. Schmidbauer

Überlernen bezeichnet die Fortsetzung des Übens und Einprägens über den Zeitpunkt der ersten fehlerfreien Reproduktion des gesamten Materials hinaus (↗Gedächtnis). Ü. verbessert kurz- und langfristiges Behalten. Ü. wird stetig unökonomischer, bes. von der Verdoppelung der ursprünglich nötigen Wiederholungen an, da seine relative Wirkung auf das Behalten immer mehr abnimmt (Kurve der negativen Beschleunigung). ↗Lernen.

Lit.: Foppa, K.: Lernen, Gedächtnis, Verhalten. Köln – Berlin, [7]1970.

G. Huber

Überprägnante Auslöser *(übernormale Schlüsselreize),* Reizsituationen, die den „natürlichen" Schlüssel- oder Signalreiz eines angeborenen Auslösemechanismus (↗AAM) an Wirksamkeit übertreffen. Beispiel: Männliche Eumenis semele L. reagieren intensiver auf schwarze Schmetterlingsattrappen (Attrappenversuche) als auf natürlich gefärbte. ↗Schlüsselreiz.

Lit.: Tinbergen, N.: Instinktlehre. Berlin, [5]1972.

H. Haase

Überraschungswert. Die Überraschung, die eine Nachricht auslöst, hängt nicht nur von der Nachricht selbst, sondern auch vom übrigen Feld ab. In der Informationsästhetik wurde der Ü. von Frank (1964) als ein vom Informationsmaß abgeleitetes Maß eingeführt. Er gibt das Verhältnis der ↗Information einer Nachricht zur Unsicherheit an, die diese Nachricht beseitigt. Nachrichten, denen der Wert $ü>1$ zukommt, werden als überraschend, Nachrichten mit $ü<1$ als banal bezeichnet.

Lit.: Frank, H.: Kybernetische Analysen subjektiver Sachverhalte. Schnelle, 1964.

H. Riedel

Übersättigungstherapie, auch *Negative Praxis,* bezeichnet verhaltenstherapeutische Maßnahmen, abgeleitet vom Prinzip der Sättigung (physische und psychische). Die therapeutischen Ansätze beinhalten Forderung nach kontinuierlicher Ausübung des symptomatischen Verhaltens, das meist selbst verstärkend ist. Führt zur Reduktion desselben. Durch Ü. wird häufig ein aversiver Zustand erreicht. Anwendung findet die Ü. bei einigen Zwangsformen (z.B. Hortung), Tics, Nägelkauen etc. entsprechend der Verhaltensanalyse. Eingeschränkt wird die Ü. durch die Sättigungsresistenz und bei gefährlicher Symptomatik (z.B. Feuerlegen). Sie ist daher meist nur eine flankierende Maßnahme. Zu beachten sind übergeordnete Probleme (z.B. fehlende soziale Zuwendung, Streß).

Lit.: Ayllon, T.: Intensive treatment of psychotic behavior by stimulus satiation and food reinforcement. In: Behav. Res. Ther., 1963, *1,* 53–61.

S. Fliegel

Übersprunghandlung. Wird der normale Ablauf einer Instinkthandlung (↗Instinkt) durch Mängel der auslösenden Situation oder Auftreten eines ↗Konflikts zwischen unvereinbaren Trieben gestört, kann die aufgestaute Triebenergie (↗Motivation) über ein in der Situation irrelevantes, zu einem anderen Instinkt gehörendes Verhalten abreagiert werden. ↗Leerlaufreaktion. *I. Lindner*

Übersummativität, das Phänomen, daß die ↗Wahrnehmung einer ↗Gestalt nicht von der Wahrnehmung der einzelnen Teile her vorhergesagt werden kann. Der Grund ist, daß die Wahrnehmung stärker abhängig ist von den Beziehungen zwischen den Teilen einer Gestalt als von den Teilen selbst. *C. D. Frith*

Übertragung ist das allg. Phänomen der Wahrnehmung oder Interpretation gegenwärtiger Situationen im Lichte vergangener Erfahrungen bzw. ähnlicher vergangener Situationen. Damit deckt sich ungefähr der lerntheoretische Begriff der ↗Generalisierung. In der psychoanalytischen Terminologie (↗Psychoanalyse) wurde zuerst das Phänomen der gefühlsmäßigen Einstellung des Patienten zum

Psychotherapeuten in Analogie zur gefühlsmäßigen Einstellung des Patienten zu seinen frühen und frühesten (intrafamiliären) Bezugspersonen darunter verstanden. Gefühle der Liebe, Zuneigung, Achtung *(positive Ü.)*, aber auch des Hasses, der Furcht, der Demütigung *(negative Ü.)* werden dem Psychotherapeuten entgegengebracht, ohne daß dieser konkret dazu Anlaß gegeben hätte. Aus diesem Grund werden in der Regel die jeweiligen besonderen Gefühle des Patienten für den Psychotherapeuten und seine Vorstellungen von den Gefühlen des Psychotherapeuten als Ü.en aus vergangenen Beziehungen interpretiert. Sie werden in der Behandlung als solche nachgewiesen, wenn der Patient sie zum (inneren) Widerstand gegen die Erkenntnis eigener unbewußter Motive, Wünsche und Strebungen verwendet.

Wenn der Psychotherapeut dem Patienten jedoch konkreten Anlaß zu solchen Gefühlen gegeben hat, befindet er sich selbst möglicherweise im Zustand der *Gegenübertragung*. In dieser verkennt der Psychotherapeut seine Beziehung zum Patienten im Lichte eigener irrationaler unbewußter Bedürfnisse und eigener ungelöster Konflikte. Wenn der Psychotherapeut solchen Gegenübertragungstendenzen nachgibt, kann er die psychotherapeutische und psychoanalytische Behandlung ernsthaft gefährden. Daher gehört zu den wichtigsten Aspekten in der Ausbildung zum Psychotherapeuten die Kontrolle der eigenen Gegenübertragungstendenzen, die durch ↗Lehranalyse gewährleistet wird.

In der psychotherapeutischen und psychoanalytischen Behandlung sind positive Ü.en der Arbeit des Patienten an seiner Vergangenheit förderlich.

Zu starke positive und negative Ü.en hindern oft die Arbeit des Patienten und müssen in der Regel interpretiert werden.

Übertragungsneurosen sind im Ggs. zu *narzißtischen ↗Neurosen* (↗Psychosen) psychische Erkrankungen, bei deren Behandlung es zur Ü., d. h. zur Entwicklung einer Gefühlsbeziehung zum Psychotherapeuten, kommt. An narzißtischen Neurosen erkrankte Menschen sind einer solchen Gefühlsbeziehung in der Ü. kaum fähig, weil sie diese auch in der Wirklichkeit kaum oder gar nicht aufrechterhalten können. Daher ist ihre Behandlung durch die ↗Psychoanalyse nach Freud (1916/17) nicht möglich. Die Übertragungsneurosen sind der Therapie leicht zugänglich, ihre Deutung deckt die infantilen Faktoren der gestörten Entwicklung auf.

Lit.: Freud, S.: Vorlesungen zur Einführung in die Psychoanalyse (1916/17). Ges. Werke, Bd. 11. London, 1948; **Racker, H.:** Übertragung und Gegenübertragung. München, 1978; **Schraml, W.:** Einführung in die Tiefenpsychologie. Stuttgart, [4]1971; **Toman, W.:** Introduction to psychoanalytic theory of motivation. London – New York, 1960; **ders.:** Motivation, Persönlichkeit, Umwelt. Göttingen, 1968.

W. Toman

Überzeugung. Das unbeirrbare Fürwahrhalten einer einmal gewonnenen Auffassung; sie prägt sich in der menschlichen Haltung aus. Ü. ist eine Richtungseigenschaft der Persönlichkeit und besitzt eine antriebs-, orientierungs- und ausführungsregulierende Funktion. Ü. bestimmt maßgeblich Ziel und Tätigkeitsrichtung der Persönlichkeit; sie spielt in Politik und Weltanschauung eine wichtige Rolle.

W. Tisch

Überzeugungen *(beliefs)*. Nach M. Rokeach sind Ü. Bausteine von Einstellungen und werden als Aussagen über soziale Sachverhalte formuliert, in denen diese als wahr oder falsch bezeichnet werden, als gut oder schlecht bewertet sind oder Handlungsaufforderungen gegenüber diesem Sachverhalt beinhalten.

Neuere Konzeptionen reduzieren den Begriffsumfang auf den Informationsgehalt, über den jemand bezüglich eines sozialen Sachverhalts verfügt. Im Rahmen dieser kognitiven Konzeption werden Ü. als subjektive Wahrscheinlichkeiten definiert, mit der soziale Sachverhalte bestimmten Merkmalen oder Kategorien zugeordnet werden. *B. Six*

Überzeugungswert-Matrix *(Belief-value-matrix)*, in E. C. ↗Tolmans purposivem ↗Behaviorismus das System von *Erwartungen* (bestehend aus Klassifikationen und Kategorisierungen) und *Valenzen* (Werturteilen), die das Individuum in jede neue Situation mitbringt und die teilweise seine Reaktionen auf die Umwelt determinieren. *G. D. Wilson*

Übung. Unter Ü. versteht man im allg. das Wiederholen derselben oder einer ähnlichen Handlung zur Vervollkommnung derselben; sie umfaßt aber auch verdeckte Handlungen (etwa stilles Aufsagen). In der wiss. Psychol. wird Ü. nahezu äquivalent mit *Erfahrung* (↗Lernen) als einer der Ursachen von Verhaltensänderungen verwendet.

ANWENDUNGSBEREICHE. Bei der Ü. handelt es sich um kein eigenständiges Thema; sie ist vielmehr bei vielen Themenkreisen von Bedeutung: Theorienbildung, ↗Konditionierung, ↗Lernen, ↗Gedächtnis, ↗Transfer, Erholung, Arbeit, ↗Hemmung, Anpassung, Löschung. Wiederholungen verändern den Reaktionswert (Fehler, Stärke, Häufigkeit, Beständigkeit, Auftretenswahrscheinlichkeit), wobei er durch stattfindende Ü.-Pausen-Einflüsse sowie Alter und Umfang vorhergehender Erfahrungen mitbestimmt wird. Die Ergebnisse im Rahmen der Anlage-Umwelt-Problematik zeigen, daß alles Verhalten teilweise in seiner Abhängigkeit von Ü.vorgängen zu sehen ist.

Einen hohen Stellenwert hat Ü. in der ↗Lerntheorie und -psychologie. Lernen kann als überdauernde Verhaltensänderung als Folge von Ü. definiert werden. Vor allem der ↗Behaviorismus leistete einen grundlegenden Beitrag zu verschiedenen Ansätzen, welche Bedeutung der Ü. beim Lernen beigemessen werden sollte (E. C. ↗Tolman, E. R. Guthrie, Hull, 1966; W. K. Estes).

GESCHICHTE UND METHODOLOGIE. 80 bis 90 Jahre lang stand Ü. im Vordergrund des Interesses. Ihre Bedeutung wuchs in gleichem Maße, wie die Lernvorgänge in den Mittelpunkt theoretischer Erwägungen rückten. Die Methode des Wiederholens von Reaktionen hat die gleiche Geschichte wie die Verhaltenspsychol.: Sie wurde von H. Ebbinghaus (1885) angeregt, von J. McK. Cattell und W. ↗Wundt übernommen und schließlich von J. B. ↗Watson (1912) zu einer bedeutenden Methode des ↗Behaviorismus erhoben. Deren Thesen, Methoden und Aufgabenstellung (J. P. ↗Pawlow, E. L. ↗Thorndike, B. F. Skinner) sowie Einflüsse der Mathematik begünstigten obj. und exakte Aussagen. Bei aller Verschiedenartigkeit des Vorgehens und theoretischer Erwägungen wurde methodologische Sorgfalt auf das Geschehen während des Versuchs gelegt; Hull (1966) machte das Isolieren und Beschreiben von Ü.effekten auf Lernen und Leistungsfähigkeit zu einem primären Forschungsziel und verschaffte den negativen Faktoren der Wiederholung formalen Status.

Die Laboratoriumspsychol. mißt den Ü.einfluß anhand von Standardaufgaben unter strukturierten Bedingungen für eine vorgegebene Anzahl von Einheiten oder im Vergleich zu einem Reaktionsniveau als Kriterium; es werden entsprechende Antwort- und Registriermöglichkeiten geschaffen und so unerwünschte Stimuli und Reaktionen auf ein Minimum reduziert. Die gemessene Stärke eines beobachteten Verhaltens (Häufigkeit, Geschwindigkeit und Größe z. B. bei einzelnen oder einer Reihe kontinuierlicher Stimuli) wird mit den veränderlichen Werten einer expt. Variablen korreliert (Ü.gewinn oder verschiedener Ü.effekt bei menschlichen und tierischen Versuchsgruppen in Abhängigkeit von z. B. Stimulus, Pausen während des Versuchs, physischer Zustand der Vpn). In gleicher Weise geht man bei der Untersuchung neurophysiol. Prozesse und Veränderungen vor.

Das Verhalten befindet sich in Abhängigkeit von Ü.variablen: direkt und unmittelbar, wenn Unterschiede durch Ü.bedingungen auftreten; mittelbar, etwa bei Gedächtnistests zur Erfassung von dauerhaften Ü.einflüssen, oder indirekt, z. B. bei der Übertragung (↗Transfer) von Ü.einflüssen auf neuartige Aufgaben oder geänderte Ü.bedingungen.

FORSCHUNG. Eines der Hauptanliegen betrifft Dauer und Richtung einer Verhaltensänderung, derentwegen eine Reaktion wiederholt wird (einfach – komplex, neu – alt), auf welche Hilfen (cues) hin, auf welche Weise (unbeachtet, belohnt, bestraft), sowie deren Häufigkeit. Ü. hat unterschiedliche Auswirkungen, abhängig von sowohl positiven als auch negativen Faktoren (Anpassung, Fehlen von Belohnung, Arbeitshemmung, verringerte Motivstärke); so bringt die Psychol. viele Phänomene in einen direkten Zusammenhang mit Ü.: wiederholtes Reagieren schafft und bricht Verhaltensweisen (habits), wobei Veränderungen von kurzzeitig bis beständig variieren, eine momentane Einbuße kann einen überdauernden Gewinn verdecken, Ruhepausen bewirken. Das Üben einer Aufgabe stützt oder schwächt Wiedererkennen, Lernen und andere Leistungen.

Wiederholung verändert Reflex- und auch erworbenes Verhalten; bei den meisten Forschungsarbeiten werden jedoch neue, erlernte Aufgaben verwandt: Konditionierungsmethoden analysieren die grundlegenden Bekräftigungs- und Abschwächungsvorgänge im Zusammenhang mit einfachen Reiz-Reaktions-Verbindungen (↗Konditionierung, Bekräftigung). Eine Analyse des Unterscheidens bzw. Bevorzugens von Reizen ermöglicht die Erforschung der Transfereffekte (↗Transfer) sowohl in der Form des Hinzulernens als auch der Lernhemmung. Geschicklichkeitsaufgaben und Aufgabenreihen ermöglichen die Untersuchung der zeitlichen Koordination (von aufeinanderfolgenden Handlungen) und des Erlernens von Verhaltenssequenzen. Die Aufgabe selbst ist dabei ein wichtiges Problem, da ein beobachtetes Verhalten (indiziert durch Schnelligkeit der Lösung oder eine andere Größe) abhängt sowohl von der Tendenz, eine Reaktion auf einen Reiz hin häufiger zu geben, als auch von gegenläufigen Tendenzen, die gerade dies blockieren können.

1. *Verstärkende Übung.* Ein Versuch schafft Gelegenheiten, Ü. erfordert Handeln. Ein Organismus muß zu einer Handlung befähigt sein (Katzen zerren an Fäden, aber bellen nicht), und ihr Auftreten muß sein a) spontan – operante Methoden benutzen wahrscheinlich auftretende Handlungen (Leute reden, Tauben picken) oder ähnliche, um sie allmählich einem gewünschten Standard anzunähern – oder muß b) durch Stimulierung hervorgerufen werden – man denke z. B. an die Funktion des unkonditionierten Reizes bei der klassischen ↗Konditionierung (Futter, Elektroschock). Anreizwert, Instruktion, vorhergehende Ü., Triebstärke, physische Deprivation u. a. sind weitere Techniken zur Sicherstellung der Stimulation; sie grenzen die Interferenz ein und erhöhen die Aktivität und führen so die Vp zu einem zu übenden Verhalten.

2. *Lernen.* Vpn, die eine neue Aufgabe zu bewältigen haben, zeigen unter bestimmten Bedingungen eine typische graduelle Verbesserung der Leistung. Es verringert sich die Fehlerzahl, Leistungsumfang und Schnelligkeit nehmen zu, gewöhnlich in Form einer einfachen Exponentialfunktion der Versuche (für Beherrschung von Verhaltensweisen und Wahrscheinlichkeitsindizes ist es eine ↗Ogive). Die Bedingungen variieren dabei etwas mit dem Aufgabentyp. ↗Lernen; ↗Konditionierung.

3. *Brechen von ↗ Gewohnheiten.* Die grundlegende Methode, eine bedingte Reaktion durch Ü. zu schwächen, ist die ↗Löschung. Diese Auslöschung geschieht bei Tieren allmählich, beim Menschen abrupt. Durch Erholungspausen kann sich das Verhalten jedoch wieder festigen und Beständigkeit erlangen – wenn es z. B. auf Angst basiert, nach „partieller" Bekräftigung und wenn die Instruktion impliziert, daß eine Reaktion erwartet wird. ↗Strafe schwächt ab, wenn sie an Umfang die Belohnung übertrifft oder wenn sie – oder hinzukommende Reize – ein stark entgegengesetztes Verhalten auslöst, z. B. Bekräftigung gegenläufigen Verhaltens aufgrund von Aversion. Counter-Training, das Löschung mit Bekräftigung neuer Reaktionen kombiniert, ist eine wirksame Methode, bes. dann, wenn es graduell in veränderter Umgebung durchgeführt wird.

4. *Verteilung von Übungen.* Fortgesetzte sensumotorische (↗Motorik) Aufgaben (z. B. Tracking) stehen hier im Mittelpunkt des Interesses, da die Einteilung von Ü.versuchen und Pausen bei Aufgaben mit weniger ausgeprägtem Arbeitscharakter (z. B. verbales ↗Lernen, ↗Konditionieren) nur von geringerer Bedeutung ist. Die Leistungsfähigkeit (indiziert durch Produktionszahlen) läßt mit der Zeit nach, steigt nach Ruhepausen jedoch wieder an. Bei neuen Aufgaben übertrifft gewöhnlich der Ü.erfolg die Hemmung, und so ergibt Ü. von Versuch zu Versuch einen Net-

tozuwachs, wobei allerdings das Maximum der ständig paraten Leistungsfähigkeit durch die Verteilung von Versuch und Ruhepause bestimmt wird (längere Pausen zwischen den Versuchen oder kürzere Versuchsdauer). Transfertests, die den Leistungsrückgang im Verlauf massierter Ü. messen, zeigen, daß eine massierte Ü. den Lernzuwachs verdecken, ihn aber nicht zu verzögern vermag. Die Einrichtungen einzelner Pausen mit verschiedener Pausendauer und der Pause vorausgehender Ü.zeit beeinflussen Entstehung und Vermeidung von Hemmungseffekten, die sich in Leistungssteigerung/-abfall vor/nach der Pause zeigen. Vergessen kann den Pausengewinn übersteigen, oder es tritt in Form eines Eingewöhnungsabfalls (↗Warming-up) auf, ungeachtet der Leistungssteigerung nach der Pause.

KOMMENTAR. Ü. ist ein Bereich der gesamten expt. Psychol. und dient der Analyse und theoretischen Fundierung sowie der Integration verschiedenartiger Phänomene unter generellen Prinzipien. Ü. ist ein ähnlich allg. Begriff wie Reaktion und hat daher die gleichen Probleme der Definition, der Entstehung, Messung und Interpretation. Lehrbücher der Allgemeinen Psychol. (Hilgard & Atkinson, 1967; Kendler, 1968) beschäftigen sich sowohl mit wiss. Methodik als auch mit Übung. Ihre Anwendung in der Wissenschaft (Nagel, 1961; speziell in der Psychol.: Hyman, 1964; Marx, 1963), Zweck und expt. Methoden (Sidowsky; Underwood, 1966) sowie Ü.methodologie und -ergebnisse (Deese & Hulse, 1967; Hall, 1966; Kimble, 1961; Marx, 1969; Melton, 1964) sind einige Themenkreise, die in vielen Veröffentlichungen näher behandelt wurden.

Lit.: Corso, J. F.: The experimental psychology of sensory behavior. New York, 1967; **Deese, J. & S. H. Hulse:** The psychology of learning. New York, [3]1967; **Floyd, W. F. & A. T. Welford** (Eds.): Symposium on fatigue. London, 1953; **Foppa, K.:** Lernen, Gedächtnis, Verhalten. Köln – Berlin, [7]1970; **Hall, J. F.:** The psychology of learning. Philadelphia, 1966; **Hilgard, E. R. & R. C. Atkinson:** Introduction to psychology. New York, [4]1967; **Holding, D. H.:** Principles of training. London, 1965; **Hyman, R.:** The nature of scientific inquiry. Englewood Cliffs (H.J.), 1964; **Kendler, H. H.:** Basic psychology. New York, [2]1968; **Kimble, G. A.:** Hilgard and Marquis' conditioning and learning. New York, [2]1961; **Marx, M. H.** (Ed.): Theories in contemporary psychology. London, 1963; **Marx, M. H.:** Learning: processes. London, 1969; **Melton, A. W.** (Ed.): Categories of human learning. New York, 1964; **Nagel, E.:** The structure of science. New York, 1961; **Pauli, R. & W. Arnold:** Psychol. Praktikum, Bd. 1. Stuttgart, [7]1972; **Sidowski, J. B.** (Ed.): Experimental methods and instrumentation in psychology. New York, 1966; **Underwood, B. J.:** Experimental psychology. New York, [2]1966.

Ina McD. Bilodeau

Übung, immanente ↗Lernen, latentes.

Übungstherapie, organismisches psychotherapeutisches Verfahren, bei dem die ↗Suggestion und die ↗Autosuggestion therapeutisch genützt werden. Die wichtigsten übenden Verfahren sind leistungssteigernde Verfahren und Willensübungen (↗Autogenes Training), künstlerische Verfahren und das ↗Psychodrama.

Lit.: Frankl, V. E., et al. (Hrsg.): Hdb. der Neurosenlehre und Psychotherapie, Bd. 4. München – Berlin, 1959.

F. Mattejat

Ultrarot, die häufig auch als *Infrarot* bezeichnete elektromagnetische Strahlung, die sich an den sichtbaren Rotteil des Spektrums zu den längeren Wellen hin anschließt. Man unterscheidet allgemein zwischen dem nahen U. (0,75–3,0 μm), dem mittleren U. (3,0–25 μm) und dem fernen U. (25–10^3 μm). *W. Pieper*

Ultraschall, mechanische Schwingungen und Wellen oberhalb des Frequenzbereiches, der vom menschlichen Ohr (↗Sinnesorgane: das Ohr) aufgrund seiner Funktionsweise wahrgenommen werden kann – ab $2 \cdot 10^4$ bis 10^9 Hz; oberhalb *Hyperschall* bis 10^{13} Hz.

Einige Tierarten (z. B. Fledermäuse) hören im U. und orten Objekte der Umgebung durch Echolokalisation. Psychologisch relevant sind Versuche, technisch das Fledermausprinzip zu kopieren und für blinde Personen nutzbar zu machen (z. B. U.hilfe).

Lit.: Griffin, D. R.: Listening in the dark. New Haven, 1958; **Kay, L.:** Ultrasonic mobility aids for the blind. In: **L. L. Clark** (Ed.): Proceedings of the Rotterdam mobility research conference. Rotterdam, 1965, 61–71.

M. Brambring

Ultraviolett, die elektromagnetische Strahlung, die sich an den Violetteil des sichtbaren Spektrums zu den kürzeren Wellen hin anschließt. Ihr Gebiet liegt zwischen 400 nm, nach einigen Autoren auch 380 nm (Violett) und 10 nm (weiche Röntgenstrahlung).

W. Pieper

Umfang des Bewußtseins. Versuche zum ↗unmittelbaren Behalten haben gezeigt, daß die Menge der gleichzeitig gegenwärtigen Bewußtseinsinhalte begrenzt ist (↗Enge des Bewußtseins). Der Grad der ↗Redundanz der Zeichenfolgen spielt dabei eine wichtige Rolle. Informationsärmere Sequenzen werden leichter identifiziert (Miller, Brunner & Postmann, 1954). Durch geeignete Kodierung (↗Superzeichenbildung) können größere Datenmengen kurzzeitig bewußt überschaut werden. ↗Gegenwartsdauer; ↗Kurzspeicher.

B. Rollett

Umfrage ↗Meinungsforschung.

Umgerichtete Bewegungen *(Handlung am Ersatzobjekt, Radfahrerreaktion von Grzimek).* In ↗Konflikten sind nicht nur Übersprungbewegungen und Intentionsbewegungen häufig, sondern auch Ersatzhandlungen, die sich gegen einen Adressaten richten, der gar nicht gemeint ist. In diesem Fall ist die Reaktion gegen den Initiator gehemmt und wird an einem Ersatzobjekt abreagiert, z. B. löst das Erscheinen eines Menschen in einer Lachmövenkolonie unmotivierte Angriffe auf Artgenossen aus.

Lit.: Bastock, M., Morris, D. & M. Moynihan: Some comments on conflicts and thwarting in animals. Behaviour, 1958, *12*, 234–284.

K. Fiedler

Umkehrbrille ↗Brillenversuche.

Umklammerungsreaktionsreflex ↗Greifreflex.

Umlernen. In Umlernversuchen wird aus den Leistungen in einer Umlernphase auf das Lösungsvorgehen in einem vorausgehenden Unterscheidungsproblem geschlossen.

In der ersten Lernphase werden meist zwei Reizpaare dargeboten, die sich in mindestens zwei binären Dimensionen unterscheiden. Die Wahl eines bestimmten Wertes auf der wichtigen Dimension ist konsistent, jeder Wert der irrelevanten Dimension zufällig mit Belohnung verbunden.

Beim *innerdimensionalen* U. wird eine Belohnungsverknüpfung zu einem neuen Wert auf der wichtigen Dimension hergestellt, die neuen Ausprägungen der vorher unwichtigen Dimensionen bleiben irrelevant. Beim *außerdimensionalen* U. wird ein neuer Wert einer vorher unwichtigen Dimension konsistent belohnt, während die beiden neuen Werte der vorhin bedeutsamen Dimension nun zufällig belohnt werden. Reversal und non reversal shift sind Spezialfälle des inner- und außerdimensionalen U., bei denen die ursprünglichen dimensionalen Ausprägungen erhalten bleiben.

Im Vergleich der Ergebnisse aus den verschiedenen expt. Anordnungen und ihren Modifikationen in der Umlernphase zeichnet sich die Überlegenheit der Vermittlungstheorien gegenüber der einfachen Reiz-Reaktions-Theorie beim menschlichen Unterscheidungslernen ab. Als Vermittler werden die ↗Sprache (Kendler & Kendler, 1962) und die selektive ↗Aufmerksamkeit (Zeaman & House, 1963) angenommen.

Lit.: Kendler, H. H. & T. S. Kendler: Vertical and horizontal processes in problem solving. Psychological Review, 1962, *69*, 1–16; **Reese, H. W. & L. P. Lipsitt:** Experimental child psychology. New York – London, 1970, 286–310; **Zeaman, D. & B. J. House:** The role of attention in retardate discrimination learning. In: **N. R. Ellis** (Ed.): Handbook of mental deficiency. New York, 1963, 159–223.

H. Giesen

Umschlagfigur ↗Kippfigur.

Umstellungsfähigkeit ↗Flexibilität.

Umweghandlung, Erreichen eines Zieles nicht unmittelbar, sondern „auf Umwegen", durch Handlungen, die primär nichts mit dem Ziel zu tun haben. W. Köhler zeigte an Schimpansen, K. Bühler an Kindern: Wenn instinktive Ausstattung, vorhandenes Wissen und situative Beschaffenheit keinen unmittelbaren Hinweis auf Zielerreichen geben, wird häufig produktiv ein Umweg gefunden, der zum Ziel führt. Nach K. Lewin steht die U. nicht mit dem unmittelbaren Aufforderungscharakter der Situation in Zusammenhang, sondern wird durch das ↗Ich gesteuert; sie setzt somit Triebbeherrschung voraus oder führt als Ersatzhandlung zu einem äquivalenten Ersatzziel (↗Ersatzbildung); sie sei dem einsichtigen Verhalten des Erwachsenen vergleichbar. – U.en im weitesten Sinn sind beim Erwachsenen ein Großteil aller Handlungen. *H. Wagenknecht*

Umwelt, Lebensraum von Individuen. *Psychologisch:* die Gesamtheit der auf ein Lebewesen vom Zeitpunkt der Verschmelzung von Ei- und Samenzelle bis zum Tode einwirkenden Reize. Vgl. auch ↗*Anlagen.*

Lit.: **Anastasi, A.:** Differentielle Psychol. Weinheim, 1976.

M. Amelang

Umweltlehre, *Ökologie,* aus der Biologie stammende Bezeichnung für die Erforschung von Beziehungen zwischen Individuen oder Gruppen bzw. der Bevölkerung eines beschreibbaren Teilgebietes eines Landes und ihren dinglich-materiellen Lebensbedingungen. In neuerer Zeit auch Bezeichnung für die nicht-experimentelle, der Feldforschung bzw. teilnehmenden Beobachtung vergleichbare Erfassung molarer Verhaltensweisen in ihrer Eingebettetheit in Feld- bzw. Umweltgegebenheiten in lebensechten Situationen. Als analytische Einheiten gelten bei Barker (1968) sog. „behavior settings", wobei von der Strukturähnlichkeit zwischen Milieu und Verhalten ausgegangen wird.

Lit.: **Barker, R. G.:** Ecological psychology. Stanford (California), 1968; **Graumann, C. F.** (Hrsg.): Ökolog. Perspektiven der Psychol. Bern – Stuttgart, 1978.

W. D. Fröhlich

Umweltpsychologie ↗Ökologische Psychologie.

Unabhängige Variable ↗Variable.

Unanschauliches Denken. Nach Ansicht der Assoziationspsychol. arbeitet jeder Denkprozeß mit Vorstellungsmaterialien, die im ↗Bewußtsein anschaulich gegeben sind. Seit den Ergebnissen der Denkpsychol. der ↗Würzburger Schule gilt dagegen „Unanschaulichkeit" als Charakteristikum und Konstitutivum der Denkvorgänge. Vorstellungsmaterialien sind oft nur Ansatz- und Ausgangspunkt des Denkprozesses; neben ihnen treten besondere unanschauliche Inhalte („Bewußtseinslagen", „Bewußtheiten") und determinierende ↗Tendenzen auf, die den Denkverlauf entscheidend bestimmen. ↗Denken.

H. Wagenknecht

Unbedingte Hemmung, in der Verhaltenstheorie von I. P. ↗Pawlow Oberbegriff für eine Gruppe von Hemmungserscheinungen, die im Ggs. zu den Formen der bedingten Hemmung nicht erst lernmäßig erworben werden müssen. Zu den Formen der u. H. gehören die ↗äußere Hemmung oder negative Induktion sowie die ↗Überbelastungshemmung oder Schutzhemmung. ↗Hemmung.

Lit.: **Pawlow, I. P.:** Sämtliche Werke, Bd. 3. Berlin, 1953.

L. Blöschl

Unbehagen, eine Erlebnisqualität, die Gefühle, Stimmungen, Denken und Wollen befallen kann; sie kann nicht nur durch äußerliche Situationen ausgelöst werden, sondern kommt meist innerlich auf und kann die bewußte Erlebnissphäre erreichen. Von vielen Menschen wird dieses in ihnen aufsteigende Gefühl (des Unbehagens) als Warnsignal erlebt und gegebenenfalls gedeutet, gelegentlich auch gewertet. Besonders deutlich wird es erfahren gegenüber Menschen, die als unsympathisch bezeichnet werden. Das Gefühl des Unbehagens kann im Menschen auch gegenüber dem Tier und vice versa wirken. Affine Begriffe sind ↗Unsicherheit, Zauder, ↗Mut.

Lit.: **Bélanger, G.:** Über das Unbehagen des Menschen. Liebe als Selbstverwirklichung nach Gabriel Marcel. Limburg, 1969.

W. Arnold

Unbewußtes I. *(persönliches, kollektives, familiäres). Persönliches Unbewußtes* ist die Gesamtheit jener Erfahrungen und Erinnerungen an Situationen der Motivbefriedigung, die jeweils ab bestimmten Zeitpunkten in der ↗Entwicklung der betreffenden Person nicht mehr oder nur bei nachfolgender Strafe zur Verfügung waren und daher verdrängt wurden. Es ist die Gesamtheit der Objektgegenbesetzungen (↗Objektbesetzung) eines Menschen zu einem gegebenen Zeitpunkt seiner Entwicklung, die Menge aller einmal verfügbar gewesenen, aber derzeit nicht mehr verfügbaren Gelegenheiten zur Motivbefriedigung. Diese Gesamtheit des Verdrängten (↗Verdrängung) kann entweder durch ↗Psychotherapie oder ↗Psychoanalyse direkt, indirekt durch beobachtbare Lücken oder Defizite im Wirklichkeitskonzept des betreffenden Menschen in Inhaltsstichproben abgeschätzt werden. Nach Toman (1960) wäre es bei gegebener Lebenszeit und gegebener Motivdifferenzierungsrate eines Menschen etwa als das Ausmaß definiert, um das der Wissensstand einer Person hinter dem optimalen Wissensstand zurückbleibt (↗Energie, psychische).

Von klinisch- und sozial-psychol. Bedeutung sind die Personenumgebungen. Die Erfahrungen mit Personen schlagen sich (nach S. ↗Freud durch den Prozeß der ↗Objektbesetzung, allgemein-psychologisch durch Datenspeicherung und Bedeutungslernen) als Wissen nieder. Wissenslücken können Autoritätspersonen, altersnahe Personen des anderen Geschlechts, des gleichen Geschlechts, Kinder usw. betreffen. Einzelne dieser Typen von Personen können ausgespart, der akute Kontakt mit ihnen angstbeladen sein. Auch Teilaspekte von Personen, wie etwa ihre Fähigkeiten zur Kooperation, ihre sinnlichen Reize, ihre Gewissenhaftigkeit, ihre Macht, können ignoriert sein.

Durch ↗Abwehrmechanismen wird unterbewußtes und vorbewußtes Erfahrungsmaterial unbewußt (↗Vorbewußtes; ↗Psi-Systeme). Die unbewußt gewordenen Motive können sich aber nach Freud im Verhalten oder in verkappter Form auch im ↗Bewußtsein äußern. Im ↗Traum, in der ↗Phantasie, in psychischen Krankheitszuständen werden durch die verringerte Kontrolle des Individuums (durch die temporäre oder länger dauernde Regression und das Zurücktreten der ↗Sekundärvorgänge zugunsten der ↗Primärvorgänge) solche unbewußten Motive manifest. Ihre Deutung in der ↗Psychotherapie soll dem Patienten, der die Träume oder Phantasien berichtet, helfen, diese unbewußten Motive bewußt zu machen und sie teils in der Wirklichkeit befriedigen zu lernen, teils Ersatzbefriedigungen für sie zu finden, wenn sie nicht mehr befriedigbar sind, oder auf sie erfolgreicher als bisher zu verzichten.

Kollektives Unbewußtes ist nach ↗Jung (1917) (zum Teil auch nach Freud) die Gesamtheit gewisser angeborener Reaktionsweisen auf typische Sachverhalte und Gegebenheiten, wie Gefahr, Unwetter, Tod, Behausung, Wald, Wasser usw., aber auch Personen, wie der alte Mann, das Kind, die Frau, der Mann, die Mutter, der Vater. Zwischen den konkreten Erfahrungsinhalten und den archetypisch (↗Archetypen) vorgegebenen Erwartungen können Diskrepanzen bestehen, die durch ↗Psychoanalyse der aus dem kollektiven U. stammenden Präferenzen und Wünsche verminderbar sind. – Analoga aus der vergleichenden ↗Verhaltensforschung wären die Instinkthandlungen (↗Instinkt), die ohne Erfahrung durch gewisse Reizauslöseschemata aktiviert werden können. – In der Psychotherapie und Psychoanalyse wird der Terminus manchmal wie ein deus ex machina verwendet und damit die weitere Analyse der Erfahrungskomponenten solcher angeblich archetypischer Reaktionsweisen unter Umständen verhindert.

Familiäres Unbewußtes ist die Gesamtheit jener unbewußten Wünsche und Tendenzen, die zumindest teilweise von den Eltern und anderen Familienangehörigen (durch Identifikation oder Introjektion) übernommen wurden. In der Regel handelt es sich um einen Teil des persönlichen U., bes. um unbewußte Teile des ↗Über-Ich.

Lit.: Freud, S.: Traumdeutung (1900). Ges. Werke, Bd. 2/3; **ders.:** Vorlesungen zur Einführung in die Psychoanalyse (1916/17). Ges. Werke, Bd. 11; **ders.:** Das Ich und das Es (1923). Ges. Werke, Bd. 13. London, 1940–1952; **Grof, S.:** Topographie des Unbewußten. Stuttgart, 1978; **Jung, C. G.:** Wandlungen und Symbole der Libido. Leipzig – Wien, 1912; **ders.:** Die Psychol. der unbewußten Prozesse. Zürich, 1917; **Nuttin, J.:** Psychoanalyse und Persönlichkeit. Freiburg, 1956; **Toman, W.:** Introduction to psychoanalytic theory of motivation. London – New York, 1960; **ders.:** Motivation, Persönlichkeit, Umwelt. Göttingen, 1968; **Wyss, D.:** Die tiefenpsychol. Schulen von den Anfängen bis zur Gegenwart. Göttingen, [5]1977.

W. Toman

II. Vertreter der russischen Psychologie (A. Prangischwili, F. Bassin, A. Scherosija) wandten sich 1979 gegen die Psychoanalyse, insbesondere gegen Freud, im wesentlichen mit folgenden Argumenten: Die psychische Aktivität ist determiniert (↗Ach, ↗Würzburger Schule); es gibt eine bewußte Selbsterkenntnis; die Intuition ist keine wissenschaftliche Analyse; Organismus und Umwelt wirken zusammen (Sex, Selbsterhaltung, Tod); es gibt soziale Determinanten; es gibt keine Verdrängung; die bewußte psychische Aktivität unterscheidet sich qualitativ von der unbewußten. Der Freudsche Biologismus mißachte Motive und Werte, insbesondere die sozialen Einflüsse.

Während die Psychoanalyse von unbewußten, angeborenen Trieben ausgeht, will die sozialistische Psychologie von „objektiven Tatsachen" ausgehen, als welche die physiologischen Prozesse und insbesondere die sozialen Faktoren angesehen werden.

Bewußtes und Unbewußtes sind also verschiedene Klarheitsstufen des Bewußtseins derselben Psyche einer Person.

Lit.: Das Unbewußte: Natur, Funktionen, Forschungsmethoden. Tbilisi, Internationales Symposion, 2 Bde. (im Druck).

W. Arnold

Underachievement ↗Overachievement.

Unerledigtes ↗Zeigarnik-Effekt.

Unfall. Als U. wird ein mit der Tätigkeit des Menschen zusammenhängendes, unbeabsichtigtes, von außen kurzfristig einwirkendes Ereignis angesehen, durch das Menschen und/oder Sachgüter zu Schaden kommen und dessen zeitlicher Eintritt nicht vorhersehbar war. Mit zunehmendem Einsatz technischer Hilfsmittel in allen Lebensbereichen (z.B. Motorisierung des Straßenverkehrs; Haushalts- und Bastelgeräte) steigt die Unfallgefährdung und damit die Zahl der verunglückten Personen. Besonders gefährdet sind z.B. im Straßenverkehr Kinder und alte Leute, in den Betrieben die Anfänger und Ungeübten. Ob es eine besondere Anfälligkeit *(Unfalldisposition,* ↗Unfallneigung) gibt, ist in der internationalen Forschung umstritten. Zur *Unfallverhütung* müssen alle Maßnahmen herangezogen werden, die geeignet sind, sicherheitswidrige Zustände zu vermeiden, zu erkennen und abzustellen sowie die Menschen zu sicherheitsgerechtem Verhalten zu erziehen (↗Unterweisung; Grundausbildung). Zur Beseitigung von *Unfallquellen* dienen Analysen von U.berichten, spezielle Forschungen und Exp. ebenso wie das Herausfinden von „Beinahe-U.en" („critical incident technique" nach Flanagan, 1954) sowie Motivationsanalysen (z.B. Einstellung zur ↗Sicherheit, ↗Risikoverhalten); von besonderer Bedeutung bei der Erziehung zur Sicherheit ist das gute Vorbild (Eltern, Ausbilder, Vorgesetzte usw.) und der frühe Beginn (z.B. im Kindergarten für den Straßenverkehr).

Lit.: Burkardt, F. und U. & G. Schubert: Psychologie der Arbeitssicherheit. Schriftenreihe des Bundesinstituts für Arbeitsschutz, Heft 1. Koblenz, 1970; **Flanagan, J. C.:** The critical incident technique, Psych. bull., 1954, *51*, 327 bis 358; **Karn, H. W.:** Unfälle und U.verhütung. In: **B. v. Haller-Gillmer** (Hrsg.): Hdb. der modernen Betriebspsychologie. München, 1969.

G. Marschner

Unfallforschung. In unserem modernen Zeitalter sterben sehr viele Menschen infolge von Unfällen, deren Erforschung daher ein wichtiges Teilgebiet der Psychol. ist. Aber dieses Forschungsfeld ist durchaus nicht homogen, d. h., es sind nicht immer dieselben Ursachen wirksam und nicht immer dieselben Verhütungsmaßnahmen angebracht. Unfälle geschehen im Verlauf verschiedener Handlungen, die recht unterschiedliche Anforderungen an die ↗Fähigkeiten dieser Menschen stellen und recht unterschiedlichen psychol. ↗Bedürfnissen dienen.

Methoden und Ergebnisse. Es existiert eine Reihe von Forschungsansätzen: die Untersuchung der Ursachen individueller Unfälle und der ↗Eigenschaften von unfallverursachenden Personen, die Erforschung des Wertes psychol. Tests zur Voraussage von Unfallneigungen, die Untersuchung der Wirksamkeit von Verhütungsmaßnahmen, wie Training, Therapie, Disziplin oder Sicherheitswerbung, oder des Einflusses von Faktoren, wie Moral und soziale ↗Einstellungen. Wie in vielen anderen Zweigen der ↗angewandten Psychologie ist den verursachenden Faktoren größere Aufmerksamkeit zugewandt worden als den verhütenden; es ist leichter, Ursachen des menschlichen Verhaltens zu bestimmen, als Wege zu finden, wie es zu modifizieren ist. Aber die U. ist auch noch von einer anderen, allgemein bekannten Schwierigkeit der angewandten Psychol. betroffen, nämlich den rivalisierenden Auffassungen der ↗dynamischen Psychologie und des ↗Behaviorismus (bes. der Lehre des amerik. Behaviorismus von der „Spezifität", welche aussagt, daß das Verhalten aus spezifischen und fast voneinander unabhängigen S-R-Verbindungen oder Habits besteht). Das Aufeinandertreffen dieser beiden Lehren bedingte das Entstehen von zwei divergenten Schulen der U.: die erste sieht Unfälle als praktisch nicht vorhersagbar an, da sie hauptsächlich situationsbedingte Ereignisse seien; die zweite ist der Meinung, daß Unfälle vorhergesagt werden können, da sie oft das Ergebnis eines relativ konsistenten Verhaltensmusters sind, das durch die Dynamik der Persönlichkeitszüge bestimmt wird. Die manchmal recht hitzige Kontroverse (bes. bei Fragen wie der Unfallanfälligkeit) ist reichlich unfruchtbar. Die Forschung hat gezeigt, daß sich beide Ansichten untermauern lassen und daß Unfallursachen sowohl umwelt- als auch personbedingt sein können.

Dieser komplexe Ansatz bringt viele methodologische Schwierigkeiten mit sich, bes. in der expt. Forschung, wo es fast unmöglich ist, alle unabhängigen ↗Variablen zu kontrollieren. Fehleinschätzungen dieser Komplexität haben oft zu irreführenden Behauptungen geführt, so wurden z.B. die niedrigen Korrelationen zwischen Unfällen und einzelnen Persönlichkeitsmerkmalen immer wieder als Beweis dafür angeführt, daß Faktoren wie ↗Intelligenz oder ↗Persönlichkeit nichts oder wenig mit Unfällen zu tun haben. Solche Ergebnisse sind schon widerlegt worden durch methodisch verbesserte Untersuchungen, die durch Kontrolle und durch den realistischeren, multivariaten Ansatz zu sehr positiven Resultaten geführt haben. Experimentelle Untersuchungen mit derartiger Kontrolle können nur mit Vpn, wie Berufsfahrern oder Fabrikarbeitern, die eine bestimmte Aufgabe erfüllen müssen, durchgeführt werden. Was man über die Durchschnittsbevölkerung aussagen kann oder über Kinder, ist oft nicht mehr als das, was man aus Untersuchungen erfährt, die Gruppen mit niedrigen und hohen Unfallraten vergleichen, um herauszufinden, ob sie irgendwelche besondere Charakteristika aufweisen. Trotzdem hat sich diese etwas grobe Methode als recht brauchbar erwiesen. Ergebnisse aus solchen Untersuchungen haben auf bemerkenswert konsistente Trends hingewiesen. Die meisten dieser vergleichenden Untersuchungen stammen aus dem verkehrspsychol. Bereich, wo man den Zusammenhang zwischen Unfällen und Persönlichkeitsfaktoren zu erforschen versuchte. Es wurden viele verschiedene Methoden angewendet: ↗Fragebogen, ↗projektive Verfahren, Einstellungsskalen, klinische ↗Interviews und Untersuchungen über den familiären Hintergrund und Lebenslauf. In diesen psychol. Arbeiten zeigten die Gruppen mit hoher Unfallrate deutliche antisoziale ↗Einstellungen und eine Anzahl von bestimmten Persönlichkeitsmerkmalen, wie Unreife, Verantwortungslosigkeit, Impulsivität, Aggressivität, emotionale Instabilität oder neurotische ↗Angst. Natürlich unterscheiden sich die Merkmale von Person zu Person, aber in jedem Fall sind sie Indikatoren einer unausgeglichenen ↗Persönlichkeit. In den soziologischen Untersuchungen enthielten diese Gruppen auffällig viele Personen, deren Vorgeschichte Verbrechen, Trunksucht, Verkehrsdelikte, Schulden und andere Verhaltensäußerungen sozialer Fehlanpassung zeigte. Solche Ergebnisse sind übereinstimmend mit denen aus folgenden drei kontrollierten expt. Untersuchungen: 1. Es gelang, die zukünftige Unfallrate aufgrund einer Persönlichkeitseinstufung aus projektivem Testmaterial vorauszusagen. 2. Mit Hilfe der ↗Faktorenanalyse wurden die Persönlichkeitsfaktoren Extraversion und ↗Neurotizismus festgestellt, die signifikant mit einem „Unfallkriterium" korrelierten. 3. Personen, die wegen eines Unfalls schon vorbestraft sind, zeigen eine Anzahl psychomotorischer Fehlverhaltensweisen, wie hastige und impulsive Bewegungen oder Schockreaktionen, die allgemein als Indikator für Persönlichkeitsstörungen gelten.

Untersuchungen über Industrie- und Kinderunfälle zeigten, daß Unfälle, wo auch immer sie auftreten, eine Manifestation persönlicher und sozialer Fehlanpassung sind; ein Ergebnis, das mit dem aus dem verkehrspsychol. Bereich übereinstimmt. Aber unterschiedliche Umstände verlangen zweifelsohne verschiedene Arten der Kontrolle des Verhaltens, das den Unfall verursacht. Die sehr ähnlichen Persönlichkeitszüge (bes. die Extraversion), die bei unfallanfälligen Kindern und Erwachsenen, die Verkehrsunfälle verschuldet hatten, festgestellt wurden, zeigen, daß durch ein risikofreudiges Verhalten ähnliche psychol. Bedürfnisse befriedigt werden. Bei den Industriearbeitern fallen allerdings die neurotischen Züge stärker auf, und die Extravertierten zeigen ein besser kontrolliertes Verhalten, sei es, weil sie einer strengeren Aufsicht ausgesetzt sind oder weil die Konsequenzen des extravertierten Verhaltens leichter abzuschätzen sind. Es erscheint möglich, daß die Personen, die zu Unfällen in der Industrie neigen, im ganzen gesehen an einer schwerwiegenderen Fehlanpassung leiden und daß ihre Unfälle oft mit Persönlichkeitsfunktionen verbunden sind, die der bewußten Kontrolle nicht zugänglich sind.

Die Beziehung zwischen der Persönlichkeit und der Verursachung von Unfällen ist größtenteils eine lineare (je ausgeprägter die Störung, desto höher die Unfallneigung). Die Erfahrung hat gezeigt, daß Werte aus Gruppenuntersuchungen über den Zusammenhang Erfahrung–Unfallhäufigkeit eine Beziehung ergeben, die einer ausgeprägten Lernkurve entspricht. Sie beginnt mit einer hohen Unfallrate, die dann sehr rasch abnimmt. Die Abhängigkeit der Unfallhäufigkeit von der Intelligenz und den Fertigkeiten ergibt den gleichen Kurvenverlauf, wobei die Kurve bei einer so komplexen Verhaltensweise wie Autofahren weniger steil ausfällt. Bezieht man den Faktor „Alter“ mit ein, ergibt sich eine U-förmige Kurve. Die niedrigen und die hohen Altersstufen weisen die meisten selbstverschuldeten Unfälle auf. Das Aufweisen solcher allg. Tendenzen soll nicht darüber hinwegtäuschen, daß die ↗Unfallneigung jeweils individuell bestimmt ist und daher verläßliche Vorhersagen nur durch eine individuelle Erfassung der Persönlichkeit möglich sind.

Verhütungsmassnahmen. Kontrollierte Untersuchungen über die Wirksamkeit verschiedener Maßnahmen zur Unfallverhütung sind leider erst in geringer Zahl vorhanden. Einige Untersuchungen über Verkehrsunfälle konnten zeigen, daß die Unfallhäufigkeit reduziert werden kann durch: 1. sorgfältige Übung zur Verbesserung der Fahrtüchtigkeit, 2. Entzug der Fahrerlaubnis bei Personen, die bereits viele Unfälle verursacht haben, 3. Anwendung umfassender psychol. Tests zur Erkennung potentieller Unfallverursacher, 4. Hinweise auf diszipliniertes Verhalten, die mit einer Propaganda einhergehen, die darauf abzielt, das „Image“ des leichtsinnigen Fahrers zu verändern; was bisher als „clever“ galt, soll nun mit psychopathologischem Verhalten assoziiert werden. ↗Verkehrspsychologie; ↗Unfall; ↗Unfallneigung.

Lit.: Brody, L.: Human factors research in occupational accident prevention. Chicago, 1962; **Burkardt, F.:** Arbeitssicherheit. In: **Mayer, A. & B. Herwig** (Hrsg.): Hdb. der Psychol., Bd. 9. Göttingen, [2]1970, 385–407; **Haddon, W., Suchman, E. A. & D. Klein:** Accident research. New York, 1964; **Hakkinen, S.:** Traffic accidents and driver chracteristics. Helsinki, 1958; **Mittenecker, E.:** Methoden und ergebnisse der psychol. Unfallforschung. Wien, 1962; **Shaw, L. & H. S. Sichel:** Accident proneness. London – New York, 1971; **U. S. Pub. Health Serv.:** A review of mental health in industry. Washington (D.C.), 1958; **Viteles, M. S.:** Industrial psychology. New York, 1932.

L. Shaw

Unfallneigung. Die Theorie einer besonderen *Anfälligkeit für Unfälle* impliziert eine persönliche Prädisposition, aufgrund deren manche Menschen eher zu Unfällen neigen als andere. Da Unfälle ein ernstes soziales Problem darstellen, bildet dieses Konzept ein wichtiges Gebiet der psychol. Forschung. Unglücklicherweise ist es aber auch zum Gegenstand vieler psychol. Kontroversen geworden, so daß sogar heute nach fünfzig Jahren noch die Gültigkeit dieses Konzeptes in Frage steht. Die Argumente der Forscher, die es nicht anerkennen wollen, beruhen zum Teil darauf, daß der Gegenstand der Statistik schlecht zugänglich gemacht werden kann, oder sie kritisieren die zu enge Definition des Begriffes. Aber ein Teil der Kritik kann auch auf die typische Abneigung mancher Behavioristen gegen ein Konzept, das mit tiefverwurzelten Persönlichkeitseigenschaften arbeitet, zurückgeführt werden (↗Unfallforschung). Viele empirische Befunde sprechen für das Konzept der U., die keinesfalls als ein einfach strukturiertes Persönlichkeitsmerkmal zu verstehen ist. Sie kann durch eine unbegrenzte Anzahl menschlicher Charakterfehler oder Fehlanpassungen bedingt sein und ist in Art und Grad ihrer Ausprägung bei verschiedenen Menschen unterschiedlich. Die Menschen verändern sich während ihrer ↗Entwicklung nicht nur morphologisch und physiologisch, sondern auch ihr Verhalten kann geändert werden. Dies kann z. B. durch Faktoren wie wachsende Erfahrung oder auch den Druck der sozialen Umgebung geschehen. Folglich ist es notwendig, die U. als multidimensionales Problem des Funktionierens der Menschen in einer komplexen Umgebung anzusehen.

Die methodisch gut aufgebauten expt. Untersuchungen haben gezeigt, daß verschiedene Menschen eine signifikant unterschiedliche Anzahl von Unfällen verursachen/erleiden und daß diese Unterschiede mit erkennbaren Persönlichkeitseigenschaften zusammenhängen. Eine neuere große Untersuchung über Verkehrsunfälle zeigte die Möglichkeit einer Senkung der Unfallrate einer Speditionsfirma durch Selektion der Fahrer aufgrund psychol. Tests. Das Selektionskriterium war ein kombinierter Kennwert, der sich aus der Messung der ↗Intelligenz, psychomotorischer Funktionen, sozialer ↗Einstellungen und interpersonaler Beziehungen ergab. Solche Ergebnisse betonen die Relevanz der Erkennung der unterschiedlichen U. für die Praxis. ↗Verkehrspsychologie.

Lit.: Arbous, A. G. & J. E. Kerrich: Accident statistics and the concept of accident proneness. Biometrics, 1951, 7, 340–432; **Klebelsberg, D. v.:** Risikoverhalten als Persönlichkeitsmerkmal. Bern – Stuttgart, 1969; **Shaw, L. & H. S. Sichel:** Accident proneness. London–New York, 1971; **Walbeehm, T. B.:** The accident-prone driver. London, 1960.

L. Shaw

Unfallpersönlichkeit ↗Unfallneigung.

Ungeduld ist das Gegenteil der Kraft des ruhigen Wartenkönnens und Ausharrens. Die Schwierigkeiten, die zwischen Wunsch und Erfüllung liegen, drängen den Ungeduldigen, sein Vorhaben vorzeitig aufzugeben; ihm fehlen neben der Kraft des Beharrens, die Standhaftigkeit sowie die Einsicht in die natürlichen Bedingungen des Werdens. U. ist eine innere Schwäche, die dem Ich keine Zeit läßt, Schwierigkeiten hinzunehmen und Schweres zu ertragen.

Lit.: Bollnow, O. F.: Die Tugend der Geduld. In: Sammlung, 1952, 7, 296.

W. Tisch

Ungeschehenmachen ist ein (innerer) ↗Abwehrmechanismus, durch den das Schuldgefühl über eine bereits erfolgte, aber verbotene Motivbefriedigung beschwichtigt wird. Es besteht in der Regel in der Befriedigung jener introjizierten Motive, die in der Vergangenheit als Strafe durch Personen der Umgebung auf die verbotenen Motivbefriedigungen folgten. Beispiele: bes. freundlich sein gegenüber jemandem, gegen den man gerade Haß geäußert hat; im Waschzwang Waschen zum Ausgleich für schmutzige Handlungen, auch für nur beabsichtigte oder schmutzige Gedanken.

Lit.: Freud, A.: Das Ich und die Abwehrmechanismen. Wien, 1936; **Toman, W.:** Motivation, Persönlichkeit, Umwelt. Göttingen, 1968.

W. Toman

Universalindex, von Cattell 1953 zur Vermeidung interpretativer und voreiliger Benennungen von Faktoren für mindestens dreifach replizierte Faktoren vorgeschlagenes Indizierungssystem. Der U. symbolisiert die Herkunft (Daten, Population, historische Stellung) und die Ordnung eines Faktors.

Lit.: Cattell, R. B.: Personality and motivation structure and measurement, New York, 1957.

H. Haase

Unmittelbares Behalten ↗Gedächtnis (Kurzzeitgedächtnis).

Unterbewußtes wird manchmal als identisch mit ↗Vorbewußtem verstanden und ist dann ein Teilsystem der Psyche (neben dem System Bewußt und Unbewußt). Darunter fallen alle psychischen Inhalte, alle Vorstellungen, Gedanken, Erinnerungen, Motive und Handlungsbereitschaften, die im Augenblick nicht aktiviert sind, aber im Bedarfsfall jederzeit wieder aktiviert werden können. Im Ggs. dazu können unbewußte psychische Inhalte nur unter Schwierigkeiten und gegen den inneren Widerstand der betreffenden Person aktiviert werden (Freud, 1916/17). U. als Mitbewußtes (Rohracher, 1963) oder als nicht mit Aufmerksamkeitsbesetzung versehenes Bewußtes (Freud) umfaßt solche psychischen Inhalte, die zu jeweils gerade bewußten Inhalten dazugehören und im Bedarfsfalle leichter als andere unterbewußte Inhalte bewußt gemacht werden können, aber derzeit nicht beachtet sind. ↗Bewußtsein; ↗Unbewußtes.

Lit.: Freud, S.: Vorlesungen zur Einführung in die Psychoanalyse (1916/17). Ges. Werke, Bd. 11. London, 1948; **Rohracher, H.:** Einführung in die Psychologie. München, [11]1976.

W. Toman

Unterbrochene Handlung ↗Zeigarnik-Effekt.

Unterrichtstechnologie *(Programmierter Unterricht.)*. Die Erforschung des Lernvorgangs sollte Wissen vermitteln, das angewandt werden kann, die äußeren Bedingungen des Unterrichtens zu verbessern und den Erziehungsvorgang zu vervollkommnen. Aber wiss. Ergebnisse und Theorien sind selten unmittelbar in die Praxis umzusetzen, und es ist eine Übertragung und Weiterentwicklung für die Möglichkeit der praktischen Anwendung erforderlich. Die Erforschung des Zusammenhanges zwischen Grundlagenforschung und angewandter Wissenschaft führt zu den Methoden und der Technologie, die der praktisch tätige Erzieher für die Gestaltung der Lernbedingungen anwenden kann.

Die *Geschichte* der expt. Lernpsychol. zeigt einen zyklischen Fortschritt zwischen wiss. Arbeit und technologischer Weiterentwicklung. In den zwanziger und dreißiger Jahren lassen die Arbeiten von E. L. ↗Thorndike exemplarisch das Bemühen erkennen, die Psychol. in den Rahmen einer „Erziehungswissenschaft" einzubeziehen. Über seine grundlegenden Arbeiten zum ↗Effektgesetz (law of effect) und zum verbalen ↗Lernen hinaus veröffentlichte Thorndike einiges über Erziehungspsychol. und die Psychol. des Schülers. Auf Thorndike und seine Mitarbeiter folgend, trat die Lernpsychol. in eine Periode ein (1940–45), die die Betonung weniger auf das Lernen in der Schule legte, sondern sich in wachsendem Umfang mit Laboratoriumsexperimenten und darauf gründenden theoretischen Ausarbeitungen befaßte (Melton, 1941; Estes, 1960). In den frühen fünfziger Jahren begannen die Experimentalpsychologen mit der Analyse und Erforschung des erzieherischen, unterrichtenden Vorgangs (Skinner, 1958; Bruner, 1960; Lumsdaine & Glaser, 1960; Bugelski, 1964; Hilgard, 1964; Suppes, 1964; Gagné, 1965; Gibson, 1965; Gilbert, 1965; Glaser, 1965; Groen & Atkinson, 1966; Moore & Anderson, 1968).

Im Augenblick beginnt sich auf der Basis der zugrunde liegenden Wissenschaft vom Lernen eine U. zu entwickeln. Technologie in diesem Sinne deutet nicht unbedingt auf Werkzeuge und Instrumentierung hin, sondern mehr auf eine angewandte Disziplin, wie Ingenieurwissenschaften und Medizin. Den stärksten Anstoß für die Entwicklung der U. gab B. F. ↗Skinner (1954, 1958), der die Arbeit von Sidney L. Pressey in den zwanziger Jahren (Pressey, 1926) wiederaufnahm. Da beide, Pressey und Skinner, an eine breite Anwendung der Verhaltenswissenschaft im Rahmen der Erziehung dachten und dahingehend arbeiteten, befaßten sich ihre Anfangsentwicklungen mit Selbstunterrichtungsmaschinen als einer Möglichkeit, bestimmte Lernprinzipien zu konkretisieren, und als Weg, Werkzeuge und das Instrumentarium zu schaffen, um die herum die Unterrichtserneuerung stattfinden könnte. Und obwohl ein

Anm.: Dieser Artikel wurde verfaßt im Jahre 1969/70. In dieser Zeit war der Autor Mitarbeiter des „Center for Advanced Study" der Verhaltenswissenschaften in Stanford, California. Der Autor bedankt sich bei Mary Louise Marino, Universität Pittsburgh, für ihre Anregungen und Verbesserungsvorschläge.

wichtiger Beitrag des Bereichs „Programmierter Unterricht und Unterrichtstechnologie“ die Entwicklung von Materialien und Instrumenten ist, um die Möglichkeiten des Lehrers als des Unterrichtenden und der Schüler als der Lernenden auszudehnen, bleibt er doch nicht auf diese Produkte beschränkt. Arbeiten im Rahmen der U. umfaßten ebenfalls die Ausstattung des erzieherischen Umfelds, einschließlich der Lehrergewohnheiten, Klassenzimmereinrichtung usw. (Skinner, 1958; Bruner, 1960; Hilgard, 1964).

Psychologische Grundlagen der Unterrichtsgestaltung. Zur Zeit kann die Forschung und Entwicklung im Bereich der U. durch folgende Beispiele charakterisiert werden: Analyse des zu lernenden Verhaltens, Diagnose der charakteristischen Eigenschaften des Lernenden, Spezifizierung der Lernbedingungen und Messung sowie Verbesserung des Lernerfolgs.

1. *Analyse des zu lernenden Verhaltens.* Ein Bestand an Wissen setzt sich aus Informationen und dynamischen Prozessen zusammen: Information beinhaltet Daten, Fakten, Begriffe und Regeln; Prozesse beziehen sich auf geistige Fähigkeiten und intellektuelle Fertigkeiten, durch die diese Informationen umgeformt und transponiert werden zum Zwecke, weiteres Wissen zu erlangen und die intellektuellen Leistungen zu verbessern.

Eine prominente Methode zur Analyse von Wissensstrukturen wurde von Gagné (1962) vorgelegt. Diese Analyse geht von einem gewünschten Unterrichtsziel aus, das in bestimmten Bezeichnungen des Schülerverhaltens festgesetzt ist. Es wird gefragt: „Welche Vorbedingungen oder Verhaltenskomponenten muß der Lernende erfüllen, um das Gesamtverhalten realisieren zu können?“ Für jede identifizierbare Verhaltensform wird diese gleiche Frage gestellt, und es wird so möglich, eine Hierarchie von Verhaltensformen auf der Basis der identifizierbaren und meßbaren Vorbedingungen aufzustellen. Analysen dieser Art versuchen, eine geordnete Aufstellung von Aufgaben zur Aufnahme in den Unterrichtsablauf bereitzustellen, wobei die grundlegende Forderung berücksichtigt wird, daß der Lernende in keinem Lernziel unterrichtet wird, bevor er nicht die Vorbedingungen kennt, die das ↗Lernen erleichtern und einen ↗Transfer zum nächsten Lernziel ermöglichen. Das Lernen dieser Vorbedingungen kann auf vielfältige Weise angestrebt werden; einige Individuen lernen immer nur eine, und andere lernen eine ganze Anzahl in einem größeren Schritt. Durch die fortlaufende Identifizierung des Wissensumfangs, über den ein Schüler im Rahmen der Aufeinanderfolge zu jedem Zeitpunkt verfügt, ist der Unterrichtsvorgang optimal gestaltet oder, wenn ein Schüler beim Lösen eines bestimmten Aufgabenziels scheitert, das nächstgelegene Teilziel zu bestimmen, bei dem er noch erfolgreich ist (↗Programmierte Instruktion, ↗Lehrprogramm). Diese Prozesse zeigen Transferbeziehungen zwischen Elementen wachsenden Wissens und verbesserter Aufgabenbewältigung an und lassen deutlich erkennen, welche Verhaltensäußerungen zu beobachten und zu prüfen sind.

Diese Beziehungen zwischen Lerneinheiten kennzeichnen die inhaltlichen Strukturen dessen, was zu lernen ist, z. B. Begriffe, Regeln, Prinzipien und Denkmodelle. Mit wachsendem Wissen und zunehmender Reife des Lernenden werden diese Verhaltenseinheiten ständig umfassender. In bestimmten Phasen des Wissenserwerbs kann eine solche Struktur eine Einheit höherer Struktur werden, so z. B. bei der Aufeinanderfolge der Phasen, in denen ein Kind lesen lernt. Die Strukturen immer höherer Ordnung bestimmen den Inhalt des dem Lernziel angepaßten Lernens, das seinen Niederschlag in adäquatem Verhalten findet. An die psychol. Forschung im Rahmen des Unterrichts ist die grundlegende Anforderung gestellt, die Einheiten und Strukturen zu identifizieren, die angemessene und angepaßte Leistungen ausmachen (Gagné & Gephart, 1968; Gibson, 1965, 1969). Außer der Analyse der Strukturen fortgeschrittenen Wissens sind auch solche Einheiten und Strukturen festzustellen, die geeignet sind, das Lernen für einen Neuling zu erleichtern (Bruner. 1964). Das bedeutet, daß eine U. die Möglichkeiten der Organisation des Wissensstoffs spezifizieren muß, daß er für den Schüler bei fortschreitender Bildung am einfachsten faßbar wird.

2. *Diagnose der charakteristischen Eigenschaften des Lernenden.* Eine genaue Diagnose der Voraussetzungen, mit denen ein Schüler in eine bestimmte Unterrichtssituation kommt, ist für seine weitere Erziehung unumgänglich. In frühen Stadien des Unterrichts passen sich Lehrmethoden diesen Voraussetzungen an. Im Zusammenhang mit dieser Anfangsuntersuchung und -diagnose gilt es eine wichtige Bemerkung zu machen: Traditionelle Meßmethoden haben im wesentlichen ein „Selektionsmodell" des Unterrichts angestrebt, in dem Begabung des Schülers geprüft und verwendet wurde, seinen Erfolg bei relativ einheitlichen Unterrichtsbedingungen vorherzusagen. Im Ggs. dazu besteht heute das Anliegen von Erziehungstechnologie und Programmiertem Unterricht darin, auf der Basis der Voraussetzungen des Schülers verschiedene Bedingungen und Methoden des Lernens festzulegen. Der Anstoß in diese Richtung, d. h. zu Methoden des Entscheidens auf der Grundlage der Beziehung zwischen ursprünglichem Verhalten eines Schülers und den Variablen, die im Unterricht verändert werden, zu kommen, stammt von Cronbach (1957) und Cronbach und Gleser (1965). Die vorgenommenen Untersuchungen sollen der Ausgangspunkt einer Entscheidung sein, für welche Unterrichtsform ein Individuum ausgewählt wird, mit dem Ziel, den Erwerb von Wissen in optimaler Weise zu ermöglichen.

Messungen allg. Fähigkeiten und der ↗Intelligenz sind wahrscheinlich nicht die besten Voraussetzungen, um den Unterricht zu differenzieren und anzupassen, denn sie korrelieren mit den meisten Unterrichtsmethoden. Aufgrund dieser Erkenntnis untersuchen Psychologen jetzt den Zusammenhang von Messungen des Ausgangsverhaltens (↗Begabung) und Lernvariablen. Fleishman et al. (1965, 1967) konnten nachweisen, daß sich die einzelnen Kombinationen von Fähigkeiten mit steigender ↗Übung änderten und daß die vor Lernbeginn ursprünglich bestehenden unterschiedlichen Fähigkeiten das Lernen auf verschiedenen Lernstufen beeinflussen. Die Konsequenz ist, daß Individuen mit verschiedener begabungsmäßiger Ausstattung verschiedene Lernmethoden auf verschiedenen Lernebenen benötigen. Im Bereich verbalen Lernens hat Jensen (1966, 1967, 1968) bestimmte Leistungsvariablen des Menschen nachgewiesen, die das Lernen verbalen Materials beeinflussen. Zusammenstellungen und Analysen zum Zusammenhang „Begabung – Methode" finden sich bei Bracht und Glass (1968) und Cronbach und Snow (1969).

3. *Spezifizierung der Lernbedingungen.* Beim Erwerb von Wissensstoff und intellektuellen Fähigkeiten entwickelt sich der Schüler vom Unwissenden zum relativ Sachkundigen; dieser Prozeß bietet die Möglichkeit, die Vorgänge und die charakteristischen Eigenheiten des Unterrichtens zu beobachten.

Es gibt vier allg. Merkmale des Verhaltens, um die Leistungen des Anfängers von denen des Fortgeschrittenen zu unterscheiden: a) Die Antworten des Lernenden entwickeln sich von variabel, unbeholfen und undifferenziert hin zu zusammenhängend, relativ schnell und präzise; sie entwickeln sich von einfachen zu komplexeren Einheiten und umfassenden Konzepten. b) Bestimmte Anregungen ändern sich von Einzelfällen zu Teilen eines Reaktionsmusters, und die Konstanz dieser Muster wird dann zur wesentlichen Anregung. Reizgegebenheiten ändern sich von einfachen zu komplexen Mustern, in denen es relevante von unbedeutenden Aspekten zu trennen gilt und der Informationsgehalt eines Ereignisses zu abstrahieren ist. c) Das Verhalten wird in zunehmendem Maße symbolisch und verdeckter, was sich in nicht-direkten Reaktionen und Prozessen der Informationsverarbeitung äußert. Der Lernende reagiert zunehmend auf innere Vorstellungen eines Reizes, auf der Basis übernommener Normen und aufgrund eigener Überlegung und selbstkonzipierter Bewältigungsmöglichkeiten. Dies kennzeichnet das Verhalten des Sachkundigen. d) Sein Verhalten wird in zunehmendem Maße selbstgesteuert, immer gekonnter in der Anwendung von Regeln in bestimmten und der sinnvollen Anwendung in geeigneten Situationen. Es wird mehr Vertrauen in die eigene Fähigkeit gesetzt, Ereignisse, durch die man lernt, selbst herbeizuführen und die Kriterien für die Beurteilung einer Leistung selbst zu setzen.

Wie sich der Lernende mit seiner Umgebung auseinandersetzt, wird durch bestimmbare psychol. Gesetzmäßigkeiten beeinflußt (z. B. Hilgard & Bower, 1966; Skinner, 1968; Hilgard, 1964; Glaser, 1970). Die zu konzipierenden Unterrichtsformen werden bestimmt durch die zu lernenden Verhaltensweisen, durch die Charakteristika der Schüler und die Art des zu vermittelnden Wissensstoffs. Die Aufgabe der U. ist es, auf der Grundlage der Kenntnisse des Lernprozesses und der Unterrichtsmethoden die erforderlichen Lernbedingungen zu entwerfen. Im gleichen Maße, wie angepaßtes Verhalten gelernt wird, werden neue Bedingungen geschaffen, dieses Verhalten zu bekräftigen und zu verwenden, noch sachkundigeres und geschickteres Verhalten herbeizuführen. Die einzelnen angestrebten Eigenschaften kompetenten Verhaltens hängen ab von verschiedenen Details der Unterrichtsumgebung, wie Übungen des Lehrers, Verwendung von Textbüchern, Lehrmaschinen und Anschauungsmaterial; Verhältnis der Gleichaltrigen untereinander und der Lernfähigkeit des Schülers selbst.

4. *Messung und Verbesserung der Lernergebnisse.* Mit der Kenntnis der Schüler-↗Eigenschaften und der Verfügbarkeit variabler Unterrichtsmethoden wird eine Anpassung an die Leistungsfähigkeit des Schülers erreicht, d. h. an seine Beherrschung der Voraussetzungen, seiner Lerngeschwindigkeit, der Beanspruchung praktischer Übungen, Ausmaß an Hilfen, Bekräftigungsanordnung usw. Verschiedene Individuen werden verschiedenen Unterrichtsbedingungen zugewiesen (oder der Schüler kann sich selbst entscheiden). Diese Einteilung beruht nur auf der ersten Entscheidung, die während des Lernfortgangs – aufgrund der Messungen des ↗Lernerfolgs – korrigiert wird. Die verschiedenen Formen von Messungen des Lernfortschritts, die gewöhnlich Verwendung finden und auf deren Grundlage die Unterrichtsentscheidungen getroffen werden, bestehen aus Testinformationen, die die Zahl der richtigen Lösungen, Zahl der Fehler im Vergleich zu einer Leistungsnorm und die benötigte Zeit umfassen. Verwendung von Prüfung des ↗Transfers und der ↗Generalisation wird teilweise zur Bestätigung verwandt. Von speziellem Interesse sind Messungen, die beim Lernen aufgenommen werden und zukünftige Lehranforderungen vorhersagen können. Solche Untersuchungen wurden von Jensen (1966, 1967, 1968), Zeaman und House (1963), Rohwer und Levin (mimeo), Judd und Glaser (1969) veröffentlicht.

Die Aufgabe des Unterrichts ist es, die effektivste Anordnung der Interaktion „Schüler – Umgebung“ zu bestimmen. Ähnliche Probleme wurden in anderen Bereichen der Forschung durch Optimierungsmethoden angegangen (z. B. Wilde & Beightler, 1967). Das Hauptproblem dieser Optimierung ist es, eine Methode der Entscheidung (ausgeführt durch den Schüler, Lehrer und/oder eine Lehrmaschine – s. Atkinson & Wilson, 1969; Holtzman, 1970) zu finden, welche der verfügbaren Unterrichtsalternativen auf jeder Unterrichtsstufe anzuwenden sind, die möglichen Antworten der Schüler zu vorläufigen Unterrichtseinheiten zusammenzustellen und zu spezifizieren sowie die Kriterien für die Beurteilung der Leistungen zu verbessern. Um diesen Zugang zu realisieren, sind zwei Forschungs- und Entwicklungsaufgaben wichtig: erstens genaue Kenntnis darüber zu erzielen, wie die Variablen dieses Systems zusammenhängen, und zweitens Übereinstimmung über die Messung der Effektivität dieses Systems zu erreichen. Aus der ersten Forderung leitet sich der Auftrag ab, empirische Untersuchungen und lerntheoretische Hypothesen zu bestimmen, die am besten geeignet sind, den Zusammenhang zwischen individuellen Differenzen und Lernvariablen aufzudecken. Die zweite Aufgabe verweist auf die Tatsache, daß eine Beurteilung der Kriterien, was es zu verbessern gilt, schwierig wird. Hier laufen ausführliche Untersuchungen zur Meßtheorie und -technik der Unterrichtsmethoden und zur gelernten Leistung (Glaser & Nitko, 1970; Cronbach, 1963; Bormuth, 1969). Diese Untersuchungen schließen Techniken für die Entwicklung *kriteriumsbezogener Messung* der

Leistung gegenüber der üblichen *normbezogenen* ein (Glaser, 1963; Ebel, 1962; Flanagan, 1951; Popham & Husek, 1969). Kriteriumsbezogene Messungen sind Tests, die so konstruiert sind, daß ihre Ergebnisse in weitem Umfang direkt in Bezeichnungen spezifischer Leistungsstandards zu interpretieren sind, anders als relative Standards, wie Perzentil-Normen oder Standardwerte der ↗Normalverteilung. Es muß ernsthaft versucht werden, das zu messen, was bislang so schwierig erschien – solche Aspekte des Lernens und Wissens, die grundlegend für die Fähigkeit des Individuums sind, kontinuierlich zu wachsen und sich zu entwickeln, einschließlich der Übertragung von Wissen auf neuartige Situationen, Problembewältigung und Selbstbestimmung.

Lit.: Atkinson, R. C. & H. A. Wilson: Computerassisted instruction: A book of readings. New York, 1969: **Bormuth, J. R.:** On achievement test item theory. Chicago, 1969; **Bracht, G. H. & G. V. Glass:** The external validity of experiments. Amer. Ed. Res. J., 1968, *5*, 437–474; **Bruner, J. S.:** The process of education. Harvard Univ., 1960; **ders.:** Some theorems on instruction illustrated with reference to mathematics. In: Theories of learning and instruction. Chicago, 1964, 306–335; **Bugelski, B. R.:** The psychology of learning applied to teaching. Indianapolis, 1964; **Cronbach, L. J.:** The two disciplines of scientific psychology. Amer. Psychologist, 1957, *12*, 671–684; **ders.:** Course improvement through evaluation. Teach, Col. Rec., 1963, *64*, 672–683; **Cronbach, J. J. & G. C. Gleser:** Psychological tests and personnel decisions. Urbana (Ill.), [2]1965; **Cronbach, L. J. & R. W. Snow:** Individual differences in learning ability as a function of instructional variables. Final Report, Stanford University, School of Education, March 1969; **Ebel, R. L.:** Content-standard test scores. Educ. psychol. Measmt., 1962, *22*, 15–25; **Estes, W. K.:** Learning. In: **C. W. Harris** (Ed.): Encyclopedia of Educational Research. New York, [3]1960, 752–770; **Flanagan, J. C.:** Units, scores, and norms. In: **E. F. Lindquist** (Ed.): Educational measurement. Washington, 1951, 695–763; **Fleishman, E. A.:** The description and prediction of perceptual-motor skill learning. In: **R. Glaser** (Ed.): Training research and education. New York, 1965, 137–176; **ders.:** Individual differences in motor learning. In: **R. Gagné** (Ed.): Learning and individual differences. Columbus (O.), 1967, 165–191; **Gagné, R. M.:** The acquisition of knowledge. Psychol. Rev., 1962, *69*, 355–365; **ders.:** The analysis of instructional objectives for the design of instruction. In: **R. Glaser** (Ed.): Teaching machines and programmed learning, II: Data and directions. Washington (D. C.), 1965, 21–65; **Gagné, R. M. & W. J. Gephart** (Eds.): Learning research and school subjects. Itasca (Ill.), 1968; **Gibson, E. J.:** Learning to read. Science, 1965, *148*, 1066–1072; **ders.:** Principles of perceptual learning and development. New York, 1969; **Gilbert, T. F.:** A structure for a coordinated research and development laboratory. In: **R. Glaser** (Ed.): Training research and education. New York, 1965, 559–578; **Glaser, R.:** Instructional technology and the measurement of learning outcomes: Some questions. Amer. Psychologist, 1963, *18*, 519–521; **ders.** (Ed.): Teaching machines and programmed learning, II: Data and directions. Washington (D. C.), 1965; **ders.** (Ed.): The nature of reinforcement. New York, 1971; **Glaser, R. & A. J. Nitko:** Measurement in learning and instruction. In: **R. L. Thorndike** (Ed.): Educational measurement. Washington (D. C.), 1971, 625–670; **Groen, G. J. & R. C. Atkinson:** Models for optimizing and learning process. Psychol. Bulletin, 1966, *66*, 309–320; **Hilgard, E. R.** (Ed.): Theories of learning and instruction. Chicago, 1964; **Holtzman, W.** (Ed.): Computerassisted instruction, testing and guidance. New York, 1970, 74–93; **Ingenkamp, K. & E. Parey** (Hrsg.): Handbuch der Unterrichtsforschung, Bd. I bis III. Weinheim, 1970; **Issing, L. J. & H. Knigge-Illner** (Hrsg.): Unterrichtstechnologie und Mediendidaktik. Weinheim, 1976; **Jensen, A. R.:** Individual differences in concept learning. In: **H. J. Klausmeier & C. W. Harris** (Eds.): Analyses of concept learning. New York, 1966, 139–154; **ders.:** Varieties of individual differences in learning. In: **R. M. Gagné** (Ed.): Learning and individual differences. Columbus (O.), 1967, 117–140; **ders.:** Social class and verbal learning. In: **M. Deutsch** et al. (Eds.): Social class, race, and psychological development. New York, 1968, 115–174; **Judd, W. A. & R. Glaser:** Response latency as a function of training method, information level, acquisition, and overlearning. J. educ. Psychol. Monogr., 1969, *60*, Part 2; **Lumsdaine, A. A. & R. Glaser** (Eds.): Teaching machines and programmed learning: A source book. Washington (D. C.), 1960; **Melton, A. W.:** Learning. In: **W. S. Monroe** (Ed.): Encyclopedia of Educational Res., 1941, 667–686; **Moore, O. K. & A. R. Anderson:** The responsive environments project. In: **R. D. Hess & R. M. Bear** (Eds.): Early education: Current theory, research, and action. Chicago, 1968, 171–189; **Popham, W. J. & T. R. Husek:** Implications of criterion-referenced measurement. J. educ. Measmt., 1969, *6*, 1–9; **Pressey, S. L.:** A simple apparatus which gives tests and scores – and teaches. School and Society, 1926, *23*, 373–376; **Rohwer, W. D. & J. R. Levin:** Elaboration preferences and differences in learning proficiency. Univ. of California, Berkeley (Mimeo); **Skinner, B. F.:** The science of learning and the art of teaching. Harvard Educ. Rev., 1954, *24*, 86–97; **ders.:** Teaching machines. Science. 1958, *128*, 969–977; **ders.:** The technology of teaching. New York, 1968; **Suppes, P.:** Modern learning theory and the elementary school curriculum. Amer. Educ. Res. J., 1964, *1*, 79–93; **Wilde, D. J. & C. S. Beightler:** Foundations of optimization. Englewood Cliffs (N.J.), 1967; **Zeaman, D. & B. J. House:** The rôle of attention in retardate discrimination learning. In: **N. Ellis** (Ed.): Handbook of mental deficiencies. New York, 1963, 159–223.

R. Glaser

Unterscheidungslernen ↗Diskriminationsexperimente.

Unterschiedsempfindlichkeit, *UE*, individuell, situationsbedingt variierende ↗Empfindlichkeit für Reizunterschiede. Ein Maß der UE ist die ↗Unterschiedsschwelle. *F. Mattejat*

Unterschiedsschwelle, eben merklicher Unterschied (just noticible difference, JND.) zwischen zwei Reizen derselben Sinnesmodalität. Die *absolute* U. gibt den Energiebetrag an, um den ein Reiz geändert werden muß, damit der Pb einen Unterschied empfindet. Die absolute U. ist keine konstante Größe. Sie ist abhängig vom jeweiligen Ausgangswert. Setzt man die absolute U. (dR = Intensitätsunterschied) in Beziehung zur Stärke des Ausgangsreizes (R), so erhält man die *relative* U. ($\frac{dR}{R}$). Nach dem ↗Weberschen Gesetz ist die relative U. annähernd konstant: $\frac{dR}{R} = k$. Die U. wird mit den Methoden der ↗Psychophysik gemessen.

Lit.: Pauli, R. & W. Arnold: Psychologisches Praktikum. Stuttgart, [7]1972.

F. Mattejat

Unterweisung, planmäßiges Beeinflussen und Überprüfen des sicherheitsgerechten Erlernens von Fertigkeiten und Kenntnissen bei der ↗Personalausbildung. – Moderne Methoden: *Vier-Stufen-Methode* (↗REFA) – mit den Kernpunkten des Arbeitsablaufes werden Grundfertigkeiten und -kenntnisse vermittelt und geübt; *Programmierte U.* – Benutzung audiovisueller Lehr- und Lernmethoden (z. B. Sprachlabor). ↗Lernen.

Lit.: Das Refa-Buch, Bd. 4: Arbeitsunterweisung. München, [8]1967; **Haseloff, O. W. & E. Jorswieck:** Psychol. des Lernens. Berlin, 1970.

G. Marschner

Unwillkürlichkeit. Bezeichnung für ein Verhalten, bzw. eine Aufmerksamkeitszuwendung auf einen Gegenstand, ohne daß dabei dem eigenen Willen gehorcht wird; diese unwillentliche, unabsichtliche Handlung läuft jedoch nicht notwendigerweise gegen den Willen des Handelnden ab. *W. Tisch*

Unzufriedenheit. Bezeichnung für eine Gestimmtheit des Selbstgefühls und der aktuellen Regung, bei der das individuelle Selbst als Anspruchszentrum erlebt wird. Je höher das Anspruchsniveau ist, um so mehr lebt der Mensch in stationärer U. Übersteigerter Ehrgeiz, unersättlicher Anspruch auf Liebe, Macht und Wohlergehen sowie das Gefühl der Unfähigkeit, das Ersehnte zu erreichen und Befriedigung zu finden, führen zur U.; sie ist ein Stachel im Herzen und geht mit Unruhe, Gespanntheit, Gereiztheit und Humorlosigkeit einher. Aus U. erwachsen Neid und Ressentiment. *W. Tisch*

Urlaub ↗Freizeitgestaltung.

Uroboros, nach Neumann (1956) der „Ur-Archetyp". Seine Figur ist die der Schlange, die sich in den Schwanz beißt. Es ist das Symbol der Ursituation, in der Bewußtsein und ↗Ich des Menschen sich noch entwickeln müssen. Als Symbol enthält es die widersprüchlichen Prinzipien, positive wie negative, männliche wie weibliche – Sinnbild des Urchaos und der Totalität der Psyche mit dem ersten Icherlebnis als präliminarer Erfahrung. ↗Archetyp.

Lit.: Neumann, E.: Die Große Mutter. Zürich, 1956.

J. López Ibor

Urolagnie, eine Art sexueller ↗Deviation, bei der Urin, Urinieren, der Anblick des Urinierens anderer oder auch das Trinken des eigenen Urins Quellen erotischen Lustgewinns sind. *G. D. Wilson*

Urteilsänderung, Bezeichnung für einen Prozeß der sozialen Beeinflussung, bei dem relativ einfache, verbal oder symbolisch gegebene Stellungnahmen zu bestimmten Gegenständen (häufig: Wahrnehmungsobjekten) verändert werden. Häufig sind Urteile wie „positiv – negativ", „länger – kürzer", „lauter – weniger laut", „sympathisch – unsympathisch" usw. gemeint. Der Prozeß der U. wird zumeist ohne weitere begriffliche Unterscheidung wie derjenige der ↗*Meinungs-* und ↗*Einstellungsänderung* interpretiert. *H. D. Schmidt*

Urvertrauen ist nach Erikson (1950) der Zustand eines Individuums, das in der frühen und späten ↗oralen Phase gute Milieubedingungen und eine stabile Personenumgebung, bes. eine fürsorgliche und zärtliche Mutter, hatte. Traumatische Störungen dieser Entwicklungsphase führen zum mangelnden U. in die Umgebung und in die Welt, zu periodischer oder chronischer depressiver Verstimmung, die im späteren Alter mit überzufälliger Häufigkeit zu Krankheiten, wie ↗Manie, ↗Depression, ↗Süchte, ↗Hypochondrie, Impulsneurosen und ↗Organneurosen, führen kann.

Lit.: **Erikson, E. H.:** Childhood and society. New York, 1950. *W. Toman*

Usnadze, *Dmitri,* Schüler von W. Wundt, hat als russischer Psychologe theoretisch und experimentell nachgewiesen, daß die nicht-bewußten psychischen Aktivitäten ein Element jeder menschlichen Verhaltensweise sind. Wissenschaft, Kunst und Sprache gehen auf solche schöpferischen Prozesse zurück. Usnadze führte vorwiegend Experimente mit Perzeptionstäuschungen durch. Ähnlich wie Freud verfolgte er das Ziel, Prozesse zu erforschen, die außerhalb des Bewußtseins liegen und die die psychischen Aktivitäten veranlassen. *W. Arnold*

Usnadzes Volumentäuschung. Diese Täuschung, die von D. Usnadze entdeckt wurde, ist der Prototyp einer Serie von Demonstrationen über Einstellung (set), die die Grundlage der Georgischen Schule (UdSSR) der Psychol. bildet. Das Phänomen erfordert das wiederholte Darbieten zweier Kugeln ungleichen Volumens in jede Hand, wobei die Vp jedesmal angeben muß, welche kleiner ist. Bei zwei gleichen Kugeln scheint es der Vp, daß die Kugel in der Hand, die vorher eine größere hielt, kleiner ist als die andere.

Lit.: **Usnadze, D.:** Über die Gewichtstäuschung und ihre Analoga. Psychol. Forsch., 1931, *14,* 366–379. *C. D. Frith*

U-Test ↗Mann-Whitney-U-Test.

Utilitarismus, politische oder ethische Lehre, nach welcher die soziale Nützlichkeit einer Handlung als Norm dient. Bewertet werden nicht die Absichten, sondern die Wirkungen und Folgen einer Tat. *D. Schulthess*

Utriculus ↗Statolithenorgan.

V

Vagabundieren ↗Poriomanie.

Vagina, künstliche (engl. *artificial vagina*). Eine k. V. wird z. B. bei angeborenem Fehlen der Scheide oder bei ↗Geschlechtsumwandlung mechanisch oder operativ angelegt. Sie soll fast in jeder Hinsicht die gleichen physiol. Reaktionen auf eine sexuelle Stimulation zeigen wie die natürliche Vagina.

Lit.: Masters, W. H. & V. E. Johnson: The artificial vagina. Western J. Surg., 1961, *69*, 192–212; **dies.:** Human sexual response. Boston, 1966 (dt. Die sexuelle Reaktion. Frankfurt a. M., 1967; Reinbek, 1970).

V. Sigusch

Vaginismus, Verkrampfung der Scheideneingangs- und der Beckenmuskulatur, so daß entweder das Einführen des Penis in die Scheide und somit der Koitus unmöglich wird oder während des ↗Koitus ein Zurückziehen des Penis verhindert wird. In seltenen Fällen kann letztgenannter Zustand dann nur durch eine ↗Narkose der Frau behoben werden. Die Ursache für diese funktionelle Störung der Frau ist meist psychischer Art und nur im Einzelfall zu beurteilen. *H. Maisch*

Vagotonie *(Parasympathikotonie),* nach Eppinger und Hess (1910) eine durch einseitige Tonuserhöhung des parasympathischen Systems bedingte Verschiebung des Gleichgewichtes im ↗autonomen Nervensystem zur parasympathischen Seite mit Übergewicht über den ↗Sympathikus. Sie bedingt erhöhte parasympathische Erregbarkeit, so daß normalerweise unterschwellige, parasympathisch erregend wirkende Reize abnorm gesteigerte Reaktionen bewirken (niedriger Blutdruck, Neigung zu Kälte der Hände und Füße, Steigerung der Assimilation, Übersäuerung des Magens), die sich auch psychisch manifestieren (nach Birkmeyer & Winkler, 1951: Vorherrschen von psychischem Antriebsmangel); Ggs.: ↗Sympathikotonie (S.). V. und S. sind nach Eppinger und Hess als Polaritäten eines Kontinuums vegetativer Regulationsformen mit dazwischenliegenden Mischtypen zu verstehen. Von der morphologischen Zweiteilung des vegetativen Nervensystems ausgehend, wurde das Prinzip antagonistischer (cholinerger und adrenerger) Tonusregulation einzelner Organe auf das physiol. Gesamtverhalten des Organismus verallgemeinert und auf eine entsprechende psychol. Typisierung erweitert (E. Leschke, 1928; A. C. Guilleaume, 1928; Birkmeyer & Winkler, 1951; Kritik der psychol. Typisierung bei H. Schaefer, 1952).

Lit.: Eppinger, H. & L. Hess: Die Vagotonie. Berlin, 1910; **Birkmeyer, W. & W. Winkler:** Klinik und Therapie der vegetativen Funktionsstörungen. Berlin, 1951.

F.-C. Schubert

Vagus, *X. Hirnnerv,* aus dem Gehirn entspringender Teil des parasympathischen Nervensystems. ↗Parasympathikus. *E. David*

Vakuumneurose, populärer Terminus des von V. E. Frankl (Wien) als „existentielles Vakuum" oder „noogene Neurose" benannten Sachverhalts, dem zufolge viele, bes. junge Menschen aller gegenwärtigen Kulturen an dem Gefühl abgründiger Sinnlosigkeit leiden. „Heute leben wir nicht mehr, wie zur Zeit von Freud, in einem Zeitalter der sexuellen Frustration. Unser Zeitalter ist das einer existentiellen Frustration" (Frankl, 1970, 364).

Lit.: Frankl, V. E.: Der Mensch auf der Suche nach Sinn. Universitas, 1970, *25*, 369–376.

G. Hollenbach

Valenz ↗Aufforderungscharakter.

Validität oder Gültigkeit ist Meßgenauigkeit eines ↗Tests in bezug auf ein Kriterium. V. wird im allg. als Vergleich der Ergebnisse des Voraussagetests (Prediktor) mit den Ergebnissen eines Kriteriums verstanden, d. h. der Messung des Verhaltens, das wir voraussagen möchten. V. wird dann durch einen Gültigkeitskoeffizienten (Korrelationskoeffizienten) bestimmt. Die Quadratwurzel der ↗Reliabilität stellt eine obere Schranke der V. dar. Methoden der V.bestimmung sind: 1) *externe Validierung* (Messung an einem Außenkriterium), 2) *Extremgruppenvalidierung* (Unterschiede zwischen oberer und unterer Kriteriumsgruppe), 3) *Testzwillingsmethode.* Weitere Methoden der Validierung ohne Verwendung eines Außenkriteriums sind: 1) *faktorielle* V. (Faktorenladung in einer F-Matrix wird als Ersatz für V.koeffizient genommen), 2) ↗ *Konstruktvalidität* (Testvorhersagen werden unter Zuhilfenahme von Vorhersagen überprüft, die aus einem theoretischen Konstrukt abgeleitet werden), 3) *inhaltliche* V. (Testaufgaben selbst werden als bestmögliches Kriterium angesehen). ↗Test. *D. W. Eggert*

Variabilität. ↗Streuung; ↗Streuungsmaße; ↗Dispersion.

Variabilitätskoeffizient, Synonym für ↗Variationskoeffizient.

Variable (Synonym: *Veränderliche*), mathematisch eine veränderliche Größe, häufig Abkürzung für Zufallsvariable. V.n stellen eine Basis der Notation von Funktionen dar. Einteilung der V.n nach unabhängigen und abhängigen V.n (in der Funktion $x = f(y)$ stellt x die unabhängige und y die abhängige V. dar). Allgemein ist V. Bezeichnung für einen Faktor oder eine Einflußgröße, die bei Beobachtung oder Messung eines Phänomens eine Auswirkung besitzt. ↗Intervenierende Variable.
D. W. Eggert

Variante. Spielart, Parallelfall, Ausformung eines Grundmusters: Element einer Ähnlichkeitsklasse von Sachverhalten, die nur in den jeweils wesentlichen Eigenschaften, vor allem in den aus Elementareigenschaften ableitbaren Invarianten, nicht aber hinsichtlich der Elementareigenschaften selbst übereinstimmen müssen, z. B. nährstoffreiche Speisen unterschiedlichen Geschmacks oder geschmacklich unterschiedliche Speisen gleichen Nährwerts; speziell: Stufe oder konkreter Wert einer (Zufalls-)Variablen, konkretes Relativ als Modell eines Axiomensystems.
A. Vukovich

Varianz, ↗Streuungs- oder Variabilitätsmaß, bei dem die mittleren quadrierten Abweichungen der Messungen vom arithmetischen Mittel berechnet werden (Symbol: s^2). Die Quadratwurzel der V. ist die ↗Standardabweichung,

$$s^2 = \frac{(X - \bar{X})^2}{N}$$

↗Streuung; ↗Statistik; ↗Varianzanalyse.
D. W. Eggert

Varianzanalyse. Allgemeine Begriffe. Unter V. (oder *Streuungszerlegung*) versteht man eine Sammlung von Techniken zur Aufspaltung der Variation einer (↗abhängigen) Variablen (Merkmal) in verschiedene Teile, von denen jeder auf eine bestimmte Ursache oder einen Ursachenkomplex (Quelle, unabhängige, expt. Variable, Faktor) zurückgeführt werden kann. Hypothesen über den Einfluß der einzelnen Quellen können durch Vergleich geeigneter Varianzen mit dem ↗F-Test geprüft werden. – Die grundlegenden Gedanken wurden von R. A. Fisher 1923 im Zusammenhang mit Feldversuchen entwickelt. Seitdem wurde die V. zu einem vielseitigen Instrument expt. ↗Versuchsplanung und -auswertung entwickelt, so daß sie sich mehr und mehr als eine Sammlung von Formeln und Formalismen für alle möglichen Versuchspläne darstellte.

Erst in neuerer Zeit wurden im Zusammenhang mit der Entwicklung von Computerprogrammen Verfahren angegeben, die eine weitgehend einheitliche Behandlung der ver-

Übersicht: Zerlegung der Quadratsummen und der Freiheitsgrade

I. *Einfache Varianzanalyse*

A. Quadratsummen (Q)

$\sum_{i,j} (X_{ij} - \overline{X}_{..})^2$	=	$\sum_{i} n_i (\overline{X}_{i.} - \overline{X}_{..})^2$	+	$\sum_{i,j} (X_{ij} - \overline{X}_{i.})^2$
total (t)		zwischen Gruppen (z)		innerhalb der Gruppen (i)
(N – 1)	=	(k – 1)	+	(N – k)

B. Freiheitsgrade (df)

II. *Zweifache Varianzanalyse mit einer Beobachtung pro Zelle*

A. Quadratsummen (Q)

$\sum_{i,j} (X_{ij} - \overline{X}_{..})^2$	=	$n \sum_{j} (\overline{X}_{.j} - \overline{X}_{..})^2$	+	$k \sum_{i} (\overline{X}_{i.} - \overline{X}_{..})^2$	+	$\sum_{i,j} (X_{ij} - \overline{X}_{i.} - \overline{X}_{.j} + \overline{X}_{..})^2$
total (t)		zwischen Bedingungen (B)		zwischen Personen (P)		Rest (Meßfehler+Wechselwirkung) (R)
(kn – 1)	=	(k – 1)	+	(n – 1)	+	(k – 1) (n – 1)

B. Freiheitsgrade (df)

III. *Zweifache Varianzanalyse mit n Beobachtungen pro Zelle*

A. Quadratsummen (Q)

$\sum_{k,l,i} (X_{kli} - \overline{X}_{...})^2$	=	$nq \sum_{k} (\overline{X}_{k..} - \overline{X}_{...})^2$	+	$np \sum_{l} (\overline{X}_{.1.} - \overline{X}_{...})^2$	+	$n \sum_{k,l} (\overline{X}_{kl.} - \overline{X}_{k..} - \overline{X}_{.1.} + \overline{X}_{...})^2$	+	$\sum_{k,l,i} (X_{kli} - \overline{X}_{kl.})^2$
total (t)		zwischen Stufen von A (A)		zwischen Stufen von (B)		Wechselwirkung zwischen A und B (AB)		innerhalb der Gruppen (F)
(pqn – 1)	=	(p – 1)	+	(q – 1)	+	(k – 1) (n – 1)	+	pq (n – 1)

B. Freiheitsgrade (df)

schiedensten Pläne ermöglichen. – Die Vielseitigkeit der V. führt zu mehreren Klassifikationsmöglichkeiten; man unterscheidet z. B. nach der Zahl der experimentell kontrollierten und geprüften Faktoren einfache (Ein-Weg-), zweifache (Zwei-Weg-) usw. V.; weiter wird zwischen vollständigen und unvollständigen Versuchsplänen, kreuzweiser und hierarchischer Klassifikation, V. für gleich große, proportionale und beliebige Gruppen usw. differenziert. Das Grundkonzept ergibt sich aus den folgenden einfachsten varianzanalytischen Versuchsplänen.

EINFACHE VARIANZANALYSE (vollständig randomisierter Versuchsplan):

1. *Versuchsplan:* Die einfache V. ist eine Erweiterung des Vergleiches zweier ↗Mittelwerte normalverteilter (↗Normalverteilung) Grundgesamtheiten auf den Vergleich einer beliebigen Zahl von Mittelwerten:

Gegeben seien k Stichproben (oder eine Stichprobe, die in k Teile zerlegt wird, wobei jede dieser Gruppen zufällig einer Versuchsbedingung zugeordnet wird) aus normalverteilten Grundgesamtheiten mit gleicher, aber unbekannter ↗Varianz σ^2 und den möglicherweise voneinander verschiedenen Mittelwerten μ_1, $\mu_2, \ldots, \mu_k$. Die Stichprobenumfänge seien n_1, $n_2, \ldots, n_k$ und es gelte $\sum_{i=1}^{k} n_i = N$ (= Gesamtzahl aller Meßwerte). Schätzungen für μ_i sind

$\bar{X}_{i.} = (\sum_{j=1}^{n_i} X_{ij})/n_i$ und für $\mu = (\sum_{i=1}^{k} \mu_i)/k$

$\bar{X}_{..} = (\sum_{i=1}^{k} \sum_{j=1}^{n_i} X_{ij})/N.$

2. *Varianzschätzungen, F-Test:* Eine von den Mittelwerten unabhängige Schätzung für σ^2 ist die Varianz *innerhalb* der Gruppen (mittlere Quadratsumme innerhalb) $MQ_i = (\sum_{i=1}^{k} \sum_{j=1}^{n_i} (X_{ij} - \bar{X}_{i.})^2)/(N-k)$, während die Varianz (mittlere Quadratsumme) *zwischen* den Gruppen $MQ_z = (\sum_{i=1}^{k} n_i(\bar{X}_{i.} - \bar{X}_{..})^2)/(k-1)$ bei gleich großen Stichproben den Erwartungswert $\sigma^2 + n\sigma_\mu^2$ hat. σ_μ^2 ist die Varianz der μ_i. Gilt $H_0: \mu_1 = \mu_2 = \ldots = \mu_k$, dann ist $\sigma_\mu^2 = 0$, und der Quotient MQ_z/MQ_i folgt unter den gegebenen Voraussetzungen (Normalität, Varianzhomogenität) einer F-Verteilung mit $k-1$ ↗Freiheitsgraden im Zähler und N-k Frei-

Versuchsbedingungen (Stichprobe)

1	2		i		k
X_{11}	X_{21}	. . .	X_{i1}	. . .	X_{k1}
X_{12}	X_{22}	. . .	X_{i2}	. . .	X_{k2}
.	.		.		.
.	.		.		.
.	.		.		.
X_{1j}	X_{2j}	. . .	X_{ij}	. . .	X_{kj}
.	.		.		.
.	.		.		.
.	.		.		.
X_{1n_1}	X_{2n_2}	. . .	X_{in_i}	. . .	X_{kn_k}

heitsgraden im Nenner. Über den errechneten F-Wert kann also H_0 geprüft werden.

3. *Zerlegungen:* Die beiden Varianzschätzungen erhält man durch eine Zerlegung der Summe der ↗quadratischen Abweichungen aller Einzelwerte X_{ij} von $\bar{X}_{..}$ in zwei Teile und eine entsprechende Aufteilung der Freiheitsgrade (siehe Übersicht). Die mittleren ↗Quadratsummen ergeben sich als Quotienten von Quadratsumme und zugehörigen Freiheitsgraden. MQ_z wird auch als ↗Stichprobenfehler und MQ_i als Versuchsfehler bezeichnet.

4. *A-posteriori-Tests:* Ist $F = MQ_z/MQ_i$ ↗signifikant, so ist mindestens ein $\mu_i \neq \mu$. Zur Prüfung der Frage, welche Mittelwerte im einzelnen voneinander verschieden sind, wurden mehrere Verfahren angegeben, z. B. die Methode der linearen Kontraste von Scheffé (1960), der ↗Duncan-t-Test oder das Newman-Keuls-Verfahren. Der paarweise ↗t-Test ist unzulässig, da beim Vergleich mehrerer unabhängiger Stichproben das angegebene ↗Risiko I zu klein ist. Durch weitere Variationsaufteilungen lassen sich Angaben über ↗Trends (linear, quadratisch, kubisch usw.) der Gruppenmittelwerte machen, falls eine sinnvolle Anordnung der Versuchsbedingungen vorliegt. Hier besteht eine enge Verbindung zu ↗Korrelations- und ↗Regressionstechniken.

5. *Prüfung der Voraussetzungen:* Zur Normalitätsprüfung kann eines der üblichen Verfahren verwendet werden, die Varianzhomogenität kann z.B. mit dem ↗Bartlett-Test untersucht werden. Die V. ist robust gegen Verletzung der Normalität, weniger robust

gegen Varianzinhomogenität. In manchen Fällen kann Normalisierung und Homogenisierung der Varianz durch geeignete ↗Transformation (Log.-, Wurzel-, arcsin-, Reziproken-Transformation) erzielt werden, andernfalls kann ein entsprechendes ↗verteilungsfreies Verfahren, z. B. der ↗H-Test von ↗Kruskall-Wallis, gewählt werden.

6. *Strukturmodell:* Das Zustandekommen einer Beobachtung X_{ij} wird nach folgendem *additivem* Modell erklärt: $X_{ij} = \mu + a_i + e_{ij}$. Dabei gilt:

α) μ ist ein fester unbekannter Parameter.

β) Die a_i repräsentieren den Einfluß der einzelnen Versuchsbedingungen. Sie sind feste Parameter, und es ist $\Sigma a_i = 0$.

γ) Die e_{ij} sind verteilt nach $N(0, \sigma)$.

Dieses Modell wird als Modell mit festen Effekten (festem Faktor) bezeichnet, da die a_i fest sind. Gilt β'). Die a_i sind verteilt nach $N(0, \sigma^2)$, so ergibt sich das Modell mit *zufälligen* Effekten (random-Faktor). Hier stellen die k Versuchsbedingungen eine Zufallsauswahl aus beliebig vielen dar. In der Praxis ergeben sich bei der einfachen V. in beiden Modellen die gleichen Signifikanztests.

Zweifache V. mit einer Beobachtung pro Zelle

1. *Versuchsplan:* Die zweifache V. mit einer Beobachtung pro Zelle (andere Bez.: einfache V. mit wiederholten Messungen, random-Block-Design) ist eine Erweiterung des t-Tests für korrelierende Stichproben auf eine beliebige Zahl von Versuchsbedingungen, unter denen ein Individuum untersucht wird. Die ↗abhängige Variable (Kriteriumsvariable) wird an jedem der n Individuen (Blöcke) unter k verschiedenen Bedingungen gemessen.

2. *Zerlegungen der Quadratsumme und der Freiheitsgrade:* Der Versuchsplan ist symmetrisch in den Versuchsbedingungen und Blökken, deshalb ist eine Kontrolle der Einflüsse von Versuchsbedingungen und Blöcken möglich. Zunächst wird wie bei der einfachen V. eine Zerlegung in eine Quadratsumme zwischen den Versuchsbedingungen und innerhalb der Bedingungen durchgeführt. Diese kann, da die Messungen an den gleichen Individuen durchgeführt werden, weiter zerlegt werden in einen Anteil zwischen den Blöcken und einen Rest (= Versuchsfehler) (siehe Übersicht).

Ind. (Block)	Versuchsbedingung 1	2	. . j	. . k	Σ	Mittelw.
1	X_{11}	X_{12}	. . X_{1j}	. . X_{1k}	$X_{1.}$	$\bar{X}_{1.}$
2	X_{21}	X_{22}	. . X_{2j}	. . X_{2k}	$X_{2.}$	$\bar{X}_{2.}$
.	.	.	.	.	.	.
i	X_{i1}	X_{i2}	. . X_{ij}	. . X_{ik}	$X_{i.}$	$\bar{X}_{i.}$
.	.	.	.	.	.	.
n	X_{n1}	X_{n2}	. . X_{nj}	. . X_{nk}	$X_{n.}$	$\bar{X}_{n.}$
Σ	$X_{.1}$	$X_{.2}$	. . $X_{.j}$	. . $X_{.k}$	$X_{..}$	
Mittelwert	$\bar{X}_{.1}$	$\bar{X}_{.2}$	$\bar{X}_{.j}$	$\bar{X}_{.k}$		$\bar{X}_{..}$

3. *Prüfgrößen, Varianzschätzungen:* Nimmt man an, daß keine Wechselwirkung zwischen Personen und Versuchsbedingungen vorliegt (Wechselwirkung zwischen Unterrichtsmethoden und Schülern liegt z. B. vor, wenn bestimmte Schüler durch die eine Unterrichtsmethode stärker gefördert werden als andere, während bei einer anderen Methode der Effekt gerade entgegengesetz ist), so ist $MQ_B = Q_B/df_B$ (mittleres Quadrat zwischen Versuchsbedingungen) eine Schätzung für $\sigma^2 + n\sigma_B^2$ (σ_B^2 = Varianz zwischen Bedingungsmittelwerten), $MQ_P = Q_P/df_P$ (mittleres Quadrat zwischen Personen) eine Schätzung für $\sigma^2 + k\sigma_P^2$ (σ_P^2 = Varianz zwischen Personen) und $MQ_R = Q_R/df_R$ eine Schätzung für σ^2 (σ^2 = Fehlervarianz). Zur Prüfung von Effekten, die auf Versuchsbedingungen zurückzuführen sind, wird $F = MQ_B/MQ_R$ berechnet und für Versuchspersoneneffekte $F = MQ_P/MQ_R$.

4. *Strukturmodell:* Es wird angenommen, daß die einzelnen Beobachtungen X_{ij} Zufallsstichproben vom Umfang $N = 1$ aus normalverteilten Populationen mit Mittelwert μ_{ij} und Varianz σ^2 sind. Es gilt folgendes additive Modell:

$$X_{ij} = \mu + p_i + b_j + e_{ij}$$

Dabei ist:

α) μ ist ein fester unbekannter Parameter.

β) Die p_i repräsentieren die Einflüsse der Blöcke (Vpn). Es sind n feste unbekannte Parameter mit $\Sigma p_i = 0$.

γ) Die b_j repräsentieren die Einflüsse der Versuchsbedingungen. Es sind k feste, unbekannte Parameter mit $\Sigma b_j = 0$.

δ) Die e_{ij} sind verteilt nach $N(0,\sigma)$.

Beziehungsweise:

β') Die p_i sind verteilt nach $N(0,\sigma_P)$.

γ') Die b_j sind verteilt nach $N(0,\sigma_B)$.

Gelten β) und γ), so spricht man von einem Modell mit festen Faktoren, gelten β') und γ'), von einem Modell mit zufälligen Faktoren, gelten β) und γ') oder β') und γ), von einem gemischten Modell. Meistens liegt bei diesem Versuchsplan ein gemischtes Modell vor, da die Vpn zufällig ausgewählt sind, während die Bedingungen fest sind. Liegen Wechselwirkungen vor, so sind sie in den e_{ij} eingeschlossen. Bei Wechselwirkungen bleiben die obengenannten F-Tests im zufälligen Modell richtig, während sie in den anderen Modellen konservativ arbeiten, d. h. auf Beibehaltung von H_0 tendieren.

5. *Bemerkungen:* Sind die k Versuchsbedinbedingungen Testitems, die von den Vpn bearbeitet wurden, so läßt sich die ↗Reliabilität des ganzen Tests als interne Konsistenz durch $r_{tt} = (MQ_P - MQ_R)/MQ_P$ ausdrücken. – Die Voraussetzungen entsprechen denen der einfachen V., die Prüfung erfolgt analog. – Der Vergleich einzelner Mittelwerte bei signifikantem ↗F-Wert kann z.B. nach dem Newman-Keuls-Verfahren erfolgen. – Das Vorhandensein einer Wechselwirkung kann mit dem Test auf Nichtadditivität von Tukey geprüft werden. – Sind die Voraussetzungen für die V. nicht erfüllt, kann zur Prüfung des Effektes der Versuchsbedingungen eine Rang-V. nach Friedman durchgeführt werden.

ZWEIFACHE VARIANZANALYSE MIT MEHREREN BEOBACHTUNGEN IN EINER ZELLE ALS BEISPIEL EINES FAKTORIELLEN EXPERIMENTS:

1. *Versuchsplan:* Es soll der Einfluß zweier Faktoren A und B auf eine Zufallsvariable untersucht werden und gleichzeitig die Möglichkeit zur Prüfung einer Wechselwirkung gegeben sein. Hat A p Stufen (Levels) und B q Stufen, so gibt es $p \cdot q$ Bedingungskombinationen. Jeder dieser Kombinationen wird eine Zufallsstichprobe vom Umfang n zugeordnet, so daß $n \cdot p \cdot q$ Beobachtungen insgesamt notwendig sind. Werden alle Faktorenkombinationen untersucht, handelt es sich um einen vollständigen Versuchsplan. Ein Design, bei dem jeder Faktorenkombination andere Individuen zugeordnet werden, nennt man Versuchsplan mit unabhängigen Messungen; werden alle Stufen eines Faktors an der gleichen Stichprobe untersucht, spricht man von einem Versuchsplan mit wiederholten Messungen. Ist die Einteilung nach den beiden Faktoren unabhängig voneinander (z. B. A = Geschlecht, B = Schulleistung) möglich, so handelt es sich um ein Kreuz-Design; ist B eine weitere Untergruppierung von A, um ein hierarchisches. Bei einem vollständigen Plan mit unabhängigen Stichproben und Kreuz-Klassifikation gelten folgende Bezeichnungen:

		Stufen von Faktor B							
		b_1	b_2	. . .	b_l	. . .	b_q
Stufen von Faktor A	a_1	G_{11}	G_{12}	. . .	G_{1l}	. . .	G_{1q}
	a_2	G_{21}	G_{22}	. . .	G_{2l}	. . .	G_{2q}
	.	.	.		.		.
	.	.	.		.		.
	.	.	.		.		.
	a_k	G_{k1}	G_{k2}	. . .	G_{kl}	. . .	G_{kq}
	.	.	.		.		.
	.	.	.		.		.
	.	.	.		.		.
	a_p	G_{p1}	G_{p2}	. . .	G_{pl}	. . .	G_{pq}

Dabei bezeichnet G_{kl} eine Stichprobe vom Umfang n, die unter der Faktorenkombination $a_k b_l$ untersucht wird. Die Meßwerte der ↗abhängigen Variablen X, die in G_{kl} beobachtet wurden, sind $X_{kl1}, X_{kl2}, \ldots, X_{kli}, \ldots, X_{kln}$. Weiter gelten die Abkürzungen:

$X_{kl.} = \sum_{i=1}^{n} X_{kli}$ (Gruppensumme),

$\bar{X}_{kl.} = X_{kl.}/n$ (Gruppenmittelwert)

$X_{k..} = \sum_{l=1}^{l} X_{kl.}$ (Summe aller Beobachtungen auf einer Stufe von Faktor A)

$\bar{X}_{k..} = X_{k..}/(nq)$ (Mittelwert auf einer Stufe von Faktor A)

$X_{.l.} = \sum_{k=1}^{p} X_{kl.}$ (Summe aller Messungen auf einer Stufe von Faktor B)

$\bar{X}_{.l.} = X_{.l.}/(np)$ (Mittelwert auf einer Stufe von Faktor B)

$X_{...} = \sum_{k=1}^{p} X_{k..} = \sum_{l=1}^{q} X_{.l.}$ (Summe aller Meßwerte)

$\bar{X}_{...} = X_{...}/(npq)$ (Gesamtmittelwert).

2. *Zerlegung der totalen Quadratsumme und der Freiheitsgrade:* Aus der Zerlegung in der Übersicht ergeben sich die mittleren Quadratsummen:

$MQ_A = Q_A/df_A$, $MQ_B = Q_B/df_B$, $MQ_{AB} = Q_{AB}/df_{AB}$ und $MQ_F = Q_F/df_F$.

3. *Strukturmodell:* Es wird angenommen, daß die X_{kli} Zufallsstichproben aus normalverteilten Grundgesamtheiten mit Mittelwert μ_{kl} und gleicher, aber unbekannter Varianz σ^2 sind. Die μ_{kl} ergeben sich als Abweichungen, die den Faktoren zuzuordnen sind, von einem Gesamtmittelwert μ. Es gilt:

$X_{kli} = \mu + a_k + b_l + ab_{kl} + e_{kli}$

mit analogen Eigenschaften zu III.4.

4. *Erwartungswerte und F-Tests:* Bezeichnet man im festen Modell den Wert $\Sigma a_k^2/(k-1)$ ebenfalls als σ_A^2 und entsprechend σ_B^2 und σ_{AB}^2, so ergeben sich als Erwartungswerte für die ↗mittleren Quadrate in den einzelnen Modellen die in der Tabelle zusammengestellten Werte. Die dem Modell entsprechenden F-Tests ergeben sich aus den Erwartungswerten; z.B. wird in allen Modellen die Wechselwirkung über $F = MQ_{AB}/MQ_F$ geprüft, während der Einfluß von Faktor A im festen Modell über $F = MQ_A/MQ_F$, im random-Modell aber über $F = MQ_A/MQ_{AB}$ geprüft wird.

MQ	A, B fest	A random, B f.	A, B random
MQ_A	$\sigma^2 + nq\sigma_A^2$	$\sigma^2 + nq\sigma_A^2$	$\sigma^2 + nq\sigma_A^2 + n\sigma_{AB}^2$
MQ_B	$\sigma^2 + np\sigma_B^2$	$\sigma^2 + np\sigma_B^2 + n\sigma_{AB}^2$	$\sigma^2 + np\sigma_B^2 + n\sigma_{AB}^2$
MQ_{AB}	$\sigma^2 + n\sigma_{AB}^2$	$\sigma^2 + n\sigma_{AB}^2$	$\sigma^2 + n\sigma_{AB}^2$
MQ_F	σ^2	σ^2	σ^2

Erwartungswerte bei der Zwei-Weg-Varianzanalyse

5. *Bemerkungen:* Es gelten die gleichen Voraussetzungen (Normalität, ↗Varianzhomogenität) wie bei der einfachen Varianzanalyse. Die Prüfung erfolgt mit den gleichen Tests. Ebenfalls sind A-posteriori-Prüfungen auf spezielle Unterschiede und ↗Trends möglich. Ein vergleichbares ↗verteilungsfreies Verfahren existiert noch nicht. – Bei verschiedenen Stichprobenumfängen in den einzelnen Faktorenkombinationen sind Änderungen der Varianzschätzungen notwendig; sie können bei kleineren Unterschieden über eine Gewichtung von Mittelwerten, bei größeren über Schätzungen nach der Methode der kleinsten Quadrate ermittelt werden.

Bemerkungen zu weiteren Modellen. Theoretisch ist eine Klassifikation nach beliebig vielen Faktoren möglich. In der Praxis wird jedoch selten nach mehr als drei Faktoren klassifiziert, da höhere Wechselwirkungen (zwischen mehr als zwei Faktoren) schwer zu interpretieren sind. – Können nicht alle Bedingungskombinationen untersucht werden, so erhält man unvollständige Designs. Bei diesen können einige oder alle Wechselwirkungen nicht erfaßt werden. Ein solches ist z.B. das ↗lateinische Quadrat. Hier handelt es sich um einen 3-faktoriellen Plan, bei dem die Zahl der Stufen in allen Faktoren gleich ist. Zwei von diesen Faktoren sind beliebig kombinierbar, während die Stufen des dritten Faktors auf jedem Level der beiden anderen nur einmal gemessen werden. – Eine Abart der V. ist die Kovarianzanalyse. Sie wird angewendet, wenn neben der Kriteriumsvariablen X eine Vortest-(Kontroll-)Variable Y gemessen wurde, die mit X korreliert. Durch die gleichzeitige Analyse der Quadratsummen von X und von Y sowie der ↗Kovariation zwischen X und Y wird eine Verbesserung des Vergleichs der Messungen der Kriteriumsvariablen erreicht. Kovarianzanalyse ist eine Methode zur stat. Kontrolle von expt. Fehlern, ihr gegenüber stehen die expt. Kontrollen, die sich in der Verschiedenheit der varianzanalytischen Designs ausdrücken. – Als Sonderform der V. können schließlich auch noch die Methoden zur ↗Zerlegung des χ^2 bei Kontingenztafeln angesehen werden.

Lit.: Anderson, T. W.: Introduction to multivariate statistical analysis. New York, 1958; **Cochran, W. G. & G. M. Cox:** Experimental designs. New York, 1957; **Diehl, J. M.:** Varianzanalyse. Frankfurt a.M., 1977; **Edwards, A. L.:** Versuchsplanung in der psychol. Forschung. Weinheim, 1971; **Fisher, R. A.:** The design of experiments. Edinburgh – London, [6]1951; **Glaser, W.:** Varianzanalyse. Stuttgart, 1978;

Kempthorne, O.: The design and analysis of experiments. New York, 1952; **Linder, A.:** Planen und Auswerten von Versuchen. Basel, [3]1969; **Mittenecker, E.:** Planung und stat. Auswertung von Experimenten. Wien, [8]1970; **Scheffé, H. A.:** The analysis of variance. New York, 1960; **Winer, B. J.:** Statistical Principles in experimental design. New York, [2]1971.

A. Rausche

Varianzhomogenität (Synonym: *Homoscedaszidität),* Gleichheit der Stichprobenvarianzen. Voraussetzung zur Durchführung von ↗t-Tests für homogene Varianzen und von ↗Varianzanalysen. Wird bei 2 Variablen mit dem ↗F-Test, bei n Variablen mit dem Test von M. S. Bartlett oder H. O. Hartley (Fmax-Bruch) oder anderen multivariaten F-Tests überprüft. *D. W. Eggert*

Variation, ein Ausdruck aus der ↗Kombinatorik, bezeichnet die Möglichkeiten, n verschiedene Elemente in Kombinationen zu k Elementen zu bringen, wobei auch Wiederholungen der Elemente zulässig sind. Aus diesem Grund werden V.en häufig auch als Kombination mit Wiederholung bezeichnet. Die Anzahl der möglichen V.en von n Elementen zur k-ten Klasse bestimmt sich aus:

$$ {}_nV_k = n^k. $$

G. Mikula

Variationsbreite ↗Streuungsbreite; ↗Streuung; ↗Streuungsmaße.

Variationskoeffizient, auch Variabilitätskoeffizient, relativiert die Standardabweichung, indem er sie in Beziehung zum Mittelwert setzt. Der V. gibt die Streuung in Prozent des Mittelwerts an und ermöglicht es, Streuungen von Gruppen unterschiedlicher Stichprobengröße und verschiedener Skaleneinheiten miteinander zu vergleichen. Die Berechnung des V. ist nur bei Skalen mit echtem Nullpunkt sinnvoll. Formel:

$$ V = \frac{100 \times s}{\bar{X}}. $$

D. W. Eggert

Varimax-Methode, ein von H. F. Kaiser entwickeltes orthogonales analytisches Rotationsverfahren (↗Faktorenanalyse), heute weitaus am häufigsten angewandt. Die Varianz innerhalb der Spalten und nicht die totale Varianz der quadrierten Faktorenladungen soll ein Maximum werden. Nachteil der V.-M. ist, daß meist ein Generalfaktor entsteht. V.-M. stellt Approximation der ↗Einfachstruktur dar. ↗Rotation.

Lit.: Kaiser, H. F.: The Varimax Criterion for analytic rotation in factor analysis. Psychometrika 1958, *23*, 187–200.

D. W. Eggert

Vasomotorik, *Gefäßbewegung,* Zusammenziehen und Ausdehnen von Kapillaren. – *Vasomotoriker:* Mensch mit krankhafter Steigerung der Gefäßerregbarkeit (Vasolabilität).

H. Wagenknecht

Vasopressin, ↗Hormon.

Vaterbindung bezeichnet einen ungewöhnlichen, vielfach unbewußten Einfluß, den das Vaterbild oder die *Vaterimago* (↗Imago) über die Pubertät hinaus auf Tochter oder Sohn ausübt. In den unbewußten Komponenten dieser Vater-Kind-Beziehung spielen zärtliche oder sexuelle ↗Fixierungen oft eine wichtige Rolle (↗Ödipus-Komplex). Als Ggs. zur V. kann man den *Vaterprotest* bezeichnen, eine ebenfalls weitgehend unbewußte Haltung oder ↗Leitlinie (A. ↗Adler), in der negative Einstellungen gegen den Vater perpetuiert und auf alle Situationen, die dem Vater-Kind-Verhältnis irgendwie ähnlich sind (z. B. Bürger – Staat, Gläubiger – Kirche), übertragen werden. Dieses Prinzip der ↗Übertragung gilt auch für die Vaterbindung.

Lit.: Jung, C. G.: Die Bedeutung des Vaters für das Schicksal des Einzelnen. Ges. Werke, Bd. 4. Zürich, 1969.

W. Schmidbauer

Vater-Pacinische Körperchen, Lamellenkörperchen (1741 von A. Vater entdeckt und 1842 von Pacini wiederentdeckt) im Unterhautgewebe als Sinnesorgan für Tiefensensibilität und Druck. ↗Sinnesorgane: die Hautsinne. *E. David*

Vegetative Dystonie, von B. Wichmann (1934) eingeführter Begriff, weitgehend synonym mit „Neurasthenie“, „vegetative Labilität“, „vegetative Stigmatisation“. V. D. ist ein ungenauer, aber häufig gebrauchter Sammelbegriff zur Bezeichnung vegetativer Funktionsstörungen verschiedenster Ursachen und Erscheinungsbilder im Sinne vegetativer Disharmonie oder Betriebsstörung, beruhend auf einer Fehlregulation oder Labilität des vom Nervus vagus und Nervus sympathicus gebildeten antagonistischen „Tonusgleichgewichtes" im ↗autonomen Nervensystem und deren Steuerzentren (↗Diencephalon), ohne nachweisbare Organschädigung (↗Vagotonie; ↗Sympathikotonie). Es besteht eine enge Beziehung zwischen den gestörten physiol. Regelmechanismen und der ↗Persönlichkeit des Dystonikers, seiner anormalen Reaktionsart und Erlebnisweise, die sich in Form einer Mischung von abnormer Reizbarkeit und Schwäche ausdrückt (hyperästhetisch-asthenisches Syndrom). Die v. D. ist damit sehr häufig auf dem Hintergrund einer konstitutionellen Veranlagung unter dem Aspekt psychogener Syndrome oder der Konversionsneurose zu betrachten. Die Symptome sind sehr verschieden, je nach Hyper- oder Hypotonie des sympathischen oder parasympathischen Systems, eventuell mit raschem Wechsel entgegengesetzter Regulationseinstellungen oder Störung von deren rhythmischer Aufeinanderfolge: Störungen des Kreislaufs, der Herztätigkeit, der Durchblutung, der Atmung, der Funktion innerer Organe (speziell Verdauung), ↗Tremor, Unruhe, Herzklopfen, Schweißausbrüche, Temperaturdysregulation, feuchtkalte Extremitäten, Schwindelgefühl, Magen- und Kopfschmerzen, leichte affektive und körperliche Erregbarkeit und Erschöpfbarkeit. Die Ätiologie ist multifaktoriell: v. D. ist u.a. bedingt durch Konstitution und weitgehend psychogen verursacht (bes. durch psychische Belastungen), andererseits auch durch unphysiol. Arbeits- und Umweltbedingungen und Infekte. Die v. D. ist somit immer nur Symptom einer Grundkrankheit, deren Ursache und Zuordnung im Einzelfall abzuklären ist. Behandlung: neben ↗Psychotherapie Gymnastik, Sport, Massage u. a.

F.-C. Schubert

Vegetatives Nervensystem (VNS) ↗Autonomes Nervensystem.

Veitstanz ↗Chorea.

Vektor, eindimensionale Anordnung von Zahlen, den Komponenten (auch Gliedern oder Koordinaten) des V., entweder in Zeilen oder Spalten geschrieben. V.en werden meist mit deutschen, im Druck mit gotischen oder fetten Kleinbuchstaben bezeichnet, neuerdings auch durch kleine, über lat. Buchstaben geschriebene Pfeile kenntlich gemacht. V.en setzen sich aus mehreren Zahlen zusammen. Je nachdem, ob diese waagerecht als Zeile oder senkrecht als Spalte geschrieben werden, spricht man von einem Zeilen-V. oder einem Spaltenvektor. Die Zahl der Komponenten eines V. nennt man seine Dimension. Für das Rechnen mit V.en gelten die Regeln der V.algebra. Geometrisch werden V.en als gerichtete Strecken interpretiert. *D. W. Eggert*

Vektorpsychologie ↗Topologische und Vektorpsychologie.

Venerophobie, krankhafte Angst vor Geschlechtskrankheiten.

Ventrikel. *Allgemein:* Kammer innerhalb des Körpers.

Der Ausdruck „Ventrikel" wird angewendet für Herzkammer, Ventriculus, und Hirnkammer, Ventriculus cerebri. Man unterscheidet eine linke Herzkammer, die das arterielle Blut in die Arterien des Körpers (Aorta) pumpt, eine rechte, die das venöse Blut zur Lunge befördert, und 4 mit ↗Liquor (Gehirnwasser) gefüllte Hirn-V., einen rechten, einen linken im Endhirn (↗Cerebrum), einen dritten im Zwischenhirn (↗Diencephalon) und einen vierten Hirn-V. im Rautenhirn zwischen Mittelhirn und ↗Rückenmark. *E. David*

Veränderliche, Synonym für ↗Variable.

Veranlagung ↗Anlagen.

Verantwortungsreife. Begriffsbestimmung. Unter Verantwortungsreife versteht man eine Sozialreife mit ethischer, intellektueller, emotionaler und voluntativer Komponente. Sozialreife setzt ein Hineinwachsen in die Rechtsordnung voraus. Dieses Hineingewachsensein verlangt eine gesellschaftliche Bindung. Die Ich-Du-Beziehung muß zu einer generellen, abstrakten Wir-Beziehung erweitert worden sein (Peters, 1967). Die strafrechtliche Verantwortlichkeit des § 3 Jugendgerichtsgesetz (JGG) hat eine Doppelvoraussetzung: die Einsichts- und Willensbildungsfähigkeit des 14- bis 18jährigen Jugendlichen. Die Anwendung von Jugendkriminalrecht auf den 18- bis 21jährigen Heranwachsenden wird ebenfalls von einer Reifebeurteilung im Einzelfall abhängig gemacht. Nach § 105 JGG ist hierfür eine Gesamtwürdigung der ↗Persönlichkeit des Täters oder der Umstand maßgebend, daß es sich um eine „Jugendverfehlung" gehandelt hat.

Beurteilungsmethoden. Die Reifebeurteilungen nach §§ 3 und 105 JGG werden von den Gerichten nicht selten formelhaft getroffen. Beurteilungsgrundlagen sollten sein: die Sachverhaltskenntnis, die Begutachtung der Täterpersönlichkeit, die Berichte der ↗Jugendgerichtshilfe, ferner Aktenunterlagen (Schulberichte, Vorstrafen, Berichte der Fürsorgeerziehung oder der Bewährungshilfe). Zu § 105 JGG sind die mannigfaltigsten Reifekriterien entwickelt worden (↗Reife). Die Pubertätspsychol. E. Sprangers (Entdeckung des ↗Ich, allmähliche Entstehung eines Lebensplans, Hineinwachsen in die Wertgebiete) hat für die Herausarbeitung der Reifemerkmale eine ebenso große Bedeutung gehabt wie die Reifebeurteilungen unter den Gesichtspunkten physiologisch bedingter Entwicklungserscheinungen (A. Illchmann-Christ) oder des Auseinanderfallens der sozialen ↗Rollen einer Person in verschiedenen Lebensbereichen (Suttinger, 1967). ↗Reife.

Kritik aus kriminalpsychologischer Sicht. Gesetzliche Altersgrenzen sind aus Gründen der Praktikabilität für die Beurteilung der V. wesentl. Gleichwohl kann wegen der im Jugendkriminalrecht unerläßlichen Individualisierung auf Begutachtungen der V. im Einzelfall nicht verzichtet werden. Die intuitive Beurteilung der Jugendrichter und -staatsanwälte steht mehr noch als das Sachverständigengutachten in der Gefahr des Irrtums und des Mißbrauchs. Diejenigen, die V. allgemein und im Einzelfall „definieren", müssen sich der Subjektivität ihrer Beurteilung bewußt bleiben. Die Vielfalt, Unterschiedlichkeit und teilweise Widersprüchlichkeit der zu § 105 JGG herangezogenen Gesichtspunkte macht diese Vorschrift unbrauchbar. Es wird deshalb erwogen, die Anwendung des Jugendkriminalrechts auf die Heranwachsenden ganz allgemein auszudehnen. Diese Entwicklung steht allerdings im Widerspruch zu der gesetzlichen Entscheidung, die volle zivilrechtliche Geschäftsfähigkeit und das aktive Wahlrecht vom 18. Lj. an zu gewähren. Der bereits vor Jahren unterbreitete Vorschlag eines selbständigen kriminalrechtlichen Reaktionssystems für die 18- bis 25jährigen Heranwachsenden und Jungerwachsenen (Schneider, 1963) hat deshalb unverändert seine Aktualität behalten. Für die kriminalrechtlichen Reaktionssysteme der 14- bis 18jährigen Jugendlichen und der 18- bis 25jährigen Heranwachsenden und Jungerwachsenen bleibt die Frage der kriminalpsychol. Begutachtung der V. nach wie vor ebenso wichtig wie die ebenfalls kriminalpsychologisch zu beurteilende Frage, welche kriminalrechtlichen Reaktionen im Einzelfall Anwendung finden sollen. ↗Kriminalprognose.

Lit.: Ottinger, E.: Die bedingte strafrechtliche Reife. In: **G. Blau & E. Müller-Luckmann** (Hrsg.): Gerichtliche Psychologie. Neuwied – Berlin, 1962, 192–207; **Peters, K.:** Die Beurteilung der Verantwortungsreife. In: **U. Undeutsch** (Hrsg.): Hdb. d. Psychol., Bd. 11. Göttingen, 1967, 260–295; **Schneider, H. J.:** Kriminologie und Behandlung heranwachsender und jungerwachsener Rechtsbrecher. Recht der Jugend, 1963, 1–6 24–30; **ders.:** Das Erziehungsgeschehen zur Verhütung und Behandlung der Kinder- und Jugendkriminalität. Pädagogik der Strafe. Freiburg – Basel – Wien, 1967, 404–451; **Suttinger, G.:** Die Beurteilung des Entwicklungsstandes Heranwachsender. In: **U. Undeutsch** (Hrsg.): Hdb. der Psychol., Bd. 11. Göttingen, 1967, 296–325.

H. J. Schneider

Verbale Konditionierung. Beeinflussung der Wortwahl eines Probanden durch operante Verstärkung. Greenspoon (1951) konnte zeigen, daß die Häufigkeit der Produktion bestimmter Wörter in einer experimentellen Situation durch den Experimentator gezielt beeinflußt werden kann durch kontingente Darbietung von verbalen (mmhm, uhu) oder nichtverbalen (Licht, Ton) Reizen. Es kam bei der freien Produktion von Wörtern zu einem deutlichen Anstieg von Pluralwörtern. Taffels (1955) erweiterte Greenspoons Paradigma und forderte Probanden auf, aus bestimmten vorgegebenen Wörtern Sätze zu bilden, von denen diejenigen mit dem verbalen Stimulus „gut" belohnt wurden, die ein Pronom in der ersten Person enthielten. Die kontingente Darbietung des verbalen Stimulus führte auch hier zu einer vermehrten Produktion der erwünschten Reaktionsklasse. Die Resultate weiterer Untersuchungen zum verbalen Konditionieren fanden vor allem in der Interview- und Psychotherapieforschung besondere Beachtung. Es konnte wiederholt gezeigt werden, daß das Verhalten des Interviewers das gewonnene Interviewmaterial weitgehend determiniert.

In der Anwendung operanter Konditionierungsmethoden im psychotherapeutischen Prozeß lassen sich zwei Klassen von Untersuchungen unterscheiden: Die erste Kategorie versucht, das gestörte verbale Verhalten des Patienten zu modifizieren, weil es ein Zielsymptom darstellt, dessen Beseitigung weitreichende positive Folgen haben kann, z.B. das Wiederherstellen von Verbalverhalten bei psychotischen Patienten. Andere Untersuchungen befassen sich mit der Modifikation von Verbalverhalten, in der Annahme, daß solche Veränderungen des verbalen Repertoires sich auf andere Verhaltensweisen des Patienten auswirken, wie z.B. die Modifikation von Einstellungen, Äußerungen von Gefühlen, selbstbewertenden Gedanken. Kognitive Theoretiker bezweifelten die Interpretation der Ergebnisse und meinten, der verbale Konditionierungsprozeß sei bedingt durch das Bewußtsein der Person, durch ihre Fähigkeit, in bezug auf kritische Reaktionsklassen Hypothesen aufzustellen. Empirische Ergebnisse konnten diese Annahme nicht eindeutig bestätigen.

Lit.: Bandura, A.: Principles of Behavior Modification. New York, 1969; **Foppa, K.:** Lernen, Gedächtnis, Verhalten. Köln, [7]1970; **Kanfer, F. H. & J. S. Phillips:** Learning Foundations of Behavior Therapy. New York, 1970.

H. Appelt

Verbalsuggestion, die durch gesprochene Worte herbeigeführte ↗Suggestion. Diese Form der Suggestion ist bes. wirksam, wenn sie auf die Reaktionsweisen dessen eingeht, dem sie zugedacht ist. Das Suggerierte muß möglichst bildhaft und anschaulich dargeboten werden. Die Ansprechbarkeit des Patienten auf die Verbalsuggestion ist individuell verschieden und weitgehend von der inneren Bereitschaft zur Annahme der Suggestion wie auch vom inneren Leidensdruck abhängig.

H.-N. Genius

Verbal-Tests ↗Sprachfreie Tests.

Verbindung, psychische. W. ↗Wundt nimmt die Tatsache psychischer Elemente (↗Empfindungen und einfache ↗Gefühle) an. Diese Elemente bleiben nicht isoliert, werden auch nicht durch ↗Assoziation auf mechanischem Weg gekoppelt, sondern zu psychischen Verbindungen zusammengesetzt. Aufgabe der Psychol. muß nach Wundt die Analyse der zusammengesetzten Vorgänge, die Synthese der ermittelten Elemente und das Aufdecken der Verbindung bewirkenden Gesetze sein. Die Verbindung der psychischen Elemente vollzieht sich durch: ↗Bewußtsein, ↗Aufmerksamkeit, ↗Assoziationen, apperzeptive Verbindungen, psychische Zustände.

H. Wagenknecht

Verbraucherforschung ↗Marktpsychologie; ↗Marktforschung.

Verdichtung ↗Condensation.

Verdrängung ist ein innerer ↗Abwehrmechanismus, durch den ein fortan nicht mehr oder nur bei darauffolgender Strafe befriedigbares Motiv durch ähnliche weiterhin befriedigbare Motive ersetzt wird. Durch den Ausfall eines Motivs im Kontinuum verwandter Motive werden die Befriedigungssequenzen der befriedigbar bleibenden Motive akzeleriert. Dieser Zustand wird psychisch als ein Angst-Aggressions-Zustand erlebt und würde in ↗Aggression übergehen, wenn die Aussicht auf Befriedigung des behinderten Motivs doch besteht, und in ↗Angst, wenn die Umwelthindernisse unüberwindlich scheinen. Dieser

Angst-Aggressions-Zustand ist einer vorübergehenden ↗Regression gleichzusetzen, die ebenso wie der Angst-Aggressions-Zustand selbst bei Stabilisierung eines neuen Rhythmus der Befriedigungen der verbliebenen Motive beendet ist. Der Verzicht auf das nicht befriedigbare Motiv gilt dann als vorläufig gelungen. Ein gelungener Verzicht versetzt den Betreffenden in die Lage, schwächeren und durchschnittlich starken Gelegenheiten zur Befriedigung des ursprünglichen Motivs automatisch zu widerstehen. Er nimmt sie zuletzt gar nicht mehr als solche Gelegenheiten wahr. Erst überdurchschnittlich starke Gelegenheiten zu Befriedigungen des verdrängten Motivs (Gelegenheiten, die stärker als alle seit der V. erfahrenen Gelegenheiten sind, das verdrängte Motiv doch zu befriedigen) werden als neuerliche Versuchungssituationen erlebt. In diesem Fall werden Nachverdrängungen, zusätzliche V.arbeit, zusätzliche Ersatzbefriedigungen notwendig, um den Verzicht aufrechtzuerhalten und in Zukunft auch durch diese stärkeren Gelegenheiten zur Befriedigung des verdrängten Motivs nicht mehr versucht zu werden.

Im Fall der Befriedigung eines solchen verdrängten Motivs treten Schuldgefühle und introjizierte Strafmotive als Folgen auf.

Beispiele für V. wären etwa die Abstillung des Kindes von der Mutterbrust, der Verlust einer Person oder die Entwöhnung vom Zigarettenrauchen. Die V. wäre gelungen, der Unruhezustand (gegeben durch die akzelerierten Befriedigungssequenzen verwandter Motive) beendet, wenn das Kind auch bei der direkten Darbietung der Mutterbrust nicht mehr das Bedürfnis nach Stillung spürt; wenn der Gedanke an die verlorene Person kein Trauergefühl mehr auslöst; wenn der entwöhnte Zigarettenraucher eine Zigarette sogar rauchen kann (maximale Versuchungssituation) und diese ihm einfach nicht mehr schmeckt.

Fälle von V.en im Alltag, wie sie etwa in ↗Fehlleistungen vorkommen, stellen nur relativ passagere Phänomene dar. Sie können relativ leicht, d.h. gegen geringen Widerstand der betreffenden Person, wieder aufgehoben werden. Sie sind *sekundäre* V.en, die von *primären, älteren* V.en mitbestimmt werden. ↗Tiefenpsychologie; ↗Psychoanalyse.

Lit.: Freud, A.: Das Ich und die Abwehrmechanismen. Wien, 1936; **Freud, S.:** Vorlesungen zur Einführung in die Psychoanalyse (1916/17). Ges. Werke, Bd. 11. London, 1948; **Toman, W.:** Introduction to psychoanalytic theory of motivation. London – New York, 1960; **ders.:** Motivation, Persönlichkeit, Umwelt. Göttingen, 1968.

W. Toman

Vererbung ↗Genetik.

Verfolgungswahn, eine laienhafte Bezeichnung für die Krankheit derjenigen Personen, die von Wahnvorstellungen (↗Wahn) des Verfolgtwerdens beherrscht werden. Der Begriff V. und die entsprechende engl. Bezeichnung „persecution mania" stellen einen Mißbrauch des Ausdrucks ↗Manie dar. ↗Wahn.

B. Brooker

Vergessen ↗Gedächtnis.

Vergessenskurve, auch *Behaltenskurve,* graphische Darstellung des Behaltens (↗Gedächtnis; ↗Lernen (z.B. relative Häufigkeit von richtigen Reproduktionen) von gelernten Inhalten nach verschieden langen Abständen vom Zeitpunkt der Erreichung des Lernkriteriums. Die V. fällt zuerst stark und später schwach ab (langfristiges Vergessen). Das Behalten B zu jedem Zeitpunkt t läßt sich in der Regel durch eine Exponentialfunktion ($B = a \cdot e^{-bt}$ für $t \geqq 0$) beschreiben. Die Stärke des Abfalls b hängt von dem untersuchten Lernvorgang (verbal, motorisch), von der Art der Behaltensmessung (z.B. Reproduktion, Wiedererkennung) sowie von der Art des Lernmaterials (sinnlos, sinnvoll) und den Lernbedingungen (Bahrick, 1964) ab. Man kann daher nicht von „der" V. sprechen. Vor dem Abfall der V. kann ein Anstieg über das ursprünglich gelernte Niveau hinaus erfolgen. ↗*Reminiszenz.*

Vom *langfristigen* Vergessen wird in der neueren Forschung das *kurzfristige* Vergessen (gemessen in Sekunden) abgehoben.

Beim konditionierten ↗Lernen wird das Absinken der Intensität der gelernten Reaktion mit der Zeit nicht als Vergessen, sondern als ↗*Löschung* oder Extinktion bezeichnet.

Die Schnelligkeit der Löschung ist abhängig von der Zahl der unkonditionierten (oder nicht belohnten) Durchgänge nach dem Erreichen des Lernkriteriums oder von der Länge des Zeitintervalls, in dem keine Reaktion mehr erfolgte (latente Extinktion). Häufig kann nach Löschung einer gelernten Verhaltensweise diese später wieder ausgelöst werden *(Spontanerholung)*. ↗Konditionierung.

Das Vergessen wird vor allem dadurch erklärt, daß alte und neue Assoziationen die gelernten Assoziationen unterdrücken (Interferenztheorie: ↗Gedächtnis; ↗Hemmung). Die Theorie vom Verblassen der organischen Gedächtnisspuren (↗Engramme) mit der Zeit wird heute weniger beachtet.

Lit.: **Bahrick, H. P.**: Retention curves: facts or artifacts? Psychol. Bull., 1964, *61*, 188–194; **Kintsch, W.**: Learning, memory, and conceptual processes. New York, 1970.

M. Hofer

Vergewaltigung. Tatbestand des geltenden Strafrechts (§ 177 StGB) in der Gruppe der Delikte gegen die sexuelle Selbstbestimmung. Bis zur Neufassung durch das 4. StrRG v. 23.11.73 waren V. und schwere Schändung unter dem Begriff Notzucht als Verbrechen wider die Sittlichkeit zusammengefaßt. Der objektive Tatbestand besteht darin, daß eine Frau mit Gewalt oder durch Drohung mit gegenwärtiger Gefahr für Leib oder Leben zum außerehelichen Beischlaf mit dem Täter oder einem Dritten gezwungen wird. Als Täter kommt auch eine Frau in Frage, da kein eigenhändiges Delikt vorliegt. Opfer kann jede weibliche Person, aber nicht die Ehefrau sein. Der Tatbestand ist auf den, wenn auch nur begonnenen oder unvollständigen Coitus beschränkt. Alle anderen, erduldeten oder erzwungenen, sexuellen Handlungen fallen als sexuelle Nötigung unter § 178 StGB. Bei Drohung, Gewalt oder Zwang in den Sexualbeziehungen von Ehepartnern kommt ggf. Nötigung gem. § 240 StGB in Betracht.

Lit.: **Dost, O. P.**: Psychol. der Notzucht. Hamburg, 1963; **Ehrhardt, H. E.**: Psychiatrie (Psychopathologie, Begutachtung). In: **R. Sieverts** (Hrsg.): Handwörterb. d. Kriminol., Bd. II, Berlin, 1971; **Hanack, E.-W.**: Die Reform des Sexualstrafrechts und der Familiendelikte. NJW 1974, *1*; **Plaut, P.**: Der Sexualverbrecher und seine Persönlichkeit. Stuttgart, 1960; **Schroeder, F.-Ch.**: Das neue Sexualstrafrecht. Karlsruhe, 1975.

H. E. Ehrhardt

Vergleichende Psychologie. Forschungsarbeiten im Bereich menschlichen Verhaltens verwenden in zunehmendem Maße die größeren Manipulationsmöglichkeiten nicht-humaner Spezies, um überzeugende Vergleiche mit Problemen der menschlichen Organisation und Führung herzustellen. Ungeachtet dessen, ob das entscheidende Motiv praktischer, therapeutischer oder rein akademischer Natur ist, geschieht dies, um zu umfassenderen Kenntnissen zu gelangen und das Wohl der Menschheit zu verbessern. Die veröffentlichten Arbeiten lassen erkennen, daß es sich dabei um ein ständiges Wiederaufnehmen bekannter Tatsachen und Absichern vorangegangener Arbeiten handelt, zusammen mit einem täglichen Fortschritt vergleichender Methoden in immer neuen Forschungsbereichen.

Die Verwendung von Versuchstieren für ein umfassenderes Verständnis des Menschen ist – obwohl historisch alt – bestenfalls ein Kompromiß; sie hat – wie alle Kompromißlösungen – Vor- und Nachteile. Die Vorteile liegen in der direkten Kontrollierbarkeit von Erbe (↗Anlagen) und Umwelt; Tiere ermöglichen dem Forscher den Einsatz von Subjekten bekannter genetischer Abstammung und Aufzucht und besitzen Homogenität hinsichtlich der Elemente, Eigenarten und Funktionen des Experimentierens. Zudem ist es möglich, bei Tieren Eigenschaften zu erzeugen, die beim Menschen zu schaffen aufgrund ethischer Erwägungen (nach irgendeinem Kriterium moralischen Handelns) unangebracht wäre. Der dafür zu zahlende Preis ist hoch; nie kann der vergleichende Praktiker, wie sachkundig er auch immer zu werden vermag, direkt mit dem Subjekt seiner Untersuchung kommunizieren. So unvollkommen sie auch sein mag – die ↗Sprache ist die hervorragende Form der menschlichen Kommunikation, und keine äquivalente Fähigkeit wurde bei Kommunikationsformen (Zoosemiotik) gefunden, über die subhumane Spezies verfügen (vgl. Drewe et al., 1970; Goodall, 1965; Thorpe, 1967). In bestimmten Grenzen wird die Kommunikationsunfähigkeit durch ausgearbeitete Forschungsmethodologien (die allen Verhaltensforschungen gemeinsam sind) kompensiert, die Schlußfolgerungen glaubhaft machen, die aus Annahmen hinsichtlich Motivation, Zweck und Absicht beobachtbarer und meßbarer Handlungen hergeleitet werden.

Der verfügbare Platz erlaubt nicht mehr als eine exemplarische Darstellung der Verwendung von Tieren in allen Bereichen der Biologie und in den Forschungsrichtungen, deren Entwicklung ohne ihren einzigartigen Beitrag erheblich beeinträchtigt wäre (Fox, 1968; Lane & Petter, 1963). Auch ermöglicht der Raum keine Beschreibung der Geschichte oder Ursprünge der v. P., die sich in der Ethologie (Lorenz, 1970), ↗Ökologie (Scott, 1958), der vergleichenden Anatomie (z.B. Neuroanatomie; Zeman & Innes, 1963) usw. finden. Tierzucht (Lane & Petter, 1963), expt. Methodologie (Gay, 1968), Biometrie und Instrumentierung müssen als selbständige Forschungsgegenstände angesehen werden.

Ein Beispiel: Kenntnis des *mütterlichen Verhaltens* beim Menschen hat beträchtlichen Nutzen gezogen aus Beobachtungen des epimeletischen (Obhut geben) und et-epimeletischen (Obhut suchen) Verhaltens von Tieren (Fox, 1968; Grota & Ader, 1969). Im Rahmen dieser ersten Beziehung und weitgehend außerhalb der Interaktionen von Mutter und Nachkommenschaft werden die wichtigen determinierenden Charakteristika des sozialen und physischen Verhaltens des erwachsenen Tieres (auch Menschen) festgelegt (Fox, 1968; Levine, 1966). Obwohl soziales Verhalten deutlich von mütterlichem Verhalten zu unterscheiden ist, gibt es zumindest eine zeitliche Überlappung zwischen beiden, wenn die Kernfamilie eine Struktur aufweist, die aus den Interaktionen der Mitglieder erwächst und von der man sagen kann, daß sie eine soziale ↗Gruppe bildet, deren innerer Zusammenhalt größer ist als nach außen hin (Dimond, 1970). Die die Gruppe bestimmenden Familienbindungen werden in dem Maße schwächer, wie die Nachkommen heranwachsen oder von der Mutter zurückgewiesen werden. Die Interaktionen zwischen Individuen weiten sich aus, um nicht mehr nur die unmittelbare Beziehungsgruppe (peer group) einzuschließen, sondern auch Mitglieder anderer Tierfamilien. Zu diesem Zeitpunkt scheint das sowohl Intra- als auch Inter-Gruppen-Spielen (Jewell & Loizos, 1966) das Jungtier zu veranlassen, sich seinen eigenen physischen Fähigkeiten als auch der Verhaltenseigenschaften seiner Spielpartner bewußt zu werden.

Die größte Verwendung fanden Versuchstiere bei der Erforschung der Wirkungen von Pharmaka (Kumar et al., 1970; Steinberg, 1965; Steinberg et al., 1964; Thompson & Schuster, 1968), bes. bei Arbeiten über solche Chemikalien, die biologische Prozesse wie (vorzugsweise) Futter- und Wasseraufnahme, Furchtreaktionen (Wilson & Dinsmoor, 1970) und andere Funktionen beeinflussen, die im Rahmen eines Verhaltensrepertoires anstatt in einem unmittelbaren physiol. Kontext auftreten. In den letzten Jahren wurden die Forschungen exemplifiziert und durch vergleichende Untersuchungen umrissen, die die Wirkungen sog. psycho-aktiver und psychotroper Pharmaka zeigen. Das Studium von Sedation, ↗Gedächtnis und ↗Lernen auf allen Ebenen, gleich, ob durch einen progressiven oder konsensuellen Ansatz (Miller, 1964), macht die Verwendung (und häufig das Opfer) vieler Einzeltiere und Arten erforderlich. Ungeachtet anthropormorpher Einwände und letzter Anwendungsmöglichkeiten dieser Forschung spielen subhumane Arten hier zweifellos eine primäre Rolle. Tiere werden auch häufig bei Untersuchungen zur *Ernährung* eingesetzt. Obwohl es nicht wahr ist (und niemals wahr war), zu sagen, „ein Tier ist, was ein Tier ißt" (Lat, 1969), besteht doch kein Zweifel, daß die physischen, neurologischen und Verhaltenscharakteristika eines Organismus durch Veränderungen der Ernährung manipuliert werden können (Brožek, 1962; Lat, 1967; Worden, 1968). Die bereits existenten und durch Mißbrauch wachsenden Ungleichgewichte der menschlichen Ökologie erhöhen hier die Notwendigkeit systematischer Forschung.

Im Bereich der ↗*Genetik*, der nicht auf Tiere beschränkt ist, ist die Interaktion von

↗Genotyp und Umwelt Ausgangspunkt für viele herausragende Anwendungsmöglichkeiten. Die Glaubwürdigkeit der grundlegenden Vererbungsgesetze erhöhte sich durch die Erforschung von Organismen, deren genetische Ausstattung modifizierbar ist und deren Verhaltensrepertoire ein Element des Wollens oder der Wahlmöglichkeit enthält. Die Genetik nimmt zunehmend einen profunden Einfluß auf alle die Bereiche der Biologie, in denen sich die Homogenität des Untersuchungsmaterials, auf das zu Beginn verwiesen wurde, als wesentlich erweist. Die wirksamste Methode, solche „reinen" Stämme zu erhalten, sind die Techniken der speziellen Zucht und Auslese-Methoden, die mit oder am Menschen nicht verwendet werden können.

Auch ist es erforderlich, die weitreichenden Beiträge, die von subhumanen Arten zu den halb-beständigen Verhaltensmodifikationen, genannt ↗Lernen, gemacht wurden, zu würdigen. Die wichtigste Einzelanwendung der v. P. (wenn man es aufgrund der Veröffentlichungen beurteilt) besteht im Rahmen von Verhaltensmodifikationen aller Art, von einfacher Gewöhnung bis zu komplexen Verhaltensweisen intelligenter Primaten. Die Experimente der klassischen ↗Konditionierung von I. P. ↗Pawlow und seinen Mitarbeitern, die neueren erfolgreichen und sich weiterentwickelnden operanten Methoden der Skinner-Schule (↗Lerntheorien; B. F. ↗Skinner) sowie die verschiedenen Paradigmen der Verhaltenstherapeuten (Davison, 1968; Eysenck & Rachman, 1965; Stampfl, 1966; Wolpe, 1958; Verhaltenstherapie) haben die fundamentalen Grundlagen ihrer Systeme durch direkte Exp. an Tieren belegt, und es ist wahrscheinlich, daß die noch bestehenden wesentlichen Unterschiede zwischen ihnen auf die gleiche Weise gelöst werden.

Tiere werden in zahlreichen Varianten der Forschung für viele Zwecke verwendet. Einige davon sind gut, weil sie das Wissen des Menschen über sich selbst vermehren und zu einem besseren Verständnis von Problemen und Fehlverhalten führen, die es ohne die analogen tierischen Beiträge unmöglich wäre zu klären. Neben den bereits genannten gibt es andere Bereiche der V. P., die besondere menschliche Relevanz aufweisen. Hier gibt es z. B. die Untersuchungen zum Isolierungs-↗Stress, dem Stress fehlender Bewegung (Mikhail & Broadhurst 1965) und zur ↗Strafe (Bandura, 1970), die einen unmittelbaren Bezug zum Strafrecht, zur Erforschung von Bedingungen der Anstaltsunterbringung und allen Formen unfreiwilliger Behandlung zeigen (↗Strafvollzugspsychologie). In Verbindung mit Strafrechtslehre, Disziplin und sozialer Kontrolle gibt es die Erforschung von Verhaltensfaktoren, die mit ↗Sucht (Nicholls, 1963) und Abnormität jeglicher Art zusammenhängen, die alle entweder eine unmittelbare oder eine nachfolgende Befriedigung enthalten (Eysenck, 1963). Außerdem gibt es den Bereich von ↗Frustration und ↗Trieb-Energetisierung (Amsel, 1962), deren abnorme Konkomitanten gegen sich selbst oder nach außen gerichtete ↗Aggressionen (Fox, 1968; Lorenz, 1970) sind.

Eine andere Forschungsrichtung machen Untersuchungen aus, deren psychologisch-verhaltenswissenschaftliche Komponente nicht so klar ist. Hier scheinen sich nicht-physiol. Faktoren mit strukturellen Elementen bei der Entstehung von Anatomiepathologien zu kombinieren, die wechselseitig mit Verschlechterungen der funktionalen Verhaltenseffizienz zusammenhängen. Diese Forschungsrichtung wird am deutlichsten durch die mit der ↗Psychosomatik in Verbindung stehenden Disziplinen, z. B. Krebsforschung, Anorexia- (Russell, 1969) und auch Tumorforschung (Matthes, 1963), gekennzeichnet, wo Forscher Tiere verwenden, die auf einer Grundlage ausgewählt oder vorbehandelt wurden, die eine Erfassung des Umfangs funktionaler mehr denn physischer Möglichkeiten erlaubt und in den Vordergrund stellt.

Diese Ausführungen betonen – und die wenigen Beispiele illustrieren dies –, daß die Forschung im Rahmen der V. P. eine Verwandtschaft zwischen Mensch und Tier annimmt. Eine solche Annahme, die es nur erforderlich macht, den Menschen auf einer Linie der Stammesentwicklung zu lokalisieren, die ihm und seinen Vorfahren angemessen ist, birgt

Gefahren, die nicht zuletzt in reziproken Fehlern von Über- oder Untergeneralisierung liegen. Eingeschlossen sind hier die einfache Annahme vollständiger verhaltensmäßiger Ähnlichkeit zwischen menschlicher und nichtmenschlicher Spezies genauso wie die irreführenden Anekdoten, die tierisches Verhalten im Rahmen eines menschorientierten anthropomorphistischen, mentalistischen und eigenständigen Systems beurteilen (↗Tierpsychologie). Dies alles muß vermieden werden, wenn Forschung unter Verwendung von Versuchstieren einen wertvollen Beitrag zu dem angestrebten Ziel „einer exakten Erforschung der Menschheit" leisten soll.

Es ist eine besondere und unbegrenzte Aufmerksamkeit erforderlich, um sicherzustellen, daß ein Gleichgewicht beibehalten wird zwischen Bedürfnissen der Wissenschaft, dem Wohle der Menschheit und der unveräußerlichen Würde subhumaner Spezies. Wenn ersteres nur auf Kosten des letzteren, einschließlich einer Einbuße an Humanität derer, die Tiere verwenden, zu erreichen ist, dann können die v. P. und die hier Forschenden an einem wiss. Fortschritt teilhaben und der Menschheit nützen, aber sie können auf weitere Sicht etwas Wertvolleres verlieren, als sie gewinnen. ↗Verhaltensforschung, vergleichende.

Lit.: Amsel, A.: Frustrative nonreward in partial reinforcement and discrimination learning: Some recent history and a theoretical extension. Psychol. Rev., 1962, *69*, 306–328; **Bandura, A.:** Principles of behavior modification. London, 1970; **Brožek, J.:** Soviet studies on nutrition and higher nervous activity. Anns. N. Y. Acad. Sci., 1962, *93*, 665–714; **Davison, G. C.:** Systematic desensitization as a counterconditioning process. J. Abnormal Psychol., 1968, *73*, 91–99; **Dimond, S. J.:** The social behavior of animals. London, 1970; **Drewe, E. A.**, et al.: A comparative review of the results of neuropsychological research on man and monkey. Cortex, 1970, *VI*, 129–163; **Eysenck, H. J.:** Emotion as a determinant of integrative learning: an experimental study. Behav. Res. Therap., 1963, *1*, 197–211; **Eysenck, H. J. & S. J. Rachman:** Neurosen – Ursachen und Heilmethoden. Berlin, [6]1973; **Fox, M. W.:** Abnormal behavior in animals. Philadelphia, 1968; **Gay, W. I.:** Methods of animal experimentation, Vols. 1, 2 and 3. New York, 1968; **Goodall, J.:** Chimpanzees of the Gombe Stream Reserve, in: **I. De Vore** (Ed.): Primate behavior, New York, 1965; **Grota, L. J. & R. Ader:** Continuous recording of maternal behaviour in Rattus Norvegicus. Anim. Behav., 1969, *17*, 722–729; **Jewell, P. A. & C. Loizos** (Eds.): Play, exploration and territory in mammals. London, 1966; **Kumar, R., Stolerman, I. P. & H. Steinberg:** Psychopharmacology. Ann. Rev. Psychol., 1970, *21*; **Lane-Petter, W.** (Ed.): Animals for Research. London, 1963; **Lat, J.:** Nutrition, learning and adaptive capacity. In: **M. R. Kare & O. Maller** (Eds.): The chemical senses and nutrition, Baltimore, 1967; **Lat, J.:** Some mechanisms of the permanent effect of short-term, partial and total, overnutrition in early life upon the behaviour in rats. Proc. VIII, International Congress of Nutrition, Prague, 1969; **Levine, S.:** Infantile stimulation and adaptation to stress. In: Endocrines and the central nervous system. Association for Research in Nervous and Mental disease. Baltimore, 1966; **Lorenz, K.:** Über tierisches und menschliches Verhalten, Bd. 1/2. München, [10-15]1972 bis 1973; **Matthes, T.:** Experimental contribution to the question of emotional reactions on the growth of tumors in animals. Proc. Eighth Anti-Cancer Congress, 1963, *3*, 1617; **Mikhail, A. A. & P. L. Broadhurst:** Stomach ulceration and emotionality in selected strains of rats. J. Psychom. Res., 1965, *8*, 477; **Miller, N. E.:** The analysis of motivational effects illustrated by experiments on amylobarbitone sodium. In: **H. Steinberg, A. V. S. de Reuck & J. Knight** (Eds.): Animal behaviour and drug action. London, 1964, 1–18; **Nicholls, J. R.:** A procedure which produces sustained opiate-directed behaviour (morphine addiction) in the rat. Psychol. Rep., 1963, *13*, 895–904; **Russell, G. F. M.:** Metabolic, endocrine and psychiatric aspects of anorexia nervosa. Scientific Basis of Medicine, Annual Reviews, London, 1969, 236–255; **Scott, J. P.:** Animal behavior. Chicago, 1958; **Stampfl, T. G.:** Implosive therapy: The theory, the subhuman analogue, the strategy and the technique. In: **S. G. Armitage** (Ed.): Behavior modification techniques in the treatment of emotional disorders. Battle Creek (Michigan), 1966; **Steinberg, H.:** Methods of assessment of psychological effects of drugs in animal. In: **J. Marks & C. M. B. Pare** (Eds.): The scientific basis of drug therapy in psychiatry. Oxford, 1965; **Steinberg, H., de Reuck, A. V. S. & J. Knight** (Eds.): Animal behaviour and drug Action. London, 1964; **Thompson, T. & C. R. Schuster:** Behavioural pharmacology. Englewood Cliffs (N.J.), 1968; **Thorpe, W. H.:** Animal vocalization and communication. In: **J. Millikan & F. Darley** (Eds.): Brain mechanisms underlying speech and language. New York, 1967; **Wilson, E. H. & J. A. Dinsmoor:** Effect of feeding on „fear" as measured by passive avoidance in rats. J. comp. physiol. Psychol., 1970, *70*, 431–436; **Wolpe, J.:** Psychotherapy by reciprocal inhibiton. Stanford, 1958; **Worden, A. N.:** Nutritional factors and abnormal behavior. In: **M. W. Fox** (Ed.): Abnormal behavior in animals. Philadelphia, 1968; **Zeman, W. & J. R. M. Innes:** Craigie's neuroanatomy of the rat. New York, 1963.

H. C. Holland

Vergleichung, Methode der paarweisen, von J. Cohn und L. L. ↗Thurstone entwickelte psychometrische (↗Psychometrie) Methode. Die M. d. p. V. knüpft an die Konstanzmethode (↗Psychophysik) G. T. ↗Fechners an. Bei der M. d. p. V. werden die Beurteilungsgegenstände dem Pb in allen möglichen Paarkombinationen dargeboten. Bei jedem Paar muß der Pb jeweils den Gegenstand benennen (auswählen), dem eine bestimmte Eigenschaft (z.B. angenehm) in stärkerem Maße zukommt. ↗Skalierung.

Lit.: Guilford, J. P.: Psychometric methods. New York, [2]1954; **Hofstätter, P. R.:** Psychologie. Frankfurt, Neuauflage 1974.

F. Mattejat

Verhalten. Der Begriff V. kann bedeuten: 1) die Aktivität eines Organismus; 2) die wahrnehmbare Aktivität eines bestimmten Organismus; 3) die meßbare Aktivität eines bestimmten Organismus; 4) die Reaktionen eines Individuums, einer Spezies oder einer Gruppe auf Reize; 5) eine bestimmte Reaktion eines bestimmten Organismus; 6) eine Teilreaktion eines Reaktionsmusters; 7) Bewegung oder eine Bewegung; 8) die gesamte – subjektive und objektive, nicht beobachtbare und beobachtbare – Aktivität eines Individuums oder einer Gruppe.

Diese Definitionen repräsentieren nur einen kleinen Teil der bestehenden Auffassungen über den Gegenstand der Psychologie. Für detailliertere Ausführungen der unterschiedlichen Standpunkte vgl. ↗Aktpsychologie; ↗Behaviorismus; ↗Allgemeine Psychologie; ↗Geschichte der Psychologie; ↗Vergleichende Psychologie; für bestimmte Aspekte s. z. B. ↗Aggression; ↗Gewohnheit; ↗Lernen; ↗Trieb.

Verhaltensbeobachtung, „die auf das Verhalten eines oder mehrerer Menschen gerichtete, nicht dem Zufall überlassene, methodisch kontrollierte Wahrnehmung einer oder mehrerer Personen mit der Absicht, dadurch etwas für die Persönlichkeit Charakteristisches zu erfahren" (Hasemann, 1964). Wegen der Schwierigkeit einer kontinuierlichen ↗*Beobachtung* (zu großer Aufwand, Ermüdung des Beobachters) wird oft zum „Time-Sampling"-Verfahren gegriffen. Ein ausgefeiltes Beobachtungsschema stammt von Bales (1950). Die V. stellt das wichtigste Verfahren zur Kriteriumsvalidierung von ↗Tests dar.

Lit.: Bales, R. F.: Interaction process analysis. New York, 1950; **Faßnacht, G.:** Systematische Verhaltensbeobachtung. München – Basel, 1979; **Hasemann, K.:** V. und Verhaltensbeschreibung in der psychol. Diagnostik. Göttingen, 1964; **Mees, U. & H. Selg** (Hrsg.): Verhaltensbeobachtung u. Verhaltensmodifikation. Stuttgart, 1977; **Pauli, R. & W. Arnold:** Psychol. Praktikum, Bd. 1. u. 2. Stuttgart, [7]1972.

G. Lischke

Verhaltenseigenschaften, Bezeichnung für Verhaltensmerkmale, denen aufgrund von ↗Längs- und ↗Querschnittsuntersuchungen wegen ihrer relativen Konstanz Eigenschaftscharakter (↗Eigenschaften) zukommt.

M. Amelang

Verhaltensforschung, vergleichende. Die v. V. ist ein Zweig der Zoologie, der mit biol. Methodik tierisches Verhalten untersucht. Sie fragt nach dem Verhalten von Tieren und Tiergesellschaften in ihrer natürlichen Umgebung, nach seinen Mechanismen, seiner Entwicklung in Onto- und Phylogenese und seiner Funktion. Sie forscht auf hohem Integrationsniveau, was eine enge Zusammenarbeit mit Nachbardisziplinen, wie ↗Physiologie, ↗Genetik, vergleichender und funktioneller Morphologie, Systematik und ↗Ökologie, bedingt. Statt der Bezeichnung v. V. setzt sich seit Tinbergen (1950) bes. in der internationalen Literatur der Name *„Ethologie"* als Überbegriff für die vergleichend morphologische und kausalanalytisch-physiologische Richtung der Verhaltensforschung durch. (Zur Geschichte des Begriffs „Ethologie" vgl. Wickler, 1970b.) Von anderen Schulen, die sich mit tierischem Verhalten beschäftigen, bes. von der ↗*Vergleichenden Psychologie,* unterscheidet sich die Ethologie dadurch, daß sie jede tierische Leistung im Gesamtgefüge des Aktionskatalogs einer Tierart zu beurteilen sucht, in ihrer Funktion bei der Auseinandersetzung mit der natürlichen Umwelt und auf dem Hintergrund ihrer stammesgeschichtlichen Bedingtheit (Thorpe, 1961; Hinde, 1966; Lorenz, 1957). Beachtung der Stammesgeschichte von Verhaltensweisen wünscht die v. V. auch den Humanwissenschaften nahezulegen (Lorenz, 1965; Leyhausen, 1968; Wickler, 1970b) und dehnt selbst ihre Forschung auf den Menschen aus (Eibl-Eibesfeldt, 1967; Wickler, 1970a).

GESCHICHTE. Die Grundlage für die moderne Verhaltensforschung bildet die Evolutionstheorie von C. Darwin (↗Darwinismus), der 1872 darstellte, daß ↗Instinkte für das Überleben einer Art ebenso wichtig wie morphologische Strukturen sind und daher in selber Weise der Selektion unterliegen. Daß es formkonstante Bewegungsweisen gibt, die für Arten oder höhere systematische Kategorien typisch sind und deshalb ebenso wie körperliche Merkmale taxonomischen Überlegungen dienen können, zeigten unabhängig voneinander 1898 C. O. Whitman und 1911 O. Heinroth. H. S. Jennings erfaßte 1906 erstmalig das gesamte Verhaltensinventar einer Art und machte es dadurch einer ganzheitsbezogenen Analyse zugänglich. Damit war der Grundstein für eine „vergleichende Morphologie des Verhaltens“ gelegt.

Um die Klärung der Gesetzmäßigkeiten des Verhaltens bemühten sich zu selber Zeit in Amerika zwei scheinbar unversöhnliche Schulen, die des ↗Behaviorismus von J. B. ↗Watson und die der Purposive Psychology von E. C. ↗Tolman. Craig, ein Schüler Whitmans, fand 1918 ein Prinzip, das Aspekte beider berücksichtigte; er unterschied variables zweckgerichtetes ↗Appetenzverhalten von starren ↗Endhandlungen. Diese sind Ziel des ersteren und selber nicht zielgerichtet. V. Uexküll zeigte 1921, daß finale und kausale Naturerklärung einander keineswegs ausschließen, wenn man den Organismus und seine Umwelt als ein System („Funktionskreis“) analysiert. Lorenz, einem Schüler Heinroths, kommt das Verdienst zu, diese Ansätze mit funktioneller, systematischer und kausalanalytischer Fragestellung vereint zu haben, indem er die v. V. als eigenen Wissenschaftszweig gründete (1935, 1937; in Lorenz, 1965). Er beobachtete, daß die „arteigenen Triebhandlungen“ (O. Heinroth), die er später Erbkoordination nannte, leichter auftreten, je länger sie nicht ausgeführt wurden. Er schloß daraus auf eine spezifische Energie, die sich staut und in der Erbkoordination sich entlädt. Spezifische Reize (↗„Schlüsselreize“) lösen sie über einen angeborenen Mechanismus (↗„AAM“) aus. Ihr Ablauf erfolgt automatisch, was sie von der ständig außengesteuerten ↗„Taxis“, dem richtenden Mechanismus in der Bewegung, unterscheidet. Lorenz beschäftigte sich hauptsächlich mit der instinktiven Seite des Verhaltens; ↗Lernen beschrieb er in den Phänomenen der ↗„Prägung“ und der „Instinkt-Dressur-Verschränkung“ in seiner Abhängigkeit von einer angeborenen Disposition. Bei jeder Beschreibung eines Phänomens diskutierte er zugleich seine Funktion. Das System von Lorenz basiert auf reichem Beobachtungsmaterial, die experimentelle Methodik wurde von Tinbergen und Baerends ausgebaut. Sie bemühten sich um eine exakte Versuchsmethodik im natürlichen Biotop. Tinbergen faßte als erster in einem Lehrbuch (1950, deutsche Übers. 1966) die Ergebnisse der Verhaltensforschung zusammen. Er entwarf ein Modell der „Instinkt-Hierarchie“, aufbauend auf Baerends' „hierarchischem System der Stimmungen“ und P. Weiss' „Koordinationsschema der zentralen Nervenmechanismen“ vom Jahr 1941. Der Anschluß an die Neurophysiologie im bes. von E. v. Holst, W. R. Hess und P. Weiss ließ den Namen „Verhaltensphysiologie“ für die kausalanalytische Richtung der Verhaltensforschung berechtigt erscheinen. Die Verbindung zur Physiologie wird heute außer durch Zusammenarbeit mit der Neurophysiologie (F. Huber; Roeder, 1968 u.a.) durch Kontakt zur Comparative Psychology, bes. von Thorpe (1961) und Hinde (1966), gefördert. Die Auseinandersetzung mit der Lernpsychologie (Thorpe, 1956) und die Beobachtung, welch große Rolle ↗Lernen auch in freier Natur spielt (Tembrock, 1971), lenkt vermehrte Aufmerksamkeit auf die Rolle des Lernens in der Verhaltensentwicklung. Wichtige meth. Anregungen gingen von der Kybernetik aus, die bes. geeignet scheint, dynamische Modelle für komplexe Systeme zu entwerfen (Mittelstaedt, 1961).

Neben die systematisch vergleichenden und die analysierend physiologischen Untersuchungen traten Arbeiten mit genetischer Methodik, die sich für den Erbgang von Verhaltensweisen interessieren (Rothenbuhler, 1964).

Gegenwärtiger Stand der vergleichenden Verhaltensforschung. Die vergleichende Morphologie des Verhaltens hat ihren Stand festigen können; Verhaltensweisen sind Merkmale, die sich homologisieren lassen. Im Verhaltensbereich kann die Information aus einer geschichtlichen Wurzel außer durch die Erbmasse durch Traditionsbildung weitergegeben werden. Die Rekonstruktion der Stammesgeschichte von einfachen Verhaltensweisen zeigte, daß divergente Entwicklung häufig mit quantitativen Unterschieden beginnt, sie kann z. B. an der Auslöseschwelle ansetzen. Außerdem werden konservative Elementarbewegungen in verschiedener Weise zu komplexen Handlungen ge- und entkoppelt und können ihre Funktion wechseln. Häufig sind Verhaltensweisen Schrittmacher der Evolution und ziehen morphologische Änderungen nach sich.

Problematisch ist die Abgrenzung homologer gegen analoge Merkmale. Analog sind Ähnlichkeiten, die sich aus verschiedener Wurzel in Anpassung an eine gleiche Umwelt konvergent entwickelt haben. (Näheres vgl. Wickler, 1967, 1970a.) Diese Unterscheidung übergehen die ebenso spekulativen wie spektakulären Aussagen über die Phylogenese von Funktionskreisen (Wickler, 1967) oder Fähigkeiten (Rensch, 1962).

Untersuchungen zur Entwicklung von Verhalten in der Ontogenese beschäftigt vorwiegend die Frage, welche Anteile angeboren, welche erlernt sind. Nach Lorenz (1965) heißt „angeboren", daß das Verhalten in der Phylogenese „erlernt", daß es in der Individualentwicklung an die Umwelt angepaßt wurde. Meist wirken individuell erworbene und genetisch bestimmte Anteile – sowohl auf dem motorischen wie auf dem Wahrnehmungssektor – eng zusammen (vgl. Schleidt, 1964).

Die Verhaltensphysiologie hat ihr ursprünglich mechanistisches System erweitert (Baerends, 1956) oder zugunsten flexiblerer physiologischer Modelle aufgegeben. Um eine neue Konzeption von ↗Schlüsselreiz und ↗AAM z. B. bemüht sich Jander (1968). Die Integration von Bewegungen zu funktionellen Sequenzen sieht man jetzt von sehr verschiedenen Mechanismen – Charakteristika der Reizsituation, neurale Wechselwirkungen – bestimmt. Die Vorstellung von reaktionsspezifischer Energie, die sich in einer Endhandlung entlädt, ist sicher nicht angemessen. Eine spezifische Reizkonstellation kann Verhalten nicht nur beenden, sondern auch auf sich als Ziel hin organisieren (Hinde, 1966).

ETHOLOGIE UND HUMANWISSENSCHAFTEN. Die große Aufmerksamkeit, die der Ethologie von seiten der Humanwissenschaften zuteil wurde, verdankt sie weitgehend dem nur auf funktioneller Ebene angemessenen Triebkonzept. Der prinzipielle Fehler, aus funktioneller oder formaler Ähnlichkeit auf Gleichheit des Mechanismus zu schließen, wird weiterhin vielfach begangen. Tatsachen aus der Tiersoziologie, über Spielregeln bei Balz und Kampf, mögen tatsächlich große Ähnlichkeit mit menschlichem Verhalten zeigen, doch wo man bei Tieren auf Erbinformation verweisen kann, steht beim Menschen ein komplexes Gefüge aus überlieferten Formen. Auch wo durch sorgfältige Untersuchung die Homologie menschlicher Bewegungsweisen mit tierischen gesichert werden kann, enthält dies keine Aussage darüber, welche Rolle diese Bewegungen im Gesamtverhalten spielen und welche Prinzipien es organisieren. Die Theorie von der Evolution als einem Geschehen, das allein von Zufalls-Mutation und Selektion regiert wird, verstellt den Blick auf eine Höherentwicklung, in der auf verschiedener Organisationsstufe verschiedene Prinzipien die Gesamtorganisation bestimmen (vgl. Bertalanffy, 1970).

Lit.: Baerends, G. P.: Aufbau des tierischen Verhaltens. In: **W. Kükenthal** (Hrsg.): Hdb. der Zoologie, 8, 10 (3) 1–32. Berlin, 1956; **Bertalanffy, L. v.:** ... aber vom Menschen wissen wir nichts. Düsseldorf – Wien, 1970; **Eibl-Eibesfeldt, I.:** Grundriß d. vergleichenden Verhaltensforschung München, 1967 (5. neubearb. Aufl. 1978); **Hinde, R. A.:** Animal behaviour. New York – London, 1966 (dt.: Das Verhalten der Tiere. 2 Bde. Frankfurt a. M., 1975); **Jander, R.:** Über die Ethometrie von Schlüsselreizen, die Theorie der telotaktischen Wahlhandlung und das Potenzprinzip der terminalen Cumulation bei Arthropoden. Z. vgl. Physiol., 1968, *59*, 319–356; **Leyhausen, P.:** Antriebe tierischen und menschlichen Verhaltens. München, 1968; **Lorenz, K.:** Methoden der Verhaltensforschung. In: **W. Kükenthal** (Hrsg.): Hdb. der Zoologie, 8, 10 (1), 1–22. Berlin, 1957; **ders.:** Über tierisches und menschliches Verhalten. Bd. 1 u. 2. München, 1965; **ders.:** Vergleichende Verhaltensforschung. Berlin – Heidelberg, 1978; **Manning, A.:** Verhaltensforschung. Berlin – Heidelberg – New York, 1979; **Marler, P. & W. J. Hamilton:** Mechanisms of animal behaviour. New York – London, 1966; **Mittelstaedt, H.:** Die Regelungstheorie als meth. Werkzeug der Verhaltensanalyse. D. Naturw., 1961, *48*, 246–254; **Rensch, B.:** Gedächtnis, Abstraktion und Generalisation bei Tieren. Köln – Opladen, 1962; **Roeder, K. R.:** Neurale Grundlagen des Verhaltens. Bern – Stuttgart, 1968; **Rothenbuhler, W. C.:** Behavior Genetics of nest cleaning in honeybees, IV. Am. Zool., 1964, *4*, 111–123; **Schleidt, W.:** Wirkungen äußerer Faktoren auf das Verhalten. Fortschr. Zool., 1964, *16*, 469–499; **Tembrock, G.:** Grundlagen der Tierpsychologie. Berlin, 1971; **Thorpe, W. H.:** Learning and instinct in animals. London, 1956; **Thorpe, W. H. & O. L. Zangwill** (Eds.): Current problems in animal behaviour. Cambridge, 1961; **Tinbergen, N.:** Instinktlehre. Berlin – Hamburg 1966; **Wickler, W.:** Vergleichende Verhaltensforschung und Phylogenetik. In: **G. Heberer** (Hrsg.): Die Evolution d. Organismen. I. Stuttgart, 1967, 420–508; **ders.:** Stammesgeschichte und Ritualisierung. München, 1970a; **ders.:** Antworten der Verhaltensforschung. München, 1970b; **Wickler, W. & U. Seibt** (Hrsg.): Vergleichende Verhaltensforschung. Hamburg, 1973.

M. Scharf

Verhaltensinventar ↗Aktionskatalog.

Verhaltensmodifikation, das Verlernen von ↗Verhaltensstörungen und das Erlernen angepaßter Verhaltensweisen auf der Grundlage von lernpsychologischen Gesetzmäßigkeiten. Die V. basiert dabei auf der Grundthese, daß jede Verhaltensstörung erlernt wurde und durch entsprechendes Gegenlernen abgebaut werden kann. Unterstützt wird dies durch den Aufbau von gegenteiligen Verhaltensweisen. Hierbei erfolgt eine Neuordnung der Verhaltenskonsequenzen in der Umwelt unter Bevorzugung positiver Verstärker. Bei der V. ist bes. im erzieherischen Bereich auf die Gefahr der Übersteuerung und der Manipulation des Verhaltens zu achten.

Lit.: **Kern, H. J.:** Verhaltensmodifikation in der Schule. Stuttgart, 1974; **Macmillan, D. L.:** Verhaltensmodifikation. München, 1975; **Mees, U. & H. Selg:** Verhaltensbeobachtung und Verhaltensmodifikation. Stuttgart, 1977; **Mehrabian, A.:** Basic Behavior Modification. New York – London, 1978; **Pawlik, K.** (Hrsg.): Diagnose der Diagnostik. Stuttgart, 1976; **Rohr, C.** (Hrsg.): Verhaltensänderung. München, 1972; **Stolz, S. B. et al.:** Ethical Issues in Behavior Modification. San Francisco – Washington – London, 1978.

H. Schröder

Verhaltensmuster, eine Reihe von einzelnen ↗Reaktionen oder Verhaltensäußerungen, die meist zusammen in einer bestimmten Sequenz vorkommen und somit ein komplexes Verhaltensgefüge bilden. Der Begriff wird vor allem verwendet, wenn man sich, wie in der ↗Verhaltensmodifikation oder ↗Verhaltenstherapie, mehr mit umfassenden Verhaltenseinheiten als mit isolierten Einzelreaktionen befaßt.

H. Zeier

Verhaltensphysiologie. Die V. ist eng mit dem Namen Erich v. Holst verbunden. Sie verknüpft eine Reihe biol. Fächer (z. B. Sinnes-, Bewegungs-, Nerven-, Hormonphysiologie) und Ethologie zum Zwecke einer Analyse tierischen und menschlichen Verhaltens nach naturwissenschaftlichen Prinzipien. Ihre Fragestellung lautet: „Welche physiol. Vorgänge im Innern eines Organismus sind für eine gegebene Verhaltensweise verantwortlich und drücken sich unmittelbar in ihr aus?“ (Hassenstein, 1966). Das meth. Vorgehen besteht erstens in der „messenden Erfassung bestimmter Verhaltensweisen unter systematisch variierten Versuchsbedingungen“ und zweitens in der „logischen und math. Interpretation der Meßergebnisse“, häufig unter Verwendung von Modellen (Holst, 1969). Bei den Untersuchungen wird angestrebt, den Organismus oder zumindest das zu untersuchende verhaltenssteuernde System möglichst intakt zu lassen. Wichtige Grunderkenntnisse sind z. B.: die Existenz angeborener Bewegungsabläufe (Erbkoordinationen), die Spontaneität zahlreicher Verhaltensweisen, die nicht durch Außenreize verursacht werden; weiterhin: angeborene Reizselektion (↗AAM = angeborene auslösende Mechanismen; K. Lorenz) und die ererbte Disposition zu verschiedenartiger Verwertung lernbarer Zusammenhänge zwischen Verhaltensbereitschaften und Außenreizen (z. B. Nachfolgeprägung, Sexualprägung, Lernen aus Erfahrung zur Ergänzung instinktiver Verhaltensabläufe; ↗Prägung). Zu den Hauptarbeiten des Max-Planck-Instituts für V. (Seewiesen bei Starnberg) gehören Systemanalysen bei Tier und Mensch: z. B. das ↗Reafferenzprinzip, Konstanzphänomene bei der optischen ↗Wahrnehmung, relative Koordination, ↗Instinkt-

bzw. Motivationsanalysen beim unbeeinflußten Vt oder auch bei hormoneller Beeinflussung oder hirnphysiol. Reizung, Analysen sozialer Tierverbände. Die Synthese der verhaltensbestimmenden physiol. Vorgänge in lebenden Systemen nach den bekannten Gesetzen ihrer Verknüpfung bietet vor allem der Lern- und Wahrnehmungspsychol. meth. Anregungen.

Lit.: **Eibl-Eibesfeldt, I.**: Grundriß der vergleichenden Verhaltensforschung. München, [5]1978; **Hassenstein, B.**: Kybernetik und biol. Forschung. In: Hdb. der Biologie, Bd. 1/2. Frankfurt, 1966, 625–719; **Holst, E. v.**: Zur V. bei Tieren und Menschen. Gesammelte Abhandlungen, Bd. 1. München, 1969; Bd. 2, 1970; **Tinbergen, N.**: Instinktlehre. Berlin – Hamburg, [6]1979.

K. E. Grossmann

Verhaltensstörungen, ein unspezifischer Begriff zur Beschreibung irgendeiner Störung oder Verwirrung beobachtbarer Verhaltensmuster, im Gegensatz zu Denkstörungen, die privatere Funktionsaspekte des Individuums betreffen. V. können genetischen, entwicklungsbedingten, sozialen, psychologischen oder organischen Ursprungs sein und können charakterisiert werden als Störungen: 1) zwischenmenschlichen Verhaltens, wie Taktlosigkeit, Gleichgültigkeit, überstarke Sexualität und allgemeiner Mangel im Befolgen der normalerweise akzeptierten Regeln der interpersonalen Interaktion; 2) des sozialen Verhaltens unter Einschluß des schuldfreien Verhaltens des Psychopathen, äußerst aggressiver oder gewalttätiger Angriffe auf die Gesellschaft und deren Individuen und gewisser anderer Aspekte kriminellen Verhaltens, wie Diebstahl, Brandstiftung und Exhibitionismus; 3) der Selbstkontrolle, was besagt, daß das Individuum nicht mehr die Kontrolle über gewalttätige, aggressive, antisoziale oder ungewöhnliche Impulse besitzt und aufhört, sich die Folgen seiner Handlungen zu vergegenwärtigen.

G. Powell

Verhaltenstherapie. Der Ausdruck V. *(behavior therapy)* wird gebraucht, um eine Anzahl von therapeutischen Methoden zu beschreiben, welche in den letzten Jahren entwickelt wurden. Obgleich die tatsächlichen Vorgehensweisen von der Desensitivierung bis zur Aversionsbehandlung reichen, bauen sie auf derselben theoretischen Grundlage auf. Die von Praktikern der V. übernommene Grundannahme besagt, daß neurotisches Verhalten (↗Neurosen) und andere Arten von Verhaltensstörungen meist *erworben* sind. Wenn neurotisches Verhalten erworben ist, dann sollte es von den bekannten Lerngesetzen abhängig sein. Die Kenntnis des Lernprozesses bezieht sich nicht nur auf das Erlernen neuer Verhaltensmuster, sondern auch auf die Reduzierung oder Eliminierung (Extinktion) von bestehenden Verhaltensmustern. Die V. nimmt ihren Ausgang von der expt. Psychol. und ist im wesentlichen ein Versuch, die Ergebnisse und Methoden dieser Disziplin auf die Störungen menschlichen Verhaltens anzuwenden. Das Studium des ↗Lernens ist der Aspekt der expt. Psychol. mit dem unmittelbarsten und offensichtlichsten Wert für eine Therapie; die Literatur dieses Gebietes verschafft einen wertvollen Einstieg für die Entwicklung von wissenschaftlichen Behandlungsmethoden.

GESCHICHTLICHES. Obgleich einige Begriffe, die in der Theorie und Praxis der V. gebraucht werden, eine lange Geschichte haben, erhielt dieses Gebiet erst vor weniger als zwanzig Jahren seinen festen Platz in der Psychologie. Die wichtigsten Stufen der Entwicklung können den Arbeiten von Wolpe (1958), Eysenck (1965) und B. F. ↗Skinner zugeschrieben werden. Historisch gesehen, sind die bedeutendsten Einflüsse im Lauf der Entwicklung der V. in den Werken von I. P. ↗Pawlow und J. B. ↗Watson zu finden. Ihre Art, anormales Verhalten anzugehen, verbunden mit der wachsenden Bedeutung der ↗Lerntheorie, schuf ein günstiges Klima für die Entwicklung der Verhaltenstherapie. Diese Form der Therapie entwickelte sich teilweise als eine Folge der wachsenden Unzufriedenheit mit der Tiefen-↗Psychotherapie. Wolpes Untersuchung war eine zeitgerechte Erscheinung in den frühen fünfziger Jahren unseres Jh. und wurde durch die Arbeiten von Eysenck und seinen Mitarbeitern unterstützt und weiterentwickelt. B. F. Skinners Beitrag zu diesem Gebiet – entstanden aus einem Interesse am Beeinflussen des Verhaltens bei chronisch psychotischen Patienten – kann auf das Jahr 1953 zurückgeführt werden. Diese Arbeit wurde von D. B. Lindsley und T. Ayllon weitergeführt, die den ersten systematischen Versuch machten, die Techniken des operanten ↗Konditionierens in einer psychiatrischen Klinik anzuwenden. Diese Untersuchung verbreitete sich rasch; auch die Entwicklung psychiatrischer Methoden und anderer spezieller Verfahren, welche den psychol. Umgang mit abnormen Verhaltensweisen erleichtern, wurde während der letzten fünf Jahre schnell bekannt. Die meisten dieser Untersuchungs- und Behandlungsprogramme werden in der angelsächsischen Literatur als „token economy"-Projekte (Verwenden von Wertzeichen als Bekräftiger) bezeichnet. Wünschenswertes und konstruktives Verhalten wird durch Therapeuten und Pfleger herbeigeführt und verstärkt. Belohnungen werden oft in der Form von Wertzeichen gegeben, die gegen besondere Privilegien oder Gegenstände eingetauscht werden können (Bedürfnisbefriedigung). Die V. wird gleichzeitig umfangreich in England, den Vereinigten Staaten und verschiedenen europäischen Ländern entwikkelt und untersucht. Zur Zeit sind die gebräuchlichsten therapeutischen Methoden die Desensitivierung bei Angstzuständen, die Aversionstherapie bei abweichendem Verhalten und das operante Konditionieren bei Fehlverhalten.

Techniken der Verhaltenstherapie und Forschungsergebnisse. Allgemein gesprochen, können Verhaltensprobleme auf zwei Arten entstehen. Wenn es einer Person nicht gelingt, eine notwendige, anpassungsfähige Form des Verhaltens zu erlangen, so kann dieses Unvermögen ein Problem (z.B. ↗Enuresis) herbeiführen. Die meisten neurotischen Fehlverhaltensweisen bei Erwachsenen sind jedoch im wesentlichen unnötige Reaktionen: der Patient hat eine dauernde, nicht angepaßte Form des Verhaltens (z. B. ↗Angst, phobische Zustände usw.) erworben. Folgende Techniken des Lernens und Verlernens wurden zu therapeutischen Zwecken angewandt:

1. *Desensitivierung* (Wolpe, 1958; Eysenck & Rachman, 1965; Marks, 1969).
2. ↗*Aversionstherapie* (Rachman & Teasdale, 1969; Feldman, 1966).
3. *Operantes* ↗*Konditionieren* (Ayllon & Azrin, 1968; Ullman & Krasner, 1968; Sloane & Macaulay, 1968).
4. *Negative Übung* (Yates, 1970).
5. *Spezielle Techniken* – das Konditionieren auf ein Glockensignal bei ↗Enuresis, Techniken mit Einbeziehung des ↗feedback beim ↗Stottern (Turner u.a., 1970; Yates, 1970).

Die V. wurde bei der Behandlung einer Vielzahl von neurotischen Zuständen erfolgreich angewandt, von denen ↗Phobien, sexuelle, zwanghafte und sprachliche Störungen sowie Störungen des kindlichen Verhaltens die wichtigsten sind. Sie erwies sich auch bei der Rehabilitierung von schwerkranken Patienten mit Fehlverhalten oder unangepaßtem Verhalten von bedeutendem Wert. Neue, bedeutende Fortschritte wurden bei der Behandlung von phobischen Störungen gemacht (Marks, 1970). Ermutigende Erfolge wurden auch bei der Behandlung sexueller Störungen und ↗Alkoholismus erzielt (Rachman & Teasdale, 1969). Die Anwendung von Konditionierungstechniken bei der Rehabilitation chronisch Schizophrener wird bei Ayllon und Azrin (1968) beschrieben. Andere Anwendungen des operanten Konditionierens werden von Sloane und Macaulay (1968) und von Ullman und Krasner (1968) berichtet. Allgemeine Angaben zum klinischen Nutzen dieser Methoden werden von Meyer und Chesser (1970) und von Yates (1970) gemacht.

1. *Desensitivierung.* Die Methoden der V. waren auch das Thema einer großen Anzahl von expt. Untersuchungen. Im besonderen wurde das Vorgehen der Desensitivierung umfassend studiert (Rachman, 1967). Ein Großteil dieser expt. Arbeit wurde an nichtpsychiatrischen Freiwilligen durchgeführt, die eine übermäßige ↗Angst hatten, welche der realen Gefahr von bestimmten Objekten und Situationen bei weitem nicht entsprach. In der Therapie lernt der Patient, sich ganz zu entspannen, und wird gebeten, sich die gefürchteten Szenen vorzustellen. Er ruft sich erst wenig

gefürchtete Reize ins Gedächtnis, steigert aber dann stufenweise den Schrecklichkeitsgrad. Aufeinanderfolgende Wiederholungen von entspannter Einstellung und vorgestellter Situation folgen so oft, bis der Patient berichtet, daß seine Angst abnimmt. Schließlich ist er fähig, den vorgestellten, schrecklichen Situationen ruhig zu begegnen. Dieses erfolgreiche Verhalten wird im allg. ohne Schwierigkeit auf die reale Lebenssituation übertragen. Die expt. Ergebnisse zeigen übereinstimmend, daß die V. in der Lage ist, bedeutende und andauernde Reduktionen der Angst zu bewirken. Ferner wurde nachgewiesen, daß die beiden Hauptkomponenten der Behandlung, *Entspannung und stufenweises Sichvorstellen* des furchtbesetzten Reizes, zum therapeutischen Erfolg beitragen. Sie scheinen zusammenzuwirken. Wolpes (1958) ursprüngliche Theorie, auf der diese und andere Behandlungsmethoden basieren, hat einen beträchtlichen Grad an Unterstützung erhalten, aber ist nicht gänzlich unangefochten. Wolpe meint in seiner Theorie, daß die Grundlage für den therapeutischen Erfolg die Entwicklung der konditionierten ↗Hemmung sei, die am besten durch die Auslöschung der Angstreaktion zu erreichen ist. Diese muß dann mit einem antagonistischen und mit ihr unvereinbaren Verhalten überdeckt werden (z. B. Entspannung).

Beide, der klinische und der expt. Beweis, zeigen, daß bedeutsame und dauernde Reduktionen der Angst durch Desensitivierung erreicht werden können; außerdem scheint es für den Therapeuten oder Patienten unnötig zu sein, eine umfangreiche Exploration der möglichen Ursachen von bedeutenden Reduktionen der Angst durchzuführen; es sei denn, man würde ein Auftreten von Ersatzsymptomen beobachten.

2. Die *↗Aversionstherapie* basiert auf einem Konditionierungsparadigma, denn der Patient nimmt wiederholt Reize, die irgendeine Form von nicht-erwünschtem Verhalten hervorrufen, und aversive, chem. oder elektrische Reize assoziativ wahr. Diese Art des Vorgehens wurde hauptsächlich bei der Behandlung von ↗Alkoholismus und sexuellen Störungen angewandt.

3. Die *Techniken des operanten ↗Konditionierens* stammen zum größten Teil aus der Arbeit von B. F. Skinner und basieren auf dem zentralen Begriff der ↗Bekräftigung. Verhalten, das befriedigende Konsequenzen hervorruft, wird verstärkt, Verhalten aber, welches unbefriedigende Konsequenzen hervorruft, wird geschwächt. Um Verhalten zu erzeugen und aufrechtzuerhalten, müssen die verstärkenden oder befriedigenden Konsequenzen von den in Frage stehenden Reaktionen abhängig gemacht werden. Beim Erlernen des Sprechens z. B. folgt der richtigen Aussprache die verstärkende Konsequenz (z. B. Lob, Belohnung). Ähnliche Prinzipien werden bei der Behandlung und der Rehabilitation von chronisch psychotischen Patienten angewandt, bei denen ermutigende Fortschritte berichtet wurden (Ayllon & Azrin, 1958). Die allg. klinische Wirksamkeit der operanten Vorgehensweisen wird noch erforscht.

4. Eine Anzahl *spezieller Behandlungstechniken* wurde ebenfalls entwickelt: die beiden bekanntesten werden für die Behandlung von ↗Enuresis und ↗Stottern angewandt. Die ursprünglich entwickelte Therapie der Enuresis basierte auf einem klassischen Konditionierungsmodell. Das Ziel war, einen konditionierten Zusammenhang zwischen interozeptiven Reizen, die dem Urinieren vorausgingen, und einer Klingel herzustellen, die das Kind aufwecken und das Urinieren verhüten oder unterbrechen würde. Lovibond (1964) stellte eine abgeänderte Theorie auf, die auf dem Prinzip der Vermeidungskonditionierung beruhte. Jedoch wurden die Theorie und ihre Schlußfolgerungen vor kurzem angezweifelt (Turner et al., 1970). In klinischer Hinsicht ist diese Technik äußerst erfolgreich bei der Behandlung von Bettnässern, obwohl Rückfälle ein Problem bleiben.

Diskussion. Einige wichtige theoretische Fortschritte wurden schon gemacht. Bedeutende Verbesserungen bei neurotischem und anderem anormalen Verhalten können sogar ohne eine tiefgreifende, explorierende ↗Psychotherapie (↗Psychoanalyse) mit Verhaltensmethoden erreicht werden. Die Reduzierung oder Elimination von anormalem Verhalten wird kaum von der Entwicklung von Ersatzsymptomen begleitet. Diese und damit verbundene Ergebnisse sind nicht nur für die V. von Bedeutung, sondern sind von großer Tragweite für unser Verständnis von Verhaltensanomalien im allgemeinen.

Der Fortschritt war schnell und ermutigend, aber es besteht noch immer großer Bedarf an großangelegten Feldstudien und an intensiven, expt. Untersuchungen über die Theorie und die Methoden der Verhaltenstherapie.

Lit.: Ayllon, T. & N. Azrin: The token economy. New York, 1968; **Eysenck, H. J. & S. Rachman:** Neurosen – Ursachen und Heilmethoden, Berlin, [6]1973; **Feldman, M. P.:** Aversion therapy for sexual deviations. Psychological Bulletin, 1966, *65*, 65–79; **Goldfried, M. R. & G. C. Davison:** Klinische Verhaltenstherapie. Berlin – Heidelberg – New York, 1979; **Jaeggi, E.:** Kognitive Verhaltenstherapie. Weinheim, 1978; **Kraiker, C.** (Hrsg.): Hdb. der Verhaltenstherapie. München, [2]1975; **Lazarus, A. A.:** Verhaltenstherapie im Übergang. München, 1978; **Lovibond, S.:** Conditioning and enuresis. Oxford, 1964; **Marks, I.:** Fears and Phobias. London, 1969; **Meyer, V. & E. Chesser:** Behaviour therapy in clinical psychiatry. London, 1970 (dt.: Verhaltenstherapie in der klinischen Psychiatrie. Stuttgart, 1971); **Rachman, S.:** Systematic desensitization. Psychol. Bull., 1967, *67*, 93–103; **Rachman, S. & J. Teasdale:** Aversion therapy and the behaviour disorders. London, 1969 (dt.: Verhaltensstörungen und Aversionstherapie. Frankfurt a. M., 1975); **Sloane, H. & B. Macaulay:** Operant procedures in remedial speech and language training. Boston, 1968; **Turner, R. K., Young, G. & S. Rachman:** Treatment of nocturnal enuresis by conditioning. Behav. Res. Therapy, 1970, *8;* **Ullmann, L. & L. Krasner:** A psychological approach to abnormal behaviour. New York, 1968; **Wolpe, J. & A. A. Lazarus:** Behaviour therapy techniques. Oxford, 1966; **Yates, A.:** Behaviour therapy. New York, 1970.

S. Rachman

Verhaltenswissenschaft. Unter der Sammelbezeichnung V. lassen sich Forschungsrichtungen zusammenfassen, die sich innerhalb verschiedener Disziplinen wie Zoologie, Physiologie, Medizin, Anthropologie, Psychologie, Pädagogik und Soziologie entwickelt haben. Ihr gemeinsames Merkmal ist die Untersuchungsmethode, die sich in möglichst großem Umfang auf tatsächliches und beobachtbares Geschehen stützt. Dabei wird versucht, durch interdisziplinäres Vorgehen die dem Verhalten von Mensch und Tier zugrundeliegenden Strukturen und Funktionen zu erkennen, zu verstehen und zu erklären. Die Verhaltenswissenschaft kann als eine empirische Wissenschaft bezeichnet werden, da sie sich auf das Beobachtbare und Meßbare konzentriert. Sie arbeitet mit wiederholbaren und damit jederzeit nachprüfbaren Experimenten und Verhaltensbeobachtungen. *H. Zeier*

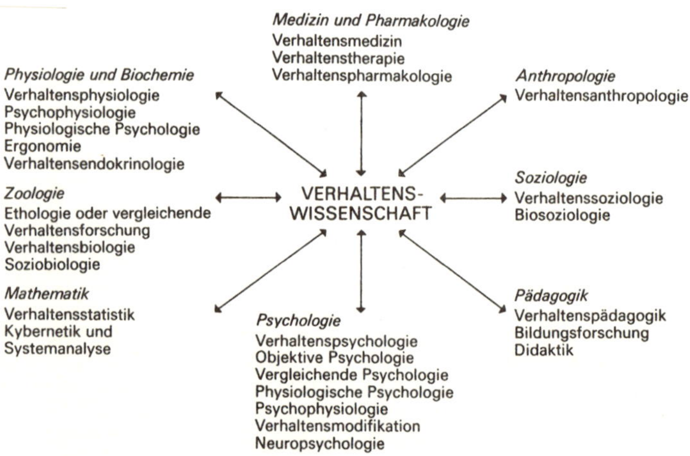

Verhaltenswissenschaft: Teildisziplinen der verschiedensten Fachbereiche, in denen heute die Methode, objektiv erfaßbares Verhalten systematisch zu beobachten und aufzuzeichnen, erfolgreich angewendet wird. Die voneinander relativ unabhängig, innerhalb ihrer angestammten Fachbereiche entstandenen Teildisziplinen lassen sich aufgrund ihrer gemeinsamen Forschungsstrategie als interdisziplinäre Verhaltenswissenschaft gruppieren.

Verhältnisskala. Eine V. stellt die vollkommenste metrische Klassifikationsgrundlage dar. Ihre Maßeinheiten sind (wie bei der ↗Intervallskala) konstant, ferner besitzt sie einen absoluten Nullpunkt, bei dem das gemessene Merkmal tatsächlich Null ist. Daher sind z. B. auch Aussagen wie „A ist doppelt so groß wie B" möglich. Beispiele für V.en sind Gewichts- und Längenskala. *G. Mikula*

Verhältnisvariable. Als V. wird eine auf einer ↗Verhältnisskala klassifizierte (gemessene) quantitative Variable bezeichnet. *G. Mikula*

Verifikation. Eine Behauptung zu verifizieren bedeutet, ihre Wahrheit nachzuweisen vornehmlich durch die Augenscheinlichkeit der Sinneserfahrung. Es gilt allgemein als Kennzeichen einer Wissenschaft, daß ihre Aussagen zumindest prinzipiell durch Erfahrung verifiziert werden können, und zwar entweder im strengen Sinne oder im weiteren Sinne einer Wahrscheinlichkeitsangabe.

Ein alternativer Standpunkt, der von K. Popper vertreten wird, sieht das Kennzeichen einer wissenschaftlichen Aussage in ihrer grundsätzlichen Falsifizierbarkeit. Es besteht allgemeine Übereinstimmung darüber, daß wissenschaftliche Aussagen von unbegrenzter Allgemeingültigkeit nicht im strengen Sinne verifiziert werden können, da dies eine unendliche Zahl von Beobachtungen erfordern würde. Nach Popper gilt, daß wenn die Wahrscheinlichkeit (oder der Grad der V.) solcher Hypothesen als Relation zwischen der verfügbaren Evidenz und der für vollständige V. benötigten Evidenz eingeführt wird, ihre Wahrscheinlichkeit stets null bleibt. *S. Brown*

Verkaufspsychologie ↗Marktpsychologie.

Verkehrspsychologie. Die V. ist eine Teildisziplin der Angewandten Psychologie. Sie befaßt sich mit der wiss. Behandlung von psychol. Problemen, die sich aus dem motorisierten Straßenverkehr, aus dem Eisenbahnverkehr sowie aus dem Luftverkehr ergeben. Dieser Beitrag konzentriert sich auf psychol. Probleme des Straßenverkehrs.

Zur Bestimmung und Einordnung der einschlägigen Probleme geht man am besten von einem Modell des Verkehrssystems aus, das gem. Abb. dargestellt werden kann. Die Elemente des Systems stehen in Wechselwirkung

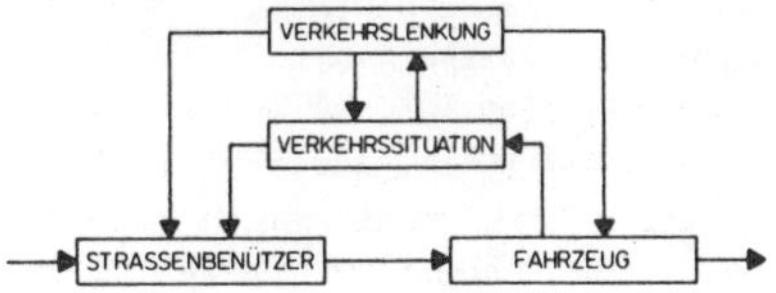

Das Verkehrssystem (nach Marek & Sten, 1976)

und beeinflussen sich gegenseitig. Innerhalb des Verkehrssystems bilden z. B. Fahrer – Fahrzeug – Straße ein Teilsystem, das auch als Mensch-Maschine-System bezeichnet werden kann.

Die verkehrspsychol. Forschung hat sich lange Zeit hindurch vorwiegend mit dem Kraftfahrer beschäftigt, sich in jüngster Zeit jedoch verstärkt auch anderen Straßenbenutzern zugewandt. Die vorliegenden Ergebnisse zum Autofahrer kann man unterteilen in die Analyse des Gesamtverhaltens, allgemein als Fahrverhalten bezeichnet, und in Untersuchungen einzelner Phasen der Interaktion des Fahrers mit den anderen Elementen des Verkehrssystems.

Während in wenigen Untersuchungen versucht wurde, die Aussagen von Fahrern zur Beschreibung des Fahrverhaltens auszuwerten, basiert die Mehrzahl der Untersuchungen auf direkten ↗Beobachtungen des Fahrers oder des Fahrzeugs, meistens durch mitfahrende Beobachter. Zur systematischen Erfassung des Fahrverhaltens durch Beobachtung wurden Skalen entwickelt. Die Betätigung von Lenkrad, Gashebel usw. kann auch mit Hilfe von Registriereinrichtungen in Meßfahrzeugen aufgezeichnet werden, wobei oft physiologische Parameter miterfaßt werden. Diese Daten werden in der Regel zusammen mit Fahrzeugdaten (Geschwindigkeit, Position auf der Straße usw.) registriert.

Beobachtungen im normalen Verkehr werden durch Beobachtungen in simulierten Verkehrssituationen ergänzt. Drei Simulationstechniken herrschen vor: 1) Der Fahrer steuert mit üblichen Bedienelementen eine Fernsehkamera durch eine Modellandschaft, die ihm auf einem Fernsehschirm dargeboten wird. 2) Der Fahrer „fährt" auf einer Straße, die zuvor gefilmt wurde und im Simulator projiziert wird. 3) Der Fahrer fährt auf einer schematisierten, rechnergenerierten Straße. Diese Techniken haben Vor- und Nachteile; sie eignen sich daher nur für spezifische Forschungsaufgaben: 1) realistisches Bild, frei steuerbar, nur kurze Strecken; 2) realistisches Bild, nur begrenzt steuerbar, Strecken mittlerer Länge; 3) stark vereinfachtes Bild, frei steuerbar, beliebig lange Strecke. Simulatoren unterscheiden sich nach dem Umfang und der Naturtreue der Simulation: es gibt z. T. sehr einfache Teilsimulationen, und es gibt sehr komplexe Simulationen, die nach Möglichkeit alle relevanten Parameter einbeziehen wollen.

Eine Beschreibung des Fahrverhaltens ist nur sinnvoll, wenn es im Hinblick auf die Zwecke oder Ziele des Mensch-Maschine-Systems beurteilt wird, unter denen Verkehrssicherheit und Verkehrsfluß die Hauptkriterien bilden. Beide Kriterien müssen in ein optimales Verhältnis zueinander gebracht werden, da z. B. die Erhöhung der Verkehrssicherheit mit einer Beeinträchtigung des Verkehrsflusses einhergehen kann und umgekehrt. Die Bewertung des Fahrverhaltens unter Sicherheitsaspekten erweist sich als sehr schwierig, weil wenige Indizes für Verkehrssicherheit verfügbar sind und sich die verfügbaren Kriterien wie Unfälle, Beinaheunfälle und Regelwidrigkeiten, nur ungenau registrieren lassen und ungünstige psychometrische Eigenschaften haben. Daher benutzt man auch mittelbare Kriterien, z. B. das Spurhalten, das Abstandhalten, das Erkennen von Schildern u. a. m. Der Verkehrsfluß dagegen ist präziser erfaßbar, da er sich an der Kapazität eines Straßenzuges, an der mittleren Geschwindigkeit des Verkehrsstromes, an der Leistungsfähigkeit einer Kreuzung usw. ablesen läßt.

Straße, Verkehrszeichen, andere Straßenbenutzer sowie Reize aus dem Fahrzeug selbst bilden den Input des Teilsystems „Fahrer". Unter ergonomischen Gesichtspunkten interessiert zunächst die Frage, wie sich die Gestaltung der Verkehrswege, Signale usw. auf die Leistung auswirkt. Über die visuellen Eigenschaften von Verkehrswegen gibt es bereits Anhaltspunkte, die z. T. in die Entwurfspraxis eingegangen sind. Die Gefährlichkeit von Kurven z. B. kann am ehesten aus dem inneren Perspektivewinkel erkannt werden. Viele Kurven aber „täuschen" den Fahrer durch ihre visuellen Eigenschaften. Bei der Verkehrswegegestaltung erhält der Begriff der optischen Führung – durch geeignete Leitlinien usw. – eine besondere Bedeutung. Für die künftige Verkehrsgestaltung wird es wichtig sein, nicht direkt einsehbare Straßenabschnitte durch bessere Voranzeigen anzukündigen. Die Lesbarkeit von Schildern und Zeichen aller Art wurde eingehend untersucht und dabei mehrfach die Überforderung der Fahrer durch den allgemein üblichen „Schilderwald" nachgewiesen. Insgesamt bilden die situativen Gegebenheiten „Fahraufgaben" für den Fahrer, die er fortlaufend bewältigen muß. Fahraufgaben gibt es auf drei Ebenen, die hierarchisch einander über- und untergeordnet sind: die Bewältigung von Aufgaben niederer Ebene sind Voraussetzung für die Erledigung übergeordneter Ebenen; Aufgaben höherer Ebene liefern die Vorgaben für die untergeordneten Aufgaben; Navigationsaufgaben bilden die oberste Ebene, sie betreffen das Planen und Einhalten der Fahrroute insgesamt und sind damit umfassender. Die zweite Ebene enthält „Führungsaufgaben", z. B. das Durchfahren einer Kurve; schließlich muß das Fahrzeug fortlaufend in Längs- und Querrichtung stabilisiert werden (Stabilisierungsaufgabe). Eigene Ziele, Straße, Verkehrszeichen und andere verkehrslenkende Maßnahmen bilden dabei Führungsgrößen; andere Straßenbenutzer, Witterungsbedingungen, Hindernisse sind Störgrößen, die „ausgeregelt" werden müssen.

Ein besonderes Problem bildet unter den bestehenden Verkehrsverhältnissen das Fahren in Kolonnen. Der Fahrer kann Relativgeschwindigkeiten und Abstände schlecht schätzen, daher werden Hilfsanzeigen entwickelt, z. B. Anzeigen des Abstandes von einem vorausfahrenden Fahrzeug oder auch des jeweiligen Bremsweges.

Da die für den Fahrer relevanten Informationen hauptsächlich visueller Natur sind, haben die Funktionen des optischen Apparats (Auflösungsvermögen, Adaptationsfähigkeit, Blendempfindlichkeit, Tages- und Dämmerungssehen, Farbensehen, Tiefensehen – Gesichtswahrnehmung; ↗Sinnesorgane: das Auge) grundlegende Bedeutung, sind aber für das sichere Fahrverhalten nicht allein ausschlaggebend, denn Ausfälle lassen sich z.T. kompensieren. Als maßgebliche Variable, die sich erst neuerdings befriedigend erfassen läßt, erwies sich die aktive Entdeckungsleistung des Fahrers mit Hilfe von Blickbewegungen. Signifikante Unterschiede der Fixationsdauer ergaben sich z.B. zwischen normalem Fahren und Überholen, ebenso auch zwischen Anfängern und Fortgeschrittenen. Wichtig ist der Wechsel der Fixationen vom Fern- zum Nahraum. Relevante Informationen werden auch durch andere Sinnesorgane aufgenommen, z.B. Zentrifugalkräfte über den kinästhetischen und taktilen Sinn, jedoch treten sie in ihrer Bedeutung hinter den optischen Sinn zurück. Man hat versucht, die generelle Kanalkapazität des Fahrers bei der Informationsaufnahme zu schätzen und kam zu der nicht hohen Rate von 4–6 Bit/sec.

Die Verarbeitung der aufgenommenen Information geschieht durch Selektion relevanter Signale, durch Vergleich mit bekannten Größen sowie durch Bezugnahme auf Instruktionen, Vorschriften usw. Diese Prozesse werden gegenwärtig intensiv als „Belastung und Beanspruchung des Kraftfahrers" untersucht. Die Reaktionen des Fahrers bestehen z.T. aus automatischen, d.h. hoch geübten und nicht bewußt intendierten Verhaltensweisen, deren Natur noch wenig geklärt ist. Viele Fahraufgaben fordern jedoch häufig die bewußte Auswahl geeigneter Handlungen. Diese Entscheidungen können sich auf begrenzte Ausschnitte der Fahrtätigkeit, z.B. einen Bremsvorgang oder einen Überholvorgang beziehen oder grundlegender Art sein, z.B. Verzicht auf Nachtfahrten, auf eine Fahrt nach Alkoholgenuß, und wurden vornehmlich hinsichtlich des Risikos betrachtet, das der Fahrer einzugehen bereit war (Risikoverhalten). Es zeigt sich eine weite Variation des Risikoverhaltens, das in seinem Verlauf mit bekannten Entscheidungsmodellen interpretiert werden kann, dessen Zustandekommen persönlichkeitspsychologisch erforscht wird.

Die *Handlungen* des Fahrers werden mit Hilfe von *Bedienelementen* auf das Fahrzeug übertragen. Deren Anordnung begünstigt oder erschwert die Lenktätigkeit. Das konventionelle Kraftfahrzeug erweist sich dabei als ergonomisch nicht optimal konstruiert, da es z.B. Bewegungen in gleicher Richtung für entgegengesetzte Fahrzeugaktivitäten benutzt (Gas geben und bremsen), die Bedienelemente oft nur mit Mühe erreicht werden können (es fehlen geeignete anthropometrische Messungen), Schalter schlecht kodiert sind (Funktionen können verwechselt werden). In dieser Hinsicht haben die Automobilhersteller in letzter Zeit einiges unternommen.

Auf die Funktionsweise des Teilsystems „Fahrer", die den Verkehrspsychologen primär interessiert, wirken zahlreiche zeitvariable und zeitkonstante Bedingungen ein, die in der Forschung breites Interesse gefunden haben. Zu den folgenreichsten zeitvariablen Bedingungen gehört zweifellos die Trunkenheit am Steuer (Alkoholismus). Sie erweist sich im Bereich des Fahrverhaltens als folgenreich, da in Abhängigkeit vom Grad der Trunkenheit Leistungsausfälle eintreten, es bes. aber auch im Bereich der Entscheidungen zu Fehleinschätzungen externer und interner Größen kommt. Auf der Ebene der Entscheidungen ist zu untersuchen, warum Personen mit eingeschränkter Fahrtüchtigkeit ihr Fahrzeug in Betrieb nehmen. Analoge Probleme bestehen bei zeitvariablen Bedingungen, wie Medikamentenbeeinflussung, Vigilanz, Ermüdung, in gewisser Weise auch bei vorübergehenden Stimmungen. Zeitkonstante Leistungsvorbedingungen wurden in allen nur erdenklichen Hinsichten in ihrer Wirkung auf Kriterien des Fahrverhaltens untersucht, speziell in ihrem Zusammenhang mit Unfällen. Intelligenz und andere mentale Fähigkeiten, mot. Fähigkeiten und Persönlichkeitsvariablen vielfältigster Art wurden mit Unfällen und anderen, aus dem Verkehr und der Fahrpraxis gewonnenen Daten in Beziehung gesetzt, erbrachten aber mit wenigen Ausnahmen nur geringe Korrelationen. Allein biographische Angaben über soziale Auffälligkeiten haben sich als brauchbare Prädiktoren des Fahrverhaltens erwiesen (Unfallforschung). Der relative Mißerfolg dieser Untersuchungen läßt sich z.T. durch methodische Schwierigkeiten erklären. Da gewöhnlich Daten aus Persönlichkeitstests direkt mit Außenkriterien verglichen wurden, blieb unklar, wo und wie das Funktionsgefüge durch eine Persönlichkeitsvariable beeinflußt werden kann. Auf der anderen Seite bildet der Unfall wegen seiner unzulänglichen psychometrischen Eigenschaften einen Unsicherheitsfaktor. Weitere Untersuchungen müßten stärker von der Systemanalyse des Autofahrens ausgehen und außerdem neue und bessere Kriterien einbeziehen. Simulationsversuche könnten dabei eine Hilfe bieten. Gewisse Erfolge versprechen die Bemühungen, den Einfluß von Haltungen und Einstellungen auf das Fahrverhalten nachzuweisen. Haltungen sind stärker gegenstandsbezogen und lassen sich durch geeignete Verfahren hinreichend sicher erfassen. Unter diesen Haltungen sind unter anderem Sicherheitseinstellung, Einstellungen gegenüber der Autorität bes. zu beachten.

Eine wesentliche Einflußgröße für das Fahrverhalten bildet das Alter des Fahrers. Jugendliche Fahrer sowie Fahrer mit höherem Alter haben das besondere Interesse der Forschung gefunden. Die hinreichend erwiesene höhere Unfallbelastung der Altersgruppen bis 25 wird hauptsächlich durch unangemessene Haltungen und Einstellungen sowie einen Mangel an Erfahrungen bezüglich der Leistungsgrenzen des Systems erklärt. Ältere Fahrer zeigen gehäuft Einbußen im Leistungsbereich, die ihre Fahrtauglichkeit z.T. stark einschränken.

In jüngster Zeit wurde das Fußgängerverhalten intensiver untersucht, denn die Fußgänger stellen – bei einem Anteil von 10% an Unfällen mit Personenschaden – mit 27% (1976) einen sehr hohen Anteil an den Verkehrstoten. Fußgängerverhalten ist kritisch, wenn es mit anderen Verkehrsströmen interferiert. So wurde das Verhalten von Fußgängern an Übergängen, meist im Kreuzungsbereich, häufiger beobachtet, umgekehrt aber auch aus Unfallprotokollen die Gefahr des Überquerens von Fahrbahnen abseits von Übergängen untermauert. Nur wenige Studien konnten bisher zeigen, was der Fußgänger sieht, denkt und entscheidet. Mit Simulationstechniken konnten wirkungsvolle Muster für die Kommunikation zwischen Fahrer und Fußgänger entwickelt werden.

Verkehrspsychologie ist auch eine praktisch-psychologische Disziplin. Die Technischen Überwachungsvereine (TÜV) gründeten vornehmlich für diese Aufgabe Medizinisch-Psychologische Institute, um den Aufträgen der Gerichte, Behörden, Verkehrsbetriebe, privater Firmen nach Begutachtung nachkommen zu können. Daneben gibt es Beratungstätigkeit vielfältiger Art, Modellversuche zur Verbesserung der Fahrausbildung zur Wiederanpassung von Fahrern an den Verkehr (driver improvement), zur Rehabilitation von Trunkenheitstätern. Zu diesen Bereichen bestehen enge Verbindungen zur Verkehrserziehung.

Lit.: Forbes, T. W.: Human factors in highway traffic safety research. New York, 1972; **Forschungsgemeinschaft „Der Mensch im Verkehr", Köln** (Hrsg.): Faktor Mensch im Verkehr – Monographien zur V., Verkehrspädagogik und zu verwandten Gebieten. Frankfurt a.M., ab 1969; **Heimstra, N. W.:** Injury control in traffic safety. Springfield (Ill.), 1970; **Kuratorium für Verkehrssicherheit** (Hrsg.): Arbeiten aus dem Verkehrspsychologischen Institut Wien, 1962; **Marek, J. & T. Sten:** Traffic environment and the driver. Springfield (Ill.), 1977; **Näätänen, R. & H. Summala:** Road-user behavior and traffic accidents. Amsterdam, 1976; **O'Day, J.** (Ed.): Driver behavior – cause and effect. Washington (D. C.), 1968; **Spörli, S.:** Seele auf Rädern. Olten, 1972; **ders.:** Kritische Theorie diagnostischer Praxis, dargestellt am Beispiel Verkehrspsychologie. Bern, 1978; **Wagner, K. & H.-J. Wagner,** (Hrsg.): Hdb. der Verkehrsmedizin. Berlin – Heidelberg, 1968; Mensch – Fahrzeug – Umwelt. Schriftenreihe des Med.-psychol. Instituts des TÜV Rheinland, Köln, ab 1975; Zeitschrift für Verkehrssicherheit, Frankfurt – Darmstadt, ab 1955.

Graf C. Hoyos

Verkehrs-Verständnis-Test (VVT). Fragebogen mit 14 Fragen zur Erfassung der Einsicht in die Ursachen möglicher Gefahren im Straßenverkehr. 2 Parallelformen, freie Aufgabenbeantwortung, keine Zeitbegrenzung. Auswertung nach vorgegebenen Kriterien,

Beurteilerübereinstimmung r = .96 bzw. .97. Reliabilität: r = .65 bis .82. Validität: Augenscheinvalidität; Fahrlehrerbewerber weisen signifikant höhere Werte auf als z. B. Prüfungsversager, Tatauffällige treten jedoch nicht besonders hervor. Zusammenhänge mit Intelligenz und Schulbildung. Normen: Standardnormen, gemischte Stichprobe von 642 Pbn, keine Aufteilung nach Alter, Geschlecht und Untersuchungsanlaß.

Lit.: Müller, A.: Verkehrs-Verständnis-Test VVT. Homburg/Saar, 1973.

J. P. Gösslbauer

Verkehrung ins Gegenteil ↗Reversion.

Verlaufsgestalt, *im Sinne der Gestaltpsychologie* Einbeziehung des Faktors „Zeit" in die Betrachtung, d. h., strukturelle Veränderungen in der Zeit werden in ihrer Gestalthaftigkeit gesehen (z. B. Melodie). *Im weiteren Sinne* wird dieser Begriff geprägt von der Beachtung des Gedankens der *Dynamik* zusätzlich zu einer bloß statischen Betrachtungsweise. So wird speziell in der von Heiss (1948) und Thomae (1955) vertretenen Richtung der neueren dt. Psychol. das „Prozeßhafte" der Person bes. betont. Unter V. wäre in dieser Sicht die die ↗Persönlichkeit kennzeichnende Art und Weise ihrer ↗Entwicklung und ihres im ständigen Wandel begriffenen Daseinsbezugs zu verstehen. ↗Substanz.

Lit.: Koffka, K.: Die Grundlagen der psychischen Entwicklung. Osterwiek, [2]1925; **Heiss, R.:** Person als Prozeß. In: **J. Allesch** et al. (Hrsg.): Kongreßbericht Berufsverb. dt. Psychol. Hamburg, 1948, 11–25; **Thomae, H.:** Persönlichkeit. Bonn, 1955.

K. E. Pelzer

Verlegenheitsgebärde, ritualisiertes Verhalten, das eine abgewandelte Bedeutung erlangt hat. Bei Verlegenheit wird das Gesicht ganz oder teilweise mit der Hand verdeckt. Diese Geste ist ursprünglich eine ritualisierte Versteckbewegung, die eine andere Bedeutung bekommen hat; sie ist ein fester Verhaltensbestandteil beim Flirt des Menschen.

V. Preuss

Verleiden, Verhaltensweise, die vom bedrohten Tier für die Gegenwart oder Zukunft ablenkt. Raubvögeln wird durch Scheinangriffe und Lautäußerungen von Friedvögeln die Beute verleidet. ↗Schreckstoffe. *V. Preuss*

Verleugnung ↗Leugnung der Realität.

Verlust, psychischer ↗Trauer; ↗Familie, Familienkonstellation.

Vermeidungsgradient ↗Vermeidungsreaktion.

Vermeidungskonflikt ↗Konflikt.

Vermeidungsreaktion. In Organismen bewirken noxische Reize in der Regel Verhaltensweisen, welche die Einwirkung dieser Reize abstellen, d. h., die Organismen wenden sich von den noxischen Reizen ab *(Fluchtreaktion).* Solche noxischen Reize werden auf dem Wege der klassischen ↗Konditionierung mit ursprünglich neutralen Reizen gekoppelt, die deren unangenehme Wirkung ankündigen und im Organismus vegetative Prozesse auslösen, die als ↗Angst erlebt werden. Durch die zeitliche Nähe bedingt, löst schließlich die Angst bzw. deren Auslöser die Fluchtreaktion aus, die nunmehr V. genannt werden kann, zumal sie zu einer Vermeidung der noxischen Reizeinwirkung führt. Die V. wird durch die Angstreduktion verstärkt. Durch diese Tatsache und durch den Prozeß der ↗Generalisierung können V.en in ihrer Auftretenswahrscheinlichkeit rasch zunehmen, sehr beständig sein und der Löschung hartnäckig widerstehen. In der Verhaltensänderung wird unterschieden zwischen *passivem Vermeidungstraining* (Löschung unerwünschter Verhaltensweisen durch negative Bekräftigung) und *aktivem Vermeidungstraining,* das in der Einübung solcher Verhaltensweisen besteht, die reale bzw. imaginäre Gefahren zu vermeiden helfen.

H. Roth

Vermittlungstheorie, jede Theorie, die annimmt, daß ein Reiz eine unbeobachtbare Reaktion hervorruft und durch ein vermittelndes Glied zwischen dem ursprünglichen Reiz und der endgültigen beobachtbaren Reaktion erzeugt. Das Lernen wird durch Reiz-Reaktions-Verknüpfungen erklärt. Viele Verknüpfungen zwischen den vermittelnden Reaktionen dienen dazu, komplizierte Verhaltensmuster miteinander zu verbinden, z.B. das Paarassoziationslernen belegt, daß zwei Wörter, in Kombination, oft eine Wahrnehmungsreaktion nahelegen, die die beiden Wörter durch frühere Erfahrung verbindet. Ein Wort ruft eine vermittelnde Reaktion hervor, indem es das Wiedererkennen des andern erleichtert. Die Bedeutung von Wörtern und Dingen kann mit Bruchstücken unserer vermittelnden Reaktionen auf Wörter und Dinge erklärt werden. *G. d'Ydewalle*

Vermögenspsychologie, Bezeichnung für eine ältere Richtung der Psychol., die selbständige „Vermögen" oder Leistungsdispositionen (Leistungsbereitschaften), wie z.B. Erkenntnisvermögen, Denkvermögen usw., unterschied. Wird heute nicht mehr vertreten. Zur Kritik der V. s. Rohracher (1963).

Lit.: Rohracher, H.: Einführung in die Psychologie. Wien, [8]1963. *K. Pawlik*

Vernunft, philosophischer Begriff, gleichbedeutend mit Einsicht, Besonnenheit. Bezeichnet das gesamte geistige Vermögen im Unterschied zum sinnlichen. In der Psychol. oft als Gegenpol zu ↗Intuition, ↗Instinkt oder ↗Gefühl gesetzt. V. ist zu unterscheiden vom ↗Verstand. Die V. lehrt Schweigen, schenkt Erkenntnisse und geistige Einsichten, macht besinnlich. Der Verstand lehrt Reden und gibt intellektuelle Formationen (Arnold, 1966).

Lit.: Arnold, W.: Person, Charakter, Persönlichkeit. Göttingen, [3]1969. *H. J. Aebi*

Versagung ↗Frustration.

Verschiebung ↗Affektverschiebung; auch ↗Ersatzbildung.

Verschlüsselung ↗Kode, ↗Kodierung.

Verschmelzung von Reizen. Reize, die in ihrer zeitlichen oder räumlichen Aufeinanderfolge verschieden sind, können verschmolzen werden, wenn die Unterschiede nicht zu groß sind. Die Fusion von geringfügig verschiedenen Reizen im räumlichen Bereich ist die Grundlage der Tiefenwahrnehmung und Stereoskopie (↗Querdisparation). Die Verschmelzung von in ihrer zeitlichen Aufeinanderfolge verschiedenen Reizen bildet die Grundlage zur Prüfung der Flimmerverschmelzungsfrequenz sowie der ↗Unterschiedsschwelle für zwei Lichteindrücke. Letztere ist das längste Intervall zwischen zwei Lichtblitzen, bei dem sie gerade noch als ein Eindruck erlebt werden. Die ↗Scheinbewegung, die durch die Aufeinanderfolge getrennter Reize, wie beim Film, ermöglicht wird, ist ebenfalls ein Beispiel für die Verschmelzung von Reizen. *C. D. Frith*

Versionstypen ↗Extravertierter und ↗Introvertierter Typ nach C. G. ↗Jung.

Verstand, Fähigkeit zum ↗Denken, d.h. zur unanschaulichen Seins- und Beziehungserfassung. In dieser Bedeutung oft syn. mit ↗Intellekt gebraucht. Oft aufgefaßt als Fähigkeit zum zweckvollen, einsichtigen Verhalten, unter Betonung des nicht begriffsbetonten Denkens.

Verstehen: 1) Erfassen eines Sinnes, Bewußtwerden einer logischen Beziehung; 2) Erfassen eines Sinnzusammenhangs zwischen Zeichen und Bezeichnetem, Bedeutungserfassung eines Zeichens der ↗Semantik; 3) Untersuchungsgegenstand der Sozialpsychol.: Fremdverstehen, Hineinversetzen, Ausdrucksverstehen (↗Ausdruck); nicht als einfühlendes Nacherleben, sondern unter Einbeziehen der Zusammenhänge, in denen Erlebnisse und Verhaltensweisen stehen. *H. Wagenknecht*

Verstärkung ↗Bekräftigung.

Verstärkungsplan. Detaillierte Regel, nach der Verstärkungen gegeben werden. Der Begriff wird meist nur im Rahmen der operanten ↗Konditionierung verwendet. Wichtigste V.: 1) *Kontinuierliche Verstärkung:* jede ↗Reaktion wird verstärkt. 2) *Partielle oder intermittierende Verstärkung:* a) *Intervallverstärkung:* nach *fixen* oder *variablen* Zeitintervallen; b)

Quotenverstärkung: nach *fixen* oder *variablen* Reaktionsquoten. Darüber hinaus gibt es komplexe, *gemischte V.e.* *J. P. Gösslbauer*

Verstehende Psychologie. Die „verstehende Psychologie" läßt sich als Inbegriff jener geisteswissenschaftlichen Deutungsweisen auffassen, die Einblick in das Seelenleben eines Menschen oder in das Sozialgefüge einer ↗Gruppe zu vermitteln suchen. Sie verfährt *deduktiv* und *deskriptiv* und zielt auf das Erkennen von Persönlichkeitsstrukturen, Begabungs- und Leistungsdispositionen, Sozial- und Lebensformen. Sie ist aus der philosophischen Phänomenologie bzw. Erkenntnislehre hervorgegangen, setzt aber vor allem praktische Menschenkenntnis und Lebenserfahrung voraus. *Intuitive Wesensschau und einfühlendes Nacherleben* müssen in jedem Akt des Verstehens durch den kritischen ↗Verstand kontrolliert werden. Im einzelnen verlangt die v. P. dabei angespanntes Aufmerken, eingehendes und ausgiebiges Beobachten, Fixieren des Wesentlichen durch Analyse, gestalthaftes Ordnen durch Synthese, Eingliedern in einen Sinnzusammenhang, präzise Bezeichnung durch Begriffe oder Symbole und eindeutige sprachliche Formulierung. ↗Geisteswissenschaftliche Psychologie.

Die Prinzipien und Verfahrensweisen der v. P. spielen eine dominante Rolle in der Strukturpsychol. (W. Dilthey; ↗Ganzheit – Gestalt – Struktur), in der Charakterkunde (Ph. Lersch), den ↗Typenlehren (E. Spranger, C. G. ↗Jung, E. ↗Kretschmer) und in den Schichtenlehren (E. Rothacker). Sie besitzt ferner gewichtige Bedeutung für die ↗Ausdrucks- (L. Klages) und die Leistungspsychol. (K. Mierke). Das Verstehen unter besonderen Bedingungen gehört zu den empirischen Analysen der expt. (W. Wundt), der ↗Gestalt- (F. Krueger) und der ↗Sozialpsychologie (K. Lewin, A. Gehlen). Triebhaftes Verhalten, elementare Dränge und ↗Bedürfnisse, Reaktions- und Kompensationstendenzen versucht die ↗Tiefenpsychologie zu beschreiben und zu verstehen.

Die kybernetische ↗Informationstheorie (H. Frank, D. Langer) ergänzt geisteswiss. Analysen durch naturwiss. Erklärungen. Sie bringt die in Informationsakten gesammelten Erfahrungen in ein Ordnungssystem, um sie anschließend auf Kausal- oder Finalzusammenhänge zu untersuchen. In ähnlicher Weise verbinden die differentielle Psychol. (W. Stern) und die Entwicklungspsychol. (C. Bühler) verstehendes Einfühlen und Nacherleben mit induktiven kasuistischen oder stat. Methoden. Dasselbe gilt auch von der russischen Begabungs- und Leistungsforschung (N. S. Leites, S. A. Samarin, L. I. Vygotskij), die bes. aufzeigt, wie in „sensiblen Phasen" des Kindesalters anlagehafte Leistungsdispositionen nach Bewährung und Fortentwicklung drängen.

Die Verhaltensforschung, der ↗Behaviorismus (J. B. ↗Watson, N. L. ↗Thorndike) und der aus ihnen hervorgegangene Operativismus (E. C. ↗Tolman) lehnen die Verfahren der v. P. grundsätzlich ab, weil subj. Stimmungen und Gefühle, Intuitionen und Selbstbeobachtungen mannigfache Fehlerquellen enthalten können.

Immerhin hat die v. P. eine vorrangige Stellung unter den diagnostischen Methoden bewahrt (↗Psychodiagnostik). Sie ist unersetzlich, wenn die praktische Menschenführung von ihr verständliche Aussagen verlangt, wie z. B. in der Lern- und Arbeitspsychol., in der ↗pädagogischen und ↗forensischen Psychologie usw. Im Bereich der praktischen Psychol. werden Evidenzerlebnisse des Verständnisses durch Lebenslauf-, Begabungs-, Handlungs-, Ausdrucks- und Verhaltensanalysen bzw. Explorationen gewährleistet.

Lit.: Dilthey, W.: Ideen über eine beschreibende und zergliedernde Psychologie. Leipzig, 1894; **Gruhle, W.:** Verstehende Psychologie. [2]1956; **Jaspers, K.:** Psychol. der Weltanschauungen. Berlin, [4]1954; **Landgrebe, L.:** Vom geisteswiss. Verstehen. Meisenheim, 1951; **Meier, E.:** Zur Neuorientierung im Bereiche der verstehenden Psychologie. Psychol. Beitr., 1954, *1*, 426–434; **Mierke, K.:** Psychologische Diagnostik. In: **N. Ach** (Hrsg.): Lehrbuch der Psychologie. Bamberg, 1944; **Spranger, E.:** Lebensformen. Tübingen, [9]1966.

K. Mierke

Versuch ↗Experiment.

Versuchsgruppe ↗Kontrollgruppe.

Versuchsleiter, Abk. *Vl,* Bezeichnung für denjenigen, der ein Exp. durchführt.

Versuchsperson (Vp), der Mensch, mit dem ein Exp. durchgeführt wird. Die Vp erwartet nicht, aus irgendeiner Maßnahme im Laufe des Exp. persönlichen Nutzen zu ziehen, geschieht dies doch, ist es rein zufällig. *G. D. Wilson*

Versuchsplanung (engl. *experimental design)* soll bei Planung und Durchführung eines ↗Experiments sicherstellen, daß der Versuch unter Ausschöpfung aller Information und unter optimaler Kontrolle aller möglicherweise konfundierenden Faktoren durchgeführt wird. Zur V. gehören u. a.: Auswahl der zu beobachtenden Merkmale und Bedingungen, unter denen diese gemessen werden, exakte Formulierung der zu überprüfenden Hypothesen (Wahl des angemessenen stat. Verfahrens *vor* Versuchsdurchführung), Wahl der Stichprobengröße und der Kontrollvariablen in bezug auf Art und Stärke der ausgewählten ↗statistischen Tests. ↗Varianzanalyse; ↗Statistik.

Lit.: **Edwards, A. L.:** Versuchsplanung in der psychol. Forschung. Weinheim, 1971; **Fischer, R. A.:** The design of experiments. Edinburgh, 1960; **Winer, B. J.:** Statistical principles in experimental design. London, ²1971.

D. W. Eggert

Versuch und Irrtum ↗Lernen durch Versuch und Irrtum.

Verteilungen, Ordnungsgesichtspunkte von Beobachtungsmaterial in Form der geordneten Fortschreibung vom niedrigsten zum höchsten Punktwert. Eine ↗Häufigkeitsverteilung läßt in der Anordnung die Häufigkeit (symbolisch f) des Auftretens der Punktwerte erkennen. V. können in Form einer Graphik (Histogramm, Polygon) oder einer ↗Tabelle dargestellt werden. Dazu ist meist Zusammenfassung mehrerer Punktwerte zu Intervallen nötig, um Unregelmäßigkeiten der V. auszugleichen. – Beobachtete V. lassen sich in Beziehung zu math. Modell-V. setzen. Typische V.formen, wie Gleich-V., ↗Binomial-V., ↗Normal-V. und ↗Poisson-V., treten bevorzugt auf. Sie lassen sich durch V.funktionen beschreiben. Bei diskreten V. nimmt die Zufallsvariable nur ganzzahlige, bei kontinuierlichen V. dagegen jeden beliebigen Wert an. Asymmetrische beobachtete V. können durch geeignete ↗Transformationen an theoretische V. angenähert werden, um ↗parametrische Tests zu ermöglichen. ↗Statistik.

D. W. Eggert

Verteilungsfreie Tests. Als v. T. werden all jene stat. Prüfverfahren bezeichnet, die das Konzept der ↗Normalverteilung und/oder das Postulat der Kardinalskalenmessung verlassen. Tatsächlich handelt es sich in den Sozialwissenschaften im allg. und in der Psychol. im besonderen meist um Variablen, deren Verteilungsform entweder unbekannt ist oder aber von der Normalität abweicht, und/oder um Variablen, deren Skaleneigenschaften entweder nicht eindeutig definiert sind oder aber das geforderte Dignitätsniveau nicht erreichen (↗Skalierung). Hier sind die auf dem Postulat der Ordinalskalenmessung aufbauenden, nur Unabhängigkeit und Zufallsmäßigkeit der Beobachtungen voraussetzenden verteilungsunabhängigen (= nicht-parametrischen) Tests im allg. besser, weil statistisch wirksamer als die klassischen parametrischen Tests, indiziert. Deshalb sind diese Prüfverfahren gerade in der Psychol. von methodisch großer Bedeutung, obschon sie einer gemeinsamen theoretischen Grundlage noch entbehren und in Anwendung auf normalverteilte Variablen weniger wirksam als die verteilungsgebundenen Tests sind.

GROBEINTEILUNG. Die *Statistiker* unterscheiden zwischen 1) Tests zur Prüfung der *Symmetriehypothese,* deren Hauptvertreter der Vorzeichen- und der Vorzeichenrangtest (Wilcoxon-Test) sind (Symmetrie bezüglich Null), 2) Tests zur Prüfung der *Zufälligkeitshypothese;* deren Hauptvertreter sind der U-Test und der ↗H-Test zur Prüfung auf Zufälligkeit des Lageunterschiedes zweier oder mehrerer Stichproben, 3) Tests zur Prüfung der *Unabhängigkeitshypothese* mit den Korrelations- und den Konkordanztests von Kendall (1962).

Die *Anwender* unterscheiden zwischen 1) Tests zur Prüfung von *Lageunterschieden* (= Unterschieden der zentralen Tendenz), 2)

Tests zur Prüfung von *Streuungsunterschieden* (= Unterschieden der Dispersion) und 3) Tests zur Püfung auf *Zusammenhänge* (= Korrelation, Kontingenz, Konkordanz).

RATIONALIA. Die meisten und wichtigsten dieser Testverfahren gehen von den Rängen der Beobachtungswerte aus, d. h., die Meßwerte sind in Rangwerte umgewandelt worden. Dabei wird die Information über die Abstände größenordnungsmäßig aufeinanderfolgender Beobachtungen aufgegeben; somit werden die Beobachtungswerte verteilungsunabhängig. Mit diesen Rangwerten wird der Test theoretisch konstruiert und praktisch gerechnet.

Als Beispiel diene der Rangsummentest (bzw. der U-Test) von Wilcoxon-Mann-Whitney. Man ersetzt hier für die zwei untersuchten Stichproben 1 und 2 deren größenmäßig angeordnete Meßwerte $x_1x_1x_2x_1x_2x_2$ durch die Rangwerte 1 2 *3* 4 *5* *6* und bildet die Rangsummen („Totals") $T_1 = 1+2+4 = 7$ (Stichprobe 1) sowie $T_2 = 3+5+6 = 14$ (Stichprobe 2). Unter der Nullhypothese H_0 (gleiche Lage) erwarten wir (annähernd) gleiche Rangsummen, d. h. $T_1 = T_2$. Unter der (einseitigen) Alternativhypothese (ungleiche Lage) erwarten wir ungleiche Rangsummen, d. h. $T_1 \neq T_2$. Wenn nun die beobachtete Differenz $D = T_2 - T_1$ als „Prüfgröße" einen Betrag erreicht, der unter Geltung von H_0 nur in α % (z. B. 5%) der Fälle auftritt, verwerfen wir H_0 zugunsten von H_1. Die Irrtumswahrscheinlichkeit P (D) dafür, H_0 zu verwerfen, obschon diese gilt (Fehler erster Art), erhält man durch Randomisierung der $2 \cdot 3 = 6$ Rangwerte. Unter H_0 ist jede mögliche Halbierung der 6 Rangwerte gleich wahrscheinlich; es gibt $\binom{6}{3} = 6 \cdot 5 \cdot 4/3 \cdot 2 \cdot 1 = 20$ Halbierungsmöglichkeiten, und jede liefert einen D-Wert. Die Gesamtheit aller D-Werte konstituiert die Prüfverteilung von D, und die höchsten α % D-Werte konstituieren die Ablehnungsregion für H_0. In unserem Beispiel ergeben sich $\binom{6}{3} = 20$ Kombinationen von 6 Beobachtungen zur dritten Klasse, nämlich 123456, und die D-Werte 9 7 5 3 5 3 1 1 1 3 –3 –1 –1 –1 –3 –5 –3 –5 –7 –9. Die 5%-Ablehnungsregion besteht aus den 5% (algebraisch) höchsten D-Werten, also aus 5% x (20) = 1 D-Wert, so daß die einseitige 5%-Signifikanzschranke $D_{0,05} = 9$ beträgt. Dieser D-Wert wird in unserem Beispiel mit D = 7 nicht erreicht, weswegen H_0 beizubehalten ist; der D-Wert hat eine Irrtumswahrscheinlichkeit von P = 2/20 = 0,10, denn 2 D-Werte der Nullverteilung von D (nämlich 7 und 9) erreichen oder überschreiten den beobachteten Wert von D = 7.

Auf solchen und analogen Rationalia bauen die v. T. auf; sie bedürfen zu ihrem Verständnis keine Kenntnis des Infinitesimalkalküls, sondern begnügen sich mit den Regeln der Kombinatorik und erfüllen damit alle Voraussetzungen der einfachen „Lehrbarkeit".

Man unterscheidet zwischen *exakten* Tests (wie dem vorangehenden Prüfverfahren) für kleine Stichproben und *Näherungstests* (asymptotische Tests) für große Stichproben (für welche exakte Tests zu aufwendig wären). So ist D für größere N_1 und N_2 mit einem Mittelwert von Null und mit einer Varianz von $N_1 N_2 (N_1+N_2+1)/3$ näherungsweise normalverteilt, so daß z = D/ (Standardabweichung von D) wie eine (0; 1) – normalvariable Größe beurteilt werden kann. In Anwendung auf das obige Beispiel wäre die Varianz Var $(D) = 3 \cdot 3\,(3+3+1)/3 = 21$ und die Standardabweichung SD $(D) = 21 \approx 4{,}6$, womit $z = 7/4{,}6 = 1{,}52$. Dieser z-Wert ist kleiner als z 0,05 (einseitig) = 1,65, so daß für das Beispiel auch nach dem asymptotischen Test H_0 beizubehalten wäre. Im allg. ist der asymptotische Test ceteris paribus weniger wirksam als der exakte Test.

Im folgenden werden die wichtigsten Tests aufgeführt, die in den Lehrbüchern über verteilungsfreie Prüfverfahren im einzelnen beschrieben sind (z. B. Siegel, 1956; Walsh, 1965; Bradley, 1968; Lienert, [1]1962, [2]1972).

DIE WICHTIGSTEN TESTS. 1. Der wirksamste Test zum *Lage-* oder *Lokationsvergleich* zweier *unabhängiger* Stichproben ist der Rangsummentest oder dessen Analogon, der U-Test von Mann-Whitney; er setzt neben Unabhängigkeit und Zufallsmäßigkeit der Stichprobenentnahme lediglich Homomerität, d. h. formgleiche Verteilungen, der zugehörigen Populationen voraus. Ist diese Voraussetzung nicht erfüllt, so prüft man nach dem (schwächeren) Mediantest auf Lageunterschiede (homolog zum t-Test). – Der wirksamste *Lagetest* für *abhängige* (verbundene) Stichproben ist ↗Wilcoxons Vorzeichenrangtest („matched pairs signed rank rest"). Dieser Test setzt symmetrisch verteilte Differenzen der Beobachtungspaare und deren Homogenität voraus. Ist das Symmetrie- oder Homogenitätspostulat nicht oder nicht sicher erfüllt (z. B. wenn in der Stichprobe der Differenzen einseitige Ausreißer vorkommen oder die Paare aus verschiedenen Populationen stammen), dann wählt man den schwächeren Vorzeichentest anstelle des stärkeren Rangvorzeichentests (homolog zum t-Test für Differenzen).

2. Der wirksamste Test zum *Streuungs*- oder Dispersionsvergleich zweier unabhängiger Stichproben ist der Siegel-Tukey-Test. Dieser Test setzt gleiche Lage der beiden Populationen voraus und wirkt bei ungleicher Lage wie ein Omnibustest (welcher auf Unterschiede sowohl der Streuung als auch der Lage anspricht). Ein lageunempfindlicher Streuungstest (wie der homologe F-Test) fehlt derzeit noch; desgleichen steht die Entwicklung eines Streuungstests für abhängige Stichproben noch aus (vgl. Walker & Lev, 1953, 190).

3. Tests zum Lagevergleich mehrerer unabhängiger Stichproben (homolog zur Einweg-↗Varianzanalyse) sind der H-Test als globaler Test und Nemenyis multiple Tests zum Vergleich je zweier Stichproben. Tests zum Vergleich mehrerer abhängiger Stichproben (homolog zur Zweiweg-↗Varianzanalyse) sind der Friedman-Test als globaler und Dunns Tests als multiple Tests (vgl. Wilcoxon & Wilcox, 1964).

4. Ein Test zum Streuungsvergleich mehrerer unabhängiger Stichproben (homolog zu Bartletts Test) ist der verallgemeinerte Siegel-Tukey-Test (Meyer-Bahlburg-Test).

5. Tests zum Omnibusvergleich zweier unabhängiger Stichproben (nach Lage, Streuung, Schiefe, Exzeß usf.) sind der ↗Kolmogoroff-Smirnov-Test (homolog zum $2 \cdot k$-Klassen-χ^2-Test) und der Cramer-von-Mises-Test.

6. Als Test zum Vergleich einer Stichproben- mit einer Populationsverteilung dient der Kolmogoroff-Smirnov-Anpassungstest (anstelle des χ^2-Anpassungstests).

7. Auf Zusammenhang zwischen zwei stetig verteilten Merkmalen in einer bivariaten Stichprobe prüft man nach ↗Kendalls Tau-Test oder nach Tukeys Eckentest (anstelle des r-Koeffiziententests); beide Testverfahren setzen Monotonie des Zusammenhangs bzw. der Regressionslinien voraus. Nicht-monotone Zusammenhänge (homolog zum χ^2-Test) prüft man über die Informationsstatistik (Attneave, 1964).

8. Auf Zusammenhang zwischen zwei alternativ oder dichotomisch verteilten Merkmalen prüft man mittels des exakten ↗Vierfeldertests von Fisher (bei kleinen Stichproben) oder asymptotisch mittels des Vierfelder-(↗Chi-Quadrat-Test) χ^2-Tests (bei großen Stichproben).

9. Auf Zusammenhang zwischen 2 mehrklassigen Merkmalen zu k und m Klassen prüft man asymptotisch mittels des $k \cdot m$-Felder-χ^2-Tests oder exakt nach dem Test von Freeman und Halton (vgl. Maxwell, 1961).

10. Auf Zusammenhang zwischen mehreren mehrklassigen Merkmalen oder mehreren Rangbeurteilungen ein und desselben mehrklassigen Merkmals prüft man nach dem Konkordanztest von ↗Kendall.

Schlussbemerkungen. Die v.T. sind in der psychol. Forschung aus folgenden Gründen den klassischen Tests vorzuziehen: 1) Die Populationsverteilungen psychol. Variablen sind regelmäßig entweder unbekannt oder nicht normal. 2) Die Variablen genügen nur selten den strengen Anforderungen der Intervallskalendignität für die klassischen Tests. 3) Die Stichproben sind meist klein und oft mit Ausreißerwerten behaftet, so daß der zentrale Grenzwertsatz (für die klassischen Tests) nicht gilt. 4) Die Regressionen zwischen zwei psychol. Variablen sind selten linear, meistens aber monoton. Unter diesen vier Bedingungen arbeiten v. T. im allg. wirksamer (effizienter) und sachgerechter (valider) als die klassischen Prüfverfahren. – Für deskriptive Zwecke verwendet man anstelle des Mittelwerts zweckmäßiger den Medianwert, anstelle der Standardabweichung den Interquartil- oder den Dezilabstand (90. Perzentil minus 10. Perzentil) und anstelle des ↗Produktmoment-(Maß-) den ↗Rang-Korrelations-Koeffizienten (Tau oder Rho). – Auch Schätzwerte für den Populationsmedian, für die Medianverschiebung (Translation) von einer zur anderen Population (aufgrund eines bestimmten Behandlungseffekts) und für die Rangkorrelation sind aufgrund einfacher Rationalia zu ermitteln.

Unvollständig entwickelt ist noch die verteilungsfreie Versuchsplanung mit mehreren Einflußgrößen, die Prüfung auf Wechselwirkungen. Ähnliches gilt für die verteilungsfreie Zeitreihenanalyse sowie für die multivariaten Tests, bes. für die multivariate ↗Varianzanalyse.

Zu beachten ist stets: Die verteilungsfreien (wie auch die klassischen) Prüfverfahren setzen Zufallsentnahmen der Stichproben aus ihren Populationen voraus, aber sie machen (im Unterschied zu den klassischen Tests) keine Annahmen über die Verteilungsform der Populationen. ↗Statistik; ↗Statistische Tests.

Lit.: Attneave, F.: Informationstheorie in der Psychologie. Bern, 1965; **Bradley, J. V.:** Distribution-free statistical tests. Englewood Cliffs (N. J.), 1968; **Kendall, M. G.:** Rank correlation methods. London, ³1962; **Lienert, G. A.:** Verteilungsfreie Methoden in der Biostatistik. Meisenheim a. G., ²1972; **Maxwell, A. E.:** Analysing qualitative data. London, 1961; **Siegel, S.:** Nonparametric methods for the behavioral sciences. New York, 1956; **Walker, H. M. & J. Lev:** Statistical inference. New York, 1963; **Walsh, J. E.:** Handbook of nonparametric statistics, Vol. II. Princeton (N. J.), 1965; **Wilcoxon, F. & R. A. Wilcox:** Some rapid approximate statistical procedures. Pearl River (N. Y.), 1964.

G. A. Lienert & V. Sarris

Vertikalentäuschung ↗Mittelsenkrechtentäuschung.

Vertrauen ist die Einstellung, einem anderen Menschen zu trauen und die Geneigtheit, ihn charakterlich für zuverlässig zu halten und ihm zu glauben. V. ist keinesfalls eine bloße Meinung vom anderen, sondern ein mit ihm eingegangenes persönliches Verhältnis. Oft setzt V. ein Wagnis voraus und bildet in Familie, Ehe, Freundschaft, Liebe sowie dem Arzt-Patient-Verhältnis eine der Grundlagen gemeinschaftlicher Verbundenheit. Als menschlich-ethische Komponente wird V. im Berufs- und Wirtschaftsleben sowie in der Politik gefordert. *W. Tisch*

Vertrauensgrenzen, -intervall, auch *Konfidenzgrenzen, -intervall* (engl. *confidential* oder *fiducial limits),* Variationsbreite für den „wahren" Populationswert einer ↗Statisktik innerhalb gegebener Wahrscheinlichkeiten (üblich $p = .05$ oder $.01$). Als Aussage über die Genauigkeit einer Statistik abhängig vom ↗Stichprobenfehler. Kann für eine beliebige Statistik über den Standardfehler, für einen Testwert über den Standardmeßfehler bestimmt werden (dann Grenzen des „wahren" Testwerts). ↗Statistische Sicherheit; ↗Schätzung. *D. W. Eggert*

Verunsicherung, ein von außen her in das Zentrum des Menschen (Person) hineinreichender Auflösungsprozeß der individuellen Persönlichkeitsstruktur. Äußere Symptome drükken sich aus in Haltung und Auftreten. Sie äußern sich in ↗Sprechweise, ↗Mimik, Pantomimik (gewohnte motorische Normen werden beschleunigt oder verlangsamt). V. ist in allen Erlebnisbereichen möglich: emotional, intentional, geistig und transzendental. Die V. ist ein individuelles Entwicklungsstadium, das in der gesellschaftlichen Unsicherheit ein vorläufiges Ende dieses in der Natur des Individuums begründeten Entwicklungsprozesses findet. Erst in diesem Stadium des Abbaus ist ein wieder einsetzender Aufbauprozeß möglich. Im Unsicherheitsstadium können dagegen äußerlich situative Veränderungen schon hilfreich sein. Die Unsicherheit muß darum schon im Frühstadium der V. erkannt und abgebaut werden. Angesetzte und angestrebte Kompensationsbemühungen führen zu Unechtheit, Verstellung, Darstellung, Falschheit, Heuchelei, Verklemmung. *W. Arnold*

Verwahrlosung, antisoziales Verhalten (Schulschwänzen, Lügen, Stehlen, Einbrechen) von Kindern und Jugendlichen (Aichhorn, 1951). Die V. basiert meist auf frühkindlichen Milieuschäden, wobei Vernachlässigung oder lieblose Strenge (Prügelstrafe) bes. oft verantwortlich gemacht werden; Aufenthalte in Säuglings- und Kinderheimen (↗Hospitalismus) sind eine weitere typische Ursache. Durch geduldige ↗Psychagogik kann die V. geheilt werden.

Lit.: **Aichhorn, A.:** Verwahrloste Jugend. Bern, 1951.

W. Schmidbauer

Verzweigung (engl. *Branching*). Als V. innerhalb eines beliebigen ↗Algorithmus bezeichnet man den Sachverhalt, daß nach einer bestimmten Operation (z.B. nach der Durcharbeitung eines ↗Lehrschritts) die nächstfolgende Operation vom Erfülltsein festgelegter Kriterien abhängt (z.B. von der Reaktion des ↗Adressaten bei der ↗Auswahlmethode der ↗Programmierten Instruktion). *H. Frank*

Vestibulorgan dient der Aufrechterhaltung des Gleichgewichts und besteht aus dem zusammen mit dem Gehörorgan im Felsenbein des Schädels gelegenen Bogengangsystem und ↗Statolythenapparat. ↗Gleichgewichtsorgan; ↗Bogengänge. *E. David*

Vestibulum, Teil des Innenohrs; Vorhof des Labyrinths: in seiner lateralen, der Paukenhöhle zugekehrten Wand liegt das ovale Fenster; nach vorn steht das V. über den Sacculus mit der Schnecke, nach hinten über den Utriculus mit den ↗Bogengängen in Verbindung. ↗Sinnesorgane: das Ohr. *F.-C. Schubert*

Vexierkasten, ein von E. L. ↗Thorndike verwendeter Kasten, um das Verhalten (Lernen) von Tieren zu untersuchen. Der Kasten ist mit einem Mechanismus versehen, dessen Betätigung die Öffnung einer Türe zur Folge hat. Es werden Tiere, z. B. kleine Katzen, hineingegeben, die das Bestreben haben, den Käfig zu verlassen. Die Betätigung des Öffnungsmechanismus erfolgt am Anfang zufällig, wird in verschiedenen Durchgängen gelernt und gelingt schließlich systematisch. Der V. ist ein Vorläufer der bekannten ↗Skinnerbox.

Lit.: **E. L. Thorndike:** Animal intelligence. Psychol. Rev. Monogr. Suppl. 1898, *2.*

R. Hänni

Vibrationssinn ↗Sinnesorgane.

Vicarious Instigation, lerntheoretisches Konzept über die Auslösung emotionaler Reaktionen. Eine Vp (bzw. Vt) beobachtet die Auslösung einer unkonditionierten emotionalen Reaktion (UER) bei einer „Objekt"-Vp (bzw. Vt) durch einen unkonditionierten Auslösungsreiz (UCS). Die Wahrnehmung des UCS und der darauffolgenden UER führt bei der Beobachter-Vp (bzw. Vt) zu einer emotionalen Reaktion (ER). Durch das Konzept der V. I. können sozialpsychologisch (↗Sozialpsychologie) interessante Phänomene, wie z. B. Einfühlung, Neid und Schadenfreude (in lerntheoretischen Termini), genauer erfaßt werden. Darüber hinaus hat die V. I. einen unmittelbaren Bezug zu ausdruckspsychol. Fragestellungen. ↗Ausdruck; ↗Soziale Wahrnehmung.

Lit.: **Berger, S. M.:** Conditioning through vicarious instigation. Psychol. Rev., 1962, *69;* **Holzkamp, K.:** Geschichte und Systematik der Ausdruckstheorien. In: **R. Kirchhoff** (Hrsg.): Hdb. der Psychol., Bd. 5. Göttingen, [2]1972.

F. Mattejat

Victimologie befaßt sich mit dem Opfer einer Straftat unter zwei Hauptgesichtspunkten: 1. möglichst frühzeitige Erfassung potentieller Opfer von Sexualdelikten, Verkehrsunfällen, Tötungsdelikten (Suicidgefährdeten), Betrugs- und Diebstahlsdelikten = victimologische Prognoseforschung. Zentrale Fragestellung: Welche Personengruppe mit welchen Persönlichkeitsmerkmalen ist unter welchen Bedingungen potentiell gefährdet, im angeführten Sinne Opfer zu werden? 2. Objektivierung von sozialen, psychol., psychopathologischen Faktoren von Personengruppen, die bereits Opfer geworden sind = victimologische Praxis und Forschung, vor allem im Rahmen forensischer Tätigkeit. Zentrale Fragestellungen nach: prädisponierenden Faktoren (Post-hoc-Daten), Persönlichkeitsmerkmalen, Einstellung des Opfers zum und Verhalten gegenüber Delinquenten sowie Schädigung des Opfers durch Delikt (psychische Früh- und Spätschäden). Während die victimologische Prognoseforschung – mit Ausnahme von Ansätzen in Kanada – noch kaum entwickelt ist, liegt vor allem über Sexualdeliktsopfer eine Reihe mehr oder weniger fundierter Untersuchungen vor. Insgesamt steckt die V. als Forschungsbereich der Psychol., Psychiatrie, Soziologie noch in den Anfängen.

Lit.: Eisenberg, U.: Zum Opferbereich in der Kriminologie. Goltammer's Archiv f. Strafrecht, 1970; **Huffman, A. V.:** Violent behavior – possibilities of prediction and control. Police, 1964, *8*, 13–16; **Maisch, H.:** Inzest. Hamburg, 1968; **Miyazawa, K.:** Zum gegenwärtigen Stand der victimologischen Forschung in Japan. Kriminol. Gegenwartsfragen, 1970, *9*, 1–16; **Schönfelder, T.:** Die Rolle des Mädchens bei Sexualdelikten. Beiträge z. Sexualforschung, 42. Heft, 1968.

H. Maisch

Vierfarbentheorie ↗Farbwahrnehmung.

Vierfelderkorrelationskoeffizient. Unter einem V. versteht man ein Zusammenhangsmaß zwischen echt alternativen oder dichotomen Merkmalen. Die wichtigsten V.en sind der ↗Punkt-V., der ↗tetrachorische Korrelationskoeffizient und der interspezifische Assoziationskoeffizient. Alle diese Koeffizienten berechnen sich aus den absoluten oder relativen Häufigkeiten a, b, c, d einer ↗Vierfeldertafel. ↗Korrelationstechniken.

A. Rausche

Vierfeldertafel. Bei der V. werden zwei Merkmale jeweils in zwei Stufen als Tabelle dargestellt. Sie ist damit der Spezialfall einer Kontingenztafel, bei der zwei Merkmale in k · m

		Merkmal I		
		I_1	I_2	
Merkmal II	II_1	a	b	a+b
	II_2	c	d	c+d
		a+c	b+d	N

Stufen tabelliert sind. Die vier Felder (a, b, c, d) enthalten die Häufigkeiten der vier möglichen Merkmalskombinationen (vgl. Abb.).

H.-J. Steingrüber

Vierfeldertest. Unter dem Begriff V. faßt man eine Reihe von Verfahren zusammen, die zur Prüfung von stat. Hypothesen über ↗Vierfeldertafeln dienen. Die wichtigsten sind: der ↗Fisher-Yates-Test, der ↗Chi-Quadrat-Test und der McNemar-Test. Darüber hinaus gelten auch Prüfverfahren für ↗Vierfelderkorrelationen als Vierfeldertest. ↗Verteilungsfreie Tests.

A. Rausche

Vierstufenmethode der Unterweisung ↗Unterweisung.

Vieth-Müller-Kreis ↗Horopter.

Vigilanz, lat. *vigilantia,* heißt wörtlich Wachsamkeit. Der Begriff „Vigilanz" ist aber schärfer und definierter als der Begriff „Wachsamkeit". Er beinhaltet die Aufrechterhaltung einer bestimmten Aktivität für einen längeren Zeitraum, meist verbunden mit willkürlicher ↗Aufmerksamkeit.

Verschiedene Definitionen und Bedeutungen. Auf dem Verhaltensniveau wird V. am einfachsten als Leistung bei Beobachtungs- und Inspektionsaufgaben sowie in expt. V.situationen definiert. Da Aufmerksamkeitsvorgänge zweifellos eine große Rolle spielen, kann man als V. auch den zentralen Vorgang auffassen, welcher die Leistung bei verschiedenen V.aufgaben determiniert und diesen etwa als Daueraufmerksamkeit (Haider, 1962) bezeichnen. Schließlich kann ein bestimmter Zustand des Organismus damit beschrieben werden, und zwar im physiol. oder im psychol. Sinne. Physiologisch definiert Head (1926) die V. als Zustand des ZNS, welcher ein rasches und zweckmäßiges Reagieren ermöglicht. Diese „cerebrale Vigilanz" kann beispielsweise durch elektro-physiol. Kriterien gut erfaßt werden. Psychologisch definiert Mackworth (1957) V. als Bereitschaft, spezifische, geringe Umweltänderungen, die in zufallsverteilten Intervallen auftreten, zu entdecken und zu beantworten. Dies kann durch Leistungskriterien, wie Prozentzahlen nichtbeachteter Signale, Reaktionslatenzen bei beachteten Signalen und Fehlreaktionen bei Nichtsignalen (Neutralreizen), charakterisiert werden.

PROBLEM- UND METHODENGESCHICHTLICHER ÜBERBLICK. Systematische Untersuchungen dieser speziellen Art des Signalentdeckens über längere Zeiträume wurden erst seit dem Zweiten Weltkrieg in Zusammenhang mit Fragen der Radarbeobachtung durchgeführt. Praktische Bedeutung hat die V.forschung aber auch in der automatisierten Industrie sowie im Verkehr und bei Raumflügen erlangt. Neurophysiol. Untersuchungen zur cerebralen V. sind vor allem im Rahmen der Entwicklung der elektroencephalographischen Techniken (EEG) durchgeführt worden. Diese Entwicklung verlief weitgehend unabhängig von den Untersuchungen über die V.leistung.

GEGENWÄRTIGER STAND DER FORSCHUNG UND WICHTIGSTE ERGEBNISSE. Bei V.aufgaben nimmt die Wahrscheinlichkeit der Signalbeachtung im Zeitverlauf ab, und die Länge der Reaktionslatenzen nimmt zu. Die Leistungsverschlechterung kann schon nach wenigen Minuten einsetzen und erreicht meist nach ca. 30–60 Minuten ein Plateau, auf dem eine Stabilisierung eintritt. Die Einlage von Pausen kann die Beobachtungsleistung auf einem höheren Niveau halten. Gesamtleistung und Leistungsverlauf hängen von vielen Variablen ab, die sowohl aus der Umwelt einwirken als auch im Organismus selbst begründet sein können.

1. *Umweltvariable und Vigilanzleistung.* Hier sind zunächst die *Charakteristiken der Aufgabensituationen* zu nennen. Komplexe Aufgabensituationen mit mehreren Anzeigeelementen führen meist zu einer herabgesetzten Gesamtleistung, aber zu weniger stark ausgeprägten Leistungsabfällen als einfache V.aufgaben. Erhöhung der Intensität und Dauer der Signale bewirken Verbesserungen der V.leistung, können aber den Leistungsabfall nicht immer verhindern. Erhöhung der Signalfrequenz und Einführung von „Spielreizen" erhöhen die Beachtungswahrscheinlichkeit. Treten die Signale regelmäßig (Beseitigung der zeitlichen Unsicherheit) und nur in bestimmter Lokalisation (Beseitigung der räumlichen Unsicherheit) auf, so ist die Beachtungswahrscheinlichkeit hoch. Schließlich ist auch das Verhältnis von Neutralreizen („Nichtsignalen") zu Signalen bedeutsam.

Neben der Aufgabensituation spielen *allgemeine Umwelteinflüsse* eine Rolle. So zeigen Lärm und Klimaeinflüsse differentielle Effekte auf die V.leistung mit einem Optimum im Behaglichkeitsbereich. Isolierung wirkt leistungsmindernd, während z.B. die bloße Anwesenheit des Vl V.abfälle verhindern kann.

2. *Organismische Variable und Vigilanzleistung.* Die individuellen Differenzen sind sehr groß. Es wurden aber trotz vieler Versuche keine verläßlichen Methoden gefunden, um diese vorauszusagen. Alter und Erfahrung zeigen wenig Einfluß. Signalfrequenz bei Einübung und Information über die eigene Leistung spielen eine wichtige Rolle. Schlafentzug führt zu verstärktem Leistungsabfall. Einflüsse von Drogen sind nachgewiesen. Beispielsweise können Weckamine den V.abfall weitgehend verhindern. Die elektrischen Spannungsschwankungen des Gehirns (EEG) zeigen nur im Zeitraum kurz vor dem Auftreten der Signale nachweisbare Beziehungen zu den Leistungskriterien. Die aus dem EEG durch Computeranalyse zu gewinnenden evozierten Potentiale können selektiv als Korrelate für beachtete und nichtbeachtete Signale, aber auch für Neutralreize analysiert werden. Pulsfrequenzen zeigen in V.situationen eine absinkende, Bewegungsaktivitäten (Spontanbewegungen) aber eine steigende Tendenz. So kommt es zu divergierenden Verläufen von Aktivierungsindikatoren. ↗Aktivation.

THEORETISCHE BETRACHTUNGEN. 1. *Aufmerksamkeit und Vigilanz.* Die V.situation kann als lang andauernde kontrollierte Aufmerksamkeitssituation ohne Vorwarnung für das Auftreten der Signale aufgefaßt werden. Davon abzugrenzen wären u. a. Aufmerksamkeitsaufgaben mit Vorwarnung für das Signalauftreten und freie Aufmerksamkeitssituationen. Fehler der Entdeckungsleistungen können dann vielleicht in allen Situationen auf ähnliche Mechanismen durch Ablenkungen,

Blockierungen, Fluktuationen usw. zurückgeführt werden, beispielsweise im Sinne einer Filtertheorie (Broadbent, 1958).

2. *Erwartungsvorgänge, Lernen und Vigilanz.* Vor allem hinsichtlich der zeitlichen Verteilung der Signale kann gezeigt werden, daß die Beobachter aufgrund ihrer jeweiligen Erfahrungen auf die Zukunft extrapolieren. Dies kann als Aufbau von Erwartungsstrukturen aufgefaßt werden.

Von klassischen Konditionierungsexperimenten wurde der Begriff der ↗Hemmung, wie er auch bei Extinktionsvorgängen eine Rolle spielt, als Erklärungsprinzip übernommen (Mackworth, 1950), ebenso der Begriff der ↗„reaktiven Hemmung" (Frankman & Adams, 1962). Die Wirksamkeit der Verhaltensbeeinflussung durch instrumentelles ↗Lernen konnte für Beobachtungsreaktionen aufgezeigt werden (Holland, 1958).

3. *Aktivierung und Vigilanz.* Aktivierungsvorgänge spielen für die V.leistung (so wie für viele andere Leistungen) eine Rolle in dem Sinne, daß die optimale ↗Aktivierung mit guter Leistung, Hyper- und Desaktivierung aber mit Leistungsverschlechterungen einhergehen. Die simple Annahme, daß die V.leistungen direkt von Zahl und Variation der Neutralreize abhängen, hat sich nicht bestätigen lassen. Komplexere Ansätze werden den empirischen Resultaten eher gerecht. Dazu gehört die Erkenntnis, daß Aktivierungsvariable während V.experimenten divergierende Verläufe nehmen können (Groll, 1966). Im Rahmen einer hierarchischen Theorie der Aktivierung (Haider, 1969) ergeben sich neuropsychol. Ansätze für Aufmerksamkeits-, Erwartungs- und V.vorgänge, worin auch die so lange nebeneinanderherlaufende physiol. und psychol. V.forschung eine gemeinsame Basis finden könnte. ↗Aktivation.

Lit.: Broadbent, D. E.: Perception and communication. London, 1958; **Buckner, D. N. & J. J. McGrath:** Vigilance: A symposium. New York – San Francisco – Toronto – London, 1963; **Frankman, J. P. & J. A. Adams:** Theories of vigilance. Psychol. Bull., 1962, *59,* 257–272; **Groll, E.:** Zentralnervöse und periphere Aktivierungsvariable bei V.leistungen Z. exp. angew. Psychol., 1966, *13,* 248–264; **Haider, M.:** Ermüdung, Beanspruchung und Leistung. Wien, 1962; **ders.:** Elektrophysiologische Indikatoren der Aktivierung. In: **W. Schönpflug** (Hrsg.): Methoden der Aktivierungsforschung. Bern – Stuttgart – Wien, 1969; **Haider, M., Spong, P. & D. B. Lindsley:** Attention, vigilance and cortical evoked potentials in humans. Science, 1964, *145,* 180–182; **Head, H.:** Aphasia. Cambridge, 1926; **Holland, J. G.:** Human vigilance. Science, 1958, *128,* 61–63; **Jerison, H. J. & R. M. Pickett:** Vigilance: A review and re-evaluation. Human Factors, 1963, *5,* 211–238; **Mackworth, N. H.:** Researches on the measurement of human performance. M. R. C. Spez. Rep. Ser. Nr. 268, H. M. S. O. London, 1950; **ders.:** Some factors affecting vigilance. The advancement of Science, 1957, *53,* 389–393; **Mackworth, J. F.:** Vigilance and attention. Harmondsworth, 1970; **Studies of human vigilance.** Human Factors Res. Santa Barbara, 1968; **Wyatt, S. & J. N. Langdon:** Inspection processes in industry. Rep. Ind. Health Res., Vol. Nr. 63. London, 1932.

M. Haider

Vincent-Kurven, graphische Darstellungen von *durchschnittlichen Lernverläufen,* die auf *relativierten* individuellen Lernwerten beruhen. Bei Lernexperimenten, die nach einem festgelegten Kriterium (z. B. nach drei fehlerfreien Durchgängen) abgebrochen werden, benötigen die einzelnen Individuen im allg. unterschiedlich viele Durchgänge, bis sie dieses Kriterium erreichen. Will man die Lernkurven der einzelnen Individuen miteinander vergleichen oder in einer gemeinsamen Lernkurve zusammenfassen, so kann es sinnvoll sein, daß man nach dem Exp. eine für alle Individuen einheitliche Standardzahl von Durchgängen festlegt, auf die man die Lernwerte jedes Individuums pro Durchgang (Trefferzahl, Fehlerzahl oder Lernzeit) aufteilt (Vincent, 1912). So wird die unterschiedliche Zahl der Durchgänge berücksichtigt. Diese sog. Vincent-Transformation und ihre Verbesserungen (Hunter & Yarbrough, 1917; Hilgard, 1938) werden in der neueren Forschung nur sehr selten angewandt.

Lit.: Hilgard, E. R.: A summary and evaluation of alternative procedures for the construction of Vincent curves. Psychol. Bull., 1938, *35,* 282–297; **Hunter, W. S. & J. U. Yarbrough:** The interference of auditory habits in the white rat. J. anim. Beh., 1917, *7,* 49–65; **Vincent, S. B.:** The function of the vibrissae in the behaviour of the white rat. Beh. Monogr., 1912, *1,* Nr. 5.

M. Hofer

Vineland Social Maturity Scale (VSMS von E. A. Doll). Die soziale Reife soll in der Fähigkeit erfaßt werden, seinen konkreten ↗Bedürfnissen nachzukommen und Verantwortung auf sich zu nehmen. Normen bestehen bis zum Alter von 25 Jahren, die Skala wird aber mit Vorteil bei jüngeren oder bei geistig zurückgebliebenen Personen angewendet. Aus den 117 Items kann ein „Sozialalter" (SA) und „Sozialquotient" (SQ) berechnet werden.

Lit.: Reinert, G.: Entwicklungstests. In: **B. Heiss** (Hrsg.): Hdb. der Psychol., Bd. 4. Göttingen, [2]1964, 280–351.

F. Grünig

Viril, Virilismus. *Viril:* männlich, Verfügen über Männlichkeit, allg. maskuline Eigenschaften, bes. Stärke, Tat- und Zeugungskraft und (selten) die Fähigkeit, den Geschlechtsverkehr in kurzen Intervallen zu wiederholen.

Virilismus: 1) Synonym für *Viraginität:* männlicher Habitus (physisch oder psychisch) bei Frauen. – 2) Die Entwicklung sekundärer männlicher Geschlechtsmerkmale bei einer Frau. *G. D. Wilson*

Viscerotonie ↗Sheldon-Typen.

Vision, ungesuchter oder gesuchter anblickartiger Eindruck, der nachhaltig wirkt und ohne Sinneswahrnehmung abläuft. Wer eine Vision hat, erlebt einen bildhaften Vorgang anders als bei abstrakten Vorstellungen, gleichsam „mit dem Auge des Geistes". Die Vision muß keine Sinnestäuschung sein; im Gegensatz zur Halluzination kann durchaus das Bewußtsein vom Unterschied zur faßbaren Realität erhalten bleiben. Für die Psychol. sind die „Gesichte", die in Religionen als göttliche Offenbarung, bei Alkoholismus und Drogensüchtigkeit sowie Rauschgiftkonsum sowie im Zusammenhang mit Psychosen auftreten, Ausdruck innerer Bedürfnisse und Konflikte.

In den Visionen gewinnen Regungen Gestalt, die sonst unbewußt bleiben. Aus Visionen entstehen Eingebungen bei Künstlern; oft sind V. den Träumen nahe verwandt.

W. Tisch

Visköser Typ, einer der drei ↗Konstitutionstypen nach der Typologie von E. ↗Kretschmer. Der v.T. weist im somatischen Bereich einen athletischen Körperbau auf. Psychisch ist er charakterisiert durch schwere gefühlsmäßige Ansprechbarkeit und durch heftige Reaktionen. Der v. T. schwankt zwischen explosivem und phlegmatischem Temperament, ist langsam im Umgang, zuverlässig und zeigt eine Tendenz zur ↗Perseveration. *M. Henke*

Viszerales Nervensystem ↗Autonomes Nervensystem.

Viszerotonie *(Viszerotoner)* ↗Sheldon-Typen.

Vitalismus, Annahme einer besonderen Kraft (vis vitalis, Lebenskraft), die den Lebensphänomenen zugrunde liegt und prinzipiell nicht mechanistisch oder physikalisch-chemisch erklärt werden kann. In seiner alten Form ist der V. überholt (seit die Synthese des Harnstoffs, einer organischen Substanz, 1828 durch Wöhler gelang). Auch die revidierte Fassung des Neo-V. durch A. Driesch wird heute von den meisten Biologen abgelehnt. Die chem. und phys. Vorgänge in lebenden Organismen sind gegenwärtig noch so wenig geklärt, daß eine beweisbare Aussage über die Frage unmöglich scheint, ob man jemals das Verhalten von Organismen mit den Begriffen der Chemie und Physik erschöpfend beschreiben können wird.

Lit.: Thorpe, W. H.: Der Mensch in der Evolution. München, 1969; **Waddington, C. H.:** Die biol. Grundlagen des Lebens. Braunschweig, 1966. *W. Schmidbauer*

Vitalität, Lebenskraft, Energie der Lebensfunktionen. In der ↗Persönlichkeitspsychologie das Maß der körperlich-seelischen Spannkraft. *W. Schmidbauer*

Vl, Abk. für ↗Versuchsleiter.

VNS ↗Autonomes Nervensystem.

Vocational Interest Blank, amerik. Bezeichnung für Berufsinteressentests nach dem Fragebogentypus; im speziellen ist damit das ↗Strong Vocational Interest Blank gemeint.

H. Haase

Völkerpsychologie. W. ↗Wundt stellte die V. der expt. Psychol. gegenüber: Während die expt. Methode der Analyse „einfacher psychischer Vorgänge" dienen sollte, versprach er sich von der Betrachtung „allgemeingültiger Geisteserzeugnisse", wie ↗Sprache, ↗Mythos und Sitte, Aufschluß über die „höheren psychischen Vorgänge und Entwicklungen" (Wundt 1913, 30). Diese Zweiteilung erklärt sich daraus, daß Wundt das ↗Experiment für ungeeignet hielt, „höhere" psychische Prozesse, wie das ↗Denken oder die Affektivität, zu untersuchen. Die Überzeugung, aus Sprache, Mythos und Sitte ließen sich höhere seelische Vorgänge objektiv erschließen, öffnete der Spekulation wieder Tor und Tür. Die V. sollte die Grundlagen, um ihre Probleme zu lösen, aus diesen selbst gewinnen. Während Wundt den sozialpsychol. Gesichtspunkt (↗Sozialpsychologie) noch völlig vernachlässigte – der Einfluß der Gruppe erschöpft sich bei ihm darin, alle „subjektiven" Kanten der obj. Geisteserzeugnisse Sprache, Mythos und Sitte abzuschleifen –, spielte dieser von Anfang an in der amerik. V. eine beherrschende Rolle. Damit rückte auch das Problem der jeweiligen Normen und Wertsysteme einer Kultur in den Blickpunkt. Man erkannte die Fragwürdigkeit der noch von Wundt vertretenen Theorie einer linearen ↗Evolution in der V., wobei die „Primitiven" in ihrem Denken und Fühlen urtümliche Vorstufen derselben Prozesse des Zivilisationsmenschen verkörpern sollten (↗Magisches Denken; ↗Kulturanthropologie; ↗Ethnopsychologie).

Eine weitere Umwandlung in der V. vollzog sich, indem man den von G. W. F. Hegel geprägten Begriff des „Volksgeistes" („objektivierter Geist" bei N. Hartmann) zugunsten einer realistischeren Betrachtung der Einzelpersönlichkeit aufgab, die von ↗Einstellungen, Werten und Kenntnissen einer bestimmten Kultur geprägt wird und diese gleichzeitig trägt. Die Frage nach dem „Charakter" eines Volkes wurde durch die nach der Basisstruktur der ↗Persönlichkeit (basic personality structure nach A. Kardiner und R. Linton) ersetzt, die in einer bestimmten Kultur am häufigsten ist (Modalpersönlichkeit). Viele populär-völkerpsychol. Hypothesen (z.B. der „typisch deutsche Fleiß") sind selbst Gegenstand sozialpsychol. Forschung (↗Stereotyp) geworden. Fundierte Aussagen über interkulturelle Gemeinsamkeiten wie Unterschiede lassen sich heute dank großangelegten ethnographischen Karteien (Murdock, 1967) machen.

Lit.: Wundt, W.: Grundriß der Psychologie. Leipzig, 1913; **Kluckhohn, C.:** Culture and behavior. In: **G. Lindzey** (Ed.): Handbook of social psychology. 5 Bde. New York, 1968–69; **Malinowski, B.:** Sex, Culture, myth. London, 1963; **Murdock, G. P.:** The ethnographic atlas: a summary. Ethnology, 1967, *6*, (2).

W. Schmidbauer

Vollkommenheit ist die Beschaffenheit eines Seienden, das seiner Idee, seinem Ziel und Sinn entspricht. Für den Menschen ist V. ein angestrebtes Ideal. Das Streben nach V. aller Anlagen liegt im Wesen des Menschen. Von Natur aus ist V. allen Individuen eigen; die Selbstentfaltung erreicht in jedem Einzelfall nur einen begrenzten V.status und bleibt daher Lebensaufgabe. Übertriebenes Streben nach V. führt zum ↗Perfektionismus.

J. Hasenfuß

Voluntarismus. In der Philosophie bezeichnet dieser Begriff eine *metaphysische Lehre,* für die die höchste Realität der Wille ist, d.h. eine dunkle, irrationale und unabhängige Macht, die der Vorstellung eines einsichtigen Grundes aller Dinge widerspricht (A. Schopenhauer).

Ebenso ist der V. eine *moralische Lehre,* die den ↗Willen noch vor der intellektuellen Einsicht zur treibenden Kraft einer Handlung erhebt (F. Nietzsche), und eine *erkenntnistheoretische Lehre,* für die ein Urteil nur insofern wahr ist, als es willentlich bestätigt wird (Descartes). *In der Psychol.* unterwirft der V. die kognitiven und sprachlichen Funktionen der Affektivität, den Gefühlen, dem willentlichen Einsatz (psychoanalytische Sichtweise).

F. Bomio

Vorbewußtes ist das System aller jener psychischen Prozesse, die jederzeit und ohne inneren Widerstand der Person aktiviert werden können. ↗Unterbewußtes; ↗Unbewußtes.

W. Toman

Vorderhirn ↗Prosencephalon.

Voreingenommenheit ↗Bias, ↗Vorurteil.

Vorhersage ↗Prognose.

Vorlust ist nach Freud (1916/17) die Lust der Erwartung und Vorbereitung von Motivbefriedigungen. Freud hielt sie vorwiegend für ein Charakteristikum der sexuellen (genitalen) Motivbefriedigungen. Das sexuelle Vorspiel und der Geschlechtsakt selbst sind die Vorbereitung für die Vollendung der Befriedigung im ↗Orgasmus. Es darf aber angenommen werden, daß alle Motivbefriedigungen, sofern sie nicht nur Mittel zum Zweck anderer Motivbefriedigungen sind, erwartet, vorbereitet und bis zu einem Maximum an Lust aufgebaut werden (Toman, 1960). – Mit der V. beginnt bereits die jeweilige Motivbefriedigung, die ihrerseits eine zeitliche Ausdehnung hat. In der Zeit zwischen dem Ende der Befriedigung und dem Beginn der V. der nächsten gleichartigen Befriedigung befindet sich das Individuum, technisch gesprochen, im Zustand der Nichtbefriedigung, der vorübergehenden Enthaltsamkeit oder Deprivation.

Lit.: Freud, S.: Vorlesungen zur Einführung in die Psychoanalyse (1916/17). Ges. Werke, Bd. 11. London, 1948; **Toman, W.:** Introduction to psychoanalytic theory of motivation. London – New York, 1960. *W. Toman*

Vorpubertät, etwa 1 Jahr umfassender Entwicklungsabschnitt vor Beginn der ↗Pubertät. In der älteren dt. Entwicklungspsychol. als „Flegelalter", „zweites Trotzalter" oder „negative Phase" bezeichnet. Es treten eine unspezifische emotionale und Verhaltenslabilität, verstärktes Interesse an Psychischem sowie eine starke Beschleunigung des Längenwachstums ein (präpuberaler Wachstumsschub). Insofern ist die V. tatsächlich eine besondere ↗Entwicklungs-„Phase" und damit die empirische Basis des im übrigen überholten Phasenkonzepts der Gesamtentwicklung. Viele Besonderheiten der V. sind nicht, wie früher angenommen, reifungs-, sondern kultur-, d. h. erfahrungsbedingt. *H.-J. Kornadt*

Vorsatz. Unter V. versteht man Wissen und Wollen der Tatbestandsverwirklichung. Als intellektuelles Moment ist die Kenntnis der tatsächlichen Umstände erforderlich, die die Merkmale eines strafgesetzlichen Tatbestandes erfüllen. Das voluntative Element besteht darin, daß der Rechtsbrecher die von ihm erkannte Möglichkeit einer Tatbestandsverwirklichung in seinen Willen aufnimmt und sich für sie entscheidet. Vom V. sind Motiv, Absicht und Fahrlässigkeit zu unterscheiden. *Motiv* bezeichnet den individuellen Beweggrund, der mit der Straftat verfolgt wird. Bei der *Absicht* kommt es dem Straftäter gerade auf die Verwirklichung eines bestimmten tatbestandlichen Erfolges an. *Fahrlässig* handelt schließlich, wer die Sorgfalt außer acht läßt, zu der er nach den Umständen und seinen persönlichen Verhältnissen verpflichtet und fähig ist, und wer deshalb nicht erkennt, daß er einen strafgesetzlichen Tatbestand verwirklicht.

H. J. Schneider

Vorschlagswesen, innerbetriebliche Einrichtung, um alle Mitglieder eines Unternehmens zum Nachdenken über das Betriebsgeschehen anzuregen, ihre Erfahrungen zur Verbesserung der technischen, organisatorischen, personellen, sicherheitlichen usw. Faktoren der Arbeitsabläufe zu erfassen, diese Vorschläge auf ihre Praktikabilität hin zu beurteilen, zu bewerten (Prämien meist durch Betriebsvereinbarung festgelegt; darüber hinausgehend Gesetz über Arbeitnehmererfindungen 1967) und zu verwirklichen; damit gleichermaßen Möglichkeit zur Mitbestimmung am Arbeitsplatz wie Methode der Produktivitätssteigerung und der ↗Menschenführung.

Lit.: Krafft, W.: Das betriebliche V. als Gruppenaufgabe und Gruppenproblem. Berlin, 1966. *G. Marschner*

Vorschulalter (Synonym: *Kindergartenalter*), die letzten Jahre vor Eintritt in die Grundschule. Der Terminus wird meist im Zusammenhang mit gezielter vorschulischer Förderung der Kinder verwendet (Förderung der allg. ↗Intelligenz, des ↗Sprechens, der ↗Kreativität). Da das Schuleintrittsalter nach Ländern verschieden ist, bezieht sich der Begriff V. auf keinen festen Altersabschnitt.

R. Oerter

Vorschulerziehung. Planvolle Förderung von Kindern vor ihrem Schuleintritt ab 4. Lebensjahr (davor: ↗Frühförderung). Die Thesen

Blooms, demzufolge die Entwicklung der geistigen Fähigkeiten in den ersten Lebensjahren am erfolgreichsten zu fördern sei, und das Wissen um die Zusammenhänge von Schichtzugehörigkeit, Sprachverhalten und Schulerfolg (Bernstein, Oevermann) führten zur „kompensatorischen" V. mit dem Ziel der Beseitigung von Sprachdefiziten und Defiziten in der kognitiven/motorischen Entwicklung. Über Sprachförderungsprogramme zum Abbau von „Sprachbarrieren" hinaus wurden Angebote zur Förderung verschiedener Fähigkeiten aufgestellt wie für Begriffsbildung, Bewegungskoordination, Wahrnehmung, Motorik. Zusätzlich wird Elternarbeit intensiviert zur optimalen Betreuung im häuslichen Bereich.

Lit.: Baumgartner, A. & D. Geulen (Hrsg.): Vorschulische Erziehung. 2 Bde. Weinheim, 1975; **Bennwitz, H. P. & F. E. Weinert:** CIEL: Ein Förderungsprogramm zur Elementarerziehung und seine wissenschaftlichen Voraussetzungen. Göttingen, 1973; **Bronfenbrenner, U.:** Wie wirksam ist kompensatorische Erziehung? Stuttgart, 1974.

H. Buchta

Vorstellung. Unter einer Erinnerungs- oder Gedächtnis-V. versteht man die bei Abwesenheit entsprechender Sinnesreize im ↗Bewußtsein erfolgende Repräsentation früher wahrgenommener Gegenstände oder Vorgänge. Bei einer Phantasie-V. handelt es sich um die subj. Verbindung (Neukombination) von Bestandteilen früherer Wahrnehmungen. Wesentlich für alle echten V.en ist das Fehlen des Realitätscharakters, also das Wissen um das Nichtgegenwärtigsein des Vorgestellten in der Außenwelt. Gegenüber Eindrücken von Sinneswahrnehmungen sind V.inhalte in der Regel undeutlich, unbeständig, ärmer an Einzelheiten und nicht genau im Raum lokalisiert. Sie weisen nicht die Persistenz und Kontinuität von Wahrnehmungserlebnissen auf. Entsprechend den einzelnen Sinnesgebieten unterscheidet man optische (visuelle), akustische (auditive), kinästhetische (motorische), taktile, olfaktorische und gustatorische V.en; wenn an einer V. mehrere Sinnesmodalitäten beteiligt sind, spricht man von einer zusammengesetzten Vorstellung.

V.en müssen von den mit wahrnehmungsähnlichem Realitätscharakter zwanghaft auftretenden ↗Halluzinationen abgehoben werden. Ob die sog. eidetischen (↗Eidetik) Phänomene qualitativ von bes. intensiven visuellen V.en verschieden sind, ist umstritten.

Theorien über V.en haben in der ↗Geschichte der Psychol. und Philosophie eine bedeutende Rolle gespielt (J. Locke, D. Hume, G. W. Leibniz, G. F. Herbart). In manchen älteren Systemen wurde jeder mehr oder weniger anschauliche Bewußtseinsinhalt als V. bezeichnet. Später zeigte sich oft das Bestreben, in den V.en das Fundament des gesamten geistigen Lebens zu sehen sowie die Verknüpfungsregeln und Gesetzmäßigkeiten des Ablaufs von V.en als die wesentlichen Ordnungsprinzipien des Seelischen anzuerkennen. Erste Ansätze zu empirischen Untersuchungen über Erscheinungsweisen und Funktionen von V.en hat F. ↗Galton unternommen.

Im Hinblick auf interindividuelle Unterschiede der V.tätigkeit gelangte man, namentlich im Anschluß an J. M. Charcot, zur Beschreibung sog. „Vorstellungstypen" (visueller, akustischer, motorischer Typ usw.). Zur genaueren Bestimmung der individuell vorherrschenden V.art wurden mehrere weitgehend obj. Methoden entwickelt (Assoziations-, Erlernungs-, Distraktions-, Fragebogen-, Buchstabiermethode, Buchstabenquadrat, Bildbeschreibung, Stilanalyse; vgl. Woodworth & Schlosberg, 1965). Die ↗Validität dieser Methoden wurde jedoch mehrmals in Zweifel gezogen. Nach Betts (1909) ist die Unterscheidung von V.typen nicht gerechtfertigt, weil zwischen der V.fähigkeit auf verschiedenen Gebieten hohe Korrelationen bestehen sollen.

Bevorzugte Forschungsthemen waren lange Zeit die Gesetze des V.verlaufs (der V.reproduktion) sowie die Frage nach der Bedeutung von V.en für Denk-(Problemlösungs-)Prozesse und die Begriffsbildung (↗Denken; ↗Sprache). Zur Erklärung des V.verlaufs wurden von assoziationstheoretischer Seite (G. E. Müller) vor allem die sog. Gesetze der Koexistenz, der Sukzession und der Ähnlichkeit sowie die Perseverationstendenz herangezogen (↗Assoziation). Um auf dieser Grundlage auch die willkürliche V.tätigkeit und das Lösen bestimmter Aufgaben (z. B. das Finden eines übergeordneten Begriffs) verständlich zu machen, bediente man sich u. a. des Konzepts der Ausgangs- und der Ziel- oder Richtungs-V. in Verbindung mit der Lehre von den V.komplexen. Demgegenüber wurde von Vertretern der ↗„Würzburger Schule" den V.en nur eine untergeordnete oder gar keine Bedeutung für das eigentliche Denken zugesprochen („vorstellungsfreies", „unanschauliches" Denken). V.en sollen demnach oft lediglich als „Illustrationen" des Denkprozesses dienen. Wieweit sie das Denken i.e.S. fördern oder hemmen, soll vom Grad ihrer Deutlichkeit und Konkretheit abhängen. Das Bilden oder Verstehen eines Begriffes kann mit V.en einhergehen; der Begriff selbst ist jedoch nicht identisch mit einer bestimmten Vorstellung. Vertreter der sog. Motortheorie des Denkens bzw. Bewußtseins weisen darauf hin, daß V.en, z. B. mot. und visuelle V.en, von Spannungsänderungen in den zugehörigen Muskelpartien, z. B. der Arm- und Augenregion, begleitet sind (Jacobson, 1932; Max, 1935). Bei völliger Entspannung der betreffenden Muskeln soll auch die V. verschwinden bzw. die mit der V. einhergehende geistige Tätigkeit unmöglich sein. Daraus kann jedoch nicht zwingend ein Kausalzusammenhang zwischen Muskelaktivität und V.tätigkeit abgeleitet werden.

Nach psychoanalytischer (↗Psychoanalyse) Auffassung fungieren gewisse V.en als Repräsentanzen und Sicherheitsventile gestauter Triebenergien, wenn wegen Abwesenheit oder Unerreichbarkeit des Triebobjekts die direkte Energieabfuhr über die Triebhandlung unmöglich ist. Die motivationale Bedeutung von V.en ergibt sich u. a. aus ihrem möglichen Vorwegnahmecharakter. V.inhalte können auch ohne Beteiligung des bewußten Wollens den Antrieb zur Verwirklichung (Ausführung) des Vorgestellten erregen.

Unter bestimmten toxischen Einflüssen, z. B. durch ↗Meskalin, kommt es zu erheblichen Veränderungen, vor allem zu einer außerordentlichen Intensivierung der V.tätigkeit und der V.inhalte. Aber auch durch extreme Wahrnehmungsverhältnisse, namentlich durch eine drastische Reduktion, Homogenisierung, Monotonisierung und Bedeutungsminderung der Wahrnehmungseindrücke (sensorische Deprivation; vgl. Solomon et al., 1961), können ungewöhnliche V.inhalte visueller, akustischer und kinästhetischer Art hervorgerufen werden. Gegen eine Bezeichnung dieser Phänomene als ↗„Halluzinationen" ist einzuwenden, daß die meisten Vpn diesen Bewußtseinsinhalten trotz ihrer Eindringlichkeit keinen Realitätscharakter zusprechen, also sie nicht auf spezifische Umweltreize zurückführen.

Lit.: Allport, G. W.: Eidetic imagery. Brit. J. Psychol., 1924, *15*, 99–120; **Betts, G. H.:** The distribution and functions of mental imagery. New York, 1909; **Corso, J. F.:** The experimental psychology of sensory behavior. New York, 1967; **Humphrey, G.:** Thinking. London, 1951; **Jacobson, E.:** Progressive relaxation. Chicago, 1929; **ders.:** The electrophysiology of mental activities. Amer. J. Psychol., 1932, *44*, 677–694; **Max, L. W.:** An experimental study of the motor theory of consciousness III, IV. J. comp. Psychol., 1935, *19*, 469–486; 1937, *24*, 301–344; **Müller, G. E.:** Zur Analyse der Gedächtnistätigkeit und des V.verlaufes. Z. Psychol., Erg.-Bde *5,8,9*, 1911, 1913, 1917; **ders.:** Abriß der Psychologie. Göttingen, 1924; **Solomon, P., et al.** (Hrsg.): Sensory deprivation. Cambridge (Mass.), 1961; **Traxel, W.:** Kritische Untersuchungen zur Eidetik. Arch. ges. Psychol., 1962, *114*, 260–336; **Woodworth, R. S. & H. Schlosberg:** Experimental psychology. London, 1965.

F. Süllwold

Vorstellungstypen *(Sinnestypen)* bezeichnen das jeweils bei der Wahrnehmung bevorzugte Sinnesgebiet: akustischer oder auditiver (Hören), gustatorischer (Geschmack), motorischer oder kinästhetischer oder taktiler (Bewegungswahrnehmung), olfaktorischer (Geruch) und optischer oder visueller (Sehen) Typ.

W. Kretschmer

Vorurteil. DEFINITION. Der Begriff V. *(prejudice)* bedeutet „eine vorgefaßte Meinung oder ↗Einstellung (gegen oder für eine Person oder einen Gegenstand)" (The Concise Oxford Dictionary, 942).

In der ↗Sozialpsychologie wird V. hauptsächlich im Sinne einer feindlichen Haltung gegenüber einer oder mehreren sozialen ↗Gruppen verwendet (z. B. gegenüber rassischen, nationalen, ethnischen oder religiösen Gruppen). So definierte Allport (1954, 9) V. als „eine Antipathie aufgrund einer falschen und unflexiblen Verallgemeinerung, die empfunden und auch ausgedrückt werden kann. Diese Antipathie kann sich gegen eine Gruppe als Ganzes richten oder gegen ein Individuum, weil es dieser Gruppe angehört."

V. ist eine ↗Einstellung. Es unterscheidet sich von dem Begriff „Diskriminierung", der in diesem Zusammenhang definiert werden kann als ungerechte Behandlung von Individuen infolge ihrer Zugehörigkeit zu einer bestimmten ↗Gruppe. V.e können, aber müssen sich nicht als Diskriminierung auswirken, und Diskriminierung kann, muß aber nicht ein V. als Ursache haben.

Soziale und individuelle Ansätze. Die Unterscheidung zwischen V. und Diskriminierung entspricht, grob gesehen, den unterschiedlichen Schwerpunkten, welche in den Arbeiten von Sozialwissenschaftlern gesetzt werden, je nachdem, ob diese hauptsächlich an sozialen oder vorwiegend an psychol. Prozessen interessiert sind. Die ersteren versuchen, die sozialen Charakteristika von Situationen zwischen Gruppen (wie z. B. den Wettlauf um das Geld, Macht- und Statusunterschiede usw.) mit den möglichen sozialen Auswirkungen solcher Bedingungen (wie etwa Diskriminierung) in Verbindung zu bringen. Die letzteren sind mehr an der Entstehung von V.en in einem Individuum interessiert, an der Analyse der verschiedenartigen Aspekte dieser V.e und an den bestehenden Beziehungen zwischen den V.en und dem offenen sozialen Verhalten des Individuums. Der Forschungsgegenstand dieser beiden Interessengruppen überschneidet sich in vielen Punkten. Der traditionelle psychol. Standpunkt wurde von Berkowitz (1962) formuliert in seiner Betonung „der Bedeutung einer individuumzentrierten Betrachtungsweise bei der Erforschung der Gruppenbeziehungen" (↗Gruppendynamik). Interaktionen zwischen ↗Gruppen werden letztlich zu Problemen der Psychol. des Individuums. Die Wechselwirkung zwischen sozialen und kulturellen Faktoren (z. B. soziale ↗Normen) und psychol. Determinanten des V. wurde auch von vielen anderen Sozialpsychologen hervorgehoben (z. B. Pettigrew, 1958).

Psychologische Theorien zum Problem des Vorurteils. V.e kann man unter dem Aspekt ihrer *motivationalen, kognitiven* oder *Verhaltens*komponenten betrachten. Diese verschiedenen Ansätze ergänzen sich eher, als daß sie sich gegenseitig ausschließen. Man nahm an, daß der motivationale Ursprung des V. in der Reaktion des Menschen auf ↗Frustrationen zu suchen sei und der daraus resultierenden Verschiebung der ↗Aggressivität. Dollard et al. (1939) haben in ihrer Theorie eine Synthese aus Freudschen Ideen und Konzepten der ↗Lerntheorie angestrebt. Hier geht es um die Annahme, daß eine störende Einwirkung auf zielgerichtetes Verhalten eine Frustration zur Folge hat, die wiederum feindliche Impulse schafft. Wenn diese nicht gegen das frustrierende Agens gerichtet werden können, findet eine „Verschiebung" auf andere Objekte statt. Daher werden sich also die auf eine in der sozialen Umgebung erlittene Frustration folgende Feindseligkeit und Aggression bevorzugt auf Außenseitergruppen zentrieren, die verhältnismäßig leichte Zielscheiben abgeben. Mit dieser Feindseligkeit gehen ↗Projektionen und ↗Rationalisierungen einher, die für das Individuum die Funktion haben, seine Wahl der Ersatzobjekte zu rechtfertigen.

Die ↗Frustrations-Aggressions-Hypothese wurde auch mit Annahmen über die ↗Generalisierung von Aggression in Verbindung gebracht, denen die aus der Hullschen ↗Lerntheorie abgeleiteten Konzepte zugrunde liegen. Eine neuere kritische Analyse, die sich auf expt. Untersuchungen stützt, kann bei Berkowitz (1962) nachgelesen werden.

Einen bedeutenden Fortschritt im Verständnis des V. und vom Standpunkt seiner Rolle in der Persönlichkeitsstruktur stellt die Arbeit von Adorno et al. (1950) dar. Die Autoren betrachten V.e als ein Symptom, welches man nur auf dem Hintergrund der emotionalen ↗Bedürfnisse sehen sollte, das für Individuen mit dem Syndrom der ↗„autoritären Persönlichkeit" charakteristisch ist. V.e werden nicht als isolierte ↗Einstellungen betrachtet, sondern sind „verflochten mit der ganzen Art und Weise, wie der Einzelne an Probleme der verschiedenartigsten Bereiche – angefangen bei den intimsten Dingen wie Familien- und Sexualanpassung über Beziehungen zu anderen Menschen im allg. bis zur religiösen, sozialen oder politischen Philosophie – herangeht und über sie denkt" (S. 971). Die Aufstellung dieser Theorie löste eine weitverbreitete methodologische und theoretische Kritik aus, die hauptsächlich auf die ↗Validität der verwandten Meßmethoden abzielte (z. B. Christie & Jahoda, 1954), sich mit der Möglichkeit weiter gefaßter theoretischer Formulierungen befaßte (z. B. Rokeach, 1960) und die Rolle situationsbedingter Variablen bei der Genese von V.en betonte (z. B. Pettigrew, 1958; Banton, 1967).

Das Interesse an den *kognitiven* Aspekten der V.e zeigte sich zuerst in den Untersuchungen über ↗Stereotype, d.h. über das Charakterisieren einer Gruppe durch allg. Merkmale bei Vernachlässigung individueller Differenzen. Dieses Interesse wurde durch den Einfluß von Allport (1954) und anderen verstärkt und führte zu einer Analyse der Stereotype als einem Aspekt der allg. Tendenz, die soziale Umgebung zu kategorisieren, um so ihre Komplexität einer kognitiven Erfassung zugänglich zu machen.

Man hat herausgefunden, daß die Änderungsresistenz feindlicher Stereotype in linearer Beziehung zu der Intensität des Vorurteils steht, das die stereotype Auffassung widerspiegelt.

Soziale Übereinstimmung im Gebrauch von Stereotypen ist von Manz (1968) ausführlich untersucht worden. Das System von Meinungen und Haltungen, das der Bildung von Stereotypen zugrunde liegt, wurde von Tajfel (1969) untersucht und zwar unter Berücksichtigung der Versuche eines Individuums, die Prozesse sozialer Veränderungen, durch die es betroffen wird, zu verstehen und der Konsequenzen, die sich daraus für sein soziales Verhalten ergeben.

Verschiedene Aspekte der V.e sind mit einer Vielfalt von Methoden untersucht worden. Diese reichen von Experimenten zur Prüfung von spezifischen Hypothesen über ↗Einstellungsskalen, ↗Fragebögen und ↗Beobachtungen bis zu tiefenpsychol. ↗Interviews, Feldstudien und entwicklungspsychol. Untersuchungen.

VORURTEIL UND VERHALTEN. Da die Beziehungen zwischen V. und Verhalten sehr komplex sind, können keine vereinfachten Generalisierungen vorgenommen werden. In seinen – wegen der Kombination von Einstellungs-, Verhaltens- und Situationsvariablen hervorragenden – Untersuchungen setzte Sherif (1966) Konflikt und Wettstreit zwischen den Gruppen in Beziehung zur Entstehung von Gruppeneinstellungen und dem daraus resultierenden Verhalten. Damit wurde Sherifs Arbeit vielleicht wegweisend für die zukünftigen Entwicklungen. Das Studium der V.e in ihrer Beziehung zu sozialem Verhalten und die Erforschung von Bedingungen, die zur Intensivierung oder Reduktion von V.en führen, müssen eine Analyse der psychol. Prozesse mit einbeziehen, in der der soziale gegen den kulturellen Hintergrund der Beziehungen zwischen den Gruppen sorgfältig abgehoben ist. ↗Stereotyp.

Lit.: Adorno, T. W., et al.: The authoritarian personality. New York, 1950; **Allport, G. W.:** The nature of prejudice. Cambridge (Mass.), 1954 (dt.: Die Natur des Vorurteils. Köln, 1971, hrsg. v. C. F. Graumann); **Banton, M.:** Race relations. London, 1967; **Bergler, R.:** Vorurteile – erkennen, verstehen, korrigieren. Köln, 1978; **Berkowitz, L.:** Aggression: A social psychological analysis. New York, 1962; **Christie, R. & M. Jahoda** (Eds.): Studies in the scope and method of the „authoritarian personality". Glencoe (Ill.), 1954; **Dollard, G., et al.:** Frustration and aggression. New Haven, 1939 (dt.: Frustration und Aggression. Weinheim, [5]1973; **Ehrlich, H. J.:** Das Vorurteil. München – Basel, 1979; **Karsten, A.** (Hrsg.): Vorurteil. Darmstadt, 1978; **Manz, W.:** Das Stereotyp. Zur Operationalisierung eines sozialwissenschaftlichen Begriffs. Meisenheim a.G., 1968; **Pettigrew, T. F.:** Personality and socio-cultural factors in intergroup attitudes: a cross, national comparison. J. Confl. Resol., 1958, *2*, 29–42; **Rokeach, M.:** The open and closed mind. New York, 1960; **Schäfer, B. & B. Six:** Sozialpsychol. des Vorurteils. Stuttgart, 1978; **Sherif, M.:** In common predicament: Social psychology of intergroup conflict and cooperation. Boston, 1966; **Tajfel, H.:** Cognitive aspects of prejudice. J. Biosocial Sci., 1969, *1*, Suppl. No. 1: Biosocial aspects of race, 173–191.

H. Tajfel

Vorversuch. Ein V. (auch Vortest) wird vor einem aufwendigen Hauptversuch durchgeführt, damit Informationen gesammelt werden können, die eine größere Effizienz des Hauptversuchs garantieren bzw. entscheiden helfen, ob seine Durchführung überhaupt sinnvoll ist. So wird z. B. bei der ↗Versuchsplanung im V. abgeklärt, in welcher Richtung eine Tendenz zu erwarten ist oder wie groß der Stichprobenumfang des Hauptversuchs gewählt werden muß. ↗Versuchsplanung; ↗Methoden der Psychologie. *H.-J. Steingrüber*

Vorzeichentest. Der V. ist ein nichtparametrisches Verfahren, mit dem zwei abhängige Stichproben auf Differenzen hinsichtlich ihrer zentralen Tendenz geprüft werden können. Er ist dann indiziert, wenn die Stichproben unter verschiedenen Bedingungen beobachtet werden und diese Beobachtungsdaten sich paarweise gruppieren lassen. Im Unterschied zum ↗Wilcoxon-Test für Paardifferenzen müssen dabei die Beobachtungspaare nicht unbedingt homogen sein, d. h. der gleichen Population entstammen (z. B. im Hinblick auf Alter und Geschlecht). Die absolute Größe der Differenzen der einzelnen Stichprobenpaare spielt beim V. keine Rolle, sondern nur die Richtung der Differenzen, die jeweils durch das Vorzeichen (+, −) dargestellt wird. Geprüft wird, mit welcher Wahrscheinlichkeit das beobachtete Vorzeichenverhältnis vom Vorzeichenverhältnis 1:1 abweicht. Der V. prüft bei kleineren Stichproben über die ↗Binomialverteilung, bei größeren Stichproben ($N > 25$, oft schon bei $N > 10$) erfolgt die Approximation durch die ↗Normalverteilung. ↗Verteilungsfreie Tests; ↗Statistische Tests.

Lit.: Dixon, W. J. & A. M. Mood: The statistical sign test. J. Amer. Statist. Assoc., 1946, *41*, 557–566.

H.-J. Steingrüber

Voyeur *(Voyeurtum).* V.e sind Personen, die durch (heimliches) Beobachten von sexuellen Objekten oder Situationen sexuelle Erregung und Befriedigung erlangen. Voyeurismus = Voyeurtum ist nicht identisch mit „Schaulust", die schon S. ↗Freud als intermediäres Sexualziel „des sexuell betonten Schauens" („Weg, auf dem die libidinöse Erregung am häufigsten geweckt wird") zu den normalen Varianten des Sexualverhaltens zählte (Freud, 1904/05). Schaulust wird erst zum Voyeurismus, wenn sie das einzige oder dominierende Sexualziel im sexuellen Verhalten einer Person bleibt. Der V. wird dann i.e.S. zum „Spanner" (= heimlichen Beobachter = angloamerik. „peeper"), er ist vorwiegend männlichen Geschlechts (Durchschnittsalter ca. 24 Jahre), beobachtet unter Wahrung seiner Anonymität heimlich fremde sich entkleidende oder nackte Frauen, auch sich sexuell betätigende Paare und erreicht dadurch (mit oder ohne Masturbationspraktiken) sexuelle Befriedigung. Die Mehrzahl der gewohnheitsmäßigen V.e scheint im allg. ein inadäquates heterosexuelles Leben zu führen, selten verheiratet zu sein und relativ früh delinquent zu werden (Gebhard et al., 1965). Voyeurismus als sexuell deviantes Verhalten provoziert relativ schwache gesellschaftliche Reaktionen (verglichen z. B. mit ↗Inzest) und ist relativ wenig verbreitet (verglichen z. B. mit männlicher ↗Homosexualität: Simon & Gagnon, 1970). Freud sieht im Voyeurismus eine infantile ↗Fixierung an ein vorläufiges Sexualziel der kindlichen Sexualentwicklung: an die objektgebundenen ↗Partialtriebe der aktiven und passiven Schaulust (Streben nach Schauen = Voyeurismus und Streben nach Beschautwerden = ↗Exhibitionismus); er betrachtet den Voyeurismus als krankhaftes Symptom und ↗Perversion, wenn diese Verhaltensweise im Erwachsenenalter Ausschließlichkeitscharakter bekommt.

Lit.: Freud, S.: Drei Abhandlungen zur Sexualtheorie (1904/05). Ges. Werke, Bd. 5. London, 1942; **Gebhard, P. H., et al.:** Sex offenders. London, 1965; **Simon, W. & J. H. Gagnon:** Sexuelle Außenseiter. Hamburg, 1970; **Giese, H.:** Psychopathologie der Sexualität. Stuttgart, 1962.

H. Maisch

Vp, Abk. für ↗Versuchsperson.

VTE, Abk. für *vicarious trial and error,* symbolisches Versuch-Irrtum-Verhalten. Tritt bei *Diskriminations-* und *Labyrinthlernen* auf (↗Diskriminationsexperimente), wenn Versuchstiere zwischen mehreren möglichen Verhaltensweisen zu wählen haben (z. B. zwischen Rechts- und Linkswendung im T-Labyrinth). In solchen Situationen läßt sich beobachten, daß das Vt zögert, nach links und nach rechts blickt, bevor es sich für eine der Alternativen entscheidet (Muenzinger, 1938).

Diese sog. symbolischen Versuch-Irrtum-Reaktionen werden u. a. als Orientier- und Probierbewegungen gedeutet. Jedoch scheint kein eindeutiger Befund für die Annahme Muenzingers und E. C. ↗Tolmans vorzuliegen, daß das VTE-Verhalten das ↗Lernen erleichtert (Goss & Wischner, 1956).

Lit.: Goss, A. E. & G. J. Wischner: Vicarious trial and error and related behavior. Psychol. Bull., 1956 *53*, 35–54; **Muenzinger, K. F.:** Vicarious trial and error at a point of choice: I. A general survey of its relation to learning efficiency. J. genet. Psychol., 1938, *53*, 75–86. *M. Hofer*

VVT ↗Verkehrs-Verständnis-Test.

Vygotsky, *Lev Semenovich,* *1896, †1934; sowjetischer Psychologe, der eine der nuanciertesten und einflußreichsten sozialhistorischen Theorien der Sprache und Begriffsbildung entwickelt hat. V. studierte an der Universität in Moskau und forschte auf dem Gebiet der Erziehungs- und Entwicklungspsychologie und der Psychopathologie. Sein Hauptwerk „Denken und Sprache" wurde 1936 verboten, weil es gegen die speziellen Richtlinien der Pseudo-Psychologie verstieß, die vom Stalinismus empfohlen waren; aber V. war und ist von Einfluß auf einen Teil des fruchtbarsten psychol. Denkens in der Sowjetunion geblieben. Nach seiner Auffassung ist das Denken in einer internalisierten Form aus sichtbaren Handlungen abgeleitet, insbesondere aus der Internalisierung des äußeren Dialogs. Er gründet sein Werk auf K. Bühler, W. Stern und den frühen Piaget und betrachtete innere Sprache als innere Repräsentation. V.s Betonung der menschlichen Fähigkeit, frühere Denkstrukturen zu ersetzen und wiederzubeleben, ist zugleich eine Betonung der Vielfalt der individuellen Formen der Sprach-, Denk- und Persönlichkeitsentwicklung. ↗Aktpsychologie. *J. Cumming*

Vygotsky-Test, eine von Sakharov, einem Mitarbeiter Vygotskys (1934), ausgearbeitete Variante der Achschen „Suchmethode" zur Untersuchung des Begriffslernens (concept formation), bes. bei Schizophrenen. Zwischen 22 Holzkörpern mit möglichen Variationen nach Größe, Form und Farbe (Vygotsky-Blöcke) soll eine Konzeptbeziehung zu einer gleichen Anzahl sinnloser Silben gebildet werden durch fortlaufende Manipulation und Demonstration. Auswertungsgesichtspunkte: zur Lösung benötigte Zeit und Korrekturen, Umstellungsfähigkeit.

Lit.: Hanfmann, E. & J. Kasanin: A method for the study of concept formation. J. Psychol., 1937, *3*, 521–540; **Vygotsky, L. S.:** Denken und Sprache. Frankfurt a.M., 1977 (russ. Orig.: Moskau, 1934). *F.-C. Schubert*

W

Wachstumshormon ↗Hormon.

Wachstumsmotive ↗Defizitmotivation.

Wachtraum, Wachvision, syn. Bezeichnungen für *Tagträume.* In ihnen gibt sich das Subjekt mehr oder minder hypertrophierten Phantasiegebilden hin, welche ihm ein gewisses Lustgefühl verschaffen oder zumindest die Lust am Spielen mit sich bringen. Sie sind bei Jugendlichen und Kindern häufig, jedoch dauern sie bei manchen Personen das ganze Leben hindurch an. Ihr Sinn ist im allg. die Verwirklichung eigener Wünsche. *J. López Ibor*

Wählerverhalten, das Verhalten von Wahlberechtigten in (politischen) Wahlsituationen. Themen der Forschung sind Deskription (z. B. soziodemographische Struktur, Wechselwähler, Trends), Erklärung (z. B. ‚Kanzlereffekt', Wahlpropaganda) und vor allem Prognose des künftigen W. Daten des W. werden in der Regel über Umfragen an ↗Stichproben der Wahlberechtigten gewonnen. Unter methodologischen Gesichtspunkten spielen insbesondere Flächenstichproben (Auswahl repräsentativer Stimmbezirke) und sog. Panelstichproben (fortlaufende Befragung identischer Stichproben) und Simulationen des W. eine Rolle. *H. Haase*

Wahlreaktion. Als W. bezeichnet man neben den einfachen Reaktionen und den Unterscheidungsreaktionen alle diejenigen Reaktionen, bei denen die Vp mehrere verschiedenartige Reize mit jeweils spezifischen Reaktionen zu beantworten hat. So muß sie z. B. auf rotes Licht mit der linken Hand, auf blaues Licht mit der rechten Hand und auf weißes Licht mit beiden Füßen eine Taste niederdrücken. In diesen Exp.en sind von der Vp vornehmlich sensorische Diskriminations- und entsprechende mot. Zuordnungsleistungen zu erbringen. Bei W.en sind die Reaktionszeiten gegenüber anderen Reaktionssituationen deutlich verlängert. Die Reaktions- bzw. Determinationstestgeräte bieten W.situationen und verlangen von den Pbn mehr oder weniger schnell aufeinanderfolgende Wahlreaktionsleistungen. *A. Thomas*

Wahn, ↗*Paranoia,* Krankheitszustand, der durch W.ideen gekennzeichnet ist. W.ideen sind pathologisch verfälschte Bewußtseinsinhalte (↗Kognitionen), die „einer Berichtigung durch Beweisgründe nicht zugänglich sind" (E. ↗Kraepelin). Man unterscheidet den *echten Wahn* (primärer W.), der fast nur bei der ↗Schizophrenie vorkommt, vom *Erklärungswahn* (sekundärer W.), der bei allen ↗Psychosen und seltener bei anderen psychischen Störungen vorkommen kann. Zwischen dem psychologisch nicht verstehbaren primären W. (endogen-prozeßhaft-bedingt) und den psychologisch verstehbaren (psychisch-reaktiven) wahnhaften Einbildungen (bes. bei ↗Neurosen und ↗Psychopathien) gibt es alle Übergangsstufen. Die W.ideen können nach ihren Inhalten unterschieden werden (z. B. ↗Beziehungswahn, ↗Größenwahn, Verfolgungswahn), obwohl diese keine sicheren diagnostischen Schlüsse zulassen, bes. dann nicht, wenn der W. vorwiegend ↗endogen bedingt ist.

Lit.: Kolle, K.: Psychiatrie. Stuttgart, [6]1967; **Kretschmer, E.:** Der sensitive Beziehungswahn. Berlin, [4]1966.

F. Mattejat

Wahnsinn. Diese Bezeichnung wird heute nicht synonym für ↗Psychose gebraucht, sondern wird für einen medizinisch-juristisch beschriebenen Zustand vorbehalten, speziell für eine Geisteskrankheit, aufgrund deren der Patient für seine Handlungen nicht verantwortlich ist oder ihm die Konsequenzen seines Tuns nicht bewußt sind. ↗Schuldfähigkeit.

R. Hetherington

Wahrhaftigkeit ist die Übereinstimmung aller Äußerungen des Menschen mit seiner inneren Überzeugung. Abfall von der W. ist nach Thomas von Aquin Abfall vom Sein und Leben. W. bezieht sich auf die geistige Erschließung der eigenen Person in ihrer Umwelt. W. steht mit den Tugenden der Klugheit, Liebe, Gerechtigkeit u.a. in Korrespondenz. Die Erziehung zur W. umschließt auch Mut, Tapferkeit, Einfachheit, Gewissenhaftigkeit. Die Mitteilung ist Träger und Form des Wahrheitsinhaltes. Das Gewissen ist das menschliche Erlebnisorgan für die Wahrheit (Wahrhaftigkeit).

Lit.: Müller, G.: Die Wahrhaftigkeitspflicht und die Problematik der Lüge. Freiburg, 1962.

J. Hasenfuß

Wahrheitsserum ↗Truth drug.

Wahrnehmung. 1. *Definition.* Die W. ist eine psychol. Funktion, die dem Organismus (mittels spezieller Einrichtungen: ↗Sinnesorgane) die Aufnahme und Verarbeitung von ↗Information betreffs Zustand und Veränderung der Außenwelt ermöglicht.

2. In der *↗Erkenntnistheorie* spielt die W. eine nicht zu unterschätzende Rolle: die Leistungen des W.apparates bestimmen ja weitgehend das Weltbild des Organismus und auch die Grenzen unmittelbarer Erkenntnis. So werden auf der theoretischen Ebene die Beziehungen zwischen W. und der „objektiven" Wirklichkeit, zwischen W. und anderen psychol. Funktionen (Verstand, Motivation usw.) bzw. zwischen Erfahrung und aprioristischen Kategorien der Erkenntnis erfragt, wobei sich für die expt. Forschung dann etwa folgende Fragestellungen ergeben: Beziehungen zwischen (absoluten und differentiellen) Reizschwellen und Weltbild („mundus sensibilis"), Begrenzung möglicher Erfahrung durch Sinnesdefekte, Täuschungen usw.

3. *Geschichtliche Entwicklung der Wahrnehmungsforschung.* In der ↗Elementenpsychologie des 19. Jh. fiel der W. (auch „Perzeption") die Koordination elementarer ↗Empfindungen in Bildern und ↗Vorstellungen zu, die dann (meist als „Apperzeptionen") in höhere Begriffssysteme eingebaut wurden. Unter dem Einfluß der Gestaltpsychologie zeigte es sich jedoch bald, daß die W. einer Gesamtsituation nicht als einfache Summierung einzelner Elemente aufgefaßt werden konnte, sondern daß die W. von Totalitäten („Gestalten") eigenen Gestalt-Gesetzen folgt. Dieser Gegensatz zwischen Elementen- und Gestalt- (bzw. ↗Ganzheits-)Psychologie ist überholt, seit systemanalytische und kybernetische Ansätze (↗Kybernetik und Psychologie) es erlauben, eine „Ganzheit" als ein „System untereinander organisierter Teile" zu betrachten. So bemerkt man in der neueren Forschung mehr perspektivistische Ansätze, wobei die Grundbedingungen, spezifischen Eigenheiten, Leistungen und Mechanismen der W. sowie die Entwicklung und Lernfähigkeit des Individuums als in Wechselwirkung begriffen postuliert, aber dennoch meist getrennt untersucht und auf andere Funktionen des Organismus bezogen werden. ↗Geschichte der Psychologie.

4. *Wahrnehmungstheorien.* Parallel zu den methodologischen Divergenzen zwischen der Elementen- und der Ganzheitspsychol. gingen auch theoretische Uneinigkeiten, war doch die erstere dem ↗Empirismus, die zweite dagegen dem ↗Nativismus verbunden. Bemühungen, diese antithetischen Positionen zu überwinden, führten u.a. zu folgenden theoretischen Ansätzen: 1) im Transaktionalismus (A. Ames, W. H. Ittelson), in der Gradiententheorie (J. J. Gibson) und im ökologischen Probabilismus (E. Brunswick) ist die W. eher abhängig von äußeren Umständen, d. h., ein Gegenstand wird immer im Zusammenhang mit einer physikalisch bestimmten Gesamtsituation erfaßt; 2) in den Theorien funktioneller Abhängigkeit (Erwartungstheorie: D. O. Hebb; Motivationstheorie: G. Murphy, J. S.

Bruner, L. Postman; Hypothesentheorie: J. S. Bruner, L. Postman, F. Bresson; Adaptationstheorie: H. Helson; Sättigungstheorie: W. Köhler, H. Wallach usw.) wird die W. als eine Resultante innerer Zustände (physiologischer und psychologischer Art) betrachtet und hängt demnach in mancher Hinsicht von der ↗„Einstellung" des Individuums ab; 3) in den genetischen und konstruktivistischen (Lern- und Entwicklungs-)Theorien (↗Aktual-, Lokal-, Mikrogenese: F. Sanders, H. Werner; Ontogenese, Konstruktivismus, Lernpsychologie: H. Werner, J. Piaget, E. J. Gibson usw.) wird die W. als dynamischer Prozeß aufgefaßt, wobei die physikalischen Gegebenheiten der Reizkonfiguration, aber auch die aktualisierbaren Leistungen des (aktiven!) Individuums bestimmen, was und wie wahrgenommen wird.

5. *Ausblick.* Die erwähnten Theorien haben, trotz zahlreicher Überschneidungen, einen durchaus „lokalen" Charakter. Bestenfalls stehen gegenwärtig Sammlungen wissenschaftlich gesicherter Tatsachen und einige Teilerklärungen zur Verfügung, die zwar selten widersprüchlich, meist aber unvollständig sind. Sie vermitteln zwar einige Eindrücke über W.möglichkeiten und W.entwicklung des Individuums, aber in keiner Weise vermögen sie ein angemessenes Bild oder Modell des wahrnehmenden und funktionierenden Organismus zu verschaffen.

Lit.: Allport, F. H.: Theories of perception and the concept of structure. New York, 1955; **Boring, E. G.:** Sensation and perception in the history of psychology. New York, 1942; **Bower, T.:** Die Wahrnehmungswelt des Kindes. Stuttgart, 1978; **Dember, W. N.:** The psychology of perception. New York – London, 1965; **Epstein, W.:** Varieties of perceptual learning. New York – London, 1967; **Forgus, R. H.:** Perception. New York – London, 1966; **Foss, B. M.:** Brain and behaviour. Perception and action. Baltimore (Maryland, USA), 1969; **Fraisse, P.:** The psychology of time. New York – London, 1963; **Gibson, J. J.:** Principles of perceptual learning and development. New York, 1969; **ders.:** The senses considered as perceptual systems. New York, 1966; **ders.:** Die Wahrnehmung der visuellen Welt. Weinheim, 1973; **Gross, C. G. & H. P. Zeigler:** Readings in physiological psychology. New York – London, 1969; **Held, R. & W. Richards** (Eds.): Perception. Mechanisms and Models. Oxford, 1972; **Hochberg, J. E.:** Wahrnehmung. Wiesbaden, 1977; **Hock, P. H. & J. Zubin:** Psychopathology of perception. New York – London, 1965; **Kleinke, C. L.:** Self-Perception. Oxford, 1978; **Klix, F.:** Elementaranalysen zur Psychophysik der Raumwahrnehmung. Berlin, 1962; **Koch, S.** (Ed.): Psychology: a study of a science (Vol. 1: Sensory, perceptual and physiological formulations). New York, 1959; **Laing, R. D., Phillipson, H. & A. R. Lee:** Interpersonelle Wahrnehmung. Frankfurt a. M., 1973; **Linschoten, J.:** Strukturanalyse der binokularen Wahrnehmung. Göttingen, 1956; **Metzger, W.** (Hrsg.): Hdb. der Psychol.: Wahrnehmung und Bewußtsein, Bd. 1, 1. Halb-Bd. Göttingen, ²1974; **ders.:** Gesetze des Sehens. Frankfurt, ²1953; **Murch, G. & G. L. Woodworth:** Wahrnehmung. Stuttgart, 1978; **Pauli, R. & W. Arnold:** Psychol. Praktikum, Bd. 1. Stuttgart, ⁷1972; **Piaget, J.:** The mechanisms of perception. London, 1969; **Pick, A. D.** (Ed.): Perception and its development. Chichester, 1979; **Reinartz, A., Reinartz, E. & H. R. Reiser** (Hrsg.): Wahrnehmungsförderung behinderter u. schulschwacher Kinder. Berlin, 1978; **Rock, I.:** The nature of perceptual adaptation. New York – London, 1966; **Sanford, F. H. & E. J. Capaldi:** Wahrnehmung, Lernen und Konflikt. In: Moderne Psychol. Forsch., Bd. 2. Berlin – Basel, 1971; **Sheppard, J. J.:** Human color perception. New York, 1968; **Sinclair, D.:** Cutaneous sensation. London – New York, 1967; **Vernon, H. D.:** The psychology of perception. Baltimore (USA), 1962; **Wathen-Dunn, W.:** Modells for the perception of speech and visual form. London – Cambridge, 1964.

R. Droz

Wahrnehmung, motivationale ↗Motivationale Wahrnehmung.

Wahrnehmung, soziale ↗Soziale Wahrnehmung.

Wahrnehmungsabwehr. Zeigt man Pbn tachistoskopisch verschiedene Reizwörter, so läßt sich feststellen, daß der Pb trotz gleicher Struktur der vorgegebenen Wörter nicht immer gleich schnell in der Lage ist, zu sagen, was er gesehen hat. Es ergeben sich bes. bei den sog. Tabuwörtern längere Reaktionszeiten, auch wenn diese aus der gleichen Anzahl von Buchstaben zusammengesetzt sind wie entsprechende neutrale Wörter. Dieses Phänomen wird als W. oder engl. *perceptual defence* bezeichnet und ist bis heute nicht befriedigend erklärt. Im weiteren ist die Bezeichnung W. irreführend, weil ja der Pb den Reiz schon wahrgenommen haben muß, wenn eine selektive Abwehr möglich sein soll. ↗Wahrnehmung; ↗Meidungsverhalten.

Lit.: Graumann, C. F.: Nicht-sinnliche Bedingungen des Wahrnehmens. In: **W. Metzger** (Hrsg.): Hdb. der Psychol., Bd. 1, 1. Halb-Bd. Göttingen, ²1974.

R. Hänni

Wahrnehmungspsychologie ↗Wahrnehmung.

Wahrnehmungstäuschungen. BEGRIFFSINHALT. Wahrnehmungstäuschungen (WT.) beziehen sich nicht wie Erinnerungs-Täuschungen (T.en) auf das Verhältnis eines durch Spurenreaktivierung entstehenden Erlebnisinhalts zu der zeitlich zurückliegenden ursprünglichen Gegebenheit, auch nicht wie T.en des schlußfolgernden Denkens auf das Verhältnis eines realen gedanklichen Vollzugs zu dem zugehörigen logischen Sachverhalt (der meistens im Bereich eines idealen Seins angenommen wird), sondern auf das Verhältnis einer a) aktuellen ↗Wahrnehmung (W.) zu einem b) gewissen Teilbereich ihres aktuellen Bedingungskomplexes. Für die beiden Glieder dieses Verhältnisses gilt:

a) Die W. ist durch zwei „Gegenwärtigkeitsmerkmale" gekennzeichnet: Von der Vorstellung – mit der sie den allg. Phänomencharakter teilt – unterscheidet sie sich 1. konditional-genetisch dadurch, daß sie von einer zur gleichen Zeit stattfindenden Sinnesreizung hervorgerufen wird, 2. phänomenologisch dadurch, daß sie auf etwas zur gleichen Zeit, und zwar in der unmittelbaren räumlichen Umgebung, Anwesendes gerichtet ist. – Zu 1: Was die räumliche Ausdehnung der bei WT.-Effekten beteiligten Sinnesreizung angeht, so ist zwar grundsätzlich immer das vollständige Reizfeld beteiligt und in einzelnen Fällen auch tatsächlich relevant; oft genügt jedoch die Berücksichtigung eines geeigneten Ausschnitts. Zu 2: Das Analoge liegt auf der Erlebnisseite vor: In der Regel gilt die Intention nur einem mehr oder weniger großen als Figur wirkenden Teil des phänomenalen Feldes. – Von Bedeutung ist noch die Unterscheidung zwischen zwei Erlebnisweisen: einer aktiv-erfassenden und einer passiv-empfindenden; in den meisten WT.-Fällen ist die W. von der erstgenannten Art.

b) Wenn bei der Funktionalanalyse einer bestimmten W.gegebenheit Aussagen über „Richtigkeit" bzw. etwaige T.en angestrebt werden, ist aus dem Komplex von Bedingungen nur ein Teil zu berücksichtigen. Dieser ist dadurch bestimmt, daß er die Norm liefern soll, die von der betreffenden W. im Richtigkeitsfalle erreicht, im T.falle verfehlt wird. Mit der Existenz einer solchen Norm und eventueller Abweichungen der W. von ihr wird vorausgesetzt, daß die beiden Seiten des Funktionszusammenhangs, das Phänomen und jener Teilbereich von Bedingungen, vergleichbar und unter Umständen im echten Sinne kommensurabel sind. Von Physiologen wird die Norm, auf die das Phänomen zu beziehen ist, oft auf der peripheren Sinnesfläche angenommen. Zwar wird auch so, im optischen Fall durch retinale (↗Retina) Daten, ein Vergleich mit dem Phänomen möglich; für psychol. Zwecke erweist es sich aber in der Regel als angemessener, beim Aufsuchen der Norm die Kausalreihe weiter zurückzuverfolgen: statt der Reizung wird dann, namentlich wieder im Optischen, die „Vorlage" als Bezugsinstanz des Phänomens angesprochen, d. h. die um die Merkmale der Beobachtungsrichtung und -entfernung bereicherte Reiz*quelle*.

DREI ARTEN. In dem schier unermeßlichen WT.-Begriffsumfang ist zwischen drei Bereichen zu unterscheiden. Zu jedem sind als Beispiele mehrere Teilbereiche zu benennen (die z. T. selbst wieder große und differenzierte Gebiete darstellen).

1. *Neuschöpfung.* Es gibt Phänomene, bei denen sich an der intendierten Stelle der räumlichen Umgebung objektiv „überhaupt nichts" befindet, d. h. keine Inhomogenität, die als äußere Grundlage für die Entstehung des betreffenden Phänomens dienen könnte; ebenso fehlt dann natürlich die einschlägige Reizung. Zu solchen allein auf zentralen Prozessen beruhenden Erscheinungen gehören die in gewissen Ausnahmezuständen auftretenden ↗Halluzinationen. Viel häufiger und in alltäglichen W.vorgängen verwirklicht sind Fälle von (modaler und amodaler) Ergänzung; dabei werden durch die W. Vorlagelücken ausgefüllt, scheinbare Verdoppelung – durch Verdeckung oder Durchsichtigkeit – herbeigeführt u. ä. Bei der Autokinese (↗Autokinetisches Phänomen) wird das neue Produkt nicht von hinzutretenden Figurbestandteilen, sondern von Bewegungen gebildet. Entsprechendes gilt für das (ganz anders entstehende) Gamma-Phänomen (↗Gamma-Bewegung).

2. *Austausch.* Andere Effekte lassen sich

besser unter „bloßem Austausch" einordnen: Bei der (optimalen) ↗Beta-Bewegung wird das Bewegungsmoment *statt* der Sukzession verwirklicht, die Identität des Bewegungsträgers *statt* der beiden Sukzedentien. Bei der induzierten Bewegung wird von den zwei beteiligten Instanzen – die eine kann das Körper-Ich des Beobachters sein – die „falsche" zum Bewegungsträger. Auch die (täuschende) phänomenale Kausalität, die man vielleicht zunächst für eine absolute Neuschöpfung halten möchte, kann als Austauschfall – mit der reinen Sukzession als Partner – angesprochen werden.

3. *Änderung.* Bei einer dritten WT.-Art stimmt die W. mit der Vorlage im Grundsätzlichen überein, aber nicht in speziellen Beschaffenheiten, die als Variablenwerte auftreten. Beispiele: Kontrast-Effekte, ↗geometrisch-optische Täuschungen. In solchen Fällen ist das Phänomen gegenüber der Vorlage *verändert.* Die vorausgesetzte Vergleichbarkeit kommt gegenüber der grundsätzlichen „Material"-Verschiedenheit von Phänomen und Vorlage in der Regel dadurch zustande, daß für die betreffenden Qualitäten, Intensitäten und Extensionen nicht Absolutwerte, sondern Relationen herangezogen werden.

Zusätzliche Bemerkungen. WT. sind nicht nur unter dem Aspekt des Irrtums einzuschätzen, sondern können auch *Sinn und Zweck* zeigen. Ein Beispiel: die große Bedeutung der Ergänzungserscheinungen für den Aufbau der phänomenalen Welt. Eine *Geschichte* gibt es für die Lehre von den WT. zwar in ihren einzelnen Bereichen; eine historische Darstellung des *allgemeinen* WT.-Problems liefe jedoch darauf hinaus, die Entwicklung der gesamten W.theorie – mit entsprechender Zentrierung – nachzuzeichnen: So groß sind Gewicht und Integration des T.aspekts. – *Anwendung* fanden WT. u.a. bei Problemen der ↗Entwicklung, der ↗Persönlichkeit, des Gruppeneinflusses (↗Gruppendynamik). Dabei ist neben den geometrisch-optischen Täuschungen in neuerer Zeit die Autokinese bevorzugt.

Die Lehre von den WT. hat bestimmte erkenntnistheoretische Voraussetzungen. Der dualistische Ansatz, der Phänomen und Vorlage einander gegenüberstellt, beruht auf einem kritischen Realismus. Ein rein phänomenalistischer Standpunkt könnte dem WT.-Problem nicht gerecht werden. Dies gilt auch dann, wenn die T. sich auf den Körper des Beobachters bezieht, z.B. auf seine Ausrichtung im Raum, auf den Ort von Druck oder Schmerz u.ä. Der eigene Körper gehört in solchen Fällen sowohl zum Phänomen- als auch zum Vorlagebereich. ↗Geometrisch-optische Täuschungen

Lit.: Aarons, L.: Visual apparent movement research: Review 1935–1955; Bibliography 1955–1963; Perc. Mot. Skills, 1964, *18,* 239–274; **Metzger, W.:** Gesetze des Sehens. Frankfurt a.M., [2]1953; **Michotte, A., Thinès, G. & G. Crabbé:** Die amodalen Ergänzungen von Wahrnehmungsstrukturen. In: **W. Metzger** (Hrsg.): Hdb. der Psychol., Bd. 1, 1. Halb-Bd. Göttingen, [2]1974, 978–1002; **Rausch, E.:** Probleme der Metrik. In: **W. Metzger** (Hrsg.): Hdb. der Psychol., Bd. 1, 1. Halb-Bd. Göttingen, [2]1974, 776–865; **Royce, J. R., et al.:** The autokinetic phenomenon: A critical review. Psychol. Bull., 1966, *65,* 243–260.

E. Rausch

Wahrscheinlicher Fehler. Der w. F. ist ein nur wenig gebräuchliches Dispersionsmaß. Er ist als das 0,6745fache der ↗Standardabweichung definiert und findet für bestimmte Zwecke (z. B. Testkonstruktion) vor allem wegen seiner Anschaulichkeit Verwendung: bei ↗Normalverteilung liegt etwa die Hälfte der Werte im Intervall $\mu \pm 0{,}6745\,\sigma$.

H. J. Steingrüber

Wahrscheinlichkeitstheorie. Probleme der Wahrscheinlichkeit wurden zum erstenmal ernsthaft im 17. und 18. Jh. untersucht; sie tauchten vor allem im Zusammenhang mit Glücksspielen auf. Etliche der bedeutenden europäischen Mathematiker, vor allem B. Pascal, P. Fermat, P. Laplace, A. de Moivre, J. Bernoulli und T. Bayes, beschäftigten sich mit dem Problem der Wahrscheinlichkeit, und in vielen Sprachen erschienen Lehrbücher über diese Materie.

Selbst unter Experten bestehen beträchtliche Meinungsverschiedenheiten über die Möglichkeiten einer Wahrscheinlichkeitstheorie. Zum Teil dürfte dies auf die Verschiedenheit der Situationen, in denen herkömmlicherweise der Terminus „Wahrscheinlichkeit" verwendet wird, zurückzuführen sein. Drei Beispiele sollen dies veranschaulichen:

1. Am Tag des „Grand National"-Pferderennens überlegt sich ein Mann die Chancen – oder die Wahrscheinlichkeit –, daß ein bestimmtes Pferd gewinnt. Er kann den „Grad seiner Überzeugung" ausdrücken, indem er etwa dem Pferd die Chance 9:1 gibt, d. h. eine Wahrscheinlichkeit von 0.9, daß das Pferd gewinnt.

2. Eine Münze wird huntertmal geworfen, es fällt fünfundfünfzigmal Kopf. Hier können wir die Richtigkeit einer bestimmten Hypothese abschätzen, z. B., daß durch den Vorgang des Werfens und die Gewichtverteilung in der Münze nicht eine Seite häufiger nach oben zu liegen kommt als die andere, und daraus eine Wahrscheinlichkeitsaussage ableiten. Dieses Vorgehen ist bei einfachen Signifikanztests üblich.

3. Wir könnten die relativen Häufigkeiten bestimmen wollen, mit denen die sechs Seiten eines Würfels bei einer großen Anzahl von Würfen auftreten. Diese relativen Häufigkeiten beziehen sich dann auf Wahrscheinlichkeiten. Eine Schule – Savage (1962) ist nach de Fineti einer ihrer führenden Vertreter – ist der Auffassung, daß eine Theorie der Wahrscheinlichkeit dann am ehesten befriedigt, wenn sie von der Idee des „Grades der Überzeugung" oder den subj. Wahrscheinlichkeiten ausgeht (s. Beispiel 1).

Eine weitere Richtung geht im Anschluß an R. A. Fisher davon aus, daß Aussagen über Wahrscheinlichkeiten sich eigentlich auf Aussagen über die Richtigkeit von Hypothesen beziehen: d. h. von Beobachtungen, die nicht völlig gesichert sind (s. Beispiel 2).

Man sollte zwar diese beiden Standpunkte nicht außer acht lassen, aber in seiner meistverbreiteten Bedeutung bezieht sich der Terminus „Wahrscheinlichkeitstheorie" auf die Anwendung mathematischer Verfahren auf die Beschreibung von Zufallsereignissen (s. Beispiel 3), bei denen sich die relativen Häufigkeiten aller möglichen Ergebnisse in einer langen Reihe von Beobachtungen festen Grenzwerten nähern.

Lit.: Arthurs, A. M.: Probability theory. London, 1965; **Bandelow, C.:** Einführung in die Wahrscheinlichkeitstheorie. Bochum, 1976; **Gnedenko, B. V. & A. Y. Khintchine:** An elementary Introduction to the theory of probability. London, 1961; **Hinderer, K.:** Grundbegriffe der Wahrscheinlichkeitstheorie. Berlin – Heidelberg, 1975; **Lindley, D. V.:** Introduction to probability and statistics. Cambridge, 1965; **Parzen, E.:** Modern probability theory and its applications. New York, 1962; **Savage, L. J.:** The foundations of statistical inference. London – New York, 1962.

A. E. Maxwell

Wald-Wolfowitz-Test, ein nichtparametrisches Verfahren, das prüft, ob sich zwei unabhängige Stichproben hinsichtlich ihrer Verteilungsform (zentrale Tendenz, Dispersion, Schiefe, Exzeß) unterscheiden (sog. Omnibustest). Die Meßwerte beider Stichproben werden in eine gemeinsame Rangreihe gebracht und je nach Stichprobenzugehörigkeit alternativ gekennzeichnet (z. B. A, B). Voraussetzung: Die gemessene Variable ist kontinuierlich verteilt, mindestens jedoch ordinal skalierbar. Die Prüfgröße r (engl. run) ist die Anzahl der Iterationen (runs), d. h. die unmittelbare Aufeinanderfolge gleicher Kennzeichnungen. Bei kleineren Stichproben wird beim W.-F.-T. über die exakte Verteilung von r bei größeren Stichproben ($N > 20$) über die ↗Normalverteilung geprüft. ↗Iterationstest; ↗Verteilungsfreie Tests; ↗Statistik.

Lit.: Wald, A. & J. Wolfowitz: On a test of whether two samples are from the same population. Annals of Mathematical Statistics, 1940, *11*, 147–162. *H. J. Steingrüber*

Wallon, *Henri.* * 15. 6. 1879 Paris, † 1962. Französischer Psychologe. Studierte Philosophie und Medizin; begann seine Laufbahn als Psychiater, wandte sich später jedoch der Entwicklungspsychol. zu, als deren führender Vertreter in Frankreich er angesehen wurde; lehrte an der Sorbonne und am College de France; gründete 1927 in Paris „Le laboratoire de psychobiologie de l'enfant" und war Herausgeber der Zeitschrift „Enfance". W. stand in lebhafter Diskussion mit J. Piaget über entwicklungspsychol. Fragen, wobei sich beide jedoch bezüglich des Schwerpunktes ihrer Forschungstätigkeiten unterschieden. Während sich Piaget vorwiegend mit der geistigen Entwicklung des Kindes befaßte, interessierte sich W. stärker für seine affektive Entwicklung. Er unterstrich bes. die Bedeutung des Reifungsgrades des ZNS sowie des Vorkommens der zu neuen Organisationsformen der geistigen Strukturen führenden Krisenabschnitte im Entwicklungsprozeß. ↗Entwicklung.

Schr.: Évolution psychologique de l'enfant, 1941; De l'acte à la pensée, 1942; Les origines de la pensée chez l'enfant, 1949; Les origines du caractère chez l'enfant, 1949.
Lit.: **Zazzo, R.:** Portrait d'Henri Wallon (1879–1962). J. psychol. norm. path., 1963, *60*, 386–400. *W. Wittling*

Walsh-Test. Der W.-T. ist ein nichtparametrisches Verfahren, mit dem zwei abhängige Stichproben auf Differenzen hinsichtlich ihrer zentralen Tendenz geprüft werden können. Der W.-T. wird immer dann einzusetzen sein, wenn angenommen werden kann, daß beide Stichprobenverteilungen symmetrisch (nicht unbedingt identisch) sind. Voaussetzung: die gemessene Variable ist entlang einer Intervallskala erfaßbar. ↗Verteilungsfreie Tests.

Lit.: **Walsh, J. E.:** Some significance tests for the median, which are valid under very general conditions. Annals of Mathematical Statistics, 1949, *20*, 64–81.
H.-J. Steingrüber

Wandertrieb ↗Poriomanie.

Wanderungen. Tierwanderungen sind noch heute rätselhaft. Anadrome Fische steigen aus dem Meer zum Laichen in die Flüsse (Lachse, Stichlinge . . .), die katadromen Aale wandern aus dem Süßwasser zum Laichen nach der Sargassosee zurück. Junglachse werden auf das Duftspektrum ihres Heimatflusses geprägt und erkennen ihn 4–5 Jahre später wieder, wenn sie zur Fortpflanzung heimkehren, nachdem sie Tausende von Meilen den Ozean durchzogen haben. Kröten und Molche finden zur Laichzeit ihre angestammten Tümpel wieder. Der Goldregenpfeifer zieht von Alaska bis Hawaii und überquert den Ozean 3200 km weit. Die Wander- oder Zugstimmung wird bei Fischen, Amphibien und Vögeln von der Tageslänge, der Temperatur und ↗Hormonen (Prolaktin, Thyroxin) beeinflußt. Bei der Fernorientierung spielen außer Landmarken auch Himmelsmarken (Sonnenkompaß, polarisiertes Licht, Sternbilder?) und Magnetfelder eine Rolle, doch gibt es auch echte Navigation. Sogar Insekten begeben sich auf Reisen, nicht nur Wanderheuschrecken und Falter, auch Libellen, Marienkäfer, Mücken, Blattläuse und Wanzen. Der Monarchfalter Danaus plexippus zieht nur in der Herbstgeneration in breiter Front stets auf Südkurs. Von Hunderten von Heuschreckenarten wandern nur 6, doch nur ihre Schwärmphase. So ziehen etwa 500000 Locusten (eine Wanderheuschrecke) pro ha in 5 m dicker Schicht mit 15 km vor dem Winde her, der sie in Gebiete bringt, wo Regen fallen wird und die Eier abgelegt werden können. Ständige Brutgebiete sind die Rohrwälder am Schwarzen und Kaspischen Meer und am Niger.

Lit.: **Harden Jones, F. R.:** Fish migration. London, 1968; **Nielsen, E. T.:** Insekten auf Reisen. Berlin – Heidelberg – New York, 1967; **Salomonsen, F.:** Vogelzug. München, 1969; **Hediger, H.** (Hrsg.): Die Straßen der Tiere. Braunschweig, 1967. *K. Fiedler*

Ward-Hovland-Phänomen, nach Ward (1937) und Hovland (1938) benanntes Reminiszenzphänomen, wonach eine Erhöhung der Behaltensleistung nach einem Intervall von 2 bis 10 Minuten nach Beendigung des Lernvorganges (bei sinnlosen Silben und mot. Fertigkeiten) zu beobachten ist. ↗Reminiszenz.

Lit.: **Hovland, C. I.:** Experimental studies in rote-learning theory. I. und II. J. exp. Psychol., 1938, *23*, 201–224 und 338–353; **Ward, L. B.:** Reminiscence and rote learning. Psychol. Monogr., 1937, *49*, 4 (Whole No. 220).
F.-C. Schubert

Warming-up, eine kurze Zeitspanne im Sinne einer „*Anlauf-*" oder „*Anwärmzeit*", bevor mit der eigentlichen Tätigkeit (z. B. verbales oder mot. ↗Lernen) begonnen wird, wodurch eine einleitende Einstellung und Anpassung an die Aufgabe vollzogen wird, ohne direkte Bekräftigung (z.B. der zu lernenden S-R-Verbindung) oder Übung mit sich zu bringen. W. braucht also nicht anhand der eigentlichen Tätigkeit selbst erfolgen. Durch das W. erfolgt eine Erhöhung der Gesamt-(Lern- bzw. Reproduktions-)Leistung, bes. der Ausgangsleistung (Lernkurve).

Warm-up decrement: „Anwärm-Verlust".

Abklingen oder Wegfall des W. während einer Ruhepause oder des Behaltensintervalles: nach dem Intervall setzt die Behaltensleistung niedriger an; W. vor der Reproduktion würde jene verbessern (L. E. Thune, 1950; V. Hamilton, 1950).

Der Effekt des W. scheint abhängig zu sein vom Umfang des W., von der Ähnlichkeit zwischen W.tätigkeit und Lerntätigkeit und vom Intervall zwischen W. und Lerntätigkeit bzw. Reproduktion (McGeoch & Irion, 1952). W. und Warm-up decrement werden mit dem ↗Set (Irion, 1948, 1949) und dem massierten, verteilten ↗Lernen in Verbindung gebracht.

Lit.: Adams, J. A.: The second facet of forgetting: a review of warm-up decrement. Psychol. Bull., 1961, *58*, 257–273; **McGeoch, J. A. & A. L. Irion:** The psychology of human learning. New York, 1952.

F.-C. Schubert

Wartegg-Biedma-Test, projektiver Persönlichkeitstest, bestehend aus dem Wartegg-Zeichen-Test sowie analog konstruiertem Versuchsmaterial. Das Grundkonzept von Wartegg beruht auf psychoanalytischen, behavioristischen und reflextheoretischen Ansätzen: Durch die Darbietung planmäßig variierter Reizgegebenheiten soll die Wechselbeziehung von Antriebs- und Empfindungsfunktionen erfaßbar gemacht werden und somit Einblick in den Schichtenaufbau kortikaler Steuerung geben. Reizgegebenheiten sind 16 Anfangszeichen, die vom Pb sinnvoll fortzusetzen sind. Die zweifelhaften Interpretationsgrundlagen und die weitgehend ungeklärte Zuverlässigkeit sowie Gültigkeit des Tests lassen seine Anwendung sehr problematisch erscheinen.

Lit.: Biedma, C. J. & P. G. d'Alfonso: Die Sprache der Zeichnung. Der W-B-T. Stuttgart – Bern, 1969; **Wartegg, E.:** Schichtdiagnostik. Der Zeichentest. Göttingen, 1953.

K. D. Kubinger

Waschzwang ↗Zwang.

Watson, *John Broadus.* *9. 1. 1878 Greenville, †25. 9. 1958 New York City. W. studierte an der Furman University und der University of Chicago, promovierte 1903 bei dem Funktionalisten J. Angell und dem Neurologen H. H. Donaldson mit einer Arbeit über „Animal education", beschäftigte sich anschließend vorwiegend mit ↗Tierpsychologie, erhielt 1908 eine Professur für expt. und vergleichende Psychol. und zugleich die Leitung des psychol. Labors an der Hopkins University (Baltimore), die er bis 1920 innehatte. 1920 verließ er die Universität und war bis 1945 in der Werbepsychologie tätig.

W. ist der Begründer des ↗Behaviorismus. Seine Gründungsschrift „Psychology as the behaviorist views it" aus dem Jahre 1913 und die Bücher „Behavior: An introduction to animal psychology" (1914), „Psychology from the standpoint of a behaviorist" (1919), „Behaviorism" (1925), „Psychological care of infant and child" (1928) wirkten wie eine Revolution auf die traditionelle Bewußtseinspsychologie. Die kühnen Thesen und die publizistische Darstellung trugen nicht wenig zu ihrer Verbreitung bei. Auch kam sein kompromißloses Postulat, die Psychol. sei ganz nach Art der Naturwissenschaft, speziell der Physik, zu betreiben, habe der introspektiven Methode (Introspektion, ↗Beobachtung) abzuschwören, eine objektivistische Terminologie zu gebrauchen, sich auf das kontrollierbare, „greifbare", meßbare Verhalten zu beschränken, dem Zeitgeist und vor allem der akademischen Jugend entgegen. Wenn sich auch zeigen läßt, daß die entscheidenden Gedanken W.s schon vor ihm von anderen vorgetragen waren (J. Rush, F. A. ↗Lange, W. ↗McDougall), bes. von der russischen Reflexologie (W. Bechterev, J. P. ↗Pawlow), so bleibt doch das Verdienst W.s ungeschmälert, diesen Gedanken zum Durchbruch verholfen und eine neue weltweite psychol. Forschung in Gang gebracht zu haben.

Seine optimistischen Thesen über die Erziehung fußen auf einer extremen Milieutheorie, einem Dogma von der Machbarkeit des Menschen. Sie haben sich auch auf die Entwicklung der ↗Psychotherapie ausgewirkt: Neben Pawlow gehört W. durch sein Experiment zusammen mit R. Rayner (1920), in dem er die Entstehung und die Auflösung einer ↗Phobie am Fall des kleinen Albert experimentell zeigen konnte, zu den Vätern der modernen ↗Verhaltenstherapie.

Lit.: Murchison, C.: History of psychology in autobiography. Bd. 3. London, 1936, 271–281; **Pongratz, L. J.:** Problemgeschichte der Psychologie. Bern – München, 1967, 310–320; **Roback, A. A.:** Weltgeschichte der Psychol. und Psychiatrie. Olten, 1970, 143–144; **Skinner, B. F.:** John Broadus Watson, Behaviorist. Science, 1959, *129*, 197–198; **Woodworth, R. S.:** John Broadus Watson: 1878–1958. Amer. J. Psychol., 1959, *72*, 301–310.

L. J. Pongratz

Weber, *Ernst Heinrich.* LEBEN UND WERKE. *24. 6. 1795 Wittenberg, †26. 1. 1878 Leipzig. Professor für Anatomie (1818) und Physiologie (1840) in Leipzig; Mitbegründer der modernen Sinnesphysiologie und der ↗Psychophysik.

Seine Untersuchungen über den Tast- und Muskelsinn bilden den Ausgangspunkt für die quantitative Erfassung der Beziehungen zwischen Reiz und Reaktion und damit für die Entstehung der Psychophysik. Die bei seinen Untersuchungen benutzte „Methode der eben merklichen Unterschiede" (Grenzverfahren) gilt als erste psychophysikalische Methode. W. versuchte dabei, festzustellen, welches die geringste Differenz zwischen zwei den Vpn auf den Handrücken gelegten Gewichten ist, die von diesen gerade noch festgestellt werden kann. Die Versuchsergebnisse besagten, daß Reize, die sich nur um geringe Beträge unterscheiden, als gleich empfunden werden und daß das Unterscheidungsvermögen zwischen zwei Reizen mit deren Größe oder Intensität variiert, wobei es bei kleinen Reizgrößen schärfer ist als bei großen. Analoge Verhältnisse ergaben sich für alle von W. untersuchten Sinnesgebiete. Die quantitative Formulierung dieses Reiz-Reaktions-Zusammenhanges ist in dem von G. T. ↗Fechner so bezeichneten „Weberschen Gesetz" vorgenommen: „Die Reizstärke muß in einem gleichbleibenden Verhältnis steigen, damit aufeinanderfolgende Reize als eben merklich stärker empfunden werden", d. h., der eben merkliche Unterschied zwischen zwei Reizen (ΔS) steht in einem annähernd konstanten Verhältnis zur Größe des Bezugsgewichtes (S): $\Delta S/S$ = konst. Der Zahlenwert der Konstanten ist unterschiedlich für verschiedene Sinnesgebiete.

Die Weberschen Untersuchungen wurden später von Fechner fortgeführt und ausgedehnt. In seiner psychophysischen Maßformel (↗Fechnersches Gesetz) kam dieser zu dem Schluß, daß einer Steigerung der Reize in geometrischer Folge eine Steigerung der Empfindungsstärke in arithmetischer Folge entspricht oder daß die Empfindungsstärke proportional dem Logarithmus der zugehörigen Reizstärke anwächst ($R = K + c \cdot \log S$).

In der Praxis können sowohl das Webersche als auch das Fechnersche Gesetz als ungefähre Annäherungen an den tatsächlichen Sachverhalt angesehen werden und gelten als solche nur jeweils im mittleren Bereich einer Reizstärkeverteilung, während sie in den oberen und unteren Grenzbereichen nicht mehr gültig sind (↗Psychophysik).

Weitere Bedeutung erlangte W. mit seinen Untersuchungen zur expt. Bestimmung des taktilen Auflösungsvermögens (↗Sinnesorgane: die Hautsinne). Mit Hilfe eines Stechzirkels ermittelte er den Abstand zwischen zwei Druckstellen auf der Haut, bei dem der Eindruck zweier getrennter Druckempfindungen in den Eindruck einer einzigen ↗Empfindung überschlägt. W. konnte dabei zeigen, daß die taktile Sensitivität für verschiedene Bereiche der Körperoberfläche unterschiedlich ist, und zog als Erklärung eine neurol. Theorie heran, die auf der Annahme von „Empfindungskreisen" als der Grundlage der taktilen Lokalisation beruht.

Schr.: De aure et auditu hominis et animalium, 1820; De pulsu, resorptione, auditu et tactu. Annotationes anatomicae et physiologicae, 1934; Der Tastsinn und das Gemeingefühl, 1846; Über den Raumsinn und die Empfindungskreise in der Haut und im Auge, 1852. *W. Wittling*

Weber-Fechnersches Gesetz ↗Fechnersches Gesetz.

Webersches Gesetz, eine frühe Annahme der ↗Psychophysik, daß die eben merkliche Differenz eine Proportion der Größe des Originalreizes ist, d. h., je intensiver ein Reiz ist, um so stärker muß die Zunahme sein, um den Unterschied wahrzunehmen. Auch Weberscher Quotient genannt: $\Delta R/R$. Es hat sich gezeigt, daß dieser Quotient zumindest für Reize mittlerer Intensität einigermaßen konstant ist. Webers Gesetz wurde später durch G. T.

↗Fechner weiterausgearbeitet. ↗Fechnersches Gesetz. *G. D. Wilson*

Wechselwirkung ↗Interaktion.

Wechselwirkung, psychophysische, die beobachtbare, irgendwie geartete, gegenseitige Beeinflußbarkeit körperlicher Vorgänge durch psychische und umgekehrt, z. B. Beeinflußung der körperlichen Funktionen (Herz- und Pulsschlag, Atmung u. a.) durch Affekte (↗Gefühle), Herabsetzung der geistigen Leistungsfähigkeit durch ↗Ermüdung u. a.

Diese Beobachtungen versucht die Theorie der p. W. zu erklären (E. v. Hartmann, W. James, H. Lotze, E. Becher), wonach sich Leib und Seele durch die gegenseitige Abhängigkeit wirkursächlich beeinflussen können. Aufgrund kausaler Beziehungen könne die Seele Vorgänge im Körper auslösen und der Körper in der Seele; Ggs.: ↗Parallelismus. Die Theorie der p. W. geht auf Descartes' Trennung des Seelischen (res cogitans) und des Körperlichen (res extensa) zurück und ist letztlich Gegenstand der Philosophie (↗Leib-Seele-Problem). In ihrer dualistischen, kausalen Konzeption steht sie nicht im Einklang mit den empirisch gefundenen Beziehungen zwischen psychischen und physiol. Vorgängen. ↗Physiologische Psychologie; ↗Psychosomatik.

Lit.: Arnold, W.: Person, Charakter, Persönlichkeit. München, [4]1975. *F.-C. Schubert*

Wechselwirkungsvarianz ↗Varianzanalyse.

Wechsler-Bellevue-Test, eine aus 10 Untertests bestehende Testbatterie zur Prüfung der *allg. ↗Intelligenz.* Die Auswahl der Untertests bzw. ihre Gruppierung in eine *Verbal Scale* und eine *Performance Scale* erweitert nach Auffassung des Autors D. Wechsler die diagnostischen Möglichkeiten der Batterie gegenüber älteren ↗Intelligenztests, bes. auch im Hinblick auf klinische Fragestellungen. Der Geltungsbereich des Tests erstreckt sich auf die Altersgruppen 10–59. Die Retest-*Reliabilität* wird vom Autor für den gesamten Test mit 0.94 angegeben. Zur Überprüfung der *↗ Validität* wurden Korrelationen mit anderen Intelligenztests berechnet, wobei sich Werte zwischen 0.39 und 0.93 ergaben. ↗Hamburg-Wechsler-Intelligenz-Test für Erwachsene (HAWIE) und für Kinder (HAWIK).

Lit.: Wechsler, D.: The measurement of adult intelligence. Baltimore, 1939. *P. Steck*

Weckamine, Bezeichnung für ↗Amphetamine.

Wehrpsychologie. Die während des Ersten Weltkrieges einsetzende Entwicklung der W. verläuft weitgehend parallel mit der Differenzierung der ↗angewandten Psychologie in ihre verschiedenen Fachrichtungen. Auftrag und Einsatzschwerpunkte der W. richten sich nach der sich wandelnden Bedarfssituation in den Streitkräften und nach der Leistungsfähigkeit der psychol. Erkenntnismittel in jenen militärischen Bereichen, die im bes. vom Ausprägegrad psychischer Faktoren beim Soldaten abhängig sind. Amerikanischen Psychologen (R. M. Yerkes, H. H. Goddard, L. M. Terman) gelang es, ab 1917 ca. 1,75 Millionen Wehrpflichtige mit dem ↗Army Alpha Test (später: ↗Army General Classification Test) hinsichtlich ihres intellektuellen und verhaltensmäßigen Niveaus zu selektieren. Eine Vorrangstellung genoß die deutsche W. auf eignungspsychol. Gebiet durch Einführung lebensnaher Situationstests und Ausbau der individualdiagnostisch bedeutsamen Charakterkunde (P. Lersch, L. Eckstein, J. Rudert, M. Simoneit). Während und zwischen den beiden letzten Kriegen wurden die Verfahren zur Auswahl von Piloten, Kraftfahrern und Spezialisten weiter verfeinert (z. B. im psychol. Laboratorium der Reichswehr bzw. Wehrmacht: sinnesphysiol. Wahrnehmungsexperimente, Entwicklung von Reaktionsprüfgeräten [↗Reaktionszeit] sowie Tests für das technische Verständnis und zur Feststellung der Eignung für die Funk- und Horcherausbildung u. a. m.). Im Zuge der rapiden Entwicklung moderner Führungs- und Waffensysteme mit ihren erhöhten Anforderungen an Wehrtechnik, Logistik und Infrastruktur und mit der Anpassung der Streitkräfte an die leistungsorientierten Gesellschaftssysteme ergaben sich auch für die W. völlig neuartige Aufgabenstellungen. Zwischen der W. der NATO-Partner, aber auch mit bündnisfreien Ländern existieren z. T. Informationsaustauschverträge, die sich im wesentlichen auf folgende Hauptgebiete der W. beziehen:

1. *Man Power Resources:* Psychol. des personellen Wehrersatzes; Selektion und Plazierung Wehrpflichtiger und Freiwilliger mittels ↗Paper-Pencil- und Funktionstests, die durch Markierungsleser ausgewertet und durch EDV zur Bewährungskontrolle gespeichert werden.

2. *Personnel Selection and Classification:* psychol. Prüfungen und Untersuchungen militärischen Personals für besondere Tätigkeiten und Verwendungen. Dabei verdient das Selektionsverfahren für Piloten (erste Anfänge im Ersten Weltkrieg) besondere Aufmerksamkeit: Mit der Entwicklung immer anspruchsvollerer Flugzeugmuster wird ein breitgefächertes Verfahren unter Anwendung von Flugsimulatoren eingesetzt (Bestimmung der Leistungsfähigkeit der Vp unter Sicht- und Blindflugbedingungen). ↗Luftfahrtpsychologie.

3. *Human Factors Engineering* (Ergonomie, Anthropotechnik oder wehrtechnische Psychol.): experimentalpsychol. Untersuchung zur optimalen Anpassung des Menschen an Waffen und Gerät und andererseits Optimierung von Steuereinrichtungen an die Leistungsfähigkeit des Menschen. Belastungs-, Arbeitsablaufanalysen und ergonomische Bewertung von Wehrmaterial dienen der Wirkungsgradsteigerung der ↗Mensch-Maschine-Systeme (instrument-layout für Panzer, U-Boote und Hochleistungsflugzeuge).

4. *Training and Military Education:* Entwicklung und Überprüfung von Ausbildungsmethoden (rationelle Unterrichtungsgestaltung, programmiertes ↗Lernen) einschließlich der Proficiency-Measurement-Methode (Messung des Leistungsstandes militärischer Einheiten in verschiedenen Ausbildungsstadien).

5. *Human Relations and Morale:* sozialpsychol. Untersuchungen zur Bestimmung der mitmenschlichen Beziehungen in der Truppe (↗Gruppendynamik), des Führungsstils (↗Führer), der ↗Motivierung, des Verhaltens in Extremsituationen (disziplinares Versagen, Fahnenflucht usw.). Auf diesen Gebieten wird seit Jahrzehnten intensive Forschung betrieben, deren Ergebnisse nur zum Teil der Fachwelt zugänglich sind. In den USA stammt fast jede 3. Veröffentlichung aus dem Bereich der Wehrpsychologie. Auf NATO-Arbeitstagungen und internationalen Symposien werden die freigegebenen Projektergebnisse zur Diskussion gestellt.

Lit.: Arnold, W.: Angewandte Psychologie. Stuttgart, [2]1975; **Simoneit, M.:** Wehrpsychologie. Berlin, 1933; **Mierke, K.:** Psychologische Diagnostik. In: **N. Ach** (Hrsg.): Lehrbuch der Psychol. (3. Bd.: Prakt. Psychol.). Bamberg, 1944; **Ansbacher, H. L.:** Bleibendes und Vergängliches aus der Deutschen Wehrmachtspsychologie. Mitteilungen des Berufsverbandes Deutscher Psychologen, 1949, *11*, 3–9; **Dorsch, F.:** Geschichte und Probleme der Angewandten Psychologie. Bern – Stuttgart, 1963.

W. Mitze

Weilburger Testaufgaben für Schulanfänger ↗Einschulungstests.

Weinen, eine Ausdruckserscheinung in den dem Lachen entsprechenden Feldbezirken von ↗Ausdruck, bei der deskriptiv vor allem die Tränenabsonderung (vermutlich humanspezifisch), Modifikationen der Atmung und gesamtkörperliche Mitbeteiligung hervortreten. Genetisch „präformiert“ (Frijda, 1965), bietet W. wie auch das Lachen einen bes. eindrucksvollen Beleg für den anzusetzenden Deutungsspielraum (Strehle, 1960) wie für bislang noch unbefriedigende Begründungsversuche (Frijda, 1965).

Lit.: Frijda, N. H.: Mimik und Pantomimik. In: **R. Kirchhoff** (Hrsg.): Hdb. der Psychol., Bd. 5. Göttingen, 1965; **Krukenberg, H.:** Der Gesichtsausdruck des Menschen. Stuttgart, [3]1923; **Lersch, P.:** Gesicht und Seele. München – Basel, [4]1971; **Plessner, H.:** Lachen und Weinen. Bern – München, [3]1961; **Strehle, H.:** Mienen, Gesten und Gebärden. München – Basel, [3]1960; **Zutt, J.:** Über das Lachen, das Weinen und das Gähnen. Allg. Z. Psychiat., 1939, *110*.

D. Görlitz

Weißes Rauschen ↗Rauschen.

Weitsichtigkeit ↗Hyperopie.

Weltanschauungstypen, von persönlichen ↗Gefühlen, ↗Strebungen, Werten und Erlebnissen zusammen mit rationalen Erwägungen bestimmte Form der Umweltbeurteilung, beschrieben von W. Dilthey, E. Adickes, E. Spranger, K. Jaspers u. a. Unterscheidet Dilthey eher geistesgeschichtliche Grundformen (Naturalismus, subjektiver Idealismus, objektiver Idealismus), so überwindet Spranger das zeitgeschichtliche Moment durch das Zeitlos-Normative in den verschiedenen Bereichen des Geistigen. Jaspers (↗Lebensformen) unterscheidet noch zwischen Subjekt- und Objekteinstellung, d. h. Betrachtung des außerhalb des Individuums Stehenden und Selbstreflexion. Innerhalb der Reflexion differenziert er aktive (Wirklichkeitssinn, Sich-Stellen), kontemplative (auf Überzeitliches gerichtet) und mystische (hebt Subjekt-Objekt-Gegensatz auf) Einstellung.

Lit.: Dilthey, W.: Die Typen der Weltanschauungen und ihre Ausbildung in den metaphysischen Systemen. Ges. Schr., Bd. 8. Berlin, 1931; **Lersch, P. & H. Thomae** (Hrsg.): Hdb. der Psychol., Bd. 4. Göttingen, ²1968; **Spranger, E.:** Lebensformen. Tübingen, ⁹1966.

W. Kretschmer

Weltner-Verfahren, Bestimmung des Unterschieds an bekannter ↗Information über einen Gegenstandsbereich G für zwei Personen L und F (oder bei derselben Person vor und nach Unterricht) durch Anwendung eines ↗Ratetests auf L und F mit demselben ↗Basaltext über G.

Ist speziell L ein ↗Adressat vor dem Unterricht über G, F ein gleichartiger nachher, dann heißt das Ergebnis des W.-V. „didaktische Transinformation des Unterrichts“. Ist L ein Laie, F ein Fachmann für G, dann liefert das Verfahren die semantische Information des Basaltexts über G.

Lit.: Weltner, K.: Zur Bestimmung der subj. Information durch Ratetests. In: Praxis u. Perspektiven des programmierten Unterrichts, Bd. 2. Quickborn, 1967.

H. Frank

Welt-Test. Der W.-T., der auf ein spieltherapeutisches Verfahren M. Lowenfelds (World Technique) zurückgeht, wurde von Ch. Bühler 1941 hinsichtlich Materials, Anweisung und Auswertung standardisiert. Der W.-T. ist ein ↗projektives Verfahren, das einen Einblick in das (prälogische) Weltbild des Kindes ermöglicht. Über den diagnostischen Zweck hinaus wird das Verfahren auch für therapeutische Belange benutzt. Die dt. Version des Tests von Hetzer und Höhn (1955) verwendet 160 Spielelemente (Häuser, Bäume, Menschen, Tiere usw.). Das Kind wird nach der Demonstration der Elemente durch den Vl aufgefordert, auf einer hinreichend großen Baufläche (Tisch, Fußboden oder Sandkasten) „etwas zu bauen“. Der Verlauf wird vom Vl aufgezeichnet und am Schluß photographiert. Die Interpretationsgrundlage bilden normierte quantitative (z.B. Leere, Anzahl der Elemente) und qualitative (z.B. aggressive Motive) Merkmale von „Welten“ aus Untersuchungen von normalen und auffälligen Kindern unterschiedlichen Entwicklungs- und Intelligenzgrades. Die Validitätsnachweise stützten sich auf verschiedene Außenkriterien (z.B. Lehrerurteil).

Lit.: Hetzer, H. & E. Höhn: Welt-Test. Göttingen, 1955.

P. Graw

Werbepsychologie. Die W. befaßt sich mit den psychol. Gesetzlichkeiten der ↗Werbung. Sie erscheint entsprechend der heutigen Praxis im wesentlichen als Teilgebiet der *↗Marktpsychologie,* in der sie weitgehend aufgegangen ist, muß aber als Wissenschaft von einem Führungsmittel, dem auch außerhalb der Wirtschaft eine immer größere Bedeutung zukommen wird, prinzipiell der *angewandten ↗Sozialpsychologie* allgemein zugeordnet werden. Sie nahm ihre Entwicklung (↗Marktpsychologie) von einer noch ganz psychotechnisch orientierten selbständigen *Reklamepsychologie* zu einem – wenn auch wichtigen – Teilaspekt der Marktpsychologie. Je stärker die Ergebnisse der *↗allgemeinen Psychologie* Eingang fanden, desto mehr wurden die zwar oft einfallsreichen, aber unsystematischen und die Akzente einseitig verlagernden Konzepte aus einem eher vorwissenschaftlichen Stadium der W. zugunsten wachsender Exaktheit und allgemeinerer Gültigkeit überwunden. Ihre Prüffunktion gegenüber der Werbung erfüllt die W., indem sie die Werbemittel von der informationspsychol. und motivationspsychol. Struktur des Umworbenen her untersucht.

Lit.: Behrens, G.: Werbepsychol. München, 1977; **Brückner, P.:** Die informierende Funktion der Wirtschaftswerbung. Berlin, 1967; **Hoffmann, H.-J.:** Werbepsychol. Berlin, 1972; **Holzschuher, L. v.:** Psychologische Grundlagen der Werbung. Essen, ²1969; **Jakobi, H.:** Werbepsychologie. Wiesbaden, 1963; **Rosenstiel, L. v.:** Psychol. der Werbung. Rosenheim, 1974; **Spiegel, B.:** Die Aufgaben der Psychologie in der werbewissenschaftlichen Forschung. Werbewiss. Referatenblatt, Heft 3, 1965, 34–41.

B. Spiegel

Werbung hat unter psychol. Aspekt den Umworbenen zu *informieren* und zu *motivieren,* zu gewinnen. Damit ist bereits ausgesagt, daß sie über den Bereich der Absatzförderung hinaus als allgemeines Führungsmittel angesehen werden kann. Sie informiert einmal über die Existenz eines Angebots („Angebot" im weitesten Sinne) und gegebenenfalls auch über dessen Zweck (vgl. z. B. die sog. *erklärungsbedürftigen* Produkte), in Konkurrenzsituation, aber auch über die spezielle und möglichst unverwechselbare Beschaffenheit des Angebots (Image-Konkurrenz, ↗*Marktpsychologie*), wobei vor allem der sog. *unthematischen* Information, etwa auf dem Anmutungswege, große Bedeutung zukommt. Beim Motivieren des Umworbenen bieten sich drei mindestens begrifflich-formal voneinander trennbare Möglichkeiten; es geschieht a) durch Erhöhung des ↗*Aufforderungscharakters* des betreffenden Angebots (z. B. durch Maximierung des Realitätsgrades), b) durch Anpassung des ↗*Image* an den Umworbenen, c) durch Anpassung des Umworbenen an das Image, vorwiegend durch Veränderung seiner ↗*Einstellungen* (Effekt der „Standardisierung der Bedürfnisse"), wobei b) wie c) eine Verminderung der *semantischen Distanz* (↗Semantik) zwischen Image und Umworbenem darstellen. Jede der drei Maßnahmen führt zu einem Steilerwerden des *Aufforderungsgradienten* (↗Aufforderungscharakter).

Lit.: Hoffmann, H.-J.: Werbepsychologie. Berlin, 1972; **Seyffert, R.:** Werbelehre. Theorie und Praxis der Werbung, 2 Bde. Stuttgart, 1966.

B. Spiegel

Wernickesches Zentrum (nach Karl W., Prof. d. Psychiatrie in Berlin, Breslau und Halle, 1848–1905). Sensorisches ↗Sprachzentrum (assoziatives Zentrum des Sprachgehörs) in den Brodmann-Arealen 39 und 22 (Scheitellappen). Begrenzte Gewebszerstörungen (Tumor, Blutung) dort führen zu „sensorischer ↗Aphasie" (Seelen-Taubheit, Wernicke-Aphasie). *K.-H. Plattig*

Werteinstellungstest ↗Einstellungstests.

Wertheimer, *Max.* LEBEN. * 15. 4. 1880 Prag, † 12. 10. 1943 New York. Promovierte 1904 unter O. ↗Külpe in Würzburg über ein Thema zur Glaubwürdigkeitsuntersuchung; betrieb in der Folgezeit selbständige psychol. Forschungen in Prag, Berlin und Wien ohne feste akademische Stellung; war von 1910 bis 1916 Dozent in Frankfurt, wo er erstmals mit W. ↗Köhler und K. ↗Koffka zusammentraf und mit seinen Untersuchungen zur Wahrnehmung von stroboskopischen Scheinbewegungen (↗Phi-Phänomen) die Grundlage für die Entstehung der Gestaltpsychol. schuf; von 1916 bis 1929 war er Privatdozent an der Universität Berlin; zusammen mit Köhler und Koffka sowie den Neurologen K. Goldstein und H. W. Gruhle (Berliner Schule) setzte er hier seine gestaltpsychol. Untersuchungen fort und gab 1921 erstmals die Zeitschrift „Psychologische Forschung" heraus; kehrte 1929 als Professor nach Frankfurt zurück; verließ 1933 mit Hitlers Machtergreifung Deutschland und erhielt nach einem kurzen Aufenthalt in Marienbad einen Ruf an die „New School for Social Research" in New York, wo er bis zu seinem Tode 1943 lehrte.

WERKE. W. gilt zusammen mit Köhler und Koffka als Begründer der Gestaltpsychologie. Historisch datiert diese auf die Veröffentlichung seiner Untersuchung „Experimentelle Studien über das Sehen von Bewegung" 1912. Das dort von W. untersuchte Phi-Phänomen (eine Scheinbewegung, die durch sukzessive Darbietung zweier meist gleicher optischer Elemente in verschiedenen Lagen entsteht) wurde zum Ausgangspunkt der die Gestaltpsychol. kennzeichnenden holistischen Betrachtungsweise des Psychischen und der damit verbundenen Kritik an der elementaristischen Psychologie. W. konnte nachweisen, daß das Phänomen nicht durch die existierenden Wahrnehmungstheorien erklärt werden konnte, weder durch die Reduktion auf lokale Sinnesempfindungen noch durch die Annahme summenhafter Verbindungen von Einzelempfindungen, und sah daher in dem Phänomen ein Beispiel der Wirkungsweise eines dynamischen Ganzen, dessen Einzelteile durch die strukturelle Bedingungskonstellation der Gesamtgestalt beeinflußt werden. ↗Ganzheit – Gestalt – Struktur.

Einen weitreichenden Einfluß hatte auch seine im Anschluß an diese Exp. aufgestellte Annahme über die dem Phänomen zugrunde liegenden neurophysiol. Erregungsvorgänge, denen er ebenso wie den Wahrnehmungen selbst einheitlich-ganzheitlichen Charakter zuschrieb. Diese Auffassung von den Hirnprozessen als physiol. Gestalten wurde später von Köhler in dessen Lehre von der ↗Isomorphie präzisiert und ausgebaut.

In einem 1923 erschienenen Artikel über „Untersuchungen zur Lehre von der Gestalt" demonstrierte W. erstmals, wie die ↗Wahrnehmung durch eine Reihe von Organisationsprinzipien (Gestaltgesetze der Nähe, Gleichheit und Geschlossenheit) einer spontanen Tendenz zur gestalthaften Strukturierung unterliegt.

Aber auch auf anderen Verhaltensbereichen außer der Wahrnehmung wies W. die Wirkung gestaltpsychologischer Organisationstendenzen nach, so in seinem 1959 posthum von M. Wertheimer herausgegebenen Buch „Productive thinking". Insbesondere der Prägnanztendenz erkannte er eine bedeutende Rolle im Denkprozeß zu, indem er diesen im wesentlichen als einen Übergang von einer schlechten zu einer guten Gestalt ansah. Unter dem Einfluß der Problemstellung entstehen, bedingt durch die Unvollständigkeit und Lückenhaftigkeit der strukturellen Situation (ungelöste Aufgabe), Vektoren, die auf eine Umstrukturierung der Situation im Hinblick auf eine sachgemäßere, ausgewogenere Struktur hindrängen.

Weitere Schr.: Psychologische Tatbestandsdiagnostik, 1904; Über das Denken der Naturvölker: 1. Zahlen und Zahlengebilde, 1912; Über Gestalttheorie, 1925; Some problems in the theory of ethics, 1935. *W. Wittling*

Wertpsychologie. Unter den Systemen der Psychologie gibt es wertfreie und wertgebundene. Zu den ersteren zählen behavioristisch und reflexologisch orientierte Konzeptionen, z. B. ↗Watson und ↗Skinner einerseits und ↗Bechterew und ↗Pawlow auf der anderen Seite. Im Verlauf der Psychologiegeschichte konkurrierten beide immer wieder mit geisteswissenschaftlich orientierten Richtungen (z. B. mit ↗Lersch). Seit der 2. Hälfte des 19. Jh. dominierte in Deutschland die experimentelle und naturwissenschaftliche Richtung, die sich weitgehend wertfrei betätigen wollte. In der ersten Hälfte des 20. Jh. entwickelte sich eine vorwiegend lebensphilosophisch orientierte Psychologie, besonders im Anschluß an ↗Klages. Sie berücksichtigte das Werterleben wie die Werthaltungen, ohne dabei Wahrnehmung, Vorstellung und Denken zu übersehen. Das Transzendentale und die transzendierenden Erlebnisweisen, d. h. das die Welt übersteigende Bewußtsein (Innewerden) waren dominant. Der ↗Operationalismus der Nachkriegsjahre baute auf den Prinzipien von ↗Wundt auf. Am deutlichsten kam die Wertpsychologie in den 6 ↗Lebensformen von Spranger zum Ausdruck.

1945 entwickelte sich in der BRD die operationale und statistische Psychologie als Nachholbedarf im Gefolge des Behaviorismus und der Reflexologie. Seit etwa 10 Jahren gewinnt im Anschluß an die ↗Humanistische Psychologie die charakterologisch orientierte Psychologie in der Bundesrepublik wieder an Bedeutung. Im Hintergrund stehen dabei Fragen nach dem Leben (Lebensqualitäten), nach dem Sinn des Lebens und nach den wertgebundenen Erlebnissen. Das Wertbild hat sich dabei besonders im sozialen Bereich differenziert (Solidarität, Freiheit, Gerechtigkeit). Besonders aktuell wurde die wertgebundene Persönlichkeitspsychologie im Bereich von Bildung und Erziehung. Bereits 1978 tagte in Deutschland unter der Schirmherrschaft des Bundespräsidenten ein fachübergreifendes Symposium mit dem Titel „Mut zur Erziehung".

In jüngster Zeit bekunden die deutschen Psychologenverbände wieder ein Interesse am

Werterleben; 1979 wurde ein Preisausschreiben mit der Thematik „Wertwandel und Erziehung" angeregt mit der Absicht, Heranwachsenden eine Orientierungshilfe für Selbstentfaltung und für die Entwicklung einer verantwortungsbewußten Werthaltung zu vermitteln, die sich durch sittliche Bindungen legitimiert. 1978 fand in Berlin ein Kongreß zur Untersuchung der Bedingungen des Lebens in der Zukunft und der Folgen für die Erziehung statt. G. Kocsis hat dabei die ethische Erziehung als Grundstein der Zukunft bezeichnet; im gleichen Jahr fand in Boston im Rahmen der Gesellschaft für die Einheit der Wissenschaften ein internationaler Kongreß statt, der sich die Wiederentdeckung der Werte zum Ziel gesetzt hat.

Lit.: Bechterew, V.: General Principles of Human Reflexology. New York, 1928; **Engelmayer, O.:** Einführung in die Wertpsychol. Darmstadt, 1977; **Harloff, H.-J.:** Konferenzdokumentation: Bedingungen des Lebens in der Zukunft und die Folgen für die Erziehung (Internationale Arbeitstagung, Berlin: 1978); **Pawlow, I.:** Sämtliche Werke. Berlin, 1956; **Skinner, B. F.:** The behavior of organism. New York, 1938.

W. Arnold

Werturteilsfreiheit. Die vor allem mit M. Webers Namen verbundene Forderung, daß die Wissenschaft ihre Autorität nicht benutzen dürfe, um bindende Wertungen aufzustellen, beruht auf der Überzeugung, daß nur in den empirischen Wissenschaften inhaltliche Aussagen beweisbar sind, aus Tatsachen aber nicht auf Werte geschlossen werden kann. Der wissenschaftsgeschichtliche Ort der Forderung war die Vergeblichkeit der unaufhörlichen Versuche der neuzeitlichen Philosophie und Wissenschaft, auf rationalem Wege bindende (moralische, rechtliche, ästhetische usw.) Werte oder Wertsysteme zu beweisen. Der sozialgeschichtliche Ort der Forderung war der ständig wachsende Pluralismus, als mit der Säkularisierung die Religion zur Privatsache wurde, die Bildungsschichten in der von ihnen geforderten Meinungsfreiheit auseinanderbrachen, die gesellschaftliche Arbeitsteilung soziale Bindungen auflöste, die Gesellschaft sich verbandsmäßig zur politischen Vertretung konfligierender Interessen und Werte organisierte und der Staat sich in die Neutralität eines rechtlich organisierten Dienstbetriebes zurückzog, dem nur der demokratische Mehrheitswille wechselnde Werte einzuprägen vermochte.

Von Anfang an Gegenstand erbitterter Auseinandersetzungen, die jüngst im sog. „Positivismusstreit" erneut durchbrachen, ist die Werturteilsfreiheit unterschiedlich ausgelegt worden. Öfters wurde sie als Anweisung zum Aufbau einer behavioristischen Wissenschaft benutzt, die nur vom äußeren Verhalten der Menschen Notiz nehmen sollte, obschon M. Weber unmißverständlich festgestellt hatte, daß alle Human- und Sozialwissenschaften zu ihrem Gegenstand vorzüglich auch die Werte zählen müssen, die nun einmal tatsächlich das Handeln überall beeinflussen. Die Werturteilsfreiheit sollte nur dem Wissenschaftler untersagen, kraft wissenschaftlicher Autorität dem Handeln bindende ethische Werte und Kulturziele vorzuschreiben. Daraus ist zeitweise der irrige Schluß gezogen worden, der Mensch solle sich überhaupt der nun einmal nicht beweisbaren Wertungen enthalten, um so einer rationalen Gesellschaft zum Leben zu verhelfen, die nicht länger durch unaustragbare Wertkonflikte zerrissen sei. Demgegenüber hatte M. Weber die Werte nicht als verhängnisvolle Erbschaft der affektiven Irrationalität des Menschen, sondern als auszeichnendes Merkmal seiner Würde als Kulturwesen verstanden, welches durch den kognitiv nicht aufzulösenden „Polytheismus" der Werte zur Selbstverantwortung seiner letzten Werte gefordert wird.

Der Verzicht der Wissenschaft auf absolute Wertsetzungen warf die Frage nach ihrem eigenen Wert auf. M. Weber hatte verdeutlicht, daß die Wissenschaft nur dann sinnvoll sein könne, wenn man der Suche nach Wahrheit generell einen Wert zuerkenne und von der Wahl des Objekts eine wertvolle Erkenntnis erwarte. Die gesellschaftliche Leistung und Aufgabe der Wissenschaft sah M. Weber nicht nur in dem instrumentalen Wissen, das sie über Mittel-Zweck-Zusammenhänge unter Abwägung unbeabsichtigter Nebenfolgen und zu veranschlagender Kosten liefern kann, sondern gerade auch in der Aufdeckung der Kulturbedeutung des jeweils Gewollten mittels konsequenter Rückführung auf dessen tragenden letzten Ideen und deren so zu verantwortender Anerkennung. Deshalb geht die bisweilen erhobene Anklage eines blinden „Dezisionismus“ (Jürgen Habermas) völlig an der Werturteilsfreiheit M. Webers vorbei.

Obschon die Forderung bei M. Weber gegen die wissenschaftliche Vertretung praktischer Stellungnahmen, also vor allem sozialpolitischer Ziele und allgemeiner Kulturwerte, gerichtet war, hingegen die ethischen Normen eher auszusparen geneigt schien, jedenfalls den Werten die Dignität eines besonderen Vermögens der Stellungnahme zusprach, welche zur tragischen Würde des Menschen als eines Kulturwesens gehörte, hat sich inzwischen, entsprechend einem gesellschaftlichen Wertwandel, unversehens und überwiegend die Auffassung durchgesetzt, daß Werte grundsätzlich nur Derivate affektiver Anlagen, individueller Idiosynkrasien, gesellschaftlicher Interessen oder entsprechender Sozialisation seien. Während Weber den Werten zwar den kognitiven Status absprach, ihnen jedoch den Rang von Vorstellungen zusprach, die aus eigener Kraft den Menschen zwingend ergreifen können, weshalb sie aus Tatsachen nicht abgeleitet werden können, herrscht heute die Meinung vor, daß Werte nur die verkappten Äußerungen willkürlicher Präferenzen sind, welche die Human- und Sozialwissenschaften kausal aus entsprechenden physiologischen, psychischen und sozialen Gegebenheiten erklären können. Dem entspricht es, daß in der heutigen Diskussion bloße Wünsche, Begehrungen oder Geschmacksurteile unterschiedslos mit ethischen Geboten und Kulturzielen als „Werte“ in einen Topf geworfen werden. Während M. Weber den von ihm gemeinten Werten einen von ihrer kognitiven Beweisbarkeit unabhängigen Rang zuerkannte, haben Freund und Feind ihre Auseinandersetzung über die Werturteilsfreiheit überwiegend in der gemeinsamen Auffassung geführt, daß nur kognitive Gründe den Werten einen solchen eigenen Rang verleihen könnten.

F. H. Tenbruck

Wesenseigenschaften, neben „Struktur“ oder „Gefüge“ und „Ganzbeschaffenheit“ eine nach der Natur der ↗Eigenschaften (im Unterschied zu derjenigen ihrer Träger) vorgesehene dritte Klasse von Gestalteigenschaften (↗Ganzheit – Gestalt – Struktur), unter die alle physiognomischen oder Ausdruckseigenschaften fallen. Beispiele: feierlich, wuchtig, kindlich, polternd usw.

Lit.: Lersch, P.: Aufbau der Person. München, [11]1970; **Metzger, W.:** Psychologie. Darmstadt, [4]1968.

M. Amelang

Wettstreit der Sehfelder. Grundsätzlich verschiedene Farben oder Figuren, die gleichzeitig ↗korrespondierenden Netzhautfeldern geboten werden, werden gewöhnlich nicht kombiniert. Wird z. B. ein rotes und ein grünes Quadrat gezeigt, sieht der Betrachter häufiger abwechselnd das eine oder das andere als ein einziges braunes Quadrat. Die Frequenz des Wechselns der beiden Wahrnehmungskonzepte und das Vorherrschen des einen oder des anderen wird durch Faktoren wie Lichtintensität und Reizbeschaffenheit bestimmt.

D. Frith

Wherry-Doolittle-Verfahren, Rechentechnik zur Lösung linearer Gleichungssysteme per Hand. Es wird eingesetzt, um im Rahmen einer ↗Testkonstruktion diejenigen Untertests zu einer ↗Testbatterie zusammenzustellen, die einen maximalen multiplen ↗Validitätskoeffizienten aufweisen. Da das W.-D.-V. sehr aufwendig ist, werden derartige Analysen heute meistens auf elektronischen Rechenanlagen (Stepwise-Regression) durchgeführt.

J. Bortz

Whorf-Hypothese (auch *Sapir-Whorf-Hypothese*). Klassische Vertreter sind die Linguisten B. L. Whorf und dessen Lehrer E. Sapir sowie H. Hoijer. Whorf (1963) geht von Unterschieden in Vokabular und Struktur verschiedener Sprachen aus, bes. zwischen Indianersprachen (vor allem am Beispiel des Hopi) und dem sog. Standard Average European (SAE). Es wird vermutet, daß die ↗Sprache das ↗Denken determiniert (starke Version der W.-H.), so daß

Verschiedenheiten in den Sprachen zu verschiedenen Weltsichten führen müßten (These der linguistischen Relativität) und damit zu verschiedenen Kulturen. Dies sucht Whorf u.a. an den Konzepten „Zeit", „Raum", „Materie" und darauf bezogenen Verhaltensweisen darzustellen. Eher anekdotisch-beispielhaft werden hierbei zumeist einzelne Wort-Ding-Beziehungen verschiedener Sprachen einander gegenübergestellt. Nach schwächeren Versionen der W.-H. beeinflußt die Sprache durch spezifische Enkodierung von Wirklichkeitsbereichen Perzeption und Gedächtnis. – Bei der Planung expt. Überprüfungen der W.-H. sind drei Kriterien zu berücksichtigen (demonstriert am Beispiel der Farbkodierung): 1) *Variation*. Im linguistischen und im nichtlinguistischen Verhaltensinventar müssen zuvor Variationsbereiche festgelegt werden, zwischen denen Kovariation erwartet wird (Beispiel: Farbkodierbarkeit, d.h. Kodierbarkeit von Farben mittels Farbbezeichnungen, Wiedererkennungsleistung beim Merken von Farben). 2) *Universalität*. Der Untersuchungsgegenstand muß in jeder der zum Vergleich herangezogenen Kulturen vorliegen (Beispiel: universale Gegebenheit des phys. Farbspektrums). 3) *Einfachheit*. Der Untersuchungsgegenstand soll möglichst hinsichtlich einer eindimensionalen Eigenschaft vergleichbar sein (Beispiel: Lokalisierung farbiger Plättchen auf dem ↗Farbenkreis). – Eine Kovariation Farbkodierbarkeit / Farbenwiedererkennungsleistung wurde sowohl intra- als auch interkulturell aufgewiesen. Ein entsprechender positiver Zusammenhang wird für den Wahrnehmungsbereich mimischer Gefühlsausdrücke berichtet. – Die Prüfung der ↗Kovarianz zwischen sprachlichen und Verhaltenskriterien (z.B. zwischen Farbkodierung und Klassifikation durch freies Objektsortieren) erbrachte zweideutige oder negative Resultate. – Kritiken der W.-H. betreffen u.a. folgende Gesichtspunkte: 1) Das Beeinflussungsverhältnis zwischen Sprache und Denken ist als wechselseitig, d.h. nicht-einseitig, anzusehen. 2) Der Überbetonung der Wort-Ding-Beziehung in der Whorfschen Sprachbetrachtung entspricht eine Vernachlässigung übergreifender sprachlicher Bedeutungszusammenhänge (z.B. Nichtbeachtung der semantischen Abhängigkeit des Satzes vom Kontext; ↗Semantik; ↗Grammatik). 3) Die Gemeinsamkeiten der ↗Sprachen (Sprachuniversalien) werden zugunsten ihrer Verschiedenheiten unterschätzt.

Lit.: Brown, R. W. & E. H. Lenneberg: A study in language and cognition. J. Abn. Soc. Psychol., 1954, *49*, 454–462; **Hymes, D.** (Ed.): Language in culture and society. New York, 1964; **Lenneberg, E. H. & J. M. Roberts:** The language of experience. Bloomington (Ind.), 1956; **Miller, G. A. & D. McNeill:** Psycholinguistics. In: **G. Lindzey & E. Aronson** (Eds.): The handbook of social psychology, Bd. 3. Reading (Mass.), ²1969, 666–794; **Whorf, B. L.:** Sprache, Denken, Wirklichkeit. Hrsg. von P. Krausser. Reinbek, 1963.

H. Bosbach

Widerstand im psychol. Sinne ist die Weigerung einer Person, unbewußte Motive, die verhaltens- und (in Verkleidung) erlebenswirksam geworden sind, als solche und eigene ↗Motive zu erkennen. Alle ↗Abwehrmechanismen einer Person können nur gegen ihren eigenen unwillkürlichen psychischen Widerstand gemildert oder aufgehoben werden. Mit der Einrichtung eines Abwehrmechanismus ist der Verzicht auf diese Motive vollzogen.

In der ↗Psychotherapie wird dem Patienten geholfen, verloren geglaubte Gelegenheiten zu Motivbefriedigungen, die andere Menschen im allg. nicht für verloren halten, wiederzugewinnen. Das geschieht durch Aufhebung von Verzichten, d. h. von Abwehrmechanismen, und anderen Formen der Gegenbesetzung von Motivbefriedigungsgelegenheiten (Objektgegenbesetzung). Diese Aufhebung kann aber nur langsam und schrittweise geschehen. Während ↗Freud (1916/17) und seine Schüler in den Anfängen der ↗Psychoanalyse die Patienten mit den Inhalten der am stärksten verdrängten Motive zuerst und direkt konfrontierten, wurde später auf die graduelle Aufhebung der inneren Abwehren des Patienten geachtet. Zu starke Konfrontationen mit unbewußten Motiven könnten den W. des Patienten so verstärken und ihn so erschrecken oder überfordern, daß er die Psychotherapie aufgibt.

Lit.: Freud, A.: Das Ich und die Abwehrmechanismen. Wien, 1936; **Freud, S.:** Vorlesungen zur Einführung in die Psychoanalyse (1916/17). Ges. Werke, Bd. 11. London, 1948; **Toman, W.:** Introduction to psychoanalytic theory of motivation. London – New York, 1960; **ders.:** Motivation, Persönlichkeit, Umwelt. Göttingen, 1968. *W. Toman*

Wiederaufnahme unterbrochener Handlungen (W. u. H.) untersuchte M. Ovsiankina (1928), eine Schülerin K. ↗Lewins. Sie führte die W. u. H. auf ein „Quasibedürfnis" zurück, das dynamisch einem Spannungssystem entspreche. Die Stärke des Wiederaufnahmebedürfnisses hängt u. a. ab von der Struktur der Handlung, von der Phase, in der die Handlung unterbrochen wird, von den ↗Einstellungen der Versuchsperson. Außer der W. u. H. können auch „Ersatzerledigungen" vorkommen.

Lit.: Ovsiankina, M.: Die Wiederaufnahme unterbrochener Handlungen. Psychol. Forsch., 1928, *11*, 302–380.

I. M. Deusinger

Wiedererkennen, Fähigkeit, ein Datum daraufhin zu beurteilen, ob es mit einem früher wahrgenommenen identisch ist. Bei der Behaltensprüfung mit einer *Wiedererkennungsmethode* (die Behaltensleistung wird nach der Anzahl wiedererkannter Daten eines zuvor gelernten Stoffes bestimmt) fällt die ↗Vergessenskurve mit der Zeit weniger ab als bei der Prüfung mit einer ↗Reproduktionsmethode. Im Vergleich zum Erinnern ist das W. demnach die schwächere Leistung. Als pathologische Form des W. gilt das ↗Déjà-vu-Erlebnis. ↗Gedächtnis. *E. Heineken*

Wiederholungszwang ist nach Freud (1920) die mehr oder weniger unwiderstehliche Tendenz einer Person, unlustvolle, zum Teil sogar schmerzhafte und traumatische Erfahrungen zu wiederholen. Den W. steuert der ↗Todestrieb. – Freud „erklärte" die Phänomene der wiederkehrenden Angstträume, der neurotischen Symptome und der ↗Übertragung als Wirkung des Wiederholungszwanges. Es konnte allerdings gezeigt werden, daß Angstträume ihren Ausgang von „libidinösen", lustvollen Motiven (↗Libido) nehmen, die in der Wirklichkeit nicht oder nicht voll befriedigt werden konnten und/oder können. Der Angsttraum selbst ist die vom Träumer aus den introjizierten Straftendenzen der Umgebung inszenierte Antwort und Abwehr dieses „libidinösen" Motivs. Auch bei neurotischen Symptomen konnte der Ersatzbefriedigungswert der Symptomhandlungen, wie gering auch immer er erlebt werden mag, demonstriert werden. Die Symptomhandlungen befriedigen zum Teil in minimaler Form auch das verbotene oder aus anderen Gründen nicht mehr befriedigbare Motiv. Toman wies auf die Wiederholungen aller primären Trieb- und Motivbefriedigungen hin und erklärte die als W. bezeichneten Phänomene lediglich als starrere Rhythmen der Wiederholungen von meist primitiveren und aggressiveren Motivbefriedigungen. ↗Zwangsneurose.

Lit.: Freud, S.: Jenseits des Lustprinzips (1920). Ges. Werke, Bd. 13. London, 1949; **Toman, W.:** Repetition and repetition compulsion. Internat. Journ. Psychoanalysis, 1956, *37*, 347–350; **ders.:** Introduction to psychoanalytic theory of motivation. London – New York, 1960.

W. Toman

Wiener Schule. 1. *W. S. der Philosophie:* die von K. P. Moritz und M. Schlick begründete Richtung des ↗Neopositivismus und ↗Operationalismus. Danach hat die Philosophie keinen eigenen Inhalt. Sie hilft vielmehr mittels der math. Logik, begriffliche Widersprüche in den empirischen und expt. Wissenschaften zu klären sowie deren Aussagensysteme zu verbessern. Schüler von Schlick sind R. Carnap, K. R. Popper, H. Feigel, P. Frank, H. Reichenbach, V. Kraft, K. G. Hempel u. a.

2. *W. S. der Psychologie:* die von S. ↗Freud begründete Erforschung der Psychodynamik der menschlichen Persönlichkeit, ihrer Entwicklung, ihrer Psychopathologie und deren Behandlung durch ↗Psychoanalyse und psychoanalytisch orientierte ↗Psychotherapie. Auch A. ↗Adler wird von manchen inbegriffen, obwohl er sich in seinen Auffassungen von Freud entfernt hatte. – Auch die von H. Rohracher begründete streng experimentell-methodische Forschungsrichtung der Psychologie.

W. Toman

Wilcoxon-Test für Paardifferenzen, ein nichtparametrisches Verfahren, mit dem zwei abhängige Stichproben auf Differenzen hinsichtlich ihrer zentralen Tendenz geprüft werden können. Er ist dann indiziert, wenn sich die Vpn beider Stichproben zu homogenen (der gleichen Population entstammenden) Paaren gruppieren lassen bzw. von jeder Vp zwei Beobachtungen vorliegen. Dabei wird im Unterschied zum ↗Vorzeichentest nicht nur die Richtung der Differenzen der einzelnen Stichprobenpaare durch das Vorzeichen dargestellt, sondern gleichfalls die absolute Größe der Differenzen in Form einer Rangreihe berücksichtigt (größere ↗Effizienz). Die Rangsumme des selteneren Vorzeichens bildet die Prüfgröße T. Geprüft wird, ob der beobachtete Wert überzufällig vom erwarteten Wert T_{pop}

$$\frac{N(N+1)}{4}$$

abweicht. Für kleinere Stichproben sind die kritischen Werte von T tabelliert, für größere Stichproben ($N > 25$) erfolgt die Signifikanzprüfung über die ↗Normalverteilung. ↗Verteilungsfreie Tests; ↗Statistische Tests.

Lit.: Wilcoxon, F.: Individual comparisons by ranking methods. Biometrics, 1945, *1*, 80–83. *H.-J. Steingrüber*

Wilcoxon-White-Test ↗Mann-Whitney-U-Test.

Wille. W. ↗Wundt sieht im W. eine Grundfunktion des seelischen Seins, das er gegenüber dem substantiellen Seelenbegriff der Assoziationspsychol. als ein dynamisches Gefüge auffaßt. Die von ihm entwickelte „Willenslehre" (Voluntarismus – F. Tönnies) ist experimentell belegt und von seinen zahlreichen Schülern und Anhängern ergänzt worden, bes. von der ↗„Würzburger Schule" (O. Külpe, N. Ach, J. Lindworski, K. Bühler, A. Messer, O. Selz). Vom Voluntarismus wurde auch die amerik. Motivations- und Verhaltensforschung beeinflußt (C. L. ↗Hull, J. B. ↗Watson, E. L. ↗Thorndike, E. C. ↗Tolman, R. B. Cattell, G. W. ↗Allport), die jedoch die durch subj. Fehlerquellen belastete Methode der Selbstbeobachtung ablehnen. Die ↗verstehende Psychologie sieht im W. entweder ein formales Prinzip (L. Klages, P. Lersch) oder sie unterscheidet und beschreibt ihn nach seinen Wirkungsbereichen: Lebens-, Lern- und Leistungs-W., W. zum Wert (E. Spranger). Empirische Untersuchungen führen ihn zurück auf ↗Vorstellungen und Denkprozesse (T. Ziehen; E. Meumann, 1908) oder auf elementare Gefühle (H. Ebbinghaus). Die struktur-psychologisch orientierte Motivationslehre (K. ↗Lewin, H. Rohracher, G. W. ↗Allport) ist überzeugt, daß echte Motive des Wollens bewußt sind oder daß verborgene und verdeckte Motive in einem Akt der Rückbesinnung bewußtgemacht werden können.

Ach (1905) beweist experimentell, daß der Begriff W. ein besonderes Energiepotential bezeichnet; denn er vermag starke Gegenkräfte, wie z. B. assoziative ↗Hemmungen, ↗Ermüdung, Entlastungsbedürfnisse usw., zu überwinden. Aus einem Motivationsakt resultiert ein Entschluß, von dem determinierende Tendenzen ausgehen, die von einer Zielvorstellung gesteuert werden und die auch über längere Zeiträume und über Unterbrechungen hinaus wirksam bleiben. Der Aufwand an W.energie ist meßbar (Arnold, 1969) und übbar bis zur Gewöhnung (H. Rohracher) oder gar bis zur Automatisierung (H. Düker). W.schwäche kann entweder angeboren oder anerzogen worden sein; sie läßt sich durch heilpädagogische bzw. psychotherapeutische Maßnahmen kompensieren (A. ↗Adler).

Ach (1935) entdeckte das Schwierigkeitsgesetz der Motivation und damit die Auswirkungen von Leitmotiven und Motivationsgrenzen. Das Gesetz von der speziellen Determination besagt, daß eine Absicht um so leichter zu realisieren ist, je spezieller die determinierende Zielvorstellung ist.

W.antriebe vermögen bei kontinuierlichen Arbeiten für eine Zeit das Leistungsniveau zu steigern. Sie beweisen dadurch, daß der W. potentielle Energien in kinetische umsetzen kann und deswegen als echte Kraft angesehen werden darf (Mierke, 1955). Die aus den vitalen Schichten stammenden Drang- und Affektenergien können vom zentralen ↗Ich, das den Geist und seine Wertbindungen repräsentiert, zum Leistungs-W. sublimiert werden. Jedenfalls wandelt ein wertgerichteter W. den elementaren Leistungseros in ein Leistungsethos. Zu Gipfelleistungen befähigen Motive von besonderem Wertgewicht (Mierke, 1955). W.akte können nach innen gerichtet sein, z. B. trieb- und affekthafte Regungen zügeln oder Reaktionstendenzen und Interessen kontrollieren; sie sind nach außen gerichtet, wenn sie Fähigkeiten und Leistungsenergien für spontanes oder für beharrliches Handeln mobilisieren (A. Wellek). In jedem Fall erlebt der Mensch in dem Bewußtsein „Ich will!" die Freiheit eines persönlichen Entschlusses.

Lit.: Ach, N.: Über den W.akt und das Temperament. Leipzig, 1910; **ders.:** Analyse des Willens. Berlin, 1935; **Allport, G. W.** Persönlichkeit: Struktur, Entwicklung und Erfassung der menschlichen Eigenart. Stuttgart, 1949; **Arnold, W.:** Person, Charakter, Persönlichkeit. Göttingen, [3]1969; **Cattell, R. B.:** Personality and motivation structure and measurement. New York, 1957; **Hull, C. L.:** Principles of behaviour. New York, 1943; **Klages, L.:** Der Geist als Widersacher der Seele. Leipzig, 1933; **Lewin, K.:** Vorsatz, W. und Bedürfnis. Psychol. Forsch., 1920, *7*, 330–385; **Lindworski, J.:** Der Wille. Seine Erscheinung und seine Beherrschung. Leipzig, 1923; **Meumann, E.:** Intelligenz und Wille. Leipzig, 1908; **Mierke, K.:** W. und Leistung. Göttingen, 1955; **Rorarius, W.:** Persönlichkeit und Wille. München, 1978; **Wundt, W.:** Grundriß der Psychologie. Leipzig, 1922.

K. Mierke

Willensfreiheit, philosophischer Terminus, der im Unterschied zum Begriff der Handlungsfreiheit, der den Umfang der Handlungsmöglichkeiten bezeichnet und zumeist in politischen Traditionen gebraucht wird (z.B. bei T. Hobbes, J. Locke, J. S. Mill), die Unabhängigkeit der Entscheidungsfähigkeit von äußeren Vorgegebenheiten bestimmt. Die W. kulminiert in der autonomen Selbstgebung von Inhalten, die in der auf Plotin (205–270) sich beziehenden mittelalterlichen Philosophie nur Gott zugesprochen wurde. Der Mensch hat danach in der freien Entscheidung nur die untergeordnete Wahlfreiheit (liberum arbitrium). Die griechisch-antike Philosophie (Platon, Aristoteles) behandelt ausschließlich die Handlungsfreiheit. Der auf den Willen zielende intentionale Freiheitsbegriff wird erstmals in der hellenistischen stoischen und epikureischen Philosophie thematisiert und steht hier vor allem für die Unabhängigkeit des Menschen von äußeren Glücksgütern und von seiner eigenen inneren Natur (den Affekten). I. Kant (1724–1804) faßt die autonome W. säkularisiert als Selbstgesetzgebung des Willens (kategorischer Imperativ) und verbindet hierin moralphilosophisch-normative Gesichtspunkte mit dem Freiheitsbegriff. In G. W. F. Hegels (1770–1831) objektiver Geistphilosophie wird der freie Wille als eine überindividuelle (allgemeiner Wille) und geschichtsbildende Instanz gewertet. Der bestehende institutionelle Rahmen (Familie, bürgerliche Gesellschaft, Staat) wird in seiner „Philosophie des Rechts" (1820) auf seinen Freiheitsgehalt hin beurteilt. Hegel verbindet die W. mit der Geschichtsphilosophie. Die moderne Philosophie versteht unter W. zumeist die individuelle Wahlfreiheit, die auf eine diskursiv nicht einlösbare „Entscheidung" zurückgeführt wird.

Lit.: Antweiler, A.: Das Problem der W. Freiburg, 1955; **Fellin, J.:** Die W. Zur Bibliographie des Problems. Graz, 1928; **Gehlen, A.:** Theorie der W. Berlin, 1933, Neuwied, 1956; **Gomperz, H.:** Das Problem der W. Jena, 1907; **Hall, R.:** Free Will. A Short Bibliography. In: The Philosophical Quarterly, 1965, XV, 179–181; **Keller, W.:** Das Problem der W. Bern, 1965; **Morgenbesser, S. & J. Walsh** (eds.): Free Will. Englewood Cliffs (N. J.), 1962; **Pears, D. F.** (ed.): Freedom and the Will. London, 1963; **Pesch, O. H., Spaemann, R. & W. Warnach:** Freiheit. In: **J. Ritter** (Hrsg.), Historisches Wörterbuch der Philosophie II. 1972, 1065–1098; **Windelband, W.:** Über W. 12 Vorlesungen. Tübingen, [3]1918.

S. Blasche

Wing Standardized Tests of Musical Intelligence. Der Test dient der Abklärung der musikalischen Begabung (↗Musikpsychologie), die in sieben Untertests unter Verzicht der einzelnen Funktionen ganzheitlich erfaßt wird. Vgl. im Ggs. dazu Seashore Test of Musical Talent (↗Musikbegabungstest). *H. J. Aebi*

Winkeltäuschung, eine allgemeinere Bezeichnung für ↗geometrisch-optische Täuschungen, die durch Winkeldarstellungen entstehen, z.B. ↗Poggendorffsche Täuschung, ↗Lippsche Täuschung. *C. D. Frith*

WIP, Kurzform des HAWIE – Reduzierter Wechsler-Intelligenztest –, bestehend aus den 4 hoch interkorrelierenden Untertests: Allgemeines Wissen, Gemeinsamkeiten-Finden, Bilder-Ergänzen, Mosaiktest. Korrelation zum Gesamttest: .90; Alter: 15–60; hohe

Objektivität; Stabilitätskoeffizient: .94; gute Validitätsergebnisse.

Lit.: Dahl, G.: WIP – Reduzierter Wechsler Intelligenztest. Meisenheim/Glan, 1972.

H. Buchta

Wirtschaftspsychologie. Die W. untersucht als Teilgebiet der ↗angewandten Psychologie das Verhalten des Menschen in der Wirtschaft als Produzent und Konsument, wobei neuerdings ein Gesamtkonzept des psychoökonomischen Verhaltens angestrebt wird (T. Scharmann u. a.). Als *Psychol. der Produktion* (↗Industriepsychologie) umfaßt sie die Gegenstandsbereiche der Arbeits-, Berufs- und Betriebspsychol. (Organisationspsychol., Psychol. der Unternehmensführung usw.), während sich der Gegenstandsbereich der *Psychol. der Konsumtion* (↗Marktpsychologie) von der psychol. Markt- und Absatzforschung über die Psychol. der Werbung, des Verkaufs und der Konsumgewohnheiten bis zur Meinungs- und Einstellungsforschung (Image, ↗Stereotyp) erstreckt. Wenig untersucht ist bisher die *Psychol. des Geldes* mit ihren verschiedenen Aspekten der Spar-, Steuer- und Finanzpsychologie. *W. F. Neubauer*

Wissenschaftsaberglaube, das kritiklose Vertrauen in die scheinbar unbegrenzten Möglichkeiten der Wissenschaft, das nach Jaspers durch methodische Unkenntnis sowie durch Verschulung und Spezialisierung des Wissenschaftsbetriebs bedingt ist und „die Möglichkeit sowohl des echten Wissens wie des eigentlichen Glaubens vernichtet".

Von solchem Aberglauben *an* die Wissenschaft (im Sinne unrealistisch hoher Erwartungen) läßt sich ein Aberglaube *in* der Wissenschaft unterscheiden, der in bestimmten Voraussetzungen und einzelnen Theorien enthalten sein kann. Er beruht auf inadäquaten Analogiebildungen zum Zweck der „Machbarkeit" gewisser Resultate und kann damit dem gewöhnlichen ↗Aberglauben sehr nahekommen, auch wenn ihm alle okkulten Züge fehlen.

Die Entwicklung der Psychol. zu einer modernen Wissenschaft wurde durch eine Reihe von Annahmen ermöglicht, unter denen sich auch Analogiebildungen befinden. So wird der Gegenstand der Psychol. (Erleben und/oder Verhalten) als ein Gebiet aufgefaßt, das in mancher Hinsicht der physikalischen Außenwelt entspricht. Mit dieser Analogiebildung wurde der Begriffs- und Methodenapparat der Naturwissenschaften auf psychol. Fragen anwendbar. Unbezweifelbare Erfolge der psychol. Forschung sprechen zwar in vielen Bereichen für die Brauchbarkeit des Konzepts, doch ist dessen Tragweite noch nicht nach allen Seiten hin genügend geklärt. Dies zeigt sich in den immer wiederkehrenden Kontroversen sowohl um den Gegenstand der Psychol. als auch um den Aussagewert bestimmter Grundbegriffe und um die Angemessenheit fundamentaler methodologischer Voraussetzungen.

Mit einiger Sicherheit läßt sich W. in der Psychol. da feststellen, wo unkritisch die Grenzen des methodisch Möglichen verkannt und überschritten werden. Dies ist z.B. der Fall, wenn etwa auf Grund von Exp. Aussagen über die Wirkung solcher Bedingungen gemacht werden, die mit anderen Bedingungen in unerkennbarer und unkontrollierbarer Wechselwirkung stehen (nicht selten bei sozialpsychol. Fragestellungen), oder wenn ein bestimmter praktischer Erfolg (etwa bei einer psychotherapeutischen Behandlung) gar nicht der speziellen Theorie und Methode, sondern irgendwelchen sonstigen Umständen zuzuschreiben ist. W. besteht hier in der haltlosen Unterstellung bestimmter kausaler Beziehungen bzw. führt zu neuen solchen Unterstellungen. Äußeres Kennzeichen des W. ist oft die Trivialität der von ihm beeinflußten Aussagen oder die Unvereinbarkeit von Ergebnissen von angeblich gleichartig angelegten Untersuchungen zur selben Frage.

Lit.: Jaspers, K.: Die geistige Situation der Zeit. Berlin, [5]1971; **Traxel, W.:** Psychologie auf falschem Kurs? Bild d. Wiss. 1978, *6*.

W. Traxel

Witte-König-Effekt, paradoxer *Verschmelzungseffekt.* Wenn die Augen eines Pb verschieden gereizt werden, so verschmelzen die ↗Empfindungen zu einer ↗Wahrnehmung. Dabei dominiert entweder ein Reiz, oder die Wahrnehmung alterniert von einem Reiz zum anderen („Rivalität"). Werden einem Pb durch ein ↗Stereoskop zwei Kreise dargeboten, von denen einer unvollständig (unterbrochen) ist, so sieht der Pb die Unterbrechung nur, wenn sie relativ klein ist. Eine größere Unterbrechung des Kreises wird nicht wahrgenommen.

Lit.: Helson, H. & A. E. Wilkinson: A study of the Witte-König paradoxial fusion effect. Amer. J. Psychol., 1958, *71*, 316–320; **König, E.:** Experimentelle Beiträge zur Theorie des binocularen Einfach- und Tiefensehens. Meisenheim, 1962.

F. Mattejat

Witz. Der Begriff „Witz" hatte vor ↗Freud (Der Witz und seine Beziehung zum Unbewußten, 1905) trotz einiger Definitionsversuche (bes. die von T. Lipps und K. Fischer) keine präzise psychol. Bezeichnung.

Für Freud stellt jede Ersparnis an psychischer wie muskulärer Anstrengung eine Lustquelle dar. Der Lustgewinn *sui generis*, der durch einen W. verursacht wird, entspricht dem, den eine ersparte psychische Belastung mit sich bringt. Diese energetische Ökonomie verwirklicht sich auf zwei getrennten Ebenen: der des Hintergrunds und der der Form. Auf der Ebene des *Hintergrunds* entspricht der Lustempfindung nach einem W. eine Einsparung von psychischem Aufwand, welche entweder durch die Erleichterung der Verstand-Zensur bedingt ist (wenn der Erwachsene wieder zu einem echten Kind wird, spielt er vollkommen frei mit Worten und Ideen ohne Rücksichtnahme auf die Zwänge der Logik) oder durch die Erleichterung der Moral-Zensur (↗Gewissen) auf unsere ↗Triebe (der W. erlaubt dann die Befriedigung einer verbotenen Triebregung). Eine andere Lustquelle, die an den W. gebunden ist, gibt es auf der Ebene der *Form*, aus den dem W. eigenen Techniken ergibt sich vielleicht eine nicht wegzudenkende Nebensächlichkeit. Beispiele: Verdichtung – mit oder ohne Ersatzbildung –, mehrfache Verwendung des gleichen Wortmaterials, Doppelsinn, Mangel an Beweisbarkeit, Darstellung durch das Gegenteil (Widersinn), Unifizierung, Anspielung, Auslassung usw. Der allen diesen Techniken einzig und allein gemeinsame Faktor besteht in einer *ersparenden Tendenz*, einer Ökonomie mit semantischem Material.

Obwohl sich Freud hauptsächlich für den W. interessierte, entwickelte er seine Theorie in Wirklichkeit über den Dreierkomplex *Witz–Komik–Humor*. „Die Lust des *Witzes* schien uns aus erspartem Hemmungsaufwand hervorzugehen, die der *Komik* aus erspartem Vorstellungs-(Besetzungs-)Aufwand und die des *Humors* aus erspartem Gefühlsaufwand" (Freud, 1905).

Für Freud entspricht *Humor* der Ersparnis eines schmerzlichen Gefühls und konstituiert somit ein Mittel der Verteidigung gegen den Schmerz. Für Bergson (1900) definiert sich Humor durch seine Gegenüberstellung zur *Ironie:* Ich bin humorvoll, wenn ich vortäusche, zu glauben, daß die Dinge so, wie sie wirklich sind, diejenigen sind, welche sie hätten sein sollen; ich bin ironisch, wenn ich vorgebe, zu glauben, daß das, was sein sollte, Wirklichkeit ist. Es ist zu beachten, daß der Begriff *Humor* für die angelsächsischen Autoren generell den ganzen Bereich des Belachenswerten umfaßt.

Was die *Komik* betrifft, ist Bergsons Definition – „von der Mechanik, die bei Lebzeiten in Betrieb genommen werden kann" – allen gegenwärtig. Die Bedeutung des Begriffs Komik variiert von Autor zu Autor. Victoroff (1953) schlägt vor, die *Komik* in Gegenüberstellung zum *Lächerlichen* zu definieren: Man kann tatsächlich nämlich mit Absicht und gutem Vorbedacht Lachen verursachen, oder im Gegenteil, ohne es zu wollen, sogar am eigenen Leib auslösen, auch wenn man sich noch so dagegen wehrt. Man könnte dann sagen, daß man es im ersten Fall mit der Komik zu tun hat und man sich im letzteren im Bereich des Lächerlichen befindet.

Lit.: Bergler, E.: Laughter and the sense of humor. New York, 1956; **Bergson, H.:** Le Rire. Essai sur la signification du comique. Paris, 1900; **Eastman, M.:** The sense of humor. New York–London, 1921; **ders.:** Enjoyment of laughter. New York, 1936; **Freud, S.:** Der W. und seine Beziehung zum Unbewußten (1905). Ges. Werke, Bd. 6. London, 1940; **Grotjahn, M.:** Zum Lachen. München, 1974; **Röhrich, L.:** Der Witz. Stuttgart, 1977; **Victoroff, D.:** Le Rire et le Risible. Introduction à la psychosociologie du rire. Paris, 1953.

D. Victoroff

Wolfskinder. Die Wolfskindersage ist uralt, vgl. Romulus und Remus. Berichte über „Wolfs-", „Bären-", „Leopardenkinder" usw. sind zweifelhaft. Wesentlich ist das Aufwachsen ohne Artgenossen während entscheidender Lebensjahre (↗Prägung). J. A. L. Singh berichtet über das Auffinden von 2 Mädchen von etwa $1^1/_2$ und 8 Jahren in einem von Wölfen bewohnten Termitenhügel im Distrikt Midnapur (Indien). Sie schlappten Wasser wie Wölfe, gierten nach rohem Fleisch und Aas, bleckten die Zähne, krochen auf allen vieren, konnten weder gehen noch stehen, duldeten keine Kleider auf sich, lachten und weinten nicht und waren stumm bis auf Erregungslaute. Der Bericht ist voller Ungenauigkeiten und Widersprüche.

Lit.: Singh, J. A. L. & R. M. Zingg: Wolf-Children and feral men. New York–London, 1942; **Koehler, O.:** Z. Tierpsychol., 1943, 7, 148–160 (Referat). K. Fiedler

Wollen ↗Wille.

Woodworth, *Robert Sessions.* LEBEN UND WERKE. *17. 10. 1869 Belchertown (Mass.), †4.7.1962 New York. M. A. 1897 in Harvard, wo er Philosophie und Psychol. studierte; PhD 1899 bei J. McK. ↗Cattell an der Columbia University; ergänzte seine Ausbildung durch Studien in Anthropologie und stat. Methoden unter F. Boas sowie in Physiologie unter H. Bowditch in New York, Sarpey-Schafer in Edingburgh (1900) und als Assistent Sherringtons in Liverpool (1902); verbrachte 1912 einen Deutschlandaufenthalt, wo er O. ↗Külpe in Bonn und W. ↗Wundt in Leipzig besuchte; arbeitete von 1903 bis zu seinem Rücktritt 1958 im Alter von 89 Jahren als Nachfolger J. McK. ↗Cattells in Columbia. 1956 erhielt Woodworth die erste „Gold Medal Award" der American Psychological Foundation, die ihn damit für seine überragende Bedeutung als „Integrator und Organisator des psychologischen Wissens" auszeichnete.

Weitreichende Bedeutsamkeit erlangte W. vor allem durch seine Buchveröffentlichungen, die größtenteils zu Standardwerken der psychol. Literatur geworden sind. Hierzu zählen bes.: die revidierte Ausgabe von Ladds „Physiological psychology" (1911); „Dynamic psychology" (1918), die erste systematische Darstellung seiner wiss. Position; das einführende Buch „Psychology" (1921), das bis 1947 fünf Auflagen erlebte und nach Boring (1950) über 25 Jahre das häufigstgelesene psychol. Lehrbuch war; „Contemporary schools of psychology" (1931), dessen letzte, neubearbeitete Auflage 1964 zwei Jahre nach seinem Tod erschien; „Experimental psychology" (1938), das in der revidierten Auflage von 1954 (mit H. Schlosberg) auch heute noch zu den Standardwerken der Experimentalpsychol. zählt, und sein letztes Werk „Dynamics of behavior" (1958), das W. noch im Alter von 89 Jahren veröffentlichte.

W. ist in seiner Position funktionalistisch ausgerichtet, wenngleich er nicht der funktionalistischen Schule J. R. Angells und H. A. Carrs angehörte. Einerseits verabscheute W. in seiner eklektischen Einstellung die Einengungen und Bindungen, die die Angehörigkeit zu einer Schule mit sich bringt, andererseits integrierte er in starkem Maße dynamische Aspekte in seine funktionalistischen Vorstellungen.

Seine dynamische Psychol. beschäftigt sich mit den verursachenden Bedingungen des menschlichen Verhaltens. Nach seiner Ansicht erscheint es nicht ausreichend, die Erklärung des Verhaltens allein auf Reize und Reaktionen ohne Berücksichtigung des lebenden Organismus zurückführen zu wollen. Daher lehnt er auch bei der Verhaltensanalyse methodische Begrenzungen auf ausschließlich objektiv feststellbare Reize und Reaktionen ab und erkennt neben den mehr obj. Methoden auch die ↗Introspektion als legitime psychol. Methode an. Die Konzepte, die W. zur Erklärung des motivierten Verhaltens heranzieht, sind Triebe und Mechanismen. Seine hierbei entscheidende Annahme, die später von G. W. ↗Allport im Prinzip der funktionellen Autonomie übernommen wurde, ist die, daß ein Mechanismus, sobald er einmal geweckt ist, selbst einen Trieb darstellt und darüber hinaus in der Lage ist, andere mit ihm verbundene Mechanismen zu aktivieren.

Lit.: **Poffenberger, A. T.:** Robert Sessions Woodworth: 1869–1962. Amer. J. of Psychol., 1962, *75*, 677–692; **Seward, G. H.:** Woodworth, the man: a „case history". In: **H. Georgene & J. P. Seward** (Eds.): Current psychological issues. New York, 1958, 3–20. *W. Wittling*

Woodworth Personal Data Sheet ↗Personal Data Sheet.

Word fluency ↗Fluency.

Work-Factor-System, ein aus den USA stammendes „System vorbestimmter Zeiten" (↗Zeitstudie), um einen Arbeitsvorgang nach festgelegten Richtlinien zu analysieren, die Einzelbewegungen zu klassifizieren und deren Zeit- bzw. Energieaufwand nach Tabellen zu bestimmen, ohne sich auf unsichere Schätz- oder Erfahrungswerte verlassen zu müssen.

Lit.: Erfolge mit Work Factor (Fortschrittliche Betriebsführung, Bd. 14). Berlin – Köln – Frankfurt, 1967.

G. Marschner

Wort. Wörter lassen sich als Bestandteile von ↗Sätzen auffassen. Eine allgemein akzeptierte Definition von W. steht noch aus. Die Wortbildungsregeln werden in der Morphologie, einem Teilgebiet der Grammatik, behandelt. Die Analyse von Wörtern als bedeutungstragenden Einheiten hat zu dem Begriff des Morphems als der kleinsten noch Bedeutung tragenden Einheit geführt. Ein W. kann aus einem (z.B. Haus) oder mehreren (z.B. Ungleich-heit) Morphemen bestehen. Unter funktionalen Gesichtspunkten wird zwischen Inhaltswörtern (z.B. Nomina) und Funktionswörtern (z.B. Artikel) unterschieden. Die Bedeutung von Wörtern wird u.a. als Vorstellung, als Menge semantischer Merkmale und als Proposition konzipiert. *J. Engelkamp*

Wortassoziation. Unter W. wird in der ↗Psychodiagnostik eine Reihe von Verfahren verstanden, bei denen durch eine Analyse der Einfälle des Pb zu bestimmten Reizwörtern diagnostische Schlüsse gezogen werden. Registriert wird neben der Art der Reaktionswörter auch die Reaktionszeit. Die Verfahren gehen auf Anregungen von C. G. ↗Jung und L. Binswanger um die Jahrhundertwende zurück.

G. Lischke

Wort-Bild-Test (WBT 10 +), Gruppentest zur schnellen Erfassung der „allgemeinen" Intelligenz bei Jugendlichen und Erwachsenen. Innerhalb 10 Min. sollen 45 Wörter zu 4 einfachen, schematischen Zeichnungen nach dem Grad der Angemessenheit zugeordnet werden. Die Eichung erfolgte an 5861 Pbn sowie einer für die BRD repräsentativen Stichprobe (N = 1774) im Alter von 16–79 Jahren. Die Autoren teilen alters- und geschlechtsspezifische Kennwerte für 3 Schultypen mit. Halbtestreliabilitäten liegen zwischen .87 und .91, die Paralleltestreliabilität ist .92. Hinweise für die Validität ergeben sich aus Korrelationen mit Subtests des LPS (.78 bis .92) und aus hochsignifikanten Differenzen zwischen den Schultypen.

Lit.: Anger, H., Mertesdorf, F., Wegener R. & G. Wülfing: Wort-Bild-Test (WBT 10). Weinheim, 1971.

G. Prystav

Wortblindheit ↗Alexie.

Wortflüssigkeit ↗Fluency.

Wortsalat. Sprachstörung mit völligem Verlust des Zusammenhangs zwischen den einzelnen Worten. Bei Fehlen jeder syntaktischen und grammatikalischen Struktur (↗Agrammatismus) werden sinnlos Worte aneinandergereiht, oftmals in verschiedenen Sprachen. W. ist Symptom des schizophrenen verbalen Kommunikationszerfalls. Unter W. versteht man auch eine schwere Rechtschreibstörung, wobei der Schreiber nicht nur ähnliche (m – n, I – l) und links- mit rechtsläufigen (d – b, p–q) Zeichen verwechselt, sondern auch noch Buchstaben wegläßt oder hinzufügt sowie sinnlos zusammensetzt, so daß unverständliche Wortbilder entstehen. Häufig werden auch Wörter auseinandergerissen und Silben falsch zusammengefügt (↗Alexie). Meist sind Sprache und Intelligenz des Dysorthographen normal entwickelt, oft bereitet das mechanische Abschreiben kaum Schwierigkeiten. Die Ursache ist in einer ungenügenden Koordination zwischen den sensorischen und motorischen Zentren zu suchen. W. ist meist ein Symptom von ↗Legasthenie mit polyätiologischer Genese.

Lit.: Borel-Maisony, S.: Les Dyslexies. In: Folia phoniatrica, Basel – New York, 1951; **Kaiser, E. & J. Kramer** (Hrsg.): Komplexe Sprachstörungen. Stuttgart – Bern, 1974; **Kern, A.:** Das rechtschreibschwache Kind. Freiburg, 1961; **Orton, T.:** Wordblindness in School-Children. Arch. of Neurology and Psychiatr. Vol. 14, 1925; **Schenk-Danzinger, L.:** Handbuch der Legasthenie im Kindesalter. Weinheim, 1968.

A. Hicklin & E. Ullrich

Wortschatz. Der W. einer Sprache entspricht quantitativ und qualitativ dem kulturellen Niveau der Sprachteilhaber und wird von der Sprachstatistik erfaßt. Der W. der einzelnen Sprecher und Gruppen variiert nach bildungsmäßigen, dialektalen und generationsbedingten Gegebenheiten. Hinzu kann fachspezifischer W. treten. Krankhafte Störungen führen zu begrenztem Wortinventar (Sprachabbau) oder eigenem W. (↗Privatsprache). Grund- oder Mindest-W. ist ein für didaktische Zwecke nach Häufigkeit und Gebrauchswert systematisch reduzierter W.

Lit.: Kühn, P.: Der Grundwortschatz. Bestimmung und Systematisierung. Tübingen, 1979.

B. D. Insam

Wortschatztests, standardisierte Verfahren, die seit Binet (1905) zur Erfassung von Aspekten der verbalen ↗Intelligenz in der Psychologischen Diagnostik als Einzeltests oder innerhalb von Testbatterien (z.B. ↗Hamburg-Wechsler-Intelligenztest) verwendet werden. Gewöhnlich sind entweder Begriffe frei zu definieren, oder es ist jeweils zu einem Wort unter den vorgegebenen Wahlantworten das zutreffende Synonym, Antonym, der Oberbegriff etc. herauszufinden. In zahlreichen Faktorenanalysen konnte gezeigt werden, daß W.s in dem von Thurstone mit V bezeichneten Faktor „Sprachverständnis" besonders hohe Ladungen aufweisen, also nicht nur ein Wortverständnis i. e. S. erfassen. W.s weisen in der Regel hohe Korrelationen mit traditionellen ↗Intelligenztests auf. Dieser Tatbestand hat u.a. zu Kritiken an der herkömmlichen Intelligenzmessung geführt: Durch die starke Berücksichtigung verbaler Komponenten ergeben sich kultur- und schichtenspezifische Differenzen in den Intelligenzquotienten. In „kulturunabhängigen" Intelligenztests (Cattell) wird daher konsequent auf W.s oder andere sprachliche Tests verzichtet.

In der Pädagogischen Diagnostik werden W.s vor allem zur Aufdeckung sprachlicher Defizite im Vorschul- und Schulalter verwendet, um ihnen durch entsprechende Förderungsmaßnahmen begegnen zu können. So soll z.B. durch den „W. für Schulanfänger 1 (WSS 1)" von I. und J. Kamratowski der passive Wortschatz dadurch erkundet werden, daß zu einem mündlich vorgegebenen Begriff das zutreffende von 4 Auswahlbildern anzukreuzen ist. Der aktive Wortschatz soll im „Frankfurter Test für Fünfjährige – Wortschatz (FTF-W)" durch die richtige Benennung abgebildeter Objekte gemessen werden. Im deutschen Sprachraum steht eine Reihe weiterer W.s für die Schule zur Verfügung, die für unterschiedliche Schulstufen, spezielle Gruppen (z.B. Sehbehinderte) oder mit besonderen Inhalten (z.B. technischer oder fremdsprachlicher Wortschatz) entwickelt wurden. – Es ist in der Pädagogischen Diagnostik teilweise umstritten, inwieweit W.s tatsächlich Schlüsse auf die allgemeine Sprachfähigkeit gestatten. Seit Mitte der 70er Jahre sind auch im deutschen Sprachraum komplexere Sprachentwicklungstests konstruiert worden, die – unter Einschluß von W.s – einen breiteren „Bereich des Verhaltens im Rahmen der sprachlich-linguistischen und kommunikativen Kompetenz" erfassen sollen (Grimm 1978, 364), wie der „Heidelberger Sprachentwicklungstest".

Lit.: Anger, H., Bargmann, R. & E. Hylla: Wortschatztest (WST 5–6), (WST 7–8). Weinheim, 1965; **Kamratowski, J. & J.:** Wortschatztest für Schulanfänger (WSS 1). Weinheim; **Raatz, U. & R. Möhling:** Frankfurter Tests für Fünfjährige – Wortschatz. Weinheim, 1971; **Riemenschneider, L.:** Technischer Wortschatztest. Weinheim, 1971.

L. Michel

Wunderheilungen, spontane Heilung von Krankheiten durch Ansprechen psychischer Faktoren im Patienten, wobei unmittelbar davor keinerlei Medikamente oder Behandlungen angewendet wurden, kein langwieriger Genesungsprozeß stattfindet und kein Rückfall eintritt. Eine echte W. spricht gegen jegliche medizinische Erfahrung. W. sind bereits seit ältesten Zeiten bekannt, sie reichen von Schamanentum, Exorzismus, Hexerei und religiösen W. über die Magnetopathie Mesmers, psychotherapeutischen Spontanheilungen (Coué, ↗Hypnose) und „geistigen Fernheilungen" bis zum ↗Placebo-Effekt und zur Parapsychologie. Die vielfach bestrittene, aber durch zahlreiche kontrollierte Fälle selbst bei schweren organischen Erkrankungen (Tumore) von namhaften Zeugen, wie C. G. Jung, gut belegte Existenz der W. zeigt, daß jede Krankheit eine psychische Komponente aufweist und durch Beeinflussung dieser geheilt oder gebessert werden kann. Daß viele Patienten ihr Heil bei Kurpfuschern und Scharlatanen suchen (und manchmal auch finden), liegt an ihrer Furcht, der streng naturwissenschaftlich gebildete Arzt kuriere nur die Krankheit und nicht den ganzen Menschen. Zum Heilen gehört ein „Heiler", der auch ein numinoses Objekt (Gnadenbild) sein kann (↗Mana). C. G. Jung spricht vom „Archetyp des Heilers (Heilands)". Als Voraussetzung für W. wird analog den Evangelien ein Glaubensakt betrachtet, es sind jedoch auch Einzelfälle bekannt, wo Skeptiker geheilt wurden. Wenn man „Wunder" nach Thomas von Aquin definiert (miracula quoad substantiam, miracula quoad factum und miracula quoad modum), dann ist freilich die Zahl echter W. sehr gering. Denn diese gehören in den allermeisten Fällen zur dritten Kategorie und liegen oft an der Grenze des echten Mirakels. Deshalb wurden von den etwa 1300 unerklärlichen Heilungen in Lourdes von der Kirche nur 55 als echte W. anerkannt, auf keinen Fall solche, bei denen Suggestion im Spiele ist.

E. Ullrich

Wundt, *Wilhelm.* * 18.6.1832 Neckarau bei Mannheim, † 31.8.1920 Großbothen bei Leipzig. Nach einem Studienjahr in Tübingen ging er 1852 nach Heidelberg, wo er 1856 zum Dr. med. promovierte, 1857 Privatdozent und 1864 a.o. Professor wurde. Den Lehrstuhl für Physiologie hatte 1858–71 H. v. ↗Helmholtz inne. Die beiden Koryphäen der wiss. Psychol. lebten 13 Jahre nebeneinander ohne tieferen wiss. und persönlichen Kontakt. 1874 folgte W. einem Ruf auf den Lehrstuhl für induktive Philosophie an der Univ. Zürich, 1875 einem Ruf an die Univ. Leipzig. Dort blieb er bis zu seinem Tode, 45 Jahre. – W. ist der Begründer der modernen Psychol.; dreifach ist sein Verdienst: 1) W. hat die Psychol. nach Gegenstand und Methode verselbständigt und nach dem Modell der Naturwissenschaft aufgebaut. Er definierte sie als Wissenschaft von der inneren und unmittelbaren Erfahrung und gründete die psychol. Forschung auf ↗Experiment und „reine ↗Beobachtung". 2) W. hat die Prinzipien und Ergebnisse der Psychol. systematisch dargestellt. 1874 erschien die erste Fassung des schließlich zu drei Bänden anwachsenden Hauptwerkes: „Grundzüge der physiologischen Psychologie". 1883 gründete er die erste psychol. Zeitschrift unter dem Titel „Philosophische Studien". Sein 10bändiges Riesenwerk „Völkerpsychologie" sollte der Ergänzung der individuellen, expt. Psychol. durch eine Gemeinschaftspsychol. und der Erforschung der höheren Erzeugnisse des Bewußtseins dienen. Ein immenses Wissen ist in diesem heute weitgehend überholten Werk niedergelegt. 3) W. hat 1879 das erste Psychologische Institut der Welt gegründet. Es erlangte bald internationalen Rang. Psychologen aus aller Herren Ländern kamen dorthin, um bei W., „dem großen Meister" (Wolman, 1968), expt. Psychol. zu studieren.

Lit.: Boring, E. G.: A history of experimental psychology. New York, [2]1957, 316–347; **ders.:** On the subjectivity of important historical dates. Leipzig, 1879, auch in: J. Hist. beh. Sci., 1965, *1*, 5–9; **Feldman, S.:** Wundt's psychology. Amer. J. of Psychol., 1932, *44*, 615–629; **Hall, G. S.:** Founders of modern psychology. New York, 1912 (dt. 1914), 311–458; **Petersen, P.:** Wilhelm Wundt und seine Zeit. Stuttgart, 1924; **Pongratz, L. J.:** Problemgeschichte der Psychologie. Bern–München, 1967, 99–107; **Wolman, B. B.:** Historical roots of contemporary psychology. New York, 1968, 275–297; **Wundt, W.:** Erlebtes und Erkanntes. Stuttgart, 1920.

L. J. Pongratz

Wundtscher Serviettenring ↗Serviettenringfigur.

Wunsch ist nach Freud (1916/17) die konkrete und durch individuelle Erfahrung angereicherte Form eines ↗Triebes oder ↗Motivs. W.e können daher auch verdrängt und unbewußt sein (↗Energie, psychische; ↗Objektbesetzung).

Wunschtraum ist nach Freuds (1900) ursprünglicher Auffassung eigentlich jeder ↗Traum. Später nahm er (theoretisch wahrscheinlich zu Unrecht) die Angstträume aus (an deren Einleitung oder Beginn positive W.e des Träumers eine wenn auch mitunter ganz kurze Rolle spielen; ↗Wiederholungszwang). Träume sind nach Freud Versuche verkappter W.erfüllungen zum Zwecke der Erhaltung des ↗Schlafes.

Lit.: Freud, S.: Die Traumdeutung (1900). Ges. Werke, Bd. 2/3. London, 1949; **ders.:** Vorlesungen zur Einführung in die Psychoanalyse (1916/17). Ges. Werke, Bd. 11. London, 1948; **Toman, W.:** Introduction to psychoanalytic theory of motivation. London – New York, 1960. *W. Toman*

Wunschdenken, das Festhalten an einer unrealistischen Erwartung, die nicht auf irgendeiner sicheren Evidenz basiert, sondern auf dem Verlangen oder Wunsch, daß sich etwas ereignen möge. Es bezieht sich auch auf den Glauben an eine Tatsache oder Aussage, nur weil man gern hätte, daß die Tatsache oder Aussage wahr sei. *G. Powell*

Würfeltest, Oberbegriff für verschiedene sprachfreie Intelligenztestaufgaben. Einige finden sich – dem Prinzip der Würfel nach Kohs folgend – als Untertest zur Erfassung des deduktiven Denkens in gebräuchlichen Intelligenztests (↗Mosaiktest), andere dienen der Erfassung des räumlichen Vorstellungsvermögens: die Würfelabwicklungen von Meili sowie ein entsprechender Untertest des ↗Intelligenz-Struktur-Tests. *K. D. Kubinger*

Würzburger Schule, ein seit Beginn des 20. Jahrhunderts international geläufiger Begriff für die von O. Külpe begründete denkpsychologische Forschungsrichtung in Würzburg. Dazu gehörten insbesondere N. Ach, K. Bühler, K. Marbe, A. Messer, J. Orth, O. Selz, H. J. Watt.

Die W. S. war eine Reaktion auf den Sensualismus und die pragmatische Assoziationspsychologie. Sie bediente sich des psychologischen Experimentes, führte dieses aber über sich hinaus in ganzheitliche Bezüge hinein. Sie machte Aussagen über Vorstellung, Denken und Urteilen. So wurde erkannt, daß Denken und Wollen dem Inhalt nach teleologisch orientiert sind, d. h. Ziele und Zwecke haben und objektive Gehalte besitzen. Methodisch gewann die Selbstbeobachtung in ihren verschiedenen Formen (Selbstbeobachtung, rückschauende Selbstbeobachtung, fremdgeleitete Selbstbeobachtung) als *Introspektion* besondere Bedeutung, und zwar für die Beschreibung von subjektiven Erlebniseinheiten, die objektive Sachbezüge besitzen.

Ausgang waren Külpes Forschungen über die *Bewußtseinslage,* Aufmerksamkeit und affektive Tönung. In seinen philosophischen Werken (zeitgenössische Philosophie in Deutschland, Kant) waren auch psychologische Probleme verarbeitet, z. B. ästhetische Gesetze und die Rolle der Assoziation.

Marbe untersuchte das Urteil und die Integrationsgehalte, dazu die Absicht.

Watt bemühte sich um eine Fraktionierung der psychischen Ablaufprozesse (vorbereitendes Stadium, Reiz, Reaktion, Reaktionswert). Jede bewußte Aufgabe steuert den Denkprozeß. Ach untersuchte den Zusammenhang von Denken und Wollen (↗determinierende Tendenzen); er wies nach, daß in der Bewußtheit die Gedanken sich nach Beziehungen und Bedeutungen ausrichten.

Messer formulierte bereits den Verbund zwischen emotionalen und kognitiven Prozessen; dabei bediente er sich der „Ausfragemethode". Bühler führte den Nachweis, daß das Denken allemal wertorientiert und schöpferisch ist. Die Hauptgegner der W. S. waren W. Wundt und G. E. Müller; sie leugneten, daß die determinierenden Tendenzen etwas anderes seien als Perseverationen.

Insgesamt muß die W. S. in Zusammenhang mit der seinerzeit aktuellen Funktionspsychologie gesehen werden, weil sie Akt und Inhalt zum Gegenstand ihrer Untersuchungen machte, wobei diese jedoch keinem Elementarismus verfiel. Sie hat die später sich ausdifferenzierende Gestalt- und Feldpsychologie wesentlich angeregt und befruchtet.

So ist es das Kennzeichen der Würzburger

Psychologie geworden, keine analytischen Systemeinseitigkeiten, sondern synthetische Ganzheitsstrukturen zu vertreten.

Lit.: **Ach, N.:** Über die Begriffsbildung. Bamberg, 1921; **ders.:** Analyse des Willens. Berlin, 1935; **Bühler, K.:** Tatsachen und Probleme zu einer Psychologie der Denkvorgänge. Leipzig, 1908; **ders.:** Die Gestaltwahrnehmungen. Stuttgart, 1913; **ders.:** Die Krise der Psychologie. Jena, 1929; **ders.:** Christian von Ehrenfels und Albert Einstein. In: Gestalthaftes Sehen (Festschrift). Darmstadt, 1960; **Marbe, K.:** Experimentell-psychologische Untersuchung über das Urteil. Leipzig, 1901; **Messer, A.:** Experimentell-psychologische Untersuchungen über das Denken. Würzburg, 1906; **ders.:** Empfindung und Denken. Leipzig, 1908; **ders.:** Die Apperzeption als Grundbegriff der pädagogischen Psychologie. Berlin, 1915; **Orth, J.:** Gefühl und Bewußtseinslage. Berlin, 1903; **Selz, O.:** Über die Gesetze des geordneten Denkverlaufs. 2. Teil: Zur Psychologie des produktiven Denkens und des Irrtums. Bonn, 1922; **ders.:** Die Gesetze der produktiven und reproduktiven Geistestätigkeit. Bonn, 1924; **Watt, H. J.:** Theorie des Denkens. Leipzig, 1904.

W. Arnold

Wut, Zustand hoher affektiver Erregung mit motorischen und vegetativen Erscheinungen, der sich als Reaktion auf eine Beeinträchtigung der Persönlichkeits- oder Vitalsphäre aus einem aggressiven Spannungsstau entwickelt; er kann sich in Form eines auf Zerstörung gerichteten Aktes entladen. W. wird zu den instinkt- oder triebabhängigen Kampf- und Abwehrreaktionen gerechnet. Im Unterschied zum Zorn vollzieht sich W. ohne Überblick und Überlegung und ohne bewußtes Abwägen der Schuld, welche die Umwelt an der erlebten Beeinträchtigung trägt. *W. Tisch*

XY

Xanthocyanopsie, *Gelbblausichtigkeit,* Farbenschwäche oder -blindheit, bei der der zweite und der dritte Zapfenfarbstoff intakt, die Funktionstüchtigkeit des ersten aber aufgehoben oder eingeschränkt ist, identisch mit Rotgrünblindheit bzw. -schwäche (Protanopie oder Deuteranopie). ↗Farbenfehlsichtigkeit.

K.-H. Plattig

Xanthopsie, *Gelbsehen* bei Vergiftungen mit Digitalis (Herzglykosid aus dem „Fingerhut"), Phenazetin (Kopfschmerzmittel), Santonin (Wurmmittel) u. v. a., aber auch bei Icterus (= Gelbsucht). Bei letzterem kann die Entstehung auf dem Eindringen von gelberscheinenden Gallenfarbstoffen in die lichtdurchlässigen Teile des dioptrischen Apparates des ↗Auges beruhen; die Entstehungsmechanismen der übrigen Formen sind unklar, größtenteils wohl zentralnervös.

K.-H. Plattig

X-Chromosom ↗Geschlechtschromosom.

Xenoglossie, während einer ↗*Trance:* eine Rede in einer Sprache, die dem Sprecher angeblich unbekannt ist. *Responsive xenoglossy* (dt.: Xenoglossie mit Antworten): Fähigkeit, auf Fragen sinnvoll in der unbekannten Sprache zu antworten.

J. Beloff

Xenoglossophobie, Abneigung gegen fremde Sprachen.

Xenophobie, Furcht vor allem Fremdartigen.

X-Test. Der X-T. ist ein nicht-parametrisches Verfahren, mit dem zwei unabhängige Stichproben auf Differenzen hinsichtlich ihrer zentralen Tendenz geprüft werden können. Die Prüfgröße X ergibt sich dadurch, daß die Daten der Stichproben in eine gemeinsame Rangreihe gebracht werden, die Rangplätze der kleineren Stichprobe jeweils auf den Gesamtstichprobenumfang + 1 relativiert, dann in Standardwerte transformiert und schließlich aufsummiert werden. Voraussetzung: Die gemessene Variable ist mindestens entlang einer Ordinalskala zu erfassen. Geprüft wird, ob die Summe der positiven und negativen Standardwerte von Null überzufällig verschieden ist. Bei kleineren Stichproben erfolgt die Signifikanzprüfung über die tabellierten Werte von X, bei größeren Stichproben ($N > 20$) über die Normalverteilung. ↗Verteilungsfreie Tests; ↗Statistische Tests.

Lit.: Van der Waerden, B. L.: Ein neuer Test für das Problem der zwei Stichproben. Math. Annalen, 1953, *126,* 93–107.

H.-J. Steingrüber

Y-Chromosom ↗Geschlechtschromosom.

Yerkes, *Robert Mearns.* LEBEN. * 26. 5. 1876 Bucks County (Pennsylvania), † 1956. Studierte Zoologie und Psychol.; promovierte 1902 an der Harvard University; war von 1902 bis 1917 Instructor und später Professor in Harvard; übte von 1912 bis 1917 nebenamtliche Tätigkeit am Boston Psychopathic Hospital aus; nahm 1917 einen Ruf auf einen Lehrstuhl für Psychol. an der University of Minnesota an, konnte diese Tätigkeit aber nicht ausüben, da er im gleichen Jahr, bedingt durch den Kriegsausbruch, zur Armee ging; entwickelte im Army Medical Department mit einer Gruppe von Kollegen innerhalb von 18 Monaten den ↗Army-Alpha-Test, mit dem über 1,7 Millionen Soldaten untersucht wurden; von Kriegsende bis 1924 war er im National Research Council in Washington tätig, wo er sich für die Förderung der psychol. Forschung einsetzte; 1924 wurde er Professor an der Yale University; von 1930 bis 1941 war er Leiter der durch seine Anregung gegründeten „Yale Laboratories of Primate Biology" in Orange Park (Florida), eines Forschungszentrums für vergleichende Psychobiologie infrahumaner Primaten.

WERKE. Y. muß als einer der Begründer der modernen Tierforschung, der vergleichenden Psychobiologie der Primaten, angesehen werden. Die „Yale (später: Yerkes) Laboratories of Primate Biology" galten als eines der Modellaboratorien für ↗Tierpsychologie in der gesamten Welt. Y. betonte die Bedeutung des Verständnisses der anat., physiol. und neurol. Grundlagen des Tierverhaltens für die psychol. Untersuchung. Zusammenfassende Darstellungen seines psychobiol. Gesichtspunktes findet man in seinen beiden bedeutendsten Büchern „The great apes" (1929, mit seiner Frau Ada W. Yerkes) und „Chimpanzees: A laboratory colony" (1943). Weitere Schriften zu diesem Problemkreis sind: „The dancing mouse: a study in animal behavior" (1907), die zusammen mit J. Watson veröffentlichte Untersuchung „Methods of studying vision in animals" (1911), „Chimpanzee intelligence and its vocal expressions" (1925, mit B. Learned) sowie „The mind of a gorilla" (1927, 1928). Darüber hinaus schrieb Y. eine Einführung in die Psychol. (Introduction to psychology, 1911) und entwickelte mit G. V. Hamilton zusammen die ↗Multiple-choice-Methode für die psychol. Diagnostik. Seine Untersuchungen zum „Army-Alpha" erschienen in den beiden Schriften „Army mental tests" (1920, mit C. Yoakum) und „Psychological examining in the United States Army" (1921). *W. Wittling*

Yerkes-Dodson-Gesetz. Die so benannte Regel geht auf eine Veröffentlichung der beiden Autoren R. M. Yerkes und J. D. Dodson (1908) zurück, in der sie über Versuche mit Mäusen berichten, die bei zunehmender Stärke des Elektroschocks schwierigere Aufgaben weniger gut lernten als leichte. Das „Gesetz" wurde von H. J. Eysenck 1955 neu beachtet und u.a. von Broadhurst (1959) allgemeiner formuliert: „Die optimale Motivation für eine Lernaufgabe nimmt mit zunehmender Schwierigkeit der Aufgabe ab." In der modernen Aktivierungs- und Motivationsforschung (↗Aktivation; ↗Motivation) wird als Erklärung für diese Λ-förmige Beziehung der Leistung zum Grad der Aktiviertheit u.a. die gleichzeitige Anregung von Gegenmotiven und Motivkonflikten angeboten (H.-J. Kornadt). Die häufigste ältere Interpretation nimmt an, daß mit zunehmender Antriebsstärke weniger Hinweisreize beachtet werden können und eine Einschränkung der verfügbaren Reaktionen eintritt, so daß Lernprozesse erschwert werden.

Lit.: Broadhurst, P. L.: The interaction of task difficulty and motivation: The Yerkes-Dodson law revived. Acta psychol., 1959, *16*, 321–338. *H. Meister*

Yoga. Y. wird oft als ein etwa 7000 Jahre altes indisches psycho-physiologisches Trainingssystem bezeichnet, das die Technik der Bewußtseinsveränderung einschließt. Der Begriff Y. kann z. B. auch auf chinesischen Y. angewendet werden, der von Indien beeinflußt wurde. Y. (abgeleitet aus der Sanskrit-Wurzel yui, was soviel wie „*Vereinigung*" bedeutet) hat die Vereinigung des individuellen Geistes mit dem universalen Geist als höchstes Ziel. Beeinflußt durch die Schulen des Vedanta wird dieses Ziel am häufigsten als Vereinigung mit dem Absoluten erklärt, womit das Auffinden des eigenen eigentlichen Wesens jenseits des empirischen Ich gemeint ist (vgl. „peak-experience" von Maslow). Die fünf wichtigsten Arten des Y. sind: *Bhakti, Inana, Karma, Raja, Hatha*. Die Übungen des Hatha Y. sind in der westlichen Welt sehr populär geworden. Sie zielen darauf ab, den Übenden zu einer Kontrolle über sein autonomes Nervensystem zu befähigen und seine körperlichen Energien zu veredeln. Die Lebenskraft *Prana* scheint viel mit dem *Orgon* aus der Vegetotherapie Reichs gemeinsam zu haben. Der ganzheitliche Ansatz des Y. hat W. James und Jung sehr interessiert; letzterer verwendete die Symbole des Y. zur Interpretation des kollektiven Unbewußten seiner Patienten. Heute beschäftigen sich mit Y. vornehmlich transpersonal, aber auch behavioristisch orientierte Psychotherapeuten und Psychologen. Die Techniken des Biofeedback können als Ergebnisse experimenteller Untersuchungen über Meditationstechniken des Y. angesehen werden. In Dänemark wird Hatha Y. seit 1977 als Vorbereitung der Geburt und spezielle Gebärmethode eingesetzt. *V. Berg*

Young-Helmholtz-Theorie ↗Farbwahrnehmung, ↗Farbensichtigkeit.

Z

Zählzwang, Drang, immer wieder Gegenstände oder Ereignisse zu zählen.

Zapfen, lichtempfindliche, farbtüchtige Elemente (↗Photorezeptoren) der ↗Retina. Im Aufbau ähnlich den ↗Stäbchen, aber gedrungener als diese: sie sind etwa dreimal so dick, aber nur etwa halb so lang wie die Stäbchen und besitzen ebenfalls ein Außenglied, ein Innenglied und eine Zapfenfaser. In der ganzen Netzhaut sind rund $6 \cdot 10^6$ Z. vorhanden, davon rund 100000 dichtgepackt und so mit in der Aufsicht hexagonaler Begrenzung, in der völlig stäbchenfreien ↗Fovea centralis. Sie sind frei von ↗Rhodopsin und enthalten als lichtempfindliche Farbstoffe Iodopsine, die ebenfalls Chromoproteide wie das ↗Rhodopsin (Einzelheiten zum Sehmechanismus siehe dort) darstellen mit „Neo-Retinal b" als prosthetischer Gruppe und wohl verschiedenartigen Opsinen (Eiweißkomponenten). Die Opsine unterscheiden sich sicher vom Opsin des Rhodopsin und wohl auch untereinander für die verschiedenen von T. Young und H. v. Helmholtz postulierten und inzwischen isolierten Zapfenrezeptorstoffe. ↗Farbensichtigkeit. *K.-H. Plattig*

Zaunphänomen. Wird ein *bewegtes* Objekt immer dann beleuchtet, wenn es sich in *der gleichen Position* befindet, erscheint es feststehend. Diese stroboskopische Technik wird in der Industrie verwandt, um bewegte Teile zu betrachten, ohne sie anzuhalten. Bevor stroboskopisches Licht (↗Stroboskop) zur Verfügung stand, wurde dieses Phänomen manchmal beobachtet, wenn sich ein Rad mit der richtigen Geschwindigkeit hinter einem Zaun bewegte, so daß die Zwischenräume des Zauns den unterbrochenen Blick ermöglichten. *C. D. Frith*

Zeichen. Unter einem Z. versteht man einen durch ein ↗Signal bewirkten Wahrnehmungsinhalt, der über sich hinaus auf ein Referendum – eine Ursache oder eine Bedeutung – verweist.

Z. werden unterschieden in „Anzeichen" (Z. von ...) und „Repräsentationszeichen" (Z. für ...). Bei einem *Anzeichen* ist das Referendum die Ursache des Z., so ist eine erhöhte Körpertemperatur Anzeichen einer Infektion. Bei *Repräsentationszeichen* ist das Referendum die Bedeutung des Z., z.B. eines gesprochenen Wortes. Man unterscheidet drei Zeichenfunktionen, die syntaktische, die semantische und die pragmatische, deren Studium Gegenstand der ↗Semiotik (↗Semantik) ist. ↗Symbol und Zeichen. *P.-B. Heinrich*

Zeichensprache. Die Z. bedient sich des Zeichens, das ein jeweils verschiedenen Sinnesbereichen zugängliches Medium ist, das nicht sich selbst meint, sondern das eine bestimmte Bedeutung besitzt. Die Bedeutsamkeit von Zeichen ist an einen bestimmten Konventionalisierungsumfang gebunden. Seine Inhaltsbestimmung als Zeichen erhält ein bestimmtes Medium durch Vereinbarung, durch Erfahrung. Zeichen sind stets auf ein soziales Bezugsfeld hin entworfen. Im Sinne der Gehörlosen von Gebärden-Zeichen. Gebärden sind bewußt vorgenommene Bewegungen des Körpers, ganz besonders der Arme und Hände (Fingeralphabet). Mit diesen bewußt vorgenommenen Bewegungen sollen keine Arbeitsleistungen vollzogen, sondern Darstellungen, Hinweise, Mitteilungen an (einen) Partner gegeben werden.

Lit.: **Rammel, G.:** Die Gebärdensprache. Berlin, 1974.

F. Langhainzl

Zeichentests, Sammelbegriff für psychodiagnostische Verfahren, die den ↗Paper-Pencil-Tests zuzurechnen sind und dem Pb eine durch Instruktion vorbestimmte zeichnerische Tätigkeit zur Aufgabe machen. Diese kann im Abzeichnen, direkt oder aus dem Gedächtnis, im Zeichnen von bestimmten Motiven oder in nicht inhaltlich festgelegter freier zeichnerischer Gestaltung bestehen; diagnostische Zielsetzungen können ↗Intelligenz, ↗Persönlichkeit, Affektivität oder unbewußte Inhalte sein. Z. sind u. a.: ↗Bender-Gestalt-Test, ↗Benton-Test, ↗Draw-a-Man-Test, Familie in Tieren, ↗Myokinetischer Test.

Lit.: **Cohen, R.:** Zeichentests zur Prüfung der Intelligenz. In: **R. Heiss** (Hrsg.): Hdb. der Psychol., Bd. 6. Göttingen, [3]1971; **Sehringer, W.:** Zeichnerische Gestaltungsverfahren. In: **R. Heiss** (Hrsg.): Hdb. der Psychol. Bd. 6. Göttingen, [3]1971.

K. D. Nissen

Zeichen-Theorie ↗Semiotik.

Zeigarnik-Effekt, nach der Lewin-Schülerin B. Zeigarnik, die 1927 eine Untersuchung „Über das Behalten von erledigten und unerledigten Handlungen" veröffentlichte, benanntes Phänomen. Danach werden *unerledigte Handlungen* besser behalten als *erledigte.* Als Ursache hierfür werden bedürfnisartige Spannungen angenommen, die im „dynamischen Gesamtfeld" je nach Situation – z.B. in der sich die Vp befindet, wie, warum die Handlung unerledigt blieb – hervortreten.

Zeigarnik-Quotient wird das Verhältnis des Erinnerns von unerledigten zu erledigten Handlungen genannt. *I. M. Deusinger*

Zeiterleben ist die Repräsentation der Zeit im menschlichen ↗Bewußtsein.

Die Wahrnehmung einer zeitlichen Dauer erfordert gleichzeitiges Erfassen aufeinanderfolgender Abschnitte eines Geschehens ohne Beteiligung des ↗Gedächtnisses (psychische Präsenzzeit). Der Lernvorgang der Abstimmung physiologischer Prozesse auf Umweltveränderungen ermöglicht Orientierung in der Zeit („innere Uhr") und Antizipation äußerer Ereignisse. „Leere" Zeitstrecken werden als kürzer wahrgenommen als „erfüllte". Die Wahrnehmung „leerer" und „erfüllter" Zeitstrecken wird durch Reizintensität, Frequenz, Dauer und Stellung der Reize beeinflußt. Psychische Zeit verläuft nicht kontinuierlich, sondern diskret. Die kürzeste wahrnehmbare zeitliche Dauer ist der „Moment".

Zeitliche Perspektive entwickelt sich aus der Interaktion wiederkehrender Bedürfnisse mit Umwelteinflüssen im Sinne einer ↗Konditionierung. Die Erwartung einer früher bereits erlebten Bedürfnisbefriedigung stellt den Zusammenhang zwischen Vergangenheit, Gegenwart und Zukunft her. Trennung von zeitlicher und räumlicher Reihenfolge ist eine Voraussetzung für Zeitwahrnehmung. Um das 8. Lj. sind die Fähigkeit zur Rekonstruktion von Ereignissen in der richtigen zeitlichen Reihenfolge sowie die Vorstellung einer abstrakten Zeiteinheit als Grundlage einer dem Niveau des Erwachsenen entsprechenden Perspektive von Zeit ausgebildet. Die Stabilität von Zeitschätzungen verbessert sich mit zunehmendem Alter.

Alte Menschen beurteilen eine gegebene Zeitstrecke kürzer als junge. Für erstere vergeht Zeit subjektiv schneller. Diese Tendenz wird mit zunehmendem Alter deutlicher. Frauen sind Männern hinsichtlich Genauigkeit und Stabilität von Zeitschätzungen unterlegen. Erstere neigen stärker als letztere zu Überschätzungen.

Zeit scheint um so schneller zu vergehen, je höher das ↗Aktivierungsniveau des Organismus ist. Geringe ↗Motivation für aktuelles Geschehen (Langeweile) geht mit spontaner Überschätzung von Zeitstrecken einher ebenso wie hohe Motivation für eine zukünftige Tätigkeit bei augenblicklicher Untätigkeit (Warten). Spontane Unterschätzung zeigt sich bei hoher Motivation für aktuelle Ereignisse. In der Erinnerung kehren sich diese Verhältnisse um.

Die unterschiedliche Länge hypothetischer

innerer Zeiteinheiten bedingt interindividuelle Variationen in der Verarbeitung zeitlicher Informationen. Die Länge dieser Einheiten kann durch äußere Umstände (z. B. ↗Stress) verändert werden.

Überschätzung von Zeitstrecken bewirken ↗Halluzinogene (↗Meskalin, ↗Psilocybin, ↗LSD-25) sowie Thyroxin, ↗Koffein und Metamphetamin. Unterschätzung erzeugen Phenothiazin, ↗Tranquilizer (z. B. Chlorpromazin) sowie Chinin und Lachgas.

Phänomene pathologischer Zeitwahrnehmung sind: 1) extreme Beschleunigung oder Verlangsamung der Zeitwahrnehmung, 2) zeitlicher Realitätsverlust: das Bewußtsein eines zeitlichen Kontinuums fehlt, 3) die Proportionen zwischen Vergangenheit, Gegenwart und Zukunft sind verschoben: eine oder mehrere dieser Dimensionen fehlen.

Die Wahrnehmung zeitlicher Reihenfolgen läßt sich auf Aufmerksamkeitsschwankungen zurückführen, deren Zwischenzeiten als Gegenwart erlebt werden und deren Rhythmus von der Motivation abhängig sein kann. Die Annahme eines auf dem Verhältnis von Erregungs- und Hemmungsprozessen basierenden subkortikalen Schrittmacherzentrums erklärt die Fähigkeit des Nervensystems, eine Reihe von Erregungen in der erlebten Reihenfolge zu reproduzieren.

Zeitwahrnehmung verändert sich mit Schwankungen der ↗Körpertemperatur; als Grundlage wird die Geschwindigkeit im Ablauf chem. Prozesse angenommen. Persönlichkeitsabhängige Differenzen der Zeitwahrnehmung werden durch ein hypothetisches, individuell unterschiedliches Ausgangsniveau chem. Vorgänge im Organismus erklärbar. ↗Psychologie der Zeit; ↗Zeitschätzung.

Lit.: Fraisse, P.: Psychology of Time. New York, 1963; **ders.:** Zeitwahrnehmung und Zeitschätzung. In: **W. Metzger** (Hrsg.): Hdb. der Psychol., Bd. 1, 1. Halb-Bd. Göttingen, ²1974, 656–690; **Orme, J. E.:** Time, experience and behaviour. London, 1969.

J. Wittkowski

Zeitliche Hemmung, in der Theorie von Eysenck (1966) Bezeichnung für die „Akkumulation eines Leistungsabfalls im Gefolge dieser Leistung selbst"; von Eysenck u. a. in Beziehung zur ↗reaktiven Hemmung nach Hull gebracht.

Lit.: Eysenck, H. J.: Neurose, Konstitution und Persönlichkeit. Z. Psychol., 1966, *172*, 145–181.

L. Blöschl

Zeitschätzung, i.w.S. Sammelbegriff für alle Reaktionen zur Diskrimination der Dauer von (oder zwischen zwei) Ereignissen, sei es durch vergleichendes oder absolutes Urteil, Herstellung oder Reproduktion. Als bestimmtes Verfahren bedeutet Z. die direkte Beurteilung von Dauer mit Hilfe einer subjektiv-nummerischen Skala (z. B. Sekunden oder Minuten). Häufig wird Z. für Ereignisse von längerer Dauer (mehr als die unmittelbar erlebte Gegenwart von einigen Sekunden) vorbehalten und damit der Zeitwahrnehmung gegenübergestellt; diese phänomenale Unterscheidung ist jedoch funktionell nicht eindeutig. ↗Zeiterleben.

Lit.: Fraisse, P.: Psychologie du temps. Paris, ²1967.

A. Lang

Zeitschwelle. 1) *Absolute Z.:* der zeitliche Mindestabstand zweier gleichartiger Reize, bei dem diese getrennt (nicht als ein einziger Eindruck) aufgefaßt werden. Sie beträgt beim Hören ca. 0,002 sec, beim Tastsinn und beim Sehen ca. 0,03 bis 0,04 sec. Geübte Beobachter erreichen niedrigere Werte. **2)** *Relative Z.:* der Unterschied zwischen zwei kurzen Zeitstrecken, bei dem diese als verschieden lang wahrgenommen werden. Diese ↗Unterschiedsschwelle beträgt bei Zeitstrecken im Sekundenbereich etwa 1/20 bis 1/30.

W. Traxel

Zeitsinnapparat, ein Steuergerät zur zeitlich genauen Darbietung von akustischen oder optischen Reizen und Reizintervallen; hauptsächlich zur Untersuchung der Zeitwahrnehmung und Zeitschätzung verwendet.

W. Traxel

Zeitstudie, neben Materialflußanalysen, Arbeitsablaufstudien und anderen Methoden Bestandteil einer ↗*Arbeitsstudie.* Die Z. ermittelt u. a. den bei menschlicher Arbeit anfallenden Zeitaufwand mit dem Ziel, Grundlagen für Leistungsentlohnung zu schaffen (↗Lohn), z. B. beim Zeitakkord, wo nach Leistungseinheiten mit dem Normallohn der für sie festgesetzten Vorgabezeit entlohnt wird.

Der *Zeitaufwand* wird gemessen („Zeitaufnahme"), aus der Erfahrung geschätzt (Berechnung nach Tabellen) oder nach „Systemen vorbestimmter Zeiten" („Multimomentaufnahme") ermittelt. Als letzteres gelten Verfahren, mit denen Zeiten für manuelle Verrichtungen nach dem Studium des Bewegungsablaufes aus einer verhältnismäßig kleinen Anzahl von Grundbewegungselementen zusammengesetzt werden, z. B. MTM (Methods-Time-Measurement), WF (↗Work-Faktor-System).

Eine *Zeitaufnahme* im Rahmen des ↗REFA-Standardprogramms Datenermittlung besteht in der Beschreibung des Arbeitssystems (Arbeitsverfahren, Arbeitsmethoden und Arbeitsbedingungen) sowie in der Erfassung der Bezugsmengen, der Einflußgrößen, der ↗Leistungsgrade und der Ist-Zeiten für die einzelnen Ablaufabschnitte; ihre Auswertung ergibt Soll-Zeiten (= „Vorgabezeiten"). Diese *Vorgabezeiten,* für Mensch und Betriebsmittel gesondert ermittelt, bestehen aus *Grund-* und *Verteilzeiten,* die wiederum weiter unterteilt werden; für den Menschen kommen noch Erholungszeiten hinzu.

Zum *Messen der Zeiten* dienen verschiedene Arten von Stoppuhren, Arbeitsschauuhren, Z.schreiber und Z.drucker. Sie können von dem Arbeitenden selbst, von Beobachtern oder automatisch „aufgenommen" werden. Zur Analyse der Zeiten können ferner Filmaufnahmen, ↗Zyklogramme und elektronische Kurzzeitmessungen verwandt werden.

Lit.: REFA-Methodenlehre des Arbeitsstudiums (Teil 1: Grundlagen; Teil 2: Datenermittlung). München, 1971; **Antis, W., Honeycutt, J. M. & E. N. Koch:** Die MTM Grundbewegungen. Düsseldorf, 1969.

G. Marschner

Zeitunterschiedsschwelle ↗Zeitschwelle.

Zen-Buddhismus, zur Mahāyāna-Lehre gehörig, durch Einstrom aus dem Taoismus bereichert, besitzt die vollkommenste Form buddhistischer ↗Meditation. In China entstanden (Höhepunkt nach dem 6. Patriarchen Huineng, 638–712), wurde der Z.-B. in den zwei Hauptzweigen von Rinzai und Sōtō nach Japan überpflanzt. Hauptelemente: Meditation im Hocksitz *(zazen),* Übung des Kōan (paradoxer Aufgaben zwecks Erlangung von Erfahrung), Erleuchtung. Die Zen-Meditation wurde von Christen angepaßt. Es gibt eine Pluralität von Zen für Christen.

Lit.: Dumoulin, H.: Der Erleuchtungsweg des Zen im Buddhismus. Frankfurt, 1976; **Enomiya-Lassalle, H. M.:** Zen-Meditation für Christen. Weilheim, [2]1971; **Hoover, Th.:** Die Kultur des Zen. Köln, 1978; **Suzuki, D. T.:** Die große Befreiung – Einführung in den Zen-Buddhismus. Weilheim, [6]1972.

H. Dumoulin

Zensor *(Zensur)* ist nach Freud (1923) jene psychische Instanz, die verbotene oder nicht mehr befriedigbare Motive (↗Wünsche, ↗Triebe) in Schach hält oder vor ihrer Befriedigung bzw. Teilbefriedigung so modifiziert, daß sie nicht mehr ohne weiteres als jene verbotenen oder eigentlich nicht mehr befriedigbaren Motive erkannt werden. In seiner späteren Strukturtheorie der Psyche schreibt Freud diese Funktion (der ↗Objektgegenbesetzung, der inneren Abwehr oder der ↗Verdrängung) einerseits dem Ego (↗Ich) zu. Das Ego hat aber darüber hinaus noch die Aufgabe der Organisation der Befriedigungen der erlaubten oder der zumindest nicht verbotenen Motive. Andererseits hat auch das ↗Über-Ich unter anderem solche Zensurfunktionen.

Lit.: Freud, S.: Vorlesungen zur Einführung in die Psychoanalyse (1916/17). Ges. Werke, Bd. 11. London, 1948; **ders.:** Das Ich und das Es (1923). Ges. Werke, Bd. 13. London, 1947.

W. Toman

Zentil (Centil) ↗Percentil.

Zentralnervensystem (ZNS) ist die Gesamtheit aller nervösen Elemente, Zellen und Leitungsbahnen, die innerhalb von ↗Gehirn und ↗Rückenmark liegen. Diesem System unterliegt die gesamte nervöse Steuerung der Aktivität des lebenden Organismus. Hier enden alle afferenten sensiblen Nervenbahnen, die Information über den Zustand der Umwelt von den ↗Sinnesorganen erhalten. Ebenfalls hier wird im Rahmen von Reflexen, Reaktionen, Verhaltensweisen und Willensentscheidungen diese Information verarbeitet und über mot. efferente Nervenfasern an die mot. Erfolgsorgane und damit an die Umwelt wieder abgegeben. Das ZNS ist dabei hierarchisch aufgebaut, d. h., übergeordnete Zentren mit umfassenderer Funktion benutzen untergeordnete Areale mit untergeordneter Teilfunktion. ↗Nervensystem; ↗Neuroanatomie.

E. David

Zentralwert ↗Median.

Zentroidmethode ↗Centroid Method.

Zerebrale Kinderlähmung, Folgezustand intrauterin, während der Geburt oder im frühen Kindesalter erlittener Hirnschäden verschiedenartigster Genese, wie Hirnmißbildungen, angeborene Lues, Toxoplasmose, Geburtsschäden und verschiedene Encephalitiden. Sie äußert sich meist als ↗spastische Lähmung einer oder beider Körperhälften; letztere Form wird auch als ↗Littlesche Krankheit bezeichnet. Häufig sind damit Intelligenzdefekte (↗Geistige Behinderung), ↗Tremor und choreatische Bewegungen der betroffenen Glieder verbunden. Eine Heilung ist meist unmöglich. Die Behandlung beschränkt sich auf die Milderung der ↗Symptome. *E. David*

Zerebration ↗Encephalisation.

Zerebrospinalsystem. Das Nervensystem des Menschen teilen wir ein in Z. und ↗autonomes Nervensystem (ANS). Am Z. unterscheiden wir das aus ↗Gehirn und ↗Rückenmark bestehende ZNS vom peripheren Nervensystem. Dieses umfaßt die beiden großen Gruppen der Hirn- und Spinalnerven. Das ANS besteht aus den sich weitgehend antagonistisch verhaltenden Teilen ↗Sympathikus und ↗Parasympathikus. ↗Neuroanatomie.

Lit.: Hoepke, H.: Zentrales und vegetatives Nervensystem. Stuttgart, 1959. *G. Arnold*

Zerebrotonie ↗Sheldon-Typen.

Zerebrum ↗Cerebrum.

Zerlegung des χ^2. Die häufigste Form der Z. d. χ^2 ist dadurch gekennzeichnet, daß eine χ^2-Prüfgröße in mehrere Anteile zerlegt wird, die ihrerseits wiederum χ^2-Prüfgrößen darstellen. So kann z. B. eine Kontingenztafel mit (k–1) (m–1) ↗Freiheitsgraden in mehrere ↗Vierfeldertafeln mit jeweils 1 Freiheitsgrad zerlegt werden. Die Z. d. χ^2 würde in diesem Fall klären helfen, aufgrund welcher Merkmalsklassen der Kontingenztafel ein signifikantes Gesamt-χ^2 zustande gekommen ist.

H.-J. Steingrüber

Zeugenaussage ↗Aussagepsychologie, ↗Glaubwürdigkeit.

Zeugentüchtigkeit. Die Z. beinhaltet die Fähigkeit des Zeugen, eine treue Aussage über rechtlich wichtige Tatumstände zu geben. Die Zeugenaussage ist nicht nur ein einfacher Rückprall der erlebten Handlung, sondern es ist eine Leistung, die die ganze ↗Persönlichkeit des Zeugen reflektiert.

Der Zeuge kann sich oft aus der erlebten Handlung nur an ganz unwichtige Tatsachen erinnern, die für die Gerichtsverhandlung unwesentlich sind. Der Zeuge kann sich in einigen Fällen nur an einzelne Abschnitte der erlebten Handlung erinnern, es fehlt jedoch die zeitliche Anknüpfung. Z. ist zu unterscheiden von der *↗Glaubwürdigkeit* des Zeugen.

Die Bedenken gegenüber der Z. von Frauen gehören schon überwiegend in die Geschichte der Gerichtspsychologie. Die Z. der Kinder und Jugendlichen ist jeweils individuell zu beurteilen. Dabei muß man die Einfachheit oder Kompliziertheit der Tathandlung und die Entwicklungsstufe der Geistesfunktionen des Zeugen berücksichtigen. Ein 12jähriger Junge z. B., der sich für Autos interessiert, kann unter Umständen eine qualitativ bessere Aussage liefern als eine viel ältere Person, die in ganz anderer Richtung orientiert ist. Die Z. wird durch starke Emotionen (bes. durch eine Furchtemotion) erheblich herabgesetzt.

Das Gegenteil der Z. ist *Zeugenuntüchtigkeit,* die sich bis zur Zeugenunfähigkeit erstrecken kann. In diesen Fällen ist die Person (z. B. wegen einer Geistesstörung) objektiv nicht fähig, eine bewertbare Aussage zu geben. Die Zeugenuntüchtigkeit kann allgemein sein (z. B. bei zerfahrenem Denken) oder sie kann sich nur auf bestimmte Handlungen erstrekken. Es läßt sich also folgendes zusammenfassen: Die Zeugenaussage ist eine psychische Leistung. Sie ist abhängig von dem allg. geistigen Niveau des Zeugen. Weiterhin ist sie abhängig von den speziellen Kenntnissen des Zeugen, soweit diese in Verbindung zu der wahrgenommenen Tathandlung stehen. ↗Reife; ↗Forensische Psychologie; ↗Psychologie in der Rechtsprechung.

Lit.: Undeutsch, U.: Beurteilung der Glaubhaftigkeit von Aussagen. In: **U. Undeutsch** (Hrsg.): Hdb. der Psychol., Bd. 11. Göttingen, 1967.

O. Topič

Ziel ist ein durch das Streben zu verwirklichendes oder zu erreichendes Gut. In der Ursächlichkeit des Z. liegt ein Kreislauf: Es ist zugleich das Erste (das von der Wirkursache Angestrebte) und das Letzte (das von der Wirkursache Ausgeführte). Aus der Wesenseinheit von Z. und Streben ergibt sich die *Zielstrebigkeit* (Teleologie). Sie ist eine die Persönlichkeit charakterisierende Grundhaltung der konsequenten und unbeirrbaren Verfolgung von Aufgaben und Vorhaben. *W. Tisch*

Zielbewegungsapparat, von N. Bischof entwickeltes Gerät zur Erfassung der sensomotorischen Koordination (↗Sensumotorik) mit Hilfe von Zielbewegungen. Die Vpn haben mit einem Kontaktstift verschieden große Löcher in einer Platte zu treffen. *H. J. Aebi*

Zieldiskrepanz, die Differenz zwischen erreichter Leistung und ↗Anspruchsniveau.

W. Traxel

Zielgradient *(Zielorientierung).* C. L. ↗Hull (1938) versteht darunter das Annähern an ein Ziel auf einem Ähnlichkeitskontinuum.

K. Fiedler

Zipfsche Gesetze. Zipf (1932) glaubte aus seinen Daten, die er durch die Anwendung statistisch-auszählender Methoden auf sprachliches Material verschiedener Einzelsprachen und unterschiedlicher literarischer Gattungen gewonnen hatte, folgende Tendenzen herauslesen zu können, von denen die unter 1) und 2) aufgeführten in der Literatur wechselweise als „Zipfsches Gesetz" apostrophiert werden:

1) Bringt man die Wörter einer sprachlichen Stichprobe nach der Häufigkeit des Auftretens in eine Rangreihe und ordnet man dem Wort mit der höchsten Frequenz (f) den Rangplatz (r) eins, dem Wort mit der niedrigsten Frequenz aber den höchsten Rangplatz zu, so erhält man die Beziehung $f_n \times r_n = \text{const.}$

2) Zwischen der Länge und der Auftretenshäufigkeit eines Wortes besteht ein umgekehrt-proportionales Verhältnis. Entsprechend zeigen Wörter, deren Häufigkeit im Sprachgebrauch zunimmt, eine Tendenz, abgekürzt zu werden (aus „Automobil" wird „Auto").

3) Ein ähnliches Verhältnis besteht zwischen dem Grad der Komplexität eines Phonems und seiner Auftretenshäufigkeit: Phoneme, die in bestimmten Positionen schwer auszusprechen sind, haben die Tendenz, sich zu vereinfachen, wenn ihre Häufigkeit zunimmt.

4) Zwischen der Frequenz (f) eines bestimmten Wortes und der Anzahl (a) der Wörter, die dieselbe Frequenz haben, besteht die Beziehung $a \times f^2 = \text{const.}$

5) Zwischen der Anzahl der Bedeutungen eines Wortes (m) und seiner relativen Vorkommenshäufigkeit (F) besteht die Beziehung $m = \sqrt{F}$.

Zusammenfassend: Die häufigsten Wörter einer ↗Sprache sind wahrscheinlich zugleich die kürzesten, ältesten, morphologisch einfachsten und diejenigen mit der größten semantischen Ausdehnung. – Gegenwärtig arbeitet man in Sprachwissenschaft (↗Sprache), ↗Informationstheorie und ↗Psycholinguistik an der Einordnung der von Zipf gefundenen Gesetzmäßigkeiten in übergreifende theoretische Systembildungen (vgl. Meyer-Eppler, 1969; Miller & Chomsky, 1963; Lepschy, 1969).

Lit.: Lepschy, G. C.: Die strukturale Sprachwissenschaft. München, 1969; **Mandelbrot, B.:** Information theory and psycholinguistics. In: **B. B. Wolman & E. Nagel** (Eds.):

Scientific psychology. New York, 1965; **Meyer-Eppler, W.:** Grundlagen und Anwendungen der Informationstheorie. Berlin, [2]1969; **Miller, G. A. & N. Chomsky:** Finitary models of language users. In: **R. R. Bush, R. D. Luce & E. Galanter** (Eds.): Handbook of mathematical psychology, vol. 2. New York, 1963; **Zipf, G. K.:** Selected studies of the principle of relative frequency in language. Cambridge (Mass.), 1932; **ders.:** Psychobiology of language. An introduction to dynamic philology. Boston, 1935; **ders.:** Human behavior and the principle of least effort. An introduction to human ecology. Cambridge (Mass.), 1949. *D. Vormfelde*

Zirbeldrüse ↗Epiphyse.

Zirkuläre Psychose ↗manisch-depressives Irresein.

Zirkumskripte Farbenblindheit ↗Farbenfehlsichtigkeit.

Zivilisation. Voraussetzungen der ↗Kultur sind: Mythos, Kunst, Philosophie, Religion. Ist der Übergang zur Z. vollzogen, wenn die Technologie hinzutritt und die kulturellen Bedingungen nur noch verdünnte Geltung besitzen? Kann gefolgert werden, daß demnach die Z. das rationalisierte und dekadente Stadium der Kultur darstellt oder ist Z. das Fortschrittsprodukt der Kultur?

Jede Kultur weist kontemplative und metaphysische Ausgangspunkte auf, die in einer Z. fehlen. Z. kommt erst zustande, wenn auf eine Dynamisierung der Kultur der Einbruch der Technik in die Lebenswelt erfolgt. Dieser These geht am Beispiel der europäischen Z. eine Rationalisierung und Verwissenschaftlichung der Lebensbezüge voraus. Hierdurch wird verständlich, daß im Gegensatz zu dem deutschen Sprachgebrauch, zwischen Kultur und Z. zu unterscheiden, im westeuropäisch-atlantischen Staatenbereich Kultur und Z. Synonyme sind. Rationalität in der Durchdringung kultureller Lebensbezüge ist als Impuls für daseinsqualitative Stufenerhöhungen erforderlich. Das Problem ist die Daseinsrationalisierung, wenn alle überlagernden Ordnungen und Systeme beseitigt sind. Tritt dann das vollkommene Zeitalter der Z. an?

Die These, daß die Z. nicht ein Fortschritts-, sondern ein Dekadenzstadium darstellt, wird gerne am Beispiel Roms zu belegen versucht. Der Verfall in einen zivilisatorischen Lebensstil, wie in Rom, wird als Abstieg der Kultur und als Untergang eines Volkes markiert. Dabei wird übersehen, daß Rom zusammen mit der griechischen Antike nach zivilisatorischen Verflachungen in der europäischen Gesamtkultur aufging.

Aneignungen, Analysierungen und Symbiosen sind ohnehin kulturelle wie zivilisatorische Destillate. Die Nachahmung europäischer Lebensstile in Ländern anderer kultureller Traditionen belegt dies.

Z. kommt daher auch durch Verlagerungen zustande, wenn nur eine Aggregierung (A. Weber) mehrerer Daseinsfaktoren erfolgt. Allerdings können Krisen eintreten, in denen ein Faktor, z. B. der militärische, zu einem Selbst- und Alleinläufer des Geschehens wird, was auch Z. bedroht.

Keineswegs geht daher die Gleichung auf, daß Z. eine permanente Summierung von Aggregierungen ist und quantitativ wie qualitativ Rationalisierung und Z. progressiv sind. Gerade zivilisatorische Aggregierung schafft über existentielle Frustrationen und Sinnverluste (V. Frankl) einen affektiven Überdruck, so daß N. Elias die Affektkontrolle als notwendige Disziplinierung zu den wesentlichen Aufgaben in einer Z. zählt.

Z. dient auch als wertfreie Kennzeichnung für die Lebensmacht der technischen Apparaturen innerhalb eines gesellschaftlichen Gesamtgebildes. Z. ist dann ein Kriterium industriegesellschaftlicher Modernität, die A. Weber in der ausgefalteten Existenz von drei Sphären gewährleistet sieht: 1) Sozialstruktur, 2) Zivilisationsprozeß, 3) Kultursphäre.

Ähnlich analysiert D. Bell, wenn er als Merkmal der nachindustriellen Gesellschaft eine sozialstrukturelle, eine zivilisatorische und kulturelle Dimension annimmt. Z. ist in diesen Schemata ein integrierendes Element, ohne Prioritätsanspruch. Z. kann eine Daseinschance sein, ohne im Bewußtsein ergriffen zu werden oder der Zugriff auf technische Daseinsmöglichkeiten führt nur zur Bildung eines pragmatischen Bewußtseins. Deshalb ist die Bedeutung der Naturwissenschaften und in ihrer Umsetzung in Technologie für ein zivilisatorisches Lebensgefühl unübersehbar. Anthropologischer und sozialer Optimismus führt zur Vorstellung einer abgedichteten zivilisatorischen Teilwelt, in der ein spezialisierter Mensch gedeiht, der auf Erkenntnis von Zusammenhängen verzichtet. Die Ausbreitung eines Zivilisationspragmatismus kann die Wahrung von Kulturbeständen reduzieren. Besonders durch Vermassung im Sinne einer Egalisierung der Lebensbedürfnisse auf der Oberfläche kann Kulturzerfall eintreten (H. de Man).

In solcher Weise ist Z. das pragmatisch-rationale Sicheinrichten in einer Teilwelt, ist Z. die Emanzipation der Kultur. Wenn der Traditionsverlust kulturelle Substanz vernichtet, ist Z. die Ablösung von Kultur. Wird eine Z. nicht von der Kultur umschlossen oder in eine andere übergeführt, erweist sie keine Lebensfähigkeit.

Lit.: Bell, D.: Die nachindustrielle Gesellschaft. Frankfurt a. M., 1975; **Corte, M. de:** Das Ende einer Kultur. München, 1957; **Elias, N.:** Über den Prozeß der Zivilisation. 2 Bde. Frankfurt a. M., 1976; **Fagan, B. M.:** Civilization. Oxford, 1978; **Fischer, H.:** Vernunft und Zivilisation. Die Antipolitik. Stuttgart, 1971; **ders.:** Die Geburt der westlichen Zivilisation. München, 1969; **Lorenz, K.:** Die acht Todsünden der zivilisierten Menschheit. München, [10]1978; **Man, H. de:** Vermassung und Kulturzerfall. Bern, [2]1952; **Weber, A.:** Einführung in die Soziologie. München, 1955.

L. Bossle

ZNS ↗Zentralnervensystem.

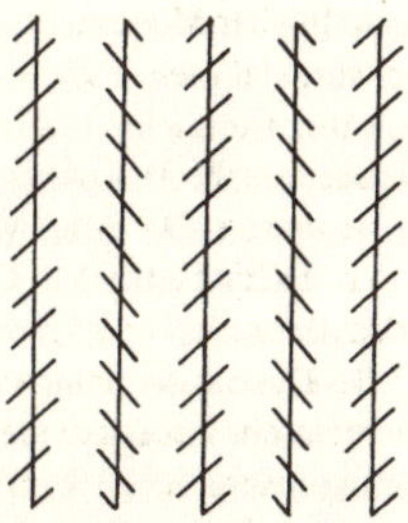

Zöllnersche Täuschung, eine der ↗geometrisch-optischen Täuschungen. Die kleinen Querstriche erschweren es, die vertikalen Linien als Parallele zu sehen (s. Abb.).

C. D. Frith

Zone der Zustimmung ↗Latitude of acceptance.

Zoophilie, heute nicht mehr gebräuchlicher Begriff von Krafft-Ebing (1882: Anfang der dt. Sexualforschung) für menschliche Tierkontakte (Streicheln oder Schlagen), die bei der betreffenden Person eine sexuelle Erregung hervorrufen (im Unterschied zu direkten sexuellen Tierkontakten, die heute im dt. Sprachraum als ↗„Sodomie" bezeichnet werden).

Lit.: Krafft-Ebing, R. v.: Psychopathia sexualis. Stuttgart, 1882.

H. Maisch

Zorn, heftiger Affekt mit Neigung zur Zerstörung. Gehört bei ↗Lersch zu den Lebensgefühlen.

z-Skala. Die z-S. ist die wichtigste Skala für die Normierung verschiedener Meßwerteverteilungen. Die lineare ↗Transformation der Werte erfolgt nach der Gleichung $z = \frac{(X - \bar{X})}{s}$ (z-Transformation, auch Standardtransformation). Die der resultierenden Standardverteilung unterliegende Skala hat einen Mittelwert von 0 und eine Standardabweichung von 1. Am häufigsten wird die z-Transformation zur Normierung normalverteilter Meßwerte verwendet (Standardnormalverteilung). Die den z-Werten dieser z-Verteilung entsprechenden prozentualen Flächenanteile sind tabelliert und ermöglichen damit auch die Verwendung der ↗Normalverteilung als Prüfverteilung für ↗statistische Tests. ↗Skalierung. *H.-J. Steingrüber*

z-Test. Der z-T. ist ein ↗statistischer Test, der die ↗Standardnormalverteilung als Prüfverteilung benutzt. Er kann als Approximation verschiedener anderer stat. Tests verwendet werden, da viele Prüfverteilungen mit wachsenden Freiheitsgraden in eine ↗Normalverteilung übergehen (z. B. ↗t-Verteilung).

H.-J. Steingrüber

Zufall. Im allg. Sprachgebrauch ist häufig dann von Z. die Rede, wenn die Ursachen des Auftretens eines beobachteten Ereignisses nicht bekannt sind. In der math. ↗Statistik impliziert die Anwendung des Z.begriffes zusätzlich immer auch ein probabilistisches Konzept. ↗Wahrscheinlichkeitstheorie.

Zufallsapparat. Im Prinzip kann jeder Apparat, der das Auftreten von zufälligen Ereignissen mit bestimmten Wahrscheinlichkeitsverteilungen gestattet, als Z. bezeichnet werden. Als Z. bekannt geworden ist das Galton-Brett, das am Beispiel von Alternativereignissen mit der Wahrscheinlichkeit des Auftretens von $p = q$ die Darstellung einer ↗Binomialverteilung bzw. deren Approximation an die ↗Normalverteilung ermöglicht.

Zufallsstichprobe. Man spricht von Z., wenn jedes Populationselement die gleiche Chance hat, in die ↗Stichprobe aufgenommen zu werden. ↗Stichprobenverfahren.

Zufallszahlen heißen ein- und mehrstellige Zahlen, die in zufälliger Reihenfolge tabelliert sind oder erzeugt werden. Z. können z.B. bei der Aufstellung von Zufallsstichproben verwendet werden. *H.-J. Steingrüber*

Zufallsfehler ↗Fehler.

Zufallsgenerator ↗Randomizer.

Zufallswahrscheinlichkeit ↗Gegenwahrscheinlichkeit.

Zuflußkapazität ist die ↗Kanalkapazität, insbes. die Aufnahmegeschwindigkeit in einen Informationsspeicher bzw. in ein ↗Gedächtnis. *B. Rollett*

Zukunftserleben ↗Psychologie der Zeit; ↗Zeiterleben.

Zulliger-Tafeln-Test ↗Rorschach-Test(s).

Zuordnungsverfahren. Beim Z. hat die Vp aus einer Reihe von Vergleichsreizen denjenigen auszuwählen, der hinsichtlich definierter Merkmale mit einem vorgegebenen Standardreiz (am ehesten) übereinstimmt. Das Z. kommt sowohl bei sprachfreien als auch bei verbalen Testaufgaben zuweilen zur Anwendung, kaum jedoch im Rahmen der psychol. ↗Skalierung. Hier würden die von Fall zu Fall variablen Ähnlichkeitsbeziehungen innerhalb des Pools der Vergleichsreize die Ergebnisse stören. *W. H. Butollo*

Zurechnungsfähigkeit, synonyme Bezeichnung für ↗ *Schuldfähigkeit.* Als Z. wird die Fähigkeit bezeichnet, Täter einer strafbaren Handlung zu sein, soweit diese Fähigkeit vom Geisteszustand des Täters abhängig ist. „Das Gesetz verlangt, daß der Täter zur Tatzeit die Fähigkeit besitzt, das Unerlaubte seines Tuns zu erkennen, und daß er außerdem imstande ist, sein Handeln nach dieser Einsicht zu steuern“ (BGH 1 Str. 125/66, S. 4).

Der Begriff der Z., dessen Gegenteil der Begriff *Unzurechnungsfähigkeit* und als Zwischenstufe die *verminderte* Z. ist, gilt als juristische Konstruktion, die der Psychopathologie unbekannt ist. Die obengenannten Begriffe lassen sich inhaltlich nur in bezug zur konkreten Rechtsordnung definieren. Die Rechtsnormen gehen aus von der Annahme der Freiheit der menschlichen Entscheidung und von der Verantwortlichkeit für diese Entscheidung. Die Rechtsnormen geben die Kriterien für die Begrenzung des Begriffes der Unzurechnungsfähigkeit bzw. der verminderten Z. an, als Entscheidungshilfe der Gerichte (bzw. anderer Organe, die in der Strafverfolgung tätig sind) hinsichtlich der oben erwähnten Kriterien der Sachverständigenbefund und das ↗Gutachten. Der Begutachter geht grundsätzlich von der Analyse des Geisteszustandes des Täters in der Zeit der strafbaren Handlung aus. Die Ansichten, welche geistige Störung die Z. aufhebt, haben eine große Entwicklung durchgemacht. Nach Knobloch (1965) sind die häufigsten Ursachen der Unzurechnungsfähigkeit: 1. ↗Geisteskrankheiten. Hier handelt es sich um Geistesstörungen von längerem Verlauf, die gekennzeichnet sind von einem mehr oder weniger typischen Anfang, Verlauf und evtl. Beendigung. – 2. Krankhafte Geisteszustände. Hier handelt es sich um chronische Geistesstörungen, die keinen bestimmten Anfang, Verlauf und Progression haben. Diese Kategorie beinhaltet Entwicklungsstörungen und ↗Retardationen, ↗Psychopathien, Oligophrenien, einige Fälle der ↗Taubstummheit. – 3. Kurzfristige Geistesstörungen. Am häufigsten handelt es sich um pathischen Affekt, pathische Betrunkenheit, schwere Fälle der ↗Bewußtseinsstörung, episodische Störungen im Verlauf der chronischen Nervenkrankheiten, Geistesstörungen nach Gehirnerschütterung usw. ↗Schuldfähigkeit.

Lit.: Blau, G. & E. Müller-Luckmann: Gerichtliche Psychologie. Neuwied, 1962; **Ehrhardt, H. &. W. Villinger:** Forensische und administrative Psychiatrie. In: Psychiatrie der Gegenwart, Bd. 2. Berlin – Heidelberg, [2]1972; **Knobloch, F. & J. Knoblochova:** Soudní psychiatrie pro právníky al lékaře. Praha, 1965; **Thomae, H. & E. Schmidt:** Psychologische Aspekte der Schuldfähigkeit. In: **U. Undeutsch** (Hrsg.): Hdb. der Psychol., Bd. 11. Göttingen, 1967.

O. Topič

Zürich-Wechsler-Intelligenztest für Erwachsene (ZÜWIE), als Parallelform zum HAWIE konstruierter Intelligenztest. Anstelle systematischer Parallelitätskontrollen auf Item- und Subtestebene wurden primär qualitative Konstruktionskriterien angelegt. Die Autoren teilen folgende Korrelationen zum HAWIE mit: Gesamt-IQ: r = .86; Verbal-IQ: r = .83; Handlungs-IQ: r = .76.

Lit.: Perret, E.: ZÜWIE. Zürich-Wechsler-Intelligenztest für Erwachsene. Bern – Stuttgart – Wien, 1970.

W. Conrad

Zuverlässigkeit ↗Reliabilität; ↗Test.

Zwang ist in psychol. Hinsicht ein *innerer* oder durch ungewöhnliche *äußere* Umstände provozierter Bedürfniszustand eines Individuums, den dieses glaubt, nicht aufschieben oder länger ertragen zu können. Meistens handelt es sich dabei um Bedürfniszustände im Kontext von ↗*Zwangsneurosen.* *W. Toman*

Zwangsheterosexualität, abnorm starkes Begehren nach heterosexuellem Kontakt. Bei der Frau als Nymphomanie oder Oestromanie bezeichnet, beim Mann als ↗Satyriasis, Satyromanie oder Priapismus. Es muß nicht betont werden, daß die Kriterien für Anwendung dieser diagnostischen Bezeichnungen schlecht definiert und willkürlich sind. *G. D. Wilson*

Zwangsneurose ist eine psychische Störung, in der der Betroffene eine bestimmte Handlung zwanghaft wiederholt oder sich bestimmter zwanghaft wiederkehrender Gedanken oder Vorstellungen nicht erwehren kann. Sie repräsentieren nach Freud (1916/17) unbewußte ↗Wünsche des Erkrankten (deren ↗Verdrängung nicht gelungen ist, die aber nur in Isolierung befriedigt werden können, d.h. so, daß der Betroffene sie als nicht zu sich selbst gehörig erlebt), aber auch ↗Abwehrhandlungen gegen diese Wünsche. Beide Tendenzen sind im jeweiligen zwangsneurotischen Symptom in der Regel erkennbar („Zweiseitigkeit" des zwangsneurotischen Symptoms), wobei die Abwehrhandlungen in der Krankheitssymptomatik oft im Vordergrund stehen. – Die *Zwangshandlungen* können im Zählen bestimmter Dinge, im Absperren von Türen bzw. im Prüfen, ob man abgesperrt hat, usw. bestehen. Auch gewisse Aberglaubensrituale, wie auf Holz klopfen, etwas nicht verschreien, Freitage oder die Zahl 13 vermeiden, gehören als milde und relativ weitverbreitete Symptome in diesen Krankheitsbereich. – *Zwangsgedanken* können Vorstellungen von einem Unheil, vom Tode einer geliebten Person, von Unglücksfällen, von Mordäußerungen usw. betreffen. – „Zwangscharakter" ist eine unspezifische, aber die gesamte ↗Persönlichkeit erfassende Bereitschaft zu Zwangshandlungen, zu übertriebener Ordnung, zu Geiz und Neid, zu Mißgunst und liebloser Machtausübung bzw. zu erfolgloser Präokkupation mit Gedanken einer solchen Machtausübung.

Lit.: Abraham, K.: Psychoanalytische Studien zur Charakterbildung. Wien, 1925; **Fenichel, O.:** Psychoanalytische Neurosenlehre. 3 Bde. Freiburg i. Br., 1974–77; **Freud, S.:** Vorlesungen zur Einführung in die Psychoanalyse (1916/17). Ges. Werke, Bd. 11. London, 1940; **Toman, W.:** Introduction to psychoanalytic theory of motivation. London – New York, 1960.

W. Toman

Zwangsvorstellung, -denken, eine ständige, unkontrollierbare und unwillkommene Vorstellung, die sich mit unangenehmen Emotionen, im allg. mit Angst oder Furcht, paart, was zu Denkritualen oder tatsächlichen Handlungen führen kann als einen Versuch, die Angstvorstellungen zu verringern. Wenn sich der Mensch auch gegen die Gedanken sträubt, kann er sich doch davon nicht befreien. Er sieht sie schließlich als Teil seines *eigenen* Denkens an. Traditionell wird es als ein neurotisches (↗Zwangsneurose) und weniger als ein psychotisches Symptom angesehen.

R. Hetherington

Zwangswahlitem ↗Forced-choice-item.

Zwei-Faktoren-Theorie des Lernens von O. H. Mowrer (inzwischen von ihm selber aufgegeben) trennt die Geltungsbereiche des klassischen und des instrumentellen ↗Lernens: 1. *sign-learning:* Emotionen, vegetative Reaktionen, Bewegungen der glatten Muskulatur werden nach dem ↗Kontiguitätsgesetz erlernt. – 2. *solution-learning:* Willkürliche Responses, Bewegungen der gestreiften Muskulatur werden durch instrumentelles Lernen erworben. ↗Lerntheorien; ↗Konditionierung.

H. Wagenknecht

Zweihandprüfer, einer der ersten speziellen Tests zur Prüfung von Drehern, Mechanikern und dergleichen. Durch die simultane Betätigung von zwei Kurbeln oder Hebeln muß ein

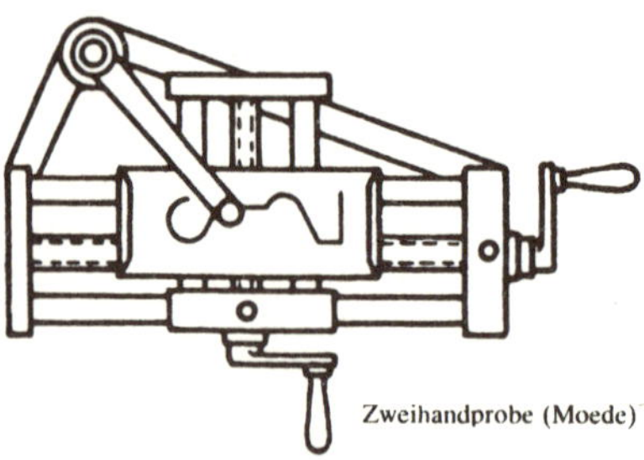

Zweihandprobe (Moede)

Stift einer Linie nachgeführt werden. Der Test soll also die Tätigkeit eines Arbeiters an einer Hand-Drehbank imitieren. ↗Motorik.

Lit.: Moede, W.: Lehrbuch der Psychotechnik. Bd. 1. Berlin, 1930, S. 202.

R. Meili

Zweiseitige Signifikanzprüfung bedeutet, daß beide Enden der Prüfverteilung zur Signifikanzprüfung herangezogen werden; üblicherweise (nicht notwendig) wählt man dabei die beiden Ablehnungsbereiche gleich groß, so daß sich die Irrtumswahrscheinlichkeit gegenüber der einseitigen Signifikanzprüfung verdoppelt. Die der z.S. entsprechende Fragestellung wird im allg. als ungerichtet bezeichnet, d.h., es wird nicht danach gefragt, ob z.B. Merkmal I stärker ausgeprägt ist als Merkmal II (gerichtet, einseitig), sondern nur, ob sich beide Merkmale unterscheiden. ↗Statistische Tests; ↗Statistik.

J. Steingrüber

Zweisprachigkeit ↗Bilingualismus.

Zweistufentheorie des Lernens. Das Lernen von Paarassoziationen wird nicht allein durch die Häufigkeit der Darbietung von Worten oder Silbenpaaren beeinflußt, es kann durch vorheriges Bekanntmachen mit dem Lernmaterial beschleunigt werden: 1. Stufe: Reihenbestandteile, die als Reize oder Responses benutzt werden sollen, werden als Einheiten in andere Aufgaben eingebettet; sie werden somit vertraut, ohne Reiz oder Response in Lernexperimenten zu sein. – 2. Stufe: Die Verbindung zwischen den beiden Paargliedern wird hergestellt. Das ↗Lernen von Paarassoziationen wird erleichtert, wenn die vertrauten Reihenbestandteile als Responses (als zweite Paarglieder) auftreten.

H. Wagenknecht

Zweites Gesicht *(Second Sight – Deuteroscopy),* eine Art *Präkognition,* in der ein Sensitiver neben einer Person eine Doppelgänger-Erscheinung sieht. Dies wird als Hinweis auf den bevorstehenden Tod gedeutet. Steht mit dem schottischen Volksglauben in Verbindung. ↗Parapsychologie.

J. Beloff

Zweizeilenkorrelation ↗Biseriale Korrelation.

Zwergwuchs, hypophysärer, Folge einer mangelhaften Bildung bzw. eines – sehr selten isolierten – Ausfalls des hypophysären Wachstumshormons *(↗Somatotropes Hormon)* und dadurch bedingter Wachstumsverzögerung nach dem 2. bis 3. Lebensjahr (unbehandelt beträgt die Körpergröße im Erwachsenenalter ca. 100–140 cm). Der h. Z. tritt meist kombiniert auf mit einer angeborenen *Störung der Gonadotropinproduktion* der ↗Hypophyse, die – neben dem Minder- oder Zwergwuchs – einen sexuellen Infantilismus (sekundärer Hypogonadismus; ↗Hyper-, Hypogonadismus) hervorruft (gelegentlich gibt es auch hypophysäre Zwerge mit normaler sexueller Entwicklung). Eine weitere Kombination des h. Z.: mit ↗*Schilddrüsenunterfunktion* (sekundäre Hypothyreose) infolge gleichzeitigen Mangels an thyreotropem Hypophysenhormon (dabei wird das klinische und psychopathologische Bild von der Hypothyreose geprägt).

Nach ursächlichen Gesichtspunkten werden in der Regel 2 Hauptformen des h. Z. unterschieden: 1. *Tumorform:* Tumoren (meist Craniopharyngeome), die den HVL (↗Hypophyse) zerstört haben oder sich im ↗Hypothalamus lokalisieren lassen (= „hypothalamo-hypophysärer Zwergwuchs“); klinisch oft mit Kopfschmerzen, Sehstörungen, Erbrechen, Störungen des Gesichtsfeldes, Stauungspapille verbunden. 2. *Idiopathische Form:* Ursachen noch weitgehend unbekannt (angenommen werden Mißbildungen im Hypothalamus-Hypophysen-Bereich), bei einer kleinen Gruppe tritt h. Z. familiär auf. Betroffen sind vorwiegend Knaben.

Klinisch und psychopathologisch wichtig ist die differentialdiagnostische Abgrenzung des h. Z. mit Schilddrüsenunterfunktion (= hypothyreote Zwerge) gegenüber den anderen Formen, bes. gegenüber dem h. Z. ohne Schilddrüsenunterfunktion.

Psychologisch-psychopathologisch: Intellektuelle Leistungsfähigkeit bei nicht-hypothyreotem h. Z. ist normal bis überdurchschnittlich; häufig kompensatorische Mechanismen wegen Kleinwuchses und der damit verbundenen psychosozialen Belastungen. Besonders belastend ist, wenn auch noch die sexuelle Reifung (infolge mangelhafter Gonadotropinproduktion) ausbleibt. Bei *hypothyreoten* hypophysären Zwergen steht die Antriebsstörung psychopathologisch im Vordergrund (matt, psychomotorisch verlangsamt, initiative- und interesselos, bisweilen minderbegabt).

Prognose – Therapie: Prognose ist – abgesehen von den Tumorformen – körperlich gut, psychisch jedoch bisweilen problematisch. Kombinierte medizinisch-psychol. Behandlung (hormonelle Therapie, ↗Psychotherapie und Sexualberatung, vor allem bei Unfruchtbarkeit, Pubertätsausfall).

Lit.: Harnach, G.-A. v. & H. Wallis: Zur Psychopathologie der Hypothyreose im Kindesalter. Mo.schr. f. Kinderheilkunde, 1960, *108* (8), 373–376; **Jores, A. & H. Nowakowski:** Praktische Endokrinologie. Stuttgart, [4]1976; **Martin, M. M. & L. Wilkins:** Pituitary dwarfism: Diagnosis and treatment. J. clin. Endocr., 1958, *18*, 679; **Money, J.:** Körperlich-sexuelle Fehlentwicklungen. Hamburg, 1969; **Wilkins, L.:** The diagnosis and treatment of endocrine disorders in childhood and adolescence. Springfield (Ill.), 1965; **Gardner, L. J.** (Ed.): Endocrine and genetic diseases of childhood. Philadelphia, 1967.

H. Maisch

z-Werte ↗z-Skala.

Zwillingsforschung. Als F. ↗Galton gegen Ende des 19. Jh. die Zwillinge in den Dienst der wiss. Forschung stellte, hatten diese bereits eine überwältigende Vergangenheit von Mythen, Legenden und Aberglauben hinter sich. Im Zeitalter der Darwinschen Evolution fragte man nach der Allmacht der Vererbung, und es sollte die hauptsächliche Rolle der Zwillinge sein, für diese Allmacht Zeugnis zu leisten.

Die klassische Methode der Zwillingsforschung. Die Zwillingsmethode in der wiss. Forschung ist, klassisch definiert, sehr einfach. Man geht aus von der Existenz zweier Arten von Zwillingen, nämlich *eineiigen* und *zweieiigen.* Echte, eineiige (bzw. monozygotische) Zwillinge (EZ) stammen von einer einzigen Zygote (einer einzigen Eizelle, die von einem einzigen Samenfaden befruchtet worden ist). Sie sind ein einziges Individuum in zwei Exemplaren. Ihre Erbanlage ist vollkommen identisch.

Unechte, zweieiige (bzw. dizygotische) Zwillinge (ZZ) stammen von zwei Zygoten (d. h. von zwei Eizellen, befruchtet durch zwei Samenfäden). Genetisch ist ihre Ähnlichkeit gleich jener von zwei gewöhnlichen (echten) Geschwistern. Sowohl bei EZ als auch bei ZZ sind aber die Glieder eines Paares gleich alt und zehren von der gleichen Umwelt. Der einzige Unterschied ist, daß bei den einen die

Erbanlage identisch ist, bei den anderen jedoch nicht.

Die klassische Zwillingsmethode besteht nun darin, bezüglich einer gegebenen (geistigen oder körperlichen) ↗Eigenschaft die durchschnittlichen Unterschiede zwischen Gliedern von EZ- und ZZ-Paaren zu vergleichen. Der Unterschied von EZ ist einzig den sehr kleinen Unterschieden der Umwelteinflüsse zuzuschreiben. Der Unterschied zwischen ZZ ist auf die gleichen Einflüsse rückführbar, aber auch (und vor allem) auf die Verschiedenheit der Erbanlagen. Es genügt nun, die ermittelten Unterschiede zwischen EZ von denjenigen zwischen ZZ abzuziehen, um die Rolle der Vererbung bezüglich der betrachteten Eigenschaft zu erkennen.

Die nach dieser klassischen Methode ausgeführten Forschungsarbeiten sind unzählbar. Sie haben jedoch keine Antwort auf folgende Frage gegeben: „Welches sind die jeweiligen Anteile von Vererbung und Umwelt in der Ausbildung individueller Unterchiede?“ Und zwar aus dem einfachen Grunde, weil diese Frage schlecht gestellt ist. Es gibt keine wirkliche Teilung, sondern ein komplexes Wechselspiel zwischen Anlage- und Umweltfaktoren (↗Anlagen). Dieses Spiel variiert je nach den untersuchten Eigenschaften, dem Alter der Vpn und den verwendeten Vergleichsmethoden. Hingegen hat dieses Verfahren die Möglichkeit vermittelt, in großen Zügen eine Gliederung geistiger und körperlicher Eigenschaften vom Standpunkt der Vererbung her vorzunehmen.

Körpergröße und ↗Intelligenz (definiert nach dem ↗Binet-Simon-Test sind die Eigenschaften, die mit der Vererbung am engsten verknüpft sind. Zwischen Individuen ohne Verwandtschaftsgrad und ohne gemeinsame Umwelteinflüsse ist die Korrelation für deren Intelligenzausprägung natürlich gleich Null. Sie beträgt ungefähr 0.25 zwischen nicht verwandten, aber gemeinsam erzogenen Kindern; 0.50 zwischen Eltern und ihren Kindern und zwischen Geschwistern. Die Korrelation erreicht einen Wert von etwa 0.55 für gemeinsam erzogene ZZ und einen Wert von fast 0.90 für gemeinsam aufgewachsene EZ. Der Schulerfolg hängt ebenfalls von den Erbanlagen ab, jedoch in weit geringerem Maße. Dagegen konnte die Hypothese, laut welcher es erblich bedingte Spezialbegabungen für Mathematik, Wissenschaft, Literatur, Geschichte usw. geben soll, nicht verifiziert werden. Bezüglich affektiver oder volitionaler Eigenschaften sind die Resultate oft unsicher und umstritten. Das ist vielleicht durch den Umstand zu erklären, daß auf diesem Gebiet die Begriffe unklar und die Testmethoden ungenügend validiert sind.

Newman, Freeman und Holzinger, die als erste die Zwillingsmethode am konsequentesten angewandt haben, kamen in ihrer Arbeit von 1937 zu folgendem Schluß: Soweit Persönlichkeits- und Temperamentseigenschaften betroffen werden, gleichen sich EZ kaum mehr als ZZ.

Unter Verwendung komplexerer Untersuchungsmethoden (vor allem der ↗Faktorenanalyse) vermögen neuere Arbeiten jedoch die wesentliche Rolle der Vererbung für gewisse Persönlichkeitsfaktoren aufzuzeigen. So findet beispielsweise Vandenberg (1962) für vier Faktoren des Temperament-Fragebogens von Thurstone (aktiv [active], kräftig [vigorous], impulsiv [impulsive], umgänglich [sociable]) und für vier Faktoren eines Fragebogens von Cattell (emotionale Sensibilität [emotional sensitivity], Nervosität [nervous tension], Neurotizismus [neuroticism], Willenskontrolle [will control]) sehr signifikante Unterschiede zwischen EZ und ZZ.

Auf diesem Gebiete sind jedoch die Arbeiten von Eysenck (1952) über den Neurotizismus weitaus die überzeugendsten und konsequentesten. Der Autor definiert den ↗Neurotizismus als eine normale Variable der ↗Persönlichkeit, die sich von äußerster Stabilität bis zu äußerster Unstabilität erstreckt. Bezüglich des Neurotizismus unterschieden sich die Gruppen von EZ und ZZ nicht. Hingegen sind die Korrelationen zwischen ZZ-Paaren 0.21 und zwischen EZ-Paaren 0.85. Die ↗Varianzanalyse ergibt, daß für den Neurotizismus-Faktor 80% der individuellen Unterschiede auf die Erbanlage und nur 20% auf Umwelteinwirkungen zurückzuführen sind.

Die Methode des Kontrollzwil-

LINGS. Diese Methode ist mit dem Namen eines bedeutenden Kinderpsychologen, A. ↗Gesell (1941), verbunden. Sie besteht darin, EZ zu vergleichen, wobei der eine Partner einem intensiven Training unterworfen wird (Experimentalzwilling), während der andere (Kontrollzwilling) in seiner spontanen Entwicklung (ohne spezielles Training) fortfährt. Es geht nun nicht mehr (wie in der klassischen Zwillingsmethode) um den Vergleich der respektiven Rollen von ↗Anlage und ↗Umwelt, sondern um den Vergleich der Wirkung von ↗Reifung und ↗Erziehung. Mit anderen Worten: Kann Lernen, Training, kurz: Erziehung den Reifeprozeß des Kindes beschleunigen? Diese Methode ist selten – und nur mit Kindern im Vorschulalter – verwendet worden, und zwar vorwiegend auf den Gebieten der mot. und sprachlichen ↗Entwicklung.

Das zentrale Exp. Gesells ist wohlbekannt. Es besteht darin, den Experimentalzwilling während mehrerer Wochen im Treppensteigen zu schulen. Das vielfach bestätigte Resultat ist eindeutig: das Training gibt dem Experimentalzwilling einen unbestreitbaren Vorsprung, doch wird dieser Vorsprung nach Beendigung des Exp. durch den Kontrollzwilling dank einfacher Reifung nach und nach wettgemacht.

Der „Co-twin control"-Methode fällt das Verdienst zu, das alte Problem von Anlage und Umwelt mit den dynamischeren Begriffen von Reifung und Lernen neu formuliert zu haben und in den USA der dreißiger Jahre die Ideologie von der Vormacht der Erziehung in Frage gestellt zu haben.

Der wesentliche Punkt der Beobachtung Gesells liegt aber zweifellos woanders, nämlich in der Feststellung, daß der Reifungsprozeß von EZ niemals vollkommen identisch ist. So erscheinen EZ nicht mehr als ein einziges, in zwei Exemplaren ausgegebenes Wesen, sondern als zwei Individualitäten. Die Zwillingsmethode verhilft hier zur Klärung des Reifeprozesses (als einer einem allg. Regulationsprinzip unterworfenen Vielheit von Faktoren) und stellt gleichzeitig erneut die Frage nach der Vererbung und der Genese des Individuums.

DIE METHODE DES ZWILLINGSPAARES. Erbanlage, Reifung, Genese der Individualität. Mit letzterem Problem beschäftigt sich die Methode des Zwillingspaares ausdrücklich. Es handelt sich also um ein neues Problem, dessen Formulierung jedoch die vorhergehenden Probleme in Frage stellt. Die Methode des Zwillingspaares beginnt mit der Kritik der anderen Forschungsmethoden.

Die Methoden des Kontrollzwillings und der klassischen Zwillingsforschung behandeln die Partner jedes Zwillingspaares wie zwei unabhängige Individuen und nicht wie ein Paar. Es ist jedoch selbstverständlich (oder zumindest sollte man eine diesbezügliche Hypothese aufstellen), daß das Leben im Paarverband gewisse Konsequenzen nach sich zieht. Diese Existenzform kann Ähnlichkeiten, die nichts mit der Erbanlage zu tun haben (gegenseitige Nachahmung), und Unterschiede, die nicht auf Umweltsunterschiede zurückzuführen sind (Rollenverschiedenheit, Dominanz- und Unterordnungsbeziehungen usw.), bestimmen. So könnte man sich etwa erklären, warum in gewissen Persönlichkeitstests echte Zwillinge sich nicht mehr, manchmal sogar weniger ähnlich sind als gewöhnliche Geschwister.

Aber auch in dieser wie in den vorherigen Perspektiven besteht das wiss. Interesse der Z. darin, daß sie (dank ihren spezifischen Eigenheiten) eine Forschungsmethode allgemeiner Tragweite anbietet. Die vollkommene Identität der EZ fundiert die Untersuchung der Erbanlage in der klassischen Zwillingsforschung. Zwillinge – als vollendete Paare – bieten die einmalige Gelegenheit, um nicht nur die Psychol. des Paares zu erforschen, sondern auch um die grundlegenden Prozesse der Individualitätsentwicklung zu untersuchen. Kinderpsychologen wissen seit langem, daß nicht das Individuum, das ↗Ich, ursprünglich ist, sondern das undifferenzierte Wir, die Konfusion zwischen Mutter und Kind; und daß sich das Bewußtsein vom ↗Selbst und vom Anderen erst almählich (aber gleichzeitig) herausbildet. Während aber dem Mutter-Kind-Paar, wie auch jedem anderen frei gebildeten Paar, eine ursprüngliche Verschiedenheit zugrunde liegt, besteht im Zwillingspaar (vor allem bei EZ) am Anfang praktisch kein Unterschied zwischen den Partnern. Aus diesem Grunde können etwa festzustellende Unterschiede zwischen den Partnern den (direkten und indirekten) Konsequenzen der Existenz im Paarverband zugeschrieben werden.

Die Methode des Zwillingspaares ist verhältnismäßig jung: sie wurde von Gedda (1948) vorausgeahnt, von v. Bracken (1934) vor ihrer eigentlichen Entwicklung angewendet und durch Zazzo (1960) definiert und entwickelt. Diese Methode ermöglicht es, vor allem die negativen oder positiven (und differenzierenden) Effekte der Existenz im Paarverband auf die ↗Entwicklung und Struktur der ↗Persönlichkeit zu untersuchen. Die bemerkenswerte Verspätung der Sprachentwicklung und das vor allem bei EZ häufige Auftreten von Geheimsprachen weisen deutlich auf die Gefahr der Entfremdung im oder durch das Paar. Die beiden Partner sind ihre gegenseitigen Gefangenen, und soziale ↗Bedürfnisse werden in der Zwillingsbeziehung befriedigt und erschöpft. Trotz dieses Spiegelspiels und trotz der Identität von Anlage und Umwelt findet aber eine Individualisierung statt. Durch den Umstand, daß das Paar eine Struktur ist, wirkt es differenzierend. Man beobachtet vor allem, in welcher Weise Oppositionen, Rivalitäten und Ergänzungen entstehen, wie die Rollenverteilung und damit die Ich-Bewußtheit geschaffen wird: kurz, für jeden Partner beobachtet man die Erschaffung einer eigenen Individualität.

Die Z. beschränkt sich nicht auf eine einzige Methode. Wir haben drei Methoden unterschieden, die ebenso vielen Problemen und den historisch aufeinanderfolgenden Fragestellungen der wiss. Psychol. entsprechen. Andere Methoden und Fragestellungen wären ebenso möglich. Die Methoden der Z. sind zweifellos nicht die einzigen, um solche Probleme zu untersuchen. Durch die Verwendung einer von der Natur geschenkten Methode in einem Gebiet, wo die eigentliche expt. Forschung nicht möglich war, wurden aber immerhin einige der schwierigsten Gebiete der menschlichen Psychol. wenigstens gerodet.

Lit.: Bracken, H. v.: Mutual intimacy in twins. Char. and Pers., 1934, *4*, 293–309; **ders.:** Z. und Psychol. des Gemeinschaftslebens. Ber. üb. den 14. Kongreß der Dtsch. Ges. f. Psychol. Jena, 1935; **Burlingham, D. T.:** The relationship of twins to each other. Psychoanal. Stud. Child, 1939, *3–4;* **Burt, C.:** The genetic determination of differences in intelligence: a study of monocygotic twins reared together and apart. Brit. J. Psychol., 1966, *57*, 137–153; **Day, E. J.:** The development of language in twins. Child Developm., 1932, 179–199 298–316; **Eysenck, H. J.:** The scientific study of personality. London, 1952; **Gedda, L.:** Psicologia della società intrageminale. Riv. di Psicol., 1948, *4*, 10–44; **ders.:** Studio dei gemelli. Roma, 1951; **Gesell, A. & H. Thompson:** Twins T and C from infancy to adolescence: a biogenetic study of individual differences by the method of co-twin control. Provincetown (Mass.), 1941; **Gottschaldt, K.:** Das Problem der Phänogenetik der Persönlichkeit. In: **P. Lersch & H. Thomae** (Hrsg.): Hdb. der Psychol., Bd. 4. Göttingen, [2]1968 (mit ausführlichen Literaturangaben); **Husén, T.:** Analyse de facteurs héréditaires et de milieu determinant la réussite scolaire par l'étude de jumeaux élevés ensemble. Bull. Psychol., 1967, *20*, 772–781; **ders.:** Über die Begabung von Zwillingen. Psychol. Beitr., 1953, *1;* **Newman, H. H., Freeman, F. N. & R. J. Holzinger:** Twins: a study of heredity and environment. Chicago, 1937; **Pire, G.:** Application des techniques sociométriques à l'étude des jumeaux. Enfance, 1966, *1*, 23–48; **Vandenberg, S. G.:** The hereditary abilities study: hereditary components in a psychological test battery. Amer. J. Hum. Genet., 1962, *14*, 220–237; **Vandenberg, S. G., et al.:** Sympos. Methods and goals in human behavior genetics. New York – London, 1955; **Zazzo, R.:** Les jumeaux, le couple, et la personne, Paris, 1960; **ders.:** Sur le postulat de la comparabilité dans la méthode des jumeaux. Acta genet. med. gemellolog., 1955, *4*.

R. Zazzo

Zwischenfarben ↗Hauptfarben.

Zwischenhirn ↗Dienzephalon.

Zwitter ↗Hermaphroditismus.

Zygote, befruchtete Eizelle, immer ↗diploid, durch Verschmelzung eines männlichen mit einem weiblichen Gameten entstanden. Aus der Z. entwickelt sich ein neues Individuum, sie ist damit Ausgangspunkt einer neuen ↗Generation. *H. Schmalfuß*

Zyklogramm, fotografische Daueraufnahme von einem (oder mehreren) Lämpchen (an sich bewegenden Körperteilen befestigt) während eines Bewegungsablaufes (oder mehrerer gleichartiger). Die Lämpchen (oder Lichtpunkte) durchlaufen dabei in sich zurückführende Kurven (= Lichtspur). ↗Zyklographie.

G. Marschner

Zyklographie, auch *Chronozyklographie,* Analyse der Lichtspuren auf ↗Zyklogrammen, z. B. im Rahmen von ↗Zeitstudien, zur Untersuchung der ↗Ermüdung, zur Gestaltung von Arbeitsplätzen (↗Objektpsychologie).

Bei muskulärer Ermüdung werden die Bewegungskurven größer, umfangreicher und laufen weniger exakt in sich zurück; Bewegungsabläufe ergeben nur bei gut gestalteten Arbeitsplätzen glatte Kurven, sonst mehr oder weniger eckige Lichtspuren.

Lit.: **Lehmann, G.**, Praktische Arbeitsphysiologie. Stuttgart, [2]1962.

G. Marschner

Zykloider Typus *(Zykloider)*, in der ↗diathetischen Proportion liegende, evtl. in ihr periodisch wechselnde Temperamentsverfassung. Findet sich als Daueranlage vor und nach depressiven und manischen ↗Psychosen und im verwandtschaftlichen Umkreis ihrer Träger.

Lit.: **Kretschmer, E.**: Körperbau und Charakter. Berlin, [26]1977.

W. Kretschmer

Zyklonopath, wetterfühliger Mensch.

Zyklothymer Typus *(Zyklothymer)*, vorwiegend zum ↗pyknischen Körperbau gehöriges konstitutionstypisches Temperament, hauptsächlich von Extraversion und ↗diathetischer Proportion gekennzeichnet. „Runde... ausdrucksadäquate" Bewegungen; „Neigung zum Aufgehen in Umwelt und Gegenwart", zu „natürlich unmittelbarem Wesen". Als Sozialtypen: „sinnenfroher Genießer", „tatkräftiger Praktiker" mit gesundem Menschenverstand, „anschaulich beschreibender Empiriker", „gutmütig-herzlicher Humorist", „verständiger Vermittler", „großzügiger Organisator", „schwungvoller Draufgänger". Antrieb zwischen behäbig-gleichmäßig und schwungvoll-wechselnd.

Lit.: **Kretschmer, E. & W. Kretschmer**: Medizinische Psychologie. Stuttgart, [14]1975.

W. Kretschmer

Zynismus. Der dem Griechischen entstammende Ausdruck Zyniker bezeichnet ursprünglich die Anhänger der philosophischen Schule der „Kyniker", u.a. so benannt, weil ihre Vertreter sich mit der Bedürfnislosigkeit, Unkonventionalität und Schamlosigkeit „von Hunden" benahmen und dies auch theoretisch zu rechtfertigen suchten.

Der heutige – nur lose mit dem ursprünglichen historisch-philosophischen verknüpfte – Begriff des Z. enthält die folgenden Momente, die das Wesen bestimmter Äußerungen bzw. personaler Einstellungen u.ä. charakterisieren.

Im Z. liegt stets eine Verachtung echter Werte und vor allem anderer Personen (auch wenn im Z. zunächst häufig Pseudo-Güter, falsche Prätentionen oder hohle Konventionen gegeißelt werden). Damit unterscheidet sich der Z. von der Ironie (etwa der des Sokrates), der durchaus ein tiefer Ernst, ein echtes Interesse an (sittlichen) Werten und eine aufrichtige Sorge für andere zugrunde liegen kann.

Dabei ist der Z. gewöhnlich sehr „direkt"; ihm fehlt jene „Doppeltheit" zwischen scheinbarem Ernst oder Lob und verborgenem Spott oder Tadel, die der sokratischen, und zwischen scheinbarem Ernst und Zerstörung desselben, die der „romantischen" Ironie eigen ist.

Obwohl der Z. gewöhnlich einen Partner sucht, dem gegenüber zynische Bemerkungen gemacht werden, auch wenn sie ihm nicht notwendig gelten, ist der Z. doch asozial und dialogfeindlich (im Gegensatz zur Ironie), da sein „Opfer" mit Verachtung oder beißendem Witz zurückgestoßen wird.

Im Z. liegt meist auch ein Moment des Bloßstellenwollens, indem einem wirklichen oder bloß prätendierten Edlen die Maske heruntergerissen und er dem Spott, hämischem Ausgelachtwerden u.dgl. ausgeliefert wird. Z. liegt dabei besonders in solchen Darstellungen sittlicher Verfehlungen u.ä. vor, in denen die ganze Menschheit oder sogar das Göttliche, zumindest aber ganze Stände, Nationen oder Geschlechter in ein verächtlich-entlarvendes Licht gestellt werden.

Im Z. liegt stets ein Element der Intelligenz. Es gehört dazu Schlagfertigkeit, die Fähigkeit, lächerliche Seiten von Dingen und Personen zu sehen und bloßzustellen, brillant zu formulieren etc. Damit hängt auch zusammen, daß der Witz meist ein unentbehrliches Element bzw. Hilfs- oder Ausdrucksmittel des Z. ist. Allerdings sind manche zynischen Äußerungen (etwa: L'État c'est moi; oder Aristipps Antwort auf die Frage, ob er seine Konkubine liebe: „Was kümmert es mich, ob es dem Fisch, den ich verspeise, angenehm ist, gegessen zu werden, oder nicht") nicht spezifisch witzig, sondern hauptsächlich schockierend schamlos und schlagen in rücksichtsloser Offenheit der Konvention, Tradition oder auch der Moral und Religion ins Gesicht.

Insofern die meisten zynischen Äußerungen an ein Lachen und fast alle an ein Vernommenwerden durch andere appellieren, ist der Z. ein soziales Phänomen, trotz seines oben geschilderten asozialen Charakters, durch den er sich vom Humor mit dem in diesem liegenden Element der Güte abhebt.

Im Z. liegt in der Regel ein Moment der Unwahrheit und Unwahrhaftigkeit sowie ein Element des Giftigen oder Gemeinen, indem z.B. entweder etwas Edles als bloßer Schein hingestellt oder ein wirkliches Übel in anderen Personen aus dem Gesamtzusammenhang der in Wahrheit ehrfurchtgebietenden Güter herausgerissen und in karikierend-verletzender Weise übertrieben wird. Zwar steckt im Z. mitunter ein scharfes Sehen gewisser Teilaspekte der Wahrheit, die aber verabsolutiert und aus einer integralen Schau der Wirklichkeit herausgelöst werden.

Auch geht der Z. mit einem gewissen Hochmut und egoistischer Isolierung Hand in Hand. Man erlebt sich erhaben über andere Menschen, Rassen oder gar das Göttlich-Heilige. In süffisanter und zugleich bissiger Manier macht man sich von einem Standort vermeintlicher Eigenherrlichkeit aus über das lustig, was man weit unter sich wähnt.

Ganz im Gegensatz zum Humor fehlt dem Z. der Glaube an das Gute im Menschen, der Glaube an echte Tugend oder Liebe. Dabei liegt im Z. selbst etwas Liebeleeres, wenn nicht ausdrücklich Liebloses, Bitteres und zugleich ein Moment der Depression oder gar Verzweiflung, aber einer unter dem Anschein der „vergnügten" Ruhe verhüllten Verzweiflung, wie sie uns etwa bei Voltaire begegnet.

Vom menschlichen, psychologischen und auch sittlichen Standpunkt aus ist der Z. als solcher etwas Negativwertiges, wenn er auch Elemente der Wahrheit und des Geistreichen enthalten mag. Der Grund für diesen Unwert des Z. liegt in den Elementen der Unwahrheit, Respektlosigkeit, Schamlosigkeit u.a.

Da der Z. nicht nur einer frechen und lieblosen Haltung entspringt, sondern auch sein „Opfer" oder die in die Einflußsphäre des Zynischen geratenden Menschen entweder zu derselben zynischen Haltung oder zum Beleidigtsein, zu Abkapselung, Haß, Ressentiment usf. treibt, muß er als Wurzel häufiger schwerer psychologischer Schäden gesehen werden. Indem durch den Z. insbesondere in Kindern die Ehrfurcht vor echten Werten verhindert, das Mißtrauen aufrichtiger Liebe gegenüber genährt, und positiver „Idealismus" zerstört wird, und da der Z. die Gemeinschaft untergräbt, ist er allen Bereichen erzieherischer, gesellschaftlicher und sittlicher Wirklichkeit abträglich. Auch der Mangel an jenem ernsten Engagement, das sogar der Fanatiker dem Zyniker voraushat, sowie das – trotz mancher Spuren des Ernstes – im Z. liegende Sich-gehen-Lassen, haben einem menschlich, sittlich und gesellschaftl. lähmende negative Wirkung.

Da der Z. immer vermeintliche und z.T. (wenigstens intelligenzmäßig) wirkliche Überlegenheit voraussetzt, findet er sich besonders in Älteren gegenüber Jüngeren, Lehrern gegenüber Schülern, Mächtigen gegenüber Machtlosen. Dadurch (sowie wegen seines allgemeinen Wesens) ist der Z. besonders ressentimentfördernd.

Zur Überwindung des Z. führen jene Haltungen der ernsten Wahrheitssuche, sittlichen Bemühung, Ehrfurcht, Liebe usf., die den Wurzeln des Z. entgegengesetzt sind.

Lit.: **Dudley, D. R.:** A History of Cynicism. Hildesheim, 1967; **Hildebrand, D. von:** Ästhetik I, Kap. 19. Stuttgart, 1976; **Kierkegaard, S.:** Über den Begriff der Ironie. Frankfurt a. M., 1976; **Scheler, M.:** Das Ressentiment im Aufbau der Moralen. Frankfurt a.M., 1978. *J. Seifert*

ZZ, Abk. für zweieiige Zwillinge.